重庆市志

主　修　唐良智

主　审　陆克华

主　编　刘文海

重庆市志

农业农村工作志

（1986—2015）

（上）

中共重庆市委农业农村工作委员会
重庆市农业农村委员会 编纂

中国农业出版社
北京

图书在版编目（CIP）数据

重庆市志．农业农村工作志：1986～2015（上下册）/中共重庆市委农业农村工作委员会，重庆市农业农村委员会编纂．—北京：中国农业出版社，2021.12

ISBN 978-7-109-27459-4

Ⅰ.①重…　Ⅱ.①重…　Ⅲ.①重庆－地方志②农村工作－重庆－1986－2015　Ⅳ.①K297.19②F327.719

中国版本图书馆CIP数据核字（2020）第195777号

中国农业出版社出版

地址：北京市朝阳区麦子店街18号楼

邮编：100125

责任编辑：刁乾超　全　聪　李昕昱　陈　亭

文字编辑：黄璟冰　孙蕴琪　赵冬博

版式设计：李　文　　责任校对：吴丽婷

印刷：北京中科印刷有限公司

版次：2021年12月第1版

印次：2021年12月北京第1次印刷

发行：新华书店北京发行所

开本：889mm×1194mm　1/16

总印张：116.5　　插页：24

总字数：2960千字

总定价：698.00元（上、下）

重庆市地方志编纂委员会

主 任 委 员： 唐良智　市委副书记、市政府市长

副主任委员： 张　鸣　市委常委、宣传部部长

刘学普　市人大常委会副主任

陆克华　市政府副市长

宋爱荣　市政协副主席

程　洪　重庆警备区副政委

欧顺清　市政府秘书长、办公厅主任

委 员 单 位： 市纪委监委机关、市委办公厅、市人大常委会办公厅、市政府办公厅、市政协办公厅、市委组织部、市委宣传部、市委统战部、市委政法委、市委编办、市发展改革委、市教委、市科技局、市经济信息委、市民族宗教委、市公安局、市民政局、市司法局、市财政局、市人力社保局、市规划自然资源局、市生态环境局、市住房城乡建委、市城市管理局、市交通局、市水利局、市农业农村委、市商务委、市文化旅游委、市卫生健康委、市退役军人事务局、市应急局、市审计局、市政府外办、市国资委、市市场监管局、市统计局、市高法院、市检察院、重庆警备区、市档案馆、市志办

重庆市地方志编纂委员会总编室

总　编　辑： 刘文海

副 总 编 辑： 夏小平

《重庆市志·农业农村工作志（1986—2015）》
编纂委员会

《重庆市志·农业农村工作志（1986—2015）》主编、副主编

主　　编　杨　宏

副 主 编　李　勇

执行主编　曾维露

执行副主编　叶海燕

《重庆市志·农业农村工作志（1986—2015）》编委会办公室

主　任　李　勇

副主任　叶海燕

成　员　（以姓氏笔画为序）

马天太　王武坤　牛媛媛　方　玲　尹用国　兰建平　何　琳

张继凯　袁光耀　郭水平　商勇强　曾维露　谭　勇

《重庆市志·农业农村工作志（1986—2015）》纂稿人

总　纂　尹用国

主　纂　（以姓氏笔画为序）

方　玲　尹用国　张继凯　袁光耀　郭水平　曾维露　谭　勇

参　编　人　员

扉页插图

分纂：曾维露

主要参编人员：曾维露、尹用国

资料收集、整理、考订（以姓氏笔画为序）：方　玲　尹用国　邓中文　叶海燕　孙凤青　苏　思　李　勇　张　灵　陈　科　陈　渝（男）　周　能　郭　凤　曾维露　游　洋

综述

分纂：尹用国

主要参编人员：尹用国

资料收集、整理、考订（以姓氏笔画为序）：牛媛媛　尹用国　叶海燕　李　勇

大事记

分纂：曾维露

主要参编人员：曾维露　李　勇　张继伟　尹用国

资料收集、整理、考订（以姓氏笔画为序）：方　玲　尹用国　邓中文　兰建平　吕明素　李　勇　肖祖修　张继伟　张继凯　罗祖斌　罗清平　辜文兴　曾维露

第一篇　机构

分纂：曾维露

主要参编人员：曾维露　尹用国　王烈跃

资料收集、整理、考订（以姓氏笔画为序）：王　越　王烈跃　方　玲　尹用国　申朝凤　田　野　田贵康　成　萍　吕明素　刘白琴　刘汶树　汤　燚　杜莉先　杨　波　杨正域　李　华　李秀华　吴　全　吴小园　余　鹰　邹亚兰　汪海波　张云贵　张志良　陈　渝（女）　陈　渝（男）　陈元坤（市水产科研所）　陈世全　苟茂海　范立锋　范德清　周玉华　周巧勇　周志平　周维华　庞有伦　郑　娱　柯荣彩　钟世良　夏　波　夏　缘　徐思良　高　敏　唐生佑　唐森洋　黄　恒　韩琴忠　曾　秀　曾维露　谢永红　雷　平（市蚕科院）　谭　平　谭　勇　熊辉俊

第二篇　农业资源与区划

分纂：尹用国

主要参编人员：尹用国　吴中华　张　凯　李白亚　杨文军　陈　渝（女）　周　佳　罗　健　郑　强　赵良建

资料收集、整理、考订（以姓氏笔画为序）：王　波　王少成　尹用国　叶海燕　白　洁　成　萍　任　军　向品居　刘君绍　许会军　杨文军　李　勇　李白亚　吴中华　邱　宁　余小林　张　凯　张志琴　张继凯　陈　渝（女）　陈松柏　罗　健　周　佳　郑　强　赵月奎　赵良建　洪国伟　袁光耀　袁德胜　黄君一　康　雷　曾卓华　曾维露

第三篇　农业农村改革

分纂：方 玲

主要参编人员：方　玲　王武坤　李白亚　成　萍　张　露　易南平

资料收集、整理、考订（以姓氏笔画为序）：王武坤　方　玲　尹用国　兰建平　成　萍　刘君绍　李白亚　何琳琳　张　露　易南平　黄卫国　黄君一　商勇强

第四篇　农业农村经济结构调整

分纂：尹用国

主要参编人员：尹用国　王武坤

资料收集、整理、考订（以姓氏笔画为序）：马　平　马天太　王声斌　王武坤　王涯军　尹用国　古正国　冯永川　杨守正　张志琴　周文兴　柏在耀　蒋晓荣

第五篇　农业法治

分纂：谭　勇

主要参编人员：谭　勇　叶海燕　颜大民

资料收集、整理、考订（以姓氏笔画为序）：邓　勇　叶海燕　冉启培　李　勇　蒋　云　舒念辉　谭　勇　颜大民

第六篇　农业资金投入管理

分纂：谭　勇

主要参编人员：谭　勇　王武坤　蒋传荣　斯方俊

资料收集、整理、考订（以姓氏笔画为序）：王武坤　王涯军　牛媛媛　刘　红　余　衡　陈国福　周文兴　聂　宁　商勇强　斯方俊　蒋玉岑　蒋传荣　蒋晓荣　韩以政　曾维露　谢增祥　谭　勇

第七篇　种植业

分纂：袁光耀

主要参编人员：袁光耀　尹用国　陈松柏　詹林庆　郭　凤　黄振霖　刘　伟　欧建龙　易　靖　李姗蓉　何奇鸿　解　娟　寇琳羚　贺　鼎　张明阶　郭铭建　祝家勇　陈　渝（女）　邬　亚　任勤策　马跃文　杨文军　周天云　宿巧燕　牛小慧　罗泽清　肖祖菊　郭文明　赵　毅　夏小东　商跃凤　周　佳　冉国清　刘　丽　周世清　胡黎华

资料收集、整理、考订（以姓氏笔画为序）：马跃文　王万华　王少成　牛小慧　尹用国　冉国清　白　洁　任勤策　邬　亚　刘　伟　刘　丽　杨文军　李姗蓉　肖祖菊　邱　宁　何奇鸿　汪海波　张　灵　张明阶　陈　渝（女）　陈松柏　欧建龙　易　靖　罗泽清　周　佳　周天云　周世清　赵　毅　赵月奎　胡黎华　洪国伟　祝家勇　贺　鼎　袁光耀　夏小东　郭　凤　郭文明　郭铭建　黄振霖　商跃凤　寇琳羚　宿巧燕　蒋贵兵　曾卓华　詹林庆　解　娟

第八篇　畜牧业

分纂：张继凯

主要参编人员：张继凯　尹用国　付　强　黄　恒　高　敏　凌　虹　骆凤玲　邓　政　韦艺媛　冯　超　龙训娅　朱　燕　张　科　张　晶　张璐璐　李玉平　李其繁　李彦桥　杜　宇　陈东颖　周　莉　郑　艳　荆　安　袁　溱　顾兴丽　黄正才　韩学锋　蔺　露　谭　力　谭千洪　谭宏伟

资料收集、整理、考订（以姓氏笔画为序）：王　刚　韦艺媛　尹用国　邓　政　邓　勇　龙训娅

付　强　冯　超　朱　燕　向品居　刘白琴　刘茂文　刘昌良　汤　明　许会军　杜　宇　杨正域　李玉平　李其繁　李彦桥　何义刚　何述忠　张　科　张　晶　张仁美　张继凯　张璐璐　陈　军（畜牧处）　陈东颖　周　莉　郑　艳　荆　安　胡　杰　贺灵巧　骆凤玲　袁　溱　耿继平　顾兴丽　高　敏　凌　虹　黄　恒　黄正才　蒋　云　韩学锋　程建国　曾　秀　雷一也　蔺　露　谭　力　谭千洪　谭宏伟　熊　梅

第九篇　渔业

分纂：张继凯

主要参编人员：张继凯　吴中华　尹用国　李兴明　许成帅　周春龙　曾　晖

资料收集、整理、考订（以姓氏笔画为序）：马　俊　马红英　王　波　冯　伟　朱铭立　任　军　许成帅　杨　俐　李　虹　李兴明　李远征　吴中华　吴晓清　何忠谊　余　宁　闵　亮　张继凯　陈　畅　陈玉露　易红利　周春龙　赵善其　姬文锋　黄德祥　梅会清　曹　豫　景　左　曾　桢　曾　晖　鲍洪波　廖　莹　熊隆明　翟旭亮　薛　洋

第十篇　农业机械化

分纂：谭　勇

主要参编人员：谭　勇　李　勇　胡昌礼　范立峰　唐森洋　田贵康

资料收集、整理、考订（以姓氏笔画为序）：文泽富　田贵康　兰建平　李　勇　陈雪飞　范立峰　欧阳柬　金　延　胡昌礼　唐森洋　彭维钦　谭　勇

第十一篇　农业科研与技术推广

分纂：曾维露

主要参编人员：曾维露　吕明素　徐　进　黄正才　谭　力　唐光泽　杨　梅　颜　忠　周维华

资料收集、整理、考订（以姓氏笔画为序）：王　进　王　静　王卫强　王永清　王晓庆　王瑞雪　王楚桃　韦静宜　邓　敏　石　琼　石有明　田时炳　冯牧野　吕明素　向华丰　刘吉振　汤　燚　祁志云　杜成章　杜莉先　杨　华　杨　丽　杨　娟　杨　梅　杨海滨　李　燕　李中林　李伯群　李贤勇　李泽碧　李经勇　吴　全　吴纯清　邱正高　余　鹰　余庭跃　汪海波　张　莹　张义刚　张礼俊　张志良　张巫军　张现伟　张采波　张洪成　张谊模　张继君　陈　红　陈　渝（女）　陈元平　陈世全　陈世春　武　峥　杭晓宁　易红华　罗　松　罗云米　罗友进　周　娜　周　敏　周凤云　周维华　胡佳羽　钟世良　钟应富　钟巍然　侯渝嘉　洪　林　姚　雄　袁林颖　徐　进　徐　泽　郭　凤　郭　航　唐光泽　陶伟林　黄　健　黄正才　黄任中　黄华磊　黄启中　黄桃翠　曾维露　程昌凤　雷开荣　蔡智勇　廖敦秀　漆巨容　谭　力　颜　忠　潘光辉

第十二篇　农业教育、宣传及农村体育

分纂：方　玲

主要参编人员：方　玲　安传林　尹用国

资料收集、整理、考订（以姓氏笔画为序）：王瑞雪　方　玲　尹用国　刘光德　安传林　许　静　杨书海　李　华　李万发　李孝勇　吴小园　罗　松　周　敏　周巧勇　敖　建　徐思良　谭　勇　熊辉俊　熊辉俊

第十三篇　农村生态文明与社会主义新农村建设

分纂：郭水平

主要参编人员：郭水平　陈天国　马先才

资料收集、整理、考订（以姓氏笔画为序）：马先才　王党峰　尹用国　艾　丰　帅鸿彬　杨海林　余小林　张志琴　张春媚　陈天国　郭水平　曾　荣

第十四篇　农业对外贸易与合作交流

分纂：方　玲

主要参编人员：方　玲　兰建平　赵常琼

资料收集、整理、考订（以姓氏笔画为序）：马天太　方玲　兰建平　何　琳　张　灵　赵常琼　商勇强　程　渝

第十五篇　农产品质量安全

分纂：郭水平

主要参编人员：郭水平　陈朝轩　叶海燕

资料收集、整理、考订（以姓氏笔画为序）：王武坤　牛媛媛　叶海燕　李　勇　张海彬　陈荣燕　陈朝轩　范永洋　郭　萍　郭水平　黄　昀

第十六篇　农产品流通和农村信息化

分纂：张继凯

主要参编人员：张继凯　陈智勇　商勇强

资料收集、整理、考订（以姓氏笔画为序）：于　丹　马天太　邓　勇　杜　宇　张继凯　张蓉萍　陈　渝（男）　陈智勇　范首君　贺德华　康　雷　商勇强　蒋　云

第十七篇　队伍建设

分纂：郭水平

主要参编人员：郭水平　朱志文　夏　缘　王烈跃

资料收集、整理、考订（以姓氏笔画为序）：王烈跃　朱志文　杨　波　陈　佳　柯荣彩　夏　缘　郭水平　黄　鑫　商勇强　程昌菊　曾丽娜

第十八篇　党的建设与文明单位创建

分纂：方　玲

主要参编人员：方　玲　曾维露　安传林　朱志文　谢增祥

资料收集、整理、考订（以姓氏笔画为序）：方　玲　邢海南　朱志文　刘　俊　汤浩越　安传林　杨　波　李孝勇　曾维露　谢增祥

第十九篇　民主党派与群团、社团组织

分纂：郭水平

主要参编人员：郭水平　朱志文

资料收集、整理、考订（以姓氏笔画为序）：王瑞雪　朱志文　刘　俊　孙金果　杨　波　李孝勇　汪　淮　张基明　金　延　周　敏　胡　杰　骆凤玲　袁光耀　夏　波　郭水平　黄　河　黄正才　谢　宇

20世纪80年代后期，重庆市委书记肖秧（前排中）考察农业农村工作

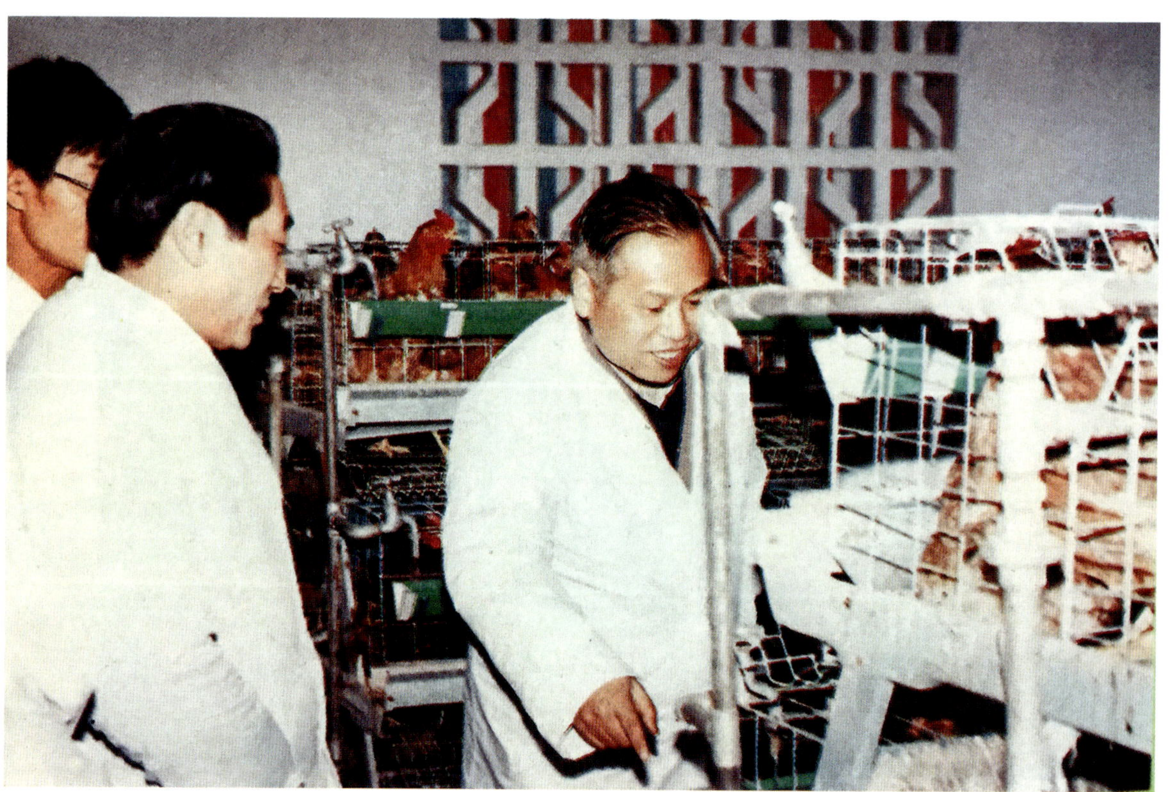

20世纪80年代中期，重庆市市长孙同川（右一）考察养鸡场

重庆直辖之初，重庆市委书记张德邻（前排右一）在三峡库区农村考察调研

2000年，重庆市委书记贺国强（中）在基层农村考察调研

2003年，重庆市委书记黄镇东（前排右）、副市长陈光国（前排左一）考察调研一线农业生产

2008年9月，重庆市委书记汪洋（中）考察花博会

2012年夏，中共中央政治局委员、国务院副总理、重庆市委书记张德江（前排左二）考察调研荣昌县盘龙镇高效农业园区

2018年12月5日，中共中央政治局委员、重庆市委书记陈敏尔（左二）考察调研石柱土家族自治县中益乡盐井村前胡种植示范基地

2003年4月17日，农业部部长杜青林（左一）在重庆市农业局公开办事窗口考察调研

2011年11月12日，农业部部长韩长赋（左三）考察长寿现代农业园区

重庆直辖之初，重庆市市长蒲海清（左二）在三峡库区农村考察调研

1999年12月，重庆市市长包叙定（前排中）在江津区考察调研农业农村工作

2006年11月11日，重庆市市长王鸿举（右二）在永川柑橘基地考察调研

2009年12月11日，重庆市代市长黄奇帆（左四）在重庆“三农”呼叫中心考察调研

2016年7月15日，重庆市委副书记张国清（中）在长寿现代农业园区调研

2017年8月7日，重庆市委副书记唐良智（左一）率队到贵州省安顺市平坝区塘约村考察“塘约经验”，助力脱贫攻坚工作

2018年11月12日，原重庆市委常委、市委农工委书记、市农委主任肖祖修（右一）和修志人员回顾“三农”工作历程

20世纪90年代初，重庆市委常委、市委农工委书记、市农委主任邓中文（右五）指导一线农业生产

20世纪90年代中期，重庆市委常委、市委农工委书记、市农委主任辜文兴（左二）安排部署农业农村工作

1999年夏，重庆市委常委、市委农工委书记税正宽（前排右三）、副市长陈光国（前排右二）在重庆市果树研究所调研

2005年4月8日，重庆市委副书记聂卫国（右一）在重庆市农业科学研究所调研

2004年，重庆市委常委、副市长、市防治高致病性禽流感指挥部指挥长陈光国（中）在荣昌桑家坡动物检疫监督检查消毒站督查高致病性禽流感防控工作

2006年1月4日，重庆市委副书记姜异康（中）考察重庆农产品展示展销工作

2011年8月17日，重庆市委副书记张轩（右四）考察重庆动物卫生监督110指挥中心，并与工作人员合影留念

2016年8月17日，重庆市副市长刘强（左四）到长寿调研特色效益农业发展情况

2017年9月19日，重庆市人大常委会副主任夏祖相（前排中）考察调研铜梁区南城街道黄桷门村农民新村美丽乡村建设工作

2018年6月7日，重庆市副市长李明清（中）在巫山县双龙镇向农民群众了解产业扶贫情况

2012年4月25日，重庆市政协副主席陈贵云（左三）在重庆市农业科学研究院调研

20世纪80年代初，重庆市农牧渔业局局长郁宏寿（右一）在人民大礼堂南楼接见美国农场主代表团

1992年，重庆市农牧渔业局局长景可嘉（前排右二）与局班子成员及机关干部合影

重庆直辖之初，重庆市农业局局长税蔚晰（前排中）在全市最贫困的城口县畜牧局调研

1997年，重庆市农机事业管理局局长李以宽（后排右三）在酉阳土家族苗族自治县调研

2006年8月10日，重庆市农机局局长任大军（左）与开县机插水稻大户孙昌武交流农机化工作

1999年，重庆市委农工委副书记、市政府农村工作办公室主任王大用（右一）调研永川农业工作

2003年7月11—13日，重庆市农业局局长刘涛（中）在璧山县调研“三农”工作

2005年10月12日，重庆市农业局局长王越（左一）在渝北区洛碛镇长江码头检查渔业船舶安全生产工作

2007年8月7日，重庆市农机事业管理局局长吴亚（右一）在江津区检查水稻机收工作

2015年4月17日，重庆市委农工委书记、市农委主任夏祖相（右三）在涪陵区李建家庭农场调研

2010年4月21日，重庆市委农工委书记、市农委副主任张季（中）在重庆市动物疫病预防控制中心调研

2017年11月28日，重庆市委农工委书记、市农委主任路伟（中）在渝北区古路镇乌牛村宣讲党的十九大精神

2008年8月8日，新组建的重庆市农委正式揭牌挂牌

2018年10月23日，新组建的重庆市农业农村委员会正式挂牌，重庆市副市长李明清（中），市政府副秘书长游贤勇（右七）与市委农业农村工委、市农业农村委班子成员及相关人员合影留念

1986年5月19日23时至20日凌晨，重庆市出现全市性大风、暴雨和冰雹天气，重庆市市长肖秧亲临大足开展救灾工作

1986年，大足县委书记邓中文在大足铁山区救灾现场。一户农家房屋受灾垮塌，在干部们的帮助下，从床下找到孩子并抱还农妇

2006年夏，重庆遭遇了全市自1891年有气象记录以来最为严重的夏旱、高温伏旱灾害，局部地区出现了夏伏连旱，灾害强度100年一遇

2006年夏，万州区新田镇金山社区村民78岁的陈光碧老人心痛地看着将要旱死的竹子

梁平回龙镇水稻制种示范片（摄于2015年7月）

潼南县桂林无公害蔬菜生产基地一角（摄于2011年6月）

长寿区现代畜牧园区温氏集团现代化鸡场全景图（摄于2015年3月）

2016年3月9—10日，《重庆市志·农业农村工作志（1986—2015）》主纂人员赴四川省农业厅、地方志办公室交流学习工作经验

2018年12月，《重庆市志·农业农村工作志（1986—2015）》主纂人员合影

序

治天下者以史为鉴，治郡国者以志为鉴。

我国志书编修源远流长，可考证的编修史长达2 000多年，已然成为中华民族特有的优秀文化传统。其中，地方志是了解一方自然风貌、经济发展、政治变迁及民俗风情的重要史料，被誉为“一地之百科全书”“一方之全史”。

1986年到2015年，是我国在打破计划经济藩篱之后、经济社会发展取得伟大成就的重要时期，也是我国“三农”事业蓬勃发展、取得历史性进步的重要阶段。在我国波澜壮阔、气势恢宏的改革发展伟大进程中，重庆农业农村改革发展工作乘风破浪持续向前。这30年，重庆市重要农产品供给保障能力显著提升，成功战胜自然灾害，有效化解各类风险，粮食累计增产206万吨，果菜茶、肉蛋奶全面增产，农业结构不断优化、质量稳步提高，有效满足了城乡居民日益增长的消费需求；这30年，重庆市农业发展方式积极转变，化肥与农药的使用量从高投入转向零增长、减量化，农业适度规模经营集中度提高到34.4%。新型农业经营主体达到20万个，农村电商、乡村旅游等新产业新业态蓬勃兴起；这30年，重庆市农业基础支撑能力不断增强，累计建成高标准农田200多万亩，探索形成了宜机化地块整治的有效路径，农机总动力达1 300万千瓦，主要农作物耕、种、收综合机械化水平提高到42%，农业科技进步贡献率达57%；这30年，重庆市农民收入持续快速增长，农村劳动力就业趋于多元，农民增收渠道得到有效拓展，农民收入年均增长12.3%，农民家庭恩格尔系数下降到40%，促进贫困农户增收提升到了史无前例的新高度；这30年，重庆市农村面貌发生历史性变化，农村基础设施建设不断加强，新建、改建农村公路1.1万千米，解决了500万农村人口的饮水安全问题，累计发展农村沼气用户160万户，改造农村危房50多万户，城乡基本公共服务均等化取得实质性进展；这30年，重庆市工农城乡关系明显改善，生活、收入、权利、机会、人口素质、文明程度等差距不断缩小，取消了农业税、牧业税和特产税，不断加大对农业的补贴力度，初步构建起了以工促农、以城带乡、工农互惠、城乡一体的体制机制。30年的农业农村改革发展历程，深刻改变了农业、农村和农民的状况，谱写了重庆市“三农”事业辉煌的篇章，为全市经济社会发展作出了应有贡献。

盛世修志，志载盛事。20世纪80年代末至90年代初，重庆市启动第一轮市志编修工作，原市农委、市农牧渔业局、市农机水电局分别编纂完成《重庆市农业志综述》《重庆市农牧渔业志》《重庆市农业机械专志》，客观记述了上至远古、下迄1985年重庆市农业农村发展历程。2003年，市政府决定启动第二轮地方志续编工作，下达由原市政府农村工作办公室、市农业局、市农机事业管理局分别承担《重庆市志·农村工作志》《重庆市志·农业志》《重庆市志·农机志》的编纂任务。2008年，因机构改革，三个部门整合组建为原市农业委员会，市政府同意将三部志书合并更名为《重庆市志·农业农村工作志（1986—2015）》。第二轮修志工作始于2014年，成于2019年初。

新编《重庆市志·农业农村工作志（1986—2015）》，客观记述了这30年来重庆市农业农村改革发展工作波澜壮阔的历程，重点反映了农村经济发展取得的历史性成就，真实记录了农民群众用智慧和勤劳的双手建设美好家园、创造幸福生活的生动实践，全面展现了重庆市从计划单列市到直辖市、从计划经济到市场经济、从传统农业到现代农业、从农民生活由求温饱到求环保的历史跨越。该志书学科之众多、门类之齐全、内容之丰富、体例之严谨、行文之规范、采编之审慎、文字之凝练，堪称重庆的“农情书”“资料库”和农村改革发展的“百科全书”，可为人们了解重庆“三农”提供翔实可靠的地情资料，为重庆全市各级党政机关、企事业单位及一切有志于“三农”工作的人们提供重要的历史借鉴和现实依据，为社会各界人士投身重庆市农业农村改革发展提供生动的乡土教材。

《重庆市志·农业农村工作志（1986—2015）》的编纂出版是集体智慧的结晶。从启动至成书，历时四载。在重庆市委、市政府坚强领导下，全市农业农村工作系统总动员，市和区（县、自治县）农业部门领导班子高度重视，时序化研究推动志书编修工作，积极创造条件；全体撰稿人员不畏艰辛、耐心录访、众手修志、群策群力，为志书编纂奠定了坚实基础；编纂人员夜以继日、辛勤笔耕、字斟句酌、数易其稿，付出了大量心血。他们的辛勤劳动，值得尊重与赞誉。在此过程中，还得到了众多离退休老领导、老同志的悉心指导和热情关怀，得到了市级有关部门和单位的大力支持，得到了社会有关方面的真诚帮助。在此，一并谨致谢忱。

由于这部志书时间断限长、涵盖范围广，加之建制调整和机构改革等因素，给修志工作带来不少困难。编纂人员虽极尽努力，但疏漏之处在所难免，恳请大家批评指正。

历史车轮滚滚向前，凡是过去，皆为序章。当前，重庆市委、市政府正带领全市人民深学笃用习近平新时代中国特色社会主义思想，承载“两个一百年”奋斗目标的伟大梦想，统筹推进乡村振兴与城市提升两大基本面，决战决胜全面建成小康社会，奋力谱写新时代重庆“三农”工作新篇章。历史会铭记为之奋斗的人们，奋斗的人们必将铸就明天新的辉煌。

谨以本志为改革开放40周年献礼。

是为序。

中共重庆市委农业农村工作委员会书记
重庆市农业农村委员会主任

2019年1月

总目录

第四篇　农业农村经济结构调整

第五篇　农业法治

第六篇　农业资金投入管理

第七篇　种 植 业

第八篇　畜 牧 业

第九篇 渔 业

第十篇 农业机械化

第十一篇 农业科研与技术推广

第十二篇　农业教育、宣传及农村体育

第十三篇　农村生态文明与社会主义新农村建设

第十四篇　农业对外贸易与合作交流

第十五篇　农产品质量安全

第十六篇　农产品流通和农村信息化

第十七篇　队伍建设

第十八篇　党的建设与文明单位创建

第十九篇　民主党派与群团、社团组织

第二十篇　区（县）农业农村概况

第二十一篇　农业文化

第二十二篇　“三农”人物

上册目录

第四篇　农业农村经济结构调整

第五篇　农业法治

第六篇　农业资金投入管理

第七篇　种 植 业

第八篇　畜 牧 业

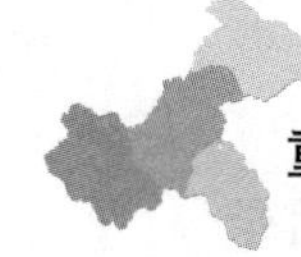

第九篇　渔　　业

第十篇 农业机械化

凡　例

一、指导思想。本书编纂工作以马克思列宁主义、毛泽东思想、邓小平理论、“三个代表”重要思想、科学发展观和习近平新时代中国特色社会主义思想为指导，坚持辩证唯物主义和历史唯物主义的立场、观点和方法，全面、客观、真实、准确地记述重庆全市农业农村改革发展历程和取得的历史性成就。

二、时间断限。本书系中华人民共和国成立后首部《重庆市农业志综述》《重庆市农牧渔业志》《重庆市农机水电志》的续编。首部《重庆市农业志综述》《重庆市农牧渔业志》《重庆市农机水电志》时间下限是1985年。本轮修志上限一般起自1986年，下限一般截至2015年。对前志未设之篇章从事物发端写起；对前志漏载、误载的某些事项进行补载、更正；对前志记载后变化不大的某些事项进行简要复载；升格详载具有地方特色的某些事项。如：机构篇、三农人物篇，一般自1983年从重庆成立计划单列市开始记述，下限为本书定稿成书之日；农业文化和人物传时间断限为上古迄今。

三、记述范围。本书记述的地域范围以1986—2015年重庆市行政区划为准。凡本书正文中涉及重庆直辖市设立前需要使用“重庆市”这一名称时间的情形，其记述范围一般指1997年3月重庆直辖后的整个区域；确实无法完整记述直辖前涉及永川地区、万县地区（市）、涪陵地区（市）、黔江地区地域范围的，尽可能表述为“四川省重庆市”。

四、文体、体例。本书采用述、记、志、传、图、表、录等体裁，以志为主。本书使用规范的现代语体文记述，行文严谨、朴实、简洁、流畅、合乎语法。使用规范汉字，用词概念准确，符合现代汉语语法规范。

五、本书设序言、凡例、综述、篇等，为各篇之首，全书之纲。各篇、章、节、目根据学科分类实际，按照“以类相从”或“突出地方特色”的原则设立，以篇、章、节、目横分类别，节、目、子目以下纵述史实，立足反映重庆行政区域某一事物（事业、行业）断限期内历史与现状的全貌。人物志篇采用传、录、表诸种表述形式，坚持“生不立传”原则。本书大事记以编年体为主，辅以纪事本末体。

六、本书使用公元纪年，各篇正文（除引文外）采用第三人称表述；行文涉及机构、会议、文件、职衔、地名等，均按当时称谓。

七、本书资料来自文献、档案、报刊、书摘、口述史资料及实地调查等，所用资料均经考证、核实。数据一般采用统计部门公布的数据，统计部门缺乏的，采用有关部门正式提供的数据。

八、标点、数字、计量单位。本书使用的标点符号、数字、计量单位等均按国家规定的统一标准书写。

九、各篇图片分为前置图片和随文插图，随文插图和表格均以篇为单位依次排序编号。

十、本书插图尽可能选编以下人物和事件入册：历任重庆市委书记（含主持市委工作的副书记）；来渝曾经视察过的农业部部长；市长（含代市长）；分管农业农村工作的市委常委、市政府副市长；现任联系农业农村工作的市人大常委会副主任、市政协副主席；曾经在市委农业农村工委（市委农工委）、市农业农村委员会（市农业委员会、市政府农村工作办公室）、市农业局（农牧渔业局）、市农机事业管理局（农机水电局）任职过党政一把手的领导等；30年来在本辖区内遭受的特大自然灾害等。按先正职后副职和任职时间先后排序（计划单列市和直辖市未作区分）；同一时期任职的，按中央组织部确定的任职顺序排序。

综　　述

重庆市（简称“渝”）位于中国西南部、长江上游地区，全市总面积8.24万平方千米。农村面积占全市总面积的95%，其中山区深丘占76%。2015年，全市辖38个区（县），617个镇、195个乡，8 220个村；2015年年末全市常住人口3 016.55万人，其中城镇人口1 838.3万人、乡村人口1 178.3万人，城镇化率60.94%；年末户籍总人口3 371.84万人，其中，城镇人口1 391.02万人、乡村人口1 980.82万人，城镇化率41.25%；全年外出人口505.5万人，市外来渝人口150.21万人。三峡移民区（县）15个，其中重点区（县）8个，动迁移民113.8万人；2015年末农村扶贫对象70.6万人。

重庆是一座有着3 000多年历史的文化名城，是巴渝文化的发祥地。公元前11世纪至公元前316年，巴人以重庆为首府，建立了巴国。秦国灭巴后，置巴郡。汉代巴郡称江州，先后又更名荆州、楚州。隋开皇三年（583年），以渝水（境内嘉陵江古称“渝水”）绕城，改楚州为渝州，重庆始简称“渝”。北宋崇宁元年（1102年），改渝州为恭州。南宋淳熙十六年（1189年），宋光宗赵惇受孝宗禅让即帝位，因其先被封恭王，潜藩恭州，自诩“双重喜庆”，遂升恭州为重庆府，重庆由此而得名。元至正二十三年（1363年）农民起义军领袖明玉珍称帝，国号大夏，定都重庆。清光绪十七年（1891年），重庆对外开埠，成为中国最早对外开埠的内陆通商口岸。民国十八年（1929年），正式建市。抗日战争时期，国民政府由南京移驻重庆，重庆成为国民政府陪都和世界反法西斯战争远东指挥中心。

新中国成立之初，重庆为中央直辖市，是中共中央西南局、西南军政委员会驻地和西南地区政治、经济、文化中心。1954年，西南大区撤销后，重庆改为四川省辖市。1983年永川地区并入后，重庆实行计划单列，赋予省级经济管理权限。为带动西部地区及长江上游地区经济社会发展、统一规划实施百万三峡移民，1997年3月，第八届全国人民代表大会五次会议批准设立重庆直辖市，是中国中西部唯一的中央直辖市，辖原四川省所属重庆市、万县市、涪陵市和黔江地区。

直辖市的体制、中等省的构架，大城市、大农村、大山区、大库区是重庆市的基本市情。农村地域广、农业基础弱、农民人口多、贫困数量大、移民任务重的特点，决定了农业和农村经济在全市经济社会发展中具有特殊的战略地位。

农业、农村、农民问题是关系国计民生的根本性问题。没有农业、农村的现代化，就没有国家的现代化。农业强不强、农村美不美、农民富不富，决定着全市农民的获得感和幸福感，决定着全市全面小康社会的进程和社会主义现代化的质量。

历届重庆市委、市人民政府坚持把解决好“三农”（农业、农村、农民）问题作为全市工作重中之重，1982—1986年连续5个、2004—2015年连续12个指导“三农”工作的中央1号文件，对重庆农村改革发展赋予新的机遇。市委、市人民政府团结带领全市广大干部群众，不断深化农村改革，坚定不移推进农业农村经济结构战略性调整，促进农业增效、农民增收、农村增绿。1986—2015年，尽管遭遇多年的自然灾害和市场起伏波动，全市农业农村经济仍持续、较快、健康发展，农业基础稳固，农村和谐稳定，农民安居乐业。全市农民生活发生了历史性巨变，农村面貌焕然一新，正朝着实现全面建成小康社会目标迈进。

农　　业

中国要强，农业必须强。农业是安天下、稳民心的基础产业，没有农业现代化就没有国家现代化。1986 年以来的 30 年，是重庆农业由传统农业迈向现代农业的 30 年。

1986—1997 年，全市农业结构调整坚持走“两个稳定、三个发展、一条路径”（稳定粮食、稳定蔬菜生产；发展乡镇企业、发展畜牧业、发展林果业；以拳头产品、名优特新产品和骨干企业为龙头，实行农工商经营的路径）发展农村经济的路子。1997 年重庆改直辖市后，按照“改造提高第一产业，壮大优化第二产业，加快发展第三产业”的思路，全市农业农村经济快速发展。2015 年，全市农、林、牧、渔业总产值达 1 738. 15 亿元，是 1986 年（80. 20 亿）的 21. 7 倍、1996 年（424. 99 亿）的 4. 1 倍；全市农业增加值由 1996 年的 284. 89 亿增长到 2015 年的 1 168. 67 亿，增长了 3. 1 倍。

改革开放之初到重庆直辖之前，全市第一产业在 GDP 中占比较大，1978 年、1986 年、1996 年分别为 34. 6%、32. 5%、21. 9%，农业产业结构欠合理。经过 30 年改革和调整，2015 年，全市一二三产结构优化为 7. 3∶45∶47. 7，第一产业占比低于同期全国平均 1. 3 个百分点。乡村劳动力从事农业生产比重，从 1996 年的 74. 5% 下降到 2006 年的 53. 6%、2015 年的 42. 6%。农村经济由直辖前以农业为主，转变为一二三产业融合发展，农业产业结构明显优化。

根据重庆的资源禀赋，按照“决不放松粮食生产，积极发展多种经营”的方针，重庆市委、市人民政府制定了《重庆市综合农业区划》（1987、1999），把农业“三大工程”列为 20 世纪 90 年代农村经济发展的重要任务和战略措施（300 万亩*冬水田综合开发工程、200 万亩坡瘠地综合改造工程、菜篮子工程）；大力推广重庆农业“三绝”（再生稻、半旱式栽培技术、稻田养鱼），发展高产、高质、高效“三高农业”，探索农业产业化经营；90 年代后期实施农业农村经济结构战略性调整；启动实施“三百工程”（2001 年农业产业化百万工程、2003 年百个经济强镇建设工程、2004 年百万农村劳动力转移就业工程）；坚持“多予、少取、放活”方针，落实“一免三补”政策；2006 年推进“一圈两翼”发展战略，开发产业扶贫，实施“千百工程”推进社会主义新农村建设；2008 年启动农业部、重庆市共建统筹城乡现代农业示范区建设，2009 年启动农业部、重庆市共建重庆国家现代畜牧业示范区建设；2012 年重庆市中国共产党第四次代表大会提出的大力发展特色效益农业，“四化”（工业化、城镇化、信息化、农业现代化）同步发展。一系列推进农业发展、农村改革的重大举措，迈开了重庆农业现代化建设的步伐。

一、产业发展

1949—1978 年，全市种植业由 78. 4% 下降到 73. 1%，30 年间仅下降 5. 3 个百分点，种植业始终是“以粮为纲”。1978—2015 年，种植业比重不断缩小，畜牧业、渔业比重持续上升。在农业总产值中，种植业比重由 73. 51% 下降到 59. 47%；林业比重由 4. 82% 下降到 3. 48%；畜牧业比重由 21. 18% 上升到 31. 23%；渔业比重由 0. 40% 上升到 4. 31%。粮油、肉蛋奶、果菜茶、水产品等主要农产品生产全面发展，基本满足了居民生活需要，促进了农民收入持续较快增长。农业生产能力持续提升，农业结构正朝着合理化方向发展。

（一）种植业

全市种植业发展主要经历了 4 个时期。

一是 1949—1983 年的“以粮为纲”时期，主要特点是以粮食生产为主，其他各业为次要产业，任

* 亩为非法定计量单位，1 亩≈667 米^2。全书同。编者注。

其自然发展。

二是1983—1993年，在大力发展粮食生产前提下，积极发展多种经营。杂交水稻、杂交玉米的大力推广，粮食单产比过去大幅增长，达259千克/亩，“八五”期间全市人均占有粮食391千克/年，比“七五”期间增加34千克/年，全市粮食生产基本满足人民生活和社会发展需要。

三是1993—2000年，稳定粮食生产面积和产量，下大力气发展多种经营。“八五”以来，确立了“突出水稻、主攻玉米、提高小麦、发展两薯、增种杂粮、扩大晚秋”工作思路，粮食播种面积平均保持在4305万亩以上，1995年全市粮食总产高达1 186万吨，比10年前净增209万吨，人均占有粮食395千克，高出全国平均水平10千克。果、茶、桑等经济作物发展“两高一优”，1995年鲜果产量达89.6万吨（柑橘63万吨），成为全市农业农村经济的支柱。

四是2000—2015年，逐步进入“稳定粮食生产能力，以经济效益为中心，积极调整产业结构”时期，大力发展名、特、优、新、稀和适销对路农产品。1999年，重庆市委、市人民政府提出：稳水稻玉米，减小麦薯类，增油料杂粮。种植业结构调整于2002年实现“退三进四改六”的目标，即：减少小麦200万亩、薯类100万亩共300万亩；增加豆类杂粮和油料作物各200万亩共400万亩；水稻扶优压劣400万亩和发展优质玉米200万亩共600万亩。种植业结构的调整，为柑橘、蔬菜等经济作物发展提供了更多空间。2000年，重庆市委、市人民政府推出“十个农业产业化百万工程”（百万亩天然香料产业化工程，百万亩优质中药材产业化工程，百万亩笋竹产业化工程，百万亩甘蓝型黄籽油菜产业化工程，百万亩花卉苗木产业化工程，百万吨优质柑橘深加工产业化工程，百万吨优质粮加工产业化工程，百万担优质蚕茧产业化工程，百万头、只草食牲畜产业化工程，百万头出口创汇优质瘦肉猪产业化工程）。其中8个百万工程涉及经济作物。通过百万工程的实施，全市粮经结构由2000年的80.6∶19.4，调整到2005年的72.9∶27.1、2010年的66.8∶33.2、2015年的63.3∶36.7。种植业结构调整的不断优化，实现了区域化布局、产业化经营，重庆农业逐步由传统农业向现代农业迈进。随着城镇化快速推进，全市耕地虽逐年减少，但作为全国粮食产销平衡区，粮食播种面积和产量仍常年保持在3 300万亩和1 100万吨以上。2012年，重庆市委、市人民政府作出战略决策，确立以“特色效益农业”为核心的农业现代化之路，种植业大力发展粮油、蔬菜、柑橘、中药材、茶叶、调味品等。

2015年，全年粮食播种面积3 350.94万亩，粮食总产量1 154.89万吨，粮食综合单产344.6千克/亩；油料播种面积463.97万亩，产量59.87万吨；蔬菜播种面积1 097.5万亩，产量1 780.47万吨；柑橘种植面积297.3万亩，产量249.2万吨；茶叶种植面积67.1万亩，产量3.24万吨。

（二）畜牧业

改革开放特别是1989年实施“畜牧丰收计划”以来，按照“稳定发展生猪，突出发展牛、羊，积极发展禽兔，着力建立‘优质、低耗、节粮’型牧业结构”的思路，大力推进牧业产业化，全市畜牧业逐步迈上新台阶。

重庆是全国生猪主产区，地方猪种以荣昌猪为主，商品肉猪以长白（或约克）与荣昌猪的二元与三元杂交为主，生猪无论产值、饲养量、出栏量或肉产量在畜牧业中匀占绝对优势。1995年农业部评比全国产肉百强大县，四川省重庆市12个县（市）中的巴县、合川、江津、永川、长寿、铜梁、潼南、大足、綦江、江北等10个县（市）被列入全国百强大县，巴县、合川、江津名列全国前三名。

重庆直辖后，在新的农业区划四大区域中确立了不同的主导畜种和畜牧业产业经济，1998年起加快畜牧业结构调整。2000年前重点实施以生猪良种工程为重点的生猪品种优化、质量提高的结构调整，先后推广“新荣Ⅰ系”“洋三元”等生猪品种，2001年后重点实施牛、羊良种工程。2002年，全市生猪出栏1 781万头，肉牛出栏44万头，山羊出栏209万只，分别比1998年增长3.54%，36.65%，

59.54%；全市肉类产量153.5万吨，比1998年增长9.64%。

1999年、2001年和2002年，农业部先后3次批复重庆市与四川省衔接实施国家无规定动物疫病区（简称：无规区）建设，把四川盆地建成全国5片无规区之一。1999—2004年，全市先后投资10 271万元（中央7 000万元，地方3 271万元），在涪陵、荣昌等27个区（市、县）建设核心区，万州、开县等4个区（县）建设缓冲区，于2004年通过国家验收。建成了较为完备的动物疫病控制体系、动物防疫监督体系、动物疫病监测体系、动物防疫屏障体系，项目区猪、鸡、大牲畜死亡率下降至2.9%、11%、0.2%，口蹄疫、禽流感等重大动物疫病连续多年保持清净无疫，基本建成免疫无口蹄疫、猪瘟、新城疫和禽流感的国家级无疫区，为全市畜牧业持续健康发展提供了保障。

2007年，重庆被国务院批准为全国统筹城乡综合配套改革试验区，重庆畜牧业在保障市场供给、增加农民收入、促进城乡统筹上发挥了重要作用。部市共建重庆国家现代畜牧业示范区，26个区（县）被列入全国生猪优势产区，7个区（县）被列入全国肉牛、肉羊优势产区，22个区（县）获得国家生猪调出大县奖励。2005年全市启动了生猪生态养殖小区建设，全国种猪供种高地、全国畜产品信息物流中心正在确立。

随着城镇化快速推进，农村人口减少，城市人口增多，畜产品生产者减少，消费者增多，重庆地产畜产品增幅远不能与市场需求同步，自给率逐年降低，供求矛盾日渐突出。重庆市委、市人民政府立足重庆畜牧业资源禀赋，于2012年提出特色效益畜牧业发展思路：稳量提质发展生猪，推广适度规模生态循环养殖模式；以优质肉牛、肉羊、肉兔、土鸡为主，推广种草养畜及健康养殖模式。大力实施规模化、标准化、规范化养殖。

2015年，重庆市畜牧业总产值542.9亿元，占农林牧渔业总产值的31.2%；畜牧业增加值275.87亿元，占农林牧渔业增加值的23.6%。出栏生猪2 119.9万头、肉牛67.7万头、山羊274.31万只、家禽2.42亿只，全市肉类总产量213.66万吨，禽蛋产量45.36万吨，牛奶产量5.45万吨。全市规模化养殖率分别为：生猪43.27%、肉牛41.77%、山羊39.69%、肉鸡67.73%、蛋鸡76.19%。丰都县成为全国“肉牛之都”。

（三）渔业

重庆市可利用养殖水面400万亩（不含冬水田），已利用150万亩。境内水生野生动物及鱼类资源丰富，历史上有鱼类7目19科180多种。20世纪80年代以来，全市渔业发展大致经历了以下4个时期。

快速发展期（1985—1996年）。1985年，中共中央发出《关于放宽政策，加速发展水产业的指示》，全面放开水产品价格。1986—1990年，四川省重庆市实施了“中国淡水养鱼世界银行贷款项目”，共投资7571万元，新建鱼池1.96万亩、改造鱼池0.56万亩，积极推广邱国彬池塘养鱼技术。先后实施农业部、四川省和重庆市水产丰收计划项目30多项。到1996年，四川省重庆市水产品总产量达10.18万吨，比1985年的2.66万吨翻了近两番，年均增长13.0%。

平稳发展期（1997—2005年）。重庆直辖后，世界银行贷款项目进入还贷高峰期，市级财政渔业发展资金受限；重点推广了“池塘80：20养殖技术”等。到2005年，全市水产品总产量25.06万吨，比1997年的15.85万吨增长58.11%，年均增长5.9%。2006年，国务院印发《水生生物养护行动纲要》，市级财政补助渔业规模化养殖，扶持渔业发展。但当年全市遭受百年不遇旱灾，渔业灾害损失6.85万吨，当年总产减少到16.4万吨，比2005年下降52.8%。

恢复发展期（2006—2010年）。2009—2010年，重庆市人民政府先后出台了《关于加快渔业发展的会议纪要》《关于加快推进三峡库区天然生态渔场建设的意见》。实行渔业规模化养殖补助；大力推广池塘“一改五化”技术、名优流水养殖技术，示范推广稻田养鳅技术；积极开展增殖放流，累计放流鱼种1.8亿多尾。到2010年，全市水产品产量22.43万吨，占2005年总产量的89.51%，全市渔业实现恢复性增长。

全面发展期（2011—2016 年）。2011 年，重庆市人民政府出台《关于加强三峡库区渔业船舶安全的会议纪要》；2013 年，市委、市人民政府将渔业确定为全市优先发展的五大特色产业。到 2015 年，全市水产品总产量 48. 1 万吨，渔民人均纯收入 1. 5 万余元，均比 2010 年翻了一番多，渔业发展朝着“生态、优质、高效”方向迈进。

二、农业支持体系

（一）财政支农

重庆市历届市委、市人民政府高度重视财政支农的投入。20 世纪 80 年代到 90 年代，主要有各级财政预算安排的支农资金（农村发展生产资金、基本建设资金、农业综合开发资金、农业事业费、科技三项费等）。

1986—2015 年，国家根据不同时期农业、农村经济、社会发展的主要矛盾和需要，先后出台增加农业投入的一系列法律法规和政策措施。1986 年，中央财政建立了以工补农发展粮食专项资金；1987 年建立农业发展专项资金；1988 年正式设立以粮食和生猪为主的农业发展基金；1993 年《中华人民共和国农业法》和《中华人民共和国农业技术推广法》颁布实施，国家对农业投入所占财政收入比例及年增长幅度纳入法制化管理。

为促进农业、农村经济全面发展，1998 年开始，国家实行积极的财政政策，大幅度增加农业基本建设投入，完善财政支农机制和方式，在财政扶贫领域和农业综合开发领域，借鉴世界银行的项目管理办法，确保项目实施的有效性，支持推进农村税费改革。从 2000 年开始进行农村税费改革，实行了“三取消”（取消统筹、取消农村教育集资等向农民征收的行政事业性费用、取消政府性基金）“两调整”（调整农业税政策，调整农业特产税征收政策）“一改革”（改革村提留征收使用办法）政策。2003 年，中央提出“统筹城乡发展”方略，把“三农”问题作为全党工作的重中之重，财政支农政策开始实现战略性的转变。2004 年以来，实施了以“四减免”（减免农业税、减免牧业税、减免农业特产税和屠宰税）、“四补贴”（种粮补贴、农资综合补贴、良种补贴和农机具购置补贴）为主要内容的支农惠农政策，中央对农业投入的力度进一步加大。

其间，重庆市出台了相应的法规、规章和财政支农扶农政策措施。1995 年，《重庆市农业投资条例》颁布实施，并于 1997 年直辖后及时修订。从 2005 年起，重庆市人民政府全部免征农业税及农业附加税。2006 年，重庆市委、市人民政府出台《关于统筹城乡发展、推进社会主义新农村建设的意见》。2011 年，重庆市人民政府印发《关于加快建设现代农业努力增加农民收入的意见》。市级财政在保证农业投入逐年增加的同时，根据农业、农村经济发展需要，出台了多项资金支（扶）持政策，包括中央项目地方财政资金配套、农业产业化百万工程、新农村建设、特色效益农业、现代农业建设、农业项目贷款贴息、农业保险补贴、担保贴息等。

30 年来，重庆市农业投入一年高过一年。2015 年，全年市级以上财政投入农、林、水扶贫农综资金 259. 4 亿元，其中中央补助 170. 1 亿元，市级安排 89. 3 亿元。农业生产连年丰收，农村经济、社会事业、基础设施、乡村风貌得到全面提升。

（二）农业机械化

农业机械化是农村社会经济和农业现代化发展的重要标志，重庆市委、市人民政府高度重视，时任重庆市委书记于汉卿于 20 世纪 70 年代末亲任重庆市农业机械化领导小组组长。1986 年以来，重庆农机化发展大致经历了 3 个阶段。

恢复性增长阶段（1986—1995 年）。随着经济体制改革逐步深入，市场作用在农机化发展中逐渐增

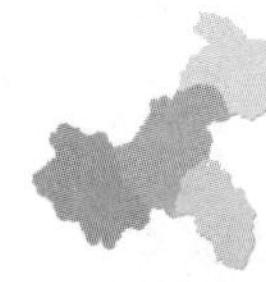

强，农机工业生产、产品经销的计划管制逐步放开，农民获得自主购买、经营使用农业机械的权利。1986年起，国家、集体、非公有等多形式农业机械经营局面形成。此后，“计划+市场”的运行机制逐步实施。国家一方面实行计划经济体制下支持农机化发展的行政、财政、金融政策，对农机产品实行适度的价格管控，保证农机产品以较低的价格供应农村；另一方面，随着经济体制改革的深入推进，农机工业指令性计划逐步弱化，优惠政策逐步取消。“八五”期间，适合重庆丘陵山区特点的小型田间作业机械开始研发、试制、试验示范和推广。到1995年末，四川省重庆市拥有农业机械总量135万台（套）；农机总动力为209.37万千瓦，100亩耕地拥有农机动力20千瓦；分别比1986年增加17.29万千瓦、0.271千瓦。

稳步推进阶段（1996—2005年）。重庆直辖后，1997年颁布了《重庆市农业机械管理条例》，1998年《重庆市农村机电提灌条例》和《重庆市乡镇农业机械管理服务站工作规定》等一系列法规规章的出台，全市农机管理工作进入有法可依、依法可管时期。国家先后实施的商品粮基地建设、粮食自给工程，既给农机提供了资金又给农机服务提供了市场。1999年，重庆市财政开始安排农机购置专项补贴资金，从50万元逐年增加到2005年的2 635万元。2004年，中央财政将农机购置补贴列为全国“两减免三补贴”支农惠农政策之中，政府补贴带动了社会资本投资农机事业，到2005年末，重庆市农机总动力775.96万千瓦，比1996年增加366.06万千瓦；耕整机2.83万台，机耕地面积586.05万亩，比1996年增加460.05万亩；联合收割机从无到有，达到159台，机收面积44.4万亩（含外省农机入渝收割面积）；耕种收综合机械化水平提高到7.4%。

加速发展阶段（2006—2015年）。中央、地方两级农机购置补贴政策持续发力，补贴资金从2005年的2635万元增长到2010年最高时的3.8亿元。2006—2015年累计补贴资金21.209亿元，全市农业机械化发展进入快车道。重庆农机生产企业也得到大发展，2005年，全市农机生产企业仅20家左右，到2010年达90家。以合盛、富派、鑫源、威马等为代表的一批微耕机生产企业产品在满足本市所需之外，还销往全国20多个省份，出口20多个国家，市场销售量达到90多万台。

2015年，全市农机总动力1 243万千瓦，推广各型补贴机具17万多台（套），实施中央补贴资金1.2亿元，受益农户12万多户，带动农民和社会投资超过2.8亿元，农机作业服务总收入95.37亿元，为农业节本增收15.12亿元。全市农作物耕种收综合机械化水平42%，农业机械化迈进了中级发展阶段。

（三）农业综合开发

重庆市农业综合开发源于“农业学大寨”时期，限于当时的客观条件，主要以垦荒造地、改土改田为主。党的十一届三中全会后，农业综合开发有较快进展，但仍然局限于单纯的改田改土。真正意义上的农业综合开发，始于1990年。

1990年，国家将重庆列入全国农业综合开发项目区。至1996年，全市农业综合开发以改造中低产田和坡瘠地为主，增加粮油和经果为主的农产品产量，共投入资金6.3亿元，其中中央财政资金2.7亿元，改造中低产田8.9万公顷，培育龙头骨干项目103个，推广“两杂”（杂交水稻、杂交玉米）、“三绝”（半旱式、再生稻、稻田养鱼）新技术。

1999年1月，重庆市人民政府发布《重庆市农业综合开发项目管理办法》；2006年5月，市人大常委会发布《关于加强农业综合开发工作的决定》；2007年9月，国家农业综合开发办公室正式批复，同意重庆自2008年起生态综合治理项目占土地治理项目财政投资的比例从10%提高到30%，用于小流域治理项目；2009年全市农业综合开发项目区已覆盖除渝中区外的所有区（县）；先后制定了高标准农田、农业优势特色产业、柑橘产业、茶产业、榨菜产业、柠檬产业、莼菜产业等专项规划，推动产业发展。

1997年，重庆市农业综合开发投入财政资金8 000万元（其中中央财政资金4 000万元），2009年投入财政资金56 688万元（其中中央财政资金37 656万元）。2001年以来，实施集中科技推广项目408个，新品种、新技术，项目区良种覆盖率达98%以上；全市农业综合开发项目区累计规模经营面积达10.1万公顷，农业综合开发重点龙头企业达441家。

2007年，全市利用世界银行贷款实施加强灌溉农业三期项目，至2009完成投资1 123万元，建成用水户协会109个。2014—2018年，计划实施利用世界银行贷款可持续发展农业项目，计划投资3.33亿元，建设高标准农田1.6万公顷。2013年，潼南区实施国家农业综合开发现代农业园区试点项目，投入财政资金7 200万元。2014年，永川区、梁平县实施了国家农业综合开发现代农业园区试点项目；黔江区、丰都县、武隆县、石柱县、秀山县、酉阳县、彭水县等7个区（县）被列为"国家农业综合开发扶持民族地区经济发展政策创新实验区"，每年投入财政资金5 600万元。

2015年，全市确定大足、南川、潼南、梁平、开县、秀山6个区（县）作为重庆市首批新型现代农业综合开发重点项目区（县），全年全市共投入农业综合开发财政资金13.56亿元，其中中央财政资金达8.58亿元。

（四）农业科技

农业科技是推动重庆农业和农村经济可持续发展的强大动力。1986年以来，重庆市牢固树立科技是第一生产力的思想，全面实施"科教兴农"战略，农业科技创新取得明显进步。主要农作物、主要畜禽良种基本实现全覆盖，农业科技进步贡献率从"七五"末的30%提高到2015年的57%，农业科技成为重庆现代农业发展的重要驱动力量。

"七五"期间（1986—1990年）。重庆市以种养业为重点的农业科技工作取得长足发展，农业科技进步贡献率提高到30%。粮食生产和自给能力大幅提升，基本解决全市人民温饱问题。1986年，"长江鲟内塘驯化和人工繁殖试验研究"达到国际先进水平；1987年杂交水稻良种自给率达74%，"七五"累计推广杂交水稻2 760万亩、杂交玉米1 238万亩，分别比"六五"增长80%、25%；1972—1988年，以瘦肉猪生产配套技术、猪人工授精优化配套技术、肉兔生产配套技术、规范化稻田养鱼高产技术为主的牧、渔"丰收计划"得到大力实施，大幅度提高了养殖业生产力水平；1990年为农业科技成果推广年，确定了科技兴农之路，再生稻、半旱式栽培、稻田养鱼成为重庆农业"三绝"，国务院总理李鹏批示：认真推广重庆经验。为鱼、稻双高产提供了新经验。

"八五"期间（1991—1995年）。重庆市重点科技项目得到顺利开展，农业科技进步贡献率提高到36%，综合实力增强。一是广泛推广农业先进实用技术：围绕"高产、优质、高效"农业，实施"丰收计划""星火计划""燎原计划"等重要计划，重点推广农作物高产栽培、测土配方施肥、节水灌溉、动物集约化工厂化配套饲养、重大动植物病（疫）虫害防治等技术；共完成科技推广项目230余项，获奖190余项。二是农业科技整体实力明显增强：完成重大农业科技成果100余项，获国家、省、市科技成果奖66项；培育出杂交水稻、杂交玉米、杂交小麦等新品种25个；水稻无融合生殖研究达国际领先水平，杂交中稻新组合Ⅱ优6 078亩产比一般品种高10%以上；二系法杂交小麦研究居国际领先水平，芥菜、番茄等蔬菜新品种研究达国内国际先进水平；畜禽、水产等研究取得良好进展。

"九五"至"十五"期间（1996—2005年）。10年时间，重庆直辖市依靠科技进步为重点，农业科技进步贡献率提高到"九五"末的38%、2006年45%。一是组织实施农业科技攻关工程：面向产前、产中、产后，围绕资源评价与开发利用、动植物良种工程、作物高效栽培和动物科学养殖、病（疫）虫草害综合防治、农业面源污染综合治理、高效生态模式、农产品加工增值等关键技术开展科技攻关，每年完成农业科技成果60余项，如新荣昌猪Ⅰ系、渝糯7号、菜用玉米等一批重大科技成果获省（部）级以上科技进步奖；水稻特殊遗传材料CYAR02的研究及特殊水稻育种、两系法杂交小麦研究、芥菜雄不育杂种优势的利用等达到了国际领先水平；鸡蛋黄生物反应器生产畜禽抗、油菜、甘蓝、番茄、辣椒

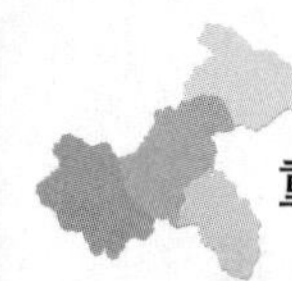

及杂交玉米育种等达到了国内同类研究领先水平。二是组织实施农业新技术推广工程：通过实施“丰收计划”“科技先导性计划”“成果推广计划”推广了动植物良种及农田保护性耕作、旱育秧、抛秧、肥团育苗移栽、旱地带状栽培、地膜覆盖栽培等农作物规范化高产栽培、测土配方施肥、种子包衣、动物科学养殖、饲料开发与安全利用、秸秆综合开发利用、草地开发利用、病虫草鼠害综合防治、面源污染综合治理、高效生态模式等重大技术。

“十一五”期间（2006—2010年）。重庆市农业科技成果转化力度加大，科技进步对农业增长的贡献率为51%，达到全国平均水平。农业科技成果转化率达到60%，比全国平均水平高20个百分点。Q优系列水稻良种推广到东南亚、非洲等地区，渝糯系列杂交糯玉米新品种占据全国半壁江山。全市累计推广粮食、蔬菜良种2亿多亩、林木良种500多万亩，主要果树、蔬菜、畜禽、水产良种率分别达到65%、90%、80%、60%以上。良种工程、粮油高产创建、测土配方施肥、重大动植物病虫害专业防控、柑橘非疫区建设等成效显著。

“十二五”期间（2011—2015年）。重庆市实施“科技兴农、人才强农”战略，农业科技进步贡献率达到57%（2016年达58%）。开展动植物品种选育、农作物品种改良、农业生物技术研发和农业新技术开发1 238项，申请专利1 654项，审（鉴）定农作物品种121个。甘蓝型黄籽油菜遗传机理与新品种选育，荣昌猪品种资源保护与开发利用等5个研究项目，获国家科技进步二等奖。中国工程院院士向仲怀的西南大学科研团队，完成世界首张蚕基因组精细图谱，为世界家蚕基因组研究作出重大贡献，获国家自然科学二等奖。优质多抗Q优系列超级稻，在南方稻区广泛种植，出口越南、孟加拉国和缅甸等东南亚国家。育成油菜“渝黄1号”，累计推广1亿多亩。柑橘良种无病毒三级繁育技术，国内推广运用覆盖率达85%，新增产值100亿元。转化畜禽育种选育、动物疫病防控、清洁健康饲养等成套技术35项，产生直接经济效益达超过20亿元。粮油高产创建和绿色增产攻关，示范片良种推广率100%、主推技术到位率达95%，小麦“一喷三防”、蔬菜“水肥一体化”、水产“一改五化”，畜禽减量化处置、无害化处理、资源化利用等先进实用技术大面积推广运用。开展“院—地”“院—企”科技合作，推广新品种101个、先进技术67项。

农　　村

中国要美，农村必须美。30多年来，重庆历届市委、市人民政府坚持不懈推进农村经济体制改革、推进社会主义新农村建设，让重庆农村成为农民安居乐业的美丽家园。

一、农村经济体制改革

1979年以来，重庆农村改革大致经历了4个阶段。

第一阶段（1979—1984年）。在党的十一届三中全会精神指引下，重庆市解决了生产经营体制，建立农民家庭联产承包责任制，废除人民公社，建立乡（镇）政府，实行村民自治，多数农民的温饱问题基本解决。

第二阶段（1985—1991年）。从1985年起到1992年邓小平南方谈话为止。重庆市进行了3个方面改革。

一是稳定完善农村双层经营体制。到1988年底，全市农村99%的生产队，以稳定家庭经营为基础，建成了地区性的合作社。

二是积极稳妥调整农村产业结构，坚持决不放松粮食生产，发展多种经营，经过调整，全市农村逐步由单一的粮猪型结构改变为以粮食为基础、乡镇企业为主体、多种经营发展的新格局，到1990年，粮食作物与经济作物之比由9.2∶0.8调整到了8∶2左右，林、牧、副、渔产值比重由1985年的34.5%增加到1990年的37.2%。

三是改革农产品统派购销制度。全市1985年取消了统派购任务和农业生产指令性计划，只对粮食等个别主要农产品实行合同订购，农产品价格由“单轨制”走向“双轨制”，形成了有计划的商品经济，培育农产品市场体系，活跃了农村商品流通。到20世纪90年代初，全市基本形成了一个由中心批发市场、专业批发市场和众多集贸市场组成的农村商品市场体系，极大地活跃了农村商品流通。

第三阶段（1992—2013年）。从邓小平南方谈话到党的十八大召开。重庆市在邓小平南方谈话和党的十四大精神指引下，确立了农村社会主义市场经济体制为目标，进行了5个方面改革。

一是稳定土地承包权、放活经营权。在15年土地承包期到来之际，按照党的十五届三中全会规定，把农民土地承包期限再延长30年以上，实行“增人不增地，减人不减地”，到1998年底，全市第二轮土地承包工作基本完成，向农民普发了相应的土地使用权证，鼓励有条件的集体、个人、单位采取倒包、转包、租赁等多种形式，放活土地经营权，推进土地规模经营，各地涌现出一些经营耕地上百亩、承包开发荒山数万到数十万亩的大户或企业，经营期短的几年，长的50~70年。

二是积极促进农工商结合，发展农业产业化经营。20世纪80年代中期，重庆农村积极探索实行种养加、产供销、农工商、内外贸一体化生产经营模式。1995年，重庆市委、市人民政府提出了实施农业产业化战略，全市确定了粮食、蔬菜、生猪、禽蛋、蚕桑、水产、水果、茶叶等八大主导产业，积极培植龙头企业，建设商品基地。1997年重庆直辖后，成立了重庆市农业产业化领导小组，确定了十大主导产业和瘦肉型猪、蛋鸡、水产、肉牛、山羊、长毛兔、优质柑橘、优质烟叶、中药材、榨菜、蔬菜、奶类、茧丝绸等12个市级农业产业化重点经营项目。为推进全市农业农村经济战略性结构调整，重庆市委、市人民政府于2001年推出了10个农业产业化百万工程（参见种植业概述），计划用5~10年时间完成。农业产业化“百万工程”整体推进，不但壮大了全市农业生产总体规模，而且优化了农产品结构。2012年，全市有农业产业化区（县）级以上龙头企业1 800家，其中：国家级32家、市级446家、区（县）级1 322家。有固定资产543.7亿元、销售收入1 725亿元，销售收入超50亿元以上的龙头企业3家，净利润61.3亿，上缴税金21.1亿元、出口创汇3.2亿美元。有种植业大户2.96万个，养殖大户3.23万个，农村经纪人4.86万个。农民合作总量达1.6万个、列中国西部地区第三。通过“公司+农户”“公司+基地+农户”“公司+农民合作社+农户”等模式，带动310万农户从事产业化经营，约占农村人口的42%，农业产业化促进基地农户增收2 210元。

三是改革农产品购销体制，全面放开农产品价格。从1993年开始深化农产品购销体制改革，除国家参照市场价格保留一定的粮食合同订购外，整个农产品供给一律实行市场调节，较好地促进了农村经济的发展。

四是采取包、租、转、卖等形式，深化区（县）属企业改革，实行承包经营制、股份制、个体私营制。

五是深化农业科研体制、基层农业服务体系改革，促进科研与生产相结合。

第四阶段（2013—2016年）。2012年党的十八大召开以来。重庆市在党的十八大以来，面对经济发展新常态、供给侧结构性改革新要求、市场风险加剧的新考验、破解体制机制障碍的新挑战，市委、市人民政府坚持把解决“三农”问题，作为全市工作重中之重，全面深化农村改革。市委成立了全面深化改革领导小组，下设市农业农村体制改革专项小组。推进全市三权抵押融资；永川、梁平承担了全国农村改革试验区建设；綦江、铜梁、长寿、大足等11个区（县）的农业生产全程社会化服务试点；巴南、江津、秀山等5个区（县）的农业农村改革综合试点；渝北开展财政农业项目补贴资金股权化改革；潼南探索蔬菜价格保险试点。到2016年底，推动中央及市委部署的30项改革任务，其中20项已完成，10项正在推进过程中。通过农民工户籍制度改革，累计完成449.7万农村人口转户进城；通过“地票”制度改革，全市累计交易“地票”19.95万亩、价款396.26亿元，累计实现农村产权抵押融资998.75亿元；通过构建新型农业经营体系，全市培育家庭农场16 605个，农民合作社28 706家，

农村新型股份合作社 3 962 个，农业产业化龙头企业 3 589 家；通过推动农村承包地经营权、林权等流转，累计流转农村承包耕地 1 479. 1 万亩，流转率 42. 4%，累计流转林地 605 万亩；通过农村集体资产清产核资，全市农村集体资产总额 804. 8 亿元（不含资源性资产），负债总额为 56. 9 亿元，所有者权益 747. 9 亿元；通过深化农村产权抵押融资体制改革，累计投放农村产权抵押融资贷款 998. 75 亿元；通过探索农村土地所有权、承包权、经营权分置具体实现形式，完成 640. 2 万农户土地承包经营权确权登记颁证工作，占应确权农户的 95. 77%；通过深化供销合作社综合改革，改造建设基层供销社 342 个，全市基层社总量达到 812 个，发起设立 5 亿元规模的重庆供销合作发展基金；通过水利设施产权制度和改革，改革涉及农田面积 13. 63 万亩，农田水利设施 4 272 处，完成建设总投资 5 176. 1 万元，受益农户 28 245 户。通过改革创新，让更多农户分享改革带来的红利。

二、社会主义新农村和美丽乡村建设

2005 年，党的十六届五中全会作出建设社会主义新农村的重大战略决策后，重庆市委、市人民政府根据重庆特殊市情，提出了“千村推进百村示范”工程和以“三建、四改、五提高”为主要内容的新农村建设总体思路。从 2006 年起，全市以实施“千百工程”和深入推进“三百工程”为载体，正式启动社会主义新农村建设。

“千百工程”即千村推进百村示范工程，结合重庆实际，重点围绕“三建、四改、五提高”的内容进行。“三建”即：建优势产业，建基本农田，建公共设施。“四改”即：改建乡村道路，改善人畜饮水，改造农民房舍，改善人居环境。“五提高”即：提高农民收入，提高农民素质，提高社保能力，提高民主管理水平，提高乡风文明程度。

“三百工程”建设即重庆市 2001 年下半年启动的“实施农业产业化百万工程”、2003 年启动的“百个经济强镇建设工程”和 2004 年启动的“百万农村劳动力转移就业工程”。“三百工程”选择重庆有特色、有比较优势的产业作为建设项目，选择有较强辐射作用的建制镇，通过强化产业培育，做大做强主导产业，加快城镇基础设施建设，提高城镇化水平，从整体上提高农业产业化经营水平和综合竞争能力；构建全市劳动力资源体系调查系统，技能培训系统，组织输出系统和服务体系，加强对农村劳动力转移的培训、组织和服务，扩大农村劳动力就业渠道。

通过社会主义新农村建设，到 2012 年党的十八大召开之年，重庆农村在“生产发展”方面，推进生态农业发展，实现农业总产值 1 402 亿元，农业增加值 940 亿元。粮食产量 1 138 万吨，蔬菜种植面积 979 万亩、产量 1 509 万吨，肉类总产量 201 万吨，水产品产量 36 万吨。“生活宽裕”方面。全市农民人均纯收入达 7 383 元；农村扶贫步伐加快，新启动 450 个贫困村整村脱贫，减少贫困人口 30 万人。在“乡风文明”方面，全面实现城乡免费义务教育，提高义务教育阶段困难家庭寄宿生生活费补助标准。全市“两基”（基本义务教育、基本扫除青壮年文盲）人口覆盖率 100%，为 55 万农村学校寄宿生实施生活费补助。城乡统筹养老保险全国领先，城乡居民社会养老保险实现全覆盖，参保人数1 834万人。文化信息资源共享实现全覆盖，建成 720 个乡（镇）标准化阅览室，乡（镇）综合文化站达标率 94. 4%。乡（镇）卫生院和社区卫生服务中心标准化率达 90%，村卫生室标准化率达 30%。在“村容整洁”方面，重庆市行政村通畅率达到 75%，重庆公路密度居全国第五、中国西部地区第一；全市森林覆盖率达到 40. 8%。逐步改变了长期以来农村地区“露天厕、泥水街、压水井、鸡鸭院”的落后生活状况。在“管理民主”方面，党务、村务、财务更加规范，群众“四权”更加有保障；一事一议、联户议事、联组议事、联村议事的议事新形式普遍推行，事由民理、家由民当；各级干部作风转变，服务意识增强。

2013 年，重庆市启动“美丽乡村”建设，建设期限在 2013—2017 年，每年启动 100 个“美丽乡村”示范点建设，计划到 2017 年建成 1 000 个以上经济活跃、环境优美、乡风文明的“美丽乡村”。

截至2015年底，重庆市共有全国休闲农业与乡村旅游示范县8个、示范点23个；全国“美丽乡村”试点村36个、市级美丽乡村示范村430个；全国特色景观旅游名镇14个、名村7个，市级特色景观旅游名镇38个、名村18个。累计发展乡村旅游景区景点3 000余个，农家乐2万余家。全年旅游接待总人数3.92亿人次，同比增长12.27%，旅游总收入2 250亿元，实现综合旅游收入近236亿元。休闲农业与乡村旅游全年接待游客1.19亿人次，带动农村劳动力转移就业近50万人，带动农民脱贫致富近30万人。开展了重庆特色旅游商品推荐评选活动，评选出“重庆特色旅游商品”150个（套），其中近70%的商品属农副深加工产品。

三、农村金融

20世纪70年代末以来，重庆农村金融发展大致经历了4个阶段。

第一个阶段（1979—1993年）。农村金融市场组织的多元化和竞争状态的初步形成阶段。主要是恢复和成立新的金融机构，形成农村金融市场组织的多元化和有限竞争状态。1979年恢复中国农业银行和农村信用合作社（接受中国农业银行的管理），放开对民间信用的管制，允许多种融资方式并存。于1986、1987年逐步成立农村合作基金会。

第二个阶段（1994—1996年）。分工协作的农村金融体系框架构筑阶段。农村金融体系包括中国农业银行、中国农业发展银行，农村信用合作社与农业银行脱钩，基本形成合作金融、商业金融与政策金融三者并存且相互间业务不交叉的局面，为地方经济的发展注入了活力。

第三个阶段（1997—2005年）。对农村合作基金会逐步进行清理和农村信用社主体地位的形成及其农村金融改革的深化阶段。1999年3月底，全市吸收存款或存款化股金101.23亿元，其中农户个人存款78.28亿元（农村三金共吸储129.29亿元，个人存款105.92亿元，涉及农户422万户）。2004年3月末，全市农村合作基金会资产总额为142.8亿元，总负债为140.91亿元，净资产仅为1.94亿元，负债率高达97.28%，已远远超过了资产安全标准。按中央的部署，根据有关政策对其进行并、转、退分类处置。对资大于债的企业将并入信用社成为其正式的分支机构，而对于债大于资的企业则实施清盘，并按照“优先还本、到期偿付、分期偿付、冲抵偿付、按比例偿付”等方式，组织资金进行兑付。2000年3月，重庆市农村信用社联合社成立，是全国首批成立的6家省级联社之一。2003年8月，重庆市农村信用社被确定为全国农村信用社首批8家改革试点单位之一。2005年11月，重庆首家农村合作银行——武隆农村合作银行正式成立。

第四个阶段（2005—2015年）。探索试点开放农村金融市场的增量改革。2007年9月，在重庆农村信用社基础上组建重庆农村商业银行工作正式启动。2008年6月，重庆农村商业银行股份有限公司正式成立，2010年在香港交易及结算所有限公司挂牌上市，到2013年2月，存款突破3 000亿元，同年11月，跻身当年《银行家》全球银行1 000强第199位。按照2006年中国银行业监督管理委员会《关于调整放宽农村地区银行业金融机构准入政策，更好支持社会主义新农村建设的若干意见》，开放农村金融市场，首次允许产业资本和民间资本到农村新设银行，增设村镇银行、贷款公司和农村资金互助社等三类金融机构。

2015年，全市涉农贷款（银监数据）余额4 377亿元。重庆农商行、农发行市分行、农行市分行、邮储银行重庆分行4家涉农银行涉农贷款余额2 848.51亿元，占全市涉农贷款余额的65%以上。农村基础金融服务在全市8 300多个行政村覆盖率超过91%。全市共有34家村镇银行及69家支行、2家农村资金互助社、1家贷款公司，村镇银行区（县）覆盖面89%，在西部地区位居前列。全市村镇银行等新型农村金融机构贷款余额175.18亿元，同比增长11.14%。

2015年，全市累计实现农村产权抵押融资827.2亿元，贷款余额275.58亿元。共办理涉农动产抵押269件，融资金额11.61亿元，其中，苗木、药材、畜禽等种植（养殖）物抵押158件，融资8.18亿元。兴农融资担保公司、农业担保公司、三峡担保公司3家国有性质涉农担保公司在保余额853.8

亿元。

重庆市从2007年开始实施有中央和地方财政承担绝大部分保费，到2015年，全市开展政策性农业保险险种31个。其中，中央财政补贴险种9个，市级财政补贴险种3个，区（县）特色效益农业险种19个。保险保额134.78亿元，参保农户105.18万户（次），已付赔款1.16亿元，受益农户17.46万户（次）。

农　民

中国要富，农民必须富。农民收入水平的提高是农村经济发展的重要前提，重庆市委、市人民政府历来重视农民收入问题。改革开放30多年来，通过产业发展、转移农村富余劳动力就业、农民减负、农村扶贫等一系列助农增收措施，重庆农民收入持续快速增长，农村面貌变化巨大，农民生活水平大幅提高。

一、农民收入

一是收入增长明显提速。农民收入从1978年的126元增长到2015年的农村居民人均可支配收入10 505元（列中国西部地区12省份第二、全国第二十位），增长了82.4倍。1978—1996年年均增加71.2元；1997—2015年，年均增加475元，是直辖前年均增额的6.8倍。

二是收入结构发生巨大变化。工资性、家庭经营性、财产性和转移性收入占农民收入的比重，从1978年的1.7∶93.6∶4.5∶0.2调整为1996年前的18.7∶65.9∶2.2∶13.2，在2015年优化为34.1∶35.9∶2.6∶27.3，收入逐渐增加，结构不断优化。

三是城乡居民收入差距起伏波动大。30多年的城乡收入水平差距呈“M”字形，改革开放之初2.4∶1左右，20世纪80年代农民收入增加较快，城乡收入差距缩小。但80年代中期后呈不断扩大趋势，2006年达到了历史最高的4.03∶1，此后中央一系列强农惠农富农政策的出台，城乡收入差距逐步缩小，2015年为2.59∶1。

四是收入货币化程度和购买力水平不断提高。随着社会主义市场经济体制逐步建立完善，农民市场观念、商品意识逐渐增强，加上就业渠道进一步拓宽，务工人数大幅上升，在工资性收入和家庭经营非农产业收入快速增长的推动下，农民收入的货币化程度明显提高。现金可支配收入、实物纯收入占农民人均纯收入的比重，1978年为31.7∶68.3；1996年为83.2∶16.8；2015年重庆农民人均现金纯收入9 362元，占农村居民人均可支配收入10 505元的89.1%；农民恩格尔系数从1978年的74.0%大幅下降到1996年的63.2%、2016年的40%。农民购买力水平不断提高，消费观念不断更新，消费档次逐渐上升，消费水平由温饱进入全面小康阶段。

二、农村税费改革

1986年，四川省重庆市农民上交国家税金2.37亿元，集体提留1.63亿元，仅此两项负担，农民人均上交36.9元，超过当年农民人均纯收入的10%。此外农民还要上交乡统筹费、两工费及其他费用，农民负担较重。

历届重庆市委、市人民政府十分重视减轻农民负担工作，实行家庭承包责任制后，及时把农村税费改革等减负工作提上日程，总体可以分为宣传检查、治乱减负、改革试点、免税补贴4个阶段。

1986年，四川省委、省人民政府印发《关于贯彻落实中共中央国务院关于制止向农民乱派款乱集资的通知》，提出制止向农民乱派款乱收费，从20世纪90年代起，减轻农民负担成为农村工作的重点。1991年《四川省农民负担管理条例》和《农民承担费用和劳务管理条例》的颁布实施，结束了农民负担无法可依的状况，但由于管理体制等多方面原因，农民负担仍呈逐步上升之势。1993年7月，四川省委、省人民政府下发通知，对涉及农民负担项目，取消26项，重申取消19项，改进和降标5项，明确省级以下自行出台涉及农民负担的文件和项目一律取消。当年四川省重庆市12个县（市）农民定项限额以内的负担为4.21%，社会负担为1.03%，合计5.24%，比1992年的5.95%减少0.71%。1994年11月，四川省重庆市人大常委会发布《重庆市农民负担管理规定》，1995年，全市农民人均定项限额内负担为37.18元，比上年下降0.6%。农民负担占上年人均纯收入的4.13%，增长过快势头和农村“三乱”得到有效遏制。1997年，减轻农民负担工作进一步加强，1999年，全市农民人均各项负担72.53元，占当年农民人均纯收入的4.3%，全市没有发生涉及农民负担的恶性案件和严重事件。

2000年3月，中共中央、国务院在《关于进行农村税费改革试点工作的通知》中确定，在安徽省以省为单位进行农村税费改革试点，其他省、自治区、直辖市可根据实际情况选择少数县（市）试点。这是继我国土地改革、家庭承包经营责任制之后，农村又一重大改革，是党中央、国务院在农业农村发展新阶段作出的战略决策。

2001年3月，《重庆市农村税费改革试点方案》出台，永川、铜梁、垫江、丰都4个县（市）开展了试点。取消了乡（镇）统筹费、行政事业性收费和各种集资、屠宰税及统一规定的“两工”，实事求是核定计税面积和计税产量，当年农民人均负担从71元下降到44.3元，减幅37.2%。2002年4月，市委、市人民政府决定在全市范围开展试点，当年全市农民人均负担由改革前的70.21元减至40.85元，人均减负29.36元，减幅41.8%。2005年1月，重庆市人民政府发布《关于全部免征农业税的通告》，从2005年起，对在全市从事农业生产的农民、农场职工、各类经济组织和个人全部免征农业税及农业附加税。同年12月，十届全国人大常委会通过决议，2006年1月1日起废止《农业税条例》，农村取消了村级3项提留和5项乡统筹，在中国延续了2 600余年“皇粮国税”告别历史，迎来“后农业税时代”。农业税的取消，对于减轻农民负担，增加农民收入，解放和发展农村生产力，具有划时代意义。

2003年，重庆市发布《重庆市农村村级范围内“一事一议”筹资筹劳管理办法》，2010年重新新修，严防把“一事一议”变成农民负担的固定项目。当年，全市开展一事一议筹资筹劳的村3 029个，筹资3.91亿元。2015年，全市907个村开展“一事一议”筹资筹劳，占总村数的9.8%，筹资和以资代劳总额7 957.0万元，每村平均8.8万元，筹劳总数45.2万日，每村平均498.1日，农民人均负担仅为35元，符合全市限额标准。

三、农民工户籍制度改革

2007年，重庆市人大常委会通过议案，确定每年11月的第一个星期日为“重庆农民工日”，为农民工在城市筑造心灵上的“家”，让农民工能更好融入城市生活，为日后重庆农民工户籍制度改革打下基础。2010年8月，作为全国统筹城乡综合配套改革试验区的重庆，以农业转移人口市民化为突破口，全面启动户籍制度改革，创新人口管理3项制度，即城乡统一的户口登记制度、居住证制度、人口信息管理制度。对当地农民在城市的落户工作起到了很好的促进和管理作用。

在保障进城农民工利益上，政府部门特别关注农民的“八件衣服”，即确保农民在享有农村承包地、宅基地、林地“三件衣服”基础上，享有城市就业、社保、住房、教育、医疗“五件衣服”。农民不仅原有利益没有失去，还获得了更多市民权益，极大地鼓励和促进了农民参与户籍制度改革的积极性。

截至2015年底，全市累计进城落户429.3万人，全市常住人口城镇化率60.94%，户籍人口城镇化率41.25%。人口分布不断优化，大都市区人口集聚能力进一步增强，有意愿有能力的农民工在城市稳定生活。

四、扶贫开发

从20世纪80年代中期特别是重庆改直辖市后，全市扶贫工作由救济式扶贫向开发式扶贫转变，开创集团式扶贫方式，举全市之力大打扶贫攻坚战，深入推进精准扶贫精准脱贫。

1986 年，四川省制定“二·六”贫困标准：年人均纯收入 200 元、人均占有粮食 600 斤；1991 年，贫困线调整为“三·六”标准：年人均纯收入 300 元、粮 600 斤；1994 年，统一为国家制定的“五·八”标准：年人均纯收入 500 元、粮 800 斤。

1992 年，重庆代管“两市一地”前，万县市、涪陵地区、黔江地区共有贫困县 18 个，其中国家级贫困县 6 个：秀山县、石柱县、万县、城口县、酉阳县、黔江县；省级贫困县 12 个：彭水县、涪陵市（县级市）、武隆县、南川县、丰都县、巫溪县、巫山县、奉节县、开县、云阳县、忠县、潼南县。1993 年后，国家和四川省对贫困县进行统一确定，四川省重庆市、万县市、涪陵地区和黔江地区的贫困县为 21 个，其中国家级贫困县 12 个：石柱县、彭水县、黔江县、酉阳县、秀山县、忠县、巫溪县、城口县、云阳县、武隆县、五桥区、天城区；省级贫困县（区）为 9 个：开县、奉节县、巫山县、丰都县、潼南县、南川市、枳城区、李渡区、龙宝区。

重庆直辖后，脱贫工作主要为 3 个阶段。

第一阶段（1996—2000 年）。重庆市有 12 个国家级贫困区（县）和 9 个市省级贫困区（县），贫困人口 366 万人。从 1996 年起，市里决定用 5 年时间，基本解决 366 万建档立卡绝对贫困人口的温饱问题，市政府制定了《重庆市“五三六”扶贫攻坚计划（1996—2000）》。5 年中，全市有 250 个党政机关、驻渝部队、企事业单位实施集团式对口扶贫，1.3 万名干部参与蹲点扶贫，投入各类扶贫资金 40 亿元，建档立卡贫困人口从 366 万人减少至 82 万人，农民人均纯收入增至 1 480 元。帮助贫困地区修建乡村公路 1.3 万千米，新增 68 个乡、2 745 个村的公路通行，解决 360 万人的饮水困难，4.8 万无房户和危房户的居住条件得到改善，完成高山移民 1 700 户计 6 000 余人。

第二阶段（2001—2010 年）。2000 年底全市有贫困人口 412 万人，其中人均纯收入在 625 元以下的绝对贫困人口有 140 万人，865 元以下的低收入人口有 272 万人。2001 年 9 月，制定了《重庆市农村扶贫开发实施纲要（2001—2010）》。重新调整认定扶贫开发工作重点区（县）共 18 个，其中国家扶贫重点县（区）14 个、市级扶贫重点县（区）4 个。国家扶贫重点县：城口县、巫溪县、巫山县、奉节县、云阳县、开县、万州区、秀山县、黔江区、酉阳县、彭水县；市级扶贫重点县（市、区）：忠县、涪陵区、南川市、潼南县。另外有 15 个非重点县（市、区）：渝北区、巴南区、北碚区、万盛区、长寿县、江津市、合川市、永川市、璧山县、铜梁县、大足县、荣昌县、綦江县、垫江县和梁平县。同时，全市确定 3 270 个特困村，其中首次将近郊渝北、巴南等 15 个非重点县的 500 个贫困村作为特困村列入市级扶贫范围。到 2009 年，按当年人均纯收入 1 196 元的贫困线标准计，全市农村贫困人口减少到 45 万人。2010 年，重庆超计划实现 10 年扶贫开发确定的目标任务，18 个扶贫开发工作重点区（县）农民人均纯收入增加到 4 235 元，新修和改造公路 7 万多千米，解决了 400 万人饮水安全问题，建成“农民新村”1 728 个、“巴渝新居”17.8 万户，改造农村危旧房 16 万户，完成扶贫移民搬迁 27.16 万人。

第三阶段（2011—）。2012 年 7 月，重庆市人民政府办公厅制定《重庆市（武陵山片区、秦巴山片区）农村扶贫开发规划（2011—2020 年）》，按当时人均纯收入 2 300 元的新贫困线标准，全市 2010 年底有贫困人口 145.3 万人。2015 年 8 月，市委、市人民政府制定《关于精准扶贫精准脱贫的实施意见》，确定在西部地区率先脱贫的目标，全年农村扶贫对象脱贫人数 95.3 万人，年末农村扶贫对象还有 70.6 万人，比重庆直辖之初减少了 295.4 万人。

大 事 记

1986 年

1 月 10 日　西南农业大学全国重大课题成果“柑橘螨类种群系统生态学应用理论研究”通过技术鉴定。这项成果使中国柑橘生产中棘手的螨类危害问题有了成套的科学防治对策。

3 月 5 日　重庆市农村工作会议召开，提出贯彻 1986 年中央 1 号文件精神的措施，部署 1986 年农村工作。

3 月 17 日　前来重庆访问的日本日中艺术研究会事务局局长三山陵和日本版画家铃木准中向綦江农民版画研究会赠送金杯，向綦江县文化馆李毅力赠送农民版画功劳奖杯。中国《版画世界》杂志社向綦江农民版画研究会赠送版画世界奖杯。

4 月 23 日　国务院副总理李鹏、水电部部长钱正英、中共四川省委书记杨汝岱一行，到重庆梁平县视察农业农村工作。

5 月 12 日 18 ~ 21 时　荣昌、大足、永川、江津、璧山、綦江、南桐、万县市、万县、武隆先后遭到大风、暴雨及强冰雹袭击，中心在江津、永川交界地带。狂风、冰雹夹着暴雨一齐袭来，降雹持续 15 ~ 20 分钟，江津县 19 时 50 分瞬时风速达每秒 32 米，降雹 7 ~ 15 分钟，最大冰雹直径 8 厘米。永川、江津、綦江 3 县死亡 6 人，重伤 40 人，轻伤 510 多人，666. 7 公顷农田被洪水冲毁，666. 7 公顷农作物受灾，损失果树林木 90 多万株，电杆 157 根；受损房屋 13. 7 万间，直接经济损失 1 300 万元以上。

5 月 15 日　重庆市人民政府发布了《重庆市果树种苗管理条例》，条例规定：凡本市范围内的果树（包括药用、香料、观赏用果树）种子、接穗、插条、苗木及其他繁殖材料的种植、生产流通、经营都属该条例管理范围。

5 月 19—20 日　19 日晚 23 时至 20 日凌晨，重庆市出现全市性大风、暴雨和冰雹天气过程，16 个县（区）气象记录中 11 个县降暴雨，其中荣昌降 143. 7 毫米的大暴雨，7 个县刮 7 级以上大风，5 个县降雹。全市除江北外的 11 个县及北碚、南桐、双桥 3 个远郊区共 14 个区（县）受灾，荣昌、大足、双桥区等地风雹之强烈历史罕见。大足、永川两县受灾最严重，其中大足县 42 人死亡、100 多人重伤、1 000多人受伤。市长肖秧亲临大足开展救灾工作，举全市之力开展救灾工作。这是永川地区与重庆市合并设立重庆计划单列市的一次重要救灾行动，大足人民深切感受到党委和政府的亲切关怀。通过此次救灾，加速了重庆市和永川地区合并后的融合，进一步加快了行政管理体制的变革。开启了全国对口援建先河，为中国的对口支援工作探索了可复制、可借鉴的经验，全国对口援建工作学习重庆。

6 月 29 日　重庆市委、市人民政府在大足县召开生态农业座谈会，会议肯定大足县南山、北山生态农业试验区取得的成绩，决定扩大试验范围。

7 月 8 日　本年因气候异常，农作物出现爆发性病虫害，重庆市人民政府召开紧急电话会，要求各地立即行动起来，奋战 40 天，扑灭虫害。

7月17日 重庆市农业委员会、重庆市农牧渔业局和重庆市科学技术委员会在巴县新店乡召开由重庆市农业科学研究所选育的重庆市第一个高产优质杂交玉米——“渝单一号”田间考查推广会。重庆市委副书记于汉卿参加田间考查。

9月20日 全市规模最大、设施最好的综合性农贸市场——石桥铺农贸市场开业。

9月26日 我国农牧渔业部安排，利用世界银行提供给中国淡水养鱼项目贷款中的595万元折合687万美元特别提款权，用于发展淡水养鱼，加速商品鱼基地建设。由中国授权代表在华盛顿正式签字。11月26日农牧渔业部与重庆市人民政府授权代表签署转贷执行协议。重庆市养鸡场、重庆市柑橘科学研究中心、重庆市长江渔业公司、重庆市水产项目办公室等单位，通过利用世界银行、欧共体及意大利、丹麦等国家和地区的贷款、赠款1424万美元，引进淡水鱼养殖、柑橘贮藏保鲜、商品蛋、鸡和水产品冷藏及加工设备，已生效并实施。

9月 南川红翠茶荣获日内瓦第二十五届世界食品评选会金质奖。

11月18日 重庆市印发《市政府办公厅转发市农委关于清理整顿农村集体财产中若干问题的意见的通知》。

12月10日 重庆市委、市人民政府在巴县召开全市农村工作会议，总结1986年农村工作，分析当前形势，部署1987年农村工作。

1987年

3月23日 重庆市委、市人民政府召开电话会议，进行抗旱动员。

5月24日 永川县来苏区、三教区和双石区遭10级大风和冰雹袭击。

5月31日下午 大风袭击重庆。全市除南桐矿区外，普遍出现7～8级大风，一些在土作物受到损失。

5月 重庆市人民政府作出提取生猪发展基金的决定：从1987年7月1日起，将1986年已向经营生猪的单位和个人提取生猪技术改进费，由每头0.4元增加到1元。

6月27日 70余家榨菜企业联合组成的涪陵榨菜集团公司成立。

6月 农牧渔业部批准成立中华人民共和国重庆动植物检疫所，担负国家动植物进出口检疫任务。

7月10日 重庆市最大的农贸市场——观音桥农贸市场开放。该市场面积达1.1万米^2，每天可容10万人次进行交易。

7月21日 自7月19日起的特大暴雨局部地区降雨量达194毫米，全市17个区（县）受灾，20多家企业被淹，37万户受灾，66.5万亩农作物受损，死亡36人，重伤77人。23日，四川省省长蒋民宽来重庆考察水灾情况。

7月 重庆市委常委邓中文任重庆市农村工作委员会（简称市农工委）书记、重庆市农业委员会（简称市农委）主任。

8月19日 由匈牙利国有农场联合体负责人帕尔率领的匈牙利农业代表团一行6人来渝考察，参观了长江农工商联合总公司所属的部分农业企业。

9月14日 重庆市委副书记于汉卿率队到市作物研究所考察。强调当前全市农业必须解决种子问题，集中力量选育优良品种，把市作物研究所建成主要粮食作物育种基地。

9月 重庆市人民政府成立扶贫领导小组及其办事机构，组织力量摸清全市贫困乡、村和贫困户状况。

11月2日 国家县级农村能源综合建设试点鉴定会在重庆铜梁县举行，铜梁县工农业能源综合建设试点在会上通过鉴定。

11月 1987年度四川省科学技术进步奖评审揭晓，重庆市共有58项科研成果获奖，其中西南农业大学有11项获奖。

12月下旬 重庆市又出现5个亿元乡（区），即九龙坡区九龙乡、花溪乡、华岩乡，巴县青木关区、界石区。

是年 著名土壤学家、中国科学院院士、西南农业大学教授侯光炯主持的“水田自然免耕技术”课题成果，荣获国家科技进步三等奖、国家教委和四川省科技进步一等奖。

经全国茶树良种审定委员会认定，重庆茶叶研究所育成的茶树新品种“蜀永一号”“蜀永二号”为国家级茶树良种；“蜀永二号”获四川省人民政府科技进步二等奖。

从7月开始，重庆市完善农村双层经营合作制的工作已普遍展开，在试点的基础上分期、分批展开完善双层经营合作制的工作。截至1987年底，全市有657个乡（镇）、6 298个村、51 827个社（队），已将完善双层经营合作制的工作告一段落，分别占全市乡（镇）、村、社（队）总数的71.6%、73.7%、75%。

1988年

2月 恢复重庆市防治牲畜5号病指挥部，统筹协调防治牲畜5号病工作，市人民政府副市长王正德任指挥长，市农牧渔业局副局长戴祥文、市农牧渔业局调研员贺廷干、市二商局副局长蒙树彬、市工商行政管理局副局长周祖孝任副指挥长。

4月7日 《四川省人民政府关于建立农业发展基金和农村合作基金的通知》发布，决定在县建立农业发展基金，在乡建立农村合作基金。

5月27日 日本门上先生在市农委主任廖祯华陪同下到市农科所参观访问，就引进、开发、生产日本神户肉牛交换意见。

6月21—24日 重庆市人民政府在大足县召开农业区（县）长会议，提出加速发展商品基地和畜牧业。

8月 由重庆市委书记肖秧、西南农业大学教授侯光炯题词，重庆市委副书记于汉卿代序，重庆市农业区划委员会办公室编辑出版了《重庆市综合农业区划》，共10章内容。

10月10日 农业部率领全国再生稻考察团到永川县参观大面积再生稻丰收情况。

10月25日 农业部、中国社会科学院、中国生态经济学会等单位联合在重庆召开“改善长江中上游地区生态环境，增强农业发展后劲”研讨会。

10月28日 国家教育委员会、农业部下发《关于改革农业广播电视学校管理体制及有关问题的意见》，将农业广播电视学校纳入地方成人教育系列进行管理，办学全过程接受国家教委督促和指导。

10月 北京电影制片厂在永川临江拍摄纪录片“半旱式稻田综合利用”增产情况。《西南农业学报》创办。

12月7日 经四川省人大常委会批准实施《重庆市实施〈中华人民共和国渔业法〉办法》。

12月19—23日 重庆市委、市人民政府召开全市农村工作会议，市长孙同川做题为《全党动手，大办农业，努力夺取明年农业丰收》的报告。

是年 重庆市以完善双层经营合作制为重点的农村改革取得新进展。截至1988年底，全市农村已有99%的生产队改建成了地区性的合作社，进一步实现了土地等基本生产资料所有权与经营权的分离，有效地增强了农民对土地投入的长期行为。

重庆缙云山园艺场引进法国百利包无菌软包装饮料灌装生产线建成投产。该项目1987年2月正式签约，利用外资43万美元。

重庆市长江渔业服务公司从丹麦引进水产品冷藏和加工设备项目建成投产。该项目于1986年3月签约，总投资1 400万元，其中外资1 800万丹麦克朗。

1989 年

2 月 9 日 在首届中国食品博览会上，涪陵市榨菜集团公司生产的乌江牌榨菜和涪陵市食品厂生产的桂楼广式香肠获得金奖。

7 月 15 日 四川省农科院养猪研究所“四川省大面积推广‘双推五改’科学养猪综合技术”获 1989 年农业部丰收计划奖一等奖。

8 月 25—27 日 重庆市人民政府召开农业工作会议，研究 1990 年农业持续稳定增长问题，部署 1990 年小春生产、农田基本建设和重建家园等工作。

8 月 31 日 涪陵市被农业部定为全国杂交水稻制种基地市。

8 月 重庆市农牧渔业局发布《关于印发农村合作基金会暂行管理办法的通知》，对农村合作基金会的管理方法进行了细化，从 1989 年 9 月 1 日起执行。

9 月 25—28 日和 9 月 30 日至 10 月 6 日 重庆经济协作区第二届交易会、重庆对外经济技术贸易洽谈会分别在南坪西南经济协作大厦和工贸中心举行，重庆市农口组织了 124 个企业、近 200 种产品分别参加了展览，5 个区（县）近 20 个品种合总价值 60 万美元的出口产品与香港地区、台湾省及美国商人进行洽谈，初步达成贸易协议。

10 月 农业部副部长陈耀邦考察永川再生稻生产情况。全国稻田养鱼现场经验交流会在永川召开。

11 月 6 日 重庆市人民政府在大足县召开小春生产现场会，推广半旱式免耕轮作经验。

12 月 20—23 日 重庆市委、市人民政府召开农村工作会议，提出要花大力气抓好以“三大工程”为重点的农业综合开发。

是年 日本广岛市与重庆市江北农场合建的“中日友好果园”结果。该果园系 1986 年日方所赠早熟、特早熟温州蜜橘良种 7 个品系在重庆“安家乐户”。1988 年假植 6 亩，1989 年试花初果。

1990 年

4 月 21 日 农业部和国家计委农业考察团来重庆考察，对稻田半旱式免耕连作制给予肯定。

27 日 为维护生态环境，巴县鱼种站将 60 万尾长江鲤鱼种鱼苗投入长江。

6 月 25 日至 9 月 25 日 綦江县遭受持续 92 天的伏旱和秋旱。

28 日 重庆市人民政府召开改造 20 万公顷冬水田、13.33 万公顷坡耕地试点工程实施会议。决定 3 年内综合开发冬水田 2 万公顷、坡耕地 2 666.67 公顷，从深度和广度上进行重庆市农村第四次生产力大解放。

7 月 13 日 重庆市人民政府召开电话会议，要求紧急动员全力抗旱保苗。6 月 1 日至 7 月 10 日，全市总降雨量低于前 30 年平均数，南桐、合川、江北等 7 个区（县）平均降雨量比往年同期少 30% ~ 60%，全市水稻受旱面积占水稻总面积的 40%。市人民政府在江津、綦江、巴县、南桐、合川、铜梁等区（县）实施人工降雨作业均获成功，万盛地区人工降雨量达 150 毫米以上。

7 月 14 日 荣昌县首次出口 6 头良种猪启运朝鲜。

8 月 9 日 世界银行执行董事会批准向中国提供 6 400 万美元贷款，其中部分贷款将用于重庆市长江沿岸的水果种植业和加工业。是重庆市农业生产上引用最大的外资项目，由江津、长寿、巴县、合川、潼南 5 县承担。

9 月 10 日 重庆市各人工降雨炮点抓住时机，18 号台风登陆后川西云团东移，成功实施人工降雨，及时缓解了市内部分地区旱情。

9 月 19 日 农业部部长何康一行 7 人，到南川县考察农牧渔业工作。

10 月 10 日 全国第二次稻田养鱼经验交流会在重庆闭幕。1989 年重庆稻田养鱼面积 9. 19 万公顷，鱼产量 1. 66 万吨，列全国 14 个计划单列市第一位。

10 月 中共中央政治局委员杨汝岱考察永川再生稻情况。永川县 2 万余公顷再生稻普遍高产，平均亩产在 110 千克以上。

11 月 17—18 日 全国人大常委会委员长乔石到涪陵视察。

12 月 重庆市及巴县、合川县、潼南县分别获国务院授予的“1990 年度粮食生产先进单位”称号。

1991 年

1 月 10 日 重庆市人民代表大会常委会主任于汉卿率在渝全国、各省、各市人大代表到重庆市农业科学研究所考察。

3 月 18 日 农业部在重庆召开“八五”计划期间第一批商品粮基地管理工作会，永川县和长寿县被列为全国“八五”计划期间第一批商品粮生产基地。

7 月 17—19 日 重庆市农村社会主义思想教育经验交流会在綦江召开，市委书记肖秧出席会议。

8 月 24 日 国家公布 100 个产粮大县名单，其中重庆市合川县（第 24 名）、巴县（第 32 名）、江津县（第 50 名）入选；公布 100 个产猪、牛、羊肉大县名单，其中重庆市有 11 个县入选，合川县、巴县、江津县列前 3 位；公布 100 个农业总产值大县名单，其中重庆市巴县（第 35 名）、合川县（第 41 名）、江津县（第 49 名）入选。

8 月 27 日 重庆市第一家中外合资农牧企业——重庆正大有限公司成立。

10 月 10 日 重庆市农民体育协会在重庆市体育馆成立，段大明、于汉卿为协会授牌，市民政局颁发社团登记证书和印章。协会挂靠重庆市农牧渔业局。

10 月 16 日 重庆市人民政府发布《关于认真施行〈重庆市农村合作经济组织承包合同条例〉的通知》，重庆市农村承包合同管理工作走上了规范化、制度化、法制化轨道。

11 月 25 日 江北县人民政府承担的“星火计划”项目“江北县长江河谷万亩柑橘密植丰收试验示范”通过检查验收。

12 月 13 日 重庆市蔬菜基地一期工程竣工，工程 1989 年 6 月开工，筹集资金 1 500 多万元，建成各类工程 480 多个。

12 月 15 日 农业部和西南农业大学水产系等有关部门的专家、教授对长寿湖渔场水库网箱养鲤进行现场验收实测，结果表明，4 486. 67 公顷网箱平均亩产鲤鱼 13. 3 万千克，每亩净产鲜鱼 11. 5 万千克，年创税利 90 万元。

1992 年

1 月 3 日 重庆市养鸡场新建 2. 6 万只种鸡场和扩建 22. 8 万只蛋鸡场工程通过验收。该工程总投资 1 194 万元，建筑面积 2. 29 万米^2，主体设备部分从意大利引进。

2 月 28 日 西南地区当时最大现代化猪市场在重庆荣昌县建成。该市场占地面积 1. 5 万米^2，总投资 220 万元，可一次接纳 4 500 头仔猪、40 家经营户进场交易。

3 月 13 日 四川省第七届人民代表大会常务委员会第 28 次会议批准《重庆市蔬菜基地管理条例》，自公布之日起施行。

4 月 25 日 商业部副部长张世尧、农业部副部长陈耀邦，国家计委、国家体改委、国家工商行政管理局、国家物价局等国务院部、委、局领导及北京、天津、上海、南京、武汉等市人民政府领导，在

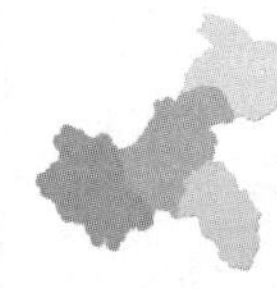

重庆市副市长王正德等领导陪同下，参观了重庆市农业科学研究所蔬菜科技成果展览及科研试验基地。农业部副部长陈耀邦为农业科研所题词：依靠科技丰满菜篮。

5月29日 重庆市委、市人民政府向近年来为重庆经济建设作出突出贡献的赵明正、邱国彬、乐嘉庚、周志达、钟尚志、张成坤6名科技工作者发放5万～10万元奖金。其中邱国彬为九龙坡区花溪乡养鱼专家，周志达为重庆市农业科学研究所小麦育种专家。

9月19日 重庆市人民政府第114次常务会议通过《重庆市农村合作基金会管理办法》，自1992年10月10日起施行。

9月22日 重庆市人民政府授予成功完成“两系杂交小麦新组合——重庆温光型核不育小麦选育”课题的重庆市作物所及课题组先进集体称号，奖励作物所桑塔纳轿车1辆，奖励课题组奖金5万元，主研人员破格晋升一级专业技术职务。

11月10日 粮食供应实行全面改革，取消按计划平价粮油供应，同时也取消粮票、粮证、油票，粮油全部按议价供应。

12月8日 四川省养猪研究所完成的“母猪多胎高产综合技术示范”项目，获四川省人民政府科学技术进步二等奖。

1993年

2月19日 重庆市人民政府同意成立重庆市农村合作基金联合会。

3月3日 四川省农科院果树研究所主持的“柑橘优质高产栽培技术及生理研究”获四川省科技进步二等奖。

5月6日 四川省委副书记、省长肖秧考察了遭受大风冰雹袭击的江北县石鞋、木耳地区。

15日 重庆市“三高”农业示范项目——重庆良种柑橘无病毒母本园竣工并通过专家鉴定。该园在北碚区蔡家良种场占地4.7公顷，投资近100万元，是国内高标准、高水平、高效益的良种柑橘繁育基地。

6月 重庆市委常委辜文兴任市委农工委书记、市农委主任。

7月18日 《中共重庆市委关于调整市农村工作领导小组成员的通知》印发，重庆市委副书记金烈任组长，重庆市委员会常务委员会委员（简称市委常委）、市农村工作办公室（简称农办）主任辜文兴、市人民代表大会副主任王正德、市人民政府副市长周建中、市人民政治协商会议（简称政协）副主席邓中文任副组长，市级有关部门负责人为成员。

7月 税蔚晰任重庆市农牧渔业局局长、党组书记。

9月15日 重庆市人民政府印发《关于撤并市政府非常设机构的通知》，市防治牲畜5号病指挥部撤销，工作由市农牧渔业局承担。

10月7日 国家主席杨尚昆回到潼南老家，在凭吊杨闇公烈士过程中，十分关心家乡农民生活，来到双江四村，在农民肖建民家，亲切问道：“今年粮食收购打白条没有?”“家里用洗衣机了吗?”每到一处农家小院，他都会停下来和乡亲们拉拉家常，问寒问暖。鼓励乡亲们发展“三高”农业，发展经济。

10月13日 农业部给重庆市下达的“柑橘优质高产规范化栽培技术示范”项目，经过两年实施，现已全部达到要求并通过田间验收。

是年 涪陵地区农业科学研究所所课题“芥菜新变种的发现和芥菜分类研究”获四川省人民政府1993年科技进步二等奖。

1994 年

1 月 9—11 日 中共中央政治局委员、国务委员、国家体改委主任李铁映，国家体改委副主任王仕元、马凯，农业部副部长万宝瑞，四川省人民政府常务副省长蒲海清一行在重庆考察。

2 月 2 日 重庆市委、市人民政府为沙坪坝区石桥镇、覃家岗镇颁发“再创辉煌”匾额，祝贺两镇1993 年产值突破 10 亿元。

3 月 11 日 西南农业大学教授、中国著名土壤学专家侯光炯获“四川十大英才”称号。

3 月 江北区观音桥农副产品市场跻身国家工商行政管理局评出的 1993 年全国农贸市场百强行列，该市场在全国 50 个农副产品市场中名列第九位，1993 年市场经营量 2.6 亿千克，成交额 6 亿元，日均客流量 2 万多人次。

4 月 2 日 四川省第八届人大会常委会第八次会议批准《重庆市基本农田保护条例》，自 1994 年 4 月 2 日起施行。

5 月 21 日 “94 全国农民科技日”活动（重庆分会场）在西南农业大学举行。

31 日 四川省委员会常务委员会委员、副省长张中伟考察涪陵水磨滩水库及致韩、义和、李渡等乡（镇）。

6 月 6 日 涪陵市榨菜精加工厂生产的“水溪牌”榨菜在第五届亚太国际贸易博览会上获金奖。

7 月 6 日 四川省委书记谢世杰，副省长张中伟、欧泽高，省政协副主席刘昌杰等一行 30 人到南川考察。

15 日 《重庆市农民负担管理规定》经重庆市第十二届人民代表大会常务委员会第八次会议通过；1994 年 9 月 26 日四川省第八届人民代表大会常务委员会第十一次会议批准；自 1995 年 1 月 1 日起施行。

11 月 1 日 重庆市人民代表大会常务委员会发布《关于公布施行〈重庆市农民负担管理规定〉的通知》。

12 月 5 日 重庆市农田水利基本建设现场会在綦江县召开。会议组织参会人员参观了赶水镇的微型水利工程，市政府向全市推广綦江“微型水利和渠道节水改造”经验。

12 月 16 日 涪陵地区农业科学研究所课题“水稻丰收菌的研究和利用”获四川省 1994 年度科技进步一等奖。重庆市作物所“超汕优 63 杂交中稻选配”及“Ⅱ优 63”“优Ⅰ63”推广应用获重庆市人民政府科技进步一等奖。

1995 年

4 月 1 日 农业部副部长洪绂曾考察市农业科学研究所和重庆科光种苗有限公司，并为重庆市农科所题词：科技领先，梦想必成真。

4 月 重庆市各地（除万盛区外）降雨量均比多年平均降雨量偏少 4 ~ 8 成。特别是永川市降雨量比历年少 224.1 毫米，蓄水严重不足，铜梁、江津、荣昌、璧山、大足、合川，双桥等区（市、县）旱情严重，部分秧田脱水，稻田无水插秧，玉米出现枯萎，人畜饮水困难。

5 月 13 日 重庆市 21 个区（市）县普降中到大雨，旱情有所缓解。

6 月 30 日 綦江县三角镇、隆盛镇等地区降大暴雨，雨量达 90 毫米左右，民房和农作物严重受灾，2 人死亡。

7 月 9—10 日 荣昌县遭受大暴雨袭击，雨量达 208 毫米。全县有 19 个乡（镇）5.62 万户 18 万多人受灾，死亡 2 人，直接经济损失 8 900 万元。

7月24—25日 长寿县遭受暴风雨袭击，全县36个乡（镇）412个村58万多人不同程度受灾，6 033间农房受损，32人死亡，40人受伤，约5 333.33公顷农作物受灾。

9月25日 四川省人民代表大会常务委员会副主任韦思琪等到重庆检查《中华人民共和国科学技术进步法》《四川省技术市场管理条例》《四川省科学技术成果推广条例》执行情况。

9月14—15日 联合国粮农组织顾问赖旭超博士一行，到南川考察发展农业分权规划工作。

9月 重庆市出现20年一遇的高温天气，5～7日最高温度超过40℃，6日高达41.9℃。

10月20日 天星桥农副产品中心批发市场落成。

10月26日至11月4日 第二届中国农业博览会在北京举行，重庆市首次组团参加，重庆市代表团参评参展单位达80多个，展销产品品种近200个，有22个产品分别获金、银、铜奖；意向性合作引资项目16项，金额2 900万元；技术转让成交额135万元。

11月8—11日 重庆市第四届农民运动会举行，北碚区、巴南区、荣昌县获团体总分前3名。

11月16日 《重庆市农业投资条例》经批准于1996年1月1日起正式实施。

12月4日 重庆市人民政府发布《关于进一步加强农村合作基金会管理的通知》。

12月31日 四川省养猪研究所经过10年攻关，完成农业部重点科研项目“荣昌猪瘦肉型品系选育”，育成了四川省（含重庆）第一个保持了原地方品种毛色特点的瘦肉型猪新品系。

是年 重庆市作物所“穗重型水稻新组合Ⅱ优6078选育”获重庆市人民政府重奖。

1996年

1月10日 重庆市农村工作会议召开，提出1996年农村工作目标。

1月13日 重庆市委、市人民政府召开会议，表彰贾紫焰、郑圣春等100名农村专业大户，授予他们荣誉证书和“带头致富奔小康”奖牌。

2月29日 西南农业大学和西南师范大学签署合作办学协议。两校合作办学的内容主要有教师可以互相聘用、学生可以跨校选择课程、两校科研联合攻关等。

4月1日 重庆市委、市人民政府扶贫开发工作会议决定，1998年底前全市全面实现贫困乡（镇）成建制脱贫目标。

5月1日 重庆市政府决定，出栏肥猪必须分别到指定的784个屠宰场屠宰，集中检疫，加盖蓝色兽医验证印章和红色定点屠宰滚花印章后才能进入市场销售。

19日 四川省养猪研究所“荣昌猪瘦肉型品系选育”课题，荣获1996年四川省科技进步一等奖。

9月19—21日 中共中央政治局常委、书记处书记胡锦涛到重庆视察。视察了大足县、涪陵市农村基层组织建设情况，并在去涪陵的船上出席农村基层组织建设座谈会。19日，胡锦涛视察大足龙水镇横店新村，他高兴地看了农民住房、蔬菜种植，询问农民新村有多少；登门访问农民谢友超家，了解农民收入等情况。21日，胡锦涛在听取重庆市委工作汇报时发表重要讲话。

10月4日 重庆市农村金融体制改革工作会上提出推进农村金融体制改革，用3～5年时间形成一个以合作金融为基础的商业性金融、政策性金融分工协作的农村金融体系。

10月28—29日 重庆市召开全市扶贫开发工作会议，市委书记张德邻出席会议并强调，要进一步加大扶贫攻坚力度，坚决如期完成扶贫攻坚任务。

11月4日 中国科学院院士、著名土壤学家、教育家、西南农业大学一级教授、博士生导师侯光炯逝世。

12月11日 重庆市农牧渔业局主持的“甜橙高接换种及丰产配套技术示范推广”项目，获1996年农业部农牧渔业丰收一等奖。

是年 “杂交水稻新组合Ⅱ优6078推广应用”获重庆市人民政府“百亿工程”优秀项目奖。

1997 年

3 月 14 日 第 8 届全国人民代表大会第五次会议决定，将原属四川省的重庆市、万县市、涪陵市、黔江地区合并设立中央直辖市，同年 6 月 18 日重庆直辖市正式挂牌。总面积 8.24 万平方千米，辖 26 个区、8 个县、4 个自治县，常住人口 3 124.32 万人，城镇人口 2 086.99 万人，常住外来人口达 167.65 万人。

3 月 28—30 日 “97 中国西南对外种子经贸会”在重庆召开。

4 月 根据市人民政府办公厅印发《关于市农办、市农牧渔业局机构调整后有关工作职能、职责划分的会议纪要》规定，原重庆市农村工作委员会内设的蔬菜副食品处、饲料工业办公室、沼气办公室、奶类项目管理办公室等 4 处（室）的职能、职责、人员、编制、经费财产（设备）整体移交重庆市农牧渔业管理局管理。

6 月 25 日 美国施格兰纯果汁集团大中国公司总经理薛辉、外务总监穆杰夫一行来渝考察。初步决定在重庆三峡库区建设一座年产 5 万吨柑橘浓缩汁加工厂。9 月 24 日，施格兰集团总公司同重庆三峡建设集团有限公司决定投资 6 亿元人民币，共同开发忠县柑橘资源。11 月 19 日正式签订开发三峡库区柑橘产业化项目合同。项目引进外资 3 150 万美元，完工后可安置 1 万多移民。

7 月 16 日 税蔚晰任重庆市农业局局长、党组书记。

7 月 20 日 国务院副总理姜春云视察重庆市农科所。

8 月 7 日 重庆市农业产业化工作会议宣布实施瘦肉型猪、水产、肉牛、山羊、长毛兔、优质柑橘、榨菜、蔬菜、中药材、蛋鸡、优质烟叶、蚕桑等 12 项农业产业化重点工程。

8 月 14 日 重庆市委、市人民政府发布《关于重庆市党政机构设置方案的实施意见》，决定撤销市农委，设置重庆市政府农村工作办公室；重庆市农牧渔业局更名为重庆市农业局；撤销重庆市农机水电局，分别设置重庆市水利电力局和重庆市农机事业管理局。

8 月 18 日 重庆市人民政府第五次常务会议审议通过《重庆市农机管理条例》。

8 月 李以宽任市农机事业管理局局长、党组书记。

9 月 1 日 由国际农发基金贷款和联合国世界粮食计划署提供援助的川东北农业综合开发项目开工。重庆市云阳、奉节、巫山、巫溪等 4 个县和四川省南充市的 4 个县获得援助。重庆项目区由国际农业发展基金会提供 746 万个特别提款权，折合 1 033.3 万美元。联合国世界粮食计划署援助 44 000 吨小麦，国内按 1∶1 政府配套投入资金。

9 月 8—13 日 重庆市第一届人民代表大会常务委员会第 3 次会议审议通过《重庆市农业机械管理条例》等地方性法规和《关于扶贫工作的决定》。

10 月 13—17 日 重庆市第一届人大常委会第 4 次会议审议通过《重庆市蚕种管理条例》《重庆市实施〈中华人民共和国种子法〉办法》。

10 月 16 日 重庆市委、市人民政府决定成立“重庆市农村经济发展战略研究组”，确立了 1 个主课题、18 个子课题、1 个数据库的研究目标，形成了《重庆市农村经济发展战略研究报告》《重庆市农业农村经济市情分析》《关于加快发展农业和农村经济的政策建议》3 个综合性报告。研究组由重庆市委研究室、重庆市人民政府研究室、重庆市委农村工作委员会、重庆市委组织部、重庆市农牧渔业局、重庆市社会科学院、重庆市区县经济学会、万县市委研究室、涪陵市农办、黔江地区农工委等单位负责人组成。

11 月 19 日 施格兰公司同重庆市政府签订了在忠县建设施格兰 · 三峡柑橘项目备忘录，在忠县投资 3 000 多万美元发展柑橘产业化经营。

11 月 28 日 《重庆市〈中华人民共和国农业技术推广法〉实施办法》经重庆市第一届全省人民

代表大会常务委员会第5次会议审议通过，自1998年1月1日起施行。

30日 涪陵“乌江”牌榨菜获美国FDA认证。

12月 重庆市委办公厅、重庆市人民政府办公厅印发《关于进一步稳定和完善农村土地承包关系的通知》并召开电视电话会，自此，重庆市全面开展农村土地第二轮家庭承包，将土地承包期再延长30年不变，对开放性荒山、荒地、荒滩、荒水，承包期延长50~70年。

涪陵区果品办承担的“柑橘高换”项目获重庆市1997年度科技进步一等奖。

涪陵市种子公司、枳城区农业局和枳城区农业局何世礼的“抗病、高产、优质杂交水稻新组合汕优多系1号选育和利用研究”项目获四川省1997年科技进步一等奖。

涪陵榨菜集团公司“乌江”商标在美国、加拿大、菲律宾、韩国、俄罗斯及日本等10多个国家注册成功。

是年 农业部授予了荣昌县国家畜牧兽医科技示范县。

全市大力调整农村产业和产品结构，着力发展经济作物，加快“菜篮子”工程建设，一批畜牧、林果、蔬菜、水产、禽蛋、烤烟等基地相继建成。

重庆三峡农业科学院“高配合力玉米自交系南21－3的选育与应用研究”获1997年度重庆市科技进步一等奖。

1998年

1月21日 《重庆市农业投资条例》经重庆市第一届人大常委会第6次会议通过，自1998年3月1日起施行。

2月28日 重庆市副市长陈光国一行到万盛区景星乡新场村考察猕猴桃基地。

2月 重庆市委常委税正宽兼任市委农工委书记，任大军任重庆市委农工委副书记、重庆市农办主任。

3月27日 重庆市完善农村土地承包工作会在綦江召开，副市长陈光国等出席会议。

3月28日 重庆市第一届人大常委会第八次会议审议通过《重庆市农村合作经济组织承包合同条例》《重庆市蔬菜基地管理条例》，自1998年5月1日起施行；审议通过《重庆市农民负担管理条例》《重庆市实施〈中华人民共和国野生动物保护法〉办法》《重庆市实施〈中华人民共和国渔业法〉办法》《重庆市农村机电提灌管理条例》，自1998年7月1日起施行。

4月13—17日 中共中央总书记、国家主席、中央军委主席江泽民在重庆市视察了大足县复隆镇农业产业化基地、涪陵南沱镇连丰移民新村，走访大足县种植养殖专业户、涪陵移民户和贫困户，听取重庆市委、市人民政府的工作汇报。15日，江泽民到大足龙水镇横店新村视察农业，考察节水灌溉工程，登门访问了谢良哲、谢友超两家农户。中共中央政治局委员、书记处书记、国务院副总理温家宝随同考察。

5月18日 美国施格兰纯品康纳三峡柑橘技术中心在忠县正式动工兴建，项目总投资3 500万美元，包括柑橘技术中心、果园、果汁加工厂3个部分。

5月29日 《重庆市农业机械安全监理及事故处理条例》经重庆市第一届人大常委会第九次会议通过，自1998年9月1日起施行。

6月4日 重庆市委、市人民政府召开农业土地延包工作会，从1998年8月1日起，将农民土地承包期再延长30年。

6月25日 重庆市人大常委会主任王云龙到万盛区景星乡新场村考察猕猴桃基地建设情况。

6月 重庆市人民政府成立市防治牲畜5号病指挥部，副市长陈光国任指挥长，市政府副秘书长傅钟鼎、市农业局局长税蔚晰任副指挥长，市级有关部门负责人为成员。指挥部办公室设在市农业局，王义北兼办公室主任。

重庆市养猪科学研究院“新荣昌猪Ⅰ系推广及配套利用”项目，获得四川省人民政府科技发明二等奖。

8月6日 重庆市市长蒲海清到万盛区调研经济发展和水灾情况，并考察了景星乡新场村猕猴桃基地。

8月26日 重庆市市长蒲海清、副市长王鸿举到市养猪科学研究院考察。

9月29日 涪陵第一部音乐电视片、涪陵榨菜文化节主题歌《古老的希望城》在涪陵封镜。该片由中央电视台拍摄、中央民族歌舞团一级演员曲比阿乌演唱。

10月17日 中国重庆畜牧科技城开城典礼在荣昌县举行，同时还举行首届畜牧新技术、新产品展示交易会。全国各地和重庆共164个单位的439项畜牧新技术和1 000多个新产品参加展示交易。农业部副部长路明出席开城典礼并考察重庆市养猪科学研究院。

10月25日 国际马铃薯中心（CPI）驻亚太地区办事处代理Dr. Gordon Prain到重庆市养猪科学研究院参观考察，了解甘薯喂猪研究进度和推广成果情况。

11月8日 首届涪陵榨菜文化节开幕。

11月30日 重庆市政协主席张文彬率领市政协农林委员会委员40余人视察重庆市养猪科学研究院。

截至11月30日，重庆市已完成延长土地承包期的村19 905个，占总村数的96.4%；已全面签订承包合同的村19 081个，占开展延包工作村的95.7%。

是年 重庆市土肥站“粮食增产综合技术大面积推广”项目获1998年度重庆市科技进步二等奖。

重庆市作物所“玉米新组合渝玉一号示范”获重庆市科技进步二等奖。

1999年

1月10日 美国卡特中心考察团查尔斯先生在全国人大、重庆市人大领导陪同下，到重庆市养猪科学研究院参观访问。

1月14日 重庆市委常委会传达学习中央农村工作会议精神等，讨论贯彻落实意见。

1月19—22日 重庆市农村工作会议召开，规划全市农业和农村跨世纪发展战略目标，部署农业和农村工作任务，讨论《中共重庆市委关于进一步加强农业和农村工作的决定》及若干政策规定。

3月24日 重庆市委、市人民政府决定对全市农村合作基金会开展全面清理整顿，整顿范围包括全市所有的农村合作基金会。

3月26日 《重庆市植物检疫条例》经重庆市第一届人大常委会第十五次会议通过，自1999年5月1日起施行。

4月16日 《重庆日报》刊发《重庆市植物检疫条例》，该条例自1999年5月1日起施行。

5月6日 重庆皇田现代农业示范园正式开园。该示范园位于九龙坡区白市驿镇，占地3公顷，分3期建设，一期工程投资4 000万元。

5月17日 重庆市首批无公害蔬菜在江北区盘溪蔬菜批发市场上市。

6月 重庆市茶叶所陆羽公司生产的“云岭秀绿”茶在重庆市第三届“三峡杯”名优茶评比中，获优质茶称号。

7月 涪陵榨菜“乌江牌”商标被国家工商行政管理总局列为全国重点保护商标之一。

8月9—10日 重庆市召开全市扶贫开发工作会议，要求如期完成扶贫攻坚任务，截至2000年末基本解决农村贫困人口温饱问题。

8月11日 重庆市人民政府副市长陈光国一行到市果树研究所检查指导工作。

26 日　农业部批复重庆实施重庆无规定动物疫病区建设项目。项目区域包括黔江、万县等两个地级区和荣昌县、大足县、江津市、涪陵区等 23 个区（县、市），总投资 2 980 万元，其中中央预算内专项资金 1 500 万元，地区配套投资 1 450 万元。

9 月 27 日　重庆市科学技术协会科教兴农专家服务团在西南农业大学成立。

9 月 28 日　“1999 中国国际农业博览会及建国 50 周年农业和农村经济成就展”在北京落下帷幕。首次以直辖市名义组团参展的重庆市展团与 9 家客商达成意向性协议，协议金额 1.45 亿元。云岭牌“永川秀芽”名茶和市养猪院饲料兽药总厂“强化开胃精”获“中国国际农业博览会”名牌产品奖，后者并获 1999 马来西亚国际农业博览会金奖。

9 月　由重庆市人民政府副市长陈光国任顾问，重庆市农业区划办公室编辑出版《重庆市综合农业区划》，共 7 章内容。书中记录：重庆市耕地 3 834.71 万亩，占土地资源总面积的 31.05%；种植业区划有 4 个分区：西部平行岭谷粮油果桑蔬菜区、中部河谷丘陵库区农业发展区、东部盆边山地粮经区和南部盆边山地粮油药烟麻区。

10 月 25 日　王大用任重庆市委农工委书记、市农办主任。

10 月 29—30 日　三峡工程库区农村移民外迁现场会在重庆市举行。中共中央政治局委员、国务院副总理吴邦国出席会议并做总结讲话。29 日，吴邦国视察江津油溪大坡村移民安置点。

11 月 5 日　科技部副部长韩德乾考察重庆市猪良种产业化项目——中国重庆畜牧科技城育种中心、“新荣昌猪Ⅰ系”核心群猪场。

11 月 8—10 日　重庆市首届农民运动会在璧山县体育馆举行，全市 40 个代表队 2 800 多名运动员参加运动会，决出 15 个团体金杯、162 枚单项金牌。

11 月 10 日　重庆市人民政府第四十九次常务会议审议通过《重庆市鼓励外商投资农业领域的若干优惠政策》《重庆市农村集体资产管理条例》《重庆市蚕种管理条例》。

11 月 19—21 日　重庆市首届农业投资洽谈暨优质农产品展示会举行，来自美国、加拿大、日本、以色列等国家和国内各地共 195 户企业参加洽谈会，其中境外企业 31 户。签约项目 52 个，签约金额 10.7 亿元人民币和 1 376 万美元。

11 月　盘溪市场被农业部列为定点农产品批发市场。

12 月 8—9 日　国务院扶贫领导小组在渝召开全国扶贫工作（南方片）座谈会。

12 月 14 日　重庆市委书记贺国强到梁平县考察梁平柚母本园、长万高速公路梁平段。

是年　“长江上中游地区优质水果带建设”成果获 1999 年度农业部科技进步奖一等奖。

2000 年

1 月 11 日　大果优质甜橙新良种—梨橙（原名梨形 2 号甜橙）通过重庆品种审定。

3 月 21 日　重庆市委书记贺国强到南川调研，高度评价农业和城市建设工作，强调要抓住西部大开发机遇，加大环境改善力度，使南川树立起重庆南大门形象。

3 月 23 日　《重庆市农村集体资产管理条例》经重庆市第一届人大常委会第二十三次会议通过，自 2000 年 5 月 1 日起施行。

5 月 1 日　重庆市果树人民研究所党委书记、副所长、研究员黄治远被评为重庆市劳动模范。

5 月 11 日　重庆市委、市人民政府出台《关于加强生态环境保护和建设的决定》。

5 月 23 日　重庆市委书记贺国强考察市养猪科学研究院。

5 月　刘涛任市农业局局长、党组书记。

重庆市茶叶研究所研制并生产的“永川秀芽”名茶荣获中国（成都）国际茶博览会金奖。

6 月 15—16 日　重庆市副市长陈光国到南川对肖家沟水利工程、水江镇粮食自给项目、大观镇生态农业园区及山王坪林业综合开发等进行考察。

9月5日 万盛区翠信茶叶公司研制的“滴翠剑名”茶叶获国际名茶金奖。

9月29日 经重庆市人民政府批准，重庆市长江农工商控股（集团）有限公司成立。系由原重庆市农垦局整体转制设立的企业集团，拥有注册资本6亿元。以后更名为重庆市农业投资集团有限公司。

10月30日 第四届全国农民运动会在四川绵阳举行，副市长陈际瓦率重庆代表团196人参赛，获得奖牌总数16枚，金牌8枚，银牌2枚，铜牌6枚。

11月20日 重庆市委书记贺国强到梁平县检查指导工作。

12月10日 中国农业电影电视“神农贡献奖”颁奖暨中央电视台第七套节目开播5周年晚会在涪陵体育场举行。

是年 全年农产品出口额4 906万美元，前五大出口产品依次为猪鬃、肠衣、肝素、肉罐头、茶叶。

重庆市农科所“茄子引种筛选及杂优利用研究”获2000年度重庆市科技进步二等奖。签署了《重庆市农业局和美国明尼苏达大学在农业领域合作的谅解备忘录》。重庆市评选出首届振兴重庆杰出贡献奖章获奖者10名，忠县种子公司经理段永国获得此殊荣。

2001年

1月1日 重庆“涪陵榨菜”证明商标正式启用。

2月11—14日 重庆市副市长陈际瓦率领重庆代表团赴京，参加加拿大总理访华期间加方举办的系列活动，与加拿大有关农业企业家进行交流洽谈。

2月21日 中共中央政治局常委、中央纪律检查委员书记处书记尉健行考察大足龙水镇横店新村。

3月1日 西南农业大学动物养殖工程学院实施的黄牛胚胎移植试验成功，培育出西南地区第一头胚胎移植良种牛——“海福特”牛犊。

3月27—29日 依托市农科所筹建的部级质检机构“农业部蔬菜品质监督检验测试中心（重庆）”通过部级质检机构审查认可和计量认证评审“双认证”。副市长陈光国为中心（重庆）题词：深化体制改革，建设一流中心，服务现代农业。

5月18日 科技部副部长李学勇到渝考察农业科技工作。

6月25日 重庆市委农工委举行了纪念建党80周年暨表彰先进基层党组织、优秀党员、优秀党务工作者大会，重庆市委常委、市委农工委书记税正宽，副市长陈光国出席大会。

6月30日 涪陵榨菜集团公司生产的“乌江牌”系列低盐方便榨菜在“中国西部名牌产品贸易洽谈会”上获金奖。

7月28日 南川生态农业大观园总体规划通过重庆市计委评审，总面积576.2平方千米。

9月20—21日 重庆市委、市人民政府在万州区召开重庆市农业农村经济结构调整经验交流会，这是重庆改直辖市以来首次召开的有关农业和农村经济结构调整的大型会议。会上，市委刘志忠副书记讲了话，陈光国副市长做了工作报告，万州、北碚、渝北、市长江农工商有限公司等做了交流发言。会议决定启动全市首批8个农业产业化百万工程，百万吨优质柑橘深加工产业化工程，百万亩天然香料产业化工程，百万亩优质中药材产业化工程，百万头（只）草食牲畜产业化工程，百万头出口创汇优质瘦肉猪产业化工程，百万亩笋竹产业化工程，百万亩甘蓝型黄籽油菜产业化工程，百万担优质蚕茧产业化工程。以适应农村进入新阶段的要求，更快更好地发展全市农村经济。

9月22日 经教育部、农业部和重庆市人民政府批准，西南农业大学、四川畜牧兽医学院、中国农业科学院柑橘研究所合并组建新的西南农业大学。

10月19日 重庆市农业科学技术大会召开，表彰了15名有突出贡献的农业科技工作者。

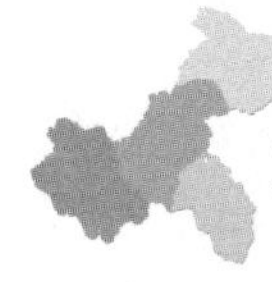

11月1—2日 重庆市举办中国加入世贸组织与重庆农业研讨会，市委副书记刘志忠、副市长陈光国出席会议并讲话；国务院发展研究中心、中央财经领导小组办公室、中国农业科学院蔬菜花卉研究所的领导和专家应邀做报告；北京、天津、上海、四川等兄弟省（直辖市）农口部门负责人和市内有关区（县）政府、院校、企业相关负责人参会。

11月2日 重庆市人民政府审定《重庆市国民经济和社会发展第十个五年计划农业和农村经济发展重点专题规划》。

11月19—22日 “中国园艺学会第九届会员代表大会暨学术讨论会”在渝召开，中国园艺学会名誉理事长、农业部副部长相重扬，副市长陈光国出席会议。

11月 重庆市“百万吨优质柑橘深加工”工程启动。

12月1日 重庆市委、市人民政府决定，启动百万亩花卉苗木产业化工程、百万吨优质粮加工产业化工程项目。至此，重庆市已启动10个农业产业化“百万工程”。

2002年

1月4—8日 重庆市首届订单农业暨优质农产品展示展销会在重庆工贸大厦举行。展会期间，签订了211个农业订单，金额达55.73亿元。其中，初级产品订单占49.5%，加工产品订单占50.5%。展会吸引了近10万市民前来参观购物，参展的400余个产品现场销售金额达427.9万元。

1月25日 农业部副部长刘坚在副市长陈光国等陪同下，考察重庆市农科所和农业部蔬菜品质监督检验测试中心（重庆），欣然为该所题词：开拓创新，生机勃发。

2月2日 2001年度振兴重庆争光贡献奖获得者表彰大会举行，重庆市农业科学研究所所长、重庆市“十五”种子创新工程玉米育种攻关首席专家唐洪军为10个获奖者之一，代表获奖者做大会发言。

2月20日 《重庆市无公害蔬菜管理办法》发布，自2002年4月1日起施行。

4月17日 印发《中共重庆市委、重庆市人民政府关于全面开展农村税费改革试点工作的通知》，从2002年起在全市范围内开展农村税费改革试点。

4月 市人民政府办公厅印发《关于重庆市防制牲畜五号病指挥部更名及调整成员的通知》，重庆市防制牲畜五号病指挥部更名为重庆市防治动物重大疫病指挥部，副市长陈光国任指挥长，指挥部办公室设在重庆市农业局，重庆市农业局副局长王健兼任办公室主任。

6月30日 涪陵榨菜集团有限公司“乌江牌”榨菜被中国商业联合会评为“中国名牌商品”。

7月26日 《重庆市饲料和饲料添加剂管理条例》经重庆市第一届人大常委会第四十一次会议通过，自2002年9月1日起施行。

8月14日 重庆市委书记贺国强到重庆市委农工委、重庆市农办调研，市委常委、秘书长何事忠和副市长陈光国陪同。贺国强到各处室看望职工并与大家合影留念。

9月11日 重庆市委副书记、常务副市长王鸿举考察重庆市农业科学研究所，并题词鼓励：一所开花，全市挂果，举国飘香。

10月14日 西南农业大学家蚕基因组取得世界领先水平研究成果，完成10万条家蚕基因测序工作。

11月17日 全国农民歌手电视大赛重庆选拔赛在重庆举行，来自近郊11个区（县）的79名选手参加了选拔赛。

12月13—18日 重庆市农业局与市外经贸在韩国汉城联合组织举办了“2002年中国·重庆农业食品展示洽谈会”。会期到访韩国客商600余人次，意向性成交2 000万美元以上。

26—30日 第二届中国重庆订单农业暨优质农产品展示展销会在重庆国际会展中心举行，重庆市39个区（市、县）、6个市级部门和重点龙头企业组团参加了展会。展会期间，共签订了94项计73亿元农业订单。

12 月 重庆市养猪科学研究院与中国农业大学合作完成的“猪优质高效饲料产业化关键技术研究及推广”项目，荣获国家科技进步二等奖。

重庆市动物防控工作被农业部评为全国 4 个先进省份之一，15 人被评为先进个人。

2003 年

2 月 10 日 重庆市人民政府办公厅印发《关于成立重庆市百个经济强镇工程工作领导小组的通知》，重庆市副市长陈光国任领导小组组长。

3 月 12—13 日 农业部蔬菜品质监督检验测试中心（重庆）通过国家质量技术监督总局和农业部评审小组评审，被农业部指定为全国无公害农产品定点检测机构。

3 月 16 日 颁布《重庆市动物检疫申报管理办法》，自 2003 年 3 月 10 日起施行。

3 月 24 日 重庆市委书记黄镇东一行到市果树研究所“重庆市现代果树生态示范园”考察。

6 月 13 日 重庆市印发《中共重庆市委 重庆市人民政府关于进一步深化农村税费改革试点工作的通知》，2003 年重庆市农村税费改革试点工作要按照“巩固、完善、深化、发展”的指导思想，进一步总结经验，完善政策、深化改革。农村劳动力转移培训工程（国家农村劳动力转移培训阳光工程）和生态家园富民工程，列入 2004 年重庆市委、市人民政府八大“民心工程”。

7 月 8 日 重庆市委副书记聂卫国一行考察市农科所位于九龙坡区含谷镇的试验示范中心。

8 月 14—18 日 重庆市首次组织 21 家农业企业赴香港参加香港美食博览会，现场签订农产品购销合同金额 8 950 万元，达成农产品购销意向性协议金额 1. 2 亿元。

9 月 1 日 重庆市委副书记聂卫国、副市长陈光国出席重庆农业对外开放座谈会并讲话。

9 月 23 日 重庆市编制委员会同意“重庆市养猪科学研究院”“重庆市畜牧兽医科学研究所”“重庆市种猪场”合并组建“重庆市畜牧科学研究院”。

9 月 28—29 日 副市长陈光国会见香港大昌行贸易有限公司行政总裁朱汉辉先生一行。10 月，香港大昌行与重庆市钱江食品有限公司合作首批 160 吨冻猪分割肉、38 吨冻乳猪启运香港。

9 月 30 日 龙潭米业有限公司的“龙潭”商标被认定为重庆市著名商标。

9 月 任大军任重庆市农机事业管理局局长、党组书记。

10 月 24—26 日 中共中央政治局常委、国务院总理温家宝考察三峡库区。24 日，温家宝总理在考察三峡库区移民安置工作途中，来到位于库区腹地的云阳县人和镇龙泉村 10 组看望乡亲。打完猪草回家的熊德明向总理反映，她爱人李建民有 2 000 多元的工钱已被拖欠了一年，影响孩子交学费。在温总理的关心下，熊德明一家当晚就拿到了工钱，拖欠民工工钱的问题也由此引起了社会前所未有的关注。

10 月 29 日 重庆市委书记黄镇东考察长寿区养蟹基地。

11 月 8 日 第二届重庆市农民运动会在涪陵区举行。组委会由重庆市领导聂卫国、康纲有、陈际瓦、辜文兴任名誉主任，副市长陈光国任主任。共有 39 个代表团 1 845 名运动员、领队、教练员参加。

11 月 15 日 中国科学院和市人民政府在渝联合举行新闻发布会，宣布西南农业大学与中国科学院北京基因组研究所共同完成中国家蚕基因组“框架图”。

12 月 29 日至 2004 年 1 月 1 日 第三届中国重庆名优农产品展示展销会在渝中区举办。展销会期间，签订了 35 亿元人民币和 5 400 万美元农产品订单。参观和购销的市民达 4 万人次，现场销售额达 1 000余万元。

12 月 市农机校 2001 级 7 班学生王军同学发明的节能型遥控器，被北京当代杰创专利评审委员会评为中国当代杰创发明金奖，并作为特邀嘉宾赴德国纽伦堡出席国际发明博览会颁奖大会。

是年 《中共重庆市委、重庆市人民政府关于实施百个经济强镇工程的意见》出台。确定103个镇实施。2003—2015年，百镇工程规划目标从实施项目镇GDP翻两番，增加到1 150亿元，农民人均纯收入增长3.3倍，达到8 100元；城镇化水平提高到56.3%，主要经济指标比全国提前5年全面实现小康。

重庆市土肥站推广项目“优质有机肥生产与应用技术”获2003年度全国农牧渔业丰收奖一等奖。

重庆市农村工作委员会与市外经贸委组织农业企业参加在圣比得堡市举行的“2003年俄罗斯—农业罗斯全球交易会”。

2004年

2月4日 重庆市与四川省签署《关于农业和农村经济合作协议》，建立并扩大农业和农村经济方面的互利合作，协商开辟鲜活农产品运输“绿色通道”。这是重庆市党政代表团访问四川省期间，两省（市）政府签订“6+1协议”之一。

28日 涪陵区率先提出的“三专一报两公”扶贫资金管理模式，部分写入当年中央1号文件。

2月 2003年度中国高等学校十大科技进展评选揭晓，西南农业大学“中国家蚕基因组序列‘框架图’”榜上有名。

3月4日 世界上最大的家蚕基因数据库在西南农业大学建成。

3月9日 重庆市委、市人民政府出台《关于实施百万农村劳动力转移就业工程的意见》，要求每年培训农村劳动力20万人以上，新增农村劳动力转移40万人；到2007年，全市农村劳动力转移人数达到700万人左右，全市农村劳务收入每年增长10%以上。

3月31日至4月1日 重庆市委常委、市人民政府副市长陈光国到潼南调研春耕生产情况。

3月 在中央政府倡导的“东盟+1”等六大框架下，市人民政府与老挝万象市政府签署《中国重庆老挝农业综合园区合作备忘录》，开展深度农业合作。合作备忘录拟在老挝规划园区面积5 000公顷，总投资498万美元。

4月1日 重庆市人民政府第26次常务会议审议通过《重庆市2004年涉及农民负担行政事业性收费处理意见》，12项涉农收费被取消或减免。

4月7日 重庆市人民政府启动推进重庆百万吨优质榨菜加工产业化百万工程并在涪陵区召开启动会。6月26日《百万吨优质榨菜深加工产业化工程规划》通过专家评审。按规划，百万工程总投资173.75亿元，建成后可实现年总产值450亿元，年出口创汇2.5亿美元，实现利税100亿元；带动农户450万户，解决农村劳动力60万人就业，年增加农民收入100亿元。

4月10日 国内首个具有自主知识产权的雄蚕品种——“夏Sch”（西南农业大学成功培育的国内第一个雄蚕品种）在西南农业大学培育成功。

4月29日 副市长陈光国出席秀山县农业产业化战略研讨暨项目推介会。

5月31日 印发《中共重庆市委办公厅 重庆市人民政府办公厅关于做好2004年农村税费改革试点工作的意见》。

5月 刘涛任重庆市委农村工作委员会书记、重庆市农村工作办公室主任。王越任市农业局局长、党组书记。

6月1日 重庆市人民政府第三十一次常务会议审议通过《重庆市对种粮农民直接补贴试点方案》，决定在合川市和开县开展对种粮农民实行直接补贴试点，这在全国属首次。

6月7日 重庆市与贵州省签订《关于黔渝农业和农村经济合作的协议》。协议涉及双方在农业农村经济项目、农业高新技术和农业科技成果、优势产业、优质产品和农产品加工以及专业人才培训、开通鲜活农产品运输绿色通道、动植物检验检疫合作和林木及其制品检验检疫的合作。这是重庆市人民政府与贵州省人民政府签订的“1+16”协议之一。

6月16日 重庆市财政资金直补农民工作会决定，全市14.16亿元财政资金通过金融机构直接发放的方式补贴给300多万户农民。

6月21日 涪陵榨菜（集团）有限公司“乌江”牌榨菜商标，被国家工商行政管理总局认定为“中国驰名商标”，此为全国酱腌菜行业首例。

7月2日 西南农业大学水稻研究室培育的水稻新品种“富优1号”通过国家审定，被农业部确定为重点推广的主导品种。

西南农业大学“家蚕资源评价的分子基础及重要功能基因克隆研究”项目通过科技部和市科委组织的专家可行性论证。

7月21—22日 重庆市农业工作会议在南川召开，副市长陈光国到会部署农业工作。

8月12—16日 重庆市组团参加在香港举行的“美食博览2004”。重庆参展的26家企业带去了榨菜、调味品、肉制品、蔬菜制品和保健食品等五大类300余种产品。参展企业与169家香港和外国经销商开展了贸易洽谈，签订了41个计1.45亿元的意向性购销协议。

8月26日 重庆市副市长吴家农一行考察市农科所及农业部蔬菜质检中心（重庆）等科研平台建设。

9月1日 重庆市人民政府印发《重庆市人民政府关于加快发展农村合作经济组织的意见》。

9月21日 重庆市人民政府和四川省人民政府举行《川渝共建鲜活农产品运输绿色通道协议》签字仪式。明确了绿色通道运输中的鲜活农产品为川渝两省份地产的时鲜瓜果、新鲜蔬菜、活家畜、家禽、水产品、生鲜蛋和鲜奶等。10月1日，川渝鲜活农产品绿色通道正式开通，这是全国第一个区域性鲜活农产品绿色运输通道。

9月26—28日 首届中国畜牧科技论坛暨第三届中国畜牧新项目新技术新产品博览会在荣昌举行。

9月28日 经重庆市人民政府批准，由重庆市养猪科学研究院、重庆市畜牧兽医科学研究所、重庆市种猪场组建的副局级事业单位——重庆市畜牧科学研究院正式成立。农业部党组副书记、副部长尹成杰，市委常委、副市长陈光国授牌。

10月18日 第五届全国农民运动会在江西省宜春市举行，重庆市副市长陈光国率重庆代表团159人参赛，重庆代表团获金牌15枚、银牌12枚、铜牌8枚。

10月28日 重庆市农田保护性耕作暨小春生产现场会在潼南召开。

12月11日 重庆市人民政府在西南农业大学举行庆祝大会，西南农业大学论文《家蚕基因组框架图》在美国《科学》杂志刊发，标志着中国基因组生物学研究成果得到国际社会的公认，也是重庆市科技工作者在世界最高级科学杂志发表论文零的突破。

12月13日 国家质量监督检验检疫总局发布公告，批准对涪陵榨菜实施原产地保护。

12月 大足县被国家环环境保护局命名为“国家级生态示范区”，是重庆市第一个获此称号的县。同月还获得“全国粮食生产大县”称号。

在首届中国国际农产品交易会上，鱼泉集团、金州食品公司等12个参展企业各有所获，签订订单总额1.82亿元，与国内外采购商达成意向性交易协议金额近2亿元。

重庆中一种业有限公司探索与越南、老挝等国家企业间的合作，组建重庆市种子公司越南河内技术服务中心，成立中国老挝3 000国际农业发展有限公司。“Q优1号”等杂交种子通过了越南春季、秋季国家品种审定，每年实施对越种子出口保持在100万千克左右。在老挝和越南开展Q优系列水稻、“渝糯七号”“渝糯八号”等杂交品种的多点试验示范，取得了“Q优1号”平均亩产400千克以上，高产田亩产540千克，比当地常规品种产量翻番。

2005年

1月1—4日 中国重庆名优农产品展销会在重庆农业展览中心举行，国内外170多家采购商参展。签约95宗55亿元；签订22万农村劳动力就业协议，其中市外就业14万人。10余万市民进入展会会场采购年货，零售额1 000余万元。

1月8日 重庆市政府发出《关于全部免征农业税的通告》，重庆市在西部地区率先全部免征农业税及附加。

1月25日 《重庆日报》报道：綦江县邹永霞创作的农民版画《农村部分计划生育家庭奖励扶助》获第十二届中国人口文化奖铜奖。

2月3日 重庆市最大的生猪养殖场——重庆双隆养殖屠宰加工有限公司养殖场落户沙坪坝区青木关镇。该养殖场建设计划总投资3 000万元，除建设之初计划出栏20万头猪的养殖场外，还配套建设年屠宰10万头猪的屠宰加工生产线和年加工7 500吨肉类食品加工线。

2月23日 重庆市委常委、副市长陈光国在江津市按下农网广播的启动电话——11896789热线，正式开通了农网广播。

3月11日 重庆德庄实业公司、西南农业大学、石柱土家族自治县辣椒产业化办公室三方签订协议，联合打造西部地区的辣椒生产加工基地。

3月 重庆市人民政府表彰全市防治高致病性禽流感工作先进集体和先进个人，重庆市动物卫生监督总站被评为防治高致病性禽流感工作先进集体，汤明、熊仲良、苏承忠、邓政、肖颖、汪德珍、尹用国等同志被评为先进个人。

4月4日 重庆市委常委、副市长陈光国到潼南县考察春耕生产情况。

4月11日 “三峡库区珍稀观赏蝶类繁殖技术研究”课题通过重庆市科学技术委员会组织的专家组验收，成果填补国内外对其中7种研究对象的养殖技术空白。

4月21日 国家质量标准委员会专家组审定通过涪陵榨菜的国家强制标准，涪陵榨菜成为受原产地域保护产品。

4月22日 《重庆日报》刊发《重庆市村镇规划建设管理条例》，自2005年5月30日起施行。

南川市被农业部确定为全国茶叶生产基地县，并被农业部规划为茶叶生产优势区域之一。

4月30日 “全国劳模和先进工作者表彰大会”在北京人民大会堂召开，重庆市农业科学研究所吕中华研究员荣获“全国先进工作者”称号。

300多幅綦江农民版画作品首次由专家评委组进行等级评定，其中精品作品20幅。

4月26—28日 重庆市举行2005年中国·重庆永川国际茶文化旅游节，来自日本、韩国、美国、澳大利亚和中国香港、澳门、台湾地区的1 100余名客商参加旅游节活动。

5月13日 重庆市委办公厅印发《关于调整市委农村工作领导小组成员的通知》，重庆市委常委、副市长陈光国任组长，市级相关部门负责人为成员。领导小组下设办公室在重庆市委农村工作委员会，办公室主任由刘涛同志兼任，谢金峰同志为办公室副主任。

美国内布拉斯加州农业部部长默林·卡尔森带队的农业代表团来渝考察。

5月30—31日 重庆市委二届七次全委会批准《中共重庆市委关于统筹城乡发展加快全面建设小康社会步伐的决定》。

6月7日 中共重庆市委书记黄镇东到市畜牧科学院考察。

6月23日 农业部、国务院三峡办公室和共青团中央在江津区召开“保护三峡、铲除外来入侵生物”现场会。

6月 《中华人民共和国重庆市政府与老挝人民民主共和国万象市政府关于加快中国重庆（老挝）

农业综合园区建设进程的谅解备忘录》签订。

7 月 4 日 梁平县蟠龙茶叶有限公司的“珍稀野生甜茶无公害基地建设及综合加工”项目、“南方葡萄优质高效无公害栽培技术转化”项目被科技部列入 2005 年星火计划，每年可获国家 60 万～100 万元资金的立项支持。

7 月 8 日 西南农业大学申报的“家蚕主要经济性状功能基因组与分子改良研究”项目被科技部列入国家“973”计划，获科研资助经费 3 000 万元，是重庆市首个国家“973”计划科研项目。

7 月 16 日 由大足县农民罗登强进行太空育种的第二批 90 多粒荷花种子，随中国成功回收的第二十二颗返还式科学探测卫星在预定区域安全落地，23 日荷花种子回到大足。

7 月 17 日 由西南师范大学、西南农业大学合并组建的西南大学正式成立。

8 月 22 日 重庆市人民政府第五十八次常务会议审议通过《重庆市人民政府关于加快发展农村合作经济组织的意见》。

9 月 23—25 日 第二届中国畜牧科技论坛暨中国畜牧科技第四届新项目新技术新产品博览会在荣昌举行。4 名院士、71 位著名专家、124 名博士及国内外 60 余所大学和畜牧科研院所的 1 000 余名学者，600 余家企业的 2 000 余名企业家以及国内外新闻媒体记者参加论坛。25 日，现场签订协议的投资项目 50 个，协议投资额 7.6 亿多元。

9 月 24 日 “中国养猪之父”徐振英塑像在重庆市畜牧科学研究院落成。

9 月 27 日 由重庆市畜牧科学研究院、第三军医大学、重庆工学院协作完成的世界上首套数字化猪数据集在重庆诞生。该数据集以世界著名的优良地方猪种——荣昌猪为标本采集，是世界首套猪数字可视化数据集，具有中国完全自主知识产权。

10 月 4 日 忠县正式启动集育苗、建园、博览、交易、科研、旅游观光为一体的中国柑橘城建设，先期由业主投资 6 000 万元。

10 月 9 日 全市农业产业化工作会议召开，市委常委、副市长陈光国出席会议并讲话。

10 月 17 日 璧山县大路镇高拱村农民雷豫平组织生产的一叶牌鲜枇杷果获得国家绿色食品发展中心颁发的绿色食品 A 级证书，是重庆市首个由农民自主申请获得的国家绿色食品认证产品，也是全国第二个获得国家绿色食品认证的枇杷产品。

10 月 18 日 中国工程院院士、西南大学教授向仲怀获 2005 年度何梁何利基金奖。

10 月 20 日 铜梁县天盛龙源实业有限公司试验的车间养鱼技术获得成功，其单位产量是普通养殖方式 50 倍以上。

10 月 25—26 日 中共中央政治局委员、国务院副总理回良玉视察重庆市农村工作。25 日，回良玉一行到大足棠香街道和平新村视察，调研生态家园富民工程。26 日，回良玉视察重庆农业信息工作时强调：农业信息服务就是需要真正和农业生产者结合起来。

重庆市农业科学研究所在全国精神文明建设工作表彰大会上荣获全国文明单位称号。

10 月 27 日 《重庆日报》报道：重庆市 15 个村镇被评为“全国文明村镇”，25 个单位获得“全国文明单位称号”。

11 月 2 日 重庆杂交水稻在尼日利亚试种获得成功。

11 月 7 日 三峡库区优质柑橘无病毒技术中试及无病毒苗木快繁技术示范项目通过农业部组织验收。

11 月 23 日 由奉节县脐橙研究所、华中农业大学、西南大学共同选育的“95－1”晚熟脐橙新品种通过市农作物品种审定委员会审定，是国内成功选育出的首个晚熟脐橙新品种。

12 月 6 日 中国奉节脐橙展示会在奉节县举行，评选的“脐橙王”（横径 110 毫米，纵径 114 毫米，重 0.8 千克）以 19 888 元高价竞拍，创下全国单个水果售价之最。

12 月 13 日 重庆市人民政府批复同意，重庆市农业科学研究所、重庆市果树研究所、重庆市作物研究所、重庆市茶叶研究所和重庆市农机所合并组建重庆市农业科学研究院。

12 月 21 日 全市榨菜产业化百万工程推进会在涪陵召开。

12 月 24 日 西南大学蚕桑学重点实验室成功制作出家蚕基因芯片与表达图谱，是中国在家蚕基因研究领域取得的又一重大进展，将为中国家蚕产业的发展以及人类防病找到有效途径。

是年 重庆渝东南农科院“茎瘤芥胞质雄性不育系选育及杂种优势利用研究”荣获重庆市 2005 年度科技进步一等奖。重庆市农业技术推广总站“佳多自动虫情测报灯开发与应用”获 2005 年度河南省科技进步奖一等奖。重庆三建集团 NFC 派森百冷鲜橙汁在忠县试验成功。重庆市从意大利引进了晚熟柑橘精品——塔罗科血橙（玫瑰香橙），在万州区开始建设第一批玫瑰香橙果园。

2006 年

1 月 1—4 日 由重庆市人民政府、中国食品工业协会共同主办的“2006 重庆·中国西部国际农产品交易会”在重庆农业展览中心隆重举行，市长王鸿举出席。展会共有 14 个省份、731 家农产品生产加工企业参展，展品 3 000 多个。签订农产品购销合同协议 251 项、金额达到 73. 77 亿元，现场销售金额1 817. 62万元，签订了 25 万人农村劳动力用工订单。

1 月 25 日 九龙坡区九龙镇成为重庆市首个双百亿乡镇。该镇 2005 年总产值 102 亿元，总收入 125 亿元。

2 月 7 日 荣昌县双河镇农民蒋泽光被评为 2005 年度全国乡村青年文化名人。蒋泽光从 1981 年开始从事以传统金钱板为主的民间曲艺表演。

3 月 8 日至 7 月底 重庆市举行 2006 年全市农业科技下乡百镇千村示范活动，活动以 103 个经济强镇和 1 000 个示范村为主要阵地，5 000 多名农技人员参与。

3 月 9 日 西南大学向仲怀院士、四川农业大学荣廷昭院士应邀来渝考察组建中的重庆市农业科学院。

3 月 28 日 召开全市“千百工程”启动大会，宣告重庆市社会主义新农村建设正式拉开帷幕。“千百工程”在全市选择 1 000 个村重点推进新农村建设，并在其中选择 100 个村进行新农村建设示范，力争用 15 年或 20 年时间使全市所有行政村初步完成新农村建设。

重庆市首个村级社会主义新农村建设规划——《江北区鱼嘴镇双溪村社会主义新农村建设规划》出台。

3 月 30 日 重庆市人民政府召开新闻发布会，就重庆市如何建设社会主义新农村做全面通报。

重庆市农业局和国家开发银行重庆市分行签订《共同推进新农村建设战略合作框架协议》，国家开发银行重庆市分行承诺将为重庆“三农”发展提供巨额信用贷款，将通过双方的共同努力，使重庆市农村的生产生活条件有根本性好转和改善。

4 月 10 日 美国博富文柑橘有限公司投资重庆忠县项目谅解备忘录签字仪式在渝举行。根据双方达成合作意向和共识，美国博富文柑橘有限公司计划投资 3 000 万美元在忠县建厂进行橙汁生产。

4 月 14 日 《重庆日报》报道：重庆市交委推出十大举措，为重庆建设社会主义新农村服务，拟新建和改造农村公路 6 000 千米，新增农村客运线路 1 400 多条，新增农村客运车辆 1 000 多辆，解决 6 个乡（镇）和 800 个行政村不通客车的问题。

4 月 21—24 日 国务院总理温家宝到重庆考察，深入企业、农村，走访社区，来到田间地头，与干部群众座谈，就重庆经济社会发展及三峡库区移民工作进行深入调查研究。

4 月 22 日 温家宝总理来到“榨菜之乡”涪陵，听取涪陵榨菜集团工厂负责人的介绍。来到南沱镇睦和村，走进群众中间亲切交谈。当晚主持召开农业座谈会，听取库区干部群众的意见和建议。强调库区应办好 4 件事：一是解决库区移民行路难、饮水难问题；二是结合发展农牧业特别是养殖业，大力发展农村沼气；三是统一规划，把柑橘做成库区大产业；四是科学论证，实行移土培肥工程，把将要淹没的沃土移到山上肥田。

4 月 23 日　温家宝总理来到江北区光大奶牛科技园养殖基地考察，并在留言簿上留言：“我有一个梦，让每个中国人，首先是孩子，每天都能喝上 1 斤奶。”在永川市双竹镇代家店村，温家宝向村民们详细了解农业结构调整的情况，与当地农业技术人员进行了座谈。在五间镇新建村，温家宝沿着田埂走进稻田，沿路与农民攀谈。提出对于农村的支持还要做更多的工作。温家宝在考察中指出，建设社会主义新农村，要把发展农村经济、增加农民收入摆在突出位置。要坚持农村的基本经营制度，保障农民的物质利益和民主权利，尊重农民意愿。这是检验新农村建设成功与否的标准。

在广厦重庆第一建筑公司集体宿舍，温家宝坐在床铺上拉着农民工李开云的手问道，知道国务院关于解决农民工问题的 40 条措施吗？农民工叶家发捧出一个黄色安全帽，上面有着 20 位农民工的签名，并写着“农民的好总理”。温家宝说：“这些年，农民工是我最操心的事之一。国务院出台了 40 条措施，落实还要花大功夫。”

4 月 24 日　温家宝总理视察三峡建设集团柑橘苗圃时强调，要“统一规划，把柑橘做成库区大产业”。

4 月 24 日　全国政协副主席李贵鲜一行到永川市视察茶产业开发和旅游经济发展情况及重庆市茶业研究所科研示范基地。

4 月 27 日　重庆市首个农村经纪人协会——綦江县农村经纪人协会成立。

重庆市首个农民艺术团在北碚区施家梁镇成立。

4 月 30 日　涪陵榨菜（集团）有限公司被中华全国总工会授予“全国五一劳动奖状”。

5 月 16 日　垫江县建成 866. 67 公顷中药材生产基地，规模居西南地区首位，天麻种植面积居全国首位。

5 月 17—21 日　市农委、市外经贸委组织重庆市 22 家企业参加 2 006 泰国（亚洲）食品博览会，现场签订合同 7 宗，金额 99. 1 万美元；达成协议 36 宗，金额 1 300 万美元。

5 月 31 日　《重庆日报》报道：重庆市綦江农民版画产业发展有限公司被文化部命名为“国际文化产业示范基地”。

5 月　重庆市人民政府决定由市财政出资、监督，重庆市农业委员会受托履行出资人职责，组建成立“重庆市农业担保有限公司”。公司主要为家庭农（牧渔）场、种养大户、农民合作社、农业企业、农业社会化服务组织等新型农业经营主体提供信贷担保业务。

6 月 15 日　合川市肖家镇圣明村农民杨福贵以大米、黄豆、荞麦等五谷杂粮为“颜料”，绘出《清明上河图》，是重庆市首个掌握粮食书画艺术的人。

6 月 16 日　首届中国花椒之乡贸易洽谈会在江津市举行。

6 月 26 日　重庆市委书记汪洋考察梁平县农业综合项目。

7 月 5 日　重庆市人民政府法制办公室、市人民政府农村工作办公室在涪陵区李渡镇双桂村召开土地承包立法农村现场论证会，是全国首次在农民家门口召开立法论证会。

7 月 6 日　重庆市人大常委会党组书记、副主任金烈一行到市农科院视察。

重庆市农业局与中国联通重庆分公司举行农业信息化建设合作框架协议签字仪式，并就“巴渝农业新时空”信息服务产品联合举行了新闻发布会。

7 月 9—11 日　重庆市首次组团参加在美国纽约举办的“美国夏季特色食品展”，共有 6 家农产品生产加工及贸易企业带去了榨菜、豆干、蔬菜制品等三大类、29 个品种的特色农产品参展。

7 月 14 日　重庆石龙技工劳务（集团）有限公司挂牌。

8 月 29 日　江北区人民法院对重庆市首例非法占用农用地案作出一审判决：江北区两村民因非法占用农用地罪，分别被判处拘役 4 个月，并处罚金 2 000 元。

8月　全国首批经农业部、国务院台湾事务办公室批准设立的4家台湾农民创业园之一的重庆台湾农民创业园成立。项目选址在重庆北碚“江东花木暨旅游农业生产带”，规划面积4万亩，其中核心区地处北碚区静观镇，占地6 225亩，农业生产区13 775亩，拓展区2万亩。

9月9日　大足县有上千年历史的土特产冬菜种子与太空荷花第二代一起被送上太空进行太空育种，首批进行太空育种的冬菜种子0.5克约260粒。24日，该批种子成功返回地面。

9月25日　中国重庆畜牧科技城科技孵化基地在荣昌县动工修建，是中国首个畜牧科技孵化基地。

9月27日　2006中国重庆·綦江农民版画艺术节开幕。

9月30日　重庆市人民政府与新疆生产建设兵团在乌鲁木齐签订长期劳务合作协议。

9月　农业部明确“中国—加拿大动物健康推广服务项目”在重庆实施，项目是中国和加拿大两国政府间的合作项目，旨在中国有关省（市）建立和完善动物健康推广服务体系。同年12月，项目正式启动。2007年5月确定荣昌县、武隆县为项目实施县。

重庆市人民政府代表团赴英国考察期间，与英国育种协会签订引种协议，引进经济性能综合指标处于世界领先水平的英系大约克夏种猪。2007年7—9月从中精选80头种猪空运至北京首都机场转至天津再次进行隔离观察，全部合格后成功运回重庆。此次英国引种堪称国内规模较大、程序最繁，是重庆历史以来引种最多（共10个外种血缘）、费用最高（共耗资260余万元）的项目。

10月2—3日　中共中央政治局常委、国务院总理温家宝在重庆考察旱情，慰问群众。

10月13日　重庆市委、市人民政府举行全市抗旱救灾总结表彰大会，万州区委、区人民政府等249个抗旱工作先进集体，何伟等702名抗旱救灾先进个人受到表彰。2006年夏，重庆遭遇了全市自1891年有气象记录以来最为严重的旱灾，夏旱、高温伏旱灾害，局部地区出现了夏伏连旱，灾害强度100年一遇。重庆市大部地区干旱总天数超过70天，巫山、巫溪、奉节、万州、黔江、彭水等地超过100天。綦江极端最高气温高达44.5℃，刷新了重庆市极端最高气温纪录。大江大河水位降到历史同期最低，出现了汛期枯水的现象。市人民政府发布20次旱情橙色预警、26次旱情红色预警。近133.33万公顷农作物、2 100万人口受灾，820万人饮水困难，直接经济损失90.71亿元。全市投入抗旱救灾资金4.3亿元，其中，中央投资2.3亿元，重庆市和各区（县）分别投资1亿元；日投入抗旱人力660万人次、机动送水车1.5万辆，累计送水100余万辆次，开挖机电井3万余口；出动扑火人员11万余人次，扑灭森林大火100多起；派出医疗服务队5 000多个，救治暑热伤病人员5万人次；实施人工增雨63次，增雨量3亿米^3。

10月17—20日　重庆市组团参加了由中央台湾工作办公室、农业部等部委举办的海峡两岸农业合作成果展览暨项目推介会。重庆市88家企业（其中5家在渝台资企业）、239人参展。渝台两地企业签订了包括重庆茶竹文化在内的4项协议。

11月22日　丰都绿覃生态农业开发有限公司食用菌产业化基地在丰都县建成，是中国西部地区首个完全工厂化生产、西南地区规模最大的产业化生产示范基地。

12月1日　农业部副部长范小建一行到南川考察调研。

12月13日　重庆市农用地分等成果通过国土资源部组织的专家验收，在全国各省（自治区、直辖市）中首个建立起省级标准样地体系。

12月18日　国内首个农民工励志创业培训基地——重庆农民工夜校正式开学。

12月20日　重庆市动物卫生监督总站站长汤明荣获重庆市“五一劳动奖章”。

12月26日　《重庆日报》报道：西南大学利用水稻分子育种技术成功育成的“西农优1号”“西农优2号”“西农优7号”“西农优30号”“富优1号”等5个耐旱高产杂交水稻新品种通过专家评审，相关科技成果达到国际领先水平。

12月　吴亚任重庆市农机事业管理局局长、党组书记。

是年　农业部将荣昌猪和荣昌白鹅列入国家级资源保护名录。

2007 年

1 月 1 日 重庆市 12316“三农”热线暨巴渝新农网正式开通。热线由重庆市农业局与重庆市电信公司、重庆移动通信有限责任公司、中国联合通信有限责任公司重庆分公司联合打造，进一步解决信息服务“最后一千米”问题。

1 月 1—4 日 重庆市举行 2007 重庆 · 中国西部农产品交易会，来自北京、四川、云南等 16 个省（自治区、直辖市）和重庆市区（自治县）的 52 个代表团参加交易会，参展企业 850 家，参展农产品品种近 1 万个，现场销售农产品金额 2 100 万元，签订销售订单和农业合作项目金额 82. 5 亿元。

1 月 2—6 日 农业部副部长牛盾到江北区、忠县、开县、万州区、永川区和九龙坡区等地调研农业生产、新农村建设和农业信息服务工作。

1 月 8 日 大足县宝顶镇慈航村农民罗登强获得由科技部授予的“星火科技致富能人”荣誉证书，是国内首个个人投资 400 多万元历时 5 年参加太空育种而全国闻名的“太空花农”。

2 月 5 日 农业部副部长牛盾一行到永川考察农业产品质量安全绿色行动综合试点工作。

2 月 6 日 《重庆日报》报道：梁平县获“中国优质梁平柚基地奖牌”，成为全国唯一获奖的柚类基地县。

中国农业科学研究院山地农业研究中心在重庆成立，是全国首个山地农业研究机构。

农业部副部长牛盾考察重庆市农业科学院。

2 月 13 日 陈汝强、聂高贵、孟宗良、李世彬、吴义春、谭红兵、张仕旭、张和龙、陈尚谦、任长忠获“重庆市首届十佳农民工”表彰。

2 月 16 日 2006 年度振兴重庆争光贡献奖获得者评选结果产生，重庆市畜牧科学研究院院长刘作华获奖。

2 月 “良种创新水稻品种——Q 优系列走向国际市场”入选“2006 年度重庆十大科技新闻”。

4 月 12 日 《重庆日报》刊发《重庆市实施〈中华人民共和国农村土地承包法〉办法》，自 2007 年 7 月 1 日起施行。

4 月 26 日 重庆市农业科学院“优质、抗病杂交水稻 Q 优 2 号选育与应用”荣获重庆市 2006 年度科技进步一等奖。

5 月 14 日 重庆市人民政府第一百次常务会议审议通过《重庆市农民工养老保险试行办法》和《重庆市农民工大病医疗保险市级统筹试行办法》。

5 月 23—27 日 重庆市组团参加在泰国曼谷举行的 2007 年泰国（亚洲）食品博览会。参展期间，共达成 22 个合作意向，合计金额 1 500 万美元，农产品有望进入东南亚市场。

5 月 27 日 重庆市农业科学研究院研究员吕中华、巴南区动物卫生监督所所长冉元智当选中国共产党第十七届全国代表大会代表。

5 月 28 日 重庆市委、市人民政府召开全市劳务经济工作会议，强调把劳务经济打造为“第一经济”。

6 月 18 日 国务院副总理回良玉视察九龙坡区农业综合开发项目花卉苗木基地。

涪陵榨菜（集团）有限公司董事长周炳全获得重庆市委、市人民政府颁发的“直辖十年建设功臣”奖。

6 月 21 日 重庆市委、市人民政府召开专题会议部署渝东北“一翼”发展战略。

6 月 23 日 忠县拔山镇畜牧兽医站助理兽医师廖世忠，在全市高致病性猪蓝耳病防控阻击战中，于凌晨骑摩托车前往高洞子检查站执行检查消毒任务，因雨大路滑，发生车祸，因公殉职。

7 月 17 日 陈家桥镇农业服务中心助理兽医师陈治萍（女），为抢救人民群众的生命财产，在抗洪抢险的第一线被洪峰卷入急流中不幸遇难。中共沙坪坝区委追认陈治萍为中共党员，重庆市人民政府授

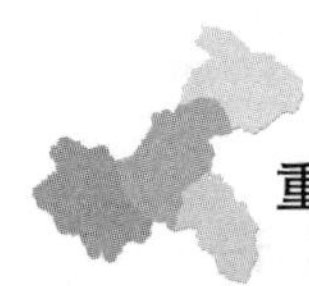

予其革命烈士称号，重庆市妇联、全国妇联先后授予其“三八红旗手”称号。

7 月 21—22 日 中共中央总书记、国家主席、中央军委主席胡锦涛和随行的中共中央政治局候补委员、中央书记处书记、中央办公厅主任王刚，在重庆市委书记汪洋、市长王鸿举等陪同下，到重庆市考察工作，深入灾区实地察看灾情，看望慰问受灾群众。在沙坪坝区回龙坝镇梁滩桥村冯洪元家中了解受灾情况，鼓励他们增强战胜灾害的决心和勇气，尽快恢复生产、重建家园。强调各级党委和政府一定要以对人民群众高度负责的精神，全力做好抗洪救灾各项工作，团结带领广大干部群众克服暂时困难，重建美好家园，努力夺取抗洪救灾斗争的胜利。7 月中旬，重庆市遭受了一场百年不遇的特大暴雨洪灾，给当地群众生命财产造成重大损失。

8 月 6 日 市长王鸿举到重庆市农业科学院含谷蔬菜科技示范园了解蔬菜科技示范情况。

8 月 13 日 重庆市农业科学院玉米研究所杨华博士、陈文俊研究员被市委、市人民政府命名为首届重庆市有突出贡献中青年专家。

8 月 25 日 中国养蜂协会理事会暨生物学专业委员会授予南川“中华蜜蜂之乡”称号。

8 月 重庆市人民政府正式承担中国政府援建坦桑尼亚农业技术示范中心项目的任务，是中国政府启动在非洲建设 14 个有特色的农业技术中心建设项目之一。该项目在坦桑尼亚莫罗戈罗省达卡瓦千里马农科中心建设，占地 62 公顷，总投资 4 000 万元均由中方出资。

9 月 12 日 江津区人民政府与台湾投资商签订了“渝台农业科技与经济开发投资合作项目意向书”，将陆续投资约 3 亿元人民币，开展现代化种养业、农业科研及农产品加工、营销、物流及旅游农业等。

9 月 28 日 在北京市二十一世纪饭店举行新闻发布会，重庆市畜牧科学院 25 万元重奖“渝荣 1 号猪配套系”项目组科技人员。

9 月 涪陵区堡子果品专业协会被中国科学技术协会、财政部评为 2007 年全国科普惠农兴村先进单位，获奖励补助资金 20 万元。

10 月 18 日 梁平县蟠龙镇扈槽村七组村民陈平云种出一超级南瓜。经测量，南瓜高 80 厘米，腰围 170 厘米，重 72 千克。

10 月 20 日 在“973”家蚕基因项目中期总结评估会上项目组宣布，一项基于家蚕基因功能研究的克隆技术已被西南大学国家“973”计划家蚕基因项目组攻克，科学家能以此在家蚕基因框架图普的基础上拼接、重组家蚕基因组，找到家蚕身体中的每个基因的价值所在。会上还宣布，家蚕基因项目组已攻克转基因技术；已在家蚕的丝蛋白合成、抗病性、发育变态和性别比例等四大领域的主要经济性状功能基因的研究上取得重要进展，并已申报 24 项家蚕基因专利。

10 月 27 日 第三届中国畜牧科技论坛在荣昌县举行。

重庆市第三届农民运动会在黔江区举行，重庆市委常委、副市长马正其担任组委会主任，全市 39 个代表团、2100 名运动员、领队、教练员参加。

11 月 1 日 《重庆日报》报道：铜梁县被国家列为“东桑西移工程”采桑基地建设项目实施县，启动万亩新桑园建设。

11 月 14 日 国务院扶贫办公室与重庆市在渝签订合作备忘录，共同建设统筹城乡扶贫开发示范区。

11 月 17—19 日 台湾民主自治同盟中央委员会、重庆市人民政府共同举办“海峡两岸农村合作经济（重庆）论坛暨农民专业合作经济组织研习班”。全国政协副主席张克辉，重庆市委副书记、市长王鸿举出席开幕式并讲话。

11 月 30 日 《重庆日报》报道：大足县被中国果品流通协会命名为“中国枇杷之乡”。

11 月 永川区在全市率先成立农机专业合作社。

12 月 5 日 《重庆日报》报道：国家柑橘工程技术研究中心落户重庆。

12 月 19 日 经农业部和重庆市政府批准，重庆市农机事业管理局将与永川区政府联手，在永川工业园区建设农业机械化综合示范基地。

12 月 27 日 “重庆·綦江首届赶水草兜萝卜节”开幕，农机管理办公室赶水双石萝卜专业合作社对外签订了 7 000 吨草兜萝卜的供销协议。

2008 年

1 月 3 日 《重庆日报》报道：酉阳县后溪镇长远村和毛坝乡毛坝村被中国农业科学院确定为中国南部山区农业多样性可持续管理项目实施示范点。

1 月 5 日 重庆召开“中国·重庆柑橘产业发展国际论坛”。农业部副部长牛盾出席论坛并致辞。来自美国、澳大利亚、西班牙、埃及、南非等国家以及各省份的知名专家和业界 200 余名代表参加了此次论坛。

1 月 5—8 日 由农业部、重庆市人民政府共同主办的“2008 重庆·中国西部国际农产品交易会”在重庆国际会展中心成功举行，农业部牛盾副部长出席开幕式并考察展会。展会现场销售达 1.03 亿元，签订 160 个项目和订单，金额达 102.8 亿元。

1 月 10—11 日 重庆市召开全市农村工作会议。全市一批农业方面的先进单位和个人受到表彰。

1 月 11 日至 2 月 3 日 受持续低温雨雪冰冻天气影响，重庆市平均气温为 3.4℃，创 1951 年以来历史新低。28 个区（县）的平均气温为当地有气象记录以来同期最低值，23 个区（县）日最低气温降至 0℃以下，巫溪、黔江、秀山最低气温低于 -3.0℃，酉阳低至 -5.0℃，城口 1 月 31 日最低气温降至 -5.1℃，为 2008 年重庆市最低值。各地最低气温≤0℃日数：中东部地区大多在 5 天以上，其中巫溪、石柱、黔江超过 10 天；秀山、酉阳、城口超过 20 天，巫山、秀山低温日数为历史同期最高值，潼南、酉阳、黔江、石柱居历史同期第十三位，另有 21 个区（县）分居 4～8 位。市人民政府启动《重庆市突发气象灾害应急预案》，把应急响应级别定为特别重大级（一级）。

此次持续性低温天气过程，时间长、降温幅度大，影响范围广，且伴随大范围的雨雪、冰冻天气，为重庆市近 60 年来罕见。重庆市海拔 400 米以上地区普遍受到持续低温、冷冻、大雪等灾害袭击，影响严重。重庆市 32 个区（县）遭受了不同程度的灾害，灾害共造成 499.3 万人受灾，因灾死亡 2 人，农作物受灾面积 29.8 万公顷，绝收面积 3.3 万公顷，房屋损坏 1.4 万间，倒塌 0.4 万间，直接经济损失 17.5 亿元，其中农业直接经济损失 4.93 亿元。

1 月 13 日 农业部副部长齐景发到重庆市农业科学院考察。

第五届“重庆市十大杰出青年农民”评选揭晓，开县油菜种植农户付祖科、涪陵区睦和村党支部书记刘家奇、丰都县返乡创业农民余涛、綦江县生猪加工企业家张友明、大足县青年农民欧杰、万州区青年企业家金健、万盛区种茶农户罗焱、黔江区青年农民企业家倪明山、北碚区花卉栽培农户陶维珠、石柱县辣椒种植户谭建兰获选。

1 月 25 日 重庆市农业科学院党委书记、院长唐洪军当选为第十一届全国人民代表大会代表。

1 月 夏祖相任市农业局局长、党组书记。

重庆市人民政府办公厅印发《重庆市突发重大动物疫情应急预案》，重庆市委常委、副市长马正其任市防治动物重大疫病指挥部指挥长，指挥部办公室设在重庆市农业局，农业局副局长沈文彪任办公室主任。

2 月 1 日 《重庆日报》报道：以池塘养鱼为主业的北碚区水土镇大地村，被评为“2007 年中国十佳小康村”，是重庆市唯一获此殊荣的村。

2 月 18 日 《重庆日报》报道：万州区龙沙镇、江北区双溪村、潼南县双坝村、武隆县龙宝塘村、永川区黄瓜山村、南岸区马颈村等 6 个村（镇）被认定为国家首批新农村建设科技示范点。

3月3日 重庆市农业信息中心“三峡库区农业科技信息技术开发示范”项目获2007年度重庆市科技进步二等奖。

3月4日 《重庆日报》报道：重庆金橙科技公司自行培育的首批40万颗枳橙砧木种子投入生产，结束中国柑橘枳橙砧木种子完全依赖进口的历史，填补了国内空白。

3月24日 重庆市农业科学院研究员吕中华被中华全国妇女联合会授予“全国三八红旗手”荣誉称号。

4月8日 经重庆市委、市人民政府批准，重庆市农业局、重庆市政府农村工作领导小组办公室、重庆市农机事业管理局合并成立重庆市农业委员会，与重庆市委农工委合署办公，负责管理市农业综合开发办公室。

4月9日 夏祖相任市委农村工作委员会书记、重庆市农业委员会主任。

4月16—21日 重庆市党政学习考察团在浙江省、上海市分组参观农业产业化基地和农业产业化龙头企业，考察农业示范区和新农村建设情况。19日，举行浙江、重庆经贸合作项目签约仪式和经济社会发展情况交流会，两地签署经贸合作项目24个，投资总额200亿元。21日，举行上海、重庆经贸合作项目签约仪式和两市经济社会发展情况交流会，两市签署经贸合作项目31个，投资总额450亿元。

4月21日 重庆市人民政府第六次常务会议审议通过《重庆市台湾农民创业园规划的请示》。

4月27日 “区域创新体系研究”和“三峡库区农业科技信息技术开发示范”项目分别获重庆市科技进步一和二等奖；“鲜食辣椒抗病新品种选育”获重庆市科技进步二等奖。

5月11日 农业部副部长张宝文一行到涪陵调研农业农村工作。

6月23日 重庆市委常委、副市长马正其陪同国务院调研组到重庆市农业机械化学校调研。

6月26日 国家发改委、国务院政研室、人力资源和社会保障部、教育部、财政部等8部委组成的调研组，在重庆市副市长刘学普陪同下，到重庆市农业机械化学校调研农村劳动力转移培训工作。

7月14日 重庆市人民政府第十二次常务会议审议通过《重庆市人民政府关于开展以农村土地经营权入股发展农民专业合作社项目试验的意见》。

8月7日 重庆市副市长童小平一行考察重庆市农业科学院。

8月8日 重庆市实施大部制改革新组建的第一个综合性大部门——重庆市农业委员会揭牌，重庆市农业委员会由原重庆市农业综合办公室、重庆农业局、重庆农机事业管理局和重庆农业综合开发办公室4个涉农部门整合而成。

8月13日 农业部与重庆市人民政府签订《中华人民共和国农业部·重庆市人民政府共建统筹城乡现代农业示范区合作备忘录》，双方全面加强合作，加快推进重庆市统筹城乡综合配套改革，促进重庆市率先在中国西部地区全面实现小康。

8月27日 依托西南大学建设的市级重点实验室蚕桑学重点实验室通过专家组验收。该实验室拥有世界最大家蚕基因资源库、家蚕基因组和功能基因组研究平台以及家蚕基因组信息平台、基因技术研究平台。

8月28日 《重庆日报》报道：全国最大的优质枳壳基地在铜梁县建成投产，基地面积166.67公顷。

9月8日 《重庆日报》报道：丰产、抗病、优质水稻新品种“陵优2号”由涪陵区农科所培育成功。

9月12日 南川区“南川米”被评为重庆市第一个有机食品；“金山玉翠”被评为重庆市“十大名茶”之一，并获重庆市第七届“三峡杯”名优茶金奖。

9月29日至10月5日 “重庆市第四届花卉博览会”在重庆市农业展览中心成功举办。

10月8日 重庆市农业委员会与日本双梨碳抵消有限公司签订协议，计划5年投资7亿元，在重庆市适宜地区发展农村沼气用户50万户，这是全球首个成功启动的农村户用沼气CDM项目。

重庆市人民政府召开农村对外开放暨农业产业化工作会议，重庆市委常委、副市长马正其出席。

10月9日 重庆市政策性家禽保险试点在合川区正式实施。

重庆市首个农村土地流转市场——渝北区农村土地流转市场挂牌。

10月18—19日 由重庆市农业委员会、重庆市工商业联合会主办的2008年重庆市三峡库区农业招商项目洽谈会在万州举行。

10月19日 第六届中国国际农产品交易会闭幕，重庆代表团签订1 021亿元购销合同，现场销售农产品金额81.6万元。

10月22日 《重庆日报》报道：重庆市完成10个大面积推广水稻品种的指纹图谱，可从基因角度对种子进行基础分析。

10月23—25日 第八届国际柑橘苗木大会在重庆举行。国际柑橘苗木协会主席哈桑·马林，重市市委常委、副市长马正其出席。来自美国、西班牙、巴西等世界20余个柑橘主产国家及地区的苗木专家、学者及生产商等240余人参加。

10月26日 第六届全国农民运动会在福建省泉州市举行，重庆市委常委、副市长马正其率重庆代表团188名成员参赛。重庆代表团获金牌10枚、银牌18枚、铜牌10枚。

11月2日 第三届“重庆十佳农民”工颁奖典礼暨首届农民工合唱节汇报演出举行。十佳农民工是：嘉陵集团海源公司三车间田华银、江北区环境卫生管理处华新街道清扫小组王利、重庆双薪建筑安装有限公司王元碧、万州区铁峰乡驻深圳罗湖区流动党支部刘衍树、潼南县开鑫电子科技有限责任公司李静、康师傅控股重庆顶益食品有限公司重庆厂制面处制面二科李智勇、黔江区喜万家百货有限公司城南店杨胜梅、重庆交通大学后勤服务总公司学生食堂杨明旭、重庆市电力公司北碚供电局歇马供电营业所胡容田、新疆佳能保温防腐安装工程有限公司魏宗平。

11月9日 在长寿第三届沙田柚节开幕式上，单果重2.44千克的“柚王”拍出3.3万元的高价。

11月11日 《重庆日报》报道：北碚区成为以“生态都市农业”为主题的国家首批可持续发展先进示范区。

11月18日 重庆市农村工作委员会与重庆市工商业联合会联合举办重庆市民营企业投资农业农村项目对接洽谈会。金科集团、河南商会等70家市内知名民营企业、商会代表及39个涉农区（自治县）政府分管领导、农口部门负责人及负有重大项目招商任务的企业代表约300人参加了会议。

11月19日 《重庆日报》报道：重庆市首个生态养猪场——重庆市农垦集团大柱生态猪养殖场在合川建成。

11月26日 中共重庆市委三届四次全会通过《关于加快农村改革发展的决定》。决定主要涉及七大方面：加快农村改革发展的目标任务；推进农村改革，创新统筹城乡的体制机制；大力发展现代农业，提高农业劳动生产率；夯实农村基础设施，建设社会主义新农村；发展农村社会事业，推进城乡基本公共服务均衡化；提速发展渝东南、渝东北地区，改变落后面貌；加强和改善党对农村工作的领导。

12月2日 重庆市人民政府印发《重庆农村土地交易所暂行管理办法》。

12月4日 重庆农村土地交易所经市人民政府批准挂牌成立。

12月5日 重庆市委印发《中共重庆市委关于加快农村改革发展的决定》。

12月18日 西南大学家蚕基因研究团队向世界公布其最新研究成果：完成世界首张家蚕基因组精细图谱。

12月21—22日 中共中央政治局常委、国务院总理温家宝在重庆视察农业农村工作，并视察重庆柑橘产业。

是年 重庆市人民政府颁布《重庆市柑橘非疫区建设与管理办法》。

2009 年

1 月 8 日　“2008 年度感动重庆十大人物”颁奖晚会上，綦江扶欢镇东升村“优秀村官”何继华被评为“2008 年度感动重庆十大人物”。

1 月 12 日　重庆举办中英现代畜牧业发展研讨会，来自英国农业与园艺发展委员会、英国养猪协会、重庆市农村工作委员会、重庆市对外贸易经济委员会及有关区（县）企业代表约 70 余人参加了研讨会。

1 月 13 日　市科委和市农委联合启动“十一五”重大专项“草食畜牧良种繁育与健康养殖”，总投资额 4 673 万元。

1 月 14 日　重庆市农村工作会议召开。

1 月 16—19 日　在重庆举行第八届中国西部（重庆）国际农产品交易会。展出面积 3.5 万米^2，展示展销品种 4 000 余个，吸引 260 多家商家参展，25 万市民到展会购年货，现场农产品销售额 1.63 亿元。农产品生产企业与经销商、采购商签订购销协议金额 30.5 亿元，签订农业机械购销协议金额 28.5 亿元。意大利、美国、德国和中国台湾、香港地区的 10 余家投资企业与重庆市签订投资协议 93 宗，签订农业项目协议金额 206 亿元，其中超过 1 亿元大项目 21 个。

2 月 5 日　国务院《关于推进重庆市统筹城乡改革和发展的若干意见》正式发布，重庆发展正式上升为国家战略。

2 月 6 日　重庆市首个农村商务信息服务站在潼南县建成投用。

2 月 22 日　《重庆日报》报道：国土资源部确定重庆市梁平县、巴南区、九龙坡区、江北区为全国开展农村土地产权制度改革与建设试点区（县）。

2 月 23 日　重庆市人民政府第三十一次常务会议审议通过《重庆市贯彻落实〈国务院关于推进重庆市统筹城乡改革和发展的若干意见〉的通知》。

重庆市春耕生产现场会在涪陵召开，市委常委、副市长马正其出席并讲话。

2 月 26 日　由农业部、国家安全监管总局评选的首批全国农机安全示范县（区、市）揭晓，重庆市黔江区、巴南区、云阳县榜上有名。

2 月 28 日　綦江县美乐迪天然食品股份有限公司“饭遭殃”系列产品取得美国食品药品管理局（FDA）食品工厂注册，并通过国际食品安全管理体系（HACCP）认证。

2 月　重庆国家现代畜牧业示范区核心区建设全面启动。

3 月 6 日　重庆澳美传媒集团与南川区人民政府就大观生态观光农业统筹城乡综合开发项目达成协议，澳美集团在南川区大观镇投资 12 亿元，建设占地面积 66.67 公顷的薰衣草花园。

3 月 14 日　重庆市农村户用沼气清洁发展机制项目（农村户用沼气 CDM 项目）在开县大德乡龙王村正式启动。日本将投资 7 亿元人民币，5 年内在重庆市建 50 万个沼气池，实施项目的农户可获得现金或实物方式补助 1 500 元，这是中国首个启动实施的农村户用沼气 CDM 项目。

3 月 16 日　三峡库区土鸡深加工复合调味品项目在万州工业园区正式开建，计划总投资 1.66 亿元。

3 月 18 日　《重庆日报》报道：重庆市被国务院扶贫开发领导小组办公室和民政部列为农村居民最低生活保障制度和扶贫开发政策有效衔接试点省（直辖市），重庆市将丰都县、武隆县、铜梁县确定为首批试点县。

3 月 19 日　重庆市人民政府发出《关于建设农民工返乡创业园区的通知》，首次对市级创业园区的评定标准作出规定。

3 月 27 日　重庆市畜牧科学院完成的“渝荣Ⅰ号猪配套系的培育及产业化开发”课题，荣获 2008

年度重庆市科技进步一等奖。

重庆市农业科学院完成的“高产优质杂交水稻Q优1号选育与应用”获2008年度重庆市科技进步二等奖。

4月9日 荷兰国驻华大使馆科技参赞埃瑞克·凡·库奇（Eric van kooij）访问重庆市农业科学院。

4月15日 中国西部地区最大水产品市场——三亚湾水产市场开业，市场位于渝北区农业园区，占地面积18.13公顷，建筑面积近20万米^2。

4月18日 中国农村经济论坛在重庆举行。

中国柑橘文化节在忠县开幕。

4月19—20日 农业部在重庆市召开全国农业市场与经济信息工作会议，农业部副部长陈晓华到会并讲话，重庆市委常委、副市长马正其致辞。

4月19日 中国果品流通协会在忠县新立镇橘城广场为忠县“中国柑橘城”和忠州夏橙“中华名果”授牌。

4月22日 农业部、重庆市人民政府在万州区举行2009三峡库区水生生物增殖放流活动。

重庆市农业委员会与美国内布拉斯加州农业厅签署战略合作协议。

4月27日 重庆市人民政府第三十六次常务会议审议通过《关于贯彻〈财政部等国家七部委局关于成品油价格和税费改革后进一步完善种粮农民部分困难群众和公益性行业补贴机制的通知〉的通知》。

4月28日 惠普公司中国农村策略“丰收计划”在重庆启动。

5月6日 重庆市正式启动万名专业技术人才支农支教支医行动计划。

5月20日 合川工业园正式挂牌成为重庆市首个市级返乡创业园。

5月25日 江津区和市渝惠集团正式签订协议，由渝惠集团投资50亿元在江津双福新区建设西部地区最大的农产品批发物流市场，建设周期预计3~5年。

5月26日 奉节脐橙获国家质量监督检验检疫总局地理标志产品保护。

5月27日 忠县团丰果蔬冷藏冷冻配送中心项目获批2009年第三批扩大内需中央预算内投资300万元，这是渝东北片区唯一中央投资物流业项目。

6月2日 中国果品流通协会授予奉节县“中国橙都”称号。

6月19—21日 重庆市大部分地区出现强降雨，其中南川区降雨量超过220毫米。强降雨造成113.56万人受灾，死亡8人，失踪3人，紧急转移安置10.6万人；农作物受灾面积4.35万公顷，其中绝收面积4 800公顷；房屋倒塌6 603间，损坏1.52万间；直接经济损失约4亿元。

6月28—30日 重庆市大部分地区降中到大雨，其中长寿、石柱、开县、奉节、黔江等5个区（自治县）降暴雨。强降雨造成18个区（自治县）受灾，受灾人口129.54万，紧急转移2.79万人，失踪3人，死亡2人，房屋倒塌3 494万间，农作物受灾面积3.46万公顷。

7月3日 重庆恒都农业开发有限公司年产10万头肉牛屠宰与精深加工项目在丰都县开工建设，计划总投资2亿多元。

7月5日 中国农村专业技术协会西南柑橘技术交流中心在北碚挂牌成立。

7月10—13日 中共中央政治局常委、国务院副总理李克强在重庆视察农业综合开发项目区、柑橘标准园建设，并与当地老百姓座谈。

7月 重庆市人民政府决定安排1 000万元人民币扶持中国重庆（老挝）农业综合园区示范配套建设。

8月6日 重庆农畜产品交易所挂牌，是西部地区首个期货市场。

8月13—15日 重庆市组团参加首届香港国际茶展，全市4家茶叶生产加工企业30多个绿茶系列产品参展，共签订出口茶叶协议150吨、金额6 019万美元。

8月25—27日 “第二届东盟与中日韩生物质能源论坛暨农村可再生能源技术交流与设备展示活动”在重庆召开。来自柬埔寨、印度尼西亚、老挝、马来西亚、缅甸、菲律宾、泰国、越南、日本、韩国、东盟秘书处、荷兰以及中国的官员、专家、学者和相关企业的代表130多人参加了本次论坛。

8月28日 西南大学家蚕基因组研发出国内首个转基因有色丝绸品种。

8月29日 西南大学家蚕基因组完成40种蚕类基因组的重测序，成功绘制出世界首张家蚕高精度遗传变异图谱。该家蚕基因组在世界生物领域率先实现成功绘制家蚕基因框架图、精细图和遗传变异图谱的家蚕基因科学研究终极目标。

9月29日 重庆市畜牧科学院院长刘作华获重庆市“新中国成立60周年重庆杰出贡献英模”称号。

重庆市农业科学院杨华、唐维超、刘科分获全市“第三届先进工作者”“第三届劳动模范”“新中国成立60周年市级优秀共产党员”称号。

10月23—25日 第四届中国畜牧科技论坛暨第六届中国畜牧科技新项目新科技新产品博览会在荣昌县举行，共举行研讨会10余个，签约金额近20亿元，参会人员1 500余人。

10月24日 第二届振兴中国畜牧贡献奖在荣昌县揭晓，重庆市巴南区动物卫生监督所所长冉元智榜上有名。

10月30日 张季任重庆市委农村工作委员会书记、重庆市农业委员会副主任。

11月8日 万州区高粱镇新店村党总支书记万久明当选“影响中国·第九届中国时代十大创新人物”，是农村基层管理者的代表。

11月11—12日 中欧农业与农村发展对话机制第四次会议在重庆举行，市委常委、副市长马正其出席开幕式并致辞。

11月18日 重庆台湾农民创业园与福建漳浦台湾农民创业园签订了战略合作框架协议，这是首个国家级台农园之间签订的战略合作协议。

11月 澳大利亚贸易委员会与澳大利亚四大银行中擅长农业合作项目的澳大利亚国民银行（National Australia Bank）在重庆合办“投资澳大利亚农商业研讨会”。

12月1日 重庆市农业科学院自主育成的杂交“中稻+再生稻”新品种“Q优12号”种植示范平均亩产1238.26千克，最高亩产1291.39千克，创造全球同纬度地区“中稻+再生稻”单产最高纪录。

12月11日 重庆市代市长黄奇帆在市委常委、副市长马正其陪同下到重庆市农业委员会等部门调研工作。

12月18—19日 中加（中国·加拿大，下同）动物健康推广服务项目年终总结会在重庆召开，中加动物健康推广服务项目办主任戴美松（Debra）、中加项目办经理博查德（Javier）出席会议，重庆、甘肃、新疆、陕西、四川、吉林、内蒙古、青海等省（自治区、直辖市）项目管理人员和执行单位负责人以及示范县项目管理和技术人员共30余人参加了会议。

12月27日 重庆农畜产品交易所入驻重庆交易大厦。

是年 重庆粮食集团启动巴西大豆基地建设项目。项目总投资162.5亿元人民币，建设优质大豆基地、收储仓容基地、加工和食品工业园、农业贷款和农业生产资料投资公司。

2010年

1月1日 《重庆日报》农村版创刊。

1月15—18日 第九届中国西部（重庆）国际农产品交易会暨第十二届迎春展销会举行。1 685户企业4 300多种农产品参加现场展示交易。签订购销协议金额123亿元，签订农业农村经济投资项目119个，协议金额129亿元；有32.5万人次到现场采购年货，现场销售农产品金额2.19亿元。

1 月 19 日 农业部副部长牛盾到重庆市援坦桑尼亚农业技术示范中心项目建设现场考察工作，中国驻坦桑尼亚大使馆、中国驻坦桑尼亚经济商务代表处、坦桑尼亚农业部等相关部门官员及重庆市援坦农业技术专家郝风博士参加陪同。

1 月 21 日 重庆市农业科学院李贤勇研究员入选 2009 年“新世纪百千万人才工程”国家级人选。

1 月 28 日 重庆市召开全市农村工作会议。市长黄奇帆，市委常委、常务副市长马正其出席会议并讲话。

1 月 29 日 重庆市举行“2009 年度振兴重庆争光贡献奖”暨“感动重庆十大人物”颁奖典礼，冉元智（女、巴南区畜牧兽医站站长）荣获振兴重庆争光贡献奖。

2 月 9 日 重庆市委、市人民政府出台《关于推进城乡统筹夯实农业农村发展基础的意见》，明确了 2010 年农业农村工作的总体要求、基本思路和主要任务，确保全市农村经济总量增长 13%，农业增加值增长 6%，农民人均纯收入增长 12%，粮食总产量稳定在 1100 万吨以上，土地规模经营集中度达到 26%，农业耕种收综合机械化水平达到 25% 以上，森林覆盖率达到 36%，新增转移农村劳动力 30 万人，保持人口低生育水平。

2 月 21 日 “永川秀芽”获国家工商行政管理总局商标局商标注册。

3 月 17 日 重庆市人民政府办公厅印发《关于实施农村土地承包经营纠纷调解仲裁法有关工作的通知》。

4 月 7 日 重庆市农业委员会和重庆市科学技术委员会联合举行仪式，正式启动重庆“三农”呼叫中心，共同打造 12316、12396“三农”公益服务热线。

4 月 9 日 签署《重庆市农业委员会、山东省农业厅关于加强农业合作的协议》。

重庆引进的 1036 只优质法国伊拉原种兔运抵江北国际机场，这是重庆市最大规模引入原种兔。此次重庆阿兴记食品有限公司引进的伊拉种兔是法国培育的肉兔配套系，具有生长速度快、饲料转化率高、繁殖性能好、产子效率高、出肉率高、抗病能力强等优势。

4 月 13—14 日 重庆市与荷兰驻华使馆共同举办“重庆 · 荷兰马铃薯产业对接洽谈会”。重庆市委常委、常务副市长马正其会见了荷兰农业代表团一行。

4 月 26 日 重庆地区首家民生村镇银行——綦江民生村镇银行股份有限公司成立。

4 月 29 日 铜梁县大庙镇石院村养蚕农妇、铜梁县第十四届和十五届人大代表李义芳荣获“全国农业劳动模范”称号。

5 月 4 日 西南大学家蚕基因研究团队宣布：重庆市家蚕突变基因研究取得重大进展，发现 60 多个家蚕中新的突变基因，提示基因遗传规律，并将其准确定在染色体上，一些突变基因已经克隆鉴定。

5 月 6 日 凌晨 2 时许，垫江、梁平、涪陵、彭水等 12 个区（自治县）遭受大风、冰雹、暴雨袭击。部分乡（镇）瞬时风速达到 11 级（每秒 28.5～32.6 米），垫江县沙坪镇出现每秒 31.2 米的大风梁平县汇龙镇出现每秒 30 米的大风，风速为该区域历史最高纪录。截至 17 时，共造成 89.78 万人受灾，因灾死亡 29 人，失踪 1 人，受伤 222 人，紧急转移安置 7.11 万人；农作物受灾面积 1.33 万公顷，绝收面积 1 393 公顷；房屋损坏 5.17 万间、倒塌 6 240 间；电力、通讯、交通、水利等基础设施和工矿商贸企业不同程度受损。因灾直接经济损失约 4.2 亿元。

5 月 7—10 日 全国政协副主席、九三学社中央副主席王志珍在重庆调研农产品加工情况。

5 月 15—16 日 2010 中国农村经济论坛在重庆举行。

5 月 12 日 科技部与重庆市人民政府在渝召开部、市工作会议第三次会议，双方敲定培育具有重庆特色的战略新兴产业、用科技助推“两翼”农户增收以及助力两江新区建设等 4 个方面的科技合作议题。

5 月 20 日 全国政协副主任董建华听取了重庆农业农村经济发展、农业对外开放情况和农业重大招商引资情况。

5 月 28—31 日 云岭牌“永川秀芽”茶产品在“第十一届国际茶文化研讨会暨第四届中国重庆（永川）国际茶文化旅游节”上荣获中国西部茶叶茶具博览会金奖。

6 月 2 日 重庆市人大常委会主任陈光国考察巫溪县文鑫奶牛养殖场。

6 月 11 日 全国政协副主席、科技部部长万钢视察渝北区石船镇和江北区鱼嘴镇大型养殖场集中供气“沼液生态化利用技术集成与示范”项目。

6 月 19 日 重庆市 28 个区（县）出现不同程度的降雨，其中 199 个乡（镇）降暴雨。截至 20 日 20 时，荣昌、江津、綦江、永川、大足、南川、巴县、酉阳、秀山等 11 个区（县）的 126 个镇（乡）86 万人受灾，倒塌房屋 1 505 间，死亡 2 人，失踪 2 人。暴雨造成直接经济损失 4. 1 亿元，其中水利设施直接经济损失 9 300 余万元。

7 月 3—5 日 重庆市 16 个区（县）遭受暴雨袭击，受灾人口 20. 83 万。

7 月 5 日 重庆市农业科学院玉米研究所培育的优质、高产糯玉米“三高”骨干自交系 S181 通过重庆市科委组织的专家成果鉴定。其整体研究达国内领先水平，鲜食糯玉米育种达同类研究国际先进水平。

7 月 8—10 日 重庆市 17 个区（县）的 193 个乡（镇）遭受暴雨洪灾袭击，受灾人口 187 万人，农作物受灾面积 58. 17 万公顷，倒塌房屋 3 156 间，被淹房屋 6 000 余间，紧急转移人口 8. 04 万人，死亡 14 人，失踪 3 人，直接经济损失 13. 4 亿元，其中水利设施直接经济损失 1. 83 亿元。

7 月 16 日 中国扶贫开发协会与重庆市人民政府举行扶贫产业座谈会暨项目签约仪式，签署 21 个合作项目的协议，协议投资额 47. 6 亿元。

7 月 25 日 《重庆市人民政府关于统筹城乡户籍制度改革的意见》正式出台。旨在推动重庆市统筹城乡改革取得实质性突破，加快城镇化、工业化、城乡一体化进程，促进城乡资源要素的有序流动，实现城乡经济社会协调发展。

7 月 夏祖相任重庆市委农村工作委员会书记、重庆市农业委员会主任。

8 月 17—19 日 全国政协副主席、台湾民主自治同盟中央主席林文漪在重庆调研台湾农民创业园及渝台两地农业合作情况。

8 月 18—19 日 由农业部、台湾民主自治同盟中央委员会和重庆市人民政府共同主办的全国首次“台湾农民创业园实践与发展研讨会”在北碚举行。全国政协副主席、台湾民主自治同盟中央主席林文漪，全国政协常委、台湾民主自治同盟中央副主席黄志贤，农业部总经济师陈萌山，重庆市委常委、常务副市长马正其，重庆市委常委、统战部部长范照兵，重庆市政协副主席吴家农，以及农业部、国务院台湾事务办公室、台湾民主自治同盟中央等部委有关领导，台湾财团法人二十一世纪基金会董事长高育仁，台湾农民创业园荣誉顾问孙明贤等两岸农业专家、学者，相关省份的台湾农民创业园管委会、国务院台湾事务办公室、台湾民主自治同盟地方组织的负责人、部分台商代表，重庆市内有关人员共计 280 人参加会议。会议期间，重庆日报、中新社等 24 家媒体派出了 35 名记者进行了全程采访报道。

8 月 23 日 重庆市政府第七十九次常委会审议通过《重庆市人民政府关于加快中心镇建设的意见》和《重庆市人民政府关于加快推进全市农民新村建设和农村危旧房改造的意见》。

9 月 8 日 规划占地面积 333. 33 公顷、计划投资 80 亿元的重庆双福国际农贸城正式动工兴建。

9 月 9—10 日 由重庆市农业委员会和法国诺本集团共同主办的“2010 年现代畜牧业技术体系建设国际峰会”在重庆举行。

9 月 10—11 日 由中华人民对外友好协会、重庆市人民政府共同主办的“第二届中欧农业研讨会暨百家中外企业投资农业重庆行”在重庆举行。全国对外友好协会副会长李建平，中共重庆市委常委、常务副市长马正其和荷兰林堡省省长利昂·弗里森等出席了开幕式。来自荷兰、德国、英国、保加利亚等欧盟成员国的 50 多位农业官员、专家，来自北京、江苏、山东等省（直辖市）的行政官员和大型企业负责人，以及重庆市各区（县）的农业部门和企业负责人等 250 多人参加了相关活动。在活动期间成功签订了25个投资项目，总投资达到43.5亿元。

9月19日 北京、天津、上海、重庆4个直辖市农村工作座谈会在重庆召开。会议围绕都市型现代农业发展及“菜篮子”供应保障问题进行交流。

9月20日 重庆市人民政府第八十一次常委会审议通过《重庆市实施〈中华人民共和国农民专业合作社法〉办法（草案）》。

9月29日 重庆市农产品集团挂牌成立。

10月10日 在济南举行的第八十三届秋季糖酒会上，渝东北和渝东南地区的30个农产品专业合作社和57家农产品生产龙头企业参展。

10月11日 《关于重庆市农村居民转为城镇居民参加基本养老保险有关问题的处理意见》出台。

10月12日 涪陵区农科所自主培育成功重庆市首个抗稻瘟病且能实现高产的杂交水稻新品种“陵优2号”，其在普通大规模种植条件下亩产可在650千克以上，米质达到国颁二级标准。

10月19日 农业部副部长张桃林一行到南川，对油菜高产创建示范片和农机化、农服体系、农民专业合作和农村沼气建设等进行调研。

重庆市农业科学院培育的超级杂交水稻品种“Q优6号”，成为中国西南地区首个全国主导水稻品种，最高亩产809千克，米质达到国颁三级标准。

10月 由重庆市农业科学院水稻研究所选育、重庆中一种业有限公司开发的杂交水稻新品种“Q优8号”通过孟加拉国国家审定。

11月2日 重庆市自主培育的首个香米品种“渝香203”正式通过国家审定，结束了重庆市没有国审二级优质稻米的历史。“渝香203”香型优质杂交稻平均亩产550千克，最高亩产可达750千克。

11月9日 重庆市农村扶贫工作在全国扶贫系统绩效考核中再度获全国第一名。

11月11日 三峡库区天然生态渔场建设在涪陵区启动，计划用10年时间打造国内最大河道式天然渔场。

11月12—13日 农业部在京召开了“百名援非高级农业专家项目”总结大会。重庆市郝风等7位赴坦桑尼亚、吉布提等非洲高级农业专家受表彰。

11月15日 重庆市首家“农民银行”黔江区农村诚信资金互助社营业。

银花远期交易在重庆农畜产品交易所正式上线。

11月18日 中国西南地区首个奶牛生产性能研究中心在重庆光大（集团）有限公司成立。

11月19日 由重庆市农业科学院合资组建的重庆中坦农业发展有限公司承建的中国援助坦桑尼亚农业技术示范中心项目，通过坦桑尼亚农业部组织的专家竣工验收。

11月23日 涪陵榨菜（集团）有限公司在深圳证券交易所中小板上市。

11月25日 重庆市出台《关于加快推进农村金融服务改革创新的意见》，在全市推广农村土地承包经营权、农房、林权抵押融资。

11月29日 九三学社中央委员会、重庆市人民政府主办“振兴传统产业与移民致富”为主题的古红橘产业论坛在万州举行。

12月9日 涪陵区利用冬闲地首次试种第二季早季青菜头获得成功。

云阳县、酉阳县被国家能源局、财政部、农业部联合授予首批“全国绿色能源示范县”称号。

12月14日 农业银行重庆市分行与重庆市渝惠集团签署长期战略合作协议。未来3年，农业银行重庆市分行将授信市渝惠集团40亿元，用于构建重庆市三级农产品现代流通体系等相关的“菜篮子工程”建设。

12月15日 重庆市援非高级农业专家项目总结暨“南南合作”项目工作会举行。

12月23日 科学技术部批准在忠县建设国内首个柑橘科技园。该科技园规划占地面积4 666.67公顷，核心在忠县新立镇和拔山镇。

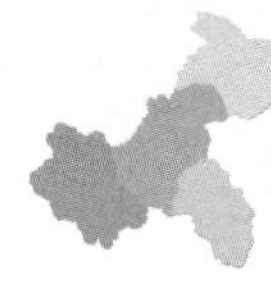

12 月 25 日 “重庆·涪陵青菜头推介会”在西安隆重举行，来自全国各地的 30 多个商家与涪陵区 20 多个乡（镇）签下了 11.8 万吨的青菜头鲜销合同。

12 月 29 日 重庆长寿现代畜牧园区暨生猪产业化项目奠基仪式在长寿区新市镇新同村举行。该园区建设计划投资 30 亿元。

是年 重庆市农技推广总站完成的“农业害虫监测预警技术研发与应用”获 2008—2010 年度全国农牧渔业丰收奖一等奖；“抗逆高产优质杂交水稻为天 9 号选育及产业化”和“集约化养猪场粪污无害化处理关键技术研究与示范”获 2010 年度重庆市科技进步二等奖。

由涪陵区农业委员会选送的“涪陵白茶”和“方坪香茗茶”在重庆市第八届“三峡杯”茗优茶评选中，分别获金奖和银奖。

涪陵区农业委员会张龙云研究员等发明的间歇式取土器，被中华人民共和国知识产权局专利局授予发明专利。

2011 年

1 月 6—9 日 重庆市举行第十届中国西部（重庆）国际农产品交易会，11 个国家和地区，国内 28 个省（自治区、直辖市）、重庆市内 39 个区（县）的 1 700 多家农产品生产、加工及经销企业携4 600 多种农产品参展。会上签约的定销协议农业项目投资总额 263.7 亿元，其中“两翼”地区超过 100 亿元。其间，30.5 万人次现场参加农产品交易会，现场交易额 2.2 亿元。

1 月 13 日 重庆市人民政府办公厅下发《关于开展农村土地承包经营权居民房屋和林权抵押贷款及农户小额信用贷款工作的实施意见（试行）》，对贯彻落实重庆市委、市人民政府加快推进农村金融服务改革创新进行了全面部署。

1 月 30 日 重庆市印发《重庆市人民政府关于加快建设现代农业努力增加农民收入的意见》。

3 月 3 日 重庆市开县、合川、大足、涪陵、永川、荣昌、云阳等 7 个区（县）被农业部评为 2010 年全国粮食生产先进县。

3 月 11 日 荷兰驻华使馆农业参赞马利拉·欧文赫（Marinus Overheul）先生一行到重庆市农业委员会交流，积极寻找重庆与荷兰的农业契合点。

3 月 25 日 重庆市第三届人大常委会第 23 次会议通过《重庆市实施〈中华人民共和国农民专业合作社法〉办法》，自 2011 年 7 月 1 日起施行。

3 月 30 日 全国政协副主席、台盟中央主席林文漪一行到重庆市农业科学院茶叶研究所视察。

4 月 1 日 重庆市率先在全国实现城乡居民养老保险全覆盖。

4 月 2 日 重庆市承担的国家援外项目——中国援坦农业技术示范中心竣工交接仪式在坦桑尼亚莫罗戈罗省项目所在地举行。坦桑尼亚总统基奎特（Jakaya. M. Kikwete）、农业部部长 Jumanne. Maghembe、莫罗戈罗省省长 Issa. Machibya、中国驻坦桑尼亚大使馆代办付吉军和重庆市人民政府有关部门负责人出席了交接仪式。中国援坦农业技术示范中心项目是国家主席胡锦涛于 2006 年 11 月在中—非合作论坛北京峰会上提出的援非 8 项举措项目之一，该中心由重庆市农业科学院控股的中国重庆中坦农业发展有限公司承担建设。中心于 2009 年 10 月开工建设，于 2010 年 9 月建成完工，10 月底通过了中国商务部的工程竣工验收，11 月通过坦桑尼亚专家组验收。

4 月 15 日 重庆市人民政府第九十八次常委会议审议并原则通过《重庆市农业和农村经济发展第十二个五年计划（2011—2015）》。

4 月 22 日 柑橘产业发展国际研讨会在忠县举行。

4 月 重庆市经济作物技术推广站完成的“三峡库区柑橘产业经济发展研究”，获 2010 年度重庆市科技进步二等奖。

5月12日 重庆市委副书记张轩到重庆市农业科学院考察调研。

6月1日 中共中央政治局常委、全国政协主席贾庆林在秀山土家族苗族自治县洪安镇视察调研。

6月17日 “重庆国家现代畜牧业示范区科技创新中心”项目在荣昌县北部新区开工建设。

6月25日 《重庆日报》报道：丰都、奉节、巫溪、石柱等地受降雨影响出现洪涝灾害。截至6月23日21时，洪涝灾害造成全市20个区（县）180万人受灾，因灾死亡2人、失踪2人，紧急转移安置10.9万人，因灾倒塌房屋5 600间，损坏房屋1.3万余间，直接经济损失7.8亿元。

7月3—13日 举行重庆市“百名农学博士重庆两翼行”活动。来自中国农业大学、南京农业大学、华中农业大学、安徽农业大学、湖南农业大学、西南大学、北京科技大学等7所全国著名涉农高校的100名农学博士参加。

7月6日 中国农业科学院技术转移中心、中国商品交易中心在线有限公司与重庆荣惠畜牧产品交易市场共同搭建商业信用交易体系，是全国农产品市场首个商业信用交易体系。

7月8日 农业部副部长危朝安考察南川区农业工作和水稻高产创建示范片。

7月10日 “2011中国农村经济论坛”在重庆召开。

7月11—12日 中央财办副主任、中央农办副主任唐仁健到重庆考察调研。

7月19日 重庆市农业科学院参加的“人工合成小麦优异基因发掘与‘川麦42’系列品种选育推广”获国家科技进步二等奖；主持的“广适超级杂交水稻‘Q优6号’选育与应用”项目获重庆市科技进步奖一等奖。

8月1日 重庆市召开科技特派员大会，到2015年，全市将累计向基层选派超过6 000名科技特派员。

8月4—5日 重庆市各地普遍降雨，其中东北部、中部部分、西部偏南部分地区出现大到暴雨，局部地区大暴雨。万州、云阳、武隆、彭水、石柱5个区（县）77个乡（镇）的16.34万人、1.14万公顷农作物受灾，房屋倒塌410间，造成直接经济损失1.14亿元。

8月7日 《重庆日报》报道：重庆市酉阳古诗、四川评书、土家族吊脚楼营造技艺、锣鼓艺术（小河锣鼓）、高台狮舞、四川扬琴、金钱板、荣昌陶器制作技艺和桐君阁传统丸剂制作技艺等10项入选第三批国家非物质文化遗产名录。

8月17日 重庆市委副书记张轩一行考察重庆动监110指挥中心。

8月19日 渝台农业交流与合作恳谈会在台湾桃园隆重举行，农业部总经济师、海峡两岸农业交流协会副会长陈萌山出席。

重庆市畜牧科学院成功申报了青年国家科学基金项目——中国荣昌猪遗传性听力缺陷家系致聋基因定位，标志着该院在申报国家自然科学基金项目上实现了“0”的突破。

8月29日 重庆市人民政府第109次常务会议审议通过《重庆市人民政府办公厅关于进一步加强农产品质量安全长效工作机制财税扶持政策的通知》。

8月30日 重庆市发出“高温红色预警”。全天全市有7个区（县）冲破40℃高温，江津41.5℃，北碚、合川、铜梁、万盛丰都和主城都超过40℃。

重庆市召开全市农村经济体制改革工作会议，重庆农村土地承包经营权确权颁证工作在全国率先完成。

9月22日 重庆市举行第四届农民运动会，来自全市38个区（县）农民运动员共参加387个项目的竞技角逐。

9月24日 重庆市人民政府第一百一十二次常务会议审议通过《关于加快贫困区县脱贫致富的意见》，提出，到2015年，全市50%的贫困区（县）实现脱贫致富。

10月21—22日 由北京市人民政府、重庆市人民政府共同主办的京渝农业合作暨重庆“两翼”农产品进京推介会在北京举行。中共重庆市委员会常务委员会委员、重庆市常务副市长马正其和北京市副市长夏占义出席活动。两市签署京渝农业与农村合作协议，签订65个农产品购销协议，签约总金额21.58亿元。

10月22日 重庆市委常委、常务副市长马正其率市级有关部门负责人，到市农业机械化学校考察新校区。

10月29—31日 全国政协副主席、民革中央常务副主席厉无畏在涪陵区调研创意农业产业发展情况。

11月10日 2011中国（重庆）国际食品博览会在重庆举行，来自国内各省（自治区、直辖市）及香港、台湾和欧洲部分国家、日本、泰国、韩国、突尼斯等1 400余家参展商、投资商、采购商参加展会。

11月12日 农业部部长韩长赋到重庆调研长寿现代农业园区，考察垫江县油菜高产创建示范现场。

11月20日 第五届中国畜牧科技论坛暨第七届中国畜牧科技新项目新技术新产品博览会开幕式、重庆市畜牧科学院建院60周年庆典在重庆荣昌举行。中共中央政治局委员、国务院副总理回良玉发来贺信。

12月8日 重庆市畜牧科学院被国家精神文明建设指导委员会授予“全国文明单位”称号。

12月21—25日 2011年度国家玉米产业技术体系工作会议在渝召开，这是国家农业产业技术体系大会首次在重庆举行。

是年 西南大学教授、家蚕基因组学国家重点实验室主任、国家蚕桑产业技术创新体系首席科学家、中国工程院院士向仲怀，获得2011年度振兴重庆争光贡献奖。

农业部授予重庆（荣昌）生猪交易市场为国家级生猪交易市场。

重庆市委办公厅重庆市人民政府办公厅印发《关于开展农村集体资金资产资源清理工作的通知》，对全市“三资”清理工作提出4点要求。

渝东南农业科学院“高配合力优质新质源水稻‘不育系803A’的创制及应用”获2011年度农业部中华农业科技奖科研类成果一等奖。

重庆市打捆投入10亿元用于蔬菜生产、流通等相关环节，进一步保障市民菜篮子。

2012年

1月5—8日 重庆市举行第十一届中国西部（重庆）国际农产品交易会。本届西部农交会市内外政府组团参展63个，参展企业1 780余家，比上届增长4.7%；现场销售额2.45亿元，比上届增长11.1%。

2月2日 綦江区永新镇建设村村长罗正文被评为重庆市见义勇为英雄。

2月29日 重庆市人民政府、中国柑橘学会在长寿联合主办2012中国（重庆）晚熟柑橘节，全国政协副主席何厚铧出席开幕式并视察长寿现代农业园区晚熟柑橘基地。

2月 巫溪县“大宁河鸡”在中国西部国际农产品交易会上被评为“鸡后”。

3月4日 重庆市人民政府与中国农业发展银行在北京签订金融战略合作协议，标志着重庆市与农发行在农业、农村经济发展等领域正式启动战略合作。

3月29日 重庆国家粮食交易中心挂牌。

4月8日 重庆市委常委、常务副市长马正其到市畜牧科学院考察。

4月21日 2012年中国农村经济论坛在重庆举行。

5月11日 根据重庆市机构编制委员会（简称编委）办公室《关于调整重庆市种畜场隶属关系的批复》，重庆市种畜场隶属关系由重庆市农业委员会管理调整为重庆市农业投资集团有限公司管理。

5月21日凌晨至22日上午 重庆市中西部及东南部普降大雨到暴雨，局部大暴雨。涪陵、大渡口、巴南合川、南川、潼南等6个区（县）受灾，水利工程直接损失近3 000万元，死亡1人，失踪1人。28日，重庆市部分区（县）再次遭遇暴雨袭击，全市共有5个区（县）受灾，因灾死亡3人，失踪1人。

5月29日 意大利瓦莱达奥斯塔自治大区经贸代表团一行来重庆市农业科学院考察访问。双方就重庆与意大利在葡萄种植、园艺作物的组培快繁与转化育苗、保健蔬菜、马铃薯淀粉加工等领域的合作进行交流探讨。

6月26日 重庆市“科技支撑效益农业院士专家咨询论证会”举行，来自中国工程院的12名院士参加会议。

6月27日 重庆市“科技创新驱动效益农业发展示范工程启动仪式”举行，《重庆市科技创新驱动效益农业发展示范工程实施方案》正式公布。

6月26日 重庆市委常委刘光磊任市委农村工作委员会书记，夏祖相任副书记、重庆市农业委员会主任。

7月9日 农业部部长韩长赋考察南川区农业工作和水稻高产创建示范片。

7月10日 重庆市委、市人民政府召开全市科学技术奖励大会。市畜牧科学院完成的“荣昌猪品种资源开发关键技术研究与产业化示范”荣获2011年度重庆市科技进步一等奖；重庆市农业科学院“优质抗病恢复系‘渝恢1351’的选育与应用研究”获2011年度重庆市科技进步二等奖。

7月11日 中共中央政治局委员、国务院副总理、重庆市委书记张德江在重庆市委常委、常务副市长马正其陪同下到重庆市畜牧科学院视察。

7月26日 中国“产业扶贫·肉牛发展”峰会在丰都开幕，西南最大肉牛及其产品交易市场——中国南方（恒都）肉牛综合交易市场正式开市交易，全国首个电子交易中心也在丰都正式挂牌交易。

7月 重庆动监110指挥中心、重庆“三农”呼叫中心获重庆市委授予“创先争优群众满意窗口”称号。

8月12日 重庆市气象台发布高温红色预警。至下午4时，共有25个区（县）最高气温在38℃以上，其中有8个区（县）超过40℃，开县最高气温达41.4℃，巫山41.2℃，奉节41.1℃。

8月21日 重庆市人民政府第一百三十一次常委会议审议通过《中共重庆市委 重庆市人民政府关于推进城镇化的若干意见》和《中共重庆市委 重庆市人民政府关于推进农业现代化的若干意见》。

8月22日 重庆市供销社“农村流通体系建设”暨“农超对接”工作会在綦江区召开。重庆副市长张鸣出席会议并做讲话。

9月5日 重庆市委员会常务委员会委员、市委农村工作委员会书记刘光磊到重庆市农业科学院考察农业科技工作。

9月10日 重庆市委员会举办“重庆学习论坛”第三期学习讲座，中共中央政治局委员、国务院副总理、重庆市委书记张德江强调要深入贯彻落实科学发展观，全面落实重庆市第四次党代会精神，因地制宜，突出特色，依靠科技，面向市场，大力加强新农村建设，大力发展特色效益农业，不断提升重庆农业现代化水平。

9月11日 重庆市委办公厅印发《关于调整市委农村工作领导小组成员的通知》，重庆市委员会常务委员会委员、重庆市委农村工作委员会书记刘光磊任组长，重庆市人民政府副市长张鸣任副组长，市级相关部门负责人为领导小组成员。领导小组下设办公室在重庆市委农村工作委员会，办公室主任由重庆市委农村工作委员会副书记、重庆市农业委员会主任夏祖相兼任，副主任由重庆市委农村工作委员会副书记郭忠亮兼任。

9月16日 第七届全国农民运动会在河南省南阳市举行，重庆市领导张敏率重庆代表团长218人参赛，重庆代表团获金牌17枚、银牌12枚、铜牌12枚。

9月17日 重庆市委、市人民政府召开全市村（居）务公开民主管理工作电视电话会议。

9月19日 南川区成为由农业部和国家旅游局公布的全国31个休闲农业与乡村旅游示范县之一。

9月20日 中共中央政治局委员、国务院副总理、重庆市委书记张德江到重庆动监110指挥中心视察，重庆市委员会常务委员会委员、重庆市委农村工作委员会书记刘光磊，重庆市委员会常务委员会委员、重庆市委秘书长翁杰明，重庆市人民政府副市长张鸣陪同。

9月25日 重庆市委、市人民政府召开加快推进农业现代化大会。中共中央政治局委员、国务院副总理、重庆市委书记张德江出席会议并讲话。重庆市委副书记、市长黄奇帆，重庆市人大常委会主任陈存根，重庆市政协主席邢元敏出席会议。会议指出，要深入扎实推进农业现代化，为重庆全面建设小康社会打下坚实基础。

9月27日 重庆市委、市人民政府出台《关于加快推进农业现代化的若干意见》。

10月24日 重庆市委员会常务委员会委员、市委农村工作领导小组组长、市委农村工作委员会书记刘光磊一行到重庆市畜牧科学院考察。

11月1—2日 重庆市委员会常务委员会委员、市委农村工作领导小组组长、市委农村工作委员会书记刘光磊到綦江调研“三农”工作。

12月7日 重庆市印发《重庆市人民政府关于加快发展特色效益农业的意见》。

11日 匈牙利驻渝总领馆总领事海博一行到访垫江县考察肉鹅产业建设。

18日 綦江区东溪镇永东村被住房和城乡建设部、文化部、财政局、国家文物局认定为首批“中国传统村落”。

19日 中国·重庆晚熟柑橘节在忠县隆重开幕。

是年 重庆汇达柠檬加工集团有限公司向俄罗斯出口柠檬1万吨，出口创汇600万美元。

西南农业大学周常勇领衔主持、重庆市农业技术推广总站参加完成的“柑橘良种无病毒三级繁育体系构建与应用”获2012年度国家科学技术进步一等奖；重庆市农业技术推广总站完成“超级稻标准化栽培技术研究与示范推广”获2012年度重庆市科技进步奖二等奖。

2013年

1月9日 重庆市首个农产品加工交易服务平台网正式开通。

1月10—13日 第十二届中国西部（重庆）国际农产品交易会在南坪国际会展中心举行，来自韩国、泰国、越南、突尼斯、哈萨克斯坦、斯里兰卡、马来西亚，全国28个省（自治区、直辖市）包括台湾、香港、澳门的1 860余家企业、经销商和采购商到渝开展贸易和洽谈。参与市民33.5万人次，销售额2.6亿元。

1月31日 重庆市委、重庆市人民政府出台《2013年农业农村工作的意见》。

2月18日 重庆市人民政府办公厅印发《关于加快推进农业保险工作的通知》。

3月9日 为期一周的巴南银针第3届中国（重庆）采茶节在巴南白象山茶叶基地举行。

18日 重庆市人民政府第4次常务会议审议通过《重庆市人民政府关于支持农业产业化龙头企业发展的实施意见》。

22日 重庆市副市长张鸣率相关部门负责人，到重庆市农业科学院检查工作。

27日 涪陵区政协编纂的文史资料集《涪陵榨菜之文化记忆》由重庆出版社出版。全书35万字，图片150余幅，全方位、多视角对榨菜文化进行了记录和解读。

4月8日 重庆市人民政府印发《重庆市人民政府关于支持农业产业化龙头企业发展的实施意见》。

4月13日 农业部部长韩长赋率队到渝调研重庆市农业生产情况。

4月22日 中国芬兰农业第一次工作组会议在重庆举行。

5 月 7 日　城市工商资本投资重庆农业农村对接会议在重庆市农业委员会多功能厅举行。会议由重庆市人民政府主办，重庆市农业委员会、重庆市农产品电子商务互联网中心联合承办，旨在深入贯彻落实中央 1 号文件精神，帮助城市工商资本拓宽投资渠道，加强现代农业发展。共计 27 个投资项目在会上签约，涉及签约投资 63.4 亿元。

5 月 19 日　由中华全国供销合作社、重庆市人民政府主办的渝台经贸（农业）合作对接会在重庆举行。重庆市委员会常务委员会委员、重庆市委农村工作领导小组组长、重庆市委农村工作委员会书记刘光磊出席会议并致辞。

5 月 31 日　重庆市“美丽乡村”建设现场会在开县召开，标志重庆市“美丽乡村”建设全面启动。

6 月 8 日 8 时至 9 日 16 时　重庆市中西部地区、东北部偏南及东南部偏北地区降中到大雨，部分地区达到暴雨到大暴雨，造成全市 3 人死亡。

6 月 30 日至 7 月 1 日　重庆普降大暴雨，造成潼南、铜梁等区（县）90 万人受灾，经济损失 6 亿元。重庆市人民政府下拨 1 000 万元救灾应急资金。国家防总派出国家防汛抗旱工作组来渝指导抢险救灾工作。

6 月　重庆市人民政府印发《关于调整重庆市防治动物重大疫病指挥部组成人员的通知》，重庆市人民政府副市长张鸣任指挥长。指挥部办公室设在重庆市农业委员会，重庆市农业委员会副主任王健兼任主任，重庆市农业工作委员会委员、总畜牧兽医师岳发强兼任副主任。

7 月 4—12 日　由重庆市科学技术委员会和重庆日报主办的“2013 · 百名农学博士重庆行”正式举行，来自全国 8 所知名高校的 113 名博士深入田间地头，帮助农民解决生产过程中遇到的技术难题。

7 月 7 日　重庆市农业投资集团有限公司运用“食物链”原理，在合川区钱塘镇打造的全市首个循环农业园正式运转。

7 月 31 日　重庆市副市长张鸣率市级相关部门负责人，到綦江区调研农业农村工作。

14 日　中国第十五届马铃薯大会在巫溪县开幕，来自比利时、韩国、荷兰等 6 个国家及中国 30 多个省（直辖市、自治区）马铃薯业界 700 余名专家学者参会，共商马铃薯产业如何推进农村经济发展。

7 月 22—25 日　重庆市第四届全国人大常委会第四次会议召开。审议通过《重庆市动物防疫条例》，自 2013 年 10 月 1 日起施行。

8 月 7 日　重庆市委农村工作领导小组会议召开。

9 月 10—13 日　由重庆市农业科学院承建的中国援助坦桑尼亚农业技术示范中心，组织参加了由中国商务部会同有关省（自治区、直辖市）人民政府在坦桑尼亚举办的“第二届中国品牌商品非洲展”并取得圆满成功。

9 月 12 日　重庆市人民政府第二十三次常委会议审议通过《重庆市人民政府办公厅关于进一步推动农村产权抵（质）押融资工作的意见（送审稿）》。

9 月 16 日　重庆市易地扶贫搬迁暨乡村旅游扶贫现场会在城口召开。

10 月 2 日　重庆市首个科学储粮示范镇在江津区石蟆镇挂牌成立。

重庆市被商务部确定为“南菜北运”的蔬菜基地之一。

重庆市举办城市工商资本投资重庆农业农村对接会。市内外 200 余家工商企业代表参会，重庆市 37 个涉农区（县）参加，对接会签约投资项目 27 个，涉及金额 63.4 亿元。

10 月 7 日　“2013 中国草原论坛”在渝举行，来自全国 200 多位专家学者齐聚山城，探讨促进草原牧区可持续发展之路，共商推进生态文明建设之策。

10 月 12 日　在重庆市科学技术奖励大会上，由重庆市农业科学院主持完成的“特用玉米优良自交系 S181 创制与应用”获重庆市科技进步一等奖。

10 月 23 日 重庆市农业科学院“特用玉米优良自交系 S181 创制及其杂交种推广应用”、渝东南农业科学院“籼粳型新质源水稻恢复系恢 88 的创制及其系列组合推广应用”获 2011—2013 年度全国农牧渔业丰收奖农业技术推广成果奖一等奖，重庆市农业科学院李经勇研究员获全国农牧渔业丰收奖农业技术推广贡献奖。

11 月 12 日 《农民日报》头版头条刊发了题为《现代农业在山地上崛起——重庆市綦江区农业走出“特色＋效益”之路》的长篇报道。

11 月 16 日 第六届中国畜牧科技论坛暨第八届中国畜牧科技新项目新技术新产品博览会在荣昌举行。来自丹麦、加拿大等 20 个国家和地区的 50 余名国外畜牧兽医专家，全国著名畜牧兽医专家、教授、学者和企业界知名人士 400 余人参加本次论坛暨博览会。

12 月 5 日 中央农村工作领导小组副组长袁纯清永到永川调研农村土地制度改革工作。

12 月 27 日 重庆市委召开常委会（扩大）会议，传达学习中央农村工作会议精神。

是年 荣昌县获批准全国农业改革与建设试点示范区。

2014 年

1 月 9—12 日 第十三届中国西部国际农产品交易会在重庆举行。15 个兄弟省（自治区、直辖市）人民政府和市内 41 个区（县）政府、市级部门组团参展。参展企业达 1 900 余家、展示展销农产品品种 6 200 余个，其中国外企业 50 多家、中国台湾企业 10 家。市民有 36.1 万人次参与到现场选备年货、现场销售农产品 2.96 亿元；市内外农产品生产、加工企业和农民专业合作社与经销商、采购商、大型超市签订农产品购销协议 272 个项目、金额 85.0 亿元；市内外各展团通过会前会中洽谈共签订农业投资项目 81 个、投资协议金额 125.5 亿元。

2 月 26 日 重庆市副市长张鸣出席在潼南县举行的全市春耕生产现场会。

2 月 27 日 重庆市召开全市农村工作会议，四大家领导出席或参加会议。

3 月 3 日 意大利驻重庆总领事马非同（Sergio Maffettone）先生一行到重庆市农业科学院交流访问。

5 月 12 日 比利时埃诺省发展局专员卡洛琳·德瑞格诺克斯率商务代表团来渝访问，了解了重庆市农业农村经济发展及投资环境基本情况。

5 月 20 日 重庆市农产品流通协会成立，首批 88 家农业企业将在市场信息、流通渠道等方面“抱团”作战，合力闯市场。

5 月 28 日 全国最大花椒交易市场“重庆江津花椒综合交易市场”在江津区开市。

5 月 29 日 共青团中央书记处书记徐晓到重庆市农业科学院考察。

6 月 3 日 长寿现代农业科技园区、荣昌现代畜牧科技园区和大巴山（城口）山地农业科技园区获批为市级农业科技园区。

6 月 5 日 重庆江津、綦江等地遭受暴雨洪涝灾害，重庆市委要求全力抓好抗灾救灾，迅速搜救遇险人员。副市长张鸣率队到受灾地区查看灾情，指导抢险救灾工作。

6 月 9 日 重庆市涉农企业投资平台正式上线。为涉农的中小微企业提供低成本、高效率的直接融资渠道，项目投资由多家国有担保公司作保。

6 月 13 日 重庆（潼南）第二届蔬菜博览会在潼南县太安镇开幕。

6 月 19—20 日 中共中央政治局委员、国务院副总理汪洋在重庆调研农村改革工作。他强调，要紧紧围绕使市场在资源配置中起决定性作用和更好发挥政府作用，推动农村改革创新，加快建立健全有利于激发农村内部发展活力和营造良好外部环境的制度安排。要尊重基层和群众首创精神，鼓励探索实践，搞好试点试验，及时总结推广好的经验和做法，不断将农村改革引向深入。

7 月 8 日 重庆市委常委会审议通过《重庆市农村集体资产量化确权改革试点工作方案》《重庆市农村集体经济组织清产核资工作方案》。

7 月 21 日 重庆市扶贫开发领导小组召开会议，重点落实重庆市委、市人民政府《关于集中力量开展扶贫攻坚的意见》中的政策措施，让资金和项目进一步向贫困地区倾斜，体现扶贫成效。

8 月 9—11 日 南川区遭受有气象记录以来最严重的暴雨袭击，24 小时平均降雨量达 258.6 毫米。暴雨造成 2 名高速公路作业人员失踪，全区受灾人口 2.1 万。11 日凌晨 1—9 时，綦江区各地普降暴雨，局部大暴雨，受灾人口 3.3 万，紧急转移安置人员 7 856 人，无人员伤亡。

8 月 13 日 重庆市副市长张鸣实地调研重庆国家现代畜牧业示范区科技创新中心、重庆市家禽科研基地建设情况。

8 月 15 日 《重庆市统筹城乡重点改革总体方案》出台。改革涉及新型农业经营体系、农民工户籍制度、农村金融服务、地票制度、农村流通体系等 5 个方面，建立更为完善的统筹城乡体制机制。

重庆市政府召开全市统筹城乡重点改革及集体资产确权改革工作会，要求积极稳妥地推动六大重点改革，努力缩小城乡差距，力争早日实现城乡发展一体化。

8 月 20 日 重庆市启动农村集体资产确权改革试点，将为各地盘活集体资产、增加农民财产性收入提供经验。

8 月 22 日 中国农业品牌研究中心与农业部信息中心发布了 2014 年农产品区域公用品牌评选结果，“涪陵榨菜”品牌价值达 125.32 亿元，跃升排行榜第一位。

8 月 30 日 双福国际农贸城正式营业。该农贸城是由重庆商投集团和江苏华西集团共同打造，是重庆市最大的综合性农产品批发市场。

9 月 3 日 重庆市金融服务“三农”发展工作电视电话会议召开。

9 月 16 日 重庆市委副书记张国清到市农业科学院考察调研。

9 月 17 日 国家扶贫开发领导小组对各省（自治区、直辖市）2013 年度的财政专项扶贫资金进行绩政考评，重庆市分列全国第一，获得国家绩效考评奖励资金 7 000 万元，扶贫成就奖 2 724 万元。至此，从 2008 年以来，重庆市连续 6 年获此殊荣，累计获得奖励资金 1.9 亿元。

10 月 11—14 日 全国丘陵山区甘薯产业发展与扶贫推进会在彭水县召开。来自全国各地的 172 家单位、400 人参加大会。

10 月 25—28 日 第十二届中国国际农产品交易会在山东省青岛市国际会展中心举行。重庆市分别设立了重庆综合展示交易区和农业信息展示区，共组织了 50 多家企业参展，达成销售协议 5.6 亿元，重庆包黑子公司等 5 家企业的产品荣获农交会“金奖”称号。

11 月 1 日 京津沪渝农村工作座谈会在渝召开。

11 月 2 日 重庆市 3 村 6 景获评农业部公布的 2014 年中国“最美休闲乡村”和“美丽田园”。最美休闲乡村：巴南区集体村获评最美特色民居村、璧山区天池村获评最美现代新村、万州区凤凰村；美丽田园：巫山县万亩油菜花景观、沙坪坝区虎峰山桃花景观、万州区大石板梯田、合川区枇杷景观、秀山县金银花景观、渝北区草坪红枫景观等。

11 月 11 日 重庆市副市长吴刚一行到市畜牧科学院调研重庆国家现代畜牧业示范区科技创新中心。

11 月 26 日 丹麦驻重庆总领事馆携 6 家丹麦生猪育种和养殖领域的专业企业代表到重庆市访问。

11 月 27 日 丹麦驻华大使馆农业公使参赞德尼尔加德女士一行 8 人到重庆市畜牧科学院参观访问并座谈交流。

12 月 7 日 中央农村工作领导小组调研组来渝调研农村土地制度改革，重庆市市长黄奇帆出席调研座谈会。

是年 重庆市农业技术推广总站“优质高产高效油菜新品种创制与应用”和“柑橘营养失衡机制及矫治技术创新与应用”分别获2014年度重庆市科技进步一等奖和二等奖。

永川区、梁平区成为全国第二批农村改革试验区。

2015年

1月13日 重庆市市长黄奇帆一行到市农业科学院考察调研农业科技创新和高科技园区建设工作。

16—19日 第十四届中国西部（重庆）国际农产品交易会在重庆国际会展中心举行。本届农产品交易会由重庆市人民政府、台湾民主自治同盟中央主办，重庆市农业委员会、台湾民主自治同盟重庆市委、南岸区人民政府承办，吸引了海内外参展企业逾2 100家，现场实现销售3.2亿元，订单签约88.7亿元。

1月23日 《重庆市无规定动物疫病区管理办法》经重庆市人民政府第七十七次常务会议通过，重庆市人民政府令第288号公布，自2015年4月1日起施行。

1月30日 重庆市农村工作会议召开，市长黄奇帆出席会议并讲话，市委副书记张国清主持会议。

2月25日 重庆市农业科学院被中华全国妇女联合会授予“全国巾帼建功先进集体”荣誉称号。

3月18—19日 农业部党组成员、驻部纪检组组长宋建朝一行到永川区调研农业农村工作。

3月25日 重庆市委副书记张国清到大足区拾万镇考察由重庆市农业科学院水稻所承建的水稻新品种新技术示范展示基地。

3月31日 重庆市人民政府副市长刘强一行到重庆市农业科学院考察调研。

3月 永川区南大街街道黄瓜山村、大安街道高坡村当选为“全国文明村镇”。

4月12日 在中国驻坦桑尼亚大使馆召开的公共外交总结表彰和任务部署大会上，中国援坦桑尼亚农业技术示范中心被大使馆评为2014—2015年度公共外交先进单位，名列在坦中国机构第一名。

4月20日 重庆市政协主席徐敬业、副主席何事忠、秘书长谢义亚一行，实地考察了建设中的现代农业高科技园区。

5月20日 重庆市农业特色产业链暨农业综合开发工作会议在开县举行，开县副市长刘强出席会议。

5月28日 重庆市农业科学院院长唐洪军获“全国先进工作者”荣誉称号并出席在北京召开的表彰大会。

6月15日 以加拿大农业与农业食品部部长里茨先生为团长，包括40余家行业协会及公司的加方代表团，来渝举行加拿大农业食品出口贸易洽谈会。代表团涵盖了加拿大主要农业食品行业领域，是加拿大迄今为止到访中国西部规模最大、规格最高的农贸代表团。重庆市农业委员会组织了涉及相关产业的20余家企业代表参加活动。

6月16—18日 亚太地区马铃薯晚疫病预测和防控国际研讨会在巫溪召开。来自国际马铃薯中心亚太中心、美国、比利时、印度、尼泊尔及全国10多个省（直辖市、自治区）的55名马铃薯专家和农业科研人员，就推动马铃薯晚疫病预警防控协作，增加薯农收益，确保地区粮食安全进行了深入探讨并形成合作共识。

6月25—26日 重庆市农业委员会和市工商业联合会在忠县共同举办了城市工商资本投资渝东北生态发展区助推特色效益农业对接会，项目签约总金额达17.8亿元。

7月1日 意大利驻重庆总领事马非同一行，到重庆市农业科学院考察访问并洽谈合作事宜。

7月 重庆市农业委员会主任夏祖相率团一行13人，赴比利时进行农业外事访问，考察比利时现代农业，与比利时埃诺省开展马铃薯技术合作交流。出访期间，云阳县农业委员会与艾诺省农业及农业工程中心签订马铃薯产业技术合作协议。该中心与巫溪县达成在巫溪成立“中国—比利时马铃薯工程中心”意向。

8 月 10—12 日 杂交水稻之父、中国工程院院士袁隆平一行到重庆市农业科学院南川区东胜和大观水稻高产展示基地考察指导。10 日，袁隆平在考察南川农业时讲解农业高产的重要性，并亲笔题写“南川米好”。

9 月 8 日 全国农业市场与信息化工作会议在渝召开，农业部副部长屈冬玉到会讲话，重庆市副市长刘强致辞，中国农产品市场协会会长、原农业部党组成员张玉香进行了指导。

9 月 14—17 日 重庆组团参加 2015 年莫斯科国际食品展。

10 月 13 日 重庆市委副书记、市扶贫开发领导小组组长张国清，在南川河图镇调研脱贫攻坚情况。

10 月 27 日 意大利维切利市市长莫拉·福特女士一行到访重庆市农业委员会。

11 月 4 日 “中国—比利时马铃薯工程中心”在巫溪成立。

11 月 18—20 日 重庆市农科院云岭茶业公司选送的“云岭”牌永川秀芽和渝红功夫金芽 2 个产品，分获“中茶杯”全国名优茶评比绿茶组特等奖和红茶组一等奖。

11 月 20—21 日 重庆市农村产业扶贫工作会议在武隆县召开，重庆市副市长刘强出席会议并讲话。

12 月 11—13 日 联合国粮食及农业组织（FAO）新任助理总干事兼亚太区域代表卡迪雷森（Kundhavi Kadiresan）女士率团来渝考察重庆市农业农村经济发展情况。

12 月 23 日 重庆市印发《重庆市人民政府办公厅关于加快转变农业发展方式的实施意见》。

是年 经中国农产品区域公用品牌价值评估，荣昌猪品牌价值以 25.09 亿元位列中国地方猪品牌价值榜首。

第一篇

机　　构

第一章 农业党政机构

第一节 四川省重庆市市级农业党政机构（1997 年直辖前）

重庆市农业机构的设置，是随着全市政治、经济建设和区域的变化而建立。新中国成立初期，重庆市因辖区农村范围小，只在重庆市建设局内设农林科，负责有关农业生产管理。对农村工作以及有关政策则分别由重庆市委政策研究室、重庆市人民政府办公厅直接管理。随着市郊农村范围扩大，特别是农业合作化的到来，为加强对农村工作和农业生产建设的领导，重庆市委、市人民政府分别设立专管农村和农业的行政、事业机构。还负责代管中央、四川省在渝的农业科研及相关涉农单位等。1983 年，重庆市与永川地区合并，重庆成为全国 14 个计划单列市之一，是全国第一个经济体制综合改革试点城市，管辖范围由原 9 区 4 县扩大到 9 区 12 县。

1996 年以前，市级农业党政机构有重庆市委农村工作委员会（市农业委员会）、重庆市农牧渔业局、重庆市林业局、重庆市农垦局、重庆市农机水电局、重庆市乡镇企业局、重庆市气象局等。

一、中共重庆市委农村工作委员会（含市委农村工作部、市农业委员会、市人民政府农林办公室、市农业生产指挥部、市委农林政治部等各时期名称）

（一）中共重庆市委农村工作委员会

这是新中国成立后，1952 年经西南局批准成立的全市性第一个农业机构。管辖范围为 5 个郊区和巴县、綦江、长寿、江北等 4 个县。职责任务：在重庆市委的领导下，负责全市的农村和农业工作；负责党和政府对农村方针、政策的贯彻落实；负责区（县）同市级有关部门的组织协调工作。赵秉臣为专职书记、霍衣茹（市工商局长）、周洪生（市卫生局长）、李晓村（市供销社主任）、邓垦（市教育局局长）、曾德林（市团市委副书记）、刘隆华（市农协副主任）、张凤翔［市人民武装部（简称人武部）部长］等同志为委员。

1952 年底，巴县、綦江、江北划回江津专区，长寿划回涪陵专区。由于农村工作量减少，重庆市委农村工作委员会撤销，重庆市委决定近郊区农业和农村工作临时由重庆市委秘书长负责

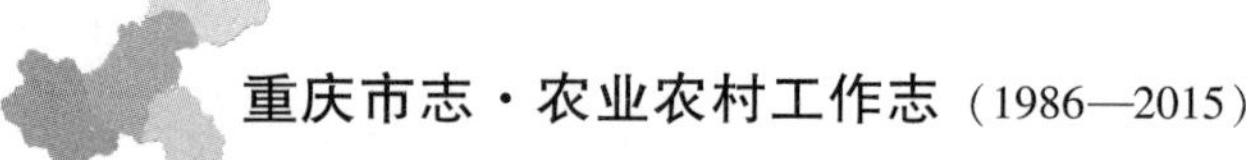

领导。

1954 年 1 月，随着农村农业合作化高潮到来，为加强农村和农业合作化领导，重庆市委决定恢复成立中共重庆市委农村工作委员会，下设办公室，编制干部 7 人，负责处理日常工作。委员会由 18 人组成。重庆市委副书记辛易之兼任书记，刘青林、杨群任副书记。委员：程占彪（重庆市建设局局长）、白银彰（重庆市人民银行行长）、王惠（重庆市供销联社副主任）、于克书（重庆市团委副书记）、谢若英（重庆市妇联副主任）、张风翔（重庆市武装部部长）、王云程（重庆市民政局局长）、薛振鲁（重庆二区区委书记）、姚传德（重庆二区区委副书记）、刘化远（重庆三区农委书记）、路斌武（重庆五区区委副书记）、杨道南（重庆四区区长）、郑汇东（重庆五区农委书记）、贾子敬（重庆三区区长）、张种玉（重庆六区区委书记）等 15 人。

（二）重庆市委农业工作部

1958 年冬，巴县、綦江、长寿 3 个县又划归重庆市管辖。为实现农村人民公社化，1959 年 1 月，重庆市委决定，在原重庆市农村工作委员会基础上，成立重庆市委农业工作部，郝振乙任部长，刘青林任副部长。定编 40 人，下设办公室、一处（负责生产）、二处（负责经营管理）、三处（负责农机和农田基本建设）、干部处（负责县辖区、郊区辖公社和市级农业部门的科、处以上领导干部管理工作）。

（三）重庆市委农林政治部

全国农业机构调整要求党政分开，分别成立市委农林政治部和市人民政府农林办公室。1966 年 4 月，重庆市委农业工作部改称重庆市委农林政治部。分管农村政策和政治思想工作，刘青林任重庆市委农林政治部主任，纪俊仪任政治部副主任（兼任长寿县县委书记）。

（四）重庆市人民政府农林办公室

1964 年 6 月成立，负责全市农业、林业、农机、农田基本建设等工作；会同重庆市委农林政治部对党和人民政府的方针、政策的检查和贯彻执行。编制 15 人，分秘书、生产、基本建设 3 个小组。张种玉任主任，张若千任副主任（兼重庆市农林局局长）。

“文化大革命”期间：1967 年 1 月，重庆市委农林政治部、重庆市农林办被夺权，职能停止，和重庆市贫下中农协会合并成立“斗批改”小组。原有工作人员，部分参加警备区成立的重庆市农业生产第一线指挥部继续抓农业工作，部分参加“斗批改”学习。

（五）重庆市农业生产第一线指挥部（含重庆市革命委员会筹备小组农业生产指挥部、重庆市革命委员会生产指挥组农林小组、重庆市革命委员会农业组等）

为不影响农业生产，军队实行“三支两军”（支左、支工、支农，军管军训），1967 年 3 月成立了重庆市农业生产第一线指挥部，各区（县）人武部也相应成立。1967 年 5 月，重庆市革命委员会筹备小组（简称革筹组）成立，重庆市农业生产第一线指挥部改称重庆市革筹组农业生产指挥部；1967 年 6 月，重庆市革命委员会（简称革委会）成立，重庆市农业生产指挥部改为重庆市革命委员会生产指挥部所属农业生产小组，后改称农业组，为重庆市革委会直属办事机构。这时期农业生产指挥部、组的工作人员（军队支农和地方干部）有 50 多人。部（组）下还设秘书、政工、生产、农机水利、多种经营和支农等 6 个小组。同时，党内成立有核心小组。

（六）重庆市委农村工作部（重庆市革命委员会农业部）

1972 年军队支左干部调回，根据工作需要，重庆市委成立农村工作部，重庆市革委会成立农业部，两个牌子、一套班子合署办公。下设办公室、组织处、宣传处、生产处、经营管理处，编制65人。部长张种玉，副部长孙宗沛、张若千、纪俊仪、刘青林、黄义乾、王茂全、郑学孟（未到职）等。

（七）重庆市委农村工作委员会 重庆市人民政府农业办公室

1977年，永川地区下辖江北县划归重庆管辖。重庆市农业区（县）增为7区4县。为集中精力抓城市工作，重庆市委决定在农村工作部基础上成立重庆市委农村委员会（又称中共重庆市农村工作委员会）、重庆市人民政府农业办公室（简称市农办）。代市委、市人民政府全面抓农村和农业经济工作。农村工作委员会由重庆市委负责人和重庆市农业、计划部门负责人以及4个县委书记共18人组成，委员会设书记、副书记和常委，负责日常工作。农业委员会（简称农委）和农村工作领导小组办公室（简称农办）仍是两个牌子，一套机构，设办公室、组织处、宣传处、业务一处、业务二处、业务三处和区划办公室，人员编制69人，代市委、市人民政府归口管理市农口各局、市贫下中农协会（简称贫协）、基本路线教育办公室、蔬菜产销办公室、沼气办公室等10个单位。历任农委书记：彭华（市委副书记兼）、王茂全（市委副书记兼）、王维训（市委常委、市革委副主任兼）；历任农委副书记：薛振鲁（兼）、赵綦雅、张种玉、张献贵、肖志等。重庆市人民政府农业办公室副主任刘青林、张若千、纪俊仪、黄义乾等为常委。

1980年下半年，重庆市委、市人民政府办事机构再次调整。重庆市委农村工作委员会（农委）组织处、宣传处，分别划归重庆市委组织部、宣传部。重庆市农委、重庆市人民政府农业生产办公室（农办）主抓农业生产工作，下设生产处、经营处、科教处、办公室、区划办等。纪俊仪任农委书记兼农办主任，薛振鲁、张献贵、肖志为副书记，黄义乾、杨天麒为农办副主任。

（八）重庆市委农村工作委员会（农工委）、市人民政府农业生产办公室（农办）

1983年，重庆、永川地、市合并，农村工作量增大。重庆市委决定成立重庆市农村工作委员会（简称农工委）、重庆市农业生产办公室，仍实行两个牌子，一套班子。原划给重庆市委的组织部、宣传部组织处、宣传处又划回重庆市农委。下设14个处（室）：办公室、组织处、宣传处、经管处、企业处、计划财务处、科教处、农业基本建设处、经作处、调研室、沼气办公室、土地管理办公室、蔬菜办公室、农业区划办公室。其中组织处、宣传处为重庆市委农委职能处，办公室、调研室、经管处为农委、农办的双职能处室，其他处室为市农办职能处室。实有干部134人。

历任重庆市农委会书记：白兰芳（市委副书记兼）、潘椿（市委常委）；副书记：王海亭（市委常委）、廖祯华、纪俊仪、赵英元；肖志任任顾问。

重庆市农办主任：廖祯华（兼），副主任：杨天麒、肖师绪、陈述春、王泰高、张献贵等。

（九）重庆市农业委员会

1985年4月，重庆市农村工作委员会、重庆市农业生产办公室机构调整，成立重庆市农业委员会，属市人民政府序列，与重庆市委农工委合署办公。重庆市农业委员会设党组，市委常委肖祖修任农业委员会主任兼党组书记；副主任：胡杰玲、肖师绪、高益信等。

1985年4月至1997年重庆改直辖市之前，历任重庆市委农业工作委员会书记：肖祖修（重庆市委常委兼）、邓中文（重庆市委常委兼）、辜文兴（重庆市委常委兼）；历任重庆市农业委员会主任：肖祖修、邓中文、辜文兴；副书记：胡杰玲、王昌渠；副主任：胡杰玲、肖师绪、高益信、李维舟、赵綦娅、徐明虎、傅中鼎。

局级调研员：廖祯华、赵英元、杨天麒、陈述春、王泰高、肖志（顾问）、黄义乾；副局级巡视员：乔作霖；享受副局级待遇：张茨尧。

重庆市委农工委市农委领导干部任职情况见表1－1－1。

表 1-1-1　重庆市委农工委市农委领导干部任职情况（1983.04—1997.03）

姓名	职务	任职起止年限（年.月）
白兰芳	市委农工委书记（市委副书记兼）	1983.04—1983.08
潘　椿	市委常委、农工委书记	1983.08—1985.03
王海亭	市委常委、农工委副书记	1983.04—1985.03
肖祖修	市委常委、农工委书记、农委主任	1985.03—1988.03
邓中文	市委常委、农工委书记、农委主任	1988.06—1992.05
辜文兴	市委常委、农工委书记、农委主任	1992.08—1996.10
廖祯华	市委农工委副书记、市农业生产办公室主任（兼）	1983.11—1985.04
纪俊仪	市农委党组副书记	1983.04—1985.03
胡杰玲	市农委党组副书记、农委副主任	1985.03—1989.10
陈述春	农委副主任	1983.04—1985.04（1983.05—1989.07 调研员）
肖师绪	市农委党组成员、农委副主任	1983.04—1991.09
高益信	市农委副主任	1985.03—1997.05
李维舟	市农委党组成员、农委副主任	1986.04—1997.12
李向东		1986.06—1988.
赵綦娅	农委副主任、农工委委员	1991.07—1997.03
徐明虎	农委副主任、农工委委员	1989.11—1994.08（1994.08—1996.10 巡视员）
王昌渠	农工委副书记	1992.08—1993.07
傅中鼎	市农委副主任、农工委委员	1992.08—1997.03

二、重庆市农牧渔业局

20 世纪 50 年代初，重庆市农业生产工作由重庆市建设局领导，内设农林科。1955 年 4 月，重庆市委、市人民政府批准成立重庆市农林水利局。负责全市农、林、牧、农机、水利、农垦、气象等行政和生产技术工作，设 1 室 8 科。局长王善佺，党组书记刘青林，副局长卢子英、张若千、江均平、唐彪等。

1960 年 2 月，水利、林业等业务从重庆市农林水利局划出，成立重庆市农业机械水电局农机水电局和重庆市园林局。重庆市农林水利局改称重庆市农业局，局长张若千（兼党组书记），副局长蔡定金、唐彪。

1963 年 8 月，重庆市农业局、农机水电局、园林局合并，改称重庆市农林水利局，设 11 个处（室）。局长张若千（兼党组书记），副局长唐彪、林谊、贾子敬、刘昆水、吴秋帆等。

1964 年 7 月，重庆市农林水利局又一分为三，为重庆市农业局、重庆市农机水电局和重庆市国有农场管理局。重庆市农业局局长张若千（兼重庆市人民政府农办副主任），副局长贾子敬、唐彪、刘昆水、徐光开。“文化大革命”期间（1967 年 1 月至 1970 年 5 月），重庆市农业局停止行使职权。

1970 年 5 月，经重庆市革委会批准成立重庆市农业局革命委员会（包括原农业、园林、农场等局级单位），下设办事、政工、生产 3 个组。

1974 年 8 月，重庆市农业局又分为重庆农林局、重庆农垦局。1975 年 12 月又合并为重庆市农林局，纪俊仪任局领导小组组长，吴月山、闫德弟、宋修德、杨修战任副组长。

1979 年 3 月，重庆市农林局又分为农业、林业、农垦 3 个局。农业局内设 9 个科室。廖德清任局长，魏林、郁宏寿、熊铭勋、刘崑水任副局长。

1983 年 5 月，重庆市、永川地区合并后，重庆市农业局和永川地区农业局合并，成立重庆市农牧渔业局，内设机构改科为处，下设办公室、人事劳资处、计划财务处、粮油处、畜牧处、水产处、经作处、蔬菜处、经管处、科教处等 10 个处室。

1985 年 8 月，重庆市委对重庆市农牧业局领导班子进行调整，景可嘉任局长（兼党组书记），郁宏寿（兼党组副书记）、汪世凡、辜文育、戴祥文等任副局长。

1987 年，重庆市农牧业局内设机构增设政策研究室。1988 年 4 月成立监察审计处与纪检组合署办公。1989 年 3 月设立党组办公室，恢复宣传处，合署办公。1991 年 3 月，计财处增挂经济实体办公室牌子；12 月，人事劳动处增挂离退休干部处牌子。1995 年成立保卫处，研究室增挂法规处牌子。

1983 年 6 月至 1997 年重庆改直辖市前，历任局长：郁宏寿（兼党组书记，当时在国外支援未实际任职）、景可嘉（兼党组书记），税蔚晰（兼党组书记）；副局长：郁宏寿（兼党组副书记），汪世凡，熊铭勋，谢赐福，辜文育，戴祥文，刘涛，王淑裕；调研员（正局级）：谢赐福、廖德清（1984.05—1985.08 代理党组书记）、吕顺友（巡视员）；调研员（副局级）：熊铭勋、贺廷干、周登胜、罗文广；副局级巡视员：陈天柱。

重庆市农牧渔业局领导干部任职情况见表 1-1-2。

表 1-1-2 重庆市农牧渔业局领导干部任职情况（1983.06—1997.07）

姓名	职务	任职起止年限
郁宏寿	局长、党组书记	1983.06—1985.08（当时在国外支援未实际任职）
景可嘉	局长、党组书记	1985.08—1993.08（1993.08—1997.07 总农艺师、正局级）
税蔚晰	局长、党组书记	1993.09—1997.07
郁宏寿	副局长、党组副书记	1985.08—1991.02
汪世凡	副局长、党组副书记（1985.08 党组成员）	1983.06—1989.11（1989.11—1993.12 巡视员正局级）
熊铭勋	副局长、党组成员	1983.06—1985.08
谢赐福	副局长、党组成员	1983.06—1985.08
辜文育	副局长、党组成员	1983.06—2004.10
贺廷干	副局长、党组成员	1983.06—1985.08
戴祥文	副局长、党组成员	1985.08—1997.12
刘　涛	副局长、党组成员	1992.09—1997.03
王淑裕	副局长、党组成员	1991.09—1997.12（兼机关党委书记、纪检组长）

三、重庆市林业局

1962 年 2 月，重庆市园林局成立，主要职能：负责全市农村林业生产和城市园林绿化、森林保护、公园管理等。周明任局长，卢子英任副局长。

1970 年 5 月，重庆市园林局同市农业局合署办公，到 1975 年 10 月，重庆市革委会决定恢复重市农林局、重庆市园林局。农村林业由重庆市农林局管理，重庆市农林局设林业、国有林场管理处。公园和城市绿化仍由重庆市园林局负责。

1979 年 3 月，重庆市林业局成立，设办公室、造林科、林场管理科、政工科等 1 室 3 科。宋修德任局长，何容绪、杨修战任副局长。

1983 年 5 月，永川地区与重庆市合并后，重庆市林业局设办公室和人事、教育、综合、造林、林场管理、林政、科学技术、企业、劳动工资等10个科（室）。局长何容绪，副局长杨修战、王灿章、戴胜国等。1984年5月，局内设机构改科为处。

四、重庆市农机水电局

1960年2月，水利、林业等业务从重庆市农林水利局划出，成立重庆市农业机械水电局和重庆市园林局。1969年2月，为贯彻执行中央关于加快实现农业机械化要求，重庆市农业机械单独设局，统一管理全市农业机械生产、供应、科研、推广使用等工作，原划出的市属农机生产厂和农机研究所划归重庆市农机管理局。

1970年5月，重庆市农机局革命领导小组成立，1971年2月和重庆市水利局合并，1972年又恢复重庆市农机局革命领导小组，1978年3月，改重庆市农机局革命领导小组为重庆市农业机械局。

1983年6月，重庆市农机局、重庆市水电局合并为重庆市农机水电局。局长张朝贵，副局长温成高、陈祖华、张彪、尹有贵等。顾问王春智、马乐。1985年重庆市机构编制委员会（简称市编委本篇下同）下达重庆市农机水电局编制213名（行政编制122名）。内设13个科（室），其中农机专业科3个：农业机械管理科、农业机械修造科、机电排灌科。同年10月，局机关内设科室改称处室。

1990年12月，经重庆市编办同意，重庆市农机水电局内设机构调整为21个处室，农机保留农业机械管理、农业机械修理、机电排灌处3个处（室），农机生产处归重庆市农电局生产处。1991年，农机修造处分设为农机修理处和农机生产处。

1986—1997年重庆改直辖市前，主管农机的历任局长：张朝贵（兼党组书记）；副局长：尹有贵，张彪，胡长清，李以宽，周崇基。调研员（副局级）：严建德，闵庆和，单福全；助理巡视员（副局级）：岑金禄。

重庆市农机水电局主管农机行政领导任职情况见表1-1-3。

表1-1-3　重庆市农机水电局主管农机行政领导任职情况（1983.06—1997.07）

姓名	职务	任职起止年限
张朝贵	局长、党组书记	1983.06—1997.07
尹有贵	副局长	1983.06—1989.06
张　彪	副局长	1983.06—1987.04
胡长青	副局长	1989.07—1997.07
李以宽	副局长	1990.07—1997.07
周崇基	副局长	1995.03—1997.07

五、重庆市农垦局（重庆长江农工商联合总公司）

1964年7月，重庆市农林水利局又一分为三，即：重庆市农业局、重庆市农机水电局和重庆市国有农场管理局，“文化大革命”期间经历分合。1979年3月，重庆市委决定将重庆市农林水利局又分为农业局、林业局、农垦局3个部门，重庆市农垦局正式成立。同年，经四川省批准，成立重庆市农垦联合公司，与重庆市农垦局实行两个牌子，一套班子，负责全市农垦企业、事业单位管理。1980年4月，重庆市农垦联合企业公司更名为重庆长江农工商联合公司。1981年4月，重庆市属国有农场党委更名为中共重庆市农垦局委员会。重庆市农垦局、重庆市农垦联合企业公司、重庆长江农工联合公司、重庆市农垦局委员会领导先后有：局长吴月山（兼书记、经理），副局长刘国珍、阎德弟（兼副书记），副书记宋修德、张三宏，副经理朱德民、范兆坦、赵綦雅等。

1983年4月，撤销重庆市农垦局，保留重庆长江农工商联合公司。公司设办公室、组织、宣传、劳资、生产、科教、基建、工业、计财、商业、政研等11个科室。经理郑成坤，副经理范兆坦、任绍辉、赵綦雅，党委书记阎德弟，副书记刘天明。1985年8月，任绍辉任公司经理，吕禾春、赵綦雅、金咸庆任副经理，郑成坤任公司党委书记，刘天明任副书记。

六、重庆市乡镇企业管理局

1977年以前，重庆市农机局内设社队企业处，负责管理全市社、队两级企业。1977年8月，为加强社队企业的管理、领导，重庆市委决定成立重庆市社队企业管理局。局设办公室、业务科、计统科、企管科，局长王贵恒。为加强对社队企业领导，1978年12月，重庆市委决定，市委副书记冀绍凯兼任局长，王贵恒、王一苇、李世熙、鲍政任副局长。局设办公室和人事、计统、生产、企管等科，编制40人。

1979年2月，重庆市委决定，县城以下二轻企业下放公社管理。同年9月，重庆市革命委员会决定社队企业与二轻分开设局（原重庆4县、7区划归社队企业管理的二轻企业归还市二轻局管理）。

重庆、永川地、市合并后，1983年5月，重庆市社队企业管理局内部机构设4科2室。局长宋度明，副局长黄培中、屈植富、周万志、傅忠等。

1984年5月，按全国规定，重庆市社队企业管理局改称重庆市乡镇企业管理局。局设办公室、人事处、政治处、计统处、生产安全处、财务处、科教处，编制49人。1985年增设建筑管理处、政策研究室，编制增为74人。局长宋度明，副局长黄培中、胡长青、屈植富、黄先一等。

七、重庆市气象局

前身为西南行政委员会气象处重庆预报台，建台时有职工54人。1954年6月，西南大区撤销，重庆预报台改称四川省重庆气象台。1958年8月划分给重庆，由重庆市农业局直接管理；台长杨福年，副台长赵祥林。

1963年起，全国气象系统实行上级业务部门和地方政府双重领导。1971年2月，重庆市气象台改称重庆市气象局，局长杨福年，政委叶永泰。

1973年7月，四川省革命委员会、四川省军区通知，重庆市气象局改由重庆市革命委员会领导。局内设办公室、气象科、观测科。1979年增设科技科和计财科。

1980年9月，按照全国气象部门体制改革方案，重庆市气象局又回归四川省气象局建制，由四川省气象局与重庆市人民政府双重领导，以四川省气象局领导为主。四川省气象局设办公室、预报科、观测科、业务科、计划科；局长杨福年，书记卞玉春，副局长孙桂川、李玉燕。

1983年，重庆、永川地、市合并后，重庆市气象局设办公室、人事处、业务管理处、计财处、气象处、专业服务处、纪检组，共有职工140人；局长左文学，副局长杨福年、谢永葆、申学勤。1985年11月，左文学任书记，薛金龙任局长，谢永葆、申学勤、张友才等任副局长。

第二节　四川省万县地区（市）农业党政机构

一、四川省万县地区（市）农村经济委员会

1983年8月，万县地区行政公署财贸办公室与农村工作办公室合并，改称万县地区农村经济贸易办公室，下设政治处、秘书科、商贸科、商品生产科、农村合作经济科、农业区划基建科（对外挂万县地区农业区划委员会办公室的牌子）。1988年8月，万县地区农村经济贸易办公室拆分成万县地区农村经济委员会和万县财贸办公室。万县地区农村经济委员会内设办公室、商品生产科、经济体制改革科。1993年4月，万县设市，万县地区农村经济委员会更名为万县市农村经济委员会，内设办公室、

商品生产科、农业建设科、农村经济改革科、政治处。

二、四川省万县地区（市）农业局

1983 年 8 月，万县地区农业局与畜牧局合并为万县地区农牧局。1984 年 9 月，畜牧职能剥离，改称四川省万县地区农业局，主管粮食作物、经济作物、蔬菜、茶叶、农情和农经等工作。1993 年 9 月，更名为四川省万县市农业局。

三、四川省万县地区（市）畜牧局

1983 年 8 月，万县地区畜牧局并入地区农业局。1984 年 9 月，畜牧职能从农业局剥离出来，恢复地区畜牧局建制，内设人秘科、科教科、生产科、畜禽饲料饲养工作站、畜禽繁育改良站和兽医防疫站。1990 年，万县地区畜牧局内设机构调整为办公室、科教科、兽医防疫检疫站、草资源开发管理站、畜禽繁育改良站、畜禽饲料工作站、畜牧机电设备维修管理站，编制 62 人。1993 年 4 月，更名为四川省万县市畜牧局。

第三节　四川省涪陵地区（市）农业党政机构

一、四川省涪陵地区（市）农业委员会

1984 年 3 月，设立涪陵地区农林办公室，1986 年 3 月更名为涪陵地区农业办公室，内设政治处、秘书科、生产科、经营管理科、区划科、民族工作科。1990 年更名为涪陵地区农业委员会。1995 年 11 月，涪陵撤地区设市，更名为涪陵市农村工作办公室，内设秘书科、企业管理科、劳务开发科、综合科、政治部宣教科、生产科、经营管理科。1997 年直辖后，涪陵市农村工作办公室与下辖枳城区、李渡区农村工作办公室合并组建涪陵区农村工作办公室。

二、四川省涪陵地区（市）农业局

1972 年 10 月，成立四川省涪陵地区农业局，人员 70 人，内设政治处、秘书科、农技科、场管科、公财科、改土科、茧蚕果科、畜牧科。1983 年机构改革，局内机构调整为政治处、办公室、科技教育科、计划财务科、农村经营管理科。1995 年 11 月，改名为涪陵市农业局。1997 年重庆改直辖市，涪陵市农业局和下辖枳城区、李渡区农业局合并，更名为重庆市涪陵区农业局。

三、四川省涪陵地区（市）畜牧兽医局

1981 年 9 月，涪陵地区行政公署批准成立涪陵地区畜牧局，内设政治处、办公室、计划财务科、科教科。1995 年 10 月，更名为四川省涪陵市畜牧食品局，内设政治处、办公室、生产科、综合科。1998 年 6 月，涪陵市畜牧食品局与下辖枳城区、李渡区畜牧食品局合并，设立重庆市涪陵区畜牧食品局。

四、四川省涪陵地区（市）农业机械管理局

1983 年 12 月，涪陵地区农机化管理服务公司更名为涪陵地区农业机械局（加挂涪陵地区农业机械化管理服务公司牌子）。1985 年，撤销涪陵地区农业机械管理局，成立四川省涪陵地区机械工业局。1989 年 4 月，涪陵地区机械工业局增挂四川省涪陵地区农业机械管理局牌子，作为四川省农机局对口单位，与地区机械工业局实行一套班子。1991 年 7 月，地区机械工业局更名为四川省涪陵地区机械电子工业局，仍挂四川省涪陵地区农业机械管理局牌子。1995 年 11 月，更名为四川省涪陵市机械电子工业局（四川省涪陵市农业机械管理局）。

第四节　四川省黔江地区农业党政机构

一、中共黔江地委农村工作委员会（黔江地区行署农村工作委员会）

1991年成立中共黔江地委农村工作委员会、黔江地区行署农村工作委员会，1996年4月，实行两块牌子一套班子，是地委、行署负责全地区农业农村工作的综合职能机构，是地委农村工作领导小组的办事机构。联系的涉农业部门有：黔江农业局、黔江畜牧局、黔江乡镇企业局、烟草公司、丝绸公司、民政局、气象局、开发办、水电局、林业局。1998年7月更名为中共重庆市黔江开发区农村工作委员会、重庆市黔江开发区管委会农村工作办公室。

二、四川省黔江地区农业局

1988年8月，国务院批准成立黔江地区，四川省编制委员会审批同意设立四川省黔江地区农业局。黔江地委、黔江行署确定了地区农业局正、副局长各1人。后来从所属5县农业局抽调专业技术干部开始正常办公活动，履行地级农业主管部门职能。下设办公室、计财科、科教科、农广校、农技站、经作站、种子公司（站）、农经站、植保站、土肥站等10个科（站）。1989年增设农业信息站，与办公室实行两块牌子一套人员，合署办公至1998年。1990年3月，局内增设政治处，挂靠办公室。1990年11月，局内增设审计科。1992年6月，局内部机构实行改革，科（站）及人员重组。改组后的科（站）是办公室、财经科、综合科、农技土肥站、植保站、经作站、种子公司等。1993年1月，所有合并机构又分开，与四川省农牧厅保持上下对接。1993年2月，设立中共四川省黔江地区农业局党组（1998年8月更名为中共重庆市黔江开发区农业局党组）。

三、四川省黔江地区农业机械管理局

1988年8月，四川省黔江地区农业机械管理局（简称农机局）成立。同年9月，加挂黔江区地区机械工业局牌子，实行两块牌子，一套人员，内设办公室、企业科、计财科。1993年成立中共黔江地区农机局党组。1998年7月，撤销地区农机局，成立黔江开发区农机局。

第五节　重庆市农业党政机构（1997—2018）

1996年9月15日，经中共中央、国务院批准，四川省委托重庆市代管“两市一地”（万县市、涪陵市和黔江地区）。1997年3月，八届全国人大五次会议批准设立重庆直辖市，管辖原重庆市和“两市一地”所辖行政区域共43个区（县），市级农业党政机构亦随之更名。

一、中共重庆市委农业农村工作委员会（含中共重庆市委农村工作委员会、重庆市人民政府农村工作办公室、重庆市农业委员会、重庆市农业农村委员会）

1985年至1997年7月，中共重庆市委农村工作委员会、重庆市农业委员会的称谓一直保留到直辖前。

重庆直辖后，市人民政府将市农委和市农牧渔业局职能进行了调整，市农委内设的蔬菜副食品处、饲料工业办公室、沼气办公室、奶类项目管理办公室整体移交重庆市农牧渔业局，市农委经营管理处职能职责移交重庆市农牧渔业局。市农委不再参与市农村合作基金会管理，由重庆市农牧渔业局负责。

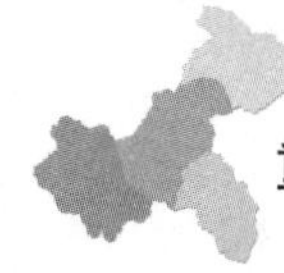

（一）中共重庆市委农村工作委员会（重庆市人民政府农村工作办公室）

1998年2月，中共重庆市委农村工作委员会（简称市委农工委）、重庆市人民政府农村工作办公室（简称市农办），实行两块牌子，一套机构，合署办公。内设办公室、组织处、干部处（挂人事劳资处牌子）、宣传处、离退休人员工作处、政策法规处、综合规划处、经营管理处、农村发展处、科技教育处、外经外事处、农田水利基建处12个职能处室和机关党委，重庆市农村纪律检查工作委员会（简称市纪工委）（监察室）属重庆市纪律检查委员会（简称市纪委）、市监察局派驻机构。机关行政编制76名，其中市委农工委书记1名，市农办主任1名，副职领导干部3名，正、副处长职数26名（含机关党委专职书记1名）；机关后勤服务人员事业编制8名。

2000年8月，重庆市委、市人民政府明确市乡镇企业局、市农业综合开发办公室为政府农办管理的部门机构，重新调整了市委农工委、市农办内设机构，设立办公室、政策法规处（挂重庆市农村固定观察点办公室牌子）、综合计划处（挂市农业产业化办公室牌子）、经营管理处（挂市农民负担监督管理办公室牌子）、流通信息处、科技教育处、农业基础设施建设处、外经外事处、宣传处、组织人事处、离退休人员工作处，市纪委派出纪工委与市监察局派驻市农办监察室实行合署办公，机关党委。行政编制57名（含纪检监察单列编制3名），离退休工作人员专项编制5名。其中书记1名，副主任3名，机关党委和纪工委书记按市委有关规定配备；正、副处长职数25名（含机关党委专职书记1名）。机关后勤服务人员事业编制6名。

1997年至2008年4月，历任重庆市委农工委书记：税正宽（市委常委兼）、王大用、刘涛；历任市农办主任：任大军、王大用、刘涛。历任市委农工委副书记：刘涛、任大军、杨修战、蓝富国；历任市农办副主任：高益信、杨修战、罗天、夏祖相、谢小军、刘念慈、盛娅农、刘启明、何也余（市级农业部门大部制改革前暂时主持工作）、高兴明。历任纪工委书记：张士钊、杨昌国。副巡视员：张应弗、邱树荣、武宪刚。

重庆直辖后市委农工委、市人民政府农办领导干部任职情况见表1-1-4。

表1-1-4　重庆直辖后市委农工委、市人民政府农办领导干部任职情况（1997.07—2008.04）

姓名	职务	任职起止年限
税正宽	市委常委、农工委书记	1998.02—2002.05
任大军	农工委副书记、农办主任	1997.07—1999.10
王大用	农工委书记、农办主任	1999.10—2004.05
刘　涛	农工委书记、农办主任	2004.05—2008.02（1997.08—1999.10副书记、副主任）
高益信	农办副主任	1997.05—1997.12（1997.12—2006.06助理巡视员）
杨修战	农工委副书记、农办副主任（正厅、局级）	1997.08—2003.01
罗　天	农办副主任（正厅、局级）	1997.08—2003.02
张国林	农办副主任、农工委委员（正厅、局级）	2000.05—2005.05（2005.05—2006巡视员）
夏祖相	农办副主任、农工委委员	2000.05—2004.06
谢小军	农办副主任	2000.11—2002.04
蓝富国	农工委副书记、农办副主任（正厅、局级）	2002.12—2007.01
刘念慈	农综办主任、农工委委员	2003.02—2008.04
何也余	农办副主任、农工委委员	2003.04—2008.04（2007.11—2008.04主持市农办全面工作）
盛娅农	农办副主任、农工委委员	2003.06—2006.05
刘启明	农办副主任	2004.09—2008.04
高兴明	农办副主任、农工委委员	2007.01—2008.04
张士钊	农村纪工委书记、农工委委员	1998.05—2001.10
杨昌国	农村纪工委书记、农工委委员	2001.10—2005.12（2005.12—2009副厅、局长级干部）

（二）中共重庆市委农村工作委员会（市农业局、市农业委员会）

2008年4月，为加快行政管理体制改革，经中共重庆市委常委会研究，决定在市级农口部门率先开展全国和全市的大部体制改革，整合部分市级涉农机构。保留中共重庆市委农村工作委员会（农工委），为市委派出机构，将原市人民政府农办、市农业局、市农机事业管理局合并组建新的重庆市农业委员会（简称市农委），市委农工委、市农委实行合署办公。市农业综合开发办公室由市农委管理，机构规格仍为副厅（局）级。将市农机事业管理局由（简称市农机局）市人民政府直属事业单位调整更名为市政府农机管理办公室（简称市政府农机办），与市农委合署办公，机构由正厅（局）级事业机构调整为副厅（局）级行政机构。原市农业局承担的农村劳动力转移、进城务工农民的管理和服务职能划归市劳动和社会保障局，原市农办承担的农田基础设施建设职能划归市水利局，原市农机局承担的农村机电提灌管理的相关职能划归市水利局。

2008年4—8月期间，由于市级大部制改革成立后的重庆市农业委员会须经中央机构编制委员会办公室编委办批准，暂用重庆市农业局名称履行行政职责。内设22个职能处（室），即办公室、研究室、组织干部处、宣传处、法规处、发展计划处、财务处、农村经济体制与经营管理处、市场与经济信息处（挂绿色食品管理办公室牌子）、农业生态与农村能源处（挂市人民政府农村能源办公室牌子）、粮油作物发展处、蔬菜发展处、特色经济发展处、畜牧业发展处、兽医医政药政处、动物防疫检疫处、渔业发展处、对外合作处、科技教育处、审计处、人事劳动处、离退休人员工作处，同时设有市农机办。市人民政府农机办下设3个职能处：综合处、装备质量处、安全监督处。行政编制189名（含市农机办编制），其中市委农工委书记1名（由市农业局局长兼任）、副书记2名（其中专职副书记1名）；市农业局局长1名、副局长5名（不含兼职）；市纪工委书记1名；市农机办主任1名（兼任市农业局副局长），副主任2名；总经济师、总农艺师、总畜牧兽医师、总水产师各1名；处级领导职数59名。将市纪委、市监察局派出（驻）原市农业局、原市农办、原市农机局纪检监察机构合并，组建新的市纪委、市监察局派出（驻）纪检监察机构。其间，夏祖相任市委农工委书记兼市农业局局长；王健任市委农工委副书记兼副局长（正厅、局长级）；张洪松任副局长（正厅、局长级）；谢金峰任市委农工委专职副书记；刘启明任副局长兼总经济师；罗泽宽任副局长兼市人民政府农机办主任，黄深政、刘念慈、吴纯（兼总水产师）、龚天荣、高兴明任副局长。曾维露任市纪委派出市农村纪工委书记；龚必智（兼机关党委书记）、陈建生任局长助理；杨昌国任副厅局长级干部。另文任命关力为市农机办副主任（副厅、局级）。何也余任巡视员；邱树荣、邓光友、武宪刚、刘方贵任副巡视员。

2008年8月，中央编办批复设立重庆市农业委员会（市农委）以后，领导人任职称谓随之更名。

市农委内设25个内设机构和市人民政府农机办：即办公室、研究室（市委农村工作领导小组办公室，重庆市农村固定观察点办公室）、组织干部处、宣传处、法规处、发展计划处、财务处、农村经济体制与经营管理处、农产品质量安全监管处（应急管理办公室、重庆市绿色食品管理办公室）、市场与经济信息处、农业生态与农村能源处（重庆市人民政府农村能源办公室）、粮油作物发展处、蔬菜发展处、特色经济发展处、畜牧业发展处（饲料工业办公室、生猪屠宰管理办公室）、兽医医政药政处、动物防疫检疫处（重庆市防治动物重大疫病指挥部办公室）、渔业发展处、对外合作处、科技教育处、审计处、人事劳动处、机关党委（办）、离退休人员工作处。市人民政府农机办下设3个职能处：农机综合处、农机装备处、农机安全监管处。

历任市委农工委书记：夏祖相、张季（兼副主任）、刘光磊（市委常委兼）、夏祖相、路伟。

历任市农委主任：夏祖相、路伟。

历任市委农工委副书记王健（正厅、局长级）、谢金峰（专职副书记）、张泽洲、郭忠亮（专职副书记，兼机关党委书记、市农综办党组书记）。

历任市农委副职领导：副主任王健（兼副书记，正厅局长级）、张季（兼书记）、张泽洲、张洪松

（正厅局长级）、刘启明（兼总经济师）、詹仁明（正厅局长级）、罗泽宽（兼市农机办主任）、黄深政、刘念慈（兼市农综办主任）、王建秀（兼市农机办主任）、秦大春（兼市人民政府农机办主任）、吴纯（兼总水产师）、龚天荣、高兴明、王久臣、刘保国（此前为总农艺师）、陈勇等；主任助理龚必智（兼机关党委书记）、陈建生、副厅（局）长级干部杨昌国、总畜牧兽医师岳发强、总经济师颜其勇、总农艺师袁德胜。

历任市人民农村纪工委书记（监察专员）：曾维露、郭伟。

其他领导：巡视员何也余；副巡视员邱树荣、邓光友、武宪刚、刘方贵、曾代勤、方玲、陈寄川、罗荣、薛继春、林美轩、周正华、李晓丹、刘红雨。

历任市人民政府农机办副主任：关力（副厅、局长级）、赵培江、杨昌华、秦明山。

大部改革后市农委领导干部任职情况见表1－1－5，表1－1－6。

表1－1－5 大部制改革后重庆市农委领导干部任职情况（2008.04）

姓名	职务	任职起止年限
夏祖相	主任	2008.04—2016.03（2008.04—2009.10、2010.07—2012.06、2013.08—2016.03兼任农工委书记）
路　伟	书记、主任	2016.03—
王　健	副书记、副主任（正厅、局长级）	2008.04—2017.06
谢金峰	农工委副书记	2008.04—2009.10
张洪松	副主任（正厅、局长级）	2008.04—2014.05
刘启明	副主任、总经济师	2008.04—2014.09（2014.09—巡视员）
罗泽宽	副主任、市农机办主任	2004.04—2011.07
黄深政	副主任	2008.04—2015.05 （2015.05—2015.09巡视员）
刘念慈	副主任	2008.04—2014.05 （2014.05—2015.07巡视员）
吴　纯	副主任、总水产师	2008.04—2018.06（2018.06—巡视员）
龚天荣	副主任	2008.04—2010.12
高兴明	副主任	2008.04—
王久臣	副主任	2009.06—2012.10
曾维露	纪工委书记、监察专员	2008.04—2011.12 （2011.12—2013.11巡视员）
龚必智	主任助理、机关党委书记	2008.04—2016.01 （2016.01—2016.11巡视员）
陈建生	主任助理	2008.04—2017.07（2017.07—2018.06巡视员）
刘保国	总农艺师	2009.04—2017.07
岳发强	总畜牧师	2011.09—
杨昌国	副厅、局长级干部	2008.04—2009.10
关　力	市农机办副主任（副厅局长级）	2008.04—2011.08

表1－1－6 市委农工委、市农委、市农机办新到任领导（2008.8—2017）

姓名	职务	任职起止年限
刘光磊	市委常委、农工委书记	2012.06—2013.08
张 季	农工委书记、副主任	2009.10—2010.07

（续）

姓名	职务	任职起止年限
张泽洲	农工委副书记、副主任	2010.07—2011.12
郭忠亮	农工委副书记（兼市农综办党组书记）	2011.12—2018.10
王建秀	副主任、市农机办主任	2011.06—2011.12
秦大春	副主任、市农机办主任	2011.12—
郭 伟	纪工委书记、监察专员	2011.12—2018.10
詹仁明	副主任（正厅、局长级）	2012.08—
颜其勇	总经济师	2014.11—2016.12
陈 勇	副主任	2015.12—
刘保国	副主任	2017.07—
袁德胜	总农艺师	2017.07—
赵培江	市农机办副主任（正处级）	2011.07—
杨昌华	市农机办副主任（正处级）	2011.12—2016.11
秦明山	市农机办副主任（正处级）	2016.10—

（三）中共重庆市委农业农村工作委员会（市农业农村委员会）

2018年10月，经党中央、国务院批准，中共中央办公厅、国务院办公厅印发了《重庆市机构改革方案》，正式组建重庆市农业农村委员会。将重庆市农业委员会、重庆市农业综合开发办公室的职责，以及重庆市发展和改革委员会的农业投资项目、重庆市国土资源和房屋管理局的农田整治项目、重庆市水利局的农田水利建设项目管理职责等整合，组建重庆市农业农村委员会（简称市委农业农村工委），作为市人民政府组成部门。将重庆市农业委员会的渔船检验和监督管理职责划入重庆市交通委员会。重庆市委农村工作委员会（市农工委）更名为重庆市委农业农村工作委员会（简称市委农业农村工委），与重庆市农业农村委员会合署办公。不再保留重庆市农业委员会、重庆市农业综合开发办公室。

历任市委农业农村工委书记：路伟

历任市农业农村委主任：路伟

历任市委农业农村工委、市农业农村委副职领导：詹仁明（工委委员，副主任；正厅、局级）、秦大春（工委委员、副主任）、唐双福（副主任）、刘文华（工委委员、市纪委监委派驻市委农业农村工委纪检监察组组长）、高兴明（工委委员、副主任）、刘保国（工委委员、副主任）、岳发强（工委委员）、陈勇（工委委员、副主任）、袁德胜（工委委员）、杨宏（工委委员、副主任）。其他领导，巡视员：吴纯、郭忠亮；市管干部：赵培江（正处级）、柏在耀（正处级）、罗禄勇（正处级、挂职）。

2018年10月市委农业农村工委、市农业农村委领导干部任职情况见表1-1-7。

表1-1-7 重庆市委农业农村工委、市农业农村委领导干部任职情况（2018年10月）

姓名	职务	任职起止年限
路 伟	市委农业农村工委书记、市农业农村委主任	2018.10—
詹仁明	市委农业农村工委委员、市农业农村委副主任	2018.10—
秦大春	市委农业农村工委委员、市农业农村委副主任	2018.10—
唐双福	市农业农村委副主任	2018.10—
刘文华	市委农业农村工委委员，市纪委监委派驻市农业农村委纪检监察组组长	2018.10—

（续）

姓名	职务	任职起止年限
高兴明	市委农业农村工委委员、市农业农村委副主任	2018.10—
刘保国	市委农业农村工委委员、市农业农村委副主任	2018.10—
岳发强	市委农业农村工委委员	2018.10—
陈　勇	市委农业农村工委委员、市农业农村委副主任	2018.10—
袁德胜	市委农业农村工委委员	2018.10—
杨　宏	市委农业农村工委委员、市农业农村委副主任	2018.10—

二、重庆市农业局

1985年至1997年7月，重庆市农牧渔业局机构称谓一直保留到重庆改直辖市前。重庆直辖后，1997年8月更名为重庆市农业局。

1998年，重庆市农业局设办公室、人事劳资处、政策法规处、农业合作经济指导处、综合计划处、财务处（挂经济实体办公室牌子）、科技教育与质量标准处（挂绿色食品管理办公室牌子）、国际合作处（挂市川东北农业综合开发项目管理办公室牌子）、环保能源处（挂市人民政府农村能源办公室牌子）、市场信息处（挂市人民政府“菜篮子工程”办公室牌子）、粮油作物处、经济作物处（挂市人民政府果品办公室牌子）、蔬菜处、畜牧兽医处、饲料工业办公室、水产处、渔政渔港监督处、市纪委派驻纪检组市监察局派驻监察室和审计处合署办公、离退休人员工作处等19个处（室）和机关党委（挂组织处牌子）。2000年8月，农村环境保护职能移交重庆市环境保护局，原重庆市土地房屋管理局农业资源区划管理职能划入重庆市农业局，局内设机构调整为16个职能处室：办公室、政策法规处、发展计划处、财务处（挂经济实体管理办公室牌子）、农村经济体制与经营管理处、市场与经济信息处（挂市绿色食品管理办公室牌子）、农业生态与农村能源处（挂市人民政府农村能源办公室牌子）、粮油作物处、经济作物处（挂市人民政府果品办公室牌子）、蔬菜处（挂市人民政府“菜篮子工程”办公室牌子）、畜牧兽医处（挂重庆市饲料工业办公室牌子）、水产处、国际合作处（挂市川东北农业综合开发项目管理办公室牌子）、科技教育处、人事劳动处、离退休人员工作处。重庆市纪委派驻纪检组及市监察局派驻监察室与审计处合署办公，机关党委与组织处合署办公。

1997年至2008年4月期间，历任局长：税蔚晰、刘涛、王越、夏祖相；历任副局长：王健（正厅局长级）、辜文育、陈卫平、王淑裕、王义北、张钟灵、吴纯、王义昭、沈文彪、张洪松、龚天荣；历任纪检组长：曾维露；历任局长助理龚必智（兼机关党委书记）。巡视员：景可嘉；助理巡视员：戴祥文、王淑裕；副巡视员：叶邦琴、刘方贵、何学良。

重庆直辖后市农业局领导干部任职情况见表1-1-8。

表1-1-8　直辖后重庆市农业局领导干部任职情况（1997.07—2008.04）

姓名	职务	任职起止年限
税蔚晰	局长、党组书记	1997.07—2000.05
刘　涛	局长、党组书记	2000.05—2004.05
王　越	局长、党组书记	2004.05—2007.09
夏祖相	局长、党组书记	2008.01—2008.04
王　健	副局长（正厅、局长级）	2001.09—2008.04（2007.09—2008.01主持市农业局工作）
辜文育	副局长	1997.07—2003.10（2003.10—2004.10巡视员）

（续）

姓名	职务	任职起止年限
陈卫平	副局长	1997.12—2004.09
王义北	副局长	1997.12—2006.12
张钟灵	副局长	2001.09—2008.04
吴　纯	副局长	2003.09—2008.04
王义昭	副局长	2004.06—2006.11
沈文彪	副局长	2006.12—2008.04
张洪松	副局长（正厅、局长级）	2007.02—2008.04（2003.09—2007.02 总农艺师）
曾维露	纪检组长、监察专员	1998.05—2008.04
龚必智	局长助理、机关党委书记	2005.01—2008.04
龚天荣	总经济师	2004.12—2007.02
	副局长	2007.02—2010.05

三、重庆市农机事业管理局

1997 年重庆直辖，市委决定将重庆市农机水电局分设重庆市水利电力局和重庆市农机事业管理局，市农机事业管理局为实行参照国家公务员制度管理的正厅（局）级事业单位。内设 10 个处（室）（办公室、计划财务处、农机管理处、机电提灌处、科技教育处、企业指导处、安全监督处、劳动人事处、组织处、纪检组和市监察局派驻监察室）、机关党委。2000 年调整为 9 个处（室）：办公室（挂政策法规处牌子）、计划财务处、农机管理处、机电提灌处（挂市机电提灌总站、农机抗旱服务队牌子）、科技教育处、产业发展处、安全监管处、劳动人事处、组织处（机关党委与组织处合署办公）。纪检组和重庆市监察局派驻监察室另设。

1997 年至 2008 年 4 月，历任局长：李以宽、任大军、吴亚；历任副局长：胡长青、周崇基、罗泽宽、丁珂、王建秀、黄深政、关力；历任纪检组长：刘国平、江玉蓉；历任局长助理：陈建生。副巡视员：邓光友。

重庆市直辖时市农机事业管理局领导干部任职情况见表 1－1－9。

表 1－1－9　直辖时市农机事业管理局领导干部任职情况（1997.08—2008.04）

姓名	职务	任职起止年限
李以宽	局长、党组书记	1997.08—2003.09
任大军	局长、党组书记	2003.09—2006.11
吴　亚	局长、党组书记	2006.12—2008.04
胡长青	副局长	1997.08—2000.08
周崇基	副局长	1997.08—2001.03
罗泽宽	副局长	2000.05—2008.04
丁　珂	副局长	2000.08—2003.10
	巡视员	2003.11—2004.05
王建秀	副局长	2001.01—2008.04
黄深政	副局长	2003.03—2008.04
关　力	副局长	2006.12—2008.04

（续）

姓名	职务	任职起止年限
陈建生	局长助理	2003.09—2008.04
刘国平	纪检组长	1998.05—2006.06
	巡视员	2006.07—2008.05
江玉蓉	纪检组长	2006.07—2008.04

四、重庆市农业综合开发办公室

1990年，成立重庆市农业综合开发办公室（简称市农综办），归口重庆市农业委员会管理，合署办公。重庆改直辖市后，为加强农业综合开发工作，1998年3月，重庆市委、市人民政府明确重庆市农业综合开发办公室为市人民政府主管全市农业综合开发工作的副厅（局）级单位，设办党组，内设综合处、计划财务处、项目管理处、项目评估处（加挂引资处牌子）。2004年，内设机构调整为综合处、计财处、项目处、科技处。2009年6月，明确其为重庆市农业委员会管理的副厅级部门管理机构。内设综合处、计财处、项目管理一处、项目管理二处、项目管理三处。

历任市农综办主任：邓中文（市委常委兼）、辜文兴（市委常委兼）、任大军（兼）、罗天、刘念慈、唐双福。

历任党组书记：罗天、刘念慈、郭忠亮（市委农工委专职副书记兼）。

历任副主任：张克忠、陈腾杰、黄同均、张钟灵（副厅局长级）、周勤、陈品华、张洪寿（挂职）、罗禄勇（挂职）、柏在耀、粟剑（副厅局长级）。

重庆市农综办领导干部任职情况见表1-1-10。

表1-1-10　市农综办领导干部任职情况

姓名	职务	任职起止年限
邓中文	主任（市委常委、市委农工委书记、市农委主任兼）	1990—1992.05
辜文兴	主任（市委常委、市委农工委书记、市农委主任兼）	1992.08—1997.06
任大军	主任（市委农工委副书记、市农办主任兼）	1997.08—1998.02
罗　天	党组书记、主任	1998.02—2003.02
刘念慈	党组书记、主任	2003.02—2014.08
郭忠亮	党组书记（市委农工委专职副书记兼）	2014.08—2018.10
唐双福	主任	2014.08—2018.10
张克忠	副主任	1990.—2000.08
陈腾杰	副主任	2000.12—2011.07
黄同均	副主任	2000.01—2005.03
张钟灵	副主任（副厅局长级）	2009.03—2016.11
周　勤	副主任	2005.11—2013.12
陈品华	副主任	2005.11—2015.07
张洪寿	副主任（挂职）	2003.07—2008.
罗禄勇	副主任（挂职）	2013.10—2018.10
柏在耀	副主任	2015.11—2018.10
粟　剑	副主任（副厅局长级）	2016.10—2018.10

第二章
农业事业企业机构

第一节　四川省重庆市农业事业企业机构（1997 年直辖前）

计划单列时期的重庆市级农业事业机构有农业、林业、农机、水利、农垦、乡镇企业等相关机构 43 个，其中农业 25 个、林业 6 个、农机 5 个、水利 3 个、乡镇企业 2 个、农垦 2 个。

一、事业单位

（一）重庆市农委（市政府农办）管理的事业单位

1. 重庆市柑橘研究中心

1985 年，重庆市计划委员会批准投资建设重庆市柑橘研究中心（简称柑研中心），1987 年市委正式批准成立。柑橘研究中心是隶属市农委的自收自支处级事业单位，定编 21 人，经营活动涉及贸易、建筑、房地产开发等领域。1998 年 9 月，经市国资委同意，柑橘研究中心并入重庆雨水集团。1999 年 6 月，重庆市农委正式向重庆市机构编制办公室（简称市编办）提出撤销柑橘研究中心。

从成立到 1998 年移交，刘世誉任中心负责人。

2. 重庆市奶类项目领导小组办公室

为做好重庆争取“中国 2647 项目”前期准备工作，1985 年 2 月，重庆市人民政府批准成立重庆市奶类项目领导小组，下设项目办公室，作为项目执行常设机构。主要职责：积极做好重庆市争取“中国 2647 项目”的前期准备工作，保证该项目立项后的顺利实施，促进重庆市奶牛生产和奶品加工业的发展，尽快改善鲜奶供应等。

历任主任：蒋远映、肖伦元（蔬菜副食品处处长兼）、何国栋。

3. 重庆市农业委员会（简称市农委）机关招待所（重庆市农委培训中心）

重庆市农委机关招待所于 1985 年成立，为全市农口系统会议和培训提供综合服务的事业单位。1996 年 7 月，市编委批准撤销重庆市农委机关招待所，收回编制 30 名，成立重庆市农委培训中心，为市农委直属副处级事业单位，核定事业编制 20 名，经费渠道为自收自支。主要职责：面向全市农村基层干部进行农村政策法规、农业科技、经营管理等培训及为劳务输出提供服务。

历任所长：刘忠渝、谭良静、蒙昌富。

历任培训中心主任：谭良静。

（二）重庆市农牧渔业局管理的事业单位

1. 重庆市农业科学研究所

1958 年 11 月，重庆市人民政府批准成立重庆市农业科学研究所（简称市农科所）；1976 年 6 月，四川省委批准其为县处级单位，隶属重庆市农林水利局。所址位于沙坪坝区井口乡，后迁至巴县白市驿黄金桥，1961 年迁至九龙坡区走马一村。建所初期 16 人（包括原西南农业科学研究所迁云南后留下的 10 名科技人员），到 1985 年共有职工 220 人，其中科技人员 60 人（高级职称 1 人、中级职称 23 人、初级职称 21 人）。所内设蔬菜、作物育种、栽培等 6 个研究室，另有情报资料室、化验室、技术开发服务部和试验农场各 1 个，全所土地面积 425 亩，科研占地 216 亩，房屋建筑面积 13 115 米^2。

1991 年 8 月，重庆市人民政府批准成立重庆蔬菜研究中心，与市农科所两块牌子一套班子，重点研究蔬菜，兼顾玉米、水稻等作物的育种研究，并依托建有农业部蔬菜品质监督检验测试中心（重庆）和重庆市市级重点实验室，是全国农业科研开发实力“百强研究所”。到 20 世纪 90 年代，所内设有办公室、人事科、科管科、财务科、蔬菜研究一室、蔬菜研究二室、蔬菜研究三室、作物研究室、植保研究室、质检中心、实验室、情报资料室、试验农场、科光种苗有限公司、重庆市种子公司等 15 个部门。

历任所长：张若千、胡吉舟（革委会主任）、薛瑞吾（革委会主任）、杨宝璋、景可嘉、黄庆文、龚文进、吴道藩、吕中华（代所长）、唐洪军、苟小红。历任党委（总支、支部）书记：孙建华、王朝兴、胡吉舟、孙建华、杨宝章、沈璜孝、龚文进、吕中华。

2. 重庆市作物研究所

前身系 1958 年 8 月建立的四川省江津专区农业试验站，马乐任站长，职工 20 余人。1959 年 5 月正式建立四川省江津专区农业科学研究所（简称农科所）。1960 年 11 月，江津地区专员公署迁至永川，江津专区农科所随之由江津县琅山公社柳林坝的江津县奶牛场迁至永川县良种示范繁殖场一队，1961 年，党的八届二中全会后，为加强农业科研，1963 年将永川县良种示范场并入四川省江津地区农业科学研究所，占地 700 余亩，具备了试验研究的规模。1978 年，江津地区专员公署更名为四川省永川地区行政公署，江津专区农科所随之更名为永川地区农业科学研究所，隶属永川地区农业局，占地 320 余亩。

1983 年永川地区与重庆市合并，永川地区农业科学研究所更名为重庆市永川农业科学研究所，隶属重庆市农牧渔业局。1985 年 5 月，更名为重庆市作物研究所（简称市作物所）。1987 年 6 月经重庆市编制委员会（市编委）核定事业编制 162 人，为全额拨款事业单位。

历任所长：周捷将、张真琦、邹永成、李启良；历任党委书记：刘寿松、王泰高、张真琦、陈时超、邹永成、李启良。

3. 重庆市畜牧兽医科学研究所

该所前身是以重庆市农科所畜牧兽医室为基础，在重庆市种畜场内建立的重庆市畜禽科学研究所，1982 年 7 月更名为重庆市长江畜禽科学研究所。在此基础上，1986 年 4 月，经重庆市人民政府批准，正式成立重庆市畜牧兽医科学研究所，隶属重庆市农牧渔业局，系市财政全额拨款的正处级科研事业单位，人员编制 30 人（其中科技人员 24 人）。所址由李家沱市种畜场迁至沙坪坝石桥铺玉灵洞。主要从事猪、牛、羊、鸡、鸭、鹅的饲养技术研究、成果推广、良种繁育、疫病防治、畜产品加工以及牧草栽培等科学研究。内设办公室、繁育室、兽医室、动物营养研究室、畜产品加工研究室、畜牧工程研究室、科研管理室、化验室、计算机室、畜牧试验场和饲料 10 个科室。

历任所长：李绥章、粟剑。历任党支部书记：吴晓娟、钱迎。

4. 重庆市农业技术推广站

1951 年成立重庆市农业技术推广所，为重庆市人民政府建设局所属事业单位，地址在重庆市中区捍卫路，有干部10人（农业3人）。1955年后隶属重庆市农林水利局，地址迁往渝中区人民路，有干部37人（农业19人）。1961年，该单位被撤销，1962年秋季恢复，有干部7人。1966—1969年，因“文化大革命”导致机构瘫痪，1973年恢复正常工作。1983年，永川地区与重庆市合并，地、市两农业技术推广站合并成立重庆市农业技术推广站，隶属重庆市农牧渔业局。1985年，全站有技术干部15人。内设办公室、财务科、旱粮科、水稻科。

1980年以后历任站长：胡吉舟、周崇基、张斗成、张洪松。历任党支部书记：周斌、易为民。

5. 重庆市土壤肥料工作站

1979年，全国第二次土壤普查工作开展，在重庆市农业局土壤肥料处基础上组建了重庆市土壤肥料工作站，隶属重庆市农业局。主要负责全市土壤、肥料、农业资源区划、节水农业等管理和技术指导工作，建站初期有技术人员6人。1983年，永川地区土壤肥料站与重庆市土壤肥料站合并，成立重庆市土壤肥料工作站，1985年迁至江北区鹞子丘办公，全站有职工15人。设有土壤科、肥料科、化验室、办公室、财务室。

历任站长：杨国春、张学良、孙彭寿。历任党支部书记：杨国春、孙彭寿。

6. 重庆市化肥商品质量监督检验站

1989年8月，重庆市技术监督局委托重庆市土壤肥料站设立重庆市化肥商品质量监督检验站，其行政仍隶属重庆市农业局，业务上接受重庆市技术监督局指导。站内设业务室、质量技术室、检测室。主要进行化肥质量监督检验、仲裁检验、新产品检验等工作。

历任站长：张学良（兼）、孙彭寿（兼）、曾卓华（兼）。

7. 重庆市植物保护与植物检疫站（重庆市农药检定所）

该站于1956年7月建立，隶属重庆市农林水利局，业务上受四川省农业厅植保植检站指导，负责重庆、江津、内江专区植物保护与植物检疫工作。1959年更名为重庆市植物保护与植物检疫站，隶属重庆市农业局。1960年10月与市农技站、市种子站合并，1974年又恢复工作。1981年4月，经重庆市委同意成立重庆市植保技术服务公司，与重庆市植物保护与植物检疫站合署办公。1983年4月，永川地区与重庆市合并，地、市两级植保植检站合并为重庆市植物保护与植物检疫站。1985年全站有职工15人。重庆市植物保护与植物检疫站主要负责全市农作物病虫草鼠的预测预报和防治，国内植保植检以及无公害新技术的试验、示范、推广。

重庆市农药检定所主要负责全市农药质量监督管理、农药质量与残留监测、农药登记、农药登记试验等工作。

历任站长：樊升玉、罗其荣。历任党支部书记：樊升玉、邓应菊、李启良。

8. 重庆市种子经营管理站（重庆市种子公司）

该站于1958年11月成立，隶属重庆市农林水利局。1960年4月，经重庆市委批准成立重庆市种子公司，与市种子经营管理站合署办公。1964年10月，市种子站、市农技站、市植保站3站合并。“文化大革命”开始，机构瘫痪，1973年1月恢复工作。1982年2月迁至南岸区南坪乡办公。1983年4月，永川地区种子站（建于1952年2月）与重庆市种子站（公司）合并组建重庆市种子经营管理站，隶属重庆市农牧渔业局。1985年全站有职工29人（技术人员21人）。负责全市粮油、蔬菜种子选种、留种、调运及良种繁育、推广、种子质量监测、良种经营管理等工作。

历任站长：赵祥林、何兴龙、郑孝华、龚文进。历任党支部书记：王洪德、郑孝华。

9. 重庆市经济作物技术推广站

1989年5月，重庆市机构编制委员会（简称编委）正式批准设立重庆市经济作物技术推广站，与重庆市长江上中游水果开发项目办公室合署办公。人员编制10名，内设办公室、财务科、总务科、果树科、茶技科。1990年7月，重庆市编委批复人员编制增加到21名，新增编制在重庆市种畜场编制中调剂解决。主要负责全市多种经济作物的技术推广指导和管理等工作。

历任站长：周斌、王少成、张才建。历任党支部书记：古兴惠、欧阳全。

10. 重庆市蚕桑技术指导站

该站前身系1965年6月成立的重庆市蚕桑管理站，有站长1人，副站长1人［由区（县）委书记担任］，配备一般行政干部和技术干部30人。1978年6月，更名为重庆市蚕桑技术指导站（简称市蚕桑站），人员编制12名，与重庆市农林局经作处合署办公。1984年6月，市蚕桑站从重庆市农牧渔业局经作处脱离独立建站。重庆市蚕业制种公司与市蚕桑站实行一套人员、两块牌子、合署办公，人员编制28人。1995年11月，核定为处级财政全额拨款事业单位，编制28人。主要负责全市蚕业管理，蚕种质量监督、检验检疫、蚕业生产技术服务等工作。1996年7月，重庆市蚕桑技术指导站增挂重庆市蚕种管理站，实行一套机构两牌子的管理体制。

历任站长：张若千、薛瑞吾、曾祥云、张明阶、郑昌明、樊民军。

11. 重庆市兽医防疫站（重庆市畜牧兽医站）

该站前身是1960年1月成立的重庆市兽医防疫所，所址在大坪九坑子，后迁至重庆市中区华村。1963年更名为重庆市畜牧兽医站，主管畜牧、兽医技术推广和兽医防治工作。1984年重庆市畜禽品种改良站单独成立，重庆市畜牧兽医站更名为重庆市兽医防疫站。1986年2月，与重庆牲畜运输检疫站合署办公，实行两块牌子，一套班子，站内设办公室、防疫室、检疫室、兽医诊断室、区乡站管理室。1987年8月，重庆市兽医防疫站、重庆市牲畜运输检疫站重新分设。1988年7月，重庆市兽医防疫站编制调整为28人，内设防疫诊断室、基层站管理室和办公室，管理实行省、市两级领导。

历任站长：舒世昌、梁开烈、文传良。历任党支部书记：叶万铨、文传良、苏承忠。

12. 重庆市动物卫生检疫站（重庆市兽医卫生监督检验所，四川省重庆牲畜运输检疫站）

该站前身系1974年成立的四川省重庆牲畜运输检疫站，站址在沙坪坝区华村，1979年9月迁至江北区观音桥野水沟。管理实行以地区为主的省、地（市）两级领导，业务由四川省农牧渔业局直接管理。行政、经费、人事、党（团）组织受重庆市农牧渔业局领导。1987年改为重庆市农牧渔业局直接领导和管理。1986年2月至1987年8月，与重庆市兽医防疫站合署办公。1986年8月，迁回江北区野水沟200号办公，党支部仍为中共重庆市兽医防检支部，下设兽防、检疫两个小组分别活动。1987年4月经重庆市标准局认可，市编委批准正式成立重庆市饲料质量监察管理所。1987年9月，重庆市农牧业局党组决定，牲畜运输检疫站与重庆市饲料质量检测管理所实行两块牌子、一套人员。1988年4月重庆牲畜运输检疫站与重庆市饲料质量监察所分设。1990年4月，四川省重庆牲畜运输检疫站更名为重庆市动物卫生检疫站。1993年1月，市编委同意重庆市动物卫生检疫站增挂重庆市兽医卫生监督检验所牌子，实行两块牌子，一套班子。重庆市动物卫生检疫站为以收抵支，差额拨款的事业单位；重庆市兽医卫生监督检验所属行政执法性质事业单位，经费渠道为财政全额拨款。

历任站长：李海田（享副厅级待遇）、舒世昌、何述忠。历任党支部书记：李海田、叶万铨、曾成贵。

13. 重庆市畜禽品种改良站

1984年，重庆市人民政府批准将永川地区畜牧兽医站更名为重庆市畜禽品种改良站，干部以原重庆市畜牧兽医站畜牧干部为主，隶属重庆市农牧渔业局。下设办公室、猪禽技术室、草食牲畜技术室，编制11人。

历任站长：吴小娟、岳发强。

14. 重庆市饲料质量监测管理所

1987年2月，撤销重庆市农牧渔业局饲料处，建立重庆市饲料管理站，同年6月，更名为重庆市饲料质量监测管理所，编制12人，1988年调整为14人，与四川省重庆牲畜运输检疫站一起实行两块牌子、一套班子。1988年4月，重庆饲料质量监测管理所与四川省重庆牲畜运输检疫站分设，隶属市农牧渔业局管理。

历任所长：舒世昌、罗学渊、程传仁、米自由。历任党支部书记：叶万铨。

15. 重庆市兽药监察所

1994 年 8 月，兽药监察职能从重庆市兽医防疫站划出，单独成立重庆市兽药监察所，编制 10 人，办公地点在重庆市兽医防疫站内，隶属重庆市农牧渔业局。

历任所长：文传良、江禄斌、许会军。历任党支部书记：文传良（兼）、江禄斌、赵发忠。

16. 重庆市水产科技推广站

重庆市水产科技推广站于 1988 年开始筹备。1989 年 1 月，重庆市农牧渔业局向市编委报送《关于成立“重庆市水产科技推广站”的报告》。1989 年 4 月，重庆市编委印发《关于同意市农牧渔业局在市水产项目办公室挂“重庆市水产科技推广站”牌子的通知》，同意在“市水产项目办公室”挂“重庆市水产科技推广站”的牌子，实行两块牌子一套人员，人员编制 10 人。站内设办公室、推广科、病防科等科室。

历任站长：孙彭寿。历任党支部书记：唐廷庸。

17. 重庆市渔政监督管理处（重庆渔政管理站）

1984 年 7 月正式成立重庆市渔政管理站，至 1988 年 8 月，与重庆市农牧渔业局水产处实行两块牌子、一套人员，合署办公。1988 年 8 月，市渔政管理站与市农业局水产处分离办公，独立履行渔政管理职能。1990 年 12 月更名为重庆市渔政监督管理处，编制增加到 13 人。

历任处长：刘方贵。

18. 重庆市农业环境监测站

该站 1985 年 11 月成立，为重庆市农牧渔业局直属财政全额拨款事业单位，编制员额暂定 8 人，主要职责为加强农业生态环境的保护监测工作，站内设办公室、监测一室、监测二室等。1988 年 12 月，人员编制增加到 18 人。

历任站长：黎四维、唐书源。历任党支部书记：黎四维、唐书源、成守城。

19. 重庆市农业学校

重庆市农业学校是一所以中等职业教育为主的培养应用型人才的全日制普通中等专业学校。其前身是巴县乙种农业学校（位于重庆浮图关），1917 年改名为巴县甲种农业学校，校址设在巴县弹子石东山精舍，1924 年迁至曾家岩。1927 年由巴县中学、巴县国民师范学校、巴县甲种农业学校 3 所学校合并为巴县中学，设普通科、师范科、农业科，校址仍在曾家岩。1930 年巴县中学迁至两路口先农坛新建校舍。1934 年巴县私立西里中学、渝东中学、渝南中学合并为巴县三里职业学校，将巴县中学农科未毕业的学生并入该校，校扯迁至浮图关茶亭。1940 年冬，学校迁到巴县西里佛耳岩。1943 年改名为巴县县立高级农业职业学校。1947 年学校迁往南泉。1949 年又迁往马王场黄荆庵。

1950 年巴县三里职业学校更名为川东区巴县高级农业职业学校。1951 年移交中央直辖市重庆市管辖，更名重庆市巴县高级农业职业学校。1953 年 8 月迁至重庆市江北区董家溪与私立思克农业职业学校合并，再与重庆市高级农业职业学校合并为重庆市高级农业学校，1954 年 9 月更名四川省重庆农业学校。1954—1958 年，校址设在北碚歇马场磨滩河，校长覃正中；设有农学、果蔬、农会等专业；教职工有 300 余人，学生有 30 多个班，1600 余人，是一所具有一定规模的农业中专学校，为当时四川省属八大农校之一。1958 年 9 月四川省重庆农业学校一分为五，分为涪陵农业学校、江津农业学校、泸州农业学校、重庆农业学校及四川省重庆农业机械化学校。新建立的重庆市农业学校隶属于重庆市农林水利局，校址巴县白市驿黄金桥，占地 287 余亩。

1960 年下半年，重庆市农业学校升为大专，改名为重庆市巴县专科学校，学制由 3 年改为 5 年。因受自然灾害影响，国家实行调整压缩方针，1962 年下半年学校宣告停办，改为重庆市农业干部培训班，培训市郊农村各类技术人员。1964 年初农业干部培训班停办，开办重庆市农业职业学校，属半农半读职业性中专。1966 年下学期开始，由于“文化大革命”影响，学校处于停顿状态。1973 年经四川省革委会批准，恢复重庆市农业学校，属全日制中等专业学校。1976 年粉碎“四人帮”后，特别是 1978 年党的十一届三中全会以后，学校各方面建设快速发展。1979 年被列为县（团）级单位，全校教职工 128 人，其中教师 49 名；学校先后开办有农学、园艺、牧医、农机、水利、农经、蚕桑、植保、水产 9 个专业，学制 3 年。举办过多期市、区、县（社）农业领导干部、农技人员、农职校师资、英语等短期培训班。

1986—1997 年，学校在不同年间增设了果树、金融、审计、市场营销、土地规划与管理、文秘等专业。招生对象主要是初中毕业生，学制 3 年或 4 年，国家包分配，为重庆市培养中等农业技术干部。

历任校长：（1949 年 11 月前）赖问农、魏茂耘、胡文渊、刘行健、蒋永炳、卢开武、梁正均；（1949 年 11 月后）覃正中、李任、吴臻伯、徐照泽、郭景泰、孙建华、黄仲宁（代理校长）、孔庆益（副校长主持工作）、陈思忠（未到职）、周建业（副校长主持工作）、李文富、张清明（副校长主持工作）、肖建国、刘云华。历任党总支（支部）书记：袁建志、周建业、王登林、陈继平、刘云华。

20. 重庆市第二农业学校

该校始建于 1958 年 8 月，原名四川省江津农业学校，由四川省重庆农业学校中的江津地区籍学生共 303 人划拨出来，同时划拨教职员工 20 人。校址设在江津城关镇武城山，受四川省农业厅和江津地委、行署双重领导，首任副校长赵子信主持工作。1963 年，更名为四川省江津地区农业学校，隶属关系不变。1966 年 7 月至 1973 年，因“文化大革命”干扰，学校停课停办。1973 年 11 月，江津地区革委会通知复办，学校选定永川县南大街小桥子 92 号修建新校区。1974 年，恢复四川省江津地区农业学校校名。1981 年，学校更名为四川省永川地区农业学校。1983 年，永川地区与重庆市合并，更名为重庆市永川农业学校。1985 年，更名为重庆市第二农业学校，隶属重庆市农牧渔业局。

历任校长：赵子信（副校长主持工作）、张钟煜、周世忠（副校长主持工作）、廖肇禹。

历任党总支书记：周世忠（兼）、廖肇禹（兼）。

21. 重庆市农业广播电视学校（中央农业广播电视学校重庆市分校）

1980 年 12 月，由农业部、国家教委等 10 个国家部门联合组建中央农业广播电视学校。1981 年 5 月，重庆市农办、重庆市农业局、重庆市教委、重庆市财政局等 10 家单位联合成立中央农业广播学校重庆领导小组，同时成立中央农业广播学校重庆市分校。1987 年 5 月，学校更名为中央农业广播电视学校重庆分校。1993 年 6 月，更名为重庆市农业广播电视学校，为隶属重庆市农牧渔业局的正处级事业单位。主要开展职业农民培育和学历教育等工作。

历任校长：周登胜（兼）、刘汝全（常务副校长、主持工作）、张清明（常务副校长、主持工作）、黄庆文。历任党支部书记：刘汝全（兼）、张清明（兼）。

22. 重庆市种畜场（企业管理事业场、重庆市龙威畜牧有限公司、重庆市华牧集团有限公司）

中华人民共和国成立前为私营留青园农场，场址位于九龙坡区西流沱（现为巴南区）。1950 年春，重庆市建设局接管留青园农场，改名巴县留青农场。1951 年 4 月，更名为重庆市农场。1956 年扩大规模，改名为重庆市牧场。1963 年 2 月改为重庆市种畜场，同年 5 月，四川省人民委员会批准其为事业性质企业管理的正县级单位，实行财政差额拨款，规模不断变化和扩大。1989 年，经重庆市国土局确权定线，正式确定了重庆市种畜场的土地边界线，面积 3219 亩。种畜场下设种猪分场、种鸡分场、奶牛分场、渔业分场、基建分场、工副业场（厂）、砂砖厂、经营部等。主要任务是引进、推广、改良畜禽品种，促进畜禽事业的发展；1992 年，经农业部确定为国家级重点种畜场。1995 年，为建立现代企业制度，重庆市农牧渔业局同意成立重庆市龙威畜牧有限公司，后更名为重庆市华牧集团有限公司，与重庆市种畜场合署办公，两块牌子，一套人员。

历任场长：杜方植、刘永生、朱承禔、罗广全、贺学勤。历任党委（总支）书记：徐正隆、李炳炎、文传良、贺学勤。

23. 重庆市种猪场

该种猪场前身系江津专区荣昌种猪场，1956 年经四川省人民委员会批准在荣昌县板桥村建立。1964 年，猪场停办。1976 年，江津地区革命委员会批准猪场正式复办，更名为江津地区种猪场。1981 年，江津地区行署迁至永川，更名为永川地区种猪场。1984 年 2 月，更名为重庆市种猪场，人员编制 80 人，系重庆市农牧渔业局管理的差额拨款单位。内设办公室、畜牧技术科、经营管理科、牧工商公司、农业生产股和农果渔队等 6 个科（室）。

历任场长：黎功伟、贺学勤、吕祖德。历任党支部书记：刘培光、唐道刚。

24. 中华人民共和国农牧渔业部重庆动植物检疫所（重庆动植物检疫局）

1984 年 4 月，重庆市人民政府批准建立中华人民共和国农牧渔业部重庆动植物检疫站，站址设在渝中区春森路 56 号，有职工 11 人。

为适应重庆空港对外开放需要和加强动植物检疫工作，1987 年 5 月，农牧渔业部批复同意组建中华人民共和国重庆动植物检疫所，明确该所原承担的动植物检疫任务不变，实行部与市双重领导、以部为主的管理体制，为县（团）级事业单位，编制 25 人。所址迁至江北区华新街 338 号办公。后更名为重庆动植物检疫局。职能职责：代表国家进行出口动植物检疫，负责对重庆市辖区内和外地通过重庆口岸动植物及产品，国外旅客入境、出境携带的动植物进行检疫和监管。

历任所（局）长兼党支部书记：柏贤辉。

25. 重庆市蚕种冷库管理站

该冷库于 1977 年 9 月建立，1980 年正式投产，地址设在永川县，隶属重庆市农牧渔业局。1985 年有职工 14 人。承担永川、江津、荣昌、大足、合川、铜梁、潼南及泸州、宜宾、自贡等地（市）共 20 个蚕种场蚕种冷藏、浸酸、检种任务。1988 年，重庆市蚕种冷库划归重庆市蚕业制种公司。2006 年 11 月更名为重庆市蚕种冷库管理站。

历任主任（站长）：王太领、杨大祥、王万华。

（三）重庆市农机水电（农机）局管理的事业单位

1. 重庆市农机安全监理所

1984 年 3 月，重庆市农机安全监理所成立，与重庆庆市农机水电局安全处合署办公，一套人员，两块牌子，地址位于江北县。主要负责全市农业机械安全技术检验、驾驶（操作）人员考核、牌证核发、违章处罚和农业机械事故处理。1991 年 6 月，市编委批复该所为重庆市农机水电局下属独立处级事业单位。1997 年重庆直辖后，该所隶属于重庆市农机事业管理局。

历任所长：唐忠、蒋安生。历任党支部书记：杨世华、蒋安生。

2. 重庆市农业机械鉴定站

该站前身系永川地区农机研究所，1984 年更名为重庆市农业机械鉴定站，地址在永川县萱花西路。建站初期以农业机械研发、推广为主。从 1989 年开始承担重庆市农用排灌机械，农副产品加工机械，田间作业机械，拖拉机、农用运输机械部件，谷物脱粒机械，植保机械，茶叶机械的监督检验任务，此后逐步扩展到对农业机械产品鉴定等工作。1990 年，市编委确定农机鉴定站为重庆市农机水电局下属处级事业单位，1991 年同意该站增挂重庆市农机产品质量监督检验站牌子，人员编制 50 名；站内设办公室、业务室、质量办公室、检测一室、检测二室、政工科。

历任站长：罗泽宽。历任党支部书记：龙厚钦、周开华。

3. 重庆市农业机械化技术推广站（服务站）

1993 年，重庆市农业机械化技术推广服务站成立，后更名为重庆市农业机械化技术推广站，位于渝北区松牌路 94 号，为重庆市农机水电局下属处级事业单位。主要职能是引进、研制、开发、试验示范、推广应用农机新技术。

历任站长：汤长生（兼）。

4. 重庆市农业机械研究所

该研究所于1960年6月成立，1962年合并到重庆市机械工业局研究所，所内设农机研究室。1970年7月，农机研究室从重庆市机械工业局研究所分出，成立重庆市农业机械研究所，隶属重庆市农业机械管理局，是财政全额拨款事业单位。办公地址在重庆市中区李子坝正街112号重庆市农机修理厂内。1980年，所址搬迁至南岸区南平花园路10号。2006年3月，该所并入重庆市农业科学院，单独建制被撤销。

历任所长（主任）：韩效臻、陈文元、袁林、魏慕征、徐庆扬。历任党支部书记：郭呈瑞、李勇、陈文元、袁林、施远光。

5. 重庆市农业机械化学校

1977年8月，四川省人民政府批准成立四川省江津农业机械化学校，校址在永川县中山大道东段168号，建校之初占地面积2.8亩，教职工10余人，在校生约100人。学校受四川省农机局和江津地区地委、行署双重领导，首任校长王道一。1981年，江津地区更名为永川地区，学校更名为四川省永川农业机械化学校，学校性质和隶属关系不变。1983年，永川地区和重庆市合并，学校更名为重庆市农业机械化学校，隶属重庆市农机水电局。

历任校长：王道一、刘兴权、宋世成。历任党总支（党委）书记：赖文虎、宋世成、严明。

6. 重庆市农业机械化干部学校（重庆市农机常设训练班）

该校前身系重庆市农机常设训练班，1977年10月经重庆市委常委办公会批准建立重庆市农业机械化干部学校，为重庆市农机局直属事业单位。主要负责培训各级农机管理干部、专业技术人员、区（县）农机校师资等。1995年，重庆市编委核定其为正处级事业单位，编制33人。

历任校长：周述明。历任党支部书记：谢宗禄、周述明。

（四）重庆市农垦局管理的事业单位

1. 重庆市种公牛站（重庆市奶牛研究所）

该站前身是井口种公牛站，成立于1975年，位于沙坪坝区井口，隶属重庆市农垦局，成立之初有职工27人。设有繁育室、冻精实验室、兽医室、种牛场技术服务部和液氮车间。除为重庆市服务外，还为川东南奶牛配种提供冻精，为阿坝、西藏少数民族地区的黄牛、牦牛改良提供服务。建站后，一直从事奶牛繁殖育、饲料饲养、疫病防治等研究，并为新技术开展和咨询提供服务。1980年9月，重庆市农垦奶牛研究所成立，与井口种公牛站实行两块牌子，一套班子，系事业性质企业管理单位，实行以收抵支差额补贴办法，人员定额40人。1987年11月，井口种公牛站、井口奶牛研究所更名为重庆市种公牛站、重庆市奶牛研究所，实行两块牌子，一套人员，合署办公。

2. 重庆市水产科学研究所

该研究所前身是长寿湖渔场水研所，1984年11月经重庆市政府批准正式成立，定编40人，由重庆市长江农工商总公司代管，属全额拨款正县级事业单位。1993年重庆市编办批复编制增加到50名。主要承担国家和省、市下达的水产科研项目，对全市渔业生产科学技术进行指导等。

二、企业单位

（一）重庆市农办管理的企业单位

1. 重庆农村经济开发服务中心（重庆市隆达实业总公司）

重庆农村经济开发服务中心（简称农经中心）于1985年6月成立，系国有全民所有制企业，资金产总额120万元。职能定位：为开发和促进重庆市农村经济的发展服务。成立时隶属重庆市农业委员会。成立之后，企业发展迅速，随着业务范围扩大，先后组建了多个经营、生产二级单位。1993年，更名为重庆市隆达实业总公司，注册资金增加到1000万元。

历任主任（总经理）：旷云华、韩万本、刘晓华、刘代学。

2. 重庆市能源环境开发有限公司（重庆市新能源开发公司、重庆市沼气工程公司）

重庆市能源环境开发有限公司于1982年成立，为国有企业，隶属于重庆市农业委员会推广沼气办公室。1997年隶属于市农业局推广沼气办公室。公司注册资本73.6万元，主要经营沼气工程及有机污水处理、治理工程，沼气工程设计及咨询，为沼气工程及沼气系统经营的企业组织供应沼气物资及设计。

历任法人代表：李永辉、王渝杭。

重庆市新能源开发公司成立于1993年，地处渝北区龙溪镇武陵路43号，属国有企业，隶属于重庆市农业局推广沼气办公室，注册资本200万元。主要从事城乡沼气工程设计、施工及技术咨询、新能源开发，以及建筑材料、木材、金属材料、电器机械及器材经营。

历任法人代表：唐树荣、张立义、王渝杭。

重庆沼气工程公司是重庆市能源环境开发有限公司的下属承办单位。1997年4月重庆市委、市人民政府机构改革方案，确定重庆市沼气办行政主管部门由隶属重庆市农委划归市农业局管理，因此重庆市沼气工程公司与原开办单位重庆市能源环境开发公司分离脱钩，成为独立法人。

历任法人代表：杜建春。

1999年7月经重庆市农业局党组同意，对重庆市农村能源环境开发公司实行改制，2000年底，该公司改制完成。2002年3月，经重庆市农业局党组研究，同意对重庆市沼气工程公司实行改制，重庆市新能源开发公司移交重庆市农业干部学校管理。

（二）重庆市农牧渔业局管理的企业机构

1. 华渝牧工商联合公司（重庆市养鸡场）

华渝牧工商联合公司（简称华渝公司）于1984年7月由中国牧工商总公司和重庆市农牧渔业局联合组建，业务受中国牧工商联合总公司指导。1986年与重庆市养鸡场合署办公，两块牌子一套人员，进行生产经营活动，为重庆市场提供商品鲜蛋，为养禽户提供种蛋和鸡苗。下设：蛋鸡分场、种鸡分场、饲料加工厂、预制构件厂、经营部。公司为全民所有制企业，实行独立核算、国家定额补助的办法。公司设经理室、行政办公室、生产办公室、财务科、保卫科。

重庆市养鸡场为重庆市种畜场一个分场，1978年开始建设，总投资1 144万元，其中引进外资贷款（购设备）230万美元（折合人民币644万元）。1979—1981年为一期工程，1981—1985年为二期工程。一、二期工程竣工投产后，有种鸡舍4栋、4 088米^2；小鸡舍、育雏鸡舍7栋，商品蛋鸡舍11栋，共计12 200米^2。二期工程主要利用意大利资金引进意大利法可养鸡设备公司生产成套设备。另建饲料加工厂一座，年加工饲料能力5 000吨（单班）。鸡场建成后，对外名称为重庆市机械化养鸡场，全场占地350多亩，拥有固定资产原值390万元。

20世纪90年代以后，随着市场竞争加剧，生产成本上升，加之生产设备逐年老化，企业亏损严重。1999年，重庆奥克建筑材料有限公司整体购买式兼并华渝公司。

历任经理（场长）：罗文广（公司负责人）、何学良（公司负责人）、徐正隆、徐渝杨、刘永生、胡朝锦、罗广全。历任党支部书记：徐正隆（兼）、全启富、游炳星、罗广全（兼）。

2. 重庆市水产开发总公司

该公司前身是重庆市水产养殖公司。1984年，重庆市农牧渔业局水产养殖技术服务部改建为重庆市水产养殖公司。1992年更名为重庆市水产开发总公司，属全民所有制企业，自负盈亏，独立核算。

公司初建时内设办公室、技术部、经营部、水产研究室。1992 年起又相继成立开发部、第一经营部、第二经营部、保卫科、养殖分公司、商贸公司、科发公司、鱼药厂等部门。1992 年公司与广东省廉江县高桥镇建立廉渝开发公司。1987 年，公司与重庆市农科所联合成立重庆市渔用颗粒饲料厂，归重庆市水产养殖公司领导。2001 年重庆市渔用颗粒饲料厂注销。

总公司主要经营范围：水产品养殖、环境污染治理和技术咨询，网站建设、房屋租赁、建筑相关业务，销售水处理设备、渔业机械设备、渔具、饲料、农副产品、劳保用品等。

历任经理：冯德民、孙彭寿、罗永冰。历任党支部书记：唐廷庸、罗永冰。

3. 重庆市优质农产品开发公司

1988 年 5 月，重庆市优质农产品开发公司成立，为全民所有制企业单位，核定企业编制 30 名。主要从事全市优质农产品开发，农业生产的发展，农业新技术的推广，农业科学技术的普及和流通领域开展产前、产中、产后等各种服务。

历任经理：周斌、王少成。

4. 重庆科光种苗有限公司

1992 年 7 月，重庆市农科所技术开发服务部更名为重庆科光种苗有限公司，为重庆市农科所兴办的经济实体，事业性质，企业化管理。同年 10 月，与香港伟业企业有限公司合资建立重庆科光种苗有限公司，合营期限为 11 年。公司以全民所有制经济为主体，集成果转化、生产、开发、经营、外贸等为一体的综合性合资企业。主营：农业科研成果的转让、推广，技术培训、技术咨询和技术服务；兼营：优质农产品的开发；结合农业科研成果的技术推广，进行有关农用物资的有偿转让；繁育、推广蔬菜良种、粮食等农作物常规种子和经市政府批准的、本所培育的、并经审定通过的优良杂交种子。

历任董事长：龚文进（兼）、吴道藩。历任总经理：吴道藩。历任副董事长：毕永伟（香港方）。

5. 重庆福禄特农业科技开发有限公司

公司前身系福禄特技术开发有限责任总公司，于 1995 年 9 月经四川省农业科学院批准成立，后更名为重庆福禄特农业科技开发有限公司。位于江津市西郊四川省农科院果树所。主要从事农业科技开发和房地产开发经营，以及高新技术产业开发和投资等业务。公司内设董事会、监事会、总经理办公室、党务人事科、计划财务部、房地产经营部。

历任董事长、总经理：弓成林。

6. 重庆市畜牧总公司

该公司于 1988 年成立，为全民事业经济实体，实行独立核算，自负盈亏，企业管理。公司实行产销一体化，主要生产经营良种畜禽、畜禽饲料、原料和各种添加剂；畜禽药物、药械；畜禽产品及加工制品；畜牧机械设备及维修服务；畜牧技术服务等。同时，将华渝牧工商联合公司永川分公司改为重庆畜牧公司永川分公司，并将重庆市添加剂预配饲料厂划归重庆畜牧公司，作为直属联办企业。1992 年，公司更名为重庆市畜牧总公司。因市场竞争逐步加剧，生产成本增大，企业亏损较重，重庆市畜牧总公司围绕剥离部分资产、分清债权债务进行资产重组，1998 年进行改制并注销。

历任总经理：张德镕、刘庆。

（三）重庆市农机局管理的企业单位

1. 重庆市农业机械化服务公司

该公司成立于 1984 年，为全民所有制国有企业。自主经营、独立核算、自负盈亏。20 世纪 80 年代以经营拖拉机、农用动力、农产品加工、农业排灌等机械及农机零配件为主；90 年代初扩大经营范围，先后涉足工程机械，运输机械、机电产品等。由于市场竞争激烈，国有企业包袱沉重，效益逐年下降。2001 年，企业出现资不抵债的局面；2002 年公司停止经营活动。为盘活国有资产，2004 年重庆市国有资产管理委员会主持重庆市农机局和重庆市物资集团公司协商，达成一致意见后将公司整体移交重庆市物资集团管理。

历任公司经理：王兴、陈先、高永玲（留守期）。

2. 重庆市农机综合开发公司

该公司为1992年成立的全民所有制企业，独立核算，自主经营、自负盈亏，主要从事农用油料与农业机械的经销。1994年，国家经济贸易委员会（简称经贸委）、国家工商行政管理总局整顿成品油市场，农用油料进货渠道受限。因公司职工与机关职工一直混岗使用，清理整顿实行机关人员与公司脱钩过程中，经营活动停滞，2001年完全停止经营，2003年工商部门予以注销。

历任经理：张荣忠、夏祖渝、郑家强。

3. 重庆市农业机械修理厂

该厂始建于1963年，为全民所有制国有企业。1986—1990年以生产农用机械齿轮、轴和其他零部件为主，同时开发生产环保除尘设备。到2000年企业亏损严重，停止生产活动，由留守班子负责全厂资产管护。为盘活国有资产，2004年重庆市国有资产管理委员会主持重庆市农机局和重庆市物资集团公司协商，公司整体移交重庆市物资集团管理。

历任厂长：张荣忠、张远平、万国民（代理）、贺中财（市总工会下派挂职，留守班子）。

4. 重庆市璧泉机械厂

该厂前身为四川省江津专区璧泉机械厂，1983年地、市合并划归重庆市农机水电局管理，为全民所有制国有企业。是一家生产减速机、螺旋运输机、提升机的专业厂。其中CF渐开线形星齿轮减速机最为有名，1985—1995年间，产品畅销国内外。1997年重庆改直辖市，重庆市农机水电分开设局，璧泉机械厂划归重庆市农机事业管理局管理。1998年9月，该厂整体移交璧山县人民政府。

1986—1998年移交，李安纯任厂长。

第二节 四川省万县、涪陵、黔江地区（市）农业事业机构

一、四川省万县地区（市）事业单位

（一）农业事业单位

1. 四川省万县地区（市）多种经济作物技术推广站

1983年8月成立万县地区茶果技术推广站，隶属地区农牧局领导。1986年4月，果品技术推广划归果品办公室。1988年8月，地区茶果站、土特药站合并，组建四川省万县地区多种经济作物技术推广站（简称多经站），同时将农技站的糖烟麻棉技术推广职能划归多经站。撤地设市后，万县地区多经站更名为四川省万县市多种经济作物技术推广站。

2. 四川省万县地区（市）农业技术推广站

1973年9月，万县地区农业技术推广组（简称农技组）改称万县地区农业技术推广站，主要负责粮、油作物栽培技术及其推广工作。1993年4月，撤地设市后，万县地区农技站更名为四川省万县市农业技术推广站。

3. 四川省万县地区（市）农业经营管理站

1985年4月，在万县地区农业局经营科的基础上成立四川省万县地区农业经营管理站，负责辖区内农村土地承包经营、农民负担监督、农村承包合同管理、农村集体资产监督管理、农民专业合作组织建设、农村劳务开发和农村经济统计等工作。1993年4月，万县地区农业经营管理站随撤地设市更名为四川省万县市农业经营管理站。

4. 四川省万县地区（市）土壤肥料工作站

1977年5月，始建万县地区土肥科。1983年机构改革时，万县地区土肥科改称万县地区土壤肥料工作站。1993年4月，万县地区土壤肥料工作站随撤地设市更名为四川省万县市土壤肥料工作站。

5. 四川省万县地区（市）植保植检站

1973年6月，地区植保植检站恢复。1993年4月，万县地区植保植检站随撤地设市更名为四川省万县市植保植检站。

6. 四川省万县地区（市）种子管理站

1973年6月，万县地区种子管理站恢复。1983年10月，成立农牧局时种子管理站改建种子公司（站）。1993年4月，万县地区种子管理站随撤地设市更名为四川省万县市种子管理站。

（二）畜牧事业单位

1. 四川省万县地区动物检疫站

1974年2月，万县牲畜运输检疫站成立，其职能是负责进出境的畜禽及其产品检疫检验。1985年，万县牲畜运输检疫站更名为四川省万县地区动物检疫站。

2. 四川省万县地区（市）草资源开发管理站

1988年11月，四川省万县地区草资源开发管理站成立，主要负责饲草资源的开发利用和优质牧草种子的引进推广。1993年，万县地区草资源开发管理站随撤地设市更名为四川省万县市草资源开发管理站。

3. 四川省万县地区（市）兽医防疫检疫站

1985年3月，万县地区畜牧站更名为万县地区兽医防疫站。1989年4月，又更名为万县地区兽医防疫检疫站。1993年3月，万县地区兽医防疫检疫站随撤地设市更名为万县市兽医防疫检疫站。

4. 四川省万县市兽药监察所

1995年6月，四川省万县市兽药监察所成立，负责辖区内兽药监察业务。

5. 四川省万县地区（市）畜禽饲料饲养工作站

1983年8月，四川省万县地区畜禽饲料饲养工作站成立，主要负责饲料的监测监督和示范推广。1993年4月，万县地区畜禽饲料饲养工作站随撤地设市更名为四川省万县市畜禽饲料饲养工作站。

6. 四川省万县地区（市）畜禽繁育改良站

1981年8月，四川省万县地区畜禽繁育改良中心站成立。1983年11月，更名为四川省万县地区畜禽繁育改良站。1993年，万县地区畜禽繁育改良站随撤地设市更名为四川省万县市畜禽繁育改良站。

（三）农业院校和科研单位

1. 四川省万县地区（市）农业科学研究所

1958年2月，四川省农林厅将其直属的四川省万县农业试验站下放归万县地区领导，更名为四川省万县地区农业科学研究所（简称万县地区农科所）。1983年被四川省确定为全省“五大农业综合科研所”之一。1983年以后，主要开展小麦、水稻（含本地大米）、油料、薯类作物等农作物的应用研究。1993年，万县地区农科所随撤地设市更名为四川省万县市农业科学研究所。1996年研究所被农业部授予“合格研究所”称号。重庆直辖市后，该所更名为重庆三峡农业科学研究院。

2. 万县农业学校（重庆三峡职业学校）

1953年，川东万县市高级职业学校改名为万县农业学校。1981年被确定为省属重点中等专业学校。到1990年，设有农学、植保、园艺、牧医、农经等5个专业。2000年被确定为国家级重点中等专业学校。2003年，万县农业学校与万县四川万县农业机械化学校（简称农机校）合并组建重庆三峡职业学校。

3. 四川万县农业机械化学校（重庆三峡职业学校）

四川万县农业机械化学校于1977年建校，1992年增挂四川省万县市工业学校牌子。1997年更名为重庆市万州工业学校、重庆市三峡农业机械学校（增挂版）。2003年1月，经重庆市人民政府批准，合并万县农业学校和三峡农业机械学校组建重庆三峡职业学院。

4. 四川省万县地区（市）水产研究所

1978年10月，四川省万县地区鱼种站改名为四川省万县地区水产研究所，开展鱼类优良品种选育、新品种培育和鱼病防治以及塘库养鱼高产技术推广工作。1993年，撤地设市后，万县地区水产研究所更名为万县市水产研究所。

5. 四川省万县地区农业广播电视学校

1981年5月，中央农业广播电视学校四川省万县地区分校创办，开设农学专业。1985年以后，增设畜牧、农经、果树、林业、农村财务会计等专业。

二、四川省涪陵地区（市）事业单位

（一）农业事业单位

1. 四川省涪陵地区（市）经济作物技术推广站

该站成立于1983年9月，负责经济作物的科技成果转移，组织对果、茶、烟、麻、蔗、菜等主要经济作物的生产技术进行试验、示范、推广的技术机构。

2. 四川省涪陵地区（市）农业技术推广站

1977年12月，涪陵地区农业技术推广站（前身为1972年12月成立的涪陵地区农业技术推广科）成立。1995年，更名为涪陵市农业技术推广站。

3. 四川省涪陵地区（市）土壤肥料工作站

该站成立于1980年8月，负责掌握土地性能、土壤资源，开展土地整治，推广土壤、肥料科学技术，是服务于农业生产的业务机构。

4. 四川省涪陵地区（市）植保植检站

该站成立于20世纪60年代，是负责指导全区主要农作物病、虫、草、鼠防治的专门机构。

5. 四川省涪陵地区（市）种子公司（种子管理站）

1982年9月，涪陵地区种子公司成立，1984年6月，在种子公司增挂涪陵地区种子管理站牌子。是农作物种子行政监督、技术指导、良种经营三位一体的组织，负责全区粮、经作物种子的生产经营、技术指导、行政管理。

6. 涪陵地区（市）农业学校

1958年，省立四川省重庆农业学校一分为四：江津地区农业学校、涪陵地区农业学校、重庆市农业学校、重庆市农业机械学校。同年8月涪陵专区农业合作干部学校撤销，并入涪陵地区农业学校。1965年，专区农科所与地区农业学校合并，一套人员，两块牌子。“文化大革命”期间，学校各项工作停滞。党的十一届三中全会后，学校正式设立办公室、总务处、教务处、保卫科、学生科、培训科等科室，教学工作逐步走上正轨。1996年，学校更名为涪陵市农业学校。1997年，更名为重庆市涪陵农业学校。2003年，重庆市第三财贸学校、重庆市第三水利电力学校、重庆市涪陵农业学校合并组建重庆市涪陵职业技术学院。

7. 四川省涪陵地区（市）农业科学研究所

1959年1月，经四川省农业厅批准，成立涪陵专区农业科学研究所。到1978年，组建了专业研究室、课题组，开始承担国家、省、地区下达的科研课题。1996年4月，更名为四川省涪陵市农业科学研究所。1998年4月，增挂涪陵市榨菜研究所牌子。1998年7月，更名为重庆市涪陵区农业科学研究所。2013 年 12 月，更名为重庆市渝东南农业科学院。

（二）畜牧事业企业单位

1. 四川省涪陵地区（市）畜牧技术推广站

1981 年 10 月，经涪陵地区编委批准设立涪陵地区畜禽繁育改良站。1996 年经涪陵市编委批准更名为涪陵市畜禽繁育改良站，1999 年 2 月，成立涪陵区畜牧技术推广站。

2. 四川省涪陵地区（市）兽医防疫检疫站

1981 年 10 月，经涪陵地区编委批准，成立涪陵地区兽医防疫检疫站。1996 年更名为涪陵市兽医防疫检疫站。1999 年 2 月更名为涪陵区动物防疫站，继续承担动物防疫工作。

3. 四川省涪陵地区（市）饲草饲料站

1982 年经涪陵地区编委批准设立涪陵地区饲草饲料站。1999 年 2 月，批准涪陵地区饲草饲料站与涪陵区饲料质量监督检测站合并，更名为涪陵区饲草饲料管理站。

4. 四川省涪陵地区液氮站

1981 年 10 月，经涪陵地区编委批准建立涪陵地区液氮站。1996 年更名为涪陵市液氮站。1999 年 2 月，涪陵市液氮站撤销。

5. 四川省川东南肉兔原种场

1987 年 7 月，经涪陵地区编委批准成立四川省川东南肉兔原种场。1999 年 2 月，批准川东南肉兔原种场与涪陵区父母代种鸡场合并，更名为涪陵区种畜禽场，主要负责全区优良种畜禽种源提供。

6. 四川省涪陵市父母代种鸡场

1992 年经涪陵地区编委批准建立涪陵地区父母代种鸡场；1996 年经涪陵市编委批准更名为涪陵市父母代种鸡场。1999 年 2 月，涪陵市父母代种鸡场与涪陵区川东南肉兔原种场合并，更名为涪陵区种畜禽场。

三、黔江地区农业农机事业单位

1. 四川省黔江地区农业技术推广站

该站为黔江地区（开发区）农业局下属机构，1988 年 12 月设立。

2. 四川省黔江地区经济作物技术推广站

该站为黔江地区（开发区）农业局下属机构，1988 年 12 月设立。

3. 四川省黔江地区种子公司（站）

该公司（站）于 1988 年成立，主要职能：从事农作物种子的生产、经营活动。

4. 四川省黔江地区农业经营管理站

该站为黔江地区（开发区）农业局下属机构，1988 年 12 月设立。

5. 四川省黔江地区植保植检站

该站为黔江地区（开发区）农业局下属机构，1988 年 12 月设立。

6. 四川省黔江地区土壤肥料工作站

该站为黔江地区（开发区）农业局下属机构，1988 年 12 月设立。

7. 四川省黔江地区农业广播电视学校

该校于 1988 年 12 月成立，业务上辖石柱、彭水、黔江、酉阳、秀山 5 个县分校。所辖 5 个县分校均成立于 1984 年，1985—1999 年全区累计招收中等学历生 7 091 人，开设有农学、农技推广、农业经济管理、畜牧、林业蚕桑、果树、现代乡村综合管理、乡镇企业管理、财会、会计、统计、审计、烟草等 13 个专业，中专毕业合格 2 319 人。

8. 四川省黔江地区农业机械化技术推广站

1990 年 3 月黔江地区农业机械化技术推广站建立，为区（科）级全民所有制事业单位，受地区农机局领导，人员编制在地区农机局总编制内调剂解决。

9. 四川省黔江地区农业机械监理所

1989 年 3 月黔江地区农业机械监理所成立。编制及其经费在地区农机局总控制数之内调剂（除省规定另有人头经济来源之外）。主要负责全区农业机械的安全管理工作。

10. 四川省黔江地区农业机械化培训学校

1990 年 3 月，黔江地区农机化培训学校建立。负责举办各种农机专业技术培训班，培训县、区农机企业技术人员，县级农机监理员、检查员、考试员、农机修理质量监督员，以及农村中农机中级技术人员，五级以上农机技工，以满足该区农机化事业的发展需要。

第三节 重庆市代管国家和四川省在渝涉农单位

一、教育单位

（一）西南农业大学

1950 年 11 月 27 日，经教育部批准，原四川省立教育学院农科 3 个系、私立相辉文法学院农艺系及其专修科和私立华西协合大学农艺系合并成立西南农学院，校址设在重庆北碚夏坝。1952 年，经西南军政委员会农林部同意，迁至北碚天生桥建新校舍。同时，全国高校院系调整，又将四川大学、云南大学、贵州大学、乐山技术专科学校、西昌技术专科学校、西南贸易专科学校、川北大学等 10 余所院校的农学院和部分农业及经济管理系科合并到该校，成立农学、园艺、植物保护、土壤农业化学、蚕桑、农业经济与组织（农经）6 个系，设农学、果树蔬菜、植物保护、土壤农化、蚕桑、农业经济与组织 6 个专业。汇集了以著名土壤学家、中国科学院院士侯光炯教授为代表的西南地区高等农业教育方面的大部分教授专家，成为当时西南地区教授最多、师资力量最强的高等学校之一。

“文化大革命”开始以后，学院根据上级指示，成立了“文化革命”领导小组，领导和开展政治运动。1966 年 6 月，重庆市委派出工作组到学校，使学院各级党组织受到冲击。1968 年 10 月 29 日，西南农学院革命委员会成立，学院的混乱局面有所扭转。1969 年 1 月，学院开展“斗、批、改”运动，让师生身心受创。1973 年 1 月 29 日，西南农学院临时党委成立，学院的各项工作逐步恢复。1979 年，经国务院批准成为全国重点大学。

1985 年，经国务院批准更名为西南农业大学。经过不断调整，至 1999 年年底，学校拥有 10 个学院，6 个直属系，27 个本科专业。这些专业涵盖了 15 个专业类、6 个学科门类。全日制普通本、专科人数也由 1984 年的 837 人扩大到 2000 年的 2 010 人。

历任党委（总支、支部）书记：向天培、张一夫、李世俊、李兰、张郁。

历任校（院）长：陈让卿（主持院务）、何文俊、李世俊、刘明钊、刘鸿仁、向仲怀。

（二）四川畜牧兽医学院

四川畜牧兽医学院始建于 1939 年 3 月，位于荣昌县，占地 390 余亩。1938 年杨虞笙、杨德辉父子策划建校，校名为私立建华高级农业职业学校，校长由杨德辉担任。1940 年，改名为四川省私立建华农业职业学校。1941 年 1 月，改为省立公办四川省立荣昌农业职业学校，杨德辉获准辞去校长职务。抗日战争时期为中央畜牧实验所、中央血清研究所、中央农业实验所所在地，对学校办学起到了积极的推动作用。

1950 年 11 月，学校更名为川东区荣昌农业职业学校，学校设有高级部和初级部，设有农艺、农作、畜牧 3 个科，教师 17 人。1951 年 9 月，学校更名为川东区荣昌农业技术学校。1952 年 11 月，改称四川省荣昌农业学校。1953年8月，四川进行全省中等农业学校学科专业调整合并，学校更名为四川省荣昌畜牧兽医学校。同年9月起，先后将成都、达县、泸州等11个农校的畜牧兽医科的教职员工、学生、仪器设备、图书资料和家畜家禽实验动物等调至荣昌农校原址；荣昌农校的农艺科学生、教师调往成都农业学校。经过两批调整后，全校共有教职工76人，学生11个班共500人。1954年秋季，学校新设置了动物饲养和兽医两个专业。从1960年开始，学校设置中兽医专业，招收新生2个班；同年又试办两年制兽医专修科大专班1个、五年制畜牧专修班1个、五年制兽医专修班5个。

"文化大革命"开始后，1966年6月底，中共荣昌县委派工作小组进校领导运动，学生开始停课闹革命，教学工作全面瘫痪；8月底，以学生为主体成立"文化大革命"领导小组，夺了学校的党政领导大权。1969年5月，"军宣队"进驻学校。1970年4月，学校成立"革命委员会"，使严重混乱局面初步有所好转。1972年8月，学校恢复了党支部。1974年7月，童和明调来学校接任革委会主任职务，学校秩序和教学工作开始逐步恢复。

1978年升建为四川畜牧兽医学院。建院初期，学院设有兽医系、畜牧系、水产系3个系。1979年开始招收畜牧、兽医、中兽医3个专业本科学生。1984年新设置了生物与农牧三年制专科、三年制畜牧兽医师资专科，恢复了中兽医本科招生。1985年，新设置了淡水养殖专科。1986年计划招生376人，畜牧本科恢复招生。1987年恢复了兽医专业本科招生。1994年将畜牧系改为动物科学系，兽医系改为动物医学系，水产系改为渔业工程系。1998年撤销基础科技系，单独建立基础部，并成立了成教职教学院。

历任校（院）长：杨虞笙（学校创始人）、杨德辉（学校创始人，第一任校长）、龚应新（1953年9月以后）、江有才、董和明（校革委会主任）、佘永健、刘祖德。历任党委（总支、支部）书记：罗崇德、江有才、董和明（总支部副书记）、郭海环、刘祖德。

二、科研单位

（一）中国农业科学院柑橘研究所

该研究所于1960年10月经国务院批准成立，地（师）级待遇，地址在北碚区歇马场。以应用研究和应用基础研究为主，同时进行开发研究，着重解决中国柑橘生产全局性和关键性的科学技术问题，是全国柑橘研究中心。主要承担柑橘及其近缘植物科技资源的收集、保存、评价、利用研究、优良品种、砧木选育及其理论方法研究，高产栽培技术、营养生化及主要病虫害防治，果实贮藏、加工、综合利用及商品生产系列研究等。还负责组织全国柑橘重大科技项目的协作，开展国内外学术交流等。

全所共有职工420人，其中科技人员143人，技术人员中高级职称的31人，中级职称的49人，初级职称的63人；另有离退休职工154人。全所总面积130公顷，其中耕地91公顷，定植柑橘试材和各种柑橘生产树5万多株。柑橘品种资源1 000多个，其中国外引进200多个。拥有各种科研仪器、设备，拥有房屋41 114米^2，固定资产1 000多万元，各种图书资料17 000多册，期刊300余种，还编辑出版《中国柑橘》。有6个职能部门，6个研究室，1个试验场，1个试验站。

历任所长：曾勉（研究员）、叶荫民（研究员）。历任所党委正副书记：张若千、张继登、刘保明、沈兆敏、龚为茂、肖志、黄义乾、程代振等。

（二）四川省农业科学院果树研究所

1937年7月，四川省园艺试验场正式创建。1978年6月更名为四川省农业科学院果树研究所，隶属四川省农业科学院，为县级单位。建所初期有职工24人，1985年达317名，土地面积1 150亩，各类果树共2 100株，苗圃地21亩。1997年重庆直辖，更名为重庆市果树研究所，隶属重庆市农牧渔业局，编制330人。

内设机构：党委办公室（与人事科合署办公）、行政办公室、人事科、科技管理科、计划财务科、安全保卫科（与行政办公室合署办公）、纪检监审科（与纪委合署办公）、离退休管理科（与工会合署办公）；研究室4个：常绿果树研究室、落叶果树研究室、贮藏加工研究室、综合技术开发室；经济实体4个：福禄特技术开发有限责任公司、科技开发部、江津实验场、真武实验场。

历任所长：彭廷海、熊发远、周学伍、刘建军、弓成林。历任党委书记：彭廷海（兼）、熊发远（兼）、黄治远、弓成林（兼）。

（三）四川省农业科学院茶叶研究所

初建时名为川西灌县茶叶改良场，于1951年2月在四川灌县北门外川西林业站内成立，隶属川西农林厅。1953年6月更名为四川省灌县茶叶试验场，隶属四川省农林厅。1959年更名为四川省农业厅茶叶试验站，隶属四川省农业科学院。1962年10月，茶叶试验站迁至永川县西北乡萱花寺。1978年6月更名为四川省农业科学院茶叶研究所，县级单位。1987年9月，迁至永川县永昌镇萱花路205号。

重庆直辖市后，从1997年5月起，四川省农业科学院茶叶研究所的郫县实验场由四川省农业科学院管理，在永川市境内的所部划转重庆市。1997年12月正式授牌授印，更名为重庆市茶叶研究所，隶属于重庆市农业局，县级事业单位，编制定员285人，实行财政全额拨款。

历任所长：谭和平、丁远学、阚能才、李中林。历任党委书记：丁远学、杨秀和、李中林、丁远学。

（四）四川省养猪研究所

该研究所前身系1951年1月川东行署在荣昌猪产地荣昌县建立的川东荣昌种畜场。1953年更名为四川省荣昌种猪试验站，有职工109人。1984年6月更名为四川省养猪研究所，隶属四川省畜牧食品局，核定该所编制235人，系四川省财政全额拨款的科研事业县级单位，时有职工223人；主要从事猪的繁殖及饲养技术研究、荣昌猪品系选育、饲料营养、疫病防治，外种猪适应性能观察和试验，推广饲料生饲、适时出栏、人工授精、二元杂交猪育肥等养猪综合技术；内设行政办公室、人事科、后勤科、科技管理科、繁殖育种研究室、饲料饲养研究室、兽医研究室、分析测试室、情报资料室、综合实验室、实验农场等11个科室。1997年重庆改直辖市后，更名为重庆市养猪科学研究院，核定编制245人，隶属重庆市农业局。

历任所长：明再勉、谭明万。历任党委书记：邓顺珍、郑敏书。

三、蚕种场

（一）四川省（重庆市）北碚蚕种场

该种场前是四川省蚕桑改良场川东分场，位于重庆市北碚区东阳镇上坝1号，专营改良蚕种的制造与引进推广，1937年7月，更名为四川省北碚蚕种场，为四川最早开办的改良蚕种场之一。1938年初，该场和西里蚕种场划归位于重庆的四川丝业公司，北碚成为当时四川桑蚕种制种中心，北碚蚕种场成为当时中国最大的蚕种场。

1950年2月，四川丝业公司由省人民政府接管。1956年，丝业公司由公私合营转为国营农业蚕桑良种场，先后隶属于四川省轻工业厅、重庆市农业局、四川省农业厅等部门。1982年10月实行行业管理，该场划归四川省蚕丝公司（丝绸公司），由重庆市农牧渔业局代管。1986年，四川省编委再次核定该场为县级事业单位，专门从事家蚕良种繁育与推广工作。

重庆改直辖市后，四川省丝绸公司将该场划归重庆市农牧渔业局，四川省北碚蚕种场更名为重庆市北碚蚕种场。同时签订划转协议书，自1997年5月1日起划转重庆市农牧渔业局管理，其中重庆市北碚蚕种场关系由重庆市农牧渔业局代管，机构设置为县级事业单位，企业化管理，差额拨款。编制377人，实有在册职工340人，另有退休人员180人。干部63人，其中各类专业技术人员57人。

1998年，蚕丝绸体制改革，北碚蚕种场又从重庆市农业局移交重庆市对外贸易经济委员会（简称外经贸委）下属重庆市茧丝绸集团有限公司管理。2011年7月，根据重庆市蚕业可持续发展需要，北碚蚕种场和西里蚕种场合并组建重庆市蚕业科学技术研究院。

历任场长：杨希哲、蓝毅、郑崇科、傅图强（副场长主持工作）。历任党委书记：刘太清、郑崇科。

（二）四川省（重庆市）西里蚕种场

该蚕种场始建于1935年，位于重庆市北碚区蔡家岗镇，为四川最早开办的改良蚕种场之一，前身是川东蚕业指导所技术人员与丝商合资创办的惠利农场，专营改良蚕种的制造与引进推广。1937年秋划归四川丝业股份有限公司，改名为四川丝业股份有限公司巴县蚕种制造场。1944年更名为四川省丝业股份有限公司西里蚕种场。

1950年2月，该场和北碚蚕种场随四川丝业公司由四川省人民政府接管后，历史沿革同北碚蚕种场相同。

历任场长：曾长春、江渝生（副场长主持工作）、蓝毅、苏政荣。

第四节　重庆市农业事业企业机构

一、重庆市农业事业机构（1997—2015年）

（一）市农委（市农业局、市农机局）直属机构

1. 重庆市农业科学研究院

2005年12月重庆市人民政府、2006年3月重庆市编委批复，以重庆市农业科学研究所、重庆市果树研究所、重庆市作物研究所、重庆市茶叶研究所、重庆市农机研究所等5个市属农业科研机构为基础，组建正厅（局）级全民所有制事业单位—重庆市农业科学院（简称：市农科院），由重庆市农业局管理（其后由重庆市农业委员会管理），同时撤销重庆市农科所等5个单位建制。地址位于九龙坡区白市驿镇农科大道。

市农科院经费渠道为市财政全额拨款，核定内设机构23个，其中行政管理机构8个：办公室、人力资源处、规划财务处、科技管理处、产业发展处、监察审计处、后勤保卫处、离退休人员工作处（工会）；科研机构15个：水稻研究所、玉米研究所（挂重庆市玉米工程技术研究中心牌子）、特色作物研究所（挂重庆市再生稻研究中心、重庆市杂交小麦研究中心牌子）、蔬菜花卉研究所（挂重庆市蔬菜研究中心牌子）、果树研究所、茶叶研究所、农业资源与环境研究所、农产品贮藏加工研究所、农业工程研究所、农业机械研究所（挂重庆市小型农机具研发中心牌子）、农业经济与乡村发展研究所（挂三峡库区农村发展研究中心牌子）、农业质量标准检测技术研究所、生物技术研究中心、农业科技信息中心、农业科技推广中心（挂重庆市农业展览中心牌子）。

核定事业编制689名（原5个单位编制合计数），其中单位领导职数7名（2正5副），处级职数48名。2011年11月，市编委批复该院组建二级法人单位重庆市农业科学院农业科技研究中心，不核定编制。2014年12再次批复同意增加内设机构院党委办公室，增加处级领导职数1名。

主要职责：农业科技基础研究、应用技术研究，农业资源与生态环境保护研究，农业机械与工程技术研究，农业科技培训、学术交流，科研成果转化与推广。

历任院长：张洪松、唐洪军；历任党委书记：唐洪军、沈文彪、王建秀。历任党委副书记：张国民、唐洪军（院长兼）。历任副院长：苟小红、杨树海、刘剑飞、唐双福、王建秀（书记兼）、刘科、蔡家林。历任纪委书记：张国民；历任副院级领导：李中林、李芝渝、吕中华、曾代勤。

2. 重庆市畜牧科学（研究）院

2003 年 9 月 22 日，经重庆市人民政府批准、市编委批复，重庆市养猪科学研究院、重庆市畜牧兽医科学研究所、重庆市种猪场 3 个单位合并组建成立重庆市畜牧科学研究院，由重庆市农业局管理（其后由重庆市农业委员会管理），重庆市财政全额拨款，为副（厅）局级科研事业单位、核定编制 322 人。总部设在原重庆市养猪科学研究院所在地荣昌县，原重庆市畜牧兽医科学研究所所在地重庆市九龙坡区石桥铺为 B 区。

主要职能职责：畜牧兽医基础研究、应用技术研究；畜牧兽医专业培训、学术交流、产业开发、科研成果转化和技术推广。

2006 年 9 月，市编办批准其更名为重庆市畜牧科学院。院内设机构：办公室、组织人事处、财务处、科技管理处、产业管理处、后勤保障处、监察审计处、发展改革处、信息中心、培训交流中心、养猪研究所（挂重庆市养猪研究所牌子）、检测中心、育种猪场（挂重庆市种猪场牌子）、动物营养研究所、经济动物研究所、兽医研究所、食品加工研究所、家禽研究所（挂重庆市白鹅研究中心牌子）、草食牲畜研究所共计 19 个部门。2007 年 9 月，增设畜禽疫病研究所（挂重庆市畜禽疫病研究中心牌子）。2011 年 1 月，增设蚕业研究所、畜牧工程研究所，原畜禽疫病研究所（重庆市畜禽疫病研究中心）更名为畜禽疫病和兽药研究所（重庆市畜禽疫病研究中心）。2014 年 12 月，增设党委办公室。至此，重庆市畜牧科学研究院内设机构共 23 个，处级领导职数 46 名。

历任院长：刘作华。历任党委书记：栗剑。历任党委副书记：涂邦军。历任副院长：栗剑（书记兼）、黄勇、张镜生、黄勇富、梁大超、唐德荣、王金勇。历任纪委书记：邹胜华、宋刚。历任院级调研员：唐道刚。

3. 重庆市农业科学研究所

重庆直辖市前该所系重庆市农业科学研究所，2006 年 3 月，与重庆市果树研究所、重庆市作物研究所、重庆市茶叶研究所、重庆市农机研究所等 5 个市属农业科研机构为基础，组建重庆市农业科学研究院，由重庆市农业局管理，同时撤销重庆市农业科学研究所单位建制。

历任所长：吴道藩、吕中华（代所长）、唐洪军、苟小红。历任党总支书记：吕中华。

4. 重庆市作物研究所（重庆再生稻研究中心、重庆杂交小麦研究中心）

重庆直辖市前该所系重庆市作物研究所，为增强科研的准确性，于 2001 年采取租赁的模式在距离城区 14 千米的重庆市永川市双竹镇南华坝村建立了“科技示范园区”，实现了科研基地的大迁移。主要研究对象：优质丰产杂交、常规、特种水稻；优质高产杂交、常规专用玉米；优质丰产杂交、常规大小麦新品种、新技术；优特糯稻、再生稻。内设党政办公室（人事劳资科合署办公）、计划财务科、科技管理科、保卫科、后勤科、科技信息中心、水稻研究室、再生稻研究室、麦作研究室、玉米研究室、生物化学研究室、园区管理办公室、奶牛场、菌种场、精米加工厂、金穗公司地产（事业身份）、金穗公司种业（事业身份）17 个机构。

2006 年 3 月，该所与市农科所、市果树所、市茶叶所、市农机所共同组建成立了重庆市农业科学院，同时撤销该所建制。并入市农科院后，以小麦学科为基础设立更名为重庆市农业科学院特色作物研究所。

历任所长：李启良、黄诗铨、龚富祥、刘贤双。历任党委书记：李启良、黄诗铨、李启良、刘科。

5. 重庆市果树研究所

重庆直辖市前该所系四川省农业科学院果树研究所，1997 年重庆直辖后，更名为重庆市果树研究所，县级事业单位，实行财政全额拨款，隶属重庆市农业局，核定编制 330 人。2006 年 3 月，该

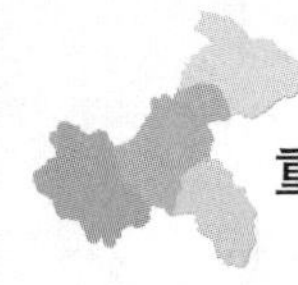

所与市农科所、市作物所、市茶叶所、市农机所共同组建成立了重庆市农业科学院，同时撤销该所建制。

历任所长：弓成林、曾代勤。历任党委书记：弓成林（兼）、曾代勤（兼）。

6. 重庆市茶叶研究所

重庆直辖市前该所系四川省农业科学院茶叶研究所，1997 年后更名为重庆市茶叶研究所（简称市茶叶所），隶属于重庆市农业局，县级事业单位，实行财政全额拨款，核定编制 306 人。2006 年 3 月，市茶叶所与市农科所、市作物所、市果树所、市农机所共同组建成立了重庆市农业科学院，同时撤销该所建制。重庆市茶叶研究所变更为重庆市农科院茶叶研究所。

历任所长：李中林；历任党委书记：杨秀和、李中林。

7. 重庆市养猪科学研究院

重庆直辖市前该所系四川省养猪研究所，直辖后更名为重庆市养猪科学研究院，核定编制 245 人，隶属重庆市农业局管理。2003 年 9 月，该院与重庆市畜牧兽医科学研究所、重庆市种猪场 3 个单位合并组建重庆市畜牧科学研究院。

历任院长：谭明万、刘作华、范守君。历任党委书记：涂邦军、范首君（主持党政工作）。

8. 重庆市畜牧兽医科学研究所（重庆市畜牧科学研究院）

重庆直辖市前该所系重庆市畜牧兽医科学研究所，2003 年 9 月，该所与重庆市养猪科学研究院、重庆市种猪场 3 个单位合并组建重庆市畜牧科学研究院。

历任所长：粟剑。历任党支部书记：钱迎。

9. 重庆市农业机械研究所

重庆直辖市前该所系重庆市农业机械研究所。2006 年 3 月，组建重庆市农业科学研究院。重庆市农机研究所并入后，分为重庆市农科院下属的农机所和农业工程所。

历任所长：徐庆扬、唐兴凯、李芝渝。历任党支部书记：施远光、唐波、赵成钢、谢永国。

10. 重庆市种猪场

重庆直辖市前该场系重庆市种猪场，2003 年 9 月，与重庆市养猪科学研究院、重庆市畜牧兽医科学研究所 3 单位合并组建重庆市畜牧科学研究院。

历任场长：吕祖德。

11. 重庆市农业委员会干部学校

2011 年 3 月，重庆市编办批复撤销重庆市农业机械化干部学校、重庆市农业局机关后勤服务中心、重庆市政府农办培训中心，合并组建重庆市农业委员会干部学校，为重庆市农业委员会管理的处级事业单位，核定事业编制 24 名，其中领导职数 3 名（主任 1 名、副主任 2 名），经费渠道为全额拨款。承担农业干部、专业技术人员、村社干部培训，承办市农委机关交办的其他服务工作。内设办公室、政工科、教务科、财务科、资产科、安保科共 6 个科室。

历任校长：兰安福、余桂英（2013.12—2014.02 副校长主持工作）、杨召军。历任党支部书记：余祖华、杨召军（兼）。

12. 重庆市人民政府农村工作办公室培训中心（重庆市农委培训学校）

重庆直辖市前该中心系重庆市农委培训中心，2004 年 11 月，更名为重庆市人民政府农村工作办公室培训中心。2011 年 3 月，重庆市编委批复撤销重庆市农业机械化干部学校、重庆市农业局机关后勤服务中心、重庆市人民政府农村工作办公室培训中心，合并组建重庆市农业委员会干部培训学校，培训中心随即撤销。

历任主任：谭良静、李继德（代管）。

13. 重庆市农业局机关后勤服务中心

该服务中心于 1998 年 8 月成立，为重庆市农业局管理的财政差额拨款处级事业单位，核定事业编制24名，全额拨款14名，自收自支10名。设有办公室、车管科、保卫科、总务科4个科室。2011年3月，市编委批复撤销重庆市农业机械化干部学校、重庆市农业局机关后勤服务中心、重庆市人民政府农村工作办公室培训中心，合并组建重庆市农业委员会干部学校，后勤服务中心随即撤销。

历任主任：张志坚（市农业局保卫处长兼）、许会军、余祖华（副主任主持工作）、李继德。历任党支部书记：张志坚（兼）、许会军（兼）、余祖华。

14. 重庆市农业机械化干部学校（重庆市农业委员会干部学校）

重庆直辖市前该校系重庆市农业机械化干部学校。2011年3月，市编委批复撤销重庆市农业机械化干部学校、重庆市农业局机关后勤服务中心、重庆市人民政府农村工作办公室培训中心，合并组建重庆市农业委员会干部学校，机械化干部校随之撤销。

历任校长：周述明、李芝渝、陈廷华、周优良。历任党支部书记：周述明、徐小龙、陈廷华。

15. 重庆市农业信息中心

该中心于2003年9月成立，为重庆市农业局管理的处级事业单位，核定事业编制25名，其中单位领导职数3名（1正2副），经费渠道为财政全额拨款。现隶属重庆市农业委员会。中心内设办公室、计财科、电子政务科、市场信息科、网站科、数据资源科、农业电子商务科和农业物联网科。

历任主任：张洪松、王波、康雷、贺德华。历任党支部书记：杜建华、康雷（兼）、陈勇、贺德华（兼）。

16. 重庆市农业技术推广总站（重庆市土壤肥料测试中心、重庆市马铃薯脱毒研究中心）

该站于2003年9月由重庆市农业技术推广站、重庆市土壤肥料站和重庆市植保植检站3个站合并成立。2011年，再次将重庆市植保植检站划出与重庆市种子管理站合并，重庆市经济作物推广站并入重庆市农业技术推广总站（挂重庆市马铃薯脱毒研究中心、重庆市土壤肥料测试中心牌子），为重庆市农委直属处级事业单位，核定事业编制81名。内设办公室、政工科、财务科、总务科、综合信息科、水稻产业科、柑橘产业科、特色经济作物产业科、体系科、肥料科、耕地质量科（节水农业科）、薯类产业科、土壤肥料检测科、旱地粮油作物产业科、蔬菜产业科，包括重庆市马铃薯工程技术中心、重庆市农业数字化实验室、重庆市化肥商品质量监督检验站。

历任站长：孙彭寿、曾卓华。历任党总支书记：袁德胜、李杰。

重庆市土壤肥料测试中心于2011年3月成立，与重庆市农技推广总站实行两块牌子一套人员，属市农委下属的事业单位。内设业务室、质量技术室、检测室。

重庆市马铃薯脱毒研究中心2003年6月成立，与市农业技术推广总站实行两块牌子一套人员，属市农委下属的事业单位。下设业务室、种质资源评价室、组织培养室、育种实验室、种薯质量检测室。

17. 重庆市农业技术推广（总）站

重庆直辖市前该站系重庆市农业技术推广站，2003年9月组建重庆市农业技术推广总站。重庆市农业技术推广站的机构职能随即并入重庆市农技推广总站，其独立建制被撤销。

历任站长：张洪松。历任党支部书记：易为民。

18. 重庆市土壤肥料工作（总）站

重庆直辖市前该站系重庆市土壤肥料工作站，2003年9月组建重庆市农业技术推广总站。重庆市土壤肥料工作站机构职能随即并入，其单位独立建制被撤销。

历任站长：孙彭寿。历任党支部书记：孙彭寿。

19. 重庆市植物保护植物检疫（总）站

重庆直辖市前该站系重庆市植物保护植物检疫站。1998年3月，重庆市植物保护植物检疫站增挂重庆市农药检定所牌子，增加财政拨款，事业编制8名，该站编制由22名增至30名。2003年9月，组建重庆市农业技术推广总站。重庆市植保植检站的机构职能随即并入，其独立建制被撤销。

历任站长：罗其荣。历任党支部书记：邓应菊、李启良。

20. 重庆市种子管理站（种子质量检测站、种子管理和植保植检总站、农药检定所牌子）

重庆直辖市前该站系重庆市种子经营管理站，2001年3月，重庆市种子站、重庆市种子公司分设，核定种子站编制39名，其后更名为重庆市种子管理站，属重庆市农业局处级财政全额拨款事业单位。2003年9月，增挂重庆市种子质量检测站牌子。2011年3月，重庆市植物保护植物检疫站、重庆市农药检定所职责划入重庆市种子管理站，站名变更为重庆市种子管理和植保植检总站，加挂重庆市种子质量检测站、重庆市农药检定所牌子，相应划转植检植保全额拨款事业编制50名，全站全额拨款事业编制增至89名，其中领导职数5名。2012年5月，再次更名为重庆市种子管理站，站内设办公室、组织人事科、计划财务科、行政管理科、综合信息科、种子质量管理科、品种管理科、品种区试科、种业发展科、南繁南鉴管理办公室、种粮补贴办公室、植物检疫科、病虫害测报科、病虫害防治科、农药药械科、农药管理科、农药检测科共17个科室。

历任（总）站长：刘光德、曾卓华、赵月奎。历任党（总）支部书记：刘光德（兼）、唐洪军、曾荣、张卫、王波、曹豫。

21. 重庆市经济作物技术推广站

重庆直辖市前该站系重庆市经济作物技术推广站，2011年3月，重庆市经济作物技术推广站并入重庆市农业技术推广总站，同时撤销该站独立建制。

历任站长：王少成、张才建；历任党支部书记：古兴惠、欧阳全。

22. 重庆市蚕业管理（总）站（蚕桑技术指导站）

重庆直辖市前该站系重庆市蚕种管理站（蚕桑技术指导站），1997年9月，该站由重庆市农业局划归重庆市外经委并委托重庆市茧丝绸集团公司代管。同年12月，重庆市蚕种管理站开始独立运行，暂留重庆市农业局直管，2000年2月正式划归重庆市外经贸委员会直管。2002年3月，重庆市蚕桑技术指导站再增挂重庆市蚕种质量监督检验站牌子。2011年3月，撤销重庆市蚕桑技术指导站（重庆市蚕种管理站）、重庆市蚕种冷库管理站，合并组建重庆市蚕业管理总站（挂重庆市蚕种质量监督检验站牌子），为市外经贸委管理的财政全额拨款处级事业单位，核定事业编制38名。

历任站长：郑昌明、樊民军、王万华。

23. 中华人民共和国重庆动植物检疫局（中华人民共和国重庆出入境检验检疫局）

重庆直辖市前该局系中华人民共和国重庆动植物检疫局（部、市共管），1999年，根据国务院机构改革方案，由重庆卫生检疫局、重庆动植物检疫局和重庆进出口商品检验局合并组建中华人民共和国重庆出入境检验检疫局，重庆动植物检疫局随之划归该局管理。

历任局长：柏贤辉（兼党支部书记）。历任副局长：宋定明。

24. 重庆市兽医防疫站

重庆直辖市前该站系四川省重庆市兽医防疫站，2003年3月，与重庆市动物卫生检疫站、重庆市饲料质量监测管理所、重庆市兽药监察所合并成立重庆市动物卫生监督总站（挂重庆市饲料兽药监察所牌子），其独立建制撤销。

历任站长：文传良、汤明。历任党支部书记：文传良、苏承忠。

25. 重庆市动物卫生检疫站（重庆市兽医卫生监督检验所）

重庆直辖市前该站系四川省重庆市动物卫生检疫站，2003年3月，并入重庆市动物卫生监督总站，其独立建制撤销。

历任站长：何述忠。历任党支部书记：曾成贵、刘朝忠。

26. 重庆市畜禽品种改良站（重庆市畜牧技术推广总站）

重庆直辖市前该站系重庆市畜禽品种改良站，2003年9月，与市奶类项目领导小组办公室合并，组建重庆市畜牧技术推广总站，原独立建制撤销。

历任站长：岳发强

27. 重庆市奶类项目领导小组办公室（重庆市畜牧技术推广总站）

2003 年 9 月，重庆市奶类项目领导小组办公室与重庆市畜禽品种改良站合并，组建重庆市畜牧技术推广总站，原独立建制撤销。

历任主任：何国栋。

28. 重庆市畜牧技术推广总站（重庆市草原监理站、重庆市饲草饲料站、重庆市奶业管理办公室、重庆市种畜禽性能测定站、重庆市牧草种子质量检验测试站）

2003 年 9 月，重庆市畜禽品种改良站、重庆市奶类项目领导小组办公室合并，组建重庆市畜牧技术推广总站（挂重庆市草原监理站、重庆市饲草饲料站、重庆市奶业管理办公室、重庆市种畜禽性能测定站、重庆市牧草种子质量检验测试站牌子），为重庆市农业局管理的处级事业单位，核定事业编制 49 名，其中单位领导职数 5 名（1 正 4 副），经费渠道为财政全额拨款，现隶属重庆市农业委员会。站内设办公室、政工科、财务科、种畜禽管理科、信息科、生猪产业科、特色产业科、牛羊产业科、草原监理科（饲草饲料科）9 个科室。

历任站长：吕祖德、曾代勤、范首君、康雷。历任党委书记：曾代勤、康雷、王华平、康雷（兼）。

29. 重庆市饲料质量监测管理所（重庆市动物卫生监督总站）

重庆直辖市前该所系四川省重庆市饲料质量监测管理所，2003 年 10 月，该所与重庆市兽医防疫站、重庆市动物卫生检疫站、重庆市兽药监察所合并，组建重庆市动物卫生监督总站，其独立建制撤销。

历任所长：米自由。历任党支部书记：叶万铨。

30. 重庆市兽药监察所（重庆市动物卫生监督总站）

重庆直辖市前该所系四川省重庆市兽药监察所，2003 年 10 月，该所与重庆市兽医防疫站、重庆市动物卫生检疫站和重庆市饲料质量监测管理所合并，组建重庆市动物卫生监督总站（挂重庆市饲料兽药监察所牌子），原独立建制撤销。

历任所长：江禄斌、许会军。历任党支部书记：江禄斌、赵发忠。

31. 重庆市动物卫生监督总站（挂重庆市饲料兽药监察所、重庆市动物防疫监督所、重庆市畜产品质量监督检验测试中心、重庆市动物疫病诊断中心牌子）

2006 年 12 月，重庆市兽医防疫站、重庆市动物卫生检疫站、重庆市饲料质量监测管理所和重庆市兽药监察所合并，组建重庆市动物卫生监督总站，为重庆市农业局管理的处级事业单位。核定事业编制 86 名，其中单位领导职数 6 名（1 正 5 副）。下设重庆市动物无害化处理场，为重庆市动物卫生监督总站管理的科级事业单位，核定事业编制 15 名，财政全额拨款。

同时，重庆市动物卫生监督总站拆分为重庆市动物卫生监督所、重庆市动物疫病预防控制中心，原独立建制撤销。

历任站长：汤明。历任党总支书记：何述忠、黄君一。

32. 重庆市动物卫生监督所

2007 年 4 月，重庆市动物卫生监督总站分设为重庆市动物卫生监督所、重庆市动物疫病预防控制中心（挂重庆市兽药饲料检测所牌子）；将重庆市动物无害化处理场并入重庆市动物卫生监督所，撤销原建制。重庆市动物卫生监督所成立时为重庆市农业局管理的处级事业单位，2007 年 12 月列为参照公务员法管理；核定事业编制 56 名，其中单位领导职数 4 名（1 正 3 副）。现隶属重庆市农业委员会。

历任所长：何述忠、汤明（兼）、蒋云。历任党（总）支部书记：刘朝忠、康雷、贺德华、蒋云（兼）。

33. 重庆市动物疫病预防控制中心（重庆市兽药饲料检测所、重庆市畜产品质量安全检测检验中心）

2007 年 4 月，重庆市动物卫生监督总站拆分为重庆市动物卫生监督所和重庆市动物疫病预防控制中心（挂重庆市兽药饲料检测所、重庆市畜产品质量安全检测检验中心牌子），隶属重庆市农业局。其中，重庆市动物疫病预防控制中心由动物卫生监督总站前身的重庆市兽医防疫站、重庆市兽药监察所、重庆市饲料质量监督管理所拆分部分的基础上组建而成，为重庆市农委管理的处级公益一类财政全额拨款、独立法人事业单位，核定事业编制 45 名，2011 年增加至 60 名。中心内设办公室、管理科（质量监督办公室）、动物疫病诊断科（兽医 P3 实验室）、饲料检测科、兽药检测科、畜禽产品质量安全检测科、动物疫病防控物资供应科、动物疫病预防控制科（动物疫情测报科）、计财科、信息科等 10 个科室。

历任主任：米自由、范首君。历任党支部书记：米自由（兼）、贺德华、余祖华；

34. 重庆市水产技术推广（总）站

重庆直辖市前该站系重庆市水产科技推广站，2003 年更名为重庆市水产技术推广站，2011 年加挂重庆市鱼病防治监测中心、重庆市水产品质量监督检验测试中心牌子，编制 38 人，为重庆市农委管理的正处级公益一类事业单位。2016 年 10 月更名为重庆市水产技术推广总站（挂重庆市水生动物疫病预防控制中心、重庆市水产品质量监督检验测试中心牌子），站内设机构有办公室（党办）、计划财务科、行政管理科、综合信息科、体系推广科、疫病防控科、休闲渔业科、检验检测科、质量管理科等 9 个科室。

历任站长：孙彭寿、罗永冰、刘朝忠、范首君、曹豫、王波。历任党支部书记：唐廷庸、罗永冰、曹豫、陈畅。

35. 重庆市渔政渔港监督管理处（重庆市渔业船舶检验处、重庆市珍稀特有鱼类国家级自然保护区管理处）

1998 年 1 月，设立重庆市农业局渔政渔港监督管理处，与重庆市渔政监督管理处实行两块牌子，一套人员，合署办公。2001 年正式设立重庆市渔政渔港监督管理处，加挂重庆市渔业船舶检验处牌子，为重庆市农业局直属处级事业单位，编制 27 名，财政全额拨款，于 2007 年参照国家公务员制度管理。2001 年 12 月，重庆市渔业船舶检验处对外启用重庆渔业船舶检验局名称；2002 年 5 月，对外启用中华人民共和国重庆渔港监督局名称；2003 年 8 月，重庆渔业船舶检验局对外使用中华人民共和国重庆渔业船舶检验局名称。2006 年 3 月，湖北渔业船舶检验局原承担的重庆地区渔业船舶检验业务全部移交重庆渔业船舶检验局。2007 年 9 月，该处增挂重庆市珍稀特有鱼类国家级自然保护区管理处牌子。现隶属重庆市农委。

历任处长：刘方贵、程渝、刘方贵、李昀、景左。历任党支部书记：程渝、刘方贵、李昀、郭水平、景左。

36. 重庆市农业行政执法总队

该队于 2004 年 12 月成立，为参照公务员制度管理的公益一类处级事业单位，隶属重庆市农业局管理（后隶属市农委管理），核定事业编制 20 名，其中单位领导职数 3 名（1 正 2 副）。经费渠道为财政全额拨款。队内设执法一科、执法二科、执法三科、法制科、综合科。

历任总队长：何述忠、刘朝忠、韩以政、李昀。历任党支部书记：罗其荣、韩以政（兼）、兰安福、李昀。

37. 重庆市农产品质量安全中心

该中心于 2004 年 12 月成立，为重庆市农业局管理（后隶属市农委管理）的财政全额拨款处级事业单位，核定事业编制 20 名。设有综合科、计划财务科、质量标准科、监督管理科、体系管理科等 5 个科室。

历任主任：米自由、黄君一、周兵、陈显钊、黄昀。历任党支部书记：周优良（兼）、黄昀（兼）、戴亨林（兼）。

38. 重庆市农业环境监测站

重庆直辖市前该站系重庆市农业环境保护监测站。2000 年 4 月，增挂农业部农业环境质量监督检验测试中心（重庆）牌子。2002 年 3 月，增加编制 10 名（原有编制 18 名）。2003 年 11 月，重庆市农业环境保护监测站更名为重庆市农产品质量监督检验测试中心（挂重庆市农业环境监测站牌子），核定事业编制 40 名，单位领导职数 4 名。2006 年 12 月，更名为重庆市农业环境监测站，站内设办公室、财务科、统计信息科、资源环保科、生态能源科、业务科、检测科 7 个科室。

历任站长（主任）：唐书源、刘光德、曾荣。历任党支部书记：唐书源、成守城、赵发中、曾荣、周优良。

39. 重庆市农业学校

重庆直辖市后，重庆市农业学校得到快速发展，学校位于九龙坡区白市驿镇，重庆市大学城的拓展区内，占地 250 余亩，建筑总面积达 10 万余米^2，固定资产近 1 亿元。学校师资力量雄厚，教学质量高，有教职工 550 人，其中，教师 394 人（含教授、副教授 153 人，博士、硕士 56 人，国家级高级专家 3 人），市级以上骨干教师 15 人。开设有动物科学、园林、计算机、汽修、数控、财会、物流管理、文秘、旅游等 16 个专业。建设有 1 万米^2 的实训大楼，设立有工科、农科、计算机、学前教育、财会、物流、动物科学、园林等实训基地。1986—2016 年，为社会培养了各类专业技术人才 40 480 余名。

该校 2000 年升为市级重点中专，2004 年升为国家级重点中专，先后被确定为国家公务员培训施教机构、国家特有工种职业技能鉴定站、国家农村劳动力培训转移阳光工程和百劳工程培训基地、全国农村劳动力转移阳光工程农民创业培训优秀培训机构、农业部现代农业技术培训基地、三峡移民劳动技能培训基地、重庆市职业指导先进学校、重庆市农业人才知识更新工程培训基地、重庆市百佳文明单位、重庆市机关事业单位技术工人及技师技术等级培训与考核单位。是农业部确定的全国 25 所能力建设试点院校之一。

历任校长：刘云华、刘光德、米自由、郭忠亮（市委农工委专职副书记临时兼任）、王华平。历任党委书记：刘云华、黄河、王华平。

40. 重庆市第二农业学校（重庆市农业机械化学校）

重庆直辖市前该校系重庆市第二农业学校，2007 年 12 月，重庆市第二农业学校与重庆市农业机械化学校合并，组建重庆市农业机械化学校，原独立建制撤销。1985—2007 年，重庆市第二农业学校得到了较快发展。2007 年在校生人数达 2 000 余人，教职工 200 余人。学校被评为国家级重点中职学校、农业部职业技能培训基地、重庆市最佳文明单位等荣誉称号。

历任校长：廖肇禹、王加、彭勇。历任党总支书记：廖肇禹（兼）、王加（兼）。

41. 重庆市农业广播电视学校（重庆市农民体育工作指导中心）

重庆直辖市前该校系重庆市农业广播电视学校，2001 年 8 月，重庆市农业广播电视学校增挂重庆市农民科技教育培训中心牌子。2011 年 3 月，重庆市农民体育工作指导中心并入重庆市农业广播电视学校，保留重庆市农民体育工作指导中心牌子。编制 23 人，校内设办公室、财务科、培训与学籍科、培育与鉴定科、教材与体系科、农体科。下辖 34 个区（县）级分校（培训中心），拥有办学人员 310 人，兼职教师 1260 人，教学示范基地 217 余个。已形成一个上联中央农业广播电视学校、下联区（县）分校，乡（镇）教学点、实训基地的四级教育培训体系。

历任校长：张清明（副校长主持工作）、周兵、刘君绍、兰安福、刘光德。历任党支部书记：王加、欧阳全。

42. 重庆市农民体育工作指导中心（重庆市农业广播电视学校）

该中心于 2006 年 6 月成立，为重庆市农业局管理的事业单位，编制 3 名，其中处级职数 1 名。

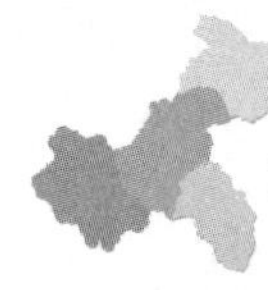

2011 年 3 月，该中心并入重庆市农业广播电视学校，保留重庆市农民体育工作指导中心牌子，实行一套人员两块牌子。

历任主任：兰安福、刘君绍、刘光德。

43. 重庆市农村合作经济经营管理站

该站于 1997 年 9 月成立，为重庆市农业局直属财政差额拨款处级事业单位，核定事业编制 10 名。2003 年 9 月确定为财政全额拨款处级事业单位，核定事业编制 14 名，其中单位领导职数 2 名。2006 年 12 月，明确为参照公务员法管理事业单位，现隶属重庆市农委。内设体系与信息管理科、农村合作经济组织管理科、农村资产财务管理科和办公室。

历任站长：陈寄川、张国民、洪国伟、成萍、刘君绍。历任党支部书记：陈寄川、成萍、刘君绍。

44. 重庆市农业机械化学校

重庆改直辖前该校系重庆市农业机械化学校，2000 年 12 月，重庆市农业机械化学校增挂重庆市机电工业学校校牌。1977—2007 年的 30 年间，学校发生了巨大变化。占地面积扩展到 133 亩，在校学生达到 4 000 余人，教职工达 220 人，学校被评为国家级重点中职学校，重庆市文明单位，中澳职教合作伙伴学校。

2007 年 12 月，该校与重庆市第二农业学校合并组建新的重庆市农业机械化学校（增挂重庆市机电工业学校），为全日制国家级示范中等职业学校，由重庆市农机事业管理局主管。2008 年，重庆市农机事业管理局并入市农委，学校隶属市农委。2009 年，学校选址修建新校区，迎来新一轮大发展，实现了战略转型。新校址位于重庆市永川区兴龙大道，占地面积 653 亩，建筑面积 21 万米^2，教职工 500 余人（其中高级职称 152 人，中级职称 268 人）。学校内设 5 系 6 处 1 部 1 室，即农业机械系，机电工程系，信息工程系，农业工程系，现代服务系，学生工作处，教务处，总务处，人事监察处，财务处，招生就业资助处，基建部，办公室。学校共设农业机械、数控、电工电子、财会、幼教等 28 个专业。2011 年以来连续几年招生均超过 4 000 人，在校生规模超 11 000 人。2015 年建成国家级示范中职学校。

历任校长：宋世成、严明（未合并前）、彭勇。历任党总支（党委）书记：宋世成（未合并前）、严明、范本。

45. 重庆市农机安全监理所

重庆改直辖前该所系重庆市农机安全监理所，2001 年 3 月，该所实行参照国家公务员制度管理，隶属重庆市农机事业管理局，2008 年后隶属市农委。内设办公室、政工科、计财科、技术监督科、安全监督科等 5 个科室。

历任所长：蒋安生、罗守军、李继德。历任党委书记：蒋安生、李兴华、罗守军、敬泽元、李继德。

46. 重庆市农业机械鉴定站

重庆改直辖市该站系重庆市农业机械鉴定站，1998 年 11 月，增挂农业部农业机械试验鉴定总站排灌机械专业站牌子，2004 年 5 月，增挂重庆市农机产品质量投诉监督站牌子，隶属市农机事业管理局，2008 年后隶属市农委。内设办公室、业务室、质量办公室、检测一室、检测二室、政工科。

直辖后历任站长：罗泽宽、罗宏、李军。历任党委书记：周开华、范本、李军（兼）。

47. 重庆市农业机械化技术推广（总）站

重庆改直辖市前该站系重庆市农业机械化技术推广站，1997 年后，隶属市农机事业管理局，2008 年后隶属市农委。2011 年 3 月，更名为重庆市农业机械化技术推广总站，增加全额拨款事业编制 17 名（所需编制从重庆市农业机械化干部学校划转）。内设办公室、计财科、推广科、信息科、监管科、科教科共 6 个科室。

历任站（总站）长：汤长生（兼）、欧阳全（副站长主持工作）、袁忠、陈显钊、周兵。历任党委书记：赵成刚、李继德、敬泽元。

48. 重庆市种畜场（重庆市华牧集团有限公司）

重庆改直辖前该场系重庆市种畜场，1998 年 6 月，重庆实施《重庆市英系猪产业化工程》，重庆市种畜场组建了重庆市英系猪产业化工程项目原种场和重庆市种畜场英系猪研究所，种猪分场更名为外种猪原种场。当年 11 月，重庆市种畜场再次被命名为国家级重点种畜场。组建了重庆市金猪种业公司、重庆市聚源兴房地产开发有限公司，2000 年初，2 家公司划归重庆市龙威畜牧有限公司管理。2000 年 4 月，重庆市龙威畜牧有限公司更名为重庆市华牧种业集团有限责任公司。同年，重庆市华牧种业集团有限责任公司与重庆市三峡牧业集团有限公司联合，组成重庆市牧业集团有限公司。

2012 年 5 月，其隶属关系由重庆市农委管理调整为重庆市农业投资集团有限公司管理。

历任场长（总经理）：贺学勤、龚天荣、曾荣、左应鸿、汤文志、张全生。历任党委书记：贺学勤、龚天荣、曾荣、张全生。

（二）其他事业机构

1. 西南大学

西南大学本部位于重庆市北碚区，是中华人民共和国教育部直属，教育部、农业部与重庆市共建的综合性全国重点大学。西南大学由原教育部直属西南师范大学与农业部直属西南农业大学于 2005 年合并而成，并进入国家“211 工程”重点建设高校。2014 年，入选全国首批“卓越农林人才教育培养计划”试点单位。2017 年 9 月，入围国家“双一流”世界一流学科建设高校名单。

西南大学占地面积 9 600 余亩，由北碚校区、荣昌校区、西塔学院等组成；其中，北碚本部占地面积 8 000 余亩，校舍面积 165 万米^2，是绿地率达 40% 的花园式学府；图书馆藏书 462 万余册；有 30 余个学院（部）和在校学生 5 万余人，专任教师 2 968 人。

西南大学拥有 30 余个学院（部）和教学单位，105 个本科专业。共有 55 个一级学科，涵盖了哲、经、法、教、文、史、理、工、农、医、管、艺等 12 个学科门类，其中有 3 个国家重点学科、2 个国家重点（培育）学科，19 个一级学科具有博士学位授予权、44 个一级学科具有硕士学位授予权，有 1 种专业博士学位、19 种专业硕士学位，另有博士后科研流动站 22 个。涉及农业学科的有：生物技术学院（生物技术（应用方向）、蚕学）、食品科学学院（包装工程、食品科学与工程、茶学、食品质量与安全）、园艺园林学院（风景园林、园林、园艺）、农学与生物科技学院（农学、生物技术、农村区域发展）、植物保护学院（植物保护）、动物科技学院（动物科学、动物医学、草业科学、水产养殖学）、西南大学荣昌校区（动物科学、动物医学、动物药学、中兽医学、水产养殖学、水族科学与技术、市场营销、公共事业管理、计算机科学与技术、信息管理与信息系统）等。

“十二五”以来，学校获国家自然科学二等奖 1 项（家蚕基因组的功能研究）、国家科技进步二等奖 2 项、中国专利优秀奖 1 项、教育部普通高等学校科学研究优秀成果奖（人文社会科学）20 余项。

历任校长：王小佳、张卫国。历任党委书记：黄蓉生、舒立春。

2. 西南农业大学（西南大学）

2001 年 4 月，西南农业大学与四川畜牧兽医学院、中国农业科学院柑橘研究所合并组建成新的西南农业大学。新的西南农业大学校园面积 5 600 亩，校舍面积 455 683 米^2，图书馆藏书 115 万册。学校有在职教职工 2 442 人，其中中国工程院院士 1 人，博士生导师 35 人，硕士生导师 174 人，教授、研究员等正高职称 160 多人，副教授、副研究员等副高职称 600 多人；各类在校学生共 21 536 人，其中博士后、博士生、硕士生 665 人。学校涵盖农、理、工、文、经、管等 6 大类学科门类，有 3 个一级学科博士学位授权点、5 个博士后流动站、11 个博士点、30 个硕士点、1 个专业学位授权点、32 个本科专业、20 个专科专业，形成了多层次、结构合理的高等农业教育体系。有 1 个全国重点学科、11 个省部级重点学科、3 个部级重点实验室、11 个研究所、3 个研究中心。学校先后产生了著名科学家、首届国家最高科学技术奖获得者、“世界杂交水稻之父”袁隆平院士，中国家蚕基因组计划项目主持人、中国工程院院士向仲怀教授，著名园艺学家、中国工程院院士、“戈壁滩上的明珠”吴明珠研究员。

学校已取得科研成果1 200余项，其中获国家级、省部级成果奖近520项，将350余项成果推广到全国400余个县，获经济效益140余亿元。2005年西南农业大学与西南师范大学合并，组建成立新的西南大学。

历任校（院）长：向仲怀、王小佳。历任党委书记：张郁、戴思锐、华鹏。

3. 四川畜牧兽医学院

四川畜牧兽医学院随着专业设置的增多和招生规模的扩大，1998—2001年，新建了生物技术系、经济与信息管理系、药学系等3个系。学院共有动物科学、动物医学、水产、经济与信息管理、生物技术等5个系和1个成教职教学院，有畜牧、动物营养与饲料加工、兽医、宠物、药学、生物技术、水产、畜产品加工、制冷、信息技术、经济管理等22个专业及专业方向。至2000年，学院在校学生有3 500人、教职工600人，其中教授副教授150人，讲师、工程师190多人，是全国畜牧兽医水产技术人才最密集的单位之一。

2001年，学院与西南农业大学、中国农科院柑橘研究所合并，设立西南农业大学荣昌校区。常驻校区在职教职工近500人，其中教授、副教授150人；有博士、硕士学位195人；国家高等教育教学指导委员、国务院特殊津贴专家、农业部兽药审评委员、重庆市学术带头人、突出贡献专家等30余人；研究生导师80人。

历任院长：刘祖德、王健。历任党委书记：刘祖德、华鹏。

4. 中国农业科学院柑橘研究所

重庆直辖前该所系中国农业科学院在渝事业单位。2001年9月，中国农业科学院与西南农业大学共建该所，在保留中国农业科学院柑橘研究所名称同时，成立西南农业大学研究院。2005年7月，中国农业科学院与西南大学（由西南师范大学与西南农业大学合并组建）共建该所，保留中国农业科学院柑橘研究所名称。

作为唯一的国家级柑橘专业科研机构，有在职职工265人，科技人员109人，其中高级技术职务30人，博士10名，中国农业科学院二级学科和三级学科杰出人才各4人。下设综合办公室、科研开发办公室、国有资产与财务管理科、网络信息中心、国际交流与人才培养科、离退休科、后勤保障中心和保卫科8个管理机构和柑橘品种资源、栽培技术、植物保护、贮藏加工、南方果树信息等5个研究室。加挂国家果树种质重庆柑橘圃、农业部柑橘及苗木质量监督检验测试中心、国家柑橘苗木脱毒中心、国家柑橘品种改良中心、重庆市植物病害生物学重点实验室和重庆市柑橘无病毒一级采穗圃牌子。

历任所长：陈善春、周常勇。历任党委书记：骆云中。

5. 重庆市水产科学研究所

2011年重庆市编办核定重庆市水产科学研究所为公益二类事业单位，财政全额拨款，事业编制40名，隶属重庆市农业投资集团有限公司，实有在编人数29人。2013年6月增挂“重庆农垦农产品质量安全检验检测站”牌子。内设办公室（人事科）、财务科、科技科、科研基地、中心实验室。

历任所长：杨德孟、吴远坤、张凌、苏全碧、李家勇、马跃岗、王小寒（兼重庆市农产品质量检验检测站站长）。历任党委（总支）书记：杨德孟、吴远坤、苏全碧、马跃岗、王小寒。

二、重庆市农业企业机构（1997—2015年）

（一）重庆农村经济开发服务中心（重庆市隆达实业总公司）

重庆改直辖前该中心系重庆农村经济开发服务中心。2004年在重庆市国有资产管理委员会主持下，重庆市农委和重庆市农垦集团协商一致，将其整体移交重庆市农垦集团管理。

历任主任、总经理：刘晓华、刘代学。

（二）重庆市农业担保有限公司

2006 年，重庆市委、市人民政府决定由市财政出资、监督，市农委受托履行出资人职责，组建重庆市农业担保有限公司。主要职责：为家庭农（牧渔）场、种养大户、农民合作社、农业企业、农业社会化服务组织等新型农业经营主体提供信贷担保业务。现有员工 79 名（高管 6 名，中干 20 名，一线员工 53 名）。

公司成立之初注册资金 1 000 万，经过 10 年发展，分年增资扩股，注册资金已达 3. 65 亿元，实收资本 4. 3 亿元。2007 年至 2015 年末，公司融资担保余额约 10 亿元，累计为 2 000 余个涉农项目（含 90% 以上的纯种养及其初加工营销项目）提供融资担保贷款 77. 98 亿元，累计解除担额 67. 88 亿元。

公司依法成立董事会、监事会和股东大会。在董事会下设项目评审及风险定价、人力薪酬、预算及财务等 3 个专委会。公司内部设立业务、风控、资保、监审法务、财务资金、研究发展、综合人事等 9 个部门。建立江津、大足、梁平、秀山 4 个区域性分公司和 33 个农业信贷担保代办处。以农业信贷担保为基础，组建了农业资产经营、农业管理咨询、互联网农业金融等 3 个子公司，形成了市级新型农业金融综合体系。

2016 年，公司以 2 亿元认缴入股资本加入国家联盟公司，占联盟公司首期注册资本的 5% 。全市农业信贷担保体系实现了以农担公司为核心，国家农担联盟公司为再担保保障，区县代办机构为基础支撑的三级服务体系构架。

历任董事长：谭正棋、龚天荣、张敏、汤文志。历任总经理：谭正棋（兼）、潘慧中、张敏。

（三）重庆种业（集团）有限公司

该公司于 2004 年 12 月，由重庆市种子公司、重庆科光种苗有限公司、重庆市优质粮油开发公司和重庆科华生态园林有限公司 4 家企业出资组建，2005 年 2 月 2 日正式挂牌，注册资本金 3 000 万元。2007 年 3 月，重庆市农业局将持有的公司股份全部无偿划转重庆市农业科学院，与重庆市农业科学院产业发展处合署办公，其职能为制定企业管理和绩效考核办法，对下属企业国有资产运营和重大投资事项进行监管，督促企业完善现代企业管理制度等。

历任董事长：苟小红、唐双福、赵春雁。历任总经理：钟世良。

（四）重庆中一种业有限公司

2007 年，重庆市种子公司增资，整体改制为重庆中一种业有限公司，由重庆种业（集团）有限公司控股。公司注册资金 4 646 万元，获农业部颁发的育、繁、推相结合的全国经营许可证和种子进出口许可证。

公司 2003 年、2006 年分别被评为中国种业 50 强企业，2003 年通过了 ISO 质量管理体系认证并持续改进，2010 年被评为“中国种业骨干企业”，先后多次被评为重庆市高新技术企业、重庆市农业产业化龙头企业、重庆市农业综合开发重点龙头企业，并经国家发改委授牌为“国家高新技术产业示范基地”。种子站和种子公司分设以来，公司获得省部级科技奖 4 项，其中重庆市科技进步一等奖 2 项、二等奖 1 项，农业部中华神农科技三等奖 1 项；获得省部级表彰 7 人次。2012 年依托公司和重庆市农业科学院水稻研究所，成立了重庆水稻两江学者工作站，2013 年成立了重庆市水稻工程技术中心；2015 年依托公司成立了院士专家工作站，引进了杂交水稻之父、中国工程院院士袁隆平先生担任公司院士专家工作站首席专家。

改制前历任总经理：钟世良；历任党委书记：钟世良。改制后历任董事长：钟世良；总经理：钟世良、黄中伦；历任党委书记：钟世良。

（五）重庆科光种苗有限公司

重庆直辖前该公司系重庆市农业科学研究所控股，与香港伟业企业有限公司合资建立重庆科光种苗有限公司，合营期限为11年。2003年合资到期时，重庆市农业科学研究所收购了香港伟业企业有限公司股份，该公司成为重庆市农业科学研究所全资企业。2006年为重庆市农业科学院全资企业。

历任董事长：吴道藩、吕中华、唐洪军、苟小红、唐维超。历任总经理：吴道藩、郭军、唐洪军、苟小红、唐维超。

（六）重庆金穗种业有限责任公司

重庆直辖前该公司以1996年1月兴办的重庆科星良种有限公司为基础，经重庆市农业局、重庆市经济体制改革委员会批准，于1999年1月成立，是具有独立法人资格的农业科技企业，与重庆市作物研究所为两块牌子、一套班子，实行“一所两制”。地址在重庆市永川区科园路9号。重庆市农业局授权重庆市作物研究所保留国有控股权34%（重庆市农业科学院成立后，其控股权转为重庆市农业科学院）。2011年被重庆市农业投资（集团）公司收购。

注册资金：公司最初股本733万元，2003年5月22日注册资金为3 166.56万元。

经营范围：农作物杂交、常规良种自繁自制自销（含外调节），农作物技术服务，销售农药、果树种苗、建筑材料、百货、汽车零配件、粮食批发、仓储服务，化肥、花卉、苗木销售等。

内设机构：办公室（董事会、公司，公务信息部）、人力资源部、计划财务部、农作物良种生产经营部、经济作物良种苗木生产经营部、农业生产资料经营部、市场开发部（含基地办）、物业经营部（地产开发部）等9个机构。

历任董事长：黄诗铨、龚福祥、刘贤双。

（七）重庆泰华牧业（集团）有限公司

该公司是2006年10月经重庆市工商行政管理局同意，由“重庆攻坚牧业有限责任公司”更名为“重庆泰华牧业（集团）有限公司”，系重庆市畜牧科学院控股的国有股份制有限公司，注册资金5 000万元。系重庆市四大农业集团之一，由市畜牧科学院提供技术支撑，参与畜牧产业产前、产中、产后技术服务。现有职工65人，其中科技人员28人。公司内设有办公室、财务部、经营管理部、水电服务部、业务部、贸易部、对外技术服务部、保卫科共8个科室。

公司先后荣获第一批国家星火计划龙头企业技术创新中心、国家扶贫龙头企业、重庆市农业产业化“市级龙头企业”和“市级守合同重信用企业”、重庆市商贸流通100强企业、荣昌县优秀龙头企业、荣昌县重点扶持企业等荣誉。

历任总经理：刘作华、刘弟书。

（八）重庆市为天农业有限责任公司

2001年7月，重庆市农技推广站下属3家企业：重庆市油菜科技开发中心、重庆市渝龙专用肥料厂、重庆市渝科农技服务公司合并，改制组建重庆市为天农业有限责任公司，2001年10月30日注册成立。合并后3家企业原国有总净资产364.6万元，占总股本69.7%，由重庆市农业技术推广站持有；苟小红等26名自然人以158.5万元现金入股，占总股本30.3%。后经数次股权变更，国有资产控股比例扩大至2015年的72.15%。公司设股东会，董事会，监事会；公司下设经理、生产部、营销部、办公室、财务部等。

历任法人代表：张洪松、孙彭寿、邹勇。历任董事长：张洪松、孙彭寿、邹勇；总经理：苟小红、李杰、邹勇。

（九）重庆市优质粮油开发有限公司

重庆直辖前该公司系1994年成立的重庆市种子公司优粮分公司，后经工商变更为重庆市优质粮油开发公司，隶属重庆市农业局。2005年经批准划归重庆市种业集团，2008年改制为股份有限公司，为重庆市农科院下属股份制企业，重庆市（种业）集团核心企业，注册资金279万元。主要从事重庆市农业科学院科技成果转化，以优质稻米深加工、销售为主，系集科研、生产、经营为一体的农业综合开发企业。

公司在重庆市巴南区南泉镇建有占地8亩、建筑面积3 500多米^2、每年加工万吨优质稻米的成套设备。现有员工及与新世纪、重百共聘共管员工100多人，年销售额3 000多万元。主要产品为“香桂”牌系列优质大米，行销全市各大型商业超市及农贸市场，曾被评为“消费者最喜爱产品”。系重庆市人民政府首批授牌农业产业化龙头企业之一，重庆市放心粮油进社区示范工程首批示范企业。

历任总经理：孙池。

（十）重庆市水产开发总公司

1998年，重庆市水产开发总公司集资成立子公司——重庆市禹王渔用药物添加剂厂（于2000年更名为“重庆市邦得动物药业有限公司”），主要生产渔用药物及渔药添加剂。2001年邦得动物药业有限公司与科技发展分公司合并，经营业务延续到2006年底。2007年以后，公司经营业务暂停，只保留了物业管理业务。2014年开始，公司重启经营业务，涉及渔需物资、渔药、苗种、渔业机械等经营业务。2015年，公司在鱼菜共生、增殖放流、池塘内循环微流水养殖槽建设、长江碍航炸礁工程生态修复项目等方面全面发展，当年获得重庆市农业综合开发重点龙头企业称号。

历任总经理：刘朝忠、范首君、曹豫、鲍洪波。历任党委书记：罗永冰、范首君、曹豫、陈畅。

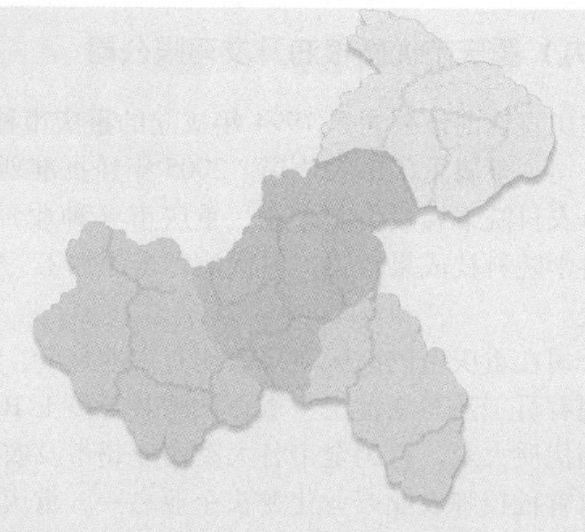

第三章 市级涉农议事协调机构

第一节 常设机构

一、中共重庆市委农村工作领导小组

20 世纪 80 年代，重庆市列为经济计划单列市期间，为加强党对农村工作领导，成立了中共重庆市委农村工作领导小组。组长由市委分管农业农村工作的副书记或常委担任，领导小组下设办公室在市农委（农办）。1993 年前先后担任组长的有市委常委肖祖修、邓中文、辜文兴。

1993 年 7 月，重庆市委调整了领导小组成员，市委副书记金烈任组长；市委常委、市农办主任辜文兴，市人大副主任王正德，市人民政府副市长周建中，市政协副主席邓中文等任副组长；市级相关的 10 个部门负责人为领导小组成员。领导小组下设办公室在市农委，由徐明虎担任主任，具体负责日常事务和有关联系协调工作。

2005 年 5 月再次调整领导小组，重庆市委常委、副市长陈光国任组长；市长助理项玉章、市委副秘书长艾智泉、市人民政府副秘书长夏祖相及市级 24 个相关部门负责人为领导小组成员。领导小组下设办公室在市委农工委，刘涛任办公室主任，谢金峰任办公室副主任。

2009 年 7 月，领导小组继续调整。重庆市委常委、市人民政府副市长马正其任组长；市委副秘书长余长明，市人民政府副秘书长丁先军，市委农工委书记、市农委主任夏祖相任副组长；市委组织部、市委宣传部、市委研究室、市委农工委（市农委）、市发展改革委、市财政局、市经济信息委、市教委、市科委、市城乡建委、市交委、市商委、市民政局、市人力社保局、市国土房管局、市环保局、市规划局、市水利局、市卫生局、市人口计生委、市统计局、市林业局、市扶贫办、市政府研究室、市档案局、市供销总社、人行重庆营管部、市气象局、国家统计局重庆调查总队负责人为领导小组成员。领导小组下设办公室在市委农工委，办公室主任由市委农工委副书记谢金峰兼任。

2012 年 9 月，经重庆市委同意，对市农村工作领导小组成员进行调整。市委常委、市委农工委书记刘光磊任组长；副市长张鸣任副组长；市级 32 个相关部门负责人为领导小组成员。领导小组下设办公室在市委农工委，夏祖相任办公室主任，郭忠亮任办公室副主任。

二、重庆市防治重大动物疫病指挥部（防治高致病性禽流感指挥部）

1983 年 5 月，四川省重庆市人民政府成立重庆市防治牲畜五号病指挥部，重庆市人民政府副市长刘昆水任指挥长，指挥部办公室设在重庆市兽医防疫站，站长严德任办公室主任。1984 年 2 月，指挥长调整为市人民政府副市长李延生。

1988 年 2 月，为了统筹协调防治牲畜五号病工作，加强对防治牲畜五号病工作的领导，严格控制疫病复发，重庆市人民政府决定恢复重庆市防治牲畜五号病指挥部，由市人民政府副市长王正德任指挥长；市农牧渔业局副局长戴祥文、市农牧渔业局调研员贺廷干、市二商局副局长蒙树彬、市工商行政管理局副局长周祖孝任副指挥长；市级部门有关人员为成员。指挥部下设办公室，由市兽医防疫站高级畜牧兽医师严德任办公室主任，市二商业局卫生处处长柴明达任办公室副主任。

1992 年 8 月，重庆市防治牲畜五号病指挥部指挥长为市人民政府副市长王正德，指挥部办公室主任由贺廷干兼任。1993 年 9 月，重庆市人民政府印发《关于撤并市政府非常设机构的通知》，将任务已完成或基本完成的 116 个议事协调机构予以撤销，市防治牲畜五号病指挥部随之撤销，工作由市农牧渔业局承担。

重庆直辖后，为进一步加强牲畜五号病防治工作，1998 年 6 月，重庆市人民政府决定成立市防治牲畜五号病指挥部，市人民政府副市长陈光国任指挥长，市人民政府副秘书长傅钟鼎、市农业局局长税蔚晰任副指挥长，市级有关部门负责人为成员。指挥部办公室设在市农业局。办公室主任王义北（兼），副主任何学良、汪其伟。

2002 年 4 月，重庆市防治牲畜五号病指挥部更名为重庆市防治动物重大疫病指挥部，市人民政府副市长陈光国任指挥长，指挥部办公室设在市农业局，副局长王健兼任办公室主任。

2004 年 2 月，高致病性禽流感全国爆发，市人民政府决定成立重庆市防治高致病性禽流感指挥部，市人民政府副市长陈光国任指挥长，指挥部办公室设在市农业局，副局长王健兼任办公室主任。2013 年市人民政府组织清理协调议事机构时建议撤销，职能归并到市防治重大动物疫病指挥部。

2008 年 1 月，指挥部指挥长调整为市委常委、副市长马正其，副局长沈文彪为办公室主任。指挥部办公室设在市农业局。

2013 年 6 月，指挥部指挥长调整为市人民政府副市长张鸣，市农委副主任王健任办公室主任，总畜牧兽医师岳发强任办公室副主任。指挥部办公室设在市农委。

2016 年 3 月，重庆市人民政府明确重庆市防治重大动物疫病指挥部为突发动物疫情专项指挥部，由副市长刘强任指挥长。

第二节 非常设机构

一、重庆市水产项目领导小组

为了发展重庆市水产事业，加强对水产项目的领导，1985 年 5 月重庆市人民政府同意成立重庆市水产项目领导小组。由市人民政府顾问黄家新任组长（组长后来调整为副市长李延生），市农委调研员廖祯华、市计委副主任颜时雨、市财政局副局长胡安纮、市农牧渔业局代理党组书记廖德清任副组长，市级相关部门负责人为领导小组成员。领导小组下设办公室在市农牧渔业局，廖德清任主任，郭长生、陈文仲、屈家沛任副主任。1993 年 9 月，重庆市人民政府印发《关于撤并市政府非常设机构的通知》，决定将任务已完成或基本完成的 116 个机构予以撤销，市水产项目领导小组随之撤销。为了对项目工作的管理和保证工作开展的连续性，1993 年 11 月，经重庆市农牧渔业局研究，决定成立重庆市水产项目办公室，办公室设在市水产科技推广站，主任由副局级调研员吕顺友担任。

二、重庆市柑橘领导小组

1985 年 9 月 17 日，重庆市人民政府办公厅印发《重庆市人民政府关于调整市柑橘领导小组成员的通知》，市人民政府副市长李延生任组长，市财办副主任周定介、市农委副主任肖师绪、市供销社副主任殿菁峰任副组长，市级 9 个部门负责人为成员。市柑橘领导小组下设办公室，殿菁峰兼任办公室主任。刘孝华、唐应奎、芮光瑞任副主任。

为了加强对重庆市柑橘生产、购销、出口、加工工作的领导，经重庆市人民政府领导同意，对市柑橘领导小组成员作适当调整。1988 年 10 月 26 日，重庆市人民政府办公厅印发《重庆市人民政府关于调整市柑橘领导小组成员的通知》，市人民政府顾问李延生任组长，市财办原副主任周定介、市农委调研员王泰高、市人民政府办公厅调研员舒金良、市供销社党委副书记朱荣禄、市农牧渔业局副局长汪世凡任副组长。市级 8 个部门负责人为成员。舒金良任市柑橘领导小组办公室主任（兼）。

三、重庆市蔬菜副食品领导小组

为了加强重庆市蔬菜及肉、禽、蛋、奶、鱼等副食品的产销管理工作，协调市与区（县）之间、市级有关部门之间的关系，保证蔬菜副食品价格改革稳步进行，重庆市人民政府决定成立重庆市蔬菜副食品领导小组。1985 年 12 月 24 日，重庆市人民政府印发《关于成立重庆市蔬菜副食品领导小组的通知》，由于霰夫任领导小组组长，廖祯华（市农委）、吴应熊（市体改委）、林万银（市财办）为副组长。市级 8 个相关部门负责人为成员。领导小组下设办公室，为局级机构，由吴应熊同志兼办公室主任。领导小组办公室下设 3 个处：综合处（设在市政府办公厅）；蔬菜副食品生产处（设在市农委）；蔬菜副食品销售处（设在市财办）。1986 年 3 月，增补市农机水电局副局长尹有贵为重庆市蔬菜副食品领导小组成员。

四、重庆市长江中上游水果开发项目领导小组

根据农业部（1988）农（外经）字第 13 号文件和世界银行水果开发项目评估团的要求，为确保重庆市承担的水果开发项目顺利进行，重庆市人民政府决定成立重庆市长江上中游水果开发项目领导小组。1989 年 6 月 17 日，印发《重庆市人民政府关于成立市长江中上游水果开发项目领导小组的通知》，市人民政府副市长王正德任组长，市农委副主任高益信、市计委巡视员颜时雨、市财政局副局长王大乾任副组长，市级 9 个相关部门负责人为成员。领导小组下设办公室在市农牧渔业局，副局级调员谢赐福任办公室主任（兼）。

五、重庆市农田基本建设指挥部

1989 年 12 月，为搞好农田基本建设，改善农业生产条件，重庆市人民政府决定成立重庆市农田基本建设指挥部。1993 年 9 月，重庆市人民政府印发《关于撤并市政府非常设机构的通知》，决定将任务已完成或基本完成的 116 个机构予以撤销，市农田基本建设指挥部领导小组随之撤销，工作由市农业综合开发办公室承担。1997 年 11 月，指挥部办公室调整设在市农办。2008 年 4 月，市编委将原市农办承担的农田基础设施建设的相关职能、原市农机局承担的农村机电提灌管理的相关职能划归市水利局。

六、重庆市农村小康建设领导小组

为认真贯彻落实党中央关于到 20 世纪末实现小康的战略部署，加速重庆市农村小康建设进程，确保 2000 年全市农村基本实现小康目标，重庆市委、市人民政府于 1997 年 4 月印发《关于成立重庆市农村小康建设领导小组的通知》。市委副书记黄立沛任领导小组组长，副市长周建中、市委农工委书记任大军任副组长，市级 27 个相关部门负责人为成员。领导小组下设办公室在市委农工委，傅钟鼎任办公室主任，刘念慈任副主任。

1997 年 12 月，重庆市委、市人民政府决定调整充实重庆市农村小康建设领导小组；市委副书记刘志忠任领导小组组长；市委常委、市委农工委书记税正宽，市人民政府副市长陈光国任副组长；市级

24 个相关部门负责人为领导小组成员。领导小组下设办公室在市委农工委，市委农工委副书记任大军任办公室主任，刘涛、刘念慈任副主任。

七、重庆市农业产业化工作领导小组

为加强对农业产业化工作的领导，加快农业产业化进程，1997 年 12 月，重庆市委、市人民政府决定成立农业产业化工作领导小组。市委副书记刘志忠任组长；市委常委、市委农工委书记税正宽，副市长陈光国任副组长；市级 22 个相关部门负责人为领导小组成员。领导小组下设办公室在市农办，市农办主任任大军任办公室主任。2005 年 6 月，调整为市委常委、副市长陈光国任组长，市长助理项玉章任副组长。

八、重庆市减轻农民负担工作领导小组

为了认真贯彻党的十五届三中全会精神，切实加强对减轻农民负担工作的领导，坚决把减轻农民负担的政策措施落到实处，1998 年 11 月中共重庆市委员会常务委员会会议研究决定，成立重庆市减轻农民负担工作领导小组。市委副书记刘志忠任领导小组组长；市委常委、市纪委书记赵海渔，市委常委、市委农工委书记税正宽，市人民政府副市长陈光国任副组长；市级 15 个相关部门负责人为领导小组成员。领导小组下设办公室在市委农工委，由市委农工委副书记、市农办主任任大军任办公室主任。

九、重庆市川东北项目领导小组

为确保国际农发基金和世界粮食计划署联合投资的川东北农业综合开发项目在重庆市顺利实施，根据项目建设和管理的要求，1998 年 11 月，重庆市人民政府决定成立川东北农业综合开发项目领导小组，副市长陈光国任组长，市长助理周建中、市人民政府副秘书长付钟鼎、市农业局局长税蔚晰任副组长，市级 13 个相关部门负责人为领导小组成员。领导小组下设办公室在市农业局，副局长陈卫平任办公室主任，谭正棋任副主任。

十、重庆市百个经济强镇工程工作领导小组

为落实《中共重庆市委、重庆市人民政府关于实施百个经济强镇工程的意见》精神，2003 年 2 月，重庆市政府决定成立重庆市百个经济强镇工程工作领导小组，副市长陈光国任领导小组组长，市级相关部门负责人为领导小组成员。领导小组办公室设在市农办，市农办主任王大用兼任办公室主任。

十一、重庆市农村劳务开发领导小组

2005 年 9 月，重庆市委、市人民政府决定调整重庆市农村劳务开发领导小组组成人员。市委常委、副市长陈光国任组长；市长助理项玉章，市委副秘书长艾智泉，市人民政府副秘书长夏祖相，市委农工委书记、市人民政府农办主任刘涛，市农业局局长王越任副组长；市级 31 个相关部门负责人为领导小组成员。领导小组办公室设在市农业局，与“阳光工程”办公室合署办公，办公室主任由市农业局副局长王义北兼任。

2008 年 4 月，重庆市编委决定将市农业局承担的农村劳动力转移、进城务工农民的管理和服务的相关职能划归市劳动和社会保障局。领导小组随之调整，重庆市委常委、副市长马正其任组长，市人民政府副秘书长丁先军、市劳动保障局局长侯小川、市农业局局长夏祖相任副组长；市级 28 个相关部门负责人为领导小组成员。领导小组办公室设在市劳动和社会保障局。

十二、重庆市柑橘产业发展领导小组

2007 年 8 月，为进一步加快柑橘产业发展，做大做强优势产业，促进柑橘产业发展各项任务的全

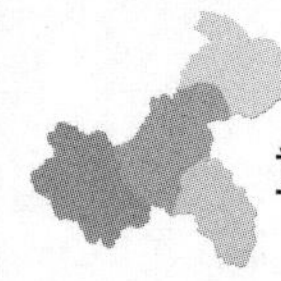

面落实，重庆市人民政府决定成立重庆市柑橘产业发展领导小组。重庆市委常委、副市长马正其任组长，市人民政府副秘书长夏祖相、市农业局局长王越任副组长，市级相关19个部门负责人为领导小组成员。领导小组办公室设在市农业局，由王越任办公室主任，张钟灵、欧阳林、胡长明、徐江、刘念慈、左良伦任办公室副主任。与重庆市柑橘非疫区建设项目领导小组合署办公。

十三、重庆农畜产品（生猪）交易市场协调领导小组

2012年11月，重庆市人民政府成立部市共建国家级重庆农畜产品（生猪）交易市场协调领导小组，市委常委、常务副市长马正其任组长，副市长张鸣、市人民政府副秘书长张智奎、市农委主任夏祖相任副组长，市级相关11个部门负责人为领导小组成员。领导小组下设办公室在市农委，由市农委副主任张洪松兼任办公室主任，重庆农畜产品交易所股份有限公司总裁代激扬任办公室副主任。

第二篇

农业资源与区划

第一章
地质　地貌

第一节　地　　质

重庆市域的沉积岩地层发育较全，地质构造复杂，矿产资源比较丰富。基底由前震旦系浅变质砂岩、板岩组成，秀山和酉阳局部出露前震旦系变质岩系。基底以上为未变质的震旦系至第四系地层所覆盖。以红色碎屑岩为主的侏罗系地层最发育，分布最广；以白云岩、石灰岩等硫酸岩为主的下古生界地层则主要分布于市域东南部，岩浆岩为早古生代加里东期形成的基性岩，仅零星出露于城口县域东北面。

地壳变化主要经历了10次构造运动，以晋宁运动、印支运动、燕山运动、喜山运动最为强烈。重庆市域的Ⅲ级构造单元主要有大巴山陷褶带、渝东南陷褶带、川中台拱及重庆陷褶带，都属于杨子准地台，只在域口北部少部分地带为秦岑褶皱带系的北大巴山冒地槽褶皱带。重庆市域的褶皱方向多为北北东方向，次为北西向及南北向，东西方向的较少；褶皱的形态多为背斜狭窄、向斜宽缓的隔挡式梳状褶皱，次为背斜宽缓、向斜狭窄的隔槽式箱状褶皱；仅在市域西南部有少量短轴背向斜或窟窿，城口县附近有向南西倒转的褶皱。重庆市域的深断裂有华蓥山深断裂、齐曜山深断裂及城口——房县深断裂，它们控制着大地构造格局及地貌形态。

重庆市域因地质构造复杂，山地多、坡度大、河流纵横切割，故地质灾害严重，以危岩崩塌、滑坡最多，岩溶塌陷及泥石流次之，地质灾害在全国大城市中名列榜首。

第二节　地　　貌

重庆地处四川盆地东南丘陵山地区，市域内存在各个构造体系：新华夏构造体系的渝东南川鄂湘黔隆褶带、渝西川中褶带、渝中川东褶带，经向构造的渝南川黔南北构造带和渝东北大巴山弧形褶皱断裂带等。

各构造体系由不同的岩层组合，差异性很大的构造特征和发生、发育规律，塑造了复杂多样的地貌形态。

其特征：一是地势起伏大，层次地貌不明。东部、东南部和南部地势高，最高的大巴山川鄂岭海拔2 796.8米，其余大多在1 500米以上；西部地势低，大多为300～400米的丘陵。二是地貌造型各样，

以山地、丘陵为主。全市地貌类型分中山、低山、高丘陵、中丘陵、低丘陵、缓丘陵、台地、平坝8大类，其中山地（中山和低山）面积62 413.24多平方千米，占辖区面积的75.8%；丘陵面积近14 985.76平方千米，占18.2%；平地2 964.22平方千米，占3.6%；平坝面积1 976.14平方千米，占2.4%。三是地貌形态组合的地区分异明显。华蓥山至巴岳山以西为丘陵地貌；华蓥山至方斗山之间为平行岭谷区；北部为大巴山中山山地；东部、东南部和南部属巫山大娄山山区。四是喀斯特地貌分布广泛。在东部和东南部地区，喀斯特地貌大量集中分布，地下和地表喀斯特形态发育均佳。在北斜条形山地中发育了渝东地区特有的喀斯特槽谷奇观。在东部和东南部的喀斯特山区分布着典型的石林、峰林、洼地、浅丘、落水洞、溶洞、暗河、峡谷等喀斯特景观。

第二章 土地 土壤资源

第一节 土地资源

一、1999年重庆改直辖之初土地资源状况

土地是人类赖以生存的重要资源。重庆全市有土地资源面积12 350.9万亩，是全国土地面积最大的城市。重庆成为直辖市后，土地资源等方面起了较大变化。为客观反映直辖后重庆市的农业资源的数量、质量与分布，根据市农业区划委员会的意见，组织有关专家，编制了《重庆市综合农业区划》简本，全面摸清了全市土地资源状况。

（一）土地资源类型及数量

1. 农用地

包括耕地、园地、林地、牧草地、水面，共9 245.03万亩，占全市土地总面积的74.86%。其中：耕地3 834.71万亩，占土地资源总面积的31.05%；园地243.98万亩，占土地资源总面积的1.98%；林地4 511.41万亩，占土地资源总面积的36.53%；牧草地308.83万亩，占土地资源总数的2.5%；水面346.11万亩，占土地资源总面积的2.8%。

2. 建设用地

包括城镇村及工矿用地、交通用地、水利设施用地，共792.98万亩，占全市土地总面积的6.42%。其中：城镇村及工矿用地644.94万亩，占土地资源总面积的5.22%；交通用地115.02万亩，占土地资源总面积的0.93%；水利设施用地33.02万亩，占土地资源总面积的0.27%。

3. 未利用地

共2 312.8万亩，占全市土地资源总面积的18.73%。

（二）各类土地中土地资源构成

1. 农用地

（1）耕地中：旱地面积为2 092.05万亩，占耕地面积的54.56%；灌溉水田面积为1 134.33万亩，占耕地面积的29.58%；望天田面积为588.37万亩，占耕地面积的15.34%；菜地面积19.8万亩，占耕地面积的 0.52%；水浇地面积仅为 0.15 万亩。

（2）园地中：果园面积为 143.82 万亩，占园地面积的 58.95%；桑园面积 30.46 万亩，占园地面积的 12.49%；茶园面积 55.10 万亩，占园地面积的 22.58%；其他园地面积为 14.60 万亩，占园地面积的 5.98%。

（3）林地中：有林地面积为 25 914 780 亩，占林地面积的 57.44%；灌木林面积为 8 882 775 亩，占林地面积的 19.69%；疏林地面积 6 299 910 亩，占林地面积的 13.96%；未成林造林地 4 012 665 亩，占林地面积的 8.89%；苗圃面积 3 975 亩，占林地面积的 0.02%。

（4）牧草地中：天然草地 304.62 万亩，占牧草地面积的 98.64%；人工草地 3.82 万亩，占牧草地面积的 1.24%；改良草地 0.39 万亩，占牧草地面积的 0.13%。

（5）水面中：河流水面面积 213.26 万亩，占总水面面积的 61.62%；坑塘水面 55.43 万亩，占总水面面积的 16.02%；水库水面 38.42 万亩，占总水面面积的 11.01%；沟渠用地 31.30 万亩，占总水面积的 9.04%；其他水面 7.7 万亩，占总水面的 2.72%。

2. 建设用地

（1）居民点及工矿用地中：农村居民点用地面积为 551.64 万亩，占居民点及工矿用地面积的 85.53%；独立工矿用地 40.31 万亩，占 6.25%；城镇用地 43.32 万亩，占 6.72%（其中城市用地面积为 18.68 万亩，占城镇用地面积的 43%；建制镇用地面积 24.64 万亩，占城镇用地的 57%）；特殊用地面积为 9.66 万亩，占民居点及工矿用地面积的 1.5%。

（2）交通用地中：农村道路用地面积为 73.39 万亩，占交通用地面积的 64.67%；公路用地面积 37.48 万亩，占交通用地面积的 32.58%；铁路用地 2.68 万亩，占交通用地面积的 2.33%；民用机场用地面积 0.43 万亩，占交通用地面积的 0.37%；港口码头用地面积 0.05 万亩，占交通用地面积的 0.04%。

（3）水利设施用地中：水工建筑物用地 1.72 万亩，占水利设施用地的 5.21%。

3. 未利用地

在未利用土地中，田土坎面积 1 406.04 万亩，占未利用土地面积的 60.79%；荒草地面积 505.30 万亩，占未利用土地面积的 21.85%；裸岩石砾地 359.81 万亩，占未利用土地面积的 15.56%；裸土地面积 30.55 万亩，占未利用土地面积的 1.32%；沙地和沼泽地面积 8.2 万亩，占未利用土地面积的 0.35%；其他未利用土地 11.20 万亩，占未利用土地面积的 0.48%。

二、2009 年第二次土地调查时的土地资源状况

根据国务院决定，重庆市自 2007 年 7 月 1 日起开展第二次土地调查（以下简称二次调查），并以 2009 年 12 月 31 日为标准时点汇总二次调查数据。二次调查首次采用统一的土地利用分类国家标准，首次采用政府统一组织、地方实地调查、国家掌控质量的组织模式，首次采用覆盖全市遥感影像的调查底图，实现了图、数、实地一致。全面查清了全市土地利用状况，掌握了各类土地资源家底。

（一）全市主要地类数据

耕地 3 657.6 万亩；园地 416.3 万亩；林地 5 687.5 万亩；草地 501.6 万亩；城镇村及工矿用地 761.1 万亩；交通运输用地 156.6 万亩；水域及水利设施用地 402.3 万亩；其他土地。

（二）全市耕地分布与质量状况

1. 耕地分布

全市主城 9 区（渝中区、江北区、南岸区、九龙坡区、沙坪坝区、大渡口区、北碚区、渝北区、

巴南区）有耕地245.9万亩，占6.7%；渝西（包括永川区、江津区、合川区、大足区、綦江区、南川区、荣昌区、铜梁区、璧山区、潼南区10个区）及涪陵区有耕地1 470.2万亩，占40.2%；渝东北地区［包括万州、梁平、城口、丰都、垫江、忠县、开州、云阳、奉节、巫山、巫溪11个区（县）］耕地1 245.4万亩，占34.1%；渝东南地区［包括黔江区、武隆区、石柱土家族自治县、秀山土家族苗族自治县、酉阳土家族苗族自治县、彭水苗族土家族自治县6个区（县）］耕地696.1万亩，占19.0%。

2. 耕地质量

全市耕地按坡度划分，2度以下耕地118.9万亩，占3.2%；2~6度耕地440.4万亩，占12.1%；6~15度耕地1 244.5万亩，占34.0%；15~25度耕地1 027.8万亩，占28.1%；25度以上耕地826.1万亩，占22.6%。

全市耕地中，水田和水浇地97.7万公顷（1 466.2万亩），占40.1%，旱地146.1万公顷（2 191.4万亩），占59.9%。

（三）全市耕地评价

二次调查数据显示，2009年全市耕地243.8万公顷（3 657.6万亩），比基于1996年的第一次土地调查（以下简称一次调查）逐年变更到2009年的耕地数据多20.1万公顷（301.2万亩），主要是由于调查标准调整、技术方法改进等因素影响，使二次调查的数据更加全面、客观、准确。

从耕地总量看，全市有55.1万公顷（826.1万亩）耕地位于25度以上陡坡，部分需要根据国家退耕还林、还草、还湿和耕地休养生息的总体安排因地制宜地逐步调整；还有一定数量的耕地因开矿塌陷造成地表土层破坏，因地下水超采，已影响正常耕种。

从人均耕地看，全市人均耕地0.07公顷（1.12亩），较1996年一次调查时的人均耕地0.08公顷（1.26亩）有所下降。

综合考虑现有耕地数量、质量、人口增长和发展用地需求等因素，重庆市耕地保护形势仍十分严峻。人均耕地少、耕地质量总体不高、耕地后备资源不足的基本市情没有改变，必须毫不动摇地坚持最严格的耕地保护制度，严守耕地红线，加大土地综合整治力度，深入推进高标准农田建设和中低产田改造，确保完成国家下达的耕地保有量目标任务，使耕地质量明显提升。

第二节　土壤资源

重庆市农业区划办公室在编制1999年《重庆市综合农业区划》时，对全市土壤资源状况进行了完整的调查，摸清了全市土壤资源状况。

一、土壤类型

土壤是历史自然体，土壤的形成，是气候、地形、母质、生物、水文以及人为活动的产物。

重庆市在特定的地质、地貌、气候、水文和植被等条件下，发育的土壤类型多样。根据土壤普查，全市共有水稻土、紫色土、黄壤、石灰岩土、新积土、黄棕壤、棕壤、山地草甸土8个大类，16个亚类，37个土属，114个土种。

二、八大类土壤的面积与分布

（一）水稻土

水稻土面积1 641.3万亩，占全市耕地面积的42.8%，占全市土地总面积的13.29%。

此类土壤，广泛分布于全市海拔 1 500 米以下的河谷阶地、丘陵、平坝及溶蚀槽坝内。全市的水稻土分属 3 个亚类，即淹育型水稻土、潴育型水稻土和潜育性水稻土，以肥力较高的淹育型水稻土为主，占水稻土的 80% 以上；其次是潴育型水稻土，占水稻土的 10% 左右；潜育性水稻土是水稻土中典型的低产水稻土，面积 95. 47 万亩，只占水稻土的 5. 8% 。这类土壤主要分布在水利排灌条件较差、深谷及大坝低洼之处，主要表现是冷、浸、毒。水稻土的酸碱性适中，土层结构良好，水、热、气、肥较为协调，若有水源保证和配套排灌设施，可建成高产稳产农田。

（二）紫色土

紫色土是全市分布面积最广的土类，面积 2 569. 05 万亩，占土地面积的 27. 85% 。其中，耕地 1 181. 7万亩，是旱作农业的主要土壤，分别占总耕地和总旱作土壤的 30. 8% 和 53. 8% 。广泛分布于全市海拔 800 米以下丘陵、低山、平坝地区。从地理分布上，西北部方山丘陵区，因广布着紫色沙、泥岩，因而紫色土分布尤为集中。

（三）黄壤

黄壤是全市第一大类土壤。面积 2 990. 91 万亩，占土地总面积的 24. 22% 。其中，旱耕地 620. 7 万亩，分别占总耕地和总旱耕地的 16. 2% 、28. 3% 。主要分布于海拔 500 ~ 1 500 米的低、中山以及丘陵地带和长江及大支流沿岸的二、三、四、五级阶地上。有 1/4 左右已开辟为耕地，是全市重要的旱粮和经济作物土壤，其余大部分为林地。是典型的缺磷土壤之一。

（四）石灰岩土

石灰岩土面积 1 112. 7 万亩，占土地总面积的 9% 。其中，耕地 313. 35 万亩，占石灰岩土的 28. 2% ，占总耕地面积的 8. 2% 。石灰岩土为岩成土壤，主要分布于石灰岩地层出露的背斜低、中山的槽谷区。

（五）新积土

新积土面积 443 295 亩，占土地总面积的 4. 25% 。其中，耕地 328 860 亩，占耕地总面积的 0. 85% ，为第四纪地层上发育的土壤。主要分布于长江、嘉陵江、乌江、涪江、大宁河等沿江沿河低阶地上，绝大部分已辟为耕地，是肥力水平较高的农耕地。

（六）黄棕壤

黄棕壤面积 718. 65 万亩，占土地总面积的 5. 8% 。其中，耕地仅为 54 万亩，占黄棕壤土面积的 7. 5% ，占全市耕地面积的 1. 4% 。属山地垂直土壤带谱的土壤类型，集中分布于海拔 1 500 ~ 2 100 米的中山上，多为林地和牧草地。

（七）红壤

红壤面积 40. 95 万亩，占全市土地总面积的 0. 4% 。其中，耕地 8. 7 万亩。土层深厚，但耕层较薄，质地黏重，通透性差，土壤有效养分低，供肥力弱，耕作困难，宜种性窄，产量低，是典型的低产土壤类型。主要分布在秀山县中部坝区，南部梅江河槽谷区，洪安—雅江槽谷区和西部溪槽谷区等地。

（八）山地草甸土

山地草甸土面积 32. 25 万亩，占全市土地总面积的 0. 26% 。主要分布在重庆东部大巴山的海拔

1 800 ~2 700 米的台原峰从洼地，以及涪陵、丰都、武隆、彭水、酉阳等地海拔 1 400 米以上岩溶中山中上部平缓低洼地带。土壤呈酸性或微酸性，质地为重壤至轻黏，有机质和磷等养分含量高。因此，牧草丰盛，覆盖度大，在 80% ~90%，株高 30 ~40 厘米，是良好的牧业用地。

土壤主要受地质构造和地层层布的制约。全市的土壤，从水平分布看，紫色母岩层布的地区，发育紫色土；石灰岩层布区，发育石灰岩土；新冲积母质发育新积土；三叠系灰白长石石英砂岩、三叠系、志留系、奥陶系、寒武系的泥质灰岩、黄绿色沙质泥页岩、灰岩等发育为黄壤。从垂直分布来看，由低到高大体趋势是新积土—紫色土—黄壤或石类岩土—黄棕壤—山地草甸土。

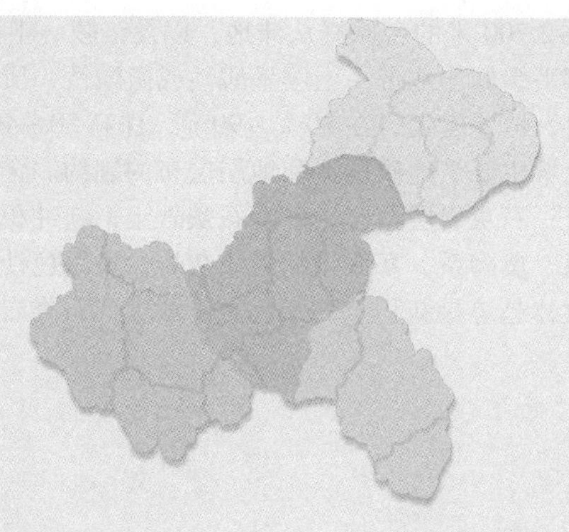

第三章
气候资源

重庆气候处于南温带与亚热带的过渡带，属亚热带湿润季风气候，农业气候资源较为丰富，农业气候条件较为优越，特别是农业立体气候显著，四季宜农，利于农、林、牧综合发展。

第一节　光能资源

重庆市各地年太阳总辐射量在2 700兆~3 900兆焦耳/米^2。巫溪、城口、奉节等地较多，在3 700兆焦耳/米^{2}以上；彭水、南川等地较少，在2 930兆焦耳/米^{2}以下；一般地区为3 390兆焦耳/米^{2}左右。太阳总辐射的年际差一般在1 250兆焦耳/米^{2}左右。太阳总辐射中，以散辐射量居多，一般地区年散辐射量为2 100兆焦耳/米^{2}左右，占太阳总辐射的62%左右，年直接辐射量只占年总辐射量的38%。太阳辐射的季节分配不均，以夏季（6—8月）的辐射量最多，约占全年的40%；其次是春季（3—5月），约占全年的30%；再次是秋季（9—11月），约占20%；冬季（12月至翌年2月）最少，约占10%。按冷暖季分，暖季（5—9月）的辐射量约占全年的60%；冷季（10月至翌年4月）约占全年的40%。

日照时数在980~1 580小时。东北部的万州、开县、云阳、奉节、巫山、巫溪和城口等地为日照相对高值区，年日照时数在1 300小时以上，彭水等地为日照相对低值区，年日照时数不足1 000小时。全市日照时数的年际变幅大多在300~800小时，日照相对高值区的年际变幅较大，相对低值区的年际变幅较小。日照时数的季节分配与太阳辐射的分布相一致。夏季的日照时数最多，占全年的42%~46%；春季次之，占21%~30%；秋季再次之，占17%~22%；冬季最少，占9%~11%。暖季（5—9月）的日照时数约占日照百分率，全市各地年平均日照百分率为22%~36%。只有日照在1 300小时以上的东北部地区的日照百分率超过30%，彭水以及山区日照百分率不到25%。

第二节　热量资源

一、年平均气温

重庆市内各地气温的南北纬向差异不大，但由于地势的高低悬殊，导致垂直差异明显。境内年平均气温分布：河谷平坝浅丘地区为17.5~19.0℃；海拔400~600米地区为16.5~17.5℃，600~800米为

14.5～16.5℃；800～1 000米为14.0～15.0℃，1 000米以上的中山地区在14℃以上。

二、气温较差

气温较差是指气温日较差和年较差。气温日较差反映气温日变化的大小，白天气温较高，夜间较低，即气温的日较差大，有利于植物干物质的积累，对农业生产有利。重庆市各地气温日较差在5～8℃，季节分布上，以5—9月暖季的日较差较大，其他季节较小。气温年较差反映气温年变化的大小，即最热月气温与最冷月气温的差别。重庆市各地最热月出现在7月或8月，平均气温值为26.0～29.5℃，最冷月出现在1月，平均气温为5.5～8.5℃，气温年较差为20.5～21.5℃。

三、最高气温

重庆年平均最高气温为19.3～23.20℃。7月或8月最高为30.3～34.8℃。河谷平坝浅丘地区的极端最高气温均可超过40℃，重庆主城区、北碚、綦江、万州、忠县、开县、彭水、丰都和涪陵等地甚至出现过42℃以上的高温。在河谷平坝浅丘地区，日最高气温≥35℃，平均高温日数普遍为30～43天，最多年达73天。

四、最低气温

平坝丘陵地区年平均最低气温为11.7～15.8℃，山地在11℃以下；月平均最低气温也以1月最低，为1.1～7.1℃，山地在1℃以下。平坝丘陵低山地区的极端最低气温为－1.7～9.2℃，山地在－10℃以下。累年日最低气温≤0℃的平均日数从不到1天至21天，最多的年份可在45天；山地≤0℃的平均日数在21天以上，最多的年份在72天以上。累年日最低气温≤0℃的平均间隔日数从不到1天至76天，最长间隔日数可达118天；山地≤0℃平均间隔日数在76天以上，最长间隔日数在130天以上。

五、四季长短

按气候学上四季划分的标准，即气候（5天）平均气温＜10℃为冬季，＞22℃为夏季，界于10～22℃为春秋季划分，重庆市平坝地区2月中旬至下旬末先后入春，丘陵地区在3月初至3月中旬中入春，山地则在3月中旬以后入春，春季时间大部分地区为75～85天；夏季，平坝地区开始于5月中旬至下旬，丘陵地区始于6月上旬至中旬，季长一般为120～150天，山区入夏时间晚，夏季时间不到100天，部分山区甚至终年无夏天；各地入秋时间随海拔高度增加而提早，平坝地区在9月下旬，丘陵地区在9月上旬至中旬，山区则更早些，秋季一般地区季长70～80天；各地进入冬季时间，平坝地区在12月上旬至中旬，丘陵地区在11月中旬至下旬，山区更早些，冬季一般地区季长110～125天，部分地区在150天以上。

六、活动积温

各地活动积温值随通过的界限温度值的增大和海拔的升高而减少。累年＞0℃的活动积温，平坝丘陵地区为6 000～6 900℃，山区在6 000℃以下；≥10℃的活动积温，平坝丘陵地区在5 100～6 200℃，山区不足5 100℃；≥15℃的活动积温，平坝丘陵地区在4 500～5 300℃之间，山区低于4 500℃；稳定通过10～20℃的活动积温，平坝丘陵地区在3 700～5 000℃，山区小于3 700℃。

七、无霜期

平坝丘陵地区冬暖，霜雪少见，年平均有霜日数为2～26天，最多年霜日数为13～54天；山区年平均霜日数在30天以上，最多年霜日数则在70天以上。由于有霜日数少，全市各地无霜日数较

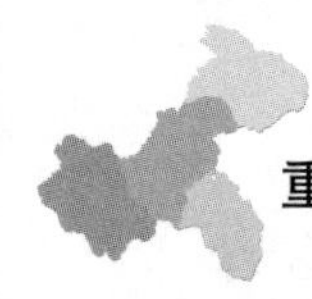

多，无霜期也较长，平坝丘陵地区年平均无霜期始于1月底或2月初至2月底或3月初，终止于11月底或12月初至12月底或1月初，年平均无霜日数339～363天，年平均无霜期270～349天；山区无霜期始于3月下旬以后，结束于11月上旬以前，年平均无霜日数在335天以内，无霜期在270天以内。

第三节　水分资源

一、年降水量

重庆大部分地区年平均降水量在1 000～1 200毫米。年降水量在地理分布上有3个高值区和1个低值区，3个降水高值区的年降水量在1 200～1 400毫米，分布在南川、綦江和江津一线以南地区、黔江大部分地区和万州北部地区；降水量低值区不足1 000毫米，分布在合川、铜梁和荣昌一线以西地区。在总降水量中，年夜间总降水量占60%～70%。

二、降水量年、季变化

各地降水量有明显的年、季变化。年降水量相对变率为9%～16%。大部分地区年最多降水量在1 300～2 000毫米。年最少降水量则只有650～950毫米，降水年际差为450～1 000毫米；年降水量在各季节的分配为春季占20%～40%，夏季占30%～50%，秋季占20%～30%，冬季占3%～6%。

三、降水强度

降水强度系指单位时间内的降水量，以毫米/日或毫米/小时来表示。降水强度的大小与农业生产的关系十分密切。降水强度过大，雨水来不及渗透到土壤深层，而形成地表径流，引起水土流失，于作物吸收不利，有效性差，还会形成洪涝灾害。重庆市各地降水强度大小与总降水量多少分布基本一致，即降水量多的季节，降水强度也大，累年最大日降水量，大多出现在4—9月，尤其是6—8月。各地累年日最大降水量大部分地区在150～300毫米。

四、降水日数

各地日降水量≥0.1毫米的降水日数大部分地区为140～180天，雨日多少的分布与降水量多少的地理分布基本一致，而季节分配则不然，夏季降水量最多，但降水日数并不是最多的，雨日相对较多的是春、秋两季。各地累年日降水量≥25毫米（大雨）日数为9～15天，≥50毫米（暴雨）日数为2～5天；大雨、暴雨主要出现在4—9月。

五、蒸发量

蒸发是指在自然状态下液态水转化为气态水的过程，其大小以蒸发量来表示，单位亦为毫米。蒸发量的多少与气象条件、下垫面特征密切相关。重庆市各地年平均蒸发量（器测蒸发量）为920～1 570毫米，奉节、巫山等地在1 500毫米以上，山区由于云雾多，蒸发量要小得多。全市大部分地区年最大蒸发量为1 100～1 700毫米，年最少蒸发量为800～1 400毫米，年际差为200～600毫米。经对比观测结果表明，器测蒸发量的70%左右与水面蒸发量相当，而陆面蒸发量又只有水面蒸发量的75%左右。因此，全市大部分地区陆面实际年蒸发量为500～800毫米之间，约占全年总降水量的50%～80%。山区年实际蒸发量只有380毫米左右，仅占年总降水量的30%左右。

重庆市蒸发量的季节分配，以夏季（6—8月）300～660毫米最多，占年总蒸发量的30%～50%；春季（3—5月）220～490毫米次之，占25%～35%；秋季（9—11月）140～340毫米较少，占15%～

22%；冬季（12 月至翌年 2 月）60～200 毫米最少，占 6% ～12%。

六、空气湿度

重庆市大部分地区累年平均相对湿度为 78% ～82%。山区平均相对湿度为 89%。相对湿度在季节分布上以秋、冬季较大，平均在 80% ～90%，夏季和春季的相对湿度较低，平均在 70% ～80%。

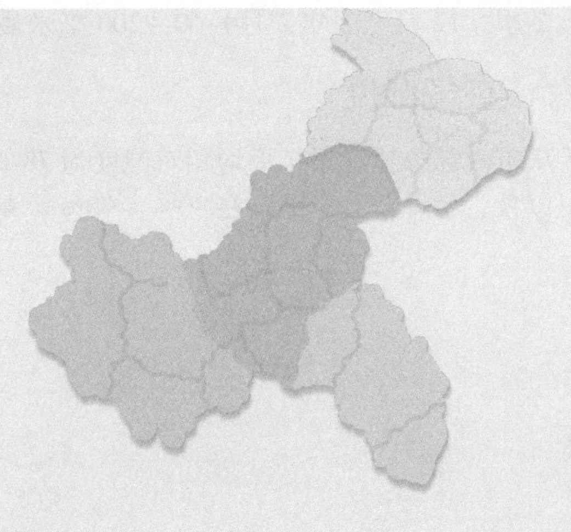

第四章
水 资 源

水是生命之源，水资源的丰富与否，对人类生存和生态环境起着重要作用。根据1999年的普查，重庆的水及水能资源较丰富。

第一节 水 资 源

一、水资源总量

统一方法按照水资源量计算，重庆市的水资源总量应为当地径流与已取用的过境水量之和，即536.4亿米^3。全市人均占有水量为1 774.5米^3，耕地亩均占有水量2 204.7米^3，人均占有水量低于全国平均水平。

（一）地表水资源

重庆市的当地径流全部由大气降水补给，其年际变化和年内分配都和同期的降水量呈正相关。同时受地形地貌影响，地区之间形成较大差异。据全市多年资料统计，大部分地区年降雨量在1 000～1 200毫米，年平均降水总量为995.7亿米^3。由于各地不同的降水总量和下垫面因素的影响，经全市300多个专业和兼业雨量站的测试，径流系数（按总降水总量计算）为0.51，即当地地表径流总量为511.4亿米^3。

（二）地下水资源

重庆市境内的地下水均由大气降水补给，受地质构造、地形地貌及含水量空间展布的控制。由于境内地质构造复杂，因此水文地质环境也十分复杂。全市地下水主要有碳酸盐岩层溶水、碎屑岩孔隙裂隙水、基岩裂隙水3个类型。根据统计分析表明，全市地下水的年均总量为149亿米^3，其中岩溶水占78%，碎屑岩孔隙裂水占16%，基岩裂隙水占6%。

由于境内一般河谷切割较深，地下水与地表水交换频繁，相互转换，难于分割。各水文站实测的径流总量中大多均为区域内地表水和地下水之和，也就是说地表水中实际上已包含了地下水。因此，在水资源总量计算中，将不计入地下水量。

（三）过境水资源

全市主要有长江、嘉陵江、涪江、渠江、乌江、綦江等36条入境河流，出境河流则主要是长江。巫山县的碚石是总出口。此外，还有任河流入汉水，酉水流入沅水，水量均较少。全市多年平均入境水量为4 005亿米^3，出境水量为4 440亿米^3。境内1995年实际取用过境水约25亿米^3。

二、可采水资源量

可采水资源量，是指对当地径流的经济合理开采利用量。超过此量为过量开采。可采水资源量不仅与地形地貌水文特征密切相关，而且与一定时期的技术经济水平有关。根据各地实际开采经验，现阶段宜选用的开采系数见表2－4－1。

表2－4－1　全市水资源宜选用的开采系数表

频率	中山区	低山区	深丘区	浅丘区	平坝区
P＝50%	10～20	20～30	20～30	25～35	30～40
P＝75%	20～30	25～35	28～38	30～45	0～50
P＝95%	25～35	30～40	35～43	38～48	43～50

全市可开采水资源量，按当地径流总量P＝75%计算，则可采总量为103.2亿米^3，占多年平均水资源总量的26.9%。

第二节　水能资源

能源是社会经济发展的主要基础。重庆除有三峡水电站及川西开发的水能电力可输入外，境内自有的水能资源也十分丰富。

一、水能资源总量

重庆地域水能资源理论蕴藏量为1 388万千瓦，其中可开发的水力资源约760万千瓦。可建装机容量大于或等于2.5万千瓦的大、中型水电站30个，总装机容量可达650万千瓦，占可开采水能资源总量的85.5%。

二、水能资源分布

因江河水系大小不同的差异，区、县之间水能资源的分布多寡各异。据资料统计，长寿、合川、江津、綦江、铜梁境内可开发的水能资源为278.69万千瓦，其中长寿15.64万千瓦，合川56.40万千瓦，江津19.64万千瓦，綦江6.25万千瓦，铜梁3.76万千瓦。彭水、酉阳、武隆、秀山、丰都、万州、奉节、巫溪8个区（县）水能理论蕴藏量达411.6万千瓦，可开发的有289.35万千瓦。

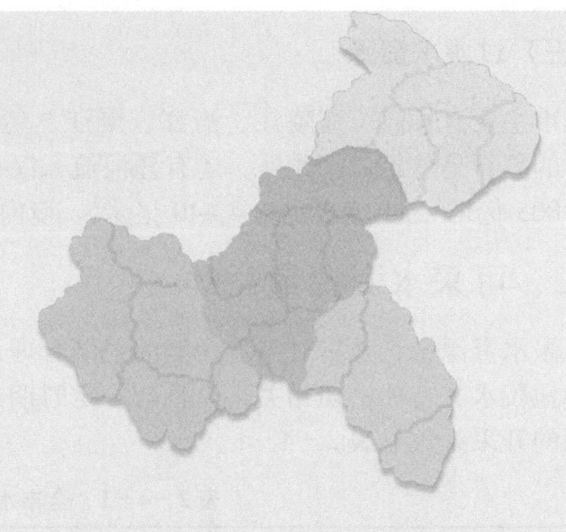

第五章 动植物资源

第一节　农作物品种资源

一、粮油作物品种资源

1988 年，经重庆市人民政府批准，成立了重庆市农作物品种审定委员会，自此，重庆市的农作物品种试验由重庆市农作物品种审定委员会统一组织实施，此前该项工作一直由四川省农作物品种审定委员会组织实施。

（一）1995 年前品种资源状况

重庆农业垦殖历史悠久，农作物品种繁多。据 1995 年不完全统计，全市栽培作物品种共 4 000 余个，其中粮食作物品种 856 个，蔬菜品种 417 个，果树品种 2 237 个，其他经济作物品种 1 000 余个。

一是水稻品种。全市有水稻品种 397 个。当前种植的水稻品种以杂交稻为主。主要品种有冈优 22、Ⅱ优 838、汕优多系一号、K 优 5 号、Ⅱ优 6078、汕优 63 等。此外还有一些具有品种特性的糯稻品种如荷香糯、小粒粘、香糯 9015、香粘一号等。

二是小麦品种。1950—1995 年，全市共推广小麦品种 81 个。当前仍以 20 世纪 70 年代的绵阳系列的小麦品种为主。主要品种有绵阳 26、绵阳 21、绵阳 20、绵农 4 号以及矮麦 58、蜀万 42 等。新育成杂交小麦二优 17、二优 18。

三是玉米品种。全市在新中国成立以来共推广玉米品种 101 个。现在主要推广品种有农大 60，掖单系列，成单系列，川单系列，雅玉 2 号、万单 11、渝单 2 号、渝玉 1 号等。

四是甘薯（红苕）。全市有甘薯品种 55 个。20 世纪 90 年代，主要推广的有徐薯 18、南薯 88、渝薯 34、湖薯 1 号、遗 67－8（即北京 2 号）等。育种正朝适口性好、干物质含量高、蛋白质含量多的高产优质方向发展。渝苏 303、渝苏 297 等是新近育成的优质高产良种。

五是高粱品种。全市推广高粱品种 58 个，以地方品种为主。生产上的主要良种有淞溉高粱、朱沱糯、牛心子等。这些品种在西部的江津、永川、荣昌一带广为种植，是贵州茅台、泸州老窖、宜宾五粮液等名酒的理想原料。

六是其他粮食品种。有蚕豆（胡豆）品种 11 个，豌豆品种 13 个，大麦品种 21 个，绿豆品种 3 个，马铃薯（洋芋）品种 47 个，黄豆（大豆）品种 61 个，饭豆品种 7 个，荞子品种 2 个。其中洋芋是东南部山地地区重要的粮食作物。脱毒米拉、川薯56、怀薯6号、鄂马铃薯1号等均是目前既抗晚疫病又高产的优良品种。

七是油菜品种资源。全市有油菜品种30个。生产上主要品种为川油11、中油821、江油19选以及蜀万系列的万油5号、万油11、万油17、万油19，杂交油菜的秦油2号、体杂3号、体杂2号，渝油18、渝油09号、渝油12等。主要向“两低一高”（低芥酸、低硫甙葡萄糖、高产）高产杂交油菜方向发展。

（二）1995—2015年品种资源状况

重庆市改直辖后，1998年成立新一届重庆市农作物品种审定委员会。通过开展品种试验，共审（认）定通过水稻、玉米、小麦、大豆、油菜、马铃薯等粮油作物品种共418个。

在引种方面，2001年建立了主要农作物品种引种机制，开始从重庆相邻省份引进审定的水稻、玉米等品种，2001年开始引种，至2011年停止引种，10年里共引进重庆相邻省份审定的粮油作物190个，平均每年引种19个；其中玉米品种106个，水稻品种83个，油菜品种1个。

一是水稻审定品种159个。Ⅱ优6078、K优5号、香粘1号、香糯9015、冈优渝九、D优78、冈优缙恢1号、Ⅱ优1539、冈优88、渝优10号、K优926、K优88、K优130、K优047、Ⅱ优69、Ⅱ优50329、合优3号、Q优1号、Q优2号、富优1号（原名：Ⅱ优21）、Ⅱ优缙恢1号、Ⅱ优718、Q优5号、宜香9303、国豪杂优3号、渝优11、宜香3003、西农优7号、西农优1号、金谷202、为天9号、Q优6号、万香优1号、丰优香占、中优9801、渝优1号、西农优30、渝优13、宜香95－2、N优2号、渝优12、万优6号、西农优2号、陵优1号、宜香3551、渝香203、渝优600、粤优938、泰优99、瑞优5号、渝优35、渝优15、西农优3号、西农优5号、宜香2292、庆优108、忠丰2号、荆楚优735、蜀香978、国豪国香12、万优9号、万优2号（曾用名：万香优2号）、蓉优8号、渝优6号、蜀香958、渝糯优16、忠糯1号、G优217、Q香101、川农优528、杰优8号、花香7号、禾优1号、内2优6号、绿香313、西农优10号、Q优12、西农优8号、渝优528、陵优2号、中9优11、Q优8号、泸优1号、K优1345、丰两优六号、Q优18、忠优78、中优36、辐糯优396、Q优11、川优5240、金优敦28、丰优1号、西优11、陵优3号、金优瑞9、Ⅱ优缙9、中9优804、冈优618、陵优4号、西优17、泸香8134、荆楚优37、Q优4108、庆优78、渝优1351、中优5240、金冈优983、冈优638、丰优638、三峡糯1号、Q优28、花香4016、黄华占、Q2优3号、泸优5241、西优19、忠优6761、Ⅱ优102、Y两优199、天龙优872、金冈优338、陵优5240、陵优2060、万优481、赣优607、冈优36、炳优900、蓉优87、F优3号、泸优1618、冈优916、金糯优998、渝香糯1号、渝优865、蓉优357、忠优35、冈优48、川优72、巴优99、中优596、川谷优7329、川优8625、瑞市9号、T优663、金冈优181、陵优815、赣优明占、万优66、繁优709、T优023、热粳优35、内6优5240、蓉18优188、润优318、深两优0858、Y两优35、瑞优189、冈优952。

二是引种水稻品种83个。D优527、Ⅱ优7号、Ⅱ优725、Ⅱ优多系1号、Ⅱ优92—4、金优63、D优13、D优多1号、胜泰1号、赣晚籼19、Ⅱ优58、恩优325、福优58、福优325、福优527、恩优58、福优86、冈优725、冈优1577、冈优881、冈优527、冈优615、金优桂99、冈优1577、金优725、福优57（清江1号）、金优58、金优77、金优多系1号、冈优182、冈优177、冈优336、冈优363、冈优725、冈优881、准两优527、辐优802、川丰6号、辐优151、宜香725、金优117、金优725、富优2号、Ⅱ优416、B优840、川香稻5号、金优718、K优818、T优300、K优8615、金优10号、D优177、丰两优一号、蜀龙优四号、陆两优106、田丰优109、川香9838、金优217、K优40、Y两优1号、富优四号、Ⅱ优80、粤优9号、中优117、阳鑫优1号、福优310、T优111、宜香3724、准两优893、T优618、宜香107、全优527、Z优272、准两优1141、两优036、德香4103、Y两优6号、川香317、T优109、Y两优527、冈香828、冈优94－11、科优21。

三是审定玉米品种160个。8817、渝玉1号、渝糯1号、渝糯2号、屯玉3号、渝单3号、协玉1号、农大108、渝单5号、渝糯7号、渝单7号、西农单2号、蠡玉五号、农大高油115、万单14、渝单8号、渝单11、渝单13、万单15、西农单交3号、蠡玉10号、渝单9号、渝单16、渝单15、三千1号（又名大丰1号）、渝糯9号、渝糯8号、黔糯768、渝单17、渝单18、渝单19、正红2号、天池2号、科恩8号、科恩18、涿单2000、渝彩甜糯1号、渝糯11、长糯1号、爱糯一号、重玉100、隆庆一号、海禾13、爱玉1号、桥丰七号、奥玉3108、爱农1号、中农8号、长城188、舟玉6号、万单13、科恩939、豪单10号（曾用名：渝单24）、K玉6号、豪单168、渝单23、K玉8号、金农728、渝甜糯1号、渝糯13、渝糯12、瑞玉3号、三峡玉1号、可粒900、渝单27、渝单25、隆庆二号、渝单28、奥农玉1号、华试99、露新23、奥玉3214、川玉8号（曾用名：川玉1号）、川单828、润农88、渝科糯1号、渝科糯2号、瑞糯2008、Q香糯1号、金糯1号、鼎玉8号、蜀龙66198、渝开3号、渝单30、渝糯3000、渝糯16、三峡玉2号、金源66、三峡玉6号、屯玉60、高登818、长玉19、绿丹26、金泰99、三峡玉3号、丹玉405、农祥11、渝糯18、新玉503、帮豪58、农祥16、资玉6号、西大998、丰单80、安特3000、三峡玉5号、华试9528、三峡玉7号、渝青玉3号、公主糯999、渝花糯7299、渝糯19、豪单96、田玉335、三峡玉1388、奥利68、渝单35、嘉玉569、裕单99、西大211、金123、宁玉666、渝单33、渝单32、中科玉9699、绿原9号、金穗36、西大985、高瑞171、三峡玉9号、成玉999、同玉18、益糯369、忠玉9号、豪单898、兴玉818、玉糯918、玉糯520、西大白糯1号、重玉898、巨龙998、金穗98、星玉8149、华凯2号、金玉68号、黔单24、隆庆159、长陵1号、紫糯66、渝糯20、京科糯928、华凯5号、荣玉1210、先玉1170、宏玉588、渝糯30、金糯685、绿糯199、彩糯868、黔糯868。

四是引种玉米品种106个。川单21、蠡玉6号（原名：临奥1号）、川单15、湘玉10号、资玉1号（蜀龙2号）、南玉5号、晋单42、东单60、蠡玉168（国审名称：奥玉17）、豫玉25号、丹玉46、屯玉27、潞玉13、辽单27、黔单15、涿单18、正大999、登海3329、三北六号、三北二号、鲁单661、中农2号、丹玉22、强盛17、华单208、成单21、中玉15、南玉4号、中金368、丹玉56、东单12（富友9号）、遵玉3号、丹科2133、义原1号、义原6号、汇元20、丹科2151、金海702、正红6号、蜀单3号、涿单12、平玉5、蠡玉26、东225、济单94-2、成单25、鑫引一号、济单7号、华选7号、金刚7号、鄂三（1）号、连玉15、敦玉518、吉东14、中种玉1号、郑单22、三北七号、丹科2181、豫玉32、忻玉106、长单46、金坤9号、丹玉90、连玉16、北育1号、黔单12、天泰10号、户单863、良玉22、成单30、良玉6号、明玉2号、辽单26、鄂玉28、忻抗14、安玉2166、中正四号、大丰14、正兴3号、中单808、秦奥23、强盛9号、天玉2008、遵玉205、正红311、长玉18、丹玉92、正玉8号、北玉10号、金穗888、兴玉998、珍禾2号、长单43、鄂玉31、华龙玉8号、正红212、天润606、天玉198、鄂玉30、隆安玉8号、许玉4188、科玉3号、东单10号、川单428、长玉16、蜀玉青贮201。

五是审定大豆品种12个。西引早豆、渝豆1号、铁丰18、浙春三号、沔537、西豆5号、西豆6号、西豆7号、西豆8号、长江春1号、长江春2号、渝豆2号。

六是审定小麦品种19个。重庆面包麦、足麦27、渝麦5号、渝麦7号、西南335、渝麦9号、西南128、渝麦10号、渝麦11、三峡麦8号、渝麦12、渝麦13、糯麦1号、渝麦14、川辐6号、渝麦15、西麦8号、西南112、中科糯麦1号。

七是审定油菜品种42个。渝杂09、渝杂18、万油22、渝油19、渝黄一号、涪优3号、万油杂1号、渝黄3号、万油23、渝油20、绵新油一号、渝油21、绵新11、源油杂2号、黔油18、渝油22、万油25、绵新油38、鼎油杂3号、渝油23、华油杂9号、绵新油28、渝油24、德新油59、天油97、绵新油58、天油杂3号、渝油25、渝油26、三峡油3号、绵油19、新宇油8号、三峡油5号、渝油27、种都油998、庆油1号、渝油28、重蓉油1号、万油27、渝油29、庆油2号、新宇油9号。

八是引种油菜品种1个。渝黄二号。

九是审定马铃薯品种5个。渝马铃薯1号、渝马铃薯3号、渝马铃薯5号、渝马铃薯7号、渝马铃薯6号。

二、蔬菜品种资源

重庆蔬菜生产历史悠久，品种资源丰富。主要包括根菜类、白菜类、甘蓝类、芥菜类、绿叶菜类、葱蒜类、茄果类、瓜类、豆类、薯芋类、水生菜类、多年生菜类、食用菌类、野生菜类14个大类，共84种。全市保存各种蔬菜种质资源15 000余份，地方品种有165个，育成常规品种26个、杂交品种93个（其中辣椒20个、甘蓝19个、番茄12个、芥菜10个、茄子10个、黄瓜8个）。近30年来，为满足城乡经济发展和人民生活水平提高的需要，全市先后从国内外引进了许多特色蔬菜品种，如从国外引进的青花菜、紫花菜、松花菜、生菜、芥菜、紫菜、冰菜等品种，以及从国内引进了原产江苏、浙江、广西、广东一带的菜心、芥蓝、角菜、莼菜、节瓜等品种，目前这些品种已在市内有所种植。

三、果树资源

重庆果树品种资源丰富，栽培历史悠久。主要有柑橘、李、梨、桃、枇杷、葡萄、猕猴桃、龙眼、杨梅、草莓、蓝莓、果桑、板栗、核桃、银杏、枣、樱桃、柿、杏、荔枝等20余个果树种类。重庆市柑橘品种资源尤为丰富，共收集保存了芸香科柑橘类3属（柑橘属、枳属、金柑属）共1300余份品种资源，主要保存在重庆北碚国家柑橘种质资源圃和重庆市农业科学院果树资源圃内。

重庆市农科院果树研究所在江津先锋与真武、綦江三角、九龙坡白市驿等地先后建立果树种质资源圃4个，收集保存柑橘、李、梨、桃、葡萄、樱桃、杨梅、龙眼等各类果树品种资源900余份，其中柑橘品种及特色种质420份、李品种资源48份、梨品种资源103份、葡萄品种资源73份、草莓品种资源58份、蓝莓品种资源30份，杨梅品种资源18份，果桑品种资源80余份，其余果树种质资源100余份；通过连续多年开展柑橘杂交育种工作，共获得21个柑橘新组合、1 500余株杂交材料；“十三五”以来，共培育果树新品种5个（柑橘2个、桃1个、李1个、花椒1个）。

四、茶叶资源

目前重庆市茶园栽培的茶树品种有60多个，主要由无性系茶树良种、四川中小叶群体种、云南大叶茶3大部分组成，其中地方群体品种主要有南川大茶树、江津大茶树、綦江大茶树、武隆大茶树等。20世纪80年代，全市主要推广适制红茶的无性系良种如蜀永系列、黔湄系列等；90年代，开始大量发展福鼎大白茶、南江1号、巴渝特早、乌牛早、名山白毫等名优绿茶新品种；近年来，根据市场需求，又先后引进了金观音、碧香早、黄金茶等茶树良种以及安吉白茶、黄金芽、紫娟等特色茶树品种。

从1956年开始，四川省农业科学院茶叶研究所、西南大学、重庆市农业技术推广总站、重庆市茶叶研究所和重庆市农业科学院茶叶研究所等单位，先后开展“四川茶树品种资源初步整理”“茶树种质资源农艺性状、加工品质和抗寒性、抗病虫鉴定”“茶树种质基因库建设及资源评价利用”“四川野生大茶树资源”“南川大茶树资源”等项目研究。重庆市农业科学院茶叶研究所目前建有茶树种质资源圃50余亩，收集保存各类茶树资源600余份，先后育成“蜀永1号”“巴渝特早”等国家级茶树品种12个、省级品种5个。

五、中药材资源

由于重庆地形复杂，山地多，垂直高差大，生态环境呈现多样性，全市适宜发展中药材的土地与气候资源丰富。

根据调查表明，重庆拥有药用资源5 800余种。其中，药用动物158科381种，药用矿物41种。在

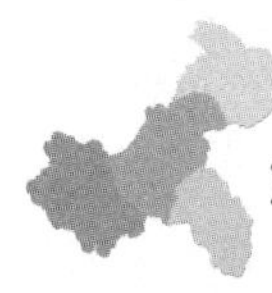

三峡库区中草药资源品种中，载入《中华本草》2 896 种（植物类 2 540 种、药用动物 315 种、药用矿物 41 种），收入《中国药典》（2005 年版）有 502 种，收入《四川中药材标准》（1987 年版）有 143 种。其余为当地民间习用品种。重庆市中药材总蕴藏量 163 万吨，总产量 120 万吨。在全国常用中药材（552 种）中，重庆出产 350 余种。在国务院确定的 34 种名贵中药材中，重庆出产 26 种。重庆药用植物资源分布比较集中，主要分布在秦巴山区和武陵山区，开州、武隆、巫溪、巫山、奉节、城口、石柱、南川、武隆、江津等中药材大区（县）。

重庆市从事中药材品种选育的科研单位主要是重庆市中药研究院，其次为西南大学农学院和太极实业（集团）有限公司。太极实业（集团）有限公司和西南大学主要进行了油用紫苏和叶用紫苏（药用）的新品种选育研究。重庆市药物种植研究所主要开展了栀子的新品种选育研究。重庆市中药研究院正在开展何首乌、川党参、川牛膝、湖北贝母、佛手、枳壳、栀子、女贞子、前胡、黄连、黄精等药材的新品种选育研究。

主要资源名录。一是育成的中药材新品种（共 11 个）。紫苏：油用紫苏丰苏 1 号、油紫苏 1 号、油紫苏 2 号、油紫苏 3 号。青蒿：渝青 1 号、渝青 2 号。粉葛：地金 2 号及苕葛 1 号。秀山金银花：渝蕾 1 号。枳壳：渝枳 1 号。玄参：渝玄参 1 号。二是优良种源。太白贝母：巫溪太白贝母。三是引进的新品种资源（共 11 个）。槐米：双季米金槐。青蒿：药客佳 1 号。瓜蒌：皖瓜 9 号。桔梗：鲁梗 1 号、鲁梗 2 号。郁金：黄丝郁金 1 号。金荞麦：黔金荞麦 1 号、金荞 1 号。川牛膝：宝膝 1 号。薏米：黔薏苡 2 号、兴仁白壳。

第二节　林业资源

森林是陆地生态系统的主体，具有完整的生态系统功能。它不仅为国家和人们提供大量木材和各种林副产品，而且具有涵养水源、保持水土、调节气候、净化大气和防止水、旱、风灾的巨大作用。重庆山地面积大，雨热条件优越，森林资源丰富。

一、森林资源

1995 年，对重庆全市森林资源进行了普查。全市有林业用地 4 511.41 万亩，占辖区面积的 36.53%。全市未利用土地 2 312.89 万亩，占土地总面积的 18.73%，其中有相当部分可作为林地。全市活立木总蓄积量 7 183 万米^3。其中，林分蓄积约 6 262 万米^3，占总蓄积量的 87.2%；疏林约 181 万米^3，占 2.5%；散生木约 108 万米^3，占 1.5%；“四旁”树约 631 万米^3，占 8.8%。活立木总生长量约 600 万米^3/年。其中，用材林生长量近 350 万米^3/年，防护林生长量约 105 万米^3/年，特用林生长量约 13 万米^3/年，疏林生长量约 20 万米^3/年，散生木约 8 万米^3/年，“四旁”树约 104 万米^3/年。

2015 年，全市森林覆盖率 45%，林木蓄积量 1.97 亿米^3；全市林地面积达 6 551 万亩，森林面积达 5 562 万亩；活立木蓄积量 1.98 亿米^3，林业产值达 662 亿元。

二、野生动植物资源

1995 年，对重庆全市森林资源进行了普查。

一是野生植物资源。重庆植被种类丰富，分布着从亚热带到温带的植物和植被。辖区内分布有维管束植物 6 000 种左右，其中木本植物约占 1/2。列为国家级保护和珍稀濒危维管束植物至少有 63 种（即Ⅰ级 12 种、Ⅱ级 51 种），特有植物和模式标本植物 47 种。如称为“活化石”的水杉等。此外，还分布有大量的药用植物、油脂植物、果品植物、芳香油植物、淀粉植物、观赏植物、纤维植物、单宁植物等。

二是野生动物资源。野生动物是森林资源的重要组成部分。由于自然生态环境较好，野生动物种类繁多，资源丰富。全市约有脊椎动物600种，其中陆生野生动物近500种，水生动物约100种。属于国家保护和珍贵稀有野生动物约50种。如：金丝猴、黑叶猴、云豹、豹、黑鹳、猕猴、穿山甲、豺、黑熊、黄喉貂、大灵猫、小灵猫、金猫、林麝、藏原羚、斑羚、红腹锦鸡、红腹角雉、白鹇、白冠长尾雉、长耳鸮、大鲵等。此外，还有毛皮革羽用动物、药用动物、渔猎动物、对农林有用动物和具有重要经济、科研价值的动物等。

到2015年，全市建有自然保护区53个，其中国家级自然保护区6个。市域内分布有高等植物6 000余种，其中国家Ⅰ级重点保护野生植物9种，主要有珙桐、银杉、红豆杉、伯乐树、水杉等；国家Ⅱ级重点保护植物39种，主要有楠木、香樟、鹅掌楸、连香树等。国家Ⅰ级重点保护陆生野生动物11种，主要有豹、云豹、黑叶猴、林麝、金雕等；国家Ⅱ级重点保护陆生野生动物47种，主要有红腹锦鸡、长耳鸮、斑羚、大灵猫、小灵猫等。

第三节　畜牧业资源

一、畜禽品种资源

重庆市地域辽阔，境内地理环境复杂，社会经济多样。经过巴渝人民长期驯化、饲养和群选群育，各类畜禽在巴渝大地上经历漫长的历史演变，形成了丰富的地方畜禽遗传资源。随着社会经济不断发展，对地方畜禽遗传资源的利用更加广泛而深入，需要定向培育畜禽新品种、引进优良品种，才能满足人们的多元化需求。目前，重庆市畜禽遗传资源主要呈现出地方畜禽遗传资源区域性明显、培育畜禽遗传资源数量较少、引进畜禽遗传资源影响较大、畜禽遗传资源结构较为丰富等特点，经过国家畜禽遗传资源委员会和原重庆市畜禽品种审定委员会审定，已收录入志的地方畜禽遗传资源有猪、黄牛、水牛、山羊、鸡、鸭、鹅、兔、蜂9个畜禽品种共52个畜禽遗传资源（表2－5－1～表2－5－3），其中地方畜禽遗传资源20个（占38.5%），培育畜禽遗传资源4个（占7.7%），引入畜禽遗传资源28个（占53.8%）。各畜禽品种的遗传资源数量分别为猪11个、黄牛7个、水牛1个、山羊9个、鸡8个、鸭3个、鹅2个、兔9个、蜂2个。在重庆市的地方畜禽遗传资源中，属于国家级畜禽遗传资源（含培育品种）有15个，占全市地方畜禽遗传资源和培育品种（品系）总量的62.5%，主要包括猪遗传资源6个，即荣昌猪、合川黑猪、渠溪猪、盆周山地猪、罗盘山猪、渝荣1号猪配套系，其中合川黑猪、渠溪猪、盆周山地猪、罗盘山猪等均被列入湖川山地猪的一个类群；牛遗传资源1个，即涪陵水牛；山羊遗传资源5个，即板角山羊、渝东黑山羊、川东白山羊、西州乌羊和大足黑山羊；禽遗传资源3个，即城口山地鸡、大宁河鸡和麻旺鸭。

表2－5－1　重庆市地方畜禽遗传资源名录

序号	品种名称	序号	品种名称	序号	品种名称
1	荣昌猪	8	川南山地黄牛	15	城口山地鸡
2	合川黑猪	9	渝东黑山羊	16	大宁河鸡
3	盆周山地猪	10	大足黑山羊	17	南川鸡
4	罗盘山猪	11	酉州乌羊	18	麻旺鸭
5	渠溪猪	12	板角山羊	19	四川白鹅
6	涪陵水牛	13	川东白山羊	20	中华蜜蜂（重庆）
7	巴山牛	14	合川白山羊		

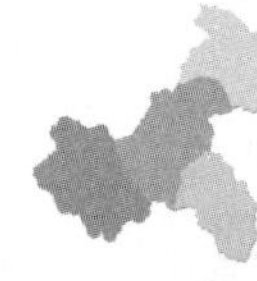

表 2-5-2　重庆市培育畜禽遗传资源名录

序号	品种名称	序号	品种名称
1	渝太Ⅰ系猪品系	3	渝西乌鸡配套系
2	渝荣Ⅰ号猪配套系	4	石柱长毛兔品系

表 2-5-3　重庆市引入畜禽遗传资源名录

序号	品种名称	序号	品种名称	序号	品种名称
1	长白猪	11	南江黄羊	21	加利福尼亚兔
2	大白猪	12	简州大耳羊	22	德国巨型白兔
3	杜洛克猪	13	罗曼蛋鸡	23	比利时兔
4	PIC 配套系猪	14	三黄鸡	24	伊拉配套系兔
5	荷斯坦牛	15	大发鸡	25	伊普吕配套系兔
6	娟珊牛	16	艾维茵肉鸡	26	伊高乐配套系兔
7	西门塔尔牛	17	天府肉鸭	27	粗毛型长毛兔
8	红安格斯牛	18	樱桃谷鸭	28	意大利蜂
9	抗旱王	19	天府肉鹅		
10	波尔山羊	20	新西兰兔		

二、牧草资源

全市草山草坡总面积 3 200 余万亩，其中天然草地 1 500 多万亩，疏林草地 1 700 万亩。可利用草地有 2 800 余万亩。主要分布在渝东南和渝东北的三峡库区和武陵山区，占全市草地总面积的 79%。有牧草 61 科 200 余种；“巫溪红三叶”“涪陵十字马唐”“重高扁穗牛鞭草”等地方牧草品种和“渝苜 1 号紫花苜蓿”育成品种列入《国家牧草审定名录》。

第四节　渔业资源

一、水面资源

重庆市水面资源较为丰富。计划单列市时期总水面 10 万公顷左右，另有水田 46.14 万公顷，其中冬囤水田 30.7 万公顷。重庆市改直辖后，由于辖区扩大，水面增加，总水面达 19.2 万公顷。以后新修水库、池塘，水面有所增加。

2010 年，重庆市农业委员会组织对全市水面进行了一次全面普查，总水面为 24.94 万公顷，可养水面 17.6 万公顷，已养水面为 7.34 万公顷。2015 年，全市水面为 23.32 万公顷，宜渔稻田 26.67 万公顷。三峡水库蓄水到 175 米后，形成总库容量 393 亿米^3、水面 9.13 万公顷的库区。

二、鱼类资源

1985 年，重庆市有江河鱼类 7 目 18 科 69 属 113 种。其中，鲤科鱼类 67 种，鮠科 14 种，鳅科 8 种，平鳍鳅科 5 种，鲈科 3 种，鲟科、鲶科、鲱科各 2 种，其余 10 科均只有 1 属 1 种。长江干流鱼类 68 属 108 种，嘉陵江干流 66 属 102 种，涪江鱼类 52 属 82 种，渠江鱼类 62 属 83 种。名特优鱼类主要有白鲟、中华鲟、达氏鲟、长吻鮠、圆口铜鱼、长条铜鱼、中华倒刺鲃、白甲鱼、岩原鲤、胭脂鱼、三角鲂、鳗鲡。

1997 年后，随着江河数量和面积增加，所辖江段延长，鱼类种类有所增加。有江河鱼类 8 目 19 科 70 属 180 种左右，其中鲤科鱼类最多，有 103 种，占总数的 60%。从分布看，以长江干流最多，嘉陵江干流次之，涪江、渠江、乌江也不少。长江上游及三峡库区鱼类超过 148 种（含亚种），约占长江上游鱼类总数的 80%，其中鲤科鱼类 90 种，占总数的 60% 多。有国家Ⅰ级保护动物白鲟、中华鲟、达氏鲟，国家Ⅱ级保护动物胭脂鱼、大鲵。主要经济鱼类有：南方大口鲶、长吻鮠（江团）、鳜鱼、铜鱼、中华倒刺鲃（青波）、白甲、岩原鲤、黄颡鱼、裂腹鱼、华鲮、乌鳢、黄鳝、泥鳅等。

经西南大学李云和姚维志组织进一步核实，2015 年重庆市有江河鱼类 183 种（详见重庆市行政区域各水系鱼类名录及分布），其中，分布在长江干流 148 种，綦河 79 种，嘉陵江 138 种，涪江 114 种，渠江 99 种，乌江 117 种，大宁河 78 种，任河 51 种，酉水 86 种。

三、淡水生物资源

重庆在计划单列市时期，有淡水生物 468 种。其中浮游植物 8 个门 175 种，浮游动物有 4 类 183 种；底栖动物中软体动物有 6 科 14 种，水生昆虫有 7 目 17 科 22 种，水生寡毛类有 2 科 5 种，淡水甲壳类动物虾类 4 种、蟹类 3 种，还有丰年虫、蚌壳虫、鲎虫。水生维管束植物中，蕨类植物有 3 科 4 属 4 种，种子植物有 30 科 50 属 71 种。

1997 年后，根据原重庆市和万县市、涪陵市、黔江地区渔业区划，综合得出新重庆区域内有淡水生物 500 多种。其中浮游植物有 8 个门 180 多种；浮游动物有 4 类 190 种左右；底栖动物有 50 多种，其中软体动物 6 科 10 余种，水生昆虫 7 目 17 科 20 多种，水生寡毛类 2 科近 10 种，淡水甲壳动物 10 多种。水生维管束植物有 80 种左右，蕨类植物 3 科 4 属近 10 种，种子植物 30 科 50 属 70 多种。

经西南大学姚维志组织进一步核实，2015 年重庆市区域内常见淡水生物有 473 种。其中，浮游植物有 8 个门 169 种；浮游动物有 4 类 175 种；底栖动物有 52 种，含软体动物 15 种，水生昆虫 22 种，水生寡毛类 5 种，淡水甲壳动物 10 种。水生维管束植物有 77 种，蕨类植物 4 种，种子植物 73 种。

第五节　害虫天敌资源

害虫天敌是一种对生物类有益的生物物种。这些天敌通过对自然界中各种病、虫、草、鼠等有害生物的制约而利于人类。

根据重庆 1995 年对全市害虫天敌资源普查统计数据，全市已发现有稻、麦、柑橘等的害虫天敌 660 余种。按天敌所栖息的生态环境划分，有稻田害虫天敌、麦田害虫天敌、柑橘害虫天敌等。

稻田害虫天敌有姬蜂科 7 种，茧蜂科 9 种，小蜂科 15 种，寄生蝇类 13 种。捕食性天敌有豆娘、黑肩绿盲蝽、小长蝽、龟纹瓢虫、异色瓢虫，微蛛科有园蛛、狼蛛、肖蛸蛛 3 种。寄考性天敌以绒茧蜂最多。稻田害虫天敌的主要优势种群为捕食性天敌豆娘、黑肩绿盲蝽和微蛛科的蜘蛛。

麦田害虫天敌有蚜茧蜂科 8 种、茧蜂科 2 种、瓢虫科 4 种、食用蝇科 2 种、草蛉科 2 种，寄生性天敌以蚜茧蜂为主，捕食性天敌以黑带食蚜蝇、龟纹瓢虫、微蛛科蜘蛛为主。

柑橘害虫天敌有蚍蜂 6 种、茧蜂科 5 种，小蜂总科 20 种。其捕食性天敌有草蛉螳螂、蜘蛛、瓢虫等。寄生天敌的优势种群为黄金蚜小蜂。

此外，鸟类的啄木鸟，两栖类的青蛙，哺乳类的黄鼬，微生物类的苏云金杆菌等，也是重要的农田害虫、害兽天敌。

森林的病虫害中，松毛虫是主要害虫，其主要天敌鸟类在重庆有 30 多种。

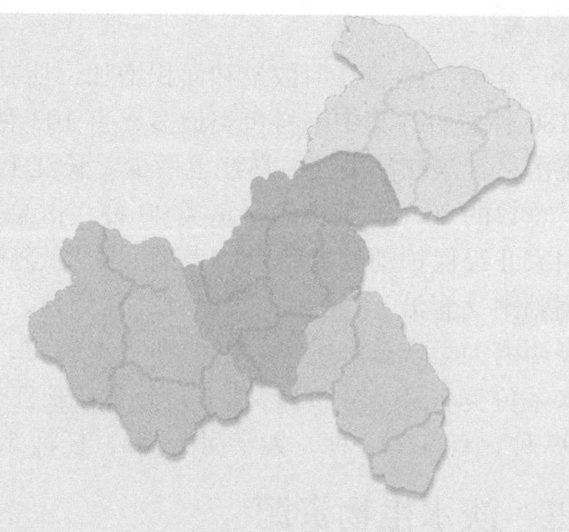

第六章 劳动力资源

重庆是典型的大城市、大农村、大山区、大库区，农村人口多，劳动力资源丰富，是全国劳动力输出大省份之一。

第一节　人口变迁

1986—2015 年，重庆乡村人口变化主线是向非农业人口转移，非农业人口逐年增加，户籍城镇化率持续上升；常住人口中，乡村人口向城镇人口转移，常住人口城镇化率持续上升，逐步往城乡一体化方向发展。

1986—2015 年的 30 年间，重庆市户籍人口总人口及总户数基本呈逐年上升趋势，30 年间，总人口增加 564.24 万人，增长 20.1%。农业人口占比呈逐年下降趋势，从 1986 年的 83.46%，下降到 2015 年的 58.75%。

随着城镇化率逐年上升，重庆市常住人口由 1996 年的 29.5%，上升到 2015 年的 60.9%，年平均上升 1.57 个百分点。常住人口城镇化率每年平均上升率比户籍人口城镇化率每年平均上升率高，城镇常住人口中有相当一部分是农业户口人口。

30 年间，全市非农业人口变化大致可分为 3 个阶段。

一是缓慢增长阶段（1986—1996 年）。1996 年年末，非农业户籍人口 577.12 万人，占总人口比率 19.09%，比 1986 年年末 16.54% 高 2.6 个百分点，10 年间，每年平均增高 0.3 个百分点；非农业户籍人口比 1986 年年末增加 112.75 万人，增长 24.3%；10 年年均增加 11.3 万人，增长 2.4%。

二是较快增长阶段（1997—2009 年）。2009 年年末，非农业户籍人口 948.69 万人，占总人口比率 28.96%，比 1996 年年末（19.09%）高 9.9 个百分点，每年平均比上年高 0.8 个百分点；非农业户籍人口比 1996 年年末增加 371.57 万人，增长 64.4%；年均增加 28.58 万人，增长 4.9%；2009 年年末城镇常住人口 1 474.92 万人，占常住总人口 51.6%，比 1996 年年末（29.5%）增高 22.1 个百分点，每年平均增高 1.7 个百分点；城镇常住人口比 1996 年年末增加 626.71 万人，增长 73.9%；年均增加 48.2 万人，增长 5.7%。

三是常态阶段（2010—2015 年）。2015 年非农业户籍人口 1 391.02 万人，占总人口比率 41.25%，比 2009 年年末（28.96%）增高 12.29 个百分点，每年平均高 2 个百分点。非农业户籍人口比 2009 年增加 442.33 万人，增长 46.6%；年均增加 73.7 万人，增长 7.8%。2015 年年末城镇常住人口 1 838.41 万人，占常住总人口60.9%，比2009年年末（51.6%）增高9.3个百分点，每年平均增高1.6个百分点；城镇常住人口比2009年年末增加363.49万人，增长24.6%；年均增加60.58万人，增长4.1%（表2-6-1）。

表2-6-1　1986—2015年重庆市人口变化情况表

		常住人口（万人）	城镇常住人口（万人）	乡村常住人口（万人）	常住人口城镇化率（%）	户籍人口（万人）	农业户籍人口（万人）	占比（%）	城镇户籍人口（万人）	户籍人口城镇化率（%）
“七五”期始	1986	—	—	—	—	2 807.6	2 343.23	83.46	464.37	16.54
“七五”期末	1990	—	—	—	—	2 920.9	2 427.92	89.12	492.98	16.88
“八五”期始	1991	—	—	—	—	2 938.99	2 439.61	83	499.38	16.7
“八五”期末	1995	—	—	—	—	3 001.77	2 442.33	81.36	559.44	18.64
“九五”期始	1996	2 875.3	848.21	2 027.09	29.5	3 022.77	2 445.65	80.8	577.12	19.09
重庆直辖	1997	2 873.36	890.74	1 982.62	31	3 042.92	2 448.34	80.46	594.58	19.54
“九五”期末	2000	2 848.82	1 013.88	1 834.94	35.6	3 091.09	2 430.2	78.62	660.89	21.38
“十五”期始	2001	2 829.21	1 058.12	1 771.12	37.4	3 097.91	2 408.39	77.74	689.52	22.26
“十五”期末	2005	2 798	1 265.95	1 532.05	45.2	3 169.16	2 351.88	74.21	817.28	25.79
“十一五”期始	2006	2 808	1 311.29	1 496.71	46.7	3 198.87	2 353.44	73.57	845.43	26.43
“十一五”期末	2010	2 884.62	1 529.55	1 355.07	53	3 303.45	2 196.45	66.49	1 107	33.51
“十二五”期始	2011	2 919	1 605.96	1 313.04	55	3 329.81	2 052.17	61.63	1 277.64	38.37
“十二五”期末	2015	3 016.55	1 838.41	1 178.14	60.9	3 371.84	1 980.82	58.75	1 391.02	41.25

第二节　农村劳动力资源

重庆是农村劳动力富余大市。30年来，市委、市人民政府以农村劳动力转移为主线，出台政策，采取措施，大力促进农村劳动力由乡村向城镇转移，由第一产业向第二、第三产业转移，由本市向外省份转移。

一、农村劳动力变化特点

农村从业劳动力总量略有增长，其中外出劳动力快速增长；从事家庭经营的劳动力和从事第一产业的劳动力快速下降。

（一）农村从业劳动力总量缓慢增长

2015年农村从业劳动力为1 309.23万人，与1986年的1 154.26万人相比，30年内，增加154.97万人，平均每年增加5.17万人，增长13.4%。30年中，2006年从业劳动力总量最多达1 382.62万人，以后逐年减少；占乡村总人口比率2012年最高，达59.2%。

（二）从事家庭经营的劳动力绝对量占乡村劳动力比率快速下降

2015年从事家庭经营劳动力624.3万人，比1997年（1 057万人）减少432.7万人，每年平均减少22.77万人，下降40.9%，每年平均下降2.2%。占乡村从业劳动力比率由1997年的80%下降到2015年的47.7%。从事家庭经营劳动力与从事非家庭经营劳动力之比，2015年为48：52，而1997年为80：20。

（三）从事第一产业的劳动力绝对量占乡村劳动力比率快速下降

2015年从事第一产业劳动力487.2万人，比1997年（907万人）减少419.8万人，平均每年减少

22.1 万人，下降 46.3%，平均每年下降 2.4%。占乡村从业劳动力比率由 1997 年的 68.7% 下降到 2015 年的 37.2%。从事第一产业的劳动力与从事第二、第三产业的劳动力之比，2015 年为 37：63，而 1997 年为 69：31。

（四）外出劳动力人数增长快

2015 年外出劳动力 830 万人，占乡村从业劳动力的 63.4%，比 1997 年（245 万人）增加 585 万人，增长 2.39 倍，平均每年增加 30.8 万人，增长 12.6%。其中常年外出劳动力 711 万人，占外出劳动力的 85.7%，占乡村从业劳动力的 54.3%。19 年里，增加 566.4 万人，增长 3.9 倍，平均每年增加 29.8 万人，增长 20.5%。乡村外出劳动力与就地劳动力之比，2015 年为 63：37，而 1997 年为 19：81。乡村常年外出劳动力与就地劳动力之比，2015 年为 54：46，而 1997 年为 11：89（表 2－6－2）。

表 2－6－2　重庆市 1986—2015 年乡村劳动力变化情况表

		乡村总人口（万人）	乡村从业人员（万人）	占乡村总人口比率（%）	从事家庭经营劳力（万人）	占乡村从业人员比率（%）	从事第一产业劳力（万人）	占乡村从业人员比率（%）	外出劳动力（万人）	占乡村从业人员比率（%）	外出劳力中常年外出劳力（万人）	占乡村从业人员比率（%）	占外出劳力比率（%）
“七五”期始	1986	2 365.34	1 154.26	48.8	—	—	—	—	—	—	—	—	—
“七五”期末	1990	2 446.38	1 273.06	52.0	—	—	—	—	—	—	—	—	—
“八五”期始	1991	2 471.48	1 314.79	53.2	—	—	—	—	—	—	—	—	—
“八五”期末	1995	2 454.17	1 349.34	54.9	—	—	—	—	—	—	—	—	—
“九五”期始	1996	2 464.23	1 330.44	53.9			927.44	69.7	100.00		59.00		
重庆直辖	1997	2 452.75	1 320.91	53.8	1 057.00	80.0	907.00	68.7	245.00	18.5	145.00	11.0	59.2
“九五”期末	2000	2 440.32	1 352.60	55.4	933.10	69.0	801.10	59.2	327.40	24.2	222.20	16.4	67.9
“十五”期始	2001	2 438.79	1 345.15	55.1	931.40	69.2	782.70	58.2	333.00	24.8	240.00	17.8	72.1
“十五”期末	2005	2 430.93	1 366.91	56.2	795.80	58.2	660.60	48.3	566.80	41.5	494.90	36.2	87.3
“十一五”期始	2006	2 418.40	1 382.62	57.1	763.00	55.2	637.00	46.1	622.00	45.0	550.00	39.8	88.4
“十一五”期末	2010	2 366.66	1 379.35	58.2	664.86	48.2	534.62	38.8	791.71	57.4	688.76	49.9	87.0
“十二五”期始	2011	2 324.50	1 369.98	58.9	661.70	48.2	530.50	38.7	814.80	59.5	724.30	52.9	88.9
“十二五”期末	2015	2 225.75	1 309.23	58.8	624.30	47.7	487.20	37.2	830.00	63.4	711.40	54.3	85.7

二、农村劳动力转移特点

（一）重点向本地乡镇企业转移（1986—1993）

1986 年，从农业新增转移劳动力 12.41 万人投入乡镇工业，农村劳动力投放结构也有明显变化。

1987 年，累计转移到乡镇企业的农村劳动力 110 万人，占农村劳动力总数的 20%。

1988 年，乡镇企业新安置农村劳动力 11.3 万人，从业人员达到 121.12 万人，占农村劳动力总数的 21.11%，比上年增加 2.01%。

1990 年，在乡镇企业从业的农村劳动力达 122.64 万人，占农村劳动力的比重由“六五”期末的 16.5% 上升为 20.7%。

1992 年，全市乡镇企业发展到 27.7 万个，从业人员 153 万人，占农村劳动力总数的 24.7%。

1993 年，乡镇企业人数达到 182.5 万人，比上年增加 29.4 万人，占农村劳动力的比重，由上年的 24.7% 提高到 29%。

（二）重点向本地转移和外地输出同步进行（1994）

1994 年是转折点，累计共转移 334 万人，本地转移与外地输出比 54∶46。全市乡村劳动力本地转移 182 万人，创收 33.7 亿元；本地向外输出 152 万人，其中向市外、省外、国外输出 93 万人，收入达 30.23 亿元；仅通过邮局、银行寄回的现金就达 18.16 亿元。农村剩余劳动力不断向非农产业转移，内转外输的数量增加，质量有所提高，劳务收入成倍增长。

（三）向本地第二、第三产业转移和向外输出并重（1995—2004）

10 年间，劳动力转移向外输出量大于本地转移量。

1996 年，乡村从业劳动力中从事家庭经营的 477 万人；从事第一产业的 403 万人，从事第二、第三产业的 927.44 万人；外出劳动力 100 万人，其中常年外出的 59 万人。

1997 年，乡村从业劳动力中从事家庭经营的 1057 万人；从事第一产业的 907 万人，从事第二、第三产业的 413.91 万人；外出劳动力 245 万人，其中常年外出的 145 万人。转移出重庆市的农村劳动力 150 万人，占农村劳动力的 11.3%。

1998 年，农村外出劳动力 181.1 万人，外出劳动力占农村总劳动力的 13.75%。乡村从业劳动力中从事家庭经营的 1 113.2 万人；从事第一产业的 954.9 万人，从事第二、第三产业的 362.05 万人；外出劳动力 256.4 万人，其中常年外出的 164.8 万人。

1999 年，农村劳动力转移步伐加快，全市乡村劳动力中从事第一产业的 847.4 万人，其余 495.59 万人从事第二、第三产业及劳务输出，占乡村总劳力的 36.9%。其中，市内转移的乡村劳动力为 197.6 万人，向市外转移的劳动力 297.99 万人，分别占农村总劳力的 14.7% 和 20.2%。向市外转移的劳动力以在广东、浙江、江苏、上海、福建等沿海城市为主，云南、新疆等地也在逐渐增多，外出务工劳力人均年收入 4 500 元，为当地农民人均收入的一倍以上。不少地区出现了打工专业村，即家家户户平均有 1 个劳力在外打工。

2000 年，农村劳动力转移速度进一步加快，从事第一产业的有 801.1 万人，较上年减少 46.3 万人，其余 551.5 万人主要从事第二、第三产业和劳务输出，较上年增加 55.91 万人，占全市农村总劳动力的 40.77%。农村外出合同工、临时工 198.24 万人，占全市农村总劳动力的 14.66%。

2001 年，重庆市共有乡村劳动力 1 345.15 万人，按劳动力人均耕作 0.26 公顷（4 亩）耕地测算，富余劳动力近 600 万人。全市农村富余劳动力转移总数为 431.5 万人，比上年增长 10%，占全市农村劳动力总数的 32.7%。其中，市内转移 50 万人，占 11.6%，市外转移 250 万人，占 57.9%，乡镇企业转移 131.5 万人，占 30.5%；常年性转移 313.4 万人，占 72.6%，季节性转移 157.2 万人，占 36.4%。全市农民人均劳务收入 529 元，约占农民人均年总收入的 30%，边远山区占 35%～40%。重庆市农村劳动力转移总体呈现转移规模大、收入总量多、就业渠道和就业范围扩大、为当地经济发展创造明显的经济效益和活力、“回引工程”效果初现等特点。乡村劳动力就业结构进一步优化。乡村从业劳动力 1 345.15万人中第一产业从业人员 782.7 万人，比上年减少 18.4 万人，比 1997 年减少 124.3 万人，其余 562.45 万人从事第二、第三产业和外出务工，比上年增加 10.95 万人，占乡村从业人员总数的 41.81%。农村外出合同工、临时工 350 万人，占农村从业人员总数的 26%。

2002 年，乡村从业劳动力中，第一产业从业劳动力 759 万人，比上年减少 23.7 万人；从事第二、第三产业和外出务工的 583.17 万人，增加 20.72 万人，占农村从业劳动力的 43.44%，上升 1.6 个百分点。

2003 年，乡村从业劳动力中，从事家庭经营的 860.66 万人；从事第一产业的 714.45 万人，从事第二、第三产业的 625.8 万人；外出劳动力 514.5 万人，其中常年外出的 454.1 万人。

2004 年，全市累计农村劳动力转移首次突破 600 万人，达到 621.1 万人，占全市乡村劳动力总数

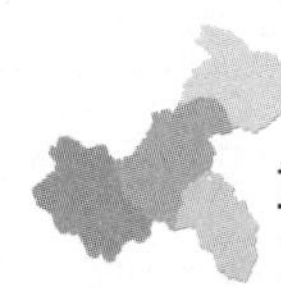

的46.3%。当年，全市新增乡村劳动力转移41.2万人，为目标任务的103%，其中，向市外输出20.2万人，市内转移21万人。

（四）农村劳动力快速转移、输出常态（2005—2015）

2005年，全市农村从业劳动力中从事家庭经营795.8万人；从事第一产业660.6万人，从事第二、第三产业706.31万人；外出劳动力566.8万人，其中常年外出的494.9万人。

2006年，新增转移农村劳动力41.5万人，为预定目标的104%；农村劳动力转移总量达到706.3万人，比上年增长6.2%，占全市农村劳动力总数的51.7%；农村劳务总收入283.1亿元，农民人均务工收入1 210元，增长18.5%。

2007年，全市农村劳动力转移总数748万人，劳务总收入350多亿元。乡村从业劳动力中从事家庭经营的717.78万人；从事第一产业的589.18万人，从事第二、第三产业的789.11万人；外出劳动力690.64万人，其中常年外出的615.34万人。

2008年，全市乡村常住人口1 419.91万人，占全市常住人口的50%；第一产业就业劳动力575.27万人，比上年减少0.24%。当年，全市农村富余劳动力新增转移30万人，累计转移778万人。

2009年，全市农村劳动力中从事家庭经营682.5万人，从事第一产业551.13万人；常年外出务工农村劳动力670.5万人，其中在乡外、县内务工136万人，县外、市（省）内务工147.73万人，市（省）外务工386.77万人。

2010年，全市农村劳动力中从事家庭经营664.86万人，从事第一产业534.62万人；常年外出务工农村劳动力688.76万人，其中在乡外、县内务工140.34万人，县外、市（省）内务工167.62万人，市（省）外务工380.8万人。

2015年，乡村从业劳动力中从事家庭经营的624.3万人；从事第一产业的487.2万人，从事第二、第三产业的822.03万人；外出劳动力830万人，其中常年外出的711.4万人。

三、农村劳动力转移主要措施

从1994年开始，重庆全市狠抓乡村劳务开发工作；2003—2005年，通过打造劳务品牌、纳入民心工程、组织直接输送、开展技能培训等手段，加强农村劳动力转移，2006年后进入规范管理，常态转移。

（一）组建农村劳务开发机构

1994年，市委、市人民政府批准成立了“重庆市农村劳动力开发管理办公室”，办公室设在市农业委员会。与此同时，各区（市、县）也相继建立了农村劳务开发机构。印发《重庆市劳务输出许可证》，劳工可凭证在全国各地务工；依托西南农业大学、重庆建筑高等专科学校、重庆市农业学校、重庆市乡镇企业干部学校等8所大、中专院校和市级劳力输出培训中心，多渠道多形式培训了劳务人员；编制了1994—2000年全市农村劳务开发规划。

（二）开展农村劳动力普查

根据市人民政府《关于认真搞好农村劳动力开发管理工作的通知》精神，重庆市于1994年6月开始对全市农村劳动力资源状况进行普查，是中华人民共和国成立以来重庆市首次进行的此类普查。普查工作于1995年2月结束。

普查采取面上调查和典型调查相结合的方法进行。面上调查：以区（市、县）、乡（镇）为单位，按照市里统一要求的调查项目进行，并充分利用当地统计部门的年报、农业部门年报、人口普查统计等资料。典型调查：人口在100万人以上的市（县），调查了6~8个乡（镇）；100万人以下的市（县），调查了3~5个乡（镇）；近郊区调查了1个乡（镇），远郊区调查了2个乡（镇）。

此次普查，基本摸清了全市农村劳动力构成、素质状况和从业结构；查清了农村剩余劳动力素质、构成、地区分布、就地转移和异地输出、劳务收入等情况。分级建立了农村劳动力资源开发档案，全市农村劳务开发管理步入规范化、科学化轨道。

（三）组建中介公司，打造劳务品牌

2003年，全市大力实施“农村劳动力转移促进计划”，把农村劳动力转移作为劳务产业来打造，认真落实“八个一”工作计划（组建一个劳务转移中介公司，建立一个农村劳动力转移的行业协会，构建一张劳动力输出网络，打造一个劳务品牌，配备一本职业资格证书，成立一个农民工服务中心，培训一批农民，转移一批农民工）。当年，重庆市农村劳动力转移协会、劳务转移中介公司正式获得批准；公开征集、评选了重庆劳务品牌名称和标志，注册使用“重庆师傅”劳务品牌并投入使用；以全市农业职业教育机构和试点县为主开展的农民工培训开始实施，全年共培训农民技能工11.6万人，转移5万人；2003年全市农村富余劳动力转移实现新增40.5万人的目标。

（四）将农村劳动力转移纳入“民心工程”

2004年，农村劳动力转移培训工程（国家农村劳动力转移培训阳光工程）和生态家园富民工程列入2004年重庆市委、市人民政府八大“民心工程”之中。全市正式启动实施百万农村劳动力转移就业工程（简称“百劳工程”）和农村劳动力转移培训阳光工程（简称“阳光工程”）。计划每年培训农村劳动力20万人以上，每年新增农村劳动力转移40万人以上，每年农村劳务收入增长10%以上，到2007年全市农村劳动力转移就业人数达到750万人，到2010年全市农村劳动力转移就业人数达到900万人；构建农村劳动力资源系统、技能培训系统和劳务输出系统三大系统；实行培训补助、输出奖励、费用减免、权益保障、回乡创业5个方面的优惠政策。

实施“百劳工程”和“阳光工程”是推进全市农村经济发展和农村城镇化进程，大大增加农民收入，加快富民兴渝、全面建设小康社会步伐的重要举措。当年，重庆市采取了一系列重大举措。

一是狠抓组织保障体系建设。全市40个区（县、自治县、市）建立了劳务开发领导小组及其办事机构；明确了各级劳务工作机构的工作职责，分解落实了37项工程实施任务；制定了转移培训项目及其资金、培训基地认定等的管理办法；实施阳光工程市级争取到国家资金1 500万元，整合各项市级涉农资金近3 200万元，共计约4 700万元，用于农村劳动力转移培训直接补贴，各区（县、自治县、市）也加大了资金投入。

二是狠抓农村劳动力技能培训。整合各类培训教育资源，公开招标确定并公布406个阳光工程定点培训机构；各级阳光工程办公室、劳务办公室与阳光工程定点培训机构签订培训输出合同；各定点培训机构按照“自主招生、自主培训、自主管理、自主输出”的原则开展培训。全年全市各类培训机构培训农村劳动力20.3万人，为目标任务的102%。其中阳光工程406个定点培训机构培训15.5万人，培训后转移就业14.2万人，培训就业转业率达91.6%。自愿申请并获得劳动技能鉴定证的6.2万人。

三是狠抓农村劳动力转移输出就业。2004年，市人民政府在6个驻外办事处设立劳务输出协作处，全市各级劳务开发办公室与之紧密合作，联络全市各类输出培训机构、输出中介机构和社团组织共同推进各具特色的劳务输出。全市各类培训机构、中介机构、驻外服务机构和市人民政府11个驻外办事处及其分支机构共同构建了全方位、多渠道、多层次的劳务输出组织网络，全市共建立和完善51个劳务输出窗口，登记注册的劳务输出机构达295个。

四是狠抓农村劳动力资源系统、技能培训系统和劳务输出系统三大系统建设。开发了调查处理系统，开展农村劳动力资源普查。开通了重庆劳务信息网，及时发布各种劳务信息。

五是狠抓各项扶贫政策的贯彻落实。落实对农村劳动力培训直接补贴政策，并提高对贫困户、移民

户的补贴标准；改善外出就业政策环境；落实返乡创业优惠政策；切实保障农民工合法权益。有关部门加强劳动监察和劳动合同管理，加大对拖欠农民工工资行为的查处力度。出台《重庆市法律援助条例》，对农民工维权法律援助给予特别的关注。

六是狠抓文化推进全面促进劳务输出。充分利用各种媒体，广泛征集并确立了“重庆师傅”“富侨保健”“重庆月嫂”等标志性劳务品牌，加强品牌宣传推介，增强了重庆市劳务人员的竞争能力。

（五）规范农村劳动力转移

2005 年，“民心工程”取得实效。农村劳动力转移新增 43.7 万人、培训新增 22.5 万人，分别占市委、市人民政府下达计划任务的 109%、112.5%；农民务工总收入达 360 亿元，增长 18%。积极推行订单输出、集团式、季节性输出方式，与新疆生产建设兵团建立了长期劳务合作关系，季节性务工达 2.5 万人。认真总结 13 个区进城务工农民服务管理试点工作情况，提请市人民政府审议颁布了《重庆市进城务工农民权益保护和服务管理办法》，农民工服务管理工作步入了法制化轨道，劳动力转移成为常态化。

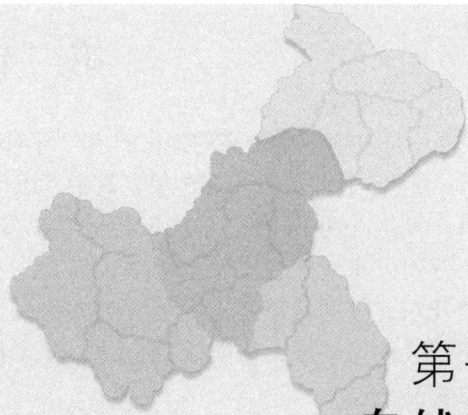

第七章
自然灾害

重庆市位于中国内陆西南部、长江上游及四川盆地（信封盆地）东南部，地处青藏高原与长江中下游平原的过渡地带，地势东南高、西北低，山地、丘陵、缓丘平坝分别占辖区面积的72.84%、20.03%、7.13%。处于北纬28°10′—32°13′，属中亚热带湿润季风气候，北有巴山屏障，南为七曜山藩篱，西为平行岭谷开阔地带，东有巫山阻隔。气候呈春早气温不稳定，夏长酷热多伏旱，秋凉绵绵常阴雨，冬暖少雪多云雾，四季分明、雨量充沛、热量充足、无霜期长的特点。年日照时数1 100～1 600小时，年总辐射量3 400～3 900兆焦/米^2，是全国日照低值中心；年均气温在18℃以上，年活动积温6 500℃以上，无霜期275～350天；年降水量1 000～1 200毫米，平均每亩耕地拥有降水资源600～2 000米^3。受特定自然环境和大气环流的影响，天气复杂多变，气象灾害发生频繁。旱、涝、风、雹、高温、冷害、雾害、雪灾、泥石流、雷电等灾害常有发生。重庆列入全国优势农产品的主要农作物：水稻、小麦、玉米、马铃薯、油菜、柑橘。对农作物影响尤深的有旱灾、暴雨洪涝、低温阴雨与连阴雨、寒潮、冻害、冰雹、大风、病虫害等自然灾害。

第一节　洪　涝

重庆市平均每年发生区域性暴雨天气过程2.3次。东北部的万州、开县、云阳一带是暴雨发生频率最高的地区，年平均暴雨次数达4.6次。重庆市的暴雨天气过程主要发生在4—10月，集中在6月下旬至7月上旬；最早发生在3月12日，最晚发生在11月16日。全市各地日最大降水量多在150～250毫米，黔江1982年7月28日降水量达306.9毫米，为全市之冠。酉阳1955年6月21—24日累积降水量达400毫米。暴雨具有两重性，在久旱之后，暴雨可以缓解旱情，而在多雨季节，它又是一种危害极大的灾害性天气。

重庆市地处四川盆地东南部，市内各地所处地理位置和地形条件差异较大，洪涝的分布在地区间差异非常明显。忠县、涪陵、万盛、江津、潼南一线洪涝发生频率较低，发生频率一般都在25%以下，特别是涪陵、丰都、石柱是低值中心仅为10%，石柱仅8%；东北部是洪涝多发区，梁平、开县、城口、云阳、巫溪、万州发生频率都在45%以上，梁平、开县超过50%，梁平达58%，其他还有几个零星分布的相对高值点，如东南部的酉阳，西部的荣昌和西北部的北碚，发生频率也在40%以上。

第二节　干　旱

重庆是干旱发生频率较高的地区，有“十年九旱”之说。根据干旱发生时间的不同，一般将干旱划分为：春旱、夏旱、伏旱、秋旱和冬旱，其中，以伏旱发生最为频繁，影响范围最广，造成损失最大。

春旱：发生在3—4月。重庆市各地春旱发生频率有一定差异，铜梁、北碚、沙坪坝、綦江一线以西地区及万州以东地区春旱发生频率较高，为10年3～5次，其中，荣昌为10年6次；而东南部的酉阳、秀山及东北部的城口等地春旱发生频率较低，10年1次左右；其余地区出现频率为10年2～3次。春旱主要造成秧田缺水，影响水稻育秧、玉米播种出苗，使在土小春作物受旱；加重晚熟柑橘枯水，严重影响果实品质。

夏旱：发生在5—6月。重庆市各地夏旱发生频率均在50%以下，西部地区的荣昌、江津、铜梁、璧山、大足、潼南及东北部的巫山、奉节、城口、巫溪等地发生频率较高，为10年3～5次，以潼南（48%）、巫溪（46%）最高，接近10年5次；其余地区夏旱出现频率为10年1～3次，以南川、万盛、渝北及酉阳等地夏旱发生频率较低，10年不足1次。

伏旱：发生在7月至9月上旬。重庆市是一个气候型伏旱区，具有发生频率较高、持续时间长、影响地区广、灾害程度重的特点。地区之间发生频率有较明显的差异，长江、嘉陵江、涪江沿江地区是伏旱发生频率高值区，多在70%以上；中部的丰都、忠县、涪陵和西部沿江地区的江津、巴南、璧山、北碚、合川等地是伏旱高发区，发生频率在75%以上；丰都、江津、璧山发生频率最高，达80%。其他地区伏旱发生频率稍低，一般为50%～70%，只有南部的万盛和北部的城口发生频率在50%以下，分别为46%和48%。伏旱发生时间越早，影响越大。从农业生产角度讲，将7月10日以前发生的伏旱定义为早伏旱，8月下旬至9月上旬伏旱与秋旱连续发生称为连伏旱。伏旱开始期年际间波动频繁，波动幅度也较大，开始期最早出现在6月底，最晚在8月上旬，多在7月中旬。重庆市伏旱平均持续时间为35.2天，结束期为8月22日左右。最热的天气是在7月下旬至8月上旬，旬平均气温一般为29～30℃，在河谷平坝浅丘地区还可能出现40℃以上的高温天气。伏旱常伴有高温酷暑，不仅严重影响工农业生产，而且造成人畜饮水困难。

秋旱：发生在9月中旬至11月。重庆市各地秋旱较少，平均10年1～3次，开县、万州、石柱、武隆一线以东发生频率高，在20%以上，特别是云阳、奉节、巫山、巫溪等地，发生频率在25%左右，其他地区秋旱发生频率较低，在15%以下。主要影响小春作物的播种，但对晚秋作物的生长有利。伏旱和秋旱连在一起，会对农业生产造成巨大损失。

冬旱：发生在12月至次年2月。重庆市各地冬旱发生情况差异较大，发生频率高值区主要分布在东北部的云阳、巫溪、奉节及巫山等地，发生频率一般在30%以上。其次为城口、开县、万州等地，发生频率在10%～30%，其他地区发生频率较低，在10%以下。冬旱对小春作物的越冬生长影响很大。

第三节　低温阴雨和连阴雨

低温阴雨是指春季出现连续4天及以上日平均气温低于12℃，或初秋出现日平均气温低于22℃连续5天及以上的阴雨天气。重庆市低温阴雨天气分为春季低温阴雨和初秋低温阴雨，低温阴雨的时段多发生于3月下旬。

连阴雨是指连续5天及以上出现无日照、任意3天白天降水量≥0.1毫米的天气过程。连阴雨一年四季都有可能发生，对农业影响最大的是初夏和秋季连阴雨。此时正是大春作物后期生长和收获季节，如遇持续的连阴雨，将严重影响结实率，造成发芽霉烂以致严重产量损失，甚至颗粒无收。

重庆市春季低温发生频率在30%～40%，发生时段以惊蛰、春分、清明前后居多，特别是“倒春寒”危害最严重。春季低温阴雨严重区域在东南部的酉阳、黔江、秀山和东北端的城口等山区，春季低温阴雨偏重区域包括南川、梁平、石柱、垫江和巫溪，春季低温阴雨一般区域包括巫山、彭水、武隆、长寿、渝北、荣昌、大足、潼南，其他沿江地区是春季低温阴雨的轻区域。初秋低温阴雨的严重区域只有城口、酉阳，偏重区域只有黔江，一般区域包括南川、石柱、梁平、垫江、长寿、渝北、铜梁、永川、大足，其他区（县）为轻区域。虽然城口、酉阳等中高山区低温阴雨发生频繁，但这些地方农作物的生育进程相对滞后，因而一般年份低温阴雨对中高山地区并不会造成特别严重的危害。

由于特殊的地理位置和地形地貌，重庆市一年四季都可能出现连阴雨，不同季节连阴雨发生情况差异较大，各季节连阴雨的分布也各不相同。春季连阴雨发生频率分布差异较大，东南部发生频率较高，在40%以上，最高的秀山超过70%，西部地区春季降水较少，连阴雨偏少，东北部大部地区春雨虽较西部要多，但降水强度相对较大，连阴雨频率反而较低，都在30%以下，西部荣昌、大足、潼南、铜梁、合川、璧山、永川及东部云阳、巫山、巫溪发生频率不足20%。初夏连阴雨发生频率西多东少的分布特征比较明显，西部多数地区在80%以上，中部及东南部在70%左右，梁平、万州以东多在40%～60%，最东端的巫山、巫溪在40%以下。秋季是连阴雨发生最频繁的季节，但地区之间的差异仍很明显，西部和东南部地区除个别点较低以外，发生频率普遍在80%以上，最高的秀山、南川超过90%，其余地区都在80%以下，并由西向东降低，东北部较低，最低的巫溪不到40%。冬季连阴雨频率总的分布趋势也是由西向东降低，从大足的50%以上，下降到云阳、奉节、巫山、巫溪的不到10%，发生频率相对较高的地方包括西部的大足、荣昌、南部的万盛、南川和东南部的酉阳、秀山，其中秀山比较突出，发生频率超过70%，东北部地区是低值区，多在20%以下。连阴雨的地域分布总体上是南部地区多于北部地区，西部地区多于东部地区，大致上呈西南向东北方向递减的趋势。

第四节　冰雹　大风

冰雹、大风是重庆常见灾害性天气之一，突发性很强。大风常使作物倒伏、籽粒不实而产量损失；冰雹在山区经常出现，冰雹出现的区域内往往对农作物造成毁灭性的损失。

重庆市冰雹天气受地形的影响，地区分布差异较大，东多西少的趋势比较明显。东南部和东部冰雹天气出现最多，年雹日数为0.4～1.2天，其中，酉阳年雹日数最多，为1.2天，其次，秀山0.7天，奉节0.6天；中部和东北部的城口次之，年雹日数为0.2～0.3天；西部最少，年雹日数在0.1天以下；而大足、铜梁、荣昌、北碚的冰雹天气极少，73年来均仅发生1次。

重庆市大风灾害与国内其他地区相比虽不算多，但一年四季都可能发生，总体是冬半年较少，夏半年较多，尤以4月、5月、7月、8月最多。全市各地平均年大风日数为2.3天。东北部大风日数明显偏多，为大风日数高值区，其中出现大风最多的是巫溪，年大风日数达12.1天，其次为武隆和永川，分别为5.3天和4.4天；大风出现较少的区域分布比较分散，主要分布在城口、石柱、南川、忠县、潼南，年大风日数在1天以下，为大风出现最少的地区；其余区（县）都在1～4天。

第五节　病虫害

1986—2015的年30年间，可将全市病虫害发生分为3个阶段。

第一阶段（1986—1997年）。这一阶段，由于农村实行家庭联产承包责任制，农民生产积极性提高，种植农作物品种增多，病虫害的发生种类逐渐增多，但造成的灾害频率不高。水稻害虫以二化螟、稻飞虱、稻纵卷叶螟、稻瘟病为害为主，水稻二化螟在1992年、1995年、1996年、1997年发生严重，发生面积均在1 000万亩次以上。稻纵卷叶螟在1986年大暴发，发生面积593.13万亩次，是常年发生的10倍之多，造成损失5.23万吨。稻飞虱偏重发生年份分布在1991年、1993年、1995年，其中1995

年最为严重，发生面积为555.63万亩次。稻瘟病在1986年、1992年、1993年流行，其中1993年较为严重，发生面积316.50万亩次。玉米螟在1987年、1993年为害严重，1993年发生面积152.76万亩次。小麦条锈病有零星发生，马铃薯晚疫病在1997年发生面积94万亩次。

第二阶段（1998—2007年）。这10年种植业结构和耕地面积都有所调整，给农田生态系统带来重大变化，进而对农田有害生物的发生发展产生重大影响，造成生物灾害日渐频繁。水稻二化螟这一阶段比第一阶段发生严重，常年平均发生面积1 090.34万亩次。稻纵卷叶螟大发生年为2002年、2003年、2004年，3年平均发生面积为365.34万亩次。1998年是稻飞虱特大发生年，比偏重发生年（如1991年、1993年、1995年）虫量高出3～4倍，为1980年以来发生最严重的一年，发生面积781.98万亩次。“火旋团”发生面积23万亩，净“火旋团”累加面积3 500亩，损失稻谷1亿千克以上。2005年是稻瘟病有史以来发生最重的一年，稻瘟病发生面积318.12万亩次，一般病株率2.0%～47.5%，平均14.12%，最高为100%。小麦条锈病大发生年份分别是1998年、2001年、2002年、2003年、2004年、2005年、2006年、2007年，其中2002年是条锈病有史以来发生最重的一年，发生面积263.18万亩次。马铃薯病虫有马铃薯晚疫病、马铃薯早疫病、马铃薯病虫病、马铃薯块茎蛾，其中以马铃薯晚疫病为害最为突出，常年平均发生面积118.69万亩次。

第三阶段（2008—2015年）。这期间，新的耕作制度、新的生态环境使一些老病虫的发生规律也有所改变，同时一些新的病虫害出现，农作物病虫发生，呈现出重大病虫害频发率高、次要害虫又上升为主要害虫的趋势、突发性及暴发性病虫频繁发生等特点。2007年、2009年、2012年为稻飞虱大发生年。2007年为1998年以来的第二个重发年，发生面积745.82万亩次，比常年平均增加310.82万亩次，增加了71.36%。发生稻飞虱的33个区（县）中，20个区（县）出现“火旋团”，成灾面积28 000余亩，“火旋团”净面积4 000余亩。其中，2012年是有史以来的最重发生年，水稻病虫发生程度明显重于上年和常年，特别是白背飞虱发生程度为有历史资料记载以来最重，稻飞虱发生程度5级，发生面积975.32万亩次，较常年平均增124%。稻纵卷叶螟大发生年份在2007年、2009年、2012年，2009年尤为严重，发生面积687.40万亩次。稻瘟病大发生年份2008年，发生面积215.67万亩次。马铃薯晚疫病大发生年份分别是2007年、2008年、2009年、2010年、2012年、2013年、2014年、2015年，2012年由于4—5月雨水较多，天气冷凉，气候条件极有利于马铃薯晚疫病的发生和流行，加之重庆市马铃薯种植品种抗性较差，导致马铃薯晚疫病大发生，是有史以来马铃薯晚疫病发生最重的一年，发生面积241.3万亩次（表2-7-1）。

表2-7-1　1986—2015年全市主要农作物病虫害发生情况表

年份	病虫草鼠发生面积（亩）	病虫害发生面积（亩）	重大病虫发生面积（亩）	占总发生面积比例（%）	占病虫害发生面积比例（%）	水稻二化螟（亩）	稻飞虱（亩）	稻纵卷叶螟（亩）	稻瘟病（亩）	水稻纹枯病（亩）	小麦条锈病（亩）	玉米螟（亩）	马铃薯晚疫病（亩）	油菜菌核病（亩）
1986	5 330.71	4 388.85	2 534.52	47.55	57.75	862.39	341.43	593.13	235.61	291.25	0.00	86.77	0.00	123.94
1987	5 418.99	4 473.74	2 193.70	40.48	49.04	976.18	357.00	90.45	120.20	461.96	0.00	111.49	0.00	76.42
1988	3 737.29	3 096.58	1 746.16	46.72	56.39	907.69	277.28	89.07	45.98	299.28	0.00	66.30	0.00	60.56
1989	7 641.15	3 956.30	1 868.16	24.45	47.22	897.82	207.86	77.97	95.48	469.44	8.65	33.02	0.00	77.92
1990	7 000.34	3 876.79	1 657.81	23.68	42.76	809.65	169.83	97.69	96.54	309.60	6.61	74.52	0.00	93.37
1991	6 978.97	4 582.98	2 305.22	33.03	50.30	851.76	387.86	326.80	96.36	431.98	26.76	90.60	0.00	93.10
1992	7 120.57	4 630.51	2 448.10	34.38	52.87	1 049.33	273.66	161.26	205.04	566.80	5.43	101.14	0.00	85.44
1993	6 990.86	4 500.80	2 354.48	33.68	52.31	917.41	331.38	225.60	316.50	351.62	2.55	152.76	0.00	56.66
1994	6 862.05	4 027.91	1 994.96	29.07	49.53	965.34	329.89	76.30	138.30	305.01	2.06	116.12	0.00	61.94
1995	6 557.70	4 496.35	2 262.44	34.50	50.32	1 037.06	555.63	122.04	69.80	298.91	4.43	113.39	0.00	61.18

（续）

年份	病虫草鼠发生面积（亩）	病虫害发生面积（亩）	重大病虫发生面积（亩）	占总发生面积比例（%）	占病虫害发生面积比例（%）	水稻二化螟（亩）	稻飞虱（亩）	稻纵卷叶螟（亩）	稻瘟病（亩）	水稻纹枯病（亩）	小麦条锈病（亩）	玉米螟（亩）	马铃薯晚疫病（亩）	油菜菌核病（亩）
1996	6 811.84	3 805.31	2 034.72	29.87	53.47	1 065.11	200.21	56.02	57.97	468.23	20.77	95.70	0.00	70.71
1997	8 953.58	5 709.25	2 749.18	30.70	48.15	1 059.62	561.11	138.08	186.48	603.74	24.49	81.66	94.00	0.00
1998	9 742.31	6 092.22	3 258.28	33.44	53.48	1 139.86	781.98	156.46	201.13	625.03	92.25	149.62	111.95	0.00
1999	10 284.78	6 773.76	3 120.23	30.34	46.06	1 107.67	460.51	175.92	294.94	585.65	53.66	261.71	105.77	74.40
2000	9 499.43	6 230.73	2 965.71	31.22	47.60	1 150.66	451.35	177.00	242.95	572.58	41.09	154.03	106.23	69.82
2001	8 893.90	5 698.78	2 526.49	28.41	44.33	1 025.41	257.59	76.88	168.50	488.98	143.29	153.15	142.19	70.50
2002	9 912.40	6 724.23	3 480.10	35.11	51.75	1 137.92	466.01	369.16	259.74	580.14	263.18	178.91	153.79	71.25
2003	9 428.43	6 312.87	3 080.15	32.67	48.79	1 098.91	428.86	379.26	202.14	504.37	135.25	142.41	113.29	75.66
2004	9 286.30	6 152.03	2 984.67	32.14	48.52	1 024.60	373.52	347.61	267.53	471.94	117.39	168.98	125.81	87.29
2005	9 355.59	6 281.87	3 006.71	32.14	47.86	1 106.36	435.14	187.45	318.12	484.71	89.56	179.27	121.58	84.52
2006	8 762.01	5 774.68	2 726.14	31.11	47.21	1 052.34	423.81	149.66	139.69	444.73	115.40	197.81	112.25	90.45
2007	10 086.87	6 995.34	3 446.01	34.16	49.26	1 077.02	745.82	289.59	206.17	541.88	104.95	199.77	184.70	96.11
2008	9 892.18	6 691.29	3 005.32	30.38	44.91	1 004.57	417.87	233.18	215.67	513.05	68.63	284.79	179.05	88.51
2009	10 195.52	7 259.87	3 757.87	36.86	51.76	917.96	711.50	687.40	198.85	514.26	139.79	233.76	240.06	114.29
2010	9 242.84	6 236.81	2 720.81	29.44	43.63	901.30	384.49	268.58	145.37	473.33	42.04	223.33	183.14	99.23
2011	9 003.60	6 098.70	2 541.44	28.23	41.67	955.81	396.17	192.92	124.31	390.05	44.98	229.63	98.48	109.09
2012	10 055.79	7 318.01	3 406.63	33.88	46.55	915.32	975.01	241.14	169.78	433.05	44.82	267.32	241.30	118.89
2013	8 946.63	6 248.86	2 536.93	28.36	40.60	814.88	449.91	202.94	114.01	411.42	42.21	234.20	149.72	117.64
2014	9 276.04	6 477.57	2 823.38	30.44	43.59	793.27	412.68	361.62	177.26	430.59	46.17	244.28	226.07	131.44
2015	9 101.88	6 191.68	2 528.23	27.78	40.83	745.64	386.21	192.13	169.72	415.14	57.40	234.62	208.46	118.91

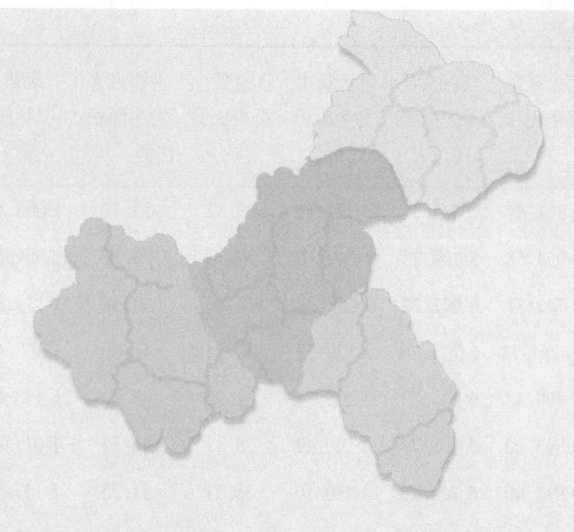

第八章 农业区划

土地是农业生产中最基本的生产资料，重庆境内山高谷深，沟壑纵横。2014 年国土第二次调查显示，全市有耕地 3 657.6 万亩，人均耕地面积从 1996 年国土第一次调查的 1.26 亩下降到 1.12 亩（人均实际经营耕地 1.03 亩），仅为全国人均耕地的 80%，其中库区移民人均仅 0.58 亩。耕地质量差，有效灌溉不足，基本是靠天吃饭。1986—2015 年，重庆市委、市人民政府科学制定、调整农业区划，指导农业生产。

第一节　四川省重庆市综合农业区划

重庆市县级农业资源调查和农业区划工作，从 1980 年试点开始，到 1987 年结束。参加这项工作的人员有 7 600 多人，其中区（县）级领导 79 人，中级以上技术人员 180 人。完成了综合、部门和专题区划研究报告 177 份，约 1 837 万字，绘制了各种图件 3 800 多幅，提交了大量的数据资料。这是全市有史以来第一次对农业进行的全面系统的科学研究，涉及面之广，研究之深，内容之丰富是从来没有过的。重庆市级农业区划，包括农业地貌、农业环境、农业气候、土壤、种植业、畜牧业、林业、渔业、乡镇企业、果树、茶叶、蚕业、甘蔗、蔬菜、农业机械化、水利、沼气、农村能源、农业经济 19 个部门专业区划和综合农业区划。

这项综合农业区划，在全面系统地反映了重庆市农业自然资源的数量、分布、利用、现状，并在分析社会经济条件的基础上，提出了建设农工商综合经营、生态经济良性循环的城郊型农业的发展方向和一系列发展农业的对策、措施。对有关的农业区划数据、资料、图件整理成了汇编、图集、名特优产品集、农业资源名录等，共 60 万字，其中，主报告——《重庆市综合农业区划》共 10 章，30 余万字。《重庆市综合农业区划》是在进行定性分析的基础上，采用多元回归、线性规划、灰色系统理论等定量分析方法和电子计算机运算，对重庆农村经济 2000 年的发展目标进行预测，按照地域分异规律、资源特征、社会经济条件，在传统分区方法的基础上，运用模糊聚类和模糊判别相结合的方法，将全市划分为 4 个农业区——城郊平行岭谷鲜活副食品工副业区、中部平行岭谷农工商综合发展区、西北部方山丘陵农业加工业并举区、南部中低山林牧矿产开发区，并划分了 13 个亚区，为分类指导农业生产和发展农村商品经济提供了科学依据。《重庆市综合农业区划》具有科学性、实用性和战略性，对农业生产发展和农村经济宏观决策有重要的指导意义。1987 年 7 月，经四川省农业区划委员会组织邀请省内外 30 多名专家、教授评审验收，一致认为《重庆市综合农业区划》是四川省市、地综合农业区划已验收成果中的一项最佳成果，具有较高的学术价值和实用价值，达到了全国同类成果先进水平。

重庆市地跨川东平行岭谷、川中丘陵和盆南山地，其自然资源和生态状况极不平衡，农村经济发展参差不齐。因此，只有对各地域进行区别对待，分类指导，才能使重庆这个城乡结合、人口密集、地域宽广的中心城市的农业持续、稳定、健康地发展。全市综合农业区共分为 4 个区，13 个亚区。

一、城郊平行岭谷鲜活副食品工副业区

（一）区域概况

本区包括南岸、江北、九龙坡、沙坪坝、北碚 5 个区的全部和江北县的 3 个乡，与市中区紧密相连，是重庆市的腹心地带。位于东经 105°17′—107°27′，北纬 26°27′—30°26′。辖区面积为 974.81 平方千米，占全市面积的 4.22%；耕地面积为 41.11 万亩（土壤普查调查数据，下同），占全市耕地面积的 2.62%，其中蔬菜地 9.2 万亩，占全市蔬菜地的 36.92%。区内有 38 个乡（镇），总人口为 183.38 万人，占全市人口的 13.29%。其中农业人口 53.52 万人，占本区总人口的 29.2%；农业劳动力 27.46 万个，占全市的 5.58%。人口密度为 1 886 人/平方千米，居全市第一位，复种指数为 215%，为全市最高。1985 年农业人均总产值 1 609 元，是全市平均水平的 3.6 倍，公路密度为 834 米/平方千米，是一个典型的"城郊型"农村经济区域。

（二）区域特点

城乡交错，土地生产率、劳动力生产率高；乡镇企业发展迅速，产值比重大；种植业产值比重较小，以蔬菜生产为主；奶牛及乳制品比重大，鱼、禽、蛋发展快。

（三）区域主要问题

土地资源急剧减少，农业环境污染严重；耕地经营过分零散，本区农业人均土地仅 0.61 亩，不适应农村经济发展。

（四）区域发展方向和主要建设途径

1. 发展方向

大力发展商品生产，服务城市，富裕农村，引进先进科学技术，提高鲜活副食品的生产能力；积极发展农村第二、第三产业，满足对外出口和城市人民生活的需求，将本区建设成知识、技术密集的，城乡产业紧密结合的，有良好生态环境的"商工农"型城郊农业区。

2. 主要建设途径

大力发展第二、第三产业，加快农村劳动力转移；围绕城市需求，建立鲜活副食品生产基地；发挥近郊优势，加强横向经济联合；推行设施农业技术，提高土地集约化水平；治理环境污染，制止乱占滥用耕地。

二、中部平行岭谷农、工、商综合发展区

（一）区域概况

本区位于重庆市郊的周围，地处川东行岭谷地带，介于东经 105°137′—107°27′，北纬 28°56′—30°12′之间，东西宽 175 千米，南北长 150 千米，辖区面积 11 952.22 平方千米（折合 1 792.83 万亩）占全市总幅员的 52%。其中耕地 830.67 万亩，占全市耕地面积的 52.97%，垦殖指数为 46%。林地面积 285.53 万亩，占全市林地面积的 53.78%，森林覆盖率为 11.31%，居全市第三位。园地面积 41.23

万亩，占全市园地面积的67.36%，其中果园20.9万亩，茶园11.36万亩，分别占全市果园的63.10%和茶园的41.37%。交通用地59.06万亩，占全市交通用地的49.08%。农业总产值21.24亿元，占全市农业总产值的52.51%。是全市面积最大，经济发展仅次于近郊区的农业区，辖区包括长寿、巴县，永川、璧山的全部和江北、江津、铜梁、合川县部分地区，共407个乡，总人口660.56万人，其中农业人口567.37万，占全市农业人口的52.19%；农业劳动力282.25万个。人均土地2.71亩，人口密度553人/平方千米。1985年，区内粮食产量269万吨，占全市的52.01%；油料产量为297万吨，占全市的47.07%；乡镇企业产值13.21亿元，占全市49.29%，乡镇企业产值与“农村五业”产值之比为1∶0.95；复种指数为214%，居全市第二位。该区是市郊农业、乡镇企业、第三产业综合发展的区域。

由于长期人为活动和地形地貌的影响，形成了地域差异大、立体性强的农业生态环境。在海拔250米以下为长江、嘉陵江河谷地带，500～1 000米为低山区，1 000米以上为中山区。从地貌的空间展现，该区又分为个不同的亚区。

（二）区域特点

岭谷相间，土壤类型多样，矿产资源比较丰富；水热丰富，农产品种类多、数量大；乡镇企业门类齐全，农村产业结构有较大改善；农业物质技术条件有一定基础，农业生产有一定保障；距市区近，交通方便，信息较灵，市场容量大。

（三）区域主要问题

伏旱频率高，抗灾能力弱；农业投资少，低产田土改造差，非耕地资源利用率低，农业发展后劲不足；环境污染日趋严重，农业生态环境质量下降；科技人员不足，乡镇企业效益差。

（四）区域发展方向和主要建设途径

1. 发展方向

今后一个相当长的时期内，本区农业发展方向是：立足本区，依托城市，坚持以种养业为基础，积极扩大以鲜活副食品为主的商品生产，努力提高农副产品的商品率，大力发展以建筑、建材、机械加工为主的乡镇企业，继续调整农村产业结构，促进农村经济的协调发展。将本区建设成为农、工、商综合发展的城郊区。

2. 主要建设途径

强化基础产业，促进农业的稳步增长；加强土地管理，防止耕地的急剧减少；增加农业投入，进一步改善农业基本条件；搞好集中产区的建设，积极发展以鲜活副食品为主的商品生产；办好乡镇企业，提高经济效益；继续调整农村产业结构，促进农村经济全面发展；依靠科技进步，不断提高农业生产水平。

（五）亚区简述

为了更好地、因地制宜分类指导农业生产的发展，将本区分为4个亚区。

1. 沿江河谷柑橘、蔬菜、建材工业区

（1）区域概况：本区位于长江、嘉陵江沿岸及两江支流两岸地带，包括长寿县河谷区、江北县沿江河谷区、巴县沿江河谷区和江津县沿江浅丘区。涉及85个乡（镇），辖区面积1 279.25平方千米（折合191.89万亩），占全区总辖区面积的19.70%；其中耕地75.43万亩，占本区耕地总数的9.71%，垦殖指数为39.3%。有18.35万农户，农业人口73.34万人，农业劳动力35.57万人，人均占有土地2.62亩，耕地1.028亩，农业人口密度573人/平方千米。是一个人口密度大，耕地资源不足，社会经济条件好，水陆交通方便，工、副业发达，柑橘、蔬菜等经济作物相对集中的地区。

区内土壤肥沃，宜种性广。土壤以灰棕新积土为主，占45%；其次为灰棕紫泥，约占40%；红棕紫泥占10%；酸性老冲积黄壤占5%。农耕地土壤土层深厚，耕性比较好，熟化程度较高，适宜水稻、小麦、玉米、甘薯、高粱、花生、柑橘、龙眼、荔枝、香蕉及蔬菜等粮、经作物的生长。旱地多一年3熟，稻田多一年2熟或3熟。本区水热资源丰富，河谷效应明显。境内年均气温18～18.7℃，10℃积温5 500～6 040℃，年日照1 200～1 350小时，年降水量1 100～1 150毫米。春季气温回升早，是本区热量最丰富的地区。同时，水利条件好，工程供水能力较强，农业机械装备较多，有机肥源广，有利于发展粮、油和蔬菜等作物的多熟制，是柑橘等多种亚热带水果的适宜区，因此土地利用率高，各种作物争地矛盾突出。

此外，亚区内工矿、城镇密布，人口稠密，产品销路广，交通方便，是市区经济延伸的走廊，是长江、嘉陵江“黄金水路”的所在地，也是重庆独具特色的经济地理组成部分，利于发展工副业和第三产业。境内中央、省、市、县属厂矿较多，且门类较齐全，大工业扩散产品多，发展城市配套工业条件优越；沿江两岸的建材资源和沙金资源取之不尽，对发展建材工业和淘金业十分有利。长江、嘉陵江横贯本区，不仅为沿江两岸人民提供了生存条件和工农业用水，而且码头多，水上交通方便，加之人口密度大、销售市场好，是本区与省内外物资交流的集散地。

（2）主要问题：干旱频率高，年内暴雨次数多、强度大，常有山洪暴发，江水泛滥，沿江两岸的部分耕地和建筑物易被淹没；耕地复种指数高，耕作次数多，适宜种植的亚热带植物多，争地矛盾突出，城镇工矿“三废”大量排放，污染环境，使土壤作物、水域、畜牧和生活饮水都受到影响。

（3）发展方向：本亚区今后应充分利用近城优势和长江、嘉陵江之便，逐步向大城市鲜活副食品基地转化和商品性生产转化。应继续调整农村产业结构，在积极发展双季稻、保证粮食基本自给的前提下，有计划地发展以甜橙为主的柑橘等亚热带水果，以及商品蔬菜、榨菜、花生，芝麻、甘蔗、花木等经济作物为生的种植业。要大力发展砂砖、预制件等建材业为主的乡镇企业和第三产业，加速发展塘库、溪河养鱼，切实搞好“四旁”绿化和溪河种竹生产，治理“三废”污染，保持农业的良性循环。

2. 中、浅丘粮、油、猪、鱼、果、食品加工亚区

（1）区域概况：本亚区位于海拔在300～400米的广大中、浅后及平坝地区。包括长寿县的浅丘宽谷区，江北县的中浅丘区，巴县的中浅丘平坝区、江津县的中丘谷地和中部深、中丘区，永川县的南部浅丘区，中、北部丘陵区，铜梁县的东南部浅后宽谷区，璧山县的腹部丘和中部中丘。涉及312个乡，总辖区面积6 683.10平方千米（1 002.47万亩），占全区总幅员的55.91%，其中，耕地462.03万亩，占全区耕地总数的59.46%，垦殖指数为46.09%，有92.20万农户，364.82万农业人口，162.54万个劳动力。人均土地2.75亩，耕地1.27亩，人口密度546人/平方千米，是一个粮食生产水平较高，工副业发展较好，农村经济较发达的粮、油、猪、渔、果亚区。

亚区内绝大多数土壤是紫色土，肥力较高，土层较厚，耕性较好，障碍因子少，多数粮食作物、经济作物都能正常生长而且产量较高，是全市和本大区农业的主产区。同时水利工程设施较多，工程水利利用率高，农机装备基础好，农业机械化程度较高。距离城镇较近，交通方便，劳力充足，利于发展工农业生产。

（2）存在的主要问题：耕地重用轻养，保护程度差。粮、油、猪等主产的经济效益不理想。乡镇企业经济效益不高。

（3）发展方向：今后本亚区应继续稳步发展粮、油生产。在较长时期内，应大力发展杂交稻、大麦、玉米、油菜、大豆，花生、高粱、莞麻、芝麻等作物和柑橘、葡萄等水果，逐步将本区建设成粮、油集中产区和多种经济作物高产区，积极发展以猪、禽、兔、鱼为主的养殖业和农副产品为原料的食品加工业，以及与大城市配套的业和交通运输业，尽快建立农、工、商一条龙的农村经济体系。

3. 背斜低山茶叶、矿产、防护林亚区

（1）区域概况：本亚区分布于各背斜低山区。包括长寿县低山林、粮区和深丘区，江北县的背斜低山区和深丘区，巴县的背斜低山区和深丘窄谷区，江津县的低山槽谷区，永川的低山区，铜梁县的东西低山区，合川县的华山区，璧山县的东西低山区和山麓深丘区。涉及248个乡，辖区面积3 431.82平方千米（514.77万亩），占全区土地面积总面积的28.71%，耕地206万亩，人均土地5亩，耕地3亩，人口密度301人/平方千米，是一个土地资源较丰富的地区。

亚区内山峦起伏，地势陡峭。坡陡谷长，槽谷发育，林粮交错，海拔多在500～1 000米。槽谷和槽丘为主要农耕地带，山岭和槽坡上沿则是以松、杉为主的林区和宜林荒山。土壤肥力较低，冷湿、缺素，黄壤和石灰岩土面积大，宜针、阔林及竹林、茶叶生长。气候温凉，光热资源较差，秋绵雨对农作物威胁大。水利工程设施少，灌区分散，保灌面积小。土地资源丰富，林地面积大，非耕地多，矿藏较多，发展多种经营条件好。

（2）发展方向：本亚区今后应发挥山区土地和矿藏资源多、森林面积大、非耕地多的优势，在稳定山区基本农田的基础上，开发矿产、药材等山区资源，大力发展茶叶和防护林，加速发展速生丰产林，积极开展林、木综合利用和采矿业、建筑、建材业，迅速发展山区经济。

4. 向斜低山粮、茶、用材林亚区

（1）区域概况：本亚区位处两路向斜北段腹部和寨山坪、云篆山、燕坪、太和、清和、太公山、石庙等向斜倒置低山地区。包括江北县倒置低山区，巴县向斜低山区。涉及34个乡（镇）。幅员总面积558.05平方千米（折合83.71万亩），占全区总辖区面积的4.68%，其中耕地33.48万亩，占本区总耕地的4.32%，垦殖指数为40%。拥有4.11万户，17.30万人，8.15万个劳动力。人均占有土地4.84亩，人口密度310人/平方千米，是一个土地资源相对较多的地区。本亚区气候温凉。昼夜温差大，伏旱威胁小，杂交水稻、杂交玉米和“优质米”优势明显。但种植制度单一，间套轮作差。

（2）存在的主要问题：土壤多黄化酸化。淋溶势强，缺素严重，肥力较差，人少地多，劳力负担重，精耕细作差。非耕地面积较大，地块零碎，坡度较大，机械化程度差。坡地薄地面积大，易受干旱影响和雨水冲刷，水土流失严重。

（3）发展方向：本亚区应立足于开发稻田资源，发展优质稻米生产，加速发展林业，积极开发茶叶为主的多种经营，提高林、牧、副业比重和经济作物在种植业中的比重，积极发展交通事业，振兴农村经济。把本亚区建设成为粮丰林茂的优质米基地和速生丰产林基地。

三、西北部方山丘陵农业、加工业并举区

（一）区域概况

本区位于重庆市西北部，华蓥山脉以西，介于东经105°17′—106°40′，北纬29°15′—30°26′之间，包括潼南县、大足县、荣昌县及双桥区的全部，合川县、铜梁县的一部分。共计267个乡，幅员为6 618.42平方千米，占全市土地面积的28.6%；有耕地502.35万亩，占全市耕地面积的32%。区内总人口达397.61万人，其中农业人口353.65万人，占全市农业人口的32.9%，占本区总人口的91.24%，农村劳力155.08万个，占全市农业劳力的29.26%。垦殖指数51.33%，为全市第一位。公路密度为284米/平方公里，属全市最后一位。

（二）区域特点

本区处于川中台共带方山丘陵地区，受大地构造的控制及大气环流的影响，与人类生产活动的共同作用，形成了以下主要的特点和格局：丘坝广布，蜿蜒开阔；降雨量少，径流资源不足；农业人口比重大，农村劳力富余；水能较为丰富，矿产相对贫乏；产业单一，工副业差；旅游资源，独具特色；种养业较发达，优势项自多，粮油生产水平高，以油菜、高粱、大麦最为突出，经济作物品种繁多，以黄桃、蚕茧、柑橘为拳头产品。

（三）区域主要问题

水土流失严重，生态环境恶化；水利工程效益差，抗旱能力弱，冬水田比重大，复种指数低；集镇城市化水平低，科技人才缺乏。

（四）区域发展方向和主要建设途径

1. 发展方向

稳步发展粮食生产，积极开展以油料、桑蚕、红橘、黄桃、良种猪、白山羊等骨干项目为主的多种经营；大力发展以农副产品加工为主的乡镇企业，逐步把本区建成以农副产品加工为主体，以主副食品、纺织产品为特色的重庆市独具特点的原料加工型农村经济区。

2. 要建设途径

治理水土流失，改善生态环境；抓好水电建设，提高抗灾能力；利用农业资源优势，建立优质商品基地；积极发展加工农副产品和纺织品的乡镇企业；加速集镇建设，疏理流通渠道。

（五）亚区简述

根据小地貌和水热条件的差异，将本区划分为 5 个亚区。

1. 河谷粮、油、橘、蔗、羊、水电建设亚区

（1）区域概况：位于涪江、渠江、嘉陵江 3 江沿岸，包括潼南、合川县的沿江平坝区，有 49 个乡，农业人口 71.22 万人，辖区面积 1 185.95 平方千米，其中耕地 93.70 万亩，分别占全区的 20.14%、17.93% 和 18.65%。

亚区地貌以平坝、台地和丘陵为主，土壤为近代河流冲积母质发育而成的灰棕潮泥、紫潮泥、黄泥、卵石黄泥和少量的红泥。地势平坦，土壤肥沃，热量丰富，水源充足，水利设施好。水能资源丰富，可开发量大。凭借 3 江水利之便，农作物的栽培方式，基本受人为决定，物产丰富，是商品经济发达的地区。沿江平坝，水旱两季田多而集中，复种指数高，一年可 2～3 熟。是合川红橘、白山羊主要产地和粮、油、蔗、麻等多种粮食作物、经济作物的高产区，也是西北部方山丘陵农业、加工业并举区最富庶的农业经济区。

（2）存在的主要问题

人多地少，粮食比重过大，小春作物布局欠佳。粮、经比例失调，经济效益不高，各地丘陵植被差，红黄壤土黏、酸、瘦，难耕难种，作物产量不高。坝地林网度小，内湿外涝严重，特别是 3 江沿岸坝地极易遭受洪涝灾害的影响。

（3）发展方向

亚区农业宜在改造低产田土，提高土壤肥力，保证粮食稳定增产的前提下，调整作物布局，积极发展多种经营，狠抓红橘、麻、蔗、茶和羊、兔等草食动物的发展，利用 3 江水能资源发展小水电建设，向全区提供电力。

2. 浅丘带坝粮、油、渔、桑、黄桃、种猪、薪炭林亚区

（1）区域概况：本亚区含潼南县的中部中低丘区，大足县浅丘带坝区，荣昌县的低丘区，铜梁县的西部浅丘带坝区及合川县中西北部丘陵区，双桥区的全部，共 154 个乡，农业人口 198.66 万人，辖区面积 3 578.23 平方千米，其中农耕地 291.31 万亩，分别占全区的 56.17%、54.11% 和 57.99%。

（2）存在的主要问题：亚区地貌以浅丘或缓丘带坝为主。土壤以红棕紫泥和灰棕紫泥田土为主，是潼南黄桃、荣昌种猪的主要产区。亚区垦殖指数达 54%，植被破坏严重，土壤冲刷强度大，水土流失严重，农业生产条件差。因处于 3 江脊岭地带，农用水严重不足，所以稻田大多种一季中稻，冬水田面积高达田面积的 83%。农业布局以粮食为主，经济作物少，传统农业生产色彩浓厚。

（3）发展方向：本亚区应抓住以薪炭林为主的植树造林，防止水土流失，改造低产田土等环节，稳定发展粮食生产，大力发展荣昌种猪、黄桃、柑橘、蚕桑、海椒、油菜、番茄等经济林木和经济作物生产，并利用冬水田水面，进行综合利用，发展商品生产。

3. 中低丘粮、油、桑、水土保持亚区

（1）区域概况：本亚区包括道南县北部中丘区，铜梁县北部中低丘区，合川县的中西北部台地，共有34个乡，农业人口44.36万人，辖区面积929.25平方千米，其中农耕66.87万亩，分别占全区的12.54%、14.05%和13.31%。

（2）存在的主要问题：亚区地貌类型以中低丘陵为主，土壤以灰棕紫泥为主。整个区域多处于涪江和嘉陵江的分水岭地带，水源不足，干旱严重，水土流失强度大，种植单一。稻田以一季中稻为主，坡土一般以甘薯、豌豆或者甘薯（玉米）小麦（豌豆）套种。蚕桑生产水平较高，并有一定的加工配套能力，是本亚区经济作物的拳头产品。

（3）发展方向：本亚区农业应在大力发展水土保持林，兴修水利工程，改变农业生产条件的前提下，提高粮食单产，积极发展桑、果、羊、花生、芝麻和稻田养鱼等多种经营。

4. 深丘水果、生猪、经济林、旅游开发亚区

（1）区域概况：本亚区包括潼南县南部中丘、深丘区，大足县的中丘、深丘区，有22个乡，农业人口29.84万人，辖区面积680.82平方千米，其中农耕地39.40万亩，分别占全区的8.44%、10.29%和7.84%。

亚区地貌类型以坪状高丘为主的深丘窄谷组合。气候温凉，年平均气温16.7～17.4℃，年降雨量1 050～1 100毫米。土壤以红棕紫泥和棕紫泥为主，所产生姜、地瓜、油桐独具特色。本亚区的大足石刻摩崖造像和潼南县马龙山石刻是重庆市重要的旅游资源。

（2）存在的主要问题：本亚区交谊条件差，伏旱严重，水资源不足，长期关冬水稻田达90%；冷浸烂泥田多，坡土较薄和荫蔽，生产水平低。粮食产量不高，农业布局上没有发挥靠山吃山养山优势。

（3）发展方向：今后发展应在近期内兴修水利，改变交通条件，改造低产田土。大力发展干鲜果品和油桐等经济林木，重点开发旅游业资源。逐步把木亚区建设成为农、林、牧结合，种、养、加全面发展，为旅游业服务的经济区。

5. 背斜低山茶叶、防护林、矿产亚区

（1）区域概况：本亚区包括大足县的低山区，荣昌县的古佛、螺观低山区，共有8个乡，农业人口9.57万人，辖区面积达237.17平方千米，其中农耕地11.07万亩，分别占全区的2.71%、3.66%和2.2%。

本亚区位于川东平行岭谷区余脉，地貌以背斜低山槽谷为主，土壤以暗紫泥、黄泥为主。土性冷凉、偏酸，宜耕作物少，适宜手林、茶、竹生长。区内林业植被虽遭破坏，但在西北部方山丘陵农业、加工业并举区内属最好的，林木覆盖率在30%左右。同时，该亚区又是本大区唯一矿产富集的地带，以煤、锶和石灰石等矿为主，有较大的开采价值。

（2）存在的主要问题：亚区的主要问题是水利设施少，灌溉条件差，土壤粘、酸、瘦，难耕难种，粮食经济作物产量不高。

（3）发展方向：今后应充分发挥山区优势，实行以防护林为主，林、茶、果结合，并积极发展以采矿业为主的乡镇企业，逐步把本亚区建成以林茶为主，以采矿、土陶为特点的工副业区。

四、南部中低山林牧矿产开发区

（一）区域概况

本区位于重庆市的南部，包括綦江县和南桐矿区的全部及江津县的南部地区。东西宽103千米，南北长 81 千米，辖区面积达 3 603.46 平方千米，占全市辖区面积的 15.59%，含 90 乡（镇）。有 131.83 万人，其中农业人口 105.33 万人，占全市农业人口的 9.5%，占区内总人口的 83.3%，农业劳力 45.73 万个，占全市农业劳力的 10.7%。有耕地 190.78 万亩，田土比为 1∶1.26；农业人均耕地 1.81 亩，居全市第二位，垦殖指数为 35.60%，为全市的低水平垦殖区。区内林地面积为 154.43 万亩，占全市林地的 29.6%，人均林地 1.47 亩，属全市最高水平。境内群山起伏，溪河纵横，海拔高度多在 500～1 000米，相对高差在 300～600 米的居多，生物、矿产资源十分丰富。1985 年，区内人均农业产值为 305.85 元，乡镇企业产值为 172.4 元，属于市内最低水平。境内川黔铁路、川湘、川黔公路贯通，地处川湘、川黔要冲，是重庆市的南大门。

（二）区域特点

山地为主，地质构造复杂；人均占有土地资源较多，林地多而集中；生物、矿藏资源丰富，土特产品种类多，开发价值高；气候温和，垂直差异大，作物以一年 2 熟为主，种、养皆占一定比重；厂矿较多，有一定市场。

（三）存在的主要问题

自然条件差，生产水平低；交通不便，阻碍农村经济发展；农村经济基础差，扩大再生产能力弱；科技、文化水平低，劳动力素质差；资源利用不合理，森林破坏较严重。

（四）区域发展方向和主要建设途径

1. 发展方向

根据依靠科技、注重生态、综合发展的战略指导思想，在保证粮食稳定增长的前提下，本区的发展方向是：以林、牧为主，农、工、交综合发展。大力发展多种经营，逐步调整粮食、经济作物和林用地比例，努力提高生产水平。重点抓好林木、茶叶、畜牧业、土特产品的商品基地的建设和以煤、铁、建材为主的采矿业，将本区建成林、牧、工矿综合开发区。

2. 主要建设途径

利用本区生物资源丰富、开发利用不够和人均土地资源较多的优势，在海拔 800 米以上，坡度大于 25 度的地方着重发展林、牧、土特产等多种经营生产，在海拔 800 米以下的丘陵、河谷、向斜山的坪顶及其他坡度较缓的地方。在现有耕地上发展粮、油、林、果为主的农业生产，特别是优质的稻谷生产，同时发展一部分南亚热带作物，使其成为本区粮、油、菜的供给地。这样一种布局，在利用时，必须用、养结合，严禁掠夺性的开发。具体做法是：增加智力投资，普及科学技术，加速采矿及林产品加工业为主的乡镇企业发展；抓好“三通”建设，疏通流通渠道。

（五）亚区简述

由于本区地貌、气候、自然资源的垂直差异性较大，所带来的利用形式和社会经济技术条件也各不相同，为了便于分类指导，将本区又分为 4 个亚区。

1. 河谷丘陵粮、经亚区

（1）区域概况：本亚区包括綦江县的中浅丘河谷区和南桐的丘陵平坝区。有 13 个乡，农业人口 19.72 万人，农业劳力 9.69 万个，分别占大区的 18.73% 和 20.11%，辖区面积为 294.76 平方千米，耕地面积为 30.14 万亩，分别占全区的 8.18% 和 15.80%。

本亚区地貌以丘陵为主，坡缓土肥，热量丰富，≥10℃年总积温为 6 200℃左右，是全市热量最丰富的地域，复种指数达 214%。亚区内厂矿、企业、机关、学校较多；亚区内交通也是全区最方便的区域，有一定社会经济技术条件，人口密度接近 1 000 人/平方千米，是全区中农村经济最发达的区域，水平接近市内其他丘陵区，是全区的“龙头”。

（2）发展方向：本亚区发展重点应是在不放松粮食生产的同时，大力发展菜、奶、鱼、红梅及南亚热带水果，使之成为全区的副食品供应地和全市南亚热带作物产地之一。

2. 向斜低山经济林、草食动物、粮食亚区

（1）区域概况：本亚区包括綦江县的低山区，南桐的坪状低山区和江律县的低山区。共有54个乡，农业人口63.65万人，劳动力28.00万个，分别占大区的60.46%和58.11%。辖区面积2 178.65平方千米，耕地面积110.86万亩，分别占全区58.71%和62.35%。

本亚区地貌为向斜倒置山的负地形，坡缘陡，山顶阔，海拔多在500～800米，土壤以中性棕紫泥、灰棕紫泥和酸化紫色土为主，低产田土较多，因坡面开阔，故光照充足，且昼夜温差较大，是重庆市优质米的主要产地。亚区中耕地、林地皆占一定比重，垦殖指数为29%，居全区的第二位，是全区粮食的主要产区。因地势平坦，草坡多，又是綦江水牛的主产地。

（2）发展方向：今后本亚区的发展应是以粮食、林水为主。大力发展茶叶、桐、棕、核桃、板栗等经济林木和以水牛为主的草食动物。在措施上应着重抓改造低产田土，建立优质米基地，利用非耕地发展经济林木，加强森林的抚育等重点，力争将亚区建成全区的粮油供给地和全市的优质米、畜禽产品供给基地。

3. 背斜低山茶叶、矿产、防护林亚区

（1）区域概况

本亚区包括綦江县的深丘槽谷区、低山区和南桐的低山区，有11个乡，农业人口15.06万人，劳动力7.57万个，分别占全区的14.3%和15.79%，辖区面积501.24平方千米，耕地面积30.14万亩，分别占全大区的13.91%和15.8%。

本亚区的地质构造比较复杂，各种矿藏蕴藏量大。土壤由矿子黄色石灰土、黄壤性土及粗暗紫泥、冷沙黄泥组合而成。槽谷地貌较为发育，成为主要农区。区内气候温凉，年均气温在16.8℃左右，相对湿度较高，在80%～82%，土壤偏酸，是重庆市优质茶叶的主产地，其中以“景星碧绿”“菊花春”最负盛名，以此处茶叶为原料生产的“重庆沱茶”荣获国际金质奖章。但由于土壤酸、耕地散、坡度大等，导致了农作物产量低下，粮食亩产为120～175千克。

（2）发展方向：本亚区今后应抓好林业和矿产品生产，抓好茶叶商品基地的建设，建立出口换汇基地。林业应以防护林为主，对大多数处于本亚区的陡坡地和一些广种薄收的低产地进行退耕还林。在茶叶生产基地的建设中，要着重提高茶叶的单产和品质，力争做到生产、加工配套进行。大力发展采矿业为主的乡镇企业，重点开采本亚区的煤、大理石、石灰石等矿藏。

4. 中山用材林、土特产亚区

（1）区域概况：本亚区包括江津低、中山区，綦江的中山区，南桐的中山区，共11乡。农业人口6.85万人，劳力2.93万个，分别占全大区的6.51%和6.09%。辖区面积为748.8千米^2，耕地11.54万亩，分别占全区的20.78%和6.05%。林地面积为70.5万亩，森林覆盖率达62.8%，为全市最高水平。

本亚区海拔多在800～1 200米。山高谷深，地广人稀，气候冷凉，耕作粗放。其林木资源、土特产品十分丰富，土壤以黄壤、黄棕壤为主。农作物以一季玉米或水稻为主，垦殖指数仅为10.27%，属全市最低水平，耕地亩均产粮100千克，生产水平十分低下。值得一提的是，境内的四面山、黑山等自然生态保存较好，是重庆市的物种基因库和待开发的旅游“处女地”。

（2）发展方向：本亚区今后的发展方向应以林业为主，积极发展土特产品的生产，使之成为优质木材和名贵药材供应基地。为此，要抓好林政管理，严禁乱采滥伐，注意护林防火；保护野生植物资源，扩大人工速生丰产林面积，建立天麻、黄连、银花、杜仲、猕猴桃、生漆等集中产区。根据市场需求，建立高产魔芋集中产区和加工基地。此外，还可利用草山草坡，发展一部分草食性畜。

第二节　四川省万县、涪陵、黔江地区综合农业区划

一、四川省万县地区综合农业区划

万县地区位于四川盆地东部，长江三峡西段，跨大巴山区、巫山、七曜山区和盆地东部平行岭谷区，地理坐标为东经 107°24′—110°12′，北纬 30°03′—32°12′。北与陕西接壤，东与湖北为邻部，西连达县，南界涪陵，幅员 29 521.17 千米^2。全区辖万县市、万县、开县、忠县、梁平、云阳、奉节、巫山、巫溪、城口等 1 市 9 县。1985 年末统计，有 99 个区，10 个区级镇，2 个街道办事处，661 个乡，23 个乡级镇，6 795 个村，188.75 万户，768.91 万人，其中农业户 171.51 万户，农业人口 704.48 万人。人口密度为每平方千米 261 人。本区土地总面积 4 428.17 万亩，按利用现状，大体分为，林地、草地约占 1/2；耕地园地约占 1/4；其他用地很少，不足 7%；尚未利用和难利用土地占很大比重。

1987 年年底，万县地区完成了地区农业区划工作，将全地区共划分为 4 个综合农业区，以地貌方位作为分区命名。

（一）沿江河谷区

位于长江及其主要支流两岸，包括万县市全部和万县、开县、忠县、云阳、奉节、巫山等县的沿江河谷地带。

1. 发展方向

本农业区开发条件较好，是全地区近期建设的重点，应当将人力物力财力，包括引进的资金技术人才，优先投放到这个区域，使其得以超前发展，成为全地区经济发展的依托和先导。其经济发展的方向是：建成柑橘基地、轻型工业基地、旅游基地、交通中转中心。

2. 重点产业

发展以柑橘为主的果品生产；发展为城镇服务的猪、禽、奶、蛋、鱼、菜等产品；发展食品工业、轻纺工业、化学工业、建筑建材业和与之相适应的机械工业、电子工业；发展以水运为主、水陆结合的交通运输业，充分利用长江港口，把有竞争力的商品打出区外、省外和国外市场；发展旅游，促进对外开放；营造防护林带，控制水土流失，恢复生态平衡。

（二）西部丘陵低山区

位于川东平行岭谷地带，包括梁平县全部和忠县、万县、开县、云阳的部分区域。

1. 发展方向

本农业区在全地区 4 个农业区中，种植业较为发达，而人口最为密集，应当着重开发农业资源和劳动力资源，把农副产品和劳动力打出去，把外地资金、技术、人才、设备引进来，促进农业和农副业产品加工业的发展。其经济发展的方向是：建成粮食基地、瘦肉型生猪基地、蚕桑基地和农副产品加工基地。

2. 重点产业

发展粮食生产，稳定粮田面积，建成稳产高产粮田，不断提高粮食的商品率，以提供必要数量的商品粮，保证全地区的粮食自给；在粮食稳步增长的前提下，发展生猪特别是瘦肉型生猪，形成“粮—猪—肥—粮”的良性循环系统，同时发展兔、蚕、鱼、柚子、竹子、茶叶、油料等拳头商品，以发挥区域的资源优势。围绕农业优势资源的开发，发展食品加工业、丝绸工业、化肥工业和煤炭工业；发挥劳动力资源丰富的优势，发展以建筑业为主的各种劳务输出；在重点营造水土保持林和薪炭林的同时，努力发展经济林和用材林，增加植被，改善生态环境。

（三）东北盆缘山地区

地处大巴山南麓，包括城口、巫溪2个县全部和开县、云阳、巫山、奉节4个县的北缘部分。

1. 发展方向

本农业区林、牧、特、矿、水能资源比较丰富，发展潜力很大，但目前还非常贫穷落后，缺乏必要的经济开发条件，起步困难。应当在国家扶持下，从抓“短平快”项目入手，发展商品生产，争取尽快脱贫，增强自身建设的能力，同时加强与外部先进地区的联系，逐步把自给自足的格局改变过来，把多种经营、乡镇企业发展起来，把商品生产基地建立起来，变资源优势为商品优势。其经济发展的方向是：建成具有一定规模的草食牲畜基地，独具地方特色的林、特产品基地，和与之相适应的林、牧、土特产品加工基地。

2. 重点产业

利用成片草山草坡，建设山羊繁殖饲养场，较大规模地发展山羊生产，并逐步创造条件，开发山羊系列产品，变羊皮羊肉的原料出售为多层次加工增值产品出售，形成山羊的生产加工综合经营体系；在发展山羊的同时，充分利用零星饲草，发展毛兔和肉兔。林特产品的发展以中药材、生漆为主要项目，并因地制宜发展核桃、板果、猕猴桃、木耳、香菇、黄花等多种产品；适应林、牧、特生产的需要，发展食品工业、皮革工业、中成药加工工业，同时发展煤、铁、锰、钡等采掘冶炼工业。积极修建乡村公路，首先修通主要集镇和主要商品基地，然后逐步做到乡乡村村通公路，让物资出得来，进得去。发挥溪河水能资源优势，建设地方小水电群，发展能源工业，并相应地建设输电设施，把多余电源输送到区外，为全地区的工农业生产和群众生活提供必要的能源。发展以防护林为主，防护林、用材林、经济林、薪炭林相结合的林业，尽快实现荒山绿化，逐步做到陡坡地停耕还林，以生物措施为主，生物措施与工程措施相结合，变生态的恶性循环为良性循环；发展粮食生产，特别要利用土层较厚、土质较好的沟槽地、缓坡台地和山间盆地建立粮食生产基地，尽可能地提高粮食自给率。

（四）东南盆缘山地区

巫山、七曜山、方斗山的中低山区，包括万县、云阳、率节、巫山4个县的南缘山地。

1. 发展方向

本农业区发展种植业的自然条件优于东北缘山区，林、牧、矿、水能资源与东北缘山区相似，经济技术条件也稍好，但从整体来看，仍属贫穷落后的区域。其发展也应当同东北缘山区一样，遵循“先脱贫，后致富”的路子，逐步建立起草食牲畜基地，林、特产品基地和与之相适应的林、牧、特产品加工基地。

2. 重点产业

同东北缘山区一样，重点是发展草食牲畜，发展林、特产品，发展农、副、土、特产品加工以及采掘冶炼工业，发展地方水电，发展防护林、用材林和薪炭林，发展粮食生产。不同之处在于：草食牲畜要羊、兔并重；林、特产品除中药材、生漆等项目以外，要大力发展油桐、蚕桑；采掘冶炼近期主要是开发煤、铁、硫黄等矿藏；粮食要做到区内基本自给。

二、四川省涪陵地区综合农业区划

涪陵地区地处四川盆地东南缘，辖涪陵市、垫江、南川、丰都、武隆4个县，石柱、彭水、黔江、酉阳、秀山5个少数民族自治县，共9县1市，土地总面积29 752千米^2，辖区面积占四川全省的5.2%。1984年末，全区总人口589.65万人，其中少数民族（24个）人口135.33万人，占23%；农业人口541.67万人，占91.9%；人均占有7.6亩，为四川省人均占有量（8.4亩）的90.5%。

1986年年底，涪陵地区完成全地区农业资源调查与农业区划编制工作，把全地区分为3个综合农业分区。

(一) 西北丘陵低山粮果养殖工副业区

本区范围为七曜山至金佛山一线西北地区和沿长、乌江两岸的丘陵与一二级台地地带。包括垫江全部，丰都、涪陵、南川大部，以及武隆、石柱的一部分。

1. 农业发展方向

主要是种植业、养殖业、加工业协调发展，农业、工业、商业综合经营。在稳步抓好粮食生产的同时，继续搞好以猪禽为主的畜牧业，大力发展以榨菜、油菜为重点的经济作物和以柑橘、蚕桑为主的经济林木，充分利用水面养鱼，抓好“四旁”植树和荒山荒坡的绿化造林或种草，立足资源分布，建立商品基地，改着生态环境。并大力发展与之相适应的粮食、酿造、纺织、缫丝、饲料、皮革以及建工建材等乡村工副业，实行农工商综合经营。

2. 农业生产优化循环结构

主要有：粮食（水稻、玉米、小麦、豆类）—柑橘—榨菜—猪、牛、禽—沼气—食用菌—肥料系统；桑蚕—食用菌—猪、鱼、禽、兔—肥料—粮食系统；粮食—用材林—茶叶—猪、牛、兔、禽—肥料系统等。不同区域的优化结构，应因地制宜，突出重点，不断提高土地利用率，农产品商品率，从而取得良好的生态和经济效益。

3. 具体措施

调整作物布局，建立粮、油生产基地；主攻中稻，建立长江以北漕坝、缓丘地带水稻和江南低山台地优质水稻生产基地；大力改造低产田，增施有机肥料；加强水利工程配套建设，科学用水，努力提高现有水利设施的抗旱能力。

(二) 中部中低山林多种经营土特产区

本区范围为七曜山与金佛山一线东南，至酉阳毛坝、广沿盖一线西北广大地区。包括彭水、黔江全部，酉阳、武隆县大部，涪陵市，石柱、南川、丰都县的部分地区。

1. 农业发展方向

以林牧业和多种经营为主；发展以松、杉、柏、枫香、泡桐、红椿为主的用材林，以桐、漆、核桃、板栗、枣、柿为主的经济林，以黄连、杜仲、黄檗、厚朴、金银花、白术为主的中药材，以兔、牛、羊草食性牲畜为主的畜牧业，以烟、麻、魔芋、花生、茶叶、蚕桑为重点的经济作物，以煤、铝土矿、铅锌矿、萤石、重晶石、大理石为重点的矿产开发业。在粮食生产上实行集约经营，力争基本或大部自给。按照国内市场需求，建立商品基地和与之适应的乡镇工业以促进山区经济的全面发展。

2. 农业生产的优化循环结构

从丘陵河谷到中山地区分别为：粮（玉米、水稻）—茶（茶叶、油茶）—麻（苎麻、红黄麻）—畜（猪、兔、牛、羊）—食禽用菌—沼气—肥料系统；粮（玉米、水稻）—油（油菜）—果（红橘、葡萄、梨、枣）—食用菌—畜禽（猪、兔、牛、羊、鸡）—肥料系统；林（松、杉、柏、竹、油桐、乌柏、桑、茶、桃、李、梨、枣、杏、柿）—粮（玉米、薯类、杂豆、水稻）—烟（烤烟）—畜禽（猪、兔、牛、羊、蜂、蚕、鹅）—菌（香菇、竹荪）—肥料系统；林（盐夫木、猕猴桃、生漆）—草（红、白三叶草，黑麦草）—药（黄连、金银花、党参、天麻、黄檗、杜仲、厚朴）—粮、豆（玉米、马铃薯、白芸豆）—畜（牛、羊、兔、猪）—肥料系统；林—草—粮（玉米、马铃薯）—芋（魔芋）—畜—肥料系统。

3. 具体措施

调整农业结构，把林、牧业和多种经营生产摆在首位；狠抓林业生产；开发草山草坡，加速草食性牲畜的发展；发挥烟、麻、魔芋、蚕桑、果树、花生等经济作物优势，积极开展多种经营；努力改善农业生产条件。

（三）东南低山谷坝粮经养殖工副业区

本区范围为酉阳县东部丘坝地区的麻旺、大溪、酉酬、龙潭及秀山县全部。

1. 发展方向

着重发展粮食、多种经营和猪、牛、羊、兔、鸭、鹅、鱼养殖业，充分利用荒山草坡，发展经济林、用材林，种草养畜，搞好农业环境，做到农、林、牧、渔、工、副协调发展。

2. 农业优化循环结构

主要有：稻（水稻）—油（油茶、油菜）—畜禽（猪、兔、牛、羊、鸭、鹅），—沼气—鱼—食用菌—肥料系统；林（松、杉、红椿、泡桐）—茶（茶叶、油茶）—粮（玉米、水稻、甘薯）—经作（烤烟、苎麻）—畜禽（猪、牛、兔、鹅）—沼气—食用菌—肥料系统；林—草—药（银花、白术）—粮（甘薯、马铃薯、玉米）—畜（牛、羊、兔、猪）—肥料系统等。

3. 主要措施

调整作物布局；改造低产田土；大力发展林牧业生产；积极开展多种经营。

三、四川省黔江地区综合农业区划

黔江地区于1988年5月经国务院批准，从原涪陵地区10个县中将石柱土家族自治县、彭水苗族土家族自治县、黔江土家苗族自治县、酉阳土家苗族自治县、秀山土家苗族自治县划出单设。1992年，全区总人口269.5万人，其中，农业人口248.1万，站总人口的92.1%。据土地利用现状概查（1984年），在2 540.43万亩土地资源中，耕地面积309.8万亩，占总面积的12.2%（其中：田地119.43万亩，占耕地面积的38.6%，土地190.60万亩，占耕地面积的61.4%）。

1991年4月至1993年9月，黔江地区完成了农业区域综合开发后备资源调查评价工作，将全区农业后备资源划分为4个区。

（一）东部平坝浅丘、低山中低产田土改造区

本区包括秀山、酉阳两县全部区域。按照地势和中低产田土类型将本区划分为两个二级区。

1. 平坝浅丘中低产田改造区

本区涉及酉阳、秀山两县8个区（镇）25个乡（镇），土地面积897千米^2。本区是两县的粮仓，历来是两县富庶之地，秀山大坝被称为“小成都”。其地势平坦，溪河密布，土地肥沃，有悠久的耕作历史。本区水田广布，连片集中，是黔江地区水稻、小麦、油菜等粮油作物主产区。富庶的土地有着大面积的中、低产田，与其美名极不相称。本区今后开发的重点是尽快改造中、低产田，每年明确改造任务，10年内完成全部改造，使粮食单产、复种指数都有较大的提高，充分利用地平水好的优势，发展渔禽养殖，建成该区粮食生产基地和白鹅、麻鸭、稻田养鱼基地，使之成为名副其实的鱼米之乡。同时建成本地区东南部的农产品最大交易市场。

2. 低山中低产土改造区

本区涉及酉阳、秀山两个县12个区（镇）41个乡（镇），面积2 690.95千米^2。本区大多处于低山，海拔不高，坡面长、坡度小，水源条件较好，旱地面积大，中、低产土多。本区今后应着重抓好中低产土的改造整治，加强农田基本建设，在发展粮食作物生产的同时，利用低山适宜发展经济林木的优势，大力发展以小水果为主的经济林，提高农民收入，利用水源条件较好的地方，致力发展水禽养殖和以草本饲料为主的牧养业。

（二）西北部沿江低丘荒山荒地开发区

本区包括石柱县的8个区（镇）30个乡，面积1 084.5千米^2。本区以低丘为主，辅之以一些山间

槽谷小坝，最低海拔 118 米（全区最低点），坡面长，坡度不大，水源条件好，热量丰富，雨量充沛，生长季节长，太阳总辐射量少，适宜多种作物生长。本区又处于长江中游，是三峡库区淹没区和长江经济开发带上段。本区开发方向是：牢牢抓住三峡工程建设的契机，充分利用水运便宜的优势，围绕移民开发工作，加快荒山绿化步伐，搞好长江防护林带建设，加强荒地后备资源的综合开发，积极发展粮食生产和多种经营，拓宽农副产品市场，走外向型开发农业的路子，建成该区最大的农产品交易市场，推出该区优势农产品，形成规模的农产品商品量。为使该区农业资源优势转为商品优势起到中介桥梁作用。

（三）西部乌江沿线荒山荒地绿化牧养开发区

本区包括彭水、酉阳两县 7 个区（镇）29 个乡，土地总面积 1 701.67 千米^2。发源于贵州省乌蒙山麓的乌江由南向北流经本区，其地势险恶，水流湍急，水能资源极为丰富。本区山多峰险，但水陆交通方便。区域内以中山和低山为主，且坡度大，受长江水系影响，气候条件较好，有利于发展立体农业。本区由于交通便利，森林植被破坏较重，水土流失面积较大，荒山面积数量较多。随着彭水乌江水利工程的兴建，本区应着重做好荒山绿化工作，加快乌江防护林带建设，充分利用山间牧草地资源，突出养殖以山羊为主的草食性畜禽；发展以用材林为主，经济林增收为辅的林、牧结合路子。同时应注重抓好农副产品流通，逐步拓展市场，加快市场建设步伐，建成地区西部最大农产品集散市场。

（四）中部中山后备资源综合开发区

本区包括石柱、彭水、黔江、酉阳 4 个县 26 个区（镇）181 个乡（镇），土地面积 10 565.68 千米^2，占辖区面积的 62.4%。本区以中山为主，低山为辅，山间槽谷，溪河小坝稀有分布，形成中间高四周扩散逐渐降低的地势特征。区内由于面积大，地貌类型多样，气候类型复杂，农业后备资源品种多，分布面积大，开发条件难易程度不同。其主要开发方案是：以开发荒山荒地为主，加快中、低产田土改造，改造效益较差而市场效益好的经济林；改造面积连片，草势较好的低产牧草地，充分利用财力、人力、物力，加强后备资源的综合开发；以林为主，林、牧结合，林、粮结合，牧、粮结合，林、园结合，发展优质用材林和高效经济林；发展山羊、黄牛、长毛兔为主的草食性畜养殖业。改造以低产桑园为主的低产园地，发展优质茶园、高产桑园、特色果园、名特药园，大力发展粮经生产，加快中、低产田地改造，加强基本农田建设，增强水养能力，不断增加农民人均收入，不断改善农村产业结构，适应市场变化，拓宽农民视野，立足资源，敲开山门，实行资源的综合开发和农产品市场的全方位开放。

第三节　重庆市综合农业区划

1997 年重庆市改直辖后，人口、总面积、资源等方面发生了较大变化。1999 年，全市开展了成为直辖市后的首次农业区划工作。此次区划，按照“充分开发利用农业自然资源，正确制定不同区域的农业发展方针，因地制宜指导农业生产布局”的思路，在综合平衡各个单项区划和部门区划的基础上，以研究各地的农业地域分异规律及专业化分工特征，找出优势和有利条件，找出问题和矛盾，提出向现代农业发展的方向、路径。因此，重庆市综合农业区划成果不仅具有高度的现状综合性，而且兼有一定的远景性特征。

一、综合农业区划的基本原则

重庆市地跨平行岭谷、方山丘陵和盆边山地，其自然资源和生态状况极不平衡，农村经济发展差异很大。农业综合区划的原则：一是农业自然地理环境条件分异（农业生产发展的自然、经济条件基本相似性）；二是社会经济条件和水平分异（农业生产现状特点的相似性）；三是农业发展方向和建设途径分异（农业远景专业化方向的相对一致性）；四是保持一定行政区划的完整性（保持乡镇行政区界的完整性）。根据以上原则，将市内各相邻的有关区（县）加以组合，使组成的各区内部在上述方向具有较多的共同性，各区之间具有明显的差异性。

二、综合农业分区

重庆市综合农业区划将全市划分为城郊型农业区、三峡移民开发农业区、丘陵农业区和山地林农牧区4个区。

（一）城郊型农业区

该区包括渝中区、大渡口区、沙坪坝区、南岸区、九龙坡区、江北区、北碚区和渝北区、巴南区的大部分或部分乡（镇）。土地面积2 574千米^2，占全市的3%。该区主要是主城建设和城市发展区，土地开发利用程度高，后备资源短缺，城镇、工矿、交通等非农业用的面积相对较高，土地适宜性广，农业蔬菜生产为主，粮食生产比例小，水果、花卉等有一定规模，奶业、水产发展较快。

（二）三峡移民开发农业区

该区包括巫山县、巫溪县、奉节县、云阳县、开县、万州区、忠县、石柱县、丰都县、涪陵区、武隆县、长寿区、渝北区、巴南区等区（县）大部分或部分乡（镇）。区内为北斜低山、向斜丘陵地貌，河谷地带海拔100～400米。土地面积12 719.67千米^2，占全市的15.45%。该区是全市主要的粮食、蔬菜、青菜头及其他经济作物和柑橘产地，也是多种水果、生猪、牛、羊、兔、家禽生产基地。

（三）丘陵农业区

该区包括潼南县、铜梁县、大足县、荣昌县、双桥区、永川区、合川区、垫江县、梁平县全部和璧山县、江津区、綦江县、万盛区、巴南区、南川区、涪陵区、渝北区、长寿区、丰都县、忠县、万州区、开县、云阳县、奉节县的大部分或部分乡（镇）。区内属方山丘陵和平行岭谷地带，地貌多样，低山、丘陵、谷地交错，间有丘间平坝。土地面积29 279.26千米^2，占全市的35.56%。该区水热条件好，湿度适宜，耕地土壤相对较肥沃，是全市主要商品粮油、优质肉猪、蚕茧、茶叶、水禽生产基地。盛产柑橘、柚、桃、梨等水果，如奉节脐橙、梁平柚等。

（四）山地林农牧区

该区包括城口县、黔江区、酉阳县、秀山县、彭水县的全部和巫溪县、巫山县、奉节县、开县、云阳县、万州区、石柱县、丰都县、涪陵区、武隆县、南川区、万盛区、江津区、綦江县、永川区的大部分或部分乡（镇）。区内地势巍峨险峻，坡陡谷深，地形成层明显，海拔800～1 200米，最高2 796.8米。土地面积37 766.43千米^2，占全市的46%。该区立体气候明显，林地、草地广阔，耕地也占相当比重，是油桐、乌桕、生漆、黄牛、山羊、中药材以及魔芋、木耳、香菇等林、牧、土特产品重要产地。

三、综合农业区划优势特点

重庆市自20世纪90年代末以来，在综合农业区划的引导下，广泛开展了农业结构调整、农业综合开发、优势农产品和特色农产品区域布局、退耕还林等农业生产布局调整活动。近年来，又通过广泛深入推广农业产业化经营和土地流转，启动实施“三百工程”建设，促进了农业生产布局的地域分工。随着国民经济持续快速发展，交通运输、科技成果运用等条件的改善，尤其是在中国加入世界贸易组织后国际农产品比较优势和国际间农产品竞争的背景下，重庆市优势农产品和特色农产品的区域分布格局发生了显著变化，基地规模不断扩大，优势农产品产业带和特色农产品产业区初步显现。

一是布局更加优化。取消水稻双季稻耕作制度，水稻主产区由20世纪80年代初期的20多个区（县）缩小到目前的10个县左右。小麦种植面积大幅度削减，由渝西向渝东南和三峡库区转移。油菜面积大幅度扩大，成为重庆冬季大田的主要作物。柑橘产业基本形成以奉节县为主的鲜食果产业区，以万州区、忠县等为主的加工果产区。榨菜产业基本形成以涪陵区、万州区等为主的茎瘤芥生产和加工产业带。花卉生产在主城区周边和万州、涪陵等区域中心城市有较大规模的集中发展。全市已形成一批优势农产品产业带，如优质粮油、优质生猪、优质柑橘、绿色蔬菜产业带。特色农产品生产逐步形成比较明显的区域化布局格局，形成一批特色农产品产业区，如草食牲畜、茶叶、林土特产品、花卉、地道中药材等产业区。从而使各地的农业功能也相应发生了变化。

二是产业规模不断扩大。重庆基本形成长江三峡优质柑橘产业带、优质肉猪产业带、优质肉羊产业带以及榨菜、辣椒、中药材等特色产业区。2007年，全市优质农产品生产基地72万公顷，其中柑橘12.2万公顷（标准化果园2.7万公顷），产量115万吨；名贵和道地中药材6万公顷，产量35万吨；优质榨菜5.3万公顷，产量86万吨；黄籽油菜8万公顷，产量28万吨；优质笋竹6.7万公顷，产量80万吨；天然香料6万公顷；花卉苗木2.3万公顷，年产蚕茧62万担；出栏生猪1 980万头。根据绝对份额、比较优势和增长潜力3个指标进行比较分析，柑橘、中药材和生猪3个产业在全国具有比较优势和特色，其他产业也具有一定的优势。

第四节　重庆市农业功能区划

农业功能分区是全国及省级主体功能分区的一项基础性工作，是新时期农业资源开发与农业区划工作的深化、延伸和扩展，具有战略性、基础性和约束性。2009年，按照《全国农业功能区划》的初步方案，根据聚类分析结果，结合以往的研究成果以及实践经验，考虑到各县（区）农业资源禀赋、地形地势特征、人力资本、农业技术及区域特色文化和发展战略等，对全市农业功能区划做适当调整，划分为5个功能分区（表2-8-1）。

表2-8-1　重庆市农业功能区划表

主导功能区	二级功能区	范围
主城近郊休闲与就业保障功能主导区（8个）	主城核心区（5个）	大渡口区、江北区、沙坪坝区、九龙坡区、南岸区
	主城外围区（3个）	北碚区、渝北区、巴南区
渝中渝西农产品供给与就业保障功能主导区（16个）	渝西方山丘陵区（6个）	合川区、潼南县、大足县、荣昌县、铜梁县、双桥区
	渝中平行岭谷区（7个）	永川区、梁平县、垫江县、长寿区、涪陵区、江津区、璧山县
	渝中南倒置中低山区（3个）	南川区、綦江县、万盛区
三峡库区腹心生态调节与就业保障功能主导区（6个）		万州区、忠县、开县、云阳县、奉节县、丰都县
渝东南武陵山农产品供给与文化传承功能主导区（6个）		武隆县、石柱县、黔江区、秀山县、酉阳县、彭水县
渝东北秦巴山生态调节与生活保障功能主导区（3个）		城口县、巫山县、巫溪县

一、主城近郊休闲与就业保障功能主导区

（一）区域特征

本区位于重庆主城或近郊，由大渡口区、江北区、沙坪坝区、九龙坡区、南岸区、北碚区、渝北区、巴南区8个区组成。土地面积5 458千米^2，占全市土地面积的6.6%；区域总人口523.6万人，占全市总人口的16.4%。其中，农业人口215.2万人，占全市农业人口的9.2%，占区域总人口的41.1%，是全市非农业人口比例最高的区域。2006年末，常用耕地面积110 453公顷，占全市常用耕地面积的8.0%；人均耕地面积0.02公顷，为全市平均水平的49%。

主城近郊区的主要农产品有水稻、蔬菜、生猪、奶牛、水果、花卉、水产品等。2006年年底，本区粮食总产量684 674吨，占全市粮食总产量的7.0%；蔬菜产量1 488 125吨，占全市蔬菜总产量的16.7%；水产品产量42 152吨，占全市水产品总量的18.6%。

区域农业劳动力占农村劳动力的比重为50.2%，农业收入占农村经济总收入的比重为43.2%，劳动力平均农业总产值0.8万元/人，农民人均纯收入4 385.7元，为全市最高。本区工业化、城镇化水平高，农业增加值占生产总值的比重仅为3.4%，农业的就业保障功能呈下降趋势，农村劳动力就业以城镇工业和服务业为主。

区域单位土地面积公路里程数为1.6千米，园地占农用地的比重为11.7%。农业产值构成上，农村服务业占农业总产值的比重为5.1%，3项指标均为五大区域之首，农业的休闲观光功能突出。区域内休闲观光资源丰富，诸如北碚的美丽乡村嘉年华景区、渝北的民俗文化村、歌乐山、南山、缙云山、北温泉、铁山坪、统景温泉风景区、巴南温泉之乡、白市驿都市农业区等。随着重庆市工业化和城镇化进程的不断加快，特别是重庆市成为国家城乡统筹综合配套改革试验区以来，全市各地尤其是主城区周边的休闲农业观光园，如雨后春笋般陆续涌现出来，并已越来越受到广大农民和城市居民青睐，发展态势良好。休闲观光农业在提供休闲观光资源、农产品供给的同时，又能很好地解决农村劳动力的就业保障问题。目前，仅主城周边就有农家乐1万多家，年接待游客量达1 100万人次。其中，以开辟全市观光农业先河的南山农家乐最为突出，形成了“因农家乐而知南山、因南山而知农家乐”的格局。

随着城镇化、工业化速度加快，农业赖以依存的耕地资源面临双重压力，加上化肥、农药、农膜的大量施用，本区农业面临着土地资源数量减少、农业面源污染等影响。

（二）主导功能与拓展方向

主城近郊区自然条件优越，区位优势明显，经济条件相对较好，农业信息覆盖面大，支撑体系坚实。农业除发挥向城市提供部分高品质的农副产品和农副产品加工的生产功能外，重点突出休闲观光、旅游、生态调节等服务功能，同时着力完善强化为全市农业发展提供服务和带动的服务功能，包括建设农业科技研发中心、技术推广服务中心、教育培训中心、农产品贸易服务中心等。

立足本区农业资源丰富、经济实力强、科技资源雄厚、交通便利的优势，推动高效都市型生态农业的建设。区内有重庆市重要的蔬菜、花卉苗木等生产基地，充分发挥设施栽培在蔬菜、花卉生产、种苗培育、作物新品质引进选育、脱毒种苗快繁等方面的重要作用。在该区域重点发展蔬菜、生猪、肉兔、肉鸡、茶叶、花卉、水果等产业。调整优化品种结构，提高农产品附加值；加大龙头企业建设，加快农业产业化经营进程；加快都市现代农业示范园区建设，着力培育农业高科技优质品牌，努力形成科技农业孵化器；加快建立鲜活农产品生产和加工基地，发展农业储运包装业，搞好鲜活农产品的供应和流通。

大力发展休闲观光农业。充分利用地处城乡接合部、交通便利的优势，在做好观光休闲农业规划的基础上，发展具有区域传统农业文化特色的观光农业产业和以现代农业生产方式为载体的观光农业产

业。结合区内的旅游景区和农业示范园区等农业资源，做大做强休闲观光农业产业，走以发展乡村旅游促进新农村建设的特色发展道路。进一步挖掘农家乐的传统农业特色，建设农耕文化体验园，大力发展田园生态旅游，开发近郊品牌农家乐，筹办特色农俗文化节。目前已成功举办了重庆市花卉博览会、九龙坡走马观花文化旅游节、北碚静观蜡梅节、南山樱花节、渝北绿色生态旅游节、巴南温泉文化旅游节和年猪美食文化节等大型节会活动。

大力发展花卉产业。花卉产业是一个朝阳产业，本区具有发展花卉产业独特的气候和地理优势，区域内现有白市驿国家级花卉苗木产业示范园区、北碚静观花木经济开发区以及渝北百里花卉长廊及花卉苗木生产工厂等一批从事花卉苗木生产的观光农业示范基地。充分利用区域在植物资源、信息、技术等方面的优势，引进推广适合重庆气候特点的花卉品种和绿化苗木，扶持龙头企业，推动花卉苗木产业的发展。同时，用“以花为媒、经贸唱戏”的理念为指导，依托花卉苗木产业的发展，带动近郊休闲观光农业的发展，在成功宣传当地特色花卉的同时，促进地域经济的发展，不仅为城市居民提供了良好的休闲场所，还为近郊农业的发展提供了新的模式。此外，巴渝盆景历史悠久、技术精巧，是全国著名的盆景流派之一，多次在全国展览会上获奖，深受日本及东南亚地区的欢迎，具有广阔的市场前景。

加强农业生态环境保护。突出缙云山、中梁山（含歌乐山）、铜锣山（含南山、铁山坪、玉峰山）、明月山主城四大“肺叶”的生态调节功能，造就“天然氧吧”，改善和提升农民致富与发展的环境。

从地域特征出发，本区进一步细分为 2 个二级功能区，即主城核心区、主城外围区。

1. 主城核心区

由大渡口区、江北区、沙坪坝区、九龙坡区和南岸区 5 个区组成。以满足区域内 308.4 万非农人口的休闲体验以及大量城市流动人口的休闲需求。农业在发挥休闲观光功能的同时，兼有就业保障和农产品供给的功能。

2. 主城外围区

本区为重庆市外环高速公路内的城市近郊区域，由北碚区、渝北区和巴南区 3 个区组成。重点提供优质商品稻谷、蔬菜、生猪、奶牛、水果、茶叶、花卉等农产品。利用资金、技术、人才、管理、区位等优势，重点发展产品价值高、投入高的商品农业，满足区域内非农业人口和工业生产的需求。农业在保障农产品供给的同时，辅以休闲观光和就业保障的功能。

二、渝中渝西农产品供给与就业保障功能主导区

（一）区域特征

渝中渝西区是重庆市农业发展的重点区域，以浅丘为主，具有人口多、稻田面积比重大等特点。包括长寿区、涪陵区、万盛区、双桥区、江津区、璧山县、合川区、永川区、南川区、綦江县、潼南县、铜梁县、大足县、荣昌县、梁平县、垫江县 16 个区（县）。土地面积 26 606 千米^2，占全市土地面积的 32.3%。区域总人口 1 389.8 万人，占全市总人口的 43.5%。其中，农业人口 1 100.3 万人，占全市农业人口的 46.8%，占区域总人口的 79.2%。2006 年末常用耕地面积 663 859 公顷，占全市常用耕地面积的 48.0%；人均耕地面积 0.05 公顷，高于全市平均水平。粮食、柑橘、蔬菜面积占耕地面积的比例分别为 125.7%、9.6%、23.7%。乡村人口人均耕地面积 0.09 公顷，单位耕地农用水资源量 6 482.5 米^3/公顷。

本区是重庆市的主要农产品供给区，农产品供给能力强。主要农产品有优质粮油、生猪、奶牛、肉兔、蔬菜、茶叶、水果等。2006 年，区域粮食产量 4 736 927 吨，占全市粮食总产量的 48.7%；油料 159 656 吨，占全市油料总产量的 40.8%；蔬菜产量 4 860 571 吨，占全市蔬菜总产量的 54.7%；水果产量 644 287 吨，占全市水果总产量的 44.2%；肉类产量 965 705 吨，占全市肉类总产量的 49.3%。单位耕地面积粮食产量 6 443.4 千克/公顷，总人口粮食人均产量 371.9 千克。谷物、蔬菜、水果人均占

有量分别为269.6千克、333.6千克、41.7千克。

本区距离主城区较近，除梁平县、垫江县外，都位于一小时经济区圈内，区域经济发展水平较高。在区域劳动力就业构成上，农业劳动力占农村劳动力的比重为50.4%，农业收入占农村经济总收入的比重为51.1%，劳动力平均农业总产值0.6万元/人，农业增加值占总GDP的比重为11.1%，农民人均纯收入3 412.4元。由此可见，农业的供给与就业保障功能明显。

（二）主导功能与拓展方向

本区位于四川盆地向盆边山地过渡地带，多属丘陵或缓丘，土壤肥沃，水田相对集中，农业生产条件较好，具有区位条件好、农业资源环境承载力强、农业农村经济发展基础好、农产品品牌集中度高的特点，是重庆农业的重点发展区和农产品供给区，具备优先开发和重点开发的基本条件。无论是人口还是粮食产量，在全市农业中都占有举足轻重的份额。随着重庆市经济社会的进一步发展，本区农业的供给功能将进一步凸现。抓好了本区农业，也就抓住了重庆农产品供给的关键。

依托良好的农业生产条件，在确保粮食安全的前提下，重点发展优质肉猪、优质蔬菜、优质水果等农产品，建成鱼米之乡和主要农副产品供给地，发展区域化连片、专业化特色的基地型集约高效农业模式。立足区域大宗农产品生产的比较优势，延伸产业链，通过提高农业的科技贡献率增强农业的综合竞争力，加快建设现代农业体系。

1. 打造现代蔬菜产业

抓好菜篮子，科学规划，优化蔬菜结构，突出重点，扩大种植面积；科学种植，充分运用科学技术，提高蔬菜的质量和产量，在保障市内市场均衡供应的基础上，拓展市外和港澳市场。重点建设遂渝高速路沿线潼南县、璧山县等涪江流域优势生产带，永川区、江津区、长寿区等长江流域优势生产带。重点发展夏季鲜销精细蔬菜、早春设施蔬菜和秋冬特色蔬菜，并把潼南县打造成为重庆的“寿光”，建成西部绿色菜都。同时大力发展诸如涪陵榨菜等具有传统优势的蔬菜加工业，将綦江县建成火锅原辅料生产基地。

2. 大力推进特色经果业

重点发展柑橘、枇杷、南方早熟梨、猕猴桃等水果和花椒、蚕桑等经济作物。建立以江津区、长寿区、梁平县、垫江县、涪陵区、永川区等区（县）为核心的长江沿岸柑橘优势产业带；建立以大足县、铜梁县、永川区、江津区、璧山县等区（县）为核心的优质南方早熟梨及枇杷优势产业带；建立以万盛区、江津区、南川区、綦江县等区（县）为核心的出口猕猴桃产区；打造綦江县火锅原辅料基地。重点在江津区、璧山县、綦江县等区（县）海拔500米以下的地区发展花椒产业；在涪陵区、铜梁县、合川区、垫江县、江津区等区（县）的丘陵、低山区建设年产10万担优质茧生产基地；在荣昌县、涪陵区、南川区、梁平县等区（县）发展苎麻产业，在垫江县发展牡丹产业。

3. 积极发展以生猪为主的畜牧业

渝中渝西区为重庆的生猪优势生长区，也是重庆生猪基地县最集中的区域。以确保生猪生产稳量增质、保障基本供给、满足市内需求为主要任务，推行规模化经营、标准化生产、组织化管理。通过构建良种繁育推广体系、生猪产业化体系、动物疫病诊疗防控体系、养殖技术培训体系，集中力量建设基地、发挥龙头企业的带头作用、延长产业链，加快生猪产业的发展。建立以荣昌县、合川区、大足县、南川区、江津区、铜梁县、永川区、綦江县、涪陵区、梁平县、垫江县、长寿区、潼南县等区（县）为核心的生猪生产基地。在璧山县、江津区、铜梁县、永川区、大足县等区县发展草食牲畜肉兔，在璧山县、铜梁县、大足县、合川县、永川区、长寿区等区（县）发展肉鸡，在铜梁县、梁平县、永川区、合川区、南川区等区县发展肉鸭，在垫江县发展肉鹅。

4. 科学发展大宗水产养殖

在合川区、江津区、綦江县等区县重点发展草鱼池塘主养，在永川区、璧山县、长寿区等区县重点发展鲫鱼池塘主养，在铜梁县、合川区、璧山县、涪陵区等区（县）重点发展斑点叉尾鮰池塘主养。

5. 提档升级茶叶产业

建立以永川区、荣昌县、南川区、万盛区、涪陵区5个区（县）为核心的渝中渝西名优茶优势产业带。实施名优茶加工工艺设备技术引进与改造，实现名优茶生产标准化、加工机械化、产业规模化、经营产业化。构建以重庆茶业集团为龙头的茶叶产业发展格局，打造出全国知名的重庆名优茶叶品牌，提高渝产茶叶的知名度和市场份额，促进茶叶产业的发展。弘扬和传承悠久的巴渝茶文化，以茶文化链接茶叶生产、加工、科研、技术推广、产品研发和市场培育，促进茶产业、茶经济的发展。

6. 发展多种农产品加工业

本区内农业资源丰富，水稻、玉米等是极为普遍的大宗产品。这些产品商品率较低，经济价值不高。依托现有产业化龙头企业，在提高农产品商品率上下功夫，提高单位土地面积的产出率和经济效益。改造提升传统的农副产品加工业，努力开发新产品，积极发展名牌产品，建立健全市场营销渠道和网络，形成以粮油制品、肉制品、果蔬制品等为主的农产品加工业体系。以重庆国家现代畜牧业示范区建设为契机，在荣昌县大力发展兽药工业。

7. 进一步开发农业的休闲文化功能

依托区域内现有的旅游景点、文化名城、果园、古镇等，积极开发具有丰富农业文明和乡村文化特色的休闲旅游项目，传承农业的休闲文化功能。依托悠久的巴渝茶文化历史，充分发挥茶文化“以茶思源、以茶会友、以茶兴农”的社会功能。

从主导功能定位、适应区域经济社会发展和城乡统筹总体战略的需要出发，根据地域和地形特征将本区进一步细分为3个区域。

（1）渝中平行岭谷区：包括长寿区、涪陵区、江津区、永川区、璧山县、梁平县、垫江县7个区（县）。该区域地处川东平行岭谷区，表现为背斜成山，向斜为谷的地形特征。以农产品供给和就业保障功能为主，同时具有生态调节和休闲观光功能。

（2）渝西方山丘陵区：包括合川区、双桥区、潼南县、大足县、荣昌县、铜梁县6个区（县）。该区域地处重庆西部，多为山顶平坦的“方山”地形。以农产品供给和就业保障功能为主，同时依托区内的文化特色，诸如列入世界遗产名录的大足石刻，铜梁舞龙等，发挥农业的文化传承和休闲功能，满足城市人口的休闲娱乐需求。

（3）渝中南倒置中低山区：包括南川区、万盛区、綦江县3个区（县）。该区域位于重庆中南部，多为背斜成谷、向斜成山的倒置地形。以农产品供给功能为主，兼具就业保障、生态调节和文化传承功能。

三、三峡库区腹心生态调节与就业保障功能主导区

（一）区域特征

三峡库区腹心区由万州区、忠县、开县、云阳县、奉节县、丰都县6个区（县）组成，地理位置上均位于重庆东北部。土地面积20 252千米^2，占全市土地面积的2.5%；区域总人口739.2万人，占全市总人口的23.1%。其中，农业人口614.1万人，占全市农业人口的26.1%，占区域总人口的83.1%。2006年末，常用耕地面积313 203公顷，占全市常用耕地面积的22.6%，人均耕地面积0.04公顷。耕地、林地、水域面积占总土地面积的比重分别为23.1%、37.9%、5.3%。

主要农产品有玉米、薯类、水稻、油料、榨菜、生猪、草食牲畜、柑橘、中药材、蚕桑。2006年，区域粮食产量2 356 619吨，占全市粮食总产量的24.2%；油料产量111 916吨，占全市油料总产量的28.6%；肉类产量449 680吨，占全市肉类总产量的22.9%。

在区域劳动力就业构成上，农业劳动力占农村劳动力的比重为50.1%，农业收入占农村经济总收

入的比重为45.3%，劳均农业总产值0.5万元/人，农业增加值占生产总值的比重为10.3%，农民人均纯收入2 627.5元。由此可见，农业的就业保障功能比较突出。

本区域位于三峡库区腹心，四川盆地东南边缘山地、川东平行岭谷，是长江上游重要的生态屏障，地貌以山地为主，水热资源和生物资源丰富。生态系统脆弱，水土流失严重，水土流失面积占土地面积的比例达55.9%，为全国水土保持重点治理区。同时，自然灾害频繁，植被覆盖率低，人地矛盾突出。

（二）主导功能

本区的生态调节功能对整个重庆市乃至全国的生态安全和可持续发展都具有十分深远的意义。本区农业的发展方向是：提高农业资源利用率，构建循环经济社会。加强生态环境保护建设，进一步推进农村生态保护，构建绿色环境社会。大力推广应用“节约型技术”，控制和降低资源消费增长，建设资源节约型、环境友好型农业。

以市场为导向，采用先进技术，重点发展绿色果品、草食牲畜、中药材、无公害蔬菜、蚕桑、苎麻等优势农产品和特色农产品，发展观光农业、休闲渔业等特色农业旅游产品，发展绿色食品加工业、现代中药及生物医药加工业，建成优质高效生态农业区。强化农业科技创新，建立农业科技支撑体系，依靠科技进步，提高农业产业的科技含量和可持续发展动力。

1. 做大做强柑橘产业

形成以忠县、万州区、开县、奉节县、云阳县为核心的长江沿岸柑橘优势产业带。在忠县打造中国柑橘城，建设柑橘培训中心、工程中心、苗木繁育基地、品种展示园、柑橘博览馆和柑橘高标准示范园，形成稳固的柑橘生产、加工、营销产业化体系。同时，进一步抓好名柚、柠檬、杂柑生产，建成特色产业带或产业区。发展丰都县红心柚、忠县真龙柚等名柚，以及万州区柠檬、杂柑等。

2. 积极发展草食牲畜业

依托区域较好的规模化经营基础，引进优良品种和品牌加工企业，推动乳业、肉食加工业向品牌化、绿色产品化发展。以实施草食牲畜产业化百万工程为载体，加强良繁体系建设，发展重点基地，建设示范养殖小区，培育龙头企业，推进优势产区建设。加快草食牲畜业规模化、专业化和产业化步伐，提高产品质量和市场竞争力。在云阳县、丰都县发展肉牛，在云阳县、开县、奉节县发展山羊和肉兔，在万州区、开县、忠县、丰都县发展长毛兔，在万州区、忠县、开县发展四川白鹅等。

3. 科学发展库区水产业

建立三峡库区生态渔业区，加大对库区水产资源的研究开发力度，建立珍特鱼种繁殖基地、增殖放流生产基地。开发库区珍稀物种水产资源，扩大养殖种类，同时大力发展综合养鱼等水产业，形成独具特色的西部淡水水产养殖基地。

4. 依托丰富的旅游资源，大力发展农业生态旅游

利用三峡库区蓄水后形成的“千岛湖”风光，打造三峡库区生态农业观光休闲区。通过实施农业生物资源安全保护与利用工程、生态家园富民工程、畜禽养殖场大中型沼气工程、渔业资源保护及环境监测工程、旱作节水农业示范工程、沃土工程、保护性耕作示范工程和草原生态保护建设工程“八大农业环保工程”，改善农业环境，保持农业的可持续发展。

5. 推进三峡库区生态治理与保护

作为重要的生态功能区，进一步加大资金投入，继续加强退耕还林还草、天然林资源保护、防护林体系等林业重点工程建设，加强重要小流域、重要水源涵养区的保护和治理，提高库区生态环境功能和生物多样性保护能力。控制三峡库区上游的水土流失和农药化肥施用量，减少面源污染和入库泥沙量。所有规模化畜禽养殖场污水粪便应综合利用和处理，实现达标排放。此外，加快三峡库区生态移民工作，加快建设库区生态屏障带，保护和改善三峡库区生态环境，保证三峡水库水资

源环境和水质安全。

四、渝东南武陵山农产品供给与文化传承功能主导区

（一）区域特征

渝东南武陵山区由石柱县、武隆县、彭水县、黔江区、酉阳县、秀山县6个区（县）组成，土地面积19 839千米^2，占全市土地面积的24.1%；区域总人口349.4万人，占全市总人口的10.9%。其中，农业人口304.9万人，占全市农业人口的13.0%，占区域总人口的比重高达87.3%，是全市农业人口比例最高的区域。2006年末，常用耕地面积215 035公顷，占全市常用耕地面积的15.5%，人均耕地面积0.06公顷，高于全市平均水平。

本区是重庆市重要的特色农产品供给区，在玉米、马铃薯、中药材、烤烟、蔬菜、油料、蚕桑、生猪、肉牛等方面颇具优势，很多品种都具有地方特色。2006年，区域粮食产量1 466 231吨，占全市粮食总产量的15.1%；油料产量95 647吨，占全市油料总产量的24.4%；肉类产量252 784吨，占全市肉类总产量的12.9%。

渝东南武陵山区地处武陵山区腹地，土地石漠化较为严重，紧邻黔北、湘西和鄂西，曾经均为国家级贫困山区，经济发展水平较低，经济总量小，农业基础薄弱，农业开发层次较低且结构单一，第二、第三产业发展薄弱，农业在区域经济发展中占据十分重要的位置。区域人均耕地面积0.09公顷，单位耕地农用水资源量22 585.3米^3/公顷。单位耕地面积粮食产量4 476.0千克/公顷，人均粮食产量448.3千克。谷物、薯类、肉类、蔬菜人均占有量分别为269.9千克、141.5千克、74.3千克、234.3千克。由此可见，农业的供给能力显著。

渝东南武陵山区位于中国西部和中部结合点，属于土家族和苗族集聚区，民族历史悠久，文化蕴积丰厚，个性特色突出。既有优美的自然风光、多样的自然生态、原汁原味的民族风情，又有巴渝古老的"黔中文化"、盐丹文化、民族宗教文化、土司文化等众多历史人文遗产，还有可歌可泣的革命历史遗址，从而又赋予该区域休闲与文化传承功能。同时区域内旅游资源丰富：既有列入世界自然遗产名录的武隆"南方喀斯特"、浓郁文化的黔江小南海国家级地震文化遗址、建筑风格各异的酉阳龚滩古镇、民俗风情浓厚的土家寨和苗寨，也有魅力四射的"边镇边城"、乌江画廊以及神秘的原始森林公园。这些独具特色的旅游资源，为发展观光旅游农业提供了重要条件。

由于渝东南武陵山区生产条件较为恶劣，缺水现象较为严重，与农业生产配套的水、路、电等基础设施较为落后，而石漠化地质地貌特征的土壤条件保水保肥能力不强，因而在农业生产方面，缺乏硬件条件的支撑。加上品牌和标准化生产意识薄弱，对农业特色产业的发展产生一定的制约和影响。

（二）主导功能与拓展方向

渝东南武陵山区自然资源丰富，海拔高差较大，立体气候明显，生物资源丰富，有利于特色农业的发展。后备土地资源较为丰富，为农业特色产业的规模发展奠定了物质基础。从土壤环境看，该区域交通相对不便，工业布局不多，污染较轻，单位耕地的化肥农药等化学要素投入较少，加上风蚀、水蚀等原因，土壤中有毒有害物质富集和存储较少，有利于有机农业的发展。本区为重庆市重要的农产品供给区和文化传承区域，辅以生态调节和就业保障功能。

1. 重点发展现代山区农业，走特色农业之路

构建武陵山区少数民族地区经济高地，形成沿渝怀铁路线的高山生态农业生产区。依托得天独厚的农业资源，因地制宜地发展特色农业，打造农业特色产品，培植农业特色产业带和产业群，实现农业资源的多渠道、多层次开发利用，满足多样化、优质化、商品化的市场需求，促进渝东南地区农业结构的

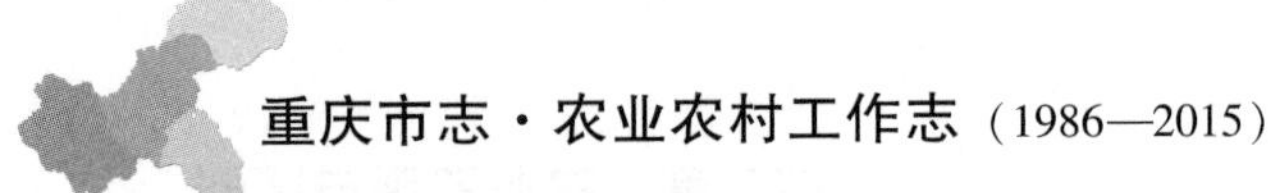

优化和升级。

2. 积极发展农业特色产业

走规模化、标准化道路，推进特色产品向品牌化发展，把独特的资源优势转化为经济优势，从而拓宽就业渠道、增加就业机会，转移农村富余劳动力。搞好特色农产品加工项目，延伸特色产品产业链，重点围绕马铃薯、中药材、茶叶、畜产品等，做好鲜活产品市场规划，提高产品市场交易率。依托区域内的产业化龙头企业，搞好生产基地建设，提高农产品的产出率和附加值，形成农民收入新的增长点。

3. 大力发展高山蔬菜和特色蔬菜

要把武陵山地区打造成沿海高山反季节蔬菜出口基地。重点发展秋季鲜销蔬菜和夏季特色蔬菜，开发利用野生蔬菜资源。支持发展石柱辣椒产业，建成无公害辣椒生产商品基地。鼓励发展酉阳生姜、黔江地牯牛、石柱莼菜以及薯类、菌类等特色蔬菜，加快建成武隆县高山优质蔬菜产业带。充分利用渝东南地区农药化肥施用量少，有毒有害物质污染小、残留少的优势，大力发展绿色食品，引导发展绿色食品深加工，不断拓展国内外市场。

4. 大力发展中药材产业

着力发展秀山金银花，酉阳菁蒿和彭水白术、石柱黄连、武隆半夏等中药材产业基地。同时，积极发展玄参、黄檗、厚朴、杜仲、天麻、前胡、瓜蒌、金荞麦等中药材，建成品种繁多、规模较大的中药材产业带。

5. 大力发展烤烟产业

充分发挥渝东南地区烤烟生产的优势，重点抓好彭水县、黔江区、武隆县等重点基地的烤烟种植，加快烟水配套工程建设，不断提高烟叶种植技术和产品质量，打造烤烟基地品牌。

6. 积极发展草食牲畜业

充分发挥饲料丰富的优势，积极发展牛、羊等草食牲畜，倾力打造优质畜牧产业带。在酉阳县、武隆县、黔江区发展山羊，在石柱县发展长毛兔，在武隆县发展奶牛等草食牲畜基地。通过提升品质、扩大规模、精深加工、拓宽销路。

7. 积极挖掘区域内少数民族的传统农耕文明

依托历史悠久的土家族、苗族文化，发展具有渝东南少数民族特色的农家旅游、农业传承和休闲文化功能。

五、渝东北秦巴山生态调节与生活保障功能主导区

（一）区域特征

渝东北秦巴山区由巫山县、巫溪县、城口县组成，是重庆市地广人稀的区域。土地面积 10 279 千米^2，占全市土地面积的 12. 5% 。区域人口 136. 9 万人，其中农业人口 118. 9 万人，占全市农业人口的 5. 1% ，占区域总人口的 86. 9% 。2006 年年末，常用耕地面积 81 427 公顷，占全市常用耕地总面积的 5. 9% ，人均耕地面积 0. 06 公顷，高于全市平均水平。

2006 年，全区粮食产量 481 066 吨，仅占全市粮食总产量的 4. 9% ；油料产量 14 236 吨，占全市油料总产量的 3. 6% ；肉类产量 99 598 吨，占全市肉类总产量的 5. 1% 。主产魔芋、食用菌、中药材和草食牲畜等农产品。

本区工业化、城镇化水平较低，对劳动力就业吸纳能力较弱，农民人均纯收入 2 083. 1 元，为五大区域最低水平；农业增加值占生产总值的比重为 25. 1% ，为五大区域之首。同时，第二、第三产业发展缓慢，就业和生活保障压力在短期内难以缓解。

渝东北秦巴山区以山地为主，立体地貌明显，地处亚热带暖湿季风气候区，四季分明，雨量充沛，适宜多种植物生长，生物多样性明显。特殊的地理和气候条件共同作用下，资源比较优势突出。民俗文

化丰富多彩，乡土气息浓郁，地方特色鲜明。

（二）主导功能

本区自然条件较差，生态环境脆弱，自然灾害频繁。具有经济发展水平低，城镇化、工业化水平低，农村人口数量少的特点，均为国家重点扶持的贫困县。总体上，渝东北秦巴山区农业以生态调节为主导功能，辅以农产品供给和生活保障功能。因此，应充分利用生态资源优势和劳动力优势，开发本地农林特色经济资源，全力打造联合周边、辐射周边、带动周边的秦巴山区农林特色产品集散地。

1. 充分开发利用本区丰富的草山草坡资源

发展与草原承载能力相适应的养殖业；充分利用本区的林产品资源，特别是生漆、核桃、板栗等特色产品，实现生态与供给的双赢。

2. 大力发展山区特色农业产业

在统筹城乡背景下，加强新农村建设，落实支农惠农政策，打破城乡“二元”经济格局，通过加快农业产业化进程，解决农村富余劳动力就业；提高农民收入水平，缩小城乡居民收入差距。以“生态为本，特色为魂”，依托本区的生态优势和资源优势，抓好特色农产品加工项目，培育壮大农业特色产业。发展以马铃薯、玉米、杂豆、杜仲、薯蓣等深加工为主的禽生物化工产业，以猕猴桃、薇菜、竹笋、菌类、蜂蜜等农副产品开发为主的绿色食品加工业，以道地中药材为主的药材加工业，以山地鸡、老腊肉为主的畜禽产品加工业。此外，积极做好农村剩余劳动力的有序转移和新型农民的培育，提高务农劳动力的农业生产技术水平，推进生态梯度移民。

3. 保护和治理生态环境

加大区域生态环境治理的投入力度，结合天然林保护工程、退耕还林还草工程，继续恢复七曜山脉、大巴山脉等草山草坡退化区，保护和修复生态环境，确保区域生态安全。

4. 开发区域独特的三峡旅游资源

历史悠久的巫文化、红军文化，培育旅游农业经济带。挖掘各地的特色生产活动，通过全面谋划、深入开发、精心包装，赋予文化内涵，融入农业科技知识，演绎农事过程，组织游客参与体验，拉动农民增收，实现区内农村富余劳动力的转移。

第三篇

农业农村改革

第一章
生产经营体制改革

党的十一届三中全会以来，农村家庭联产承包责任制改革拉开了农村土地经营制度改革的序幕。1980 年，中共中央印发《关于进一步加强和完善农业生产责任制的几个问题》。1982 年，党的历史上第一个关于农村工作的 1 号文件明确指出，包产到户、包干到户都是社会主义集体经济的生产责任制。自此，以家庭联产承包为主的责任制、统分结合的双层经营体制作为中国农村的基本经营制度长期施行。重庆市长寿县八一大队第十生产队、邻封公社上硐大队第二生产队等一些社、队，早在 1979 年年初就率先在长寿县农村试行联户计酬或包产到组、到户等生产责任制，调动了农民生产积极性，获得粮食大增产，堪称重庆市的“小岗村”。从此，重庆市经过近 3 年时间，全面实行家庭联产承包责任制，并完成了生产经营体制的转变。家庭联产承包责任制的实施，既发挥了集体统一经营的优越性，又调动了农民分户生产经营的积极性，成为适应改革开放初期中国农业特点、农业生产力发展水平以及管理水平的一种较好的经济形式。

随着农村经济的发展，家庭联产承包责任制实施中逐步显现的家庭分散经营规模过小、农业生产成本较高和农村基础设施薄弱、农业科技水平低等问题，束缚和阻碍着农村生产力的提高。随着改革开放的推进，家庭联产承包为主的责任制、统分结合的双层经营体制得到不断完善。针对在实施家庭联产承包为主的责任制、统分结合的双层经营体制进程中出现的问题，1985 年前后，重庆市开始探索双层经营体制下完善土地承包制度的实践，坚持以稳定为主线，针对不同阶段存在的问题确定完善重点和举措，充分调动农户生产积极性，提高集体统一服务的功能；通过引导农民合作与联合，建立多种经营体制，培育新型农业经营主体，使统分结合的双层经营体制不断焕发出新的活力，推动了农业和农村经济持续、快速发展和农民收入的不断增加。

第一节　完善农村基本经营制度

重庆市完善农村基本经营制度经历了几个阶段：通过完善土地承包合同，维护农户家庭承包权利；通过健全完善地区性合作经济组织，发挥统一服务职能；通过建立健全土地承包经营权登记制度，坚持承包土地集体所有、稳定农户承包权、放活土地经营使用权，推进适度规模经营，实现三权分置；通过稳定家庭承包，发挥家庭经营基础作用，引导农户与经营主体的合作与联合，培育新型农业经营主体；通过将集体资产折股量化、确权到户。这是不断探索和丰富集体统一服务经营的实现形式。

一、家庭联产承包后的新阶段（1986 年以前）

1984 年中央 1 号文件指出，农村集体所有土地承包给农民，承包期一般应在 15 年以上，生产周期长的项目应当更长一些；提倡根据生产的需要按劳动力或人劳比例承包土地；由于劳动强弱、技术高低不同，承包土地的数量也可以不同；承包方和发包方必须订立承包合同，明确双方的权利和义务；群众有要求的，可以本着“大稳定、小调整”的原则，经过充分商量，由集体统一调整；国家职工和干部不承包土地。重庆市在第一轮土地承包中执行中央土地承包政策，完善双层经营制度。在承包对象上，以农户家庭成员人数为准；人员增减实行“增人增地、减人减地”的办法，随着农业生产季节或年份及时调整；对家庭成员死亡的、转为非农业户口的、入伍提干或转为志愿兵的、婚姻嫁出的等，发包方可以收回承包地；对婚姻嫁入、生育小孩等新增人口的，实行“等轮候缺”的办法承包土地。

到 1985 年年底，重庆市农村 282.83 万农户中，有 99.7% 的农户实行了家庭联产承包责任制，集体土地完成了第一轮承包经营，只有近郊极少数的村、队实行村、队独立核算或分组作业、统一经营。20 世纪 80 年代中期，农村实行家庭联产承包责任制出现了一些新情况和新问题。在部分地区，由于重“分”轻“统”，致使农村集体经营削弱；集体的大中型农机具、集体果园、公共积累、成片森林一部分被分掉，有相当一部分地区性合作组织（农业合作社）有名无实，形成了不少的“空壳村”“空壳社”；对产前、产中、产后需要采取统一行动的农事活动，没有为社员（农户）提供服务，影响家庭经营潜力的进一步发挥；集体经济实力和资产积累职能削弱，无力发挥为家庭经营层次服务的作用；需要集体办的事，集体无钱办，集体的必要开支只好向农户摊派，社会主义集体经济的优越性不能得到充分发挥。具体表现在六个方面：一是耕地逐年下降带来农业生产总量增长放缓；二是新增和减少人口调整承包地困难。全市一般地区，无承包地的人口占 3% ~5% ，最高达 11% 。重庆市大部分区（县）的生产队，在划包土地时，将耕地按人平均全部划到了农户，新增人口不能增加承包地，减少人口农户不愿退出承包地的问题亟待解决；三是承包地分散零碎，不便生产经营，部分农户怠于耕作，荒芜土地；四是集体放松了土地、山林、水面、农田水利设施和公共资产的管理，而集体办的工矿、果园、茶园等企业，管理不善，经济效益较差；五是塘、库坎、堰渠和沉沙凼等工程管理不善，损毁严重，相当部分被占作种粮种菜，影响抗旱保栽；六是部分承包土地的所有权、承包权、经营权混乱，面积不准，集体发包和农户承包双方的权责利不明确，承包合同管理制度不健全、不规范，纠纷时有发生。针对这些问题，通过建立健全地区性合作经济组织，加强统一服务层面，完善双层经营制度逐步得以解决。

二、地区性合作经济组织阶段（1986—1990 年）

重庆市高度重视完善统分结合的双层经营体制，先后制定了一系列政策并采取多种措施，建设地区性合作经济组织，加强承包土地的管理，搞好果园和鱼塘的经营责任制，建立产前、产中、产后服务体系等，使家庭联产承包责任制得到不断巩固、完善和发展。1986 年 11 月，市农业委员会出台《关于完善土地管理责任制的意见》，针对当时土地承包和管理中出现的新情况和新问题，提出 8 点意见。各地按照市农业委员会的统一部署，推进完善土地管理责任制工作，稳定完善基本经营制度，统一经营层次服务能力有所增强，国家、集体和个人关系得到进一步保障，集体经营收入有所增长，农村基本经济制度更加巩固完善，主要体现在 4 个方面。

（一）稳定完善农村双层经营合作制，建设地区性合作经济组织

重庆市各区（县）以加强统一经营、增强集体经济实力为目标，开展了恢复合作社名称、落实合作社生产服务、管理协调、资产积累和资源开发四大职能，开展清理整顿财务管理职能等为主要内容，

采取把竞争机制引入经济承包和干部选拔的方法，普遍展开了完善农村双层经营合作制。在铜梁、合川、双桥、南桐等4个区（县）为首批试点的基础上分期、分批开展完善双层经营合作制工作。到1987年年底，全市有657个乡（镇）、6 298个村、51 827个社（队）完成完善双层经营合作制工作，分别占全市乡（镇）、村、社（队）总数的71.6%、73.7%和75%。

（二）提升统一服务能力，增加集体统一经营收入

重庆市完善农村合作经济双层经营体制，解决了部分历史遗留问题，促进了农业生产和农村改革。一是提高了对合作制的认识，增强了合作观念。二是制定了章程，健全了组织，明确了职责，增强了服务。三是加强了合同管理，完善了土地承包责任制。四是清理了财务，收回了被侵占的集体财产，解决了部分遗留问题，进一步密切了干部群众关系。五是加强了农业基础设施建设。通过完善地区性合作经济组织，调动了干部、社员兴建农业基础设施的积极性，水利设施建设成效显著。1988年，整修了各类农机水利工程5 400多处、投入农田建设用工120.2万个、完成土石方75万$米^3$，分别比1987年同期增长127%、98%、134%，恢复、改善和新增灌面9.6万亩。六是推动了商品农业的开发。到1988年年底，全市农村已有99%的生产队进一步实现了土地等基本生产资料所有权与承包经营权的分离，有效地增强了农民对土地投入的长期行为，普遍加强了合作社的领导班子建设，制定了生产发展规划，加强了承包合同管理，实行了统一管水用水、统一组织供应生产资料、统一防治病虫害等措施，增强了集体统一经营功能。1988年2月8日，市农业委员会《关于完善农村合作经济双层经营体制工作的情况报告》指出，重庆市完善农村合作经济双层经营体制工作从1987年冬至1988年2月，全市已基本结束的有铜梁、合川、双桥、南桐等4个区（县），结束的乡（镇）有297个、约占全市815个乡（镇）的36%，结束的村3 192个、约占8 545个村的37%，结束的社（队）26 637个，约占69 000个社（队）的38%。完善农村合作经济双层经营体制工作的开展，完善了农村土地承包关系，解决了历史上的遗留问题，促进了农村经济发展。

（三）完善分配关系，保障国家、集体、个人利益

1989年，重点开展稳妥处理分配关系工作，重庆市农业委员会提出7点意见下发各地，确保国家"三兼顾"和按劳分配原则在农村的贯彻执行。各地按照市里的统一部署，推进完善分配制度工作并取得成效。一是合作社统一经营收入，实行年终决算分配。二是社员经营土地部分，通过社员占有产品向国家、集体上交的形式进行分配，即向国家上交农业税、向集体上交土地承包金、剩下部分自己所有。多数地方提取公积金每人平均约3元；公益金、统筹款、共同生产费、管理费按实际需要和可能提留，严格控制项目和金额，同时经过乡（镇）人民代表大会审议通过，尽量减轻农民负担。三是集体土地征用补偿费属合作社所有，主要用于农田基本建设和资源开发，不能列入合作社的收入进行分配，也不能变相私分。各区（县）对历年土地征用费进行了一次清理，并纳入合作社账内核算，由乡（镇）农经站管理，专款存入农村合作基金会或农村信用社作为集体股金。四是抓紧催收历年各项超支欠款，增强集体经济实力，发展农业生产。全市农村合作社有债权款8 000万元，各区（县）在1989年冬至1990年春收回约50%的有债权款。五是做好当年农业承包合同的结算和兑现工作。各乡（镇）合同管理委员会将合作社的年终决算与承包合同的结算、兑现及全面履行相结合，使合作社的收益分配落到实处。六是合作社的新、老积累款全部存入了农村合作基金会或农村信用社，作为集体股金，滚动发展。七是合作社积极兴办企业，增加收入。许多合作社积极开发项目、办小型企业，并把这项工作与干部岗位责任制挂钩，取得较好的成效。1990年，村、社集体经济有了较好的恢复和发展。根据铜梁县调查，已有58.8%的村、72%的社兴办了工业、果园、桑园、林场、茶场等企业3 957个，村、社平均有1.1个，社平均年纯收入达4 870元，比1985年增长98.7%，增强了集体服务功能。

（四）缓解人地矛盾，实施“两田制”

1988 年，铜梁县在完善土地承包制工作中，在全市率先试行以“两田制”（口粮田、责任田）为主的土地承包形式，缓解了人、地矛盾，受到农民群众的普遍欢迎。铜梁县的实践、探索，为全市推行“两田制”积累了丰富的经验。根据农村广大农民群众的意愿和要求，市农业委员会在充分调研的基础上，于 1990 年在全市推行以“两田制”为主要内容的完善土地承包制工作，并在铜梁县召开推进“两田制”工作现场会。铜梁县“两田制”的施行，得到了四川省农业厅的肯定。

三、农村承包合同管理阶段（1991—1996 年）

建立健全管理机构，规范管理承包合同。在完善土地承包办法的同时，重庆市开始建立健全农村承包合同管理机构，使以土地承包合同为主的农业承包合同管理工作逐步纳入制度化、法制化。

1991 年 10 月 1 日，实施《重庆市农村合作经济组织承包合同条例》（简称《条例》）。这是重庆市第一个与农村土地管理相关的地方性法规，标志着重庆市农村承包合同管理工作开始向着规范化、制度化、法制化方向迈进。同年 10 月，市人民政府印发《关于认真施行〈重庆市农村合作经济组织承包合同条例〉的通知》，对各区（县）全面贯彻落实这一地方性法规提出了明确的要求。各地按照市人民政府的统一部署，一是认真搞好《条例》学习宣传，使《条例》深入人心；二是建立健全农村合同管理机构，在区（县）、乡（镇）及村 3 级建立或完善了合同管理机构，并配备了懂政策、熟悉业务的干部及工作人员；三是把农村各业承包合同的管理统一到《条例》上来，对与《条例》规定有抵触的合同条款进行了修改完善。

1992 年，全市有 16 个区（县）、800 多个乡（镇）建立了农村承包合同管理委员会，8 532 个村建立了管理小组，分别占总数的 84%、99.5% 和 99.8%；签订农业土地承包合同 400.7 万份，工副业承包合同 14.3 万份。

1993 年，通过完善土地承包为主要内容的农业承包合同管理，加快了全市农业承包合同的规范化、制度化、法治化管理步伐。重庆市签订农业土地承包合同 329 万份，合同兑现率 95.7%；全市集体经济组织纯收入 80.19 亿元中，村社统一经营收入达 5.46 亿元，比上年增长 40%。

四、延长土地承包期限阶段（1997—1999 年）

1993 年 11 月，中共中央、国务院下发《关于当前农业和农村经济发展的若干政策措施》，提出第一轮土地承包到期后再延长 30 年不变；提倡在承包期内实行“增人不增地、减人不减地”的办法；也可以按照“大稳定、小调整”原则，经该集体经济组织内部大多数农民同意，适当调整土地，但“小调整”的间隔期最短不得少于 5 年。1997 年 8 月，中央办公厅、国务院办公厅印发了《关于进一步稳定和完善农村土地承包关系的通知》，随后，市委、市人民政府印发《关于切实做好稳定和完善农村土地承包工作的通知》，召开电视电话会议专题部署，提出了全市在 1998 年 6 月底前全面完成农村第二轮土地承包工作的要求。规定对尚未进行第二轮土地承包的地方，将承包期再延长 30 年不变；对开发性荒山、荒地、荒滩、荒水，承包期可以延长到 50～70 年，并由村、社集体经济组织与承包户签订完备的合同，填发由县级人民政府统一印制的土地承包经营权证书予以确认。截至 1998 年 12 月底，全市完成延长土地承包期的村 19 905 个，占总村数的 96.4%，其中已全面签订承包合同的村 19 081 个，占开展延包工作村的 96%；承包期在 30 年的村 19 049 个，占开展延包村的 95.7%；实行“增人不增地，减人不减地”的村 15 618 个，占开展延包村的 78.5%，定期“小调整”的村 4 287 个。全市实施第二轮土地承包，共向承包户发放了《重庆市农村土地承包经营权证书》6 296 221 本，占应发放数的 90%。该证书作为农户拥有土地承包经营权的法律凭据，真正赋予农民长期而有保障的土地承包经营权，保护和调动了农民的生产积极性。

五、稳固与完善农村基本经营制度阶段（2000—2009 年）

（一）进一步稳定完善农村土地承包关系，坚持农村基本经营制度

2003 年 3 月 1 日《中华人民共和国农村土地承包法》（简称《承包法》）实施。重庆市实施《承包法》，进一步完善农村土地承包关系，稳定家庭承包经营，由按照政策自主管理到依法规范管理。2004 年，根据《承包法》及农业部《农村土地承包经营权证管理办法》的有关规定，市委办公厅、市人民政府办公厅于 2004 年 4 月下发了《关于进一步完善农村土地承包关系工作的通知》，在全市开展了农村二轮土地承包的清理和完善工作，做到承包地块、承包面积、承包合同和经营权证书“四到户”；落实土地承包合同、承包经营权证和承包档案资料规范“三管理”；实现农民土地承包权益和农村土地资源合理利用“双促进”。特别是重庆市三峡移民的主要搬迁和安置区，重庆市采取有力的措施全面保障了数十万三峡移民承包土地权利，实现了搬出地、搬入地、移民“三满意”。

2007 年 7 月 1 日，重庆市《实施〈中华人民共和国农村土地承包法〉办法》（简称《实施办法》）施行，共 7 章 59 条。《实施办法》对收回承包土地情形，结合重庆市实际作出规定：“承包方全家迁入本市各区（县、自治县）所辖街道办事处或者区（县、自治县）人民政府驻地镇，转为非农业户口的，可以收回承包土地”，可以不要向发包方备案，充分考虑重庆市实际具有的重庆市特色。

（二）引导农村承包土地经营使用权流转、发展农业适度规模经营，完善农村基本经营制度

巩固和完善农村基本经营制度的主要内容是坚持农村土地集体所有，实现所有权、承包权、经营权三权分置；引导土地经营权有序流转，坚持家庭经营的基础性地位，积极培育新型经营主体，发展多种形式的适度规模经营等。1994 年，重庆市一些地方出现承包土地使用权流转。2000 年开始，重庆市农村土地流转规模稳中有升，流转速度逐步加快，绝大部分流转行为签订了书面流转合同，呈现出 4 个特点：一是土地流转速度逐步加快。2000 年以来，农村土地流转的规模呈不断扩大、流转速度呈逐步加快的趋势；2004 年土地流转面积为 124 万亩，比上年增长 14.7%，全市流转面积占耕地总面积的 6.34%，涉及农户 52.59 万户，占家庭承包农户的 7.7%。二是土地流转形式呈多样性。三是土地流转主体呈多元化。四是土地流转区域间不平衡。从 2007 年起，重庆市农村土地经营使用权流转提速，土地适度规模经营进程加快；到 2015 年，农村承包土地流转面积 1 453.53 万亩、占家庭承包耕地的 41.46%，适度规模经营面积 1 206.08 万亩、占家庭承包耕地的 34.4%。

（三）有效调处农村土地承包纠纷，稳固农村基本经营制度

通过调处土地承包纠纷，农村基本经营制度得到巩固。随着农村经济的发展和城市化、工业化的推进，随着各种经济利益的演化和交织，因土地流转不规范产生的流转纠纷，因农业税免征、土地升值产生的利益和权属纠纷，因土地征收产生的土地收益分配纠纷，都呈现出明显的增加趋势。1999 年，全市土地承包纠纷 12 472 件，2000 年 14 243 件，2001 年 16 474 件，2002 年 22 353 件，2003 年 16 163 件，总体上呈先上升后下降趋势。全市农村土地承包工作部门受理了大量的信访和纠纷，运用调解、裁决、仲裁等方式使 90% 以上的土地纠纷得到了有效解决，全市没有因土地承包问题发生恶性事件和群体性事件。2010 年 1 月 1 日实施《中华人民共和国农村土地承包经营纠纷调解仲裁法》（简称《调解仲裁法》），重庆市建立健全了纠纷调解仲裁体系。到 2015 年，全市实现土地承包纠纷调处工作全覆盖。

（四）探索新的集体经营方式，优化农村基本经营制度

2007 年以来，重庆市先后在九龙坡、巴南、沙坪坝、南川、江津、涪陵、荣昌等区（县）选择了部分村进行农村集体产权制度改革试点。截至 2012 年年底，全市已完成农村集体产权制度改革试点村

21个，量化资产总额47 242.1万元，股东总数66 254人，其中个人股东65 849人，集体股东405人；改革试点村的个人股东65 849人，累计股金分红3 825.5万元，平均每个股东累计分红581元。通过改革，试点村的集体资产股权得到明晰和落实，集体资产管理实现民主规范，经济增长较为显著，农民群众的收益增加，为农村集体产权交易奠定了基础。

六、建立健全承包土地登记制度，依法保障农村基本经营制度阶段（2010—2015年）

农户在第一、第二轮土地承包中，通过完善的《承包合同》取得了承包权利。根据我国《物权法》规定，需要对农民家庭取得的土地承包权利予以登记记载权利、颁发证书，依法固定权利。2010年年初至2011年6月，重庆市开展了对家庭承包土地进行确权颁证，为稳定农村土地承包关系、促进土地经营权流转、发展适度规模经营、调处承包纠纷奠定了良好的基础。重庆市是全国首个全面开展农村土地确权颁证工作的省级行政单位。到2015年年底，全市完成确权颁证的农户641.2万户，占应确权颁证农户数的98.3%。新建农村土地承包经营权登记簿641.2万个，占已确权领证农户总数的100%。

第二节　多种经营体制

随着农村第二步改革的推进，重庆市在稳定发展家庭联产承包责任制的基础上，把市场机制逐渐引入到农业和农村经济之中，为增强抵御发展商品经济中不利因素的能力，开始发展农村专业户、新经济联合体、专业生产协会为主要载体的多种生产经营体制。经过长期发展完善，逐步建设成为发展现代农业的新型农业经营主体的重要组成部分。重庆市农村多种经营体制的建立以联合与合作为主线，以构建与解决农户生产经营中的困难、增加收入相适应的新型经营主体为目标。除家庭承包经营农户地区性合作组织两个经营主体外，新生了以专业户、新经济联合体、农民专业合作组织（农民专业协会、农民专业合作社）、家庭农场等为载体的新型农业经营主体。多种经营主体的发展和健全经历了市场推动、政府引导、法律规范3个阶段。

一、市场推动阶段（1986—1995年）

市场呼唤，催生发展农村专业户、新经济联合体，农业全产业链横向、纵向联合与合作，促进了农村经济体制改革和农村商品经济的发展。

（一）农村新经济联合体萌芽

从1985年开始，重庆市全面调整农村产业结构，农村商品经济蓬勃发展。由于受人力、物力、财力、技术和自然资源等生产要素的限制，单一的分户经营难以解决农业生产经营中的诸多问题，广大农民迫切需要村社集体层次和政府部门对家庭经营层次的统一服务。农户特别是农村专业大户在发展多种经营、适度扩大经营规模中，为了适应市场变化、抗御各种风险、求得最佳经济效益，开始由耕地协作，联合防治病虫害，联合承包到合买耕牛、机械，以及至发展到联办企业，从而形成了多种经济成分、多种经营方式的新经济联合体。农民自己以某个产品或产业为龙头，以联合与合作为主线，自愿结合组成专业性合作组织或建立专业协会，发展多种经营，解决一家一户不能办或办不好的事情。

重庆市多种所有制新经济联合体全方位、广地域快速发展，发挥着积极有效的带头、骨干、桥梁作用。1986年年底，全市共建立农村新经济联合体7 609个、比上年增长18%，其中，由部分农户联营的新经济联合体7 223个，比上年增加19.8%；实现产值5亿元，比上年增加26%；吸纳劳动力60 396个，比上年增加28.2%；经营收入18 852万元，比上年增加56.4%。全市农村涌现出多种经营形式的经济联合体累计13 000多个；建立了各种专业生产者协会216个，参加人员达15.6万人。

新经济联合突破农业行业地域限制，出现了全方位、多层次、多形式、多结构、多所有制的新经济联合体。联合的单位有重庆市的工商企业、科研单位、大专院校等企事业单位；联合的地域有北京、上海、广东、河南、广西、浙江、江苏、贵州、云南等10多个省份；联合协作的形式有合资经营、补偿贸易、产品扩散、技术转让、工贸联合、技术协作等多种形式；联合协作的范围包括建筑、建材、机械、冶金、化工、轻纺、采矿、医药、食品、商业、运输等20个行业。同时，还出现了一批跨地区、跨部门、跨行业的生产、经营联合体以及由承包经营发展到租赁经营和新的股份所有制经济。县级经济出现多种经济成分、多种所有制形式和多种经营方式，经济格局向多层次、多元化方向发展。农村新的经济联合突破了个体与家庭经营的局限性，组成适度规模、不改变财产关系和各自的独立利益经济体，发挥了农户个体经营的积极性和联合经营触角多、规模大等优势，有利于扬长避短，共同发展。大足县龙水区平桥乡刘子书办的剪刀厂，常年向200多户家庭小五金企业收购“毛坯”进行精加工和发蓝，年产剪刀18万把，成为当地的拳头产品。龙水镇7 000多家企业生产所需小五金配套木柄和包装竹箱，同中敖区和三驱区的木质车货和竹编业配套，互相依存，发挥优势，共同发展。璧山县七塘乡发挥传统技术优势，1986年联产兴办皮鞋企业322个，占全乡皮鞋企业的97%；全年生产皮鞋38.7万双，总产值374.33万元，占全乡皮鞋总产值的81%，实现税利37.35万元。该乡的皮鞋远销8个省份240个县，被誉为“皮鞋之乡”。南桐矿区青年镇更鼓村的10户苗汉农民联合开办“龙井湾苗族联户煤矿”，1986年9月底，产原煤1.5万多吨，实现产值35万多元，盈利7万余元。

新经济联合体在巩固发展中不断壮大，到1987年，重庆市农村改革由单方面向综合配套方向发展，农村经济新体制的框架已初步形成，促进生产经营体制进一步发展。整个农村在坚持以公有制为主导、按劳分配为主体的前提下，沿着以城市为依托、家庭经营为基础、乡镇企业为主体、市场需求为导向的多种经济成分、多种经营方式、多种分配形式、多层次社会化服务的社会主义商品经济道路前进。当年，全市农村有新经济联合体5 837个，从业人员48 896人，固定资产3 417万元，收入20 388万元。新经济联合体的联合形式多样，联合范围不断扩大，联合程度逐步提高，呈现出欣欣向荣的发展趋势。江津县米花糖厂开始由4户农民联合创办，发展到150多名职工，产品销往10多个省、市，1987年实现产值391万元，利润24.5万元。合川县太和区综合联营公司，实行农工商一体化，蚕、茧、丝综合经营，种植、收购、加工一条龙，固定资产达700万元，1987年产值达1 400万元，实现利税200万元。铜梁县安居镇53户农民自愿联合起来，于1987年5月成立安居镇竹器生产合作社，实行“统一管理、以销定产、分户编织、依质收购、统一销售、盈亏共享”的经营责任制，形成原料供应、产品生产、销售一条龙的服务，建立6个多月，实现总收入16万元。綦江县北渡乡3户农民联合办起了全县第一个人工孵化繁殖鱼苗场，一次性为农民群众提供良种鱼苗80万尾，解决了买鱼苗难的问题。新经济联合体各具特色，联合形式多种多样，由松散联合到紧密联合，由地区内同行业联合到跨地区、跨行业联合，由生产企业间联合到生产企业与大专院校、科研单位联合，由联合经营到联合建立商品基地、原料基地、副食品基地，由联合发展经济到联合举办文化、体育事业。

（二）农村专业生产者协会组建更广泛的联合与合作

重庆市农村专业生产者协会自1985年开始组建即显现出强大的带动力，1986年快速扩张、迅速发展，成为联合千家万户发展农业生产、对接市场的纽带。据不完全统计，1986年全市已建立柑橘、渔业、蚕桑、奶牛、花木、蔬菜、茶叶、长毛兔、养蜂、养鸭等专业生产者协会216个，会员达15.63万多人。有不少专业生产者协会打破了地域界限，各专业生产者协会通过产前、产中、产后的各种服务，把千家万户联系起来，扬长避短，把自然优势变成产品优势，把分散产品汇集起来，直接参与流通，以优价、货鲜占领市场，使产品优势变成商品优势。江津县柑橘生产者协会建立了13个基层柑橘（果树）生产者协会，其中会员2 753人，代表果农5 584户、果园246个。会员拥有柑橘（果树）52.48万株，其他果树2.51万株，水果常年产量近500万千克。基层果协服务涉及38个乡，占全县柑橘生产

乡的52%，形成了以柑橘协会为依托、柑橘技术员为骨干、会员组长和专业大户为示范的自我服务体系，并于1986年开始承担国家部分柑橘外销出口任务。荣昌县养蜂生产者协会由开始的从事技术、物资供应服务合作，发展到产、供、销一条龙经营联合，并有股金10万元。1985年3月到1986年8月，购销蜂蜜43吨、蜂王浆12吨、蜂花粉13吨，获利5万元。

1988年，随着农村商品经济的发展，市级行业性服务组织即市级生产者协会应运而生。继重庆市茶叶生产者协会和重庆市饲料工业协会成立之后，当年又先后成立了3个行业协会。经市林业局批准，由林场、木材加工厂、木材经营公司、林业科研单位等联合组建重庆市林产品生产经营者协会；经市农业委员会批准，由近郊主产蔬菜4个区的主管部门、20个近郊区乡、蔬菜生产专业大户、有关的科研和大专院校等单位联合组建重庆市蔬菜生产者协会；经市农业委员会批准，由养奶牛专业户、乳品加工、农牧企业和事业单位及有关科研单位、大专院校等联合组建重庆市奶牛协会。

1989年，组建两个综合性市级协会。一是经市人民政府批准，9月成立了重庆市农业经济协会。该会成立以来，协助市畜牧公司建立起浓缩饲料厂，开发浓缩饲料，接受市奶类项目办公室委托，对重庆市奶业发展进行调研、论证，搞活了农村经济，促进了农村经济技术协作和联合。二是经市农业委员会和市设备管理协会批准，4月重庆市农林设备管理协会正式成立，入会团体会员25个，拥有固定设备资产近亿元，会员单位和设备拥有量均占市级农林企业的80%以上。

（三）农村新经济联合体向流通、资金融通领域延伸

1988年，随着农村双层经营和区（县）城乡企业两个经营主体改革的深入，农村商品流通和金融融通的改革有了新发展。供销社在增强服务功能的同时，积极采取集资入股、联营联办等形式，与农民、农村集体建立风险共担、利益均沾、产供销一条龙的合作经济组织或商品基地、加工基地、销售基地等，加强了同农民的经济联系。农民自我服务的各种专业协会有了进一步发展，在为农户提供市场信息和开展科技、流通服务等方面，发挥着越来越重要的作用。当年年底，城乡个体贩运户发展到18万多家，参加贩运的有24万人，成为活跃在城乡市场的一支重要队伍。农村金融在农村信用社受着国家宏观控制的情况下，区（县）农业发展基金、农产品价格调节基金、乡镇农村合作基金、城乡金融服务部、农村集资活动和民间借贷等逐渐活跃起来。1993年，多数区（县）都建立了规模不等的农业发展基金，乡（镇）一级已建立了366个农村合作基金会。

（四）股份合作新机制引入农村新经济体

1994年开始，重庆市利用项目推进生产经营体制建立。在重庆市农业综合开发项目区，大力推行股份制开发和培植专业大户的开发模式，走“公司+基地、公司+农户”的路子。其显著特点：一是将土地入股的开发模式引进项目区。万盛区的中药材开发项目，大胆引进医药、供销、乡（镇）政府和农民群众的资金，开发区农民以土地入股方式，实行董事会管理体制，做到利益均沾、风险共担、盈余投股分红，使开发区农民得到了实惠，尝到了甜头。二是扶持专业大户带头勤劳致富。将全市农业开发有限的有偿资金，用于扶持果树、养猪、养鱼的专业大户近20家，为群众勤劳致富起到了带头示范作用。三是开拓“公司+基地+农户”的新路子，对农业生产实行产前、产中和产后的配套服务。

1995年，重庆市在发展种植业和第二、第三产业上积极推行股份制和股份合作制，实行规模经营，形成农工商一体化。全市涌现了一批种、养、加和产、供、销专业大户；形成了“两杂”种子生产、长寿肉鸡生产、江津茧丝绸生产经营等一批“公司+农户”的经营联合体。全市农村有股份制和股份合作制企业3 651个，其中乡镇企业2 657个，农业类企业854个，同时培育农村市场体系。通过建设农产品市场，全市逐渐形成城区批发市场、零售市场和产区专业市场的市场网络，城乡集贸市场突破1 000个。仅1995年1—11月，集市农产品成交量达222.3万吨，成交金额163亿元。通过培育流通队伍，在支持国有商业、外贸企业和供销社发挥农产品流通主渠道作用的同时，积极组织农民进入流通领

域，全市常年从事个体运销的农民达20多万户，农民联合流通组织200多个。

二、政府推动阶段（1996—2005年）

大力发展农民专业合作经济组织，提高农民进入市场组织化程度，增强抗御市场风险和自然风险的能力。重庆市农民专业合作经济组织是在家庭联产承包制基础上，顺应农业生产专业化、商品化、社会化和市场化趋向以及改革不断深化而发展起来的农民合作经济组织与农业产业化经营结合的产物。重庆市针对农民人均纯收入连续增长缓慢的情况，提出以增加农民收入为中心，围绕主导产业和地方特色产业，提高农民的组织化程度、农业产业化经营水平和农产品市场竞争力，按照“因地制宜、多元创办、政府扶持、部门指导、市场运作”的思路，依托龙头企业和经营实体，大力发展农村合作经济组织，在全市范围内逐步形成纵向相通、横向相连、产加销衔接、农工贸一体的农村合作经济组织网络，实现农村生产经营的组织创新和机制创新。重庆市早期农民专业合作组织的兴办主体有农民、基层政府、农业部门、供销社、科协、企业和其他经济实体，按照“民办、民有、民受益”的原则，通过抓示范县、示范组织、示范章程、政策支持和项目扶持等措施，逐步形成了一批服务型、采购型、销售型、加工型、综合型等专业合作组织。到2002年，全市发展农民专业合作经济组织2 101个，入社农民34.7万户，占农户总数的4.9%。

重庆市农民专业合作经济组织快速发展。2003年璧山县早丰莲藕协会、渝北区龙兴奶牛协会被评为全国农村合作经济组织50强。2004年，重庆市积极开展试点工作，在实施4个农业部部级试点的同时，全市确定了21个市级试点，各区（县）相应确定了60个试点，积极探索发展和扶持农民专业合作组织的方式和机制；与相关部门建立协调机制，形成发展合作经济合力。当年，全市规范发展农民专业合作组织1 546个（不含供销社牵头兴办的“两社”），参与农户34.11万户，带动农户77.27万户，市级农产品行业协会7家，会员7 043家。重庆市农业局发展农民专业合作组织工作得到了农业部的高度评价。

2005年3月，农业部印发《关于支持和促进农民专业合作组织发展的意见》，明确了促进农民专业合作经济组织发展的指导思想、工作原则及政策措施。同年9月，市人民政府印发《重庆市人民政府关于加快发展农村合作经济组织的意见》，明确了加快发展农村合作经济组织的总体思路、基本原则，要求创新农村合作经济组织的发展模式和管理方式，鼓励和引导多主体创办、多形式发展，要求在资金、税收优惠、信贷支持，加强基础设施建设方面给予用地、用电政策优惠，在项目申报、进出口经营权办理和人才引进等方面给予扶持。各地按照市人民政府要求，加快推进农民专业合作社发展，农民合作、企业、集体经济组织为主体创办和基层农业服务机构、供销社组织领办的农民专业合作社以及行业协会如雨后春笋般蓬勃发展。

三、法律规范阶段（2006—2015年）

依法管理，规范发展，推动农民专业合作社成为新型农业经营重要主体和农业现代化建设的重要载体。各级政府高度重视，相关部门鼎力支持，农民专业合作组织进入规范、健康发展时期。“农超对接”“农校对接”和农民“土地经营权入股”等参与构建新型股份合作，专业户发展成长为家庭农场，新经济联合体渗入现代企业要素成了农民专业合作社。农民专业合作组织建设进入全面健康发展新时期，农村新型经营主体成为多种经营体制的主力军，引领农民建设现代农业、奔向小康目标，建设富强、民主、文明、美丽的新农村。

（一）颁布实施法律法规，规范管理农民专业合作社

2006年1月，农业部发布《农民专业合作经济组织示范章程（试行）》，规定农民专业合作组织实行民主管理制度和盈余分配制度，推动了农民专业合作经济组织的规范发展。2006年10月31日，《中

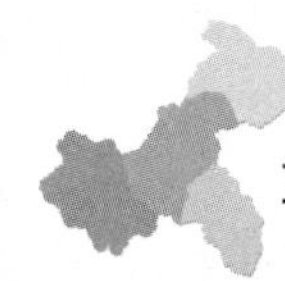

华人民共和国农民专业合作社法》经十届全国人民代表大会常务委员会第二十四次会议审议通过，自2007年7月1日起施行。这是中国首部专门规范和发展农民专业合作经济组织的法律，对于引导和促进农民专业合作经济组织发展具有重大的现实意义和深远的历史意义。2007年年底，与法律相配套的《农民专业合作社登记管理条例》《农民专业合作社示范章程》和《农民专业合作社财务会计制度（试行）》也相继颁布施行。这些法律、法规的出台，标志着农民专业合作组织建设与发展的法律法规制度框架体系已基本确立，农民专业合作组织进入了依法发展的新阶段。2011年3月，重庆市地方性法规《重庆市实施〈中华人民共和国农民专业合作社法〉办法》颁布，对重庆市实施《农民专业合作社法》实际情况作出具体规定，标志着重庆市加快向依法管理农民专业合作组织的方向前进。

（二）建立完善政策体系，推动农民专业合作社创新发展

2008年12月，市人民政府办公厅转发市农业委员会《关于促进农民专业合作社持续健康发展意见的通知》，明确了农民专业合作社的发展思路、目标任务和扶持措施等，初步建立了扶持农民专业合作社发展的政策框架，强化了合作社发展动力。各地、各相关部门围绕培育发展优势产业合作社、积极发展第二、第三产业合作社、扶持发展农产品加工合作社、引导合作社开展联合与合作等重点工作，采取开展示范社创建、加强规范化指导、加快信息化建设、推进农超对接、强化人才培养等举措推进工作，开创了农民专业合作社发展新局面。

2009年年初，重庆市在上半年启动万州、江津等7个区（县）“发展农民专业合作社项目”试点基础上，又增加了九龙坡、梁平、垫江3个区（县）作为试点单位。试点中，积极发展以农村土地经营权及其附属物作价出资设立农民专业合作社，在充分尊重农民意愿的基础上，引导土地入股组建公司，采取变更登记方式，对公司进行改制，转变为农民专业合作社。到当年6月底，试点区（县）发展的36个农民专业合作社，土地经营作价出资5 011.02万元，占出资总额的33.06%，合作社统一经营土地面积达6.5万亩。本年度，重庆市农业委员会与财政局、工商局、商委、国税局、地税局、司法局、农商行等部门联合发文，出台了“1+7”的系列政策，包括《关于做好农民专业合作社税收优惠工作的通知》《关于推进农民专业合作社财务规范化管理的意见》《关于以农村土地承包经营权入股发展农民专业合作社注册登记有关问题的通知》《关于进一步做好农民专业合作社金融服务工作的意见》《关于开展农产品“农超对接”试点工作的通知》，形成了农民专业合作社发展的政策扶持体系。各地精心组织农民专业合作社项目试点，2009年全面完成以地入股公司的依法改制工作，探索创新了“土地股权合作、内部要素合作和股份混合合作”3种合作经营模式，“以地入股”农民专业合作社登记注册48个。争取到中央对合作社投入6 869.8万元，金融机构向合作社发放贷款2 818万元、向合作社成员发放贷款52 639万元。这一年，重庆市成为商务部、教育部、财政部、农业部联合推行的15个“农超对接”和7个“农校对接”的试点省份，支持首批26个农民专业合作社与13家超市进行“农超对接”。农民专业合作社有注册商标351个，有“三品”认证146个。重庆市人民代表大会常务委员会已将《重庆市实施〈中华人民共和国农民专业合作社〉办法》纳入立法计划。

2010年5月，市农业委员会、市财政局联合印发《重庆市农民专业合作社示范社评选办法（试行）》通知，扩大发展农民专业合作社试点项目范围，强化示范引领效应，鼓励和扶持农民按照自愿、平等、互利原则组建多种形式的专业合作社，农民专业合作社发展成效显著。重庆市注册登记农民专业合作社的数达到10 300个，合作社发展数量居全国第十三位、西部第三位。同年，全市开展了评定市级示范农民专业合作社活动，首批评定了60个示范合作社。以地入股试点范围扩大到27个区（县），全市当年新增农民专业合作社3 103个，累计达13 403个，合作社承担的各类项目和扶持资金达1.3亿元。全市“以地入股”农民专业合作社达到122个，土地经营权作价出资28 979.66万元，占总出资的49.97%，统一经营土地面积38.61万亩。当年，仅合作社承担的项目资金达16 321.8万元；银行累计向189个合作社发放贷款5 727万元；229个合作社参与政策性国家保险，参保额为26 828万元；重庆

市农业担保公司为22个合作社担保贷款4 800万元。

2011年11月，市人民政府办公厅印发《重庆市推进农村新型股份合作社发展实施方案》，推进以出资多元化、要素股份化、经营产业化、运作市场化为主要特征的新型农民专业合作社。特别是引导农民以资金、技术、农村“三权”（农村土地承包经营权、宅基地使用权和林权）等多种要素作为股份，参股发展农村新型股份合作社，分享现代农业发展收益。为推进农村新型股份合作社健康发展，加强对农村新型股份合作社的日常统计监测分析，市农业委员会印发《关于开展农村新型股份合作社统计监测的通知》，同年年底，全市农村新型股份合作社有817个，实有成员21万户，统一经营土地91.8万亩，发展以地入股合作社273个，作价入股土地32.9万亩，统一经营土地面积53.8万亩。

2012年，市农业委员会、市工商行政管理局下发3个重要文件：《重庆市农业委员会关于做好农村新型股份合作社发展工作的通知》《重庆市工商行政管理局关于大力支持农村新型股份合作社发展的实施意见》《重庆市农业委员会办公室关于印发〈重庆市发展农村新型股份合作社工作管理办法（试行）〉的通知》。市农业委员会还组织编写了《重庆市农村新型股份合作社60问》等指导性文件和资料，有效地推进了农村新型股份合作社规范发展。2012年年底，全市创新实践的“股权单一、要素合作和股份混合”等发展模式得到农业部的肯定和支持。全年新增农民合作社2 600个，总量达1.6万个，农民参合率40.2%，高于全国平均水平10多个百分点。累计发展农村新型股份合作社1 230个，比上年增加323个，作价入股土地面积71.6万亩，统一经营土地面积108.8万亩。截至2012年年底，有1 230个农村新型股份合作社活跃于重庆市广大农村地区，覆盖了种植、养殖、农产品加工、乡村旅游等多个产业，既整合了土地、资金、技术等生产要素，又促进了农民收入增加。据统计，参加新型股份合作社的社员人均纯收入比当地农民人均纯收入高出30%以上。同年7月3日，农业部表彰了600个农民专业合作社示范社，重庆市有26个专业合作社受到表彰。

2013年，为进一步加强农民专业合作社登记及相关管理，国家工商行政管理总局、农业部联合印发《关于进一步做好农民专业合作社登记与相关管理工作的意见》，为促进农民专业合作社健康发展提出了3点意见：一是进一步规范农民专业合作社管理工作；二是建立农民专业合作社年报制度；三是积极探索开展农民专业合作社联合社登记管理工作。全市落实国家有关政策，市级以上安排专项资金7 000多万元用于合作社发展。当年年底，全市农民合作社达1.86万家，其中联合社39家，农村新型股份合作社1 845家，农民参合率达44.9%，开展“农社对接”的合作社达300家。

（三）创新家庭农场经营主体，提升农民专业合作经营组织水平

2013年8月，市农业委员会下发《关于培育发展家庭农场的指导性意见》，明确了家庭农场的定义、基本条件、示范家庭农场的生产经营规模标准及扶持措施。各区（县）按照“生产有规模、产品有市场、经营有场地、设施有配套、管理有制度、农户有收益”的六有要求，努力培育壮大家庭农场。2013年年底，重庆市共发展家庭农场9 419个，其中，在工商部门注册1 502个，农业部门认定7 917个，共经营土地面积638 127亩。1 049个家庭农场获得各级财政扶持资金总额7 950.45万元，有752个家庭农场获得贷款支持，获得贷款资金总额8 386.92万元。

2014年，政策支持有新突破，建立健全新型农业经营体系步伐加快。同年2月，农业部下发《关于促进家庭农场发展的指导意见》，加快构建新型农业经营体系，促进家庭农场发展。市工商局、市农业委员会下发《关于做好家庭农场注册登记工作的通知》，规范联合社和家庭农场注册登记工作，进一步助推新型经营主体发展。全市家庭农场经营土地面积达75万亩，平均规模65.6亩，农场经营规模和收入普遍高于一般农户。当年，成功申报全国示范社144家，新评定市级示范联合社、示范家庭农场各100家。重庆市作为农业部2014年全国农民合作社贷款担保保费补助试点省份，争取落实担保费补助180万元，支持重庆市农业担保公司，为37家合作社提供担保贷款7 470万元。组织开展中央财政支持农业生产全程社会化服务试点，投入6 000万元。全年累计发展农民合作社近2.2万家，比2013年增

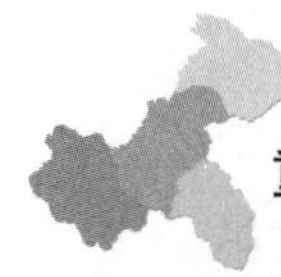

加3 300多家，增长17.8%。合作社成员330万户，农民参合率50.2%，合作社共带动农户289.8万户。合作社产业分布为种植业1.11万个、林业1 582个、畜牧业5 951个、渔业1 086个、服务业1 441个和其他749个，分别占总数的50.7%、7.2%、27.1%、5%、6.6%和3.4%。全市发展农村新型股份合作社2 800多家，占总数的12.5%；土地经营权作价出资45亿多元，占出资总额的48%；入股成员为31.9万户。全市拥有注册商标的合作社1 681个，占合作社总数的7.7%，增长12.7%；通过农产品质量认证的合作社657个，占总数的3%，增长18.4%。组织销售农产品总值135.4亿元，增长19.1%，合作社总收入111.1亿元，实现盈余19.3亿元，分配盈余16.7亿元，其中按交易量返还成员10.6亿元，占分配盈余的63%。截至2014年年底，全市发展家庭农场1.14万家，种植业3 900多家、畜牧业5 400多家，两者约占总数的82%。在工商部门注册家庭农场近3 400家，拥有注册商标353个，获得农产品质量认证179个。

2015年，重庆市新型经营主体农民专业合作社、家庭农场发展影响度扩大，得到国家层面的更大支持。万州区铁峰猕猴桃股份合作社入选农业部7个《创新农村经营体制机制典型案例》之一。当年，重庆市继续被农业部确定为全国农民合作社贷款担保保费补助试点省份、全国家庭农场担保补助试点省份（全国仅两个），累计为合作社和家庭农场提供担保贷款2.1亿元。重庆市新型经营主体发展壮大。全市家庭农场有1.35万家，比上年增加2 100家，其中示范家庭农场250家。农民合作社达2.5万家，比“十一五”末增加1.5万家，增幅143%。发展股份合作社3 150家、联合社139家；国家级示范社258家、市级示范社661家。农户参合率达为45.9%，比2010年增加20.1%（表3-1-1）。

表3-1-1 2008—2015年重庆市农民专业合作组织发展情况

年份	组织数（个）	工商登记（个）	成员（万户）	农户参合率（%）	带动非成员（万户）
2008	3 500	3 165	82.4	11.8	132.2
2009	5 619	5 513	142.7	20.1	159.5
2010	10 300	10 300	187.6	25.8	217.9
2011	13 403	13 403	222.3	30.5	243.4
2012	16 000	16 000	272	37.2	266
2013	18 617	18 617	295.7	39.7	281.2
2014	21 926	21 926	328.6	44	289.8
2015	25 688	25 688	346.2	45.9	282.3

第二章
农村土地管理及改革

农村土地是农民的“命根子”，是国家治国安邦、繁荣昌盛、稳定民心的执政之基，是经济发展、社会和谐、文化繁荣、生态美丽和人民幸福的基本要素。农村土地管理对象包含农用地、集体建设用地、宅基地等；管理内容包含所有权属、经营权、使用权等。重庆市历来重视农村土地管理及改革，严格权属与“红线”管理，放活经营权利。农村经营土地坚持所有权，稳定完善承包权，放活经营使用权，不改变农业用途的管理改革；农村建设用地、宅基地管理经历了由严到宽、由“管死”到“放活”的改革。农村实行家庭联产承包责任制、建立双层经营合作制，使村、社集体经济组织的经营管理发生了重大变革，土地管理成为双层经营农业合作社的重要管理内容。农村经营管理部门指导村、社集体开展保障土地权属、维护承包权益、放活经营使用权的管理监督。农村土地转为非农用地、集体建设用地、宅基地等的审批管理由国土管理部门负责。

第一节　农村承包土地管理及改革

实行家庭承包责任制后，农村土地实行承包经营制度。管理对象主要是承包土地，内容主要是对所有权、承包权、经营权三权分置维护与管理、调处与协调，稳定完善承包关系，维护土地承包权；有序流转放活土地经营权，推进适度规模经营；实施土地承包纠纷调处等的管理。随着农村改革不断深化，农村承包土地管理内容也随之变化。

一、农村土地承包经营权属管理

承包土地管理与改革主要是承包权属的管理与改革，经历了确认、调整完善、稳定、保障和记载及证明农村土地承包经营权等 5 个阶段。

（一）开展集体承包土地清理，填发“两证”确认土地承包权利（1989 年年底以前）

1984 年，中央宣布土地承包期 15 年不变，提出了家庭联产承包责任制的概念，以家庭成员的人数为承包对象。重庆市农村土地开展第一轮家庭承包，按第一轮承包土地管理政策进行管理。完成承包后，对新增人口可以定期小调整，多数实行“等轮候缺”的办法，承包土地实行“大稳定、小调整”。家庭联产承包责任制初期，针对一些农民误认为是“分田单干”，承包的土地可以自由处置，有的怕政策变动，因而出现乱占滥用土地的现象，管好土地成为一个迫切而重要的任务。重庆市组织了以农经干

部和专业会计为主的队伍，逐村开展了土地管理工作。对广大农民进行珍惜土地、维护集体土地公有制教育，宣传国家有关土地管理政策法规，宣布了不准买卖、乱占、转让宅基地的“三不准”政策。在此基础上开展了3项工作：一是对农民承包的耕地、林地、荒山、水域等进行全面清理登记，建账、立卡、发证，以稳定完善承包责任制。账、卡、证内容一般包括地名、块数、面积、土地等级、产量、“四界”、附属物等内容，为承包农户填发了《承包土地使用证》《宅基地使用证》，确认土地承包权利。为后来的延长土地承包期、全面确权发证打下坚实基础。1984年前，承包耕地的承包期限开始多为3年，后来中央宣布延长为15年，也有的农业社更长一些；林地、荒山一般承包为长期不变或70年不变。二是清查乱占滥用耕地，解决土地承包纠纷。三是建立健全土地养护、调整、转包等制度，进行土地利用规划，合理安排作物种植和农田基本建设。当时，土地承包期内人口增减，对承包经营权实行“大稳定、小调整”，承包土地一般是3~5年调整一次，做相应的土地增减划拨，也有的采取“动粮（账）不动田”的办法，用调整上交征购粮和提留统筹数量的办法解决，后者更利于土地稳定经营。

（二）积极推进“两田制”，调整完善土地承包经营权（1990—1996年）

在完善农村承包土地经营权中，根据农村广大农民群众的意愿和要求，在充分调研和探索的基础上，重庆市在坚持土地集体所有和家庭承包经营前提下，全市推行“两田制”（口粮制、责任田）、“三田制”（除口粮田、责任田以外，集体经营部分田地）、“有偿使用”等多种形式的土地承包方式。其中“两田制”和“土地有偿承包”占比较大。“两田制”是将集体的土地划分为口粮田和责任田两部分。口粮田按人平均承包，一般只负担农业税；责任田有的按人承包，有的按劳承包，也有以发包方的名义实行招标承包。承包责任田一般要缴纳农业税，承担农产品定购任务和各项集体提留。责任田比例一般保持在耕地的5%以下，其主要作用既是机动地，又是添人进口的预备田。“两田制”是在家庭承包经营基础上，对土地承包方式“大稳定、小调整”的具体政策适当调整。实行的是“一年一小调，三年一大调”的土地调整政策，有的“动账不动田”，有的“动账又动地”。铜梁县率先试行“两田制”，取得显著成效。市农业委员会在该县上召开推进“两田制”现场工作会，该县的做法也获得四川省农业厅的肯定，1992年，四川省农业厅在铜梁县召开现场会，推广“两田制”的经验与做法。

截至1990年年底，重庆市17个区（县）进行了完善土地承包制试点工作，并由点到面扩展。全市69 265个农业社中，推行“两田制”的合作社9 916个，占合作社总数的14.3%；推行“土地有偿承包”的农业社10 836个，占合作社总数的15.6%，对于调动农户生产积极性，壮大集体经济起到了积极作用。

到1991年年底，全市已完善土地承包制的农业社66 586个，占农业社总数的96%。其中实行“两田制”的合作社有47 316个，占完善农业社总数的71.1%。通过实施“两田制”，解决了近30万人无土地承包的问题，极大地缓解了农村人地矛盾，增强了农户对承包地的稳定感，激发了农户对土地投入的积极性，推动了农村经济快速发展。

1994年6月，重庆市农业委员会印发《关于报送“关于进一步完善土地承包和搞活土地经营使用权的意见”的报告》，对进一步完善土地承包、搞活土地经营使用权提出意见。具体内容是明确完善土地承包的指导思想、原则和办法。做到4个坚持：一是坚持土地集体所有不变；二是土地调整坚持“大稳定、小调整”，农民承包地调整缺啥补啥、保持农户承包地相对稳定；三是坚持因地制宜、尊重群众意愿；四是坚持分类指导，围绕稳定农村土地承包制这个核心，认真做好延长土地承包期和承包合同管理工作。

截至1995年11月底，重庆市郊农村69 492个合作社中，完善土地承包的合作社47 227个，占合作社总数的68.0%。在已完善的合作社中，实行“增人不增地，减人不减地”的合作社27 701个，实行“两田制”的合作社11 117个，实行“候轮补缺”的合作社6 711个，搞其他形式的合作社1 698个，分别占已完善合作社的58.7%、23.5%、14.2%和3.6%。尚未完善的合作社22 265个，占总数的

32.0%。

（三）延续第二轮土地承包，稳定土地承包经营权（1997—2003 年）

1997 年 8 月 27 日，中央办公厅、国务院办公厅印发《关于进一步稳定和完善农村土地承包关系的通知》，确认在第一轮土地承包到期后，土地承包期再延长 30 年，提倡"增人不增地、减人不减地"的土地承包方式取代承包土地的小调整，逐步取消了"两田制"和承包土地的"大稳定、小调整"，并对土地使用权的流转制度作出了具体的规定。

重庆市全面开展的农村土地第二轮家庭承包从 1997 年开始。为有效地落实农村土地承包政策，1997 年 12 月，市委办公厅、市人民政府办公厅印发《关于切实做好稳定和完善农村土地承包工作的通知》，并召开电视电话会议进行专题部署，要求全市完善农村第二轮土地承包工作在当年年底前全面展开，1998 年 6 月底以前结束。重庆市全面规范第二轮土地承包管理工作：一是明确规定将承包期再延长 30 年不变；对开发性荒山、荒地、荒滩、荒水承包期可以延长到 50～70 年。二是坚持以稳定为主，明确规定不准重新丈量土地，严禁打乱重划，提倡"增人不增地，减人不减地"的办法，但对少部分市场经济发展不够、土地流转困难或人地矛盾特别突出的地方，则坚持实事求是、因地制宜、充分尊重农民意愿的原则，采取"大稳定、小调整"的方式进行部分调整。同时，严格规定"小调整"的时间、范围和程序，杜绝随意性。三是统一文本、规范操作，由重庆市农业委员会制定样本，区（县）人民政府统一印制了第二轮《重庆市农村土地承包经营权证书》，村社集体经济组织与承包户重新签订了承包合同、颁发证书，明确了承包地块、"四至"边界、土地面积及合同双方的权利和义务，使第二轮土地承包管理工作走上规范化、制度化、法治化管理轨道。重庆市在第一轮土地承包基础上，于 1997 年全面开展了第二轮土地承包工作，1998 年年底基本完成。全市承包农户数达到 680.8 万户，承包耕地面积1 952.9万亩，颁发土地承包经营权证书 621 万份，占应颁发证书总数的 91%；签订土地承包合同 633 万份，占应签订合同总数的 93%。

1998 年 3 月 27 日，召开了重庆市完善农村土地承包工作座谈会，各区（市、县）汇报了推进完善农村土地承包工作情况。会上，陈光国副市长提出 3 点要求：一是以高度的政治责任感抓好完善农村土地承包工作；二是认真贯彻中央办公厅、国务院办公厅《关于进一步稳定和完善农村土地承包关系的通知》，因地制宜搞好延长土地承包工作；三是加强领导，精心组织，加大力度，按时完成全市完善土地承包工作。市委常委税正宽在讲话中要求各区（市、县）把握政策的重要性、落实政策体现连续性和创造性、实施政策可能性 3 个要务，采取切实可行的措施推进全市完善土地承包工作。4 月下旬，重庆市重点移民区（县）完善农村土地承包工作座谈会在万县召开。万县、巫山、奉节、云阳、涪陵、丰都、开县等区（县）汇报了完善农村土地承包工作进展情况，市委常委税正宽对前一阶段的工作予以充分肯定，指出严肃认真落实党在农村的基本政策是各级党政的一项政治任务，重点移民区（县）必须结合移民任务，落实延长土地承包政策，让移民"搬得走、住得下、富得起"。

（四）依法保障农村土地承包经营权（2003—2009 年）

《中华人民共和国农村土地承包法》（以下简称《承包法》）于 2003 年 3 月 1 日起实施。《承包法》提出了家庭承包概念，集体经济组织成员有承包权。农村土地承包以农户家庭整体作为承包对象，家庭成员对本家庭承包的土地都有承包经营权；明确规定了发包方和承包方的权利与义务、土地承包的原则与程序；除"承包方全家迁入设区的市，转为非农业户口的，应当将承包的耕地和草地交回发包方"的法定情形外，在承包期内发包方不得收回承包地；"因自然灾害严重毁损承包地等特殊情形，对个别农户之间承包的耕地和草地需要适当调整的，必须经本集体经济组织成员的村民会议 2/3 以上成员或者 2/3 以上村民代表的同意，并报乡（镇）人民政府和县级人民政府农业等行政主管部门批准"，此外，发包方不得调整承包地；承包期内，承包方可以自愿将承包地交回发包方，承包方自愿交回承包地的，应当提前半年以书面形式通知发包方，承包方在承包期内交回承包地的，在承包期内不得再要求承包土地。在这一阶段，重庆市《关于进一步完善农村土地承包关系工作的通知》明确规定，“承包期内，承包方全家迁入本市各区（县、自治县）所辖街道办事处或者区（县、自治县）人民政府驻地镇，转为非农业户口的”发包方应当收回承包方的承包地。

《承包法》实施后，重庆市严格执行法律法规的各项规定。以前的政策中，凡是与法律规定相冲突或不一致的一律废止，农村承包土地管理由2003年前按规章、政策管理进入到依法管理。

1. 宣传贯彻《承包法》

一是认真学习，深刻领会基本精神。市农村工作领导办公室小组、市人民代表大会农业委员会、市政治协商会议农业委员会、市法制办公室、市农业局等部门多次召开座谈会，认真组织领导干部学习，深刻领会基本精神；各地认真组织了各级领导干部特别是从事农业农村工作的干部职工采取多种方式，认真学习《承包法》及相关规章。二是加强培训，提高干部素质。市农村工作领导办公室小组于2004年下半年召开了业务工作暨法律政策培训会，各区（县）农村工作领导办公室小组主任、农业局分管局长、农村经济管理科（站）长全部到会，重点部署了深入贯彻《承包法》、妥善调处土地承包纠纷和进一步完善农村土地承包关系工作，讲解了《承包法》和《农村土地承包经营权证管理办法》。各区（县）采取多种方式对乡（镇）、村（社）干部层层进行了培训。市农村工作领导办公室小组有关处室也深入到部分区（县）向有关部门、部分乡（镇）干部宣传讲解《承包法》，全市有一大批掌握该法的领导、一批熟悉该法的业务骨干、一批了解该法精神的基层干部。三是多形式宣传，做到家喻户晓。市农村工作领导小组办公室组织有关新闻单位积极宣传《承包法》，市级主要新闻媒体深入到有代表性的区（县）采访报道贯彻实施情况，采访报道执行农村土地承包政策的成功经验。各地利用宣传月、宣传周等形式进行集中宣传，组织文艺宣传队把《承包法》的主要内容编成节目进行演出，利用公示栏办墙报，印发宣传资料；各地还充分利用当地的有线电视、广播、报纸、杂志等媒体开辟宣传专栏，加大宣传力度。据统计，全市各级共印发宣传资料200余万份，集中开展宣传活动4 500余次，召开宣传培训会2 000余次。四是认真履职，依法管理承包合同。各级农业委员会（办）、农业局等部门切实履行指导农村土地承包及承包合同管理的职责，认真做好土地承包、土地流转、纠纷调处以及颁发土地承包经营权证等工作，建立健全农村土地承包合同档案管理、土地承包纠纷调处等制度。

2. 实施《承包法》，进一步完善农村土地承包关系

重庆市在执行法律的过程中，对“承包方全家迁入设区的市”的规定，按照直辖市没有设区的市这个层级的客观实际，而这个阶段重庆市《实施〈承包法〉办法》还没有出台，从维护农民土地承包权益出发，对全家迁入市内城镇户口转为非农户口的，不论到哪里落户，原则上都不收回农户的承包地。

2004年上半年，重庆市委将《稳定土地承包制度、搞活农村土地流转》列为筹备市委第七届二次全委会的专题调研课题，市农村工作领导小组办公室以此为契机，对土地承包和流转组织了历时3个月的专题调研，调研成果被市委全委会吸收。2004年，根据《承包法》及农业部《农村土地承包经营权证管理办法》的有关规定，重庆市委办公厅、市人民政府办公厅于2004年4月下发了《关于进一步完善农村土地承包关系工作的通知》，在全市开展了农村第二轮土地承包的清理和完善工作，做到承包地块、承包面积、承包合同和经营权证书“四到户”；落实土地承包合同、承包经营权证和承包档案资料规范“三管理”；实现农民土地承包权益和农村土地资源合理利用“双促进”。重庆市《实施〈承包法〉办法》、国务院《关于深化改革严格土地管理的决定》出台之后，市农业局为制定《农村集体经济组织征地补偿费管理办法》，对落实专账核算、专户管理、专项审计制度进行了深入调研，形成送审稿报市人民政府。

3. 有效保障三峡库区农村移民承包土地权利

重庆市是三峡移民的主要搬迁和安置区。重庆市各级党委、人民政府在稳定家庭承包土地中解决移民承包土地问题采取了一系列措施。一是选择土地较多、经济较发达、交通比较方便的地方作为移民安置点，为落实移民承包土地奠定良好基础。二是充分发动各级干部做艰苦细致思想工作，鼓励有较多承包土地的农户让出一些承包地。三是运用经济手段从年龄较大或者承包地较多的农民手中回购承包地。

4.《实施〈承包法〉办法》实施

2007 年 7 月 1 日重庆市《实施〈中华人民共和国农村土地承包法〉办法》（简称《办法》）实施。《办法》进一步明确了重庆市依法收回承包地的具体情形，第四十五条规定，“以家庭方式承包的，有下列情形之一，发包方应当收回承包方的承包地：一是承包期内，承包方全家迁入本市各区县（自治县）所辖街道办事处或者区县（自治县）人民政府驻地镇，转为非农业户口的；二是承包方全家迁入本集体经济组织以外的农村落户，在新户籍地取得承包地的；三是农户整体消亡的；四是法律法规规定应当收回的其他情形；五是承包期内，承包方家庭成员中有外出务工、经商、就学、服兵役或者劳动教养、服刑、死亡的，发包方不得收回其承包地。”重庆市在实施《办法》中，将农民家庭的承包权通过《中华人民共和国物权法》，以登记记载权利，颁发证书的形式，依法固定了权利。

到 2009 年年底，承包农户数为 681. 5 万户，占农户总数的 95. 9%；承包耕地面积 1 986 万亩；颁发土地承包经营权证 658 万份，占承包农户总数的 96. 6%；完善土地承包合同 672. 5 万份，占承包农户总数的 98. 7%。

（五）确权颁证，建立健全承包土地登记簿，记载和证明承包经营权（2010—2015 年）

重庆市部分地方存在农村土地承包关系不够完善，确权颁证未能实现全部到位，土地承包经营权登记簿不够健全，经营权证书格式不统一，承包证书记载面积与实际承包面积存在较大差异等问题。《承包法》规定农村土地家庭承包权是一种债权关系，2007 年我国《物权法》将农村土地承包权由原来的债权明确为用益物权。重庆市委、市人民政府根据党的十七届三中全会精神和国家法律法规规定和政策要求，全面开展了农村土地确权颁证登记工作。

重庆市作为全国首个全面开展农村土地确权颁证工作的省级行政单位，2010 年初，市人民政府在九龙坡、南川、梁平、垫江 4 个区（县）先行开展土地确权颁证工作试点。为深入贯彻落实党的十七届三中全会精神和我国《承包法》，全面掌握农村土地承包经营情况，切实保障农民权益，促进城乡统筹发展，同年 8 月，市人民政府印发《关于开展农村土地确权颁证工作的意见》，全面启动农村土地确权颁证工作。市农业委员会和市国土房管局印发《关于开展农村土地确权工作的实施意见》，于 2010 年 8 月 23 日召开部署动员大会，开展市级工作培训。本次农村土地确权工作遵循依法依规、实事求是、尊重民意、保持稳定等 4 项要求推进。本次农村土地确权颁证与 1998 年延长土地承包期颁证相比，有 3 个突出特点：一是全面核查，以国家第二次土地调查的农村集体土地所有权确权面积为依据，切实摸清、核实、确认承包面积后，逐户开展农村土地确权颁证；二是据实确认，对承包地被征用、占用、退耕还林等面积发生变化的，家庭人口变动导致经营权分割、合并的，经营权转让、互换的，以及承包地灭失或农户全户消亡等情形，及时开展变更和注销登记；三是依法登记，对通过招标、拍卖、公开协商等其他方式承包的农村土地，切实做好确权颁证；四是完善档案，进一步规范和完善农村土地承包合同、土地承包登记簿、土地承包经营权证及相关文件档案和资料信息，达到全市联网信息化管理。

2010 年年底，重庆市初步确认 584 万户农户的土地承包面积，占应确权农户总数的 93. 2%，补充完善土地承包合同 219. 02 万份。2011 年上半年，全市 39 个涉农区（县）共完成确权农业合作社83 500 多个，占确权农业社总数的 99. 3%；新建农村土地承包经营权登记簿 639. 2 万套，占已经确权农户总数的 99. 8%；新颁发农村土地承包经营权证书 633. 7 万册，占已确权农户的 99. 1%。圆满完成了确权颁证各项目标任务，成为全国首个在省级行政辖区范围全面完成确权颁证工作的省份，为在全国范围开展农村土地承包经营权登记管理工作提供了丰富而宝贵的经验。全市已经确权农村土地承包经营权的

640余万户的承包信息，全部录入了市农业委员会建立的市农村土地承包管理电子信息系统。2012年，重庆市确权颁证后续完善工作取得新进展。全年新确认农村土地承包经营权15万户，累计近640万户进入农村土地承包管理信息系统，超过农户总数的95%。全市基本建立了农村土地确权颁证数据库，进一步完善了农村土地承包经营权确认、变更、注销、抵押融资等日常登记工作制度。其后两年，进一步进行规范管理，强化确权颁证成果应用。

2014年年底，重庆市（建制调整前）39个涉农区（县）、937个乡（镇、街道）、9 246个村（居），完成确权农业社83 508个，占确权农业社总数的99.3%，确认土地承包经营权的承包农户640.2万户，占应确权农户总数95.8%；新建农村土地承包经营权登记簿639.2万套，占已经确权农户总数的99.8%；家庭承包土地经营权确权面积3 486.4万亩，占承包耕地面积的99.4%，新颁发农村土地承包经营权证书650万册，占已确权农户的99.8%，圆满完成了确权颁证各项目标任务。全市已经确权颁证的信息全部录入了市农村土地承包管理电子信息系统，全市基本联网建立了农村土地确权颁证数据库，实现区（县）级数据库与市级数据库联动。

此次农村土地确权颁证使全市农村土地承包关系更加完善、档案更加规范、登记制度更加健全、遗留问题有效化解、信息系统初步建立，基本实现了家底清、权属明、面积实、档案全和制度完善的工作目标。在坚持农村基本经营制度基础上，赋予了农民更加充分而有保障的土地承包经营权，对于有效保护农民的土地承包权益、促进农村土地流转、推进农村产权制度改革、探索农村金融制度创新、高效利用农村土地资源奠定了良好的基础，为调处土地纠纷、完善补贴政策、进行征地补偿和抵押担保提供了重要依据。

二、承包土地经营使用权流转，发展适度规模经营

农村承包土地流转政策制度经历了从无到有并逐步发展完善的过程。1984年以前，从国家政策层面上没有明确提出土地流转问题。《中共中央关于1984年农村工作的通知》中，首次提出允许农户经集体同意可以转包承包地给种田能手，但强调不准买卖、不准出租、不准转作宅基地或者非农用地。重庆市农村承包土地流转发展进程中，在流转的形式上，从单一的转包形式发展到转包、出租、互换、转让、股份合作或者其他符合有关法律和国家政策规定的多种流转方式；在受让主体上，从单一的农户发展到专业大户、家庭农场、农民合作社、农业企业等多种市场主体；在流转服务体系建设上，从农户间的自发流转，发展到形成市、区（县）、乡（镇）、村（社）4级流转服务市场体系；在流转权利上，从土地使用权流转发展到经营、使用权均可流转；在流转方向上，从农户间的分散流转发展到规模经营主体流转，明确了适度规模经营的方向。

（一）自发有限的承包土地使用权流转（1993年以前）

1993年以前重庆市的承包土地使用权流转处于农户间自发、规模小又零星；形式仅限于转包，有的是委托代耕；对象一般是一个农业社（组）内的农户间，并要征得发包方同意。市、区（县）各级政府层面没相关政策明确支持鼓励承包土地使用权流转。

通过调研，重庆市农村土地实行家庭承包责任制后，一些地方因部分农村劳动力从事第二、第三产业和大量青壮年劳动力外出务工，农村青壮年劳动力稀缺，部分地方出现了耕地荒芜；另一方面，城镇一些有一定资本的企业主、职工又有到农村去经营土地的愿望。针对这些情况，重庆市农村委员会着手研究搞活土地经营使用权、推进土地适度规模经营，首次提出允许农户经集体同意可以转包承包地给种田能手，但强调不准买卖、不准出租、不准转作宅基地或者非农用地。

（二）政策支持鼓励承包土地使用权流转（1993—2005年）

1993年，中共中央、国务院《关于当前农业和农村经济发展的若干政策措施》中，进一步提出允

许农户在承包期内转让土地使用权，但须在坚持土地集体所有和不改变土地用途的前提下，且经发包方同意。

1994年，重庆市一些地方农村开始尝试承包土地出租等方式进行使用权流转。同年6月，重庆市农业委员会印发《关于报送“关于进一步完善土地承包和搞活土地经营使用权的意见”的报告》，对进一步完善土地承包、搞活土地经营使用权提出意见，也是重庆市首次提出搞活土地经营使用权意见。各地在坚持土地集体所有和不改变土地使用用途的前提下，搞活土地经营使用权，使土地进入生产要素市场，促进资源的优化配置，提高土地使用效益。通过建立土地流转机制，坚持土地集体所有权，稳定农户土地承包权、搞活土地经营使用权；允许并鼓励农民通过互换、转包、转让、租赁和入股联营等多种形式搞活土地经营使用权。无论采取哪种办法实行土地转包、转让、租赁、入股联营，承包方必须经发包方同意，承包方与第三者双方当事人都必须以文字为依据，明确双方的权利、义务关系，签订好协议或合同，报村（社）集体经济组织备案。这一年，重庆市各区（市、县）按照“明确所有权、稳定承包经营权、放活使用权”的原则，开展了试点，璧山、綦江等县已完成这项工作。通过改革，促进了土地使用权流动，为发展适当规模经营创造了条件。各种专业大户蓬勃兴起，区域性商品生产基地建设有新的起色，发展适度规模经营已成为各级干部群众的自觉行动。荣昌县大力提倡规模养猪，全县年出栏肥猪20头以上的专业大户达到412户。江北县放牛村万亩梨园基地已初具规模，年产梨21万千克，收入33.6万元，人均收入340元，仅此一项收入上千元的农户就达140多户。

重庆市不断深化农村经济体制改革。完善家庭联产承包经营责任制，放活土地经营使用权，建立土地流转机制。1995年，市人民政府下发了“完善土地承包、搞活土地经营权”的文件，开展了拍卖“五荒”使用权试点。全市完善土地承包的合作社达47 227个，占合作社总数的67.9%。到1995年11月底，重庆市土地流转机制正在形成，部分地区已经迈出了步子。通过土地转包、转让、租赁、入股、联营、拍卖“五荒”使用权等形式共流转土地286 094亩，涉及转出的农户922 871户，分别占总承包土地的2.8%和总农户数的2.8%。土地使用转入的农户92 831户，转入户中土地转包的有72 503户，转包土地215 240亩；土地转让的有16 794户，转让土地57 757亩；土地租赁的有2 523户，租赁土地11 948亩；土地入股联营的有1 011户，入股土地1 149亩；实行拍卖“五荒地”经营使用权的有40个社，拍卖荒地520亩。

1996年，开展“四荒”和小型水利设施经营权拍卖，以租赁、转包、入股等形式推行土地适度规模经营和经济结构调整。当年，为加强对土地流转的规范管理，促进其健康发展，市农业委员会向市人民政府提交《重庆市农业委员会“关于建立农村集体土地使用权流转机制的意见”的报告》，涉及5个方面：一是建立土地流转机制的客观条件和必要性；二是建立土地流转机制的指导思想和原则；三是土地流转形式及办法；四是土地流转程序及规范管理；五是加强土地流转工作的领导。

1998年，党的十五届三中全会作出《关于农业和农村工作若干重大问题的决定》，提出了“土地使用权的合理流转，要坚持自愿、有偿的原则依法进行”，同时强调“不得以任何理由强制农户转让”。1998年，市委农村工作委员会、市农村工作领导小组办公室《关于全市延长农村土地承包期工作情况的报告》表明，截至1998年11月30日，重庆市已完成延长土地承包期的村19 905个、占总村数的96.4%，已全面签订承包合同的村19 081个、占开展延长承包工作村的95.7%，其中实行“增人不增地，减人不减地”的村15 618个，占开展延长承包工作村的78.5%；定期“小调整”的村4 287个、占开展延长承包工作村的21.5%；预留机动地的村1 629个，占开展延长承包村的8.3%。部分移民地区的乡镇按市人民政府要求，根据移民规划进行土地调整，全市因三峡工程移民调整土地超过12万亩。

从2000年以来，重庆市农村土地流转规模不断扩大，流转速度呈逐步加快趋势。截至2002年年底，全市土地流转面积为94万亩，比2001年增长9.8%，占家庭承包经营耕地总面积的4.5%。

为引导农村土地使用权流转健康发展，2001年12月30日，中共中央印发《关于做好农户承包地

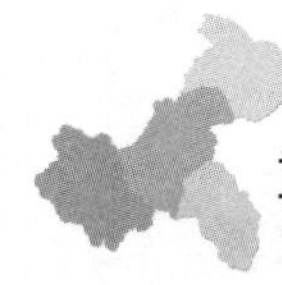

使用权流转工作的通知》，就农户承包地使用权流转的有关问题提出4点要求。农业部为贯彻落实中央的决定和通知，印发《关于贯彻落实〈中共中央关于做好农户承包地使用权流转工作的通知〉的通知》，提出了5点意见。

2003年3月1日在实施国家《承包法》后，把农村土地流转政策上升为法律。2007年10月1日实施的国家《物权法》，明确了农村土地承包经营权的用益物权性质。

截至2004年年底，全市流转土地面积124万亩，比上年增长14.7%，占家庭承包经营耕地总面积的6.3%，且出现了形式多样、主体多元化的特点，同时区域发展不平衡：

一是土地流转形式呈多样性。在124万亩流转土地中，转包的面积55.8万亩，占流转土地面积的45.0%；转让的面积19.7万亩，占流转土地面积的15.9%；互换15.1万亩，占流转土地面积的12.2%；入股的面积2.7万亩，占流转土地面积的2.2%；出租的面积21.1万亩，占流转土地面积的17%；其他形式流转的面积9.2万亩，占7.4%。在流转期限上，5年以内的短期流转占29.8%，5年以上的流转占51.4%，另有18.8%的流转没有确定的期限。流转主要在农户内部之间进行的，占流转总量的70%，流转的用途主要是种植粮油和经济作物；流转给产业化龙头企业的占流转总量的15%，主要用于粮油、生猪、多种经济新品种的繁育和推广，用于发展农业产业化名优农产品生产基地。

二是土地流转主体呈多元化。除农户间的土地流转之外，重庆市的土地流转主体在以下3个方面所占比重较大。第一，专业合作经济组织成为一些地方承接农村土地流转的主体。如江津市通过专业合作经济组织或镇村牵线促成流转土地为12.5万亩，占流转总面积的78.1%；第二，龙头企业业主已成为一些地方土地流转主体；第三，种养业能手和专业大户通过土地流转或与农业产业化龙头企业或与流通运输大户连成一体，发展农业规模经营。

三是土地流转区域间不平衡。主要表现：农村经济越发达，土地流转越活跃；经济越落后，土地流转越缓慢。据统计，2002年都市发达地区的土地流转率为5.8%，渝西地区为6.4%，三峡库区为3.3%，渝东南地区为1.95%。2003年都市发达地区的土地流转率为6.3%，渝西地区为7.5%，三峡库区为3.4%，渝东南地区为2%。2004年都市发达地区的土地流转率为6.8%，渝西地区为8.7%，三峡库区为3.6%，渝东南地区为2.2%。经济比较发达的都市区和渝西地区的土地流转比例明显高于经济相对落后的三峡库区和渝东南地区；交通发达、基础条件好，流转规模大；交通闭塞、基础条件差，流转规模小。三峡库区和渝东南地区与都市区和渝西地区之间土地流转规模相差在4~5倍甚至数10倍不等。此外，行政推动也是土地流转的重要动力，比如九龙坡、江津等地党委、人民政府高度重视，土地流转规模大、速度快，一些地方成片流转面积达数千亩甚至上万亩。特别是江津市累计流转土地达到20余万亩，占其耕地总面积的20%。

2005年，农业部印发《关于进一步做好稳定和完善农村土地承包关系有关工作的通知》要求进一步规范农村土地流转。截至2005年年底，全市流转土地共142.6万亩，比上年增长15%，占家庭承包经营耕地总面积的7.3%。

（三）健全完善承包土地流转机制，促进土地适度规模经营（2006—2015年）

2007年9月，重庆市人民政府出台《关于加快农村土地流转促进规模经营发展的意见（试行）》，加快推进了土地流转和规模经营。2007年重庆市农业委员会与市工商管理局联合制定下发了全市统一规范的农村土地流转5种格式合同和4种格式文书，对流转行为进行了规范。截至2007年年底，全市承包耕地流转面积达320.34万亩，比2006年底增长10.1%，占承包地面积的15.8%。

2008年，党的十七届三中全会作出的《中共中央关于推进农村改革发展若干重大问题的决定》中，明确提出了“建立健全土地承包经营权流转市场，按照依法自愿有偿原则，允许农民以转包、出租、互换、转让、股份合作等形式流转土地承包经营权，发展多种形式的适度规模经营”，系统完整地提出了农村土地流转政策。重庆市土地规模经营进程加快，2008 年年底，全市农村承包耕地流转 490 万亩，比上年增加 170 万亩，增长 53.1%，农村土地规模经营面积 360 万亩，农村土地规模经营集中度达到 17.85%，比上年提高 275%。有 20 个区（县）、594 个乡（镇）建立土地流转服务中心，3 338 个村建立土地流转服务站，发展土地流转中介服务组织 104 个。

2009 年，重庆市土地流转管理逐步规范。修改完善了 5 种合同示范文本和 4 种格式文本，在部分区（县）开展农村土地流转服务信息平台建设试点，全市已有 29 个区（县）、814 个乡（镇）、5 452 个村建立了农村土地流转服务机构，土地流转逐渐成为大趋势。全市农村土地流转面积达到 637 万亩，土地规模经营集中度提高到 23%，土地流转面积列北京市、上海市、浙江省之后，居全国第四位、西部地区第一位。这一年，重庆市农村土地流转面积达到 580 万亩，占农村承包土地总面积的 30%，流转涉及承包农户 177.2 万户，占承包农户总数的 25.9%。同时，重庆市推进建立县、乡、村 3 级土地流转服务机构，引导和规范农民及农村集体经济组织在“依法、有偿、自愿”前提下流转土地。截至 2009 年第三季度，全市 39 个区（县）中，已有 29 个区（县）、814 个乡（镇）、5 452 个村建立了农村土地流转服务机构。

2011 年，重庆市进一步健全完善农村土地流转体系。已经建立有形市场的区（县）达到了 21 个，占全市涉农区（县）总数的 58.3%，比上年增加近一倍。全市超过 80% 的乡（镇）和超过 50% 的村建立了流转服务站或服务中心，基本建立了流转服务的信息平台和工作机制。2011 年年末，全市农村家庭承包耕地流转总面积达到 772 万亩，占家庭承包总面积的 38.2%，比上年末增长了 7.74%，流转比例继续保持全国第四位，西部地区第一位。

为确保农村土地流转更加规范有序，2012 年，重庆市有 32 个区（县）、795 个乡（镇）和 6 758 个村建立了农村土地流转服务机构。新增区（县）级农村土地流转市场 9 个，全市达到 30 个。全市农村承包地流转面积为 1 279.9 万亩，占土地流转的 36.1%。流转比率列西部地区第一位、全国第五位，适度规模经营面积 1 020.1 万亩。为进一步规范农村土地承包经营权流转，2013 年，党的十八届三中全会作出《中共中央关于全面深化改革若干重大问题的决定》，进一步明确：“鼓励承包经营权在公开市场上向专业大户、家庭农场、农民合作社、农业企业流转，发展多种形式规模经营。”在受让主体上增加了农业企业。2013 年，重庆市全年流转面积 1 357.7 万亩，占农村家庭承包面积的 38.4%，适度规模经营面积 1 064.5 万亩。进一步健全完善流转机构和服务体系，在 6 个区（县）开展了农村土地承包经营权流转规范化管理和服务试点。

2014 年，重庆市人民政府贯彻中共中央办公厅、国务院办公厅关于《引导农村土地经营权有序流转发展农业适度规模经营的意见》，提出“对土地经营规模相当于当地户均承包面积 10～15 倍、务农收入相当于当地第二、第三产业务工收入的，给予重点支持。”市人民政府指出：“现阶段，家庭农户适度规模经营参考标准为粮油产业 50～100 亩、蔬菜产业 20～200 亩、特色产业 20～50 亩”。市人民政府要求引导土地经营权有序流转。鼓励承包农户采取转包、出租、转让及入股等方式流转；引导农民采取互换并地方式解决承包地细碎化问题；完善土地承包经营权流转市场体系，健全土地流转交易服务平台，完善区（县）、乡（镇）、村 3 级服务和管理网络；规范土地流转行为，加强土地流转用途管制；建立健全工商资本流转农村土地资格审查、项目审核、风险保证金制度，一次性流转面积超过 1 000 亩的应报市农业委员会备案。

2014 年，农村土地经营权进一步有序规范流转。当年年底，重庆市家庭承包经营农户 655 万户，承包经营面积 3 500 多万亩，其中土地流转面积 1 400 万亩，流转比例达 39.7%，比上年增长 3.1%；适度规模经营面积 1 148 万亩，比上年增长 7.8%，实现了流转总量、适度规模经营面积双提升。

2015 年，全市已有 32 个区（县）、795 个乡（镇）和 6 758 个村建立了农村土地流转服务机构，分别占涉农区（县）、乡（镇）、村的 82.1%、83.6%、79.3%，有 30 个区（县）建立了农村土地流转市场（表 3－2－1）。

表 3-2-1　2010—2015 年重庆市土地经营权流转及规范情况

年份	家庭承包经营农户（万户）	家庭承包经营耕地面积			适度规模经营面积（万亩）
		总量（万亩）	流转面积（万亩）	流转占比（%）	
2010	682.65	1 978.81	716.98	36.23	520.60
2011	663.66	2 023.44	772.47	38.18	605.10
2012	660.15	3 548.81	1 279.89	36.07	1 020.13
2013	659.01	3 533.37	1 357.72	38.43	1 064.55
2014	654.58	3 523.39	1 399.88	39.73	1 148.01
2015	652.02	3 506.24	1 453.53	41.46	1 206.08

三、土地承包纠纷调处

重庆市农村土地承包始于20世纪80年代初期。农村土地承包纠纷是随着土地承包关系变化等而产生，发生频率从低到高再到低，调处依据由主要依靠政策调整到以政策调整为主、法律调整为补充，再到政策调整与法律调整并重，直到2003年3月我国《承包法》实施后，主要依靠法律依据调整。调处手段与程序主要是行政行为。2010年1月1日后，按照《中华人民共和国农村土地承包经营纠纷调解仲裁法》（简称《调解仲裁法》）实行依法程序。

重庆土地承包权纠纷形成的原因：一是历史原因造成土地现状比较乱产生纠纷。实行了家庭联产承包、双层经营体制后，1998年以前多数地方采取“大稳定、小调整”方式多次调整承包地。2003年国家《承包法》实施前也经常对土地进行调整，历史原因造成了部分农村承包土地现状的混乱局面；二是法律和政策衔接不协调。从1984年1月中共中央关于《当前农村经济政策的若干问题》出台，到2003年3月国家《承包法》、2010年1月国家《调解仲裁法》实施，扩大了农民承包土地处置权，土地承包最低30年不变。但是因为历史原因形成的土地现状混乱，使得法律和现实有些脱节，以致法律政策无法实现良性运行。三是农民利益分化是纠纷产生的结构性根源。随着国家和各级政府在逐步加大对农业的各项投资建设，涉及农村和农业的支农惠农政策也逐渐向农民利益倾斜，承包土地价值无论是自己使用还是流转价格上涨十分明显，原每亩土地流转价格是几十元，甚至十几元、几元，现在上涨到每亩500元，甚至上千元，农村承包土地增值成为必然。农户在土地发包初期或进行荒地开发时没有提出异议，后来经开发土地状况变好或种植的农产品价格上涨，土地承包（租）者获得了较大利益，土地另一方因利益驱动心理不平衡产生了纠纷。

重庆市承包土地纠纷调处的时段大至分为1998年以前、1998—2010年、2010—2015年3个阶段。

（一）建立健全农业承包合同管理机构，依据政策调处（1998年前）

20世纪80年代中期开始，一些地方部分承包土地的所有权、承包权、经营权混乱，面积不准，集体发包和农户承包双方的权、责、利不明确，承包合同管理制度不健全、不规范，纠纷时有发生。发生纠纷的具体表现方式主要是承包土地“四至”边界、农村土地承包合同签订与履行、收回调整承包土地、承包费的收缴等；发生纠纷的主体主要是农户间、发包方与承包方之间等；调处纠纷的载体主要是农业承包合同。市、区（县）、乡、村通过建立健全农村承包合同管理机构受理调处土地承包经营纠纷。从1984年起，重庆市农村工作部门提出改革完善土地承包关系的“土地管理、合同管理、财务管理、收益分配”4项工作。1984年开始清查乱占滥用耕地，解决土地管理的纠纷；建立健全土地养护、调整、转包等制度；乡（镇）开始组建农村承包合同管理委员会，村组建农村承包合同管理小组。调处纠纷政策依据主要是1984年《中共中央关于1984年农村工作的通知》和1993年中共中央、国务院关于《当前农业和农村经济发展的若干政策措施》，进一步提出允许农户在承包期内转让土地使用权，但须在坚持土地集体所有和不改变土地用途的前提下，且经发包方同意。

1989 年，重庆市农业委员会就如何正确地贯彻执行国家在农村中的分配政策，坚持“三兼顾”和按劳分配的原则，提出 7 点意见，强调做好当年农业承包合同的结算和兑现工作。针对农村中各项农业承包合同，有些年终不能兑现、影响生产、影响分配的状况，要求乡镇农村承包合同管理委员会通过合作社的年终决算，抓好合同的结算、兑现及全面履行，使合作社的收益分配落到实处。

1990 年，重庆市农业委员会建立健全管理机构，规范管理承包合同。通过狠抓农村承包合同管理机构的建立、健全和完善，农村承包合同管理工作逐步迈入制度化、规范化和法制化轨道。到 1990 年年底，全市有 810 个乡（镇）建立了农村承包合同管理委员会，各区（县）也相应地建立了农村承包合同管理委员会或合同管理指导站，并按照统一格式印制了文本，建立了合同档案，开展了对合同的签订、鉴证、调解和裁决工作。全市已签订土地承包合同 270 多万份、工副业合同 7.1 多万份。共调解合同 5.3 万份，解决合同纠纷 3 300 多件，确认无效合同 500 余件，避免经济损失近 1 000 万元，同时对工副业承包合同进行了充实和完善，引入竞争机制，促进了生产发展，增加了集体收入。

1991 年 10 月 1 日实施的《重庆市农村合作经济组织承包合同条例》（简称《条例》），是相当长一个时段土地承包纠纷调处的地方法规依据。《条例》共 7 章 50 条，包括总则、发包方和承包方、农村承包合同的订立、农村承包合同的变更、解除和终止、违反农村承包合同的责任、农村承包合同的管理、附则等内容。《条例》将农村土地承包的发包方、承包方的承包关系完全纳入契约关系，调整范围除土地承包合同外，还包括村社与从事农业、林业、牧业、副业、渔业、水利、农机、工业、商业、交通运输业、建筑业、服务业等生产经营者之间签订的工副业经营合同。《条例》规定的承包土地发包方是实行双层经营体制的社区性、综合性合作经济组织，包括以原生产队为基础建立的农业生产合作社，以及根据经济发展而建立的乡（镇）、村（社）合作经济组织。《条例》规定了纠纷调处流程：农村承包合同履行过程中的纠纷，双方当事人应当先协商解决，协商不成的，可以向上一级农村承包合同管理机构申请调解，调解达成协议的，应制作调解书；农村承包合同纠纷经调解达成协议，双方当事人应自觉履行，当事人不按调解协议履行义务的，另一方当事人可向农村承包合同管理机构申请监督执行；农村承包合同纠纷经农村承包合同管理机构调解未达成协议的，当事人可以向农村承包合同管理机构申请裁决，也可以直接向人民法院起诉；农村承包合同管理机构裁决农村承包合同纠纷，应先行调解，对调解达不成协议的，应及时裁决，并制作裁决书，当事人对农村承包合同管理机构裁决不服的，可在接到裁决书之日起 15 日内向人民法院起诉；期满不起诉的，裁决即具有法律效力，对方当事人可向人民法院申请执行。农村承包合同双方发生纠纷申请调解、裁决或者诉讼期间，不停止合同履行。一方或双方申请停止履行的，农村承包合同管理机构或者人民法院认为其要求合理的，可以裁决停止履行。

1991 年 10 月，重庆市人民政府《关于认真施行〈重庆市农村合作经济组织承包合同条例〉的通知》中，对各区（县）全面贯彻落实这一地方性法规提出了明确的要求。各地在区（县）、乡（镇）及村 3 级或建立或完善了合同管理机构，并配备了懂政策、熟悉业务的干部及工作人员。市人民政府通过清理过去签订的农业承包合同，对与《条例》规定有抵触的合同条款，包括合同的内容、签订的程序、文本的格式等进行了修改、完善；对个别指标明显不合理、群众意见大的合同进行了调整、完善。《条例》实施后出现的问题，一律按《条例》的规定办理。1992 年全市有 16 个区（县）、800 多个乡（镇）建立了农村承包合同管理委员会，8 532 个村建立了管理小组，分别占总数的 84%、99.5% 和 99.8% 调解、仲裁农业承包合同 7 466 件。1993 年，通过完善土地承包为主要内容的农业承包合同，加快了全市农村承包合同的规范化、制度化、法治化管理步伐。重庆市签订农业土地承包合同 329 万份，合同兑现率 95.7%，发生合同纠纷 1 991 份，占签订合同的 0.6%。

于 1998 年 7 月 1 日实施《重庆市农村合作经济组织承包合同条例》（简称《合同条例》），同时停止执行改直辖市前（1991 年 10 月 1 日）实施的《重庆市农村合作经济组织承包合同条例》。这是重庆直辖市颁布的第一部农村承包土地管理的地方法规。1998 年实施的《合同条例》共 7 章 48 条，与 1991 年的《合同条例》相比，取消了收回家庭承包土地经营权的相关规定；明确了农村合作经济组织的成员，对本市农村合作经济组织依法享有所有权或者使用权的资源、资产有承包权。农村合作经济组织的土地承包，以家庭联产承包为主。凡与农村合作经济组织签订承包合同的当事人是农村承包合同的承包方。增加了区（县）、乡（镇）对农村承包合同须进行鉴证内容。1998 年的《合同条例》对承包合同纠纷调处规定："农村承包合同履行过程中的纠纷，双方当事人应当先协商解决，协商不成的，可以向上一级农村承包合同管理机构申请调解。调解达成协议的，应制作调解书""农村承包合同纠纷经调解达成协议，双方当事人应自觉履行，当事人不按调解协议履行义务的，另一方当事人可向农村承包合同管理机构申请监督执行"，"农村承包合同纠纷经农村承包合同管理机构调解未达成协议的，当事人可以向农村承包合同管理机构申请裁决，也可以直接向人民法院起诉""农村承包合同管理机构裁决农村承包合同纠纷，应先行调解；对调解达不成协议的，应及时裁决，并制作裁决书。"当事人对农村承包合同管理机构裁决不服的，可以在接到裁决书之日起 15 日内向人民法院起诉；期满不起诉的，裁决即具有法律效力，对方当事人可向人民法院申请执行。农村承包合同双方发生纠纷申请调解、裁决或者诉讼期间，不停止合同履行。一方或双方申请停止履行的，农村承包合同管理机构或者人民法院认为其要求合理的，可以裁决停止履行。

（二）依据政策、法律并行政调处纠纷（1998—2010 年）

随着农村经济的发展和城市化、工业化的推进，各种经济利益演化和交织，因土地流转不规范产生的流转纠纷，因农业税免征、土地升值产生的利益和权属纠纷，因土地征收产生的土地收益分配纠纷，都呈明显增加趋势，这一阶段是土地承包纠纷的高发期，土地承包纠纷逐年增加。调处手段流程仍然是行政调处，开始进行农村承包纠纷调处仲裁试点；运用调处的载体是双方签订的农业承包合同，调处机构是村级农村承包合同管理小组和区（县）、乡（镇）农村承包合同管理委员会。此期调处分 3 个时段：一是第二轮承包期至我国《承包法》实施（1998—2003 年 3 月）。主要围绕收回承包土地与保留承包土地发生纠纷。二是我国《承包法》、重庆市《实施〈中华人民共和国土地承包法〉办法》实施（2003 年 3 月—2007 年 7 月）。2003 年 3 月 1 日起实施我国《承包法》、2007 年 7 月 1 日起实行重庆市《办法》。对处理土地承包经营纠纷作出了明确规定："因土地承包经营发生纠纷的，双方当事人可以通过协商解决，也可以请求村民委员会、乡镇人民政府等调解解决。当事人不愿协商、调解或者协商、调解不成的，可以向农村土地承包仲裁机构申请仲裁，也可以直接向人民法院起诉。"三是重庆市《办法》实施至重庆市户籍制度改革政策实施（2007 年 7 月—2010 年 8 月）。明确了农村土地承包经营权为用益物权，农村土地承包经营纠纷仲裁的受理范围和仲裁程序。

严格执行政策，控制纠纷频发。针对 2004 年前后农村土地承包纠纷频发的实际，市人民政府办公厅转发了国务院办公厅《关于妥善解决当前农村土地承包纠纷的紧急通知》（2004 年 4 月）。重庆市根据这项《紧急通知》精神，结合实际，妥善解决重庆市农村的各类土地承包纠纷，切实维护好农民群众的合法权益。在 4 个方面做好承包土地纠纷调处工作：一是坚持"四个不"：不得违法调整和收回农民承包地，不得违背农民意愿强行流转承包地，不得非法侵占农民承包地，任何组织和个人不得以欠缴税费和土地撂荒为由收回农户的承包地，真正落实并维护农民在市场经济中的主体地位。二是尊重和保障外出务工农民的土地承包权和经营自主权。对外出农民回乡务农，保证其在原承包地上继续耕种。乡村组织已经将外出农民的承包地发包给别的农户耕作的，采取措施恢复原承包农户承包权或者给予一定经济补偿的方式妥善处理。三是采取有效措施处理好土地承包纠纷，及时化解矛盾；对没有具体法规为处理依据的土地承包纠纷，从实际出发，实事求是，根据国家《承包法》和党的农村土地承包政策的基本精神，以维护农民合法权益为核心，积极稳妥地探索处理方式，妥善化解矛盾。四是积极开展了农村土地承包纠纷的仲裁试点工作，探索建立仲裁制度，制定仲裁规则，为以后在全市全面推行农村土地仲裁制度奠定了坚实基础。各级农村土地承包工作管理部门在具体工作和纠纷处理中均严格贯彻落实国务院办公厅《关于妥善解决当前农村土地承包纠纷的紧急通知》，将其作为处理和解决纠纷的依据。

纠纷调处收效好。1999 年，全市发生土地承包纠纷 12 472 件，到 2000 年升为 14 243 件，到 2001 年升为 16 474 件，到 2002 年升为 22 353 件，到 2003 年降到 16 163 件，总体呈上升趋势。各级农村土地承包工作部门受理了大量信访和纠纷，运用调解、裁决、仲裁等方式使 90% 以上的土地纠纷得到了有效解决。在纠纷调处中，重庆市农村工作领导小组办公室加强指导并直接指导了北碚区土地流转权属纠纷、渝北区土地流转面积计算方式纠纷、璧山县土地流转合同纠纷等影响较大的纠纷处理，收到了较好效果。全市没有因土地承包问题发生恶性事件和群体性事件。截至 2007 年年底，土地承包纠纷调解仲裁由原各级农村承包合同管理机构规范改革完善为仲裁委员会组成仲裁庭进行。2008 年年底，15 个区（县）建立了农村土地承包经营纠纷仲裁委员会。

2009 年 6 月 27 日，《中华人民共和国调解仲裁法》由中华人民共和国第十一届全国人民代表大会常务委员会第九次会议通过，自 2010 年 1 月 1 日起施行。

重庆市大力宣传贯彻我国《调解仲裁法》，全面开展了土地承包经营纠纷仲裁试点工作。2010 年，全市受理纠纷 1 724 件，调解和仲裁纠纷 1 695 件，结案率达 98.3%，其中调解纠纷 1 649 件，仲裁纠纷 46 件。

（三）建立健全调解仲裁体系，调处纠纷（2010—2015 年）

各级政府支农惠农政策逐年增多且更加落到实处，农村承包纠纷调处从行政手段到依法程序进行，农村承包纠纷仲裁由试点到全面实施，区（县）、乡（镇）、村纠纷调处实施仲裁体系建立健全取代了原农村承包合同调处体系并不断完善，农村土地承包纠纷调处依法、规范，农村土地承包纠纷逐年减少。这一阶段，重庆市进行户籍改革，农民转移进城落户后，保留其农村土地承包经营权，且允许农村土地承包经营权抵押担保；土地承包和纠纷调解仲裁继续实行上述法律、法规。从 2014 年 11 月后，农村土地流转的不是承包经营权，而只是经营权。调处纠纷政策依据：2014 年，中共中央《关于全面深化改革若干重大问题的决定》、中共中央办公厅、国务院办公厅《关于引导农村土地经营权有序流转发展农业适度规模经营的意见》、国务院《关于进一步推进户籍制度改革的意见》；2010 年，重庆市人民政府《关于统筹城乡户籍制度改革的意见》和《重庆市户籍制度改革农村土地退出与利用办法（试行）的通知》、重庆市《关于推进重庆市户籍制度改革有关问题的通知》；2015 年，重庆市人民政府《关于进一步推进户籍制度改革的实施意见》等。

2010 年，我国《调解仲裁法》实施以来，市委将完善 3 级农村土地承包经营纠纷调解仲裁体系作为深化农村改革的重要内容写入了 2010 年 1 号文件。2010 年市人民政府专门出台了《关于实施农村土地承包纠纷调解仲裁法有关工作的通知》，对全市贯彻实施法律工作做了明确规定，并召开专题会议，进行了统一动员和部署。市人大常委会把该法的贯彻实施作为 2010 年常委会执法检查的重要内容。市农业委员会制定出台了《重庆市农村土地承包经营纠纷调解仲裁队伍培训规划》并加强了对区（县）调解仲裁工作的指导，全市调解仲裁工作得到农业部的充分肯定。当年 3 月，市人民政府办公厅发布《关于实施农村土地承包经营纠纷调解仲裁法有关工作的通知》，推动农村土地纠纷调解仲裁机构的建立健全完善。重庆市由试点到全面开展了土地承包经营纠纷仲裁工作。2010 年年底，全市 34 个区（县、自治县）建立了农村土地纠纷调解仲裁机构，占涉农区（县、自治县）总数的 87.2%。

2011 年进一步健全完善纠纷调解仲裁体系。建立了农村土地承包纠纷仲裁委员会的区（县）达到 36 个，占涉农区县总数的 97.3%，共计聘请仲裁员 935 名。年末，全年累计受理农村土地承包经营纠纷 23 564 件，调处 22 050 件，调处率 93.6%。全市有 5 个单位获农业部仲裁工作先进集体表彰、14 位同志获农业部仲裁工作先进个人表彰。

2012 年，纠纷调解仲裁工作有效开展。36 个区（县）设立了农村土地承包仲裁委员会，实现了全覆盖。各地农村土地仲裁委员会委员 535 人、仲裁员 1 028 人，比上年增长 10%。全年共落实各项调处设施和工作经费 263 万元。全市受理的土地承包经营纠纷 22 217 件都进行了有效调处。多数地方增强了工作力量，部分区（县）还增加专门编制，制定出台了《重庆市农村土地承包经营纠纷调解仲裁队伍培训规划》。全市培训调解仲裁人员共计 2 100 人次，其中市级培训 300 人次。在 2012 年中央社会管理综合治理考核中，重庆市农村土地承包经营纠纷调解仲裁工作获得农业部考评第一名，是全国唯一获得满分的省份。

2013 年农村土地承包经营纠纷调解仲裁工作成效显著。重庆市依法建立了 37 个区（县）级农村土地承包仲裁机构，仲裁体系实现了全覆盖，争取到全国首批仲裁基础设施建设项目在 5 个区（县）实施。农村土地承包仲裁委委员达 538 人，聘请仲裁员 1 187 人，比上年增长 25%。全市仲裁机构全年受理农村土地纠纷 1 196 件，其中仲裁委裁决 172 件，调解 1024 件，按法定期限 100% 结案。2013 年，重庆市有 8 个单位、17 人分别获得全国农村土地承包经营纠纷调解仲裁工作先进集体和先进个人。

农村土地承包经营纠纷调解仲裁体系更加完善。截至 2014 年年底，全市共有仲裁委员会委员 537 人，其中农民委员 94 人。各区（县）农村土地承包仲裁委员会聘请仲裁员 1 208 人，比上年增加 21 人。

2015 年年底，36 个涉农区（县）均设立了农村土地承包仲裁委员会，农村土地承包仲裁委员会委员 556 人，聘任仲裁员 1 002 名，乡村调解人员共计 12 142 人。市农业委员会指导和督促区（县）完善调解仲裁制度，培训仲裁骨干 100 名，编印土地仲裁典型案例 200 册，全市农村土地承包经营纠纷仲裁体系实现了全覆盖。

（四）严把 3 个环节，突出纠纷仲裁重点

在土地承包纠纷仲裁环节中，重庆市的做法是重点把握好申请受理、查清事实、法律政策适用 3 个环节。

1. 仲裁申请受理做到了应受尽受

该仲裁申请通过落实人员、加强培训和在实践中不断提高业务能力等方式，重点解决了部分区（县）缺乏人才、有的区（县）害怕进行仲裁、找种种理由不受理、有的区（县）对仲裁受理范围把握不准等问题。根据国家《调解仲裁法》准确把握受理范围包括：因订立、履行、变更、解除和终止农村土地承包合同发生的纠纷；因农村土地承包经营权转包、出租、互换、转让、入股等流转发生的纠纷；因收回、调整承包地发生的纠纷；因确认农村土地承包经营权发生的纠纷；因侵害农村土地承包经营权发生的纠纷；法律、法规规定的其他农村土地承包经营纠纷。因征收集体所有的土地及其补偿发生的纠纷，不属于农村土地承包仲裁委员会的受理范围。对不符合申请条件、人民法院已受理该纠纷、法律规定该纠纷应当由其他机构处理，同时该纠纷已有生效的判决、裁定、仲裁裁决、行政处理决定等不予受理；已受理的，终止仲裁程序。

2. 查清仲裁案情

查清仲裁案情重点是对案情的时间节点把握。包括家庭人员迁移的时间节点：人员迁移是单个成员还是全体家庭成员，是否转为非农业户口以及具体的时间；权利转移行为时间节点：签订承包合同的行为、承包经营权证的发证行为、承包经营权转移行为、发包主体收回承包地行为等，这些行为发生的具体时间以及相关的有效证明材料。

3. 准确把握法律政策适用

准确把握法律政策适用总的原则是按纠纷发生的时间来确定。纠纷发生在哪一个阶段，就适用哪一个阶段的法律政策，且适用的法律政策在有效期内。重庆市统一执行不是按实施纠纷调处发生时间，而是按纠纷发生的时间来确定法律法规政策依据。

纠纷发生在第一轮承包期，按第一轮承包期的政策调处（1998 年以前）。这一期间发生纠纷，很多

是因收回承包地而引发的。重庆市在处理此类纠纷时没有使用我国《承包法》的规定来处理，而依据当时的土地承包管理政策来处理。主要的政策依据有：1995 年，国务院《批转农业部关于稳定和完善土地承包关系意见的通知》；1997 年，中共中央办公厅、国务院办公厅《关于进一步稳定和完善农村土地承包关系的通知》；1998 年 7 月 1 日实行的《重庆市农村合作经济组织承包合同条例》。

纠纷发生在第二轮承包开始至国家《承包法》实施前，按第二轮承包期的法律政策处理（1998—2003 年 3 月）。这一时期，对收回部分承包地的行为原则区别情况调处。国家政策是提倡“增人不增地、减人不减地”。当时国家的政策对全家转为非农户口的是否收回承包地没有明确的规定；当时当地政策有正式文件规定全家农转非可以收回承包地，且在国家《承包法》实施前收回的，对收地行为予以支持；对当时当地政府没有规定的，不予支持。调处土地流转主要政策依据有：2001 年，中共中央《关于做好农户承包地使用权流转工作的通知》；2002 年，农业部《关于贯彻落实〈中共中央关于做好农户承包地使用权流转工作的通知〉的通知》；1999 年，最高人民法院《关于审理农业承包合同纠纷案件若干问题的规定（试行）》。

纠纷发生在国家《承包法》实施后至重庆市《实施〈中华人民共和国土地承包法〉办法》实行前的，按国家《承包法》的规定处理（2003 年 3 月至 2007 年 7 月），这一时期，对收回部分承包地的行为原则上不支持。在国家《承包法》实施后收回又不符合国家《承包法》规定的不予支持。具体的依据：2003 年《中华人民共和国土地承包法》及《农村土地承包经营权流转管理办法》《农村土地承包经营权证管理办法》；2005 年，最高人民法院《关于审理涉及农村土地承包纠纷案件适用法律问题的解释》；2004 年，国务院办公厅《关于妥善解决当前农村土地承包纠纷的紧急通知》；2007 年，重庆市《办法》。

纠纷发生在重庆市《办法》实施至重庆市户籍制度改革政策实行的，按法规、政策处理（2007 年 7 月至 2010 年）。对按重庆市《办法》收回承包地，在纠纷调处时，对收地行为给予支持。主要依据：《中华人民共和国承包法》、重庆市《办法》《中华人民共和国物权法》《中华人民共和国调解仲裁法》。

纠纷发生在重庆市户籍制度改革政策实施后的，在依法律处理的同时兼顾政策要求（2010—2015 年）。这一时期出台的许多新政策突破了部分法律规定，在适用法律政策上，处理土地承包经营纠纷中，重庆市坚持把维护农民的土地承包权益放在核心位置，农民在市内转移进城落户后，承包期内保留其农村土地承包经营权，且允许农村土地承包经营权抵押担保；现阶段，不得以退出农村土地承包经营权作为进城落户条件。对全家迁移到重庆市外的依据《承包法》处理。2014 年 6 月，国务院出台了全国的户籍制度改革政策，对农民转移进城落户的，不论市内还是市外，均可以不收回承包地，对收地行为不予支持。主要依据除法律法规外主要的政策有：国务院《关于进一步推进户籍制度改革的意见》、重庆市人民政府《关于统筹城乡户籍制度改革的意见》、重庆市人民政府办公厅《关于重庆市户籍制度改革农村土地退出与利用办法（试行）的通知》、重庆市人民政府办公厅《关于推进重庆市户籍制度改革有关问题的通知》、重庆市人民政府《关于进一步推进户籍制度改革的实施意见》。

（五）结合重庆实际，突出纠纷调处节点

1. 从信访环节处理农村土地承包纠纷

重庆市承包土地纠纷调处机构在接待信访时，根据信访人的诉求与实事，区分清楚是否是承包土地调处机构或其他相关部门的职责范围，分清不该由承包土地调处机构处理的纠纷，也避免了推诿现象发生。

2. 注重法律政策的有效期

我国《承包法》实施以前，地方政策只要不违背中央政策认定为有效，《承包法》实施后的地方政策规定凡是与法律相抵触的一律失效。针对有的承包土地的发包方在我国《承包法》实施前收回了全家转户的承包地，有的发包方是在我国《承包法》实施后才收回承包地。因收地时间不同，重庆市的

做法是对我国《承包法》实施前，发包方收回承包地的，支持发包方的行为；对我国《承包法》实施后，地方政府收回承包土地文件已失效，发包方收回承包地的，不支持发包方的行为。

3. 注重民事与行政法律的适用区别

针对农村土地承包确权纠纷中，既有民事行为，也有行政行为，同一个纠纷，因当事人诉求不同，所适用的法律也不同。比如，由于承包面积或者地块不准确引起的纠纷，如果当事人的诉求是纠正颁证行为，适用行政法；如果当事人的诉求是纠正发包方确权不准确的错误，适用的法律为调解仲裁法与相关的实体法。重庆市在实际调处中，做到区别适用法律，尽量劝导当事人申请民事纠纷的诉求。

4. 实事求是地确认纠纷调处时效和受理范围

第一，依法确认仲裁时效。我国《承包法》对农村土地承包经营纠纷只提出了处理的方式，没有规定诉讼时效；我国《调解仲裁法》也没有规定溯及力。对2010年1月1日以前发生的纠纷，农民提出仲裁申请时，重庆市未以超过诉讼时效为由拒绝受理。2010年1月1日后发生的纠纷，根据我国《调解仲裁法》第十八条规定执行。第二，仲裁受理的范围与诉讼受理的范围一致。针对部分基层法院依据最高人民法院《关于审理涉及农村土地承包纠纷案件适用法律问题的解释》第一条第二款规定："集体经济组织成员因未实际取得土地承包经营权提起民事诉讼的，人民法院应当告知其向行政主管部门申请解决"，而不受理。我国《农村土地承包经营纠纷调解仲裁法》第二条第一款第四项规定"因确认农村土地承包经营权发生的纠纷"属于受理范围。重庆市做法：2010年以后，依据我国《调解仲裁法》予以受理。第三，正确处理行政处理与依法调解仲裁的关系。针对部分区（县）处理承包纠纷沿用传统的行政处理比较普遍，依我国《调解仲裁法》调处的相对不够的状况，重庆市采取尽量少用或者不用行政的方式处理土地承包纠纷，积极引导当事人依法调处土地承包纠纷。

5. 农村承包合同纠纷案件的审理中注重调解，谨慎裁决

一是强化调解，注重协调，达到使案件的法律效果、社会效果、政治效果相统一。纠纷调处首先就近审理，方便农民。对一些较偏远的地方，重庆市实行了巡回调处制度；吸收乡、村两级组织及当事人双方亲友参与调解，准确掌握形成纠纷的背景、原因、过程，找准症结，制定多种调解方案，调解时全方位、多层次地做好当事人的思想工作。二是对必须裁决的案件，特别谨慎。对当事人争议的证据详细阐述采信与否的理由，论述清楚支持与否的法律、政策依据，将抽象的法律、政策与具体的案件事实有机地结合起来分清是非，明确责任，做好当事人特别是败诉方的解释工作，最大限度地消除其对立情绪，促使其自觉接受裁决，或使其通过正当途径解决问题，避免过激行为。三是注意找寻普遍性规律。在做好农村土地承包纠纷案件调处的同时，做好调查研究，找出一定时期内带有普遍性的问题，分析成因，提出解决方案，为政府决策提供依据。避免类似纠纷再次发生，以稳定完善承包关系，保护各方主体的合法权益。

第二节　农村集体用地管理与改革

农村集体用地管理与改革主要是对农村集体建设用地、农民宅基地的经营使用管理改革。农村集体建设用地主要是按用途管理，坚持用途不变，放活流转使用权，通过改革逐步建立城乡统一的建设用地市场。

2015年1月，中央办公厅、国务院办公厅印发《关于农村土地征收、集体经营性建设用地入市、宅基地制度改革试点工作的意见的通知》（以下简称《意见》），标志着中国农村土地制度改革进入试点阶段，《意见》明确的主要任务是建立集体经营性建设用地入市制度。

2015年2月，全国人民代表大会常务委员会印发《关于授权国务院在北京市大兴区等33个试点县（市、区）行政区域暂时调整实施有关法律规定的决定》，重庆市大足区被确定为全国33个土地制度改革试点县（市、区）之一，开展农村集体经营性建设用地入市改革试点。

按照国土资源部《关于印发农村土地征收、集体经营性建设用地入市和宅基地制度改革试点实施细则的通知》有关要求，坚守土地公有制不改变、耕地红线不突破、农民利益不受损“三条底线”，把维护农村集体经济组织和农民权益作为出发点，重庆市以建立土地增值收益分配机制和农村集体经营性建设用地入市制度为落脚点，把握方向、积极探索，制定了《重庆市大足区农村集体经营性建设用地入市改革试点工作实施方案》，拟定了大足区农村集体建设用地调查技术方案和改革试点技术实施细则，在实施过程中积累了经验，并取得了一定的成效。如，经农村集体经济组织申请，2015 年 11 月 9—10 日，大足区宝顶镇东岳村、龙水镇保竹村两宗集体经营性建设用地在重庆农村土地交易所、大足区公共资源综合交易网和国土房管网印发出让公告。11 月 23 日，重庆市农村集体经营性建设用地使用权拍卖第一槌敲响。大足区宝顶镇东岳村 2 组产业集中区 110.54 亩集体经营性建设用地以 3 856.519 5 万元起拍，在 3 名竞买人 11 轮的激烈争夺下，最后由重庆大足石刻国际旅游集团有限公司以 3 950 万元的价格（35.73 万元/亩）成功竞得 40 年土地使用权，该地块规划用途为商业服务设施用地，用于打造大足石刻世界文化遗产博览园。龙水镇保竹村 1 组就地入市 2.52 亩农村集体经营性建设用地，由段胜林、段胜龙以 55.588 2 万元（22.06 万元/亩）取得 50 年土地使用权，规划用途为工业用地，用于工业厂房办公经营。在入市交易过程中，大足区委、区人民政府始终把实现好、维护好、发展好农民的土地权益作为改革的出发点和落脚点，切实尊重农村土地权利人意愿，充分反映农民利益诉求，入市地块交易方式、交易规模由村（社）集体通过召开社员代表大会等方式进行决策，整个上市交易过程群众全程参与，让其知晓、熟悉、摸透政策，积极参与入市改革试点。

一、农村集体建设用地从计划管理到依法流转改革

1985 年开始，重庆全面调整农村产业结构，大力发展商品经济，农村再次兴起大办乡镇企业热潮。据统计，到 1986 年末，全市有乡、村两级企业 1 925 个，从业劳动力 98.47 万个，乡镇工业企业大力发展，需要占用集体土地建设厂房厂区。当时农村土地用于集体建设政策实行“计划管理”，总体趋势较严格，需求与计划控制的矛盾较突出。

1991 年 8 月，市人民政府颁布《重庆市建设用地管理办法》，规定“乡（镇）企业和农村私营企业、承包经营户、个体工商户和个人合伙从事非农业生产经营活动的建设用地以及单位和个人兴办公共设施、公益事业、集贸市场的建设用地，应充分利用原有场地，少占耕地。”依法取得的乡（镇）、村建设用地，用地单位和个人只有使用权，不得擅自转让、出租或抵押。并对建设用地的审批权限、审批程序作出了具体规定。

2004 年 10 月，国务院《关于深化改革严格土地管理的决定》规定，禁止农村集体经济组织非法出让、出租集体土地用于非农业建设。明确要求改革和完善宅基地审批制度，加强农村宅基地管理，禁止城镇居民在农村购置宅基地。引导新办乡村工业向建制镇和规划确定的小城镇集中。在符合规划的前提下，村庄、集镇、建制镇中的农村集体所有建设用地使用权可以依法流转。

2007 年 12 月，国务院办公厅《关于严格执行有关农村集体建设用地法律和政策的通知》要求，严格执行土地用途管制制度，严格控制农村集体所有建设用地使用权流转范围。符合土地利用总体规划并依法取得建设用地的企业发生破产、兼并等情形时，所涉及的农村集体所有建设用地使用权方可依法转移。国土资源部会同有关部门，根据农村经济社会发展变化的新情况，深入研究在依照土地利用总体规划、加强用途管制的前提下，完善对乡镇企业、农民住宅等农村集体建设用地管理和流转的政策措施。

二、农村产权抵押贷款

为贯彻落实国务院《关于推进重庆市统筹城乡改革和发展的若干意见》，加快推进国家统筹城乡综合配套改革实验区建设，促进城乡资源要素均衡流通，2010 年，重庆在全国率先开展了农村产权抵押

融资试点，为全国农村产权抵押融资试点工作提供了宝贵经验。截至2015年12月末，全市累计实现农村产权抵押融资827.2亿元，其中发放农地贷款167.2亿元，占比20.21%；农房贷款166.9亿元，占比20.17%；林权贷款240.7亿元，占比29.10%；其他创新贷款164.8亿元，占比19.92%；农户小额贷款87.7亿元，占比10.60%。重庆市农村产权抵押融资试点大体分为2个阶段。

（一）试点探索阶段（2010—2013年）

2010年，市人民政府印发《关于加快推进农村金融服务改革创新的意见》，提出以全面推进农村土地承包经营权、农村居民房屋和林权等产权（简称“农村三权”）抵押融资为核心创新农村金融制度，以发展新型农村金融服务机构为重点，创新完善农村金融组织体系，以推动农村信贷资产和权益流转、建立农村金融风险分担机制为中心，创新农村金融服务配套支撑体系，为农村经济社会发展提供全方位金融支持的目标，制定了《重庆市农村土地承包经营权、农民居民房屋及林权抵押融资管理办法》，启动农村产权抵押融资试点工作。市人民政府办公厅印发《关于开展农村土地承包经营权、农民居民房屋及林权抵押贷款及农户小额信用贷款工作的实施意见》，对试点工作进行了全面部署。市高级人民法院出台《关于为推进农村金融服务改革创新提供司法保障的意见》，为试点工作提供法律支持和保障。中国人民银行重庆营业管理部出台《关于改善区县金融服务促进重庆城乡统筹发展的若干意见》，为农村金融产品、信贷模式、投融资方式创新提供政策支持。市财政局出台《重庆市“农村三权”抵押融资风险补偿金管理暂行办法》，建立了农村产权抵押融资风险补偿机制。市金融服务（工作）办公室会同农业、房管、林业等行业行政主管部门出台《重庆市农村土地承包经营权抵押登记实施细则（试行）》《重庆市农村居民房屋抵押登记实施细则（试行）》《重庆市林权抵押登记实施细则（试行）》，建立了农村产权抵押登记制度。至此，农村产权抵押融资的政策体系逐步构建形成，试点工作进入有序推进阶段。

（二）深化完善阶段（2014—2015年年底）

为深入贯彻落实党的十八大、十八届三中全会精神，进一步深化农村金融服务改革创新，2014年，市人民政府印发《关于加快推进农村产权抵押融资工作的意见》，深化完善农村产权抵押融资体制机制。一是明确重点服务对象。重点支持个人、专业大户、家庭农场、农民合作社、企业及其他组织在重庆市范围内发展种养业、林业、渔业和农副产品加工、流通等农业产业化项目。二是扩大产权融资范围。将大中型农机具、农村小型水利设施（库、塘、堰）、农民对集体资产股份占有权、农村经营性集体建设用地、地上种植（养殖）物及附属设施、农村建设用地复垦指标、地票、保单等纳入抵押范围，创新性地开展了土地收益保证贷款。三是积极创新融资模式。在产权抵押贷款上，可以直接抵押给金融机构，也可以引入担保机构担保融资；在土地收益保证贷款上，一般采用引入担保机构或资产公司担保融资。四是建立完善工作机制。建立完善权属登记及流转管理、农村资产评估、抵押登记服务、资产流转处置、风险分担补偿、提高参与机构积极性等六大工作机制。

2015年，农村产权抵押融资试点进入国家试点层面，国务院印发了《关于开展农村承包土地的经营权和农民住房财产权抵押贷款试点的指导意见》，同年12月，全国人大常委会授权国务院在北京市大兴区等232个试点县（市、区）、天津市蓟县等59个试点县（市、区）行政区域分别暂时调整实施有关法律规定的决定，分别暂时调整实施《中华人民共和国物权法》《中华人民共和国担保法》关于集体所有的耕地使用权、宅基地使用权不得抵押的规定，解决了农村产权抵押融资法律障碍，农村产权抵押融资步入规范化运行。重庆市江津、开州、酉阳3个区（县）纳入了农民住房财产权抵押试点区（县），巴南、永川、南川、铜梁、潼南、荣昌、梁平、武隆、忠县、秀山10个区（县）纳入了农村承包土地的经营权抵押试点区（县）。

第三节　地票交易制度

为用活农村集体建设用地使用权，2008 年 12 月，市人民政府印发《重庆农村土地交易所管理暂行办法》，指出，从严控制城乡建设用地总规模，推进城镇建设用地增加与农村建设用地减少挂钩，逐步建立城乡统一的建设用地市场。2008 年 12 月 4 日，重庆市挂牌成立重庆农村土地交易所，首次提出地票交易，是中国农村集体建设用地具有标志性改革意义的重庆地票之创新。其政策原则是依据土地利用总体规划，将若干拟复垦为耕地的农村建设用地地块（即拆旧地块）和拟用于城镇建设的地块（即建新地块）共同组成建新拆旧项目区，通过建新拆旧和土地复垦，最终实现项目区内建设用地总量不增加、耕地面积不减少、质量不降低、用地布局更合理的土地整理目标。同时，设立重庆农村土地交易所，组建重庆市农村土地交易所监督管理委员会，将农村集体土地使用权或承包经营权及农民宅基地和农村集体建设用地挂钩指标在重庆农村土地交易所进行交易（简称“地票交易”），建立农村土地（实物和指标）交易信息库，印发交易信息，提供交易场所，办理交易事务。

实施地票交易 6 年，重庆累计交易地票为 15.26 万亩，成交额达 307.59 亿元，成交均价稳定在 20 万元/亩左右。其中 70% 以上来源于渝东北、渝东南地区，累计交易贫困区县地票 13.08 万亩、260.8 亿元，占地票交易总量、交易总额的 75.65%、75.45%。在创新城乡建设用地置换模式、建立城乡统一的土地要素市场、显化农村土地价值、拓宽农民财产性收益渠道及优化国土空间开发格局等方面产生了明显效果。地票交易费除用于复耕土地外，相当部分用于了农村危旧房改造和高山生态移民扶贫搬迁。集体经济组织获得地票收益，与部分农民所得收益一起投入新农村建设，改善了农村生产生活条件。而地票的使用，95% 以上落在了承担人口、产业集聚功能的主城及周边地区，地票这种有偿使用指标，促使城镇用地者更加理性用地、节约用地和集约用地。实施农村建设用地复垦，促进了耕地集中连片，为农业规模化经营创造了用地条件，提高了农村土地资源的整体利用效率，在全国有 5 个创新之举。

创新一，先复垦后占地，减少“挂钩”风险。传统建设用地占补平衡，采取“先占后补”，往往“先占”是刚性的，“后补”是欠账的，导致耕地总面积逐年减少。而重庆地票是“先补后占，先造地后用地”。在平衡上先对农村集体建设用地进行复垦，增加耕地，后使用建设用地。这种“先造地后用地”的操作模式，对耕地的保护力度更大、保护效果更好，实现了真正意义上的城乡建设用地增减“挂钩”、增量归零的控制目标。

创新二，大范围、远距离统一价格置换。重庆地票将不同区域的挂钩指标打包进行拍卖，然后按照面积分配拍卖收益。地票价格的高低与项目区无关，与级差地租无关，仅与拍卖价格有关，实现指标价格的统一化。这种通过地票“千里之外”的价格发现功能，将远郊区（县）的农村宅基地价值由当地每亩几万元提升到现在统一的 20 万元以上，是真正意义上的大城市反哺大农村，也因此更受老百姓所追捧。

创新三，为城镇化过程中农民转户进城提供利益补偿机制。较高的地票收益，能够解决好转户居民的就业、住房、养老、医疗、教育等问题，让他们能很快融入城市生活。

创新四，充实新农村建设资金。通过科学合理地调整农村聚居点布局，将零散的宅基地集中起来，除去集中建房的用地，腾出来的宅基地转换为地票，其收益将成为农民新村和巴渝新居建设资金的主要来源。从这个意义上讲，通过农民新村建设和地票交易，城乡土地资源流动就形成了一个良性循环。

创新五，土地交易转化为票据化的模式。地票模式是把“挂钩”指标票据化。通过地票形式，土地从空间上不可转移的实物形态资产转化为可交换的票据，使固化的土地资源转化为可流动的资产，成为农民向银行贷款的抵押物，或成为农村新型股份合作社的入股资金，这有力地促进了农业规模化经营。重庆地票交易的运作流程清晰而极具操作性。运行过程分为复垦、验收、交易和使用 4 个环节，即：以规划和复垦整理规程为指导，在农民自愿、农村集体经济组织同意的前提下，对土地利用总体规划确定的扩展边界以外的农村建设用地实施复垦。由土地管理部门会同农业、水利部门，对复垦产生的耕地进行验收，从质量和数量两个方面把关，在留足农村发展空间的基础上确认腾出的建设用地指标。地票在重庆农村土地交易所公开交易，具有独立民事能力的自然人、法人或其他组织均可参与竞买。购得地票的主体选定符合土地利用总体规划、城乡总体规划的待开发土地，凭地票办理转用手续后，国土部门按规定组织供地。重庆地票制度出台后，为防止以此为名形成新一轮“圈地潮”，重庆市人民政府明确规定，农村建设用地复垦由农民或农村集体经济组织申请，凡申请农村宅基地及附属设施用地复垦的农民家庭，必须有稳定工作或稳定生活来源，以避免交易后农民生活困难、流离失所；农村集体经济组织申请农村建设用地复垦，必须经2/3以上成员或成员代表同意，防止农村集体经济组织利益受到损害。与此同时，为确保地票交易真正让百姓受益，重庆市人民政府2010年9月又出台文件，严令扣除垦复、管理等费用后的地票净收益必须全部反哺“三农”，按85∶15，直接拨付给农户和农村集体经济组织。即85%归农民个人，15%归村社集体，用于农村基础设施、公共服务和农民社会福利。

重庆地票交易具有4个重大意义：一是有效突破了长期以来困扰中国农村土地市场化改革的制度性障碍。它以证券化的形式出现，使得农村建设用地使用权取得了空间流动性特点和资产化特征，并通过市场交易实现城乡建设用地空间上转移、价值上放大、性质上转变，使农民家庭使用的宅基地和村社集体使用的建设用地真正成为可交易的资产，为村（社）集体加快原始积累、农民家庭提高财产性收入创造了条件。二是真正实现了统筹配置城乡土地资源，集约利用土地。农村建设用地以地票方式实现远距离、大范围置换，在城乡建设用地总量不增加的前提下，一方面农村闲置土地有序退出，解决农村建设用地浪费问题；另一方面，城市建设用地有计划增加，解决城市建设用地紧张的矛盾，有效调剂了中心地区与偏远地区、发达地区与落后地区的建设用地空间分布，促进土地集约利用和优化配置。三是切实保障了农民对宅基地的占有、使用、收益等权利，让农民家庭和集体组织获得了综合性的财产收益。收入增加，既可改善居住条件，同时也可完善农村基础设施建设和进一步增强农村社会保障体系。四是激活了城乡要素市场，有利于金融资本进入农村。地票交易的产生，意味着农村建设用地使用权可以作为资本要素进入市场流通，既可以有序转让，也可以与城市房屋产权一样到金融机构抵押、担保，筹集创业和生产发展资金。以农民宅基地为例，2007年重庆市农村宅基地4 400平方千米，结合城镇化进程及农村人口向城市转移的情况，有30%的宅基地用于流转，按当期地票交易平均价格计算，其市场价值达几千亿，仅仅按50%的抵押贷款比重，就会筹集到上千亿元的贷款进入农村，这对重庆市农村生产资金的筹集和消费市场的启动将发挥巨大作用。

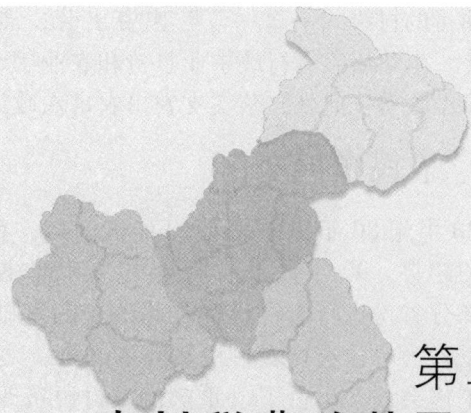

第三章
农村税费改革及管理

农村税费改革及管理的实质是对农民负担改革及管理。实行家庭联产承包责任制后，农户成为相对独立的经营主体，成为农村税费的直接承担者，农村税费绝大多数由农民负担。20 世纪 80 年代中期，农民增收出现困难，农村各种乱收费、乱集资、乱罚款和乱摊派问题开始显现。1985 年以来，中央及各地实施的农村税费改革及管理的主线是减轻农民负担、实施农民负担监管、落实惠农富农政策增收。围绕这一主线对农民承担税费及劳务的标准计算、收取方式、使用项目及国家对农民的支农惠农补贴落实到户等进行管理监督，达到减负增收的目标。为探索农民负担的治本之策，中央从 2000 年起率先在安徽省进行农村税费改革试点。2002 年，重庆作为扩大试点的省级单位开始试点。

农村税费改革和农村综合改革是农村经营体制改革后的两步重大变革。农村税费改革扭转了长期以来农民负担过重的局面，再次翻开了农村改革篇章崭新的一页。

第一节　农村税费概况

一、农村税费沿革

改革开放初期，农村税费包括两方面，一是依照 1958 年 6 月 3 日第一届全国人民代表大会常务委员会第九十六次会议通过并实施的《中华人民共和国农业税条例》征收的农业税，以常年产量作为计算标准，全国平均税率为常年产量的 15. 5%。二是人民公社时期，为解决农村“五保户”管理的公益性社会性开支，专门由集体提取了公益金、公积金，并逐步演变成农村税费改革前的集体提留和公社统筹费，该时期农村税费的形式是实物（征购粮油）和劳动工分。实行以家庭联产承包责任制为核心的双层经营体制，农村税费中由农民负担的项目包括农业税、集体提留、乡（镇）统筹和有关规费及劳动积累工和义务工。1984 年，《国务院关于筹措农村学校办学经费的通知》规定，由乡人民政府征收农村教育事业费附加，农民是缴纳主体之一。1994 年 1 月 30 日，国务院印发《关于对农业特产收入征收农业税的规定》，开始对有关农户征收农业特产税。2000 年 7 月 1 日重庆市实施市人民政府第六十三次常务会议审议通过的《重庆市农业特产农业税征收实施办法》。

自 2005 年重庆市取消农业税及附加后，农民承担的费用主要是生产性、社会性收费。2015 年开始，全市均没有按户或按田地分摊的、带有普遍性的涉农收费项目。涉农专项性收费主要有：村民自己办实事项目的村级“一事一议”出资出劳；涉及的农民家庭农村中小学教育、农民建房、计划生育、农机服务、生猪屠宰等行政事业收费和农业用水、用电等服务性专门项目。这些项目是按规定的名目、限定的标准收费。此外，落实支农惠农富农政策增加收入。

二、农民负担变化

从20世纪80年代中期到90年代前期，重庆农民负担产生并呈现出负担项目不断增加、额度持续加重的趋势。90年代中后期到90年代末期，重庆农民负担减费稳税，逐步减轻。2000年3月，国家在部分省份进行农村税费改革试点的基础上，开始正式对农村税费基本制度进行改革探索，在安徽省以省为单位进行农村税费改革试点，之后在全国逐步推开。2001年3月，重庆市召开农村税费改革工作会议，出台了《重庆市农村税费改革试点方案》以及农业税、农业特产税的征收实施试行办法等一系列新政策。2001年6月，重庆市农村税费改革工作全面启动，并取得了阶段性成效。2003年6月和2004年5月，重庆市委、市人民政府和重庆市委办公厅、市人民政府办公厅相继出台了《关于进一步深化农村税费改革试点工作的通知》《关于做好2004年农村税费改革试点工作的意见》，提出重庆市农村税费改革工作12点意见，各地紧紧围绕增加农民收入，保护和提高粮食综合生产能力任务，全面落实各项改革政策，进一步改革和完善农业税收制度，加快推进各项配套改革，建立健全农民负担监督管理机制，重庆市农民负担得到进一步减轻。重庆市人民政府宣布，2005年1月1日起，全市取消征收农业税。国务院宣布，2006年1月1日起全国取消农业税，正式结束中国农民祖祖辈辈承担的“皇粮国税”历史。

（一）加项增额，农民承担税费持续加重（1986—1992年）

1985年后，随着基层政府职能扩展、机构膨胀以及财政体制变化等原因，各种收费、集资、罚款、摊派及达标升级活动频繁。1989年重庆市全面开展征收农林特产税，向农民征税收费名目增加、标准提高，农民承担税费逐年增加，农民负担呈加重趋势，其增加速度大大超过了农民人均纯收入的增长速度。1992年重庆农民限额内负担人均为36元，占上年农民人均所得的4.92%，比1986年农民限额内负担人均17元增长1.1倍，比同期农民人均纯收入增长1.02倍。1990年，《四川省农民负担管理条例》实施之前，重庆农民税外承担的各种负担占其承担税费总额的一半以上。由于这些项目依据各异，管理分散，农民难以辨别，部门难以监督，由此农民承担税费项目越来越多，金额越来越大，加重了农民负担，滋生了腐败，既挫伤了农民的生产积极性，又激化了基层干群矛盾，严重影响了农村经济的发展和农村社会的稳定。

农村中日益凸显出来的问题和矛盾，逐步引起了各级党委、人民政府的高度重视，国家在20世纪80年代中、后期先后出台了相关政策加以规范。1990年7月，四川省人民代表大会颁布了《四川省农民负担管理条例》；1991年，国务院印发了《农民承担费用和劳务管理条例》。由于管理体制等多方面原因，农民承担的税费只增未降，农民负担仍呈逐步上升之势。重庆农民人均承担的税费由1990年的45元上升到1998年的89.53元。期间，重庆市各级党委、人民政府虽采取多项减轻农民负担的举措，但由于农民负担形成的制度性原因未得到解决，农民负担重的状况未得到根本改变。

（二）税费同减，农民承担费用逐年减轻（1993—2004年）

重庆市完善制度，强化管理监督，加强违规增加农民负担的查处。市人民代表大会印发了《重庆市农民负担管理规定》，于1995年1月1日起施行。按国家统一部署，在1993年和1997年先后进行了两次大规模的涉农收费、集资等项目的清理，重庆还进行了负担分流改革，取得一定效果，农民承担税费有所下降，负担有所减轻。农民承担费用整体表现出限额内负担有所下降、限额外负担总体略有上升的趋势，分为两个时段。

1. 定项限额内负担快速下降，总体负担增长（1993—1999 年）

7 年中，农民承担定项限额内的集体提留、乡（镇）统筹款快速下降，但总体负担仍上升。主要是限额外负担增加，限额外负担占总负担的50% 以上。

1993 年，重庆12 个县（市）农民人均负担合计占这些县（市）上年农民人均纯收入的5. 24%，比1992 年的5. 95% 下降0. 71 个百分点。1995 年，四川省委农村工作领导小组决定从1995 年起，定项限额内农民负担每人每年增加不超过3 元，3 年不变。1995 年重庆市农民税费负担人均65. 38 元，较上年有所增加，其中定项限额内负担为37. 18 元，比上年下降了0. 6%，占上年农民人均纯收入的比例为4. 13%，与上年同口径比较下降了0. 3 个百分点。社会负担人均11. 2 元，比上年增加0. 4 元，社会负担占上年农民人均纯收入的1. 24%，比上年下降了0. 25 个百分点。向农民的罚款减少9. 1%，摊派减少31. 6%，其他社会负担下降43. 8%。到1995 年，重庆市农民负担增长过快的势头已得到一定遏制，农村“三乱”现象得到了一定控制。1996 年，全市农民人均定项限额内负担为27. 36 元，农民负担占上年农民人均纯收入的3. 14%。其中20 个区（市、县）农民定项限额内负担人平均32. 01 元，占上年农民人均纯收入的2. 84%，农民人均负担绝对额仅比上年增加2. 04 元，未突破农民负担人均年增加额不超过3 元的规定，农民负担占上年人均纯收入的比例则下降了0. 46 个百分点。

1997 年，重庆建成直辖市，农村面积扩大、农民数量增多，全市有市级贫困区（县）13 个，国家级贫困区（县）由1 个增加到14 个，农民负担管理面临新的、繁重的工作任务。

1999 年，全市农民承担的农业税、特产税、集体提留、乡镇统筹费、社会负担和以资代劳等费用负担总额人均72. 53 元，比上年减少17 元，但比1995 年人均增加24. 15 元，主要是定项限额外的负担增加。定项限额内的集体提留、乡（镇）统筹费人均30. 83 元，比1995 年减少6. 35 元，下降17. 1%；集体提留、乡（镇）统筹费仅占农民上年人均纯收入的1. 99%。定项限额外的农民负担人均41. 7 元，占负担总数的57. 5%。

2. 农民承担税费稳定持续下降5 年（2000—2004 年）

重庆市2000—2001 年农民定项限额内负担严格控制在1997 年水平，定项限额外负担有所减轻。2002 年，重庆市实行新的农业税、农业特产税及附加政策，重庆农民承担的农业税从2002 年起每年下降1 个百分点，取消了乡（镇）统筹费，专门面向农民的行政事业性收费和各种集资、屠宰税、统一规定的劳动义务工和积累工。全市农民人均负担由改革前的人均70. 21 元减至40. 85 元，人均减负29. 36 元，减负幅度达41. 8%。全市农民减负总额为7. 09 亿元。2004 年农民人均负担比2000 年减少近10 元，下降11. 3%。2003 年，重庆市人民代表大会废止1998 年通过的《重庆市农民负担管理条例》，由此取消了地方立法中农村劳动力每年担负20 个劳动积累工和10 个义务工的规定。到2004 年底，农民负担逐步减免直至全面取消，农村税费改革顺利完成阶段性历史任务。

（三）农民负担税免费降、总体大幅减轻（2005—2015 年）

2005 年1 月8 日，重庆市人民政府印发《重庆市人民政府关于全部免征农业税的通告》，从2005 年起，重庆辖区农民较全国提前一年不再承担按人平摊或按地承担的普遍性税费，包括农业税及附加、农林特产税、提留统筹费。农民仅承担农业生产性收费、相关事项的行政事业性收费、罚款、农村义务教育收费和兴办公益事业的“一事一议”筹资筹劳收费，此外还有少量集资摊派。由此，全市农民负担同比减少了5. 89 亿元，人均减负24. 81 元。该年度开始，涉及农民的收费有6 个方面：一是农民上交农业生产收费；二是上交行政事业性收费；三是农村义务教育在校学生收费；四是罚款；五是向农民集资；六是村集体“一事一议”筹劳。2005 年重庆市农民上交费用人均有65. 44 元，其中：农业生产收费1. 46 元、行政事业性收费18. 43 元、农村义务教育在校学生收费44. 29 元、罚款0. 88 元、向农民集资摊派0. 38 元。向在校学生收取的农村义务教育和向涉事农民收取的行政事业性收费占95. 84%，也是后一阶段减轻农民负担的重点项目。村集体“一事一议”筹劳815.4万个。这一年农民获得了政府补贴补偿（包括种粮直接补贴、退耕还林补贴、征用耕地补偿费、其他补贴等），人均达106.96元，比农民上交费用人均多41.52元。

从2006年起，重庆市对农村义务教育在校学生收费和行政事业性收费进行了专项治理后农民教育负担减轻幅度较大。农村义务教育收费5.54亿元，比上年减少46.77%；行政事业性收费43.79亿元，与2005年基本持平。全市农业生产性收费2 948万元，比上一年减少14.36%。以后的几年，农民负担总体状况基本维持在这一水平。

2015年年底，重庆市涉及向农民收费的农业生产收费、行政事业性收费、向农民集资摊派等农民人均收费只有38.44元，比2005年减少27元，降低41.3%。这一年，全市有907个村开展了“一事一议”筹资筹劳，占总村数的9.8%。筹资和以资代劳总额7 957万元，村平均8.8万元，筹劳总数45.2万个工日，村平均482个日。筹资筹劳合计涉及149.1万人，农民人均负担35元，符合重庆市限额标准，农民人均负担已连续2年降低。市级以上财政安排“一事一议”财政奖补资金5.7亿元，建设村级公益事业项目1 693个。村集体“一事一议”筹劳391.4万个，比2005年少424万个，下降52%。

（四）重庆市农民生产性、行政事业性等限额外社会负担逐年下降（1997—2015年）

1997年以来，重庆市通过取消收费项目、专项审计废止和查处违法违纪行为等，农民负担逐年下降。1997年全市减轻农民负担1.51亿元，农民人均减负6.16元。其中取消了农民负担收费项目147个，减轻农民负担7 149万元；修改、降低标准及暂停执行涉农收费项目35个，减轻农民负担3 245万元。农民负担专项审计共查出、废止了乱收费、乱集资、乱罚款等128项，减轻农民负担2083万元。共查处243起违法违纪行为，退还不合理收费2 593万元。1998年全市共取消农民不合理负担项目190个，涉及金额5 442.65万元，查处违纪金额2 662.36万元，查处涉及农民负担的案件97起，追究违反党纪责任33人，行政处分9人，移送司法机关处理4人，通报批评17起。

1999年全市各级、各部门通过清理收取涉农收费项目，共减轻农民负担2.13亿元。其中，通过负担预算方案审核，共取消不合理项目248个，减轻农民负担6 975万元；通过专项审计，共查出和废止了乱收费、乱集资等185项，减轻农民负担9 238万元；全市还开展了农村电价专项检查治理，纠正了违规超标准收取电费的问题，减轻农民电费负担5 069万元。1999年规定除农村危房改造外，暂停审批农村教育集资一年。

2001年以来，重庆市财政给予农民直接补助，使农民负担进一步减少。2002—2004年每年持续清理整顿涉农收费项目分别为53、42、46项，仅此一项，累计减轻农民负担近3亿元。2003年根据经济发展水平确定了都市发达经济圈、渝西经济走廊、三峡生态经济区3个类型，分别确定了村级（含社）组织800元、700元、500元的承担报刊限额上限标准，减轻基层负担710万元。2005年，市人民政府就农民种植粮食、退耕还林、征用耕地等项目开始向农民进行补贴补偿，补偿金额共计25.2万元，农民人均106.96元。农民人均所得土地补偿费、安置补助费提高了28%；征地青苗和地上附着物补偿标准提高了10%，征地房屋补偿标准提高了20%。2006年人民政府对农民补贴补偿26.3万元，较上年增长4.36%。

2008年，全市免除农村义务教育阶段学生学杂费，惠及345万人，实行贫困女童上学“零收费”政策惠及43万人。全市享受免费中等职业教育的学生达到16万人。新型农村合作医疗筹资标准从每人每年50元提高到90元，参加合作医疗的农民达到2 008万人。农村居民最低生活保障标准由每人每年700元按三大区域分别提高到1 200元、1 400元和1 600元。这一年通过全面落实各项惠农政策，增加了农民收入。全市良种补贴和农资综合直补投入近14亿元；投入农业机械购置补贴共计1.05亿元；启动农村公益事业建设“一事一议”财政奖补试点工作，共涉及7个区（县），367个村，整合财政资金

3 159万元补贴。

2009 年，重庆市列入全国整省（自治区、直辖市）推进“一事一议”财政奖补试点，项目涉及全市 37 个区（县）、8 770 个村，各级财政投入奖补资金 5. 62 亿元。本年全市取消涉及农民专业合作社收费项目 3 个，减轻合作社负担约 117 万元。在检查过程中，未发现向农民专业合作社乱收费、乱罚款或乱集资的现象。

2010 年全市共取消行政事业性收费项目 45 项，降低收费项目标准 3 项，退还收费金额 22. 94 万元，为农民直接减轻负担 5 064 万元。清理出涉嫌违规收取计生违约金和保证金的村 20 个，涉及金额3 000 元，对所有违规收取的保证金和违约金已全部清退。纠正了 3 个县、5 个乡（镇）不按时兑现举报奖励金和独生子女父母奖励金问题。查处违规收费行为 7 起，处理违纪人员 13 人。

2011 年，重庆市开展了村级组织违规收费清理整顿专项活动，共查处违规收费案件 103 件，违规金额 76. 7 万元，清退 73. 3 万元。2012 年开展了涉农乱收费专项治理，取消收费项目 7 个，降低收费标准 4 个，减轻农民负担 9 488. 61 万元，退还农民款项 11 万元，查处相关责任人员 1 人。全市全年共查出农民负担问题 213 件，涉及金额 627. 8 万元，清退并处理了相关责任人员；当年完成专项资金项目审计 46 个、金额达 27 亿元，调查处理了涉及惠农补贴的重点信访举报 10 多起，及时纠正和处理了一批损害农民利益和侵占专项资金的突出问题。会同相关部门对惠农专项资金进行了全面清查，涉及金额 115. 34 亿元，纠正问题 325 个、查处金额 4 748 万元；组织对渝东北、渝东南专项资金检查涉及资金近 7 亿元，纠正问题 34 个、查处金额 7 620 万元。重庆市开展了“全市农业投入品专项整治”“绿剑”“春季农资专项整治”等 3 个行动。对 37 个涉农区（县）、1 039 个乡（镇）的 5 087 个农资集中经营市场，1 282家重点农资生产、经营企业，125 家重点农业生产合作社进行了执法检查，查处各类假劣农资案件 821 件，涉及金额近 2 000 万元。

2012 年，重庆市全面组织开展了涉农乱收费检查、向村级组织收费专项清理整顿和重点治理工作，取消收费项目 7 个，降低收费标准 4 个，减轻农民负担 9 488. 6 万元，退还农民款项 11 万元，查处违规收费案件 3 起，涉及违规收费金额 14 万元全部清退，追究 5 人责任。全面清查惠农专项资金，涉及金额 115. 34 亿元，纠正问题 325 个、金额 4 748 万元；组织渝东北、渝东南各区（县）专项资金检查涉及资金近 7 亿元，纠正问题 34 个、查处金额 7 620 万元。

2013—2015 年，各区（县）每年开展涉农乱收费检查工作。2013 年组织开展农民建房、计划生育、农村义务教育、农机服务、生猪屠宰、农业用水等领域乱收费治理，查处乱收费案件 10 起，减轻农民负担 42. 771 万元，退还农民款项 42. 771 万元，查处相关责任人员 10 余人。垫江县查处了澄溪镇双桂居民委员会违规收费案件，该居民委员会 2013 年公费订阅党报党刊 938 元，超过规定限额 138 元，超出部分全部清退。2014 年查处乱收费案件 4 起，处理责任人 3 人，减轻农民负担 9. 072 万元，退还农民款项 9. 072 万元。石柱县查处学校强制学生购买教辅材料、教师违规收费补课违纪案件 2 件，清退违规收费 8. 6 万元，处理责任人 3 人。查处两起向村级组织乱收费情况，一是报刊订阅超限额一起，涉及金额 4 千元；二是“政务易”通信费每月 60 元，共 720 元，此费用为“农村四化”的达标收费。2015 年查处乱收费案件 6 起，处理责任人 8 人，减轻农民负担 4. 21 万元，退还农民款项 4. 21 万元。石柱县在清理整治活动中发现，2015 年春季学期，有 3 起教育乱收费问题（主要是违规收取补课费），违规收费共计 2. 93 万元；綦江区查处一所中学违规组织部分高一年级学生周末在校补课，清退了 32 名学生已交补课费 1. 28 万元。

2005—2015 年，市人民政府共给予农民直接补贴 443. 45 亿元，每年平均 40. 31 亿元。农民人均获补贴由 2005 年的 106. 96 元上升到 2015 年的 211. 81 元，增长约 1 倍。1993—2001 年农民负担税费变化情况见表 3 - 3 - 1、表 3 - 3 - 2；2002—2015 年农民负担变化情况见表 3 - 3 - 3、表 3 - 3 - 4。

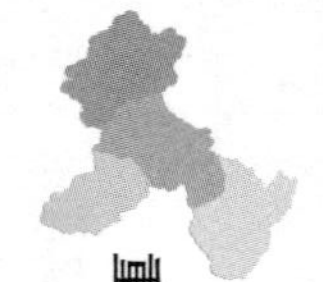

表 3-3-1　1993—2001 年农民负担税费变化情况

单位：万元

年份＼项目	国家税金	1. 农业税	2. 农林特产税	3. 耕地占用税	4. 契税	5. 其他税收	村社集体提留	1. 公积金	2. 公益金	3. 管理费	乡（镇）统筹费	1. 农村教育费附加	2. 计划生育费	3. 优抚费	4. 民兵训练费	5. 乡村道路修建费	6. 其他统筹费
1993	46 721	15 365	1 109	174	90	29 983	12 751	4 697	2 785	5 269	12 942	7 716	998	1 128	403	1 377	1 320
1994	83 462	24 146	1 819	446	\	57 051	13 948	4 808	2 805	6 335	14 296	8 755	933	1 377	425	1 521	1 285
1995	99 594	27 442	1 398	2 100	\	68 654	15 744	5 315	2 971	7 458	17 049	10 139	1 204	1 512	549	2 093	1 552
1996	108 165	37 952	1 787	\	\	68 426	16 153	5 729	3 135	7 289	19 321	11 253	1 447	1 686	657	2 207	2 071
1997	158 619	74 951	6 697	\	\	76 971	36 236	\	\	\	45 879	\	\	\	\	\	\
1998	152 475	74 693	8 830	\	\	68 952	38 313	\	\	\	50 703	\	\	\	\	\	\
1999	146 941.3	62 645.1	6 868	\	\	77 428.2	36 390.6	\	\	\	42 108.3	\	\	\	\	\	\
2000	145 756.2	56 837.1	7 442	\	\	81 477.1	37 091.7	\	\	\	41 101.5	\	\	\	\	\	\
2001	135 774.5	57 957.6	5 906.9	\	\	71 910	31 071.1	\	\	\	33 562.6	\	\	\	\	\	\

表 3-3-2　1993—2001 年农民负担税费变化情况

年份＼项目	社会负担费	1. 行政事业性收费（万元）	2. 罚款（万元）	3. 集资（万元）	4. 生产服务费（万元）	5. 公益服务费（万元）	6. 摊派费用（万元）	7. 其他社会负担（万元）	农村义务工（万个）	1. 以资代劳（万个）	2. 以资代劳金额（万元）	农村劳动积累工（万个）	1. 以资代劳（万个）	2. 以资代劳金额（万元）
1993	6 140	558	2 659	491	814	410	215	993	3 376	1 395	2 991	5 930	828	1 701
1 994	8 795	623	3 486	1 248	\	\	543	1 364	3 600	1 397	4 005	6 138	924	2 715
1995	10 794	1 053	3 147	2 637	1 607	780	366	1 203	3 641	1 516	3 947	6 111	1 426	3 210
1996	18 608	1 382	4 867	6 372	2 228	1 150	388	2 221	4 292	2 341（包括积累工）	6 451（包括积累工）	6 438	\	\
1997	34 405	3 292	6 579	14 426（包括摊派）	\	\	\	10 108	10 075	7 281（包括积累工）	22 211（包括积累工）	15 261	\	\
1998	29 827	3 358	5 546	12 418（包括摊派）	\	\	\	8 505	9 431	5 985（包括积累工）	25 350（包括积累工）	12 242	\	\

（续）

项目/年份	社会负担费	1. 行政事业性收费（万元）	2. 罚款（万元）	3. 集资（万元）	4. 生产服务费（万元）	5. 公益服务费（万元）	6. 摊派费用（万元）	7. 其他社会负担（万元）	农村义务工（万个）	1. 以资代劳（万个）	2. 以资代劳金额（万元）	农村劳动积累工（万个）	1. 以资代劳（万个）	2. 以资代劳金额（万元）
1999	22 261.3	3 511.9	4 639.6	8 089.7（包括摊派）	\	\	\	6 020.1	8 638	4 624.5（包括积累工）	19 233.7（包括积累工）	12 495.2	\	\
2000	20 048	2 739.2	4 431.6	4 565.8（包括摊派）	\	\	\	8 311.4	5 691	2 529（包括积累工）	9 669（包括积累工）	6 537	\	\
2001	15 687.1	2 761.6	3 296.7	2 345.8（包括摊派）	\	\	\	7 283	811	330（包括积累工）	1 219.5（包括积累工）	1 117	\	\

表 3-3-3　2002—2015 年农民负担变化情况

单位：万元

项目/年份	上交集体各种款项	一事一议筹资	一事一议筹劳	农业生产性收费	行政事业性收费	农村义务教育收费	1. 作业本费	2. 代办费	3. 其他收费	罚款	集资摊派	政府补贴补偿	1. 种粮直接补贴	2. 良种补贴	3. 农机具购置补贴	4. 农资综合直接补贴	5. 退耕还林还草补贴	6. 其他补贴
2002	32 387	5 071	1 066	\	3 943	\	\	\	\	4 986	385	\	\	\	\	\	\	\
2003	26 832.04	5 109.3	396.6	\	3 693.93	\	\	\	\	3 730.95	164.23	\	\	\	\	\	\	\
2004	31 196	7 375.9	488.2	\	4 378.3	\	\	\	\	2 876.1	295.8	\	9 569.8	\	\	\	92 330.77	\
2005	5 303.5	11 893.3	815.4	3 442.3	43 348.8	104 163	\	15 360	88 803	2 061.9	893.3	251 560.5	3 752.3	\	\	\	127 135.1	120 673.2
2006	9 197.27	8 019.3	1 052	2 948	43 787	55 444	\	7 051	48 393	928.94	1 010	262 526.7	17 536.5	\	\	\	130 719.3	114 270.9
2007	8 484.23	19 296	1 342.8	2 074.12	84 905	40 976	\	4 492	36 484	2 602	2 453	382 852.2	52 261.7	\	\	\	142 923.5	187 667
2008	5 867.9	30 834.8	1 352	2 700.7	96 984	17 503.5	11 697.5	3 186	2 620	1 892.7	1 817.6	463 824.6	138 321.5	\	\	\	142 220.6	183 282.5
2009	3 233.9	36 762.3	2 112.8	1 762.1	108 624	14 513.1	8 330.5	2 934.3	3 248.3	895.7	1 506.6	184 121.5	56 050	21 477.1	16 312.7	90 281.7	140 189.4	56 929.2
2010	3 509.1	33 997.5	1 268.8	1 296.9	117 739	13 069.5	7 559	2 373.1	3 137.4	1 662.5	798.3	405 137.6	52 643.4	22 348.3	24 660.8	96 963.1	136 816.3	71 705.7
2011	2 337.4	29 557	1 060.9	1 280.5	104 448	12 036.3	7 455.7	2 495.6	2 085	1 166.1	682.5	437 901.5	39 500.3	26 235.5	23 729.4	132 616.1	126 602.8	89 217.3
2012	2 209.1	31 213.6	409.7	991.3	113 206	9 515.9	4 375.6	1 790.5	1 291	1 526.8	392.3	486 205	32 617.2	27 561.5	25 242.1	184 106.5	109 719.1	106 959
2013	2 299.3	21 649.1	354.3	808.1	106 373	2 147.2	0	0	2 147.2	1 731.3	343.9	479 165.3	25 583.8	26 189.2	24 623.2	203 056.7	94 771.5	104 941
2014	2 149.1	18 760.6	389.1	658	81 995	2 606.5	0	0	2 606.5	888.4	111.8	464 565.7	21 967	28 495.9	24 760.4	201 408.3	83 497.2	109 706
2015	1 759	16 493	391.4	501.6	72 435	1 584.4	0	0	1 584.4	603	35	419 559.7	19 054.3	28 317.1	16 281.1	174 251.4	80 974.3	104 792

表 3-3-4　2002—2015 年农民负担变化情况

项目 年份	一事一议筹资筹劳涉及村数（个）	一事一议筹资涉及村数（个）	一事一议筹资涉及人数（万人）	一事一议筹劳涉及村数（个）	一事一议筹劳涉及人数（万人）	一事一议筹劳以资代劳工日数（万个）	以资代劳金额（万元）	农村义务教育在校学生数（万人）	种粮直接补贴面积（万亩）	农村合作医疗收费（万元）	农民上交国家税金（万元）	农村“两工”（万个）
2002	\	\	\	\	\	187	1 312	\	\	\	159 267	366
2003	\	\	\	\	\	152.2	1 069.7	\	\	642.74	4 530 869.171 7	319.73
2004	\	\	\	\	\	193.2	1 742.1	\	\	1 678.6	123 619.1	221.1
2005	2 376	2 179	419.5	1 376	324.1	135.1	1 047.8	274.5	243.3	5 191.1	53 024.9	97.3
2006	1 668	1 441	356.51	1 018	309.73	162.77	950.64	302.34	1 308.91	11 372.88	46 916.99	\
2007	1 894	1 743	318.31	1 175	230.17	176.54	2 141.15	278.88	2 087.11	19 391.8	40 346.92	\
2008	2 023	2 009	437.01	1 378	187.05	121.2	2 893.09	290.56	4 856.96	194 951	46 112.6	\
2009	3 095	2 983	1 166.2	1 787	307.6	414.6	6 202.9	634.4	1 778.4	43 128.6	29 101.1	\
2010	3 029	2 620	444.1	1 548	217.7	469.5	5 127.3	275.6	1 838	48 361.5	25 947	\
2011	2 006	1 869	635.1	1 116	231.3	322.8	5 098.2	266	2 234	91 380.4	14 123.3	
2012	1 917	1 732	496.4	1 060	120.1	207.2	6 177.3	255.8	2 430.4	111 922.3	12 125.2	
2013	1 419	1 283	240.413 4	946	61.1	92.4	3 573.9	252.1	2 760.5	132 997	11 445.3	
2014	1 367	1 110	209.664 1	927	115.3	91.5	2 179.1	246.7	2 528.9	152 773.7	15 190.1	
2015	1 400	1 209	198.842 8	877	109.3	63	1 811.7	233.9	2 550	193 196.1	12 671.4	

第二节　农村税费改革

农村税费改革是中华人民共和国成立以来，继土地改革、家庭承包经营责任制之后农村的又一重大改革。2000 年 3 月，中共中央、国务院在《关于进行农村税费改革试点工作的通知》中确定，在安徽省以省为单位进行农村税费改革试点，在试点的基础上摸清情况，积累经验，逐步推开。2000 年 3 月 2 日，中共中央、国务院印发了《关于进行农村税费改革试点工作的通知》，决定进行农村税费改革试点，这标志着农村税费改革的开始。

一、局部改革试点

2001 年 3 月 20 日，重庆市召开了农村税费改革工作动员大会，会上出台了《重庆市农村税费改革试点方案》以及农业税、农业特产税征收实施试行办法等一系列新政策。按重庆市委、市人民政府的安排，2001 年全市农村税费改革工作分为 5 个阶段进行，前期主要是宣传培训和制定方案，2001 年 6 月起全面启动。重庆市开展农村税费改革试点工作方法：一是选择具有代表性的永川、铜梁、垫江、丰都等 4 个县（市）为最早的试点区（县）；二是重庆市和试点区（县）组建了改革试点领导机构和工作班子；三是规定改革的重大政策、措施、步骤和涉及群众切身利益问题等，均经过市委常务委员会和市人民政府常务会议研究确定；四是把农村税费改革与农村“三个代表”重要思想学教活动紧密结合，广泛深入进行宣传发动，并加强对干部和工作人员的培训；五是在中央调整农村税费改革试点工作部署后，市委、市人民政府及时贯彻落实，调整、制定了一系列措施，加强了对农民负担的管理。

开展农村税费改革试点工作成效。一是农民负担明显减轻：4 个试点县（市）按规定取消了乡（镇）统筹费、专门面向农民的行政事业性收费和各种集资、屠宰税及统一规定的“两工”，实事求是地核定计税面积和计税产量，农民人均负担从 71 元下降到 44.3 元，减负幅度为 37.2%。二是保证了农村社会事业发展：4 个试点县（市）在改革中协调各方面关系，通过各种渠道保证了农村教育事业发展。财政对教育投入比改革前增加，其中用于农村中小学危房改造资金增加 2.05 倍，危房改造面积增加 3.52 万米^2。农村“五保户”供养资金得到落实，计划生育、民兵训练、优抚、初级卫生保健等事业经费开支得到保证。三是完善了乡（镇）财政体制：试点县（市）对乡（镇）财政体制进行了合理调整，新增农业税收入全部留给乡（镇），同时按照事权与财权相统一的原则，下划了部分财权和上收了部分事权。对村级组织正常运转的资金缺口，通过财政补助办法予以解决。对中央和市财政的转移支付及时落实到位，保证了乡（镇）政权和村级组织的正常运转。四是促进了配套改革：试点县（市）结合农村税费改革进行乡镇机构改革、调整农村中小学布局和完善村级组织等配套改革。改革后，4 个试点县（市）的乡（镇）财政供养人员精简 29.8%；农村中小学调整减少 139 所，乡村教师调整精简 13.8%；通过调整、合并，行政村减少 601 个，村组干部精简 47.7%，每年可节省干部误工补贴开支 451 万元、村级管理费 521 万元。五是规范了税费征收行为。试点县（市）杜绝了农村各种乱收费、乱摊派、乱罚款行为，农业税纳税任务均向农民公开，同一计税面积上只收农业税，不再重复征收，并消除了平摊特产税、屠宰税的行为，也防止了强行收费行为的发生。由于负担减轻，行为规范，农民履行纳税义务的自觉性大大提高，试点县（市）农业税征收任务均按时完成。

二、全面改革试点

经国务院批准，2002 年 4 月 17 日，重庆市委、市人民政府印发《关于全面开展农村税费改革试点工作的通知》，决定从 2002 年起在全市范围内开展农村税费改革试点。一是切实减轻农民负担，严防农民负担反弹，农村税费改革的首要目标减轻农民负担，这是改革的出发点和归宿；二是加强农村基层组织建设，保证乡（镇）政权和村级组织的正常运转；三是确保农村义务教育投入，促进农村各项事业的发展。改革中，全市严格执行农村税费改革有关政策，认真核定农业税计税土地面积，合理确定农业税计税常年产量，做好农业税及附加的征收工作，适时停征屠宰税。从2002年6月1日起，全市在生产环节和收购环节不再征收屠宰税和农民自食自宰的屠宰税，除法律、法规规定外，原来随屠宰税向农民附征的其他收费项目一律停征。

三、试点改革成效

一是农民负担明显减轻。全市取消了乡（镇）统筹费、专门面向农民的行政事业性收费和各种集资、屠宰税、统一规定的劳动义务工和积累工，实行新的农业税、农业特产税及附加政策。全市农民人均负担水平由改革前的70.21元减至40.85元，人均减负29.36元，减负幅度达41.8%。全市农民减负总额为7.09亿元。二是乡村两级运转正常。重庆市按照“财力向下倾斜，缺口留给县以上”的要求，对县、乡财力分配做了周密安排，保证了乡（镇）编制内人员工资、正常公用经费的必要开支，确保了税费改革后乡（镇）政权和村级组织的正常运转。实现村组干部报酬、“五保户”和村级经费有较稳定的资金保障，做到“有人办事，能人办事，有钱办事”。三是义务教育得到保障。重庆市配合进行农村税费改革，加大农村教育改革力度，将农村义务教育经费纳入地方财政预算管理，建立了农村中小学教师工资发放专户，调整了农村中小学校布局，优化了农村中小学教师队伍，加大了对农村义务教育必要的经费投入，完善了政府对农村义务教育经费的保障渠道，解决了拖欠教师工资的难题，推动了农村义务教育事业的发展。四是征管行为初步规范。建立了纳税登记、纳税通知制度和分户纳税档案，实行分户计税，分户开票，分户收款和定时、定点、定额征收农业税的办法。一方面，乡村干部从过去催粮催款的繁杂事务中解脱出来，改善了党群、干群关系；另一方面，农民的纳税意识明显增强，农民普遍感到满意。2002年，全市全面完成农税征收任务，初步确立了以农业税和农业特产税及其附加、义务工劳务积累工及“一事一议”筹资筹劳为主要内容的农村新的税费分配制度框架，基本实现了“确保农民负担明显减轻、不反弹；确保乡（镇）机构和村级组织正常运转；确保农村义务教育经费正常需要”3个改革的初步目标。

四、改革试点深化完善

2003年6月13日，重庆市委、市人民政府印发《关于进一步深化农村税费改革试点工作的通知》，明确了农村税费改革试点工作以“巩固、完善、深化、发展”为指导思想，进一步总结经验、完善政策、深化改革。重庆市各地认真贯彻落实通知，一是切实加强对农村税费改革试点工作的领导；二是千方百计做到“三个确保”；三是调整和完善有关农业税收政策；四是加强和规范农业税及其附加款项的征收；五是试行农村贫困地区义务教育“一费制”；六是不断强化涉农收费管理；七是进一步完善村级财务管理、继续推行村（社）财务“乡（镇）代理制”；八是做好村内“一事一议”工作；九是认真实行村级报刊订阅“限额制”；十是积极探索化解乡村债务的措施和办法，推动农村税费改革试点工作不断深入。

2004年4月6日，财政部、农业部、国家税务总局联合下发了《关于2004年降低农业税税率和在部分粮食主产区进行免征农业税改革试点有关问题的通知》，决定2004年降低农业税税率和在粮食主产区进行免征农业税改革试点。同年5月31日，重庆市委、市人民政府印发《关于做好2004年农村税费改革试点工作的意见》，要求各地紧紧围绕增加农民收入、保护和提高粮食综合生产能力两大任务，全面落实各项改革政策。各区（县、自治县）进一步改革和完善农业税收制度，加快推进各项配套改革，建立健全农民负担监督管理机制，巩固改革成果。首先，认真做好农业税收政策调整和征收管理工作。规定2004年全市农业税税率降低一个百分点，取消除烟叶以外的农业特产税。农业税附加费与正税同步征收，实行乡管村用，由乡（镇）农经部门管理，只能用于村级组织正常运转需要，任何单位和个人不得截留、平调。其次，继续认真落实农村地区中小学义务教育收费“一费制”、报刊订阅“限额制”、村（社）财务“乡（镇）代理制”3项制度。第三，严格执行村内公益事业“一事一议”政策。第四，继续清理和规范涉农收费管理，特别是加强对农村中小学生就学、计划生育指标审批、农村结婚登记、农民建房、农民外出务工等行政事业性收费项目乱收费的专项治理。向农民收取水费、电费等跨区域共同生产费用，必须严格执行“受益缴费，计量收费”原则，如个别地方因大面积抗旱、排涝难以做到计量收费的，必须按照直接受益原则据实分摊，不准提前预收。重庆市通过税费改革，当年全市降低农业税税率1个百分点和取消除烟叶以外的农业特产税后，农民负担的农业税比上年下降了17.5%，农民人均减少税金负担6.61元，仅此一项全市减少农民负担2.25亿元。

2005年1月8日，重庆市人民政府印发《关于全部免征农业税的通告》，从2005年起，对在重庆市行政区域内从事农业生产的农民、农场职工、各类经济组织和个人全部免征农业税及附加。全部免征农业税及附加后，重庆市各区（县、自治县、市）、乡（镇）和村级组织减少的收入，由国家和市级财政给予转移支付补助。重庆市全面取消农业税及附加费较中央规定提前了一年。2005年全面免征农业税及附加费，全市农民比上年人均负担减少24.81元。当年，全市范围内，没有下达任何农业税征收任务，除清收税改后外出务工农民欠税外，没有征收新的农业税。

五、巩固改革成效

重庆市出台一系列保障政策措施，巩固税费改革成效。

1. 及时调整农村税费改革领导小组

2005年1月8日，市委办公厅、市人民政府办公厅印发《关于调整重庆市农村税费改革领导小组组成人员的通知》，对市税费改革领导小组成员进行了调整。决定由时任市委常务委员会委员、常务副市长黄奇帆任领导小组组长，时任市委常务委员会委员、副市长陈光国任副组长，并调整了部分领导小组成员。领导小组办公室也重新明确了成员单位和联络员，市财政局、市编制委员会办公室各一名副职任小组的正、副主任。

2. 加强农村税费改革专项转移支付资金安排和使用的管理

按照《重庆市财政局农村税费改革市对区（县、自治县、市）转移支付暂行办法的通知》规定，将转移支付资金全额落实到乡（镇）和村级组织。重点确保农村基层组织基本运转和农村义务教育经费，切实落实村组织管理经费及村干部务工补助以及乡村道路维修经费等。

3. 搞好农村税改配套改革

加强调查研究，积极探索财政支持乡镇机构改革、农村义务教育体制改革和化解乡镇债务的新路子，切实研究解决基层组织和农民的困难。

4. 开展乡（镇）综合改革试点

重庆市委、市人民政府印发了中共重庆市委、重庆市人民政府《关于全面推进乡（镇）综合改革切实加强和改进乡（镇）工作的意见》《中共重庆市委、重庆市人民政府关于深化乡（镇）机构改革的实施意见》《中共重庆市委、重庆市人民政府关于进一步完善县以下财政体制的实施意见》《中共重庆市委、重庆市人民政府关于深化农村义务教育体制改革的实施意见》和《中共重庆市委、重庆市人民政府关于推进农村卫生改革与发展的实施意见》5个推进重庆市乡（镇）综合改革的重要指导性文件，乡（镇）综合改革试点于2005年在全市全面启动，于2006年完成。

重庆市按照“制止新债、摸清底数、明确责任、分类处理、逐步化解”原则继续推进乡（镇）债务化解，落实转移支付给予保障。市级安排2.6亿元，区（县）财政安排6 220万元，共计安排落实转移支付17.4亿元。制定了农村村级组织运转最低保障标准：一是村干部误工补贴不低于3 000元/人·年，按“四职干部”计算，每年每村不得低于1.2万元；村民小组组长误工补贴不低于300元/人·年。二是村办公经费补助每年每村不得低于3 000元。三是对农民通过“一事一议”建设维修村道、农田水利设施等农村公益性基础设施，补助资金每年每村不得低于5 000元。

开展粮食补贴，增加农民收入。2005年重庆市出台了《重庆市对种粮农民直接补贴试点方案》。开展对种粮农民直接补贴试点工作，按照“政府引导、粮农自愿、直补粮农、增产增收”总体思路，通过市和试点县（市）共同努力，到当年10月底直接补贴资金已基本兑现完毕。当年直接补贴资金集中用于补贴种植优质稻谷和玉米的农户、大户和业主，试点地区扩大到10个粮食生产重点区（县），直接补贴资金总量提高到5 000万元。加强对农民负担监管，严格涉农收费管理，防止农民负担反弹，巩固税费改革成果，继续减轻农民负担。2005年，市人民政府办公厅下发《关于进一步做好减轻农民负担工作的通知》，要求重庆市各地全面落实农村税费改革的各项政策，切实解决农民反映强烈的突出问题，防止农民负担反弹。

国家在税费改革基础上，采取逐年减少农业税收的措施，从2003年开始，每年减少1个百分点。2005年1月1日，重庆全面取消农业税。到2005年年底，全国有28个省份全面免征了农业税。2005年12月，第十届全国人民代表大会常务委员会第十九次会议通过决定，自2006年1月1日起废止《中华人民共和国农业税条例》，中国农民祖祖辈辈承担的延续了2600年的“皇粮国税”正式结束。

第三节　农民负担监督管理

重庆市委、市人民政府对农民负担监督管理非常重视，先后制定了一系列法规、政策，采取切实可行的措施减轻农民负担。一是从农民负担专项治理到综合防治；二是从防控农民限额外负担到限额内外负担同时防控；三是从单一部门监管负责到各相关部门齐抓共管，各负其责；四是对加重农民负担的行为从限制清退到纪律、司法手段处理责任人员；五是从单一减轻农民承担税费到免除农民承担税和相关费用；六是从落实减轻农民负担政策到减负增收政策“双管”齐下。

一、政策法规演变

（一）减负探索完善期（1986—1992年）

中央和四川省重庆市各级党政机关开始制发减轻农民负担文件，着手从基层控制农民负担。重点是控制、制止，减轻农民负担的政策主要是对限额内的集体提留、乡（镇）统筹款负担实行定项限额，制止向农民乱派款、乱集资；以控制限额外负担和农民不合理负担为主。

1985年，中共中央、国务院《关于制止向农民乱派款、乱集资的通知》印发，1986年，四川省委、省人民政府印发《关于贯彻落实〈中共中央　国务院关于制止向农民乱派款、乱集资的通知〉的通知》，提出了制止向农民乱派款乱收费的要求。

1989年11月，四川省委、省人民政府出台《关于控制和减轻农民负担的意见》，再次明确农民负担定项限额的范围和标准，农民负担包括集体提留、乡（镇）统筹款和劳动积累派工。重庆市委、市人民政府再次明确农民负担定项限额的范围和标准，农民负担包括集体提留、乡（镇）统筹款和劳动积累派工。集体提留款总数限定在上年农民人均纯收入的3%额度内，最高不超过5%，用途包括公积金、公益金（含教育费用附加）和行政管理费（含村社干部误工补贴）。劳动积累制度包括农田基建积累用工和民工建勤*。农业生产统筹费包括水费、造林育苗、农技指导、植保、畜禽防疫等项费用，坚持自愿有偿的原则统收统付。

1990年，国务院印发《关于切实减轻农民负担的通知》，中共中央、国务院下发《关于坚决制止乱收费、乱罚款和各种摊派的决定》。国务院办公厅于1992年下发《关于进一步做好农民负担和劳务监督管理工作的通知》，要求各级、各部门切实减轻农民负担。

* 民工建勤：我国公路修建用语。指公路两侧的农民按规定每年出一定的义务工，对公路进行养护、修理和改建等工作。编者注。

1991 年，四川省人民代表大会常务委员会出台《四川省农民负担管理条例》，结束了农民负担无法可依的状况。减轻农民负担作为一项重要工作纳入各级党委、人民政府的议事日程。下半年，重庆市配合四川省人民代表大会首次组织的全省农民负担执法检查，全市实施农民负担“监督卡、预算审批、审计监督”3 项制度的区（县）达到 80% 以上。同年 11 月，四川省农业畜牧厅和财政厅联合印发《关于印发〈四川省农村集体提留和统筹财务管理试行办法〉的通知》。

1992 年 7 月 16 日，重庆市农业委员会召开依法管理农民负担会议。各区（县、市）汇报了《四川省农民负担管理条例》出台前后农民负担情况及贯彻执行该条例采取的措施、存在的问题。会议部署了各区（县、市）配合各级人民代表大会开展《四川省农民负担管理条例》执法检查工作。12 月，重庆市委农村工作委员会印发《关于报送〈关于进一步切实做好减轻农民负担工作的通知〉的报告》，强调做到 5 点：一是各级党委和政府要把减轻农民负担作为一件大事来抓；二是切实把住向农民收费的口子；三是严格控制定项限额以外的收费项目；四是严格控制农民负担的增长，保证农民负担的相对稳定；五是加强农民负担的管理。

（二）减负起伏波动期（1993—2004 年）

这一时期，一些地方执行减负法规政策有偏差，出现农民负担明减暗增、显减隐增，没有从根本上控制农民负担增长。1999 年 10 月中旬，梁平县新盛镇民安村农民罗昌荣，因负担过重多次上访、问题迟迟未获解决，服毒自杀。重庆市相关部门调查后，市委、市人民政府对这起因农民负担过重引发的恶性事件进行了严肃处理。这 12 年，重点是清理与完善、规范与建制。全面清理，取消项目，控、停、清理、整顿（改）农民承担税费劳务的政策全面实施，限额内外负担同时减轻。持续不断建立健全农民负担监督管理制度与机制。分 2 个时段。

1. 完善减负政策（1993—1999 年）

通过 1993 年、1997 年 2 次大范围、全方位的清理整顿，取消不合理负担项目，降低了负担标准，一定三年不变，保留合理负担水平，农民负担监管制度逐步建立，监督管理力度逐步增强。

1993 年 6 月 17 日，市委、市人民政府召开重庆市减轻农民负担新闻发布会。时任市委常务委员、市农业委员会主任辜文兴主持会议并宣读重庆市取消 36 项达标升级活动文件，时任市委副书记金烈出席会议并讲话。金烈副书记强调，本次会议不仅是减轻农民负担的新闻发布会，也是全市减轻农民负担工作的部署会。他要求各级党政、市级各部门要提高认识，切实减轻农民负担，处理好减负与业务工作的关系；新闻单位要做好全面宣传；监督执法部门要加大力度做好督查工作。同年 7 月，中央办公厅、国务院办公厅下发了《关于涉及农民负担项目审核处理意见的通知》，全国开始最大规模涉农项目清理。四川省委、省人民政府下发贯彻意见，对涉及农民负担的项目取消 26 项、重申取消 19 项、改进和降标 5 项，同时明确省级以下自行出台的涉及农民负担的文件和项目一律取消。重庆市和各区（市、县）把减轻农民负担工作作为重要任务，采取一系列果断措施，取得了减负工作重要进展。一是统一思想、提高认识，认真贯彻落实中央“紧急”通知。重庆市委、市人民政府印发了贯彻意见，大力宣传；召开了市农业委员会、市纪律检查委员会、监察局等多个部门参加的座谈会。二是采取了“一控、二停、三清理、四整顿（改）”的果断措施。农民负担控制在上年人均纯收入的 5% 以内；停止一切向农民收取的费用；在停止收取的基础上，对收取项目进行清理；对清理出来不符合中央文件规定范围和与条例不符合的提出取消或整改意见。检查了 30 多个市级主管部门的贯彻执行情况，对江北、合川、江津、綦江、永川等市县进行了执法检查并对区（市、县）级机关清理涉及农民负担文件工作的落实情况进行了评议。市农业委员会、市物价局等部门密切配合，对涉及农民的收费文件进行了清理，市物价局、财政局出台的涉及向农民收取的行政事业性收费共 108 项。其中涉及面大、群众反映强烈的有 17 项，经共同研究废止 8 项，降低标准 1 项。三是取消和废除了与《四川省农民负担管理条例》相悖的文件规定。市委、市人民政府废止了与《四川省农民负担管理条例》相悖的 17 个文件中的有关规定。废止和降低了收费标准的行政事业性收费中9个文件的有关规定，取消了36项需农民出钱、出物的达标升级活动，废止了40项集资、基金、收费规定。

1994年8月，市农业委员会印发《关于开展农民负担专项审计工作的通知》，界定了农民负担审计内容，明确了审计重点，规定了审计时间。区（市、县）、乡（镇）农村经营管理部门每年进行农民负担专项审计。当年，区（市、县）、乡（镇）在10—11月同时开展审计，每个区（市）县审计1/4的乡（镇），每个乡（镇）审计1/3的村。年底市里组织抽查。1994年11月，重庆市人民代表大会常务委员会颁布《重庆市农民负担管理规定》，自1995年1月1日起施行。

1995年，中共四川省委农村工作领导小组作出决定：全省农民负担的提留统筹费试行总额控制，农民每人每年增加不超过3元，一定三年不变。当年，重庆市开始实施《重庆市农民负担管理规定》，市级有关部门和各区（市、县）做了广泛宣传。1995年3月，重庆市农业委员会下发《关于继续做好农民负担监督管理工作的意见》，要求规范合同内负担管理，严禁层层加码，加强定项限额外农民负担监督管理，严禁搭车收费，抓好农民负担监测网点，为减负工作提供决策依据。同年7月，根据农业部、监察部联合下发的《关于全面推进农民负担监督卡制度的通知》，重庆市开始推行“农民负担监督卡”制度，实行“一户一手册”，农民凭手册交纳费用和承担劳务，未填写入卡的项目有权拒交。从而有效遏制了农民负担增长过快的势头，农村“三乱”现象得到了有效控制。9月，市农业委员会牵头组织市法制办公室、监察局、财政局、物价局、农业畜牧渔业局等部门对全市农民负担情况进行检查，重点抽查了江津、渝北、铜梁等地。

1996年，重庆市全面推行“农民负担监督卡”等行之有效的监督管理制度。1月，市农业委员会下发《关于全面推行农民负担监督卡制度的通知》，全面推行“农民负担监督卡”制度、规范农民负担内容，加强对农民负担监督卡的管理，加强对推行农民负担监督卡工作的领导等4个方面要求。通过一年的努力，重庆市减轻农民负担工作取得较好成绩。一是健全制度，规范管理。各地普遍建立了农民负担预决算制度，严格按照法律、法规的要求设置项目，按规定程序编制、审批负担预算方案，从而有效地把住了负担的口子；全面推行农民负担监督卡制度，全市农民负担监督卡到户率达95%以上；各地认真执行了农民负担专项审计制度，及时发现并解决了一些平调、挪用和乱支乱用统筹提留款的行为。二是加强检查，强化执法。市里部署了农民负担执法检查，并由有关部门组成联合检查组对一些区（市、县）进行了重点抽查。市农业委员会、监察局还对各区（市、县）进行了定项限额外负担专项检查。各区（市、县）也开展了经常性的定期或不定期的检查。三是高度重视农民负担来信来访，及时调查核实和认真解决，探索负担分流和发展集体经济减负。一些区（市、县）积极试行和推广了农民负担分流办法，有效地减轻了种田农民的负担；一些地方试行了会计专业化制度和村干部兼合作社社长的办法，减少了村（社）享受补贴的人员，相应减轻了农民负担；一些地方采取各种有效措施，积极发展村（社）集体经济，壮大集体实力，从根本上解决农民负担过重的问题。

1997年，为贯彻执行中共中央、国务院《关于切实做好减轻农民负担工作的决定》（以下简称《决定》），全市再一次大范围、全方位进行了农民负担收费项目清理，进一步加强了农民负担管理的制度建设，强化监督检查。一是清理了农民负担收费项目。市委、市人民政府及时发出通知，要求认真贯彻执行中央、国务院《决定》精神，按照《决定》要求，对农民负担管理中存在的问题进行了清理和纠正。全市共取消对农民负担的收费项目147个，减轻农民负担7 149万元；修改、降低标准及暂停执行涉农收费项目35个，减轻农民负担3 245万元；二是进一步加快农民负担管理制度建设。重点抓住农民负担预决算制度、农民负担监督卡制度、农民负担专项审计制度3项制度建设。1997年，全市通过农民负担专项审计，共查出、废止了乱收费、乱集资、乱罚款等128项项目，减轻农民负担2 083万元。三是加强监督检查，强化了执法力度。市农村工作领导小组办公室、监察局、物价局、财政局于8月组成联合检查组，对万县、涪陵、黔江地区和近郊的4个县进行了农民负担执法检查。市农村工作领导小组办公室还针对农民信访的重点问题，与有关部门组成调查组，多次深入乡（镇）进行实地调查，处理和纠正对农民的乱收费、乱集资、乱摊派等错误行为，并将违规收取的费用清退给农民。各区（市、县）也按照中央《决定》的要求，开展了定期或不定期检查，对检查出的问题给予了严肃处理。当年，全市共查处了243起违法违纪行为，退还农民不合理收费2 593万元。当年，市农业委员会、市农牧渔业局联合印发《关于进一步做好推行农民负担监督卡制度工作的通知》，对各级党、政部门提出了进一步提高认识、加强对推行“农民负担监督卡”制度工作的领导；认真组织实施、及时发卡到户，加强对“农民负担监督卡”的管理、切实维护“农民负担监督卡”的严肃性等要求。

1998年11月，重庆市委成立重庆市减轻农民负担工作领导小组，由时任市委副书记刘志忠任组长，时任市委常务委员、纪律检查委员会书记赵海渔，时任市委常务委员、市委农村工作委员会书记税正宽，时任市人民政府副市长陈光国任副组长，市级有关部门负责人为成员。此后，重庆市减轻农民负担措施继续加强。一是强化责任、健全机构。各级党、政部门普遍建立了减轻农民负担党政一把手负责制。市委、市人民政府相继下发了3个文件，对减轻农民负担工作的指导思想、工作要求、政策措施做了明确规定。时任市委书记张德邻、市长蒲海清、市委副书记刘志忠在有关会议上反复强调做好减负工作的重要性，并亲自安排部署减负工作。1998年12月8日，时任市委副书记刘志忠主持召开重庆市减轻农民负担工作领导小组会议，时任市委常务委员、纪律检查委员会书记赵海渔，市委常务委员税正宽、副市长陈光国出席会议，市减轻农民负担工作领导小组成员单位负责人参加了会议。在听取市减轻农民负担领导小组办公室、市信访办公室等部门汇报减负工作情况后，时任市委副书记刘志忠提出了加强领导、落实政策，限项定额、规范管理，加强执法检查，搞好村务公开4点要求。各区（县、市）也都成立了以党政主要领导为组长的减负领导小组，并建立和完善了农民负担监督管理机构。市人民代表大会常务委员会通过了《重庆市农民负担管理条例》，于1998年7月1日起在全市施行。二是严控指标，堵住源头。各地坚持了农民负担双向控制，即农民负担不超过上年农民人均纯收入的5%，负担绝对额每年人均增加不得超过3～5元，使农民定项限额内负担得到有效控制。市委、市人民政府要求1998年农民负担的提留统筹费不得超过1997年的负担预算额，并在此基础上做好一定3年不变的工作。对超过的部分，要清退给农民或在1999年的负担预算中扣减。同时，为切实堵住加重农民负担的源头，重庆市明令停止执行各部门1998年出台的一切收费文件，对农民反映强烈的问题也及时出台了限制性办法。三是健全制度，规范管理。认真抓好农民负担管理制度的建立和完善，全面推行了“农民负担监督卡”制度，普遍开展了对农民负担资金的专项审计。多数地方还实行了专用收据、负担分流及村账乡代管等制度，并积极推行了村务公开和财务公开。这些制度的推行，使农民负担从提、收、管、用各环节形成了较规范的管理制度和管理程序。四是强化监督，严格执法。市人民代表大会为加强对农民负担工作的监督，组织了在渝全国人民代表大会代表进行专项视察。市农村工作领导小组办公室、监察局及各区（县、自治县、市）也普遍进行了执法检查，并对加重农民负担的违纪违法行为进行了认真查处。同时，为及时掌握农民负担动态，一些地方建立了农民负担监测网，为各级领导决策提供了大量有价值的监测资料。一些地方还在农民中聘请了负担监测员，对加强农民负担监督起到了很好的作用。当年，重庆市各级党政和有关部门认真贯彻执行中央关于减轻农民负担的各项政策措施，进一步加强领导，强化农民负担监督管理，使全市减轻农民负担工作落到了实处。农民承担税费已趋于稳定，相对负担进一步减轻。

1999年，重庆市转发国务院办公厅、农业部、监察部、财政部、国家计划委员会、法制办公室《关于做好当前减轻农民负担工作意见的通知》，要求各地严格执行农业税政策，当年集体提留、乡（镇）统筹提取数额不得超过1997年预算数，并规定除农村危房改造外，暂停审批农村教育集资一年。1999年年初，重庆市委、市人民政府下发了《关于加强农民负担管理的若干规定》，对农民负担的各项政策、制度和行为准则进行了明确规定，全市普遍建立和完善了减负工作党政一把手负责制，并把减负工作纳入了党风廉政建设和反腐败斗争分工责任制，落实了领导责任和部门责任，全市所有的乡（镇）

都建立和落实了农民负担预决算制度、监督卡制度和专项审计制度，积极推行了村务公开制度。“农民负担监督卡”入户率达97.4%；全市92.4%的村实行了村务、账务公开，当年全市未发生涉及农民负担的恶性案件和严重事件。

2. 减负和监管规范化、制度化（2000—2004年）

2000—2001年，重庆市坚持实行“农民负担监督卡”制度、审计制度和预决算制度等3项制度，“农民负担监督卡”发放率达到98%。同时，先后组织3次农民负担专项检查，调查处理了荣昌、忠县、奉节、潼南等地涉及农民负担的案件和巫山、石柱等地侵犯农民利益的事件。在全市范围内取消了统一规定的义务工和劳动积累工，杜绝了强行以资代劳的现象。农民负担严格控制在1997年的水平，定项限额外负担有所减轻。

2002年，重庆开始全面农村税费改革。当年全市取消了乡（镇）统筹费、专门面向农民的行政事业性收费和各种集资、屠宰税、统一规定的劳动义务工和积累工，实行新的农业税、农业特产税及附加政策。做到了村村减负、户户减负、人人减负。当年，市人民政府印发《重庆市水利工程税费征收办法》，对涉及农民的农业生产灌溉用水供给、水费计收标准、计收办法、公示公开等做了严格规定。

2003年6月，市委、市人民政府印发《关于进一步深化农村税费改革试点工作的通知》，要求农村税费改革试点工作按照“巩固、完善、深化、发展”的指导思想，进一步总结经验，完善政策，深化改革，加强农村税费改革试点工作的领导，千方百计做到“三个确保”。调整和完善了有关农业税收政策，现行“对在农业税计税土地上生产的除烟叶、蚕茧及牲畜产品外的其他农业特产品，原则上不再征收农业特产税”的政策调整为：除烟叶、蚕茧外，计税土地上的其他农业特产品改征农业税，不再征收农业特产税。试行农村贫困地区义务教育“一费制”，进一步清理整顿涉农收费项目，加强对农村中小学生就学、计划生育指标审批、农村结婚登记、农民建房、农民外出务工等方面乱收费的专项治理。向农民收取水费、电费等跨区域共同生产费用必须严格执行“受益缴费，计量收费”原则。完善村级财务管理，按照市人民政府出台的《重庆市农村村级范围“一事一议”筹资筹劳管理办法》，“一事一议”按照议事程序、议事范围和上限标准等规定，多数农民同意的事就办、不同意的就不办，农业综合开发中农民的筹资筹劳实行专项管理。为切实减轻农民负担，鼓励和支持农村劳动力转移，从2003年起，重庆市暂停执行对不承包土地并从事工商业活动的农村居民收取资金用于村内公益事业的规定。规范村级报刊订阅“限额制”。按照市委、市人民政府出台的《重庆市乡（镇）机关、村级组织、农村中小学公费订阅报刊限额标准》规范公费订阅报刊行为，继续暂停向农民收缴农村税费改革前的税费尾欠。切实加强“非典”防治期间农民负担监督管理工作，切实加大检查监督力度。2013年度，全市开展了“回头看”活动，全面检查各项政策的落实情况。检查结果表明，各级建立健全了税费改革群众信访查处反馈制度，建立健全了税费改革工作责任追究制度，对违反农村税费改革政策特别是顶风违纪行为，依法严肃处理，重大案（事）件进行了公开曝光。

2004年5月，重庆市委办公厅、市人民政府办公厅印发《关于做好2004年农村税费改革试点工作的意见》，要求紧紧围绕增加农民收入，保护和提高粮食综合生产能力2大任务，全面落实各项改革政策，进一步改革和完善农业税收制度，加快推进各项配套改革，建立健全农民负担监督管理机制，巩固改革成果。本年，重庆市开展了减轻农民负担工作创无农民负担恶性案件、无群体性事件、无大规模集访事件和到京上访事件（“三无乡镇”）活动试点。秋季，全市133所中小学（其中主城9区共93所）共接收56 339名农民工子女免交借读费入学。进城务工、子女入学难的问题初步得到了解决。当年统计，2004年与2003年相比，农民群众关于教育收费的举报从上年的2 522件（次）下降到1 657件（次），下降了34%，涉及违规金额由上年1 331.6万元下降到725.3万元，下降了46%；乱收费案件由上年334件下降到175件，下降了48%。

（三）减负持续深化期（2005—2015 年）

这一时期“三农”成为全党全国重中之重，是支农惠农、城乡同步发展，新农村、现代农业、全面实现小康建设发展期。农民承担的税费愈来愈少，支农惠农的“红利”愈来愈多。这 11 年，农民负担监管力度最强、减轻农民负担幅度最大。从制度上改革，免除农业税，从源头上控制增加农民税费的项目，从根本上减轻农民负担；建立减轻农民负担的长效机制，坚持标本兼治、综合治理；实施支农惠农强农富农补贴增加收入，坚持增收和减负两手抓；坚持落实责任制，形成齐抓共管。此期间分为两个时段。

1. 免税、减费、增收减负（2005—2009 年）

2005 年是重庆减轻农民负担历史上非常重要的一年。免除了农民承担的农业税及附加，涉及农民的其他收费项目也得到有效治理，“四项制度”进一步提高“公示制”的质量和水平；严格执行贫困地区农村义务教育收费“一费制”；认真落实村级报刊订阅“限额制”；严格执行违反农民负担政策责任追究制。得到进一步坚持完善。1999 年以来制定的减轻农民负担政策，得到进一步贯彻落实；2003 年以来的各项制度进一步健全完善和有效执行，减负增收效果显著。这一阶段，重庆市重点监督检查国家支农惠民政策补贴到位情况，深入贯彻落实“四项制度”，开展“三无乡镇”创建活动，严格执行违反农民负担案件责任追究制，监督检查农民专业合作社负担等。2005 年 6 月，为贯彻落实中共中央、国务院《关于进一步加强农村工作提高农业综合生产能力若干政策的意见》和市委二届七次全委会精神，确保减轻农民负担的各项政策措施落实到位，更加有效地调动农民的生产积极性，市人民政府印发《关于进一步做好减轻农民负担工作的通知》。全市从 2005 年起全部免征农业税及附加费；坚持落实涉农税收、价格、收费“公示制”、农村中小学收费“一费制”、农村订阅报刊费用“限额制”、涉及农民负担案（事）件“责任追究制”、健全完善“一事一议”筹资筹劳制度、建立健全减轻农民负担的长效机制。进一步做好对涉及农民负担的行政事业性收费标准和公示内容的审核、监督工作，防止以经营服务性收费为名变相加重农民负担；加强对涉农物资价格的监管，深入开展农村灌溉用水、用电等涉农价格和经营服务性收费的专项治理；加快推进农业供水价格改革，将农业供水价格纳入政府价格管理范围，推行从定价到农户的终端水价制度，杜绝中间环节乱加价和搭车收费行为；继续清理针对农民进城就业的歧视性规定和不合理收费，简化农民跨地区就业和进城务工的各种手续。深入开展全市“三无乡镇”创建活动。全市减轻农民负担工作“三无乡镇”创建活动步入经常化、规范化和制度化轨道。加大对农民负担的监督检查工作力度，进一步改进检查方式，把明察与暗访、检查与处理结合起来。对农民反映的问题能解决而长期不解决并造成严重影响的，追究有关部门负责人的责任，典型案件公开曝光、严肃查处。

2005 年，重庆市出台《关于调整征地补偿安置标准做好征地补偿安置工作的通知》，明确要求做到“三个确定”（即确定主城区征地统一年产值标准、统一产值两年定期公布制度、被征地农民最低保障标准）“三个提高”（农民人平所得土地补偿费、安置补助费提高了 28%，增加了 6 000 元；征地青苗和地上附着物补偿标准提高了 10%，征地房屋补偿标准提高了 20%）以及“三个统一规定”（被征地农转非人员养老统筹经费、储蓄式养老保险的投保保金基数、农转非人数的计算方法）。当年，市农村工作领导小组办公室在减轻农民负担工作中制定了符合重庆实际的考核措施和办法，积极配合全市税费改革工作，完善“三无乡镇”创建活动；加大减轻农民负担综合管理和专项治理力度，加大督查和责任追究力度。一是进一步探索建立减轻农民负担监督管理的长效机制。取消了地方立法中农村劳动力每年出 20 个劳动积累工和 10 个义务工的规定；“农民负担监督卡”发放 700 万册，到户率 95% 以上。二是市农村工作领导小组办公室作为农民负担监督管理工作的牵头部门，把减轻农民负担作为政风行风评议和纠风工作的重点。与市纪律检查委员会、监察局联合转发了中央纪律检查委员会、监察部、农业部《关于执行〈关于对涉及农民负担案（事）件实行责任追究的暂行办法〉若干问题的解释》，代市政府起草了《关于进一步做好减轻农民负担工作的通知》。市农村工作领导小组办公室积极与市纪律检查委员会、市人民政府纠正行业不正之风领导小组办公室配合，严肃查处加重农民负担的乱摊派、乱集资、截留、挪用等案件和事件，有效地减轻了农民负担，维护了农民的权益。至2005年年底，全市未发生一起涉及农民负担的恶性案件。三是加大宣传减负政策。2005年5月中旬，市农村工作领导小组办公室与市人民广播电台合作，通过广播向农民群众宣传党和国家有关减负政策，现场回答农民朋友反映的难点和热点问题，并在重庆电视台的《重庆新闻》《看了再说》《天天630》栏目报道了10多次有关减负的情况。四是协助市财政局加强农村税费改革政策的全面落实。五是进一步规范了村内“一事一议”制度。根据《重庆市农村村级范围内“一事一议”筹资筹劳管理办法》，明确了“议事”范围，规定了“每人每年不得超过15元，每个劳动力不得超过5个标准工日”的上限标准，明确了程序、组织管理和审批单位。六是进一步强化了涉农收费管理。开展了对农村中小学生就学、计划生育指标审批、农村结婚登记、农民建房、农民外出务工等方面乱收费的专项治理。七是进一步推进农村贫困地区义务教育“一费制”。八是认真实行农村村级、农村中小学报刊订阅“限额制”。九是进一步提高农村“公示制”的质量。全市农村实行“公示制”的地方达到95%以上。十是严格执行违反农民负担案件责任追究制。2003年以来，全市查处减负案（事）件1 568件，市农村工作领导小组办公室会同市人民政府纠正行业不正之风领导小组办公室和有关部门直接查处了丰都、忠县发生的修建乡村道路强行集资问题、江津吴滩镇修公路乱集资、黔江区鹅池镇违规乱收费等事件。实地解决了涪陵区堡子镇20余年因修水库遗留的问题。对巴南、渝北、璧山、南岸等区（县）农民反映集中的土地问题，开县三和镇、岳溪镇农民集体上访等案件，市减轻农民负担工作办公室会同有关部门及时深入实地调查处理，查清了事实，纠正了问题，并在全市进行了通报，涉及党内严重警告2人，清退乱集资款2 000多万元，从而维护了农民权益。对涉及农民生产灌溉用水、用电的监管，通过国家及市物价部门多次检查，基本未发现乱加价、乱收费、乱摊派的行为。全市农业供水严格执行“谁受益、谁负担和受益缴费、计量收费”原则，因大面积抗旱、排涝难以做到计量收费的，水利部门按受益原则据实分摊，各级政府每年都对抽水用电进行适当补贴。

2005年，重庆市对涉及增加农民负担比较典型的大案要案进行了直接查处。一是忠县石黄镇，因修镇村公路向农民人均集资220元问题。市农村工作领导小组办公室会同市纪律检查委员会到忠县调查后认定属乱集资、乱摊派的增加农民负担案件，纠正了违纪违规作法，为全县农民群众挽回不必要的负担8 000多万元，并在全市通报。二是涪陵区龙潭农业综合开发项目建设中的质量问题、严重和损害群众利益的行为。市农村工作领导小组办公室会同市级有关部门进行了严肃查处，挽回了损失，市级有关职能部门将此事件通报全市，以杜绝类似事件的发生。三是对忠县新立镇截留、挪用2004年度农税灾歉减免款的问题进行严肃查处，对全县的农税灾歉减免落实情况进行全面检查和整改，为农民群众挽回了损失，体现党和政府对农民群众的关怀，进一步密切了党群和干群关系。

2006年，重庆市建立了征地补偿费专户管理制度，征地补偿费30.19亿元纳入专户管理，200多个被征地村开展了征地补偿费专项审计。2006年中央下拨购机补贴资金1 800万元，市级财政配套拨付3 450万元，对26个区（县）超过1万套农机具进行了补贴，补贴率达到10%以上。2006年，中央、市、区（县）3级财政拨付资金12.49亿元，保证全市378万农村义务教育阶段学生享受免学杂费，其中43万家庭困难的女童实行全免费教育。另外，市里筹集经费3 800万元，建立了进城农民工子女就学保障机制，资助农民工子女21.3万人。

2007年，重庆市坚持标本兼治，综合治理，落实各项减负政策和支农惠农政策，强化农民负担监督管理。新型农村合作医疗覆盖了全市，参合农民人数1 807.17万人，参合率达到76.88%，筹集资金7.91亿元，政府补贴5.53亿元。全面落实各项惠农政策，增加农民收入。认真落实粮食综合直补和农业生产资料综合直补，坚持退耕还林的方针政策落实，初步搭建农村劳务转移政策支持体系。

自2008年起，重庆市3年内免收个体工商户管理费、市场管理费和税务登记费。对在务工地首次购买建筑面积 90 米^2 以下二手房的农民工，持有效证明可享受契税减免。对迁居至县城、集镇和中心村集中居住的农户，其自愿退出的宅基地在符合规划的前提下可由集体经济组织置换、流转或用于公共设施等项目建设，其收益用于农民的社会保障、集体经济发展和当地基础设施建设。对进入城镇的重庆籍农民工，免费办理流动人口居住证。鼓励农民向市外转移，有条件的区（县、自治县）可对户籍迁移到市外的农户给予一次性补助。对村级组织给予必要的财政性补助。重庆市制定下发了《关于制定农村基层组织正常运转最低保障标准的通知》，规定村干部误工补贴不低于每年 3 000 元/人；村办公经费补助不低于 3 000 元/年；“一事一议”农村公益性基础设施补助资金每年每村不低于 5 000 元。继续加大对违规违纪行为的查处力度，维护农民合法权益。加大对涉及农民负担的各类恶性案件的处理力度；对挪用、侵占粮食直补资金、村级补助资金、农村义务教育保障经费、征地补偿安置费用等行为以及各种巧立名目乱收费、乱罚款、强行集资摊派的问题进行查处。如对忠县马灌乡强行征收公路集资款一事，市减轻农民负担工作办公室对当地领导进行了批评教育，责令立即停止违纪行为，对责任人给予处理。南川区白鹤街道农民反映村集体乱收费一事属于农民群众对政策理解有误所致，要求当地农民负担管理部门做好宣传解释，让信访群众满意，做到了“事事有回音，件件有落实”。加强农民负担政策宣传，强化减负工作不放松的意识。重庆市在 2006 年举办“廉政之声”电台节目的基础上，2007 年订购了一批有关减轻农民负担相关法律、法规、政策读本，并分发到各个区（县）进行学习宣传，要求各地充分理解、吃透各项政策，特别是在新农村建设过程中，认真贯彻中央对农村“多予、少取、放活”的方针，采取多种方式加大减轻农民负担政策的宣传力度，让农民群众和各级干部了解相关知识，增强减轻农民负担工作的实施效果。为加强农民负担政策宣传，强化减负工作意识，2007 年 9 月，市农业委员会一名副主任带队参加了市广播电台《阳光重庆》直播节目，向广大农民群众宣传减轻农民负担、防止农民负担反弹的有关法律、法规和政策措施，并现场对热线咨询电话做了解答。另外，市农业委员会向各个区（县）发放有关减轻农民负担相关法律、法规、政策的读本，组织宣传学习，让农民群众了解和各级干部掌握相关知识。2007 年 9 月，市财政局、农业委员会联合下发了《重庆市农村村级公益事业建设“一事一议”财政奖补试行办法》，在全市选择了九龙坡区、巴南区、万州区、涪陵区、永川区、合川区 6 个区（县）开展农村“一事一议”财政奖补试点工作，引导农民群众发扬自主精神，开展农村基础设施建设，促进农村经济发展。全面落实各项惠农政策，增加农民收入。重庆市仅良种补贴和农资综合直补投入近 14 亿元的财政补贴；对畜牧业生产、柑橘产业发展、农业生态环境建设、实施培养新型农民和农业机械购置给予了补助。加大对违规违纪行为的查处力度，维护农民合法权益。7 月，江津区贾嗣邮政支局出现在办理发放农民直补资金和低保金过程中强行搭售日化用品的行为，市农业委员会及时派出工作组赴现场进行了调查处理，对违反政策规定的有关行为进行了纠正。2008 年上半年，全市各级各地开展农民负担专项检查 92 次。同时，认真做好信访工作，做到“事事有回音，件件有落实”，让信访群众满意。

2009 年 7 月，市农业委员会、市财政局、市物价局等 7 部门联合印发《转发农业部 国务院纠风办 财政部 发展改革委 国务院法制办 教育部 新闻出版总署〈关于做好 2009 年减轻农民负担工作的意见〉的通知》，要求各区（县、自治县）结合实际贯彻执行，提出 3 条意见：规范“一事一议”筹资筹劳行为，严防增加农民负担；加大整治力度，解决好群众反映强烈的突出问题；落实好各项支农惠农政策，让农民真正得到实惠，标本兼治，推进农村综合改革各项工作。同年 11 月，为贯彻农业部农民负担监督管理办公室《关于开展治理向农民专业合作社乱收费工作的通知》和《关于深入做好治理向农民专业合作社乱收费工作的通知》，重庆市认真开展了针对面向农民专业合作社乱收费、乱集资、乱罚款等问题的专项治理工作。重庆市农民负担监督管理部门同纠风、财政、法制、工商、税务、物价等部门紧密配合，建立协调机制，共同推进专项治理工作。重庆市下发了《关于开展农民专业合作社乱收费专项治理工作的通知》，对专项治理工作进行了统一部署，采取全面调查与重点调查相结合的方法进行调查，对全市已登记注册的 5 089 个专业合作社进行了逐一全面调查，同时选择了 10 个有

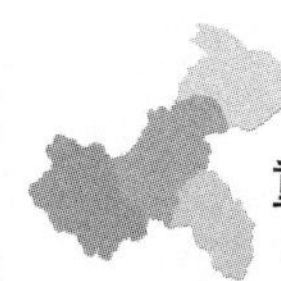

代表性的专业合作社进行了重点调查。经过详细清理调查，共查出涉及经常性向农民专业合作社的收费项目有9个，其中：合作社向工商登记注册免费；向质监部门申请办理法人机构代码证工本费148元/户，共计收费74.38万元；向国税部门申请办理税务登记证工本费已予以免除；向地税部门申请办理税务登记证工本费已予以免除；向工商部门申请注册商标受理费1 000元/个，共计收费22.4万元；从事种畜禽类生产经营的合作社要向农业主管部门申请办理种畜禽合格证10元/个；从事水产品运输的合作社须接受动物卫生监督检验机构的防疫检验，收取货值0.4%～0.7%的费用；质监机构代码证超期年检罚款100～500元/户。全市共取消收费项目3个，减轻合作社负担约117万元。为贯彻中共中央 国务院《关于2009年促进农业稳定发展农民持续增收的若干意见》精神，重庆市总结"一事一议"财政奖补试点经验，加大财政奖补力度，扩大试点范围，继续开展农民负担重点治理。2009年，重庆市继续争取国家奖补资金3亿元，在全市开展村级公益事业"一事一议"财政奖补试点工作；农民承担税费项目规范、公开，农民隐形、暗地负担基本禁止，重庆市进入农民承担税费最低、负担最轻、支农惠农富农"红利"最高的新阶段。除通过每年印发《减轻农民负担意见（要点）》充实完善制度外，不断持续健全完善减轻农民负担制度。内容上除不断健全完善农民负担"监督卡制"，涉农收费"公示制"，乡（镇）、村级组织和农村中小学公费订阅报刊"限额制"，农村义务教育"一费制"（两免一补制），农民负担案（事）件"责任追究制"5项制度外，还建立了涉农收费文件层层审核制，制发了一些专项办法、实施方案、标准和意见等。

2. 规范"一事一议"，全面村务公开（2010—2015年）

重庆市于2008年启动农村公益事业建设"一事一议"财政奖补试点工作，共涉及7个区（县）、367个村，整合财政资金3159万元。

2009年重庆市被纳入全国整省推进的"一事一议"财政奖补试点，项目涉及全市37个区（县）、8 770个村，各级财政投入奖补资金5.62亿元。2015年，市级以上财政安排"一事一议"财政奖补资金5.7亿元，建设村级公益事业项目1 693个。项目投入中，村民筹资2 662万元，以资代劳2 502万元，筹资筹劳总额5 164万元；村民实际筹劳42.9万人，以劳代资106.2万人，筹资筹劳合计149.1万人，农民人均负担35元，符合重庆市限额标准，农民人均负担已连续两年降低。

2010年4月，市人民政府办公厅印发《关于印发重庆市村民一事一议筹资筹劳管理办法的通知》，规定了筹资筹劳原则，明确了各级管理监督职责，界定了筹资筹劳范围、对象及减免人员，明晰了筹资筹劳程序，规定了筹资筹劳管理流程以及违规责任和责任追究等。

2011年7月，重庆市委办公厅、市人民政府办公厅印发《关于深入推进村（居）务公开工作的通知》，各地充分认识深入推进村（居）务公开工作的重要意义，完善了村（居）党务、政务、财务和服务公开做法。村（居）务公开主要内容：一是强农惠农资金；二是集体经济财务，"一事一议"筹资筹劳情况，团体、个人捐赠款物使用情况，村（社）集体资金、资产、资源等情况；三是规范组织运转经费。同年市农业委员会发出《关于印发纠正损害农民利益的不正之风的实施方案的通知》；市农业委员会、纠正行业不正之风领导小组办公室、财政局、教育委员会、新闻出版局、法制办公室、市物价局发出《关于印发〈2011年减轻农民负担工作要点〉的通知》；市农业委员会与纠正行业不正之风领导小组办公室根据国务院纠风办下发《关于开展向村级组织收费专项清理整顿活动的通知》，明确了工作目标、清理内容、实施步骤以及清理整顿活动中的工作要求。同时，市委农村工作领导小组办公室印发《关于规范村民"一事一议"筹资筹劳操作程序的意见》，就筹资筹劳操作程序的议事程序、方案审核、资金劳务筹集、组织实施、验收检查、建成项目的管理等流程进行了规范，提出深入做好筹资筹劳工作要求。

2013年10月，市委农村工作领导小组办公室印发《关于执行全市村民一事一议筹资筹劳限额标准的通知》，对全市村民"一事一议"筹资筹劳限额标准作出了更加严格要求。2013年起，重庆市农村公益事业"一事一议"筹资筹劳限额统一由市里制定标准并公布实施，取消原执行的按上年农民人均纯收入1%收费的标准。具体标准为：渝东南6个区（县、自治县）每人每年不得超过55元；渝东北11

个区（县）每人每年不得超过60元；其余22个区（县）和经开区所辖区域每人每年不得超过90元。村民“一事一议”筹劳及以资代劳标准：每个劳动力（男18～55周岁，女18～50周岁）每年不得超过5个标准工日。村民自愿以资代劳的，由本人或家属提出书面申请，经村民委员会批准后，可以以资代劳。每个标准工日工价：渝东南6个区（县、自治县）每个劳动力每工日不得超过40元；渝东北11个区（县）每个劳动力每工日不得超过45元；其余22个区（县）和经开区每个劳动力每工日不得超过50元。严格政策界限。各区（县、自治县）在开展“一事一议”筹资筹劳过程中，要坚持“村民自愿、直接受益、量力而行、民主决策、合理限额”基本原则，规范“一事一议”筹资筹劳项目的组织实施。

2010—2015年，重庆市持续加强“一事一议”筹资筹劳工作指导与监管，对村级公共益业“一事一议”加强指导、进行规范，“一事一议”筹资筹劳逐年减轻，开展“一事一议”的村数减少，村平筹资筹劳负担水平降低。2010—2015年重庆市筹资筹劳情况见表3-3-5。

2010年，重庆市开展“一事一议”筹资筹劳的村达到3 029个，占村总数的32.5%。筹集资金3.91亿元，村平4.2万元；筹劳1 268.8万个，村平1 360.9个。2015年，全市开展“一事一议”筹资筹劳的村只有907个，占村总数的9.8%，筹集资金7 957万元，村平均8.8万元；筹劳391.4万个，村平均425.5个。通过加强监督检查，绝大多数村“一事一议”行为规范，标准合规，农民欢迎。检查2009年开展的“一事一议”中，有85.18%用于道路的修建和维护，有9.49%用于农田水利设施的修建和维护。找对了项目实施方向，“一事一议”得到了广大农民群众的积极响应和热情投入。当年全市各级共抽样检查了开展“一事一议”筹资筹劳的村937个，涉及农民捐款人数68.68万人，筹资金额4 161.11万元。其中：发现超范围开展“一事一议”的村25个，超限额开展筹资筹劳的村7个；查出平调、挪用村民所筹资金的村4个，查处违纪金额13.96万元，全部清退。2012年重庆市积极参加“一事一议”规范管理县创建活动，万州区、巴南区被农业部认定为全国“一事一议”规范管理县（区）。在巴南区开展试点的基础上，2013年扩大了“一事一议”筹资筹劳信息化管理，增加了南川区、江津区作为试点区（县），并配备了专门工作经费。2014年在全市范围内开展了“一事一议”专项审计工作，市农业委员会、财政局成立了村民“一事一议”项目专项审计工作领导小组，印发了《重庆市农业委员会重庆市财政局关于开展一事一议项目专项审计的通知》。“一事一议”专项审计由市农业委员会、财政局统一部署，各区（县、自治县）农业行政主管部门和财政局具体组织实施，每个区（县、自治县）至少选择2个乡（镇、街道办事处）并选择4个项目开展专项审计，重点审计2013年建设的“一事一议”项目。各区（县、自治县）高度重视，精心组织，周密部署，及时启动，如期完成。市农业委员会、市财政局组成审计小组重点抽查了綦江、奉节2个区（县）。

表3-3-5　2010—2015年重庆市筹资筹劳情况

年份	筹资筹劳村数（个）	占总村比重（%）	筹资总额（万元）	村平均筹资（万元）	筹劳总数（万个）	村平均筹劳（个）
2010	3 029	32.5	39 124.8	4.2	1 268.8	1 360.9
2011	2006	21.6	34 654.7	3.74	1 060.9	1 144
2012	1 917	20.7	37 390.83	4.03	409.7	441.3
2013	1 419	15.3	25 223	2.73	354.3	383.1
2014	1 367	14.8	20 939.7	2.27	389.1	421.6
2015	907	9.8	7 957	8.8	391.4	425.5

二、农民负担监管常态化与手段创新

（一）坚持日常督导

2012年6月，中共重庆市委农村工作领导小组办公室印发了《减轻农民负担工作督导实施办法》

（试行），将农民负担监管纳入日常工作督导。

（二）建立工作机制

1998 年 11 月，重庆市委成立重庆市减轻农民负担工作领导小组，办公室设在市农村工作领导小组办公室，牵头全市减轻农民负担监督管理工作。2009 年 12 月，中共重庆市委农村工作领导小组出台《关于建立减轻农民负担工作联席会议制度的通知》，建立了市级减轻农民负担联席会议制度，形成全市各级、各相关部门齐抓共管局面，减轻农民负担长效机制建立并不断完善，减轻农民负担监督管理更加常态化、规范化和制度化。

重庆市减轻农民负担监督管理工作由中共重庆市委农村工作领导小组办公室负责，日常工作由重庆市农业委员会承担。中共重庆市委农村工作领导小组由市委常务副书记或常务副市长任组长。市人民政府副秘书长、市农业委员会主任作为联席会议召集人，市纠正行业不正之风领导小组办公室、市农业委员会、市财政局等 10 部门为成员单位，定期召开会议，研究减轻农民负担、防止农民负担反弹的情况和办法，布置全市减轻农民负担总体工作和专项工作任务，开展减轻农民负担工作的监督检查等，为全市减轻农民负担监督管理工作提供了组织保障。每年召开 2 ~ 3 次联席会议已成为制度。6 年来，重庆市充分利用市级减轻农民负担监督管理工作联席会议机制，多次组织会议与有关部门沟通协调，借助多部门合力，把减轻农民负担工作同全市农村党建、纠风、防治腐败紧密结合，融入教育、交通、计生等工作中，做到了工作全覆盖，切实减轻了农民的负担。

2010—2015 年，每年定期开展涉农收费的专项治理或综合治理，开展常年性的监督检查。对农村义务教育阶段、农民建房、计划生育、婚姻登记、办理身份证、生猪屠宰等面向农民的行政事业性收费，农业用水、殡葬服务等服务性收费，修建农村公路、农村公费订阅报刊摊派等专项收费，向村级组织和农民专业合作社相关收费，分别进行专项清理或专项检查。专项清理一般由物价部门牵头，组成督查组对区（县）涉农价格与收费进行治理或重点检查。专项检查坚持区（县）经常检查与市级集中检查结合和专项检查与日常工作检查相结合的方法进行。违规收费行为逐年减少，绝大多数地方没有违规收费行为。通过专项清理，纠正了个别地方违规行为。

（三）建立完整的收费制度体系

到 2015 年，重庆市行政事业性收费项目需财政部门申请、物价部门审核后方能实施；经营性收费项目需收费单位申请、经过物价部门审核后才能实行。专项治理与监督检查结果表明，违规收费的项目逐年减少，违规收费的金额逐年降低。

（四）减轻农民负担信访督办查办

2012 年，重庆市减轻农民负担信访 75 件，处置 75 件，查处率 100%。2013 年，接到农业部转到重庆市农业委员会的信访 2 件，分别为南川区和垫江县反映村内公路建设“一事一议”筹资筹劳超额问题，重庆市及时查办并以中共重庆市委农村工作领导小组办公室《关于垫江县农民朱德焕信访件调查处理情况的报告》、中共重庆市委农村工作领导小组办公室《关于南川区石溪乡翠丰村有关农民负担问题调查处理情况的报告》向农业部反馈了处理结果。2013 年，信访查处率 100%，2014—2015 年没有农业部转来的信访件。

（五）减轻农民负担日常监测

2004 年开始，按照农业部减轻农民负担工作办公室安排，重庆市巴南区、石柱县每年经过市级减轻农民负担监管部门审核，定期向农业部填报减轻农民负担监测数据及分析报告。2010—2015 年，重庆市除忠县外，无其他区（县）被列为减轻农民负担综合治理单位，2012 年，重庆市自主选择忠县开展减轻农民负担综合治理工作并于当年完成综合治理工作。

（六）涉农收费价格公示

重庆市大部分区（县）各涉农收费部门均在服务大厅公示了各项收费项目和收费标准；乡（镇、街道）普遍设立公示栏（牌），对涉农收费项目进行专门公示。丰都县、忠县等区（县）每年初还在电视、报纸上对当年涉农收费项目和标准进行公告，扩大宣传范围，保障农民知情权，接受社会和媒体监督。

（七）减轻农民负担监管创新

2012—2015 年，重庆市将减轻农民负担监管工作融入统筹城乡发展、加强农村社会管理、认真推行村务公开、落实强农惠农政策中，延伸减轻农民负担监管领域。重庆市建立健全相关领域减轻农民负担监管制度和工作机制，实现减轻农民负担监管涉及“三农”地域、范围全覆盖。此期间，减轻农民负担监管领域和方式得以延伸和创新。一是推动减轻农民负担监管向相关领域延伸，农村基础设施建设领域重点监管各种向村级组织和农民集资摊派行为，农村公共服务领域重点监管向农民代支代扣代缴费用和搭车收费行为，农业社会化服务领域重点监管向农民多收费、乱收费行为，惠农补贴补助补偿政策落实领域重点监管抵扣和搭车收费行为。对政府全部投入型项目，防止向村级组织和农民转嫁资金缺口；对政府部分补助型项目，防止强行要求村级组织和农民出资出劳。二是将农民负担监管延伸到农村集体“三资”管理工作中。三是创新强农惠农富农政策落实机制，实行阳光政策，建立阳光制度，实施阳光操作，开展阳光监督。四是创新专项整治农资市场秩序的方式。2012 年，重庆市深化专项整治活动，印发了《2012 年重庆市深化农产品质量安全整治方案》，开展了全市农业投入品专项整治护农行动、绿剑护农行动、春季农资专项整治行动。严厉打击了制假贩假、坑农害农等违法行为，深受广大农民拥护。五是通过深化村务公开丰富农民负担监管手段，全面推行财务公开制度。2015 年全市 9 203 个村（居）实行财务公开，占总数的 99. 8%。8 803 个村（居）建立了理财小组，占总数的 95. 4%。全市实行财务委托代理和电算化的乡（镇）数分别为 879 个、755 个，分别占总数的 92. 1%、79. 1%。完善监管方式，引入绩效管理检查方式，并将检查结果以通报、扣减专项、以奖代补等方式运用到项目管理。借助审计、财政监督、行政监察、中介机构和社会监督等力量，强化全方位监管。

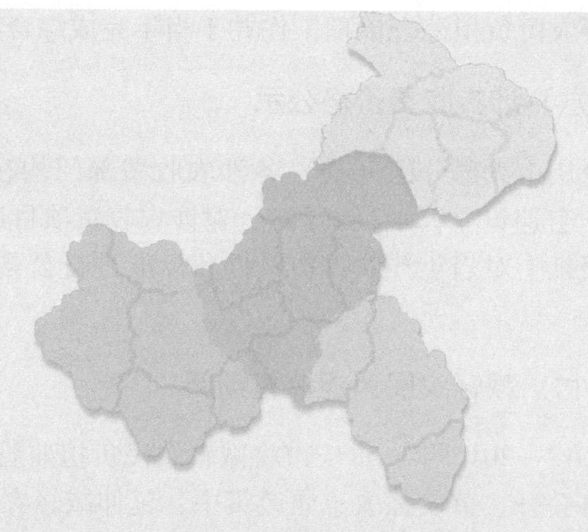

第四章
农村户籍制度改革

1958 年 1 月，全国人民代表大会常务委员会通过《中华人民共和国户口登记条例》，明确将城乡居民区分为“农业”和“非农业”两种不同的户口户籍，确立了中国现行“农”与“非农”二元格局户籍制度的基本格局。

1984 年，户籍制度改革从小集镇户籍制度有条件松动到小城镇户籍制度改革开始。1984 年 10 月，《国务院关于农民进入集镇落户问题的通知》颁布后，非农业户籍严控制度开始松动。规定在集镇务工、经商、办企业的农民和家属，在集镇有固定住所、有经营能力或在乡镇企、事业单位长期务工的可以自理口粮进集镇落户，并同集镇居民一样享有同等权利，履行同等义务。1985 年 9 月，《中华人民共和国居民身份证条例》颁布；1986 年 11 月，公安部公布并实施《中华人民共和国居民身份证条例实施细则》，农业人口与非农业人口一样，拥有保障合法权益的身份证。重庆市认真贯彻公安部实施细则，农业人口与非农业人口全面同步完成居民身份证颁发工作。实行农业人口与非农业人口一视同仁，申领办理居民身份证的措施，但对农业户籍转为非农业户籍没有实质性政策支持，“二元户籍制度”基本格局没有改变。

1997 年 6 月，国务院批转公安部《小城镇户籍管理制度改革试点方案和关于完善农村户籍管理制度意见的通知》印发，规定已在小城镇就业、居住并符合一定条件的农村人口，可以在小城镇办理城镇常住户口，对办理小城镇常住户口的人员不再实行计划指标管理。标志着小集镇户籍制度向小城镇户籍制度改革全面推进。

2001 年 3 月，国务院批转了公安部《关于推进小城镇户籍管理制度改革的意见》，全面推进小城镇户籍管理制度改革，以促进小城镇健康发展，加快中国城镇化进程。由此，推进农村城市化过程中，在城镇务工、经商、投资和居住的农民有资格申请办理小城镇非农业居民户籍。重庆全面实施小城镇户籍制度改革，破解“二元户籍结构”基本格局，城镇户籍改革进入全面改革阶段。集大城市、大农村、大山区、大库区于一体的重庆，开始加大力度解决二元结构模式导致的贫富差距越来越大、产业结构不合理、“三农”问题日益严峻、相关配套制度供给失衡等弊端问题。

2003 年 6 月 27 日，重庆市委二届三次全会通过的《关于加快实施城镇化战略的决定》，提出深化户籍制度改革。同年，市人民政府办公厅印发《关于加快重庆市城镇化进程进一步深化户籍制度改革的意见》，要求除在主城区和百强镇范围内全面启动取消户口二元化结构，实施城乡户口一体化的户口登记制度，将重庆市原有的农业户口和非农业户口统称为“重庆市居民户口”。

2007 年 6 月 7 日，重庆获批成为全国统筹城乡综合配套改革试验区，这是重庆市继百万移民之后面临的又一世界级难题。重庆在改直辖市后10年期间，各方面都取得了可喜成绩和长足进步。但是，重庆仍是典型的城乡二元结构，城乡差距大，区域发展不平衡，资源节约和环境保护任务繁重，集合和叠加了中国东部现象与西部现象，具有很多地区尤其是中西部省份相似的基本特点，是中国基本国情的一个缩影。在这种背景之下，重庆要达到城乡统筹，就必须打破城乡二元结构壁垒，着力破解城乡二元结构突出矛盾。为此，2007年，市人民政府配套出台《关于统筹城乡户籍制度改革的意见》，从而拉开重庆户籍制度改革序幕，推动户籍制度进入综合配套改革阶段。至2015年8月，市人民政府印发《关于进一步推进户籍制度改革的实施意见》，建立城乡统一的创新性户口登记制度，农业人口、非农业人口从此成为历史。

第一节　农村户籍制度与人口变迁

1986—2015年，中国农村户籍向城镇转移，从严格控制到逐步有条件转入，其条件越来越宽松。到2015年末，除特大城市入户条件较严外，其余城市和集镇入户条件基本放开。到2015年，城乡户籍制度“二元”结构已基本消除，建立了城乡统一的创新性户口登记制度。

1986—1996年，11年的农村户籍制度改革，主要是小集镇户籍制度改革。户籍严控制度开始松动，有条件、有限制地开启了农民进入集镇入户的大门。1996年末，重庆市非农业户籍人口577.12万人，户籍城镇化率19.09%。城镇化率比1986年末16.54%高2.6个百分点，11年每年平均高0.26个百分点；非农业户籍人口比1986年末增加112.75万人，增长24.3%；11年年均增加11.3万人，增长2.4%。

1997—2009年，13年的重庆户籍制度改革快速推进，户籍制度改革纳入城乡统筹改革重要部分综合安排，从试点到全面、从单项到综合快速推进，初步形成了科学有序的人口城镇化机制，建立完善了户籍制度改革相关配套机制，城乡一体的经济社会发展格局基本形成。2009年年末，全市非农业户籍人口948.69万人，户籍城镇化率28.96%，城镇化率比1996年末的19.09%高9.9个百分点，每年平均高0.8个百分点；非农业户籍人口比1996年末增加371.57万人，增长64.4%；年均增加28.58万人，增长4.9%。

2010—2015年，重庆市6年间加快进行城乡新型户籍制度改革，实行城乡统一的创新型户口登记制度，进入公共服务城乡趋同时段。非农业户籍人口持续快速增长，城镇化进程快速推进。其中2010—2011年是重庆户籍制度改革力度最大、最有成效的2年。2015年全市非农业户籍人口1391.02万人，户籍城镇化率41.25%，城镇化率比2009年末的28.96%高12.29个百分点，每年平均高2个百分点。非农业户籍人口比2009年6年增加442.33万人，增长46.6%；年均增加73.7万人，增长7.8%。

第二节　小城镇户籍改革

重庆市小集镇非农业户籍入户从1984年开始逐步实施。1984年10月，国务院印发《关于农民进入集镇落户问题的通知》，重庆市农业户口可以有条件地自理口粮入户小集镇户籍，并同集镇居民一样享有同等权利，履行同等义务，较原来一直严控制度开始松动。1997年开始，重庆全面认真实施小城镇户籍制度改革，提出了破解“二元户籍结构”基本格局。在实施“三百”工程中，将户籍改革纳入推进城镇化进程统筹综合改革，出台政策，扎实推进。鼓励农民用承包地换社保、宅基地换住房，申请办理非农业户籍等，重庆户籍进入全面改革阶段。

1997年6月，国务院批转公安部《小城镇户籍管理制度改革试点方案和关于完善农村户籍管理制度意见的通知》印发，规定已在小城镇就业、居住并符合一定条件的农村人口，可以在小城镇办理城

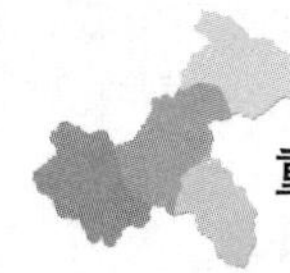

镇常住户口，对办理小城镇常住户口的人员不再实行计划指标管理，标志着小城镇户籍制度改革全面推进。

2000 年 6 月，中共中央、国务院印发《关于促进小城镇健康发展的若干意见》，提出小城镇户籍管理制度改革从 2000 年起，凡在县级市市区、县人民政府驻地镇及县以下小城镇有合法固定住所、稳定职业或生活来源的农民，均可根据本人意愿转为城镇户口，并在子女入学、参军、就业等方面享受与城镇居民同等待遇，不得实行歧视性政策。对在小城镇落户的农民，各地区、各部门不得收取城镇增容费或其他类似费用。

积极探索适合小城镇特点的社会保障制度。对进镇落户农民，根据本人意愿，保留其承包土地的经营权，也允许依法有偿转让。农村集体经济组织要严格承包合同管理，防止进镇农民的耕地撂荒和非法改变用途。对进镇农户的宅基地，要适时置换出来，防止闲置浪费。

2001 年 3 月，国务院批转了公安部《关于推进小城镇户籍管理制度改革的意见》，全面推进小城镇户籍管理制度改革，加快城镇化进程。由此，推进农村城市化过程中，在城镇务工、经商、投资和居住的农民有资格申请办理小城镇居民户籍。除小集镇外，进入大中小城市农业户口入户仍要具备一定条件。

2003 年，重庆对农业户籍转入非农业户籍分主城区、非主城区、中心镇和其他建制镇入户制定了不同的入户政策。6 月，中共重庆市委《关于加快实施城镇化战略的决定》要求深化户籍制度改革。7 月 29 日，市人民政府办公厅转发市公安局《关于加快我市城镇化进程进一步深化户籍制度改革的意见》，提出了基本原则和具体操作程序，本着“宽严相济”原则，对农民向主城区的户口迁移，凡在主城区购买房屋开发商出售的成套商品房（含二手成套商品房、按揭商品房）和房管部门出售房屋的人员，申请在主城区入户，须同时具备购房人均建筑面积 30 米^2 以上并实际居住和具有大专及其以上学历、有稳定职业或生活来源的条件。入户地公安派出所凭购房者本人的《房屋产权证》《购房按揭合同》、学历证明及所在单位用工《聘用书》《合同书》或合法经营的《工商营业执照》等能证明其有稳定生活来源和其他相关证明等，方可办理入户手续；对农民向主城区以外各区（县、自治县、市）大中城市政府所在地街、镇的户口迁移，购买商品房户口迁移凡在主城区以外各区（县、自治县、市）大中城市政府所在地的街、镇，购买开发商出售的商品房（含二手成套商品房、按揭商品房）和房屋管理部门出售的房屋及租住房管部门公房的，只要持有《房屋产权证》《购房按揭合同》《房屋使用权证》以及能证明其有稳定职业或生活来源等相关证明的，购房者本人及配偶、共同生活居住的直系亲属均可办理户口迁移；对农民向百强镇及其他建制镇（乡）的户口迁移，在市人民政府确定的百强镇及其他建制镇（乡）内，全面实施小城镇户口登记制度，即凡具有合法固定住所的，不受其他任何条件限制，均可办理户口迁移。对农民夫妻投靠户口迁移、年老投靠户口迁移、主城区之间的有关户口迁移均作出不同规定。同时提出，在主城区和百强镇范围内全面启动取消户口“二元化”结构，实施城乡户口一体化户口登记制度，从 2003 年 9 月 1 日起，分阶段、有步骤地采取先在重庆市主城 9 区（11 个区公安分局户口管辖区域内）和百强镇，后在主城区以外其他区（县、自治县、市），逐步取消公民现有农业户口、非农业户口性质，打破户口“二元化”结构，实施城乡户口一体化户口登记制度，将重庆市原有的农业户口和非农业户口统称为“重庆市居民户口”。实行公民按照经常居住地登记常住户口，每个公民只能在经常居住地登记一个居民户口；在城镇街道有合法固定住所且实际居住的登记为城镇居民，在农村有合法固定住所且实际居住的登记为农村居民。新登记为城镇居民户口的人员与原城镇居民一视同仁，在教育、参军、就业等方面享受同等的待遇和权利，履行同等义务。

第三节　新型户籍制度改革

2010—2015 年，重庆户籍制度改革进入综合配套改革阶段。新型户籍制度实施，加快进行城乡户籍改革，实行城乡统一的创新性户口登记制度，非农业户籍持续快速增长，进入了公共服务城乡趋同时段。

一、制发一系列政策，形成较为完整的政策体系

2010年7月，市人民政府印发《关于统筹城乡户籍制度改革的意见》，8月开始重庆市新型户籍制度改革继小城镇户籍制度实施后在全市范围内正式施行。农业部门参与新型户籍制度改革，引导符合条件的农户转为城镇户口，牵头制定农村承包土地退出与利用办法，维护农民的合法权益。引导农村居民向城镇有序转移，逐步缩小附着在户籍上的城乡差异，消除农民向城镇转移的体制性障碍，农民工享受到与城市居民同等的公共服务待遇，实现同工同权，合法权益得到保护，社会公平，最终形成科学有序的人口城镇化机制，形成城乡一体的经济社会发展格局。并建立完善户籍制度改革相关配套机制。结合户籍转移，各相关部门系统建立了土地、住房、社保、就业、教育、卫生支撑及社会救助和福利服务保障、培训、卫生服务、计划生育等保障机制，逐步消除城乡户籍待遇差距。

重庆市户籍制度改革机制建立。一是确立统筹城乡户籍制度改革的基本原则。统筹规划、自愿有偿、积极稳妥、综合配套和促进发展。二是明确户籍制度改革的总体目标。结合全市主体功能区规划、城乡规划、土地利用规划，综合考虑经济发展、自然环境、资源承载等因素，分阶段推动人口向小城镇、区（县）城区、主城区1 000平方千米区域内聚集，实现市域内户籍合理转移，逐步建立城乡人口和资源要素自由流动的制度体系。三是集中解决有条件的农村居民转户。结合重庆实际，坚持重点突破与面上推进相结合，建立畅通的户籍转移通道，重点引导有条件的农民工，特别是新生代农民工自愿进入城镇定居，两年内集中推动338.8万本市籍农村居民率先转户，重点推动有条件的农民工及新生代户籍转移和妥善解决历史遗留问题。四是科学设置户籍准入条件。按照宽严有度、分级承接原则，适度放宽主城区、进一步放开区（县）城、全面放开乡镇落户条件，积极引导本市籍农村居民向城镇转移落户，鼓励有条件的农村居民整户转为城镇居民。五是建立完善户籍制度改革相关配套机制。结合户籍转移，系统建立土地、住房、社保、就业、教育、卫生支撑保障机制，逐步消除城乡户籍待遇差距，促进城乡户籍制度融合，推进城镇化加速发展。建立完善农村土地处置机制、建立住房保障机制、完善养老保险制度、健全医疗保险制度、建立完善就业保障机制、建立完善培训机制、建立完善城乡教育保障机制和建立完善卫生服务保障机制。

重庆市在户籍制度改革中创新人口管理“三项制度”，建立了城乡统一的户口登记制度、居住证制度和人口信息管理制度。为解决重点群体的转户问题，重庆市人民政府出台“1+3”文件框架，即1个总体意见和户口迁移、土地处置、社会保障3个配套文件等，形成了完善的政策文件体系。针对农村承包地、宅基地、林地“三件衣服”和城市就业、社保、住房、教育、医疗“五件衣服”，设计了一整套完整的政策体系，确保转户居民与城镇居民享有同等待遇。一是以就业转户为前提，符合条件的农民工想什么时候转就什么时候转，想整户转就整户转，想个人转就个人转。农民土地承包经营权和宅基地使用权是否退出，什么时间退出，完全由转户居民自己决定。二是保留农村相关权益。农村居民转户后，在退出土地前，可继续享受与土地相关的权益。三是城镇保障一步到位。农民工转户进城，就业、社保、住房、教育、医疗纳入城镇保障体系。四是建立土地处置机制。建立农村土地退出后的处理机制，对自愿退出的宅基地，复垦为耕地，由原集体经济组织所有且使用性质不变。全面梳理了社保、公安、民政、教育、卫计等部门居住证持有人36项权益保障，形成了“居住证管理办法”。居民身份证异地受理，居民身份证挂失申报、丢失招领，无户口人员清理登记等改革事项一并纳入户籍制度改革范畴，予以整体推进。改革期间，重庆市从67项附着在户籍上的社会福利中，筛选出就业、社保、住房、教育、医疗等5项最基本的公共服务，赋予转户居民与市民同等的国民待遇，既增强转户居民的城市归属感，又为如何解决农民工进城后的城市公共服务供给难题探索了可操作的政策方案。

二、制发配套政策，保障新型户籍制度的落实

2010年7月25日，重庆市人民政府办公厅印发《关于印发重庆市户籍制度改革农村土地退出与利用办法（试行）的通知》，明确规定了农村土地的退出与利用应遵循统筹规划、依法自愿、合理补偿、统一管理、用途管制等原则；明确了退出补偿的具体办法及办理程序，退出土地的整治利用、监管；规定了退出和补偿对象为符合《重庆市人民政府关于统筹城乡户籍制度改革的意见》规定的准入条件、自愿转为城镇居民的农村居民。同时，市人民政府办公厅印发《关于印发重庆市统筹城乡户籍制度改革社会保障实施办法（试行）的通知》，明确规定了农村居民转为城镇居民，办理农转非手续后办理养老保险、医疗保险、失业、工伤、生育保险及最低生活保障等的条件、标准、时间和流程。同时，市人民政府办公厅印发《关于印发重庆市统筹城乡户籍制度改革农村居民转户实施办法（试行）的通知》，明确了农村居民转为城镇居民，办理户籍入户原则是宽严有度、分级承接，适度放宽主城区、进一步放开区县城、全面放开乡镇落户条件；具体规定了转户条件、证明材料和办理程序。

为推进和规范重庆市的新型户籍制度改革，重庆市人民政府办公厅又两次印发了切实推进、完善的新型户籍制度相关通知。为确保重庆市户籍制度改革工作顺利推进，2010年9月，市人民政府办公厅印发《关于推进重庆市户籍制度改革有关问题的通知》，对在户籍制度改革推进过程中遇到的政策层面、操作层面、工作层面的有关问题提出25点解决意见。主要涉及：对过渡期后农村土地的处置、原已转户未退地群体适用户籍制度改革政策的问题、转户居民子女就近入学的问题、转户居民社会保障衔接的问题、退地人员参加养老保险缴费的问题、自留地的处置问题、移民返迁的问题、转户后殡葬政策是否保留的问题、农村居民退出的宅基地和住房的利用问题、三峡库区移民后扶持政策问题、土地补偿标准的问题、退出承包地面积的误差问题、转户居民单独退出宅基地和承包地的问题、一户多宅的补偿问题、无权证承包地或宅基地退出的问题、学生转户后继续享受征地补偿收益权的问题、重庆籍农村转户学生享受加分政策的问题、重庆农村籍贫困大中专学生转户后享受资助的问题、国有企业农民工由劳务公司选派的问题、国有企业农民工养老保险增加企业成本的问题、非公有制企业农民工转户问题等，结合重庆实际作出了具体而明确的规定，有力保障改革有序持续快速进行。2010年12月，市人民政府办公厅印发《关于推进重庆市户籍制度改革有关问题的补充通知》，就推进户籍制度改革中遇到政策、操作等作出规定：对农村居民转户后退出的质量较好的农房与农村现有危旧房置换后进行整治的问题。农村居民使用的宅基地及住房可在该集体经济组织成员间进行流转、户籍改革前已转户、农村居民将农村宅基地及农房转让给集体经济组织其他成员后，享受宅基地和农房退出补偿政策、户籍改革前家庭已有部分成员转户、户改后该户其余成员转户后作为整户退地享受相应补偿、农村居民转户后享受集体组织资产分配、农村居民转户后继续享受土地补偿权、已转户未退地居民土地处置的、大中型水利水电工程失地移民转为城镇居民后承包地处理、大中型水利水电工程移民转户后享受移民后期扶持政策、农村籍大中专学生转户后享受低保、农村籍大中专学生转户后享受征地补偿权、农村籍大中专学生转户后申请生源地信用助学贷款、转户居民子女接受义务教育、符合租房转户条件群体转入集体户口、新增农村籍退役士兵的父母及子女转户、计生奖励扶助和特别扶助政策5年过渡期满后延续、农村集中供养“五保对象”转户后供养标准、农村集中供养“五保对象”转户后享受承包地退出政策、分散供养的农村“五保对象”进入敬老院后户口处理、农村居民转为城镇居民后购买家电、汽摩下乡产品享受政府补贴政策等。自2010年8月1日起，重庆市农村居民转为城镇居民后，在退出土地前仍继续享受家电、汽摩下乡产品补贴政策，“农转城”人员须持派出所出具的转户确认书和户口本，身份证购买家电、汽摩下乡产品，按照已有的规定程序办理补贴手续。2010年12月31日，市人民政府办公厅印发《关于进一步规范推进户籍制度改革的通知》，强调进一步规范推进重庆市统筹城乡户籍制度改革，提出6点意见：一是始终坚持自愿原则；二是切实改进工作推进方法；三是严格把握转户条件；四是严格遵循转户程序；五是切实推动政策落地；六是扎实开展转户宣传。2010年8月26日，市农业委员会下发《关

于正确处理户籍制度改革农村承包土地退出与利用有关问题的通知》，对户籍制度改革中农村承包土地退出与补偿的适用对象和范围、承包土地退出应遵循的原则、农村承包土地退出补偿标准、集体经济组织的界定、承包土地面积的计算依据等作出明确规定，对“承包土地退出的程序”“退出的承包地管理与利用”“档案管理”等作出了具体规定。

重庆市户籍改革呈现出部门齐抓共管的局面。市发展和改革委员会负责户籍制度改革相关政策措施的协调平衡；市公安局负责制定户籍登记准入实施细则，具体组织实施户籍登记准入工作；市国土房管局、市农业委员会负责制定农村土地退出补偿实施细则；市人力资源和社会保障局负责制定农村居民转为城镇居民社会保障实施细则；市国土房管局、市城乡建设委员会负责做好转户进城人群的住房需求和平衡工作；市经济和信息化委员会、市国有资产监督管理委员会、市中小企业局及企业主管部门负责用工企业农民工转户的动员和转户籍的服务工作；市规划局、市城乡建设委员会、市政管理委员会负责城市人口扩容后公共服务基础设施建设；市教育委员会负责做好学校规划建设工作，满足新增学生的入学需求；市卫生局负责做好城镇医疗机构规划建设工作；市民政局负责推进农村“五保对象”、新增农村籍义务兵和服役期未满10周年的士官转户进城的相关工作，负责做好城市社区管理、社会救助和福利服务设施规划建设；市人口计生委负责调整转户居民生育政策和奖励扶助政策，做好农村居民转户后的计划生育工作；市水利局负责推进大中型水利水电基础工程失地农村移民转为城镇居民的相关工作；市金融办公室负责结合户籍制度改革推进农村金融创新；市教育委员会、市人力资源和社会保障局负责组织实施对转户居民的集中培训；市财政局负责制订户籍制度改革资金平衡的具体方案，做好户籍制度改革推进所需资金的统筹工作。从而使户籍制度改革这一涉及面广、政策性强、社会关注度高的工作有条不紊、高速有效推进。

在重庆推进统筹城乡配套改革期间，2011年2月，按照国务院办公厅《关于积极稳妥推进户籍管理制度改革的通知》要求，逐步实现城乡基本公共服务均等化。2013年11月，中共中央《关于全面深化改革若干重大问题的决定》指出，“创新人口管理，加快户籍制度改革，全面放开建制镇和小城市落户限制。”2014年7月，正式印发国务院《关于进一步推进户籍制度改革的意见》。2012年9月，中共重庆市委、市人民政府《关于推进新型城镇化的若干意见》要求形成科学有序的常态化转户工作机制。对转户居民一视同仁，切实保障其同等享有各类社会保障和公共服务，成为城镇新居民。2015年8月，为贯彻落实国务院《关于进一步推进户籍制度改革的意见》，推动有能力在城镇稳定就业和生活的农业转移人口及其他常住人口有序落户城镇，不断优化人口分布，市人民政府印发《关于进一步推进户籍制度改革的实施意见》，实行城乡统一的创新性户口登记制度等，城乡统一的创新性户口登记制度建立。到2015年年底，非农业户籍人口快速持续增长，新型户籍制度实施进入常态化、规范化轨道。

三、户籍制度改革实践特点

重庆市的户籍制度改革呈现出了政策体系完善、群众拥护、中央肯定、理论界认同、媒体支持等5个特点。一是形成了完善的政策体系。重庆户籍制度改革最重要体现在建立了一套符合历史规律、符合工业化进程、城市化进程、符合老百姓心愿的政策体系。重庆市2010年以来连续出台了户籍迁移、土地处置、社会保障以及基本养老保险、地票交易、土地生产利用等政策，形成了一套完善、系统的户籍制度改革政策体系。二是政策得到广大农村居民积极响应和拥护。2010年12月以后，平均每天转户1.5万人，高峰期单日转入3万人，符合大家的意愿。三是重庆户籍制度改革受到中央领导的关注和肯定。温家宝总理对重庆户籍制度改革作出了重要的批示，2010年12月，习近平副主席也对重庆户改作出了充分的肯定，认为方法和路子对头，要求重庆在农民工问题的探索上，创造更多更好的经验。国家发展改革委员会、中央农业领导小组办公室等部门对重庆户籍制度改革也给予了很多支持，特别是国家发展和改革委员会专题形成了《重庆户籍制度改革的做法与启示》报告，公安部、农业部、人力资源和社会保障部等也对重庆户籍制度改革给予了关注和支持。四是专家学者予以支持。很多专家认为重庆户籍制度改革的体系和方法正确，改革的最大亮点是简化了农转城条件，具有范本作用。有的专家认为，重庆户籍制度改革同时满足了均等化公共服务和降低准入门槛两个标准，有助于应对中国面临的重大挑战。香港有学者表示，重庆户籍制度改革不仅解决了农民工的户籍问题，更通过地票解决了影响18亿亩耕地红线以及农民工进城如何安身立命的问题，是一项重大的突破和有益的尝试。五是国内外媒体聚焦户籍制度改革。媒体对重庆市户籍制度改革进行的报道，绝大部分都是支持和肯定的态度，特别是主流媒体新华社、人民日报，包括海外的媒体都在头版和要闻版对重庆户籍制度改革进行了深入的积极的报道。

重庆户籍制度改革带来重大变化：一是人口总量结构基本合理。截至2014年12月底，全市累计进城落户409.1万人，整户转移105.5万户，其中农民工及其家属累计进城落户317.4万人，占77.6%。户籍人口城镇化率提高到40.6%，提高了11.4个百分点，更加真实地反映了重庆市城镇化现状。二是居住地结构基本合理。在主城区、远郊区县城、小城镇居住人口分别为27.8%、27.3%、44.9%，符合3∶3∶4的改革预期，实现了有序流动、合理分布。三是年龄结构基本合理。18～60岁的转户人员达274.5万人，占67.1%；小于18岁的转户人员达75.3万人，占18.4%；60岁及以上的转户人员59.3万人，占14.5%。总体上以劳动年龄阶段农民工及其新生代为转户主体。四是转户居民合法权益得到保障。截至2014年底，全市各类养老保险参保率达到86.2%；医疗保险参保率93.7%。累计培训进城落户居民2.7万人次，推荐就业6万人次，发放自主创业小额担保贷款2亿元，进城落户农民和农民工公租房配租比达到46.2%（表3－4－1）。

表3－4－1 1986—2015年重庆市户籍人口变化

年份	总人口（万人）	农村居民（农业人口）（万人）	农业人口占总人口比率（%）	城镇居民（非农业人口）（万人）	非农业人口占总人口比率（%）	城镇化率（%）
1986	2 807.60	2 343.23	83.46	464.37	16.54	16.54
1987	2 845.14	2 370.06	83.30	475.08	16.70	16.70
1988	2 873.34	2 390.36	83.19	482.98	16.81	16.81
1989	2 897.01	2 405.25	83.03	491.76	16.97	16.97
1990	2 920.90	2 427.92	89.12	492.98	16.88	16.88
1991	2 938.99	2 439.61	83.00	499.38	16.70	16.70
1992	2 950.78	2 438.94	82.65	511.84	17.35	17.35
1993	2 964.92	2 438.27	79.20	526.65	20.8	17.76
1994	2 985.59	2 440.41	81.74	545.18	18.26	18.26
1995	3 001.77	2 442.33	81.36	559.44	16.84	18.64
1996	3 022.77	2 445.65	80.90	577.12	19.09	19.09
1997	3 042.92	2 448.34	80.46	594.58	19.54	19.54
1998	3 059.69	2 445.66	79.93	614.03	20.07	20.07
1999	3 072.34	2 437.18	79.33	635.16	20.67	20.67
2000	3 091.09	2 430.20	78.62	660.89	21.38	21.38
2001	3 097.91	2 408.39	77.74	689.52	22.26	22.26
2002	3 113.83	2 392.38	76.83	721.45	23.17	23.17
2003	3 130.10	2 376.18	75.91	753.92	24.09	24.09
2004	3 144.23	2 358.40	75.00	785.83	24.99	24.99
2005	3 169.16	2 351.88	74.21	817.28	25.79	25.79

（续）

年份	总人口（万人）	农村居民（农业人口）（万人）	农业人口占总人口比率（%）	城镇居民（非农业人口）（万人）	非农业人口占总人口比率（%）	城镇化率（%）
2006	3 198.87	2 353.44	73.57	845.43	26.43	26.43
2007	3 235.32	2 358.35	72.89	876.97	27.11	27.11
2008	3 257.05	2 349.67	72.14	907.38	27.86	27.86
2009	3 275.61	2 326.92	71.00	948.69	29.00	28.96
2010	3 303.45	2 196.45	66.49	1 107.00	33.51	33.51
2011	3 329.81	2 052.17	61.63	1 277.64	38.37	38.37
2012	3 343.44	2 026.19	60.60	1 317.25	39.40	39.40
2013	3 358.42	2 014.37	60.00	1 344.05	40.00	40.02
2014	3 375.2	2 003.08	59.35	1 372.12	40.65	40.65
2015	3 371.84	1 980.82	58.75	1 391.02	41.25	41.25

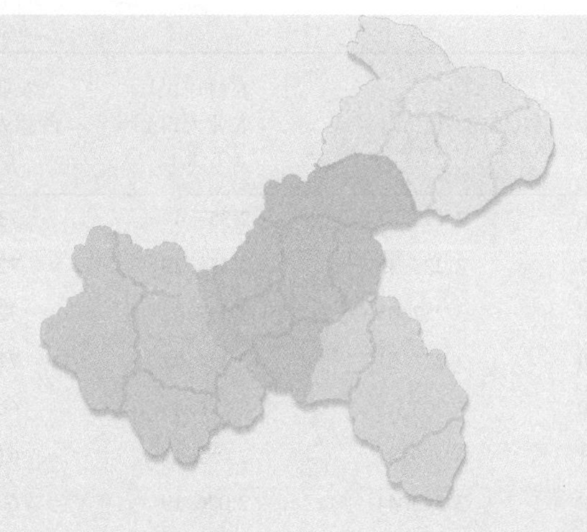

第五章
农村集体资产管理改革

重庆市农村集体资产管理经历了一系列的改革：从村社集体经济组织资产、财务管理到资源、资产和资金管理；管理监督方法经历了财务清理整顿、清产核资，实施《重庆市农村集体资产管理条例》依法管理，实行民主理财、财务公开、审计监督，纳入农村基层党风廉政建设机制，集体资产产权量化到户、股权分配等；会计核算方式由自主核算为主到委托代理，核算方法由手工到电算化核算并纳入监管平台。

第一节　清产核资

农村集体资产是指归村、组集体经济组织全体成员所有的资产，是广大农民多年来辛勤劳动积累的成果，是发展农村经济和实现农民共同富裕的重要物质基础。为摸清“家底”，弄准农村集体资产基本状况，1997 年，重庆市开展了农村集体资产清产核资试点。1998 年、2011 年、2014 年分别开展了 3 次集体资产全面清理。通过 3 次清理，摸清了“家底”，明确了权属，理顺了财产关系；发现了农村集体资产管理中存在的问题和薄弱环节；为集体资产的规范化、法制化管理创造了良好的条件；为集体产权制度改革，推进股份合作制奠定了基础。

一、1998 年清产核资

截至 1996 年年底，重庆市农村集体资产总额为 89.51 亿元。为了贯彻好中央精神，管好农村集体资产，1997 年重庆市农业局发文要求各区（市、县）开展农村集体资产现状调查试点工作。这次试点工作在各级党委、人民政府的支持下开展，取得预期效果：一是摸清了试点乡镇农村集体资产的“家底”；二是发现了农村集体资产管理中存在的问题和薄弱环节；三是为集体资产的后续管理（产权界定、产权登记、资产评估等）奠定了良好的基础；四是锻炼和培育了农经队伍，为在全市展开农村集体资产清产核资等工作打下了坚实的基础。

1998 年 1 月 19 日，农业部、财政部联合下发了《关于印发农村集体资产清产核资工作方案和办法的通知》，要求各地加强对农村集体资产清产核资工作的组织领导，在当地人民政府的领导下，建立相应的领导机构，承担组织、协调职能。在各级人民政府清产核资办事机构的协调、指导下，由农业和乡镇企业行政管理部门按照统一领导、统一部署、统一政策和分工协作原则，开展清产核资工作。

1998 年 3 月，由市农业局牵头，历时一年时间，在全市 33 个区（县、市），共涉及 1 468 个乡

（镇）级单位和20 653个村全面开展了农村集体清产核资工作。截至1999年3月底，全市农村集体资产总额达190.8亿元，其中：流动资产84.1亿元，长期投资6亿元，固定资产97亿元，其他资产3.7亿元。村平均拥有集体资产达92.4万元。全市农村集体资产负债112.2亿元，村平均54.3万元。其中，短期借款40.7亿元，长期借款及应付款22亿元，应付款21.6亿元，其他负债27.9亿元。全市农村待界定资产0.8亿元，其中待界定农村集体资产0.3亿元。本次清产核资，基本查清了全市农村集体资产、界定了产权、核实了资金、完善了制度。同时，也涌现出以梁平县农村合作经济经营管理站、九龙坡区石桥镇农村合作经济经营管理站等为代表的5个先进集体和以李廷友、蒋远方、赵学刚等为代表的18个先进个人，并得到农业部、财政部的表彰。

二、2011年“三资”清理

2011年3月，中央纪律检查委员会印发《关于印发〈2011年农村党风廉政建设工作要点〉的通知》，要求扎实做好村级清产核资工作。为贯彻落实中央纪律检查委员会对清产核资工作的要求，7月，市委办公厅、市人民政府办公厅印发《关于开展农村集体资金资产资源清理工作的通知》，要求从2011年8月30日起到2012年6月，用近一年的时间，对农村集体资金资产资源（简称“三资”）情况进行全面清理，摸清底数、建立台账、健全机制，切实解决农村集体“三资”管理中存在的突出问题，促进城乡统筹和农业农村持续快速发展。明确了清理对象和范围为全市农村的村、社集体经济组织以及代行村、社集体经济组织职能的村民委员会、村民小组、居民委员会所有的全部资金、资产和资源。清理登记时点为2011年6月30日。2011年8月，市农业委员会印发《关于认真做好农村集体资金资产资源清理工作的意见》，对“三资”清理工作提出5点意见；2011年8月30日召开重庆市农村集体“三资”管理工作会议。

2012年6月，重庆市农村集体“三资”清理基本完成，清理涉及950个乡（镇），104 937个村、组级集体经济组织（包括撤村并组后保持独立核算的原建制村和组），其中：村（居）级集体9 655个，社（组）级集体95 247个，农村集体经济组织独办、控股的企业或者组织35个。总体查清了农村集体经济组织“三资”基本情况，基本实现了家底清楚、分类科学、产权明晰、结果准确的目标。市纪律检查委员会、市农业委员会、市财政局联合印发《关于认真推进农村集体资金资产资源清理工作的通知》，对“三资”清理后续工作提出要求，并组织开展了工作考评。

三、2014年“三资”清理

2014年9月，按照市人民政府《重庆市农村集体经济组织清产核资实施方案》要求，全市农村集体经济组织资金资产资源（“三资”）清产核资工作开始启动，历时半年多时间，于2015年2月底基本完成。清理情况：全市38个涉农区县（自治县）（含万盛经济技术开发区，下同）954个乡镇（含涉农街道，下同）中，共有88 711个农村集体经济组织开展了清产核资，其中乡镇级集体88个，村（居）级集体9 501个，组（社）级集体79 027个，另有乡镇企业和农村集体经济组织独办、控股的企业及组织95个。本次清理结果如下（清理登记时点为2013年12月31日）：

（一）资金资产

全市农村集体资金资产总额804.8亿元，比清理前增加545.6亿元；其中，货币资金55.0亿元，比清理前增加4.1亿元；农业资产138.4亿元，比清理前增加125.3亿元；固定资产577.7亿元，比清理前增加412.5亿元。负债总额为56.9亿元，比清理前增加2.8亿元。所有者权益747.9亿元，比清理前增加542.8亿元；其中，公积金、公益金438.8亿元，比清理前增加346.7亿元。

（二）资源性资产（土地资产）

全市农村集体所有的土地总面积为10 533.2万亩，一是农用地面积9 524.4万亩，从地类别构成上划分，耕地 3 668. 2 万亩，园地 397. 7 万亩，林地 5 346. 1 万亩，草地 52. 8 万亩，交通用地 0. 6 万亩，水域及水利设施用地 54. 1 万亩，其他土地 4. 9 万亩。农用土地中，家庭承包和其他方式承包的耕地和园地 3 735. 6 万亩。二是建设用地 550. 5 万亩，包括城镇村及工矿用地 543. 9 万亩，交通运输用地 1. 3 万亩，水域及水利设施用地 5. 3 万亩。三是未利用地面积 458. 3 万亩，其中草地 409. 9 万亩，水域及水利设施用地 7. 5 万亩，其他用地 40. 9 万亩。

（三）其他资产

全市农村集体所有的道路设施（指乡道、村道）10. 3 万千米，其中乡道 1. 5 万千米、村道 8. 7 万千米。全市农村集体所有的小型水库 2 272 座、小型水闸 112 座、小水电站 665 座、机电井 1 273 眼、水土保持工程 1 198 处、小型灌溉排水泵站 7 932 处、农村饮水安全工程 29 597 处、山坪塘 16. 2 万口、窖池 11. 1 万口、节水灌溉工程 70. 3 万亩、小型堤防 830. 4 千米、小型渠道 3. 4 万千米以及其他小微型水利工程 7. 1 万处。同时，本次清产核资发现部分农村集体资产产权仍未明晰。

四、农村集体资产发展演变特点

根据各地清理和农经统计年报，重庆市农村集体资产呈现出额度增长、品种增多、先增后降再增长的发展轨迹，资产整体实现保值增值。

1. 资产总体稳步增长

截至 1998 年年底，全市农村集体资产总额为 85. 5 亿元，2011 年 199. 1 亿元，2014 年增长至 804. 8 亿元。1998—2014 年，重庆农村集体资产快速增长。2014 年比 1998 年增加 719. 3 亿元，增长 8. 4 倍，年平均增长 49. 4%。基本做到了农村集体资产从“安全完整”到“保值增值”。

2. 总负债占总资产比重逐年下降

1998 年、2011 年、2014 年农村集体组织总负债占总资产比例逐年下降，分别为 49%、47%、23. 6%。而净资产占比逐年提高分别为 51%、53%、76. 4%。

3. 资产结构较合理

农村集体组织长期资产分别占 60% 以上，流动资产占比较高。到 2014 年年底，农村集体经济组织总资产 187. 5 亿元，其中流动资产 60. 2 亿元，占总资产的 32. 1%；农业资产 8. 3 亿元，占 4. 4%；长期资产 119. 1 亿元（固定资产 115. 8 亿元），占 63. 5%。农村集体经济组织总负债 44. 3 亿元，占总资产的 23. 6%，其中短期借款 2. 2 亿元，占总债务的 5. 1%；应付款项 37. 4 亿元，占 84. 4%；长期借款及应付款 1. 7 亿元，占 3. 9%。农村集体经济组织所有者权益 143. 2 亿元，占总资产的 76. 4%。

4. 农村集体资产种类范围扩大

1998 年集体资产主要是货币资金和固定资产，到 2014 年增加了农业资产、资源性资产等项目。

到 1988 年 9 月底，通过清理，村、社集体有固定资产 15 733 万元（比清理前 45 606 万元减少 29 873万元）。全市农村合作社（队）平均 2 200 元，农村人均 14 元，集体财产作价款 17 301 万元，全市农村合作经济组织有存款 7 476 万元，社（队）平均 1 077 元。2014 年年底，农村集体资金、资产共 804. 8 亿元，农村人均 3 522. 7 元。其中农业资产 138. 38 亿元、长期资产 584. 07 亿元、流动资产 82. 33 亿元；地票交易集体份额 48. 2 亿元，其中地票交易面积 13. 15 万亩；城乡建设用地增减挂钩价款 5. 89 亿元，征地补偿款 16. 16 亿元。

五、农村集体资产增资因素

1986—2015 年，30 年来，重庆农村集体资产不断增长，主要来自村、社集体自身积累扩大和政府支持。村、社两级集体经济组织自身积累，家庭经营农户以出“两工”“一事一议”模式筹资出劳，同时从中央到地方各级政府落实工业反哺农业、城市支持农村等支农惠农富农政策，增加了农村集体资产。农户以上缴统筹款中“乡村道路维修”“两工”“一事一议”项目出资出劳，重点是村级公益事业建设项目形成村社集体资产。政府出资支持农村集体资产主要是水利、道路修建、学校建设以及村便民服务中心补贴。1993—2015 年，“乡村道路维修费”“两工”折资、“一事一议”出资合计达 73.71 亿元，每年平均 3.2 亿元。此外，2003—2015 年，农村集体经济组织通过“一事一议”方式由农民出劳，13 年间出劳 11 435 万个，每年平均 879.6 万个。

第二节　农村集体资产管理及监督

一、农村集体资产管理机构队伍

（一）机构队伍沿革

从 1985 年开始，重庆市各区（县）陆续成立农村合作经济经营管理站（简称农经站），重庆市农村合作经济经营管理站（简称市农经站）于 1997 年成立。1998 年年底，全市有市（区、县）和乡（镇）三级农经机构 1 505 个，有农经干部 4 152 人和村（社）会计 54 988 人，其中取得会计证 24 551 人。到 2015 年年底，全市三级农经机构 1 033 个（比 1998 年减少 472 个，减 31.4%），其中行政 536 个、事业 497 个。实有在岗从事农经工作的农经工作人员 2 645 名（比 1998 年减少 1 507 人，减 36.3%）。其中市级 20 人、区（县）359 人、乡（镇）级 2 266 人。在岗农经工作人员中，在编人员 2 389人，其中市级 20 人、区（县）级 348 人、镇（乡）级 2 021 人。在编人员中，行政编制 871 人，其中市级 10 人、区（县）级 72 人、乡（镇）级 789 人。在编不在岗人员 275 人，其中区（县）15 人、镇（乡）260 人。三级实有在岗农经人员中，中专以上学历的 2 267 人，其中大专及其以上 1 833 人；有专业技术职称的 954 人，其中高级职称的 75 人、中级职称的 472 人。村（社）会计 9 832 人（比 1998 年减少45 156人，减 82%），其中会计中已取得会计证的 1 945 人，占 20%。村财务委托代理聘用人数 357 人。区（县）、乡（镇）成立的土地流转服务中心 910 个，其中乡（镇）878 个。“三资”管理服务中心 935 个，其中乡（镇）907 个。

（二）机构队伍改革

1986—2015 年，重庆市农村经营管理机构随着农村经济体制改革而经历两次较大改革。第一次（1985 年前后）是为适应完善农村实行双层经营体制需要，乡（镇）成立以服务为主的乡（镇）农村合作经济经营管理机构，编制大多由行政调整为事业；第二次（2005—2010 年）为深化农村综合改革、建设新农村、现代农业建设的需要，乡（镇）农经机构纳入政府序列，大部分农经人员通过考试招录由事业录用为（公务员）行政，市、多数区（县）农经事业机构则改为参照公务员管理的事业单位。

1982 年后，重庆农村经营管理机构、队伍（后称农经机构）由原市、各区（县）农业局（农牧渔业局）会计辅导组（股）、公社财务科，改称为农村合作经济经营管理站。市、区（县）、区公所、乡（镇）的会计辅导员改称农经干部。各区（县）农经干部 3～5 人或 5～7 人，区公所、乡（镇）均为 1 人。以后农经机构、队伍、职能经过两次转变。

1985 年前，重庆市、区（县）、乡（镇）3 级农经机构设置不统一，农经干部多为行政编制。1985 年后，包括市、区（县）、乡（镇）3 级组建了农村合作经济经营管理站。乡（镇）的相关机构由综合服务机构改为全额拨款事业单位。

根据农牧渔业部 1985 年 7 月印发的《乡合作经济经营管理服务站工作条例（试行方案）》，重庆乡（镇）农村合作经济经营管理服务站（简称乡镇农经站，或农经服务公司）由点到面逐步发展起来。机构性质为全额拨款事业单位，制订了章程，对其性质、宗旨、组织机构、服务范围和工作方法等做了具体规定。《章程》规定乡（镇）农经站是以农经干部、农村专业会计、专业出纳组成的综合性服务机构，是乡（镇）农业合作经济组织负责经营管理工作的职能部门。乡（镇）农经站设正副站长、总会计、总出纳各1人，根据需要配备适当业务人员。各村设立相应的服务组织。

1991年，重庆市为使农业经济经营管理工作能够正常进行和进一步加强农村合作基金会的巩固与发展，加强农经队伍建设，根据四川省农牧厅、省编制委员会、省人事厅和省财政厅联合印发的《关于解决区、乡（镇）农经干部编制和缺额补充问题的通知》，重庆市组织考试录取农经干部，解决了乡（镇）农经队伍缺额不齐问题。

到1993年，乡（镇）农经站由综合服务机构改变为全民所有制事业单位，人员经费来源有财政全额拨款和自收自支两部分。1992年7月，为加强对乡（镇）农经站的管理，使其更好地适应农村改革与经济发展的需要，重庆市农牧渔业局转发农业部《关于印发〈乡镇合作经济经营管理站管理办法（试行）的通知〉的通知》，明确了乡（镇）农经站是国家在基层的全民所有制事业单位，是乡（镇）负责农村合作经济经营管理工作的职能机构，接受区（县）农村经营管理部门和乡（镇）人民政府双重领导，其合法权益受法律保护；所需事业经费应列入财政预算，实行专款专用，并随事业发展的需要逐步增加；乡（镇）农经站应有固定的办公场所，配备必要的咨询、培训、计算、档案资料保管、交通等专业设施设备。乡（镇）农经站自办或联办的经济实体，应实行独立核算，自负盈亏。同时废止1985年7月6日农牧渔业部印发的《乡合作经济经营管理服务站工作条例（施行方案）》。1992年年底，重庆市乡（镇）农经站（或农经服务公司）已达861个，乡（镇）农经站的服务多数受到村（社）合作经济组织、农户的欢迎。1997年9月重庆市农村合作经济经营管理站成立，定编10人。

2003年1月，农业部、中央机构编制委员会办公室、科技部、财政部联合印发《关于印发基层农技推广体系改革试点工作意见的通知》，决定在全国选择包括重庆在内的部分县（市），开展基层农技推广体系改革试点工作。

2005年，重庆市结合贯彻落实市委组织部、市机构编制委员会办公室等6个部门《关于转发并贯彻落实〈中央编办关于严格控制乡镇机构和人员编制的通知〉的通知》，从部分乡（镇）农经事业人员中统一招考录用了1 436名为乡（镇）机关公务员，专职从事农村经营管理工作。

二、资产管理

（一）管理方式变革

1. 管理方式及内容

1980年以前，农村实行公社、生产大队和生产队3级所有，以生产队为基本核算单位，由生产队统一经营、统一管理和统一核算。1980年后，农村实行家庭联产承包责任制和实行统分结合的双层经营合作体制。在“四不变”前提下，重庆市大部分地区由原生产大队、生产队设置的社区性合作经济组织与村民委员会、村民小组两块牌子一套班子实施管理，坚持统一管理与分散管理相结合，实行规范管理和民主管理；建立健全财务管理制度，正确处理国家、集体、个人以及集体内部各行业、各经营层次之间的经济利益关系，维护生产经营者的合法权益，保护集体资产的安全与完整。重点是对集体提留、乡（镇）统筹款的提取使用和承包合同兑现等。会计实行统一核算和分散核算相结合的两级核算。凡是村组集体经济组织发生的收支、结算、分配的经济事项，按村集体经济组织会计制度核算，其所属的承包农户、企事业单位发生的经济业务不记入村（组）集体经济组织账户，另外单独核算。村（组）办的各类企业，执行乡（镇）企业会计制度，承包农户实行家庭自主核算。2002年以后，随着国家农村税费改革等一系列改革的施行，重庆市村（社）集体资产财务管理内涵、对象、形式、内容、重点也随之发生改变，管理重点为财政转移支付资金，村（组）集体经济组织经营活动取得的收入和村“一事一议”筹资、使用的管理监督。服务工作主要由村（居）民委员会代为管理，接受市、区

（县）、乡（镇）农村合作经济经营管理部门的指导和监督。

2. 管理措施及方法

一是规范管理、深化完善。1991年11月，为加强村合作经济组织的财务管理工作，促进农村经济持续、稳定、协调发展，市财政局、市农牧渔业局联合印发《关于转发财政部、农业部关于印发〈村合作经济组织财务制度（试行）的通知〉的通知》；1995年12月，国务院下发《关于加强农村集体资产管理的通知》；2000年3月，重庆市人民代表大会常务委员会颁布《重庆市农村集体资产管理条例》，自2000年5月1日起施行。全市村集体经济组织财务管理步入制度化、规范化和法制化管理监督轨道。2001年，通过开展农村合作基金会的二、三期存款兑付工作，累计清退群众个人存款达83%，推动了村（组）集体资产的管理，维护了社会稳定。2002年，通过1个县、4个乡的试点示范，探索了乡、村不良债务的化解经验和办法。2004年，重庆市继续在荣昌县等6个区（县）进行乡、村两级债务的监测试点工作。同年，重庆市农村税费改革领导小组办公室下发《关于全面推行村社会计委托代理制切实加强农村财务管理的通知》，要求各级党委、人民政府进一步统一思想，提高认识，采取有力措施，切实加强领导，推行村（社）会计委托代理制和加强农村财务管理工作。2006年11月，把村（组）集体财务管理纳入党风廉政建设内容，市纪律检查委员会、监察局、财政局、农业局联合印发《关于进一步规范乡村财务管理工作的通知》，进一步明确了各级农经系统指导、管理村组财务的职能职责。市农业局制定了《关于农村集体财务规范化管理实施意见》和《重庆市农村集体经济组织收据管理暂行办法》。2007年，重庆市农村合作经济经营管理站制定下发了《重庆市农村集体经济组织专用票据管理暂行办法》，对农村集体经济组织专用票据的申请、领用、发放、核销、报废等程序做了详细规定。2011年，市委办公厅、市人民政府办公厅下发了《关于深入推进村（居）务公开工作的通知》，将集体经济财务纳入财务公开的重要内容，并对公开的时间、程序、方法、监督以及组织领导做了具体规定。2012年，重庆市申报创建全国农村集体“三资”管理示范县，涪陵区、九龙坡区、江津区、永川区、綦江区、云阳县先后被农业部认定为全国农村集体“三资”管理示范县，有力促进了重庆市农村集体财务与资产管理工作规范化、制度化、信息化建设。二是深化改革，资产产权股份化。2007年，重庆市试点探索农村集体资产产权制度改革；2009年，重庆市产权制度改革加快推进；2013年，在28个村实施了集体产权制度改革扩大试点；2014年，农村村（组）集体资产量化确权改革试点稳妥开展。

（二）会计管理模式

重庆市实行的会计核算制度由市统一到全国统一的账务核算制度（简称账改），会计人员由常规管理到实行颁发会计证管理，会计核算模式由村（组）账务自主管理核算到村（组）账务乡（镇）管理或委托代理模式，会计记账算账方法由手工记账到会计电算化等的改革。

1. 村社账务自行管理

1980年以前，重庆农村大部分地区都是一个生产队设一个会计、一个出纳。由会计进行记账核算。财会人员通过选举产生。1980年年初，很多地方改革会计管理体制和组织形式，由原来一个生产队设一个会计改为几个队设一个会计，实行“专业化”会计。有的地方一个村设一个会计。核算管理模式主要是村（组）集体经济组织按照《村合作经济组织财务制度》和《村合作经济组织会计制度》的规定配备会计和出纳，进行村（组）会计核算和管理。

2. 实行村账乡（镇）管或委托代理

实行家庭联产承包责任制和双层经营合作体制后，以乡或村为单位成立了农经（或会计）服务组织，把村（社）会计纳入整个农经服务体系中，使会计核算由专业化向社会化方向发展。重庆根据1997年财政部关于印发《村合作经济组织财务制度（试行）》和《村合作经济组织会计制度（试行）》中，“财务管理薄弱的村合作经济组织，可以委托乡（镇）经营管理站代为记账、核算”的规定，于2000年开展村社会计核算财务乡（镇）代理改革试点。在保障村（社）合作经济组织资产所有权、使

用权、审批权和得益权不变，基本核算单位不变，债权债务关系不变，经营自主权不变，监督管理机构不变等“五不变”的前提下，乡（镇）农经站接受村社合作经济组织的委托，对村（社）财务账目统一记账核算，对集体资金统一代管。2003年以来，重庆市贯彻农业部《关于推动农村集体财务管理和监督经常化规范化制度化的意见》，推进了“委托代理”。全市持续建立完善村社财务“委托代理”制度，制定了较为完善的管理办法和运行机制。2003年年底，全市有875个乡（镇）开展了村（社）会计委托代理工作，涉及9 903个村，分别占乡（镇）、村总数的68%和65.8%。

3. 农村财务会计电算化

由手工记账算账逐步推行电脑记账算账。2002年全市在10个村（社）开展了会计电算化试点，近郊10个乡（镇）农村财务委托代理及电算化管理试点工作取得实效。加快推行会计账务计算机管理。2006年，建立区（县）农村集体资产与财务管理信息平台3个，有电子触摸屏的乡（镇）达到10个。2015年重庆市有20个区（县）建立了农村集体“三资”监管与财务管理信息平台。经过不断推进完善，到2015年年底，全市村（社）会计核算财务乡（镇）代理的乡（镇、街道）879个（撤区并乡后，乡、镇数减少），占涉农乡（镇、街道）的92.1%；村8 448个，占总数91.5%；实行电算化管理的乡（镇、街道）755个，占总数79.2%；村6 575个，占总数71.2%。

（三）会计账务核算

1. 统一会计核算内容

从1989年开始，重庆市统一了全市村组会计核算内容，按重庆市农牧渔业局主编，重庆大学出版社1989年出版的《村（社）合作经济组织会计教材》进行财务会计核算。

2. 建立家庭经营记账户

1986年3月，重庆市农牧渔业局转发农牧渔业部《关于建立农村家庭经营记账户的通知》的通知，要求建立农村家庭经营记账户不低于总农户的2%。当年建立家庭经营记账户69733户，占总农户数的2.53%。

3. 完成会计核算账务改革

1990年，全市基本完成全国统一会计账改工作。根据农业部、财政部颁发的《村级合作经济组织会计制度（试行）》，在总结重庆市多年农村账改经验的基础上，进行了以核算体制、核算内容、核算观念、核算基础、核算方法等16个方面的改革。经过2年的时间，全市有16个区（县）基本结束账改，在69 265个合作社中，已账改的50 058个，占总社数的72.3%。1991年，重庆市按财政部、农业部《村级合作经济组织会计制度（试行）》全面完成了账改工作。

4. 实施会计人员会计证管理

1992年5月，市财政局、农牧渔业局联合印发《关于印发农业部、财政部〈关于农村合作经济组织会计证管理工作若干问题的通知〉的通知》，就颁证机构、凭证上岗制度、免证条件、考试组织及教材、培训经费等作出规定。到1996年年底全市颁发农村合作经济组织会计证23 541个，占在岗从事会计人员的53%。

三、资产监督

重庆农村集体资产监督主要包含村（社）集体建立健全民主理财机构实施监督，建立健全公示制度，设立公示牌，实施村（社）财务公开和对村（社）集体开展审计等。

（一）民主理财

根据农业部和财政部1991年8月13日联合印发的《关于进一步加强村（组）合作经济组织财务管理工作的通知》，重庆市加强了对村（组）合作经济组织财务活动的民主监督。实行按月或季向群众公布账目，年终进行全面的财务检查和清理。村（组）合作经济组织的财务计划和收益分配方案的编制、主要生产经营项目承包办法及承包指标的确定、大中型固定资产的购置与处理、计划外大额财务开支和村（组）干部报酬等，必须报乡（镇）农村合作经济经营管理部门审查，经村（组）合作经济组织成员大会或成员代表大会讨论通过后执行。根据财政部制发、1997 年 1 月 1 日执行的《村合作经济组织财务制度（试行）》规定，重庆大部分村社建立了民主理财监督小组，人数为 5 ~ 7 人，设组长 1 人，任期与村委会同届。民主理财监督小组由村民（代表）会议表决产生，经村民（代表）会议授权实施监督，并对村民（代表）会议负责。民主理财监督小组有权检查财务制度的实施情况，重点对财务计划、收益分配方案、公积金、公益金、福利费的提取和使用，“两工”使用、管理人员工资和奖励支付情况，承包合同及其他经济合同的执行和实施情况进行检查；有权检验现金、银行存款、物资、产成品、固定资产的库存情况；有权检查会计账目。2012 年 12 月 26 日，重庆市民政局等部门联合转发国家 12 个部委《关于进一步加强村级民主监督工作的意见的通知》，要求健全村民监督委员会等形式的村务监督机构，规范民主评议制度，强化经济责任审计，推动乡村治理机制不断完善。

（二）财务公开

1. 开展财务公开

1997 年 12 月，农业部、监察部印发的《村集体经济组织财务公开暂行规定》，重庆市人民政府于 1998 年印发了《关于在全市农村进一步深化村民自治工作实施村务公开和民主管理制度的通知》，此后，多数村集体开展了以财务公开为重要内容的村务公开。重庆市以村为单位在人口密集、集中的地方制作包括财务公开的公示牌，按月或按季公布收支明细情况及有关账目，接受群众监督。年终进行全面的财务审计或检查、清理。2002 年，通过进一步完善，村社财务公开的村达到 90%，财务公开规范的村达到半数以上。

2. 完善财务公开

2003 年，为贯彻农业部《关于推动农村集体财务管理和监督经常化规范化制度化的意见》，重庆市加强农村集体财务管理和监督，进一步强化农村集体财务管理；全面实行民主管理和财务公开；建立健全财务管理制度；切实加强对农村集体财务的审计监督；加大对农村会计人员的培训和管理力度。同年 6 月，市委、市人民政府印发《关于进一步深化农村税费改革试点工作的通知》进一步完善村级财务管理，继续推行村（社）财务乡（镇）代理制，与村务公开、民主理财有机结合起来，推进基层民主政治建设。乡镇农经部门对村（社）的财务开支情况进行审查、核算、公开。在实行“村财乡管”的同时，对各村财务实行“统一管理，明细账核算”。上级业务主管部门加强对村级财务管理工作的指导、监督和审计。2003 年年底，全市 93% 以上的村实行了财务公开，其中达到财务规范化公开的村占 50% 以上。

3. 深化财务公开

2011 年，农业部、监察部印发修订后的《农村集体经济组织财务公开规定》。重庆市更新和完善了公开内容。7 月 6 日，市委办公厅、市人民政府办公厅印发《关于深入推进村（居）务公开工作的通知》，对村社集体财务公开提出了更加明确要求。财务公开的主要内容包括：强农惠农资金，集体经济财务，组织运转经费，村（社区）组织办公经费，村（社区）干部待遇，任期、离任经济责任审计结果等。统一规定了公开时间和方式，要求健全村集体财务公开监督制度和财务公开责任追究制度。其后各年，持续不断地重点对农村财务公开进行规范完善，提升规范质量。2015 年全市实行财务公开的村有 9 203 个，建立理财小组村数 8 919 个，分别占总数的 99.8% 和 96%。

（三）审计监督

1991 年 8 月，重庆市按照农业部和财政部联合印发的《关于进一步加强村（组）合作经济组织财务管理工作的通知》要求，推动审计、监督工作经常化、制度化、规范化。审计内容从农村合作经济组织财务审计到村干部任期经济责任、离任审计，对象从对农村合作经济组织审计到对农村合作基金会、向农民收取费用的审计等。建立了农村合作经济组织审计机构，确定审计人员，明确审计职责，建立审计制度。

1. 审计监督逐步规范化

1986年以前，重庆市大部分区（县）对农村集体财产进行了清理整顿试点的审计监督。1986年11月，市人民政府办公厅印发《市人民政府办公厅转发市农业委员会关于清理整顿农村集体财产中若干问题的意见的通知》，对审计监督工作进行了部署。从1991年开始，农村合作经济审计由清理整顿步入组建专门的内审机构，配备兼职的内审人员，对村（社）合作经济组织开展经常性年度审计与专项审计结合，对农村合作基金会、乡（镇）农经站开展年度审计和对减轻农民负担开展专项审计。重庆改为直辖市前的1993—1996年，每年对村（社）合作经济组织财务、农村合作基金会、乡（镇）农经站、减轻农民负担进行常规审计。有9个区（县）成立了审计机构，其中有2个县分别成立了审计师事务所和审计师事务分所，重庆市平均每年配备审计人员437人，获得审计证的达345人；平均每年培训审计人员600人。1993年5月，为加强农村合作经济的审计监督工作，逐步实现农村合作经济审计工作规范化，建立审计人员凭证上岗制度，依法行使审计监督职权，重庆市农牧渔业局印发《关于发放农村合作经济审计人员审计证的通知》，对发放审计证的对象、条件等做了规定。通过考试考核的持证审计人员达345人。1996—2008年，各地认真执行了减轻农民负担专项审计制度，普遍开展了对减轻农民负担资金的专项审计。

重庆市2009年开始增加了村（社）干部任期与换届审计和土地征用补偿费专项审计。2013年，全市对村民委员会换届审计全覆盖。2013年5月，市纪律检查委员会、市委组织部、市农业委员会、市财政局、市民政局联合印发《关于开展村委会成员任期和离任经济责任专项审计工作的通知》，开展了第八届村委会成员任期和离任经济责任专项审计，通过全面开展集体经济审计，取得了监管实效。2015年20个区（县）建立了农村集体“三资”监管信息平台，每年坚持开展村（社）集体财务审计。

2. 审计监督工作重点

重庆市1986—1988年农村集体资产清理整顿，全市共清查各种欠款15 220万元，已收回8 099万元，占欠款总数的53.2%。查处贪污挪用集体资金428万元，其中贪污1 420人，金额55.28万元，已收回32.8万元、占应收回的59.3%（贪污挪用1 000元以上的136人、金额达27万元）；挪用集体资金20 460人、金额372.8万元，已收回238.1万元，占应收回的63.86%；各种承包合同款2 770万元，已兑现2 220万元，占应兑现的80.16%；村民历年超支欠款7 371万元，已收回3 191万元，占应收回的44.4%；外单位欠款4 851万元，已收回2 315万元，占应收回的47.15%。原有集体固定资产45 606万元，现有15 733万元，全市合作社（队）平均2 200元，农村人均14元；集体财产作价款17 301万元。全市农村合作经济组织有存款7 476万元，社（队）平均1 077元（表3-5-1）。

表3-5-1 1986—1988年重庆市农村集体资产清理整顿情况

项目	各种欠款（万元）	其中：已收回（万元）	贪污挪用集体资金（万元）	其中：涉及贪污人数（个）	涉及贪污金额（万元）	已收回金额（万元）	挪用集体资金人数（个）	挪用集体资金金额（万元）	已收回金额（万元）
数量	15 220	8 099	428	1 420	55.28	32.8	20 460	372.8	238.1

项目	各种承包合同款（万元）	其中：已兑现（万元）	社员历年超支欠款（万元）	其中：已收回（万元）	外单位欠款（万元）	其中：已收回（万元）	原有集体固定资产总额（万元）	现有集体固定资产总额（万元）
数量	2 770	2 220	7 371	3 191	4 851	2 315	45 606	15 733

1993—1996 年，重庆市平均审计 6 250 个单位（专项），审计单位（专项）资金 6.7 亿元。每年平均审计出违纪单位 198 个，违纪金额 1 048 万元，分别占被审单位平均数的 3.1%、1.6%；平均每年有贪污案件 26 件，其中贪污千元以上案件 8 件，贪污金额 10 万元，受处分人员 37 人；挽回经济损失 100 余万元。1993 年，审计农村合作经济单位总数 7 291 个，其中乡（镇）农村合作基金会 322 个、乡（镇）农经站 121 个、6 683 个村（社）。此外还有 126 个乡（镇）审计了农民负担，审计出 251 个单位违纪，占 3.4%。已审单位资金总额 23 894 万元，其中违纪金额 910 万元，损失浪费金额 32 万元；审计出贪污案件 59 件（其中千元以上贪污案件 27 件）、贪污金额总数 25 万元（其中已退赔金额 20 万元），挽回经济损失 117 万元；受处分人数 89 人，其中受党纪、政纪处分 44 人，移交司法机关处理 8 人。

重庆改为直辖市后，1998—2015 年的 18 年间，每年对（村）社合作经济组织财务进行常规审计和对农民负担进行专项审计。有 29 个区（县）成立了审计机构，配备审计人员 2 580 人，获得审计证的达 253 人。每年平均审计 114 641 个单位（专项），审计单位（专项）资金 22.84 亿元。平均每年违纪单位 510 个，违纪金额 1 603 万元，分别占被审单位平均数的 0.4%、0.7%。每年平均查处贪污案件 80 件（其中贪污千元以上案件 13 件），贪污金额 101 万元，受处分人员 68 人。挽回经济损失成效突出，特别是农民负担专项审计和村（社）干部换届经济责任审计成效非常大。1997 年，重庆通过农民负担专项审计，共查出、废止了乱收费、乱集资、乱罚款等 128 项，减轻农民负担 2 083 万元。1998—1999 年，各地普遍开展了对农民负担资金的专项审计。仅 1999 年通过专项审计，共查出和废止了乱收费、乱集资等 185 项，减轻农民负担 9 238 万元；2008 年上半年全市各级农经部门开展农村集体经济审计 242 次，审计农村集体经济组织 1 219 个，审计资金总额 2.67 亿元，查处违纪金额 7.4 万余元，查处违纪人员 21 人。

2009 年开始，重庆市每年开展了村干部任期和离任审计及土地征用补偿费专项审计。2013 年在全市组织了 1.2 万余名审计工作人员，对 9953 个村（居）民委员会中 9946 个村（居）民委员会［占村（居）民委员会总数的 99.9%］开展了审计，审计单位 1.1 万余个，审计村（居）民委员会成员近 4.3 万人，审计资产 125.3 亿元、负债 34 亿元、所有者权益 91.3 亿元。审计发现违纪单位 267 个，违纪金额 1 016.3 万元；形成审计报告 10 372 份，以乡（镇）为单位建立档案 5 882 卷。重庆市 2014 年共审计单位 2 200 个，审计资金总额 9 亿元，其中发现违纪单位 9 个，违纪金额 30 万元。2015 年，重庆市审计农村集体经济单位总数 7 167 个，有 38 个单位违纪；已审单位资金总额 34.8 亿元，其中违纪金额 202 万元，退赔金额总数 36.1 万元；审计出贪污案件 1 件，其中万元以上贪污案件 1 件；贪污金额总数 12 万元；受处分 6 人，其中受刑事处理 2 人。村干部任期和离任审计数 5 204 件，其中审计村（居）1 851 件，审计社（组）3 353 件，涉及村委会成员数 6 173 件；土地补偿费专项审计数 217 件（表 3－5－2）。

表 3－5－2　2015 年重庆市农村集体经济单位审计情况

项目	审计单位总数（个）	其中：违纪单位（个）	已审单位资金总额（万元）	其中：违纪金额（万元）	退赔金额（万元）	审计贪污案件（件）	其中：万元以上贪污案件（件）	贪污金额总数（万元）	受处分人数（人）
数量	7 167	38	34.8	202	36.1	1	1	12	6

项目	其中：受刑事处理（人）	村干部任期和离任审计（件）	其中：审计村（居）（件）	审计社（组）（件）	涉及村委会成员（件）	土地补偿费专项审计（件）
数量	2	5 204	1 851	3 353	6 173	217

第三节　农村集体产权制度改革

农村集体产权制度改革是农村集体经济组织在坚持农村集体资产农民集体所有的前提下，按照股份

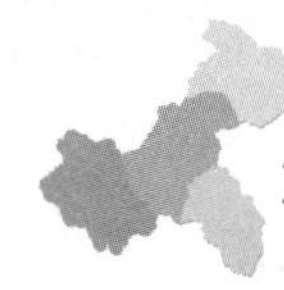

合作制原则，将集体未承包到户的资产（主要是经营性资产）折股量化到人，按份享受集体资产收益的集体资产产权管理及分配制度。

重庆农村集体产权制度改革是通过一清查、二确认、三分配的方法，指导农村集体经济组织实施农村集体资源变资产、资产变资本、农民变股民等改革，赋予农民更加充分的财产权、维护农民收益权，改革目标是增强集体经济发展活力和实力，将维护集体资产由“安全与完整”提升到“保值增值”。改革经历了农民自发改革探索、局部试点探索到全面试点推进3个阶段。

一、农民自发改革探索（1997—2006年）

随着农村经济持续发展和工业化、城镇化加快推进，部分村（社）集体经济组织收益逐渐增多，转户出去的、各种形式迁入的有关人员等，对经营管理好集体资产和分配好集体收益提出了现实需求，特别是城区范围内的一些村（社）组织建制撤销后资产处置成了一大难题，为了探索集体收益分配新路径和集体经济有效实现形式，解决好现实矛盾和满足需求，江北区、沙坪坝区、南岸区、九龙坡区等区的部分村（社）集体开始进行探索。如1994年，沙坪坝区童家桥村原刘家坟社的部分区域陆续被征地拆迁，357名农转非的村民要求分配社级资产，但由于210名村民尚未农转非而不能撤销社级建制，其资产不能进行有效处置。带着实际问题，1996年童家桥村村委会组织各村民小组组长与沙坪坝区政研室等相关部门的人员到广州、深圳、珠海考察学习，村“两委会”自发决定将该村资产实行量化到人进行社区股份制改革。报经沙坪坝区委同意，在童家桥村进行社区股份合作制的试点，并成立了社区股份合作制试点工作班子和以区委副书记为组长的协调小组，加强对试点工作的指导协调。经过1997年的调查与思考，该村针对刘家坟村民小组的现实问题和有关规定，为解决在集体资产分配问题上引起的农转非人员与村民之间的矛盾，1998年该村率先在刘家坟村民小组进行了社区股份制的试点工作，该年年底，刘家坟村民小组股民分红最高的达到近万元，最低的也有两三千元。这种集体资产量化和分配方式得到了广大群众的支持和认同，股民在年终分配中得到了实惠，尝到了甜头，村、组集体经济也得到了较大发展，从2000年起，该村又相继在其他几个村民小组进行了社区股份制改革，都获得了成功。

从1998年起，近郊区农民开始自发探索股份合作制改革，2000年在村和组两级全面推开。自发零星改革摸索积累了一定经验，摸索了一些行之有效的方法，为局部试点工作打下了坚实的基础。

二、局部试点探索（2007—2013年）

按照农业部印发的《关于稳步推进农村集体经济组织产权制度改革试点的指导意见》，重庆市先在九龙坡区、巴南区、江津区试点探索。在原村、组集体经济组织基础上，对没有承包到户的村（社）集体经济组织经营性、非经营性和资源性资产，开展以推进股份合作为主要形式，以清产核资、资产量化、股权设置、股权界定、股权管理、股权分配为主要内容的农村集体经济组织产权制度改革。将这些集体经营性资产的部分或全部，按人口和劳动贡献等要素折股量化，按股分红，从而形成新型合作经济组织。2007年试点单位已基本完成了对集体资产的清产核资、股权设置、股权量化、股权分配等探索。

2008—2009年，重庆市启动农村集体经济组织产权制度改革试点项目，以点带面的示范效应逐渐显现。实行产权制度改革的区（县）增加到9个（江北、九龙坡、沙坪坝、巴南、江津、北碚、永川、涪陵、荣昌），村增加至31个，当年已经完成产权制度改革的村有24个，其中江北区15个村全部完成。

2010—2013年，重庆市一直在九龙坡、沙坪坝、巴南、江津、北碚、永川、涪陵、荣昌等区（县）开展农村产权制度改革，2013年增加开展组集体资产产权制度改革。

经过试点探索，试点单位已基本完成了集体资产的清产核资，建立了股权设置、股权量化、股权分配的产权制度，明确了农村集体经济组织的管理决策机制、收益分配机制，健全保护农村集体经济组织和成员利益的长效机制，探索构建完善的农村集体经济组织现代产权运行体制。

三、全面试点推进（2014—2015 年）

2014 年，市人民政府印发《重庆市农村集体资产量化确权改革试点实施方案》，对全市农村集体资产量化确权改革试点的工作原则、范围、任务、步骤等提出明确要求，各区（县）加强领导，扎实推进这项改革。到 2014 年年底，全市 38 个涉农区（县）共确定了 237 个农村集体经济组织开展试点。其中，村级 170 个，组（社）级 67 个。全市累计有 96 个村完成产权制度改革，已量化资产 7.3 亿元，比 2013 年增长 38.4%，确定股东 34 万多个，比 2013 年增长近一倍；累计实现分红近 8 500 万元，比 2013 年增长 37.7%。

2015 年，重庆市量化确权初见成效。全市 38 个区（县）、403 个农村集体经济组织开展了农村集体资产量化确权改革试点，是预计试点数的两倍多。共界定成员 60.4 万人，设置股份 887 万股，累计分红 2 亿元。盘活农村集体闲置资产 1.3 亿元。探索法人治理机制，127 个农村集体经济组织进行了法人登记，其中合作社法人 120 个、公司及其他法人 7 个。其中，全市完成产权制度改革的村 233 个，量化资产总额 11.55 亿元；股东总数 782 195 个，其中集体股东 1 242 个，社员个人股东 780 951 个；累计股金分红总额 10 072 万元，其中当年股金分红总额 2 423.5 万元，集体股东分红总额 18.4 万元，个人股东分红总额 2 405.1 万元，当年上缴税金总额 94.3 万元，2013—2015 年累计上缴税金 332.3 万元。

全市完成产权制度改革的组 901 个，量化资产总额 56 371.8 万元，股东总数 351 098 个，其中集体股东 1 247 个，社员个人股东 349 851 个，累计股金分红总额 10 153.9 万元，其中当年股金分红总额 1 763.2万元。

第四节　农村合作基金会

农村合作基金会是在农村集体经济组织及其成员范围内，按照自愿互利原则组织起来的、资金管理和融通服务相结合的农村资金合作组织。农村合作基金会是农村实行双层经营体制后出现的新生事物，亦是深化农村改革的产物，其建立的目的是管好用活村（社）集体资金、筹集农村闲散资金为农村经济服务。在十多年的实践中，农村合作基金会为改革农村集体资金管理体制、增加农业资金投入、推动农村经济发展等方面发挥了积极的、重要的作用。后期由于对农村合作基金会管理失控、监管乏力，一些地方挤兑时现、风险频发、危机潜在。随着 1999 年 1 月国务院下发 3 号文件，全国开始实施对农村合作基金会进行全面清理、整顿、关停、合并，重庆市的农村合作基金会已不复存在。

一、农村合作基金会概况

（一）发展背景

农村合作基金会产生于 20 世纪 80 年代中期，随着农村商品经济的发展，农村资金的管理与使用出现一系列矛盾：一是农业投入所需资金严重匮乏，资金来源渠道十分狭窄。农村实行家庭联产承包责任制后，农户成为相对独立的商品生产者和经营者，其从事生产经营活动所需要的资金，除农村集体经济在承包时下拨了一点生产底垫资金外，主要是农户自己筹措，生产资金非常紧缺，造成扩大再生产十分困难。二是部分农村集体积累及农户资金闲置，没有得到充分利用。相当一部分村（社）多年积累了许多资产，实行分户经营后未能有效利用；一些农户加快发展农业生产，收入不断增加，不少资金闲置。三是村（社）合作经济组织不完善，缺乏社员民主监督，集体资金被拖占、挪用十分严重。1983 年以来，虽然通过整顿农村集体财务、实行乡（镇）农经站代管集体资金等举措，但没能解决资金运行的效益问题，加之集体资金相当分散，往来关系复杂，仍然是“收不拢，管不住，用不活”。

随着农村改革的深入，1985—1987年，中共中央连续下发了3个1号文件，其中关于“放活农村金融政策，提高资金融通效益”“适当发展民间信贷”“要发展多样化的资金融通形式”等指示，为试行农村集体资金管理、筹集和融通资金为农村商品经济发展服务提供了宽松的政策环境。四川省鼓励各地结合农村集体资金管理改革进行大胆试验，重庆及达县、绵阳、乐山等地市的少数乡（镇）率先试办了农村合作基金会，在发展多样化的资金融通形式方面进行了可贵的探索。少数乡（镇）农经站通过运用统一管理的农村集体资金，在本乡（镇）范围内自发地开展农村合作经济组织内部融资服务，得到农民群众的欢迎。这个新事物一出现，就受到四川省委、省人民政府的关注和支持。1987年12月23日，四川省人民政府下发了《关于全福乡试办农村合作基金会的情况报告及示范章程》的工作通报，希望各地因地制宜，积极试点，尽快把农村合作基金会建立起来。1988年，四川省委五届二次全会通过《关于建立农村发展基金和农村合作基金若干问题的决定》，要求总结经验，统一认识，明确政策，加强领导，促进农村合作基金会又好又快发展，为增加农业投入、振兴农村经济作出更多贡献。当年4月，四川省人民政府下发了《关于建立农业发展基金和农村合作基金的通知》，开始全面在县级建立农业发展基金、在乡（镇）建立农村合作基金。1991年，中共十三届八中全会对农村合作基金会予以肯定和鼓励，随后，全国以加强农村集体资金管理、增加农业农村投入为重要任务的农村合作基金会如雨后春笋蓬勃发展。1992年8月12日《农民日报》理论版刊登《四川省农村合作基金会评价》，认为“中共四川省委、省人民政府把兴办农村合作基金会作为深化农村改革和加快农业发展的一项战略来抓……实践证明，农村合作基金会是增加农业资金投入的有效形式，是管好用好农村集体资金的必然选择，又丰富了农村合作制的形式和内容，具有旺盛的生命力。”并全面介绍了农村合作基金会的地位、作用、性质、任务与发展模式、资金来源与资金投放、经营管理的原则与内容等。1992年《农村合作经济管理》第四期《加强农村合作基金会的建设与管理》，1997年《农村经济》第六期《给脱缰之马套上缰绳》等，研究了对农村合作基金会快速发展、规范管理、有效监管等问题。

重庆市农村合作基金会最早诞生在铜梁县旧县、巴县南彭、合川县盐井等乡（镇）。1987年年底，全市有54个乡（镇）建立了农村合作基金会。1988年8月底，全市810多个乡（镇）中，建立了农村合作基金会172个，筹集资金1 400多万元，融出资金500多万元。1989年开始，重庆市农村合作基金会迅猛发展，到1999年3月24日清理整顿时，全市农村合作基金会有独立核算机构1 352个、营业网点1 900多个，吸收股金和代管资金101.23亿元，其中个人78.28亿元，涉及农户422万户。全市农村合作基金会总资产为142.8亿元，总负债为140.91亿元，净资产1.94亿元；投放资金（借出款）总额为86.54亿元，拆出资金17.94亿元，两项合计为104.48亿元，占资产总额的73.17%。在借出的资金中，农户贷款31.06亿元，占全部投放资金的35.9%，乡（镇）企业贷款36.38亿元，占全部投放资金的42%，其他借款（包括中央及市属国有企业和地方人民政府直接借款等）19.1亿元，占全部投放资金的22.1%。在其他借款中，地方人民政府直接借款达16亿元。1999年，中共中央、国务院决定对农村合作基金会进行全面关停、清理整顿，重庆在全国最早启动实施全面清理整顿、关停农村合作基金会工作。

（二）主要特点

农村合作基金会是深化农村改革的新生事物，是改革农村投资体系的重大举措，其快速发展为振兴农村经济注入了新的活力。农村合作基金会既不是国家金融机构，又不等同于农村信用社，其建立发展有几个特点。

1. 性质任务

农村合作基金会是在保障原单位资金所有权、自主权和得益权下，按照自愿互利原则建立的股份式资金合作组织。建立初期，明确农村合作基金会发展宗旨是促进农村资源开发，不断改善农业生产基本条件，增强农业发展后劲，促进农业稳步、持续、全面发展。其性质具体体现：一是通过资金互助形式管理农村集体资金；二是通过调剂资金余缺，支持本乡（镇）、本村范围的农户和企业发展生产；三是实行股金制，不对外吸收存款和发放贷款，会员股金要共担风险、共享利益，股息和红利取决于经营服务状况；四是不以赢利为目的，收取资金使用费比农村信用社更加灵活，实行"优质低偿"服务原则、利率上下浮动；五是内部资金筹集和融通均通过当地银行或农村信用社结算，不设金库。农村合作基金会5项主要任务：第一，加强和改善村社集体资金管理，促进农村双层经营体制完善和发展；第二，增加农业投入，缓解农村资金紧缺的部分矛盾，解决农户和各种农业服务组织资金周转困难；第三，支持村社发展集体经营项目，增强集体经济的实力及村社合作经济组织提供统一服务的活力；第四，通过融通手段，加强对农户生产经营活动的计划指导，减少生产的盲目性和损失浪费；第五，促进农村金融体制改革，活跃农产品流通。

2. 筹资融资

农村合作基金会的资金来源主要有6个渠道：一是村社合作经济组织的货币资金，包括集体的存款、现金和应收回的各种超支欠款；二是逐步恢复和建立村社合作经济组织的积累制度中新增的各种积累，包括集体工副业、商品田承包收入和集体土地征用补偿费；三是乡镇企业以工补农款；四是乡镇财政的股金；五是吸收乡镇企业和农户个人入股资金；六是代管资金，包括乡（镇）农经站为村（社）代管的统筹资金和有关单位的自有资金。这些资金的所有权归原资金所有者，并提供融资合同加以确认，其经营使用权归农村合作基金会，按规定用途安排使用。农村合作基金会资金的投放坚持有偿占有的原则；利息导向、适当浮动的原则；择优扶持、加速周转的原则；担保借款、按期回收的原则，并严格借款程序和手续，确保资金安全运转。农村合作基金会资金投放结构，力求与当地农村产业结构相适应，扩大资金服务领域，重点加强对种养业生产、农业服务体系建设和兴办集体企业的资金扶持。

3. 发展模式

农村合作基金会具有社区性、管理服务性、融资内部性、非营利性和股份合作性等主要特点。其发展模式是：在农村集体资金基础上的再合作，具有明显的社会主义性质；互助的股份式资金的专业性合作与其他合作形式共生共长；在多种融资形式中不与融资主渠道争资金、争地盘的特色，始终起着必要的补充作用。农村合作基金会的发展模式具有特殊性和开拓性，从而在一定时期内取得了独立存在和发展的阵地与领域。

4. 发挥作用

农村合作基金会在实践中的作用主要体现在5个方面：一是改善农村集体资金管理，形成了新的积累机制；二是促进双层经营体制完善，扭转了集体积累逐年下滑的局面；三是增加农业投入，支持了种养业、乡镇企业和农业服务体系建设；四是开辟农业投入资金来源的新路径，增加了农村集体及农民收入；五是活跃农村资金市场，一定程度上缓解了农村资金紧缺的矛盾。

5. 经管原则

农村合作基金会在实施资金筹集、投放、回收，财务管理，经济核算，收益分配中，按照5个原则实施经营管理：一是民主管理原则；二是自主经营原则；三是信用有偿原则；四是对内非营利和对外企业化相结合原则；五是内部收益互补、外部发展联营原则。

二、重庆农村合作基金会发展历程

重庆市农村合作基金会大体经历了自发探索、试点示范、快速发展、高速扩资、规范运行、清理整顿6个阶段。

（一）自发探索萌芽期（1983—1987年）

农村实行家庭联产承包责任制后，村（社）集体财务管理实行会计专业化，集体资金改成由乡（镇）农经站集中统一管理的制度（"队由乡管"）。针对当时农村资金紧缺的情况，1985年开始，重庆部分乡（镇）农经站运用统一管理的农村集体资金，在本乡（镇）范围内自发地开展农村合作经济组织内部融资服务，为农村集体资金的横向流动作出有益的探索。

1987年，随着农村改革的深入，基层创造性发展了内部融资的农村资金合作组织——农村合作基金会。到1987年底，重庆市有54个乡（镇）探索建立了农村合作基金会，筹集合作基金440多万元，为支持本地农业农村经济发展发挥了积极作用。如合川县盐井镇农村合作基金会于1987年4月成立后，有363个地区性合作经济组织入股，筹集资金72 903元，先后发放借款91 955元，扶持了重点种养户、运输、商业、工副业的发展，并帮助了一部分贫困农户发展生产。收回到期借款23 502元，收回社员历年欠款10 954元（占应收款的78.4%），获利息收入3 500元；璧山县定彬农经服务公司，把各村（社）的闲散资金组织起来，实行内部融通，联合资金10万元，先后用7.8万元扶持村办企业2个、专业户6户、贫困户5户，使其在生产经营中获得了生机，增加收入23 800元；巴县南彭乡农经服务公司组织144个村社和单位的集体资金10.75万元，实行资金所有权、使用权、存款利息不变和年终按存款利息比例分红的“三不变、一分红”原则，把闲散资金引进了生产领域，搞活了融通，用活了农村集体资金，收到了良好的经济效益和社会效益。

（二）试点示范、稳健发展期（1988—1989年）

1988年8月底，全市已组建农村合作基金会172个，共集资1 400多万元，融出资金500多万元。巴县已形成农业发展基金和农村合作基金1 330万元。到1989年11月，全市建立乡（镇）农村合作基金会523个，占乡（镇）总数的64%，比1988年底增长42.3%，集资总额8 600万元、会平集资16.4万元，累计投放资金6 300万元。农村合作基金会的建立，增强了集体统一服务的实力，通过融资服务，及时地支持了种养业、村（社）集体企业以及农户所需的小额、短期资金。

这一阶段，重庆开展试点示范、积极推广，农村合作基金会得到各级领导的重视和有关部门的支持，稳健发展扩大，主要得益于两方面。一是政策支持。重庆市发展农村合作基金会的重要依据有：1988年四川省委五届二次全会通过的《关于建立农村发展基金和农村合作基金若干问题的决定》及1988年4月四川省人民政府下发《四川省人民政府关于建立农业发展基金和农村合作基金的通知》；1988年5月，时任四川省委常务委员会委员、常务副省长谢世杰在乐山市委、市人民政府召开的农村合作基金会试点工作汇报会上，对建立农村合作基金会工作提出5点意见；1989年6月24日，重庆市农业委员会《关于印发王正德副市长在全市召开的农村合作基金会经验交流会议上的讲话通知》，要求办好农村合作基金会并加强管理。二是部门支持。1988年，中国农业银行重庆市分行为支持和指导农村合作基金会健康发展，提出了8点支持意见。1988年10月，重庆市市税务局印发《关于对农村合作基金会免税问题的通知》，决定对农村合作基金会用于农业项目开发取得的收入，暂免征收营业税、所得税和能源交通重点建设基金。四川省委、省人民政府及重庆市领导的高度重视，相关部门的大力支持，成为农村合作基金会发展壮大强有力的后盾。

（三）快速发展、加强管理期（1990—1992年）

1990年年底，全市建立乡（镇）农村合作基金会601个，占乡（镇）总数的74%，筹集资金1.52亿元、会平24万元，其中，50万~100万元的乡（镇）农村合作基金会43个，100万元以上的乡（镇）农村合作基金会12个。全年累计融资1.7亿元。农村合作基金会的建立对管好、用好集体资金，增加农业农村投入，缓解农村资金紧缺发挥了重要作用，有力地支持了农村种养业、农田基本建设和乡镇企业的发展。

1991年中共十三届八中全会通过的《中共中央关于进一步加强农业和农村工作的决定》要求，“继续办好农村合作基金会。”推动各地农村合作基金会快速发展。这一年，全市乡（镇）农村合作基金会发展达到679个，占乡（镇）总数的84%，年末集资余额2.58亿元、会平41万元，年末累计融资4.1

亿元，分别比上年增长84.4%、75.8%和130%。农村合作基金会的发展壮大，有力地促进了农村经济发展，获得经济效益近10亿元。

1992年，全市乡（镇）农村合作基金会发展到758个，其发展具有4大趋势：一是建会数增加，年末集资余额大幅度增长。乡（镇）农村合作基金会发展比上年净增79个、占乡（镇）农村合作基金会总数的93%，有10个区（市、县）建立了农村合作基金联合会。全市年末集资余额达42 808万元、会平56.6万元，分别比上年增长65.4% 和48.3%。其中，50万~100万元以上的乡（镇）农村合作基金会由上年的80个增至144个，100万元以上的农村合作基金会由上年98个增至99个，全市有2个乡（镇）农村合作基金会集资上千万元。二是资金来源不断扩大。在全市集资总额中，村（社）集体资金为28 156万元，占65.7%；个人股金12 379万元，占28.9%；农业事业单位和乡镇级单位的资金为1 521万元，占3.7%；乡镇财政资金752万元，占1.7%。扩大了集资主体，为建立农村新的积累机制创造了条件。三是资金运用率不断提高。1992年，农村合作基金会资金周转次数1.57次，资金利用率达到90%，全年投放资金67 375万元。资金服务领域不断扩大，投放结构日趋合理，种养业借款16 573万元，占24.6%；工副业借款37 836万元，占56.2%；支持农副产品收购和其他借款11 870万元，占17.6%；对外投资兴办实体1 096万元，占1.6%。农村合作基金会的融资服务，大大地缓解了农村资金紧缺的矛盾，发挥了重要的补充作用。四是融资效益显著。当年全市农村合作基金会融资收入3 243万元，比上年增长73%，扣除业务费用，农村合作基金会提取公积金、公益金、风险保障金后，会员股金保息分红率一般都高于银行1年定期存款利率的30%，农村合作基金会大大增加了村社集体积累和农民收入。

随着农村合作基金会的发展壮大，重庆市把规范管理、保障资金安全提上议事日程。1989年12月，印发《关于做好农村合作基金会年终决算分配工作的意见》，指导基层从4个方面搞好农村合作基金会的决算分配。1991年12月，为认真贯彻农业部《关于加强农村合作基金会规范化、制度化建设若干问题的通知》，市农牧渔业局印发了《关于我市农村合作基金会实施〈统一凭证〉的通知》，从1992年起全市农村合作基金会全面使用《统一凭证》。1992年9月，市人民政府第114次常务会议通过市农业委员会起草的《重庆市农村合作基金会管理办法》并于1992年10月10日起施行。重庆各地加快农村合作基金会发展与加强管理并行，扩大了集资和融资规模，管理开始规范，实力得到增强，取得了可喜的成绩，在四川省召开的农村合作基金会总结表彰会上，重庆市得到了四川省委、省人民政府的表彰。

这一时期，重庆一手抓快速发展，一手抓规章制度建设，制定了管理办法和集资、借款、审批、担保、回收等制度，逐步建立起会计核算制度、财务管理制度、审计和稽核制度，农村合作基金会管理向着全面规范的道路前进。

（四）高速扩资、行业联合期（1993—1996年）

为了进一步扩大集资规模，形成集团优势，调剂农村合作基金会之间资金余缺，缓解农村资金供求矛盾，提高资金利用率，1993年2月19日，市农业委员会、市农牧渔业局经请示市人民政府同意，批准成立重庆市农村合作基金联合会。3月，市农业委员会、市农牧渔业局印发《关于筹集市农村合作基金联合会入会股金的通知》，正式同意市农村合作基金联合会成立并开始营运。为确保市农村合作基金联合会在农村集体资金基础上的合作制性质，各区（市、县）农村合作基金联合会和上年末集资余额在100万元以上的乡（镇）农村合作基金会入股少量资金加入市农村合作基金联合会。当年，市委、市人民政府加大发展农村合作基金会的工作力度，市人民政府印发《关于进一步发展壮大农村合作基金会的通知》，市农业委员会先后在九龙坡区、铜梁县召开了发展农村合作基金会经验交流会。同时，为了强化农村合作基金会管理，加快集资、融资步伐，提高规模效益，市农业委员会通过台阶奖、综合奖等激励机制，对1993年全市农村合作基金会实行目标考核，进一步促进了全市农村合作基金会的发展壮大和巩固完善。

1993 年，重庆市农村合作基金会迅猛发展，迈上新台阶。全市农村合作基金会建会达到乡（镇）总数的95% 以上，18 个区（市、县）建立了农村合作基金联合会。1993 年年末，全市集资余额达 10. 8 亿元、会平为 139. 5 万元，年末累计融资 15. 3 亿元，分别比上年增长 152. 3% 、126. 7% 和 112. 2% 。江津市、九龙坡区、铜梁县、巴县 4 个农村合作基金联合会年末集资额上亿元，璧山县、永川市、北碚区、沙坪坝区、江北县、合川市等 8 个区（市、县）农村合作基金联合会年末集资余额上 5 000 万元，200 个乡（镇）农村合作基金会、区（市、县）农村合作基金联合会集资余额超 1 000 万元。在全市农村合作基金会集资中，集体股金由上年的 8 117 万元增至 13 573 万元，净增 5 456 万元，形成了一定的集资气候。1994 年，全市农村合作基金会累计投放额达 15. 8 亿元，相当于前 5 年的总和，新增社会商品产值达 20 亿元。1995 年全市乡（镇）农村合作基金会集资余额 35 亿元、市及区（市、县）联合会集资 5 亿元，累计融资 50 多亿元，促进了农村经济、特别是乡镇企业的发展，壮大了农村集体经济。市和区（市、县）农业主管部门在政策支持、考核激励、行业联合的同时，进一步加强对农村合作基金会规范管理，不断巩固完善。

1994—1996 年，重庆市多管齐下实施农村合作基金会规范管理。一是制发一系列管理规定。1995 年 12 月，市人民政府下发《关于进一步加强农村合作基金会管理的通知》，要求全市农村合作基金会坚持正确发展方向，加强规范化管理，保证资金安全营运，使之更加健康发展；市农业委员会、市农牧渔业局下发《关于开展我市农村合作基金会内部稽核工作的通知》，对全市农村合作基金会全面开展了内部审计稽核；市农牧渔业局印发《关于 1994 年农村合作基金会综合考核办法的通知》，决定以健康发展、规范管理、提高效益、保证安全为主要内容，实行量化计分、以分计奖的办法，对农村合作基金会实行综合考核；市级农业、财政、税务等部门分别印发了《关于征订农村合作基金会登记证有关事项的通知》《关于印发〈重庆市农村合作基金会信用风险保证金暂行管理办法〉的通知》《关于转发〈四川省农村合作基金会会计核算管理办法〉的通知》《关于对农村合作基金会征收营业税问题的补充通知》。二是开展管理及金融业务培训。1994 年 4—6 月，市农业委员会举办多期农村合作基金会业务主任培训班，培训各级农村合作基金会负责人约 800 人，提升其政策水平、金融业务水平及管理能力。三是加大监督力度。1994 年，重庆市充分发挥审计监督为农村服务的作用，启动对全市农村合作基金会审计调查。4 月 21 日，市农业委员会、市审计局专题研究对农村合作基金会开展审计调查并形成审计调查方案。5—8月，全市 19 个区（市、县）开展了对农村合作基金会的审计调查。审计调查涉及内容：农村合作基金会的概况、作用及发展趋势，资金来源、构成，资金运用及财务收支等重点内容；审计调查方法步骤：由区（市、县）组织对乡（镇）农村合作基金会进行审计调查并形成报告上报市相关部门，再由市农业委员会、市审计局、市农牧渔业局组成联合工作组赴区（市、县）抽查，并汇总形成审计调查报告报市人民政府。1995 年 1 月 25 日，市农业委员会、市审计局召开农村合作基金会审计座谈会，专题研究全市农村合作基金会发展情况及存在问题，明确了下一步对农村合作基金会审计监督的重点，以加快全市农村合作基金会规范管理步伐。

这一时期，各级加大政策支持力度，农村合作基金会集资规模迅速扩大，集资额最高已经超过 1 亿元，近半数的农村合作基金会集资额达到或超过当地农村信用社或农业银行营业所的存款规模。同时，一些农村合作基金会出现了与建会初衷相悖的问题：一是营业网点向城市延伸，有的以扩股增资为名，多点开设门市，变相开展吸收存款业务；二是集资逐步城市居民化，面向社会吸收非农企事业单位和个人入股资金，个人股金成为主要的资金来源；三是资金投向进入非农产业，部分资金投放到国有大型企业，有的甚至投入到房地产；四是资金投放逐步集中于个别项目和个别借款人的情况在部分农村合作基金会越来越突出。此期，重庆各级主管部门加强管理监督，开展了清理登记、规范管理、税收约束等工作。但由于农村合作基金会高速扩张、点多面广，且行政色彩浓厚，管理体制不顺，内控机制不严，金融监控乏力，加之部分从业人员业务素质不高等原因，融资服务中的资产、负债、支付、管理风险和安全隐患日渐突出，出现大量逾期、呆滞借款。农村合作基金会隐藏着股金存款化，把资金互助办成了变相金融业务，偏离办会宗旨，超范围集资、融资及集资、融资费用偏高，利率普遍高出国家法定存、贷款规定，风险项目较多，资金沉淀严重等突出问题。特别是已经初具规模的农村合作基金会在扩张中积累矛盾，潜在风险一触即发。同时，各级乡镇企业管理部门、供销合作社创办性质类似农村合作基金会的乡镇企业投资公司、供销合作社社员股金服务部等（重庆市在清理整顿中，将农村合作基金会、乡镇企业投资公司、供销合作社社员股金服务部简称农村“三金”）参与高利率资金市场竞争；同期，乱集资、乱设金融机构和乱办金融业务的城市“三乱”肆意提高存、贷款利率，加速了资金市场的恶性竞争。

（五）规范运行、强化监管期（1997—1998 年）

农村合作基金会融资规模的迅速扩张，给农村经济发展带来了活力。同时，一些不规范行为频频出现。1996 年 8 月，国务院《关于农村金融体制改革的决定》下发后，重庆市认真落实中共四川省委、省人民政府下发的《关于防范风险，规范管理农村合作基金会和供销合作社股金的实施意见》，提出了全市农村合作基金会“兴利除弊、规范管理、巩固发展”，由数量扩张转为强化管理的要求，并召开会议做了专题部署。针对 1996 年以来，农村合作基金会受到区（市、县）、乡（镇）党政行政干预过多，监督机制薄弱，管理水平偏低，农村合作基金会资金投放风险扩大，经营效益明显下滑，有的甚至单纯追求高收益导致资金投放的非农化趋势发展到十分严重的地步，而且局部地区开始出现小规模的挤兑风波等情况，重庆市从 1997 年开始对全市农村合作基金会等农村“三金”进行摸底调查。截至 1998 年 6 月，全市有农村合作基金会 1 455 个，其中，市级 1 个、区（县）级 32 个、乡（镇）级 1 367 个、村级 24 个，共集资 78.4 亿元（其中，股金 1.7 亿元，一年期 69.4 亿元；村社代管金 7.3 亿元，服务组织5 800万元，财政股金 2.7 亿元）。投放资金 61.6 亿元，其中农户 26.9 亿元、乡镇企业 22.3 亿元、农村服务组织 1.1 亿元、村（社）1.9 亿元，占集资额的 78.5%。不良资产 9.43 亿元（其中，逾期借款 9.03 亿元、呆滞借款 0.4 亿元），占投放总额的 15.26%。计提风险保证金 2.6 亿元、呆账准备金 1.2 亿元、公积金 8 600 万元、公益金 3 700 万元。少数地方发生农村合作基金会挤兑存款现象，7 月 25—27日全市发生挤兑约 5.4 亿元。

1998 年重庆市委、市人民政府成立了清理整顿城市“三乱”、农村“三金”领导小组，下设办公室，抽调相关部门人员在市人民政府集中办公，专门负责各项清理整顿工作。主要采取 4 项措施防范农村合作基金会风险：一是市委、市人民政府落实工作责任，各级各部门强化手段回收逾期借款；二是各级领导现场办公，司法、纪检、监察等相关部门密切配合，加大借款追收力度，严肃查处经济案件；三是降低资金占用率，全市农村合作基金会按银行利率规范、调整相应资金占用费率；四是中国人民银行系统参与对农村合作基金会的监督管理。

（六）清理整顿、分类处置期（1999—2001 年）

1999 年 1 月，国务院下发 3 号文件，正式宣布全面清理整顿农村合作基金会。1999 年 3 月 24 日，重庆市委、市人民政府在充分调查、摸底的基础上，下发《批转市清理整顿农村“三金”领导小组整顿农村合作基金会、乡镇企业投资公司、供销合作社社员股金服务部实施方案的通知》，决定对重庆市农村合作基金会全面开展清理整顿。清理整顿工作分为清产核资、分类处置、清收欠款和存款兑付等阶段进行。1999 年 3 月底，全市农村合作基金会有独立核算机构 1 352 个、营业网点 1 900 多个，吸收存款或存款化股金 101.23 亿元，其中，库存现金与银行存款 22.33 亿元、农户个人存款 78.28 亿元。全市农村合作基金会总资产 142.8 亿元，总负债 140.91 亿元，净资产 1.94 亿元。6 月底全市基本完成农村合作基金会清产核资工作。7 月，全市农村合作基金会资产总额 121.8 亿元（其中货币资金 17.87 亿元），负债总额 121.4 亿元（其中农户股金 100.9 亿元），与清理整顿未运营时相比，资产、负债分别减少21亿和19.51亿元，农户股金和代管资金减少0.33亿元。8月，市人民政府对农村合作基金会归并、有效资产收购等作出决定：一是农村合作基金会经批准并入农村信用社和农村信用社收购清盘农村合作基金会有效资产后，应办理完善相关手续，鉴于当时的特殊情况，为了加快归并和收购进度，保证群众到期存款的首期兑付，经批准并入农村信用社的农村合作基金会和清盘收购有效资产的农村合作基金会抓紧办理资产过户、变更登记等有关手续，农村信用社在兑付群众存款前，未能办理过户、变更手续的，可由区（市、县）人民政府承诺，先兑付后办理或边兑付边办理，以维护群众利益，保持农村社会稳定。二是农村合作基金会与农村信用社变更动产和不动产手续，借款抵押物登记手续时，国土房管、工商、车管等部门积极支持，及时予以办理，并免收除工本费以外的相关费用。9月，鉴于市农村合作基金联合会经清产核资后资产小于负债，不符合归并农村信用社条件，市人民政府同意市农业局提出的对市农村合作基金联合会实施清盘的意见，专门下发《重庆市人民政府关于市农村合作基金联合会清盘有关问题的批复》。10月18日，全市农村合作基金会按照重庆市人民政府《公告》的清退比例、清退时间开始对自然人存款进行清退，当月底基本完成自然人首期存款清退工作。

截至1999年11月底，市委常务委员会上4次重点研究、市清理整顿农村“三金”（城市金融“三乱”）领导小组11次专题研究清理整顿工作，全市召开了12次清理整顿农村“三金”（城市金融“三乱”）工作大会。全市清理整顿工作总体情况可谓领导有方、政策有力、部署得当、进展有序。重庆市清理整顿农村“三金”工作得到中央的大力支持，市财政向中央财政争取并获得举债资金12亿元。其中，5亿元用于支持农村合作基金会前期兑付。

2001年，全市狠抓农村合作基金会的二、三期存款兑付工作，累计清退群众个人存款达83%，维护了社会稳定的局面。重庆市在全国较早开展清理整顿工作，情况清楚，处置得当，效果良好，为稳定重庆的政治、经济秩序作出了重要贡献，得到了中央领导的高度肯定和赞赏，也为全国有关省份积累了可资借鉴的经验，广东、云南等省人民政府组织考察团前来重庆考察学习。

第四篇

农业农村经济结构调整

CHONGQINGSHI ZHI·NONGYE NONGCUN GONGZUO ZHI

第四篇　农业农村经济结构调整

农业是国民经济的基础，农业农村经济结构的优化调整，是切实解决农业、农村和农民问题的根本，是保证农业农村经济健康持续发展的前提，是实现农业增效和农民增收的需要。

改革开放以来，在市委、市人民政府的正确领导下，重庆市农村进行了一系列具有重要意义的改革，对促进农业农村经济发展发挥了巨大的作用，也为农业结构调整营造了良好的氛围。特别是重庆改直辖市以来，作为中西部地区唯一的直辖市，全国统筹城乡综合配套改革试验区，在促进区域协调发展和推进改革开放大局中具有重要的战略地位。市委、市人民政府高度重视和强化农业农村工作，根据大城市、大农村、大山区、大库区的基本市情，以及城乡二元结构矛盾突出和老工业基地改造振兴任务繁重等因素，将城乡发展一体化、推进农业现代化作为重庆农业农村经济工作重要课题。进一步明确了农业农村经济发展的基本思路，紧紧围绕增加农民收入，坚定不移推进农业农村经济结构战略性调整，有效地提高了全市农业农村经济的整体素质和效益，农业农村经济步入持续健康发展的轨道。改直辖市以来特别是党的十八大以来，全市农业农村发展发生了历史性变革，取得了历史性成就。

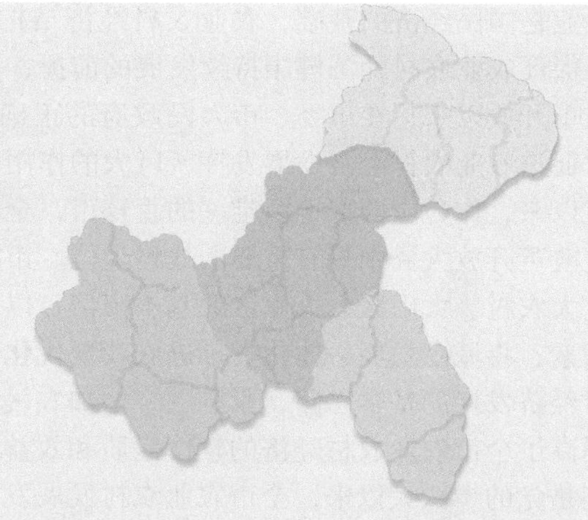

第一章 发展历程与阶段性特征

随着新中国的成立，重庆广大农村经过彻底打破封建经济关系特别是土地制度的束缚，通过对个体农业进行社会主义改造，迅速实现了农业合作化，走上了社会主义道路。但此后由于受急于求成的“左”倾思想影响，特别是“一大二公”的人民公社体制的极大制约，重庆的农业生产力遭到了破坏。经过20世纪60年代初的调整，虽然形成了“三级所有，队为基础”和以生产队为“基本核算单位”的根本制度，但在实践中受接连不断的政治运动的影响，严重窒息了广大农村干部、群众的主动性和积极性，致使整个农业农村经济长期徘徊不前，一直处于典型的传统农业发展阶段，农业以种植业为主，种植业又以粮食生产为主。由于未稳定解决温饱问题，国家对农业农村经济发展的定位，仍然停留在以种植业和粮食为主的阶段，片面强调粮食生产，忽视非农经济和多种经营发展，致使农业生产走上了“以粮为纲”的轨道。从1957年到1978年的21年间，重庆农业总产值仅增长32.82%，粮食总产量仅增长36.57%；而农村人口却增长了35.82%，农民人均农业总产值由378.50元降至370.20元，人均产粮由353.83千克仅增至355.78千克。农民的生活水平基本没有提高，有的甚至有所下降，连基本的温饱问题也没有得到解决。农业结构单一，且没有明显变化。在农业结构中种植业居主导地位，种植业所占比重始终稳定在70%以上。1978年，重庆市种植业占农业的比重高达73.5%，仅比1952年降低2个百分点；林牧副渔的比例则一直低于30%；种植业中粮食的比重又始终稳定在80%以上，粮食面积占农作物总播种面积的比重达到90.8%。全市处处“以粮为纲”，农业结构趋同，多种经营发展严重不足。这种单一的农业结构限制了重庆市农业资源的合理利用，制约了区域特色和比较优势的有效发挥，农业内部难以形成协调发展的局面，不仅降低了生产效率，也使农产品供给长期没有摆脱短缺状态，不能满足发展经济、改善人民生活的需要。

党的十一届三中全会召开后，重庆农村广大干部群众解放思想、实事求是，采取各种方式变革农村经济体制，重庆农村经济发展掀开了新的一页，农业农村结构调整也进入了一个新的快速变动阶段。家庭承包经营制度的实行为农业结构调整注入了活力，拓宽了农民的选择空间。同时，重庆市农业资源要素配置趋于合理化，提高了资源利用率、土地产出率和劳动生产率，粮食产量大幅度增长，温饱问题基本得到解决，反过来又为农业结构调整提供了坚实的基础。纵观改革开放以来重庆农业农村产业结构演进变化的历史过程及阶段性特点，大致可划分为5个阶段。

第一节　体制推动阶段（1978—1984年）

在党的十一届三中全会精神指引下，全国从解决农村经营体制入手，掀起了一场以市场为取向，以解决在生产经营中的自主权为中心，以建立农民家庭联产承包责任制为主要内容的伟大改革。

1978 年年底，召开的党的十一届三中全会拉开了中国改革开放的序幕，农村开始探索实行以家庭联产承包责任制为主要内容的土地制度改革。

1979 年，党的十一届四中全会通过的《中共中央关于加快农业发展若干问题的决定》指出，“过去我们狠抓粮食生产是对的，但是忽视和损害了经济作物、林业、畜牧业、渔业……是一个很大的教训。”“要有计划地逐步改变我国目前农业的结构和人们的食物构成，把只重视粮食种植业、忽视经济作物种植业和林业、牧业、副业、渔业的状况改变过来。”《决定》同时提出了一系列指导性政策，要求“在抓紧粮食生产的同时，认真抓好棉花、油料、糖料等各项经济作物，实行粮食作物和经济作物并举，农、林、牧、副、渔五业并举”，“不同地区要根据各自的自然条件，宜农则农，宜林则林，宜牧则牧，或者以一业为主，搞好多种经营”。

1979—1980 年，重庆主要在一些地方的大队和生产队，围绕增强自主权和扩大社员的“小自由”，采取隐秘方式，暗中推行分组作业、包产到组、联产到户和扩大社员自留地，个别地方搞了包产到户。从 1980 年至 1981 年初，全市农村围绕要不要普遍推行包产到户问题，开展了一场激烈的争论，从而带来了思想大解放，加快了农村改革的步伐。

1981 年，中央批转了国家农业委员会《关于积极发展农村多种经营的报告》，报告提出“决不放松粮食生产，积极发展多种经营”的方针。这是新中国成立以来我国第一次以中央文件的形式专门对农业生产结构调整做出统一部署。文件针对当时在“以粮为纲、全面砍光”方针下形成的农业生产单一结构，强调进行种植业内部结构调整，要求农业同林业、牧业、渔业和其他副业，粮食生产同经济作物之间保持合理的生产结构，实现农、林、牧、副、渔全面发展。文件指出“多种经营、综合发展，应当作为我国繁荣农业农村经济的一项战略性措施”，为农业结构调整指明了方向。

1982 年开始，中央连续 5 年下发 5 个 1 号文件，进一步确立了农村经济微观经营主体和改善宏观市场环境，极大地解放和发展了农业生产力，释放了多年积累的生产潜力，历史性地解决了长期困扰我国的粮棉等主要农产品严重短缺问题。

到 1984 年，家庭联产承包责任制已经取代集体生产队制度，成为我国农村基本的生产经营制度，为农民发展多种经营、推动农业结构调整奠定了制度基础。

1981—1984 年，全市农村把包产到户作为农业生产的一种基本责任制形式肯定下来加以普遍推广，并在实践中认真总结经验，及时解决实行包产到户、包干到户和联产到户等责任制中出现的新问题。到 1982 年年底，全市农村 99% 以上的生产队都实行了土地公有、包产到户的家庭联产承包责任制。在林业生产方面，全市农村从 1981 年起，按照中共中央和国务院关于保护森林和发展林业若干问题的决定，开展了落实林业“两制”（即林权所有制和林业承包制）的工作。1984 年，重庆市一切有条件的地方，都给农户划了自留地、院林地，落实了责任山。据统计，全市共划自留地、院林地 810 万亩，落实责任山 315 万亩，并发放了林权证。与此同时，还由农户承包了荒山 112. 5 万亩。由于不断推进以家庭联产承包制的改革，充分调动农民发展多种经营的积极性，解放农村生产力，带来了农业超常规的增长，促进了农村经济的迅速发展和农民生活的明显改善，多数农民的温饱问题得到了基本解决。

1978—1985 年，全市粮食生产超常发展，总产量从 814. 71 万吨增加到 1985 年的 948. 97 万吨，7 年增产 134. 26 万吨，粮食实现连续增产，户籍人口人均占有粮食近 342. 8 千克，基本解决了温饱；农民人均纯收入年均由 126. 01 元增长到 625. 24 元，年均增幅高达 14. 5%，农村居民家庭恩格尔系数由 74% 下降到 63. 9% 。

第二节　产业拉动阶段（1985—1992 年）

1985—1992 年，邓小平同志“南巡讲话”期间，重庆市农村按照《关于进一步活跃农村经济的十项政策》（1985年中央1号文件）的规定，着手推进农村各项改革，活跃农村经济。

一、稳定、完善农村双层经营体制

主要是针对第一步改革中土地按人平均承包，地块过分零碎分散和强调分、忽视统以及人口的变化等问题和因素，稳定家庭承包制，本着“大稳定，小调整”的原则，各地在试点基础上，采取“两田制（口粮田、商品粮田）”和“生不补，死不抽”等形式，将农户的土地承包期延长15年以上，并相应地建立和完善了承包合同关系，到1988年，全市农村基本稳定了农民的家庭承包制。与此同时，重庆市针对“市级农科网”因推行家庭联产承包而解体，农民需要提供生产服务的实际，各地按照“稳定机构，充实队伍，增加经费，强化手段”和“服务体系网络化、服务组织实体化、服务内容系列化、服务对象社会化、服务管理规范化”，以及“提高县一级，加强乡一级，发展村一级”与对基层农业服务组织实行“定性、定编、定员、转制”等要求，进行了一系列改革，加强了农业服务体系建设。一是建立健全农业服务组织网络体系。全市农业系统建立起农业服务机构9 408个，服务人员51 651人。其中县级以上的服务机构653个，服务人员7 610人；县辖片区服务机构831个，服务人员3 927人；乡级服务机构7 924个，服务人员40 114人；村级分别设立了农技员，社（队、组）级分别确定了若干科技示范户。二是坚持以本业为主，实行综合经营，不断增强自我积累、自我发展、自我壮大的能力。三是以农业区域开发、重大农业工程、农业试验示范乡（镇）和园区等基本基地，带动面上的服务工作。四是以多种农业科技计划为基本载体，实行农科教、政技务、干技群、权责利相结合的集团式技术承包。五是将各种先进适用技术集成，进行组装配套综合服务，不断提高服务水平。六是利益关系以无偿和有偿为主、实行无偿和有偿服务相结合，以提高服务者和被服务者的积极性，增强双方的责任感。七是农业服务范围，以本行政辖区为主，公开面向社会服务。八是建立健全有关农业服务的法规和规章，推进农业服务规范化、制度化。

二、乡镇企业异军突起

重庆市坚持决不放松粮食生产，积极发展多种经营，大力发展乡镇企业，促进农村经济持续、稳步、协调发展的方针，因地制宜地、积极稳妥地调整农村产业结构。

在城区和工矿区附近，大力发展城市和工矿区所需的各种副食品生产以及为城市工业配套服务和城乡人民生活服务的乡镇企业、第三产业，积极发展出口创汇产品。

我国实行改革开放后至20世纪80年代中期，农村经济的发展主要源自第一产业的增长，农村第二、三产业以社队企业为主，发展相对滞后。1978—1983年，社队企业虽然有了较大发展，但总体规模仍然较小。1984年，中共中央、国务院在转发农牧渔业部《关于开创社队企业新局面的报告》中，把“社队企业”正式改名为“乡镇企业”，并将其范围从过去的公社、大队两级，扩大到乡村企业、农民联合企业、其他形式合作企业和个体企业，对乡镇企业在信贷、财政、税收上给予支持。以此为标志，我国乡镇企业进入了高速发展时期，出现了乡镇办、村办、联户办、互办“四轮驱动”和农业、工业、商业、建筑业、运输业、服务业“六业齐上”的兴旺局面。

宽松的外部环境，使乡镇企业冲破了就地取材、就地生产、就地销售的“三就地”束缚，进入了发展的“黄金时代”。1988年，原重庆市乡镇企业从业人员超过100万人，总产值达到83.2亿元，比1983年增长486.2%，年递增高达42.4%，比前5年增幅高20.1个百分点。1989—1991年，国民经济3年治理整顿期间，全市乡镇企业坚持“调整、整顿、改造、提高”的方针，1989—1990年，的固定资产投资、银行设备贷款均为负增长。一批乡镇企业关停并转，成千上万乡镇企业职工又回到农田，乡镇企业发展速度大大减慢。但是，全市各级党政坚持发展不动摇，积极挖掘潜力，紧中求活，活中求好，苦练内功，调整结构，加强管理，从总体上看，全市乡镇企业虽然发展速度回落，却仍保持了经济总量的稳定增长。1991年，原重庆市乡镇企业总产值达到161.67亿元，3年中，年均递增24.7%，比快速增长阶段回落了17.7个百分点。

乡镇企业异军突起，带动了农业结构调整由农业内部扩展到农业外部，由第一产业扩展到第二、三产业，农村富余劳动力通过“离土不离乡”开始大规模转移，开启了中国特色农村工业化的新路。中国苏南地区通过大力发展乡镇企业，积极探索“以工建农、以工补农”的发展道路，积累了宝贵经验。“苏南模式”找到了在二元结构体制下发展农村经济，以及解决“人往哪里去，钱从哪里来”问题的一条途径。

重庆市在广大的丘陵、河谷、平坝等中郊地区，在稳定粮食生产的前提下，大力发展多种经营和乡镇企业，努力促进农村经济协调发展；边远深丘地区，继续稳步发展粮食生产，积极发展多种经营；山区在稳定粮食生产的同时，坚持以林为主，积极开展综合利用，有计划地开发山区资源。经过调整，全市农村逐步由单一的粮猪型结构，改变为以粮食为基础、乡镇企业为主体、多种经营全面发展的新格局。到1990年，粮、经作物种植面积的比例，由9.2∶0.8调整到了8∶2左右，粮食作物的种植面积下降了10个百分点以上；在农业总产值中，农业产值的比重由1985年的65.5%降到了62.8%，林、牧、副、渔产的比重由34.5%增加到了37.2%。

三、改革农产品统派购制度，培育农产品市场体系

放活农产品流通也为农业结构调整提供了良好的市场条件。1979—1984年，重庆市就已做过多方面的探索。从1979年起，中央实行休养生息的政策，大幅度提高了18种主要农产品的收购价格，至1984年，工业品与主要农产品之间的比价，由接近3∶1缩小到了约2.4∶1；与此同时，逐步开展了农村商品流通体制改革，各地把农村专业户、重点户和联合体作为农村先进生产力的代表加以扶持，鼓励农民经营个体工商服务业，允许长途贩运，允许个人或合股购买机动车船从事运动制，允许雇临工、请帮工、带学徒，并对蔬菜等农产品的购销体制实行了“取消派购，自由购销，多渠道经营，价格全部放开”的改革。1983年，重庆实行市带县体制后，允许农业生产资料经营权和劳力、技术合理流动，允许农民家庭开办小工厂、小作坊，鼓励农民从事商品生产经营活动。

1985年，中国开始了农产品流通体制改革，由统派购改为合同定购与市场收购，实行“双轨制”，全面放开除蚕丝、药材、烤烟外的水果、水产品等132项农副产品市场。农产品流通体制改革进入市场取向的大跨步推进阶段，促进了经济作物、畜牧业、水产业的快速发展，极大地丰富了城乡居民的“菜篮子”。1981—1984年粮食连续丰收，并出现了“卖粮难、打白条”等问题，人们由此以为粮食已经过关，从而开始忽视粮食生产，对此后粮食及农业的稳定发展产生了十分不利的影响，1985—1989年粮食出现连续多年徘徊不前的局面。1985年，全市农村按照中央的要求，改革了农产品统派购制度，全部取消了农产品统派购任务和农业生产指令性计划，只对粮食等个别主要农产品实行统派定购，定购部分按“倒三七”比例计价（即三成按原统购价，七成按原超购价）、定购以外的农产品全部放开，随行就市。这样，农产品价格就由“单轨制”变成了“双轨制”，在整个农村经济中形成了计划经济与市场调节相结合的运行机制，即有计划的商品经济。为了推动农村商品经济的发展，全市选择了80多个重点集镇开展小城镇试点建设，在每个集镇规划建设了集贸市场，并在主城区、县城、重点集镇和主要商品基地附近开辟了农产品批发市场和一批乡镇工业小区。到20世纪90年代初，全市基本形成了一个由中心批发市场、区域性批发市场、专业批发市场和众多集贸市场组成的农村商品市场体系，极大地活跃了农村商品流通。

第三节　市场引导阶段（1993—1998年）

20世纪80年代中期至90年代初期，随着国民经济结构的逐步调整，全市农业生产出现了一定程度的徘徊局面，农产品买难、卖难时有发生，市场价格大幅波动。而农产品的市场需求结构也开始发生

变化，在保证总量增长的同时，进一步调整农产品的品种和品质结构，逐渐成为农业发展的客观需要。同时，市场经济不断发展，确立社会主义市场经济体制的条件逐步成熟。因此，这一阶段的农业结构调整是在社会主义市场经济体制从提出到全面建立的背景下展开的，是中国在初步解决农产品供给短缺以后，面对市场体制的第一次适应性调整。

1992 年，在邓小平同志“南巡重要讲话”和党的十四大精神指引下，重庆农村改革以确立农村社会主义市场经济体制为目标，进入了第三阶段。当年，国务院发布《关于发展高产优质高效农业的决定》，提出“90 年代我国农业应当在继续重视产品数量的基础上，转入高产优质并重，提高效益的新阶段”“不论种植业还是林业、畜牧业和水产业，都要把扩大优质产品的生产放在突出地位，并作为结构调整的重点抓紧抓好”的明确要求。同时指出，“农业结构的调整和优化要以市场为导向；要依靠科技进步发展高产、优质、高效农业；要以发展加工、保险、运输和销售为重点，建立贸工农一体化的经营体制；要进一步改善农业生产条件和基础设施；中央和地方要增加对农业的资金投入，适当调整资金投放结构，增加对高产、优质、高效农业的投入比重。”1993 年，党的十四届三中全会通过的中共中央《关于建立社会主义市场经济体制若干问题的决定》指出，中国农村经济的发展开始进入以调整结构、提高效益为主要特征的新阶段，并强调要适应市场对农产品消费需求的变化，优化品种结构，使农业朝着高产、优质、高效的方向发展。

国务院发布发展高产、优质、高效农业的决定，标志着中国农业结构调整已由过去注重数量向数量、质量和效益并重转变。1997 年，重庆改直辖市建制，各地开始实行打开“城门”，大量农村富余劳动力从“盲流”开始转为有序进城务工，成为产业工人的重要组成部分，为工业化提供了源源不断的劳动力，极大地促进了城乡经济的繁荣和发展。

这一期间，重庆主要着手进行了以下 5 个方面改革调整农业农村产业结构。

一、稳定土地承包权，放活经营权

重庆市在 15 年土地承包期大体到期之时，按照党的十五届三中全会的规定，把农民的土地承包期再延长了 30 年以上；并普遍向农民颁发了相应的土地使用权证。同时，根据农用土地所有权、承包权、经营权适当分离的原则，在坚持集体所有权和农民承包权不变的前提下，本着充分自愿的原则，鼓励有条件的集体、个人、单位采取倒包、转包、租赁等多种形式，大力放活土地经营权，推进土地的规模经营。各地涌现了一些经营耕地上百亩、承包开发荒山万亩、几万亩以至几十万亩的大户或企业，其经营期短的几年，长的达 50～70 年。

二、采取包、租、转、卖等形式，深化区（县）属企业改革

各地针对区（县）国有、集体企业在实行承包经营责任制后普遍存在的短期行为、经济效益差、“挂牌企业”“空壳企业”和“个人发展、集体（国家）负债”等问题，对“挂牌企业”给以正名；对少数承包经营好的企业，进一步完善承包经营合同，继续实行承包经营责任制；对条件好的经营者，实行租赁经营，对个别符合条件的企业，逐步转为股份制；对多数亏损严重、扭亏无望和资不抵债的企业，实行公开拍卖，全市农村只保留了少数国有和集体企业，大部分转为个体私营企业。

三、积极促进农工商结合，发展农业产业化经营

早在 1979 年，重庆就组建了农工商联合公司；20 世纪 80 年代中期，又大力提倡、鼓励、支持各地走种养加、产供销、农工商综合经营之路。在农村改革进入第三阶段之后，各地认真学习推广山东的成功经验，走以市场为导向、生产基地为基础、龙头企业为依托、经济效益为中心、科技服务为手段的农业产业化经营之路。经过不断发展全市农村已在粮食、蔬菜、禽蛋奶、瘦肉型猪、草食牲畜、水产、水果、蚕桑、苎麻、烟草、林竹药茶等方面，积极推进产业化经营。

四、深化农业科研体制改革，促进科研与生产相结合

重庆农业科技体制改革始于20世纪80年代中期，重点放在改进农业技术服务方面。从1992年开始，重庆农业科技体制改革的重点转到了农业科研方面。按照中央“稳住一头，放开一片”的方针，对市属农业科研机构采取了3个方面改革措施：一是建立重点实验室，完善科研手段，提高技术创新能力。基本建成了蔬菜实验室，逐步建立生猪遗传改良实验室，筹备建立水稻、小麦、柑橘、茶叶、林业等实验室。二是根据全市农业生产发展规划，突出农业科研机构自身优势，以项目为手段，调整专业、学科设置、优化资源配置、基本建立起了粮食，蔬菜、畜牧等特色专业学科的框架。三是有计划地实施农业科研机构归并。在科研机构创办科研生产经营实体，实行“一所两制”；对中、小农业科研机构实行股份制管理。

五、改革农产品购销体制，全面放开农产品价格

重庆市于1995年开始深化农产品购销体制改革，除国家参照市场价格保留一定的粮食合同定购外，整个农产品供给一律实行市场调节，较好地促进了农村经济的发展。

这一阶段农业农村经济结构调整取得了突出成效：一是粮食产量在1997年达到历史最高峰1184.63万吨，粮食开始进入总量平衡、丰年有余的阶段。二是畜牧、水产、蔬菜、水果等经济作物以及农产品加工业快速发展，特色农业的生产格局初步形成。三是农村第二、三产业特别是乡镇企业等非农产业超常发展，工资性收入成为农民增收的主要渠道，1993—1998年农民年人均纯收入增长高达19.2%。

第四节　战略性调整起步阶段（1999—2001年）

20世纪90年代中后期，粮食等农产品连年丰收，农业发展出现了一些新的矛盾和问题：一方面，多数农产品供过于求，一些农产品大量积压，价格持续低迷，增产不增收的现象严重；另一方面，农业生产结构性矛盾突出，农产品品种不够丰富，优质农产品相对不足。农业发展由受资源约束转变为受资源和市场双重约束。1998年年底，中央在科学分析农业和农村经济发展现状的基础上，作出了中国农业和农村经济发展进入新阶段的重要判断，并提出新阶段的中心任务是对农业和农村经济结构进行战略性调整。2000年，重庆市委、市人民政府下发了《关于农业农村经济结构调整指导意见》《关于推进农业农村经济结构调整若干政策措施》，提出放活土地经营权，建立健全土地流转机制；大力开拓市场，搞活农产品流通；积极推进农业产业化经营，大力发展龙头企业；加强农业基础设施建设和生态环境建设；大力发展农村第二、三产业，加快农村非农化步伐；实施城镇带动战略，加快城镇化进程；全面实施“科教兴农”战略；加快农村信息网建设；进一步扩大对外开放，发展外向型农村经济；多渠道加大对农村经济结构调整的投入等十大推进措施。市级有关部门修订和完善了粮油、多种经营、畜牧、水产、林业、乡镇企业结构调整规划和实施方案，并采取召开座谈研讨会、经验交流会、现场会和培育典型等形式，对各地进行分类指导。全市农业和农村经济结构调整进入全面实施阶段。一是小春生产结构调整突出抓减粮增油；二是大春生产结构调整突出抓提高品质；三是畜牧业结构调整突出抓品种改良；四是大农业结构调整突出抓农业产业化经营。

在这一阶段，随着主要农产品供给基本实现由长期短缺到总量大体平衡、丰年有余的历史性转变，农民收入问题显得更加突出，增产不增收成为主要矛盾，所以农业生产更强调适应市场的需求，核心是要发展优质、高产、高效、生态、安全农业；农业经营方式更强调产业化和农产品加工，一大批龙头企业崛起，带动了订单农业、加工型农业的发展；由于乡镇企业进入产业升级阶段，更多的农村劳动力直接进入城市，成为城市发展的生力军；农业生产与环境的关系也进入了一个大调整的时期，农业结构调

整注重生态建设，实行退耕还林、退耕还湖、退牧还草，加强大江大河防洪设施等建设。

在农业区域布局上，中央提出要发挥区域比较优势，调整和优化农业区域布局，并根据各区域的特点作出部署。全市按照坚持统筹规划、分类指导的原则，合理布局生产力，因地制宜发展各具特色的农村经济。主城区主要围绕为城市经济和人民生活服务，突出都市中心区的产业特色，重点发展以设施农业、高效农业为主的都市型农业，率先实现农业现代化；依托大专院校和科研单位，高起点发展乡镇工业和第三产业，发挥对周边地区的带动作用。城市郊区主要发挥区位优势，发展科技含量高、品质优良的农产品基地；发展为城市大工业配套的加工业和农业产业化龙头企业；发展与城市大流通接轨的第三产业，加速推进农业现代化、农村工业化和城镇化。山区和丘陵地区侧重发挥资源优势，深度开发农业资源、矿产资源、水能资源和旅游资源，发展立体农业，发展林特产品和节粮型牲畜，围绕农业产业化经营发展农产品加工、运销、储藏和保鲜，加速资源转化，加快脱贫致富奔小康步伐。三峡库区主要是抓住移民迁建的机遇，大力调整和优化农村经济结构，发展高效生态农业，建设各种农牧渔业产品生产基地，发展无污染的加工业、旅游业和中小城镇，形成库区特色经济带。

按照重庆改直辖市以来“改造提高第一产业，壮大优化第二产业，加快发展第三产业”的农业及农村经济结构调整思路，农业和农村经济结构调整取得了阶段性明显成效，市农村经济的整体素质和效益有所提高，农村经济步入持续健康发展的轨道。到重庆直辖市5周年前夕，2001年全市农村经济总量（即县以下GDP）达到667亿元，比直辖市第一年的1997年增长25%，年递增5.7%。农业生产在遭受连年自然灾害的情况下，获得较好收成，农、林、牧、渔业全面发展，农业总产值（1990年不变价）由1996年的221.3亿元增长到2001年的240.9亿元，增长8.9%。粮食生产一直稳定在1 000万吨的总水平以上，其中1997—2000年均在1 100万吨以上。2001年重庆市遭受冬干春旱、夏旱连伏旱的影响，粮食总产仍达1035万吨，粮食基本上总量平衡自给有余。以生猪为主的畜牧业得以长足发展，畜牧业总产值到2001年达92.2亿元，比1996年80.1亿元增长15.1%，成为全市农业的支柱产业之一。2001年全市肉类总产量达147.87万吨，比1996年129.94万吨增长13.8%。2001年出栏肥猪1 746.85万头，比1996年增长6.7%，户均出栏生猪已达2.5头。全市乡镇企业抓住第二次创业的大好机遇，加快发展，企业个数由1996年的6.7万个发展到2000年年底的10.7万人，特别是农村个体私营企业迅猛发展，个体私营企业占乡镇企业总数的90%以上。乡镇企业人数达到156万人，为就地转移农村富余劳动力，增加农民收入起到了十分重要的作用。2001年重庆市乡镇企业完成增加值273.8亿元，比1996年的102.9亿元增长了1.7倍，实现利税68.56亿元，比1996年的27.55亿元增长1.5倍，有力地推动了重庆市农村经济总量的增加和农村经济综合实力的增强。

第五节　战略性调整深入推进阶段（2002—2015年）

2001年11月，中国正式加入世界贸易组织，农业产业结构调整受国际市场的影响越来越明显，暴露出来的问题越来越突出。首先是粮食安全再次提到重要议事日程，其次是农业产业竞争力的问题受到高度关注。在国际国内两个市场的激烈竞争中，中国土地密集型的大宗农产品受到了较大的冲击和挑战；而劳动密集型的园艺产业、水产业以及部分养殖业表现出较强的竞争优势。针对这些问题，中央开始对农业与国民经济的关系进行重大的、历史性的调整，对农业、农村和农民问题的关注和重视程度空前提高，先后提出了“重中之重”的基本要求，明确了“统筹城乡”的基本方略，作出了“以工促农、以城带乡”的基本判断，制定了“多予少取放活”和“工业反哺农业、城市支持农村”的基本方针，并于2004—2015年连续12年出台了12个指导“三农”工作的中央1号文件，采取了一系列更直接、更有力、更有效的支农惠农政策和措施，以促进粮食生产迅速恢复，保持农民收入较快增长，为深化农业结构战略性调整、加快传统农业向现代农业转变提供了强大的理论支撑和政策支持。

特别是党的十八大以来，中央提出坚持走中国特色新型工业化、信息化、城镇化、农业现代化道路的“四化同步”的战略决策，“形成以工促农、以城带乡、工农互惠、城乡一体的新型工农、城乡关系”。这是十六大以来党中央先后提出统筹城乡发展、“三化同步”推进之后，在探索和解决工农、城乡关系方面的又一重大决策，既反映了广大人民对于国家发展的新期待，更体现了执政党洞察国情、与时俱进的创新精神。党中央始终坚持新发展理念，坚持把解决好农业、农村、农民问题作为全党工作重中之重，推动“三农”工作实践创新、理论创新和制度创新。在全党全国上下的共同努力下，农业农村发展经受了各种风险挑战的考验，取得了历史性的巨大成就。一是坚持做好农村改革的整体谋划和顶层设计，深化农村综合改革，为农业农村发展注入了强大的内生动力。二是坚持统筹城乡发展的基本方略，坚持把“三农”作为公共财政的支出重点，优先保障“三农”投入稳定增长。三是坚持绿色生态可持续的发展取向。树立“绿水青山就是金山银山”的强烈意识，提出把农村生态文明建设放在一个更加突出的位置，推进农业清洁生产，实施“藏粮于地、藏粮于技”战略，把中国人的饭碗牢牢端在了自己的手上，严守耕地红线，提出要像保护大熊猫一样保护耕地，全面划定永久基本农田，全面保护天然林，集中治理农业面源污染和生态突出问题。

这个时期，重庆农业和农村经济发展最突出的问题仍然是经济结构不合理，它是导致农民增收困难的最主要因素。重庆市委、市人民政府也相继出台了一系列强农惠农富农政策。

2004 年，重庆市委、市人民政府相继印发《关于贯彻中共中央　国务院〈关于促进农民增加收入若干政策意见〉的意见》和《关于实施百万农村劳动力转移就业工程的意见》。

2005 年，重庆市委二届七次全会专门研究“三农”工作，会后印发《关于统筹城乡发展加快农村全面建设小康社会步伐的决定》，提出坚持统筹城乡发展的基本方略和“三百促三化，三化促三农”的总体方针，围绕经济结构调整，提高农业综合生产能力，促进农民收入增长。制定了一系列扶持“三农”的政策措施：一是落实“一免、三补”政策（免农业税及附加，种粮补贴、农机购置补贴、农民技能农业科技培训补贴）；二是提高市级财政农业投入、农业基建、农业贷款投放、农村社会事业投入比重；三是开展养老、医疗、最低生活保障体系建设试点。为适应农村经济发展的新形势，大力提高农民在农业产业化经营中的组织化程度和市场竞争力，进一步促进农业增效、农民增收。同年 9 月，市人民政府印发《关于加快发展农村合作经济组织的意见》，鼓励支持全市各类专业合作社、专业协会、综合服务组织发展。

2006 年，市委、市人民政府印发《关于统筹城乡发展推进社会主义新农村建设的意见》，启动实施“千村推进百村示范工程”（以下简称“千百工程”）和深入推进“农业产业化百万工程”“百个经济强镇工程”“百万农村劳动力转移就业工程”（以下简称“三百工程”）为载体，集合全市各方力量，既快又好地建设“生产发展、生活宽裕、乡风文明、村容整洁、管理民主”的社会主义新农村。

2007 年，市委、市人民政府印发《关于以发展现代农业增加农民收入为首要任务扎实推进社会主义新农村建设的意见》，提出以“三百”促“三化”为主线，走产业化提升农业、工业化繁荣农村、城镇化减少农民的路子，努力推动农村经济社会全面进步。

2008 年，市委、市人民政府印发《关于进一步促进农业发展增加农民收入的意见》，提出紧紧围绕促进农民增收和保障主要农产品供给这一目标，突出抓好农业基础建设、产业优化升级、农民转移就业、改善农村民生、生态文明建设五大任务，全面深化土地流转制度、农业投融资体制、农村产权制度、农产品流通体制、农业服务体系 5 项改革，推动农业农村又好又快发展。

2009 年，市人民政府印发《关于 2009 年农业农村工作意见》，提出加快推进农业产业化经营，大力发展农村第二、三产业，促进农民就业创业，调整农村经济结构，促进农民持续增收。

2010 年，市委、市人民政府印发《关于推进城乡统筹夯实农业农村发展基础的意见》，提出顺应工业化、城镇化发展的新形势，以统筹城乡发展、夯实农业农村基础为主题，以发展现代农业、扎实推进社会主义新农村建设为总揽，以深化农村改革、解决农民工问题为突破，以壮大县域经济、推进“两翼”振兴为抓手，按照稳粮保供给、增收惠民生、改革促统筹、强基增后劲的基本思路，毫不松懈地

抓好“三农”工作，促进农村经济社会又好又快发展。农业产业结构上，提出稳定粮油生产，做强主导产业，提升特色产业，壮大龙头企业的措施，发展现代特色农业。

2011 年，市人民政府出台《关于加快建设现代农业努力增加农民收入的意见》，提出贯彻市委三届八次全委会议精神，牢固树立“重中之重”战略思想，按照在工业化、城镇化深入发展中同步推进农业现代化的要求，大兴水利强基础，狠抓生产保供给，力促增收惠民生，着眼统筹添活力，加大强农惠农力度，促进农村社会和谐发展；要稳定发展粮油生产，抓好“菜篮子”产品生产，培育壮大特色产业，确保农产品安全有效供给。

2012 年，市人民政府印发《关于加快发展特色效益农业的意见》，提出要紧紧围绕“科学发展、富民兴渝”的总任务，大力实施“一统三化两转变”战略，坚持以市场为导向，以科技为支撑，以提高资源利用率、土地产出率和劳动生产率为重点，着力优化农业区域结构、品种结构和产业结构，着力推动农业产业化经营，着力构建城乡一体的农产品交易市场体系，着力强化农业基础设施建设，大力培育具有市场竞争力的农业支柱产业和优质名牌农产品，努力把重庆建设成为西部地区特色效益农业高地。要推进农业区域化布局，优化农业产业结构，建设优势产业基地，健全农产品市场体系，深入推进农业产业化。同年 9 月，市委、市人民政府印发《关于推进农业现代化的若干意见》，提出要全面落实中央关于“在工业化、城镇化深入发展中同步推进农业现代化”的战略部署，深入贯彻重庆市第四次党员代表大会精神，提出了以下 8 个方面 32 条政策措施：推进农业产业化，加快构建现代农业产业体系；推进技术集成化，切实增强农业科技支撑；推进农业信息化，全面活跃农产品市场流通；推进发展机制科学化，不断深化农村改革；推进基础设施配套化，努力改善农村面貌；切实加强对农业现代化建设的组织领导。

2013 年，市委、市人民政府印发《关于 2013 年农业农村工作的意见》，提出要大力发展特色效益农业，推进“两翼”扶贫攻坚，强化农业基础支撑，着力构建集约化、专业化、组织化、社会化“四化”相结合的新型农业经营体系，城乡一体化发展有新进展，农村面貌有新变化，为全面建成小康社会奠定坚实基础；要发展优势特色产业，建设现代农业园区，着力发展农村第二、三产业，促进农民就业创业，促进农民收入快速增长。

2014 年，市委、市人民政府印发《2014 年农业农村工作意见》，提出要突出“保供给”和“促增收”两大任务，积极稳妥推进农村改革，大力发展特色效益农业，扎实推进新农村建设，实现农业稳定增产、农村持续发展、农民收入与经济增长同步，为促进经济社会持续健康发展提供基础保证；要抓好“米袋子”和“菜篮子”，发展优势特色产业，延伸农业产业链条，拓宽农民增收渠道，努力确保市场供给，促进农民稳定增收。

2015 年，市委、市人民政府印发《关于 2015 年农业农村工作的意见》，提出要根据重庆的资源禀赋、发展基础、功能定位和比较优势，深入推进农业结构调整，优化农业区域布局，构建优势农产品产业体系，推进农业产业化发展，提高农业组织化水平，发展农业适度规模经营；要大力发展特色效益农业，推动农业由主要追求产量向数量质量效益并重转变。

在中共中央、国务院和重庆市委、市人民政府的政策引领下，全市农业农村经济结构调整扎实推进。

2001—2005 年“十五”期间，市委、市人民政府把加快农业发展和扶贫攻坚作为全市四大任务之一，并放到全局工作的突出位置，针对农产品供过于求、价格下跌以及农民增收减缓等问题，大力推进农业农村经济结构战略性调整。其结构调整的方向和工作重点有如下 5 个方面：一是实施四大良种工程，带动农产品品种品质结构调整；二是实施“农业产业化十个百万工程”带动农村产业结构战略性调整；三是实施城镇化战略带动城乡结构调整；四是实施农村劳动力转移战略带动就业结构调整；五是培育区域特色经济带动区域布局结构调整。通过结构调整，全市农产品短缺时代结束，培育形成有市场竞争优势的一批特色产业、特色产品、龙头企业，壮大一批特色小城镇的经济实力，提高农民在非农产业中的就业比重和增收比重。这一时期的结构调整取得突出成绩，农民负担明显减轻，农民收入大幅度增加，农村整体越温达标，农民基本实现小康。2005 年，全市农村经济中第一产业占43%，比2000 年下降10 个百分点，第二、三产业分别提高 12 个和 3 个百分点。农、林、牧、渔业结构从 2000 年的 63.9：2.7：30.9：2.5，调整为2005 年的55.2：3.1：38.3：3.5，粮经结构由 2000 年的 80.6：19.4 调整到 2005 年的 72.9：27.1。农业劳动力占农村劳动力的比重下降到 56.5%，农村从事第二、三产业的人员已达 560 万人，比 2000 年的 431 万人增加 129 万人，农村三次产业从业人员比例由 2000 年的 75：9：16 变为 2005 年的 59：15：26。

从 2004 年开始，中央支持“三农”发展的政策力度空前加大。中共中央、国务院作出了“两个趋向”和总体进入“以工促农、以城带乡”新阶段的论断，提出了“工业反哺农业、城市支持农村”的方针，推出了“两减免”“三补贴”等新阶段加快农业农村发展的一系列重大战略决策。这一阶段，重庆市委、市人民政府始终牢记中央交办的“四件大事”，坚持以科学发展观为指导，将“三农”工作作为重中之重，深入实施“农业产业化百万工程”“百个经济强镇工程”“百万农村劳动力转移就业工程”“千村推进百村示范工程”，积极探索大城市带大农村的路子，千方百计增加农民收入，全市农业农村经济加快向小康目标迈进。

强农惠农富农政策持续发力，在实施“十一五”计划（2006—2010 年）的 2007 年，重庆直辖市成立 10 周年时，全市农业农村经济实力明显增强。重庆市粮食、油料、蔬菜、肉类等产量和人均占有量均大幅增加，实现了总量平衡、丰年有余。全市实现农村经济总量 1 429 亿元，与 1978 年相比，增长近 30 倍。农民年人均纯收入达到 3 509 元，比 1978 年增长了 26.8 倍，年平均增长 12.2%。农村绝对贫困人口由 1997 年的 366 万人减少到 50 万人。农村经济结构调整日趋合理，呈现出结构不断优化，层次不断提升的发展趋势。2007 年，全市农村经济总量中三次产业比例分别为 35.1：40.5：24.4，第二、三产业比重为 64.9%。农、林、牧、副比为 55.7：3.6：36.7：2.61，与 1978 年相比，种植业比重下降 16.8 个百分点，畜牧业比重增长 15.5 个百分点。

在通过实施“十一五”计划后 3 年时期，全市农村工作思路不断完善、统筹城乡改革深入推进、农村基础设施加快建设，现代农业加快发展、新农村建设扎实推进、农村民生不断改善。农业综合生产能力稳步提升。2010 年，全市粮食总产量达到 1 156.1 万吨，主要经济作物生产能力明显提高，全市蔬菜、水果、茶叶总产量分别达到 1309.5 万吨、238.5 万吨、2.52 万吨，比 2005 年分别增长 47.1%、54.3% 和 52.7%。畜牧业保持健康发展态势，全市肉类总产量达到 192.5 万吨，比 2005 年增长 7.9%。渔业保持快速发展，全市水产品总产量达到 28.2 万吨。主要农产品品种丰富，基本保证了市场供给，农业农村经济增量提质。“十一五”期间，全市农村经济总量不断增大，综合实力显著增强。2010 年，全市农村经济总量达到 2 100 亿元，比 2005 年增长 90.9%；农林牧渔总产值 1 020.2 亿元，比 2005 年增长 54.1%；农村工商企业增加值 545 亿元，比 2005 年增长 2 倍，对全市 GDP 增长的贡献率超过 30%；农业增加值达 685.4 亿元，比 2005 年增长 49.1%。农业和农村经济结构明显优化。农村经济总量中第一产业占 33%，比 2005 年下降 5 个百分点，第二、三产业所占比重分别提高 2 个和 3 个百分点。农业结构进一步优化，农林牧渔业比重由 63.9：2.7：30.9：2.5 调整到 54.1：3.4：40.1：2.4。农村居民年人均纯收入达到 5 276.7 元，比 2005 年净增 2 467.4 元，增长 87.8%，“十一五”期间年均增长 13.4%。农村贫困地区群众生产生活条件明显改善，农村贫困人口由 2005 年的 218 万人下降到 2010 年的 158 万人，其中绝对贫困人口由 55 万人下降到 45 万人。

“十二五”期间（2011—2015 年），全市农业农村正发生深刻变化，呈现出一些新的阶段性特征：农村改革全面深化，产权日益明晰，存量资源逐步盘活，其成为农业农村发展的新动能；农业生产经营正由分散型小农经济向集约化、专业化、组织化、社会化方向转变，新型农业经营主体大量涌现，成为现代农业发展的新力量；农业发展正由“生产导向”转向“消费导向”，农业农村需求结构、供给模式、经营方式加速变化，产业链朝着多功能、开放式、综合性方向延伸，第一、二、三产业跨界融合加快，正成为农村经济新的增长点；城乡互动频繁，农民工进城和城市工商资本下乡势头强劲，城乡资源、要素、技术、市场等需求整合集成和优化重组，成为农业农村发展的新源泉；农业加快融入国际国内大市场，两个市场、两种资源相互作用，农产品供需关系和农业产业结构深度调整，成为农业农村发展的新动因；大数据、云计算、互联网广泛应用，深刻改变农产品传统营销模式，销售渠道更广、时空距离更长，成为农业农村发展的新动力。2015 年，全市农、林、牧、渔业总产值达 1 738. 15 亿元，实现农、林、牧、渔业增加值 1 168. 67 亿元；农村常住居民人均年可支配收入从 2010 年的人均 5 277 元增加到 2015 年的 10 505 元，高于同期城镇居民收入增速，收入列西部地区第二位、全国第二十位；城乡居民收入比缩小到 2. 59：1，农村居民恩格尔系数降到 40%；累计减少贫困人口 102 万人；深入开展粮食高产创建，大力推动绿色增产模式攻关，不断优化粮食生产结构，粮食产量 1 154. 9 万吨，创“十二五”新高，粮食产量连续 8 年保持在 1 100 万吨以上，“米袋子”更加殷实。根据市场需求和资源禀赋，在确保“口粮安全”的前提下，优化种养结构、产品结构和区域布局，粮食作物与经济作物的比例调整到57：43。

第二章 结构调整

随着改革开放的深入推进、国民经济的不断发展以及农业农村发展方针的逐步调整，按照中央决策和重庆市委、市人民政府部署，全市始终把农业农村结构调整作为促进农业和农村经济发展的重大举措，优化农业生产布局，统筹农业农村各业协调发展，拓宽农业发展领域，提升农业发展水平。改革开放以来，重庆农业农村发生历史性变革，取得历史性成就。农村经济发生历史性巨变，主要农产品供给、农村居民收入、农村面貌、农业经营体制均发生历史性巨变。与改革开放初期相比，重庆市种植业突破了单纯“以粮为纲”的僵化思维，粮食作物、经济作物和其他作物的发展趋于协调；农业内部突破了以种植业为主的单一格局，农、林、牧、渔各业得到全面发展；农业生产布局趋于合理，农产品品质明显提高；农村产业结构不断优化，改变了发展不均衡状况；农业产业化经营快速发展，农产品加工业迅猛增长；农村劳动力转移步伐加快，农民就业和增收渠道不断拓宽。特别是近年来，全市山地特色高效农业既有量的集聚，又有质的提升，以区域化、优质化、产业化为标志的农业发展新格局正在加快形成。

第一节　农村产业结构调整

农村产业结构是农村各产业部门的构成及其相互关系。调整农村产业结构是时代的要求，也是农民利益自身的要求。重庆市农村产业结构演化进程贯穿于全市产业结构演化历程。

一、第一产业在国民经济中的结构演变

纵观新中国成立以来重庆市产业结构的变化过程，结合各产业不同发展状况，其变化过程可划分为4个阶段。

第一阶段，1950—1970年。全市经济结构呈现以“一、二、三”为主的局面。这个阶段，GDP年均增速为4%，其中第一产业增加值年均增长0.4%，第二产业增加值年均增长9.7%，第三产业增加值年均增长4.3%。全市经济以第一产业为主，第二、三产业虽发展较快，但基础较弱。由于第一产业较大的基数和较慢的增速，导致GDP增速较慢。

第二阶段，1971—1983年。全市三次产业增加值比重呈现“二、一、三”结构。这个阶段，GDP年均增长7.6%，其中第一产业增加值年均增长4.5%，第二产业增加值年均增长9.5%，第三产业增加值年均增长9.1%。特别是1978年改革开放以来，全市第一产业增加值比重出现缓慢增长，从1978年

的34.6%增长到1983年的最高峰37.9%。这个阶段影响全市经济发展和产业结构变化的内外环境发生了很大变化，主要体现在两个方面：一是伴随着全市行政区划的调整、经济体制和政治体制的全面改革，对产业结构的变化产生了越来越大的影响；二是经济发展是在开放中进行，市外和国外因素对产业结构的变化也产生了直接影响。

第三阶段，从1984—1991年。三次产业增加值比重仍继续保持“二、一、三”结构，但第三产业得到了较快发展，第一产业比重开始明显下降。这一阶段，第三产业增加值年均增长11.8%，高于GDP年均增速3.4个百分点，第二产业增加值年均增长8.8%，第一产业增加值年均增长5.6%。第三产业增加值比重从1984年的21.4%上升到1991年的29.5%，第一产业增加值比重由1984年的35.8%下降到1989年的最低值27%，到1991年略回升到29.3%，第二产业增加值比重没有明显变化。这个阶段就业结构的变化特点是：第一产业就业比重略有下降，其他两个产业略有上升，说明第一产业的剩余劳动力正在向其他两个产业进行缓慢转移。农业和消费品工业的发展，使人民生活基本解决了温饱问题。这时，就业压力和第三产业发展不足的矛盾开始显现，社会资源的配置转向第三产业，促进了第三产业的发展。

第四阶段，1992—2015年。产业结构进一步优化，产业结构发生了质的转换。其中1992—1997年重庆直辖后建制时，第一产业比重在20%以上，表明产业结构处在经济发展较低水平。1998—2007年重庆成为直辖市10年期间，产业结构虽然处于比较“高级”的阶段，但这与经济快速发展期需第二产业拉动的经济特点不符，经济发展后劲不足。2008—2015年，全市产业结构发生重大转变，呈现“三、二、一”结构，第一产业比重降到10%以下，2015年比1996年下降了14.6个百分点，经济发展水平明显提高，产业结构更加合理，产业发展更加协调，更符合本阶段全市经济发展特点，为经济持续健康发展带来充足动力。影响这一阶段产业结构变化的原因，除了市场经济规律对产业结构变动的影响作用外，随着全市经济对外开放程度的提高，外资和外国先进技术对全市产业结构优化起了一定推动作用。1978—2015年重庆市地区生产总值构成情况见表4-2-1。

表4-2-1 1978—2015年重庆市地区生产总值构成情况表

年份	生产总值	第一产业		第二产业		第三产业	
	产值（亿元）	产值（亿元）	占比（%）	产值（亿元）	占比（%）	产值（亿元）	占比（%）
1978	71.70	24.81	34.6	34.46	48.1	12.43	17.3
1979	80.98	28.79	35.6	38.21	47.2	13.98	17.2
1980	90.68	32.57	35.9	42.42	46.8	15.69	17.3
1981	97.20	36.32	37.4	43.69	44.9	17.19	17.7
1982	108.08	40.62	37.6	47.14	43.6	20.32	18.8
1983	120.01	45.44	37.9	50.56	42.1	24.01	20.0
1984	141.64	50.66	35.8	60.63	42.8	30.35	21.4
1985	164.32	53.73	32.7	73.49	44.7	37.10	22.6
1986	184.60	60.06	32.5	81.38	44.1	43.16	23.4
1987	206.73	62.69	30.3	90.77	43.9	53.27	25.8
1988	261.27	75.00	28.7	117.61	45.0	68.66	26.3
1989	303.75	81.99	27.0	135.84	44.7	85.92	28.3
1990	327.75	100.40	30.6	135.62	41.4	28.0	
1991	374.18	109.49	29.3	154.00	41.2	110.69	29.5
1992	461.32	117.28	25.4	194.40	42.1	149.64	32.5
1993	608.53	141.99	23.3	272.17	44.7	194.37	32.0

（续）

年份	生产总值	第一产业		第二产业		第三产业	
	产值（亿元）	产值（亿元）	占比（%）	产值（亿元）	占比（%）	产值（亿元）	占比（%）
1994	833.60	196.19	23.5	376.75	45.2	260.66	31.3
1995	1 123.06	264.19	23.5	492.67	43.9	366.20	32.6
1996	1 315.12	287.56	21.9	568.99	43.3	458.57	34.8
1997	1 509.75	307.21	20.3	650.40	43.1	552.14	36.6
1998	1 602.38	300.89	18.8	675.64	42.2	625.85	39.0
1999	1 663.20	286.16	17.2	697.81	42.0	679.23	40.8
2000	1 791.00	284.87	15.9	760.03	42.4	746.10	41.7
2001	1 976.86	294.90	14.9	841.95	42.6	840.01	42.5
2002	2 232.86	317.87	14.2	958.87	42.9	956.12	42.9
2003	2 555.72	339.06	13.3	1 135.31	44.4	1 081.35	42.3
2004	3 034.58	428.05	14.1	1 376.91	45.4	1 229.62	40.5
2005	3 467.72	463.40	13.4	1 564.00	45.1	1 440.32	41.5
2006	3 907.23	386.38	9.9	1 871.65	47.9	1 649.20	42.2
2007	4 676.13	482.39	10.3	2 181.82	46.7	2 011.92	43.0
2008	5 793.66	575.40	9.9	2 586.58	44.6	2 631.68	45.5
2009	6 530.01	606.80	9.3	2 938.67	45.0	2 984.54	45.7
2010	7 925.58	685.38	8.6	3 531.10	44.6	3 709.10	46.8
2011	10 011.37	844.52	8.4	4 462.81	44.6	4 704.04	47.0
2012	11 409.60	940.01	8.2	5 174.81	45.4	5 294.78	46.4
2013	12 783.26	1 002.68	7.8	5 812.29	45.5	5 968.29	46.7
2014	14 262.60	1 061.03	7.4	6 529.06	45.8	6 672.51	46.8
2015	15 717.27	1 150.15	7.3	7 069.37	45.0	7 497.75	47.7

二、农村产业结构调整演变

新中国成立以来，伴随着重庆市国民经济的发展，重庆农村产业结构发展变化大致可分为以下 3 个历史时期。

（一）1949—1978 年缓慢变动时期

农村产业结构在第一个时期的基本特点是单一的种植业结构。新中国成立初期，农村产业部门主要是农业，而农村工业和农村商业却很少，主要是一些小商贩、小手工业和农村的作坊。在农业中仅以种植业为主，在种植业中又以粮食作物为主。林、牧、渔业没有应有的发展，必需的工业和副业比重很小，历史形成的“农业 = 种植业 = 粮食”的单一农村产业结构基本上没有变化，整个农村产业结构处于极不合理的状态。与新中国成立时的农村产业结构相比，这一时期虽然有了一定程度的缓慢变化，但农村产业结构中农业一直处于绝对主导地位，第二、三产业在农村经济中所占的比重很低，只是作为农业的必要补充而存在。

（二）1979—1990 年开始形成和逐步完善时期

第二个时期改变过去“重农型”的状况，形成了农、林、牧、副、渔并举，以农村工业为龙头，

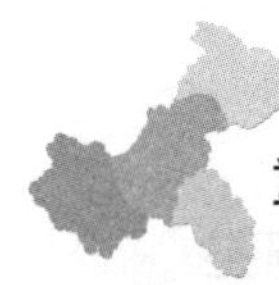

全面发展农村产业结构的新格局。党的十一届三中全会以后，党和政府的工作重心转移到经济建设上来，农村经济得到了迅速发展，农村产业结构进入了变革阶段。以家庭承包经营为主的多种形式的责任制为开端的经济体制改革，突破了单一种植业的格局，彻底改变了农村经济的微观运行基础，调动了农民生产的积极性，促进了农村专业化、商品化和社会化程度的提高，推动了农村产业结构的变化。随着城市改革的启动和市场机制的深化以及城市和农村消费结构的变化，农村第二、三产业加速发展，农村产业结构逐渐有了调整，使农村产业结构在逐步满足人们基本需要的同时，向农产品优质化、工业消费品优质化的方向发展。

1987 年，为实现农村经济的持续稳定协调发展，全市农村经济继续坚持走“四个稳定、三个发展、两个控制、一条途径”的路子，进一步积极稳妥调整农村产业结构。在整个农村经济中，乡镇企业的总产值首次超过了农业总产值，在农村社会总产值中的比重由 48.98% 上升到 55.25%，其中农村工业、建筑业、运输业和商业的总产值增长了 26.6%，所占比重由 36.5% 上升到 39.9%。向乡镇企业新转移农业劳动力 11.53 万人，使乡镇企业的从业人员在农村劳动力总数中的比重增加了 2%。

到“七五”末的 1990 年，全市实现农村社会总产值 151.10 亿元，农业总产值完成 42.46 亿元（按 1980 年不变价计算）。乡镇企业在调整中继续发展，完成总产值 83.12 亿元，“七五”期间与“六五”相比，增长 2.1 倍，年递增 25.4%；乡镇企业总产值占全市农村社会总产值的比重上升到 55.01%；乡镇企业从业人员达 122.64 万人，占农村劳动力的比重由“六五”期末的 16.5% 上升为 20.7%。

（三）1991 年以来全面调整时期

第三个时期是由于农村产业结构面临新挑战而进行全面调整的时期。为适应中国经济“三步走”战略目标的实现和世界产业结构的变化，尤其是 2001 年中国加入了世界贸易组织，农村产业结构更加需要作出相应调整。进入 20 世纪 90 年代以来，重庆市农村劳动力和产值的分布状况是：从相对值角度和劳动力分布情况来看，第一产业的占比呈下降趋势，第二、三产业占比呈上升趋势，第三产业上升趋势更为明显；从产值状况来看，第一产业的比重在降低，第二、三产业的比重在上升，尤其是第二产业在产值等方面已经成为农村第一大产业。

在 1996 年 10 月，重庆市对四川省万县市、涪陵市、黔江地区实施代管后不久，市委、市人民政府组织力量研究和制定《重庆市农村经济发展战略规划》。1995 年，全市农村社会总产值（1995 年现价）1 406.3 亿元，第一、二、三产业结构比为 28.89∶53.16∶17.95，第一产业比重大，第二、三产业明显滞后，农村工业化才刚刚起步，仍然处于落后状态。乡镇企业规模小，产品档次低，效益差。除乡镇企业产值居全国中间位置外，其他主要指标大多处于全国中下水平。1995 年，全市乡镇企业人均固定资产原值 455 元，仅为全国平均（1 480 元）的 30.74%；人均营业收入 3 238 元，比全国（3 506 元）少 268 元；全国最大规模千家企业中，重庆仅占 2 家；全国最大利税千家企业中，重庆仅有 3 家；进入国家大型乡镇企业行业的 4 531 家企业中，重庆仅有 13 家；全国年营业收入超亿元的 5 824 家企业中，重庆仅有 8 家。在全国乡镇企业 12 个主要效益指标中，重庆处于中间水平的只有 2 个，处于中偏下水平的 3 个，处于后进水平的 7 个，与江苏、山东等发达省份比较，差距更大；乡镇企业主要经济指标在全市国民经济相应指标中所占比重小，与全国平均水平比差距大。重庆与发达省份农业农村经济的差距，主要在于乡镇企业发展上。详见表 4-2-2。

表 4-2-2　重庆市 1995 年乡镇企业主要指标与全国比较表

指标	重庆	全国
乡镇企业从业人员（万人）	243.45	12 862.1
占农村劳动力比重（%）	18.1	28
从业人员平均工资（元）	3 022	3 553

（续）

指标	重庆	全国
乡镇企业增加值（亿元）	151.2	14 595
占国内生产总值比重（%）	14.92	25.28
乡镇企业工业增加值（亿元）	92.1	10 804
占工业增加值比重（%）	21.54	44
乡镇企业上缴国家税金（亿元）	12.7	1 280
占税收总额比重（%）	17	25

1997—2007年重庆直辖市的10年间，农村经济总量持续增长，主要得益于乡镇企业持续快速健康发展和农业产业化经营步入快车道。乡镇企业抓住西部大开发的第二次创业机遇，加快发展中小企业，企业个数由1996年的6.7万个发展到2006年年底的7.6万个，特别是农村个体私营企业的迅猛发展，个体私营企业占乡镇企业总数90%以上。乡镇企业从业人数达到205.6万人，为就地转移农村富余劳动力、积累农村经济实力、增加农民收入起到了十分重要的作用。2006年，全市乡镇企业完成增加值858.9亿元，比1996年增长了7.34倍；实现利税229.8亿元，比1996年增长7.34倍，有力地推动了农村经济总量的增加和农村经济综合实力的增强。

2006年，全市农村经济总量达到1 201亿元，是1996年（480.5亿元）的2.5倍。1997—2007的10年间平均递增9.6%（未扣除价格因素）。其中，前5年平均递增率为5.7%，后5年的平均递增率为12.8%，后5年的增速大大快于前5年。

农村经济结构逐步优化。2006年，全市农村经济总量中，第一产业增加值为428.5亿元，第二产业增加值为473.6亿元，第三产业增加值为299.3亿元，第一、二、三产业增加值的比例为1∶11∶0.7，与1996年的1∶0.37∶0.36相比，发生了明显变化，呈现出农村第二、三产业（非农产业）增速明显快于第一产业增速的趋势。农村劳动力从事农业的比重为53.64%，比1996年的72.87%下降了近20个百分点。农村分工分业不断细化深化，农户逐步分解为纯农户、兼业户和非农户，不少农民已经不再是传统意义上的农民。农村经济结构的这种变化基本改变了农业以种植业为主、农村以农业为主的格局，表明重庆农村经济正逐步走向产业化、工业化、城镇化为主要特征的新阶段。

“十一五”期间（2006—2010年），全市农村经济总量不断增大，综合实力显著增强。2010年，全市农村经济总量达到2 100亿元，比2005年增长90.9%；农、林、牧、渔总产值1 020.2亿元，比2005年增长54.1%；农村工商企业增加值545亿元，比2005年增长2倍，对全市GDP增长的贡献率超过30%；农业增加值达685.4亿元，比2005年增长49.1%。农业和农村经济结构明显优化，农村经济总量中第一产业占33%，比2005年下降5个百分点，第二、三产业所占比重分别提高2个和3个百分点。

经过“十二五”期间（2011—2015年）的改革发展，特别是党的十八大提出“四化同步”以来，重庆市全市农业农村发生深刻变化，呈现出一些新的阶段性特征：农村改革全面深化，产权日益明晰，存量资源逐步盘活，成为农业农村发展的新动能；农业生产经营正由分散型小农经济向集约化、专业化、组织化、社会化方向转变，新型农业经营主体大量涌现，成为现代农业发展的新力量；农业发展正由“生产导向”转向“消费导向”，需求结构、供给模式、经营方式加速变化，产业链朝着多功能、开放式、综合性方向延伸，第一、二、三产业跨界融合加快，正成为农村经济新的增长点；城乡互动频繁，农民工进城和城市工商资本下乡势头强劲，城乡资源、要素、技术、市场等需求整合集成和优化重组，成为农业农村发展的新源泉；农业加快融入国际国内大市场，两个市场、两种资源相互作用，农产品供需关系和农业产业结构深度调整，成为农业农村发展的新动因；大数据、云计算、互联网广泛应用，深刻改变农产品传统营销模式，销售渠道更广、时空距离更长，成为农业农村发展的新动力。

改革开放以来，重庆农业农村经济结构发生巨大变化：一是农村产业结构已经摆脱改革以前以第一产业，特别是以种植业为主的单一产业结构形态，进入“三次产业”共同发展的新的历史发展阶段；二是随着农村“三次产业”共同发展局面的形成，尤其是农村非农产业的快速发展，农村产业结构的发展方向必然是结构合理、分工明确、经济高效，全市农业农村经济步入持续健康发展轨道。

第二节　农业结构调整

新中国成立之初到改革开放前，农村实行高度集中统一的管理体制，农民无权决定种什么、怎么种、种多少，农业产业结构长期处于“农业以种植业为主、种植业以粮食生产为主”的“以粮为纲”的状况。

随着改革开放的深入，中央和重庆市委、市人民政府对农业方针政策的调整，农业产业结构由“以粮为纲”转为“决不放松粮食生产，积极发展多种经营”，农民根据当地实际和市场需求开展多种经营的积极性得到了充分发挥。改革开放以来，全市农业生产结构逐步优化，粮食作物和经济作物实现了协调发展，养殖业发展迅速。

粮食产量从1978年的814.71万吨增加到2015年的1 154.89万吨，增幅达到41.7%，取得了历史性进步。

经济作物发展迅速，油料、蔬菜、水果产量分别由1978年的7.71万吨、243.95万吨和7.91万吨增长到2015年的59.87万吨、1 780.47万吨和375.85万吨，增幅分别达6.8倍、6.3倍和47.5倍。养殖业发展更快，2015年，肉类和水产品产量分别达到48.1万吨、213.8万吨，比1978年分别增长32.5倍、4.3倍；奶类、禽蛋产量分别达到5.45万吨、45.36万吨，比1978年分别增长2.4倍、9.2倍。详见表4－2－3。

表4－2－3　重庆市主要年份主要农产品产量

年份	粮食（万吨）	油料（万吨）	蔬菜（万吨）	水果（万吨）	牛奶（吨）	禽蛋（万吨）	水产品（吨）	肉类总产量（万吨）
1949	402.68	0.90	—	6.02	1 171	—	3 576	11.00
1952	470.97	3.19	—	7.75	1 292	—	4 119	16.00
1957	596.55	5.13	—	7.14	2 621	—	6 515	21.70
1962	378.23	1.40	—	8.80	3 925	—	3 791	6.90
1965	566.17	3.87	—	6.83	6 576	—	6 964	25.60
1970	564.37	2.68	—	4.54	9 651	—	7 649	23.10
1975	603.72	4.13	—	7.12	11 940	—	10 797	28.10
1978	814.71	7.71	243.95	7.91	15 891	4.46	14 362	40.51
1980	835.43	11.57	229.86	15.69	17 277	5.51	17 734	59.89
1985	948.97	18.12	390.86	24.70	29 677	8.77	42 838	84.45
1986	1 004.92	20.91	421.94	28.61	32 665	9.44	47 805	88.56
1987	1 004.51	20.89	439.00	29.57	36 474	9.98	51 854	92.76
1988	958.02	19.25	460.93	20.50	39 126	10.17	58 419	99.85
1989	1 044.88	18.78	469.31	37.19	40 308	11.24	65 707	102.41
1990	1 085.07	22.02	499.61	35.08	46 293	12.01	65 482	102.92
1991	1 115.28	26.92	533.00	40.75	51 988	12.94	71 813	107.45
1992	1 050.24	25.18	541.38	41.38	56 579	14.61	74 459	111.47

（续）

年份	粮食（万吨）	油料（万吨）	蔬菜（万吨）	水果（万吨）	牛奶（吨）	禽蛋（万吨）	水产品（吨）	肉类总产量（万吨）
1993	1 052.72	21.70	558.23	56.85	54 880	15.71	89 227	113.73
1994	1 134.10	19.26	569.83	52.87	48 514	17.32	103 492	121.61
1995	1 153.68	25.12	593.91	59.29	39 153	19.18	121 289	127.22
1996	1 172.14	23.60	637.03	56.62	40 297	20.85	140 656	133.22
1997	1 184.63	23.34	668.44	60.72	45 129	23.50	160 692	141.86
1998	1 155.36	25.11	711.30	74.10	46 587	24.46	178 607	140.00
1999	1 143.05	24.09	737.11	71.70	46 614	26.29	191 313	140.50
2000	1 131.21	31.06	775.42	81.68	55 989	27.89	200 345	143.91
2001	1 035.35	29.96	779.96	82.61	67 791	29.79	196 967	147.88
2002	1 082.15	35.04	833.84	113.41	80 952	31.58	211 568	152.40
2003	1 087.20	38.27	840.17	128.59	90 608	35.36	224 893	159.51
2004	1 144.57	41.75	863.57	137.22	85 143	36.55	239 255	167.01
2005	1 168.19	42.71	890.47	154.63	86 076	39.15	250 568	178.39
2006	808.40	28.94	888.76	145.74	83 456	30.30	226 129	151.50
2007	1 088.00	30.68	945.21	175.89	86 095	32.30	255 372	159.27
2008	1 153.20	35.68	994.52	193.28	77 842	33.11	190 600	177.58
2009	1 137.20	40.54	1 177.45	212.87	79 422	35.97	203 900	187.72
2010	1 156.13	44.45	1 309.54	238.47	79 819	37.22	224 300	192.46
2011	1 126.90	46.51	1 407.97	261.16	80 000	37.42	275 600	196.28
2012	1 138.54	50.11	1 509.34	291.19	77 300	40.05	330 720	201.21
2013	1 148.13	53.14	1 600.64	318.86	67 976	41.09	385 000	207.85
2014	1 144.54	56.94	1 689.11	347.61	56 901	43.21	443 409	214.21
2015	1 154.89	59.87	1 780.47	375.85	54 453	45.36	480 863	213.82

一、农业生产结构调整

（一）农业总产值结构调整

改革开放前，全市种植业由1949年的78.4%下降到1978年的73.5%，30年间仅下降4.9个百分点，种植业始终是“以粮为纲”。

1978—2015年，全市种植业比重不断缩小，畜牧业、渔业比重持续上升。在农业总产值中，种植业比重由73.51%下降到59.47%，下降了14个百分点；畜牧业比重由21.18%上升到31.23%，提高了10个百分点；渔业比重由0.40%提高到4.31%，提高了近4个百分点，增幅最大。粮油、肉蛋奶、果菜茶、水产品等主要农产品生产全面发展，基本满足了居民生活需要，促进了农民收入持续较快增长。农业生产能力持续提升，农业结构正朝着合理化方向发展，详见表4-2-4。

表4-2-4　重庆市主要年份农林牧渔业总产值

年份	农、林、牧、渔业总产值（万元）	农业（万元）	占比（%）	林业（万元）	占比（%）	牧业（万元）	占比（%）	渔业（万元）	占比（%）	农、林、牧、渔服务业（万元）	占比（%）
1949	142 123	111 424	78.40	3 837	2.70	26 293	18.50	568	0.40	—	—

（续）

年份	农、林、牧、渔业总产值（万元）	农业（万元）	占比（%）	林业（万元）	占比（%）	牧业（万元）	占比（%）	渔业（万元）	占比（%）	农、林、牧、渔服务业（万元）	占比（%）
1952	186 367	140 707	75. 50	6 523	3. 50	38 205	20. 50	932	0. 50	—	—
1957	240 351	176 658	73. 50	10 816	4. 50	51 916	21. 60	961	0. 40	—	—
1962	153 506	120 349	78. 40	4 605	3. 00	28 245	18. 40	307	0. 20	—	—
1965	165 688	122 775	74. 10	5 799	3. 50	36 617	22. 10	497	0. 30	—	—
1970	269 234	192 504	71. 50	11 128	4. 13	64 604	24. 00	998	0. 37	—	—
1975	295 062	210 016	71. 18	18 048	6. 12	65 660	22. 25	1 338	0. 45	—	—
1978	357 616	262 881	73. 51	17 236	4. 82	75 731	21. 18	1 768	0. 49	—	—
1980	417 925	296 840	71. 03	16 160	3. 87	102 514	24. 53	2 411	0. 58	—	—
1985	739 003	477 570	64. 62	43 546	5. 89	208 842	28. 26	9 044	1. 22	—	—
1986	801 998	516 990	64. 46	42 045	5. 24	231 097	28. 82	11 867	1. 48	—	—
1987	902 072	564 063	62. 53	40 932	4. 54	282 816	31. 35	14 262	1. 58	—	—
1988	1 104 369	641 751	58. 11	49 662	4. 50	393 394	35. 62	19 561	1. 77	—	—
1989	1 243 819	706 771	56. 82	49 328	3. 97	463 300	37. 25	24 420	1. 96	—	—
1990	1 460 003	858 133	58. 78	55 308	3. 79	518 757	35. 53	27 805	1. 90	—	—
1991	1 595 286	938 353	58. 82	60 038	3. 76	565 193	35. 43	31 702	1. 99	—	—
1992	1 713 839	995 009	58. 06	70 992	4. 14	612 498	35. 74	35 340	2. 06	—	—
1993	2 073 607	1 197 742	57. 76	77 531	3. 74	749 776	36. 16	48 558	2. 34	—	—
1994	2 831 816	1 552 652	54. 83	86 981	3. 07	1 127 394	39. 81	64 789	2. 29	—	—
1995	3 778 259	2 278 927	60. 32	106 732	2. 82	1 304 229	34. 52	88 371	2. 34	—	—
1996	4 249 903	2 713 807	63. 86	115 493	2. 72	1 311 666	30. 86	108 937	2. 56	—	—
1997	4 393 508	2 678 892	60. 97	117 313	2. 67	1 468 914	33. 43	128 389	2. 92	—	—
1998	4 288 839	2 549 365	59. 44	150 929	3. 52	1 444 758	33. 69	143 787	3. 35	—	—
1999	4 168 780	2 496 237	59. 88	115 588	2. 77	1 409 527	33. 81	147 428	3. 54	—	—
2000	4 126 272	2 447 376	59. 31	108 236	2. 62	1 419 910	34. 41	150 750	3. 65	—	—
2001	4 311 666	2 503 968	58. 07	112 044	2. 60	1 544 041	35. 81	151 613	3. 52	—	—
2002	4 609 755	2 640 760	57. 29	135 143	2. 93	1 661 965	36. 05	171 887	3. 73	—	—
2003	4 885 655	2 701 156	55. 29	145 824	2. 98	1 776 384	36. 36	183 251	3. 75	79 040	1. 62
2004	6 127 723	3 329 516	54. 34	184 814	3. 02	2 309 374	37. 69	212 464	3. 47	91 555	1. 49
2005	6 621 943	3 583 035	54. 11	199 704	3. 02	2 494 965	37. 68	237 959	3. 59	106 280	1. 60
2006	5 752 428	3 230 078	56. 15	223 069	3. 88	2 042 194	35. 50	159 087	2. 77	98 000	1. 70
2007	7 207 260	4 095 523	56. 82	178 527	2. 48	2 644 768	36. 70	184 442	2. 56	104 000	1. 44
2008	8 713 871	4 730 118	54. 28	217 986	2. 50	3 441 474	39. 49	211 481	2. 43	112 811	1. 29
2009	9 131 080	5 311 679	58. 17	258 084	2. 83	3 194 244	34. 98	242 699	2. 66	124 374	1. 36
2010	10 211 328	6 233 343	61. 04	304 021	2. 98	3 265 542	31. 98	272 083	2. 66	136 339	1. 34
2011	12 653 319	7 512 246	59. 37	380 907	3. 01	4 253 262	33. 61	349 432	2. 76	157 471	1. 24
2012	14 020 347	8 418 088	60. 04	434 776	3. 10	4 539 045	32. 37	449 928	3. 21	178 510	1. 27
2013	15 137 376	9 091 758	60. 06	480 170	3. 17	4 828 044	31. 89	538 155	3. 56	199 249	1. 32

（续）

年份	农、林、牧、渔业总产值（万元）	农业（万元）	占比（%）	林业（万元）	占比（%）	牧业（万元）	占比（%）	渔业（万元）	占比（%）	农、林、牧、渔服务业（万元）	占比（%）
2014	15 949 591	9 678 717	60. 68	535 593	3. 36	4 863 605	30. 49	649 279	4. 07	222 398	1. 39
2015	17 381 486	10 336 848	59. 47	604 358	3. 48	5 428 960	31. 23	749 120	4. 31	262 200	1. 51

注：①按照国民经济行业分类标准（GB/T4754—2002），从2003年起增加了农、林、牧、渔服务业；②2006年以来为第二次农业普查衔接数，从2007年起，因口径变化，对农业和林业总产值进行了调整。

（二）种植业结构调整

1978—2015年，重庆市粮食作物种植面积占农作物总播种面积的比重由90. 83%下降到62. 47%，38年间下降了约28个百分点；经济作物比重上升，油料面积比重由2. 64%上升到8. 65%，蔬菜面积由2. 74%上升到20. 46%，果园、糖料、烟叶、茶园面积所占比重也有所上升。特别是2004年以来，粮食生产扭转了重庆改直辖市以来持续下滑的局面，实现连续增产（2006年百年不遇的特大旱灾除外），粮食和经济作物发展打破了过去“粮上经下、粮下经上”的怪圈。

1987年，市农业委员会为保证粮食稳定增长，在《关于搞好1988年小春生产的意见》中，要求将来年小春生产面积恢复到1984年的482万亩。1987年，在粮经比例上，粮食作物在播种减少0. 01%的情况下，总产增加3. 5万吨，增长0. 63%；经济作物播种面积扩大了3. 6万亩，增加3. 18%。“八五”期间，全市年均总产量达1 121. 74万吨，比“七五”增加97. 23万吨，增长9. 5%，人均占有粮食391千克，比“七五”增加34千克。经济作物方面，1995年，全市有果园面积320万亩，年产鲜果89. 6万吨（其中柑橘63万吨）；有茶园面积47万亩，产茶1. 7万吨；有蔬菜23. 6万亩，产量593. 91万吨。粮经结构比为81. 6∶18. 4。

在重庆改直辖市前的1996年，市人民政府制定了之后的粮食生产“九五”规划，提出“突出水稻，主攻玉米，提高小麦，发展两薯，增种杂粮，扩大晚秋”的工作思路，保证在增加粮食总量的同时，在一些重点优势区域大力发展优质粮食、特产粮，以满足市场多层次消费需求，同时制定了果茶桑、菜篮子工程等经济作物“九五”发展规划。

其后经过20多年的改革和发展，重庆市农业综合生产能力大大提高，主要农产品由长期供不应求转变为阶段性和结构性供大于求，农民生活总体上越过温饱并开始向小康迈进。各地在保护粮食综合生产能力的前提下农业生产结构不断优化；调减了一批市场竞争力差、比较效益低的小麦、红苕等粮食作物种植面积，积极发展高效经济作物和饲料作物，从1997年到2001年全市减少了粮食作物播种面积250万亩，增加了高效经济作物播种面积近30万亩，新增人工草地面积近10万亩，粮食与经济作物的种植面积比由1997年的80∶20调整到2001的76∶24。

20世纪90年代末，全市对粮油生产再次进行结构调整。要求“稳水稻玉米，减小麦薯类，增油料杂粮，重品质效益”，主张压缩小麦，扩大油菜（杂交优质双低品种）、大麦（主要饲料用）、洋芋（地膜早市菜用）和适销的杂粮（葫豌豆等）蔬菜等种植面积。明确2002年达到“退三进四改六”的目标，即：减少小麦200万亩，薯类100万亩，共300万亩；增加豆类杂粮和油料各200万亩，共400万亩；水稻扶优压劣400万亩和发展优质玉米200万亩，共600万亩，实现粮油优质率、商品率和经济效益大幅度提高。

“十五”期间，重庆市加大了农业调整步伐，先后启动实施了11个农业产业化“百万工程”，全市农业结构明显优化，粮经结构由2000年的77. 2∶22. 8调整到2005年的72. 6∶27. 4。

“十一五”期间，重庆市确定了优化农业生产结构思路：稳定发展粮食作物生产，突出发展高效经

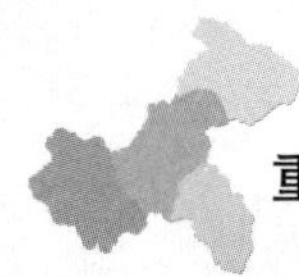

济作物和饲料作物生产，逐步形成“三元”种植结构，形成布局合理、结构优化、质量较高、经济效益较好的种植业新格局；充分发挥比较优势，做大做强水稻、马铃薯、杂粮（高粱、豆类）、油菜产业，稳定小麦、玉米面积，通过调整优化，改善品质，主攻单产，增加总量。重庆市农业生产结构进一步优化，农业比较效益得到大力提升。粮经结构从2005年的72.6：27.4调整到2010年的66.8：33.2。

“十二五”期间，全市提出“稳定粮油产业，做强柑橘产业，壮大蔬菜产业，培优茶叶产业，开发特色果业，推进蚕桑产业，振兴中药产业，巩固烟叶产业”的路子，大力发展特色效益农业。到2015年末，全年农作物播种面积3 575.8万亩，总产量1 154.89万吨；油料播种面积463.97万亩，蔬菜播种面积1 097.50万亩；水果种植面积525.47万亩（其中柑橘297.3万亩）；中药材种植面积170万亩。粮经结构优化到62.5：37.5。重庆市主要年份主要农作物种植结构变化情况详见表4－2－5。

表4－2－5　重庆市主要年份主要农作物种植结构变化情况表

年份	农作物总播种面积（公顷）	粮食（公顷）	占比（%）	油料（公顷）	占比（%）	蔬菜（公顷）	占比（%）	烟叶（公顷）	占比（%）
1978	3 498 061	3 177 221	90.83	92 351	2.64	95 954	2.74	26 582	0.76
1980	3 345 304	3 048 196	91.12	116 577	3.48	78 400	2.34	10 416	0.31
1985	3 214 717	2 748 498	85.50	176 866	5.50	140 569	4.37	30 956	0.96
1986	3 232 433	2 710 205	83.84	183 859	5.69	159 811	4.94	40 897	1.27
1987	3 241 258	2 697 509	83.22	180 579	5.57	160 867	4.96	41 729	1.29
1988	3 287 399	2 727 164	82.96	185 171	5.63	171 444	5.22	54 056	1.64
1989	3 381 959	2 788 700	82.46	188 593	5.58	177 979	5.26	75 726	2.24
1990	3 438 950	2 847 370	82.80	203 171	5.91	183 873	5.35	66 607	1.94
1991	3 526 637	2 889 404	81.93	224 412	6.36	197 049	5.59	70 859	2.01
1992	3 522 037	2 874 889	81.63	215 622	6.12	200 686	5.70	81 258	2.31
1993	3 513 064	2 870 480	81.71	184 964	5.27	222 621	6.34	82 461	2.35
1994	3 493 884	2 877 837	82.37	174 643	5.00	225 902	6.47	54 997	1.57
1995	3 526 684	2 876 853	81.57	201 550	5.72	236 283	6.70	58 939	1.67
1996	3 585 745	2 889 834	80.59	202 483	5.65	257 106	7.17	77 657	2.17
1997	3 605 420	2 881 902	79.93	191 800	5.32	267 203	7.41	99 482	2.76
1998	3 614 446	2 900 656	80.25	192 330	5.32	290 397	8.03	56 603	1.57
1999	3 592 496	2 862 143	79.67	197 151	5.49	301 389	8.39	63 969	1.78
2000	3 590 815	2 773 404	77.24	226 384	6.30	327 094	9.11	70 775	1.97
2001	3 555 871	2 714 600	76.34	225 046	6.33	366 330	10.30	55 210	1.55
2002	3 464 566	2 606 866	75.24	236 325	6.82	359 674	10.38	56 012	1.62
2003	3 307 179	2 410 369	72.88	236 724	7.16	386 990	11.70	57 237	1.73
2004	3 435 957	2 516 507	73.24	244 129	7.11	390 237	11.36	52 995	1.54
2005	3 444 733	2 501 263	72.61	252 421	7.33	399 970	11.61	51 508	1.50
2006	3 073 880	2 155 500	70.12	187 290	6.09	417 414	13.58	48 879	1.59
2007	3 134 700	2 195 800	70.05	192 920	6.15	432 906	13.81	43 553	1.39
2008	3 215 064	2 215 407	68.91	215 531	6.70	481 563	14.98	47 749	1.49
2009	3 308 300	2 229 493	67.39	237 025	7.16	552 233	16.69	52 579	1.59
2010	3 359 387	2 243 887	66.79	254 993	7.59	589 093	17.54	42 733	1.27

（续）

年份	农作物总播种面积（公顷）	粮食（公顷）	占比（%）	油料（公顷）	占比（%）	蔬菜（公顷）	占比（%）	烟叶（公顷）	占比（%）
2011	3 413 088	2 259 413	66.20	257 096	7.53	618 631	18.13	46 165	1.35
2012	3 477 694	2 259 606	64.97	271 016	7.79	652 660	18.77	49 989	1.44
2013	3 515 790	2 253 905	64.11	283 508	8.06	681 707	19.39	49 323	1.40
2014	3 540 352	2 242 522	63.34	299 963	8.47	708 068	20.00	45 964	1.30
2015	3 575 797	2 233 958	62.47	309 315	8.65	731 667	20.46	45 829	1.28

（三）畜牧业结构调整

1998—2012年，重庆市加快了畜牧业结构调整。自实施畜牧业结构调整以来，先后围绕新荣昌猪1系、洋三元、pic五系配套良种猪等“三条猪”开展了生猪良种繁育体系建设。全市围绕“四大工程，六大项目，十大技术”的“4610”工程，“三猪、二牛、三只羊，建立一条禽兔产业带”的“3231”工程和“一个提高、四个重点、两个突破”的“142”工程，开展了畜牧业结构调整工作。做到畜牧业结构调整年年有重点，年年有提高，年年有进步，使畜牧业结构优化、持续快速发展。2002年与1998年相比，生猪出栏增长放慢，仅增长3.54%；肉牛、山羊出栏和奶牛存栏大幅增长，分别增长36.65%、59.54%、66.67%。畜牧业结构调整有几个特点。

1. 畜牧业内部结构调整趋优

以生猪良种工程为重点突破口的畜牧业结构调整，经过几年的实施，已初见成效。一是畜禽良种覆盖率提高。良种母猪的覆盖率已占全市存栏母猪的90%以上，比1998年提高了10个百分点左右。在良种山羊、良种牛推广方面也加大了力度。至2002年，全市蛋禽良种覆盖率已达70%，牛、羊、兔的良种覆盖率分别达25%、35%和80%，分别比1998年提高了10个、15个、15个和10个百分点。二是畜产品中肉类比重和猪肉比重比例有所下降。与1998年相比，2002年肉类占畜产品总量的比重下降了2.55个百分点，蛋奶比重提高了2.55个百分点。在肉类中，猪肉下降了4.7个百分点，牛、羊、兔肉和禽肉分别提高了3.1和1.6个百分点。三是生猪稳定发展，牛、羊增幅强劲。全市生猪数量基本稳定，年出栏数稳定在1750万头左右。1998年以后，牛、羊每年均以两位数的速度增长。奶牛存栏和牛奶产量也出现强劲的增长势头。2002年，全市奶牛存栏2.5万头，产奶8.9万吨，分别比1998年增长66.67%和72.13%。

2. 产品品质调整趋优

畜产品优质品率有了明显提高。通过生猪良猪工程的实施，重庆市已结束了无“洋三元”猪生产的历史。2002年，全市瘦肉率在56%以上的优质瘦肉猪出栏790万头，比1998年（近50万头）增加740万头，优质猪肉比例已占到猪肉产量的44.39%，优质牛、羊肉的比率也分别达到15%和30%，分别比1998年提高5个和10个百分点。

3. 区域布局趋于合理，畜牧业生产方式开始改变

结构调整前，全市牧业生产的主要特征为典型的“粮猪型”二元经济结构，牧业生产方式主要表现为千家万户分散饲养的特点，规模小，商品率不高的特点在贫困山区十分突出。结构调整后，围绕基地建设，积极发展产业化生产，已在一定程度上改变了全市畜牧业生产格局及特点。一是表现在基地建设已初具规模。合川、江津等25个优质瘦肉猪基地县已具备年生产200万余头瘦肉率在60%以上、“洋三元”及pic优质瘦肉猪和400万头瘦肉率在56%以上的优质瘦肉猪的生产能力；以壁山、江津、沙坪坝等14个区（县）为重点的优质肉禽兔基地县建设成效显著，形成近郊肉兔生产基地，其中仅沙

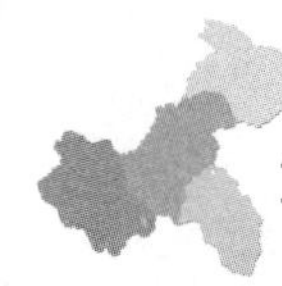

坪坝区歌乐山镇家禽产业协会聚集了20余户家禽养殖大户，年出栏肉鸡近300万只，以沙坪坝、南岸、渝北等近郊8区的奶牛基地初具规模，集中了全市奶牛存栏的90%和产奶量的90%。二是“订单型”畜牧业发展速度加快。在结构调整中，重庆市明确提出了要在市场开拓，“订单型”畜牧业方面取得突破；充分利用全市畜产品中优质瘦肉猪、优质牛羊，尤其是活羊外销势旺的有利形势，发挥专业营销组织，专业营销人员以及龙头企业的作用，狠抓“订单型”畜牧业的典型样板和示范带动作用。如秀山县充分利用南下广州通道的地域优势，积极发展优质瘦肉猪，已获得了外调广州10万头猪肉的订单。其他如云阳县、酉阳县的山羊，江津、奉节的“洋三元”优质瘦肉猪，合川的pic配套商品猪，荣昌、永川的优质仔猪等畜产品均在“订单型”畜牧业的发展模式上开始起步，有的还开展了网上交易。三是畜牧业产业化发展势头良好。围绕优质畜产品基地建设，重点抓了畜牧业产业化发展。全市有畜牧产业化龙头企业12家，其中国家级产业化龙头企业6家。12家产业化企业年产值超过3亿元，涉及良种生产，畜产品加工，奶牛基地建设及乳品加工，中兽药材基地建设及中兽药生产等领域，带动近10万农户进入产业化生产领域。

4. 技术结构开始调整

为改变“唯猪是牧”的传统生产格局，提高畜牧技术人员的应变能力和技术水平，重庆市加大了新型适用技术的维护和技术培训。一是从1999年开始，围绕结构调整，提出了优质瘦肉猪配套技术，优质山羊高床舍饲技术，优质肉牛改良及肥育技术，优质奶牛增产综合技术，优质肉禽生产配套技术，优质蛋禽生产技术，优质牧草栽培利用技术，秸秆资源开发利用技术，动物疫病综合防治技术，安全猪肉生产技术等十大主推技术，在全市广泛实施了“家庭小草园”种植模式和农户适度规模养畜等综合措施。二是加大了对技术人员的培训。围绕良种工程，基地建设，产业化发展重点培训了市、区（县）、乡3级畜牧技术人员10万余人次。三是畜牧兽医队伍结构趋于合理。全市畜牧兽医队伍中，中高级技术人员已占到60%左右。四是在加强基层畜牧兽医站建设基础上，积极探索技术服务的新方式。在这方面，万州区农业局的畜牧兽医技术人员在不改变区隶属关系和工资关系的基础上，积极配合三峡牧业龙头企业参与基地建设，一方面解决了龙头企业在基地建设方面缺乏技术服务和技术支撑的问题，另一方面强化了社会服务，同时增加了这些技术人员的经济收入。

二、农业区域布局结构调整

长期以来形成的“大而全、小而全”农业生产格局不断打破，农业区域化布局、专业化分工的趋势逐步显现，主要农产品逐步向优势产区集中，主要农产品生产逐步向优势区域集中，农产品集中度有了较大的提高，一批各具特色、各显优势的作物带、产业带逐步形成。

1996年10月，在重庆市对四川省万县市、涪陵市、黔江地区实施代管后不久，市委、市人民政府组织成立了重庆市农村经济发展战略研究组，对未来重庆直辖市农业区域布局结构等重大问题进行了专题研究。根据重庆资源特点、地理条件和未来发展趋势，按照“统筹规划合理分工，突出特色，优势互补”的原则，把全市农村划分为4个不同类型的经济区，实行“四区布局、点轴开发”的区域结构调整战略。

一是城市郊区。坚持“二、三、一”产业发展方向，加快发展为城市大工业配的加工业，与城市大商贸接轨的第二产业，为城市人民生活服务的都市型农业。按照推进规模化、集约化、设施化农业的要求，抓好新一轮“菜篮子”工程建设，大力开发精细菜、高档菜，搞好鲜活农产品供应，加强特种养殖、花卉业和观光农业的发展；力争建成全国一流的农业，在全市率先实现农村工业化、农村城镇化和农业现代化。二是丘陵平坝区。充分发挥粮经主产区的优势，重点建设高产优质粮油、瘦肉型猪、家禽、水果、蚕桑、蔬菜、水产品生产基地，发展农副产品加工，逐步建立起比较完整的贸工农一体化产业体系。三是三峡移民区。这是全市独有而又十分重要的经济区城。重点搞好库区水域、河谷、中低山区立体综合开发，发展特色种植业、林业、畜禽水产养殖业，建设一流的长江柑橘带、榨菜基地，建成我国西部最大的淡水鱼养殖区。四是中低山区。坚持以种养殖业为基础，以基础设施建设为先导，以扩大开放为前提，以草地、林特、矿产、水能资源开发为重点，着力于深度广度开发，尽快形成区域性支柱产业，加速山区脱贫致富奔小康的步伐。

到2003年，全市农业区域特色逐渐形成。各地在结构调整中十分注重发挥本地的资源优势和特色优势，专业化分工更加明显，区域特色逐渐形成，区域布局日趋合理。形成了以高档精细蔬菜、家禽和珍稀动物养殖、花卉、奶牛为主的城市郊区现代农业区；以生产果品、榨菜、柑橘、名优水产品等为主的三峡库区农业区；以生产粮油、瘦肉型猪、家禽、名抽、优淡季水果、蚕桑为主的丘陵平坝农业区；以生产牛、羊、兔等草食牲畜、林竹果茶中药材、烟叶为主的中低山区农业区。“果品产业带、榨菜产业带、花卉产业带、淡水水产养殖带、农村黄金旅游带、草食牲畜产业带”等一批区域特色农业产业带已初具规模。

再经过2006年的“一圈两翼”（即以主城为核心、以大约1小时通勤距离为半径范围的1小时城市经济圈，建设以万州为中心的三峡库区渝东北翼和以黔江为中心的渝东南翼）发展战略。提出坚持因地制宜，实行分类指导，按照都市型现代农业、山地型生态农业、浅丘型高效农业等“复合农业”配置资源，布局产业。都市发达经济圈发展都市型现代农业，重点推广城市郊区的设施农业、休闲观光农业等新型农业发展模式，建设都市现代农业示范园区，建立鲜活农产品生产和加工基地，培育农业高科技优质品牌，形成科技农业孵化器；渝西经济走廊发展浅丘型高效农业，重点发展优质粮油、优质肉猪和蔬菜等优质农产品生产；三峡库区生态经济区发展山地型生态农业，重点发展绿色果品、草食牲畜、无公害蔬菜等优势农产品。

2012年，重庆市委第四次党员代表大会以来，特别是党的十八大以来，市委、市人民政府提出“大力发展特色效益农业，推进农业现代化”，从地域特点、资源禀赋、发展基础和比较优势出发，走以特色效益农业为核心的农业现代化之路。进一步调整和优化产业、品种和品质结构，重点发展粮油、蔬菜、畜牧、柑橘、渔业、林果、中药材、花卉、茶叶、蚕桑、烟叶等11个产业，支持优势农产品产业带建设，加快形成“一县一特”“一乡一业”“一村一品”的格局。

到2015年时，全市农业功能区布局基本形成。一是形成重庆主城区近郊休闲与就业保障功能主导区。以大渡口、江北、沙坪坝、九龙坡、南岸、北碚、渝北、巴南8个区为重点，突出休闲观光、旅游等服务功能，着力打造农业科技研发中心、技术推广服务中心、教育培训中心、出口贸易服务中心。二是形成重庆中西部地区农产品供给与就业保障功能主导区。以长寿、涪陵、万盛、双桥、江津、璧山、合川、永川、南川、綦江、潼南、铜梁、大足、荣昌、梁平、垫江16个区（县）为重点，着力发展优质粮油、生猪、禽蛋、牛奶、蔬菜、水产品、水果等产业。三是形成三峡库区腹心生态调节与就业保障功能主导区。以万州、忠县、开县、云阳、奉节、丰都6个区（县）为重点，着力发展粮油、柑橘、草食牲畜和生态渔业。四是形成武陵山区农产品供给与文化传承功能主导区。以黔江、石柱、秀山、武隆、酉阳、彭水6个区（县、自治县）为重点，着力发展马铃薯、玉米、中药材、烤烟、高山蔬菜、油料、蚕桑、生猪、家禽、草食牲畜和休闲农业。五是形成秦巴山区生态调节与生活保障功能主导区。以巫山、巫溪、城口为重点，着力发展家禽、蜜蜂、山羊和林特产品生产。构建了“两区一带”农产品生产战略格局。以水稻、马铃薯、玉米、油菜、小麦、柑橘、蚕桑、蔬菜、茶叶、生猪、肉牛、肉羊、家禽、大宗水产品等14个优势农产品和加工辣椒、魔芋、藠头、花椒、食用菌、名柚、柠檬、杂柑、猕猴桃、枇杷、木瓜、酿酒高粱、四川白鹅、兔、胭脂鱼、中华倒刺鲃等16个特色农产品为主，构建了丘陵和平行岭谷优势农产品产业区、大巴山和武陵山特色农产品产业区、长江流域优势特色产业带，为农产品供应提供基本保障。

各类优势农产品产业带的发展，优化了生产布局，有效地带动了农业结构的战略性调整，粮食、高效经济作物、畜牧业和水产业成为农业产业发展新的增长点，促进了粮食增产、农业增效和农民增收，加快了农业现代化建设进程。

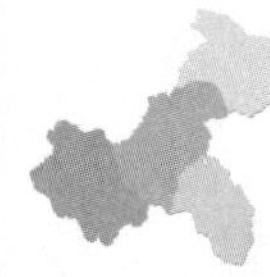

三、农产品品种品质结构调整

重庆市各地适应市场需求，积极淘汰劣质品种，压缩普通品种，发展优质专用品种，农产品品种和品质结构得到了极大改善，较好地满足了人民群众对农产品种类和质量日益增长的需求。

特别是在1997年后实施“九五”计划过程中，各地把优化农产品结构，提高农产品的质量放在结构调整的重要位置。到2001年，全市农产品优质率提高39.96%；种植业中粮油、经作、蔬菜等农产品的优质率分别提高到39.01%、42.09%、41.4%；畜禽产品优质率提高到79.2%；水产品优质率提高到20.551%。

“十五”期间，按照“规模调大，档次调高，市场调外，区域调专，品种调优，产业调新，机制调活，效益调好”的总体方向，主动适应我国加入世界贸易组织的机遇和挑战，着力提高农产品综合竞争力，发展创汇农业；主动适应市场消费多元化和多层次需求，着力提高农产品品质，发展订单农业和效益农业；主动适应可持续发展要求，发展绿色农业、生态农业。

针对全市农业品牌产品少，优质率低的突出问题，加大了实施四大良种工程的力度，带动农产品品种品质结构调整。一是粮油良种工程。在稳定粮食生产能力的基础上，建立和完善粮油良种繁育体系。建设杂交水稻、杂交玉米基地，突出发展优质中稻、再生稻、食用豆类、适销对路小杂粮和优质油料，扩大饲料粮、加工粮比重。二是畜禽良种工程。把畜牧业放在更加重要位置，大力发展草食型、节粮型畜牧业，优化畜牧结构，提高畜产品品质，提高畜牧业比重。重点抓好“三类猪”（荣昌猪新Ⅰ系、合川pic、洋三元）、“三类羊”（波尔山羊、南江黄羊、优质本地羊）、“一条畜禽产业带”等优良畜产品的繁育和推广。建设无规定疫病畜产品出口基地，建设25个优质瘦肉猪生产基地重点县，10个优质肉牛生产基地县，5个近郊优质奶牛生产基地，15个优质山羊生产基地，25个优质禽兔生产基地。三是经作良种工程。集中发展锦橙、脐橙、名柚、夏橙、杂柑等名特优新柑橘品种，择优发展南方早熟梨、桃、晚熟荔枝等优质伏淡季水果，早中晚熟良种配套。提升名优茶、富硒茶品牌。发挥山区“天然药库”优势，把大巴山区、武陵山区、三峡库区建成全国优质中药主产区。在城市郊区发展花卉产业大力发展无公害蔬菜，增加特色菜、精细菜、反季节菜、设施菜，形成不同季节、不同品种、不同区域特色的蔬菜生产基地。四是水产良种工程。有效利用适宜养殖的水面资源，在20个区（县、自治县、市）建设名优水产品养殖示范基地和良种繁育基地。

到“十五”末的2005年，全市有无公害产地101个，无公害农产品55个，绿色食品生产企业25家，绿色食品63个，有机食品生产企业3家，有机食品11个，重庆市名牌农产品160个。农产品商品率达到60%，粮油产品优质率达到50.8%，分别比2000年提高12个百分点和15个百分点。

“十一五”期间，全市提出加快种养业良种体系建设。本着引进与培育、保护与开发相结合的原则，以优势农产品和特色农产品为重点，加强良种科技创新能力建设，强化种质资源保护与利用，完善种养业良种培育、选育、引育系统，推进良种繁育、推广应用的市场化进程，构建政府扶持与市场推进互动的种养业良种繁育体系。一是实施农作物种子工程，建设农作物种质资源保存与繁殖项目、农作物改良中心和分中心、国家和市级作物良种繁育基地、种子质量检测项目等。二是实施畜禽良种工程，围绕猪、肉牛、奶牛、肉羊、家禽等五大类畜禽及其主要品种，建设畜禽资源场、基因库，扩建和完善畜禽原良种场，以及种畜禽质量监督检验测试中心（站）等。三是实施水产良种工程，建设水产遗传育种中心、原良种场、引种保种中心、种质检测中心等。同时提出加快农产品质量安全体系建设。

立足与国际水平对接，突出产地环境检测、投入品质量监管、生产技术规范及市场准入等关键环节。一是实施农业标准体系建设工程，加快农产品质量安全标准、检验方法标准、投入品技术标准的制修订工作。二是实施农产品质量检验检测体系建设工程，重组建设农产品质量安全监督检测部级中心2个、区域性中心1个、市级中心5个，建设区（县）级农产品质量安全监督检测站40个。三是实施农产品认证体系建设工程，建立健全农产品及其原产地认证制度，制定认证认可行为规范。四是实施农业标准化生产示范基地建设工程，重点围绕优质稻、马铃薯、“双低”油菜、柑橘、南方早熟梨、茶叶、榨菜、蚕桑、优质瘦肉型猪、山羊、水产品等11种优势农产品，建设一批与国际标准对接的出口农产品生产示范基地和国家标准的生产示范基地，围绕特色蔬菜等9大类54种特色农产品，建立一批特色农产品标准化生产示范区，形成特色产业带或产业区。

到“十一五”末的2010年，全市蔬菜、畜产品、水产品合格率分别达到96.7%、100%和97.2%，生鲜乳中三聚氰胺监测合格率达到100%。根据农业部监测数据，全市畜产品质量安全监测合格率连续5年保持全国第一，蔬菜质量安全合格率逐年上升，排名全国11位。新认证无公害产地认证达到210个，无公害农产品达到1 012个，绿色食品达到227个，有机食品达到96个，地理标志农产品达到16个，总数达2 261个。

“十二五”期间，全市提出全面推行农业标准化生产和加快农产品质量安全保障体系建设。将农业生产产前、产中、产后全过程纳入标准化管理轨道，禁止在蔬菜生产过程中使用禁用高毒农药；畜产品和水产品中的违禁化学物质及兽药残留监测合格率达到100%，禁止在生鲜乳和饲料中非法添加三聚氰胺等有毒有害物质，禁止在水产苗种繁育和养殖过程中违法使用硝基呋喃类、孔雀石绿等违禁药物。实施农产品质量安全检验检测体系建设工程、农产品质量认证体系建设工程、农产品质量安全监管体系建设工程和种子质量监管体系建设工程。完善部级农产品质量安全监督检验中心5个，建设完善畜产品、水产品市级质量安全监督检验中心，建设完善县级农产品质量安全监督检验站31个，建立农产品生产基地和批发市场快速检测点500个，建设完善农作物种子质量检验分中心6个、县级种子质量检验站32个，建设完善重庆市农产品质量安全中心、县级农牧行政主管部门农产品质量安全监管工作机构60个，建设乡镇农产品质量安全监管站（所）600个。

到“十二五”末的2015年，全年没有发生重大农产品质量安全事件，种植业产品抽样合格率为96%，其中蔬菜（含食用菌）97.71%、水果89.17%；畜禽产品99.5%；生鲜乳监测合格率100%；地产水产品监测合格率100%。全市有效期内“三品一标”农产品总数达2 660个。

第三节　农民收支结构调整

重庆农民年人均收入从1978年的126.01元增长到2015年的10 505元，增长了82.4倍，年均增长12.7%；农民年人均生活消费支出从1978年的116.53元增长到2015年的8 938元，年均增长12.4%；农村居民恩格尔系数由1978年的74.0%下降至2015年的40.0%，下降了34个百分点。

一、农民收入结构调整

（一）收入增长明显提速

1978年以来，特别是1997—2015年，重庆市农民收入保持较快增长，呈现出增收数额逐步增大的良好态势，年均增速达12.4%。调查显示，1978—1996年的18年间，重庆市农民年人均收入从126.01元提高到1 479.05元，仅增加1 353.04元，年均增加75.17元；1997—2015年的19年间，重庆市农民年人均收入增加了9 026元，年均增加475元，是1997年前18年农民人均纯收入年均增额的6.3倍，大大超过1997年前18年农民收入增额总和。

（二）收入结构发生巨大变化

1978年以来，重庆农民收入结构发生了巨大的变化。工资性收入、家庭经营纯收入、财产性收入和转移性收入占农民纯收入的比重，从1978年的1.7：93.6：4.5：0.2调整到1997年前的18.7：65.9：2.2：13.2，在2015年优化为34.1：35.9：2.6：27.3，收入结构不断优化。工资性收入增加对收入增长贡献最大，已经成为重庆农民收入增加的主要来源之一。家庭经营纯收入在农民收入中仍占重要地位。在工资性收入快速增长的影响下，家庭经营收入占纯收入的比重逐步下降，但家庭经营纯收入在重庆农民收入中仍占主要地位，对于稳定农业生产，促进农民收入持续增加起到了不可替代的作用。转移性纯收入和财产性纯收入持续增长。收入货币化程度明显提高。随着社会主义市场经济体制逐步建立完善，农民市场观念、商品意识逐渐增强，加上就业渠道进一步拓宽，务工人数大幅上升，农民收入的货币化程度明显提高。在工资性收入和家庭经营非农产业收入快速增长的推动下，重庆农民收入货币化程度大幅提高，人均现金纯收入快速增长。详见表4-2-6。

表4-2-6　主要年份重庆市农民人均纯收入情况表

单位：元

收入 年份	人均纯收入	工资性收入	家庭经营纯收入	财产性收入	转移性收入	现金纯收入
1978	126.01	2.09	117.98	0.25	5.69	39.96
1996	1 479.05	276.47	975.79	32.12	194.67	1 229.89
2012	7 383.27	3 400.77	2 975.31	175.56	831.63	6 369.80
2015	10 505	3 583	3 775	278	2 869	9 362

注：2014年后统计口径改为可支配收入。

二、农民支出结构调整

（一）农民生活消费水平明显提高

1978—2015年，随着农村经济稳步发展，农民收入较快增长，农村基础设施不断完善，加之政府对农村居民消费的正确引导，重庆农民的消费观念不断更新，消费档次逐渐上升，消费水平进入到由温饱向全面小康迈进的一个阶段。

1. 生活消费支出稳步增长

收入的稳步增长促进消费水平的不断提高。2013年，重庆农民人均生活消费支出5 796.36元，分别比1978年、1996年增加5 679.83元、4 468.18元，增长48.7倍和3.4倍，年均增长11.8%，略低于12.7%的全国农民人均纯收入增长速度，消费与收入保持了同步增长走势。

2. 生活消费负担不断减轻

在重庆农民生活消费支出稳步增长的同时，生活消费支出占收入比重不断下降，农民生活负担减轻，有更多的资金用于积蓄和投资，促进了生活质量的提高。2013年重庆农民人均生活消费支出占纯收入的比重下降到69.6%，分别比1978年、1996年下降了22.9、20.2个百分点，生活负担不断减轻。

（二）恩格尔系数下降，农民购买力水平不断提高

改革开放以来，重庆农民恩格尔系数大幅下降，从1978年的74.0%下降到1996年的63.2%、2015年的40%。生活消费支出结构发生可喜变化，自给性消费逐步下降，商品性消费增长步伐加快。重庆农民生活质量由单一生存消费向多元化、享受型消费发展。除生存型消费支出的比重基本保持稳定外，发展型、享受型消费支出在农民生活消费中的比重逐年上升。恩格尔系数的下降，重庆农民有更多的消费投向其他领域，服务性消费支出也越来越多，在生活消费支出8大类结构序列中，重庆农民将更多的支出投入到文化教育、医疗保健和交通通信中，2013年，三者合计占生活消费支出的比重达到26.9%，分别比1978年、1996年提高了24.6个、14.7个百分点。此外，重庆农民生活消费现金支出

的比重大幅提升，购买力水平不断提高。1978 年以来，重庆农民人均生活消费现金支出从 1978 年的 37.53 元提高到 2013 年的 5 057.85 元，生活消费现金支出占生活消费支出的比重从 1978 年的 32.2% 提高到 2013 年的 87.3% 。农民收入水平不断提高，农村消费市场活跃，重庆农民有能力改善自身生存环境，有更多机会享受改革开放的发展成果。

（三）物质生活更加宽裕

随着农民收入逐步增长，重庆农民的物质生活更加宽裕，食品消费更加注重质量，衣着注重时尚，住房适用宽敞，耐用消费品走进千家万户，彩电、冰箱、洗衣机、热水器、摩托车、电脑等家电已成为农户的基本生活必备品，小轿车进入农民家庭。

1. 食品消费结构不断优化

1978 年以来，重庆农民逐步改变了传统上以粮食为基本食物的单一消费结构，向以消费肉、蛋、奶、鱼、水果等食物结构转变，膳食结构更加优化，饮食营养、科学。2013 年，重庆农民人均食品消费支出 2 538.99 元，分别比 1978 年、1996 年增加 2 452.71 元、1 699.05 元，分别增长了 28.4 倍、2.0 倍，占生活消费支出的比重从 1978 年的 74.0% 下降至 1996 年的 63.2% 、2013 年的 43.8% 。从食品消费量看，同 1978 年、1996 年相比：人均消费粮食分别下降了 46.7% 、33.9% ，肉类增长了 91% 、30.8% ，蛋类增长 7.6 倍、1.2 倍，水产品增长 19.3 倍、4.5 倍。

2. 衣着消费追求时尚新潮

1978 年以来，重庆农民衣着消费观念日新月异，越来越注重着装、形象，档次提高，追求舒适实惠，成衣购买量稳步增加，更加讲究款式、花色和配饰。2013 年，重庆农民人均衣着消费支出 410.96 元，分别比 1978 年、1996 年增加 398.23 元、338.19 元，分别增长 31.3 倍、4.6 倍，占生活消费的比重从 1978 年的 10.9% 下降至 1996 年的 5.5% 、2013 年的 7.1% 。

3. 住房明显改善

1978 年以来，重庆农民居住环境得到进一步改善。2013 年，重庆农民人均居住消费支出 674.44 元，分别比 1978 年、1996 年增加 666.83 元、498.48 元，分别增长 87.7 倍、2.8 倍，占生活消费的比重从 1978 年的 6.5% 上升至 1996 年的 13.2% 、2013 年的 11.6% 。人均住房面积也由 1978 年的 10.8 米^2 提高到 1996 年的 24.44 米^2、2013 年的 41.55 米^2。土坯房在农村几乎已不见踪影，农村建房基本采用砖混结构和现浇结构。农村住房已经由满足基本居住需求逐步向讲究居住环境、住房质量、室内装饰和配套设施转变。

4. 耐用消费品走进千家万户

随着农民收入持续增加，消费结构升级换代，耐用消费品呈现较快增长趋势，逐步在农户家庭中普及，已经成为农民的基本生活必备品。2013 年，重庆农民每百户彩电、冰箱、洗衣机拥有量分别达到 107.9 台、83.2 台和 62.7 台；移动电话、热水器、摩托车等也被广泛使用，每百户拥有量分别达到 189.8 部、43.3 台、30.8 辆。2013 年，重庆农民每百户拥有空调 36.51 台、微波炉 16.34 台、家用计算机 13.75 台，家庭轿车进入寻常农民家庭，每百户拥有 5.97 辆。

5. 消费结构向发展性消费转变

随着社会主义新农村建设逐步深入，劳务经济迅速发展，通信工具广泛使用，农村合作医疗全面铺开等各种惠农政策的影响。2013 年，农民在文化娱乐、医疗保健、交通通信等发展性和享受性消费人均支出 1 560.96 元，比 1978 年（2.72 元，占比 2.3% ）增加 1 558.24 元，增长 573 倍；比 1996 年增加 1 398.97 元，增长 8.6 倍。占生活消费支出的比重从 1978 年的 2.3% 上升至 1996 年的 12.2% 、2013 年的 26.9% 。2015 年，大多数农民家庭消费早已度过生存消费阶段，随着农民收入的持续增加，消费结构升级换代，转向了享受性、发展性消费层次，见表 4－2－7。

表4-2-7　主要年份重庆市农民人均生活消费支出情况表

年份＼支出	生活消费支出（元）	生活消费现金支出（元）	食品（元）	衣着（元）	居住（元）	家庭设备用品（元）	交通和通讯（元）	文化教育娱乐（元）	医疗保健（元）	其他商品和服务（元）	恩格尔系数（%）
1978	116.53	37.53	86.28	12.73	7.61	—	—	2.72	—	—	74.0
1996	1 328.18	—	839.94	72.77	175.96	66.30	20.82	97.73	43.44	11.22	63.2
2012	5 018.64	4 359.49	2 216.15	380.18	557.02	413.54	489.31	394.23	482.24	85.98	44.2
2013	5 796.36	5 057.85	2 538.99	410.96	674.44	474.28	581.78	443.30	535.88	136.73	43.8
2015	8 938	—	3 571	530	1 482	—	888	923	746	145	40

第三章
农业产业化

农业产业化在中国首次出现是1993年山东省潍坊市农业和农村发展工作总结时所提出的一个口号。随即上海市、湖北省等地区接过这一口号，以此作为一种新的农业发展战略并组织实施。

重庆市的农业产业化经营兴起于20世纪80年代中期，先后经历了起步经营、全面发展升级上档和迅速壮大4个阶段。在这一过程中，全市把农业产业化经营作为调整农业产业结构、发展现代农村、促进农民增收、推进社会主义新农村建设的战略举措，坚持以"农业产业化百万工程"为抓手，积极探索，开拓创新，扎实工作，走出了一条具有地方特色的农业产业化经营之路。优势农产品基地的规模不断壮大，龙头企业快速扩张，利益链接机制逐步完善，产业链条不断延伸。

第一节　农业产业化起步阶段

20世纪80年代中期至1995年，重庆市主要是"企业+农户（公司+农户）""企业+合作社+农户"的模式。在80年代后期和90年代初期，重庆市部分地区先后出现了一些特种养殖大户、中小型农产品加工企业和农民运输购销队伍，这是农业产业化经营的雏形。

四川省重庆市既是一个大工业城市，又带有广阔的农村，全市21个区（县）中，12个县以农业为主，7个郊区农业在国民经济中占有一定的比重。"六五"期间，农村经济出现城乡大联合、城乡一体化的新局面，促进了农村商品经济的发展，农业全面增长和持续稳定协调发展。1986年是四川省重庆市农村第二步改革继续深化，抗灾夺丰收，实现农业全面增长的一年。重庆市委、市人民政府提出以拳头产品和名优特新产品或骨干企业为龙头，实行农工商综合经营发展农村经济的路子。

在稳定发展家庭联产承包责任制的基础上，随着农村第二步改革的深入，全市农村涌现出多种经营形式的经济联合体1.3万多个。随着农村商品经济的发展，一大批为农户产前、产中、产后服务的"公司""中心"也应运而生。通过技术、良种、产品加工、销售等服务形式把千家万户联系起来，共同发展商品经济。如：巴县农业技术推广服务中心，把分散的茶叶种植农户组织起来，让茶厂直接把茶叶销售到上海，减少了中间环节，增加了茶农收入。1986年，每担*茶叶比在当地交售增收25元，茶厂又把大部分利润退还给茶农，有效地促进了茶叶生产的发展。

以专业生产者协会为纽带联合千家万户。1986年是重庆市专业生产者协会发展最快的一年，据不

* 担为非法定计量单位，1担=50千克，编者注。

完全统计，建立柑橘、渔业、蚕桑、奶牛、花木、蔬菜、茶叶、长毛兔、养蜂、养鸭等专业生产者协会216个，参加的会员达15.63万多人。有不少专业生产者协会打破了地域界限。各专业生产者协会通过产前、产中、产后的各种服务，把千家万户联系起来，扬长避短，把自然优势变成产品优势，把分散的产品汇集起来，直接参与流通，以价优、货鲜占领市场，使产品优势变成商品优势。如：江津县柑橘生产者协会，自1985年开始组建以来，建立了13个基层柑橘（果树）生产者协会，会员2 753人，代表果农5 584户，果园246个。会员拥有柑橘树52.48万株，水果常年产量近500万千克。基层果协服务38个乡，占全县柑橘生产乡的52%。已形成以柑橘协会为依托、柑橘技术员为骨干、会员组长和专业大户为示范的自我服务体系。

其间，重庆市从1990年开始实施农业综合开发工作。1990—1992年，农业综合开发第一期项目把改善农业生产条件与发展“两高一优”（高产、高效、优质）农业进行了有机结合，有力地促进了农业产业化发展。

同时，为贯彻、执行党的十一届三中全会精神，1979年，成立了重庆长江农工商联合公司（重庆市农垦局），标志着重庆农垦经济开始了一个新的发展阶段。到1994年，重庆农垦不断调整产业结构，积极推行农工商综合经营，从根本上改变了几十年来农垦企业只能单纯从事种植业、养殖业的狭隘格局。国家对农垦实行财务包干政策，使农垦不断增强市场经济意识，逐步走向自主经营、自负盈亏的轨道，经济得到健康发展。

此外，为适应三峡库区建设的需要，重庆水产集团于1993年3月成立。这是由市人民政府批准组建的全市首家农业专业化集团，是由重庆最大的两家农垦水产企业长寿湖联合企业公司、长江农工商联合公司为核心，吸收了40多个不同所有制的经营实体参股。集团采取技术合作、承包、租赁、联销、经销等形式，组成跨行业、多功能的产业群体，资产总额8 000余万元，在全市的水产品市场中占有率可达60%以上。

随着农村经济体制改革的不断深入。到1995年，四川省重庆市在土地转包、转让、租赁、入股、联营、拍卖“五荒”使用权方面，部分地区已经迈出了步子，全市实行土地流转的户数和面积各占总数的2.8%。1996年，在发展种植业和第二、三产业上积极推行股份制和股份合作制，实行规模经营，形成农工商一体化。全市涌现了一批种、养、加、产、供、销专业大户。形成了“两杂”种子生产、长寿肉鸡生产、江津茧丝绸生产经营等一批公司加农户的经营联合体。全市农村有股份制和股份合作制企业3 651个，其中乡镇企业2 657个，农业类企业854个。在支持国有商业、外贸企业和供销社发挥农产品流通主渠道的同时，积极组织农民进入流通领域，全市常年从事个体运销的农民达20多万户，农民联合流通组织200多个。

第二节　农业产业化全面发展阶段

1995—2000年，这一阶段的主要组织形式是龙头企业带动型。即：“公司+农户”“公司+基地+农户”“公司+中介组织+农户”等多种组织形式。

自20世纪80年代中期以来，重庆市农村积极探索实行种养加、产供销、农工商、内外贸的一体化生产经营模式，有力地促进了农村经济的稳步发展。为了加快计划经济向市场经济、粗放经营向集约经营的转变，在认真总结经验的基础上，1995年，市委、市人民政府先后两次组织市级有关部门和区（市、县）领导到先进地区考察学习，并结合重庆市实际，提出了实施农业产业化的战略。提出了实施农业产业化，必须把握好3个主要环节：一是确立主导产业。选准具有大规模开发价值和广阔市场前景的主导产业和支柱产品。全市确定了粮食、蔬菜、生猪、禽蛋、蚕桑、水产、水果、茶叶等八大主导产业。二是培植龙头企业。对国有农副产品加工经营企业进行技术改造和扩建，加速企业经营机制的转换，发挥好龙头作用；对以农副产品加工经营为主的乡镇企业，积极引导其组建成集信息传递、技术推广、深度加工、储运销售为一体的农副产品经营销售集团；积极采取合资、合作、独资等形式，建设一批新的外向型企业。三是建设商品基地，围绕已确定的主导产业，搞好发展规划，组织建设大规模区域连片的商品生产基地。在实施工作中，突出解决好生产与市场连接问题，连接的形式可以是公司加农户，行业连农户，市场连农户，协会连农户。并在公司、企业与农户之间建立规范化的契约关系和以股份制为主的产权纽带关系，形成风险共担、利益均沾的经济共同体。市委、市人民政府决定，以蔬菜生产为突破口，推进重庆农业产业化进程。制定了重庆市蔬菜产业化工程实施方案，由市级财政安排4 240万元资金，从1995年到1998年5月，建成有能排能灌的田间管、渠、池系统，有公路、机耕道、人行道的道路网络，有集约化、科学化栽培技术水平的10.6万亩蔬菜基地。并配套建设了一批产地批发市场，组建从市区到基地的产销服务组织，形成产、供、销一条龙服务的新体制。为此，市人民政府成立了以分管副市长为指挥长、有关部门领导参加的蔬菜产业化工程建设指挥部，各区（市、县）也成立了相应的领导机构。1995年9月29日，市人民政府在九龙坡区含谷镇举行了首批5.6万亩蔬菜基地建设工程开工典礼，并在此与有任务的区（市、县）签订了蔬菜产业化工程建设责任书，拉开了重庆市实施农业产业化战略的序幕。

1996年，确立并启动农业产业化战略。在发展种植业和第二、三产业上积极推行股份制和股份合作制，实行规模经营，形成农工商一体化，全市涌现了一批种、养、加、产、供、销专业大户。形成了"两杂"种子生产、长寿肉鸡生产、江津茧丝绸生产经营等一批公司加农户的经营联合体。全市农村已有股份制和股份合作制企业3 651个，其中农业类企业854个。

1997年，农业产业化战略全面组织实施。重庆直辖市树立了"扶持农业产业化就是扶持农业，扶持龙头企业就是扶持农民"的观念，把农业产业化经营作为发展农业和农村经济的重要抓手来抓，积极培育优势产业，扶持龙头企业，发展农村合作经济组织，实施农业产业化战略。以市场为导向、效益为中心，按照"确立主导产业，实行区域布局，依靠龙头带动，发展规模经营"的产业化发展方向，大力推进贸工农一体化的产业体系建设，以农业产业化带动农村产业结构调整、农业资源深度开发和农村经济体制的创新，大幅度提高农业综合效益，加快农业现代化的进程。

1997年初，中共重庆市委党员代表大会、重庆市人民代表大会和全市农村工作会议，都明确提出实施农业产业化战略，将推进农业产业化经营工作列入振兴重庆经济发展的11条主线之一来抓。6月下旬，市人民政府组织农口部门领导到上海、山东、河南等地考察学习农业产业化经营先进经验。9月7日召开了首次全市农业产业化工作会议。会上提出了实施农业产业化战略的指导思想、目标任务和政策措施。

1997年12月4日，市委成立了以市委副书记刘志忠为组长，市委常务委员会委员税正宽、市政府副市长陈光国为副组长，市级有关部门负责同志为成员的重庆市农业产业化工作领导小组。领导小组下设的办公室在市政府农村工作办公室内，负责市级农业产业化重点项目的规划、论证和审批，以及协调处理面上农业产业化经营中出现的有关问题，培植市级农业产业化龙头企业等工作。

1997年12月，根据农业产业化发展工作的需要，成立了重庆市农业产业化发展中心，负责用于地方立项项目的市农业产业化发展资金管理和具体运作。12月9日，市委、市人民政府印发《关于加快全市农业产业化发展的意见》，从指导思想、目标任务和政策扶持等方面作出明确规定，并根据资源特点和区域化布局原则，确定了全市农业产业化经营重点发展的十大主导产业和瘦肉型猪、蛋鸡、水产养殖、肉牛山羊、长毛兔、优质柑橘、优质烟叶、中药材、榨菜、蔬菜、奶类、茧丝绸等12个市级农业产业化重点经营项目。

1997年，全市共有100多家城镇工商业主到农村领办农业产业化项目，市外、国外工商业者也到重庆市领办农业产业化经营项目。如：美国施格兰集团在忠县投资3 000多万美元发展柑橘产业化经营。市农业产业化领导小组办公室正式批准重庆皇田现代农业发展有限公司、涪陵榨菜集团、重庆绿色和平羊业有限公司、重庆荣达农业发展有限责任公司等5家企业作为市级农业产业化龙头企业。另外有

40 多家企业向市计划委员会申报了农业产业化项目，重庆润康生物工程有限公司等 25 个农业产业化项目经市计划委员会批准立项。1997 年 12 月 2 日，重庆荣达农业发展有限公司还被国家体制改革委员会确定为全国 64 个农业产业化经营试点企业之一。一批集产、加、销为一体的农业产业化经营企业正在形成，分散的小生产正在通过龙头企业的桥梁作用与大市场衔接，重庆市实施农业产业化战略已初见成效。

到 1998 年，全市农业产业化经营在调整优化产业结构、建设生产基地、实行区域化布局、延伸产业链和市场体系建设方面有新突破，涌现出一批集产供销、贸工农一体化，科技含量高、市场前景最好、带动能力强的龙头企业，初步形成了具有辐射和带功能力的主导产业。全市有 161 家各类城镇工商企业参与农业产业化开发，共领办农业产业化项目 174 个，投资总额 42 亿元，其中投资额上千万元的项目 75 个。全市有龙头企业 230 家，涉及粮食、蔬菜、禽蛋奶、瘦肉型猪、草食牲畜、水产、水果、蚕桑苎麻、烟草、林竹药茶等十大产业。其中市计划委员会立项批复了 40 个农业产业化项目。市农业产业化办公室重点培育和支持了润康、皇田、绿羊养业、骋程、涪陵榨菜集团、荣达、建盛、协力达、鼎盛、嘉顿、山地、孝宜、海浪、白市驿板鸭等 14 个市级农业产业化龙头企业。随着农业产业化的积极推进，不仅加快了全市农业结构调控步伐和农产品的升级换代，而且极大地推动了全市农村经济发展，带动了库区和贫困山区几十万农户脱贫致富。

第三节　农业产业化上档升级阶段

2000 年以后，重庆市这一阶段农业产业化主要组织形式：龙头企业带动型。即：公司 + 农户；公司 + 基地 + 农户；公司 + 中介组织 + 农户；公司中介组织联合体 + 农户等多种组织形式。

2000—2005 年，全市以农业产业化百万工程为抓手，大力促进农业产业化经营水平的上档升级。先后启动实施了柑橘、生猪、中药材、优质粮、蚕茧、笋竹、草食牲畜、花卉、香料、黄油菜籽、榨菜等 11 个农业产业化“百万工程”，建立各种优质商品生产基地 80 万公顷，发展各类农业产业化经营组织 13 437 个，带动农户征收明显，农业产业化经营发展整体步入了上档升级阶段。

2000 年，重庆市加大了农业结构调整，突出抓农业产业化经营。在注重粮油生产、多种经营、畜牧生产布局区域化以及品种良种化、生产规模化的同时，着力培育联结千家万户小生产与千变万化大市场的农业产业化龙头企业。全市畜牧、香桂、果茶、蔬菜、粮油、中药、丝麻、林竹、水产、花卉等十大主导产业，基本形成了产、加、销一条龙和贸、工、农一体化经营的格局。全市实施 580 个农业产业化项目。全市新涌现 210 户投资额 100 万元以上的农业产业化龙头企业。全市 40 户市级农业产业化龙头企业共实现产值 4.5 亿元、出口创汇 1 600 万美元，创利税 4 365 万元，产值利税率达 9.7%。重庆嘉顿实业股份有限公司、重庆皇田现代农业发展有限公司、重庆海浪科技实业（集团）有限公司、重庆市华牧（集团）有限公司、重庆荣达农业发展有限责任公司、重庆三峡果业集团有限公司 6 户企业被列为农业产业化国家重点龙头企业。由重庆市乳品公司整体转制组建的股份制企业——重庆市天友乳业有限公司于 9 月挂牌成立。

2001 年，市委、市人民政府出台《关于大力推进农业产业化经营的意见》《关于扶持农业产业化市级龙头企业的政策意见》《关于市级龙头企业的标准及管理办法》《关于实施农业产业化百万工程的意见》等一系列政策性文件，召开规模大、规格高的全市农业产业化工作会议；编制了《重庆市“十五”农业产业化发展规划》，明确了“百万工程”为载体、以完善机制为核心的农业产业化发展思路；启动实施 10 个农业产业化百万工程［百万亩香料工程、百万亩优质中药材工程、百万亩笋竹工程、百万优质甘蓝型黄籽油菜工程、百万亩花卉苗木工程、百万吨优质柑橘深加工工程，百万吨优质粮加工工程、百万头（只）草食牲畜工程、百万头出口创汇优质瘦肉型猪工程、百万担优质蚕茧工程］，加大对农业产业化龙头企业的培育和扶持力度，安排 1 400 万专项扶持资金，重点扶持 32 个重点龙头企业。当年，全市新增投资500万元以上龙头企业159户，累计1 859户，实施800多个重点项目，投资总额超过40亿元，带动农户210万户；新发展20户市级龙头企业，市级龙头企业累计60户；有16户龙头企业销售收入超过亿元。

2002年，10个农业化“百万工程”全面启动实施。市、区（县、自治县、市）均成立了农业产业化“百万工程”协调领导小组，还分别成立了各个“百万工程”实施工作小组和办公室，制定了《10个农业产业化百万工程规划和实施方案》；协调落实了“百万工程”建设资金10亿元，加大了基地建设和龙头企业的培育力度。当年，全市新建优质柑橘、蚕桑、粮食、中药材、甘蓝型黄籽油菜、天然香科、花卉苗木商品生产基地2 667公顷（其中香料新增种植面积4 853.33公顷，中药材新增种植面积3.45万公顷，优质柑橘新增种植面积1 386.67公顷，花卉苗木新增种植面积1.19万公顷），建设优质粮商品生产基地15.07万公顷、优质蚕桑育苗基地5 713.33公顷。完成大足良种繁育中心、良种牛繁育中心、马铃薯脱毒繁育中心、优质柑橘脱毒中心，三牧集团中药材种植基地和黄籽油菜科研、生产、培训基地，市花卉苗木交易和信息中心，汇源集团柑橘深加工项目等40个重点项目建设。引进了三江羽城公司、长沙淀粉公司、希望集团、汇源集团等一批国内著名的农业企业和新加坡复发中计公司、澳门恒和集团等一批国外知名企业。全市农业产业化龙头企业1 600多户，其中14户国家重点龙头企业和77户市级龙头企业实现销售收入119.88亿元，直接带动了170万农户发展生产，新创造10万多个就业岗位。

2003年，重庆市克服了“非典”疫情造成的困难，农业产业化“百万工程”深入推进，抓住重点产业、重点产品、良种繁育基地三大环节，全面推进农业产业化“百万工程”推进基地建设。全市各类农业产业化经营组织发展到3 200个，其中龙头企业1 600余家（国家重点龙头企业14家，市级龙头企业103家）。

根据新时期农业农村工作发展需要，2005年，市委、市人民政府决定实施“三百工程”，即：从2001年下半年开始启动的实施农业产业化百万（吨、头、只、亩、担）工程，2003年启动的“百个经济强镇建设”工程，2004年启动的“百万农村劳动力转移就业”工程。当年，全市继续以“百万工程”为抓手推进农业产业化，2004年年底全市共建设各类优质商品生产基地80万公顷（“百万工程”基地66.93万公顷），农业优势产业逐步向优势产区集中，初步形成了各大产业带，产业链条不断延伸，龙头企业逐步壮大。催生、壮大了一批农业产业化龙头企业，吸引了一批城市工商企业向农村地区转移，向农业产业化领域转轨，向农业产业化龙头企业转型，引进了一批外来企业拓展农业产业化发展空间。全市全年有一定规模的各类农业产业化组织1.34万个，其中龙头企业带动型2 123个，中介组织带动型3 951个，专业市场带动型796个，农村经纪人和专业大户6 567个。全市农业产业化龙头企业实现销售收入216亿元。涪陵榨菜集团生产的榨菜获全国脆酱菜行业首个中国驰名商标，重庆榨菜在与江浙榨菜的竞争中占据了优势地位，销售量占全国市场份额的60%以上。皇田农业公司的红掌系列花卉远销荷兰。三峡建设集团的柑橘鲜汁在试销期间就得到了亚洲地区多家客商的高度肯定，恒河果业鲜销柑橘成功进入国际知名的连锁销售网络，标志着重庆市柑橘产业发展到一个新阶段。

2007年，全市继续以农业产业化“百万工程”为抓手，深入推进农业产业化经营，全市有一定规模的各类农业产业化组织发展到1.45万个，其中龙头企业带动型2 350个，中介组织带动型4 794个，专业市场带动型796个，农村经纪人和专业大户6 567个。在农业产业化经营组织与基地农民和利益联结中，合同方式占31%，合作方式占19%，股份合作方式占20%。2007年，全市各类农业产业化经营组织从业人员63万人，带动农户290万户。全市农业产业化龙头企业发展到1 200家，其中国家重点龙头企业19家，市（省）级龙头企业218家，区（县）级龙头企业963家。太极药业、乌江榨菜、四面山花椒等一批农产品分别获得了中国驰名商标、中国名牌产品、中国名牌农产品称号，农产品市场竞争力进一步增强。市级龙头企业固定资产达94.77亿元，销售收入226亿元，净利润13.5亿元，上缴税金8.7亿元，出口创汇1.64亿美元。

从2006年起，全市开始实施社会主义新农村建设。以“千百工程”推动农业产业化发展。2011年，全市农业产业发展再次得到高速发展。一是经营组织发展。农业产业化龙头企业1 800家，其中国家重点龙头企业32家、市级龙头企业441家、区（县）级龙头企业1 327家。粮油、蔬菜、柑橘等种植业大户2.61万个，生猪、牛、羊、家禽等养殖大户3.07万个，农村经纪人4.8万个，大型农产品综合交易市场、区域农产品批发市场、县城或中心镇农贸市场1 500个。二是规模经济效益。区（县）级以上龙头企业固定资产472.8亿元、销售收入1 500亿元、净利润53.3亿，上缴税金21.1亿元、出口创汇3.2亿美元、带动农户306万户。销售收入超1亿元以上的龙头企业121家，50～100亿元的3家、100亿元以上2家。新增农民专业合作社3 103个，总计达1.34万个，居西部第三位。参加农民专业合作社成员221.8万户，参合率32%，高于全国平均水平。三是利益连接机制。通过“公司+农户”“公司+基地+农户”“公司+农民专业合作社+农户”等经营模式，带动960.7万人从事农业产业化经营，约占农村人口的42%。从事种养殖576.4万人、农产品加工249.7万人、商贸流通134.6万人，农业产业化促进基地农户增收2 210元。

从“十二五”规划开始，特别是党的十八大提出构建新型农业新型经营主体（即：专业大户、家庭农场、农民合作社、农业企业等）以来，市委、市人民政府提出要做强5类产业化经营组织：重点培育发展1 000家规模以上龙头企业、3万家农民专业合作社和农业微型企业、50万户农村种养殖大户和经纪人。2012年，全市农业产业化龙头企业1 800户，其中国家级重点龙头企业32户，市级龙头企业446户，区县级龙头企业1 322户。粮油、蔬菜、柑橘等种植业大户2.96万个，生猪、牛、羊、家禽等养殖大户12万个，农村经纪人4.86万个，大型农产品综合交易市场、区域农产品批发市场、县城或中心镇农贸市场1 505个。区（县）级以上龙头企业固定资产5 437亿元，销售收入1 725亿元，净利润613亿，上缴税金21.1亿元，出口创汇3.2亿美元。销售收入超50亿元以上龙头企业三户。新增农民合作社2 600个，累计1.6万个，列西部地区第三位，其中股份合作社1 230个，农民参合率达到40.2%，高于全国平均水平10多个百分点。通过“公司+农户”“公司+基地+农户”“公司+农民合作社+户”等经营模式，带动310万农户从事农业产业经营，约占农村总人口的42%。

到2015年，按照中央农村工作会议和中央1号文件精神，全市加大农村改革力度，大力推进农业产业化加快发展。一是推进改革试点工作。按照农业部关于农民以土地经营权入股发展农业产业化试点的有关要求，在认真总结完善和推广现行产业化经营模式基础上，选择1个试点区（县），重点探索农民以土地经营权入股农民合作社和龙头企业的注册登记制度。二是完善龙头企业扶持机制。进一步增加龙头企业信贷产品，加大对龙头企业扶持力度，改进贷款贴息方式，支持龙头企业扩大生产规模，扶优扶强，增强带动能力。三是支持企业创建名优农产品。重点支持龙头企业创建著名商标、地理标志和中国驰名商标等。四是多渠道培育龙头企业。引导工业企业、餐饮企业和商贸流通企业，到农村发展种养殖业、农产品加工业和商贸流通业，逐步发展成为龙头企业。当年，全市共有家庭农场13 067家，销售农产品48亿元；发展农民合作社25 688个，合作社成员362.5万户，农民参合率54%。其中，累计发展农村新型股份合作社3 535个，出资总额113.55亿元，作价入股土地107.5万亩，统一经营面积179.2万亩。全市农业产业化龙头企业3 362家，其中，国家级32家、市级625家、区（县）级2 705家；上市企业15家，其中，国家级2家、市级12家、区（县）级1家；全市销售收入（或交易额）1亿元以上龙头企业154家，其中，100亿元以上的3家、80亿元的1家、50亿元的1家、40亿元的1家、20亿元的3家、10亿元的8家、5亿元的17家、1亿元的120家。龙头企业职工人数32.66万人、固定资产732.61亿元、销售收入1 784.8亿元、市场交易额620.35亿元、净利润109.9亿元、纳税48.65亿元、出口创汇3.2亿美元、带动农户459万户、带动基地农民人均增收4 256元。市级以上龙头企业分别涉及种植业197个、养殖业124个、加工业210个、休闲农业3个、其他95个。

第四章
农业综合开发

全市农业综合开发源于“农业学大寨”时期，限于当时的客观条件，主要以垦荒造地、改土改田为主。党的十一届三中全会后，农业综合开发有较快进展，但仍然局限于单纯的改田改土。真正意义上的农业综合开发，始于1990年。中央和地方不断加大农业综合开发资金投入力度，先后实施了坡改梯、中低产田改造、高标准农田建设、产业化经营（发展）、科技示范（推广）等一系列项目，对于改善全市农业基础设施，提高粮食生产能力，确保粮食安全，推动农业产业结构调整等方面发挥积极的作用。

第一节　发展历程

1990年，国家将重庆列入全国农业综合开发项目区。至1996年，全市农业综合开发以改造中低产田和坡瘠地为主，增加粮油和经果为主的农产品产量，共投入资金6.3亿元（其中中央财政投入6 005万元），改造中低产田8.9万公顷，培育龙头骨干项目103个，推广两杂（杂交水稻、杂交玉米）、三绝（半旱式、再生稻、稻田养鱼）新技术。

1999年1月，市人民政府发布《重庆市农业综合开发项目管理办法》；2006年5月，市人民代表大会常务委员会发布《关于加强农业综合开发工作的决定》；2007年9月，国家农业综合开发办公室正式批复，同意重庆自2008年起生态综合治理项目占土地治理项目财政投资的比例从10%提高到30%，用于小流域治理项目；2009年，全市农业综合开发项目区已覆盖除渝中区外的所有区（县），先后制定了高标准农田、农业优势特色产业、柑橘产业、茶产业、榨菜产业、柠檬产业、莼菜产业等专项规划，推动产业发展。

1997年，全市农业综合开发投入财政资金1.233亿元（其中，中央财政资金5 635万元）。2009年投入财政资金5.67亿元（其中，中央财政资金3.77亿元）。2016年投入财政资金14亿元（其中，中央财政资金8.9亿元）。1997—2016年，重庆市农业综合开发投入财政资金131.3亿元，其中，中央财政资金74.7亿元；改造治理土地面积62.1万公顷，自2009年实施高标准农田建设以来，累计建成高标准农田11.8万公顷，实施产业化项目1169个。2001年以来，实施集中科技推广项目408个，新品种、新技术，项目区良种覆盖率达98%以上；全市农业综合开发项目区累计规模经营面积达10.1万公顷，农业综合开发重点龙头企业达441家。

2007年，重庆市利用世界银行贷款实施加强灌溉农业3期项目，至2009年完成投资1 123万元，建成用水户协会109个。

2014—2018 年，计划实施利用世界银行贷款可持续发展农业项目，计划投资 3.33 亿元，建设高标准农田 1.6 万公顷。至 2016 年预计投资 2.23 亿元。

2013 年，潼南区实施国家农业综合开发现代农业园区试点项目，投入财政资金 7 200 万元。

2014 年，永川区、梁平县实施了国家农业综合开发现代农业园区试点项目，至 2016 年预计投入财政资金 1.44 亿元。

2014 年，黔江区、丰都县、武隆县、石柱县、秀山县、酉阳县、彭水县等 7 个区（县）被列为“国家农业综合开发扶持民族地区经济发展政策创新实验区”，每年投入财政资金 5 600 万元。2015 年，确定大足、南川、潼南、梁平、开县、秀山 6 个区（县）作为重庆市首批新型现代农业综合开发重点项目区。

第二节　产业化发展项目

全市农业综合开发产业化发展项目自 1994 年起实施，主要支持农业产业化龙头企业和农民合作社等新型农业经营主体开展优质高效农业种植养殖、农产品加工、储藏保鲜和流通服务等项目建设，推进农业产业链和价值链建设，优化农业和农村经济结构，促进农村第一、二、三产业融合发展，带动农业增效和农民增收。

农业综合开发紧紧围绕现代农业发展需求，不断创新和完善产业化发展项目扶持政策。在扶持方式上，逐步形成贷款贴息、财政补助、财政股权投资基金等形式相结合的多元化扶持体系。在扶持对象上，不断培育和壮大农业龙头企业、农民合作社、专业大户、家庭农场、农业社会化服务组织等新型农业经营主体，推进构建“新型农业经营主体 + 适度规模经营 + 社会化服务”的新型农业经营体系。在扶持资金上，历年累计投入产业化经营（发展）项目 46.8 亿元，其中：财政（中央、市、区、县）资金 13.5 亿元，银行贷款 7.7 亿元，自筹资金 25.6 亿元。在扶持内容上，立足区域产业发展实际，找准产业发展的关键环节、薄弱环节，围绕同产业优选不同申报主体项目，进行重点扶持、连续扶持，打造优势特色产业集群，努力构建现代农业产业体系。通过实施农业综合开发产业化发展项目，各地建成了一批优势特色农业种植养殖基地、农产品加工和流通服务等优质示范项目，有效促进了农业结构调整优化，有力保障了重要农产品有效供给，提升了农业综合效益和市场竞争力。

一、项目发展历程

按照扶持重点和项目特点的不同，农业综合开发产业化项目发展历程可以分为 2 个阶段。

（一）第一阶段，探索起步阶段（1994—2002 年）

此阶段，项目称为多种经营项目。

1. 1994—1998 年

1994 年，国务院办公厅转发了财政部《关于农业综合开发的若干政策》，明确指出农业综合开发要在重点开展土地治理项目的同时，以市场为导向发展多种经营，以龙头项目带动农产品的系列开发，把保证粮、棉、油、肉、糖等农产品的稳定增长与增加农民收入的目标结合起来，从政策和投入上对农业综合开发支持产业化经营项目建设作出了明确规定，并出台了相关管理政策。

2. 1998—2002 年

1998 年以来，为适应农业和农村经济发展新阶段的要求，农业综合开发在指导思想和工作思路上实现了“两个转变”，强调调整结构，优化品种，提高质量，发展优质高产高效农业。2001 年，温家宝总理在国家农业综合开发第四次联席会议上提出了农业综合开发要在坚持“两个转变”的基础上，做到“两个着力”，实现“两个提高”。这一时期，农业综合开发产业化经营项目的地位和作用得到认可，产业化经营项目在政策的引导下平稳有序发展。扶持的重点主要在农业生产环节，到后期分为种植业、养殖业、农副产品初加工等项目，投资控制指标与土地治理项目投资捆绑下达。

（二）第二阶段，发展创新阶段（2003—2015 年）

此阶段，农业化发展项目已称产业化经营项目，从政策到投资扶持方式进行了一系列的改革和创新。

1. 2003—2006 年

2003 年，财政部出台了《关于改革和完善农业综合开发若干政策措施的意见》，明确了产业化经营项目要从政府主导向政府引导转变，从计划经济管理体制为主向市场经济管理体制为主转变，从单一扶持方式向多元化扶持方式转变等改革创新思路。扶持的重点已逐渐从生产环节到加工和生产环节并重，兼顾流通环节，项目类别包括了经济林及设施农业种植、畜牧水产养殖等种植养殖基地项目，农产品加工项目以及储藏保鲜、产地批发市场等流通设施项目 3 类，扶持方式也发展为有偿与无偿结合、财政贴息和投资参股经营 3 种方式。已开始单独下达产业化经营项目投资控制指标，并对各省（自治区、直辖市）先下达指导性指标，根据项目申报情况和专家评审结果确定正式投资控制指标。向社会发布申报指南，实行公开选项，对项目评估进行了职责分工（按照评估职责，项目又分为重点和一般产业化经营项目）。

2. 2007—2012 年

此阶段，产业化经营项目平稳有序发展，政策更加完善，管理更加规范。同时在与土地治理项目的结合上、在扶持农民专业合作组织方面进行了积极探索。

3. 2013—2015 年

此阶段，农业综合开发大刀阔斧改革。产业化经营项目包括一般产业化项目、龙头企业带动产业发展和“一县一特”产业发展试点项目。2014 年开始编制年产业化经营项目滚动计划。2015 年开始贷款贴息项目由“后选项后结算”的贷款息方式调整为“先选项后结算”，出台了《农业综合开发扶持农业优势特色产业促进农业产业化发展的指导意见》《关于调整和完善农业综合开发扶持农业产业化发展相关政策的通知》。

二、项目实施概况

1994—2015 年全市农业综合开发产业化经营共种植经济林 56. 82 万亩、蔬菜 10. 38 万亩、花卉 3. 15 万亩、药材 15. 74 万亩，完成水产养殖 5. 2 万亩、畜禽养殖 8 499 万头（只），完成加工项目 243 个，完成农业生产服务项目 34 个。

2013—2014 年，为加快现代农业建设、提升农业竞争力和促进农业可持续发展，根据国家农业综合开发办公室的有关规定，组织开展了扶持龙头企业带动产业发展和“一县一特”产业发展试点项目。

（一）2013 年开展试点项目 5 个

重庆光大（集团）有限公司承担巴南区扶持龙头企业带动产业发展试点项目（带动奶牛产业发展项目）、重庆恒都农业集团有限公司承担丰都县扶持龙头企业带动产业发展试点项目（带动肉牛产业发展项目）、重庆市涪陵辣妹子集团有限公司承担涪陵区“一县一特”产业发展试点项目（涪陵榨菜产业发展项目）、梁平县奇爽食品有限公司承担梁平县“一县一特”产业发展试点项目（梁平柚子产业发展项目）、重庆鹏城源食品开发有限公司承担城口县“一县一特”产业发展试点项目（城口老腊肉产业发展项目）。其中：龙头企业带动产业发展试点项目 2 个，安排中央财政资金 2 000 万元，地方财政配套资金 1 200 万元；“一县一特”产业发展试点项目 3 个，安排中央财政资金 1 500 万元，地方财政配套资金 900 万元。

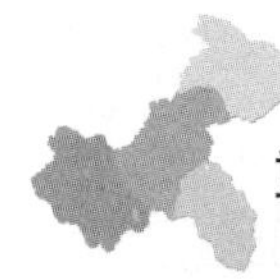

（二）2014 年开展试点项目 8 个

重庆邮桥米业集团有限公司承担大足区扶持龙头企业带动产业发展试点项目（带动粮食产业发展项目）、重庆市天友乳业股份有限公司承担渝北区扶持龙头企业带动产业发展试点项目（带动奶牛产业发展项目）、重庆市二圣茶业有限公司承担巴南区扶持龙头企业带动产业发展试点项目（带动茶叶产业发展项目）、天圣制药集团股份有限公司承担垫江县扶持龙头企业带动产业发展试点项目（带动三峡库区特色中药材产业发展项目）、重庆派森百橙汁有限公司承担忠县“一县一特”产业发展试点项目（柑橘产业发展项目）、重庆市钱江食品（集团）有限公司承担开县“一县一特”产业发展试点项目（生猪产业发展项目）、重庆丰都光明食品贸易有限公司承担丰都县“一县一特”产业发展试点项目（肉牛产业发展项目）、重庆市双河丝绸有限公司承担黔江区“一县一特”产业发展试点项目（武陵山蚕桑产业发展项目），其中：龙头企业带动产业发展试点项目 4 个，安排中央财政资金 2 600 万元，地方财政配套资金 1 560 万元。“一县一特”产业发展试点项目 4 个，安排中央财政资金 1 600 万元，地方财政配套资金 960 万元。

第三节　中低产田改造

从 1990 年立项实施国家农业综合开发之初到 2003 年，全市农业综合开发土地治理项目以改造中低产田项目为主。2003 年，增加了建设优质粮食基地项目（仅 1 年）。从 2004 年开始，在改造中低产田项目的基础上，增加了生态综合治理项目的小流域治理项目。2009 年，重庆市农业综合开发土地治理项目在大足、南川试点高标准农田建设项目并逐年扩大试点。自此，重庆市农业综合开发土地治理项目包括中低产田改造、生态综合治理、小流域治理和高标准农田建设 3 类项目。2014 年，国家农业综合开发办公室将中低产田改造项目与高标准农田建设项目并轨，土地治理项目中的中低产田改造项目自此结束。

国家农业综合开发实行开发县管理。经过申报并经财政部批准进入国家农业综合开发县后，才能立项实施农业综合开发项目。1990—1995 年，重庆市国家立项的开发县为 12 个，1996 年增加到 16 个。改直辖后，1997 年国家农业综合开发县为 31 个，之后逐年增加，到 2003 年增加到 35 个（含司法农场 1 个），主城区大渡口区、江北区、沙坪坝区、九龙坡区、南岸区等 5 个区整合为城郊区作为一个开发县，重庆农业综合开发实现了除渝中区以外的所有区（县）为国家农业综合开发县，为全国进入国家开发县比例最高的省份之一。

农业综合开发中低产田改造项目的改造措施，按照国家农业综合开发办公室出台的《国家农业综合开发土地治理项目建设标准》，建设内容包括水利措施（含灌溉工程、排水工程等）、农业措施（含土地平整等农田工程、机耕路等田间道路、土壤改良、良种繁育与推广、农业机械化等）、林业措施（含农田防护林网建设、水土保持林、水源涵养林营造等）、科技措施（含技术推广、科技培训等）。

1990—2014 年，全市农业综合开发共完成中低产田改造项目 787. 86 万亩，其中，1990—1996 年，全市 12 个开发县共完成中低产田改造 133. 6 万亩；1997—2014 年，35 个开发县共完成中低产田改造 654. 26 万亩。农业综合开发中低产田改造项目，得力于其措施综合，大力建设农业基础设施，推进农业结构调整和优化，推广先进实用技术，在改善农业生产条件、提高农业综合生产能力、增加农民收入方面发挥了重要作用。据统计，1990—2014 年，通过中低产田改造等农业综合开发土地治理项目，重庆农业综合开发项目新增和改善灌溉面积 537. 85 万亩，增加防护林面积 318. 32 万亩，新增机耕面积 81. 15 万亩，新增粮食生产能力 169 076 万千克。2014 年，项目区直接受益农民人均增收额达 786 元。

第四节 高标准农田建设

全市农业综合开发高标准农田建设始于2009年，其目的是稳步提高农业综合生产能力、保障国家粮食长久安全。到2015年1月，新建集中连片、旱涝保收、稳产高产、生态友好的高标准农田89.23万亩，开发出开州南门、南川兴隆、忠县新立、大足铁山、潼南灌坝、秀山清溪等一批集中成片、规模较大、标准较高的项目区。主要经历两个阶段。

一、试点探索阶段（2009—2011年）

2009年，市农业综合开发办公室根据国家农业综合开发办公室《关于开展国家农业综合开发高标准农田建设示范工程的指导意见》《国家农业综合开发高标准农田建设示范工程建设标准（试行）》精神，在南川、大足进行先行试点，分别投入1 600万元，建设高标准农田示范工程2.46万亩。2010年，市农业综合开发办公室研究制定《重庆市实施国家农业综合开发高标准农田建设示范工程建设标准细则（试行）》，投入10 518万元，建设高标准农田示范工程7.79万亩。2011年，投入14 671.55万元，建设高标准农田示范工程12.40万亩。其间，初步摸索了高标准农田的理论思路、综合标准和水利、农业、田间道路等具体措施标准。

二、发展创新阶段（2012—2014年）

2012年，根据国家农业综合开发办公室部署，市农业综合开发办公室在各区（县）全面展开高标准农田建设，投入20 642.21万元，建设高标准农田示范工程14.72万亩。2013年，国务院《关于国家农业综合开发高标准农田建设规划的批复》，明确重庆市高标准农田建设任务为797万亩（其中2013—2020年建设高标准农田716万亩，通过农业综合开发资金投入完成609万亩）；市农业综合开发办公室投入28 830.53万元，建设高标准农田示范工程21.68万亩。2014年，国家农业综合开发办公室将中低产田改造项目与高标准农田建设项目并轨；市人民政府第71次常务会议审议通过《重庆市高标准农田建设规划（2011—2020年）》，规划全市高标准农田建设任务为1 083万亩，其中，农综468万亩（国土493万亩，农委122万亩），占42.75%；市农业综合开发办公室投入43 384.09万元，项目区覆盖除渝中区外的38个区（县），建设高标准农田示范30.18万亩。这一阶段，高标准农田建设建设理论逐渐系统先进，确立了以“三生”（生产、生活、生态）系统建设为方向，以“七化”（水利化、机械化、便民化、产业化、生态化、农旅化、长效化）为标准，以“四集”（资源集合、力量集中、措施集成、发展集约）为原则的开发理念；建设措施逐渐有力高效，坚持集中连片开发、集约高效开发、综合立体开发，坚持山水林田路综合配套开发，坚持高标准农田建设与适度规模经营相结合，大力推动第一、二、三产业融合、农文旅结合；建设管理制度严谨有效，研究制定招投标制、公示制、监理制、财政资金县级报账制。尤其是通过创新开发方式、做优做精项目、规范资金管理，以精品项目区积极争取中央财政资金增加投入，重庆市农业综合开发资金连续保持增长，增幅居全国农业综合开发系统前列。

第五篇

农业法治

第五篇　农业法治

1986 年至 2015 年，是党的十一届三中全会全面开启改革开放的重要历程，也是重庆市农业法治建设起步、发展并逐步健全的重要阶段。直辖前，重庆市人民代表大会常务委员会先后通过并经四川省人民代表大会常务委员会批准，出台了《重庆市实施〈中华人民共和国渔业法〉办法》（简称《实施办法》）、《重庆市农村合作经济组织承包合同条例》（简称《条例》）等农业地方性法规；重庆市人民政府先后制定了《重庆市乡镇农技推广服务站工作暂行办法》（简称《暂行办法》）、《重庆市蔬菜基地开发建设基金管理办法》（简称《管理办法》）等涉农政府规章。直辖后，市人大常委会先后颁布实施《重庆市农业机械管理条例》等一批农业地方性法规；市人民政府先后制定了《重庆市生猪屠宰管理办法》等一批涉农政府规章。农业的主要领域和重要环节实现了有法可依，有章可循。这一时期，渔政、动物卫生监督、农机监理、植物检疫等部门执法能力逐步增强，机构编制、专业队伍、执法手段、制度规范、服务效果的“五有”目标基本实现。2008 年以来，重庆市农业委员会（简称“市农委”）根据中央和市委、市人民政府统一部署，全面实施农业执法体制改革，综合执法体系建设全面推开，综合执法覆盖面达 100% 。健全、高效的农业执法体系为重庆市农业发展、农产品质量安全、农民权益等方面提供了坚实保障。

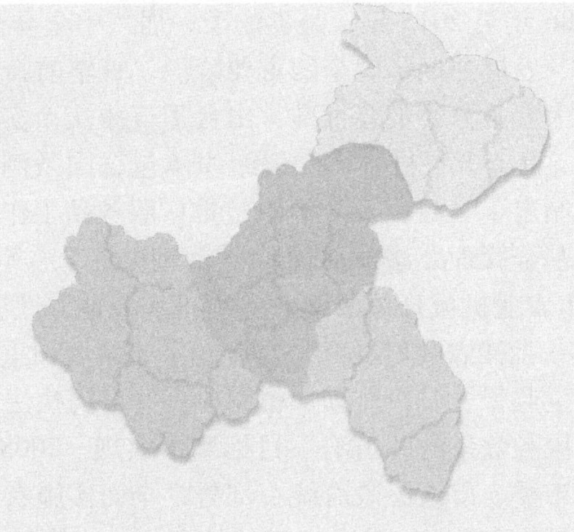

第一章
涉农立法

第一节　地方涉农法规

1986年至重庆直辖（1997年6月18日），经四川省重庆市人民代表大会常务委员会审议通过、四川省人民代表大会常务委员会批准的重庆地方性农业法规有《重庆市实施〈中华人民共和国渔业法〉办法》《重庆市农村合作经济组织承包合同条例》《重庆市蔬菜基地管理条例》《重庆市基本农田保护条例》《重庆市农民负担管理规定》《重庆市农业投资条例》等6部；1997年6月18日重庆直辖市正式成立之后，为了保证执法工作的连续性和适用法规的平稳过渡，重庆市第一届人民代表大会常务委员会第一次会议作出《关于四川省和原重庆市地方性法规在重庆市适用的决定》，明确《重庆市实施〈中华人民共和国渔业法〉办法》《重庆市农村合作经济组织承包合同条例》《重庆市蔬菜基地管理条例》《重庆市基本农田保护条例》《重庆市农民负担管理规定》在原四川省重庆市区域继续适用，四川省有关的地方性法规在原万县市、涪陵市、黔江地区（简称"两市一地"）区域继续适用。

重庆市直辖后，重庆市人民代表大会常务委员会本着"移植"和"急用先立"的原则，加快立法步伐，截至2015年年底，先后审议通过了《重庆市农村合作经济组织承包合同条例》《重庆市实施〈中华人民共和国渔业法〉办法》《重庆市蔬菜基地管理条例》《重庆市农民负担管理条例》《重庆市基本农田保护条例》《重庆市农业机械管理条例》《重庆市实施〈中华人民共和国农业技术推广法〉办法》《重庆市农作物种子管理条例》《重庆市实施〈中华人民共和国种子法〉办法》《重庆市农业投资条例》《重庆市农村机电提灌管理条例》《重庆市实施〈中华人民共和国野生动物保护法〉办法》《重庆市农业机械安全监理及事故处理条例》《重庆市植物检疫条例》《重庆市农村集体资产管理条例》《重庆市饲料和饲料添加剂管理条例》《重庆市实施〈中华人民共和国农村土地承包法〉办法》《重庆市实施〈中华人民共和国农民专业合作社法〉办法》《重庆市动物防疫条例》《重庆市蚕种管理条例》等地方性农业法规。其调整范围涵盖种植业、养殖业、渔业、农业机械以及农村经营管理与农民负担管理等领域。农业和农村工作的主要领域和关键环节实现了有法可依、有章可循。至此，重庆地方性农业法规体系框架初步形成。

一、重庆市人民代表大会常务委员会颁布的涉农《条例》

（一）农业农村经济管理类

1. 重庆市农业投资条例

《重庆市农业投资条例》，于1998年1月21日重庆市第一届人民代表大会常务委员会第六次会议通过，自1998年3月1日起施行。2001年9月26日，重庆市第一届人民代表大会常务委员会第三十五次会议作出修正。该《条例》共六章三十五条，针对农业投资的原则、资金来源、资金使用、农业投资管理监督以及法律责任等环节进行了制度规范。

2. 重庆市农村合作经济组织承包合同条例

《重庆市农村合作经济组织承包合同条例》，于1998年3月28日重庆市第一届人民代表大会常务委员会第八次会议通过，自1998年5月1日起施行。该《条例》共七章五十条，主要对农村承包合同订立应当遵循的原则与程序、发包方和承包方权利义务、合同主要条款、农村承包合同的变更解除和终止、违反农村承包合同的责任以及农村承包合同管理等环节进行了制度规范。在该《条例》施行之前，由原四川省重庆市第十一届人民代表大会常务委员会第十九次会议1991年4月27日通过、四川省第七届人民代表大会常务委员会第二十四次会议7月29日批准的《重庆市农村合作经济组织承包合同条例》停止适用。

2010年7月23日重庆市第三届人民代表大会常务委员会第十八次会议决定废止《重庆市农村合作经济组织承包合同条例》。

3. 重庆市农村集体资产管理条例

《重庆市农村集体资产管理条例》于2000年3月23日重庆市第一届人民代表大会常务委员会第二十三次会议通过，自2000年5月1日起施行。2010年7月23日，重庆市第三届人民代表大会常务委员会第十八次会议作出修正。删除原该《条例》第二十条第二款中的“村提留、乡（镇）统筹费”。将该款中的“征用土地补偿费”修改为“征收或征用土地补偿费”。修正后的该《条例》共六章三十七条，对农村集体资产所有权、农村集体资产的经营、农村集体资产的管理以及法律责任等环节进行了制度规范。

（二）农业生产管理类

1. 重庆市蔬菜基地管理条例

《重庆市蔬菜基地管理条例》于1998年3月28日重庆市第一届人民代表大会常务委员会第八次会议通过。该《条例》共七章四十五条，主要对蔬菜基地的规划布局、蔬菜基地的开发建设、蔬菜基地的征用占用、蔬菜基地的利用保护以及奖励与处罚等环节进行了制度规范，自1998年5月1日起施行。

在该《条例》实施之前，由原四川省重庆市第十一届人民代表大会常务委员会第二十二次会议通过、1992年3月13日四川省第七届人民代表大会常务委员会第二十八次会议批准的《重庆市蔬菜基地管理条例》停止适用。

2010年7月23日重庆市第三届人民代表大会常务委员会第十八次会议决定废止《重庆市蔬菜基地管理条例》。

2. 重庆市基本农田保护条例

《重庆市基本农田保护条例》于1993年11月13日由四川省重庆市第十二届人民代表大会常务委员会第三次会议通过，1994年4月2日四川省第八届人民代表大会常务委员会第八次会议批准，自1994年5月10日起施行。该《条例》共五章三十条，主要对基本农田的划定、保护、建设、奖励与处罚等环节进行了制度规范。重庆直辖之初，该《条例》在原辖区内继续适用。2001年1月16日重庆市第一届人民代

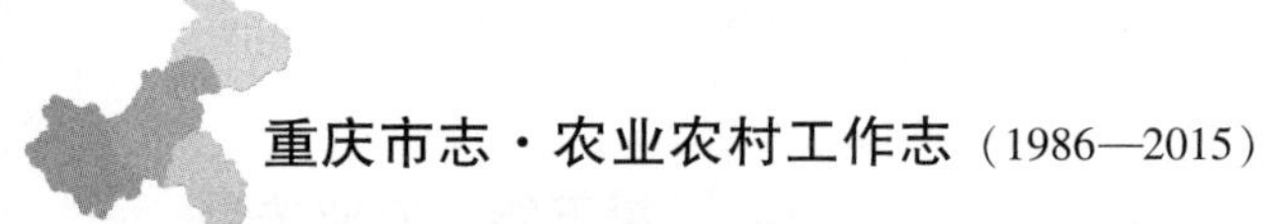

表大会第五次会议决定自2001年2月1日起，《重庆市基本农田保护条例》在重庆市停止适用。

（三）农民负担管理类

《重庆市农民负担管理条例》于1998年3月28日重庆市第一届人民代表大会常务委员会第八次会议通过。该《条例》共二十六条，主要针对农民承担缴纳村提留乡镇统筹费、农村义务工和劳动积累工以及农村各项生产性服务和公益性服务收费等环节进行了制度规范。自1998年7月1日起施行。原四川省重庆市第十二届人民代表大会常务委员会第八次会议通过，1994年9月26日四川省第八届人民代表大会常务委员会第十一次会议批准的《重庆市农民负担管理规定》停止适用。

2003年9月26日重庆市第二届人民代表大会常务委员会第五次会议决定自2003年10月1日起，废止《重庆市农民负担管理条例》。

（四）农业机械管理类

1. 重庆市农业机械管理条例

《重庆市农业机械管理条例》于1997年9月13日重庆市第一届人民代表大会常务委员会第三次会议通过。该《条例》共七章四十六条，主要针对农业机械的科技与教育、社会化服务、质量监督、安全监理以及法律责任等环节进行了制度规范，自1997年10月1日起施行。之后于2001年6月、2002年1月先后作了修正。2004年6月28日重庆市第二届人民代表大会常务委员会第十次会议决定自2004年7月1日起，取消该《条例》第三十五条设立的“不实行牌证管理的农业动力机械改型核准”的许可项目。2011年11月25日重庆市第三届人民代表大会常务委员会第二十八次会议决定将该《条例》第三十七条修改为：“发生农业机械事故后企图逃逸的、拒不停止存在重大事故隐患农业机械的作业或者转移的，农业机械安全监理机关可以扣押有关农业机械及证书、牌照、操作证件。案件处理完毕或者农业机械事故肇事方提供担保的，农业机械安全监理机关应当及时退还被扣押的农业机械及证书、牌照、操作证件。存在重大事故隐患的农业机械，其所有人或者使用人排除隐患前不得继续使用”。2012年11月重庆市第三届人民代表大会常务委员会第三十八次会议再次对该《条例》作出修正。

2. 重庆市农村机电提灌管理条例

《重庆市农村机电提灌管理条例》于1998年3月28日重庆市第一届人民代表大会常务委员会第八次会议通过。该《条例》共七章四十八条，主要针对农村机电提灌管理体系、设施建设、经营管理、设施保护以及法律责任等环节进行了制度规范，自1998年7月1日起施行。2010年7月，重庆市第三届人民代表大会常务委员会第十八次会议对该《条例》作了修正。

3. 重庆市农业机械安全监理及事故处理条例

《重庆市农业机械安全监理及事故处理条例》于1998年5月29日重庆市第一届人民代表大会常务委员会第九次会议通过。该《条例》共七章五十二条，主要针对农业机械及作业的安全管理、驾驶操作人员管理、事故处理、事故的调解和损害赔偿以及法律责任等环节进行了制度规范，自1998年9月1日起施行。2002年1月，重庆市第一届人民代表大会常务委员会第三十八次会议作出第一次修正。

2011年11月25日重庆市第三届人民代表大会常务委员会第二十八次会议决定将该《条例》第二十六条作出修改，表述与《重庆市农业机械管理条例》第三十七条一致，即“发生农业机械事故后企图逃逸的、拒不停止存在重大事故隐患农业机械的作业或者转移的，农业机械安全监理机关可以扣押有关农业机械及证书、牌照、操作证件。案件处理完毕或者农业机械事故肇事方提供担保的，农业机械安全监理机关应当及时退还被扣押的农业机械及证书、牌照、操作证件。存在重大事故隐患的农业机械，其所有人或者使用人排除隐患前不得继续使用”。2012年11月重庆市第三届人民代表大会常务委员会第三十八次会议决定将该《条例》第十四条修改为“驾驶、操作农业机械，应当按照法律、行政法规有关机动车驾驶证的规定接受审验，审验不合格的，应当参加补审。未参加年审或者补审仍不合格的，不得继续驾驶或者操作农业机械”。

（五）动植物保护类

1. 重庆市植物检疫条例

《重庆市植物检疫条例》于1999年3月26日重庆市第一届人民代表大会常务委员会第十五次会议通过，自1999年5月1日起施行。该《条例》共二十六条，针对调整对象、适用范围、农业和森林植物检疫分工、植物检疫对象控制、省间和市内植物调运检疫程序以及法律责任等环节进行了制度规范。

2. 重庆市饲料和饲料添加剂管理条例

《重庆市饲料和饲料添加剂管理条例》于2002年7月26日重庆市第一届人民代表大会常务委员会第四十一次会议通过，自2002年9月1日起施行。该《条例》共三十二条，针对调整对象、适用范围、饲料和饲料添加剂生产与经营许可条件、质量监督管理以及法律责任等环节进行了规范。2014年5月29日重庆市第四届人民代表大会常务委员会第十次会议决定废止《重庆市饲料和饲料添加剂管理条例》。

3. 重庆市动物防疫条例

《重庆市动物防疫条例》于2013年7月24日重庆市第四届人民代表大会常务委员会第四次会议通过，自2013年10月1日起施行。该《条例》共七章五十二条，主要对动物疫病的预防、报告与处置、动物检疫和监督管理、保障措施、法律责任等环节进行了制度规范。

4. 重庆市蚕种管理条例

《重庆市蚕种管理条例》于1997年10月17日重庆市第一届人民代表大会常务委员会第四次会议通过，自1998年1月1日起施行。2000年3月23日重庆市第一届人民代表大会常务委员会第二十三次会议进行了修改。该《条例》共七章四十七条，主要对蚕种选育和审定、蚕种生产和冷藏、蚕种供应、蚕种检验检疫、法律责任等环节进行了制度规范。

二、重庆市人民代表大会常务委员会颁布的涉农《实施办法》

（一）农业技术推广

重庆市实施《中华人民共和国农业技术推广法》办法

《重庆市实施〈中华人民共和国农业技术推广法〉办法》于1997年11月28日重庆市第一届人民代表大会常务委员会第五次会议通过，自1998年1月1日起施行。2010年7月，重庆市第三届人民代表大会常务委员会第十八次会议对该《实施办法》作了修正。修正后的该《实施办法》共六章四十二条，主要对农业技术推广体系、农业技术的推广与运用、保障措施以及罚则等环节进行了制度规范。

（二）动植物保护

1. 重庆市实施《中华人民共和国种子法》办法

《重庆市实施〈中华人民共和国种子法〉办法》于1997年10月17日重庆市第一届人民代表大会常务委员会第四次会议通过，自公布之日起施行。此次会议同时通过了《重庆市农作物种子管理条例》，并从1998年1月1日起施行。2004年5月30日重庆市第二届人民代表大会常务委员会第九次会议对该《实施办法》进行了修订，修订后的该《实施办法》共九章五十八条，主要针对种子资源保护、生产经营、使用、质量监督、法律责任等环节进行了制度规范，自2004年8月1日起施行，此次会议同时决定废止《重庆市农作物种子管理条例》，2010年7月23日重庆市第三届人民代表大会常务委员会第十八次会议、2012年5月24日重庆市第三届人民代表大会常务委员会第三十一次会议先后对该

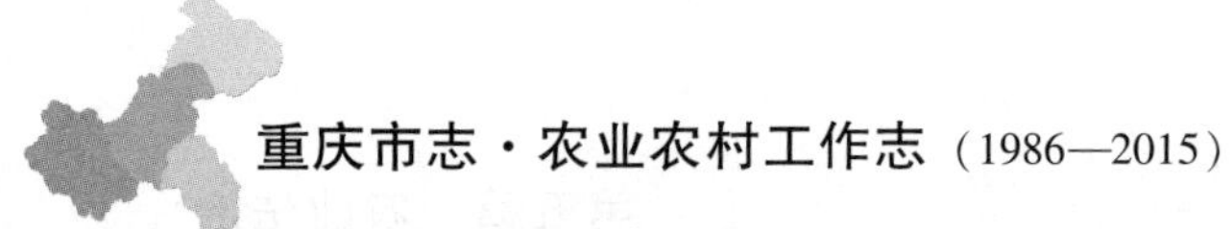

《实施办法》作了修正。

2. 重庆市实施《中华人民共和国渔业法》办法

《重庆市实施〈中华人民共和国渔业法〉办法》于1998年3月28日重庆市第一届人民代表大会常务委员会第八次会议通过，自1998年7月1日起施行。四川省重庆市第十一届人民代表大会常务委员会第三次会议1988年9月27日通过、经四川省第七届人民代表大会常务委员会第六次会议批准的《重庆市实施〈中华人民共和国渔业法〉的办法》停止适用。2004年5月，重庆市第二届人民代表大会常务委员会第九次会议对该《实施办法》进行了修订，修订后的《实施办法》共七章四十四条，主要对渔业监督管理、养殖业、捕捞业、渔业资源的增殖和保护等环节进行了制度规范，从修订公布之日起施行。2010年7月重庆市第三届人民代表大会常务委员会第十八次会议再次对该《实施办法》进行了修正。

3. 重庆市实施《中华人民共和国野生动物保护法》办法

《重庆市实施〈中华人民共和国野生动物保护法〉办法》于1998年3月28日重庆市第一届人民代表大会常务委员会第八次会议通过，自1998年7月1日起施行。此后历经2004年6月重庆市第二届人民代表大会常务委员会委会第十次会议、2005年5月重庆市第二届人民代表大会常务委员会第十七次会议、2010年7月重庆市第三届人民代表大会常务委员会第十八次会议、2012年5月重庆市第三届人民代表大会常务委员会第三十一次会议、2012年11月重庆市第三届人民代表大会常务委员会委会第三十八次会议共五次修正。该《实施办法》共六章五十七条，主要对野生动物保护、猎捕管理、驯养繁殖、经营利用管理以及罚则等环节进行了制度规范。

（三）农村经营管理

1. 重庆市实施《中华人民共和国农村土地承包法》办法

《重庆市实施〈中华人民共和国农村土地承包法〉办法》于2007年3月30日经重庆市第二届人民代表大会常务委员会第三十次会议通过，自2007年7月1日起施行。该《实施办法》共七章五十九条，主要对农村土地发包方与承包方的权利与义务、土地承包经营权的取得、流转、保护、争议的解决和法律责任等环节进行了制度规范。

2. 重庆市实施《中华人民共和国农民专业合作社法》办法

《重庆市实施〈中华人民共和国农民专业合作社法〉办法》于2011年3月25日重庆市第三届人民代表大会常务委员会第二十三次会议通过，自2011年7月1日起施行。该《实施办法》共三十六条，主要对农民专业合作社的成立、内部议事决策机制、相关优惠政策以及侵害农民专业合作社权益的相关责任等环节进行了制度规范。

第二节　市人民政府制定的涉农规章

1986年至重庆市直辖之前，重庆市为国家计划单列市。按照《中华人民共和国地方各级人民代表大会和地方各级人民政府组织法》规定，重庆市人民政府拥有规章制定权。其间，市人民政府先后颁布了《重庆市农村合作基金会管理办法》《重庆市农业机械安全监督管理办法》《重庆市基本农田保护实施办法》等政府规章。重庆市直辖后的1997年6月28日，重庆市人民政府发布《关于四川省和原重庆市人民政府规章的适用决定》（渝府发〔1997〕3号），明确规定《重庆市农村合作基金会管理办法》《重庆市农业机械安全监督管理办法》《重庆市基本农田保护实施办法》在原重庆市所辖区（市）县继续适用。万县市、涪陵市和黔江地区可依据所列规章，结合本地实际，制定规范性文件实施。

直辖后，重庆市人民政府按照“注重质量、体现特色、打造精品、力求创新”的总体工作要求，加快了规章制定步伐，截至2015年年底，市人民政府先后出台了《重庆市牛奶管理办法》《重庆市种畜禽管理实施办法》《重庆市生猪屠宰管理办法》《重庆市无公害蔬菜管理办法》《重庆市乡镇农业机械管理服务站工作规定》《重庆市无规定动物疫病区管理办法》《重庆市动物检疫申报管理办法》《重庆市进城务工农民权益保护和服务管理办法》《重庆市柑橘非疫区建设与管理办法》等政府规章。至此，全市初步建立了与国家法律法规及规章相配套、与“三农”发展趋势相适应、涵盖农业各领域的规章制度框架体系。

一、经济活动管理类

（一）重庆市农村合作基金会管理办法

1992 年 9 月 30 日，重庆市人民政府发布《重庆市农村合作基金会管理办法》（重府令第 42 号），自 1992 年 10 月 10 日起施行。该《管理办法》共八章三十九条，主要对农村合作基金会的性质、设立的条件、会员的权利义务、管理体制、资金的筹集、资金的投放、收益分配以及财务管理与审计稽核等环节作出制度安排。2000 年 6 月 2 日，重庆市人民政府印发《关于停止适用或废止一批地方性政策和规章的决定 》（渝府令〔2000〕82 号），从 2000 年 7 月 1 日起，该《管理办法》停止适用。

二、动植物保护类

（一）重庆市生猪定点屠宰管理实施办法

1994 年 10 月 8 日，重庆市人民政府发布《重庆市生猪定点屠宰管理实施办法》（重府令第 63 号），该《实施办法》共二十七条，自 1994 年 10 月 20 日起施行。重庆市直辖后，为了适应形势发展需要，2000 年 8 月 31 日，市人民政府发布《重庆市生猪定点屠宰管理实施办法》（渝府令第 102 号），自发布之日起施行。该《实施办法》共三十一条，主要对生猪定点屠宰监管职责分工、设立生猪定点屠宰的原则、定点屠宰厂（场）应当具备的条件、申办定点屠宰许可程序、定点屠宰厂（场）应当遵循的规定以及违反重庆市直辖后的该《实施办法》规定承担的法律责任等环节作出制度性安排。

（二）重庆市牛奶管理办法

1999 年 1 月 18 日，重庆市人民政府发布《重庆市牛奶管理办法》（渝府令第 45 号），自 1999 年 3 月 1 日起施行。该《管理办法》共三十一条，主要对牛奶管理的职能分工、饲养奶牛的条件、牛奶加工与销售的条件、牛奶质量监督管理以及违反该《管理办法》规定承担相应的法律责任等环节作出制度性安排。2007 年 12 月 28 日，市人民政府第 116 次常务会议决定，从 2008 年 2 月 1 日起废止该《管理办法》。

（三）重庆市种畜禽管理实施办法

1999 年 1 月 25 日，重庆市人民政府发布《重庆市种畜禽管理实施办法》（渝府令第 46 号），自 1999 年 3 月 1 日起施行。该《实施办法》共二十八条，主要对畜禽品种资源保护与审定、市畜禽品种审定委员会的主要职责、种畜禽生产经营许可申请应具备的条件与程序，以及违反该《实施办法》规定承担的法律责任等环节进行了制度安排。2007 年 12 月 28 日，市人民政府第 116 次常务会议决定，从 2008 年 2 月 1 日起，废止该《实施办法》。

（四）重庆市无公害蔬菜管理办法

2002 年 1 月 14 日，重庆市人民政府发布《重庆市无公害蔬菜管理办法》（渝府令第 122 号），自 2002 年 4 月 1 日起施行。该《管理办法》共十九条，主要针对无公害蔬菜监管职能分工、认证、生产

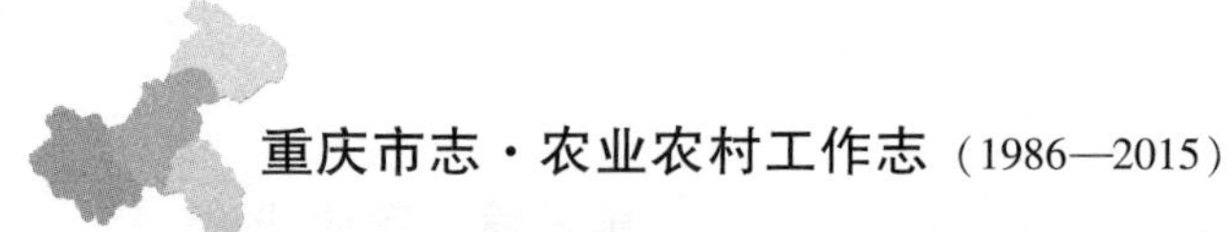

经营销售、质量监测以及违反该《管理办法》规定承担的法律责任等环节作出规定。2012 年市人民政府第 118 次常务会议决定，自 2012 年 2 月 2 日起，废止该《管理办法》。

（五）重庆市无规定动物疫病区管理办法

2002 年 12 月 20 日，重庆市人民政府发布《重庆市无规定动物疫病区管理办法》（渝府令第 143 号），自 2003 年 2 月 1 日起施行。2013 年 2 月 16 日，市人民政府第 2 次常务会议决定该《管理办法》继续施行，同时提出修改意见。2015 年 2 月 16 日，重庆市人民政府发布经修订后的《重庆市无规定动物疫病区管理办法》（渝府令第 288 号），自 2015 年 4 月 1 日起施行。修改后的《管理办法》分七章三十六条，主要对无疫区建设，规定动物疫病的预防、控制和扑灭、监督管理以及违反该《管理办法》相应的法律责任等环节作出制度性安排。

（六）重庆市动物检疫申报管理办法

2003 年 2 月 14 日，重庆市人民政府发布《重庆市动物检疫申报管理办法》（渝府令第 147 号），自 2003 年 3 月 10 日起施行。该《管理办法》共二十一条，主要对申报应当检疫的动物和动物产品的申报管辖、申报程序以及违反该《管理办法》相应的法律责任作出制度性安排。2013 年 2 月 16 日，市人民政府第 2 次常务会议决定废止该《管理办法》。

（七）重庆市柑橘非疫区建设与管理办法

2008 年 1 月 9 日，重庆市人民政府发布《重庆市柑橘非疫区建设与管理办法》（渝府令第 212 号），自 2008 年 3 月 1 日起施行。该《管理办法》分六章三十六条，主要对柑橘非疫区建设、疫情监测和处理、监督管理以及违反该《管理办法》相应的法律责任等环节作出规定。

三、农田、农民工权益保护类

（一）重庆市基本农田保护实施办法

1995 年 12 月 1 日，重庆市人民政府发布《重庆市基本农田保护实施办法》（重府令第 83 号），自 1996 年 1 月 1 日起施行。该《实施办法》分为五章共四十条，主要对基本农田保护职能分工、基本农田划定、基本农田保护和违反该《实施办法》的具体处罚措施等内容进行了制度安排。2000 年 6 月 2 日，市人民政府发布（渝府令〔2000〕82 号），决定从 2000 年 7 月 1 日起，停止适用该《实施办法》。

（二）重庆市进城务工农民权益保护和服务管理办法

2005 年 9 月 13 日，重庆市人民政府发布《重庆市进城务工农民权益保护和服务管理办法》（渝府令第 186 号），自发布之日起施行。该《管理办法》分六章五十七条，主要对进城务工农民的务工扶持、权益保护、服务管理以及违反该《管理办法》相应的法律责任等环节作出制度性安排。

四、农机监督管理类

（一）重庆市农业机械安全监督管理办法

1995 年 10 月 23 日，重庆市人民政府发布《重庆市农业机械安全监督管理办法》（重府令第 83 号），自 1995 年 11 月 15 日起施行。该《管理办法》共六章三十六条，主要对农业机械安全监理职责分工、作业安全管理、驾驶操作人员管理、农机事故处理、奖励与处罚等环节作了规范。2000 年 6 月 2 日，重庆市人民政府印发《关于停止适用或废止一批地方性政策和规章的决定》（渝府令〔2000〕82

号)，从2000年7月1日起，停止适用该《管理办法》。

（二）重庆市乡镇农业机械管理服务站工作规定

2000年9月1日，重庆市人民政府发布《重庆市乡镇农业机械管理服务站工作规定》（渝府令第103号），自发布之日起施行。该《工作规定》共二十三条，主要针对乡镇农业机械管理服务站的性质与主要任务、设立的条件、管理体制、编制人员与财务管理以及开展农机技术服务规范等内容作出制度安排。

第三节　市委（办公厅）、市人民政府（办公厅）涉农规范性文件印发、废止（失效）

一、重庆市委、市人民政府印发的涉农规范性文件

1986以来，重庆市委、市人民政府在不同时期就农村改革、农业生产发展、农民负担、农业结构调整、新农村建设、现代农业建设等工作，相继出台了一系列涉农规范性文件，按照类别划分主要有：

（一）农村改革

1. 关于完善农村合作经济双层经营体制的决定

1987年1月，中共中央政治局通过《把农村改革引向深入的决议》（简称《决议》），明确提出“完善双层经营，稳定家庭联产承包制”。根据中央精神，重庆市委、市人民政府印发《关于完善农村合作经济双层经营体制的决定》（简称《决定》），《决定》从加强统一经营，增加集体经济实力，搞好管理服务，完善财务管理制度，加强集体经济组织领导班子建设等方面提出明确要求。为了尽快落实中央《决议》精神和市委、市人民政府《决定》要求，从同年7月开始，完善农村合作经济双层经营体制的工作在各区县全面开展。同年年底，全市有657个乡镇，6 298个村，51 827个社，双层经营合作制得以完善，分别占全市乡镇、村、社总数的71.6%，73.1%，75%。

2. 关于认真施行《重庆市农村合作经济组织承包合同条例》的通知

1991年4月，四川省重庆市第十一届人民代表大会常务委员会第十九次会议通过、同年7月四川省第七届人民代表大会常务委员会第二十四次会议批准《重庆市农村合作经济组织承包合同条例》正式颁布，同年10月，重庆市人民政府印发《关于认真施行〈重庆市农村合作经济组织承包合同条例〉的通知》（简称《通知》），《通知》要求各级人民政府及农业农村工作主管部门认真组织《条例》宣传贯彻，加强农村经营管理的指导工作，稳定家庭联产承包责任制，完善统分结合、双层经营体制，促进农村经济发展。

3. 关于切实做好稳定和完善农村土地承包工作的通知

1997年12月，根据中央办公厅《关于稳定和完善农村土地承包工作的通知》（中办〔1997〕16号）精神，重庆市委、市人民政府印发《关于切实做好稳定和完善农村土地承包工作的通知》。该《通知》对全市完善农村土地承包工作作出统一部署并提出明确的时间要求，即1997年底前在全市全面展开此项工作，1998年6月底前结束。该《通知》同时明确，对尚未进行第二轮土地承包的地方，无论合同到期与否，均从1998年起再延长30年不变。对属于开发性“四荒（山、地、滩、水）”性质的土地，承包期再延长50~70年。由重庆市区县级人民政府统一印制土地承包经营权证书予以确认。截至1998年12月底，第二轮土地承包共向承包户发放了《重庆市农村土地承包经营权证书》62.96万本，占应发放数的90%。《重庆市农村土地承包经营权证书》作为农户拥有土地承包经营权的法律凭证，保护和调动了农民的生产积极性。

4. 关于加快发展农村合作经济组织的意见

2005年9月，为适应农村经济发展的新形势，大力提高农民在农业产业化经营中的组织化程度和

市场竞争力，进一步促进农业增效、农民增收，重庆市人民政府印发《关于加快发展农村合作经济组织的意见》（渝府发〔2005〕81 号）。该《意见》从提高认识、发展思路（原则、目标、模式）、管理方式、扶持政策、加强领导等五个方面提出具体措施。该《意见》下发后，全市各类专业合作社、专业协会、综合服务组织应运而生，特别是以市、区县两级农业产业化龙头企业为支撑的"公司+农户""公司+农户+基地"的合作经济组织得到较快发展。到 2014 年，全市经工商登记的各类农民专业合作社共计 2.19 万个。

5. 中共重庆市委《关于加快农村改革发展的决定》

2008 年 11 月，重庆市委印发三届四次会议审议通过的中共重庆市委《关于加快农村改革发展的决定》。该《决定》提出到 2012 年全市农业农村工作的奋斗目标，即农村经济总量达到 2 800 亿元，在 2007 年基础上翻一番；农民人均纯收入从 3 500 元增加到 6 000 元，赶上全国平均水平；农村全面小康实现程度由 30.6% 提高到 60%，赶上全国总体进度；农村面貌明显改善，社会主义新农村建设取得阶段性成效。《决定》对确保目标任务实现的支持政策、实施措施等作出了明确制度安排。在政策的推动和相关配套措施的贯彻落实下，2009 年全市农村经济总量达到 1 627 亿元，比上年增长 12.4%；农民人均纯收入达到 4 126 元，比上年增长 17.6%；社会主义新农村建设在全市上下蓬勃开展。2012 年，农林牧渔业增加值 940.01 亿元，比上年增长 5.3%。其中，种植业 628.39 亿元，增长 5.1%；畜牧业 232.18 亿元，增长 3.4%；林业 31.76 亿元，增长 9.9%；渔业 35.09 亿元，增长 20.0%。全市农民人均纯收入达 7 383 元，列西部地区第二位，超过 6 000 元的预定目标。

6. 重庆市人民政府《关于开展农村土地承包经营权确权颁证工作的意见》

为了贯彻落实党的十七届三中全会精神和《中华人民共和国土地承包法》全面掌握农村土地承包经营情况，切实保障农民权益，促进城乡统筹发展，2010 年 8 月，重庆市人民政府印发《关于开展农村土地承包经营权确权颁证工作的意见》（渝府发〔2010〕82 号），在全市开展农村土地承包经营确权颁证工作。该《意见》从确权颁证的重要意义，总体要求和基本原则，完善土地承包关系，妥善处理具体问题，确保有序推进等 5 个方面，提出 17 条具体意见，指导工作的全面开展。全市确认 584 万户农户的土地承包面积，占应有确权总数的 93.2%，基本完成农村土地承包经营权确权颁证工作。此项工作的顺利完成，为推动土地流转、争取信贷支持、保护农民权益打下了基础。之后，石柱县的农房抵押贷款、丰都县的农户担保贷款实践，黔江区农村资金互助社的成立，为农村融资渠道创新提供了新的模式。

7. 重庆市人民政府《关于继续推进农民工户籍制度改革的通知》

2010 年 8 月，重庆市农民工户籍制度改革全面启动。在第一阶段工作取得阶段性成果的基础上，为了进一步巩固改革成果，保持改革政策的延续性，最终形成科学有序的人口城镇化机制，全面助推城乡经济社会协调发展，按照重庆市委三届九次全委会要求，2012 年 1 月，重庆市人民政府印发《关于继续推进农民工户籍制度改革的通知》（渝府发〔2012〕10 号）。该《通知》对农民工户籍制度改革目标、原则、相关政策和农民工权益保障等方面作出了明确规定。2012 年年底，全市累计实现 359 万农村人口转户进城。

（二）农业生产发展

1. 中共重庆市委、市人民政府《关于组织实施农业三大工程的意见》

1990 年，重庆市开始实施冬水田综合开发、坡瘠地综合改造和"菜篮子"建设（简称："三大工程"），取得显著成效，受到国务院领导的重视和肯定。1991 年，重庆市委、市人民政府印发《关于组织实施农业"三大工程"的意见》，该《意见》对实施"三大工程"的组织领导、目标任务、具体措施等提出明确要求。同年 10 月，国务院副总理田纪云实地考察大足、合川、双桥三地的实施情况后指出："重庆市搞的'三大工程'有声有色、有规模、有成效，深入人心。是重庆农业向深度、广度进军，再上新台阶的必由之路。"

2. 中共重庆市委《关于进一步加强农业和农村工作的决定》

1999 年的全市农村工作会后，中共重庆市委印发《中共重庆市委关于进一步加强农业和农村工作的决定》。该《决定》提出全市农业农村跨世纪发展的战略目标，为农业部门制定“重庆市农业和农村经济发展第十个五年规划”提供了原则、思路以及中长期奋斗目标。

3. 重庆市人民政府《关于进一步加强农业综合开发工作的通知》

为充分发挥农业综合开发优势，不断加强全市农业基础设施建设，进一步提高农业综合生产能力，大力推进全市社会主义新农村建设，促进现代农业发展，2007 年 1 月，重庆市人民政府印发《关于进一步加强农业综合开发工作的通知》（渝府发〔2007〕11 号）。该《通知》提出：坚持抓好以改造中低产田为重点的农业基础设施建设、大力扶持农业产业化龙头企业、重点扶持农村合作经济组织发展、推进农业科技进步、切实增加农业综合开发投入、进一步提高资金使用效益、进一步深化改革、推进农业综合开发体制机制创新。

4. 重庆市人民政府《关于建立耕地保护共同责任机制的意见》

为了贯彻“十分珍惜、合理利用 2 750 万亩基本农田红线”。2009 年 6 月，重庆市人民政府印发《关于建立耕地保护共同责任机制的意见》（渝府发〔2009〕67 号）。该《意见》从 12 方面对耕地保护职责进行明确。包括行政责任主体、政府部门的监督管理责任、村集体组织和承包户对耕地保护负有的责任等内容。

（三）减轻农民负担、增加农民收入

1. 中共重庆市委、市人民政府《关于转发〈中央办公厅 国务院办公厅关于切实减轻农民负担的紧急通知〉的通知》

20 世纪 90 年代初，农村集体经济尚未得到壮大，农业基础设施，农村公益事业脆弱，一些地方政府、部门，基层组织急于改变现状，脱离实际上项目，搞不必要的达标、评比活动，一度出现巧立名目向农户、农民个人集资，摊派甚至强行收费的乱象，引起农民的强烈不满，严重影响到干群关系及农村社会稳定。1993 年 3 月，中央办公厅、国务院办公厅印发《关于切实减轻农民负担的紧急通知》，要求各级党委、人民政府把减轻农民负担问题作为一项紧急的政治任务，摆上重要议事日程。为了认真贯彻落实中央精神，1994 年初，重庆市委、市人民政府印发《关于转发〈中央办公厅 国务院办公厅关于切实减轻农民负担的紧急通知〉的通知》。该《通知》要求各区县党委、人民政府按照中央精神，高度重视农民负担过重问题，调查摸清情况，坚决清理并禁止乱集资、乱摊派等一切不合理收费。为了把农民负担过重问题纳入依法管理，经重庆市人民代表大会常务委员会审议通过并报四川省人大常委会批准的《重庆市农民负担管理规定》于 1994 年 9 月颁布，明确 1995 年 1 月起实施。

2. 中共重庆市委、市人民政府《关于进一步加强农民负担监督管理工作的通知》

1995 年的《重庆市农民负担管理规定》颁布实施以后，乱集资、乱收费、乱摊派现象得到一定程度遏制，干群关系、农村社会矛盾得到缓解。但与中央，重庆市委、市人民政府的要求，以及农民群众对减轻负担的呼声还有差距。1996 年，重庆市委、市人民政府印发《关于进一步加强农民负担监督管理工作的通知》。

3. 中共重庆市委、市人民政府《关于加强农民负担管理的若干规定》

1996 年 12 月，中共中央、国务院印发《关于切实做好减轻农民负担工作的决定》，该《决定》作出 13 条严格规定，要求各级党委和人民政府要认真贯彻执行，逐项逐条落到实处，决不允许出现任何梗阻现象，决不允许在执行中走样。中央《决定》和市委、市人民政府《关于进一步加强农民负担监督管理工作的通知》精神在全市得到较好的落实。1997 年、1998 年，市委、市人民政府相继印发了《关于认真贯彻执行中共中央、国务院关于切实减轻农民负担工作的决定的通知》《关于进一步做好减轻农民负担工作的通知》。

1999 年是市委、市人民政府明确的“农民负担管理年”。为了加强“农民负担管理年”制度建设，市委、市人民政府印发《重庆市关于加强农民负担管理的若干规定》。该《规定》要求全市各级、各部门认真贯彻减轻农民负担的各项政策，全面推行农民负担一定三年不变的政策，负担限额不超过 1997 年预算额；对农民义务、积累工要以劳为主、禁止强行以资代劳行为发生。

4. 中共重庆市委、市人民政府《关于贯彻〈中共中央 国务院关于促进农民增加收入若干政策意见〉的意见》

2004 年 1 月，中共中央、国务院印发《关于促进农民增加收入若干政策意见》（中发〔2004〕1 号）。同年 3 月，重庆市委、重庆市人民政府下发《关于贯彻中共中央、国务院〈关于促进农民增加收入若干政策意见〉的意见》。

5. 重庆市人民政府《关于加快建设现代农业努力增加农民收入的意见》

2011 年 2 月，重庆市人民政府印发《关于加快建设现代农业努力增加农民收入的意见》（渝府发〔2011〕1 号）。该《意见》对 2011 年全市农业农村工作提出总体要求，确定全年农业农村经济发展目标是农村经济总量增长 13%，农业增加值增长 5%，农民人均纯收入增长 18%，粮食总产量稳定在 1 100万吨以上，并从加大强农惠农力度、大兴农田水利建设、强化农村基础支撑、确保农产品安全有效供给、促进农民收入快速增长、大力发展非农产业、推进农村改革创新突破、着力改善农村民生 8 个方面保证目标任务的实现。

（四）农业产业结构调整

1. 中共重庆市委、市人民政府《关于加快全市农业产业化发展的意见》

1997 年重庆直辖，重庆市第一届党代表大会、人民代表大会、年度农村工作会都明确提出“实施农业产业化战略”。1997 年 12 月，重庆市委、市人民政府印发《关于加快全市农业产业化发展的意见》。该《意见》明确了指导思想、目标任务、政策扶持等方面，根据资源特点和区域布局原则，确定了本市农业产业化经营重点发展的 10 大产业、12 个重点经营项目。重庆市同时成立以时任重庆市委副书记刘志忠为组长，市级有关部门负责同志为成员的重庆市农业产业化工作领导小组。从此全市农业产业化发展进入新阶段。1997 年，100 多家城镇工商业主到农村投资农业产业化项目，皇田、涪陵榨菜、荣达等 5 家公司成为市级农业产业化龙头企业，一批集产、加、销一体的农业产业化经营企业开始形成，农业产业化战略初见成效。到 1999 年市、区县级农业产业化龙头企业达到 480 个，其中市级农业产业化龙头企业达到 30 个。到 2014 年，全市区县级以上龙头企业 3 086 家，其中国家级 32 家，市级 625 家，区县级 2 429 家。

2. 中共重庆市委、市人民政府《关于推进农业农村经济结构调整若干政策措施的通知》

为了推进全市农业和农村经济结构战略性调整，实现农村经济跨世纪发展的宏伟目标，2000 年，重庆市委、市人民政府印发《关于推进农业农村经济结构调整若干政策措施的通知》。该《通知》提出放活土地经营权，建立健全土地流转机制；大力开拓市场，搞活农产品流通；积极推进农业产业化经营，大力发展龙头企业；加强农业基础设施建设和生态环境建设；大力发展农村第二、三产业，加快农村非农化步伐；实施城镇带动战略，加快城镇化进程；全面实施“科教兴农”战略；加快农村信息网建设；进一步扩大对外开放，发展外向型农村经济；多渠道加大对农村经济结构调整的投入等 10 大推进措施。

3. 中共重庆市委、市人民政府《关于实施百万农村劳动力转移就业工程的意见》

2004 年，中共中央、国务院《关于促进农民增加收若干政策意见》。重庆市委、市人民政府在贯彻落实中共中央、国务院《意见》的同时，配套出台《关于实施百万农村劳动力转移就业工程的意见》。

4. 重庆市人民政府《关于加快发展特色效益农业的意见》

2012 年 7 月，为深入贯彻重庆市第四次党代表大会精神、加快发展特色效益农业、促进农业持续增效、农民稳定增收，市人民政府印发《关于加快发展特色效益农业的意见》。该《意见》提出发展特色效益农业的总体思路，即紧紧围绕“科学发展、富民兴渝”的总要求；坚持以市场为导向、以农民为主体，优化结构、效益为先，科技支撑、强化服务，因地制宜、突出特色，尊重规律、保护生态五大发展原则；从调整和优化农业结构、深入推进农业产业化、加快农业科技进步、完善农业基础设施、健全农产品流通体系、强化组织保障6个方面开展工作。其中拟定的柑橘、榨菜、生态渔业、草食牲畜、中药材、茶叶、调味品7大特色产业链、休闲农业和乡村旅游建设列入了“重庆市农业农村十三五规划”的持续建设内容。

5. 重庆市人民政府《关于支持农业产业化龙头企业发展的实施意见》

为认真贯彻落实党的十八大、市第四次党代会和全市农业现代化大会精神，进一步做大做强龙头企业，加快推进农业产业化经营，根据《国务院关于支持农业产业化龙头企业发展的意见》（国发〔2012〕10号），2013年4月，重庆市人民政府印发《关于支持农业产业化龙头企业发展的实施意见》（渝府发〔2013〕28号）。该《实施意见》对支持农业产业化龙头企业发展的工作目标，工作重点，政策措施，组织领导4方面提出22条实施意见。目标任务是：到2017年，实现龙头企业规模实力明显增强，市级以上重点龙头企业1 000家以上，年销售收入3 500亿元以上，辐射带动农户350万户以上。

（五）新农村建设

1. 中共重庆市委、市人民政府《关于统筹城乡发展加快农村全面建设小康社会步伐的决定》

2005年，重庆市委二届七次全会，专门研究“三农”工作。会后重庆市委、市人民政府印发《关于统筹城乡发展加快农村全面建设小康社会步伐的决定》，该《决定》提出坚持统筹城乡发展的基本方略和“三百促三化，三化促三农”的总体方针。围绕经济结构调整，提高农业综合生产能力，促进农民收入增长。制定了一系列扶持三农的政策措施，一是落实“一免、三补”政策（免农业税及附加、种粮补贴、农机购置补贴、农民技能农业科技培训补贴），二是提高市级财政农业投入、农业基建、农业贷款投放、农村社会事业投入比重，三是开展养老、医疗、最低生活保障体系建设试点。在政策的支持下，全市农村经济总量突破千亿元大关，达到1 080亿元；农村居民纯收入较上年增长11.9%，达到2 809元；新增转移农业劳动力43.7万人；农业投入增加，以水利设施，农村道路为主要内容的基础设施建设加强；“三大保障（医疗、卫生、教育）体系”试点工作在南岸、合川、江津等区县展开。

2. 中共重庆市委、市人民政府《关于统筹城乡发展推进社会主义新农村建设的意见》

2006年，为深入贯彻落实党的十六届五中全会和中央农村工作会议精神，重庆市委、市人民政府印发《关于统筹城乡发展推进社会主义新农村建设的意见》。

为了使统筹城乡发展推进社会主义新农村建设的意见落到实处，作为配套措施，重庆市委、市人民政府印发《关于社会主义新农村建设“千村推进百村示范工程”的实施意见》。之后，新农村建设在全市启动，有39个区县党（政）一把手担任了新农村建设工作领导小组组长，成立了新农村建设领导小组办公室，以“千村推进、百村示范”为龙头，从工作机制建立，工作思路的确定，宣传培训工作的展开，统一协调等方面扎实推进。

3. 中共重庆市委、市人民政府《关于以发展现代农业增加农民收入为首要任务扎实推进社会主义新农村建设的意见》

2007年3月，重庆市委、市人民政府印发《关于以发展现代农业增加农民收入为首要任务扎实推进社会主义新农村建设的意见》。该《意见》对2007年全市农业农村工作作出安排，把发展现代农业增加农民收入作为首要任务，按照各区县已经形成的新农村建设规划扎实推进。

4. 中共重庆市委、市人民政府《关于推进城乡统筹夯实农业农村发展基础的意见》

2010年是“十一五规划”的“收官”之年，做好农业农村工作关系全局、意义重大。2010年2月，市委、市人民政府印发《关于推进城乡统筹夯实农业农村发展基础的意见》，该《意见》从发展现代特色农业、加强农业农村基础建设、着力改善农村民生、大力推进渝东南渝东北振兴、不断深化农村

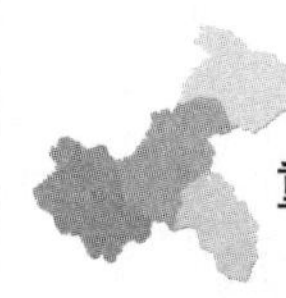

改革、切实增加农业农村投入、加强农村基层组织建设等7个方面，提出27条政策措施。为认真贯彻落实市委三届七次全委会精神，同年9月，市人民政府印发《关于加快推进全市农民新村建设和农村危旧房改造的意见》，提出按照“政府引导、群众自愿，整合资源、统筹安排，统一规划、分类推进，政策扶持、示范带动”的原则，充分发挥农房建设改造工作在改善民生、扩大内需、拉动消费、促进城乡统筹和促进新农村建设等方面的积极作用，到2012年，建成农民新村1 500个，建设巴渝新居15万户，改造农村危旧房30万户，消除全市60% 的农村危旧房的目标任务。

（六）现代农业建设

1. 重庆市人民政府《关于加快发展农业机械化的意见》

为了认真贯彻党的十六大精神，实施“科教兴渝”战略，实现全面建设小康社会的目标，加快重庆农业机械化发展步伐，2003年8月，重庆市人民政府印发《关于加快发展农业机械化的意见》（渝府发〔2003〕56号）。该《意见》就农业机械化发展提出七条意见，一是充分认识加快发展农业机械化的重要意义，二是明确农机化发展的指导思想和目标任务（2010年末农机总动力达1060万千瓦、农机机耕水平达到40%），三是充分发挥农机化在农村经济发展中的基础性作用，四是强化农机化监督管理，五是加强农机服务组织建设，六是健全和完善农机事业发展投入机制，七是加强对农机化工作的领导。该《意见》出台后，市、区县人民政府加强了对农机工作的领导，同时加大了对农机的投入，特别是对农业机械购置补贴资金支持力度，2004年，仅市级财政农机购置补贴资金就达330万元，通过几年时间的发展，2010年末农机总动力和农机化水平全面超额完成预期目标。

2. 重庆市人民政府《关于在全市范围内实施无规定动物疫病区管理的通告》

根据《中华人民共和国动物防疫法》，市人民政府2002年《重庆市无规定动物疫病区管理办法》（渝府令第143号）、农业部关于印发《无规定动物疫病区管理技术规范（试行）》，2009年10月，重庆市人民政府印发《关于在全市范围内实施无规定动物疫病区管理的通告》，决定在全市范围内实施无规定动物疫病区管理。

3. 重庆市人民政府《关于加快建设现代农业努力增加农民收入的意见》

2011年1月，市人民政府印发《关于加快建设现代农业努力增加农民收入的意见》（渝府发〔2011〕1号），该《意见》确定了2011年全市农业农村经济发展目标，即农村经济总量增长13%，农业增加值增长5%，农民人均纯收入增长18%，粮食总产量稳定在1 100万吨以上，并从“加大强农惠农力度、大兴农田水利建设、强化农村基础支撑、确保农产品安全有效供给、促进农民收入快速增长、大力发展非农产业、推进农村改革创新突破、着力改善农村民生”8个方面作出具体部署，以此指导当年全市农业农村工作。

4. 重庆市人民政府《关于促进农业机械化和农机工业发展的意见》

2011年5月，根据国务院《关于促进农业机械化和农机工业又好又快发展的意见》（国发〔2010〕22号），为了贯彻落实国务院文件精神，促进重庆市农业机械化和农机工业加快发展，市人民政府印发《关于促进农业机械化和农机工业发展的意见》（渝府发〔2011〕40号）。该《意见》提出2015—2020年农业机械化和农机工业发展的阶段性目标任务。强调全市各级人民政府要高度重视，切实加强对农业机械化和农机工业发展的组织领导，及时协调解决农机科研、生产、流通、推广应用、社会化服务等方面存在的突出问题，把加快发展农业机械化纳入当地农业农村发展中长期规划。

5. 重庆市国民经济和社会发展第十二个五年规划农业和农村经济发展重点专项规划

2011年9月，重庆市人民政府印发《重庆市国民经济和社会发展第十二个五年规划农业和农村经济发展重点专项规划》（渝府发〔2011〕75号）（简称《专项规划》）。《专项规划》明确了“十二五”期间，全市农业农村经济发展要实现5大重点目标：农村经济实力显著增强，农村经济总量达到4 000亿元；主要农产品有效安全供给，粮食总产量稳定在1 100万吨以上，肉、蛋、奶、水产品、蔬菜、水果产量分别达到220万吨、55万吨、18万吨、50万吨、1 800万吨、500万吨；农村居民收入大幅增长，农村居民人均纯收入达到1.2万元以上；城乡统筹“五个一体化”格局基本形成；农村生态环境明显改善。森林覆盖率达到45%，农村垃圾处理率达到50%，生活污水净化率达到60%。经过五年的实施，2015年全市农村经济总量达到4 064亿元，粮食总产量达到1 154万吨，其他指标都完成或超额完成预定目标。

6. 中共重庆市委、市人民政府《关于推进农业现代化的若干意见》

2012年9月，为全面落实中央关于“在工业化、城镇化深入发展中同步推进农业现代化”的战略部署，深入贯彻市第四次党代会精神，重庆市委、市人民政府印发《关于推进农业现代化的若干意见》。该《意见》从深化认识；总体要求、目标任务、基本原则；推进农业产业化，加快构建现代农业产业体系；推进技术集成化，切实增强农业科技支撑；推进农业信息化，全面活跃农产品市场流通；推进发展机制科学化，不断深化农村改革；推进基础设施配套化，努力改善农村面貌；切实加强对农业现代化建设的组织领导等8个方面提出32条政策措施。

7. 重庆市人民政府《关于加强农产品流通工作的意见》

为了加强重庆市农产品流通工作，保障农产品供给、稳定物价的迫切需要，发展现代农业、促进农民增收，根据国务院办公厅《降低流通费用提高流通效率综合工作方案》（国办发〔2013〕5号）精神，2013年4月，重庆市人民政府印发《关于加强农产品流通工作的意见》（渝府发〔2013〕26号）。该《意见》明确重庆市加强农产品流通工作的总要求、基本原则、发展目标；提出提高农产品生产规模化组织化程度，完善农产品市场体系，加强农产品质量安全体系建设等九大目标任务；加大资金投入，完善税收政策等8项保障措施。

（七）税收、财政、金融扶持政策

1. 中共重庆市委、市人民政府《关于重庆市农村税费改革试点方案的通知》

2000年，中共中央、国务院决定进行农村税费改革试点工作。2001年3月，重庆市委、市人民政府印发《关于重庆市农村税费改革试点方案的通知》（渝委发〔2001〕8号）。该《通知》下发后，部分区县开始了选择性的试点工作。

2. 中共重庆市委、市人民政府《关于全面开展农村税费改革试点工作的通知》

2002年4月，市委、市人民政府印发《关于全面开展农村税费改革试点工作的通知》（渝委发〔2002〕10号）。该《通知》要求各区县积极稳妥地做好试点工作，确保农村税费改革取得成功。在认真贯彻《重庆市农村税费改革试点方案》的基础上，坚持农村税费改革试点的正确方向，减轻农民负担，保证乡镇政权和村级组织的正常运行，促进农村各项事业的发展；严格执行农村税费改革的有关政策，在土地面积，计税产量，附加费增收，“一事一议”管理等方面坚持公开、公平、公正原则；认真制定本区县改革试点方案；广泛宣传，加强领导。《通知》明确，农村税费改革试点工作在全市范围内开展。2003年，重庆市委、市人民政府印发了《关于进一步深化农村税费改革试点工作的通知》（渝委发〔2003〕12号）。

2003年印发的《通知》从加强领导、“三个确保”（确保改革后农民负担明显减轻并不反弹，确保乡镇机构和村级组织正常运转，确保农村义务教育经费正常需要）、调整和完善有关农业税收政策等12个方面提出要求和工作安排。

3. 重庆市人民政府《关于全部免征农业税的通告》

通过改革试点到全面开展历经4年的时间，全市农村税费改革工作全部完成。2005年5月，重庆市人民政府发布《关于全部免征农业税的通告》（渝府发〔2005〕4号）（简称《通告》）。《通告》明确从2005年起，对在重庆市行政区域内从事农业生产的农民、农场职工、各类经济组织和个人全部免征农业税及附加。全部免征农业税及附加后，各区县（自治县、市）、乡（镇）和村级组织减少的收入，由国家和市级财政给予转移支付补助。至此，沿袭几千年的农业税赋宣告终结。

4. 重庆市人民政府《重庆市财政资金直接补贴农民发放管理暂行办法》

2004年1月，中共中央、国务院印发《关于促进农民增加收入若干政策意见》，重庆市委、市人民政府为了全面贯彻落实中央精神，先后印发《关于贯彻〈中共中央、国务院关于促进农民增加收入若干政策意见〉的意见》《关于实施百万农村劳动力转移就业工程的意见》。2个《意见》出台后，财政补贴农民的资金加大，为了管好用好补贴资金，让中央及市委、市人民政府的惠民政策落到实处。2004年8月，重庆市人民政府第31次常务会议审议通过并印发《重庆市财政资金直接补贴农民发放管理暂行办法》（渝府发〔2004〕73号），该《暂行办法》从补贴资金的管理、使用范围、申报程序、资金的兑付等环节进行了严格规定。

5. 重庆市人民政府《关于加快推进农村金融服务改革创新的意见》

根据中国人民银行、中国银行业监督管理委员会、中国证券监督管理委员会、中国保险监督管理委员会《关于全面推进农村金融产品和服务方式创新的指导意见》（银发〔2010〕198号），2010年11月，重庆市人民政府印发《关于加快推进农村金融服务改革创新的意见》（渝府发〔2010〕115号）。该《意见》以全面推进农村土地承包经营权、农村居民房屋和林权等产权抵押融资为核心创新农村金融制度，以发展新型农村金融机构为重点创新完善农村金融组织体系，以推动农村信贷资产和权益流转、建立农村金融风险分担机制为中心创新农村金融服务配套支撑体系，为农村经济社会发展提供全方位的金融支持为工作目标。从创新农村金融服务制度，完善农村金融组织体系、服务模式、风险分担机制，完善农村产权抵押融资风险补偿机制和农村金融市场服务体系等6个方面提出要求。

这一时期，除以上所列文件外，不同年度，重庆市委、市人民政府都要根据全市农业农村工作面临的新情况、新问题，印发用以指导全市农业和农村工作的“工作意见”。同时还会根据国家部委涉及农、牧、渔、农机不同行业的规定、要求，以重庆市人民政府名义下发文件，提出贯彻实施意见。如2001年印发《关于重庆市生猪定点屠宰厂（场）设置规划的通知》、2004年印发《关于做好农业机械化工作的通知》《关于加强农村市场信息工作的意见》、2005年印发《关于加快基层农业服务体系改革与建设的意见》、2006年印发《关于推进兽医管理体制改革的意见》、2007年《关于畜禽养殖区域划分管理规定和重庆市畜禽养殖区域划分及养殖污染控制实施方案的通知》、2009年《关于在全市范围内实施无规定动物疫病区管理的通告》、2010年印发《关于禁止调运销售无植物检疫证书或带疫柑橘果品和种苗的通告》、2011年《关于加快重庆市农产品冷链物流发展的实施意见》、2012年《关于加快推进现代农作物种业发展的实施意见》、2014年《关于加快推进农村产权抵押融资工作的意见》等。

二、重庆市委办公厅、市人民政府办公厅制发的主要涉农规范性文件

重庆直辖后，市委办公厅、市人民政府办公厅为贯彻落实市委、市人民政府农业农村工作的重大决策部署，制发了一系列规范性文件（表5－1－1）。

表5－1－1　1997—2015年主要涉农规范性文件

时间	制发部门	文号	标题
1997年	市委办公厅、市人民政府办公厅	渝委办发〔1997〕41号	关于切实做好稳定和完善农村土地承包工作的通知
1999年	市委办公厅、市政府办公厅		关于切实抓好当前农村稳定工作的通知
2000年	市委办公厅、市政府办公厅		关于农业农村经济结构调整指导意见的通知、关于进一步做好减轻农民负担过重工作的通知
2001年1月	市政府办公厅	渝办发〔2001〕5号	转发市农办、市外经贸《关于进一步加强农业对外开发工作的意见》

（续）

时间	制发部门	文号	标题
2001年1月	市政府办公厅	渝办发〔2001〕83号	转发市农业产业化办公室《关于扶持农业产业化市级龙头企业的政策意见》《关于实施农业产业化百万工 程的意见》
2001年	市委办公厅、市政府办公厅	渝委办发〔2001〕10号	关于大力推进农业产业化经营的意见
2002年9月	市委办公厅、市政府办公厅		关于认真执行减轻农民负担四项制度和开展三项治理工作的通知
2003年4月	市政府办公厅	渝办发〔2003〕49号	转发市农业局《关于加快发展饲料业的意见》
2003年	市政府办公厅	渝办发〔2003〕197号	重庆市农村村级范围“一事一议”筹资筹劳管理办法
2004年	市委办公厅、市政府办公厅	渝委办发〔2004〕4号	关于切实做好基层农技推广体系稳定工作的通知
		渝委办发〔2004〕6号	关于进一步完善农村土地承包关系的通知
2004年5月24日	市政府办公厅	渝办发〔2004〕155号	关于加强我市农产品绿色通道建设开通农产品绿色通道的通知
2005年3月	市政府办公厅	渝办发〔2005〕59号	关于切实做好全部免征农业税工作的通知
2006年2月	市政府办公厅	渝办发〔2006〕35号	关于进一步加快发展农业机械化的通知
2007年9月	市政府办公厅	渝办发〔2007〕250号	关于加快农村土地流转促进规模经营发展的意见（试行）
2007年9月	市政府办公厅	渝办发〔2007〕276号	关于进一步加快柑橘产业发展的意见
2008年1月	市政府办公厅	渝办发〔2008〕10号	重庆市突发重大动物疫情应急预案
2008年12月	市政府办公厅	渝办发〔2008〕364号	转发市农委《关于促进农民专业合作社持续健康发展意见》的通知
2010年3月	市政府办公厅	渝办发〔2010〕73号	关于实施农村土地承包经营纠纷调解仲裁法有关工作的通知
2010年10月	市政府办公厅	渝办发〔2010〕299号	关于进一步加强农业综合开发工作的意见
2010年11月	市政府办公厅	渝办发〔2010〕343号	关于进一步加强畜禽养殖环境管理的通知
2011年	市政府办公厅	渝办发〔2011〕11号	关于开展农村土地承包经营权和林权抵押贷款及农户小额信用贷款工作实施意见
2011年7月	市政府办公厅	渝办发〔2011〕204号	关于加快推进出口农产品区域标准化试点建设实施意见的通知
2011年9月	市政府办公厅	渝办发〔2011〕244号	关于进一步加强农产品质量安全监管工作的意见
2011年9月	市政府办公厅	渝办发〔2011〕245号	关于进一步加强农产品质量安全长效工作机制财税扶持政策的通知
2012年	市委农村工作领导小组办公室	渝委农工组办〔2012〕5号	关于规范村民一事一议筹资筹劳操作程序的意见
2012年12月	市政府办公厅	渝办发〔2012〕332号	关于大力发展微型企业特色村促进农业现代化的若干意见
2013年2月	市政府办公厅	渝府办发〔2013〕38号	关于加快推进农业保险工作的通知
2013年	市委农村工作领导小组办公室	渝委农工组办〔2013〕8号	关于执行《重庆市村民一事一议筹资筹劳限额标准》的通知
2014年3月	市政府办公厅	渝府办发〔2014〕25号	关于加强农产品质量安全监管工作的通知
2014年9月	市政府办公厅	渝府办发〔2014〕105号	关于金融服务“三农”发展的实施意见
2015年12月	市政府办公厅	渝府办发〔2015〕193号	关于加快转变农业发展方式的实施意见

三、重庆市人民政府宣布废止、失效的涉农规范性文件

按照简政放权、精减高效原则和全市规范性文件清理工作的统一时间安排，在清理工作完成之后，市人民政府分别于2010年、2014年、2015年分批宣布废止、失效部分涉农文件（表5-1-2）。

表5-1-2 废止、失效部分涉农文件

宣布时间	定性	文件名称
2010年1月	废止	重庆市人民政府办公厅贯彻国务院办公厅《关于扶持家禽业发展若干措施》的通知（渝办发〔2004〕113号） 重庆市人民政府办公厅《关于开展农用地分等级与估价工作的通知》（渝办发〔2004〕250号）
2014年3月	废止	重庆市人民政府关于加强农村市场信息工作的意见（渝府发〔2009〕117号）
2015年1月	废止	重庆市人民政府批转《重庆市农业局关于进一步加快渔业发展的意见》的通知（渝府发〔1997〕25号） 重庆市人民政府关于贯彻实施《生猪屠宰管理条例》有关问题的通知（渝府发〔1998〕18号） 重庆市人民政府办公厅关于进一步加强生猪屠宰检疫管理工作的通知（渝办发〔1998〕107号） 重庆市人民政府关于进一步完善粮食生产和流通有关政策措施的通知（渝府发〔2000〕60号） 重庆市人民政府批转《重庆市农办等部门关于进一步加强我市基层农业技术推广服务体系建设意见的通知》（渝府发〔2000〕81号） 重庆市人民政府关于加快全市绿色通道建设的通知（渝府发〔2000〕10号） 重庆市人民政府关于贯彻国务院农业科技发展纲要的实施意见（渝府发〔2001〕87号） 重庆市人民政府关于加快发展农业机械化的意见（渝府发〔2003〕56号） 重庆市人民政府办公厅关于进一步做好三峡库区柑橘产业化项目建设工作的通知（渝办发〔2004〕192号） 重庆市人民政府关于实施科技兴粮战略的意见（渝府发〔2005〕23号） 重庆市人民政府办公厅关于扶持生猪产业发展的通知（渝办发〔2006〕159号） 重庆市人民政府关于发展生猪生产保障市场供应的意见（渝府发〔2007〕102号） 重庆市人民政府办公厅转发《重庆市乡企局市农业局市农办关于促进农产品加工业发展意见》的通知（渝办发〔2007〕310号） 重庆市人民政府办公厅关于加快蔬菜产业发展促进农民增收的意见（渝办发〔2008〕202号） 重庆市人民政府关于进一步加强农业科技工作的意见（渝府发〔2009〕116号） 重庆市人民政府关于加快建设现代农业努力增加农民收入的意见（渝府发〔2011〕1号）
2015年4月	废止	重庆市人民政府关于贯彻实施生猪屠宰管理条例有关问题的通知（渝府发〔2008〕89号） 重庆市人民政府关于加快推进三峡库区天然生态渔场建设的意见（渝府发〔2010〕85号） 重庆市人民政府办公厅关于切实解决撂荒地问题的通知（渝办发〔2008〕12号） 重庆市人民政府办公厅关于印发重庆市畜禽养殖场养殖小区备案程序管理办法的通知（渝办发〔2009〕267号） 重庆市人民政府办公厅关于加快推进农村信息化体系建设的通知（渝办发〔2010〕146号） 重庆市人民政府关于进一步强化强农惠农资金监督管理的意见（渝办发〔2010〕323号）
2015年4月	失效	重庆市人民政府关于2009年农业农村工作的意见（渝府发〔2009〕11号） 重庆市人民政府关于开展农村土地承包经营权确权颁证工作的意见（渝府发〔2010〕82号） 重庆市人民政府关于加快农业科技创新着力保供给促增收的意见（渝府发〔2012〕19号） 重庆市人民政府关于调整部分柑橘非疫区检查站的批复（渝府〔2009〕114号）
2015年4月	失效	重庆市人民政府办公厅关于迅速推进我市能繁母猪保险工作的通知（渝办发〔2008〕23号） 重庆市人民政府办公厅关于印发重庆市2010年动物疫病强制免疫计划实施方案的通知（渝办发〔2010〕49号） 重庆市人民政府办公厅关于2009年度粮食生产目标完成情况的通报（渝办发〔2010〕50号） 重庆市人民政府办公厅关于印发重庆市开展强化生猪屠宰监管确保肉品质量安全专项整治工作实施方案的通知（渝办发〔2010〕250号） 重庆市人民政府办公厅关于下达2011年度耕地保护责任目标的通知（渝办发〔2011〕85号） 重庆市人民政府办公厅关于印发推进农村新型股份合作社发展实施方案的通知（渝办发〔2011〕335号） 重庆市人民政府办公厅转发《重庆市农委关于开展农村土地承包经营权确权颁证试点工作指导意见》的通知（渝办〔2010〕20号）

第四节　主管部门制发、停止（废止）适用的主要规范性文件

一、制发的主要规范性文件

（一）部门合并前

1997—2008 年 4 月，重庆市农村工作办公室（农业委员会）、农业局、农机事业管理局为贯彻市委、市人民政府的指示精神，落实市委、市人民政府下达的目标任务，按照部门职能职责，制发文件进行贯彻落实（表 5－1－3～表 5－1－5）。

表 5－1－3　重庆市农办（农委）制发的主要规范性文件

时 间	制发部门	文 号	标题
2001 年	市农办	渝府农〔2001〕33 号	关于进一步在全市开展农业生产资料打假联合行动的通知
2002 年	市农办	渝府农〔2002〕27 号	重庆市农办牵头实施十个农业产业化百万工程职能职责的通知
2002 年	市农办	渝府农〔2002〕38 号	关于进一步做好农民技术人员职称评定工作的意见
2003 年 3 月	市农办	渝府农〔2003〕14 号	关于认真做好“农村土地承包法”学习宣传和贯彻实施工作的意见
2004 年	市农委	渝委农〔2004〕24 号	重庆市集中处理农业服务体系信访突出问题及群体性事件工作的意见的通知
2004 年 10 月	市农委	渝委农〔2004〕57 号	关于做好农村承包经营权证发放相关工作的通知
2006 年 3 月	市农办、市纠风办、市财政、市物价等 6 委（办、局）	渝府农〔2006〕15 号	关于进一步做好减轻农民负担工作的通知
2006 年 4 月	市农办、农业局、农业银行重庆分行	渝府农〔2006〕16 号	关于联合实施“重庆市‘三百工程’企业金融服务计划”的意见
2006 年 5 月	市农办、市信用联合社	渝府农〔2006〕18 号	关于突出小额贷款特点合作推进全市新农村建设的指导意见

表 5－1－4　重庆市农业局制发的主要规范性文件

时间	制发部门	文号	标题
1997 年	市农业局	重农法〔1997〕1 号	印发《重庆市省间调动植物检疫暂行办法》的通知
1999 年	市农业局	重农法发〔1999〕15 号	重庆市农业植物检疫登记管理办法
2000 年	市农业局	重农法发〔2000〕2 号	关于实施《重庆市种畜禽管理实施办法》若干规定
2000 年	市农业局	重农法发〔2000〕21 号	关于实施《重庆市牛奶管理办法》若干规定
2000 年	市农业局	重农兽医发〔2000〕29 号	重庆市动物检疫员暂行管理办法
2000 年	市农业局	重农兽医发〔2000〕30 号	关于在全市统一使用自养自用动物检疫合格证明的通知
2001 年	市农业局	渝农发〔2001〕56 号	渔业船舶登记检验船员考试发证暂行规定
2001 年	市农业局	渝农发〔2001〕124 号	重庆市动物免疫证管理暂行办法
2002 年	市农业局	渝农发〔2002〕4 号	重庆市动物产地检疫报检点管理暂行办法

（续）

时间	制发部门	文号	标题
2002 年	市农业局	渝农发〔2002〕28 号	重庆市动物防疫合格证管理暂行办法
2002 年	市农业局	渝农发〔2002〕30 号	关于加强城区动物市场和动物医疗行业管理的通知
2002 年	市农业局	渝农发〔2002〕170 号	重庆市农作物品种审定委员会章程
2002 年	市农业局	渝农发〔2002〕330 号	重庆市动物防疫监督员管理办法
2002 年	市农业局	渝农发〔2002〕436 号	农业行政执法过错责任追究及执法责任制暂行规定
2002 年	市农业局	渝农发〔2002〕588 号	重庆市主要农作物引种（暂行）办法
2003 年	市农业局	渝农发〔2003〕192 号	重庆市饲料准产证管理办法、重庆市饲料产品批准文号管理办法、重庆市饲料和饲料添加剂经营条件审查暂行办法
2005 年	市农业局	渝农发〔2005〕29 号	重庆市动物检疫员管理办法
2005 年	市农业局	渝农发〔2005〕367 号	关于印发《重庆市农业局扶持农业产业化龙头企业项目管理办法（暂行）》的通知
2006 年	市农业局	渝农发〔2006〕28 号	关于进一步加强种粮直补项目管理工作的紧急通知
2006 年	市农业局	渝农发〔2006〕674 号	关于做好机动渔船成品油价格调整补贴工作的通知
2006 年	市农业局	渝农发〔2006〕600 号	重庆市畜牧业规模养殖补助验收管理（暂行）办法
2006 年	市农业局	渝农发〔2006〕636 号	重庆市渔业规模化养殖项目补助验收管理（暂行）办法
2007 年	市农业局	渝农发〔2007〕338 号	关于印发《重庆市农民科技书屋建设管理办法》的通知
2007 年	市农业局	渝农发〔2007〕778 号	关于印发《重庆市标准化柑橘示范果园建设项目管理暂行办法》的通知

表 5－1－5　重庆市农机局制发的主要规范性文件

时间	制发部门	文号	标题
1998 年	市农机局	渝农机发〔1998〕175 号	关于印发《重庆市农村机电提灌站产权制度改革实施意见》的通知
1998 年	市农机局	渝农机发〔1998〕78 号	关于贯彻《油品价格调节基金使用管理实施细则》的实施意 见
1999 年	市农机局	渝农机发〔1999〕221 号	转发《重庆市征（占）用水利工程及有效灌溉面积补偿办法》的通知
2000 年	市农机局	渝农机发〔2000〕27 号	重庆市农业机械管理条例应用中若干问题解释的通知
2000 年	市农机局	渝农机发〔2000〕28 号	重庆市农村机电提灌管理条例应用中若干问题解释的通知
2000 年	市农机局	渝农机发〔2000〕148 号	关于贯彻实施《重庆市农机行政执法程序规定》的通知
2000 年	市农机局	渝农机发〔2000〕149 号	关于贯彻实施《重庆市农机行政处罚听证程序规定》的通知
2002 年	市农机局市财政局	渝农机发〔2002〕79 号	关于公布《重庆市 2002 年度小型农机新机具推广补贴目录》的通知
2004 年	市农机局	渝农机发〔2004〕141 号	关于印发《重特大农业机械安全事故应急救援处置预案》的通知
2004 年	市农机局	渝农机发〔2004〕132 号	关于印发《重庆市拖拉机驾驶培训机构评价标准》的通知
2004 年	市农机局	渝农机发〔2004〕122 号	关于印发《重庆市农机驾驶（操作）考试员管理办法（试行）》的通知
2005 年	市农机局	渝农机发〔2005〕81 号	关于加强《享受财政补贴的农业机械管理的意见》
2007 年	市农机局	渝农机发〔2007〕7 号	关于印发《联合收割机驾驶证业务工作规范》的通知
2007 年	市农机局	渝农机发〔2007〕8 号	关于印发《联合收割机登记工作规范》的通知

（二）部门合并后

2008—2015 年重庆市农业委员会制发的主要涉农规范性文件见表 5－1－6。

表 5-1-6　2008—2015 年重庆市农业委员会制发的主要涉农规范性文件

时间	制发部门	文号	标题
2008 年	市农委市财政局	渝农发〔2008〕381 号	关于印发《重庆市赴疆摘棉工路费贷款贴息资金管理办法（试行)》的通知
2008 年	市农委市财政局	渝农发〔2008〕422 号	关于印发《进疆摘棉农民工伤亡、伤病保险实施细则》的通知
2009 年	市农委市财政局	渝农发〔2009〕41 号	重庆市农作物病虫害防治补助资金采购物资管理暂行办法
2009 年	市农委	渝农发〔2009〕229 号	重庆市渔业船舶安全管理暂行办法、重庆市渔业船舶登记办法、重庆市渔业船舶船员考试发证办法、重庆市农业植 物检疫登记管理办法、重庆市渔业船舶水上事故调查处理规定、重庆市渔业船舶生产安全事故指标归属确定暂行办法、重庆市主要农作物引种管理办法
2009 年	市农委市工商局	渝农发〔2009〕230 号	农村土地承包经营权入股发展农民专业合作社注册登记有关问题的通知
2009 年	市农委	渝农发〔2009〕240 号	重庆市市外引进乳用种用动物检疫审批管理暂行办法、重庆市种畜禽生产经营许可证审核发放办法
2009 年	市农委	渝农发〔2009〕254 号	关于印发《重庆市农业基本建设项目招标投标管理规定》的通知
2009 年	市农委市财政局	渝农发〔2009〕320 号	关于《进疆摘棉农民工伤亡伤病保险实施细则》的通知
2009 年	市农委市财政局	渝农发〔2009〕322 号	关于《重庆市赴疆摘棉工路费贷款贴息资金管理办法》的通知
2010 年	市农委市财政局	渝农发〔2010〕178 号	重庆市农民专业合作社示范社评选办法
2010 年	市农委市财政局	渝农发〔2010〕423 号	关于《重庆市三峡库区天然生态渔场良种场项目与资金管理办法》的通知
2010 年	市农委	渝农发〔2010〕431 号	重庆名牌农产品评选认定管理办法
2011 年	市农委办公室	渝农办发〔2011〕85 号	重庆市农牧渔业丰收奖奖励办法
2011 年	市农委办公室	渝农办发〔2011〕136 号	关于《饲料添加剂和添加剂预混合饲料生产许可证现场检查验收办法》的通知
2011 年	市农委办公室	渝农办发〔2011〕142 号	重庆市渔业船舶安全管理黑名单制度
2011 年	市农委办公室	渝农办发〔2011〕155 号	重庆市农民技术人员职称评定暂行办法
2011 年	市农委	渝农发〔2011〕204 号	行政处罚机关行使行政处罚裁量基准
2012 年	市农委市财政局	渝农发〔2012〕57 号	关于《重庆市农机购置补贴工作绩效评价暂行办法》的通知
2012 年	市农委	渝农发〔2012〕61 号	关于做好农村新型股份合作社发展工作的通知
2012 年	市农委	渝农发〔2012〕192 号	关于印发《重庆市发展农村新型股份合作社工作管理办法（试行)》的通知
2012 年	市农委	渝农发〔2012〕309 号	重庆市农业机械推广鉴定细则
2012 年	市农委市财政局 市环保局	渝农发〔2012〕366 号	重庆市农业行政处罚没收有毒有害农资农产品管理及销毁办法（试行)
2013 年	市农委市财政局	渝农发〔2013〕38 号	重庆市农业机械购置补贴管理暂行法
2013 年	市农委办公室	渝农办发〔2013〕114 号	重庆市农业委员会招标投标交易监督管理细则
2014 年	市农委市财政局	渝农发〔2014〕202 号	重庆市农业农村调研课题管理办法
2015 年	市农委办公室	渝农办发〔2015〕69 号	农业项目资金监督管理暂行办法
2015 年	市农委	渝农发〔2015〕241 号	重庆市现代农业建设贡献奖评选暂行办法

二、主管部门先后公布停止适用、废止的规范性文件

按照重庆市人民政府对部门规范性文件进行清理的统一布置和要求，市农业局（部门合并前）、市农业委员会（部门合并后）先后公布一批停止适用、废止的部门制发文件（表5-1-7、表5-1-8）。

表5-1-7 重庆市农业局决定停止适用的规范性文件

公布时间	定性	文 件 名 称
2004年6月	停用	关于加强农药经营管理的通知（渝农法发〔1999〕8号） 重庆市农业植物检疫登记管理办法（重农法发〔1999〕15号） 实施《重庆市种畜禽管理实施办法》若干规定（重农法发〔2000〕2号） 实施《重庆市牛奶管理办法》若干规定（重农法发〔2000〕21号）、重庆市动物检疫员暂行管理办法（重农兽医发〔2000〕29号） 关于在全市统一使用自养自用动物检疫合格证明的通知（重农兽医发〔2000〕30号） 重庆市动物免疫证管理暂行办法（渝农发〔2001〕124号） 重庆市动物产地检疫报检点管理暂行办法（渝农发〔2002〕4号） 重庆市动物防疫合格证管理暂行办法（渝农发〔2002〕28号） 重庆市放心肉实施方案（渝农发〔2002〕29号） 关于加强城区动物市场和动物医疗行业管理的通知（渝农发〔2002〕30号） 重庆市农作物品种审定委员会章程（渝农发〔2002〕170号） 重庆市主要农作物引种（暂行）办法（渝农发〔2002〕588号）。

表5-1-8 重庆市农业委员会决定废止的规范性文件

公布时间	定性	文件名称
2009年2月	废止	关于做好机动渔船成品油价格调整补贴工作的通知（渝农发〔2006〕674号） 重庆市畜牧业规模养殖补助验收管理（暂行）办法（渝农发〔2006〕600号） 重庆市渔业规模化养殖项目补助验收管理（暂行）办法（渝农发〔2006〕636号） 关于进一步加强种粮直补项目管理工作的紧急通知（渝农发〔2006〕28号） 关于对种粮农民直补项目实施过程中有关问题的紧急通知（渝农发〔2005〕62号） 渔业船舶登记检验船员考试发证暂行规定（渝农发〔2001〕56号） 农业行政执法过错责任追究及执法责任制暂行规定（渝农发〔2002〕436号） 重庆市动物防疫监督员管理办法（渝农发〔2002〕330号）。
2012年12月	废止	重庆市饲料准产证管理办法 重庆市饲料产品批准文号管理办法 重庆市饲料和饲料添加剂经营条件审查暂行办法（渝农发〔2003〕192号）。
2015年9月	废止	重庆市动物检疫员管理办法（渝农发〔2005〕29号） 关于在重庆观音桥市场有限公司盘溪蔬菜批发市场实施蔬菜准入制度的通告（渝农发〔2007〕668号） 关于禁止销售未经检疫和带疫柑橘果品的紧急通知（渝农发〔2007〕737号） 关于印发重庆市农业局扶持农业产业化龙头企业项目管理办法（暂行）的通知（渝农发〔2005〕367号） 关于印发重庆市农民科技书屋建设管理办法的通知（渝农发〔2007〕338号） 关于印发重庆市标准化柑橘示范果园建设项目管理暂行办法的通知（渝农发〔2007〕778号） 关于印发重庆市赴疆摘棉工路费贷款贴息资金管理办法（试行）的通知（渝农发〔2008〕381号） 关于印发进疆摘棉农民工伤亡、伤病保险实施细则的通知（渝农发〔2008〕422号） 关于印发重庆市农作物病虫害防治补助资金采购物资管理暂行办法的通知（渝农发〔2009〕41号） 关于印发重庆市金农工程一期项目建设管理办法的通知（渝农发〔2009〕128号） 重庆市主要农作物引种管理办法（渝农发〔2009〕229号）、关于印发进疆摘棉农民工伤亡伤病保险实施细则的通知（渝农发〔2009〕320号） 关于印发重庆市赴疆摘棉工路费贷款贴息资金管理办法的通知（渝农发〔2009〕322号） 关于印发重庆市三峡库区天然生态渔场良种场项目与资金管理办法的通知（渝农发〔2010〕423号） 关于印发饲料添加剂和添加剂预混合饲料生产许可证现场检查验收办法的通知（渝农办发〔2011〕136号） 重庆市农机购置补贴工作绩效评价暂行办法的通知（渝农发〔2012〕57号） 关于印发重庆市农业基本建设项目招标投标管理规定的通知（渝农发〔2009〕254号）。

第二章
农业法制宣传教育

第一节　普法五年规划

1985年11月5日，中共中央、国务院批转中宣部、司法部《关于向全体公民基本普及法律常识的五年规划》，11月22日第六届全国人民代表大会常务委员会第十三次会议审议通过了《关于在公民中基本普及法律常识的决议》。从此，全国性普及法律常识工作正式开展起来。

1986年，重庆市人民政府转发重庆市司法局《重庆市普及法律常识五年规划》（简称《一五普法规划》），普法工作在全市正式启动。《一五普法规划》明确的重点普法对象一是各级干部，尤其是各级领导干部；二是青少年。普法的基本内容是《中华人民共和国宪法》《中华人民共和国刑法》《中华人民共和国刑事诉讼法》《中华人民共和国民事诉讼法（试行）》《中华人民共和国婚姻法继承法》《中华人民共和国经济合同法》《中华人民共和国兵役法》《中华人民共和国治安管理处罚条例》。"一五普法"从1986年开始实施，到1990年结束。"一五普法"期间的普法工作，按照重庆市人民政府的统一部署，重点在本系统内向各级领导干部广泛宣传和普及《中华人民共和国宪法》《中华人民共和国刑法》《中华人民共和国刑事诉讼法》《中华人民共和国民事诉讼法（试行）》《中华人民共和国婚姻法》《中华人民共和国继承法》《中华人民共和国经济合同法》《中华人民共和国兵役法》《中华人民共和国治安管理处罚条例》的相关知识，培养领导干部依法办事的意识与观念，使之成为学法、懂法、依法办事的表率。

1990年12月13日，中共中央、国务院批转中宣部、司法部《关于在公民中开展法制宣传教育的第二个五年规划》（简称《二五普法规划》）。《二五普法规划》中明确的普法重点对象是县团级以上各级领导干部，特别是党、政、军高级干部；执法人员，包括司法人员和行政执法人员；青少年，特别是大、中学校的在校生；"二五普法"的主要内容一是在全体公民中继续深入学习《中华人民共和国宪法》，认真学习《中华人民共和国行政诉讼法》《中华人民共和国义务教育法》《中华人民共和国集会游行示威法》《中华人民共和国国旗法》，以及全国普法主管机关确定的新颁布的法律、法规；二是各地区结合实际，确定在本地区选学的其他有关法律、法规，注意选学《中华人民共和国土地管理法》《中华人民共和国森林法》《中华人民共和国水法》《中华人民共和国矿产资源法》《中华人民共和国军事设施保护法》《中华人民共和国环境法食品卫生法》，以及与计划生育有关的法律、法规；三是各部门、各系统根据业务工作需要，有重点地学习同工作、生产相关的法律知识，中央和地方各级国家机关要学习组织法、选举法，各级党政机关要学习廉政建设的法律、法规。各级党政机关、企业事业单位和科技部门还要学习保密法等。

1991 年初，重庆市委宣传部、重庆市司法局共同起草了《关于在全市公民中开展法治宣传教育的第二个五年规划》（简称《市二五普法规划》），4 月，重庆市委、市人民政府转发《市二五普法规划》。7 月，市委、市人民政府下发《关于在全市公民中认真开展第二个五年法治宣传教育的通知》，“二五普法”在全市正式启动。《市二五普法规划》从 1991 年开始实施，到 1995 年结束。农业系统除按照市人民政府的统一部署，在本系统内向各级领导干部和职工广泛宣传、普及《中华人民共和国宪法》《中华人民共和国行政诉讼法》义务教育法集会游行示威法国旗法土地管理法森林法水法矿产资源法军事设施保护法环境法食品卫生法选举法等相关知识，同时结合行业特点和工作实际，大力宣传普及《中华人民共和国植物检疫条例》《中华人民共和国动植物检疫法》《中华人民共和国种子管理条例》《中华人民共和国农业法》《中华人民共和国农业技术推广法》《中华人民共和国渔业法》和《重庆市农村合作经济组织承包合同条例》等与农牧渔业相关的法律法规知识，在农业系统进一步树立依法治国和依法行政观念，提高依法决策、依法管理的自觉性和能力。

1996 年 4 月，中共中央、国务院批转中宣部、司法部《关于在公民中开展法制宣传教育的第三个五年规划》（简称《三五普法规划》）。5 月，中共重庆市委下发《关于在全市公民中继续深入开展法治宣传教育的决定》，市委办公厅以（渝委发〔1996〕31 号）转发市司法局制定的《重庆市三五普法规划》，“三五普法”在全市正式启动。1997 年 9 月，中共“十五大”提出了“依法治国”方略，普法活动更加广泛深入，社会主义法治国家建设的步伐加快。“三五普法”期间，以《中华人民共和国农业法》为核心的农业法律法规体系逐步建立，地方性农业法规不断完善。市农办、市农业局、市农机管理局在普法宣传内容上，除全市统一规定普及的法律法规外，主要增强了对《中华人民共和国农业法》《中华人民共和国农业技术推广法》《中华人民共和国渔业法》，国务院《基本农田保护条例》、重庆市《农业机械管理条例》等法律法规知识的宣传教育。普法重点是领导干部、执法人员，普及对象至农业系统全体职工和农民群众。

2001 年，农业部印发了《农业系统法制宣传教育第四个五年规划》，中共重庆市委宣传部、市司法局印发了《关于在全市公民中开展法制宣传教育第四个五年规划》，全市“四五普法”正式启动。重庆市农业系统在普法工作中，除全市规定普及的法律知识外，继续深入宣传《中华人民共和国农业法》《中华人民共和国农业技术推广法》，同时增加对《中华人民共和国种子法》《中华人民共和国农民承担费用和劳务管理条例》及重庆地方性农业法规的宣传教育。普法对象，坚持以领导干部、执法人员为重点，农民群众全覆盖。

2006 年 8 月，农业部印发《农业系统法制宣传教育第五个五年规划的通知》，中共重庆市委宣传部、重庆市司法局印发《关于在全市公民中开展法制宣传教育的第五个五年规划》，市农业系统制定了《法制宣传教育第五个五年规划》（简称《农业五五普法规划》）。《农业五五普法规划》明确，除全市统一规定普及的法律知识外，农业系统普法内容要更加突出《中华人民共和国农业法》《中华人民共和国畜牧法》《中华人民共和国农业机械化促进法》《中华人民共和国动物防疫法》《中华人民共和国草原法》《中华人民共和国渔业法》《中华人民共和国种子法》以及农药、兽药、饲料行政法规的宣传普及。在普法对象上，以领导干部、公务人员、执法人员为重点，同时普及至广大农民群众；在程序上，严格按照规划的步骤有序实施。

2011 年 8 月，按照市委、市人民政府和农业部的部署，市农委制定并印发了《重庆市农业系统法制宣传教育第六个五年规划》（简称《农业六五普法规划》）。《农业六五普法规划》明确的普法内容包括：深入学习宣传宪法和国家基本法律制度；深入学习宣传促进农业和农村经济社会发展的相关法律，进一步开展《中华人民共和国农业法》《中华人民共和国畜牧法》《中华人民共和国农技推广法》《中华人民共和国种子法》《中华人民共和国农业机械化促进法》《中华人民共和国动物防疫法》《中华人民共和国草原法》《中华人民共和国渔业法》《中华人民共和国农产品质量安全法》等相关法律的宣传教育，促进农业农村经济稳定健康发展；深入学习与农村市场经济秩序相关法律法规，规范农药、农膜、肥料、兽药、饲料等主要农业生产资料的市场行为；开展以打击制售假冒伪劣农资为重点的法制宣传教育，维护正常的市场经济秩序；深入学习宣传维护农村社会和谐稳定的相关法律法规，即《中华人民共和国农村土地承包法》《中华人民共和国农村承包土地纠纷仲裁法》以及农业生产安全相关法律法规，预防和减少社会矛盾，引导农民依法表达利益诉求，依法化解各种纠纷和矛盾，促进农村社会和谐稳定；结合工作实际，深入学习宣传市人民代表大会常务委员会颁布的《重庆市实施〈中华人民共和国农民专业合作社法〉办法》。采取入户、入企、入园（法律进村入户、法律进农企、法律进校园）的方式，组织农业法制宣传教育主题活动，开展农业法制宣传月，参与“12·4”全国法制宣传日活动等多种形式。

“六五普法”宣传普及的重点、对象与“四五、五五普法”要求一致。

第二节　普法形式及普法活动

从1986年开展普法以来，市级农业主管部门根据中央、重庆市委与市人民政府的统一要求，针对机关、部门、企事业单位的工作情况，采取分期分批集中培训、举行座谈会、进行线上或线下涉农法律知识考试等多种形式进行普及。通过举办宣传月、宣传周、宣传日和“科技三下乡”、广播电视讲座等多种形式的普法活动，涵盖全市农业系统各级领导干部、全体执法人员、职工以及农民群众。

1986年，“一五普法”启动之际，正值《中华人民共和国渔业法》（简称《渔业法》）颁布实施，为开展普法并结合《渔业法》的宣传贯彻，6月30日，重庆市人民代表大会常务委员会在市人民代表大会召开了宣传贯彻动员大会。时任重庆市人民代表大会副主任李延生到会并讲话，要求全市渔业系统认真学习、宣传《渔业法》，务必将《渔业法》的主要内容、各项措施、重要条款宣传到位、贯彻到位、执行到位。

“二五普法”正式启动后，国务院将1992年确定为“行政执法年”，5月，农业部启动《中华人民共和国种子管理条例》（简称《种子管理条例》）“宣传月”活动。5月27日，时任重庆市人民政府副市长王正德在重庆电视台发表题为“大力宣传《种子管理条例》，促进重庆市农业农村经济健康发展”的讲话；5月28日，市农牧渔业局召开了重庆市启动《种子管理条例》宣传月活动动员大会，宣传月活动在全市范围内拉开帷幕。活动期间，全市共出动人员4 000多人次、宣传车辆1 000多台次，举办各类宣传讲座2 000多学时，举办培训班39次，接受培训2 100多人，张贴标语17 000多条，办宣传板报、专栏300多块，发放宣传资料3.7万份。

1992年10月，农业部颁布《全国乡镇农机管理服务站管理办法》（简称《农机站管理办法》）。随后，市农机水电局举办“宣贯《农机站管理办法》研讨会”，时任重庆市人民政府副市长王正德到会并讲话，要求全市农机系统搞好《农机站管理办法》的学习、宣传工作，切实将《农机站管理办法》规定的各项制度，特别是管理体制落实到位，借助《农机站管理办法》全面贯彻实施“东风”，切实将全市农机服务体系推上一个新的台阶。各区县农机水电局（农机）主要负责人和本市“全国先进乡镇农机站”站长、市级先进农机站站长、局机关处室处长参加了研讨会。

1993年7月3日，市农牧渔业局在巴县鱼洞镇举行《中华人民共和国农业法》（简称《农业法》）和《中华人民共和国农业技术推广法》（简称《农技推广法》）宣传日活动。通过发放宣传资料、展板展示、横幅标语等形式宣传，让群众深刻了解《农业法》和《农技推广法》的法律意义。

“三五普法”期间，重庆市农业部门结合自身工作特点加强普法宣传工作。1997年8月23日，市农业局与荣昌县人民政府在荣昌县昌元镇联合举办《中华人民共和国动物防疫法》宣传日活动，市农业局和荣昌县政府共出动150多名宣传人员、15台宣传车，通过展板、挂图，横幅标语、投影幻灯等

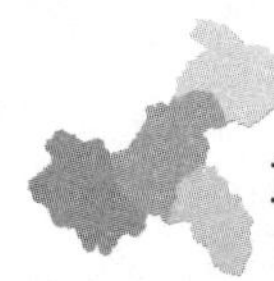

群众喜闻乐见的方式进行宣传。活动中还发放宣传资料2 500余份。为贯彻实施《中华人民共和国种子法》（简称《种子法》），2000年12月1日，市农业局与涪陵区人民政府在涪陵两江广场联合主办《种子法》宣传日活动，市农业局和涪陵区政府共出动138名宣传员、18台宣传车，拉挂横幅、标语共计27条，开展8场影像宣传活动，发放宣传资料3 100余份。

2002年12月，第九届全国人民代表大会常务委员会第三十一次会议通过修订后的《中华人民共和国农业法》，决定从2003年3月1日起施行。2003年2月28日，市人民代表大会常务委员会召开“贯彻实施《中华人民共和国农业法》座谈会”。时任重庆市人民代表大会常务委员会副主任康纲有到会并讲话。市发展计划委员会、市财政局、市科学技术委员会、市农业局、市水利局、市农机事业管理局、市林业局、市气象局等部门主要负责人和农业执法机构部分同志参加了会议。

《农业法》的宣贯再次成为农业系统“四五普法”期的重点。从机关，企事业单位到农村，农业主管部门采取多种宣传形式和方法，以增强宣传效果。

2005年，市农业主管部门与区县农业主管部门协同，利用春耕期间各地举办机耕现场会的时机和“科技三下乡”活动，向农户宣传讲解《中华人民共和国农业法》《中华人民共和国农业技术推广法》《中华人民共和国农业机械化促进法》等，共计印发宣传资料10万余份。

2006年7月11日，市农业局和永川市人民政府在永川市来苏镇共同举办“重庆市贯彻实施《中华人民共和国农产品质量安全法》暨全面禁止使用五种高毒农药宣传活动”启动仪式，时任永川市人民政府副市长康纪强主持了启动仪式，时任重庆市农业局局长王越作了动员讲话并宣布仪式开始。启动仪式结束后，市农业局和永川市人民政府共100多人开展了现场宣传咨询活动。本次活动还开展了4场影像宣传，发放宣传资料1 000多份。

2007年12月27—29日，市农业局和重庆市电视台联合主办，市动物卫生监督所承办了“重庆市首届动物卫生监督执法大比武”竞赛活动，全市28个区县（自治县）112名选手参加，重庆市电视台同期直播了“重庆市首届动物卫生监督执法大比武”决赛。

2008年，市农委组织实施了法律宣传“四百行动”。“四百行动”采取派驻法律顾问、选派专家或老师及法制宣讲队等方式，对120多家龙头企业、100多个农民专业合作社、210个涉农专业大户和130多个村进行农资“真假辨别”知识现场宣传。活动中帮助调解农资纠纷36起，提供法律咨询服务600余次，发放产品维权明白卡1 000余份。

2009年，全市农业系统重点实施“三大行动”。一是继续推进“四百行动”，深入抓好农业法律法规进村入户工作和委机关及委属单位职工的普法考试。二是法制宣讲“拓展行动”，以全市农业法制工作机构人员为主体，全面落实市级和区县农业法制宣讲员；以农业执法机构人员为主体，落实市级和区县农业法制信息员。三是普法载体“创新行动”，充分利用“一线”（12316服务热线）、“一网”（重庆农业法制网），加大与农民群众生活密切相关的《中华人民共和国种子法》《中华人民共和国动物防疫法》《农药管理条例》《饲料和饲料添加剂管理条例》等法律法规的宣传力度；加强市农业法制网的建设、管理，改版升级增加违法行为曝光、法制论坛、案例分析、意见建议等栏目。

2010年3月17日，由市农委和丰都县人民政府主办，市农业行政执法总队和丰都县农委承办的“重庆市2010年农资打假专项治理暨放心农资下乡进村宣传周”启动仪式在丰都县高家镇举行，1 500余名农民群众到现场咨询或领取宣传资料。本次活动，市农委和丰都县人民政府共出动宣传人员89名，发放农业法律法规及识别假冒伪劣农资资料3 100余份，现场解答群众咨询问题130余件。

2011年，市农委深入开展“农业法律四进（进农村、进农业企业、进机关、进大户）”活动，根据农业法律法规调整对象的特点和法制宣传活动的要求，市农委领导带领相关处室和有关单位人员，赴璧山县大路街道开展了法治政府暨农业法制宣传活动，向农民群众广泛宣传农业法律法规知识，发放《重庆市实施〈中华人民共和国农民专业合作社法〉办法》《假劣种子识别》《农业法律知识百问百答》等资料3 000余份，接受农民群众法律咨询，为农民群众释疑解惑。

2013 年以来，每年全市法治理论、法律知识学习、考试（考核）中，纳入学习考试范围的至少有 5 部农业法律法规，全市农业系统每年参加法治理论、法律知识学习考试人数约 12 万人左右。

2014 年至 2015 年，市农委从农业执法宣传专项资金中安排 100 万元，分别在渝长高速古佛路口与长寿湖路口、包茂高速武隆段白云隧道口、渝宜高速云阳红狮路口、渝万高速分水路口、绕城高速金凤路口及境内其他高速公路边制作了 10 个大幅 T 型广告牌，作为固定传播有关农业法律法规知识的载体。

2008 年以来，农委系统举办的各类培训（农民工就业培训、职业技能培训、农村经纪人培训等）都穿插相关涉农法律法规的宣教，强化受训人员的农业法治意识，扩大影响面，为营造社会各界关心、支持、配合农业法制工作，形成法治氛围打好基础。

多年的普法工作，在全市农业部门取得了明显成效，得到上级部门的肯定。2010 年，当时市农委颜大民同志被重庆市人民政府评为“依法行政”先进个人，李勇同志被中宣部、司法部评为全国“五五普法”先进个人，彭洁同志被中共重庆市委、重庆市人民政府评为重庆市“五五普法”先进个人。2015 年，罗晓勇同志被中宣部、司法部评为全国“六五普法”先进个人。

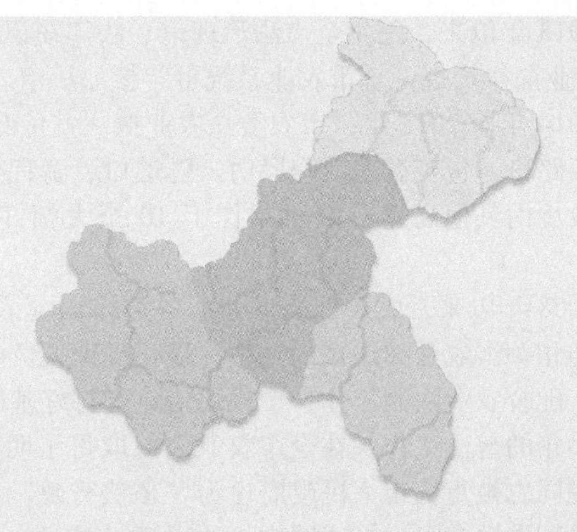

第三章
农业行政执法

第一节　农业行政处罚

行政处罚是国家法律责任制度的重要组成部分，是行政主体有效地进行行政管理、维护公共利益和社会秩序，保障法律贯彻实施的重要手段。截至 2015 年年底，涉农法律中具有处罚条文的有 9 部，即：《中华人民共和国种子法》《中华人民共和国进出境动植物检疫法》《中华人民共和国农业机械化促进法》《中华人民共和国草原法》《中华人民共和国畜牧法》《中华人民共和国动物检疫法》《中华人民共和国渔业法》《中华人民共和国野生动物保护法》《中华人民共和国农产品质量安全法》。涉农法规中有处罚条文的 32 部，其中，国家制定的 22 部，即：《中华人民共和国野生植物保护条例》《农业转基因生物安全管理条例》《中华人民共和国濒危野生动植物进出口管理条例》《植物检疫条例》《基本农田保护条例》《中华人民共和国进出境动植物检疫法实施条例》《农药管理条例》《中华人民共和国植物新品种保护条例》《农业机械安全监督管理条例》《种畜禽管理条例》《饲料和饲料添加剂管理条例》《乳品质量安全监督管理条例》《畜禽规模养殖污染防治条例》《兽药管理条例》《病原微生物实验室生物安全管理条例》《重大动物疫情应急条例》《生猪屠宰管理条例》《中华人民共和国渔业法实施细则》《中华人民共和国渔港水域交通安全管理条例》《中华人民共和国水生野生动物保护实施条例》《中华人民共和国渔业船舶检验条例》《国务院关于加强食品等产品安全监督管理的特别规定》；重庆市地方性法规 7 部，即：《重庆市农业机械管理条例》《重庆市实施〈中华人民共和国种子法〉办法》《重庆市实施〈中华人民共和国农业技术推广法〉办法》《重庆市实施〈中华人民共和国野生动物保护法〉办法》《重庆市实施〈中华人民共和国渔业法〉办法》《重庆市农业机械安全管理及事故处理条例》《重庆市植物检疫条例》；重庆市人民政府规章 3 部，即：《重庆市无规定动物疫病区管理办法》《重庆市柑橘非疫区建设与管理办法》《重庆市生猪屠宰管理办法》。授权县级及以上农业（畜牧、兽医、渔业、农机）主管部门或动物防疫监督机构、渔政渔港监督管理机构、植物检疫机构和农机监理机构行使的行政处罚事项共 216 项。处罚的领域涉及动植物检疫、渔政管理、农药兽药管理、肥料管理、饲料管理、动物植物种子管理、农产品质量和农业机械安全管理、农业转基因生物安全等，同时还涉及野生动植物资源保护、农业环境保护和植物新品种保护等。农业行政处罚领域涵盖农、牧、渔、农机各业的诸多方面。

1986—2015 年，重庆市农业执法部门查处了多起涉农违法违规案件，对部分案件按照法律法规定及授权作出了行政处罚决定。其中也不乏一些典型案例。

一、对湖南亚华种业股份有限公司行政处罚

2003 年 1 月 22 日，湖南亚华种业股份有限公司以（亚华种业委托〔2003〕第 0145 号）向重庆市秀山县祥清种子经营部签发了种子委托经销书，授权秀山县祥清种子经营部在秀山县境内经销亚华“中湘牌”杂交稻、油菜、棉花、蔬菜、旱粮小包装种子。2003 年 2 月 8 日，秀山县祥清种子经营部将湖南亚华种业股份有限公司生产的“中湘牌Ⅱ优 325”杂交稻种子 30 千克，以每千克 12.4 元卖给了秀山县个体种子经营者熊某某；2 月 21 日，再次以每千克 12.4 元的价格出售“中湘牌Ⅱ优 325”杂交稻种子 30 千克给秀山县种子经营者吴某深。

经查，湖南亚华种业股份有限公司生产的“中湘牌Ⅱ优 325”杂交水稻种子未经国家农作物品种审定会和重庆市农作物品种审定会审定，也未经重庆市农业局批准同意引种，只是通过了湖南省湘西土家族苗族自治州审定小组初审。随后，秀山土家族苗族自治县农业局以湖南亚华种业股份有限公司涉嫌经营应当审定而未经审定通过种子行为进行立案调查，调查终结后，认定湖南亚华种业股份有限公司经营“中湘牌Ⅱ优 325”种子行为，违反《中华人民共和国种子法》关于“应当审定的农作物品种未经审定通过的，不得发布广告，不得经营、推广”的规定，并于 2003 年 7 月 15 日，对其作出（秀山农业罚字〔2003〕02 号）行政处罚决定。

二、对卓某某销售劣种子案的行政处罚

2001 年 7 月 30 日，重庆市种子公司向南川市白沙镇人卓某某出具了种子代销委托书，委托卓某某在南川市境内代销重庆市种子公司生产的不再分装的杂交水稻种子。2002 年 2 月 20 日，卓某某从委托人重庆市种子公司调进小袋包装“农大 3138”杂交水稻种子 160 千克，销售季节中，该批种子主要销售给了白沙镇漆树村、红庙村的农户。卓某某在销售该种子过程中，建有能说明该批种子流向、价格等内容的种子经营档案，该批种子销售完结后，将种子经营档案移交给了委托人重庆市种子公司。8 月初，有农户发现使用该种子种苗的田间植株矮小，果穗长短不一等性状，怀疑种子质量存有问题，随即向南川市农业局投诉反映。南川市农业局接到农户投诉反映后，于 8 月 22 日，指定具有计量认证合格证书的南川市种子质量监督检验站会同南川市农业执法大队陈某某、白沙农技站陈某某、白沙司法所兰某某对白沙镇漆树村农户投诉反映的“农大 3138”种子质量问题进行了田间现场鉴定。经初步现场核实：自交系的比例占 36% ~40%，平均达 38.2%，其种子纯度严重低于国家标准。由于现场鉴定时间偏晚，其他变异株和异品种杂株无法确认，经同行拥有种子检验员资格的倪某某、冉某某两人认定得出“该批种子杂株率在 38.2% 以上，属于不合格种，是典型的劣种子”的鉴定结论。2002 年 8 月 30 日，南川市农业局以卓某某涉嫌经营劣种子和未建立种子经营档案为由批准立案，经进一步调查核实，南川市农业局认定白沙镇人卓某某经营劣种子和未建立经营档案的违法事实成立，并于 11 月 27 日，作出（南农行政处字〔2002〕第 04 号）的行政处罚决定，对其予以处罚。

三、对戴某某违法销售水稻种子案的行政处罚

戴某某，男，53 岁，重庆市长寿区龙河镇龙河村三组村民，系农民技术员、中华无融合生殖杂交稻星火示范户、科技快讯推广协作网的网员。2004 年底，戴某某从湖北天门市高新农业有限公司购进“抗优 4259”号和“2004 号”水稻种子。次年，在未取得《主要农作物种子生产许可》和《农作物种子经营许可证》的情况下，擅自将自行试种的“抗优 4259 号”“2004 号”所收获的水稻 1 000 多斤，以透明塑料袋为包装，以白纸手写“超级杂交稻一系、抗优 4259、2004 号、戴某某电话 40865007、2005. 12. 21”内容为内标签，分装成 500 克和 1 000 克，以种子的名义在居住地和附近场镇公开销售。2006 年 2 月 9 日，长寿区农业局开展执法检查时，发现戴某某正在长寿区龙河镇合兴场正街“中国人

寿保险公司龙河营业部”门市摆摊公开销售“超级杂交稻一系抗优4259”和“超级杂交稻一系2004”水稻种子。见此长寿区农业局依法立案，对戴某某摊点涉嫌产品进行了证据登记保存和抽样取证，并对种子存放地进行了现场检查和勘验，当场查获散装“超级杂交稻一系抗优4259”种子166千克、“超级杂交稻一系2004号”种子300千克和48袋1 000克装种子，在戴某某及亲属的配合下，将该批种子进行了转商处理和转移。随后，长寿区农业局对戴某某销售种子情况进行了调查，经核实，戴某某共卖出私自生产并包装种子5千克，实现销售额50元。2006年6月12日，长寿区农业局认为，戴某某生产经营“超级杂交稻一系抗优4259”和“超级杂交稻一系2004号”，其行为违反《种子法》第十七条“应当审定的农作物品种未经审定通过的，不得发布广告，不得经营、推广”的规定，按照《中华人民共和国种子法》第六十四条“违反本法规定，经营、推广应当审定而未经审定通过的种子的，由县级以上人民政府农业、林业行政主管部门责令停止种子的经营、推广，没收种子和违法所得，并处以一万元以上五万元以下罚款”的规定，决定给予一万元罚款。

四、对魏某全违法向待宰牛注水案的行政处罚

2014年5月8日，市农委与重庆市公安局联合开展专项执法检查，在渝北区重庆金航清真牛羊制品有限公司的屠宰车间查获有人向待宰牛注水。据此，市农委庚即于5月8日批准对魏某全涉嫌向待宰牛注水行为进行立案调查。调查终结后，市农委于2014年11月8日决定参照《国务院关于加强食品等产品安全监督管理的特别规定》第三条第二款之规定、依据《中华人民共和国食品安全法》第八十五条第一款第四项之规定对魏某全作出如下行政处罚：（1）没收涉案物品。（2）并处涉案货值金额7倍罚款共计123.17万元。

魏某全不服市农委的处罚决定，向重庆市人民政府申请行政复议。重庆市人民政府于2015年2月17日作出行政复议决定，维持市农委的行政处罚决定。

魏某全不服市人民政府的行政复议决定，向重庆市渝北区人民法院提起行政诉讼。重庆市渝北区人民法院于2015年6月8日以“证据不足”“适用法律错误”为由判决撤销市农委的《行政处罚决定》；并要求市农委“重新进一步查明事实”且在“判决生效之日起60日内重新作出行政行为”。

市农委不服一审判决，向重庆市第一中级人民法院提起上诉。重庆市第一中级人民法院于2016年3月30日以“适用法律错误”为由驳回市农委上诉维持原判；但认为市农委对魏某全的处罚决定“认定事实清楚，证据充分”“程序合法”，且明确认定魏某全向待宰牛注水的行为“违反了《国务院关于加强食品等产品安全监督管理的特别规定》第三条第一款‘生产经营者应当对其生产、销售的产品安全负责，不得生产、销售不符合法定要求的产品’和《中华人民共和国食品安全法》第二十八条第一款第四项‘禁止生产经营掺假掺杂或者感官性状异常的食品’之规定，属于违法行为。”

2016年5月26日，市农委再次召开主任办公会议，市农委经主任办公会议集体研究决定，依据《国务院关于加强食品等产品安全监督管理的特别规定》第三条第二款的规定，对魏某全重新作出如下行政处罚：（1）没收全部涉案物品；（2）并处涉案货值金额10倍罚款共计175.96万元。据此，市农委依法于2016年5月27日向魏某全送达了《行政处罚事先告知书》。魏福全于2016年5月30日以电话方式口头申请听证；同日，市农委向魏某全送达了《行政处罚听证会通知书》。2016年6月7日上午，市农委对魏某全涉嫌向待宰牛注水案进行了公开听证。听证会上，案件调查人员及当事人方面均没有补充提交新的证据。

2016年6月7日，市农委再次召开主任办公会议，经集体研究决定按照《行政处罚事先告知书》的内容，对魏某全作出正式行政处罚决定。

魏某全不服市农委作出的行政处罚决定，向农业部申请了行政复议。2016年8月29日，农业部作出《行政复议决定书》，维持市农委的行政处罚决定。

魏某全不服市农委行政处罚决定及农业部行政复议决定，依法向重庆市渝北区人民法院提起行政诉

讼；后经重庆市第一中级人民法院指定由重庆市北碚区人民法院审理此案。重庆市北碚区人民法院审理后，判决驳回原告魏某全的诉讼请求。魏某全不服重庆市北碚区人民法院一审判决，向重庆市第一中级人民法院提起上诉。

重庆市第一中级人民法院经二审后认定："市农委作出的《行政处罚决定书》认定事实清楚，程序合法，适用法律正确"而且"合法合情合理"；农业部作出的复议决定"程序合法，亦符合事实和法律规定"。因此，判决"驳回上诉，维持原判"。此判决为终审判决，市农委和农业部胜诉。

2014 年 5 月，市农委还分别对李某、鞠某某、黄某某等人向待宰牛注水行为进行了立案调查，调查终结后，分别依法作出了行政处罚决定。

重庆市农业行政执法工作获得农业部充分肯定。2015 年以来，永川区农业监察执法大队、长寿区农业执法队、云阳县农业执法大队、万州区农业执法局被农业部命名为"全国农业综合执法示范窗口"。

第二节　农业行政许可

行政许可，是在法律一般禁止的情况下，行政主体根据行政相对方的申请，经依法审查，通过颁发许可证、执照等形式，赋予或确认行政相对方从事某种活动的法律资格或法律权利的一种行政行为。2001 年以前，具有农业行政许可审批职能的市农业局和市农机管理局，行政许可审批程序为：局办公室接件→承办处室审核→分管领导审批。

2001 年上半年，重庆市委、市人民政府开展了行政许可审批专项整治活动，整治活动后，宣布取消了一批包括农业、农机在内的行政许可审批项目。之后在 2002 年 1 月，重庆市第一届人民代表大会常务委员会第三十八次会议再次决定，自 2002 年 2 月 1 日起，取消《重庆农业机械管理条例》第二十八条设立的农机推广许可证和《重庆市蔬菜基地管理条例》第二十六条设立的菜地征用审批。

市农业局为了巩固行政许可审批专项整治成果，决定设立市农业局公开办事窗口，具体负责市农业局承办的行政许可受理、申报、要件初审、许可结果送达和许可办理程序咨询等工作。2003 年 4 月，时任农业部部长杜青林来重庆视察时，专门对市农业局"公开办事窗口"进行了调研。2003 年，市农业局"公开办事窗口"被市委宣传部、市建设委员会、市商务委员会、共青团重庆市委员会授予"青年文明号"窗口。

2004 年 7 月《中华人民共和国行政许可法》实施，之后全市进行了多轮行政许可审批清理。2008 年 4 月，市农办、农业局、农机局三部门整合组建重庆市农业委员会，入驻农牧科技大楼，同时开设"农业行政审批大厅"。"农业行政审批大厅"功能定位为集中受理许可申请、送达许可结果和接受投诉举报。截至 2010 年，纳入重庆市人民政府许可审批项目库的市农委许可审批项目有 36 项。按层级结构可分为：（1）由市农委机关具体实施的 14 项。即：肥料登记，农业转基因生物生产加工审批，主要农作物品种审定及主要农作物种子生产经营审批，农作物种子质量检验机构及种子检验员资格认定，拖拉机驾驶培训机构资格认可，天然种植资源、农业野生植物采集、进出口审批及出售收购国家重点保护野生植物审批，畜禽遗传材料生产经营审核及原种祖代种畜禽生产经营许可审批，饲料添加剂、添加剂预混合饲料生产审核和产品批准文号审批，兽药生产及兽药产品批准文号审核，兽药广告审查，国有水域滩涂养殖审核及渔业捕捞许可审批，水生野生动物利用特许审批及外国人考察采集拍摄录像水生野生动物审核，水产苗种进出口审批，引进输出畜禽遗传资源审核。（2）由市农委下属执法机构具体实施的 6 项。即：市动物卫生监督所实施的跨省引进种用乳用动物检疫审批，市农机安全监督所实施的拖拉机联合收割机登记审批，拖拉机联合收割机驾驶证核发，市农药检定所实施的农药登记审核，市渔政渔港监督管理处实施的渔业公务船员资格认定，渔业船舶登记和渔业船舶及船用产品检验。（3）由市农委直属单位具体实施的 6 项。即：农业机械新产品推广鉴定登记，市级农业产业化龙头企业认定，有

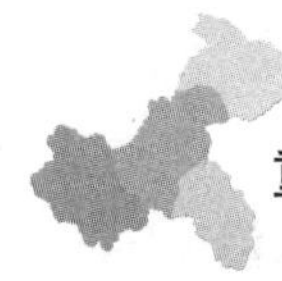

机食品和绿色食品及无公害农产品认证审核，无公害农产品产地认定，农产品地理标志登记审核，省间植物和植物产品检疫及登记。（4）由区县农业（畜牧）部门具体实施的7项，即动物和动物产品检疫，农业机械维修经营条件审批，父母代商品代种畜禽生产经营许可审批，生鲜乳收购许可，动物诊疗许可审批，兽药经营许可审批，水产苗种生产许可。（5）由市农委委托区县农业（畜牧）部门实施的3项，即农药广告审查，饲料（单一饲料、浓缩饲料、配合饲料和精料补充料）准产证与产品批准文号核发审批，非国家强制免疫用生物制品经营审批。

2011年7月，市农委正式开通行政许可网上审批和电子监察系统，将18项许可审批项目纳入电子监察范围。在互联网及行政许可办事场所公开行政许可办事指南、许可审批条件、许可审批程序、许可审批状态及结果。制定了《行政许可审批管理办法》，通过12316农业服务热线，24小时接受群众有关行政许可审批电子监察有关咨询与投诉服务。全年共受理行政许可240多件，所有许可审批事项全部按期办结，无一次不作为、乱作为、慢作为行为发生，实现了“零误差、零投诉”的目标。

2011年，市人民政府印发《重庆市人民政府关于进一步深化行政审批制度改革的决定》（渝府令第251号），将市农委具体实施的市级农业产业化龙头企业认定变更为由社会中介组织组织实施；2013年，市人民政府印发《重庆市人民政府关于取消和下放一批行政审批项目事项的决定》（渝府发〔2013〕50号），取消市农委具体实施的省间植物和植物产品检疫登记、农业机械新产品推广鉴定登记、有机食品绿色食品无公害农产品认证审核、农产品地理标志登记审核、无公害农产品产地认定。

2014年，市人民政府责令市审批制度改革工作领导小组办公室再次对市级部门实施的许可审批进行清理，并要求2015年年底所有许可审批项目全部实行网上审批。市农委根据市审改办要求进行了认真清理，并将结果报市审改办审核，最后报经市长常务会议审定。审定后由市农委具体实施的许可审批项目34项，即：农业转基因生物生产加工审批、主要农作物种子生产经营审批、草种生产许可审批、农作物种子食用菌菌种草种质量检验机构资格认定、农作物种子草种食用菌菌种检验员资格认定、食用菌菌种草种进出口审批、向国外申请农业植物新品种权审批、拖拉机驾驶培训许可和拖拉机联合收割机登记驾驶许可、改装改型农用动力机械核准、农业主管部门管理的天然种质资源采集采伐和国家保护野生植物采集及出售收购审批、外国人在本市内野外考察国家重点保护野生植物审批、畜禽原种场祖代场地方畜禽资源场的种畜禽生产经营许可、饲料添加剂预混合饲料生产企业设立及产品批准文号审批、生猪定点屠宰经营审批、在草原上修建直接为草原保护和畜牧业生产服务的工程设施使用七十公顷以上草原审批、地方媒体发布兽药广告审批、重大动物疫病病料采集审批、执业兽医资格认定、从国外引进农业种子苗木检疫审批、本市内运输高致病性病原微生物菌（毒）种或者样本审批、跨省引进乳用种用动物及其精液胚胎种蛋检疫审批、兴办动物隔离场所动物和动物产品无害化处理场所的动物防疫条件审批、国有水域滩涂养殖及渔业捕捞许可、国家二级保护水生野生动物特许捕捉审批、国家二级保护水生野生动物驯养繁殖审批、出售收购利用保护野生动物或者其产品审批、水产苗种生产审批及进出口审批、进入渔业部门管理的国家级自然保护区开展相关活动的审批、渔业公务船员资格认定、船长24米以上内河渔业船舶及船用产品检验、复混肥配方肥精制有机肥床土调酸剂登记、非国家强制免疫兽用生物制品经营审批、农药广告审查、兽药生产许可证核发。

2015年年底，市农委具体实施的许可审批项目全部纳入行政审批大厅统一受理，并按要求实行了网上审批。

第三节　农业行政强制

截至2015年年底，重庆市先后出台的涉农法律、法规授权农业（含种子、农资）、畜牧（含兽医、兽药、动物卫生监督、饲料）、渔业（含渔港）、农机安全监理执法机构有权行使行政强制权的涉及11部法律法规共13项处罚条文，分别由各执法机构根据职能和违法情形进行相应处置。

一、查封、扣押强制措施

（一）封存或者扣押与案件有关的植物品种的繁殖材料

《中华人民共和国植物新品种保护条例》第四十一条规定：省级以上人民政府农业、林业行政部门依据各自的职权在查处品种权侵权案件和县级以上人民政府农业、林业行政部门依据各自的职权在查处假冒授权品种案件时，根据需要，可以封存或者扣押与案件有关的植物品种的繁殖材料，查阅、复制或者封存与案件有关的合同、账册及有关文件。

（二）封存或者扣押非法研究，试验、生产、加工、经营或者进口的农业转基因生物

《中华人民共和国农业转基因生物安全管理条例》第三十九条一款第四项规定：农业行政主管部门履行监督检查职责时，在紧急情况下，有权对非法研究、试验、生产、加工、经营或者进口、出口的农业转基因生物实施封存或者扣押。

（三）查封、扣押假、劣兽药

《中华人民共和国兽药管理条例》第四十六条规定：兽医行政管理部门依法进行监督检查时，对有证据证明可能是假、劣兽药的，应当采取查封、扣押的行政强制措施。

（四）查封、扣押经检测不符合农产品质量安全标准的农产品

《中华人民共和国农产品质量安全法》第三十九条规定：县级以上人民政府农业行政主管部门在农产品质量安全监督检查中，对经检测不符合农产品质量安全标准的农产品，有权查封、扣押。

（五）隔离、查封、扣押动物、动物产品及相关物品

《中华人民共和国动物防疫法》第五十九条第二项规定：动物防疫监督机构执行监督检查任务时，可以对染疫或者疑似染疫的动物、动物产品及相关物品进行隔离、查封、扣押和处理。第七十三条规定：对饲养的动物不按照动物疫病强制免疫计划进行免疫接种的，或对种用、乳用动物未经检测或者经检测不合格而不按照规定处理的，或对动物、动物产品的运载工具在装载前和卸载后没有及时清洗、消毒的，由动物防疫监督机构给予警告；拒不改正的，由动物防疫监督机构依法代作处理；处理所需费用由违法行为人承担。第七十五条规定：违反本法规定，不按照国务院兽医主管部门规定处置染疫动物及其排泄物，染疫动物，病死或者死因不明的动物尸体，运载工具中的动物排泄物以及垫料、包装物、容器等污染物以及其他经检疫不合格的动物、动物产品的，由动物卫生监督机构责令无害化处理，所需处理费用由违法行为人承担。

（六）扣押农业机械和有关证件

《重庆市农业机械管理条例》第三十六条规定：发生农业机械事故后企图逃逸的、拒不停止存在重大事故隐患农业机械的作业或者转移的，农业机械安全监理机关可以扣押有关农业机械及证书、牌照、操作证件。

（七）查封、扣押饲料添加剂和用于违法生产饲料添加剂的原料、工具、设施

《重庆市饲料和饲料添加剂管理条例》第三十四条规定：县级以上地方人民政府饲料管理部门在监

督检查中可以查封、扣押有证据证明用于违法生产饲料的饲料原料、单一饲料、饲料添加剂、药物饲料、添加剂预混合饲料，用于违法生产饲料添加剂的原料、工具、设施。

二、拆除、责令（代作）处理强制措施

（一）强制拆除在临时占用的草原上修建永久性建筑物、构筑物

《中华人民共和国草原法》第七十一条规定：在临时占用的草原上修建永久性建筑物、构筑物的，由县级以上地方人民政府草原行政主管部门依据职权责令限期拆除；逾期不拆除的，依法强制拆除，所需费用由违法者承担。

（二）强制拆除非法使用的重要设备、部件和材料或者暂扣渔业船舶检验证书

《中华人民共和国渔业船舶检验条例》第三十四条规定：使用未经检验合格的有关航行、作业和人身财产安全以及防止污染环境的重要设备、部件和材料，制造、改造、维修渔业船舶的，责令立即停止作业；拒不改正或者拒不停止作业的，强制拆除非法使用的重要设备、部件和材料或者暂扣渔业船舶检验证书。

（三）责令无害化处理

《中华人民共和国动物防疫法》第七十五条规定：违反本法规定，不按照国务院兽医主管部门规定处置染疫动物及其排泄物，染疫动物，病死或者死因不明的动物尸体，运载工具中的动物排泄物以及垫料、包装物、容器等污染物以及其他经检疫不合格的动物、动物产品的，由动物卫生监督机构责令无害化处理，所需处理费用由违法行为人承担。

（四）代作处理

《动物防疫法》第七十三条规定：对饲养的动物不按照动物疫病强制免疫计划进行免疫接种的，或对种用、乳用动物未经检测或者经检测不合格而不按照规定处理的，或对动物、动物产品的运载工具在装载前和卸载后没有及时清洗、消毒的，由动物防疫监督机构给予警告；拒不改正的，由动物防疫监督机构依法代作处理；处理所需费用由违法行为人承担。

三、隔离、销毁强制措施

（一）临时隔离控制

《中华人民共和国重大动物疫情应急条例》第二十五条规定：在重大动物疫情报告期间，有关动物防疫监督机构应当立即采取临时隔离控制措施；必要时，当地县级以上地方人民政府可以作出封锁决定并采取扑杀、销毁等措施。

（二）封存、销毁植物和植物产品

《中华人民共和国植物检疫条例》第十八条第二款规定：对违反本条例规定调运的植物和植物产品，植物检疫机构有权予以封存、没收、销毁或者责令改变用途。销毁所需费用由责任人承担。

第四节　农业综合执法行动

为了整顿和规范农资市场秩序，确保农民能够购买、使用到“放心”投入品，按照农业部和市委、

市人民政府的总体部署，市农业局自 1999 年起连续 10 年，在全市范围内组织开展“放心”投入品专项执法“百日行动”。目标是通过开展“放心”投入品专项执法“百日行动”，使全市农资市场秩序得到规范，农民识假辨假和维权能力得到提高，确保全市不发生因农资质量造成严重减产或大面积绝收的重大生产事故，不发生因农资案件而引发群体集访事件。1999 年至 2008 年的 10 年中，先后查处或纠正农资违法违规行为 32 650 件，立案查处 12 580 件，查获违法农资数量 1. 29 万吨，涉案农资金额 7 430 万元，挽回经济损失上亿元。其间 2007 年，市农业局联合长寿区政府对当年“百日行动”收缴的假劣杂交玉米种子 9. 78 吨进行了公开销毁。

2009 年，市农委在全市范围内组织开展了农业投入品专项整治“绿剑护农行动”（简称：护农行动）。行动主题为严厉打击和惩处突出违法行为，进一步整顿和规范市场秩序，确保农民购上“放心种”“放心肥”“放心药”和“放心料”，维护农民合法权益，确保农业生产特别是春耕秋播生产安全。行动内容包括种子、农药、肥料、饲料、兽药专项整治行动。“护农行动”中，没收违法种子 5. 9 吨、农药 4. 7 吨、兽药 4. 9 吨、肥料 2. 3 吨、饲料 11. 87 吨，处罚罚款 192 万元。“护农行动”结束后，农业执法总队组织集中销毁了收缴物资。

2009 年至 2015 年 7 年间，全市共出动农业执法人员 10 万人次，车辆 4 000 余台次，检查乡镇覆盖率 100%；检查种子、化肥、农药、兽药、饲料门市摊点覆盖率 100%；立案 1 540 件，结案 1 540 件；没收违法种子 36. 1 吨、农药 14. 8 吨、兽药 15. 2 吨、肥料 10. 5 吨、饲料 82. 1 吨，收缴罚款8 197万元，挽回经济损失近亿元。

2012 年 10 月，重庆市农业委员会、重庆市财政局、市环保局联合印发《重庆市农业行政处罚没收有毒有害农资农产品管理及销毁办法（试行）》（简称《试行办法》）。《试行办法》对农业行政处罚没收有毒有害农资、农产品的管理，在没收、运输、分类贮存、销毁等各环节作了明确规范。

《试行办法》出台和连年开展的“护农行动”，使全市农资生产经营秩序进一步规范，农民识假辨假和维权能力进一步提高，基本实现“五个百分之百”，即：市场和经营网点执法检查率 100%，未审品种和退出品种收缴率 100%，“五种”禁用高毒高残留农药收缴率 100%，禁用饲料添加剂及化合物立案查处率 100%，假兽药立案查处率 100%；“两个零”，即：禁用高毒高残留农药蔬菜基地生产“零使用”，未审品种大田生产“零使用”；“两不发生”，即：本区域不发生因农资质量造成大面积绝收的重大生产事故，不发生因农资案件而引发的集访事件的既定目标。

第五节　农业行政征收

法律、法规先后授权农牧渔业行政主管部门或执法机构实施的行政征收项目共有 4 项。

一、渔业资源增殖保护费征收

《中华人民共和国渔业法》第二十八条规定：县级以上人民政府渔业行政主管部门应当对其管理的渔业水域统一规划，采取措施，增殖渔业资源。县级以上人民政府渔业行政主管部门可以向受益的单位和个人征收渔业资源增殖保护费，专门用于增殖和保护渔业资源。渔业资源增殖保护费的征收办法由国务院渔业行政主管部门会同财政部门制定，报国务院批准后施行。《渔业资源增殖保护费征收使用办法》第二条规定：凡在中华人民共和国的内水、滩涂、领海以及中华人民共和国管辖的其他海域采捕天然生长和人工增殖水生动植物的单位和个人，必须依照本办法缴纳渔业资源增殖保护费。

《重庆市实施〈中华人民共和国渔业法〉办法》第二十五条规定：使用国有水域、滩涂从事养殖和捕捞水生动物、水生植物的公民、法人或者其他组织，应当向渔业行政主管部门缴纳渔业资源增殖保护费。渔业资源增殖保护费专门用于增殖和保护渔业资源。渔业资源增殖保护费征收使用办法由市人民政府渔业行政主管部门依据国家规定会同财政、物价部门制定，报市人民政府批准后施行。

二、野生动物资源保护管理费征收

《中华人民共和国野生动物保护法》第二十七条：经营利用野生动物或者其产品的，应当缴纳野生动物资源保护管理费。收费标准和办法由国务院野生动物行政主管部门会同财政、物价部门制定，报国务院批准后施行。

《重庆市实施〈中华人民共和国野生动物保护法〉办法》第三十三条：经营利用野生动物或其产品的，应当缴纳野生动物资源保护管理费。收费标准和办法，按照国家和市有关规定执行。

三、动物、动物产品检疫费征收

《中华人民共和国动物防疫法》第三十四条规定：动物防疫监督机构依法进行检疫，按照国务院财政、物价行政管理部门的规定收取检疫费用。国务院《动物检疫管理办法》第二十七条规定：动物防疫监督机构按照本办法规定对动物和动物产品进行检疫、消毒，按国务院物价和财政行政管理部门有关规定收取检疫费和消毒费。《国家物价局、财政部关于发布农业系统行政事业性收费项目和标准的通知》（价费字〔1992〕452 号）《畜禽及畜禽产品防疫检疫收费管理办法》第二条规定：各级农牧部门的兽医卫生监督检验机构、畜禽防疫检疫机构及乡（镇）畜牧兽医站为执行本法的收费单位。

《重庆市物价局、财政局关于发布农业系统行政事业性收费标准的通知》（渝价字〔2001〕184 号）各级农牧部门的兽医卫生监督检验机构、禽防疫检疫机构及乡（镇）畜牧兽医站为畜禽及畜禽产品防疫检疫收费的收费主体。

2014 年，财政部、国家发改委发文明确：自 2015 年 1 月 1 日起，对小微企业免征动物及动物产品检疫费；2015 年发文，自 2015 年 11 月 1 日起暂停征收动物及动物产品检疫费。

四、国内植物检疫费征收

国务院《植物检疫条例》第二十一条规定：植物检疫机构执行检疫任务可以收取检疫费，具体办法由国务院农业主管部门、林业主管部门制定。农业部《植物检疫条例实施细则（农业部分）》第二十六条规定：国内植物检疫收费办法由农业部、财政部、国家物价局统一制定。1992 年，财政部、国家发展改革委员会印发了《国内植物检疫收费》（财综〔1992〕价费字 452 号）。2001 年，重庆市物价局、财政局根据国家规定并结合重庆实际印发了《国内植物检疫费的收费标准》（渝价〔2001〕184 号）。

行政征收属行政事业性收费，纳入财政预算管理，专款专用，收费标准由重庆市物价局核定并向社会公布。早期由行使执法权的单位收取，征收单位根据工作需要，向市财政报送征收经费使用计划，经批准同意后使用。1999 年财政实行收缴分离的管理制度后，被征收单位将应缴征收费直接缴财政在银行开设的统一账户上，由财政进行集中管理。征收单位按照“专款专用”原则，根据业务工作需要，向市财政报送资金使用计划，经批准同意后，由财政拨付使用。

第四章 农业法治监督

法治监督主体是各级人民代表大会及其常务委员会。按照监督形式和监督部门的不同，农业法治监督分为立法机关（执法检查）监督、行政机关（行政复议）监督、司法机关（行政诉讼）监督和监察机关（行政监察）监督。实际工作中各司其职，相互配合、衔接。经过多年努力，全市基本形成较为完备的农业法治监督体系。

第一节 执法检查

1993 年，重庆市人民代表大会组织开展《农民承担费用和劳务管理条例》（国务院令第 92 号）执法检查。此次检查共受理举报 180 件，查纠违纪典型问题和坑农事件 40 例，党纪政纪处分 11 人。此次检查后，重庆市委、市人民政府废止了之前印发的与《四川省农民负担管理条例》规定不相一致的 17 个文件中的有关条文；废止、降低 9 个行政事业性收费文件中的有关规定；取消了 36 项要农民出钱、出物的达标升级活动；废止了 40 项向农民集资、收费的项目。

1994 年，重庆市人民代表大会组织相关部门对国务院颁布的《中华人民共和国种畜禽管理条例》《家畜家禽防疫条例》进行执法检查。

1996 年 7 月，四川省人民代表大会常务委员会开展《四川省农作物种子管理条例》执法检查。22 日至 26 日检查组一行对重庆市永川、江津、合川、铜梁 4 个市（县）贯彻实施《条例》情况进行检查。通过现场踏勘种子基地、实地查看种子加工与储藏和经营场所、走访农民群众和听取农业主管部门汇报等方式作了全面了解，检查组认为，重庆贯彻落实《条例》工作全面、效果明显。

1999 年，市人民代表大会组织“农机三条例”（农机管理条例、农村机电提灌管理条例、农机安全监督管理工作条例）执法检查，并视察直辖后的重庆农机工作。2002 年 5 月，重庆市人大农业委员会组织农机法规执法检查组，对相关部门和区县进行农机法规执法检查。

2003 年 6 月，重庆市人大常委会组织 3 个检查组，在全市进行《中华人民共和国种子法》（简称《种子法》）执法检查。其中重点检查了 12 个粮食主产区县贯彻实施《种子法》情况。通过实地踏勘种子基地，现场查看种子加工与储藏和经营场所，走访农民群众和听取市、区县两级农业、林业主管部门和区县政府汇报的方式，了解和掌握了全市贯彻落实《种子法》情况。本次执法检查后，启动了制定《重庆市实施种子法办法》的立法程序。

2004 年 7 月，重庆市人民代表大会常务委员会组织 4 个检查组，进行《中华人民共和国动物防疫

法》（简称《动物防疫法》）执法检查。分别对全市36个涉农区（县）贯彻实施《动物防疫法》情况进行检查。执法检查前，市人大常委会《动物防疫法》执法检查组全体成员听取了市农业局主要领导关于全市《动物防疫法》贯彻实施情况汇报。

2005年9月，重庆市人民代表大会常务委员会开展《中华人民共和国农业法》《中华人民共和国农村土地承包法》执法检查。检查组分赴万州、梁平、垫江、丰都、涪陵、渝北、彭水、黔江、永川、大足、合川、铜梁12个区（县）进行了实地检查。与此同时，市人民代表大会常务委员会委托万盛、綦江、北碚、潼南、城口、巫山、巫溪、秀山8个区（县）人大常委会在本行政区域内进行检查。同年，重庆市人民代表大会农业委员会还组织农机法规执法检查组对部分区县贯彻落实《中华人民共和国农业机械化促进法》情况进行了执法检查。

2007年10月，重庆市人民代表大会常务委员会组织3个检查组，开展《中华人民共和国农产品质量安全法》（简称《农产品质量安全法》）执法检查。通过实地踏勘蔬菜基地与农贸市场，参观农产品质量检验检测机构，走访农产品生产经营者和听取农业主管部门和区县政府汇报的方式，分别对九龙坡、沙坪坝、铜梁、潼南、璧山、武隆、涪陵、丰都、垫江、万州10个区（县）《农产品质量安全法》贯彻实施情况进行检查。执法检查前，市人民代表大会常务委员会《农产品质量安全法》执法检查组全体成员听取了市农业局主要领导关于全市《农产品质量安全法》贯彻实施情况汇报。

2008年8月，重庆市人民代表大会常务委员会开展《中华人民共和国农业机械化促进法》（简称《农机促进法》）执法检查。检查组通过参加机收现场会、深入机收现场实地察看、与农业机械生产厂家和农机安全监理部门座谈、走访农机经营商家与农机手、听取农机主管部门和区县政府汇报的方式，分别对綦江、南川、铜梁、潼南、丰都、垫江、梁平、万州10个区（县）《农机促进法》贯彻实施情况进行了检查。本次执法检查前，执法检查组全体成员听取了市农机事业管理局主要领导关于全市《农机促进法》贯彻实施情况汇报。本次执法检查后，《重庆市农业机械化促进条例》纳入了市人民代表大会常务委员会2008—2012年地方立法规划中。

2010年10月，重庆市人大常委会开展《中华人民共和国农村土地承包经营纠纷调解仲裁法》执法检查。检查组分赴万州、涪陵、渝北、永川、荣昌、梁平、丰都、垫江、彭水9个区（县）进行了实地检查。其间，听取了9个区（县）及部分乡镇政府的汇报；与区（县）政府有关部门、乡镇、村社干部、基层调解员、农民群众进行了座谈；实地察看了区县仲裁庭、乡镇调解室，查阅了有关档案资料。市人大常委会委托黔江、北碚、万盛、潼南、城口、巫山、秀山7个区（县）人大常委会在本行政区域内进行检查。

2010年12月13日，重庆市第三届人民代表大会常务委员会第四十七次主任会议通过了“市人民代表大会常务委员会对《市人大常委会执法检查组关于检查全市实施中华人民共和国农村土地承包经营纠纷调解仲裁法情况的报告》的审议意见”。本次执法检查前，市人民代表大会常务委员会《中华人民共和国农村土地承包经营纠纷调解仲裁法》执法检查组全体成员听取了市农委主要领导关于全市《中华人民共和国农村土地承包经营纠纷调解仲裁法》贯彻实施情况汇报。

2011年11月，重庆市人民代表大会常务委员会开展《中华人民共和国农村土地承包法》执法检查。检查组赴垫江、梁平、万州、丰都、涪陵、璧山、永川、荣昌、大足、武隆、彭水、黔江12个区（县）进行了实地检查。其间，通过听取区（县）政府的汇报，与区县农业与林业部门、乡镇、村社干部、农民群众进行座谈，查阅有关承包档案资料等多种方式进行了深入了解。市人民代表大会常务委员会委托九龙坡、渝北、北碚、綦江、潼南、城口、巫山、秀山8个区（县）人民代表大会常务委员会在本行政区域内进行检查。

2012年8月，重庆市人民代表大会常务委员会开展《中华人民共和国农业法》（简称《农业法》）执法检查。检查组分赴梁平、万州、涪陵、丰都、永川、荣昌、合川、铜梁、綦江、南川、彭水、黔江12个区（县）进行了实地检查。其间，听取了12个区（县）政府的汇报；与区县财政、计划、科委、农业、水利、林业等部门以及乡镇、村社干部、农民群众进行了座谈。市人民代表大会常务委员会委托九龙坡、渝北、南岸、巴南、北碚、潼南、城口、巫山、秀山 9 个区县人大常委会在本行政区域内进行检查。本次执法检查前，市人民代表大会常务委员会《农业法》执法检查组全体成员听取了市财政局、市发展和改革委员会、市科委、市农委、市水利局、市林业局等部门主要领导结合本部门工作在全市贯彻实施《农业法》的情况汇报。

2015 年 9 月，重庆市人民代表大会常务委员会开展《中华人民共和国农产品质量安全法》执法检查。检查组通过听取汇报、实地踏勘蔬菜基地与农贸市场、参观农产品质量检验检测与乡镇农产品鉴定机构、走访农产品生产经营者和消费者等方式，分别对九龙坡、沙坪坝、南岸、合川、江津、潼南、璧山、武隆、涪陵、丰都、垫江、万州 12 个区县《中华人民共和国农产品质量安全法》贯彻实施情况进行了检查。执法检查前，市人大常委会执法检查组全体成员听取了市农委主要领导关于全市《中华人民共和国农产品质量安全法》贯彻实施情况汇报。

第二节　行政复议

行政复议是公民、法人或者其他组织不服行政主体作出的具体行政行为，认为行政主体的具体行政行为侵犯了其合法权益，依法向法定的行政复议机关提出复议申请，行政复议机关依法对该具体行政行为进行合法性、适当性审查，并作出行政复议决定的行政行为。1986 年 1 月至 2008 年 4 月，重庆市人民政府、市农业局受理的涉农行政复议申请 11 件，其中决定维持处罚决定的 6 件、撤销 3 件、变更 2 件。同期，市农办、市农机局主管部门作出的具体行政行为，管理相对人未曾提出行政复议申请 。2008 年 4 月至 2015 年 12 月底，重庆市人民政府受理涉农行政复议 5 件，其中：决定维持处罚决定的 3 件、撤销 2 件。市农委共受理行政复议申请 6 件，其中决定维持处罚决定的 4 件、撤销 1 件、确认违法 1 件。

一、申请市人民政府行政复议典型案例：

（一）铜梁县龙泽水务有限责任公司复议案

2005 年 11 月 4 日，因重庆铜梁县龙泽水务有限责任公司对市农业局向肖遥颁发《中华人民共和国水生野生动物驯养养殖许可证》（渝水野驯繁字〔2005〕04 号）不服，向市人民政府申请复议，市农业局为被申请人。市人民政府在复议审查中发现：重庆铜梁县龙泽水务有限责任公司与市农业局实施的颁证行为并无直接关系，不属于利害关系人。为此，2006 年 1 月 17 日，市人民政府决定终止本案审理。

（二）李某不服市农委行政处罚复议案

2014 年 12 月 18 日，李某不服市农委处罚决定向重庆市人民政府提起行政复议，请求撤销市农委作出的渝农（屠宰）罚〔2014〕4 号《处罚决定书》。其主要理由：一是认定事实错误。被处罚人存栏的活牛不应计入违法货值金额，同时，在没有相关证据证明存栏活牛会生产出水分含量超标的牛肉食品的前提下，市农委仅根据牛腹部膨胀、眼睛潮红等表象推测其水分含量超标而将存栏活牛计入违法货值金额于法无据。二是市农委对牛肉样品的检验程序不合法，所出示的检验报告不能作为本案的处罚依据。市农委出示的《抽样取证凭证》载明被处罚人李某抽取样品为三块牛肉，每块 500 克，共计 1 500 克。对于抽取的三块样品，市农委应当分别封存，在封签上标明编号、时间，并由双方签名确认。重庆市食品药品检验所出具的《检验报告》载明样品数量是 1 000 克，与市农委抽取的样品重量不一致，为此，《检验报告》与本案不具有关联性。

市人民政府对案件审理后认为，根据《中华人民共和国食品安全法》第五条二款的规定和市农委

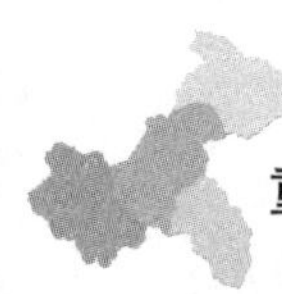

的“三定”方案的职能配置，市农委具有对牛的屠宰环节质量安全监督管理职责，即市农委对向待宰牛注水的违法行为进行行政处罚主体适格；向待宰牛注水属于《中华人民共和国食品安全法》调整的范围；市农委参照《国务院关于加强食品等产品安全监督管理的特别规定》第三条第二款的规定，并依据《中华人民共和国食品安全法》第八十五条第一款第四项的规定作出渝农（屠宰）罚〔2014〕4号《处罚决定书》并无不当。为此，2015年2月27日，市人民政府根据《中华人民共和国行政复议法》第二十八条第一款第一项的规定决定，维持市农委2014年11月8日作出的渝农（屠宰）罚〔2014〕4号《处罚决定书》。

（三）魏某某、宋某某、鞠某某、李某某、黄某某不服市农委作出的行政处罚决定，分别申请复议案

市人民政府依法受理并经审理后，于2015年2月对魏某某、宋某某申请复议案分别作出维持市农委2014年11月8日作出的渝农（屠宰）罚〔2014〕1号、渝农（屠宰）罚〔2014〕2号《重庆市农业委员会行政处罚决定书》的复议决定；对鞠某某、李某某、黄某某申请复议案分别作出撤销市农委2014年11月8日作出的渝农（屠宰）罚〔2014〕3号、渝农（屠宰）罚〔2014〕4号、渝农（屠宰）罚〔2014〕5号《行政处罚决定书》的复议决定。

二、申请市农业局行复议的典型案例：

（一）湖南亚华种业股份有限公司不服秀山县农业局行政处罚复议案

2003年9月11日，湖南亚华种业股份有限公司以秀山土家族苗族自治县农业局无管辖权为由，向重庆市农业局提起行政复议，请求撤销秀山土家族苗族自治县农业局作出的处罚决定。其主要理由有三点：一是2002年12月20日，秀山县农民杨祥清在湘西自治州亚华种子有限公司购买“中湘牌Ⅱ优325”水稻种子，其行为发生地在湘西自治州境内。二是杨祥清购买“中湘牌Ⅱ优325”水稻种子的行为发生在2002年12月20日，而湖南亚华种业股份有限公司对杨某某签发种子委托经销书时间是2003年2月22日，因此2002年12月20日杨某某销售种子的行为，不是基于湖南亚华种业股份有限公司委托而实施的行为，而是杨某某的个人行为；三是湖南亚华种业股份有限公司销售“中湘牌Ⅱ优325”种子的行为发生在湘西自治州境内，秀山土家族苗族自治县农业局对此无管辖权，秀山土家族苗族自治县农业局因杨某某销售“中湘牌Ⅱ优325”种子而对湖南亚华种业股份有限公司实施行政处罚是超越职权的违法行为。

市农业局经案件审理后认为，湖南亚华种业股份有限公司2003年1月22日通过授权与祥清种子经营部建立了委托代理法律关系。受委托人的行为，由委托人承担法律责任，是委托代理制度的实质。祥清种子经营部接受湖南亚华种业股份有限公司委托，在重庆境内经营未经国家和重庆市农作物品种审定会审定通过、也未经重庆市农业局批准同意引进的“中湘牌Ⅱ优325”杂交水稻种的行为是《中华人民共和国种子法》禁止的行为。祥清种子经营部的违法行为发生在秀山县境内，依法应由违法行为发生地管辖。秀山土家族苗族自治县农业局是秀山县境内种子行政执法机关，依法享有查处违反《种子法》行为的职权。鉴于秀山土家族苗族自治县农业局对本案的处理事实清楚，证据确实，依据正确，程序合法，处罚适当。为此，根据《行政复议法》第二十八条第一款第一项的规定，市农业局决定，维持秀山土家族苗族自治县农业局于2003年7月15日作出的（秀山农业罚字〔2003〕02号）行政处罚决定。

（二）卓某某不服南川市农业局行政处罚复议案

南川白沙镇居民卓某某不服南川市农业局2002年11月27日作出的（南农行政处字〔2002〕第04

号）行政处罚决定，于12月26日向重庆市农业局提起行政复议，请求撤销南川市农业局作出的（南农行政处字〔2002〕第04号）行政处罚决定。其主要理由：一是申请人是受他人之托代销种子，对外不承担责任，南川市农业局将受托人作为经营主体，并对其处罚，属处罚主体认定错误；二是申请人系委托代销关系，在代销期间，建有能说明该批种子流向、价格等内容的种子经营档案，该批种子销售完结后，已将种子经营档案上交给了委托人重庆市种子公司；南川市农业局在申请人销售门市未收集到该批种子经营档案，就认定申请人未建立该批种子经营档案，属事实认定错误；三是南川市农业局委托的种子检验机构无权对品种种植生长减产原因作出评估，更无权作出田间现场鉴定结论，同时，种子检验机构现场测产和抽样调查的结果，没有考虑到山区水土、气候、栽培技术以及不按科学施肥等因素。

市农业局经案件审理后认为，2001年7月30日，重庆市种子公司向南川市白沙镇居民卓某某出具了种子代销委托书，委托卓某某在南川市境内代销重庆市种子公司生产的不再分装的种子，表明双方已建立了委托代理法律关系。受托人的行为，由委托人承担法律责任，是委托代理制度的实质。南川市农业局以卓某某作为处罚对象，属处罚主体认定错误。经查，农作物种子质量纠纷田间现场鉴定应当遵循的原则、程序与方法目前国家没有规范，农业部还在调研草拟之中。质量检验机构只有具备有权机构的机构认证和计量认证后，出具的鉴定结论，才能作为有效证据。取得计量认证只是出具有效鉴定结论的必要条件。南川市农业局指定只具计量认证合格证书的南川市种子质量监督检验站进行农作物种子质量纠纷田间现场鉴定，并以出具的种子质量鉴定结果作为事实依据，认定卓某某经营的种子是劣种子，与现行法律规定不符。南川市农业局指定南川市种子质量监督检验站进行农作物种子质量纠纷田间现场鉴定，并以出具的种子质量鉴定结果作为事实依据，认定卓某某经营的种子是劣种子，缺乏依据。南川市农业局认定卓某某经营的种子是劣种子，证据不足。鉴于南川市农业局对本案处罚对象认定错误和主要证据不足，根据《中华人民共和国行政复议法》第二十八条第一款第三项的规定，市农业局决定，撤销南川市农业局于2002年11月27日作出的（南农行政处字〔2002〕第04号）行政处罚决定。

（三）戴某某不服长寿区农业局行政处罚复议案

戴某某不服长寿区农业局2006年6月12日作出的（渝农罚案20061501022号）行政处罚决定，并于收到处罚决定当天向重庆市农业局提起行政复议申请，请求撤销该行政处罚决定。其主要理由：一是本人系农民技术员、中华无融合生殖杂交稻星火示范户、科技快讯推广协作网的成员，自1999年开始引进农业部湖北湘祁生物科技有限公司的新品种在长寿区内示范推广，抗优4259号和2004号超级杂交稻一系是2004年底从湖北天门市高新农业有限公司引进的种源，经试种，适应当地气候和自然条件，完全可以推广示范；二是本人系农业部星火科技人员，正规渠道引进的优良品种经试种后为什么不能卖？搞少量的品种在街上拿给农民示范，群众相信就来买，并没有强求，其行为并不违法；三是长寿区农业局没收本人的种子，既没有下达行政处罚决定书，也没有召开听证会，属强制没收，其行为违反了法律程序。

市农业局经案件审理后认为，戴某某未经许可，擅自生产、包装、销售种子的行为是《种子法》所禁止的。长寿区农业局对戴某某涉嫌违法行为进行立案调查、搜集证据和实施行政处罚是依法履行职责的行为。长寿区农业局在作出行政处罚决定前，告知了戴某某依法享有的听证等权利，之后对戴某某送达了（渝农罚案20061501022号）行政处罚决定书，其程序均是按照《行政处罚法》规定执行的，符合法律规定。长寿区农业局对本案的处理程序合法，但认定戴某某经营应当审定而未经审定品种行为的证据不充分。鉴于戴某某实际售出的种子数量较少，案发后，主动采取补救措施，消除可能引起的危害后果，未给农业生产造成实际损失，同时主动配合执法机关调查取证，具有法定从轻或减轻处罚情节。为此，根据《中华人民共和国行政复议法》第二十八条第一款第三项规定，市农业局决定，变更（渝农罚案20061501022号）对申请人作出壹万元整的行政处罚决定，改为处罚款伍拾元整。

第三节 行政诉讼

行政诉讼是个人、法人或其他组织认为行政主体以及法律法规授权的组织作出的行政行为侵犯其合法权益而向法院提起的诉讼。市农村工作领导小组办公室、市农业局合并（市农机管理局设在市农委）前，农业行政执法过程中涉及诉讼案件1件，即重庆市铜梁县龙泽水务有限公司不服市农业局颁发水生野生动物驯养繁殖许可证向重庆市人民政府申请复议，重庆市人民政府2006年1月17日作出的“终止本案审理”的复议决定后仍不服，2006年4月，该公司向渝中区人民法院提起的诉讼。案件经法院公开开庭审理后认为，原告重庆铜梁县龙泽水务有限公司不是市农业局颁发水生野生动物驯养繁殖许可证的行政管理相对人，也与该许可行为没有法律上的利害关系。为此，2006年6月，渝中区人民法院依法裁定，驳回原告重庆铜梁县龙泽水务有限公司的起诉。

2008年4月，市农办、市农业局合并成立重庆市农业委员会后，农业行政执法过程中涉及诉讼案共3件。一是2010年2月，广州中渔贸易有限公司不服市农委2010年1月25日作出的《不予受理行政复议申请决定书》依法向渝北区人民法院提起诉讼。在案件审理过程中，原告广州中渔贸易有限公司向法院自愿申请撤回起诉，4月13日，渝北区人民法院依法裁定，准许原告广州中渔贸易有限公司撤回起诉。二是2015年3月，李某不服市农委2014年11月8日作出的渝农（屠宰）罚〔2014〕4号《处罚决定书》和市人民政府的复议决定，向渝北区人民法院提起诉讼，市农委作为被告出庭应诉。经庭审，2015年6月8日，渝北区人民法院作出判决：“撤销被告重庆市农业委员会2014年11月8日作出的渝农（屠宰）罚〔2014〕4号《行政处罚决定书》，由被告重庆市农业委员会在本判决生效之日起60日内重新作出行政行为”。三是2015年3月，魏某某不服市农委2014年11月8日作出的渝农（屠宰）罚〔2014〕1号《处罚决定书》，向渝北区人民法院提起的诉讼。

第四节 重庆市监察局、委（局）监察室监督

监察工作的重点是政风政纪的监督。自1991年派驻部门监察室挂牌以后，市监察局牵头组织或监察室独立开展了多次系统政风政纪情况的有效监督。

一、配合重庆市监察局开展的监督检查

1992年，配合重庆市监察局对1990年、1991年农业工程投资项目进行监督检查。通过监督检查，查处违纪违法案件12件。

1993年，配合重庆市监察局进行农副产品资金支付情况专项检查。同年，配合市监察局对19个区县开展农民负担专项检查，通过检查纠正了一批涉及增加农民负担的违规行为。至1999年，先后配合市监察局组织的7批次涉及减轻农民负担的监督检查行动。

1994年，配合市监察局开展对《中华人民共和国农业法》贯彻情况进行专项监督检查。

二、监察室组织的监督检查

1995年6月，市农办、市农牧渔业局监察室组织区（市）县监察局、农办、农业局人员开展对农副产品收购工作中“压级压价”“打白条”现象开展监督检查。当年，根据《中华人民共和国种子管理条例》《中华人民共和国种子管理条例农作物种子实施细则》和农业部要求，组织开展了全市“种子生产许可证、经营许可证、质量合格证”三证落实情况专项监督检查。

1997年，组织开展了全市种子质量专项监督检查。

1999年，市农办监察室牵头与有关部门对重庆市农资公司原总经理胡启能贪污案进行了调查。

重庆直辖后，派驻监察室加强了对涉农资金运行全过程（招投标、政府采购、项目实施、资金使用等）的监督、检查、追责、问责。

2004 年，为了落实农业部对农业投资项目的有关规定和《重庆市农业局农业投资项目的监督管理办法》，市农业局监察室牵头开展对重大国债资金项目和 2003 年度安排的重点农业支农资金项目的廉政监督检查。

2005 年，按照《重庆市农业局政府采购管理试行办法》，农业局监察室联合有关处（室）对本系统政府采购项目进行了全过程监督。

市农机局监察室 2000 年至 2007 年，全程参与农机选型（享受财政补贴产品）并实施监督。

2008 年，市农办、农业局合并，市农委（农工委）成立。当年，市农委监察室组织实施了重大农业专项资金项目监督检查。通过检查发现 9 个方面的问题 ，针对问题提出整改意见并监督落实。

2010 年，市农委监察室、审计处协同开展了重大农业专项资金项目监督检查。

2012—2015 年，资金监察工作始终抓住工程招投标、政府采购、支农惠农资金的落实、项目实施过程等几个关键环节进行监督、检查。对发现、发生的违纪违规行为进行了追责、处理。

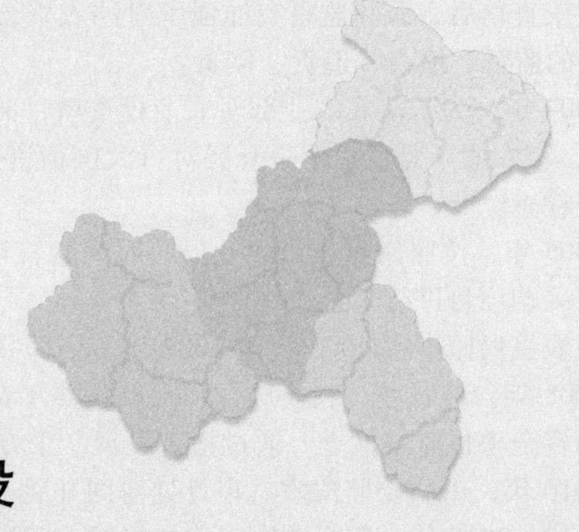

第五章
农业法治机构及执法队伍建设

第一节　机构建设

农业法治机构有主管部门内设机构和农业行政执法机构。

一、主管部门内设机构

1987 年年初，根据重庆市人民政府安排，政府办公厅下发通知要求各委（办）、局成立法治工作领导机构，5 月，市农办、农业局、农机水电（农机）局相继报送了本单位法治工作领导小组人员名单。1987 年到重庆直辖之前，涉农法律、法规的宣贯，普法教育、法律知识培训，部门立法规划等工作，在本单位法治工作领导小组的组织领导下开展。市农办、农业局涉及农业法治的具体工作由内设研究室（1990 年后增挂政策法规处牌子）负责，市农机水电局（农机）由局办公室负责。机构中各有有专（兼）职人员 2～3 名。

1997 年重庆直辖，1998 年 1 月，市人民政府办公厅《关于印发市农业局职能配置、内设机构和人员编制方案的通知》，明确政策法规处为机关内设机构。1998 年 2 月，市委办公厅、市人民政府办公厅《关于印发中共重庆市委农村工作委员会、市人民政府农村工作办公室职能配置、内设机构和人员编制的通知》，明确政策法规处为机关内设机构。2000 年，市人民政府办公厅《关于印发重庆市农机事业管理局职能配置、内设机构和人员编制规定的通知》，明确局机关内设 9 个处室，政策法规处挂靠局办公室。机构编制确定后，三部门内设法规处（室）从事农业法治工作的专（兼）职人员各有 3～5 名不等。

2008 年 4 月，市委、市人民政府决定合并市农办、农业局，组建重庆市农业委员会，将由农办管理的农业综合开发办公室调整由农业委员会管，将农机事业管理局更名为农机管理办公室，设在农业委员会。2009 年 6 月，重庆市人民政府办公厅印发《重庆市农业委员会主要职责内设机构和人员编制规定的通知》，明确法规处为机关内设机构。法规处的主要职能是起草有关农业、农村地方性法规、规章（草案）；负责行政执法工作的指导、协调、监督；负责办理行政复议、行政应诉和行政赔偿案件；配合有关部门做好行政执法的检查工作。2015 年年末，市农委法规处有专职人员 6 名。

继市农办、农业局合并组建农业委员会之后，各区县也相继合并成立农业委员会，在区县农委内部均设立了专（兼）管农业法治工作机构，配备有专（兼）职农业法治工作人员。2015 年年末，市农委、区（县）农委及单独设畜牧局的内设法治工作机构，有专（兼）职人员 100 余名。

二、行政执法机构

重庆市农业行政执法机构是随农业法律、法规、规章的建立、完善和“依法治国”方略的要求建立起来的。到 2015 年，市、区县两级农业（畜牧、农机）部门已形成完备的执法体制、机制，执法机构总数近 100 个。1986 年至 2015 年，涉及农业行政执法的事项，按照职责分工，分别由市、区县植检（种子）、渔政、农机、动监等专业执法队伍以及 2003 年后建立的农业综合执法队行使执法权。

按照机构是否具有法律授权或委托授权执法职能，市级农业（农、牧、渔、机）系统先后建立的市级执法机构有：

（一）重庆市植物保护植物检疫（种子）站

重庆市植物保护植物检疫站是在国家、四川省（重庆直辖前）、重庆市相关法律、法规和规章的贯彻实施中，逐渐完善、发展起来的。

1983 年 1 月，国务院公布《植物检疫条例》，随后农业部印发《植物检疫条例实施细则》。因行政区划调整，原四川省永川地区并入重庆市，原四川省永川地区植保植检站并入重庆市植保植检站。1985 年全站有职工 15 人。

1984 年，四川省人民政府发布《植物检疫实施办法》。1991 年 10 月，七届全国人民代表大会常务委员会第 22 次会议通过《中华人民共和国进出境动植物检疫法》。1999 年，重庆市第一届人民代表大会常务委员会第 15 次会议通过《重庆市植物检疫条例》。

2003 年，市机构编制委员会《关于市农业局直属事业单位机构改革方案的批复》明确，重庆市植物保护植物检疫站、重庆市农技推广站、重庆市土壤肥料站合并组建重庆市农业技术推广总站，定编 105 人（挂重庆市植物保护植物检疫站、重庆市农药检定所、重庆市马铃薯脱毒研究中心牌子）。市植物保护植物检疫站履行农业植物检疫、植物营养诊断职能。

2011 年，渝编办〔2011〕194 号文作出调整，重庆市植物保护植物检疫站职能划入重庆市种子管理站，重庆市种子管理站更名为重庆市种子管理和植保植检总站。

2012 年，渝编办〔2012〕53 号文再次作出调整，将重庆市种子管理和植保植检总站更名为重庆市种子管理站，定编 89 名。挂重庆市植物保护植物检疫站牌子，植物保护植物检疫站履行职能职责不变。

（二）重庆市渔政渔港监督管理处

市渔政渔港监督管理处早期为重庆市渔政管理站，是 1984 年 7 月经重庆市编制委员会（重编〔1984〕109 号）文件批准成立。

1986 年，《中华人民共和国渔业法》颁布；1987 年，经国务院批准的《中华人民共和国渔业法实施细则》公布。1988 年 8 月，重庆市渔政管理站开始独立履行渔政管理职能，初期定编人员 5 名。

1990 年 12 月，重庆市编制委员会（重编〔1990〕230 号）文件批准更名为重庆市渔政监督管理处，定编人员 13 名。

1998 年 1 月，重庆市人民政府办公厅（渝办发〔1998〕22 号）批准设立重庆市农业局渔政渔港监督管理处。

2001 年 8 月，重庆市机构编制委员会（渝编〔2001〕62 号）批准设立重庆市渔政渔港监督管理处，并挂重庆市渔业船舶检验处牌子，定编人员 27 名。

2002 年 5 月，中华人民共和国渔政渔港监督管理局（国渔政〔2002〕56 号）批复，同意重庆市渔政渔港监督管理处对外使用“中华人民共和国重庆渔港监督局”名称。

2003年6月，《中华人民共和国渔业船舶检验条例》公布。8月，中华人民共和国渔业船舶检验局（国渔检船〔2003〕72号）批复，同意给予重庆渔业船舶检验局代表机构认可，颁发《中华人民共和国渔业船舶检验机构认可证书》，并根据农业部《关于渔船检验机构使用对外名称的通知》，同意重庆渔业船舶检验局对外使用“中华人民共和国重庆渔业船舶检验局”名称。

根据国务院先后公布的《水产资源繁殖保护条例》《中华人民共和国水生野生动物保护实施条例》，2007年9月，重庆市机构编制委员会（渝编办〔2007〕263号）同意，在重庆市渔政渔港监督管理处增挂重庆市珍稀特有鱼类国家级自然保护区管理处牌子。

至此，重庆市渔政渔港监督管理处的职能包括了渔业资源、水生野生动植物资源、渔业环境保护与管理；渔船、渔港安全监督管理；渔业海事、渔事纠纷处理，渔业案件查处；渔业船舶及其船用产品法定检验；渔民专业技能、安全知识培训等。

（三）重庆市农机安全监理所

根据国务院《关于农民个人或联户购置机动车船和拖拉机经营运输业的若干规定》（国发〔1984〕27号）、四川省政府《关于拖拉机监理工作的通知》（川府发〔1984〕124号）、四川省政府办公厅（川办函〔1984〕252号）精神，1984年3月，重庆市编制委员会（重编〔1984〕32号）批准，设立重庆市农机安全监理所。

1991年6月，重庆市编制委员会（重编〔1991〕55号）批复，重庆市农机安全监理所为独立处级事业单位，定编28人。主要职能为：贯彻执行国家农业机械安全生产方针、政策，制定农机安全生产章程；负责农业机械安全技术检验；负责农机驾驶、操作人员年检审；开展安全检查、纠正违章；勘察、处理道路以外发生的农机事故；受公安机关委托，负责上道路行驶的农用拖拉机的安全技术检验和牌证核发，对驾驶员进行考核、核发证照和年度审验。

1998年5月，重庆市第一届人民代表大会常务委员会第九次会议审议通过《重庆市农机安全监理及事故处理条例》，明确授权农机安全监理机关负责农业机械安全技术检验、驾驶（操作）人员考核、牌证核发、违章处罚和农业机械事故处理。

2000年8月，重庆市人民政府办公厅发文，对市农机安全监理所职能作进一步明确，内容包括研究拟定农机安全监督管理的法规、规章，安全技术检验标准及安全规程并监督实施；指导农机安全工作，推广农机安全技术；组织实施拖拉机、联合收割机、农用运输车等农业机械的安全监理；指导市内农机安全监理机构的业务工作；负责农机的安全技术检验、注册、发放牌证、农机驾驶（操作）人员考试、考核发证工作的监督管理。

（四）重庆市动物卫生监督所

市动物卫生监督所最早为四川省重庆牲畜运输检疫站，主要职责是负责辖区内牲畜运输检疫工作。1987年以前，由四川省农牧厅畜牧局和重庆市农业局双重领导，之后，由重庆市农业局直接管理。

1990年4月，经重庆市机构编制委员会（重编〔1990〕55号）批复同意，更名为“重庆市动物卫生检疫站”，重新明确职能为：负责畜禽的产地检疫、市场检疫、运输检疫、兽医卫生监督管理和业务指导等工作；负责统一印制、发放和管理畜禽及其产品的《产地检疫证明》《运输检疫证明》《运载工具证明》《非疫区证明》以及检疫收费票据；负责对辖区内有关单位和个人遵守与执行国务院颁布的《家畜家禽防疫条例》和农业部发布的《家畜家禽防疫条例实施细则》以及有关规章、制度、办法、标准的情况进行监督和检查；负责有关兽医卫生证、章、标志的审批、发放和管理；纠正和制止违反畜禽防疫行政法规、规章和规定的行为，决定兽医卫生行政处理处罚。

1997年，全国人民代表大会常务委员会八届第26次会议通过《中华人民共和国动物防疫法》，2003年9月，重庆市机构编制委员会（渝编〔2003〕73号）批复，组建重庆市动物卫生监督总站（同时挂重庆市饲料兽药监察所、重庆市动物防疫监督所、重庆市畜产品质量监督检验测试中心、重庆市动物疫病诊断中心牌子），定编 86 名。其职能规定为：畜禽防疫及监督检查；畜禽和畜禽产品检疫；重大疾病的诊断；饲料、兽药产品的监督检验及管理；畜产品质量检验测试和安全监督；畜禽防疫物资的计划、储备；畜牧技术推广体系建设指导；兽医新技术和新产品的推广。

2004—2005 年，国务院先后颁布《兽药管理条例》《重大动物疫情应急条例》。为了更加有效防控动物疫情，2006 年 12 月，重庆市编委（渝编办〔2006〕603 号）批复，将重庆市动物卫生监督总站撤销，分别设立“重庆市动物卫生监督所”“重庆市动物疫病预防控制中心”。行政执法职能由重庆市动物卫生监督所承担，定编人员 56 名。

（五）重庆市农业行政执法总队

2003 年 9 月，重庆市编委（渝编〔2003〕73 号）批复同意成立“重庆市农业行政执法总队”，定编 20 名。主要职能是：依法行使法律、法规、规章规定由农业行政主管部门行使的行政处罚权及相关行政检查权；承担农业行政管理中的执行性日常管理事务；负责本系统行政执法工作的组织、指导、协调；查处重大跨区域的违法农业案件；负责本系统行政执法人员的培训、考核和督察工作。

第二节　执法队伍建设

一、人员及装备

重庆市农业法治队伍建设经历了计划单列市、直辖市和部门合并 3 个过程，现有几支执法队伍中，人员文化程度、专业水平和与执法相配套的设施、装备水平较成立之初有了极大提高。

（一）重庆市植物保护植物检疫（种子）执法队伍

2011 年 3 月，市植物保护植物检疫站与市种子管理站合署办公，截至 2015 年末，在编在岗人员 71 人。专科以上文化程度的 68 人，占总人数的 95.7%，其中硕士研究生 24 人，本科 34 人，大专 10 人，大专以下 3 人；有专业技术人员 52 人，其中推广研究员 8 人，高级农艺师 10 人，其他专业技术人员 34 人。在编在岗人员中有 38 名植物检疫专业人员。

全站有办公用房 830 米^2，公务用车 4 辆，其中执法车 3 辆；有包括计算机、液谱、气谱、显微镜、解剖镜、投影仪等农业植物检疫执法工作需要的设施设备。

（二）重庆市渔政渔港监督执法队伍

截至 2015 年年末，市渔政渔港监督管理处在编在岗人员 21 人，全处专科以上文化程度的 20 人，占总人数的 95.2%，其中硕士研究生 1 人，本科 11 人，大专 8 人；专业人员中，水产专业 2 人，法律专业 4 人，其他专业 14 人。

市渔政渔港监督管理处有办公用房 1 200 米^2，渔政码头 1 座、趸船 1 艘，50 吨级渔政执法船 1 艘，渔政执法快艇、冲锋舟各 1 艘，执法、机要通信用车 3 辆 。基本满足渔政执法和水生野生动物救护工作需要。建设开通了全国第一个省级渔政对外网站“重庆渔政信息网”。

（三）重庆市农机安全监理执法队伍

截至 2015 年年末，市农机安全监理所在编在岗人员 19 人，专科以上文化程度的 19 人，其中硕士研究生 2 人，本科 16 人，大专 1 人。

市农机安全监理所有办公用房 900 米^2，执法车辆 3 台，配置了包括拖拉机检测、事故勘察、照相录音、摄像等农机安全监理执法所需的执法设施设备。

（四）重庆市动物卫生监督执法队伍

截至2015年年末，市动物卫生监督所在编在岗人员45人，全所大专以上文化程度的40人，占总人数的89%，其中硕士研究生12人，本科22人，大专6人，中专5人。

市动物卫生监督所有办公用房1 500米^2，执法车辆3台，配置了动物疫病监测检验、照相、录音、摄像等动物卫生监督执法所需的执法设施设备。为了提高动物防疫监督应急处置能力，还建立起动物卫生监督110指挥中心。

（五）重庆市农业综合执法总队

市农业行政执法总队定编20名，截至2015年年末，在编在岗人员20名，总队专科以上文化程度的20人，其中硕士研究生5人，本科14人，大专1人。

市农业行政执法总队有办公用房530米^2，执法车辆3台，配置了执法检测车、照相、录音、摄像等农业综合执法所需的执法设施设备。

二、执法能力建设

（一）法律知识、执法能力提升培训

国家“一五、二五普法”阶段，重庆市农业法治工作者全员全程参与普法活动，秉承执法者必须“先学先懂”的理念，把涉农法律法规作为重点掌握内容。《中华人民共和国渔业法》《中华人民共和国进出境动植物检疫法》《植物检疫条例》《农民承担费用和劳务管理工作条例》等专项法律法规颁布后，农业部，四川省农业主管部门每年都要举办至少两期培训，一是加深对专业法的学习理解，二是对贯彻执行中出现的问题进行研讨、规范。培训对象主要为省、市、计划单列市农业主管部门法规处（室）负责人，农业执法机构负责人，部分区县农业法治工作骨干。

在此期间，重庆市对农业法治工作人员和执法人员的培训分别由市农办、农业局、农机水电（农机）局按职能分工进行。培训内容除国家层面颁布的涉农法律法规外，同时增加四川省、重庆市出台的涉农法规、规章。为了学习借鉴外省（市）普法、执法的先进经验，还分别组织了多次专门的考察活动。

1997年召开的中国共产党第十五次全国代表大会提出“进一步扩大社会主义民主，健全社会主义法制，依法治国，建设社会主义法治国家”；在立法方面提出“加强立法工作，提高立法质量，到2010年形成有中国特色社会主义法律体系”。之后《中华人民共和国种子法》《中华人民共和国农村土地承包法》《基本农田保护条例》《农药管理条例》等一批涉农法律法规相继颁布，同时对之前已经颁布的部分涉农法律法规进行修订后重新予以公布。重庆直辖后，1998年重庆市人民代表大会常务委员会先后制定（移植）通过一批涉农法律法规。

“三五、四五普法”阶段，农业部、市级农业主管部门更加重视涉农法律法规的培训工作。农业部每年要分期分批对省、直辖市层面农业法制部门负责人和执法机构负责人进行培训，举办涉农法律实务研讨。市农业主管部门加强了对市级农业执法机构负责人、执法人员和区县农业执法机构负责人、执法机构业务骨干的培训工作。

2008年，重庆市农业委员会成立，加强了农业行政执法的统一领导。2009年，按照市农委农业人才知识更新培训统一安排，法规处组织全市105名执法骨干进行了法律法规知识培训，考试合格率100%。2010年，组织开展案件办理观摩活动，对执法人员进行案件办理、文书制作及规则等方面的学习培训。2011年，组织了委机关及直属单位干部1 500余人参加全市法制理论知识考试，参考率

100%，合格率 100%；举办了六期农业法制培训班，分类别、分层级、分批次对区县农业（畜牧）部门的法制工作人员和执法人员 1 000 余人次进行了法制培训，有效提高了农业法制工作者的素质，增强了新时期服务“三农”工作的能力。2013 年，举办农业执法骨干培训班 3 期、农业法律知识更新培训班 1 期，分类别、分批次对市级农业执法机构及区县农业（畜牧）部门的分管领导、法规（法制）科长、执法队长、执法骨干、新进执法人员等 1 000 余人次进行了法律知识培训。2014 年，举办了农业执法骨干培训班 2 期、农业法律知识更新培训班 1 期，对市级农业执法机构及区县农业（畜牧）部门的分管领导、法规（法制）科长、执法队长、执法骨干、新进执法人员等 500 余人次进行了法律知识培训。2015 年，继续开展人员培训工作，培训总数达 300 余名。

2008 年以来，市农委积极探索利用网络、视频等新的培训手段，增加培训频次，扩大培训范围和培训人次，确保执法者先懂法，办案法治化，执法程序化。通过多年的努力，已取得明显效果。2015 年，璧山区农业综合执法大队、长寿区农业执法大队、永川区农业综合执法大队被农业部评为全国农业综合执法示范窗口。永川区农业行政执法大队承办的“经营劣兽药案”被农业部评为全国农业行政处罚优秀案卷；市渔政渔港监督管理处承办的“黄某进非法经营野生动物及其产品案”，被市人民政府法制办评为全市优秀行政处罚案卷。

（二）制度建设

自 1983 年国务院颁布《植物检疫条例》，1984 年国务院出台《关于农民个人或联户购置机动车船和拖拉机经营运输业的若干规定》，1986 年《中华人民共和国渔业法》颁布以后，农业系统几支执法队伍相继建立。各执法机构根据与己相关法律法规及实施要求，在执法程序、执法规范方面逐步建立起“执法人员守则”“执法人员工作纪律”“案件报告制度”“重大案件处罚备案制度”“档案管理制度”“单位学习制度”等，并在后续发展过程中逐步得到完善。

2003 年，重庆市农业行政执法总队成立，主管部门加强了执法队伍的管理，积极推进农业综合执法体制和行政执法制度建设等工作。

执法队伍管理坚持高标准严要求的原则。完善综合行政执法人员的录用、培训、考核制度，为建立一支政治可靠、业务精通、廉洁高效的农业行政执法队伍提供基础性保障；加强行政执法主体资格管理，严格落实持证执法制度。在此基础上，2012 年开始，对全市 2200 余名行政执法人员的执法证全部实行动态管理。

行政执法制度、综合性管理制度逐步建立健全。专业性管理制度有农资纠纷调解办法、农资召回办法等；综合性管理制度有农业行政综合执法案件协查制度、重大行政决策制度、重大行政决策责任追究制度、行政执法案卷归档和评查制度、行政执法工作联席会议制度、行政执法过错责任追究制度、群众举报投诉制度等，全面规范行政执法行为。

农业综合执法从点到面逐步推开。2011 年年底，全市综合执法实施区域 100%，提前完成农业部规定的县级全覆盖目标。同时实施“五有”（有依法设立的执法机构，有相对稳定的执法队伍，有适应需要的执法装备，有比较稳定的执法经费，有健全管用的规章制度）和“四创”（“创一流的执法队伍，创一流的管理水平，创一流的基础设施，创一流的工作业绩”）活动，把农业综合执法工作向纵深推进。

第六篇

农业资金投入管理

第六篇　农业资金投入管理

农业资金投入主要包括各级财政预算安排的支农资金（农村发展生产资金、基本建设资金、农业综合开发资金、农业事业费、科技三项费等），农村集体经济组织、农民个人及社会资本投入，银行，农村合作基金（1987—1997 年）等金融机构的信贷资金投入。农业投入的多少，与国家不同时期制定的产业政策、货币政策密切相关。

1986—2015 年，国家根据不同时期农业、农村经济、社会发展的主要矛盾和需要，先后出台增加农业投入的一系列法律法规和政策措施。1986 年，为了稳定粮食生产，保证有效供给，中央财政建立了以工补农发展粮食专项资金；次年建立农业发展专项资金；1988 年，正式设立农业发展基金（主要是粮食发展基金和生猪发展基金）；1993 年《中华人民共和国农业法》和《中华人民共和国农业技术推广法》颁布实施，国家对农业投入所占财政收入比例及年增长幅度纳入法制化管理。

为促进农业、农村经济全面发展，1998 年开始，国家实行积极的财政政策。一是大幅度增加农业基本建设投入，改善农村基础设施；二是完善财政支农机制和方式，在财政扶贫领域和农业综合开发领域，借鉴世界银行的项目管理办法，确保项目实施的有效性；三是支持推进农村税费改革，从 2000 年开始进行农村税费改革，实行了“三取消（取消统筹、农村教育集资等向农民征收的行政事业性费用、政府性基金）、两调整（农业税政策，农业特产税征收政策）、一改革（村提留征收使用办法）”政策。2003 年，中央提出“统筹城乡发展”方略，把“三农”问题作为全党工作重中之重，财政支农政策开始实现战略性转变。2004 年以来，实施了以“四减免”（农业税、牧业税、农业特产税和屠宰税）、“四补贴”（种粮直补、农资综合直补、良种补贴和农机具购置补贴）为主要内容的支农惠农政策。中央对农业投入的力度进一步加大，从政策层面上把财政支农的重点由以促进农业生产、农村基础设施建设为目标，提升到以促进农业农村的全面发展为目标；把发展现代农业，统筹城乡发展作为财政支农新的着力点。

这一时期，中共重庆市委、市人民代表大会常务委员会、市人民政府根据中央精神，出台了相应的法规、规章和财政支农扶农政策措施。1995 年，四川省人民代表大会常务委员会根据《中华人民共和国农业法》的精神，批准了重庆市人民代表大会常务委员会通过的《重庆市农业投资条例》。1997 年直辖后，市人民代表常务委员会对《重庆市农业投资条例》进行及时修订并颁布实施。2004 年，市人民政府发布公告，从 2005 年起，全部免征农业税及其附加税，结束了农民缴粮纳税的历史。2006 年，重庆市委、市人民政府出台《关于统筹城乡发展、推进社会主义新农村建设的意见》，2011 年 2 月，重庆市人民政府印发《关于加快建设现代农业努力增加农民收入的意见》。市级财政在保证农业投入逐年增加的同时，根据农业、农村经济发展需要，出台了多项资金支（扶）持政策，包括中央项目地方财政资金配套、农业产业化百万工程、新农村建设、特色效益农业、现代农业建设、农业项目贷款贴息、农业保险补贴、担保贴息等 。市、区县金融机构把支持农业发展当己任，配合人民政府的农业产业发展规划，出台并实施多项扶持政策措施。30 年来，农业投入一年高过一年，农业生产连年丰收，农村经济、社会事业、基础设施、乡村风貌得到全面提升。

在全市农业、农村经济和社会发展过程中，资金监管部门和农业主管部门始终重视对农业投入资金的管理，特别是对财政投入资金的管理。管理方式一靠制度，包括农业财政政策、财务制度、资金管理办法（规定）、使用单位内部控制制度等；二靠监督，包括行政监察和审计（审计机关审计、社会审计、内部审计）。通过这两种管理形式，保证了农业资金投入的有效性。

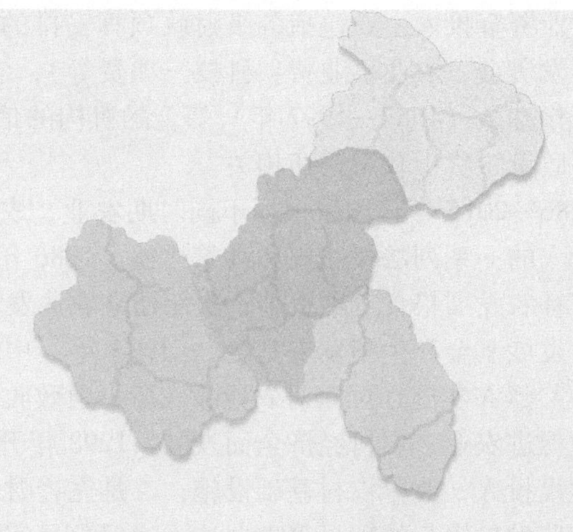

第一章
财政投入

第一节　农村发展生产支出

农村发展生产支出主要用于提高农业综合生产能力，促进农民增收。

1986 年，重庆市市级财政农村生产发展支出 85. 24 万元。在随后的几年里，中共中央、国务院十分重视农业农村工作，1987 年，中央政治局通过《把农村改革引向深入》的决议；1989 年，国务院印发《关于依靠科技进步振兴农业加强农业科技成果推广工作的决定》。市委、市人民政府积极贯彻落实中央精神，市人民政府先后颁布《关于完善农村合作经济双层经营体制的决定》《重庆市人民政府关于依靠科技实现农业稳定增长的决定》。市财政逐年增加对农业的投入，1990 年市级财政农村生产发展支出达到 403. 70 万元。同年，粮食产量达到 589. 8 万吨，在 1985 年 518. 76 万吨的基础上增长 13. 7%，年递增 2. 6%；农业总产值（按 1980 年不变价格计算，不包括村和村以下工业）达到 42. 5 亿元，比 1985 年的 34. 6 亿元增长 22. 83%，年递增 4. 2%。

"七五"时期，财政对农业投入重点是增加粮、肉供给能力，农牧渔业生产取得了较好的成绩。一是累计生产量比"六五"时期有较大的增长，其中；粮食由 2 617. 3 万吨增加到 2 840 万吨，增长 8. 5%；肉类由 171. 5 万吨增加到 292 万吨，增长 70. 3%；禽蛋由 20 万吨增加到 31. 1 万吨，增长 55. 5%；鲜奶由 11. 62 万吨增加到 17. 8 万吨，增长 53. 3%；鲜鱼由 9. 96 万吨增加到 20. 1 万吨，增长了一倍；水果由 50. 73 万吨增加到 74 万吨，增长 45. 9%；农业总产值由 152. 38 亿元增长到 199. 5 亿元，增长 30. 9%。二是按年人均占有量比"六五"期有较快增长。其中粮食由 377. 5 千克增加到 389 千克，增加 3. 0%；肉类由 24. 7 千克增加到 40 千克，增加 61. 5%；禽蛋由 2. 9 千克增加到 4. 3 千克，增加 48. 3%；鲜奶由 1. 7 千克增加到 2. 4 千克，增加 41. 2%；鲜鱼由 1. 4 千克增加到 2. 8 千克，增加了一倍。三是农业人口人均总产值由 284. 1 元增加到 364 元，增 28. 1%；农民人均纯收入由 1985 年的 308 元增加到 1990 年的 600 元。

在农牧渔业生产取得较好成绩的同时，农业内部结构也发生了明显变化。其主要表现为种植业在总产值中的比重下降，林牧副渔业在总产值中的比重上升。以 1990 年为例，当年农业总产值 42. 5 亿元中，种植业 24 亿元，在总产值中的比重由 1985 年的 59. 7%，下降到了 56. 5%。林牧副渔业的比重由 40. 3% 上升到 43. 5%。

"七五"期间粮食连年增产，农民温饱问题基本解决后，一些地方开始出现重工轻农，重商轻农的现象。1991 年，中共中央印发《关于进一步加强农业和农村工作的决定》；1993 年，中共中央、国务院印发《关于当前农业和农村经济发展的若干政策措施》；同年，第八届全国人民代表大会常务委员会第二次会议通过《中华人民共和国农业法》（简称《农业法》），明确了农业投入与支持保护的法律地位。这一阶段，是多层次、多渠道、多方面增加农业投入，支持粮食生产攀登新台阶，大力促进农村社会经济发展时期。这一阶段，财政建立起重点突出的支农资金使用政策，包括支持农村经济改革、支持农业基础设施建设和生态环境保护、支持粮棉等大宗农产品生产、支持农业科技推广和农业社会化服务等。1995 年，《重庆市农业投资条例》出台，明确农业投资的增长幅度应当高于本级财政经常性收入预算的增长幅度。当年市级财政农村生产发展支出为 450. 67 万元。

1996 年，全国人民代表大会通过关于成立重庆直辖市的决议，从 7 月开始，重庆市代管四川省万县市、涪陵市、黔江地区（以下简称：“两市一地”）。辖区范围扩大，农村、农业在全市工作中的占比加重，农业资金投入也相对扩大。直辖第一年的 1997 年，重庆市农村生产发展支出达到 5 332. 21 万元。

根据重庆直辖这一重大的行政区划调整，市人民代表大会常务委员会着手重新制定《重庆市农业投资条例》，并于 1998 年 1 月重庆市第一届人民代表大会常务委员会第六次会议讨论通过。从 1998 年开始，国家实行积极的财政政策，中央、市级财政对农业、特别是对“两市一地”农业投入成倍增加。2000 年，农村生产发展支出 20 157. 97 万元，比重庆直辖之初的 1997 年增长了 278% 。增加的资金主要用于农业项目的投入，包括农业服务体系、动植物保护工程、商品粮基地、粮食自给工程、南方草山草坡保护与开发、沃土工程、川东北项目、农业综合开发、生态环境和基本农田保护等重点建设，生猪良种工程引种、青年农民培训等。

“九五”期间，农业财政投入重点投向粮菜生产与品质提升。全市农业和农村经济保持了稳定发展的势头，实现了农产品供给由长期短缺向总量基本平衡、丰年有余的历史性转变，农业和农村经济综合实力增强，农业生产稳定增长，农业产业结构逐步优化，农业基础设施建设有所加强，科教兴农步伐加快，农民收入有较大增加。具体体现在五个方面：一是农业经济综合实力增强。2000 年，全市农业增加值 283 亿元，占国内生产总值的 17. 8% ，按可比价格计算，“九五”期间年均增长 2. 69% 。二是农业基础设施建设加强，农业综合生产能力不断提高。“九五”期间，通过一批农业项目的实施，改善了部分农业基础设施，促进了农业综合生产能力的提高。粮、油、肉类、水果、水产品的年均产量分别达到1 157. 28万吨、25. 44 万吨、138. 78 万吨、68. 63 万吨和 17. 38 万吨，比“八五”期间年均产量分别提高 4. 3% 、7. 8% 、4. 2% 、36. 6% 、和 91. 8% 。三是农业结构进一步优化。全市产业结构调整取得明显成效，一、二、三产业比重由 1995 年的 25. 9 : 42. 3 : 31. 8 调整为 2000 年的 17. 8 : 41. 3 : 40. 9。农业内部结构调整，也从过去传统的粮猪型结构开始向粮、经、牧、渔复合型结构转变。1999 年，全市农林牧渔总产值达 233. 8 亿元。其中农业产值 132. 7 亿元，林业产值 7. 1 亿元，牧业产值 86. 1 亿元，渔业产值 7. 9 亿元，农、林、牧、渔产值比由 1995 年的 58. 1 : 3. 8 : 35. 9 : 2. 2 调整到 1999 年的 56. 8 : 3. 0 : 36. 8 : 3. 4。农业总产值中，粮猪产值达 121 亿元，占 51. 1% ，比 1995 年 62. 6% 减少 11. 5 个百分点。粮经播种面积由 1995 年的 81. 5 : 18. 5 调整到 2000 年的 77. 24 : 22. 76。四是科教兴农步伐加快。通过实施科教兴农战略，农业科技已成为推动农业和农村经济发展的主要动力，全市农业科技贡献率达到 45% 。围绕农业结构调整和提高农产品产量及质量，大力实施农作物种子工程、畜禽和水产良种工程，引进和培育了一大批优良品种，在粮油作物、水果、生猪等方面形成了较多具有较强市场竞争力的品种。在大力实施良种工程的同时，积极推广先进适用的农业生产技术，开展了大量的科技培训工作。通过科教兴农的实施，主要农产品商品率和优质率有了较大幅度的提高。五是农民收入增加，农村经济进一步发展。2000 年，全市农民人均纯收入为 1 892 元，为 1995 年的 1. 6 倍，农民的经济、生活水平得到较大改善。

“十五”期间，是财政支农政策实现战略性转变的阶段。首先是实施农村税费改革，实行“三取

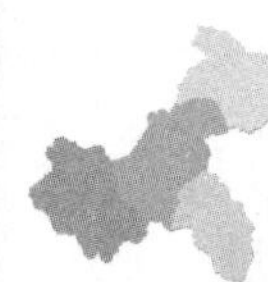

消、两调整、一改革”政策，政府与农民的“取”“予”关系发生根本性改变。2003 年，党中央提出“统筹城乡发展”的方略，重庆市委、市人民政府把农业和农村经济摆在全市经济社会发展工作的重中之重。2003 年，全市财政“三农”支出为 78.40 亿元，其中：农业（含农村发展生产支出）支出 9.12 亿元。2004 年，重庆市实施以“四减免”（农业税、牧业税、农业特产税、屠宰税）、“四补贴”（种粮直补、农资综合直补、粮种补贴、农机购置补贴）为主要内容的支农惠农政策。从政策层面上，把财政支农的重点由原来的以促进农业生产为目标，转向以促进农业农村的全面发展为目标。中央和地方财政同时加大对农业项目的投入及资金的转移支付力度，有针对性地实施多项农业生产和农村社会事业发展项目。同年，市级以上财政农业（农、林、水等）投入 16.23 亿元，比 2003 年增长 19.99%。在市级以上财政投入中，中央财政为 8.42 亿元，占 51.87%；市级财政为 7.81 亿元，占 48.13%。市财政投入比 2003 年增长 26.93%，超过地方财政经常性收入增长幅度，达到了《农业法》规定的要求。

2005 年，农村生产发展支出 28 893.10 万元，比“九五”期末的 2000 年增长了 43.33%。投入的主要项目有农村劳动力转移就业培训 、生态家园富民工程、农村测土配方施肥试点、农村信息体系建设、粮食增产奖励、农产品质量安全体系建设、牲畜口蹄疫疫苗、种粮农民直补专项资金、农机具购置专项补贴。

“十五”期间，全市农业增加值稳步增加，农产品产量大幅增长，质量明显提高，农村经济总量增加，综合实力显著增强。2005 年，全市农林牧渔总产值达 662.1 亿元，比 2000 年提高 23.5%；农业增加值达 463.4 亿元，比 2000 年增长 21.1%；粮食总产量达到 1 168.2 万吨，肉类总产量达到 178.4 万吨，分别比 2000 年增长 3.4% 和 22.9%；全市农村经济中一产业占 41.7%，比 2000 年下降 17 个百分点，二、三产业分别提高 14 和 3 个百分点。2005 年，农民人均纯收入达到 2 809 元，“十五”期间年均增长 8.2%，农民增收来源逐步由一产业向二、三产业拓展，呈现出多元化趋势。农村税费改革基本完成，全市农民减负达 8.6 亿元。

“十一五”时期，中央每年以“1 号文件”部署“三农”工作，重庆市委、市人民政府全面贯彻落实中央部署，中央和地方的多项惠民政策落地，加上 2009 年、2010 年扩大内需政策的推动，2010 年年末，全市农村生产发展支出达到 543 271.43 万元，是“十五”期末 2005 年的 18.8 倍，是直辖之初 1997 年的 100 余倍。支持的主要项目有农业保险费补贴、新农村建设、农业产业化贴息、渝东南、渝东北农民增收工程、优势特色产业项目、农村沼气项目、种粮农民农资综合补贴、农业机械购置补贴、农作物、油菜、畜牧、奶牛、马铃薯等良种补贴、产粮大县奖励、产油大县奖励、生猪调出大县奖励、土地治理等。

在政策和资金的作用下，农业综合生产能力稳步提升。2010 年，全市粮食总产量达到 1 156.1 万吨。主要经济作物生产能力明显提高，全市蔬菜、水果、茶叶总产量分别达到 1 309.5 万吨、238.5 万吨、2.52 万吨，比 2005 年分别增长 47.1%、54.3% 和 52.7%。畜牧业保持健康发展态势，全市肉类总产量达到 192.5 万吨，比 2005 年增长 7.9%。渔业保持快速发展，全市水产品总产量达到 28.2 万吨。

“十一五”期间，农业农村经济增量提质。全市农村经济总量不断增大，综合实力显著增强。2010 年，全市农村经济总量达到 2 100 亿元，比 2005 年增长 90.9%；农林牧渔总产值 1 020.2 亿元，比 2005 年增长 54.1%；农村工商企业增加值 545 亿元，比 2005 年增长 2 倍，对全市 GDP 增长的贡献率超过 30%；农业增加值达 685.4 亿元，比 2005 年增长 49.1%。农业和农村经济结构明显优化。农村经济总量中第一产业占 33%，比 2005 年下降 5 个百分点，第二、三产业所占比重分别提高 2 个和 3 个百分点。农业结构进一步优化，农林牧渔业比重由 63.9∶2.7∶30.9∶2.5 调整到54.1∶3.4∶40.1∶2.4。

农村居民收入快速增加，增收来源逐步由一产业向二、三产业拓展。2010 年，农村居民人均纯收入达到 5 276.7 元，比 2005 年净增 2 467.4 元，增长 87.8%，“十一五”期间年均增长 13.4%。

农业基础建设成效显著，改造中低产田 455 万亩，开发整理土地 317 万亩，治理石漠化 66 万亩，新增耕地 67 万亩，农业耕、种、收综合机械化水平超过 25%。

“十二五”期末的 2015 年，农村生产发展支出总量达到 609 306.78 万元，比“十一五”期末的 2010 年增长了 12.16%。增加资金主要用在种粮直补、高山生态扶贫搬迁、特色效益农业、家庭农场示范建设、农业农村改革综合建设试点、原镇乡农技（农机）人员养老和医疗一次性补助资金、农村集体资产量化改革试点、支持适度规模经营农户发展试点、农业生产全程社会化服务、生猪规模化养殖、病死畜禽无害化处理、禽畜粪污染综合利用试点、农产品产地初加工、科研院校涉农重大项目技术推广。

“十二五”期间，农业农村发展取得了长足进步。主要农产品供给保障能力明显增强，2015 年，粮食产量 1 154.89 万吨、蔬菜产量 1 780.47 万吨、生猪出栏量 2 119.89 万头；农民收入迈上新台阶，从 2010 年的人均 5 277 元增加到 2015 年的 10 505 元；现代特色效益农业发展加快，柑橘、榨菜、草食牲畜、生态渔业、中药材、茶叶、调味品等七大特色产业链综合产值达到 898 亿元；农业现代化进程加快，农业科技进步贡献率达到 57%；农业综合机械化水平达到 42%；耕地适度规模经营面积达到 34.4%；完成高山生态扶贫搬迁 54.2 万人，累计减少贫困人口 102 万人。全市农业农村正在发生着深刻变化，呈现出一些新的阶段性特征：一是农村存量资源逐步盘活，成为农业农村发展的新动能；二是农业生产经营 向集约化、专业化、组织化、社会化方向转变；三是一、二、三产业跨界融合加快，成为农村经济新的增长点；四是城乡资源、要素、技术、市场等需求整合集成和优化重组，成为农业农村发展的新源泉；五是农产品供需关系和农业产业结构深度调整，成为农业农村发展的新动因；互联网广泛应用，深刻改变农产品传统营销模式，成为农业农村发展的新动力。1986—2015 年重庆市财政支持农村生产发展支出情况统计表见表 6－1－1。

表 6－1－1　1986—2015 年重庆市财政支持农村生产发展支出情况统计表

时期		支出数（万元）	环比增长
“七五”期始	1986 年	85.24	/
“七五”期末	1990 年	403.70	373.60%
“八五”期末	1995 年	450.67	11.63%
重庆直辖	1997 年	5 332.21	/
“九五”期末	2000 年	20 157.97	比 1997 年增加长 278.04%
“十五”期末	2005 年	28 893.10	比 2000 年增长 43.33%
“十一五”期末	2010 年	543 271.43	是 2005 年的 18.8 倍
“十二五”期末	2015 年	609 306.78	比 2010 年增长 12.16%

说明：数据来源为各年度财务预、决算报表。

重庆直辖前，“两市一地”的财政预算归属四川省财政厅。投入见表 6－1－2。

表 6－1－2　1991—1995 年“两市一地”农业总投入统计表

单位：万元

市地	小计	国家部委	省 厅（局）	地市财政	银行贷款	其他
万县	30 652	15 619	5 256	/	3 144	6 633
市地	小计	国家部委	省 厅（局）	地市财政	银行贷款	其他
涪陵	8 288	3 421	846	/	1 210	2 811
黔江	6 057	4 190	712	1 155	/	/
合计	44 997					

资料来源：市档案馆 1996 年市农牧渔业局衔接办汇总表。

第二节 基本建设支出

农业基本建设投资主要来源于两个渠道，一是市发展改革委员会（简称：市发改委。1998 年前为计划委员会，以后更名为发展计划委员会，2003 年更名为发展改革委员会）安排的统筹基本建设资金；二是中央（农业部、国家发改委）安排重庆市的农业基本建设资金。中央、市级安排的基本建设项目资金，一般是与市或区县级财政专项配套资金、业主自筹（包括信贷）等资金配套，共同完成项目建设任务。

一、市级统筹基建资金

直辖前，按照分级负责的财政管理体制，重庆市计划委员会安排农业部门的市级统筹基建资金主要用于市级预算单位经批准立项项目的主体工程建设。在此期间农业主管部门及部分直属事业单位办公条件、职工居住条件得到改善；下属站（所、校、场、中心）的规模、配套设施、服务功能得到较快提升。

直辖后，市级统筹基建资金安排原则没有大的变化，但更注重对科技、信息化项目的支持。“九五”期间，先后安排了市种猪场新荣昌猪Ⅰ系原种种猪场、淡水养鱼（世行贷款）、市土肥站“TBS”高养分生物复合肥、重庆市种子南繁基地、重庆渝龙专用复合肥试验示范工程、市种子工程、优良牧草种子繁育基地及草业服务等科技示范项目、全国农业质量标准管理与技术研修基地建设等项目。在重庆直辖和国家实行积极的财政政策的双重利好驱动下，1997 年到 2000 年，市级统筹基本建设资金投入总额为 5 387 万元，市财政局配套专项资金 150 万元。“十五”期间先后安排了市级农产品市场信息网络体系建设、薯类脱毒种苗快繁中心、良种牛繁育中心、市农校实验室、种猪质量监督检测测试中心、专用高粱种子及标准化示范基地、市水产引育中心、市农机校教学楼等项目，市级统筹基本建设资金投入总额为 5 115 万元，市财政局配套专项资金 2 418 万元。随着时间的推移，农机校整体搬迁、农产品质量安全、农业环保、环境监测陆续列入市级统筹资金投入的项目。“十一五”期间，市级统筹基本建设资金投入总额达到 13 563 万元，市财政局配套专项资金 2 994 万元。“十二五”期间，市级统筹基本建设资金投入总额 13 518 万元，市财政配套专项资金 4 458 万元（表 6－1－3）。

表 6－1－3 1997—2015 年重庆市市级统筹基本建设资金农业投入统计表

单位：万元

年度	合计	市统筹资金	市财政专项资金	自筹资金	其他资金	科技专项资金
1997	1 393	1 393	—	—	—	—
1998	1 571	824	20	627	—	100
1999	3 446	2 141	80	888	287	50
2000	1 747	1 029	50	668	—	—
2001	1 600	1 060	—	540	—	—
2002	4 346	1 283	1 608	1 455	—	—
2003	1 580	820	50	705	—	—
2004	2 627	920	65	1 136	256	250
2005	2 810.6	1 027	695	988.6	—	100
2006	5 109	1 220	1 500	2 389	—	—
2007	6 507.4	1 563	100	4 844.4	—	—
2008	6 033	2 440	—	3 173	—	420

（续）

年度	合计	市统筹资金	市财政专项资金	自筹资金	其他资金	科技专项资金
2009	10 280	3 509	—	6 586	—	185
2010	43 092	4 831	1 394	30 223	—	6 644
2011	4 445	2 450	571	1 424	—	—
2012	1 167	660	382	125	—	—
2013	2 194	800	—	1 394	—	—
2014	9 035	5 870	1 505	1 660	—	—
2015	7 250	3 738	2 000	1 212	300	—
总计	116 233					

二、中央农业基本建设资金

中央、地方政府对农业的支持保护政策决定了农业基本建设投资的方向和投入数量。1986—1996年，是粮食生产攀登新台阶，增加农民收入，促进农村经济全面发展的阶段。中央支持重庆市农业基本建设项目主要有商品粮基地、优质农产品基地（蔬菜、蚕桑、茶叶、瘦肉型猪）、丰收计划、种子工程、水产及渔政渔港建设等。1997 年重庆直辖，当年中央安排重庆的农业基本建设资金 3 295 万元。1998 年中央开始实行积极的财政政策，基建资金规模扩大，农业部、国家发展和改革委员会在支持原有项目续建的同时，针对重庆实际情况变化，在农村基础设施建设、三峡库区生态建设、产业扶持、农村能源、环境整治等方面加大了支持力度。1998 年至 2000 年，农业部安排实施的基本建设项目 120 多个，总投资约 2 亿元，其中 70% 的项目安排在“两市一地”原所辖区县实施。

“十五”时期，是重庆市贯彻落实党中央“统筹城乡发展”战略的起始阶段，也是财政支农政策实现战略性转变的阶段，农业部对重庆市农业基本建设的投入继续增加，前后实施 16 大类，即种子工程、畜禽良种工程、水产良种工程、植保工程、动物保护工程、水生动植物保护工程、科研教育、农产品基地、农产品质量检测、农业信息、农村沼气、养殖场沼气工程、渔政渔港、牧草种子繁育基地、天然草原植被恢复等工程项目，共计 130 多个，总投资额达到 6. 16 亿元。投资居前 4 位的分别是动物保护工程、农村沼气、天然草原植被恢复、种子工程。各项工程项目的实施，都取得明显的社会效益和经济效益。

动物保护工程。该工程项目的实施，极大地改善了重庆市各级动物防疫工作硬件支撑水平，增强了对动物疫病、畜产品残留的控制能力，为确保畜牧业安全，保证畜产品消费安全提供了有力的保障。一是健全了动物防疫体系。通过项目建设，完善了市、县、乡三级冷链、疫病诊断、监测、交通、信息传递、无害化处理等设施，初步建立起符合国际要求的动物疫病控制体系。具备了有效预防疫病、快速检验、诊断各种动物疫病、新发病、外来疫病的能力，以及对动物疫情迅速反应和及时扑灭的能力。通过项目建设，市、县两级监督机构检疫、执法、办案、技术检测等设施设备达到规定建设标准，建立了覆盖项目区的动物疫病控制快速反应指挥系统（110 联动）。二是降低了疫病死亡率。三是基本建成无疫区，重庆市通过采取行政的、经济的、技术的、法律的手段，动物重大疫病得到有效控制，防治成绩突出，受到了国务院、农业部领导的肯定，曾荣获 2001 年度全国动物防疫工作先进省（市）称号，涪陵区、巴南区、潼南县获得全国动物防疫工作先进县称号，全市 15 人获得先进个人称号。四是经济社会效益显著，项目的实施，带动了畜牧业健康、快速发展。2004 年，全市养殖业产值 252. 18 亿元，占全市农林牧渔总产值的 41. 15%；畜产品出口货值 8 700 多万美元，占整个农产品出口的 62. 1%；人均畜牧业现金收入达 1 135 元，占农民人均增收的 35%。畜牧业成为农业农村经济的一大支柱产业。

农村沼气项目。通过该项目实施，农民收入增加。农户建成沼气池使用沼气后，每户年可节约燃煤

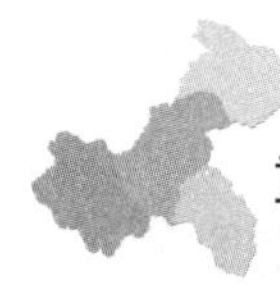

0.8 吨以上，户年平均增收可达 800 元以上，仅此一项，生态家园富民工程就可为全市农户节支增收近 7 000 万元。农户通过开展沼渣、沼液综合利用，发展“畜沼果”生态农业模式，减少了农药、化肥的使用，提高农产品品质，增强了市场竞争力，为农户带来直接和间接的经济效益可达 2 000 ~ 3 000 元左右。农民家居环境得到改善，提高了农民生活质量。项目实施后，农村脏、乱、差的面貌得到了明显改变，三是促进了农村循环经济的发展。项目的实施，利用农村有机废弃物发酵产生沼气，不仅实现了对人畜粪便无害化处理，还实现了资源化利用，当期建成的 10.29 万座沼气池和 3 个大型沼气工程，年产有机肥 13.26 万吨，有力地促进了农村循环经济的发展。随着农村户用沼气池建设的推广与普及，围绕沼气发展的“畜沼果”“畜沼菜”“畜沼渔”等多种沼气生态农业模式得到较快推广。

天然草原植被恢复与保护项目。项目实施后，实施地生态环境和草食畜牧业得到较快发展，有效地改变了生态环境，提高了牧草覆盖度，减少了水土流失，实施区域的草地牧草覆盖度由 55% 提高到 95.6%，年水土流失量由 4 650 吨/平方千米下降为 1 400 吨/平方千米，下降了 70%，直接减少了三峡库区的泥沙流入；提高了草地的牧草生产能力，实施区域草地产草量由改良前的 380 千克/亩提高到 1 400千克/亩，载畜量提高 1.8 倍；8 个区县（市）通过项目实施，累计年新增产草量 47.56 万吨，年新增载畜量 6.74 万个牛单位。极大地促进了当地草食牲畜的发展；促进全市畜牧业结构调整，促进了草食牲畜的发展进程。到 2005 年全市草食牲畜肉类产量达 12.22 万吨，占肉类总产量的 6.85%，比 2000 年的 5.03% 增长 1.82%。

种子工程项目。经过项目建设，重庆市提高了农作物优质率、商品率和农产品数量，提升了全市种子质量监督检测手段，对调整农业产业结构、增加农民收入发挥了重大作用。2005 年全市粮食总产量达 1 168.2 万吨、水果总产量达 128.8 万吨、茶叶总产量 1.7 万吨，分别比 2000 年增长 5.7%、57.6%、13.3%。

“十一五”时期，是重庆市“统筹城乡发展”和社会主义新农村建设全面推进阶段。农业基本建设投资力度加大，特别是在“扩大内需”政策的引导下，2008 年、2009 年分别达到年增长 44.4%、43.5% 的增速。2006 至 2010 年，中央基建资金累计投入 32.83 亿，是“十五”时期的 5 倍多。一批农业基础设施项目得以实施，农业植保项目取得明显成效，耕地保护与修复得到加强，农产品质量安全检测体系建设进一步完善，农村能源（沼气）及农业生态建设增量扩面，石漠化治理成效初现。

以农业植保项目为例，建设成效具体体现在：（1）建立起完整的农业植物检疫防控体系。建成市级柑橘疫情监控应急扑灭中心和分中心、市级柑橘危险性有害生物检测鉴定中心、49 个柑橘疫情检查站、22 个县级疫情监测防控站、250 个重点乡镇疫情监控点、2 700 个疫情监测点。形成了覆盖果园、公路、市场、码头、车站等各重点区域的监测防控点与疫情检查站相结合的全方位疫情监测防控体系。（2）基本实现农业植物检疫信息化管理。完成全国农业植物检疫计算机管理系统数据分中心建设任务；各级植物检疫机构全面应用“全国农业植物检疫计算机管理系统”出具单证，率先开展农业植物检疫单证条形码信息化管理试点；通过“重庆市柑橘非疫区建设与管理系统”对项目进行监控管理。（3）病虫害防控能力得到加强。建立起各种病虫害专业化防治组织（队）1 423 个，从事专业化防治人员达到 17 408 人，其中持证上岗人员达到 9 175 人，日防控服务能力达到 50 万亩。（4）安全用药水平提高。项目实施区县以粮油作物万亩高产创建、园艺作物标准园建设、蔬菜基地为平台，大力开展农作物病虫绿色防控技术的试验、示范、推广及技术集成，强化安全用药指导。全市共建立部级、市级及县级粮油、蔬菜、果树病虫绿色防控示范区 129 个。示范区基本实现了绿色防控技术到位率达到 80% 以上、防控效果达到 90%、减少化学农药使用 15% 以上、亩防治成本平均降低 10%、危害损失控制在 5% 以内的目标。绿色防控示范区的建设，极大地促进了面上安全用药水平的提高。

“十二五”时期，重庆市中央财政与自投入基本建设投资持续高水平增长，累计投入达到 57.79 亿。巩固退耕还林成果、生态（沼气）工程建设、石漠化治理、畜牧业投入居前。种植业的种子工程、畜牧业的良种工程、渔政渔港执法体系建设进一步推进。其中：种子工程项目 13 个。中央投资 5 730

万元，市级配套资金 450 万元、自筹资金 765 万元。2015 年年底，竣工项目 3 个（农作物良种繁育基地）；开工项目 9 个（农作物良种繁育基地项目 1 个、种子质量检测体系项目 1 个、农作物品种区域试验站项目 5 个、农作物品种改良分中心项目 1 个、国家科研育种创新基地项目 1 个）；待开工项目 1 个（种质资源保护建设项目）。良种（养殖业）工程项目 16 个。包括畜禽良种项目 12 个（畜禽遗传资源保护场 4 个，畜禽新品种培育项目 1 个，畜禽原种场项目 6 个，其他项目 1 个）；水产良种项目 4 个（水产原种场项目 1 个，水产良种场项目 3 个）。中央投资 3 895 万元、市级配套资金 410 万元、自筹资金 1 505 万元。2015 年年底，竣工项目 3 个，开工项目 10 个，待开工项目 3 个。渔政渔港执法体系建设项目 4 个，中央投资 488 万元、市级配套资金 147 万元，已竣工项目 2 个，已开工项目 2 个（表 6－1－4）。

表 6－1－4　重庆市 2006—2015 年中央财政农业基本建设投入统计表

单位：万元

年度	合计	种植业	畜牧业	动物防疫体系建设	水产	农村能源（沼气）及农业生态建设	农产品质量安全检测体系建设	增加粮食产能田间工程建设	巩固退耕还林专项	石漠化治理	农技服务体系（含田间工程）建设	其他
2006	25 976. 8	5 260	1 560	—	916	11 669. 8	—	6 158	—	—	—	413
2007	49 935. 9	4 369	15 419	—	210	10 867. 9	—	13 070	—	—	—	—
2008	72 493	4 395	20 926	—	220	28 971	2 544	—	—	15 000	—	383
2009	104 127	3 275	17 051	—	738	11 177	3 024	—	66 726	2 000	—	136
2010	70 946	3 295	9 035	4 321	250	31 705	3 904	4 800	—	12 000	1 500	136
2011	78 768	2 010	9 620	—	815	26 249	1 200	5 000	—	30 000	3 800	108
2012	134 848	1 243	9 175	—	296	16 700	2 880	4 500	38 720	45 000	16 334	—
2013	116 634	1 651	9 080	—	375	14 773	1 200	8 000	70 005	10 500	—	1 050
2014	124 911	2 376	9 870	—	277	14 578	800	11 000	71 515	11 200	—	3 295
2015	115 237	2 200	2 170	—	500	4 914	1 760	13 000	76 015	10 080	—	4 598

说明：基本建设不包括农业综合开发项目资金。

第三节　农业综合开发支出

重庆市农业综合开发起始于“农业学大寨”时期，限于当时的客观条件，主要以垦荒造地、改土改田为主。十一届三中全会以后，各级政府将农业综合开发作为一项常规性工作进行安排部署，但在很长一个时期内，仍是以改田改土为主要任务。

农业综合开发资金是国家实施宏观调控，保护、支持农业持续健康发展，增强农业综合生产能力设立的专项资金，包含纳入国家批准农业综合开发项目总投资计划内的各种资金。农业综合开发项目资金由中央、市、区县三级财政投入和群众（业主）自筹组成，财政投入为主，自筹为补充。

一、重庆市农业综合开发资金投入情况

1990 年，国家将重庆列入全国农业综合开发项目区。至 1996 年，全市农业综合开发重点是改造中低产田和坡瘠地，增加粮油和经果为主的农产品产量。共投入资金 6. 3 亿元，改造中低产田 8. 9 万公顷，培育龙头骨干项目 103 个，推广“两杂”（杂交水稻、杂交玉米）、“三绝”（半旱式、再生稻、稻田养鱼）新技术。1997 年重庆市农业综合开发投入财政资金 1. 233 亿元（其中中央财政资金 5 635 万元）。

2007 年 9 月，国家农业综合开发办公室批复，同意自 2008 年起，国家投资重庆的土地治理项目资

金用于生态综合治理项目投入比例从 10% 提高到 30%，用于小流域治理项目。2009 年全市农业综合开发项目区已覆盖除渝中区外的所有区县；2009 年投入财政资金 5.7 亿元（其中中央财政资金 3.73 亿元）。这一时期，市农业综合开发办公室加强统筹协调和监督检查，先后制定了高标准农田、农业优势特色产业、柑橘产业、茶产业、榨菜产业、柠檬产业、莼菜产业等专项规划和项目、资金监督管理制度，保证了项目的顺利实施和预期效果。1997—2016 年，重庆市农业综合开发投入财政资金 131.3 亿元，其中中央财政资金 74.7 亿元；改造治理土地面积 62.1 万公顷，其中，建成高标准农田 11.8 万公顷；实施产业化项目 1 169 个。2001 年以来，重庆市实施集中科技推广项目 408 个，新品种、新技术，项目区良种覆盖率达 98% 以上；全市农业综合开发项目区累计规模经营面积达 10.1 万公顷，农业综合开发重点龙头企业达 441 家。1990—2015 年重庆市农业综合开发财政资金投入情况统计表见表 6－1－5。

表 6－1－5　1990—2015 年重庆市农业综合开发财政资金投入情况统计表

单位：万元

年度	中央财政资金	地方（市、区县）财政资金
1990	400	1 391.8
1991	700	1 873.8
1992	700	1 566.9
1993	700	1 416.7
1994	700	1 429.1
1995	918	4 116
1996	1 887	3 815
1997	5 635	6 696
1998	7 777	7 321
1999	5 317	7 090
2000	15 950	10 547
2001	13 645	7 660
2002	17 826	7 708
2003	19 842.5	9 704.5
2004	21 944	11 092
2005	24 381	13 308.03
2006	26 327	17 736.72
2007	26 606.4	17 338.48
2008	31 215.64	18 625.54
2009	37 299.26	19 705.15
2010	43 516.37	26 036.12
2011	50 158	28 063.2
2012	57 804	31 638.25
2013	67 430	35 440.35
2014	74 305	43 676.26
2015	82 268.24	46 001.63
合计	635 252.41	380 997.53

注：表中数据包括市农业综合开发办实施项目（土地治理、产业化项目、科技示范项目、外资项目）资金和农口其他部门实施的农业综合开发项目资金。

二、世界银行贷款项目的规划、实施

2007 年，重庆市利用世界银行贷款实施加强灌溉农业三期项目，至 2009 完成投资 1 123 万元，建成用水户协会 109 个。2012 年，市农业综合开发办公室编制完成《2014—2018 年世界银行贷款投资项目可行性研究报告》，计划利用世界银行贷款实施可持续发展农业项目，总投资 3. 33 亿元，建设高标准农田 1. 6 万公顷。2013 年经国家发展和改革委员会批准同意，2014 年开始实施。到 2016 年底，已完成投资 2. 23 亿元。

第四节　农业事业费支出

农业事业费主要用于事业发展及围绕事业发展开展的各项业务活动的费用支出、职工工资（含离退休费），国家明确规定的职工教育培训、工会活动、防暑降温等费用支出。1986 年，重庆市市级财政农业事业费支出 713. 18 万元，“七五”期末的 1990 年支出 927. 43 万元，比 1986 年增长了 30. 04%，“八五”期末的 1995 年支出 2 119. 47 万元，比 1990 年增长了 128. 53%，重庆直辖时的 1997 年支出 3 357. 64万元，比 1995 年增长了 58. 42%，“九五”期末的 2000 年支出 6 242. 54 万元，比 1997 年增长 85. 92%，“十五”期末的 2005 年支出 9 270. 41 万元，比 2000 年增长了 48. 50%，“十一五”期末的 2010 年支出 21 316. 24 万元，比 2005 增长了 129. 94%，“十二五”期末的 2015 年支出 39 868. 63 万元，比 2010 年增长了 87. 03%。

农业事业费的增长主要是工资增长，人员（包括离退休）增加，办公经费及福利待遇的提高；工作内容、工作量特别是直辖后农业农村工作量成倍扩大等因素，农业事业费支出也随之增长（表 6－1－6）。

表 6－1－6　1986—2015 年重庆市农业事业费支出情况统计表

单位：万元

时期		支出数	环比增长
“七五”期始	1986 年	713. 18	—
“七五”期末	1990 年	927. 43	30. 04%
“八五”期末	1995 年	2 119. 47	128. 53%
重庆直辖	1997 年	3 357. 64	58. 42%
“九五”期末	2000 年	6 242. 54	85. 92%
“十五”期末	2005 年	9 270. 41	48. 50%
“十一五”期末	2010 年	21 316. 24	129. 94%
“十二五”期末	2015 年	39 868. 63	87. 03%

说明：数据来源为各年度财务预、决算报表。

第五节　农业科技三项费支出

科技三项支出主要用于农业新产品试制、中间试验和重大科研项目补助。重庆市科技三项经费的管理由市科委负责，使用单位通过项目申报，获准立项后补助资金。该项经费的增减与政府对科技的支持政策和单位申请并获准立项的项目相关。

“七五”期始的 1986 年，四川省重庆市农业科技三项经费支出 95. 31 万元，以后较长时间内，科技三项经费的增长总体较为缓慢，个别单位甚至出现负增长。以市畜牧兽医科学研究所为例，“七五”期末的 1990 年支出 32. 28 万元，“八五”期末的 1995 年支出 29. 46 万元，重庆直辖时的 1997 年支出

18.50万元。直辖后，重庆市委、市人民政府重视农业科技工作，加强对农业科技工作的领导，农业科技项目、科技成果逐年增加，“九五”期末的2000年支出334.50万元，“十五”期末的2005年支出651.65万元。为构建重庆农业科技创新体系，提升科技创新能力和水平，2003年9月，经重庆市人民政府批准、市编委批复，市养猪科学研究院、市畜牧兽医科学研究所、市种猪场三单位合并组建成立重庆市畜牧科学研究院。2005年12月，重庆市人民政府（渝府〔2005〕264号）批复，2006年3月市编委（渝编〔2006〕9号）同意以五个市属农业科研机构为基础，组建重庆市农业科学研究院。之后农业科技实力增强，项目与成果并进，“十一五”期末的2010年重庆市农业科技三项费支出达到11 094.56万元，“十二五”期末的2015年支出20 816.97万元（表6－1－7）。

表6－1－7　1986—2015年重庆市财政农业科技三项费支出情况统计表

单位：万元

时期		支出数	备注
“七五”期始	1986年	95.31	重庆全市数据
	1990年	32.28	市畜科所数据
	1995年	29.46	市畜科所数据
重庆直辖	1997年	—	—
“九五”期末	2000年	334.50	重庆全市数据
“十五”期末	2005年	651.65	比2000年增长94.81%
“十一五”期末	2010年	11 094.56	是2005年的17倍
“十二五”期末	2015年	20 816.97	比2010年增长87.63%

第六节　特色效益农业支出

重庆直辖以后，在市委、市人民政府的重视下，农业产业化得到快速发展。在这个过程中，特色效益农业逐步呈现，经过10多年的培育，部分特色产业已初具规模，为后续发展打下良好基础。

2012年7月，重庆市人民政府出台《关于加快发展特色效益农业的意见》（渝府发〔2012〕72号），从发展思路、主要目标、发展原则等方面提出具体指导意见。同时明确除粮食直补、疫病防控等有特殊规定用途的资金外，市级农业发展资金全部用于特色效益农业发展。

2012年9月，重庆市委、市人民政府召开全市加快推进农业现代化大会，印发了《中共重庆市委、重庆市人民政府关于推进农业现代化的若干意见》（渝委发〔2012〕26号），明确提出“大力发展特色产业”。

为贯彻落实重庆市委、市人民政府“关于推进农业现代化”的工作部署，加快发展特色效益农业，加强对特色效益农业发展的领导，助推农业现代化进程，市农委印发《关于成立特色效益农业领导小组的通知》（渝农发〔2013〕225号），领导小组主要负责全市特色效益农业的统筹、规划、协调组织和具体实施等任务。为了管好用好财政补贴资金，2013年3月，市财政局印发《重庆市市级特色效益农业资金管理办法》，市财政局、市农委联合印发《重庆市市级特色效益农业资金绩效评价办法》。全市特色效益农业发展步伐加快，整体呈现出较好的发展势头。

一、资金来源

特色效益农业投入资金主要来源于市级财政农业生产发展资金和业主自筹资金，其次是部分区县财政在重点项目上给予适当补助的资金。

市财政安排在特色效益农业发展的资金情况分别是：

2013 年，市级下达特色效益农业补助资金 9.504 亿元。其中切块资金 6.6 亿元、产业链项目资金 1.12 亿元、重点项目资金 1 亿元、龙头企业及合作社贴息 0.604 亿元，粮油创建技术支撑和病虫害防控补助 0.18 亿元。

2014 年，市级下达特色效益农业补助资金 10.547 亿元。其中切块资金 5 亿元、农业产业基金 3 亿元（资金下达到重庆产业引导股权投资基金有限责任公司）、产业链项目资金 1.247 亿元，重点项目资金 1 亿元，粮油创建技术支撑和病虫害防控补助 0.3 亿元。

2015 年，市级下达特色效益农业补助资金 7.3 亿元。其中切块资金 6.1 亿元，特色效益农业产业链（技术支撑）项目资金 0.8 亿元，特色效益农业市级重点项目补助资金 0.4 亿元。

二、支持重点

特色效益农业资金严格按照市人民政府《关于加快发展特色效益农业的意见》精神，重点发展粮油、蔬菜、畜牧、柑橘、渔业、林果、中药材、花卉、茶叶、蚕桑和烟叶 11 个产业。粮油产业推广良种良法，开展高产创建，实施错季发展、轮种轮植，充分挖掘增效潜力。柑橘产业坚持高标准建园、集中连片发展，鲜食与加工品种相结合，重点发展晚熟柑橘，着力打造知名品牌，提升市场竞争力和综合效益。蔬菜产业大力发展设施蔬菜和有机蔬菜，确保市场供给，扩大精深加工，提高种植效益。畜牧产业稳量提质发展生猪，推广适度规模生态循环养殖模式；以优质肉牛、肉羊、肉兔、土鸡为主，推广种草养畜及健康养殖模式；以三峡库区为重点，充分利用各类江、河、库、塘、池等资源，大力发展生态渔业。各区县（自治县）按照全市统一部署，立足资源优势，按照“一县一特”“一乡一业”“一村一品”的要求，合理确定有市场、有潜力、有效益、有特色的重点产业。

在组织实施过程中，市、区县两级农业、财政部门按照“稳粮增收、提质增效、创新驱动”的总要求，以深化农业农村改革为统揽，以加快转变现代特色效益农业发展方式为主线，坚持数量质量效益并重，突出主要（主导）产业、主要（主导）产区、主要（主导）经营主体，发展多种形式的适度规模经营，逐步走生产技术先进、经营规模适度、市场竞争力强、生态环境可持续的农业现代化道路。

一是稳定扶持主要产业。现代特色效益农业专项资金扶持三个主要产业，即：粮油、生猪、蔬菜产业。

二是重点扶持新型农业经营主体。加大对家庭农场、专业大户、农民合作社、农业产业化龙头企业、农业生产社会化服务组织等新型经营主体的扶持。

三是扶持主要环节。重点抓好产前良种（种苗）繁育体系建设、田间（生产）设施设备建设、产业链基础设施建设、重大生产新技术产业化开发、标准化规模化生产基地建设等关键环节的资金扶持。

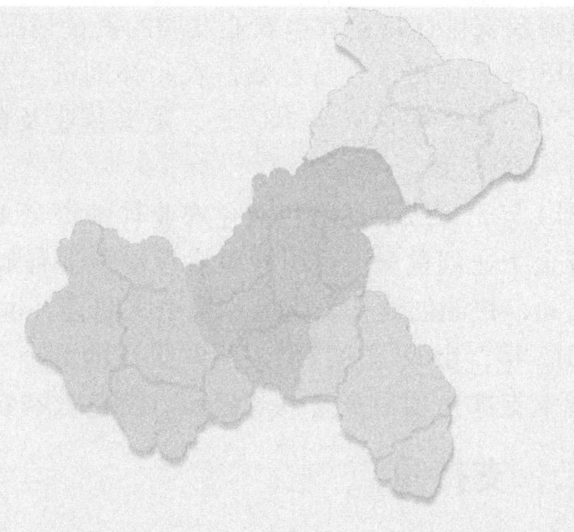

第二章
金融支农

第一节　金融机构及支农政策

一、涉农金融机构及其变化

早期的支农金融业务主要由分布于区（县）及以下的农村信用合作联社（农村信用社）承担。1978 年 12 月，中共十一届三中全会通过的《中共中央关于加快农业发展若干问题的决定（草案）》中明确提出“恢复中国农业银行，大力发展农村信贷事业”。1979 年 2 月，国务院发出《关于恢复中国农业银行的通知》，中国农业银行在全国范围正式恢复。之后中国农业银行重庆市分行成立，区（县）支行随后也逐步成立。区（县）支行成立之初的主要任务是为农业生产发展提供信贷支持。1993 年 12 月国务院作出了《关于金融体制改革的决定》，要求通过改革逐步建立起在中国人民银行统一监督和管理下，中国农业发展银行、中国农业银行和农村合作金融组织密切配合、协调发展的农村金融体系。按照中国人民银行的安排部署，1994 年 4 月中国农业银行分设出中国农业发展银行，继后中国农业发展银行在各省、自治区、直辖市（计划单列市）分行相应成立，粮棉油收购资金供应与管理等政策性业务与农业银行分离，农业银行开始按照 1995 年颁布实施的《中华人民共和国商业银行法》，逐步探索现代商业银行的运营机制。1996 年 8 月，国务院作出《关于农村金融体制改革的决定》，要求建立和完善以合作金融为基础，商业性金融、政策性金融分工协作的农村金融体系。1997 年，农业银行基本完成了作为国家专业银行“一身三任”的历史使命，开始进入了真正向国有商业银行转变的新的历史时期。自此，农业银行、农业发展银行、农村信用合作联社（农村信用社）三家协同支持农业、农村经济发展的金融格局初步形成。

秉承“面向三农，服务城乡”的经营思路，适应国家经济和金融体制改革的新形势，中国农业银行重庆分行及其各区（县）设立的支行，在剥离政策性金融业务和其后与农村信用社脱离行政隶属关系后，加快由国有专业银行向国有商业银行转化，积极调整经营战略，转换经营机制，找准市场定位。在农村政策金融、商业金融和合作金融分工协作的体系中，根据全市农村经济发展和城乡经济一体化的需要，积极开拓业务领域，提高经营服务水平，讲求经营效益，紧紧围绕全市农业结构调整，立足于大农业，大市场，重点支持规模化经营、农业产业化和城乡经济一体化发展。在信贷投向上，支持“两高一优”农业、“菜篮子”工程建设；重点支持管理科学、产权明晰的乡镇企业，农业产业化龙头企业。与此同时，积极支持农村电网建设与改造、“三百工程”“新农村”的建设发展，开展扶贫和农业综合开发等信贷业务。

在全面贯彻落实第八届全国人民代表大会常务委员会第十三次会议通过的《中华人民共和国商业银行法》和国务院《关于农村金融体制改革的决定》过程中，重庆市金融市场逐步放开，支持农业生产发展的不仅仅限于“农”字头金融机构。重庆直辖后，除农业银行重庆分行、农业发展银行重庆分行、农村信用合作社（以后重新组建更名为“重庆农村商业银行”）外，邮政储蓄银行重庆分行、重庆银行、重庆三峡银行陆续进入涉农金融。2005 年以后，国家对金融业的跨界限制进一步放开，建设银行、国家开发银行等金融机构，都以投资效益为考量，先后参与到对农村基础设施、农业产业化建设，以及农业种、养、加、销全产业链的金融支持。到 2008 年，实现全市乡镇金融网点基础金融服务全覆盖；2011 年，实现全市乡镇金融机构的全覆盖。

二、2005 年以后的金融支农政策、措施

（一）重庆市人民政府

2010 年 11 月 23 日，为贯彻落实国务院《关于推进重庆市统筹城乡改革和发展的若干意见》精神，加快推进国家统筹城乡综合配套改革试验区建设，根据中国人民银行、中国银监会、中国证监会、中国保监会《关于全面推进农村金融产品和服务方式创新的指导意见》，重庆市人民政府印发《关于加快推进农村金融服务改革创新的意见》（简称《意见》）。《意见》充分肯定全市农村经济体制改革尤其是产权制度改革取得的成绩，提出加快推进农村金融服务改革创新工作目标：以全面推进农村土地承包经营权、农村居民房屋和林权等产权抵押融资为核心创新农村金融制度，以发展新型农村金融机构为重点创新完善农村金融组织体系，以推动农村信贷资产和权益流转、建立农村金融风险分担机制为中心创新农村金融服务配套支撑体系，为农村经济社会发展提供全方位的金融支持。《意见》提出 6 个方面的创新内容，一是创新农村金融服务制度，二是创新完善农村金融组织体系，三是创新农村金融服务模式，四是建立农村金融风险分担机制，五是建立完善农村产权抵押融资风险补偿机制，六是完善农村金融市场服务体系 。

2014 年 9 月 1 日，重庆市人民政府办公厅印发《关于金融服务“三农”发展的实施意见》。从强化农村金融机构服务“三农”定位、完善农村金融体制机制、大力发展农村普惠金融、引导加大涉农资金投放等十个方面，提出 39 条具体意见。

（二）中国人民银行重庆营业管理部

2006 年 5 月，中国人民银行重庆营业管理部印发《关于金融支持重庆市社会主义新农村建设的指导意见》，明确市内金融机构支持社会主义新农村建设的原则和重点。

2008 年 12 月，中国人民银行重庆营业管理部转发《中国人民银行关于进一步做好农田水利基本建设金融服务工作的意见》，加大农田水利建设金融支持。

2009 年，中国人民银行重庆营业管理部印发《关于金融支持农业稳定发展农民持续增收的指导意见》，转发《中国人民银行关于做好集体林权制度改革与林业发展金融服务工作的指导意见》《中国人民银行关于推进农村信用体系建设工作的指导意见》等政策文件。指导金融机构持续加大对农业发展的支持，促进农民增收；积极创新林业金融产品和服务，支持林业发展；推动完善农村信用体系建设，优化农村金融生态环境。

2010 年 8 月，中国人民银行重庆营业管理部转发《中国人民银行关于全面推进农村金融产品和服务方式创新的指导意见》，同时提出探索重庆市农村金融产品和服务创新之路。继后，人民银行重庆营业管理部、重庆市金融办等 5 机构（部门）又联合印发《关于改善区县金融服务促进重庆城乡统筹发

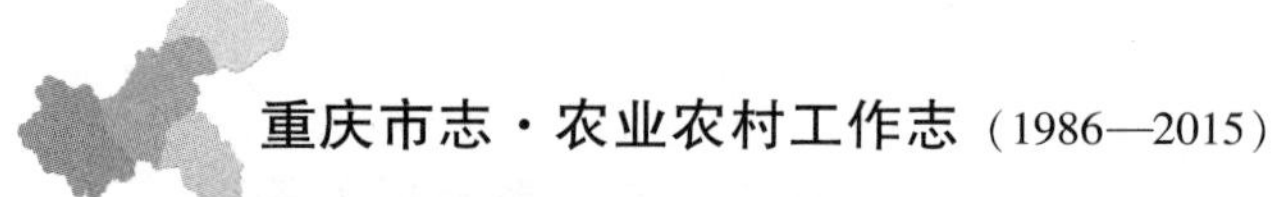

展的指导意见》。

2011年7月，人民银行重庆营业管理部转发《中国人民银行关于推广银行卡助农取款服务的通知》，全面推动和完善农村银行卡助农取款服务。

2013年，中国人民银行重庆营业管理部先后转发《中国人民银行关于加大金融创新力度支持现代农业加快发展的指导意见》《中国人民银行金融支持“美丽乡村”建设行动实施方案》，深入推动农村金融创新，加大对现代农业的金融支持；实施金融支持“美丽乡村”建设行动，推动乡村更好、更快发展。

2014年，中国人民银行重庆营业管理部印发《关于全面实施互助资金组织金融服务提升计划的通知》，转发《中国人民银行关于切实做好家禽业金融服务工作的通知》《关于实施新型农业经营主体主办行制度的通知》《关于进一步发挥支农再贷款降低“三农”融资成本作用的通知》等系列政策文件，提升农村互助资金组织金融服务能力，提升基层金融机构服务水平；加大对家禽业的金融支持，促进家禽业快速发展；创新新型农业经营主体金融产品和服务，支持新型农业经营主体快速发展；运用再贷款货币工具降低“三农”融资成本，支持“三农”快速发展。

2015年3月，中国人民银行重庆营业管理部印发《2015年重庆市信贷投向指引》，将“三农”纳入金融机构信贷投向倾斜类，指导和鼓励金融机构加大“三农”信贷投入。

（三）重庆银监局

2012年6月，重庆银监局转发中国银监会办公厅《关于农村中小金融机构实施富民惠农金融创新工程的指导意见》，该《意见》要求全面提升农村金融服务水平，帮助广大农民群众发展生产，改善生活，加快实现富民惠农奔小康。随后又转发了《关于农村中小金融机构实施金融服务进村入社区工程的指导意见》，提出提高农村金融网点覆盖率和服务便利度；《关于农村中小金融机构实施阳光信贷工程的指导意见》，更好支持社会主义新农村建设，促进农村中小金融机构提升农村金融服务水平，提高农村金融服务的可得性和满足度。

（四）重庆市金融工作办公室

2011年3月，重庆市金融工作办公室、重庆市农业委员会联合印发《重庆市农村土地承包经营权抵押登记实施细则（试行）》的通知，对农村土地承包经营权抵押登记应当遵循的原则、抵押适用范围，申办抵押的条件、登记机关的职责等进行了严格规范。

三、金融支农成效

2010年年末，全市涉农贷款余额1 970亿元，占全市各项贷款余额的17.9%。

2011年重庆市辖内涉农贷款呈现快速、稳定的增长态势，重庆辖区内涉农贷款余额达到2，417.2亿元，较2010年末增加434.6亿元，增长22.7%，高于全市各项贷款平均增速2.7个百分点。从信贷投放的主体来看，大型银行涉农贷款余额合计733.3亿元，占全市涉农贷款余额的30.3%，较2010年末余额增加92.54亿元，增长14.4%；政策性银行涉农贷款余额合计799.9亿元，占全市涉农贷款余额的33.1%，较2010年末余额增加123.2亿元，增长18.2%；中型银行涉农贷款余额合计178.3亿元，占全市涉农贷款余额的7.3%，较2010年末余额增加68.1亿元，增长64.9%；辖内中小法人银行涉农贷款余额合计705.7亿元，占全市涉农贷款余额的29.2%，较2010年末余额增加150.7亿元，增长27.1%。特别是农业发展银行、农业银行、邮储银行和重庆农村商业银行四家涉农银行涉农贷款余额较2010年末增加278.8亿元，增长22.9%，高于贷款整体增速3.2个百分点，圆满实现银监会“一个高于”的工作目标。同时，辖区内各银行业金融机构紧扣城乡统筹发展的重点、难点，持续加大对薄弱环节的信贷支持力度。2011年，重庆市辖内各银行业金融机构积极探索信贷产品和服务模式创新。

一是积极试点“三权”抵押融资业务，至 2011 年年末，辖区内银行业金融机构累计投放“三权”抵押贷款达到 114 亿元。二是立足自身市场定位开展了多种形式创新，邮储银行推进信用村建设工作；农业银行全年共核准备案农户小额贷款项目 96 个，授信金额达到 3. 2 亿元；进出口银行积极探索支持渝东南、渝东北地区加工贸易梯度转移项目，累计支持了 16 个重点承接地项目，实际投入贷款达到 42. 6 亿元；重庆农村商业银行创新推出了农村宅基地复垦贷款、农村建设用地复垦项目收益权质押担保贷款，通过持续的积累，该行涉农专属信贷产品已达 26 个，形成了较为完整的支农产品体系。此外，农业发展银行、华夏银行也推出了相应的产品，加大对农业科技企业的支持力度，并取得了较好的效果。

农业银行重庆市分行经过三年多的“三农”金融服务改革试点，其单独核定涉农信贷计划、单独构建“三农”信贷管理体系、单独建立事业部会计核算体系、单独实施风险拨备与核销政策、单独资金管理运行、单独制定考核激励约束机制的“六单”管理机制逐步构建完善并有效运转。2011 年，“三农”业务经济资本回报率达 45. 3%，较全行整体水平高出 4. 2 个百分点。重庆农商行农户贷款管理改革也初见成效，2011 年，168 个试点分理处全年农户贷款余额 29. 3 亿元，较 2010 年增长 39. 4%，农户贷款的不良率仅为 0. 2%。各新型农村金融机构也立足自身特点，不断完善服务机制，服务效率和水平持续提高。

截至 2015 年年末，全市涉农贷款余额 4 377. 2 亿元，比 2011 年增长 81. 08%，较上年新增 476. 4 亿元。从贷款用途和贷款主体看，涉农贷款主要投向于农村基础设施建设、农林牧渔业生产、农产品流通等领域，企业类涉农贷款占比高于个人贷款。其中，农村基础设施建设贷款余额 1 392. 2 亿元，占全部涉农贷款的 31. 8%；农林牧渔业贷款余额 318. 5 亿元，占全部涉农贷款的 7. 3%。农村企业贷款余额 1 732. 1亿元，占全部涉农贷款的 39. 57%；农户贷款余额 1 188. 3 亿元，占全部涉农贷款的 27. 2%。

在银行机构方面，重庆农村商业银行、农业发展银行、农业银行、国家开发银行、建设银行为涉农投放主力银行，贷款余额分别排前五名，五家银行涉农贷款总余额共 3 221. 12 亿元，同比增长 12. 6%，占全市涉农贷款余额的 73. 59%，比 2014 年同期提高 0. 98 个百分点；五家主力银行全年新增涉农贷款 354 亿元，占全市全年新增涉农贷款的 74. 36%。全市 31 家村镇银行涉农贷款余额 108. 35 亿元，占全市涉农贷款余额的 2. 47%。

在金融产品和服务方面，涉农主力金融机构的金融产品和服务不断丰富，创新推出农村承包土地的经营权、农民住房财产权、林权、农村集体建设用地使用权、塘库堰使用权、农村建设用地复垦项目受益权等多种产权和权利抵（质）押融资业务。

多年的实践证明，金融支农在重庆区域内的具体实施过程，体现出金融机构与农业经营主体“双赢”的效果。

第二节 农业保险

重庆农业保险是在市人民政府和市级财政政策的引导下，从试点开始，逐步发展起来的。其目的是提高农业抗御自然灾害风险的能力，达到稳定农业生产，稳步提高农民收益。

为了促进生猪、奶牛和柑橘发展，探索建立农业风险保障机制，根据中央《关于积极发展现代农业扎实推进社会主义新农村建设的若干意见》和《中央财政农业保险费补贴试点管理办法》的精神，2007 年 8 月，市农业局和重庆市财政局联合向市人民政府报送《关于批转〈重庆市农业保险试点工作的意见〉的请示》。2007 年 9 月，经重庆市人民政府同意，重庆市人民政府办公厅转发《重庆市农业局重庆市财政局〈关于开展农业保险试点工作意见〉的通知》，同意在渝北、合川、黔江和忠县 4 个区县分别开展生猪、奶牛和柑橘等 3 个品种的农业保险试点。随后市农业局采取竞争性谈判方式，选择安诚财产保险重庆分公司为保险试点经办机构。

2007 年 12 月，为积极稳妥推进农业保险试点工作，提高规模种养业的抗灾能力，确保农业生产稳

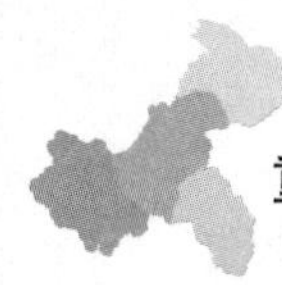

定发展，重庆市财政局根据市人民政府办公厅《关于开展农业保险试点工作意见的通知》要求，制定并印发《关于〈重庆市农业保险保费补贴管理暂行办法〉的通知》。对补贴资金的申报、总额确定、计划下达、资金拨付和监管作了规范。

2008 年 2 月，重庆市人民政府办公厅印发《关于迅速推进我市能繁母猪保险工作的通知》，在全市范围内开展能繁母猪保险工作。根据市农业局、市财政局的意见，委托人民保险财产保险股份有限公司重庆市分公司（简称：人保财险）牵头承办能繁母猪保险工作，同时选择中华联合财产保险股份有限公司重庆分公司为共保公司。渝北、合川、黔江、忠县、涪陵、荣昌等六区县的能繁母猪保险工作，由安诚财产保险重庆分公司协助人保财险股份有限公司重庆市分公司办理。同年，重点开展的保险试点品种为生猪、能繁母猪、奶牛、柑橘。全年共承保生猪 69.9 万头，承保奶牛 9 944 头，承保柑橘 1.4 万亩，承保能繁母猪 122.2 万头，保费 7 012 万元，保障金额 12.3 亿元。

2009 年，市内农业保险试点范围、险种扩大，新增涪陵和荣昌两个区县开展生猪保险试点，在全市范围内开展奶牛保险和龙头企业生产基地的柑橘保险，继续在全市开展能繁母猪保险，在部分桑蚕养殖区县开展桑蚕保险。由于试点范围的扩大，主要承保险种的新增量分别为生猪 87 万头、奶牛 0.7 万头、柑橘 7 万亩、能繁母猪 131 万头。为 80 余万农户提供了 13 亿元的风险保障。

2010 年，安诚财产保险公司累计承保渝北、合川、黔江、涪陵和荣昌等五个试点区县的生猪 113.55 万头，承保涉及全市各区县的奶牛 1.37 万头，市级以上龙头企业柑橘生产基地 25.36 万亩，保费 4 514.4 万元，提供了风险保障 9.9 亿元。人保财险重庆分公司累计承保能繁母猪 47.28 万头，保费 2 837 万元，风险保障金额 4.7 亿元。在渝东南、渝东北地区 17 个区县开展鸡、鸭、鹅、牛、羊、兔等 6 类 9 个险种的农业保险。部分区县农业主管部门与商业保险公司共同开发和推进种家禽保险、蛋禽保险、蚕桑保险、种兔和肉兔以及水稻保险试点。

截至 2010 年年底，安诚财产保险公司、人保财险公司及其他商业保险公司累计承保生猪 265.6 万头，承保奶牛 3.2 万头，承保龙头企业柑橘生产基地 32.4 万亩，承保能繁母猪 302.2 万头，畜禽保险 9 个品种，保费约 2.6 亿元，提供保险金额近 50 亿元。

2011 年，农业保险主要险种在全市整体推进，共计承担保险责任 34.8 亿元，农业保险保费 1.34 亿元。全年累计承保生猪 194.7 余万头、能繁母猪 68 万头、奶牛 15 840 头，为奶牛养殖产业承担风险责任 1.45 亿元。

2012 年，重庆市已有生猪、柑橘、奶牛、水稻、家禽等 13 个品种纳入政策性农业保险范畴，基本实现了主要农业产业全覆盖。柑橘、奶牛、能繁母猪基本实现"应保尽保"，拓展商业林木、肉牛、蚕桑、辣椒、魔芋等地方特色产业保险，保费 1.6 亿元，承保金额 92.2 亿元。全市共计参保额 39.2 亿元，较上年同比增长 12.6%，惠及农户约 50 余万户（次）。2013 年，全市开展包括能繁母猪、奶牛、生猪、柑橘、水稻、玉米、马铃薯、森林等农业保险险种 24 个，惠及农户 130 余万户（次），参保额 90 亿元，其中政策性农业保险 87 亿元。能繁母猪和奶牛保险已覆盖全市，生猪保险覆盖 24 个区县；畜禽保险覆盖渝东北、渝东南地区；柑橘保险覆盖 200 亩以上的生产基地；森林保险覆盖 8 个区县。当年，还分别在不同区县启动了 100 万亩水稻、100 万亩玉米和 100 万亩马铃薯保险试点。保险业务由中国人民财产保险股份有限公司重庆市分公司和安诚财产保险公司分别承担。2014 年，全市农业保险险种达 28 个，其中政策性农业保险险种 26 个，参保额 100 余亿元，参保农户 100 余万户（次）。农业保险签单保费合计 2.27 亿元，其中财政补贴金额 1.71 亿元。共提供风险保障金额 202.6 亿元。

2014 年 9 月，重庆市人民政府办公厅印发《关于金融服务"三农"发展的实施意见》，就保险业服务"三农"提出明确要求。一是进一步创新农业保险品种。积极推动保险公司加大农作物保险、主要畜产品保险、重要"菜篮子"品种保险和森林保险发展力度，推广农房保险、农村小额贷款保证保险等涉农保险业务。探索生猪、蔬菜价格指数保险等新型保险产品，拓展地方优势特色农产品保险，完善对农产品生产经营环节的风险分散机制。二是加大中央财政补贴的农业保险品种在重庆市的推广力度，力争到2017年，基本实现纳入中央财政及市级财政补助的政策性农业保险全覆盖、商业性农业保险及其他涉农保险广覆盖。三是加快研究建立农业保险大灾风险分散机制。着力研究建立重庆市农业保险大灾风险分散机制，逐步建立大灾风险补偿基金、再保险相结合的大灾风险分散机制。四是加快基层农业保险服务网点建设。建立适应“三农”保险需求的服务网络体系，农业、林业部门及基层农技服务机构、村民自治组织应协助保险公司开展农业保险知识宣传，在职责范围内参与开展政策性农业保险核保、核赔等服务，形成责权利清晰、运行透明规范的工作格局。五是加强农业保险基层服务制度建设。制定出台加强农业保险财政补贴资金监管办法，规范基层技术服务机构参与农业保险工作职责和工作经费使用行为，明确相关责任追究办法，逐步形成覆盖农业保险工作全流程的监督管理制度。建立健全农业保险经营资质、从业人员执业资格、基层保险服务机构建设、产品审批备案、中介服务规范等相关管理制度，指导保险公司合规经营。六是对涉农保险给予财政支持。建立市、区县财政共同支持农业保险发展的配套机制，对农业保险的补贴原则上不低于总保费的70%；各区县（自治县）自主实施的农业保险品种，由市财政采取以奖代补的方式给予适当支持。完善小额贷款保证保险风险补偿专项资金管理，对赔付率超过130%部分的贷款损失，按80%的比例对金融机构进行补偿；积极鼓励具备条件的涉农区县（自治县）设立专项资金，按贷款金额的一定比例给予金融机构补贴。

2015年，在政策的支持和引导下，全市进一步扩大政策性水稻、玉米、马铃薯和油菜保险试点区域和面积，政策性种植业保险面积达到430万亩，其中水稻185万亩；玉米150万亩；马铃薯60万亩；油菜35万亩。全市农业保险险种35个，其中政策性农业保险险种31个。在政策性保险险和中，享受中央财政补贴险种9个，市级财政补贴险种3个，区县特色效益农业险种19个。

从2007年试点开始至2015年年末，参与重庆市农业保险业务的保险机构主要有人保财险、安诚财险、阳光财险、中华联合等4家公司。全市保险金额达135.81亿元。其中，中央财政补贴险种9个，投保全额127.33亿元，参保农户98.49万户（次），受益农户15.30万户（次）；市级财政补贴险种3个，投保全额3.89亿元，参保农户4.37万户（次），受益农户1 312户；区县特色效益农业险种19个，投保全额3.56亿元，参保农户2.31万户（次），受益农户2.03万户（次）；目标价格（水稻、蔬菜、生猪）土地收益等新型险种，投保金额达1.03亿元。

第三节　农业担保

为了大力支持农业、农村经济发展，扶持三峡库区产业，破解农业贷款难、贷款成本高的难题，2006年重庆市人民政府先后批准组建国有“重庆市农业担保有限公司”“重庆市三峡担保集团有限公司”。为了盘活农业资产，创新融资渠道，2011年批准组建了国有“重庆兴农融资担保集团有限公司”。2015年末，重庆市农业担保公司、重庆市三峡担保集团有限公司、重庆市兴农融资担保集团有限公司等3家国有涉农担保公司，累计担保投放“三农”的信贷资金达500亿元左右。

一、重庆市农业担保公司

2006年，重庆市委、市人民政府决定由市财政出资、监督，市农委受托履行出资人职责并牵头，组建国有重庆市农业担保有限公司（简称“农担公司”），主要为家庭农（牧渔）场、种养大户、农民合作社、农业企业、农业社会化服务组织等新型农业经营主体提供信贷担保业务，注册资本1 000万元。

公司成立后，坚持“政策性、专业性、独立性”经营原则，紧紧围绕本市现代特色效益农业、农村一、二、三产业融合发展和扶贫、脱贫目标，不断创新财政和金融协同支农机制，积极完善建设全市农业信贷担保体系，着力有效解决新型农业经营主体“融资难”“融资贵”问题。一是高度契合市委、市人民政府区域发展战略定位，围绕市农委以及辖区内各区县（自治县）现代特色效益农业及示范带

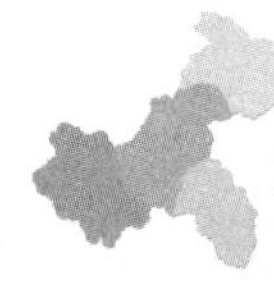

动产业，推广实施供应链、产业链担保贷款。二是发挥融资性担保对新型农业经营主体发展的桥梁和“孵化”作用，已培育出一批符合在多层次资本市场融资的农业企业，其中4家成功实现资本市场上市，5家引入基金投资，20多家进入了重庆市股权转让中心，79家企业及农民合作社由小到大，逐步成为国家级、市级、县级龙头企业及示范社，实现了经营管理能力的升级。三是让利新型经营主体，加大对贫困区倾斜扶持力度。坚持把农民合作社、家庭农场、种养大户和小微企业等新型农业经营主体作为融资担保的主要目标客户，融资担保项目个数达48%，按“让利新型经营主体、增强目标客户信赖”的原则，尽可能降低收费或免收费。此外，积极争取向农业部申请专项补贴资金，实行全额贴费，切实解决他们“融资难”“融资贵”问题。同时，加大渝东北、渝东南贫困区县倾斜扶持力度，使其担保融资额占总额50%，担保费率控制在2%。探索以信用、生物资产、农村产权等轻（弱）资产抵（质）押为主反担保。四是根据重庆市财政局农业专项资金使用管理的有关要求，承接实施新型农业经营主体担保贷款贴费补助项目，结合项目实施相关规定及公司业务拓展实际，合理安排使用补助专项经费，进一步创新财政资金支农方式，撬动更多金融资本、社会资本投向新型经营主体，探索解决其融资难题的新路子，改善新型经营主体融资环境，不断增强新型经营主体的引领带动能力和市场竞争能力。

截至2015年年末，公司资本已达3.65亿元，公司融资担保余额约10亿元。2006—2015年，担保贷款的2 000余个项目全部为涉农项目，其中农林牧副渔项目（含种植业、畜牧业、渔业及其初加工营销业，小微专用农资、小微特色农用机具）占90%以上。累计提供融资担保贷款77.98亿元，解除担额67.88亿元。

二、重庆市三峡担保集团有限公司

2006年，重庆市人民政府批准，市国有资产监督管理委员会牵头组建了以“服务库区产业发展、增加移民就业、促进全市经济社会发展”为服务宗旨，为全市中小企业和基础设施建设提供融资性、非融资性担保的重庆三峡担保集团股份有限公司（简称“三峡担保”）。

“三峡担保”自成立以来，始终秉承“政策性目标、市场化手段”的经营理念，全力服务地方经济，积极助推“三农”发展，为解决农业企业融资难题、促进农业产业发展、实现农民增收致富而持续努力。

2007年，“三峡担保”在重庆市内分别设立了万州、黔江、江津三家分公司，扶农范围进一步扩大至渝东北、渝东南和渝西地区。公司借助银行等金融机构渠道资源以及控股子公司“金宝保”互联网平台对接低成本资金，降低融资成本；同时，积极与中国扶贫基金会、农户专业合作社等开展业务合作，为农业企业提供担保服务、资金支持以及咨询服务。

为支持农业企业更具针对性，“三峡担保”编制了《行业投向指引》，将农业列为“适度支持类”行业，并细分行业具体到农村基础设施、公共服务、农业产业化、农村特色产业增收、农业生态旅游观光、高山生态移民搬迁等。在具体的项目选择上坚持效益优先原则，选择行业重点地区和行业内较优质企业，加大支持力度，使该行业客户年新增担保额实现稳步增长，在保余额稳中有升。

截至2015年年末，“三峡担保”通过融资担保和增信服务，为近500户“三农”企业提供融资支持近10多亿元，具体涉及行业包括农林牧渔、农机制造、农副产品加工、农药和农业机械销售等。在众多的担保项目中，经济效益和社会效益显现突出的为数不少，其中典型实例如：

（一）重庆市黔江区惠康地牯牛专业合作社

该合作社成立于2008年9月，主要从事地牯牛、萝卜、辣椒等农作物种植、收购、销售。合作社采用“基地+农户”的经营模式，坚持以农民为主体，基地为载体，按照农民意愿，独立自主地开展劳动合作、资本合作、技术合作和销售合作。同时，该合作社与当地农业产业化龙头企业蓬江食品有限公司签订了长期购销协议，成为该企业主要的原料供应商。

为解决合作社流动资金，“三峡担保”作为政策性担保机构，架起企业与银行之间的桥梁，为惠康地牯牛专业合作社提供担保增信。2013 年为该公司提供第一笔额度为 225 万元的融资担保，之后于 2014 年、2015 年又分别为其提供 300 万元、300 万元的续保。通过资金注入，使之生产规模扩大，就业人员增加，种植农户普遍增收。同时惠康地牯牛专业合作社有效解决了重庆市蓬江食品有限公司的原材料供应问题，使产业链得到巩固并进一步延伸，有效地促进了特色优势农产品加工业的发展，取得了明显的经济与社会效益。

至 2015 年年底，“三峡担保”已累计为该公司提供 825 万元融资性担保，为企业生产经营与发展提供了大力支持。

（二）重庆威凯农业发展有限公司

该公司成立于 2011 年 9 月，注册地在重庆市铜梁区，经营范围包括花木苗、瓜果、蔬菜、树木生产、批发和零售；水产养殖、销售和技术咨询服务；农业科技、信息技术咨询；农业观光旅游等。

威凯农业公司成立以后，决定在重庆市铜梁区黄门村打造“彩色农业风情生态观光园”。“三峡担保”在对其考察论证，确认担保可靠的基础上，于 2014 年 4 月为其提供 3 年期 3 000 万元的固定资产贷款担保，用于观光生态园中的子项目“黄桷门奇彩梦园”的建设。

在威凯农业公司的带动下，当地大力发展旅游观光农业，继后又建成了西部农林大世界生态农业旅游景区，最终可形成以巴岳山玄天湖温泉度假区为核心、西部农林大世界、黄桷门七彩梦园等项目为重点的片区式生态农业旅游一体化基地，为当地特色农业的发展创出一条新路。

三、重庆兴农融资担保集团有限公司

2011 年 8 月，经重庆市人民政府批准同意，由市国资委牵头组建的全国第一家主司农村“三权”抵押融资的市属国有重点企业“重庆兴农融资担保集团有限公司”成立（简称：“兴农担保”），公司注册资本 30 亿元。目的是为统筹城乡发展，深化农村金融改革、助推农业现代化和实现农民脱贫致富。

为了促进涉农担保业的健康发展，2014 年 9 月，重庆市人民政府办公厅印发《关于金融服务三农发展的实施意见》（简称《实施意见》），《实施意见》要求：积极贯彻《重庆市人民政府关于加快推进农村产权抵押融资工作的意见》精神，深入推进农村产权抵押融资，创新信贷产品及抵押担保方式，在农村土地承包经营权、农村居民房屋、林权基础上不断拓宽可作为贷款抵押物的农村产权范围，结合农业产业化工程推进探索将相关资产作为贷款抵押物；对涉农融资性担保给予财政支持，对融资性担保公司为农村地区小微企业融资贷款收取的担保费率在 2% 以下的新增担保发生额，给予担保机构 0.5 个百分点补助。对农村地区微型企业创业扶持贷款和农户土地收益保证贷款，担保机构按不高于 1% 收取担保费的，由市财政按担保金额的 1% 给予担保费补助。

在政策的支持和引导下，公司坚持“以农为本”的服务宗旨，不断探索创新，为农村“三权”抵押融资提供了可复制、推广的经验。公司成立以来，发挥作用所呈现出的社会效益明显。具体表现在五个方面：

一是有效引导大量金融资本投向“三农”。按照支持新型农业经营主体做大做强、促进农业加快转变发展方式、加快农村基础设施建设的总思路，着重为农业企业、专业合作社、股份合作社、家庭农场、农户发展现代农业和地方政府推进新农村建设、水利建设、电力建设、旅游开发、农村公路建设提供融资增信服务。截至 2016 年年末，已引导金融机构向“三农”投入资金 16 123 笔、423.4 亿元。

二是有效解决“三农”抵押物不足难题。“兴农担保”针对“三农”融资“硬资产”抵押物不足状况，将农村“三权”和承包土地收益权、生物性资产、水域滩涂养殖权、农业机械设备、农村集体建设用地等农村资产进行价值评估、纳入反担保物范围和实施经营管理，有效将农村“软资产”

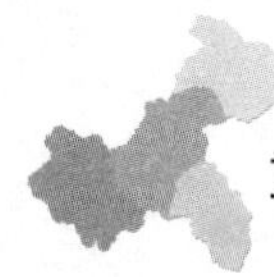

转化为“硬资产”。公司成立至2016年末，累计涉及农村土地沉睡资源12.7万公顷，带动融资200多亿元。

三是有效降低“三农”融资成本。按照“以商补农”的思路，执行差别化定价制度，对涉农项目执行不高于2%、特殊群体执行不高于1%甚至免费的低担保费率政策，让“三农”切切实实地得到了实惠。2016年，“兴农担保”已将涉农项目实际综合成本控制在8%以内，低于社会平均融资成本。

四是有效满足“三农”多样化融资需求。主要采取3种方式：其一，通过内部基金管理公司、小贷公司、公司的P2P平台，或通过银行、信托、租赁等合作方，解决涉农产业基地打造、基础设施建设等中长期项目的资金需求。截至2016年年末，已帮助解决项目融资260多亿元。其二，对于成长性好、科技含量高、带动作用强、市场前景好的农业企业，通过资产管理公司进行股权投资，减轻企业投资成本，同时帮助其规范管理，达到融资又融智的效果。其三，根据不同区域、不同涉农主体、不同经济形态等要素创新设计了“整村联保”“农户贷”“家庭农场贷款担保”“青年创富通”“信用担保”等级20种金融产品，尽最大可能满足“三农”多样化融资需求。

五是有效引领农业信贷担保发展。主要体现为“四个率先”，即：率先建成以股权关系为纽带，可复制、可推广的农村金融综合服务体系；率先推出农业集群及批发、农业产业链金融业务开发模式，确保农业信贷担保业务低成本、低风险、高效率地持续拓展；率先建成“三农”大数据库，及时反映重庆“三农”发展状况、掌握“三农”融资需求，针对性地设计金融产品和管理风险；率先建立农村资产价值评估标准体系。

为有效盘活“三权”资产，切实解决“三农”融资难问题，2015年，兴农担保根据《重庆市人民政府关于加快推进农村产权抵押融资工作的意见》文件精神和有关法律法规，印发了《农村资产收益保证贷款及资产管理业务管理办法（暂行）》《微型企业创业扶持贷款担保操作流程（暂行）》《农村承包流转土地收益权担保业务管理办法（暂行）》《农业旅游担保融资业务指引（试行）》《集团公司关于加强金融支农与金融扶贫工作的通知》《集团公司关于推动全市精准扶贫精准脱贫工作的实施意见》等规定制度。

截至2015年年末，全市累计实现产权抵押融资827.2亿元，贷款余额275.58亿元。其中办理涉农动产抵押269件，融资金额11.61亿元。

第四节　农村合作基金会

农村合作基金会（以下简称“基金会”）是20世纪80年代农村经济体制改革中的产物。“基金会”在坚持资金所有权和收益权不变的前提下，由农村集体经济组织及其成员按照自愿互利、有偿使用的原则而建立，主要从事资金管理和融通活动的资金合作组织。“基金会”的功能定义为“会员内部融通资金、发挥农村金融补充性作用；通过资金互助形式管理农村集体资金；通过调剂资金余缺，支持本乡镇、本村范围的农户和企业发展生产”3个方面。

重庆农村合作基金会从试点开始到清盘停业，历时16年。大体经历了自发探索、试点示范、全面发展、高速扩资、运行管理、清理整顿等6个阶段。

基金会的形成、发展，在特定历史时期缓解了农业、农村投入严重不足、融资难问题，促进了农业农村经济，特别是乡镇企业的发展，壮大了农村集体经济。

由于基金会无序发展、监管不力，暴露出的问题越来越多，与国家金融业的准入条件和严格的规范管理要求差距越来越大，最终在政府的主导下停业、清算、关闭。

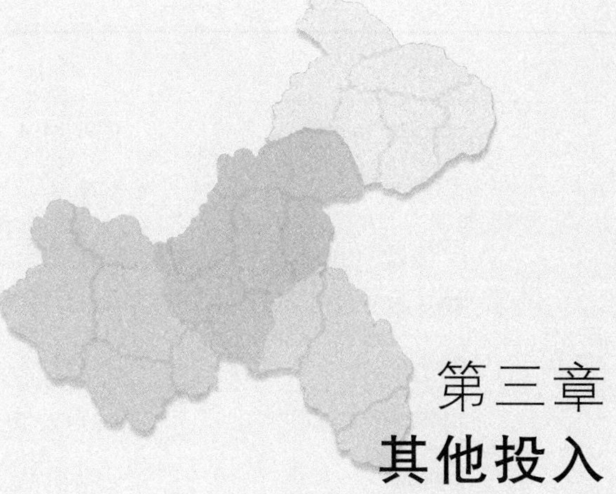

第三章
其他投入

第一节　集体经济组织、农户投资

1986—1992 年，农村经济呈现城乡结合、城乡一体化发展的新趋势。这一时期虽然粮食连年丰收，但农村集体经济、农民家庭收入依然比较薄弱。因此，本阶段农村集体经济组织用于农业再生产和农村公益的投入相对较少。1993—1996 年，随着各级政府对农业的重视，财政资金投入增加，对扩大农业再生产、农村公益投入的引导作用增强，对农村集体经济组织资金投入起到一定的带动作用（表 6－3－1）。

表 6－3－1　四川省重庆市 1993—1996 年农村集体经济组织资金投入统计表

单位：万元

年度	合计	扩大再生产	农村公益
1993 年	46 039	39 926	6 113
1994 年	33 847	29 074	4 773
1995 年	54 990	46 482	8 508
1996 年	13 600	13 600	—

资料来源：《重庆年鉴》《农经统计年报》。

1997—2015 年，随着农村经济的不断发展，加上重庆直辖后中央对重庆的财政支持力度加大，持续带动了农村集体经济组织的投入（表 6－3－2）。

表 6－3－2　1997—2015 年重庆市农村集体经济组织资金投入统计表

单位：万元

年度	合计	扩大再生产	农村公益
1997 年	15 792	15 792	—
1998 年	19 017	19 017	—
1999 年	21 524. 2	21 524. 2	—

（续）

年度	合计	扩大再生产	农村公益
2000 年	9 774.4	9 774.4	—
2001 年	20 342.7	20 342.7	—
2002 年	13 595	13 595	—
2003 年	11 279.35	11 279.35	—
2004 年	7 507.8	—	7 507.8
2005 年	11 893.3	—	11 893.3
2006 年	8 019	—	8 019
2007 年	19 295.88	—	19 295.88
2008 年	30 834.76	3 575.38	27 259.38
2009 年	36 762.3	4 158.1	32 604.2
2010 年	51 128	4 827.9	46 300.1
2011 年	37 445.3	5 325.4	32 119.9
2012 年	51 099.3	12 578.67	38 520.63
2013 年	41 044.5	1 794.4	39 250.1
2014 年	43 089.5	7 586.6	35 502.9
2015 年	44 192.9	6 952.9	37 240

数据来源：《重庆农经统计年报》。

第二节　农户投劳及以资代劳投入

1986 年，重庆市农民年纯收入 438 元，1992 年达到 773 元，农户基本没有用于农业再生产和农村公益投入的能力。为了逐步解决这个问题，一些地方先后开始采用向农民集资的方式筹集资金，用于扩大再生产或农村公益建设。由于少数地方没能准确掌握农民的负担能力，工作方法简单，把向农户集资逐步演变成为变相摊派，加重了农民负担，直接影响到干群关系和农村社会稳定。这一现象引起中央和地方党委政府的高度重视。1993 年、1994 年期间，中共中央、国务院，中央办公厅、国务院办公厅就减轻农民负担问题印发多个文件；重庆市委、市人民政府认真贯彻落实中央精神，颁布了《重庆市农民负担管理规定》，1994 年 8 月，重庆市农业委员会发出通知，在全市开展农民负担专项审计。

1994 年 11 月，重庆市人大常委会发布《关于公布施行〈重庆市农民负担管理规定〉的通知》（简称《通知》）。为了贯彻落实《通知》精神，重庆市农业委员会先后印发《关于继续做好农民负担监督管理工作的意见》《关于全面推行农民负担监督卡制度的通知》，同时采取检查、监督，责任追究等措施，农民负担过重问题得到遏制（表 6－3－3）。

重庆直辖后，为了防止农民负担反弹，对农业扩大再生产，农村公益事业（农田水利建设、村级道路修建、植树造林等）的投入作出进一步规范。2002 年开始，在原有的劳动义务工和劳动积累工之外，增加农村公益“一事一议”筹劳或以资抵劳；2007 年开始取消了两工（义务工、积累工）。所有农户投入规范管理的核心是“坚持群众路线，实行一事一议”（表 6－3－4）。

表 6-3-3　四川省重庆市 1993—1996 年农户投劳及以资代劳投入统计表

年度	合计（万个）	劳动义务工（万个）	劳动积工（万个）	其中：投资/折劳（万元/万个）
1993 年	11 529	3 376	5 930	4 692/2 223
1994 年	12 057	3 600	6 138	6 720/2 321
1995 年	12 694	3 641	6 111	7 157/2 942
1996 年	13 071	4 292	6 438	6 451/2 341

说明：1. 投劳折资包括义务工和劳动积累工；2. 数据来源重庆农经统计年报。

表 6-3-4　1997—2015 年重庆市农户投劳及以资代劳投入统计表

年度	投劳合计（万个）	两工投劳（万个）	一事一议投劳（万个）	其中：投资/折劳（万元/万个）
1997 年	32 517	25 336	—	22 211/7 181
1998 年	27 658. 7	21 673. 7	—	25 350/5 985
1999 年	25 757. 7	21 133. 2	—	19 233. 7/4 624. 5
2000 年	14 758. 8	12 228. 9	—	9 669/2 529. 9
2001 年	2 258. 8	1 928. 8	—	1219. 5/330
2002 年	1 619	366	1 066	1 312/187
2003 年	870. 53	319. 73	398. 6	1 069. 7/152. 2
2004 年	928. 8	221. 1	488. 2	1 742. 1/193. 2
2005 年	928. 8	93. 3	815. 4	1 237. 8/20. 1
2006 年	1 122	63	1 052	73/7
2007 年	1 519. 35	—	1 342. 81	以资抵劳（下同）176. 54（万个）
2008 年	1 473. 28	—	1 352. 08	121. 2
2009 年	2 527. 4	—	2 112. 8	414. 6
2010 年	1 738. 3	—	1 268. 8	469. 5
2011 年	1 383. 7	—	1 060. 9	322. 8
2012 年	616. 87	—	409. 7	207. 17
2013 年	446. 7	—	354. 3	92. 4
2014 年	480. 6	—	389. 1	91. 5
2015 年	454. 4	—	391. 4	63

说明：数据来源为重庆农经统计年报。

第三节　社会工商资本

重庆社会工商资本涉足农村、农业起于 80 年代，最初多以独资或联合兴办乡镇企业，且以农产品、机械零部件加工业为主。重庆直辖之初的 1997 年，重庆市乡镇企业签订的横向联合项目协议达 782 个，总投资额达到 35. 1 亿元，当年实际完成投资 21. 29 亿元，其中引进资金 11. 94 亿元。在发展城乡联合、中外合资经济的同时，乡镇企业东西合作的步伐加快。以万县市为例，该市在与对口支援三峡库区省市的联系中，1997 年签订的合作项目协议就达 16 项；其中：五桥区与上海联合兴建沪江人造纤维板有限公司，总投资 2 800 万元；云阳生物技术厂引进河南华夏工业技术开发公司的资金，共同投资 2 000 万元，形成了年产氨基酸口服液 1 亿支的能力，产品销往国际市场。

随着农村土地流转，农业产业化的兴起，社会工商资本投资领域逐步扩大，从传统的种植业、养殖业、农产品加工业拓展到园区建设、农业生态、新农村建设、乡村旅游等各个方面。

重庆直辖前，农业系统没有设立专门负责面向社会“引资入农”机构。1997 年重庆直辖后，根据市委办公厅、市人民政府办公厅《关于印发中共重庆市委农村工作委员会、市人民政府农村工作办公室职能配置、内设机构和人员编制的通知》，明确在市人民政府农村工作办公室（简称市农办）部门机构中设“外经外事处”。之后，招商引资工作成为“外经外事处”的主要工作之一，也成为引导工商资本进入农业农村的承办机构。社会工商资本对农业的投入从自发、分散逐步向组织化、成规模的趋势发展起来 。

1998 年，农业招商引资力量加强，步伐加快。全市各类城镇工商企业投资农业项目 174 个，总投资 42 亿人民币。全市农业协议引进市外资金 2. 587 亿元，实际落地的市外资金 3 360 万元。1999 年，招商引资取得新的突破。由市人民政府主办，市农办、市外经贸委承办首次农业投资洽谈会，会议推荐了 100 个重点项目，投资金额达 60. 28 亿元。洽谈会期间签约 52 个项目，签约金额 10. 75 亿元人民币，1 376 万美元。签约项目涉及农业种植业、养殖业、加工业和基础设施建设、农副产品购销。全市农业协议引进市外资金 27. 6 亿元，实际引进市外资金 9 897. 5 万元。

2000 年，农业对外开放进一步扩大，全市农业协议引进市外资金 5. 2 亿元。实际引进市外资金 1. 5 亿元。2001 年，全市农业系统协议引进市外资金 5. 93 亿元，实际到位 2. 03 亿元，较上年增长 35. 3% 。

2002 年，农业对外经贸实现新突破，成功引进了希望集团，澳门恒河果业，新加坡新涪食品、复发中记等国内外知名企业，实际到位 1. 26 亿元（表 6 - 3 - 5）。

表 6 - 3 - 5　2003—2007 年社会资本投资重庆农业情况表

年度	市外国内资金（万元）	
	协议引资	到位资金
2003 年	78 100	14 500
2004 年	35 620	15 501. 8
2005 年	59 850	16 010
2006 年	250 646	47 488
2007 年	229 550	20 841

2009 年，重庆市农委完善农业招商引资项目库建设。收集、储备重大农业招商项目 173 个 。深化了农业招商引资工作机制。通过组织招商小分队，牵线搭桥，加强项目对接，全年实现农业招商引资 129 亿，其中市内城市工商企业到农村投资达到 3 922 家，小天鹅、阿兴记、德庄等民营企业纷纷投资农村，建立企业自己的原材料基地。新增投资达 38. 45 亿元；市外资金 82. 87 亿元，包括引入了浙江温州国豪集团、福建同发集团、四川阳明集团等一大批市外民营企业入渝开发特色产业；国（境）外资金 1. 13 亿美元。

2010 年，市农委收集、储备重大农业招商项目近 200 个，全市农业项目招商协议引资额 180 亿元，其中境外引资额超过 1 亿美元。2011 年，全市全年协议引进项目 39 个，协议资金 184. 7 亿元，其中外资 2 亿美元。

2012 年，市农委进一步收集、完善了重庆市农业招商引资项目库，并加强在国（境）内外知名展会、各类经贸投资会上的宣传推介。积极支持重庆台湾农民创业园、潼南现代农业园区、綦江食品工业园等重点园区加强宣传、包装和举办各种农业招商引资活动，加快推动区县农业招商引资。在全市上下的共同努力下，全市实现农业招商引资协议约 190 亿元。2013 年全年农业招商引资签约金额 199 亿元。

2014 年，市农委积极推进项目对接，促成重庆恒鑫房地产开发有限公司投资 2. 35 亿元的恒鑫正大百万蛋鸡项目、重庆市绿满家实业有限公司投资 5 亿元的肉牛生态养殖及现代农业综合开发项目签约。全年招商引资协议投资金额 153 亿元。2015 年，全年招商引资协议投资金额达到 186 亿元。

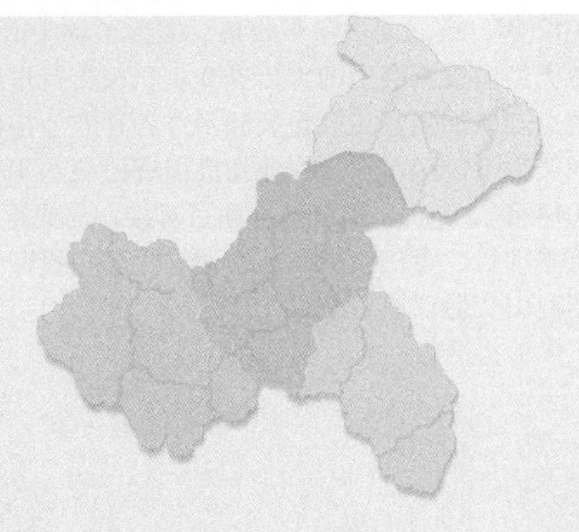

第四章
投入资金监管

一直以来，重庆市人民政府对农业投入资金特别财政资金监管都十分重视。农业资金监管重点也是对财政投入资金的监管。监管方式一是靠资金（财务）管理制度，二是靠监督（监察、审计、社会）管理工作。资金管理制度按层次分为：财政部、农业部单独或联合制发的有关农业资金管理办法（规定）；市财政局、市农业主管部门单独或联合印发（转发）的资金管理办法（规定、意见、通知）；农业主管部门根据财政部门的要求制定的内控（资金拨付、报账、结算）制度。监督管理工作分为行政监察（包括对农业资金分配、使用，农业工程项目申报、招标投标、政府采购、工程实施的监督，对工作人员违反廉政规定处理，涉农资金违规案件调查等）和财务审计（包括国家专项审计、审计机关审计、中介审计、内部审计），监察、审计工作包括制度建设和具体实施的监督检查、审计工作。

第一节　监管制度

一、资金管理制度

（一）财政部、农业部单独或联合制发的主要农业资金管理办法（规定、意见）

1986—2005 年，财政部印发的主要涉农资金文件有：《关于农业发展基金使用管理的试行规定》《财政支农资金项目管理试行办法》《基本建设财务管理若干规定》《国家农业综合开发资金和项目管理办法》《财政农业专项资金管理规则》《中央财政支持农业产业化资金管理暂行办法》等。

财政部、农业部联合印发的主要涉农资金文件有：《农业生产救灾柴油、化肥补贴资金使用管理办法》《“科技兴农”资金管理办法》《粮食自给工程资金项目管理办法（试行）》《禽流感防治经费管理若干规定》《农村劳动力转移培训财政补助资金管理办法》等。

2005 年以后，中央出台多项支农惠农政策，中央财政同时给予资金支持，并由财政部单独或会同农业部制发相关资金的使用管理规定（办法）。按类分：一是支持农业发展补贴资金，主要补贴项目有粮食直补、良种补贴、农资综合补贴、农机具购置补贴、政策性农业保险补助，粮食、油料、生猪、奶牛生产大县奖励补助；二是产粮大县的奖励资金；三是现代农业发展专项资金，主要用于扶持生猪、奶业、油料生产发展，支持规模化标准化生产；四是支持农业新品种繁育和新技术推广，提高农产品科技含量资金；五是支持农民合作组织发展，提高农民进入市场和应对风险的能力，支持能够有效带动农民增收的农业产业化龙头企业的发展资金；六是支持农业持续健康、稳定发展，实施农业宏观调控，增强农业综合生产能力的农业综合开发资金；七是退耕还林，奶牧还草工程，飞播牧草、草原防火隔离带建设等资金；八是防灾减灾、动物防疫、对农业生产救灾资金和农业保险保费补贴等。每项资金的用途都有明确指向和规定。

为了加强农业基本建设项目管理，规范项目建设程序和行为，全面提高农业基本建设管理水平，把农业基本建设纳入依法管理的轨道，2002 年以来，农业部相继印发《农业部基本建设计划管理办法》《农业基本建设项目管理办法》《农业基本建设项目申报审批管理规定》《农业基本建设项目招标投标管理规定》《农业建设项目监督检查规定》《农业基本建设项目竣工验收管理规定》。

（二）重庆市财政局单独或联合农业主管部门印发（转发）的资金管理办法（规定、意见、通知）

重庆市财政印（转）发涉农资金管理文件有两种形式：一是根据市委市人民政府出台的涉农政策和确定重点支持的农业项目配套专项资金，单独或会同农业主管部门结合实际制定明确、可操作的管理使用规定或办法 ；二是转发财政部制定的规定、办法，同时结合重庆实际情况提出贯彻执行意见，要求相关单位遵照执行。具有代表性的文件如：

2001 年，重庆市委、市人民政府召开农业产业化大会，会后出台《关于实施农业产业化百万工程的意见》，2002 年 4 月，市财政局印发《重庆市农业产业化百万工程资金管理暂行办法》（简称：《暂行办法》）。

《暂行办法》出台的目的是为了贯彻落实重庆市委、市人民政府实施农业产业化百万工程的重大决策，推进全市农业和农村经济结构的战略性调整，切实增加农民收入。《暂行办法》适用于投入百万工程项目的各项专项资金。资金分配、使用和监督坚持统筹安排，分类管理，专款专用的原则。

《暂行办法》要求：按照资金安排服从项目规划，项目安排服从区域布局的指导思想。具体应遵循的原则：一是全面规划，适当补助。全面规划、科学论证后确定百万工程项目总投资及年度投资额，在此基础上按农户、业主自筹为主，政府补助为辅的原则落实投入资金的具体来源渠道。二是统筹安排，分类管理。财政补助资金，从各项农业专项资金及其他专项资金中统筹安排。

《暂行办法》同时明确：财政资金支持百万工程主要采取直接投入和贴息的方式，并按各项专项资金的具体管理要求进行使用。主要支持环节：一是建设基地及配套基础设施的补助。二是购种苗、良种的补助。三是研究开发新产品、推广良种和技术的补助。四是引进农产品深加工设备的贷款贴息补助。五是培训农民种养殖业科学技术的补助。六是提供市场信息、检验检测、产品宣传服务的补助。建设年度内，由市百万工程综合协调小组组织或委托有关部门对重点项目的实施及资金使用情况

进行监督检查。

2003 年 10 月，财政部、农业部印发《禽流感防治经费管理的若干规定》。

2004 年 2 月，市财政局、农业局联合印发《关于转发〈禽流感防治经费管理的若干规定〉的通知》（简称：《通知》），《通知》结合重庆实际，提出 7 条补充意见：（1）禽流感疫苗经费由中央和地方财政共同负担。地方负担的疫苗经费由市财政全额负担。疫苗经费主要用于对因发生禽流感而受威胁地区（半径 5 千米以内）的禽类进行强制免疫。（2）为确保禽流感防疫质量，禽流感疫苗由市农业部门、财政部门组织统一政府采购，并按各地需要量统一发送区县。（3）禽流感疫苗确认、扑杀经费的补偿标准、经费来源、各级财政分担比例、申报扑杀补偿经费的程序和扑杀经费管理等按市财政局、市农业局《关于印发〈重庆市动物重大疫病扑杀补偿经费管理暂行办法〉的通知》规定执行。其中，对高致病性禽流感的扑杀经费、全部由市财政和国家财政负担。（4）堵截、监察禽流感疫病是区县政府义不容辞的责任，为支持各区县对禽流感疫病入境的监察工作，市财政将对主要边境线上的动物运输检查站给予适当补助。（5）各区县（自治县、市）财政局要认真审核禽流感防治疫苗需要量和扑杀、监察等经费，及时拨付，加强经费监管，严格专款专用。区县农业（畜牧）部门要确保禽流感疫苗安全

使用，不得造成任何形式的疫苗浪费。有关禽流感防治经费的使用情况和防治情况要于年终向市财政局和农业局书面报告。（6）市财政局和农业局将对禽流感防治经费使用情况进行检查，如有浪费疫苗以及挤占、挪用和虚报冒领禽流感防治经费的事件发生，要按照国家有关规定严肃处理有关单位和个人，同时停止安排其他畜牧项目补助。（7）区县（自治县、市）在安排农业资金支出时，要调整支出结构，优先安排重大畜禽疫苗防治经费，确保畜禽防疫防治的需要，加强管理，专款专用，减少畜禽重大疫病的发生。

2004年5月，市人民政府印发《关于做好农业机械化工作的通知》，市财政局、农机局印发《重庆市中小型农机新机具推广专项补贴资金管理办法》（简称：《管理办法》）。出台《管理办法》的目的是为了贯彻落实《中共中央、国务院关于促进农民增加收入若干政策的意见》（中发〔2004〕1号）和市人民政府《关于做好农业机械化工作的通知》精神，适应重庆市农机化发展的需要，提高农机作业水平，加快农业机械化发展步伐。

《管理办法》明确：补贴资金是财政预算安排用于支持中小型农机新机具推广的专项资金。补贴的目的是为了提高全市农业机械化水平，充分发挥农业机械在农业产业结构调整、农村经济发展和促进农民增收中的作用。通过补贴，鼓励农民购买和使用先进的农用机械，提高农业机械化程度，从而提高农村劳动生产率，增强农业抗灾减灾和粮食生产能力。补贴对象是购买中小型农机新机具的农民、直接从事农业生产的农机服务组织和业主等。

专项补贴资金补贴的原则：一是补贴方法应符合世界贸易组织关于国内支持的规则；二是以农民直接受益为基本目的，要切实保证补贴资金能够及时、足额、直接兑现到购机者手中；三是坚持“自筹为主、补贴为辅”的原则，发挥财政资金的导向作用，充分调动农民、社会办农机的积极性；四是在补贴的机型选择上，要突出重点，择优补贴。以补贴重庆市生产、质量可靠的农业机械为主，把农业机械推广与发展地方农机工业结合起来。

纳入补贴范围的中小型农业机械，实行动态管理，一年一定。由市财政局、农机局根据国家农业产业发展政策，农机发展现状、农村经济发展水平以及农民收入情况等，在广泛听取基层服务组织和农民代表意见的基础上，本着实用、可推广性强、科技含量高、农民乐意接受的原则，通过招标方式确定并每年公布《重庆市中小型农机新机具推广产品补贴目录》。补贴标准根据不同阶段农机推广重点，产品市场占有程度和市场价格确定，补贴比例为15%～40%之间。

纳入补贴目录产品的农机生产厂家应与市农机局签订《重庆市重点推广中小型农机产品责任书》，各生产厂家要保证提高产品质量，稳定和逐步降低产品价格，做好培训及售后服务。市农机、财政部门对享受补贴产品的质量、售后服务、价格进行跟踪。对产品质量、售后服务、价格进行监督。《管理办法》还就补贴资金发放具体操作程序作了明确规定。

2004年7月，财政部出台《中央财政支持农业产业化资金管理暂行办法》，2005年4月市财政局印发《关于转发〈中央财政支持农业产业化资金管理暂行办法〉的通知》，该《通知》结合重庆市实际作出进一步的明确：

支持对象和条件是农业产业化百万工程相关项目，具有一定种养规模、区域优势、科技含量，商品率达80%的农产品生产基地，参与农户在500户以上；以农副产品为主要原材料进行生产、加工和流通，且吸纳本市农村劳动力100人以上或带动农户200户以上；银行贷款余额300万元以上的龙头企业。支持重点是带动能力强、科技含量高、竞争力较强，能促进农业产业规模化和现代化经营，农民能够稳定增收的项目。资金支持的具体范围严格要按照《中央财政支持农业产业化资金管理暂行办法》的规定执行。

申报程序上要求区县（自治县、市）财政局要充分依靠相关部门、科研单位，切实做好中央财政产业化项目的选项和论证工作，认真筛选和编制项目向市财政局申报，国家级重点龙头企业可直接向市财政局申报，由市财政局组织专家评审后向财政部申报。

《通知》要求，各区县（自治县、市）财政局要严格执行财政农业专项资金管理规定，明确资金用途和使用环节，及时下达项目计划和拨付资金，加强监督检查工作，确保专款专用。

1986—2015 年，重庆市财政局单独或联合农业主管部门印发的关于资金使用管理，项目管理、财务管理等办法（规定、意见、通知）很多，凡与涉农资金使用管理相关的，农业主管部门都严格遵照执行。

（三）农业主管部门制定的资金管理制度

早期农业主管部门资金管理制度，除普遍具有的内部财务报账（差旅费、医药费、办公用品）制度，财务人员岗位责任制以外，生产性资金管理及其他方面全部按照财政部门出台的规章制度执行。如 1990 年 6 月，重庆市农牧渔业局转发《重庆市财政局修改小单位伙食补助费标准的通知》，9 月转发市财政局、市劳动局《关于修订职工上下班交通费补贴办法的通知》《关于加强会议费管理的通知》。随着农业投入的增加，农业部门业务量相应增加，财务规范管理显得更加重要。1991 年 1 月市农牧渔业局制订了《关于完善新差旅费开支规定和加强管理的意见》，8 月又印制了《关于进一步完善差旅费开支规定的通知》，12 月又印发了《重申差旅费、会议费开支的两条规定》。

“七五”和“八五”时期，财政投入农业的资金总量较少，且主要集中在市农牧渔业局。进入“九五”期，特别是重庆直辖以后，中央财政和市级财政投入逐年增加，加之财政管理体制、方式的改革，政府集中采购、部门预算、收支两条线、国库统一支付等制度的实施，农业主管部门为了加强资金管理，规范内部流程，逐步建立起政府采购、资金监管与拨付、财务公开、财务报账等制度，并在不同阶段，根据实际情况作出修改、完善。

2003 年，《中华人民共和国政府采购法》实施，8 月，财政部印发《关于全面推进政府采购制度改革的意见》。继后，重庆市财政局下发《关于印发重庆市市级部门集中采购管理试点办法的通知》（简称《通知》），重庆市农牧渔业局根据市财政局《通知》精神，制定并印发了《重庆市农牧渔业局集中采购管理试行办法》（简称《试行办法》），共七章四十三条。《试行办法》明确集中采购的目的和原则，即适应社会主义市场经济体制的要求，规范政府采购行为，加强采购资金管理，提高资金使用效益，促进廉政建设；集中采购遵循公开透明、公平竞争、公正和诚实信用原则。《试行办法》就本系统集中采购的组织管理，集中采购范围和方式，集中采购程序，集中采购合同及资金支付，集中采购过程的监督检查进行了逐一规范。

2006 年，为了进一步落实“收支两条线”管理规定，严禁私设“小金库”和“账外账”；继续深化部门预算改革，建立健全科学民主决策机制；创新管理手段，建立大额资金有效监控机制；强化国有资产管理，农业局先后制定了《农业专项经费使用监督办法》《农业财务公开暂行办法》。

2007 年，市农业局为加强局机关财务管理，建立科学高效、规范有序的机关财务运行机制，印发了《重庆市农业局机关财务报销管理办法》（简称：《管理办法》）。《管理办法》具体规定局机关经费报销程序：

（1）经办人填写报销单；（2）业务处室审核；（3）财务管理机构审核；（4）局领导审批。

局机关经费报销审批制度：（1）处室当年预算包干经费报销 1 000 元以下（不含本数，下同）的，

由各处室处长（主任）或主持工作的副处长（副主任）审批；公务接待用餐费或经费开支 1 000 元以上（含本数，下同）的，还应报分管局领导审批。（2）专项经费报销 3 万元以下由分管局领导审批；3 万元以上或改变资金使用计划的，还应由分管财务局领导审批；10 万元以上的，还应报局长审批。（3）局级领导当年预算包干经费报销由分管财务局领导审批，分管财务局领导的经费报销由局长审批。（4）统筹经费使用事前应报分管财务局领导同意，1 万元以下报销由分管财务局领导审批，1 万元以上的报销由局长审批。

资金拨付：当年项目预算资金（基建资金按有关规定执行）原则上当年拨出，项目预算资金拨付

由经办处室填写资金拨付审批单，按规定程序拨付；10 万元以上的项目预算资金拨付应经局长审批。

结转资金管理：使用以前年度结余资金，事前应报分管财务局领导同意；报销时，由分管局领导审核，分管财务局领导审批，3 万元以上的报销，还应经局长审批。

会议费管理：由承办处室的经办人员按会前编制的经费开支计划、会议费开支的有关规定凭据，填写《重庆市农业局会议费报销单》，并附会议报到册，根据经费开支渠道，按规定程序审核报销。

集中采购管理：局机关购买公物均应纳入集中采购，并按政府采购规定程序办理。

接待费用报销：应严格按照《重庆市农业局公务接待制度》办理，按程序审批报销。

《管理办法》还就其他诸如因公出差差旅费报销、公务用车、处室办公经费、职工福利开支等作了明确规定。

2008 年 4 月，重庆市农办、农业局合并（合并之初沿用重庆市农业局名称；市农机局更名为市农机办公室，设在农业局内）。5 月，为了适应新的工作要求，加强机关财务管理，规范财务开支，建立科学、高效、有序的机关财务运行机制，保障机关正常运转，根据有关规定，市农业局印发《机关财务开支管理办法》（简称《管理办法》），从十个方面进行了规范。

（1）局机关经费实行统分结合的管理体制。委局领导和机关处室根据当年工作需要按一定标准预算公务费，包干使用，原则上“超支不补，结余结转下年使用”。

（2）财务开支报销实行分级分类限额审批制度。①处室当年预算包干经费一次报销 2 000 元以下（不含本数）的，由各处室处长（主任）或主持工作的副处长（副主任）审批（以下统称“处室主要负责人”），一次开支 2 000 元及以上的，由相关处室主要负责人审核，分管委局领导审批；公务接待用餐费开支由相关处室主要负责人审核，分管委局领导审批；处室主要负责人直接经办的开支的报销由分管委局领导审批。②委局级领导当年预算包干经费报销由分管财务的委局领导或局长审批。③开支统筹经费的，事前应报分管财务的委局领导同意，3 万元以下报销由分管财务的委局领导审批，3 万元以上的报销由局长审批。④专项经费报销 5 万元以下由分管委局领导审批；5 万元以上或改变资金使用计划的，还应由分管财务的委局领导审批；15 万元以上的，还应报局长审批。

（3）市级财政预算、中央拨款明确由局机关转拨的项目资金（基建资金除外）的拨付程序。①有资金拨付文件的由财务处按照内部拨款程序直接办理拨款手续。②没有资金拨付文件的由相关处室向财务处提交经分管委局领导审批的拨款申请，经审核符合拨款要求的报经分管财务的委局领导和局长审批后拨付。可结余结转下年使用的资金，报经主管预算单位或者财政部门批准后使用。3 万元以上的，还应经局长审批。

（4）局机关购买公物属于政府集中采购范围的，均应纳入集中采购，并按政府采购规定程序办理。使用财政性资金召开的各种会议均应纳入政府采购管理，凡会议预算在 5 万元及以上的，应在政府采购确定的定点宾馆召开。会议费标准按照市人民政府公布的会议费标准执行。会议费由承办处室填写《重庆市农业局会议费报销单》，并附经委局领导批准的会议经费开支计划和会议报到册以及有关票据，根据经费开支渠道，审核报销。

（5）严格控制评审、鉴定、咨询类会议专家咨询服务费标准。涉及全市农业产业发展综合性规划论证、评审，专家咨询费（含评审、鉴定，下同）标准控制在每人 500 元以内；专业、专题性重大项目论证，专家咨询费标准控制在每人 300 元以内；一般性评审、论证，专家咨询费标准控制在每人 100～200 元。邀请本局机关以外的相关人员参会，可与专家同等标准发放参会补助，不得给本局机关非专家身份参会人员发放补助。其他会议不得以评审、咨询等名义发放或变相发放补助。

（6）职工因公出差报销差旅费，按照差旅费报销要求和标准执行，按规定程序审核报销。

（7）处室开支的办公电话费，由局机关后勤服务中心统一代办，按月将话费单按处室汇总后分别请有关处室主要负责人签字后送财务处结算。局机关统一开支的公务费，由局机关后勤服务中心代管，定期结算。

（8）工会、职工福利、职工教育等经费的开支按以下规定执行。①财政预算的工会经费和其他对工会的补助由财务处在预算核批后直接划拨工会账户，由工会按规定开支。②职工福利支出按照局职工劳保福利有关规定执行，报销经费开支由经办处室主要负责人签注意见送财务处对有无经费预算及支出单据的合法合规性签注意见后报分管财务的委局领导审批报销。职工因病住院、伤亡或其他原因需探望、慰问的，由局工会、人事处、离退休人员工作处、职工所在处室统一安排探望。探望离退休职工，由离退休处牵头；探望在职职工，由人事处牵头。③职工教育支出按照局干部教育培训管理有关规定执行，报销经费开支由经办部门负责人签注意见送财务处对有无经费预算及支出单据的合法合规性签注意见后报分管财务的委局领导审批报销。

（9）因公出差以及其他因公事项，需要现金的可以借用公款，因私不得借用公款。在预算额度内，一次借款 5 000 元以上，应由分管委局领导审批；2 万元以上还应经分管财务的委局领导审批。完成公务后一周内办理报销还款手续。按现金管理有关规定，除支付个人差旅费等小额开支外，单位购物及单位往来结算款项 1 000 元以上的，通过转账支付。

（10）费用报销单据应当真实、合法、有效，财务人员根据《会计法》及有关规章制度的规定，应对各项报销单据进行认真审核。凡不符合开支规定或发现非法票据的有权拒绝报销；对弄虚作假、假公济私等违法违纪行为，由纪检监察部门按有关规定处理。

2014 年，为了认真贯彻落实中央八项规定和《党政机关厉行节约反对浪费条例》，加强委机关财务管理，规范机关财务开支，保障机关正常运转，市农委对《机关财务开支管理办法》进行修改，印发《重庆市农业委员会机关财务开支管理实施细则》（简称《实施细则》下同），修改（增加）的主要内容有：

（1）报销程序中增加"报销单据先由财务处审核预算和票据合规性"。

（2）机关人员在国内发生的公务差旅费、公务接待费 、公务用车及购置、会议费等支出，除按规定实行财政直接支付或银行转账外，凡具备用卡条件的，使用公务卡结算。

（3）委级领导本人经办在当年预算包干经费中报销的，由分管财务的委领导或委主要领导审批。

（4）机关公务会议实行预算分类管理、分级审批，按市财政局、市机关事务局联合印发《重庆市市级机关会议费管理办法》规定报销。

（5）机关培训讲课费按市财政局、市委组织部、市公务员局联合印发《重庆市市级机关培训费管理办法》规定标准执行。严格执行公务出差审批制度。机关职工因公出差报销差旅费，按照重庆市农业委员会办公室转发重庆市财政局关于印发《重庆市市直机关差旅费管理办法》的通知文件规定执行。

（6）因公出差或其他因公事项需要支付结算的，可以提前暂借公款。公款借用结算采用公务卡方式。

2016 年，根据新情况新要求，市农委对《实施细则》再次作出修订。

二、项目管理制度

农业基本建设项目管理工作的核心是项目资金和工程质量管理。为了加强全市农牧渔业基本建设项目管理，做好项目的前期工作，提高项目的建设速度、质量和经济效益。根据国家有关部门的规定，1990 年 2 月，市农牧渔业局制定并印发《重庆市农牧渔业基本建设项目管理程序试行办法》（简称《试行办法》），共五章十七条，重点明确：（1）实行项目负责制。所有基本建设项目，建设单位必须在争取立项的同时确定项目负责人，并组成有关方面人员参加的项目工作班子，从项目的提出、项目实施、投产达产、还贷等工作一抓到底，负全部责任。（2）运用竞争机制选择施工队伍。所有基本建设项目原则上都必须按照《重庆市建筑工程招投标实施细则》实行招投标选定施工队伍，以确保工程质量，降低工程造价和提高投资效益。（3）建设单位应认真抓好基本建设项目的组织实施，并实行"四定"（定管理目标、定管理措施、定人员责任、定奖惩）、"四包"（包投资、包工期、包质量安全、包经济效益）的经济责任制，通过订立承包合同，实施奖惩。（4）项目建设单位要按国家规定建立健全基本建设财务，物资管理制度，按时报送基本建设项目投资和基本建设财务报表。

2000年，《中华人民共和国招标投标法》颁布实施，为加强农业基本建设项目管理，规范项目建设程序和行为，提高项目决策水平、工程质量和投资效益。2002年，农业部印发《农业部基本建设计划管理办法》。2004年，农业部印发《农业部基本建设项目管理办法》，随后又相继制定了《农业基本建设项目申报审批管理规定》《农业基本建设项目招标投标管理规定》《农业基本建设项目竣工验收管理规定》《农业建设项目监督检查规定》。2004年，重庆市农业局根据农业部和重庆市人民政府有关规定，制定了《重庆市农业基本建设项目管理办法》，共十四章一百一十六条，包括项目管理职能分工、前期工作、申报与审批、年度投资计划、招标投标管理、工程监理、施工合同管理、财务管理、审计监督、项目、任制、竣工验收、监督检查等内容。

2008年，重庆市第三届人民代表大会常务委员会第六次会议通过《重庆市招投标条例》。同年，市农委、农业局（市农机局改为市农机化办公室，设在市农委）整合组建重庆市农业委员会。为了适应新情况新变化，加强农业基本建设项目招标投标工作的管理，规范农业基本建设项目招标投标活动，维护招标投标活动当事人的合法权益，体现公开、公平、公正和诚实信用的原则，市农委根据《中华人民共和国招标投标法》《重庆市招标投标条例》《农业部农业基本建设项目招标投标管理规定》等法律法规，结合重庆农业基本建设项目招标投标工作实际，研究制定了《重庆市农业基本建设项目招标投标管理规定》（简称《管理规定》）。《管理规定》共六章四十七条，其中明确：(1)《管理规定》适用于市农业委员会管理的中央和市级农业基本建设项目的勘察、设计、施工、监理、设备、材料采购等与工程建设相关的招投标活动。(2) 具有下列条件之一的，都应公开招标：一是施工单项合同估算在100万元人民币以上的；二是仪器、设备、材料采购单项合同估算价在100万元人民币以上的；三是勘察、设计、监理等服务的采购，单项合同估算价在50万元人民币以上的；单项合同估算低于前三项规定的标准，但项目总投资额在2 000万元人民币以上的。同时还就招标投标过程的监督管理、招标投标活动的程序、招标投标文件制作要求等作了明确规定。

2015年，为加强农业项目资金监督管理，规范管理行为，明确管理责任，优化管理程序，增强项目安排的科学性、实效性、公正性和公开性，保障项目建设质量和资金使用安全，提高资金使用效益，根据国家和重庆市财政专项资金管理的有关规定，结合农业项目资金监管实际，重庆市农委制定并印发了《重庆市农业委员会农业项目资金监督管理暂行办法》。

三、监察制度

重庆市农委、农牧渔业（农业）局、农机水电（农机）局监察室，经历了一个从设立、派驻到统一管理的过程，主要职责是监督检查所在部门及监察对象贯彻实施国家方针政策和法律法规以及执行市人民政府决议、命令的情况；监督检查所在部门的下属单位执行国家方针政策及主管部门的决定、决议和规章制度的情况；调查处理监察对象违反国家政策和法律、法规以及违反政纪的行为；受理个人和单位对监察对象违反国家政策和法律、法规以及违反政纪行为的检举、控告；受理监察对象不服政纪处分的申诉；审议监察对象的纪律处分事项。监察机构同时还具有检查权、调查权、建议权和撤职及以下行政处分权。

1992年3月，四川省重庆市人民政府下发《重庆市人民政府部门监察室工作规定》。

1998年11月，中共中央、国务院制定了《关于实行党风廉政建设责任制的规定》，这是加强党风廉政建设的一项重要举措。1999年9月，市纪律检查委员会、监察局印发《重庆市实施党风廉政建设责任制规定的五项制度》。从2000年开始，每年年初各部门都要制订《党风廉政建设和反腐败工作责任制》，年终考核总结。监察工作重点是对责任制落实情况进行监督检查和考核，其中包括对农业资金投入特别是专项资金、农业工程项目的监督、检查。

为了落实党风廉政建设和反腐败工作责任制，市农业局监察室针对农业生产资金、农业工程项目、行政人员管理等制定了相应的监督管理制度。2003 年，制定出台了《重庆市农业局农业投资项目监督管理办法》；2004 年，制定了《重庆市农作物种子管理人员“六不准”规定（试行）》；2006 年，制定了《重庆市农业局机关工作人员“九不准”规定》；2007 年，制定了《重庆市农业局机关干部廉洁从政“十禁止”规定》等制度。

1999 年 9 月，《重庆市实施党风廉政建设责任制规定的五项制度》印发之后，市农办、市农机局也按照要求，进行了全面贯彻实施。

2008 年，部门合并，市委农工委（农业委员会）坚持实行《党风廉政建设和反腐败工作责任制》，并针对不同时期、不同领域制定了多项监督管理制度。2009 年，制定出台了《重庆市农业投资项目廉政监督检查办法（试行）》《重庆市农委加强强农惠农资金监管的实施方案》；2010 年，出台了《重庆市农业基本建设项目招标投标管理规定》；2012 年，出台了《重庆市农机购置补贴工作绩效评价暂行办法》《重庆市农业投资项目廉政监督检查办法（试行）》《关于进一步加强农村沼气项目资金管理的通知》等 10 多项资金监督管理制度。

2014 年，市委农工委、驻市农委纪工委出台《关于落实党风廉政建设主体责任和监督责任暂行办法》（简称《暂行办法》）。《暂行办法》明确 8 条市农工委（农委）党风廉政建设主体责任，其中之一是“强化对权力运行的制约和监督，从源头上防治腐败”。提出 7 条市委农工委（农委）落实主体责任措施，其中包括：贯彻中央和市委市人民政府“三农”工作决策部署，推动强农惠农政策落实；指导全市开展农业系统政风行风建设，查处侵害农民权益案（事）件行为。《暂行办法》提出市农村纪工委落实监督责任的 10 条措施，其中包括：加强对农工委领导班子及成员、机关处室负责人、直属单位党政主要领导执行党的政治纪律、组织纪律、财经纪律、工作纪律和生活纪律的监督；贯彻中央和市委市人民政府“三农”工作决策部署、执行民主集中制、落实“三重一大”集体研究决策机制、执行廉洁从政规定等情况的监督。

2015 年，驻市农委纪工委出台《关于农业项目资金监管备案（登记）工作的通知》，该《通知》明确备案登记对象为委机关产业处室和具有专项资金管理工作的委属单位。备案登记的范围为市级以上基本建设资金；特色效益农业专项和市级农发资金；有关处室（委属单位）实施的产业扶持（补助）项目资金。

四、审计制度

1986 年 12 月，四川省重庆市审计局根据国务院《关于审计工作的暂行规定》和审计署《关于内部审计工作的若干规定》，结合重庆实际情况，拟定了《重庆市内部审计工作办法（送审稿）》，呈市人民政府审定后，于 1987 年开始实施。在较长一段时间，该《工作办法》成为重庆市市级部门内部审计工作规范。

1995 年 1 月，《中华人民共和国审计法》颁布实施，从此审计工作有法可依。1997 年，重庆直辖，为了适应新形势对审计工作的要求，1998 年 1 月，重庆市人民政府颁布《重庆市内部审计工作办法》（第 10 号政府令），进一步明确了部门内设审计机构的任务、权限、工作程序等事项。2001 年，重庆市审计局制定了《重庆市内审机构经济责任审计操作指南》《重庆市内审机构基本建设项目审计指南》，随后印发了《重庆市内部审计机构经济责任审计作业规程》和《重庆市内部审计机构建设项目审计操作规程》。《中华人民共和国审计法》、重庆市人民政府颁布的《重庆市内部审计工作办法》为审计工作的开展提供了法律法规依据，市审计局制定的相关审计《指南》《规程》，形成一套完整的、对全市各级内审机构都适用、具有可操作性的工作制度。

为了加强农业系统内部审计工作，强化涉农资金的监管，2000 年，市农业局结合本系统工作的实际，制定并印发了《重庆市农业局基本建设工程项目审计实施办法》。2001 年，市农业局又下发了《重

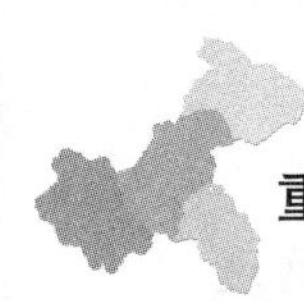

庆市农业内部审计工作暂行办法》，从机构设置和人员配备，内部审计的任务、机构的权限及审计工作程序，农业专项资金审计，经济责任审计，基建工程审计，财务审计以及奖惩等方面作出明确的规定。2002年，市农业局制定了《重庆市农业内部审计工作规范》，该“规范”从审计准备、审计实施、审计终结三个阶段的工作程序作了具体规定，使农业系统内部审计工作路线更加明确，对规范内审人员审计行为，提高农业内部审计工作质量和效率，以及内部审计工作有序开展起到了很好的推动作用。2003年，市农业局制定了《重庆市农业内部审计工作暂行办法》，从制度上预防在涉农资金中的违规、违纪、违法行为，以期达到进一步提高资金使用效益的目的。

2008年，市农业委员会成立之后，审计处重新拟定了《重庆市农委内部审计工作规范》《重庆市农委内部审计暂行办法》。

第二节　资金行政监察、审计

一、资金行政监察

（一）监察机构

国家行政监察体制经历四次变革，即：党政监察制度并存期（1959年以前）；行政监察中断期（1959—1986年）；行政监察制度相继恢复期（1987—1992年），“文化大革命”结束之后，全党和广大群众对监察工作的重要性有了较为深刻的认识，党政监察制度相继恢复。1988年3月，中央纪委和监察部联合下发《关于党的纪律检查机关和国家行政监察机关在案件查处工作中分工协作的暂行规定》（简称《暂行规定》），1992年1月发布《关于党的纪律检查机关和国家行政监察机关在案件查处工作中分工协作的补充规定》（简称《补充规定》）。《暂行规定》和《补充规定》理顺了党政监察机关的职责、权限，成为各级监察机关（机构）开展行政监察工作的遵循。1993年1月，中央纪律检查委员会、监察部开始合署办公，以后形成包括各级各部门在内的全国统一模式。

1988年9月，重庆市监察局和市编委联合下达《关于在市级部门设立行政监察机构的通知》。1991年9月，市监察局、市编委决定，在市人民政府部门设立监察室（处），同时挂重庆市监察局派驻监察室牌子。重庆市农委、市农牧渔业局、市农机水电局成为首批设立单位。

重庆直辖后，1997年9月市监察局在市农办、市农业局、市农机局设派驻监察室。1998年8月，市纪委、监察局印发《重庆市市级机关纪检监察工作若干问题的规定（试行）》，对市级机关纪检监察机构的领导体制、工作职责、工作关系、工作权限、工作制度以及机构设置和干部管理等作了明确规定。

（二）监察工作

自1991年派驻部门监察室（处）挂牌以后，涉农资金、项目的监察成为监察工作的重点之一。农业投入资金的监察工作一步步深入，由点到面全面展开。监察室（处）对监察过程中发现的经济违纪、违法事（案）件，组织调查，提出处理意见，或移交有关部门并配合调查处理。

1990年和1991年，中央、市、区县三级财政投入5 700多万农业发展资金用于全市农业工程建设上。1992年，由市监察局牵头，市农委、市财政局、市审计局配合对该项资金的使用情况及效果进行检查。通过检查，发现提取管理费、工程质量、资金划拨、基层财务管理等方面都不同程度存在问题，并针对问题提出了完善有关措施的建议。通过此次检查，共督促落实配套资金54.96万元，发现违纪、违规、违法金额共270多万元。查处违纪违法案件12件，其中贪污9件、受贿3件，11人受到政纪处分，同时受党纪处分1人、移送司法机关处理3人。

1993年年初，中央办公厅、国务院办公厅下发《关于确保农副产品资金支付等有关问题的紧急通知》，市监察局牵头，市农委、市农业局等监察处（室）人员参加，进行专项监督检查。检查发现粮食、供销、食品等部门在农副产品收购中开出白条2 400余万元，邮政汇兑欠兑5 000余万元，历年累计拖欠达3.33亿元。通过检查督促，所欠资金当年得到全部兑付。同年，中共中央办公厅、国务院办公厅印发《关于切实减轻农民负担的紧急通知》，四川省委、省政府随即作出安排部署，重庆市监察局等部门向市人民政府提交《关于对减轻农民负担进行专项监察的报告》，市人民政府批转了这个报告。之后市监察局牵头，市农委等部门监察室参加，对19个区县进行了全面检查，听取涉及农民负担的18个市级部门汇报减轻工作情况，到13个重点部门进行跟踪和督促，纠正了一批涉及增加农民负担的违规行为。

1995年6月，市监察局转发四川省监察厅《关于对小春农副产品收购资金管理工作开展监督检查确保收购不打“白条”的通知》，区（市）县监察局、市农委、农业局监察处（室）及时组织人员开展对农副产品收购工作中“压级压价”“打白条”现象开展监督检查。监督检查过程中，对存在问题的区县提出整改意见建议；对长寿县采取与有关部门联合共保，筹集资金保证收购不打“白条”；潼南县人民政府筹借资金兑付“白条”欠账的好做法进行宣传推广。

1999年，市农办（直辖前为“市农业委员会”）监察室牵头与有关部门对重庆市农资公司原总经理胡启能贪污案进行了调查。

1993—1999年，中央、四川省委与省政府（1997年前）、重庆市委市与人民政府十分重视减轻农民负担问题，多次发文进行工作部署。其间，重庆市农委（农办）、农业局监察室先后参加由市监察局组织的7批次涉及减轻农民负担的监督检查行动。

重庆直辖后，派驻监察机构加强了对涉农资金运行全过程（招投标、政府采购、项目实施、资金使用等）的监督、检查，更加注重制度建设和对违规违法行为的追责、问责。

2002年，市农业局监察室配合农业部监察局深入“无规定动物疫病区建设项目”实施区县，开展廉政监督检查，从项目资金、物资的到位，使用、管理情况等进行全面督查。

2004年，为了落实农业部对农业投资项目的有关规定和《重庆市农业局农业投资项目的监督管理办法》，加大从源头上预防和治理农业投资项目方面的腐败现象，进一步提高资金的使用效果，加强对农业专项资金、国债资金项目的监督管理工作。市农业局监察室牵头开展了对农村沼气建设、优质牧草基地建设、南方草场建设与恢复等重大国债资金项目和2003年度安排的重点农业支农资金项目的廉政监督检查。检查组深入30个区（县），采取听汇报、看现场、查账务等方式，共发现较突出的问题28项，对此提出25条整改意见和7条加强农业项目管理建议。

2005年，按照《重庆市农业局政府采购管理试行办法》，农业局监察室、审计处共同对各项政府采购进行了全过程监督。一年中参与政府采购现场监督25次，节约经费60万元 。在对国债资金和农业基本建设项目的招投标管理、监督方面，坚持投资额50万元以上的工程项目严格执行有形市场招标的规定，50万元以下的项目引入公开、公平、公正的市场竞争机制。一年中参与招标现场监督30次，节省金额近600万元，其中农牧科技大楼建设招标节约资金350多万元。

2006—2007年，市农业局继续强化对农业投资项目的监督检查和农业项目政府采购活动的监督。仅2006年就组织农村劳动力转移培训等工程项目招投标活动55次，涉及金额1.98亿元，通过招投标比原计划节省资金1 400万元。

市农机局监察室2000—2007年，全程参与农机选型（享受财政补贴产品）并实施监督。先后对忠县、黔江、铜梁等地弄虚作假，虚报冒领补贴的行为进行调查处理。协助有关部门对原农机研究所公职人员违纪、违法行为的调查。对农机局机关工作人员在经商期间的违纪行为、农机校工作人员在办公用品采购中的违纪行为进行了调查处理。

2008年，市农办、农业局合并，市农委（农工委）成立。此时正值国家实施“扩大内需”政策，农业部对重庆市“三农”工作的支持力度加大，在随后两年里，基本建设项目资金、惠民补贴资金大幅度增加。驻委监察室积极组织协调有关处室，加大强农惠农政策落实督查力度，在认真调研的基础上印发了《关于加强监督检查保证新增农业投资落实的通知》和《重庆市农委加强强农惠农资金监管的实施方案》。2008 年，实施了重大农业专项资金项目监督检查，涉及项目资金近 15 亿元。先后对部分区县农村沼气工程、农产品质量安全检验检测体系建设、乡镇兽医站基础设施等扩大内需建设项目执行情况的监督检查，加强了对强农惠农资金监管和执行情况的监督检查。2009 年，组织协调 6 个检查组，对 10 个区县、28 项、6. 19 亿涉农财政资金进行了监督检查，通过检查发现各地不同程度存在会计核算不规范、挤占项目资金、擅自调整项目、违规使用大额现金结算、不严格执行政府采购、项目资金滞留较多等 9 个方面的问题，针对问题提出整改意见并监督落实。

2010 年，重庆市监察、审计部门协同开展了重大农业专项资金项目监督检查，涉及项目经费 10 亿元。

2011 年，按照重庆市委、市政府强化监管，发挥农业投资效用的要求，监察部门组织对 30 个区县的重点检查，涉及资金 73 亿，查处违规资金 4 700 多万元，有效地加强了强农惠农资金的监管。市监察部门与有关部门一道，对现代农业建设资金、测土配方施肥、粮食基础能力建设、柑橘大实蝇防治等重大专项进行了检查，涉及资金 3 亿元，查出违规资金近 500 万元。对柑橘无疫区、基层兽医防疫体系和市畜科院科技创新中心等一大批农业基本建设项目实施了检查和验收。

2012—2015 年，资金监察工作始终抓住工程招投标、政府采购、支农惠农资金的落实、项目实施过程等几个关键环节进行监督、检查。其间 2013 年驻委监察室就组织开展了企业补助资金重点抽查，抽查范围及内容涵盖 2008 年至 2010 年享受农业产业化贴息资金、柑橘、畜牧等现代农业发展资金、大中型沼气池建设项目补助资金的 42 个企业，涉及金额 8 892 万元。并对发现、发生的违纪违规行为进行了处理。

二、资金审计

（一）审计机构

市农牧渔业局 1987 年设立审计处，与纪检监察合署办公。1997 年重庆直辖，1998 年 1 月，市人民政府办公厅印发《关于印发市农业局职能配置、内设机构和人员编制方案的通知》，明确设审计处，作为局内设机构与纪检监察合署办公。2006 年，经市编办〔2006〕593 号文批准，市农业局单独设立审计处，至 2008 年机构整合。

市农机水电局 1990 年以前未设审计处，内部审计职能由计划财务处代行。1990 年设审计处（设在水利机关）后，重点是针对水利投资的内部审计。1997 年重庆直辖，重庆市农机水电局撤销，分别成立重庆市水利电力局、重庆市农机事业管理局（简称：农机局），由于国家财政对农业机械化投入很少，市农机局直属单位不多，编制部门未给设立审计机构的编制。农机局内部审计事项由市监察局派驻局监察室代行，至 2008 年机构合并。

市农办（农委）作为农口的综合部门，不直接管理国家财政对农业的投入资金，1986 年至 2008 年机构合并之前都未设立审计处。

2008 年 4—8 月，重庆市机构编制委员会先后印发《关于整合部分涉农机构有关问题的通知》《中共重庆市委农村工作委员会、重庆市农业局职能配置、内设机构和人员编制规定的通知》《关于重庆市农业局更名为重庆市农业委员会的通知》，明确审计处为农委（农工委）内设机构。

（二）审计工作

1987 年重庆市农牧渔业局机关内设审计处，主要开展内部审计工作，同时也协助或配合农业部、审计署驻重庆特派办，重庆市审计局、财政局等单位对涉农专项资金、项目进行审计或监督检查。

1. 协助开展的审计工作

1987 年 3 月，协助重庆市审计局对 1986 年、1987 年两年预算内的“支援不发达地区发展资金”和“支援农村合作生产组织资金”进行审计。1989 年 3 月至 8 月，协助对 12 个区县 1986 年至 1988 年 3 个年度，中央、市、区县财政投放的发展粮食生产专项资金进行审计；对 1984 年至 1988 年 5 个年度中央、市、区县财政投放的商品猪基地建设专项资金进行审计；对九龙坡区、沙坪坝区、江北区、南岸区 4 各区 1988 年度蔬菜基地开发建设资金的征收、管理、使用情况进行就地审计。1990 年协助对 12 个县、2 个区（北碚、南桐）和市蚕桑站 1988 年、1989 两年的蚕桑生产技术改进费进行审计；对下达重庆市的商品瘦肉型猪基地县建设和“七五”第一批部分商品粮基地县建设情况进行审计。1991 年 2 月至 6 月，协助对 1990 年市级农业发展基金开展审计调查。对市级和 13 个区县 1990 年农业发展基金开展审计调查。

2. 配合开展的审计工作

1993 年 3 月至 6 月，配合重庆市审计局对市农牧渔业局、市农机水电局 1991 年至 1992 年度，农业发展专项资金来源、种类、数量、管理及使用情况的专项审计调查。

1996 年，配合市审计局对市农业局土肥站 1994、1995 年预算内、外资金的财务收支情况审计。

1997 年 5 月、9 月，分别对渝北区、大足县实施的“八五”第三批粮棉基地建设项目资金进行了审计。

1998、1999 两年，配合市审计局对重庆市水果开发项目办 1997 年度，世行贷款项目“长江上中游农业开发”财务收支及执行情况进行审计。对川东北农业综合开发重庆分项目 1997 年度财务收支执行情况进行审计。对市农业局 1998 年财务收支情况审计。

2001—2010 年，配合对市农业局 1999—2003 年“无规定动物疫病区示范建设项目”资金使用管理情况进行审计 。对市农业局原局长王越同志进行经济责任审计。对市农办 2002—2007 年度和市农委 2008 年度财政资金使用情况进行审计调查。

市农机局监察室代行局内审工作期间，2001 年，配合市审计局对市农机局 2000 年度财务收支情况的审计；2007 年，配合市审计局对市农机局原局长任大军同志进行离任经济责任审计。

2011—2016 年，配合市审计局对市农委 2010 年度预算执行情况进行审计。对市农委 2013 年度三公经费进行审计。对阳光工程项目资金进行了审计。对直属国有企业进行专项审计。对市农委、市农科院、市畜科院、市农综办等单位 2014 年度预算执行和其他财务收支情况进行审计。对市农委原主任夏祖相同志进行离任经济责任审计。配合开展对归口管理的国有企业资产管理情况审计调查。

2010—2016 年，配合审计署驻重庆特派办对 2010 年度中央专项转移支付资金进行审计。对市农委 2011—2012 年度财政收支情况进行审计。对市农委 2013 年度存量资金进行审计。对市农委 2015 年度财政资金结余情况进行审计。配合市财政局对 2011—2012 年度蔬菜产业发展专项资金进行审计调查。

3. 农业系统内审工作

重庆直辖前，农业系统内部审计严格按照四川省重庆市审计局制定的《重庆市内部审计工作办法》开展工作。直辖后严格按照重庆市人民政府颁布的《重庆市内部审计工作办法》，重庆市审计局印发的《重庆市内审机构经济责任审计操作指南》《重庆市内审机构基本建设项目审计指南》《重庆市内部审计机构经济责任审计作业规程》《重庆市内部审计机构建设项目审计操作规程》等规章、制度进行内部审计。随着农业投入的增加，审计事项的增多和农业投入具有绩效显现滞后的特殊性，2000 年，市农业局结合本部门实际制定了《重庆市农业局基本建设工程项目审计实施办法》；2001 年，制定了《重庆市农业内部审计工作暂行办法》；2002 年制定了《重庆市农业内部审计工作规范》，农业系统的内部审计工作制度更加全面具体，工作形成制度化、常态化。

（1）工程（重大专项）项目审计

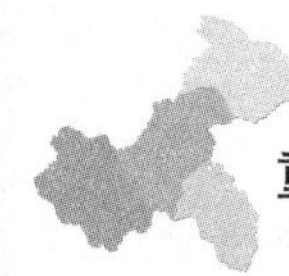

2000年，《重庆市农业局基本建设工程项目审计实施办法》印发。农业局审计处对“九五”期间安排的第一批商品粮基地建设铜梁项目、城口县黄安坝草场建设、石柱县草山草坡建设等项目进行审计或审计调查。审计基本建设项目8个，涉及投资金额2 570万元，审减249万元。2001年，对百业兴大楼基建工程、市果树所专家楼集资建房工程、市农科所良种工程、市种猪场良种猪基础工程设施建设、市种子站（公司）国家种子储备库和种子质量监测检验中心等6个农业基本建设项目审计，涉及投资金额3 696.1万元，审减233.7万元，其中仅百业兴大楼土建工程审计一项审减金额就达200.3万元，审减率为7.53%。2002年，对百业兴大楼外装饰工程结算及空调电气安装工程代购材料款项目、市果树所实验基地用房工程结算、市养猪院科研综合楼工程决算、市植保站薯类脱毒种苗快繁中心工程结算、市园艺良种繁育推广中场地平整工程结算等6个基本建设项目的结算和决算审计，涉及投资金额3 187万元，审减370万元，其中仅百业兴大楼外装饰工程结算审计一项审减金额就达234万元，审减率为16.96%。2003年，对重庆市园艺作物良种繁育中心基地工程建设实施情况审计、市农业科学研究所种质资源良种储蓄加工库二期工程决算审核、市农科所种子储藏加工库建设项目二期工程结算审核、无害化处理场改造工程结算审计、优质粮油开发公司办公楼、仓库、宿舍工程结算审计等5个基本建设项目的审计，涉及投资金额2 607万元，共审减122万元，其中仅优质粮油开发公司办公楼、仓库、宿舍工程结算审计审减金额就达109.46万元，审减率为23.5%。2004年，对局属4个单位的4项基本建设项目进行了结算审计，审减金额近200万元。2006年，审计处继续加强对局直属单位基本建设项目的审计监督，完成重大农业专项资金项目审计调查12个，审计金额3 000万元；华牧集团肉业园区基建项目，送审金额4 491万元，审减率为16.59%；农科院茶科所茶叶加工车间改造项目，送审金额305万元，审减率8.78%，两项审减773万元。提出的审计建议意见，被审单位采纳的有85条。2007年，完成和进行的重大农业专项资金项目审计调查7个，审计金额15 300万元；对农牧科技大楼、市农校教学大楼等重大基本建设项目开展了工程结算审计。

2008年，重庆市农业委员会（中共重庆市农村工作委员会）审计处组织开展重大农业专项资金项目审计调查及监督检查4个，涉及资金20 549万元；完成重大基本建设项目工程结算审计3个，送审金额15 851万元，审定金额14 652万元，审计核减1 199万元，审减率7.56%。2009年，实施了重大农业专项资金项目审计调查，涉及项目资金15亿元。开展基本建设项目工程结算审计6个，送审金额1 615万元，审定金额1 375万元，审计核减240万元，审减率14.86%。2010年，市农委审计处派员参加农业部组织的全国奶牛良种补贴资金和重庆市人民政府组织的强农惠农专项资金的专项检查。在本部门内开展重大农业专项资金项目审计调查；完成基本建设项目工程结算审计11个，送审金额4 317万元，审定金额4 093万元，审计核减224万元，审减率5.2%。2012年，按照《基本建设工程项目审计实施办法》的规定，全面开展委属单位基建项目的施工结算审核和竣工决算审计；对市农业机械化学校新校区建设工程、市农业科学院基建工程、市农业学校图书楼工程、市畜牧科学院承担的现代畜牧业示范区科技创新中心建设工程进行跟踪审计；对区县实施的中央、市级投资重大基本建设项目，实行了严格的审计监督；完善柑橘无疫区建设项目的相关审计；对生态家园富民工程建设、基层动物防疫体系建设、基本口粮田建设、动植物良种工程建设和金农工程等重大农业投资项目进行全过程的监督检查。2013年，开展市农机校新校区建设工程审计，送审金额10 803万元，审定金额9 359万元，审减金额1 444万元；市农校图书馆及实训车间等工程审计，送审金额1 232万元，审定金额1 111万元，审减金额121万元；市农科院生活区工程审计，送审金额22 372万元，审定金额18 635万元，审减金额3 737万元。2014年，实施跟踪审计，加强重大项目风险防控。市农机校新校区建设工程涉及投资5亿元，已完成一、二期工程，跟踪审计小组已累计完成结算审核项目20个，送审17 671万元，审定金额14 905万元、审减2 766万元。跟踪审计小组全程介入市畜科院投资2亿的现代畜牧业示范区科技创新中心建设工程，市农校和市农科院的基本建设工程，为工程投资的安全性、有效性提供保障。2015年，开展专项资金审计调查。一是对2013年至2014年度的农民培训专项资金使用情况开展审计调查，重点调查了大足区、荣昌县、丰都县、忠县、秀山县，该项目资金合计 15 200 万元，重点调查的 5 个区（县）涉及资金 2 518 万元。发现各类问题 12 个，查出不合规金额合计 224.48 万元，提出整改意见 6 条。二是对万州、奉节、永川、北碚、涪陵 5 个区（县）2012 年至 2014 年“渔业资源增殖放流部级资金”使用情况进行了审计调查。该项目资金合计 1 850 万元，重点调查的 5 个区县涉及资金 560 万元。发现各类问题 7 个，查出不合规金额合计 113.08 万元，提出整改意见 3 条。对市农校实施的学生公寓建设项目、挡土墙工程项目，市农机校新校区建设子项目，市畜科院实施的科技创新中心幕墙工程项目等基本建设项目实施了跟踪审计，送审金额 13 340 万元，审减金额 2 045 万元，审减率 15.33%。

（2）财务收支审计

2001—2002 年，重庆市农业系统内部审计对市养猪研究院、市畜牧科学研究所、市水产项目办公室、市能源环保处（市沼气办）、市种畜场（重庆市华牧集团）等 12 个单位的财务收支审计，审计金额 11.6 亿元。2003 年，对市奶业管理办公室、局机关后勤中心和市果树研究所等 3 个单位实施了财务收支审计，重点对几个单位经济效益的真实性和执行财务制度、遵守财经纪律的情况进行审计调查。通过此次审计及审计调查，督促相关单位及时取得联合开发所得房产的房产证和土地证；收回对外大额存款 300 万元；及时回笼在海南的项目投资款 100 万元等，有效地保护了国有资产安全。2004 年至 2007 年，先后对市农业科学研究所、市动物卫生监督总站等 13 个单位进行了财务收支审计。

2008 年部门整合，市农委（农工委）成立，完成财务收支审计及审计调查项目 7 个，审计金额 27 805万元。2009—2011 年，共完成财务收支审计项目 5 个，审计金额 78 972 万元。

按农委审计处“三年一轮”的内部审计安排，2012 年，对市畜牧总站、市水产站、市农机推广总站、市农业环境监测站、市农业机械监督管理所、市农机鉴定站和市农机校等七个单位实施财务收支审计。2014 年，对市农业信息中心、市动物疫病预防控制中心、市动物卫生监督所、市农业执法总队、市农业学校和市畜牧科学院等 6 个单位，实施了财务收支审计。2015 年，对农业环境监测站、农业技术推广总站、种子管理和植保植检总站、农机安全监理所等 4 个直属事业单位 2012—2014 年财务收支情况进行了全面审计，涉及资金40 260万元。审计发现问题 23 个，提出审计意见 19 条。

（3）经济责任审计

2000 年，市农业委员会审计处对市作物所所长黄诗铨、市兽药监察所所长江禄斌、市新能源公司经理张立义进行了经济责任审计。2001 年，市审计局印发《重庆市内审机构经济责任审计操作指南》《重庆市内部审计机构经济责任审计作业规程》以后，在农业系统，离任经济责任审计形成制度化、常态化，基本上做到了“定期审计，有动就审，离任必审”。通过经济责任审计，在经济层面对离、继任者一个客观公正的结论，让其离任者放心，继任者安心。之后 2002 年至 2005 年，先后对市经济作物技术推广站、市农科所、市作物所等 20 多个直属事（企）业单位的法人代表进行经济责任审计。2006 至 2007 年，先后完成了 22 个法人代表的经济责任审计，审计总额达 22.29 亿元。

2008 年部门整合，新农委成立后，2008—2010 年，先后完成经济责任审计项目 10 个，审计金额 47 414 万元。2014 年，对市农村合作经济经营管理站原站长、市农产品安全中心原主任和市农广校原校长进行离任经济责任审计。2015 年，对下属信息中心、疫控中心、畜牧总站、农业学校、农业广播电视学校等 6 个单位的原法人代表分别进行了经济责任审计，涉及资金 61 470 万元。通过审计，发现问题 22 个，提出整改意见 28 条。

重庆市监察局派驻农机局监察室代行内审工作时期的 1997—2007 年，按照“两年一轮”的工作制度，分别对 4 个直属事业单位开展财务收支审计，先后对市农机鉴定站、农机校、农机监理所、农业机械干部学校进行了法人离任审计。

三、社会监督

社会监督即群众监督，包括社会组织的监督。体现在对财政资金的投向、资金分配、项目安排、资

金使用管理、项目建设质量等各环节的监督。农业部门接受社会监督主要体现在两方面，一是在建立规章制度过程中，作出制度安排，如在资金的投向、资金分配、项目安排上明确要求事前公示；在资金使用管理上明确定期公布；在项目建设质量上要求引入第三方监督机构；设立投诉、举报电话、邮箱等。二是有专门的受理 、处理部门和 12316 农业服务热线。

第三节　涉农资金专项治理行动

一、全国农业财政专项资金重点检查

2009 年，根据《农业部办公厅关于开展财政专项资金执行情况专项检查的通知》和农业部财务司核准的《西南五省（区、市）农业财政专项资金重点检查工作实施方案》要求，重庆市农委作为组长单位，牵头组织西南片区五省（区、市）46 名农业部门内部审计、监察、财务专业人员，分五个检查组，从 7 月 6 日起分别赴四川、云南、贵州、西藏、重庆五省（区、市）对 2008 年中央下达各省区市的农业财政专项资金执行情况进行检查。

按照农业部要求，此次确定的必查项目有：良种补贴、农机购置补贴、阳光工程、奶牛良种补贴、农作物病虫害防治、农业生产救灾资金、农产品质量安全监管、农技推广、动物疫情监测与防治、物种资源保护等 10 大类。在检查过程中本片区还结合实际情况，增加检查项目 6 个，包括生猪良种补贴、能繁母猪补贴、口蹄疫等疫苗补助、扑杀补助、基层动物防疫工作补助、农资综合直补项目。

检查重点一是良种补贴、农机购置补贴、阳光工程、奶牛良种补贴、农作物病虫害防治、农业生产救灾资金等，关键是落实情况；二是农产品质量安全监管、农技推广、动物疫情监测与防治、物种资源保护等部门预算类项目，关键是执行情况。

检查采取交叉方式进行，其中，重庆组带队抽查西藏，西藏组带队抽查四川，四川组带队抽查贵州，贵州组带队抽查云南，云南组带队抽查重庆。

检查涵盖 2008 年中央下达西南五省区市农业财政专项资金 552 405 万元，重点检查项目资金总额为 498 072 万元，占总资金量的 90% 以上。受检项目及各省区市的具体情况是：

水稻良种补贴。2008 年部级下达西南五省区市水稻良种补贴资金 102 054 万元，其中：四川省 46 918万元，云南省 23 139 万元，重庆市 16 163 万元，贵州省 15 811 万元，西藏自治区 23 万元。经检查，五省区市实际下拨102 031万元，其中四川省 46 918 万元，云南省 23 139 万元，重庆市 16 163 万元，贵州省 15 811 万元。五个检查组共抽查区县 21 个、抽查乡镇 17 个、抽查农户 59 户。

玉米良种补贴。2008 年部级下达西南三省玉米良种补贴资金 24 100 万元，其中四川省 9 600 万元，云南省 8 500 万元，贵州省 6 000 万元。经检查，三个省实际下拨 24 100 万元，其中：四川省 9 600 万元，云南省 8 500 万元，贵州省 6 000 万元。检查组共抽查区县 8 个，涉及金额 2 192 万元。共抽查乡镇 13 个，涉及金额 61. 39 万元。共抽查农户 39 户，涉及金额 0. 07 万元。

小麦良种补贴。2008 年部级下达四川省小麦良种补贴资金 12 000 万元。经检查，该省实际下拨 12 000万元。检查组共抽查区县 1 个，涉及金额 100 万元，全部执行到位。

油菜良种补贴。2008 年部级下达西南四省市油菜补贴资金 30 321 万元，其中四川省 15 552 万元，云南省 3 048 万元，贵州省 8 223 万元，重庆市 3 498 万元。经检查，四省市实际下拨 30 321 万元，其中：四川省 15 552 万元，云南省 3 048 万元，贵州省 8 223 万元，重庆市 3 498 万元。检查组共抽查区县 19 个，涉及金额 2 463. 8 万元，发现区、县尚未下拨资金 341. 07 万元，其中，贵州省 297. 07 万元，四川省 44 万元。共抽查乡镇 15 个，涉及金额 89. 11 万元；抽查农户 35 户，涉及金额 0. 13 万元。

奶牛良种补贴。2008 年部级下达西南五省区市奶牛补贴资金 990 万元，其中：四川省 333 万元，云南省 435 万元，贵州省 33 万元，西藏自治区 144 万元，重庆市 45 万元。经检查，五省区市实际下

拨 990 万元，其中四川省 333 万元，云南省 435 万元，贵州省 33 万元，西藏自治区 144 万元，重庆市 45 万元。检查组共抽查区县 8 个，涉及金额 464. 3 万元；抽查乡镇 4 个，涉及金额 7. 22 万元，抽查农户 16 户，涉及金额 0. 08 万元。

农机具购置补贴。2008 年，部级下达西南五省区市补贴资金 47 000 万元，其中四川省 19 000 万元，云南省 10 000 万元，贵州省 8 000 万元，西藏自治区 2 000 万元，重庆市 8 000 万元。经检查，五省区市全部按农业部分配指标下拨到位。检查期间共抽查区县 25 个，涉及金额 8 209. 36 万元，发现贵州省补贴资金结余 13. 22 万元；抽查乡镇 14 个，涉及金额 86. 59 万元，抽查农户 46 户，涉及金额 10. 1 万元。

生猪良种补贴。2008 年，部级下达西南四省市补贴资金 7 560 万元，其中：四川省 3 760 万元，云南省 1 720 万元，重庆市 1 040 万元，贵州省 1 040 万元。经检查，五省区市实际下拨 7 560 万元。检查期间共抽查区县 14 个，涉及金额 1 579 万元；抽查乡镇 4 个，涉及金额 83. 2 万元，抽查农户 9 户，涉及金额 11. 12 万元。

能繁母猪良种补贴。2008 年，部级下达西南四省市（除西藏自治区外）补贴资金 60 330 万元，其中四川省 29 736 万元，云南省 14 130 万元，重庆市 8 730 万元，贵州省 7 734 万元。经检查，四省区市实际下拨 60 330 万元。检查期间共抽查区县 13 个，涉及金额 3 418. 36 万元，全部兑现到位。

疫苗补助经费。2008 年，部级下达西南两省区补贴资金 55 434 万元，其中四川省 52 439 万元，西藏自治区口蹄疫疫苗补助 2 995 万元。经检查，两省区实际下拨 55 434 万元。检查组共抽查区县 8 个，涉及金额 213 万元。

重大动物疫病扑杀补助经费。2008 年，部级下达四川省补贴资金 502 万元。经检查，四川省实际下拨 502 万元。检查组抽查了 1 个县，2 个乡镇，涉及金额 45 万元。

基层动物防疫工作补助经费。2008 年，部级下达西南三省区补贴资金 11 400 万元，其中：四川省 8 400万元，贵州省 2 000 万元，西藏自治区 1 000 万元。经检查，三省区实际下拨 10 390. 88 万元，其中四川省 8 400 万元，贵州省 1 990. 88 万元，西藏自治区 1 000 万补助资金尚未下达。检查组抽查区县 6 个，涉及金额 257. 1 万元。

动物疫情监测与防治。2008 年，部级下达西南五省市补贴资金 2 107 万元，其中四川省 1 159 万元，云南省 530 万元，贵州省 91 万元，西藏自治区 262 万元，重庆市 65 万元。经检查，五省区市实际下拨 2 107 万元。检查组共抽查区县 9 个，涉及金额 494 万元，抽查中发现，云南挤占资金 2. 5 万元。抽查实施单位 2 个，涉及金额 53 万元。

物种资源保护。2008 年，部级下达西南五省市补贴资金 581 万元，其中四川省 274 万元，云南省 40 万元，贵州省 136 万元，西藏自治区 65 万元，重庆市 66 万元。经检查，五省区市实际下拨 478 万元，其中：四川省 236 万元，云南省 40 万元，重庆 66 万元，贵州省 136 万元，抽查中发现，四川省滞留资金 38 万元，西藏自治区补贴资金尚未下达。检查组共抽查区县 6 个，涉及金额 70 万元，抽查乡镇 2 个，涉及金额 10 万元。

农作物病虫害防治。2008 年，部级下达西南五省区市补贴资金 18 307 万元，其中四川省 4 000 万元，云南省 11 400 万元，贵州省 1 100 万元，西藏自治区 1 127 万元，重庆市 680 万元。经检查，五省区市实际下拨 17 527 万元，其中四川省 4 000 万元，云南省 11 400 万元，贵州省 1 100 万元，西藏自治区 347 万元，重庆市 680 万元。检查组共抽查区县 21 个，涉及金额 1 367. 3 万元，抽查乡镇 7 个，涉及金额 331 万元。

农产品质量安全监管。2008 年，部级下达西南五省区市补贴资金 1 161. 99 万元，其中四川省 733. 04 万元，云南省 229 万元，贵州省 121. 95 万元，西藏自治区 30 万元，重庆市 48 万元。经检查，五省区市实际下拨 1 161. 99 万元。检查组共抽查区县 9 个，涉及金额 611. 64 万元。抽查重庆市一个实施单位，涉及金额 38 万元。

农技推广。2008 年，部级下达西南五省区市补贴资金 11 839 万元，其中：四川省 7 097 万元，云南省 30 万元，贵州省 3 635 万元，西藏自治区 964 万元，重庆市 113 万元。经检查，五省区市实际下拨 11 527.8 万元，其中四川省 7 097 万元，云南省 30 万元，贵州省 3 635 万元，西藏自治区 652.8 万元，重庆市 113 万元。共抽查区市县 20 个，涉及金额 1 037.6 万元；抽查 15 个实施单位，涉及金额 189.96 万元。

阳光工程（含农村劳动力转移培训）。2008 年，部级下达西南五省区市新型农民培训和农村劳动力转移培训补贴资金 26 455 万元，其中：四川省 8 510 万元，云南省 5 205 万元，贵州省 3 700 万元，西藏自治区 1 640 万元，重庆市 7 400 万元。经检查，五省区市实际下拨 26 455 万元。检查组共抽查区县 19 个，涉及金额 3 356.9 万元。抽查乡镇 15 个，涉及金额 1 051.96 万元，抽查农户 53 户，涉及金额 1 400.4万元。

农业生产救灾资金。2008 年，部级下达西南五省区市补贴资金 84 400 万元，其中四川省 18 200 万元，云南省 18 400 万元，贵州省 29 100 万元，西藏自治区 2 500 万元，重庆市 16 200 万元。经检查，五省区市实际下拨 82 870 万元，其中四川省 18 200 万元，云南省 18 400 万元，贵州省 29 100 万元，西藏自治区只下拨 970 万元，重庆市 16 200 万元。检查组共抽查区县 23 个，涉及金额 7 238.7 万元。其中重庆市挤占财政资金 20.5 万元。抽查乡镇 10 个，涉及金额 700.49 万元。抽查农户 24 户，涉及金额 0.16 万元。

此次检查后，五个参检组集体向农业部提交了各省区市落实强农惠农政策情况报告。报告同时总结了各地在实践中的主要做法、经验，提出扩大生产资料补贴范围，适当提高补贴标准；粮食直补实行动态管理；取消地方配套；规范支农资金整合行为；配套农业部门工作经费等六条政策建议。

二、纠正损害农民利益不正之风专项治理工作

按照重庆市人民政府《重庆市 2010 年纠风工作分工责任制》的要求，市农委作为全市开展纠正损害农民利益不正之风专项治理工作的牵头单位，认真开展了此项工作，重点对强农惠农资金使用情况进行专项检查。牵头组织市财政局、市人力资源和社会保障局、市水利局、市林业局等 8 个市级相关单位，结合部门实际制订实施方案，进而与市人民政府纠正行业不正之风领导小组办公室联合行文制定下发《重庆市开展纠正损害农民利益不正之风专项治理工作实施方案》，进一步加大专项治理工作力度。一是通过建立市级强农惠农政策落实监管工作联席会议制度，加强组织领导，明确部门职责分工，制定年度工作计划和实施步骤，确保工作任务完成。二是明确本系统资金使用与管理职责。市农委专门成立了强农惠农政策落实监督管理领导小组，下设综合协调组和行业监管组，作为领导小组日常联络机构和日常监督管理机构。各级各部门严格按照“分级负责、条块结合、一级抓一级、层层抓落实”的原则，通过签订责任书、目标考核等形式，确保强农惠农资金的安全有效使用。三是加强制度约束，发挥保障作用。出台了《重庆市农业投资项目廉政监督检查办法》《重庆市农委加强强农惠农资金监管的实施方案》等制度规定。坚持“三公开”制度（公开惠农补贴政策、公开惠农补贴对象、公开惠农补贴结果），强化社会监督。严明“五不准”规定（不准擅自改动补贴数据，不准截留、挤占、挪用惠农补助资金，不准由乡镇和村、组集体代领转付，不准拖延兑付时间，不准抵扣任何款项），突出纪律约束。

三、强农惠农资金专项检查行动

2011 年，重庆市委、市人民政府印发《关于全市开展“三项行动”工作的意见》，其中一项为“解决侵占惠农资金的突出问题”。市农委根据《意见》要求向区县农业主管部门下发《关于组织开展专项行动重点检查的通知》，随后农委审计、监察部门组织 6 个检查组，对全市 30 个重点区县 2007—2010 年度惠农资金进行了重点检查。

此次重点检查的范围是资金安排较为集中的区县。检查内容是 2007—2010 年度市级以上安排的粮

油补助补贴资金（包括农资综合补贴资金、种粮大户补贴、农作物良种补贴）；畜牧补助补贴资金（包括生猪标准化养殖场建设资金、生猪良种补贴资金、能繁母猪养殖补助）；农机具购置补贴等强农惠农补助资金。

检查采取区县自查与市检查组重点抽查结合的方式进行。通过听汇报、查档案（会计账簿、报表、原始凭证、公示材料、补贴资金发放花名册等）、实地抽查等，全面深入的掌握了三项（粮油、畜牧、农机）强农惠农补贴资金在各项目、各区县具体落实情况。

通过此次重点检查，发现存在以下问题。一是部分补贴项目大量资金滞留当地财政部门，调查数据显示：30 个区县四年累计滞留粮油补贴资金共计 8 704 万元，占 4 年安排总量 19 785 万元的 9. 8%；二是 4 年累计滞留畜牧补助补贴资金 6126 万元，占 4 年安排总量的 36. 78%；三是江津等 4 个区县 2007 年度安排的农机购置补贴资金滞留 249 万元（其中江津区 134 万元）；四是部分区县存在随意改变资金用途和调整项目；五是随意改变补助标准及补贴方式；六是农机部分厂商申报资料弄虚作假，虚报数量和金额，虚高农机定价等行为，套取补贴资金；七是项目管理工作经费欠缺，部分区县对惠农政策的宣传不到位，工作责任不落实，基础数据不实；八是直补资金公开透明度不高，监督不到位；九是部分强农惠农资金管理和制度建设不完善；十是违规收费或违规操作强农惠农补贴资金，侵占农民利益情况时有发生。

在这次强农惠农资金专项检查行动中，市农委系统共发现违纪违法案件 326 个，涉及违规违纪违法金额 6 048 万元，其中虚报冒领 470 万元，截留挪用 152 万元，滞留资金 2 720 万元，贪污受贿1 513万元，其他问题 1 193 万元。全市处罚通报人数 110 人，其中行政处罚 44 人，组织处理 17 人，党纪政纪处理 17 人，移交司法机关处理 32 人。

第七篇

种 植 业

CHONGQINGSHI ZHI·NONGYE NONGCUN GONGZUO ZHI

重庆地区具有悠久的耕垦种植历史，近几十年传统农业与现代农业的共融发展更促进了今天重庆地区种植业生产的基本特点与基本格局的形成。

就农业资源的总体状况而言，重庆地区具有种植业发展的优越自然条件，在中亚热带湿润季风气候作用下、丰富的物种资源又兼具广大的生态适宜区使种植业生产发展具有广阔的地域空间。

在地形地貌的影响下，约占全市辖区面积 40% 的河谷丘陵地区分布着占全市总耕地 60% 的农耕土壤，而占辖区面积 60% 的山地地区则只分布着占全市 40% 的农耕土壤，从而形成了全市种植业生产具有以丘陵农业为主体而又山地农业并重的特点。

此外，重庆地区种植业还具有高垦殖高复种的种植特点，这一特点在广大丘陵河谷地区尤为显著。1996 年，全市农耕地复种指数 1.48，垦殖指数 0.20，但其中广大丘陵河谷地区其垦殖指数却为 0.30。

在农作物种植上，不但品种种类数量繁多，而且优势突出，后备资源丰富，这是重庆地区种植业生产极为有利资源条件，也是种植业生产的资源优势。

为更加有效合理利用传统种植业经济基础及自然资源条件，适应农业现代化发展需要，自 2000 年以来，重庆种植业加快结构调整步伐，全市粮经结构已由 2000 年的 80.6：19.4 调整到 2015 年的63.3：36.7。

重庆种植业生产进程中也常面临干旱、寒潮、大风、暴雨、冰雹、连阴雨等灾害性天气影响，其中尤以干旱为最。特别是在以丘陵农业为主体的沿江河谷地区，盛夏七八月的伏旱有的年份（如 2006 年）会给种植业生产带来重大损失。

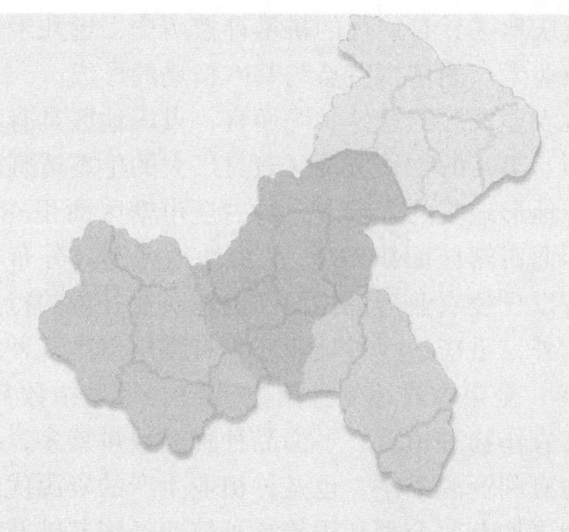

第一章 水　　稻

水稻是重庆第一大粮食作物，单产水平及投入产出比较效益居粮食作物之首。境内稻田分布广泛，跨越纬度达 4 度，海拔从沿江河谷 175 米到渝东北、东南部山区 1 200 多米，有沿江河谷冲积平坝、深浅丘陵和中低山梯田。生产区域地形地貌及生态条件复杂，立体气候差异明显。稻米也是重庆城乡居民的主要口粮，占居民口粮消费的 80% 以上，水稻生产对确保全市口粮安全至关重要。

第一节　生产发展概况

一、水稻生产

1986—2015 年，全市水稻生产发展经历了三个阶段。一是快速发展阶段（1986—2000 年）。水稻年平均种植面积稳定在 1 218.47 万亩，年平均亩产 428.5 千克，年平均总产 521.99 万吨，占粮食总产比例平均达 48.44%。1997 年全市稻谷总产达到历史最高 552.44 万吨。二是结构调整阶段（1998—2007 年）。本阶段，全市面临新形势：农产品大幅度增加，出现了结构性和区域性相对过剩现象，农产品价格不断下跌，“卖难”问题突出。1998 年，全市明确了农业产业结构调整指导思想：以市场为导向，以效益为中心，以科技为支撑，以发挥优势和突出特色为前提，以种子工程和基地建设为基础，以推进种子优良化、布局区域化、生产规模化、经营一体化为重点，以提高产品质量、保障市场有效供给、增加农民收入为目标，逐步建立起优质、高产、高效、低耗的农业结构和与现代农业相匹配的产业体系。按照“稳水稻面积，重品质效益”的思路，大力发展优质稻、特需稻，突出抓好中高档优质米产业化。水稻年平均种植面积稳定在 1 126.17 万亩，年平均单产逐渐提高到 434.9 千克，年平均总产 489.05 万吨，占粮食总产比例平均达 45.0%。其间 2006 年经历了特大自然灾害超强高温伏旱影响，单产、总产降到历史最低，2007 年水稻种植面积降到历年最低 978.2 万亩。三是稳定发展阶段（2008—2015 年）。本阶段，由于三峡库区淹没、城镇化建设占地、劳动力大量转移等因素影响，水稻种植面积持续减少，年平均面积在 1 027.4 万亩，水稻单产水平大幅度提高，年平均为 494.4 千克，2008 年水稻单产最高达 524 千克；年平均总产稻谷 507.93 万吨，占粮食总产比例平均达 44.39%（表 7－1－1）。

表 7-1-1 1986—2015 年重庆市水稻生产情况表

年份	水稻面积（万亩）	占粮食面积（%）	平均亩产（千克）	总产量（万吨）	占粮食总产（%）
1986	1 229.79	30.25	401.2	493.41	49.1
1987	1 211.7	29.94	412.3	499.56	49.73
1988	1 231.96	30.12	408.3	503	52.5
1989	1 254.35	29.99	431.9	541.81	51.86
1990	1 232.98	28.86	446.4	550.4	50.72
1991	1 225.03	28.26	437.5	535.9	48.05
1992	1 228.89	28.5	414.3	509.07	48.47
1993	1 206.84	28.03	397.7	479.9	45.59
1994	1 200.51	27.81	435.8	523.13	46.13
1995	1 199.22	27.79	444.1	532.63	46.17
1996	1 203.42	27.76	450.9	542.64	46.29
1997	1 196.93	27.69	461.5	552.44	46.63
1998	1 191.95	27.4	435.7	519.38	44.95
1999	1 182.86	27.55	450.6	533.01	46.63
2000	1 164.95	28	451.0	525.43	46.45
2001	1 145.95	28.14	407.0	466.45	45.05
2002	1 135.79	29.04	426.5	484.42	44.76
2003	1 107.73	30.64	446.2	494.29	45.46
2004	1 123.95	29.77	453.4	509.55	44.52
2005	1 121.92	29.9	464.8	521.43	44.64
2006	1 108.45	31.19	311.2	344.9	42.66
2007	978.2	29.7	502.5	491.59	45.18
2008	1 010.3	30.4	524.0	529.39	45.91
2009	1 023.06	30.59	499.8	511.3	44.96
2010	1 025.86	30.48	505.5	518.57	44.85
2011	1 029.73	30.38	479.2	493.5	43.79
2012	1 030.49	30.4	483.3	498.0	44.0
2013	1 032.99	30.55	487.0	503.1	43.82
2014	1 034.51	30.75	486.1	503.19	43.96
2015	1 032.48	30.81	490.4	506.4	43.84

（一）种植面积

1986—2015 年的 30 年，重庆水稻种植面积呈明显减少趋势。2015 年，全市水稻种植面积1 032.48

万亩，比 1986 年减少 197.31 万亩，减少 16.04%，年均减少 6.58 万亩。30 年间，水稻种植面积历史最大年为 1989 年 1 254.35 万亩，最小年为 2007 年 978.2 万亩。2008 年以来，水稻种植面积逐步恢复稳定在 1 030 万亩以上，占粮食种植面积比例达到 30% 以上。

（二）单产水平

随着水稻品种选育技术的突破和水稻生产科技水平的提升，水稻生产水平得以提高，全市单产水平呈起伏增加的趋势，30 年间全市平均单产为 448.2 千克，比 1985 年亩平均增加 72.9 千克。与 1986 年相比，2015 年，全市水稻平均亩产 490.4 千克，亩平均增加 89.2 千克，平均每年增加 2.97 千克。2008 年，全市单产最高为 524 千克；2006 年，由于遭受历史上特大高温伏旱，水稻单产水平 30 年中最低为 311.2 千克。

（三）水稻生产总量

30 年间，除遭遇较大的自然灾害外，全市水稻总产年平均达到 507.26 万吨，其中 1997 年总产最高达到 552.44 万吨，2006 年全市总产最低，仅 344.9 万吨。占粮食总产的比例呈逐步下降趋势，1988 年稻谷总产占粮食总产最高达到 52.5%，2015 年稻谷总产稳定在 506.4 万吨，占粮食总产比例下降 5.26%。

二、再生稻生产

30 年间，全市再生稻生产发展经历了 3 个阶段。

（一）迅猛发展阶段（1986—1991 年）

全市农业技术推广部门大力贯彻“讲求条件，科学规划，提高成功率，提高单产”的工作思路，实施“落实区域布局和品种布局保稳产，落实技术到位和投入到位保高产”的技术路线，再生稻品种筛选不断强化，再生稻配套栽培技术不断完善，加之行政推动和政策支撑有力，再生稻蓄留面积迅速扩大。1989 年，全市再生稻蓄留面积达到 303.69 万亩，成功率也有所提高，再生稻总产达到 32.02 万吨。至 20 世纪 90 年代开始，中稻—再生稻在全市低海拔沿江河谷地区已成为一种特有的稻田种植制度。1991 年，全市再生稻面积达 217.28 万亩，占全国 771.8 万亩的 28.16%，再生稻平均亩产 88.3 千克，总产再生稻 19.2 万吨。在遭遇严重干旱情况下，仍出现一批亩产 200 千克的乡与村。如永川县来苏镇 1.25 万亩再生稻平均亩产达到 200 多千克。1991 年 10 月 6—9 日，农业部在重庆组织召开了全国再生稻现场会，来自四川、云南、贵州、福建、安徽、江西、湖北、湖南、江苏、广西等 11 个省区市专家、教授等代表，参观考察了巴县、铜梁、潼南、大足、永川等再生稻高产示范现场，重庆推广再生稻的经验和做法，受到与会代表的高度评价。

（二）徘徊萎缩阶段（1992—1997 年）

因粮食生产结构调整，再生稻品种、气候、技术等原因，导致收获面积和单产年度间波动较大。

（三）恢复稳定发展阶段（1998—2015 年）

重庆直辖后，因三峡库区淹没、城镇建设占地，劳动力大量转移，农资价格上涨等诸多因素造成再生稻蓄留面积、单产和总产量一度萎缩。为提高再生稻蓄留成功率，全市规划了 150 万亩再生稻，适宜耕作区进行再生稻区域布局调整。除 2006 年因遭遇超强高温伏旱特大自然灾害导致部分中稻绝收外，全市再生稻年收获面积基本稳定在 100 万 ~140 万亩，平均亩产在 100 ~140 千克，总产稻谷约 12 万 ~16 万吨，约占全市稻谷总产的 1.5% ~2%，大致相当于全市一个中等区县 25 万 ~30 万亩稻田的生产能力。随着再生稻品种结构的调整成功，再生稻单产水平取得突破。2002 年，开县主推 K 优 926 等品种，出现了一批再生稻亩产达到 400 千克以上的田块，最高亩产达到 568.5 千克。华龙网、新华网分别以《重庆农业“三绝”称号之一的再生稻单产超过千斤》《重庆再生稻单产达到世界先进水平》为题进行了报道。2014 年，开县岳溪镇 220 亩再生稻平均亩产达到 480 千克，最高亩产达到 540 千克，中稻 + 再生稻两季合计亩产 1 228.4 千克；1 200 亩核心示范片中稻平均亩产 705.3 千克，再生稻平均亩产 440 千克，两季合计亩产 1 145.3 千克，亩纯收益 1 100 元以上，创造了世界同纬度地区千亩示范片中稻—再生稻两季高产高效纪录。农业部组织湖北、湖南、江西、四川、重庆、云南、贵州等 7 个省市专家及重庆市再生稻主产区县的水稻生产技术负责人到开县再生稻高产栽培技术进行了考察和交流，在全国产生广泛影响。2015 年，开县竹溪镇竹溪村中稻—再生稻增产模式攻关核心示范区的农户韦先恩，种植优质超级稻品种宜香优 2115，中稻实收平均亩产 703.5 千克，再生稻实收平均亩产 612.8 千克，中稻再生稻两季合计亩产达到 1 316.3 千克，突破 1.3 吨大关（表 7－1－2）。

表 7－1－2　1997 年重庆市 150 万亩再生稻适宜耕制区规划面积表

市地区（市）县	面积（万亩）	市地区（市）县	面积（万亩）
全市	150		
万县市	18	长寿	9
…	…	…	…
黔江	3	渝北	3.5
涪陵	10	巴南	6
合川	8	綦江	2
江津	19	北碚	2
潼南	9	沙坪坝	3.5
铜梁	13	九龙坡	2.5
永川	17	南岸	1.5
大足	5	江北	1
荣昌	7	双桥	0.6
璧山	9	大渡口	0.4

第二节　稻作制度与生产布局

一、稻作制度改革

重庆传统的稻田种植制度多为一年一熟为主，一般为种植一季中稻后关水越冬，冬水田面积约占 60% 以上，部分高塝田及漏沙田冬闲休耕，零星稻田稻 + 鱼种养结合，模式单一。重庆稻作制度发展历经三个阶段：

（一）第一阶段（1986—1997 年）

为满足粮食需求，全市大力开展稻田耕作制度改革，挖掘稻田秋冬种资源，通过《饲料绿肥综合丰产技术》《稻鸭共栖种养优化结构及其配套技术》《吨粮田系列配套技术开发》《重庆市稻田综合开发利用配套技术》《再生稻品种筛选及其开发利用研究》《重庆市再生稻综合丰产技术》《稻田规范化养鱼高产技术推广》《稻田半旱式免耕多熟高产技术》《稻萍鱼综合丰产技术》等技术研究，成功开发一年两熟及多熟模式，除传统的冬水（闲）—中稻模式外，中稻蓄留再生稻技术获得成功并迅速推广，1989 年全市蓄留再生稻面积达到303万亩。稻作制度逐步向中稻—再生稻、水稻—小麦、水稻—大麦、水稻—油菜、中稻—绿肥等粮粮、粮油、粮肥水旱轮作和稻+萍+鱼共生种养模式发展。全市“再生稻、稻田养鱼、稻田半旱式栽培”被誉为重庆农业“三绝”，受到国务院领导高度重视，在全国产生广泛影响。

1990年起，全市开始实施的农业三大工程（300万亩冬水田的综合开发工程、200万亩坡瘠地综合改造工程、菜篮子建设工程）。稻田半旱式复合种养殖制度，以小麦—中稻以及中稻—再生稻起垄种植为主，垄沟中可蓄水养鱼。1991年，全市稻田推广半旱式栽培面积272万亩，再生稻收获面积217.28万亩，发展规范化稻田养鱼27.19万亩。

1991年10月，时任国务院副总理田纪云题词：“实施农业三大工程是重庆发展农业的希望”。1991年11月3—5日，他实地考察了大足县、合川县、双桥区的冬水田、坡瘠地综合改造工程，高度赞扬重庆农业三大工程“有声势、有规模、有成效，深入人心”“吹糠见米、立竿见影”“是重庆农业再上新台阶的必由之路，希望之路”。国务委员陈俊生为重庆题词：“农业综合开发向深度进军大有作为”。

1991年6月21日，时任国务院总理李鹏和国务委员陈俊生在国务院研究室重庆农业“三绝”调查报告上做出重要批示：“认真总结推广重庆的经验”。1991年6月19日，《人民日报》以《重庆农业“三绝”》为题，介绍了重庆再生稻、半旱式栽培、稻田养鱼发展经验；《经济日报》头版头条刊登文章《在技术和劳动密集农业上多作文章。重庆市发展农业有“三绝”》，并配发“找绝招，促增收”的评论。

（二）第二阶段（1998—2012年）

随着种植业结构进一步调整和稻田保护性耕作技术的示范推广，秋冬稻田资源高效利用模式进一步开发。从1999年开始，全市在温光资源较丰富、有水源保证的稻区开展稻田高效新耕制试验，在稳定粮食生产潜力的基础上主攻效益，通过试验示范，不断创新和完善稻田高效复种轮作制度。中稻— 再生稻已经成为一种稳定的稻作制度，中稻—稻草覆盖秋马铃薯、中稻—秋玉米、中稻—地膜覆盖马铃薯、中稻—蔬菜（甘蓝、榨菜、萝卜等）、中稻—胡豌豆等粮—豆、粮—饲、粮—肥、粮—经等轮作模式进一步发展。

（三）第三阶段（2013—）

2013年以来，稻田新型高效种养结合、高效复合轮间套作模式进一步开发，中稻—再生稻两季产量突破1 000千克，中稻—油菜/蔬菜、中稻—油菜/马铃薯、中稻—蔬菜/马铃薯、中稻—草莓等，稻+鱼、稻+泥鳅、稻+虾（蟹）、稻+鸭等稻作模式多元化发展，大大提升了稻田种植效益。

二、生产布局

1986—1997年，全市水稻生产主要分为两个区。一是渝西和渝中水稻主产区。包括潼南、铜梁、大足、荣昌、永川、合川、江津、璧山、綦江、巴南、渝北、长寿、垫江、梁平、涪陵、南川以及万州、忠县、开县、石柱、丰都等区县的部分低海拔地区，含浅丘河谷地带的再生稻适宜区和海拔550~900米的倒置低山区。二是渝东和渝南生产区。包括巫山、巫溪、奉节、云阳、黔江、酉阳、彭水、武隆等区县以及万州、忠县、开县、石柱一部分海拔较高丘陵及中低山地区。

1998—2015年，全市对水稻生产区域进行了进一步调整，根据不同区域气候生态和水稻生育进程特点，将水稻主产区域划分为三个稻区，并将优质稻优势生产区域划分为3个层次进行规划布局。

（一）水稻主产区域

1. 渝西浅丘及沿江低海拔河谷稻区

包括永川、合川、璧山、铜梁、大足、荣昌、潼南、渝北、沙坪坝、九龙坡、江北、南岸、双桥、北碚、长寿15个区县全部，江津、巴南、綦江大部以及涪陵、丰都、忠县、开县海拔400米以下地区。

该区冬暖春早，夏季较长，雨量充沛，热量丰富，雨热同季，年均温为17.2～18.6℃，≥10℃积温6 000～6 150℃。年日照时数1 000～1 100小时，无霜期最长可达350天，年降水量多在980～1 200毫米，年降水日数一般在140～160天。但常年高温伏旱严重，干旱指数为0.5左右。稻田土壤类型以紫色母岩发育的水稻土为主。

该区是重庆市水稻主要产区，稻田主要集中在海拔400米以下丘陵平坝区，其中海拔300米以下区域占41%，300～400米区域占47%。种植制度以冬水（闲）田种植一季中稻及中稻—再生稻为主，中稻—秋冬季蔬菜、稻—油菜等一年两熟模式也占一定比重。年均种植水稻600万～700万亩，约占全市的55%～60%。区域平均单产水平510千克以上，据各稻区之首，是重庆水稻生产高产区域，总产稻谷300万吨以上。由于秋季温光资源丰富，再生稻也是该区的一大特色，常年蓄留150万亩左右，再生稻平均亩产120千克左右。

2. 渝东北深丘中低山稻区

包括垫江、梁平、万州、云阳、奉节、巫山、巫溪、城口全部，开县、忠县海拔400米以上的地区。

该区海拔高差大，立体气候明显，总体气候温和，昼夜温差大，东部光照丰富。年均温为16.7～18℃，≥10℃积温5 100～5 700℃。年日照时数1 200～1 600小时，无霜期可达255～335天，年降水量多在940～1 157毫米。其中海拔600米以下地区是重庆市高温伏旱中心，水稻常年受到7月下旬至8月上旬的高温伏旱影响。

该区土壤类型较复杂，以紫色母岩、石灰岩发育的水稻土为主。水稻种植最高海拔达1 500米。稻田主要集中在海拔300～800米丘陵低山区，占80.7%，其中海拔400～600米区域约占60%。在海拔500～800米区域气候温和，昼夜温差大，水稻灌浆结实期气温适宜，有利于优质稻的生长发育，是生产优质精品稻米的最佳稻区，地产的红土米、罗田米、大阳米等均为以前的“贡米”品牌。年均种植水稻280万～350万亩，占全市的28%，年平均单产450千克/亩左右，总产稻谷约120万吨。

3. 渝东南丘陵低山稻区

该稻区为石柱方斗山至江津四面山一线东南，包括黔江、酉阳、秀山、彭水、武隆、南川、万盛的全部，綦江、石柱的大部，丰都、涪陵、巴南、江津的南部地区。

该地区海拔高差大，立体气候明显。常年气候较温和，高温伏旱轻，但低温危害重，热量可满足一年两熟，部分地方可满足一年三熟。年均温为15～16.9℃，≥10℃积温4 200～4 800℃。年日照时数1 200小时，无霜期220～300天；年降水量多在1 100～1 350毫米。土壤类型较复杂，以石灰岩、紫色母岩发育的水稻土为主。稻田主要集中在海拔300～900米丘陵低山区，占82.65%。其中海拔500～800米区域约占稻田的51.79%，以700米左右的深丘低山区为主。秀山、酉阳、彭水、黔江、石柱、武隆部分地区虽然纬度较低，海拔亦在500米以下，因受洞庭湖气候影响较大，各项热量指标均偏低，具有独特的武陵山区气候特点。南川、秀山及酉阳的龙潭、麻旺一线有槽坝稻田40多万亩，是本区著名的粮仓。

渝东南稻区年均种植水稻120万～130万亩，约占全市的12%。水稻生产整体水平较低，水稻平均亩产440千克左右，总产稻谷约80万吨。区域内南川区生产水平较高，2015年水稻平均亩产483.9千克。该区以巴南区的樵坪、涪陵区的龙潭、南川区的兴隆和大观、綦江区横山等为代表的倒置低山区降雨量充沛，水源充足，昼夜温差大，水稻灌浆结实期气温较低，稻田土壤呈酸性且有机质含量较高，有利于优质稻的生长发育，是生产绿色精品稻米、有机稻米的最佳稻区，素有“贡米之乡”之称。

（二）优质稻主产区域

2001年，市农业局制定了百万亩优质稻产业化工程项目规划，将全市优质稻产业化发展规划为三

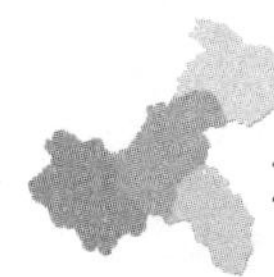

个层次建立规模化生产基地。一是在倒置山区以种植高档优质稻为主。在巴南、綦江、涪陵、南川、江津、万州、奉节、黔江、酉阳、秀山等 18 个区县的 26 个片区 33 个乡镇建立了 21 万亩高档优质稻米生产基地，其中以巴南樵坪、凉水，綦江县横山，涪陵区龙潭，南川市兴隆倒置山区为中心建立了 6 万多亩绿色精品米标准化示范基地，布局最优的优质稻品种，通过对施肥、施药、密度、水分管理和收获等环节的控制，使产出的稻谷符合绿色食品要求，通过加工开发，创建绿色高档稻米品牌。二是在全市 39 个区县实施优质稻优质米开发工程。选择人均稻田面积大和具有收贮加工优势的区域发展普通优质稻，品种以杂交优质稻为主。三是在再生稻适宜区抓好 150 万亩优质再生稻生产。重点在开县竹溪镇等 19 个镇建立优质再生稻米生产基地 10 万亩，促进优质再生稻米的开发。

第三节　栽培品种

重庆水稻栽培的品种以一季中晚熟籼杂交水稻品种为主，兼有部分中稻—再生稻品种。

一、中稻品种

1985 年—2015 年的 30 年，经国家农作物品种审定委员会审认定，适宜在重庆推广的国审品种共 167 个，其中 32 个品种已停止推广。

1985—1997 年，经四川省农作物品种审定委员会审定，适宜在重庆推广的杂交水稻品种约 90 个，主要品种有汕优 63、汕窄八号、Ⅱ优 63、Ⅱ优 501、K 优一号、D 优 162、Ⅱ优 162、D 优 68、Ⅱ优 838、冈优 22、辐优 838 等，目前除汕窄 8 号、Ⅱ优 838 等个别品种外，绝大部分品种已停止推广。

1989—2015 年，经重庆市农作物品种审定委员会审定合法推广的水稻品种有 172 个，至 2015 年，有 58 个品种已停止推广。1998 年，引进陆稻品种“远诱一号”和“巴西陆稻”在巴南区和万州区农科所进行试验和小面积示范，平均亩产达 286.8 千克。1998—2010 年期间，全市推广应用的主要品种有：国审稻 K 优 402、汕优多系 1 号、协优 57、K 优 5 号、Ⅱ优 838、冈优 22、D 优 68、Ⅱ优 162、两优培九、Ⅱ优 725、Ⅱ优 501、菲优多系 1 号、冈优 725、K 优 77、D 优 13、D 优多 1、K 优 047、特优 70、Ⅱ 优明 86 等。2011 年，全市推广的水稻品种 225 个，种植面积达 10 万亩以上的水稻品种有 26 个。全市自育水稻品种数占全市合法水稻品种数的 31%，自育品种推广面积达 386.86 万亩，占全市水稻面积的 37%，其中“Q 优”和“渝优”两大系列品种推广面积达 150.78 万亩，占自育品种面积的 39%。

2013—2014 年，全市具有合法有效推广资格的水稻品种 274 个。根据品种准入途径分，重庆审认定品种有 181 个，直接通过国家审定品种有 93 个，分别占合法有效推广品种总数的 66.1% 和 33.9%。

根据品质类型分，优质稻品种有 73 个（包括一级优质稻 1 个、二级优质稻 15 个、三级优质稻 57 个），普通稻品种有 201 个，分别占合法有效推广品种总数的 26.6%、73.4%。根据品种来源分，重庆自育品种有 82 个（其中国审品种 8 个、优质稻品种 20 个），市内外联合选育品种有 18 个（其中国审品种 3 个、优质稻品种 6 个），市外选育品种有 174 个，分别占合法有效推广品种总数的 29.9%、6.6%、63.5%。根据育种方法分，三系稻品种有 249 个，两系稻品种有 11 个，常规稻品种有 14 个，分别占合法有效推广品种总数的 90.9%、4.0% 和 5.1%。

2013 年，全市推荐的主导品种有 T 优 111、Y 两优 1 号、T 优 618、Q 优 6 号、T 优 109、科优 21、深两优 5814、Q 优 8 号、渝香 203、丰两优一号、T 优 300、辐优 802、渝优 7109、川丰 6 号、金冈优 983。

2013 年，全市水稻推广使用的两系稻品种有 11 个，种植面积 100.9 万亩，约占全市水稻面积的近 10%。种植面积超过 10 万亩的两系稻品种有 4 个，其中超过 20 万亩的有深两优 5814、Y 两优 1 号 2 个品种。其中，优质两系稻品种有 6 个，种植面积 79.2 万亩，分别占两系稻种植面积的 78.5%、优质稻种植面积的 20.0%。

2015 年，全市水稻合法有效推广品种有 292 个，其中：重庆审定品种有 136 个，认定品种有 39 个，国家审定品种有 117 个，分别占合法有效推广品种总数的 46.6%、13.4% 和 40.0%。推荐的主导品种有深两优 5814、渝香 203、宜香优 2115、忠优 78、Y 两优 1 号、Q 优 5 号、丰两优一号、Y 两优 6 号、丰两优六号、西农优 10 号、F 优 498、渝优 7109、川丰 6 号、科优 21、T 优 111、冈优 638 等 16 个。

二、优质稻品种

（一）常规优质稻品种

从 1995 年开始，从市外引进一系列优质常规稻品种进行筛选。1999 年，从市外引进常规优质稻品种 36 个，在江津，永川、綦江和北碚等地进行了正规的品种比较试验。到 2001 年，遴选出了一批品质、产量、抗性相对较好的高档优质常规稻品种如赣晚籼 19、小粒粘、胜泰 1 号、中香 1 号、“98020”、茉莉粘等，并作为高档优质米基地的专用品种进行集中繁育。开发出“香桂牌”“月桂牌”“樵坪米”“公平米”等品牌优质米，填补了重庆无地产优质米的空白。

2001—2002 年，市农技站承担了重庆市科委《良种示范工程——重庆市优质稻品种筛选与示范工程》项目，引进中优 3 号、绿稻 24、茉莉香籼、9133、紫米 19、日本绢光、茉莉 1 号、98520、中籼 9813 特优 19、特优 3 号、H202 特优 21、特优 18、香籼 IP18、特优 2 号、香籼 MA—1、H208、H204、H201、中香 1 号、胜泰 1 号、赣晚籼 19、小粒粘、茉莉粘、丰园香稻等常规稻品种 26 个开展试验观察。筛选出了常规稻中香 1 号、胜泰 1 号、赣晚籼 19、粤丰粘、粤香粘、98020 等品质达国颁三级以上标准的品种。在巴南区樵坪镇建立了 156 亩常规优质稻种子繁殖及原种提纯基地，集中繁育常规优质稻种子，为大面积提供生产用种、原种 5 万千克。

（二）杂交优质稻品种

1995—2001 年，重庆市引进筛选出丰产性和米质较好、生育期适中的杂交三系组合 K 优 926 和 K 优 047 作为品种调整中的优质品种，在再生稻区和低山区扩大推广，同时主推杂交优质稻品种主要有 D 优 68、菲优多系 1 号等品种，优质稻推广面积累计达到 400 多万亩，有人和米业开发生产的“丝苗米”“人和米”等地产优质米品牌。

2001—2002 年，重庆市农业技术推广站与中国科学院成都生物研究所合作，承担《中国科学院科技成果孵化资金项目—优质水稻新品种的培育及推广研究》项目，分别在巴南、永川、万州和合川等四个区市县实施了 4 个点次，对参试的 16 个优质杂交稻品种进行比较试验。在巴南、涪陵、荣昌、綦江、南川、忠县等 6 个区县市安排了 12 个点次、21 个参试品种、414 个试验小区的优质杂交中稻区域试验和 6 个点次、4 个参试组合共 60 个试验大区共优质水稻新品种生产试验。在巴南、渝北、三峡农业科学研究所实施了 3 个点次、12 个参试组合、108 个试验区优质水稻新品种预备试验。在巴南区和南川市优质水稻新品种预备试验，为新品种预备试验储备资源。

为新品种预备试验储备资源，重庆市农业科学研究所还在巴南区和南川市进行了新品种展示，示范组合有“宜香优 1577”“川香优 2 号”“香优 1 号”“丰两优 1 号”“两优培九”“中优 6 号”等 6 个，展示面积 110 亩，检验品种的品质、丰产性和适应性。组织巴南、江津、合川、涪陵、南川、万州、忠县等七个重点区县对试验中表现较好的品种金优 10 号和 D 优 3232 进行示范和扩大面积推广。2001 年，7 个区县推广优质稻新品种面积达 11.1 万亩。

2002 年，市种子公司用自育优质不育系 6008A 与成恢 047 配组育成的优质杂交中籼新组合 Q 优 2 号，该组合具有米质优（国标三级）、产量高、抗病力较强等特点，2002 年 12 月通过重庆农作物品种审定委员会审定，成为全市第一个品质达到国标三级的自主研发品种。2004 年，农业部公布 Q 优 2 号成为重庆市第一个通过全国审定的优质稻品种。

2003 年，在全市 22 个区（县、市）开展了 28 个点次的杂交优质稻新品种区域试验、常规优质稻及特种稻区域试验、杂交优质稻新品种预备试验及优质稻生产试验，参试组合 36 个。同时全市农业技术部门根据当地的生态条件广泛地开展优质稻新品种引种、比较试验，参试品种及组合达 200 多个。

2005—2015 年，重庆市每年在渝西、渝中、渝东北、渝东南等不同生态区开展优质稻主导品种筛选试验，不断筛选并合理布局推广应用优质稻主导品种。至 2015 年，全市推广使用优质稻品种 74 个，种植面积 405 万亩，约占水稻种植面积的 39.23%。其中：一级优质稻有 1 个品种，种植面积 15 万亩；二级优质稻有 18 个品种，种植面积 131 万亩；三级优质稻有 55 个品种，种植面积 259 万亩。

三、超级稻品种

1999 年，全市引进两系和三系杂交优质水稻新组合 17 个进行正规品种比较试验和小面积的生产示范。在北碚区引进示范的两系组合中，两系超级稻品种“两优培九”（培矮 64S/9311）试验示范取得成功，品质、产量和抗性均表现较好。2001 年，该区示范“两优培九”12 132 亩，经专家组现场挖方测产和各镇农业技术推广站调查统计，“两优培九”亩产达 609.8 千克，最高亩产达 761.0 千克，成为亩产首次突破 700 千克的杂交两系品种。

2005—2015 年，全市主推经农业部确认的超级稻主导品种有：深两优 5814、Q 优 8 号、Q 优 6 号、Y 两优 1 号、准两优 527、准两优 1141、Ⅱ优明 86、特优航 1 号、D 优 527、Ⅱ优 162、一丰八号（K 优 2527）、协优 527、Ⅱ优 602、金优 527、内 2 优 6 号、德香 4103、天优华占、两优培九、丰两优香 1 号、F 优 498、宜香优 2115、C 两优华占等 22 个品种，累计推广面积 2481.78 万亩。其中，重庆市自育品种 Q 优 6 号，2006 年在梁平县梁山镇八角村百亩攻关片平均亩产达 808 千克，最高亩产达到 839.1 千克，被农业部列为第一批超级稻示范推广确认品种。至 2015 年，Q 优 8 号、准两优 1141、两优培九已退出农业部超级稻品种冠名。

2015 年，超级稻新品系攻关示范亩产突破吨粮大关。南川区超级稻示范片选用中国工程院袁隆平院士选育的两系籼型超级杂交水稻新品系百亩攻关，平均亩产达到 950.5 千克，最高亩产达到 1 006.7 千克，实现了超级稻增产目标的新突破，得到袁隆平院士的高度评价。

四、再生稻品种

1985—1997 年，重庆市推广的再生稻品种为再生能力强的三系杂交稻品种，如“汕优 63、菲优多系 1 号”等。

1998—2005 年，重庆市遴选主推了品质、抗性、稳产性好的品种，如：K 优 926、K 优 047、K 优 130、辐优 130、Q 优 1 号、Q 优 5 号、Ⅱ优 838、Ⅱ优 718、金优 725、汕优多系 1 号、金谷优 202 等一批再生力强的穗数型品种，提升了再生稻产量。2002 年开县竹溪镇推广 K 优 926，再生稻产量单个田块亩产首次突破 500 千克大关。

2006—2013 年，重庆市主推两季高产稳产的超级稻及大穗型品种。如：准两优 527、Ⅱ优 602、Ⅱ优 21 等。2013 年，开县岳溪镇九亭村选用超级稻品种准两优 527，百亩攻关片平均亩产 479.5 千克，千亩核心片实际亩产 420.9 千克。中稻 + 再生稻两季合计百亩攻关平均亩产 1 235.7 千克，千亩核心片亩产首次突破吨粮大关，达到 1 117.51 千克。

2014—2015 年，品种结构进一步调优，以穗粒兼顾型优质稻、超级稻等主导品种为主。如：宜香优 2115、深两优 5814、C 两优华占、Y 优 1 号、宜香优 1108、川优 6203 等，兼顾品质与产量，注重优质高产高效。2015 年，开县竹溪镇农户韦先恩种植的 0.18 亩超级稻宜香优 2115 再生稻亩产实收 612.8 千克，中稻 + 再生稻两季合计亩产达到 1 316.3 千克。这是该地块在再生稻单产打破 2002 年世界同纬度地区高产纪录的基础上，又创造中稻+再生稻两季高产纪录。

第四节 栽培技术

1985—1996 年，重庆直辖前，全市开展了水稻系列高产栽培技术研究及推广，改革了稻作制度，创新集成了中稻—再生稻系列高产技术。获得四川省与重庆市的科技进步奖、农业部农牧渔业丰收奖、技术改进奖等 47 项。1987 年，启动实施农牧渔业丰收计划。

1997—2015 年，全市进一步调整了水稻生产结构，拓展了稻田生产功能、推广了一批优质稻、超级稻品种，优化了水稻生产布局，研究集成了水稻宽窄行规范栽培、水稻抛秧栽培、水稻机插栽培、中稻—再生稻吨粮栽培等系列标准化生产技术，创造了重庆水稻生产系列高产纪录，挖掘了水稻生产潜力，确保了口粮安全。

一、水稻育秧技术改进

1985—1997 年，重庆市通过开展《水稻温室育小苗两段培育多蘖壮秧新技术》《水稻地膜育秧》《水稻旱育稀植栽培》《多功能种子剂的工业化生产及应用的研究》等系列研究，形成了以水稻地膜育秧、旱育秧为主的水稻育秧新技术，代替了杂交稻温室两段育秧技术。1997—2004 年，开展水稻旱育秧、旱育抛秧、无盘旱育抛秧等技术研究，成功开发种子包衣剂、水稻多功能旱育秧型壮秧剂、湿润育秧型壮秧剂、水稻精量播种器等，逐步完善了水稻旱育秧、塑料软盘育抛秧、无盘旱育秧等育秧技术体系，形成重庆市水稻旱育秧、塑料软盘育抛秧、无盘旱育抛秧育秧技术规范。1999 年，全市开始探索水稻商品化育秧模式。2005—2010 年，全市组织江津、巴南、大足、开州等区县开展了机插秧最佳播种量和移栽秧龄试验，探索出了机械化育毯苗秧的最佳播种量和适宜移栽秧龄等育秧关键技术，逐步形成旱育机插秧和湿润育机插秧技术体系。2011—2013 年，重庆市通过 10 余个点次的试验，将水稻旱育秧技术、旱育抛秧技术、旱育机插秧技术和红苕酿热物育苗技术进行集成，充分利用红苕种苗与水稻生长周期的差异，创新形成水稻+甘薯同一苗床播种，苗期共生，一地两用的低碳育秧育苗技术。2014—2015 年，重庆市开展了以有机肥与无纺布替代、农药化肥减量施用为核心的水稻绿色生态育秧技术试验，探索集成了水稻无纺布生态旱育机插秧、无纺布生态旱育秧、无纺布生态旱育无盘抛秧、无纺布生态旱育塑盘抛秧新技术，推进了水稻绿色增产技术与模式发展。2015 年，启动了全市水稻商品化育秧工程建设。

二、水稻高产技术研究与推广

（一）杂交水稻规范化栽培技术研究与推广

1985—1996 年，注重杂交水稻高产与规范化栽培技术研究与推广，全市重点研究并推广了以下技术：

1. 杂交水稻规范化栽培技术

通过开展《重庆市高温伏旱地区 450 万亩杂交中稻亩产过千斤》《高温地区杂交中稻开花期高温危害对策及高产栽培技术》《杂交水稻高产栽培技术规范研究》《杂交水稻汕优 63 的应用推广》《超汕优 63 杂交中稻新组合选配与Ⅱ优 63、优Ⅰ 63 推广应用研究》《紫色土稻麦配方施肥模式研究》《杀虫双颗粒开发推广》等科技攻关，集成了杂交中稻综合丰产技术、杂交中稻规范化栽培技术、水稻配方施肥技术等，实现了杂交水稻亩产过千斤。通过实施《250 万亩杂交中稻规范化栽培》《粮食增产综合技术大面积推广》《杂交中稻高产栽培技术规范的推广》《水稻优良新品种及高产栽培技术》等丰收计划，全面提高了杂交水稻单产水平。

2. 再生稻综合增产技术

利用中稻蓄留再生稻，能充分利用全市秋季光热水土资源，且具有省工、省种、省肥、节水、增产、增效的优点。同时再生稻米是低海拔地区的优质稻米，市场价格比普通大米高 10% 以上，具有优质、高效等综合效益，对改善稻米品质，促进重庆市稻米品质优化，推进粮油结构调整具有重要意义。市农技推广站通过《杂交中稻蓄留再生稻》《再生稻栽培模式研究与应用》《再生稻品种筛选及其开发利用研究》《再生稻的研究及利用》《重庆市再生稻综合增产技术》《杂交中稻培育再生稻施用赤霉素两季增产技术及机理研究》《重庆市杂交中稻再生稻综合增产技术》《再生稻亩产 250 千克栽培技术规范研究》等，集成了再生稻亩产 250 千克技术规范。同时提出了"讲求条件，科学规划，提高成功率，提高单产"的工作新思路，实施了落实两个布局保稳产，落实两个到位保高产（即落实区域布局和品种布局；落实技术到位和投入到位）的技术路线，全面调整了再生稻区域布局，使全市年际间再生稻面积稳定在 150 万亩左右的适宜区，成功率提高到 85% 左右。

3. 水稻半旱式栽培技术

通过对《水稻半旱式栽培及综合利用技术示范推广》《水稻半旱式及稻田综合利用技术》《半旱式稻田丰产技术》《稻田半旱式免耕多熟高产技术》等研究与推广，形成全市水稻半旱式栽培技术。

4. 稻田规范化养鱼高产技术及综合利用技术

通过对稻田《稻鸭共栖种养优化结构及其配套技术》《稻田规范化养鱼高产技术推广》《饲料绿肥综合丰产技术》《稻田综合利用高产高效益示范推广》《稻萍鱼综合增产技术》等研究与示范推广，形成稻—小麦、稻—大麦、稻—油、稻＋萍＋鱼等稻田综合开发利用系列配套技术。

5. 优质稻米开发

从 1995 年开始，实行科研、生产基地推广、稻米加工企业一体化、产业化开发。从市外引进一系列优质稻米品种，对优质稻品种选育、优质稻谷高产栽培技术、产后加工和品牌创立等方面进行系列研究开发。

（二）水稻轻简化技术研究与推广

1997—2004 年，注重杂交水稻轻简化栽培技术研究与推广，全市重点研究并推广了以下技术：

1. 水稻旱育秧抛秧栽培技术

从 1995 年开始，全市开展了《重庆市水稻旱育抛秧栽培技术体系研究应用》《水稻旱育秧、抛秧及综合配套增产技术》《水稻抛秧技术示范》等研究与推广，对旱育抛秧育秧盘底土比例、水稻不同育秧方式精量播种技术、移栽密度、叶龄、施肥水平、不同种植模式、稻田病虫草害发生规律及防治策略、水稻秧盘精量播种机的研制应用等进行了系列研究，形成了一套可操作性较强的重庆市水稻抛秧栽培技术规范，并研制出抛秧专用的"水稻多功能壮秧剂"和水稻专用肥等物化技术，1999—2002 年被列入重庆市粮油生产重大技术推广项目。2000—2002 年，全市累计推广抛秧栽培面积 722.4 万亩，平均亩产 506 千克，增加稻谷总产 25 284 万千克，亩增产稻谷 35 千克，增加稻谷总产值 25 284 万元。到 2001 年，累计推广水稻旱育抛秧面积达到 776 万多亩，比湿润育秧平均每亩增产 28.3 千克，平均每亩节支增收 43.16 元。

2. 初步探索了鱼池种浮稻技术

1999 年，由市农技站设计，巴南区农技站实施的池塘种浮稻试验（即在水面上种植水稻），选择在巴南区百节镇沿河 4 社农户 1 亩的专业养鱼塘进行，浮稻栽培载体为泡沫板，钻孔打桩固定，栽植 54 窝，水稻生产过程不施任何肥料，实收稻谷 1.3 千克，折亩产 352.4 千克，探索池塘种植水稻的产量效果及其对水体的净化作用，以解决养鱼池塘水体富营养化。

3. 集成了水稻地膜覆盖栽培技术

1999—2001 年，分别在云阳、黔江、城口、綦江四个区县海拔 800 米以上中低山区和奉节、合川、大足、潼南等区县常年易旱稻田（望天）田开展《水稻地膜全覆盖栽培试验》，集成水稻地膜全覆盖栽培技术规范。1999 年 12 月，“农业部西南片区地膜水稻培训班”在重庆市举办，来自四川、云南、贵州、广西等地区的农业技术推广站以及本市各区县市农业技术推广站的农业技术干部约 110 人参加了会议并参观了巴南区水稻地膜覆盖栽培技术的模拟现场。

4. 集成推广了优质稻标准化技术

实施了优质稻米开发工程，组织实施了以下项目：2001—2002 年，市科委《优质稻品种筛选与示范工程》；2001—2003 年，国家质量监督检验检疫总局下达的《南川国家级标准化示范区建设》项目；参与协作实施重庆市中国科学院科技成果孵化资金项目《优质水稻新品种的培育及推广研究》；市农业局 2001 年《重庆市绿色精品稻米标准化示范基地》《再生稻稳产高产优质高效综合示范区》和 2002 年《百万吨优质粮油深加工产业化项目》——优质稻中稻再生稻生产基地、绿色精品稻米基地建设等项目。主要开展了以下工作：一是开展了优质稻新品种筛选，建立了高档常规优质稻品种繁育基地，形成了《绿色精品稻种子繁育标准化生产规程》，优化了水稻品种结构和区域布局；二是开展了无公害优质水稻栽培技术研究，形成了《重庆市无公害优质水稻栽培技术规范》和《绿色精品米标准化生产技术规程》；三是开展了优质稻米食味品质鉴评，形成了重庆市地方标准《稻米食味鉴评方法》；四是建立了优质稻米无公害生产基地和绿色精品稻米生产基地；五是实施了优质稻米产业化开发，建立了绿色精品稻米加工基地，形成了《绿色精品米加工生产技术规程》，创建了“金佛山贡米”“香桂牌”绿色精米优质稻米和“金科牌”优质稻米品牌等品牌，为推动全市优质稻生产的迅速发展奠定了基础。1999 年 9 月 29 日，为重庆市优质粮油开发公司、重庆人和米业公司“香桂”牌、“人和”牌两个地产系列优质米品牌召开了新闻发布会，宣布重庆市已建成自己的高档优质米生产和加工基地，新产品开始进入市场，从此结束了全市无批量地产高档优质米的历史。2001 年，在全市 39 个区市县发展 294. 7 万亩优质水稻，其中以巴南樵坪、凉水为核心区，綦江横山、南川大观、涪陵龙潭为辐射区建立了“重庆市绿色精品稻米标准化示范基地”40. 1 万亩，在合川、江津等地建立专用稻米（糯稻）生产基地 3 万亩，建立优质再生稻米生产基地 11. 9 万亩。

5. 研究集成了优质中稻再生稻栽培技术

2001—2003 年，开展了《再生稻品种比较试验》《BB 肥在再生稻上的应用试验》《BB 肥作再生稻促芽肥、发苗肥试验》《再生稻促芽肥施用量及施用时期试验》等，通过《重庆市特色商品生产基地与品牌—优质再生稻米生产基地建设》《重大技术推广—再生稻稳产高产优质高效综合示范区建设》《百万吨优质粮加工产业化工程（优质中稻—再生稻生产基地建设及产业化开发）》、农业部丰收计划项目《优质中稻再生稻技术》等项目的实施，组织全市开展优质再生稻科技攻关，集成优质再生稻栽培技术，获得 2003 年度农业部全国农牧渔业丰收奖二等奖。

6. 集成稻茬稻草覆盖秋洋芋、地膜覆盖早市洋芋高产高效栽培技术

2000—2003 年，全市组织渝北、江津、璧山、开县等实施《优质高效新品种新耕制新技术试验示范》《稻茬秋洋芋稻草覆盖栽培新技术试验示范》《地膜覆盖早市洋芋》等项目。一是进行稻草覆盖秋洋芋、地膜覆盖早市洋芋品种引进对比试验，筛选适宜脱毒品种；二是引进加工型洋芋品种“大西洋”进行稻草覆盖高产栽培试验研究及示范；三是进行秋洋芋不同覆盖物及数量效应试验，集成最佳稻草覆盖技术；四是研究稻草覆盖、地膜覆盖种植密度和适宜肥料用量等高产栽培关键技术，形成了重庆市稻草覆盖秋洋芋高产高效栽培技术规范、稻田地膜覆盖早市洋芋高产栽培技术规范；五是开展了示范推广，2001 年，全市早市地膜洋芋示范推广 16 万亩，亩纯收益 300 ~ 1 000 元。2003 年，稻草覆盖秋洋芋高产高效示范面积达到 30 万亩，《稻茬秋洋芋稻草覆盖栽培新技术试验示范》项目获市农业科技进步一等奖。

7. 水稻节水增效技术

1998—2000 年，重庆市承担了科技部的西南生态区《水稻节水增效技术开发应用》，根据各稻区的特点，立足避灾抗灾，突出抗旱、抗逆节水，大力示范推广水稻抗旱品种，旱育抛秧和再生稻节水技术，积极试验示范水稻地膜全覆盖栽培技术，积极探索推广水稻少免耕栽培技术。2001—2005 年，推广水稻节水增效技术面积 4 552.5 万亩，增粮 10.52 亿千克，节水 22.67 亿方，增收节支 13.06 亿元。

8. 集成水稻无公害标准化栽培技术

2001—2003 年，重庆市组织南川区农业局实施国家质量检督检验检疫总局《南川国家级标准化示范区建设》项目，开展杂交优质稻新品种展示、优质稻新品种引进筛选、常规优质稻品种繁殖及原种提纯、绿色精品稻米标准化示范，形成《绿色精品稻种子繁育标准化生产规程》《绿色精品米标准化生产技术规程》《绿色精品米加工生产技术规程》，示范区优质稻三年平均亩产达到 489.5 千克，亩增产 139.5 千克，总产优质稻谷 6 025.7 万千克，新增总产值 515.14 万元，亩平增收 41.85 元，创建“大观米”和“金佛山贡米”品牌。组织重点区县开展了优质稻保优栽培技术研究，牵头实施百万吨优质粮产业化工程项目，从优质中稻、再生稻入手，按照统筹规划、分期实施、突出特色、集中规模的原则，突出抓好水稻新品种区域试验，产前优质品种繁殖和产后加工流通。抓好 100 万亩优质中稻及 100 万亩优质再生稻生产基地建设。实施无公害农产品行动计划，开展 30 万亩无公害优质中稻基地建设，大力推行标准化生产，提高农产品质量安全水平。以南川市、綦江县为重点抓好优质稻基地建设及产业化开发，全力实施优势产业发展计划，壮大优势产业。2002 年在巴南、綦江、涪陵、南川、江津、万州、奉节、黔江、酉阳、秀山等 18 个区县的 26 个片区 33 个乡镇建立了 65.1 万亩高档优质稻米生产基地，其中以巴南樵坪、凉水，綦江县横山，涪陵区龙潭，南川市兴隆为中心建立了 33.12 万亩绿色精品米标准化示范基地，布局最优的优质稻品种，通过对施肥、施药、密度、水分管理和收获等环节的控制，使产出的稻谷符合绿色食品要求。从日本引入优质稻米品质食味鉴评方法，多次组织全市农技站长及部分区县农业局局长以及水稻专家，对全市重点推广的优质稻米品种米质进行食味鉴评，为筛选和开发适合全市生态条件的高产高效优质稻米品种奠定了基础。形成了《重庆市水稻优质栽培育苗技术规程》《重庆市无公害优质水稻栽培技术规程》，编写了《重庆市无公害水稻标准化栽培技术实用手册》。

（三）水稻机械化标准化高产高效技术研究与推广

2005—2015 年，通过水稻高产高效栽培技，使水稻栽培技术向机械化、精量化、标准化方向发展，研究和示范推广了以下技术：

1. 集成推广了超级稻标准化技术

筛选并优化布局全市不同生态区超级稻及再生稻主导品种，主推了以机械化、一增六改、药肥减量、有机质提升等为核心的水稻机械化育插秧、“中稻 + 再生稻” 亩产 1 000 千克等标准化技术，制定了地方标准《重庆市水稻机械化育插秧技术规程》，集成推广水稻绿色生态育秧、水稻—甘薯共生育苗等节本增效、绿色增产、防灾减灾技术和“水稻（ + 再生稻） + 渔”等高产高效种养模式，推广物化技术和发明专利，引导农户创造全市水稻高产纪录。采用行政推动、政策支撑、项目集约、建设高标准农田、科技支撑、农机农艺融合、社会化服务、宣传培训、高产示范、品牌销售等组织措施，培育优质稻米品牌，探索“产—加—销—游”一、二、三产业融合发展模式，创新农技推广机制。示范推广 2 481.78万亩，亩增产稻谷 63.97 千克，总增产稻谷 158.75 万吨，新增总产值 47.63 亿元，获经济效益 26.67 亿元，年经济效益 2.4 亿元。《超级稻标准化栽培技术研究与示范推广》项目获 2012 年度重庆市人民政府科技进步二等奖。

2. 集成推广了水稻机械化育插秧标准化栽培技术

从 2005 年开始，重庆市通过对机插秧最佳播种量和移栽秧龄、机插秧分蘖肥施用时期和用量、机插栽培密度和氮、磷、钾施用量等关键技术进行试验研究，集成了水稻机插秧精量播种育壮秧、机插栽培合理施肥、机插标准化栽培、钵苗机插技术等关键技术，形成重庆市水稻机插标准化栽培技术规范，制定出中稻—再生稻亩产 1 000 千克机插标准化栽培技术模式图，形成重庆市农业行业标准和地方标准

《重庆市水稻机械化育插秧技术规程》并推广应用。至2015年，全市水稻机插秧面积达到190万亩。

3. 集成推广了水稻抛秧标准化栽培技术

重庆市研究集成了无盘旱育抛秧苗床选择、营养土配置、播种、培育适龄壮秧的苗期肥水和温光控制等技术；通过渝东北、渝东南和渝中西部生态区等不同生态区的水稻抛秧标准化栽培技术参数研究，形成《重庆市水稻抛秧栽培标准化技术规范》在全市推广应用。

4. 集成推广水稻宽窄行标准化栽培技术

重庆市研究集成以了旱育壮秧，地膜覆盖保温育苗、优化移栽时期、合理密植，配方施肥等为核心技术的超级稻宽窄行规范栽培关键技术，形成《重庆市水稻宽窄行标准化栽培技术规范》和《重庆市稻—油轮作水稻高产栽培技术规范模式图》推广应用。

5. 集成推广了超级稻—再生稻标准化栽培技术

2013—2015年，为探索超级稻+再生稻标准化栽培关键技术，全市在开县、江津、永川、铜梁、大足等区县开展了《中稻—再生稻增产模式攻关》研究，并对超级稻—再生稻标准化栽培的最佳密度、移栽叶龄，促芽肥、发苗肥最佳施用时期和施肥量进行试验研究，通过强化超级稻+再生稻主导品种与配套技术攻关与集成研究，逐步建立和完善了中稻— 再生稻机械化栽培、宽窄行规范栽培、半旱式栽培等高产栽培技术体系，形成了以适时早播避灾，集中育壮秧，机械化、宽窄行精确定量基本苗，配方施肥，适时晒田控苗，病虫害综防统治，适施促芽肥和发苗肥，看芽抢收头季、高留高桩，稻草覆盖抗旱保芽苗等为核心技术的《重庆市中稻—再生稻亩产1 000千克生产技术规范》和《重庆市中稻+再生稻亩产1 000千克宽窄行标准化栽培技术模式图》，实现了中稻—再生稻生产技术标准化，大幅度提升了中稻—再生稻单产水平。

6. 集成推广了超级稻“一增六改”综合配套技术

针对大面积水稻生产情况，集成推广了超级稻“一增六改”综合配套技术。一增：是突出抓好以增种、增窝、增苗、增穗为主要内容的合理密植技术推广。六改：改单纯选择大穗型高产品种为当地针对性、适应性强的高产优质抗病的超级稻品种；改分户育秧为集中育秧，重点推广旱育秧、旱育抛秧、旱育机插秧等技术；改人工栽培为机械化、轻简化栽培；改传统施肥为测土配方施肥；改病虫害分散防治为专业化统防统治；改秸秆废弃焚烧为还田，提升土壤有机质，培肥土壤地力，为超级稻高产优质奠定基础。

7. 集成推广农田保护性耕作技术

2004—2006年，全市开展了农田保护性耕作技术研究，项目针对冬闲田—中稻（—再生稻）保护性耕作、水旱轮作田保护性耕作模式和旱地保护性耕作三大模式不同耕作特点，紧紧围绕免少耕播种、秸秆覆盖、杂草控制、病虫发生规律等关键共性技术及其配套技术开展18个、85点次田间试验研究。对冬水田免耕水稻肥料运筹、麦茬免耕水稻肥料运筹、冬闲干板田不同整田方法、稻茬免耕油菜播栽方式比较、稻茬免耕油菜肥料运筹、坡耕地小麦耕作方式等保护性耕作配套栽培技术，旱三熟保护性耕作水土流失监测、秸秆覆盖对坡耕地土壤性状和马铃薯产量的影响等保护性耕作对土壤生态环境影响研究以及稻—油、稻—菜、稻—麦模式农田保护性耕作病虫草害发生规律及防治措施研究进行系统研究，研制形成水稻保护性耕作技术规程、油菜保护性耕作技术规程、小麦保护性耕作技术规程、绿肥保护性耕作技术规程秋冬蔬菜保护性耕作技术规程、旱地保护性耕作技术规程等6套农田保护性耕作技术规程，并建立农田保护性耕作技术示范基地，建立了完善的、可操作性强的农田保护性耕作配套栽培技术体系与模式。2005—2006年，在全市65个重点示范乡镇建立农田保护性耕作高产示范片21.11万亩，示范基地粮食作物增产6.2%，每亩每年增收节支125.15元，总增收节支2 641.9万元。

8. 水稻丰产精确定量栽培技术

2006—2011年，市财政农业科技推广专项资金支持全市实施了《重庆市水稻精确定量栽培技术推广》等项目，研究2006年水稻精确定量栽培技术引入全市。2007年以来，在重庆市不同稻区进行精确定量栽培本土化研发，并加速大面积试验示范，并以南川、江津、永川、大足等建立核心示范区，辐射带动涪陵、铜梁、开县、垫江、秀山、潼南、云阳、合川、忠县、黔江、荣昌等15个水稻生产重点县示范应用。2008—2010年，累计示范应用538万亩，平均亩增产67.0千克，增13.1%，亩节本30.0元，亩增收148.1元。累计增产稻谷36万吨，增效9.6亿元。同时，节水21%～25%，N肥利用率提高5～8个百分点，化学农药用量减少20～23%。由扬州大学、农业部全国农技推广中心牵头，市农业技术推广总站参与实施的《水稻丰产定量栽培技术及其应用》项目获2011年度国家科技进步奖二等奖。

9. 研究集成了水稻＋甘薯共生育苗技术

2011—2015年，重庆市整合水稻旱育秧技术和甘薯酿热物育苗技术，利用甘薯种苗与水稻生长周期的差异，创新集成水稻（旱育秧、抛秧、机插秧）＋甘薯同一苗床播种，苗期共生，一地两用的共生育苗技术。与传统水稻、甘薯秧苗分育相比，该技术亩可节省成本400元左右，集节地、节水、节肥、节药、节农膜、节劳于一体，有效降低能耗和环境污染。

10. 集成创新水稻绿色生态育秧技术

2013—2015年，重庆市开展了6个点次水稻绿色生态旱育秧技术田间试验研究，形成了以沼渣培肥苗床、沼液浸种、无纺布覆盖为核心技术的节水省工省力省药，减少农药和化肥施用，提高出苗率和秧苗素质，保护农业生态环境的绿色生态旱育秧技术、旱育抛秧技术、旱育机插秧技术、无盘旱育抛秧技术4项，亩增产26.8～97.2千克，增收节支130～390元。

11. 集成示范水稻钵苗机插技术。

2015年，重庆市开展了水稻钵苗机插技术研究，针对水稻毯苗机插秧漏插率高，返青活棵慢、补栽耗工费时等弱点，引进水稻钵苗插秧机3台，在秀山县开展了水稻钵苗机插技术集成研究与示范，采用专用钵孔塑盘培育带蘖钵体壮秧，增大秧龄弹性、提高秧苗素质，几乎无植伤地精确移栽大田，不但促进水稻活棵立苗，早生快发分蘖、培育壮秆大穗高光效高质量群体而高产，而且减少机插秧漏插率，提高劳动生产率。500亩示范片平均亩产稻谷712.6千克，比当地毯苗机插秧亩增产100千克，亩增收节支350～400元。

12. 集成与推广防灾减灾技术

针对全市自然灾害类型多，旱、涝、低温冷害、高温伏旱等不良气候灾害时有发生的现状，在2006年、2009年、2010年等灾害重发之年，重庆市集成示范水稻抗旱育秧技术、水稻地膜覆盖抗旱栽培技术、水稻（免耕）撬窝旱栽（水管）技术、水稻浅旋旱栽水管技术、水稻抗御低温阴雨栽培技术、水稻抗御高温伏旱栽培技术、水稻抗御洪涝灾害栽培技术、洪水再生稻蓄留技术等，有效地降低自然灾害的不利影响，促进抗灾夺丰收。

13. 研制形成水稻配方肥、多功能壮秧剂等物化产品，申请了发明专利

重庆市通过超级稻标准化栽培技术研究，结合测土配方施肥，研制出了新型的高浓度掺混肥料（$N-P_2O_5-K_2O$养分含量为40%～50%的水稻配方底肥、水稻配方追肥）和水稻多功能壮秧剂（旱育秧型、抛秧型）等物化产品在大面积生产上推广应用，实现了标准化施肥技术的批量化，大幅度提高了肥料利用率。2014—2015年，设计制作了宽窄行套宽窄距错窝栽插专用划厢器，水稻宽窄行套宽窄距错窝栽插方法获得了国家知识产权局发明专利，推进了宽窄行标准化栽培技术到位。

14. 探索了超级稻（＋再生稻）＋渔等高效种养模式与技术

2013—2015年，重庆市探索了超级稻＋虾（蟹）、超级稻＋鱼＋鳅、超级稻＋鱼、超级稻—油菜、超级稻—蔬菜、超级稻—马铃薯/油菜等高产高效种养技术和模式。稻＋虾＋蟹模式实现水稻亩产400～500千克，虾亩产50千克，蟹亩产25千克，亩产值可达16 560元/亩，生态“虾田大米”，市场销售价达高到16元/千克，市场供不应求。永川超级稻＋再生稻＋鱼鳅种养模式，百亩攻关片中，稻＋再生稻亩产达1 053千克，纯收益942.8元/亩，泥鳅亩产50千克，全年种养结合综合纯收益达到2 242.8元。

15. 制定重庆市地方标准

2006 年，重庆市制定了《无公害优质中稻生产技术规程》《稻米食味鉴评方法》两个地方标准。

第五节　扶持政策

一、农业“丰收计划”

从 1987 年开始，全市实施农业“丰收计划”。紧紧围绕发展高产、优质、高效、低耗农业和实施科技兴农战略，以市场为导向，以科技为动力，以体系为依托，将先进适用的农业技术组装配套，在全市范围内进行大面积推广。至 1998 年 11 年间，部、市两级财政共安排项目经费 1 700 多万元，区县（自治县、市）乡镇共配套 5 000 多万元，安排推广了 300 余大类项目；推广粮油作物良种及其先进适用技术面积达 1. 2 亿亩次，累计增加粮油近 200 万吨，促进了重庆粮油生产全面丰收，产生了巨大的社会经济效益。初步形成了一整套在大面积、大范围、快速高效推广农业技术的行之有效的经验。一是将科研成果转化和新技术推广任务用项目管理的形式固定下来，确保了大批先进适用的科技成果和技术在大范围内、大面积得到推广应用。二是丰收计划执行中有组织、计划、资金、管理及奖励办法等管理制度，使农业技术推广工作进一步规范化、制度化，为技术推广提供了根本保证。三是通过项目的试点示范，建立了一批新技术推广的样板和基地，培训了大批农民骨干，提高了技术到位率和入户率。四是为农科教结合创造了经验，通过项目的实施，将科技人员集合到田间地头，通过技物结合的承包形式，为技术推广和农业生产服务。

二、百万吨优质粮深加工产业化工程

2002 年，全市启动实施百万吨优质粮深加工产业化工程，项目投资 300 万元。主要实施内容：一是优质稻和绿色精品稻米、优质再生稻、优质小麦、优质高粱、优质玉米、优质红苕种子和商品生产基地建设；二是开展技术培训，实施优质良种及综合保优、高产、增效栽培技术；三是建设高标准示范片；四是建立与龙头加工企业产销联结机制，做好龙头企业与基地农户合同签订工作；五是开发优质粮食新产品和知名品牌，支持龙头企业宣传品牌产品；六是对示范带动效益好的基地和企业进行表彰奖励。目标是建设优质粮食良种基地 2. 6 万亩，商品基地 210 万亩。生产优质良种 600 万千克，产优质粮 80 万吨，订单农业，为农民增收 4 885 万元。以 10 个重点龙头企业加工为主，带动 29 家加工企业，加工优质粮食 40 万吨。

2003 年，全市 28 个项目区市县共建立各类优质良种繁育基地 12. 8 万亩，商品粮生产基地 459. 8 万亩，其中优质水稻基地 182. 5 万亩，再生稻基地 61. 2 万亩，优质玉米基地 60. 1 万亩，脱毒马铃薯基地 35. 9 万亩，优质高粱基地 35. 3 万亩，优质红苕基地 24. 6 万亩，优质面包麦基地 60. 2 万亩。基地生产优质粮 205. 75 万吨。全市初步形成了倒置山区高档优质稻、浅丘平坝优质中稻再生稻区、沿江低海拔地区的优质酿酒高粱、渝东、渝南加工用马铃薯区、渝中渝西菜用马铃薯区等优势产业带。

三、扶持新型经营主体，开展种粮大户补贴

为稳定粮食生产，鼓励规模经营，自 2008 年开始，全市实施种粮大户补贴，根据补贴实际，不断完善种粮大户补贴政策。一是认定门槛逐年推高。2008—2011 年，大户认定标准为实际种植面积 20 亩（含 20 亩）以上；2012 年调整为种植 50 亩以上（含 50 亩）。二是补贴标准逐年提高。2008、2009 年，每亩的最高补贴不得超过 200 元；2010、2011 年，种植粮食作物 20 亩（含 20 亩）至 100 亩（不含 100 亩），每亩补贴 140 元；种植粮食作物 100 亩（含 100 亩）以上的，每亩补助 200 元；2012—2014 年，种植粮食作物 50 亩（含 50 亩）至 100 亩（不含 100 亩）的，每亩补贴 160 元；种植粮食作物

100 亩（含 100 亩）以上的，每亩补贴 230 元；2016—2017 年种植粮食 50 亩以上的每亩补贴 230 元。三是补贴范围逐年扩大。2008、2009 年补贴作物包括：水稻、玉米、小麦、马铃薯、红苕、大豆；2010、2011 年增加了胡豆；2012 年又增加了高粱、荞麦、肾豆、红小豆。

四、农机购置补贴

1999 年，重庆市财政开始安排资金试行对小型种养殖业机械进行补贴。2004 年，中央财政出台农机购置补贴政策，全市开始对粮食规模生产经营的种粮大户、家庭农场、农机专业合作社等新购置的耕整地机械、种植施肥机械、田间管理机械、收获机械等进行补贴，至 2015 年逐步调整完善农机补贴政策，推进了水稻生产机械化进程。

五、扶持社会化服务组织

2015 年，全市在永川、江津等区县开展水稻生产全程社会化服务试点，通过引入市场机制，围绕水稻、油菜等主体粮油作物的主要生产环节，实行政府买单，定向委托、以奖代补等方式，支持具有一定资质的经营性服务组织（农机服务主体）承担可量化、易监管、受益广的农业公益性（第三方）社会化服务，初步建立起适应现代农业发展要求的生产经营新机制，构建了覆盖全程、综合配套、便捷高效的农业生产社会化服务体系，呈现出“实施面积大、服务主体多、覆盖范围广、群众接受度高”等特点，促进了水稻增产、农户增收、主体增效。

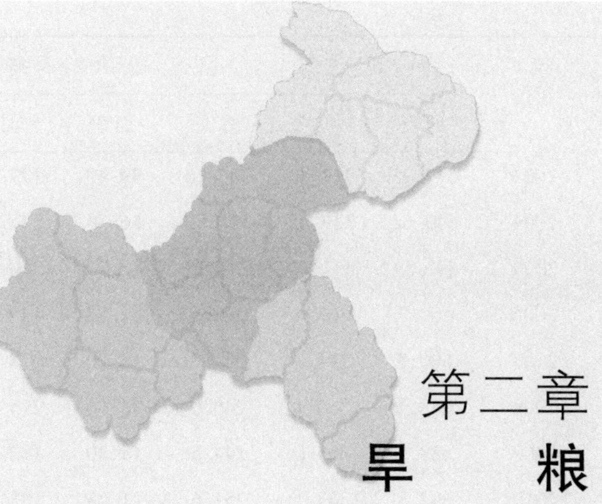

第二章 旱　粮

旱粮又称杂粮，是指稻谷以外的粮食，是粮食的重要组成部分，也是深受城乡居民喜爱的农产品，对于稳定发展粮食生产，丰富城乡居民食物结构，促进重庆山区农民增收、山区经济发展和生态文明建设具有十分重要的作用。全市山地、丘陵等旱地资源丰富，旱粮生产发展潜力较大，有利于农业节水。1986年以来，全市旱粮种植主要以玉米、麦类、薯类、豆类及小杂粮等（表7-2-1）。

表7-2-1　1986—2015年重庆市主要旱粮生产面积、单产、总产表

单位：万亩、千克/亩、万吨

年份	玉米			高粱			小麦			大豆		
	面积	单产	总产	面积	单产	总产	面积	单产	总产	面积	单产	总产
1986	746.93	226.01	168.81	53	204	11	711.25	175.69	124.96			
1987	745.28	197.33	147.06				703.05	171.04	120.25			
1988	743.42	191.40	142.29				719.64	146.65	105.53			
1989	743.84	219.90	163.57				765.93	138.97	106.44			
1990	771.46	246.85	190.43				811.09	160.46	130.15			
1991	778.30	243.32	189.37				845.51	167.02	141.22			
1992	761.37	222.48	169.39				840.57	178.09	149.70			
1993	759.92	239.17	181.75				837.00	182.60	152.84			
1994	775.36	253.42	196.49				817.10	185.96	151.95			
1995	771.55	256.59	197.98				824.93	192.59	158.87			
1996	771.93	276.27	213.26				830.99	180.7	150.16			
1997	766.61	291.84	223.73				832.04	191.75	159.55	96.9	65	6.3
1998	789.10	249.19	196.64	34.1	143.7	4.90	822.42	177.10	145.65	103.32	58.72	6.07
1999	779.85	259.96	202.73	32.29	153.09	4.94	797.40	152.36	121.49	111.29	61.15	6.81
2000	750.99	261.31	196.24	34.29	125.54	4.31	699.26	173.58	121.38	120.28	73.61	8.85
2001	733.04	259.47	190.20	33.29	129.81	4.32	633.20	157.88	99.97	117.92	50.75	5.98
2002	708.65	285.72	202.48	34.65	155.98	5.41	582.22	161.15	93.83	120.96	76.89	9.30

（续）

年份	玉米			高粱			小麦			大豆		
	面积	单产	总产	面积	单产	总产	面积	单产	总产	面积	单产	总产
2003	644.95	319.80	206.26	39.49	177.23	7.00	484.10	173.19	83.84	119.64	84.15	10.07
2004	690.62	329.85	227.80	56.30	142.44	4.64	420.79	186.27	78.38	142.64	115.94	16.54
2005	690.51	337.62	233.13	40.17	200.74	4.00	419.50	187.48	78.65	148.66	118.73	17.65
2006	660.7	303.4	200.5	12.54	149.10	1.87	247.2	192.6	47.6	102.15	81.25	8.30
2007	680.5	344.1	234.2	13.20	178.75	2.36	299.4	203.9	61.1	109.30	121.68	13.30
2008	683.3	360.1	246.0	15.56	215.49	3.35	283.4	205.3	58.2	119.90	128.33	15.39
2009	688.7	355.0	244.5	19.30	182.10	3.51	252.3	204.8	51.7	128.91	132.21	17.04
2010	692.8	363.1	251.6	21.78	183.41	4.00	225.8	203.4	45.9	136.76	132.47	18.12
2011	700.4	366.9	257.0	23.80	195.14	4.64	207.5	204.2	42.4	143.10	130.33	18.65
2012	702.6	364.7	256.3	26.55	192.02	5.10	188.1	204.4	38.5	148.73	131.55	19.57
2013	700.1	368.6	258.1	33.29	253.80	8.45	161.4	208.8	33.7	152.27	128.69	19.60
2014	701.8	364.7	256.0	37.77	246.86	9.32	130.5	206.6	27.0	155.15	131.33	20.38
2015	706.3	367.7	259.7	38.5	251.7	9.7	104.5	218.6	22.9	156.5	132.6	20.8

第一节 玉　米

重庆玉米种植历史悠久。据《江津县农业志》记载：“相传在清康熙年间，玉米从贵州省传入县内柏林山区。清末民初，柏林、蔡家、永兴等区一带，已发展成为玉米产区”。丰富的温、光、水、土资源，为玉米种植提供了良好的生态环境和生长基础。建国到直辖初期玉米成为重庆市重要的口粮和饲料作物。直辖后至今，经过多年巩固调整，全市玉米稳步发展，常年种植面积维持在700万亩左右，亩产由1986年的230千克提升至2015年的370千克左右，总产量约占粮食总产的20%左右，位居粮食作物第二位，成为本市最重要的大春旱地粮食作物。

一、区域布局与生产发展

重庆属亚热带季风性湿润气候，年平均气温在18℃左右，日照总时数1 000～1 200小时，冬暖夏热，无霜期长、雨量充沛、常年降雨量1 000～1 450毫米，地貌以丘陵、山地为主，坡地面积较大，重庆境内海拔在1 300米以下均可种植，因而约有85%的可种区。以中西部长江河谷丘陵、平行岭谷丘陵地区为最适宜区域。但长期以来，地势开阔平坦的优质农田让位给其他作物，玉米种植多在山坡、边角地和土层浅薄，土壤有机质、速效养分含量低，保水保肥能力弱的区域，使玉米生产抵御自然灾害能力较弱，发展受限。

20世纪80年代初，为了确保口粮和饲料。全市玉米面积一度达到了历史最高水平的873万亩。1986—1996年，全市玉米播种面积从747万亩到771万亩，年度间有差异但波动不大。直辖初期，全市玉米种植面积又恢复到一个较高值，接近790万亩，其后下滑至2003年645万亩的低谷。随着丰收计划、高产创建项目的实施带动，全市玉米再次迎来发展机遇，2004年到2010年逐步回升到700万亩。

1986年，全市玉米平均单产为226千克，1996年玉米单产为276千克，其间1988年为最低，单产仅191千克。1997年玉米平均单产291千克，但1998年授粉期的梅雨使全市玉米单产较1997年下降了24千克，其后到2002年，受气候等因素持续影响，单产始终不高，在250～285千克浮动。随着品种更新换代及配套措施的落地，2003年开始产量水平恢复，到2015年，实现平均了单产367.7千克，达到历史最高。

2002 年，市农业局认为本市玉米品种配套、布局不尽合理，并提出了“以结构调整统揽玉米生产的全局”、趋利避害，发挥玉米可持续发展优势等措施，要求玉米“减少面积，主攻单产，优化品质，提高效益”，并在不同区域内，依据农业气象、土壤和共栖生态相似原理，分区种植，加上调整播期、育苗移栽、地膜覆盖、良种包衣、配方施肥、病虫草害防治等综合避灾抗灾技术夺取高产稳产，对全市玉米生产进行了新的规划布局。

2007 年，《重庆市粮食生产恢复性发展意见》中提出：玉米生产在本市以饲用为主，对以生猪为主的畜牧业和相关加工业的发展起着极为重要的支撑作用。发展玉米生产以稳定面积、主攻单产、优化品质和发展饲料专用为主。重点推广早播早栽、增温保湿、增密配肥为中心的主推技术。同时要以市场为导向，分品种、分区域指导生产。并依据不同玉米用途将生产布局明确为：鲜食玉米区，主要布局在海拔 600 米以下的城郊为主的早市玉米及秋玉米区，以及海拔较高的反季节鲜食玉米区，主要种植糯玉米等鲜食玉米；饲用加工玉米区，主要布局在海拔 250～1 200 米的玉米主产区，以饲料玉米为主，并根据市场需求适当布局高产优质的高淀粉等加工玉米或加工饲料兼用玉米；食用饲用玉米区：主要分布在海拔 800 米以上玉米产区，种植耐瘠的口粮、饲料兼用玉米，依托饲料加工企业进行玉米饲料加工。在此指导下，全市玉米进行新一轮结构调整。

随着玉米产业与市场的完善成熟，专用品种种植比较效益的日益明显，通过合理的政策与市场引导，玉米种植利用开始向多元化发展。2002 年，全市种植鲜食糯玉米 10 多万亩，基本满足了市场需求，嫩玉米上市高峰时千克单价在 1 元左右。2008 年前后，渝北、綦江、涪陵、潼南等近郊区县率先发展大规模集中鲜食糯玉米种植。重庆市主城区几百万的消费群体，成就了渝北农业的庞大消费市场，当地在海拔 350 米以下区域布局形成春秋两季或秋糯玉米种植，同年成立了大湾镇龙门蔬菜专业合作社参与秋糯玉米生产，到 2013 年，全区已有 3 万亩的秋糯玉米种植规模，单季纯收入超过 1 000 元。綦江石壕镇依托海拔高 1 200 多米的万隆山，开展高山优质糯玉米生产 1.2 万亩，实行错峰上市，2012 年，举办第四届花坝糯玉米采购会，成功签约 1.2 万吨，签约金额达 4 000 余万元，是花坝糯玉米实现“农超对接”的里程碑。到 2015 年，重庆市发展以鲜食为主的甜糯玉米已经达到 40 万亩以上。随后合川、丰都等地开始在畜牧发达乡镇探索青贮玉米种植，并在一定程度取得成功。

2015 年，《重庆市粮油产业发展“十三五”规划（2016—2020 年）》提出：将开展粮油绿色高产高效示范，集成推广早春玉米—秋玉米（甜糯玉米）等绿色高产高效技术模式。适度发展市场效益好的甜糯玉米、青储玉米等。一是发展春、秋甜糯玉米 60 万亩。根据市场需求、资源禀赋，主要布局在武隆、永川、綦江、潼南、巫山、万州、涪陵、江津、璧山、巴南、渝北、铜梁、长寿、合川、酉阳、荣昌、大足、忠县、云阳、万盛、巫溪、沙坪坝等区县的部分地区。优化品种熟期和海拔气候带布局，延长供应周期。二是发展青贮玉米基地 40 万亩。主要布局在酉阳、丰都、巫山、云阳、忠县、城口、垫江、大足、合川、秀山、梁平、武隆、黔江、巫溪、渝北、万州等草食牲畜养殖企业较多、饲草需求量较大的区县。

此时全市玉米已经稳定形成特色专用玉米占 35%，普通籽粒玉米占 65% 的局面。据统计全市玉米年总产 200 万吨左右，年缺口达 50 万吨，随着畜牧业和医药、食品工业的发展以及人们膳食结构的调整，市场对玉米的需求还将日益扩大。

二、品种推广

全市玉米杂交优势技术始于 20 世纪 60 年代，但“文化大革命”期间近乎停止，直到 1974 年才开始缓慢恢复。1978 年，杂交玉米推广面积仅占全市玉米种植面积的 18.8%，但改革开放后推广面积迅速扩大，到 1990 年，杂交玉米占有率居当时四川省前列。推广杂交玉米，更好地利用杂种优势，是全市玉米第一次飞跃的最直接的因素。

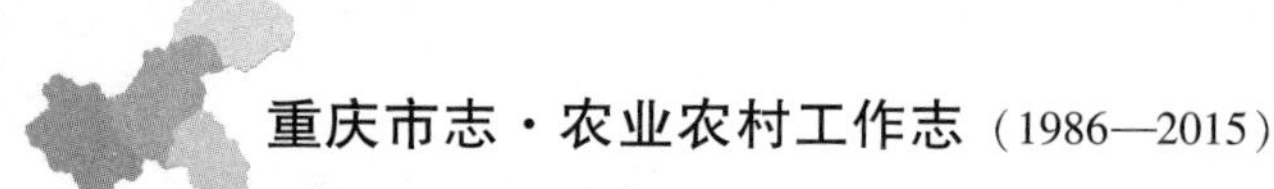

1978 年，推广“新单 1 号”“郑单 2 号”等杂交种，全市玉米亩产从 100～150 千克增长到首次突破的 200 千克。

20 世纪 80 年代后，推广“中单 2 号”等优势更强的杂交种；到 20 世纪 90 年代初，全市玉米亩产已经接近 250 千克。1990 年全市仅审定 1 个玉米品种：沈单 1 号。随着《中华人民共和国种子法》颁布后，全市加大了玉米种子资源的引进与开发，陆续引进登海系列、东单系列、农大系列、临奥系列、郑单系列等良种，重庆市农业科学院等本地育种单位在三峡库区地方玉米种质资源基础上，充分利用国外种质资源，也相继选育成功一系列适宜本地推广的玉米杂交种。

1999 年，重庆市人民政府办公厅发布粮油结构调整指导计划，提出大面积要推广农大 108、成单 18、渝单 13 号、3040 等优良品种，到 2002 年全市优质玉米面积要达 200 万亩。

2002 年，全市玉米杂交种的应用率已接近 90% 左右，但是在高山地区仅为 50% ～60%，严重影响了玉米生产水平的整体提高，其中渝东山区自 70 年代开始运用中单 2 号、七三单交，20 世纪 80 年代中后期，推广丹玉、农大、掖单、雅玉系列品种，但都没能彻底替换掉，低山区还有较大面积的中单 2 号，中山还有南七单交、掖单、丹玉作为搭配品种有较大面积种植。为此市农业局提出培育高产、优质、高效和资源可持续利用的杂交良种措施，目标是大幅度提高生产潜力，在优质的前提下，高产再高产。搞好品种合理布局，在品种的总体搭配上，应在系列品种的基础上，实现高产型与稳产型品种配套，并随着海拔的增加，早、中、中偏晚熟、晚熟熟期配套的新格局。

2006 年，经各地引种试验示范与大面积推广，全市玉米主推品种确立了渝单 7 号、东单 60、蠡玉 10 号等品种。

2009—2014 年，全市开始加快速度进行品种选育、引进与区域布局。2009 年，审（认）定玉米新品种 24 个，并审议停止推广一批玉米品种 4 个。停止推广品种有川单 15、蠡玉 5 号、西农单 2 号、川单 21；2010 年，审定玉米品种 14 个，认定玉米品种 9 个；暂停推广 18 个玉米品种；2011 年，审定玉米品种 12 个，认定玉米品种 6 个，停止推广 7 个玉米品种；2013 年，审定玉米品种 6 个，停止生产推广 12 个玉米品种；2014 年，停止推广 19 个玉米品种，全市早期的杂交、退化、老旧过时玉米品种逐步退出市场。2015 年全市发布杂交玉米主导品种 15 个。其中 2010 年前后，本土培育的玉米品种崛起，“渝糯”系列玉米，在南方糯玉米市场占据了半壁江山，成为与美国甜玉米抗衡的品种；“渝糯”的播种面积占南方糯玉米播种面积的 50% 左右，成为国内少数能与美国甜玉米抗衡的玉米品种。到 2015 年，玉米良种覆盖率达到 96%，在农业增产中的贡献率已经达到 45% 以上。其商品化供种率达到 60%，其中杂交玉米种子全部实现商品化供种。

三、栽培技术

除品种更新外，全市还特别重视从栽培手段上改良玉米生产技术。如 20 世纪 80 年代末，开始示范“旱地耕作制度改良”“肥团育苗移栽技术”“平衡配方施肥技术”；20 世纪 90 年代初，开始推广“种子包衣技术”“定向单株移栽技术”“玉米地膜覆盖栽培技术”等一系列玉米高产配套技术。为夺取粮食丰收，在 1990 年四川省重庆市粮油“丰收计划”（大春部分）安排中，要求 300 个乡计划实施 100 万亩杂交玉米综合丰产技术。包括合川 54 个乡，江北 40 个乡，江津、永川、巴县各 30 个乡，潼南、綦江、璧山、长寿各 20 个乡，大足、铜梁各 10 个乡，南桐 5 个乡，北碚 2 个乡。1991 年，“丰收计划”项目在全市 100 个乡 35 万亩实施，推广应用取得了实效，当年杂交玉米项目（扣除重复部分）实施 57.9 万亩，平均亩产 324 千克，比前三年平均亩产增产 55 千克，“农大 60”“沈单 7 号”“成单 10 号”等良种占 55%，单株定向密植推广到 35.5 万亩。1995 年，全市大春粮油“丰收计划”中，实施玉米综合增产技术，涉及 65 个乡 40 万亩。

1998 年，《重庆市粮食结构与产销平衡调查报告》，要求在本市全面推广优质杂交玉米良种及种子包衣、玉米肥球育苗移栽、玉米定向移植、玉米平衡施肥、玉米病虫害统防统治等技术的基础上，在不同地区有针对性地采用先进实用栽培技术，在本市西部严重春夏易旱地区，在常年低温冷害重的海拔1 200米左右及以上的高寒贫困山区，在三峡库区的沿江河谷常年遭受洪涝等地，重点推广玉米地膜全覆盖高产栽培技术，从根本上抗御低温、干旱、洪涝等自然灾害，实现稳产高产。

由于地膜覆盖技术在玉米生产上的推广运用，对减轻本市冷凉、干旱、洪涝等灾害气候影响作出了突出的贡献。2000 年，市农业局计划在低产玉米区全面推广地膜覆盖技术，面积达 150 万亩，其中把地膜全覆盖作为项目主体技术，普及率不低于 80%，其余全部运用地膜（软盘）育苗技术，大力推广育苗移栽加地膜全覆盖。还要求各地要根据当地生态气候条件和玉米生产水平，在重点规划到海拔 800米以上的高寒低产山区、西部春夏旱地区的前提下，其他玉米低产区和低坝河谷洪水易淹区等适宜区域也要积极发展，以发挥地膜覆盖技术的最佳效益，并圆满完成市里下达的任务。

根据全市的自然、气候、土壤栽培条件，主要玉米品种种植密度可达到 3 000 株/亩以上，中高山地区可达 3 200 株以上，但 2002 年全市调查中，600 米以下区域，亩植 2 400 株左右，500～1 000 米区域 2 500 株左右，1 000 米地区 2 700 株左右。因而重庆市农业局提出了增大种植密度的应对措施，要求全市玉米种植密度还应增加 500～1 000 株，并借此增加单产 50 千克。

2008 年，全市粮油高产创建活动提出：玉米全面推广地膜肥球育苗移栽、地膜全覆盖栽培；积极推进“一推三改”关键技术措施的落实，即推广地膜肥球育苗移栽、地膜全覆盖栽培、改稀植为合理增加种植密度、改种高秆大穗品种为耐密型高产品种、改粗放用肥为配方施肥。经过多年技术集成与配套，2011 年的玉米高产创建实施区县涵盖全市西部、东南部、东北部 19 个主要玉米生产区县，除了 25个玉米万亩高产创建示范片外，还包括 1 个玉米整乡推进高产创建示范镇，总面积 30. 11 万亩。石柱县鱼池镇团结村金花组农户张昌松种植的玉米平均亩实产达到了 725 千克，创造了重庆市玉米生产的高产纪录。

到 2015 年，重庆市经多年的试验示范推广，从选种、育苗、移栽、施肥及病虫害防治等各个方面，积累和形成了一整套成熟的高产栽培技术：优质杂交玉米良种及包衣技术；玉米肥球育苗移栽技术；玉米定向移植技术；膜玉米全覆盖高产栽培技术；玉米施专用复混肥及施锌等御巴技术；玉米病虫害统防统治技术以及籽粒玉米全程机械化种植技术、玉米优质高效生产技术外，还有鲜食玉米优质栽培、地膜覆盖双季糯玉米高效种植、青贮玉米种植技术、玉米大豆带状复合种植技术体系。

第二节 小 麦

小麦是重庆市小春主要粮食作物，适应性广，用途多、耐储藏，籽粒淀粉、蛋白质含量丰富，氨基酸种类齐全。常用于面条、馒头加工，因传统饮食习惯，是本地居民的主食之一。作为重要的口粮，曾为本市粮食稳定和生产的发展作出了重要贡献。小麦除净作外，还常与其他春、夏播作物搭配，间套种植，提高耕地复种指数。全市常年消费需求总量为 150 万吨，其中粮食消费需求量为 100 万吨，近年的地产小麦完全无法满足其有效供给，每年要从外地大量调运。

此外，大麦具有突出的早熟性，它的生育期比较短，比小麦早上十天半个月，而且它的增产效果比较显著。在重庆市铜梁、酉阳等丘陵、山地地区，零星发展了一些大麦，主要用来酿造和医用。如：铜梁县 1998 年开始，在市农业局和西南农大的指导和支持下，引进 86J6—2—2、87B3—3—3、西农 322、324、86911、川麦 34 等 10 个大麦新品种（品系）进行试验、示范，收到良好效果，深受群众欢迎。

一、生产发展与区域布局

重庆市气候湿润、热量条件好但光照偏少、地势复杂生态类型多样，属西南冬小麦优势区，适宜发展中筋小麦，兼顾弱筋小麦。

因山区、气候、农户种植习惯的客观存在，实际小麦种植制度多样，包括小麦—中稻两熟、小麦—

早中稻—晚秋三熟、小麦—中稻—再生稻三熟、小麦—双季稻三熟、小麦/玉米/甘薯三熟、麦玉薯分带轮制发展的三熟四作或五作、小麦与经济作物结合、小麦薯类连作两熟制，小麦玉米连作两熟制、小麦棉花套作两熟制等。

重庆市小麦在20世纪70年代末至80年代初曾经有过辉煌的历史，面积和生产量在四大粮食作物（水稻、小麦、玉米、红苕）中仅次于水稻，居第二位。

1986年前后，全市小麦种植面积约711万亩，单产175.7千克。1988年四川省对小春生产进行规划布局，万县、涪陵、黔江及原四川省重庆市近郊区市县小春粮食种植面积目标分别为：474万亩、179万亩、223万亩和491万亩。而各地市实际规划面积分别为：万县地区478万亩（小麦228万亩、洋芋197万亩、其他53万亩），油菜75万亩；涪陵市185万亩（小麦115万亩，洋芋54万亩，其他16万亩），油菜35万亩；黔江地区230万亩（小麦130万亩，洋芋95万亩，其他5万亩），油菜60万亩。

1990年，全市小麦面积达到811万亩，单产160千克，小麦规模趋于稳定。到直辖初期种植面积有830万亩，单产180千克，在此期间，其最高面积达到了1991年的845万亩，最高产量水平达到1995年的192千克。

其后在政策引导下，主要作物面积下降，逐渐向种植经济作物转变，加上城镇化建设步伐加快，土地面积减少，农村大量劳动力向城镇第三产业转移，特别是小麦小规模种植，生产成本高，抗自然风险能力低，比较效益低。大多数种植在丘陵山地，生产条件差，且在生育期间，温度偏高，昼夜温差小，降雨偏多，湿度大，光照严重不足，这些不利自然生态条件影响了小麦单产和品质，直接导致小麦生产成本高，经济效益差，农民种植积极性下降，面积逐年下滑。据统计部门调查，2001年每种植1亩小麦纯效益为负95.28元，到了2015年调查，小麦效益为负162元。

2002年，种植面积调校稳定时期减了25%，减少了200万亩左右。重庆市农业技术推广站提出结构调整已经完成，不宜继续调减，并建议把小麦面积稳定在600万亩以上。但面积依旧继续下滑。十二五末期，重庆市粮食种植面积占农作物种植面积的比重由2010年的66.8%，减至2015年的63.3%，低效小麦的比重由1997年的12.5%调减至3.8%，仅104.5万亩。而单产则由于先进品种及配套技术的运用，产区优势布局，提升到218.6千克。

全市大麦种植。2000—2005年维持在10万亩左右。2008年后面积锐减，至2015年，全市小麦种植面积仅1.7万亩。

二、栽培品种

新中国成立后，重庆市品种改良被置于小麦技术改进的首位而得到极大重视和加强。各育种单位把丰产性、抗病性、适应性和早熟性等，作为选种的主要目标。20世纪80年代又突出了品质改良，主要推广绵阳11、绵阳15等品种。到20世纪90年代，主要推广品质更优，抗条锈能力更强，且产量潜力较高的绵阳25、26，绵农4号等品种，万县地区则通过一些区域性丰产品种，如蜀万系列实现了品种更新。

到直辖前后，全市已形成绵阳26、绵农4号、矮麦58、川麦26等为主导品种，建立了小麦良种繁殖基地3万亩，良种占有率达85%。

“九五”期间，全市选育成了优质面条、馒头专用小麦新品种5个并大力推广。其中1998年审定了重庆面包麦，该品种是重庆市作物研究所从偃师九号/喜白麦杂交组合中经五年七代定向选育而成的优质高产小麦新品种，审定编号NO：000070。1995年在全国第二届面包小麦评选中是原四川省唯一达到国家“面包用小麦标准”的品种，并荣获第二届中国农业博览会铜奖，是2000年农业部向全国推荐的优质小麦品种之一。

2000年，重庆市农技站通过大量研究，发现选用穗重型品种，争取大穗是重庆市小麦的重要增产途径，进一步到2004年组织多年多点小麦品种（系）筛选试验，利用矮秆、大穗的重庆面包麦、渝麦

5 号、渝麦 7 号、川育 14、R88 等品种（系），低密度下抗倒伏，适宜全市丘陵山区，获得平均 250～300 千克/亩的产量，优于其他品种。

强筋小麦的面筋含量可达 40%，适用于制作面包；弱筋小麦的面筋含量在 20% 以下，适用于制作饼干、糕点，这两种小麦有着很好的商品性和市场前景。重庆市虽然可以选育出优质面包麦品种，但在不利气候生态条件下确难于种出优质的面包小麦。其客观原因决定发展不了强筋小麦也生产不出品质好的弱筋小麦。因而 2002 年重庆市农业技术推广站提出了不具有优势的小麦不宜发展，恢复开展小麦品质和抗性育种研究，重点攻关中筋小麦的性状和品质改进的措施。其后，中筋专用小麦品种引进筛选推广成了品种更新的主要方向。

"十五"期间，重庆市育成 2 个优质专用品种并建立了优质专用小麦示范基地 340 万亩。"十一五"期间年均优质专用小麦示范推广面积 150 万亩左右。

全市生产季小麦白粉病、赤霉病、条锈病、纹枯病易发，具有可防不易治的特点，故其综合抗性十分重要。2005—2015 年，重庆市种子管理植保站定期开展品种筛选及抗性筛选试验，综合产量与病虫害抗性进行品种评价，推荐出全市小麦包括渝 1102、渝 09113、WJ36 二优 725、渝 10R—122、13S16、内麦 836、三峡麦 8 号、渝麦 13 号、渝麦 12 号、渝麦 14 号、川麦 60、西科麦 4 号、川麦 104 等数十个品种（系），为全市科学选种提供了品种数量支撑。并开展抗性变异试验，如 2014 年在小麦条锈病历年发生较重的合川区、开县、潼南县、丰都县进行抗锈性变异观察，发现部分小麦品种的抗锈性不稳定，提出了品种轮换措施。

各区县也在大力进行品种综合试验，如万州区 2009、2010 年连续开展品种试验，提出推广渝麦 10 号、R210、渝 03062 等品种等。2014 年丰都农环站在当地开展了 27 个品种对条锈病的抗性试验，筛选出西科麦 3 号、川麦 60、川麦 104、绵麦 45 等品种。针对套作模式，2014 年开州区进行 5 个小麦品种的套作筛选，普通小麦品渝麦 10 号实产达到 286.2 千克/亩，糯小麦品种糯 11L—8 实产达到 218.2 千克/亩。为区域性和不同模式选种提供了技术支撑。

2000—2013 年，市农作物品种审定委员会分别审定小麦品种有渝麦 5 号、渝麦 7 号、西南 335、渝麦 12 号、渝麦 13 号、糯麦 1 号、渝麦 14 号、渝麦 15 号。自 2015 年开始，重庆市种子管理站每年定期发布小麦主导品种，引导购种者选用小麦优良品种，向购种者提供优良品种信息，促进农业增效、农民增收，加快全市粮油生产发展。

在科技经费投入严重不足的情况下，小麦新品种推广力度下降，生产上品种老化程度较高，单产无显著突破。

三、栽培技术

20 世纪 80 年代，重庆市科研与推广部门主要在对本区气候因素、生产条件和影响小麦产量的主要矛盾深入分析的基础上，研究提出本区小麦增产的技术途径，具有针对性和可行性。本市主要区域小麦生长期气温较高，降雨较多，土壤和空气湿度较大，云雾多而日照少。分蘖成穗率较低但穗分化和灌浆期较长是小麦的生育特点。重庆、万县等地和西南农业大学，经过系统研究，提出选用耐湿能力较强的品种，采用深沟高厢和免耕（半旱式）技术，排水降湿；适当降低基本苗，缩小行窝距，改善田间光照条件；注重拔节孕穗肥施用，提高分蘖成穗率和单穗重的技术途径。实践证明，实施这一技术途径，能有效地减轻不利因素影响，促进小麦的持续增产。

1988 年，重庆市小春生产技术措施提出，贯彻执行合理布局，推广良种，把好播种质量关，加强田间管理等技术措施。稻麦两熟田要及时开沟排水，早翻早炕，要开好背沟，大田开加横沟。提倡开深窄沟，消除湿害。适时播种，小麦多为春性品种，为防止早穗，浅丘地区坚持在 11 月上旬播种，海拔 500 米以上的山区应适当提前。大力推广小窝疏株密植，提倡拉绳定距或推行条沟点播，保证质量。每亩 1.8 万～2 万窝，每窝基本苗 7～9 苗。施足底肥。推广配方施肥，百万亩提倡"三合肥"。常年小麦

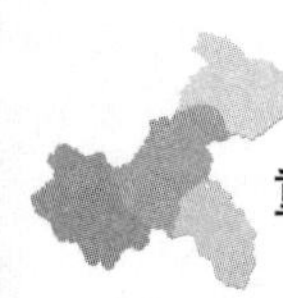

死苗的推广增磷，拌钼（喷钼），以防止死苗。防除草害……田间管理是夺取丰收的主要措施。及时追肥，中耕除草；及时防治病虫害。小麦应在三叶期追肥，幼穗减数分裂期看苗酌情施穗肥。近年对本市小麦危害较大的病虫主要是纹枯病、灰霉病、赤霉病和蚜虫。重庆市开展用井冈霉素防治纹枯病的示范，大力推广穗期病虫害防治和根外追肥相结合。

1989 年，四川省重庆市农牧渔业局在《关于一九九〇年小春生产工作的意见》中强调，对小麦生产中麦田除湿与病虫防治是夺取小麦丰产的技术关键，狠抓深沟窄厢，小窝疏株密植技术的推广。湿害是全市小春作物高产的重要限制因素。采用像半旱式类似的厢沟式深窄厢，是有效地解决常年多秋雨，湿害的重要方式。小麦播种阶段田湿土粘，播种粗放，缺苗严重，土地利用力低等问题的好办法。小窝疏株密植是保证合理密度，改善小麦田间光照条件，促进穗足穗大，提高单产的有效技术，各地应大力推广。重庆市应大力推进病、虫、草害的统防统治工作。麦类病虫是小春病虫的重点，穗期病虫又是麦类病虫的重点，在防治措施上，应适时妥取统防统治，抓好病虫兼治，二者不能偏。

重庆市进一步经过科研推广部门的研究，针对四川盆地的山多、丘陵地带，提出了旱地多熟带状轮作制及其配套技术，解决了小麦的晚播瘦茬问题，为玉米的适时播种和甘薯的良好生长创造适宜的环境，达到用地和养地结合，增加经济收入。到 20 世纪 90 年代中期，麦、玉、薯等带状轮作制已经成熟并在重庆市各麦区全面推广。

直辖前后，小麦生产“一换三推”技术，即大力换种优质抗病小麦品种，全面推广机播（或人工直播）机收轻简技术、配方施肥技术、“一喷三防”病虫专业化统防统治技术在全市各区县年均大面积推广运用数百万亩。

为增强全市粮食综合生产能力，促进粮食持续稳定发展，保障粮食有效供给。2008 年，根据农业部《全国粮食高产创建活动年工作方案》要求，全市主要粮油产区县广泛深入地开展粮油高产创建活动。在全市建设 9 个部级万亩优质粮油高产创建示范区。其中万州区被列为小麦高产创建示范后，创建目标：小麦 400 千克或者麦/玉/薯（折算后）间作亩产 900 千克。重庆市大力推广以优质抗病小麦品种，全面推广小窝疏株密植技术、配方施肥技术及病虫统防统治技术；积极示范免少耕覆盖技术。

小麦条锈病是一种跨区域流行性病害，流行速度快，危害损失重。全市小麦条锈病曾在 1998 年及 2001 年暴发，损失产量分别达到 8 528 吨及 26 928 吨。2002 年，由于中国甘、陕、川、鄂等地去冬小麦条锈病越冬菌源量大，分布范围广，致使当年重庆全市小麦条锈病显症早而普遍。全市发生小麦条锈病 70 万亩。当年 3 月 8 日，为有效控制小麦条锈病危害确保全年粮食生产任矛的完成，市农业局发布《关于做好小麦条锈病防治工作的紧急通知》。各地根据要求广泛开展技术培训及宣传，提高技术到位率，同时推广高效安全的防治药剂（如粉锈宁等），切实提高防治效果。2009 年是自 2002 年以来的第三个小麦条锈病大流行年份，条锈病发生面积达到小麦播种面积的一半。但由于搞好了小麦秋播药剂拌种工作，减轻来年春季发病程度，仍然取得小麦丰收。

直辖以来，重庆市按照“主攻单产、提高品质、降低成本、增加效益”的小麦基本发展思路，依靠科研和推广部门，大力开展优质专用品种及配套轻简抗逆技术的开发，全市单产由 1996 年的 180 千克/亩，提升至 2015 年的 218 千克/亩，增幅为 21% 。其中 2009 年永川区板桥镇万亩高产创建区部分地块产量达 385. 94 千克；2014 年开县“稻—麦”一年两熟耕制百亩片平均产量达 353. 3 千克；2014 年大足区三驱镇“稻—麦”轮作小麦轻简撒播面积 7 820 亩平均亩产 280 千克，证明全市小麦大面积生产依旧有较大增产潜力。

第三节　马铃薯、甘（红）薯

甘薯、马铃薯均属原产地不在中国的外来物种，明清以后才开始在重庆地区有所种植，虽然种植历史较短，但已成为重庆地区重要的粮食作物。

一、马铃薯

（一）区域布局与生产发展

重庆属亚热带季风性湿润气候，年平均气温在18℃左右，日照总时数1 000～1 200小时，冬暖夏热，无霜期长、雨量充沛、常年降雨量1 000～1 450毫米，地貌以丘陵、山地为主，坡地面积较大，重庆境内海拔均可种植。重庆约1/3的耕地分布在海拔800米以上的中高山区，马铃薯是这一区域具有生态优势的作物，也是贫困山区和三峡库区农民不可替代的口粮。马铃薯作为重要的旱作农作物，主要集中于具有生产优势的渝东北及渝东南地区，有巫溪、开州等14个区县，其中三峡库区移民县8个。

全市马铃薯种植方式以旱地间套作为主，高山区以薯/玉等两熟悉为主，低中山区、丘陵区以"薯/玉/薯"三熟制为主。超过5万亩的套种模式有9种，且不同海拔均有分布。从季节上可分春马铃薯和秋马铃薯，春马铃薯是主要种植方式，占整个种植的75%以上。

直辖前，全市马铃薯种植面积小，以各地农民自发种植为主，布局零星而分散，基本未形成优势区域。直辖后，重庆马铃薯单产、面积和总产总体水平呈平稳上升趋势，1998年，种植面积466.09万亩，单产折粮183.55千克/亩，总产折粮85.55万吨，到2016年的种植面积557.73万亩，单产折粮231.88千克/亩，总产折粮129.33万吨，马铃薯种植面积从2000年占粮食作物比重的11%左右上升到了16%以上。马铃薯产业在重庆市农业发展进程中的地位日益突出。重庆马铃薯播种面积、总产量多年均居全国第6位。到2015年，全市马铃薯主产区仍以本地鲜销或养殖饲料用粮为主，外销和深加工产品品种少，口粮约占15%、加工8%、饲料23%，种用10%，菜用34%，损失10%。加工产品以淀粉、粉丝、粉条为主。全市已建成巫溪县美多绿色食品有限公司、重庆市金田农业开发有限公司、城口县久益农业发展有限公司3家万吨级加工企业。

（二）品种推广与栽培技术

重庆马铃薯主推品种多从国内外引进筛选。育成品种少，主推品种多从国内外引进与筛选而成，陆续引进鄂薯系列、中薯系列、川芋系列等良种。直辖后，重庆农业系统、科研机构从全国各科研院所收集引进各类育成新品种，试验筛选出适合重庆市种植的优良高产品种如鄂马铃薯3号、鄂马铃薯5号、鄂马铃薯8号、鄂马铃薯10号、中薯3号、中薯5号、冀张薯12号、费乌瑞它、青薯9号、渝马铃薯5号、渝马铃薯7号等。

重庆科研机构育成品种较少，1997—2015年，仅育成马铃薯新品种1个（渝薯1号），且10年未有新品种通过审定，2015年，选育并通过重庆市品种委员会审定新品种渝马铃薯3号、渝马铃薯5号、渝马铃薯7号等品种，但推广面积不大。

2003—2007年，全市马铃薯主要推广米拉、鄂马铃薯3号，推广面积分别约占总面积的40%、30%左右，由于品种退化等原因，鄂马铃薯3号推广面积逐渐降低，2007年始，鄂马铃薯5号推广面积逐年扩大，到2017年，米拉约占全市面积的38%、鄂马铃薯5号21%、渝薯1号约13%，其他品种如费乌瑞它、青薯9号、渝马铃薯5号等约占10%且推广面积逐年增加。从品种推广趋势来看，中晚熟、淀粉型品种面积稳中略降、早熟菜用型品种面积逐年递加的趋势。

重庆市直辖前，全市马铃薯没有脱毒种薯生产单位。从1999年开始，重庆逐步建立和完善脱毒种薯繁供体系，建成了原原种生产单位5家，分别是重庆市薯类脱毒种薯快繁中心、巫溪马铃薯脱毒种心、石柱县马铃薯研究中心、重庆市三峡农科院、西南大学，年产原原种能力达7 000万粒，在全市14个马铃薯主产区县形成了四级脱毒种薯繁供体系。直辖后，全市马铃薯脱毒种薯推广面积逐年提高，2008年开始，在国家原种补贴项目支持下，重庆马铃薯脱毒种薯面积保持在22万亩左右，2009年脱毒种薯普及率 28.79%，随后逐年提高，2015 年达最高 39.21%。

2008—2015 年，全市开展部级“重庆马铃薯万亩高产创建示范”工作。主推“一推三改”高产栽培技术、“薯—玉—薯—薯”高垄带植高产高效技术、丘陵山区高垄双行覆膜机播机收全程机械化高效栽培技术、晚疫病综合防治技术等，8 年建立示范片 210 万亩。

其中，2008 年，在巫溪、云阳建立示范片。2009 年，在石柱、巫溪等 6 个区县建立示范区 6.26 万亩，平均亩产 1890 千克。2010 年，在巫溪、巫山等 12 个区县建立了 12 个示范片 12.6 万亩，净作平均亩产 2 187 千克，套作平均亩产 1 633.3 千克。2011 年，在巫山、城口等 12 个区县建立了 12 个示范片 14 万亩。在巫溪县尖山镇和石柱县悦崃镇整镇推进马铃薯—玉米高产创建，创建面积 7.95 万亩，万亩区平均亩产 2 201.4 千克（鲜薯，下同）。6 月 17 日至 19 日，市农委组织由中国作物学会马铃薯专业委员会、西南大学等专家对巫溪县、石柱县的整镇推进高产创建片进行了验收测产。巫溪县尖山镇马铃薯净作最高亩产 3 280.6 千克，示范片平均亩产 3 074.1 千克，平均单产刷新了近 8 年来全市马铃薯旱地套作单产新纪录；石柱县悦崃镇马铃薯套作平均亩产也超过 2 300 千克。2012 年，在巫山、城口等 12 个区县建立了 22 个万亩马铃薯高产创建示范片，示范总面积 23.5 万亩；在巫溪县尖山镇、石柱县悦崃镇、酉阳县后坪—清泉沿线整镇推进马铃薯—玉米高产创建，创建面积 6.6 万亩。万亩区平均亩产 2 049.5 千克；整乡推进平均亩产 2 058.2 千克。2013 年，在巫山、城口等 10 个区县建立了 12 个示范片，示范总面积 12.6 万亩。在石柱县悦崃镇，城口县修齐镇，彭水县桑柘镇、新田乡整乡（镇）推进马铃薯/玉米高产创建，创建面积 8.1 万亩；在巫溪县整县推进马铃薯/玉米高产创建，同时开展马铃薯/玉米套作增产模式攻关试点，示范面积 10.1 万亩，万亩示范区平均亩产 2 105.3 千克，整乡（镇）推进平均亩产 2 113.3 千克，巫溪县整县推进示范片平均亩产 1 950 千克。2014—2015 年，建立 34 个部级马铃薯高产创建示范片 37 万亩。其中，3 个整乡镇推进马铃薯高产创建（套作玉米），面积 8.4 万亩；1 个整县（巫溪）推进建立万亩片 10 个，面积 10.5 万亩，万亩片平均亩产 2 098.96 千克。马铃薯的高产示范创建，推动了马铃薯产业发展，在全国具有示范效应和推广价值。2013 年，中国作物学会马铃薯专业委员会决定第十五届中国马铃薯大会在重庆市巫溪县举办，这是全国第一个承办全国马铃薯大会的县级城市。会议围绕“马铃薯产业与农村区域发展”主题，举行了产业学术论坛和交流会、中国作物学会马铃薯专业委员会年会和马铃薯全产业链展示和现场观摩。

2009 年以来，承担“现代产业技术体系国家马铃薯产业技术体系重庆综合试验站”项目。引进收集评价种质资源，创制新种质资源。编写并发布 8 个主推技术：春马铃薯绿色高产高效栽培技术、稻草覆盖秋马铃薯轻简化栽培技术、马铃薯晚疫病综合防治技术、早春马铃薯地膜覆盖栽培技术、丘陵山地马铃薯全程机械化种植技术、高淀粉甘薯高产栽培技术、紫薯培优高产栽培技术、西南山区“薯—玉—苕—薯”高垄带植高产高效技术。

（三）脱毒种薯及晚疫病防控

脱毒种薯是指马铃薯种薯经过一系列技术措施清除薯块体内的病毒后，获得的无病毒或极少有病毒侵染的种薯，它具有早熟、产量高、品质好等优点。马铃薯的产量和质量与种薯密切相关。种薯不行，产量和质量就会大打折扣，病毒一旦侵入马铃薯植株和块茎，就会引起马铃薯严重退化，并产生各种病症，导致马铃薯产量大幅下降。因此，要经过一系列物理、化学、生物等技术清除薯块体内病毒的种薯。通过这项技术可以实现大田平均增产 30% ~50%。

1998 年 6 月 28 日至 7 月 1 日，巫溪县马铃薯脱毒中心遭受严重洪涝灾害，直接经济损失 21 万元。有鉴于此，重庆市人民政府决定从 1998 年起设立科研项目，逐年解决马铃薯晚疫病防治和脱毒种薯繁供体系建设问题，重点解决全市马铃薯总产量 90% 的 14 个主产县，以此带动全市，创造经验。重点抓好以下几件事：马铃薯脱毒种薯的繁育和基地建设，巫溪、云阳、城口、武隆、秀山每县引进 8 万亩原种，1998—1999 年度建立 30 亩以上的县级原种基地，到 2003 年每个县 50% 的马铃薯实现脱毒种薯种植；建立、健全种薯质量监控体系；开展马铃薯新品种、新技术的研究；建立、健全马铃薯晚疫病防治体系。

2000 年 6 月，国家种子工程项目“重庆市薯类脱毒种苗快繁中心”成立，中心隶属于市农业技术推广总站，主要开展薯类作物良种引进、选育，脱毒种薯生产、供应、推广以及薯类栽培技术培训及推广等工作。中心拥有完备的薯类脱毒种薯（苗）繁育设施、配套生产及推广技术，有组培大楼 2 900 米^2、工厂化网室和保温大棚 3 200 米^2、智能温室 400 米^2，恒温冷藏库 20 米^3，原原种及脱毒种苗年生产能力 1 000 万粒（苗）。中心成立以来，完成了“重庆马铃薯四级脱毒良种繁育体系”建设。通过 10 多年的攻关，育成及筛选品种：育成渝马铃薯 5 号、渝马铃薯 7 号 2 个品种；筛选出青薯 9 号、冀张薯 12、鄂马铃薯 3 号、鄂马铃薯 5 号、费乌瑞它、中薯 5 号等品种并在全市大面积推广。如：筛选出鄂马铃薯 5 号，2008 年在巫溪县示范区测产 2 149. 5 千克/亩，较示范区前三年平均亩产 927 千克增产 1 222. 5 千克，增幅 131. 9%。2002 年，“重庆市马铃薯脱毒种薯技术”获农业部丰收计划二等奖；2003 年，“马铃薯晚疫病综合防治技术”获重庆市科技进步奖三等奖。

2009 年，重庆市率先在全国引进比利时晚疫病预警 CARAH 模型，在巫溪县试点，2013 年在全市大面积推广应用，2015 年底，全市建成 59 个监测站点，覆盖面积 120 万亩，指导防治面积 220 万亩以上。比利时埃诺省农业及农业工程中心专家 Francois Serneeles 等多位专家每年到重庆指导预警系统应用，重庆市派遣技术骨干前往比利时交流学习。2014 年，Francois Serneeles 获得重庆市人民政府颁发的重庆友谊奖。

其间，该专家还编写并出版专著《脱毒马铃薯标准化栽培技术及有害生物防治》，编写并发布地方标准《马铃薯脱毒种薯繁殖技术规程》（DB 50/T 142—2003），参与编写并发布国家标准《马铃薯脱毒试管苗繁育技术规程》（GB/T 29375—2012），编写《绿色食品 甘薯生产技术规范》《重庆马铃薯脱毒种薯繁殖技术规程》。

2014 年 5 月，国家外国专家局在重庆成功举办了“马铃薯晚疫病预警防控技术培训班”，国家外专局、农业部、国际马铃薯中心领导和专家及相关省（区、市）外专局农业引智示范推广基地负责人 300 余人参加了培训。

2015 年 4 月，全国农业技术推广中心在重庆成功举办了“薯类作物高产高效栽培技术培训会”，来自全国 18 个省（直辖市、自治区）农业部门的 90 余名代表参加了培训。

2015 年 6 月，重庆成功举办了 2015 年度“亚太地区马铃薯晚疫病预测和防控国际研讨会”，来自国际马铃薯中心亚太中心，美国、比利时、印度、尼泊尔等国及全国 10 余个省（市、自治区）的近 60 名马铃薯专家学者参会。项目实施期间，国家马铃薯产业技术体系首席科学家金黎平及各功能研究室岗位科学家来渝深入一线指导，开展种薯生产、晚疫病防控、高产栽培技术、贮藏设施及技术培训 10 余次，培训技术骨干 70 余人次，农民 220 余人次。

在国家原种补贴项目支持下，重庆脱毒种薯面积应用面积逐年提高，2009 年脱毒种薯普及率 28. 79%，随后逐年提高，2015 年达最高 39. 21% 后缓慢降低，2018 年降低到 25. 2%。

2009—2015 年，全市马铃薯晚疫病年平均发生面积 200 万亩左右，其中 2011 年发生面积较小为 98. 48 万亩，2012 年发生面积达 241. 3 万亩，发生比例占有总播种面积的 46% 左右，按晚疫病等级划分为 5 级。

二、甘（红）薯

（一）栽培史和发展概况

据《江津县志》，乾隆三十年（1765 年）广东人曾受一任江津知事，从广东带来红薯种，教民种植。由此可见，甘薯在全市已有 200 余年种植历史。1945 年，全市甘薯面积已有 144. 3 万亩，到 1949

年面积发展到 204.15 万亩。中华人民共和国成立后，1950—1958 年，面积增加到 324.9 万亩。1959 年以后，连续三年自然灾害和生产指挥上的失误，面积和产量都回落到 20 世纪 50 年代初的水平。一直到 1978 年以后，种植面积趋于稳定。

1998 年，重庆甘薯面积 704.62 万亩，亩产折粮 143.49 千克，总产 171.57 万吨。2002—2010 年，全市甘薯种植面积变化较大。2002 年，种植面积为 622.35 万亩；2004 年，种植面积最大，为 629.55 万亩；2006 年，重庆市发生特大干旱，不利于甘薯生产，种植面积最小，为 541.95 万亩；2007 年以后，甘薯种植面积较 2005 年以前有所下降，2007—2015 年，全市种植面积稳定维持在 555 万亩左右。甘薯种植面积和产量占粮食作物的 16% 左右。薯播种面积和总产量均居全国第三。

全市从事淀粉、粉条粉丝、全粉、特色食用薯、薯尖蔬菜和种苗工厂化育苗等方面的企业和专业合作社 60 余家。形成了渝东南和渝东北以淀粉加工为主、渝西以菜用薯尖和城郊特色食用薯为主的甘薯生产基地。

（二）主推品种与栽培技术

栽培方式有带状轮作、套作和净作。育苗有加温育苗、塑料薄膜（地膜）覆盖育苗和露地育苗等。贮藏方法有大屋窖、小屋窖、地下窖、竹林土窖、室内立窖、防空洞窖、浅棚窖以及生产地就地贮藏等。重庆地区甘薯栽培实行与玉米套种的传统模式，主栽品种有徐薯 18、徐薯 22、商薯 19、万薯 7 号、渝薯 2 号、渝薯 17 等。

2011 年以来，重庆市在全国率先开展甘薯高产创建工作。2013 年，在黔江、秀山、彭水、永川建设了 4 个市级甘薯高产创建示范片，示范总面积 4.4 万亩。万亩示范区平均亩产鲜薯 2 904.1 千克。2014 年，在黔江、永川、秀山、彭水、铜梁建立了 5 个示范片，示范总面积 5.4 万亩，平均亩产鲜薯 2 925.8千克。

2015 年，在彭水县等 5 个区县建设了市级甘薯万亩高产创建示范片，推广“一推三改”（一推：大力推广高产高蛋白优质大豆品种；三改：改迟播为适时早播，改不防病虫害为综合防治，改只施底肥为底肥追肥相结合）技术，万亩高产创建示范区平均亩产 2 802.5 千克。

第四节　豆类及小杂粮

重庆地区山水光热富集，名特农产品品质地道。大豆、高粱、豌豆、蚕豆、绿豆、红豆、黑豆、黑花生、糯玉米、紫红薯等土特小杂粮，虽然产量不大，但市场好，效益高，30 年来不断调整种植业结构，因地制宜发展小杂粮，增加了农民收入，助推了脱贫攻坚。豆类是其中一个比较有优势的产业，特别是杂豆优势更为突出。

一、大豆

大豆起源于中国，有五千多年的种植历史。在重庆市的种植具有突出的比较优势。一是由于重庆市地处长江流域，有热量充足、雨水丰富、光照较好，土壤条件适宜、作物宜种期长、一年四季均可种植豆类等自然资源优势，尤其是种植大豆其质量比中国其他主产大豆地区质量优，主推品种比进口大豆品质好；二是重庆市有山区、丘陵和平坝多种地形地貌，有大面积推广的粮（经）—豆间套高效耕制，各种豆类品种资源丰富，可满足市场不同口味人口和加工需要；三是重庆市优质市场缺口大，销售旺，加工门路广，市场前景广阔；四是重庆市豆类生产增产潜力大，比较效益高，促农增收效果明显。

重庆大豆优势产区为长江、嘉陵江、乌江流域的忠县、酉阳、长寿、梁平、巫山、永川、巴南、黔江、垫江、涪陵、丰都等区县。其利用以鲜食、豆浆、豆腐、豆干、豆粉、豆筋、腐乳、豆豉为主。

种植模式在早期包括净作、麦豆套作、玉豆套作、麦玉豆三熟、麦玉豆苕四熟种植等。

20世纪80年代中期，忠县农业技术部门在安徽引进一个大豆品种中发现变异株，其颗粒大、色泽淡黄。在株繁的基础上进行大量繁殖推广。科学测定发现，这株变异大豆的蛋白质含量超过老品种10%以上，达到了49.8%，产量比老品种成倍提高。该品种被定名为“渝豆一号”，并获得了重庆市科技成果三等奖。地产优良品种开始在重庆市大豆种植中大规模推广运用。

1995年，全市大春粮油“丰收计划”中，下达秋大豆综合丰产技术项目，要求在100个乡镇实施10万亩大力推广秋大豆优良品种稻田免耕、抢湿播种、菌肥拌种、配方施肥Ⅱ级、综合防治病虫草鼠害等配套技术。为实现秋种，必须搞好春繁；要求项目区县都要建立春繁种子基地；满足全市30万亩秋大豆用种需要。该技术应用价值明显，一是引进推广南方非转基因高蛋白大豆品种，蛋白含量达到了高蛋白要求；二是合理密植、因地制宜的田间管理，建立了高产群体，减少了病虫害发生概率；三是统一的栽插规格为推进机械化收获等作业打下基础；四是促进农民增产增收，一般亩增产大豆30千克以上，与大面积相比亩节约成本增效170~200元。对于重庆丘陵地区“粮油、大豆结合”、经果林“果豆结合”，以及推进大豆产业化进程，对保护三峡库区生态环境具有重要意义。

1997年直辖以来，重庆市大豆生产得到了迅速发展，种植面积、单产、总产均呈逐年增加的趋势。品种选育工作也迎来了发展。

1999年，市农业局下达粮油结构调整指导计划，以忠县等县市为重点，进行13个区县的大豆种植调增。

2000年，重庆市人民政府把发展优质豆类作为了粮油结构调整的重要项目，使豆类生产规模化程度不断提高，推广“一推三改”关键技术，改进传统的种植习惯。

其后，以忠县为代表的15万亩优质大豆逐步发展，豆类产业不断发展：“重医海浪集团有限公司、忠县豆腐乳酿造有限公司、梁平袁驿豆干厂、梁平礼让天友集团豆制品有限公司、武隆羊角豆干厂、永川豆豉厂”等大型大豆加工企业都分别与基地农户签订了收购合同，以龙头企业带动基地发展，初步实现了产—供—销一条龙的产业化开发模式。忠县大豆加工企业5家。同时忠县、潼南等豆类主要产区有一批豆类产品的运销专业户，一批豆类产品源源不断运往市区及市外。

2007年，市农业局审定大豆品种西豆7号，2008年审定大豆品种西豆8号。同年西豆系列大豆新品种选育及推广应用获重庆市科技进步三等奖。

2010年，随着库区经济林的建设加速，全市大力推广林间种豆，包括幼果林/大豆、幼林/大豆、幼茶林/大豆三种套作模式，其中以幼果林/大豆为主要种植模式。同年通过引进“贡选一号”“南豆12”优质夏大豆品种在丰都、忠县、巴南种植，取代了生育期较长的老品种“十月黄”，通过与玉米、马铃薯、小麦等作物间套作，获得了较好的经济效益，提高了农民收入，同时也加快夏大豆面积的发展。

2011年，忠县大豆种植面积达到15.5万亩，酉阳、长寿、梁平、巫山、永川、巴南、黔江、垫江、涪陵等区县种植面积均分别达5万亩以上。当年全市种植大豆143.1万亩，单产130.3千克，总产可以达到18.7万吨。2012年149.1万亩，单产达到131.9千克，总产19.7万吨。其中林间大豆种植面积达到15万亩，占林间豆类作物种植面积的60%。

2012—2015年，随着大豆生产水平的提高和市场需求的增加，大豆产品市场收购价格大幅度增加，种植效益也不断提高。据31个区县典型调查统计，净作大豆，亩产在128.4~165.3千克，平均亩产143.2千克，亩纯收益296元；旱地间套作大豆，亩产在75~170.5千克，平均亩产122.9千克，亩纯收益137.5元；其中以“麦/豆/豆”间套作效益最高，春、夏大豆平均亩产可达170千克左右，纯收入400元，两季大豆纯收益可达206元。“幼果林—豆”模式，幼果林间种植大豆平均亩产141.3千克，纯收入279元。

以西豆、渝豆、长江春系列的非转基因高蛋白大豆为主导品种，以及林间高效种植、高蛋白大豆高产栽培为主导技术在全市得到广泛的推广运用。

二、高粱

重庆市高粱种植具有悠久的种植历史。是中国高粱南方春播区相对较多的省市之一。民国版《江津县志》中曾提到“高粱津人多种之”“以之造酒”等文字。高粱自中华人民共和国成立后曾一度扮演着粮食角色，为解决人民温饱问题，促进粮食安全发挥着重要作用。素有“高粱之乡”称谓的江津，其年种植面积在20世纪80年代就达到7万亩左右，全市面积在53万亩左右。

1990年市场开放后，大量东北高粱进入全市，价格比本地高粱低30%以上，本地高粱产业受到了较大冲击。直辖后，1998年全市高粱面积34.1万亩，单产143.7千克，总产4.90万吨；到2002年，全市高粱发展未有较大突破。2003—2005年，全市高粱种植迎来较大发展和波动，播种面积从39.49万亩增加到56.30万亩。2005年降至40.17万亩。随后迎来持续低谷，最低2009年仅12万亩。2010年随着部市高产创建项目的投入、结构调整和本地优质高粱市场的复苏，全市高粱种植又迎来了恢复性发展。到2015年，高粱播种面积为34.29万亩，总产4.31万吨，单产251.7千克，较直辖前后增产100千克左右。近年高粱因其具有丰产、抗旱、耐瘠薄等特性，且用途广泛，逐步成为重庆市种植业结构调整，促农增收的重要作物。

重庆处于中国大陆与海洋性气候交替地带，市内海拔700米以下的地区光热水资源丰富，年均气温在16.5~18℃。大于10℃的天数达220~270天，有效积温达4 500~5 800℃。3—9月降水850~1 050毫米，日照时数950~1 100小时。充足的光、热、水、土资源适宜高粱生长发育，地产高粱分布广、品质好、商品率高。

20世纪80、90年代，本市高粱品种有牛心棒、朱沱糯、青壳洋高粱等，用途以酿酒为主，其秸秆用作扫帚或编织。其分布主要为长江、嘉陵江沿岸的低海拔丘陵地区。但对高粱生产重视不够，种植零星分散，品种混杂退化严重，栽培技术落后。

为推动品种更新换代，2001年，市农技站开始进行优质酿酒高粱新品种示范，在试验示范基础上筛选出适合重庆市生态区域种植的新品种泸杂4号、湘两优糯粮1号等，进行了高产高效配套栽培技术探索，并迅速在全市推广。

2002年，市农技站对全市高粱发展进行了规划：以发展酿酒高粱为主，兼顾其他多用途高粱，立足自产自销、自给自足，拓展国内市场，逐渐打入国际市场。并提出发展高粱指导思想：扩大面积，提高品质，主攻单产，降低成本，创建加工品牌，增加农民收入。

再生高粱技术是将头季高粱休眠再生芽培育成穗、蓄留栽培，实现种一季收两季，不仅节省种子、劳力和肥料，而且生产技术简便，成功率高。再生高粱生育期短，是增种晚秋作物、增加农民收入的有效途径。高粱生产为酿酒产业提供了原料，同时高粱秸秆是养殖牛羊的饲料，为畜牧产业提供充足的优质原材料，有利于实现种养结合，有助于农业实现可持续、高效的循环经济发展。重庆市从2000年开始引进、筛选出泸杂四号、湘两优糯粱1号、泸糯8号等丰产性好，再生力强的杂交高粱新品种，并在海拔400米以下地区试验蓄留再生高粱获得成功。2001年在万州、江津、开州等区县开展再生高粱示范。2002年江津市是实施重庆市优质粮产业化“百万”工程的重点区域之一，他们把发展优质专用酿酒再生高粱作为重点，取得了很好的增产增收效果。根据优化布局原则，重庆市重点规划了仁沱、罗坝等10个镇乡作为优质再生高粱适宜区进行示范，种植优质专用酿酒高粱泸杂四号2万亩，蓄留再生高粱1万亩。在经历了前期低温阴雨和后期高温干旱等严重自然灾害的不利影响下，仍获得了头季平均亩产高粱籽400千克（最高亩产637.8千克），再生季预计平均亩产高粱籽450千克，亩平产高粱梢400千克的好收成。经用1.5万千克再生高粱酿酒试验结果，其出酒率比东北高粱高2.4个百分点。且风味更好。2003年以后，已经连续在荣昌、垫江、丰都、铜梁、大足、合川、万州、江津、彭水等地进行示范，年推广面积约5万亩，头季和再生季亩产高粱分别达400千克以上，亩增效800元以上，经济效益显著。

“十五”期间，全市再生高粱累计面积达 72.95 万亩，两季亩产合计 581.4 千克。

此后，在 2008 年后的高产创建项目中，全市继续加大酿酒高粱、再生高粱品种引进筛选和配套种植技术的探索集成。红缨子、泸糯 8 号、晋渝糯 3 号等品种和再生高粱高产高效种植、高粱直播轻简化种植、高粱全程机械化生产技术得到较大面积推广运用。

因其历史沿革，重庆是高粱消费大市，其加工利用的主要形式是用作酿酒原料等，历来是周边知名酒厂的高粱原料生产基地，加之地产高粱酒的加工需求，高粱原料需求量 30 万吨左右且供不应求。2000 年前后，便有江津、万州、荣昌等地的加工企业对农户所种高粱进行订单收购。到 2012 年，更有茅台、五粮液酒厂与渝西大足、永川、铜梁，渝东北垫江、万州，渝东南彭水等多地种植户签订了收购订单，实行保护价收购。

随着各地高粱基地建设的成熟，全市开始探索高粱的多元化开发利用，垫江、大足、永川等多地利用高粱红举办观光节取得初步成效。荣昌、丰都借助畜牧产业发展，将高粱秸秆用作青贮饲料。其中永川区青峰镇，永川佳兴酒厂流转土地 500 余亩建设高粱种植基地，采用高粱—油菜周年规模轻简高效种植技术，将产品实行就地加工。打造高粱观光节与摄影展，推动高粱酒品鉴和代藏、健康高粱宴及高粱礼品（高粱粑、减肥稀饭、五谷汤、高粱酥等）、油菜产品与周边农产品的销售，是第一、二、三产业融合典范。

三、其他小宗粮豆

重庆主要以丘陵和山地为主，地形地势复杂，生态类型多样，立体气候明显，适宜多种小宗粮豆生长。其种植历史悠久，种类多、分布广，多数具有抗旱、耐瘠薄等特点。是一个有比较优势的产业。

除高粱外，小宗粮豆在全市包括蚕豆、豌豆、绿豆、饭豆、打米豆、爬山豆、红小豆、谷子、燕麦、芸豆、荞麦和啤酒大麦等。在各农业区县都有不同种类、不同规模的种植。其中蚕豆在各级海拔地带均有种植，主要分布在长江、嘉陵江沿岸的丘陵地区，也常见于边角地块、田坎种植以提高土地利用率。豌豆主要分布在丘陵地区的低海拔区域，近年在蔬菜基地发展也较快。绿豆以重庆西部面积较大。芸豆主要分布在海拔 800 ~ 1 200 米以上的山区。红小豆以东部 800 ~ 1 200 米面积较大。饭豆以山区面积大。

据统计数据，1998 年全市小宗粮豆种植面积为 161.39 万亩，单产约 99.1 千克/亩。

2000 年前后，市人民政府把发展优质豆类作为了粮油结构调整的重要项目，提出了优化土地资源配置，调减不具备优势的小麦、玉米等作物，增加大豆、豌豆、蚕豆等豆类优良品种面积，不断强化以豆类作物为主体的间套复种轮作地位。使豆类生产规模化程度不断提高，以潼南为代表的 10 万亩优质油绿豆，以奉节为代表的 5 万亩优质芸豆和以巫溪县 10 万亩红小豆正大规模发展。并根据区域优势，发展小春—豆类—薯类和豆—豆—苕（菜）耕制，采取增、间、套、混等多种形式扩大规模。全市大麦 2000 年前后仍维持在 10 万亩左右，2008 年后面积锐减。到 2006 年，全市小宗粮豆种植面积为 168.51 万亩。在此期间，燕麦面积减少，荞麦和胡豌豆面积扩大。2015 年，全市小宗粮豆面积达到了 215 万亩，单产 133 千克/亩，大麦种植面积仅 1.7 万亩。燕麦 0.2 万亩，荞麦 9.7 万亩，绿豆 32.8 万亩，红小豆 4.5 万亩。

小宗粮豆种植技术过去多以粗放为主。品种多为传统常规种。20 世纪 80—90 年代，蚕豆主要推广以成胡系列为主的杂交小蚕豆种。重庆市直辖后在推广原有品种的同时，逐步引进了日本大白皮、通蚕鲜系列等中熟大荚大粒品种，传统小蚕豆逐步用作绿肥种植。豌豆以白豌豆、麻豌豆等为主。绿豆品种多为油绿豆、渝绿系列等，种皮油绿，籽粒饱满。荞麦主推荞麦良种西荞、西荞系列等。

栽培技术上，1988 年重庆市小春生产技术措施中对大麦种植提出了：（1）适期播种，潼麦 1 号、84—123、盐辐矮早三在 11 月上旬播种，西引 2 号，潼引 40 号应在 11 月下旬播种。（2）施好底肥，大麦分蘖成穗主要靠前期。针对这一特点，施肥可推行底肥一道清。一般地块亩施纯氮 15 ~ 20 斤。

（3）进行种子消毒处理，防止大麦的坚黑穗病，条纹病和网斑病（用50% 的多菌灵，按种子重量的0.3% 拌种）。

2002 年，对小宗粮豆提出了保优、节本、高产高效栽培技术改进方向。推广进行肥团育苗、软盘育苗、无公害栽培，免耕栽培技术，测土配方施肥技术等。到 2015 年，蚕豆无公害高效栽培，“一次性施肥、精量播种、绿色防控”为核心的荞麦绿色轻简高效栽培技术已成熟推广。

2002 年 4 月 15 日，市农业局粮油处、土肥站有关人员组成的考察组，对潼南县调整种植业结构，发展优质白豌豆生产情况进行了实地考察。对太安镇、别口乡优质白豌豆生产基地进行了实地田间调查测产。两个基地镇乡种植的 1500 余亩优质白豌豆长势良好，平均亩产 160 千克左右，每亩种植白豌豆比种植小麦增收 135 元，且市场畅销，深受农民欢迎。

为了全面发挥小宗粮豆优势，促进农户增产增收。2011 年，重庆市在潼南、铜梁实施了绿豆高产创建。2011—2013 年，在万州、巫山、合川、荣昌等地实施了蚕豆高产创建，累计实施面积 9.14 万亩。一是丰富了蚕豆栽培模式。在东北部巫山、万州库区，充分利用晚熟柑橘林发展林下间种植蚕豆。在西部地区荣昌、合川区推广了蚕豆—高粱、蚕豆—玉米—甘薯等种植模式。二是推广优良品种。通过统一供种，示范区县内用大白蚕豆、成胡系列等优质蚕豆品种代替传统的常规品种。示范区域内品种优质率达到 90% 以上，核心示范区内优质品种占有率达 100%。三是推广钼肥拌种、适时早播、合理密植等关键技术。钼肥拌种达到 95% 以上，种植密度每亩 5 500 株以上。四是配方施肥，实行病虫害综合防治。2012—2015 年，在酉阳、城口启动荞麦高产创建，推动以优质良种更新、轻简节本增效技术为主的技术体系，促进荞麦种植实现亩增收 400 元左右，并借助高山荞麦花海举办观光旅游节。

第五节　扶持政策

1998 年，市财政局、市农业局下达高寒山区玉米地膜全覆盖栽培技术（温饱工程）项目，承担地区：万县开发区 36 万亩、黔江开发区 27 万亩、涪陵区 7 万亩、城口 10 万亩、丰都 6 万亩、武隆 10 万亩、南川 4 万亩以及市级示范片建设。资金合计 200 万元。

1998 年，市农业局、市优质粮油开发中心实施农业部 1998 年度优质农产品专项补助项目——优质芸豆、赤豆生产基地建设，项目计划建良繁场 500 亩，示范片 5 000 亩，基地 5 万亩。实际落实良种繁育场 1 000 亩，其中万盛区 500 亩、奉节县 500 亩。

1998 年 9 月，为提高幼果林经济值，全市在 12 个区县（市）实施坡改梯多经基地优质绿豆开发项目 2.8 万亩，并要求各实施单位建立 1 ~ 2 个 500 亩相对集中的高产示范片。

2000 年，黔江区野生金荞麦保护项目实施。在黔江区冯家镇照跃村野生金荞麦适宜生长地，划定缓冲区 200 亩，建立核心保护区 20 亩。核心区内建设隔离、道路、排水、灌溉设施，设立保护标识牌，开展宣传和培训，使该物种得以永远保存永续利用。

2003 年，重庆市拨付优质小麦项目补助经费 140 万元，其中种子补贴费：本县市内收贮按每千克补贴 0.065 元计，县市间调种按每千克补贴 0.14 元计。江津：提纯扩繁、收贮种子 1 的万千克，共 7 万元。璧山：收贮种子 102.2 万千克，调种 20 万千克，共计 9 万元。潼南 ：调种 55.1 万千克，共 4 万元。铜梁：收贮种子 37 万千克，共计 2 万元。荣昌：收贮种子 51.5 万千克，共 3 万元。永川：收贮种子 55 万千克，调种 17.5 万千克，共 6 万元。綦江 ：收贮种子 11.06 万千克，共 1 万元。合川 ：收贮种子 55.2 万千克，共 4 万元。大足 ：收贮种子 64.9 万千克，共 4 万元。以上合计 40 万元。

2003 年，重庆市下达 2003 年野生大豆等野生植物保护项目和经费，对重庆黔江金荞麦原生境保护示范点建设保护隔离、道路、排水、灌溉设施，设立标识牌，宣传、培训补助项目经费 30 万元。

2006 年，拨付小麦条锈病防治补助经费 60 万元。资金分配如下：潼南 6 万元、开县 6 万元、合川 6 万元、梁平 5 万元、石柱 5 万元、丰都 5 万元、彭水 5 万元、大足 4 万元、永川 4 万元、城口 4 万元，合计 60 万元；重庆市农技推广总站 10 万元，主要用于重大病虫预警监测系统建设，信息发布、病虫电视预报节目制作及播放、技术培训及印发技术资料。

2007 年，财政部拨付到我市的小麦条锈病防治补助经费扩大到 180 万元。

2008 年，为进一步增强本市粮食综合生产能力，促进粮食持续稳定发展，保障粮食有效供给，根据农业部《全国粮食高产创建活动年工作方案》的要求，在全市主要粮油产区县广泛深入地开展粮油高产创建活动。在全市建设 9 个部级万亩优质粮油高产创建示范区，其中水稻 3 个（合川区、南川区、永川区）、玉米 2 个（奉节县、酉阳县）。

2008—2016 年，重庆市安排了玉米、高粱、荞麦、大豆等农业部和市级高产创建项目，每个项目有 20 万元实施资金。

2009—2014 年，开展“重庆市马铃薯原种生产补贴试点项目”。制定了《重庆市马铃薯原种生产补贴试点项目实施方案》，建立脱毒种薯原种基地 22 万亩 /年，可满足全市 220 万亩 /年用种需求，项目期间重庆脱毒种薯推广率超过 36% 。重庆原原种年生产能力达 9 000 万粒。

2011 年，在酉阳实施荞麦高产创建项目，积极推进“一推三改”关键技术：大力推广高产优质荞麦品种，改撒播为精量条播、改只施种肥为种肥追肥相结合、改播后自然生长粗放管理为中耕除草精细管理。在铜梁潼南各实施 1 个绿豆高产创建项目，在荣昌、垫江、丰都实施高粱高产创建项目。在合川、巫山各实施 1 个蚕豆高产创建项目。在巴南丰都忠县实施大豆高产创建项目。

2012 年，在巴南、忠县、丰都实施大豆高产创建项目。在垫江、大足、荣昌、丰都实施高粱高产创建项目。在巫山、合川、荣昌实施蚕豆高产创建项目。

2012 年，中央安排了 4 400 万元财政专项资金，用于全市发展玉米覆膜技术等防灾减灾关键技术补助。

2013 年，在铜梁垫江荣昌丰都实施高粱，在万州巫山实施蚕豆高产创建项目。

2013 年，根据《重庆市财政局关于开展玉米、马铃薯保险试点工作的通知》中划定试点范围：选择在万州、涪陵、黔江、武隆、长寿、合川、云阳、忠县、潼南、丰都、酉阳、石柱等 12 个区（县）先行试点，以后视试点情况在全市范围内逐步推开。

2014 年，在酉阳、巴南、忠县、丰都实施大豆高产创建项目，在大足、江津、荣昌、丰都实施高粱高产创建项目。

2014 年 4 月，市农委决定在 29 个区县实施冬小麦“一喷三防”技术补助政策，实施面积 166. 23 万亩。并对自愿实施“一喷三防”技术的农民或开展喷雾作业服务的植保、农机等社会化服务组织给予补助。各地可根据当地实际，对选用杀虫剂、杀菌剂、植物生长调节剂、叶面肥等给予补助，每亩补助 5 元。

2014 年，在荣昌县、铜梁县、垫江县、丰都县、大足区、江津区 6 个区（县）开展双季高粱增产增效模式攻关，每个区（县）建设百亩示范田 1 个。

2015 年，酉阳、巴南、忠县（2 个）大豆，在铜梁、永川、合川、大足、云阳、江津、荣昌 7 个区（县）实施高粱高产创建。

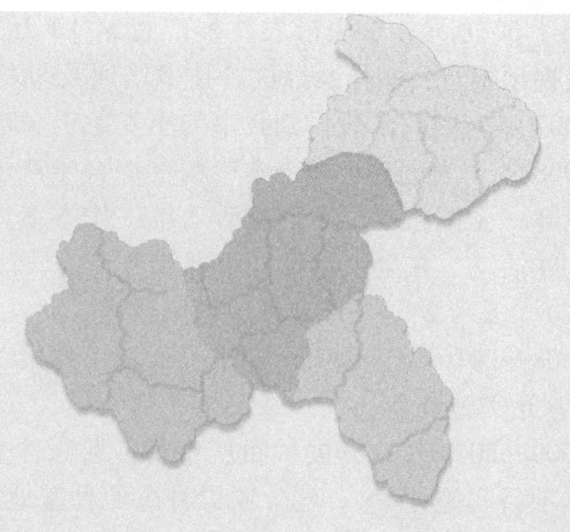

第三章 油料作物

1986年以来，重庆市充分发挥重庆独特的山地、丘陵的资源禀赋，全市油料作物发展，主要以油菜、花生、芝麻为主，近年来也发展一些木本油料作物（表7－3－1）。

表7－3－1 1986—2015年油料作物种植面积、单产、总产表

单位：万亩、千克/亩、万吨

年份	花生			向日葵			油菜			芝麻		
	面积	单产	总产	面积	单产	总产	面积	单产	总产	面积	单产	总产
1986							215.69	73.49	15.85			
1987							214.94	75.09	16.14			
1988							225.92	66.13	14.94			
1989							231.76	62.05	14.38			
1990							253.13	70.08	17.74			
1991							283.48	80.46	22.81			
1992							269.10	79.52	21.40			
1993							221.54	77.73	17.22			
1994							203.26	75.32	15.31			
1995							243.86	84.23	20.54			
1996							240.75	77.47	18.66			
1997							227.85	81.47	18.56			
1998	50.21	107.81	5.41	4.81	49.56	0.24	223.34	85.22	19.03	9.09	43.40	0.39
1999	52.96	113.48	6.01	5.10	53.52	0.27	227.70	76.11	17.33	9.17	46.10	0.42
2000	63.24	119.46	7.55	5.89	61.35	0.36	259.78	87.02	22.61	10.18	49.10	0.50
2001	69.13	105.40	7.29	5.15	61.32	0.32	251.87	86.99	21.91	10.06	44.70	0.45
2002	72.01	115.97	8.35	4.71	73.69	0.35	260.90	99.06	25.84	10.87	46.22	0.50
2003	72.43	118.67	8.60	4.12	58.18	0.24	265.25	107.48	28.51	10.41	57.00	0.59
2004	79.03	121.71	9.62	5.20	92.46	0.48	260.72	118.85	30.99	10.28	64.43	0.66
2005	81.53	119.05	9.71	5.00	100.78	0.50	281.00	113.22	31.81	10.56	65.01	0.69

（续）

年份	花生			向日葵			油菜			芝麻		
	面积	单产	总产	面积	单产	总产	面积	单产	总产	面积	单产	总产
2006	53.00	90.78	4.81				200.5	117.2	23.5			
2007	55.31	115.07	6.36				203.1	114.2	23.2			
2008	66.92	112.96	7.56	5.70	69.84	0.40	225.3	117.8	26.5	11.10	61.06	0.68
2009	71.62	115.18	8.25	5.99	69.05	0.41	260.5	118.8	31.0	11.66	64.16	0.75
2010	73.9	122.4	9.1	5.54	76.80	0.43	287.8	118.9	34.2	11.58	59.08	0.68
2011	75.6	133.8	10.1	5.42	104.70	0.57	294.3	119.3	35.1	10.36	66.39	0.69
2012	87.48	129.46	11.33	5.45	101.84	0.56	306.8	122.9	37.7	6.75	77.40	0.52
2013	85.02	137.20	11.66	6.25	102.79	0.64	323.4	124.0	40.1	10.58	68.58	0.73
2014	84.90	137.15	11.64	5.70	108.97	0.62	348.9	126.0	44.0	10.47	67.36	0.71
2015	85.4	139.9	11.9				363.7	128.5	46.7	10.0	68.0	0.7

第一节 油 菜

油菜是世界重要的油料作物，除甘蓝型油菜外，中国是油菜的主要发源地，已有数千年的种植历史。因其适应性好、抗逆，不与其他作物争地，又有重要的经济价值和观赏价值，在重庆市农业生产中扮演着重要的角色，是重庆市第一大食用植物油的原料，播种面积约占油料的 80% 左右。重庆因境内冬 无严寒，温、光、水、热条件优越，利于秋播油菜生长，故被划入长江上游优势产区。油菜种植及其产业的发展对推进农业结构调整、冬闲资源开发、保供促增收、建设美丽乡村具有十分重要的意义。

一、区域布局与生产发展

油菜适应性较广，在重庆市丘陵、中低山区、河谷平坝等海拔 900 米以下地区适合种植，通常在水稻种植区域形成稻—油轮作、梯田油菜，在坡地、山区形成玉米—油菜、高粱—油菜、马铃薯—油菜等耕制。全市所有农业区县均有一定面积油菜种植。

1980—1990 年，全市油菜面积实现了跨越式发展，10 年间种植面积由 134.1 万亩增到 253.1 万亩，但受自然条件和配套技术限制，平均单产较低。从直辖到 2000 年前后，全市油菜生产总体发展极为缓慢，种植面积在 220 万 ~260 万亩徘徊，单产低、与全国平均水平有较大差距，年际间波动大，丰产稳产性差。

1999 年，市农业局针对全市粮油结构不合理、品质不优、流通体制不全、加工薄弱、食用植物油缺口较大等问题，提出粮油结构调整方向：稳水稻玉米、减小麦薯类、增油料杂粮、重品质效益。要求在 2002 年达到“退三进四改六”其中油料即增加 200 万亩，所调减的小麦面积，为全市油菜发展提供了资源。

2002 年，市农业局进一步指出，虽然全市每个区县均有油菜种植，但仍停留在自给自足的小农经济时代，相互间单产差异大，资源浪费非常严重，应该依据资源禀赋理论，考虑资源、市场等因素，合理配置资源，确定最佳区域。其中在重庆中部的长寿、垫江、忠县、开县、丰都等，以油菜—中稻、油菜—中稻—秋洋芋或再生稻为主的耕制，实现加工和市场拓展；在东南部包括秀山、酉阳、黔江、彭水、南川、武隆等，以油菜—中稻为主，实现促农增收；在西部地区包括渝西浅丘平坝的潼南、合川、大足、江津等，以油菜—中稻—再生稻，利用加工和市场优势，扩种油菜。并规划到 2005 年，全市油菜种植面积扩大到300万亩，优质率达到80%，平均亩产稳定提高到100千克以上，总产菜籽30万吨，菜籽油自给率提高到45%；到2010年，油菜种植面积达到350万亩，总产菜籽40万吨，其中优质油菜占90%，菜籽油自给率稳定提高到45% 以上。

到2005年，全市实际油菜种植面积约280万亩。但2006年为数十年来的低谷，仅200万亩。其后经历了恢复性发展阶段，随着政策引导、结构稳步调整，加之农田基础设施建设、优质良种推广和配套技术落地，油菜生产能力逐年增强。虽受气候影响，年度增幅略有变化，但总产和单产呈上升趋势，到2012年突破300万亩，2015年为历史最高值363.7万亩，单产水平也达到最高的128.5千克/亩。重庆市油菜规模跻身全国前十。随着种植规模持续扩大，重庆市油菜产业不断发展，油菜种植、加工及其衍生效益成为助农增收的重要力量。

2015年，重庆市油菜产区分布已稳定形成了三大优势产区：（1）沿长江流域优势区，包括长寿、垫江、江津、梁平、忠县、开县、丰都、万州、云阳等三峡库区县；（2）沿乌江流域优势区，包括秀山、酉阳、黔江、彭水、南川等重庆东南部地区；（3）沿嘉陵江流域油菜主产区，包括渝西北浅丘平坝的潼南、大足、合川等油菜主产区县。油菜种植从过去的零星、分散、自给自足式发展成集中优势区域成片生产，以企业、大户、家庭农场基地带动周边农户发展的模式。从小规模加工利用到大型粮油加工企业加工包装外销。油菜产业合力逐步增强。

二、品种发展

在油菜杂交优势利用以前，本市油菜种植多以本地常规品种为主，俗称马尾油菜，因其耐瘠薄、留种简便，在本市广大山地油菜种植区占有较大种植面积。

20世纪90年代初，全市引进和选育了一批经过审定或丰产高抗的新品种，万油17－8、川油11、郫油23、中油821和提纯的西南302，因地制宜推广秦油2号，要求良种覆盖率达到90% 以上。要求全市进行油菜先进良种的更新换代。

直辖后，本市在推广优质油菜上下了一些功夫，品质得到一定程度的改善，含油率由20世纪80年代的33% 左右提高到36% 左右，但其主要品种商品菜籽品质仍低于全国水平。一是含油率较低。虽有少数品种含油率已达42% 左右，但面积较小，全市平均水平比长江中下游低3～4个百分点。二是双低油菜比重小，2002年占全市油菜总面积的40%以上，但由于没有进行区域化布局、规模化生产，其菜籽绝大多数达不到农业部颁布的双低油菜籽标准。

全市随后启动了“百万亩甘蓝型黄籽油菜产业化工程”，在垫江、石柱、长寿等29个区县推广渝黄1号62.5万亩。全年共推广渝黄1号、渝油18、渝油12等杂交油菜面积133万亩，占油菜总面积的44.2%。

2002年，全市示范推广渝黄1号、渝油18、渝油12等杂交油菜，面积达到133.3万亩，占油菜总面积的44.21，平均亩产100.3千克，总产13.37万吨。推广双低油菜中双7号（中油119）、中双6号、油研7号、9号等，面积达到107.3 8万亩，占油菜总面积的35.6%，平均亩产100.6千克，总产10.8万吨。

2003年，全市开始大力推广高产、高含油、低芥酸、低硫苷油菜新品种。将农业部推荐的15个品种作为长江流域双低油菜主推品种。并将本市培育、引进筛选的良种作为各地主推品种，提出“一地一种，区域种植，单收单贮单加工”的推广思路，加速品种更新换代。油研系列、渝油（黄）系列、中油系列、华杂系列以及荣油系列等品种，实现了双低，在丰产性、适应性、熟期等方面更适合重庆市的油菜产业发展。

2000—2007年，市农业局审定通过油菜新品种：万油22、涪优三号、万油杂1号、渝油21、源油杂2号、绵新11、黔油18号、渝油21、源油杂2号、绵新11、黔油18号，会“绵新油一号”更名为“绵新12”。

2009—2011 年，市农委审定以下品种：渝油 23、华油杂 9 号、绵新油 28、渝油 24、德新油 59、天油 97、绵新油 58、天油杂 3 号、渝油 25、渝油 26、三峡油 3 号、绵油 19、新宇油 8 号。

2015 年开始，农业部门每年定期发布全市油菜种植推荐品种，为农户科学选种提供借鉴。渝黄 4 号、油研 10 号等品种成为本市良种推广的典型，在全市范围内推广运用有 10 年之久。油研 57 含油率达到 46. 44% 成为近年最高含油品种。渝油 28，由于其较好的适应性和抗逆性得到了农户好评。

三、技术改良与推广

20 世纪 80 年代末到 90 年代初期，油菜大力推广综合配套技术，消除“四害一稀”（湿害、草害、冷害、病虫害、稀大窝）。在及早规划落实田块的基础上，早开厢整厢，提高沟厢质量；适时播种培育壮苗，中熟油菜品种在 9 月 15—20 日，早熟品种在 9 月 25 日左右播种，实现秋发。要卡死播种量，实行稀播是培育壮苗的关键。肥团育苗、两段育苗、喷施多硝唑可培育壮苗。重施底肥、早施苗肥，增加油菜冬前营养生长量，推广“三合肥”“夹心肥”，重视钼、锌、硼微肥及叶面肥的施用。扭转重虫轻病的错误认识，推行配方供药，“一枪药”“一包药”病虫兼治。

2000 年后，全市提出了培育壮苗、适时移栽；防杂保纯，实施保优栽培技术；抓好“四防”抗灾害的双低黄籽油菜增产技术体系。技术核心包括播前施足底肥、三叶期结合定苗用粪水或尿素追苗肥，移栽前 5 ~ 6 天施尿素作起身肥、药剂防治苗床病虫控旺、移栽浇起身水；移栽行距 40 ~ 50 厘米，窝距 27 厘米，每窝定双株，亩植 8 000 株左右，带土、带肥、带药移栽，栽后施定根水；黄籽、双低品种与其他品种分区隔离种植，区域化布局，适施氮肥，增施磷肥，补施钾肥，添硼肥的保优技术措施；化学除草、培土壅根、盛花期肥药混喷的田间管理措施。

2008 年实施高产创建以及国家产油大县奖励资金项目以来，重点推进油菜“一推三改”关键技术措施的落实，即推广 1 ~ 2 个优质高产、含油量高的油菜品种；改大小苗混栽为壮苗适时分级移栽、改粗放用肥为测土配方施肥、改病虫草害分散防治为集中统防统治；积极示范油菜“一种两收”高效种植技术。

随着双低油菜的广泛推广，丘陵山区农机具的开发改进，节本增效技术的逐步集成，以及现代油料生产发展需要，规模化种植户的现实需求。技术不仅限于育苗移栽和人工收获，而是向轻简化直播、机械化管理收获等方向发展推广，用肥方式除单一肥料、配方肥外，还有专用配方肥、缓控释肥的推广，增施硼肥技术改为了必施硼肥。

全市进一步强化了轻简化、防灾减灾和机械化生产的高产高效技术研究与示范，到 2015 年，已有成熟的稻油高效轮作、油菜轻简节本增效、全程机械化种植、规范化移栽、一种双收、高效多元化利用技术体系。如全程机械化种植关键技术包括“选用良种 + 精量联合机直播（重施基肥） + 机开边沟 + 病虫草害机防 + 联合机收 + 秸秆还田”环节。轻简节本增效技术包括“良种 + 翻耕 + 背负式喷粉器或施肥播种 + 重施基施（必施硼肥） + 机防 + 机械收获”环节。稻田免耕直播包括“良种 + 机开‘三沟’+ 免耕人工直播 + 科学施肥 + 机防 + 机械收获”环节等。

在先进品种及其配套技术的运用中，涌现出了一些高产高效典型。如 2015 年，大足区油菜万亩高产创建核心示范片面积 500 亩，集成推广稻茬免耕、人工撒播或机播、机防机收、增施硼肥、测土配方施肥、有机质提升等轻简高效生产技术，机收实产平均亩产为 158. 91 千克，比大面积增产 35. 91 千克，增产 29. 2%，每亩节约生产成本 250 元，比大面积增收 453 元。南川区全面落实油菜宽行免耕直播高产技术，2010 年东城街道油菜千亩核心片达到 169. 5 千克，最高亩产 233. 1 千克，创造了重庆市油菜生产高产纪录，2015—2016 年生产季，种植高产优质多抗油菜新品种，主推稻茬免耕撬窝点播、配方施肥、病虫统防等配套技术，代表性田块产量达 222. 7 千克；高产田块产量达 248. 7 千克，刷新重庆市油菜高产纪录。

四、多元化开发利用

（一）观光节

以油菜花为媒促进了乡村休闲旅游业的发展。至2015年，潼南、秀山、南川、垫江、开县、奉节、丰都、彭水、酉阳等20个区县成功举办了菜花节打造休闲观光游。其中潼南自2008年开始，每年打造油菜花节，曾被评为国内十大最美油菜花海；又如忠县按三线三片布局，把油菜花和柑橘采果相结合；永川配合梨花节；开县引进企业开办星级农家乐等措施积极开展乡村观光旅游服务，当地农户在观光旅游期间通过举办家庭农家乐提高收入。

2013年，在潼南、奉节、巫山、云阳、永川、开县、南川等15个区县举办菜花节期间，核心景区内全程营业的农家乐共288家，长期吸纳固定工761人，旺季吸纳临时工747人，拥有床位2 869个，日最大接待量14 136人，营业总额达4 749万元。当年重庆市油菜产区内通过观光旅游带动农家乐800余家，拥有床位7 900个以上，单季可实现营业额在1.3亿以上，餐饮利润3 900万元，并解决5 000余农村闲余劳动力，劳务报酬120元/（人·天），务工总收入超2 300万元。同时在观光旅游和农家乐带动下，农家腊肉、土鸡鸭、粑粑、野菜等土特产销售额5 563万元。

（二）油蔬两用

2014年，通过对荣昌、丰都、江津、潼南、大足等区（县）采用“油蔬两用”技术的农户调查，平均摘薹201千克/亩，摘薹后菜籽产量较不摘薹种植略减，约132.5千克/亩，平均产值1 145元，扣除成本797.8元，纯收益347.2元，收益显著增加。

加工业：2014年17个油菜主产区县的核心区域共86个菜籽加工企业，拥有固定员工272人，年加工能力46万吨，年产菜籽油8.1万吨，加工产值7.2亿元。积极开展油料深加工探索，拥有饼粕加深工能力8.5吨，油脚深加工能力5吨。带动重庆市大小菜籽加工企业近220余个，年加工能力117.8万吨以上，可产菜籽油20.6万t，加工产值18.3亿。促进了油菜副产品的综合开发利用。

（三）养蜂

重庆市2013年对17个区县核心区调查，调查区吸引蜂场34个，从业人员470人，共14054群蜂，蜂蜜、花粉、蜂王浆日均总产量分别为3 240.37千克、397.5千克、485.17千克。单季油菜花采蜜时长20天，蜂蜜、花粉、蜂王浆总产量可分别达64 807千克、7 950千克、9 703千克，按当季市价计算，除蜂蜡、蜂蛹等其他副产品外，养蜂业总产值达777.2万元，蜂农纯效益612万元。带动重庆市境内通过菜花吸引蜂场达240个以上，9.9万余蜂群，吸纳从业人员3 300余人，可实现总产值5 500万元，为蜂农总创收4 320万元以上。

（四）其他利用

巫山县利用油菜籽秸秆和果壳发展双包菇生产，该县庙宇镇龙骨坡蘑菇专业合作社今年就近收购500吨，增加农户收入15万元。

多地以举办菜花节为契机，改造了一批乡村基础设施和民居，完善了排灌沟渠、耕作便道、机耕道路，助推了新农村建设；同时促进了招商引资，以潼南为例，2012年吸引了广东、福建、江苏等13个省市400多商户签约项目49个，投资105亿元，仅重庆红蜻蜓油脂有限公司就投资2亿元在该县建设油脂预榨浸出生产线。

第二节　花　　生

花生是重庆市第二大油料作物。在油料播种面积上，花生约占 15% 左右。多用于榨油、鲜食和加工。大面积种植花生一般亩产在 130 ~ 150 千克（干花生），干花生销售价一般在 8 ~ 10 元，亩产值在 1 200 ~ 1 500 元，纯收入一般在 500 元左右。

一、发展与生产布局

20 世纪 80—90 年代，便有江津县的外贸花生厂的嘉陵牌、长江大桥牌、天府牌花生产品远销海内外。花生油因其保健价值占有高端食用油的市场，受到消费者和种植者喜爱。直辖初期，全市花生面积在 50 万亩左右，并长期维持在该水平。2007 年以来，重庆市花生种植逐渐恢复发展。2011 年以来在大足、荣昌、万州等花生主产区县每年安排 4 个高产创建万亩片，对全市花生生产起到了极大的推动作用。从 2007 年的 55. 3 万亩，单产 115. 1 千克，总产 6. 4 万吨，发展到 2015 年花生种植面积达到 85. 4 万亩，单产 134. 1 千克，总产 12 万吨。面积增加 30. 1 万亩，增幅 54. 4%，单产提高 19 千克，增幅 16. 5%，总产增加 5. 6 万吨，增幅 87. 5%。

本市花生种植区域多分布于长江和嘉陵江沿线，土壤偏砂区域。主产区包括大足、荣昌、江津、开县、万州、垫江、梁平、丰都等。

二、主推品种与技术

重庆市花生的种植方式主要以净作、春、秋两季花生或者蔬菜—花生套作为主耕作模式。

品种多为天府系列、本地颗颗香以及特色黑花生品种。

目前重点推广“二推二改”技术措施：推广高产优质品种、推广钼肥拌种，改单季为春秋双季高效种植，改只施底肥为底追结合施肥。提高了花生的品质和产量，增加了种植农户的收入，促进了农户种植花生的积极性。此外还有专用黑花生栽培技术。

技术要求春花生播种期在日平均气温稳定通过 12℃时及时播种，最迟不得超过 3 月 15 日。在种植密度上净作亩播 1. 0 万 ~ 1. 2 万窝，每窝丢种 2 ~ 3 粒，确保 2. 0 万苗/亩以上。在低海拔地区大力推广双季地膜花生栽培技术。重点综合防控枯萎病、青枯病、茎腐病、根腐病等；虫害有小地老虎（土蚕）、种蝇、金针虫。

三、实施主要项目

2010 年，在大足县双季花生发源地—珠溪镇建部级万亩区 1 个。在大足、梁平、万州、黔江四区县实施市级万亩片四个。

2011 年，重庆市大足区承担农业部花生高产创建活动，实施总面积 3. 2 万亩，万亩片平均亩产 229 千克以上，比前三年平均增产 3% 以上。

2012 年，在万州、大足、荣昌实施花生高产创建项目。

2013 年，在万州、大足、荣昌实施花生高产创建项目。

2014 年，在荣昌大足万州实施花生高产创建项目。

2015 年，在万州、大足、渝北、荣昌实施花生高产创建项目。

四、增产增收效果

2001 年，在合川县优质花生基地实施花生地膜覆盖栽培项目 1 万亩，选用天府系列良种，严格实行“统一整地、统一施肥、统一播种、统一地膜覆盖、统一病虫草害”栽培管理措施，虽遇下种期的百年干旱，结荚期遭遇阴雨等不利气候，但仍达到了亩产260千克的效果。高产创建期间，大足区大力发展地膜双季花生，每年种植花生7万多亩，其中双季花生种植面积近5万亩，双季花生主要以鲜食销售为主，种植农户一般两季产鲜花生800~1 000千克，当地鲜销价格一般在6~7元，亩产值达到4 800~7 000元，扣除劳动力和生产成本每亩纯收入一般在3 000左右。

在效益农业打造过程中，随着富硒黑花生的保健作用被居民熟知，荣昌县2011年开始种植黑花生0.5万亩，到2014年达到2.5万亩，平均亩产200千克干花生，当地农户黑花生销售价格一般在16~20元/千克，亩产值达到3 200~4 000元，扣除劳动力和生产成本每亩纯收入一般在1 500~2 000元左右种植农户增收十分显著，当地组建了黑花生种植合作社和加工包装厂，产品销往外地，在产业促进作用上效果明显。

第三节　芝　麻

中国芝麻栽培品种繁多、类型丰富，居世界之首。芝麻是重要的油料作物，含油率高达48%~63%，也是经济价值高的经济作物，在油脂、医药、食品工业上都有广泛的用途。中华人民共和国成立前，奉节麻油就创造了良好的口碑，中华人民共和国成立后有了长足的发展，常代表四川优质农产品出口海外，但随后其面积产量均有下降。

20世纪80—90年代，在全市广大地区均有一定面积种植，作为满足农户食用油需求、提高土地利用率的重要途径。直辖后主要集中在渝东北、渝东南部的山区种植，常见于巫山、巫溪、奉节、云阳、开州、忠县等区县，在黔江、石柱、武隆也有一定面积种植，全市种植面积约9万亩，其后一直在10~11万亩徘徊。单产从直辖初期的43千克/亩，增加到68千克/亩。

品种推广以中芝、漯芝系列等外地良种以及渝东北农家种、地方种为主。种植制度包括1年2熟轮作，与西瓜、香瓜、绿豆、豇豆、红小豆套作，与花生、甘薯、杂粮和幼果林间作、边角地净作等。

由于三峡水位的上涨，为了保护和挽救库区宝贵的芝麻种质资源，七五和八五期间曾对库区芝麻种质资源进行了搜集整理与特征特性鉴定。

2002年，为了重塑芝麻品牌，奉节依托夔府麻油品牌，把芝麻当成相当于奉节脐橙的一大支柱产业来抓，抓技术、增面积。

2000年前后，芝麻种植技术措施主要包括选用雄芝一号、宜阳白、中芝七号、鄂芝一号等纯白芝麻良种，稍加整地适时于立夏前后播种，合理密植、合理施肥、加强田间管理，一般矮秆品种亩植1.5万~2.0万株，高秆品种亩植1万~1.2万株，施足底肥，初花期稍加追肥，及时早匀苗、早定苗、查苗补苗、中耕除草、防治病虫。

为了促进芝麻产量和品质的提高，在有条件地区提倡精耕细种，5月中旬至6月上旬播种，可采用点播、撒播、条播，匀密补稀，去弱留壮的原则，在1对真叶匀苗，2对真叶间苗，重施底肥，轻施追肥。重点防治青枯病，打顶增产。

2013年，在巫山实施市级芝麻高产创建项目，面积10 300亩。推广优质高产品种，采购了漯芝16、漯芝18品种1 000千克，免费发放到高产示范区。推广了芝麻适时除草、打顶技术，技术到位率达90%。推广机械耕作（机耕）面积1 200亩。实施了增施硼肥、配方施肥技术6 000亩。万亩示范片平均单产68.3千克，千亩核心片平均单产72.7千克，百亩攻关片平均单产76.6千克，高于全市平均水平。

第四节　其他油料作物

向日葵在重庆市种植面积一直保持在5万亩左右，最高的2009年为5.99万亩，单产从直辖初期49.56千克/亩增加到2014年的108.97千克/亩。油葵主要分布在渝东北山区，在涪陵、渝北、江津也有一定面积种植，以观光 + 榨油为主要用途。

2012 年，垫江试种 100 亩油用牡丹获得成功，计划到 2017 年时发展油用牡丹 3 万亩。巫溪巫山奉节城口有分散种植向日葵，垫江、涪陵等地也有种植但以观光为主。

第五节　扶持政策

2003 年，对百万亩甘蓝型黄籽油菜产业化项目经费补助，重庆市利农一把手公司实际供各区县（自治县、市）渝黄 1 号种子 4. 14 万千克，实际推广 85 万亩，按照年初计划，每亩补助 1 元，同时对忠县等 5 个重点示范县分别补助 2 万元，市农技站 5 万元，用于集中开展高效示范和新技术试验。

2003 年，拨付百万亩甘蓝型黄籽油菜产业化项目补助经费和优质小麦项目补助经费 100 万元。黄籽油菜的补助按各项目区县购种数量和推广面积给予补助，每亩补助 1 元；同时，对推广黄籽油菜带动性较强的 6 个重点示范县也给予了适当补助。优质小麦的种子补贴费按本县市内收贮每千克 0. 065 元，县市间调剂每千克 0. 14 元标准补贴。

2007 年，按照市农业局、市财政局《关于下达 2007 年油菜良种补贴项目实施方案的通知》要求，按财政资金直补程序，将油菜良种补贴资金拨付委托代发金融机构，按油菜实际种植面积，每亩 10 元；2007 年收获油菜面积 1 亩（含 1 亩）以上，每亩 5 元的标准，于 2008 年 1 月底前兑现到种植良种油菜的农户。

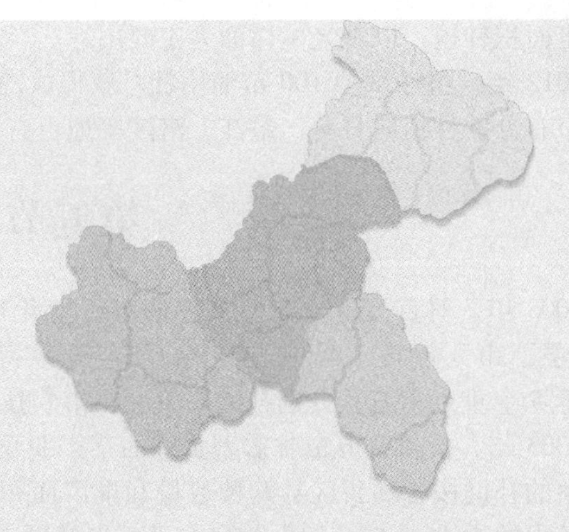

第四章
蔬　　菜

蔬菜是“菜篮子”工程的重要组成部分，也是人们日常生活不可替代的副食品。无论从行政架构、管理体制看，还是从资源优势、区位条件看，重庆都具备大力发展蔬菜产业的突出优势。

1986 年以来，市委、市人民政府始终将蔬菜作为重要支柱产业培育，推动蔬菜播种面积不断扩大、产量稳步增长、菜农收入日益提高。特别是直辖以来，全市以蔬菜产业为抓手，进一步扩大面积、改善品质。在政府推动、市场拉动、效益驱动等多力作用下，大力调整蔬菜区域布局和产业、产品结构，建设稳固的生产基地，蔬菜产业呈现出快速发展的好势头。2009 年至今，蔬菜更成为全市第一大宗农产品，人均拥有蔬菜量超过全国平均水平（表 7－4－1）。

表 7－4－1　1986—2015 年重庆蔬菜产量、面积表

序号	年份	蔬菜面积（公顷）	蔬菜产量（万吨）
1	1986	159 811	421.94
2	1987	160 867	439.00
3	1988	171 444	460.93
4	1989	177 979	469.31
5	1990	183 873	499.61
6	1991	197 049	533.00
7	1992	200 686	541.38
8	1993	222 621	558.23
9	1994	225 902	569.83
10	1995	236 283	593.91
11	1996	257 106	637.03
12	1997	267 203	668.44
13	1998	290 397	711.30
14	1999	301 389	737.11
15	2000	327 094	775.42
16	2001	366 330	779.96

（续）

序号	年份	蔬菜面积（公顷）	蔬菜产量（万吨）
17	2002	359 674	833. 84
18	2003	386 990	840. 17
19	2004	390 237	863. 57
20	2005	399 970	890. 47
21	2006	417 414	888. 76
22	2007	432 906	945. 21
23	2008	481 563	994. 52
24	2009	552 233	1 177. 45
25	2010	589 093	1 309. 54
26	2011	618 631	1 407. 97
27	2012	652 660	1 509. 34
28	2013	681 707	1 600. 64
29	2014	708 068	1 689. 11
30	2015	731 667	1 780. 47

第一节 生产发展与产区分布

全市蔬菜生产经历了直辖前与直辖后两个历史时期的发展，1986—2015 年的蔬菜生产工作按生产发展过程大致可分为三个阶段，即：1986—1995 年主攻淡季，确保均衡上市阶段；1996—2006 年规模生产，实现淡季不淡阶段；2007—2015 年提质增效，构建蔬菜强市阶段。

重庆地区的蔬菜生产经过以上两个时期三个阶段的生产发展建设，逐步实现了由传统农业小规模计划经济生产与供给的传统模式，逐步转化形成社会主义市场经济主导下的以生产优质高效蔬菜商品生产的规模化带状布局为主的基地生产格局，从而推进了重庆地区蔬菜生产的农业现代化发展。

一、实施菜篮子工程，主攻淡季，确保均衡上市（1986—1995 年）

1986 年，全市实种蔬菜基地面积 10 万亩，总产蔬菜 45. 9 万吨。其中近郊八区实种蔬菜基地面积 6. 25 亩，总产蔬菜 33. 9 万吨，平均亩产 5 426 千克，全年蔬菜上市量 34. 3 万吨，蔬菜公司经营量为 11. 8 万吨，占上市总量的 34%，蔬菜基地交售的合同菜 8 143 万千克，占蔬菜公司总经营量的 68. 89%。全年人均日供应量 470 克。

1987 年，近郊江北、南岸、沙坪坝、九龙坡四个供菜人口最集中的地区有蔬菜基地面积 5. 44 万亩，占全市当年蔬菜基地面积 50% 以上，其中这四个区实际种植早春菜 2. 71 万亩，完成计划面积的 104%，大春菜 6. 2 万亩，完成计划面积的 103%，超额完成了春夏菜的播种定植计划。同年重庆市郊八区人口 230 万（含流动人口 23 万），3—5 月蔬菜上市总量为 7. 34 万吨，其中国营蔬菜公司经营的合同菜和议价收购菜共 2. 63 万吨，集市贸易上市菜 4. 71 万吨。

1987 年，受天气影响，蔬菜供应偏紧，市农牧渔业局于当年 7 月及时采取了加强蔬菜生产工作指导、增种水藤菜和速生菜、切实搞好生产服务等措施。将近郊四区攻秋淡骨干蔬菜—水藤菜种植计划由原来的 4 500 亩增至 6 000 亩，并拨出 500 吨水藤菜专用化肥供应菜农，安排各区增种 1 500 亩速生菜，保证了市场蔬菜供应。

在稳定现有蔬菜基地面积方面，1987 年，因全市距国务院规定的南方城市每人至少三厘菜地尚差

1. 25 万亩才能满足需要，按照市人民政府文件规定，在 1987 年年底补足了 1982 年以来被征占用的菜地。在加强蔬菜种植的计划指导方面，贯彻执行蔬菜基地面积作为指令计划下达执行，“以叶类菜为主”作为郊区蔬菜生产的指导性原则。1987 年，重庆市蔬菜基地的区域优势分为两江沿岸早菜区约 5 000亩，低山晚菜区约 8 000 亩，浅丘主菜区 4. 8 万亩可供利用，各个分区适当安排了早中晚熟品种，解决全年均衡供应。此外，在有条件的地区逐步发展了一些富有特色的名优特新蔬菜，增加花色品种，活跃市场满足高档消费和外宾需要。

1987 年，全市种植蔬菜基地 10 万亩，总产达 45. 6 吨，平均亩产 4 575. 3 千克，接近 1986 年的总产量，市郊八区全年人均日吃菜量 403 克。但由于城市蔬菜消费人口的增加，菜地的减少和设施的落后，再加上生产资料供应不足和灾害等因素影响，蔬菜生产增长速度仍无法满足城市人口的吃菜需要，把当时本来已经缩短了的春秋两个淡季时间又拉长了，致使 1987 年春、夏、秋季度出现了供应偏紧的状况，菜价也有较大幅度上涨。

1988 年，市郊八区 1—8 月蔬菜社会上市量为 22. 8 万吨，按城市人口 262 万（含流动人口 60 万）计算，人平日供应量为 363 克，加上部分区县菜上市，一般为 500 克上下，各月供应比较平衡。社会蔬菜均价每千克 0. 45 元，比 1987 年同期仅上升 6 分，对平抑当时物价起到了很好的作用。但 1988 年 9 月中下旬以来，连续低温阴雨，少日照长达 40 多天，给蔬菜移栽和管理造成了极大困难。不但推迟了栽播计划，打乱了品种安排，而且严重影响了种植面积的完成。到 9 月为止，近郊四区的秋冬莲白、瓢白、萝卜、大白菜、花菜及莴笋等 6 个大宗品种，计划面积 5. 1 万亩，只完成了 3. 8 万亩，占计划量的 74%。此外，长期阴雨土壤湿度大，病虫害加重，致使当年秋冬菜上市推迟了一个多月，减产 30% 以上，秋淡时间长达两个多月。市人民政府有关部门通过扶持生产、增加调运、加强市场管理，及时增加供生产资料、动员菜农积极抗灾等授权，经过 2 个多月的战斗，到 11 月中下旬供需矛盾才得以逐渐缓和。首先是抢种的 6 000 多亩速生小白菜，小瓢白等叶类菜纷纷上市，接着瓢白、莲白、芹菜、萝卜等大路菜也开始采收，菜少价高不正常状况也随之得以扭转，1988 年 12 月到 1989 年 1、2 月生产供应正常。

1989 年，继续坚持郊区农业生产“以菜为主，同时发展其他副食品”的方针，实行管放结合，菜农平价口粮于粮地粮菜双挂钩的办法。近郊 5. 4 万亩蔬菜基地和调节菜地按指令性计划下达，各地种满种尽，高产多收，积极完成了国家合同订购任务。特别是淡季和节日努力交足交好菜，保证全年人日平吃菜 8—9 两，淡季吃菜不得少于 4 两。当时提出以下具体意见：必须明确指出，郊区农业生产部门，最主要的任务是抓好蔬菜生产；要立足抗灾夺丰收的指导思想；管好早春菜、衔接落实大春菜，计划安排好秋冬菜；抓紧做好种子、地膜、农药和化肥等农业生产资料的组织供应服务工作；科研育种部门要为本市蔬菜生产服务，努力发挥自己的优势，培育更多更好的新品种。

从 1988 年 12 月下旬开始，重庆市气温持续偏低，雨日雨量多、日照少，尤其是 1989 年 3—4 月，降水量较常年偏多 28% ~55%，日照偏少 60% ~80%，这种恶劣的气候条件给四春菜生产和大春菜栽播造成严重影响，但在市区各级政府的领导下，密切注视春淡趋势，早预测、早准备、早行动，尤其是增种速生菜的措施，保证供应，争取了主动，1989 年春淡平安度过。据市郊六区统计，1989 年，四春菜种植面积 33 670 亩，完成计划的 116. 9%，度春淡速生菜实种面积 6 217 亩，完成计划的 101%，其中小白菜增种 3 100 亩，占速生菜面积 50%，超额 3% 完成了计划。

从 1988 年开始，针对城镇建设占用菜地较多问题，影响了生产和供应，有的县积极清理菜地，并决定增补。永川县原有菜地 2 462 亩，清理结果被征占 500 亩，县政府决定增补 700 亩。长寿县随着城镇人口增加在原有老菜地基础上新增补菜地 361 亩，增加供应粮 11 万千克，同时积极发展二线菜地 1 065亩，调减征购粮任务 8. 5 万千克，人均 3 厘以上。璧山县也新补菜地 525 亩，县城所在地人平达 3 厘。与此同时菜地投入也有所增加。投入最多的是长寿县主要用于基地改造和设施，该县 1986 年征收菜地基金 35 万元，1987—1988 年就投入菜地建设近 30 万，其中建设种苗基地 4. 8 亩，投入 8. 4 万元，大棚栽培示范 21 亩，投入 2. 6 万元，并在此基础上再建 70 亩大棚栽培，投入 6 万元，改造新老菜地投入 12. 6 万元，在已收菜地基金 17 万元中，决定用 15 万元兴修菜地水利和道路建设。璧山县 1988 年底止征收的菜地建设基金 22. 5 万元用于基地改造 15 万元，占 67%，其中补助电热温床育苗 1. 8 万元，在大春菜育苗中效果十分显著，发挥了增产增收作用（这是郊县电热温床育苗的第一个县）。对科技推广，不少县城菜地基本上推广了地膜覆盖和海椒、莲白、番茄等杂交良种，巴县还搞了辣椒、莲白制种，逐步提高良种自给率。

1989 年，通过充分做好大春蔬菜生产的各项准备工作，特别是在春淡期间一手抓度春淡菜，一手抓大春菜，做好了春淡大春两不误，到当年 5 月 20 日止，市郊六区大春菜种植了 6. 66 万亩，其中渡秋淡的主要品种“三瓜”种植了 1. 7 万亩，水藤菜种植了 4 330 亩，在 6 月上旬就完成了全年种植计划。

清理稳定蔬菜基地，改善生产条件。据全市 12 县和双桥区统计，截止 1989 年 7 月，共有蔬菜基地 3. 22 万亩，供应人口 132 万，人均仅 2. 4 厘，按最低标准 3 厘计算，尚差 3 182 亩。为解决这一问题特别增加了水利大棚电热育苗和栽培的建设，并为此建立了菜地基金管理制度，充分发挥了资金效益。

1990 年度，为解决蔬菜“春淡”采取了以下 8 项主要技术措施。一是合理考虑总体布局。为确保蔬菜周年均衡供应，全年按四大季安排种植。早春菜以菠菜、瓢白、莴笋、莲白为主。大春菜以瓜、茄豆和藕芋、水藤菜为主。早秋菜以早熟甘蓝、瓢白、莴笋、秋豇豆、秋四季豆为主。秋冬菜以甘蓝、花菜、瓢白、莴笋、大白菜为主。各季菜都配合一部分绿叶菜。以提高单产，缩短淡旺差。二是合理安排四春菜的生产计划。近郊四春菜面积约占基地面积的 45%，其中春莴笋是渡春淡的坐镇品种，约占四春菜面积的 45%，莲白约占 12%，瓢白（包括小白菜）占 25%，菠菜占 10%，其他速生菜占 8% 左右的比例安排。三是选用良种。在四春菜的品种上，选择冬性强，抽薹迟，抗病力强，品质优，增产潜力大的早中晚熟配套的品种，如辽叶莴笋，成都杆莴笋，白甲莴笋；京丰一号，黄叶十号莲白；小白菜，四月蔓；大园叶、二圆叶菠菜等适宜 4—5 月春淡需要的品种。四是排开播种定植。渡春淡的四春菜应选择最佳有利时机，排开播种，分期定植。一般是：春莴笋：11 月至翌年 2 月播种，1—3 月定植；春莲白：10 月下旬播种，12 月定植；瓢白：11—12 月播种，12 月至翌年定植；春菠菜：1—2 月播种，4—5 月陆续匀苗上市。栽培方式，大力提倡与瓜、茄、豆大行或隔畦间套，以提高复种指数，减轻病虫害。五是发挥主体气候优势：在沿江早菜区大春菜提早栽培，提早上市。春早，地温回升快，热量丰富，河谷效应明显。大春菜提早到二月份定植，四月中下旬陆续收获上市，这对调节重庆市春淡季起了积极作用。六是加强在土菜管理。有计划地将一部分晚熟品种推迟到 4—5 月上市，缓解春淡供应压力。七是增种短期速生菜。按照缺口大小发动菜农于 2、3 月份分期分批增种小白菜、木耳菜、旱藤菜、苋菜等作为补充。八是积极推广水藤菜早栽密植高产高新技术。南坪和九龙乡等采用小拱棚覆盖，早栽密植，获得了早熟高产，提早到五月上市，增加了淡季品种和数量。

1989 年，为缓解供需矛盾、稳定市场和菜价，重庆市人民政府办公厅批转了市第二商业局《关于组织二线菜源的意见》，以加强宏观调控，改善城市蔬菜供应。当年近郊六区与江津、巴县、江北县等地，计划组织二线蔬菜 800 万千克，实际签订了购销合同 675 万千克，但是由于缺乏相关工作经验，加之沿江两岸在土蔬菜遭受洪水袭击和连晴高温影响，只能完成原地合同任务 70%，江津县力争完成 90%，即使按完成 70% 计算，也可实现 450 多万千克，这是组织二线菜源以来，收购量最多的一年。为了更好地发挥二线菜源集中补淡作用，在总结 1989 年组织二线蔬菜工作的基础上，对 1990 年组织二线菜源，提出以下补充意见：组织二线菜源的指导思想，以组织春秋两个淡季主要品种为主，解决郊区淡季蔬菜数量不足问题，增加总菜源，缩小供需缺口，注意组织好重大节日的调剂品种为基本目的；二线菜源的生产，安排在交通方便，土壤气候适宜，有种菜习惯，生产的淡季菜数量大，上市时间和地点相对集中的沿江两岸和高山晚菜地区，1990 年，组织二线蔬菜 1 000 万千克，按年亩平均收购 2 000 千克安排；二线菜源的购销办法，产区所产蔬菜一律实行合同订购，购销合同必须坚持品种、面积、数量、价格、上市时间和质量规格；组织二线菜源的经济政策，凡属合同内的蔬菜，并交售给国营蔬菜经营部门的，一律实行以粮、肥换菜的办法，1990 年换购二线蔬菜的粮食指标，按 1 千克粮食换购 8 千克蔬菜的比例换购，由重庆市安排贸易粮 125 万千克，化肥（尿素）指标，按 1 千克尿素换购 40 千克蔬菜的比例，由市第二商业局在中华人民共和国商务部分配给全市的南菜北调肥料指标中安排 250 吨，划拨市蔬菜副食品公司统筹安排；为支持二线菜地的发展，在市管菜地建设费种，一次性补助 50 万元，作为生产发展补助金。

1988 年，在农业部提出实施“菜篮子工程”意见后，全市副食品产销工作得到进一步发展，其中蔬菜供应情况大为改观：“七五”末期，全市 6 个蔬菜产区的蔬菜总产量稳定在 3 亿千克左右，市场供应数量充足，品种丰富，精细菜增多，老粗菜减少，淡旺差别缩小，1989—1990 年两年内四个蔬菜淡季供应不淡。“八五”时期是全市国民经济和社会发展的关键时期，也是人民生活从温饱向小康转换的重要时期。1990 年，为改善全市人民副食品质量和结构，根据党的十三届七中全会精神，市委、市人民政府制定和实施了《重庆市“菜篮子工程”八五总体规划》（以下简称《规划》），《规划》将蔬菜生产目标定为到 1995 年，蔬菜人均消费量达到 176 千克，比七五末增加 1 千克，增长 0.6%。

为达到目标，实现蔬菜产销“数量足、品种多、质量好、价格稳、服务优”的要求，市人民政府在“八五”期间加强蔬菜基地建设，注重合理布局，采取一系列具体措施，一是增补蔬菜基地。在“八区”新增蔬菜基地 1 万余亩，使“八区”蔬菜基地在八五末达到 8.34 万余亩，达到南方城市人均蔬菜基地三至四厘的要求。二是改善基础设施。改善排灌和道路系统，并在沙坪坝区歌乐山乡、南岸区黄桷垭镇、江北区铁山坪、江北县兴隆等地建立“淡季”蔬菜基地 2.5 万亩，增加“淡季”蔬菜供应。三是建立蔬菜种子基地和育苗基地。建辣椒制种基地 100 亩，甘蓝制种基地 150 亩，茄果类、瓜类、甘蓝原种繁殖基地 10 亩，豆类、萝卜等大宗蔬菜种子繁殖基地 2 000 亩。同时建立蔬菜育苗基地 20 个，面积 200 亩，基本满足全市生产用种苗需求。四是建立食用菌生产基地。以市农科所为主，负责原原种和原种的培育，组织各方力量，推广食用菌丰产栽培技术，建立生产基地，实现全市食用菌年总产量 6 000吨以上。

1992 年，全市蔬菜“丰收计划”按照“主攻淡季，均衡上市”的原则，立项 8 个，51 项次，计划实施面积 4.81 万亩。按各项目的指标要求测算，增产蔬菜 1.61 万吨，新增产值 720 万元，秋冬蔬菜病虫害控制在危害损失 2 级以下。

二、推进产业化工程，规模生产，实现淡季不淡（1996—2006 年）

1996 年，重庆市委、市人民政府决定实施以建设 10.6 万亩蔬菜基地为标志的蔬菜产业化工程，通过大生产、大流通、大市场，把蔬菜生产向产业化方向发展。至 1996 年 11 月，第一期 5.6 万亩蔬菜基地建设基本完毕。

全市蔬菜产业化工程涉及 16 个区市县，地力位置、土壤种类及各地生产水平各不相同，全市老蔬菜基地常年复种指数为 2.8，考虑到部分新建基地建成后仍要种一季粮食的情况，拟定在新的蔬菜生产基地按年复种指数 2.0 安排生产，其第一期工程新建 5.6 万亩基地全年应安排蔬菜生产 11.2 万亩。在蔬菜生产的品种布局上，近郊菜地应以速生叶菜、精细菜、高档菜为主；远郊菜地生产则以耐贮运、保鲜的瓜果类、甘蓝类、大白菜类、萝卜类蔬菜为主。

该蔬菜产业化工程建设的蔬菜基地主要分布在海拔 200 ~ 1 200 米的河谷、丘陵地带。按照沿江河谷早菜区、浅丘平坝主菜区和低山背斜晚菜区几个区域进行安排具体的品种及面积，达到保证市场供应、农民增收的目的。

（一）沿江河谷早菜区的 2 ~ 3 熟制栽培

该菜区新建菜地 0.8 万亩，计划年种植蔬菜 1.8 万亩，复种指数 2.25，其中早春菜 2 700 亩、大春菜 7 200 亩、早秋菜 2 600 亩、秋冬菜 5 500 亩，这部分菜地的土壤多为冲积土，地势平坦，土层深厚肥沃，质地疏松，通透性好，宜耕性好。热量丰富，早春地温回升快，河谷效应明显。大春菜栽培比丘陵区能提早一个季节，适宜种植各种蔬菜。该菜区有潼南桂林、铜梁安居、合川太和等地。因此，在品种布局上要重点利用其大春菜生产能够提早上市，补充蔬菜春淡市场供应量、增加蔬菜花色品种，提高蔬菜生产的经济、社会效益。有以下几个栽培模式可供选择：春莴笋→茄果类（瓜类或豆类）→大白菜或甘蓝；地瓜→胡萝卜（大葱）。

（二）浅丘平坝主菜区的多熟栽培

该菜区新建菜地 3.7 万亩，计划全年种植蔬菜 6.9 万亩，复种指数 1.86，其中早春菜 1.07 万亩、大春菜 2.37 万亩、早秋菜 1.28 万亩、秋冬菜 2.18 亩。这些菜地位于浅丘地带，地势较平坦，海拔高度多在 250—300 米，气候温和，无霜期长雨量充沛，水源方便，土壤深厚肥沃，矿物质含量丰富，宜耕性广。这部分菜地面积较大，生产上除作为城市蔬菜供应的补充外，还应考虑到向外辐射，因此品种布局上应以大宗的、耐贮运的以及加工、特色菜品种为主，进行规模生产，这部分菜地包括大渡口区跳蹬、渝北区石坪、回兴、南岸区长生桥、九龙坡区白市驿、含谷、巴南区百节、璧山县城北、大足县复隆、永川市青峰、江津市双溪、武举等地。其主要栽培模式有两种。

第一种是净菜模式：在常年种植蔬菜的地区适用，由于多年的蔬菜种植，在耕作上已形成较多合理的栽培方式，早春菜可以菠菜、莴笋、甘蓝为主，大春菜以瓜、茄、豆类和水生菜为主，早秋菜及秋冬菜以甘蓝、花菜、莴笋、大白菜、萝卜为主。其主要模式有：春莴笋→茄果类（瓜类或豆类）→ 秋冬甘蓝（莴笋、大白菜、花菜、萝卜等）；速生菜→黄瓜→秋豇豆→甘蓝（大白菜、莴笋、菠菜、萝卜等）；速生菜→水生菜→莴笋。

第二种是菜粮轮作模式：这部分地区原耕地主要从事粮食及其他经济作物栽培，因此需要在原粮食生产的基础上，因地制宜地进行增种、间种、套种蔬菜，实行菜粮轮作，典型就是璧山县城北菜粮轮作栽培模式。这种蔬菜生产模式，由于有一季菜地被水淹，可有效地杀死虫卵和病菌，栽种蔬菜的病虫害相对少，蔬菜生产效益好，其主要模式有：（1）黄瓜（番茄）→水稻→大白菜→莴笋；（2）番茄→抽水灌田→夏阳白→山东 4 号白菜（莴笋）；（3）水稻→秋菜豆→甘蓝。

（三）低山背斜晚菜区的多熟制栽培

这部分新建菜地 1.1 万亩，计划全年种植蔬菜 2.51 万亩，复种指数 2.28，其中早春菜 4 600 亩、大白菜 7 600 亩、早秋菜 6 200 亩、秋冬菜 6 700 亩，这些菜地土壤多为石灰岩发育而成的黄泥和暗紫泥，土层深厚，酸碱度适中，矿物质含量高，蔬菜宜种性广。菜地海拔高度在 500 ~ 1 200 米，这些地区初春地温回升慢，生长季节晚，夏季凉爽，雨量充沛，昼夜温差大，土壤夜间返潮快，伏旱轻。大春菜的栽种、上市时间比主菜区晚一个季节，早秋及秋冬菜的栽播及收获比主菜区早一个季节，越冬菜到春天的抽薹期较晚。生产上作为城市的春、秋淡季蔬菜生产基地，效果明显。包括沙坪坝区中梁、北碚区龙凤桥、万盛区黑山等地。其栽培模式有：莴笋（菠菜）→豆类（茄果类）+莴笋→甘蓝（大白菜、萝卜）；甘蓝→瓜类+莴笋→萝卜（莴笋）；莴笋→豇豆（黄瓜）→秋甘蓝（花菜、大白菜）→萝卜（甘蓝）；春洋芋（花菜）→秋黄瓜（秋茄子、番茄、菜豆、豇豆、甘蓝）→冬萝卜（甘蓝）。重庆市蔬菜产业化工程建设生产计划面积见表 7－4－2。

表 7－4－2 重庆市蔬菜产业化工程建设生产计划面积

单位：亩

单位	基地面积	计划面积	复指	早春菜	大春菜	早秋菜	秋冬菜
潼南县	3 000	6 500	2.17	1 500	2 000	1 000	2 000
铜梁县	3 000	6 000	2.00	500	3 000	1 000	1 500

（续）

单位	基地面积	计划面积	复指	早春菜	大春菜	早秋菜	秋冬菜
合川市	2 000	5 500	2.75	700	2 200	600	2 000
早菜小计	8 000	18 000	2.25	2 700	7 200	2 600	5 500
南岸区	2 000	6 200	3.10	1 200	1 800	1 200	2 000
九龙坡区	10 000	12 600	1.26	1 500	4 200	2 900	4 000
大渡口区	1 000	1 300	1.30	400	400	200	300
巴南区	2 000	4 800	2.40	200	1 800	600	2 200
渝北区	5 000	8 200	1.64	850	2 500	1 350	3 500
璧山区	2 000	3 500	1.75	500	1 500	500	1 000
大足县	4 000	7 700	1.93	2 000	2 700	1 000	2 000
荣昌县	3 000	7 000	2.33	700	2 800	1 500	2 000
永川市	3 000	7 500	2.50	2 000	2 500	1 000	2 000
江津市	5 000	10 100	2.02	1 300	3 500	2 500	2 800
主菜小计	37 000	68 900	1.86	10 650	23 700	12 750	21 800
沙坪坝区	5 000	11 100	2.22	2 000	3 100	3 000	3 000
北碚区	5 000	11 000	2.20	2 000	3 800	2 200	3 000
万盛区	1 000	3 000	3.00	600	700	1 000	700
晚菜小计	11 000	25 100	2.28	4 600	7 600	6 200	6 700
合计	56 000	112 000	2.00	17 950	38 500	21 550	34 000

重庆市自1996年实施蔬菜产业化工程以来，蔬菜产销工作得到全面发展，表现在生产总量增加，基地布局趋于合理，品种结构改善，产后营销工作有了起步，市场供应数量充足，价格平稳，淡季不淡，农民收入大幅度增加。重庆直辖后，为了适应蔬菜产销工作面临的新形势，进一步搞好蔬菜生产，在调查研究基础上，结合贯彻全国菜篮子工作会议和《国务院关于进一步加强“菜篮子”工作的通知》精神，提出了1998年蔬菜生产工作的意见。

1998年，全市20万亩蔬菜基地蔬菜生产复种面积达到50.76万亩，年上市量达到80万吨，“两淡”期间中心城区每月上市量不低于6万吨，实现了该年蔬菜生产的基本目标，其间还按照市人民政府提出的“四保”（保种植面积、保生产总量、保品种和保上市量）要求，围绕两个淡季，重点抓好淡季菜生产。搞好春淡早春菜和秋淡“三瓜三菜”（冬瓜、丝瓜、南瓜、水藤菜、早秋莴笋和早秋莲白）种植。

在基地建设上。一是在涪陵、万县和黔江的中山区域（海拔在1 000～1 900米）建立重庆的反季节蔬菜基地，利用山区的环境生态优势，建成该市独一无二的绿色蔬菜基地，从根本上解决该市的秋淡蔬菜供应，而且应瞄准长江沿线乃至整个南方大城市的秋淡蔬菜市场，成为全国性的淡季菜生产基地。这对于贫困地区的农民脱贫致富，对于三峡库区农村经济的发展都具有重要作用。1998年，在涪陵市武隆县境内的仙女山上先期实施建设3 000亩蔬菜基地，以后再逐年发展。二是进一步完善郊区蔬菜基地设施，提高基地的设施水平，改善生产条件。1998年，在巴南区的中坝、大足县的复隆、龙水、沙坪坝区的歌乐山等地，以增加设备为主要内容，继续改造2万亩蔬菜基地，重点是以微喷、喷灌和滴灌等节水灌溉为主的水利设施建设和栽培设施配套，使该市蔬菜基地上档次、上水平。三是建立和完善基地设施维护、管理制度，使软件建设和硬件建设有机配套，充分发挥基地设施的作用，发挥投入效益，更好地为蔬菜生产服务。

1998年，《重庆市蔬菜基地管理条例》经重庆市第一届人民代表大会常务委员会第八次会议通过，自 1998 年 7 月 1 日起施行。该《条例》第九条明确规定：蔬菜基地划分为一类菜地和二类菜地，一类菜地应具备成片集中、交通方便、生产生态环境较好等基本条件，并以乡镇或村、社为单位划定保护区加以保护，全市划入保护区蔬菜基地的面积不得低于蔬菜基地总面积的 70%。新开发建设的蔬菜基地应划为一类菜地。

1999 年，全市在安排全市蔬菜基地生产计划上，提出以市场为导向，依靠科技进步，稳步发展蔬菜生产面积，大力调整品种结构，着力提高生产水平，努力实现蔬菜生产由数量型向质量型转变，生产型向生产经营型转变，使市场繁荣，消费质量明显提高，蔬菜生产者收入增加的指导思想。制定生产指导性计划如下。一是播种面积：重庆市蔬菜基地面积 20.22 万亩。1999 年，全市蔬菜基地的商品蔬菜计划播种面积 56 万亩。二是生产上市量：1999 年，计划全市基地蔬菜上市量 88 万吨，其中 9 区 1 县基地的上市量为 73 万吨，占全市上市量的 82%，中远郊基地计划上市 15 万吨，计划春淡（4、5 月）月均上市量 7.2 万吨，计划秋淡（8、9、10 月）月上市量 7 万吨以上。三是品种结构调整计划。1999 年的计划继续调减大宗蔬菜品种比例，使其不超过总量的 60%，并大力发展精细菜、特需菜、野菜，适当增加了渡淡的蔬菜生产量，尤其是渡淡叶类菜的生产量，计划春淡、秋淡叶类菜和其他小品种的生产面积分别是 3.88 万亩，3.63 万亩，比上年分别增加 17.4%、20.8%。四是分季节计划：计划早春菜播种面积 10.29 万亩，比上年计划增加 12.6%，其中，早春坐镇叶菜类春莴笋、春瓢白计划面积 3.25 万亩，占早春菜总面积的 31.5%，比上年计划增加 4.5%，速生叶菜类面积计划 1.39 万亩，比上年计划增加 31.3%。大春菜计划面积 20 万亩，其中茄果类蔬菜 4.9 万亩，瓜类蔬菜 5.5 万亩，水藤菜 1.38 万亩，藕芋 2075 亩，各品种计划面积与 1998 年计划面积基本持平。早秋菜计划面积 11.6 万亩，比上年增加 20%。秋冬菜计划面积 14.5 万亩，比上年略有增加。

2002 年，随着农业发展进入新阶段和中国加入世界贸易组织，人民生活水平提高，人们的健康消费需求日益增长，大力发展优质、安全、高效农产品。市农业局制定了未来 5 年《重庆市无公害农产品发展规划（2002—2006 年）》（以下简称《规划》）。《规划》提出，2002—2003 年，严格执行无公害国家及行业标准，着手制定无公害农产品地方标准和技术规范，完成市、县两级无公害种植业产品示范基地建设 180 万亩，其中无公害蔬菜基地 20 万亩。

三、加快区域化布局，提质增效，构建蔬菜强市（2007—2015 年）

“十一五”期间，重庆市高度重视“菜篮子”工程建设，并超前谋划，加大投入，扎实推进，促进了蔬菜产业持续快速发展。

蔬菜成为第一大宗农产品，增速领先全国。全市蔬菜总产量于 2009 年突破 1 000 万吨大关，达到 1 177万吨，超过粮食成为第一大宗农产品。2010 年达到 1 310 万吨，比 2005 年增加 420 万吨，年均增长 9.4%；蔬菜人均占有量 450 多千克，达到全国平均水平，比 2005 年增加 140 多千克，年均增长 9%。“十一五”期间，全市蔬菜种植面积和总产量的增速分别名列全国 22 个总产超过 1 000 万吨省份的第 2 位和第 3 位。

蔬菜自给率高于国内各大城市。重庆主城区、区县城和集镇三级保供蔬菜基地建设进度加快，在城市快速扩张的情况下全市蔬菜基地面积稳中有增，渝遂高速公路沿线时令蔬菜优势产区、武隆等高山蔬菜优势产区和重庆三峡库区加工蔬菜优势产区基本成形。2010 年全市蔬菜基地面积达到 120 万亩，年均增长 16%；蔬菜种植面积达 884 万亩，居中国各大城市首位，比 2005 年增加 284 万亩，年均增长 9.5%。各基地以业主、大户为主导，积极推进规模化生产，商品菜产量达 800 万吨左右，产需总量基本平衡，扣除调出量后实际供求自给率达 9 成左右。

渝菜对国内外市场贡献增大，鲜菜调出量突破 100 万吨。通过开展“中国西部（重庆）蔬菜产业发展高端论坛”“西部农交会”、蔬菜采购会等活动加强宣传和促销，重庆蔬菜生产地位和贡献不断提升，产品打入国内外市场。2010 年，全市鲜菜调出量突破 100 万吨，比 2005 年增加 60 万吨左右，年均增长保持10% 以上。重庆榨菜的市场占有率在国内市场超过60%，在国际市场达80% 左右。

蔬菜加工转化率超20%。“十一五”期间，蔬菜产业投资者越来越多，投资规模越来越大，不仅扩大了加工原料蔬菜的生产，也促进了蔬菜加工业的发展。2010年，全市榨菜、辣椒等加工原料种植面积超过200万亩，其中涪陵区榨菜种植面积近70万亩，单品种发展规模全国罕见；蔬菜加工270多万吨，加工转化率超20%，比2005年提高10个百分点，年均增长2%；加工蔬菜销售总额超100亿元，500万元产值以上加工企业达200多家，其中，国家农业产业化龙头企业6家、超亿元企业13家。榨菜和火锅调料加工成为重庆特色，“涪陵榨菜”于2010年11月在深交所成功上市，成为全国加工蔬菜第一股和重庆农业第一股。

促农增收贡献率达15%。蔬菜种植在农业中的比较效益好，成为蔬菜基地农民稳定的职业和收入来源。2010年，全市蔬菜初级产品产值达220.2亿元，与2005年相比净增100亿元以上，成为全市农业的一大支柱产业，对全市农民人均纯收入贡献达800元左右，贡献率在15% 以上，比2005年提高7个百分点。

产品合格率达97% 以上。建成了部级蔬菜品质监督检验测试中心和市农产量质量安全中心，成立了万州、涪陵等区域质检机构，组建了区县质检站，全市蔬菜质量安全检测监管体系初步建立，例行抽检覆盖了重点蔬菜基地和60个蔬菜交易市场，年检样品达2万多个。2006年以来，蔬菜质量安全始终保持在较高水平，农残综合抽检合格率稳定在96% 以上，2009年和2010年超过97%，比2005年提高3个百分点。目前全市蔬菜产品有“中国驰名商标”2个、地理标志证明商标6个、绿色和有机食品32个，涪陵青菜头、潼南绿蔬菜、武隆高山菜、石柱红辣椒等品牌更加响亮。

“十二五”期间，重庆市蔬菜产量持续增长、产品更加丰富、质量安全稳步提高、流通更加顺畅、菜价运行平稳、效益显著提升，有效保障了城乡供给。其间，全市蔬菜基地在不同海拔范围内都有分布，2013年，全市100亩连片以上的蔬菜基地面积188万亩，其中海拔500米以下浅丘平坝区130万亩约占68.81%，海拔500～800米低山区31万亩约占16.69%，800～1 200米中山区16万亩约占8.67%，1 200米以上高山区11万亩约为5.83%。立体气候特点为蔬菜的错季生产和品种的多元化栽培提供了得天独厚的条件。蔬菜季节产出特点明显，呈现出“两旺”和“两淡”现象。“两旺”主要集中在2月份前后和6、7月份，2月份前后栽培品种少产量高，为萝卜、甘蓝、青菜头、儿菜、莴笋等优势特色蔬菜品种上市高峰期，以外销和加工为主；6、7月份栽培品种多产量高，以茄果类、瓜类、豆类、仔姜、洋芋、绿叶菜等大宗蔬菜品种集中上市期，以满足本地市场需求为主，外销为辅。“两淡”主要集中在4、5月份和9、10月份，4、5月份为换茬集中期，冬春蔬菜生产逐渐结束，夏秋蔬菜开始移栽，大棚蔬菜尚未大量上市，自给能力相对较弱，对外调菜的依赖程度较大；9、10月份也为换茬集中期，夏秋蔬菜生产逐渐结束，秋冬蔬菜大量移栽，自给能力也较弱，对外调菜依赖也较大。

这一时期，重庆主城、区县城和集镇三级保供蔬菜基地建设加快推进，渝遂高速公路沿线时令蔬菜优势产区、以武隆为重点的高山蔬菜优势产区和以涪陵、万州、石柱为重点的三峡库区加工蔬菜优势产区基本成形。“十二五”末，全市常年蔬菜生产基地达202万亩，比2010年增加82万亩，年均增长13.6%。各基地以业主、大户为主导，积极推进规模化生产，标准化经营，大力创建蔬菜标准园46个、专业村210个，培育县级以上蔬菜龙头企业322家、专业合作组织2 177个。

2015年，全市蔬菜种植面积和总产量各达1 097万亩和1 780万吨，比2010年分别增加213万亩和470万吨，年均增长4.8% 和7.2%，增速列全国前茅。全市蔬菜年人均占有量达到590千克，超过全国平均水平，比2010年增加135千克，年均增长6%。近年产地价格、市场批发价格和零售价格总体都低于全国同期均价，菜价运行较稳定。在有效保障本市供给的同时，常年销往市外100多万吨。

以涪陵、万州等为重点的库区榨菜种植加工产业带和以石柱、綦江等为重点的火锅调料、综合调味品生产加工园区基本建成。全市青菜头、辣椒、萝卜、生姜等加工品种年种植面积超270万亩，加工转化原料300多万吨，加工率居中国西部地区首位。榨菜、调味品成为全市7大重点农业产业链，重庆榨菜品牌获得 5 个“中国驰名商标”称号，“涪陵榨菜”品牌评估价值达 138 亿元，列中国农产品区域公用品牌榜首。

全市建立了市县乡三级蔬菜质量安全检测监管体系，例行抽检覆盖了重点蔬菜基地和 60 多个交易市场，年检样品达 2 万多个，农残综合抽检合格率总体稳定向好。全市蔬菜产品获原产地标志 17 个、地理标志证明商标 33 个、有机产品 164 个、绿色产品 308 个，认定有机蔬菜基地 2 万多亩、绿色基地近 30 万亩。

大力实施新优品种研发示范、现代化商品育苗、设施生产管理、抗逆栽培、绿色防控、节地栽培、适用技术创新等项目，全面开展产销监测、分析研判、预警信息发布，及时引导生产布局、结构调整和品种更新换代，促进了不同产区协调生产，大大提升了地产蔬菜的均衡供给能力。全市获得省部级以上重大蔬菜科技成果奖 20 多项，“十二五”期间新认定鉴定蔬菜品种 23 个（其中国定品种 2 个），自主研发品种累计达到 70 多个，推广面积超 6 000 万亩，青菜头、儿菜等种子本地市场占有率超 9 成。形成了以主城区双福批发市场为中心，以万州、永川、潼南等区域性批发市场为节点，以远郊区县标准化农贸市场为基础的蔬菜产品流通体系，全市蔬菜批发交易市场达 200 多个，社区标准化市场基本实现全覆盖，建成冷藏库 200 多个。落实运菜车辆“绿色通道”政策，每年节省运输成本 2 亿元以上。流通企业、连锁超市、重点消费单位、加工企业投建的直配基地超 100 个。互联网 +、网上交易、约定配送、展会推介等新型交易业务加快兴起，开辟和延伸了新的市场空间。

蔬菜产业成为重庆农业的一大支柱。2015 年，全市从事蔬菜种植的农村劳动力达 258 万人，蔬菜初级产品原值达 410 亿元，蔬菜种植和经营成为基地农民稳定的职业和收入来源。近年，潼南、武隆、璧山、铜梁等市级重点蔬菜基地农村常住居民人均纯收入的增幅均高于全市平均增速。

第二节　栽培品种与种苗繁育

一、栽培品种

重庆具有湿润温和的亚热带气候，复杂多样的地形地貌和土壤类型，适宜农业生产的发展。早在三千多年前的巴国，就有了比较发达的农业。经过几千年的发展，已培育出了十分丰富的蔬菜种类，品种多样齐全。主要大宗蔬菜有根菜类、茄果类、瓜类、豆类、甘蓝类、白菜类、芥菜类、绿叶菜类、芽苗菜类、葱蒜类、水生菜类、薯芋类、食用菌类、野生菜类、其他蔬菜等 15 类约 81 个蔬菜品种。主要栽培品种如下：

根菜类：萝卜、胭脂萝卜、胡萝卜、芜菁、根芹菜、牛蒡、根用甜菜等。

茄果类：番茄、茄子、辣椒、酸浆、香艳茄等。

瓜类：黄瓜、苦瓜、南瓜、丝瓜、冬瓜、西葫瓜等。

豆类：四季豆、豇豆、嫩胡豆、嫩豌豆、毛豆、芸豆等。

甘蓝类：莲白、花菜、芥蓝、苤蓝等。

白菜类：大白菜、小白菜、瓢白、菜心、紫菜薹等。

芥菜类：青菜头、儿菜、棒菜、青菜等。

绿叶菜类：莴笋、芹菜、生菜、菠菜、冬寒菜、藤菜、蕹菜、木耳菜、香菜、苋菜、茼蒿等。

芽苗菜类：豆芽、豌豆尖、萝卜芽、蚕豆芽、南瓜梢等。

葱蒜类：大葱、小葱、洋葱、韭黄、大蒜、藠头等。

水生菜类：莲藕、茭白、莼菜、水芹、慈姑等。

薯芋类：菜用洋芋、魔芋、芋头、姜、山药等。

食用菌类：金针菇、香菇、平菇、双孢菇、鸡腿菇、黑木耳、茶树菇等。

野生菜类：竹笋、蕨菜、荠菜、马齿苋、龙须菜等。

其他蔬菜：侧儿根、牛皮菜、菜用玉米、香椿、黄秋葵、黄花菜等。

二、种苗繁育

（一）种苗繁育历程

1985—1987 年，重庆市蔬菜新品种种类不多，种子量也不能满足全市需要，大宗的辣椒、豇豆及大白菜等良种全靠从外地购进。重庆市自己可以解决的黄瓜、冬瓜、萝卜、茄子等蔬菜种子，多为原有老品种，退化现象严重，影响蔬菜的产量提高和质量的改善。由于既没有蔬菜良种的原原种和原种的繁殖基地，也没有稳定的一定面积的大宗蔬菜种子基地，重庆市大面积生产用种就利用生产种翻种，造成品种退化，种子质量和纯度无保证，供种受外地制约，如 1985 年购进辣椒杂一代“早丰一号”种子其混杂率达 20%，严重的高达 50% ~60%，而 1986 年的购种合同只兑现了 50% ~60%，造成重庆蔬菜生产被动，生产损失也较大。

1987 年，市农业科学研究所提出建立全市蔬菜良种繁育、供应体系及建设蔬菜原种基地的建议，明确了蔬菜良种繁育、供应体系任务分解及承担单位：由重庆市农科所承担引进、选育适合重庆市生态环境的优质、高产的蔬菜新品种，研究蔬菜良种繁育技术，负责蔬菜原种、原种、杂一代亲本的繁殖基地建设及繁种工作，开展蔬菜良种繁育的技术培训工作，负责技术指导；由种子部门承担建立蔬菜生产用种繁殖基地及负责繁种工作，组织推广经过鉴定的蔬菜良种，协调供应蔬菜生产用种，负责蔬菜生产用种繁殖技术的指导工作；由蔬菜社队、承包户承担组织小宗蔬菜常规品种的生产用种的繁殖，负责小宗蔬菜常规品种的种子提纯复壮，调剂补充蔬菜种子的供应工作。

1988 年，市农科所制定出《重庆市农科所蔬菜基地和设施建设总体规划》，进一步明确了蔬菜原种基地的具体建设方案、进度安排、经费概算和任务要求等，从项目规划建设上促进了体系建设第一步的落地实施。

1989 年，市农委根据市人民政府多次蔬菜工作会议精神和在近郊四区种子部门及各蔬菜市场调查研究表明，解决蔬菜供应问题，无论是花色品种，还是鲜菜质量，重点是要解决菜种问题。全市为有效解决重庆蔬菜供应不均衡的状况，提出建立相对稳定的蔬菜种子生产基地，实行以粮、以肥换种，按重庆市气候和自身的优势条件，在重庆市 4 区 2 县、西南农大、市农科所分别建立 20 亩亲本和原种繁殖基地（包括甘蓝、辣椒、番茄、豇豆、萝卜等）和 1 500 亩制种基地，对重庆市不具备繁殖优势的品种采取市外省外建立特约繁殖基地的办法解决。1994 年，市农科所一方面为了学习借鉴国外种子集团先进经验，建立起科技先导型蔬菜良种产业化集团，达到生产要素优化组合，资源合理配置，最大限度地显示出规模效益、专业协作效益和社会效益，为全国农业的产业化、集团化探索走出一条发展之路；另一方面利用重庆所处的特殊位置，发挥该所在西南地区具有的蔬菜研究、开发、经营优势，建立完善以蔬菜良种为龙头，育种、繁殖、推广一体化的运行模式，着力提高种子质量，加速良种更新换代，推动西南乃至全国蔬菜生产按照市场经济规律快速发展，决定建设蔬菜良种产业化工程和西南蔬菜原种基地。

1995 年，据市农科所统计，“六五”以来，该所主持收集了国内外蔬菜 11 个菜类，6 401 份种质资源材料，其中收集了全国芥菜品种资源材料 1 635 份，引进收集了国外及西南地区蔬菜种质资源材料 4 766份，占西南蔬菜资源总量的 69. 5%，占西南西北蔬菜资源总量的 57%，占全国蔬菜资源总量的 19%，为重庆蔬菜新品种选育与开发利用奠定了重要的物质基础和基本条件，促进了重庆蔬菜良种的更新换代和生产的稳定发展。

“十五”期间，为加强种植业种子繁育体系的建设和管理，保护种质资源，建立和完善种植业良种繁育配套体系，加大种植业良种的引进培育和推广应用的力度，提高良种化水平，重庆市农业局编制了

《重庆市种子工程建设“十五”规划》，规划建设期限为2001—2005年，规划明确提出要加强种子工程五大系统建设，即加强引育种系统建设，种子生产系统建设，种子加工包装系统建设，种子监督管理系统建设和种子生产营销服务设施建设。在引育种系统建设中特别提出以重庆市农科所为龙头建设蔬菜育种中心1个，由重庆市种子公司与市农科所共同建设蔬菜花卉组培育苗中心1个，以实现“十五”期末蔬菜良种覆盖率达到95%以上，大面积蔬菜生产的杂优品种覆盖面达到80%的目标。

2000年，市水生菜良种繁育基地在沙坪坝区中梁镇永宁寺村建设完成并获得命名，建设规模620亩，基地内设水生蔬菜产品种资源圃、新品种试验田、高产栽培试验区、原种繁殖圃等。

2012年，各区县结合实际，在秋冬季引导农民种植青菜头、儿菜、棒菜、莴笋、萝卜等优势品种，适度发展娃娃菜、西兰花、油麦菜、菜心、芥蓝等品种。市级核心蔬菜基地主要围绕主城区需求发展鲜食蔬菜，商品化率领先全市。主城渝北、巴南、沙坪坝、九龙坡、北碚等区巩固和改造城市规划区外的现有蔬菜基地，调整季节种植结构，为主城区早春季蔬菜供应和全年叶类蔬菜供应做贡献。

2012—2013年，市农委先后批准一批农业综合开发农业部专项项目、蔬菜产业链项目和种子工程储备项目，在重庆市巴南区、潼南县和璧山县分别建立巴南区杂交甘蓝良种繁育及标准化生产示范基地、重庆市甘蓝良种繁育及育苗基地（巴南）、潼南县蔬菜集约化种苗繁育基地和璧山县蔬菜良种繁育基地等4个蔬菜良种繁育基地，这批项目进一步增强了重庆主城区保供蔬菜生产能力和种子供给能力。

2013年，由于7月以来的持续高温干旱天气造成在地蔬菜采收期缩短、秋季蔬菜播种移栽推迟，给秋季蔬菜生产布局、播种育苗和供应造成一定影响。而受气候制约和传统种植习惯影响，秋季也是重庆市地产蔬菜的传统“淡季”。重庆市农业委员会采取以下应对措施：一是加强在地菜管理。因地制宜管好番茄、茄子、辣椒、苦瓜、黄瓜、丝瓜、南瓜、冬瓜、菜豆、豇豆、莴笋、瓢白、莲白、大白菜、藤菜、木耳菜、苋菜、苕尖、莲藕、生姜、芋头等在地蔬菜，抓好2013年扩大种植的藤菜、木耳菜、苕尖等大宗叶菜品种的管理，适时采收上市。加强茄子等再生蔬菜管理，延长上市期，提高秋菜供应能力；二是扩种速生叶菜。低海拔地区提前准备换茬续种工作，及时下种小白菜、瓢白、莴笋（含油麦菜）、生菜、菜心、菠菜、香菜等速生叶菜，丰富供给品种。适当增种瓢白、油麦菜等品种，紧跟市场发展需求；三是增种芽苗菜。引导有规模的蔬菜生产作坊、专业化工厂生产黄豆芽、绿豆芽、豌豆芽、萝卜秧等安全芽苗菜，同时稳定食用菌生产，适时补充市场缺口。

（二）种苗繁育基地建设

1995年，农业部科技重点项目—西南蔬菜原种基地项目建立蔬菜原种圃基地20公顷，主要进行6个菜类亲本的保纯繁殖和4个菜类原原种的纯化繁种，总投资150万元。该项目每年可提供主要菜类的亲本和原原种种子750千克，生产用种种子20千克，覆盖面积7万公顷，创社会效益1.8亿元，直接经济效益60万元。

“八五”期间，市农牧渔业局依据在菜种繁供上具有的自然、品种、技术、经济等综合优势以及提高菜种质量和加速蔬菜拳头产品发展的内在要求，建设重庆市蔬菜种子繁供体系：建设了10亩蔬菜原种繁殖场，主要繁殖该市优势品种“西园”系列甘蓝，“渝丰”系列甘蓝，“渝抗”系列番茄的原种及“榨菜”“儿菜”“豇豆”“双尖莴笋”“落葵”（木耳菜）、大白苦瓜等地方良种的保纯种；建立2 500亩左右蔬菜种子生产基地；建立一个种子加工包装中心；建立菜种服务网点，包括4个供种服务部，总投资250.76万元。该项目年可提供蔬菜良种30万~40万斤，保证该市15万亩菜地用种，年直接创纯利30万元。

1994—1997年，蔬菜良种产业化工程项目建设完成，主要建设内容为以国内外大市场的需求为目标，对8个主要菜类进行熟性配套、优质、多抗、丰产的新品种原种的繁殖；建立蔬菜原种基地5公顷，加快新品种原种的繁殖；在四川、云南、东北、西北等地建立700公顷的十大蔬菜繁种基地，每年生产蔬菜良种120万千克；选择国内30个大城市，建立直销网络，在香港、泰国设立办事处；扩建

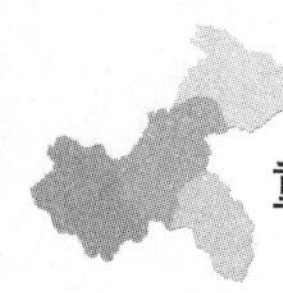

种子检测、精选、加工、包装流水线和低温种子库。该项目建成后，每年可生产蔬菜良种种子120万千克，产值5 000万元，创利润600万元，良种面积可达70万公顷，按每公顷增产10% 计算，可增加蔬菜产量60亿千克，创社会效益12亿元，对中国城市菜篮子建设将起到重要作用。

2004年，为适应全市蔬菜出口快速增长的需要，根据《2004年农业部基本建设项目申报指南》，西南农业大学于2004—2005年期间在重庆合川市建立重庆地区出口蔬菜良种繁育基地，该项目建新品种繁育中心土建750米^2（其中低温、低湿库50米^2），建设优质蔬菜良种繁育基地400亩，节水灌溉系统400亩，蔬菜新品种加工贮藏中心土建1 800米^2（其中冷库100米^2），道路及其他附属设施建设，总投资1 386.4万元。

2006—2007年，重庆市建设实施了“重庆市万州区魔芋良种繁育基地建设项目”，建设魔芋原种基地200亩，带动建设魔芋良种基地2 000亩，原种田单产1吨以上，良种田单产2吨，年生产商品种芋3 600～4 000吨，为川东北项目区发展魔芋产业提供充足、优质的种源，总投资190.2万元。

2007年12月至2008年11月，石柱县辣椒产业办公室为促进辣椒产业发展，帮助山区农民脱贫致富，在石柱县21个辣椒基地乡镇、陕西宝鸡（北繁）和海南三亚（南繁）良种繁育基地开展辣椒良种繁育及推广项目，主要进行辣椒新品种选育和试验示范，建立北繁和南繁基地80亩，进行新品种培育和杂交良种繁育及部分常规良种的原种扩繁，同时建立常规良种扩繁基地700亩，在该县21个基地乡镇推广辣椒杂交良种2.5万亩，并开展生产技术培训和指导，项目总投资380万元。

2013年在涪陵区建设加工蔬菜榨菜原种繁育基地1个，面积500亩；在璧山县、武隆县、石柱县、潼南县、万州区、巴南区、永川区、綦江区和涪陵区等区县建设蔬菜种苗生产基地10个，面积1万亩。

（三）种苗繁育、引进及应用推广

1985—1987年，全市先后培育出番茄新品种“渝抗一号”及新品系“8440”“8408”以及甘蓝新品种“渝丰一号”“渝丰二号”“西园二、三号”，为全市蔬菜生产作出了一定贡献。

1987年，全市引进试验、示范的新品种达100余个，其中山东四号、83—2、鲁白三号、青岛中丰大白菜、京丰、渝丰甘蓝、早丰1号辣椒等推广面积已达85% 以上，早丰、渝抗1号、苏抗3号、4号番茄也在积极进行示范推广，良种繁殖由常规种发展到杂一代的制种，生产繁殖的早中晚甘蓝除满足本市的需要外，还支援省内外20多个市、县，良种繁殖基地面积已达300余亩，并做到了相对稳定，种子部门经营供应的良种3.9万千克，占全市菜地需种量的60% 左右，经营品种达80余个，较好地发挥了主渠道供种的作用。

1989年，通过蔬菜种子生产基地建设，生产的“五杂一优”（杂交番茄、杂交辣椒、杂交甘蓝、杂交大白菜、杂交黄瓜、优良豇豆）种子质量达到并超过农业部颁布标准，种子部门提供鲜菜生产基地70% 以上的用种，杂交番茄种年产量达500～700千克，杂交辣椒种年产量达1 500～1 700千克，杂交甘蓝种年产量达2 500～3 000千克，可调进大白菜种3 000～4 000千克，杂交黄瓜种1 500～2 000千克，自繁豇豆种年产量达4.5万～5万千克。初步形成了重庆市蔬菜良种繁殖推广体系的雏形，为重庆蔬菜生产提供了纯度高、质量好、数量充足的种子，创造了丰歉不愁的供种局面。

1990—1993年，针对淡季市场蔬菜供应质次价高品种单调的问题，在新品种引进工作中实施了“花菜甘蓝新品种引进及开发利用”“杂交冬瓜新品种引进及开发利用”等项目，通过几年的工作，从数十个品种中筛选出适合重庆自然条件的“北峰”早熟花菜、“文兴100天”晚熟花菜，与“雪山”花菜和本地花菜形成早、中、晚熟品种配套、筛选出比“京丰一号”甘蓝上市时间更早、品种更好的春甘蓝“春蕾”和早秋甘蓝“冠军早生”、西农“87—26”等品种花菜上市时间由原来的上年12月至次年2月提前延后到上年10月至次年5月，新品种推广面积已达3 204亩，总产4 290吨；甘蓝可周年上市，新品种推广面积达721亩，总产1 850吨。

1990—1993 年，全市组织实施了“藤菜种藤留种贮藏技术研究”项目，研究其留种栽培、沙窖贮藏规律及技术措施，取得了好的效果，为解决种藤不足的矛盾，迈出了新的一步；实施了“野生菜侧耳根的引种试验和示范”项目，在巴县首次引种侧耳根已获成功，鲜食侧耳根受到市民的好评；在实施“破季蔬菜栽培技术示范推广”“春大白菜、秋茄子试验示范推广”“春花菜栽培试验示范推广”等项目中，利用全市蔬菜基地分布的立体气候差异，从品种选择、改变延长播种时间、栽培规格等方面打破传统的栽培模式，在歌乐山、黄桷垭等淡季蔬菜基地种植了秋黄瓜、秋四季豆、秋豇豆、秋番茄、秋茄子、春花菜、春大白菜等破季菜，三年累计推广面积 1.1 万亩，上市蔬菜 1.8 万多吨，这些蔬菜均在淡季上市，丰富了淡季供应的花色品种，满足了市场的需要。

1994 年，全市实施完成“杂交冬瓜新品种引进开发利用”“花菜、甘蓝新品种引进及开发应用”等项目，共推广杂交冬瓜 1.55 万亩，平均亩产 5 000 千克以上；累计引进花菜品种 48 个，甘蓝品种 18 个，筛选出适合重庆市栽培的“白峰”等抗逆性强、丰产、优质的早、中熟配套花菜品种 6 个；“春蕾”等适合春、秋季栽培的甘蓝品种 3 个。三年累计推广早、中熟花菜 4 700 亩，总产 429 千克；甘蓝 2 200 亩，总产 560 千克，使该市花菜、甘蓝品种早、中、晚熟配套更趋合理，上市时间延长。

1994 年，“破季蔬菜栽培技术示范推广”项目，在市郊三区、两县实施，示范、推广破季蔬菜品种有秋四季豆、秋茄子、秋番茄等八个菜类，共 17 个优良品种，示范推广面积达 1.22 万亩，平均亩产 1 313.59千克，亩产值 1 848.37 元；总产蔬菜 1.66 万吨，总产值 2 243.45 万元。“八五”期间，全市蔬菜种子资源丰富，有 30 余个种类，400 余个品种，尤以生产十字花科等种子为主，其中具有国内推广优势的品种有“榨菜”“儿菜”“双尖莴笋”（耐热耐寒系列）、“大叶落葵”（木耳菜）、“三月茄”（渝早茄系列）、“红嘴燕豇豆”“大白苦瓜”等地方优良品种，有列入国家“八五”重点推广成果的“西园三号”杂交甘蓝及其系列品种，“渝丰”杂交甘蓝及其系品种。在西南地区、浙江省大面积推广，“渝抗”杂交番茄在四川省大面积推广。由于重庆地处丘陵，隔离条件好，冬季气候暖和，资源丰富具有独特的自然优势，农民繁种的积极性高，繁殖的种子成本低，供应的种子价格低，具有一定的经济优势，繁殖的种子纯度高，质量好，繁供的品种如甘蓝在四川、贵州、广西、浙江、湖北，“双尖莴笋”在四川、贵州、浙江、湖北、福建等省，落葵（木耳菜）在四川、湖北、贵州等省，儿菜在四川、湖北、贵州等省均深受欢迎。“八五”期间，全市每年繁供的各类蔬菜良种约 40 多吨，对四川省和兄弟省蔬菜生产水平的提高起到积极作用。2001 年，市农科所选育的菜用辣椒新品种“渝椒四号”“渝椒五号”、番茄新品种“渝红六号”、笋子芥菜新品种“渝丰棒菜”四个蔬菜品种分别通过重庆市农作物品种审定委员会的品种审定，开始了示范推广。

2006—2013 年，由涪陵区农科所选育的加工用茎瘤芥新品种涪杂 2 号、涪杂 3 号、涪杂 4 号、涪杂 5 号、涪杂 6 号、涪杂 7 号和涪杂 8 号通过市农作物品种审定委员会品种审定，并向社会公告予以示范推广。

2012—2014 年，市农科院承担了“重庆蔬菜产业化关键技术集成与示范项目”，该项目选育出突破性蔬菜品种 17 个（辣椒 6、茄子 6、番茄 3、燕白黄瓜、春帅丝瓜），其中国家审定 2 个，覆盖西南地区及长江流域中上游行地区 10 个省市区，整体研究达国内领先水平，特别是加工型辣椒、早熟绿白黄瓜、茄子育种达国内领先水平。

三、品种结构调整及品牌建设

1990—1992 年，为了趋利避害，防灾避灾，尽可能满足市场需求，对品种结构进行了调整。春季重点调减了春莲白、春瓢白，增加了春莴笋、春花菜和三月豆。夏季适当控制辣椒、番茄面积，特别防止大家都去抢早卖好价而影响分期播栽和均衡上市。秋冬季除有计划地调减莲白，增加花菜之外，采取了以下两条措施。一是突出早秋菜，即早秋莲白、花菜、大白菜、莴笋和萝卜于 8、9、10 月上市。二是大春延后栽培，即秋豇豆、秋菜豆、秋番茄、秋黄瓜和秋茄子等 9、10 月上市，既丰富了春秋两淡季的品种，又提高了农民的经济效益，不仅春淡不淡，秋淡变成秋旺，许多春天上市的菜，秋天几乎样样都有，琳琅满目，很受人喜爱。

直辖以来，培育出青菜头、番茄等具有自主知识产权的蔬菜新优品种69个，创地理标志证明商标22个，有机产品79个，绿色产品138个，无公害产品744个。其他如莼菜（山之纯）仔姜（乐山白姜）、食用菌（香菇L808、庆元9015、金针菇913等）等优势品种也不断涌现。

第三节 栽培技术

一、大白菜丰产栽培技术

1983年，重庆首次参加了全国蔬菜高产协作活动，至1987年4年来，共组织大白菜高产协作活动24次，印发大白菜高产栽培技术和转发长江流域汇编资料等约3 000份，区、县、乡举办技术培训约2 000人次，运用有线广播、科技报《农家科技》、赶集等各种形式，广泛宣传，大白菜杂一代良种山东四号，青杂中丰在该市已普遍推广，其生产水平提高较大，1986年平均亩产2 848千克，较1980年亩产1 500千克增长了89.9%。

全市开展高产协作活动，采用常规栽培技术和新技术相结合的丰产栽培技术措施，经四年的努力，初步掌握大白菜的规范化的丰产栽培技术，生产上取得了可喜成绩。包括：选用良种，引进了山东四号、青杂中丰、鲁白三号等杂一代品种。选地轮作，深翻炕土，深沟窄厢。选地轮作，避免与十字花科蔬菜连作。在处暑前后适期播种，培育壮苗，合理密植重视抗旱保苗工作和提高苗子素质，重施底肥，巧施以夺取高产。

此外，在新技术的推广运用上采用地膜、微膜覆盖栽培大白菜获得成功。其技术要点是在苗期高温下，只要幼叶不挨到地膜，用稻草或瓜叶把幼叶四周的地膜遮盖，就不会灼苗、烧根，还能保持土壤水分的相对稳定，促进根系发育，加快地上部的生长，减轻病虫害危害，提高包心率，增产增收，效益高。

二、人字架冬瓜高产栽培技术

1987年，重庆市为了进一步提高人字架冬瓜栽培技术，充实完善这项技术措施和管理经验，逐步制定适合各地生态环境的高产、稳产的栽培技术操作规程，为栽培规范化奠定基础。重庆市特制定了《人字架冬瓜高产栽培方案》，以便在当年进一步扩大人字架冬瓜的试验、示范和推广。该方案中指出人字架冬瓜是较科学的栽培方式，要夺取高产，须掌握好以下关键技术措施：

（一）选地轮作，深翻炕土

选择土层深厚肥沃，未种过瓜类的土地种植。

（二）重施底肥，理好三沟

每生产5 000千克冬瓜，约需氮15～18千克，磷12～12.5千克，钾12～15千克，因此需重施底肥。亩施堆沤肥和人畜粪各60～100担，过磷酸钙25～50千克，钾肥15～20千克，或人畜粪60担加石骨子三合肥（石骨子三合肥为石骨子43担，人畜粪250千克，过磷酸钙25千克，碳铵30千克，混合堆沤25天而成）。按5.4尺划线开沟，作成高畦，理好三沟，做到雨后田间无积水。

（三）选用良种，培育壮苗

选用广东青皮冬瓜。该品种具有生长势旺，抗逆力强，肉厚质优，增产潜力大等特点。

（四）及时搭架，搞好植株调整

于5月上中旬当蔓长1.5米时，用黄竹搭人字架，架高1.3米，架基宽4尺，架间用笤竹捆横杆五层。压蔓1米后，再引蔓上架。选主蔓留三瓜（伏前瓜、伏瓜、秋瓜）。若主蔓衰老可选留两条侧蔓留一秋瓜。搞好植株调整，严格三打。打侧枝，见侧枝及时打掉；打雄花，当瓜座住后，将雄花打掉，打老叶，中后期将老叶打掉，使养分集中长瓜。

（五）人工授粉或用激素稳果

5—6月阴雨天多，减少了昆虫传粉的机会，每天上午8点前，坚持人工授粉，可使坐瓜率达90%以上。据报道：开花时用10～15ppm的2.4－D涂瓜柄，对提高坐果率也有一定的效果。

（六）加强肥水管理，适时采收

追肥的原则：应前轻、中促、后重。在高温期间，结合抗旱，勤浇淡粪水，保持土壤湿润，防止植株干旱。除留种瓜要到生理成熟时采收外，其余的商品瓜，基本成熟时（开花后20～30天），应及时采收。这既不影响瓜的品质，又能继续开花结果，达到一蔓三瓜，分次采收上市。

三、辣椒高产栽培技术

1987年，全市在长江流域蔬菜高产协作组和四川省蔬菜高产协作组的统一部署和要求下，积极开展了辣椒高产协作活动。参加该活动的有11个区（县），1个农场，共计16个高产点，面积67亩；高产片7个，面积125亩。高产点平均亩产2 340千克，亩产值1 541元，比全市大面积辣椒平均亩产1 500千克增加802千克，增加53.5%。每亩增加收入537元，16个高产点中除个别的点由于自然灾害的原因未达到产量指标外，其余的都达到了指标，其中最高平均亩产4 152千克，亩产值2 651元。当年全市辣椒高产协作活动之所以获得了较高的产量，是因为采取了以下技术措施：

精细整地，施足底肥。选择土层深厚，排水良好的土壤或沙壤土种植，切忌连作。深耕一尺左右，炕土10天以上，精细整地，高畦栽培，理好三沟，施足底肥。亩施腐熟人畜粪30～40担，土杂肥50～100担，过磷酸钙25～50千克，钾肥10～15千克，或复合肥25～30千克。土壤偏酸的亩施石灰50～100千克。

选用良种，培育壮苗。选用“早丰一号”或“苏椒二号”。“早丰一号”是重庆市推广良种，具有早熟、丰产、经济效益高等特点，保护地栽培可于4月下旬至5月初始收，亩产1 500千克以上，亩产值1 000元以上。“苏椒二号”属中熟偏早的杂交一代种，较“早丰一号”晚熟10天左右，但耐热抗病力强，生产期长，果大、肉厚、辣味低等特点，经济效益与“早丰一号”相仿，但社会效益更好。于10月下旬至11月上旬冷床播种，12月或2月殡入营养钵内，培育带大蕾壮苗。

地膜覆盖，合理密植。施用除草剂（亩用氟乐灵或甲草胺2～3两，兑水100斤）喷施畦面后，覆盖地面，提高覆膜质量。于3月中旬至4月上旬定植（具体时间可根据地区小气候和天气状况掌握）。采用双株或单株栽植，密度：亩栽5 000～7 000株。

加强田间管理。辣椒定植后的田间管理，主要是追肥、浇水、防治病虫害等措施，以协调营养生长和生殖生长的关系，达到多开花、多结果、延长采收期的效果。

四、莲白栽培技术

1988年，为了保证丰收计划的实现，市农牧渔业局印发了《重庆市1988年丰收计划莲白栽培技术要点》，要点有：

品种选择。秋莲白10月1日前后采收的选用杂一代早熟品种夏光，10月中旬采收的选用杂一代中熟品种京丰一号，10 月下旬采收的选用杂一代中熟品种西园二号，冬莲白采用中晚熟杂交一代种，如晚丰、渝丰三号或西园三号。

重施底肥。亩施人畜粪 20～30 担，堆肥 40～60 担，过磷酸钙 50～60 千克，钾肥 20～30 千克。

适时播种，培育壮苗。早熟品种 6 月中旬播种，中晚熟品种 7 月中、下旬播种。有条件的地方最好采用营养钵育苗，营养土要求园土和堆肥各半，每 500 千克加尿素 0.65 千克，过磷酸钙 2 千克和氯化钾 0.5 千克。育苗期要求利用遮阴降温设施，加强苗床管理，防治病虫害，培育适龄壮苗。

带土移栽，并按不同品种要求合理密植。早熟品种 7 月中旬（苗龄 35 天），中晚熟品种 8 月中旬至 9 月上旬，选晴天带土定植。其中，夏光亩栽 4 000 株；京丰一号亩栽 3 800 株，西园二号亩栽3 200 株。中晚熟品种渝丰三号亩株数 2 000 株。晚丰亩株数 2 200 株。

定植后注意抗旱保苗和中耕除草、轻施提苗肥，重施开盘肥和包心肥。

病虫防治。前期及时防治蚜虫、青菜虫等害虫，中后期防治霜霉病、菌核病和黑腐病等。

五、花菜栽培技术

1988 年，为了保证丰收计划的实现，市农牧渔业局印发了《重庆市 1988 年丰收计划花菜栽培技术要点》，该栽培技术要点有：

选用良种。选用中晚熟品种，大花、二花、蘑菇花菜及早花 80 天等良种。

土地选择。选择土层深厚、肥沃、疏松，排水良好的地块种植，实行轮作，切忌在重病地块种植。

培育壮苗。6 月下旬至 7 月中旬播种育苗。注意遮阴，抗旱保苗，防虫、防暴雨袭击，应假植 1～2 次，幼苗具有 3 片真叶时开始假植，使根系发达，苗子健壮。

深翻炕土，重施底肥 。

适时定植、合理密植。中晚熟品种于 8 月下旬至 9 月上旬定植，早熟品种可以 7 月下旬至 8 月中旬定植。行株距：早熟品种（1.5×1.2）尺，中熟品种（2×1.3）～1.4 尺，晚熟品种（2×1.6）～1.8 尺。

加强田间管理。努力提高花球质量。对花球应注意覆盖，减少日光照射，使花球质好色白。花球成熟时应及时采收上市，切忌散籽观花。

六、淡季蔬菜主要品种栽培技术

1990 年，市农牧渔业局印发了《重庆市淡季蔬菜主要品种栽培技术要点》，该栽培技术要点有：

（一）三月豆

品种选择。选用美国“供给者”式沙克沙三月豆种。

土壤选择。选向阳、土层深厚、保水、保肥力较强的沙质壤土，深翻炕土半月以上。

播期和定植期。2 月中下旬播种，直播或育苗移栽，地膜覆盖，每窝 3～4 株，株行距 0.8～1.2 尺，亩栽 5 000 窝。也可间套作种植。

水肥管理。三月豆生长期短，以基肥为主，亩施农家肥 3 000 千克，钾肥 10 千克，磷肥 30 千克，开花初期用 0.2% 的磷酸二氢钾喷 1～2 次。

分批适时采收，嫩荚上市。

（二）早南瓜

品种选择。选用七匹叶、倭瓜等早熟种。

土壤选择。选择背风向阳，水源方便的沙地。

播期和定植期。1 月下旬至 2 月上旬播种，培育壮苗，2 月上、中旬抢冷尾暖头定植，采用地膜和小拱棚覆盖。

株行距 3 尺 ×4 尺或 2 尺 ×5 尺，每窝 3～4 株。

水肥管理。底肥和追肥都应窝施。底肥每窝施堆肥 10～15 千克，人畜肥 5 千克，过磷酸钙 0.1 千克。

追肥按先淡后浓的原则，当幼苗成活后淋 10% 的粪水，苗期注意抗旱保苗，施肥 2～3 次，倒藤后施 50% 的粪水一次，第一果坐稳后应追施 70% 的人畜肥 2 000 千克。追肥注意配方施肥，每 50 千克粪水可兑 0.1 千克的氯化钾、或复合肥等。

保花保果。用 2.4－D，20～25ppm 进行稳花稳果。也可采用人工授粉，在上午 7—9 时进行。

（三）秋番茄

品种选择。选用矮黄 ×日本大红，渝抗二号（8440），小鸡心 ×402 等优良品种。

土壤选择。选土层深厚，排水良好，距水源近，3～5 年未种茄果类的土地，最好进行水旱轮作，深翻炕土 7 天以上，深沟高厢种植。

播期和定植期。7 月上旬播种育苗，8 月中旬带土移栽，4～4.5 尺包沟开厢，双行种植，退窝 1～1.2 尺，一窝栽两株，亩栽 4 000 株左右。

水肥管理。亩施基肥人畜肥 2 000 千克，堆肥 1 500 千克，磷肥 20 千克，钾肥 10 千克。幼苗期结合抗旱，施用淡粪水，以利生长发育。1～2 台花后，结合中耕培土上笆，亩施 3 000 千克腐熟人畜肥做花期肥。

整枝打叉、上笆。当植株长到 1 尺左右，应立即上笆搭架。整枝按单干式整枝，把所有的侧枝全部摘除。番茄结 3—4 台果后，应摘去顶芽。

（四）秋四季豆

品种选择。选用本地黑籽四季豆、意选 1 号等。

土壤选择。选排水好，水源方便，土层较深厚的壤土。

播期。一般采用直播，6 月中旬至 7 月下旬播种。气候干旱应先灌窝后播种，每窝播 3～4 粒种，播后盖一层细土或谷壳、麦壳等，以利保湿和防暴雨。亩栽 3 000～5 000 窝，也可采用间套作。

水肥管理。出苗后遇天旱每隔 2～3 天早晚各灌一次清粪水，抽蔓时施二成淡粪水约亩用 2 000 千克，蔓爬笆时施三成粪水 2 000 千克，结荚初期和中期各施 3～4 成粪水 2 000 千克。

施肥时结合浅中耕松土除草。

搭架整枝。植株开始牵蔓时应插笆，茎蔓上笆后捆绑 1 次。基部侧枝 6 厘米长时应摘掉。

病虫害防治。以综合防治为主。加强病虫测报，注意防治红、白蜘蛛等危害。

（五）秋黄瓜

品种选用。白丝条、津研六号、露地二号黄瓜等。

土壤选择。选土层深厚、肥沃、保水肥力强、离水源近、排水良好的土壤，并采取轮作。

播期和定植期。7 月中下旬采用直播或营养钵育苗，8 月中旬定植。

采用宽窄行栽培，4 尺包沟开厢，宽行 2.2 尺，窄行 1.8 尺，株距 0.6～0.8 尺，亩栽 2 000～2 500窝。

水肥管理。黄瓜需水肥量较大，亩施基肥腐熟人畜肥 2 000～2 500 千克，堆肥 3 500～5 000 千克，复合肥 10～15 千克。苗期结合抗旱，用清粪水提苗，抽蔓期增加灌水和施速效性氮肥，亩施淡水肥量 3 500 千克左右，磷酸二氢钾根外追肥 2～3 次。

整枝上笆。黄瓜出卷须时开始插笆绑蔓，每隔 4～6 节绑蔓一次。

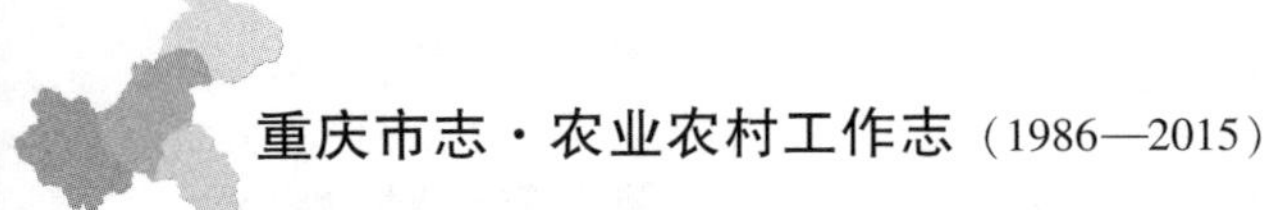

（六）春花菜和早秋花菜

品种选择。春花菜选用瑞士雪球雪山花菜等，早秋花菜选用雪山花菜等。

土壤选择。选择水源方便，保水肥力强的肥沃土壤。

播期和定植期。春花菜上年9月下旬至10月中旬播种，出苗25天应假植，总苗龄约55天。11月下旬至12月中旬定植，株行距约1.3尺×1.8尺。

早秋花菜6月上中旬播种，苗期20~25天应假植一次，8月上中旬定植，株行距约1~1.5尺。

水肥管理。每亩施底肥2 500~3 000千克（人畜肥或腐熟堆肥），磷肥30千克，钾肥10千克可采用沟施或窝施。生长前期以氮肥为主，植株开大盘时施一次重肥，花球形成期适当增施磷钾肥。

适时采收。在花球圆正，未松散和变色前采收，以免影响经济价值。

七、蔬菜遮阳网覆盖栽培技术

1995年，全市扩大推广遮阳网覆盖栽培面积，在原有6 000亩次的基础上，新增4 000亩次，使总覆盖面积达到10 000亩次。遮阳网覆盖栽培蔬菜是一项新型的保护地栽培技术，该项技术的应用，除用于早秋、秋冬蔬菜的育苗外，主要还是要用在覆盖栽培上，早秋菜、破季菜的覆盖面积要扩大，使其起到在夏季高温伏旱期间有效的遮光、降温、保湿等作用，改善了蔬菜生产的小气候环境条件，能确保提高蔬菜产量和提早上市。

遮阳网覆盖栽培技术，是一个集光、热、水、肥知识为一体的综合平衡栽培技术。这一技术较为有效地克服了重庆市夏秋恶劣的自然条件，改善了蔬菜生长的生态环境，为蔬菜生产的小环境提供了较为适宜的条件。通过遮阳网覆盖栽培技术的推广，全市早秋菜普遍提早上市7~15天。芹菜遮阳网覆盖栽培提早、延后上市已由常年的10月前后上市，提前到7月，直至全年供应；遮阳网覆盖品种由以前的几个增加到1995年的芹菜、莴笋、小白菜、甘蓝、花菜、生菜等23个品种，其中芹菜、莴笋、小白菜三个主要品种的覆盖面积都在2 000亩次以上。

遮阳网的覆盖面积由1994年的6 368.2亩，一跃增加到11 489.4亩，使1995年遮阳网覆盖的新增面积达到5 121.1亩次，是1994年新增面积2 892亩次的1.77倍。

1995年，全市参加“丰收计划”项目“蔬菜遮阳网覆盖栽培技术推广”的市、区级农技干部就达52人次。全市共开展遮阳网技术培训25次，技术培训达5 656人次，印发技术资料6 700份，促进了菜农对遮阳网技术的掌握和灵活运用。全市认真抓了示范片53个，示范户700户，示范推广面积860.2亩次，使示范点、户的产量比大面积覆盖提高10.6%，亩产值提高13.74%。同时，全市项目组注重了遮阳网覆盖育苗栽培品种的扩大，将遮阳网覆盖生产的蔬菜品种（种类）扩大到29个，即：芹菜、莴笋、小白菜、大白菜、甘蓝、花菜、生菜、蒜苗、大葱、火葱、木耳菜、生姜、萝卜、藤菜、秋番茄、秋黄瓜、秋菜豆、秋豇豆、秋茄子的提前栽培；大春茄子、辣椒的延后栽培，夏秋甘蓝、花菜、大白菜、莴笋、芹菜的育苗以及秋冬季菠菜、冬寒菜、小白菜的育苗等。

遮阳网覆盖的目的是对蔬菜生产小环境的光照强度进行调控，用以改善覆盖下蔬菜生产的田间小气候，使光、温、水分达到蔬菜生长较为适宜的范围，从而获得优质、高产、高效。夏秋蔬菜生产，要求的光饱和点在1.5万~7万勒克斯，光补偿点在750~2 000勒克斯，生长适宜温度在12~30℃。

应用遮阳网覆盖栽培的技术关键，是根据蔬菜生长期对光照、温度的要求，灵活揭盖遮阳网。项目组强调了遮阳网覆盖管理原则掌握八揭八盖。即：晴天盖，阴天揭；光强时盖，光弱时揭；高温时盖，降温时揭；暴雨前盖，小雨前揭；出苗前全天盖，苗齐后适时揭；盛夏时早盖，晚揭；初夏、早秋时晚盖，早揭；湿度小时全覆盖，湿度大时顶部覆盖。掌握“八揭八盖”技术就是要视天气情况灵活掌握揭盖时间，让蔬菜覆盖后既有遮光下适宜的生长环境，又不因光照弱、湿度小而影响正常的光合、同化作用。如，歌乐山示范点，在区农技干部的认真指导下，蔬菜生产严格按照技术措施操作，灵活揭盖遮阳网，秋芹菜亩产高达 2 850.5 千克，秋大白菜亩产 2 942.4 千克，小白菜亩产 1 720 千克，分别比不覆盖增产 30.2%，28.2%，58.7%；上市时间也比对照提早 7～16 天。歌乐山示范点的显著效果，带动了周围地区菜农科学用网的积极性。

全市 1995 年夏秋季高温干旱严重。8 月 28 日至 9 月 9 日，连续 13 天气温在 35～42℃徘徊，为历史同期之最，其中，9 月上旬气温显著偏高 5.3～6℃。降水，8 月下旬基本无雨，偏少 95%，9 月偏少 5 成。秋季高温伏旱，不适宜蔬菜生长，植株生长的开展减小。针对秋淡蔬菜生产的特殊环境，通过调查品种栽植的株行距，以增加株数提高单位面积产量。如秋芹菜改为 140 厘米开厢，15 厘米×（7～10）厘米的株行距；单株定植，亩植 40 000～55 000 株；秋甘蓝、大白菜 165 厘米开厢，每厢栽 3 行，50×40 厘米株行距，亩栽 3 000 株以上。秋莴笋 150 厘米开厢，栽 4 行，（30～35）厘米×（30～35）厘米的株行距，亩植 6 000 株左右；小白菜 150～200 厘米开厢，亩用种量 1.5～2 千克；秋花菜 150 厘米开厢，50×35 厘米株行距，亩植 3 500 株以上。由于栽培措施配套好，使当年遮阳网项目在恶劣的气候条件下，仍然获得了高产。

夏栽芹菜、莴笋，通常在 10 月前后上市。重庆市推广遮阳网技术后，育苗由原来的 7 月提前到 5 月，定植由 9 月提前到 6 月，7 月底即有芹菜上市。由于遮阳网覆盖后的排开播种，陆续定植，上市时间由每年的 10—12 月、2—3 月推广到周年都有芹菜上市。由于芹菜生产的经济效益高，当年秋芹菜种植 2 100 亩次左右，丰富了淡季蔬菜市场。重庆市原秋淡菜主要品种为“三瓜一菜”即冬瓜、南瓜、丝瓜、水藤菜。通过逐年的蔬菜品种结构调整，特别是遮阳网覆盖栽培技术的推广，莴笋不仅能提早上市，而且品质、数量大幅度增加。以前秋冬春季上市的莴笋，当年在 7—10 月，乃至全年都有上市。由于遮阳网覆盖栽培技术解决了莴笋在高温下难于生产的技术难题，且生产出的夏秋莴笋品质优，深受市民欢迎，菜价看好，全市遮阳网覆盖栽培的夏莴笋 2 532 亩次，生产者、消费者都满意。

推广“一棚两膜”技术，提高遮阳网利用率。充分利用保护设施，提高保护地栽培的综合利用率，是增加菜农收入的一个有效途径。在项目实施中，大力倡导在大棚架上进行两次覆盖，即冬、春季用塑料薄膜覆盖，夏秋季用塑料遮阳网覆盖育苗、栽培。并将这“一棚两膜”技术作为提高园艺设施的利用率，增加菜农收入的有效措施大力推广。主要采取三种模式：早茄子（薄膜）→芹菜（遮阳网）→蒜苗（遮阳网）→秋冬育苗（薄膜）；三月豇豆、豇豆（薄膜）→假植秋冬苗（遮阳网）→花菜（遮阳网）→育冬苗（薄膜）；莴笋（薄膜）→四季豆（薄膜）→速生菜（遮阳网）→冬寒菜（遮阳网）。经测算，平均亩产值在 1 万元以上。不仅丰富了淡季蔬菜市场，增加了淡季蔬菜上市量，还取得了良好的经济效益和社会效益，促进了蔬菜生产的高产、优质和高效。

1995 年，全市遮阳网覆盖栽培技术推广 11 489 亩次，其蔬菜总产 1 932 万千克，参加这一技术推广试验的示范片 53 个、农户 569 户，示范面积 839 亩，其蔬菜产品早上市 7～15 天。市区投入此项试验示范的补贴资金 140 万元。

八、设施蔬菜生产栽培技术

1996 年，重庆对“两市一地”实行代管后，全市拥有蔬菜基地面积 31.3 万亩，占总耕地面积的 1.4%，蔬菜播种面积 84.48 万亩，人平占有菜地 0.047 亩。

蔬菜基地多分布在海拔 200～1 200 米的河谷丘陵地带。菜地多为坡地，土壤呈微酸性。

蔬菜生产在充分利用地理条件、土壤、气候特点基础上，呈现沿江河谷早菜区、浅丘平坝主菜区、低山背斜晚菜区的三大片区基地布局，形成了自有的、常年有蔬菜生产的格局。但早春的低温，初夏的阴雨，夏秋的高温伏旱，冬季的寡日照、低温高湿，使常规的蔬菜生产受到自然条件的制约，造成了蔬菜生产上较为明显的春秋两淡。不但阻碍了许多高档、精细、多品种的蔬菜生产，而且满足不了人民群众日益提高的蔬菜消费需求。重庆早在 50 年代就开始将火窑子、酿热温床育苗技术应用于蔬菜生产，虽然当时只是用玻璃、草帘、茅苫进行简易地小棚室遮盖，因其效果明显而长期在蔬菜生产上应用。进入20世纪70年代，随着科学种菜技术的发展，蔬菜新品种的引进，蔬菜设施栽培技术应用日趋广泛。市委、市人民政府更加重视蔬菜生产，从而推动了设施蔬菜的学习、引进、试验、推广工作。

（一）塑料大棚栽培技术应用

1976年冬，在重庆市委、市人民政府的支持下，市里组织农技干部赴外地考察、学习。1977年春，引进塑料大棚技术在市内4个农科站、示范片的1.43亩试验地上进行育苗、栽培的试验，第一年就取得幼苗健壮、成苗率高，提早上市，产量增加的较好效果。随着塑料大棚栽培技术的研究、试验、推广一系列项目的展开，研究、总结出一整套建棚、育苗、栽培的系列科学合理的、浅显易懂的实际操作技术。

在塑料大棚内进行蔬菜的育苗、栽培，能使棚内小气候较好地保温、防寒，方便田间管理，减少某些病、虫害，提早蔬菜上市、延长采收时间，提高蔬菜的产量、产值。由于先进的设施与优良的生产、管理技术同步发展，使大棚蔬菜生产收到了蔬菜早熟、增产、增收的良好效果，面积也逐年扩大。到1985年，全市塑料大棚发展到1 075个，覆盖面积227.5亩；利用大棚进行茄果类、瓜类、豆类的冬季育苗，每年10月至翌年1月播种，2—3月出成苗，为大春蔬菜的提早栽培提供了适龄的优质壮苗，为蔬菜有优质、高产、高效奠定了基础。利用大棚提早栽培，黄瓜在4月初上市，比露地提早上市30天左右，采收期延长20~40天，平均亩产比露地增加50%；茄子4月中旬上市，比露地提早上市20天左右，采收期延长10天，平均亩产比露地增加50%；辣椒4月底至5月初上市，比露地提早上市20天左右，采收期延长20~30天，平均亩产比露地增加20%。

由于重庆冬季日照少，大棚内光线较差，温度不易提升；又因外界温度低、寒气重，大棚通风时间少，棚内的湿度时常在90% 以上。客观的自然条件，给重庆的蔬菜塑料大棚生产增加了相当的难度。加上经济上的原因，使重庆的塑料大棚一直以跨度为6米的竹架大棚为主，大棚蔬菜生产长期在3 000~4 000亩左右徘徊。

（二）地膜及小棚覆盖栽培技术

针对重庆市早春气候变化大，气温低，蔬菜苗时常受到倒春寒危害的问题，为降低设施栽培的成本，于1980年引进了地膜覆盖栽培技术，在市郊的2个区5个试验点的4亩试验地上进行试验、示范，供试品种：黄瓜、辣椒、茄子和四季豆4个品种。第一年试验结果，4个参试品种都提早上市4~7天，前期产量提高20%~80%，总产量增加10%~30%，每亩增收280元。1982年扩大到全市6区2县16个乡镇54个点进行试验示范，使地膜覆盖的面积扩大到100亩，地膜的应用范围由单纯的栽培发展到育苗，参试品种14个。1986年，全市蔬菜地膜覆盖面积达到了2万多亩，占当年早春菜面积的80%，覆盖品种23个，上市提早7~29天，平均亩增产437.32千克，增产幅度30%，亩增收292.28元。由于蔬菜地膜覆盖栽培保温性较好，成本低，田间管理方便，促使这一技术在该市广泛应用，到1996年地膜覆盖面积仍保持在3.6万亩左右。

在实践中，又对地膜技术加以改进：在早春单纯覆盖地膜的基础上，加盖小拱棚，俗称“盖天盖地”，即上下盖地膜，地面地膜使用一季后淘汰，将上面盖天的地膜洗净后收起来，来年再作地面覆盖。这种方法在地面覆盖的基础上又进了一步，保温性能更好，上市时间又提前5~7天，效益好，成本只有少量增加，很受菜农欢迎。通过召开现场会、讲课等形式，很快将这一技术在全市推广，几年来小拱棚双膜栽培面积一直保持在1.4万亩。

（三）遮阳网覆盖栽培技术

1988年，开始小范围试用遮阳网。1990年，在参加全国农技总站召开的“蔬菜遮阳网覆盖栽培技术考察交流会”后争取到市人民政府政策、财力支持及市科委的扶持，在全市范围内试验、示范、推广遮阳网覆盖栽培技术。在推广中，主要抓了以下几个方面的工作：一是根据不同的蔬菜栽培品种选择不同的覆盖方式，即大棚、小棚和平棚的搭架覆盖；全覆盖、半覆盖、浮面覆盖等部位覆盖；二是覆盖品种及方式，芹菜、莴笋、小白菜及秋番茄、秋黄瓜和大春茄子、辣椒的提前延后栽培，秋冬季菠菜、冬寒菜、小白菜的育苗，覆盖蔬菜种类达 23 个，一季覆盖 2～4 茬次；三是适时栽播，根据蔬菜品种对环境条件的要求及遮阳网的遮光、降温、保湿效果决定反季节种蔬菜的播种、栽培时间；四是制定出了“重庆市主要蔬菜品种覆盖栽培技术”和“遮阳网的‘八揭八盖’管理技术”。通过这些工作，重庆市遮阳网覆盖面积发展到 1996 年的 1.85 万亩次。使夏秋反季节蔬菜上市时间提早 7～30 天，大春蔬菜延后 15 天左右，芹菜的上市时间由秋冬季延伸到一年四季。

遮阳网覆盖栽培技术的推广，为全市严重高温伏旱的夏秋季保护地栽培蔬菜提供了可靠的技术措施。市人民政府非常重视、支持这一技术，把其作为实施三高农业的重要措施予以大力扶持。1990—1995 年，重庆市累计投入资金约 200 万元，用于推广扶持。市科委也把该项目作为“八五”重点推广项目进行管理，促进了该技术的发展。遮阳网技术的应用，不仅改善了夏秋季的生产条件，使菜农省工省力，增产增收，而且增加了社会的蔬菜上市总量，丰富了市民的“菜篮子”。为缓解春秋两个蔬菜淡季的社会供求矛盾，减轻政府对蔬菜两个淡季的压力，提供了高效实用的技术。加之成苗率的提高，蔬菜品质的改善，使政府、生产者和消费者都从这一技术中得到了实惠。

市人民政府对“菜篮子”工程进行了大量投入，全市先后兴建育苗场 20 个，大中棚设施栽培面积 18 738 亩，小棚面积 1.5 万亩。并在原大中小棚塑料薄膜覆盖栽培一季的基础上，推广塑料遮阳网膜覆盖栽培技术 1.85 万亩。这些技术的应用，使蔬菜基地的单位面积产量逐年提高，栽培品种增多。特别表现在每年 3—4 月的春淡和 8—10 月的秋淡期间，蔬菜基地的市场上市量就在 5 400 万千克（仅市区）以上，品种在 40 个以上。不仅保证了市场供应，而且满足了不同层次的需求，丰富了淡季蔬菜市场。

1997—2001 年，借助“南方设施蔬菜多样化生产新技术开发”的契机，在学习外地技术、经验的同时，开展“设施蔬菜周年多样化生产技术”研究、推广项目，组织教学、科研、生产三个方面一起攻关。从大棚、节水、新型覆盖材料入手，从提高综合利用效益、增加设施蔬菜生产的科技含量、简化田间管理上寻找突破口，促进设施蔬菜栽培进一步发展。以提高塑料大棚的综合利用率。在丰富淡季蔬菜市场的同时，达到高产高效的目的。1996 年，市农科所的专家已与区农技人员一起研究、筛选出了 6 种栽培模式，为该市大面积提高塑料大棚的利用率奠定了基础。

在此期间，全市蔬菜消费市场发生了很大的变化，市民对蔬菜消费的需求发生了几次大的转变，由大宗蔬菜打主力转向精细蔬菜为主，由精细菜为主转向精细、高档蔬菜为主，又由精细、高档蔬菜转向以精细、高档蔬菜与野菜、大宗菜消费同步发展的势头。蔬菜消费趋势的转变，使 1996 年夏秋季部分靠设施种植小白菜、瓢白和莴笋的菜农的亩收入与种植花菜、芹菜相当，甚至还高（亩收入 5 000 元左右），改变了以往只有种精细菜、高档菜才能增收的惯例，这种转变促使蔬菜生产管理部门，要多层次、多品种、提高蔬菜设施综合利用，合理有效地组织蔬菜生产。

1997 年，全市通过合作投资 4 500 万元，新建一个高新农业（蔬菜）生产基地，计划（一期工程）占地 40 公顷，全套引进以色列现代温室设备和技术，建设 2 公顷现代温室、14 公顷大棚、12 公顷露地栽培，该基地生产全部采用计算机控制，穴盘育苗、喷灌、滴管等灌溉施肥技术。

2012 年，依据《重庆市农业农村经济发展第十二个五年发展规划》，重庆市农业委员会组织编制了《重庆市“十二五”蔬菜产业发展规划》，该规划中提出“十二五”期间，在栽培技术发展上的重点任务是要扩大设施蔬菜生产。到 2015 年，全市建成设施蔬菜基地 50 万亩，大中小棚等设施种植面积超过 100 万亩，占比由 4% 提高到 10% 以上。

九、无公害蔬菜生产栽培技术

1999 年，全市开展无公害蔬菜生产工作，确立了蔬菜生产工作的重心由增加数量向提高产品质量的转移，蔬菜生产工作重点也围绕如何发展无公害蔬菜生产和提高蔬菜产品质量而开展。市农业局于1999—2001年连续三年制定下发了《重庆市无公害蔬菜生产工作实施方案》，明确了蔬菜基地环境背景和市场销售蔬菜质量的基本情况调查、无公害蔬菜生产技术的试验示范及推广、无公害蔬菜监测体系和监测制度的建立健全和完善、无公害蔬菜的营销与上市、无公害蔬菜有关法规与标准的制定出台和生产技术规程的研究实施以及无公害蔬菜基地的验收和评比等工作实施内容及要求，通过无公害蔬菜生产工作的全方位全面开展、典型示范带动大面积无公害蔬菜生产技术（如：无公害蔬菜新农药施用技术、无公害蔬菜“TBS”肥料施用技术）的推广、无公害蔬菜生产基地的发展、巩固和完善以及无公害蔬菜的推广与营销等措施，促进了蔬菜生产的可持续发展。而且，为了规范重庆市无公害蔬菜农药检测工作，防治受污染的蔬菜进入市场，让市民真正吃上放心菜，重庆市还于2001年专门制定了《重庆市2001年无公害蔬菜农药残留检测实施办法》切实抓好无公害蔬菜的检测工作。

1999年，全市无公害蔬菜生产示范面积2.05万亩，带动面积4.8万亩。

在无公害蔬菜生产中，病虫害防治占有重要地位，选择高效、低毒、低残留农药又是病虫害防治中的一项重要措施。通过多年的试验、示范和外地的经验介绍，确定在无公害蔬菜病虫防治中示范推广0.9%集琦虫螨克乳油等生物农药。

在肥料使用上无公害蔬菜还采用了“TBS”肥料施用技术，应用推广蔬菜生产专用肥料，是无公害蔬菜生产的重要技术措施之一。田必施（TBS）有机无机复合肥是有机肥（鸡粪、牛粪、泥炭、渣肥）等经高温灭菌处理后，添加微生物发酵烘干，与一定量氮、磷、钾化肥混合生产而成的一种高效肥料。该肥料氮、磷、钾含量共占25%左右，且含有一定微量元素，有机质含量较高。经过在茄果类、叶菜类、根菜类、瓜类蔬菜上试验研究结果表明，使用该肥料具有增加产量，降低蔬菜产品中硝酸盐含量，提高产品质量，增强植株抗病性等诸多优点。因此，重庆市在无公害蔬菜生产中推荐使用该肥料，并发布针对茄果类、瓜类、白菜类、甘蓝类、绿叶菜类、豆类等主要菜类田必施肥料施用技术。

2002年，为切实贯彻《重庆市无公害蔬菜管理办法》，搞好当年无公害蔬菜工作，实施蔬菜产品从“菜地到餐桌”的全程监管，确保蔬菜质量和食用安全，市农业局制定了《2002年无公害蔬菜监测工作实施方案》，加大了对无公害蔬菜监测的工作力度。根据《重庆市无公害蔬菜管理办法》的有关规定，制定了《重庆市无公害蔬菜认证管理暂行规定》。规定明确了无公害蔬菜基地和蔬菜产品的认证方式、认证条件、认证流程，认证标识的使用权限、期限及监管等相关规定，从根本上规范了无公害蔬菜的认证管理。《办法》与《暂行规定》的出台，标志着重庆市对蔬菜的生产、经营活动开始实施全面管理。

2002年，无公害蔬菜生产技术推广项目，主要有蔬菜防虫网覆盖栽技术、病虫害综合防治技术（包括生物农药和新型杀虫灯应用技术）、平衡配方施肥技术等。防虫网推广面积10万米^2，重点在叶类菜生产区域应用。推广杀虫灯500盏，覆盖面积3万亩，推广生物农药45万亩，推广BB肥500吨。

2008年，根据市人民政府办公厅《关于加快蔬菜产业发展促进农业增收的意见》，市农委结合蔬菜生产实际，特提出加快蔬菜生产发展的指导意见（以下简称《意见》），《意见》中指出要强化蔬菜生产的技术支撑，提高蔬菜的产量和质量，特别是在栽培技术上强调要推广无公害全程控制技术。由于蔬菜质量安全关系国计民生，特别是露地蔬菜生产，应严格按照无公害标准化生产技术规程操作。在蔬菜种植规模区推广蔬菜生产“两网一膜”覆盖栽培技术，提倡生物防治和物理防治病虫害，核心蔬菜基地要全部达到无公害蔬菜基地要求，争取更多的蔬菜基地取得绿色和有机食品认证。

十、蔬菜产业化栽培关键技术集成与示范

2008—2015年，市农科院蔬菜花卉研究所在蔬菜栽培技术上大力开展集成创新与引进消化吸收利用，研究集成集约化育苗技术、蔬菜嫁接栽培技术、半旱式稻菜轮作儿菜栽培技术、生物多样性栽培技术；引进、消化集成创新蔬菜肥水一体化技术、高山蔬菜避雨栽培、无公害病虫防控技术等7项实用技术。这些技术整体研究达国内领先水平，特别是蔬菜嫁接防病技术、半旱式稻菜轮作儿菜栽培技术、生

物多样性栽培的优化模式处于国内领先水平。集约化育苗技术等提供了规模化种苗生产技术，解决了以前分散育苗质量差、用种量大、新品种推广不易等难题；节水节肥、减少农药施用，如嫁接栽培技术，有效克服了蔬菜基地连作障碍、破解蔬菜基地土传性病害危害严重的难题，具有节本、增效等特点；通过集成技术的综合应用，构建了重庆蔬菜安全高效生产关键技术支撑体系。

（一）研究集成蔬菜工厂化育苗技术

研究提出了茄子、番茄、辣椒和黄瓜等蔬菜工厂化育苗技术规程 4 套；研究提出了茄子、番茄、辣椒、黄瓜等专用育苗基质 4 个和 1 个广适性的营养配方；研究提出了茄子、番茄、黄瓜等蔬菜的优质商品种苗标准。

（二）嫁接蔬菜栽培技术体系构建

针对全市及西南地区特殊气候和生态环境，首次构建起了完善的蔬菜嫁接栽培技术体系，特别是西南地区越冬苗嫁接技术体系。包括番茄、茄子、黄瓜、苦瓜和西瓜等适宜砧木和接穗品种、适宜播种和嫁接时期、嫁接方法和技术、嫁接后苗期管理及配套栽培等技术体系。2013 年，在全市主要基地示范，田间调查茄子嫁接栽培对青枯病和黄萎病防病效果分别达 98.47% 和 97.70%，较自根苗增产幅度达到 184%。番茄嫁接栽培对枯病的防病效果达 98.60%，枯萎病达 100%，较自根苗增产幅度达 132%。

（三）半旱式稻菜轮作儿菜栽培技术

重庆市研究集成了半旱式稻菜轮作儿菜标准化生产技术，水稻收获后，即 8 月底 9 月上旬，每间隔 2～3 米开挖一条排水沟排水，保持沟内 5 厘米深的水面，将收割后的稻草分割成 5 厘米左右还田，儿菜进行育苗移栽，翌年 3 月下旬结束。2013 年，在璧山丁家示范，亩产量 2 500～4 000 千克。

（四）生物多样性栽培技术

重庆市通过多年试验研究与示范展示，集成提出了嫁接苦瓜（南瓜）+辣椒、辣椒+豇豆、嫁接苦瓜+速生叶菜（旱藤菜、苋菜、木耳菜、小白菜）、冬瓜+速生叶菜（旱藤菜、苋菜、木耳菜）、菜豆（豇豆）+春甘蓝（春大白菜）、丝瓜+西葫芦、菜豌豆+芫荽、菜豌豆+青蒜等蔬菜高效间套栽培模式 8 套。不仅能合理利用田间空地，提高单位面积生产效益，还能改善田间通风透光性，调节土壤温湿度，增强蔬菜作物长势和抗病虫能力，减少农药使用，降低或减少农药对环境污染，确保田间生态平衡与稳定，有效地保护农业生态环境。2010—2014 年，重点在全市渝遂线保供蔬菜产业基地（潼南、铜梁、璧山）、高山蔬菜基地（武隆）以及万州、涪陵、黔江、永川、合川、巴南、江津等区域自平衡基地进行示范推广，5 年累计推广应用总面积达 140.1 万亩，新增经济效益近 8.406 亿元，经济效益十分显著。

（五）蔬菜肥水一体化技术

重庆市结合全市地形、土壤、水质等条件，通过优化集成提出的水肥高效利用的栽培管理技术。通过借助微灌系统，将供水与施肥相结合，利用微灌系统中的水为载体，在灌溉的同时进行施肥，实现水和肥一体化利用和管理，使水和肥料在土壤中以优化的组合状态供应给作物吸收利用，具有减少用工、节省劳力、方便水肥管理、保持土壤良好理化性状、增加地温、节约肥水、提高肥水利用率、抑制土壤盐碱化等作用。2011—2013 年，在潼南、铜梁、璧山、武隆等区域示范推广，平均亩产较常规蔬菜栽培增产 30% 以上，平均亩增收节支 850 元。

（六）高山蔬菜避雨栽培技术

重庆市研究提出高山蔬菜通过搭建专用的避雨棚或利用已有的塑料大棚等设施在夏季多雨季节进行

防雨栽培方式，可有效降低湿度，减轻病虫害的发生，从而减少蔬菜用药量，提高蔬菜产品的质量和产量，增加经济效益。2011—2013 年，番茄青枯病平均发病率较露地栽培减少 15%，黄瓜枯萎病平均发病率较露地栽培降低 13%；番茄较露地增产 21.1%，黄瓜较露地增产 19.2%。

（七）蔬菜无公害病虫防控技术

重庆市通过开展茄果类蔬菜、瓜类蔬菜主要病害、丝瓜瓜实蝇综合防治试验研究，示范推广生物农药；开展物理防治蔬菜虫害技术研究，利用色板、杀虫灯、诱捕器等物理手段防治虫害；开展防虫网绿叶蔬菜生产技术研究。研究集成重庆地区高湿寡照高温环境茄果类蔬菜、高温高湿环境主要瓜类蔬菜、夏秋高温干旱环境速生绿叶菜和秋冬蔬菜等的一系列优质高效安全生产技术，构建了重庆蔬菜安全高效生产关键技术体系。

十一、其他蔬菜栽培技术项目的推广应用

1991—1993 年，在开展蔬菜科技项目的试验、示范、推广工作中，由农科所、种子站、植保站、土肥站、局蔬菜处和市郊各区农业部门共同承担实施了蔬菜科技推广项目共 35 项，到 1993 年 12 月完成 18 项：

（一）推广破季蔬菜栽培技术，丰富淡季上市花色品种

重庆市在实施“破季蔬菜栽培技术示范推广”“春大白菜、秋茄子试验示范推广”“春花菜栽培试验示范推广”等项目中，利用全市蔬菜基地分布的立体气候差异，从品种选择、改变延长播种时间、栽培规格等方面打破传统的栽培模式，在歌乐山、黄桷垭等淡季蔬菜基地种植了秋黄瓜、秋四季豆、秋豇豆、秋番茄、秋茄子、春花菜、春大白菜等破季菜，三年累计推广面积 11 000 亩，上市蔬菜 1 800 余万千克，这些蔬菜均在淡季上市，丰富了淡季供应的花色品种，满足了市场的需求。

（二）推广应用蔬菜遮阳网覆盖栽培配方施肥和叶面肥施用技术

遮阳网是一项近几年发展起来的新技术，其特点是利用遮阳网覆盖降温保湿，改善小气候，有利于夏季和早秋蔬菜的生长，三年来累计推广应用 183.34 万米^2 遮阳网，覆盖面积 7971.9 亩次，覆盖品种 22 个，早秋菜提早 5 ~7 天上市，提高成苗率 17.61%，试验推广累计增加成苗 10 402.47 万株，与传统栽培比较亩产提高 54.2% 增产蔬菜 509.35 万千克，增收 495 万元。配方施肥是中国施肥技术上的一项重大改革，实施“茄果类蔬菜配方施肥技术推广”项目，全市推广该项技术面积 8 129 亩，增产 249.62 万千克，增加产值 109.57 万元。实施“蔬菜叶面肥筛选及施用技术研究”项目，通过对叶面肥品种的筛选试验，明确了辣椒、豇豆、甘蓝上适用的叶面肥种类，研究出配套的施用技术，示范推广亩增产达 215.5 千克，经济效益十分显著。

（三）针对蔬菜生产存在的主要病害，推广蔬菜病虫害防治等技术

重庆市针对生产中出现的新的病虫害，实施了“小菜蛾防治技术研究”“辣椒主要真菌性病害发生防治研究”“茄果类蔬菜主要病虫害综合防治技术探讨”“十字花科蔬菜病虫发生规律及防治技术研究”等项目，项目的实施摸清了当前蔬菜生产中重要蔬菜的病虫害发生发展规律、发生趋势、加重原因、筛选出有效药剂、有效地防止了病虫害的大流行发生。1992 年重庆市小菜蛾发生面积 4.03 万亩，防治 3.9 万亩，防治效果达到95% 以上，挽回损失 3 554.5 万千克，使小菜蛾的危害得到较好的控制。“辣椒主要真菌性病害发生防治研究”项目比较系统的调查研究了全市的辣椒真菌性病害的种类、发生的原因及规律，对三种辣椒的主要病害的病原鉴定、消长规律、生物学特性进行了较全面的研究，对辣椒新配组合的主要真菌病害的抗病性进行了鉴定，并首次鉴定出一种辣椒的新病害——辣椒的黑根腐病，

对该病的防治提供了科学依据。项目还拟定出一套应用高效、低残留的有效农药、丰产栽培技术的综合防治方案，在市郊蔬菜基地示范推广取得了较好的效果。

（四）进行了食用菌病虫害防治的研究和新品种示范栽培推广，增加了菇类上市的品种和产量

全市组织实施了“柱状田头菇高产栽培试验研究”“优质新菇类栽培示范推广”“食用菌周年栽培综合技术推广”和“食用菌主要虫害、病害防治技术研究”等项目，从品种引进、栽培技术、病虫害防治等方面开展研究、示范、推广，推动重庆市食用菌生产迅速发展。上市的食用菌种类由单一的平菇、蘑菇发展到柱状田头菇、后头、金针菇、黄背木耳、鸡腿菇等多种菇类。尤其是金针菇的生产，通过几年的努力，金针菇的生产水平大大提高，平均生物转化率由 57.7% 提高到 76.3%，前二年累计生产金针菇 1 085 吨，市场平均价由每千克 12 元下降到 3.85 元。1994 年，实施了“简易园艺设施生产优质蔬菜技术推广”项目，在重庆市原有简易大棚设施基础上，突破大棚设施主要用于育苗的状况，通过对自然环境条件进一步的研究，正确选择适宜大棚生产的蔬菜品种，合理地优化组织栽培茬口，成功地筛选出了六种蔬菜栽培模式，使大棚设施由以前单一育苗功能向周年蔬菜栽培多功能方向发展，这一使现有设施充分利用、菜农增产增收的措施，为全市现有园艺设施的综合利用和经济效益的提高闯出了新路，也为今后大力发展设施栽培奠定了基础。同年，继续推广了“蔬菜遮阳网覆盖栽培技术”项目，对减轻由于夏季高温、干旱对蔬菜生产造成不利影响方面起到了重要作用。但遮阳网生产投资大，技术性较强，技术推广难度大，经几年的项目实施，在全市起到了良好的示范、带动作用。3 年（含 1994 年）累计推广遮阳网覆盖面积 14 000 多亩次，栽培蔬菜品种 23 个，新增总产 790 多万千克，农民新增总收入 835 万元。对缓解淡季市场供求矛盾起到了积极的作用。同年，在小范围内开展了“钢架大棚无土栽培生菜的试验示范”项目。试验在南岸区四千米育苗场实施，在有关专家协助下，成功地在重庆市首次用无土栽培技术生产出了生菜和芹菜。由于无土栽培生产的蔬菜无污染、品质好、产量高、深受生产者和消费者的欢迎。此技术的试验成功，标志着该市蔬菜生产技术水平有了新的突破。该项工作 1994 年起步，1995 年将继续扩大试验示范范围，并使之进一步完善，形成一套适合重庆市自然条件的综合技术。1994 年，重庆农业科技部门完成了“水藤菜种藤栽培及沙窖贮藏技术研究”项目，提出了一套科学、规范、适应性强，在国内达先进水平的水藤菜种藤栽培和沙窖贮藏的综合技术措施，从技术上解决了因种藤、种苗不足对生产造成影响的问题。实施的“豆类蔬菜配方施肥”项目，对蔬菜的施肥技术进行了具体的深入研究，通过科学、合理地施肥，可降低生产成本，增产增收，同时也把引导农民科学种菜的含义引入了更深的层次。

第四节　政策扶持

自改革开放以来，全市蔬菜产业的发展取得明显效果，很大程度上是通过政策扶持而实现和取得的，这些政策扶持可概括为以下几个方面：

一、对蔬菜生产基地及技术人员的政策扶持

1988 年，为了进一步加强市近郊四区乡（镇）蔬菜技术服务体系的建设，增强产前、产中、产后服务功能，促进蔬菜生产的发展，满足城市人民对蔬菜日益增长的需要，经市人民政府领导同意，市农牧渔业局从市管的蔬菜建设基金中按每人每年 1 200 元的标准拨给近郊四区 20 个蔬菜生产的乡（镇）技术推广服务站各一名蔬菜技术员的人头补助经费 4.4 万元。

1989 年，为了收好、管好、用好蔬菜基地开发建设基金（以下简称菜地基金），改善蔬菜生产条件，根据国家有关规定，市人民政府结合本市实际，制定了《重庆市蔬菜基地开发建设基金管理办法》。该《办法》所称蔬菜基地是指国家为保证城镇及工矿区蔬菜供应，通过国家计划安排的商品菜生

产基地，包括经市人民政府批准调整改作养猪、精养鱼塘和多经作物的菜地。菜地基金则是政府用于新菜地开发建设和老菜地改造的专项基金，包括单位和个人依法缴纳的菜地开发建设费及存储利息，有偿使用回收的本息以及其他按规定应纳入菜地基金管理的资金。菜地基金必须专户存储，专款专用，有偿使用和无偿使用相结合，严格审批，实行项目管理。

1988—1990 年，根据市人民政府有关基层农技站建设的精神，市近郊 20 个乡（镇）陆续建立了农技站，每站配备了四名以上的农技员，主要从事蔬菜生产技术的推广和服务工作。为调动农技人员的积极性，从 1990 年起，市里对各站的年人头补助经费由 1 200 元提高到 2 000 元。

1991 年，为进一步增强乡（镇）农技站的服务功能，加强对乡（镇）农技站的管理与指导，使其向市人民政府领导提出的“四化”方向（组织实体化、体系网络化、管理规范化、服务系列化）发展，更好地为郊区蔬菜生产服务，市农牧渔业局又对各乡（镇）农技站及时下拨了每站 2 人的人头补助经费用于蔬菜技术员技术指导和服务工作。

1994 年，市人民政府办公厅对市农牧渔业局《关于申请 1994 年农技服务体系经费和蔬菜丰收计划经费的请示》和《关于请求增加乡（镇）农技人员补助经费和管理培训经费的请示》等经费问题的请示给予函复，主要有以下几点。同意对近郊四区原 20 个乡（镇）农技服务体系中由市负担的 40 个蔬菜技术员人头补助经费，由每人每年 2 000 元增加为 3 000 元。同意对江北县、巴县、璧山县新扩蔬菜基地按每千亩左右配备 1 名农民蔬菜技术员。3 万亩新扩菜地可配备 30 名，由市、县各承担 15 名人头经费补贴。每人每年按 3 000 元予以补贴。人员配备随基地扩建进度陆续到位。市级补贴资金起拨时间，由市农牧渔业局与市财政局具体商定衔接。同意市级蔬菜丰收计划补助资金从当年起由每年 5 万元增至每年 8 万元。同意每年解决市农牧渔业局技术员培训管理经费 8 万元。同意对市农牧渔业局 1990 年的 2 万元蔬菜丰收计划滚动资金，改为蔬菜丰收计划专项拨款。以上经费，由市财政局在市级蔬菜基地建设基金中列支。

1995 年，为了确保市人民政府提出的抓好蔬菜生产，增加有效供给的目标。根据市人民政府有关领导的批示精神，市财政局安排市农牧渔业局 1995 年蔬菜生产发展补贴经费 116 万元，其主要用于继续推广解决秋淡蔬菜生产的重要技术，发展遮阳网覆盖栽培；无土栽培，增种速生小白菜等确保当前春淡蔬菜供应顺利渡过。同时，有关区县匹配足额的资金并实行项目管理。

1998 年，为加快重庆市蔬菜产业化进程，促进蔬菜生产的发展，根据该市蔬菜产业化工程技术服务体系建设的需要，市人民政府决定从 1998 年起，在新建蔬菜基地乡镇增配 1 名蔬菜技术员，市里每年补助人员经费 3 000 元。并要求区、县也相应配套配备 1 名乡镇蔬菜技术员，使每个蔬菜基地乡镇达到 2 名蔬菜技术员。经市农业局研究决定，对渝北区洛碛镇、北碚区东阳镇、大足县龙水镇、江北区鱼嘴镇、长寿县江南镇、武隆县木根乡等 6 个乡镇由市里各配蔬菜技术员 1 人，各区、县也相应配备蔬菜技术员 1 名，以完成乡镇人民政府及上级业务主管部门下达的任务，示范、推广蔬菜新技术、新品种，促进当地蔬菜生产的发展。

二、对蔬菜种植结构调整及技术推广的政策扶持

1989 年和 1991 年，为确保当年全市渡秋淡主要坐镇品种水藤菜 6 267 亩和 6 517 亩种植计划的落实，以缓解秋淡期间的供求矛盾，促使菜农适时种好水藤菜，保证秋淡期间有数量充足的水藤菜上市。重庆市人民政府决定由市里拨款对水藤菜每种植一亩补贴种苗款 10 元，按市郊六区的种植计划面积进行划拨，分配补贴到户。

1992 年，市农牧渔业局经请示市人民政府领导同意，对近郊四区增种的渡春淡速生小白菜种子进行了补贴，按种植一亩小白菜所需种子费用 5 元的标准补贴到各区农业局。

1998 年，重庆市蔬菜科技示范园项目被农业部列为 1998 年农业综合开发菜篮子工程专项计划的意向建设项目，农业部下达了项目总投资控制规模，该项目投资总规模 150 万元，其中中央财政资

金 50 万元，地方配套资金 50 万元，自有资金 50 万元。中央财政资金 80% 为有偿使用，有偿资金自借款合同生效起第 4 年开始还款，分两年还清，占用费月费率 0.5%，项目资金实行专款专用，专账管理。

2000 年，市农业局按照蔬菜品种结构调整，发展名、特、优蔬菜的总体要求，根据各区县（市）的资源和基础工作情况，安排下达了 2000 年蔬菜结构调整补助资金 82 万元。

2001 年为了搞好无公害蔬菜检测工作，重庆市农业局为有关区县配置无公害蔬菜流动检测车 8 辆。

2007 年，市财政局为支持石柱县辣椒产业的发展，帮助山区农民脱贫致富，根据市人民政府《关于加快石柱县辣椒产业发展的会议纪要》，决定一次性补助该县农业专项资金 100 万元，专项用于辣椒良种繁育及推广。

三、对蔬菜产品流通及销售价格的政策扶持

1985 年以来，重庆市农产品流通初步形成了以国有企业为主导，多渠道，少环节的流通体制，促进了生产，繁荣了市场，稳定了物价，安定了人心。1991 年，为了贯彻落实党的十三届八中全会和国务院《关于进一步搞活农产品流通的通知》精神，重庆市人民政府结合该市实际情况，就深化蔬菜流通体制改革提出了对蔬菜实行“管淡放旺”的流通体制的相关意见，具体如下：

从 1992 年起，近郊区国合蔬菜部门实行旺季放开，淡季管理的流通体制。春秋淡季（含元旦、春节）国合蔬菜部门必须保证城市人口日平供菜 200 克，叶类蔬菜比重不低于 50%，国合蔬菜部门淡季合同数量仍按计划基地面积每月每亩订购 140 千克执行，春淡订购莲白、瓢白、莴笋三个品种，秋淡订购冬瓜，水藤菜两个品种，由市物价局制定指导收购价，继续实行差率管理，其余品种随行就市。旺季国合蔬菜部门要积极经营蔬菜，以调节品种、数量为主，经营随行就市。市中区蔬菜流通体制暂维持现行政策不变。有条件的远郊区也可实行“全放开”试点，由区人民政府自行决定，并报市人民政府备案。

蔬菜亏损补贴，以 1991 年实际亏损额为基数，按现行财政体制两级承担，“八五”期间不变。其中区承担部分按原项目进行安排。超基数市财政承担部分（市中区除外），主要用于全市性的市场调节补贴（仍按超收分成体制承担）、批发市场建设、网点设施改造。由市蔬菜公司提出使用意见，市二商业局、市财政局审核，市财办批准。除市中区外的其他区经营人员的费用补贴，从 1993 年起，逐年递减 15%，所减费用转入生产发展资金，仍由区政府安排，用于蔬菜行业的发展。

1992 年，按照党的十四大关于建立社会主义市场经济体制的要求，重庆市人民政府决定进一步深化蔬菜产销体制改革，从 1993 年 1 月 1 日起，全面放开蔬菜购销价格。1995 年，时任重庆市市长刘志忠在市人民政府办公厅召开了近郊区区长和市级有关部门负责同志参加的平抑蔬菜价格座谈会。会议分析了重庆市当时的物价形势，听取了近郊各区和市级有关部门近段时间在加强物价管理、搞活蔬菜流通方面的情况汇报，提出了平抑菜价的若干措施。在蔬菜产业的优惠政策上特别提出对蔬菜收购和销售给予政策支持：近郊各区要积极引导农民和贩运大户组织蔬菜进城销售，努力形成以国合商业调控、农民直销与贩运大户经营相结合的多渠道蔬菜流通体系。鼓励支持近郊农村组建蔬菜直销公司，在主产区设收购站，组织蔬菜进城销售。市级有关部门要从场所、摊点、税费等方面予以支持。在淡季，对直接进入近郊农贸市场销售蔬菜的农民和贩运大户免收市管费，对蔬菜供应做出突出成绩的贩运大户给予奖励。为降低蔬菜运输成本，年内免收整车运菜机动车辆的过路费（成渝高速公路除外）、过桥费和过渡费。

1997 年，为进一步繁荣城乡经济，促进农民致富奔小康，保障市民生活供应，重庆市人民政府决定建设该市蔬菜副食品绿色运输通道，对“菜篮子工程专用车”提供方便，实行有关优惠政策。市人民政府采取多渠道筹资，购置“菜篮子工程专用车”70 辆（去年已购置 20 辆），专门用于蔬菜、鱼、禽、蛋等副食品运输。这 70 辆专用车实行统一颜色、统一标识、统一编号，并享受市人民政府的有关

养路费、过桥费交纳及进出城不受时间限制等优惠政策。

四、救灾补助

2006 年，由于全市遭受特大干旱，80% 在土蔬菜成灾，造成大春蔬菜提前枯萎拉秧，产量锐减；秋季蔬菜种植困难，种子损失严重。同时，旱灾造成叶类蔬菜价格大幅度上涨，严重影响了蔬菜供应和市民生活。为保障市场供应，稳定蔬菜价格，增加农民收入，根据市人民政府领导指示精神，经研究，市财政局、市农业局决定对 2006 年主要蔬菜基地区县补贴对路蔬菜种子，组织抗旱减灾增种速生叶类蔬菜。具体安排如下：

（一）补贴范围

根据各蔬菜基地的生产优势、区位优势、设施条件以及当年干旱受灾情况，在渝北、巴南、九龙坡、沙坪坝、江津、璧山、永川、潼南 8 个区县（市）增种速生叶类蔬菜 4.6 万亩，市财政对蔬菜种子实行政府采购补贴。补贴蔬菜种类为速生小白菜、早熟大白菜及耐热莴笋。

（二）补贴标准

根据不同蔬菜种类的亩播种量测算，种植每亩速生小白菜补助种子 1.5 千克、早熟大白菜每亩补助种子 1 千克、耐热莴笋每亩补助种子 0.65 千克。

（三）补贴办法

全部以种子实物无偿发放给有关区县（市）蔬菜生产基地。市财政安排 100 万元专项资金，经市农业局组织招标确定采购市种子公司、重庆科光种苗有限公司（以下简称供种企业）蔬菜种子 4 万千克（其中速生小白菜采购价为 25 元／千克，采购量为 1.5 万千克；早熟大白菜 42 元／千克，采购量 0.5 万千克；耐热莴笋 21 元／千克，采购量 2 万千克）。供种企业按照各区县（市）增种计划（详见附表），在 8 月 23 日前分批将种子送达相关区县（市）指定蔬菜基地镇（乡），并将各蔬菜基地镇（乡）的签收单据经所在区县（市）农业局审核签章作为政府采购付款凭据。区县（市）同时留存备查，市财政按照政府采购程序拨付采购种子款。

五、现代农业生产发展资金使用

2007 年，根据《重庆市财政局关于下达 2007 年市级农业生产发展资金计划的通知》，追加项目区县（单位）2007 年蔬菜生产补贴项目资金 500 万元。

2008 年，为贯彻落实重庆市委、市人民政府关于支持蔬菜产业发展的精神，加快该市蔬菜基地规模化、标准化，切实保障居民蔬菜供给，促进农民增收，重庆市财政局专门制定了《重庆市蔬菜基地建设补助资金管理暂行办法》（以下简称《办法》）。该《办法》所称蔬菜基地建设补助资金是指市财政整合中央和市级预算安排的农业综合开发、水利建设、扶贫、农业生产发展和区县财政性用于支持蔬菜基地建设的补助资金。补助对象是指在市人民政府规划的蔬菜基地范围内，连片常年种植蔬菜或连片租耕地并常年从事蔬菜种植规模达到 200 亩以上的企业、集体、蔬菜专业合作经济组织等业主或农户。补助则按田间便道补助 35 元/米；板车道补助 70 元/米；机耕道补助 120 元/米；水利排管渠道 U 型槽渠补助 130 元/米，浆砌砖渠补助 200 元/米；发酵池补助 2 200 元/口；上车台补助 2 000 元/口的标准实施，补助资金由市级承担 90%，区县级承担 10%。

“十二五”时期，重庆市委、市人民政府加大政策资金投入，把蔬菜基地建设纳入“民生工程”强势推进，全市各级财政将蔬菜发展纳入年度预算，给予专项资金支持。加大对蔬菜冷链系统建设、产品外销及鲜菜加工的扶持力度，设立蔬菜生产风险资金，积极化解自热风险和市场风险，切实提高蔬菜均衡供应能力。同时，整合水利、交通、扶贫、农综、移民、国土政治等部分资金，支持三级蔬菜保供基地建设。在重点产区，优先将蔬菜作为创建现代农业示范园区的重大项目予以扶持发展。加强蔬菜基地保护，实行更严格的占补平衡和补偿机制，将新建改建基地纳入基本农田重点保护，使其成为稳固的蔬菜基地。

2008—2012 年，全市现代农业生产发展资金项目蔬菜产业投入合计 6.1 亿元（其中中央财政现代农业生产发展资金 2.1 亿元，省级财政现代农业发展资金 3 亿元，区县级财政现代农业生产发展资金 0.98 亿元）。

这些资金投入对全市蔬菜生产发展主要用于：扶持县级蔬菜产业 70 个，扶持龙头企业 269 个，扶持农民专合组织 766 个，补助农户 2.24 万户，带动农户 14.22 万户，涉及项目区主导产业 2 950 万吨及产业面积 1 900 万亩，引进及推广新技术 304 项、培训农民 1 184 万人次，增加就业 13.2 万人。

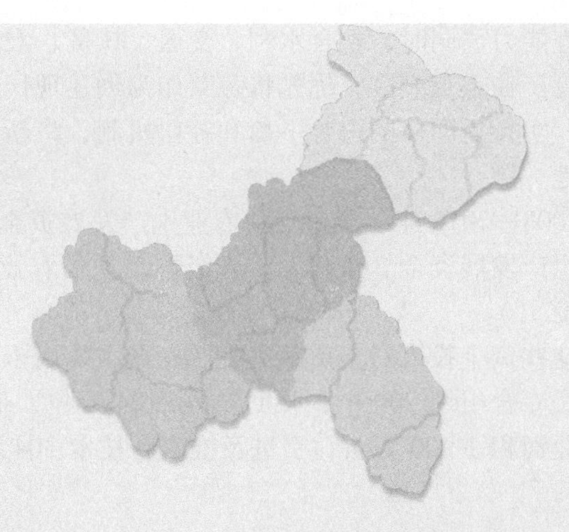

第五章 柑橘

重庆是中国柑橘原产地之一，具有柑橘栽培历史 4 000 余年。柑橘种植是全市重要传统经济作物，柑橘总收入在全市农副产业总收入中仅次于粮食、生猪和蔬菜。

重庆三峡库区作为全国唯一的既无冻害，又无检疫性病害的柑橘产区，自然条件得天独厚，被农业部列为全国柑橘优势产业区，其种植面积占全市柑橘面积的 70% 。

种植柑橘既可增加绿化面积，防止水土流失，保护三峡库区生态环境，又可以促进三峡库区农业增效、农民增收。柑橘是三峡库区移民安稳、脱贫致富和生态环境建设的主导经济作物，是构建和谐三峡、绿色三峡的优势产业和支柱产业，是产区农民重要的经济来源。在重庆历届市委、市人民政府带领下，全市着力打造长江三峡柑橘产业带（表 7－5－1）。

表 7－5－1　1986—2015 年重庆柑橘产量、面积表

年份	面积（万亩）	产量（万吨）
1986	48. 4	22. 1
1987	49. 9	23. 9
1988	53. 0	14. 1
1989	56. 0	29. 7
1990	55. 3	27. 9
1991	65. 1	31. 1
1992	68. 6	33. 5
1993	71. 2	42. 7
1994	73. 0	42. 2
1995	76. 8	45. 2
1996	81. 7	43. 3
1997	84. 4	45. 7
1998	90. 3	54. 6
1999	90. 0	52. 7
2000	94. 7	58. 4

（续）

年份	面积（万亩）	产量（万吨）
2001	103.2	59.9
2002	138.9	65.7
2003	144.4	75.2
2004	147.1	80.0
2005	163.4	54.4
2006	164.9	42.7
2007	170.8	51.3
2008	180.5	55.6
2009	189.5	126.3
2010	207.0	139.0
2011	221.2	153.3
2012	242.1	171.5
2013	237.5	193.2
2014	266.9	207.2
2015	288.7	224.9

第一节　生产发展与产区布局

重庆地处中亚热带湿润季风气候区三峡库区江津至巫山的长江流域，海拔400米以下的地区年均气温在17～19℃，≥10℃的年有效积温5 500～6 500℃，最冷月均温5.9～7.5℃，极端最低温－2.3℃，年日照1 200～1 600小时，无霜期长达341天，相对湿度65%～80%，年降雨量1 100～1 300毫米，冬暖春早、秋短夏长、雨热同季。三峡工程竣工后，库区巨大水体对气温的垂直影响达400米，宽度可达2 000余米，冬季均温上升0.3～1.0℃，夏季则下降1.0～1.2℃，冬暖夏凉，出产柑橘的品质优异、风味浓郁，曾多次在历届中国农业博览会上获得奖牌。重庆是全国柑橘种植的最适宜地区之一，全市柑橘产业集中布局在三峡库区的优势区域。

一、生产发展

（一）主要发展阶段

1. 商品化基地建设

1984年以来，国家把柑橘管理由二类农产品改为三类农产品，取消统派购销，放开搞活，柑橘价格提高，同时，随着重庆市柑橘承包责任制的实施，有力调动了广大果农的生产积极性，促进了柑橘生产的稳步发展，为外贸出口创汇、发展加工业和改善市场供应创造了条件，重庆成了全国著名的柑橘主产区，这段时期，重庆市的柑橘主栽品种是甜橙和红橘，柚类和柠檬的栽培面积较小。1986年，铜梁县因选育出的铜水72—1优质锦橙品种，被农牧渔业部确定为优质柑橘商品生产基地县。为此，市财政从1986—1990年，投资1250万元在江津、合川、铜梁、永川、璧山、巴县、长寿、江北8个县建设了约40万亩的柑橘商品基地，重点发展锦橙、血橙、脐橙、夏橙、冰糖橙、大红袍、沙田柚等名特优产品，品种安排为：甜橙类73%、柚类占4%，主要发展长寿沙田柚、红心柚、五布柚；柠檬占3%，主要发展尤力克和里斯本；宽皮柑橘类占20%，主要发展椪柑，早熟温州蜜柑、江南柑、红橘。柑橘面积从1986年的48.4万亩到1990年的55.3万亩。

2. 长江柑橘带建设

1988年，国家计划委员会《关于长江上中游地区水果开发利用世界银行贷款项目建议书的复函》指出，以四川省除重庆市的地区、湖北省、重庆市的29个县为建设区（其中10个县为重点建设县），通过其示范作用，带动长江沿岸以柑橘为主的水果向优质高产发展。该项目实施阶段为1990—1995年，江津、长寿为重点建设县，巴县、合川、潼南为带动县，当时隶属四川的开县、涪陵市、奉节县是四川长江上中游柑橘带项目建设的重点县市，垫江、丰都、万县、云阳为项目带动县。国家计委拨付重庆市世界银行贷款1 100万美元，并由重庆市负责偿还外汇贷款本息。该项目为重庆柑橘产业建设良种繁育基地910亩，建设锦橙、夏橙、沙田柚柑橘果园30 900亩，改造夏橙低产果园3 600亩，同时建柑橘贮藏库4 000米^2，果实商品化处理生产线2条，年处理鲜果9 600吨。

1995年，重庆全市柑橘面积达到76.8万亩，产量45.2万吨，为提升重庆柑橘产业的地位以及直辖后的柑橘产业发展奠定了基础。

3. 施格兰·三峡柑橘产业化项目建设

1995年，美国施格兰公司数次考察中国及三峡库区柑橘发展现状。1997年，施格兰·三峡柑橘产业化项目正式落户忠县。该项目是以建设年产7.5万吨鲜橙汁的果汁加工厂为目的、产加销一体化的柑橘产业化系列项目，总投资5.8亿元人民币（美方投资3 150万美元，中方投资3.2亿元人民币）。项目分三大部分：一是由施格兰公司投资1 100万美元在忠县新立镇援建施格兰柑橘技术中心、无病毒容器繁育柑橘苗圃和237亩的柑橘示范园，为忠县柑橘基地果园无偿提供技术支持和152万株优质脱毒柑橘苗；二是重庆市三峡建设集团忠县柑橘有限公司建设0.67万公顷（10万亩）橙汁原料基地，美方为此提供1 000万美元长期贷款；三是2003年由中美双方共同投资1 500万美元，建设果汁加工厂。

该项目为重庆柑橘产业发展带来了规模化发展、高标准育苗、高标准建园、高标准管理的理念，引入了标准化柑橘园的栽培技术、柑橘无病毒工厂化育苗技术以及柑橘加工品种和NFC冷鲜橙汁的加工技术。

4. 百万吨优质柑橘产业化项目建设

2001年，为加快发挥重庆得天独厚的柑橘资源和技术优势，顺应西部大开发和三峡库区产业发展的需要，切实保护库区生态环境，重庆市委、市人民政府调集重庆市发展和改革委员会、重庆市财政局、重庆市农业委员会、重庆市农业局、重庆市移民局、重庆市国土房管局、重庆市扶贫办、重庆市林业局、重庆市科学技术委员会、重庆市农业综合办公室等部门力量，斥资36亿元，实施"重庆市百万吨优质柑橘产业化工程"，该工程旨在调整重庆市柑橘品种结构和上市供应期、建设柑橘无病毒苗木繁育体系以及亚洲最大的橙汁加工基地。工程实施期间，为推广使用柑橘无病毒容器苗和柑橘标准化的建园技术，2003年初，重庆市人民政府出台了柑橘种苗扶持政策（市财政补贴2.0元/株、项目区县财政补助2.0元/株），以及柑橘标准园建设扶持政策（百万吨工程项目的柑橘建园标准为2 500元/亩，其中市级补助25%，项目区县补助20%，农户或业主自筹55%）。随着该项目的实施，全市柑橘良种无病毒苗木繁育容器育苗水平达到国际先进水平，在国内柑橘界取得了一定影响。为此，农业部于2003年将重庆纳入《柑橘优势区域发展规划》。国务院三峡工程建设委员会、农业部和科技部也把重庆市柑橘产业发展纳入《三峡库区经济社会发展规划》。

同时期，三峡建设委员会实施的"重庆三峡库区柑橘产业开发项目"，由重庆市移民局牵头在重庆三峡库区实施。并先后出台了一系列关于柑橘标准化建园改土、幼龄果园抚育、柑橘种苗等方面的优惠扶持政策，其中，实行柑橘优质种苗补助6元/株（其中1元/株为运输费），建园补助标准为3 100元/亩（种苗费包括在内），农民投劳折算900元/亩。

2006年4月，时任国务院总理温家宝视察重庆柑橘产业，并提出"统一规划，把柑橘做成库区大产业"，5月17日，签批了农业部《关于扶持三峡库区柑橘的意见》。2007年4月，农业部出台了《三峡库区柑橘种苗补贴项目资金管理暂行办法》，对新发展柑橘苗木和改建果园高接换种按照每亩200元进行补贴。重庆市人民政府也出台《重庆三峡库区优质柑橘种苗补贴项目暂行管理办法》对柑橘苗木实行每亩定植50株，每株由财政补贴5元（种植户自筹1元/株）的标准进行补贴。同时，还出台了《重庆市百万吨优质柑橘产业化工程标准化果园建设补助暂行办法》，市财政预算安排专项用于支持百万吨优质柑橘产业化工程标准化果园建设的财政性资金，实行先建后补和果园改土的定项补助等优惠扶持政策。

截至2007年，全市在江津至万州的长江流域海拔400米以下地带，建成早中晚熟品种配套及鲜食加工兼顾的高标准柑橘基地34万亩，高接换种10万亩，全市柑橘面积达到170万亩，产量51.2万吨，年加工柑橘100万吨加工能力。同时，重庆三峡建设集团有限公司、汇源集团、澳门恒河果业有限公司、新加坡复发中记等四大柑橘龙头企业入驻重庆。这一阶段的柑橘项目建设，为重庆发展成为全国最大的柑橘无病毒苗木生产基地、橙汁加工区和全国首个在建的柑橘非疫区奠定了坚实的基础。

5. 标准化果园建设及晚熟柑橘大发展

2007年10月，重庆市委、市人民政府提出“把重庆三峡库区柑橘产业打造成为中国柑橘第一品牌”，市人民政府办公厅印发了《关于进一步加快柑橘产业发展的意见》，提出“以提高柑橘综合生产能力为主线，以优势区域为重点，加工与鲜销结合，早中晚熟期品种搭配，优化区域布局，大力推进标准化果园建设，积极培育多元化生产经营主体，加大柑橘产业化经营力度，努力把重庆建设成为世界柑橘最具竞争优势的地区之一”的指导思想。为此，全市整合了《三峡库区柑橘产业开发项目》《重庆百万吨优质柑橘产业化项目》等项目资金，整合国土局、移民局、扶贫办、农综办、农业局、水利局等部门力量发展柑橘产业。市农业局和市发展和改革委员会共同制定了《重庆市柑橘产业发展重点区域建设规划》。市财政也出台柑橘标准果园建园享受财政资金补助1 900元（含规划设计、管理费等100元），其中：标准果园建园每亩补助1 500元，种苗补助每亩250元，3年幼龄果园抚育管护每亩150元（每年补助50元）等一系列扶持柑橘产业发展的优惠政策和管理措施。还出台了《重庆市柑橘产业发展资金筹集与管理暂行办法》，加强对资金管理。同时，为保证柑橘产业发展资金，重庆市成立了重庆农业担保公司，为柑橘产业发展贷款担保贴息，江津、忠县和开县等柑橘主产区试点柑橘保险，约定柑橘保险金额1 000元/亩，保费费率2%，即20元/亩，保费由市级财政补助50%、县财政补助20%、种植业主承担30%。

2008年3月，历经项目申报和布置5年后，《重庆市柑橘非疫区建设项目》——全国首个柑橘非疫区进入建设阶段。

在标准化果园的建设阶段中，由于2008年四川广元蛆柑事件导致柑橘卖难，加上全国中熟柑橘（12月—翌年1月成熟）熟期失衡导致的滞销卖难、价格下降以及库区柑橘品种老化、单产较低等局面，重庆市农业委员会在《重庆市柑橘产业发展重点区域建设规划》基础上，又制定了《重庆三峡库区柑橘老果园改造及晚熟鲜食柑橘发展规划》（2009—2012年）和《重庆长江两岸森林工程柑橘发展规划》，重庆柑橘产业步入了每年3—6月成熟的晚熟柑橘发展阶段。2008年12月，时任国务院总理温家宝再次视察重庆三峡库区柑橘产业，对重庆晚熟柑橘产业发展寄予厚望。

随着规划的实施和各项柑橘优惠政策的落实，各地晚熟柑橘产业发展积极性高涨。为保证晚熟柑橘产业的健康有序发展，2009年9月，市人民政府召集相关部门召开了“关于推进柑橘产业发展的会议”，并提出：进一步优化生产结构，调整品种结构，发展以早、晚熟品种为主的鲜食柑橘，突出发展每年2—5月成熟的鲜食柑橘，实现与全国其他柑橘产区错季上市，把鲜果上市期拉长到每年三季。调整区域结构，重点抓好长江两岸、三峡库区周边柑橘产业发展工作。在实施长江两岸森林工程中，凡是适宜发展的区域原则上都规划栽植柑橘。调整市场结构，扩大加工柑橘生产规模，重点发展早、晚熟加工品种，将每年加工期拉长到8个月。

2011年4月，由市农委和市林业局共同实施的“绿化长江、重庆行动”柑橘带示范片建设项目启

动，按照绿化长江工程建设总体规划，本次绿化长江柑橘带建设发展柑橘100万亩，重点发展早、晚熟柑橘鲜食与加工品种，主要布局在海拔175米至500米区域，长江干流及其主要支流两岸目之所及处且坡度小于40°，适宜种柑橘的所有耕地。重点分布在重庆三峡库区沿线的江津、永川、巴南、渝北、长寿、涪陵、武隆、丰都、忠县、万州、开县、云阳、奉节、巫山、石柱等15个区县。

从2008—2015年，中央财政现代农业生产发展资金，每年投资5 000万～8 000万元用于重庆柑橘产业发展，重点支持柑橘标准果园建设、种苗补贴、幼龄果园抚育、晚熟柑橘冷藏库、柑橘商品化处理生产线、柑橘观光果园、晚熟柑橘品种选育及区域性试验、柑橘营养诊断试验项目以及柑橘技术培训等。

截至2015年，全市柑橘面积达到288.7万亩，产量224.9万吨，在全国柑橘主产区排位第七。品种结构从2008年的10：70：20到2015年24：38：38，晚熟柑橘面积达到113.5万亩，成为亚洲最大的晚熟柑橘生产基地；橙汁加工鲜果能力100万吨，商品化处理能力达50万吨，无病毒柑橘育苗能力1 500万株，成为全国最大的柑橘无病毒苗木繁育基地。

（二）产区布局

重庆柑橘主要分布在海拔400米以下的丘陵河谷地带，重庆市直辖前，全市柑橘产业分布在江津、合川、铜梁、永川、璧山、巴县、长寿、江北8个县，主栽橙类、柚类、宽皮橘类，重庆市直辖后新增了奉节、万州、开县、梁平、涪陵五个主产区，以及施格兰·三峡柑橘项目和柑橘百万吨项目建设发展起来的垫江、丰都、忠县、云阳、巫山、巫溪等柑橘产区，栽培品种较直辖前基础上增加了杂柑类。截止2015年，重庆柑橘的主要产区布局情况如下：

1. 晚熟鲜食柑橘片区

位于万州以东至巫山，包括万州、开县、云阳、奉节、巫山、巫溪等六区县，规划该区域海拔500米以下地区，重点发展2—6月成熟的以晚熟脐橙为主的晚熟鲜食柑橘，形成全国乃至亚洲最大的晚熟脐橙优势产区，进一步改善和优化中国柑橘熟期结构，增强库区柑橘的市场竞争力。

2. 橙汁加工原料片区

位于万州以西至长寿，包括万州、开县、忠县、涪陵、长寿等五区县，开县、万州、长寿为交界区。同时，该区域集中了重庆市全部的橙汁加工企业。规划该区域海拔400米以下，重点发展早、中、晚熟配套的橙汁加工、鲜销兼用型品种，保证均衡上市，实现连续8个月加工原料的生产供应，形成全国乃至亚洲最大的早、中、晚熟配套的橙汁加工原料基地。

3. 都市特色生态柑橘片区

江津、巴南、渝北、长寿、潼南等5个区县，规划该区域400米以下地区，重点发展绿色无公害的晚熟杂柑、柠檬以及特色早、晚熟柑橘品种，建成以柑橘为主题的都市休闲生态旅游农业基地。

4. 三峡古红橘种群生态保护区

规划区位于万州太龙、黄檗、陈家坝、大周、小周、钟鼓楼6镇沿江绵延百里区域。

二、生产发展中遭受的重大灾害

（一）2006年百年不遇特大旱灾

2006年，重庆市遭受百年不遇的特大旱灾，自6月以后，连续近3个月几乎没有降雨。降雨量比正常年份减少80%～90%。全市绝大部分县（区、市）35℃以上高温超过40天。40℃以上高温超过15天，最高气温达44.5℃。全市40个县（区、市）均遭受严重旱害。这次特大旱情．给重庆市柑橘生产带来了巨大损失。柑橘园普遍出现叶片萎蔫卷缩、落叶枯枝、果实失水变软、果小，部分果园死树。据重庆市农业局统计数据，全市柑橘面积258万亩，受旱灾影响面积达97%，其中严重受旱而基本绝收面积 69 万亩，中度受旱面积 138 万亩，重旱死树 9.45 万亩（约 450 万株），幼龄果园幼树死亡高达 305 万株，直接经济损失 7.6 亿元。

重庆市采取的抗旱措施，一是利用穴灌，在树盘树冠滴水线内侧 1/3 处，开挖 30 厘米 × 30 厘米 ×30厘米的相邻孔穴两个，分别灌满 50～80 升水，盖草覆盖。二是树盘盖草覆盖技术，即利用杂草、稻草，对树冠投影到地面的阴影进行覆盖，减少水分蒸发，同时可减少和避免杂草与果树争夺肥水，增强果树的抗旱能力。三是使用抗旱剂。使用植物抗旱剂“旱地龙”推荐采用随水灌溉和叶面喷施，具体做法是：随水灌溉最佳用量为每亩 200～800 克；采用机械抽水灌溉的，在进水口处均匀滴灌，使药液均匀溶于灌溉水中，最好在“旱地龙”滴完时，田块正好浇完；挑水灌溉的直接按比例溶解于水桶中，每株树采用穴灌方式，灌水 50 升以上。也可用“旱地龙”与适量的水配合成溶液喷施在柑橘叶面上，一般喷施每亩用 100 克兑水 400～500 倍，选择早晚无风时喷施效果最佳。

灾后的生产恢复工作，针对“果树受旱后树体衰弱、果实含水量少，雨后果实会大量吸水并易裂果”的状况，适时指导农民增施一次氮肥，并喷施一次 0.2% ～0.4% 的磷肥二氢钾、0.5% 的硝酸钾等钾肥，恢复树势，避免雨后裂果给柑橘生产带来的二次损失。

（二）2008 年冰冻雪灾

2008 年 1 月，重庆市大部分地区出现入冬以来较大幅度持续低温阴冷天气，三峡库区柑橘主产区域的万州、忠县、开县、奉节和巫山等地出现了 50 年不遇的强降雪天气；其他柑橘产区酉阳、秀山等地也遭受雪灾袭击，中高海拔地区极端气温低至 -6.6～-2.7℃，海拔 300 米以下地区极端气温也达零下 1℃，给重庆柑橘生产带来较大影响，部分地区柑橘陆续出现冷害和冻害症状。据重庆市农业局数据统计显示，全市柑橘受冻面积约 60 万亩，占 33%；其中，未结果幼树 22 万亩，成年树 38 万亩。由于受雪灾影响，销路不畅，奉节、云阳和巫山等县留树脐橙不同程度受到冻伤，忠县的晚熟夏橙落果加剧，损失较大。

雪灾后恢复措施。资金扶持恢复生产，重庆市财政按照 50 元/亩的肥料补贴分配雪灾重点影响区域用于柑橘恢复生产，调动果农的种植积极性，加强柑橘春管，以便恢复树势，夺回损失，实现全市柑橘稳定性增产。制定技术措施，并通过全市推广网络体系贯彻落实田间地头。一是注意在 3—4 月份柑橘树萌芽前，减除受冻枯死的枝干，大的剪口涂抹石蜡或波美 5 度石硫合剂；二是密切注意在 3 月地温升至 12℃后追施以速效复合肥为主的第一次肥料，并增施淡人粪尿和土杂肥等有机肥料，在 4 月开花前期用 0.5% 磷酸二氢钾和 1% 尿素进行叶面喷施；三是适时排灌，以使土壤水分保持在合理范围；四是因冻伤的柑橘树容易受到病菌的侵袭，按照常规管护注意加强各种病害的预防和防治；五是对受冻柑橘树，花期抹除花蕾，促进营养生长，尽快恢复树势。

（三）万州红橘褐斑病

红橘有悠久的种植历史和深厚的文化底蕴，万州是红橘的原产地，已有一千多年的栽培历史，是三峡库区乃至全国最适宜种植红橘的区县。万州区是重庆市红橘主要产区之一，全区红橘年总产量 10 万吨，占全国红橘总产量的 50%。红橘褐斑病是影响红橘产量和品质的重要因素之一。

红橘褐斑病最早发生于澳大利亚，后在美洲、中东、非洲、欧洲等国家发现。在中国云南、湖南和广西等均有发生，且致病范围、寄主还在不断扩大。2007 年，首次在万州红橘上发现了褐斑病，后鉴定其病原，是一种真菌性病害，主要危害橘类和橘柚，贯穿红橘整个生长季节，主要危害叶片和果实，严重时也危害新梢，引起大量落叶和落果，给果农造成重大经济损失。2011 年以来红橘褐斑病呈大爆发之势，万州区红橘园均染病，发生严重的地块发病率在 96% 以上，产量锐减，售价最低时 0.6 元/千克左右，发病严重时无人收购，每年造成的直接经济损失 1 500 余万元。

红橘褐斑病的防治对策。农业防治：农业防治是基础，生产上大量利用各种农业措施，可达到较好

防治效果。及时清园，清除病原：褐斑病菌系兼性寄生菌，既可寄生也可腐生，生存能力很强，遗留在田间病残体上越冬，翌春条件适宜时，分生孢子或新产生的分生孢子借气流传播蔓延，进行初侵染和再侵染。因此，要搞好橘园卫生，及时清除落叶、落果，集中处理。在冬季管理中，先修剪，后清园，再对树体喷石硫合剂等消毒。清沟排水，降低湿度：研究表明，湿度是影响该病发生、流行的主要因子，该病的发生与橘园的空气湿度呈正相关。密度过高、树冠郁闭、杂草丛生、树势较弱、地势低洼、地下水位高、排灌不良的橘园，发病重。要注重清沟排水，修整沟渠，降低地下水位和果园湿度。合理修剪，通风透光：栽植密度大、通风透光差、小气候潮湿，有利于孢子的产生、萌发和侵染，发病严重。因而要注意修剪，开天窗，透光亮堂，剪除病虫枝和枯枝，间伐过密树，增强橘园通透性，减少病菌侵染幼嫩组织的机会。合理施肥：施肥不当、偏施氮肥的橘园，发病较重。要配方施肥，在增施有机肥的基础上，增施磷钾肥和微肥，增强树势，防止枝梢徒长，使新梢抽发整齐，缩短病菌侵染时期，减轻病害发生程度。化学防治：选择高效药剂，因地制宜适时用药是防治褐斑病的重要手段。用药时期：一般分为3—6月防落叶期和7—9月防落果期。每阶段用药3~4次，一般15~20天喷一次药。时间一般在上午或傍晚，避开午后的强光、高温。在大风、降雨、树上雨露未干等条件下不要施药。橘园分布区域常年春雨、秋雨较多，应注意抓紧晴天施药，以免延误防治时期。若施药后6小时内下雨，天晴后应及时补施，以免影响防治效果。药剂类型：花前以使用保护性、触杀型、孢子萌发抑制剂类杀菌剂为主，花后以使用治疗性、内吸性或内渗性、菌丝伸展抑制剂类杀菌剂为主。代森锰锌、嘧霉胺、百菌清、福美双、甲硫—异菌脲等防治效果较好。施药方法：交替使用多种杀菌剂。特别注意作用机制不同的杀菌剂交替使用，以提高杀菌效果，防止病菌产生抗药性。施药时，若用喷雾法进行叶面施药，平均每株用药液10~12千克。对药时，先在桶或喷雾器中加入半量水后再加入药剂，充分搅拌，然后加足水。喷雾器装散射喷头，尽量不用直射喷头。叶片正反面及果面应喷均匀、周到，至刚要滴液为准。

第二节　栽培品种

1986—2015年，重庆柑橘启动了1986年、1987年、1988年以及长江柑橘带项目的品种选育和筛选工作，在江津、合川、长寿、忠县、万州、开县、巫山七个区县实施了“柑橘良种及配套技术引进与推广”“948”项目《晚熟柑橘新品种引进筛选与推广》重庆市重大科技项目和中央现代农业资金支持的《重庆柑橘新品种区域试验》项目。重庆柑橘栽培品种主要经历了锦橙、红橘到柑橘加工品种与鲜食脐橙，再到晚熟鲜食脐橙和晚熟鲜食杂柑的发展过程。

一、1986年至直辖前栽培品种

20世纪80年代，重庆柑橘主栽甜橙、宽皮柑橘、柠檬、柚四大类别，其所占比例为63.65%、34.8%、0.57%、0.89%。锦橙与红橘、温州蜜柑占了较大比重，主要品种是：

甜橙：开陈72—1、奉园72—1、铜水72—1、江津78—1、永川78—1、北碚447、夏橙、血橙、哈姆林、柳橙、改良橙和地方选优的品种；柚类：长寿沙田柚、红心柚、五布柚和晚白柚；柠檬：尤力克柠檬和里斯本柠檬；宽皮柑橘：红橘、椪柑、早熟温州蜜柑。

1987年以来，柑橘国内外市场出现优质甜橙畅销，红橘滞销的趋势，重庆市农业部门提出了积极发展锦橙和夏橙，适量发展早熟温州蜜橘，严格控制发展红橘的产业思路。因此，在20世纪90年代初期利用农业发展基金实施的果树品种结构调整、提高品质、缓解红橘卖难等低产果园改造项目，进行了大面积的无性系甜橙高接换种，1996年《甜橙高接换种及丰产配套技术推广》项目获全国农牧渔业丰收奖一等奖。是直辖前的重庆市独立主持农业推广项目首次获得的全国农业系统最高荣誉奖励。

20世纪90年代的长江柑橘带建设，以铜水72—1、江津78—1、北碚447、伏令夏橙、罗伯逊脐橙、中育7号甜橙品系和长寿沙田柚为主要发展品种。主要栽培品种性状特点：

铜水 72—1：果实椭圆形，果皮橙红色，果形指数 1.05，果面油胞细，皮厚 0.30～0.38 厘米，囊瓣梳形，8～13 瓣，果心小，汁胞披针形，橙黄色，质地细嫩化渣，风味酸甜适度，可食部分 75.56%，果汁含量 53%，可溶性固形物含量 10.7%，平均种子数 1.43 粒，成片种植可降至 0.78 粒。12 月上旬果实成熟，丰产性好。

北碚 447：果实椭圆形，果皮橙黄色，无核，果大皮薄易剥离，可溶性固形物平均含量 10.57%，出汁率 55%，风味浓甜、汁多、脆嫩化渣，11 月下旬果实成熟，丰产性好。

江津 78—1：果形长椭圆，果形美观，色泽橙红，油胞中等，皮厚 0.37 厘米，无核，可溶性固形物 10.3%，酸甜适度，香气较浓，较耐贮藏，丰产性好。

兴津温州蜜柑：又名早熟蜜柑，果实扁圆形，果形指数 0.76，油胞突出明显，果皮深橙色，鲜亮，略显粗糙，富光泽易剥离，囊皮薄，囊瓣均匀一致，果肉橙红色，细嫩化渣，汁多，味微酸浓甜，可食率 84.2%，可溶性固形物 9.4%，无核，品质优良，10 月上旬成熟，耐贮藏，丰产性好。

夏橙：果实近椭圆形或圆球形，果皮橙色至橙红色，种子 3.5 粒，果实汁多味浓，酸甜适度，较为化渣，可溶性固形物达 11.2%，4 月下旬至 5 月上旬成熟，5 月上旬以后，随着气温升高，果实逐渐返青，果实品质也逐渐下降，丰产性好。

长寿沙田柚：果实呈倒卵形或梨形、葫芦形，皮黄色，表面光滑或稍有突起，囊瓣 12～14 个，大小排列不等，汁多味浓，醇甜如蜜，固形物含量 10.9%，最高可达 14.5%，总糖 9.45%，种子 80 余粒，较大，呈方形或长楔形，11 月中旬成熟，耐贮藏，一般可贮至翌年 4 月底，丰产性好。

二、直辖后至 2007 年栽培品种

这段时期，在原有 4 个柑橘栽培类别基础上，增加了杂柑大类，栽培品种增加了早中晚熟搭配的加工品种和 W・默科特杂柑以及奉节片区的脐橙品种。主要栽培品种为：

加工品种：哈姆林与特罗维塔甜橙；蜜奈、奥林达、康倍尔、卡特、德尔塔、路德红夏橙。

加工鲜食兼顾品种：铜水 72—1、北碚 447、渝津橙、梨橙等锦橙品种。

脐橙类：奉园 72—1、纽荷尔、丰脐、清家、福本、红肉脐橙。

宽皮柑橘：温州蜜柑、椪柑。

杂柑：W・默科特。

主要品种性状：

哈姆林：果实圆球形或略扁圆形，大小中等，单果重 120～140 克，果皮深橙色，较薄，光滑；果肉细嫩，汁多味甜，具香味，可溶性固形物 11% ～ 12%，无核或少核，品质上等。成熟期 11 月上旬，果实耐储存保鲜性好，在甜橙中属耐寒性较强的品种。可鲜食，更适加工果汁，果汁色泽橙黄至橙红，组织均匀，原果香气浓郁，热稳定性好。本品种果实品质好，成熟期早，产量高，且具有早期丰产性。

梨橙：果形呈梨形或倒卵形，果实大，平均单果重 220 克；果深橙至橙红色，果肉细嫩化渣，甜酸适度，汁多味浓，核极少或无，成熟期 11 月上旬，果实耐储存保鲜性好，在甜橙中属耐寒性较强的品种，丰产性好。可鲜食，果汁色泽橙黄至橙红，组织均匀，原果香气浓郁，热稳定性好，也适宜果汁加工，是渝北区柑橘的主栽品种。

奉园 72—1：果实短椭圆形或圆球形，果实深橙色或橙红色，单果平均重 166 克，果肉细嫩，果汁中等，味清甜，富香气，可溶性固形物 11%～14.5%，果实 11 月中、下旬成熟，丰产性好。

纽荷尔：原产于美国，系由美国加利福尼亚州杜阿尔特的华盛顿脐橙芽变而得。中国于 1978 年将其引入，现在重庆、江西（寻乌）、四川、湖北、湖南、广西等省份广为栽培。2008 年通过重庆市主要农作物品种审定委员会审定（渝审柑橘 2008004）。

特征特性：树冠扁圆形或自然圆头形，树势生长较旺，尤其是幼树。树姿开张，枝梢短密，叶片呈长椭圆形，叶色深，结果明显较罗伯逊脐橙和朋娜脐橙晚。果实椭圆形至长椭圆形，较大，单果重

200～250克。果色橙红，果面光滑，多为闭脐。肉质细嫩而脆，化渣，多汁，可食率73%～75%，果汁率48%～49%，可溶性固形物12%～13%，糖含量8.5～10.5克/100毫升，酸含量1.0～1.1克/100毫升。品质上乘。果实11月下旬成熟，耐贮性好，且贮后色泽更橙红，品质也好。投产虽较罗伯逊、朋娜脐橙晚，但投产后产量稳定，丰产稳产。适于重庆市鲜食脐橙规划区域内种植发展。

产量表现：三年始果，四年后丰产稳产，6年生树平均亩产接近3吨。

三、2008—2015年栽培品种

从2008年以后，为调整品种结构，均衡柑橘熟期，中熟的锦橙、宽皮柑橘类的红橘、温州蜜橘等不再发展，仅开县将锦橙作为挂树储藏的"开县春橙"进行品牌打造。重庆进入了晚熟柑橘大发展时期，在万州、开县、云阳、奉节、巫山五个重点区县发展2—6月成熟的鲜食晚熟品种，主要栽培品种为：

脐橙类：奉节晚橙、鲍威尔Powell、切斯勒特Chislett、班菲尔Penfield、红肉脐橙CaraCara、夏金脐橙Srmrner Gold；杂柑类：W·默科特；血橙类：塔罗科血橙新系。

2013年，市农业委员会召开"柑橘品种专题会议"，对之前推广的晚熟品种进行了调整，"班菲尔、切斯勒特"两个晚熟品种，在重庆市多数地区表现出结果性差、冬季落果重、晚熟特性不明显、品质不佳等缺点，适度调低这两品种的发展；增推红翠脐橙、棱晚脐橙等脐橙品种以及沃柑、不知火、清见等易剥皮的杂柑品种。

这段时期，橙汁加工企业效益低下，加工果种植效益低下，柑橘加工品种逐渐被晚熟杂柑品种和塔罗科血橙新系等柑橘品种所代替。

主要栽培品种性状：

W·默科特：品种来源于摩洛哥Aforure果园。2001年通过"948"项目由中国农业科学院柑橘研究所从美国加州Brokawa苗圃引进。重庆市恒河果业于2004年从澳大利亚昆士兰州再次引入并进行商业试种。该品种平均单果重100克左右，果实大小适中，果形扁圆形，果面橙红光滑，肉质细嫩化渣，汁多，酸甜适口，风味浓郁，少核，平均种子数6粒，丰产性好，成熟期2月中下旬至3月上旬。

奉节晚橙：由奉节启程研究所、华中农业大学、西南农业大学1995年从奉节脐橙品种栽培群体中选出的芽变单系，2005年经重庆市主要农作物品种审定委员会审定。该品种树势强健，丰产稳产，无核，酸甜适度，细嫩化渣，味浓微香，品质优良，果实成熟期为2月中下旬，是一个优质的晚熟脐橙品种。

鲍威尔脐橙：系华盛顿脐橙芽变选出，2002年恒河果业从澳大利亚引进，果实体积中大，果汁中多，黄色至橙色，果酸低，可溶性固形物含量高，无核，果皮平滑，油胞明显，中密，3—4月成熟，可挂树至5到6月采收，单果重可达350克。

红翠2号脐橙：由重庆红翠农业有限公司从奉节72—1脐橙芽变中选育，2010年5月通过重庆市农作物品种审定委员会审定，该品种单果重200克，果面光滑，色泽深橙色至橙红色，果肉酸甜适口，风味农业，细嫩化渣，4月成熟，可溶性固形物达13.8%～16.3%，丰产稳产。

塔罗科血橙新系：由中国农业科学院柑橘研究所在20世纪80年代从意大利引进的塔罗科血橙芽变中选育而出，丰产性好，亩产可达3吨以上，平均单果重200～350克，果皮光滑细嫩，充分成熟时呈紫红色，极为美观，果肉细嫩化渣，汁多味浓，有玫瑰香味，成熟期1月下旬到2月上旬，在重庆万州有较大栽培面积。

伦（棱）晚脐橙：属晚熟脐橙品种，树势较强，生长势旺，树形紧凑，易形成自然圆头形树冠，果实近圆球形，中等大小，平均单果重170克左右，果皮较硬抗冻性、抗病性、抗逆性较强，成熟期在3月底至4月。果实近圆球形，平均单果重200克以上；果皮浅橙红色皮硬光滑，较易剥皮；肉质致密脆嫩，汁多化渣，可溶性固形物含量12.5%以上，果汁率45.5%，可食率74.1%。

沃柑：渝审柑橘（2012002），是“坦普尔”橘橙与“丹西”红橘的杂交种，属于晚熟杂交柑橘品种。生产中可选用香橙、红橘、枳、枳橙做砧木，与枳柚存在嫁接不亲和性，避免选择枳柚做砧木。该品种属晚熟杂交柑橘品种。生长势强，果实中等大小，单果重 130 克左右，果实扁圆形，果形指数 0.85，果皮光滑，橙色或橙红色，油胞细密。果皮包着紧，容易剥离，果肉橙红色，汁胞小而短，囊壁薄，果肉细嫩化渣，多汁味甜。种子数 9～20 粒，1 月中旬成熟，采收期从 1 月中旬至 3 月上旬，果实耐贮性好，自然留果时间可从成熟的 1—2 月到 7—8 月。可溶性固形物 13.3%，固酸比 22.9。可食率 74.62%，出汁率 59.56%。

第三节　良种繁育

重庆柑橘良种繁育在 1997 年以前，主要采取传统常规的露地育苗方式，接穗品种也没有统一的出处和标准，存在采穗来源混杂、携带病毒不确定、三年出圃、根系裸露以及苗期病虫为害严重和丰产期较短等问题。1991 年，重庆市经济作物技术推广站在北碚引入柑橘无病毒栽培理念，并做了前期先导性研究与应用工作，但受制于当时传统的育苗方式，不便于在大面积生产上广泛推广应用。重庆直辖后，随着“施格兰·三峡柑橘项目”在重庆忠县实施，引进了柑橘良种无病毒容器苗生产技术，并通过创新性研究和改良完善。2001 年，随着“重庆市百万吨优质柑橘产业化工程”的实施，重庆市建立了柑橘无病毒三级良种繁育体系，农业部将该项技术列为全国园艺作物十大主推技术之首，由重庆迅速推广应用到全国各柑橘主产区，2012 年，重庆已成为全国最大的柑橘无病毒苗木繁育基地，苗木良种化、无毒化、容器化生产是柑橘优势区域发展项目最大的亮点和建设成效好坏的风向标，一流苗木质量促进了一流柑橘基地的建设，也将带来一流的产业效益。

一、传统育苗时期（1986—1997 年）

1986—1990 年，1986 年市人民政府颁布了《重庆市果树种苗管理暂行规定》，1987 年针对各区、县存在的突出问题进一步制定了《重庆市果树种苗管理暂行规定的实施办法》，对各地进行了清理整治，建立了柑橘良种母本园 127 亩，苗圃 464 亩，砧木采种圃 250 亩，出圃合格良种壮苗 356 万株，突出推广了北碚早熟锦橙 447，江津 78—1、铜水 72—1、早熟红橘和少核红橘等 10 多个优选单系共 100 多万株。其中，中国农科院柑橘研究所帮助铜梁柑橘基地建设的一批良种母本园、苗圃及县乡村三级示范园，成为重庆市建设柑橘良种苗木繁育的典范。

1991 年，市经作站在北碚蔡家建设重庆市良种柑橘无病毒苗木繁育基地，建设无病毒母本园 8 亩、采穗圃 4 亩、砧木苗圃 4 亩、苗圃 54 亩、网室 150 米^2、温室 50 米^2。

1991—1995 年长江柑橘带建设项目建设柑橘良种繁育体系，建立砧木采种圃、母本园、苗圃，其中柑橘母本园 300 亩、柑橘苗圃 450 亩。

二、柑橘无病毒三级良种繁育体系期（1997—2015 年）

（一）建设历程

1997 年，“施格兰·三峡柑橘项目”开始在忠县建设柑橘技术中心，包括一座 1 069 米^2 的全封闭式现代化温室、9 968 米^2 的现代化网室、440 米^2 温室结构的采穗圃，采用世界最先进的工厂化容器育苗技术，可避免人为和昆虫传播病源，并且播种、生长、移植、嫁接不受季节的影响，育苗周期从露地 3 年缩短为 1 年半，无病毒、经济、快速。

2001 年，实施“重庆市百万吨优质柑橘产业化工程”，大规模应用无病毒柑橘容器苗繁育技术，规模化生产柑橘无病毒容器苗，建立柑橘无病毒三级良种繁育体系。同时，颁发了《重庆市百万吨优质柑橘产业化工程苗木繁育标准》和《重庆市百万吨优质柑橘产业化工程苗木繁育技术规程》。

2003 年 7 月，市农业局制定了《关于进一步加强全市柑橘种苗管理的意见》，出台了《重庆市百万吨优质柑橘产业化工程苗木检查验收办法》。2006 年 5 月，又出台了《重庆市百万吨优质柑橘产业化工程种苗质量监督管理办法》，进一步加强了柑橘种苗的监督管理。

2007 年，中央财政资金支持重庆柑橘产业发展，对重庆柑橘种苗进行补贴，出台了《三峡库区柑橘种苗补贴项目资金管理暂行办法》，市财政局出台了《重庆市柑橘种苗补贴项目资金管理暂行办法》，加快了重庆柑橘产业的发展。截至 2007 年年底，已拥有柑橘无病毒苗木繁育企业 8 家，建成良繁温室 17 488 $米^2$，网室 44 150 $米^2$，年可培育砧木苗 1 000 万株，年可提供无病毒接芽 1 250 万个，年育苗能力达 1 000 万株。

2009 年，国务院《关于推进重庆市统筹城乡改革和发展的若干意见》提出了“推进柑橘优势产业带建设，继续实施柑橘种苗补贴政策”。促进了重庆柑橘的进一步发展。截至 2009 年年底，重庆柑橘无病毒苗木繁育企业 10 家，建成良繁温室 18 988 $米^2$，网室 48 050 $米^2$，年可培育砧木苗 1 400 万株，年可提供无病毒接芽 1 658 万个，年育苗能力达 1 200 万株。

2012 年，重庆柑橘无病毒苗木繁育企业 12 家，建成育苗温室 23 210 $米^2$，网室 50 250 $米^2$，保存无病毒采穗树 99 211 株，年可培育砧木苗 1 600 万株；年可提供无病毒接芽 1 766 万个，年育苗能力达 1 560 万株。

2012—2015 年，全市新建柑橘果园步伐放缓，市内柑橘苗木需求减少，重庆柑橘良种繁育能力保持在 2012 年的水平。这段时期，柑橘黄龙病在全国各柑橘主产区危害严重，但重庆作为全国首个在建的柑橘非疫区，无柑橘黄龙病危害，全国各地纷纷到重庆调集柑橘无病毒苗木，其中，广西、云南到重庆调集的沃柑苗木数量较多。

（二）柑橘无病毒三级良种繁育体系建设单位

三级良繁体系由设在中国农科院柑橘所的国家柑橘品种资源圃、国家柑橘苗木脱毒中心、柑橘无病毒良种库、柑橘原种母本园、一级无病毒采穗圃构成体系的第一级（国家级）；设在北碚重庆市园艺作物良种繁育推广中心和忠县重庆市三峡建设集团有限公司良繁场的二级无病毒采穗圃构成体系的第二级（省级）；设在万州的北京汇源集团、江津的重庆锦程实业有限公司、江津的重庆市农科院果树研究所和恒河果业有限公司、长寿的重庆民生农业有限公司、渝北的重庆金橙科技有限公司、忠县的重庆博富文柑橘有限公司、开县汉丰湖晚熟柑橘良繁场和北碚绿康果业有限公司等无病毒柑橘良种繁育场构成体系的第三级。

（三）柑橘无病毒苗木繁育技术

1. 优良母树病毒类病害鉴定

采用目测法、快速鉴定法和指示植物鉴定法。

2. 脱毒

采用抗生素处理法、茎尖嫁接法和热处理—茎尖嫁接法。

3. 建立无病毒良种库和母本园

项目选用良种经国家柑橘苗木脱毒中心（设在中国农科院柑橘研究所）鉴定脱毒后为原种，每品种选用 2 ～ 4 株和 4 ～ 8 株，分别保存于网室中建立无病毒良种库和栽种于田间建立无病毒母本园，并对母本树（材料）的园艺性状和病毒病感染情况进行定期鉴定，及时淘汰劣变株和再感病株。

4. 分两级建立无病毒采穗圃

为保证品种纯正和无毒化，同时又能逐级加速脱毒苗木繁育，在中国农科院柑橘研究所建立一级采穗圃，在重庆市园艺作物良种繁育推广中心和重庆市三峡建设集团有限公司建立二级采穗圃。良种无病毒采穗母株限用 3 年或每株限采芽 220 个。根据具体情况，临时过渡期采穗和规范化采穗可按下述办法执行。(1) 在目测和快速鉴定的当年，可以直接从无病毒母本树采集接穗提供育苗单位使用；鉴定的第 2、3 年，如直接从无病母树采集接穗，须再通过黄龙病与溃疡病的观察鉴定；鉴定第 3 年以后，不再从母树直接采集接穗。(2) 从通过目测、快速和指示植物鉴定确认无毒的母本树上采接穗，在网室内建立无病毒一级和二级采穗圃，加速接穗生产。(3) 一级采穗圃主要向二级采穗圃提供接穗和采穗母株，二级采穗圃主要向良种繁育场提供接穗。在需要调剂才能缓解供需矛盾时，一级采穗圃也可以直接向定点良种繁育场提供接穗和采穗母株，采穗母株须保存于网室内。

(四) 柑橘无病毒良种苗木繁育安全防范体系

经资质审查合格后选定的育苗单位要实行市级农业行政部门注册管理，基地用无病毒柑橘良种苗木要严格执行"三证"(果树苗木生产经营许可证，果树苗木合格证，果树苗木检疫证)，重庆市农业主管部门负责苗木质量监管和组织对网室采穗母树病毒病的抽样检测。同时，依托农业部柑橘及苗木质量检验测试中心和国家苗木脱毒中心，建立快速检测溃疡病的分子生物学技术，配合植物检疫和植物保护部门建立溃疡病预警系统。由植物检疫和植物保护部门对繁育场苗圃和重要果园进行监控，可疑材料一经发现，立即进行快速鉴定，确认带病后，对可疑材料及周围一定范围柑橘植株和苗木彻底烧毁，并对责任人进行起诉。严格把好苗木和果品调运过程中溃疡病检测关。

(五) 柑橘苗木质量监管

1. 容器育苗企业实行准入制

育苗企业须经农业主管部门审查认定，审查认定合格方可纳入市级定点育苗企业，进行柑橘无病毒容器苗生产。

2. 容器苗繁育全程质量监管

各定点育苗企业严格按照柑橘容器苗繁育技术规程繁育苗木，市级农业主管部门负责对容器苗实行全程质量监管，采取定期和不定期检查督导方式，指导规范化育苗。

3. 采穗母树病毒病定期检测

由市级农业主管部门组织对网室采穗母树进行定期检测，及时淘汰不合格母株。

4. 苗木质量终身负责制

通过建立完善的苗木生产和出圃档案，实现苗木质量可追溯，一旦出现质量问题，终身负责。

5. 苗木出圃

按照柑橘容器苗繁育技术规程要求和重庆市百万吨优质柑橘产业化工程苗木繁育标准出圃，凡不符合规范要求的苗木，用户拒收，供苗单位无偿更换。

第四节　栽培技术

直辖前，全市柑橘主要采取传统建园方式和柑橘栽培技术。直辖后，随着施格兰·三峡柑橘项目实施和重庆百万吨柑橘产业项目建设，采取了标准化果园建园方式和一系列先进的栽培技术。

一、传统柑橘建园技术

(一) 栽植密度

主要采用矮、密、早、丰规范化的建园方式和管理技术，栽植密度为橙类 1 300 ~ 1 650 株/公顷，柚类 900 株/公顷。一旦株间密接，妨碍通风透光及田间作业时，采用逐年间伐，最终保留的株数：橙

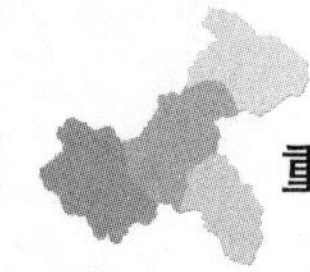

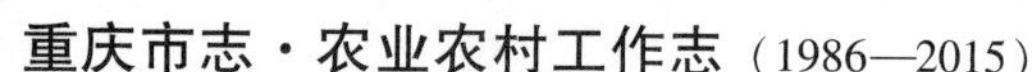

类 825 株/公顷，柚类 450 株/公顷。

（二）改土方式

柑橘果园建园改土方式主要有定植穴改土和壕沟式改土二种方式，其中坡地需采用等高开梯，再行改土。

二、现代柑橘栽培技术

（一）标准化建园

采用高标准、高起点的规模化、规范化建园设计和因地制宜的改土、定植技术，实行山水园林路综合配套。园内道路系统设置主道（6.0 米宽）、机耕道（3.0 米宽）、人行道（2.0 米）便道（1.0 米）贯穿各园区，并设有观光台；水利系统由排、灌两大系统构成，引进以色列耐特费姆灌溉设施，大面积采用滴管、低微喷灌等节水灌溉技术；改土系统，建园时尽可能保留现有梯田或阶地，只对少量极不规则地块和影响树位的特殊位置进行调整，无须等高开梯，依照地势和土壤条件实行挖定植穴和定植沟并举的方式，定植穴直径 1.0~1.2 米、深 0.8 米，定植沟宽 3 米、深 0.8 米，采用经纬仪放线，方格网定植。田占多数的平缓地区，一般采用行向与坡向垂直，株向与坡向平行；定植密度：株行距 4 米 ×5 米。坡地占多数的片区，一般采用行向与坡向平行，株向与坡向垂直；定植密度：株行距 3×5 米。

（二）柑橘高接换种技术

柑橘高接换种，就是在原有老品种的枝干上改接优良品种，进行品种更新，有保持果树优良品质、提前结果等优点，高接换种管理得当，能达到一年成活，二年成冠，三年始果，四年丰产目标。

（三）柑橘营养诊断配方施肥技术（2014 年全国农业主推技术）

技术概述：柑橘缺素引起柑橘营养不平衡是导致中国柑橘大面积低产、劣质、大小年频发和生理性病害施虐的主要原因。通过叶片和土壤营养检测，对照柑橘营养诊断标准，查明营养丰缺状况，诊断判明拮抗及成因，提出全年配方施肥、矿质农药防控方案，指导精准施肥和用药补肥，提高施肥打药精准度，减轻土壤和果品农残污染。

技术要点：通过对柑橘叶片、土壤、果实营养成分的精确分析，将检测数据与重庆市农业技术推广总站和中国柑橘研究所共同制定的《柑橘营养诊断技术规程》营养元素指标进行对比，全面了解树体营养状况。同时综合分析果园土壤、区域以及每年生产管理实际，制定每年施肥、用药以及耕作技术方案指导果农采用科学管理方法，提高果园管理水平，大幅降低肥料、农药施用量。

适宜区域：所有柑橘种植区域。

注意事项：叶片、土壤取样必须严格按照技术规程技术取样和检测，注意诊断确认是否发生元素间拮抗，查明拮抗源和被拮抗元素，科学矫治。

（四）沼液肥水一体非充分灌溉技术（2013 年全国主推技术）

技术概述：规模化种植和养殖产生的粪污排放、盲目过量使用化肥、农药等导致农业面源污染加剧，已成为江河污染的最大来源，特别是威胁着三峡库区的水质安全。

本技术主要是通过整合沼液肥水一体管道还田工程技术和柑橘非充分灌溉农艺技术两大技术成果，集成创新“沼液肥水一体非充分灌溉技术”成果，实现沼液、普通灌溉合二为一。畜禽养殖产生的粪污经沼气工程处理，沼液通过管道进行肥水一体管道还田，也可直接注入清水灌溉，可有效解决沼液二次排放污染和果园抗旱问题，在满足柑橘等农作物对肥水的基本需求的同时，实现养殖粪污零排放。目前，已在库区开县、万州、长寿等十多个区县大规模推广，取得显著的节水、节肥、低碳、环保效果。

技术要点：沼液管道还田工程技术。采用创造发明的沼液无害化处理和抗爆防堵管网技术，该技术由沼液无害化处理池、储液池、灌溉首部、防爆抗堵管网、手浇灌溉系统等五个环节组成；沼液进入防爆抗堵管网系统，会发生二次发酵产气爆管，系统将自动调整管压；随沼液进入的厌氧菌可生长形成菌落群、鸟粪石等，沉淀物收集装置会自动收集固体污物，保持沼液水流畅通；并通过终端手浇灌系统，实现肥水一体管道还田；结合非充分灌溉技术措施，在果树滴水线内侧三分之一处，开挖30厘米×30厘米×30厘米的相邻孔穴两个，依次灌满水约50升以上，盖草覆盖减轻蒸发损耗，利用根系的趋水性和强大的吸水功能，可以保证柑橘等果树5～7天以上的需水要求。农民在田间地头，插上胶管，就可以实现肥水一体灌溉、消纳养殖粪污，低碳循环、节能减排效果显著。

（五）柑橘低碳绿色管护集成技术（2013年全国主推技术）

技术概述：针对柑橘生产中盲目使用化肥农药，秸秆和橙汁加工废弃橘渣弃用导致的面源污染不断，危及长江国家战略淡水资源安全的状况。研究橘渣自干燥高温发酵技术，发明创造橘渣有机配方肥，将有机肥、配方肥、微肥和缓释肥撒施技术集成在“一包肥”中；结合太阳能杀虫灯、黏虫色板、捕食螨等生物理化防控措施，集成创新柑橘低碳绿色管护集成技术，在满足农民轻简便捷管护要求，大幅减少化肥和农药使用，显著提高柑橘品质和质量安全，支撑产业可持续发展。相关技术成果已经总结形成《柑橘嫁接苗》《重庆市柑橘容器苗繁育规程》《柑橘营养诊断配方施肥技术规程》《重庆市柑橘标准果园建设技术规范》等国家、行业和地方标准，其中柑橘营养诊断施肥技术通过重庆市科委验收，一种柑橘专用橘渣有机复合肥及其制备方法获中国知识产权局授权发明专利。

技术要点：本技术主要围绕轻简、省力、便捷、低碳、高效目标，以专用有机配方肥和生物理化防控等物化技术应用为重点，结合农艺措施配套集成而成。

生态栽培：采用柑橘良种无病毒容器苗技术，“从苗苗”抓起，提高植株自身素质；行间种植三叶草、紫花苜蓿、油菜青、蔬菜、西瓜等矮秆经济作物，以增强土壤保水保墒能力，增加土壤有机质含量，改善果园小气候，恶化病虫的生存条件。专用有机配方肥。将橘渣、秸秆等有机质生产、柑橘营养诊断高效肥和柑橘专用橘渣有机复合肥及其制备方法等技术集成为农民使用方便的在“柑橘专用有机配方肥”中，农民撒下“一包肥”，就可实现土壤有机质提升、平衡施肥和消纳农产品加工废弃物，低碳环保。生物理化防控。推广太阳能频振式杀虫灯、黏虫色板、捕食螨等，实现生物理化防控全覆盖，有效控制和压低虫口基数，从根本上克服严重依赖化学农药防治的弊病，降低农药残留量。

适宜区域：适宜柑橘生产地区推广。

（六）晚熟柑橘综合保果防落技术

技术概述：针对晚熟柑橘果实春季坐不住、冬季落果重、熟期枯水品质差等突出问题，按照其营养生理特点和果实生长发育期习性，集成创新花期喷药保花、幼果补微壮果、伏旱补灌稳产、拉枝环割促花、秋季喷药防落、冬季控水断肥、寒害熏烟防霜、翌春灌溉提质等为重点的晚熟柑橘综合保果防落技术。

技术要点：春季重点保果。针对柑橘花量大，有三次生理落果特性，制定的保花保果措施。一是花前控氮，根据氮素营养水平，实行低补、多控；二是花期保果，重点是缺硼果园花前喷硼，无核品种花期喷施细胞分裂素、赤霉素等保花保果；三是花后补微，谢花后一周对缺锌、镁、铜等微量元素的果园，分别或混合喷施硫酸锌、硫酸镁、硫酸铜。秋冬季主要防落。提前秋季基肥，9—10月施用，促晚秋梢及时老熟，提高橘树抗寒能力；及时喷药保果，必须喷施保果药剂2～3次，第一次10月中旬，缺钾的果园，应加喷硫酸钾；第二次在11月中旬，重点是防落保果剂和防腐剂，对缺锰锌的果园，应喷代森锰锌类杀菌剂，兼顾补锌、锰元素。冬季控水断肥。11月低起至翌年2月上旬，要适度控水，挖80厘米以上深沟，降低地下水位，防止果园胀水，有条件的可地面覆膜，提高地温，阻隔寒潮来临时的持续雨雪降水对柑橘的为害。寒潮熏烟防霜。针对三峡库区的寒害主要以低温霜冻为主，需要制定抗寒保果应急预案，添置熏烟设备或储备谷壳、秸秆、锯末、杂草等抗寒熏烟物质，寒潮来临前及时熏烟抗霜，避免柑橘果实遭受霜冻为害。春灌提质防枯。2月中旬升温起，根据降雨情况，采用穴灌、沟灌等方式灌水，满足花果梢生长需水，提高果品质量，防止枯水。

适宜区域：适宜三峡库区晚熟柑橘生产地区推广。

注意事项：保果剂使用浓度不宜过高，不得使用禁限用农药激素。

第五节 加工出口

在1997年以前，全市柑橘加工主要以橘瓣罐头加工为主，之后，因为NFC冷鲜橙汁加工技术的引入，并在2001年柑橘百万吨深加工产业化项目实施至2014年的一段时期，橙汁加工成为重庆柑橘产业发展的主要方向。

一、柑橘加工

1997年以前，重庆柑橘加工主要以红橘和温州蜜橘加工为橘瓣罐头，加工地主要是重庆罐头厂、潼南罐头厂和合川罐头厂。

1997年以后，由于“施格兰·三峡柑橘项目”落户重庆忠县，建设10万亩橙汁原料基地，且年加工期可长达7个月的柑橘加工果生产基地，引入了NFC冷鲜橙汁加工技术，在2001年的百万吨柑橘深加工产业化项目以及随后的柑橘产业发展规划中，橙汁加工成为了重要的发展方向。

2002年，汇源集团入驻重庆万州，建成年加工20万吨柑橘鲜果能力，同年11月汇源集团的柑橘浓缩汁在万州开榨。

2003年，“施格兰·三峡柑橘项目”中美双方共同投资1 500万美元，建成年加工能力达到20万吨的橙汁加工厂在忠县落成。

2004年4月8日，从三峡建设集团投资建设的派森百橙汁加工厂第一条鲜冷橙汁生产线榨出了第一杯柑橘原汁，填补了国内冷鲜橙汁加工的空白。

2005年，重庆尚蔬坊饮料食品有限公司入驻重庆长寿。

2006年，美国博富文柑橘有限公司入驻重庆忠县，2010年建成投产柑橘年加工能力24万吨的生产线。

2009年，重庆天邦食品有限公司，加工能力20万吨。

2014年，全市柑橘橙汁加工鲜果45万吨，达到高峰，但由于消费习惯、消费水平、经营模式、经营机制以及国际橙汁价格影响等等原因，加工企业橙汁利润不高，农户加工果种植效益低下，果园管护积极性不高，加工量逐年萎缩。同时，由于黄龙病导致全国柑橘各主产区产量急剧下降，以致鲜食柑橘价格大幅上扬，忠县、垫江、长寿等柑橘加工原料布局片区，出现了大面积将加工品种高接换种为塔罗科血橙和杂柑品种的局面。

二、柑橘出口

20世纪80年代，柑橘是重庆出口大宗农产品，主要出口苏联和港澳，出口产品以红橘和橘瓣罐头为主，1986年出口4 739吨，并在1987年达到高峰，出口量达7 000吨，创汇300多万美元，以后逐年萎缩，1993年后，重庆柑橘逐渐退出国际市场。2014年产季库区柑橘通过边贸小额贸易或异地出口东南亚、俄罗斯、加拿大等国家和地区近2万吨、货值约3 000多万美元，主要出口区县和品种为奉节脐橙、万州古红橘、开县W·默科特、长寿区血橙、云阳W·默科特、忠县橙汁等。万州古红橘为首次属地报检报关出口。

第六章 水 果

重庆地处长江中上游三峡库区腹地，辖区内山区占63%，丘陵占25%，属典型的亚热带季风湿润气候，适宜柑橘、枇杷等亚热带常绿果树及梨、桃等多种落叶果树的种植栽培。

改革开放以来，全市果品生产发展迅速，产量由1978年的4.78万吨，增加到1993年的32.98万吨，产值4.65亿元，成为全市农村经济中仅次于粮油生猪居第三位的支柱性产业。2015年，全市水果产量高达376万吨（其中柑橘225万吨）；果园面积443.3万亩（其中柑橘267万亩，梨园52.4万亩）；水果的农业商品产值168亿元、商品率75.8%。

第一节　生产发展历程

一、生产发展历程

（一）重庆市直辖前阶段

1986年以来，全市在大力发展柑橘的同时，积极发展伏季水果，在城镇周围、宅旁园地，种植以早熟品种为主的具有名、特、优、稀等特点的多种伏季水果。1986年，全市新栽桃树65.1万株，李树2.9万株，梨树121.45万株，葡萄28.07万株，枇杷0.92万株，还新栽香蕉、樱桃、杏、猕猴桃等果树，共新栽伏季水果300万株，结果树增至449.37万株。伏季水果产量为2.39万吨，比1985年增加0.77万吨，增长47.53%。伏季水果在整个果品产量中的比重由1985年的12.37%，上升至1986年的15.93%。

1987年，全市引进推广的优良甘蔗品种有“川蔗14、75—387、75—289、77—873、甜城80—11、80—14”等。从1984年开始的“甘蔗宽窄行配套技术研究”已圆满完成。在宽行内种豆、薯、菜、烟、药、肥、饲料等矮生早熟作物，对柑橘与种间作物采取育苗移栽，地膜覆盖、配方施肥等综合技术。甘蔗平均亩产5~8吨，平均产值634元，比等行单作增值204元，6年来累计示范推广面积5 700亩。

其间，还推行果树高接换种技术，可短、平、快改造低产果园，提高果树果实品质，增加水果产量。1991年，市农业丰收计划办公室和重庆市劣杂果树高接换种技推广课题组共下达柑橘、黄桃、梨等高接换种38万株，实际完成72.8万株、带动大面积170多万株，成效十分显著。到1992年，全市水果产量18.5万吨。1993年，水果生产获得特大丰收，产量25.74万吨，创历史最高水平，比改革开放前的1978年增产435.1%。

1994年，受冬旱、春寒和百年不遇的夏旱和连续50多天的伏旱等自然灾害的侵袭，全市水果减产，总产23.16万吨，较上年减产10.02%。

（二）重庆直辖后阶段

1996年，重庆代管“两市一地”，制定了全市经济作物“九五”计划和2010年规划，规划到2000年，全市果树面积达到340万亩，产量达到120万吨，其中柑橘80万吨。

从直辖后的1997年开始，全市果品生产坚持“稳定面积，调整结构，提高质量，增加收入”的方针，大力改换劣质品种，发展优质水果，狠抓现有果园的管理，战胜了伏旱连秋旱的严重自然灾害，夺取了直辖后的第一个丰收年。当年全市水果总产62万吨，比上年增产9%。但由于全国水果丰收，市场疲软，造成全市柑橘特别是红橘销售困难，部分地区出现批量烂果，全市烂果达5万吨，农民收入锐减。农民种植水果积极性受到打击，到1999年，全市水果产量为24.1万吨，较上年减产3.2%。年末实有果园面积135万亩，其中，梨园19.5万亩，葡萄1.5万亩，苹果园3.26万亩。

水果丰收却市场疲软的市场风险，迫使政府发展果业生产中，摒弃了脱离实际、一哄而上及搞传统农业以多取胜的做法，开始大力发展伏淡季水果，调整农业生产结构。2000年，全市水果多种经营发展速度加快，年末实有果园面积146.4万亩，水果总产量23.28万吨。

2001年，受自然灾害和结构调整双重影响，多种经济产品产量有增有减，但水果产量仍达37.46万吨，比上年增长19.1%。2004年，全市开始实施农业产业化百万工程，水果基地规模进一步扩大，全市共建成百万工程优质商品生产基地900万亩，水果产量高达62万吨。

2006年夏，全市遭受百年一遇特大旱灾袭击，干旱持续时间、强度、范围、程度以及灾害损失均创历史之最。通过抗旱救灾和灾后恢复生产技术措施的贯彻落实，有效地减轻了水果生产损失，水果生产总体形势向好。全市水果种植面积415万亩，比上年增长2.5%；水果总产量93万吨，比上年减少9.3%。以梨、桃、李、枇杷和龙眼为主的伏淡季水果种植面积154万亩，比上年增长1.3%。因为主要种类避开了干旱期，伏淡季水果总产量46万吨，比上年增长4.6%。

2007年，全市遭受百年一遇的特大洪涝灾害，通过落实恢复生产的各项措施，实现经济作物生产恢复性增长。2008年，生产规模进一步扩大。全市水果种植面积395万亩，比上年增长4.2%，其中南方梨、枇杷、猕猴桃、龙眼等伏淡季水果种植面积205万亩，产量55万吨，增长10%。

其间，在伏淡季水果发展方面，大力发展林果业，优质枇杷、晚熟龙眼、猕猴桃等特色水果品种得到大规模发展，劣杂品种进一步被淘汰，生产规模化程度大大提高。产业发展区域进一步集中，产业经营机制进一步创新。各重点区县和龙头企业探索推广“龙头企业+基地+农户”“龙头企业+农民”“公司+农户”等柑橘发展模式，龙头企业带动作用进一步加强，产业科技含量进一步提高，产业影响力进一步扩大。

到2009年，全市水果生产以促果农致富为目标，采取从流通着手抓生产、从错季着手调结构、从加工着手增效益的发展新举措，按照因地制宜和优势区域布局优势产业的原则，重点发展以晚熟品种为主、配套橙汁加工业的柑橘产业，在城市近郊重点发展特色伏淡季水果生产。当年，全市伏淡季水果达63.7万吨。

从2011年开始，依托三峡柑橘产业带建设和绿化长江行动，全年新建果园面积53万亩，当年，全市果树总面积426万亩、总产量277.15万吨。

2012年，重庆市委、市人民政府提出大力发展特色效益农业，推进农业现代化。《重庆市农业农村十二五规划》提出：以满足重庆主城区特色时令果品供应和市民休闲旅游需求为目标，集中发展梨、枇杷、葡萄、杨梅、猕猴桃等特色果品，实现淡季每月有新鲜水果上市。到2015年，全市伏淡季水果生产面积达300万亩、总产量200万吨，商品率达到90%以上，优质率达到70%以上，果业产值50

亿元以上，关联产业产值达到 200 亿元。

经过多年的结构调整，到 2014 年，全市有果园面积 36.97 万公顷，水果产量 410.4 万吨，其中伏淡季水果面积就有 17.64 万公顷，产量高达 202.8 万吨。除柑橘类和伏淡季水果外，全市建成林果基地 146 万亩，林果产量 80 万吨，产值 50 亿元。全市核桃、板栗种植面积约 85 万亩，集中分布在城口、巫山、奉节、云阳等地；枣子种植面积约 10 万亩，集中分布在武隆等地；木瓜种植面积约 7 万亩，集中分布在綦江等地；猕猴桃种植面积约 20 万亩，集中分布在黔江、秀山、丰都、万州等地；杨梅种植面积 5.4 万亩，集中分布在渝北、南川等地；银杏种植面积约 10 万亩，集中分布在荣昌、南川等地；其他水果种植面积 8 万亩。

2015 年，全市水果产量高达 376 万吨（其中柑橘 225 万吨）；果园面积 443.3 万亩（其中柑橘 267 万亩，梨园 52.4 万亩）；水果的农业商品产值 168 亿元、商品率 75.8% 。

二、产业发展重点举措

（一）确立与完善农村土地承包经营制度

随着农村土地承包制度的推行及以家庭承包经营为基础的农村基本土地制度的全面确立与不断完善，农民可根据自然生态环境与当地具体的社会经济条件自主确定果树的种植。这为乡村的庭院经济建设，乡村旅游以及全市水果产业的发展都打下良好基础。

（二）优良技术采用

重庆地区本是雨热资源较丰的亚热带气候区，适种作物类型多样，对柑橘、梨、桃、李、葡萄等果树种类都具有广泛的生态适宜性。还选育出了铜水 72—1、长寿沙田柚、巴县五步柚、广阳坝脐橙、兴津温州蜜柑等全国优质水果，以及黄花、金水二号、青云梨、白凤、北京 27 号桃等全国优质伏淡季水果，使水果业的发展有一定的良种基础。与此同时，还采用了果树高接换种，良种母本园建设等果树栽培新技术推动生产发展。

（三）农业生产结构调整

1996 年，为进一步面向城市、面向市场、调整水果品种结构，提高水果品质，增加果农收入，市委、市人民政府提出农业产业化战略。由市领导带队，组织有关方面的专家、领导深入区市县农村，对全市农村发展势头好的企业和农副产品生产基地进行了实地考察。并按照市农村工作会以及“九五”期间生产发展要求重点培植扶持了一批骨干产品和主导产业向产业化发展，筛选出第一批带动农业产业化发展的 6 个龙头企业、14 个优质林果基地、10 个特种水产基地。其中 14 个重点优质林果基地：渝北区放牛坪梨子基地；璧山县龙梭山伏淡季水果基地；江津市先锋花椒基地；永川市黄瓜山优质水果基地；长寿县沙田柚基地；綦江县永新万亩梨子基地；北碚区渝南路伏淡季水果基地；巴南区五步柚基地；合川市万亩雪梨基地；荣昌县螺灌山板栗基地；铜梁县六赢山优质锦橙基地；巴南区川黔路伏淡季水果基地；江津市大公山水果基地；北碚区缙云山优质锦橙基地。

1997 年重庆直辖后，市委、市人民政府对全市传统农业的极不合理的种植业结构采取了有力措施推进种植业结构调整。着力提高多经作物在种植业结构中的比重，积极发展比较效益高的多经作物，在适当减少粮食种植面积、努力提高粮食单产的前提下，全市突出抓好果品蔬菜等的生产，努力提高多种经营在种植业中的比重。果品生产则着力于抓好 3 000 万株柑橘树的改造，抓好长、垫、梁名柚走廊建设，新建 100 万亩优质水果基地。

在种植业结构调整进程中，市委、市人民政府还出台实施了一系列强农惠农富农政策，调控保障特色效益农业生产发展，加快农业现代化，不断加大政策项目投入，充分发挥财政支农项目支撑作用，提高财政资金使用效益。对特色效益农业市级重点项目资金补助一般采取“先建后补”模式，基本原则是“原建不补、不建不补、边建边补、先建后补”。“十五”经济结构调整的方向和重点择优发展南方早熟梨、桃、晚熟荔枝等优质伏淡季水果、早中晚熟良种配套。

2012年，重庆市委、市人民政府提出大力发展特色效益农业，推进农业现代化。制定了《重庆现代农业重点产业发展规划》（2012—2017年），提出建立都市农业观光休闲果业圈。主要布局在主城8区、江津、合川、永川，重点发展桃、李、南方梨、葡萄、枇杷、杨梅、蓝莓、草莓、樱桃、西瓜等。武陵山区生态高效水果生产带。主要布局在黔江、酉阳、彭水、武隆、南川，重点发展南方梨、猕猴桃、核桃、板栗、杨梅、蓝莓、银杏、猪腰枣等。长江两岸生态景观果业带。主要布局在万州、城口、巫山、巫溪、开县、云阳、奉节、丰都，重点发展核桃、板栗、李、梨、葡萄、西瓜、蓝莓、草莓等。围绕区域特色，发展特色水果，主攻优、鲜、特和绿色无公害水果，重点实施三大工程。

良种创新工程。引进名优新品种，建设良种繁育基地，推广脱毒和容器育苗技术，设立引种专项，每一个种类建立一个品种展示园进行示范推广。标准化果园建设工程。建立和完善生产技术支撑体系，推广避雨栽培、防虫网等栽培技术，全面提升特色水平栽培技术水平，发展标准化生产和休闲观光示范果园。重点进行低产果园基础设施改造，对100万亩低产果园的路网、水网、理化防控设施改造进行补贴，提升果品品质；创建100个规模集中成片1 000亩以上特色水果标准化示范园；扶持有机肥提升、橘渣、秸秆、沼液还田，推广低碳循环经济发展模式，实现可持续发展。建设特色优势园区。建立以主城区为主的都市农业观光休闲果业圈、渝东南为主的武陵山区生态高效水果生产带和渝东北长江两岸生态景观果业带。进行“一县一特”“一乡一品”打造，适度控制发展规模，形成特色水果优势产业园区，综合发展都市休闲、体验农业，整体策划和开拓营销，带动第二、三产业发展，实现绿化、美化和果化的有机结合。

2013年，对从事特色效益农业的水果产业化经营企业、股份合作社、种养大户和家庭农场农业生产骨干项目实施补助。项目重点支持与特色效益农业生产直接相关重大基础设施建设。主要用于较大规模的土地整治培肥、田间水系配套、生产作业道路、种养圈舍或生产大棚建设、生产饲养病虫害（疫病）防控设施设备、耕种收大中型农机装备、产业观赏（采摘、体验）道路（亭台、大中型器具）等。

此外，积极引入城市工商资本投资水果产业，如：2015年6月，市农委在忠县召开城市工商资本投资渝东北特色效益农业，助推水果产业发展。

第二节　梨

重庆市梨树栽培历史悠久，是中国沙梨系的原产地之一和南方早熟梨的主产区，各区县均可栽植，砂梨适应性强，投产早，丰产性好，贮运性能良好，在重庆永川、渝北、巴南、綦江、涪陵等地区有大量栽培，成为当地主导果品，在农业进步，农民增收，农村发展中发挥着越来越重要的作用。到2005时，重庆市梨的栽培面积达到近5万公顷，相当于1990年的14倍多，产量达到20多万吨，是当时重庆市农业增幅最快的产业之一，种植梨树成为一些区县的农业骨干产业，为重庆市农业结构调整、就业与增收、库区移民安置、生态环境建设起到不可低估的作用。2015年，全市有梨园52.4万亩。

一、品种引进与栽培技术示范

30年来，全市高度重视梨的品种引进和栽培，培育了重庆地区特有的优质梨。2001年7月，农业部在江西省举行全国优质梨评优会，重庆市组织选送的优质南方早熟梨西子绿、霞玉、早香蜜、雪青、雪芳分获第一、第四、第五、第八、第九名。

从1986年开始，对苍溪梨推行人工授粉技术，产量显著提高。合川县会龙乡种苍溪梨5 800多株，1987年进行人工授粉1 942株，过去株产1.4千克，通过人工授粉后，株产平均31千克，提高了20多倍。

20 世纪 90 年代初，开始大规模从省外引进、试验推广优新品种和新技术，同时把发展南方早熟梨推向了一个高潮，栽培品种有 40 多个，有黄花梨、苍溪雪梨、翠冠、丰水、黄金梨、中梨 1 号等。

2000 年，为支持西部地区经济发展，促进农业结构调整，经国家国际先进农业科学技术工作协调领导小组批准（对外称“948”），给全市下达了《日本梨引进与推广》“948”项目，项目分三年实施，重点是从日本引进早熟大果型梨树新品种百枝月、北新、明水、微笑、寿新水等，建立品种比较示范园，对新引进品种进行必要的试验示范，并在大面积上进行推广。项目实施彻底解决重庆市梨树品种单一，黄花梨面积过大，成熟期过于集中，卖难问题突出的问题，对加快中国南方梨产区品种升级换代、推动重庆市农业结构战略性调整有重要作用。项目总投资 146. 6 万元，市级再配套 130 万元，用于项目的消化吸收、试验示范、推广和技术培训。

2002 年，市经济作物技术推广站承担了《2002 年北部新区生态果园建设》任务，其中主栽品种：翠冠、霞玉；授粉品种：雪青、早香蜜。

2008 年，永川区实施了黄瓜山梨品种改良项目，项目共完成梨高接换种面积 1748 亩，高接品种为黄冠和爱宕，使用梨接穗 21 万支，使用嫁接薄膜 10 吨，高换 12. 2 万株，嫁接 97. 9 万刀，平均每亩嫁接 70 株，平均每株嫁接 8 刀，高换植株成活率 100%，接芽成活率 95%。2009 年，黄瓜山梨品种改良项目在吉安镇寒泸村、铜凉村和仙龙镇牛门口村展开，共完成梨高接换种面积 2 412 亩，高接品种为黄冠和霞玉，使用梨接穗 39. 1 万支，使用嫁接薄膜 16 吨，高换 16. 9 万株，嫁接 134. 4 万刀，平均每亩嫁接 69. 8 株，平均每株嫁接 7. 98 刀，高换植株成活率 100%，接芽成活率 95%。

至 2013 年，永川黄瓜山梨面积达 6 万亩，年总产量达 9 000 万元，通过黄瓜山梨产业化工程，推广梨园提质增效技术。2013 年，永川区经作站在吉安、南大街镇街办事处建立了梨果套袋示范点 1 000 亩，示范带动了全区梨园套袋技术的推广。

綦江区永新政府以国家梨产业技术体系建设为契机，把万亩梨园提质改造作为国家梨产业技术体系的一个重要内容，采用间伐、高接换种、新栽和加强管理等技术措施，在区政府的大力支持下，从 2013 年 1 月 18 日开始，全面启动永新凤凰山万亩梨园提质改造工作，计划每年改造 1 500 亩，计划用 4 年时间，共改造梨园 6 000 亩。

2013、2015 年，重庆市以菜果茶标准园建设项目为契机，在永川黄瓜山、巴南天坪山开展实施全市早熟梨标准园创建项目，示范推广营养诊断配方施肥、病虫害绿色防控技术示范与应用。

2014 年，农业部在全国启动建设了 13 个现代生态农业示范基地，其中重庆市巴南区二圣镇集体村现代生态农业创新示范基地就是其中之一，针对西南丘陵地区水土流失，化肥农药过量问题，基地集成节水节肥节药技术，加强农业废弃物综合利用，农村清洁和生态涵养工程建设，构建了“生态田园 + 生态家园 + 生态涵养”的生态保育型生态农业建设模式，从坡顶到坡腰依次发展生态茶园、生态梨园、生态葡萄园及生态花园，配套灌溉管网、排水沟和缓冲塘，建立复合生态系统，采取水肥一体化、病虫害绿色防控技术，有效减少灌溉定额 90%、化肥用量 50% 以上。

2015 年 5 月，全市围绕农业部“一控、二减、三基本”生态发展和面源污染控制要求和基地实际情况，围绕生态梨园建设的目标和技术措施，研究讨论和制定完善《生态梨园生产技术方案》，用于指导梨园生产。

二、主栽区县及基地

全市以永川黄瓜山、巴南天坪山、渝北放牛坪等梨树传统集中产区栽植为佳。

（一）永川黄瓜山

20 世纪 80 年代末期，在永川建设百里优质水果长廊，在各级党委、人民政府和有关部门的重视与支持下，经过百里优质水果长廊区企业和广大干部、群众的努力，在良种梨的引进、筛选、试验、示范等方面进行了大量工作，并且在优质梨的大面积推广，早结丰产成套技术的摸索总结等方面也取得很大的进展，在全市伏淡季水果基地建设中成效显著。

1994年，为了促进该市良种梨生产向区域化商品化方向发展，满足市场需要，永川在七月上中旬进行一次全市优质梨的评选活动。自1998年以来，每年适时举办永川梨子节、赏花节暨经贸洽谈会，邀请市内外大中城市的客商及有关方面云集永川，宣传、扩大永川梨的影响，提高了永川梨的知名度并促进了销售。为了提高永川梨的品质，创出优质品牌，永川还通过完善农技服务组织推广科学技术，加强科研机构力量攻克永川梨保鲜、储藏、加工等课题的力度，增加了永川梨的科技含量，提高了永川梨的市场竞争能力。

截至1999年年底，在永川至泸州公路沿线总长几十千米的水果长廊区域内，已成片开发伏淡季水果近5万亩，栽植以黄花梨为主的伏淡季水果600多万株（其中有300万株已挂果），产果2.5万吨、产梨苗1 000多万株，总收入近亿元，长廊区农民人均纯收入达到2 840元。永川百里优质水果长廊已成为重庆最大的伏淡季水果生产基地和梨苗生产销售市场，成为远近闻名的伏淡季水果之乡。

2000年前后，永川已成全市梨主产区。2007年，永川种植面积6万余亩，主要产于永川黄瓜山，由于自然和生态条件优越，生产出的梨果品质优良，深受消费者喜爱，其梨产品成为永川特色产品。

2007年，黄瓜山梨申请地理标志农产品成功，生产区域包括：南大街、中山路、胜利路街道办事处；吉安镇、仙龙镇、五间镇、何埂镇、朱沱镇、松溉镇、双竹镇、临江镇、陈食镇、大安镇、金龙镇、双石镇、三教镇、板桥镇、红炉镇、永荣镇、来苏镇、青峰镇、宝峰镇，是全区统一生态环境条件下的6万亩黄瓜山梨生产区域。

（二）巴南二圣镇天坪梨园（二圣镇南方优质早熟梨基地）

位于二圣镇天坪山上，海拔高度550~650米，基地属亚热带湿润季风气候区，无霜期长，日照充足，气候温和。成为重庆主城近郊集中连片、规模最大、基础设施最为完善的标准化梨园。该梨园基地现进入盛产期，每年可产优质早熟梨2 000吨以上。主栽以南方优质早熟品种翠冠为主，梨子果肉白色、肉质细嫩、入口化渣、汁多味甜、果心小、品质优、营养丰富，成熟期为每年7月上旬至7月下旬。

2006年，二圣镇成功申报“二圣牌”早熟梨商标和国家绿色食品标志认证。2009年7月，成立重庆众喜早熟梨专业合作社，统一负责梨子销售。2013年3月又注册“天冠”高山梨商标。2013年5月，成立重庆众欢统防统治专业合作社，统一负责梨子病虫防治。2008年3月20日举办了首届重庆二圣梨花节，2008年7月21日举办了首届重庆二圣采梨节。至2015年，已连续举办7届梨花节和六届采梨节。每年节会的举办，吸引了大量游客前来赏花摘果，带动了乡经济的发展。

（三）渝北放牛坪

基地位于渝北区茨竹镇放牛坪，农民自发组织成立了砂梨种植专业合作社，是集种植、加工、销售于一体的合作社，2015年有梨园6 900亩，产量6 000吨，是重庆重要的梨子生产基地。合作社现有社员650户，带动周边果农1 000余户，主要以黄花梨、圆黄、新高等品种为主。放牛坪梨基地2009年获得无公害农产品认证，2013年，注册“放牛坪香梨春”商标，有机食品认证经通过产品等相关检测。

放牛坪砂梨种植专业合作社，根据独特的地理自然优势，依托万亩梨园基地，全力打造“春观梨花、夏避酷暑、秋采梨果、冬赏雪景”的乡村旅游观光农业。放牛坪梨膏、梨膏酒等土特农产品及乡村美食备受游客青睐，茨竹“两荤两素一果盘”农产品品牌知名度进一步提升，客观上也坚定了合作社会员从事梨生产的信心。

基地通过加强产品质量管理，强化品牌建设，大力推进梨园标准化、集约化、现代化生产，提高了梨园抗御灾害能力，增强了梨产品的综合生产能力和效益提升能力，更好地保障了果农增收致富。同时，茨竹镇通过成功举办四届“渝北放牛坪梨花节”，已经成为乡村休闲旅游胜地，常年游客超过5万人次到茨竹镇放牛坪赏花采果，茨竹镇放牛坪已经成为名副其实的休闲观光旅游胜地的之一。

第三节　桃

重庆地区冬暖夏热，无霜期较长，回春较早，雨量充沛，是桃南方种群中段低温品种的适宜栽培区，历来都有栽植桃树的习惯。除了风靡一时的潼南黄桃，重庆桃业规模整体偏小，基础设施建设落后，桃树栽种存在散、乱、差的现象，栽种品种多杂，品质参差不齐，栽种技术落后，标准化生产水平低，主要以庭院经济栽培为主，商品化程度低，多数都是果农自产自销，本地产的优质商品桃较少，居民所购买的桃果大多都是从外省、市调运，重庆自产优质桃的市场缺口大。2015 年，据市农业技术推广总站生产调度统计，全市桃种植面积达 28.29 万亩，产量 17.56 万吨。

一、品种引进与选育

依靠悠久的桃产业经营管理历史，重庆果农积累了丰富的种桃经验，专业技术人员不断探索研究，引种、试种、选育和保存了以加工为主的黄肉桃品种 20 多个用于生产推广，保存了鲜食、加工兼用的黄桃品种 4 个，从 2000 年开始，又陆续引种、试种、选育了以白肉桃为主的鲜食、加工兼用的桃品种 10 多个。2015 年，全市广泛栽培的优质桃品种有新川中岛、丹墨（早熟油桃）、早白凤、大仙桃、渝佛桃、仙桃一号、秦王、21 世纪等，大体上形成了早、中、晚熟品种配套种植，早、中熟品种栽种面积占总面积的 85% 以上，晚熟特色品种补充发展，栽种面积在 15% 以内。

南山贡桃是散落在全国各地 100 余个冬桃品系中的一个自然杂种。由于过去未掌握其生长发育规律及栽培管理技术要点而果实特小及严重裂果，没有多大开发价值。随着经济的发展及水果市场的日趋饱和，人们想到多种水果的开发利用。1997 年，山东省对北方型晚熟桃开发研究取得突破性进展。但北方型冬桃能否在南方特别是长江流域高温多湿地带推广应用尚不得而知。为慎重起见，选用分布于长江流域的冬桃自然杂种作为试验材料，并运用北方对苹果及冬桃管理的成功经验，结合重庆的气候土壤特点制定严密的试验方案，经过严格的科学管理，在 1999 年获得了初步成功。为了使这一高新科技成果尽早投放市场，市农业局将此桃列为全市优质水果进行重点开发。原主要研究单位万州区绿宝园林场注入资本金 200 万元成立重庆大圣果业有限公司并申请国家工商行政管理总局注册“南山牌”商标。2000 年 10 月 14 日，由市科委组织有关部门负责人及专家在万州召开现场会，认为该品种品质优，在万州表现特晚熟，于 10 月中旬成熟，很受消费者喜爱，市场前景特好。为了进一步加强对南山贡桃的产业化开发，重庆市果品办及重庆市大圣果业发展有限公司拟加大对南山贡桃的开发，并进行商品化系列包装的设计和生产。

仙桃 1 号水蜜桃原产于江北县（今渝北区）仙桃乡，是渝北区果经技术推广站和渝北区名优果茶开发有限公司在一果农种植的桃树中选出的早熟桃新品种。该品种果实近圆形，果顶及向阳面有深玫瑰红色晕和斑，果肉绿白色，黏核，有裂核现象。平均单果重 190 克，始成熟时肉质脆甜，完熟后肉质细软、味浓甜，成熟期 5 月下旬，采摘期最长可达 15 天。丰产，抗逆性强。2006 年 6 月，通过市农作物品种审定委员会品种鉴定，并命名为仙桃 1 号。

潼南黄桃系列。①明星：1983 年从郑州果树所引进。7 月下旬成熟。果圆形，果肉金黄色，核小，粘核，果重 200~300 克，最大 530 克；果面橙黄色；可溶性固形物 13.1%。加工利用率为 78%。抗褐腐病、丰产等；该品种是加工罐桃的理想品种。②金童 7 号：原产美国，1984 年引进我地。9 月上旬成熟；果圆形，平均单果重 200 克，最大果重 346 克；果肉果皮均为黄色。粘核，核小，可溶性固形物 13.12%；加工利用率为 75% 左右。抗流胶病、丰产稳产。③金童 8 号：美国品种，1994 年引入潼南。9 月中旬成熟；果圆形，平均单果重 226 克，最大果重 270 克，果肉黄色，肉质致密，果皮黄色，粘核，肉核比为 19.79：1；可溶性固形物 12.77%；加工利用率为 76%；该品种是最有发展前途的晚熟品种。④太阳粘核：1985 年从郑州果树所引进；8 月下旬成熟；果圆形，果重 180～220 克。果肉果皮均黄色，核较大，粘核；可溶性固形物 14.21%，加工利用率 70%；抗病丰产。⑤黄桃 47：1984 年从山东省果树所引进；8 月下旬成熟；果重 200～300 克，大果 517 克；果肉果皮均金黄色，粘核、核小，可溶性固形物 13.62%；加工利用率 72% 左右。抗病、耐瘠薄、丰产。

冬桃芽变新品种。该芽变是潼南县农委于 2006 从潼南县柏梓镇龙口村 4 社的冬桃群体中发现并最终选育成功的。经过几年来的培养及选育，该品种现在具有树势较强，成枝力强，复花芽居多，坐果率高，早果、丰产，抗病性较强，果品具有耐储性强，货架期长等优点。并将该芽变品种命名为“渝佛桃”。2012 年，“渝佛桃”经市农作物品种审定委员会审定，这对于调整潼南伏淡季水果生产结构，丰富桃品种资源，以及潼南县特色产业的发展都将起到积极的推动作用。

二、主产区县

全市桃产区主要集中在潼南县，尤以潼南黄桃最为出名。

潼南县的地质构造属四川盆地中部平缓褶皱区，全县地势起伏不大，中浅丘占 70%。成土母质主要是沙溪庙组、遂宁组、蓬莱镇组和少量的冲积阶地。pH 多为 7.5～8.2，有机质含量平均为 1.35%，土壤疏松透气，排水性良好。属亚热带湿润季风气候，四季分明，热量丰富，雨量充沛，日照充足，年平均温度 17.9℃，历年平均降水 974.8 毫米，日照 1228 小时，宜于多种果树生长发育。

20 世纪 80—90 年代，潼南就成为重庆最大的黄桃产区，是全国两大黄桃生产基地之一，积累了丰富的桃树种植经验，为发展桃业具有良好的基础。

1980 年，全国黄桃鉴别评审会上被专家赞誉为“潼南黄桃，得天独厚”，1983 年，荣获国家外贸部颁发的“优质产品荣誉证书”，赢得了上海口岸的出口免检资格。其产品远销欧美、日本及中东等 30 多个国家和地区。

1986 年，市和县联合投资建设潼南黄桃基地，至 1987 年已投资 70 万元，有黄桃树 521.85 万株，其中结果树 44.89 万株，总产黄桃 2 000 吨，加工出口创汇 80 多万美元。

1990 年，市计委、市农牧渔业局对潼南县建立黄桃项目培训中心进行批复，准予建设。1991 年《黄桃丰产优质栽培技术试验》获重庆市科技进步二等奖。1993 年，重庆市潼南县黄桃大丰收，总产达 1 万吨，曾一度出现滞销滥市现象，市人民政府在调查研究的基础上，制定了帮助黄桃促销的优惠政策：一是帮助罐头厂解决所需资金，支持多加工；二是经营单位和贩运户免交营业税和市场管理费，免交运输车辆的过桥、过渡、过路费，进城车辆免洗，随时均可进入市区；三是鼓励企事业单位到潼南采购黄桃。通过这些措施，使潼南黄挑销售由滞销转畅，没有出现烂果，果农普遍反映政府真正在为农民排忧解难。

中国加入世界贸易组织后，曾多年被冷落的加工型黄桃又热了起来，2002—2004 年，黄桃市场售价 6 元/千克左右，果农种植一亩黄桃相当于 3～5 亩普通桃的收入，因此黄桃栽培面积在迅速扩大。为指导果农选择黄桃品种，我们依据加工型黄桃必须具备“果肉金黄色或橙色，硬度大，不溶质，成熟后无红色素，耐高温蒸煮”的标准。

2012 年，潼南县申报伏淡季水果特色良种“早熟寿桃”示范栽培项目成功。2015 年，县内有定植黄桃树约 521 万株，结果树 100 多万株，年产量 8 000 吨。

第四节　李

一、产业概况

中国是李的原产地之一，李的种植历史悠久，早在三千多年前周王朝时期所编撰《诗经—大雅》中即有“投我以桃，报之以李”的记载。重庆地区李的种植则始于唐宋时期的巫山地区。李属蔷薇科李属植物，和其他蔷薇科果树一样有很高的观赏价值，李的规模种植更有利于推动乡村旅游经济发展。其中印盒李花作为渝北区乡村旅游的重要内容已成为统景继温泉、梨橙后又一品牌，两届梨花节的成功举办，走出了一条基地变景区的典范之路。

1997 年，全市李子产量 6.3 万吨，占全市水果总产量的 8.05%，在全市水果中位居柑橘、梨之后。当时李果以鲜销为主，加工落后，包装简陋，加工业只是盐坯初加工，每年通过供销部门外运的盐坯李干产量约占李鲜果产量的 30%，多以竹篓、竹筐盛装贮运。但李子生产缺乏统一规划，基本处于零星栽植，不能适应市场发展的需求。2012 年后由于市场形势好，农户种植积极性高，李子作为重庆市极具潜力的特色优势水果，是重庆市委、市人民政府规划的特色效益农业 11 个重点产业中，林果业的主要水果，面积产量不断增加。2012 年仅万盛区现已发展脆红李 2 000 余亩，可为当地农户获得 300 万元的收入（表 7－6－1）。

表 7－6－1　2012—2015 年重庆市李子产业发展情况表

年份	面积（万亩）	产量（万吨）	产值（亿元）	市场单价（元/千克）
2012	36.4	23	20	8.68
2013	40.5	25.6	27.2	10.64
2014	43.9	25.7	28.7	11.16
2015	57.6	27.9	35.4	12.07

二、品种引进与选育

重庆位于长江中上游地区，气候温和，属亚热带季风性湿润气候，自然生态条件适宜，品种资源丰富，从海拔 175 米的长江沿岸河谷地区到海拔 2 000 米以上的大娄山区和大巴山区，都有青脆李的分布。在南川海拔 1 000～2 251 米的金佛山和巫溪海拔 1 800～2 630 米的红池坝，不仅有大量的野生李子资源，也有人工栽培的地方脆李良种，其中以江安李品系的大白李、青脆李表现最为典型。

自 20 世纪 80 年代起，重庆地区开始引进黑宝石、紫琥珀大邑玫瑰李等优良李品种以推动李的种植与生产发展。重庆市 80 年代中期从西班牙引入少量欧洲李试栽，近年来又从外地引进了不少品种，如红心李、金蜜李等。其中有的品种表现较好，如万县引入的红心李，可溶性固形物高达 16%，金蜜李在万县龙宝表现果大、质优、丰产，为消费者所喜爱。云阳的红玫瑰李及早黄蜜李均获省优称号，其中红玫瑰李 5 月中旬即成熟，果实香气浓、纯甜，固形物 12.8%，平均果重 90 多克，个别达 140 克。早黄李果重也可达 70 余克。经过 20 多年发展，在重庆地区李的主要品种有江安李、牛心李、清脆李、歪嘴李、脆红李、黑宝石等 24 个。以牛心李、江安李、脆红李、歪嘴李等 11 个为主栽品种，其中渝北歪嘴李、开县晚熟李、巫山清脆李、万州分水李、黔江脆红李等俱在以上各地区李的种植中形成各具品种特色的种植特点。其中，又以以下李最为出名。

（一）渝北歪嘴李

2003 年，渝北区经作站人员进行李品种资源调查时，在渝北区统景镇龙安村一村民家种植的几棵李子树中发现，它的外观、口味都与本地品种有明显的区别。通过几年的观察，年年如此，于是他就将枝条嫁接到自家的金蜜李树上，第 3 年开始结果，后来几年每年结果都是如此。由此工作人员认为这株树可能是一株自然芽变单株，遂现场对其观察鉴定。此几株树栽植于房后公路上边的紫色沙土上，海拔高度 250 米，2003 年时树龄 5 年，系 1998 年嫁接在原金蜜李树上，果实圆形，果粉厚，果顶突起，形似“歪嘴”，果皮黄绿色，离核，含糖量高，香气浓，脆嫩，可食部分 85% 以上，品质上乘。据实测，母树每株树平均着果 603 个，平均单果重 51.2 克，最大果重 102 克，折合株产 30.9 千克。高换树每株树平均着果 596 个，平均单果重 50.0 克，最大果重 900 克，折合株产 29.8 千克。本地李树实测，平均着果 523 个，平均单果重 45.0 克，折合株产 23.5 千克。随后将其母树作为芽变单株进一步研究，并将其暂定名为“歪嘴李”。对此优良单株，采用定植嫁接幼树和高接鉴定其变异性状的稳定性，同时进行多点区域适应性试验。连续多年对果实成熟期、单果重、品质及丰产等特性进行综合鉴定的结果表明，歪嘴李外形奇特、果个头大，成熟期比本地李子晚，口味比本地李子好，品质优良。2010 年 3 月，通过重庆市农作物品种审定委员会品种鉴定，并命名为“歪嘴李”。

（二）巫山脆李

“巫山脆李”是重庆市自主培育的脆李新品种。20 世纪 70 年代，在巫山县曲尺乡柑园村种植的青脆李中，发现一株大枝的果实与其他李树果实差异显著，主要表现为丰产，果满枝头；果实大，果形端庄；果实成熟采摘期为 6 月 20 日至 7 月 20 日，采期较长。当地村民自发采用托罐苗和高接换种等方式进行扩繁自种，逐步形成较大规模。2007 年巫山县果树站采集母树接穗，通过嫁接子代苗木和高接换种，在曲尺乡柑园村进行品种子代遗传稳定、丰产性试验研究。2012 年 7 月 4 日，通过市农作物品种审定委员会组织的田间鉴定；在巫山县大溪、巫峡等乡镇进行品种区试，均表现出果大、早结、丰产、抗逆性强等优点；市农技总站组织地方李良种资源发掘协作组，运用分子鉴定方法，采用 DNA 条形码技术，开展江安大白李与巫山脆李的亲缘关系鉴定，明确其存在品种间差异。2014 年 7 月 9 日，通过重庆市农作物新品种鉴定，定名为“巫山脆李”。

（三）开县金翠李

“金翠李”是重庆市自主培育的脆李新品种，2014 年通过重庆市农作物新品种鉴定。

1999 年，开县果树站在开县镇东镇金果村 2 社村民胡定银家后山李园发现一株 8 月中旬成熟的晚熟李实生树单株，在每年 6 月底本地青脆李成熟时，果实表现为果小、青涩、无商品价值，未引起足够重视。2003 年，开县进行李子品种资源调查发现，该脆李因夏季干旱、疏于管理，树体主干以上部位死亡，从其根部抽发出 2 株根蘖苗，自编号为：WL－P01、WL－P02，2006 年 WL－P01 开始试花结果，WL－P02 被转移栽植到屋旁栽植，2006 年开始试花结果，表现出较显著的晚熟特性。

2010—2011 年，进行多点开展区域性、丰产性和遗传稳定性试验，结果表明，WL－P01 及高换 1、2、3 代均表现稳定，综合性状优良、晚熟、丰产稳定、品质优、外观色泽好、耐贮运、抗逆性强、适应性广等特点，与当地青脆李品种相比，成熟期延迟 30～50 天。

2014 年，在 4 个试验点进行品比试验，通过性状观察、生长发育规律研究、结果习性及果实品质、耐贮性研究，重庆市农技总站组织西南大学，运用分子鉴定方法，采用 DNA 条形码技术，开展江安大白李与巫山脆李的亲缘关系鉴定，明确其同属青脆李系列，但存在品种间差异，当年，通过重庆市农作物新品种鉴定。

三、主栽区县

2015 年，重庆市财政下达了 2015 年生态循环农业优质李标准化示范园建设专项资金预算，奉节、合川、开县、万州、渝北、南川、彭水、黔江、巫山、巫溪等李子重点生产区县获项目资助，推动优质李集约化标准化生产，全市李栽种主要在以上区县。其中又以渝北、开县、巫山、涪陵、万州、合川等地李的种植发展较快，其中有的地区还形成千亩以上的连片种植规模。

（一）渝北区

渝北区李种植历史悠久，自然资源适宜、生态条件优越、品种结构丰富，是中国李的最适宜生态区之一。2015 年，栽培面积 8.3 万亩，总产 3.0 万吨，其中歪嘴李 6.6 万亩，产量 2.5 万吨。歪嘴李地理标志地域保护范围涉及统景、大盛、兴隆、茨竹、大湾、洛碛、古路共 7 个镇包括南起洛碛北到大湾、东至大盛西到茨竹的海拔 200～700 米地区。近年来，华兴林业、融锦农业等企业，成立有印盒李生产合作社以推动李的种植与发展。其中，统景镇印盒李花尤为著名。

印盒李花生态旅游区位于渝北区统景镇北部，距统景场镇 9 千米，包括统景镇印盒村全部、裕华村和龙安村的一部分。印盒的得名来源于明建文帝的传说，相传建文帝途经此地时，不慎遗失了装玉玺的盒子，后来村民们无意中发现了印盒广场处的大田中出现了一座四四方方的小岛，形似建文帝遗失的盒子，故而得名“印盒”。景区总面积 10.5 千米^2，海拔 300～650 米，境内多低山丘陵，山峰起伏，岗峦层叠，溶洞、古树、古寨、庙宇星罗棋布，森林面积近 4 千米^2，果园面积万余亩，是集生态农业、休闲旅游和宗教人文为一体的乡村生态旅游风景区。2013 年 3 月 4 日，景区正式被重庆市旅游景区质量等级评定委员会评定为国家 AAA 级旅游景区。景区内盛产李子，间种梨、橙、樱桃等，可谓四季开花、四时有果。其中尤以李树为盛，其种植历史 50 多年，栽种面积上万亩，每年三月，李花次第绽放，远望如皑皑白雪，近看似凝霜冰花，大有半山李花满山雪之意境；七月上旬，李子成熟，主打品种歪嘴李，个大如婴儿拳，顶部歪斜，形似寿桃，皮薄离核，脆甜多汁，是重庆市著名果品，并通过国家地理标识产品认证。因印盒地区歪嘴李味美、多产，渝北区被评为“中国李之乡”。

（二）开县

开县李的种植自 2000 年以来发展迅速，2012 年，李树面积已达 4.9 万亩，产量 3.3 万吨，10 亩以上种植大户 30 个、专业合作社 3 个。主要分布在赵家、渠口、镇东、南门、长沙、岳溪、临江、竹溪、敦好、义和、铁桥等二十余个乡镇。全县已经形成了赵家镇、渠口镇、镇东镇、铁桥镇、南门镇、岳溪镇等地的李生产基地。品种主要是中、晚熟青脆李，以及黑宝石、黑琥珀、蜜思李等。

晚熟青脆李是开县在李树芽变中选优的一个优良品种，果实 7 月下旬至 8 月上旬成熟，该品种具有硬度大，货架期长，耐贮运的特点。栽植后第 2 年结果，4～5 年进入盛果期，单株产量果可达 30～50 千克，亩产 2 000～2 500 千克，盛果期可达 18～20 年。

此外，开县还开发种植由该县农业科技人员自主研发的并经重庆市非主要农作物品种鉴定程序鉴定为实生变异新品种“金翠李”，至 2015 年已种植近 5 万亩。

（三）巫山县

巫山脆李又名巫山大李子，脆李，经考证，种植始于唐宋年间，距今已有上千年历史，巫山脆李果形端庄、质地脆嫩、汁多味香，产品远销四川、贵州、湖北等地。90 年代中后期，巫山脆李在该县种植 2.1 万亩，2012 年发展到 3.5 万亩，产量 3.96 万吨。

2012 年，巫山县与西南大学建立了县校合作关系，借助西南大学的技术、人力资源，立足自身土地资源、气候、交通自然条件和脆李产业发展基础，大力实施巫山脆李品种提纯选优与安全高效生产技术示范，推进产业规模化、标准化、品牌化进程。巫山脆李在该县长江沿线的曲尺、大溪、巫峡等多个乡镇蓬勃发展起来，是巫山县仅次于柑橘的第二大主栽水果。已成为县域特色效益农业的支柱产业和农民增收的主要来源之一。截至 2013 年，巫山全县脆李种植面积达 5.2 万亩，总产量达 4.25 万吨，稳居全市第一。2014 年 5 月，经中国果品流通协会评定，授予重庆巫山脆李“中华名果”称号，其产地巫山县也被授予“中国脆李之乡”称号。2015 年 9 月，“巫山脆李”在国家工商行政管理总局成功注册为地理标志商标。2015 年，巫山脆李种植面积 6.5 万亩产量 4 万吨产值 4 亿元。

（四）黔江区

黔江有很好的生态优势，加之立体气候明显、雨量充沛，很适合发展李子产业。其脆红李种植历史悠久，自 20 世纪 90 年代以来，种植面积逐步扩大，经 2002 年以来的近 15 年的探索发展，成为黔江区特色水果的“王牌”，形成带动农民增收的特色产业。主要分布在中塘乡、黑溪镇、冯家镇、蓬东乡、城西、城东、沙坝乡及小南海等地。2015 年，全区种植脆红李 1.9 万亩，159.4 万株，产量近 2 万吨。

（五）合川区

合川区地处四川盆地南部长江河谷丘陵地带，属亚热带湿润气候区，适合李的种植，主要栽培江安李系列品种。2004 年，全区李子面积 2.02 万亩，年产量 2.2 万吨。产区集中分布于双凤、肖家、盐井等镇。其中双凤分布最为集中，面积达 6 000 多亩，该镇还成立了李子专业合作社，并注册了“皇池李”品牌。李的种植中，由于部分李树老化，产量有下降趋势，市农委将该区李子纳入重庆市特色经作产业予以扶持。按照规模化种植要求，该区于 2014 年在李子种植集中地区的双凤镇江北村、黄池村，建成集中连片李子标准园 1 000 亩，辐射带动了周边村 1.4 万亩的李子园的标准化生产管理技术。2015 年，合川区组织专家编制了《合川区鲜食李子无公害生产技术规程》。

（六）万州区

万州李子产业起于 20 世纪 90 年代末，其最早发展李子的是分水镇石碾村，品种主要是青脆李，有少量脆红李。由于经济效益高，李子很快发展成为该村的支柱产业。在其辐射带动下，万州的李子产业得以迅速发展，仅分水镇邻近的余家、孙家、后山等几个镇李子栽培面积就达 4 万亩。2015 年，全区李子面积 12 万亩，居果树栽培面积第二位，产量 3 万吨，成为又一项农村经济的支柱产业。

第五节　柚　　子

一、生产发展概况

柚原产中国，已有 4 000 余年的栽培历史，早在夏书《禹贡》中已有记载。重庆是柚的生态适宜区，一些名柚品种如长寿沙田柚、巴南五步柚、梁平柚等俱是在清末由中国南方地区的福建广西等地相继引入后经栽培驯化成为重庆地区的名优品种在民间种植。20 世纪 80 年代后特别是 2000 年以来，柚的种植有大的发展。2015 年全市柚产量 20 万吨，面积 25 万亩。

二、主栽品种及发展

为推进全市柚生产发展，市农业局于 1998 年 5 月制定《重庆市名柚开发项目实施方案》，选定以长寿沙田柚、梁平柚、忠县真龙柚为重点，分别在长寿、梁平、忠县实施名柚开发。

（一）梁平柚

梁平柚是中国一大名柚、中国地理标志产品，是中国柚类平顶型柚的代表品种。曾获全国第五次、第六次柚类评比“金杯奖”“金牌奖”、北京国际农业博览会“名牌产品”奖等奖项，因其外形美观、色泽光亮、风味甚佳很受消费者喜爱而具有很大的市场。

1985 年，梁平县为发展优质高产高效“三高”农业，决定在全县推行建设梁平柚生产基地 10 万亩、种植 500 万株柚苗的生产发展计划，推进梁平柚生产发展。到 1992 年，全县共栽植梁平柚苗 540 万株、其基地面积 10.8 万亩。

1995 年，梁平县人民代表大会作出《关于推进梁平柚产业化建设进程》的决议，使梁平柚的生产工作从“重栽”转移到“重管”，柚产量由 20 世纪 80 年代末的 750 吨上升到 1998 年的 1.5 万吨。

1998 年 10 月，重庆市首届名柚展评会在梁平召开，梁平柚和梁平虎蜜柚获“重庆市十大名柚”称号。

至2006年年底，梁平县又新种植枳砧虎蜜柚苗250万株计2万余亩。到2015年年底，全区梁平柚已种植540万株，柚子基地面积达到15万亩，产量达到9万吨。

（二）丰都红心柚

丰都红心柚是丰都县著名特产之一。在19世纪初叶引入丰都后，经过多年的精心培育，继代繁衍，单株选优，其果肉红艳、柔软多汁、细嫩化渣、酸甜爽口，具有独特的优良品质和商品性能，加上它富含类胡萝卜素，极具营养价值，是美食保健佳品。

1987年，获“四川省优质果品”称号，1992—1994年连续三年评为“四川省优质果品”；自1994年起，丰都红心柚多次被农业部评为“优质果品”“中国名牌产品”；1995年，获“第二届中国农业博览会银奖”；1998年，获“全国柚类评比金奖”“重庆十大名柚”称号；2001年，获全国第七次柚类科研生产协作会“优质柚”和“优质柚商品化处理”两项金杯奖。

1995年，丰都红心柚获国家银质奖，国家科委纳入“星火计划项目”，是丰都县“九五”期间重要经济骨干项目，该产品畅销全国各大、中城市，供不应求。为适应市场需求，从1995年开始进行区域化规模发展，1996年发展红心柚6 000亩，定植25万株，投产树2.1万株。

2014年，市农委批准丰都红心柚现代农业示范园区为第三批市级现代农业示范园区。

2015年，丰都红心柚出口认证（中华人民共和国海关进出口货物报关注册登记证书、中华人民共和国出入境检验检疫局报检备案登记证明书、重庆对外贸易经营者备案登记证）揭牌。同年，中国果品流通协会授予丰都红心柚“2015 中国果品百强品牌”。

2015年，该县三元镇成为全县红心柚种植管理的示范点，丰都红心柚种植以三元镇为中心点，辐射周边的双龙场等10个乡镇，种植面积已有10万余亩。

（三）长寿沙田柚

为长寿区特产，地理标志农产品。自光绪年间由广西容县引入至今已有一百多年种植历史。每年12月左右成熟，其果橙黄色艳形似葫芦、脆嫩化渣，汁多味浓。

1978年，全国柑橘科学大会将长寿沙田柚列为世界先进柑橘品种。1986年，日内瓦“第一届国际植物新品种展览会”将长寿柚（即长寿沙田柚）作为中国参展35个品种中8个最感兴趣的品种之一。

1986年、1989年，在农牧渔业部举办的第一、二届全国优质水果评选中，列同类果品第一名，荣膺金杯奖。1998年，被评为重庆市十大名柚之一。2001年，被评为中国国际农业博览会名牌产品。2006年荣获“中华名果”荣誉称号。2007年，长寿区以区行政区域名称注册集体商标“长寿沙田柚”以保护“长寿沙田柚”品牌，进一步做大做强长寿沙田柚产业。长寿区“重庆市长寿区沙田柚行业协会”以行政区域名称向国家工商行政管理总局注册“长寿沙田柚”集体商标。2009年，成功注册长寿沙田柚地理标志商标。2015年，全区沙田柚种植面积9.8万亩，年产量6万吨，年产值6.7亿元。主要产区分布在邻封、长寿湖、葛兰、云台、龙河、石堰、新市等10个镇街，尤以邻封镇所产沙田柚品质最佳。

（四）巴南五布柚

巴南五布柚，又名五布红心柚，原名五布红橙，重庆市地方特色水果，全国名柚，中国地理标志证明商标。原产于巴南区东温泉名胜风景区，距今已有一百多年的栽培历史，主要分布在五布河流域沿岸，是重庆市柚类发展的主栽品种之一。

五布柚果大无核，芳香怡人，皮薄肉厚，果心粉红，果肉嫩脆。五布柚曾先后多次荣获全国柚类评比金杯奖、中国国际农业博览会优质名牌产品、中国绿色食品博览会金奖、重庆十大名柚、重庆名牌农产品等称号，是中国绿色食品发展中心认证的A级绿色产品。

自 20 世纪 80 年代起，五布柚的商品化程度提高，当地人民政府将推广种植五布柚作为积极发展农村多种经营的重要举措，五布柚种植面积不断扩大。1986 年，巴县人民政府提出了《关于建立五布柚生产基地的意见》并上报重庆市人民政府立项，争取上级政府支持，规划基地五布、东泉、双胜等 6 个乡面积 1 万亩，建立良种母本园。1986 年建成五布柚基地面积 2 000 亩，1988 年达 2 500 亩，1989 年为 2 600 亩，产果 500 吨，是年五布柚被农业部授予优质果品称号，进入香港市场销售。到 1994 年，完成五布柚基地建设面积 10 600 亩，种植柚树 37.54 万株，产果 857 吨，同年五布柚地方品种经四川省农作物品种审定委员会审议，通过审（认）定。1996 年，建立五布柚良种母本园 100 亩，储备充足种苗源，邀请中国农业科学院柑橘研究所柚类专家到产地培训和指导，促进了五布柚的发展。1997 年五布柚被列入重庆市柚类发展的主栽品种之一。1998 年，巴南区五布柚种植面积达 15 000 亩，常年产果1 800吨。至 20 世纪末，五布柚已成为当地农业优势产业。

进入 21 世纪后，五布柚在种植规模、经营主体、品牌营销等方面取得较大进展。2007—2008 年，五布柚种植面积达 3 万余亩，栽种柚树近百万株 。

2008 年，争创五布柚无公害农产品一体化认证（即重庆市无公害农产品产地认证和农业部无公害农产品产品审定）获通过，成立了东温泉镇五布柚协会，组建狮子村五布柚种植专业合作社，入社农户 100 户，种植柚树 360 亩。

2011 年，五布柚取得国家工商行政管理总局商标局颁发的地理标志证明商标，产品远销香港和北京、成都等多个地区和城市。2012 年，举办“东温泉柚惑重庆·首届东温泉五布柚采摘暨温泉欢乐季”，此后每年都举办，通过节会营销市场策略将五布柚采摘游与温泉游有机结合起来，相互促进扬名。2013—2014 年，东温泉镇建设五布柚十里生态观光长廊工程 2 000 亩，在狮子村建设文家湾、骑龙七、红古田、新房子 4 个五布柚规范园区；委托市农科院研发出五布柚果酒、蜂蜜柚子茶、蜜饯等产品。

（五）垫江白柚

垫江白柚又名黄沙白柚，是垫江的名、特、优果品，于 1830 年从黄沙乡黄沙村曾家湾实生柚中选出，它以果大色艳、汁多味浓、脆嫩化渣、甜酸适度、品质优良而闻名全国，距今已有 180 多年的栽培历史。其果倒卵圆形，果顶略圆，微具凹环，果面较粗糙，淡黄色。

1986 年，垫江黄沙白柚荣获四川省农牧厅优质果品称号，为扩大其影响，将黄沙白柚改名为垫江白柚。1989 年，荣获农业部优质果品称号。1995 年，荣获第二届中国农业博览会金奖。1997 年，经国家工商行政管理总局批准注册为“白柚王”商标。1998 年，获全国第五次柚类评比名柚称号及金杯，同时获重庆市十大名柚称号。2001 年，获第三届中国国际农业博览会名牌产品称号和重庆市名牌农产品称号。2008 年，荣获重庆市名优柑橘评选优质奖。2011 年 + 注册为地理标志证明商标。

20 世纪 90 年代前，垫江白柚栽植密度稀，树子年龄老，果实品质好，成片栽植的少，零星栽植多，以庭园栽培为主。90 年代后，发展的垫江白柚其范围覆盖全县各乡镇，主产区为黄沙、长龙、杠家、永安、大石、高安、高峰等乡镇，栽植密度较大，树龄较年轻，成片栽的多，庭园栽植也多，所产垫江白柚品质参差不齐。2015 年，垫江白柚面积达 5 万多亩，由于高换、衰弱等多种因素的影响，面积有逐年缩减的趋势。

第六节　葡　　萄

一、产业发展概况

葡萄原产中亚外高加索地区，人类种植葡萄已有 5 000 ~ 7 000 年历史，因葡萄酒的缘故，葡萄是对人类历史文明有重要影响的水果，约是中国汉武帝时期由西域传入种植。重庆葡萄栽培虽然受到高温多湿低日照的环境限制，但长期以来一直在探索葡萄发展之路。

19 世纪后期，随着天主教、基督教的传播，欧美地区的葡萄品种不断传入中国，1889 年，法国传教士在璧山修建天主教堂露德堂，欧美葡萄引入重庆，在当地得以发展，同时将酿造技术也传入当地。19 世纪后期，葡萄在重庆已进行庭院栽培，第四任国家主席杨尚昆的故乡、清代民居—潼南县双江镇杨家大院内现栽植的两株葡萄已有一百余年历史，为该院主人杨筱鲁所栽。

中华人民共和国成立之后，葡萄生产受到重视，20 世纪 50 年代，已开展葡萄研究工作。例如：缙云山农场在 20 世纪 50 年代，已开展葡萄的栽培和技术研究工作，并将“一年两熟葡萄栽培技术”等研究成果公开发表，80 年代中期，重庆开始逐渐引入巨峰、红富士、蜜莉等品种进行栽培，但因霜霉病等病害发生严重，生产效益低，仅为零星栽培。重庆 1997 年直辖以来，随着病虫害防治技术的提高，避雨栽培等先进技术的推广，葡萄生产稳步发展。2012 年，重庆市葡萄生产面积达 10.58 万亩，产量 8.72 万吨。重庆已突破葡萄栽培的区域限定，不仅能够大面积种植葡萄，而且种出了全国最好的葡萄，培育出“吴小平葡萄”等一批亩产值超 5 万元的高效葡萄生产基地，被中国果品流通协会评为“2015 中国果品百强品牌”及“2015 中国十大葡萄品牌”，使重庆葡萄生产进入崭新历史发展阶段（表 7－6－2）。

表 7－6－2 主要年份重庆市葡萄生产情况表

年份	1998	2001	2004	2007	2010	2013
面积（万亩）	4.69	5.47	5.72	6.91	8.02	14.75
产量（万吨）	1.20	1.61	3.94	3.32	6.05	9.14

二、品种引进与筛选

重庆葡萄生产从 1982 年开始引种，引进葡萄新品种 80 多个。1988 年，已选出适于重庆市栽培的丰产、抗病、优质品种有 10 多个，包括红富士、白香蕉、尼加拉、吉香、康拜尔早生、金粉蝶等。到 20 世纪 90 年代初，选出巨峰、巨玫瑰、夏黑等抗病性强，成熟期早，在重庆得到大面积的发展；近十年，随着避雨栽培技术的推广，维多利亚、醉金香、甬优 1 号、比昂扣、魏可、金手指等品种也得到广泛栽培。2013 年，重庆葡萄处于升级换代时期，阳光玫瑰、黑色甜菜等高档品种被逐渐引入，实现红、黄、绿等色彩搭配，早、中、晚熟配套，从 6 月初到 12 月都有葡萄供应，延长了采收期。

三、主要技术推广

20 世纪 80—90 年代，江北县果树站对葡萄的栽植密度、架式、丰产栽培技术进行研究，10 亩白香蕉丰产试验园，定植后第二年平均亩产达 2 500 千克。

2000 年 11 月，大足县铁山镇从成都龙泉驿引进巨峰、无核、红富士等葡萄品种试种。2002 年初步投产，平均亩产 750 千克。至 2007 年，全镇葡萄集中成片种植面积达 1 200 亩，形成初具规模、有一定管理水平和较高品质的葡萄生产基地。随着栽培面积的逐步扩大，南方多雨地区栽培技术的制约，在生产过程中无公害栽培技术未得到广泛实施，避雨栽培等先进技术推广慢，优新品种未得到大面积推广，特别是早熟品种栽培面积小，急需建立葡萄早熟优质标准化标准示范基地，引进优新早熟品种，推广无公害高产优质栽培新技术，丰富水果市场，增加农民收入。按照市农委、市财政局《关于下达 2009 年农业综合开发良种繁育和优势特色种养示范项目投资计划的通知》精神，由铁山镇宝山葡萄专业合作社承建“重庆市大足县早熟优质葡萄示范基地建设”项目，2011 年全面完成项目建设任务。

2001 年，由市经作站成功引进优选巨峰、巨玫瑰等 5 个新品种，正常挂果；在重庆市著名葡萄专家吴小平指导下建成 18.2 亩“避雨栽培示范园”，培育优质种苗近 3 000 株，葡萄苗已于 2009 年 5 月底栽种完成，长势良好。

四、主产区县及基地

（一）璧山区

璧山区全力建设主城区的“菜篮子”“果盘子”“花瓶子”和体验乡村文化的“乐园子”，打造都市现代农业基地。按照“区域化布局、产业化发展”的路径，注重引导农户或业主集中成片发展，建设重庆璧山葡萄风情园，取得规模效益。璧山被授予“重庆优质葡萄之乡”“中国优质葡萄之乡”“中国葡萄无公害科技创新示范县”“重庆市首批市级现代农业示范园区”。

璧山葡萄栽培历史悠久。1890 年，璧山露德大教堂建成后，法国传教士将携带的葡萄藤蔓种在教堂内，每年把成熟的葡萄酿制成酒供自己和信徒们品尝、洗礼，并将培育的葡萄苗免费赠予信徒种植，于是，璧山农民家家房前屋后都种植葡萄，户户都有酿制葡萄酒的习惯。

20 世纪 80 年代开始，璧山区相继从浙江、四川等地引进“红富士”“黑奥林”“巨峰”等优良品种进行试种推广。基本形成了从育苗到生产、营销、加工较为完整的产业链条。法国的葡萄种植与葡萄酒的制造都享有世界声誉，1985—1986 年，法国赠送 3 000 株葡萄苗在江北区、璧山县种植。在葡萄产业发展上，依托优良的葡萄品种、良好的历史文化和区位优势，璧山县成为全市葡萄种植和葡萄酒生产第一大县。

2009 年，璧山被中国果品流通协会授予“中国优质葡萄之乡”称号。2010 年第八届中国果蔬产业发展论坛组委会授予“中国葡萄无公害科技创新示范县”，正在全力打造建设的《重庆市万亩葡萄风情园》被重庆市农业委员会批准为“重庆市首批市级现代农业示范园区”，是西南大学科研教学实践基地。2011 年璧山县委、县政府决定将葡萄作为 2011 年璧山县的优势特色产业，结合《重庆市万亩葡萄风情园》建设纳入优势特色产业项目建设。

一直以来，西南大学、市农委、市果树研究所、市农技总站都非常关心和支持璧山的葡萄产业，璧山的万亩葡萄风情园系西南大学科研教学实践基地，西南大学尹克林副院长是 2011—2013 重庆市（璧山）葡萄专家大院的科技特派员，专门为璧山葡萄基地提供技术依托，同时，县农技推广中心技术骨干常年深入葡萄生产第一线抓管理，推广新技术，葡萄联合社、协会、专业合作社也有多年丰富的管理实践经验，从上至下形成了一个完整的科学管理体系。

2011 年，璧山县优势特色产业葡萄项目—重庆市万亩葡萄风情园建设，在市财政局、市农委的大力支持下完成。

2012 年，璧山的蜜莉牌葡萄被中国果品流通协会授予“中华名果”称号。

近年，又先后引进并筛选了近 30 个适合璧山种植的优良品种，上市期为 6 月初至 10 月底，以设施栽培的葡萄约 7 000 亩，占全区葡萄种植面积的 25 %，露地栽培的“蜜丽”葡萄以长势旺，抗病耐湿，适应性强，成熟早（一般 6 月中旬成熟，是本地上市最早的葡萄品种，比周边省、市同品种早上市 20 天以上）、产量高、外观美，果穗大且紧密，平均穗重约 800 克，最高可达 2 000 克以上；果粒大，一般重 8 ~ 10 克，且大小均匀，着色较整齐，皮薄且韧、易剥离，不易裂果；果肉汁多味浓甜，可溶性固形物在 17% 以上，深受市民喜爱，现已成为璧山主要推广的鲜食品种。为确保葡萄品种优势，2013—2015 年，在大兴、七塘新建了两个占地 60 亩的葡萄品种储备筛选园，储备新品种 30 余个，全区葡萄产业在全市乃至全国南方地区保持品种资源领先水平。全区继续坚持市场导向，政府引导原则，集中成片发展，以打造“璧山葡萄风情园”为契机，积极引进工商资本，以农业公司、专业合作社、家庭农场、大户为主，带动全区葡萄产业规模化、集约化、产业化发展。

到 2015 年，全区有葡萄生产的街镇 9 个、村 19 个，从事葡萄经营的农业公司 12 家、专业合作社 15 个、50 亩以上的葡萄种植大户 41 户，10 亩以上的葡萄种植户 300 户。全区葡萄获得无公害农产品基地认证。

成功注册“璧山葡萄”地理证明商标，注册水果商标6个，葡萄无公害农产品31个，重庆名牌农产品4个。现全区葡萄种植面积达3.5万亩，璧山葡萄风情园核心区种植面积达2.1万亩，葡萄产量达4.5万吨。是重庆地区规模最大、产量最高的葡萄种植基地。

同时，进一步延伸加工营销产业链条。重庆民兴葡萄酿酒有限公司，是目前重庆市唯一一家专门生产加工葡萄酒的企业，年产葡萄酒300余吨，代加工近1 000余吨，生产的“继良”牌重庆干红系列葡萄酒是重庆市唯一注册“重庆红”的葡萄酒。

此外，加强了技术创新和品牌打造。全面推广单篱臂、双篱臂栽培技术；避雨等设施栽培技术推广应用达25%；人工疏花保果技术推广达69%；测土配方施肥技术覆盖率80%；绿色防控等技术全力推进。璧山葡萄种植模式不断提档升级，品质不断提升。近年选送的“比昂扣”“醉金香”“温克”等多个品种在全国名特优新农产品评比中荣获国家金奖，“蜜丽”“大紫王”“美人指”等荣获优质奖，“蜜丽”葡萄荣获中国果品流通协会“中华名果”称号，璧山已成为重庆地区葡萄获奖品种数量最多的区县。是“西南大学实践教学基地”和市农科院、市果树研究所等科研院所重要的葡萄科研基地。

文化营销也是璧山发展葡萄产业的手段。从2010年起，璧山以各种形式已成功举办五届葡萄旅游文化节，极大地提高了璧山葡萄的知名度，催生了大量的葡萄农家乐、葡萄山庄等第三产业，年吸引20多万都市居民前来体验葡萄种植、葡萄采摘、酿制葡萄酒、培养园艺葡萄等活动。

（二）南岸区

吴小平葡萄园始建于1999年，地点于重庆市南岸区迎龙镇，由本地农民吴小平投资兴建，始建栽培面积300余亩。为提早上市，延长采果期，打开全国市场，将吴小平品牌推向全国，又建成南川区大观镇和四川省西昌市两个优质示范生产基地，2015年，栽培面积已达500多亩。通过十多年的探索和实践，葡萄已在端午时节上市，持续供应到中秋时节。葡萄园全部进行标准化生产，每串葡萄一个样，每粒葡萄也一个样，就如工厂中的模子做出来的一样，外观优美，质地纯正，酸甜可口，深受消费者的喜爱，先后获得国家“中华名果”和重庆市“著名商标”等称号。

吴小平葡萄园区排水、灌溉、道路等基础设施建设完善，土壤改良水平高，特别是土壤疏松、肥沃，有机质达6%以上，是种植优质葡萄的基础。栽培上采用良种良法，主要栽培品种有：阳光玫瑰、巨玫瑰、巨峰、夏黑优质品种等；生产过程中在学习现代葡萄栽培技术的基础上，和广大专家学者和农技术推广人员总结出一套适宜自己的主要技术：主要表现在架式上采用“高、宽、稀、垂”适宜于重庆多雨多湿环境的架式；病害防治上采用以防为主的方法，选择矿质农药，推广大棚栽培，以实现产品的绿色生态和安全；土壤改良上采用土壤有机化，利用高山草灰等有机质提升土壤有机质等技术，确保葡萄品质优良和质量安全，2013年6月20日西南大学对果样进行检测，果实可溶性固形物高达20.6%。

（三）万州区

“向葡萄”于1999年在万州区新田镇开始种植，于2010年建成九龙坡区西彭镇基地。两个基地总面积近500亩，“向葡萄”不断引进国内外100多个优良品种，精选出最香、最甜、最奇的早中晚熟品种20多个。如有吃葡萄不吐葡萄皮的夏黑，有形状像手指，具有葡萄中独一无二牛奶味、冰糖味、蜂蜜味的金手指，还有樱桃葡萄、茉莉香、玫瑰香等。2014年，“向葡萄”通过农业部“绿色食品认证”，并相继获得“重庆市著名商标”“区级农业产业化龙头企业”“重庆市青年现代农村科技示范基地”等荣誉。

（四）永川区

永川郑清葡萄公园位于永川区黄瓜山代家店村，园区规划建设800余亩，是一个集花卉观光、葡萄采摘、奇特瓜果展示于一体的现代农业观光景区和科普教育基地，是重庆市首个葡萄主题公园。

郑清葡萄园老板郑祖清自16岁开始学习葡萄种植技术，通过30余年来的不断尝试，种植出能适应重庆高温、多湿、日照少等问题的葡萄品种。已选育出早香甜、玫瑰香、金手指等10多优质葡萄新品种，这些葡萄品种果型奇特、含糖量高、味道浓香、甘甜爽口。早在2009年，郑清葡萄便已顺利通过农业部“无公害产品”认证，2013年，被中国绿色食品发展中心认定为“绿色食品A级产品”。

第七节　猕 猴 桃

一、产业发展概况

猕猴桃是在世界上广为分布的一类水果，中国是世界猕猴桃的原产地，野生猕猴桃资源丰富，全世界猕猴桃属植物共有66个种，中国有62个种43个变种和7个变型种，其中包括很多特有的红肉和黄肉系列主栽品种等。重庆市是中国猕猴桃分布中心之一，有34个种，野生资源主要分布在渝东南和渝东北地区的山地区域。

全市规模化发展猕猴桃已有十多年历史，猕猴桃种植经济效益突出，已成为多个区县助农增收的特色效益产业。黔江、万盛、城口、江津等区县近年猕猴桃种植都有较大发展。

截至2015年年底，据市农业技术推广生产调度数据统计，全市猕猴桃栽培面积19.69万亩，产量5.07万吨。但猕猴桃溃疡病发生，造成全市多地猕猴桃园减产，死树甚至毁园，经济损失巨大，严重制约了猕猴桃产业的可持续健康发展。

二、主栽区域及发展规模

在20世纪90年代中后期，重庆市猕猴桃生产曾经出现一段发展高峰期，在武隆仙女山地区面积达400公顷以上；品种主要是海沃德等传统品种，但是由于发展速度和模式存在问题，导致最终产业发展失败；从2006年以后，在黔江、万州、万盛等区域逐步开始推广种植红阳为主的红肉猕猴桃。截至2015年年底，全市猕猴桃种植1 800多万株，其中结果树有1 230万株，种植面积和产量在全国均处于中等地位。与2012年、2013年相比，2014年种植面积和当年新栽树呈现明显下降趋势，表明发展较为理性化。

2015年，全市已经形成三大猕猴桃优势产业带：以黔江为中心的渝东南猕猴桃产业带，包括黔江、秀山、酉阳、武隆、涪陵和彭水等区县；以万州为中心的渝东北猕猴桃产业带，包括万州、开县、奉节、巫溪和云阳等区县；以南川为中心的近郊中低海拔猕猴桃产业带，包括南川、万盛、綦江、江津和永川等区县。

三、主栽品种结构与发展模式

自2006年引入红阳为主的红肉品种，重庆红肉品种栽种经过近十年的快速发展，红肉系列品种仍是第一大主栽品种系列，黄肉系列品种主要为黄金果和金艳，绿肉系列品种包括徐香等。

红肉系列品种占全市猕猴桃栽培面积的70%以上，主要为红阳、——红华和晚红，其中红阳占80%的份额。红华和晚红这2个品种在抗性方面强于红阳，但是整体发展面积不大。黄金果由于具有品质优、产量高、长势强等突出优点，为重庆中低海拔地区黄肉系列的主栽品种之一。黄肉品种金艳，在高海拔地区近年来发展很快，目前栽培面积已经占全市栽培面积的10%左右；余下15%为绿肉品种和当地的野生品种。产业发展模式主要以公司带动普通农户，形成“农业企业+猕猴桃专业合作社+猕猴桃种植农户”的模式。但与全国其他优势产区相比，我市还缺乏一定规模和数量的种植大户。

第八节　柠　　檬

一、生产发展

柠檬是芸香科柑橘属的长绿乔木，也是重庆地区适宜种植的水果品种种类之一。改革开放前主要以农户零星散植为主，1985 年，全市柠檬栽培面积仅占全市柑橘面积的 0.3%；1997 年，全市柠檬栽培面积有 0.85 万亩，产量 0.2 万吨；2009 年，全市柠檬栽培面积达 10 万亩，产量 4.8 万吨；2013 年，由于柠檬出口量增大和消费者健康生活观念转变，全市柠檬产地价格大幅上涨，平均 8 ~ 9 元/千克，最高达 16 元/千克，极大促进了柠檬产业发展，除潼南、万州外，开县、江津、长寿也开始少量种植柠檬。截至 2015 年，全市柠檬种植面积约 21 万亩，占全市柑橘面积的 7%，产量 23.6 万吨。

二、主栽区县

（一）潼南区

潼南柠檬产业起步于 20 世纪 70 年代初，受相邻的四川安岳县影响，崇龛镇一些农民陆续引进柠檬种植。种植品种以原产美国的“尤力克”品种为主。该品种具有出油高、果汁多、香气浓的特点而适宜鲜食与加工。

作为重庆特色水果，潼南柠檬基地始建于 2002 年，2002 年栽植柠檬 25.9 万株（约 5750 亩）；2008 年 1.5 万亩，产量 1.4 万吨；2012 年 5.3 万亩，产量 5.7 万吨；2014 年 10.5 万亩，产量 8.6 万吨；2015 年，全区柠檬种植面积 11 万亩，产量 18 万吨。其中以成片种植基地实行规模化经营主体有 150 个。2015 年 5 月，潼南柠檬获生态原产地产品保护证书，于当年 10 月获国家绿色食品 A 级产品认证。

2007 年重庆汇达柠檬加工集团有限公司落户潼南，开始了“公司 + 农户”模式带动潼南村民大规模种植柠檬。还建立了汇达柠檬生产线，该生产线 2013 年租地、2014 年建厂、2015 年正式投产。主要生产柠檬果汁饮料、柠檬酵素、柠檬即食片、柠檬冻干片、柠檬蜂蜜茶、柠檬精油、柠檬面膜等系列产品 300 余种，开发出绿色食品、美容护肤品、生物医药及保健品等 3 大类柠檬产品，综合产值 20 亿元。2015 年潼南已有柠檬加工企业 23 家，年加工能力达到 15 万吨。

（二）万州区

20 世纪 30 年代初，由国民政府参事杨本列从美国辗转引入，在万州试种成功，具有 80 多年的栽培历史。万州区柠檬生产发展大致经历了散户零星种植、积极发展田坎种植、业主开发种植三个阶段。主要种植地区为三峡库区腹心地段的白羊镇，改革开放前全县柠檬种植不过千亩，1986 年发展到 3 000 亩，年产量 2 000 吨左右。2002 年以来产量逐年增加，截至 2015 年，全区柠檬种植面积 5.1 万亩，产量 2.7 万吨，主栽品种是尤力克和北京柠檬，近年新发展的规模果园以尤力克为主。

2005 年万州白羊镇外销柠檬 1.5 万吨，产值 3 000 多万元，果农人均纯收入 3 100 元。2008 年该镇柠檬种植面积 3.2 万亩。2010 年 5 月，市委、市人民政府《关于加快把万州建成重庆第二大城市的决定》和 2010 年 6 月 23 日重庆市农业委员会与万州区人民政府签署的《共建重庆第二大城市合作备忘录》中，将万州区的 5 万亩无籽柠檬基地建设列为支持万州建成重庆第二大城市的重点项目。2011 年万州柠檬总产值 1.5 亿元。种植柠檬年收入在 20 万元以上有 10 户，10 万元以上有 52 户，5 万元以上 358 户。2013 年 8 月，“万州柠檬”获得地理标志证明商标。2014 年 4 月万州柠檬被纳入“2013 年度全国名特优新农产品目录”，8 月万州柠檬被评选为“重庆市名牌农产品”。2015 年白羊镇获得了“重庆市柠檬之乡”称号。

第九节　其他水果

重庆地区属亚热带气候，水热资源条件优越，生物物种资源丰富，农作物及果树品种类繁多。除生产量较大的一些水果种类外还有许多具有地方特色的水果亦有所种植，从而反映出重庆地区水果生产的品种种类的多样性和潜在的生产发展潜力。

一、杨梅

重庆丰富的光热水资源和山区小气候资源，为杨梅生长提供了得天独厚的自然条件，在重庆市各山区均发现有野生杨梅，种质资源丰富，其中南川区的骑龙乡有野生杨梅生长，数量多达1000余株，部分大树的干周长大1.4米以上，至少有上百年的历史。

20世纪80年代以前，重庆本土的杨梅基本没有发展，境内基本是出于半野生状态的野生杨梅品种。20世纪80年代至今，重庆杨梅经历了四个发展阶段。（1）启蒙阶段：20世纪80年代初，原四川省农业科学院果树研究所在1985—1986年开始对江津县四面山杨梅野生资源开展调查、整治和资源利用工作；（2）初始阶段：2000—2007年，不断偶有少量引进试种，此阶段面积0.4～1.0万亩徘徊；（3）快速阶段：2008—2014年，国家三峡移民工程实施对口帮扶，浙江等发达地区科研部门考察库区产业发展，大量引进万州、涪陵，同时因返乡人员创业引入渝北、江津等地，面积快速增至6万余亩；（4）稳定阶段：2015年，因重庆气候等因素影响，栽培面积稳定在6.0～6.5万亩。从2000年初开始，重庆市农技推广部门和相关科研机构开始从浙江、福建等地引进东魁、黑炭、荸荠、早荠蜜梅、晚荠蜜梅、丁岙梅、大叶细蒂等品种，通过观察、比较试验，筛选适合重庆地区的栽培良种，其中东魁、黑炭在产量和品质等方面均有良好表现。

在国家三峡移民工程下，杨梅主产区江浙地区对口援助下，不仅引进和培育了相关的杨梅生产企业和业主，还引进了杨梅商业生产品种和技术，主栽品种以四大良种中的荸荠和东魁为主，其中东魁在全市栽培面积已发展到2万亩，荸荠为1万亩。

重庆市杨梅产业起步晚，截至2015年，杨梅种植面积已达5.58万亩，其中种植规模超千亩的区县为涪陵、渝北、奉节、南川、万州、江津、永川，占全市总面积的94%，产量占全市总产量的95%；目前投产面积超过400亩的区县是涪陵、渝北、奉节、万州。

二、鱼洞乌皮樱桃

是巴南区独有的地方良种，该品种1991年开始由普通樱桃芽变选育，1995经田间鉴定命名为“鱼洞乌皮樱桃”，至2010年建立种植基地3100亩。其品种基本特征果皮紫红鲜亮、果肉淡黄细嫩清香。2012年4月，经重庆市农作物品种审定委员会审定，并获《重庆市农作物品种鉴定证书》。此后于2014年制定地方标准《绿色食品乌皮樱桃生产技术规程》以确保该品种的标准化生产发展。2014年该樱桃已种植3 400亩并向渝北、铜梁、綦江等地引种推广1.78万亩。

三、江津石蟆橄榄

橄榄（又名青果）系南亚热带树种，仅分布在广东广西福建和四川（合江）的少数地区，重庆仅石蟆有所分布。石蟆镇已有500年种植橄榄历史，现尚有百年古树上百株，常年产量30多万千克。该镇从1999年开始大量种植橄榄，2015年已发展到6万亩。石蟆的青果产业化已定为江津重点发展的产业之一。该镇所规划确定的10万亩青果基地既是西南地区最大的青果基地也是重庆市唯一的青果基地。现在该镇正进行在已有6万亩橄榄园的基础上扩建4万亩橄榄园并对基地中的2～4万亩橄榄园实施品种改良，以配合产业发展加工开发。

四、綦江平滩红梅

产于綦江永新清溪河平滩沟一带，明清时期已有种植并远销上海广东香港及东南亚等地。2015 年该县红梅 6 500 亩，年产 250 吨。

五、丰都龙眼

其种植最初由福建引入后经 300 多年的自然选择及人工驯化成为稳定种植的果树品种。核小风味浓郁为其品种主要特点。2010—2012 年，在该县树人镇石岭村建设优良单株繁育体系，2013—2017 年，培育晚熟龙眼嫁接苗 20 万株、生产基地 0. 8 万亩。2015 年，丰都龙眼在县境内长江两岸海拔 300 米以下至三峡库区淹没线以上地区栽培种植 2. 5 万亩产量 0. 89 万吨。主要产区在湛普、双路、高家、兴义等地。

六、永川龙眼

永川龙眼 2015 年种植面积达到 3. 5 万亩，产量 0. 78 万吨，主要在永川朱沱、松溉一带。2012 年以来在永川朱沱镇举办每年一届的龙眼采果节，提升了永川龙眼知名度。

七、大足枇杷

1995 年以前，大足枇杷只有零星种植。1997 年开始，在龙岗镇五星村建设“五星枇杷园”。枇杷园引进“大五星枇杷”优良品种，该园率先推行业主经营制、逐步形成规模种植。1999 年，枇杷园面积发展到 500 亩，2002 年发展到 3 000 亩，并有明星村五户农民枇杷年收入过万元。

大足邮亭镇 1998 年建设枇杷园 200 亩，2000 年发展到 5 000 亩。

2003 年，重庆长龙农业开发有限公司在龙岗镇中和村租用土地 1 360 亩，投入 820 万元建设枇杷标准化示范区栽植枇杷 12 万株。

2008 年，大足区将该区的“西苑枇杷基地”命名为“大足枇杷产业培训中心”，以指导全区枇杷培训。

2012 年，该公司与枇杷种植户签订订单合同近万亩，为广大果农组织农资供应 160 吨，销售水果 3 500 吨实现销售收入 4 500 万元。西苑枇杷在 2009—2015 年被中国果品流通协会授予“中华名果”称号。当年，大足被命名为“中国枇杷之乡”。

到 2015 年，全区有龙岗、棠香、邮亭等 13 个街镇，62 个村 3 363 户农户、1. 2 万农业人口以枇杷生产为主业，形成有 10 万亩产业基地年产量 1. 8 万吨产值 3. 5 亿元的无公害枇杷生产园地。

八、五间西瓜

2006 年开始，永川五间镇经过 10 年的发展其西瓜种植达到 3 000 亩，产量 9 000 吨产值 3 600 万元，注册了“润之爽”商标打造了富硒 SOD 西瓜品牌并获国家绿色食品认证。2014 年，五间西瓜获地理标志证明商标。

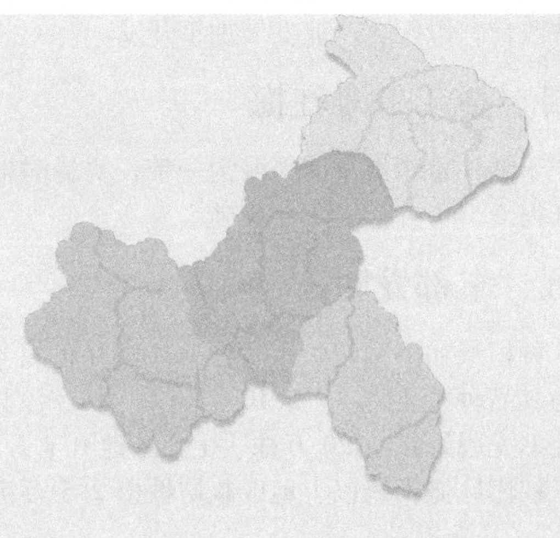

第七章 茶　叶

重庆是世界茶树原产地和中国种茶起源地之一，也是茶叶从苦茶到香茗的制茶始创地、农业部确定的 12 个绿茶优势区域之一。作为中国内陆重要工商业超大城市，重庆也是中国古老茶区。早在三千年前，重庆就有人工种茶的记录，中国最早的“贡茶”也出自巴渝。盛唐时，茶在重庆已成家家户户都饮茶的“比屋之饮”。20 世纪 80 年代初，重庆大叶红碎茶、重庆沱茶曾荣获二十二届、二十四届世界国际食品博览会金奖，产品出口欧洲等多个国家和地区，重庆茶叶名噪一时。

茶叶是三峡库区、秦巴山区、武陵山区极具潜力的特色优势产业，也是带动农村第二、三产业发展，为城乡提供大量就业岗位的一项绿色产业。中国加入世贸组织以后，茶叶作为具竞争力的出口农产品，对于发展农村经济，特别是带动贫困山区脱贫致富，有着其他经济作物不可替代的优势。

第一节　生产发展与产区分布

一、产业发展历程

1986 年以来，国务院决定茶叶流通放开，多渠道经营，茶叶由二类物资变为三类物资，不再实行统购统销。此后，全市茶业依靠政策、投入和科技进步进入了新的发展阶段，全市 37 个产茶区市县中，南川、永川、荣昌三个区县列入农业部全国茶叶优势区域发展规划，初步建成了渝西特早名优茶、渝东南高山名优茶、三峡库区生态有机茶三大优势茶叶产业带，取得了农民增收、农业增效、财政增税、企业增利的显著效果。

1987 年，全市茶叶总产量首次突破万吨大关，提前三年超额完成茶叶“七五”发展任务。“八五”期间，全市茶叶生产在不断健全完善“联产计酬、集体承包”的茶叶生产经营责任制的基础上，巩固提高现有茶园，有计划地稳步发展高标准良种茶园并采取努力提高单产，提高品质，大力开发名、优茶多茶类生产，提高经济效益，立足内销，积极扩大出口等措施，全市茶叶生产取得良好效益。到“八五”末，全市茶园面积发展到 17 万亩，总产量达到 1.2 万吨。此后，全市茶园面积由 2003 年的 48 万亩增加到 2007 年的 60 万亩，年均增长 5%；茶叶产量由 1.9 万吨增加到 3.1 万吨，年均增长 12.63%；茶叶总产值由 3 亿元，增加到 5 亿元，年均增长 40%。

按照《全国现代农业发展规划》《重庆市农业农村经济发展第十二个五年规划》和 2012 年市委、市人民政府《关于加快推进农业现代化的若干意见》，全市将茶产业作为发展特色效益农业的重点产业进行打造。到2015年，全市茶叶种植面积67.1万亩，茶叶产量3.24万吨，茶叶产值17.3亿元。跻身全国茶叶十强省区市行列。

二、产区布局

在全国茶区分布中，重庆茶区属于长江上中游特色和出口绿茶重点区域。区域特点是：总体经济欠发达，但人力资源较丰富；生产成本相对较低，有利于茶叶生产发展；茶树种植以灌木型为多，部分为小乔木型。按照自然资源环境与社会经济条件与茶业发展方向，经过30年大发展，全市茶产业大致形成了以下三个产业带。一是武陵山区高山名优茶产业带。以秀山、南川、武隆为重点，建成3个10万亩级茶叶基地，辐射带动万盛、巴南、黔江、酉阳等区县，发展名优茶叶44万亩。二是渝西特早名优茶产业带。以永川为重点，建成1个10万亩级茶叶基地，辐射带动荣昌、江津、合川、铜梁等区县，发展特早名优茶叶28万亩。三是三峡库区生态、有机茶产业带。以万州或开县为重点，建成1个10万亩级茶叶基地，辐射带动奉节、云阳、巫溪、城口、涪陵等区县，发展生态有机茶叶28万亩。各茶区在发挥各区域茶叶生产主要优势类别的同时，其共同基本发展方向是：一是实施茶叶加工厂房、设备升级改造工程。二是通过茶叶标准园创建和万亩级茶叶标准园区创建，推进和实施绿色综合防控技术，以达到茶叶生产标准化清洁化符合GAP（Good Agricultural Practices的英文缩写，中文意思是“良好农业规范”）。三是以大型龙头茶企为主导，中小茶业为主体夯实加工能力和品质，促进标准化生产，确保茶叶产品质量和安全水平的全面提高，建成名优茶机械化、连续化、智能化、清洁化示范生产线，大幅提高成套名优茶生产线比例。四是提高茶园生产管理机械和茶叶加工设备的补贴力度和范围。

第二节　栽培管理

一、栽培品种

重庆是中国茶树生长最适宜地区，具有生态、气候等资源优势，经过长期的自然演化和人类作用的结果，形成了极为丰富的茶树品种资源。现有国家级无性系良种48个，省级及自育良种10个，南川蕴藏4 000多棵古茶树，江津、万盛、綦江等地的野生大茶树资源和其他引进选育的品种资源储备1 000余份。

茶区栽培的主要茶树良种有：巴渝特早、福鼎大白茶、早白尖5号、南江1号、名山白毫131、碧香早、渝茶1号、乌牛早、平阳特早等。这些无性系良种，具有发芽早、产量高、品质优、适应性及适制性强等优点，为推进渝茶无性系良种化，实现多品种、多茶类、不同区域种植提供了丰富的品种资源。

20世纪80年代以来，全市从杂交后代中选育出大批优良品种、品系，育成蜀永1号、蜀永2号、蜀永3号、蜀永307、蜀永401、蜀永703、蜀永808、蜀永906等8个国家级茶树新品种；20世纪90年代，育成3个国家级茶树新品种和1个省级茶树新品种，分别是早白尖5号、南江1号、南江2号和崇枇71-1；2001年，育成了省级茶树新品种渝茶1号和渝茶2号；2014年，育成国家级茶树新品种巴渝特早。这些品种已在重庆、四川、湖南、贵州、广西、陕西、浙江等省区推广应用，大大提升了茶叶的良种率。

20世纪80年代以来，全市从市外引进的茶树良种主要有：福鼎大白茶、名山白毫131、碧香早、乌牛早、平阳特早等，重庆培育与引进的茶树良种形成了早、中、晚熟品种配套。

二、良种繁育与推广

20世纪90年代，重庆市围绕名优茶开发，实施农业部经济作物“丰收计划”，通过新建标准茶园、老茶园改种换植等措施，进行茶树品种结构调整，推广茶树无性系良种。主要区域分布在武陵山区高山名优茶产业带、渝西特早名优茶产业带、三峡库区生态、有机茶产业带。

重庆直辖以来，结合重庆市生态资源优势，应用培育筛选的系列国审、省审茶树新品种，重庆市在巴南二圣茶场和市茶科所建设了国家级重庆茶树良种繁育基地，在南川、秀山建设市级区域性茶树良种繁育场，构建了以国家级重庆茶树良种繁育基地为核心、市级茶树良种繁育场为骨干的全市茶树良种繁育体系。建设茶树种质资源圃 200 亩，储备品种资源及材料 1 000 余份；母本园 900 亩，保存国家级无性系良种 48 个；苗圃 750 亩，形成年繁育 11 250 万株无性系良种茶苗能力，有效提高茶园无性系良种率。

2002 年，在巴南区二圣茶场建立国家级重庆市茶树良种繁育基地，摸索出适合重庆气候的繁育技术，带动了当地茶农种茶积极性，为茶区提供了大量的无性系良种茶苗。2009 年，制定了主推茶树新品种的《巴渝特早茶树良种扦插繁育技术规程》《巴渝特早茶园栽培技术规程》等地方规标，为全市茶树良种繁育推广提供了规范性的操作技术规程，促进了良种繁育科学化、规范化、标准化。

三、茶园建设

（一）茶园发展

20 世纪 80 年代，重庆市发展新茶园主要以集体形式为主，选址多在交通不便的山区，通常采用茶籽直播。全市 21 个区县中有 14 个区县为茶叶产区，发展大叶种及有性川茶群体种，其中在荣昌、永川、巴南等县建设红茶基地。

1996 年开始，重庆市新茶园的发展以个体形式为主，茶园用地从山上逐渐向平地缓坡发展，茶农便于管理。同时从效益和品质出发，新建茶园以发展无性系良种为主。种植规格与密度：双行种植大行距 150 厘米，小行距 30 厘米，株距 30 厘米，每穴 2 株；单行种植行距 150 厘米，丛距 30 厘米，每穴 2～3 株。每亩栽植 5 000～6 000 株。栽种的无性系良种主要有：福鼎大白茶、巴渝特早、早白尖 5 号、南江 1 号、名山白毫 131、碧香早、渝茶 1 号、乌牛早等。

2000 年以来，按照农业部要求，全市启动无公害食品茶叶行动计划，无公害茶叶基地建设得到较快发展，南川、永川、荣昌 3 个区县被列入农业部全国茶叶重点区域发展规划。初步建成渝西特早名优茶区、渝东南高山名优绿茶区、三峡库区生态、有机茶区三大优势茶叶区域。

2015 年，全市推进茶叶绿色发展，提高茶产业标准化、机械化生产水平，全市推广实施《茶叶绿色生产模式及配套技术》，发展绿色生态有机茶叶生产基地。种植规格与密度进行调整：双行种植大行距 1.5～1.8 米、小行距 33 厘米、丛距 33 厘米，每丛 2 株，每亩栽植 4 000～5 000 株；单行种植行距 1.5～1.8 米、丛距 33 厘米，每丛 2～3 株，每亩栽植 2 700～5 000 株。全市无公害茶、绿色食品、有

机茶得到快速发展，有近 300 个茶叶产品通过无公害、绿色食品、有机茶认证，永川秀芽、南川大树茶、南川金佛玉翠茶、万州银针获得地理标志认证，南川区获“中国名茶之乡”称号。永川、巴南分别建设万亩级标准化生态茶园生产基地，示范带动全市茶叶绿色发展。

（二）茶园管理

1. 茶园施肥

茶园施肥分为基肥、追肥。基肥以施用有机肥和复合肥等长效肥为主，基肥结合深耕施用，施用深度在 20 厘米左右，对来年春茶产量品质提升有明显效果。

20 世纪 80—90 年代中期，施肥时间基本在 10—12 月。

重庆市随着名优茶开发技术的推广实施，要求春茶发芽早、产量高，生产效益好。从 20 世纪 90 年代中后期开始，茶园施肥时间提早到 9 月底到 10 月底前。追肥主要以速效性氮肥尿素为主，施用深

度在5～10厘米。施用时期：春茶前、夏秋茶前。次数和分配比例：茶区一般追肥为3次，春、夏、秋追肥的分配比例一般宜用60∶15∶25或60∶20∶20。肥料品种：尿素、商品有机肥、茶树专用肥。

近年来，随着环保要求提高和农业发展方式转变，推进茶叶绿色发展，茶叶开展有机肥替代化肥行动，全面推进全市化肥“零增长”或“负增长”，提高茶叶质量安全水平。

2. 耕作与培育

30年来，全市茶园土壤耕作采取过浅耕、中耕、深耕和免耕等技术。茶园土壤耕作目的是对土壤修复与改良，促进肥力改善，提高茶叶产量和品质。每年或隔年进行1次。浅耕和中耕可结合各季的除草与追肥进行，深耕可结合清园埋压杂草和施有机肥进行。近年来，开展了茶园机械耕作技术示范推广，提高茶产业机械化水平，降低生产成本。

茶园土壤培育主要有铺草覆盖：选择行间尚未密闭的茶园，在旱季和雨季来临前进行。选用周围未受有害或有毒物质污染的稻草、秸秆、杂草等物资覆盖行间。套种绿肥：在园内空地或幼龄茶园中间种白三叶草等多年生矮秆豆科牧草作物，抑制杂草、增加土壤有机质。枝叶还田：修剪枝、叶全部回归茶园，增加茶园土壤有机质含量，回归有效养分。

3. 茶树修剪

在20世纪90年代以前，全市茶叶用的修剪工具多为水平剪、割刀、砍刀等。20世纪90年代后，部分茶区采用机械修剪，2000年后基本实现全程机械化修剪。

全市采用茶树修剪方法有：定型修剪、轻修剪、深修剪、重修剪、台刈。定型修剪：适用于幼年茶园，主要是通过修剪形成树冠骨架，培养树冠和采摘面，一般茶树经过三次定形修剪。轻修剪：在于促进茶芽萌发生长，提高生产密度，增强茶树长势；它是创造培养良好采摘面必不可少的技术措施，主要针对茶园常规管理和茶园改造；在10月份秋茶结束后进行轻修剪，以浅弧形为好（顶冠修剪），也可在春茶结束后进行轻修剪，不提倡春茶前修剪。深修剪：在于更新茶树采摘面，提高茶叶产量和品质，深修剪深度以剪除受害枝条和“鸡爪枝”为宜，深修剪一般安排在春茶结束后进行；一般深修剪后每年或隔年轻修剪1次，这样交替进行，延长茶树的高产优质年限。重修剪：对象是半衰老和未老先衰茶树以剪去原树高的1/3～1/2为宜；重修剪后的茶树呈水平形；为了春茶期间能采一部分高档茶，增加经济效益，一般放在春茶后修剪。台刈：适用于茶树生机明显减退，出现明显两层楼树冠，在春茶前或春茶即将结束时，剪后加强肥培管理，实行因树制宜的合理采摘，做好茶树病虫防治。

此外，还采用茶园蓄梢留养技术。该技术是针对只采春茶一季茶的茶园，采用冬季清园不整形，蓄留枝梢存留养分。实施夏季整形，把整形修剪提早至初夏春茶采收期结束，提高枝头和芽头密度，为壮芽、早发创造条件，春茶产量、品质、效益得到大幅提高。

4. 病虫草害综合防治

30年来。全市茶园常见的虫害有：茶小绿叶叶蝉、茶尺蠖害螨、茶毛虫、黑刺粉虱、白蜡蚧等。主要病害有：炭疽病、茶饼病、茶轮斑病等；最常见草害有白茅、青茅、厥苔等。

20世纪90年代中期以前，主要以化学防治为主，防治效果好，但茶叶农药残留高。

20世纪90年代中期到2000年，提倡综合防治，运用包括农业防治、化学防治和生物防治多种手段的防治方法，降低了茶叶农药残留，但生物防治技术还不健全。

2000年以来，制作了茶毛虫、扁刺蛾、茶网蝽、茶叶斑蛾、茶跗线螨等6种害虫的生活史图谱库及基防治技术库，进行绿蝉、茶毛虫病毒制剂和苦参碱等环境友好型农药的田间药效试验。

2010年以来，主要以绿色防控为主，茶树病虫害绿色防控技术在生产上得到广泛应用与推广。开展病虫害预测预报，按照病虫害防治指标和防治适期，选择性应用杀虫灯、黏虫色板、性诱剂和释放害虫天敌等，结合化学药剂挑治等低限使用低毒低残留脂溶性农药。利用茶园生草栽培、覆盖抑草或机械、人工方法防除杂草。茶树病虫草害综合防治有了质的飞跃，大大提高了茶叶质量安全水平，促进全市茶叶提质增效。

近年来，重庆市探明了叶蝉的优势种群以及灾变的关键因子，完善其测报技术，提出规范性文本，构建茶树病虫害监测预警平台，研发组建了“专家系统”，实施叶蝉的数字化监测预警，平均准确率达85%，为全国主要茶区叶蝉的防控提供了技术支撑。

四、茶叶采摘

30年来，根据茶树生长特性和各茶类对加工原料的要求，遵循采留结合、量质兼顾和因地制宜的原则，按照标准，适时采摘。名优茶按单芽、一芽一叶初展、一芽一叶开展、一芽二叶初展、一芽二叶开展的五个标准采摘；大宗茶标准为一芽二、三叶和同等嫩度对叶。

茶叶采摘方法通常为传统手工。要求提手采，保持芽叶完整、新鲜、匀净，不夹带鳞片、鱼叶、茶果与老枝叶，不宜捋采和抓采。发芽整齐，生长势强，符合机采的茶园提倡机采。茶机应使用无铅汽油和机油，防止污染茶叶、茶树和土壤。

采用清洁、通风性良好的竹编网眼茶篮或篓筐盛装鲜叶。采下的茶叶及时运抵茶厂，防止鲜叶变质和混入有毒、有害物质。

第三节　茶叶加工

30年来，全市茶叶加工经历了三个阶段：手工制作阶段；半手工制作阶段；机械制作阶段。全市茶产品由单纯的传统茶产品到精深加工及综合利用转变。

一、名优绿茶加工

名优绿茶比大宗绿茶制作工艺要精细复杂得多，不同名优绿茶加工工艺虽不相同，但可归纳为杀青、揉捻、整形、干燥、提香工序。重庆以针形名优茶为主，如永川秀芽，巴南银针、金佛玉翠、太白银针；另有扁形名茶如滴翠剑名；卷曲形如渝州碧螺春；毛峰形如缙云毛峰等。

20世纪80—90年代，开始普及名优茶生产机具，但名优绿茶加工仍然保留在手工制作或半手工制作，茶叶品质好，但规模小，产量低，质量不稳定。

到2000年，由于名优茶机具逐渐成熟和商品化，以及名优茶加工技术普及到位，机制名优茶取代了手工制作，重庆市基本实现了名优茶全程机械化，促进了名优茶产量、品质得到快速提升与发展。

2008年以来，以针形名优绿茶为主，开展针形名茶生产关键技术与装备技术攻关，研发了具连续自动变频揉捻机及其控制程序，创新了针形名茶加工工艺，集成适宜连续自动化生产的“蒸汽—热风—微波三级组合杀青、自动精准程控揉捻和连续自动烘炒定形焙香”核心技术，研发行车式连续自动揉捻机，全自动茶叶理条机等关键装备，实现名优绿茶标准化、自动化流水作业，突破名优茶加工关键技术和装备瓶颈，产品合格率99.9%，生产效率提升30%以上，使针形名茶工艺技术在全市茶叶生产广泛推广和应用，全面提升针形名优茶质量标准水平。

二、大宗绿茶初加工

炒青绿茶初加工。炒青绿茶因其外形不同分为长炒青、园炒青、扁炒青三类，重庆主要以生产长炒青为主。长炒青要求的品质特点为：条索紧直、色泽翠绿鲜润；香高持久，显熟板栗香；汤色清澈，黄绿明亮；滋味浓醇爽口；叶底嫩绿明亮。长炒青的初制工艺流程为：杀青、揉捻、滚湿坯、炒毛坯、炒足干。原料要求：中小叶品种一芽二、三叶或同等嫩度的对夹叶，叶色深绿，无红梗、红叶及非茶类夹杂物。

烘青绿茶初加工。烘青绿茶大多数被作为花茶坯，窨制加工成花茶后进入市场销售，也有少数烘青绿茶直接供人们消费。烘青绿茶的初制工艺流程为：杀青、揉捻、毛火、足火。原料要求：中小叶品种一芽二、三叶或同等嫩度的对夹叶，叶色深绿，无红梗、红叶及非茶类夹杂物。

三、工夫红茶加工

过去，全市用夏秋茶为原料，主要生产边茶和红碎茶，少有工夫红茶生产。2010 年前后，通过引进、创新茶叶生产加工关键技术，形成了渝派工夫红茶加工工艺：鲜叶、摊凉、萎凋、揉捻、发酵、烘干、提香。原料要求中小叶品种一芽二、三叶。其品质特点：外形紧细、秀丽披毫、色泽褐黄、汤色红艳、香气鲜嫩甜香、滋味醇厚干爽、叶底匀嫩。具有代表的有武隆天尺牌“仙女红”工夫红茶、秀山钟灵工夫红茶，近年开发的新产品有重茶集团巴渝红、秀山边城工夫等。

四、红碎茶初加工

红碎茶为颗粒碎形茶，与工夫红茶相比，红碎茶加工的最大区别在于揉切。红碎茶的初制工艺流程为：萎凋、揉切、发酵、干燥。原料要求：以云南大叶种茶树的一芽二、三叶的二三级鲜叶为主要原料，其中一芽二叶鲜叶占 50% 以上，同等嫩度的对夹叶，单片叶不得超过 20% 。其品质特点：外形颗粒紧结重实，色泽乌润，内质香气鲜深持久，滋味深强鲜爽，汤色红艳明亮，叶底红艳嫩匀。20 世纪八九十年代，荣昌是全国茶叶单产第一县，是全国红碎茶原料及产品贸易集散地，也是全国最大的红碎茶生产和出口基地县，出口创汇高达 1 000 万美元。南川也被定为优质红碎茶商品出口基地，南川红碎茶获 1986 年日内瓦第二十五届国际食品博览会金奖，1988 年中国世界博览会金奖，被誉为四川茶叶“五朵金花”之一。

五、茶资源综合利用

20 世纪 80 年代中期，重庆市进行了茶叶新型饮料—健尔康茶露、茶汽水的试验研究，并进行了小批量生产。

1985—1986 年，进行了茶叶食品茶饴、茶奶糖开发研究。

1988 年，研究开发了具有一定保健作用的福寿茶、益元茶等保健袋泡茶。

1998—2000 年，进行了绿茶浓缩汁饮料研究。

2001—2004 年，进行了超微绿茶粉加工工艺研究，试验制成了超微绿茶粉饮片、速溶超微绿茶、超微绿茶粉挂面、冲饮型超微绿茶粉等样品。

2003—2005 年，以机械化采摘鲜叶为原料与薄荷、橘皮、桂花进行风味调配研究，开发了薄荷、橘皮、桂花风味茶。

2015 年，以茶树修剪枝叶为材料，开发的纯茶粉产品，外观粉末状、粒径小，色泽棕黄，风格品质细腻，荣获第十一届三峡杯新产品开发创新奖。开发的绿茶酒产品，外观微绿明亮，香气酒香怡人、略有茶香，滋味醇和，风格独特、舒顺协调，荣获第十一届三峡杯新产品开发创新奖。

第四节　名 优 茶

一、永川秀芽

产于永川区。其外形紧直细秀，色泽鲜润翠绿，汤色清澈绿亮，香气鲜嫩高长，滋味鲜醇回甘，叶底嫩黄明亮。1985 年，永川秀芽被录入中国名茶研究选集；1989 年，被农业部评为全国优质农产品。在国际名茶评比中 11 次获得金奖；2004 年，获国家发明专利；2010 年，获国家地理标志证明商标认证；2015 年，获“全国最具文化底蕴十大地理标志名茶”和“最受消费者喜爱的中国农产品区域公用品牌”称号。

二、巴南银针

产于巴南区。以早春幼嫩芽叶为原料，外形挺直秀丽，绿润显毫，嫩香持久，滋味鲜爽回甘。2011年，中国茶叶企业产品品牌价值评估，其品牌价值 1.14 亿；2005 年，巴南银针在重庆召开亚太城市市长峰会，为唯一指定用茶；2007 年，重庆直辖十周年庆典接待用茶和唯一指定礼品茶；先后多次获得在国际国内金奖名茶称号。

三、金佛玉翠

产于南川区。金佛玉翠外形条索紧细匀直，色泽翠绿，峰毫显露，汤色黄绿明亮，香气鲜嫩持久，滋味鲜醇回甘，叶底黄绿嫩匀。金佛玉翠选用福鼎大白茶、巴渝特早等茶树品种为原料，采摘标准为一芽一叶初展鲜叶。金佛玉翠已获得过国际、国内等各个级别的 20 多个奖项。

四、滴翠剑名

产于万盛区。外形扁平似剑，挺直秀丽，色泽嫩绿黄润，香气高香馥郁，汤色嫩绿匀亮，滋味鲜嫩醇爽，叶底嫩芽明亮。1997 年，获中国“中茶杯”奖；1997 年、1998 年，获重庆市第二届、第三届“三峡杯”优质名茶奖；2000 年，获得由中、日、韩等国家和地区共同举办的第二届国际名茶博览会金奖；2002 年，获第四届国际名茶博览会金奖。

五、西农毛尖

产于西南农业大学实验茶场。其以高山云雾之早春毛尖茶和洁白芬芳的茉莉鲜花为原料，运用现代茶叶加工工艺，精心制作而成。其外形紧细有毫，汤色黄亮清澈，香气鲜灵持久，滋味鲜醇隽永，叶底黄绿柔软。先后获得了第十届“中茶杯”全国名优茶评比特等奖、重庆市“三峡杯”名优茶评比金奖等多项荣誉，深受广大消费者的喜爱。

六、太白银针

产于世界著名风景区长江三峡一带，早春三月采摘高山幼嫩茶芽，采用传统工艺与现代科技结合精制而成。其品质特征：外形条索紧秀，匀直若针，茶润绿显毫，香高清纯，汤绿明净，味鲜醇爽，叶绿鲜亮，嫩匀成朵。“太白银针”产品连续荣获“中绿杯”“三峡杯”等全国及重庆市的名优茶评比大奖 10 余次。

七、四面绿针

产于江津区。采用独芽或者一芽一叶初展为原料，传统手工工艺制作。其品质特征：外形紧卷多毫，嫩绿色润，汤色清澈微黄，滋味鲜爽，馥郁回甘，富硒茶。先后多次获得国际国内金奖名茶称号。

八、香山贡茶

产于奉节县。历史悠久，是唐、宋、清三代贡茶。以清明前一芽一叶为原料。其品质特征：外形条索紧秀均直、锋苗显露、色泽翠绿、白毫满披；香气浓郁持久，滋味鲜爽回甘，汤色嫩绿清澈，叶底黄绿明亮、匀整。先后多次获得国际国内金奖名茶称号。

九、龙珠翠玉茶

产于开县。具有悠久的历史，在唐朝、清朝时就被列为皇廷贡品茶，如今产品远销十多个国家。其品质特征：外形紧结秀丽、色泽绿润、白毫披露；滋味鲜爽、香气清香，汤色清澈明亮，叶底嫩黄。先后多次获得国际国内金奖名茶称号。

十、仙女红工夫红茶

有机红茶鲜叶原料来自武隆县世界自然遗产地原生态保护区，采用精选一芽一叶为原料。其条索细紧匀整，香气鲜嫩甜香，汤色红艳，滋味醇厚干爽，回味绵长。获 2015 年度全国名特优新农产品，获第五届永川国际茶博会金奖，荣膺“2010 中国第八届国际山地户外运动公开赛唯一指定礼品茶”。

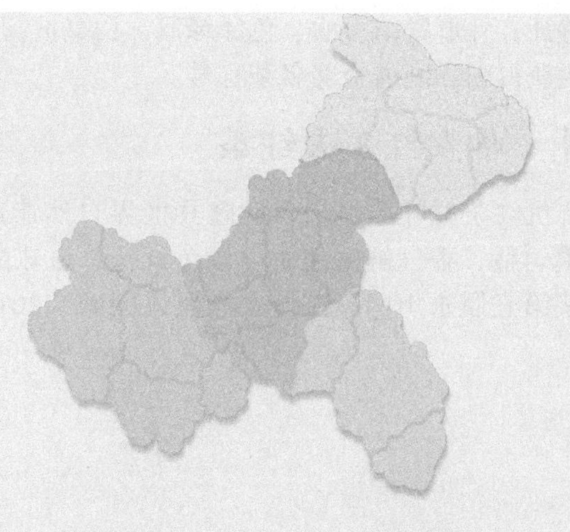

第八章
蚕　　桑

重庆地区地域辽阔，域内江河纵横，峰峦叠翠，自古以来就是农桑皆宜的自然生态适宜区。地形地貌以丘陵山地为主。是重庆市农村主要农耕区，全市蚕桑主产地大部分都集中在此。重庆气候属亚热带季风性湿润气候，全年气候温和，无霜期长，雨量充沛，雨热同季。光热水资源组合较好，宜桑宜蚕。

桑树是喜温植物，气温在10℃时生长出新根。当初春平均温度稳定在12℃时，冬芽就开始萌发生长成新枝、叶，一般在3月15日左右，终日在11月15日左右，初终间日数240天左右。可以养蚕的温度在15℃以上，适温范围为20～28℃。全市平均温度稳定通过15℃的初日为4月5日至4月上中旬，即养蚕出库催青期；终日期一般10月下旬，便是晚秋蚕；全部结束之时183～208日。全年可以进行多次养蚕。特别是春秋两季气温比较平衡，有利于获得优质高产的蚕茧。

全年日照总时数1 000～1 200小时。特别是在6—8月，月日照数在124～235小时。桑树生长期在4—9月的总辐射量为58.29～61.61千卡/厘米^2，占全年辐射总量的70%左右，此时桑树光合作用旺盛，是桑树活跃生长期。

对蚕桑有影响的气象灾害，一是每年7—8月雨量相对不足，有连晴高温和伏旱、秋旱出现，影响桑树生长。二是春旱分别出现在3—4月，降雨量不足，严重的不到10毫米，主要发生在丘陵地区的潼南县，严重影响桑树春芽生长。三是倒春寒，3—4月易出现气温低于12℃的低温，对桑树影响较大。

重庆市土壤大部分丘陵地区属紫色土、冲积土和山地黄壤，其中以紫色土为最多。从地理位置的趋向看，北碱、南酸、中间为过渡地带。从海拔高度看，从低到高为碱性过渡到酸性的土壤。

全市大部分蚕区分布在丘陵地带，桑树栽培多以四边桑、小桑园、大行间作形式栽植。桑树是多年生深根系木本植物，根系分布在耕作层下，在肥力中等，pH5～8，才能正常生长发育，再加上人为的耕作管理，就更能健壮生长。

根据自然生态、社会经济技术条件，以及对蚕桑自然资源现状的利用和发展前景等进行综合评估，重庆市适宜养蚕区域划分为渝西蚕区、渝东北蚕区（东部平行岭谷蚕区）和渝东南蚕区。一是渝西蚕区。位于重庆市西北部。包括合川、潼南、铜梁、永川、大足、荣昌、璧山7个区县。该区以方山丘陵宽谷地形为主，丘陵面积占80%以上，地势较开阔，平坝较多，耕垦条件较好，土壤以紫色土为主，肥沃，水、热组合条件好，适宜种桑养蚕。蚕桑生产发展历史悠久，经验丰富，基础扎实，技术先进，分布集中，是全市蚕茧量最大的主产区。1990年该区产茧2.26万吨，占全市总产茧量的49.6%。二是渝东北蚕区（东部平行岭谷蚕区）。包括巴县、江北、长寿、垫江、涪陵、丰都、石柱、忠县、梁平、万州、云阳、奉节、巫山、巫溪、开县等15个区县（自治县），是重庆市第二大蚕区。该区丘陵遍布，谷地开阔，间有少量平坝。土壤结构良好，富含钙、磷、钾矿质养分，持水保肥，供水力强，为紫色丘陵区肥力较高的土壤。区内热量资源丰富，尤以长江河谷最优。本区亦是全市蚕茧主产区，1990 年产茧 2.06 万吨，占全市总产茧量的 45.1%。三是渝东南蚕区。包括江津、綦江、万盛、南川、黔江、武隆、彭水、酉阳、秀山等 9 个区县（自治县、市）。境内地形复杂，山岭崎岖，岭谷纵横，高低悬殊其中以河谷丘陵低山居多。土壤主要为山地黄壤，丘陵、低山以紫色土为主。低山、丘陵、平坝历来有栽桑养蚕、放养柞蚕的习惯。1990 年产茧 2 425 吨，占全市产茧量的 5.3%。

第一节　桑树栽培

一、桑树品种

重庆市境内栽桑养蚕历史悠久，桑树品种资源十分丰富。全市有包括地方品种、新育成的品种，部分桑树优良单株和少量近缘野生种共 132 种。

1981—1986 年，重庆市组成桑树资源普查组，查明全市有地方栽培品种 20 种，主要有小冠桑、紫薇桑、柞桑、榨桑、大叶桑、安桑、云阳 1 号、忠县 4 号、忠县 5 号、红芽草桑、火桑、靠桑、皂角 1 号、化龙 3 号、自来雄、皂角 4 号、桐桑等。野生桑种有城口 1 号、城口 3 号、城口 4 号、城口 5 号。

推广的主要优良桑品种有乐山黑油桑、油桑、新一之濑、北桑一号、葵桑、农桑 14 号、湘 7920、育 2 号、嘉陵 16 号、嘉陵 20 号、实钴 11—6、西农 6071 等 12 个。此外还有近年育成的果叶兼用多倍体新桑品种嘉陵 40 号，以及正在继续试验的渝桑 101 等。

部分区县（自治县、市）还引进桑树栽培品种（良种）尖头荷叶白、6031、大花桑、南 1 号、云南 1 号、育 1 号、充场桑、阆中保坎桑、沱桑、塔桑、甜桑、转阁桑、中桑 5801 号、峡县青、无核桑、湖桑 7 号、一之濑、大红皮花桑、纳溪桑、湖桑 197 号、湖桑 199 号、伦教 49 号、望海桑、红顶桑、广东荆桑、丰田 2 号、丰田 5 号等 27 种。

二、桑苗繁育

（一）桑苗繁殖演变与繁殖类别

中华人民共和国成立后，重庆市桑苗繁殖恢复发展很快，大体经过以下几个阶段。

1951 年 8 月，川东行署等在对经济作物发展的指示中明确提出，发动农民搞小型苗圃，鼓励群众育苗，辅新桑，换老桑。公管苗圃采用典型示范，群众育苗给予指导相结合的办法繁殖桑苗。

1964—1966 年，四川省委、省人民政府致函各级党委和人民政府，大力倡导栽桑养蚕，并号召全省党政军机关、学校、人民团体及城镇居民，利用一切可以利用的空隙地，大育苗支持农村栽桑养蚕。

1973—1980 年，各区县（市）认真贯彻“以生产队育苗为主，辅之以社育苗”的方针，开展了大育苗大栽桑（以生产队为单位集体栽桑，集体养蚕的模式）。

1981—2003 年，1981 年农村土地全面实行家庭联产承包责任制，桑树随地承包到户，养蚕也由原来的集体饲养分散到千家万户饲养。从此，桑树育苗也相应带来了新变化，出现了社、队集体办苗圃育桑苗和农民专户育苗，卖商品苗的办法繁育桑苗。

桑种来源：中华人民共和国成立后，重庆市蚕桑生产恢复发展很快。桑树一般为中高干树型养成，当时实生桑多，因而桑种子的数量也多，种源丰富。从 1950 年起到 1963 年以前，育桑苗用种一般采用自采种解决育苗的种源。1963 年开展大育苗大栽桑以后，育苗数量猛增，自采种不能满足育苗之需，重庆市就从四川省西充县、河南省调回桑种。到 20 世纪 70 年代初，育苗所需桑种大量从广东省顺德、九江、中山、佛山等县购进，也有少量的桑种仍从河南省购买。

（二）有性繁殖育苗技术播种方式演变

采用桑籽育苗，是一种古老的有性繁殖方法，播种桑籽育成的桑苗叫作实生苗。其中：桑树壮苗（苗青颈部围粗直径在1.2寸、苗高3尺以上）的可供定植桑苗，成活后叫作实生桑或草桑，也叫毛桑。中等大小用于苗圃嫁接的叫作砧木。重庆蚕区大都采用定植实生苗，定植后再进行嫁接，换接成良桑品种。不能出土的苗木，多采用翌年春季雨水节后，苗木未发芽之前，进行移栽，在桑苗基部黄色、与绿色交界处留2~3芽，剪去苗干，然后按行距30厘米，株距10厘米，再植入已准备好的苗床内。待发芽后，新芽长到10厘米时，进行疏芽，每株选留壮芽1个，其他剪去。加强苗圃管理，秋季育成壮苗即定植叫作秋栽桑。

1. 播种季节

新中国成立后至20世纪70年代初，重庆地区原在小满至芒种节气播种桑苗，此为夏播，春播极少。但重庆地区夏秋季节十年九旱，温度高，夏季播种容易遭遇高温、干旱，苗木生长又受到影响，很难育成壮苗，容易造成损失。1970年以后，自购调广东桑种以来，播种时间大都在春分至谷雨季节播种，称为春播。为了充分利用土地，20世纪80年代长寿县又推广了秋播，以生产更多的苗木。翌年春，进行翻床移栽，培植成壮苗，即8月水稻收割后，将稻田整理成苗圃地，在处暑至白露节气播种，称为秋播。

2. 播种方式

1950—1979年，重庆地区桑苗播种的方式有撒播、条播、点播，其中以撒播和条播居多。1980年推广方格育苗，进行移栽。这种方法使种子的利用率提高，且便于管理，当年可以育成壮苗。1982年全面推广薄膜覆盖育苗。在春季做好苗床播种后，盖上农用薄膜，以保温、保湿，促进出苗整齐，苗壮。1988—2003年，全市以肥团育苗为主，待苗长出2~3片真叶时，再将幼苗带肥团移栽于苗圃内培育。这种育苗办法更替了原育苗办法，具有省种子、出苗齐壮、当年成苗出土率高等特点。

3. 苗地选择

苗圃地一般选地势平坦，土质肥沃，日光充足，通风良好和灌溉方便，土层深厚的沙质壤土为苗地。

（三）无性繁殖

1. 嫁接

（1）袋接。在重庆农村一般较少采用，蚕种场普遍采用此法繁殖桑苗。其方法是：以播种1年的实生苗作砧木，选用推广的优良桑品种枝条作接穗就地嫁接。随着科技的发展，为了缩短成苗时间，1954年以后，又探索出倒袋接，采用一苗多用和一步成园等办法。

（2）腹接。又名叫抱娘接。主要用劣质桑换种和改造衰老桑树。新中国建立后，重庆市农村大都采用桑种播种育苗、定植，多为实生桑，桑叶产量低、质量差，必须进行嫁接更换为良种。或定植多年桑树，有的已经衰老，病虫害多，也需要复壮更新。1972年以前多在3月下旬至4月上旬均采用腹接进行换种。此法嫁接的工序多，使用的穗条多，穗条贮藏时间长，嫁接的时间短，成活率低，直接影响良桑化进程，影响养蚕业发展。

（3）简易芽接。自1973年春开始，在合川、巴县、梁平等地示范推广此法。20世纪80年代初期又改桑树简易芽接为冬季芽接。冬季芽接是在简易芽接的基础上发展起来的一种新的芽接方法，除具有简易芽接的优点外，还具有嫁接时间可自冬季桑树落叶进入休眠，树液停止流动时（约1月上旬）即可进行嫁接至3月，穗条不用贮藏，嫁接时间长。同时可避免病虫危害芽孢，且不与春耕生产农忙逗工。此法至今仍广泛应用。

2. 扦插

中华人民共和国成立后，合川、铜梁等地积极探索用湖桑扦插繁育桑苗的方法。在西南农学院蚕桑系许恩远、李存礼老师指导下，采用带根扦插法，提高了扦插成活率。

（四）桑苗分级与检疫

1. 桑苗分级

桑苗挖起以后，首先选出有病虫害的桑苗集中烧毁。然后再选出苗高 3 尺以下的弱苗、小苗移植到苗圃地里再进行培育（又叫翻床移栽）。翌年秋后出圃定植。高 3 尺以上的桑苗，再按苗高、苗粗、根系发育的好坏进行分级。重庆市桑苗分级按照四川省桑苗分级办法实施。苗高 3 尺以上，苗青颈部围粗 1.2 寸以上为一级苗，围粗 1.1～1.2 寸为二级苗，1～1.1 寸为三级苗，即可出圃定植；苗高 3 尺以下，围粗在 1 寸以下的为不合格苗木。

2. 桑苗检疫

在桑苗和穗条流通过程中，为了防止桑树病虫害通过穗条和桑苗蔓延、传播，新中国建立后就实行了桑苗、穗条检疫制度。在 20 世纪 50 年代，根据农业部关于建立桑苗检疫制度的通知规定，凡进出省际桑苗穗条必须实行检疫。并把桑树紫纹羽病列为检疫主要对象。发现此病的植株立即将其销毁，并对土壤进行消毒处理。20 世纪 80 年代重庆市又根据 1975 年农林部农业局关于防止桑树病虫害传播的通知的规定，凡进出重庆市的桑苗、桑接穗必须进行检疫。并把紫纹羽病、桑树断梢病、桑细菌性黑枯病列为主要检疫对象。

三、桑树栽植

中华人民共和国成立后，重庆市合川、铜梁、潼南等县，除少数利用房前屋后鸡啄地整块地栽桑，其余仍为粮桑混合作桑园及田边、土边栽桑，蚕业为农家主要副业。

（一）“四边”桑

1964 年，四川省委、省政府大力提倡蚕桑事业，全市开始了中华人民共和国成立后第一次大育苗、大栽桑。同时，在城市农村乡场明确提出“田边、土边、沟边、路边”栽植的桑树为“四边”桑的概念，从而自 20 世纪 60—80 年代的栽植桑树大多数走向“四边”桑。到 1970 年，“四边”桑已成为全市广大农村桑树栽植的主要形式。

四边栽桑在技术规格上要求很严，概括起来有以下几点。

1. 结合改土筑埂（台）标准化

采取田栽背坎土栽边，生荒地坎栽内沿，道路沟渠栽成线，荒坡坟坪栽成片，河岸塘边栽成带，房前屋后栽成园的种植方式。栽植规格多为单行成线等距定点栽植，株距为 1 米，养成中干树型。栽桑时采用拉线定点，每窝施底肥（土杂肥或人畜粪便）5～10 千克，上盖一层细土，然后将准备好的桑苗进行栽植，做到深窝浅栽，理伸根系，覆盖细土踏实，并浇灌定根水。

2. 桑树嫁接良种化

重庆市大都采用四川、广东、河南等地的桑籽播种育苗延续至今。定植桑苗基本上是实生桑，桑叶产量低，叶质差，必须加以改造更换品种，才能达到优质高产。因此，全市农村一般采取头年栽桑（秋桑），二年春嫁接，三年株产一斤叶。

3. 树形养成标准化

根据重庆市地理环境“四边”桑采用中干无拳多层枝干养成，主干高度 60 厘米左右，第一级支干 30～35 厘米，第二级支干 15～20 厘米，第三级支干 10 厘米，三年养成三层树形骨架，以后每年实施冬伐，即在一年生的枝条基部 3～5 厘米处作定芽伐条。

4. 肥培管理

一般在土边和田背坎的桑树，多在结合粮食作物中耕，除草一并进行，单独进行施肥者较少。农民采用的办法是施肥与间作绿肥相结合。冬季一般在小寒至大寒期间，结合春节前农村年前打扫卫生的渣肥和人畜粪追施一次冬肥，另外在惊蛰至春分用化肥施一次春肥。

5. 量桑养蚕，采养结合

“四边桑”一般只在冬季（冬至至大寒）进行一次重伐，即在一年生的枝条基部保留条长 3 ~ 5 厘米的定芽处下剪。让其定芽翌年春发芽，生长成枝条，夏季只修枝不伐条（其主要原因是因肥水条件跟不上，如实施夏伐会造成树势早衰）。在采叶上，一年分为春、夏、秋、晚秋四次采叶养蚕，每次采叶时都必须在桑树枝条梢部，保留 7 ~ 8 片桑叶，使桑树枝梢上常年保留有绿叶，维持正常的光合作用。蚕农称赞这种采叶方法为“合理采叶桑树旺，冬季伐条桑树壮，桑树枝端留 8 寸，如同施肥一个样”。

（二）小桑园和间作桑

20 世纪 80 年代初，随着农村生产责任制的变革，桑树随土地承包到一家一户，蚕桑生产已成为户营为主的经营形式，仅依靠“四边桑”这种栽植形式，户均饲蚕数量少，养蚕设备技术跟不上，造成蚕茧质量差，蚕农收入少。但有些农户家庭成员曾经养过蚕，有一定技术，这些农户在口粮自给自足的情况下，就在自己承包的土地上成片栽植桑树。自 1983 年开始，农村出现合川县王家乡王宾福、巴县丰盛乡莫朽荣、长寿县飞龙乡杨天其等一大批栽桑养蚕双户（重点户、专业户），他们在管好责任地里的“四边桑”基础上，还在责任地内成片栽植小桑园或间作桑。

至 2000 年年末，全市建成小桑园 20.37 万亩，栽桑 19 321.15 万株，每亩平均 949 株；间作桑园 22.51 万亩，栽植桑树 19 703.65 万株，每亩平均 857 株。

（三）桑树主要病虫害及防治

20 世纪 80 年代初期，全市开展普查，重庆市危害桑树的主要害虫有桑天牛、桑蛀虫、桑尺蠖、兰尾叶甲（又名金花虫、黄虫）、桑毛虫、桑螟、桑蓟马、铜绿金龟子、桑木虱、青叶蝉、红蜘蛛、野蚕、灰蜗牛、桑白蚧、地老虎等 15 种。桑树病害有断梢病、细菌性黑枯病、褐斑病、白粉病、叶污染病、炭疽病、桑葚菌核病、根瘤线虫病、紫纹羽病等 9 种。

这些病虫害在各地区有不同程度的发生和危害。1981—1991 年，由重庆市蚕桑技术指导站牵头，与西农蚕桑系、巴县、合川等县进行大协作对重庆市发生严重的桑树细菌性黑枯病、桑树断梢病、兰尾叶甲、桑螟、桑瘿蚊、桑叶螨类等进行深入研究，在掌握病虫的种类、发生期、数量以及消长规律、防治时期、药剂的效果等方面取得了重大成果，为指导全市大面积桑病虫防治工作起到了积极作用。1981 年，在合川县铜溪镇建立桑树病虫测报站，配有专职领导干部和测报人员。对主要病虫的发生危害进行监测，及时发出预报，指导大面积防治工作。

1983 年春，铜溪站采取边观察，边试验，边预报，并组织当地蚕农采摘桑花、桑果和进行药物防治相结合的方法，控制住桑树断梢病再次发生。当年，该镇桑叶比上年度增产 30% 以上，增发蚕种 35%，蚕茧产量增长 54%，蚕茧收入增加 40 万元。

1986 年，为切实贯彻“预防为主，综合防治”的蚕病防治方针，重庆市蚕桑站在全市养蚕区采取“四统一”（统一时间，统一药物，统一浓度，统一技术）规范的桑树病虫害防治措施，药物防治与人工捕捉相结合，长效农药与短效农药相结合的方法，有效地控制了全市桑树病虫危害的发生蔓延，确保了养蚕作业安全。

对病虫害的防治方法按季节划分，包括冬季、春季、夏秋季防治。

冬季防治：冬季桑树落叶以后，以农业防治为主，消灭越冬病虫。采用方法是清洁桑林，除去杂草、落叶，进行土壤翻耕，结合养型剪除病枝、枯枝、枯桩，挖除病株，刮除树干上的病菌虫卵，填塞树洞等。

春季防治：桑树从春季发芽至夏伐结束是病虫开始活动危害时期。在春季桑树萌芽前，对桑树打一次开园药，使用高效残效期短的农药进行药物防治，结合人工捕捉，把病虫控杀在发生早期，以确保春蚕用叶，减少夏季虫口数量。

夏秋季防治：从桑树夏伐到落叶是桑树病虫繁殖最快，数量最多的危害盛期。根据养蚕布局，分段分地块进行药物防治。采用效低毒，残效期短的农药防治桑螟、桑蓟马等害虫。晚秋蚕结束后，统

一给桑树喷射一次封园药，农药以敌杀死、溴清菊酯、多杀菊酯、杀灭菊酯等残效期长的药物。药物浓度在 1 000 ~ 2 000 倍液治虫 ，降低越冬虫的密度。

（四）桑树栽培技术综合应用

1. 消落带治理

长江三峡库区的移民县城，蓄水之初，大片土地被水淹没以后的利用问题和消落带的生态修复问题亟待解决。中国林科院教授任荣荣组成“沧海桑田”科研课题组，2010 年成立重庆海田林业科技有限公司大面积种植饲料桑，在开县打造“三峡库区沧海桑田桑产业示范园区”，承担三峡水库消落带治理科研任务，历时 5 年建成 3 000 亩生态、经济、社会效益俱佳的试验示范基地，在 1 200 亩消落带成功建成具有“秋冬水盈则海，春夏水退则桑”景观的“沧海桑田”生态经济工程。研究课题已经顺利通过国家验收，耐淹性得到确认，栽培模式研究成功，项目生态、经济、社会效益明显，“沧海桑田”进入示范推广阶段。

开县在利用桑叶进行养殖方面取得成果，桑叶养鸡、养猪、养羊、养牛、养鱼等逐渐推广，养殖效果明显。饲料桑树每年可以收割 3 ~ 4 次，年亩产鲜饲料近 3 吨，每亩产值近 2 000 元，且种植简便，种下就可以不管了。饲料桑树的种植、收割、加工以及饲养牲畜家禽带动了大批移民就业，不少参与项目的农户每年可增加收入上万元。通过饲料桑的大规模种植，保持水土，绿化库区环境，促进了库区生态建设，实现可持续发展，促进了库区农民增收、企业增效和桑产业发展，充分发挥了桑产业的经济效益和生态效益。

2. 石漠化治理

桑树根系发达，适应性强，具备良好的生态修复功能和相对耐淹的生物学特性，可对岩溶石漠化区域和库岸带等典型生态脆弱区起到改善空气质量、保水固土的生态功效。重庆市是中国石漠化治理的重点地区，已有 15 个区县纳入全国岩溶地区石漠化综合治理重点区县名单，重庆市已在黔江、武隆石漠化地区进行了桑树栽植试验示范，成效显著。

2012 年 7 月下旬，由重庆市蚕业管理总站承担的重庆市科委科技攻关计划项目“桑树治理石漠化试验研究”项目工作会在武隆县召开。会议对项目前一阶段工作进行小结，围绕桑树治理石漠化栽培技术、品种比较、间作模式等开展一系列试验研究，建立示范基地，工作卓有成效，项目进展顺利。落实下一阶段工作任务，并提出项目要拓展内容，研究“桑”的用途，为“桑”产业发展奠定基础。8 月 5 日中国工程院向仲怀院士一行 10 余位教授、专家到武隆县桑树治理石漠化示范基地考察指导工作。

黔江区经过 10 多年的发展，该区阿蓬江镇的 1 700 多亩石漠地已逐渐种植桑树成林。裸露石漠地已由 60% 以上降至 30% 以下，单位面积收入由原来的种植农作物不足 1 000 元提升到养蚕收入超过 2 500元，实现了生态、经济、社会效益的三赢效应。至 2015 年，黔江区桑园面积已达 13 万亩，成为重庆市第一大蚕桑种植基地，黔江蚕桑产业呈现出“优质、高效、快速”的发展态势，蚕茧产量连续 5 年保持全市区县第一。

3. 垂枝桑

2013 年 9 月 28 日至 10 月 27 日，中国第八届花卉博览会在常州市举办。重庆市蚕科院培育的桑树品种“垂枝桑”获金奖（垂柳景观桑新品种）。此次进入中国花卉博览会，是全市蚕业界第一次将垂柳景观桑推向花卉苗木界，从而进入全国人民的视野，对蚕业界的影响作用将是巨大的。垂枝桑获金奖，

标志着全市蚕业在转型升级中取得重大突破，展现了多元化发展的新成就，为全市桑产业的科技创新发展、助推农民增收致富开辟了一条新路子。同年 12 月 17 日，垂枝桑生产发展座谈会在重庆市蚕业管理总站召开，市对外贸易经济委员会、市园林局、市风景园林学会、市花卉协会、市林科院、三峡试验站等单位参加。与会人员对进一步推动垂枝桑生产发展提出以下建议：尽快进行产权保护；研究桩头桑的嫁接技术，形成规模数量生产，满足市场需求；完善方便移植办法。垂枝桑今后发展要从三方面把握：其一要多作宣传，在有关杂志上多介绍，多参加各种展览会；其二要选择好砧木，砧木树干要直，要保证质量，质量才能出效益；其三要成片栽植，要有长期发展的战略。九龙桑、龙爪桑、长果桑等品种也有价值，应加快研究发展。

第二节　桑蚕饲养

党的十一届三中全会后，自 1981 年全国农村普遍推行了联产计酬家庭承包生产责任制，桑树随地到户，栽桑养蚕出现了以户营为主的经营模式，生产力得到进一步解放。特别是 1987 年后，国际丝绸价格上涨，国内茧价上扬，农民栽桑养蚕积极性空前高涨，促进了生产发展。到 1994 年全市产茧上万担以上的县达到 24 个，占养蚕区县的 72.7%；蚕茧产量达 102.4 万担，是 1957 年的 33 倍。一大批蚕桑生产商品基地县、区、乡、社初具规模。2002 年全市年产茧 1.5 万千克以上的蚕茧基地乡、镇 38 个，其中年产茧 1.5 万～2.5 万千克以上的乡、镇 34 个，年产茧 2.5 万～5 万千克的乡、镇 4 个。这些地区栽桑养蚕专业户、重点户、科技示范户已成为蚕桑生产的主力。到 2002 年，全市年产茧 0.5 吨以上的有 723 户，年产茧 1 吨以上的有 35 户，年产茧 2 吨以上的有 9 户；年蚕茧收入 1 万～1.5 万元的大户有 767 户，其中 1 万～1.5 万元户 93 户，另外 1.5 万～2 万元户 13 户，2 万元以上的户 7 户。经营模式由零星分散到适度集中，逐步向集约化经营方向发展，形成蚕桑生产商品化格局。

一、养蚕布局

重庆地区养蚕历史悠久，长期以来一直是一年内饲养一季春蚕，至清末才开始饲养夏蚕，但养蚕数量极少，到民国时期形成了全年春（蚕）秋（蚕）两次的养蚕布局。中华人民共和国成立后随栽桑养蚕事业的发展，到 20 世纪 70 年代前后，重庆市形成了饲养春蚕、夏蚕、秋蚕和酌情饲养晚秋蚕的全年四次养蚕布局其中以春蚕茧品质好、产量大、价格高为重庆市蚕业饲养主体。春蚕与其他各蚕（茧）产量比重及价格差异较大（表 7－8－1、表 7－8－2）。

表 7－8－1　不同养蚕季别的养蚕收蚁时间及发种与产量比例表

养蚕季别	收蚁日期	占春蚕发种量比例（%）	占春茧产量比例（%）
春蚕	4 月下旬至 5 月中旬	100	100
夏蚕	6 月中旬至 6 月下旬	53.5	39
秋蚕	8 月上旬至 8 月中旬末	92.6	61
晚秋蚕	9 月上旬末至 9 月中旬	22.6	12.4

注：表中发种、产茧比例系 1974—1983 年 10 年的加权平均数。

表 7－8－2　1972—1974 年鲜蚕茧正茧收购价格统计表（元/50 千克）

项目年份	春正茧	秋正茧	年正茧平均	总平均	备注
1972	130.50	127.50	129.50	114.70	1986 年鲜正茧收购价：每 50 千克接近 200 元
1973	132.50	128.00	130.70	117.10	
1974	135.50	130.00	133.00	121.20	

到1983年前后，由于自中华人民共和国成立以来的扩大桑树种植和调整养蚕布局的蚕业资源的进一步合理调配，各地提倡主攻春蚕，增养夏蚕，养好秋蚕，夏秋茧产量有所增加，实现了夏秋蚕发种和产量超春蚕。

二、桑蚕品种及繁育

重庆地区桑蚕品种使用经历了由农家土种、改良品种到杂交蚕种的推广使用的发展演变过程。

清光绪二十七年（1902年），重庆市开始从浙江引进改良蚕品种。此前养蚕均为农家的土种。至1956年土种被全部淘汰，基本上结束了几千年蚕农自繁自养土种的历史。

1935年，重庆开始制造一代杂交蚕种。1950—2005年，重庆市生产与使用量最大的一代杂交蚕品种（春用正反交蚕品种33个，夏用正反交蚕品种25个）。其中1998—2003年以来的主推品种有菁松，皓月，春雷，苏春，镇丰，明珠，夏芳，秋白等。

蚕种的繁育制度亦随桑蚕品种推广使用而发展演变为三级繁育四级制种的家蚕良种繁育制度。1943年，北碚蚕种场设立原种部，逐步形成了原种、普种两级繁育，两级制种体系。1953年，在西南蚕丝公司技术顾问蒋同庆具体指导下，四川省改为原原种、原种、普通种三级繁育制度，原原种饲育用一蛾育，从中选择性状优良者作为下次的原原种，其余作为原种。1955年，全国桑蚕选种及良种繁育会议上规定了蚕种的四级繁育制度，即原原母种级、原原种级、原种级和普种级（又称一代杂交种）。从1959年开始，全国将蚕种四级繁育制度改为三级繁育、四级制种。即原原母种的生产不单独列为一级，由生产原原种的蛾区中择优选育。2009年6月，经重庆市外贸经委同意，北碚蚕种场被评为重庆市桑蚕品种遗传资源保护单位。

1998年，市技术监督局发布重庆市《蚕种质量》（DB50/18—1998）和《蚕种检验规程》（DB50/T19—1998）两个地方标准，规定：（1）家蚕的繁育制度是三级繁育、四级制种。（2）正式投产的家蚕品种必须是经重庆市家蚕品种委员会审定后合格或同意推广的家蚕品种。对母种，原原种，原种由市级蚕种管理机构选择有条件的蚕种生产、科研、教学单位，严格按市统一计划繁殖生产，普通蚕种由取得“蚕种生产资格证”的单位生产。

在以上工作基础上，重庆市还在一些家蚕品种的培育方面取得积极的成效。

2009年9月，市蚕桑技术指导站向重庆市财政局请示解决家蚕春用新品种试验与推广经费，请求市级财政支持资金40万元，另自筹资金40万元，用于试验和推广新一代优质春用家蚕新品种“991·993＊992·994”。此后并由重庆市蚕桑技术指导站对该家蚕新品种进行了试验和推广。

此外，黔江区林业局蚕业管理总站还引进家蚕新品种“华康2号”在阿蓬江镇等地进行了引进对比饲养试验。

2010年1月，市茧丝绸行业协会授予重庆市涪陵区海丰农业开发有限公司“海丰”牌桑蚕一代杂交种为2010—2012年度“重庆市名牌蚕种”称号；分别授予重庆市北碚蚕种场“桑叶”牌桑蚕原种、重庆市西里蚕种场“桑葚”牌桑蚕一代杂交种为2010—2012年度“重庆市名牌蚕种”称号。

2014年2月，市蚕业科学技术研究院自主选育的夏秋用家蚕新品种“渝科8号”通过四川省家蚕品种审定委员会品种审定（鉴定）。重庆市长江河谷地区在夏秋季易出现伏旱高温恶劣气候，蚕病易发，需要抗逆性高、丝质好的强健性家蚕新品种来稳定增加蚕农收益。针对这一特殊情况，重庆市蚕业科学技术研究院从2006年起组织科研人员进行选育工作，经过8年的科技攻关，成功选育出具有自主知识产权的“渝科8号”家蚕新品种。

三、蚕种检验与病虫害防治

蚕种检验包括在蚕种催青其对蚕卵的补正检查，蚕种生产期间对蚕、茧，蛹，蛾的预知检查和制种后对母蛾的检验及蚕种冷藏保护中的成品检验等，以达到认真贯彻去劣留优保证质量的检验效果与检验质量。其检查检验的主要对象即是对家蚕微粒子病毒的带毒检测检查。该微粒子病毒是对全市蚕业危害风险极大的一个病虫害，防范失当有时会使整个蚕业遭受巨大损失。

为保证对家蚕微粒子病毒的带毒检测检查工作的有效进行，还建立健全了相关法规条例及相应检验检查机构的设置，充分保证了蚕业生产的有效进行。

2006年2月，市外经贸委联合市交通委员会、重庆机场集团有限公司印发《关于加强进出重庆市蚕种调运检验检疫的通知》，为防止家蚕微粒子病流行和不合格蚕种流入本市，维护广大蚕种用户的合法权益，避免劣质蚕种坑农、害农事件发生，对进出本市蚕种调运检验检疫作了明确要求。

2007年1月10日，市蚕种质量监督检验站下发文件，决定在原渝东蚕种场设立重庆市蚕种质量监督检验站渝东检验分站和在重庆市蚕种冷库设重庆市蚕种质量监督检验站渝西检验分站。

2005年2月5日，市蚕种管理站印发关于废止《蚕种质量》《蚕种检验规程》两个地方标准的通知指出，重庆市《蚕种质量》《蚕种检验规程》两个地方标准，自1998年2月颁布实施以来，对规范重庆市蚕种生产、管理、检验检疫工作，提高蚕种质量起到了重要作用。根据《中华人民共和国标准法》的有关规定，决定从2005年2月起废止重庆市《蚕种质量》DB50/18—1998、《蚕种检验规程》DB50/T19—1998两个地方标准。全市从2005年3月1日起，原种执行《桑蚕原种》（GB19179—2003）《桑蚕原种检验规程》（GB/T19178—2003）国家标准，一代杂交种执行《桑蚕一代杂交种》（NY326—1997）《桑蚕一代杂交种检验规程》（NY/T327—1997）国家农业行业标准。

对蚕种检验中的母蛾的检验技术也有所改进。1992年春，重庆市蚕业制种公司对全市家蚕普种抽样检验的母蛾，集中在永川蚕种冷库进行统一烘蛾，并从当年起普种母蛾镜检，由过去手工磨蛾全部改为机械化集团磨蛾。1993年5月15日，重庆市蚕业制种公司下发文件，决定自1993年开始，全市送检母蛾集中在重庆市蚕种冷库统一烘炕。

由于对蚕种检验检查工作的有效开展，使重庆市蚕种生产取得明显效果。

2007年，全市生产原种2.96万张，普种105.3万张；普种检验检疫合格率达98.65%，微粒子病带毒和超毒烧种率均下降6个百分点左右，为多年来最好的一年。

2009年，全市生产原种1.5万张，母蛾检疫所有批次全部合格，生产普种33.2万张，合格率98.79%。

四、家蚕饲养

养蚕是蚕业生产的主体。在中华人民共和国成立以来重庆市蚕业生产逐步发展的基础上，自20世纪80年代以来，重庆市在桑蚕饲养领域通过推进养蚕设施改造，全面促进桑园建设高效生态化、小蚕饲养共育化、大蚕饲养省力化、蔟具和上蔟环境优良化等项专业技术措施的推广使用取得良好效果，从而促进全市蚕业由传统蚕业向现代蚕业转变。

（一）养蚕设施改善

1956年以前，养蚕农户不分小蚕、大蚕，一般把住宅兼作养蚕房。

1958年，全国农村人民公社化后，农村养蚕由户营转变为生产队集体养蚕。蚕房一是用原有旧房改造，二是新建专用蚕房。

1976年，重庆市蚕桑管理站引进浙江“小蚕炕房饲养新技术”，并聘请浙江嘉兴地区海临县徐世莲、金培民两位师傅到渝培训、指导采用浙江稚蚕共育用炕房养蚕新技术。即在普通的小蚕室内砌单灶或双灶地火笼加温，稚蚕饲育后还可用来作壮蚕房，从此该饲育法在全市推广。人民公社解体后，养蚕回归个体经营，原集体建造的稚蚕室和大蚕室被作他用。

1981年，农村普遍推广了家庭联产承包生产责任制，蚕户在自愿结合的基础上推行联户共育和专户共育，共育室大多建造成家庭式小炕房，有的采用小温箱育与薄膜围台育等多种方法共育小蚕。

1989年冬至1990年春，重庆茧丝绸集团有限公司与市蚕桑技术指导站联合组织各区县（市）蚕桑站站长、蚕种场场长和部分丝绸公司蚕桑科科长组成研修班，分两批赴浙江学习“家庭式节能小炕房”“靠壁灶”等加温设施的改造与养蚕技术。至2002年，全市已有专用共育室3 656个，面积12.4万米^2，共育小蚕42.4万张。

在养蚕蚕室改善的同时，养蚕蚕具仍以传统使用的蚕架、蚕箔等工具为主，自20世纪80年代起部分蚕具开始改用塑料蚕网及蔟具等。对养蚕中的环境，蚕室蚕具以及蚕体蚕座等的清洁消毒仍以漂白粉、新石灰、赛力散、福尔马林（甲醛）等药品为主，但对某些新型消毒药剂也开始选用，如在90年代即推广使用了重庆市生物研究所生物制品厂研制生产的高效消毒剂，主要用于蚕室和蚕具消毒。

与此同时，还积极推广使用有助于推动桑蚕饲养的新工具新技术，进一步促进养蚕事业发展。

（二）家蚕饲养方法改进

破卵而出的小蚕即为蚁蚕，对蚁蚕的收集过去均采用打落法和羽扫法收蚁，以后过渡为网收与纸收法收蚁。收蚁的蚕通过在蚕箔定座给桑便开始了蚕的饲养，从小蚕的饲养到大蚕的上蔟吐丝结茧便是家蚕饲养的全过程。

1. 小蚕饲养

其技术要点以控制好蚕室蚕箔温湿度以及所饲桑叶的鲜度及干湿度并适时扩座及时除沙以调节好饲蚕密度和控制好蚕箔环境卫生有利于家蚕的健康发育成长。小蚕共育是重庆市饲养稚蚕的基本形式，先将小蚕共育而后分散到农户饲养，既有利养蚕事业的集约化发展，又容易培养出健壮的蚕体，中华人民共和国成立后小蚕共育有较大发展。

到20世纪60年代中期，稚蚕推广“塑料薄膜覆盖育”替代石蜡防干纸。塑料薄膜可多次使用，消毒方便，饲养效果好，并在70—80年代全面推广。

1976年，从浙江省嘉兴地区（现嘉兴市）引进“稚蚕炕房育”技术，蚕室内保温保湿好，空气好，桑叶新鲜，蚕儿食叶旺盛，发育奇快。稚蚕每日（24小时）喂桑4次，减轻了养蚕劳动强度，又节约了桑叶。到1980年，炕房稚蚕育在全市蚕业主产县到处可见。用炕房共育小蚕数量28.1万张，占全年发种量的30% 以上。

1981年，全国农村全面实行家庭联产承包制。为了适应新形势，把蚕养好，由区县蚕业技术推广部门统一组织，采取蚕农自愿的原则，开展多种形式的稚蚕共育技术，主要包括4种。

（1）联户共育。自愿结合，因陋就简，选择住房宽、条件好，养蚕技术高的农户牵头，利用原来的房屋进行适当装修，使之达到保温保湿的要求。其他的农户订好蚕种，给共育户一定的报酬（双方协商议定），统一饲育到三龄起蚕给两次桑除沙后分蚕到户。

（2）专业共育。由养蚕技术水平高，住房条件好，有专用蚕室的养蚕户与蚕农双方协商饲养蚕种数量、劳动报酬等。由共育养蚕户统一订购蚕种，共育至三龄，按协商预订蚕种数量分蚕给蚕农饲养。

（3）小温箱养蚕。适用于每季养蚕2张以下（含2张）家庭使用。

（4）小蚕片叶立体育。由中国农业科学院蚕桑研究所主持，1989年在重庆市试验推广。

2. 大蚕饲养

大蚕饲养传统方法以蚕箔饲养为主。20世纪50年代，重庆市推广室内蚕箔育，蚕箔放在室内蚕架上饲养。70年代初，随着重庆市蚕桑生产迅速发展，普遍存在蚕室蚕具不足。其间学习采用江苏省海安县、浙江省嘉兴县等地大蚕室外饲育方法。大蚕室外育的饲育形式有竹林、树林下土坑式、室外蚕台育等，此外大蚕室内地面育也曾逐步推广，其办法是在室内地面上用麦草或稻草铺成4～5尺宽的蚕台养蚕。

室外养蚕和室内地面育大蚕四龄和五龄都可以饲养。从经济效果看，以四龄饷食给桑两次下坑（地）比较理想。

20 世纪 80 年代，主要推广室内用竹块编成的蚕台育。蚕四龄起蚕给两次桑叶后上蚕台。上台前铺蔑折，再铺上一层干燥稻草或麦草，再薄撒石灰消毒，上放蚕子。每日给桑 4～5 次，中途给补桑叶 2～3次。蚕台育不除沙，每日必须撒新鲜石灰粉一次以上，撒一次稻草节，以排湿隔离蚕沙，消毒蚕体。

3. 上蔟结茧

蚕到五龄老熟即可上蔟吐丝结茧，蔟具和上蔟环境的优劣与养蚕的效果关系极大。传统蔟具多是由稻草等制作草龙。1978 年推广折蔟、篾折蔟。1983 年，推广塑料折蔟。1984 年，部分区县从广东省引进梅花蔟，但仍以草龙蔟为主，使用率占 90% 以上。

1988 年，市蚕桑站从浙江省购买纸板方格蔟 4 000 片，在巴县丰盛乡养蚕大户进行试点，上蔟率达 80% 以上，效果很好。至 2003 年全市使用纸板方格蔟的计有 1 161. 3 万片，用于 204 849 张蚕上蔟，占养蚕量的 18. 4%。其蔟具仍然主要是塑料折蔟，另有少数蚕户仍然用蜈蚣蔟（草龙）作蔟具。90 年代后期，试验推广“自动上蔟”技术获得成功，改变了过去人工提熟蚕的传统。当蚕台或蚕箔内的五龄蚕开始转熟前，将蔟具（方格蔟、塑料蔟等）放在蚕座上，让熟蚕自行爬上蔟具，爬满以后抬起蔟具悬挂，并注意通风排湿。

重庆市桑蚕不同品种蚕期大约为 28～30 天。其中小蚕共育面占小蚕饲养覆盖面的 81. 2%，大蚕先进蚕台育占大蚕饲养面的 78. 3%，优良蔟具使用率 81. 8%。

（三）家蚕病虫害防治

传统家蚕饲养中，20 世纪 60 年代的蚕僵病、病毒病、蝇蛆为主要病虫害，20 世纪 80 年代的蚕病毒病为主要病害。据重庆市 1984—1986 年蚕病普查数据，病害中的病毒病占 92. 75%。由于气候原因，该病毒病以春季较轻，夏秋季较重。故农家有“春蚕好养，夏秋蚕难喂”之说。对病毒病防治的主要措施是：

（1）彻底消毒。养蚕前用含有效氯 1% 的漂白粉液或 1% ～2% 的石灰浆，喷射蚕室及其周围环境，改蚕具用喷洒消毒为浸泡 30 分钟消毒。饲育期中从收蚁起，每日或隔日用石灰粉消毒蚕体、蚕座。

（2）提青分批，淘汰病蚕、弱小蚕和迟眠蚕。

（3）加强饲养管理，增强蚕儿体质。

（4）选养抗病力强的蚕品种。

（5）添食防病药物如氯霉素等。

（6）妥善处理病蚕及蚕沙。病蚕不可随意乱丢，不能用来喂鸡鸭，用鲜石灰粉或石灰浆处理后深埋。蚕沙不可乱堆乱放，也不可直接用作肥料或饲料，需制作堆肥或进沼气池经发酵处理后施用。

（7）坚持蚕期结束后立即做好蚕室内外清洁，清洗蚕具并进行消毒，防止病毒扩散。

由于贯彻了防病措施，减少了蚕病的发生，到 2000 年，全市养蚕单产从 1981 年的 25. 9 千克上升到 27. 5 千克。2009 年生产原种 1. 43 万张，普种 33. 7 万张：原种合格率 100%，普种母蛾检疫合格率 97. 3%，成品质量检疫合格率 98. 9%。

五、推进蚕业发展的主要措施

为进一步推进全市蚕业生产发展，促进蚕业由传统蚕业向现代蚕业转变，重庆市蚕业主管部门顺应国民经济发展将科技成果与养蚕农户相结合，以工程项目的资源配置形式推进蚕业发展，提出“多批次滚动养蚕配套技术示范与推广项目”“栽桑养蚕六化五配套技术”“桑蚕综合利用开发示范园建设项目”“十百千万优质蚕茧工程建设项目”等措施，并配置相应的项目资金申请、项目评估、检查验收以及评奖制度，使这些工程项目落到实处，并取得显著成效。其中由重庆市蚕桑技术指导站具体指导并获重庆市科技进步三等奖的“三峡库区多批次滚动养蚕关键技术研究与应用”该项目 2007 年在 9 个区县进行示范与推广，共示范蚕农户 8 856 户，取得了明显成效，带动蚕农增收 995 万元。该项目通过其综合技术体系实施，实现了传统养蚕 3～4 次/年提升为 5～8 次/年的养蚕布局变革。该项目成为重庆市蚕桑生产一项重要的技术创新。

因受市场滑坡影响，重庆市蚕业生产在 2000 年以前曾一度下降。但由于积极应对，措施得当，2000 年后，全市蚕业发展取得较好成绩，并作为中国西部重要蚕区继续承担较大的生产任务。如 2000 年 2 月，国家茧丝绸协调小组办公室、农业部种植业管理司和国家纺织工业局规划发展司下达 2000 年度全国桑蚕种、桑蚕茧和桑蚕丝生产指导性计划，其中下达给重庆市指标分别是蚕种 836 000 张、蚕茧 2 300 万千克和生丝 3 500 吨。2005 年度全国桑蚕种蚕茧蚕丝生产指导性计划，下达重庆市指标分别是桑蚕茧 2.3 万吨、桑蚕种 90 万盒、桑蚕丝 6 100 吨。

重庆蚕业从整体上取得较大发展，涌现一批养蚕先进单位与优秀个人。

1990 年，一些区县重点养蚕区蚕茧产量迈上新台阶。铜梁县关溅区蚕茧产量 100 万千克，突破两万担大关。永川县朱沱区蚕茧产量 50.4 万千克，璧山县大兴区蚕茧产量 50.7 万千克，江津县石蟆区蚕茧产量 50.1 万千克，均突破万担关。

1995 年，重庆市部分养蚕县产茧量又迈上新台阶。巴县年产茧 303 万千克，江北县年产茧 323.5 万千克，年产茧量均突破六万担大关；綦江县年产茧 104.4 万千克，长寿县年产茧 147.2 万千克，年产茧均突破两万担大关。

2005 年 3 月 18 日，市外经委印发文件，对连续 3 年获得考核第一名的蚕种质量优胜单位——万州甘宁蚕种场给予通报表彰。同年，市外经委印发的《关于对 2004 年度优质蚕茧百万工程考核结果的通报》指出，动态考核后各区县考评得分依次排列为合川、永川、铜梁、南川、巫溪、黔江、武隆、江津、云阳、涪陵、垫江、奉节、丰都、潼南、渝北、忠县、石柱。

2007 年 3 月 23 日，市外经贸委通报关于命名 2006 年度重庆茧丝绸十佳企业以及关于 2006 年度茧丝绸行业管理先进单位评选结果，决定命名重庆金凤丝绸（集团）有限公司等 10 家企业为重庆市茧丝绸行业 2006—2007 年度十佳企业，决定授予垫江县蚕桑局等 15 个区县茧丝绸主管部门“2006 年度茧丝绸行业管理先进单位”称号。同日，市外经贸委通报表彰“十百千万”优质蚕茧工程“样板十担户、百担社、千担村、万担镇乡”，决定授予涪陵区中峰乡“样板万担镇乡”称号，授予荣昌县仁义镇瑶山村等 10 个村“样板千担村”称号，授予江津区吴滩镇邢家村 11 社等 20 个社“样板百担社”称号，授予垫江县沙坪镇双塘村 1 社刘云刚等 40 户“样板十担户”称号。

2007 年，“十百千万”优质蚕茧工程完成情况良好，5 个万担茧乡镇有 3 个完成终极目标，2 个镇完成阶段目标；52 个千担茧村，永川青峰镇莲花寺村等 43 个村完成终极目标，丰都三合镇双庙村等 7 个村完成项目阶段目标。

2006 年及 2009 年，重庆市“十百千万”优质蚕茧工程建设项目共下达万担茧镇计划 7 个，千担茧村 148 个（其中，在实施中有 2 个万担镇、3 个千担村被取消实施资格）。项目已下拨资金 932 万元，各区县财政、企业等共配套投入资金约 1 200 万元。

2010 年 12 月，市蚕桑技术指导站印发《关于学习推广黔江区载桑养蚕“六化五套”技术的通知》，要求各区县有关单位结合本地实际认真研究，逐步推广黔江区摸索出来的“六化五配套”技术（蚕桑品种良桑化、桑园管理标准化、小蚕共育专业化、养蚕大鹏简易化、方格蔟结茧自动化、消毒防病统一化，一个养蚕户配套一个大棚、一个消毒池、一个贮沙坑、一名合格的养蚕员、两套纸板方格蔟）。

2012 年 7 月 20 日，《重庆蚕丝网》正式上线运行。“重庆蚕丝”网的建立使各部门方针、政策及时有效传达贯彻，促进全市茧丝绸产业稳定发展，同时提供更加周到、快捷的信息服务，搭建完善的网络交流平台，兼具专业性、权威性、真实性、互动性为一体。

2010 年 4 月 29 日，铜梁县大庙镇石院村养蚕农妇，铜梁县第十四届、十五届人大代表李义芳获“全国农业劳动模范”称号。

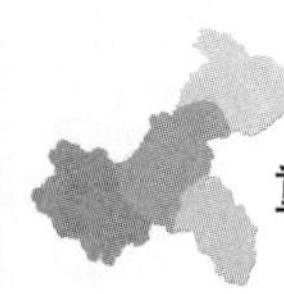

2015 年 11 月 16 日，谢凤霞年产茧突破 200 担。黔江区濯水镇蒲花社区 7 组村民、重庆市第四届人大代表谢凤霞 2015 年养蚕 251 张，产茧 10 万千克（折 201 担），实现售茧收入 37 万元，蝉联全区产茧五年冠。谢凤霞自 2003 年从事栽桑养蚕，拥有标准化小蚕共育室 1 个、室外养蚕大棚 45 个，桑园面积 125 亩。在其示范带领下，蒲花社区有 140 余户农户积极投身蚕桑产业。2015 年，该社区产茧 30～49 担的农户有 14 户，产茧 50～99 担的农户有 9 户，产茧 100～199 担的农户有 2 户，蚕桑产业已成为该社区农户增收致富的重要渠道。

第三节　蚕茧购销及综合利用

蚕茧价格与其他农副产品有一定的比价关系。1950 年至 1994 年，蚕茧收购价格调整提高 20 多次，只有 1953 年降过 1 次。1975 年茧价是 1950 茧价的 2.83 倍，而黄谷只有 1.8 倍，棉花 0.7 倍，生猪只有 1.4 倍，甘蔗 1.39 倍，烤烟 0.68 倍。蚕茧提价高于其他农副产品提价。1979 年中央确定蚕茧价格在原基础上提价 20%，再次促进了蚕桑生产发展。1985 年以后连续 3 次提升蚕茧收购价格，进一步激发了农民栽桑养蚕的积极性。

自 1995 年后，因受国际丝绸价格的影响，国内蚕茧收购价格变化也较频繁，在一定程度上影响了蚕业发展。

2010 年，桑蚕保险工作被市委、市人民政府纳入八大“民心工程”，是市委、市人民政府 2010 年度八大“民心工程”任务分解表 50 个具体项目之一。市人民政府决定将蚕桑在库区消落带上种植桑树，打造沧海桑田，发展饲料蚕桑。

2011 年 2 月，重庆市蚕业制种公司印发《关于确定云阳等五区县为国家蚕桑产业技术体系三峡试验站示范基地的通知》，确定云阳县、开县、武隆县、垫江县、巴南区为国家蚕桑产业技术体系三峡综合试验站示范基地区县。

2011 年 3 月 15 日，在重庆市人民政府召开的商标战略实施推进大会上，西里蚕种场“桑椹牌”蚕种获“重庆市著名商标”称号，成为重庆市第一个蚕种品牌。

2011 年 3 月 22 日，市外经贸委召开全市茧丝绸行业工作会议。会议回顾了 2010 年重庆茧丝绸产业发展情况。2010 年，全市茧丝绸从业人员千方百计促进养蚕农户增收，不断提升蚕桑生产和科技水平，进一步增强企业核心竞争力，营造产业发展良好环境等方面做出成绩。尤其是茧丝绸主要指标同比增长两位数以上，蚕农蚕桑收入更是得到大幅提升，同比增长 95.2%。会议提出 2011 年发展目标：发种 54 万张，产茧 1.85 万吨，均增长 5%；蚕农蚕桑收入 6.1 亿元，增长 15%；工业总产值 9.1 亿元，增长 10%；围绕发展目标提出：抓产业发展基础，转变蚕业生产发展方式，建立蚕业技术推广体系，做好桑蚕保险民心工程，放大蚕桑资源综合示范效应，推动丝绸工业企业结构调整，培育重庆丝绸品牌，营造产业发展环境等 8 项重点工作。

2012 年 5 月 8 日，全市蚕桑综合利用交流会在涪陵召开。市茧丝办、市蚕业管理总站主要领导，西南大学专家，全市 12 个项目区县蚕桑主管部门分管领导、企业负责人参加会议。会议要求蚕桑综合利用要创新思路，要将合作社、观光旅游、蚕业文化等元素引入产业，构建发展平台；要跳出蚕桑抓蚕桑，转变发展方式，走多元化发展路子；大力发展桑枝食用菌、果桑、观光蚕业、蚕桑饮食文化休闲，拓展发展空间和增收渠道。

2012 年 9 月 25 日，重庆市加快推进农业现代化大会召开。会议印发《中共重庆市委重庆市人民政府关于加快推进农业现代化的若干意见》。《意见》明确把蚕桑等 11 个产业作为农业现代化的重要产业。《意见》还从农业产业化、技术集成化、农业信息化、机制科学化、设施配套化等方面，对如何推进农业现代化进行了阐述。同时，会议发布《重庆市现代农业重点产业发展规划（2012—2017）》，包括蚕桑等 11 个产业。

2012 年 12 月 13 日，重庆市召开特色效益蚕业发展研讨会暨桑蚕产业工作会。会议强调在继续支持茧丝绸扩大出口规模的同时，将牢抓农业现代化发展机遇，加快传统蚕桑产业转型升级。国家工程院院士、家蚕基因学科带头人向仲怀教授提出多元化发展是现代蚕桑业的必然选择。在充分听取专家和企业意见基础上，提出“七大举措”加快现代特色效益蚕桑产业发展：一是优化区域布局，加快构建现代蚕业体系；二是加强基地建设，努力提高蚕桑综合效益；三是加强蚕业生产集约化、组织化建设；四是提升蚕茧加工能力，培育蚕业品牌；五是进一步深化蚕桑领域改革；六是科学谋划筹建重庆丝绸城；七是大力打造市级特色效益蚕业示范园区。蚕桑产业是农业现代化的重要组成部分，也是市委市人民政府重点发展的 11 个农业现代化产业之一。

2014 年 3 月，市茧丝绸行业协会与中国移动重庆分公司合作建立茧丝绸行业手机短信平台，为蚕农和茧丝绸企业提供政策法规、生产技术、天气预报、病虫害防控及市场行情等信息，已发送蚕桑病虫害、春蚕生产安排等信息 3 条，指导春季蚕桑生产，接收用户达 10 305 人次。涪陵、黔江、奉节等重点区县蚕农手机用户覆盖面达 70% 以上，茧丝绸企业和蚕桑主管部门手机用户覆盖面达 80% 以上。

2014 年 3 月 28 日，重庆市外经贸委印发《关于做好 2014 年桑蚕保险工作的通知》，继续开展蚕桑保险。统一保险金额 400 元/张，保险费 14 元/张。

2014 年 5 月 8 日，重庆市 1.2 万张、重 174 千克、货值 10.44 万美元的蚕种，经涪陵检验检疫局检验检疫合格，启运土库曼斯坦。这是重庆市蚕种在 2001 年首次走出国门以后第二次出口。此次出口蚕种主要是重庆市蚕业科学技术研究院、重庆市宝玉蚕业公司、江津区荞杨蚕业开发公司培育生产的优质蚕种。

2014 年 5 月 21 日，重庆市物价局重庆市对外贸易经济委员会印发《关于 2014 年蚕茧收购价格的通知》，决定桑蚕鲜正茧中准级（干壳量 8.8 克，上车茧率 98%）收购价格每千克 31 元，其他等级依据质量情况在此基础上下浮动 15%。

2015 年 5 月，重庆市蚕桑发展大区黔江区在反复调研和成功试验的基础上，决定改变传统的一年四批次养蚕布局，在海拔较低的阿蓬江、石会、黑溪、黄溪、黎水、濯水、白石、杉岭、太极等镇乡实施全年七批次养蚕。实施分批饲养可以充分利用桑树资源，提高养蚕设施利用率，降低劳动强度，缓解农村劳动力不足的问题，节本增效，促进养蚕规模化、集约化发展，帮助蚕农增收。濯水镇通过实施七批次养蚕，整体养蚕量增长 20% 以上，局部农户养蚕量增幅在 30% 以上。

2011 年 11 月，重庆市蚕业管理总站对各区县申报的蚕种补贴数量依据市内蚕种出库清单和市外蚕种调入检验检疫报告等有效依据进行认真审核。全市 19 个养蚕区县申报晚秋蚕种补贴数 6.8 万张，补贴金额 67.7 万元，审核认定 18 个养蚕区县晚秋蚕种补贴数为 6.5 万张，补贴金额 65.3 万元。全市“两翼”14 个养蚕区县加上涪陵区申报蚕种补贴数 32.3 万张，补贴金额 161.5 万元，审核认定“两翼”14 个养蚕区县蚕种补贴数 30 万张，补贴金额 150 万元。

2011 年 5 月 12 日，重庆市茧丝绸行业协会印发文件，决定调整蚕种价格和蚕种冷藏等服务收费标准。桑蚕原种每张 110 元；桑蚕一代杂交种出场价每张（盒）37 元；桑蚕一代杂交种农民销售价格每张（盒）39 元，包括运输、催青、技术服务等费用；越年蚕种冷藏费每张 0.9 元，秋用蚕种冷藏每张 0.8 元；浸酸费每张 0.8 元；春制越年保种费每张 0.5 元，秋制越年保种费每张 0.4 元；浴消、盐比每张 0.4 元；整理装盒每张 0.3 元。

第四节 国家及地方重大蚕业专题

一、东桑西移

2006 年 4 月 12 日，《商务部关于实施“东桑西移”工程的通知》指出，为贯彻落实党中央、国务院关于建设社会主义新农村、继续推进西部大开发、促进中部地区崛起的战略方针，加快茧丝绸行业结构调整，商务部决定在“十一五”期间实施“东桑西移”工程。

随着广东、浙江、江苏等东部省区经济发展，使工业化和城市化进度加快，土地成本和人工成本不断上涨，致使传统的蚕桑产业发展受到制约，生产规模逐年下降；中国中西部地区社会经济发展相对落后，并拥有较为丰富的土地资源和劳动力资源，具备发展蚕茧丝产业的自然条件和社会基础。因此，将蚕茧产区逐步从东部地区向中西部地区进行战略性转移，对稳定中国蚕丝产业、保证中国茧丝绸大国地位、促进中西部地区农民增收和经济发展都有具有重要意义。

蚕桑生产以点促面，重点扶持中西部地区建立国家级优质蚕茧生产基地。进一步完善标准桑园、小蚕共育室、室外大棚、优良蔟具等的建设。丝绸加工以东促西，大力提升丝绸生产的科技含量和深加工水平。丝绸贸易以内促外，开拓国内外丝绸消费市场，培育丝绸名牌。“东桑西移”是一个系统工程，工作上分为两个阶段：前三年打基础，形成初步格局；后两年形成规模，全面实现目标。

第一阶段（2006—2008 年）。中西部地区蚕桑生产取得较大发展。形成一批万亩以上蚕茧生产基地，使蚕桑生产成为部分中西部地区支柱产业；东部地区通过优化现有优质茧丝生产基地和丝绸加工园区现代化水平，带动西部发展。

第二阶段（2009—2010 年）。中西部地区蚕桑生产技术水平进一步提高，形成一批国家级重点蚕茧生产基地和一定规模的丝绸初加工能力；东部地区丝绸深加工水平全面提升，丝绸品牌取得长足发展，带动中西部茧丝绸业稳步发展；全面实现茧丝绸行业“十一五”发展目标，新增 200 万亩桑园和 200 万担以上蚕茧增量，形成东部优化、中部提升、西部大力发展的茧丝绸优势产业带，初步实现丝绸强国的目标。

重庆市 2007 年度承担的商务部 5 个“东桑西移”工程蚕桑基地建设项目，通过一年多时间的实施，全部通过了项目验收。

2007 年度，重庆 5 个项目区县共新建桑园 54 564 亩，完成目标的 109%；建设小蚕共育室 14 890 米^2，完成目标的 119%；建设养蚕大棚（蚕房）60 845 米^2，完成目标的 135%；推广纸板方格蔟 558 万片；改造 5 个配套蚕种场养蚕制种设施设备；实际完成总投资 3 503 万元（其中蚕种场 182 万元），将获得国家补贴资金 1 000 万元（其中农户补贴 850 万元），享受国家补贴的农户 28 150 户，户平补贴 302 元，辐射带动养蚕农户 10.7 万户。

全市紧紧抓住“东桑西移”历史机遇，先后建成 11 个国家“东桑西移”基地县，配套实施了“十百千万”优质蚕茧工程、蚕桑资源综合利用开发等项目，充分利用国家退耕还林、农业产业化等政策促进产业发展。

至 2015 年年末，全市“高档生丝标识使用企业”“重庆市著名商标企业”“重庆市名牌产品企业”“重庆市出口知名品牌企业”达 10 余家，其中重庆祥飞、宏美达、万兴绢纺、炫吉中绸等企业已发展成为行业中坚力量和领头羊；全市建成优质蚕茧万担镇 4 个、千担村 107 个，覆盖全市 25 个区县，实现年产鲜茧 1.5 万吨，蚕茧单产 37 千克/张，蚕农蚕桑收入 10 亿元以上。

二、国家现代蚕业技术体系建设

为了更好地发挥科技支撑现代农业产业发展的作用，提升国家和区域创新能力，增强农业科技自主创新能力，2007 年年底，农业部会同财政部共同启动国家现代农业产业技术体系建设试点工作，共有 50 个农产品列入国家现代农业产业技术体系建设规划范围。农业部、财政部 2009 年 1 月 12 日在北京召开现代农业产业技术体系建设工作会议。2009 年 2 月 16 日至 18 日由中国农业科学院蚕业研究所主持的国家蚕桑产业技术体系建设工作会议在江苏镇江召开，正式启动国家现代蚕桑产业技术体系建设。

现代农业产业技术体系的框架设计由研发中心和综合试验站二个层级构成。国家蚕桑产业技术研发中心依托西南大学（农业部重点实验室）首席科学家向仲怀院士，下设 6 个功能研究室，中心由 11 个科研教学单位的26名长期在产业第一线从事研究的专家组成，国家蚕桑产业技术综合试验站共25个，分布在18个主产省区。整体来看，岗位科学家聘用和综合试验站设置基本覆盖了占中国蚕茧总量95%以上的产区，整合了中国蚕桑领域优势科技资源，既是中国蚕业科技力量的一次大整合，也是中国蚕业科技人员与蚕桑产业最大规模的一次紧密结合。

国家现代蚕桑产业技术体系在重庆市建有1个功能研究室（育种与蚕种研究室）、2个综合试验站（渝西北试验站、三峡试验站），在黔江、云阳等10个基地区县开展试验示范。两个综合试验站分别挂靠西南大学蚕桑生物技术学院和市蚕业制种公司，两站根据当地农村社会及自然资源实际情况，紧紧围绕“省力高效、综合利用、生态桑树”三个重点在各自的基地区县开展了适宜省力化操作的新蚕、桑品种的选育和配套技术的试验示范；桑枝食用菌生产、桑叶配合饲料养鸡等蚕桑资源综合利用试验示范；三峡库区和山地石漠化地区生态桑园建设和生态桑产业技术集成试验示范。试验示范基地发种量比上年提高20%左右，蚕茧单产量比上年提高7.1%～9.1%，蚕桑生产综合效益比当地大面积生产提高21.7%～27.6%，桑—榨菜间作模式、桑果、桑枝食用菌生产配套技术模式、桑叶配合饲料养鸡生产模式等初具规模和成效，有的已经成为当地蚕桑生产稳定发展的重要因素，为全市大面积生产树立了样板，明确了方向。

三、重庆市“十百千万”优质蚕茧工程

2006年3月22日，重庆市外经贸委重庆市财政局印发《关于印发〈重庆市“十百千万”优质蚕茧工程项目管理及资金补贴办法（试行）〉的通知》，为不断提升全市蚕桑生产专业化水平，积极探索财政资金补贴农民新模式，决定从2006年起在全市范围内实施“十百千万”优质蚕茧工程。

2008年7月，为加快全市蚕业产业化发展进程，促进蚕桑生产向规模化、专业化、集约化方向发展，规范资金管理，提高资金使用效率，重庆市外经贸委、重庆市财政局联合出台《重庆市“十百千万”优质蚕茧工程资助暂行办法》。

“十百千万”工程是指在全市发展培育一批年产茧10担以上专业户、100担以上的专业社、1 000担以上的专业村、1万担以上的乡镇，优质蚕茧是指解舒率达到55%以上的优茧。补贴范围包括桑树育苗及良桑嫁接，小蚕共育室、蚕房新（改）建，购置省力化蚕台（大棚）、纸板方格蔟，消毒池、蚕沙坑建设，蚕农实用技术培训以及蚕种价格进行补贴。补贴对象为千担村、万担乡镇辖区内的重点养蚕农户。千担村补贴2万元，万担乡镇补贴20万元。

“十百千万”工程中万担镇通过项目实施后，达到年发种1.4万张，产优质茧1万担以上的镇，市级财政对完成万担镇建设目标的最高补助60万元；千担村通过项目实施后，达到年发种1 400张，产优质茧1 000担以上的村，市级财政最高补助6万元，同时区县财政给予1∶1配套资金支持。

“十百千万”工程由市蚕桑站（总站）组织，区（县）蚕业主管部门监管、蚕桑技术推广单位承担，在确定的镇乡、村实施。公共项目部分由市蚕桑站等有关单位根据全市蚕桑蚕种生产发展需要提出，市外经贸委审核，经市财政局审定后给予支持。

2010年10月12日，重庆市外经贸委、重庆市财政局联合出台《关于印发〈重庆市“十百千万”优质蚕茧工程资助暂行办法〉的补充通知》，决定对《重庆市“十百千万”优质蚕茧工程资助暂行办法》予以补充调整。

2010—2012年，连续3年对重庆市“两翼”区（县）的蚕农按照实际养蚕量每盒给予蚕种补贴5元，具体由各区县蚕种经营单位采用收支两条线的方式进行兑现。后涪陵区参照享受相关政策给予蚕种补贴5元。

2011年，重庆夏秋伏旱，为抗旱救灾，对2011年秋季“两翼”蚕区蚕农给予蚕种每张补贴10元。3年共计补贴资金480余万元，惠及数十万蚕农。

2011年起，每年选取部分蚕业公共需求，实施“十百千万”优质蚕茧工程公共项目，对具备公共服务职能的相关单位在新技术、新品种等方面给予资助。

四、重庆市蚕桑资源综合利用

2009 年 3 月 26 日，市外经贸委、市财政局印发《关于印发〈重庆市蚕桑综合利用开发示范园建设项目资金管理暂行办法〉的通知》。为贯彻落实市委、市人民政府把蚕桑产业作为特色产业进行重点发展的精神，促进蚕桑复合经营和综合利用开发，不断提升蚕桑综合利用经济效益和生态效益，促进蚕农增收和蚕桑产业发展，决定启动实施重庆市蚕桑综合利用开发示范园建设项目。为规范资金管理，出台《重庆市蚕桑综合利用开发示范园建设项目资金管理暂行办法》。

根据重庆市自然资源、气候条件和蚕业生产特点，以科技为支撑，以保护生态环境为前提，以提高蚕业综合经济效益为出发点，以示范带动蚕农增收为目标，努力开发桑叶、桑枝、桑果、蚕沙、蚕蛹、蚕蛾、桑基鱼塘、桑园家禽饲养等蚕桑综合利用，积极探索桑园立体开发、复合经营和生态蚕业模式，推进全市蚕桑产业健康发展。

对具备条件的、从事蚕桑综合利用和开发的企事业单位、合作经济组织或个人（以下简称业主）给予补贴，补贴标准：项目总投资的 50%，最高不超过 10 万元/个；建设年限：1 年；补贴范围：桑园建设，果桑新品种引进推广，技术引进与培训，基础设施建设，设备添置以及病虫害防治物资，产品市场开拓及质量安全体系建设等。

示范园建设目标：（1）每个示范园要求集中连片具有综合利用功能的桑园 100 亩以上。（2）亩桑收入达到 4 000 元以上。（3）小蚕共育 100%、省力化养蚕 100% 以上、优良蔟具 100%，丝茧育单产 35 千克/张以上，蚕茧解舒 60% 以上。（4）形成较为完整的蚕业综合开发配套技术要点，建立较为完善的市场营销模式资源。（5）示范带动综合开发桑园 1 000 亩以上，实现亩桑收入 3 000 元以上。（6）完成项目任务书中的各项建设内容，有相应的标识。

2009—2015 年，重庆市共下达蚕桑综合利用示范园建设任务 118 个，验收 115 个，项目补贴 1 150 万元，配套投资 3 000 余万元，有力推动了全市蚕业多元化发展。示范园亩平养蚕 2.5 张，单张产茧 36.1 千克，亩桑蚕茧产值达 2 707.5 元。示范区内小蚕共育率 100%，省力化大棚养蚕 100%，优良蔟具使用率 100%，蚕茧解舒率 60% 以上，质量大幅度提高。亩桑养蚕量、产茧量远高于全市大面积生产，稳定了基础，提升了质量，有力地推进了蚕桑生产稳定发展，示范效应明显，蚕农增收 10 亿元以上。通过开展蚕桑资源综合利用，蚕桑主业基础得以巩固和提升，蚕桑综合利用经济效益显著，还产生了较大的社会效益和生态效益。

五、重庆市蚕桑保险

桑蚕保险是一件与蚕农紧密联系的惠民工程。但由于面临政策支持、保费补贴、工作开展等方面困难，一直未得到大面积推广，也游离在大农业的政策性保险之外。2010 年起，桑蚕保险在全市范围内推广，各蚕桑重点区县抓住这一有利时机，积极推动桑蚕保险在更大范围内实施，使桑蚕保险这一惠民工程惠及更多蚕农，真正起到为蚕农养蚕保驾护航的作用，促进蚕农增收。

2008 年，重庆合川等部分区县试点开始实施蚕桑保险。天安保险重庆分公司与重庆市合川区政府签署蚕桑保险协议，标志着政策性蚕桑保险在重庆正式启动。合川是典型的农业大区，蚕茧业为支柱产业。年，该区蚕茧产量约 240 万千克，为蚕农带来 3 500 万元收益。但由于产业基础薄弱，抵御自然灾害能力较弱，在 2006 年特大旱灾和 2007 年洪灾中，该区蚕茧产业发展受到严重影响。为破解这一难题，合川区政府决定率先在当地推行政策性蚕桑保险。根据协议，每张蚕种保费 10 元，其中农民只需付 3 元，其余由政府负担。一旦发生传染性蚕病、自然灾害及桑树死亡或桑叶减产导致桑蚕死亡，蚕农最高可获赔 350 元。

2009 年上半年，重庆市共完成投保蚕种 4.63 万张，投保金额 52.24 万元，参保总额 1 474.86 万元；涉及参保蚕农 5.73 万户，春、夏两季累计报案 2 750 户，占参保户数的 4.80%；实际理赔 1 862

户，占报案户数的67.71%；共计发放理赔金额25.71万元，占投保金额的49.21%；户均理赔138元。

2010年，重庆市委、市人民政府将桑蚕保险作为八大“民心工程”之一，不断扩大保险覆盖面，实现“两翼”地区17个区县全覆盖。全年为5万户以上蚕农给予50%保费资助。

2012年进一步推进了全市桑蚕保险试点工作。全市有黔江、合川、垫江3个区县实施了桑蚕保险，共有近3.7万户蚕农参加了保险，共投保蚕种12.8万张，缴纳保费156.4万元，其中市级财政补贴77万元。全年共有4 989户农户报案，占参保农户总数的13.5%，其中属于赔付范围且获得赔付的有4 098户，占报案农户总数的82.14%，共计获得赔付100.6万元，户均赔付245元，获赔金额最大的一户蚕农达到14 297元。

2013年3月22日，根据《重庆市人民政府办公厅关于加快推进农业保险工作的通知》精神，桑蚕保险首次纳入了全市农业政策性保险范畴，并提升到与粮食、生猪等保险相当的高度予以重视支持。要求各蚕桑重点区县抓住这一有利时机，积极推动桑蚕保险在更大范围内实施，使桑蚕保险这一惠民工程惠及更多蚕农，促进蚕农增收。并根据该《通知》有关规定，结合全市桑蚕保险工作实际，对2009年桑蚕保险政策作部分调整。调整后，所有区县实行愿保尽保，保额统一为400元/张，保费统一为14元/张，其中市级财政补贴保费的50%（7元/张），区县财政补贴不低于保费的20%（2.8元/张）。市级保费补贴资金分两次拨付，5月底前，按上年度实际发种量预拨70%，年底进行决算。

2013年，重庆市实现了桑蚕保险政策全覆盖，全市桑蚕养殖具有一定规模的7个区县全部实施，比上年增加4个区县；投保桑蚕27.4万张，比2012年增加12.8万张；保费补贴总额192万元，比上年增加118万元，增长1倍多。桑蚕保险工作的全面开展进一步化解了蚕农养蚕后顾之忧，为全市蚕桑产业撑起“保护伞”。

2011—2014年，全市蚕桑保险覆盖面扩大了一倍，近1.5万户次蚕农获得保险理赔。在全市茧丝绸行业协会的推动下，全市蚕桑保险参保区县由4个扩大到8个，投保范围进一步扩大。至2014年年底，累计实现参保蚕农户数近18万户次，参保蚕种近50万张，获得保险理赔蚕农近1.5万户次，挽回养蚕损失370余万元（表7－8－3）。

表7－8－3 1985—2015年重庆市蚕桑产业主要指标

年份	桑园面积	蚕种生产		蚕桑生产	
	（万亩）	原种（张）	普种（张）	发种（张）	产茧（吨）
1985		45 991	1 374 740	1 458 408.5	33 130
1986		50 708	1 329 045	1 417 588	32 693
1987		57 970	1 385 859	1 446 311	35 755
1988		91 173	1 562 305.5	1 724 399	41 748
1989		87 036	1 915 678	1 882 271	42 063
1990		95 494	2 191 500	1 956 313	43 502
1991	119.99	112 475	1 972 391	2 202 015	47 757
1992	146.82	115 759	2 241 175	2 282 282	50 686
1993	149.99	101 897		2 338 519	54 505
1994	294.79	91 026	2 168 034	2 448 605	57 408
1995	141.89	117 799		2 503 718	27 000
1996	93.98	79 459		1 206 312	27 402
1997	112.98	58 586		1 146 261	28 072

（续）

年份	桑园面积	蚕种生产		蚕桑生产	
	（万亩）	原种（张）	普种（张）	发种（张）	产茧（吨）
1998	116.98	45 163	1 317 390	1 164 491	29 226
1999	114.90	45 690	1 255 874	935 647	24 177
2000	119.96	36 276	1 310 034	1 026 817	29 098
2001	149.88	34 340	1 244 130	1 140 611	32 396
2002	147.92	52 405	1 153 062	1 109 287	33 856
2003	146.93	45 347	1 127 285	817 357	27 802
2004	149.88	25 511	885 154	869 756	29 376
2005	118.90	32 830	891 183	883 059	31 092
2006	118.96	49 354	1 325 351	879 271	27 488
2007	123.49	73 357	1 288 680	898 125	28 176
2008	115.43	88 466	927 769	688 468	24 388
2009	119.97	34 062	395 384	511 085	19 464
2010	102.48	18 355	388 300	580 752	20 321
2011	95.14	24 665	506 279	518 783	20 118
2012	94.06	19 614	266 361	495 372	20 594
2013	95.27	13 500	221 541	449 344	18 161
2014	96.62	6 668	183 708	431 838	15 734
2015	86.25	6 644	187 976	404 621	15 267
2016	83.07	5 767	185 696	390 833	14 440

第九章 种　子

农作物种业是国家战略性、基础性核心产业，是促进农业长期稳定发展、保障国家粮食安全的根本。中国农民自古以来就重视选用良种，中华人民共和国成立后，国家高度重视此项工作。1949 年 12 月，农业部召开的第一次全国农业工作会议上，就把推广良种作为恢复和发展农业生产的重要措施之一。1991 年，国务院颁布实施《种子管理条例》，全市加强了农作物种子管理服务，重点围绕以下工作开展：农作物种子质量管理；农作物新品种区域试验与新品种审定、登记、鉴定、引种备案；种质资源保护；南繁南鉴基地管理；救灾备荒种子贮备；农作物新品种示范推广；受理和组织农作物种子纠纷的田间鉴定；种业信息采集、发布和咨询服务，指导种子技术服务体系建设等。

2000 年，全国人民代表大会常务委员会颁布实施《中华人民共和国种子法》，全市种业正式步入市场化发展阶段。2006 年 5 月以来，在国务院办公厅《关于推进种子管理体制改革加强市场监管的意见》推动下，全市改革和完善种子管理体制，强化种子市场监管，深化种业体制改革加快推进现代农作物种业发展。种子企业实力逐步增强，品种选育水平逐步提升，良种供应能力逐步提高，种子管理体系逐步完善，提高了农业综合生产能力、保障了农产品有效供给和促进了农民持续增收。

第一节　品　种

一、品种审定

（一）农作物品种审定委员会

1986—1987 年，四川省重庆市农作物品种审定工作统一由四川省农作物品种审定委员会负责。

1988 年，重庆市人民政府批准成立市农作物品种审定委员会，下设油料、水稻、麦类、玉米、杂粮、蔬菜六个专业组，负责审定本市范围内推广的农作物品种，重庆有了专门的品种审定机构，在全市组织开展品种区域试验和生产试验，所有农作物品种由市品审会统一审定命名，全市农作物品种审定工作进入独立自主的发展轨道。委员会分别于 1989—1992 年每年进行了调整。

1998 年，成立了直辖后的第一届市农作物品种审定委员会，下设水稻、玉米高粱、麦类、油料、薯杂类、蔬菜食用菌、经济作物、桑树、家蚕 9 个专业委员会。2005 年，委员会进行了调整，下设水稻、玉米、小麦、油菜、马铃薯、柑橘、茎瘤芥、大豆 8 个专业委员会。2006 年、2009 年、2012 年、

2013 年因部分委员工作调动，分别对委员会进行了调整。自 1988 年成立品种审定委员会以来，先后担任过品种审定委员会主任的有市农业局副局长辜文育、陈卫平、张洪松、吴纯，市农委总农艺师刘保国等。

（二）品种审定相关办法及规定

1988 年，市农牧渔业局制定《重庆市农作物品种审定试行办法》和《重庆市农作物品种区域试验和生产试验试行规则》。1989 年制定了《重庆市蔬菜品种审定试行办法》和《重庆市蔬菜品种区域试验和生产试验规则》。1998 年，市农业局制定了《重庆市农作物品种审定委员会章程》《重庆市农作物品种审定办法》和《重庆市农作物品种区域试验和生产试验管理办法》。2002 年，市农业局印发《重庆市主要农作物范围规定》，将水稻、玉米、小麦、油菜、大豆、马铃薯、柑橘、茎瘤芥（榨菜）规定为重庆市八大主要农作物；修改完善了《重庆市农作物品种审定委员会章程》《重庆市主要农作物品种审定办法》《重庆市农作物品种区域试验和生产试验管理办法》；并制定了《重庆市主要农作物引种（暂行）办法》。2005 年，市农业局制定了《重庆市品种审定委员会工作规则（试行）》，修改完善了《重庆市主要农作物引种管理办法》。2006 年，市农业局修改完善了《重庆市主要农作物品种审（认）定办法》《重庆市水稻、玉米、油菜、小麦品种审定（认）定标准》。2009 年，市农作物品种审定委员会制定了《重庆市粮油作物杂交新品种亲本田间鉴定试行办法》，修改完善了《重庆市主要农作物品种审（认）定办法》。2013 年，市农作物品种审定委员会制定了《重庆市柑橘品种区域试验管理办法（试行）》。

（三）品种试验

1986—1987 年，全市品种试验由四川省农作物品种审定委员会统一组织实施。

1. 试验概况

1988—1997 年，第一届重庆市农作物品种审定委员会负责审定本市范围内推广的农作物品种，在全市组织开展品种试验。在此期间，全市通过开展品种试验共审（认）定通过 60 个品种，作物种类涵盖水稻、玉米、小麦、大豆、油菜、甘薯、大麦、黄瓜、番茄、甘蓝、西瓜、花菜、辣椒、茄子、芥菜 15 大作物，其中水稻品种 15 个，玉米品种 11 个，小麦品种 8 个，大豆品种 2 个，油菜品种 2 个，大麦品种 3 个，甘薯品种 2 个，蔬菜作物品种 17 个；特别是通过品种试验审（认）定出了汕优、冈优、Ⅱ优、成单、中单、农大等系列杂交水稻、杂交玉米良种，良种覆盖率显著提升，良种贡献率显著增长，推动了农业生产快速发展。其中：1989 年，第一次审定通过 2 个小麦、2 个大麦共计 4 个品种。1996 年，审定通过渝糯 1 号、渝糯 2 号玉米品种，填补了重庆特用玉米品种的空白。

1998—2015 年，重庆市直辖后成立的新一届重庆市农作物品种审定委员会通过开展品种试验，共审（认）定通过水稻、玉米、小麦、大豆、油菜、柑橘、茎瘤芥等农作物品种共 636 个；审（认）定筛选了 Q 优、宜香优、Y 两优、丰两优、渝优、东单、蠡玉、渝单、万单系列水稻、玉米品种，良种覆盖率明显提升，良种贡献率显著增长，粮油优质率实现历史性突破。

自 1998 年以来，新一届农作物品种审定委员会在审定方面。共审定农作物品种 446 个，其中玉米品种 165 个，水稻品种 157 个，油菜品种 41 个，小麦品种 19 个，柑橘品种 20 个，大豆品种 12 个，蔬菜作物品种 9 个，马铃薯品种 5 个，茎瘤芥品种 8 个，甘薯品种 5 个，特经作物品种 5 个。在引种方面。2001 年，建立了主要农作物品种引种机制，开始从重庆相邻省份引进审定的水稻、玉米等品种。到 2011 年停止引种的 10 年里，共引进重庆相邻省份审定的农作物品种 190 个，平均每年引种 19 个；其中玉米品种 106 个，水稻品种 83 个，油菜品种 1 个。

2. 产量试验

1997 年重庆市直辖以来，随着农作物品种单产水平的不断提高，促进了全市粮食单产水平提升。2015 年，良种在农业增产中的贡献率达到 45% 以上，比 1997 年提高了约 15 个百分点，良种在农业生产中发挥了重要的支撑作用。普通玉米品种单产水平由 1997 年的 6 583.5 千克/公顷，提高到 2015 年的 8 575.5 千克/公顷，增产 1992 千克/公顷，增幅达 30.3%，年均增产 117.2 千克/公顷；玉米大田单产水平由 1997 年的 4 095.0 千克/公顷，提高到 2015 年的 5 470.5 千克/公顷，增产 1 375.5 千克/公顷，增幅为 33.6%，年均增产 80.9 千克/公顷；油菜品种单产水平由 1997 年的 1 752.0 千克/公顷，提高到 2015 年的 2 721.0 千克/公顷，增产 969.0 千克/公顷，增幅为 55.3%，年均增产 57.0 千克/公顷；油菜大田单产水平由 1997 年的 1 215.0 千克/公顷，提高到 2015 年 1 890.0 千克/公顷，增产 675.0 千克/公顷，增幅为 55.6%，年均增产 39.7 千克/公顷。与此同时，全市大田粮食单产水平由 1997 年的 4 110.0千克/公顷，提高到 2015 年的 5 104.5 千克/公顷，增产 994.5 千克/公顷，增幅为 24.2%，年均增产 58.5 千克/公顷。

3. 试验培育重点新品种

在水稻方面。2002 年，“Q 优 2 号”通过市级审定，填补了全市水稻优质品种的空白。2005 年，审定通过“Q 优 6 号”，2008 年，审定通过的“Q 优 8 号”，因其优质、高产、耐高温的特点，被农业部确认为超级稻示范推广品种。2006 年，“渝香 203”选育成功，结束了西南高温伏旱区没有重庆自育国标二级优质杂交水稻国审品种的历史。2007 年，审定通过的“杰优 8 号”成为全市第一个审定通过的稻瘟病抗性达到抗的水稻品种。2008 年，审定通过“Q 优 12 号”，于 2009 年在全市创造了同纬度“中稻 + 再生稻”单产历史纪录。2014 年，审定通过“热粳优 35”，是全市育成的第一个粳稻新品种，实现了全市水稻“籼改粳”从探索到推广应用的重大转变。

在玉米方面。2000 年，重庆市通过区域试验审定通过糯玉米品种“渝糯 7 号”，因其品质好、适应性广、抗性强、丰产稳产等特点，在 2006 年被农业部作为主导品种在各适宜种植区域进行推广，从 2004 年以来，一直被作为国家区试南方组糯玉米的对照品种。2002 年，重庆市通过区域试验审定通过杂交玉米品种“渝单 8 号”，因其农艺性状好、适应性广、抗逆性强、丰产稳产等特点，从 2006 年以来，一直被作为国家区试西南片区杂交玉米的对照品种。

在油菜方面。2001 年，审定通过的“渝黄 1 号”，是世界上第一个粒色遗传稳定的甘蓝型黄籽油菜新品种。2007 年，审定通过的“渝油 21”，是西南地区第一个双低油菜新品种。2012 年，审定通过的“渝油 27”，是西南地区第一个隐性核三系双低油菜新品种。

（四）主导品种推荐

重庆市自 2004 年建立农作物主导品种推荐制度以来，全市逐步完善“两杂”主导品种推荐办法，2006 年、2007 年、2009 年、2011 年相继出台《关于推荐我市“两杂”主导品种的条件和程序》《重庆市主要农作物品种警示使用、暂停推广及主导品种推荐试行办法》《重庆市“两杂”品种退出与主导品种推荐办法》和《重庆市两杂主导品种推荐办法》等相关办法，进一步规范了主导品种推荐程序，引导农民群众选购适宜良种，加快了优良品种区域化布局。

到 2015 年的十多年间，全市推荐农作物主导品种 11 批，共计 389 个（次），其中：水稻主导品种 176 个（次）；玉米主导品种 170 个（次）；油菜主导品种 27 个（次）；小麦主导品种 16 个（次）（表7－9－1）。

表 7－9－1　2005—2015 年重庆市主要农作物主导品种推荐情况统计表

单位：个（次）

年份	水稻	玉米	油菜	小麦
2005	6	10		
2006	20	10		
2007	15	10		

（续）

年份	水稻	玉米	油菜	小麦
2008	18	23		
2009	25	25		
2010	16	22	9	7
2011	15	15		
2012	15	14		
2013	15	11		
2014	15	15		
2015	16	15	18	9
合计	176	170	27	16
总计	389			

（五）品种退出

全市于2005年建立品种退出机制，此后逐步完善“两杂”品种退出办法，于2007年、2009年、2011年相继出台《重庆市主要农作物品种警示使用、暂停推广及主导品种推荐试行办法》《重庆市“两杂”品种退出与主导品种推荐办法》和《重庆市水稻、玉米品种退出办法》等相关办法，不断加大品种退出力度，对种性严重退化、有明显缺陷、审定多年推广面积较小的、未提交标准样品的品种进行了退出，降低推广品种风险，促进品种的更新换代。

自2003年以来，已停止推广农作物品种11批共349个，其中：水稻品种178个；玉米品种153个；小麦品种12个；油菜品种6个。

2006年，市农业局发布《关于从2006年起暂停使用部分水稻、玉米品种的公告》，退出了“内中152”等55个水稻品种以及“成单6号”等26个玉米品种，该公告是建立了退出机制以后首批发布的品种退出公告（表7-9-2）。

表7-9-2　2003—2015年重庆市品种退出情况统计表

单位：个

年份	水稻	玉米	油菜	小麦
2003	2			
2006	55	26		
2008	43	39		
2009	16	7		
2009	12	4	2	11
2010	9	18		
2011	7	7		
2012	6	9	4	1
2013	9	12		
2014	4	19		
2014	8	4		
2015	7	8		
合计	178	153	6	12
总计	349			

二、品种鉴定

（一）重庆市非主要农作物品种鉴定委员会

为加强全市非主要农作物品种管理，2005 年，市农作物品种审定委员会下发《重庆市农作物品种审定委员会关于成立非主要农作物品种鉴定委员会的通知》，成立了重庆市非主要农作物品种鉴定委员会，下设经济作物专家鉴定组、蔬菜作物专家鉴定组、粮油作物专家鉴定组 3 个专家鉴定组。后因时代发展以及部分委员调动，非主要农作物品种鉴定委员会下设专业组和专家人员于 2009 年、2012 年、2013 年进行了相关调整。

（二）鉴定相关办法

为规范非主要农作物品种管理，科学公正的鉴定非主要农作物品种，2006 年，市农作物品种审定委员会特制定了《重庆市非主要农作物品种鉴定办法（试行）》，并于 2011 年对其进一步修改完善。

（三）鉴定品种

2006 年，重庆市非主要农作物品种鉴定委员会鉴定通过了首批非主要农作物品种，此次鉴定通过了包括甘薯、辣椒、番茄、花菜、桃 5 大作物共 11 个品种，标志着全市非主要农作物品种管理逐渐步入正轨。2006—2015 年，全市鉴定通过非主要农作物品种 97 个，作物种类涉及甘蓝 9 个、番茄 5 个、萝卜 6 个、花菜 1 个、黄瓜 3 个、丝瓜 1 个、苦瓜 1 个、魔芋 1 个、辣椒 14 个、茄子 8 个、生姜 1 个、宽柄芥 1 个、抱子芥 1 个、樱桃 1 个、桃 2 个、杏 1 个、枇杷 3 个、李 1 个、龙眼 1 个、紫苏 4 个、玄参 1 个、青蒿 3 个、粉葛 2 个、甘薯 15 个、荞麦 3 个、高粱 4 个、蚕豆 1 个、绿豆 3 个。平均每年鉴定品种 10 个。其中蔬菜作物品种 52 个，特经作物品种 9 个，药用植物品种 10 个，粮油作物品种 26 个。其中通过鉴定最多的作物为甘薯，有 15 个，其次为辣椒，有 14 个。从鉴定通过了的品种来看，通过品种试验筛选了艳椒、西园、渝红、渝薯、万薯等系列的辣椒、甘薯、结球甘蓝等品种，这些品种投放市场，极大丰富了市民菜篮子，为农民增收致富起到巨大推动作用。

三、品种保护

1997 年，国务院颁布实施《中华人民共和国植物新品种保护条例》。1999 年 4 月 23 日，中国加入国际植物新品种保护联盟（UPOV），成为 UPOV 第 39 个成员国，同日农业部植物新品种保护办公室作为审查机构，开始受理来自国内外的农业植物品种权申请，标志着中国植物新品种保护制度的正式实施。1999—2015 年，全市植物新品种保护情况如下：

（一）植物新品种保护申请

全市鼓励全市种子行业培育和使用植物新品种，自 1999 年植物新品种保护制度实施以来，到 2015 年，全市共有 138 个品种申请了植物新品种保护，作物种类涵盖水稻、玉米、小麦、柑橘、甘薯、结球甘蓝、油菜、枇杷、桃、猕猴桃、百合、辣椒 12 种。其中：水稻品种 66 个，玉米品种 51 个，小麦品种 2 个，柑橘品种 4 个，甘薯品种 2 个，结球甘蓝 1 个，油菜品种 2 个，枇杷品种 5 个，桃品种 1 个，猕猴桃品种 1 个，百合品种 2 个，辣椒品种 1 个。其中，2001 年由市作物所申请的水稻品种 45A 和渝优 10 号，是全市最早申请植物新品种保护权的品种，标志着重庆市植物新品种保护迈出了第一步。全市植物新品种申请单位主要是市内高校、科研院所、种子企业，尤以以下几家单位突出：西南大学 21 个品种；市农科院 18 个品种；三峡农科院 16 个品种；重庆帮豪种业有限责任公司 16 个品种。

（二）植物新品种保护授权

截至 2015 年年底，全市共有 57 个品种具有植物新品种保护权，作物种类涵盖水稻、玉米、柑橘、辣椒、油菜、结球甘蓝 6 种。其中：水稻品种 28 个，玉米品种 25 个，柑橘品种 1 个，辣椒品种 1 个，油菜品种 1 个，结球甘蓝 1 个。2001 年，市作物所申请的水稻品种“新优 42”和小麦品种“二优 58”获得植物新品种保护权，是全市第一批获得植物新品种保护权的品种，结束了全市没有自主申请的植物新品种保护权品种的历史。其中享有品种权的主要为高校、科研院所、企业，其中，市农科院、三峡农科院、重庆中一种业有限公司享有的品种权在全市名列前茅。

四、种质资源

2015 年，农业部组织开展第三次全国农作物种质资源普查与收集行动，印发了《农业部办公厅关于印发〈第三次全国农作物种质资源普查与收集行动实施方案〉的通知》和《农业部办公厅关于印发〈第三次全国农作物种质资源普查与收集行动 2015 年实施方案〉的通知》，明确了重庆市 19 个区县为国家级普查县。按照相关要求，全市落实各项措施，市农委相继下发《重庆市农作物种质资源普查与收集行动实施方案》和《重庆市农业委员会办公室关于开展农作物种质资源普查与收集行动检查督导的通知》，2015 年 7 月 30 日，正式启动全市农作物种质资源普查与收集工作，标志着第三次全国农作物种质资源普查与收集行动在全市正式实施。

2015 年，全市初步摸清了市内 19 个国家级普查区县辖区内如下种质资源基本信息：各类栽培作物的古老地方品种；种植年代久远的育成品种；重要作物的野生近缘植物品种；其他珍稀、濒危作物野生近缘植物品种。已确定各类栽培作物的地方品种和野生近缘植物种质资源 1 358 份，填写征集表 1 358 份，拍摄照片 1 214 份。

此外，在种质资源普查与收集行动中，全市收集到一批特有珍稀种质资源。在奉节县海拔 1300 米的太和乡发现野生柑橘（宜昌橙）；在海拔 1 400 米的地方发现具有药用价值的野生荞麦（金荞麦）；在渝东北地区发现保存最完好的八个烟草老品种样本；在城口县海拔 1 400 米的周溪乡发现野生香橙；在石柱县收集到国家Ⅰ级重点保护野生植物莼菜；在海拔 1 000 米以上的龙潭乡发现了野生柑橘；在枫木乡发现了全市最大面积的万亩连片野生猕猴桃原生态地等。

第二节　种子生产与推广

一、良种繁育基地

（一）杂交水稻制种基地

20 世纪 80 年代中后期，全市水稻种子以调入为主，市内种子生产处于滞后状态，制种基地主要分布在江北、璧山、巴县、江津等区县。20 世纪 90 年代，全市调整制种基地，成片集中规划，深化制种技术，改善基地管理，取得了很大的成效。1991 年，全市水稻制种基地规模达 2. 8 万亩，其中江津、巴县、綦江、合川 4 个县基地面积均超过 3 000 亩，荣昌、长寿、铜梁 3 个县基地面积超过 2 000 亩。

1993 年，全市水稻制种基地面积达到 3. 8 万亩，其中，荣昌、巴县、綦江 3 个县基地面积超过 5 000亩，璧山基地面积超过 3 000 亩。1995 年，全市已建成 4 万余亩稳定的杂交水稻制种基地，其中，荣昌、綦江 2 个县基地面积超过 8 000 亩，永川、大足、铜梁、潼南和璧山 5 个县市制种面积超过 3 000亩。

重庆直辖后，全市水稻制种基地主要集中在涪陵、梁平、万州、忠县、垫江等区县。1997—2003

年：涪陵区常年面积在4 000亩左右；梁平县常年面积在5 000～8 000亩，多的年份达到1万亩；万州区常年面积在3 000多亩；忠县常年面积在4 000～5 000亩，多的年份超过7 000亩。2004—2010年：涪陵区常年面积在4 000～6 000亩，多的年份达8 000亩；梁平县、忠县常年面积在3 000～5 000亩；万州区常年面积在2 000～3 000亩。2011—2015年：涪陵区常年面积在4 000～6 000亩，2015年下降到不足2 000亩；梁平县常年面积在3 000～5 000亩；万州区常年面积在2 000亩左右；忠县常年面积在3 000亩左右，多的时候超过4 000亩。垫江县杂交水稻制种基地，20世纪90年代末常年面积在6 000亩左右，多的时候超过1万亩，基地发展势头良好，2013年，被认定为全市唯一一个国家级杂交水稻种子生产基地县，县人民政府加大财政投入，全面改善基础设施，大力推进杂交水稻制种标准化建设，建成高标准杂交水稻制种田近2万亩，基地年制种能力达3万亩。

（二）玉米制种基地

1986—1996年，全市玉米种子主要以北方调入为主，市内玉米制种基地规模不大。二十世纪九十年代初，通过实施“杂交玉米新组合丰产技术”项目，市内玉米制种基地有所发展，大足、合川、潼南、綦江、巴县、长寿等6个县，基地面积普遍在1 000～1 500亩。九十年代中期，全市杂交玉米基地开始萎缩，1996年，全市玉米制种基地仅2 000亩。

1997—2015年，全市杂交玉米制种基地主要分布在忠县、梁平、云阳等区县。忠县玉米制种基地，1997—2010年，常年面积在1 500～2 000亩，此后面积开始逐渐萎缩，2012—2015年，维持在1 000～1 200亩。梁平玉米制种基地，1997—2003年，常年面积在5 000亩左右，此后基地逐渐消失。万州玉米制种基地在重庆市直辖后中断制种，2012年，短暂制种2 500亩，此后基地逐渐消失。

（三）油菜制种基地

垫江县杂交油菜制种基地起始于2002年，常年面积保持在1 500亩左右。2002年，重庆市利农一把手农业科技有限责任公司入驻垫江县沙坪镇进行杂交油菜种子生产，生产组合主要为“渝黄一号”“渝黄二号”“渝黄四号”，因该公司经营不善，2012年停止生产油菜种子，杂交油菜制种基地逐渐消失。

（四）马铃薯繁种基地

全市马铃薯繁种基地主要集中在巫溪县。巫溪县马铃薯繁种基地起始于1993年，当年建立马铃薯脱毒中心，并在文峰镇建设脱毒种薯生产网室。1995年，马铃薯脱毒中心组培室、检验室、生产网室等基建工程完工。1997年，马铃薯脱毒种薯扩繁面积1 500亩，产种薯150万千克。2000年，全市马铃薯脱毒种薯推广工作会议在巫溪召开。2004年，巫溪马铃薯通过农业部无公害农产品认证，同时巫溪县被国家质量技术监督总局列入脱毒马铃薯种植标准化示范区。2008年，巫溪县实施了农业部万亩马铃薯高产创建项目。2009年，启动脱毒马铃薯原原种生产基地建设，引进栽插脱毒试管苗6万株。2010年，巫溪县20 000米^{2}网室建成投入使用，并于当年生产原原种1 000万粒。2011年，在文峰镇建成脱毒种薯基地70亩，温网室40 000米^2、玻璃温室2 700米^2、组织培养室3 500米^2、专家大院1 300米^2、产品库房1 000米^2，并在海拔1 700米的红池坝新建简易网室150亩；同年，“巫溪洋芋”通过农业部地理标志保护登记，获得农产品地理标志登记证书，并取得国家商标总局的地理商标。2013年，巫溪县又新建温网室20 000米^2；同年，第15届全国马铃薯大会在巫溪召开。2014年，“巫溪洋芋”荣获首个“重庆市最受欢迎的土特产名片”，成功入选《2013年全国名优特新农产品目录》；巫溪县马铃薯脱毒种薯繁育中心被市科委、国家外国专家局授予市级“科普基地”“外国成果引智基地”。2015年，“巫溪洋芋”获重庆市名牌农产品称号；同年，巫溪县薯光农业科技有限公司将500万粒原原种送至内蒙古海拉尔夏繁，开启南薯北繁模式。

（五）南繁基地

全市南繁工作开始于1972年，由市种子站牵头组织科研、教学、种子企业等单位，在海南开展南繁育种和南鉴工作。全市通过南繁育种工作，共繁殖水稻、玉米、甘薯、蔬菜等杂交育种材料7万多份，育成并通过国家和重庆市审定的有Q优系列、渝优系列、西农优系列、陵优系列、渝单系列、渝糯系列、帮豪玉系列、渝薯系列、万薯系列等水稻、玉米、甘薯品种共计300余个，占全市自育农作物品种及亲本材料的90%左右。鉴定种子样品近1万份，为全市农作物科研育种、亲本扩繁、纯度鉴定、制种快繁等发挥了重要作用。加快了农作物良种选育，确保了农业生产用种质量，保证了农业生产用种需求。

1972—1996年，全市南繁工作处于起步阶段。1972—1974年，全市南繁的作物是玉米，主要是进行自交系繁殖和制种。从1975年开始，南繁工作集中在陵水县，以杂交水稻亲本繁殖为主，初期繁殖面积为100余亩。在南繁高峰年份，市农科所、市农校和西南农大等10余个育种队100余人陆续投入南繁工作，面积扩大到800余亩，生产种子达2.5万多千克。1978年，市农科所在三亚市崖城镇建立了第一个稳定的南繁基地，开始了辣椒、番茄等蔬菜作物的南繁育种。这个时期全市南繁工作以国有种子企业为主体，开展亲本繁殖、制种，新品种选育开始起步，南繁的作物少、品种少，自育品种少，南鉴工作逐步进入正轨。

1997—2000年，重庆直辖后，种子生产经营从计划经济向市场经济过渡。全市南繁基地主要集中在陵水县英州镇，开展南繁育种工作的有市种子公司、市作物所、涪陵区农科所、西南农业大学等单位，另外，市农科所和万州区农科所分别在三亚崖城、陵水县光坡镇等地开展南繁育种。南繁的作物主要有水稻、玉米、甘薯、棉花、番茄、辣椒、茄子等，每年育种材料有2 000余份，加代繁殖有100余个品种，制种面积有300余亩。同时，市种子站开展杂一代种子田间质量鉴定，每年鉴定样品超过500个。

1998—2000年，市计委、市财政局、市科委、市农业局共同投资530万元，建设了重庆市南繁南鉴基地，基地位于陵水县英州镇万安村红草坡，面积达213亩，是全市第一个拥有固定产权的南繁基地。1999年，成立了市南繁领导小组，制定了《重庆市南繁南鉴基地管理规定》和《重庆市南繁南鉴基地管理实施细则》等管理办法。在此期间，全市南繁工作以科研、教学单位为主，开展亲本繁育、制种，南繁的作物与品种数量不断增多，自育品种逐年增加。

2001—2015年，种子生产经营进入市场经济时期。2000年《中华人民共和国种子法》颁布实施后，南繁育种基地建设进入快速发展阶段。市发展和改革委员会、市农委领导多次调研南繁情况，并支持各级、各部门和种业企业陆续建设了南繁基地。市种子站、市农科院、重庆农投集团种业公司、重庆帮豪种业、三峡农科院、西南大学等多家种子企业和科研院所，在海南省陵水县、乐东县、三亚市等地建立了10多个南繁基地，基地占地总面积约2 700亩、建筑面积达8 476米^2。为加强协调管理，2011年，市种子站成立了南繁南鉴管理办公室。2012年，由市种子站牵头实施了“重庆市南繁南鉴基地改扩建项目”，斥资1 000多万，用于基地新建房屋、改建旧楼和田间改造。项目实施以后，基地设施升级，新建了集实验、办公等科研配套建筑1 614米^2，实用功能增强，拓展了库房80米^2，晒场2 342米^2，道路1 312米，蓄水池3个合计约9 442米^3，水井两口，改造了沼泽地，土地使用率大幅提升，可实现全机械化耕作，有利于科研工作开展。重庆市南繁南鉴基地已成为集南鉴南繁、科研实验、示范展示、推广培训和交流会议于一体的综合性基地，是重庆市重要的公共育种平台、交流中心和南繁名片。此外，位于陵水县的重庆市帮豪种业南繁基地、渝东南农科院、三峡农科院南繁基地和乐东县的市农科院玉米所基地也不断投入资金，更新设备，积极拓展功能。

2014年，由市农委、市发展和改革委员会、市财政局等部门联合成立了“重庆市南繁工作协调小组”。进一步加强了南繁工作领导，提升南繁管理和服务水平，做好南繁协调工作，确保全市各科研教学单位、种业企业南繁科研育种和南鉴工作顺利开展。市种子管理站南繁办，积极配合国家南繁办完成南繁情况收集，将全市 3 家南繁基地共 1 792 亩纳入国家南繁永久核心保护区范围。

二、种业企业

1986—1990 年，种子生产经营实行“四化一供”（种子生产专业化、加工化、质量标准化、品种布局区域化），以区（县）为单位统一供种。八十年代以来，各区（县）陆续成立了种子公司，站、司合署办公，垄断经营杂交水稻、杂交玉米一代良种，依托镇乡农技体系，把种子供应到千家万户。全市 12 县 6 个区种子公司（站）协同配合，保证全市“两杂”种子供种。1986—1990 年，四次全国性水稻或玉米缺种，以及 1988、1989 年农用 920 紧缺的情况下，完成全市良种供应任务。

1991—2000 年，种子由区（市、县）种子公司专营下的多渠道经营。1992 年，市种子公司与江津、合川、永川、潼南、大足、荣昌、璧山、巴县、綦江、长寿、北碚、铜梁、江北、南桐等 14 个区市县种子公司成立重庆市“两杂”种子经营联合体。全市杂交玉米种子由联合体统一从北方调运，再按照需求计划统一分配至各区市县；杂交水稻种子仍以区县专营为主。1992 年、1996 年，市农科所和市作物所先后分别成立了重庆科光种苗有限公司和重庆金穗种业有限责任公司，相继开展种子生产经营活动。2000 年，市种子公司成立粮油种子分公司、玉米种子分公司、小麦及油料种子分公司，并设立江津、合川、綦江、永川经营部。同年，市种子公司与涪陵、巴南、垫江等 20 个区（县）种子公司、682 名自然人共同发起组建重庆三千种业股份有限公司，公司实行股份制经营，种子经营实现多元化。

2001—2004 年，种子管理体制处于改革阶段。2001 年，按市人民政府要求，市级种子管理体制进行改革，市种子管理与市种子公司实行站、司分设，分别行使管理和经营职能，强化全市种子管理，同时组建“育繁推”一体化种子企业，参与市场竞争，推进全市种子产业发展。2003 年，全市进行区（县）种子管理体制改革，区（县）一级的国有种子公司大多采取关闭注销的方式进行改革，仅有涪陵、梁平、忠县三个区县种子公司进行改制，继续经营。2003 年，忠县种子公司改制，政企分开；梁平县种子公司改制，与梁平县良种场、市种子公司“重庆国家级原种场”700 万元项目，联合组建了重庆庆丰种业有限责任公司；涪陵区种子公司改制为重庆市禾广种业有限公司。随后，重庆市重农种业有限公司、重庆尔丰种业有限公司相继成立。《中华人民共和国种子法》实施后，种子市场逐步放开，种子生产经营新格局形成。

2005—2015 年，种子生产经营进入市场经济时期。2007 年市种子公司改制组建成重庆中一种业有限公司，是全市唯一一家农业部发证的农作物种子“育、繁、推”一体化企业，2010 年，该企业被农业部评为“中国种业骨干企业”（2003、2006 年原重庆市种子公司两次被评为中国“种业 50 强”企业），2011 年，它被中国种子协会评为“AAA 信用企业”，2012 年，该企业与海南神农大丰种业科技股份有限公司进行战略合作，增资为注册资金 1 亿元的种业企业。2007 年，忠县种子公司重组为重庆皇华种子有限公司，2011 年，通过股改更名为重庆皇华种业股份有限公司，并在重庆股份转让中心（OTC）挂牌。2008 年，重庆大爱种业有限公司成立，由隆平高科重庆分公司通过管理模式调整后组建而成。同年，重庆帮豪种业股份有限公司成立，2012 年，公司获得北京嘉富诚股权投资基金管理有限公司等 6 家投资公司 1 亿多元的战略投资，2014 年，改制为股份制种业企业，2015 年，公司增资为 1.12 亿元，并成功挂牌新三板。2011 年，重庆农投种业有限公司成立，注册资本 2.28 亿元，当年公司出资近 8 000 万元，重组了重庆金穗种业有限责任公司（注册资本 1 亿元），2013 年，又出资 2 400 万元投资组建甘肃酒泉经禾种业公司，2015 年，以 51% 股权重组了湖南科裕隆种业有限公司，开启了市内种子企业完成种业经营全国化布局的先例。2014 年，重庆科光种苗有限公司被认定为“中国蔬菜种业信用骨干企业”。全市种业企业通过多次改革重组，形成“育繁推一体化企业 + 专业化生产经营企业 + 经营企业”的基本格局，种业企业实力不断增强，2015 年，全市种业企业注册资本超过 6 亿元，注册资本亿元企业有 3 家，企业销售额超过 6 亿元，总利润超过 6 000 万元。

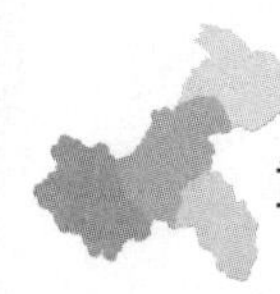

三、种子生产、加工

（一）种子生产

1. 杂交水稻种子

1986—1996年，按照“市繁县制”原则，全市杂交水稻种子主要以市种子公司进行亲本繁殖、各区（市、县）种子公司依计划进行一代种生产。20世纪80年代中后期，全市杂交水稻用种以调进为主，自产为辅，种子生产处于滞后状态。90年代初，全市调整制种基地，成片集中规划，深化制种技术，强化技术指导，改善基地管理，提高了制种单产，降低了生产成本，有力地推动了水稻制种的发展。全市水稻制种面积1991年为2.8万亩，1993年增加到3.8万亩，1995年扩大到4.2万亩。全市杂交水稻种子实现了从以调入为主到自给外销的转变，市内生产的良种逐渐外销贵州、云南、湖南、湖北等省份。

1997—2000年，随着有水稻制种历史的忠县、梁平等区（县）并入重庆，全市水稻制种达到鼎盛时期。1997年，全市水稻制种面积达到6万亩，为历史最高峰。但同时水稻种子供过于求，种子公司积压严重，种子公司开始压缩水稻制种规模，2000年，全市水稻制种调减为5.5万亩。

2001—2008年，全市水稻种子生产进入低谷。2002年，全市水稻制种面积为4.3万亩，2004年减少到3.8万亩，2007年又缩减到2.5万亩，2008年下降幅度更大，仅1.5万亩。由于部分种子公司对种子法实施后种子市场形势估计过于乐观，盲目生产，库存积压大，再加上区（县）级的国有种子公司大多采取关闭注销的改制方式，制种主体减少等原因，全市水稻制种面积下滑。

2009—2015年，全市杂交水稻种子生产从低谷开始恢复，但面临杂交水稻种子全国性过剩形势后，制种规模又开始下降。2010年，全市水稻制种面积恢复到3.5万亩，较2008年增加2万亩。2011年，开始全市水稻制种面积连续三年保持在5万亩左右。但连续几年遭遇全国杂交水稻种子严重过剩，种子库存压力极大，杂交水稻种子行业进入寒冬。种子企业纷纷压缩制种规模，2014年，全市杂交水稻制种面积减少到3.16万亩，2015年，制种面积下降到1.73万亩。

2. 杂交玉米种子

1986—1996年，全市杂交玉米种子主要以北方调入为主，市内制种面积不大。1991年、1992年，全市实施“杂交玉米新组合丰产技术”项目，摸索出了母本开盘授粉、套筒授粉等抗灾避灾授粉技术，深化了提高异交结实率技术，玉米制种单产有所提高，全市杂交玉米制种面积保持1万亩左右。此后，杂交玉米制种规模逐渐下降，1996年全市杂交玉米制种仅0.2万亩。

1997—2015年，全市杂交玉米制种达到顶峰，随后面积逐渐下降。2000年，全市杂交玉米制种3.8万亩。但由于地理环境和气候条件限制，市内玉米制种单产相对较低，种子生产成本居高不下，北方玉米制种价格优势明显，全市玉米制种面积逐渐萎缩，2002年减少到2.8万亩，2006年降到0.6万亩。此后全市杂交玉米制种面积一直维持在万亩以下的规模，主要是亲本繁殖和有热带血缘的品种组合制种生产，种子企业将大多数玉米种子生产安排在甘肃、新疆、宁夏等西北地区省份。

3. 制种技术

在杂交水稻制种技术方面。全市积极探索杂交水稻制种母本直播技术，1987年以来，先后在江北、璧山、巴县、江津等地反复试验，取得了初步成功。该技术1992—1993年两年累计推广面积2万亩，增产20%左右，亩制种成本下降20元左右。1994年，市种子站牵头完成的《杂交水稻母本直播制种高产技术研究与推广利用》项目，取得市科委颁发科学技术成果鉴定证书。1995年，全市杂交水稻制种深化技术取得新进展，母本直播制种面积达1.9万亩，一期父本制种技术、单行父本制种技术日趋成熟，推广面积分别达到1.9万亩、3.7万亩，增施穗粒肥、综合防治稻粒黑粉病技术也取得突破，推广面积均超过2万亩。

在杂交玉米制种技术方面。20 世纪 80 年代后期，全市不断探索杂交玉米制种技术。90 年代初，全市玉米制种克服自然灾害，提高异交结实率的理论和技术得到深化，单株育苗稀植父本，强化肥水管理，促使父本生长旺盛，花粉充足；还摸索出了母本开盘授粉、看天授粉、套筒授粉、分片轮流授粉、清水养雄授粉等抗灾避灾授粉技术，可有效提高结实率。

（二）种子加工、储藏

种子加工影响种子质量，特别是发芽率、种子净度、活力等质量指标。重庆属于高温高湿区，而种子的安全贮藏恰需低温干燥，普通仓是难以适应要求的，必须修建低温隔年库，改善仓储条件，以确保种子安全贮藏，保证贮备种的种用价值。

1986—2000 年，种子加工储藏设施设备不断完善。1991 年，市种子公司积极争取上级支持，筹集资金，建设种子隔年库 280 米^2，并努力帮助区县种子公司建设种子隔年库 3 897 米^2。当年，铜梁县种子公司、永川县种子公司被全国种子总站评为种子仓储保管工作先进集体。1995 年，全市种子系统已拥有种子仓库 22 458 米^2，隔年贮备库 3 553 米^2，晒场 19 905 米^2，种子加工房 1 556 米^2。1996 年，全市购买两台种子包衣单机，种子包衣工作开始起步。20 世纪 90 年代末，市种子公司引进种子薄膜包衣机，推广种子薄膜包衣技术，该技术的推广应用对水稻苗期壮苗及防病起到了积极作用。

2001—2015 年，种子加工储藏设施建设加快，全市种子生产加工能力不断提升。2000 年，市种子公司在九龙坡区白市驿镇建成国家救灾备荒储备库，拥有普通仓库 1 800 米^2、低温储备仓库 400 米^2，随后补充购置了种子精选机、烘干机、传送带、手工精小包装袋热合机、半自动化包装机等种子成套加工设备。2004 年，重庆庆丰种业有限责任公司在梁平县建成仓库及低温库 3 150 米^2、种子加工房 900 米^2，配备了成套加工设备，总加工能力达 5 吨/小时。2005 年，市种子公司在九龙坡区含谷镇建成加工储藏中心，并将国家救灾备荒储备库由白市驿镇搬迁至含谷镇，建成库房 11 000 米^2，其中低温库 3 000米^2（含国家救灾备荒储备库 1 000 米^2）；2013 年，其又购置两条现代化种子成套加工设备，公司加工包装能力得到巨大提升，加工能力达 20 吨/小时。2006 年，重庆金穗种业有限责任公司在璧山区建设仓库 600 米^2，加工厂房 1 000 米^2，配置成套加工设备 2 套，总加工能力达 10 吨/小时。2011 年，重庆尔丰种业有限公司在永川区购买了加工厂房 500 米^2、仓库 500 米^2，2012 年配置了 1 条全自动成套加工设备，总加工能力达 10 吨/小时。2010 年，重庆帮豪种业有限公司在云阳县建成种子加工中心 1 000 米^2，投入 2 条全自动、1 条半自动成套加工设备；2011 年，400 米^2 的烘干加工中心建成投入使用，并增添了 1 条全自动成套加工设备；2012 年，扩建仓库及低温库 940 米^2，总加工能力达 30 吨/小时。2012 年，重庆大爱种业有限公司在酉阳县建设仓库 1 080 米^2、种子加工房 720 米^2，配置成套加工设备，总加工能力达 10 吨/小时。2013 年，重庆市重农种业有限公司在巴南区建设仓库 600 米^2，加工厂房 1 000 米^2，配置全自动成套加工设备 1 套，总加工能力达 10 吨/小时。截至 2015 年，全市种子企业平均仓储面积达 2 000 米^2，平均种子加工能力超过 10 吨/小时。

四、农作物品种推广

1986 年以来，全市农作物品种推广水平得到大幅提升，选育推广了超级稻、优质杂交稻、特用玉米、高产饲用玉米、双低油菜、鲜食加工兼用型晚熟柑橘、蔬菜等一批综合性状优良的农作物新品种。

（一）水稻

1986—2015 年，全市主要推广 Q 优、渝优、西农优、万优、陵优、汕优、冈优、Ⅱ优（2 优）等系列水稻品种。推广面积整体略有下降，降幅为 15.96%；但亩产有所上升，涨幅为 22.22%；期间推广种植的品种个数呈上升的趋势。截至 2015 年年底，推广种植的水稻品种累计达 252 个（表 7－9－3）。

表7-9-3 1986—2015年重庆市水稻品种推广情况汇总表

年份	推广面积（万亩）	亩产（千克）
1986	1 228. 56	401. 25
1987	1 210. 47	412. 31
1988	1 230. 73	408. 10
1989	1 253. 12	433. 23
1990	1 231. 75	450. 10
1991	1 223. 80	438. 17
1992	1 227. 67	420. 44
1993	1 205. 61	404. 51
1994	1 199. 29	452. 73
1995	1 198. 00	456. 30
1996	1 200. 68	485. 96
1997	1 194. 44	496. 15
1998	1 191. 95	435. 74
1999	1 182. 86	450. 61
2000	1 164. 95	451. 03
2001	1 145. 95	407. 04
2002	1 135. 79	426. 50
2003	1 107. 73	446. 23
2004	1 123. 95	453. 35
2005	1 121. 92	464. 76
2006	1 008. 45	342. 01
2007	978. 20	502. 55
2008	1 010. 31	523. 99
2009	1 023. 06	499. 77
2010	1 025. 86	505. 50
2011	1 029. 73	479. 25
2012	1 030. 49	483. 26
2013	1 032. 99	487. 01
2014	1 034. 51	486. 40
2015	1 032. 5	490. 4

（二）玉米

1986—2015年，重庆市主要推广渝单、渝糯、万单、三峡玉、西单等系列玉米品种。推广面积整体略有下降，降幅为5. 44%；但亩产稳步上升，涨幅为62. 69%；期间推广种植的品种个数呈上升的趋势。截至2015年年底，推广种植的玉米品种达237个（表7-9-4）。

表7-9-4　1986—2015年重庆市玉米品种推广情况汇总表

年份	推广面积（万亩）	亩产（千克）
1986	746.93	226.01
1987	745.28	197.33
1988	743.42	191.40
1989	743.84	219.90
1990	771.46	246.85
1991	778.30	243.32
1992	761.37	222.48
1993	759.92	239.17
1994	775.36	253.42
1995	771.55	256.59
1996	771.93	276.27
1997	766.61	291.84
1998	789.10	249.19
1999	779.85	259.96
2000	750.99	261.31
2001	733.04	259.47
2002	708.65	285.72
2003	644.95	319.80
2004	690.62	329.85
2005	690.51	337.62
2006	660.75	303.44
2007	680.51	344.13
2008	683.33	360.05
2009	688.67	354.96
2010	692.83	363.09
2011	700.40	366.94
2012	702.58	364.74
2013	700.10	368.64
2014	701.81	364.73
2015	706.30	367.70

（三）小麦

1986—2015年，全市主要推广渝麦、川麦、川农、绵阳、西南等系列小麦品种。推广面积大幅下降，降幅为85.31%；但亩产略有上升，涨幅为24.42%；期间推广种植的品种个数呈上升的趋势。截至2015年年底，推广种植的小麦品种达33个（表7-9-5）。

表7-9-5 1986—2015年重庆市小麦品种推广情况汇总表

年份	推广面积（万亩）	亩产（千克）
1986	711.25	175.69
1987	703.05	171.04
1988	719.64	146.65
1989	765.93	138.97
1990	811.09	160.46
1991	845.51	167.02
1992	840.57	178.09
1993	837.00	182.60
1994	817.10	185.96
1995	824.93	192.59
1996	830.99	180.70
1997	832.04	191.75
1998	822.42	177.10
1999	797.40	152.36
2000	699.26	173.58
2001	633.20	157.88
2002	582.22	161.15
2003	484.10	173.19
2004	420.79	186.27
2005	419.50	187.48
2006	247.20	192.56
2007	299.42	203.89
2008	283.43	205.35
2009	252.32	204.82
2010	225.80	203.41
2011	207.54	204.23
2012	188.09	204.42
2013	161.40	208.80
2014	130.47	206.61
2015	104.50	218.60

（四）大豆

1998—2015年，全市主要推广渝豆、西豆等系列大豆品种。历年来推广面积都较小，在此期间的近几年略有增加；但亩产大幅上升，涨幅为125.82%；期间推广种植的品种个数呈上升的趋势。截至2015年年底，推广种植的大豆品种达19个（表7-9-6）。

表 7-9-6 1998—2015 年重庆市大豆品种推广情况汇总表

年份	推广面积（万亩）	亩产（千克）
1998	103.32	58.72
1999	111.29	61.15
2000	120.28	73.61
2001	117.92	50.75
2002	120.96	76.89
2003	119.64	84.15
2004	142.64	115.94
2005	148.66	118.73
2006	102.15	81.25
2007	109.30	121.68
2008	119.90	128.33
2009	128.91	132.21
2010	136.76	132.47
2011	143.10	130.33
2012	148.73	131.55
2013	152.27	128.69
2014	155.15	131.33
2015	156.50	132.60

（五）油菜

1998—2015 年，全市主要推广渝黄、渝油、三峡油、油研等系列油菜品种。推广面积有所上升，涨幅为 62.85%；亩产同样也有所上升，涨幅为 50.79%；期间推广种植的品种个数呈上升的趋势。截至 2015 年年底，推广种植的油菜品种达 67 个（表 7-9-7）。

表 7-9-7 1998—2015 年重庆市油菜品种推广情况汇总表

年份	推广面积（万亩）	亩产（千克）
1998	223.34	85.22
1999	227.70	76.11
2000	259.78	87.02
2001	251.87	86.99
2002	260.90	99.06
2003	265.25	107.48
2004	260.72	118.85
2005	281.00	113.22
2006	200.52	117.20
2007	203.06	114.21
2008	225.26	117.84
2009	260.46	118.83

（续）

年份	推广面积（万亩）	亩产（千克）
2010	287.77	118.91
2011	294.30	119.40
2012	306.84	122.90
2013	323.41	124.01
2014	348.87	126.02
2015	363.70	128.50

（六）马铃薯

1998—2015 年，全市主要推广渝马铃薯、鄂马铃薯、渝薯、鄂薯、川芋、米拉、马尔科等系列马铃薯品种。推广面积略有上升，涨幅为 17.04%；亩产同样也有所上升，涨幅为 27.87%；期间推广种植的品种个数呈上升的趋势。截至 2015 年年底，推广种植的马铃薯品种达 20 个（表 7－9－8）。

表 7－9－8　1998—2015 年重庆市马铃薯品种推广情况汇总表

年份	推广面积（万亩）	亩产（千克）
1998	466.09	183.55
1999	468.40	171.32
2000	463.31	183.30
2001	453.67	175.05
2002	460.29	163.62
2003	424.49	175.87
2004	459.06	202.24
2005	478.89	212.76
2006	472.56	217.35
2007	469.31	216.25
2008	465.21	218.66
2009	490.74	218.09
2010	504.39	222.31
2011	516.30	224.96
2012	525.25	225.16
2013	534.40	227.68
2014	537.47	227.73
2015	545.50	234.70

第三节　质量管理

一、种子检验

（一）检验概况

1. 中华人民共和国成立前

种子检验，是种子工作质量管理的重要手段。1937—1950 年，限于历史条件所限，种子检验的标准、检验范围全国无统一标准，且工作时搞时停，收效甚微。1937 年，四川省稻麦改进所对合川分所要求开展种子检验推广良种和检定地方品种的田间纯度、病虫害情况，定其优劣后，择优向农民示范推广。1939 年，江津、巴县、綦江、永川、荣昌、长寿、璧山、江北、铜梁、大足、合川等县相继成立县农业推广所，兼管种子检验工作，主要对小麦、水稻推广良种，农家品种以及准备贷发农民的良种，进行田间纯度和发芽率的检验。

2. 中华人民共和国成立后

中华人民共和国成立后，高度重视种子质量工作，根据农业发展需要由中央农林部制定了相关法律，明确了种子检验的主体、检验对象、检验范围、检验标准等。重庆市根据中央农林部的情况，结合四川省农牧厅颁发的种子检验要求，逐步建立健全种子检验机制，从人员保障、设备购置、财力等多方面保证种子检验工作开展。

（二）检验基础建设

1984 年，投资 40 万元（其中农业部投资 20 万元，四川省投资 20 万元）修建种业宾馆后楼共 5 层，作为种子检验及样品陈列大楼。1988 年，投资 20 万元建种子检验室，位于现种子质量检测站门前，后来于 1998 年拆除。1992 年，农业部投资 25 万元，用于种子检验仪器设备购置。1995 年，农业部投资 50 万元，用于检验室改造和仪器设备更新。1997 年，农业部投资 500 万元，修建种子检验中心大楼。

1998 年，重庆市人民政府投资 530 万元（其中市计委投资 150 万元、市财政投资 180 万元、市科委投资 100 万元、市农牧渔业局投资 100 万元），建设海南南繁南鉴基地，购置土地 213 亩，修建房屋 1 370 米^2。2002 年，农业部投资 250 万元，改扩建种子检验室（主要用于房屋装修）。2006 年，农业部投资 320 万元，改扩建种子检验室，购置种子分子检测试验仪器设备。2009 年，农业部投资 240 万元，改扩建种子检验室，装修底楼种子检验室，增加种子低温样品库，购置部分仪器设备。

（三）检测范围

1978 年，全市各区（县）均先后成立了种子公司（站），公司（站）内设种子检验室，配备种子检验技术人员。1985 年，全市检验员参加四川省农牧厅统一考考试，有 17 人获得种子检验员工作证。市种子公司有种子检验仪器等 11 台，用于发芽测定设备 34 台，全市种子部门共有主要检验仪器 148 台。种子检验工作基本改变了历史上单纯靠观感检验的状态。1985 年，四川省重庆市检验良种 844. 34 万千克，其中水稻 453. 06 万千克，玉米 384. 79 万千克。

1. 田间种子

随着农村实行家庭联产承包责任制，种子生产承包到户，种子检验方面进一步加强了田间质量检验力度。以负责种子生产的技术人员为主，采取制种户自查，检验人员抽验自查，村组交叉检查，检验人员抽验复查；种子收储入库检验以保管人员为主，检验人员配合，负责扦样及样品整理；室内检验人员负责，保管人员配合，入库、出库和贮存其中各项质量检验、数据指标，均由检验人员负责提供，并对收购种子进行综合评定。对杂交水稻一代种纯度，实行分户扦样，就地种植鉴定制度。对质量有严重怀疑的，当年冬季送往海南进行栽培鉴定，决定取舍，从而保证了种子质量，保护了农业生产和农民利益。2006—2015 年，全市杂交水稻、杂交玉米种子的纯度日益提高。

2006 年，市种子站重点抽查了綦江县、梁平县、璧山县、涪陵区等地的制种基地，抽查 9 个品种（组合），检查面积 14 201 亩，占全市水稻种子生产面积（26 500 亩）的 53. 6%，抽查点数 1 799 个，209 万株，平均杂株率 0. 06%，杂株率最高为 0. 089%，最低为 0. 01，符合田间标准要求；田间隔离区采用自然隔离、空间隔离和时间隔离，经查有 6 处不符合隔离要求。玉米种子抽查 10 个品种（组合），检查面积 5 253 亩，占全市生产面积（6 250 亩）的 84. 0%，抽查点数 686 个，168 771 株合格率为

94.6%，杂株和散粉株符合田间标准要求；田间隔离区采用自然隔离、空间隔离和时间隔离，经查有3处不符合隔离要求。

2009年，抽查市内的水稻、玉米制种面积有22 287亩（水稻制种20 874亩，玉米制种2 000亩），35个品种（组合），15家种子企业生产。经田间检查，种子生产隔离区不符合规定的有600亩，报废3.5亩。田间质量去杂去劣抽查面积8 424.4亩（水稻6 424.4亩，玉米200亩），占生产面积的36.8%。抽样点1 075个，合格点1 070个，合格率99.5%。

2010年，抽查市内水稻、玉米制种面积有20 138亩（水稻制种17 838亩，玉米制种2 300亩），38个品种（组合），15家种子企业生产。经田间检查，种子生产隔离区不符合规定的有300余亩，报废5.6亩。田间质量去杂去劣抽查面积6 352亩（水稻6 052亩，玉米300亩）占生产面积的35.6%。抽样点967个，合格点965个，合格率99.8%。

2011年，抽查市内水稻、玉米制种面积有23 573亩（水稻制种20 898亩，玉米制种2 675亩），33个品种（组合），16家种子企业生产。田间质量去杂去劣抽查面积7 591亩（水稻7 068亩，玉米523亩），占生产面积的32.2%。抽样点837个，合格点833个，合格率99.6%。

2012年，抽查市内水稻、玉米制种面积有36 560亩（水稻制种23 360亩，玉米制种13 200亩），46个品种（组合），17家种子企业生产。经田间检查，种子生产隔离区不符合规定的有500余亩，报废4.6亩。田间质量去杂去劣抽查面积10 468亩（水稻6 798亩，玉米3 670亩），占生产面积的28.6%。抽样点1 376个，合格点1 369个，合格率99.5%。

2013年，抽查市内水稻、玉米制种面积有33 126亩（水稻制种21 766亩，玉米制种11 360亩），39个品种（组合），14家种子企业生产。经田间检查，种子生产隔离区不符合规定的有350余亩，报废6.8亩。田间质量去杂去劣抽查面积13 510亩（水稻12 680亩，玉米830亩），占生产面积的40.8%。抽样点1 255个，合格点1 246个，合格率99.3%。

2014年，抽查市内水稻、玉米制种面积有33 648亩（水稻制种30 078亩，玉米制种3 570亩），72个品种（组合），12家种子企业生产。田间质量去杂去劣抽查面积12 320亩（水稻11 650亩，玉米670亩），占生产面积的34.6%。抽样点1 217个，合格点1 212个，合格率99.6%。

2015年，抽查市内水稻、玉米制种面积有13 806亩（水稻制种10 876亩，玉米制种2930亩），39个品种（组合），13家种子企业生产。田间质量去杂去劣抽查面积9 530亩（水稻8853亩，玉米677亩），占生产面积的64.1%。抽样点857个，合格点850个，合格率99.2%。

2. 部级种子质检中心及真实性检测

为加强种子质量监管职能，1990年，市种子站向市技术监督局报送了《关于站内增设质量检验科的请示报告》。1991年1月21日，重庆市技术监督局作了正式批复，同意成立市种子质量检测站。仅1990年，全市18个农业区、县，均建立了检验室，配齐了检验仪器设备，建立起一支稳定的检验技术队伍。现有检验室面积1 370米^2（其中市184米^2），检验仪器370台（件）（其中市40台、件），检验人员39名（其中市6名），共检验种子1 379.388万千克，挽回经济损失10余万元。截至2015年底，全市共建成市站、万州、涪陵、黔江、永川5个部级种子质检分中心。

1993—2000年，全市逐步启动了部级重庆市种子质量监督检验站项目，并定期对种子检验人员进行培训，制定并发布了《重庆市农作物种子监督管理实施办法》《重庆市农产品质量仲裁检验管理办法》《重庆市（产）商品质量监督的相关规定》和《重庆市农产品质量监督检验制度》等，进一步明确了种子检验的范围及标准，使种子检验工作逐步走上制度化、规范化，对种子质量标准进行公正评价，为实现种子质量标准化打下良好基础。

2006—2015年，全市开始研究分子生物鉴定技术，进行品种真实性和纯度鉴定工作。2006年，建立了适合实验室的PCR最佳反应体系，筛选出了能够清楚区分渝优13与其不育系和恢复系的引物。2008年，引进了中国水稻研究所筛选的24对水稻核心引物，完成Q优1号、Q优6号、渝优1号等十个大面积推广的水稻品种和八个水稻生产试验品种的DNA图谱制作。2010年，完成了对农业部分子检测扩项工作的转基因成分检测和品种真实性检测能力验证样品的检测，包括转基因成分检测样品7份，其中大豆2份、玉米2份、水稻2份、阳性对照1份；品种真实性检测样品12份，包括水稻品种标准样品2个、检测样品4个，玉米品种标准样品2个，检测样品4个。2011年，完成农业部安排的水稻品种真实性检测任务，接受样品58个，有标准样品并进行真实性检测的39个，经过检测有9个品种与标签标注品种不一致，涉嫌假冒品种。2014年，完成广东、广西和湖南三省份的水稻样品品种真实性检测，其中冬季抽查样品28个，春季抽查样品109个；完成企业委托的水稻和玉米品品种真实性检测及DNA指纹图谱制作样品16个。2015年，开展水稻和玉米样品品种真实性检测和纯度检测工作。全年完成DNA分子检测样品50余个。

除此之外，市种子站加强委托检验工作，对种子企业进行指导。委托检验种子的范围、数量、企业均有变化，为种业发展提供指导。

二、质量监管

（一）质量监管工作

为积极贯彻落实《国务院办公厅关于推进种子管理体制改革加强种子市场监管的意见》文件精神，坚持以种子质量监管为重点，加大对种子质量监督抽查力度。根据历年市农业局下达的监督抽查任务，重庆市种子管理站室内常规检验、田间质量检验、委托检验、真实性检测等方式加强种子质量监管。1995—2000年，种子监督检验工作任务来源由市质量技术监督局和市农牧渔业局市场信息处下达任务及工作经费。监督抽查经费由上级拨款，委托检验收取检验费。

1995年，重庆市监督抽查15家种子企业，抽查种子样品120个批次，代表种子批量89万千克，种子样品合格率为82.0%，接受委托检验样品90个。1996年，监督抽查17家种子企业，抽查种子样品150个批次，代表种子批量120万千克，种子样品合格率为84.0%，接受委托检验样品650个，开展海南纯度种植鉴定工作。1997年，监督抽查25家种子企业，抽查种子样品180个批次，主要为水稻、玉米、蔬菜种子样品，代表种子批量150万千克，种子样品合格率为88.0%，接受委托检验样品1 020个，开展海南纯度种植鉴定工作。1998年，监督抽查41家种子企业，抽查种子样品205个批次，主要为水稻、玉米、蔬菜种子样品，代表种子批量180万千克，种子样品合格率为89.0%，接受委托检验样品710个，开展海南纯度种植鉴定工作。1999年，监督抽查38家种子企业，抽查种子样品180个批次，主要为水稻、玉米、蔬菜种子样品，代表种子批量179万千克，种子样品合格率为94.0%，接受委托检验样品150个。2000年，监督抽查38家种子企业，抽查种子样品180个批次，代表种子批量161万千克，种子样品合格率为91.0%，接受委托检验样品180个。

2001—2006年，《中华人民共和国种子法》颁布实施，种业体制改革，种子监督抽查任务来源为市农牧渔业局，每年监督抽查的种子样品120个左右，接受委托检验样品600个左右。

2007年，重庆市质量技术监督局、农牧渔业局、种子管理站按照《农作物种子质量监督抽查管理办法》的具体要求，分季度依法对全市2007年生产、经销的“两杂”种子质量进行了监督抽检。主要抽检了南岸区、九龙坡区、永川区、铜梁县等14个区（县），75家企业的150个批次，代表138个品种，代表种子批量196.2万千克。经检测合格的有139个批次，合格率为92.6%，与2006年相比，下降了2.4个百分点。其中水稻杂交种抽检有79个批次，代表67个品种，代表种子批量98.2万千克，合格率为98.7%；玉米杂交种抽检有67个批次，代表51个品种，代表种子批量98.0万千克，合格的有61个批次，合格率为91.0%。

2008—2014年，重庆市有关部门逐步建立春夏秋冬四季种子质量监督抽查制度，种子质量抽检的范围、种类、频度、合格率均有所提高，为种子质量监管，为种业发展奠定了坚实基础。其中，2012

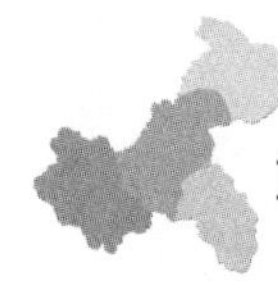

年春季在全市 32 个区（县）开展种子质量市场抽查，共抽取 304 个种子样品，检测合格 290 个，合格率为 95.4%。夏季开展了杂交水稻、玉米制种基地巡查，针对种子质量控制、生产技术落实情况，同时调研种子生产和基地管理情况。秋季油菜、蔬菜种子质量市场抽查，抽查油菜种子样品 43 个、蔬菜种子样品 63 个，经检测，43 个油菜合格 42 个，合格率为 97.7%；63 个蔬菜合格 48 个，合格率为 76.2%。冬季种子企业督查行动，4 个督查组完成 18 家种子企业督查，基本掌握了种业新政出台后重庆市种子企业重组、种子生产经营、质量控制等有关情况。完成农业部冬季种子企业监督抽查市内自查行动，共抽查种子企业 9 家，抽查种子样品 20 个，按要求完成样品处理及检测等工作。开展海南异地异季和本地同季品种纯度鉴定，完成海南异季 63 个样品纯度鉴定，本地同季 180 个样品纯度鉴定。

2014 年，重庆市有关部门开展冬季种子企业监督抽查行动。冬季抽查种子企业 15 家，抽查种子样品 165 个（水稻 84 个、玉米 81 个）。开展纯度、净度、水分、发芽率、品种真实性检测。室内三项质量指标全部合格，海南异季纯度种植鉴定水稻、玉米各 1 个样品不合格，真实性检测 2 个玉米不合格。春季开展种子市场检查行动。抽查种子市场 34 个，抽查种子经营户 167 家，抽查种子样品 314 个（水稻样品 122 个，玉米样品 192 个）。农业部提取杂交水稻、玉米品种真实性检测样品各 50 个、转基因检测样品各 50 个、纯度鉴定样品各 15 个。完成水稻玉米纯度鉴定样品 203 个，品种真实性检测样品共 36 个。夏季开展种子生产基地巡查行动。8 月中下旬，完成市内杂交水稻、玉米制种基地巡查，检查了种子生产许可证、制种田隔离、田间杂株率和生产档案情况。秋季开展油菜蔬菜种子市场抽查行动。抽查油菜样品 47 个，完成室内三项质量指标检测。抽查蔬菜种子样品 74 个，完成室内三项质量指标检测，开展纯度种植鉴定。除四大行动（春季种子市场监督抽查，夏季种子生产基地检查，秋季油菜蔬菜监督抽查，冬季两杂种子生产企业监督抽查）外，还承担农业部水稻、玉米品种真实性检测任务。完成湖南省、广东省、广西壮族自治区共 317 个水稻样品的真实性检测任务（冬季种子企业监督抽查 47 个样品、春季种子市场抽查 270 个样品）；参与农业部水稻、玉米品种纯度鉴定工作；承担种子企业委托检验任务，水稻品种纯度质量纠纷鉴定等。

2015 年，全市开展“四大行动”，共抽查种子企业和经销商共 258 家，抽查种子样品 549 个，抽查的种子样品除进行净度、水分、发芽率、品种纯度以及品种真实性和转基因成分检测。冬季抽查的 51 个样品室内三项指标全部合格，2 个玉米（涿单 2000，渝单 30），2 个水稻（准两优 893，永优 21）真实性不合格，1 个水稻纯度不合格被农业部通报。《农业部办公厅关于 2015 年农作物种子企业监督检查有关情况的通报》。春季种子市场抽查三项质量指标检测玉米各 1 个不合格，品种真实性检测（农业部提取 93 个样品）15 个样品不合格（13 个玉米，2 个水稻），按照农业部要求，配合完成了不合格通知书送达、异议材料收集上报、证据链收集等工作。

（二）仲裁检验

重庆市有关部门接受市品种审定委员会的委托检验。新品种审定前的亲本种子需进行田间纯度鉴定，包括水稻、玉米、小麦、油菜等品种，样品共 50 个。

接受法院委托的仲裁检验。大足、江津等区县法院委托检验儿菜、南瓜、甘蓝，万州法院委托检验杂交水稻等，全市共接受法院委托仲裁检验 10 余次，价值约 6 000 多万元。

（三）种子检验机构考核

市种子质量检测站 1991 年 12 月通过四川省质量技术监督局计量认证和机构认可。1997 年通过重庆市技术监督局计量认证和机构认可复评审，2000 年、2003 年、2006 年通过市技术监督局计量认证和机构认可换证评审。2003 年通过重庆市司法局的仲裁检验认可。2008 年 7 月 1 日农业部《农作物种子质量检验机构考核管理办法》颁布实施，2009 年通过农业部机构考核。

1997 年重庆市直辖后到 2000 年，全市通过市质量技术监督局计量认证的区县种子检验机构 25 家，

2009 年通过市农委机构考核的区县种子检验机构 11 家，到 2015 年，全市通过考核的区县种子检验机构为 14 家。

三、种子执法

1993 年，全国种子总站转发了《广西壮族自治区农业厅和河南省内乡县人民法院建立种子管理执法机构的函》，建议各省、自治区、直辖市、计划单列种子管理站（公司）可以根据广西、河南的经验建立种子执法机构，便于贯彻《中华人民共和国种子管理条例》及其《实施细则》，并有效打击销售假劣种子。全市的种子执法权在市种子站（公司）。2003 年，根据全市实际情况及市农业局的农业执法职能，种子执法职能移交市农业行政执法总队，并与市种子站联合办公肩负种子执法职能。

1993 年，重庆市委办公厅室培训种子执法人员并统一发放行政执法证，市种子站有 8 人获得证书。1996 年，查处南岸区长生桥镇个体户非法经营假冒重庆市农业科学研究所玉米品种案件，收缴玉米种子 5 万余千克。

1997—2014 年，全市积极宣传《中华人民共和国种子法》《重庆市种子管理条例》等法律条例，并根据农业发展需要加大对农资市场的检查和执法工作力度，加强执法职能确保种子市场健康发展。

到 2015 年，按照有关要求，由市农委粮油处、法规处、安监处和市种子管理站、农业行政执法总队组成 7 个检查督导组，组织实施种子企业监督检查、种子市场专项检查、生产基地巡查等具体行动。全市累计派出了检察人员 1 100 多人次，检查种子企业 190 多个次、经营门店月 17 800 多个次、制种基地 5 万亩，抽检样品 1 600 多份。全市全年共立案查处种子案件 35 起，处理涉案人员 35 人，涉案金额 20 多万元。

第四节　行业管理

一、体系建设

1985 年，全市 8 个区［双桥区、北碚区、江北区、南岸区、九龙坡区、大渡口区、沙坪坝区、南桐矿区（现在的万盛区）］，12 个县［长寿县、綦江县、巴县（现巴南区）、江北县（现渝北区）、荣昌县大足县、潼南县、铜梁县、合川县、永川县、江津县、璧山县］。万县地区、涪陵地区、黔江地区属四川省管辖，每个区县都有种子站和种子公司，站与公司合署办公，两块牌子一套人员的企事业合一单位，负责承担所属区域的种子生产、经营、执法、质量、检测、品种审定等种子管理和经营工作。

2000 年 1 月 1 日，新的《中华人民共和国种子法》正式颁布实施，种业进入了有法可依、规范化发展的新阶段，开启了种业市场化进程。种子行政管理和生产经营合一的体制已经不符合现行法律的规定，种子生产经营企业与农业管理部门需脱钩。根据《重庆市市级种子管理体制改革实施意见》2001 年，市种子站、市种子公司分开，市种子站更名为市种子管理站，全市各区（县）种子站也相继与种子公司脱钩，更名为种子管理站。负责种子管理、执法、规划、生产和市场调控、开展种子执法监督、质量检测、区域试验、品种审定等品种管理工作，负责种子产业宏观规划、指导、调控、救灾备荒种子贮备管理、海南南繁基地管理、指导协调种子企业的生产经营等。2004 年，全市种子管理站不再参与市场执法。

2008 年，市种子管理站成为参照公务员管理单位，各区县种子管理站也陆续参公，到 2015 年重庆市共 38 个区（县），其中涉农区县 37 个，单独设立种子管理站的区（县）有 18 个（万州、涪陵、黔江、渝北、南川、巴南、合川、大足、潼南、梁平、丰都、忠县、奉节、巫山、彭水、江津、荣昌、城口）；挂有种子管理站牌子，一套人马，与其他单位合署办公的区县 5 个（垫江、石柱、开县、永川、北碚）；没有保留种子管理站牌子，种子管理职能并入其他站，有专人或者兼职人员从事种子管理工作的区县14个（大渡口、江北、沙坪坝、南岸、长寿、綦江、铜梁、璧山、云阳、巫溪、酉阳、九龙坡、武隆、秀山）。在区县级种子管理机构中，有16家区（县）级种子管理机构实现了参公管理，其余机构为全额拨款事业单位。

全市各地种子管理机构明确或者履行的职能不一，行政许可职能在农委机关的法制科、执法职能全部在农业执法大队（在执法大队挂种子管理站牌子合署办公）。有一半的种子管理机构从事了种子生产经营备案管理、种子市场监管、种子质量监督抽检、种子质量纠纷田间鉴定、品种试验、新品种展示示范、主要农作物面积统计、市场信息监测、种粮补贴等工作；有2/3的种子管理机构从事了种子经营备案管理、种子市场监管、种子质量纠纷田间鉴定、新品种展示示范、主要农作物面积统计、市场信息监测等工作；有三分之一的种子管理机构由于人员问题只从事了种子管理的部分职能，有的从事种子经营备案管理、种子市场监管、种子质量纠纷田间鉴定、主要农作物面积统计等职能，有的从事品种试验、新品种展示示范、市场信息监测、种粮补贴等工作，有的从事种子质量纠纷田间鉴定、主要农作物面积统计等，有的区（县）把种子管理的质量监管全部交给了农业执法大队，试验、展示放在农业技术推广站，种子质量检测和农产品质量检测放在一块。

全市区（县）种子管理机构共有人员681人，其中在职人员495人，离退休人员186人。一半以上机构没有明确的人员编制。从在编的人员统计，参公人员234人，技术人员203人，工人58人。从人员岗位分类看，专业技术人员203人，管理人员234人，工人58人。在专业技术人员中，高级职称的人员49人，中级职称人员79人，初级职称75人。在职持有执法证人员113人。从学历结构上看，获研究生文凭有8人，大学本科107人，专科179人。

全市区（县）级种子管理机构经费总额为3 078.3万元，其中财政拨款收入为2 928.5万元，在财政资金中，支付人员工资和离退休人员费用1 854.4元，占63.32%，用于开展业务的人均业务费0.69万元，占14.53%。

二、对外合作

全市种子企业对外合作起始于2002年。2002年11月，重庆市种子公司获农业部种子进出口经营权，同年公司开始在越南开展杂交水稻试验示范。2003年起，市种子公司先后在越南、孟加拉国、缅甸、老挝、柬埔寨等东南亚国家，以及尼日利亚、坦桑尼亚等非洲国家开展杂交水稻种子试验示范和申报审（认）定工作，杂交水稻品种“Q优1号”“Q优6号”和“Q优12”先后通过越南审定，“Q优108”“SQR—6”和“Q优12”先后通过孟加拉国审定。2004年，市种子公司经重庆市对外贸易经济委员会批准，获种子进出口备案许可证书；经重庆市海关批准设立进出口电子平台。2006年重庆市种子公司经商务部批准获得水稻种子出口配额，当年向越南直接出口杂交水稻种子149万千克，实现了重庆市水稻种子出口零突破。此后常年出口杂交水稻种子近百万千克。至2015年，累计出口Q优系列杂交水稻种子800万千克，出口创汇2 000万美元。

2004年6月，市种子公司与老挝农业2000有限公司签署协议，组建成立中老合资公司。同年11月，获市农业局批复，同意公司投资10万美元，组建“老挝3000农业发展有限公司”。2005年5月，市种子公司与重庆市农业局签订建设任务书，承担尼日利亚水稻试验示范与生产项目。自2009年起重庆中一种业有限公司承担国家“亚洲区域优质高产农作物试验示范项目”，在越南、孟加拉国、缅甸、老挝、柬埔寨等东南亚国家开展杂交水稻、玉米、蔬菜等优质高产农作物试验示范。项目累计投入580万元，累计在国外投放农作物品种（组合）120个，试验示范面积共计800公顷以上，示范农作物推广面积近17万公顷，培训农业专业技术人员1 600余人，粮食增产2.03亿千克，农民增收2.44亿元。

2009年5月，商务部国际经济合作事务局与重庆中坦农业发展有限公司签订援坦桑尼亚农业技术示范中心项目设计和施工内部总承包合同，项目建设开始。2010年10—11月，中国援坦桑尼亚农业技术示范中心建设工程先后通过中方、外方验收。2011年4月由重庆中一种业有限公司承建的中国—坦桑尼亚农业技术示范中心建成，坦桑尼亚总统基奎特出席落成典礼。2012 年 6 月，商务部国际经济合作事务局与重庆中坦农业发展有限公司签订援坦桑尼亚农业技术示范中心技术合作项目内部总承包合同，三年技术合作正式开始。2013 年 3 月 25 日，习近平主席访问坦桑尼亚，与坦桑尼亚总统发表了重要演讲，开启中国—坦桑尼亚农业技术示范中心合作金钥匙。2015 年 12 月，重庆中一种业有限公司受标商务部“援孟加拉水稻技术合作项目实施任务”，建设期 2 年，国家投入资金 2 000 万元，项目实际实施时间为 2016 年 2 月至 2018 年 2 月。

三、种子行业协会

2003 年 4 月，重庆种子行业协会成立，业务主管单位为市农业局。2011 年 1 月，重庆种子行业协会召开了第二届二次会员大会。同年 8 月印发了《重庆种子行业协会关于报送行业信用评价初审意见的报告》，同意推荐重庆中一种业有限公司、重庆科光种苗有限公司、重庆帮豪种业有限责任公司、重庆大爱种业有限公司 4 家种子企业作为重庆市首批参加中国种子协会行业信用评价的企业。2014 年 1 月，重庆中一种业有限公司、重庆帮豪种业有限责任公司被评为重庆市五星级诚实守信种子企业；重庆大爱种业有限公司、重庆科光种苗有限公司、重庆市重农种业有限公司被评为重庆市四星级诚实守信种子企业；重庆金穗种业有限责任公司、重庆锦程实业有限公司、重庆皇华种业股份有限公司、重庆尔丰种业有限公司被评为重庆市三星级诚实守信种子企业。2014 年 11 月重庆科光种苗有限公司被认定为“中国蔬菜种业信用骨干企业”。

2015 年 7 月，重庆种子行业协会第四届一次会员大会在重庆种业宾馆召开。会议选举产生了重庆种子行业协会理事长、常务副理事长、副理事长、常务理事、秘书长及理事。重庆中一种业有限公司钟世良董事长当选为重庆种子行业协会第四届理事长。

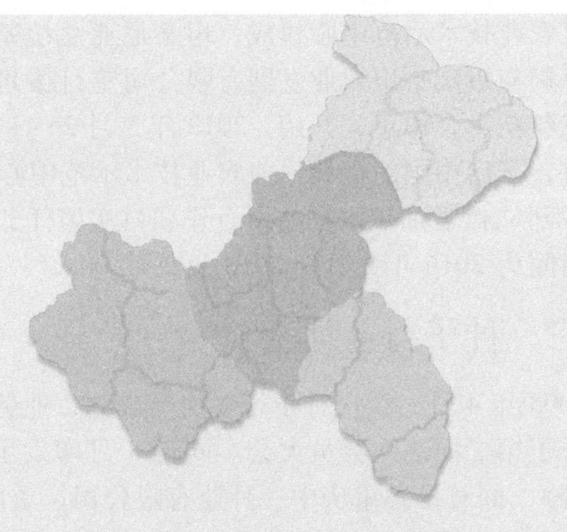

第十章 植物保护

植物保护是种植业生产中的重要组成部分，重庆地区虽然具有种植业生产发展极为有利的资源环境条件，但由于所处地理环境所至，重庆地区的病虫发生的种类之多危害之重，在西南乃至全国均名列前茅，从而也加重了植物保护工作的压力。

1986年以来，随着国民经济发展，以及种植业生产在传统农业基础上向现代农业发展和推进，植物保护工作面临如何适应既要生产更多更好的优质农产品，同时又尽可能减少资源环境因农药施用所导致的对农业可持续发展的负面影响的要求。为此重庆市的植物保护工作稳步而有序地推进，无论在统防统治重大技术推广，法律法规的完善，技术人员及检测设备的配备以及引进国外先进的对植物病虫害的测报技术，完善和加强农药检定和淘汰，并采用开展植物保护工程项目的形式推进对农作物重大病虫害的测报与防治等方面都取得显著成绩。

第一节 农业植物检疫

一、植物检疫法律依据

中国最早的植物检疫法规《农产物检查条例》诞生于1928年，发展至1991年，第七届全国人民代表大会第二十二次会议通过《中华人民共和国进出境动植物检疫法》；1992年，国务院修订颁布《植物检疫条例》；1995年，农业部颁布《植物检疫条例实施细则（农业部分）》。1996年，《中华人民共和国进出境动植物检疫法实施条例》颁布实施。1999年3月，重庆市第一届人民代表大会常务委员会第十五次会议通过《重庆市植物检疫条例》，自1999年5月1日起施行。2008年1月，市人民政府颁布《重庆市柑橘非疫区建设与管理办法》，同年3月起开始施行。2010年1月，农业部颁布《农业植物疫情报告与发布管理办法》，自2010年3月1日起施行。

二、植物检疫性有害生物名录及分布

（一）全国农业植物检疫性有害生物

中华人民共和国成立后，陆续公布了检疫对象和应受检疫的植物、植物产品名单，1995年4月，农业部下发文件，制定了新的全国植物检疫对象和应施检疫的植物、植物产品名单，发布了《农业植

物检疫对象和应施检疫的植物、植物产品名单》，列出检疫对象 32 种，其中病害 12 种、昆虫 17 种，杂草 3 种。2006 年，发布的《全国农业植物检疫性有害生物名单》和《应施检疫的植物及植物产品名单》列出 43 种检疫对象，其中昆虫类的有 17 种，线虫类的有 3 种，细菌类有 7 种，真菌类有 8 种，病毒类有 3 种，杂草类有 5 种。

2009 年，发布的新版《全国农业植物检疫性有害生物名单》包含昆虫 9 种，线虫 2 种，细菌 6 种，真菌 6 种，病毒 3 种，杂草 3 种，2010 年，将扶桑绵粉蚧增列为全国农业、林业植物检疫性有害生物（表 7－10－1）。

表 7－10－1 全国农业植物检疫性有害生物名单

	昆虫	
1	菜豆象	*Acanthoscelides obtectus* (Say)
2	蜜柑大实蝇	*Bactrocera tsuneonis* (Miyake)
3	四纹豆象	*Callosobruchus maculates* (Fabricius)
4	苹果蠹蛾	*Cydia pomonella* (Linnaeus)
5	葡萄根瘤蚜	*Daktulosphaira vitifoliae* Fitch
6	马铃薯甲虫	*Leptinotarsa decemlineata* (Say)
7	稻水象甲	*Lissorhoptrus oryzophilus* Kuschel
8	红火蚁	*Solenopsis invicta* Buren
9	扶桑绵粉蚧	*Phenacoccus solenopsis* Tinsley
	线虫	
10	腐烂茎线虫	*Ditylenchus destructor* Thorne
11	香蕉穿孔线虫	*Radopholus similes* (Cobb) Thorne
12	马铃薯金线虫	*Globodera rostochiensis* (Wollenweber) skarbilovich
	细菌	
13	瓜类果斑病菌	*Acidovorax citrulli* Schaad *et al.*
14	柑橘黄龙病菌（亚洲种）	*Candidatus* Liberobacter asiaticum Jagoueix *et al.*
15	番茄溃疡病菌	*Clavibacter michiganensis* subsp. *michiganensis* Smith *et al.*
16	十字花科黑斑病菌	*Pseudomonas syringae* pv. *maculicola* McCulloch *et al.*
17	水稻细菌性条斑病菌	*Xanthomonas oryzae* pv. *oryzicola* Swings *et al.*
18	亚洲梨火疫病菌	*Erwinia pyrifoliae* Kim *et al.*
19	梨火疫病菌	*Erwinia amylovora* Burrill *et al.*
	真菌	
20	黄瓜黑星病菌	*Cladosporium cucumerinum* Ellis *et* Arthur
21	香蕉镰刀菌枯萎病菌 4 号小种	*Fusarium oxysporum* f. sp. *cubense* (Smith) Snyder *et* Hansen Race4
22	玉蜀黍霜指霉菌	*Peronosclerospora maydis* (Racib) C. Gshaw
23	大豆疫霉病菌	*Phytophthora sojae* Kaufmann *et* Gerdemann
24	内生集壶菌	*Synchytrium endobioticum* (Schilb.) Percival
25	苜蓿黄萎病菌	*Verticillium albo-atrum* Reinke et Berthold

（续）

	病毒	
26	李属坏死环斑病毒	*Prunus necrotic ringspot virus*
27	黄瓜绿斑驳花叶病毒	*Cucumber green mottle mosaic virus*
28	玉米褪绿斑驳病毒	*Maize chlorotic mottle rirus*
	杂草	
29	毒麦	*Lolium temulentum* L.
30	列当属	*Orobanche* spp.
31	假高粱	*Sorghum halepense*（L.）Pers.

（二）重庆市农业植物检疫性有害生物补充名单

1999 年，市农业局在 1995 年全国农业植物检疫对象基础上发布了《重庆市植物检疫对象补充名单》，2003 年增补冠瘿病。2009 年，市农委在 2009 年全国农业植物检疫性有害生物的基础上增补柑橘大实蝇、柑橘小实蝇、扶桑绵粉蚧、巴西豆象、冠瘿病、龙眼丛枝病毒、豚草属和菟丝子属为市内检疫性有害生物，2012 年，将补充名单中的扶桑绵粉蚧剔除。

三、农业植物检疫性病害的发生和防控

1986—2015 年，全市明确记载发生的全国农业植物检疫性有害生物和重庆市补充的农业植物检疫性有害生物有 14 种，其中包括 6 种病害，6 种昆虫和 2 种杂草。

（一）柑橘溃疡病

柑橘溃疡病于 1936 年从省外传入永川地区，20 世纪 70—80 年代，出现在荣昌、江津、合川、永川、璧山，其中合川、璧山于 1989 年，江津于 1994 年，永川于 1996 年铲除疫情；20 世纪 90 年代，出现在巫山、奉节，2000 年以后，先后在开县、武隆、忠县、潼南、云阳、万州、巫山、酉阳、秀山发现疫情，2007 年柑橘非疫区建设以来，加强溃疡病调查监测与疫情拦截，市县两级植物检疫机构积极行动，严控除疫关键技术环节，做好疫情铲除工作，累计销毁苗木 1 039.4 万株，除巫山、酉阳、秀山、云阳外，其余区（县）实现当时疫情的彻底铲除。

柑橘溃疡病的发生，给重庆地区的柑橘生产带来严重损失。如：三建集团忠县柑橘育苗场于 2009 年 7 月发现柑橘溃疡病疫情，疫情涉及忠县、丰都、垫江、涪陵等四个区（县），销毁苗木 93 万株，损失惨重，经连续两年疫情监测，于 2011 年底通过市农委组织的专家验收，才准予苗木经检疫后出圃。2013 年 10 月，在汇源集团重庆万州高粱镇苗圃场内发现柑橘溃疡病疫情，销毁苗木 9.6 万株。

（二）棉花黄萎病

1963 年在潼南县有发生。2009 年农业部将棉花黄萎病剔除全国农业植物检疫性有害生物名单。

四、农业植物检疫性虫害的发生和防控

（一）稻水象甲

自 2012 年 5 月在荣昌县首次发现稻水象甲疫情以来，稻水象甲每年在全市个别区（县）个别乡（镇）发生小范围轻度为害，2012 年，出现在荣昌、江津、綦江，2013 年，出现在石柱，2014 年，出

现在梁平县，2015 年，出现在合川、万州、巫溪。2013 年，疫情发生总面积 12.4 万亩，2014 年增加到 25.47 万亩，2015 年发生总面积 35.2 万亩。

（二）扶桑绵粉蚧

2014 年 8 月，在奉节县永安街道乔木公园首次发现扶桑绵粉蚧，发生点涉及 21 棵嫁接扶桑树。疫情发生后，市级农林部门第一时间召开应急处置现场会，就扶桑绵粉蚧的识别、危害及防治方法对全市检疫人员进行培训，并安排部署全市扶桑绵粉蚧监测普查工作。同时，还对病株进行集中挖除、烧毁，对疫情发生区域及周边进行了喷药除害处理。

（三）红火蚁

2014 年 9 月，在重庆中央公园（渝北区双龙湖街道）首次发现红火蚁疫情，发生面积 330 亩，危害程度较轻。

（四）果实蝇

20 世纪 40—50 年代，重庆地区大实蝇对柑橘危害严重，特别在江津、綦江等县一带尤甚，民间主要采用捡埋落果、糖酒精醋混合液诱杀成虫，秋季摘除受害果实加石灰坑埋杀幼虫。

2005 年，经西南大学植物保护学院、重庆出入境检验检疫局以及广州出入境检验检疫局鉴定，重庆市现有实蝇种类 7 种，分别是南亚果实蝇、宽带果实蝇、黑颜果实绳、普通果实蝇、柑橘大实蝇、橘小实蝇、瓜实蝇。

其中柑橘小实蝇和瓜实蝇在重庆市属首次发现，瓜实蝇诱集区域分布在巴南、长寿、九龙坡、合川、秀山 5 个区（市、县）；柑橘小实蝇诱集区域分布在江北、垫江、永川、秀山、涪陵（疑似）5 个区（市、县）。重庆市 7 种实蝇中，柑橘小实蝇和柑橘大实蝇属国家禁止进境的危险性的检疫性有害生物。柑橘大实蝇在重庆市 8 个区（市、县）已有分布并在个别区市县（巫山、武隆）危害成灾并进一步蔓延。柑橘小实蝇从当时诱集情况看，尚属定殖扩散初期。

2015 年，柑橘大实蝇分布在万州、巫山、秀山等 19 个区（县）的 257 个乡（镇），发生面积 48.4 万亩，总体防效在 5% 以内。

（五）美洲斑潜蝇

1994 年 10 月，首次在沙坪坝区歌乐山镇采集到美洲斑潜蝇标本，使重庆市成为继海南和广东后第 3 个发现美洲斑潜蝇的地区。经调查，歌乐山镇新开寺村玉皇观社 250 亩秋四季豆全部被为害，虫株率 100%，虫情指数 56.8，无收面积 170 亩，占 68%。疫情发现后，立即组织力量开展疫情普查、监测和防治试验示范工作。1996 年已查明在重庆市 21 个区（市、县）内的 181 个乡（镇）均有不同程度疫情发生，为害豆科类的粮食和蔬菜作物，瓜类、茄果类、叶类蔬菜以及花卉，面积达 12.88 万亩。各区市县采取农业防治、物理防治、药剂防治相结合的方式进行综合防治。

（六）福寿螺

20 世纪 90 年代，因四川畜牧兽医学院、西南师大等单位私自引进和推广，造成其在北碚、合川、巴县、荣昌、江北、铜梁县等数十个乡（镇）较大面积扩散。1994 年，正式开始政府层面的检疫和防除工作。

（七）蚕豆象

1959 年以后，缩减农业技术人员，地、县植检干部很多被调离，加之灾害及“大跃进”的影响，种子、苗木大调大运频繁，一些危险性病虫随之传入并蔓延为害。蚕豆象先后在万县、开县等地有发现。

五、农业植物检疫性杂草的发生和防控

（一）假高粱

2009年，假高粱出现在九龙坡区西彭镇、铜罐驿镇，发生面积100余亩；以及铜梁县平滩镇，发生面积1亩。随即铲除疫情。

（二）菟丝子

2009年，已明确分布于为潼南、铜梁、璧山、北碚、九龙坡、合川、渝北、永川的局部区域，以潼南发生最重，已开始进入柑橘园危害。随即，开展疫情普查防控工作，彻底铲除疫情。

2014年，在渝北、九龙坡、江津、合川、永川、潼南、铜梁、荣昌、城口、丰都、奉节等11个区（县）的83个乡（镇），2016年在涪陵区、巫溪县、垫江县也有发现。

第二节　农作物病虫害预测预报

一、测报站点及测报对象

重庆市直辖前，农作物病虫草鼠测报站点有15个，到1996年初基本建成了覆盖全市粮食、蔬菜、果树等作物的主要病虫草鼠害的预测预报网点，共计25个［其中市级一个，区（县）级24个］，专业技术人员50名［其中市测报中心5名，所属市（区、县）45名均具大专、大学本科和中、高级职称］组建成了一直稳定的不可缺少的测报专业队伍。

1996年4月，为解决三峡库区建设带来的农业生态变化和控制病虫的需要，进一步提高重庆市农作物病虫害的预测预报工作，补充了现代化的病虫测报所需要的培养室、标本室、操作室、网室、孢子捕捉仪等病虫害预测预报设备设施，加之1996年农业部全国农技推广服务中心实施了农业综合服务及区域站项目，重庆市测报设施得到进一步强化。

随着三峡库区的建成，重庆市的生态环境发生了较大变化，粮食、蔬菜、水果等农作物的病虫草鼠害也随之发生较大的变化。为提高病虫预测预报的水平，1998年4月，市植保植检站建立市农作物病虫测报网络系统，设立了网络控制中心，建立了《重庆植保》网站，实现全市39个区县植保信息互通，极大地提高了病虫预报的准确率和时效性。2000年，市和部分区（县）实现了病虫预报可视化，为指导大面积病虫害防治提供了更生动、形象、直观的服务。截止2000年，全市有农业部区域重点测报站5个，市级重点测报站5个，一般病虫测报站30个，专、兼从事农作物病虫测报的技术干部128人，构建起市、县（区）、乡（镇）3级测报网络。

全市自建站以来，农作物病虫主要测报对象：稻飞虱、稻纵卷叶螟、螟虫、稻纹枯病、稻瘟病、麦蚜、麦类白粉病、赤霉病、黏虫、玉米螟、锈病、油菜病虫、柑橘病虫、蔬菜病虫、烟草病虫等。1981年，《我市褐飞虱迁入规律的阐明及其在预测预报中的应用》《我市白背飞虱迁入规律及异地测报研究》及1993年《四川省盆地稻纵卷叶螟发生规律及防治技术研究》等研究成果，体现了全市对稻飞虱、稻纵卷叶螟、稻瘟病等迁飞性害虫、流行性病虫测报技术研究的重要成果（表7－10－2）。

表7－10－2　1996年重庆市测报站点及测报对象

站名	重点病虫测报站主要工作任务和测报对象
重庆市	汇总、汇报、管理全市农作物病虫测报工作以及相关的研究对象、推广项目

（续）

站名	重点病虫测报站主要工作任务和测报对象
綦江县	稻飞虱、稻纵卷叶螟、稻瘟病、麦类白粉病
枳城区	榨菜病虫、柑橘病虫、蔬菜病虫
长寿县	稻飞虱、农田草害调查、农田鼠害、蔬菜病虫、柑橘病虫
秀山县	稻飞虱、稻纵卷叶螟
黔江县	烟草病虫、稻飞虱、稻纵卷叶螟、稻瘟病、农田害鼠
忠县	农田草鼠
武隆县	麦类、玉米、马铃薯病虫
五桥区	柑橘病虫、蔬菜病虫
万县市	柑橘病虫
垫江县	稻飞虱、稻螟虫、稻纹枯病、农田害鼠
南川市	稻螟虫、稻纹枯病、麦类病虫
铜梁县	稻螟虫、玉米螟虫、农田害鼠、柑橘病虫
永川市	农田草害调查、稻纹枯病、柑橘病虫
开县	柑橘病虫、农田害鼠
江津	农田害鼠
九龙坡	蔬菜病虫

2009 年 2 月，按照农业部要求，对农作物病虫重点监测站及系统监测对象进行细分调整。

调整后的粮油重点测报站 26 个，包括：秀山、黔江、酉阳、綦江、南川、武隆、万州、开县、奉节、巫溪、巫山、城口、忠县、梁平、丰都、涪陵、垫江、渝北、铜梁、潼南、江津、荣昌、合川、大足、永川、长寿植保植检站。系统监测对象 11 种，包括：稻飞虱、稻纵卷叶螟、稻瘟病、稻纹枯病、二化螟、小麦条锈病、小麦赤霉病、小麦蚜虫、玉米螟、油菜菌核病、马铃薯晚疫病。此时还没有把马铃薯晚疫病列入重庆市农作物有害生物信息监控系统。

蔬菜重点测报站 12 个，包括：万州、潼南、万盛、北碚、巴南、石柱、涪陵、武隆、璧山、秀山、铜梁、黔江植保植检站。蔬菜病虫系统监测对象共 8 种，包括：蚜虫、菜青虫、小菜蛾、红蜘蛛、豆野螟、霜霉病、番茄晚疫病、辣椒疫病。夜蛾科害虫、斑潜蝇、灰霉病为普查病虫。

果树病虫重点测报站 6 个，包括：万州、忠县、垫江、渝北、江津、奉节植保植检站。果树系统监测对象 6 种，包括：柑橘红蜘蛛、黄蜘蛛、潜叶蛾、矢尖蚧、黑刺粉虱、蚜虫。

鼠情重点监测站 8 个，包括：万州、酉阳、合川、涪陵、江津、云阳、开县、丰都植保植检站。监测对象：褐家鼠、小家鼠、黄胸鼠、黑线姬鼠、鼩鼱等（表 7－10－3）。

表 7－10－3　2009 年全国及重庆市重点区域测报站点及监测对象

序号	区域站名称	系统监测对象
1	秀山县植保植检站	1. 稻飞虱　2. 稻纵卷叶螟　3. 稻瘟病　4. 油菜菌核病　5. 蔬菜病虫
2	黔江区植保植检站	1. 稻飞虱　2. 稻纵卷叶螟　3. 稻瘟病　4. 稻纹枯病　5. 蔬菜病虫
3	酉阳县植保植检站	1. 稻飞虱　2. 稻纵卷叶螟　3. 条锈病　4. 马铃薯晚疫病　5. 鼠害
4	綦江县植保植检站	1. 稻飞虱　2. 稻纵卷叶螟　3. 二化螟　4. 稻瘟病　5. 小麦蚜虫
5	南川区植保植检站	1. 稻飞虱　2. 稻纵卷叶螟　3. 稻瘟病　4. 玉米螟　5. 油菜菌核病
6	武隆县植保植检站	1. 马铃薯晚疫病　2. 小麦蚜虫　3. 玉米螟　4. 蔬菜病虫

（续）

序号	区域站名称	系统监测对象
7	万州区植保植检站	1. 稻瘟病 2. 稻纹枯病 3. 蔬菜病虫 4. 柑橘病虫 5. 鼠害
8	开县植保植检站	1. 稻飞虱 2. 稻纵卷叶螟 3. 二化螟 4. 条锈病 5. 鼠害
9	奉节县植保植检站	1. 玉米螟 2. 马铃薯晚疫病 3. 条锈病 4. 柑橘病虫
10	巫溪县植保植检站	1. 小麦赤霉病 2. 马铃薯晚疫病 3. 油菜菌核病
11	巫山县植保植检站	1. 稻纵卷叶螟 2. 稻瘟病 3. 马铃薯晚疫病
12	城口县植保植检站	1. 稻飞虱 2. 玉米螟
13	忠县植保植检站	1. 稻飞虱 2. 二化螟 3. 玉米螟 4. 柑橘病虫
14	梁平县植保植检站	1. 二化螟 2. 稻瘟病 3. 条锈病 4. 小麦赤霉病 5. 油菜菌核病
15	丰都县农业生态环保检验监测站	1. 条锈病 2. 马铃薯晚疫病 3. 稻纹枯病 4. 二化螟 5. 玉米螟 6. 鼠害
16	涪陵区农技站	1. 稻飞虱 2. 稻纵卷叶螟 3. 稻瘟病 4. 稻纹枯病 5. 鼠害 6. 榨菜病虫
17	垫江县植保植检土肥中心	1. 稻飞虱 2. 二化螟 3. 稻纹枯病 4. 柑橘病虫 5. 小麦蚜虫 6. 油菜菌核病
18	渝北区植保植检站	1. 稻飞虱 2. 柑橘病虫 3. 玉米螟
19	铜梁县植保植检站	1. 稻飞虱 2. 二化螟 3. 稻纹枯病 4. 油菜菌核病 5. 蔬菜病虫
20	潼南县植保植检站	1. 条锈病 2. 稻瘟病 3. 小麦蚜虫 4. 蔬菜病虫
21	江津区农技中心	1. 柑橘病虫 2. 稻纵卷叶螟 3. 小麦蚜虫 4. 鼠害
22	荣昌县植保植检站	1. 稻飞虱 2. 稻纹枯病 3. 油菜菌核病
23	合川区植保植检站	1. 条锈病 2. 小麦赤霉病 3. 稻瘟病 4. 二化螟 5. 鼠害
24	大足县植保植检站	1. 稻飞虱 2. 条锈病 3. 油菜菌核病
25	永川区粮油站	1. 水稻纹枯病 2. 稻瘟病
26	长寿区植保植检站	1. 小麦蚜虫 2. 小麦赤霉病
27	万盛区植保植检站	蔬菜病虫
28	巴南区植保植检站	蔬菜病虫
29	北碚区农技站	蔬菜病虫
30	云阳县植保植检站	害鼠
31	璧山县农技中心	蔬菜病虫
32	石柱县农技站	辣椒病虫

二、测报技术及信息发布

重庆市地形地貌复杂，冬暖夏热，少霜雪，多雾，寡日照。病虫发生的种类之多为害之重在四川乃至全国均首当其冲，原四川省在农作物病虫草鼠的测报的投入中，涪陵、万县、黔江地区占到总数的25%。植保站的测报任务重，测报技术在测报实践中得到不断改进和提高。

20世纪80年代以后，重庆市植保站主要以田间调查、数理统计输入计算机模型进行预报。这一时期的测报技术，一方面还离不开技术人员的田间调查和经验，同时，通过已经形成的预报模型或模式，田间调查预报和模型预报可以相互验证。比如重庆市较成功的是马铃薯晚疫病预警模型。重庆马铃薯晚疫病模型预报是引用的比利时的CARAH模型，该模型是一个基于气象观测数据（降雨、相对湿度和温度）和晚疫病菌的侵染规律而进行的预测预报模型。这个模型主要是气象参数，气象参数很容易得到且模型很简单，它也可以应用于中国的其他的马铃薯主产区，但也需要对比田间调查数据，对其参数认真比较和校正，以确保对当地马铃薯晚疫病预报的准确性。

三、重大病虫害重发年份发生情况

水稻上的主要病虫害有稻飞虱、稻纵卷叶螟、二化螟、稻瘟病、稻纹枯病等，尤以稻飞虱和稻瘟病为害最为突出。稻飞虱常年平均发生面积 435 万亩。稻飞虱包括白背飞虱和褐飞虱，全市主要以白背飞虱危害为主，褐飞虱个别年份也会造成较大危害。据 1987—2015 年发生程度频率统计，大发生频率为 20%、中等偏重为 53.3%，中等发生频率为 26.7%。

（一）稻飞虱

1987—2015 年，1998 年、2007 年、2009 年、2012 年是大发生年中的特大发生年，发生面积分别较常年平均增加 79.59%、71.36%、63.45%、124%。1995 年、1997 年为大发生年，其中 2012 年有史以来的最重发生年。

1998 年，稻飞虱为特大发生年，比偏重发生年（如 1991、1993、1995 年）虫量高出 3～4 倍，为 1980 年以来发生最严重的年份，发生面积 781.98 万亩次。“火旋团”发生面积 23 万亩，净“火旋团”累加面积 3 500 亩，损失稻谷一亿千克以上。1998 年稻飞虱大发生及成灾的主要因素：外地虫源迁入期早、峰次多、数量大；重庆本地环境条件适宜定居繁殖田间虫量巨大；全市大面积种植的品种均不抗稻飞虱，早栽秧的区域和面积较大；稻飞虱偶发区、波及区及部分常发区测报、应急防治不力等。

2007 年，稻飞虱为特大发生年，为 1998 年以来的第二个重发年。发生面积 745.82 万亩次，比常年平均增加 310.82 万亩次，增加了 71.36%。发生稻飞虱的 33 个区县中，20 个区县出现“火旋团”，成灾面积 28 000 余亩，“火旋团”净面积 4 000 余亩。2007 年稻飞虱大发生及成灾的主要因素：迁入早，迁入虫量大，危害重。中后期（7 月中下旬）连续强降雨，对施药不利。

2009 年，稻飞虱发生程度 5 级，发生面积 711.5 万亩次，较常年平均增加 63.45%，占水稻播种面积的 67.7%，是 1950 年以来的第 3 个大发生年（1998 年、2007 年）。大发生原因：稻 4—7 月雨日多，尤其是 5—6 月的连续降雨天气，造成迁入量大，防治效果差。

2012 年，水稻病虫发生程度明显重于上年和常年，特别是白背飞虱发生程度为有历史资料记载以来最重。发生程度 5 级，发生面积 975.32 万亩次，较常年平均增 124%。由于当年 4 月中旬后降水偏多，大部地区先后出现较为明显的连阴雨天气，对迁飞性害虫的迁入和流行性病害的发生十分有利，发生特点为：一是迁入偏早。二是迁入峰次较上年偏多、迁入虫量大。三是迁入面广，田间虫量大。

（二）稻瘟病

稻瘟病是水稻生产上危害最为突出的病害，1987—2015 年，大发生年份是 1992 年、1993 年、1998 年、1999 年、2000 年、2002 年、2004 年、2005 年、2008 年，其中 2005 年是稻瘟病有史以来发生最重的一年。2005 年 5 月份阴雨连绵，造成叶瘟较大范围流行，稻瘟病发生面积 318.12 万亩次，一般病株率 2%～47.5%，平均病株率 14.12%，最高为 100%。7 月上旬的几次暴雨对穗颈瘟的流行有利，对防治不利。当年稻叶瘟发生重的主要原因是品种抗病性差，优势小种明显；种子带菌率较高；田间菌源较丰富。

（三）小麦条锈病

小麦上的主要病虫害有条锈病、纹枯病、赤霉病、蚜虫等，尤以条锈病为害最为突出，从 1987 年到 2016 年年平均发生面积为 60.39 万亩，给全市小麦生产造成重大损失。条锈病大发生的频次是 30%，大发生年份是 1998 年、2001 年、2002 年、2003 年、2004 年、2005 年、2006 年、2007 年、2009 年。其中 2002 年是条锈病有史以来发生最重的一年。

2002 年，小麦条锈病发生特点是：发生期偏早、流行蔓延速度快、发生普遍、为害严重。2002 年，

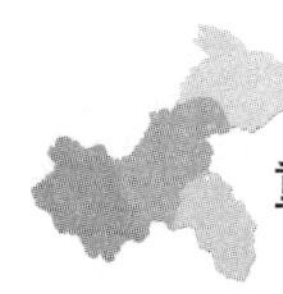

全市发生条锈病的有开县、忠县、万州、云阳等28个区（县），占全市区县数的71.19%，发病面积达到252.42万亩，占小麦种植面积的36%。其中开县发生条锈病28万亩，占小麦种植面积的77.78%，每亩损失率20%，总损失达到10 080吨；万州区低坝地区小麦减产幅度在10%～30%的有10万亩，减产50%的田块有4万亩，绝收面积达1万亩。全市因小麦条锈病为害造成小麦损失75 000吨。

（四）马铃薯晚疫病

马铃薯病虫有马铃薯晚疫病、马铃薯早疫病、马铃薯病毒病、马铃薯块茎蛾，其中以马铃薯晚疫病为害最为突出，常年平均发生面积156万亩。从1997—2015年的植保统计数据来看（1997年以前马铃薯晚疫病没有单独统计），马铃薯晚疫病大发生频次45%，大发生年份是2007年、2008年、2009年、2010年、2012年、2013年、2014年、2015年。其中2012年是马铃薯晚疫病有史以来发生最重的一年。

2009年，由于4—5月雨水较多，天气冷凉，气候条件极有利于马铃薯晚疫病的发生和流行，加之重庆市马铃薯种植品种抗性较差，导致全市马铃薯晚疫病大发生。全市马铃薯晚疫病发生面积240万亩，占春马铃薯种植面积的54.2%。当年马铃薯晚疫病的发生呈现以下特点：一是病害发生早，侵染密度大。晚疫病较上年偏早10～30天，3月上旬，在万州区海拔200米左右首次发现晚疫病病株，较上年提前10天左右；巫溪、云阳县海拔800米以上地区预警观测点分别在4月12、14日首发中心病株，较上年提前10天左右；城口县4月27日在低海拔地区首发中心病株，较上年提前1个月左右。从4—5月，全市马铃薯主产区共遭受6代晚疫病菌攻击，总计侵染达到了17次之多（以重庆市云阳县预警监测点为例）。其中，通过对云阳、巫溪等7个马铃薯主产区海拔在900米以上晚疫病预警监测点的数据和信息分析，从4月初到5月上旬，先后8次受到马铃薯晚疫病病菌的攻击（巫溪县尖山镇、云阳县上坝乡），侵染密度相当大。二是扩散速度快，发生面积大。由于4—5月气候条件适宜病害发生，马铃薯晚疫病扩散迅速，5月中旬发生程度已达到中等偏重至大发生，较上年同期明显偏重；发生面积181.4万亩，较上年同期增141%。截至6月底，全市马铃薯晚疫病发生面积达到206万亩，较上年同期增105.5%。主要为害区域为渝东南和渝东北等14个马铃薯主产区县；全市大部分品种均感病。三是为害严重，损失较大。由于马铃薯晚疫病发生早、流行快、为害严重，给马铃薯生产造成较大损失。全市因马铃薯晚疫病为害成灾面积达到65.5万亩，占发生面积的31.9%；绝收面积14.5万亩，占发生面积的7.04%。全市损失鲜薯47.3万吨，折原粮9.5万吨，占全市春马铃薯总产量的10.6%左右。

2012年马铃薯晚疫病发生特点：一是侵染代数、次数多。通过"重庆市马铃薯晚疫病数字化监测预警系统"预警模型分析，海拔200～1 800米的监测点马铃薯晚疫病侵染次数、代数在12代63次和4代1次之间，较马铃薯晚疫病大发生年的2009年还多。如巫溪县尖山镇2012年马铃薯晚疫病侵染代、次达到9代40次，较2009年同期的5代33次多出4代7次；云阳县上坝乡马铃薯晚疫病侵染代次达到11代49次，比2009年的10代34次多出1代15次；黔江邻鄂镇更是达到11代52次之多。2. 侵染密度大、流行蔓延快。马铃薯主产县3至6月初的雨日数达到39～58天，造成病菌侵染密度大，流行速度快，尤其是5月份，部分监测点几乎达到了每天有1次侵染形成，其中黔江区邻鄂监测点4月1日至5月31日就有40次侵染，云阳县上坝乡监测点4月1日至5月31日侵染达到32次。三是品种感病范围大。目前全市没有抗病品种种植。从全市不同马铃薯品种马铃薯晚疫病的抗病性调查情况看，费乌瑞它、米拉、渝薯1号，中薯三号，荷兰7号、荷兰8号、鄂马铃薯3号、大西洋和新大坪为感病品种，尤其是来自荷兰的三个品种费乌瑞它、荷兰7号和荷兰8号最为感病，大多数感病品种在马铃薯晚疫病侵染第3代首次侵染完成时，均可以看到中心病株，只有近年来从南方马铃薯中心引进的鄂马铃薯5号表现为比较耐病，中心病株出现时间推迟2周左右，出现在马铃薯晚疫病侵染第5代首次侵染完成时，但生长后期发病程度仍较严重，出现了大面积死亡现象。四是成灾面积大，产量损失大。4月中旬至5月渝东北、渝南等马铃薯主产地区持续降雨给防治工作带来困难，2012年马铃薯晚疫病发生面积 241. 3 万亩，成灾面积达到 91. 9 万亩，绝收面积达到 6. 15 万亩，马铃薯产量损失将达到 10 万吨（折原粮）。

第三节 农作物病虫害防治

一、农作物重大病虫害防控

水稻二化螟在重庆市从 1986—2000 年发生面积逐年增加，2000 年达到 1150. 66 万亩次，为 1950 年以来最高值；之后发生面积呈下降趋势。1986 年防治面积首次超过发生面积，达到 1 004. 06 万亩次，占发生面积的 116. 43%；1998 年防治面积达到 1950 年以来的最高值 1 215. 17 万亩次，占当年发生面积的 106. 61%；2000 年以后，二化螟发生和防治面积逐年减少。1986—2015 年防治二化螟使用“一包药”、生物农药、性诱剂防治水稻螟虫，效果显著，年平均防治面积为 976. 33 万亩次，占年均发生面积的 99. 73%。

稻飞虱 1988 年稻飞虱防治面积首次超过发生面积。1995、1997、1998、2007、2009、2012 年为大发生年，其中：1998 年、2009 年、2012 年最为严重，防治面积增加明显，2012 年防治面积达到 1 272. 01万亩次，占当年发生面积的 130. 46%，为有数据记载的 1950 年以来之最。1986—2015 年稻飞虱年均防治面积为 477. 91 万亩次，占年均发生面积的 110. 7%。

稻纵卷叶螟为常发性害虫，1986、1991、2002、2003、2004、2009、2014 年为大发生年，其中 2009 年大爆发，为 1950 年以来的最高水平，重庆市各级植保部门及时启动应急预案加强防控，防治面积达到 898. 97 万亩次，是发生面积的 1. 3 倍。1986—2015 年稻纵卷叶螟年均防治面积为 232. 45 万亩次，占年均发生面积的 103. 41%。

稻瘟病在 1982 年以前曾因杂交稻的推广一度得到缓和，1993、1999、2005 年发生较重，特别是 1999 年穗颈瘟发生尤为严重，特别是糯稻、汕优系列（如汕优 63）、Ⅱ优 501、冈优系列品种，由于抓住防治关键期、使用对路药剂，未造成重大损失。重庆市 1986—2015 年稻瘟病年均预防和防治面积达到 334. 3 万亩次，占年均发生面积的 189. 94%。

水稻纹枯病为常发性病害，重庆市 1992 年发生较重，从 1997—2003 年连续 7 年偏重发生，特别是 1998 年发生最为严重，通过合理、适时施药，防治面积达到 546. 41 万亩次，占发生面积的 87. 42%，未造成水稻产量重大损失。1986—2015 年水稻纹枯病年均防治面积为 385. 96 万亩次，占年均发生面积的 84. 28%。

1982 年，重庆市由于种子的大调大运，传入了水稻检疫性病害——水稻白叶枯病，主要采取农业防治（控水控肥）和化学防治（叶枯净）结合，80 年代后期加上 25% 川化—018 可湿性粉剂防治，控制了病害的蔓延。

小麦条锈病从 1989 年开始有发生防治面积数据，1989、1996、1998、2001、2002、2003、2009 年发生严重，特别是 2001—2003 年连续大发生，其中：2002 年为 1950 年以来发生最重的一年，发生面积 263. 78 万亩次，通过及时施药，防治面积达到 180. 74 万亩次。1989—2015 年小麦条锈病年均防治面积为 51. 42 万亩次，占年均发生面积的 79. 61%。

重庆市 20 世纪 80 年代开始，玉米螟、大螟防治用呋喃丹、杀螟松，施于玉米喇叭口中或用苏菌拌细泥土制成颗粒剂点心；玉米大、小斑病和病毒病主要采取选用抗病品种解决；丝黑穗病用粉锈宁拌种；玉米纹枯病使用井冈霉素喷雾防治取得好的效果，已开始大面积推广。玉米螟 1999、2008、2012 年发生较重，1986—2015 年玉米螟年均防治面积为 128. 08 万亩次，占年均发生面积的 79. 04%。

马铃薯晚疫病从 1997 年重庆直辖后才开始有发生防治面积统计数据，呈逐年加重的趋势，其中：2007 年、2009 年、2012、2014、2015 年为大发生年，2012 年发生面积达到 1950 年以来的最大面积

241.3 万亩次，防治面积也达到最多的 213.29 万亩次，占发生面积的 88.39%。重庆市 1999 年开始引进比利时马铃薯晚疫病预警系统，将马铃薯晚疫病防治方法从见病防治改为预防，并提供了科学、准确的防治时间和防治意见，做到了早预警、早发布防治信息、早防治。1997—2015 年，马铃薯晚疫病年均防治面积为 118.81 万亩次，占年均发生面积的 77.9%。

2009 年小麦条锈病、马铃薯晚疫病、稻飞虱及稻纵卷叶螟相继大发生，城口县、万盛区、江津区、涪陵区、南川区 5 个区（县）首次启动了农作物有害生物应急预案。

二、农作物病虫害防治技术

（一）农业防治

20 世纪 80 年代，重庆市农业防治主要采用轮作、清除虫源、够苗晒田、调整播种期等。

20 世纪 90 年代以来，农业防治措施有抗（耐）虫良种、健身栽培、合理密植与间作、果实套袋、果园生草、稻田养鸭等。其中稻田养鸭是近年来重庆市主推的绿色防控技术，通过鸭子的取食活动，可减轻纹枯病、稻飞虱和杂草等病虫草及福寿螺的发生危害，减少农药用量，同时有利于改善稻田生态环境。

（二）物理防治

2001 年，重庆市植保站率先引进了频振式杀虫灯在九龙坡区、巴南区开展诱杀蔬菜害虫试验，9—11 月份调查共诱杀各种虫量达 11 万头，其中鳞翅目害虫诱集数量平均占总诱虫量的 38.3%；到 2015 年，杀虫灯应用范围扩大到水稻、玉米、蔬菜、果树、茶叶等多种作物，应用推广面积累积近 1 000 万亩。

色板诱杀害虫最早于 70 年代后期应用于蔬菜地黄板诱杀蚜虫，效果较好；20 世纪 90 年代中期开始扩大到使用色板诱控技术防治蚜虫、粉虱、蓟马等害虫，作物扩大到果树、茶叶等，应用非常广泛。

2009 年，重庆市首次在垫江、合川、綦江、万州、秀山、永川等 6 个区（县）的水稻综试基地开展了性诱剂防治二化螟试验示范，取得了较好的防治效果，目前该方法已成为防治水稻二化螟的主要物理防治措施。

（三）生物防治

重庆市 20 世纪 50 年代提倡保护螟卵寄生蜂、青蛙等。20 世纪 70 年代初，开始利用赤眼蜂防治水稻二化螟、稻纵卷叶螟、玉米螟等，但因技术问题，未能大面积推广。2009 年，在巫溪、巴南、黔江、奉节等 4 个区县开展毒·蜂杀虫卡（俗称“生物导弹”）防治玉米螟示范。据调查，“生物导弹”示范区平均螟害率 0.71%，较对照田平均螟害率 3.38% 低 2.67 个百分点；示范区平均亩产值 280 元，较化学防治区高 20 元。

1986 年，苏云金杆菌（Bt 乳剂）应用到粮、菜、花生、园林等作物的多种害虫防治均获得良好防效，应用面积达 65 万亩，Bt 乳剂成为当时重庆市“无公害”蔬菜生产技术中不可缺少的措施。

1987 年起，重庆市引进了增产菌在水稻、小麦、红苕、蔬菜、茶叶、桑树等作物应用试验示范。到 1990 年，累计应用面积 275 万亩，取得了较好的增产提质效果。其中在茶园应用增产菌乃全国首创，应用面积累计达到 13 万亩，增产幅度为 7.29% ~25.0%，新增效益 253 多万元。

20 世纪 80 年代，重庆市在部分柑橘园实施保护性捕食螨控制害螨为害。2007 年，在江津油溪橘园建立“以螨治螨”生物防治技术示范园，随后在万州区开展“以螨治螨”防治柑橘红蜘蛛试验示范及推广。

（四）化学防治

1983 年，国家确定停产“六六六”“滴滴涕”后，其他高效低残留农药得到迅速推广，农药品种也不断更新，杀虫剂由高残留的有机氯逐步换代到高效低残的有机磷、有机氮、氨基甲酸酯类、拟除虫菊酯类，杀菌剂从高残留的有机汞制剂换代到有机磷、取代苯类等。

三、农作物病虫害综合防治技术

从20世纪80年代开始，全市开展农作物病虫害综合防治试验示范。到1991年，已有14个区（县）开展了病虫害综合防治，面积达50万亩。1981—1983年，市植保站与长寿县植保站协作在长寿县石回乡开展水稻病虫综合防治试验示范，面积由1981年的283亩试验面积推广到1983年的8 476亩示范面积，累计降低农药费用及挽回稻谷损失价值人民币22.2万元。

从20世纪70年代开始，对小麦病虫发生发展规律进行观察研究，1984—1987年，市植保站在北碚、巴县、江津、綦江等10多个区（县）开始了小麦穗期病虫综合兼治试验、示范，累计应用面积102万亩，挽回小麦产量3 350.7万千克，挽回产值和节约防治经费1 834.2万元。1991年，市植保站形成了小麦穗期病虫兼治“一包药”技术在全市推广。《小麦穗期病虫兼治技术研究》项目获1986年四川省农牧厅科技进步三等奖、1990年重庆市人民政府科技进步三等奖。

20世纪80年代中期，市植保站开始研制水稻前期草虫兼治及后期病虫兼治“一包药”配方药剂，选用高活性除草剂和具有高效、内吸、胃毒、触杀功能的杀虫剂配制成“稻保Ⅰ、Ⅱ、Ⅲ号”及稻保A、B、C、D系列可湿性粉剂，连续六年在永川、巴南等区（县）试验示范和推广面积达200万亩，防效在95%以上，每亩增产稻谷40千克。以水稻稻瘟病为主体的“两病两虫”综合治理技术，1994—1995年两年实施面积284.7万亩，新增产值1.87亿元。

2004年，植保部门与拜耳等农药企业合作共建新型农药防治稻纵卷叶螟综合防治示范区1万余亩。

2001—2015年，全市累积建立各级粮油、蔬菜、果树等病虫绿色防控示范区1 300余个，应用面积累积达到3 300万亩次，通过绿色防控新技术的集成示范推广，基本实现了绿色防控技术到位率达到80%以上、防控效果达到90%、减少化学农药使用15%以上、亩防治成本平均降低10%、危害损失控制在5%以内的目标。2015年，万州区“西南地区柑橘病虫害绿色防控技术模式”、云阳县“西南地区马铃薯病虫害绿色防控技术模式”编入全国农技中心印发的《农作物病虫害绿色防控技术模式》一书在全国推广。

2015年，璧山区实施了设施番茄熊蜂授粉与绿色防控技术示范，通过采用熊蜂授粉增产技术和杀虫灯诱杀害虫、昆虫性信息诱杀害虫、黄板诱杀害虫、生物农药防治病虫害等绿色防控技术相结合，三大效益效果明显。

第四节　农药药械

一、专业化统防统治

2010年，重庆市鼓励和扶持专业化防治组织从事病虫害统防统治服务，织并拓宽服务内容与范围，开展多元化服务，提升自身综合实力。鼓励其他涉农组织、个人开展专业化统防统治服务。培训大量机防手并授予合格证书。

2012年，重庆市开展全市农作物病虫害专业化统防统治十强组织评选活动，评选出日防治作业能力在500亩以上、2011年承包防治服务面积在5 000亩以上且2012年承包防治服务面积达到10 000亩以上的专业化统防统治组织有：万州区民达植保专业合作社、涪陵区先明农机专业合作社、巫溪县玖源种植专业合作社、云阳县凤凰农机服务专业合作社、万州区希望农资有限责任公司、忠县金旺供销有限责任公司生产资料经营部、南川区铁桥农机专业合作社、重庆华辰生态农业发展有限公司、万州区甘宁水稻农机专业合作社、秀山县沙南农机服务专业合作社10个组织为2012年全市农作物病虫害专业化统防统治十强组织，为确保重庆市粮食增产、农业丰收做出了巨大贡献。

2015 年，重庆市按照有关要求，结合实际，细化了“重庆市到 2020 年农药使用量零增长行动实施方案”，坚持“预防为主、综合防治”的方针，树立“科学植保、公共植保、绿色植保”的理念，依靠科技进步，依托新型农业经营主体、病虫防治专业化服务组织，集中连片整体推进，大力推广新型农药，提升装备水平，加快转变病虫害防控方式，大力推进绿色防控、统防统治，构建资源节约型、环境友好型病虫害可持续治理技术体系，实现农药减量控害，保障农业生产安全、农产品质量安全和生态环境安全。

二、新型植保机械

1976 年，重庆市引进小容量喷雾新技术后，到 20 世纪 90 年代中期，大面积推广应用小容量喷雾技术，减少农药使用量 30% 左右，对减轻环境污染起了显著的作用。

2014 年 6 月，开县引进弥雾植保机械效果好，6HYC—100A 双化油器烟雾打药机。经大德镇洋收农机专业合作社使用，该机具有喷烟雾，喷水雾均可，一机两用；效率高，省时、省工、省药，2 台机器一天要打近 100 亩；功率大，喷射距离远、作用面积大（ 水雾弥漫射程 5 米、烟雾弥漫喷射可达 20 米以上 ）；打药全面，无死角（打果树及水稻作物尤为突出）药效持久，耐雨水冲刷。

2014 年 7 月，全市农用航空器低空植保作业现场会在梁平举行，当天进行演示的 7 台农用无人机形状各异，价格从 7 万元至 20 余万元不等，由专业人员远程遥控操作进行喷药，最高可载重 10 千克农药、每小时作业 100 亩。与传统使用手动、机动喷雾器作业相比，具有效率高、雾化均匀、劳动强度低、作业安全、环境污染少等优点。

2014 年 7 月 14 日，长寿云台镇八字村使用农用无人机，不到 10 分钟，大约 20 亩的稻田便全部施药完毕。7 月 15 日潼南组建成立全市首个农用无人机植保专业服务队，同时全市首个农用无人机植保专业服务队在潼南县组建成立。当天，3 架无人机在梓潼街道新生村开展了水稻、蔬菜、柠檬、森林“飞防”作业。无人直升机开展“飞防”作业具有四个优点，一是作业效率高，无人机的作业效率是人工作业效率的 80 倍；二是节约资源，提高药效，无人机采用低量喷雾，可比地面植保机具节省水和农药 50% 以上，亩节约成本 60 ~ 120 元；三是不受地形环境、作物高度影响。四是安全环保，无人机进行药剂喷洒作业是由专业飞控人员实行远距离遥控，减少农药和作业人员的接触，防止作业人员药害发生。

第五节　植物保护项目

一、植保工程项目

1998—2003 年，全市承担农业部植保工程项目 18 个，主要有重大病虫监测、重大病虫应急防治、危险性病虫检疫防疫、农药检测体系项目等。依托项目，重庆市病虫农田草鼠害预测预报准确率由原来的 85% 提高到 90% 左右，中、长期预报时间提早 20 天；重庆市农药残留与质量检测中心新增固定资产 317 万，通过了市技术监督局组织的实验室“双认证”复查及残留检测扩项计量单认证；完成对柑橘红黄蜘蛛、萝卜蚜、菜青虫、朱砂叶螨等的抗性鉴定，制定了推广生物农药、农药增效剂、农药的交替使用等害虫综合治理的方案，万州区制作的万州柑橘红黄蜘蛛发生与防治节目在全国可视化节目评比大赛中获得一等奖。

2006 年以来，农业部共计安排重庆市植保工程项目及柑橘非疫区建设项目 22 个，共计投资额 6 792. 52万元，主要用于建设区（县）有害生物预警与控制区域站、疫情监测防控站等。实现了病虫监测的标准化、规范化及网络化，长、中、短期预报的准确率分别达到 85%、90%、95% 左右；引进了马铃薯晚疫病预警系统，对马铃薯晚疫病的预报准确率达到 95% 以上；建立起完整的农业植物检疫防控体系，实现了农业植物检疫信息化和检疫行政执法工作的过程控制和远程管理；购置机动喷雾器 3 595台，防护服 3 935 套，建立各种病虫害专业化防治组织（队）1 423 个，日防控服务能力达到 50 万亩左右，2011 年作业面积达到 600 万亩。

二、农作物重大病虫害统防统治补助资金项目

2003—2015 年，中央财政下拨重庆市水稻、小麦重大病虫害统防统治补助资金共计 10785 万元，主要用于农药械购置补助、技术培训、病虫可视化制作、病虫害综合防治示范、重大病虫统防统治等方面。通过项目实施，农作物重大病虫害得到有效控制。2003—2015 年全市水稻病虫累计防治面积 38 340. 3万亩次，占发生面积的 105. 20%；小麦病虫累计防治面积 5 646. 83 万亩次，占发生面积的 80. 34%；病虫害统防统治防治面积累计为 4 600 万亩次，减少了农药使用量约 15% ~25%。据 2015 年调查，专业化统防统治防治效果达到 90% 以上，统防效果与农户自防相比提高 8 ~ 12 个百分点；平均增产 11. 3% ~17. 9%，节省防治成本 15% ~20%。

三、农作物病虫鼠害疫情监测与防治项目

2006—2015 年，全市实施农业部"农作物病虫鼠害疫情监测与防治"项目，项目资金 1243 万元，主要实施内容：

一是农作物重大病虫害监测和信息上报。全市设立了 80 个农作物病虫重点区域测报点，对粮油、蔬菜、果树等 7 种作物上的 28 种主要病虫及鼠害进行系统监测；在 14 个马铃薯主产区县建立重庆市马铃薯晚疫病预警系统 67 台，覆盖面积 50 多万亩。2007—2015 年，全市召开小春作物和大春作物病虫害趋势会商会共计 260 余次，上报病虫周报 1 100 余期；发布各种农作物病虫发生防治信息 7 330 期（条）、手机短信 40 多万条、电视预报 1 100 期（次）。

二是植物疫情监测与防控。全市建成了市级柑橘疫情监控应急扑灭中心和分中心、市级柑橘危险性有害生物检测鉴定中心、49 个柑橘疫情检查站、22 个县级疫情监测防控站、250 个乡镇疫情监控点、2 700个疫情监测点，形成了市、县、乡、点各级监测防控点与疫情检查站相结合的，涉及果园、公路、市场、码头、车站等各重点区域的全方位疫情监测防控体系。全市设置 700 个柑橘病虫害监测点，开展柑橘黄龙病、柑橘实蝇监测和防控和柑橘溃疡病监测与防控，开展了红火蚁、稻水象甲监测与防控工作。积极推进农业植物检疫信息化建设，开展"全国检疫管理系统"更新、维护与培训工作，指导编制"红火蚁监测管理系统"。

三是农区鼠害预测预报。2007—2015 年，全市常年设置 6 ~8 个鼠情监测点，共投放有效鼠夹 15. 5 万个，其中农田 8. 9 万个、农舍 6. 6 万个，共捕捉老鼠 4 103 只，其中农田 233 只、农舍 136 只；农田平均鼠密度为 2. 76%，农舍平均鼠密度 1. 97%。主要害鼠种类为鼩鼱、褐家鼠、小家鼠、黑线姬鼠和黄胸鼠。2007—2015 年，全市农区鼠害累计防治面积 6 080. 39 万亩次，占发生面积的 59. 69%；总体防治效果在 85% 以上，挽回粮食损失 109. 0 万吨。

四是农作物病虫害专业化统防统治。2010—2015 年，专业化统防统治实施面积累计面积达到 5 629 万亩次，建立各种类型的病虫害专业化统防统治组织（队）1 780 个，其中在工商部门和民政登记注册的专业化统防统治组织 426 个；全市从事专业化防治人员达到 2. 72 万人；全市日防控能力达到 80 万亩。

五是农作物病虫害绿色防控示范。2010—2015 年，项目通过开展杀虫灯、粘虫板、性诱剂、捕食螨等多种绿色防控技术示范，与病虫害专业化统防统治相融合，示范区内化学农药使用次数平均少 1 ~ 3 次，化学农药用量减少 20% 以上，节约农药成本及人工 5 ~30 元，避免了农民滥用农药的习惯，有效杜绝了高毒、高残留农药的使用，减少了农药包装物乱丢乱弃的现象，降低了化学农药对农业生态环境的污染，大幅减少了人畜中毒事件及对天敌的影响。

六是农户用药调查。2015 年，通过对永川、垫江 2 个调查点 64 户农户的调查，初步摸清了重庆市农作物用药情况。全市农作物种植面积 5 415. 12 万亩，农药总商品用量为 7 915 吨（折百 3 086. 28 吨），平均亩用商品量 0. 14 千克；总成本 41 039. 76 万元，平均亩用成本 7. 58 元。

第六节　农药检定

一、1988—1995 年

1988 年年底，市植保植检站筹划建立重庆市农药质量监督检验站，于 1989 年 08 月 28 日经市人民政府批准正式挂牌开展农药质量监督检验工作。

从建站至 1995 年，累计检测农药 933 批次，其中检定合格 714 批次，占 76. 5%，农药质量检测技术及其应用项目获四川省农牧厅科技进步三等奖、重庆市农业局科技进步三等奖。

重庆市植物保护植物检疫站开展抗性监测工作，在渝中、长寿开展红蜘蛛的毒力测定，在綦江开展水稻褐飞虱毒力测定，在长寿和江北县完成国外登记农药农达在田间的示范工作。

1995 年，其开展农药登记试验，选定长寿县、璧山县、南岸区、江北区为试验点。积极为企业提供技术服务，与技术监督局合办农药质量法规培训会，为永川西北微肥厂、合川大石农化厂等企业代培检测人员、组建实验室和健全质量保证体系；解决质量纠纷 5 起，涉及金额 200 多万元，如在 1991 年协调解决了重庆井口农药厂和重庆农资公司价值 100 多万元代森铵的质量纠纷。

二、1996— 2000 年

1996— 2000 年，重庆市植物保护植物检疫站累计检测农药 650 批次，其中检定合格 510 批次，占 78. 5%。贯彻《农药管理条例》，积极向市人民政府申请建立农药检定所工作，编制《重庆市农药检定所建设项目建议书》，1998 年获得市编委批复，同意在“重庆市植物保护植物检疫站”增挂“重庆市农药检定所”牌子，被明确主要职责是协助国务院农业部农药检定机构做好本行政区域内的农药具体登记工作。深入区（县）开展三证清理工作，编制《重庆市无公害蔬菜生产项目农药监测管理实施方案》《重庆市农药残留体系建设项目建议书》，实施重庆市无公害蔬菜栽培技术操作规程研究项目，指导蔬菜生产，减少环境污染。承担农药登记田间药效试验 90 个。

三、2001—2005 年

2001—2005 年，重庆市植物保护植物检疫站累计检测农药 587 批，合格 487 批，合格率 83%。抽查 1316 个农药标签，合格标签 592 个，合格率为 45%；规范企业产品标签，建立标签电子档案库，完成 170 个标签电子档案录入工作。完成农药新增产品登记初审 120 个，续展登记 68 个。

重庆市植物保护植物检疫站组建重庆市农药残留与质量监测中心，协调 20 个区（县）配置农药残毒速测仪，建立农药残留监控体系。颁布实施《重庆市无公害蔬菜管理办法》，检测检测重庆主城区市场及超市蔬菜 6 000 批，农药残留检出率为 15% 左右；对近郊区蔬菜中农药残留状况进行普查，筛选生物农药、高效低毒低残留农药产品进行推荐。按照农业部要求，完成重庆和贵州 468 批次无公害蔬菜水果、茶叶农药残留监测任务。

重庆市植物保护植物检疫站开展急性剧毒鼠药专项整治工作，截至 2005 年，全市共收缴剧毒急性鼠药 19 929 千克并进行了统一焚烧处理，组织统一灭鼠示范工作，安排专项经费推广应用溴敌隆母液 22. 08 吨。

重庆市植物保护植物检疫站完成市科委课题《重庆市无公害蔬菜栽培技术操作规程研究》的农药残毒速测方法研究部分内容，获重庆市人民政府科技三等奖；承担农药登记田间药效试验 395 个。

四、2006—2010 年

2006—2010 年，重庆市植物保护植物检疫站累计检测农药 629 批，质量合格率稳定在 81% 以上，标签合格率在 42 % 以上。农药初审登记资料 201 套；办理农药登记续展 356 个。

期间，全面开展禁止五种高毒农药销售使用的宣传；继续开展急性剧毒鼠药整治，经过多年努力，市场在这一时期已呈现出较为规范的状况，新型杀鼠剂销售网络运转正常。

承担四川省无公害蔬菜水果茶叶生产及出口基地农药残留抽检，高毒农药检出率为零，农药残留检出率为 27. 1% ，均未超出国家标准；承担四川、贵州、湖北、重庆等地的 12 个无公害蔬菜、水果、茶叶基地农产品农药残留监测，农药残留检出率为 67. 36% ，检出农药残留量均未超出国家标准；承担抽查四川、新疆 2 个省份 7 个供澳农产品生产基地 214 个样品，完成农产品中克百威农药最大残留限量标准的试验和验证；参与全国水稻用药交叉抽查，承担对四川、新疆两省份的 6 个无公害蔬菜、水果、茶叶生产及出口基地残留监测，抽取农残样品 240 批次，超标率为 2. 1% ；对潼南无公害蔬菜基地进行蔬菜残留监测，共抽取 100 个蔬菜样品，未出现农残超标情况；对四川、云南两省 13 个标准园蔬菜、水果、茶叶抽检农残样品 170 个，按照国家标准判定合格率为 100% ；承担农产品中仲丁威、氟环唑、氟磺唑 3 种农药残留限量标准制修订草案；抽取市场上农产品开展环丙醚磺隆、甲拌磷、精噁唑禾草灵、抗芽威、氯吡脲在 17 个作物 710 个样品中的残留量研究分析，提出上述农药在相应作物上的残留限量标准制修订建议；完成乙酰甲胺磷在水稻和糙米上残留量数据 88 个、氟铃脲环境风险监测数据 80 个，上报农业部。

2008 年，重庆市植物保护植物检疫站开始参与由市农业局牵头成立农药登记管理年活动，领导小组办公室设在重庆市农药检定所，每年对参与对全市各区（县）重点农药经营点、重点农药生产企业的进行监督检查。承担农药登记田间药效试验 827 个。

五、2011—2015 年

2011—2015 年，重庆市植物保护植物检疫站累计检测农药 1 352 批，质量合格率在 83% 以上，标签合格率在 60 % 以上。全年完成农药登记初审 70 个、续展登记 161 个。

2011 年，在潼南、永川等 4 个区（县）开展高毒农药定点经营、实名购药试点示范，2012 年试点县扩大到 7 个，2013 年覆盖全市 10 个主产蔬菜基地县，2014 年在全市推开，截至 2015 年，全市 38 个区（县）除渝中区、江北区外全部完成高毒农药定点经营试点工作，高毒农药经营门店 8 226 家经营单位减少到定点的 1 000 来家，减少了近九成。

开展蚊香市场，水稻用药、柑橘用药等专项质量抽查，完成柑橘农残监测和用药调查项目；完成氯氰菊酯在小油菜上和哒螨灵在柑橘上残留验证；收集和整理丁烯氟虫氰在中国登记的残留试验数据，进行风险评估；完成杀虫单在甘蓝上、乐果在芹菜上残留验证试验，杀虫单在甘蓝上、乐果在芹菜上市场监测，乐果环境风险监测等任务；完成了对湖北省、云南省标准园茶叶、蔬菜和水果共 520 个样品的农残监测任务；完成吡虫啉在柑橘上、乙螨唑在柑橘上、喹啉铜在柑橘上 3 份残留试验报告；参与起草番茄中噻虫胺、大豆和甘蔗中甲磺草胺农药最大残留限量标准并向柑橘、茶叶产地进行拓展；为解决特色作物无药可用的情况，筛选出榨菜、黄连、花椒等 8 个优先考虑的作物与病虫害组合 15 个上报农业部，为开展联合试验解决特色作物用药问题奠定了基础；开展农药信息调度，承担农业部“农药使用风险跟踪监测与信息报送”项目。承担农药登记田间药效试验 435 个。

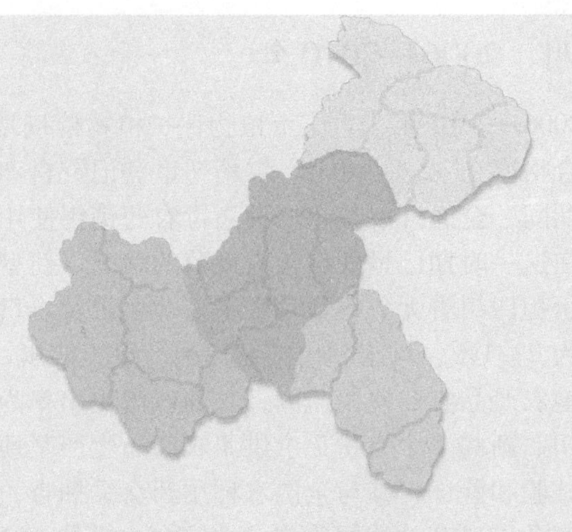

第十一章
土壤肥料

土地是人类赖以生存的重要资源。据 1999 年重庆市农业区划数据，全市有土地资源面积12 350.9万亩，是全国土地面积最大的直辖市。其中农用地（包括耕地、园地、林地、牧草地、水面）共9 245.03 万亩。农用地中耕地 3 834.71 万亩、园地 243.97 万亩，此二项农业用地合计4 078.68万亩。这便是重庆地区种植业的土壤资源，在 2000 年前后每年向这些土地上所施用的农用化肥达 75 万吨。

为充分而又合理地利用这些土壤资源，保障农业可持续发展的长远运行，自 1986 年以来，围绕土壤资源的保护利用，和农用化肥及有机肥的高效合理施用，全市的土壤肥料事业无论是在法律法规的完善，技术人员及检测设备的配备，以及测土配方施肥等相关技术措施、项目的推广等方面俱取得显著成绩。

第一节　土壤调查与分类

一、土壤调查

重庆市（当时的重庆市、涪陵地区、万县地区）从 1979 年春到 1985 年年底，开展了第二次土壤普查，涵盖了重庆直辖后的40 个区（县）（现为38 个行政区和一个万盛经开区）。采用了“以线控面、分区设点、重点深入”以及“分区调查、点面结合”的方法，并将“调查总结”与“试验研究、生产应用”相结合。1986 年总结出书，形成了《重庆土壤》《涪陵土壤》《万县土壤》。

二、土壤分类

重庆土壤在特定的地质、地貌、气候、水文和植被条件下，具有明显的形成特点和分布规律，发育的土壤类型多样。根据第二次重庆市土壤普查结果，重庆土壤分类有 5 个土纲、8 个亚纲、9 个土类、18 个亚类、38 个土属和 89 个土种。9 个土类分别是紫色土、水稻土、石灰（岩）土、潮土、黄壤、黄棕壤、棕壤、红壤、草甸土。

第二节 土壤分布

一、土壤类型及分布

（一）紫色土

全市紫色土面积占耕地总面积的38.2％，是重庆市旱作农业的主要土壤。紫色土广泛分布于重庆市丘陵、低山、平坝区，大多分布在海拔500～800米以下，在中山区亦有块状分布，其上限可达1 300米左右。从地域上看，西北部方山丘陵区因紫色砂、泥岩广布，因而紫色土分布尤为集中。紫色土是紫色砂、页、泥岩风化物，在亚热带湿润气候条件下形成的幼年土壤，化学风化作用微小，但物理风化作用强烈，土壤砾质含量高。紫色土剖面发育层次不明显，主要以耕作层—心土层—母质层为主。紫色土根据碳酸钙在土壤中的淋湿情况和土壤pH，划分为石灰性紫色土、酸性紫色土、中性紫色土三个亚类。石灰性紫色土只有红棕紫泥一个土属，酸性紫色土只有红紫泥一个土属，中性紫色土分为暗紫泥土、粗暗紫泥土、灰棕紫泥土和棕紫泥土四个土属。

（二）水稻土

全市水稻土面积占耕地总面积的40.0％。主要分布于重庆市海拔800米以下的河谷阶地、丘陵、平坝、低山。重庆市水稻土多由紫色土、黄壤、潮土、红壤等水耕熟化而来。水稻土绝大多数土层深厚，土质肥沃，光热条件较好。水稻土按土壤水分的运行情况，土壤发育阶段及附加成土过程，划分为潜育水稻土、渗育水稻土、淹育水稻土和潴育水稻土四个亚类。

（三）石灰（岩）土

全市石灰土面积占耕地总面积的5.8％。主要分布在1 500米以下背斜低山槽谷内，从地区分布看，主要分布在中部和东南部地区，主要由三叠系、二叠系、泥盆系、寒武系、震旦系泥质灰岩或其他灰岩、钙质杂色页岩风化坡、残积物发育而成。划分为黄色石灰土一个亚类，石灰黄泥土一个土属。

（四）潮土

全市潮土面积占耕地总面积的0.9％。由河流流水沉积物或山丘、河谷低处的洪积物和堆积物发育而成，主要分布于长江、嘉陵江、乌江、涪江、大宁河等沿江沿河阶地上。多数土壤质地适中，呈中性反应。潮土剖面多A—B—C构型，其犁底层表现不十分明显。划分为灰潮土一个亚类，黄色潮土、灰棕潮土和紫色潮土三个土属。

（五）黄壤

全市有黄壤耕地503.5万亩，占耕地总面积的13.7％，黄壤属于地带性土壤，主要分布在渝东南和渝东北低、中山及丘陵地带和长江及其支流沿岸的二、三、四、五级阶地上。全市黄壤划分为典型黄壤和黄壤性土两个亚类。典型黄壤根据成土母质类型划分为矿子黄泥、老冲积黄泥、冷沙黄泥三个土属；黄壤性土只有粗骨黄壤一个土属。

（六）黄棕壤

全市黄棕壤占耕地总面积的1.0％左右，主要分布在海拔较高的中山地区。黄棕壤具有明显的淋溶作用，碳酸钙已经淋失，盐基饱和度低，土壤呈酸性反应。成土母质为三叠系、二叠系、志留系、寒武系、奥陶系、震旦系地层灰岩、白云质灰岩、砂页岩和板岩风化的坡残积物。划分为典型黄棕壤和黄棕壤性土两个亚类，又分残坡积黄棕壤、腐殖质黄棕壤和生草黄棕壤三个土属。

（七）棕壤

全市棕壤耕地面积只有 0.4 万亩，只有一个棕壤性土亚类和山地棕壤一个土属。主要分布在大巴山 2 100 米以上的高山，属于山地垂直生物地带性土壤，在重庆一般为最上端的土壤类型，其下多与黄棕壤相接。成土母质为震旦系、寒武系、二叠系、三叠系等地层灰岩、凝灰岩、板岩、白云岩、砂页岩风化残坡积物。剖面发育层次明显，棕壤呈中性，土壤养分含量中等。

（八）红壤

全市红壤耕地面积 16.1 万亩，占耕地总面积的 0.4%，主要分布在渝东南秀山等地，海拔一般都在 500 米以下，由第四纪红色黏土母质发育而成，是古生物气候条件下的产物。在近代生物气候和水文作用下，土壤向黄壤方向发育，在分类上根据黄化成土过程，归入黄红壤亚类，黄红泥土一个土属。黄红泥土，土层深厚，质地黏重，少数含有砾石，剖面构型呈 A— B—C、A—C，土壤酸性或微酸。土壤养分含量有机质、碱解氮和有效磷养分含量较高，速效钾含量偏低，有效铁、有效锰、有效铜和有效锌等微量元素含量较高。

（九）草甸土

草甸土类只有一个典型草甸土亚类和山地草甸土一个土属。该土主要分布于大巴山、巫山海拔 1 800 ~2 700 米的峰丛洼地，以及涪陵、丰都、武隆、彭水、酉阳等地海拔 1 400 米以上喀斯特中山平缓低洼地带，主要植被为稀疏的灌丛草甸，极少面积用于耕种。其成土母质为三叠、二叠、志留、寒武、震旦等系灰岩及砂页岩坡积、洪积物。土壤风化浅，代换量高，由于植被生长繁茂，给土壤提供了较丰富的有机质，土体中腐殖质层厚，有较稳定的团粒、核粒结构。土体剖面明显特征是有草根盘结层，其下为全秀纹锈斑层，土壤层次过渡明显，全土层呈酸性或微酸性反应，质地为重壤至轻粘，有机质和磷等养分含量高。

二、土壤地带性分布

（一）水平分布

重庆市地处湿润的亚热带，大陆性季风气候显著，植被类型属常绿阔叶林或次生针叶林，在这种生物气候条件下，从中国土壤水平地带性分布来看，应是黄壤地带。然而，重庆市土壤发育受地方因素，主要是母岩性的影响十分突出，致使不显地带性的区域土壤—紫色土占有相当的比重。从地理分布看，重庆市西部和中部丘陵地区，土壤的水平分布，则受地质构造和地层分布的制约，与地层展布密切相关，广布着紫色岩土发育的紫色土和新冲积母质发育的潮土。在中北部的平行岭谷区，隔挡式构造发育，背斜和向斜相间分布，出露岩层多样，因而由紫色土、石灰（岩）土、黄壤、潮土呈条带状的相间分布；位于东部和南部的土壤处于石英砂和黄绿、灰色泥页岩分布区，分布着黄壤、黄棕壤和草甸土。

（二）垂直分布

重庆市土壤垂直差异十分明显。从垂直分布看，沿河谷两岸分布着潮土，在海拔 500 米以下的丘陵区，森林植被破坏殆尽，气温高，降雨量大，土壤冲刷严重，紫色母岩在热胀冷缩的作用下，物理风化强，故分布着带有明显母岩特性的紫色土，海拔 350 ~650 米的石灰岩槽谷区分布着石灰（岩）土，海拔 500～1 000 米的低山和中山下部分布着因受区域水热的支配，明显反映出气候对土壤的形成产生深刻影响的地带性土壤—黄壤，在海拔 1 500 米以上则分布着黄棕壤、棕壤和草甸土。

从农业利用看，在海拔 1 000 米以下的土壤多为农业耕作土壤，是重庆地区的主要粮食生产基地，其主要的高产土壤就分布在这个地区。海拔 800 米以下，主要分布水稻土，而 800 米以上则以旱作土为主，而海拔在 1 000 米以上，主要分布着园地、森林地和牧草地土壤，是重庆市森林、牧草的宝贵的土地资源。

（三）区域性

在同一土壤地带内，由于地貌、母质、气候、水文等各自然因素的差异，特别是重庆市地形复杂，微地貌变化大，母质类型多样，出现不同的基带土壤和相应的垂直带谱，即紫色岩土壤地区镶嵌着零星的酸化黄化黄壤土，而黄壤地区则分布着紫色岩土。就区域性看，重庆市西南中部紫色土地区土壤分布面积依次为紫色土—黄壤—石灰（岩）土—黄棕壤，而山地黄壤地区土壤分布面积依次为黄壤—黄棕壤—紫色土—石灰（岩）土—山地草甸土和红壤。

第三节　地力评估

一、土壤评价

1999 年，重庆市农业区划办公室对重庆市土壤资源进行了评价，全市的土壤养分处于中下水平。

（一）有机质

全市土壤有机质含量为 9. 85% ～11%，以四级为主占 73%，三级占 13. 5%，五级占 10. 3%，一级和六级之和不到 2%。土壤有机质总体含量较低，处中下水平。但不同类型的土壤，有机质含量差异明显，总的趋势为水稻土＞紫色土＞新积土＞红壤。在水稻土中，不同亚类有机质含量变化为潜育型＞潴育型＞淹育型。黄棕壤的有机质含量较高，但黄棕壤的分布面积较少，且很少开垦为耕地。

（二）氮

全市土壤全氮含量为 0. 06% ～0. 38%。四级居第一位，占 41. 0%，三级次之，占 32. 8%，五级占 19. 5%；其他一、二、六级共占 6. 7%。碱解氮含量为 50～296ppm，平均为 78ppm，以四级为主，占 58. 23%，五级占 19. 76%，三级为 15. 87%，其他一、二、六级占 6. 14%。不同土壤类型，全氮和碱所氮的含量差异明显，其中以占全市土壤面积最多的紫色土的氮素（全氮和碱解氮）含量最低。水稻土碱解氮含量很高，但绝大多数处于三级以下。黄棕壤的碱解氮含量很高，但因黄棕壤在全市所占的比重很低。总体水平很低，普遍表现为缺氮。若要使农作物正常生长，必须施用氮肥。

（三）磷

全市土壤全磷含量为 0. 027% ～0. 08%，其中水稻土略低于紫色土，其分级结果以五级为主，占耕地面积的 54. 68%，四级占 24. 79%，六级占 1. 654%，三级以上不足 4%。土壤速效磷含量为 2. 5～6. 5ppm。其中水稻土略高于旱作土。其分级结果以四级为主，占耕地面积的 48. 5%，五级占 33. 92%，六级占 11. 4%，三级以上仅占 6. 01%。从总体上看，全市的土壤磷素、速效磷均处中下水平，存在缺磷现象。

（四）钾

全市土壤全钾含量为 0. 45% ～3. 03%，平均值为 1. 72%，其中以含量为 1. 51% ～2. 0% 的三级为最大，占 61.31%，二级占 16.74%，四、五级分别占 15.23%、6.72%，与其他养分相比，全市土壤全钾含量相对较丰富。土壤速效钾含量为 14～343ppm，平均值为 97ppm。其中水稻土略低于旱作土。分级是以四级为主，占 65.17%，三级以上占 27.44%，五、六级分别占 6.17% 和 1.22%。

（五）微量元素

全市土壤微量元素中有效锰、铁、铜含量较丰富，而土壤中的钼、硼含量普遍偏低，土壤锌多属于中等水平。全市土壤应注意补充钼、硼和适量的锌肥。

综上所述全市土壤中有机质含量普遍较低，氮和磷贫乏，耕地的自然肥力不高。要提高农作物产量，必须增加有机质肥的施用量，扩大绿肥种植，推广蒿秆还田，以及提高氮、磷、钾、微肥的施用水平。

二、耕地地力评价

重庆市于 2007 年开始启动耕地地力评价工作，通过 2005 年和 2008 年共计 35 个测土配方施肥项目区县，完成了 15 000 多户的农户调查，45 万个土壤样品和 1 200 多个骨干剖面样品分析测试，600 多个田间试验，在此基础上采用数学方法并应用 GIS 系统，对辖区内的耕地地力作出了系统客观的评价，形成了耕地地力评价报告。并分别于 2011 年、2012 年、2014 年分别出版了《重庆耕地地力研究与评价》（一）（二）（三）。

此次评价采用全国地力等级划分标准，将耕地从 100 千克至 1 000 千克设级，100 千克为一个等级，全市分为六个等级，分别对应全国的三等至八等地。将第三、四等地作为全市的高产耕地，五、六等地作为中产水平，七、八等地作为低产田土，全市地力水平相对较高的耕地仅占耕地总面积的 22.63%（评价采用的耕地面积为 2008 年第二次土地变更调查数据），中产田土占 57.17%，低产田土占比达到 20.20%。从不同等级耕地类型来看，高产田中水田面积最大，达到 546.1 万亩，占高产田的 71.9%，占水田面积的 38.33%，旱地面积 212.9 万亩，占高产田的 28.1%，占旱地面积的 24.12%；中产田中水田面积 774.6 万亩，占中产田的 40.4%，占水田面积的 54.37%，旱地面积 1 142.9 万亩，占中产田的 59.6%，占旱地面积的 59.24%；低产田主要为坡耕地和高塝田，面积分别为 573.4 万亩、103.9 万亩，分别占旱地、水田面积的 29.73%、7.30%（表 7－11－1）。

表 7－11－1　重庆市地力评估表

区域	地力等级	三等	四等	五等	六等	七等	八等
	产量水平（kg/亩）	700～800	600～700	500～600	400～500	300～400	200～300
全市	总面积（万亩）	226.4	532.6	939.6	977.9	507.4	170.0
	占总面积（%）	6.75	15.88	28.01	29.16	15.13	5.07
	水田（万亩）	184.1	362.0	516.4	258.2	88.4	15.5
	占水田（%）	12.92	25.41	36.25	18.12	6.21	1.09
	旱地（万亩）	42.3	170.6	423.2	719.7	419.0	154.4
	占旱地（%）	2.19	8.84	21.93	37.31	21.72	8.01
渝西地区	面积（万亩）	97.7	191.1	340.4	321.6	144.9	38.0
	占区域耕地（%）	8.61	16.86	30.02	28.37	12.78	3.36
	水田（万亩）	85.7	148.3	231.5	104.8	41.3	6.9
	占区域水田（%）	13.86	23.97	37.43	16.95	6.68	1.11
	旱地（万亩）	12.0	42.9	108.9	216.8	103.6	31.2
	占区域旱地（%）	2.32	8.32	21.13	42.07	20.11	6.05

（续）

区域	地力等级	三等	四等	五等	六等	七等	八等
	产量水平（kg/亩）	700～800	600～700	500～600	400～500	300～400	200～300
渝中地区	面积（万亩）	85.8	200.9	302.6	256.2	108.9	11.9
	占区域耕地（%）	8.88	20.79	31.32	26.51	11.27	1.23
	水田（万亩）	79.4	154.4	180.8	63.3	8.8	1.1
	占区域水田（%）	16.27	31.65	37.06	12.98	1.81	0.23
	旱地（万亩）	6.4	46.4	121.8	192.9	100.0	10.8
	占区域旱地（%）	1.34	9.71	25.46	40.32	20.91	2.25
渝东地区	总面积（万亩）	42.9	140.6	296.6	400.1	253.6	120.0
	占区域耕地（%）	3.42	11.22	23.66	31.91	20.22	9.57
	水田（万亩）	19.0	59.3	104.1	90.1	38.3	7.5
	占区域水田（%）	5.97	18.64	32.71	28.29	12.03	2.36
	旱地（万亩）	23.9	81.3	192.5	310.1	215.3	112.5
	占区域旱地（%）	2.55	8.69	20.57	33.15	23.01	12.03

在空间分布上，高产田集中分布在渝西地区和渝中地区的缓丘平坝、浅丘宽谷以及南部倒置低山，琼江、涪江、嘉陵江及中小河流支流的阶地，以及平行岭谷区的低山溶蚀槽坝，该区域温光水条件好，能够满足一年2～3熟，地势平缓开阔，农田基础设施相对完善，有一定的灌溉条件。成土母质主要为侏罗系红层。土壤类型以水稻土和紫色土为主，少量黄色石灰土。土层深厚，保肥供肥能力好，是全市重要的粮油果菜生产基地，也是全市粮油高产区。在水肥条件充分满足条件下，水稻可实现750千克/亩的产量，玉米也可以达到600千克/亩产量水平。存在的主要问题是高度集约化经营条件下，土壤养分管理粗放，肥料施用的结构、比例、时间和方法存在诸多问题，用地养地矛盾突出，导致土壤养分失衡，部分区域尤其是近郊老蔬菜基地磷素富集现象日趋严重，构成对环境和水体污染的威胁。

中产田广泛分布在渝西方山丘陵区、渝中平行岭谷区的向斜地带，以及渝东南东北的山间溶蚀槽坝。该区域温光水条件相对较好，出露的地层以侏罗系红层为主间或有三叠系的砂岩和灰岩，形成的土壤主要是水稻土和紫色土，土壤肥力水平受微地形的影响较大，农作物产量在很大程度上受气候条件和施肥的制约，风调雨顺的年份，加上肥料供给比较充足，则粮食单产可以明显提高，但是施肥量不足或过量都会造成10%甚至更大幅度的减产。

低产田以渝东南东北地区的比例较大，零星插花分布在山麓地带、岩溶地区、中低山区，该区域山大坡陡，沟谷纵横，地形破碎，严重缺乏农田基础设施，生产条件差，普遍“靠天吃饭”。出露的地层主要为巴东组紫色岩，二叠系、志留系、寒武系及奥陶系灰岩、泥灰岩、灰质页岩等，土壤以黄壤和紫色土为主，沟谷中分布了少量水稻土。受地形制约，坡耕地土层厚度不足30厘米的比例达到60%左右，水土流失严重，抗旱力弱，土壤有机质和养分含量贫乏，保肥供肥能力差，施肥水平也相对较低，加上分布的海拔较高，有效积温不足，全年仅1熟或2熟，作物产量低。

第四节　土壤利用

一、土壤利用分区

第二次土壤普查时，针对不同土壤类型特点以及当地农业发展情况对土壤进行了分区。1999 年，重庆市农业区划办公室再次对全市土壤做了分区，以期为农业规划和农业现代胡提供基础。

根据 1999 年《重庆市土壤区划》，全市土壤共分为西部方山丘陵石灰性紫色土粮经区、西部平行岭谷中性紫色土粮经区、西南部低山酸性紫色土—黄壤粮经发展区、中山山地黄壤黄棕壤林经区、中部丘陵低山紫色土粮经保土培肥区、东北部中低山黄壤黑色石灰土旱作粮林牧区、北部岩溶中山黄壤、黄棕壤林牧区。

（一）西部方山丘陵石灰性紫色土粮经区

本区主要位于重庆西部，含潼南、大足、荣昌、双桥、合川五县（市）区的绝大部分和铜梁、永川两县（市）的一部分。土壤自然肥力较高，物产丰富，区内土地开发利用历史悠久，农业复种轮作指数高，是重庆市的主要粮食生产区域。存在的主要问题是：植被稀少，水土流失严重；旱作土瘠薄面积大，耕地土壤养分低下；冬水田比重大，水稻坐蔸严重；农业生态环境恶化，旱、涝灾害频繁。主要利用改良措施包括：植树造林，保土护田，改变恶性循环局面；增修水利设施，提高耕地土壤抗御自然灾害的能力；搞好坡耕地的利用，努力增加经济作物比重；改造冷烂泥田等低产田，增施有机肥和磷锌肥，提高稻田产量。

（二）西部平行岭谷中性紫色土粮经区

本区位于重庆西部沿长江和嘉陵江两岸广大地区，主要包括璧山县全部和永川、长寿、铜梁、大足、荣昌、合川、江津、綦江、潼南以及北碚、南岸、渝北、巴南、双桥、江北、九龙坡、大渡口、沙坪坝、渝中区等二十个区（市）县的大部分或少部分乡村，是重庆市幅员最大，光、热、水资源丰富的地区。土地开发历史悠久，经济繁荣，水陆交通便利，农业生产水平较高。存在的主要问题是：(1) 沟谷稻田冷、烂、毒、串、高磅，台地水源缺乏，中低产面积大；(2) 耕垦过度，区域性水土流失严重，坡薄土面积大；(3) 森林惨遭破坏，生态失调，灾害频繁；(4) 用养地失调，土壤肥力下降，缺素日益突出；(5) 河床阶地易受洪水冲刷，水土流失严重，土壤利用率低。主要改良利用措施为 (1) 开沟“治潜”“治硝”，变水害为水利，大力推广测土“配方”施肥和稻田“半旱式”耕作制；(2) 搞好“一丘多用”，改变坡耕地种植单一的现状；(3) 发挥山区林经优势，加快生态屏障建设步伐；(4) 建立合理的肥料结构，促进土壤肥力发展；(5) 营造护岸、护坡林，搞好荒滩利用。

（三）西南部低山酸性紫色土、黄壤土粮林发展区

本区位于重庆西南部边缘地带，包括秀山县、酉阳县的全部以及江津、綦江、巴南、武隆、彭水、黔江的大部分和万盛、长寿、南岸、南川、丰都、石柱县的一部分。农业生产具有显著的立体性。酸性和微酸性土壤面积很大，中性至微碱性土壤面积较小。存在的主要问题是：(1) 土壤黏重、板结、缺磷，旱地耕层浅薄，部分稻田排水不良，局部出现障碍层次；(2) 耕地重用轻养，有机质分解多，积累少，团粒结构破坏，土壤肥力下降；(3) 森林面积少，覆盖率低，坡度大，水土流失严重，生态失去平衡，灾害性气候频繁；(4) 水利设施差，保灌面积小。主要改良利用途径为：(1) 发挥区域优势，建立优质米基地；(2) 兴修水利，增加水源，解决人畜用水；(3) 植树造林，增加森林覆盖，改善生态，减轻自然灾害；(4) 增施有机肥组，提高地力，增产增收；(5) 改造低产田土，建设基本农田。

（四）中山山地黄壤黄棕壤林经发展地区

位于贵州高原北坡，呈带状连续分布于盆边山地，含万盛、綦江、江津、涪陵、南川、武隆县的部分乡镇。该区多为背斜山和山原，山体呈一山一漕二岭或一山二漕三岭，顶面的峰丛，残丘、洼地十分发育，存在的主要问题是：（1）生态屏障遭到严重破坏，区域性垦殖过度，恶性循环突出；（2）土壤酸瘦、瘠薄，经营粗放，广种薄收；（3）排水不畅，易涝易旱，涝重旱轻；（4）土壤质地黏重，耕地零星分布。主要改良利用措施包括：（1）搞好总体规划，合理安排各业，充分利用山区资源，建设优质木材和名类药材基地；（2）搞好水土保持，消除山洪危害；（3）改革耕作制度，改造低产田土，实行集约化经营；（4）增加科技投入，开发山地农业、林业。

（五）中部丘陵低山紫色土粮经区

本区位于重庆中部地区，主要包括梁平、忠县、天成的全部，开县中南部，云阳、奉节中部，垫江、枳成、丰都的大部分，南川、石柱、武隆三县的少部分。区内交通条件较好，土地垦殖指数、复种轮作指数、农业生产水平和商品率较高，是重庆市种植和养殖业较好的区域。存在的主要问题是：（1）土地过度开垦、土壤侵蚀严重；（2）土壤有机质贫乏，低产田土面积大；（3）冬水田面积大，水稻坐蔸现象普遍；（4）高温伏旱严重，农作物产量极不稳定。主要改良利用途径包括：（1）改善水利条件，防止土壤侵蚀；（2）增施有机肥，推行平衡施肥；（3）加强绿化，改善生态；（4）改造下湿田，防止水稻坐蔸；(5）充分利用区域光热和土壤资源，大力发展粮经生产。

（六）东北部中低山黄壤黑色石灰土旱作粮林牧发展区

本区北界为开县大进、岩水，云阳农坝、巫溪尖山、文峰、城厢，东界巫山官阳，主要包括巫山县全部以及开县、巫溪、奉节、云阳等县部分。该区主产洋芋、玉米、大豆和林、牧及土特药等产品，存在的主要问题是：（1）植被破坏，尤其是低山地区覆盖低，土壤侵蚀严重；（2）陡坡薄土面积大，土壤持水力弱，易干旱，肥力低；（3）石灰性土壤比重大，普遍缺氮少磷；（4）土壤质地不良，黏性土、砾石土面积大。改良利用方向和措施包括：（1）植树种草，增加覆盖率；（2）因地制宜地改造利用坡耕地，建设基本农田；（3）利用山区有机肥源多的优势，多施有机肥，改良土壤，培肥地力；（4）增施氮磷肥，尤其是海拔 300 米以上的黄壤、黄棕壤地区，要增加肥料投入。

（七）东北部岩溶中山黄壤，黄棕壤林牧区

本区主要分布在开县红园、绵竹，巫溪尖山、文峰、城厢、通城、巫山官阳、竹贤以北地区，即城口全部、巫溪大都，开县和巫山北部。以林为主。存在的主要问题是：（1）地形破碎，切割深，森林覆盖度低，水土流失严重；（2）坡度大、土薄，砾石土多，土壤持水力弱，部分土壤黏重板结，耕作困难；（3）气温较低，土壤冷凉，供肥力弱，缺氮少磷；秋季低温阴雨，严重影响大春生产；（4）疏林地、疏林草地面积大，林牧地利用很差，生产力低。改良利用方向和措施包括：（1）采取综合措施，改造利用坡地耕地，建立基本农田；（2）增加肥料投入，氮磷配施，推广高山适宜良种，采取盖膜、肥球育苗措施，改进栽培管理，精耕细作，提高单产；（3）大力植树种草，发展林牧业；（4）大力发展生漆、核桃、苹果等经济林木和黄连、天麻、杜仲、厚补、党参、贝母等药材。

二、土壤改良利用

重庆土壤根据主要障碍因素和改良利用方向将分为缺素培肥型、瘠薄增厚型、质地改良型、坡地梯改型、矿毒污染型、渍涝潜育型六大中低产田土类型。针对这些类型，采用的改良利用措施主要包括推广保护性耕作和加强农田水利工程等方面。

（一）保护性耕作

重庆市的保护性耕作主要采用免耕栽培技术。免耕技术应用于水田主要解决重庆冷浸下湿田、冬水田土壤理化性状恶化、有毒物质积累、养分转化缓慢，复种指数不高、产量低等问题。应用于旱地主要解决坡度大、地块小、养分流失大、产量不高等问题。

重庆免耕栽培技术集成创新研究起步早、成效显著。20 世纪 80 年代，中国科学院院士、西南大学教授侯光炯等研究的稻田自然免耕技术解决了重庆部分冬水田冷、烂、毒问题。2000—2002 年，免耕稻草覆盖栽培秋马铃薯技术在重庆试验示范成功，并形成规范的栽培技术。2004—2006 年，重庆市将免耕栽培作为农业重大新技术示范推广项目进行启动，并根据全市的农作制度特点，在粮油作物免少耕、秸秆覆盖栽培等关键共性技术和农田免耕栽培技术效应进行了系统研究，初步形成了具有重庆特色的三大类八种（保护性耕作三大类分别是：一是以改变微地形为主的等高垄作、沟垄耕作等技术；二是以改变土壤物理性状为主的少耕、深松、免耕等技；三是以增加地膜覆盖为主的秸秆覆盖、留茬或残茬覆盖等技术。八大模式是：水稻秸秆还田 + 免耕移栽，水稻秸秆还田 + 免耕直播；小麦稻田免耕撒播；玉米麦秆覆盖还田 + 麦玉套作；大豆旱地免耕点播与玉米套作；油菜稻田免耕直播、油菜稻田免耕移栽；马铃薯稻草覆盖免耕栽培）。免耕栽培技术模式。在垫江推广 19.2 万亩，在永川推广 35 万亩。

2007 年，重庆市申报了农业部项目《重庆市 2007 年免耕栽培技术示范推广》。永川、开县、梁平、江津、涪陵、云阳、垫江、潼南、南川、酉阳 10 个区（县）为重点，在全市 30 个区（县）开展了免耕栽培技术示范推广工作。项目区共建立中稻免耕示范核心示范区 17 个，千亩示范方 11 个，示范推广面积 82 万亩，辐射带动全市推广中稻免耕栽培技术 180.2 万亩。项目区共建立马铃薯免耕示范核心示范区 11 个，千亩示范方 7 个，示范推广面积 17 万亩，辐射带动全市推广中稻免耕栽培技术 60.7 万亩。项目区共建立稻草覆盖栽培再生稻技术示范核心示范区 3 个，千亩示范方 2 个，全市推广稻草覆盖栽培再生稻技术 60.2 万亩。项目共投入资金 433 万元，其中部级资金 60 万元，市级资金 200 万元，区（县）配套 173 万元。

（二）节水农业

1997—1998 年，建设节水农业示范基地，完成投资 80 万元，均为国家投资，完成机械耕作、施肥 2.4 万亩，节水灌溉 0.02 万亩，抗旱生物、化学制剂推广应用 4 万亩、坡改梯 0.04 万亩。

2001—2002 年，建设节水农业示范基地，总投资 220 万元，其中中央投资 145 万元。2001 年度在忠县和江津实施，2002 年度在江津和丰都实施。

2003 年，建设节水农业示范基地，总投资 125 万元。其中中央投资 100 万元，建设 5 000 亩核心示范区。

（三）农田水利工程

1. 农田（水利）基本建设

1990—1999 年，重庆市大力开展了农田（水利）基本建设。至 1991 年 2 月，完成各类水利工程 53 210处，新增蓄引提水能力达 920.9 万$米^3$，修排灌沟 357.5 千米、新增有效灌溉面 11.14 万亩，治理水土流失面积 88.9 万亩，改造中低产田土 63.8 万亩（其中田 36.3 万亩，土 27.5 万亩）。1996 年完成各类水利工程 71 613 处；新增恢复改善灌面 91 万亩，治理水土流失面积 83 万亩，完成提灌设施维修改造 48 593 台；改造中低产田土 49 万亩。1998 年 9 月至 1999 年 3 月，动工各类水利工程 1.22 万个，完工 0.891 万个；总投资 12.2 亿元，整治病险水库 667 座，修复水毁河提 574 千米，修复水毁渠道 20 946 千米，修复山坪塘 16 201 口，新建微型水利 7 万口，新增蓄、引、提水能力 4 688 万$米^3$，新增有效灌面 37 万亩，恢复改善灌面 301 万亩，治理水土流失面积 191 千$米^2$，改善中低产田土 35 万亩。

累计改良中低产田超过 147 万亩。

2. 沃土工程

沃土工程为农业部项目，重庆市实施了一期工程，建设期限为 2004—2005 年，中央投资 250. 0 万元，地方财政配套 125. 0 万元。通过项目建设，改造中低产田土 2. 5 万亩，建成高产稳产标准化农田 1 万亩，耕地地力提高一个等级。综合示范区测产显示，有效养分提高 10%，水稻增产 8. 5%，蔬菜增产 11. 5%，花椒增产 15. 3%，起到了良好的综合示范效果，并为重庆市中低产田土和标准化农田建设提供了样板。

3. 三峡水库重庆库区周边绿化带基本农田建设

项目总投资 61 226 万元，建设期限为 2000—2007 年。工程实施范围为三峡库区 175 米库岸线（主要包括长江主干流及嘉陵江、乌江、小江、大宁河的库岸线）至第一层山脊（平均距离 600 米）范围内，坡度 25 度以下的耕地，涉及重庆市江津、巴南、北碚、渝北、长寿、涪陵、丰都、石柱、忠县、万州、开县、云阳、奉节、巫溪、巫山等 16 个区（县）的 175 个乡（镇）。全市完成投资 61 244. 63 万元，其中国家补助 37 320 万元，市级配套 12 095 万元，区县财政配套 3 317. 39 万元，农民投劳折资 8 512. 78 万元。累计完成基本农田建设 62. 2 万亩，其中坡度 15 度以下高标准基本农田 21. 2 万亩，坡度 15 ~25 度坡改梯基本农田 41 万亩。完成主要建设内容：坡改梯 60 235 亩，拦山堰 536. 461 千米，蓄水池 176. 108 1 万方，沉沙凼 69 052 口，排灌沟 1 789. 052 千米；贮粪坑 65 199 口，耕作便道 1 861. 612千米，聚土垄作 40 798 亩，农耕农艺措施 62. 2 万亩。

4. 坡改梯加强对农耕地水土流失的治理

重庆市人口多，耕地资源相当贫乏，人均耕地占有量少，人地矛盾十分突出。特别是由于社会经济的不断发展和三峡工程的建设，全市的耕地资源显得愈加紧张。坡耕地是重庆市水土流失的主要策源地，重庆市以坡改梯为突破口，加强对水土流失的治理，保护了坡耕地的土地资源，大大改善了农业生产条件。

重庆市现有耕地面积 4 000 多万亩，坡地的面积占一半左右，达到 2 100 万亩，而土壤侵蚀量却占土壤侵蚀总量的三分之二以上。因此，陡坡耕地逐步实施退耕还林还草外，改造坡耕地成为保护生态环境和抢救土地资源的主攻方向。

为了解决坡耕地的水土流失，重庆市结合长江上游水土流失综合治理，在全市各区（市、县）实施了坡改梯工程，将坡耕地改造成水平梯地，并辅以沟、凼、池、路配套，对 25 度以上的坡耕地逐步退耕还林。实施坡改梯工程后，70% ~90% 坡耕地坡面上的泥沙得到保持，坡改梯成为治理坡耕地水土流失最有效的措施。经过多年的努力，到 2001 年全市共完成坡改梯 12 万公顷。不仅如此，许多坡耕地在坡改梯后，保土保水保肥的能力大大提高，农业生产率也得到提高，有力地促进了山区农业的可持续发展。

第五节　肥料推广及施用

一、重庆肥料结构演变与农业持续发展

20 世纪 50—60 年代，全肥料使用以有机肥为主，年有机养分使用量占养分总使用量的 93. 5% 以上，化肥养分使用量占养分总使用量的 6. 5% 以下，其氮、磷、钾比例大体保持在 1 : 0. 44 : 0. 84 左右。平均每亩耕地使用肥料养分仅 11. 2 千克，亩播面使用养分仅 7. 02 千克，粮食播面亩产仅 104 千克。粮/肥比较稳定，基本保持在 14 左右，1957 年粮/肥比最高，每千克养分增产 17 千克粮食，以后粮/肥比逐年下降。1952 年以后，全市开始使用化肥，至 1970 年，全市化肥总养分 2. 66 万吨，每亩作物使用化肥仅 0. 62 千克，有机养分使用量逐年有所增加，每亩作物使用有机养分由 1949 年的 9. 8 千克

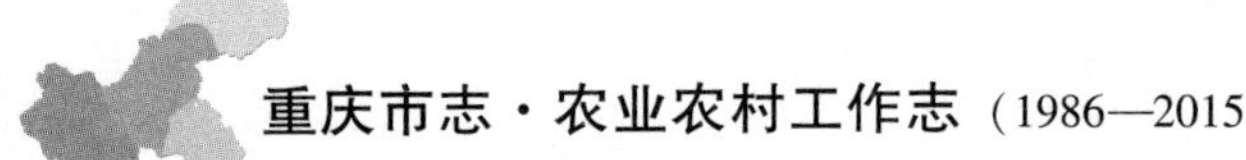

增加到1970年的14千克、1949—1970年，粮/化肥比为679～208，表明少量使用化肥，增产效果十分显著（表7－11－2、表7－11－3）。

表7－11－2　1949—2000年重庆市施用肥料养分状况

年份	施用肥料总养分					耕地亩养分			播面亩养分			粮/肥	粮/化肥
	总养分（吨）	有机（%）		化肥（%）		总养分（千克）	有机（%）	化肥	总养分（千克）	有机（%）	化肥（%）		
1949	287 671	287 671	100	0	0	9.8	9.8	0	6.75	6.75	0	14	—
1950	276 836	276 836	100	0	0	9.4	9.4	0	6.45	6.45	0	15	—
1952	296 827	296 817	100	10	0	9.95	9.95	0	6.62	6.62	0	16	—
1957	351 772	349 825	99.45	1 947	0.55	11.84	11.78	0.07	6.62	6.58	0.04	17	—
1960	272 178	266 817	98.03	5 361	1.97	9.73	9.55	0.22	5.48	5.37	0.11	13	679
1965	360 683	347 763	96.42	12 920	3.58	12.87	12.41	0.46	7.74	7.46	0.28	10	281
1970	408 994	382 355	93.49	26 639	6.51	15.00	14.03	0.97	9.49	8.87	0.62	14	208
1975	492 056	417 692	84.89	74 364	15.11	18.45	15.66	2.79	10.13	8.60	1.53	12	80
1978	625 919	439 374	70.20	186 545	29.80	23.91	16.78	7.13	11.92	8.37	3.55	13	43
1980	803 883	490 590	61.03	313 293	38.97	30.93	18.88	12.05	16.48	10.06	6.42	10	26
1985	865 216	560 238	64.75	304 978	35.25	34.58	22.39	12.19	17.96	11.63	6.33	11	31
1990	1 108 047	637 950	57.50	470 897	42.50	44.73	25.75	18.98	21.65	12.46	9.19	10	23
1995	1 337 743	721 581	53.94	616 162	46.06	54.76	29.54	25.22	25.26	13.62	11.64	9	19
2000	1 418 542	698 542	49.24	720 000	50.76	59.73	29.42	30.31	26.34	12.97	13.37	8	16

表7－11－3　1949—2000年重庆市施用肥料构成情况

年份	氮肥来源					磷肥来源					钾肥来源（纯养分、吨）				
	总氮（纯养分、吨）	有机氮（纯养分、吨）%		化肥氮（纯养分、吨）%		总磷（纯养分、吨）	有机磷（纯养分、吨）%		化肥磷（纯养分、吨）%		总钾（纯养分、吨）	有机钾（纯养分、吨）%		化肥钾（%）	
1949	115 698	115 698	100	0	0	74 307	74 307	100	0	0	95 717	95 717	100	0	0
1950	121 206	121 206	100	0	0	53 139	53 139	100	0	0	100 541	100 541	100	0	0
1952	130 466	130 456	100	10	0	55 268	55 268	100	0	0	109 141	109 141	100	0	0
1957	152 187	150 518	98.9	1 669	1.1	67 055	66 777	99.59	278	0.41	130 573	130 573	100	0	0
1960	125 738	120 900	96.15	4 838	3.85	48 770	48 247	98.93	523	1.07	95 710	95 710	100	0	0
1965	160 423	150 628	93.89	9 795	6.11	69 799	66 674	95.52	3 125	4.48	128 496	128 496	100	0	0
1970	189 651	170 963	90.15	18 688	9.85	80 554	72 603	90.13	7 951	9.87	136 819	136 819	100	0	0
1975	246 310	189 681	77.01	56 629	22.99	96 960	79 225	81.71	17 735	18.29	146 811	146 811	100	0	0
1978	318 602	194 006	60.89	124 596	39.11	147 217	85 263	57.92	61 949	42.08	158 127	158 127	100	0	0
1980	440 441	208 959	47.44	231 482	52.56	179 114	98 934	55.24	80 180	44.76	182 348	180 717	99.1	1 631	0.9
1985	498 725	237 486	47.62	261 239	52.38	155 474	114 823	73.85	40 651	26.15	209 032	205 944	98.43	3 088	1.57
1990	649 572	272 846	42.00	376 726	58.00	223 490	134 177	60.00	89 313	40.00	233 795	228 937	97.92	4 858	2.08
1995	732 230	296 006	40.43	436 224	59.57	305 237	155 483	50.94	149 754	49.06	298 245	268 097	89.89	30 184	10.11
2000	789 315	305 615	38.72	483 700	61.28	337 280	150 480	44.62	186 800	55.38	289 947	240 447	82.93	49 500	17.07

20 世纪 70 年代，有机肥发展缓慢，有机总养分 1980 年是 1970 年的 1.28 倍；化肥发展迅速，化肥总养分增长了 10 倍，由 2.66 万吨增加到 31.33 万吨，化肥占肥料总养分由 1970 年的 6.51% 上升到 1980 年的 38.97%；粮食产量增加也很快，1980 年是 1970 年的 1.47 倍；粮/肥比较稳定，在 12（10～14）左右，但粮/化肥比下降很快，由 1970 年的 208 下降到 1980 年的 26，说明随着化肥用量的显著增加，单斤化肥增产粮食显著下降。

20 世纪 80 年代化肥增长较快，由 1980 年的 31 万吨上升到 1990 年的 47 万吨，增长 50.3%。每亩耕地使用化肥养分由 1980 年的 12 千克上升到 1990 年的 19 千克但有机养分仍不断增加，10 年增加 30%。每亩耕地有机养分使用量由 1980 年的 18.9 千克增加到 1990 年的 25.8 千克，以 1985 年为例，化肥占肥料总养分 35%，有机养分占 65%，播面亩施养分达 18 千克，粮食单产达 198 千克，粮/肥比为 11，粮/化肥之比为 31，化肥增产效益仍然是相当高的。

90 年代化肥用量进一步增加，由 1990 年的 47 万吨增加至 2000 年的 72 万吨，增加 53.2%；而有机养分仅增加 6 万吨，从 64 万吨增至 70 万吨，增加 9%。以 1995 年为例，化肥占肥料总养分 46%，有机肥占总养分 54%，同年全国化肥养分约占 70% 左右，有机养分仅占 30% 左右。这表明重庆市有机肥使用量高于全国水平，而化肥使用量低于全国水平。1995 年全市播面亩施养分达 25.3 千克，播面亩产达 224 千克；粮肥比为 9，粮化肥比为 190，这与全国相比，特别是沿海使用化肥较多的地方相比，重庆的有机肥与化肥配比还是比较好的。就全国情况看，1970、1980、1990、1995 年粮/化肥比分别为 68、25、16、15；而重庆市分别为 208、26、23、19。可见，随着化肥用量的大幅度增加，经济效益逐渐下降。导致化肥增产效益下降的原因是多方面的，但其中一个重要原因是化肥利用率低和不平衡施肥所致。（重庆市 2000 年亩耕地使用化肥也已达到 30 千克）。同时，过量使用氮、磷肥还可造成水体富营养化，导致藻类异常繁殖，使水体浑浊，溶解氧减少，大量的鱼、虾死亡，并影响人畜的饮水质量，重庆市一些城郊区已出现这种现象。另一方面过量氮素也可使地下水中的硝态氮超标或者使蔬菜中的硝态氮含量增加到大于 50 毫克/升，而人体摄入过量的硝态氮后则在体内还原成亚硝酸盐和亚硝基化合物。亚硝酸盐易于与血红蛋白中的氧结合，引发疾病。重庆市 2000 年前后对 16 种主要蔬菜 386 个蔬菜样品硝酸盐含量进行了测定：其中小白菜硝酸盐含量平均为 2 562.9 毫克 /千克，最高达 3 569 毫克 /千克；大瓢儿白为 2 198.4 毫克 /千克；大白菜平均为 11 479.1 毫克 /千克，芹菜平均值为 2018.4 毫克 /千克；生菜、莴笋、藤菜硝酸盐含量也分别达到 1 213.2、680.8、383.8 毫克 /千克，均大大高于重庆市蔬菜硝酸盐含量最高限量标准。所以在平衡施肥中，一方面要注意节肥高产，提高肥效；另一方面要注意过量施肥对环境的影响和对人、畜健康的危害。尽管重庆市 2 000 年粮/肥之比仍为 16，但是在一些交通方便地区，大城市周围，特别是在一些城郊区的蔬菜地上，有过量使用化学氮肥的情况，致使肥料利用率低，增产效益大大下降。而一些边远山区，如巫山、巫溪和武陵山区各县，尽管施用化肥增产效益高，迫切需要增施化肥，但是目前使用化肥量较少，配方不齐，加之水土流失严重等生态原因，急需调一些高浓度、多品种化肥到边远山区，以提高化肥全面增产效益。如：1995 年，巴县和江北县粮/肥比均为 4，而同年巫溪县、秀山县粮/肥之比则分别为 21 和 27。又如，重庆市主城 6 个区（大渡口、沙坪坝、九龙坡、江北、南岸、北碚），2000 年每亩作物施用化肥达 19.5 千克，而低山区 8 个区县市（万盛、綦江、城口、黔江、秀山、酉阳、彭水、南川），2000 年每亩作物施用化肥仅 8.3 千克，显然在后一地区增加化肥投入的增产效益比前一地区要高得多。

重庆市 50 年来不断调整肥料结构，到 1990 年之后，肥料结构基本上能够满足农业发展的需要，大体上是平衡的。2000 年全市有机肥占肥料总养分的 49.2%；化肥养分占 50.8%。预计今后 10～15 年，有机养分与化肥养分约为 40∶60。从施肥水平看，地区之间很不平衡，城市郊区亩耕地施用化肥养分多在 40 千克以上，亩播面施用化肥养分多在 20 千克以上，蔬菜地施肥量更高；而边远山区的区县（如城口、巫溪、丰都等）亩施化肥养分不足 10 千克。今后应将高浓度、复合化的化肥分配到山区，更能提高肥效。当前应着重搞好蔬菜、果树、经济林木等方面优化配方施肥模式的试验研究。同时，根据粮油作物品种、结构变化，调整平衡施肥模式，节肥高效、优质高产。

二、有机肥料

施用有机肥是重庆市农村几千年来形成的优良传统，有机肥的施用对全市农业生产的发展、作物品质的改善和土壤地力的保持与提高起到了非常重要的作用。20 世纪 50—60 年代，全市几乎是全有机肥时期，全市使用的有机肥占总养分的 93.5% 以上（1952 年以前全部使用有机肥）。20 世纪 70—80 年代以后，化肥工业发展速度远远高于有机肥的发展速度，所以，有机肥提供的养分占总养分由 20 世纪 70—80 年代 65% 左右下降到 90 年代 53% 左右。2000—2005 年，重庆市化肥的发展速度仍然高于有机肥的发展速度，有机肥提供的养分占总养分 47% 左右。

（一）资源现状

2005 年，全市有机肥资源总量 6 104 万吨（实物），其中：农家粪肥资源总量 4 669 万吨，占全市有机肥资源总量的 76.5%；秸秆资源 1 010 万吨，占 16.5%；堆沤肥及灰渣肥 352 万吨，占 5.8%；绿肥 68 万吨，占 1.1%。在农家粪肥中，猪粪 1 920 万吨，占 41.1%（其中 50 头以上的养猪场粪便 231 万吨，占猪粪的 12%）；大牲畜粪便 1 344 万吨，占 28.8%（其中 10 头以上的肉牛及奶牛场粪便 38 万吨，占 2.8%）；人粪尿 1 176 万吨，占 25.2%；家禽粪 121 万吨，占 2.6%（其中 2 000 只以上的养鸡场粪便 42 万吨，占 5%）；羊粪 95 万吨，占 2%；兔粪 91 万吨，占 1.9%。

2005 年，重庆市有机肥资源养分总量为 97.38 万吨，其中人畜粪养分 64.34 万吨，占 66%；作物秸秆养分 20.8 万吨，占 21.4%；堆渣肥养分 2.79 万吨，占 2.9%；草木灰 8.4 万吨，占 8.6%；绿肥养分 0.7 万吨；饼肥养分 0.3 万吨。

（二）利用情况

中华人民共和国成立以来，全市有机肥发展很快，使用有机总养分由 1949 年的 28.77 万吨增加到 2005 年 70.02 万吨（占有机肥资源总养分 97.38 万吨的 71.9%），56 年增加了 41.25 万吨，增加了 1.4 倍。2005 年全市有机肥施用总量（实物）达到 4 642 万吨，平均每亩耕地施用 1 500 千克，施用有机肥料总养分占肥料总养分的 47%（总养分 149 万吨），每亩耕地施用有机肥养分 22.7 千克，每亩作物施用有机养分 13.6 千克。在施用的 70 万吨有机养分中，有机氮 30.66 万吨，有机磷 15.5 万吨，有机钾 23.87 万吨，有机氮磷钾之比为 1∶0.5∶0.78。在施用的总有机养分中，猪粪尿 27.7 万吨，占 39.6%；大牲畜粪尿 12.8 万吨，占 18.3%；羊粪尿 1.74 万吨，占 2.5%；家禽粪尿 4.39 万吨，占 6.3%；人粪尿 12.05 万吨，占 17.2%；草木灰 5.72 万吨，占 8.2%；秸秆还田提供的养分 4.64 万吨，占 6.6%，压青绿肥提供的养分仅 0.15 万吨，占 0.2%；饼肥（多数菜饼和油饼直接用于饲料）0.35 万吨，占 0.5%。2005 年全市有机肥资源利用的总体概况是：农家肥 64.9 万吨（包括人畜粪便和灰渣肥）占相当大的比重（占总有机养分 92.7%），其中人畜粪肥占绝大多数（59.17 万吨，占总有机养分 84.5%），其他有机肥提供的养分较少。尤其值得注意的是：全市秸秆资源养分量达到 20.8 万吨，用作直接还田的仅 4.64 万吨，占 22.3%，其余 78% 秸秆用作材烧或过腹还田。

1. 农家肥利用模式

全市农家肥资源养分总量 72.74 万吨，利用 64.9 万吨，利用率 89.2%。全市农家肥利用的主要模式：一是广大农户普遍采用粪坑（凼）积造人畜粪便（一般每家农户 2～5 个粪坑），通过粪坑充分腐熟发酵后直接用于农田；二是利用沼气池发酵后施用，至 2005 年年末，全市有沼气池 63.3 万口，每年通过沼气处理人畜粪便 190 万吨，通过发展沼气，既解决了农村燃料与肥料的矛盾，节省能源，又将大量的粪便通过自然发酵、无害化处理，杀灭了有害生物，使作物施用沼气肥后，增产效果显著，同时解决了农村环境污染，对实施农村清洁工程、发展新农村具有十分重要的意义。目前，发展沼气是深受农民欢迎、得到政府支持、高效利用人畜粪便的好路子。

2. 秸秆利用模式

2005 年，全市各种秸秆资源 1 010 万吨，其中直接还田 293 万吨；过腹还田 275 万吨，堆沤还田 60 万吨，烧灰还田 364 万吨。秸秆资源总养分 20.8 万吨，其中直接还田利用养分 4.64 万吨，占 22.3%。全市各种秸秆资源的利用模式：一是稻草直接还田225 万吨，主要是水稻收获时全部稻草直接还本田（农民称搭丢草）、再生稻草还田或水稻留高桩还田；二是玉米秸秆覆盖红苕地，玉米成熟后及时砍杆，将玉米秆叶直接放于红苕行间垄沟内（先将苕藤提到垄面），平铺于红苕行间，一亩玉米秆还一亩，待红苕收获时，90% 的玉米秆已经完全腐烂。三是稻草覆盖秋洋芋，水稻收获后用 2 亩稻草覆盖一亩秋洋芋（将秋洋芋种子按照播种密度直接放在沙田或半沙半泥田上，然后覆盖稻草），将加入化肥的水粪均匀泼洒在稻草上，仅 3 个多月（9 月播种、12 月收获）就可收获 500～1 000 元，2005 年，全市已经推广 13 万亩，促进 10 万吨秸秆还田；四是秸秆过腹还田，主要是稻草喂牛（1/3 作为大牲畜饲料）以及红苕藤、土豆、豆类茎叶养猪等，走作物秸秆—牲畜饲料—粪肥—沼气原料—作物肥料的良性循环路子。这种利用模式经济、生态、社会效益高，是重庆市秸秆利用的主要模式。五是作物秸秆用作材烧（缺材的地区），随着沼气的推广，这种利用模式正在逐渐减少。

3. 绿肥种植方式和利用模式

20 世纪 70 年代中期，全市以紫云英为代表的冬绿肥面积达到 140 万亩，随着市场经济的发展，压青绿肥效益低的问题更加突出。近年来，全市绿肥种植和利用模式主要有以下几种：一是在一些田多土少的地区，旱地种植的苕藤不能满足畜禽青饲料之需，利用冬闲田发展紫云英，紫云英上部幼嫩部分直接用作青饲料或青贮（待青饲料缺乏时用作急需），下部直接还田；二是发展胡豆青等饲料绿肥，秋种密植胡豌豆，待第二年胡豌豆鼓粒后，收获青豆荚鲜买，胡豌豆青茎叶还田；三是推广细绿萍，全市常年有细绿萍 120 万亩左右，一部分用作饲料，大部分直接翻压作水稻底肥（占 90%）；四是发展经济绿肥，如饲菜兼用，粮肥兼用等。

4. 养殖场有机废弃物利用模式

2005 年，全市养殖场有机废弃物 308.72 万吨，其中：养猪场有机废弃物 243.21 万吨；养鸡场有机废弃物 22.11 万吨；奶牛及肉牛场有机废弃物 38 万吨；养羊场有机废弃物 5.4 万吨。这些有机废弃物（以畜禽粪便量最大）大多数经过治理后直接还田（通过对沙坪坝区、九龙坡区和巴南区调查，大型养殖场粪便通过治理后直接还田的占 70%），将有机废弃物通过微生物发酵，进行干燥和无害化处理技术逐渐成熟，2005 年，全市有 5 家肥料生产企业利用养殖场有机废弃物生产复合肥料，年处理大型养殖场粪便 15 万吨左右，但是存在的主要问题一是有机复合肥市场销售前景不容乐观，二是重金属超标问题仍然存在。2015 年，全市大型养殖场有机肥废弃物没有处理利用、直接排入农田和江河的仍然占 1/4，造成面源污染。

5. 商品有机肥发展现状

2005 年，全市有机肥料生产企业约有 25 家，年生产能力可达 40 万吨，大致可分三种模式：一是精制有机肥料类，以提供有机质和少量养分为主，主要用于经济作物做底肥，其中生产企业 9 个，占 37.5%；二是有机无机复混肥料类，既含有一定比例的有机质，又含有较高的养分，生产企业 12 个，占 50.0%；三是 3 个生物有机肥料类，产品除含有较高的有机质外，还含有改善肥料或土壤中养分释放能力的功能菌，生产企业占 12.5%。精制有机肥出厂价格每吨价格在 750～800 元，有机无机肥价格为 700～1 400 元，生物有机肥和氨基酸有机肥价格为 1 500～1 800 元。

6. 有机肥发展的典型和经验

全市有机肥发展的新特点一是以养殖业为主的畜禽粪肥增加快（特别是大型养殖场和草食性动物发展快）；二是饲料、经济绿面积扩大，压青绿肥减少：三是由于再生稻和免耕覆盖栽培技术（尤其是稻草覆盖洋芋和玉米覆盖栽培）的推广，秸秆还田面积增加。

（1）稻草覆盖秋洋芋技术普遍推广。将稻草覆盖秋洋芋技术作为增加土壤有机质、提高土壤肥力、促进农民增收的一项重大减灾技术加以推广，市人民政府每年都给予专项资金扶持，促进农民增收1 300万元以上。该项技术简单，水稻收获后立即开沟—免耕播种—覆盖稻草—泼洒粪水，90余天收入1 000元左右，同时促进大面积稻草还田。

（2）稻田免耕覆盖稻草移栽（撒播）油菜（蔬菜或小麦）。水稻收获后开沟，然后稻草平铺本田，撬窝移栽油菜或撒播油菜（蔬菜或小麦），不但减少1/3化肥，而且使油菜（蔬菜或小麦）增产10%以上。2005年，全市推广151万亩（其中稻草覆盖油菜52万亩、小麦15万亩、秋菜35万亩）。

（3）稻草还田面积逐年扩大。由于农村沼气的发展，解决了许多农村烧材问题，促进了大量的中稻草、特别是再生稻草和水稻高桩还田，2005年全市稻草还田面积达到800万亩，对保持和提高稻田肥力起到了重要作用。

（4）玉米秆覆盖红苕地面积扩大。全市农村玉米秆绝大多数用作材烧，一部分丢弃，近年来，全市推广了玉米秸秆覆盖红苕地新技术，起到了抗旱、保湿、防治杂草的效果，对保持和提高旱坡地土壤保水、保土、保肥能力发挥了重要作用。该项技术简单，技术要点一是小春实行1.8～2米开厢，预留行0.8～0.9米播两行玉米，小麦收获后在玉米行间套4行红苕，玉米收获后及时倒杆，将玉米秸秆直接放于垄沟内或平铺于红苕行间内，并将苕藤提到玉米秸秆上面。重庆市的梁平、开县等地山区玉米秆覆盖栽培技术已经蔚然成风，覆盖栽培后土壤有机质增加，微生物活动增强，土壤孔穴增加，容重变小，土壤抗旱力增强，后季作物红苕增产20%以上。

（5）大型养殖场粪便处理。重庆市长寿区依靠台商投资，将长寿区大型养鸡场粪便集中，通过加入微生物和少许物料（谷壳等），在大窑内高温发酵后，再转入平地发酵，通过高温发酵后，既杀灭了细菌，又使鸡粪变干，经过添加化肥，制成有机无机复混肥，施用效果好，2005年，该公司年生产能力1万吨，处理3万吨鸡粪，生态效益十分显著。

（6）农村沼气发展迈上了新的台阶。全市农村沼气建设具有较长历史，特别是自实施农村小型公益设施和农村沼气国债项目以来全市农村沼气发展迈上了新的台阶，形成了以农村户用沼气为主体，畜禽养殖场沼气工程为补充的新格局，全市每年新增农村沼气5万～6万座，在2000年的基础上翻了一番，截至2005年年底，全市累计拥有农村户用沼气池63.31万座，总容积2.39万米^3，61.31万户农民使用沼气，总产气2.1亿米^3，节约标准煤14.82万吨，一般一户农民8米^{3}沼气池，可以代替薪柴1 204千克，年可产沼渣、沼液干有机肥1 067千克。发展沼气，不但有效地改善了农村生活环境，而且使人畜粪便得到无害化处理和有效利用，大大缓解了燃料和肥料的矛盾。

三、化学肥料

（一）化肥使用类别

化学肥料是指用化学方法制造或者开采矿石，经过加工制成的肥料，也称无机肥料。主要包括氮肥、磷肥、钾肥、中量元素肥料、微量元素肥料、复合肥料等，它们具有以下一些共同的特点：成分单纯，养分含量高；肥效快，肥劲猛；某些肥料有酸碱反应；一般不含有机质，无改土培肥的作用。化学肥料种类较多，性质和施用方法差异较大。

化肥在种植业常用的有：磷酸二铵、尿素、硫酸钾、氯化钾、各种复合肥，在重庆市部分地区农民还保留着使用农业用碳酸氢铵和过磷酸钙的传统。

（1）氮肥：即以氮素营养元素为主要成分的化肥，包括碳酸氢铵、尿素、氯化铵、硫酸铵等。氮肥是促进作物根，茎，叶生长的主要肥料，促使作物苗壮成长。

（2）磷肥：即以磷素营养元素为主要成分的化肥，包括普通过磷酸钙、钙镁磷肥等。

（3）钾肥：即以钾素营养元素为主要成分的化肥，主要品种有氯化钾、硫酸钾、硝酸钾等。施用钾肥可以使作物增加抵抗倒伏，防治病虫害的能力。

（4）复混肥料：氮磷钾三种养分中，至少有两种养分表明量的由化学方法和/或掺混方法制成的肥料。

（5）中量元素肥料：标明了钙、镁、硫中至少一种元素的含量，未标明氮、磷、钾的含量的肥料。

（6）微量元素肥料：是指含有微量元素养分的肥料，如硼肥、锰肥、铜肥、锌肥、钼肥、铁肥、氯肥等，可以是含有一种微量元素的单纯化合物，也可以是含有多种微量元素的混合肥料。

（二）化肥使用管控

从中华人民共和国成立初期到2010年，中国化肥流通体制走过了从计划到市场，从专营到放开的三个阶段，目前正处于市场化发展的新时期。

根据1998年11月16日《国务院关于深化化肥流通体制改革的通知》，重庆市人民政府对化肥等农业生产资料流通的管理，由计划管理为主改为间接管理为主，取消化肥的指令性生产、收购计划，由化肥生产、经营企业自主进行购销活动。农业“三站”（土肥站、农技推广站、植保站）经营的化肥可以从各级农资公司进货，也可以直接从化肥生产企业进货并直接对农民销售，形成以供销社农资公司为主渠道，农资公司、生产企业、农业“三站”互为补充的流通格局。（除上述单位外，其他单位和个人不得从事化肥等农业生产资料的批发和零售业务）。对化肥价格管理，实行政府指导下的主要由市场形成化肥价格的机制，化肥流通企业可以根据市场状况，自主经营国产化肥，自主制定销售价格。

此外，对统配化肥，指标肥，粮食合同订购（挂钩）化肥，粮食订购奖售肥，种子挂钩肥，再生稻用肥，以及救灾肥等款项肥料俱是有具体供应标准和发放办法以及严格的指标认定程序的专项（分配）物资并实行限价销售和国家财政补贴政策的专用物资，任何单位和个人都不得随意违反其有关法定规则程序，一经发现必须严肃处理。（注：关于统配肥这类物资，是在国家计划委员会领导下，由有关物资管理机构对其中一部分主要品种编制平衡表和分配计划，作为国民经济计划的一部分，经国务院批准后，由国家计委下达分配物资指标，统一分配它与部管物资、地管物资构成分配物资的分工系统。统配物资在整个物资中所占的比重，反映着国家集中管理物资的程度。）

如1986年，全市拿出待分配统配化肥指标2 000吨（标氮，下同）加上5月19日国家农牧渔业部拨给的救灾化肥2 000吨，合计4 000吨化肥指标用于当年受灾地区的扶苗补种。对该年度预计大春缺肥5万吨情况下为了确保全年粮食稳定增产和粮食订购合同供肥的兑现，还特请省增拨统配化肥1.2万~2.0万吨以解决缺肥困难。1987年则在1986年度化肥分配基础上还增加了统配化肥调拨数量并补供再生稻专项用肥。为了满足各区县广大农民对磷肥的要求，市计划部门通过调减出口商品酸的计划任务使本地磷肥生产厂家多生产磷肥1万吨左右，以缓解对磷肥的急需促进农业增产。

对较长时段化肥供肥的管控，多通过五年计划的生产发展需要评估制定。如“八五”期间农资化肥需要量的规划：

（1）1989年，化肥需要量72万吨，所供资源38.315万吨。其中本市小化肥生产37万吨，中央和省分配24.515万吨，地方外汇进口6.8万吨，缺口3.685万吨。

（2）春耕期间化肥需要56.4万吨，计划可供44.1万吨，供求尚有缺口，预计下半年农业生产需要量27.9万吨，货源缺少4万吨。

（3）预测1990年化肥需要量75万吨，其中春耕用肥占60万吨。本市粮油作物用肥71.6万吨，占用肥总量的95%，经济作物约3.4万吨，占5%。

（4）农业生产资料专营后，农业专用化肥享受660元/吨，除中央安排下达的农业专用3.51万吨化肥外，安排部分化肥作专用肥，对中央分配的农业专用化肥氮、磷、钾、钾比例要求为1∶0∶0.05。

（5）化肥销售价格执行（四川）省的综合价，外汇肥执行1 060元/吨。

（三）化肥施用与农业现代化

传统农业是指整个农业生产在天然物种基因内循环与自然生态环境稳定外循环共同支配下的农业持续稳定发展的一种农业生产模式，在中国，这种模式已持续几千年。但随着人口增长与社会发展，对农产品的压力需求，这种传统农业必定会被由工业革命所发轫的现代农业打破。1952 年重庆地区的农田开始使用化肥，虽然当年使用氮肥只 10 吨（纯养分），还不到当年农田使用总氮量 130 466 吨的万分之一，但这却是重庆农业由传统农业向现代农业发展的一标志性事件。1957 年，磷化肥开始使用。1980 年，化学钾肥开始使用，从而进入了大规模使用化肥的新阶段。逐年递增的农田化肥使用支撑了粮食产量的持续增长。但至 20 世纪七八十年代以来由于农药化肥的过度使用，农业生产的农田水网则出现了农业生态与环境危机。而粮食的增长却出现徘徊不前的状况。人们已经意识到我们的农业现代化，可持续发展面临新的重大问题，其中一个重要的问题就是控制农田的化肥使用量。1962 年，一位美国生物科学家首先提出农药杀虫剂的使用对环境的负面影响，1972 年 6 月 5 日，《人类环境宣言》宣告了人类对环境的传统观念的终结。但重庆市的农田化肥使用却有增无减，到 2013 年农用化肥施用量 96.6 万吨（折纯），其中氮肥 49.7 万吨，磷肥 17.9 万吨，钾肥 5.4 万吨，复合肥 23.6 万吨，而且其化肥利用率偏低平均仅为 30% 左右。

2015 年 6 月 8 日，为推进化肥减量控害，积极探索产出高效安全、资源节约、环境良好的现代农业发展之路，根据农业部《关于印发〈到 2020 年化肥使用量零增长行动方案〉的通知》要求，市农委制定了《重庆市到 2020 年化肥使用量零增长实施方案》，根据该方案到 2020 年，初步建立科学施肥管理和技术体系，科学施肥水平提升。在作物品种上，主要粮油作物施肥结构更趋合理，蔬菜、柑橘等作物化肥使用量实现负增长；在空间分布上，渝西地区实现负增长，渝中地区实现零增长，渝东南和渝东北实现缓增长。

到 2020 年，全市化肥使用量总体实现零增长，施肥结构进一步优化，氮、磷、钾和中微量元素等养分结构更加合理，有机肥资源得到合理利用。测土配方施肥技术覆盖率达到 90% 以上，畜禽粪便养分利用率达到 60%，农作物秸秆利用率达到 60% 以上。施肥方式得到改进，盲目施肥和过量施肥现象基本得到遏制。水肥一体化技术推广面积 200 万亩。机械施肥占主要农作物种植面积的 10% 以上。肥料利用率稳步提高，从 2015 年起，主要农作物肥料利用率每年提升 1.5 个百分点以上，力争到 2020 年，主要农作物化肥利用率达到 40%。

以上具体目标的实现，将切实推进全市现代农业的发展，使重庆农业现代化进入一个具有里程碑意义的新时期。

（四）化肥使用的监督检验

为了保障农业生产，维护农民利益，制止生产流通销售中经常发生的经销假冒伪劣肥料农药种子等行为，并安全高效地使用该类生产资料，按国务院《国务院关于加强化肥，农药，农膜经营管理的通知》以及此后颁布的《中华人民共和国行政许可法》，《肥料登记管理办法》以及 2009 年《农业部关于切实做好肥料登记管理工作的通知》等有关规定，加强了对肥料的登记管理，并严格执行检验登记制度。所有肥料新产品新品种必须坚持试验示范推广的原则，因地制宜逐步扩大使用范围，防止盲目推广。对生产销售的肥料必须有产品质量合格证，必须标明各种主要有效成分含量，产品登记证号，质量保证期和使用说明，认真做好质量监测和鉴定工作。通过以上规章的执行进一步加强了对肥料市场的监督管理工作，完善了肥料标准及登记。

2014 年 3 月，重庆市土壤肥料检验测试中心建成。按照《肥料登记管理办法》的要求，该中心承担市农委职权范围内的肥料登记产品检验；市农委下达的肥料例行抽检任务；新型肥料的质量鉴定与评价；承担国家级、市级土壤长期定位监测，土壤墒情监测，定期向主管部门报告土壤监测和墒情监测结果；承担标准良田、基本农田以及农业综合开发等工程建设的土壤质量监测与评价；参与国土部门组织实施的土地开发整理新增耕地的质量评价；指导区县开展土壤定位监测和墒情监测。

四、微肥

微量元素肥料是指含有硼、锰、钼、锌、铜、铁等微量元素的化学肥料。近年来，农业生产上，微量元素的缺乏日趋严重，许多作物都出现了微量元素的缺乏症，如玉米、水稻缺锌，果树缺铁、缺硼，油菜缺硼等。施用微量元素肥料，已经获得了明显的增产效果和经济效益，全国各地的农业部门都相继将微肥的施用纳入了议事日程。

从 2005 年开展测土配方施肥、耕地保护与质量提升工作以来，采集了大量土样化验分析，土壤的中微量元素养分含量严重缺乏，特别是硼、锌、硅，对水稻喜硅、油菜喜硼、玉米喜锌作物，如在生育期缺乏，作物会出现一系列缺素症状，严重影响产量、降低肥料综合利用率，因此，要达到科学、合理、精准施肥，在已经基本摸清土壤养分状况的基础上，通过各区县各地多点地开展了水稻、玉米、油菜、果树、花椒等主要粮经作物的硼、锰、钼、锌、铜、铁、硅等中微量元素单因素试验，确定了土壤中微量元素临界值、潜在缺素面积以及微量元素适宜用量，为大面积推广测土配方施肥技术工作奠定了基础。

通过测土配方施肥技术、耕地保护与质量提升技术、化肥零（负）增长行动的实施，农民对大量元素肥、有机肥配施中微量元素肥的科学施肥方法越来越重视，特别是种粮大户、家庭农场、合作社、服务主体等新型职业农民，通过新型职业农民精准配施中微量元素试验示范展示，起到很好的示范带动作用，目前，中微量元素肥已在不同作物上得到普及推广，并获得明显经济、生态、社会效益。例如永川区油菜种植大户李刚 2016—2017 年在金龙镇洞子口村承包土地种植油菜 504 亩，一半油菜在油菜初花期（2017 年 2 月 15 日左右）用 40% 菌核净可湿性粉剂（亩用量 100 克）+硼肥（有效硼含量>20%、亩用量 30 克）。用机动喷雾器防治菌核病，亩用药液量 15 千克。最后通过测实产，平均亩产达 178.57 千克，较未喷施硼肥油菜 139.62 千克增 38.95 千克，增 21.81%。菜籽价格 6 元/千克。生产成本：种子 40 元/亩、25 千克 40% 复合肥 55 元/亩、尿素 12 千克 20 元/亩、防虫药剂 10 元/亩、防菌核病药剂由政府采购统一配送、耕地收割机手 30 元/亩、施肥、防病虫、排水等人工费用为 30 元/亩。前后叠加喷施药肥的油菜收益为 886.42 元/亩，扣除土地承包费用 500 元/亩，纯收益为 386.42 元/亩，比未喷施硼肥油菜增纯收益 85 元/亩。

五、配方施肥

（一）重庆市平衡施肥发展历史与现状

平衡施肥的目的是保证植物平衡营养，使植物正常生长、优质高产。从经济观点看，平衡施肥还须节肥高效。另一方面，平衡施肥应当有利于保持和提高土壤肥力。土壤是作物养分的基本来源，我们既要充分发挥土壤的增产潜力，同时又要通过平衡施肥不断补充，协调其养分之不足，以保证农业可持续发展。

重庆市从 1980 年开始进行平衡施肥（配方施肥）基础性工作，历经 21 年，可分为三个发展阶段。

第一阶段（1980—1986 年）：在开展全国第二次土壤普查的同时，查清了重庆市农业土壤生产问题及障碍因素，进行多土壤多作物多点的田间试验。结果表明，重庆市耕地土壤 70% 以上为紫色土，其土壤养分肥力特点为：普遍缺氮，大部缺磷，半数缺钾，局部缺乏微量元素（锌、铁、钼、硼等）。为此，推广了“增磷施锌防治水稻坐兜、玉米花叶”“增磷施氮防治小麦黄苗死苗”“施硼防治油菜花而不实、果树落花落果”“酸性土施硅防治水稻中后期早衰”等技术，大幅度提高了粮油作物产量。与此同时，采用地力分区（级）和目标产量法初步确定了主要粮食作物氮肥施用量。这一阶段为初级配方施肥，因土因作物“缺啥补啥”。分区划片，发放配方卡，以农技站统配或农户自配为主，对提高作物产量起到了极其显著的作用。

第二阶段（1987—1997 年）。西南农业大学土化系与重庆市土壤肥料站协作攻关，采用多元回归设计方法，对水稻、小麦进行了 187 个田间试验，获得了紫色土水稻、小麦需肥量、土壤养分供应量、肥料供应量及其利用率等基本参数。通过 166 个多元回归试验统计分析获得紫色土稻麦配肥的基本模式 6 套。根据基本配肥模式形成了多种配肥方案，在大面积实施，一般增产 5% ~10%，在这一阶段，工厂化生产复合肥的厂家和数量大幅度增加，到 1996 年全市共施用复合肥近 20 万吨。与此同时，开展了对部分蔬菜（茄果类、豆科类）配肥模式的研究，其配肥模式运用于生产实践，也收到较好效果。这一阶段的主要特点是：施肥向定量化、模式化、预报化迈出了一大步，且促进了复合肥的发展，平衡施肥技术列为重庆市推动农业生产发展的重大措施来抓。

第三阶段（1998—2001 年）。随着农业生产的发展和农业产业结构调整，由于化肥施用量大量增加，致使肥料利用率、农产品品质、环境质量下降。为此，平衡施肥应以提高肥料利用率，降低生产成本，提高农产品产量和改善品质，降低环境污染，保持和提高土壤肥力，保证农业可持续发展。从 1998 年开始进行了“无公害蔬菜施肥技术规程研究”，历经三年提出了重庆市无公害蔬菜施肥原则：以有机肥为主，控氮、稳磷、增钾，针对性施用微肥，推广施用专用有机无机复混肥，重底早追，分次追施，收获前 20 天禁止施用无机氮肥；禁止施用污染有机物和未经腐熟的有机肥。在此原则下，实施的各类蔬菜施肥技术，均有效地降低了蔬菜硝酸盐含量，提高了蔬菜品质，抑制病害发生等均获显著效果。西南农业大学资源环境学院与重庆市土壤肥料站协作攻关，完成了提高化肥利用率研究，课题提出了提高化肥利用率的有效途径，初步完成了重庆地区作物平衡施肥试验数据库与施肥咨询系统的建造；完成了长寿县“沃土工程统测统配示范基地建设项目”“优质粮油基地土壤养分定位监测及平衡施肥综合配套技术”列入日常工作议程。这一阶段的主要特点是：围绕农业结构调整，可持续农业发展，从提高肥料利用率，降低环境污染，提高品质等综合效益方面开展工作，取得长足进展，获得显著效果。

（二）平衡施肥在可持续农业发展中的作用

重庆市资源匮乏，人多地少，且坡耕地面积大。加上三峡库区占地，人均耕地更少。加之土地资源质差，利用不尽合理，山高坡陡土薄，水土流失严重，石漠化严重，生态环境恶化；对人类健康和农持续发展极为不利。由此看出，要确保重庆可持续农业发展，必须大力调整和优化农业结构，发展生态农业、集约农业、特色农业和绿色食品开发农业等。必须采取坚决措施稳定耕地数量，改善耕地质量。必须依靠科技进步，加速研究、引进推广各种先进适用技术。其中，平衡施肥技术是保证农业可持续发展的重要措施。

推广平衡施肥技术对农业可持续发展具有重要作用，一是有利于提高产量和改善品质；二是有利于优化化肥资源配置，提高肥料利用率，降低生产成本，提高经济效益；三是可以避免和减轻因施肥不科学带来的环境污染；四是能抑制或减轻作物病虫发生率。总之，平衡施肥技术的深化，是确保可持续农业发展的重要措施。

（三）平衡施肥发展方向及原则

随着新世纪农业发展趋势，平衡施肥发展方向是：施肥向定量化、模式化、复合化、缓效化、有机生物化发展。施肥目的向优质高产高效，既营养植物，又培肥土壤；既提高肥料利用率，又不污染环境的经济、社会、环境三大效益协调发展。逐步建造重庆市施肥计算机咨询系统。为确保农业持续发展，据此，平衡施肥应遵循以下基本原则。

（1）从植物平衡营养与肥料组成看，应当坚持氮、磷、钾微合理配比的原则。

（2）从植物和土壤之间的协调平衡来看，必须明确以植物根部营养为主，叶部营养为辅的基本原则。

（3）从肥料构成看，必须坚持以有机肥为主，有机肥与化肥配合施用的原则。

（4）从平衡施肥研究方向看，必须坚持与农业结构相结合，加强经济作物和蔬菜作物平衡施肥的研究，加强绿色食品和无公害农产品平衡施肥的研究。

六、测土配方施肥（2005—2015 年）

重庆3 680 万亩耕地 95.7% 分布于丘陵山地，果、经、粮、菜种植业发达，复种指数 1.7，常年播面逾6 000 万亩。农民过量施用化肥，导致化肥利用率长期在低位徘徊，既制约农业高效可持续发展，也带来长江水质安全隐患。从项目开展以来主要研究农田土壤采样技术、土壤养分丰缺和施肥技术指标体系、测土配方施肥技术智能化，并采用协作组等多模式推广应用，开创性提出丘陵山地分坡位确定采样单元，摸清重庆农业土壤养分空间变异。

项目立足重庆实际，提出分不同坡位（山脊、坡肩、背坡、坡脚和沟谷）确定采样单元。重点区域按照 60 亩/个，其他区域则 150 ~200 亩/个，共划分 30 万个采样单元，利用 GPS 定位采样。重庆共采集农化样 32.7 万个，其中骨干样 2.2 万个、田间肥效试验植株样品 1.9 万个、土壤剖面样 700 个。编辑出版《重庆农业土壤》《测土配方施肥土壤基础养分数据集》。首次建立重庆不同生态区主要农作物土壤养分丰缺指标和科学施肥技术体系，指导农民高产高效施肥开展农户习惯施肥调查，制定科学合理试验方案。将全市划分为渝西方山丘陵区、中部平行岭谷区、渝东南渝东北溶蚀中山区三大生态区域进行施肥布局。每年调查农户习惯施肥 3 300 户以上，共计调查农户 36 143 户，平均氮肥偏多 0.7 ~1.0千克/亩，钾肥偏少 1.1 ~1.6 千克/亩，磷肥基本适中。

依托“3414”田间肥料效应试验，拟合土壤养分与产量和施肥量关系。全市 35 个项目县累计开展“3414”等田间肥效试验共4 374 个，其中水稻1 985 个，玉米1 159 个，薯类352 个，油菜221 个，小麦198 个，柑橘 198 个，蔬菜 261 个。针对海量的源数据，研发“农业统计试验分析系统 V1.0”，提高数据分析效率。采用相对产量法确定各作物土壤养分丰缺指标；采用地力差减法计算推荐施肥用量，并建立水稻等七大作物施肥推荐指标体系。依循多熟制耕作模式，分区域制定各作物推荐配方，论证科学。制定了以合理施用有机肥料为前提，包含氮磷钾及中、微量元素的适宜重庆主要农作物的 45 个“大配方”，制定 2 个地方标准。开发重庆“农时信息查询系统 V1.0”和“配方施肥方案查询系统 V1.0”，方便基层农技人员和普通农户实时查询。经过 567 个试验验证，田间试验增产幅度超过 5% 的频率达 76.5% ~91.2%，验证施肥推荐量符合实际，能够指导大面积科学施肥。创建“测土配方施肥咨询发布系统”和耕地资源数据库，实现丘陵山区智能化施肥和多尺度分层级管理。利用 GIS 地理信息系统，构建测土配方施肥信息系统和地理空间数据库。开发县域测土配方施肥指导系统，实现丘陵山区施肥智能化、简易化和多尺度分层级管理。加强农业合作，成功探索协作组长效机制、形成“七化”技术模式推广应用，重庆在全国率先由粮油向园艺特经产业推进，成立“柑橘、花椒、蔬菜、油菜”四个协作组，聘请资深专家对每年的方案把关审核，项目区县负责田间试验示范，企业按照配方生产供应肥料产品，种植大户和合作社提供试验示范地，负责作物田间管理，形成有机整体。全主市 35 个项目县与 9 家市级企业、31 家县级企业合作，新建 27 家终端配肥站，130 个配肥服务点；按推荐配方生产并取得肥料登记证书 320 个。实现技术产品化、产品“套餐”化、手段信息化、销售连锁化、服务个性化、机制多元化、培训田间化。项目累计培训技术骨干 5.7 万人次、农民 154 万人次，发放施肥建议卡 4 433.6 万份；田间现场会和科技赶集 6 077 场次，农民对测土配方施肥知晓率达到 95% 以上。技术累计应用 2.1 亿亩，增产 1 300.7 万吨，减少不合理氮肥（N）施用 27.64 万吨，增收节支 201.68 亿元，主要农作物肥料利用率平均提高 6.8 个百分点。截止 2015 年，重庆市根据历年的土壤肥料数据资料，还集成了“重庆市农业自然资源大数据库”，提升了农业信息化服务能力，逐步实现手机终端查询等功能。

第六节　土壤肥料监测

重庆市国家级监测点工作始于1991年，2015年有国家级耕地质量监测点4个，分别位于巴南区和江津区，其中巴南区的2个监测点均为旱地，土壤类型为灰棕紫色土和红棕紫色土，种植制度为麦（菜）—玉—薯；江津区的2个监测点均为水田，土壤类型为棕紫色水稻土和灰棕紫色水稻土，种植制度为一季中稻（表7-11-4）。

表7-11-4　2015年重庆市国家级监测点基本情况

编号	500299	500300	500295	500296
监测点位	巴南接龙	巴南安栏	江津先锋	江津支坪
建点年份	1991	1991	2004	2004
土壤名称	灰棕紫泥土	红棕紫泥土	棕紫泥水稻土	灰棕紫泥水稻土
地形部位	中丘	中丘	坪状高丘	中丘中谷
海拔（m）	350.0	260.0	403.0	221.0
肥力等级	低	中	低	中
质地	中壤	中粘	重壤	重壤
种植制度	麦—玉—苕	麦—玉—苕	中稻	中稻

为了扩大耕地质量监测范围，提高耕地质量监测工作的科学性和代表性，在潼南、永川、南川、武隆、秀山和开县等6个区（县）新建12个耕地质量监测点。

新建监测点均选点于基本农田保护区，所在区域覆盖渝西、渝东南和渝东北等不同生态区域，包含4个土类、9个土属和12个土种，监测作物扩展到了油菜、蔬菜和柑橘等，包括一季中稻、油—稻轮作、菜—玉—薯轮作、蔬菜轮作、油—玉轮作和单季玉米等6种种植制度（表7-11-5）。

表7-11-5　新建耕地质量监测点基本情况表

序号	县（区）	乡镇	村	种植制度	土类	亚类	土属	土种
1	永川区	大安街道	二郎坝	稻	水稻土	紫色水稻土	灰棕紫色水稻土	大眼泥田
2	永川区	大安街道	二郎坝	菜—玉—薯	紫色土	棕紫泥土	灰棕紫泥土	大眼泥土
2	开 县	大德镇	磨梁村	稻	水稻土	紫色土性水稻土	棕紫泥水稻土	大土泥田
4	开 县	白鹤街道	高楼村	柑橘	紫色土	棕紫泥土	灰棕紫泥土	夹沙土
5	潼南区	花岩镇	龙怀村	稻	水稻土	紫色水稻土	红棕紫泥水稻土	夹泥田
6	潼南区	桂林街道	双坝村	蔬菜轮作	潮土	河流冲积潮土	灰棕潮土	半沙半泥土
7	南川区	大观镇	铁桥村	油—稻	水稻土	紫色土性水稻土	棕紫泥水稻土	紫泥田
8	南川区	大观镇	龙川村	玉	紫色土	石灰性紫色土	红棕紫泥土	红石骨子土
9	武隆县	长坝镇	何家村	油—稻	水稻土	黄壤性水稻土	矿子黄泥水稻土	矿子黄泥田
10	武隆县	巷口镇	广坪村	蔬菜轮作	黄壤	典型黄壤	矿子黄泥土	火石子黄泥土
11	秀山县	清溪场镇	茫洞村	油—稻	水稻土	潮土性水稻土	黄色潮土水稻土	潮泥田
12	秀山县	清溪场镇	茫洞村	油—玉	黄壤	黄壤	矿子黄泥土	矿子黄泥土

第八篇

畜 牧 业

第八篇　畜 牧 业

重庆市畜牧业历史悠久。在铜梁县城关出土文物中发现距今1万多年（旧石器时代）的牛骨头多件；1975年，四川省博物馆对从巫山县大溪乡新石器文化遗址发掘出的家猪左下颌齿骨和陶制猪头的考证均表明，早在5 000多年前（新石器时代），该地区的人民就已饲养家畜。

重庆的畜禽种类较齐全，现有猪、牛、羊、马、驴、鸡、鸭、鹅、兔、鹌鹑、鸽、蜂等12种类52个品种。广大农民在长期的饲养培育过程中，育成一些具有地方特色和相当声誉的优良品种，如荣昌猪是世界八大、中国三大良种猪之一。此外，黑猪、涪陵水牛、本地黄牛、黑山羊、白山羊、板角山羊、石柱长毛兔、土鸡、荣昌白鹅、麻鸭等地方品种，品质良好，深受群众欢迎。

1983年重庆实行计划单列后，形成了“大城市、大农村”格局。重庆市委、市人民政府根据新市情制定了畜牧业发展政策，实行“国家、集体和社员家庭饲养一齐上，以户营为主”方针，促进了畜牧业生产大发展。与此同时，积极引进外资，发展奶类和养鸡项目。短短几年时间解决了人民“吃肉难”“吃奶难”“吃蛋难”等问题，“肉票”“奶票”“蛋票”失去作用直至退出历史舞台。1985年1月23日，全市取消生猪派购，实行议价议销，同时对城镇居民进行价格补贴。1991年，国家公布100个产猪、牛、羊肉大县名单，重庆市有11个县入围，其中合川县、巴县、江津县名列前三。

随着人民群众生活水平提高，市民膳食结构发生变化。猪肉滞销、养猪亏本，而禽蛋类和牛羊肉则深受消费者欢迎，供不应求。全市积极调整畜牧业结构，大力发展节粮型畜禽。除引进外资建设现代化养鸡场和肉种鸡场外，还建成了一批饲养规模1万只的简易蛋鸡场，当年建设当年投产推广现代化养鸡技术。鼓励农民大力发展牛、羊、兔等草食牲畜和鸡、鸭、鹅等禽类。通过几年努力，节粮型畜禽产量迅速增加，满足了市场需求，畜牧业成为农村经济中一大支柱产业。直辖前的1996年，全市畜牧业产值95.43亿元，占全市农业总产值236.6亿元的40.33%，占全国畜牧业产值的2.5%，居全国第六位。畜牧业对农民收入增加的贡献率达40%。

1997年，重庆直辖后，形成了“大城市、大农村、大山区、大库区”格局。国务院三峡工程建设委员会办公室把“草食牲畜”作为三峡库区后期扶持的优先发展产业之一。重庆市人民政府制定了“服务城市、富裕农村、活跃市场、方便群众”方针，充分发挥市场经济的作用，制定扶持政策，促进了畜牧业持续、稳步、健康发展。1999年2季度，生猪生产滑坡，活猪和仔猪价格跌到了近年来的最低点。全市及时进行了调查研究，对生猪各种税费进行清理。重庆市人民政府提出了“稳产、减费、促销”措施，调动农民养猪积极性。

1999年后，重庆“国家无规定动物疫病区示范区”建设启动了，及2008年重庆“国家现代畜牧业示范区”建设的启动，为重庆的畜牧业持续、健康发展注入了活力。随着市场对肉产品的需求改善，全市根据市场需求调整品种结构，发展瘦肉型猪。启动“百万头优质瘦肉猪出口创汇产业化工程”“优质瘦肉猪基地重点县建设”“生猪和草食牲畜产业化百万工程”等项目。2007年开始，开展畜禽养殖保险，消除了农民养猪的后顾之忧。2008年即实现全市能繁母猪保险全覆盖，商品猪和仔猪保险在合川、忠县、黔江、涪陵等区（县）试点实行。

奶业生产逐步产业化，奶牛饲养小区迅速发展，牛奶产量迅速增加。牛奶消费已从婴儿、老年人为主扩大到普通市民。全市牛奶总产量在全国排24位，全市人均占有奶量2.2千克。乳品加工企业由原市乳品公司1家发展到8家，乳品加工能力达到日处理300吨/单班以上；乳制品的花色品种达50多种。

1998年起，加快调整畜牧业结构，大力发展以牛、羊为主的草食牲畜和禽、兔、蜂。2002年，建设“铜梁县1 000万只水禽基地”，2003年建成以荣昌县龙集镇为重点的“肉鸭优势产区”和以荣昌峰高镇为重点的“四川白鹅优势产区”。2001年，启动“优质草食牲畜产业化工程”。经过十多年的调整，全市牛羊生产上了新台阶。2015年，全市出栏肉牛、山羊分别比2001年增长63.9%、50.2%。养蜂业形成了以城口县为中心的渝东北、以彭水苗族土家族自治县为中心的渝东南中华蜜蜂产业带，以荣昌为中心的渝西片区西蜂产业带新格局。建成彭水、南川、城口3个中华蜜蜂养殖基地和荣昌西方蜜蜂养殖基地。南川区、彭水苗族土家族自治县、城口县被中国养蜂学会授予“中华蜜蜂之乡”称号。

为了有效解决畜禽养殖废弃物资源化利用问题，全市示范推广了畜禽养殖粪污治理成功模式，如“沼—肥—电”“零排放”“种养生态循环利用”“畜—沼—肥—果菜粮”等模式。

随着畜牧业向集约化、规模化发展，畜禽疫病暴发风险进一步加大。为此，全市加强医政、药政和防疫检疫工作，加强饲料、兽药质量监督。搞好产地检疫、运输检疫、市场检疫、屠宰检疫及口岸检疫，保护畜牧业生产健康发展，为人民大众保障肉品安全。

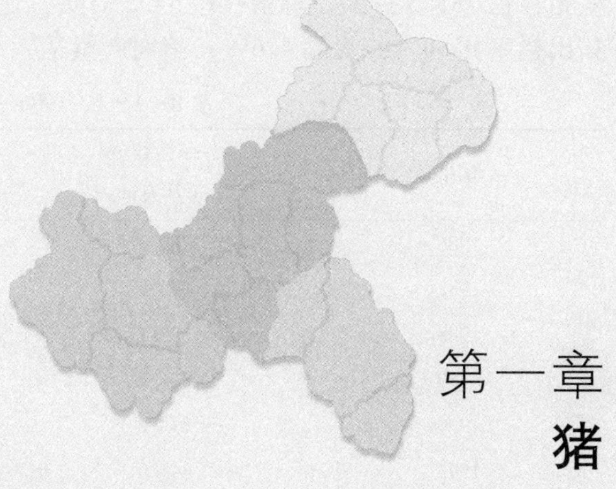

第一章
猪

猪粮稳则天下安。重庆是一个具有“大城市、大农村”典型二元结构的直辖市，1986 年以来的农业生产结构中，粮猪型经济结构突出，养猪业是全市传统的农业和农村经济发展优势型骨干产业，生猪生产一直是全市增加农民收入和地方财政收入的重要渠道。全市生猪生产优势区域布局在合川、开县、江津、万州、永川、云阳、巴南、长寿、涪陵、荣昌、綦江、垫江、奉节、梁平、潼南、南川、大足、铜梁、忠县、丰都、黔江、璧山、彭水、巫山、武隆、巫溪 26 个区（县），占全市区（县）总数的一半以上。2000 年以后，尽管畜牧业结构调整提出了“稳定发展生猪，大力发展牛羊草食动物，积极发展小家畜家禽”方针，但在之前以至未来相当长的时期内，生猪生产仍然是全市畜牧业中的最大支柱，在农业总产值中占据较大比重，仍然是全市农村农民现金收入的重要来源。30 年来，重庆市各级人民政府通过采取政策引导和资金投入等措施，生猪产业快速、稳定、持续发展。

第一节　生猪生产

一、计划单列市时期

1983 年，四川省重庆市成为经济计划单列市，农村面积和农业自然资源增加了一倍多，形成“大城市大农村”格局，为经济体制改革试点创造了条件。大城市带动大农村，促进了畜牧业快速发展。猪肉产量大增，不仅满足了重庆市的需求，而且还有富余。重庆市每年能够外调猪肉 6 万 ~9 万吨，成为全国大城市中唯一猪肉自给有余的市。

1985 年 1 月 23 日，根据中央决定，重庆市取消生猪派购，实行议价议销。购销价格同时放开后，财政对城镇居民进行价格补贴。

随着城乡经济日趋繁荣，人们膳食结构改变，市场肥肉滞销而瘦肉型猪肉供不应求。为了顺应市场变化，农牧渔业部和重庆市农牧渔业局决定进行养猪业内部结构调整，大力发展瘦肉型猪。

1985 年，农牧渔业部把永川、大足、潼南 3 个县和北碚区列入全国商品瘦肉型猪生产基地，由部、市、县三级配套投资建设，这是重庆市首批瘦肉型猪基地。

1986 年，农牧渔业部和重庆市共同投资在北碚、大足、永川、潼南、巴县、合川、江津 7 个区（县）建设第二批瘦肉型猪生产基地。重庆市农牧渔业局和基地县人民政府、农业（畜牧）局十分重视瘦肉型猪生产基地建设，通过加强良种繁育、饲料和技术推广三大体系建设，获得显著成效。当年全市生猪存栏785.3万头，母猪存栏54.5万头，比上年增长7.9%；出槽肥猪749.3万头，增长4.8%；生猪出栏率95.4%，提高4.6%；猪肉产量达到47.49万吨，增加13.6%（见表8-1-1）。

表8-1-1 1986—2015年重庆市生猪生产情况表

年份	年末存栏量（万头）	全年出栏量（万头）	猪肉产量（万吨）	备注
1986	785.3	749.3	47.5	
1987	805.5	786.6	50.4	
1988	832.1	868.4	57.1	
1989	838.2	881.0	58.5	
1990	843.6	907.5	61.3	
1991	844.0	931.2	63.6	
1992	819.6	938.3	62.7	
1993	809.9	936.6	—	
1994	815.5	947.3	67.4	
1995	798.9	963.3	68.4	
1996	—	1 988	138.6	含“两市一地”
1997	—	1 788	—	
1998	—	1 720.1	—	
1999	—	1 703.2	—	
2000	—	1 725.0	—	
2001	—	1 746.9	—	
2002	—	1 781.7	—	
2003	—	1 849.4	—	
2004	—	1 909.3	—	
2005	—	2 006.4	—	
2006	1 613.8	1 965	—	
2007	1 417.7	2 001.1	—	
2008	1 566.5	1 898.7	—	
2009	1 604	2 001	—	
2010	1 557.9	2 010.5	—	
2011	1 540.6	2 020.9	149.8	
2012	1 524.3	2 050.8	150.7	
2013	1 502.2	2 104.5	154.95	
2014	1 483.8	2 150.8	158.54	
2015	1 450.4	2 119.9	156.15	

注：自1996年起，数据包含两市一地的数据。

1987年12月，首批瘦肉型猪基地通过重庆市验收组验收。永川、大足、潼南、北碚4个区（县）完成的基地建设主要指标均达到了与部、市签订的商品瘦肉猪基地建设协议书的要求，成效显著。1985—1987年4个基地区（县）共出栏肉猪464.1万头，较基地建设前3年（1982—1984年）的345.3万头，增加118.8万头，增长34.4%，其中瘦肉型猪3年共出栏248万头，较前3年的88.6万头，增加159.4万头，增长1.8倍；3年新增猪肉，按1980年不变价计算，新增畜牧产值1.69亿元，比前3年增长34.4%。新增税利5 652万元，其中增加出栏肉猪118.8万头，按每头获利10元计，可新增利润1 188万元；新增瘦肉型猪159.4万头，按每头猪比一般肉猪增收10元计，可增收1 594万元。养猪业3年为国家提供税收6 496万元，比基地前3年的3 625.65万元，增加2 870万元，增长79.16%。全市出栏肉猪786.6万头，比上年增长5%。

1988年，第二批商品瘦肉猪基地建成并通过验收。在第一批基地的基础上新增的巴县、合川、江津3个县（市）纳入验收范围。3个县（市）由国家、市、县三级财政共投资273.6万元。经过3年的努力工作，任务基本完成且均达到优秀级标准，农民收入增加，经济效益和社会效益显著。3个县3年农户共增益11 813.8万元，农业人均增收32.6元；净增出栏猪的国家税收增加1 024.69万元。按国家投资273.6万元计，投入产出比为1∶3.74；出栏猪的商品率达71%～77%，累计净增出栏猪89.9万头，猪肉产量净增14.4万吨。为城市肉食品稳定供应和完成对京、津、沪及对苏出口起了积极作用。

至此，在农业部、财政部支持下，重庆市北碚、大足、永川、潼南、巴县、合川、江津列入全国商品瘦肉猪基地，加上原有的江北、长寿2个县，全市共有1区8县列为全国商品瘦肉猪基地。部、市、县（区）先后安排建设投资600余万元。

全市生猪持续稳定增长，1988年出栏生猪100万头以上的县增至3个县，其中合川县118.1万头，巴县118万头，江津县104万头。全市猪肉产量57.13万吨，人年均有猪肉38千克。1991年8月24日，国家公布100个产猪牛羊肉大县名单，重庆市有11个县入围，其中合川县、巴县、江津县列前三以上成绩的取得得益于全市的稳定生猪生产措施。

1990年，由于市场销售疲软，加上流通渠道不畅，猪肉收不完、调不出，出现大量积压的现象，农民养猪积极性受到影响。重庆市人民政府根据市畜牧管理部门“关于当前生猪生产存在的问题和意见的报告”，决定继续执行生猪奖售粮政策，保护农民养猪积极性，确保生猪的稳定增长。如全国第一产肉大县巴县采取了如下鼓励措施：一是对年交售20头肉猪以上的养猪户，每头再增供15千克奖售粮。二是对与食品部门签订合同的养猪大户，每头向银行贷款40元，食品部门负责贷款贴息。三是对畜牧部门鉴定合格的良种猪，每月供应50千克平价饲料粮。四是1990年11月1日至1991年5月31日，全县所产仔猪，每头奖售2千克饲料粮。五是为鼓励多渠道经营生猪，对集体和农民自宰上市出售的猪肉，减半收取市管费，对贩运户销售猪肉，免收行管费和市管费。六是对国营食品部门超计划收购生猪，每头按0.5元奖给销售人员。巴县人民政府成立了由县长挂帅和有关部门领导参加的生猪工作领导小组，对下年发展生猪的十大生产经济指标逐级下达，并悬奖4万元进行奖励。江北县人民政府拿出5万千克饲料粮作为荣昌良种猪的纯种繁殖奖励，每产1胎荣昌猪，奖售50千克玉米。沙坪坝区对出栏生猪20头以上农户，除继续执行奖售粮政策和优先收购外，每头生猪还奖励现金10～15元。江津市针对过去生猪生产上存在的问题，把健全生猪购销体制、培育生猪生产、经营市场作为生猪发展的“杠杆”，逐步建立、健全了生猪购销、加工和饲料、仔猪生产、经营市场。在生猪流通方面，全面放开购销价格，撤除“篱笆”，打破流通环节上的地区封锁，走出小市场，融入全国“大市场”。改过去食品部门独家经营为国营、集体、个体共同购销，并在上海、广州、深圳等10多个大中城市设销售“窗口”。1992年江津市养猪业年创产值1亿多元，创财政收入1 000万元以上，分别占农业产值和财政收入的27%的12%。永川市90多个乡都配有1名主管生产的副乡长和生猪管理人员，600多名畜牧兽医人员为养猪户开展全过程服务。每年培训养猪能手1 500多人，并编印《养猪实用技术手册》免费送到农民手中，提高养猪户的饲养技术水平。市里还投资40多万元，改造生猪疫苗冻库和防治疫病设备，全市生猪预防密度稳定在98%以上，发病死亡率低于2%。

由于各级政府采取有力扶持措施，畜牧部门加强管理和指导工作，1992—1993年生猪生产持续发展。

1994年，重庆市遭遇严重自然灾害，一是百年不遇的夏旱，二是大风、冰雹、洪灾，三是接连50多天的伏旱和连续30多天的绵阴雨天气，农业和畜牧业生产受到严重影响。在重庆市委、市人民政府

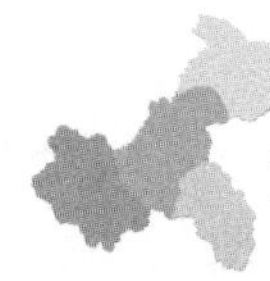

的领导下，各地采取各种措施奋力抗灾救灾，减轻损失，在大灾之年夺得丰收，畜牧业生产也取得成效。猪肉总产67.8万吨，较上年增产3.9万吨，增长6.1%；全年出栏肥猪947.3万头，增加10.7万头，增长1.1%；年末生猪存栏815.5万头，增加5.6万头，增长0.7%。

1996年，重庆市代管四川省万县市、涪陵市和黔江地区（简称：两市一地），各项统计指标均包含两市一地。全市肉类总产量达到159.5万吨，比上年同比增加4.9%。其中猪肉138.56万吨，比上年同比增加3.0%。出栏肥猪1 988万头，比上年同比增加1.86%。

二、重庆直辖后

重庆直辖后，形成“大城市、大农村、大山区、大库区”的格局。畜牧业除了原有功能和任务外，增加了为库区就地安置农民脱贫致富的任务。

同时，原四川省在渝单位划转重庆市管理，四川省养猪研究所隶属重庆市农业局，更名为重庆市养猪科学研究院。2003年9月22日，经重庆市人民政府批准，重庆市养猪科学研究院和重庆市种猪场合并，组建重庆市畜牧科学研究院，由重庆市农业局管理。2005年，中国养猪之父许振英的塑像在重庆市畜牧科学研究院内揭幕。

养猪是畜牧业的主业，在大农业中占有重要地位。1998—2015年，生猪市场出现周期性波动，猪肉价格时涨时跌，加上自然灾害的影响，生猪出栏量和存栏量出现小幅波动。2015年生猪出栏2 119.9万头，年末生猪存栏1 450.4万头。生猪生产已经形成了较为成熟的市场调节机制。

（一）稳步发展生猪生产

1997年以来，生猪产量有所下降，当年出栏生猪下降10%；1998年，生猪价格持续低迷，出栏生猪下降3.8%；1999年2季度，活猪和仔猪价格跌到了近年来的最低点，活猪价格仅为3.6元/千克，仔猪价格仅为1.6元/千克，同比分别下跌了18.2%和73.3%。猪价大幅下跌，生猪生产滑坡。当年1—6月全市出栏肥猪比上年同期减少3.2%，仔猪补栏也受到影响，生猪存栏比上年同期有所减少。

重庆市人民政府和重庆市农业局对这一情况极为重视，及时进行了调查研究，在对生猪各种税费进行清理的基础上，重庆市人民政府办公厅于1999年6月11日发布了《关于采取切实措施稳定生猪生产的紧急通知》，明确提出了“稳产、减费、促销”的工作意见，实行降税和减半收费办法，重点扶持一批龙头企业和生猪贩运大户，鼓励跨地区，尤其是市外调运生猪产品，发展各种经济成分的生猪龙头企业。这些措施促进了生猪的流通和猪肉的消费。从3季度开始，生猪价格明显回升，活猪收购价回升到5.0～6.0元/千克，回升了13.6%～36.4%，仔猪价格也回升到6.0～7.0元/千克，回升了50%～75%，从而调动了农民养猪的积极性。下半年全市集市猪肉成交量达24万吨，比上年同期增长13.3%。全年出栏生猪1 703.2万头、比上年的1 720.1万头仅下降0.98%。

（二）优质瘦肉型猪生产基地建设

由于猪肉价格下跌，生猪生产滑坡，养猪业积极寻找出路。首先从调整品种结构开始，大力发展瘦肉型猪，少养大肥猪。一方面，大力推广新荣昌猪Ⅰ系，重庆市人民政府投入近1 000多万元，加上地方配套和业主自筹共计5 400多万元，到2002年建成42个区（县）级新荣昌猪Ⅰ系二级扩繁场。1999年实施第一批21个区（县）新荣昌猪二级扩繁场建设，形成了600余头核心群，2 800余头基础母猪群的生产规模。另一方面，为生产优质瘦肉商品猪，拓展生猪外销市场，在全市选择20个交通便利、生猪产业基础较好、具有外销优势的区（县、市）实施纯外种猪杂交制种场建设项目。

2002年，开展“优质瘦肉猪基地重点县”建设，确立了“突出重点、分级负责、分布发展、逐步建成”的原则。全市把合川、江津、涪陵等确立为首批重点支持的区（县、市），着力抓点示范，对重点区县在资金、技术等方面给予大力支持、指导和督促。当地政府高度重视，成立了政府分管领导挂帅的项目领导小组，加强了项目的统一组织、协调指导工作，落实重点基地乡（镇）及重点村、社和专业大户的发展，有效推进了商品瘦肉猪示范基地乡（镇）的建设。合川市成为当时全市最大的优质猪生产基地，发展PIC商品猪专业户近600户，建设3个万头猪场和1个10万头猪场，发展26个千头以上猪场，成立了6个养猪专业合作社，出栏PIC商品猪近20万头，全年出栏优质猪30万头左右。

2003年，优势项目建设取得良好效果。合川规划建设了10个PIC优质瘦肉猪重点基地镇，发展上百头规模的养猪场780多个，其中万头猪场达12个，成为重庆市优质肉猪产业化发展的最大基地。合川市承担的PIC猪农业标准化示范区项目通过验收，标志着重庆市拥有首个国家级生猪标准化示范区。巴南规划建设了6个优质瘦肉猪重点基地镇，重点抓了渝太Ⅰ系母本猪扩繁场和“洋二元”外种猪杂交制种场建设，建立年出栏100头以上的规模养猪场（户）205个。

2004年，生猪良种覆盖面进一步扩大。全市推广饲养优质母猪21.5万头，瘦肉型母猪存栏量达94.5万头，分别占能繁母猪存栏总量的15.1%和66.5%。全市出栏瘦肉率56%以上的瘦肉型猪1 050万头，其中瘦肉率62%以上的优质瘦肉猪280万头，比上年分别增长19.3%和27.3%。全年出栏生猪1 909.31万头，比上年增长4.4%。

（三）百万头优质瘦肉猪出口创汇产业化工程

2001年，重庆市农业局启动“百万头优质瘦肉猪出口创汇产业化工程”项目。

2002年主要抓了以下工作：一是狠抓良种基础。全市17个项目基地县累计推广洋二元母猪和PIC父母代猪11.7万头，其中2002年新增3.9万头，建设规范化杂交制种场15个，形成年出栏200万头优质瘦肉猪的生产能力。二是建设优质瘦肉猪饲养示范乡（镇），适度规模养猪有了历史性的突破。17个项目基地县已建立瘦肉猪饲养示范乡（镇）30个，带动了全市集约化养猪和适度规模养猪的新发展。当年，全市出栏100头以上的规模养猪户达1 901户，万头以上的规模养猪场达到9个；全市出栏瘦肉猪790万头，占生猪出栏总数的45%。三是抓企业对外注册，促产品出口创汇。全市7家肉联厂和食品加工厂完成对俄罗斯出口官方注册，在中国加入WTO（World Trade Organization，世界贸易组织）第一年面临市场准入严峻挑战的形势下，重庆畜产品出口成倍增加。全年猪肉、肠衣、羽绒等畜产品出口创汇4 664万美元，其中出口猪肉1.01万吨，折合出口优质瘦肉猪40多万头，超额完成全年出口5万头的任务，比上年增加1.6倍，创历史新高。大正畜牧科技有限公司还被国家经济贸易委员会确定为活猪出口储备基地。

2003年，实施“百万头优质瘦肉猪出口创汇产业化工程”项目成效显著。一是重点基地建设进展良好。据统计，6个发展较好的重点区（县、市）已规划落实28个重点基地乡（镇），超额完成年初下达25个重点乡（镇）的项目任务，全市纳入规划的20个基地区（县、市）全年共新增落实55个重点基地乡（镇），完成全年规划任务的110%，全市PIC和“洋三元”优质肉猪基地乡（镇）已累计发展到100个，体现了“生产基地化、基地重点化、重点集中化”的规划建设思路。二是规模化、组织化养殖发展加快。据统计，全市全年出栏100头以上的养猪专业大户3 500余户，其中出栏1 000头以上的中小型猪场150多家，万头以上的大型猪场17家，养猪专业合作社13个。全市养猪业“小规模、大群体”式的规模化、组织化养殖模式已得到较快发展，势头良好，将为推动生猪产业化经营打下良好基础。三是无公害猪生产示范基地建设进展较好。猪场当年出栏10万头猪的大正畜牧科技有限公司等10家畜禽养殖企业获得首批无公害畜产品产地认定。合川等4个县（市）初步规划落实了无公害猪养殖示范小区15个，全年出栏无公害猪30万头以上。重庆市农业局制定的无公害猪生产示范基地建设和产地认定工作任务已超额完成。

2004年，猪肉出口成倍增加。据重庆出入境检验检疫局统计，当年全市猪肉出口2.6万吨（其中在重庆口岸出口1.8万吨，在外地口岸转出口8 000吨），比上年增长160%。

为做大做强重庆生猪产业，2004年编制了《重庆市500万头优质肉猪标准化养殖产业化开发建设项目规划》。重庆市委、市人民政府决定重点依托重庆华牧、今普、大正、德佳4家国家级生猪产业化重点龙头企业，按照“八统一”（统一小区规划布局、统一技术培训指导、统一圈舍建设规范、统一品种制种模式、统一饲养管理技术、统一防疫用药规程、统一环境控制标准、统一产品订单收购）的技术规范，发展生猪标准化饲养小区和规模化养猪场，搞好生猪屠宰加工产品开发，推进全市生猪饲养和猪肉加工标准化、规模化，开拓国际国内市场，把重庆市建成外向型的生猪生产加工基地。该规划通过了专家论证，上报农业部。

（四）生猪和草食牲畜产业化百万工程

2005年，实施“生猪和草食牲畜产业化百万工程”，全市建成20个生猪饲养重点基地县（自治县、区、市）及150个重点基地乡（镇），推广“洋二元”和PIC优质母猪24.5万头，出栏优质瘦肉猪310万头。同时，生猪养殖小区建设进展较快，全市已建成万头生猪生态养殖小区103个。2月3日，重庆市最大的生猪养殖场——重庆双隆养殖屠宰加工有限公司养殖场落户沙坪坝区青木关镇。该养殖场建设计划总投资3 000万元，除建年出栏20万头猪的养殖场外，还配套建设年屠宰10万头猪的屠宰加工生产线和年加工7 500吨肉类食品加工线。

（五）规模化标准化建设

2008年1月3日，重庆市人民政府办公厅印发《关于2008年扶持生猪标准化规模养殖发展的意见》，2008年12月23日通知停止执行。各区（县）积极开展生猪规模化养殖场建设。到2010年，全市建成万头猪场32个，生猪规模化养殖率达到45%。按照“畜禽良种化、养殖设施化、生产规范化、防疫制度化、粪污无害化”的总体要求，开展生猪养殖标准化示范创建活动，提升标准化生产水平，推动传统散混养殖方式向现代规模化、标准化、集约化养殖方式转变。重庆钱江食品集团鑫隆生猪养殖有限公司、重庆唯禾农业开发有限公司、重庆大正畜牧科技股份有限公司钱塘生态猪养殖场、重庆今普畜牧有限公司、重庆钱塘大柱生态猪养殖场、荣昌县星宇畜牧有限公司、重庆市荣大种猪发展有限公司潼南生猪养殖场、重庆市丰润牧业发展有限公司、重庆青一银升生态农业有限公司9个生猪养殖场通过农业部生猪养殖标准验收并获得授牌。

2011年，按照“五化”总体要求，继续开展生猪养殖标准化示范创建活动，建成万头猪场31个。重庆翰霏生态农业有限公司、重庆南方菁华农牧有限公司泔溪猪场、垫江龙盛生态农业发展有限公司、重庆永安畜牧开发公司4个生猪养殖场通过农业部验收并授牌。当年，全市拥有24个生猪调出大县、26个国家优势规划基地区（县），397.1万个生猪养殖户（场），其中，年出栏50头以上的有4.8万个；出栏100头以上的有1.8万个；出栏500头以上的有3 600个；出栏1 000头以上的有1 321个；出栏3 000头以上的有252个；出栏5 000头以上的有79个；出栏10 000头以上的有31个。

2012年，全市投入8 300万元在33个区（县）对286个场实施生猪标准化规模养殖场（小区）改扩建。重庆市合川区泰旺畜牧有限公司猪场等22个畜禽养殖场通过农业部标准化示范创建验收。重庆南方金山谷农牧有限公司罗家屋基猪场、重庆市熙友牧业发展有限公司生猪养殖场等28个畜禽养殖场通过市级标准化示范创建验收。

第二节　品种推广及繁育

一、品种及良种保种选育

（一）品种

重庆猪品种主要有荣昌猪、合川黑猪、盆周山地猪、罗盘山猪、渠溪猪、长白猪、大约克猪、杜洛克猪、PIC 猪。

1. 荣昌猪

荣昌猪因原产于重庆市荣昌县而得名，属于肉脂兼用型，是世界八大优良种猪和中国三大良种猪之一，现已发展成为中国养猪业推广面积最大、最具有影响力的地方猪种之一。1972 年被纳入“全国育种科研协作计划”，1984 年被列入全国著名地方良种猪，1985 年被列为国家一级保护品种，1987 年荣昌猪国家标准颁布，2000 年被列入第一批国家畜禽品种保护名录，2001 年建立国家级资源保种场，2006 年 5 月，农业部将荣昌猪列入国家级资源保护名录，2008 年建立国家级资源保护区，全国各省份均有荣昌猪分布。

荣昌猪主要分布于重庆市荣昌县和四川省隆昌县，在重庆其他区（县）都有一定数量的群体分布。据《四川家畜家禽品种志》记载，1987 年产区荣昌猪存栏量约为 15 万头。2006 年重庆市各区（县）调查，重庆市存栏荣昌猪母猪 20.6 万头、公猪 220 头。2012 年荣昌县畜牧兽医局调查，荣昌县荣昌猪母猪存栏 13.5 万头、公猪 620 头，重庆市种猪场的荣昌猪保种核心群存栏母猪 150 多头、公猪 20 多头。

荣昌猪体型较大，结构匀称，毛稀，鬃毛洁白、粗长、刚韧。头大小适中，面微凹，额面有皱纹，有旋毛，耳中等大小而下垂，体躯较长，发育匀称，背腰微凹，腹大而深，臀部稍倾斜，四肢细致、坚实，乳头 6～7 对。绝大部分荣昌猪全身被毛除两眼四周或头部有大小不等的黑斑外，其余皮毛均为白色。按毛色特征分别称为“金架眼”“黑眼膛”“黑头”“两头黑”“飞花”和“洋眼”等。其中“黑眼膛”和“黑头”约占一半以上。

荣昌猪对环境的适应性强，耐粗饲，性情温驯，易于调教，公猪采精容易，母猪泌乳性能好，护仔能力强。荣昌县人民政府于 1988 年 4 月下旬举办了新中国成立以来的首届“荣昌猪赛猪会”，1998 年 10 月举办了第二届“荣昌猪赛猪会”，2005 年 9 月举办“中国荣昌猪第三届赛猪会”。

2. 合川黑猪

合川黑猪俗称“泥猪”“刺猪”，因原产于重庆市合川区，全身被毛黑色而命名，属于肉脂兼用型，具有适应性强、耐高温高湿、抗病力强等特性。合川区的钱塘、沙鱼、隆兴等乡（镇）为核心产区，分布于重庆市合川区及其相邻区（县）。20 世纪 80 年代以来，瘦肉型猪生产的兴起和发展，外来良种公猪的引进和杂交肉猪生产的发展，使合川黑猪在数量上有所下降，主要用作经济杂交的母本，用于纯繁的比例急剧减少。据 2006 年调查，重庆市有合川黑猪母猪 12.8 万头，中心产区的公猪数量急剧减少，仅存公猪 51 头。据 2012 年合川区畜牧兽医局调查，合川区存栏合川黑猪 7.6 万头，其中成年公猪 36 头、母猪 4.1 万头。

合川黑猪体型中等偏大，体质健壮，被毛黑色，鬃毛粗长刚韧。头方正，额长，有少而深的横向皱纹，耳中等偏小，下垂略前倾，嘴筒长直，口叉深，背腰宽而稍凹，腹较圆而下垂，后躯欠丰满，四肢较短，后肢多卧系，乳头 6～7 对。

3. 盆周山地猪

盆周山地猪因产于盆周山地所属的大巴山、巫山、大娄山及乌蒙山一带而得名，属于肉脂兼用型品种，具有耐粗饲、繁殖能力强、母性好、抗逆性强等特性。主要分布于重庆市的酉阳土家族苗族自治县、黔江区、彭水苗族土家族自治县、秀山土家族苗族自治县、城口县、巫山县、巫溪县及其相邻县（自治县、区）。2004 年统计，重庆市盆周山地猪存栏 8.2 万头，2006 年 6 月底，重庆市盆周山地猪存栏 5.3 万头，其中公猪 32 头。20 世纪 80 年代以来，全市瘦肉型猪生产的兴起和发展，外来良种公猪的引进和杂交肉猪生产的发展，导致盆周山地猪数量减少，特别是用于纯繁的母猪数量急剧减少。据 2012 年调查，重庆市盆周山地猪存栏 3.1 万头，其中成年公猪 36 头、母猪 1.9 万头。

盆周山地猪体型中等大，被毛黑色，部分猪的额部、肢端、尾部有白毛；头较轻，嘴较长，额部皱纹少，体躯较窄，背腰平直，单背脊，腹大不拖地，臀部较倾斜；四肢结实，乳头 6～7 对。

4. 罗盘山猪

罗盘山猪，俗名“毫杆猪”，因产于重庆市潼南县境内的罗盘山地区而得名，属于肉脂兼用型品种，具有耐粗饲、适应性强、肌肉品质优良等特性。20 世纪 80 年代以来，全市瘦肉型猪生产的兴起和发展，外来良种公猪的引进和杂交肉猪生产的发展，使罗盘山猪在数量上下降很快，主要用作经济杂交母本，用于纯繁比例急剧减少。2004 年调查，潼南县境内罗盘山猪存栏 2 000 余头；2006 年调查，潼南县境内罗盘山猪存栏成年公猪 6 头、母猪 826 头。据 2012 年调查，潼南县罗盘山猪存栏 3 508 头，其中成年公猪 13 头、母猪 1 813 头。

罗盘山猪体型中等偏大，体质健壮，头中等大，额部横行皱纹较浅，嘴长而稍尖，耳中等偏小，体躯窄深，背腰稍凹陷，腹大下垂，臀部稍倾，后躯欠丰满，四肢较短，多卧系，被毛全黑、粗长，鬃毛粗长刚韧，乳头 6 ~ 7 对。

5. 渠溪猪

渠溪猪因原产于重庆市丰都县的渠溪河流域而得名，属于肉脂兼用型品种，具有肌纤维细、猪肉风味好、抗逆性强、耐粗饲等优点。主要分布于丰都县渠溪河流域及其相邻的区（县）和乡（镇）。20 世纪 80 年代以来，瘦肉型猪生产的兴起和发展，外来良种公猪的引进和杂交肉猪生产的发展，使渠溪猪在数量上急剧减少，主要用作经济杂交母本，用于纯繁比例急剧下降。2006 年调查，丰都县渠溪猪母猪存栏 5 142 头，公猪 11 头，核心产区的 4 个乡（镇）存栏渠溪猪母猪 1 526 头、公猪 7 头。据 2012 年调查，丰都县渠溪猪存栏 7 700 余头，其中成年公猪 29 头、母猪 3 200 余头。

渠溪猪体型中等偏大，体质细致健壮，全身被毛为黑色，粗而稀。头大小适中，耳小，略向两侧延伸，嘴筒长而尖，口叉深，额面由几条粗大皱褶组成，皱纹少。体躯较窄，背腰平直，腹大松弛下垂不拖地，臀部较倾斜，大腿欠丰满。四肢粗短而结实，多卧系，乳头一般 6 ~ 7 对，排列整齐。

6. 长白猪

世界上分布较广的著名猪种，瘦肉型。产于丹麦，原名兰德瑞斯猪。于 1895 年用英国大约克夏猪与丹麦当地白猪杂交选育而成，后许多国家相继引入，选育出各自的兰德瑞斯猪种。中国于 1964 年初次引入，现在已分布全国各地。因其体躯特长，毛色全白，故名长白猪。1967 年 3 月和 8 月，重庆市种畜场分两次从上海港接回 39 头长白猪，这是四川省农牧厅从英国和瑞典引进分配给重庆的。

7. 大约克猪

大约克猪又称为大白猪、大约克夏猪，原产于英国。由于大白猪体型大，繁殖能力强，饲料转化率和屠宰率高，适应性强，世界各养猪业发达的国家均有饲养，是世界上最著名，分布最广的主导瘦肉型猪种。中国目前的大约克夏猪体格大，体型匀称。耳立，鼻直，背腰多微弓，四肢较高。与引进初期相比，体型无明显变化，在饲养水平较差的地区，体型变小或腹围增大。据各地引种观察，大约克夏猪对我国寒冷的北方和温暖的南方气候都能基本适应，但与国内地方猪种比较，对极端气候条件则有所不适。

8. 杜洛克猪

杜洛克猪原产于美国。中国最早于 1936 年由许振英教授引入进行杂交观察。1972 年美国总统尼克松访华时，首次送给中国纯种杜洛克猪一对（属瘦肉型）饲养在河南息县外贸饲养场。1983 年 2 月 14 日，农牧渔业部从匈牙利引进一批杜洛克种猪，分配给重庆市公猪 4 头、母猪 9 头，饲养在重庆种畜场养猪分场，进行繁殖推广。

9. PIC 猪

英国育成。该猪生长速度快，158 天可达 110 千克，屠宰率 82.31%，瘦肉率 72.41%，料肉比 2.78。主要特点：一是吃得少，发育快。平均每投入 3.4 千克料可长毛猪 1 千克，体重达 100 千克左右，比国内猪育肥期缩短 90 天左右，少耗料 100 多千克。二是产仔多，成活率高。每头 PIC 母猪平均年产仔猪 2.3 窝，每窝平均 15 头，成活率高达 98%，比国产猪产仔数多出 1 倍以上。三是瘦肉率高，肉质细嫩、质量好。平均瘦肉率达 75%，其中符合出口标准的有 40% 左右，比国内猪瘦肉率高出 10% 以上。四是免疫力强，对环境适应性较好。目前，猪肉出口以日本、韩国、东南亚等国家和地区为主，年出口量 2 000 吨以上。

（二）良种保种选育

2000 年，重庆市畜牧部门在摸清全市畜禽品种家底的基础上，提出重点保护荣昌猪，主要措施：一是建立荣昌猪保种核心场和保种区。重庆市种猪场承担荣昌猪的纯繁保种任务，在荣昌县划定荣昌猪保种乡（镇），在保种区内禁止开展任何形式的经济杂交。二是国家和重庆市人民政府对荣昌猪投入专门的保种经费，以保证保种工作的正常开展。三是在成功培育出新荣昌猪Ⅰ系的基础上，重庆市科学技术委员会投入经费开展新荣昌猪Ⅱ系的培育工作，以提高荣昌猪经济价值，适应目前市场的需求。

2002 年，按照农业部的安排，重庆市完成了国家级品种荣昌猪的品种资源动态调查和性能测定，制定了保护与开发利用的详细规划，并开始实施。同时，在全市原种猪场中组织开展外种猪联合育种工作，以提高重庆市英（丹、瑞）系外种猪质量，为良种工程的实施提供优良种源。

2003 年，重庆市启动了畜禽品种资源调查与保护工作，在荣昌等 14 个区（市、县）对荣昌猪等国家级或者地方品种展开全面摸底调查，并以此为基础进行了保种场（区）建设。在荣昌县建立完善了国家级荣昌猪资源场和保护区，保种场群体规模母猪 100 头，公猪 8 ~ 10 个血统，公母比例 1 ∶ 8 ~ 10。

2005 年，全市按照事先制定的技术规范和实施方案，对全市所有地方畜禽品种资源及通过国家、重庆市品种审定委员会审定的新品种（配套系）和经国家、重庆市畜牧行政主管部门批准引进的畜禽品种等进行了调查摸底，对全市珍稀、濒危的合川黑猪等 6 个畜禽遗传资源上报农业部，争取纳入国家级畜禽遗传资源重点保护名录。在此基础上，编制了《重庆市“十一五”地方畜禽品种资源保护规划》《重庆市畜禽遗传资源动态监测五年规划》和《重点畜禽资源保护方案》，启动了荣昌猪等的保种场及保护区建设，进一步增强了有关部门和各级领导对地方畜禽遗传资源重要性的了解和认识。

2006 年，重庆市安排资金 250 万元，按照重点保护国家品种，突出保护利用价值高、濒临灭绝遗传资源的原则，对荣昌猪、合川黑猪等 9 个遗传资源的保种进行补贴。重庆市畜牧科学院利用地方优良猪种——荣昌猪的优良特性，结合外种猪的优点，采取三系配套模式，应用常规选育技术和分子遗传、信息技术等育种新技术，历时 9 年攻关，培育出肉质优良、适应性强、繁殖性能好、瘦肉率适中、市场竞争力强的配套系猪——“渝荣 1 号”猪配套系通过国家畜禽品种审定委员会审定，并以 1 500 万元的知识产权转让费转让给企业，使之向产业化转化。

2007 年以后，重庆市坚持不懈地进行良种猪保种纯繁选育。2007 年 2 月，重庆市自主选育成功的“渝荣Ⅰ号”猪配套系通过国家审定。至此，水稻、玉米、蔬菜、蚕桑、生猪成为重庆市动植物良种创新的“五朵金花”。

2010 年，按照《重庆市地方畜禽遗传资源保护补贴管理办法》，对荣昌猪等 10 个地方畜禽遗传资源基因库、保种场、保护区实施保种补贴。

2012 年，进一步加大对 1 个国家级猪配套系进行保护和开发利用；对荣昌猪等 15 个地方畜禽遗传资源基因库、保种场、保护区实施保种补贴，收集了重庆市 20 个地方畜禽遗传资源，特别是渠溪猪、罗盘山猪等濒危畜禽遗传资源信息，并对其进行动态监测。

2013 年，制定荣昌猪保种方案，对荣昌猪等 15 个地方畜禽遗传资源基因库、保种场、保护区实施保种补贴。

2014 年，完成《重庆市畜禽遗传资源志》出版和推广，荣昌猪成功进入《国家级畜禽资源遗传保护名录》，完善荣昌猪保种方案，改扩建 10 多个地方重点畜禽遗传资源保护场；建设重庆市畜禽遗传资源保护与监测评估中心，收集重庆市 20 个地方畜禽遗传资源，特别是渠溪猪、罗盘山猪等濒危畜禽遗传资源信息库，对荣昌等 5 个区（县）的荣昌猪等 6 个畜禽资源场实施动态监控，基本形成较为完

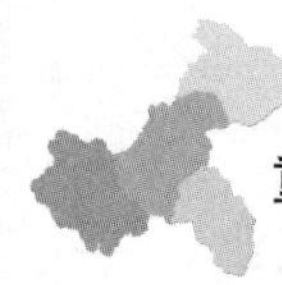

善的地方畜禽遗传资源保护和开发利用体系，稳步推进全市20个地方畜禽遗传资源保护与开发利用工作。

二、良繁体系建设

1988年，重庆市畜禽品种改良站对全市种公猪普遍进行鉴定，鉴定1 000余头。凡是符合标准的，由重庆市畜禽品种改良站委托区县畜牧部门发给种公猪合格证。养种公猪户实行持证经营配种，从而制止了长期以来种公猪管理混乱，劣质公猪到处乱配的现象，促进了良种猪的推广。

重庆市种畜场是良种猪繁育和推广的主要基地，1988年，重庆市种畜场良种种猪生产179胎，产仔1 659头，比上年增长8.9%；双月仔猪头重14.1千克，增长12.8%；推广良种猪1 394头，增长38.7%。1991年，重庆市种猪场深化改革效益显著。全年育成种仔猪2 218头，完成国家下达任务（1 640头）的135.24%。种仔猪育成率由1989年85.84%、1990年的89.88%，提高到1991年的93.84%。种用合格率（按国家标准）达到92.5%。由于种猪质量好，销量大增，出现供不应求的局面，在1991年年末前，种仔猪（60日龄）就销售一空。

1998年，重庆市种畜场通过国家级重点种畜禽场验收。该场对照国家级重点种畜禽场的标准，积极引种扩群换血缘，引回英系原种猪180头（15个血缘），使基础群达到600头，并新建改建种猪舍9幢，建筑面积达5 600米^2，还投入大量资金，购置设备，装备了化验室、消毒室、检测室、微机室，安装了电视监控系统，使种猪的生产管理、育种和性能测定更加先进、科学。农业部组织专家检查后给予很高评价，1999年1月7日，农业部93号公告公布重庆市种畜场为国家级重点种畜禽场。

生猪良种工程初具规模。一是全市已初步形成市种畜场、市种猪场为核心的新英系长白猪、大约克猪和新丹系长白猪、大约克猪为主的外种猪原种场和荣昌猪保种场，以养猪研究院为核心的新荣昌猪Ⅰ系的核心群场。其中，市种畜场（市种猪场）被农业部再次评定为国家级重点种畜场。两场共饲养有600余头新英系约克长白基础种母猪，100头新丹系约克、长白基础种母猪，近200头荣昌猪纯种猪。二是在万州、涪陵、合川、江津等21个区（县、市）建设了21个新荣昌猪Ⅰ系二级扩繁场。每县饲养新荣昌猪Ⅰ系母猪150头。三是在城口、秀山、丰都、永川、北碚等区（县、市）建设了5个以长白、约克猪为主的外种猪扩繁场。四是积极扶持业主，兴办了聘程种猪场和合川万头配套系种猪场。当年，合川万头配套系种猪场完成土建2万米^2，引进PIC商品配套系种猪800余头。

由于畜禽良种推广，当年主要畜禽出栏量呈增长趋势，其中优质产品比重明显增加，生猪出栏达1 780万头，其中优质瘦肉猪比重占出栏总数的35%。优良畜禽品种比重得到提高，当年全市引进推广良种猪1 879头，猪的良种覆盖率分别达到93%，优良种猪情期受胎率达到88.2%，杂交改良面达到95.15%。对种畜禽场验收换发证37个，种公猪鉴定发证1 800个，发证面达80%，在部分区（县、市）开展了种母猪普查登记。

通过多年积累和发展，形成了较为健全的良种繁育体系。具体分为父系和母系场。父系以国家重点种畜禽场——重庆市种畜场为主，饲养英系约克、长白外种规模928头。母系以重庆市种猪场、重庆市养猪科学研究院为主，培育提供荣昌猪、新荣昌猪Ⅰ系，两个场规模达1 200头。通过《重庆市新荣昌猪Ⅰ系二级扩繁场建设》良种工程项目，各区（县、市）建立了新荣昌猪Ⅰ系二级扩繁场，向本区（县、市）提供合格的新荣昌猪Ⅰ系母猪。同时，永川、秀山、丰都、北碚、沙坪坝等区（县、市）建立了外种猪扩繁场，以生产供应外种猪（包括纯种和母猪）。合川云门山种猪场还同英国PIC种猪改良公司合作，饲养有2 000头规模的PIC配套系（祖代）。

1999年，以生猪良种工程为重点的畜牧结构调整开始启动，全市在继续实施新荣昌猪Ⅰ系二级扩繁场建设的同时，在江津、奉节、合川等25个县（市）启动了以“纯外种猪杂交场建设”为主要内容的“洋三元”优质瘦肉猪基地建设。通过生猪良种工程的实施，一方面可以明显改进提高重庆市生猪品种质量、优化品种结构；另一方面通过优质瘦肉猪基地建设，将促进重庆市生猪产业跃上新台阶。

2000年，以生猪为主的良种工程建设取得阶段性成果。从1998年起，重庆市人民政府决定以实施良种工程为突破口，实施畜牧业的结构调整战略，并首先启动实施了第一批21个新荣昌猪Ⅰ系二级扩繁场建设项目县，2000年实施了第二批22个区（县）的新荣Ⅰ系二级扩繁场建设项目和25个区（县）的外种猪杂交制种场建设项目。目前，第一批项目区（县）共引进新荣Ⅰ系种猪146套，超额完成计划114套的引种任务，并按照“相对集中饲养，科学规范管理”的要求，每个区（县）都基本建起了2~4个二级扩繁场，种猪饲养管理和繁殖性能表现较好；项目区（县）已扩繁新荣Ⅰ系种母猪22 422头，累计推广生产母猪32万多头，且其商品杂交猪已在大足、合川、永川等县（市）生产推广；从新荣Ⅰ系与新英（丹）系约克、长白和杜洛克和杂交组合试验效果看，商品猪瘦肉率均达到了58%以上，比老荣昌猪与外种猪杂交商品猪的瘦肉率高出8~10个百分点。外种猪杂交制种场建设项目也取得了突破性进展，已落实建场业主34家，科技示范乡（镇）125个，建圈舍3.6万多米^2，引进新英（丹）系长白、约克种猪3 896头，超出项目任务的47.6%，建立了以杜洛克为终端父本的“洋三元”标准化人工授精站76个，已推广洋二杂母猪2 678头，生产“洋三元”优质商品猪4 150头。至2000年年底，全市已基本形成了以市种畜场、种猪场、养猪研究院为核心，以区县级扩繁场为网络，以良种猪制种户为载体的生猪三级良繁体系。良种母猪覆盖率已占全市存栏母猪的25.4%。生产瘦肉率在56%以上的优质瘦肉猪560万头，比上年增长27.3%。

2001年，继续巩固和完善生猪良种工程，在全市基本建成了生猪三级良繁体系。全市良种猪推广速度加快，覆盖率大幅度提高。2001年年底，全市良种母猪已达40万头以上，占全市存栏母猪的30%左右。良种工程的实施有力地推动了产业结构调整，在全年肉类总产量中，猪肉比重下降1个百分点。同时，畜产品优质品率和商品率逐渐提高，优质瘦肉猪占出栏猪的比重已达38%；生猪的商品率达到70%以上。

2002年，抓好生猪良种工程建设。在25个生猪主要生产基地区（县、市），实施了外种猪杂交制种场建设项目，积极支持有条件的业主承建一个存栏基础母猪100头以上的“洋二元”母猪和PIC母猪制种场，以带动区县级良种猪制种场的发展。同时，在全市39个区（县、市）继续繁育推广新荣昌猪Ⅰ系母猪。目前，基本建立了以市级祖代和原种猪场为供种核心，县级“洋二元”母猪、PIC母猪和新荣昌猪Ⅰ系母猪制种场为基础，种猪大户为网络的良种猪三级繁育体系。据统计，全市用于生产瘦肉率达56%以上的瘦肉型猪的良种母猪达到50多万头，占母猪存栏总量的38%左右。良种繁育体系的建立完善，有效促进了畜禽良种化优质化水平的提高。生猪的良种覆盖率分别达到90%，优质率分别提高到了38%。

2006年，畜禽良种场建设，把外种猪场、PIC父母代场的巩固发展作为扶持重点，安排市级畜牧业财政专项资金150万元、基建专项资金150万元，用于祖代猪的引种补贴，提高核心种猪群的质量。重庆市种畜场在永川市双竹镇投资450万元，建成占地13.33公顷的外种猪原种场，建成包括饲料生产、配种、怀孕、高床产仔、保育、生长、参观车间等在内的种猪生产线3条，面积4 600米^2，并配备先进的育种软件、生产管理软件、电视监控系统软件等设备设施；完善从英国引进100头原种外种猪的相关手续，引种资金总额为300万元，其中重庆市人民政府解决150万元专项引种补贴资金；落实56万元良种猪引种补贴专项资金，分别用于对重庆金博农业有限公司训猪场、索特双龙种猪场、重庆桂楼公司种猪场、重庆大正公司PIC种猪场的引种补贴。

2007年，全市累计建成畜禽原种场、资源场、祖代场等市级管理场104个，其中种猪场51个，初步形成原种（曾祖代）场、祖代场、父母代场的良种繁育体系格局。

2008年，重庆市扶持种猪生产企业从国外和市外引进长白、约克、杜洛克原种猪3 211头和祖代种猪2 949头，新增父母代种猪10.5万头，能繁母猪达到147.7万头；改扩建各类种畜禽场13个，生猪标准化人工授精站点10余个；对万州、黔江、合川、开县、江津、荣昌6个区（县）的25万头能繁母猪进行生猪良种补贴。累计建成生猪原种（曾祖代）场10个，祖代场47个，农业部种猪质量监督检验测试中心（重庆）1 个，标准化种猪人工授精站 250 个。重庆市初步形成以生猪为主导的“原种场—祖代场—父母代场”点链载体结合的畜禽良种繁育体系新格局。2009 年，生猪良种覆盖率达到 96%。

2010 年，生猪良种繁育体系基本建成。以原种场和资源场为核心、扩繁场和人工授精站（点）为支撑、监测中心为保障的生猪良种繁育体系基本形成并逐步完善。建成外种猪原种场 10 个、祖代种猪场 55 个、种公猪站 82 个、生猪良种覆盖率 96%。推进外种猪联合育种，重庆的隆升公司、69 原种猪场、南方金山谷、市种猪场、市种畜场 5 家种猪企业成为全国猪联合育种协作组成员单位。

2012 年，建立了部级种猪性能测定站 1 个、外种猪原种场 7 个、地方猪资源场 3 个、祖代种猪场 50 余个、种公猪站 10 个、猪人工授精点 300 多个，成功培育了渝荣 I 号猪等 3 个新品系（配套系），拥有荣昌猪等 5 个地方猪种遗传资源。有健全的市、区（县）、乡（镇）三级猪品种改良技术服务机构，年推广良种种猪 10 万余头。

2014 年，建成国家级生猪核心育种场 2 个，部级种猪性能测定站 1 个，高代次种猪场（原种场、资源场、祖代场）57 个，种公猪站 50 个。建立部级种猪性能测定站 1 个，外种猪原种场 7 个，地方猪资源场 3 个，祖代种猪场 47 个，种公猪站 50 个，有健全的市、区（县）、乡（镇）三级猪品种改良技术服务机构，年推广良种种猪 20 万余头。

第三节　养猪技术推广

重庆市养猪业在依靠政策调动了千家万户的积极性后，立即推广科学技术，提高生产力，促进生产发展。主要有农业部和重庆市科学技术委员会的技术推广项目、农业部的丰收计划两大类。同时，根据有关部门要求和生产发展需要，制定了各种技术标准和规范。

一、重点推广项目

（一）“五改四推”养猪综合技术

“五改”即改本交为人工授精配种；改熟饲稀喂为生饲干（稠）喂；改喂单一饲料为喂配合饲料；改喂大肥猪为喂适宜体重（90 千克）屠宰；改吊架子育肥为前敞后限、前高后低的新法育肥。“四推”即推广经济杂交，推广仔猪培育综合技术，推广青贮饲料，推广猪病综合防治技术。1986 年开始全面推广“五改”新技术。1987—1989 年继续进行，在江津、合川、巴县、潼南、铜梁、永川、大足、荣昌、璧山、綦江、长寿、江北县和北碚、南桐、双桥区的 100 个乡、1 000 个村组、10 万个农户、100 万头商品瘦肉型猪进行示范，实际落实 147 个乡、1 260 个村（组）、20.26 万个农户的 125 万头猪的科技示范，带动了大面积推广。该项目 1988 年年底基本完成，通过验收。1989 年 7 月通过评审，并被评为重庆市科技进步二等奖。

（二）生猪标准化生产技术

2002 年，围绕生猪产业化百万工程和畜禽良种工程的实施，重庆市开展了良种引进、人工授精、胚胎移植、饲养管理、疫病防治等关键技术培训，全市共开展各级各类培训班 300 多次，受训人员万余人次，印发各类宣传资料达 20 多万份。在合川、江津和涪陵 3 区（市）实施了市丰收计划项目“优质瘦肉猪配套技术推广”。

2004 年，重点推广优质肉猪标准化生产实用技术等 11 项实用技术。向规模饲养场和饲养大户免费发放技术手册 10 万多份，举办市、县级标准化技术培训班 200 多期。开始在规模饲养场和饲养大户中推广应用优质肉猪饲养“八统一”和技术规范，显著提高了饲养科技水平。

2005 年，重庆市科学技术委员会项目“出口型瘦肉猪生产关键技术研究与开发示范”在武隆县实施，有效地促进了科技成果的转化，推动了全市畜牧业生产向优质、高产和高效发展。

2005 年，市级畜牧部门举办了“生猪养殖小区生产技术”等各类培训班。编印生猪、养殖小区建设标准、技术规范和畜禽养殖技术挂历 8.86 万册（份），宣传普及畜禽饲养技术；印发猪肉质量安全知识宣传资料等各种宣传资料 200 多万份。编写出版《无公害瘦肉猪标准化生产》技术丛书 4 种；印发《瘦肉猪标准化生产技术实用手册》等技术资料 4 种。

2006 年，畜牧部门把提高畜禽规模养殖和养殖小区建设标准化实用技术水平作为重点，加强畜牧技术推广。结合优质生猪和草食牲畜产业化 2 个畜牧业百万工程的推进，重点推广畜禽养殖高温应急技术方案、优质肉猪标准化生产实用技术等 11 项实用技术培训。

2007 年，实施猪良种补贴项目，推广猪人工授精技术，受孕母猪 28 万头。在合川、武隆等 6 个区（县）开展以生猪标准化规模养殖为主的科技示范。通过开展技术推广活动，普及了畜牧生产技术，提高了畜牧生产技术水平。

2010 年，畜牧部门加强生猪养殖粪污治理，示范推广适宜浅丘地区的重庆隆生公司原种猪场“沼—肥—电”模式，以翰霏公司、多多多养猪场为代表的零排放模式，三峡库区海林生猪专业合作社、桂楼猪场等种养生态循环利用模式，武陵山区 69 原种猪场、丰韵猪场“畜—沼—肥—果（菜、粮）”循环利用模式。同年，重庆市科学技术委员会下达科技推广项目“发酵床零排放养猪技术研究与示范”，项目经费 10 万元。

（三）丰收计划项目

1990 年，实施“瘦肉猪生产配套技术推广”项目，超额完成任务。出栏三元杂交肉猪 48.70 万头，超过合同任务 20 万头的 143.5%。瘦肉率达 53% ~55.9%，超过合同规定瘦肉率 53% 的要求，瘦肉产量增加 170 千克。“猪人工授精优化配套技术”项目的实施使良种公猪利用率由 1∶800 提高到 1∶1 198，情期受胎率达 87.07%，优化配套技术普及面 55.4%，分别超计划 7% 和 5.4%。

1991—1996 年，连年实施丰收计划项目，促进畜牧业稳步发展。1996 年实施了“优质瘦肉猪生产培育技术推广”“仔猪主要疫病综合防治技术推广”“生猪及肉品检疫检验成套技术推广”等 8 个市级“丰收计划”项目，市、县、乡 3 级共投入项目经费 339.45 万元，共推广各类良种畜禽 1 850.03 万头（只），新增总产 5 107.88 万千克，新增产值 22 029.6 万元，新增效益 13 645.67 万元，取得了显著的经济效益和社会效益。1997 年，生猪市场低迷，畜牧业进行结构调整。各级畜牧部门陆续实施了多项“丰收计划”项目和技术推广项目，取得了较好效果，保持了生猪生产稳步发展。

二、制定的主要技术标准和规范

2008 年，编制了《优质肉猪生产技术规程》等 2 个重庆市地方标准，编撰并申报《种公猪饲养管理》《种母猪饲养管理技术规程》2 个地方标准，编写了《生猪标准化规模养殖技术与管理》以及重庆市主导品种和主推技术资料。

2010 年，根据重庆市生猪遗传改良计划，制定《优质肉猪生产技术规程》《发酵床猪场建设规程》《种母猪饲养管理技术规范》《种公猪饲养管理技术规范》《猪人工授精技术规范》5 个地方标准，指导生猪养殖。

2011 年，制定了《猪活体 B 型超声波测定规范》地方标准，指导全市的生猪育种测定。通过重庆市农业农村信息网、重庆畜牧网、重庆农畜产品交易所、12316 等平台，及时发布生猪价格预警信息，帮助养殖企业实现科学有效补栏，降低养殖风险。

2012 年，制定《种猪引种技术规范》等 4 个地方标准，并通过市质量技术监督局组织的专家评审。

2013 年，制定《仔猪饲养管理技术规程》等 4 个地方标准；发布长白猪等畜禽主导品种 33 个；完成“良种猪精液检测中心建设”等技术推广类、生产发展类项目 25 个；实施“规模猪场粪污监测与生态还田技术应用与示范”等科学研究类课题9项。

第四节 扶持政策

1985年2月，农牧渔业部投资40万元用于重庆市永川县、大足县、潼南县、北碚区瘦肉型商品猪基地建设。4月19日，重庆市人民政府决定削减10%的行政经费，将节约的钱用于猪肉和副食品价格补贴。

1986年，为了满足人民生活和外贸出口对瘦猪肉增加的需求，加快重庆市瘦肉型猪基地建设，提高猪只瘦肉率和商品率，重庆市财政局、重庆市农牧渔业局决定对年出栏肥猪万头以上的巴县、合川两县进行扶持，当年各安排建设资金20万元，县配套资金不低于一比一。这项资金主要用于良种猪的繁育、推广，饲料加工、疫病防治及技术服务等项目。基地建成后按市投资总额的15%交回市财政。

1987年，为了进一步支持瘦肉型商品猪生产基地建设，使之具有配套生产能力和后续生产能力，达到基地建设的要求，发挥投资经济效益，重庆市财政局、市农牧渔业局根据财政部和农牧渔业部（87）财农字第31号通知要求和重庆市对基地县建设的具体安排，决定对大足、永川、潼南3个基地县追加建设资金20万元，对新上的合川县投资20万元。

1987年5月，重庆市人民政府作出《提取生猪发展基金的决定》，决定从1987年7月1日起，将1986年已向经营生猪的单位和个人提取的生猪技术改进费，由每头提取0.4元增加到1元，新增的0.6元作为生猪发展基金。并规定经营者可以计入成本。除农民自宰自食、自宰分食的不提外，无论是国家、集体和个体经营者都要按规定缴纳，不准少交或截留。按照取之于牧，用之于牧的原则，生猪发展基金由农牧部门掌握，专款用于畜牧生产技术改造，主要用于养猪业的系列化生产和服务的配套建设，其次作为瘦肉型商品猪基地建设的补充资金。生猪发展基金的使用受财政和审计部门的监督。当年提取生猪发展基金69.06万元。

重庆市农牧渔业局根据重庆市委、市人民政府的指示，提出当前抓好生猪生产的意见：①保护母猪，稳定猪源。教育农民从长远利益出发，“逢贱莫砍，逢贵莫揽”，不要盲目淘汰母猪，使母猪保持一个恰当的比例，同时，要加强对阉割人员、个体屠工的管理，不准随意阉割、宰杀和贩卖母猪；母猪比例过低的地方要制定母猪保护政策，以稳定猪源。②抓好青绿饲料的生产。各地抓住各种有利时机，采取措施开辟青饲料门路，积极为生猪尽可能多搞一些青绿饲料，同时搞好实验示范，大力推广苕藤青贮喂猪。③推广“五改双推”技术，突出仔猪补饲，抓好替槽上圈猪。④加强疫病防治。加强疫情的监测，抓紧春防后的查漏补防，保证猪瘟预防注射密度常年保持在95%以上，生猪疫病死亡在3%以下。⑤继续发挥国营商业的主导作用，实行多渠道经营生猪。

1988年1月6日，四川省委、省人民政府《对粮食和生猪的一些政策规定》指出，生猪是全省农村一大经济支柱，应实行“保护农民养猪积极性、保证省内市场供应、保证完成计划上调任务，重点是保护农民的积极性”的方针，缩小以粮换购计划，逐步理顺产销关系，促进养猪持续发展。①缩小计划收购数量。②稳定奖售政策：在计划收购以内，每收购1头肉猪奖售70斤粮食。专业户按合同每年交售商品猪10头以上的，每头增加奖售粮60斤；年交售30头以上的，每头增加奖售粮100斤。③放开价格，实行多渠道经营：收购生猪的奖售粮按粮食合同定购价购销同价供应。生猪价格随行就市。为确保收购计划和上调任务的完成，在收购价格放开的基础上，奖售粮作为一种经济手段，以鼓励农民向国家交售商品猪。调拨生猪计划，以县为单位，分月考查，完成任务后就自行销售。随着收购价格的放开，外调价格也随之放开；省内市场从实际出发，分别决策，分散消化，把市场肉价放开，实行购销差率管理，变暗补为明补。在购销价格放开的前提下，对消费者的补贴不能失去控制，大体不超过每人每月3斤。④提取生猪价格调节基金，防止价格大上大下对生产和市场的影响：调节基金全部归县，省、市（地、州）均不分成，主要用于扶持生猪生产，尤其是专业户发展商品猪；在供应发生变化时，用以作价格上的保护，还可用于生猪储备调剂。⑤建立生猪发展基金：此项基金由政府主管农村工作的负责干部掌握，主管部门安排，财政部门代管，大部分用作无息有偿使用。重点扶持商品猪和养猪基础设施及完善服务体系等。⑥改革畜牧管理体制，将生产、经营、加工由多部门管理为产销统一管理体制。

1988 年 10 月 11 日，重庆市人民政府发出关于做好生猪旺季工作的通知，要求各区（县）政府高度重视，加强领导，立足于早抓，采取有力措施，做好今年旺季生猪工作。①适当提高生猪收购价：从 1988 年 10 月 12 日起，将现行收购均价由每千克 2 元 3 角调升至 2 元 6 角到 2 元 7 角，最低不少于 2 元 5 角。生猪收调差率掌握在 15% ~16%，调市基价每千克 3 元 1 角 2 分。②生猪饲料粮奖售政策不变。③ 4 季度生猪收调计划必须保证完成：各县要采取有力措施，及早着手抓紧抓好生猪收调工作，确保收购 93 万头、调市 65 万头的计划完成。为了保证计划实现，对活猪、冻肉外调要继续加强管理。铁路运输部门凭市食品公司签章才予放行；对非计划流出市外特别是省外的生猪，要严加控制，并向收购单位收取组织费，每头收多少由各县自定。④ 9 区 4 季度居民定量食肉国营销价不变。⑤加强市场管理，做好销售工作：各区（县）要切实加强市场管理，加强物价监督，对欺行霸市、哄抬肉价、扰乱市场秩序的行为要严厉制裁。鉴于收调价提高，居民定量销价不变，牌市差价拉大，对国营肉店要严加管理，不准混等混级、短斤少两、“卖大号”，一经发现要从重处理。⑥加强领导，实行区（县）长负责制。

1989 年，重庆市农牧渔业局转发农业部“关于认真贯彻关于做好生猪收购工作稳定生猪生产”的通知。防止生猪生产出现大的滑坡，各地近期特别要做好种猪的保护工作，严禁宰杀、阉割能繁母猪，采取措施稳定仔猪市场价格，积极配合有关部门认真贯彻落实省市有关生猪生产、购销的政策，以稳定农民的养猪积极性，同时要加强饲料原料的组织调运和配合饲料的加工供应，发动农民增间、套种青绿饲料、各级畜牧兽医部门要普及推广“五改四推”养猪综合技术，以节约饲料，降低养猪成本，保护生产者的利益。

1994 年 11 月 22 日，重庆市农业委员会对生猪生产补贴专项资金的批复，原则同意重庆市农牧渔业局把今年 100 万元生猪生产补贴专项资金重点投向优质出口猪示范区及配套服务项目建设的意见，支持探索适度集约化养猪，发挥规模效益的路子，促使生猪生产向质量型、效益型方向发展。

1996 年 4 月 23 日，重庆市农业委员会办理重庆市政治协商会议《关于我市生猪产销情况的调查与建议的报告》的函，为切实做好稳定生猪生产、平抑市场物价、保障储肉供给工作，提出以下意见：

第一，认真落实扶持生猪生产政策，充分调动农民养猪积极性。为进一步稳定生猪数量，提高生猪质量，对种猪场和养猪大户在资金上要给予必要的扶持。①每年收取的生猪技改资金应全部返还农牧部门并主要用于良种繁育、防疫、饲料三大体系建设；②生猪补贴专项基金用于生产环节的比例由 10% 增加到 30%；③对养猪大户圈舍用地国土部门要给予支持，视为结构调整用地，不养猪后再拆除还耕；④制定落实优质优价政策，切实减轻养猪农户不合理的税费负担，降低生猪生产成本，保护养猪积极性。

第二，积极促进生猪集约化养殖。随着社会主义市场经济的建立，生猪生产要从农村副业型向集约化、产业化转变，形成规模效益，降低生产成本。对专业养猪大户在饲料粮供给和资金、销售、信息、技术等方面要重点扶持，并在购销活动中给予必要的税费优惠。

第三，建立生产风险基金，稳定生猪发展。生猪生产是农村的一项支柱产业，生产周期相对较长，受仔猪价格、饲料、疫病、市场等影响较大，生产出现波动是难免的，为此，建议尽快建立“生猪生产风险调节资金”，由农业部门根据生产变化情况协调使用，相对稳定和有力调控仔猪、饲料价格，协调存栏数量和出栏时间，确保常年均衡上市，调动农民养猪积极性。

1994 年 11 月 21 日，重庆市农业委员会向重庆市人民政府报送《关于新荣昌猪Ⅰ系引种试验示范实施情况的报告》，称在 1994 年 5 月重庆市人民代表大会会议期间，重庆市人民政府召集市级有关部门

召开了现场办公会，就重庆市人民代表“关于推广新荣昌猪Ⅰ系良种建议”进行研究，决定：①将荣昌猪Ⅰ系列入“九五”和2010年农业良种推广计划；②在重庆市种猪场建立荣昌猪Ⅰ系原种猪核心群场；③重庆市科学技术委员会立项，在市郊进行试验示范；④由市财政拨款20万元，用于开展新荣昌猪Ⅰ系引种试验示范工作的经营补贴。

2004年，重庆市委、重庆市人民政府决定重点依托重庆华牧、今普、大正、德佳4家国家级生猪产业化重点龙头企业，按照“八统一”的技术规范，发展生猪标准化饲养小区和规模化养猪场，搞好生猪屠宰加工产品开发，推进全市生猪饲养和猪肉加工标准化、规模化，开拓国际国内市场，把重庆市建成外向型的生猪生产加工基地。为此，编制了《重庆市500万头优质肉猪标准化养殖产业化开发建设项目规划》，该规划通过了专家论证，上报农业部。

2005年，完成《重庆市“十一五”优质瘦肉猪产业化百万工程规划》《重庆市500万头优质肉猪发展规划》等规划的编制。

2006年，重庆市人民政府办公厅印发《关于扶持生猪产业发展的通知》，制定扶持生猪产业发展的6条政策措施，安排专项经费366万元，对规模养殖场（户）和养殖小区饲养基础母猪给予一次性保种补贴。重庆市农业局和重庆市财政局联合印发《关于下达2006年旱灾后畜禽保种（引种）补贴资金的通知》，从中央救灾资金中安排800万元，用于种猪、良种畜禽生产补贴；重庆市人民政府从社会募捐赈灾资金中安排1 187.46万元，对存栏商品猪50头以上、存栏母猪30头以上的养殖户，按存栏总量的20%下达补栏计划，养殖户补栏后给予每头商品仔猪40元、每头母猪150元的补贴。有关区（县）也配套制定相应的政策措施，对良种畜禽和规模养殖实行生产补贴。通过实施保种和补贴等措施，有效地调动了广大养殖农户的积极性。到2006年年底，全市能繁母猪存栏量已恢复到130万头以上，比最低时期的存栏量增加15万头，商品猪存栏量达到1 680万头，比最低时期的存栏量增加120多万头。

加快养殖方式转变，加强资金管理与投入，建立财政投入新机制，对市级畜牧支农资金的安排使用进行改革，将原来的资金计划下达改为对规模养殖场（户）和养殖小区的直接补贴，促进了畜牧业2个百万工程建设。有36个县（自治县、区、市）的1 737个规模养殖农户和养殖小区进行补贴资金申报，申报养殖规模为80.39万头，申请补助资金2 151.58万元。其中，生猪养殖户1 173户，出栏生猪78.83万头，申请补助资金1 576.57万元。通过落实政策示范、服务跟进等措施，当年实施畜牧业2个“百万工程”共出栏优质瘦肉猪360万头，比上年增加50万头。

2006年，重庆市农业局、重庆市财政局联合制定了《畜牧规模养殖补贴（暂行）办法》，扶持重点由养殖小区转向规模养殖，由对良种、粪污、技术等环节进行补贴转向对规模养殖出栏进行补贴。畜牧部门加强畜牧技术推广。把提高畜禽规模养殖和养殖小区建设标准化实用技术水平作为重点，加强技术推广。结合两个“百万工程”，推广畜禽养殖高温应急技术方案等11项实用技术。2006年8月1日，重庆市财政局、农业局印发了《重庆市畜牧业规模养殖补助（暂行）办法》的通知。

2007年，中央和重庆市人民政府出台一系列扶持畜牧业发展的政策，包括能繁母猪补贴及保险，生猪良种繁育体系建设和生猪良种补贴，生猪标准化规模养殖、生猪养殖调出大县奖励，生猪和奶牛保险试点，畜禽规模养殖补助，高次代种猪引种补贴，高致病性猪蓝耳病疫苗经费补助和强制扑杀病猪补偿等。

2008年，市级以上财政新增畜牧业投资8.6亿元，比上年增长87%，其中能繁母猪补贴1.28亿元，能繁母猪保险5 098万元，生猪标准化规模养殖补贴3.5亿元，生猪良种补贴1 152万元，生猪人工授精站点建设投资600万元，高代次种猪引种补贴1 773万元。

2009年，全市整合安排4 800万元资金支持核心区重点项目建设，启动原种猪场、祖代猪场等重点项目建设。落实中央现代农业生猪养殖专项资金1.24亿元，用于拓展区现代生猪养殖示范基地建设；继续实行生猪良种补贴、畜牧业扶持政策，落实11个区（县）生猪良种补贴资金1 760万元、生猪规模养殖小区改扩建资金8 100万元。

2010 年，全市有 33 个区（县）落实生猪标准化规模养殖场（小区）改（扩）建资金共 8 100 万元，20 个中央生猪调出大县享受奖励金共 9 339 万元，11 个区（县）继续实施生猪良种补贴项目共补贴1 760万元。争取到中央现代农业生猪专项资金 8 500 万元，用于支持发展生猪产业。继续开展能繁母猪保险，在合川、渝北、黔江、忠县、涪陵、荣昌 6 个区（县）继续开展商品猪保险试点。

2011 年，生猪扶持政策：一是落实 9 873 万元生猪调出大县奖励资金扶持 24 个区（县）促进生猪生产。二是落实能繁母猪补贴 1. 3 亿元。三是落实 8 300 万元专项资金支持生猪标准化规模养殖。四是落实 2 120 万元生猪良种补贴资金，对 16 个区（县）的 53 万头能繁母猪实施人工授精进行补贴。五是投入 7 000 余万元资金继续实施能繁母猪养殖保险全覆盖。六是生猪养殖保险从 6 个区（县）扩展到了 22 个区（县），市和区（县）财政补贴资金达 5 000 余万元。七是落实生猪产业化 3 400 万元扶持龙头企业。八是利用市级农业发展资金 3 000 万元健全完善生猪良种繁育体系和扶持生猪标准化规模养殖。

2012 年，继续执行扶持生猪生产政策：一是生猪调出大县奖励资金，二是能繁母猪补贴项目，三是生猪标准化规模养殖改扩建项目，四是生猪良种补贴资金，五是能繁母猪养殖保险，六是生猪养殖保险。

2013 年扶持生猪发展政策：一是国家生猪调出大县奖励政策。合川、开县等 25 个区（县）获得奖励资金 1. 1 亿元；秀山、丰都等 6 个区（县）获得市级统筹资金 900 万元。二是生猪标准化（小区）改扩建项目。万州、涪陵等 31 个区（县）获得中央补助资金 8 800 万元。三是畜禽良种补贴项目。万州、黔江等 17 个区（县）实施生猪良种项目，补贴资金 2 290 万元。四是中央现代农业发展生猪专项资金1 000万元，支持荣昌县生猪产业发展。六是能繁母猪和生猪养殖保险。全年下达能繁母猪保费补贴2 425万元，生猪保费补贴资金 7 468 万元。

2014 年，重庆市落实中央生猪标准化规模养殖场（小区）改扩建项目资金 8 300 万元，生猪调出大县奖励资金 1. 2 亿元，生猪良种补贴项目资金 2 290 万元，畜禽健康养殖项目资金 150 万元，实际能繁母猪补助资金 9 871 万元，生猪和能繁母猪保险补贴资金 9 000 万元，生猪防疫经费 1. 8 亿元。投入 8 800万元用于 330 个生猪和奶牛标准化规模养殖场（小区）改扩建；投入 1 325 万元实施畜禽健康养殖项目，支持建设标准化生猪养殖场 3 个。全市年出栏 3 000 头以上规模猪场 290 个。

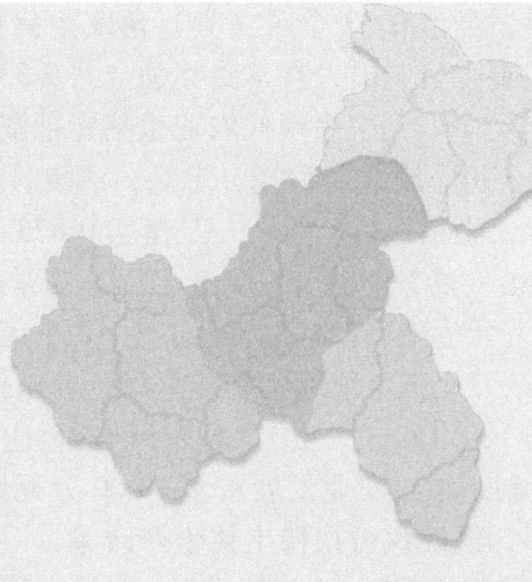

第二章
牛

第一节 肉 牛

重庆市肉牛产业发展经历了自然发展、结构调整2个阶段。1986—1997年，党的十一届三中全会召开后，重庆市肉牛产业进入了快速的发展时期，形成了国营、集体、个体一起发展的局面，肉牛饲养数量、肉牛产量快速增长。1998—2015年，随着肉牛产业不断发展，私营及个体不断壮大，国有企业逐步退出，包括重庆国家肉牛良种繁育中心由强至弱的演变，规模化、集约化的万头、千头大型牛场逐渐建成，改变了重庆肉牛产业规模小、散乱的状况。近年，重庆肉牛产业受到国家及市级各级政府、协会的大力支持，社会热心关注，大型企业不断进入，农民积极投入，还承办了第九届（2014）中国牛业发展大会，全市的肉牛养殖保持着强劲发展的态势。

一、肉牛生产

（一）自然发展阶段

重庆肉牛发展，在相当长的一段时间内是自然发展，出栏肉牛中近80%为役用牛淘汰后育肥，专用肉牛的生产零星分散，专业化、规模化肉牛生产尚未起步，这种情况大致延续到1997年。

1986—1997年，全市肉牛出栏量由41.2万头下降到32万头（见表8-2-1）。牛肉产量1986年1 337吨、1987年1 305.9吨、1988年1 325.01吨，逐年小幅增减，变化不大。1989—1993年，水牛逐年减少，黄牛有所增加。1994年，秸秆饲料开发利用效果好。利用秸秆饲喂奶牛、役（肉）牛3.65万头，获得直接经济效益865.85万元。1996年，出栏牛33.5万头，比上年增加18.4%，为广大农民增收致富，丰富城乡人民的菜篮子起到了积极的作用。1997年，出栏牛32万头，比上年略有减少。

表8-2-1 1985—2015年重庆市肉牛存出栏统计表

年份	存栏（万头）	出栏（万头）	年份	存栏（万头）	出栏（万头）
1985	—	41.2	1987	—	39.3
1986	41.3	41.2	1988	—	37.7

（续）

年份	存栏（万头）	出栏（万头）	年份	存栏（万头）	出栏（万头）
1989	—	35.7	2003	—	46.0
1990	—	34.1	2004	—	51.8
1991	—	33.1	2005	—	53.8
1992	—	31.6	2006	—	58.0
1993	—	30.2	2007	—	56
1994	—	20.9	2008	—	41.4
1995	—	24.3	2009	119.4	46.9
1996	—	33.5	2010	121.01	49.1
1997	—	32	2011	124.5	51.9
1998	—	38	2012	130.5	54.9
1999	—	36.3	2013	136.6	59.0
2000	164.1	38.5	2014	140.7	64.3
2001	—	41.3	2015	—	67.7
2002	—	43.9			

（二）调整结构阶段

随着人民群众生活水平的提高，市民的膳食结构发生了变化，1998 年出现了猪肉滞销，而高蛋白、低脂肪的牛羊肉则深受消费者欢迎，市场前景较为广阔。为此，重庆市人民政府提出了积极调整畜牧业结构，大力发展节粮型畜禽方针。各级畜牧部门根据重庆市人民政府提出的方针，采取有力措施，大力发展以牛羊为主的草食牲畜。一是依托三峡库区生态工程，利用房前屋后等隙闲地和 25 度以上坡耕地种植优质牧草，大力发展牛羊兔等节粮型畜禽。二是在彭水、酉阳等地实施秸秆养畜示范项目。三是积极开发利用草山草坡资源。四是积极开展牛品种改良工作和种羊场的建设，改良品种，提高质量，扩大供种数量，以满足草食牲畜发展的需要。通过以上工作，全市以牛羊为主的节粮型草食牲畜有了较大发展。1998 年，出栏牛 38 万头，比上年增长 18.8%。

1998—2002 年，在调整畜牧业结构，加速发展草食牲畜的政策引导下，全市建立了 10 个区（县）级肉牛冻精贮运中心、280 个乡（镇）人工授精站、1 个市级良种牛繁育中心。2002 年全市良种牛冻精使用量达到 25 余万支，改配黄母牛及奶牛 15 万头，生产水平有了明显提升。2002 年出栏牛 44 万头，出栏率达到 26.9%，比 1998 年提高近 12 个百分点，出栏牛体重也由 1998 年的 250 千克左右提高到 300 千克左右，提高 50 千克。饲养 1 头西杂一代改良牛，头平增收 800 元左右。1999 年，按照“立足资源、注重基础、扶优扶强、合理布局”的原则，在彭水、黔江等武陵山区重点发展肉牛，同时，加大牛品种改良工作和肉牛饲养综合配套技术推广力度，促进了草食牲畜的发展。抓好城口、石柱南方草山草坡开发利用示范工程和彭水、酉阳、开县秸秆养畜示范县建设，建设优质牛羊生产基地。2000 年，牛的良种覆盖面达25%。主要品种为本地黄牛及涪陵水牛，其中黄牛 108.38 万头，水牛 54.0 万头，奶牛 1.62 万头，出栏肉牛中仍有 80% 为淘汰后育肥，专用肉牛的生产尚未起步。2001 年，重点落实年初畜牧工作会提出的“一个巩固提高，突出 4 个重点，实现两个突破”的工作思路，确保了工作目标和畜牧业各项主要生产指标的完成。是年启动“优质草食牲畜产业化工程”，计划到 2015 年，23 个县（自治县、区、市）出栏优质肉牛 18 万头，以及大量其他草食牲畜。实施该项目主要采取 4 条措施：

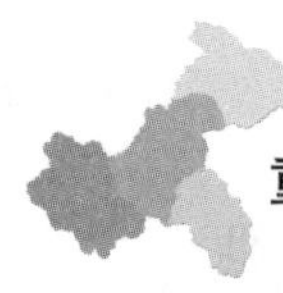

①建立牛羊良种繁育体系。②大力发展优质牛羊兔食品生产基地乡（镇）和规模养殖户（场）。③大力推广饲养先进实用技术。④大力培植和引进龙头企业，为百万头（只）优质草食牲畜产业化工程增加新的动力。

2003年，“优质草食牲畜产业化工程”顺利推进。一是抓好良种工程项目续建工作，草食牲畜良繁体系基本建立。彭水等10个肉牛良种工程项目县基本建立了县级冻精贮运中心，18个肉、奶牛重点区、县基本建立了280个规范化乡（镇）人工授精站点，由重庆市良种牛繁育中心、肉奶牛主产区（县）冻精贮运中心和乡（镇）人工授精站点构成的市、县、乡3级牛良种繁育推广体系基本建立。全市共推广高产优质肉、奶牛细管冻精25万支。二是狠抓生产示范基地建设，牛的优势产业带逐步形成。在继续巩固上年建设示范基地的基础上，集中在丰都等5个区（县）建优质肉牛重点基地乡（镇）25个，在渝北等3个区建优质奶源重点基地乡（镇）10个。通过大力扶持这些基地乡（镇）的发展，有效推动了以渝东南为重点的肉牛优势产业带建设，为建成区域化、规模化、专业化的草食畜商品生产基地打下了良好基础。三是重点培植龙头企业，草食畜产业化重点工程建设进展良好。重庆市良种牛繁育中心主体工程基本建成并投入使用，从国外引进良种牛42头，共有红色安格斯等良种牛61头，已生产优质冻精3万多枚，配种24头。该中心建成西南地区一流的良种牛中心，成为重庆市畜牧产业化发展的一大亮点。天友公司年处理鲜奶能力10万吨的乳品二厂建成投产，其设备达到了全国一流水平，是目前西南地区最大的乳品生产线。2003年，农民每出售1头肉牛，可增收800元，养1头奶牛可年增收5 000元左右。彭水规划落实了10个乡（镇）肉牛示范养殖片区，已建立核心区示范户215个，均与龙头企业签订了合同收购订单，辐射周边示范户505户。全市全年牛出栏45.9万头，增长4.5%。

2004年，畜牧业实现了跨越式发展，产品产量增加，牧业增效，农民增收的目标。“优质草食牲畜产业化工程”成效明显，规模养殖和优质产区进一步发展。牛、羊、兔、禽规模养殖场户达5.3万个，同比增长36%，畜禽规模养殖量占全市总量的20%。规划建设24个草食牲畜基地区（县、市）和300个基地乡（镇），初步形成相对集中成片的草食牲畜优势片区15个。重庆市良种牛繁育中心已成为全市农业的一大亮点。

2005年，继续实施“优质草食牲畜产业化工程”。全市建成23个草食牲畜重点基地县（自治县、区、市）及320个重点基地乡（镇），推广奶牛冻精2万枚、肉牛细管冻精10万支。当年，项目区出栏优质牛21万头，规划的主要目标任务超额完成。全市牛出栏53.8万头，增长3.9%。超额实现全市“十五”规划目标。

2006年，畜牧业围绕推进社会主义新农村建设和现代畜牧业建设的目标，以切实增加农民收入为核心，突出畜牧业规模化生产这个重点，克服主要畜产品价格持续低迷和遭遇百年一遇特大高温干旱造成的困难，争取政府出台扶持畜牧业发展的政策，实现畜牧业生产大灾之年不大减产的目标。草食畜产量全面增长，牛出栏58万头，增长7.8%，新增牛肉出口量425吨，实现活畜、牛肉出口0的突破。

畜牧业抗灾夺丰收。2007年7月中旬，重庆遭受115年一遇的特大洪涝灾害。至2007年7月23日，全市有34个县（自治县、区）423个乡（镇）646万人受灾，畜牧业遭受重大损失。倒塌圈舍32.53万米^2，死亡大牲畜2.23万头，淹没饲料和原料2 980万吨、饲草7 133.33公顷，畜牧业直接经济损失1.94亿元。重庆市农业局全力组织抗灾自救和恢复生产。局领导亲临一线帮助指导抢险救灾工作，组织人员分赴灾区指导救灾工作，及时启动防汛应急预案，科学调度指挥，保证抢险救灾和生产自救工作有序进行。迅速下发开展灾后生产自救的紧急通知，指导畜牧业灾后生产，畜牧兽医战线围绕“六增一控”发展目标，克服洪涝灾害造成的困难，推进畜牧业持续稳定发展。2007年全市出栏肉牛56万头，增长2.4%。2008年，在遭遇雨雪冰冻和四川汶川大地震等不利因素影响下，畜产品量少价高。重庆市农业委员会加强指导，增添措施，实现畜产品产量、畜牧业产值、农民牧业收入“三个大幅度增长”。动物疫病控制、畜产品质量、主要畜产品市场供给“三个总体安全”。畜禽标准化规模养殖有进展，出栏肉牛 10 头以上的养殖户 2 710 户，其中 100 头以上 55 户。肉牛规模化率达 20.4%，同比提高 5.0 个百分点。2009 年，畜禽标准化规模养殖进一步发展。年出栏肉牛 10 头以上的场户 3 163 个（其中年出栏肉牛千头以上的场户 2 个），肉牛规模化率达 22%，标准化规模养殖程度进一步提高，生产方式加快转变。

2010 年，畜禽生产取得良好成绩：①畜禽良种繁育体系建设进展快。全市建成草食牲畜良种场 358 个，发展区（县）级畜禽良种繁育场 356 个，基本形成较完善的畜禽良种繁育体系。重庆市奶牛、肉牛良种覆盖率达到 95%、38%。②畜禽规模化养殖发展快。全市奶牛、肉牛规模化养殖率分别达到 75%、30%。③建成县级肉牛冻精贮运中心 12 个，乡（镇）标准化肉牛人工授精站（点）355 个。利用西门塔尔、安格斯、利木赞、德国黄牛等优质肉牛品种改良重庆地方黄牛品种。推广优质肉牛冻精约 24 万支，改良黄牛 10 万余头。全市年出栏肉牛 1~9 头的养殖户 25.37 万户，比上年增长 5.9%；年出栏肉牛 10~49 头的养殖户 4 450 户，增长 27.5%；年出栏肉牛 50~99 头的养殖户 520 户，增长 15.6%；年出栏肉牛 100~499 头的养殖户 153 户，增长 57.7%；年出栏肉牛 500~999 头的养殖户 14 户，增长 366%。

2011 年，肉牛生产方式向标准化规模化转变。全市肉牛标准化示范场规模化率达到 32%。部分区域牛、羊养殖规模迅猛发展。为减轻养殖风险，保护养殖户利益，在黔江、丰都、云阳等区（县）开展了能繁母牛、肉牛等险种保险试点。全年牛出栏 51.9 万头，存栏 124.5 万头，同比增长 5.6%、2.8%。

2012 年，在能繁母牛、肉牛等险种保险的促进下，肉牛生产出现一个小高潮。全年出栏肉牛 54.9 万头，存栏 130.5 万头，同比分别增长 5.8%、4.8%。牛肉产量 7.1 万吨，增长 6.0%。肉牛产业主要产区分布在丰都、石柱、彭水、云阳、酉阳、綦江、万州、奉节等区（县）。建成市级冻精配送中心 1 个，新建和改扩建 10 个县级贮运中心，建成 130 个乡（镇）标准化冷配站点；新建肉牛繁育场 5 个，建设涪陵水牛资源保种场 1 个；推广优质肉牛冻精 32 万剂，改良肉牛 20 余万头。饲养规模情况：年出栏 1~9 头的养殖场（户）18.9 万个，10~49 头的 0.5 万个，50~99 头 586 个，100~499 头的 200 个，500~999 头共 20 个；年出栏 1 000 头以上的 7 个。全市有肉牛加工企业 5 家，其中市级以上龙头企业有 2 家。

2013 年，重庆市按照“发展生产保供给，严格监管保安全，综合施策保生态，特色效益促增收”的总体要求，着力推进畜牧业规模化、标准化、产业化和信息化，强化饲料和生鲜乳质量安全监管，保护和改善生态环境，促进畜牧业持续健康发展，保障畜产品市场供应。新增了 2 个县级贮运中心和 20 个乡（镇）级标准化冷配站点；通过招投标采购优质肉牛冻精共计 20 万剂，改良肉牛 10 余万头，全市有标准化肉牛示范场 50 个。9 月，重庆市农业委员会、市财政局组织有关人员对 2012 年中央“菜篮子”产品生产项目、2012 年重点区（县）肉牛（山羊）标准化规模养殖项目进行抽查验收：①中央“菜篮子”项目。2012 年中央“菜篮子”产品生产项目下达 10 个项目，总投资 700 万元。验收组抽查了丰都县一条龙养殖场、云阳县丹鸿畜牧开发有限公司 2 个项目实施单位，认为两个项目实施单位基本完成了《重庆市农业委员会重庆市财政局关于下达 2012 年中央“菜篮子”产品生产项目建设任务的通知》的建设任务，原则同意通过验收。②特色效益农业项目。2012 年特色效益农业重点区（县）肉牛（山羊）标准化规模养殖项目共下达肉牛项目 20 个，山羊项目 40 个，安排投资 3 000 万元。验收组抽查了丰都县、涪陵区等 8 个区（县）的丰都县县长夯养殖有限公司、涪陵区林环大耳羊专业合作社等 12 个项目，认为项目实施单位基本完成了建设任务，原则同意该项目通过验收。4 月 13—14 日，国务院三峡工程建设委员会办公室三峡库区肉牛产业建设研讨会在重庆市云阳县召开。

2014—2015 年，重庆市按照“保供给、保增收、保安全、保生态”的总体要求，调整优化产业结构，大力发展特色效益畜牧业。2014 年全市牛出栏 64.29 万头，存栏量 140.66 万头，分别增长 8.9% 和 2.9%。2015 年，牛出栏 67.7 万头，比上年增长 5.3%。

经过十多年的结构调整，重庆市的肉牛生产上了一个新台阶。农贸市场牛肉琳琅满目，货源充足，基本满足市民的需要。

二、肉牛品种及繁育推广

（一）肉牛品种

重庆市本地品种有本地黄牛及涪陵水牛。主要推广品种：西门塔尔牛、安格斯、利木赞、南德温等肉用品种。利用本地黄牛（♀）×西门塔尔牛（♂），本地黄牛（♀）×安格斯牛（♂），本地黄牛（♀）×南德温牛（♂），生产二元杂交肉牛；利用西杂（安杂）等二元杂交（♀）×南德温牛（♂）等大型肉牛品种生产三元杂交肉牛。

1. 本地黄牛

重庆市辖区养殖的黄牛属南方黄牛。黄牛是中国固有的普通牛种。角短，皮毛黄褐色或黑色，也有杂色的，毛短。黄牛被毛以黄色为最多，品种可能因此而得名，但也有红棕色和黑色等。头部略粗重，角形不一，角根圆形。体质粗壮，结构紧凑，肌肉发达，常用来耕地或拉车，肉供食用，皮可以制革。其在中国的饲养头数在大家畜中或牛类中均居首位，饲养地区几乎遍布全国。在农区主要作役用，半农半牧区役乳兼用，牧区则乳肉兼用。其体形和性能因自然环境和饲养条件不同而有差异，可分为三大类型，北方黄牛、中原黄牛和南方黄牛。

2. 涪陵水牛

涪陵水牛为地理标志证明商标，原产于重庆市涪陵区、南川区的鸣玉和武隆区的平桥、垫江县等地。涪陵区位于重庆市的西南角，自然条件好，气候温和，年平均气温17.5摄氏度，降雨量年平均1 071毫米，无霜期295天以上，日照长，农作物主产水稻、玉米、小麦，还盛产洋芋和豆类。产地主要属川东条状山地漕谷区，水田面积大，尤其是平坝地区，田大、泥脚深，需要体型高大、劳役持久和拉力强的耕牛，因此，产区农民特别重视耕牛的选种和培育。产区饲草丰富，给涪陵水牛的饲育创造了良好的饲料条件。

品种特征：涪陵水牛体型较大，体躯略短，前胸开阔，背腰宽平。被毛多为青色与黄褐色，个别有芦花色和白色，稀乏薄皮有光泽。头方正，嘴粗短，角呈八字形或盘形。四肢粗壮，蹄黑色，多呈木碗形，也有剪蹄和踏蹄，尾根粗、尾细长。

涪陵水牛是中国著名的役用型地方品种，以拉力大、耐粗饲、抗病力强、繁殖性能好，被誉为“四大名水牛”之一，具有结构紧凑、品种特征明显、外貌一致性强、肉质较好和体成熟晚等特点。日增重不高，后躯欠丰满。今后在开展本品种选育提高的基础上，要坚持母牛、犊牛补饲，采用综合措施，使当前以役用为主的涪陵水牛，逐步培育成肉役兼用型优良地方品种。

（二）冷配改良

1. 杂交改良

（1）二元杂交肉牛。重庆的二元杂交牛主要有地黄牛（♀）×西门塔尔牛（♂），本地黄牛（♀）×安格斯牛（♂），本地黄牛（♀）×南德温牛（♂）。二元杂交也称简单杂交，即用两个品种或品系进行杂交，所得一代杂交种。由于杂合程度大，有明显的杂交优势，长势快、育肥效果好，所以这种杂交应用比较广泛。

（2）三元杂交肉牛。重庆市的三元杂交牛主要有西杂（安杂）等二元杂交（♀）×南德温牛（♂）等大型肉牛品种生产三元杂交肉牛。三元杂交即三品种杂交，是将两品种杂交而得到的一代杂种母牛，作为第二代母牛再与第二个品种公牛进行杂交。三元杂交一般比二元杂交效果好，既能充分利用一代杂交母牛，又可充分利用杂种优势，提高瘦肉率，可以解决原种母牛不足的问题。

2. 繁育推广情况

2000 年前，重庆市肉牛主要品种为本地黄牛及涪陵水牛，出栏肉牛中近 80% 为淘汰后育肥，专用肉牛的生产尚未起步。黄牛 70% 以上集中在三峡库区所属的区（市、县），涪陵水牛主要集中在涪陵地区。

黄牛改良有直配、冷冻精液配种、鲜配 3 种方式。冷冻精液配种工作在彭水、黔江等地开展较好，其他区（县）由于条件、资金限制，黄牛改良以直配为主。推广良种牛 1. 3 万头，良种覆盖率为 25% 。

1998 年，建成一个市级种公牛站。该站有先进的冷冰精液生产设备，饲养有奶用、肉用种公牛共 17 头，累计生产供应细管冷冻精液 280 多万份，为全市近郊奶牛业和三峡库区肉牛业发展起到了重要作用。

2001 年，畜牧业结构调整，大力发展草食牲畜。2001 年启动“百万头（只）优质草食牲畜产业化工程”，专用肉牛生产起步。①建设牛羊良种繁育体系。在 18 个项目县（自治县、区、市）实施牛改冷配体系以及良种肉牛等细管冻精和胚胎移植技术的应用。②大力发展优质牛羊兔商品生产基地乡（镇）和规模养殖户（场），项目区发展了一批年出栏牛 5 头以上的养殖户。③大力推广牛羊兔饲养先进实用技术。④大力培植和引进龙头企业，为百万头（只）优质草食牲畜产业化工程增加新的动力。在 18 个区（县）全面实施牛良繁体系建设，牛冻精贮运冷配设施基本装备到位。加快了草食牲畜的发展。11 月，从澳大利亚引入红安格斯牛精液 34 剂和劳来恩牛精液 10 剂。

2002 年，“百万头（只）优质草食牲畜产业化工程”进展良好。一是抓良种繁育体系建设，推广优良品种。正在建设的重庆市良种牛繁育中心已从澳大利亚引进安格斯、劳莱恩良种牛 42 头，18 个奶牛、肉牛改良冷配站已投入使用，草食牲畜良种繁育体系初具规模。二是抓新技术推广，促品质提高。全市推广细管冻精 30 多万枚，已产犊 7 头；同时举办技术培训班，制作 VCD 教学片，推广肉牛短期育肥技术；全年全市出栏优质杂交肉牛 12 万头。三是抓草业发展，促草畜配套当年底，超额完成了全年任务，该项目圆满完成。

重庆市人民政府确定的 18 个区（县）的牛良繁推广体系建设项目进展良好。重庆市农业委员会按照市人民政府与各区（县）政府签订的责任书要求，认真组织实施，加强项目业务指导、技术服务和资金到位使用情况的检查监督。加快良种推广，完善种畜禽管理。牛项目在全市 10 个肉牛主产区、县各建成 1 个县级冻精贮运中心，肉牛基地乡（镇）共建 250 个乡级冷配站点。牛良种覆盖畜为 30% ，优质率提高到了 15% 。丰都、彭水等重点县的“肉牛改良和短期育肥技术”，制作了 VCD 专题教学片，扩大宣传推广。

2000—2003 年，重庆市畜牧兽医科学研究所（以下简称重庆市畜科所）粟剑等完成了优质肉用种牛、冷冻胚胎的引进。该研究通过引进优质肉用种牛（红安格斯）和冷冻胚胎，采用胚胎移植和人工授精技术实现对本地黄牛品种进行杂交改良。2004 年引进群体（公 5 头，母 29 头）当年纯繁产仔 22 头；引进法国 IMV 公司生产的具有国际先进水平的细管冻精生产检测全套设备，共生产冻精 15 万粒；通过人工授精冷配黄牛 7 200 头；按设计要求，已基本完成牛场基础设施工程建设 21 834 米^2。同时，重庆市良种牛繁育中心从澳大利亚引入劳来恩牛，共计 10 头（公 3 头、母 7 头），并在重庆市良种牛繁育中心进行扩繁。截至 2007 年年底，累计改良本地黄牛 1 000 余头，改善了本地黄牛体重轻、生长速度慢、产肉率低、肉质差等缺陷。

重庆市畜牧技术推广总站完成了重庆市高产奶牛胚胎移植技术示范研究，取得良好的效果。

2003 年，实施“百万头（只）优质草食牲畜产业化工程”，基本建立草食牲畜良种繁育体系。彭水等 10 个肉牛良种工程项目县建立了县级冻精贮运中心，18 个肉牛、奶牛饲养重点区（县）建立了 280 个规范化的乡（镇）人工授精站点。基本形成了由市良种牛繁育中心、肉牛和奶牛主产区（县）冻精贮运中心和乡（镇）人工授精站点组成的市、县、乡（镇）3 级繁育推广体系。全年推广高产优质肉牛和奶牛细管冻精 25 万支。巩固上年建设的示范基地，集中在丰都等 5 个区（县）建优质肉牛重点生产基地乡（镇）25 个，在渝北等 3 个区建优质奶源重点生产基地乡（镇）10 个，通过发展重点基地乡（镇），有效地推动了以渝东南地区为重点的肉牛优势产业带，为建成区域化、规模化、专业化的草食畜商品生产基地打下了良好的基础。市良种牛繁育中心主体工程完工投入使用，从国外引进良种牛42头，共有红色安格斯等良种牛61头，已生产优质冻精3万多枚，配种24头。该中心将建成西南地区一流的良种牛中心，成为重庆市畜牧产业化发展的一大亮点。

2004—2005年，重庆市畜牧兽医科学研究所粟剑等人完成了优质肉牛劳莱恩杂交利用技术示范的研究。该研究建立了劳莱恩牛扩繁基地，建立了一个年生产10 000枚冻精的劳莱恩优质肉牛繁育基地。建立示范户53户，杂交改良本地黄牛661头，累计获得经济效益244.37万元。

2005年，继续实施“草食牲畜产业化百万工程”，全市建成150个重点基地乡（镇）、23个草食牲畜重点基地县，其中推广肉牛细管冻精10万支，出栏优质牛21万头，规划的主要目标任务超额完成。

2006年，完成畜禽遗传资源调查。初步整理、评定出25个地方畜禽品种。这次调查，收集和整理了涪陵水牛等品种的大量资料，为重庆市进一步开展地方畜禽品种的培育、改良和利用打下了新的基础。

2007年，全市新建和改（扩）建畜禽原种场、畜禽祖代和父母代种场，从外省市和国外引进一批优良种畜禽，缓解了重庆市高代次种畜禽供给不足的矛盾，初步形成了有原种（曾祖代）场、祖代场、父母代场的良种繁育体系格局。新建和改（扩）建人工授精站点，推广肉（奶）牛冻精，成功改良肉（奶）牛品质。2008年，改扩建1个肉牛贮运中心，40个乡（镇）标准化牛人工授精站等。对丰都、彭水、石柱等10个区（县）的10万头肉牛实行良种补贴。建成种牛场4个，肉牛区（县）冷链贮运中心11个，肉牛乡（镇）标准化人工授精站点300个，推广肉牛冻精10万枚。2009年，全市有市级管理的畜禽良种繁育场128个，畜禽良种场数量是1997年的2倍，畜禽良种生产和供应能力比1997年提高5倍，基本形成较完善的畜禽良种繁育体系，其中肉牛良种覆盖率38%。大力推广种草养畜，丰都县种草养牛并将种植饲用玉米和高粱纳入粮食综合直补。

2010年，建成县级肉牛冻精贮运中心12个，乡（镇）标准化肉牛人工授精站（点）355个，利用西门塔尔、安格斯、利木赞、德国黄牛等优质肉牛品种改良重庆地方黄牛品种。推广优质肉牛冻精约24万支，改良黄牛10万余头。全市年出栏肉牛1~9头的养殖户25.37万户，比上年增长5.9%；所出栏肉牛10~49头的养殖户4 450户，增长27.5%；年出栏肉牛50~99头的养殖户520户，增长15.6%；年出栏肉牛100~499头的养殖户153户，增长57.7%；年出栏肉牛500~999头的养殖户14户，增长366%，全市肉牛规模化养殖率30%。全市已建成草食牲畜良种场358个，完善了区（县）级畜禽良种繁育场356个，基本形成了较为完善的畜禽良种繁育体系，肉牛良种覆盖率达到38%。

2011年，良繁体系建设日趋健全。冷配体系建设方面，建成市级冻精配送中心1个，新建和改扩建10个县级贮运中心、130个乡（镇）级冷配站点；良种繁育方面，新建肉牛繁育场5个，建设涪陵水牛资源保种场1个；品种改良方面，通过招投标采购优质肉牛冻精共计36万剂，改良黄牛20余万头，加快养殖比重显著上升，肉牛规模化率达30%。

2012年，继续搞好良种繁育及推广。建立了部级草食牲畜性能测定站1个，奶牛一级繁育场3个、肉牛一级繁育场5个、良种牛繁育中心（种公牛站）1个及县（乡）级冷配站点100余个。

2013年，建成1个市级冻精配送中心，12个县级贮运中心，150个乡（镇）级标准化冷配站点。新建肉牛繁育场5个，建设涪陵水牛资源保种场1个，推广优质肉牛冻精20万剂，改良肉牛10余万头。

2014年，建立市级草食牲畜性能测定站1个、草食牲畜良种场37个、牛羊冷配站点100余个，建立部级草食牲畜性能测定站1个、奶牛一级繁育场3个、肉牛一级繁育场5个、良种牛繁育中心（种公牛站）1个及县（乡）级冷配站点100余个。

三、肉牛技术推广

畜牧主管部门把科技项目分为6个类别：重庆市科学技术委员会科技进步项目、重庆市科学技术委员会星火计划项目、重庆市农业委员会农业先导项目、部市级丰收计划项目、市农业科技进步项目、部跨越计划项目。每年实施的项目不同，每个项目实施年限有异。其中“秸秆氮化养牛配套技术”连续推广了10年。

1999—2000年，重庆市畜牧兽医科学研究所王阳铭等完成了秸秆资源开发及养牛配套技术的研究，该项目新增产值4 573.3万元，新增效益2 794.66万元，年经济效益达1 397.33万元，推广费年均纯收益为1.45万元，获2001年农业部全国农牧渔业丰收奖三等奖。

2000年，实施“黔江县肉牛繁育与肥育技术推广”和“三峡库区草地畜牧业综合技术开发”，解决了三峡库区肉牛养殖业中的品种、高山牧草种植和牛粪综合利用等技术难题，造福了库区农民。

2001年，重庆市饲料工业办公室、市饲草饲料站、市畜禽品种改良站、市畜牧兽医科学研究所、彭水苗族土家族自治县、武隆县、丰都县、南川市畜牧局共同实施的“秸秆资源开发及养牛配套技术”项目获农业部全国农牧渔业丰收奖三等奖。该项目组合了秸秆加工调制、种草养牛、肉牛短期育肥和牛病综合防治等科学养牛配套技术，针对性强，技术先进实用。项目实行目标管理，采取行政、技术双轨制的目标考核办法，有效地促进了工作开展。项目实施与肉牛生产基地建设、扶贫、移民、以工代赈等工作有机结合，行政、科研、推广三结合，有效地保障了项目实施。

2001—2002年，由重庆市饲草饲料站承担的“重庆市家庭小草园模式化及养畜配套技术推广”项目，在黔江、武隆、丰都、江津、梁平、垫江、石柱等11个区（县）实施，新增种草面积19万多亩，养牛14万头，项目效益1亿多元，获2002年全国农牧渔业丰收奖三等奖。

2002年，西南农业大学荣昌校区左福元等完成的“黔江县肉牛繁育与肥育技术推广”项目获重庆市人民政府科学技术三等奖。

畜牧部门结合重点项目工程，大力开展了先进适用技术的宣传、培训和推广，取得了显著成效。一是围绕全市草食牲畜产业化百万工程和畜禽良种工程的实施，开展了以良种引进、人工授业、胚胎移植、饲养管理、疫病防治等关键技术培训，全市共开展各级各类培训班300多次，受训人员万余人次，印发各类宣传资料达20多万份，宣传普及了畜牧科学技术，提高了广大农民的科技意识和生产水平。如重庆市农业局与重庆市扶贫开发办公室在石柱土家族自治县举办了10期“养牛人工授精技术人员培训班”，全市17个区（县）242个乡（镇）的300名学员参加了培训，经考核合格由重庆市农业局和重庆市扶贫开发办公室颁发结业证书，这批人员已成为全市牛品种改良工作的技术骨干。二是承担实施了农业部、重庆市科学技术委员会等有关部门下达的科研推广项目共7项。如在丰都、云阳、渝北实施了重庆市科学技术委员会项目“三峡库区种草养畜配套技术推广”，这些项目的推广应用，有效地促进了科技成果的转化，推动了全市畜牧业生产向优质、高产和高效发展。

2003年，全方位搞好人才培养，提高队伍素质。一是开展了多层次的基层畜牧兽医技术人员业务培训工作，举办了各类培训班85期，受训人员达7 500多人次。二是积极支持、鼓励市（县）级专业技术人员参加各种形式的高学历学习。据不完全统计，全市攻读研究生及研究生以上学历的在职人员达48人。三是积极支持、鼓励科技人员发表学术文章。据不完全统计，当年在省级以上学术刊物发表论文88篇，参加省级以上学术会议交流12次，发表会议交流论文3篇。四是积极支持、鼓励申报科技成果，其中“三峡库区种草养畜关键技术研究”获市科技进步三等奖。

2003—2004年，重庆市畜牧兽医科学研究所黄勇富等人完成了三峡库区肉牛基地建设及产品加工技术开发的研究。该研究在牧草引种与筛选、饲草和秸秆的加工、良种牛的引进与杂交改良、肉牛集中育肥和肉牛屠宰加工等技术开发上取得了一系列创新性成果；建立的肉牛无公害生产基地，在三峡库区肉牛产业化技术示范与推广中发挥了巨大的作用。

2005年，《无公害肉牛标准化生产》技术丛书出版。组织市级各类培训63期次，受训人数13 000人次，项目区（县）培训1 480期次，培训人员10万人次以上，发放各种技术宣传资料共计8万余册。

通过科技入户工程、科技特派员等活动，将畜牧科技直接传送到场到户，加快先进适用技术推广和畜牧科技成果的转化。重庆市一批优秀的畜牧兽医方面的论文和著作在国家级学术刊物上发表。2005 年，《科技志》（畜牧兽医部分）选载左福元、徐恢仲著《南方肉牛生产技术》，左福元著《无公害肉牛标准化生产》由中国农业出版社出版，本书依据中国无公害肉牛生产的有关法律法规，对肉牛生产中的牛场建设、品种、营养与饲料、饲养管理与肥育、疾病防治、粪污处理等方面的知识和技术进行了较为系统的介绍。

2007 年畜牧技术推广服务工作有了新的进展。一是开展多层次、多形式的技术培训。全年全市组织技术培训 212 期，共培训 2.3 万人次。二是开展科技人员、科技下乡活动，向养殖户传送技术。组织市级 100 名、带动乡（镇）组织 1 万名畜牧兽医干部，送政策、送科技、送信息到基层，激发业主的生产积极性，促进科学合理生产。三是编印多种技术资料和技术规范。编辑出版《优质肉牛产业化生产与经营》等 5 套丛书，编印技术资料 20 余种 10 余份。四是组织推广多项适用技术。推广肉（奶）牛冻精 8.5 万支，其中性控冻精 100 枚，成功改良肉（奶）牛 4 万头。通过开展以上技术推广活动，普及了畜牧生产技术，提高了畜牧生产技术水平。

2008 年，全市开展了形式多样、内容丰富的畜牧技术培训、推广等服务工作。一是开展了技术规范、资料的编制。二是开展了多层次技术培训。通过开展畜牧科技专题培训、科技下乡及科技特派员活动等方式，为养殖场户传送了最新的畜牧技术和畜牧发展信息。三是开展了多样化合作培训。与老年大学远程教育中心、重庆市农业委员会移动农网、重庆畜牧网合作，向从业者传授畜牧信息及技术，全年累计培训 51 期，接受技术咨询 2 万余人次。四是开展了事企技术合作。积极开展事企共建、事企合作，广泛为企业提供技术支撑和技术咨询等服务活动，全年为 40 余家企业提供技术支撑，为 110 余家企业提供了技术咨询。五是开展了形式丰富的法律法规培训。参加培训的有以乳制品加工为主的重庆天友乳业股份有限公司、重庆光大畜牧业有限公司、重庆三高乳业有限公司等企业，以牛羊肉类加工为主的重庆一口鲜实业有限公司、重庆丰都光明食品有限公司、重庆市蓬江食品有限公司等。创立了“天友”“梦工场”等一批畜产品名牌产品。

2009 年，畜牧技术支撑体系在行业发展中起到了积极作用。储备有关项目，组织申报项目，开展技术培训，发放技术资料，与企业和单位签订技术服务协议。针对重庆市畜牧业结构不合理的现状，积极调整畜牧业结构，优化畜牧业产业结构布局。在对节粮型畜牧业发展情况专题调研的基础上，整合资金 3 200 万元，重点支持丰都、云阳、巫溪、酉阳、开县、石柱、渝北、璧山等区（县）和重庆天友乳业股份有限公司、重庆光大畜牧业有限公司等企业发展草食牲畜，加快节粮型畜牧业发展。同时优化产业布局，根据每个区（县）的畜牧业发展特点，引导畜禽养殖向优势区域集中，逐步形成“一县一品”特色。江北、渝北的奶牛，丰都的肉牛初具规模。

2010 年，实施重庆市科学技术委员会下达的“优质肉牛产业化科技示范”项目取得良好效果。

2011 年，重庆恒都农业开发有限公司高家镇肉牛养殖场通过农业部标准化示范创建验收。同年，《肉牛标准化规模养殖场建设规范》地方标准顺利通过重庆市质量技术监督局组织的专家评审。

2013 年，制定了《育肥牛饲养管理技术规范》地方标准。

四、政府扶持

政府扶持包括中央财政、市级财政及相关部门支持的项目。

1998 年 7 月起，重庆市首批南方草山草坡开发利用示范工程在城口县和石柱土家族自治县开始实施，国家对每县无偿投入 300 万元，地方配套 300 万元，业主自筹 300 万元。项目的主要内容是每县建设 667 公顷核心优质牧草草场和辐射带动 2 667 公顷草山草坡的开发利用，大力发展牛、羊等节粮型草食牲畜。

2001 年起，重庆市将“优质肉牛、百万头草食牲畜产业化工程”纳入了全市 11 个农业产业化百万工程、四大重点农业产业化项目和重庆市发展和改革委员会牵头的 100 个重点项目，把建设畜禽生态养殖小区作为推进畜牧业现代化养殖方式转变、推进畜禽标准化生产、提高产品质量、提高畜牧业综合生产能力的重要载体。对牛羊养殖小区建设用地，土地管理部门按农用地审批，简化手续和优先审批，提供低息购牛贷款。全市扶持改扩建 1 个肉牛贮运中心，40 个乡（镇）标准化牛人工授精等，对丰都、彭水、石柱等 10 个区（县）的 10 万头肉牛进行良种补贴。

2002 年，市级投资 5 000 多万元，为畜牧双百工程实施奠定了坚实基础。畜牧业结构调整步伐加快，畜产品优势区域已经形成，彭水、黔江、丰都等县已成为肉牛生产优势县。市级良种工程、百万工程等重大项目都对优势县重点支持。

2006 年上半年，重庆市主要畜产品市场持续低迷，夏秋季遭遇特大高温干旱，导致养殖户大量宰杀母畜禽和不及时补栏。重庆市人民政府相继出台了一系列发展畜牧业的扶持政策和措施。重庆市农业局和重庆市财政局联合印发《关于下达 2006 年旱灾后畜禽保种（引种）补贴资金的通知》，从中央救灾资金中安排 800 万元，用于种猪、良种奶牛、良种肉牛、良种禽兔、种羊等良种畜禽生产补贴。有关区（县）也配套制定相应的政策措施，对良种畜禽和规模养殖实行生产补贴，调动了广大养殖农户的积极性。通过政策引导、市场拉动、龙头带动、典型示范、服务跟进等措施，取得良好效果。畜牧业 2 个百万工程共出栏优质牛 23 万头，肉牛养殖户 372 户，出栏肉牛 1.02 万头，补助资金 306.8 万元，对奶牛、肉牛冻精项目推广补贴 50 万元。

2011 年，对 16 个区（县）的能繁母牛实施人工授精补贴，补贴资金 45 万元。2012 年，继续实施奶牛良种补贴。每头能繁母牛 1 年使用 2 剂良种冻精，每剂冻精补贴 15 元，共计补贴 30 元。

2012 年投资草食牲畜专项资金 3 000 万元，用于扶持新建 20 个年出栏肉牛 500 头和 40 个存栏 250 只能繁母羊的标准化养殖场。2013 年，万州、涪陵等 31 个区（县）实施生猪和奶牛标准化场（小区）改扩建项目建设，获得中央补助资金 8 800 万元。畜禽良种补贴项目，丰都、云阳等 14 个区（县）推广肉牛良种冻精 20 万剂，获补贴资金 100 万元。“菜篮子”生产扶持项目，中央下达资金 1 000 万元，扶持 21 个规模化养殖场。

2014 年，财政首次对能繁母牛实施补贴 2 600 万元，同时对推进南方现代草地畜牧业建设和肉牛粪污弃物综合利用试点项目各补贴 2 000 万元。

第二节　奶　　牛

重庆市奶业发展经历了发展、滑坡、徘徊、回升 4 个阶段。党的十一届三中全会召开后，1985—1993 年期间，重庆市奶业进入辉煌的发展时期，形成了国有、集体、个体一起发展的局面，奶牛饲养数量、牛奶产量快速增长。特别是 1988 年实施欧洲共同体奶类援助项目，奶牛养殖业获得了突飞猛进的发展。但到 1993 年，重庆市人民政府发文取消“以奶换粮”补贴政策，同时城市中心城区范围扩大迫使奶牛养殖外迁，受这两方面因素影响，重庆奶牛存栏从近 2 万头迅速下滑到了 8 000 余头，并且徘徊了 7 年之久。到 21 世纪，受政府大力支持，农民积极投入，社会热心关注，加工龙头企业参与支持的影响，重庆市的奶牛养殖逐渐回升，并保持强劲发展。2002 年奶牛养殖发展到高峰时期，存栏达到 2.7 万头，并维持了 4 年的高存栏水平。随后受各种因素的影响，奶牛养殖由高峰到萎缩，最后停滞在缓慢发展阶段（见表 8－2－2）。

表8-2-2　1985—2015年重庆市奶牛生产情况统计表

年度	存栏量（万头）	奶产量（万吨）	备注
1985	0.8	2.8	
1986	1.3	3.1	
1987	1.3	3.2	
1988	1.4	3.7	
1989	1.5	3.8	
1990	1.7	4.4	
1991	1.8	4.9	
1992	1.9	5.4	
1993	1.6	5.2	
1994	1.3	4.7	
1995	0.8	3.9	
1996	1.4	4.0	
1997	1.4	4.5	
1998	1.5	4.7	
1999	1.62	5.6	
2000	1.6	5.6	
2001	1.7	6.8	
2002	2.7	8.1	
2003	2.6	9.0	
2004	2.3	8.51	
2005	2.5	8.6	
2006	1.3	8.3	
2007	1.44	8.71	
2008	1.9	7.78	
2009	1.7	7.9	
2010	2.5	8.0	
2011	2	8	
2012	2.26	7.7	
2013	2	6.8	
2014	1.9	5.7	
2015	1.83	5.45	

一、奶牛生产

（一）大力发展奶业，解决“吃奶难”问题

1990年前，重庆奶牛出栏不到1万头，只有1家乳品加工企业。城市居民人均占有奶量不到3千

克，居民吃奶凭票供应和用粮票换取，鲜奶与乳制品不能满足居民供应，“吃奶难”问题严重。

1. 实施欧洲经济共同体援助中国奶类项目

（1）前期准备

1984 年，世界粮食计划署在中国北京、上海、天津等 6 城市实施“中国 2647 项目”（是联合国世界粮食计划署援助北京、上海、天津、武汉、南京、西安 6 个大城市及其郊区奶类发展的项目，编号 2647）。1985 年 2 月 25 日，为积极做好重庆市纳入“中国 2647 项目”后续项目的前期准备工作，重庆市人民政府批准同意成立重庆市奶类项目领导小组，下设项目办公室，作为项目执行期中的常设机构。重庆市奶类项目领导小组的主要职责：积极做好重庆市争取“中国 2647 项目”的前期准备工作、保证该项目立项后的顺利实施、促进重庆市奶牛生产和奶品加工业的发展，尽快改善鲜奶供应等。

之后，农牧渔业部申请把项目区扩大到 20 个城市，重庆市名列其中。1984 年 5 月 25 日，农牧渔业部在全国六大城市奶类发展项目联席会上宣布，重庆市被列为向世界粮食计划署申请援助奶类发展项目的城市。后因联合国世界粮食计划署（World Food Programme，简称 WFP）资源有限，将其转给欧洲经济共同体（European Economic Community，简称 EEC）。

（2）正式实施

1986 年 10 月，中国政府向欧洲经济共同体（European Economic Community，简称 EEC）提出了中国 20 个城市奶类发展项目的申请，1988 年 2 月 1 日，中国对外经济贸易部代表中国政府与欧洲经济共同体在布鲁塞尔签署了《EEC 援助中国 20 城市奶类发展项目协议书》。1988 年 6 月 13 日，农牧渔业部与重庆市人民政府签订《关于执行欧洲经济共同体援助二十城市奶类发展项目协议书》：从1988—1992 年执行项目，援助 3 600 吨脱脂奶粉和 1 200 吨无水黄油，加工成再制奶后，按现行牛奶收购价计算，重庆市将接受援款 2 400 万元（人民币）。市内配套资金按不低于 1∶1 计，政府配套资金2 202. 9万元。整个项目的资金在 5 000 万元以上，用于发展奶牛养殖业，并获得欧盟技术支持。项目实施 5 年，实际得到欧洲经济共同体无偿援助资金 3 235 万元，地方配套资金 3 905 万元，共计 7 140 万元。

截至 1993 年 9 月，奶牛存栏 1. 86 万头，产奶 5. 21 万吨，其中商品奶 4. 9 万吨；建收奶站 6 个，奶业技术培训中心 1 个，技术服务站 24 个，建发奶门市（点）34 个；新建乳品厂 2 个，改扩建 1 个，使日处理鲜奶能力达到 200 吨；新建饲料厂 1 个。

2. 奶牛生产与政策调整

（1）奶牛生产

1986—1987 年，在全市大牲畜存栏比上年减少的形势下，奶牛头数和奶产量大幅增长。1987 年，奶牛头数由 1985 年的 0. 78 万头增至 1. 3 万头，增长 65. 2%；牛奶产量达 3. 2 万吨，增加 0. 4 万吨。在养殖业专业户中，奶牛专业户 166 户，养奶牛 1 157 头，产鲜牛奶 3 482 吨。另有养奶山羊专业户 2 户。

1988—1992 年，重庆实施欧盟奶援项目，配合欧盟项目的实施，重庆市人民政府制定了调整奶类价格、减免税收、增加投入等一系列扶持政策，奶牛业快速发展。到 1992 年，奶牛头数达到近 2 万头，创历史最高纪录。奶业生产技术有了显著提高，奶业服务体系得到了完善，大型奶牛场实行了机械化挤奶。奶牛生产格局发生了改变，国营、集体奶牛迅速萎缩，个体奶牛迅速发展。个体奶牛占比由 1988 年的 50% 上升到 1992 年的 70%。

1989 年 2 月，重庆市人民政府首次召开奶类项目工作会议，项目区（县）长和市级有关部门参加。提出了“牛下乡，奶进城”和远郊、近郊结合的原则，将区县划分为“两个环圈”，一环地区以近郊为主，二环以靠近城市的县为主。

（2）补贴政策调整

1990 年，全市奶类产量达到 4. 4 万吨，比上年增长 15. 9%，比“六五”期末（1985 年）增长 55. 7%。“七五”（1986—1990 年）期间奶类产量年递增率为 9. 2%。1990 年 9 月 12 日，重庆市物价局、重庆市农垦局联合印发《关于牛奶购销指导价格的通知》，明确从 1990 年 12 月 1 日起对奶牛不再

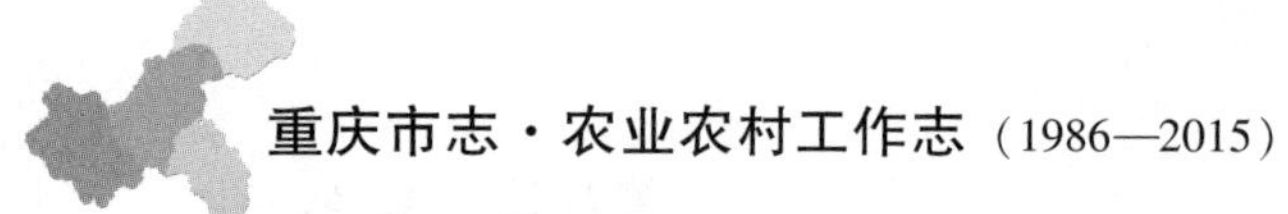

实行以奶换粮，取消订牛奶凭票和收粮票的规定，牛奶购销价格实行指导管理。

1990 年 11 月，重庆市人民政府印发《关于贯彻四川省政府办公厅〈继续压缩行业用粮用油销售和适当提高口油销售价格的通知〉的通知》，指出：目前粮食库存增加，市场粮源充足，集市粮油价格下落，牌市差价缩小，供需有所缓解。为了积极稳步地推进粮油价格改革，逐步解决价格倒挂矛盾。根据通知精神，全市继续压缩行业用粮、销售和适当提高口油销售价格。

1990 年 12 月 20 日，重庆市财政局、市农垦局联合发布《关于停止对牛奶实行临时性补贴的通知》，重庆市人民政府决定从 1992 年 1 月 1 日起停止对交售乳品公司的牛奶实行的临时性补贴。停止补贴后，牛奶的收购价格仍按重庆市物价局和重庆农垦局 1990 年《关于牛奶购销指导价格的通知》执行。

（二）基本解决市民吃奶难问题，奶业步入规范化发展阶段

1. 建立奶业发展基金

1992 年 3 月，重庆市奶类项目领导小组办公室向市政府报送《重庆市奶业发展基金的请示》，请示提出："为了在欧洲共同体奶类援助项目结束后，重庆市奶业生产仍能持续发展，重庆市奶业管理办公室要求建立重庆市奶业发展基金，由重庆市奶业管理办公室代表政府负责基金的管理使用。该基金原则上实行有偿使用，具体用于重庆市奶业设备改造，技术培训，先进技术成果的引进、推广。基金来源为归还市政府在项目执行期间的垫款及以后即将回收的奶项目资金。"市领导批示："拟同意建立奶业发展基金，由重庆市奶业管理办公室管理"。

2. 放开奶价

1993 年 1 月 9 日，重庆市物价局发布《关于进一步放开牛奶及其乳制品加工的通知》：按照社会主义市场经济要求，大部分商品都要放开，实行市场调节。为此，经研究，放开牛奶及乳制品（包括送奶费）价格，由企业根据季节产销状况和各方承受能力自行确定收销价格。一是牛奶及乳制品价格由国家指导价、国家定价改为市场调节价。二是市属乳品企业的牛奶收购和销售及其乳制品价格一律由市乳品公司全面平衡，统一审批，并报重庆市物价局备案。

3. 取消以奶换粮

鉴于重庆市民吃奶难问题基本解决，重庆市人民政府决定取消"以奶换粮"政策，1993 年起取消"以奶换粮"政策。1993 年，奶牛饲料价格上涨，奶牛生产成本增加，奶农纷纷卖牛、杀牛，重庆的奶牛头数急剧下降，到 1995 年，仅有奶牛 8 000 余头，奶业生产处于低谷。牛群下降、产量减少，1994 年 6 月比 1992 年减少了 37.8%，比 1993 年底减少 16.8%。农户不养后备牛。

4. 成立牛奶质检站

1993 年，饲料上涨导致养牛成本增加，奶价不能同步，奶牛养殖效益低。为了增加收入，奶农在交售的牛奶中普遍掺杂使假，且越演越烈。牛奶质量堪忧、问题严重。为了提高牛奶质量，保护人民身体健康，必须对牛奶质量进行监测、监控。1993 年 7 月 5 日，重庆市机构编制委员会发出 114 号文《关于委托筹建重庆市牛奶质量监督检验站的通知》。经过各方积极努力筹备，1993 年 10 月正式批准成立重庆市牛奶质量监督检验站。

（三）市场化运行后奶牛生产情况

1. 调整牛奶收购价格和计价方式

随着 1993 年"以奶换粮"补贴政策的取消，重庆奶牛生产受到严重影响。为了保护奶牛养殖场和养殖户的积极性，必须适当提高鲜奶收购价格。1994 年 4 月 26 日，重庆市物价局《关于同意调整乳制品价格的批复》决定，鲜奶收购价提高 0.20 元。1994 年 8 月 16 日，重庆市奶业管理办公室、重庆市乳品公司、重庆市奶业管理办公室发布《关于再次调整鲜奶收购价格的通知》，从 1994 年 8 月 16 日起，

比重计价由1.28元调整为1.36元，按脂计价由1.32元调整为1.4元，此次牛奶调价，每千克净增0.08元，凡有收奶站的乡镇，为兼顾养牛场和收奶站的利益，经研究决定在本次调价中养牛者净增0.06元/千克，收奶站收益0.02元/千克。

2. 牛奶质量问题

1995年1月6日，重庆市农业委员会、市技术监督局关于生鲜牛奶严重掺杂使假情况的内部通报指出：牛奶合格率5.3%，掺杂劣质品46.5%，掺水率掺糖、掺盐和其他异物，个别还有掺尿素、化肥等有毒成分，不合格奶样55个，占总数的48.2%，掺伪物质的劣质样品53个，劣质品率4.6%，在掺伪物质的53个劣质样品中，掺糖9个，掺盐17个，掺碱16个，掺尿素8个，掺碳酸钙3个。1995年12月20日，重庆市物价局《关于鲜牛奶收购价格和价格的通知》要求。一是收购价格，按原料奶比重测定并验收，比重达到或超过1.028，每千克鲜牛奶收购价格为2.00元。按原料奶比重测定并验收，总固体达到或超过国标1.2%，则每千克鲜牛奶收购价格为2.10元。二是销售价格，消毒牛奶价格每千克由现行2.00元调整为3.00元。

3. 奶牛生产暂时性恢复

1996年，奶牛饲料价格有所下降，同时乳品加工企业提高了牛奶收购价格，重庆的奶业呈恢复性发展。全市奶产量达4.05万吨，比上年增长2.6%。1997年，上半年奶业生产走出低谷，开始复苏，稳步增长。鲜奶最低保护价每千克2.0元，平均奶价2.2元，饲料粮价格降低，养牛效益增加。奶牛生产格局变化，国营集体继续减少、个体增加规模，大户增多。政府拨付专项资金发展，确定“稳定发展奶牛生产，提高牛奶质量”调子，“一个扩大四个体系两个提高”的基本点。当年奶牛存栏头数达到1.0万头。1998年，重庆市物价局出台《关于鲜奶收购价的通知》规定：从1998年4月26至1998年6月30日，在现行1.8元（最低保护价）的基础上下调0.06元，即每千克鲜奶收购价格为1.74元；收购时验收方法仍按国标《牛乳检验方法》（GB/T 5409—1985）（牛乳检测方法）执行。

4. 出台牛奶管理办法

1999年1月25日，重庆市人民政府发布第45号令《重庆市牛奶管理办法》。1999年3月，重庆市人民政府颁布了《重庆市牛奶管理办法》，该办法共31条，对牛奶生产、收购、加工、销售、经营各环节进行了明确规定。该办法自1999年3月1日实施。从此，重庆奶业的发展步入规范化轨道。2000年是实施《重庆市牛奶管理办法》的第一年，奶牛业生产形势较好，全市奶产量5.6万吨，比上年增14.6%，奶牛1.62万头。

5. 实施学生饮用奶计划

2002年，重庆市人民政府大力推进学生饮用奶计划，出台《重庆市学生饮用奶暂行管理办法》《重庆市学生饮用奶实施方案》《重庆市政府办公厅关于实施学生饮用奶计划的通知》。

6. 奶牛生产进入稳定期

2004年，饲料价格大幅度上涨，鲜奶收购价格略有下降，奶牛饲养成本增加，效益下降，导致奶牛存栏减少，奶牛养殖户1/3赚钱，2/3亏本。全年产牛奶8.51万吨，较上年下降了6.1%。

2005年，全市奶牛存栏2.5万头，比上年增长8.7%；牛奶产量达8.6万吨，与上年持平。

7. 温家宝总理视察重庆光大奶牛科技园

2006年4月23日上午，中共中央政治局常务委员会委员、国务院总理温家宝来到位于重庆市江北区鱼嘴镇的重庆光大奶牛科技园考察。随行人员有农业部部长杜青林及中央各部委的12位部长，还有重庆市委书记汪洋、市长王鸿举等。在考察过程中，温总理详细询问了奶牛的饲养情况、公司生产经营情况、公司发展目标等，特别关心公司在扶农、富农上是如何起好龙头企业带动作用的。对光大公司实行的“公司+基地+农户”的产业化模式给予了肯定，并嘱咐道：“这条路子是对的，你们要坚持。”“你们要在重庆扎下根，要把光大做大做强，带领更多的农户致富”。在光大公司吴一奕总经理的恳请下，总理欣然提笔写下：“我有一个梦，让每个中国人，首先是孩子，每天能喝上一斤奶。”写完后，温总理站起来深情地朗读了一遍，在热烈的掌声中亲切地拉着吴一奕总经理的手说："你们这是个'梦工场'，要为圆这个梦而努力"。

温总理的视察和题词鼓舞了奶业人的信心，促进了重庆奶牛养殖业的发展，扭转了几年的持续下降趋势。一是政府提高了对奶业的认识，加大了引导发展的力度。为响应温家宝总理的号召，重庆市人民政府决定"草食牲畜百万工程项目"资金向奶业倾斜，光大奶牛科技园的二期工程加快了建设。各级地方政府也加大了奶业发展力度，整合资金扶持当地奶业发展。通过市、区（县）和养殖者的共同努力，牛群规模得到稳定和增加。二是通过光大奶牛科技园的示范引领，奶牛小区建设步伐加快。光大奶牛科技园成为重庆奶业的一大亮点，成为全国高标准规模奶牛场。通过光大奶牛科技园的示范引领，全市奶牛养殖小区建设步伐加快，按照"规模化经营、标准化饲养、机械化挤奶、统一服务"的模式逐步向标准化规模小区发展，全市奶牛规模化养殖比例大大提高。

8. 奶牛养殖稳中回升

2006 年 6—8 月，重庆遭受百年不遇的高温干旱，奶牛生产受到损失。气温持续高达 38 ~ 40 摄氏度，局部地区极端温度到达 44.5 摄氏度。全市 39 个区（县、市）受旱面达 100%，其中 36 个区（县、市）遭受了特大干旱，禾苗竹木枯死、池塘干涸、溪河断流，农村成片停水、停电。2/3 乡镇人畜饮水困难，748 万头大牲畜缺乏饮用水。奶牛因缺水、停电损失巨大，牛奶产量下降、受胎率下降、流产率、死亡率是往年的 3 倍，造成巨大经济损失。一方面政府政策鼓励发展，一方面受高温影响，同时近郊养牛基地被开发，近郊奶牛被迫往中远郊转移。多重因素使 2006 年奶牛生产维持稳定，存栏 1.3 万头，牛奶产量 8.35 万吨。

2007 年，重庆奶业虽然宏观大背景转好，但是养殖成本、加工成本增加，且遭遇特大洪灾。畜牧兽医战线围绕"六增一控"发展目标，落实各项工作措施，战胜洪灾，控制疫情，推进畜牧业持续稳定发展。奶牛养殖略有增加，奶业产业出现较好势头。奶牛存栏 1.44 万头，较 2006 年增长 10.8%，生产鲜奶 8.71 万吨，同比增长 4.3%。奶牛养殖模式以分散饲养为主，逐步向规模场养殖和小区集中养殖发展。

2008 年，克服雨雪冰冻，畜禽产品量少价高，国内其他省、市爆发"三聚氰胺"奶业丑闻事件，诱发群众对国产奶的不信任和四川汶川大地震等不利因素造成的困难，重庆奶牛生产仍然处于基本稳定。主要表现在：一是政策支持力度大，养牛者信心增强。农业部首次对重庆实施奶牛良种补贴项目，给予 45 万元良种补贴资金；市财政为奶牛良繁体系建设提供 50 万元资金；奶牛保险财政资金 185 万元。二是调整规划，奶牛生产格局发生变化。集中在"一圈"的奶牛正逐步向三峡库区转移。三是奶牛养殖呈恢复性增长。饲料粮价稳定，鲜奶收购价格提高。四是奶价提高，牛价回升，养牛收益增加。全年牛奶产量 7.78 万吨，比上年有所下降。存栏奶牛 1.9 万头，比上年增长 32%。

2008 年，农业部发布《生鲜乳生产技术规程（试行）》，同年 11 月，农业部出台《生鲜乳收购管理办法（试行）》，生鲜乳收购站实行备案制度。

（四）客观因素影响，奶牛发展进入徘徊期

2009 年，中央下达重庆奶牛良种补贴资金 51 万，促进了奶牛良种推广，当年奶牛良种率达 95%。全市整合各种资金 2 000 余万元投入奶牛养殖和乳品加工。奶价提高，养牛效益增长。江北、渝北形成"一县一品"特色优势产区。开展生鲜乳质量安全整治。2009 年年末统计，奶牛存栏 1.7 万，下降 10.5%；牛奶产量 7.9 万吨，增长 1.5%。奶牛生产存在问题：一是奶牛养殖数量、养殖规模滞后于乳品加工的发展。二是牛源紧缺成制约发展的瓶颈。

2011 年，奶牛养殖呈下降趋势，发展萎缩、滞缓。2011 年年底存栏奶牛 2.045 万头，牛奶产量 8 万吨。近郊二环以内为奶牛养殖限养区，奶牛养殖逐步退出，向渝东南、渝西、三峡库区发展。由于近郊养殖的限养退出和新发展地区因牛源紧缺缺牛，加上"两病"（即布鲁氏菌病和结核病）牛的处理，

奶牛数量减少，奶牛养殖业处于结构调整，转型发展阶段。奶源基地转移，养殖模式转换，由农户分散饲养向规模牛场、养牛小区形式的专业化、规模化转变，100 头以上规模场 26 个，养殖比例达到 52.5% 。养殖方式由粗放型向质量效益型、生态型转变。

2012 年，为了解决养殖污染问题，奶牛养殖场继续由近郊搬迁到中远郊。受疫病、饲料粮价格居高不下、草料缺乏等不利因素影响，奶牛存栏数量有所减少。为稳定奶牛生产，保证牛奶供给，2012 年实施了 3 项重点项目建设：①奶牛标准化场（小区）示范创建。中央财政资金 80 万元，市财政资金 150 万元，改扩建 4 个 300 头以上规模养殖场。②奶牛良种冻精补贴项目。中央财政资金 45 万元，市财政资金 30 万元，购买良种冻精和性控冻精。③生鲜乳质量安全监管。中央财政资金 45 万元，市财政资金 70 万元。

2013 年，奶业仍然呈下滑趋势。存栏减少，发展缓慢；奶价上涨，效益增加；资金短缺，制约扩大；乳品企业减少对养殖场的支持，奶牛养殖发展艰难。

2014 年，按照“保供给、保增收、保安全、保生态”的总体要求，调整优化产业结构，大力发展特色效益畜牧业。奶业发展呈现存栏略有减少，发展缓慢，奶价略降，原料奶质量明显好转的特点。主要原因：一是迫于环境污染压力，奶牛养殖被限制发展；二是受国内大环境影响；三是养殖成本居高不下使奶业发展遭遇瓶颈。

2015 年，调整奶牛养殖基地布局已经 3 年，奶牛养殖业开始走出低谷，缓慢向前发展。其特点是：稳发展，产量略有减少；料粮价格下降，奶价稳定，养殖效益增加；养殖技术更加科学化、精细化。2015 年牛奶产量 5.45 万吨，奶业产值 2.64 亿元，奶牛存栏 1.83 万头，呈现稳中有升态势。

二、品种及繁育推广

（一）品种

中国荷斯坦牛是重庆市引进和培育的奶牛品种。中国荷斯坦牛近似兼用型牛品种。毛色一般为黑白相间，花层分明，额部多有白斑；腹底部，四肢膝关节以下及尾端多呈白色，体质细致结实、体躯结构匀称，泌乳系统发育良好，蹄质坚实。产奶量高，但乳脂率较低，不耐粗饲，在良好的饲料条件和饲养管理下，平均 305 天产奶量可达到 6 500 ~ 10 000 千克，乳脂率 3.5% 左右。

1931 年，重庆奶牛场首次从上海引进荷兰黑白花公牛，与本地黄牛进行级进杂交，经 50 多年繁殖选育发展成为乳用型品种，这也是中国唯一的奶牛品种。1992 年，这种黑白花奶牛更名为“中国荷斯坦奶牛”，是重庆普遍养殖的奶牛。

（二）品种改良

1. 良种繁育体系建设

（1）建立市级种公牛站

1998 年，重庆市建设了一个市级种公牛站。该站有先进的冷冻精液生产设备。饲养有奶用、肉用种公牛共 17 头，累计生产供应细管冷冻精液 280 多万份，为全市近郊奶牛业和三峡库区肉牛业的发展起到了重要作用。2003 年，重庆市良种牛繁育中心主体工程完工并投入使用，引进奶牛良种公牛 5 头。

（2）建立良种繁育体系

2002 年，建立重庆市良种牛繁育中心。全市建立 18 个奶牛、肉牛改良冷配站投入使用，良种繁育体系初具规模。

2003 年，实施“百万头（只）优质草食牲畜产业化工程”，基本建立草食牲畜良种繁育体系。通过实施“百万头（只）优质草食牲畜产业化工程”，一是抓良种繁育体系建设，推广优良品种。二是抓新技术推广，促品质提高。在奶牛饲养重点区（县）建立规范化的乡（镇）人工授精站点。基本形成了由市良种牛繁育中心、奶牛主产区（县）冻精贮运中心和乡（镇）人工授精站点组成的市、县、乡（镇）三级繁育推广体系。在渝北等3个区发展优质奶源重点生产基地乡（镇）10个，通过发展重点基地乡（镇），有效地推动了以渝东南地区为重点的奶牛优势产业带，为建成区域化、规模化、专业化的草食畜商品生产基地打下了良好的基础。

（3）完善良种繁育体系

2007年，新建和改（扩）建人工授精站点；推广奶牛优质冻精，成功改良奶牛品种。

2008年，改扩建1个市级奶牛贮运中心。

2009年完成奶牛普查和建档建卡。在奶牛相对集中的20个区（县）进行了奶牛普查，对奶牛的档案进行补建和新建。一是统一制定系谱档案卡和个体奶牛登记表。一牛一卡，卡随牛走。将每头奶牛的资料登记在个体登记表内，由区（县）输入电脑存档，并报市畜牧总站备份。二是统一佩戴耳标标识。一牛一耳标，按照系谱卡片编制的牛号，将牛号标注在奶牛耳标上，便于识别和管理。三是全面补建和新建档案。除淘汰牛外，对过去未建档的所有后备牛、青年牛、成年母牛补建了系谱档案，佩戴了奶牛耳标。全市共补建和新建奶牛建档近万份。

2010年，建立3个高产奶牛核心群场。

2011年，良繁体系建设日趋健全。建成市级冻精配送中心1个、县级贮运中心3个、乡（镇）级冷配站点10个、良种母牛扩繁场3个。

2012年，继续完善良种繁育及推广。建立部级草食牲畜性能测定站1个，完善一级繁育场3个、良种牛繁育中心（种公牛站）1个、县（区）级贮运中心3个、乡（镇）级冷配站点10个。

2. 品种改良

（1）奶牛胚胎移植研究

2003年，重庆市畜牧技术推广总站王永康等完成了“重庆市高产奶牛胚胎移植技术示范研究”，并取得良好的效果。

（2）奶牛性控冻精的应用

2006年重庆市首次从XY种畜（天津）有限公司引进奶牛性控冻精50剂，在重庆金宏畜牧发展有限公司所属的奶牛场试验，取得了良好效果。配种受孕率53.2%，产母犊率93.33%。2007年，增加使用量，使用性控冻精150剂；2008年逐年增加，到2012年，全市利用财政资金共购买使用奶牛性控冻精3 450剂；一些奶牛场自己购买了部分奶牛性控冻精使用。增加了母犊产出率，加快了奶牛的扩繁扩群。

（3）应用优质冻精改良奶牛

从2008年开始，重庆市实施国家奶牛良种补贴项目。每年由农业部下达部级资金到市财政，由财政下达资金到项目执行单位重庆市畜牧技术推广总站。重庆市畜牧技术推广总站按照项目实施要求，用项目资金招标采购奶牛良种冻精，采购的冻精无偿分配各全市奶牛养殖区（县）和养殖场，改良本市奶牛品种，逐步实现良种化。此项目共实施了8年，2017年农业部终止了该项目的实施。其间，重庆市财政提供了一部分项目配套资金用于采购奶牛高端冻精和性控冻精改良奶牛。2008—2016年共应用奶牛优质冻精27.9万剂，促进了重庆奶牛品种改良。

三、奶牛技术推广

（一）重点项目实施

1. 奶牛科技研究

1986—1989年，重庆市畜牧兽医科学研究所李绶章等完成了重庆市奶牛增产综合技术研究。该研究推广应用奶牛数3 500余头，社会经济效益达335万元。

1989年，重庆实施农业部重点科研项目“奶牛粗饲料（秸秆开发利用研究）”。机械电子工业部呼和浩特畜牧机械研究所、重庆奶项办、重庆市奶牛研究所、重庆市井口农场畜牧分场联合研究的“秸秆机械复合化学处理技术重庆推广实验”成功。

1990 年，在全市推广农业部重点科研项目“奶牛粗饲料（秸秆）开发利用研究”。

1991 年 9 月 1 日，重庆市农业委员会下达“生态农业综合示范推广项目”，开展城郊型生态农业综合开发示范，建生态养殖户 10 户，推广奶牛混合饲料，提高奶产量 8%。

1993 年，王健、莫昌兰完成的“902 乳炎康制剂治疗奶牛乳房炎非抗生素防治研究”，获四川省畜牧食品办科技进步二等奖。

1995 年，王健、莫昌兰“泌乳奶牛隐性乳房炎非抗生素防治研究”获四川省人民政府科技进步三等奖。

2. 实施奶牛丰收计划

1990—1993 年，重庆市畜牧兽医科学研究所李绶章等完成了对农村奶牛增产综合技术大面积推广的研究。该研究的“四改四推”内容主要是：改饲喂单一饲料为饲喂（混）合饲料；改滑下法挤奶为压榨法挤奶；改稿杆不加工饲喂为稿秆加工处理后饲喂；改不孕症的单一防治为综合防治。推广种草养牛，推广青贮饲料，推广使用防暑降温中草药大锅汤，推广奶牛阶段饲喂技术。

1991—1992 年，实施“重庆市奶牛增产综合技术推广”丰收计划项目，圆满完成任务。项目获重庆市农牧渔业局市农业丰收计划二等奖。

1997—1998 年，重庆市饲料质量监测管理所等实施“重庆市奶牛增产综合配套技术推广”项目，圆满完成任务。项目获重庆市农业丰收奖二等奖。

2010 年，实施农业部科技项目“重庆市夏季奶牛增产技术应用”项目。农业部拨付项目资金 80 万元，用于夏季奶牛增产技术的研究与推广应用。

3. 草食牲畜百万工程项目

草食牲畜百万工程是重庆市人民政府实施的 11 个农业产业化百万工程之一。通过项目实施，加强了标准化、规模化奶牛养殖小区建设和奶牛基地建设；建立市级奶牛良种繁育中心 1 个；在近郊 8 个奶牛区（县）实施建立标准化冷配站点 30 个，每年推广应用荷斯坦优质奶牛冻精 20 000 支以上，5 年共推广细管冻精 10 万余支；在渝北、江北、沙坪坝、南岸、铜梁等区（县），建立了 13 个示范基地，建立 9 个标准化奶牛示范养殖小区；培育壮大了重庆天友乳业股份有限公司、重庆三高乳业有限公司等乳品加工龙头企业；编辑、出版了《重庆市牛良种繁育体系建设项目培训资料》《奶业产业化生产与经营》等系列技术资料；编写了《奶牛胚胎移植技术规程》；摄制了奶牛胚胎移植技术的专题片，开展多种形式的技术培训和指导，推广应用“七推八改奶牛综合配套技术”。

（二）制定标准与规范

2011 年，由重庆市畜牧技术推广总站起草，重庆市质量技术监督局发布地方标准《奶牛标准化规模养殖场建设规范》（DB50/T 389—2011）。

（三）技术推广与应用

高产奶牛胚胎移植技术研究与应用。第一次选择在渝北、沙坪坝、九龙坡、江北、南岸等近郊奶牛区比较分散的地方；第二次选择在奶牛区比较集中的江北鱼嘴，开展胚胎移植技术。该项技术的研究与应用填补了重庆市奶牛胚胎移植技术应用的空白，探索了在农户分散和集中养殖条件下应用奶牛胚胎移植技术的方法和效果。

1. 人才培训与培养

开展先进适用技术的宣传、培训和推广。一是围绕全市“草食牲畜产业化百万工程”和“畜禽良种工程”的实施，开展良种引进、人工授精、胚胎移植、饲养管理、疫病防治等关键技术培训。二是培训和培养市、县（区）、乡（镇）各级奶牛技术服务人员和奶牛养殖场（户）从业人员。

2. 技术推广与应用

承担实施农业部、重庆市科学技术委员会等有关部门下达的科研推广项目共7项。在渝北、南岸、九龙、江北等区实施的市开发项目“高产奶牛胚胎移植技术示范”，移植胚胎45枚，受胎率42.2%，成功产犊15头，实现全市奶牛胚胎移植0的突破。在丰都、云阳、渝北实施了重庆市科学技术委员会项目“三峡库区种草养畜配套技术推广”。这些项目的推广应用，有效地促进了科技成果的转化，推动了全市畜牧业生产向优质、高产和高效发展。2003年，积极支持、鼓励申报科技成果，其中“三峡库区种草养畜关键技术研究”获重庆市科技进步三等奖。2007年开展技术服务工作。一是开展多层次、多形式的技术培训。二是组织科技人员“科技下乡”活动，向养殖户传送技术。送政策、送科技、送信息到基层。三是编印多种技术资料和技术规范。四是组织推广多项适用技术。推广奶牛冻精1.5万剂，其中性控冻精100枚。2008年，全市开展了形式多样、内容丰富的畜牧技术培训、推广等服务工作。一是开展了技术规范、资料的编制。二是开展了多层次技术培训。通过开展畜牧科技专题培训、“科技下乡”及“科技特派员”活动等方式，为养殖场户传送了最新的畜牧技术和畜牧发展信息。三是开展了多样化合作培训。与老年大学远程教育中心、重庆市农业委员会移动农网、重庆畜牧网合作，向从业者传授畜牧信息及技术。四是开展形式丰富的法律法规培训。以乳制品加工为主的重庆天友乳业股份有限公司、重庆光大畜牧业有限公司、重庆三高乳业有限公司等企业参加了培训。创立了“天友”“梦工场”等一批畜产品名牌产品。2009年，积极调整畜牧业结构，优化畜牧业产业结构布局。整合资金重点支持重庆天友乳业股份有限公司、重庆光大畜牧业有限公司等企业发展奶牛养殖，加快节粮型畜牧业发展。同时优化产业布局，根据每个区（县）的畜牧业发展特点，引导畜禽养殖向优势区域集中，逐步形成“一县一品”特色的江北、渝北奶牛养殖带。2010年，畜牧部门实施奶牛标准化示范创建，养殖场（小区）改扩建投入中央资金500万元、奶牛良种补贴51万元，建立3个核心母牛扩繁场。通过淘汰低产牛和提高养殖技术，大幅度提高了牛奶单产。

3. 优秀论文和著作的发表

一批优秀论文和著作在国家级学术刊物上发表。1995年，《中国预防兽医学报》在第三期发表李树明《奶牛子宫内膜炎病因及病理研究概述》。1996年，《中国预防兽医学报》第一期发表周廷宣《重庆地区奶牛隐性乳房炎病原菌的分离鉴定及药敏试验研究》。1997年，《中国兽医杂志》第七期发表胥洪灿《产后康复宁对奶牛泌乳影响的初步观察》。1997年，刘德君、周莉萝、李绶章等编写《乳牛生产实用技术》，由科学技术文献出版社出版。2007年，李晓波、凌虹编著的《奶业产业化生产与经营》，由重庆出版社出版。2010年，景开旺、李发玉等编写《奶牛养殖技术》，由中国三峡出版社出版。

四、政策扶持

（一）资金扶持

1988年6月13日，农牧渔业部与重庆市人民政府签订《关于执行欧洲经济共同体援助20城市奶类发展项目协议书》。援助的脱脂奶粉和无水黄油转换成还原奶卖出，共获得3 235万元援助资金用于奶业发展；并获得欧洲联盟技术支持；重庆市人民政府配套资金3 905万元。

1988年11月20日，中国农业银行重庆分行发布的《关于及时解决收购奶牛饲料资金的通知》指出：为了稳定现有牛群和今后奶牛业的发展，确保城乡人民特别是婴幼儿、病人的牛奶供应，中国农业银行重庆分行发布了《对收购奶牛精粗饲料贷款有关问题通知》。

1989年9月29日，重庆市奶类项目领导小组发布《关于申请购牛无息贷款的意见》：在项目经费中安排无息贷款，拨付给项目区（县）奶业管理办公室，由区（县）奶业管理办公室与农户签订委托贷款合同。

1994年3月23日，重庆市人民政府发布《关于同意建立良种奶牛繁育基地的批复》，同意缙云山园艺场扩建规模达160头良种母牛，实行政府补助扶持政策，每头牛补助2 000元。

1999年6月16日，财政部发布《关于追加牲畜口蹄疫扑杀补助费的通知》，提出为支持做好牲畜口蹄疫扑杀工作，一次性追加重庆市1999年牲畜口蹄疫扑杀补助费150万元。1999年7月16日，财政部支持重庆市做好牲畜口蹄疫扑杀工作，再一次性追加1999年牲畜口蹄疫扑杀补助费100万元。

2000年，财政部下达重庆市口蹄疫防治经费350万元。2000年12月19日，重庆市农业局发出《关于2000年牲畜口蹄疫防治经费安排意见的函》，把经费分配到有关单位。

2003年，重庆市农业局发布《关于下达重庆奶牛原种场建设项目2002年中央预算内专项资金投资计划的通知》，将重庆奶牛原种场投资计划转下达给重庆市种畜场。“通知”明确：严格按照可研批复下达的建设内容和基本建设程序进行建设，不得随意变更建设施地点、建设规模和建设内容；请抓紧落实配套资金和自筹资金，以确保目标顺利实施。同年12月，重庆市农业局发布《关于预拨奶牛保险保费补贴资金的通知》，通知重庆市财政支农服务部，下达将奶牛保险保费补贴资金300万元，用于重庆天友乳业股份有限公司开展奶牛保险保费补贴资金。

2008年10月，重庆市财政局发布《关于下达2008年奶牛养殖基地建设财政贴息资金预算的通知》，将2008年重庆光大（集团）有限公司奶牛养殖基地建设贴息资金预算600万元下达给江北区财政局。同年11月，重庆市农业委员会、重庆市发展改革委员会联合下发《关于重庆金宏畜牧发展有限公司奶牛养殖示范场沼气发电工程等建设项目初步设计及概算的批复》，原则同意“重庆金宏畜牧发展有限公司奶牛养殖示范场沼气发电工程建设项目”。核定项目概算总投资365万元，其中土木建筑工程135万元，仪器设备购置190万元，工程建设其他费用23万元，预备费17万元。资金来源为中央投资150万元，江北区配套30万元，业主自筹185万元。

2008年，中央和市级财政支持奶牛良种繁育资金60.99万元，其中中央资金51万元，市财政资金9.99万元。

2009年6月，重庆市财政局发布《关于下达2009年奶牛养殖基地建设财政贴息资金预算的通知》，将2009年重庆光大（集团）有限公司奶牛养殖基地建设贴息资金预算600万元下达给江北区财政局。2009年，重庆市财政局发布《关于下达2009年优势特色产业项目——草食牲畜市级补助资金预算的通知》（渝财农［2009］287号），下达奶牛发展资金853万元。

2009年，奶牛良种繁育资金共计69.85万元，其中中央资金51万元，市财政资金18.85万元。

2010年9月，重庆市财政局下达重庆市农业委员会中央奶牛良种补贴息资金51万元、市财政资金10万元，共计61万元用于采购奶牛良种冻精补助。2010年，奶牛标准化规模养殖场（小区）建设项目中央预算内投资500万元。同年，中央财政资金800万元支持奶牛标准化规模场和示范场建设。

2011年，中央财政资金580万元支持奶牛标准化规模场和示范场建设。重庆市奶牛良种补贴资金92.4万元，其中中央资金45万元，市财政资金47.4万元。

2012年，奶牛标准化规模养殖场（小区）建设项目中央预算内投资500万元。中央财政资金420万元支持奶牛标准化规模场和示范场建设。同年，重庆市奶牛良种补贴资金66.6万元，其中中央资金45万元，市财政资金21.6万元。

2013年9月，国家发展和改革委员会、农业部发布《关于下达奶牛标准化规模养殖场（小区）建设项目2013年中央预算内投资计划的通知》，指出：为提高奶牛标准规模养殖水平，决定从2013年中央预算投资中安排8亿元用于省、区（县）奶牛标准规模养殖小区（场）改扩建，其中重庆市500万元。同年，农业部下达重庆奶牛良种补贴项目45万元。

2014年，奶牛标准化规模养殖场（小区）建设项目中央预算内投资500万元。2014年农业部下达重庆奶牛良种补贴项目资金45万元。

2015年，农业部下达重庆奶牛良种补贴项目资金45万元。

（二）政策扶持

政策扶持主要体现在奶及奶制品的定价上。1989 年 1 月，重庆市奶类项目办公室向四川省盐业公司重庆分公司申请："在欧洲共同体食品援助的奶类项目执行期间，增大奶牛用盐供应标准，按每月每头大牛 2.5 千克，小牛 1.25 千克，现行减税供应标准不变，仍按大牛 1 千克，小牛 0.5 千克"获准。

1989 年 1 月 17 日，重庆市物价局、重庆市财政局发布《关于调整牛奶收购价格的通知》，通知重庆市长江农工商联合总公司、近郊各区物价局，每千克牛奶价格从 0.74 元调整到 0.9 元，从 1989 年 1 月 20 日执行。

1989 年 2 月 22 日，重庆市人民政府首次召开奶类项目工作会议，指出奶类项目的实施，牛奶收购价每千克提高 0.16 元，销售价不动，由财政给予补贴；奶牛基础饲料粮用完后，重庆市人民政府采取补平议差价措施，每收购 1 千克奶补助 0.2 元。

1994 年 4 月 26 日，重庆市物价局发布《关于同意调整乳制品价格的批复》：鲜奶收购价提高 0.20 元，250 毫升瓶装消毒牛奶订户价格由每瓶 0.44 元调到 0.5 元每瓶。1994 年 9 月 19 日，重庆市农业委员会在《市农委关于解决我市奶牛大滑坡问题的请示》中指出：1993 年开始出现大滑坡，牛群下降、产量减少，1994 年 6 月比 1992 年减少了 37.8%，比 1993 年年底减少 16.8%。农户不养后备牛，比例只有 28%。液态奶及乳制品加工量下降，收购量下降 29%。养牛效益差，掺杂使假越来越严重。1994 年 12 月 26 日起乳品公司提高收奶价 0.20 元，由 1.36 元提高到 1.56 元。

1994 年 8 月 16 日，重庆市奶业管理办公室、重市乳品公司，重庆市奶业管理办公室联合发出《关于再次调整鲜奶收购价格的通知》，规定：比重计价由 1.28 元调整为 1.36 元，按脂计价由 1.32 元调整为 1.4 元。此次牛奶调价，每千克净增 0.08 元，凡有收奶站的乡（镇），为兼顾养牛场和收奶站的利益，经研究决定，在本次调价中养牛者净增 0.06 元/千克，收奶站收益 0.02 元/千克。

1995 年 12 月 20 日，重庆市物价局发布《关于鲜牛奶收购价格和销售价格的通知》。一是收购价格。按原料奶比重测定并验收，比重达到或超过 1.028，每千克鲜牛奶收购价格为 2.00 元。按原料奶比重测定并验收，总固体达到或超过国标 1.2%，则每千克鲜牛奶收购价格为 2.10 元。二是销售价格。消毒牛奶价格每千克由现行 2.00 元调整为 3.00 元。

第三节 役用牛

重庆地区多冬水田，农民养牛耕田的历史悠久。1949 年后，重庆水牛一度发展较快，1979 年年末，全市存栏水牛 48.1 万头，比 1949 年的 35.7 万头增长 34.87%，达到历史最高水平。但是，从 1980 年后逐年下降，到 1992 年年末，全市水牛存栏仅有 27.9 万头，比 1979 年减少 20.2 万头，下降 42.0%（见表 8-2-3）。

表 8-2-3　1979—1992 年重庆市水牛存栏统计表

项目 年份	年末存栏数（万头）	比上年减少（万头）	下降（%）
1979	48.1	—	—
1980	47.4	0.7	1.4
1981	46.8	0.6	1.4
1982	45.6	1.2	2.5
1983	44	1.6	3.6

（续）

年份＼项目	年末存栏数（万头）	比上年减少（万头）	下降（%）
1984	41.8	2.2	5
1985	39.2	2.6	6.2
1986	38.5	0.7	1.8
1987	36.5	2	5.3
1988	34.7	1.8	5
1989	32.7	2	5.8
1990	30.7	2	6
1991	29.5	1.2	3.9
1992	27.9	1.7	5.6

注：1992 年后，水牛未单独统计。

水牛逐年减少的主要原因，一是繁殖奖励政策取消，产仔减少；二是淘汰宰杀、出售的增多。据统计，1980—1987 年共出售和自宰肉用牛 13.7 万头，最多的一年（1982 年）达 2.4 万头。水牛由于单一使役经济效益差，一头牛犁田的收入不够支付牛饲料和人工饲养管理费。农户认为“养牛不如租牛”，饲养积极性普遍下降。

改革开放后，农村青壮年外出打工的越来越多，种地劳动力不足。由于淘汰牛政策放宽，牛的淘汰数量过多，导致役用牛一度供不应求，个别地方出现人拉犁耕田现象。1983 年，中共中央《当前农村经济政策的若干问题》（1 号文件）明确提出：“农民个人或联户购置农副产品加工机具、小型拖拉机和小型机动船，从事生产和运输，对于发展农村商品生产，活跃农村经济是有利的，应当允许；大中型拖拉机和汽车，在现阶段原则上也不必禁止私人购置”。之后，适合重庆丘陵地区和山区的地形微耕机开始引进、推广，并以其重量轻、效率高、转移方便、价格便宜等优点受到农民欢迎，同时成为役用牛不足的补充。

2015 年，重庆市少量边远山区及交通不便的农村，仍然有饲养牛专用于耕田（地）的情况。

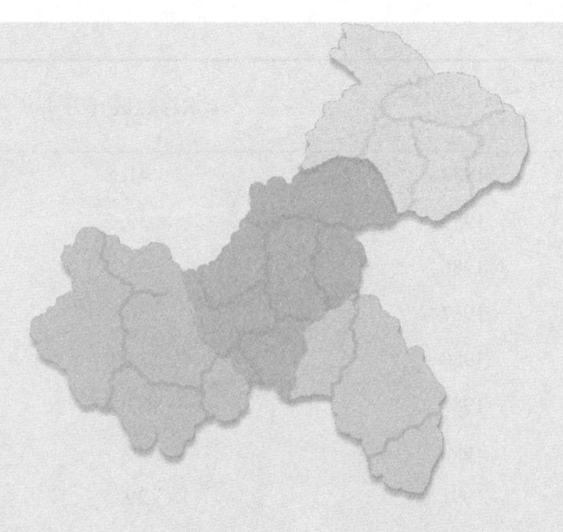

第三章
山　　羊

重庆地处中国西南部，长江上游地区，其北部、东部及南部分别有大巴山、巫山、武陵山、大娄山环绕。地貌以丘陵、山地为主，坡地面积较大，有“山城”之称。年平均气温16～18℃，最热月份平均气温26～29摄氏度，最冷月平均气温4～8摄氏度。全市年平均降水量较丰富，大部分地区在1 000～1 350毫米，降水多集中在5—9月，占全年总降水量的70%左右。全市年平均相对湿度多在70%～80%，在中国属高湿区。年日照时数1 000～1 400小时，日照百分率仅为25%～35%，为中国年日照最少的地区之一，冬、春季日照更少，仅占全年的35%左右。根据自然生态、社会经济，重庆多以半舍半牧方式的山羊养殖为主。全市山羊养殖重点区县有云阳、巫溪、奉节、武隆、巫山、开县、万州、涪陵、酉阳、城口、黔江11个区（县），这些区县也是重庆市山羊的优势主产区。

第一节　山羊生产

一、计划单列市时期

重庆农村部分农户有养羊习惯。改革开放后，政府鼓励发展多种经营，取消禁养限养政策，养羊业得到恢复发展。1979年以后，由于放牧地缩小，交通不便，收购不及时，流通受阻等原因，养羊业逐年萎缩，1985年年底，全市仅存栏山羊11.49万只（见表8-3-1）。

表8-3-1　1985—2015年重庆市山羊存出栏统计表

年份	山羊			
	存栏（万只）		出栏（万只）	
	原重庆	两市一地	全国畜牧年鉴	重庆畜牧年鉴
1985	11.49	57.6	54.0	—
1986	8.12	56.4	41.0	—
1987	8.61	62.6	37.4	—
1988	7.5	67.4	41.5	—
1989	6.78	71.2	44.8	—
1990	5.62	70.8	46.4	—

（续）

年份	山羊			
	存栏（万只）		出栏（万只）	
	原重庆	两市一地	全国畜牧年鉴	重庆畜牧年鉴
1991	6.15	70.2	51.5	—
1992	4.75	71.3	53.3	—
1993	6.61	75.4	56.7	—
1994		86.4	63.9	—
1995		104.0	79.9	—
1996		114.2	97.8	215
1997		131.3	113.7	114
1998		129.6	131	148
1999		149.6	151.2	151.3
2000		160.6	167.9	167.94
2001		177.2	195	182.62
2002		228.8	215	—
2003		232.2	235.33	235.6
2004		385.1	285.6	284.55
2005		378.3	300.5	306.2
2006		362.8	346.53	334
2007		—	131.5	360
2008		126.07	149.61	—
2009		142.3	166.6	166.5
2010		168.4	191.3	—
2011		176.6	202.6	—
2012		181.1	212.4	—
2013		185.23	227.4	—
2014		209.58	249.89	—
2015		225.58	274.31	—

1986—1992 年，养羊业持续低迷，始终呈下滑趋势。1989 年全市存栏羊 6.8 万只，比 1985 年减少 4.69 万只，下降 40.8%。1992 年，存栏羊 4.7 万只，比 1989 年减少 2.1 万只，下降 30.9%。羊肉产量 423 吨，比 1989 年 796.4 吨减少 373.4 吨，下降 46.9%。

1993 年，养羊业开始回升，年末存栏羊 6.6 万只，比 1992 年增加 1.9 万只，增长 33.16%。

1996 年，重庆市代管四川省万县市、涪陵市和黔江地区（简称两市一地）。当年统计数据包含两市一地，出栏羊 215 万只，比上年同比增长 28.7%。

二、直辖市时期

1997 年，重庆市养羊业稳步发展，出栏羊数量逐年小幅增加。到 2003 年，出栏羊达到 235.6 万只，比1996年增加20.6万只。

2004—2006年，养羊业加快发展，出栏羊由284.6万只增加到334万只，增加49.4万只，增长17.4%。出栏30只以上的养殖户达3.8万户。

2007年，全市出栏羊360万头，同比增长3.9%。年出栏山羊30头以上的养殖户达1.6万户。

2008—2009年，由于市场需求发生变化，出栏羊减少。出栏30只以上的养殖户1.1万~1.3万户，其中出栏100只以上的养殖户0.1万户，出栏千头以上的养殖户6户。山羊规模化率34%。良种覆盖率63%。全市累计建成高次代种羊场10个，二级扩繁场90个。编制了《优质山羊生产技术规程》。

2010年，酉阳土家族苗族自治县畜牧兽医局、财政局联合调查表明：随着收入水平的提高，城乡居民的膳食结构改善，猪肉的人均消费处于徘徊状态，而家禽和牛羊肉的消费量增长较快。2009年重庆市农村居民人均消费禽肉4.09千克，比2000年增长了1.03倍，年均递增8.2%；人均消费牛羊肉1.2千克，比2000年增长了5.32倍，年均递增22.7%；城市居民人均消费禽肉13.27千克，比2000年增长了61.5%，年均递增5.5%。

2010年7月19日，重庆市农业委员会、市发展和改革委员会批复巫山县波尔山羊良种场等建设项目初步设计及概算，由重庆巫山县国发农业开发有限公司承担。项目核定投资概算总值158.13万元，中央投资145万元，地方配套13.13万元。2010年9月27日，重庆市农业委员会转发市发展和改革委员会对重庆市草食牲畜科研及产业示范基地建设项目可研批复。该项目建设牧草核心选育用房、牛羊性能测定用房、草食动物试验用房、附属设施等，可承载试验牛30头、山羊100只。草食动物、牧草种植引进费用37.9万元，设备购置及安装费204.1万元。

2011年，加强种质资源建设，推进规模养殖。全市已建成山羊资源保种场和种养场31个，县级扩繁场90个。全年改扩建山羊种场10个，发展种羊户1.15万户。能繁母羊218.5万头，增长16.6%。大力推进规模养殖，在武陵山区、三峡库区的11个区（县）建立120个标准化示范乡（镇）基地，基地乡（镇）存栏肉山羊283.2万头，年出栏优质肉山羊181万头。全市存栏羊354.3万只，比上年增长10.7%；出栏羊202.6万只，增长5.9%；产肉量2.6万吨，增长6.6%。

2012—2013年，山羊养殖重点区县有云阳、巫溪、奉节、武隆、巫山、开县、万州、涪陵、酉阳、城口、黔江等区（县）。

2013年9月，重庆市农业委员会、财政局组织有关人员对2012年中央“菜篮子”产品生产项目、2012年重点区（县）肉牛（山羊）标准化规模养殖项目进行抽查验收，两个项目均全面超额完成预定指标，通过验收。

2014年6月30日，重庆市农业委员会、市发展和改革委员会联合发函，原则同意巫溪县100万只优质山羊产业建设发展规划（2013—2020年），巫溪县强化组织领导，确保了山羊产业顺利发展；因地制宜、科学谋划，加大牧草种植和农作物秸秆的综合利用，为产业发展提供充足的物质保障；建立健全山羊良种繁育体系、狠抓规模养殖、饲草饲料、疫病防控、技术培训、环境保护和加工流通等产业关键环节，并带动相关产业发展；重点扶持标准化规模养殖场（户）、股份合作企业、专业合作组织和家庭牧场；立足资源，结合市场，做亮品牌，提升山羊产业效益；强化合作，注重科技，提升山羊产业质量。

2014年，重庆市率先在奶牛、山羊养殖业中应用“高产奶牛胚胎移植、性控冻精”和“波尔山羊胚胎移植技术”，填补了重庆市草食动物胚胎移植技术应用的空白。示范与推广山羊高床舍饲配套技术、三峡库区种草养畜配套技术推广，编写了《畜禽养殖小区标准化生产技术规范》《无公害瘦肉猪标准化生产技术》《无公害山羊标准化生产技术》《牛羊人工授精技术》《山羊高床舍饲配套技术》等技术资料，开展广泛的技术培训和指导。科学养殖入户率达60%，科技对牧业的贡献达45%。

2015年，出栏羊274.3万只，比上年增长9.8%；存栏羊225.6万只，比上年增长7.6%。

第二节 品种及繁育推广

一、山羊品种

重庆的地方山羊品种主要有渝东黑山羊、大足黑山羊、酉州白山羊、板角山羊、酉州乌羊。

（一）渝东黑山羊

渝东黑山羊属肉皮兼用型地方优良山羊品种，2001 年被收录入《全国畜禽品种引种指南》；2006 年 5 月，通过重庆市畜品种审定委员会审定；2009 年 5 月，通过国家畜禽遗传资源管理委员会羊专业委员会现场审定；2009 年 11 月 15 日，农业部发布第 1278 号令公告，正式成为国家级畜禽遗传资源；2010 年 5 月 1 日，重庆市地方标准《渝东黑山羊》正式发布实施。

1. 主要分布

渝东黑山羊分布于涪陵、武隆、黔江、彭水、酉阳等少数区（县）。据 2008 年调查，重庆市存栏渝东黑山羊 13. 40 万只，基础种山羊 6. 03 万只，其中能繁殖母羊 3. 89 万只、种用公羊 0. 31 万只。

2. 品种特征与性能

渝东黑山羊全身被毛黑色，成年公羊被毛较粗长，母羊被毛较短；头呈三角形，中等大小；鼻梁平直，两耳直立向上；多数公母羊有角和胡须；头颈躯干结合紧凑，后驱略高于前驱，腰背平直，胸较宽深，肋骨开张，臀部稍有倾斜；后肢结实，蹄质坚实，尾短直立。

渝东黑山羊具有屠宰率高、适应性强、耐粗饲、易管理、繁殖力较强、配合力好、生长发育较快等优良特征，其独有的特性和优良的品质极具开发利用价值。

（二）大足黑山羊

据《大足县农牧渔业志》记载，大足黑山羊在当地饲养已超过百年，但何时形成该种群已无法考证。为此，大足县畜牧兽医局和西南大学组成课题组，采用了分子生物学手段，对大足黑山羊地方种群及周边山羊品种的亲缘进化关系进行了研究，结果表明，大足黑山羊与周边的合川白山羊、金堂黑山羊、成都麻羊的遗传距离较远，是一个独立存在的遗传资源群体，且遗传性能稳定。

大足黑山羊属于肉皮兼用型地方优良山羊品种。2003 年，大足县畜牧兽医局和西南大学课题组对黑山羊进行扩群、保护和研究，2006—2008 年间建立了 2 个核心场、30 个扩繁场、261 个纯繁户，并划定了 3 个保种区。2007 年 1 月，科学技术部正式批准将重庆市大足黑山羊种质资源保护与利用项目纳入国家级星火计划项目。2008 年 4 月，“大足黑山羊”商标获准商标局注册，成为当年大足县唯一、全市五大地理标志商标之一。2009 年 9 月，大足黑山羊通过国家畜禽遗传资源委员会羊专业委员会的现场鉴定，2009 年 10 月 15 日，农业部发布第 1278 号公告，大足黑山羊正式成为国家级畜禽遗传资源。

1. 主要分布

大足黑山羊主要分布于大足县 20 个乡（镇）及相邻的安岳县和荣昌县的少量乡（镇）。据 2008 年调查，大足黑山羊存栏 24 620 只，其中种用公羊 686 只、能繁母羊 12 955 只。

2. 品种特征与性能

成年母羊体型较大，全身被毛全黑、较短，肤色灰白，体质结实，结构匀称；头型清秀，颈细长，额平、狭窄，多数有角有髯，角灰色、较细、向侧后上方伸展呈倒“八”字形；鼻梁平直，耳窄、长，向前外侧方伸出；乳房大、发育良好，呈梨形，乳头均匀对称，少数母羊有副乳头。成年公羊体型较大，颈长，毛长而密，颈部皮肤无皱褶，少数有肉垂；躯体呈长方形，胸宽深，肋骨开张，背腰平直，尻略斜；四肢较长，蹄质坚硬，呈黑色；尾短尖；两侧睾丸发育对称，呈椭圆形。正常饲养条件下，成年公母羊体重分别为59.5千克和40.2千克，公、母羔羊初生重分别达2.2千克和2.1千克，公、母羔羊2月龄断奶重分别达10.4千克和9.6千克；初产母羊产羔率达到218%、经产母羊双羔率达272%，基本可以做到2年3胎；羔羊成活率不低于95%。成年羊屠宰率不低于43.48%，净肉率不低于31.76%；成年羯羊屠宰率不低于44.45%，净肉率不低于32.25%。大足黑山羊主要在川中丘陵与川东平行岭谷的交接地带，地理坐标为东经105°28′—106°02′、北纬29°23′—29°52′的区域自然培育而成。具有耐寒耐旱、抗逆性强、耐粗放饲养管理和采食能力强等特点，适宜于广大山区（牧区）放牧和农区、半农半牧区圈养。

（三）酉州白山羊

1. 主要分布

因产于酉阳土家族苗族自治县境内而得名。在黔江、彭水、秀山均有分布，是一个优良的地方品种。

2. 品种特征与性能

酉州白山羊种群中毛色全白占65%，黑色占21%，杂色占14%。该羊体质紧凑结实，体型中等，公羊比母羊稍大，母羊头小清秀，面线直，两侧平，额窄，公母羊均有须，眼睛明亮有神。公母羊大多有角，少数无角，双角呈“八”字形。屠宰率高，产肉多，板皮质量好，繁殖力、抗病力、适应性均强，性成熟早，耐粗饲，生长发育良好。

（四）板角山羊

1. 主要分布

板角山羊产于川东北大巴山南麓的城口、巫溪县和川东南大娄山北麓的武隆县等地。产地境内山势陡峻，沟狭谷深，海拔500～3 000米以上。土势起伏很大，一般坡度在50度左右，任河、前河、大宁河以及乌江水深流急，水源丰富。板角山羊从海拔数百米的沟谷到2 000米以上的山坡都有分布。以边缘山地的板角山羊体格最大，品质最好。武隆县的卜板、中兴、木松等地主产区的板角山羊体大，品质好。巫溪县的板角山羊分布面广，数量多，体型较小。奉节、涪陵、丰都等县均有板角山羊的分布。

2. 品种特征与性能

板角山羊的被毛绝大多数为白色，黑色、杂色个体很少。公、母羊均有角，角型宽而略扁，向后方弯曲扭转。成年母羊平均角长17厘米；公羊角宽大扁平，最长可达38.0厘米，宽11.5厘米，显得分外雄壮。头部中等大，鼻梁平直，额微凸，公、母羊均有胡须；体躯呈圆桶形，背腰较平，尻部略斜；肋骨开张，四肢粗壮，骨骼坚实。成年公羊被毛粗长，母羊被毛较短。板角山羊的体格大小因产地不同而有差异。以城口和武隆县的体格较大，成年公羊平均体高58.4厘米，母羊为52.3厘米。巫溪县板角山羊体格较小，成年公羊平均体高46.42厘米，母羊为47.3厘米。板角山羊产肉性能良好，当地群众喜欢杀羊过年、过节，并以羊腿作为馈赠礼品。武隆县农村还有用麦芽、谷芽和炒熟的盐水豆喂羊催肥的经验，使阉羊增重更大，积脂更多。据测定，3岁以上的肥阉羊，平均屠宰前活重55.6千克，平均胴体重30.6千克，内脏脂肪重达10.3千克。有的群众把屠宰后的整个胴体连同板油一起腌渍风干，制成腊肉，便于较长时期保存，随食随取，另有风味。板角山羊的板皮品质良好，富有弹性，质地致密，面积宽大。据城口和武隆等县测定，周岁羊板皮面积3 840～4 160平方厘米，成年羊板皮面积达5 090～7 390平方厘米。皮张厚薄较均匀，剥制形状完整。在调查外贸收购的78 831张板皮中，属于特、甲级的占14.9%，乙级占39.7%，丙级占25.4%，级外皮占20%。

（五）酉州乌羊

1. 主要分布

原产于重庆市酉阳土家族苗族自治县境内，是国家级畜禽遗传资源。其主产地为青华山及山脉延伸的周边地区（青华山属武陵山系），中心产区位于酉阳土家族苗族自治县境内以青华山及延伸山脉为主的喀斯特地形地貌区。主要分布在酉阳土家族苗族自治县内的板溪乡、龙潭镇、江丰乡、铜鼓乡、板桥乡、楠木乡。由于产区交通不便，信息闭塞，发展滞后，直到20世纪90年代才逐步得到重视和发展。酉州乌羊是酉阳土家族苗族自治县人民在特定的生态环境中，经长期封闭繁育、风土驯化、自然选择形成的具有独特生产性能和稳定遗传特征的山羊类群。酉州乌羊种群的形成主要是由于其分布在交通落后的山区（其主要分布区域为狭长的陡坡槽谷、中山丘陵相间的地带），与外界很少发生交流，长期封闭繁殖，加上当地农户长期自然选择的结果。1993年，酉阳土家族苗族自治县畜牧兽医局对酉州乌羊主产区的调查研究结果显示，该羊形成于19世纪末期。早期部分农户认为酉州乌羊具有“乌桃子”（阴户为乌色）是不吉利的象征，放弃对其的发展。后在食用过程中，发现该羊羊肉清香、细嫩，鲜味比其他山羊浓厚，且加入当地一些中草药煲食后，具有较强的滋阴补肾、强身健体、提神等功效，妇女坐月子或体弱多病者常用乌羊肉及汤滋补身子，因此当地老百姓又称之为“药羊”“山羊”。

2. 品种特征与性能

酉州乌羊酉州乌羊全身皮肤、眼、鼻、嘴、肛门、阴门等处可视黏膜为乌色。多数羊全身被毛为白色，背脊有一条黑色的脊线，两眼线为黑色，部分四肢下部为黑色；少数羊为黑色或麻色被毛。毛短，富有光泽。体质紧凑结实，体型中等。公羊头稍比母羊大，母羊头小清秀，面线直，两侧直平额窄；公母羊均有须；眼睛明亮有神，呈微黄色，大小适中，眼仁呈长方形；耳中等大小，稍长，略斜向前方；鼻略呈半圆筒状，鼻孔中等，鼻翼薄；唇薄灵活；公母羊大多数有角，少数无角，双角呈“八”字形；中等大小，后躯高于前躯，背腹线大略平，臀部稍倾斜；母羊腹大而不下垂，腿长而强健，前肢如柱，后肢微弯，蹄质坚实，略呈黄白色，蹄叉紧，行动灵活，善奔跑，尾短。乳房呈圆锥形，乳头中等大小，着生于乳房的两侧斜向前方，产乳中等。公羊睾丸发达，外形为略扁的袋状，配种力强；体格呈长方形，抗病力较强，尾短小，繁殖率高。母羊6～8月龄就达到性成熟，具有繁殖力，母羊发情周期为20～21天，发情持续期为48～60小时，妊娠期146～150天；一般1年2胎，能繁母羊平均产单羔占15.6%，双羔84.4%。初生重公羔2.1千克、母羔1.8千克；羔羊断奶成活率86%。酉州乌羊全身黑色素含量丰富，中国传统医学认为“黑色入肾”，能滋阴、养血、补肾、添精；现代科学研究表明黑色素是一种具有理化惰性且以吲哚为主体的含硫异聚物，具有稳定的自由基，能吸引可见光和紫外线的辐射，使体内细胞免受辐射损伤。天然黑色食品在当代国内外食品消费市场中占据着相当重要的位置，是滋补和药用的理想食品，酉州乌羊的特性符合国内外追求黑色食品、保健滋补食品的消费发展方向。酉州乌羊羊皮质量好，是制作皮夹克及长短大衣的上等原料；酉州乌羊的心、鞭、胆、甲状腺等均可入药。羊角也有很好的开发价值，可用来制成多种日用工业品和工艺品，诸如角梳、角图章、烟斗、烟嘴及角制器皿等。角梳和角匣都是出口畅销产品，羊角还可入药，是制药工业的原料。羊毛、羊肠亦是轻工业的原料，也是出口创汇产品。

二、繁育推广

（一）渝东黑山羊

建设渝东黑山羊保种场。2004年，农业部《关于三峡库区重庆黑山羊核心种羊场建设项目可行性研究报告的批复》中，同意重庆市建设黑山羊核心种羊场。2005年，重庆市农业局《关于转发三峡库区忠县优质柑橘标准化示范基地等建设项目的批复》中，下达了黑山羊核心种羊场项目，由重庆市畜牧技术推广总站作为项目实施单位，建设期限为2005—2006年。该场位于涪陵区白涛街道办事处谷花村五社，保种场占地面积1 989亩，建筑面积3 680米^2，其中圈舍面积2 150米^2，配套附属及环保设施面积1 530米^2，设计存栏规模400只原种渝东黑山羊。2007年5月项目竣工验收并投入使用，开展重庆黑山羊保种工作，2009年经国家畜禽遗传资源管理委员会审定并将重庆黑山羊更名为渝东黑山羊，同时，重庆黑山羊核心种羊场重新定名为渝东黑山羊保种场。2015年涪陵区存栏渝东黑山羊种羊1.1万只。

2008—2010年，重庆市涪陵区畜牧兽医局组织实施渝东黑山羊遗传资源保护项目。一是开展了渝东黑山羊性能测定。对渝东黑山羊的生长发育、繁殖和屠宰等性能进行了系统测定。2008年对150只核心群种羊的生产性能，包括体长和体重等指标进行测定；对1 200只母羊的繁殖性能进行了调查统计和分析；对25只渝东黑山羊的屠宰性能指标进行了测定，并对有关数据进行了整理分析，修订了渝东黑山羊性能指标。二是完成了渝东黑山羊品种资源的申请审定工作。2008年完成了渝东黑山羊品种资源申请审定的材料并申报国家品种审定，2009年5月农业部专家组到涪陵对黑山羊品种资源进行现场鉴定，2009年10月通过农业部审定，并在农业部第1 278号令中公布。三是在重庆市畜牧技术推广总站的指导下，起草并发布实施了地方标准《渝东黑山羊》。四是加强了渝东黑山羊保种场的基础设施建设。五是优化了渝东黑山羊的保种选育群。六是加强了渝东黑山羊的生产技术培训。

（二）大足黑山羊

2012年，重庆市农业委员会、重庆市财政局联合发文，对重庆市大足黑山羊保护场等建设项目和重庆市巫山县川东白山羊原种场建设项目做了批复：①重庆市大足黑山羊保护场建设项目。由重庆腾达牧业有限公司建设，地点选在大足县白马镇太平社区。该项目核定概算总投资255.1万元。资金来源：中央投资180万元，大足县配套18万元，业主自筹57.1万元。②重庆市巫山县川东白山羊原种场建设项目。由重庆名栋农业开发有限公司承担，建设地点在巫山县庙宇镇。该项目总投资432.4万元。资金来源：中央投资180万元，巫山县配套18万元，业主自筹234.4万元。

（三）川东白山羊

2012年6月12日，重庆市农业委员会、市财政局联合向中央报送云阳县川东白山羊原种场建设项目。建设单位：云阳县春辉牧业有限公司。建设地点：云阳县红狮镇水田村一组。建设年限：1年。项目总投资240万元，资金来源：中央投资200万元，地方配套20万元，业主自筹20万元。

（四）酉州乌羊

2012年6月12日，重庆市农业委员会报送重庆市金泰酉州乌羊资源保护场改扩建建设项目。建设单位：重庆金泰牧业有限公司。建设地点：重庆市酉阳土家族苗族自治县涂市乡钟岭村。建设年限：1年。资金来源：中央投资200万元，地方配套20万元。

2013年，重庆市农业委员会、财政局《关于2012年中央“菜篮子”产品生产项目、特色效益农业重点区县肉牛（山羊）标准化规模养殖项目抽查验收结果的通报》指出，2012年特色效益农业重点区县肉牛（山羊）标准化规模养殖项目，共下达肉牛项目20个，山羊项目40个，安排投资3 000万元。抽查了丰都县、涪陵区等8个区（县）的丰都县长夯养殖有限公司、涪陵区林环大耳羊专业合作社等12个项目实施单位，基本完成了《关于下达2012年特色效益农业“一圈”优势特色产业和重点区县肉牛（山羊）标准化规模养殖项目市级补助资金预算和做好项目组织实施工作的通知》的基本建设任务。按照《重庆市农业委员会关于做好2012年特色效益农业重点区县肉牛山羊标准化规模养殖项目验收工作的通知》要求，原则同意2012年特色效益农业重点区县肉牛山羊标准化规模养殖项目通过验收。

第三节　扶持政策

2008—2009 年，酉阳土家族苗族自治县畜牧兽医局酉阳土家族苗族自治县财政局扶持山羊特色产业项目。2008 年项目计划总投资 1 172.5 万元。其中，市级特色产业发展资金 300.25 万元，县级整合资金 422.75 万元，项目业主和农户自筹 449.5 万元。2009 年项目计划总投资 840 万元。其中，申请市级特色产业资金 400 万元，县财政整合农业产业发展资金 40 万元，业主和项目实施单位自筹 400 万元。

该项目建设情况良好，2008 年，在龙潭镇花莲村建成黑山羊种羊场并投产。从四川简阳引进存栏简阳大耳羊母羊 375 只，种公羊 20 只。新建标准化羊舍 1 200 米^2，运动场 300 平方，配套沼气池及污粪处理池 200 平方，饲料贮存及加工用房 160 平方，饲料青贮池 40 米^3，蓄水池 40 米^3，办公用房 200 平方，人工种植优质牧草 50 亩以上，年可提供合格种羊 1 000 只以上。在龙潭镇、丁市镇、涂市乡、板溪乡、毛坝乡、木叶乡、兴隆镇、腴地乡 8 个乡（镇）建成标准化山羊养殖小区 25 个，发展小区养殖户 250 户，建成标准高床羊舍 16 000 米^2，饲料青贮池 5 200 米^3，化粪池及沼气池 2 200 米^3，配套管理房 6 500 米^2，人工种草面积 3 644 亩，引进存栏山羊 11 000 只（其中能繁母羊 10 560 只，公羊 440 只），小区养殖户户均存栏能繁母羊 40 只，公羊 2 只；新建圆梁山、小鱼孔、乌河坝等山羊养殖专业合作社 10 个。

2010 年 8 月至 2012 年 8 月，巫山县畜牧兽医局扶持巫山县国发农业开发公司承担的巫山县波尔山羊良种场建设项目。项目建设规模及内容为：建种羊舍 410 米^2，繁殖舍 190 米^2，育成舍 720 米^2；隔离观察舍 110 米^2，运动场 2 280 米^2，消毒更衣室 60 米^2，兽医诊断室 60 米^2；草场便道 1 450 米，蓄水池 180 米^3，配电室 25 米^2，饲草加工储存车间 250 米^2，种植牧草 500 亩，购置混合饲料加工成套机组等仪器设备 20 台（套），引进种羊 98 只。项目总投资 158.13 万元，其中中央投资 145 万元，地方配套 13.13 万元。项目已建设圈舍改造 1 470 米^2，运动场 2 280 米^2，消毒更衣室 61 米^2，兽医诊断室 60 米^2，草场便道 1 450 米，蓄水池 180 米^3，配电室 25 米^2，饲草加工储存车间 250 米^2，种草 530 亩，购置混合饲料加工成套机组等仪器设备 20 台，引进种羊 118 只。

2013 年，丰都县畜牧兽医局扶持重庆市丰都县众犇畜禽养殖有限公司承担的丰都县方斗山标准化黑山羊场扩建项目，项目地点在丰都县高家镇方斗山万家园村 1 组。计划新建标准化商品羊舍 200 米^2，隔离舍 50 米^2、焚尸池 100 米^3、沼气池 50 米^3、沉淀池 60 米^3，排污沟 80 米；购置秸秆粉碎机 1 台、电脑（含打印机）1 套；购买黑山羊母羊 100 只。总投资 46 万元，其中申请中央财政补助资金 25 万元，自筹资金 21 万元。

2014 年，《重庆市农业委员会重庆市财政局关于做好 2014 年中央现代农业山羊产业专项资金项目管理工作的通知》指出："为充分发挥重庆市丰富的草山草坡自然资源优势，调优畜牧业内部结构，提高节粮型草食牲畜比重，持续推动秦巴山区、武陵山区连片扶贫开发和三峡库区农民增收致富，经重庆市人民政府同意，2014 年在中央现代农业生产发展资金中安排山羊产业发展专项资金，用于支持本市山羊产业发展"。重庆市财政局已于 2013 年底提前下达了 2014 年中央现代农业山羊产业发展专项资金 5 000 万元。明确资金分配原则：逐年核定、切块下达，即以各区（县）上一年度统计数据为基础，一次性切块下达到各相关县（自治县、区），由各区（县）按上报市级备案的项目实施方案组织实施。补助标准：单个项目业主存栏基础母羊不少于 50 只，单个项目市级补助金额控制在 10 万～20 万元，业主自筹资金不低于财政补助资金的 50%。

2014 年，中央和地方加大投入，继续实施中央现代农业资金山羊专项 5 500 万元，实施肉牛山羊健康养殖项目 850 万元，山羊产业链项目 350 万元。这些项目实施进展顺利，效果良好，促进了养羊业发展。全市存栏羊 209.6 万只，出栏羊 249.9 万只，分别比上年增长 13.2% 和 9.9%。

第四章
兔

第一节　家兔生产

一、生产发展

肉兔优势布局在璧山、江津、永川、铜梁、荣昌、大足、綦江、潼南8个区（县）；毛兔优势区域布局在石柱、万州、忠县、奉节、丰都、开县6个区（县）。

重庆计划单列时期，每年出栏肉兔600万~700万只。1986年，重庆市养兔向专业化发展，各级政府鼓励、支持发展养殖专业户，当年养兔专业户发展到44户。

1987年，养兔专业户数量增加、规模扩大，其中饲养种兔100只、出栏肉兔1 000只以上专业户有5户，全市出栏肉兔686万只，比上年增长8%。

1996年，重庆市出栏肉兔630万只，比上年增加9.3%；禽兔肉15.4万吨，比上年增加15.2%（表8-4-1）。

1997年，重庆直辖后，每年出栏肉兔1 000多万只。

表8-4-1　1996—2014年重庆市肉兔出栏情况统计表

年份	出栏量（万只）	增长（%）	存栏量（万只）	增长（%）	备注
1996	630	—	—	—	
1999	686	—	—	—	
2000	700	—	—	—	
2003	1 057	21.63	—	—	
2004	1 220.9	15.43	—	—	
2005	1 575.5	31.2	—	—	
2006	1 769.3	12.3	—	—	
2007	—	—	—	—	无统计数据
2008	2 170.3	8.9	937.64	12.6	

（续）

年份	出栏量（万只）	增长（%）	存栏量（万只）	增长（%）	备注
2009	2 560.0	17.9	1 055	16	
2010	3 477.5	35.9	1 451.6	37.6	
2011	3 870.1	28.4	1 529.1	30.9	
2012	4 116.4	6.4	1 614.8	5.6	
2013	4 481.2	8.87	1 716.83	6.3	
2014	4 836	7.9	1 786	7.2	

1999 年，在璧山、江津、涪陵、永川、铜梁等区（县）形成“肉兔生产带”，其出栏量占全市总量的 70% 左右。

2000 年，草食牲畜的比重增加 0.5%，兔生产向集约化方向发展，良种覆盖面达到 60%；兔产品优质率达到 40%，与 1995 年以前相比，提高了 15 个百分点；优质率的提高，带动了产品的商品率提高。

2001 年，重庆市畜牧业结构调整加速，发展重点向草食牲畜转移，草食牲畜呈现快速发展势头，且一直延续到 2015 年。生产方式继续向集约化方向发展，兔品质提高。

2004 年，两个千只规模的市级肉兔和毛兔高代次种兔场逐步投产，全市繁育推广种兔 11 万只。全年全市出栏肉兔 1 200 万只，增长 13.4%。

2005 年，发展万只肉兔养殖小区 10 个。

2007 年，与 2006 年相比，兔出栏 1 752 万只，增长 7.1%。

2010 年，全市建成种兔场 119 个，肉兔良种覆盖率达到 91%。

2011 年，全市市级种兔场 4 个发展到 4 个。

2014 年，全市出栏肉兔达 4 836 万只。

2015 年，几年来建设的种兔场投产后，生产了大量良种兔，提高了全市肉兔生产的良种覆盖率，使全市肉兔良种覆盖率保持在 90% 以上。

二、长毛兔生产发展情况

重庆市长毛兔主要养殖区域是石柱土家族自治县。1983 年，石柱县更名为石柱土家族自治县，石柱土家族自治县委、县人民政府从县情出发，科学决策，调整农村产业结构，大力发展以长毛兔为主体的节粮型畜牧业，长毛兔成为石柱土家族自治县人民政府的增收工程，是农民的摇钱树和农民看重的宝贝。全县 60% 以上农户养殖长毛兔，存栏量一直保持在 250 多万只，产值达 3 亿。

石柱长毛兔生产经历了 3 个阶段。第一阶段（1983—1990 年），德系长毛兔饲养阶段。石柱县人民政府为发展长毛兔生产，1983 年从德国引进世界知名品牌——德系长毛兔 360 多只，建立了石柱县德系长毛兔原种场，采取纯种繁育方式向广大养殖户提供德系长毛兔商品兔。经过几年饲养，广大养殖户发现德系长毛兔体型小（平均体重 3.5 千克）、粗毛含量低（粗毛率平均不到 4%），在三峡库区高温高湿的环境下饲养，兔毛极易缠结。这些缺点导致养殖户饲养效益低下，也不符合 20 世纪 90 年代初期服装潮流的发展需要。第二阶段（1991—2006 年），为适应服装潮流的发展需要，石柱土家族自治县先后从上海嘉定、浙江新昌、嵊州、宁波等地引进粗毛型长毛兔 1 000 多只，开展了粗毛型长毛兔的繁育推广工作。经过近 10 年的饲养发现，这些长毛兔虽然体型较大（平均体重 4.5 千克以上），粗毛含量较高（粗毛率达 12% 以上），但是遗传性能很不稳定，种兔在农户家庭饲养条件下极易退化。于是，从 1998 年开始，石柱土家族自治县聘请重庆市畜牧技术推广站和西南大学为技术依托单位，开展了石柱长毛兔选育工作。通过德系长毛兔与国内粗毛型长毛兔杂交，从杂交后代中选择理想个体，经过6个世代的选育，最终培育出了具有石柱特色的长毛兔地方新品系。第三阶段（2007以后），石柱长毛兔繁育推广阶段。石柱长毛兔培育成功后，建立了市级长毛兔良种扩繁场——重庆市白玉石柱长毛兔良种扩繁场，县二级长毛兔良种场5个，专门从事石柱长毛兔繁育推广工作，提高了兔群品质。

经过近10年的繁育推广，共向县内外推广石柱长毛兔3.6万只。养殖户说：养2 000多只兔，1年下来，卖毛可赚一二十万元。1只母兔养2年淘汰，可以产50只小兔，每只卖120元，2年可收入6 000元。石柱土家族自治县畜牧技术推广站相关科技人员说：长毛兔一次产毛可以达到400～500克，高的甚至可以达到600～700克。

1990—1991年，石柱土家族自治县利用国际农业发展基金项目，大力发展养兔产业，全县存栏长毛兔151.3万只，兔毛产量515吨，引入国外设备建成兔毛纺织厂1座，加工兔毛纱。

经过20多年的发展，石柱土家族自治县长毛兔养殖从无到有，由少到多，从零星养殖到规模生产，从集约化经营到产业化推进，兔业崛起在石柱土家山寨。2004年存栏长毛兔241.2万只，连续13年保持在200万只以上规模；有80%的乡（镇）养兔，建立示范乡（镇）14个，示范村20个，科技示范园3个；发展100只以上规模户3 900个，科技示范户300个；养兔农户6.89万户，占全县总农户60%以上；兔毛产量1 200吨，农民年养兔现金收入1.7亿元以上，近几年来年均养兔收入8 000万元以上，为财政年创收150万元，最高年份达392万元。石柱长毛兔为农民脱贫致富、奔小康立下了汗马功劳。

1999年，在全国第一长毛兔大县——石柱土家族自治县的带动下，重庆长毛兔产区基本形成。全市长毛兔饲养量达330多万只，比上年增长7%。

2006年，石柱长毛兔被重庆市畜禽品种审定委员会认定为重庆市长毛兔地方新品系［（渝07）新品种证字第01号］。

2012年，石柱长毛兔获得了地理保护商标，大大提升了知名度，即使价格高出20%左右，仍有全国许多地方的客商到石柱订货。

第二节　品种及繁育推广

一、品种

重庆市主推的肉兔品种有新西兰白兔、加利福尼亚兔、日本大耳白兔、伊拉配套系兔、伊高乐配套系兔、伊普吕配套系兔；长毛兔品种有石柱长毛兔、德系长毛兔等。

（一）肉兔品种

1. 新西兰白兔

被毛纯白，眼球呈粉红色，头宽圆而粗短，耳朵短小直立，颈肩结合良好，后躯发达，肋腰丰满，四肢健壮有力，脚毛丰厚，全身结构匀称，具有肉用品种的典型特征。早期生长发育速度快，饲料利用率高，肉质好。在良好的饲养管理条件下，8周龄体重可达到1.8千克，10周龄体重可达2.3千克，成年体重4.5～5.4千克，屠宰率52%～55%。肉质细嫩，适应力强，较耐粗饲，繁殖率高，年产7胎以上，胎均产仔7～9只。

2. 加利福尼亚兔

体躯被毛白色，耳、鼻端、四肢下部和尾部为黑褐色，俗称“八点黑”。眼睛红色，颈粗短，耳小直立，体型中等，前躯及后躯发育良好，肌肉丰满。绒毛丰厚，皮肤紧凑，秀丽美观。“八点黑”是该品种的典型特征。早期生长速度快，2月龄重1.8～2千克，成年母兔体重3.5～4.5千克，公兔3.5～4

千克。屠宰率 52% ~54%，肉质鲜嫩；适应性广，抗病力强，性情温顺。繁殖力强，泌乳力高，母性好，产仔均匀，发育良好。一般胎均产仔 7 ~8 只，年可产仔 6 胎。

3. 日本大耳白兔

日本大耳兔以耳大、血管清晰而著称，是比较理想的实验用兔。被毛紧密，毛色纯白，针毛含量较多；眼珠为红色，耳大直立，耳根细，耳端尖，形似柳叶状；母兔颌下有肉髯。头大、额宽、面平、颈粗、体躯修长。可分为 3 个类型：大型兔体重 5 ~6 千克，中型兔 3 ~4 千克，小型兔 2. 0 ~2. 5 千克。中国饲养较多的为中型兔，仔兔初生重 50 ~60 克，3 月龄体重 2. 2 ~2. 5 千克。年产 5 ~7 胎，每胎产仔 8 ~10 只，最高达 17 只。母性好，泌乳量大；屠宰率为 44% ~47%；兔皮张幅大，板质良好，是优良的皮肉兼用兔。该品种适应性较强，耐寒耐粗饲。中国引入后，纯繁殖做试验兔用；也有用于杂交生产商品肉兔，效果较好，但需给予较好的饲养管理条件，否则效果不佳。

4. 伊拉配套系兔

伊拉兔又称伊拉配套系肉兔，祖代由 A、B、C、D 4 个系组成。A 系除耳、鼻、肢端和尾是黑色外，全身白色；B 系除耳、鼻、肢端和尾是黑色外，全身白色；C 系、D 系兔全身白色。眼睛粉红色，头宽圆而粗短，耳直立，臀部丰满，腰肋部肌肉发达，四肢粗壮有力。是世界三大最优良肉兔品种之一。平均每胎产活仔 7 ~9 只。商品代兔 70 日龄体重 2. 5 千克，料肉比为 2. 8 ∶ 1。

5. 伊高乐配套系兔

该品种由 GPA、GPL、GPC、GPD 4 个不同的配套系组成，具有生长速度快、饲料转化率高、抗病力强、屠宰率高、繁殖性能强、产仔效率高等特点。35 日龄断奶平均体重为 1 千克，70 日龄出栏平均体重为 2. 5 千克，母兔窝产活仔数 10 只，乳头 5 ~6 对，断奶成活率和生长出栏率均可达 95% 以上，料肉比为 2. 8 ∶ 1，屠宰率为 59%，是迄今为止世界上最优秀的肉兔配套系之一。

6. 伊普吕配套系兔

该兔体躯被毛白色，耳、鼻端、四肢及尾部为黑褐色，随年龄、季节及营养水平变化有时可为黑灰色，俗称“八点黑”。眼球粉红色，耳小、绒毛密，体质结实，胸、背和后躯发育良好，肌肉丰满，伊普吕肉兔体型优美，成年体重可达 6 千克以上。该兔具有四大特点：一是繁殖能力强，平均每年产仔 8. 7 窝，每窝 9. 2 只，成活率为 95%。二是生长速度快，77 日龄体重可达 2. 5 ~3. 1 千克。三是抗病力强，适应性强，易饲养。四是肉质鲜嫩，出肉率高达 57. 5% ~60%。

（二）长毛兔品种

1. 石柱长毛兔

石柱长毛兔头呈虎头型；耳大、直立，耳尖一撮毛；眼球较大，单眼视野 190 度，眼球粉红色；体躯微曲呈弓形，为趾 - 跖型成伏卧状；颈肩结合良好，与躯体协调；背腰平直，腹大于胸；臀部丰满；四肢强壮有力，肢势端正，行走自如；被毛丰厚，分布均匀，粗毛外露，毛丛结构良好；公兔体质健壮，性情活泼，反应迅捷。母兔面貌清秀、性情温驯。体型中等，产毛量高，适应性强，料毛比低，养殖效益高。所产兔毛具有长、松、白、净等特点。兔毛生长速度快，粗毛含量高，毛丛结构好，不缠结。特别是兔毛颜色雪白，手感柔和，深受各地客商喜爱。改良后的长毛兔一次产毛量可以达到 400 ~500 克，高的甚至可以达到 600 ~700 克，比没有经过改良的长毛兔品种一次产毛量（100 ~150 克）高 4 倍以上。成年兔重量最大的可以达到 5 ~6 千克，比未经过改良的长毛兔（2.5 ~3 千克）重 1 倍左右。毛的密度非常大、怎么吹都见不到底，产毛量比未选育兔高 1 倍。

石柱长毛兔的特点不仅是产毛量高，还有一个更重要的特点，就是粗毛率高达 17%。石柱生产的兔毛长度合适，一般在 18 毫米，长短基本一致。粗毛比较均匀，大粗都在 20 微米以上，中粗在 16 微米以上，16 微米以下的是细毛。

秦定荣是石柱土家族自治县第一批养长毛兔的人，从 20 世纪 80 年代就开始养长毛兔。他为了摸索

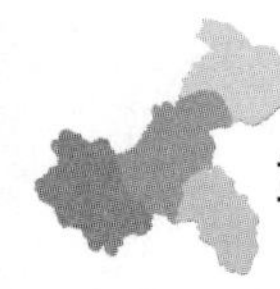

最适合的兔饲料，经历了艰难曲折。刚开始养长毛兔时喂青饲料，青饲料价格低，但兔毛的质量提升不起来，价格低，又卖不出去。后来改喂煮熟的红薯和大豆，结果兔子长得很肥，但是只长肉不长毛，毛的质量还是上不去，价格也上不去。后来，秦定荣在科技人员的指导下，采用全价颗粒饲料，兔毛产量和质量大大提高，成本反而下降。秦定荣养的长毛兔每天的饲料成本是0.4元钱，成本低，人不累。以前的兔子一次只剪毛100～150克，而一只长毛兔可剪毛300～350克。兔毛的价格最高为400元/千克，一般的兔毛为214元/千克。现在老百姓用全价颗粒饲料，添加苜蓿草颗粒，豆粕、玉米等，饲料的氨基酸、蛋白质含量都非常高，对长毛兔的产毛率和毛的质量影响非常大，使长毛兔的产毛潜力得到发挥。

2. 德系长毛兔

德系长毛兔是世界著名的细毛型长毛兔，体型大，繁殖力强，被毛密度大，细毛含量高，有明显的毛丛结构，被毛不易缠结，产毛量高，适合精纺。毛发很浓密且是竖起的，但不会像其他安哥拉兔一样常常掉毛，且质地亦较为坚韧。在中国，每只兔的年产毛量已从2008年前的450～900克，提高到公兔1 000克，母兔1 200克，最高可达1 856克。年剪毛以4～5次为宜。根据兔毛生长规律，养毛期为90天者可获得特级毛，70～80天者可获得一级毛，60天者可获得二级毛。

二、家兔繁育推广

2008—2011年，重庆市畜牧推广总站牵头实施了重庆市科学技术委员会重大专项——优质肉兔良种繁育、健康养殖及加工关键技术研究，本项目分别在重庆迪康肉兔有限公司种兔繁育场和重庆聚鑫兔业有限公司种兔场进行了种兔繁殖性能和生长育肥性能的测定和记录，并结合育种前期准备，开展了肉兔不同杂交组合试验研究。研究结果如下：

一是在璧山，以饲养中型的新西兰白兔和加利福尼亚兔为主，用大型的德国巨型白兔、伊拉A系兔、比利时兔与之杂交，生产商品肉兔。据测定结果表明，采用人工辅助交配方法，母兔情期受胎率达85.5%，胎产活仔数在6.9～8.5只，哺乳期仔兔成活率达90%以上。按每只母兔年产6胎计，年产活仔数41～51只。从肉兔不同杂交组合试验研究中得知，育肥期幼兔成活率在82.6%～92.8%，多数组合的育肥成活率在85%以上；84日龄育肥兔体重在2.32千克～2.59千克，其中gn、hn组合84日龄体重达2.5千克以上；饲料报酬为（3.15～3.3）：1，基本与预定目标3.2：1吻合。

二是在开县，以饲养法国伊拉配套系兔为主，并推行兔人工授精技术，按特定组合模式生产商品肉兔，据测定结果表明，采用兔人工授精技术，母兔情期受胎率达80%。加上统一由康大聚鑫兔业公司提供的全价颗粒料，其繁殖产仔和生长性能将优于以上组合的测定结果。推广配套系兔对规模化兔场是十分可行和有效的。

2011—2012年，重庆市地方标准《家兔人工授精站建设规范》经重庆市质量技术监督局评审通过，并发布实施。该标准规定了家兔人工授精站术语和定义、选址布局、设施建设、设备配置、种公兔、工作人员、环境保护和管理制度等要求，适用于全市家兔人工授精站建设技术参考。

2012—2013年，重庆市畜牧技术推广总站牵头实施科学技术部国家科技支撑计划——三峡库区草食畜牧业可持续发展关键技术研究与产业化示范，项目建成重庆阿兴记食品有限公司渝北统景伊拉曾祖代场1个，忠县马灌伊拉祖代场1个。项目参加单位重庆阿兴记食品有限公司于2010—2011年分两次直接从法国欧洲种兔公司引进曾祖代伊拉配套系兔1 000只、祖代伊拉配套系兔1 036只。并在阿兴记食品有限公司统景基地进行了种兔繁殖性能和生长性能测定和记录，性能指标达到欧洲水平，项目以伊拉配套系兔A系、B系为育种素材，进行种质创新，培育大体型的专门化杂交父本。

2015年，重庆市畜牧技术推广总站牵头编制的重庆市地方标准《家兔人工授精技术规范》经重庆市质量技术监督局评审通过，并发布实施。该标准规定了种公兔和种母兔的选择、调教与精液要求、采精、精液品质检查、精液稀释、贮存、运输、输精、管理制度、档案记录等技术要求，适用于全市家兔人工授精技术参考。

第三节　家兔技术推广及研究

近年来，重庆市先后开展了种草养畜、杂交组合应用和疫病防控等方面的大量研究和示范工作。肉兔主推以“三推四防五改”为主要内容的优质肉兔高产养殖配套技术；长毛兔主推“育一系推六化贯一补建一园”的综合配套技术。20 世纪 80 年代中期，规模化养殖快速发展。建成了重庆阿兴记食品有限公司、重庆聚鑫兔业有限公司、重庆市后戴联业农业开发有限公司、重庆新三力迪康种兔繁育有限公司等多个良种场，全市有肉（毛）兔原种场 2 个，肉（毛）兔祖代场 5 个，兔良种覆盖率达 65%。培育了“哑巴兔”“盘丝兔”等加工产品，很受消费者青睐，具有较强的市场竞争实力和辐射带动作用。

2008—2011 年，重庆市畜牧技术推广总站牵头实施了重庆市科学技术委员会重大专项《优质肉兔良种繁育、健康养殖及加工关键技术研究》。

2011—2013 年，重庆市畜牧技术推广总站牵头实施了科学技术部国家科技支撑计划——三峡库区草食畜牧业可持续发展关键技术研究与产业化示范项目。

2015—2017 年，重庆市畜牧技术推广总站牵头实施了重庆肉兔种质资源创新研究与利用项目，开展了优良肉兔品种的引进与性能测定、肉兔杂交组合试验、肉兔新品系培育及肉兔生殖调控与高效繁殖技术研究等繁育技术。

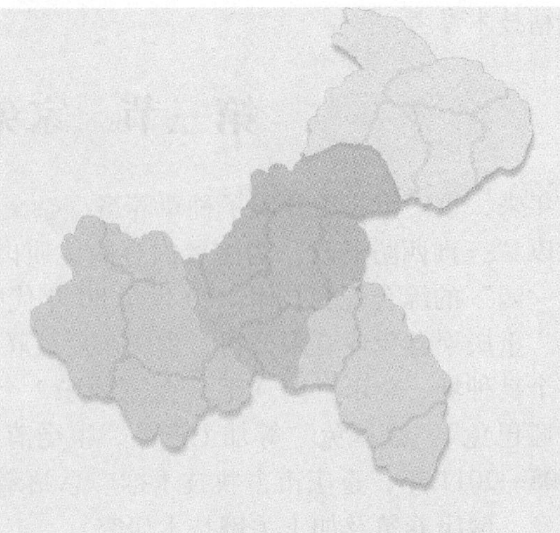

第五章 家　　禽

家禽养殖业是重庆畜牧业第二大产业，是畜牧业的支柱产业，也是畜牧业发展中发展速度最快、群体生产规模最大、社会贡献率最高、规模化集约化程度最高、与国内先进水平最接近的产业。改革开放以来，全市家禽养殖业快速发展，家禽养殖业综合生产能力显著增强，已成为农民增收的重要来源。禽类产品也是最受消费者欢迎的产品，在稳定“菜篮子”供应方面发挥了重要作用。

第一节　生产发展历程

新中国成立以来，重庆市家禽产业发展经历了传统散养、快速发展、理性发展 3 个阶段。20 世纪 70 年代末至 80 年代初，随着家禽育种理论和技术的不断发展，家禽专门化配套系不断出现，重庆市种畜场、各家禽养殖大县先后引进了星杂 288 鸡、京白鸡、星杂 579 鸡、罗斯鸡等蛋用型种鸡，星步洛、红步洛、AA 鸡、罗曼鸡等肉用种鸡，康贝尔鸭、狄高鸭、樱桃谷鸭、绍兴鸭、高邮鸭、建昌鸭、北京鸭等种鸭及狮头鹅等家禽品种，进行养殖及改良部分本地家禽。进入 21 世纪以来，全市大力发展家禽标准化规模养殖，根据生产性能、养殖效益和市场营销等情况，各地主要引进罗曼蛋鸡、三黄鸡、大发鸡、艾维茵肉鸡、天府肉鸭、樱桃谷鸭、天府肉鹅等优良家禽品种，用于禽肉、蛋生产。

一、传统散养阶段（1985 年以前）

20 世纪 80 年代末之前，全市家禽产业发展，主要以农户家庭化传统散养为主。该阶段主要特点：未能形成规模；科技应用不普及；生产水平低下；商品化程度低；行业整体效益差。1985 年以前，家禽养殖以家庭散养为主，在养殖规模上并没有实质性的突破。根据四川省重庆市统计年鉴显示，1986 年，重庆市禽肉产量仅 2. 94 万吨，年底存栏小家禽 1 757 万只（其中鸭鹅 617 万只），禽蛋产量 5. 7 万吨（如果加上万县、涪陵两地区产量，共 8. 77 万吨），家禽产品极其短缺，吃肉难、吃肉贵的问题未得到根本解决。

二、快速发展阶段（1988—2004 年）

1988 年，国务院正式提出，在全国 80 个大中城市和有条件的工矿地区建设“菜篮子工程”，全市养禽业实现了“跨越式发展”，到 2004 年的 16 年间，全市家禽产业进入快速发展阶段。特别是重庆直辖后，大城市、大农村格局刺激了禽肉、禽蛋产品生产发展。1996 年，全市（含两市一地）禽肉 11 万吨、禽蛋20.85万吨。到2004年，全市出栏家禽1.37亿只、禽蛋产量36.55万吨。人民群众吃肉难、吃肉贵的问题得到根本解决。

（一）鸡

1985—2000年，全市家禽养殖进入了快速发展阶段。重庆以“菜篮子工程”的方式兴建了大量规模化鸡场，产量迅速增加，科技应用普及，居民消费水平迅速提高，全市总体饲养规模迅速扩大。

1985—1997年重庆直辖前，全市养鸡业仍以散养为主，期间陆续办起了规模化的养鸡场，20世纪80年代以国营为主，90年代私营规模化养鸡场蓬勃发展。

1985—1986年，养鸡生产由传统养殖向现代化生产转变。重庆市养鸡场等单位，利用世界银行、欧洲共同体、意大利、丹麦等组织、国家和地区的货款、赠款1 424万美元，引进商品蛋、鸡和水产品冷藏及加工设备。与8个国家和地区签订了引进良种鸡和设备合同15项，引进良种1.02万株、设备15台（套）。1986年，形成了向现代化迈进的养鸡业。全市养鸡业在以户为主的分散饲养的基础上，逐步用现代化养鸡设备，推广现代化养鸡技术，促进养鸡业发展。1988年，重庆市种畜场良种畜禽生产获得较大增长。良种鸡15.8万只，比1987年增长28.8%；推广良种鸡16.4万只，良种蛋25.9万个，比1987年都有所增长。

1990年，重庆有20个蛋鸡场建成投产，这些饲养规模达1万只的简易蛋鸡场都是当年投资建设，当年投产，提供了大批量鲜蛋，供应了市场。1990年，重庆第一个肉种鸡场——长江畜禽公司肉种鸡场建成。主体工程竣工通过验收，年底完成投资金额1 195万元，占市批准总投资额的72.6%。种鸡场规模：有肉种鸡舍5幢，每幢上下两层，每层面积740米^2，可容种鸡3 000～3 500套只；育雏室、孵化厅面积600米^2。该场引进法国贝克托巷道步进式孵化机，每次可装蛋24.3万枚，温度、湿度、热风、翻蛋均为程序控制，自动化程度高，年孵雏鸡230万～250万羽，是国内首次引进的具有80年代先进技术、设备的生产线。

1991年以后，大力实施科技推广和“丰收计划”项目，简易蛋鸡场配套技术、杂交鸭育肥技术连续多年实施。节粮型牛羊禽兔产业得到发展，在畜牧生产中所占比重得到提高。1994年，农户适度规模养鸡示范在北碚、江津取得成功。1995年提出实施农业产业化项目，重庆市《种畜禽条例》颁布实施。据统计，1987—1995年间，全市养鸡业持续发展，禽肉总产量和禽蛋总产量逐年增加。禽肉总产量从2.94万吨增加到6.89万吨，增长了134.4%；禽蛋总产量从5.44万吨增加到9.07万吨，增长了66.7%。

1997年，重庆禽蛋生产稳步发展，对丰富城乡市场、平抑物价、服务城市、富裕农村起到了重要的作用。

1998年，近郊区（县、市）产蛋达1 234万吨，比实施“400万只蛋鸡工程”项目前的1994年增长41%。1999年，生产禽蛋25.3万吨，比上年增长5.7%。肉禽生产已逐步由传统的小规模，分散饲养发展为区域性、规模化饲养，产业化经营的优势产业。在城郊的沙坪坝区、九龙坡区、璧山县等区（县）形成了全市最大的肉禽生产带，最大规模养殖户年可出栏三黄鸡、乌骨鸡等优质肉鸡100万只，年出栏上万只的优质鸡的养殖户达500余家。同时，丘陵平坝区出现了规模养殖本地良种鸡的生产模式，如垫江县规模养殖本地良种鸡年可出栏50万只，开拓了农民增收的新途径。在肉禽基地的带动下，全年肉禽出栏以5%的速度较快增长。2000年，全市禽产品优质率达到了50%，与1995年以前相比，提高了20个百分点。

2003年，全市禽蛋产量32.5万吨、禽肉产量21.6万吨。分别占全国总产量的1.34%和1.6%，人均禽蛋、禽肉年占有量分别为10.5千克和7千克。

（二）水禽（鸭、鹅）

1986年，重庆市水禽生产发展较快，存栏780万只，比1985年增长56.7%。其中鹅增长60.47%，鸭增长55.38%，水禽上市商品量达986.9万只，其中鹅291.3万只，比上年增长57.4%；肉用鸭695.6万只，比上年增长35.95%。其增长速度大大超过鸡的增长速度。特别是鹅的增长速度之快，是前所未有的。全市已有孵房300多个，出孵量达1 800万只。1986年，引进良种绍兴鸭、金定鸭、康贝尔鸭、高邮鸭、建昌鸭、北京鸭、狄高鸭、樱桃谷鸭等良种鸭4.5万只，推广良种雏鸭300万只以上。水禽养殖业发展还促进了孵化、防疫检疫、贩运、加工等服务体系的形成和完善。全市有孵化房300多个，年孵化1 800万只。1986年出售和自宰的肉鸭696万只，同比增长36%，鹅291.3万只，同比增长57.4%。

1997年以后，重庆市水禽业持续保持良好的发展趋势。

2000年，酉阳土家族苗族自治县畜牧兽医局在该县麻旺镇发现一种地方鸭，取名麻旺鸭，属于小型蛋鸭，地方优良品种。该县畜牧兽医局对麻旺鸭实施扩群、保护和研究。

2001年，重庆市人民政府发布《重庆市种畜禽管理办法》。

2002年，铜梁县建设1 000万只水禽基地，引进重庆力帆三江集团有限公司作为龙头，建立了1万只良种蛋鸭繁育场和3 000只良种鹅繁育场及羽禽蛋加工厂，以产业化模式带动了水禽基地发展。

2003年，抓好养禽重点基地建设，特色产业带日渐形成。以荣昌县龙集镇为重点的肉鸭优势产区已建存栏4 000只以上良种鸭场5个，发展户养种鸭2 000只以上的养鸭大户20户，建成了年孵化100万只禽苗的孵化场5个，成立了荣昌龙集镇养鸭专业合作社和养鸭协会，养种鸭20万只，年产种蛋5 200万枚，孵化鸭苗4 200万只。龙集镇成为全市最大的鸭苗生产基地镇。如以荣昌峰高镇为重点的四川白鹅优势产区已建种鹅场1个、种鹅孵化场1个，发展养鹅大户210户。2003年成立了荣昌峰高镇养鹅协会和养鹅专业合作社，到2003年年底，种鹅存栏达1万只，年提供鹅苗30万只，年出栏商品鹅20万只。

2004年全市水禽饲养总量达10 520.86万只，其中鸭、鹅分别为8 841.70万只、1 679.16万只，同比增长14.85%和2.76%，鸭增长幅度较大，鹅增长幅度小。存栏水禽3 827.84万只，其中鸭、鹅分别为3 151.28万只、676.56万只，同比增长30.46%和10.22%；出栏水禽6 693.02万只，其中鸭、鹅分别为5 690.42万只、1 002.60万只，鸭同比增长7.71%，鹅基本持平；年产水禽肉9.61万吨，同比增长11.36%，鸭、鹅肉产量分别为7.40万吨、2.21万吨。年产鸭蛋13.25万吨，占全国比重的4%。

三、理性发展阶段（2004—2015年）

2004年，重庆市家禽业一方面受国内十几个省份持续高致病性禽流感等重大禽病的影响，另一方面又受旺盛的市场需求的反复拉动，全市家禽产业存栏量急剧起伏，市场波动反复。在经历了这个过程后，饲养理念逐步趋于成熟，开始进入理性发展阶段。为防止禽类生产一哄而上、一哄而散的现象，全市加大了市场调研力度，科学指导家禽业生产。其间，规模化、标准化养殖得到大力推广，适度规模养殖和产业化程度比重呈逐年提高的发展趋势。特别是“十一五”期间，重庆市加快推进畜牧业现代化进程，2007年启动了农业部和重庆市人民政府共建重庆国家现代畜牧业示范区，养殖方式转变加快，全市家禽出栏高达1.94亿只，禽蛋产量37.2万吨。2012年，重庆市委、市人民政府提出大力发展特色效益农业，制定了《特色效益农业重点产业发展规划》，将禽、蜂产业作为重点特色产业纳入规划，选择有条件的区（县）建立标准化养殖基地，养禽业快速发展。到2015年，全市出栏家禽2.42亿只，禽肉37.58万吨，禽蛋产量45.36万吨，家禽出栏和禽蛋产量分别比2004年增长了77%和26%。

（一）鸡

2004年，突出工作重点，狠抓工作落实，打赢了防治禽流感的阻击战，继续保持了重大动物疫病洁净无疫，推进了畜牧业跨越式发展。实现产品产量增加、农民增收的目标。全年出栏家禽 1. 37 亿只，禽蛋产量 36 万吨，比 2003 年分别增长 7. 6% 、1. 7% 。

2005 年，畜牧业受到疫病威胁，畜产品价格低迷，各级畜牧部门通力合作，采取各种措施，克服困难，取得较好成绩。全市出栏家禽 1. 5 亿只，同比增长 9. 8% ；禽蛋产量 39. 1 万吨，同比增长 6. 8% 。

2006 年，全年出栏家禽 1. 58 亿只，比上年增长 5. 3% ；蛋产量 39 万吨，比上年下降 0. 3% 。年出栏肉禽 2 000 只以上和年存栏蛋禽 500 只以上的养殖户 11 350 户。

2007 年，重庆市畜产品产量 230. 5 万吨，产值 311 亿元，占农业总产值的 38. 9% 。蛋鸡、肉鸡规模化养殖率分别为 88. 5% 和 86. 9% 。

2008 年，全市家禽饲养总量达 3. 3 亿只，家禽存栏量为 1. 14 亿只。禽肉产量 30. 16 万吨；禽蛋产量 46. 2 万吨。全市各类畜禽规模养殖户发展到 6. 82 万户。存栏 500 只以上的蛋鸡规模养殖户 4 375 户，其中万只以上的规模养殖专业场（户）445 个（户）；出栏 2 000 只以上的肉鸡规模养殖户 4 335 户，其中万只以上的规模养殖户 1 775 户；蛋鸡、肉鸡养殖规模化率分别为 89% 和 87. 5% 。

2009 年，继续推进畜禽标准化规模养殖。全市年存栏蛋鸡 500 只以上的养殖场（户）4 672 个（户），其中存栏 10 万只以上的 4 个；年出栏肉鸡 2 000 只以上的养殖场（户）4 415 个（户），其中出栏 50 万只以上的 2 个。蛋鸡、肉鸡规模化养殖率达到 71% 和 76% 。

2010 年，继续加强畜禽良种繁育体系建设。全市建成种鸡场 90 个，发展区（县）级畜禽良种繁育场 356 个，基本形成较完善的畜禽良种繁育体系。全市家禽良种覆盖率保持在 90% 以上。

2011 年，积极促进生产方式转变。传统优势养殖区域推广规模化养殖，蛋鸡、肉鸡规模化率达到 77% 和 78% 。渝东南、渝东北地区推广林下养鸡，林下养鸡迅猛发展，当年出栏家禽 9 000 万只。

2012 年，重庆家禽存栏总量达到 1. 26 亿羽，出栏达到 2. 22 亿羽。2008—2012 年，全市家禽存出栏总量，总体呈现逐年递增的趋势，5 年家禽存栏累计增长 26. 36% ，出栏累计增长 20. 75% ，存栏年均增长超过 5% 。

2014 年，重庆广东温氏家禽有限公司大兴鸡场、重庆市嘉多喜蛋鸡养殖股份合作社蛋鸡场、重庆峰牧渝凤家禽有限公司种鸡场和开县特驱家禽养殖有限公司肉鸡场等 5 个畜禽养殖场通过农业部标准化示范创建验收。

2015 年，全市禽肉产量 37. 58 万吨，比上年增长 2. 6% ，比 1997 年增长了 144% ；禽蛋产量 45. 36 万吨，比上年增长 4. 98% ，比 1997 年增长了 118% 。

（二）水禽（鸭、鹅）

由于受干旱和禽流感、市场行情以及 2013 年 4 月初人患禽流感 H7N9 的影响，全市水禽发展表现为缓慢增长，养殖量呈现交替的上升下降态势。水禽养殖特点为鸭多鹅少，区域明显；规模场户、养殖规模持续增长；近郊养殖呈下降趋势；禽苗市场拉动了水禽生产发展；支持力度逐年加大。四川白鹅品种资源保护得到重视，良种和新技术推广效果显著，龙头企业正在崛起，带动能力日益增强。

2004—2008 年，酉阳土家族苗族自治县加强了对麻旺鸭的开发利用，建立了 1 个核心保种场、10 个扩繁场、200 个孵抱户，并划定了 3 个保护区。

2006 年，按照农业部的要求，在全市开展了畜禽遗传资源调查工作。西南大学、重庆市畜牧科学院和各区（县）共同参与，历时近 3 年，初步整理、评定出 25 个地方畜禽品种（品系）。这次调查除对早已闻名中外的四川白鹅（重庆）等品种做了大量的资料整理，还为重庆进一步开展地方畜禽品种的培育、改良和利用打下了新的基础。2006 年 6 月，麻旺鸭通过原重庆市畜禽品种审定委员会审定。

2008 年，酉阳土家族苗族自治县麻旺鸭存栏数量 46. 6 万只，其中核心群 15. 2 万只，公鸭为 0. 86 万只，母鸭 14. 34 万只。

2009 年 10 月 15 日，农业部发布第 1278 号公告，麻旺鸭正式成为国家级畜禽遗传资源。

2010 年，加强良种场建设。在“两翼”17 个区（县）建成存栏鸭 5 000 套的种鸭场 5 个、存栏鹅 1 000套的种鹅场 2 个。

2011 年，先后涌现酉阳肉鸭、城口麻鸭等特色养殖示范区。建成地方品种鸭场 1 个。制定麻旺鸭等地方品种标准和规程 5 个。建成市级种禽场 11 个，其中地方肉用种鹅场 1 个。

2012 年，重庆市全年水禽饲养总量约 1. 43 亿羽，其中水禽存栏量约为 4 452. 86 万羽，水禽出栏量约为 9 833 万羽。

鸭存栏量约 3 950 万羽，鹅存栏量约 503 万羽；鸭出栏量约为 8 500 万羽 ，鹅出栏量约为 1 328 万羽。

2013 年开春以后，随着气温的好转，水禽养殖呈现良好的发展态势，但南方 3 月底“人患禽流感”的发生，使养殖积极性再次受到挫伤。5 月以后，随着“人患禽流感 ”的逐渐减少，全市养殖业又开始复苏。

2014 年，《重庆市畜禽遗传资源志》出版和推广，四川白鹅成功进入《国家级畜禽资源遗传保护名录》。

第二节　优势产区及特点

经过 30 年的发展，重庆市在渝西、三峡库区和主城近郊部分区县布局家禽特色产业，通过狠抓支柱产业、优势产业、特色产业和基地配套产业的发展，形成了全市特色产业带，形成各具优势和特色的肉禽、蛋禽产业集群。2012 年，全市鸭出栏量约为 8 504 万羽，鹅出栏量 1 328 万羽。

一、优势产区

（一）肉鸡（含土鸡）产业带

重点布局在城口、秀山、南川、巫溪、渝北、涪陵、江津、潼南、璧山、丰都、忠县、开县、奉节、巫山、武隆 15 个区（县）。秀山、巫溪、城口、南川等区（县）的土鸡优势特色产业基地已经形成。

（二）蛋鸡（含土鸡）产业带

重点布局在长寿、巴南、合川、潼南、大足、垫江、黔江 7 个区（县）。以长寿区为代表，是西南地区最大的禽蛋生产基地，同时还辐射到湖北和广西等地。

（三）水禽

鸭优势产区：依次为铜梁、永川、沙坪坝、梁平、合川、江津、荣昌等区（县）。以铜梁县为最多，2012 年存栏达 500 万羽，占全市鸭存栏总量的 1/6。鹅优势产区：鹅出栏量以垫江、荣昌、永川最多，2012 年，存栏均在 100 万～200 万羽。

二、生产特点

家禽业经过多年的发展，产业格局已经发生了根本性的转变：传统散养户和小规模养殖户明显减少，近郊向周边区（县）转移，专业化规模养殖快速发展，产业特点凸现，区域优势明显，产品质量显著提高，龙头企业、专业村和专业合作社不断涌现，龙头带动作用明显，呈现传统养殖逐步向规模养殖转变的新格局，形成了产业特点突出、区域优势明显的格局 。

（一）政府重视，部门支持

家禽主产区部分区（县）特别重视，当地政府出台了加快家禽发展意见的文件和相关的补贴办法。先后得到了农业部“948”、重庆市科技扶贫、品种资源保护、三峡库区专项、农业产业化开发、特色效益农业产业化资金等项目和重庆市科学技术委员会重大攻关、自然基金等项目和地方政府配套资金的支持，推进了全市家禽业的可持续发展。

（二）龙头企业带动，规模化养殖比重逐渐增大，产业化效应增强

实施产业化产经营是中国家禽业发展的必然趋势，个体、分散、单一经营者将进入困境。重庆市家禽业也由粗放经营向集约经营转变，由数量第一向质量第一转变。“公司+示范基地+农户”“公司+专业合作社+农户”“专业合作+农户”“公司+示范基+专业合作社+农户”等模式不断涌现，目前全市传统散养户日趋减少，规模养殖逐渐增加。一是在肉鸡方面。以璧山为代表，以重庆广东温氏家禽有限公司为龙头，实行“公司+农户”的产业化发展模式，带动其肉鸡产业快速发展。二是在蛋鸡方面。以长寿区为代表，以荣达集团为龙头。2008年长寿区养殖蛋（肉）鸡就高达670万羽，其中蛋鸡411万羽，是西南地区最大的禽蛋生产基地，占重庆禽蛋市场份额的1/3，同时还辐射到湖北和广西等地。其他家禽优势产区的蛋鸡存栏量位于100万～300万羽（多为兼用型鸡）。三是在水禽方面。龙头企业和专业合作社不断出现、壮大，引领着全市水禽规模养殖。比较有代表性的，如合川区的荣兴养鸭专业合作社、四川绵樱家禽孵化有限公司、四川绵樱鸭业有限公司、荣昌县的荣丰鸭业、富友畜禽养殖有限公司，铜梁县的益农禽业发展有限公司、京辉农业发展有限公司、万州区的万州区农建家禽养殖专业合作社等。

（三）养殖加工企业不断涌现，促进了家禽生产和消费，拉长了产业链，提高产业化程度

全市不断涌现出许多大型的养殖加工企业和羽绒加工企业，这些加工企业对刺激重庆市家禽生产和消费起着至关重要的作用，是重庆市家禽业产业化发展的根本保障。2012年，全市从事水禽业的农业产业化龙头企业有主要有山桂、三江、白市驿板鸭、益农、光明、张鸭子、诺思旺、永健、百乐、毛哥、紫燕等10多家。

第三节 品种及繁育推广

品种对养殖生产的贡献占到40%以上，对生产效益的影响非常显著，目前全市形成了一些在养殖生产中占据主导地位的家禽品种。

一、主要家禽品种

30年来，全市养殖的重点家禽品种如下。

（一）鸡

重庆市地方禽遗传资源有城口山地鸡、大宁河鸡、南川鸡。引入品种有固始鸡、三黄鸡、艾维茵肉鸡、乌骨鸡、罗曼蛋鸡、农大褐矮小型蛋鸡等。

1. 城口山地鸡

属于肉蛋兼用型地方品种。产于重庆市城口县，中国地理标志产品（农产品地理标志）。城口山地鸡体型中等，羽毛以黑色为主，皮肤有白色和乌色两种，脚、胫为青色，是城口县长期以来自繁、自养、自选形成的具有独特外貌特征和生物学特性的地方优良品种。

2. 大宁河鸡

属于肉蛋兼用型地方优良鸡种，2006 年 6 月，通过原重庆市畜禽品种审定委员会审定；2007—2009 年；制定了 3 个技术规范，建立了 1 个资源保护场、3 个二级选育场、1 000 个种鸡扩繁户并划定 3 个保护区。2008 年 12 月，巫溪县被重庆市农业委员会确认为重庆市无公害大宁河鸡产地县；2009 年 5 月，大宁河鸡通过国家畜禽资源委员会家禽专业委员会的现场鉴定；2009 年 10 月 15 日，农业部发布第 1278 号公告，大宁河鸡正式成为国家级畜禽遗传资源。大宁河鸡体型中等，结实紧凑，体态清秀，头中等大小，单冠直立，冠、肉髯、耳叶为红色。公鸡羽毛鲜艳，副翼羽、主尾羽和大镰羽呈黑色带金属光泽，梳羽、蓑羽呈红色或金黄色镶黑边，胸羽有黑色、红色两种；母鸡羽色以淡黄、麻黄为主，少量白羽、黑麻。喙有黄色、黑色两种，胫为青色或黄色，皮肤白色。

3. 南川鸡

主产于重庆市南川区境内，分布于毗邻的武隆、万盛、綦江、巴南和贵州的道真、正安、桐梓等区（县）。南川鸡是在南川地区适宜的自然环境和人工选育下形成的，其饲养历史悠久，具有抗逆性强、耐粗饲、生产性能优良、产品风味独特等优点，是优良的蛋肉兼用型地方鸡种。南川鸡成年公鸡体型中等，体质结实，雄壮。羽毛紧凑，黄、红色羽色，皮肤白色，颈羽金黄发亮、鲜艳，带金属光泽，主、副翼羽和尾羽为黑绿色；喙黑色，脸红色，冠中等大、单片为主，6 ~ 7 齿，髯大而宽、红润；跖青色，胫骨长，有少数脚羽。成年母鸡体型较小而圆，肌肉结实；羽毛松，羽色淡黄或麻黄，肤色以白色为主，尾羽尖黑色；喙粉色，脸红色，冠小浅，冠型以单片为主，头部清秀，凤头占 20% 左右；跖青色为主，胫细短，有少数脚羽。

4. 固始鸡

中国优良地方鸡种之一，属蛋肉兼用型。原产于河南省固始县。是中国著名的地方优良鸡种，它外观秀丽，以抗逆性强、饲料报酬高、饲养效益好而著称。以肉美汤鲜、风味独特、营养丰富等优良特性而久负盛名。

5. 三黄鸡

三黄鸡是中国最著名的土鸡之一，因外貌“三黄”（羽毛黄、爪黄、喙黄）而得名，在农业部权威典籍《中国家禽志》一书中排名首位，该鸡属农户大自然放养。其肉质细嫩，味道鲜美，营养丰富，在国内外享有较高的声誉。具有体型小、生存能力强、产蛋量高、肉质鲜嫩等优良特点。现在我们所称的三黄鸡，不是特指某一个品种，而是黄羽优质肉鸡的统称。

6. 乌骨鸡

乌骨鸡又称丝羽乌骨鸡、武山鸡、竹丝鸡、乌鸡，家鸡，是中国最著名的药用珍禽之一，亦有人饲养作观赏用途。它的发源地在中国江西泰和武山北岩汪陂村，故又名武山鸡，饲养历史已超过 2000 年。乌鸡长得矮，有小小的头及短短的颈项。它们不仅喙、眼、脚是乌黑的，而且皮肤、肌肉、骨头和大部分内脏也都是乌黑的。从营养价值上看，乌鸡的营养远远高于普通鸡，吃起来的口感也非常细嫩。人称乌鸡为“十全”：“紫冠、绿耳、白丝毛、蓝缨子、胡子、五爪、毛脚、乌皮、乌骨、乌肉”。

7. 农大褐矮小型蛋鸡

是中国农业大学动物科技学院用纯合矮小型公鸡与慢羽普通型母鸡杂交推出的配套系，商品代生产性能高，可根据羽速自别雌雄，快羽类型的雏鸡都是母鸡，所有慢羽雏鸡都是公鸡。农大褐矮小型蛋鸡的饲养管理有一些特殊性：①不能与普通蛋鸡混养，否则因采食时抢不过普通鸡，造成生长发育不良。②矮脚型蛋鸡 20 周龄体重标准为 1. 2 千克，均匀度最好在 70% 以上；育雏、育成期应给予较高的饲料营养水平，不要限制饲喂；管理要细致，勤匀料；根据鸡的发育情况，适当分群；必要时可考虑使用颗粒破碎料；如果育成鸡的体重没有达到标准，应推迟增加光照刺激开产。③产蛋期应适当调整饲料的营养水平，保证粗蛋白含量达到 17. 5% ，蛋氨酸含量达到 0. 45% ，含硫氨基酸达到 0. 7% ~0. 72% ；产蛋期正常的日采食量为 85 ~90 克。④应从中国农业大学动物科技学院或中国农业大学授权的种鸡场购种蛋和雏鸡，以保证矮小型蛋鸡具有可靠的遗传品质。⑤应注意疾病的防治、饲料营养的全价平衡、鸡舍内环境的控制及良好的饲养管理条件等。

8. 艾维茵肉鸡

艾维茵肉鸡是美国艾维茵国际有限公司培育的三系配套白羽肉鸡品种。中国从1987年开始引进，目前在全国大部分省（自治区、直辖市）建有祖代和父母代种鸡场，是白羽肉鸡中饲养较多的品种。艾维茵肉鸡为显性白羽肉鸡，体型饱满，胸宽、腿短、黄皮肤，具有增重快、成活率高、饲料报酬高的优良特点。

9. 罗曼蛋鸡

蛋鸡品种，是德国罗曼家禽育种有限公司培育的褐壳蛋鸡配套系。具有产蛋率高、饲料转化率高、蛋重适中、蛋品质优良、蛋壳硬等优点。罗曼蛋鸡有较高的生产性能，产蛋高峰以及高峰后的产蛋力持久。罗曼蛋鸡性情非常温顺，适应能力强，有较强的抗病能力，易于管理。

（二）鸭

重庆市主推鸭品种有麻鸭、天府肉鸭、麻旺鸭、梁平肉鸭等。

1. 麻鸭

麻鸭分布广泛，常以地名冠于前命名，如四川麻鸭、万县麻鸭、永川麻鸭、城口麻鸭等。广泛分布于各水稻产区，饲养量大，占整个鸭群的80%以上。麻鸭属鸟纲雁形目鸟类，是体型较小的兼用型品种。体质坚实紧凑，羽毛紧密，颈长头秀；喙橙黄色；胸部突出，胫蹼橘红色。公鸭体形狭长，性指羽2～4匹，向背部弯曲。母鸭羽色较杂，多为麻褐色，臀部的羽毛均以浅褐色为底，上具黑色斑点。公鸭毛色较为一致，可分为“青头公鸭”和“沙头公鸭”。青头公鸭的头和颈的上1/3或1/2羽毛为翠绿色，腹部羽毛为白色，前胸羽毛为红棕色；沙头公鸭的头和颈的上1/3或1/2羽毛为黑白相间的青色，不带翠绿色光泽。两种公鸭的肩、背为浅灰色细芦花斑纹，前胸为红棕色羽毛。

2. 天府肉鸭

天府肉鸭是四川农业大学王林全教授利用引进种和地方良种的优良基因，应用现代家禽商业育种强化选择的原理，采用适度回交和基因引入技术育成的遗传性能稳定、适应性和抗病力强的大型肉鸭商用配套体系。广泛分布于四川、重庆、云南等10多个省份，具有强大的市场竞争力和广阔的推广应用前景。初生雏鸭绒毛呈黄色。成熟鸭体形硕大丰满，羽毛洁白，喙、胫、蹼呈橙黄色，母鸭随着产蛋日龄的增长，颜色逐渐变浅，甚至出现黑斑。

3. 麻旺鸭

因原产地位于重庆市酉阳土家族苗族自治县麻旺镇而得名。属于小型蛋鸭，是地方优良品种。麻旺鸭成年鸭体型小，形体紧凑，颈细长，头目清秀。公鸭头部和颈上部羽毛为墨绿色，有金属光泽，颈中部有白色羽圈，背部羽毛为褐色或黑色，尾羽为黑色，镜羽为墨绿色、褐色；母鸭以浅麻为主，少量深麻。胫、喙呈橘黄色，部分公鸭喙呈青色。爪黑色或黄色。雏鸭绒毛以黄色为主，头顶、背部、翅部和尾部毛根有褐色或浅褐色。麻旺鸭具有体重较轻、开产日龄早、产蛋量高、适应性较强、耐粗饲、耐高温高湿环境、抗逆性强、宜于稻田及河谷饲养等优点，具有很高的研究、开发和利用价值。

4. 梁平肉鸭

梁平肉鸭，重庆市梁平区（2016年撤县建区）特产，中国地理标志产品。梁平肉鸭为北京肉鸭与四川麻鸭杂交而成，背毛黑白分明，俗称“花边鸭”，鸭体形硕大，呈长方形，公鸭头大，眼圆，喙中等长，较宽厚，呈橘黄色，颈粗，稍短，胸部丰满，腹部深广，前胸高举，后腹稍向后倾斜并与地面约呈30度，翅较小，尾短而上翘，腿短而有力，胫、蹼呈橘红色。母鸭腹部丰满，腿短粗，蹼实厚，羽毛丰满。花边鸭性情温驯，在一般饲养条件下50日龄活重可达3.0千克左右。梁平肉鸭历史悠久，1951年，梁平县饲养肉鸭就达1.2万只。1990年以前，梁平水禽主要以饲养蛋鸭为主，饲养量常年维持在150万只左右。1992年，梁平县被列为四川省水禽基地县，水禽饲养量得到了突飞猛进的发展，至1995年，水禽饲养量达到500万只。梁平区（县）委、区（县）人民政府历年都把水禽作为畜牧业发展的基础产业，被列为梁平“九五”“十五”“十一五”发展规划。2005年，重庆市发展和改革委员会从市级资金中拨款100万进行肉鸭良种繁育体系建设，水禽饲养量达到历史最高。2006年出栏水禽1 000万只，其中肉鸭出栏812万只。全区33个乡（镇）年生产规模2 000万只，年产量2万吨。其蛋白质含量高，脂肪低，富含人体必需的氨基酸、脂肪酸和矿物元素，集营养、保健、养身于一体，是优质的肉类食品，是制作“张鸭子”的原料，加工后的卤烤鸭，肉质细嫩、味香不腻、色泽鲜美。“梁平肉鸭”于2008年成功申请登记为农产品地理标志产品。梁平“张鸭子”曾获重庆市商业委员会颁发的“消费者喜爱产品”“中国驰名商标”“重庆名牌农产品”等荣誉称号。

（三）鹅

重庆市主推四川白鹅、荣昌白鹅。

1. 四川白鹅

四川白鹅产区属平坝浅丘地带，海拔250～600米，气候温和，降雨充沛。主产县属长江水系，溪河、水库和塘堰多，水域面积广，饲草丰茂。四川白鹅外貌特征是全身羽毛洁白，紧密，喙长度8.5厘米，橘红色，胫蹼呈橘红色，眼睑椭圆形，虹彩蓝灰色，成年公鹅体质结实，头颈较粗，体躯较长，额部有一个呈半圆形肉瘤。成年母鹅头清秀，颈细长，肉瘤不明显。成年公母鹅平均体重分别为4.36千克和4.21千克。

2. 荣昌白鹅

荣昌白鹅产于重庆市荣昌县，由四川白鹅选育而成，距今已有360年历史。广泛分布于平坝和丘陵水稻产区。荣昌白鹅属中国白色鹅种的优良鹅，具有生长快、肉质好、耐粗饲等特点。2006年5月，农业部将荣昌白鹅列入国家级资源保护名录。2012年，荣昌白鹅成功注册国家地理商标。荣昌白鹅体躯呈椭圆形，全身羽毛洁白，喙、肉瘤、胫、蹼呈橘红色，虹彩蓝灰色。公鹅体型较大，头颈稍粗，额部有一呈平圆形的肉瘤，好斗，叫声高而洪亮，体重4.4～5千克。母鹅体型略小，体重4.3～4.9千克，头清秀，颈细长，肉瘤不明显，性情温驯，叫声低而清脆，腹部有少量不太明显的皱褶，俗称“蛋包”。生长性能：荣昌白鹅生长速度快，初生重70克左右，21日龄为310克左右，30日龄为800克左右，60日龄2 500克左右，90日龄3 500克左右，以后增重速度减慢，5月龄达体重最高点，一般补饲精料的料肉比为1.4∶1。

二、主要良种繁育推广举措

家禽良种是发展禽业的基础，是禽业科技发挥作用的重要载体，是禽业增产增效的重要因素。建设和完善家禽良种繁育体系，培育、推广和利用家禽优良品种，提高良种覆盖率，对促进禽业向高产、优质、高效转变和可持续稳定发展具有十分重要的意义和作用。1985年起，重庆市畜牧兽医研究所先后开展了四川白鹅品系选育和配套利用、牧草栽培、营养需要、集约化饲养、饲料调剂、鹅病防治、鹅绒裘皮生产技术、鹅食品加工技术等领域的研究工作。为巩固已取得的研究成果，进一步提高研究水平，扩大四川白鹅的知名度，调整全市畜牧业养殖结构，1986年，重庆引进绍兴鸭、金定鸭、康贝尔鸭、高邮鸭、建昌鸭、北京鸭、狄高鸭、樱桃谷鸭等良种鸭4.5万只，推广良种雏鸭300万只以上。

1990年，加强肉种鸡场建设。长江畜禽公司肉种鸡场建成，第一批引进7 000套只美国良种艾维茵父母代种鸡，1990年年底前已产蛋12万多枚；雏鸡孵出后52天一般体重达2千克，饲料报酬率高，当年向市场投放白条肉鸡21吨，以肉质鲜嫩、味道鲜美，受到群众欢迎。

1994年，重庆市人民政府批准成立重庆市四川白鹅研究中心。该中心设在重庆市畜牧兽医研究所内，与该所实行一套班子，两块牌子，归口重庆市农牧渔业局主管。

1995 年，《重庆市种畜禽生产经营许可证种畜禽合格证人工授精员合格证发放管理办法》颁布，自 1995 年 10 月 20 日起执行。该办法共 16 条，对种畜禽主管部门，种畜禽引进、检疫、种畜禽生产、经营，种畜禽人工授精专业配种人员的合格证管理等做了明确规定。

1999 年，实施“500 万只蛋鸡基地”项目，与中国农业大学签订协议进行合作，引进农大褐矮小型蛋鸡原种鸡 4 000 套，建立了原种鸡场。

2000 年，在荣昌、长寿、大足等 7 个县推广节粮矮小型蛋鸡父母代 3.2 万套，商品代 7.9 万多只。

2007 年，重庆市家禽产业良繁体系建设初显成效。一是引进良种，从外省市和国外引进一批优良种畜禽，缓解了重庆市高代次种畜禽供给不足的问题。二是加强对种畜禽的监管。全面清理全市种畜禽场，整改面 60%，核查发证面 86.5%，对 15 个清理整顿合格的种畜禽场和新申办的 89 个复核检验合格的种畜禽场给予种畜禽生产经营资格认定。至 2007 年年末，全市新建和改（扩）建畜禽原种场 4 个、畜禽祖代和父母代种场 18 个，新建和改（扩）建人工授精站点 133 个。全市累计建成畜禽原种场、资源场、祖代场等市级管理场 104 个，其中种禽场 21 个初步形成原种（曾祖代）场、祖代场、父母代场的良种繁育体系格局。

2008 年，按照重点保护国家品种，突出保护利用价值高、濒临灭绝遗传资源的原则，改扩建南川鸡、城口山地鸡等资源保种场 7 个。

2009 年，全市有市级管理的畜禽良种繁育场 128 个，畜禽良种场数量是 1997 年的 2 倍，畜禽良种生产和供应能力比 1997 年提高 5 倍，基本形成较完善的畜禽良种繁育体系。家禽良种覆盖率达到 90%。

2010 年，全市建成种鸡场 90 个，发展区（县）级畜禽良种繁育场 356 个，基本形成较完善的畜禽良种繁育体系。全市家禽良种覆盖率保持 90% 以上。

2011 年，全市有市级种禽场 11 个，其中，专用引进良种蛋种鸡场 2 个，渝西乌鸡肉用种鸡场 1 个，地方品种种鸡场 6 个。同年，完成了大宁河鸡等 10 多个地方重点畜禽遗传资源保护场建设。制定大宁河鸡、麻旺鸭等地方品种标准和规程 5 个。

2012—2013 年，搞好良种繁育及推广。全市有 4 个国家级畜禽遗传资源场，15 个市级种禽场，20 多个祖代肉鸡等家禽良种繁育场，年推广家禽良种 500 万余只（套）。全市规模以上畜禽养殖户 12 万户，专用型肉蛋鸡规模化率 83.4%。2012 年存栏 2 000 只以上的蛋鸡、肉鸡场分别为 2 601 个、6 028 个，蛋鸡、肉鸡规模化比率分别为 65.3% 和 72.5%。2013 年存栏 2 000 只以上的蛋鸡、肉鸡场分别为 2 514个、5 951 个，蛋鸡、肉鸡规模化率分别为 79% 和 70.4%。

2014 年，《重庆市畜禽遗传资源志》出版和推广，完善 10 多个地方重点畜禽遗传资源保护场建设；完善重庆市畜禽遗传资源冷冻保存库建设，保存 20 个地方遗传资源材料 2 万多份；建成重庆市畜禽遗传资源保护与监测评估中心，收集了重庆市 20 个地方畜禽遗传资源，对荣昌、城口、酉阳等 5 个区（县）的山地鸡等畜禽资源实施动态监控；基本形成较为完善的地方畜禽遗传资源保护和开发利用体系，稳步推进全市 20 个地方畜禽遗传资源保护与开发利用。

第四节　家禽技术推广

近 30 年来，全市家禽技术推广，主要分为两个方面：一是推广良种肉禽、蛋禽规范化使用技术；二是推广家禽规模场建设。

一、良种肉禽、蛋禽规范化使用技术

1985—1986 年，巴县界石种鸡场以场户结合的形式，由种鸡场生产种鸡，并向鸡场周围的农户提供种鸡以及相应的配合饲料与技术服务。当年该场饲养种鸡 10.5 万只，纳入国家“星火计划”。

1992 年，组织推广“简易蛋鸡配套技术”“杂交鸭育肥技术”等 8 个项目。

1995 年，在长寿、江津、合川、大足、潼南、北碚 6 个区（县、市）实施了“400 万只蛋鸡工程”建设项目。经各级政府和畜牧部门的努力，到 1997 年年底，圆满完成了预定的项目建设任务。项目区（县、市）共饲养蛋鸡 4 897 万只，超任务指标 2 243%，共向市场投放鲜蛋 1.1 万吨，创产值 99 亿元。项目区内饲养蛋鸡在 500 只以上的农户有 3 479 户，其中饲养 2 000 只以上的有 515 户，饲养 5 000 只以上的有 144 户，最多的一户饲养量达 7 万只。项目带动了全市养鸡业得到了较快发展，该工程超额完成了各项任务和技术经济指标，取得较好经济和社会效益。

1999 年，肉禽生产已逐步由传统的小规模，分散饲养发展为区域性、规模化饲养，产业化经营的优势产业。在城郊的沙坪坝区、九龙坡区、璧山县等区（县）已形成了全市最大的肉禽生产带，最大规模养殖户年可出栏三黄鸡、乌骨鸡等优质肉鸡 100 万只，年出栏上万只优质鸡的养殖户已达 500 余家。同时，在丘陵平坝区出现了规模养殖本地良种鸡的生产模式，如垫江县规模养殖本地良种鸡年可出栏 50 万只，开拓了农民增收的新途径。在肉禽基地的带动下，全年肉禽出栏以 5% 的速度较快增长。

2011 年，为了提高家禽养殖水平和产品质量，制定了《城口山地鸡生产技术规范》等 6 个地方标准。

二、家禽规模场建设

1990 年，全市有 20 个简易蛋鸡场建成投产。这些饲养规模 1 万只的简易蛋鸡场都是当年建设，当年投产。从开始投产就推广现代化先进养鸡技术，蛋料比为 1∶3，年均产蛋率达 60% 以上，1 万只蛋鸡获纯利 1 万元左右，达到了品种饲养标准，居国内同行生产的先进水平。

2002 年，沙坪坝区、巴南区等近郊区（县）立足于市场，按照“民办、民有、民受益”的原则，组织发展形式多样的养禽合作经济组织，一批饲养 1 万只、10 万只以上的规模养禽户应运而生，推动了近郊区养禽业的蓬勃发展，成为农民增收的一个亮点。商品鸡的推广形势良好，农户饲养节粮蛋鸡呈增长趋势，与普通蛋鸡相比，其经济效益十分显著。沙坪坝区建立的巴楚生态禽业合作社，发展会员 560 个，年生产销售土杂肉鸡 500 多万只。巴南区成立家禽协会，发展会员 30 多个，年出栏肉鸡 200 多万只，并在鱼洞镇租地 6.67 公顷建立家禽养殖园区，将规模养禽户集中在园区成片发展。广州温氏集团在璧山县建立“公司 + 农户”的肉鸡产业，年出栏肉鸡 300 多万只。“铜梁 1 000 万只水禽工程”开始实施；以重庆力帆三江集团有限公司为龙头，建起了万只良种蛋鸭繁育场和 3 000 只良种鹅繁育场以及禽蛋、羽毛加工厂，产业化模式带动基地发展的势头强劲。

2003 年，继续抓好渝西地区特色养禽业基地的发展。一是积极抓好近郊肉禽特别是土杂肉鸡养殖，适度规模化养殖水平迅速提高。每个区（县）年出栏肉鸡达 200 万只以上。广州温氏集团自上年落户璧山县后，大力发展“公司 + 大户”运作模式的肉鸡产业化生产，狠抓紧密合作大户的发展，已发展合同户 200 多户，年出栏达 1 100 万只。此外，该集团已建设种鸡规模达 90 万套的种肉鸡场 2 个，年可产鸡苗 1.2 亿只以上，形成辐射渝、川、贵、云等西南地区的一流优质肉鸡供种基地，以璧山为重点的肉鸡产业化逐步形成。二是荣昌禽业优势产区建设项目进展良好。该县是 2003 年市农业重点支持的禽业优势产区，以峰高、龙集及铜鼓 3 镇为重点。以铜鼓镇为重点的蛋鸡优势产区已发展户养 2 000 只以上蛋鸡养殖大户 100 户，建立禽粪无害化处理场 1 个，成立了荣昌铜鼓镇蛋鸡养殖专业协会和蛋鸡养殖专业合作社各 1 个，产蛋鸡饲养量达 30 多万只，年产蛋 4 500 吨，占全县总产量的 90%，并成为全市最大的鸡蛋生产基地镇。

2005 年，全市狠抓畜禽养殖小区建设，推进无公害畜禽产地环境和饮用水水质等认定和监测，实施无公害畜禽标准和技术规范，确保兽医防疫、饲养管理等准则的落实到位，提高畜禽肉、蛋产品质量和出口竞争力。

2007 年，畜牧业继续推广适度规模经营，推进畜禽标准化规模养殖取得成效。年存栏蛋鸡 500 只以上的养殖户 5 409 户，年出栏肉鸡 2 000 只以上的养殖户 4 254 户，建成生态养殖小区 479 个。蛋鸡、肉鸡规模化养殖率分别为 88.5% 和 86.9% 。

2009—2010 年，继续推进畜禽标准化规模养殖。到 2010 年，全市建成各类不同标准的畜禽养殖场（小区）6.2 万个，蛋鸡、肉鸡规模化养殖水平分别达到 76% 和 78% ，有力地促进了畜禽生产方式的转变。继续加强良种场建设。在长寿区建成重庆市祖代肉鸡场，占地面积 10.2 公顷，年提供种苗 40 万套、商品代苗 1 500 万羽。在渝东南、渝东北 17 个区（县）建成存栏地方品种土鸡 2 万套的种鸡场 18 个、存栏鸭 5 000 套的种鸭场 5 个、存栏鹅 1 000 套的种鹅场 2 个。

2011 年，养鸡示范区建设成效显著，具有地方特色的养鸡示范区先后涌现，如城口、巫溪的山地鸡、宁河鸡，秀山、黔江的土鸡，璧山的肉鸡等。

2013 年，“重庆优质土鸡繁育及生产养殖配套技术研究与推广”取得良好的效果，获全国农牧渔业丰收奖三等奖。

第五节　主要扶持政策

一、良种畜禽生产补贴

2005 年，为落实《国务院办公厅关于扶持家禽业发展的若干意见》精神，农业部与财政部联合印发《使用流动资金贷款财政贴息扶持的重点家禽养殖、加工企业名单》。重庆荣昌县四川白鹅保种场、重庆市涪陵区种畜禽场、重庆市荣达祖代种鸡场、重庆市白市驿板鸭食品有限公司、重庆广东温氏家禽有限公司、重庆可树养殖有限公司、重庆荣达农业发展有限公司、重庆市毛哥食品开发有限公司、重庆市茂田蛋禽交易市场有限公司 9 家企业纳入补贴名单。

2006 年，重庆市农业局和财政局联合印发《关于下达 2006 年旱灾后畜禽保种（引种）补贴资金的通知》，从中央救灾资金中安排 800 万元，用于种猪、良种奶牛、良种肉牛、良种禽兔、种羊等良种畜禽生产补贴。有关区（县）也配套制定相应的政策措施，对良种畜禽和规模养殖实行生产补贴，调动了广大养殖农户的积极性。通过政策引导、市场拉动、龙头带动、典型示范、服务跟进等措施，取得良好效果。

2008 年，重庆市农业委员会、重庆市财政局出台《重庆市地方畜禽资源保护补贴管理办法》，地方畜禽遗传资源保护补贴经费纳入财政预算，安排资金 250 万元，按照重点保护国家品种，突出保护利用价值高、濒临灭绝遗传资源的原则，改建扩建南川鸡、城口山地鸡等资源保种场 7 个。

二、扶持标准化规模养殖场（小区）建设

1990 年，扶持全市 20 个简易蛋鸡场建成投产。

1995 年，对长寿、江津、合川、大足、潼南、北碚 6 个区（市、县）进行扶持，实施“400 万只蛋鸡工程”建设项目。

2002 年，扶持抓好节粮矮小型蛋鸡项目，4 个项目县建有父母代种鸡场 6 个。

2008 年，重庆市农业委员会、重庆市财政局印发《关于重庆市 2008 年蛋鸡标准化规模养殖场改造以奖代补项目实施方案的通知》，对标准化规模养殖场实施补贴政策。

2013 年，重庆市“菜篮子”生产扶持项目，中央下达资金 1 000 万元，扶持 21 个家禽规模化养殖场。

2014 年，广东温氏（重庆）家禽有限公司大兴鸡场、重庆市嘉多喜蛋鸡养殖股份合作社蛋鸡场、重庆峰牧渝凤家禽有限公司种鸡场和开县特驱家禽养殖有限公司肉鸡场等 5 个畜禽养殖场通过农业部标准化示范创建验收。

第六章 蜜　蜂

蜜蜂养殖是重庆市一项传统特色养殖业，有着悠久的历史。重庆市地形以山地为主，森林覆盖率达到45.4%，山区立体气候明显，蜜源植物品种多，面积大，花期从南到北，从低山到高山相继衔接，全市四季蜜源花开不断，为蜂群繁殖和生产提供了充足的蜜粉源。蜂产业是现代农业的重要组成部分，是维持生态平衡不可缺少的链环，是一项利国利民的事业。发展蜂产业，不仅能够生产出大量营养丰富、滋补保健的蜂产品，增加农民收入，促进人们身体健康，而且蜜蜂授粉对提高农作物产量、改善产品品质和维护生态平衡具有十分重要的作用。在市场拉动和政策驱动下，全市蜜蜂产业呈现加快发展的良好势头，综合生产能力持续提升，多个贫困区（县）已将发展中华蜜蜂产业作为精准扶贫、脱贫致富主推产业，列入当地脱贫计划。

第一节　生产发展

1985年，重庆市蜂蜜产量达643.5吨。

1986年，全市蜂蜜产量655吨，比1985年略有增长。其中养蜂专业户103户产蜂蜜177吨。养蜂大县荣昌县成立养蜂生产者协会，由开始的技术、物资供应上的服务合作，发展到经营联合，产、供销一条龙，拥有股金10万元。

1987年，全市养蜂业快速发展，蜂蜜产量达到1 107.8吨，比上年增长69.1%。1987年4月，重庆市人民政府在合川召开的畜牧工作会议上表彰养殖专业大户，其中养蜂专业户1户，养蜂90群、收入2.5万元以上。

1988—1992年，蜂蜜总产量在554.8~836吨之间徘徊，比1987年减少了50%左右。

1997年后，森林覆盖率达45.4%，蜜源植物品种增多，主要有油菜、柑橘、洋槐、盐肤木、荆条、乌桕、桉树、枇杷、龙眼等，山区有丰富的山花蜜源和大量的蜜源经果林，为养蜂提供了较好的蜜源基础。养蜂生产有所回升，养蜂业不断壮大。

2000年，全市饲养蜜蜂60万群，比上年增长10%，生产蜂蜜2.11万吨，比上年增长5%。荣昌、酉阳等县为蜂蜜主产区，饲养的品种为中华蜜蜂及少量意大利蜂。

2005年，城口县利用独特的区域优势和品种资源，抓特色农产品技术开发，引进和自主创新农产品加工技术，创建了“黄安坝蜂蜜”等一批具有特色的农产品品牌。

2006—2008年，由重庆市畜牧技术推广总站牵头，完成了出口型原生态蜜关键技术研究与示范，对重庆市蜂产业的发展和出口创汇均有重大意义。

2007 年 2 月，经农业部批准，国内首个中蜂良种繁育场在南川区金佛山建立。2007 年 10 月，在重庆市南川区召开的中国养蜂学会六届四次理事会评选“中华蜜蜂之乡”，南川获全票通过，并被授予“中华蜜蜂之乡”称号，成为中国西部地区首个“中华蜜蜂之乡”。

2008 年，全市有蜜蜂 38.78 万箱，同比增长 1.9%；实现蜂蜜总产量 1.03 万吨，同比增长 21.8%。

2009 年，全市蜂蜜产量 1.1 万吨，同比增长 6.9%。蜜蜂存栏 44.8 万群，同比增长 15.5%。2009 年 3 月，南川区获得“重庆市无公害蜂蜜产地”称号。

2010 年，蜜蜂保有 61 万群，蜂蜜产量 1.47 万吨，增长 36.2% 和 37.4%。

2011 年，全市蜜蜂保有量 68.2 万群，同比增长 11.8%；蜂蜜产量 1.2 万吨，同比增长 4.2%。各地具有特色的示范区先后涌现，南川、彭水的中蜂种蜂等已初见成效。同时，为加强中华蜜蜂遗传资源保护，全市建立了南川区中华蜜蜂保护区和开县中华蜜蜂保护区。重庆市畜牧技术推广总站牵头制定了行业标准《中蜂原生态蜜生产技术规范》，并顺利通过重庆市质量技术监督局组织的专家评审。

2012 年，建成中蜂场、西蜂种蜂场，共提供种蜂 6 000 多群。为 6 000 多名蜂农办理了养蜂证，建立了南川区、开县和彭水苗族土家族自治县 3 个中华蜜蜂保护区。2013 年，重庆市按照“发展生产保供给，严格监管保安全，综合施策保生态，特色效益促增收”的总体要求，着力推进畜牧业规模化、标准化、产业化和信息化，保护和改善生态环境，促进畜牧业持续健康发展，保障畜牧产品市场供应。全市有中、西蜂种蜂场 17 个，其中市级种蜂场 3 个。蜜蜂保有量 87.5 万群，蜂蜜产量 1.4 万吨。

2013 年，全年共提供种蜂 6 000 多群，为 2 000 多名蜂农办理了养蜂证。彭水苗族土家族自治县被中国养蜂学会授予“中华蜜蜂之乡”称号。

2014 年，当年蜂蜜产量 1.8 万吨。为推动中蜂标准化示范场建设，重庆市畜牧技术推广总站制定了《中蜂标准化养殖场建设规程》。

2015 年全市蜂蜜产量 1.9 万吨。

第二节 优势产区

全市中蜂产业发展重点布局在南川、彭水、城口、石柱、黔江、酉阳、武隆、万州、巫溪、云阳、秀山、綦江、开州、涪陵、江津、奉节、巫山、万盛 18 个区（县），西蜂产业发展重点布局在荣昌、潼南、梁平、垫江、永川、大足、丰都、忠县、长寿 9 个区（县）。蜂产业已形成了以城口县为中心的渝东北、以彭水苗族土家族自治县为中心的渝东南中华蜜蜂产业发展和以荣昌区为中心的渝西片区西方蜜蜂产业发展格局。南川区、彭水苗族土家族自治县、城口县先后被中国养蜂学会授予“中华蜜蜂之乡”称号。随着蜂产品产量不断增大，加工产业规模也逐年扩大，全市蜂产品加工和销售企业 80 余家，有 SC 认证的蜂产品企业 10 余家。

第三节 品种繁育及技术推广

一、品种繁育

为加强中华蜜蜂遗传资源的保护和利用，重庆市先后批准建立了 3 个市级中华蜜蜂保护区。

全市主要推广及繁育的蜜蜂是中华蜜蜂、意大利蜂。中华蜜蜂又称中华蜂、中蜂、土蜂，蜜蜂科蜜蜂属，东方蜜蜂的一个亚种。有利用零星蜜源植物、采集力强、利用率高、采集期长及适应性、抗病和抗寒性能强，消耗饲料少等优点。缺点是抗巢虫能力较差，易受巢虫危害，防盗能力较差，易感染中蜂囊状幼虫病。意大利蜂简称意蜂，是西方蜜蜂的一个地理亚种，原产于意大利的亚平宁半岛，适应中国大部分地区的气候。意大利蜂的蜂王产卵量高，工蜂育虫力强，分蜂性弱，容易维持大群。采蜜力强，尤善采集流蜜期长的大蜜源。泌蜡多，造脾能力强，适宜于企业化养蜂。缺点是越冬饲料消耗量大，定向力弱，易迷巢，抗病力弱，易感染幼虫病，抗螨力弱。

2005年，进行种蜂的改良，加大意蜂推广力度，对蜂产业的发展和蜂产品质量的提高起到了极大的促进作用。荣昌县种蜂改良成效显著，全县蜜蜂饲养量达3.19万群，其中意蜂达3万群，占93.7%；中蜂不足0.2万群，仅占蜂群总量的6.3%。

2010年，全市已建成种蜂场21个，新建存栏200群的中蜂资源保种场15个、存栏250群的西蜂种蜂场2个。基本形成较完善的蜂良种繁育体系。

2011年，新建或改扩建中蜂场15个，西蜂种蜂场2个，其中，彭水苗族土家族自治县黄家镇中蜂种蜂场率先供种，当年共计提供种蜂9 460群，为全市种蜂场建设发展起到良好示范带动作用。

二、蜜蜂技术推广

2005年，重庆市畜牧科学院成立蜂业研究所，开展蜜蜂相关的基础研究和应用推广工作。同年，成立重庆市蜂业学会，开展蜜蜂相关的学术交流和推广服务工作，发挥纽带和技术推广作用。

2006年，重庆市畜牧技术推广总站成立禽蜂产业科，开展蜜蜂相关的行业管理和技术推广工作。

2009年，重庆市畜牧科学院牵头实施了“熊蜂授粉及周年繁殖技术研究”和“重庆熊蜂人工繁育蜂群发育变异因素研究”，推广设施作物熊蜂授粉技术。

2011年，国家蜂产业技术体系在重庆设立综合试验站，开展蜜蜂相关的基础研究和示范推广工作。

2014年，重庆市畜牧技术推广总站牵头实施了“中华蜜蜂高产抗逆新品系选育及配套技术研究”，推广中蜂地方良种；重庆市畜牧科学院牵头实施了“基于水溶技术的泡腾蜂产品研发与应用”，推广水溶型蜂产品深加工技术；重庆师范大学生命科学学院成立蜜蜂研究团队，开展蜜蜂相关的基础研究工作。

2015年，重庆市畜牧技术推广总站牵头实施了“重庆市蜜蜂授粉技术示范与推广”，推广蜜蜂授粉技术。

第四节　产业发展重点举措

2007年，重庆市农业委员会批准南川区建立中华蜜蜂保护区。2010年，重庆市农业委员会及时出台《重庆市农业委员会关于加快养蜂业健康发展的意见》。2011年，重庆市农业委员会批准开州区建立重庆市第二个中华蜜蜂保护区；《重庆市农业农村经济发展第十二个五年规划畜牧业发展专项规划(2011—2015)》首次将蜜蜂产业作为特色畜牧业纳入重庆市畜牧业发展规划。2012年，《重庆现代农业重点产业发展规划（2012—2017)》将蜜蜂产业纳入规划；重庆市农业委员会出台《重庆市农业委员会关于做好养蜂证发放工作的通知》，并统一印制了养蜂证。2014年，重庆市农业委员会出台《关于开展全市蜂业发展情况调查的通知》，调查包括蜂群数量、持证养蜂户生产情况、养蜂专业合作社和蜂产品企业相关情况等内容。2014年，重庆市农业委员会、重庆市财政局印发《重庆市2014年农业机械购置补贴实施方案》，明确将养蜂专用平台设施（设备）纳入补贴名录。

第七章 饲草饲料

第一节 饲 草

一、饲草资源

（一）天然草地资源

草地资源是发展畜牧业的基础资源，是牧区、半牧区人民赖以生存的基础。天然草原包括草地、草山和草坡。重庆地区属于非牧区，全市草地资源集中分布在东部和东南部的秦巴山、武陵山和大娄山海拔1 000米以上的地区，为草食牲畜发展提供了广阔的空间。较为有名的有巫溪红池坝、石柱千野草场、武隆仙女山草场。

据2002年统计，全市草地可利用面积191.6万公顷，理论载畜量219.16万个黄牛单位。全市草地主要类型分别为：山地草甸草地，总面积接近1.85万公顷，其中可利用面积1.75万公顷；山地灌木草丛草地，总面积44.4万公顷，其中可利用面积37万公顷；山地疏林草地，总面积27.93万公顷，其中可利用面积23.2万公顷；山地草丛草地，总面积75.33万公顷，其中可利用面积67.4万公顷；农隙草地，总面积66.33万公顷，其中可利用面积62.2万公顷。全市生片草场中，分布面积较大的有：巫溪红池坝，1.53余万公顷；城口黄安坝，8 800公顷；武隆仙女山，9 600公顷；黔江麒麟盖8 333公顷。

（二）人工种草

人工草地包括改良草地和退耕还草地。据2005年最初统计，重庆全市累计种草保留面积163.7万亩，其中人工种植优质牧草面积90.3万亩，改良种草73.35万亩。围栏面积15.75万亩，草种繁育田4.5万亩，地方优良牧草基地1万亩。当年草地禁牧封育36.45万亩。各种农作物秸秆年产量达1 400万吨。全市各类草资源理论载畜量达1 545万个羊单位。

2010年，全市种草保留面积122万亩，其中人工种草面积92万亩，改良种草面积16万亩；在当年新增种草面积中，一年生牧草种植面积为45万亩，多年生牧草种植面积为8万亩。

2013年，全市年末保留种草面积达142万亩，其中人工种草面积113万亩，改良种草面积19万亩，在当年新增种草面积中，一年生牧草种植面积为56万亩，多年生牧草种植面积为8万亩。

2014 年，全市年末保留种草面积有较大增加，达到 140 万亩以上。当年新增种草面积中，一年生牧草种植面积为 61 万亩，多年生牧草种植面积为 9 万亩。

2015 年，全市年末保留种草面积回落到 122.2 万亩，其中人工种草面积 104.1 万亩，改良种草面积 18.1 万亩。在当年新增种草面积中，一年生牧草种植面积为 53.4 万亩，多年生牧草种植面积 4.9 万亩。

二、主要饲草生产

（一）主要饲草种类

重庆市饲草种类主要概括为以下 3 类。

禾本科类饲草：多花黑麦草（也称一年生黑麦草）、多年生黑麦草、鸭茅、苇状羊茅、扁穗牛鞭草、燕麦、墨西哥玉米、青贮玉米、饲用甜高粱、狼尾草属植物及其杂交种等。

豆科类饲草：红三叶、白三叶、紫花苜蓿、拉巴豆等。

其他类饲草：菊苣、籽粒苋、紫云英等。

（二）饲草生产历程

1986 年，全市试点种植 2 000 亩多年生多花黑麦草、冬牧 70 黑麦草、白三叶草等优质牧草，初步筛选出了适合重庆市种植的高产优质牧草品种。1987 年，重庆市农牧渔业局与各县签订人工种草协议书。当年秋季共种植多花黑麦草、冬牧 70、山黧豆、大荚豌、白三叶、红三叶等 10 多个品种优良牧草 11 083.7 亩，超额完成了原定 1 万亩的计划。

1998 年，全市开展农闲田种植牧草和饲料作物利用，利用农闲田种植牧草和饲料作物 2.5 万余公顷。主要品种有：一年生黑麦草、籽粒苋、紫云英、燕麦、饲用大麦、白三叶、饲用萝卜、聚合草等。其中冬闲田 0.73 万公顷，夏秋闲田 0.3 万公顷，果园闲隙地 0.53 万公顷，四边地 0.73 万公顷，休闲地 0.13 万公顷。冬闲田主要种植一年生黑麦草、饲用大麦、紫云英、燕麦、密胡豆；夏秋闲田主要种植籽粒苋、白三叶、聚合草、一年生黑麦草；果园隙地主要种植一年生黑麦草、饲用萝卜、籽粒苋、燕麦、饲用大麦；四边地和休闲地主要种植一年生黑麦草、燕麦、白三叶、籽粒苋、苏丹草、饲用萝卜和饲用大麦。除一年生黑麦草各地都种植较多外，籽粒苋、紫云英主要在江津、合川、永川、长寿等县（市）种植，燕麦、白三叶、饲用萝卜等主要在黔江、城口、涪陵等区（县）种植。此外，冬牧 70 黑麦草、墨西哥玉米、紫花苜蓿、串叶松香草、光叶紫花苕等品种也有少量种植。

1999 年 1 月，重庆市人民政府召开的全市畜牧工作会议确定未来几年全市畜牧业工作重点：大力实施以“畜禽良种工程、草山草坡开发建设和秸秆利用示范工程、动物保护工程和服务体系建设”四大工程为主要建设内容的畜牧产业结构调整战略。2000 年，全市人工种草迅速发展。全市利用冬（夏）闲地、轮歇地及冬春气候条件较好优势，大力推广粮草轮作，积极推进农业耕作制度改革，改“粮—经”二元结构为“粮—草—经”三元结构。当年全市人工种草 2.9 万公顷，促进了节粮型畜禽发展，使节粮型畜牧业取得了突破性进展，开拓了全市畜牧业发展新路子。如云阳县莲花乡千峰村，依靠种草养畜脱贫。全村 102 户 330 人，1997 年人均纯收入仅 316 元。1998 年在该村开展种草养畜试点工作，共建成人工草地 166.66 公顷，2000 年，又增加退耕还草面积 167 公顷，全村饲养山羊 1 560 只，人均饲养 4.7 只；养牛 568 头，人均 1.7 头；草食牲畜新增产值 27.2 万元，占农业增加总产值的 60.57%，人均牧业收入达 824.24 元。该村通过大力实施人工种草养畜项目，一举摘掉了贫困帽子，走上了富裕之路。

2002 年，全市合理利用土地资源，大力开展牧草种植。改“粮—经”耕作模式为“粮—经—草”或“粮—草”耕作模式，在农地间、轮、套种一年生黑麦草和紫花苜蓿等 1.27 万公顷。建设人工草地，种植多年生黑麦草、苇状羊茅、红三叶、白三叶、鸭茅等 1.73 万公顷。改良草地，种植多年生牧草 2.6 万公顷。

2004 年，建设牧草种子基地和天然草原。全市利用隙闲地种植优质牧草 1.33 万公顷，新建秸秆青贮池 25 万米^3，在酉阳、江津等地开展了“草—果—畜—沼—园”养畜模式试点。

2006 年，开展人工种草抗旱救灾。由于当年特大旱灾导致饲料生产和饲草作物受灾严重，各地千方百计引导农民扩大秋季牧草种植面积。全市秋季牧草种植面积达到 3.77 万公顷，增加了牲畜越冬草料供给，优质牧草种植面积 5 万公顷。政府对畜禽规模养殖实行补贴政策，激励草食牲畜规模养殖迅速发展，促进了优质牧草种植面积不断扩大和牧草青贮户不断增加，牧草产量不断提高。

2007 年，大力宣传“引草入田，立草为业”理念，推广“粮—草（经济作物）”间、套、轮作生产模式，开展稻草轮作、饲用玉米粮草两用的试验示范，全年共推广黑麦草等优质牧草种子 100 吨。

2008 年，推广“粮—草”间、套、轮作生产模式，推广秸秆处理利用、舍饲、半舍饲等技术，开展稻草轮作和饲用玉米粮草两用的试验示范，共推广黑麦草等优良种子 90 余吨，推广使用苜蓿草块等草产品 360 余吨。

2009 年，加强草地建设保护与利用，大力推广种草养畜。结合推进节粮型畜牧业发展，在改良草地的同时，大力发展种草养畜（禽）。丰都县种草养牛并将种植饲用玉米和高粱纳入粮食综合直补，巫溪种草养羊的“1331”模式、梁平冬闲田种草养鹅、荣昌桑园养鸡、江津果园养鸡，种草养畜势头猛、效益好，全市种草保留面积达 8.67 万公顷。

2012 年，抓好草地保护与建设，实施优质饲草生产及综合利用，技术推广、秸秆利用、牛羊标准化示范创建等草业和草食牲畜发展项目。年末种草保留面积 10.2 万公顷，当年新增种草 4.8 万公顷，农闲田种草 4.17 万公顷，其中冬闲田 1.9 万公顷、夏秋闲田 0.33 万公顷、果园闲隙地 0.87 万公顷、四边地和其他地方种草 1.07 万公顷。青贮牧草和饲用作物 35.9 万余吨，生产玉米全株青贮料、紫花苜蓿等商品草 3 500 吨。

2013 年，实施了“重庆市饲草种植示范”“优质饲草生产及综合利用技术推广”等项目。全市年末种草保留面积 9.47 万公顷，其中人工种草 7.53 万公顷，改良种草 1.27 万公顷；新增种草 4.27 万公顷、轮牧 10.53 万公顷，人工种草产量 117.05 万吨（干草），青贮牧草和饲用作物 36.38 万吨。生产紫花苜蓿、多花黑麦草、草捆等商品草产品 700 吨。全年市和区（县）财政投入资金 1 575 万元，业主及群众自筹投入 2 893 万元用于草业生产。

2014 年，草原保护与建设稳步发展。全市年末种草保留面积 9.3 万公顷，其中人工种草 7.3 万公顷，改良种草 1.3 万公顷，飞播种草保留 0.7 万公顷。当年新增种草 4.67 万公顷。涪陵、奉节、城口、巫溪、酉阳、云阳、开县、石柱 8 个区（县）实施“南方现代草地畜牧业推进行动”项目，投入中央资金 2 000 万，业主自筹资金 3 500 万。

2015 年，全市种草保留面积 7.87 万公顷，其中种植牧草饲用作物 3.8 万公顷，青饲青贮玉米2 000 公顷、青贮专用玉米 4 000 公顷。全市贮牧草和饲用作物 27.39 万吨，其中全株青贮玉米及专用玉米 10.23 万吨。全市推广应用优良牧草种子 230 余吨；应用草产品及秸秆等农副产物产品 51.47 万吨，其中秸秆经过加工后饲用 14.86 万吨。

三、草地资源监测

全市草地资源监测始于 2005 年，由重庆市草原监理站牵头，各区（县）设立草原与生态监测点。2015 年，在万州、丰都等 5 个区（县）设立草原资源与生态监测样地 100 个，监测样方 217 个。其中矮小灌木及草丛样地 56 个，样方 168 个；高大灌木及草丛样地 43 个，样方 43 个。同时，结合监测完成了农户草食家畜补饲情况入户专项调查 100 户。

2006 年，按照《农业部关于支付 2006 年农业技术试验示范等项目资金的通知》《农业部草原监理中心关于印发〈全国草原监测工作安排〉的通知》，继续在万州、丰都等5个区（县）开展完成物候监测2个县、草原资源与生态监测样地100个，入户调查养殖户100户。

2007年，根据农业部草原监理中心《关于印发〈2007年全国草原监测工作方案〉的通知》的总体部署，重庆市草原监理站继续实施完成全市100个暖性灌草丛样地的监测任务和100个农（牧）户的入户调查任务。继续在万州、酉阳、奉节等5个区（县）实施草地监测工作，对巫山、云阳、武隆等区（县）草原毒害草和病虫害情况进行调查，收集牧草种质资源材料44份。

2008年，按照《农业部关于印发全国草原监测工作方案的通知》要求，在万州、酉阳、奉节等5个区（县）实施草地监测工作，监测草地样方342个，入户调查养殖户100户。

2009年，在丰都等5个区（县）实施草原生态监测，完成了重庆不同草原类型100个样地监测和100个牧户家畜补饲调查工作。

2010年，按照农业部《关于下达2010年草原监测项目资金的通知》，继续承担区域内100个暖性灌草丛、暖性草丛监测样地野外调查、100个农（牧）户家畜补饲的入户调查和返青监测任务。通过重庆市草原监理站认真组织、精心部署和全市监测人员扎实工作，实地监测调查不同地理位置的暖性草丛、暖性灌草丛的植被、生态、利用状况等100个样地，其中：暖性灌草丛样地45个，暖性草丛样地55个，共计监测样方345个（含灌丛草地内的草本样方），其中草丛样方300个；家畜补饲情况调查100户。调查上报主要牧草信息20个和草原类型信息2个。

2011年，统一组织、安排和部署，分解落实项目经费，在万州、奉节、丰都、武隆及酉阳5个区（县），实地监测调查不同地理位置的暖性草丛、暖性灌草丛、热性草丛和热性灌草丛的植被、生态、利用状况等100个样地，其中：暖性灌草丛样地46个，暖性草丛样地34个、热性灌草丛10个、热性草丛10个，共计监测样方346个（含灌丛草地内的草本样方），其中草丛样方300个；家畜补饲情况调查101户。调查上报了主要牧草信息50个和草原类型信息2个；4月份，完成6个样地的草原返青监测；完成草原综合植被盖度监测。

2012年，承担了全国草原监测及草原返青监测观测任务，宣传草原法律法规，草原岩溶地区石漠化草地综合治理工程等。

2013年，实施了重庆市饲草种植示范与草原监测、优质饲草生产及综合利用技术推广等草业项目。

2014年，春季在万州、奉节2个区（县）开展草原返青监测观测。夏秋季节，实地监测、调查了万州、奉节、丰都、武隆、酉阳5个区（县）不同地理位置100个热性、暖性草丛和灌草丛样地草原植被、生态、利用状况；对100个养殖户草食牲畜饲养和草地利用情况进行了入户调查。

2015年，全年完成区域内100个暖性灌草丛、暖性草丛、热性草丛和热性灌草丛的样地监测、140个农（牧）户家畜补饲的入户调查；根据农业部草原监理中心的要求，进行了2个区（县）的返青、生长期监测、枯黄期监测工作和重庆市草原综合植被盖度、高度监测。

四、草原资源保护

重庆地处长江上游，是长江流域重要生态屏障、全国水资源战略储备库和全国重要的生态功能区。全市的草原资源主要集中在三峡库区生态经济区，大面积草场具有涵养水源、调节气候、防风固沙等重要生态功能。作为长江上游生态屏障的最后一道关口，草原资源保护的情况对长江中下游会产生敏感的反应和影响。历届重庆市委、重庆市人民政府高度重视草原资源保护。

（一）天然草地保护

2001年，重庆市争取到国家天然草原植被恢复与建设项目县2个，组建了项目管理办公室落实实施地点等前期工作。与此同时，继续抓好其他重点项目的实施管理和监督检查工作。2001年8月，根据农业部办公厅《关于开展国家南方草山草坡开发示范工程项目验收工作的通知》要求，重庆市农业局组织有关专家，对石柱、城口两个项目建设县进行了验收，对在建的万州七跃山天然草原植被恢复与建设项目进行了两次重点检查，并写出了检查报告上报农业部。

为配合草食牲畜良繁体系和种草养畜工作的开展，重庆市加大了草原基础设施建设力度。在万州区、黔江区、云阳县进行天然草原植被恢复与建设工作。2000—2002 年，国家下达万州、黔江、云阳、丰都、江津、铜梁 6 个天然草原植被恢复建设项目，6 个区（县）完成建设面积 1.95 万公顷。2003 年，加强草原建设，继续实施牧草种子基地和天然草原保护建设项目，草原建设和无规定动物疫病示范区项目又有新进展。2004 年，“牧草种子基地” 和 “天然草原恢复与建设” 两个国家资金项目顺利实施。2005 年，国家下达丰都、江津、忠县、巫溪 4 个 “天然草原保护与建设” 项目，4 个项目县共实施完成天然草原保护与建设 1.33 万公顷，其中建植人工饲草（料）地 0.41 万公顷，改良草地 0.92 万公顷；建设草地围栏 11.02 万米，围栏草地 0.86 万公顷。

2006 年，全市开展草地石漠化治理调查研究，完成《重庆市 “十一五” 草地石漠化治理规划》的编制，为草地石漠化治理工程项目实施打下了基础。到 2014 年，全市有酉阳、彭水、巫山、巫溪、奉节、黔江、秀山、武隆、丰都、开县、綦江、万州、南川、涪陵、云阳、石柱、万盛经济技术开发区 17 个区（县）实施 “西南地区石漠化草地治理工程”，开展石漠化综合治理工作。2006 年，全市草地围栏 1.67 万公顷，禁牧 6.9 万公顷、休牧 4.3 万公顷、轮牧 7.3 万公顷，草地改良年末保留面积 3.1 万公顷，草场租赁承包经营等 24.8 万公顷。草地鼠害、虫害危害面积分别为 5.1 万公顷、4.8 万公顷，治理虫害面积 666.67 万公顷。

（二）人工草地保护

1999 年，根据西部大开发战略的实际和国家生态环境治理工作的开展，按照生态效益、社会效益、经济效益相结合的原则，制定了全市退耕还草规划。规划在 2010 年完成退耕还草 41 万公顷（其中退耕 17.87 万公顷），建设草种基地 2 000 公顷，其中 2000—2005 年完成退耕还草 25.33 万公顷（其中退耕 11.2 万公顷），建设草种基地 2 000 公顷。该项工作于 2000 年在云阳、开县、万州、武隆、黔江、城口 6 个区（县）试点。

2000 年，退耕还草试点工作启动。重庆市是全国退耕还草试点市，当年全市有退耕还林还草任务近 0.13 万公顷。确定重庆市饲草饲料站为全市退耕还草还林草种供应单位。确定在云阳、万州、开县、武隆、黔江、城口 6 个区（县）开展了退耕还草试点工作，共计退耕还草 0.11 万公顷，带动荒山荒坡还草 0.23 万公顷。

2001 年，为配合草食牲畜良繁体系和种草养畜工作开展，全市加大了草原基础设施建设。全年全市种草近 6 万公顷，其中人工种草超过 3.33 万公顷，改良草地近 2.67 万公顷。

2002 年，实施 “百万头（只）草食牲畜产业化工程”。狠抓草业发展，促进草畜配套。家庭小草原建设新增人工种草面积 1.13 万公顷。

2003 年，全市以推进种草养畜为目标，大力推广人工种草。全市人工种草已达 10 多万公顷，其中历年种草保留面积 6 万余公顷，新增 “家庭小草原” 0.33 万公顷，累计达到 3 万余公顷；新增改良草地和草地围栏各 0.13 万公顷，累计达到 0.87 万公顷。

10 多年来，全市抓住全面启动退耕还林还草工程的机遇，大力推行 “粮—草” 轮作和 “粮—草—经” 间、套、轮作技术，充分利用冬（夏）闲田、林桑果园地基滩涂、四边地等闲置土地。在丰都等十多个区（县、市）重点推广实施农业部 “丰收计划” 中的 “家庭小草原模式化及养畜配套技术” 项目，通过项目辐射和带动周边区域，建成 “家庭小草原” 3 万余个，种植红三叶、白三叶、紫花苜蓿、黑麦草、苇状羊茅、鸭茅等优良牧草近 1.27 万公顷，养牛 14 万多头，涌现出一批以种草养畜为主的专业村社和养殖大户，户均增收 3 000 元以上，为全市草业发展起到了积极的推动作用。

五、牧草种子生产与基地建设

重庆市水、热、光、气资源丰富，适宜多种牧草生长。2000 年以前，全市无牧草种子基地，草种主要从国内和国外购进，仅 2000 年就购进草种 50 多吨。为了适应全市草业发展，加快畜牧业结构调整步伐，推动生态环境建设，2000 年，全市开展草种子基地建设项目准备工作。2000 年，重庆市计划委员会下达 666.66 公顷重庆市牧草种子繁育基地建设项目，其中城口县黑麦草种子基地 444 公顷、巫溪红三叶种子基地 222.66 公顷，项目总投资 945.5 万元。同时，积极争取到农业部国家级羊茅、红三叶等 0.2 万公顷草种繁育基地建设项目。2000 年，参与国家牧草种子资源收集工作。在牵头单位四川省草原工作总站支持下，重庆市饲草饲料站作为西南地区协作组成员单位之一，承担了全市范围内的牧草种植资源收集工作，先后采集了优良野生牧草种子 13 个，经四川省牧草种子质量检验站和农业部有关单位检测，合格 11 个，合格率为 84.6%。

2001 年，全市已有国家天然草原植被恢复与建设项目县 2 个，牧草种子繁育基地项目等国家级重点建设项目完成组建工作。与此同时，抓好其他重点项目的实施管理和监督检查。8 月，重庆市农业局组织有关专家，对石柱、城口两个项目建设县进行了验收；对在建的重庆市羊茅等草种基地项目进行了两次重点检查。

2002 年，在实施“百万头（只）草食牲畜产业化工程”中，抓草业发展，促草畜配套。2 000 公顷国家级羊茅等牧草种子繁育基地建设项目和万州、黔江、云阳各 3 333.33 公顷天然草原植被建设项目均已完成 80% 的任务。国家级羊茅等牧草种子繁育基地 2 000 公顷和市级牧草种子加工厂土建工程已基本完成，全市新增人工种草 1.13 万公顷，完成任务的 113.3%。2002 年，对全市草种情况进行了调查。一般农地人工种草多种植一年生黑麦草，种子大多属农民自留种；人工草地、改良草地、退耕还草等多种植苇状羊茅、多年生黑麦草、鸭茅、红三叶、白三叶、紫花苜蓿等，多采用进口种子。全市牧草种子来源主要依靠两个渠道：一是引进国外草种，二是农民自留种。全市年用种量 500 吨，其中 300 吨来自进口，200 吨属农民自留种。当年，全市建设牧草种子田 1 733.33 公顷，其中石柱土家族自治县、武隆县和彭水苗族土家族自治县分别建设苇状羊茅种子田 566.67 公顷、300 公顷和 266.67 公顷，巫溪县建设红三叶种子田 533.33 公顷。全部投产后每年可提供苇状羊茅、巫溪红三叶牧草种子 800 吨。

2003 年，重庆羊茅等草种繁育项目已在石柱、巫溪、彭水、武隆建基地 1 926.67 公顷，基本建成市级草种精加工厂，巫溪红三叶等草种项目建设按进度推进。

2004 年，“牧草种子基地”和“天然草原恢复与建设”两个国家资金项目顺利实施。由重庆市饲草饲料站和相关区（县、市）承担的两期国家牧草种子基地建设项目主要任务基本完成。

2005 年，彻底清理 1998 年以来的畜牧业国债项目，重庆市苇状羊茅草繁育基地建设项目，巫溪红三叶牧草种子繁育基地建设项目，巫溪、忠县天然草原恢复与建设项目等一批国债项目通过验收。2005 年，牧草种子繁育基地建设进展良好。由市饲草饲料站承担的 2000、2001 年两个国家优良牧草种子繁育基地建设项目“重庆市羊茅等草种繁育基地建设”“重庆市巫溪红三叶等牧草种子基地建设”，由石柱土家族自治县畜牧局、万州区畜牧局、西南农业大学等 9 个单位协作共同完成。项目生产基地涉及石柱、巫溪、武隆、彭水、城口、开县、万州、南川 8 个区（县、市），经过 5 年建设，共建成牧草种子扩繁田近 2 960 公顷，原种田 60.8 公顷，地方牧草品种资源保护区 682 公顷。其中草种繁育基地苇状羊茅 1 327 公顷、多年生黑麦草 191.8 公顷、多花黑麦草 241 公顷，巫溪红三叶品种保护区 549 公顷，涪陵武隆十字马塘品种保护区 133 公顷。建设草种生产基地管道、排水沟渠 56.07 千米，生物圈栏 140.79 千米，蓄水池 1.292 万米^3，简易种子仓库 3 969.4 米^2，晒场及晾棚 6 354.25 米^2，草种初加工厂及附属用房 958.5 米^2，基地道路 34.55 千米。同时，新建市级牧草种子加工厂 1 座，建成种子精加工车间 496.64 米^2、仓库 2 796.06 米^2、生产辅助用房 100 米^2。购置了草种加工成套设备以及光照培养箱、水分快速测定仪等仪器设备和运输车辆等 157 台（套、辆）。通过项目实施，年生产草种能力达到

1 200余吨。

2008年，重庆市开始承担实施国家草品种区域试验项目，当年，在巫溪、万州等区（县）建立牧草品种比较评价试验小区81个。

2009年，继续实施国家草品种区域试验项目，在巫溪、渝北对红三叶等20个优良品种进行评价和展示试验，探索出三峡库区不同生态环境条件下牧草种子生产及其加工综合配套技术。

2010年，继续实施国家草品种区域试验项目，在渝北统景继续开展2个马蹄金品种、3个鸭茅品种的区域试验共20个小区的区域试验工作和红三叶、紫花苜蓿、黑麦草、高粱等12个品种的评价试验与展示小区。在南川大观开展4个鸭茅品种的区域试验共16个小区的区域试验工作，建设成白三叶、紫花苜蓿、皇竹草等23品种的评价试验与展示区。

2011年，继续实施国家草品种区域试验项目，在南川大观龙川承担并完成了马蹄金、鸭茅、大刍草、谷稗、红三叶、鹅观草等品种区域试验重庆试验点工作和皇竹草、甜高粱、饲用玉米等20个优良品种评价与展示试验任务。

2012年，在南川大观龙川完成了区试品种谷稗、大刍草2个一年生草种的5个品种，红三叶、鹅观草、鸭茅、苇状羊茅等4个多年生草种的14个品种共76个试验小区的播种、管理等工作。

2013年，继续在南川大观龙川和云雾村开展所承担的鸭茅、红三叶（包括2013年重新试验）、鹅观草、苇状羊茅等共计20个品种，80个小区新品种的年度区域试验工作。同时，接受了2013年度国家草品种区域试验工作考核。

2014年，在南川大观云雾村实施国家草品种区域试验项目。根据国家草品种区域试验工作安排，完成试草种苇状羊茅4个品种、红三叶3个品种、鹅观草3个品种年度试验任务；参照国家草品种区域试验技术要求，开展甜高粱、拉巴豆、高丹草、牛鞭草、紫花苜蓿等饲草品种的展示评价和品种筛选试验，观察了生长、病虫害发生、返青、越冬、越夏等情况，测定了产量、叶茎比、干鲜比等主要生产指标。当年，全国畜牧总站将重庆国家草品种区域试验南川站点正式命名为国家草品种区域试验站（南川）。

2015年，在国家草品种区域试验站（南川）开展国家草品种区试项目，按照项目实施方案完成了3个红三叶、9个苇状羊茅、3个苦荬菜共计15个品种，60个小区的新品种的年度区域试验工作。

六、饲草资源开发利用

（一）青绿饲料

1998年，全市普遍种植的青饲料主要种类有：胡豆苗、牛皮菜、白菜、籽粒苋、饲用萝卜、紫云英、饲用玉米，蕉藕等。饲用玉米、饲用萝卜、蕉藕主要在武隆、城口、涪陵、天城等区（县）种植，籽粒苋主要在江津、合川、长寿等县（市）种植；牛皮菜、胡豆苗种植很广泛。全市种植青饲料面积10万公顷以上，青饲料产量70万吨以上。

2000年，饲草饲料资源开发利用工作初见成效。一是大力实施人工种草项目，推广粮草轮作，改“粮—经”二元为“粮—草—经”三元结构，积极改进农业耕作制度，2000年全市人工种草2.9万公顷，比上一年增加29.9%。

2002年，根据全市自然和资源条件，加速饲料资源的开发和利用。全市普遍种植牛皮菜、白菜、胡豆苗、饲用萝卜、饲用玉米、串叶松香草、籽粒苋、紫云英、蕉藕等青饲料，年种植面积10万公顷，青料产量800吨。在牧草种植方面，一是改“粮—经”耕作模式为“粮—经—草”或“粮—草”耕作模式，在农地间轮、套种一年生黑麦草、紫花苜蓿等1.27万公顷。二是建设人工草地，种植多年生黑麦草、苇状羊茅、红三叶、白三叶、鸭茅等1.73万公顷。三是改良草地，种植多年生牧草2.6万公顷。

（二）青贮饲料

1983—1995 年，国家高度重视青贮饲料生产。1987 年，农业部召开全国青贮饲料工作座谈会，中共中央政治局委员、中央组织部部长宋平亲临会议听取意见。随后，中央拨专款、化肥、柴油、薄膜等当年计划性、指令性很强的物资支持青贮饲料生产，农业部单独设立了青贮饲料生产工作奖，一些长期从事这项工作的同志因获此奖而晋级。

“七五”时期，重庆市人民政府在粮食生产用尿素十分紧缺的情况下，每年安排 130 吨尿素、数万元资金支持青贮饲料生产和黑麦草种植。这项措施对开发利用青绿饲料资源，解决因生猪生产大发展而导致的人猪争粮问题，起到了积极作用，效果较好。

2003 年，全年饲料青贮 250 万吨。

（三）秸秆资源利用

1992 年，重庆市农牧渔业局组织实施部、市级“科技推广”和“丰收计划”，其中有“人工牧草栽培技术”“秸秆饲料开发技术”等项目。

1994 年，“秸秆饲料开发利用技术”项目在綦江县、巴县、江北县、合川市、江北区、沙坪坝区及农垦系统的奶牛场实施。

1998 年，重庆市人民政府提出了积极调整畜牧业结构，大力发展节粮型畜禽方针。各级畜牧部门根据重庆市人民政府的精神，采取有力措施，大力发展以牛羊为主的草食牲畜。在彭水、酉阳等地实施秸秆养畜示范项目。1998 年年底，两县微贮氨化秸秆 92 万吨，青贮秸秆 20 万吨，秸秆处理利用率比实施项目前增长 185%。全市氨化秸秆 29.46 万吨，较上年增长 13%，以玉米秸秆、稻草为主。

2001 年，全面超额完成重庆市人民政府对畜牧业的考核目标。开发利用秸秆资源，青贮、氨化和微贮秸秆考核目标为 42 万吨，实际完成 45.6 万吨，超计划 8.6%；处理秸秆养牛、羊考核目标为 42 万头（只），实际完成 50.5 万头（只），超计划 20.2%。

2002 年，全市年氨化秸秆 65 万吨，以玉米、稻草为主；同时青贮饲料 1 890 万吨，以甘薯藤、青玉米秸秆为主。积极调整畜牧业结构，大力发展节粮型畜禽。全年完成工业饲料 90 万吨，完成计划任务的 112.5%；完成青贮、氨化和微贮秸秆饲料 55 万吨，完成计划的 110%；养畜 60 万头（只），完成计划的 120%。2003 年，全年秸秆处理利用 60 万吨。

2005 年，《重庆市特色农产品发展布局规划》制定完成，据统计，全市有各种农作物秸秆年产量达 1 400 万吨，大力提倡秸秆资源化利用，防止焚烧秸秆带来面源污染势在必行。2010 年，秸秆焚烧引起的面源污染得到高度重视，国家投入大量资金，提倡秸秆的资源化利用，当年，国家农业综合开发畜牧项目中，安排 950 万元资金用于秸秆养畜。

（四）其他饲草资源

1996 年，重庆市畜牧部门组织实施了“饲料资源开发及养畜配套技术推广”等市级“丰收计划”项目，取得了良好的经济效益和生态效益，推动了草食牲畜养殖的发展。

1998 年，国家发展计划委员会和农业部决定在南方 13 个省份实施“南方草山草坡开发利用示范工程”项目，重庆市的城口县和石柱土家族自治县被列入示范县。按照农业部的要求，两县在深入调查、认真论证的基础上，制定了项目实施方案，并经重庆市农业局批准正式实施。两县各规划建设优质牧草核心草场 0.07 万公顷，辐射带动 0.27 万公顷。1998 年年底，核心草场已基本完成翻挖、整地等任务，1999 年春将全部播种三叶草、黑麦草、紫花苜蓿、鸭茅等优质牧草，并作好牛、羊的引种繁育工作。石柱土家族自治县拟将草场建成肉牛繁育生产基地，通过示范、带动全市草山草坡开发利用，促进全市以牛羊为主的草食牲畜的发展。到 2000 年年底，全市已完成人工种草 0.39 万公顷、改良草地 406.66

公顷，青干贮优良牧草 8 500 吨，养牛 13 000 头、羊 9 500 头，取得了较好的经济效益、社会效益和生态效益，起到了示范带头作用。黔江、丰都、武隆等部分区（县），积极开展招商引资工作，利用不同渠道资金，对草山草坡实行承包、租赁、购买长期使用权等不同形式，进行改良和开发利用，全市 2000 年改良草地 0.6 万多公顷。2000 年 7 月起，南方 13 个省份实施草山草坡开发利用示范工程项目，重庆市城口县和石柱土家族自治县开始实施。国家对每县无偿投入 300 万元，地方配套 300 万元，业主自筹 300 万元，项目主要内容是每县建设 0.07 万公顷核心优质牧草草场和辐射带动 0.27 万公顷草山草坡的开发利用，大力发展牛、羊等节粮型草食牲畜。

1998 年，实施商品草开发。全年调制商品干草 6.5 万吨，其中禾本科多年生黑麦草 4 000 吨，其余为豆科草、红三叶。除巫山县调出红三叶商品干草 4 万余吨外，余下部分主要用于本市饲料生产。农副产品是全市养殖业最主要的青料来源，用作饲料的总量在 350 万吨以上。主要有各类蔬菜脚叶、稻草、甘薯藤、瓜类藤叶、青玉米秸秆、胡豆秸秆，以及花生、榨菜、蕉藕等经济作物的藤叶。大部分农副产品用作猪饲料，稻草、青玉料秸秆等用于饲养牛羊，少部分作鸡、兔、鱼的饲料。

2000 年，积极搞好退耕还草试点示范工作，全年完成退耕还草 0.1 万公顷，带动荒山荒坡还草 0.2 万公顷，并制定了全市退耕还草规划、退耕还草管理办法和技术要点。

2002 年，根据全市自然和资源条件，加速饲料资源的开发和利用。在农副产品利用方面，全市有各类蔬菜脚叶、稻草、甘薯藤以及花生、榨菜等经济作物的藤叶，总量达 500 万吨以上，大部分用作猪饲料，以稻草、青玉米秸秆等用于牛羊，部分用作鸡、兔、鱼饲料。

（五）相关推广技术与发展规划

1991—1992 年，重庆市饲料质量监测管理所牵头实施完成“重庆市种草养畜配套技术推广”。

1992—1993 年，重庆市饲料质量监测管理所牵头实施“种植优质牧草，发展适度规模饲养综合技术推广”，获重庆市农业“丰收计划”领导小组重庆市农牧渔业丰收奖三等奖。

1994—1995 年，重庆市农牧渔业局主持实施“籽粒苋推广和系列开发利用研究”，获科技进步奖一等奖（重农牧渔科发［1996］10 号），获 1995 年四川省农牧厅科技进步奖二等奖。

1994—1998 年，重庆市饲料质量监测管理所牵头实施“重庆市饲料资源开发及养畜配套技术推广”，该项目在石柱、彭水、酉阳等五县实施，种植优质牧草 2 453.33 公顷，养牛 1.29 万头、养羊 3.66 万只。获 1998 年度农业部全国农牧渔业丰收奖三等奖。

1999—2000 年，重庆市饲草饲料站牵头实施“重庆市草地改良及养畜配套技术推广”，获重庆市农业局、农业“丰收计划”领导小组颁发的重庆市农牧渔业丰收奖三等奖。

重庆市饲料工业办、市饲草饲料站等共同实施重庆市秸秆资源开发及养畜配套技术推广（1999—2000 年），在武隆、南川等 4 个县（市）实施，超额完成了各项任务指标，顺利通过鉴定验收。获 2001 年度农业部全国农牧渔业丰收奖三等奖。

2000 年，饲草饲料资源开发利用工作初见成效。一是大力实施人工种草项目，推广粮草轮作，改“粮—经”二元为“粮—草—经”三元结构，积极改进农业耕作制度，2000 年全市人工种草 2.9 万公顷，比上一年增加 29.9%。二是积极搞好退耕还草试点示范工作，2000 年完成退耕还草 0.1 万公顷，带动荒山荒坡还草 0.2 万公顷，并制定了全市退耕还草规划、退耕还草管理办法和技术要点。三是抓好草山草坡开发利用示范工程。四是抓好牧草种子基地建设工作，为了适应全市草业发展，在城口和巫溪县建设重庆市牧草种子繁育基地 0.06 万公顷。五是积极推广秸秆饲料氨化、微贮和青贮等处理利用技术。全市修建了氨化、微贮池（窖）8.9 万多个，氨化秸秆 30.9 万吨，青贮池（窖）100.6 万个，青贮饲料 202 万吨。推广配（混）合饲料 30.7 万吨，配（混）合饲料推广面积达 85%。同时重庆市饲草饲料站实施完成重庆市引进鲁梅克斯 K—1 杂交酸模试点试验项目。

2000—2001 年，重庆市饲草饲料站牵头实施“重庆市家庭小草园模式化及养畜配套技术推广”，获

2002 年度农业部全国农牧渔业丰收奖三等奖。

2001—2003 年，重庆市饲草饲料站实施完成“三峡库区百喜草引智成果示范推广”。

2006—2007 年，重庆市畜牧技术推广总站实施完成重庆市科学技术委员会“重庆草业发展与科技对策研究”。

2007 年，畜牧部门广泛宣传“引草入田，立草为业”理念，推广“粮食—牧草（经济作物）”间、套、轮作生产模式，开展稻草轮作、饲用玉米粮草两用的试验示范，共推广黑麦草等优质牧草种子 100 吨。推广饲料资源开发利用，主推优质工业饲料，同时开发饲料青贮、秸秆氨化、退牧还草舍饲、半舍饲等技术。加大草地资源开发利用力度，按照“西南岩溶地区石漠化综合治理”的要求，提出重庆草地资源开发利用、石漠化区域畜牧生产发展模式以及产业发展前景等建议和意见。

2008 年，按照《农业部关于贯彻落实国务院〈2008 年节能减排工作安排〉的意见》，编制《重庆市秸秆利用及生态养殖规划》。推广“粮食—牧草”间、套、轮作生产模式，推广秸秆处理利用、舍饲、半舍饲等技术，开展稻草轮作和饲用玉米粮草两用的试验示范，共推广黑麦草等优良牧草种子 90 余吨，推广使用苜蓿草块等草产品 360 余吨。按照《农业部关于贯彻落实国务院 2008 年节能减排工作安排的意见》，编制了《重庆市秸秆利用及生态养殖规划》。

2009—2012 年，重庆市畜牧技术推广总站牵头实施《优质饲草生产及加工利用技术推广》获 2011—2013 年度农业部全国农牧渔业丰收奖农业技术推广成果奖三等奖。

制定了种草养畜有关规划。1999 年，重庆市农业局制定《重庆市“以粮代赈”退耕还草实施规划》；2000 年制定《重庆市种草养畜建设规划》《重庆市优良牧草种子繁育基地建设规划》；2002 年制定《重庆市畜禽及牧草良种工程建设“十五”规划》，参与重庆市发展计划委员会完成《重庆市岩溶地区草业和畜牧业发展规划（2003—2010 年）》；2005 年完成《重庆市“十一五”草业与草原生态建设规划》；2006 年参与完成农业部畜牧业司《全国草原保护建设利用总体规划（十一五）》，参与重庆市发展计划委员会完成《重庆市岩溶地区石漠化综合治理工程规划（2006—2020 年）》；2013 年完成《重庆市草业发展中长期规划（2013—2020 年）》；2014 年完成《重庆市草业发展规划（2015—2020 年）》。

积极抓好草业科技人员培训和技术储备工作。多次派人参加了全国南方草地生态保护和退耕还草理论与技术高级研修班、第二届中国国际草业博览会，聆听了由国内外著名学者、专家主讲的“国内外草业最新进展、西部开发与中国草业、草业生产管理”等技术讲座，参加了“饲料有毒有害物质、维生素检测”等技术培训会，农业部中国牧业通讯杂志社主办的首届西部大开发与畜牧业可持续发展高级研讨会。同时，重庆市饲草饲料站从事草业工作的科技人员通过自学，自费参加有关大专院校的草业专业的再培训学习，增加了专业知识和业务能力，为全市草业发展储备了专业技术人才。

此外，还制定了重庆市地方标准：《红三叶栽培技术规范》（DB50/T 422—2011）、《玉米全株青贮技术规范》（DB50/T 483—2012）等。

第二节　工业饲料

改革开放以来，饲料工业成为中国工业的重要组成部分。从产业发展周期看，全市的饲料业已开始进入成熟期，经过战略性结构调整，从资源消耗型向资源节约型转变，从粗放经营向集约经营转变。饲料工业走出了一条科技含量高，经济效益好，资源消耗低，环境污染少，人力资源优势得到充分发挥的新型工业化道路。

一、工业饲料生产

重庆具有发展饲料工业的丰富资源，但作为中国传统的养猪大市，饲料行业供销两旺。特别是改革开放以来，全市畜牧业快速发展，天然饲料已不能满足需要，人工配合饲料逐渐兴起，催生了重庆饲料工业的蓬勃发展。1992 年，仅永川市就有 60 多家饲料加工厂，年供应饲料 6 万吨以上。

1995 年，重庆市荣昌养殖饲料科学研究所与科学院系统的专家经过共同研究，成功研制出具有国内先进水平的复合微生态饲料添加剂。该项成果由重庆市科学技术委员会主持，通过了专家的鉴定。使用这种添加剂，能大大改善饲料的品质、提高营养物质的利用率，能促进仔猪的生长，并有一定的防病效果。1996 年，重庆民泰香料化工有限责任公司成立，主要生产销售饲料添加剂和添加剂预混合饲料，填补了该领域的空白。1999 年 4 月，四川畜牧兽医学院饲料总厂年产 18 万吨饲料生产线建成投产。

改革开放近 20 年来，全市畜牧兽医部门，非常重视饲料工业发展。1999 年，重庆饲料工业年产量均突破了 70 万吨大关，许多知名的饲料企业如正大、希望、通威、隆生等在重庆纷纷投资建厂，重庆本地的川牌、彼得等预混料厂也呈现出良好销售势头，给重庆饲料工业注入了新的活力。

随着市场竞争加剧和 2001 年中国加入 WTO 与国际市场接轨，重庆的饲料工业也全面实现对外开放。到 2002 年，全市饲料企业达 259 家，其中，国有 18 家，私营 213 家，股份制 26 家，外资 2 家。全市有生产预混料的企业 96 家，饲料添加剂企业 33 家，浓缩料企业 33 家，配合饲料企业 97 家，配合饲料企业中时产 5 吨以上的有 29 家，占饲料企业总数的 11.2%，略低于全国平均水平的 16%。2002 年，全市饲料产量高速增长，产品质量稳定提高。全年，各类饲料产品达到 94 万吨，同比增长 11%；尽管受到 2001 年上半年突如其来的“非典”和下半年原料价格大幅上涨的双重影响，仍然超额完成了目标任务，产量首次突破了 100 万吨大关，达到了 102 万吨，同比增长 8.5%；产品合格率达到 93.6%，比上年提高了 1.2 个百分点。连续 2 年实现了安全生产无重特大事故。同年，重庆正大、重庆希望、重庆隆生 3 个企业进入全国“百强企业”行列。

在此阶段，全市从业职工人数约 1 200 人，其中硕士 26 人、本科 214 人、大专 322 人。重庆饲料企业厂家众多，规模较小，结构不尽合理。全价配合饲料生产量占饲料生产总量的 86.3%，主要由正大、希望、隆生、通威、川牧等知名企业生产，由于重庆全价饲料企业的大宗原材料均需从外地购进，加之饲料市场近年来急剧滑坡，造成该类企业利润大幅度减少，饲料工业已步入激烈市场竞争的微利时代。预混料、浓缩料仅占重庆饲料总产量的 10% 左右，预混料生产企业数量众多，但除川牌、彼得、关江等少数几个预混料企业外，多以生产中低档产品为主，未能形成市场优势和较强的竞争能力。浓缩料厂家规模更小，重庆 33 个浓缩料厂年总产量 7.3 万吨，平均每个厂年产量 2 200 吨左右，规模效益差。重庆添加剂生产企业产品结构单一，且附加值低，知名品牌少。重庆饲料资源如玉米、豆粕、蛋白原料等，已不能满足饲料工业的发展需要，饲料工业的贵重原料如氨基酸、维生素、酶制剂等产品均需从外购进，重庆没有这类添加剂企业。重庆全年菜籽粕产量仅 5.7 万吨，肉骨粉 0.14 万吨，豆类产品除人用外，用作饲料的不足 1 万吨，蛋白质资源较为缺乏。

为进一步规范饲料和饲料添加剂管理。2002 年 7 月 26 日，重庆市第一届人民代表大会常务委员会第四十一次会议通过《重庆市饲料和饲料添加剂管理条例》（2014 年 5 月 29 日废止），自 2002 年 9 月 1 日起实施。《重庆市饲料和饲料添加剂管理条例》根据《中华人民共和国产品质量法》和国务院《饲料和饲料添加剂管理条例》等法律、行政法规的规定，结合重庆市实际而制定。《重庆市饲料和饲料添加剂管理条例》明确了市、县（自治县、区、市）人民政府应当加强对饲料行业的领导，建立、健全饲料管理机构和队伍，制定饲料产品发展规划，鼓励研究和创新饲料、饲料添加剂，提高饲料及饲料添加剂的产品质量和科技含量，维护饲料安全。2003 年，重庆市人民政府办公厅下发《关于促进饲料工业发展的通知》，重庆市农业局印发《重庆市饲料准产证管理办法》《重庆市饲料产品批准文号管理办法》及《重庆市饲料和饲料添加剂经营条件审查暂行办法》，明确了建立饲料行业准产证和准销证制度，强化饲料行业管理。

《重庆市饲料和饲料添加剂管理条例》实施期间，全市加强了饲料交易市场建设。2003 年 7 月 8 日，中国西部最大饲料兽药市场——中国重庆畜牧科技城西部饲料兽药市场开业，来自全国各地的饲料、兽药生产、经营的厂家和商家云集。重庆畜牧科技城西部饲料兽药市场系重庆市 2002 年重点工程，也是中国重庆畜牧科技城的主要载体，是由重庆市攻坚牧业有限责任公司兴建的“产地与集散地”相结合的专业批发市场，是西南地区档次最高、规模最大、信息最全、功能最好的饲料、兽药、畜产品专业批发市场。市场建设10多年来，一直是消费者较为满意的交易市场。由于监管部门进一步加强了饲料市场监管，提高了市场准入门槛，促使饲料行业发展步入规范发展、稳步发展轨道。2010年9月5日，重庆紫光天化蛋氨酸有限责任公司在北京举行DL-蛋氨酸产品发布会，宣布国产DL-饲料级蛋氨酸产品正式投放市场。紫光天化蛋氨酸产品正式投放市场，打破了国外公司对DL-饲料级蛋氨酸长期的技术封锁和市场垄断，对推动中国饲料工业和养殖持续、健康和快速发展具有重大意义和深远影响。2010年3月30日，重庆市召开了第六届重庆饲料工业暨养殖行业发展战略研讨会，会议以“把脉饲料安全，破解发展难题”为主题，针对当前饲料工业发展和产品质量安全做了全面的分析研讨，为打造重庆市畜牧业名牌、推动畜牧业和饲料工业可持续发展打下了坚实基础。2012年7月28日，重庆通威饲料有限公司在重庆市永川区开设新厂，并正式投入运营。重庆通威饲料厂抓住了现代农业大发展的良机，结合当地群众养殖传统，开拓销售市场，带动百姓就业、致富。新厂总投资1亿多元，设计生产能力为年产60万吨，采用国内最先进生产工艺，是西南地区规模最大的饲料生产企业。2012年9月19—20日，重庆市农业委员会组织召开了全市《饲料和饲料添加剂管理条例》培训会，宣传贯彻新修订的《饲料和饲料添加剂管理条例》及其配套规章，帮助全市饲料行政管理及执法人员掌握新规定、新变化和新要求，提高依法行政和执法的水平和能力。

经过改革开放30多年来的发展和规范化管理，全市饲料生产企业逐步减少，生产规模扩大，生产能力大大提高。2015年，全市共有饲料生产企业151家，其中：浓缩、配合、精料补充料生产企业98家；饲料添加剂生产企业8家；混合型饲料添加剂生产企业7家；添加剂预混合饲料生产企业30家；单一饲料生产企业8家。饲料行业从业人员高达8 483名，其中：博士学历22人；硕士109人；大专及大专以上3 836人。全年饲料总产量214万吨，总产值高达93.58亿元。总产量是直辖之前的3倍多，其中配合饲料189万吨，浓缩饲料20万吨，饲料添加剂和添加剂预混合饲料1.2万吨，单一饲料51万吨。

二、饲料质量监测

1987年4月，重庆市饲料质量监测管理所正式挂牌成立，承担全市饲料质量监测任务。当年共抽检和收检样品268个，化验各种营养成分1 549次，填补了当时饲料行业监管机构的空白，促进了饲料产品质量的提高。

1999年5月18日，国务院第17次常务会议通过并发布了《饲料和饲料添加剂管理条例》，5月29日施行。此项管理条例的施行，弥补了重庆市饲料行业监管法律的空白，为后续的质量监测和执法监管提供了强有力的法律支持。

随着群众对肉蛋奶等肉食品的旺盛需求，工业饲料大量应用于畜牧生产，畜牧业蓬勃发展。但随之暴露出饲料安全问题，这是关系到人们身体健康的重大问题，备受人们关注。

2002年，全国饲料和饲料添加剂质量监督检查结果：上半年6 146个企业，其中合格企业5 053个，合格率仅83%。中国加入WTO后，关税降低，发达国家为了削弱中国畜产品的竞争力，相应地提高产品进入的“绿色壁垒”，这就要求中国畜禽产品必须控制药物残留，建立畜产品生产HACCP（危险分析和关键点控制）质量管理体系。但是由于缺乏相应的检验设备和行业标准，行业主管部门的监督管理力度受到影响，个别饲料加工和原料生产企业受检验设备等条件的限制。对原材料把关不严，造成饲料产品中重金属超标或有毒有害物质残留。也有个别企业为了提高饲料的生产性能，在饲料中大量添加高剂量铜，超量使用抗生素、添加剂、生长促进剂等。极少数企业在利益的驱动下暗地里使用国家禁止使用的药品，这些行为造成了畜禽产品出口困难和人们的消费抵制。同时也严重地污染了人们的生活环境，极大地影响了畜禽产品优势的发挥和饲料工业的持续健康发展。为此，根据农业部安排部署，全市进一步加强了饲料监测监管。

2003 年，重庆市动物卫生监督总站组建成立，当年完成了多项饲料监测任务：一是完成了全国饲料产品质量安全监督检测任务。全年共完成 544 批次样品的监督检验，超额完成 43%。在检测的样品中，合格 442 批次。二是完成重庆市饲料安全专项检查工作。全年共完成样品 100 个批次，涵盖了生产、经营、批发和养殖环节的饲料、饮用水等样品。三是市内饲料产品的监督性检验任务。覆盖了 270 家生产企业以及 707 个批次的饲料产品及预混料产品，产品合格率 89.3%，比 2002 年同期下降 4.4 个百分点。除上述工作外还开展了委托检验、免税检验、审查检验等，总量比上年增加 2%。

2005 年，饲料质量监测的检测量实现了 34.2% 的增加，全年共检测样品 3 728 个批次，比 2004 年增加 950 批次，并且承接农业部下发的任务，协助农业部畜产品质量监督检验中心（南京）完成抽检重庆市 500 份猪尿、猪肉、猪肝样品任务；全年检测任务中，完成复核检验样品同比增长 111.62%。同年 2—6 月，为加大对饲料产业监管力度，促进饲料产业健康发展，重庆市畜牧技术推广总站对荣昌、永川、渝北、长寿、涪陵、石柱、黔江等区（县、市）的饲料和生产企业生产的配合饲料、浓缩饲料、预混合饲料及饲料添加剂产品进行了定期监督检查。检查的重点是营养指标（铜、锌）、违禁药物（盐酸克伦特罗、喹乙醇）和卫生指标（黄曲霉毒素 B1、铅、镉）等。上半年的监督检查就涵盖了全市 151 个企业 401 个批次的饲料和饲料添加剂产品。

2006 年，按照农业部《关于 2006 年上半年反刍动物饲料中牛羊源性成分监测结果的通报》要求，重庆市农业局责成渝北区农业局针对存在的问题，加强对辖区内动物源性饲料在生产、经营、使用环节的监管，对《关于 2006 年上半年反刍动物饲料中牛羊源性成分监测结果的通报》中重庆市不合格企业（产品）进行处罚，并提出相应的整改措施。

2007 年 4 月，重庆市动物疫病预防控制中心正式挂牌成立，内设饲料检测科，除了承担监测任务和承接其他检验之外，还参与修订或制定有关标准和技术规范、饲料安全评价；指导区（县）饲料的技术管理工作，开发应用新的检测技术。

2009 年，按照农业部办公厅《关于下达 2009 年饲料质量安全监测计划的通知》要求，开展了 2009 年上半年饲料质量安全监测工作。本次共抽检 98 批次，合格 91 批次，产品合格率 92.86%，由于质量监管工作落实到位，产品合格率得到大幅提升。

2011 年 11 月 3 日，国务院颁布新修订的《饲料和饲料添加剂管理条例》，并于 2012 年 5 月 1 日起施行。《饲料和饲料添加剂管理条例》修订解决好以下问题：一是明确地方人民政府、饲料管理部门以及生产经营者的质量安全责任，建立各负其责的责任机制；二是进一步完善生产经营环节的质量安全控制制度，解决生产经营者在生产经营过程中不遵守质量安全规范的问题；三是进一步规范饲料的使用，解决养殖者不按规定使用饲料、在养殖过程中擅自添加禁用物质的问题；四是完善监督管理措施，加大对违法行为的处罚力度，提高违法成本。全市饲料质量监管措施进一步加强。

从 2014 年开始，为全面落实《饲料质量安全管理规范》，确保饲料质量安全，重庆市农业委员会印发《关于开展饲料和饲料添加剂生产企业监督检查工作的通知》，按照《农业部办公厅关于开展饲料和饲料添加剂生产企业监督检查工作的通知》要求，于 11—12 月组织开展了饲料和饲料添加剂生产企业监督检查工作。经过检查，所有受检企业均能按照《饲料和饲料添加剂管理条例》及其相关配套规章规范组织生产，无违法违规情况；企业员工整体素质较以往大幅提高，特有工种人员齐全，资格符合要求；生产工艺与设备以及检验条件符合饲料生产企业许可条件，能满足生产需要；厂区布局合理，环境卫生条件符合规定；有委托生产的企业资质对等，均按要求到省级饲料管理部门进行备案；《饲料质量安全管理规范》要求的相关制度、记录记载基本建立。

第八章 动物疫病防控

第一节　主要动物疫病

1986—2015 年间，重庆市曾发生和存在的主要动物疫病有 79 种。此外，还有多种寄生虫、中毒性疾病、蜂病等（见表 8－8－1）。

表 8－8－1　1986—2015 年重庆市主要动物疫病情况表

序号	病名	感染动物	序号	病名	感染动物
1	牲畜口蹄疫	猪、牛、羊	20	痘病	猪、牛、羊（山羊、绵羊）禽
2	猪瘟	猪	21	副结核病	牛、羊
3	高致病性禽流感	鸡、鸭、鹅	22	巴氏杆菌病	猪、牛、羊、兔、禽、鹿
4	高致病性猪蓝耳病	猪	23	大肠杆菌病	猪、牛、羊、禽、兔、犬、鹿
5	新城疫	鸡、鸭、鹅、鸽	24	沙门氏菌病	猪、牛、羊、禽
6	狂犬病	犬、猫	25	衣原体病	猪、牛、羊、禽
7	炭疽	牛、羊、马、猪	26	支原体病	猪、禽、羊、牛
8	结核病	牛、鹿、猪、禽	27	魏氏梭菌病	猪、牛、羊、兔
9	布鲁氏菌病	牛、羊、猪、鹿、犬	28	传染性胸膜肺炎	猪、羊
10	鼻疽	马、鹿、螺	29	猪囊尾蚴虫病	猪
11	马传染性贫血	马、螺	30	旋毛虫病	猪
12	棘球蚴病	猪、牛、羊	31	禽曲霉菌病	鸡、鸭、鹅
13	猪流感	猪	32	兔瘟	兔
14	链球菌病	猪、羊	33	兔密螺旋体病	兔
15	猪圆环病毒病	猪	34	犬瘟热	犬
16	猪病毒性腹泻病	猪	35	小反刍兽疫	山羊、绵羊
17	猪丹毒	猪	36	中蜂囊状幼虫病	蜂
18	伪狂犬病	猪、牛、羊	37	小蜂螨病	蜂
19	李氏杆菌病	牛、羊、猪	38	大蜂螨病	蜂

（续）

序号	病名	感染动物	序号	病名	感染动物
39	蜂白垩病	蜂	60	流行热	牛
40	破伤风	马、牛、羊、猪	61	水牛丘疹性口炎	牛
41	流行性乙型脑炎	猪、牛、羊、马、兔	62	牛气肿疽	牛
42	轮状病毒病	猪、牛、兔	63	焦虫病	牛、马
43	钩端螺旋体病	猪、牛、羊、马、犬、兔	64	奶牛白血病	奶牛
44	绿脓杆菌感染	牛、羊、猪、禽、兔	65	牛皮蝇咀病	牛
45	坏死杆菌病	牛、羊、猪	66	鸡传染性支气管炎	鸡
46	弓形虫病	猪	67	鸡传染性喉炎	鸡
47	球虫病	鸡、鸭、鹅、兔、牛、羊、猪	68	鸡传染性鼻炎	鸡
48	肝片吸虫病	猪、牛、羊、马	69	鸡法氏囊病	鸡
49	细小病毒感染	猪、犬、鹅	70	鸡马立克氏病	鸡
50	猪痢疾	猪	71	鸡病毒性关节炎	鸡
51	猪传染性水泡病	猪	72	鸡减蛋综合征	鸡
52	猪传染性萎缩性鼻炎	猪	73	鸡白血病	鸡
53	猪流行性腹泻	猪	74	鸡住白细胞病	鸡
54	猪传染性胃肠炎	猪	75	鸭瘟	鸭
55	螨病	牛、羊、猪、兔	76	鸭病毒性肝炎	鸭
56	马流感	马	77	鸭浆膜炎	鸭
57	山羊关节炎—脑炎	山羊	78	小鹅瘟	鹅
58	牛病毒性腹泻—黏膜病	奶牛	79	牛支原体肺炎	牛
59	传染性角膜结膜炎	牛			

第二节 动物免疫

一、免疫标识

20世纪70年代初期，猪瘟流行，给养猪业带来重大损失，兽医主管部门引进猪瘟兔化弱毒接种乳兔，制成匀浆湿疫苗注射，免疫生猪。注射疫苗后的生猪，用剪耳钳在耳朵下缘剪一缺口即“耳缺”，作为免疫了猪瘟的标识。

20世纪80年代中期，部分未在编的乡村兽医自购剪耳钳，给仔猪阉割收费后，尽管未免疫猪瘟疫苗但同样剪了“耳缺”，直接导致未免疫猪瘟疫苗的生猪进入市场，造成局部地区猪瘟病流行。于是，重庆市兽医防疫站研制了动物免疫证，与猪耳缺同步实施，即猪、牛、羊实行一标（耳标）一证（全市统一印制，统一编号，乡、镇畜牧兽医站加盖公章，由包片兽医实行阉割、免疫注射后填发免疫证，

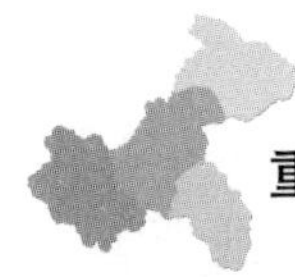

免疫证由畜主持有），家禽一群一证。上市交易必须凭耳缺和免疫证进行，这一规定提高了家畜家禽的免疫密度。1988 年 10 月 1 日起，全市统一实行加盖“重庆市兽医防疫站免疫专用章”的畜禽免疫证，由重庆市兽医防疫站负责印刷。

2002 年，全市全面推行生猪免疫标识管理制度，在全国率先推行免疫标识连续编码制度，为农业部在全国推行免疫耳标数据化管理提供了经验。

2006 年，国家发展和改革委员会、农业部下达《2005 年动物防疫项目中央预算内专项资金投资计划》和《关于开展动物防疫标识溯源试点工作的通知》。率先在中国北京、上海、四川、重庆开展试点，重庆市正式启动“动物防疫标识及疫病可追溯体系”建设，推行已免疫牲畜全部佩戴二维码耳标，上传防疫等相关信息至中央数据库。

经过多年的发展，到 2013 年，重庆市对全市畜禽养殖场进行了统一规范。在规模养殖场统一用养殖档案代替免疫证明，继续对散养户使用免疫证明。同时，强化免疫标识、免疫证明（或养殖档案）和防疫档案的“三统一”管理，确保三者一一对应，推进了动物防疫工作科学化管理。

二、免疫技术推广

（一）《家畜家禽防疫条例》实施时期（1985—1997 年）

1985 年 2 月，国务院颁布《家畜家禽防疫条例》，自 1985 年 7 月 1 日施行。自此，全市贯彻落实“预防为主”方针，推行了以消灭三瘟（猪瘟、鸡瘟、兔瘟）、三病（五号病、布病、狂犬病）为主的免疫政策；推行以消灭“一、五号病”疫源为重点，全面开展消毒灭源工作，坚持对全社会的牲畜实行有计划的免疫注射。1988 年，四川省组织动物防疫大检查，重庆市动物防疫工作被评为全省第一名。1990 年，部分区（县）实行了无偿服务，小家禽免疫防疫制度。这一时期，继续实行了畜禽保护费（即兽用生物制品财政补助经费）定额包干补贴办法，并逐步改变取消畜禽看槽保健或合作医疗（保健、保险）政策，推行牲畜防疫保健费制度，牲畜防疫保健费实行社会统筹征收，由乡村统一收取防疫费交畜牧兽医站使用的政策，保证了畜禽防疫工作的统一进行。

（二）《中华人民共和国动物防疫法》；实施时期（1998—2007 年）

1997 年 7 月，《中华人民共和国动物防疫法》（简称《动物防疫法》）正式颁布，1998 年 1 月 1 日起施行。在此期间，重庆直辖后获农业部支持，建设国家无规定动物疫病区示范区。全市大力推行强制免疫，逐步由全面实施“二四六”计划（即：对牲畜口蹄疫、鸡新城疫二疫，猪瘟、鸭瘟、小鹅瘟、兔瘟四瘟，猪巴氏杆菌病、猪丹毒、仔猪副伤寒、牛出败、狂犬病、羊梭菌类疾病六病实施计划免疫），改为对猪瘟、牲畜口蹄疫、高致病性禽流感、鸡新城疫、高致病性猪蓝耳病和犬狂犬病实施强制免疫，同时改春秋两季防疫为常年防疫，先后探索推行了仔猪阉割首免、“补免周”、“三旬分类免疫”等常年免疫制度，推行了畜禽养殖户主动报告免疫工作试点。同时抓猪、牛、羊寄生虫普驱工作。这一时期，全市逐步取消兽用生物制品财政补助经费定额包干补贴办法，采用了按量补助办法，2000 年开始逐步实行打针收费，2003 年调整免疫收费额度，2007 年开始推行免费强制免疫政策。

2000 年，重庆市兽医防疫站根据《动物防疫法》，制定了《重庆市生猪疫病预防技术规程》《重庆市鸡疫病预防技术规程》《重庆市鸭鹅疫病预防技术规程》《重庆市家兔预防技术规程》《重庆市动物防疫机构实验管理规范》5 个规范性文件。

2003 年 1 月 1 日起，按照重庆市人民政府办公厅《关于调整生猪税费标准的通知》，将动物防疫预防注射费、动物防疫驱虫费、动物防疫药浴费 3 项费用征收标准均从 0.8 元/头次调至 1.0 元/头次。2003 年 5 月 26 日，重庆市农业局、财政局印发《重庆市动物重大疫病扑杀补偿经费管理暂行办法》，对按照国家指定程度免疫、依法实施引种、依法监测的农户或者养殖户，所养殖的动物在被诊断为口蹄疫、禽流感、猪瘟等动物疫病或者同群动物受威胁而被依法强制扑杀后实施补偿。扑杀经费由市级承担70%，区（县、市）承担30%。

2005年，为全面真实反映动物重大疫病预防的实际效果，全市改过去动物重大疫病免疫密度单用耳标（免疫证明）持有率的考核办法，对各区（县）口蹄疫、猪瘟、鸡新城疫等动物疫病的防疫情况采取“免疫密度综合指标”进行考核，即以疫苗采购使用数量与畜禽饲养量的比值、抗体有效滴度的监测情况和耳标的持有率三者的加权值（0.4、0.4、0.2）来衡量各区（县）的口蹄疫、猪瘟、鸡新城疫的预防注射免疫密度，使免疫效果评价考核机制更加科学。

2005年，全市启动防控高致病性禽流感行政首长问责制、在全市首推禽类及其产品检疫标识制、兽医工作定点联系制和挂牌兽医责任制、组织万名兽医人员进村入户开展禽流感强制免疫和消毒灭源等创造性工作举措，受到国家防治动物重大疫病指挥部、农业部的高度评价，并作为先进典型经验在全国推广。

2007年，全市强化常年免疫，在做好春秋季集中免疫的同时，强力推行每月15—21日的定期补免周制度，进一步规范了免疫程序，消除了免疫空白。强力推进免疫工作“四大转变”，即季节性免疫向常年性免疫转变、只重免疫密度向密度与质量并重转变、盲目免疫向“以抗定免”转变、被动接受免疫向主动申报免疫转变，消除免疫空白，提高免疫质量。强化免疫进度报告，在春秋两季集中免疫期间，实行了强制免疫旬报制，定期收集各区（县）免疫工作进展情况，不报或不按时报送免疫进度的，均视为未开展免疫工作，通过一系列措施促进春秋两季强制免疫工作整体推进。

（三）实施新修订后的《动物防疫法》时期（2008—2015年）

2007年8月，《动物防疫法》重新修订，自2008年1月1日起施行。全市开始坚持预防为主方针和发展与保护并重原则，按照“地方政府负总责，养殖者承担第一责任，相关部门各负其责”的要求，围绕“防风险、保安全、促发展”目标任务，全面实施散养户“三旬分类免疫制”“免疫申报制”与规模场“自主按程序强制免疫制”的常年免疫制度与春秋两季动物疫病综合防控相结合的思路，推行了散养户“代行免疫”、中小养殖场“指导免疫”和大型养殖场“自主免疫”分类指导机制，开展对高致病性禽流感、牲畜口蹄疫、羊小反刍兽疫、高致病性猪蓝耳病、猪瘟、鸡新城疫和犬狂犬病的免费强制免疫，同时加强对牛结核病、布鲁氏菌病等人畜共患病，仔猪副伤寒等常见多发病和寄生虫病的防控指导。

2008年，重庆市组织开展了基层动物免疫工作量抽样调查及测算。全市按照“统一技术培训，统一技术要求，统筹安排，强化责任，狠抓落实”要求，以“生猪口蹄疫+猪瘟”“高致病性禽流感”“牛羊口蹄疫”等常年习惯性的免疫组合，组织开展了动物免疫工作量现场跟踪调查和回顾性调查。经对平坝、丘陵、山区三类地区的分类统计，每名动物防疫人员每个工作日平均免疫生猪分别为38头、34头、26头；平均免疫家禽为147只、138只、124只；平均免疫牛羊分别为18头只、19头只、15头只。着力加强了重大动物疫病春秋两季集中免疫和常年免疫、三旬分类免疫相结合的新模式。针对畜禽养殖从散养逐步向规模养殖发展的趋势，提出了“畜禽主主动报告免疫制”“三旬分类免疫制”（即：对散养动物每月上旬实施高致病性猪蓝耳病免疫，中旬实施高致病性禽流感、鸡新城疫和狂犬病免疫，下旬实施猪瘟和口蹄疫免疫）和“规模场常年程序免疫”等常年免疫措施。

2010年，全市持续深入推行散养户“报告免疫制”“三旬分类免疫制”与规模场“自主免疫制”相结合的常年免疫制度，在春秋两季集中组织开展动物疫病综合防控行动。

2012年，严格落实了巡回监管制和监督整改制，探索建立了规模场免疫程序备案制和畜禽进出及死亡动态管理制。2013年，研究制定了《重庆市动物强制免疫技术管理规范（试行）》。

2015年，全市对羊小反刍兽疫实施强制免疫，当年免疫羊小反刍兽疫183万只。

1986—2015年重庆市动物免疫情况见表8-8-2。

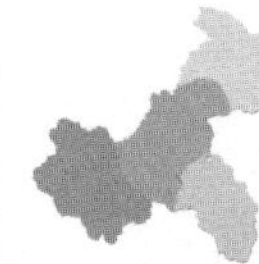

表 8-8-2　1986—2015 年重庆市动物免疫情况统计表

年份	猪瘟（万头）	猪O型口蹄疫（万头）	牛O型-亚洲Ⅰ型（万头）	高致病性禽流感（万头）	高致病性猪蓝耳病（万头）	猪肺疫（万头）	猪丹毒（万头）	仔猪副伤寒（万头）
1986	1 092.78					484.05	544.73	110.39
1987	1 647.00							
1988	1 174.00							
1989	1 380.00	20.00						247.48
1990	1 486.70					581.00	581.00	365.00
1991						587.59	540.43	230.00
1992								
1993	1 250.00					18.40	4.43	
1994	1 340.25					484.34	383.84	197.70
1995	1 250.00					430.00	415.00	156.00
1996	1 300.00					420.00	410.00	160.00
1997	3 228.56					1 750.75	1 274.30	203.28
1998	3 250.00					1 810.42	1 239.88	205.00
1999	3 200.00	1 100.00				1 623.70	1 011.50	286.55
2000								
2001								
2002								
2003	3 142.00					1 470.16	1 186.12	276.38
2004	3 482.00	3 644.50		219.17				
2005	3 642.82	3 613.25	277.71					
2006	3 267.95	3 394.40	874.40		15 943.90	1 654.80	1 012.35	126.55
2007	3 150.98	3 220.14	772.88	16 720.80				
2008	2 762.00	2 578.00	709.00	19 044.00	2 476.00			
2009	2 280.80	2 816.60	774.90	24 035.60	2 683.20			
2010	3 163.50	3 185.90	809.40	25 000.00	2 952.20			
2011	2 882.90	2 909.30	859.70	2 766.20	25 195.40			
2012	2 765.30	2 846.90	802.40	22 854.60	2 681.92			
2013	2 827.40	2 875.70	915.00	23 740.70	2 644.10			
2014	2 898.90	3 764.70		21 000.00	2 802.90			
2015	2 346.00	3 133.00		13 000.00	2 279.00			

三、免疫副反应救助

口蹄疫、高致病性禽流感等重大动物疫病一旦发生和流行，会给畜牧业生产带来严重危害，进而影响农民收入。防控这类动物疫病最有效的手段就是进行疫苗免疫接种。多数动物接种疫苗后反应良好，达到免疫目的，但也有少数动物因为疫苗品质、免疫接种不规范、免疫后的看护不周等原因，接种疫苗后出现不良反应，严重者会出现死亡或孕畜流产的情况。国家法律法规规定要健全免疫副反应补偿机制。

1986—2002 年，重庆市按照《家畜家禽防疫条例》和《动物防疫法》规定，进一步建立健全了免疫副反应补偿机制，各地分别落实了免疫副反应补助经费。2003 年，出台了《重庆市重大动物疫病扑杀补偿经费管理暂行办法》，扑杀补偿制度正式实行。2006 年开始，进一步规范免疫副反应处置工作。

第三节　动物检疫

检疫制度始行于15世纪时意大利的威尼斯港，被试用于防止鼠疫。17世纪末，欧洲各主要港口均设立了检疫机构，检疫对象也由人扩大到动物和植物。1857年，在巴黎召开的首次国际卫生会议对检疫程序标准化做了初步讨论。进入20世纪，兽医学、医药和公共卫生学等有关学科日益进步，交通和贸易日趋进步，动物检疫的内容和方法也更臻完善。根据中国动物检疫有关法规规定，凡是在国内收购、交易、饲养、屠宰和进出中国国境和过境的贸易性、非贸易性的动物、动物产品及其运载工具，均属于动物检疫的范围。

一、发展历程

（一）《家畜家禽防疫条例》实施阶段（1985—1997年）

根据《家畜家禽防疫条例》及相关配套法律规章规定，重庆市动物检疫工作分为产地检疫、运输检疫、市场检疫和屠宰检疫。产地、运输和市场检疫属于政府行为，由乡（镇）畜牧兽医站、运输检疫站负责。屠宰厂、肉类联合加工厂的屠宰检疫属于企业行为，由厂方自行负责，农牧部门负责监督检查。其他单位、个人屠宰家畜，由乡（镇）畜牧兽医站负责实施检疫。

1986年，重庆市兽医防疫站、重庆牲畜运输检疫站合署办公，并委任了全市首批兽医卫生监督员65名，录用了1 832名检疫员，负责执行所辖区域畜禽、畜禽产品的检疫，兽医卫生处理和监督管理工作。

动物检疫工作，按照农业部1988年颁发的13个《动物检疫操作规程》规范实施。产地检疫主要由乡（镇）畜牧兽医站具体负责，在畜禽出栏前实施检疫，并出具产地检疫证明。运输检疫由畜禽运输检疫站具体负责，对运输中的畜禽及畜禽产品进行验证、查物，不符合规定的畜禽及畜禽产品由兽医卫生检疫员进行重检、补检、补注或消毒，并按规定进行处罚。市场检疫主要是对上市的家畜及畜禽产品进行验证、查物，不符合规定的由兽医卫生检疫员进行重检、补检、补注或消毒，并按规定进行处罚。屠宰厂、肉类联合加工厂的屠宰检疫由厂房自行负责，实行“定点屠宰、到点检疫”制度，检疫员必须经过农牧部门培训合格，方可上岗检疫。

动物检疫证明是畜禽及畜禽产品经检疫合格的法定凭证。重庆市于1987年10月1日起，全面启用农牧渔业部畜牧局制定的全国统一的《畜禽及其产品运输检疫证明》和《畜禽及其产品运输消毒证明》。1993年2月1日起，全面启用农业部统一定点监制统一制发的畜禽及其产品的5种检疫检验消毒证明。凡上市的畜禽及其产品要具有检疫证明，无证不得进入市场，当地农牧部门有权进行监督检查。家畜运出县（市）境，必须持有检疫证明，并向县级农牧部门或其委托单位报告，由县级农牧部门或其委托单位进行监督检查。交通运输部门凭检疫证明承运。

（二）《动物防疫法》实施阶段（1998年1月至2002年6月）

1997年颁布的《动物防疫法》，明确了动物检疫属于政府行为，动物防疫机构及检疫员是实施动物、动物产品检疫的法定主体。全市动物检疫工作由重庆市动物卫生检疫站组织，各区（市、县）检疫站及其检疫员具体实施。检疫员必须经重庆市农业局考核认证并颁发检疫员证。实施动物检疫时，必须按照国家标准和农业部规定的行业标准、检疫对象，即《动物检疫技术操作规程》《产地检疫规程》《病死畜禽产品无害化处理规范》《畜禽产品消毒规范》，依法对动物、动物产品实施检疫。对农业部、国内贸易部协商确定范围的，并属于市、县人民政府在定点范围内，取得动物防疫合格证且审查符合相关条件的屠宰厂、肉类联合加工厂，由屠宰厂（加工厂）对其屠宰的生猪自行负责检疫，并加盖动物防疫监督机构统一制定使用的和本厂的验讫印章。

为贯彻落实《动物防疫法》和农业部相关要求，全市明确了从运输向产地“两个转移”的战略目标，用3年时间，实现动物检疫由市场转向屠宰场。

1998—2003年，全市积极推进“两制一点”（即：抓生猪户口制，调运动物及产品的换证制和动物售前报检点）的产地检疫模式。为规范做好动物检疫工作，提升检疫技术水平，制定了动物检疫相关技术规范，明确了相关工作要求。2000年出台了《重庆市动物产地屠宰检疫规范》《重庆市动物检疫技术规范》。开始在各乡（镇）设立动物售前报检点，负责申报检疫和实施产地检疫。实施出售、调运前报检，到场到点到户检疫。最初，全市共设立产地检疫报检点1 840余个。在屠场检疫方面，继续坚持定点屠宰、集中检疫，由动物防疫监督机构对所有的定点屠宰厂场、点实行派驻检疫监督制度，驻场检疫人员履行查验检疫证明、宰前检查、宰前临床检查、宰后检疫等职责。重庆市农业部门对国有屠宰厂、肉联厂生猪检疫自检资格进行审查认定，具备自检资格的，由厂方自主进行屠宰检疫。

（三）农业部《动物检疫管理办法》实施阶段（2002年7月至2007年12月）

2002年，农业部印发《动物检疫管理办法》，明确动物检疫是指对动物、动物产品实施产地检疫和屠宰检疫，动物检疫职责由动物防疫监督机构及其检疫员承担，动物检疫实行检疫申报制度。当年，重庆市出台了《重庆市动物产地检疫报检点管理暂行办法的通知》《重庆市动物检疫申报管理办法》，要求全面实行检疫申报制度。动物产地检疫、屠宰检疫都必须在规定申报时限内，由货主依法进行检疫申报后，检疫员按照相关检疫规程实施检疫

2003年，重庆市人民政府出台《重庆市动物检疫申报管理办法》，区（县）按照方便群众、便于检疫的原则，提出本辖区内动物检疫报检点设立方案，报市动物防疫监督机构批准后实施。重庆机场、重庆火车站、重庆茄子溪火车站、重庆港口的报检点，由市动物防疫监督机构设立。2003—2007年，全市动物产地检疫工作由各报检点负责具体实施。2007年，新修订的《动物防疫法》出台后，重庆市积极贯彻落实，将原报检点建设成为动物检疫申报点，检疫申报点的管理以及检疫工作由区（县）动物卫生监督所直接负责。

（四）修订后的《动物防疫法》实施阶段（2008—2015年）

新修订的《动物防疫法》于2008年正式施行，全市兽医体制改革也于2007年下半年全面启动实施，全市动物检疫工作由动物卫生监督机构及官方兽医实施。成立了市、区（县）两级动物卫生监督所，负责组织实施全市动物产地检疫和屠宰检疫工作。

2010年开始，国家相继颁布了生猪产地检疫规程、生猪屠宰检疫规程等14个动物检疫规程，明确检疫程序、检疫对象、检疫方法等。为继续做好动物检疫工作，重庆市相继制发《重庆市动物检疫证章标志管理办法的通知》《重庆市动物检疫申报点建设管理规范》《重庆市市外引进乳用种用动物检疫审批管理办法》等制度，切实加强动物卫生监督标准化建设工作，切实加强了检疫人员管理，进一步提升动物检疫工作。按照2010年农业部《动物检疫申报点建设管理规范》，重庆市按照合理布局、高效便民的原则，由区（县）动物卫生监督所按照每个乡（镇）不低于1个的标准进行建设，建成1 296个动物检疫申报点。经过调整优化整合后，到2015年，全市共有动物检疫申报点1 068个。

2010年，农业部下发《关于印发动物检疫合格证明等样式及填写应用规范的通知》，重新制定了动物检疫合格证明、检疫处理通知单、动物检疫申报书、动物检疫标志等样式以及动物卫生监督证章标志。全市于2011年2月28日起，在全市范围内统一启用新版动物检疫证明（4种），动物检疫粘贴标志（2种）和动物检疫验讫印章。2012年始，全市开始实行动物检疫合格证明电子出证制度。

2014年，在全市范围内推行兽医“三项制度”，其中一项制度即“基于监（检）测的产地检疫制度”。主要内容：官方兽医在产地检疫申报受理程序中增加查验动物疫病监（检）测或动物疫病风险评估报告作为参考内容；对规模养殖场的动物，查验该场的规定动物疫病自主检测报告、委托检测报告和

动物疫病预防控制机构出具的监测报告，3 种报告任何一种均可；对散养户的动物，查验动物疫病预防控制机构出具的规定动物疫病监测报告和风险评估报告，两种报告任何一种均可。该项制度的实施，促进了产地工作由程序化向程序化科学化并重转变，有效提升了检疫结果判定的准确性和科学性，得到了农业部兽医局的高度肯定。

二、引种审批制度

重庆市于 1998 年开始执行引种检疫审批制度，从市外引进种用动物及其精液、胚胎、种蛋，须由引种申请方到当地动物防疫监督机构办理检疫审批手续并检疫合格。

2004 年 2 月、2006 年 5 月，重庆市动物卫生监督总站发布《关于进一步加强引进种用畜禽防疫监督管理工作的通知》《关于进一步规范从市外引进种用动物申报审批有关事宜的通知》，规范从市外引进种用动物申报审批程序。

从 2007 年开始，全市执行跨省调运种用动物及乳用动物检疫审批制度，制发了《重庆市市外引进乳用种用动物检疫审批管理办法》，并经重庆市人民政府法制办公室审查登记，明确执行县级动物卫生监督所现场审核、市级动物卫生监督所审批、引入后隔离观察等各项具体要求。

2009 年 7 月，制定了《重庆市市外引进乳用种用动物检疫审批管理办法》《重庆市种畜禽生产经营许可证审核发放办法》。

2010 年，印发了《关于市外引进乳用种用动物检疫审批工作有关事项的通知》，贯彻执行农业部《关于印发〈跨省引进乳用种用动物检疫审批表〉及其填写和应用规范的通知》，要求引种申请方须填写检疫审批表，并经县级动物卫生监督所签字确认资料齐全真实后，报送重庆市动物卫生监督所审批。

2011 年 4 月，重庆市动物卫生监督所《关于规范市外引进乳用种用动物检疫审批与落地监管工作的通知》进一步细化完善市外引进乳用种用动物检疫审批与落地监管工作，要求市外引进的乳用种用动物到达目的地指定隔离场所后，申请人应当在 24 小时内向所在地县（自治县、区）动物卫生监督所报告，并接受监督检查。大中型动物隔离期为 45 天，小型动物隔离期为 30 天。

2015 年，全市开始执行跨省引进种用乳用动物网上行政审批制度，审批过程均在重庆市人民政府网上行政审批平台完成。

三、动物检疫证章标志使用

1987 年 10 月起，重庆市使用的动物检疫证明是由农牧渔业部畜牧局统一制定的《畜禽及其产品运输检疫证明》《畜禽及其产品运输消毒证明》《畜禽及其产品产地检疫证明》。1993 年 2 月 1 日，全市启用农业部统一定点监制的畜禽产地检疫等 5 个兽医卫生证明，包括《畜禽产地检疫证明》《畜禽运输检疫证明》《畜禽产品检疫检验证明（县内）》《畜禽产品检疫（验）证明（全国）》《畜禽及畜禽产品运载工具消毒证明》。1998 年，重庆市下发《重庆市兽医卫生监督检验所关于严格使用全国统一的检疫证明的通知》，从 1998 年 10 月 1 日起，使用新版检疫证明，包括《动物产地检疫合格证明（县境内使用）》《动物产品检疫合格证明（县境内使用）》《动物及动物产品运载工具消毒证明》《出县境动物检疫合格证明》《出县境动物产品检疫合格证明》。2010 年，全市严格执行《农业部关于印发动物检疫合格证明等样式及填写应用规范的通知》，于 2011 年 6 月底前，统一启用新版动物检疫证章标志，包括《动物检疫合格证明（动物 A）》《动物检疫合格证明（动物 B）》《动物产品检疫合格证明（产品 A）》《动物产品检疫合格证明（产品 B）》《动物检疫粘贴标志（大标签）》《动物检疫粘贴标志（小标签）》。从 2012 年起，全市逐步推行检疫证明电子出证制度，官方兽医必须通过重庆市动物卫生监督指挥调度平台全面电子签发检疫证明。2015 年，全市全面推行电子出证，检疫电子出证率 100% 。

各阶段检疫证明样式如图 8－8－1、图 8－8－2、图 8－8－3。

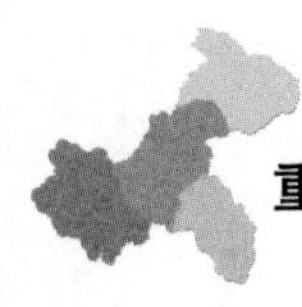

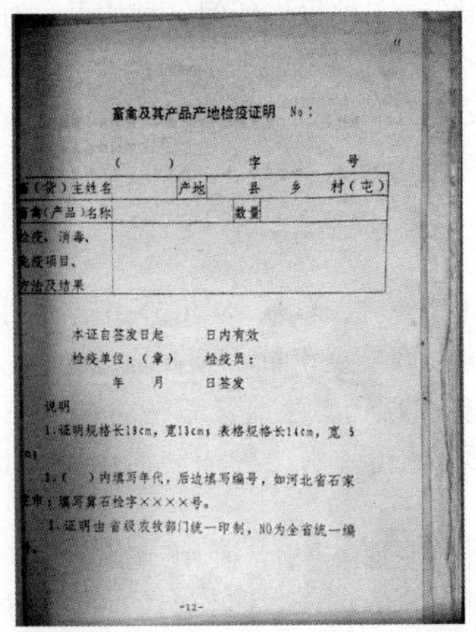

畜禽及其产品产地检疫证明 No：

（　　）　字　号

畜（货）主姓名		产地	县　乡　村（屯）
畜禽（产品）名称		数量	
检疫、消毒、免疫项目、方法及结果			

本证自签发日起　　日内有效

检疫单位：（章）　检疫员：

年　月　日签发

说明

1. 证明规格长19cm，宽13cm；表格规格长14cm，宽5cm；

1. （　）内填写年代，后边填写编号，如河北省石家庄市：填写冀石检字××××号。

1. 证明由省级农牧部门统一印制，NO为全省统一编号。

-12-

图 8-8-1　1987—1993 年使用的检疫证明

出县境动物检疫合格证明

主：　№ 10305001

物种类		单位		数量(大写)	
运地点		到达地点		用途	
注					

本证自签发之日起____日内有效

动物检疫员(签章)

单位(章)

年　月　日签发

铁路(航空、水路)

动物防疫监督(签章)

年　月　日

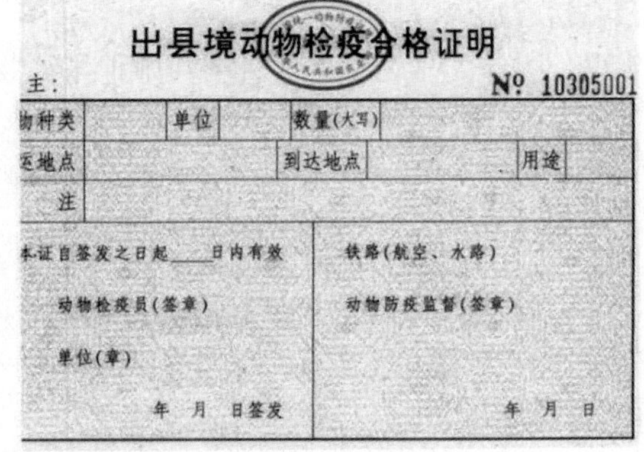

出县境动物检疫合格证明

主：　№ 10305001

物种类		单位		数量(大写)	
运地点		到达地点		用途	
注					

本证自签发之日起____日内有效

动物检疫员(签章)

单位(章)

年　月　日签发

铁路(航空、水路)

动物防疫监督(签章)

年　月　日

图 8-8-2　1998—2011 年使用的检疫证明（手写版本、针刺打印版本）

动物检疫合格证明（动物A）

№ 5000211522

货　主			联系电话	
动物种类			数量及单位	
启运地点	省　市(州)　县(市、区)　乡(镇)　村(养殖场、交易市场)			
到达地点	省　市(州)　县(市、区)　乡(镇)　村(养殖场、屠宰场、交易市场)			
用　途		承运人	联系电话	
运载方式	□公路　□铁路　□水路　□航空		运载工具牌号	
运载工具消毒情况	装运前经______消毒			
本批动物经检疫合格，应于____日内到达有效。 官方兽医签字：______ 签发日期：　年　月　日 （动物卫生监督所检疫专用章）				
牲畜耳标号				
动物卫生监督检查站签章				
备　注				

（第二联）（共二联）

注：1. 本证书一式两联，第一联动物卫生监督所留存，第二联随货同行。

2. 跨省调运运输动物到达目的地后，货主或承运人应在 24 小时内向输入地动物卫生监督所报告。

3. 动物卫生监督所联系电话：

动物检疫合格证明（产品A）

№ 5000004501

货　主		联系电话	
产品名称		数量及单位	
生产单位名称地址			
目 的 地	省　市(州)　县(市、区)		
承 运 人		联系电话	
运载方式	□公路　□铁路　□水路　□航空		
运载工具牌号		装运前经______消毒	
本批动物产品经检疫合格，应于____日内到达有效。 官方兽医签字：______ 签发日期：　年　月　日 （动物卫生监督所检疫专用章）			
动物卫生监督检查站签章			
备　注			

（第二联）（共二联）

注：1. 本证书一式两联，第一联动物卫生监督所留存，第二联随货同行。

2. 动物卫生监督所联系电话：

图 8-8-3　2011 年以来使用的动物检疫证明及标志

第四节 动物疫病监测

一、兽医实验室建设管理

(一) 市级兽医实验室

1986 年，重庆市兽医诊断中心建立。设在重庆市兽医防疫站内，负责全市动物疫病诊断工作。

1. 二级生物安全兽医实验室

2006 年 9 月，重庆市动物疫病预防控制中心二级生物安全兽医实验室通过资质认定，2009 年 3 月，实验室迁至渝北区农业园区，建筑面积 11 600 米^2，实验室 8 400 米^2，有温、湿度控制实验室4 500米^2，拥有固定资产 5 576 万元，设置了分子生物学室、病原检测室、病理及寄生虫检测室、血清学检测室，配置了荧光 PCR 仪、测序仪、细菌鉴定系统等大型精密仪器设备 350 多台（套），是重庆市大型科学仪器资源共享服务分中心之一。2010 年首家通过农业部兽医实验室考核；2016 年首次通过市级农产品质量安全检测机构考核。

2. 动物生物安全三级实验室

2004 年立项，并经农业部《关于山西省动物疫病预防与控制中心等八个项目立项的批复》文件批准。

2006 年 11 月，国家环境保护总局下发《关于重庆市动物疫病预防与控制中心（重庆农牧检测检验实验楼）生物安全三级实验室建设项目环境影响报告书的批复》，通过了国家环境保护总局的环境影响评估。2007 年 9 月，农业部《关于重庆市动物疫病预防控制中心建设项目初步设计的批复》，同意实验室的初步设计。2008 年初开始建设，后因国家标准《实验室生物安全通用要求》（GB 19489—2004）即将改版，新标准对硬件设施有重大改变，为避免不必要的损失，2008 年 11 月暂时停工。2012 年 7 月，重庆市发展和改革委员会下发《关于重庆动物疫病预防控制中心续建项目可行性研究报告的批复》，2012 年 8 月恢复施工，于 2013 年 8 月通过实验室工程检测和生物安全设备的现场检测，2013 年 9 月完成建设。2015 年 5 月，国家发展和改革委员会将重庆市动物疫病预防控制中心动物生物安全三级实验室纳入了《国家高级别生物安全实验室体系建设规划》。

生物安全三级实验室严格按照《生物安全实验室建筑技术规范》（GB 50346—2011）、《实验室生物安全通用要求》（GB 19489—2008）、《实验室生物安全认可准则》（CNAS－CL05）和《实验室生物安全认可准则对关键防护设备评价的应用说明》（CNAS－CL53）进行建设。实验室配备生物安全三级小动物负压隔离器、负压解剖台、2 级 AⅡ型生物安全柜、生物安全型离心机、超低温冰箱、双扉高压灭菌器、过氧化氢发生器、呼吸过滤器等设备，实验室压差、空气洁净度、噪声、温湿度、照度等设备。2015 年 12 月，通过了科学技术部高等级病原微生物实验室建设审查。

(二) 区（县）兽医实验室

1986 年，全市除沙坪坝区、江北区外，各区（县）都恢复和加强了兽医诊断室工作，普遍开展了细菌学诊断、毒物检验，有条件的地方还开展了病毒性疾病的诊断。市里下达 18 000 头的普查任务到各区（县），全部按期完成了普查任务。

1999 年，农业部批复重庆市农业局，同意实施重庆无规定动物疫病区建设项目。重庆无规定动物疫病区建设区域包括：黔江、万县、荣昌县、大足县、江津市、涪陵区等 23 个区（县、市），项目总投资 2 980 万元。

2001 年，农业部再次批复重庆市农业局，同意在 1999 年已建无规定动物疫病区的基础上，扩展建

设区域，完善建设内容。本次建设区域及主要建设内容：涪陵、荣昌、江津、近郊区等22个县（市、区）。市级动物疫病诊断中心和动物检疫机构购置仪器设备97台（套），每个检查站购置仪器设备10台（套），新建县级2个，每个新建县购置仪器设备49台（套），续建县20个，每个续建县购置仪器设备9台（套）。新建乡265个，每个新建乡购置仪器设备7台（套）。

2002年，农业部《关于2002年四川盆地无规定动物疫病区示范区建设项目可行性研究报告的批复》批复四川省畜牧兽医局和重庆市农业局，同意重庆市在1999—2001年无规定动物疫病区建设基础上，继续进行无规定动物疫病区示范区建设，项目建设区域包括市本级。核心区：忠县、涪陵、荣昌等27个县（区、市）；缓冲区：开县、石柱、彭水、万州4个县（区）。项目建设总投资5 000万元。

2009年，为完善基层动物防疫体系，提高县级动物疫病防控能力，国家发展和改革委员会、农业部下达重庆市基层动物防疫基础设施建设项目的投资计划，项目总投资1 885万元。项目建设规模为39个区（县），建设内容为改造县级兽医实验室和购置动物疫病诊断、动物疫病监测设备。

2009年，农业部下发了《兽医实验室考核管理办法》，开始对全国兽医系统实验室实行考核制度。同年，重庆市农业委员会下发了《关于贯彻实施〈兽医系统实验室考核管理办法〉的通知》，对区（县）兽医实验室考核工作的内容和程序进行了规定，并且开展了培训。2010年，重庆市农业委员会组织专家先后对南川、万州、黔江、合川、双桥、开县、奉节、綦江8家区（县）兽医实验室实行了现场考核并分别由重庆市农业委员会颁发了兽医实验室考核合格证。2011年，武隆、荣昌、璧山、渝北、永川、忠县、巴南、涪陵、垫江、石柱、彭水、酉阳、长寿、梁平、铜梁、潼南、巫山、秀山、丰都等22家区（县）兽医实验室通过了现场考核并取得了由重庆市农业委员会颁发的兽医实验室考核合格证。2014年，巫溪县通过了兽医实验室现场考核，取得了由重庆市农业委员会颁发的兽医实验室考核合格证。至此，首轮区（县）兽医实验室考核全部完成。

2011—2015年，重庆市农业委员会组织开展县级兽医实验室能力比对。根据各区（县）兽医实验室建设的实际情况和参加比对项目的不同将全市兽医实验室分为两个组进行。巴南、璧山、长寿、垫江、大足、丰都、涪陵、合川、开县、梁平、綦江、黔江、彭水、荣昌、石柱、武隆、巫山、万州、渝北、酉阳、城口、云阳和忠县23个区（县）为第一组，参加比对项目包含RT－PCR方法检测口蹄疫病毒、RT－PCR方法检测H5亚型禽流感病毒和液相阻断ELISA方法检测O型口蹄疫抗体；北碚、江津、永川、南川、潼南、铜梁、奉节、巫溪、秀山9个区（县）为第二组，参加比对项目包含液相阻断ELISA方法检测O型口蹄疫抗体、HA－HI方法检测H5亚型禽流感病毒抗体和间接ELISA方法检测猪瘟抗体。通过能力比对，第一组的23个区（县）中，仅彭水和云阳各有1个样品检测结果在允许误差范围外，其余21个区（县）所有比对项目检测结果全部符合要求；第二组的9个区（县）中，有5个区（县）实验室所有比对项目检测结果全部符合要求，其余4个区（县）实验室（北碚、潼南、巫溪、秀山）部分项目个别样品检测结果不符合。

二、动物疫病监测

1987年，重庆市兽医防疫站在全市建立了19个畜禽疫情监测点，并安排专人负责疫情监测工作。

2005年，按照农业部《关于印发口蹄疫等十四种动物疫病监测方案的通知》要求，重庆市农业局制定了《关于下达2005年动物疫病监测计划以及目标考核的通知》，各区（县）开展了动物疫病监测，动物疫病监测种类涉及：禽流感、鸡新城疫、传染性法氏囊病、鸡白痢、禽白血病、牲畜口蹄疫、布氏杆菌病、牛结核病、猪瘟、猪繁殖与呼吸综合征、猪伪狂犬病、猪囊尾蚴病、马传染性贫血、马鼻疽共14种。2006年，重庆市农业局对动物疫病监测经费进行了说明：各地可按照农业部局发［1998］96号文件规定执行，即每头（羽）份血清每项监测收费5～20元，以弥补资金不足。全市监测用诊断试剂由重庆市动物卫生监督总站统一组织订购。文件还提出各区（县）要落实1～2名专职检测人员，确保顺利完成检测任务。2007 年下半年起，开展了样品复核工作，重庆市动物疫病预防控制中心定期复核县（自治县、区）开展监测后报送的畜禽血清样品中的动物重大疫病免疫抗体情况。2008 年，将市、区（县）级动物疫病预防控制机构的动物疫病监测工作纳入各级动物疫病防治目标考核的主要内容。

2011 年，建立了以“定点、定期、定量、定性”为核心，以国家监测与地方监测、常规监测与应急监测、定点监测与全面监测、抗体监测与病原学监测相结合的“四定四结合”监测机制，推行监测方案科学化、数据处理信息化、分析评估准确化、体系管理规范化“四化”管理。

2013 年，提高了监测任务量，市、县两级全年完成 44.62 万份（次）样品的重大动物疫病和人畜共患病的监测工作，其中：血清学监测 42.36 万份（次），病原学监测 2.26 万份（次），约为 2012 年的 2 倍。血清学监测由区（县）完成，病原学检测则由区（县）采样送检，由重庆市动物疫病预防控制中心完成。在血清学监测中，样品要求农村散养和规模化养殖各占 50%，其中：全年散养户抽样的乡（镇）数要占全区（县）总数的 50%；规模化养殖场抽样数要占辖区内所有规模化养殖场的 50%。病原学检测抽样主要抽取规模化养殖场、历史疫区、交通沿线和牲畜及其产品交易市场附近畜禽。

第五节　动物疫病普查与报告

一、疫情普查

重庆市疫情普查始于 1986 年。1990 年，重庆市对牛、羊、猪、鸡、鸭、鹅、兔、犬 8 种畜禽的 123 种疫病开展了普查。通过历史资料整理、实验室诊断、流行病学调查，检查出 118 种传染病。通过普查，基本摸清了全市动物疫病的分布、流行及危害情况；掌握了畜禽疫病的发生、发展规律，提出了防治对策和建议；首次建立了畜禽疫病资料档案，为以后防疫灭病工作提供了科学依据。自此，动物疫情普查作为一项动物疫病综合防控措施在全市推广。

二、疫情报告网络体系

1987 年，开始建立畜禽疫情监测点（每个点为一个完整的村民小组），2002 年开始，逐渐形成了璧山、巫山、荣昌和武隆国家级动物疫病测报站。2002 年，重庆市被农业部评定为动物防疫网络化管理软件试运行工作省份。2003 年，全市 40 个区（县）试运行成功，被农业部确定为试点成功的省级单位之一。2004 年起，正式启动网络化传输报告，实现了动物防疫数字化、网络化，疫情信息上传率年年达到了 100%。

第六节　动物流行病学调查

一、主要动物疫病种类

1986—2003 年，重庆地区主要动物疫病为猪瘟、猪口蹄疫、猪肺疫；1983—1987 年，重庆市猪口蹄疫时有发生；2003 年，全市爆发高致病性禽流感；2007 年爆发高致病性蓝耳病；2013 年，小反刍兽疫开始传入重庆市。

2013 年，全市开展了专项流行病学调查，按照《重庆市中长期动物疫病防治规划（2012—2020 年）》的规定，奶牛布鲁氏菌病、结核病为重庆市优先防治病种中的二类动物疫病。为掌握奶牛布鲁氏菌病、结核病在重庆市的流行强度、流行动态及病原的三间分布特点，为防控净化工作提供技术支撑。重庆市疫病预防控制中心以问卷调查、现场调查和实验室检测等方式对长寿区、江津区、合川区等 13 个区（县）开展了奶牛布鲁氏菌病、结核病的专项流行病学调查。

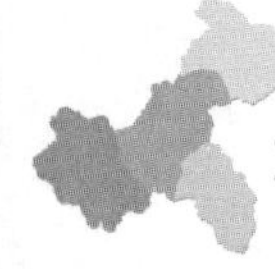

二、疫病调查工作开展历程

1987 年，全市建立了 19 个疫情监测点，定期向重庆市兽医防疫站汇报畜禽疫情。1989 年监测报告：猪总死亡率 1.17%，疫病死亡率 0.76%；牛死亡率 1%；鸡死亡率 14%。提出了以消灭猪瘟、鸡瘟、鸭瘟及生猪一、五号病，奶牛结核病、布鲁氏菌病和狂犬病为重点，控制其他主要传染病的方针。至 1993 年，全市生猪平均总死亡率为 1.7%，其中疫病死亡率为 1.5%，生猪死亡率继续保持在较低水平。

1999 年，春防中，使用猪三联苗的地区发生了不同程度的副反应，万州开发区的各县较严重，尤以梁平、城口等县最严重，注射 247.2 万头，发生副反应 23.3 万头，死亡 6 294 头，情况发生后，及时进行了调查并与中牧公司进行了沟通协调处理，把疫情控制在了最小范围。

2000 年，在防疫工作规范化建设上，依照《动物防疫法》制定了《重庆市生猪疫病预防技术规程》《重庆市鸡疫病预防术规程》《重庆市鸭鹅疫病预防技术规程》《重庆家兔预防技术规程》《重庆市动物防疫机构实验管理范》5 个规范性文件，使各地在防疫技术操作上有章可循，促进了兽医工作的规范化建设。綦江、江津、梁平等地发生猪三联苗副反应，注射 276 843 头，反应 44 404 头，死亡 1 245头。

2001 年，由于全市有些地方原有的防疫模式与县、乡机构改革和农村税费改革不太适应，出现了防疫收费难和到位难的情况，影响了基层兽防人员的工作积极，猪瘟免疫密度一度有所下降，零星疫情时有发生。

2004 年入春以来，面对亚洲 10 多个国家和地区以及国内 16 个省份 50 个县发生高致病性禽流感疫情的严峻形势，重庆市严格按照党中央、国务院的战略部署，认真贯彻“加强领导、密切配合、依靠科学、依法防治、群防群控、果断处置”的指导方针，全面落实重庆市委、重庆市人民政府的“11481”防治总策略，做到思想认识到位、工作措施到位、责任落实到位、协调配合到位、人员组织到位，抽调人员和设备协助并参与重庆市指挥部办公室的日常工作；加强了防疫物质储备和发放；加强了疫病诊断；加强了疫情排查和疫病防治信息传递工作；建立了快速诊断平台，建立了应急预案和应急队伍；建立了日报告和零报告制度；开展了定期督查和“拉网式、地毯式”的疫情普查工作；在与疫区省接壤的边界乡（镇），建立了免疫隔离带，增强保护力；编印发放《高致病性禽流感防治问答》25 万册；编写《高致病性禽流感防治动态》40 期。

2005 年，全市启动应急机制，前移防控关口，严格检疫把关，阻断传染来源，普查监测疫情，消毒畜禽圈舍，宣传防控知识，督查防控工作，教育群众对病害生猪做到“四不一处理”（不宰杀、不食用、不销售、不转运，进行无害化处理），打赢了防控猪链球菌病阻击战，全市无人—猪链球菌病疫情发生。

2007 年，重庆市农业局转发农业部办公厅《关于 2007 年全国高致病性禽流感和口蹄疫等主要动物疫病流行病学调查方案的通知》，重庆市动物疫病预防控制中心贯彻上级文件，重庆市动物疫病疾控中心印发了《高致病性禽流感和口蹄疫等主要动物疫病流行病学调查实施方案》和《重庆市无规定动物疫病示范区重大动物疫病流行病学调查实施方案》，明确全市定点流调内容。

2008 年，重庆市农业局下发《关于下达 2008 年动物疫病流行病学调查及监测计划的通知》，要求每个区（县）将根据辖区内的基本情况制定适合本辖区的《动物疫病监测与流行病学调查计划》，重庆市动物疫病预防控制中心组织制定了《重庆市动物疫病应急流行病学调查技术规范（试行）》《重庆市动物疫病定点流行病学调查技术规范（试行）》，在公路动物检查站、种畜（禽）场、商品畜（禽）场、屠宰场、畜禽及产品销售市场、动物医院、疫苗发放点和畜禽散养户等环节建立健全了动物疫病流行病学调查体系，在国内创造性地开展动物疫病定点流行病学调查工作。在荣昌、璧山、武隆、巫山 4 个县设国家级测报站 4 个；在长寿、大足、荣昌、武隆、巫山、秀山 6 个区（县）设置市级定点流行病学调查点（户）465 个；在 40 个区（县）设置区（县）级定点流行病学调查点（户）2 626 个。各定点流行病学调查点每月定期开展动物疫病定点流行病学调查工作。

2015 年，市级定点流行病学调查计划暂停。

三、调查主要环节及数量

2008 年，开展动物疫病定点流行病学调查工作。在荣昌、璧山、武隆、巫山 4 个县设国家级测报站 4 个；在全市长寿、大足、荣昌、武隆、巫山、秀山 6 个区（县）的 6 个规模种猪场、11 个规模商品猪场、5 个规模种禽场、10 个规模商品禽场、390 户散养农户、4 个动物医院、6 个屠宰场、6 个交易市场、17 个边境检查站设定市级动物疫病定点流行病学调查点（户）465 个；在 40 个区（县）设置县级定点流行病学调查点（户）2 626 个。每月进行一次定点流行病学调查与分析评估。

2009—2013 年，对荣昌、忠县、黔江、合川、武隆、长寿、万州、黔江（每年选定 6 个区或县，不同年份有调整）等市级定点流行病学调查区（县），坚持每月定期开展 1 次定点流行病学常规调查。所有调查发现的动物疫病都为一般性传染病或普通疾病，调查中发现疫病或检疫不合格家畜、家禽及畜产品，及时按有关规定进行了无害化处理。

2014 年，分别在江津、长寿、黔江、合川、武隆和万州 6 个区（县）设置了 96 个市级定点流行病学调查点，涉及 399 个场（户），每月开展 1 次流行病学调查。全年调查饲养环节动物 220.41 万头（只）（其中：猪 10.01 万头、家禽 209.46 万只、牛 0.74 万头、羊 0.2 万只）、累计死亡动物 1.29 万头，无重大动物疫病发生；调查诊疗环节就诊动物 2.16 万头（只），无重大动物疫病发生。

第七节　动物疫病分析评估

一、市、区（县）两级动物疫病分析评估

重庆市建立了科学的动物流行病学调查分析评估工作机制，要求市、区（县）两级动物疫病预防控制机构每月针对辖区内动物疫病定点流行病学调查结果开展一次分析评估，提出有针对性的问题和意见，并以文件形式通报至区（县）动物疫病预防控制机构和各乡（镇）兽医站。部分区（县）组建了动物疫情流行病学调查分析委员会，定期对当月数据进行汇总分析。

二、流行病学调查分析评估

以市、区（县）、乡（镇）3 级动物疫情测报体系和在渝国家动物疫情测报站为平台，定点、定期、定人科学化、规范化开展动物疫病流行病学调查、动物疫情监测。一是定点调查。全市分区域设置了 6 个市级定点区（县），共设立了畜禽养殖场（户）、公路运输检查站、屠宰加工厂（场）、动物医院、交易市场等调查点（户）99 个，其他非定点区（县）共设立相应调查点 520 个，各调查点保持 1 年以上不变。二是定期调查。重庆市统一每月 25 日至月底对当月动物疫病状况开展定期调查，并于次月 5 日前进行汇总分析和上报。三是定人调查。按农业部要求，重庆市动物疫病预防控制中心组建了由 6 名兽医专业中级以上职称人员构成的流行病学调查专家组，各区（县）组建了由 198 名兽医相关专业人员构成的流行病学调查工作队。

三、分析评估报告

每月定期对全市的免疫抗体监测情况、动物疫病诊断情况和流行病学调查情况进行综合分析，结合国内外发布的动物疫情信息，每月向上级主管部门和向区（县）通报相关疫情信息，及时进行了预警预报。2008—2015 年下发通报 19 个，向重庆市农业委员会定期月报 13 个，针对小反刍兽疫专题报告

42个，预警通知7个。

四、结果运用

1985年，对畜禽防疫工作实行“评分制”，1987年进行了完善，将畜禽防疫、产地检疫、经营管理、技术培训等工作分成若干条款，下达给区（县），在年终进行检查评比，根据结果分别给予奖励。

2009年，建立和完善动物疫情分析评估方法。对免疫抗体监测结果实行“水平分析评估法”“纵向分析评估法”；对病原监测结果实行“追踪式分析评估法”“溯源式分析评估法”；对应急疫情实行“辐射式分析评估法”“排除式分析评估法”。建立了年度（含季度和半年）分析评估法，增加了“同比”和“环比”的趋势分析评估法，及时对动物疫病发生风险进行评估。

第八节　防疫消毒

20世纪80年代前，重庆市的动物防疫消毒主要是指畜禽圈舍、畜禽屠宰场地和屠宰工用具、卖肉案桌、病死畜禽处理地点的消毒。圈舍消毒主要是“刷白猪圈”，其他消毒多在疫情发生后实施。消毒药的范围也多为石灰、草灰、漂白粉、烧碱之类。进入80年代后，特别是随着《家畜家禽防疫条例》的贯彻实施，动物及其产品的消毒，已发展为预防性消毒和灭源性消毒两大类，消毒范围已发展到孵抱房及其工用具、运输车辆、饲养经营和装载工用具、动物放牧和活动地点、环境、仓库（含冻库）、饲料、饮水、防检疫工用具、皮张、饲养人员及养殖场工作人员、实验室等多个方面、多个环节，且以预防性消毒为主。90年代后，随着《中华人民共和国动物防疫法》以及有关法规的实施，防疫消毒工作已成为动物防疫中“六个强制措施”（强制免疫、强制检疫、强制消毒、强制监督、对一类病及当地新发病强制封锁、病死动物强制无害化处理）之一，消毒药的使用已纳入了政府的招标范畴，2002年，重庆市防治动物重大疫病指挥部印发《重庆市动物疫病消毒技术规程》。在消毒药的选择应用上，碱类、酸类、氯制剂、醛制剂、季铵盐类、碘制剂、酚制剂以及一些复合型消毒剂，都已在实践中广泛应用。

第九节　普通防疫技术普及和推广

1988年，重庆市推广应用丙硫苯咪唑和左旋咪唑；1989年，推广阉割时饲喂仔猪副伤寒菌苗控制仔猪副伤寒。1990年，与四川省重庆药剂学校配合，制出大肠杆菌病K88ac，K99基因工程苗，解决仔猪黄白痢病。1991年，推广螨净和双甲脒、阿苯达唑驱虫，控制动物寄生虫病。

1991—2006年，以实施畜牧“丰收计划”为龙头，实施新城疫、禽霍乱综合防治项目，同时加强鸭瘟、小鹅瘟、兔瘟的防治；实施“仔猪体内寄生虫防治”“仔猪主要疫病防治”“鸡两病防治”，利用“新药菌毒敌净化畜禽环境”；“应用克虫清或三峡杀虫王片防治畜禽寄生虫病”“应用灭瘟灵、百菌灵、菌清、猪白细胞干扰素防治畜禽疫病”，和推广“口蹄疫免疫技术”等，促进家禽产业发展。

第十节　重大动物疫情应急管理

重大动物疫情，是指高致病性禽流感等发病率或者死亡率高的动物疫病突然发生，迅速传播，给养殖业生产安全造成严重威胁、危害，以及可能对公众身体健康与生命安全造成危害的情形，包括特别重大动物疫情。及时、有效地预防、控制和扑灭突发重大动物疫情，能最大限度减轻其对公众健康和畜牧业生产造成的危害。

一、应急管理相关规定

2003 年，重庆市防治动物重大疫病指挥部办公室印发《重庆市重大动物疫病紧急疫情处置工作程序（暂行）》。2003 年 12 月，重庆市农业局发布《重庆市突发重大动物疫情应急预案》。

2003 年 5 月 26 日，重庆市农业委员会、市财政局联合印发了《重庆市动物重大疫病扑杀补偿管理办法》，明确了扑杀动物的经费补偿范围（被诊断为口蹄疫、禽流感、猪瘟的动物以及受威胁而被依法强制扑杀的同群动物）、经费补偿标准、补偿经费的来源及各级财政分担比例、动物重大疫病的确认和申报扑杀动物补偿经费的程序、补偿经费的管理及监督等。《重庆市动物重大疫病扑杀补偿管理办法》从 2003 年 1 月起执行。

2004 年，重庆市人民政府办公厅印发了《重庆市高致病性禽流感应急预案》。

2005 年，国务院根据《中华人民共和国动物防疫法》制定颁布了《突发重大动物疫情应急条例》，自 2005 年 11 月 16 日公布之日起施行。《突发重大动物疫情应急条例》是为迅速控制、扑灭重大动物疫情，保障养殖业生产安全，保护公众身体健康与生命安全，维护正常的社会秩序制定的。《突发重大动物疫情应急条例》根据突发重大动物疫情的性质、危害程度、涉及范围和发展趋势，将突发重大动物疫情分为特别重大（Ⅰ级）、重大（Ⅱ级）、较大（Ⅲ级）、一般（Ⅳ级）4 级。各级人民政府兽医行政管理部门根据动物防疫监督机构提供的监测信息，按照重大动物疫情的发生、发展规律和特点，分析其危害程度、可能的发展趋势，及时作出相应级别的预警，依次用红色、橙色、黄色和蓝色表示特别重大、重大、较大、一般 4 个预警级别。同时，发布了一系列有关文件和规定。采取了“早、快、严、小”的原则和“加强领导、依法防检、部门配合、依靠科学、群防群控、果断处置”的 24 字方针。农业部印发《农业部门应对人间发生高致病性禽流感疫情应急预案》《动物防疫监督检查站口蹄疫疫情认定和处置方法（试行）》，同年，重庆市防治动物重大疫病指挥部印发《关于预防控制动物重大疫病的通告》。2006 年，农业部印发《公路动物防疫监督检查站管理办法》。2007 年，重庆市防治动物重大疫病指挥部办公室印发《重庆市高致病性猪蓝耳病疫区疫情防控工作指南》。

2008 年 1 月 9 日，重庆市人民政府办公厅印发《重庆市突发重大动物疫情应急预案》。

2010 年，重庆市印发《口蹄疫防控应急预案》。

二、应急流行病学调查

1999 年，秀山、酉阳、丰都、石柱、九龙坡、渝北、合川、铜梁、北碚等地相继发生了猪细小病毒、猪伪狂犬病等疫情，重庆市兽医防疫站及时派出专业技术人员赶赴疫情发生地，与当地动物防疫部门一道开展诊断、普查、消毒、免疫、扑灭等防制措施，把疫情控制在最小范围，并及时予以扑灭，减少了疫病损失。

2006 年，印发了《关于加强重大动物疫情预警管理工作的通知》，强化了动物疫情预警工作。在各级动物防疫监督机构中逐步建立了动物疫情预警平台和专（兼）职评估人员，及时对外省进入重庆市的动物及产品来源和市内去向进行清理，对来自历史疫区省份的动物及产品进行综合分析评估，提出预警。对产地检疫、屠宰检疫和基层兽医发现的疫情，进行收集整理、分析评估、预报预警。

2007 年，为严防严控高致病性猪蓝耳病，重庆市动物疫病预防控制中心组建了防控高致病性猪蓝耳病应急工作组，下设流行病学调查、诊断监测、信息宣传、后勤保障、投入品监测 5 个应急小组。流行病学调查小组主要工作职责：①制订全市防控高致病性猪蓝耳病技术方案及措施，及时提出防控措施和政策建议。②组织开展高致病性猪蓝耳病流行病学调查和疫情普查工作，评估疫病风险，适时提出疫情预警报告。指导重点地区调查高致病性猪蓝耳病流行病学情况和落实防控措施。③开展高致病性猪蓝耳病防治技术研究。④组织有关专家开展技术咨询活动。⑤协助督查防控工作。2007 年 6 月，为系统评价无规定动物疫病示范区禽流感、新城疫、口蹄疫、猪瘟等重大动物疫病总体控制情况，增强区域内疫病风险防范能力，为示范区建设提供技术支持，重庆市动物疫病预防控制中心组织制订了《无规定动物疫病示范区重大动物疫病流行病学调查实施方案》。

2009年，按照《重庆市动物疫病应急流行病学调查技术规范（试行）》，建立了应急流行病学调查机制，组建了应急预备队和专家组，凡诊断为国家规定的一类动物疫病、主要人畜共患病、国家规定的其他二、三类动物疫病呈暴发或流行态势的病、外来病、新发病或病因不明群发性动物疫病时，均及时开展了应急流行病学调查。

2012年，重庆市动物疫病预防控制中心全年共开展应急流行病学调查11起，其中狂犬病4起、猪蓝耳病2起、猪圆环病毒病3起、仔猪腹泻病2起。所有发病和死亡动物均按国家有关规定进行了处理，未造成疫情扩散。

2013年，重庆市动物疫病预防控制中心全年共开展应急流行病学调查21次，其中重大动物疫病3次、H7N9禽流感6次、狂犬病5次、猪蓝耳病3次、猪圆环病毒病2次、仔猪腹泻病2次。通过应急流行病学调查，查清了当时的疫情状况，发生发展规律，为防控措施的制定提供了科学依据。

2014年，针对秀山、丰都等地的小反刍兽疫疫情，江津的禽流感疑似疫情，永川、石柱、云阳、城口等地的口蹄疫疑似疫情，梁平的H7亚型流感病毒抗体监测阳性进行了38次应急流行病学调查，并形成了流调报告，及时为决策者提供了防控建议，使疫情得到有效控制。

三、应急演练

2010年9月，全市突发重大动物疫情应急演练在巴南区举行，本次演练由重庆市防治动物重大疫病指挥部主办。重庆市防治动物重大疫病指挥部25个成员单位负责人，41个区（县）有关人员现场演练。演练历时1个半小时，有疫情诊断专家组、疫情封锁和监督组、动物扑杀和无害化处理组、消毒灭源组、紧急免疫组、流行病学调查组、治安保卫组、市场监管组和联络后勤组9个应急演练组参与演练。

2013年，在重庆市动物卫生监督所110指挥中心举行重庆市2013年突发重大动物疫情应急演练。

2014年，重庆市防治重大动物疫病指挥部办公室与涪陵区一道举行了重庆市中部地区外来动物疫病防控应急演练。

这一系列实战演练，既检验了重庆市动物重大疫病防控应急预案的可操作性，又充分锻炼了重庆市动物重大疫病防控应急队伍，提高了应急防控队伍的宏观管理水平和现场处置能力。

第十一节　防控效果考核评价

1987年，制定并全面实施了“目标管理奖励制”，在该机制的框架下，防疫效果考核评价方式为查记录、看耳缺，逐步增加为查防疫档案、免疫证明和牲畜耳标，到20世纪90年代末，逐步形成了以检查防疫资料（即防疫档案、养殖档案或免疫证明、动物免疫标识）来核查免疫密度与以监测免疫抗体来核查免疫质量相结合的防疫效果评价机制。

2001年，重庆市被农业部授予“全国动物防疫先进省”荣誉称号。

2004年，通过了农业部“全国无规定动物疫病区示范区”项目验收，获得农业部和重庆市人民政府“禽流感防治工作先进集体”称号。

2011年，市级兽医实验室被评为“2010—2011年度全国兽医实验室考核实施先进单位”“2011年度动物疫病监测工作先进单位”。

2012年，重庆市重大动物疫病防控工作在农业部组织开展的加强重大动物疫病防控延伸绩效管理考核中获得优秀等次，排名第五，农业部在《关于表扬2012年度延伸绩效管理试点工作优秀单位的通报》中通报表扬。

2014 年，受南川、荣昌等区（县）成功经验的启发，重庆市农业委员会成立了专题调研组（重庆市农业委员会动物防疫检疫处牵头，重庆市动物疫病预防控制中心、重庆市动物卫生监督所共同参与），历时几个月到多个区（县）开展调研。并在市级层面和区（县）、乡（镇）层面反复征求意见的基础上，出台了兽医工作“三项制度”，即“以监促防、以检计酬”兽医工作考核管理制度、基于监（检）测或风险评估的产地检疫制度和动物饲养场动物疫病自行检测制度。“三项制度”使行政监管、执法监督和技术监测互动融合，防止基层站机关化、站长脱产化、人员懒散化的现象，规范了基层畜牧兽医站的管理，提高了产地检疫的权威性和科学性，激活了县级兽医实验室的功能，倒逼兽医系统的内部管理提档升级，对重大动物疫病的有效防控起到了极大的促进作用。

2015 年，市兽医工作“三项制度”全面实施。在统一思想、明确步骤的前提下，2015 年 6 月底，全市完成了 2 397 个农村散养监测单元划分和 4 960 个规模养殖场（≥200 头猪当量）“自行（委托）检测”确认工作，以及所有监测单元和养殖场动物疫病监（检）测或动物疫病风险评估报告出具工作。利用这些有效报告，“基于监（检）测报告或风险评估报告的产地检疫制度”在各区（县）逐步推行。同时，“以监促防、以检计酬”兽医工作考核制度也在除主城 6 个区外的所有区（县，含万盛经济技术开发区）开始执行。此外，3 项制度中的“以监促防、以检计酬”考核制度被重庆市委、市人民政府写入 2015 年农业农村工作意见。2015 年 6 月在重庆荣昌举行的“2015 年全国动物疫控和动监工作座谈会”上，重庆代表做了“重庆兽医工作 3 项制度的典型经验”交流发言，并获农业部的重点推介。

2013—2015 年，重庆市重大动物疫病防控工作在农业部组织开展的加强重大动物疫病防控延伸绩效管理考核中连续排名第一，获农业部通报表扬。

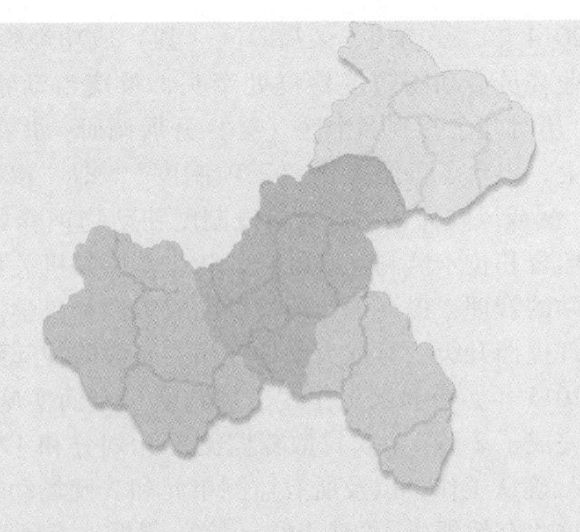

第九章 动物重点疫病防控

第一节 牲畜口蹄疫

口蹄疫（亦称五号病）是多种动物共患病，也是人畜共患病之一。1983 年 5 月，重庆市防治牲畜五号病指挥部成立，各区（县）相继建立了相应的指挥机构和工作机构，开展以疫情监测、封锁隔离、扑杀病畜和同群畜、无害化处理、生产运输屠宰经营各环节严格消毒等为重点的综合防治措施，同时废除屠宰企业以往对染疫动物肉类进行“产酸处理”后鲜销的做法，改为染疫产品一律销毁。1985 年 6 月，全市已无口蹄疫发生，达到了国务院提出的基本消灭的标准，指挥部撤销。1988 年 2 月再次恢复指挥部。1993 年 9 月，再次撤销市级指挥部（各市、区、县未撤），撤销期间工作由重庆市农牧渔业局负责。1994 年 1 月，重庆市农牧渔业局决定成立重庆市农牧渔业局防治牲畜五号病办公室。2001 年，重庆市防治牲畜五号病指挥部更名为重庆市防治动物重大疫病指挥部。

全市从 1988 年以来连续保持了近 10 年牲畜口蹄疫清净无疫状态。1995 年开始，受全国疫情的影响，出现了大规模的猪、牛发病，均为 O 型口蹄疫。

20 世纪 90 年代后期，周边省份疫情频发，重庆市当时未实施大面积疫苗免疫，也未设立公路动物防疫监督检查站。1995 年，确诊了口蹄疫 2 起，排除疑似口蹄疫 4 起，监测口蹄疫抗体 3 500 头份。1999 年，在全国及周边地区严峻疫情的影响下，重庆市与湘、鄂、黔毗邻的秀山、酉阳、丰都、天成、龙宝以及璧山、九龙坡、渝北、江北、铜梁等 14 个区（县）先后发生了以牛、猪为主的牲畜口蹄疫（见表 8－9－1）。防疫部门及时进行扑杀和无害化处理。对 2 200 例牲畜口蹄疫进行了抗体监测。

表 8－9－1 1986—2015 年重庆地区牲畜口蹄疫的疫情发生情况

年份	重庆地区口蹄疫疫情发生情况
1986	江津县朱阳溪、合川县发生口蹄疫
1995	确诊口蹄疫 2 起
1999	秀山、酉阳、丰都、天成、龙宝以及璧山、九龙坡、渝北、江北、铜梁等 14 个区（县）先后发生了以牛、猪为主的牲畜口蹄疫，发病 97 个乡（镇），308 个村，568 个社，1 999 户农户，疫点 582 个，扑杀病畜和同群畜 5 072 头，其中猪 2 551 头，牛 2 268 头，羊 253 只

（续）

年份	重庆地区口蹄疫疫情发生情况
2007	全市有10个区（县）发生疑似口蹄疫疫情12起。1月份，九龙坡区、武隆县各发生1起猪疫情；2月份，荣昌县发生1起奶牛疫情；10月份，彭水苗族土家族自治县、涪陵区、璧山县、北碚区、开县各发生1起猪疫情，綦江县发生2起猪疫情；11月份，江津区、开县各发生1起猪疫情
2008	全市发生疑似牲畜口蹄疫疫情25起，其中生猪24起，奶牛1起，涉及垫江、綦江、荣昌、巫溪、忠县、奉节、彭水、渝北、石柱、沙坪坝、武隆、巫山、万州、开县、江津、永川16个区（县）
2009	发生亚洲Ⅰ型口蹄疫疫情，外疫传入为发病原因
2010	全市发生疑似牲畜口蹄疫疫情27起（猪25起，牛2起），其中发生在重庆市的疫情19起，市境检查站查出的外来疫情8起，涉及巴南（1起）、长寿（1起）、城口（1起）、垫江（2起）、丰都（2起）、经济技术开发区（1起）、荣昌（4起）、万盛（1起）、巫山（2起）、武隆（1起）、渝北（2起）、涪陵（1起）等12个区（县）。疫情涉及存栏牲畜5 036头，发病511头，死亡35头，死亡率0.69%；疫情发生在规模场10起，散养户7起、公路检查站8起、屠宰场2个
2011	全市发生疑似牲畜口蹄疫疫情7起，全部为O型口蹄疫。发生在市内的疫情2起，市境检查站查出的外来疫情5起。其中：市内2起疫情分别发生在巴南区和巫溪县，均发生在散养户，涉及存栏生猪18头，发病14头，死亡3头，病死率为21.43%；市境公路检查站疫情5起，发生在南川区大有检查站1起、綦江县安稳检查站2起、荣昌县桑家坡检查站1起、云阳县清水检查站1起
2012	全市发生疑似牲畜口蹄疫疫情11起，其中：市内疫情5起，涉及5个中小型规模场（存栏总数1 244头）；市境公路检查站疫情6起，发生在南川区大有检查站2起、石柱土家族自治县冷水检查站3起、云阳县清水检查站1起
2013	全市发生疑似牲畜口蹄疫疫情6起，其中：市内疫情2起（忠县和丰都，均为O型口蹄疫），市境公路检查站疫情4起（秀山检查站1起O型口蹄疫、荣昌检查站2起O型口蹄疫、石柱1起A型口蹄疫）
2015	全市发生疑似牲畜口蹄疫疫情7起，其中：市内疑似疫情1起（涪陵区1起O型口蹄疫），市外传入疫情6起（沙坪坝区屠场1起O型口蹄疫、云阳县屠场1起A型口蹄疫、渝北区检查站1起A型口蹄疫、綦江区检查站3起O型口蹄疫）

2003年，全市17个区（县）共发病54起、发病生猪1 035头。主城区包括渝中、江北、南岸、沙坪坝、九龙坡、大渡口、北碚、巴南、高新区9个区（县）。疫情多发生在屠宰场，扑杀的生猪数量屠宰场占70%，潲水猪占51.6%，江北区同一屠场3天内2次发生疫情。2003年对铜梁、北碚、璧山免疫后发病的生猪进行抗体检测，发现抗体合格率仅为10%。

2003年SARS疫情和指挥长会议后，免疫工作和防疫工作得到加强，2004年全年除个别疫点外，全市相对平静。

2005年7月7日，大正公司合川云门山种猪场从吉林省磐石市引入150头祖代种猪，后发病并诊断为O型口蹄疫，随后全部被扑杀。同年，铜梁大型规模养殖场、万州屠宰场发生疫情。

2006年，綦江、万州（猪、亚洲Ⅰ型）、南岸、云阳、巳南、南岸、大渡口，武隆等12个区（县）发生FMD疫情，出现疫点38个，扑杀生猪2 266头、奶牛422头。其中散养户占73.68%（14/19），规模场占15.79%（3/19），屠宰场占10.52%（2/19）。

2007年，全市有九龙坡、武隆、荣昌、彭水、涪陵、璧山、北碚、开县、綦江和江津10个区（县）发生奶牛、猪O型口蹄疫疫情13起。其中散养户占38.46%（5/13），规模场占15.38%（2/13），屠宰场占38.46%（5/13），检查站占7.69%（1/13）。

2008年，全市16个区（县）发生24例猪O型口蹄疫疫情，其中22例由市外调入的生猪发病。无害化处理1 947头。其中规模猪场占33.33%（8/24），散养户占16.67%（4/24），屠宰场占41.67%（10/24）。

2009年，全市发生口蹄疫疫情22起（O型21起，亚洲Ⅰ型1起），涉及江津区等10个区

（县）。扑杀生猪4 574头，牛382头。其中10例为外调生猪发病。规模猪场占63.63%（14/22），散养户占4.55%（1/22），屠宰场占4.55%（1/22），检查站占22.72%（5/22），交易市场占4.55%（1/22）。

2010年，全市发生疑似牲畜口蹄疫疫情27起（猪25起，牛2起），其中发生在重庆市的疫情19起，市境检查站查出的外来疫情8起，涉及巴南区（1起）、长寿区（1起）、城口县（1起）、垫江县（2起）、丰都县（2起）、经济技术开发区（1起）、荣昌县（4起）、万盛区（1起）、巫山县（2起）、武隆县（1起）、渝北区（2起）和涪陵区（1起）12个区（县）。疫情涉及存栏牲畜5 036头，发病511头，死亡35头，死亡率0.69%；疫情发生在规模场10起、散养户7起、公路检查站8起、屠宰场2起。

2012年，全市发生疑似牲畜口蹄疫疫情11起，其中市内疫情5起，涉及5个中小型规模场（存栏总数1 244头）；市境公路检查站疫情6起，发生在南川区大有检查站2起、石柱土家族自治县冷水检查站3起、云阳县清水检查站1起。

2013年，全市发生疑似牲畜口蹄疫疫情6起，其中市内疫情2起（忠县和丰都，均为O型口蹄疫），市境公路检查站疫情4起（秀山检查站1起O型口蹄疫、荣昌检查站2起O型口蹄疫、石柱1起A型口蹄疫）。

2015年，全市发生疑似牲畜口蹄疫疫情7起，其中市内疑似疫情1起（涪陵区1起O型口蹄疫），市外传入疫情6起（沙坪坝区屠场1起O型口蹄疫、云阳县屠宰场1起A型口蹄疫、渝北区检查站1起A型口蹄疫、綦江区检查站3起O型口蹄疫）。

2001年起，财政部和农业部启动口蹄疫疫苗补贴和强制补杀补偿政策。牲畜疫苗财政全额补贴，重庆市由中央财政承担80%，地方财政承担20%。扑杀病畜由财政适当补助，按牛每头1 500元（奶牛可适当提高，但最高不超过3 000元），猪每头600元，羊每只300元计，对饲养户，财政补助80%（中央财政补60%，地方财政补20%）；对规模化饲养场（饲养或年出栏牲畜1 000头以上，或饲养奶牛50头以上，年出栏肉牛100头以上）财政补助60%（由中央财政补50%，地方财政补10%）。通过落实国家疫苗补助和强制补杀补偿政策，全市牲畜口蹄疫免疫注射面达100%，疫情发生后及时无害化处理面达100%，疫病得到有效控制。

2015年，全市对108 241份家畜血清进行O型口蹄疫监测，免疫合格率为83.78%。对3 176份血清进行亚洲Ⅰ型口蹄疫监测，免疫合格率为83.25%。对677份牛羊血清进行A型口蹄疫检测，免疫合格率为82.42%。采用RT-PCR技术对全市2 644份样品（猪2 584份、牛20份、羊40份）进行了病原学检测。

第二节　高致病性禽流感

高致病性禽流感是多种禽类和部分哺乳动物共患传染病，也是人畜共患病，中国和OIE（Office International des Epizooties，世界动物卫生组织）都将其列为一类动物疫病。

1997—1999年，全市开展了禽流感病调查工作，1999年，查出阳性1例，并进行了追踪、监测和亚型鉴定，严格按有关规定给予处理（见表8-9-2）。2000年以前，重庆市主要以H9禽流感感染为主，主要造成家禽产蛋量下降和生长停滞。2002年，全市39个区（市、县）共采236个乡（镇）的865个养禽场（户）（包括6个种禽场）的32 353份血样，分离血清监测32 223份，未发现H5血清型高致病力禽流感病毒感染。2003年，全市共监测禽流感9 400羽份。

表 8-9-2　1999—2015 年重庆地区高致病性禽流感疫情

年份	重庆地区禽流感疫情发生情况
1999	禽流感阳性 1 例
2001	由于个体兽药经营者非法经销贵州生药厂的染毒鸡痘疫苗，致使重庆市 9 个区（县）16 个乡（镇）爆发高致病力禽流感疫情，共发疫点 55 个，发病禽 38 526 只，死亡禽 23 279 只，死亡率 60%，扑杀病禽和同群禽 189 911 只
2002	巴南、万州、九龙坡发生疫情
2003	与重庆交界的陕西、湖北和湖南等省相继发生了禽流感疫情，对重庆市的家禽养殖业产生了一定威胁
2004	璧山一养鸡场和市动物园鸟语林观赏鸟先后发生 2 起禽流感疫情
2005	巴南区金环岛疫情、秀山鹅场疫情、梁平水禽疫情、江北区和南岸区散养户疫情，共扑杀鸡 12 万只，鹅约 8 000只
2006	全市共发生疫情 26 起，疫点 35 个，涉及区（县）16 个。其中鸭禽流感 7 起，鹅 1 起，鸡 18 起。主城区发生 14 起，占全市的 53.85%。规模场发病 11 起、市场 1 起，散养户发病 14 起
2007	全市发生 15 起 H5 亚型高致病性禽流感疫情和 1 起 H9 亚型禽流感疫情，涉及 12 个区（县）的鸡、鸭和其他野生鸟禽。发病禽类 50 631 只，病死 28 904 只，扑杀 61 105 只。发病以规模场为主（60%）。部分养殖场免疫档案不详，其中 3 起发病为外省输入病禽
2008	全市有荣昌、渝北、云阳、南川、奉节、合川、开县、綦江等 9 个区（县）发生高致病性禽流感疫情 13 起，疫点 14 个，涉及存栏家禽 58 520 只，发病 24 340 只，死亡 18 859 只
2009	全市共发生禽流感疫情 5 起，涉及渝北区、经开区、永川区、长寿区和忠县、武隆等 6 个区（县）的 4 个规模场和 2 个散养户发生疫情，共计存栏家禽 9 711 只，发病 4 389 只，死亡 2 846 只，发病率 45. 20%，死亡率 29. 31%
2011	H5 亚型高致病性禽流感疑似疫情 1 起，武隆县平桥镇中村村林宏畜禽养殖专业合作社 2 月 14 日发生疑似 H5 亚型禽流感疫情，涉及存栏鸡 11 000 只，发病 210 只，死亡 90 只，病死率为 42. 86%，死亡率为 0. 82%
2013	2013 年，诊断 1 起 H5 亚型禽流感疫情，该疫情于 1 月份发生在云阳县江口镇，涉及存栏鸡 1 200 只
2015	重庆市黔江区石会镇黎明村劳盖养殖场 2015 年 3 月发生疑似疫情，涉及存栏鸡 4 500 只，病原为 H5 亚型新变异株

2004 年，财政部、农业部颁发了《高致病性禽流感防治经费管理办法》，将强制免疫的疫苗经费全部纳入财政预算（中央财政承担 80%，地方财政承担 20%）；非强制免疫部分所用疫苗财政承担 50%，养殖户承担 50%；该病的监测采样、疫区封锁、扑杀消毒及无害化处理费用也由财政承担。

2004 年，成立重庆市防治高致病性禽流感指挥部，指挥部下设办公室、督查组、防治组、科技专家组、医疗卫生组、后勤保障组、宣传组、应急大队 8 个工作机构。2004 年 12 月 22 日，重庆市人民政府表彰了深入贯彻执行重庆市委、重庆市人民政府“11 481”防治策略，狠抓以“堵源、监察、防疫、封杀”4 个重点环节工作的防治高致病性禽流感工作先进集体和先进个人。重庆市农业局、重庆市动物防疫监督总站等 68 个单位被评为“重庆市高致病性禽流感防治先进单位”，张仁美等 200 名同志被评为“重庆市高致病性禽流感防治先进个人”。奖励先进集体奖金 1 万元，并颁发奖牌；奖励先进个人奖金 1 000 元，并颁发荣誉证书。

2006—2014 年，重庆市动物疫病预防控制中心持续进行了禽流感病抗体监测，总体合格率 80% 左右。

2015 年，全市全年监测家禽血清 189 889 份（鸡 181 744 份、鸭 6 588 份、鹅 1 099 份、鸽 458 份），抽检样品 H5 亚型禽流感抗体合格率为 89. 81%；其中，鸡、鸭、鹅、鸽抽检样品抗体合格率分别为 89. 99%、85. 29%、89. 08%、68. 12%；来源于规模场、散养户、市场的样品抗体合格率分别为 91. 67%、88. 26%、80. 54%。

每次疫情发生后，市、区（县）共同组织力量到现场，采取封锁、扑杀、消毒、普查、免疫等综合措施，很快扑灭疫情，拔除疫点，未导致大面积扩散。同时，进一步强化内防外堵工作，高致病性禽流感得到有效防控。

第三节 猪 瘟

猪瘟曾经在重庆市局部地区流行，给养猪生产造成较大损失（见表8－9－3）。《动物防疫法》将其列为一类动物疫病。

为做好猪瘟防控工作，重庆市先后研究出了“看槽保健制度”和“猪瘟免疫程序”，实行30日龄左右阉割首免，2月龄左右加强免疫，母猪空怀定期免疫，加大了猪瘟的预防免疫密度，强化屠宰环节的检疫，使发病大大降低。2007年下半年起，国家对猪瘟实行强制免疫制度，免疫所需疫苗经费由中央财政负担80%，市财政负担20%，全市实行了“统一疫苗，统一免疫程序，统一操作规程，统一证章标识，统一评价免疫质量”和免疫做到“县不漏乡，乡不漏村，村不漏户，户不漏畜，畜不漏针”的“五统一”“五不漏”制度，确保了免疫的密度和质量，年免疫猪瘟在2 300万～2 900万头之间，使猪瘟在养猪生产中的危害大大降低，只有零星散发和小疫点，并能很快扑灭。到2015年，全市常年应免疫密度保持在100%，免疫耳标佩戴率达100%。

2015年，全市对采自110个场群的2 517份样品（其中市动物疫控中心检测762份）开展猪瘟病毒检测，检测结果均为阴性。对225 156份猪血清进行猪瘟免疫抗体检测，合格200 770份，合格率89.17%，达到国家标准。其中，市级监测987份、区（县）监测224 169份，抗体合格率分别为93.41%和89.15%。

表8－9－3 1984—2015年重庆市猪瘟疫情发生情况

年份	重庆市猪瘟疫情发生情况
1984	重庆市猪瘟发病67个乡，发病数2 398头，死亡2 266头，占年末存栏量的0.03%
1988	共组织31人对19个区（县），38个乡（镇）76个村进行检查，共检查生猪3 490头，猪瘟防疫密度为99.33%，疫病死亡率0.47%
1989	共收到疫情报告34份
1990	共收到疫情报告146份
1995	采用兔体免疫交互试验确诊猪瘟疫情5起
2009	全市诊断疑似疫情38起，确诊猪瘟疫情2起，涉及武隆县、忠县，规模猪场和散养户各1个。疫点共存栏猪287头，发病107头，病死69头，病死率64.49%（仅以送样时提交的数据进行统计）。对32个区（县）的1 786份组织样品进行了猪瘟病毒检测，结果2份阳性（样品采自屠宰场），阳性率0.11%，阳性样品来自巫山县和双桥区
2010	全市确诊猪瘟疫情1起，疫点为北碚区凤康养猪场，涉及存栏生猪150头，发病65头，病死15头，病死率23.08%

第四节 高致病性猪蓝耳病

高致病性猪蓝耳病（HPPRRS）是由猪繁殖与呼吸综合征病毒（PRRSV）变异株引起猪的一种高度接触性传染病。该病于1979年在加拿大首次发现，此后该病在北美洲、欧洲迅速传播。1995年，北京地区首次从加拿大进口种猪中分离到PRRSV，此后该病从华北流向全国，于1996—1998年出现暴发高峰。2006—2007年该病再次暴发，但其传播速度之快、流行范围之广和死亡率之高明显不同以往，后经证实为一株高致病性的美洲变异株。高致病性猪蓝耳病初发地区呈暴发流行，所有年龄猪均敏感，感染率、发病率、致死率均较高。

2007 年 6 月 20 日下午，重庆市防治动物重大疫病指挥部、市农业局、中牧实业股份有限公司联合举行《高致病性猪蓝耳病防控知识挂图》赠送仪式暨全国首批疫苗发放仪式和疫苗科学使用技术培训。重庆市防治动物重大疫病指挥部、重庆市农业局组织专家在国内率先编印并向全市赠送 10 万份《高致病性猪蓝耳病防控知识挂图》。中牧实业股份有限公司在首批仅生产的 52.4 万毫升新型疫苗中，紧急调拨 20 万毫升疫苗给重庆市，为防控工作提供了有力支撑。从 2007 年下半年起，国家对高致病性猪蓝耳病实行强制免疫制度，免疫所需疫苗经费由中央财政负担 80%，重庆财政负担 20%。

1997 年以来，对大型种畜场和部分县（市）的种公猪及种母猪进行监测，根据抽检结果，采取一系列防患措施。

2015 年，对采集重庆市内 91 个场点的 1 950 份猪组织及血清样品进行高致病性猪蓝耳病病毒检测，结果检出阳性样本 31 份，阳性率为 1.59%。其中，重庆市动物疫病预防控制中心共检测 808 份样品，检出阳性样本 30 份，检出率为 3.71%。对 36 466 份猪血清进行猪蓝耳病抗体检测，合格 30 408 份，合格率 83.39%，达到国家标准。其中，市级监测 815 份、区（县）监测 35 621 份，合格率分别为 70.89% 和 83.68%，除屠宰场外，抽检的不同场群抗体合格率均超过 70%，其中规模场、散养户、屠宰场和其他场点的合格率分别为 78.93%、85.43%、64.62%、84.04%。

2007—2015 年重庆地区高致病性猪蓝耳病疫情情况见表 8－9－4。

表 8－9－4　2007—2015 年重庆地区高致病性猪蓝耳病疫情

年份	重庆地区高致病性猪蓝耳病疫情
2006	万州发生首起高致病性猪蓝耳病疫情
2007	全市有 35 个县（自治县、区）、206 个乡（镇）发生高致病性猪蓝耳病疫情，确诊疫点 374 个，分别占全市区县和乡镇总数的 87.5%、20.96%。总死亡率 44.7%，仔猪、育成猪、成年猪和种猪的死亡率分别为 66.79%、29.83%、25.54%；另有 254 头怀孕母猪流产
2008	6 个区（县）送检的 14 份疑似高致病性猪蓝耳病病料用荧光 RT－PCR 方法进行病原学诊断，结果从 12 份病料中检出了高致病性猪蓝耳病病毒，检出率为 85.71%。共有疫点 8 个，疫情涉及云阳、荣昌、武隆、綦江、巴南、彭水 6 个区（县），其中规模场 5 个，散养户 3 户；8 个疫点存栏生猪 2 269 头，发病 1 277 头，死亡 348 头
2009	全年发生 54 起疑似高致病性蓝耳病疫情，确诊 28 起，涉及巴南、北碚、长寿、涪陵、江北、江津、綦江、黔江、石柱、万州、武隆和北部新区 12 个区（县）。疫点存栏生猪 10 945 头，发病 4 680 头，病死生猪 1 473 头，病死率 31.47%（仅以送样时提交的数据进行统计），疫情涉及 23 个规模养猪场，3 个散养户和 2 个病死猪肉加工点
2010	全年诊断出高致病性猪蓝耳病疫情 16 起，其中发生在规模猪场 11 起，散养户 5 起。疫情涉及北碚、涪陵、江北、开县、南川、万州、武隆、秀山、忠县 9 个区（县）。疫点存栏生猪 2 938 头，发病 748 头，病死生猪 174 头，病死率 23.26%（仅以送样时提交的数据进行统计）
2011	全市共诊断出高致病性猪蓝耳病疫情 10 起，涉及巴南、涪陵、南川、永川、黔江、万州、璧山、石柱、巫溪 9 个区（县）。疫点存栏生猪 6 291 头，发病 2 514 头，病死生猪 1 354 头，病死率 53.86%（仅以送样时提交的流调报告进行统计）
2012	全年发生 1 起疑似疫情，涉及存栏生猪 3 000 头，发病生猪 50 头，病死 25 头，病死率 50.00%
2014	全市仅诊断出高致病性猪蓝耳病疫情 1 起（梁平县一散养户，存栏 12 头，发病 4 头，死亡 1 头）
2015	全市仅诊断出高致病性猪蓝耳病疫情 1 起，疫情发生地为璧山区雪雨鑫农业开发有限公司

第五节　鸡新城疫

新城疫是由副黏病毒引起的鸡、火鸡、鸽子、鸵鸟等家禽和其他禽类的一种烈性传染病，鸭、鹅等水禽一般不发生新城疫。20世纪90年代后，随着集约化、规模化养鸡的发展，重庆市加大了鸡新城疫防控力度，鸡场对自身的防病意识提高，通过国家“无规定动物疫病区”建设、基层防疫设施设备建设和防疫冷链建设等项目，提升了区（县）、乡（镇）基层防疫手段和能力，通过采取科学合理的免疫程序，加强免疫监测，实施严格的消毒和检疫，鸡新城疫的防疫也进一步加强。

2000年后，规模化鸡场的新城疫应免密度已达100%，抗体合格率达到国家规定标准；死亡率已从改革开放前夕的20%左右逐步下降。由于疫苗经费和死亡赔（补）偿经费没有完全解决好，加之有些地方基层防疫队伍的改革还没有完全到位，故在一些地方（特别是散养户）仍时有该病发生。

第六节　狂 犬 病

狂犬病是狂犬病毒所致的人兽共患急性传染病，多见于犬、狼、猫等肉食动物，人多因被病兽咬伤而感染。临床表现为特有的恐水、怕风、咽肌痉挛、进行性瘫痪等。因恐水症状比较突出，故本病又名恐水症。中国的狂犬病主要由犬传播，家犬可以成为无症状携带者，所以表面“健康”的犬对人的健康危害很大。对于狂犬病尚缺乏有效的治疗手段，人患狂犬病后的病死率近100%，患者一般于3～6日内死于呼吸或循环衰竭，故应加强预防措施。

重庆是全国狂犬病多发病和重疫区之一。中华人民共和国成立以来，在党和政府的领导下，先后开展了几次大规模的狂犬病防制活动，使得狂犬病防控工作大见成效。1984年9月，国务院办公厅转发了卫生部、农牧渔业部、公安部《关于加强狂犬病防制工作的意见》，重庆市人民政府也随后转发了文件精神并先后组织成立了市、区（县、市）狂犬病防制指挥部，由分管文教卫生工作的副市长、副区长（副市长、副县长）任指挥长，卫生、农业、公安、财政、警备区、经贸等部门领导为指挥部成员，办公室由卫生、公安、农业部门抽派人员组成，全市实行了“管、免、灭相结合”的综合防制措施，加强了狂犬病防控。从1985年起，全市实施了大面积的预防免疫，常年免疫密度达80%以上。兽医部门的主要任务之一是加强对犬只的预防免疫、犬只带毒情况和疫情监测。

2000年12月14日，《重庆市预防控制狂犬病办法》颁布，自2001年1月1日起施行。其中第四条规定：“各级人民政府应当加强对预防控制狂犬病工作的组织领导和督促检查。”“畜牧兽医行政部门负责兽用狂犬病疫苗的供应，对城乡准养犬只进行预防接种和登记；对犬类狂犬病的疫情进行监测。镇（乡）政府负责辖区内养犬的管理，捕杀狂犬、野犬”。《重庆市预防控制狂犬病办法》于2010年3月2日废止。

2003—2007年，全市犬发生狂犬病的比例呈逐年上升趋势（见表8－9－5）。疫情由2003年的4例上升到2007年的236例，增加59倍，疫情主要发生在农村。主要原因：一是由于农村青壮年大量外出打工，家中留守的老弱病残及小孩为了看家护院而大量养犬，致使全市犬只饲养量由2003年的164.9万只增加到2007年的267.4万只，5年间增加了近100万只，加大了防疫难度；二是农村流浪犬大量增加，2007年达6.9万多只，增大了疫病传播的风险；三是由于市财政十分困难，防控经费长期得不到有效解决，导致犬只免疫率不高，2007年犬狂犬病免疫率为33%，大部分犬处于易感状态。5年间共采用免疫荧光抗体技术和分子生物学技术监测犬组织样品5 378份，从4份犬脑组织中检出了狂犬病毒，检出率为0.074%。2004年12月9日，武隆县仙女山镇白果村武叉路农业社村民倪建超所圈养的犬发生狂犬病，在4小时内连续咬伤6人和3只犬，发病犬当即被村民捕杀深埋。2006年，重庆市农业局印发了《关于做好狂犬病免疫工作的通知》，要求农业部门要做好兽用狂犬病疫苗的组织供应和管理工作，做好犬只的狂犬病免疫，做好犬类产品的防疫监督，做好狂犬病防控知识的宣传工作。

表 8－9－5　2003—2015 年重庆市犬狂犬病发病情况一览表

年份	重庆地区犬只狂犬病发病情况
2003	重庆市犬狂犬病呈逐年上升趋势。疫情由 2003 年的 4 例上升到 2007 年的 236 例，增加 59 倍，疫情主要发生在农村
2008	重庆市动物疫病预防控制中心诊断九龙坡、綦江、万盛、巴南、江津、璧山、武隆等区（县）的狂犬病疫情 22 起
2009	荣昌、綦江、长寿、武隆共发生犬狂犬病 13 例
2010	共诊断出犬狂犬病疫情 8 起，发病动物均为流浪犬，涉及綦江县（5 起）、武隆县（1 起）、长寿区（1 起）和渝北区（1 起）
2011	犬狂犬病疫情 8 起，发病动物包括 2 只家犬和 6 只流浪犬，涉及綦江（3 起）、长寿（2 起）、万盛（1 起）、永川（1 起）和九龙坡（1 起）5 个区（县）
2012	全市诊断出犬狂犬病疫情 5 起，涉及巴南、綦江、渝北、九龙坡 4 个区（县）
2013	长寿、江北、渝北、綦江 4 个区（县）送检的 7 份犬脑组织和 3 份犬血液样品，结果从 3 份组织中检出狂犬病病毒，检出率为 42.86%
2014	全市诊断出犬狂犬病疫情 1 起，涉及铜梁县的农村犬
2015	全市诊断出犬狂犬病疫情 5 起，疫情涉及长寿、渝北、丰都、綦江 4 个区（县）

2007 年 10 月 25 日，重庆市人民政府颁布《重庆市养犬管理暂行办法》，自 2008 年 3 月 1 日起施行。《重庆市养犬管理暂行办法》规定："养犬管理实行养犬人自律、社区管理、政府监管、社会监督相结合的原则。""县（自治县、区）人民政府负责本办法的组织实施，并建立由公安、市政、兽医、卫生、工商等有关部门组成的养犬管理协调工作机制，实施执法联动。""公安部门是养犬管理的行政主管部门，兽医、卫生、市政、工商、物价、财政等部门按照各自职责，共同做好养犬管理工作，村（居）民委员会、业主委员会和犬业协会等有关组织，协助做好养犬管理工作。""兽医部门应当按照便民原则，定期组织动物诊疗机构到城市社区、住宅小区、农村地区提供犬只狂犬病免疫服务，并发放免疫证明。""兽医部门统一规定的犬只狂犬病免疫服务及所用疫苗，由所在县（自治县、区）人民政府统筹解决费用。"

2008 年，全年共对 420 份犬血清进行了免疫抗体监测，结果 134 份样品合格，合格率为 31.90%；同时对送检的 135 份病料进行病原学检测，阳性 22 份，阳性率为 16.30%。2010 年，采用 RT－PCR 方法对 14 个区（县）送来的 336 份犬唾液拭子进行狂犬病病毒检测，结果全为阴性。2011 年，采用 RT－PCR 方法对 6 个区（县）送来的 52 份采自外表健康犬的唾液拭子进行狂犬病病毒检测，结果全为阴性。共检测病原学样品（犬唾液拭子和脑组织）425 份，结果全为阴性；共检测犬血清 555 份，抗体阳性率 47.75%。2012 年，全年共采集 245 份犬唾液拭子，经用 RT－PCR 方法对其进行狂犬病病原学检测，从 5 份拭子中检出狂犬病病毒，病毒检出率为 2.04%；对区（县）送来的犬血清采用酶联免疫吸附试验进行免疫抗体检测，共检测 542 份，结果阳性 387 份，阳性率 71.40%。

第七节　布鲁氏菌病

布鲁氏菌病（又称布氏杆菌病，简称布病）是由布鲁氏菌属细菌引起牛、羊、猪、鹿、犬等哺乳动物和人类共患的一种传染病。中国将其列为二类动物疫病。20 世纪 50 年代布病曾在中国广泛流行，疫情严重地区人畜感染率达 50%。80—90 年代，由于加大防控力度，疫情降至历史最低水平。近年来，随着家畜饲养量不断增加，动物及其产品流通频繁，部分地区布病等人畜共患病的发病率呈持续上升势头，不仅严重影响畜牧业生产，也严重危及人民身体健康和公共卫生安全，截至2015年，全市累计有13个区（县）报告发生或检出过牛羊布病。

为贯彻落实《动物防疫法》《重庆市动物防疫条例》《重庆市无规定动物疫病区管理办法》《全国家畜布病、结核病防治规划（2008—2015年）》《中长期动物疫病防治规划（2012—2020年）》《布鲁氏菌病防治技术规程》，重庆畜牧主管部门和动物防疫单位及时制定相应办法，提出具体措施。坚持预防为主的方针，坚持依法防治、科学防治，建立和完善"政府领导、部门协作、全社会共同参与"的防治机制，采取因地制宜、人畜同步、区域联防、统筹推进的防治策略，加强组织领导和部门合作，落实防控责任，强化技术支撑，进一步完善"政府投入为主、分级负责、多渠道筹资"的经费投入机制，采取监测与流行病学调查、严格限制活畜从高风险地区向低风险地区流动、及时扑杀和无害化处理阳性动物等综合防控措施，使布鲁氏菌病得到有效防控。

重庆市动物疫病预防控制中心编印了《直面"两病"——布病与结核病防控知识问答》一书，并制作布病防治知识宣传挂图等资料，发放到每位乡镇兽医手中，将挂图张贴到每个牛羊养殖场内。市、县两级共投入人畜共患病监测经费174.7万元，每月定期对牲畜布鲁氏菌病和结核病开展监测和分析评估。全市共投入财政经费61万元对监测出的牲畜布鲁氏菌病和结核病阳性动物进行了无害化处理。同时，对检出阳性动物的同群畜实施紧急隔离和跟踪监测，直到不再检出阳性动物方恢复日常监测。2015年全市有111人感染布病（其中4人为兽医），发病人数30人。通过及时的扑杀处置，有效地避免了疫情蔓延，维护了公共卫生安全。

1987—2007年，全市发生过布病疫情的区（县、市）共计有4个（潼南、奉节、南川、万盛），发病牲畜总数为586头，其中牛83头（奶牛58头），羊136头，猪367头；在这些病例中，仅1996年在万盛出现过自然死亡的情况，共死亡羊15只，病死率为27%；20年间因布病扑杀牲畜总数为587头（只），其中牛84头（其中奶牛59头）、羊136只、猪367头；由于重庆市在1987—2007年对布病的防控采取监测、阳性扑杀的防控措施，未对牲畜进行疫苗免疫。

2008—2014年，全市33个区（县）按《动物布鲁氏菌病诊断技术》（GB/T 18646—2002）标准，采用虎红平板凝集试验，对布病进行检测，阳性者由重庆市动物疫病预防控制中心再采用试管凝集试验进行确诊。2015年，全市对采集自2 143个场点的70 325份动物血清进行布病感染抗体的检测，阳性率为3.57%，涉及14个区（县）。抽检的不同场群的感染抗体，规模场的动物个体阳性率为3.74%、群体阳性率为9.10%；散养户的动物个体阳性率为3.15%、群体阳性率为6.04%。

羊间布病阳性率呈快速增长的态势。2011—2013年，重庆市在常规监测中未检出羊布病，但2013年首次从云南、陕西的抽检羊血清中检出布病。2014—2015年，重庆市加大了对羊布病的监测力度，羊布病阳性率出现快速增长的态势，且羊布病比奶牛布病阳性率更高，其中：2014年羊和奶牛个体阳性率分别为2.62%和0.32%；2015年两者个体阳性率分别为3.39%和0.49%。

2012—2015年，市级农发资金累计投入405万元，先后在渝北、巴南、长寿、万州、江津、涪陵、垫江、荣昌、綦江、黔江、丰都、开县、云阳、武隆14个区（县）实施了牛羊布病和奶牛结核病的监测净化项目。项目实施期间，牛结核病的防控效果显著，阳性检出率从4.06%下降到0.59%，下降3.47个百分点。奶牛布病阳性检出率从2.00%下降到0.49%，下降1.51个百分点。通过项目实施，重点区域"两病"疫情得到有效遏制，部分"两病"净化创建场的示范引领作用得到初步显现，使全市"两病"防控工作得以有序推进。

第八节 结核病

结核病是由结核分枝杆菌引起的人兽共患传染病，以多种组织器官形成肉芽肿和干酪样、钙化结节病变为特征。本病分布世界各国，尤其在奶牛中流行比较严重，中国奶牛的感染率较高，猪、鸡也常发生。世界动物组织将其列为 B 类疫病，中国将其列为二类动物疫病。重庆市有 25 个区（县）报告发生或检出过牛结核病。

结核病防控坚持预防为主的方针，重庆市认真贯彻落实我国《动物防疫法》、国家和重庆市关于《中长期动物疫病防治规划（2012—2020 年）》《全国家畜布病、结核病防治规划（2008—2015 年）》《重庆市动物防疫条例》《重庆市无规定动物疫病区管理办法》《牛结核病防治技术规程》，不断加强组织领导，加大经费投入，全面落实监测、检疫、扑杀、消毒相结合的综合防控措施，强化全市流行病学调查，增强疫情处置能力，努力控制和消除结核病对人体健康和畜牧业发展的危害。

1987 年 11 月至 1988 年 4 月，全市开展结核病普查，共检测奶牛 13 210 头，其中阳性 3 235 头，占检查数的 24. 49%，可疑牛尾 808 头，占检查数的 6. 12%。1987 年 11 月至 1988 年 4 月，全市对奶牛进行了结核病普查，共普查奶牛 13 210 头。2005 年，发生牛结核病疫情 1 起，发病总数 17 头，其中农村散养 12 头，养殖场 5 头。利用变态反应监测牛结核病 17 641 例，阳性率 4. 55%。2010 年，重庆市采用牛型结核分枝杆菌 PPD 皮内变态反应试验对 2 669 个场（户）的 13 512 头奶牛进行结核病检测，结果 475 头奶牛呈阳性反应、阳性率 3. 52%。

2015 年，市级采用 γ 干扰素 ELISA 检测方法，区（县）采用牛型结核分枝杆菌 PPD 皮内变态反应试验，对 204 个场群的 12 732 头牛进行了牛结核病的检测，检出率为 0. 78%，较 2014 年（0. 56%）上升了 0. 22 个百分点。其中，所有阳性牛均为奶牛，奶牛的阳性率为 0. 96%，较 2014 年（0. 62%）上升 0. 34 个百分点。从不同场群的监测情况来看，散养户的阳性率最高（2. 17%），其次是商品代饲养场（0. 69%），而种畜场未检出阳性。

第九节 小反刍兽疫

小反刍兽疫又称“羊瘟”，是由小反刍兽疫病毒引起的羊的高度接触性动物传染病，易感羊群的发病率和死亡率可达 100%。该病是 OIE 法定报告动物疫病，中国将其列为一类动物疫病。2012 年国务院办公厅发布《国家中长期动物疫病防治规划（2012—2020 年）》，明确将其列入 13 种重点防范的外来动物疫病。

2007 年，小反刍兽疫首次传入中国西藏阿里地区。2014 年以前重庆市无小反刍兽疫疫情。

2014 年 3 月后，全市陆续发生小反刍兽疫疫情 30 起，涉及 15 个区（县）27 个乡（镇）的山羊 1 815只，病死羊 543 只。其中，26 起为市外调入羊群发病，占疫情总数的 86. 67%，且市外传入的 26 起疫情中，22 起来自山东，占 84. 62%；3 起来自四川，占 11. 54%；1 起来自湖南，占 3. 84%。另有 4 起疫情为外来疫情扩散引发。疫情发生时间主要集中在国家允许活羊跨省调运期间。重庆市动物疫病预防控制中心对 120 份羊血清进行小反刍兽疫免疫抗体监测，免疫合格率为 57. 5%。

2015 年，全市诊断出小反刍兽疫疫情 3 起。疫情涉及彭水、黔江、巫溪 3 个区（县）中 3 个乡（镇）的 235 只山羊，发病 143 只，死亡 20 只。3 起疫情均为市外调入羊群导致发病，且均来自山东。

2015 年 12 月，农业部印发了《全国小反刍兽疫消灭计划（2016—2020 年）》。重庆市坚持预防为主的方针，坚持属地管理、分级负责的原则，实施分区域、分阶段的防治策略。以区域化管理为抓手，全面推动小反刍兽疫消灭工作。建立健全防疫制度，强化养羊场（户）、活羊交易市场的日常防疫管理，定期做好清洗消毒工作，提高生物安全水平；做好免疫接种，免疫抗体合格率应达到 70% 以上，开展免疫效果监测评价，加强疫苗经营和使用监管，确保疫苗效果；依据国家动物疫病监测与流行病学调查计划，切实做好小反刍兽疫监测与流行病学调查工作；加大活羊调运监管力度，严禁活羊由高风险区向低风险区调运，结合当地小反刍兽疫风险评估状况开展产地检疫；抓好宣传培训和应急管理。通过采取免疫、监测、扑杀、移动控制等综合防控措施，使疫情得到有效控制，降低了疫情造成的损失。

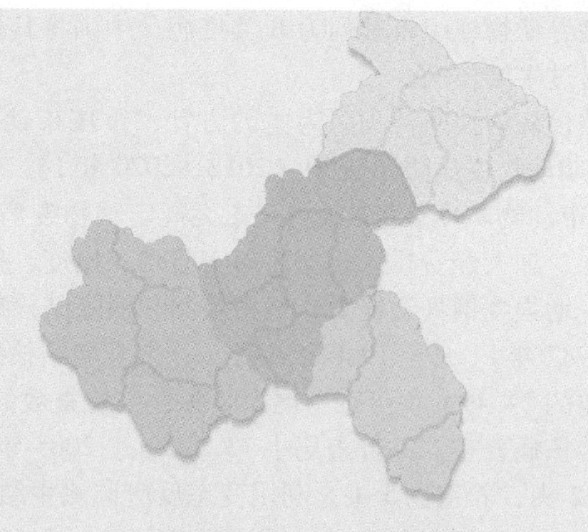

第十章
防控物资及监管

第一节 运输体系

一、疫苗运输

疫苗是特殊商品，不同于常规物品，需按对应温度运输，冻干疫苗的运输温度为零下15摄氏度，灭活疫苗的运输温度为2~8℃。1986—2015年，每年分春秋两季调运中标供应商的疫苗到市级物资储备库，再根据区（县）防疫工作的实际安排，安排疫苗冷藏运输车将疫苗运送到区（县）；区（县）通过冷藏车、冷藏箱和冷藏包的形式将疫苗运送到乡（镇）；基层防疫人员通过冷藏包在乡（镇）兽医站领取当天需要的疫苗，开展防疫工作。

二、其他防控物资的运输

防疫应急物资、证章和消毒剂等其他防控物资的运输，按照“易碎轻放、不挤压”的原则装箱运输。

第二节 冷链体系

1998—2000年，重庆市财政局连续拨款259.7万元（95.7万元、74万元、90万元），按每个乡1 500元的标准，解决了全市乡（镇）兽医（兽防）站冷藏设备问题，做到了乡乡有冰箱，人人有冰盒，有效地保证了疫苗注射的质量。重庆市兽医防疫站配备冷藏车2台，活动冷库3座，大容量冰柜5个，基本上满足了全市生物药品的储存运输需要。

2010年，市财政安排市级农业综合开发资金400万元，为34个区（县）建设冷冻库、冷藏库各1座，开发“重庆市重大动物疫病防控物资监督管理系统”，给38个区（县）和重庆市农业委员会、重庆市财政局，重庆市动物疫病预防控制中心、重庆市动物卫生监督所配备装有“重庆市重大动物疫病防控物资监督管理系统”的专用电脑共50台；印制统一单据和账表，对操作人员进行防控物资管理培训。通过市级有库（冷冻库、冷藏库）、有车（冷藏车）和有柜（冷藏柜、冷冻柜）；区（县）有库（冷冻库、冷藏库）、个别区（县）有车（冷藏车）和有柜（冷藏柜、冷冻柜）；乡（镇）有柜（冷藏柜、冷冻柜）的无缝连接，基本建立了完整的疫苗冷链体系，确保疫苗质量。

一、基层冷藏设备

重庆市农业委员会安排专项资金建设冷链设施项目，1998 年以来，乡镇新增冷冻、冷藏可调温冰柜 442 台；兽医（村级防疫员）新增疫苗冷藏箱 2 335 个，基本能满足重大动物疫病防疫工作的需要。

二、冻库建设

重庆市农业委员会安排专项资金采购建立了重庆市物资储备库（冷藏库 6 座，容积 180 立方；冷冻库 2 座，容积 100 立方）；1998 年以来，为 32 个区（县）建立了物资储备库（冷藏库 34 座，容积 950 立方；冷冻库 34 座，容积 800 立方）。

第三节　重大动物疫病防控物资管理

一、管理制度

重庆市财政局、重庆市农业委员会制定了《重庆市动物重大疫病防控物资管理暂行办法》，重庆市动物疫病预防控制中心同时制定了《重庆市动物疫病防控物资管理规范》，对疫苗等动物疫病防控物资从计划、订购、入库、发放、运送、报损、报表、监督检查等方面做了详细规定，明确了市、区（县）的各自职责，建立健全了保管、发放、领用、报废等方面的规章制度，使疫苗等动物疫病防控物资管理工作有章可循。

二、管理人员

市级、区（县）和乡（镇）安排专人对防控物资进行管理，按照重庆市重大动物疫病的免疫程序和集中免疫季节，分春、秋两季将疫苗从中标厂家调配至重庆市重大动物疫病疫苗储备库，再由重庆市动物疫病预防控制中心将重大动物疫病疫苗通过冷链专用运输车运送到各区（县）；各区（县）在保证有一定储备量的条件下，向辖区内乡（镇）畜牧兽医站发放；乡（镇）和村级动物防疫人员在乡（镇）畜牧兽医站领用疫苗，做到了“采、运、发”及时，保证重大动物疫病防控工作需要。

三、防控物资管理

为了加强防控物资管理，防控部门开发了一套防控物资专用管理软件，配发了 1 台专用电脑，印发了 1 套专用账册。所有防控物资实现了市、区（县）、乡（镇）三级的专人管理、专账管理、动态管理，随时掌握查询疫苗的入库和出库状况，走在全国防控物资管理的前列。

防控物资主要是列入政府采购预算强制免疫使用的牲畜口蹄疫、高致病性禽流感、高致病性猪蓝耳病、猪瘟、小反刍兽疫、狂犬病疫苗和新城疫疫苗（含禽流感—新城疫二联重组活疫苗）、动物免疫证明和动物二维码耳标。

（一）疫苗

1987 年 4 月起，全市改用猪瘟犊牛睾丸细胞苗进行防疫。2003 年，为扎实抓好牲畜口蹄疫防治工作，重庆市全面推行使用进口佐剂的高效浓缩疫苗，在仔猪阉割时免疫，降低了生猪口蹄疫疫苗的副反应。2004 年，全国爆发高致病性禽流感疫情，农业部调拨疫苗开始高致病性禽流感免疫。2005 年开始使用 O 型—亚洲Ⅰ型口蹄疫双价疫苗对牛羊进行免疫。2006 年开始使用禽流感—新城疫二联重组活疫苗对鸡进行免疫。2007 年，农业部开始了高致病性猪蓝耳病和猪瘟的强制免疫，要求用猪瘟兔化弱毒脾淋组织苗对猪瘟进行强制免疫。2008 年开始使用合成肽疫苗进行口蹄疫免疫。2009 年开始使用 A 型口蹄疫疫苗对奶牛进行免疫。2012 年开始用狂犬病疫苗对农村散养犬进行免疫。2013 年开始使用 O 型亚洲 Ⅰ 型 A 型三价灭活疫苗进行免疫。2014 年开始使用小反刍兽疫对羊进行免疫。

全市采购疫苗的主要品种及数量：根据全市上年度畜牧业生产发展实际，采购高致病性禽流感、口蹄疫、猪瘟、高致病性猪蓝耳病、狂犬病疫苗和小反刍兽疫疫苗等 11 种重大动物疫病疫苗（见表 8－10－1）。

表 8－10－1　2001—2015 年重庆市采购疫苗数量及主要品种统计

年份	数量	主要品种
2001	15 687	O 型口蹄疫普通佐剂疫苗、猪三联（猪瘟、猪丹毒、猪肺疫）疫苗、猪二联（猪瘟、猪丹毒）疫苗、猪瘟疫苗、鸡新城疫疫苗、仔猪副伤寒苗、牛出败疫苗
2002	19 925	O 型口蹄疫普通佐剂疫苗、猪三联疫苗、猪二联疫苗、猪瘟疫苗、鸡新城疫疫苗、仔猪副伤寒苗、牛出败疫苗
2003	19 421	O 型口蹄疫进口佐剂浓缩疫苗、猪三联疫苗、猪二联疫苗、猪瘟疫苗、鸡新城疫疫苗、仔猪副伤寒苗、牛出败疫苗
2004	12 369	O 型口蹄疫进口佐剂浓缩疫苗、猪三联疫苗、猪二联疫苗、猪瘟疫苗、鸡新城疫疫苗、高致病性禽流感疫苗。本年度开始取消对仔猪副伤寒苗、牛出败疫苗的财政补贴
2005	16 597	O 型口蹄疫口佐剂浓缩疫苗、亚洲 Ⅰ 型口蹄疫疫苗、O 型—亚洲 Ⅰ 型口蹄疫双价疫苗、高致病性禽流感疫苗、猪三联疫苗、猪二联疫苗、猪瘟疫苗、鸡新城疫疫苗 16 597 万毫升
2006	28 018	O 型口蹄疫进口佐剂浓缩疫苗、O 型—亚洲 Ⅰ 型口蹄疫双价疫苗、高致病性禽流感疫苗、禽流感—新城疫二联重组活疫苗、猪三联苗、猪二联苗、猪瘟疫苗、鸡新城疫活疫苗
2007	29 914	O 型口蹄疫进口佐剂浓缩疫苗、O 型—亚洲 Ⅰ 型口蹄疫双价疫苗、高致病性禽流感疫苗、禽流感—新城疫重组二联活疫苗、高致病性猪蓝耳病疫苗、猪三联苗、猪瘟肺疫二联苗、猪瘟疫苗
2008	35 715	O 型口蹄疫进口佐剂苗、O 型合成肽苗 8、O 型—亚 Ⅰ 双价苗、高致病性禽流感、禽流感—新城疫重组二联活苗、猪瘟疫苗、高致病性猪蓝耳病疫苗
2009	39 145	O 型口蹄疫进口佐剂浓缩疫苗、O 型—亚洲 Ⅰ 型口蹄疫双价疫苗、口蹄疫合成肽疫苗、A 型口蹄疫疫苗、高致病性禽流感疫苗、禽流感—新城疫重组二联活疫苗、高致病性猪蓝耳病疫苗、猪瘟疫苗 4 168.2 万头份、狂犬病疫苗
2010	38 519	O 型口蹄疫进口佐剂浓缩疫苗、O 型口蹄疫合成肽疫苗、O 型—亚洲 Ⅰ 型口蹄疫双价疫苗、A 型口蹄疫疫苗、高致病性禽流感疫苗、禽流感—新城疫重组二联活疫苗、高致病性猪蓝耳病灭活疫苗、高致病性猪蓝耳病弱毒疫苗、猪瘟疫苗
2011	43 198	O 型口蹄疫进口佐剂浓缩疫苗、O 型口蹄疫合成肽疫苗、O 型—亚洲 Ⅰ 型口蹄疫双价疫苗、A 型口蹄疫疫苗 14.09 万毫升、高致病性禽流感疫苗、禽流感—新城疫重组二联活疫苗、高致病性猪蓝耳病灭活疫苗、高致病性猪蓝耳病弱毒疫苗、猪瘟疫苗
2012	43 757	O 型口蹄疫进口佐剂浓缩疫苗、O 型口蹄疫合成肽疫苗、O 型—亚洲 Ⅰ 型口蹄疫双价疫苗、A 型口蹄疫疫苗 14.09 万毫升、高致病性禽流感疫苗、禽流感—新城疫重组二联活疫苗、高致病性猪蓝耳病灭活疫苗、高致病性猪蓝耳病弱毒疫苗、猪瘟疫苗、狂犬病疫苗
2013	40 853	O 型口蹄疫进口佐剂浓缩疫苗、O 型口蹄疫合成肽疫苗、O 型—亚洲 Ⅰ 型口蹄疫双价疫苗，A 型口蹄疫疫苗、口蹄疫 O 型亚洲 Ⅰ 型 A 型三价灭活疫苗、高致病性禽流感疫苗、禽流感—新城疫重组二联活疫苗、高致病性猪蓝耳病灭活疫苗、高致病性猪蓝耳病弱毒疫苗、猪瘟疫苗、狂犬病疫苗
2014	39 359	O 型口蹄疫进口佐剂浓缩疫苗、O 型口蹄疫合成肽疫苗、O 型—亚洲 Ⅰ 型口蹄疫双价疫苗、口蹄疫 O 型亚洲 Ⅰ 型 A 型三价灭活疫苗、小反刍兽疫活疫苗、高致病性禽流感疫苗、禽流感—新城疫重组二联活疫苗、高致病性猪蓝耳病灭活疫苗、高致病性猪蓝耳病弱毒疫苗、猪瘟活疫苗、狂犬病疫苗

（续）

年份	数量	主要品种
2015	38 120	猪O型口蹄疫进口佐剂浓缩疫苗、O型口蹄疫合成肽疫苗、O型—亚洲Ⅰ型口蹄疫双价疫苗、口蹄疫O型亚洲Ⅰ型A型三价灭活疫苗、小反刍兽疫活疫苗、高致病性禽流感疫苗、禽流感—新城疫重组二联活疫苗、高致病性猪蓝耳病灭活疫苗、高致病性猪蓝耳病弱毒疫苗、猪瘟活疫苗、狂犬病疫苗

疫苗采购数据的收集及核定。每年10月，重庆市防治动物重大疫病指挥部办公室下达文件，要求各区（县）根据畜牧生产实际情况上报次年的重大动物疫病疫苗的需求计划；重庆市动物疫病预防控制中心负责数据的收集整理和审核工作；报重庆市农业局（2008年机构合并后报重庆市农业委员会）和财政审定，并确定次年各种重大动物疫病疫苗的采购量。

疫苗招标及采购程序。2000年起，根据重庆市财政局和重庆市农业委员会审定的计划，由重庆市人民政府招标采购中心负责招标。重庆市财政局随机抽选专家组成评标委员会，采用综合评分法进行评标，并将评标结果挂网公示3个工作日，无异议后，重庆市动物疫病预防控制中心依据招标结果分别与各中标企业签订采购合同。整个招标、评标、合同签订等各个环节均受到市监察局全程监督，做到了疫苗招标采购的公开、公平和公正。

（二）免疫证明

全市自1987年开始对免疫动物实行免疫证管理，1998年底，开始实施全国统一的动物免疫证。2001年，重庆市农业局印发了《重庆市动物免疫证管理暂行办法》，规范了动物免疫证明的使用和管理。2001—2015年共发放动物免疫证17 615万张。

（三）耳标

为切实加强和规范动物免疫标识的使用管理，2002年5月，农业部颁布《动物免疫标识管理办法》后，全市印发了《重庆市农业局关于动物免疫标识管理办法的实施意见》，明确动物免疫标识的使用管理，同时将免疫标识实施纳为对各区（县）年终动物防疫监督目标考核的内容。2012年，全市率先在动物免疫标识上使用连续编码，同时开始研发二维码耳标。2002—2015年共发放免疫耳标21 026万枚。

五、应急防控物资管理

应急物资的储备种类和采购方式。重庆市动物疫病预防控制中心常年代重庆市人民政府储备移动式消毒通道、防护服、扑杀器、消毒药等应急物资，每年根据农业综合开发资金拨付和库存情况提出采购申请报重庆市农业委员会审批，由市财政根据金额大小指定招标采购公司，然后完成制作标书、开标、评标、公示、签订合同、验收及付款等一系列后续工作。

应急物资的发放方式。重庆市农业委员会根据疑似疫情发生的情况，统一安排调拨应急物资，由重庆市动物疫病预防控制中心安排专车送达指定地点，完成货物的交接手续，区（县）在规定时间内完成申请应急物资的上报工作，重庆市农业委员会及时批复，重庆市动物疫病预防控制中心做好物资的账目登记工作。

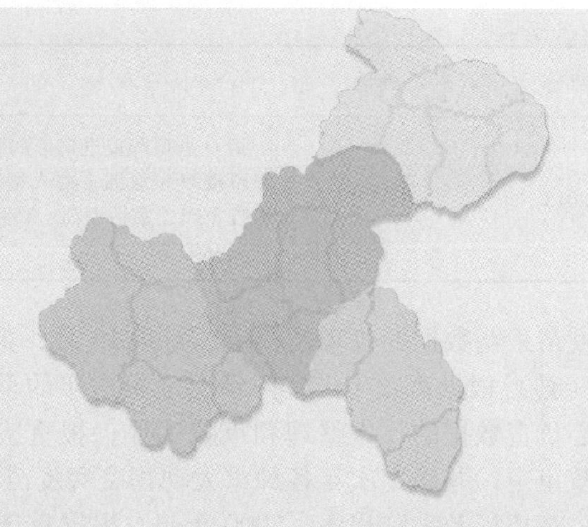

第十一章
动物卫生监督

动物卫生监督是国家动物卫生监督和管理部门，依照法律和法规要求，对动物防疫及动物产品安全实施监督检查和管理的活动。主要对动物防疫工作实施监督检查，对动物及动物产品进行检疫检测，对兽药、饲料和饲料添加剂以及动物产品安全实施监督管理，对动物产品实施卫生监督，以及管理动物检疫证章及标志。

重庆市真正法定意义上的动物卫生监督是从1995年的重庆市动物卫生检疫站增挂重庆市兽医卫生监督检验所牌子开始的。2004年爆发全国性的高致病性禽流感，严重威胁人民大众生命安全，阻碍了畜牧业可持续健康发展，国家下决心推进兽医管理体制改革，在2007年前后，全国各地先后成立了省、市、县3级动物卫生监督机构，动物卫生监督工作逐步走向正轨。

重庆市动物卫生监督所自2007年成立后制定实施了“2007年平稳过渡、2008年打基础、2009年见成效、2010年上台阶”的4年发展计划，2011—2015年集中力量实施了体制机制健全化，队伍素质提升化，基础设施标准化，执法监督精细化，管理方式信息化和“绿剑护农·动监卫士”执法品牌专项的“五化一品牌”提升工程，推进了重庆市动物卫生监督工作的提质、上档、升级。

第一节　队伍建设

一、执法机构

1995年，重庆市动物卫生检疫站增挂重庆市兽医卫生监督检验所牌子。重庆市兽医卫生监督检验所属行政执法性质事业单位，负责对辖区内有关单位和个人遵守与执行相关条例及有关规章、制度、办法、标准的情况，进行监督检查和监测；纠正和制止违反畜禽防疫行政法规、规章和规定的行为，决定兽医卫生行政处理处罚，受理兽医卫生行政案件，复议裁决兽医卫生行政纠纷；鉴定裁决兽医卫生技术争议；负责其他兽医卫生监督管理事务。

2003年，重庆市兽医卫生监督检验所与重庆市兽医防疫站等单位合并组建重庆市动物卫生监督总站。主要负责畜禽防疫、畜禽防疫监督检查；畜禽和畜禽产品检疫；重大疾病的诊断；饲料、兽药产品的监督检验及管理；畜产品质量检验测试的安全监督；畜禽防疫物资的计划、储备，畜禽技术推广体系建设指导；兽医新技术和新产品的推广。

2007年，根据《国务院关于推进兽医管理体制改革的若干意见》的相关要求，重庆市动物卫生监督总站分拆为重庆市动物卫生监督所和重庆市动物疫病预防控制中心。重庆市动物卫生监督所列入参照公务员法管理范围名单，单位实施参照公务员法管理。主要负责：组织实施全市动物防疫、动物和动物产品检疫、动物卫生监督检查，依法查处动物防疫、检疫违法案件；参与草拟和实施重大动物疫情防控技术方案，监督隔离、封锁、扑灭等重大疫情应急处置措施的落实；参与组织全市官方兽医、执业兽医资格培训、考核工作；负责公路动物防疫监督检查站的管理和业务指导工作；负责动物无害化处理场、动物防疫检疫监督网络信息系统管理，承担动物防疫监督110联动工作。

通过改革开放30多年来的演变，明确了重庆市动物卫生监督所为动物卫生监督执法机构，各区（县）也相继成立动物卫生监督所，在各乡（镇）或化片区成立各区（县）动物卫生监督所的派出机构，具体承担一线动物卫生监督执法任务。

二、执法人员及身份认定

动物检疫员。2005年，根据《重庆市动物检疫员管理办法》，动物检疫员的职责是承担动物检疫。2009年，重庆市农业委员会新出台《重庆市动物检疫员管理办法》，明确在尚未实施官方兽医制度前，动物卫生监督机构的动物检疫员，具体承担动物、动物产品检疫工作。

动物防疫监督员。根据2015年1月印发的《重庆市动物防疫监督员管理暂行办法》，动物防疫监督员是实施《动物防疫法》及有关法规的执法监督管理人员。动物防疫监督员不得兼任动物检疫员。其主要职责是：对生产、经营、运输环节的动物和动物产品进行监督检查；对动物免疫、检疫的结果和处理情况进行监督检查，对有争议的进行监察纠正，或报所在地动物防疫监督机构仲裁；对违反《动物防疫法》和有关法规的单位和个人，按规定给予处罚，或报主管部门处理等。

官方兽医（又称兽医官）。根据《国务院关于推进兽医管理体制改革的若干意见》，于2005年首次提出将推行官方兽医制度和执业兽医制度，官方兽医作为执法主体，对动物及动物产品进行全过程监控并出具动物卫生证书。重庆市于2012年首次为具备规定资格条件的人员办理官方兽医资格。

执法证件。1999年，重庆市兽医防疫站为部分技术干部申办了农业行政执法证。2010年，为全市多名动物卫生监督执法人员申请了农业部颁发的农业行政执法证。此后，通过参加重庆市法制办公室和各区（县）法制办公室举办的法制培训课程，可办理农业行政执法证。

三、执法能力提升

动物卫生监督对于打击危害畜产品安全违法行为，消除畜产品的安全隐患，保障人民大众生命安全，促进畜牧业又快又好发展，具有重要的保障作用。这既是一项管理性很强的执法工作，又是一项技术性很高的业务工作，需要一定素养和技术的人员来执行。长期以来，全市各级动物卫生监督机构加强了队伍素质建设。并通过2008年1月创刊的《重庆动物卫生监督专刊》宣传，重点报道全市动物卫生监督工作采取的重大行动、先进措施和良好成效，印送农业部、市级有关部门、相关省份、各区（县）兽医主管部门和动物卫生监督所，受到各单位的广泛好评。专刊共编发32期，于2012年12月停刊。

（一）业务培训

1990年5月，举办第二期兽医卫生监督员行政法规培训班，对61名监督员进行了培训。

1992年，对全市21个区（县）的42名兽医卫生监督员骨干开展执法培训。

1995年5月，举办了两期兽医卫生监督员培训员培训班，共139人参加培训，占全市监督员的66.8%。

1996年3月，分7期对全市350名检疫员骨干进行了培训和考核。1996年9月，对全市130名兽医卫生监督员进行了业务培训。使全市95%以上的检疫员和监督员都受过培训。举办首期兽医卫生监督员行政法规培训班，全市19个区（县）的37名监督员参加培训，为区（县）新办理兽医卫生检疫证 27 个。

1997 年 4—6 月，分 8 期对全市 760 名监督员和重点乡（镇）站长进行了培训和考核。举办培训班 150 多期，对全市 5 600 名检疫员进行了全员培训和考核，经清理整顿，取消资格 215 人，受行政处分 64 人。

1999 年 4 月，对全市最后一批监督员和重点乡（镇）的站长进行了培训和考核，完成了监督员队伍的清理整顿工作。举办 150 期检疫员培训班，1999 年 9 月，对全市约 5 000 名检疫员进行统一考试，4 500 名检疫员考试合格，180 名考试不合格。1999 年 11 月组织了补考，仍不及格的检疫员，清理出检疫队伍。

2001 年，举办检疫员培训班 35 期，培训人员 3 600 余名，合格率 95%。对全市 150 余名监督员开展了法律法规和执法程序培训。2004 年，对全市检疫员分两级进行了培训、考核。乡（镇）屠场检疫员共培训 4 123 人，县级屠场检疫员共培训 478 人。对 3 689 名合格人员核发动物检疫员证，对第一次考试不合格的 952 名检疫员，市里进行再次培训、考核。

2008 年，全年共举办培训班 120 余期，培训检疫监督人员 9 000 多人次。

2009 年，先后举办动物卫生监督执法培训班，动物防疫检疫师资培训班，村级防疫员培训班，各区（县）共 600 多名动物卫生监督执法人员、动物防疫检疫师资、村级防疫员参加了培训班。

（二）行风整顿

1989 年，对市原 108 名监督员进行了清理整顿，对不在岗、调离工作、退休的 16 名兽医卫生监督员给予免除，对符合条件又工作需要的 80 名兽医卫生监督员给予继续留任。增补 36 名具备条件并经考试合格的兽医卫生监督员。

2002 年，整顿检疫员队伍，清除检疫人员 156 人，增补符合条件的检疫人员 36 人。33 个区（县）建立了专职检疫队伍。

2003 年，开展动物检疫执法队伍清理整顿，对重庆市 30 个区（市、县）开展了检疫员的培训工作，考试考核检疫员 4 000 多名。

2005 年，在全市动物检疫及动物防疫监督队伍内开展了为期 4 个月的动物防疫监督执法行风整顿行动。共编印学习资料近 7 000 册，培训动物检疫员 4 000 余人，举办动物防疫监督员培训班 5 期，培训监督员 626 人。查出检疫员违规案件 76 件，处理违规检疫员 102 人次，其中 2 人被撤销动物检疫员资格。

2010 年，实施动物卫生监督队伍素质提升行动。制定了《重庆市动物卫生监督队伍素质提升行动实施方案》和《2010—2012 年重庆市官方兽医培训方案》，对为期 3 年的队伍素质提升工作进行了全面安排部署。市级共组织动物卫生监督执法培训班 4 期、动物屠宰检疫技术培训班 3 期、官方兽医远程培训班 1 期、动物疫情与动物卫生监督信息系统软件应用培训班 1 期、能繁母猪保险专用耳标管理培训班 1 期，共培训 1 800 多人次。组织基层人员参加中国农业大学举办的远程学历教育，参学人员 748 人。

2012 年，集中开展了“三训两活动”，即大规模远程培训、集中短期培训、骨干定点培训和执法办案交流活动、信息员集中抽考活动。全年共开展培训班 10 期，参训人数达 4 500 多人次。组织召开了全市动物检疫监督队伍行风整训大会，开展了全市检疫监督队伍行风整训工作。期间，共处理违规违纪人员 23 人。2012 年，重庆市开始打造“绿剑护农·动监卫士”执法品牌，之后每年都会开展专项执法活动。

（三）技能竞赛

2000 年，举办“检疫技能操作大比武”，经县（区）内检疫“比武”、片区预赛，选拔出 31 名检疫员参加全市决赛。评出9名“检疫状元”，18名“检疫标兵”，4名“检疫能手”。21个区（县）开展了检疫员培训工作，举办培训班42期，培训检疫员2 500人。全市30个县组建推广检疫专职队伍，实行“四统一”的检疫管理模式。

2008年，重庆市在全国首次举办“动物卫生监督执法大比武活动”，700人参加预赛，70人参加决赛。

（四）专家库建设

2010年，采取“上挂下派”的形式，实施了“十百千”人才交流工程，共完成交流300多人。

2014年，专家库入库1 463人，其中市级专家能手361人，县级备案能手1 102人。

2015年，针对全市动物卫生监督系统“十百千”专家能手人才库建设，举办了各种培训班和专题活动6期，参训人数1 300多人次，并派出120余人次参加全国统一培训。

第二节 执法装备

一、执法标志

2009年12月，根据《农业部办公厅关于启用动物卫生监督执法标志图案的通知》要求，制定了《动物卫生监督执法标志使用规范》。同年，全市正式启用新的动物卫生监督执法标志。

二、执法服装

2010年1月，重庆市出台了规范全市动物卫生监督执法人员防护服及防护用品的通知，对动物卫生监督执法人员及动物检疫人员的防护服及相应的防护用品做了统一规定。

三、执法车辆

2003年4月，经重庆市公安局交通管理局批准，重庆市在全国首次对动物卫生监督系统50台执法车安装了二类警示器具（其中9台安装移动式警示器具）。2009年，经重庆市公安局交通管理局批准，全市增加10辆执法车安装二类警示器具。2009年，为全市增配执法车辆40台。同时，按农业部要求，正式启用新动物卫生监督执法标志。

2004年上半年，重庆市禽流感大面积爆发，为了确保在第一时间内快速运送防疫物资和处置紧急疫情，降低运输费用，减少运输时间，经重庆市人民政府批准，由重庆市交通委员会为重庆市农业局办理了19块防治禽流感专用车辆标志牌，所有道路免费通行，使用时限至2014年6月30日止。2004年7月，鉴于重大动物疫情仍在发生，经请示重庆市人民政府，将原19块专用车辆标志牌压缩到10块，延长使用期限至2015年6月30日止。2005年6月，全国高致病性禽流感和口蹄疫疫情十分严峻，中央连续发出11份密电，4份安排部署高致病性禽流感和口蹄疫防控工作，农业部每10天通报一次口蹄疫疫情。为有效防治动物重大疫病的发生，经请示重庆市人民政府，将紧急疫情处置指挥专用车辆（10台）标志和免费通行时限延长至2006年6月30日。

四、执法箱

2015年，重庆市共添置50套执法箱，执法箱内配有笔记本电脑、打印机、录像机、执法记录仪、照相机、电筒等其他辅助设备，为动物卫生监督执法提供了强有力的技术支撑，为动物卫生监督执法过程全记录的机制建设打下了坚实的基础。

第三节　行政执法

一、养殖环节的监管

2005 年开始，全市推行了“市包县、县包乡、兽医人员包村社和养殖大户”为基础的兽医工作定点联系制和挂牌兽医、包片兽医责任制，将重大动物疫病防控目标责任和工作措施定人定岗落实到了动物防疫各环节。形成了分片包干，责任到人，措施到位，服务到家的良好监督执法机制，开创了监督执法工作“自上而下、全民动员”和“横向到边、纵向到底”的良好局面。

2008 年，我国新修定的《动物防疫法》明确了动物防疫监督管理责任。2009 年，重庆市动物卫生监督所下发《关于加强养殖环节动物卫生监管工作的通知》《关于认真做好畜禽规模养殖场信息登记和防疫监管工作的通知》，建立了养殖环节监管工作机制。一是明确了监管内容，将规模场动物防疫条件、强制免疫、无害化处理等列为监管的主要内容；二是建立了养殖环节监管巡查记录制度；三是落实挂牌兽医和包片兽医监管责任制；四是开始查处养殖违法行为。这标志着养殖环节动物卫生监管工作全面启动。

2010 年，重庆市动物卫生监督所下发《关于强化养殖监管提高防疫质量的通知》进一步明确将常年补免工作的落实情况列为养殖环节监管的重要内容，强化挂牌兽医、包片兽医补免监管责任，推进强制免疫申报制、三旬分类免疫制、规模场按程序实施自主免疫等常年免疫制度的工作责任，确保能及时发现并消除免疫空挡和空白，降低重大动物发生风险。

2011 年，全市首次对畜禽防疫档案进行统一规范，设计了 15 种畜禽规模养殖场及散养防疫记录表；首次制定了规模养殖场 10 项基本动物防疫制度，即：动物防疫制度、挂牌兽医责任制度、动物免疫制度、消毒制度、病死畜禽无害化处理制度、动物疫情报告制度、动物检疫申报制度、饲养场进出人员管理制度、畜禽隔离观察制度、免疫标识管理制度。并明确式样上墙。

2013 年，制定了《重庆市畜禽养殖场精细化动物卫生监督规范（试行）》，全面推进畜禽养殖场“卫生评估、风险分级、量化监督、痕迹管理”的精细化监督机制。对全市规模养殖场实行“挂牌兽医”监管，按养殖场风险 A 级两月 1 次、B 级每月 1 次、C 级每月 2 次的频率开展巡回检查；对散养户以村为单位实行“包片兽医”监管，每月至少开展 1 次巡回检查；对全市 7 782 个生猪规模化养殖场（养殖小区）实行了全覆盖监管，监管率达到了 100%。以中小规模场为重点，组织开展规模养殖场动物防疫监管专项整治行动，对其中的 5 734 个畜禽规模养殖场进行了督导整改，动物防疫条件整改率达到 86%；查处各类违法行为 452 起。按一般程序立案查处案件 73 起，共处罚款 18.1 万元，打破了养殖环节案件查处几乎为 0 的局面。

2015 年 1 月，在垫江县召开全市畜禽养殖场精细化动物卫生监督现场会，现场观摩学习了垫江县开展的畜禽养殖场“卫生评估、风险分级、量化监督、痕迹管理”精细化动物卫生监督工作成功经验，全市全面推行畜禽养殖场精细化动物卫生监督工作。

二、流通环节监管

（一）指定道口检查站建设

指定道口检查站的建设是“重庆市国家无规定动物疫病区示范区”建设的一部分。1999 年设立了 34 个“动植物检疫监督检查消毒站”。2002 年调整为 46 个检查站。2003 年调整设立 64 个检查站。2006 年林业、卫生主管部门加入，重庆市人民政府综合平衡建立 49 个周边道路“防疫检查消毒综合站”。2007 年增加“柑橘疫情检查站”，设立 56 个“防疫检查消毒综合站”。2009 年调整为 40 个道口检查站。2011年调减为35个检查站。2014年批准设立31个检查站。

1999年，“重庆市国家无规定动物疫病区示范区”建立。2000年，为了认真贯彻《中华人民共和国动物防疫法》和《植物检疫条例》，防止外疫传入，进一步加强交通运输环节的动植物检疫监督工作，重庆市人民政府办公厅印发《关于在我市境内设立动植物检疫监督检查消毒站的通知》，确定在全市设立了34个动植物检疫监督检查消毒站。2002年1月4日，为了实施好重庆市国家无规定动物疫病区示范区建设项目，要求在划定区域界限的边界上建立防疫屏障，重庆市人民政府在原批准设立的34个公路检查站的基础上重新布局调整，批准设立46个检查站，加强了监督检查力度。

2003年，重庆市人民政府印发《关于同意调整公路动植物检疫监督检查消毒站的批复》，同意在重庆市与湖南、湖北、贵州、四川、陕西等省交界和市内的部分交通要道，对原有的46个动植物检疫监督检查消毒站进行调整，设立64个检查站。同年，重庆市农业委员会向重庆市交通委员会呈送《关于在荣昌桑家坡高速公路上设置检查站的函》，重庆市交通委员会向重庆市人民政府报送《对市有关部门在高速公路上设置检查站的紧急请示》，经重庆市人民政府批复同意“将原成渝高速公路上桥路口公路动植物检疫监督检查消毒站调整至荣昌县桑家坡路口”。这是重庆市历史上第一个，也是至2015年唯一一个在高速路上执行任务的检查站。

2006年，林业、卫生主管部门因工作需要提出建立周边道路防疫检查消毒综合站。重庆市财政局、重庆市农业局、重庆市卫生局、重庆市林业局联合向重庆市人民政府上报《关于建设重庆市周边道路防疫检查消毒综合站的请示》。重庆市人民政府作出了《重庆市人民政府关于建立周边道路防疫检查消毒综合站的批复》，同意建立49个周边道路防疫检查消毒综合站。其职责是：农业、林业主管部门依照有关法律法规规定，开展动物防疫监督、农业植物病虫害、林业植物病虫害的检查、防疫、检疫、消毒等工作；卫生主管部门在紧急情况下按照《国家突发公共安全事件应急处置条例》的规定，开展对可疑病人的检查、防疫和交通工具的消毒工作。

2007年，重庆市财政局、重庆市农业局、重庆市卫生局、重庆市林业局依据《重庆市人民政府关于建立周边道路防疫检查消毒综合站的批复》和《重庆市人民政府关于设立柑橘疫情检查站的批复》，决定在全市建设56个周边道路防疫检查消毒综合站，并发布《关于建设重庆市周边道路防疫检查消毒综合站的通知》。

2009年，为加强全市动物及动物产品的安全监管，重庆市人民政府决定在全市范围内实施无规定动物疫病区管理，颁布了《重庆市人民政府关于在全市范围内实施无规定动物疫病区管理的通告》，对动物及产品调运前的备案、运输至重庆市边境的指定道口检查站检查以及落地后的隔离观察都作出了要求，同时发布40个指定道口检查站。

2011年12月16日，《重庆市人民政府关于优化调整指定道口动物卫生监督检查站的通告》，批准设立35个检查站。

2014年7月17日，重庆市人民政府印发《关于调整指定道口动物卫生监督检查站的通告》，明确设立31个检查站。具体是：

万州区：重庆市万利高速公路龙驹动物卫生监督检查站。

黔江区：重庆市黔咸公路舟白动物卫生监督检查站。

大渡口区：重庆市茄子溪火车站动物卫生监督检查站。

江北区：重庆市长江寸滩码头动物卫生监督检查站。

渝北区：重庆市渝邻高速公路大湾动物卫生监督检查站、重庆市江北国际机场动物卫生监督检查站。

江津区：重庆市渝泸高速公路塘河动物卫生监督检查站、重庆市津柏公路先锋动物卫生监督检查站。

合川区：重庆市渝武高速公路钱塘动物卫生监督检查站。

永川区：重庆市永泸公路吉安动物卫生监督检查站。

南川区：重庆市渝道公路大有动物卫生监督检查站。

綦江区：重庆市渝黔高速公路安稳动物卫生监督检查站。

大足区：重庆市渝蓉高速公路铁山动物卫生监督检查站。

潼南县：重庆市渝遂高速公路双江动物卫生监督检查站。

荣昌县：重庆市成渝公路安富动物卫生监督检查站、重庆市成渝高速公路桑家坡动物卫生监督检查站。

梁平县：重庆市318国道碧山动物卫生监督检查站、重庆市渝巫公路新盛动物卫生监督检查站。

城口县：重庆市城岚公路北屏动物卫生监督检查站、重庆市城万快速公路双河动物卫生监督检查站。

垫江县：重庆市垫丰公路桂溪动物卫生监督检查站。

开县：重庆市开城公路大进动物卫生监督检查站、重庆市万达高速公路南雅动物卫生监督检查站。

云阳县：重庆市云利公路清水动物卫生监督检查站。

奉节县：重庆市奉恩公路兴隆动物卫生监督检查站。

巫山县：重庆市渝宜高速公路骡坪动物卫生监督检查站。

巫溪县：重庆市巫石公路白鹿动物卫生监督检查站。

石柱土家族自治县：重庆市沪蓉高速公路冷水动物卫生监督检查站。

秀山土家族苗族自治县：重庆市渝湘高速公路洪安动物卫生监督检查站、重庆市326国道隘口动物卫生监督检查站。

酉阳土家族苗族自治县：重庆市酉沿高速公路小河动物卫生监督检查站。

（二）检查站管理工作

2004年，为规范检查站检查执法，检查站所有在编执法人员均办理了“公路检查证”。公路检查证每两年一换，2006年、2008年、2010年、2012年换发了公路检查证。2014年取消使用公路检查证。

2004年，巫溪县出现了“8·18”公路三乱事件后，重庆市建立了防止公路三乱“谁主管，谁负责”的考核和责任追究制。2006年4月14日，重庆市交通委员会、重庆市公安局、重庆市人民政府纠正行业不正之风办公室发布了《关于印发2006年重庆市治理公路“三乱”工作实施意见的通知》，进一步强调并规范检查站防止公路“三乱”工作。

2006年6月，重庆市动物卫生监督总站制定《重庆市公路动物防疫监督检查站规范》，规范检查站办公场所及人员管理。2007年3月，为进一步规范全市检查站的管理，加强运输环节的动物防疫监督检查工作，依照农业部《公路动物防疫监督检查站管理办法》及其配套技术规范的要求，经重庆市农业局同意，全市设置的77个检查站，并于2007年3月1日正式启用全国统一的监督专用签章。检查站监督专用签章限用于出县境动物（动物产品）检疫合格证明签章和检查站业务报表签章。同时，将检查站监督专用签章通报农业部、各兄弟省份动物卫生监督所，接受其监督。2011年8月，重庆市动物卫生监督所制定《重庆市指定道口动物卫生监督检查站建设与管理办法（试行）》，为指定道口的建设及管理工作提供了依据。

2014年2月，根据重庆市农业委员会、重庆市财政局《关于下达2013年市级农发资金任务类项目建设任务的通知》和重庆市农业委员会《关于加强2012年指定道口动物卫生监督检查站建设项目实施管理的通知》要求，渝北区、大足区、石柱土家族自治县、秀山土家族苗族自治县、开县、巫山县要分别承担新建渝北大湾、大足铁山、石柱冷水、秀山洪安、开县南雅、巫山骡坪检查站的项目建设任务。

检查站自设立以来，对重庆市外来动物疫病防疫发挥了重要作用。

2010—2015年重庆市指定道口检查站市外调入动物及动物产品情况见表8－11－1。

表 8－11－1 2010—2015 年重庆市指定道口检查站市外调入动物及动物产品情况表

年份	消毒车辆（车次）	猪（头）	牛（头）	羊（头）	鸡（只）	鸭（只）	鹅（只）	动物产品（千克）	折合猪当量（头）	疫情
2015	44 830	3 382 836	22 016	3 491	2 317 281	627 724	31 700	205 723 461	6 269 154	8
2014	47 742	4 116 357	21 145	3 592	1 253 330	292 449	14 361	153 871 557	6 292 896	11
2013	48 824	4 016 334	34 364	9 352	2 174 697	889 994	24 912	150 771 625	6 238 690	7
2012	47 009	3 029 162	31 594	18 032	2 855 516	1 786 041	108 951	114 127 569	4 774 370	6
2011	48 188	3 054 075	46 786	33 705	2 134 197	4 363 793	66 369	80 358 555	4 458 800	3
2010	27 187	1 806 283	14 597	33 449	2 266 720	2 587 870	290 458	56 886 000	2 722 647	6
合计	315 943	19 405 047	170 502	101 621	13 001 741	10 547 871	536 751	837 067 810	30 756 559	33

（三）调运动物准入备案

2009 年 5 月 11 日，根据重庆市防治动物重大疫病指挥部《关于加强动物调运监管工作的通知》要求，重庆市动物卫生监督所制定了统一的《重庆市动物调运备案单》（见下表），自 2009 年 6 月 1 日起在全市范围内使用。

重庆市动物调运备案单（存根联）

编号№：

货主		联系电话	
动物种类		数量	
用途		调出地	
到达目的地			
运输方式	□公路　□铁路　□水路　□航空		
本人承诺，遵守《中华人民共和国动物防疫法》及重庆市无规定动物疫病区动物调运管理有关规定。 申请人签名： 年　月　日	经办人签字： 年　月　日		

重庆市动物调运备案单（随货同行联）

编号№：

货主		联系电话	
动物种类		数量	
用途		调出地	
到达目的地			
运输方式	□公路　□铁路　□水路　□航空		
同意引进 区县动物卫生 监督机构（章） 年　月　日 此备案单　日内有效。	重庆市辖区动物卫生监督检查站（签章） 年　月　日 检查人员签名： 重庆市辖区动物卫生监督检查站（签章） 年　月　日 检查人员签名：		

（四）市场监管

2004年2月，重庆市动物卫生监督总站印发《关于进一步加强禽类及其产品检疫监督和启用新的禽类检疫标志的通知》，强化对农贸市场和超市中禽类及其产品的监督检查。

2008年，奥运会在中国举行，重庆市开展了"迎北京奥运·保肉品安全"百日行动。全面监管市场、冻库、集体用肉单位等环节，上市、储藏和进入宾馆、饭店、学校等集体用肉单位的动物及动物产品检疫合格率达到100%。

2008—2009年，组织强化活禽交易市场的监管，加强对活禽经营市场的监督检查，对无检疫证明、证物不符、伪造检疫证明的经营者，严肃按有关规定处理。督促经营者落实检疫证明、消毒证明公示制。

2015年5月，农业部、食品药品监管总局就"加强食用农产品质量安全全程监管"签署合作协议，协议明确：《农产品质量安全法》执法监管的主体、食用农产品监管体制调整后，食用农产品进入市场后的质量安全监管职责由食品药品监管部门依法履行，农业行政主管部门不再履行食用农产品进入市场后的相应质量安全监管职责；农业部门根据监管工作需要，可进入批发、零售市场开展农产品质量安全风险评估和风险监测工作；市场及冻库监管责任主体定为食品药品监管部门；动物卫生监督部门根据工作需要可行使监管权力。

（五）检查站和市场消毒收费

1992年，国家物价局、财政部印发《关于发布农业系统行政事业性收费项目和标准的通知》。2011年起，部分区（县）开始执行国家发展和改革委员会、财政部《关于降低动物及动物产品检疫收费标准及有关问题的通知》，重庆市物价局、重庆市农业局印发的《重庆市畜牧兽医技术服务性收费管理规定（暂行）的通知》，重庆市人民政府《关于重庆市涉及企业的行政事业性收费项目目录和执行政府定价或政府指导价的涉及企业的经营服务性收费项目目录的通告》等标准。2013年，重庆市物价局、重庆市农业委员会印发《关于调整畜牧兽医技术服务性收费项目和标准及有关问题的通知》，将原消毒防疫收费由行政事业收费转为经营服务性收费，列入畜牧兽医技术服务性收费，其收费标准0.3～0.5元/米^2，大部分的区（县）开始执行此标准。2016年，重庆市全面取消了检查站车辆检查消毒费，由财政统一支付。

三、屠宰监管

1985年以来至今，主要经历了农牧渔业部主管部门、商品流通部门主管、畜牧兽医部门主管3个阶段。

（一）农牧渔业部主管畜禽屠宰检疫阶段（1985—1997年）

该阶段以1985年2月24日《家畜家禽防疫条例》的颁布为起始，为适应生猪屠宰从食品公司独家经营变成多渠道经营的新变化，加强经济转型时期的屠宰行业管理，农牧部门陆续出台了一系列涉及屠宰检验检疫的政策法规，逐步调整改革屠宰检验检疫工作。在这一时期，国营食品公司和其他多种经济成分成为生猪屠宰经营主体，兽医检疫检验工作由农牧部门负责，肉品卫生工作接受卫生部门监督和指导。屠宰厂、肉类联合加工厂的畜禽和畜禽产品的检疫工作，由厂方负责，农牧部门只负责监督检查。其他单位、个人屠宰家畜，必须由当地畜禽防疫机构或其委托单位实施检疫，出具畜产品检疫证明，胴体必须加盖验讫印章。

1987年，重庆牲畜运输检疫站要求对县以下畜禽生产经营单位和个人的畜禽及其产品的检疫由农牧部门负责；县以上肉联厂，由农、商两家组织人员逐个审查，有些具备条件的厂由农牧部门批准，授权由厂方自己检疫；农牧部门监督检查，不具备条件的不批准，由农、商研究管理办法。

1992 年，基层食品购销店、站，包括商业食品部门把经营下放给小组或职工屠宰加工畜禽的场点，不能等同于《家畜家禽防疫条例》中的“屠宰厂、肉类联合加工厂”，应归为除这“两厂”以外的其他单位和个人之列，其生产的畜禽及其产品都必须由所在地畜禽防疫检疫机构或其委托单位实施检疫并出具检疫证明，这是兽医行政法规授权的规定。

1994 年，重庆市对生猪的屠宰管理实行定点屠宰，集中检疫检验，统一税费，分散经营的办法。重庆市农牧渔业局是全市生猪定点屠宰的行政主管部门；市县农牧渔业（畜牧）部门，是本地区生猪定点屠宰的行政主管部门；各级工商、税务等部门协同配合，做好有关工作。

1995 年 12 月，国务院办公厅紧急通知对屠宰冷藏加工行业管理和畜禽屠宰防疫检疫分别作了规定，全国畜禽屠宰加工冷藏业的行业管理由国内贸易部为主，会同农业部负责。畜禽屠宰检疫除国有屠宰厂、肉类联合加工厂的畜禽屠宰检疫工作由工厂负责外，对定点屠宰场（厂、点）的检疫监督工作，由农牧部门负责。小型屠宰场不准自宰自检。根据“统一规划、合理布局、便利流通、促进生产、方便区中、便于检疫和管理的原则”和屠宰场点要符合国家的检疫、卫生、环保及屠宰技术条件的基本要求，需要探索与重庆市生猪生产发展相适应的具有自己特点的定点屠宰模式。

（二）商务部门主管、多部门协管阶段（1998—2013 年）

该阶段特点是生猪屠宰多元经营主体，以商品流通行政主管部门为主的部门带头监督管理。1998 年 1 月 1 日，我国《动物防疫法》和《生猪屠宰管理条例》开始实施，确定县级以上商品流通行政主管部门负责辖区内生猪屠宰活动的监督管理；工商、农业、卫生、食药监、质监、环保、财政、经信等部门按照职能分工参与生猪定点屠宰厂（场）设立的各项条件实施监管；农业部门负责畜禽屠宰产品的检疫。

1998 年，重庆市对全市国有屠宰厂、肉类联合加工厂自行负责检疫的资格进行审查。同年，重庆市人民政府办公厅下发解决生猪定点屠宰监督管理人员经费问题的通知。规定凡聘用了生猪定点屠宰监管人员的区（市、县），由财政部门从增加的屠宰税收入中拿出一部分支付监管人员费用。按每个点平均配备 1～3 名监管人员的比例，每人每月 400 的标准，由区（市、县）财政解决所需经费的 80%，按月拨付给当地生猪定点屠宰主管部门；监管人员所需经费的 20% 由各区（市、县）国有食品公司负责解决。各级税务部门凡委托生猪定点屠宰监管人员代征屠宰税的，必须按照重府发［1996］4 号《重庆市人民政府关于加强屠宰税征收管理的通知》的规定，足额付给屠宰税代征单位 5% 的代征手续费，不得少付或不付。

1999 年 7 月，重庆市农业局印发《关于印发重庆市生猪定点屠宰场点动物防疫条件规定（试行）的通知》要求：屠宰场点与居民区、工厂、学校、医院、食品生产企业、牧场等场所保持一定距离，不得污染环境和水源。定点屠宰场的大门口要设齐门宽的消毒池（长 3 米，深 0.1～0.15 米）。进入屠宰场的生猪和屠宰后的肉类产品出厂，需要各分其道，不得相互交叉，要有与生产、经营规模相适应的，符合动物防疫规定的待宰圈、屠宰间、隔离圈、急宰间、高温化制间；有生猪的胃肠内容物、粪便、污水、污物和病害肉无害化处理设施；待宰圈、急宰间应建在场点内地势高的上风头，隔离圈、急宰间及无害化处理间应建在地势低的下风头。屠宰间内必须有屠宰生猪放血、刮毛、开膛、劈半、凉肉用的基本设施如接血槽、褪烫池、吊钩和内脏处理操作台（间）、更衣室等。由健全的生猪待宰、急宰、检疫、消毒、病害肉类无害化处理等有关规章和管理制度，并有完善的消毒设施。必须设有检疫室，并具有相应的采样、检测设施。设置与检疫数量相适应，并经农牧行政部门考试（核）合格发证上岗驻场（点）的检疫员。生猪屠宰前，屠宰后检疫和无害化处理要有记录记载。屠宰检疫合格，按规定出具检疫合格证明，并加盖肉检验讫印章。

2000 年 12 月，全国畜牧兽医总站印发《关于认真做好屠宰检疫和市场监督工作的紧急通知》，规

定定点屠宰由贸易部门管理，注水肉属肉品品质检验的范围，不属动物检疫的范围，凡是动物防疫监督机构负责检疫的屠宰厂点发现注水行为应不予检疫，更不能出证，及时向政府和有关部门反映，尽快查处。严格按照《动物防疫法》的要求，做到随宰随检、有宰必检、不漏检、不误检。各级动物防疫监督机构要加强对动物产地、屠宰环节、动物及动物产品市场交易环节、公路运输环节检疫质量监督检查，严格依法实施补检、补消。

2001 年 10 月，重庆市农业局、工商局商业委员会、公安局联合印发《关于严厉打击收购屠宰加工销售病害动物及动物产品违法活动的通知》。进一步加强动物宰前和宰后检疫，各定点屠场（厂、点）和肉食品加工厂（点）屠宰加工的动物，必须凭动物检疫合格证明入场，无证的补检，不合格的不准屠宰，屠宰检疫人员对待宰动物要认真实施宰前检疫；对宰后的产品，要严格按照检疫程序实施检疫。各县（自治县、区）农业、公安、商业、工商等部门要密切配合，对本地区屠宰加工经营活动进行一次全面检查，对不具备动物防疫、卫生条件的屠场、加工厂要进行整顿。

2003 年，按照重庆市商务委员会、重庆市畜禽屠宰管理办公室有关文件的要求，重庆市动物卫生监督总站通过向定点屠宰厂场派驻或配备肉品品质检验员和现场监管员，督促屠宰企业贯彻执行有关动物防疫检疫和屠宰管理的法律法规规章及强制性技术标准。坚决做到无农牧部门检疫员在场验收的生猪不收不宰、无产地检疫合格证的生猪不收不宰、无防疫耳标的生猪不收不宰、疫病猪和疑病猪不得再放行出厂，疑病猪必须隔离观察，疫病猪必须进行无害化处理，宰后猪肉胴体和内脏未经肉品品质检验或经肉品品质检验不合格的不准出厂。

2008 年 9 月，重庆市人民政府要求各地做好《生猪屠宰管理条例》宣传工作，加快生猪屠宰管理的政策法规建设，抓好全市生猪定点屠宰企业的换牌发证工作，开展全市生猪定点屠宰企业的资质等级评定工作。加强生猪屠宰执法监督检查，规范生猪定点屠宰企业管理，明确生猪产品的流通范围。

2011 年，重庆市动物卫生监督所加强对驻厂动物卫生监督分所的标准化建设和规范化管理，严把入场检查、待宰巡查、宰后检疫、无害化处理监管“四道关”，严格到岗、到位、到畜实施同步检疫，监督业主履行无害化处理、消毒等重大动物疫病防控责任，落实屠宰场地、器具和待宰圈舍的每日清洗消毒制度，有效防止了病害和检疫不合格动物产品流出屠宰场。

（三）农业（畜牧兽医）部门监管阶段（2013—2015 年）

2013 年，国务院启动了食品药品监督管理体制改革，决定将全国畜禽屠宰行业管理职能由商务部移交到农业部，将屠宰监管职能由多部门向一部门集中。2013 年 6 月，重庆市畜禽屠宰监管职能职责正式由重庆市商务委员会移交至重庆市农业委员会。屠宰职能监管移交后，重庆市农业委员会于 2013 年 8 月将该项工作职能细化分解，明确由重庆市农业委员会畜牧业发展处主要负责屠宰行业行政管理，重庆市动物防疫检疫处主要负责屠宰品质质量和品检，动物卫生监督人员行政管理，重庆市动物卫生监督所主要负责屠宰行业监督执法、屠宰检疫、品质检验监管、行业信息数据收集填报、品质检验和动物卫生监督人员的培训考核管理等工作。

2013 年 2 月，重庆市农业委员会办公室转发《农业部办公厅关于进一步强化屠宰环节动物卫生监督工作的通知》，要求各地畜牧兽医主管部门和动物卫生监督机构，严格依照国家《动物防疫法》《动物检疫管理办法》和动物屠宰检疫规程规定，按照法定检疫范围、检疫程序和判定标准，依法向屠宰场（厂、点）派驻官方兽医，规范动物入场查验、待宰检查和同步检疫操作，做好检疫记录，加强动物卫生证章标志管理，严格出证程序，规范出证行为，加大队伍培训力度，严格遵守农业部畜牧兽医行政执法“六条禁令”，坚决杜绝检疫出证不规范、不检疫就出证等现象。

2014 年 6 月，重庆市动物卫生监督所印发《关于印发重庆市畜禽屠宰专项整治行动方案的通知》，决定于 2014 年 6 月 10 日至 10 月 30 日，分步骤开展牛羊屠宰整治、生猪屠宰整治、家禽屠宰整治和综合整治，全面了解全市畜禽屠宰行业基本状况，进一步规范畜禽屠宰行为，有效防范和制止屠宰场所对屠宰畜禽或畜禽肉类产品注水或注入其他物质、出场出售注水或注入其他物质的畜禽肉类产品、出场出售未经检疫或品质检验的畜禽肉类产品、出场出售经检疫或经品质检验不合格的畜禽肉类产品等行为，严厉打击畜禽私屠滥宰违法行为，建立健全畜禽屠宰依法、规范、有效监管的长效机制。

2014 年 6 月，重庆市农业委员会转发农业部《关于印发〈2014—2015 年生猪等畜禽屠宰统计报表制度〉的通知》，按照职责分工，重庆市畜禽屠宰相关信息的统计工作由重庆市动物卫生监督所具体负责。严格按照《通知》要求，统筹规划，加强督导，及时开展培训、信息采集、审核、报送等工作。各县（自治县、区）畜牧兽医主管部门要进一步强化责任落实，按照“分工到人、责任到人、任务到人、要求到人”的原则，明确生猪等畜禽屠宰统计报表工作承担机构和信息人员，并及时将承担单位和信息人员名单传真至重庆市动物卫生监督所。各县（自治县、区）畜牧兽医主管部门及屠宰统计报表工作承担单位要认真指导和督促本辖区内样本企业严格按照相关要求，通过农业部屠宰统计监测系统在线及时准确报送相关信息。不具备网上报送条件的企业，可通过电话、传真等形式上报数据。

2014 年 6—10 月，全市组织开展了畜禽屠宰专项整治行动。各区（县）共与畜禽屠宰企业业主和代宰经营户签订食品安全责任书 2 154 份，建立了私屠滥宰举报制度，公布了举报电话，印发畜禽屠宰有关法律法规宣传资料近 23 万份次，通过电视等媒体宣传 223 次；共出动监督执法人员 10 138 人次；监督检查生猪定点屠宰场所 1 592 个次，下达整改通知书 394 份；监督检查牛羊屠宰场所 209 个次，下达整改通知书 144 份；监督检查家禽屠宰场所 305 个次，下达整改通知书 111 份。专项整治行动中共取缔生猪私屠滥宰窝点 80 个，牛羊私屠滥宰窝点 19 个，家禽私屠滥宰窝点 15 个。通过本次专项整治行动，进一步摸清了全市畜禽屠宰场所屠宰资格现状。据统计，全市生猪定点屠宰场所 156 个，其中，取得动物防疫条件合格证的 109 个，取得定点屠宰证书和定点屠宰标志牌的 126 个。部分生猪定点屠宰场经 2012 年重庆市商务委员会等部门联合清理审核，应取消定点屠宰资格但未回收定点屠宰资格证牌；生猪手工过渡屠宰场 594 个，取得动物防疫条件合格证的 98 个，签订过渡屠宰协议书数量 481 个；牛羊屠宰场所 135 个，取得动物防疫条件合格证的 135 个，取得定点屠宰证书或定点屠宰标志牌的 3 个，签订过渡屠宰协议书数量 5 个；家禽屠宰场所（活禽宰杀点）216 个，取得动物防疫条件合格证的 7 个。

四、病害动物及产品无害化处理与监管

（一）无害化处理的依据、方式、对象

1996 年 10 月 1 日，国家制定发布了《畜禽病害肉尸及其产品无害化处理规程》（GB 16548—1996），1997 年 2 月 1 日开始实施，规程明确了病死畜禽和病害畜禽产品无害化处理的方式和对象。将畜禽无害化处理方式分为“销毁”“化制”“高温处理”和消毒，全市开始按照国家标准指导开展畜禽无害化处理工作。

2006 年 9 月 4 日，国家新发布了《病害动物和病害动物产品生物安全处理规程》（GB 16548—2006），替代了《畜禽病害肉尸及其产品无害化处理规程》（GB 16548—1996），新规程对处理方式和对象进一步规范，将病害动物和病害动物产品的处理方式分为销毁（焚毁、掩埋）和无害化处理（化制、消毒）。

1997—2002 年，病死畜禽无害化处理的方式主要为深埋处理。2002 年实施“无规定疫病区”项目建设，部分区（县）配置了焚烧炉设备，化处理方式变为深埋和焚烧两种。2004 年，重庆市在歌乐山建起了重庆市动物无害化处理场，通过湿化法处理主城区范围内的病死动物；2012 年设备更新，改为高温生物降解法处理。2011 年荣昌区建起了病死动物无害化处理场，通过高温发酵法处理荣昌区域内的病死动物。

2013 年农业部印发了《病死动物无害化处理技术规范》，明确了无害处理的定义，将病死畜禽无害化处理方法分为焚烧法、化制法、掩埋法、发酵法。

（二）市级无害化处理场建设

2003 年市级财政投入资金 800 万元建设了市级动物无害化处理场，2005 年建成投入使用，处理方式为湿法化制法，设计处理能力为 5 吨/天。2012 年市级财政投入资金 500 万元更新了无害化处理设备，处理方法为高温生物降解法，设计处理能力为 3 吨/天。市级无害化处理场每年处理病害动物及动物产品 60 ~ 70 吨。

（三）病死畜禽无害化处理长效机制建设

2013 年，农业部印发了《关于〈建立病死猪无害化处理长效机制试点方案〉的通知》，重庆市农业委员会制定了《重庆市建立病死猪无害化处理长效机制试点工作方案》，按照“4 + 1”试点区域布局，即在黔江区、忠县、合川区、荣昌县和市级动物无害化处理场，开展建立病死猪无害化处理长效机制试点工作，基本构建起了各具特色的病死猪无害化处理体系。

重庆市无害化处理场：对无害化处理方法进行的比较研究结果表明，农业部规定的掩埋、焚烧、化制和发酵等方法均可在重庆市养殖、屠宰、处理中心等不同环节适用，但各有利弊。掩埋包括化尸窖、掩埋坑，主要适用于散养、中小型养殖场、过渡屠宰点，具有成本低，可操作性强等特点。焚烧、化制适用于大型养殖场、屠宰场和处理中心，具有快速、彻底的无害化特点，但焚烧具有资源消耗、烟气污染等不足。归属于发酵的生物降解法具有较好的应用前景，尤其是前置化制工艺后，能广泛应用于养殖、屠宰和处理中心。试点结果表明，分散与集中处理相结合、自行处理与委托处理相结合，经济可行，是比较适合重庆市的病死猪无害化处理方式。

黔江区：对全区 53 个规模养殖场和 3 个定点屠宰场现有 52 个化尸窖和 4 个焚烧炉进行维护，自行分散处理；对于偏远交通不便的农村散养区域，建设村级化尸窖集中处理，或就地掩埋。同时建设一个无害化处理中心，集中处理全区不同环节产生或发现的病死猪。该中心为“餐厨垃圾处理配套病死猪无害化处理”模式，在餐厨垃圾处理工艺中前置化制工艺，资源整合利用与环保效应突出。

忠县：对全县大型养殖场自行建设化尸窖或高温生物降解无害化处理设施，生猪定点屠宰场自行建设焚烧炉，自行分散处理。同时建设一个无害化处理中心，集中处理全县不同环节产生或发现的病死猪。该中心为忠县畜牧兽医局承担的国家三峡后续项目，装备前置化制工艺的生物降解处理设施，具有无害化处理公益性特征。

合川区：全区规划 20 个大型规模养殖场和 4 个定点屠宰场自行建设无害化处理设施，自行分散处理，同时能够接受委托处理周边中小规模养殖场病死猪。2015 年已在 4 个规模养殖场和 1 个屠场建成规范的无害化处理设施，并投入使用。还将建设一个无害化处理中心，集中处理全县不同环节产生或发现的病死猪。该区“两场自建，辐射周边”病死猪无害化处理模式，具有以点带面、可复制性强、生物安全防护要求高的特点。

荣昌县：全县对规模养殖场、定点屠宰场自行建设无害化处理设施，自行分散处理。同时，在重庆市荣昌县生物降解处理示范场基础上，建设 2 个区域性无害化处理中心，集中处理周边散养农户的病死猪。处理中心采取生物降解工艺进行无害化处理。

2014 年，国务院出台《关于建立病死畜禽无害化处理机制的意见》。2015 年，重庆市人民政府印发《关于建立病死畜禽无害化处理机制的实施意见》，2016 年重庆市农业委员会、重庆市财政局联合印发《重庆市病死畜禽无害化处理体系收贮点建设项目实施方案》，计划每年投入 1 000 万元，计划用3 ~ 5 年时间建成全市病死畜禽无害化处理收贮体系。

（四）无害化处理补助政策及实施

2008 年，商务部、财政部制定了《生猪定点屠宰厂（场）病害猪无害化处理管理办法》，2008 年 8 月 1 日开始，国家对生猪定点屠宰厂（场）病害猪损失和无害化处理费用给予适当补贴。病害猪损失补贴标准为 500 元/头，补贴对象为提供病害猪的货主和自宰经营的企业。无害化处理费用补贴标准为 80 元/头，补贴对象为进行无害化处理的生猪定点屠宰企业。病害猪损失补贴和处理费用补贴由中央财政和地方财政共同负担。其中：主城 9 个区由中央财政负担 60%，市财政负担 20%，区财政负担 20%；其他县（自治县、区）由中央财政负担 60%，县（自治县、区）财政负担 40%。

2011 年，农业部、财政部联合印发《关于做好生猪规模化养殖场无害化处理补贴工作的通知》，2011 年 6 月开始，对年出栏 50 头的生猪养殖场的病死生猪给予每头 80 元的无害化处理补助，其中中央补助 60 元，地方补助 20 元，补贴对象为养殖场主。全市养殖场病死生猪申请无害化处理补助资金情况为：2011 年处理病死猪 10.26 万头，补助资金 820 万元；2012 年处理生猪 17.08 万头，补助资金1 366 万元；2013 年处理生猪 19.93 万头，补助资金 1 595 万元；2014 年处理生猪 32.39 万头，补助资金 2 591万元；2015 年处理生猪 28.45 万头，补助资金 2 276 万元。

五、标准化建设

2010 年 9 月，为解决乡镇兽医站等基层动物卫生监督机构房屋破烂、设备老化等问题，重庆市动物卫生监督所启动了全市动物卫生监督工作标准化示范创建行动，在涪陵、江津等区（县）进行了标准化建设试点。2011 年 7 月 6 日，重庆市动物卫生监督所在江津组织召开全市动物卫生监督工作标准化建设现场会，将标准化建设试点经验向全市进行了推广。在重庆市农业委员会、市财政大力支持下，2012—2015 年，共组织各区（县）建成 618 个标准化的乡（镇）兽医站和县、乡两级动物卫生监督机构，标准化率达 60%，其中乡（镇）畜牧兽医站 519 个，县级动物卫生监督所 23 个，动物卫生监督检查站 25 个，定点屠宰场动物卫生监督分所 51 个。共落实奖补资金 1 800 万元，其中市财政资金 1 500 万元，重庆市动物卫生监督所自筹 311 万元，带动区（县）投资超过 6 000 万元。

六、动物卫生监督信息化

进入 21 世纪以来，重庆的动物卫生监督行业信息化建设一直走在全国前列，率先在全国建立“动监 110 指挥调度系统”，率先在全国实施国家“动物标识及疫病可追溯体系建设项目”。

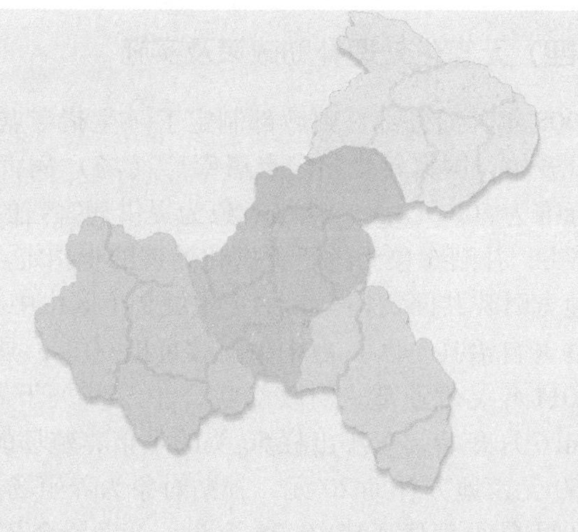

第十二章
兽医医政药政

第一节　兽医体系建设

一、畜牧兽医管理机构

（一）计划单列市时期

重庆市在经济计划单列期间，行政上归四川省管辖。重庆市畜牧兽医体系管理体制和管理模式与四川省基本相同。

重庆市农牧渔业局是重庆市畜牧兽医体系的行政管理机关，其内设有畜牧处、饲料处。重庆市农牧渔业局下设3个兽医事业单位：重庆市兽医防疫站，承担全市的动物防疫工作；重庆牲畜运输检疫站，承担全市的牲畜运输检疫工作；重庆市畜禽品种改良站，承担全市的畜牧业发展及畜禽品种改良工作。

1985年2月，国务院颁布《家畜家禽防疫条例》。1987年，为了贯彻《家畜家禽防疫条例》强化家畜家禽检疫工作，"重庆牲畜运输检疫站"更名为"重庆市动物卫生检疫站"，与重庆市动物卫生监督所实行两块牌子一套人马。承担全市的动物产地、运输、屠宰检疫及动物卫生监督执法工作。

重庆市辖21个区（县），其中8个县（原四川省永川地区各县）设有畜牧局，承担本县的畜牧兽医行政管理职能，13个区（县）为（原重庆市各区、县）农牧渔业局仍是本地的畜牧兽医主管部门。区（县）均内设有畜牧兽医站承担本地的畜牧发展、动物防疫及检疫工作。

（二）重庆直辖后

1997年8月，重庆改为直辖市。根据工作需要对畜牧兽医行政管理机关和内设机构做了适当调整。1998年9月前，重庆市农业局内设畜牧处，增挂"重庆市政府饲料工业办公室"牌子。局下设"重庆市兽医防疫站""重庆市动物卫生检疫站"（挂重庆市动物卫生监督所牌子），"重庆市畜禽品种改良站""重庆市兽药监察所""重庆市饲料检测所"。

1998—2008年10年间，重庆市人民政府对畜牧兽医管理机构作了5次调整。一是1998年10月至2000年9月，重庆市农业局内设畜牧处、兽医处；二是2000年10月至2005年4月，重庆市农业局内设畜牧兽医处；三是2005年4月至2007年4月，重庆市农业局内设畜牧处、兽医处；四是2007年4月至2008年7月，重庆市农业局内设畜牧处、兽医医政药政处、动物防疫检疫处；五是2008年8月，重庆市农业委员会内设畜牧处、兽医医政药政处、动物防疫检疫处。

畜牧兽医事业单位经过两次调整。一是2003年8月，重庆市兽医防疫站、重庆市动物卫生检疫站合并成立重庆市动物卫生监督总站，具体承担全市重大动物疫病防控、动物和动物产品检疫、动物卫生监督检查、动物疫病诊断、动物疫病监测和兽药、饲料检测检验、动物防疫物资储备发放管理和兽医体系建设等事务。二是2008年8月至2015年，重庆市农业委员会下设重庆市畜牧技术推广总站、重庆市动物卫生监督所、重庆市动物疫病预防控制中心（增挂重庆市兽药饲料检测所牌子）。

全市辖40个区（县），有26个县设置了独立的畜牧兽医管理机构，其余14个区（县）未独立设置畜牧兽医行政管理机构，归属农业行政管理部门管理。40个区（县）均设有兽医防检疫站及动物卫生监督所（均与检疫站合署办公，两块牌子一套人马）。

二、兽医管理体制改革

2005年，根据《国务院关于推进兽医管理体制改革的若干意见》《重庆市人民政府关于推进兽医管理体制改革的意见》和《重庆市机构编制委员会办公室关于市级兽医管理机构设置和人员编制的批复》，重庆市人民政府对兽医体系进行了改革。至2007年年底，全市市级、区（县）、乡（镇）已基本完成了兽医管理体制改革任务。

（一）市级兽医行政管理机构的改革

2008年，按照改革文件的要求，市级兽医行政管理机构在原畜牧兽医处基础上分设为兽医医政药政处和动物防疫检疫处（挂重庆市防治重大动物疫病指挥部办公室的牌子）。

兽医医政药政处主要职责是：研究制定兽医兽药行业发展规划并组织实施；研究提出兽医兽药发展的重大技术措施；组织拟定兽医卫生技术规范并组织实施；负责兽医医政与兽药药政和相关行政审批工作、动物及兽药残留监控工作；负责官方兽医、执业兽医及其他兽医从业人员的培训、资格认定、行为规范、医德建设和管理工作；拟定医疗机构管理办法并监督实施；负责兽药生产、经营、使用等环节的监督和管理；负责兽医实验室生物安全管理；具体负责基层兽医服务体系建设。

动物防疫检疫处（重庆市防治动物重大疫病指挥部办公室）主要职责是：负责动物防疫、卫生监督、产品检疫工作；拟定动物疫病预防与控制，动物及动物产品检验检疫、卫生监督等有关工作规划、计划、制度、管理办法和技术规范并组织实施；依法监督管理动物疫病防治工作，负责动物疫病防疫应急物资管理；制定动物重大疫病防治预案并组织实施，负责组织控制和扑灭动物疫情；负责动物疫情管理工作，组织动物疫情监测、诊断、报告、调查、分析、评估及发布工作，提出预警措施和政策建议；组织实施动物及动物产品标识、可追溯管理、检验检疫出证等监督管理工作；承担防治动物重大疫病指挥部办公室日常工作。

（二）市级动物卫生监督机构和动物疫病预防控制机构改革

2008年，将重庆市动物卫生监督总站分设为重庆市动物卫生监督所和重庆市动物疫病预防控制中心（挂重庆市饲料兽药检测所的牌子）。均为重庆市农业委员会管理的处级事业单位，经费渠道为财政全额拨款。

重庆市动物卫生监督所的主要职责：组织实施全市动物防疫、动物和动物产品检疫、动物卫生监督检查，依法查处动物防疫、检疫违法案件；参与草拟和实施重大动物疫情防控技术方案，监督隔离、封锁、扑灭等重大疫情应急处置措施的落实；参与组织全市官方兽医、执业兽医资格培训、考核工作；负责公路动物防疫监督检查站的管理和业务指导工作；负责动物无害化处理场、动物防疫检疫监督网络信息系统管理，承担动物防疫监督联动工作。

重庆市动物疫病预防控制中心主要职责：负责动物疫病监测、检测、诊断、预警、预报、实验室诊断、流行病学调查和疫情报告；负责动物疫病、兽药、饲料、畜产品残留的检验检测及溯源调查；负责指导县级实验室动物疫病和兽药、饲料检测检验工作；负责动物免疫、检疫、诊疗、监测等防疫物资的储备和组织供应；负责动物疫病预防的技术指导、技术培训及法律法规、动物防疫科学知识的宣传；参与并配合重大动物疫情防控技术方案的实施。核定人员编制共110名。

（三）县级兽医管理体制改革

县级兽医管理体制与市级兽医管理体制一样，在历经几次改革之后，至2015年年末，其机构设置情况：

1. 县级兽医行政管理机构

截至2015年年末，县级畜牧兽医局的26个区（县）中（其中独立设置的20个，6个为农业行政管理机构内设畜牧兽医局），13个区（县）仍归区（县）农业行政管理机构管理，渝中区隶属区卫生局、北部新区由区经济管理局管理。在26个县级畜牧兽医局中作为行政性质的有11个，属于事业性质的有15个；核定人员编制共660名；经费渠道均为财政全额拨款。

2. 县级动物卫生监督机构

截至2015年年末，有40个县级动物卫生监督机构，其中独立设置的33个，与动物疫病预防控制机构合设的7个。实行参照公务员管理的有16个，核定人员编制共749名，经费均为财政全额拨款，职能定位与重庆市动物卫生监督所相同。

3. 县级动物疫病预防控制机构

截至2015年年末，有独立设置的县级动物疫病预防控制机构33个（北部新区未设置），核定人员编制共296名，经费均为财政全额拨款，职能定位与重庆市动物疫病预防控制中心相同。

（四）乡镇畜牧兽医站改革

乡镇畜牧兽医站改革，根据《国务院关于推进兽医管理体制改革的若干意见》和《重庆市人民政府关于推进兽医管理体制改革的意见》文件精神，实行公益性与经营性职能相分离的原则，按乡（镇）独立设站，人员、业务、经费由县级兽医行政主管部门管理，其经费渠道均为全额财政预算，杜绝了乡镇畜牧兽医站人员“自收自支”的经济管理方式。

乡镇畜牧兽医站的主要任务是：依法实施行政区域内动物疫病的防疫、强制免疫和承担动物、动物产品的检疫工作；实施动物疫情调查、动物疫病监测、动物疫情报告和畜禽圈舍等环境的消毒工作；负责兽药、饲料等养殖业投入品的监督管理和种畜禽管理工作；承担畜牧兽医技术推广、畜牧业生产统计工作等公益性工作。核定人员编制共7 564名，实有在岗人数7 474人。

第二节　兽医队伍建设

一、乡镇畜牧兽医站队伍

1986年，按照四川省人事厅、财政厅和农业厅（畜牧兽医主管部门）部署，对乡（镇）畜牧兽医站畜牧兽医人员工资制度进行改革，建立了与国家事业单位工作人员相对应的工资制度、政策。

1997年前，重庆市的兽医队伍主要由两部分人员组成，一是由财政经费供给的市级兽医部门的人员和各区（县）畜牧兽医机构的人员，经费纳入财政预算；二是经费“自收自支”的区（县）、乡（镇）畜牧兽医站的人员和村防疫员。

1990年，乡镇畜牧兽医站队伍职称评聘。四川省职称改革领导小组印发四川省农牧厅制定的《四川省农牧业集体所有制单位评聘专业技术称号、职务的试行意见》。四川省畜牧局制发了《四川省集体所有制畜牧兽医单位专业技术职务评聘工作的意见》，把乡镇畜牧兽医站技术人员纳入国家畜牧兽医专业技术职务评聘序列。至 2007 年 12 月，重庆市乡镇畜牧兽医人员中评聘初级职称的 4 724 人，中级职称的 1 256 人，高级职称的 7 人。

1992 年 9 月，乡镇畜牧兽医队伍定编定员。根据国家计划委员会、农业部关于乡镇农业技术推广机构是国家在基层的事业单位或国家在基层的全民事业单位，并实行人员定编定员的有关规定，四川省人民政府转发了四川省机构编制委员会《关于乡镇农业技术推广机构人员编制标准（试行）的实施意见》，四川省畜牧局组织力量对四川省的乡（镇）进行测算，测编人数 53 348 人（平均每乡、镇 6. 19 人）。重庆市有乡（镇）1 146 个，有畜牧兽医站 1 200 个，测编人数 10 384 名，在岗人员 10 720 人。

2008 年，乡镇畜牧兽医站改革。根据《国务院关于推进兽医管理体制改革的若干意见》和《重庆市人民政府关于推进兽医管理体制改革的意见》精神，全市完成了兽医体制改革，乡镇畜牧兽医站实行公益性与经营性职能相分离的原则，按乡（镇）独立设站，人员、业务、经费由县级兽医行政主管部门管理，其经费渠道均为全额纳入财政预算。有乡（镇）畜牧兽医机构 979 个，其中由县级兽医行政主管部门直接管理的有 28 个区（县）687 个站（派出机构），由县、乡双重管理的有 11 个区（县）292 个乡（镇）站；全市乡镇畜牧兽医人员核定总编制数 7 564 名，在岗总人数 7 474 人，完成改革解聘分流共3 246人。

2012 年，按照重庆市农业委员会、重庆市财政局《关于开展乡镇畜牧兽医站标准化示范建设的通知》要求，由重庆市农业委员会兽医医政药政处牵头，重庆市动物卫生监督所具体组织实施，严格对照“六有”标准建设。市财政投入资金 1 557 万元，带动区（县）及乡（镇）资金投入 3 500 万元。完成了 519 个乡（镇）畜牧兽医站标准化示范建设任务，占乡镇畜牧兽医站总数的 56% 。

2015 年，随着改革的深入、人员的新老交替、职责职能的分工，人数有所变化。据统计，重庆市设有乡镇畜牧兽医站 927 个，乡镇畜牧兽医人员编制 7 190 人，在岗 5 839 人。

二、乡村兽医及村级动物防疫员

坚持把乡村防疫队伍的稳定壮大和素质提高作为防疫队伍建设的重点。市和区（县）多年常抓基层防疫队伍的业务技能培训。村级防疫员队伍采取“乡设、村请、乡（镇）站管理”的模式，经费补助办法多样化，远郊实行村社补助计工分半脱产方式，近郊采取由村定额补助的形式，有的地方是以发展养殖户出栏生猪数量为依据计发补助。从 2008 年开始，重庆市使用中央资金对乡村防疫人员进行劳务补贴，根据养殖量的大小、工作的难易程度、动物免疫的效果计发。2008—2010 年每人每年补贴 2 000万元，2011—2015 年每人每年补贴 2 400 万元。

2008 年，农业部印发《关于加强村级动物防疫员队伍建设的意见》，把村级动物防疫员队伍建设纳入农村实用人才队伍建设和动物防疫体系建设整体规划。通过调查摸底、培训和登记，2008 年重庆市有乡村兽医从业人员 10 423 人。

2010 年，重庆市农业委员会印发《关于乡村兽医登记证等证书发放和管理的通知》要求全市各地开展了乡村兽医调查摸底、登记和培训工作，进行乡村兽医登记。当年登记实有 8 288 人。

2015 年乡村兽医登记有村级动物防疫员及乡村兽医 7 156 人。

三、执业兽医

执业兽医制度，是指国家对从事动物疫病诊断、治疗和动物保健等经营活动的兽医人员实行执业资格认可的制度。实行执业兽医制度是国际通行做法，是实现全面防疫、群防群控的基本保证，也是兽医职业化发展、行业化管理的具体要求。

2009 年，农业部在重庆、河南、吉林、宁夏、广西 5 个省份开展执业兽医资格考试试点工作，这是全国开展的第 1 次执业兽医资格考试。至 2015 年，全市报名参加考试的人员共 7 563 人，实际参加

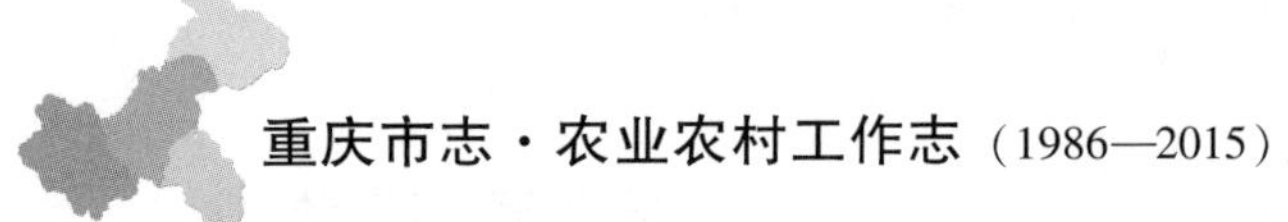

考试6 427人，合格人数1 969人。执业兽医注册675人，助理执业兽医备案56人。

四、官方兽医队伍

官方兽医（又称兽医官）作为执法主体，对动物及动物产品进行全过程监控并出具动物卫生证书的一种管理制度。官方兽医需经资格认可、法律授权或政府任命，其行为需保证独立、公正并具有权威性。2011年，农业部印发《关于做好动物卫生监督执法人员官方兽医资格确认工作的通知》，全市开展了动物卫生监督执法人员官方兽医资格确认工作。至2015年，全市确认官方兽医共6 708人。

第三节　动物诊疗机构

重庆市民饲养宠物种类主要是犬、猫、鸟等。随着饲养宠物数量的不断增加，为宠物饲养服务的机构应运而生，特别是为宠物防病治病的医院迅速发展起来。

1992年，四川畜牧兽医学院与重庆国际公司联合创办了重庆市第一家宠物医院——重庆国际宠物医院（南坪），开展了宠物的诊疗和预防工作。随后，重庆医学院实验动物中心等单位和个人开办了7家宠物诊疗机构，均得到重庆市农业局的许可。这些动物医院开创了重庆宠物诊疗的先例。

2002年，重庆市农业局印发《关于加强城区动物市场和动物医疗行业管理的通知》，要求凡在城镇街道开展动物（宠物）疾病医疗活动的单位和个人，必须遵照有关规定申请办理动物诊疗许可证和动物防疫合格证。

2008年，为了进一步贯彻落实《动物防疫法》，农业部出台并实施《动物诊疗机构管理办法》。当年全市有登记在册的动物诊疗机构153家，办理有诊疗许可证的55家，从业人员418人。

农业部《动物诊疗机构管理办法》实施后，全市每年都开展动物诊疗机构专项整治行动，按照《动物诊疗机构管理办法》的要求规范动物诊疗机构，促进了动物诊疗机构规范化发展，执业兽医规范化从业，城市和乡村动物诊疗市场与兽药经营机构健康、有序发展。

2015年，全市有动物诊疗机构219家，其中：动物医院67家、动物诊所152家，从业人员731人，其中有注册执兽医师675人，助理执业兽医师备案56人。

第四节　兽医实验室

一、实验室建设

1986年，重庆市兽医诊断中心开始建立，设在重庆市兽医防疫站内，负责全市动物疫病诊断工作。

2004年，重庆市动物疫病预防控制中心兽医实验室通过了重庆市质量技术监督局的资质认定和计量认证。2008年，在渝北区现代农业开发园区A区，按国家实验室建设要求新建了重庆市动物疫病预防控制中心兽医实验室，包括动物疫病诊断、畜产品残留、饲料、兽药专业实验室共8 600多米^2。实验室配有气质联用仪、高效液相色谱仪、PCR仪、高速冷冻离心机、全自动细菌鉴定系统等精密仪器设备199台（套），同时配齐了动物疫病诊断和饲料、兽药、畜产品质量安全检测设备。2010年，重庆市动物疫病预防控制中心兽医实验室通过农业部兽医实验室考核评审，成为全国第一家通过考核评审的省级兽医实验室。该实验室被重庆市质量技术监督局评为全市所有检测机构中的“AAA”级实验室，同时被树立为重庆市实验室管理标兵单位，成为重庆市质量技术监督局迎接国家质量技术监督总局检查的首选实验室。2013年，中心（所）实验室顺利通过重庆市质量技术监督局组织的实验室资质认定复评审，获得动物疫病、畜禽产品、饲料、兽药4类，48个病种、23个产品、257个参数的检测能力资格。其中，动物疫病48个病种、97个参数；饲料18个产品、61个参数；畜禽5个产品、23个（类）

参数；兽药76个参数。

1986年，重庆市除沙坪坝区、江北区外，其他区（县）都恢复和加强了兽医诊断室的工作，普遍开展了细菌学诊断、毒物检验，有条件的地方还开展了病毒性疾病的诊断。至2015年，全市37个涉农区（县）和万盛经济技术开发区，均设立了兽医诊断室，市里每年下达1.8万头的普查任务到各区（县），全部按期完成普查任务。

二、实验室监管

根据农业部《关于印发〈兽医系统实验室考核管理办法〉的通知》和农业部办公厅《关于印发〈兽医系统实验室考核工作实施方案〉的通知》文件精神，重庆市农业委员会于2010年在全市范围内开展了县级兽医实验室考核工作。重庆市动物疫病预防控制中心遴选了19名具有高级职称的专家，拟组成重庆市兽医系统实验室考核专家库，并报请重庆市农业委员会审批，重庆市农业委员会批复同意专家库的建立和专家名单。

2010年4—5月实施"重庆市基层动物防疫基础设施续建项目"期间，重庆市动物疫病预防控制中心组建了5个专家小组，赴全市40个区（县）指导工作，对每个区（县）兽医系统实验室布局、仪器设备配置、工作人员配备、实验室管理制度建立、检测工作和档案管理等方面进行现场指导。2010年南川、万州、黔江、合川、双桥、开县、奉节、綦江8个区（县）通过了兽医实验室考核，武隆、城口和云阳3个县递交了考核申请。完成考核和已递交考核申请的区（县）占全市应考核区（县）的32.35%。

2012年上半年，全市共有31个区（县）兽医实验室通过了重庆市农业委员会考核。每个区（县）兽医实验室面积都达到200米^{2}以上。均具备血清学检测和细菌分离能力；有22个区（县）建设了功能分区合理的分子生物学实验室，具备分子生物学检测能力。重庆市动物疫病预防控制中心投入200余万元开发了一套用于实验室管理的LIMS信息系统，通过该系统可实现全市兽医系统实验室检测数据的实时汇总和分类统计。

重庆市农业委员会从2012年开始，在全市范围内开展县级兽医实验室比对工作。按照比对范围全覆盖（所有区县参加）、比对项目高标准（全部采用国家对省级兽医实验室检测能力比对项目）、比对工作严要求（统一制作盲样，统一提供试剂，统一操作方法，统一比对时间）的原则进行。此后，每年都要在全市范围内开展此项工作。

第五节　兽药生产

重庆市最早的兽药生产企业——铜梁县兽药厂成立于1952年，以后，陆续兴办了江津县兽药厂（1966年）、重庆张家花园兽药厂（1971年）、重庆茄子溪兽药厂（1975年）、重庆桂花兽药厂（1978年）。这些小型兽药企业以生产兽药片剂、散剂、饲料药物添加剂为主。1991年，5家企业兽药销售额912万元。1996年9月，重庆从四川省接管兽药生产企业33家，其中专业兽药厂16家，药物添加剂厂2家，兼产厂3家，蚕药厂11家，鱼药厂1家。1996年，全年兽药销售收入3 870万元。

1997年前，兽药生产企业申请生产批文、申报四类和五类新兽药，均由四川省畜牧食品局按照有关规定管理并监督实施。由于受市场经济、牧业生产状况、农民购买力以及企业新产品研制、开发能力等多种因素的影响，重庆市兽药生产企业的生产能力、经济效益及开发新产品的速度有所滞后。

1997年后，重庆紧紧抓住兽药省级管理权限的契机，充分调动和整合市内兽医、兽药、医药、药剂等方面的人才资源、技术资源，兴办了多种经营形式的兽药生产企业。2000年，有市级兽药生产企业52家，其中（专产或兼产）原料厂4个，制剂厂18个、蚕药厂9个，鱼药厂4个，药物添加剂厂17个。产品结构较为合理，种类比较齐全。涉及畜禽药、鱼药、蚕药、兽药原料、药物添加剂、消毒药等6大类共计数百个品种，全年兽药销售收入1亿元。

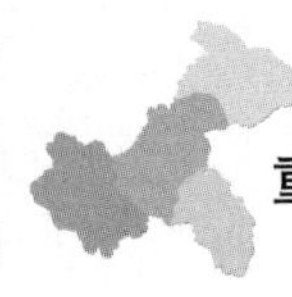

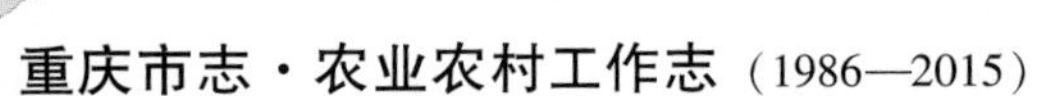

生产企业不断提升研发能力，开发新产品，涌现出了一大批优质产品，如杀虫王、杀虫弹、灭瘟灵、先锋9号、药中王、头孢西林等畅销全国，取得了很好的经济效益。重庆方通药业有限公司研发的金根注射液和清肺颗粒分别于2008年和2009年成功注册为三类和四类新兽药，重庆永健生物技术有限责任公司研发的Ⅰ型鸭肝炎病毒精制蛋黄抗体成功注册为三类新兽药。

2002年，重庆在册兽药生产企业72家，其中生产粉针的企业有15家，生产水针的企业有29家，全年兽药销售收入24 230万元，比1996年增加5倍，并培植了三牧、方通、正通、天龙等一批年销售收入在2 000万元以上的国内知名企业。

农业部《兽药生产质量管理规范》（GMP）发布以后，重庆市加强对兽药生产企业实施兽药GMP。重庆市农业局通过一系列法律法规文件制度的贯彻落实，对一些生产规模小、技术力量不足、缺乏发展后劲的生产企业进行整合和兼并。2005年全市已有21家企业通过或申请了农业部兽药的认证，全国第一个兽药工业园区（兽药GMP企业达10家以上）在荣昌已基本形成，重庆兽药工业已位居中国西部12省市的前3名，成为中国兽药的重要生产基地。

2008年，农业部进一步推进实施兽药GMP，修订了兽药GMP现场检查验收评定标准，建立了兽药行业准入和退出机制。截至2015年年底，全市共有27家兽药生产企业通过了兽药GMP验收，全市兽药生产企业的生产总值达到51 000万元，销售总额达到49 800万元。兽药生产企业有从业人员1 700余人，销售及售后人员400余人，研发人员100余人。

此外，重庆市方通、永健等大型兽药生产企业产品逐步走向国外市场，2014—2016年，全市兽药的年出口总额维持在3 600万~4 000万元，约占兽药销售总额的10%。

第六节　兽药监管

一、兽药生产及质量管理队伍建设

1994年前，四川省畜牧食品局为兽药行政主管部门，负责辖区内兽药生产企业及兽药产品的监督管理。1994年，成立重庆市兽药监察所，隶属于重庆市农牧渔业局。2003年，重庆市兽医防疫站、市动物卫生检疫站、市兽药监察所、市饲料质量监测管理所4个单位合并组建为重庆市动物卫生监督总站，挂重庆市饲料兽药监察所牌子，隶属于重庆市农业局。2007年，重庆市动物卫生监督总站一分为二，组建为重庆市动物卫生监督所和市动物疫病预防控制中心（挂市兽药饲料检测所牌子），隶属于重庆市农业委员会。

重庆市兽药饲料检测所用于兽药和兽药残留检测的实验室面积有2 000米^2，并根据需要设置了中药检测室、化药检测室、抗生素检测室、残留检测室、常规分析室、试剂药品保管室、留样室等实验区。兽药及兽药残留检测设备有液质联用仪、高效液相色谱仪、气相色谱仪、离子分光光度计、红外光谱仪、多功能药物残留检测仪、电位滴定仪、超速离心机等200余台（套）。实验室日常配备有用于产品检测的化药对照品、抗生素标准品、中药对照品和对照药材，总数超过300多种。

2001年3月，重庆市兽药监察所首次通过重庆市实验室计量认证，到2015年，认证检验检测能力项目参数兽药76个，有兽药及残留检测和业务管理的工作的人员12名，涉及专业有兽医、兽药、药学等领域，有较强业务能力，能公正、科学、高效地开展兽药及残留方面的检验检测工作。

为规范实验室检测行为，提高实验室人员检测能力和水平，兽药检测实验室积极参加了由中国兽医药品监察所组织的比对考核试验和与其他省兽药监察所实施的实验室间能力验证比对试验。同时，每年认真组织实施内部比对试验，比对考核覆盖了检测关键岗位的所有人员和主要仪器设备。2009年7月，重庆市兽药监察所参加中国合格评定国家认可委员会（CNAS）组织的《CNAS T0 426抗生素微生物检定法含量能力验证计划》，检测方法为《中华人民共和国药典》2005年版二部，检测项目为琥乙红霉素含量测定，获得了满意的结果。2014 年 9 月首次参加了荷兰瓦赫宁恩大学食品安全研究所组织的猪肾脏中赭曲霉毒素 A 的能力测试，比对结果被荷兰方评定为优秀。

在兽药生产和质量管理上，认真贯彻落实国务院发布的《兽药管理条例》和农业部制定的各项规章制度。1997—2004 年，全市制定兽药地方标准 124 个，其中，化药及抗生素制剂标准 81 个，中兽药制剂标准 43 个，涉及剂型 11 种。

2008 年，参与了《中华人民共和国兽药典》2010 年版的标准制修订工作，完成了 5 种兽药的标准制修订和复核检验工作。2009 年，参与了农业部组织的“兽药试行标准转正质量复核检验工作”，复核农业部第 784 号和第 855 号公告要求标准共 6 个。2013 年，参与了《中华人民共和国兽药典》2015 年版的标准制修订工作，完成了 11 项兽药标准及部分附录方法的制修订工作。2015 年，起草的《生鲜乳安全生产技术规范》已列入重庆市地方标准制修订目录，标准起草工作全部完成。

兽药生产方面，从环境条件、设施设备、人员素质水平等多方面入手，帮助企业建立健全了自身的质量管理体系。

1997—2005 年，举办了 4 期违规生产企业负责人学习班，药政、药检人员与企业负责人共同学习法律、法规等知识。

2004—2005 年，举办了 3 期培训班，召集兽药生产企业负责人和主要技术负责人就兽药地方标准清理废止和申报兽药国家标准有关事宜作了专题讲座，学习兽药地方标准升国家标准申报材料的审核和上报。

1997—2016 年，帮助企业培训质量检验员 400 余名，培训区（县）及乡（镇）兽药监管和执法人员 1 000 人次以上。

二、兽药检验

（一）兽药检测

重庆市兽药监察所 1997 年正式开展兽药检测工作，年检测量不到 100 批次。2004 年，兽药检测工作步入正轨，全面开展了检测工作，完成了市级兽药监督检验、兽药生产企业兽药产品批准文号申请复核检验和其他委托检验任务。1997—2015 年，市级抽检兽药产品（农业部和辖区计划）6 000 余批次。

（二）动物产品兽药残留监控

2001 年，重庆市开始动物产品兽药残留监控工作，2001—2016 年，抽检动物产品（农业部和辖区计划）9 000 余批次，生鲜乳 1 000 余批次。其中 2010—2015 年，动物产品兽药残留检测合格率达 99.5% ~100%（见表 8-12-1）。

表 8-12-1　2010—2015 年重庆市动物产品兽药残留检测合格率统计

年份	合格率（%）	抽检项目
2010	100	猪肉、猪肝、猪尿、鸡肉、鸡蛋、牛肉样品 800 批，检测甲硝唑、地美硝唑、青霉素类药物、克仑特罗、莱克多巴胺、沙丁胺醇、氯霉素、磺胺类药物、环丙沙星、恩诺沙星、达氟沙星、沙拉沙星、三聚氰胺；抽检生鲜乳样品 180 批次，检测三聚氰胺、碱类物质、β 内酰胺酶、硫氰酸钠、革皮水解物；抽检生鲜乳样品 200 批次，检测三聚氰胺、碱类物质、β 内酰胺酶、硫氰酸钠、革皮水解物
2011	100	猪肉、猪肝、猪尿、鸡肉、鸡蛋 1 200 批次，检测克仑特罗、莱克多巴胺、沙丁胺醇、磺胺类药物、环丙沙星、恩诺沙星、达氟沙星、沙拉沙星、三聚氰胺、甲硝唑、地美硝唑；抽检生鲜乳样品 180 批次，检测三聚氰胺、碱类物质、β 内酰胺酶、硫氰酸钠、革皮水解物；抽检生鲜乳样品 200 批次，检测三聚氰胺、碱类物质、β 内酰胺酶、硫氰酸钠、革皮水解物

（续）

年份	合格率（%）	抽检项目
2012	99.8	猪肉、猪肝、猪尿、鸡肉、鸡蛋、牛肉、牛奶1 200批次，检测头孢噻呋、克仑特罗、莱克多巴胺、沙丁胺醇、氯丙那林、喷布特罗、非诺特罗、特布他林、西马特罗、妥洛特罗、氯霉素、磺胺类药物、环丙沙星、恩诺沙星、达氟沙星、沙拉沙星、四环素类药物；抽检生鲜乳样品200批次，检测三聚氰胺、碱类物质、β内酰胺酶、硫氰酸钠、革皮水解物
2013	99.8	猪肉、猪肝、猪尿、鸡肉、鸡蛋、牛肉、牛奶1 400批次，检测头孢噻呋、克仑特罗、莱克多巴胺、沙丁胺醇、氯丙那林、喷布特罗、非诺特罗、特布他林、西马特罗、妥洛特罗、氯霉素、磺胺类药物、环丙沙星、恩诺沙星、达氟沙星、沙拉沙星、四环素类药物；抽检生鲜乳样品200批次，检测三聚氰胺、碱类物质、β内酰胺酶、硫氰酸钠、革皮水解物
2014	99.5	猪肉、猪肝、猪尿、鸡肉、鸡蛋、牛肉、牛奶1 400批次，检测头孢噻呋、克仑特罗、莱克多巴胺、沙丁胺醇、氯丙那林、喷布特罗、非诺特罗、特布他林、西马特罗、妥洛特罗、氯霉素、磺胺类药物、环丙沙星、恩诺沙星、达氟沙星、沙拉沙星、四环素类药物；抽检生鲜乳样品120批次，检测三聚氰胺、碱类物质、β内酰胺酶、硫氰酸钠、革皮水解物
2015	99.7	猪肉、猪肝、猪尿、鸡肉、鸡蛋、牛肉、牛奶1 400批次，检测喹诺酮类药物、克仑特罗、莱克多巴胺、沙丁胺醇、氯丙那林、喷布特罗、非诺特罗、特布他林、西马特罗、妥洛特罗、氯霉素、磺胺类药物、四环素类药物；抽检生鲜乳样品120批次，检测三聚氰胺、碱类物质、β内酰胺酶、硫氰酸钠、革皮水解物

第十三章 重庆市国家无规定动物疫病区

对动物疫病实行区域化管理是从20世纪90年代起国际上逐步兴起和发展起来的通行做法，1998年正式写入《国际动物卫生法典》。重庆市国家无规定动物疫病区（简称无规区）示范区建设从1999年开始，2004年通过国家验收。

第一节 重庆无规区建设

1999年8月26日，农业部批复重庆市农业局，同意实施重庆无规定动物疫病区建设项目。重庆无规定动物疫病区示范区建设区域包括：黔江、万县2个地级区，荣昌、大足、江津、涪陵等23个区（县、市）。项目总投资2 980万元，其中中央预算内专项资金1 500万元，地区配套投资1 450万元。

2001年，农业部再次批复重庆市农业局，同意重庆市在1999年已建无规定动物疫病区的基础上扩展建设区域，完善建设内容。并与四川省衔接，切实把四川盆地建成全国5片无规定动物疫病区之一。本次建设区域包括涪陵、荣昌、江津、近郊等22个县（市、区）；主要建设内容包括市级动物疫病诊断中心和动物检疫机构购置仪器设备97台（套），新建公路动物防疫监督检查站55个，每个检查站购置仪器设备10台（套），新建示范区警示牌110个，新建县级2个，每个新建县购置仪器设备49台（套），续建县20个，每个续建县购置仪器设备9台（套）。新建乡265个，每个新建乡购置仪器设备7台（套）。项目总投资2 321万元，其中：市本级投资926万元，县级投资600万元，乡级投资795万元。资金来源为中央预算内专项资金1 600万元，地方配套资金721万元。项目建设年限为2001—2002年。项目建成后，在全国率先建成无口蹄疫、禽流感、猪瘟和鸡新城疫4种动物疫病免疫无规定疫病区。猪、鸡、大牲畜死亡率分别控制在5%、13%和1%以下。

2002年，农业部《关于2002年四川盆地无规定动物疫病区示范区建设项目可行性研究报告的批复》，同意重庆市农业局在1999—2001年无规定动物疫病区建设的基础上，继续进行无规定动物疫病区示范区建设，项目建设区域分为核心区：忠县、涪陵、荣昌等27个区（县、市）；缓冲区：开县、石柱、彭水、万州4个县（区）。项目建设总投资5 000万元。其中：市级投资3 042万元（土建685万元，仪器设备2 244万元，其他113万元）；核心区县级站投资320万元（每个县级新建100万元、续建20万元），乡镇站投资1 368万元（每个乡级3万元）；缓冲区投资270万元（每个县级新建80万元、续建30万元）。

2004年，重庆无规区示范区通过农业部无规定动物疫病区建设项目验收。1999—2004年，在农业

部的支持下，重庆市先后投资10 271万元，其中中央资金7 000万元，地方配套资金3 271万元。在涪陵等27个区（县、市）进行无规定动物疫病区建设。建成了较为完备的动物疫病控制体系、动物防疫监督体系、动物疫病监测体系、动物防疫屏障体系，项目区猪、鸡、大牲畜死亡率下降至2.9%、11%、0.2%，口蹄疫、禽流感等动物重大疫病连续多年保持清净无疫，基本建成免疫无口蹄疫、猪瘟、新城疫和禽流感的国家级无疫区。

第二节　重庆无规区管理

按照“无规区”建设项目的有关规定，重庆市人民代表大会、市人民政府及相关部门积极开展法规、规章和规范的制定，先后颁布、印发和出台（含新修订）了《重庆市饲料和添加剂管理条例》、《重庆市无规定动物疫病区管理办法》、《重庆市动物检疫申报管理办法》、《重庆市重大动物疫病紧急疫情防治应急预案》、《重庆市高致病性禽流感防治应急预案》、《关于加强自宰自用生猪等动物检疫工作的意见》、《重庆市动物产地检疫技术规范》（DB 50/59—2002）、《重庆市生猪屠宰检疫技术规范》（DB 50/60—2002）。

《重庆市无规定动物疫病区及示范区建设项目实施方案》《重庆市动物重大疫病扑杀补偿经费管理暂行办法》《重庆市动物疫病紧急疫情处置工作程序》《关于动物免疫耳标管理办法的实施意见》《重庆市动物免疫证管理暂行办法》《重庆市动物防疫合格证管理暂行办法》《重庆市动物防疫监督员管理办法》《重庆市动物产地检疫报检点管理暂行办法》《重庆市重大动物疫病紧急疫情报告》等法规、规章、技术规范、规程。市、区县人民政府成立了无规定动物疫病区示范区建设项目领导小组。重庆市项目领导小组由时任重庆市委常务委员会委员、副市长陈光国任组长，重庆市计划委员会、市财政局、市农业局等有关部门领导为成员。重庆市领导小组办公室设在重庆市农业局，由时任重庆市农业局王健副局长任办公室主任。领导小组负责项目的领导、规划、检查、验收以及筹集和督促配套资金到位，项目办公室具体组织实施。

2009年11月20日，重庆市人民政府发布《关于在全市范围内实施无规定动物疫病区管理的通告》，在全市范围内实施无规定动物疫病区管理。一是对从市外调入乳用、种用动物一律实行市级检疫审批管理；从市外调入非乳用和非种用动物以及市内跨县（自治县、区）调运非屠宰用动物，一律实行县级备案管理。二是调运非屠宰用动物实行隔离检疫。从市外调入和市内跨县（自治县、区）调运非屠宰用动物到达目的地后，须隔离观察，检疫合格的方可销售或混群饲养。三是从市外调入动物及动物产品实行指定道口管理。从市外调入动物及动物产品，货主或承运人应携带有关证明材料（含检疫证明、运载工具消毒证明、动物调运备案单或乳用及种用动物检疫审批表等），到指定道口动物卫生监督检查站接受检查，凭检查合格并签章的有关手续从指定道口进入。并在全市设立36个陆运道口、3个水运道口和1个空运道口动物卫生监督检查站。此后，重庆市人民政府于2011年12月16日发布公告，优化调整全市指定道口动物卫生监督检查站，总体从40个优化调整为35个，2014年7月17日，重庆市人民政府再次发布公告，将35个指定道口动物卫生监督检查站优化调整为31个。

第三节　重庆无规区评估及研究

一、无规区评估管理文件

2007年1月，农业部印发《无规定动物疫病区评估管理办法》，2010年，农业部印发《无规定动物疫病区管理技术规范（试行）》《无规定动物疫病区现场评审表》；农业部办公厅印发《关于进一步加快无规定动物疫病区建设评估工作的通知》。2010年3月22日，重庆市农业委员会成立了“无规定动物疫病区示范区建设评估工作小组办公室”。2010 年 6 月，重庆市根据农业部办公厅《关于进一步加快无规定动物疫病区建设评估工作的通知》要求按照农业部《无规定动物疫病区评估管理办法》《无规定动物疫病区管理技术规范》标准，认真开展评估自查，并形成了自查报告。

二、无规区检查及交流

无规区检查。2010 年 6 月 9—13 日，农业部检查组对重庆市无规定动物疫病区建设情况进行了检查。检查组听取了市无规定动物疫病区建设情况汇报，查阅了相关文件资料，实地检查了重庆市动物疫病预防控制中心、重庆市动物卫生监督所、重庆市动物无害化处理场和重庆市动物疫病诊断中心，并深入涪陵区、万州区，检查了两区的动物疫病预防控制中心、动物卫生监督所、2 个屠宰场、2 个规模饲养场、1 个畜禽交易市场和 2 个动物卫生监督检查站。

无规区经验交流。学习借鉴吉林省建设无规定动物疫病区的好经验、好做法，促进和提高重庆市无疫区建设及动物卫生防控工作水平。2011 年 10 月 13—19 日重庆市农业委员会防疫检疫处带领委属有关单位和部分区（县）项目建设相关人员到吉林省进行了考察。考察团一行考察了吉林省长春市、吉林市、通化市等地的重大动物疫病防控、动物卫生监督、无规定动物疫病区建设评估工作。参观了无规定动物疫病区动物隔离场、兽医实验室、乡镇畜牧兽医站、公路动物卫生监督检查站、无疫区评估档案资料库，与相关单位就一些问题进行了交流。

三、参加国家动物疫病区域化管理模式研究

农业部于 2009 年 3 月份启动了国家中长期动物疫病防控战略规划研究，制定了《国家中长期动物疫病防控战略规划研究方案》；成立了由农业部有关司局、事业单位、科研单位、大专院校以及部分省（自治区、直辖市）兽医部门人员参加，高鸿宾副部长为主持人的课题组；明确了 5 个方面研究重点，提出了 23 个研究子课题。2009 年 7 月 14—15 日，“动物疫病区域化管理模式研究”子课题在山东省青岛市召开了工作会议，牵头单位为中国动物卫生与流行病学中心，北京、重庆等 8 个省份的兽医部门参与课题研究的相关人员参会，农业部兽医局有关负责同志到会指导。

重庆市主要承担市场准入机制研究，研究动物及动物产品从无疫区进入非疫区的法律法规保障及其机制，动物及动物产品从非疫区进入无疫区的法律法规保障、机制和技术措施，生物安全隔离区产品优先入市机制等。2009 年 10 月，重庆市完成了承担的研究工作，其成果编入农业部主编的《国家中长期动物疫病防控战略规划研究》一书。

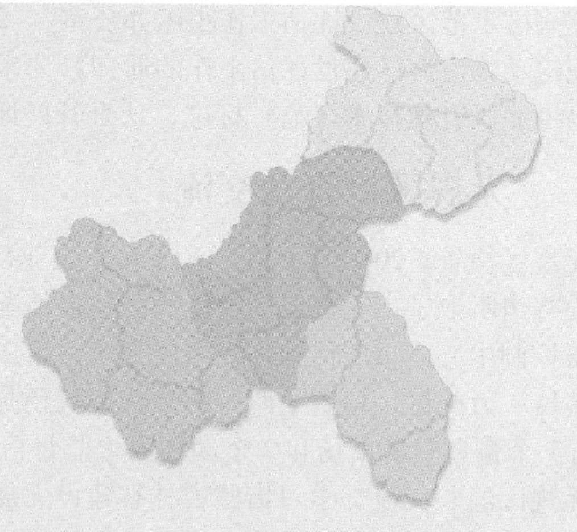

第十四章 重庆国家现代畜牧业示范区

畜产品，是关系国计民生、不可或缺的“菜篮子”产品。20世纪末特别是2001年中国加入WTO以来，随着农业结构的深入调整和畜禽养殖方式的转变加快，出现了人畜争粮争地、养殖污染加重、价格频繁波动、肉蛋奶生产成本上升，以及畜产品质量安全控制和市场有效供给难度加大等诸多新矛盾。要化解这些矛盾，出路在于探索中国特色的现代畜牧业之路。

2007年，根据洪绂曾、任继周等多位院士专家的建议，在国务院副总理回良玉的亲切关怀下，重庆市启动了“重庆国家现代畜牧业示范区（简称示范区）”建设。计划用10年时间建成示范区，为中国农区现代畜牧业建设探索道路、积累经验。

第一节　示范区建设项目启动

2007年10月，在荣昌县举行以“现代畜牧业与新农村建设”为主题的第三届中国畜牧科技论坛上，与会院士和专家认为：为了中国畜牧业发展少走弯路，有必要建立现代畜牧业示范区来探索适合中国国情的畜牧业发展道路。2007年12月，全国政治协商会议常务委员会委员洪绂曾和中国工程院院士任继周、刘更另、张子仪等在深入重庆调查研究后，联名致信市领导，建议建立“中国荣昌现代畜牧业示范区”。2008年3月29日，9位两院院士和4位著名教授出席“中国现代畜牧业示范区战略研究”论证会，一致认为：在中国由传统畜牧业向现代畜牧业转型的关键时期，建立中国现代畜牧业示范区是适时的，将示范区的“核心区”建在荣昌县是可行的，表达了他们对建设国家现代畜牧业示范区的重视与期望。院士专家于2008年3月30日联名致信国务院副总理回良玉，建议尽快启动“中国荣昌现代畜牧业示范区”建设，回良玉副总理作出了重要批示，要求认真开展调查研究，提出意见。根据领导批示，重庆市农业委员会、重庆市发展和改革委员会、荣昌县人民政府等部门迅速开展了调研论证。6月，国务院城乡统筹综合配套改革农业调研组按照回副总理批示，就建立“中国荣昌国家现代畜牧业示范区”进行了专题调研。大家一致认为：在重庆建立“中国现代畜牧业示范区”是必要且可行的，建议采取农业部（或科学技术部）与重庆市人民政府共建的方式，名称建议改为“重庆国家现代畜牧业示范区”，并将该项作为调研组取得的12项重要成果之一回京汇报。

2008年8月13日，农业部和重庆市人民政府签订《共建统筹城乡现代农业示范区合作备忘录》，将建设“重庆国家现代畜牧业示范区”作为合力构建的五大平台之一。2009年1月，农业部正式批复同意支持重庆建设现代畜牧业示范区。1月26日，国务院出台了《关于推进重庆市统筹城乡改革和发展的若干意见》，明确指出："支持重庆现代畜牧业示范区建设，加大对规模化养殖小区、良种繁育体系、动物疫病防控体系建设的扶持力度，加强畜牧业发展和养殖废弃物无害化处理和综合利用。"

为推进重庆国家现代畜牧业示范区建设，成立了"重庆国家现代畜牧业示范区建设领导小组"，农业部为组长单位、重庆市人民政府为副组长单位，农业部有关司局、重庆市有关部门为成员单位，领导小组下设办公室，设在组长单位。重庆市委、重庆市人民政府整合10多个市级部门的力量，正式推进重庆国家现代畜牧业示范区建设。

第二节　项目建设基础

重庆直辖以来，历届重庆市委、重庆市人民政府将畜牧业作为农业农村经济的支柱产业来抓，全市畜牧业综合生产能力增强，具备发展现代畜牧业的基础条件。

一、产业基础优势

作为全国生猪、山羊、水禽优势产区，全国6个无规定动物疫病示范区之一和4个动物标识及疫病可追溯体系试点省（市）之一。2007年，全市有畜禽养殖单元480万个，畜禽养殖总体规模化率41.7%（其中猪33.2%）；主要畜产品产量为肉178.5万吨、蛋39.7万吨、奶8.6万吨，肉蛋产品自给有余，奶产品部分调入；畜牧业产值311.3亿元，占农业总产值的38.9%，农民人均牧业纯收入507元。全市有市级以上畜牧产业化龙头企业57家，其中国家级7家；有兽药GMP企业23家，饲料企业455家、年生产饲料能力达290万吨；有屠宰加工企业800余家，年加工产值100亿元；畜产品质量稳步提高，连续7年无瘦肉精检出；成立了众多的养殖专业合作社，"公司+农户"、"公司+基地+农户"、生猪寄养、订单养殖等产业化模式不断涌现。

二、资源要素优势

一是劳动力资源充足，有1 473万农村劳动力，能满足现代畜牧业发展的劳动力需求；二是畜禽品种资源丰富，拥有荣昌猪等25个地方畜禽优良品种（系）资源，培育出了具有自主知识产权的渝荣Ⅰ号猪等3个新的优良品系，外来优良品种齐全；三是自然地理条件较好，年平均气温18摄氏度、年日照时数1 000～1 200小时、年平均相对湿度75%，非常适宜畜禽生长，5 000亿米^{3}水资源总量、3 936.5亿米^{3}地表水、107亿米^{3}浅层地下水完全能满足畜牧业发展用水需求，8.24万平方千米国土、3 078万亩耕地年可消纳5 000万个大动物单位产生的粪尿（目前饲养量2 600万个大动物单位）；四是饲料饲草基础良好，年产230万吨玉米可满足350万吨饲料的原料需求（目前饲料产量165万吨），2 850万亩可利用草地稍加改造加上氨化青贮技术推广，年可饲养970万个黄牛单位（目前饲养量390万个黄牛单位）；五是科技支撑强大，有6位院士和一批专家学者常年为重庆畜牧业发展出谋划策，有西南大学、重庆市畜牧科学院、重庆市农业科学院的科研教学和高技术人才优势，有市、区县、乡镇3级畜牧兽医体系、1万多名专业人员常年为产业各环节提供技术指导服务。

三、会展商贸优势

历经10年与农业部联合打造了全国首个也是唯一一个"中国畜牧科技城"，成功举办了3届中国畜牧科技论坛和5届中国畜牧科技博览会，在全国的影响日益增强；位于重庆荣昌的全国最大的西部饲料兽药交易市场，入驻企业700余家，年交易额16亿元；与农业部联合主办的"重庆·中国西部国际农产品交易会"已成功举办了6届；重庆畜产品期货交易所正在积极地筹划中，正在全力打造的大西南综合交通枢纽和内陆第一个保税区将为重庆市及周边地区畜产品贸易搭建更加快速的通道平台。

第三节　项目建设历程

按照示范区“135+X”（即：建立一个中心、打造三大高地、破解五大难题、建设X个基地）的建设目标，对示范区进行了区域布局，明确了建设重点。将示范区分为“核心区”和“拓展区”，核心区布局在荣昌县，发挥核心示范功能，“扩展区”是重庆市除荣昌县以外的畜牧业优势区（县）。

一、一个中心（全国畜产品信息物流中心）建设

明确了一个中心的建设目标：以企业为建设主体，市场信息系统为依托，以新建和扩建的中国畜产品期货交易所、西部兽药饲料批发市场（荣昌）、中国畜牧科技城（荣昌）、中国畜牧科技博览会（荣昌）、中国西部农产品交易会（九龙坡）为平台，以现代物流配送、电子商务服务为手段，建成全国畜产品信息物流中心。

经过多年的努力，抓住重庆市打造内陆开放高地、大西南综合交通枢纽、内陆保税港区、“一江两翼三洋”国际物流大通道、“三基地四港区”等机遇，投资3亿元建设的集信息物流于一体的“中国（荣昌）畜牧产品综合市场”已于2010年前投入使用，促进了畜产品物流通道平台建设，全国畜产品信息物流中心建设已见雏形。

全国首个重庆农畜产品交易所于2009年12月27日开盘，这个以生猪为主的农畜产品远期交易所，已有涉及20个省市的800多户交易商开户，日交易额超1 000万元；在北碚区新建的全国首个生猪电子竞拍交易市场，已于2010年2月20日正式启用，日交易生猪达2 000余头；全国唯一的“中国畜牧科技城”等一批畜牧业专业市场，规模也在不断扩大。

自2004年成功举办首届中国畜牧科技论坛后，荣昌县便成为中国畜牧科技论坛的永久举办地。论坛由科学技术部、农业部、重庆市人民政府共同主办，到2015年已成功举办6届。论坛已成为全国具有广泛影响力的现代畜牧科技信息交流、成果转化和经济合作发展重要平台。也为重庆发展集聚了一大批项目、资金、技术和人才，大幅提高了重庆畜牧科技创新能力和畜牧产业影响力。

二、三大高地打造

三大高地（全国畜禽良种供种高地、全国畜牧科技创新与人才培养高地、全国畜产品质量安全高地）2008年正式启动建设，之后按照原定目标任务一步步扎实推进，逐步构建。

（一）畜禽良种供种高地

2010年前，先后从美国、加拿大等8个国家引进优良外种猪4 300多头，建成隆生等外种猪原种场10个、荣昌猪等地方畜禽资源场10个、青一银升等祖代种猪场68个、天豚等种公猪站48个，重庆已成为世界优良猪种的“联合国”、国内优良种猪的集散地；建成了恒都等草食牲畜良种繁育场22个、祖代肉鸡场等家禽良种繁育场28个、分布于南川等地的25个种蜂场；新增了大足黑山羊等6个国家级畜禽遗传资源，保存了19个畜禽品种遗传资源材料1.5万多份，培育出国家级猪配套系——渝荣Ⅰ号猪，完善了区（县）级畜禽良种繁育场356个。2009年以来，已向全国20多个省份供应祖代种猪2万余头、仔猪300多万头，为畜禽良种供种高地打造奠定了坚实的基础。

（二）构建畜牧科技创新与人才培养高地

2010年前，建成了农业部（重庆）种猪质量监督检验测试中心、农业部（重庆）环境质量监督检验测试中心、重庆市畜牧科学院博士后科研工作站和重庆隆生公司等一批博士工作站。重庆市畜牧科技创新中心、国家现代牧渔业科教及实训基地正加紧构建。重庆市畜牧科学院与全国多家畜牧科研院所签

订了科研合作协议，西南大学与重庆市动物疫病预防控制中心签订了“研究生联合招生和教学实习基地”协议。2009 年以来，共培养各类畜牧兽医专业人才近 10 万人，畜牧科技创新与人才培养高地正加紧构建。

（三）畜产品质量安全高地建设

健全了市—县—乡畜牧兽医服务和质量安全监管体系；建成了重庆国家无规定动物疫病区示范区；建成了全国领先、西部第一的现代化信息平台——重庆动物卫生监督 110 指挥中心和以 P3、P2 生物安全实验室为支撑的重庆动物疫病诊断中心；建成了一批标准化乡镇畜牧兽医站和 64 个公路动物卫生监督检查站，形成了较为完善的畜牧技术推广、动物疫病控制、动物疫情监测、动物防疫监督、动物防疫屏障、兽药饲料等投入品残留检测六大体系。建立和完善了畜禽规模养殖备案管理制度及养殖档案、畜产品质量追溯体系、动物标识及疫病可追溯体系。通过推广标准化养殖技术和加强畜牧业投入品质量安全监管，到 2015 年，已连续 12 年无瘦肉精检出，确保了畜产品质量安全可靠。探索建立了“一小时经济圈”浅丘畜禽标准化规模养殖、渝东南武陵山区和渝东北三峡库区畜禽适度规模标准化养殖模式，初步形成了一县一品的优势畜产品生产基地。在示范区的荣昌核心区形成了以浅丘地区的生猪、奶牛标准化规模养殖的基地发展模式。在拓展区的浅丘地区形成了合川区的生猪 、铜梁县的水禽、渝北区的肉兔、璧山县的肉鸡、长寿区的蛋鸡以及江北区的奶牛等标准化规模养殖优势基地。在拓展区的三峡库区形成了丰都县的肉牛、巫溪县的山羊、城口县的山地鸡、梁平县的肉鸭、垫江县的肉鹅等标准化适度规模养殖优势基地。在拓展区的武陵山区形成了黔江区的生猪、南川区的中蜂、秀山土家族苗族自治县的土鸡、酉阳土家族苗族自治县的山羊等标准化适度规模养殖优势基地。

三、探索破解几大难题

（一）畜禽规模养殖污染控制难题

通过限养区、禁养区、适养区的划分，对适养区畜禽规模养殖用地进行规划，在适养区对不同规模的畜禽养殖场开展了试点示范，实施了“三同三化”的综合措施，即：粪污设施同步规划、同步建设、同步利用；粪污减量化处置、无害化处理、资源化利用。在浅丘地区探索建成了以光大奶牛梦工场、重庆隆生公司原种猪场为代表的“沼—肥—电”模式，建成了以翰霏公司、多多多养猪场为代表的“零排放”模式；在三峡库区探索建成了涪陵区海林专业合作社养猪场、桂楼公司养猪场、丰都县宏都公司肉牛养殖场为代表的“种养生态循环利用”模式；在武陵山区探索建成了以 69 原种猪场、丰韵牧业公司猪场为代表的“畜—沼—肥—果菜粮”循环利用模式，畜禽规模养殖污染难题正得到破解。

（二）逐步改善畜产品质量低的状况

通过加强生产投入品监管，定期和不定期对生产、销售、使用环节进行抽查，对加工环节进行监督，制定了 20 余项重庆畜牧业地方标准和规范，鼓励龙头企业与基地建设业主按照无公害、绿色、有机畜产品生产要求开展生产和加工，优质畜产品生产规模迅速增加，畜产品质量得到提高。

（三）逐步建立各环节利益连接机制

开展了生猪、奶牛、肉牛、种禽保险，扶持养殖专业合作社建设，鼓励龙头企业、专业合作组织与中小规模养殖户开展代养、寄养和订单养殖，分担了养殖环节风险。建成了以南方集团、海林专业合作社为代表的生猪订单、代养模式，建成了以宏都公司为代表的肉牛寄养模式，形成了“展望公司 + 专业合作社 + 养殖户”的订单养鸡模式，畜牧业各环节利益连接机制正在建立。

（四）畜牧业融资难题

重庆市农业担保公司为市级以上龙头企业、专业合作组织提供融资担保；20 多个区（县）的农业担保公司，为区县畜牧业发展提供担保贷款；各大银行增加对畜牧业的授信额度，创新以实物登记抵押的担保贷款方式，开展了无抵押小额贷款。

通过现代畜牧业示范区多年的建设，全市畜牧业在农业和农村经济中的支柱产业地位越加突出，对促进城乡统筹发展、现代农业和社会主义新农村建设的作用更加明显，在国民经济和社会发展中的基础产业地位更加牢固。

第十五章
加工贸易

第一节　加　　工

1986 年，全市屠宰及肉类加工业、乳品加工业等 12 个行业已初具规模。全年屠宰及肉类加工 129 985吨，蛋品加工业 108 吨，乳品加工 7 371 吨。

“七五”时期，重庆肉类联合加工厂、永川肉联厂、重庆市南溪口肉类联合加工厂、合川食品厂 4 家生产工厂组成工贸联合集团共同承担了总投资 4 000 万元的国家计划项目——“重庆肉类深度加工技改”，技术改造后，生产加工能力大幅提高。

重庆肉类联合加工厂引进日本烟熏发生器，开发了“怡乐”牌西式灌肠系列制品 8 个共 270 吨，在开发肉类方便食品方面迈出了一大步。

1990 年，牛奶生产在连续 3 年减产后开始走出低谷，全年产奶 8 742 吨，比上年增产 5.5%。许多畜牧场推广了饲料氨化处理，缙云山、井口等奶牛场部分牛房首次实现机械化挤奶。

1992 年，永川市建成了 3 个冷冻加工厂，日宰生猪 800 头以上，加工储藏能力达 1 100 吨，为农解决了生猪出售难问题。

1994 年，全市屠宰及肉类蛋类加工业产值 39 391 万元，上缴利税 3 920 万元；乳制品制造业产值 39 391 万元，上缴利税 1 018 万元。国有商办食品工业企业加快转机建制步伐。重庆金星股份有限公司于 1994 年 7 月 18 日在綦江县古南镇隆重成立，该公司以原重庆金星食品厂为骨干，名牌产品金角牌牛肉干为龙头，经重庆市经济体制改革委员会批准同意为定向募集股份有限公司，设置股金 1 500 万元，有 18 家企业认股。永川市酿造调味品有限责任公司于 1994 年 12 月 7 日在永川市水昌镇成立，该公司是由原永川市酿造厂和永川市皮蛋厂经过合并改制而组建的股份合作制企业。重庆三和实业公司开发的增长骨奶系列产品、重庆罐头食品总厂开发的鲜骨泥系列罐头产品（多维钙宝罐头、三色丸宝罐头、肉糜系列罐头）、重庆方兴达乳料制品厂开发的果味奶等新产品面市后受到消费者欢迎。恒达牌羽绒服荣获 1994 年四川省名特优新产品博览会银奖。市农副产品总公司罐头厂新开发的火腿、炒三丝、猪肝午餐肉等新品种迅速占领了市场，全年实现产值 5 100 万元，实现综合效益 213 万元，利润 108 万元。

1994 年 10 月，重庆市人民政府发布第 63 号令《重庆市生猪定点屠宰管理实施办法》，市级有关部门根据第 63 号令制定了《重庆市生猪定点屠宰场（点）条件考核细则》，并按此对近郊 9 个区原有屠宰场（点）进行了清理整顿，取缔了无证无照经营和私宰滥屠现象，近郊 9 个区的屠宰场（点）由 372 个下降为 157 个。对清理整顿后确定的定点场（点），有关部门核发了兽医卫生合格证等证照，使屠宰

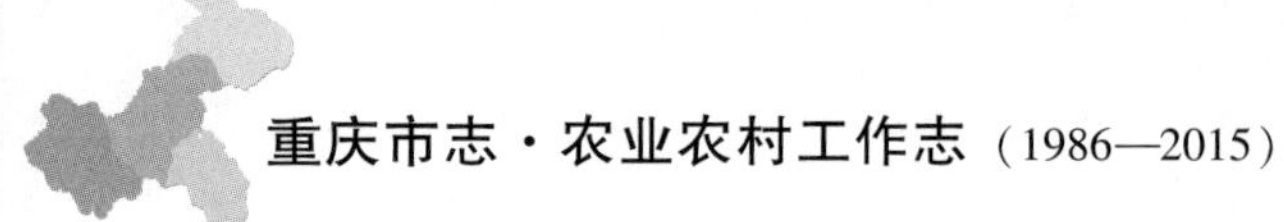

场（点）在质量上有所提高。

1995 年，全市 21 个区（县、市）均先后不同程度地开展了生猪定点屠宰，定点屠宰的乡镇达 456 个，占乡镇总数的 87.9%；设立定点屠宰场（点）646 个，其中食品部门办的有 297 个。全市屠宰及肉类蛋类加工业产值 30 032 万元，上缴利税 4 429 万元。

1996 年，重庆市乳品一厂、三厂投资 200 万元进行技改，开发出高品位的屋形包装消毒奶、妈咪奶粉、调味奶粉、中小学生营养奶粉和中老年保健奶粉等新品种，投放市场得到消费者好评。1996 年 12 月 22—24 日，重庆市（含代管的四川省两市一地）食品工业 44 个企事业单位携 200 个产品参加了在湖北省武汉市举行的第二届中国国际食品博览会暨交易会，重庆金星股份有限公司生产的金角牌“老四川”五香牛肉干系列荣获国际名牌食品称号。

1997 年，农业产业化龙头企业的发展越来越受到重视，营业收入上 1 000 万元的农畜产品加工企业达到 30 多家。当年重庆肉联厂、南溪口肉联厂由重啤集团兼并。

2000 年，重庆市乳品公司整体转制组建重庆市天友乳业有限公司（以下简称天友公司）并于 9 月 18 日正式挂牌成立。该公司当年完成工业总产值 9 353 万元，比 1999 年增长 34%；销售液态奶 2.25 万吨，同比增长 53%；完成销售收入 16 110 万元，同比增长 21%；实现利税 2 356 万元，同比增长 67%，其中利润 1 000 万元，同比增长 525%。当年，重庆市人民政府批准并公布经重庆市名牌产品审定领导小组审查确定的 1999 年度 58 个重庆市名牌产品，重庆白市驿板鸭厂生产的白市驿牌白市驿板鸭（600 克塑料袋装）、重庆市乳品公司生产的天友牌屋顶纸盒纯鲜牛奶（240 毫升、500 毫升、600 毫升）名列重庆市名牌产品。

2001 年，重庆市天友乳业有限公司通过 ISO 9002 国际质量体系认证，成为西南地区首家通过该项认证的乳制品加工企业。公司的 2 个商标“天友”（系列乳制品）和“山城”（系列奶粉），被评为重庆市著名商标，“天友”纯鲜奶获“重庆市名牌产品”称号。当年，公司总产值 1.9 亿元，利润 1 700 万元，上缴税金 1 500 万元。同年，重庆市人民政府批准并公布经重庆市名牌产品审定领导小组审查确定的 2000 年度 65 个重庆市名牌产品，重庆市光宁珍稀动物养殖有限公司生产的白云湖牌野味鸭荣获“重庆市名牌产品”称号。重庆太易乳业有限公司的太易牌商标被重庆市工商行政管理局认定并公布为著名商标，荣获“重庆市著名商标”称号。

2001 年，全市屠宰及肉类蛋类加工业 16 家企业，工业增加值 3 927 万元；产品销售收入 23 159 万元。乳制品制造业 1 家企业，工业增加值 4 896 万元；产品销售收入 19 897 万元；利润总额 1 716 万元。乳制品产量 5 078 吨。重庆市天友乳业有限公司产品销售收入 19 897 万元，进入重庆市轻工业销售收入 10 强。

2005 年，重庆市天友乳业股份有限公司全面超计划完成经营任务，实现乳制品产销量 9.4 万吨，比上年增长 11%；销售收入 4.2 亿元，增长 9.1%；利润 2 000 万元，增长 10.8%。该公司是西南地区最大的乳制品加工企业，拥有国内一流的现代化乳品加工厂和 500 吨/日牛奶加工能力，生产巴氏消毒奶、酸奶、乳酸饮料、风味奶、超高温无菌奶、植物蛋白奶和奶粉等七大系列 70 多个乳制品品种，形成以重庆为主、辐射周边 5 省的销售市场，跻身国内乳制品企业前 10 名，产品在重庆的市场占有率保持在 73.5% 以上。2005 年，重庆编制了食品工业“十一五”发展规划。“十一五”期间，重点引进国内外先进的深加工技术和工艺，根据资源条件、区域布局和发展趋势，围绕农业产业化经营，结合农业产业化重点项目，依托龙头企业，重点投资农产品深加工，改造提升壮大传统食品产业，开发培育新兴食品工业。按照“4434”规划发展，重点投资果蔬、肉类、乳品、薯类加工四大产业。重庆今普食品有限公司、重庆市钱江食品有限责任公司、重庆市天友乳业股份有限公司进入重庆市轻工业行业总产值前 30 强。

2006 年 8 月，位于渝北区的“中国（重庆）国际食品工业城”一期工程完工。该项目位于渝北区，项目规划面积约 4.7 平方千米，计划总投资额 66 亿元。“中国（重庆）国际食品工业城”以农产品加工业为主导产业，重点发展乳制品、肉制品、果蔬制品、薯类制品、调味品、休闲保健食品、航空食品、糕点等。畜牧加工企业重庆有友食品公司等多家国内知名企业进场经营。

2007年，华牧、今普、德佳、雨润等畜牧业加工龙头企业的一批符合欧洲联盟标准的现代化生猪屠宰加工生产线相继建成投产，全市畜产品加工企业发展到800余户，三级以上企业年屠宰加工能力1 200万头，实现加工产值100亿元。当年，雨润集团在黔江新建年200万头、在荣昌新建年100万头生猪屠宰加工生产线和年200万头烤乳猪生产线，重庆一口鲜实业有限公司在云阳新建年200万头山羊和生猪屠宰加工线。重庆市天友乳业股份有限公司实现乳制品产销量13万吨、利润2 000万元。在加工方面，与西班牙派斯卡公司签订合作协议，投资2 000万美元成立长效酸奶生产合资公司，以填补国内长效酸奶生产的空白；成功收购四川西塔乳业公司，新增乳制品加工能力5万吨。向重庆今普食品公司参股1 600万元，新增生猪屠宰加工能力200万头。今普食品有限公司工业总产值8.5亿元。重庆市轻纺工业（规模以上企业）主要畜产品产量为：乳制品9.1万吨；鲜冷藏冻肉23.9万吨；皮鞋1 730万双。

2009年，启动建设生鲜猪肉销售体系。创建“大正大”生猪猪肉品牌，起步发展生鲜猪肉销售，与超市、卖场联盟，建成营业网点20余个，日均销售生猪50余头。乳业产业链：2009年，重庆市农垦集团乳业产业链实现销售收入8.3亿元；实现利润4 706万元。开发新产品集群，推出新鲜杯大红枣酸牛奶、酸乳乳酸饮料、天友牧场等20个新产品集群，新品销售量日均60余吨，形成重庆市天友乳业股份有限公司跨越发展的核心竞争力。重庆今普食品有限公司工业总产值金额15.1亿元；重庆市钱江食品有限责任公司工业总产值金额6.3亿元，均进入重庆市轻工业工业总产值前20位。重庆市天友乳品二厂有限公司利税金额61 932千元，成为重庆市轻工业利税总额前20位企业。全市主要畜产品产量为：鲜、冷藏、冻肉31.8万吨；乳制品11.3万吨；液体乳10.6万吨。同年3月，三峡库区土鸡深加工复合调味品项目在万州工业园区正式开建，项目计划总投资1.66亿元。

2010年，全市有市级以上畜牧业龙头企业103家（其中国家级7家），畜产品加工企业800余家，畜产品加工产值100多亿。重庆市天友乳业股份有限公司（以下简称天友乳业公司）实现经营收入11亿元，实现利润3 527万元。2010年，天友乳业公司实现技改扩能，乳制品产能超过45万吨，领跑西南地区；集群开发15个新产品，带动进一步拓展四川省、贵州省、湖北省市场；2010年6月收购宁夏黄河乳业，使公司走进大西北；突破“家乡奶”地域局限，重塑走向全国的“健康天友、友滋友味”全新品牌内涵；在原料大幅度涨价的情况下，基本形成全国性乳业大企业的发展能力，实现良好经营业绩。当年，天友乳业跻身国内液态奶10强，在西南地区同行业排名第二。有友实业有限公司的“有友牌”泡凤爪稳固中国泡肉（泡凤爪）系列第一品牌，是国内第一大生产厂家。重庆今普食品有限公司工业总产值金额13.3亿元；重庆百发肉类加工有限公司工业总产值金额10.7亿元。重庆市主要畜产品产量为：鲜、冷藏肉51.3万吨；冻肉3.3万吨；乳制品12.6万吨。

2011年，重庆市天友乳业股份有限公司投资3 000万元，引进代表当前国际最先进灌装技术的瑞典利乐、德国康美包新型灌装系统，成为国内第一个掌握“利乐”钻石型灌装技术的乳制品企业，乳品年灌装能力增加9万吨；创新研发，成功开发“秒昔”“24K优酪”“悠智”3个国内首创的乳品新品种。工业总产值上5亿元的食品企业中，畜牧类有：渝北区5户（其中含天友乳业、有友实业2个），南岸区4户（其中含天友乳品二厂），黔江、丰都、开县各1个（百发肉类、恒都食品、钱江食品）。重庆市食品工业总产值前20位企业的畜牧加工企业有：重庆百发肉类加工有限公司（黔江区）、重庆今普食品有限公司（大渡口区）、重庆恒都食品开发有限公司（丰都县）、重庆市钱江食品有限公司（开县）、重庆汇通肉类加工有限公司（荣昌县）。

2014年，天友乳业经营产品结构进一步优化。实施以巴氏鲜奶、酸奶为“双引擎”的“新鲜战略”，全年低温产品销量比上年增长13%，占商业奶比重39%，占据重庆94%以上的巴氏鲜奶市场份额。重庆市食品工业主要畜产品加工产量为：鲜、冷藏肉77万吨；乳制品14.8万吨。2015年，天友乳业抢抓国内婴幼儿奶粉市场机遇，切入婴幼儿奶粉业务，丰富乳业固体乳制品品类，婴幼儿奶粉新品于当年5月上市销售。

第二节 贸 易

1986年，畜牧业相关产品贸易情况。一是鲜肉销量增长。全年鲜肉销量8.13万吨，比1985年增加10.3%。二是猪肉收购价格调整。购销价格坚持了既放又管的原则，全年活猪收购价水平达到每千克1.46元，比1985年增加了0.07元，比1979年调整后的价格增加了0.208元。猪肉零售价调整3次，全年销价水平为每千克2.30元。三是冻肉收购普遍减利亏损。市对9个区食品公司继续实行亏损补贴。1986年年初，重庆市人民政府确定给9区包干亏损指标900万元，市公司储备冻肉5 000吨用于淡季调剂供应市场，包干费用200万元。市财政对区实行与销售挂钩，"指标包干、起额不补、节亏留区"的办法管理；对12个县下达包干入库利润计划435万元，对4个肉厂下达入库利润计划300万元。在执行中，由于活猪收购价不断上涨，猪肉加工、销售成本增高，市销价格没有与收价同步上调，外调生猪又受到全国冻肉库存胀满，冻肉调拨价偏低的影响。全市食品系统普遍减利或超亏。全年盈亏相抵共计亏损804.6万元，其中9个区亏损1 315.73万元，12个县盈利428.69，4个厂盈利268.01万元。四是肉禽蛋价格呈上升趋势，全市粮食、油脂油料、棉烟麻、肉禽蛋、水产品、蔬菜、干鲜果七大类商品的集市价格年平均比1985年上升11.2%，其中农村上升14.31%，城区上升8.08%。上升幅度最大的为粮食类，年平均上升18.9%，上升幅度最小的为干鲜果，上升1.58%，其余肉禽蛋类上升12.9%。据江津县对16个区近400户居民和5个区15户农民的调查，全年居民和农民人均分别在集市购买猪肉为16千克和24.2千克，分别比1985年增加53.8%和89%，15户农民人均在集市购买禽蛋5.5千克，比1985年增长71.8%。

重庆畜产品进出口公司所属工厂与市外工厂合作生产出口产品，广辟货源渠道。该公司所属重庆皮毛厂于1986年8月与石柱县农村经济开发公司联合经营兔毛，共投资1 300万元。其中重庆皮毛厂投资330万元，石柱方面投资970万元。联营公司采取董事会形式管理，1986年下半年就提供了19.8万元的优质出口兔毛，盈利5万元。重庆猪鬃厂与宜宾猪鬃厂于1986年3月起联营生产出口猪鬃，全年预付生产周转资金40万元，贷款利息由宜宾猪鬃厂承担。在重庆猪鬃厂的扶持下，宜宾猪鬃厂1986年共交猪鬃120担（旧制重量单位，今以100市斤为1市担），其中黑鬃占60%，白鬃40%，并100%达到出口质量要求。重庆肠衣厂于1986年年初与南充制种肠衣厂联营生产出口肠衣，双方经过协商，成立了董事会。重庆肠衣厂投入价值2.25万元人民币的加工工具，并派出5名技术人员进行技术指导，扶持南充制种肠衣厂出口肠衣的生产，收到初步经济效益。1986年该厂加工生产成品肠衣51万多根，质量合格率达97.65%，出口正品率达90.4%，实际净增利润51万多元。重庆肠衣厂于1986年5月以同样的方式与新都马家生化厂进行了联营。另外重庆制裘厂1986年与广汉县金鱼乡联营办厂，重庆制裘厂提供周转资金2.5万元扶持生产出口兔皮褥子，全年盈利2.3万元。该厂还与资中县外贸公司联办资渝制裘厂，收购出口货源，提供资金10万元，全年盈利5.4万元。1986年，重庆畜产品进出口公司出口实绩1 311万美元，完成年计划131.10%，比1985年增长27.8%。

1986年，改建肉类加工厂，利用生猪资源加工出口产品。为使这些厂符合出口食品加工厂要求，商检部门派出技术人员到潼南肉联厂、大足龙水肉联厂、巴县冻肉厂以及其他一些冻肉厂，按照出口食品厂、库卫生要求，帮助生产厂规划方案，修改设计，使改建后的厂区布局合理，工艺流程符合要求。

1986年年底，全市已有6家厂注册登记，分别是重庆罐头厂、潼南罐头厂、合川罐头食品厂、重庆罐头厂资中分厂、重庆肉联厂、重庆永川肉联厂。另外，重庆猪鬃厂、重庆羽毛厂、重庆毛皮厂获得了"出口商品认可登记"。专业市场逐步开始形成、发展。江北县两路镇开始形成季节性夜间批发市场，主要成交肉禽蛋、蔬菜等鲜活商品；一些贩运户通过各种交通工具，将鲜活产品运入城市，形成一个“三更批发五更卖”的交易形态。

1990 年，重庆年人均消费猪肉 42.62 千克，比 1989 年增加 3.51 千克；国营肉店鲜肉零售每千克牌价 3.6 元，居全国十大城市的最低水平。生猪白条肉外调受阻，内销不畅，进行猪肉产品结构调整迫在眉睫。国营食品企业积极扩大生猪内外销分割肉的生产。重庆肉联厂、永川肉联厂、潼南肉联厂、重庆合川食品厂、南溪口肉联厂等食品加工企业，当年生产内外销分割肉 1.13 万吨，比 1989 年分割肉产量增长 2.64 倍，占猪肉总产量的 7.33%。生产的分割肉中，出口苏联 3 539.2 吨，销至香港 1 654.1 吨，国内销售 3 967.7 吨。增加分割肉的生产，扩大了 9 161 吨猪肉的销售，消化了 22.6 万头猪源，有力地缓解了农民卖猪难，减少了企业亏损，增加了外汇收入 1 314 万美元。出口商品结构不断改善。重庆畜产品进出口公司出口实绩 2 166 万美元，完成年计划 108.31%，比 1989 年增长 8.19%。重庆百万美元以上出口商品中，冻猪分割肉出口 546 万美元，比 1989 年增长 3.21%；猪肠衣出口 270 万美元，比 1989 年减少 17.18%；猪鬃出口 227 万美元，比 1989 年减少 1.73%；鹅鸭绒毛出口 155 美元；兔毛出口 102 万美元，比 1989 年减少 56.03%。重庆畜产品进出口公司进口到货金额 164 万美元，比 1989 年增长 13.89%；进口订货 164 万，比 1989 年增长 13.89%。

1994 年，重庆畜产品进出口公司出口金额 2 962 万美元，完成年度目标 84.63%，比 1993 年减少 13.87%。“三资企业”重庆龙华畜产有限公司出口金额为 204 万美元。出口商品结构进一步优化。农副产品的比重占 6.96%，与 1993 年相比，降低 0.75 个百分点。其中，肠衣出口 711 万美元，鹅鸭绒毛出口 597 万美元，革皮及制品出口 365 万美元，猪肉罐头 268 万美元，猪鬃 242 万美元，兔毛 225 万美元。进口方面，重庆畜产品进出口公司进口到货金额 1 023 万美元，比 1993 年减少 7.67%；进口订货 1 023万美元，比 1993 年减少 7.67%。

1997 年，重庆根据全市各外贸经营企业出口统计：重庆畜产品进出口公司出口金额 1 027 万美元，比上年减少 45.95%。重庆伍达畜产有限公司出口金额为 187 万美元，比 1996 年减少 6.5%。出口商品结构变化较大，农副产品比重比 1996 年下降 2.8%，仅为 3.8%，为历史最低点。当年，全市猪肠衣出口 652 万美元，猪鬃出口 560 万美元，鹅鸭绒毛出口 480 万美元，冻猪肉 262 万美元，猪肉罐头 255 万美元，羽绒服装 252 万美元，羽绒制品 136 万美元，真丝绸服装 1 816 万美元，桑蚕丝 321 万美元。

2000 年 10 月，《重庆市电子商务建设规划》正式实施。以此为基础，重庆市农业委员会会同市级相关部门争取科学技术部“九五”城市电子商务试点工程——“网上农贸超市”。重庆成为西部唯一的全国城市级电子商务试点城市。当年，全市出口商品结构进一步优化，其主要特点是本地产品出口大幅度增长，所占比重继续上升。全市出口肉罐头 422 万美元，冻猪肉 243 万美元，猪鬃 1 281 万美元，肠衣 686 万美元，羽毛、羽绒 281 万美元，骨粉 400 万美元。

2001 年，全市出口冻猪肉 392 万美元，比上年增加 61.3%；猪鬃 1 002 万美元，比上年减少 22.0%；肠衣 756.6 万美元，比上年增加 10.3%；羽毛、羽绒 143 万美元，比上年减少 49.1%；骨粉 256 万美元，比上年减少 36%。

2005 年，全市轻工行业实现出口交货值 16.29 亿元，主要出口产品有猪肉加工制品、罐头、肠衣、猪鬃等；出口交货值列轻工行业前 10 位的企业有重庆贵诗迪皮革服装有限公司、重庆伍达畜产品有限公司、重庆古华畜产有限公司。全市皮革、羽绒制品业有企业 45 个，工业总产值 14.93 亿元，工业增加值 4.07 亿元，出口交货值 0.66 亿元，产品销售收入 14.61 亿元，税利总额 0.97 亿元，总资产 5.0 亿元，负债总额 2.61 亿元，职工人数 7 820 人。全市全年出口肠衣 2 182 万美元，比上年增加 63.6%；冻猪肉 1 735 万美元，比上年增加 145%。

2009 年 8 月，重庆农畜产品交易所挂牌。这是西部地区首个农畜产品期货市场。

2011 年，重庆市农业投资集团销售乳制品 25 万吨，占重庆市乳制品消费市场的 70%；销售冷冻肉食品 150 万吨，占重庆市主城区冷冻食品供应量的 90%。

2015 年，天友乳业品质和结构进一步优化升级。将两江牧场打造成西南地区首个有机牧场，推出

"淳源"系列西南首款高端有机乳品，推出"希腊神话"高端酸奶，开创酸奶3.0时代；确立"天友母品牌+低温'淳源'高端品牌+常温'百特'高端品牌"的品牌发展战略。全年低温乳品销量比2014年增长20.3%，其中巴氏鲜奶销量增长8.6%，在重庆的市场份额从88%提升到93%；低温酸奶品类销量增长26.3%，在重庆的市场份额从51%提升到55%。新产品有效拉动利润增长，贡献率达到23.3%。当年，重庆进口澳大利亚屠宰用牛（简称澳牛）取得突破性进展。10月22日，150头澳牛空运抵达重庆江北国际机场，标志着重庆在全国率先实现澳牛进口，成为全国样板；重庆澳牛进口专报报送国务院办公厅，得到中共中央政治局委员、国务院副总理汪洋的批示；《人民日报》、中央电视台等28家媒体发表38篇有关澳牛进口报道，国外传媒发表63篇报道。

第九篇

渔　业

重庆市境内江河纵横，塘库星罗棋布，冬囤水田量大面广。江河盛产江团（长吻鮠）、鳊鱼、岩鲤、白甲、青波（中华倒刺鲃）、铜鱼等名贵鱼类。依水而生的重庆人喜欢吃鱼。20 世纪 80 年代，市场海水产品量少质次，淡水鱼时有时无，而且多为死鱼，淡季没有鱼上市。为了解决“吃鱼难”问题，重庆各地采取两条腿走路方针。一是走内涵发展道路。应用《重庆渔业区划》成果，理清渔业发展思路，制定渔业发展的对策。重庆市人民政府多次下发文件，要求各级政府领导重视，增加投入，大力发展渔业。重点建立“四大渔业基地”（池塘、水库、稻田、江河）。二是引进外资发展渔业。1986 年起，经国务院批准，实施“八城市淡水养鱼项目”（简称“世行贷款项目”），这是全市农业第一个引进外资的项目。2010 年，重庆市人民政府出台《关于加快推进三峡库区天然生态渔场建设的意见》，正式启动三峡水库生态渔业，开启长江渔业发展新时代。

1986—2015 年，全市渔业发展经历了 4 个时期。

快速发展期（1986—1996 年）。1985 年，中共中央发出《关于放宽政策，加速发展水产业的指示》，水产品价格从此放开，激励和促进了荒滩和荒水开发。1986 年 7 月 1 日，《中华人民共和国渔业法》颁布实施，确立了渔业基本经济制度和管理措施。1986—1990 年，全市实施了“中国淡水养鱼世界银行贷款项目”，投资 7571 万元，新建鱼池 1307 公顷，改造鱼池 373 公顷。1989 年提出“依靠科技振兴渔业”，实施一系列科研、技术推广和“丰收计划”项目，推广池塘精养高产、规范化稻田养鱼、网箱养殖、病害防治和大水面综合开发等技术。到 1996 年，全市四大渔业基地初具规模，建成池塘渔业基地 0.6 万公顷、水库渔业基地 1.5 万公顷、稻田渔业基地 3.3 万公顷、河流网箱养殖基地 12 万米^2。同时调整水产养殖品种结构，大力发展名特优新水产品养殖，当年名优水产品产量比 1994 年增长 100 多倍，渔业科技贡献率达 50%。水产品价格比较平稳。水产品产量、渔业总产值、集市水产品成交量增多，对国家集体税收贡献增多，渔农收入增多，城镇居民消费量增多。基本解决了全市“吃鱼难”问题，市场天天卖活鱼，市民很满意。

平稳发展期（1997—2006 年）。1997 年重庆市改直辖后。1998 年 3 月颁布实施《重庆市实施〈中华人民共和国渔业法〉办法》。市人民政府每年投入 1000 多万元农业发展资金，重点推广名优水产品、池塘 80∶20 养殖、工程化稻田养鱼、无公害水产养殖等技术，大力优化养殖品种结构，强化渔业种子工程建设和渔业资源养护，加强水产品质量管理，全面实施养殖证制度，大力发展第三产业。2000 年，全市养殖业形成了池塘、水库、溪河、稻田四大渔业基地 6.32 万公顷，比 1995 年的 4.79 万公顷增长 32%；名特优新水产品产量 3 万吨以上，比 1995 年的 0.73 万吨增长 311%；1996—2000 年，渔业每年上交税费达到 2 亿多元，上交村社的承包费 1.5 亿多元；到 2004 年，全市集市水产品成交量 48 万吨，成交额 50 亿元。到 2005 年，全市水产品总产量 25.06 万吨，比 1997 年的 15.85 万吨增长 58.11%，年均增长 5.9%。2006 年，国务院印发《水生生物养护行动纲要》，市级财政实行补助渔业规模化养殖，扶持渔业发展。但当年全市遭受百年不遇旱灾，水产品总产减少到 16.4 万吨，比 2005 年下降 34.6%。

恢复发展期（2007—2010 年）。2009—2010 年，重庆市人民政府先后出台《关于加快渔业发展的会议纪要》和《关于加快推进三峡库区天然生态渔场建设的意见》。市级财政累计投入资金 7600 多万元用于渔业发展，实行渔业规模化养殖补助。大力推广池塘“一改五化”（一改即改造池塘基础设施，将小塘改成大塘，浅塘改成深塘，不规则的池塘改成规则、方形的池塘，并整修、改进排水系统、排污管道等；五化即水质环境洁净化、养殖品种良种化、饲料投喂精细化、病害防治科学化、生产管理信息化）和名优流水养殖技术，示范推广稻田养鳅技术。累计增殖放流鱼种 1.8 亿多尾。2010 年，全市水产品总产量从 2006 年的 16.4 万吨恢复到 22.43 万吨，增长 36.77%。

全面发展期（2011—2015 年）。2011—2015 年，国家、市和区（县）财政累计投入资金 8 亿多元，改造池塘 1.6 万多公顷；推广池塘吨鱼万元生态养殖集成技术 4.9 万公顷；累计增殖放流鱼种 3 亿多尾；建设水域牧场，成功打造“三峡鱼”品牌；建设水库生态渔业基地，积极打造“渝湖”品牌；大力推进渔业结构调整。2013 年，重庆市委、市人民政府将渔业定为全市优先发展的五大特色产业之一。

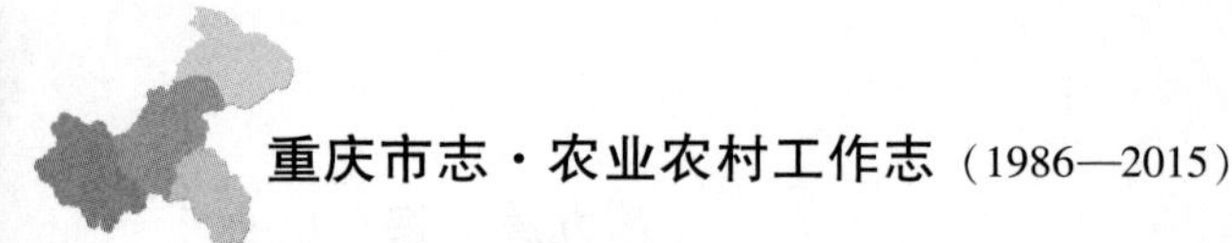

到2015年，全市冷水鱼产量2 462吨，居全国前列，全市水产品总产量48.1万吨、渔民人均纯收入14 816元，均比2010年翻了一番多。渔业朝着“生态、优质、高效”方向迈进。

统计资料显示，1986—2015年，全市水产品年产量除2006年下降（因遭受百年不遇的旱灾导致减产）外，各年产量均逐年上升。1986—2015年重庆市水产品产量产值见附表。

在抓产业发展的同时，加强渔政管理，强化渔业资源与环境保护，保障渔业船舶生产安全、渔业生态环境安全和水产品质量安全，全市渔业持续健康发展。

第一章 渔业资源

第一节 水面资源

重庆水面资源较为丰富。计划单列市时期总水面 10 万公顷左右，另有水田 46.14 万公顷，其中冬囤水田 30.7 万公顷。1997 年重庆市改直辖后，由于辖区扩大，水面增加，总水面达 19.2 万公顷。以后新修水库、池塘，水面有所增加。

2010 年，市农业委员会组织对全市水面进行全面普查，全市总水面为 24.94 万公顷、可养水面 17.6 万公顷、已养水面 7.34 万公顷。三峡水库蓄水到 175 米后，形成总库容量 393 亿米^3、水面 9.13 万公顷的库区。到 2015 年，全市水面 23.32 万公顷、宜渔稻田 26.67 万公顷（表 9－1－1）。

表 9－1－1　1985—2015 年重要年份重庆市渔业养殖水面情况表

单位：公顷

年份	渔业水面				水田
	合计	河流	水库	池塘	
1985	108 020	82 500	13 900	11 620	461 400
1996	191 961	148 300	19 486	24 175	—
1999	203 634	148 300	26 667	28 667	—
2004	202 033	148 300	32 400	21 333	—
2009	249 384	148 903	53 189	47 292	—
2015	233 233	148 300	28 800	56 133	897 103

备注：2009 年水面包括水库、山平塘未养水面，其他年份未包括。

第二节 鱼类资源

鱼类资源包括鱼类种类数量及其产卵场。1985 年以来，全市经历了计划单列市到直辖市的历程，鱼类资源亦随之变化。三峡水库蓄水后，对鱼类资源影响最大。

一、计划单列市时期

（一）鱼类

1985年，重庆市有江河鱼类7目18科69属113种。鲤科鱼类67种，鮠科14种，鳅科8种，平鳍鳅科5种，鲈科3种，鲟科、鲶科、鲱科各2种，其余10科均只有1属1种。长江干流鱼类68属108种，嘉陵江干流66属102种，涪江鱼类52属82种，渠江鱼类62属83种。包括6个不同区系的复合体，其中，以中国江河平原复合体比重最大，占种数的46.02%；古代第三世复合体占种数的16.81%；印度平原复合体占种数的16.81%；北方平原复合体占种数的5.31%；中亚高原复合体占种数的0.89%。在整体区系成分中没有北方山区复合体。鳗鲡是降河去深海产卵鱼类，在发生上属海产鱼类，未确定区系成分。重庆的名特优鱼类主要有白鲟、中华鲟、达氏鲟、长吻鮠、圆口铜鱼、长条铜鱼、中华倒刺鲃、白甲鱼、岩原鲤、胭脂鱼、三角鲂、鳗鲡。

（二）产卵场

主要产卵场89个，其中，长江45个，嘉陵江21个，涪江15个，渠江8个（表9－1－2）。

表9－1－2　1985年重庆市境内鱼类产卵场一览表

河段	产卵场名称及个数
长江	九层岩、黄鳝溪、周公沱、沙灏头、桌子角、万家沱、二梁子、三梁子、牛屎滩、古家沱、丁家沱、下渡口、高占滩、苏家浩、鲁水溪、观音庙、王宝滩、石梁子、大溪脑、三抛河鱼道、犁头湾、羊石沱、五峰沱、二沱、鲤鱼石、汤巴沱、麻子滩、关潮浩、石梁湾、西坝沱、王家沱、江口、小路口、罐子溪、虾子梁、九堆子、龙岩、溉澜溪至茅溪、温家溪、大牙浩、明月沱、苏家浩、普子岩至尖山子、舀鱼方、张家沱。45个
嘉陵江	利泽码头浩、鸡心石凼、思居沱、内口浩、包家沱、白鹤浩、鄢家浩、安家溪、鲤鱼石、大沱口、乌木巷、东陶镇、楚石滩、桌子角、三胜庙、狮子口、棺材巷、柏溪沱、南溪口、化龙桥、李子坝。21个
涪江	磨盘滩、泉溪口、红岩嘴、大岩洞、洗布塘、大码头、瓢儿堰、神仙旁、青岩子、乌木滩至会龙桥、小甄子至平桥、肖家沱湾、方溪口至罐耳子滩头、陆家湾至立石子、临渡电站至张家口。15个
渠江	刘溪口至叶子溪、孙家溪至黄豆溪、甄子石至油榨房、中盘石、张家浩至龙门嘴、屠口至横梁子、檬树沱至金滩、石鼓楼至渠河嘴。8个
合计	89个

二、重庆直辖后

（一）鱼类

1997年重庆市改直辖后，随着辖区内江河数量和面积增加，所辖江段延长，鱼类资源有所增加。有江河鱼类8目19科70属180种左右，其中鲤科鱼类最多，有103种，占总数的60%。从分布看，以长江干流最多，嘉陵江干流次之，涪江、渠江、乌江也不少。长江上游及三峡库区鱼类超过148种（含亚种），约占长江上游鱼类总数的80%，其中，鲤科鱼类90种，占总数的60%多。按区系成分计，以中国江河平原复合体比重最大，古代第三世复合体和印度平原复合体并列第二，中印山区复合体、北方平原复合体较少，中亚高原复合体最少。鳗鲡在发生上属海产鱼类，列为未确定区系成分。名特优鱼类主要有国家一级重点保护动物中华鲟、达氏鲟、白鲟，国家二级重点保护动物胭脂鱼、大鲵。主要经济鱼类有：南方大口鲶、长吻鮠（江团）、鳜鱼、铜鱼、中华倒刺鲃（青波）、白甲、岩原鲤、黄颡鱼、裂腹鱼、华鲮、乌鳢、黄鳝、泥鳅等。

经西南大学教授李云和姚维志进一步核实，2015 年，重庆市有江河鱼类 183 种（详见重庆市行政区域各水系鱼类名录及分布），其中分布在长江干流 148 种，綦河 79 种；嘉陵江 138 种，涪江 114 种，渠江 99 种；乌江 117 种，大宁河 78 种，任河 51 种，酉水 86 种。

（二）产卵场

1999 年，重庆市农业局以重渔政渔港〔1999〕7 号文件公布市重庆改直辖后的长江、嘉陵江主要产卵场共 137 个，其中长江 119 个，嘉陵江 18 个（表 9－1－3、表 9－1－4）。

表 9－1－3 1999 年长江重庆段产卵场一览表

区（县）	江段长（千米）	产卵场名称及数量
永川区	30	九层岩、黄鳝溪、周公沱、沙浩头、桌子角、万家沱、二梁子、三梁子、牛屎滩。9 个
江津区	90	羊石沱、炎滩浩、飞连浩、犁头湾、三抛河鱼道、鹅儿沱、董公碛、石梁子、大溪脑、苏家浩、鲁水溪、高占滩、下渡口、丁家沱、古家沱、汤巴沱、二沱、五举沱、鲤鱼石、麻子滩、江口、石梁湾、石坝沱、王家沱、关潮浩。25 个
巴南区	70	罐子溪、上中坝内浩、虾子梁、下中坝内浩、普子岩至尖山子、苏家浩、上麻口、下麻口、白沙沱、麻二浩、产仔塘、舀鱼方。12 个
江北区	51	朝阳河、卜壕子。2 个
南岸区	50	九堆子、龙塘、温家溪、大牙浩、明月沱。5 个
渝北区	20	明月沱、上洛碛、下洛碛。3 个
长寿区	27	张家沱。1 个
涪陵区	75	反手碛、珍溪浩、沙沱、乌羊溪、大曲浩、小溪口、外碛槽、麻柳滩、八角亭、黄泥凼、菜籽梁、长石浩、鸽子沱、龙门浩、牛口下沱、有船浩、旱鱼塘、庙岸河、千斤凼、杨家滩、团鱼凼、小石盘、进步滩、熨斗浩。24 个
丰都县	47	王庙河、巴窄梁。2 个
忠县	72	撮箕口、龚家沱、鱼洞溪、冯家浩、塘土浩、白老滩、杨家溪、忠坝子浩、瓷坛、关音岩、皇华凼、长浩子、猪屎凼、翁家凼、烧边碛、鼓眼碛、称竿碛。17 个
万州区	80	晒网坝、陈家坝、胡家坝、夏家坝、夜家坝、乌龟石、关刀碛、大周溪、黄 柏、武陵碛、大龟石、鲢子浩。12 个
奉节县	43	浩尾子、马富滩、寸滩碛。3 个
云阳县	68	太公沱、苦草沱、盘沱。3 个
巫山县	55	南碛坝、上溪碛坝。2 个
合计	778	119 个（其中明月沱为南岸和渝北区共有）

表 9－1－4 1999 年嘉陵江重庆段鱼类产卵场一览表

区（县）	江段长（千米）	产卵场名称及数量
合川区	90	包家沱、长纤子、卷耳子。3 个
北碚区	45	鲤鱼石、乌木浩、大沱口、东阳镇、三胜庙、狮子口。6 个
沙坪坝区	18	南溪口。1 个
渝中区	5	化龙桥。1 个
江北区	18	石门。1 个
渝北区	34	狮子口、新春、上石盘、下石盘、棺材巷、白溪沱。6 个
合计	187	18 个

三、三峡水库蓄水后

三峡大坝的建设显著改变了库区上下游及其支流的水文、水质、沉积物、河岸形态，大坝以上区域形成了600余千米的静水水域。库区水生生境特征的变化，导致库区鱼类资源发生了改变。三峡水库大部分区域位于重庆市境内，因此重庆市的鱼类资源及其产卵场分布也因三峡库区的蓄水而发生了显著变化。

（一）鱼类资源变化

2005—2006年监测调查显示，在库区共发现有鱼类108种，鲢、南方鲇、鲤、黄颡鱼类、铜鱼、圆口铜鱼、长鳍吻鮈、圆筒吻鮈、长吻鮠、草鱼、鰺类等已成为三峡库区主要经济鱼类。由于过度捕捞和水域污染，导致鱼类资源衰退趋势仍在加剧，渔获物中鱼类低龄化、小型化更加明显。2010—2012年，在库区江段调查发现鱼类87种，比2005—2006年监测调查减少了21种。

随着蓄水的进行，库区多种生境特征的形成，鱼类对库区新生境的适应及一系列人为保护措施的实施（如增殖放流），部分鱼类种群得以恢复或增长，库区不同江段鱼类群落结构逐渐趋同，库区鱼类群落结构仍能维持较强的稳定性，渔业捕捞量也呈现上升趋势。

三峡水库蓄水对三峡库区鱼类群落结构的影响主要体现在库中和库尾江段，而对库首以及库尾以上的自然河道的影响相对较小。因库区蓄水，喜流水性鱼类生境已缩减至重庆巴南江津上游江段，由于栖息生境的缩减加上过度捕捞，喜流水性鱼类的资源量已显著下降，但库区的增殖放流等生态修复活动使得库区的鲢、鳙等主要放流种类的资源量有较大增加。

（二）鱼类产卵场变化

因大坝建设对河流生境的改变，长江干流和嘉陵江鱼类产卵场的位置与规模也发生了较大的变化。三峡库区蓄水，导致重庆长寿以下江段水深增加，形成静水，产漂流性卵鱼类的产卵场已全部淹没，基本消失。1999年所调查到的长寿、涪陵、丰都、忠县、万州、奉节、云阳、巫山8个区（县）的共计64个产卵场的生态功能已经消失。而在重庆巴南区以上流水区域的鱼类产卵场仍具有一定的生态功能，永川和江津江段仍然是上游重要鱼类的产卵场分布区域，但由于长江上游整体渔业资源的衰退，这些区域整体的产卵规模显著缩小。由于部分种类产卵区域的集中，部分鱼类产卵场规模在蓄水早期有一定幅度的增加。三峡水库蓄水早期（2006—2007年）与蓄水前相比，长江上游"四大家鱼"产卵规模出现明显增加。在渝北至巴南江段，库区低水位时期时仍有流水特征，但供鱼类卵苗发育所需的漂流里程有限，无法完成整个生活史，产卵场的生态功能已经严重退化。

嘉陵江流域的梯级水电站导致草街以上的大部分江段形成静水（包括涪江、渠江等支流），漂流性鱼类的产卵场已经基本消失。即使在部分电站库尾存在有流水江段，但因卵苗漂流里程缩短，也无法形成一定规模的产卵场。

产黏性卵的鱼类，如果有适宜的底质条件及水文条件的场所，均可形成产卵场，但是该类型的产卵场较为零星分散。在长江干流及支流库区，这类型产卵场将会显著增加，主要是水生植被丰盛的区域，如鲤、鲫、鰺类等可在此处形成产卵场。在流水江段的部分激流浅滩处，也会吸引有如鲇、黄颡鱼类等产黏性卵的鱼类在此产卵，但这些种类的产卵场零星分散、单个产卵场规模不大。

第三节　淡水生物资源

20世纪80年代初，重庆市水产科学研究所研究员苏培义在"九龙坡区群乐渔业科研站"蹲点，对池塘浮游生物进行过测定。1989—1991年，实施"新建池塘万亩千斤高产综合配套技术"时，西南农业大学水产系教授姚维志等对池塘浮游生物做了测定。综合各家测定结果，得出重庆市淡水生物资源数据：浮游植物 8 个门 175 种，浮游动物有 4 类 183 种。底栖动物中软体动物有 6 科 14 种，水生昆虫有 7 目 17 科 22 种，水生寡毛类有 2 科 5 种，淡水甲壳动物虾类 4 种、蟹类 3 种，还有丰年虫、蚌壳虫、鲎虫。水生维管束植物中，蕨类植物 3 科 4 属 4 种，种子植物有 30 科 50 属 71 种。

1997 年后，根据原重庆市和万县市、涪陵市、黔江地区的渔业区划，综合得出重庆直辖市区域内淡水生物资源状况：浮游植物有 8 个门 180 多种，浮游动物有 4 类 190 种左右。底栖动物有 50 多种，其中软体动物 6 科 10 余种，水生昆虫 7 目 17 科 20 多种，水生寡毛类 2 科近 10 种，淡水甲壳动物 10 多种。水生维管束植物有 80 种左右，蕨类植物 3 科 4 属近 10 种，种子植物 30 科 50 属 70 多种。

经西南大学教授姚维志进一步核实，2015 年，重庆市区域内常见淡水生物有 473 种。其中浮游植物有 8 个门 169 种；浮游动物有 4 类 175 种；底栖动物有 52 种，其中软体动物 15 种，水生昆虫 22 种，水生寡毛类 5 种，淡水甲壳动物 10 种；水生维管束植物有 77 种，蕨类植物 4 种，种子植物 73 种。

第四节　鱼类自然保护区

1989 年，四川省酉阳县人民政府批准设立“三黛沟大鲵自然保护区”（县级）。该保护区位于酉阳县中东部龙潭镇境内，主要保护对象为大鲵及水生生态环境。由于成立时间较早，当时没有详细规划资料，只设立了机构、修建了界碑等基础设施。2007 年，酉阳府函〔2007〕34 号文件界定大鲵自然保护区范围。保护区总面积 9 400 公顷，其中核心区 3 800 公顷，缓冲区 5 600 公顷。

重庆市改直辖后，1999—2015 年，全市先后建成 6 个鱼类保护区。

1. 合川大口鲶自然保护区

1999 年 10 月，重庆合川市人民政府批准设立了合川大口鲶自然保护区（县级）。该保护区位于重庆市合川区利泽至草街航电枢纽之间，地跨东经 106°13′28″—106°23′19″，北纬 29°54′27″—30°9′11″；河流总长度 63. 3 千米，总面积 2 788. 6 公顷；核心区自利泽经泥溪、大石街道至云门街道（嘉陵江大桥），全长 25. 1 千米，面积 933. 0 公顷；实验区自云门街道（嘉陵江大桥）经渠口坝、合川城区、盐井街道至草街航电枢纽，全长 38. 2 千米，面积 1 855. 6 公顷；主要保护对象为南方大口鲶等重要经济、特有鱼类及其产卵场。

2. 长江上游珍稀特有鱼类国家级自然保护区

2005 年 4 月，经国务院批准，原“四川长江合江—雷波珍稀鱼类国家级自然保护区”调整、更名为“长江上游珍稀特有鱼类国家级自然保护区”，范围由四川省延伸到了云南、贵州、重庆等 4 个省份；主要保护对象为白鲟、长江鲟、胭脂鱼等 68 种长江上游珍稀特有鱼类。根据国办函〔2011〕156 号文件、环境保护部环函〔2013〕161 号文件，再次对保护区长江干流重庆段的范围进行了调整，将保护区末端由马桑溪大桥调整为地维大桥，重庆境内的长度调减 22. 5 千米。

3. 彭水乌江—长溪河鱼类自然保护区

2007 年 2 月，彭水乌江—长溪河鱼类自然保护区经重庆市人民政府批准建立，是以保护野生动物为主的市级自然保护区。该保护区位于长溪河东经 107°55′45″—108°11′15″，北纬 28°52′45″—29°12′35″，全长 29. 5 千米，水面面积 83 公顷。其中核心区（石园—舟子沱）长约 15. 5 千米，水面面积约 45 公顷；缓冲区（舟子沱—七里塘）长约 6 千米，水面面积约 18 公顷；实验区（七里塘—河口）长约 8 千米，水面面积约 20 公顷。主要保护对象为白鲟、达氏鲟、胭脂鱼、长薄鳅、红唇薄鳅、鯮、鳤、鲈鲤、岩原鲤、中华金沙鳅、四川华吸鳅、峨眉后平鳅 12 种，另有国家Ⅱ级保护动物大鲵等。

4. 长江重庆段四大家鱼国家级水产种质资源保护区

2008 年 12 月，农业部批准建立长江重庆段四大家鱼国家级水产种质资源保护区，2009 年 4 月，农业部办公厅公布了该保护区的面积范围和功能分区。此保护区位于重庆市境内南岸区广阳镇至涪陵区南沱镇的长江江段，范围为东经 106°43′45″—107°31′53″，北纬 29°35′05″—29°51′34″；河流总长度约为 127 千米，总面积 12 310 公顷，其中核心区面积 3 375 公顷，实验区面积 8 935 公顷；核心区特别保护期为 2 月 1 日—6 月 30 日；主要保护对象为四大家鱼，其他保护物种包括达氏鲟、白鲟、胭脂鱼、铜鱼、圆口铜鱼、中华倒刺鲃、岩原鲤、南方鲇、长吻鮠、大鳍鳠、长鳍吻鮈、翘嘴鲌、大鲵、水獭等。

5. 嘉陵江合川段南方大口鲶国家级水产种质资源保护区

2009 年 12 月，农业部批准设立嘉陵江合川段南方大口鲶国家级水产种质资源保护区。该保护区与合川大口鲶县级自然保护区完全重合。

6. 奉节县九盘河市级水产种质资源保护区

2014 年 5 月，重庆市农业委员会以《关于建立九盘河市级水产种质资源保护区的批复》，批准建立九盘河市级水产种质资源保护区。保护区位于奉节县境内九盘河两河口至九盘河桥河段，范围在东经 109°28′8.79″—109°32′52.76″，北纬 30°46′4.77″—30°56′11.88″，主要保护对象为大鲵和裂腹鱼。

重庆市渔业管理部门重点加强了长江重庆段四大家鱼和嘉陵江合川段两处国家级水产种质资源保护区日常管理。一是开展资源调查，实施环境监测：委托西南大学等相关科研单位，对保护区水域及其周边地区内水生生物资源、生态环境现状开展调查，针对水生态环境的主要环境指标和生物指标进行监测和分析。二是加强日常巡护，严格执法监管，严格督查：巴南、长寿、涪陵和合川等区（县）渔业主管部门及所属渔政机构，层层落实保护管理责任制，加大巡查与执法力度。严格执行特别保护期制度，未经批准，特别保护期内核心区内禁止从事任何可能损害或影响“四大家鱼”和大口鲶及其生存环境的活动。实施捕捞管理。根据保护区内渔业资源现状，按照捕捞量低于渔业资源增长量的原则，严格控制了捕捞许可证的发放数量，实现了零增长的目标。三是实施增殖放流，修复水生生态：对误捕、受伤的“四大家鱼”、大口鲶等重要经济鱼类亲本，及时予以救护、放生。

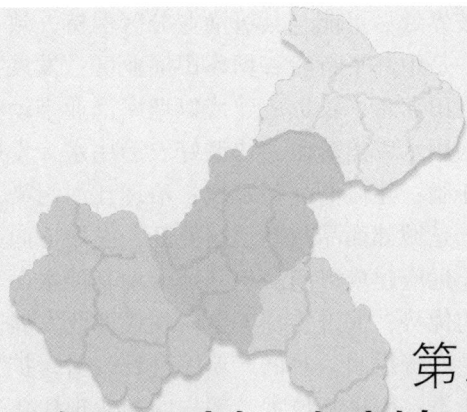

第二章
渔业区划、规划与布局

第一节　渔业区划

渔业区划是农业区划的组成部分。《农业资源调查和区划》是1978年全国科学大会确定的排名第一的重大科研项目，是国家工作重点转移到经济建设上来的重要基础工作。1983年前，四川省永川地区农业区划委员会组织水产工程师徐顺志、冯开茂等编写了《四川省永川地区渔业资源调查和区划》(粗线条)。1983年，重庆市与永川地区合并成立计划单列市后，重庆市农业区划委员会组织农口各行业开展资源调查和区划工作。重庆市农牧渔业局组成“水产区划专业组”进行水产资源调查与区划工作。在各区县水产站和区划部门的支持下，历时4年，于1986年完成了全市水产资源调查和区划工作，编写了《重庆渔业区划》。当年10月，重庆市人民政府组织专家组对各行业区划进行验收，《重庆渔业区划》通过验收。1988年2月，《重庆渔业区划》出版发行。

1997年后，重庆直辖市人口、总面积、资源等发生了很大变化。为适应直辖市的新形势新情况，为市委、市人民政府提供科学决策依据，1999年9月，市农业区划委员会办公室在1988年农业区划的基础上，重新编制农业区划。新编《渔业区划》工作由原《重庆渔业区划》编写组负责。编写组搜集了万县市、涪陵市和黔江地区（简称“两市一地”）的渔业区划资料，到“两市一地”调查补充资料，召开知情人座谈会。在原有基础上，重新编制了《重庆市渔业区划》。

一、四川省重庆市渔业区划（1988年）

1988年2月出版的计划单列市时期的《重庆渔业区划》，共有自然条件与渔业资源，社会经济技术条件，渔业发展历史及教训，渔业生产现状、潜力、发展方向和措施，渔业分区五章较全面系统地论述了重庆市的渔业自然资源和社会经济状况，并做了评价；总结了重庆市渔业发展的主要经验教训，找出了主要障碍因素，提出了对策；预测了2000年重庆市渔业发展潜力，指出了发展方向，划分了渔业区。全书附有8个专题调查报告：《发展我市渔业生产的初步探讨》《重庆市稻田养鱼相关因素及发展方向探讨》《重庆市商品鱼基地建设意见》《重庆市渔业机械调查》《潼南“香糟鱼”和“白酥鱼”的调查》《重庆市解放前的渔业概况》《发展重庆市水产业战略的初步设想》《重庆市发展渔业总体方案的设想》。

按照渔业生产自然条件（以地形地貌为主）和社会经济条件的相对一致性；渔业生产基本特点和发展方向的相对一致性；渔业生产主要问题和治理措施，建设途径的相对一致性；保持乡行政界线的完整性，破界处尽可能与县级渔业分区保持一致4项原则，把全市分为4个渔业区。

第一是中部平行岭谷塘库田渔业区：发展方向是近期应重点发展塘、库养鱼，在条件适宜的地方积极发展稻田养鱼；长远应建成以塘库渔业带动稻田养鱼的一条龙生产体系。发展措施是因地制宜，分类指导；利用水库消落区，协调好农渔用水，发展稻田养鱼；积极发展农村家庭养鱼，继续完善渔业生产承包责任制；建设商品鱼基地；治理江河污染，增殖水产资源。

第二是城郊商品鱼基地精养区：发展方向是前期应重点抓好商品鱼基地的建设，并积极抓好塘库田养鱼；长远应建成以商品鱼基地带动其他水面养鱼的一条龙生产体系，充分发挥养鱼基础好，科技力量较雄厚的优势，促进传统养鱼向现代渔业发展。采取的主要措施是调整农业结构，建设商品鱼基地；完善渔业生产责任制；对低产塘库进行改造，扩大优质水产动植物养殖；有计划地开发游钓渔业和适当发展观赏鱼类；引进新技术，率先向渔业现代化迈进。

第三是西部方山丘陵田塘库河养捕区：发展方向是前期应以稻田养鱼为重点，积极发展塘库养鱼；长远应建成以稻田养鱼带动塘库养鱼的一条龙生产体系。同时，嘉陵江水系地区还应搞好捕捞和溪河养鱼。采取的措施是充分发挥冬水田量大面广的优势，改革传统的稻田养鱼技术，夺取稻鱼双丰收；改造水利工程，积极发展塘库养鱼；修建商品鱼基地；搞好商品鱼流通和鱼类加工。

第四是南部深丘山地渔业发展区：发展方向是应努力扩大塘库养殖面积和提高单产，加速商品鱼基地建设，因地制宜发展稻田养鱼和流水养鱼。主要措施是扩大养殖面积，提高成鱼产量；利用青饲料资源，发展草食性鱼类；建设商品鱼基地；认清山区特点，发展稻田养鱼；创造条件发展流水养鱼。

二、重庆直辖市渔业区划（1999年）

1999年9月编制的《重庆市渔业区划》，含渔业相关的自然条件和社会条件、渔业发展历史与现状、渔业资源及评价、渔业分区、渔业发展规划与措施等部分。

按照重庆直辖市的市情，将全市渔业分为3个区。第一是丘陵低山塘田库河养捕区：发展方向是稳定塘库养鱼面积，大力发展稻田养鱼和河沟网箱养鱼，积极开展名特优新水产品养殖。主要措施是稳粮增收调结构；保持适当比例的冬水田，大力发展稻田养鱼；调整养殖品种结构；治理江河污染，保护和增殖水产资源。第二是盆缘中低山渔业发展区：发展方向是充分利用水利工程水面养鱼，大力发展坑函养鱼，有条件的地方积极发展稻田养鱼。主要措施是充分利用水利工程水面，发展渔业；引导群众发展坑凼养鱼；国家扶贫要把发展渔业作为重要项目；开发利用小鲵、甲鱼资源，驯养繁殖大鲵并进行人工养殖，引进养殖虹鳟等冷水性鱼类；完善渔业发展机构，提高科学养鱼水平。第三是长江三峡水库渔业开发区：发展方向是以三峡水库为依托，发展高效渔业和生态渔业，养捕并举；适时发展加工业，适度发展休闲渔业。主要措施是统一规划，有序发展；加强领导和管理；增加投入；有计划地发展网具生产加工、鱼饲料、鱼药生产等第二产业和以鱼为主的餐饮业、旅游业等第三产业，为第一产业的发展服务，开拓新领域；适时发展水产品加工；开展放流增殖，清洁水质；发展休闲渔业。

第二节　渔业规划

一、五年规划

根据国家要求，每5年做一次发展规划。1985—2010年，全市共制定了6次渔业发展规划。每次规划都要总结上一个5年规划执行情况，主要成绩和经验教训，面临的形势，提出下一个5年渔业发展的总体思路、区域布局及主攻方向、渔业发展重点。按照“规划目标化，目标措施化，措施项目化”的要求，提出规划期内的重大项目，保障措施等，并进行风险分析、环境影响分析。

（一）"九五"规划

1996 年 12 月，重庆市农牧渔业局编制了《重庆市渔业发展"九五"计划和 2010 年远景目标规划》（简称《规划》）。《规划》总结出"八五"期间渔业快速发展的成功经验，分析了渔业发展的有利条件，提出制定"九五"计划和 2010 年设想的指导思想，设定了"九五"计划和 2010 年发展目标：计划到"九五"末，水产品总产量达到 20 万吨，比 1995 年的 12.13 万吨增加 8 万吨，年均递增 10.5%；渔业总产值（按 1990 年不变价计算）在 10 亿元基础上增加 5 亿元，年均递增 14.9%，占农业总产值的 3%。到 2010 年，水产品总产量达到 40 万吨，比"九五"末翻一番，年均递增 7.2%；渔业总产值 25 亿元，占农业总产值的 4%。并提出完成"九五"计划的主要措施。

（二）"十五"规划

2000 年 12 月，编制了《重庆市渔业发展"十五"计划和 2015 年远景规划》。总结出"九五"期间特点渔业发展的主要特点。将中国加入 WTO 后和国家西部发展战略的实施、农村产业结构的调整对渔业的影响，科技进步和市场需求的提升、拉动作用，资源潜力和区域优势，作为制定"十五"计划的依据，提出渔业中长期发展的指导思想。提出了"十五"发展目标：到"十五"期末，全市渔业总产值（按 1990 年不变价计算）达到 20 亿元，比 1999 年增长 100%；水产品总产量达到 25 万吨，比 1999 年增长 31%；渔民人均纯收入在 4 000 元以上。到 2015 年，水产品总产量在 40 万吨以上，渔业及相关产业总产值（按 1990 年不变价计算）达到 50 亿元，渔民人均纯收入达到 10 000 元。规划了"十五"至 2015 年需要重点建设的项目：规划建设重庆市水产引育种中心、重庆市水产科学研究所（中心）、水产技术推广服务体系、水产原良种工程体系、水产养殖病害防治体系、渔政执法管理设施、重庆市水产种质监测中心、渔业环境监测体系、水生野生动植物保护体系、鱼类自然保护区、鱼类人工繁殖放流站、渔港、水产养殖新技术示范基地、名特优新水产品养殖及新技术推广 14 个非经营性项目；三峡库区生态渔业、稻田生态渔业开发和冷水鱼养殖基地、加工及第三产业、可控污染高效集约化养殖基地建设 5 个经营性项目。

（三）"十一五"规划

2005 年 6 月，编制了《重庆市渔业"十一五"发展规划》。总结出"十五"渔业发展的主要特点和经验，指出渔业发展存在的主要问题，提出渔业发展的指导思想。提出了"十一五"发展目标：到 2010 年，全市水产品总产量达到 30 万吨；全行业总产值达到 50 亿元，增加值达到 20 亿元；全市渔业人口年人均收入达到 4 000 元，渔业劳动力年人均收入达到 6 000 元。规划了渔业重点项目：共 50 个项目，其中基本建设项目 39 个，科研与技术推广项目 11 个；总投资 61 140 万元，其中中央投资 12 350 万元，地方配套 9 580 万元，银行贷款 1 600 万元，利用外资 3 300 万元，业主投入 34 310 万元。

（四）"十二五"规划

2010 年 9 月，《重庆市渔业发展第十二个五年规划》编制完成。总结了"十一五"渔业发展主要成就，指出了渔业规避风险的措施，分析了渔业生产污染现状。规划了"十二五"渔业发展目标：到 2015 年，全市水产品总产量达到 50 万吨，全行业总产值达到 300 亿元，渔民人均纯收入达到 12 000 元。明确了重点任务：实施渔业资源养护与开发、池塘吨鱼万元、"稻鳅双千"、环渝中都市观赏渔业产业化、水产良种五大工程，抓好水产品质量、渔业生产、渔业生态三大安全。规划了重大项目共 12 个，含子项目 64 个。总投资 105.499 亿元。

二、三峡库区渔业发展规划

三峡水库建成后，100 多万移民由国家统一安排到全国各地。还有 10 多万居民后靠安置。为了解

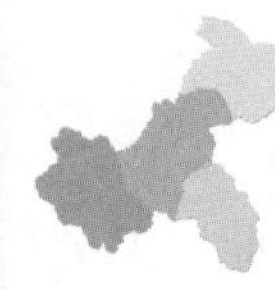

决后靠安置居民的就业和脱贫致富问题，国务院三峡工程建设委员办公室把“渔业、柑橘、草食牲畜、旅游”四大业作为后期扶持项目，委托农业部编制各业发展规划。渔业方面，农业部渔业局要求首先由重庆市、湖北省编制各辖区库区的渔业发展规划，然后由农业部组织编写小组，编制《三峡水库渔业发展规划》。

（一）重庆市三峡库区渔业发展规划

2004 年 3 月，《重庆市三峡库区渔业发展规划》编制完成。《重庆市三峡库区渔业发展规划》内容包括 175 水位内库区水域的增殖、养殖、捕捞，库区消落区利用、库周地区的养殖。共分为库区基本情况、库区渔业基本情况、渔业发展规划总体方案、大水面鱼类资源保护与增殖规划、水产养殖规划、良种繁育体系建设规划、库区捕捞规划、水产品加工业发展规划、休闲渔业规划、库区渔港建设规划、库区渔业执法监督体系建设规划、库区渔业服务体系建设规划、总投资与资金筹措等 15 章。

《重庆市三峡库区渔业发展规划》分析了三峡工程对资源的影响：三峡工程对长江上游鱼类分布及组成造成的影响，是适应流水生活的长江上游特有鱼类生存空间减少；鱼类组成将逐步向河道型水库的鱼类组成转变。对鱼类繁殖的影响是，库区江段原有的鱼类产卵场绝大部分将消失，危及鱼类的后代延续；库区静水性鱼类受精卵的发育将受到一定程度的影响。对捕捞业的影响，是库区蓄水后，原有的捕捞作业场被淹没，需要重新选择新的渔场；渔民原有的部分渔具将无法继续使用，必须添置适应深水层作业的渔具才能从事库区捕捞作业；适应于流水的主要经济鱼类如河鲶、长吻鮠、圆口铜鱼、铜鱼、岩原鲤等将减少，适应静水和缓流水的鱼类如四大家鱼、鲤鱼等低值鱼类将增加，渔民的收入将减少。

编制规划的基本原则：以环境保护为前提，充分利用渔业资源；坚持服务于全局，适度发展；依靠科技进步；因地制宜、合理布局。编制规划的范围：以淹没区为主，适当兼顾库周地区；根据三峡水利枢纽工程的运行规律，2006 年，坝前水位达到 156 米，防洪水位 136 米；2009 年，坝前水位达到 175 米，防洪水位 145 米。

渔业发展总体目标：2006 年，水产品产量 5.5 万吨，其中水库产量 3.9 万吨，水库周边地区养殖产量 1.67 万吨；2010 年，水产品产量 13.355 万吨，其中水库产量 7.655 万吨，水库周边地区养殖产量 6.1 万吨，库区新增渔业产值 43.17 亿元。投资估算：包括鱼类增殖繁育项目、保障体系项目、服务休闲项目 3 个方面，总投入为 12.2 亿元（网箱、流水鱼池、周边养殖等投入未计入），资金筹措办法是争取国家扶持；地方财政支持；招商引资。

规划还提出了库区管理建议，对项目效益、风险和环境进行了分析。

（二）重庆市三峡库区天然生态渔场建设规划

2004 年 9 月，国家发展和改革委员会编制的《三峡库区经济社会发展规划》指出，三峡库区的农业产业，重点发展适应市场需求的以柑橘为主的林果业、草食牲畜业、中药材、蔬菜等特色产品。以保证库区水质为前提，适度发展库区水产养殖。为了使三峡库区的渔业发展有章可循，国务院三峡工程建设委员会办公室委托农业部编制了《三峡库区渔业发展规划（2005—2010）》，于 2004 年 12 月完成，于 2005 年 6 月通过了专家论证，但未批准实施。部分移民自发在三峡水库进行网箱养鱼，尤以下游库区为甚。全市从 2009 年开始全面清理取缔投饵网箱养鱼。

2009 年 11 月，重庆市人民政府印发《关于加快渔业发展的会议纪要》，要求加快发展天然生态渔业；在三峡库区消落区及其他河滩地的适宜地段，在不影响河道行洪安全的前提下开展筑池养鱼探索工作。2010 年 5 月，重庆市人民政府决定启动三峡库区生态渔场建设工作，要求相关部门组织编制规划。2010 年 6 月，重庆市农业委员会委托中国水产科学研究院长江水产研究所编制《重庆市三峡库区天然生态渔场建设规划》。中国水产科学研究院长江水产研究所组织有关专家在对三峡库区社会经济发展水平、库区生态环境、库区渔业资源和渔业生产现状等因素进行深入调查的基础上，完成了本项规划的编制工作。当年6月30日，通过专家评审。

"三峡库区天然生态渔场"的定义与范围界定：三峡库区天然生态渔场，是指采用自然种群增殖为主、辅以适当人工增殖，并以库区天然饵料生物资源为基础，获得优质水产品的渔业水域。该项规划中，将坝前165米水位时重庆库区淹没线以下的水域确定为渔业利用水域，即三峡库区生态渔场的范围其面积约7.7万公顷，包括库区干流5.3万公顷，通航支流0.7万公顷，不通航库湾库汊1.7万公顷。

规划中分析了建设库区天然生态渔场的必要性和有利条件，提出了主要思路和把握的基本原则。

提出了2010—2020年发展目标。通过资源增殖、基础设施建设和对移民的技术培训，到2015年，天然生态渔场初具规模，重庆三峡水库年产有机水产品3万吨，同时建立起与渔业发展配套的"五大体系、四大工程"，渔业产值15亿元，带动相关产业产值80亿元，提供就业岗位15万个，7万渔民提前致富达小康。预计至2020年，重庆三峡水库年产有机水产品3万吨，成为中国最具影响力的有机水产品生产基地，年渔业产值20亿元，带动相关产业产值100亿元，提供就业岗位20万个，10万渔民提前致富达小康，渔业经济持续发展与水域生态保护相协调。

规划布局：对库区天然生态渔场、库区水域牧场、人工湿地渔业、库区休闲渔业进行了布局。

规划提出实施"五大工程"，建设"四大体系"。"五大工程"即：资源增殖工程、水域牧场工程、湿地渔业工程、质量品牌工程、人才培训工程。"四大体系"即：苗种繁育体系、技术支撑体系、渔业监管体系和现代营销体系。

这项规划还就总投资与资金筹措以及效益、风险、环境影响进行了分析。

第三节　渔业布局

一、"十五"渔业布局

1996年12月，重庆市渔业发展"十五"计划和2015年远景目标规划对全市渔业发展进行了布局。

（一）三峡库区

包括巫山、巫溪、奉节、云阳、开县、万州、忠县、丰都、石柱、涪陵、武隆、长寿、渝北、巴南、江津15个区（县、市），有各类水面11.8万公顷，其中三峡水库9.1万公顷，具有发展渔业的良好条件。重点是搞好三峡水库资源的合理开发利用，保持水域环境优良。

（二）丘陵地区

包括北碚、合川、潼南、铜梁、大足、双桥、荣昌、永川、璧山、梁平、垫江11个区（县、市），本区域水面主要是水库、山坪塘及溪河，重点是搞好池塘、水库生态养殖，提高单产，合理开发利用溪河资源，利用冬水田较多，大力发展稻田养鱼。

（三）中低山区

包括綦江、万盛、南川、黔江、酉阳、秀山、彭水、城口8个区（县、市），本区域水面主要是水库和山坪塘，重点是搞好池塘、水库生态养殖，提高单产，有条件的地方大力发展稻田养鱼。

（四）城市郊区

包括渝中区、江北区、沙坪坝区、九龙坡区、大渡口区、南岸区6个区，本区域水面主要是池塘，重点是发展名特优水产品养殖和休闲观光渔业。

二、“十一五”渔业布局

2005年11月，《重庆市渔业发展“十一五”规划》依据区域经济特色明显，自然条件和资源类似，优势互补和带动作用强，发展水平基本一致，相对集中，具有可操作性等原则，对全市渔业进行了区域布局（图9-2-1），指出了各区域渔业发展方向及重点。

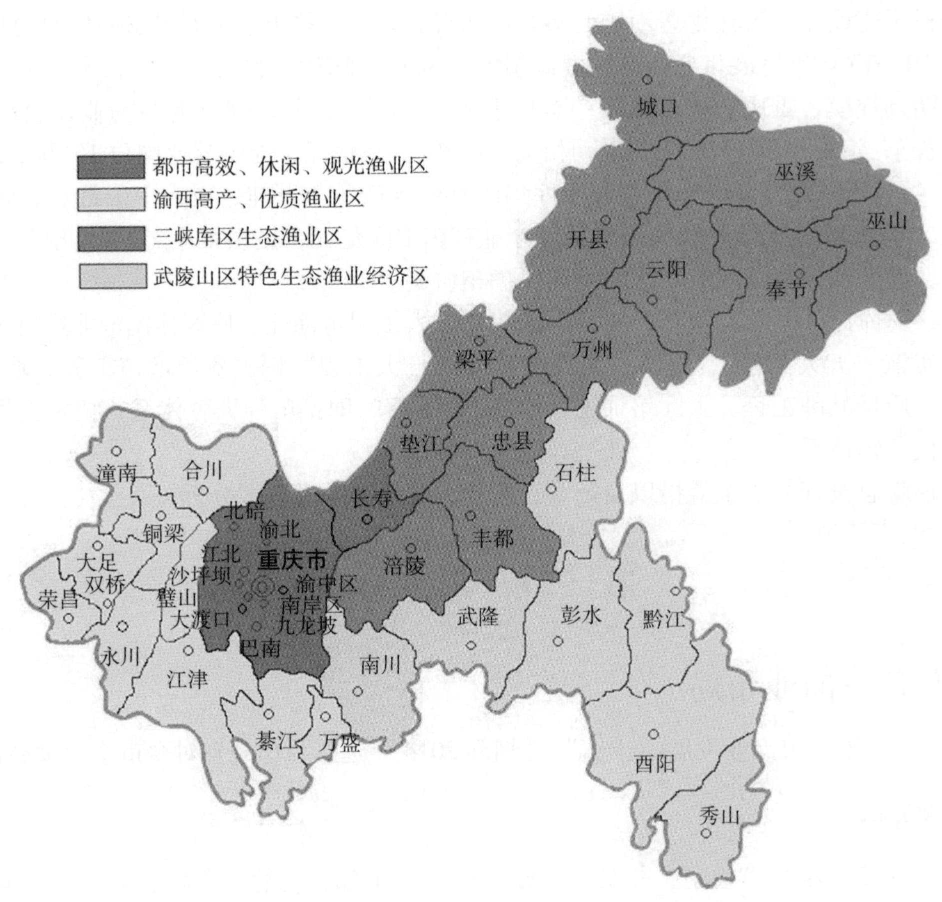

图9-2-1 “十一五”渔业布区

（一）主城高效、休闲渔业区

包括渝中区、江北区、沙坪坝区、九龙坡区、大渡口区、南岸区、北碚区、巴南区、渝北区、长寿区共10个区，本区域是重庆的主城区，服务区域和对象集中，适宜发展高效及休闲渔业。

养殖水面以池塘为主，其次是水库和江河，因此重点发展池塘养殖，养殖方式以单养为主或池塘80∶20模式，适宜的主养品种为优质吃食性鱼类，一是地方名优品种，二是引进品种罗非鱼、斑点叉尾鮰、武昌鱼、湘云鲫等。同时大力发展观赏鱼养殖和休闲观光渔业和设施渔业，突出高效。

（二）渝西高产、优质渔业区

包括合川、潼南、铜梁、大足、双桥、荣昌、永川、璧山、江津、綦江、万盛共11个区（县、市），处于重庆市西部，是重庆市经济发展相对较好、速度较快的区域，具有承西启东、辐射四川、贵州的作用，区位优势明显，适宜发展高产、优质商品基地。

本区域养殖水面丰富多样，各类水面分布均衡，渔业发展潜力很大，可采取大力发展池塘养殖，极力倡导水库增养殖，积极发展稻田养殖，适度发展江河养殖的方针；因地制宜，各有侧重，建立主要水产品高产、优质生产基地。池塘养殖实施多元化，主养和多品种混养相结合，推广先进养殖技术，提高单位面积产量。水库以增殖为主，养捕结合，控制大面积水体污染。稻田养殖以稻鱼工程为基础，改变传统养殖品种，提高档次，江河养殖要严格控制养殖品种和养殖密度，改良养殖方法。同时控制农药的施药量和改良施药方法，禁止使用不符合有关规定的药物，防止农药过多进入水中，以免造成对江河天然鱼类的污染。充分利用地下水资源，发展特色养殖。本区域适宜养殖品种主要为地方名优品种，可大力发展引进品种罗非鱼、斑点叉尾鮰、武昌鱼、加州鲈、湘云鲫、异育银鲫等养殖，适度发展鲟鱼、对虾、河蟹、美国青蛙等养殖。

（三）三峡库区高效、生态渔业区

包括巫山、巫溪、奉节、云阳、开县、万州、忠县、丰都、涪陵、垫江、梁平、城口共12个区（县），本区域处于重庆市东部，为三峡水库库区及周边地区，面积广阔，自然资源丰富，生态环境优良，适宜发展以三峡水库为主的高效、生态渔业。

本区域水面广阔，主要为江河水面，其次为水库、池塘，宜渔稻田面积也很大。三峡水库建成后，重庆库区水面达9.1万公顷，发展库区渔业具有得天独厚的条件。本区域以开发库区渔业为重点，大力发展池塘、稻田和其他生态渔业。适度发展水库渔业，要控制水库过度养殖。要正确处理好几个关系，一是重点与普遍的关系，二是当前与长远的关系，三是资源的利用与再生的关系，四是本地发展与区域发展的关系，五是渔业与其他行业的关系。本区域适宜养殖的品种主要为地方名优品种，适度发展引进鲑鳟鱼、鲟鱼、湘云鲫、异育银鲫、对虾、河蟹等养殖。

（四）武陵山特色、生态渔业区

本区域处于重庆市东南部，包括黔江、酉阳、秀山、彭水、武隆、石柱、南川共7个区（县、自治县、市），多以山区为主，经济相对欠发达。但本区域总面积宽，自然资源丰富，生态环境优良，但气温偏低，不宜发展大规模常规养殖，适宜发展特色渔业和生态渔业。

本区域水面相对较少而分散，已利用的多为水库和为数不多的池塘，可利用稻田的利用率也不高，因此开发潜力很大。由于山区独特的自然条件和渔业资源结构，发展特色养殖是本区域最有效的途径。本区域适宜养殖的品种除地方名优品种外，可重点发展鲑鳟鱼、鲟鱼等引进品种的养殖。

三、“十二五”渔业布局

2010年9月，《重庆市渔业发展第十二个五年规划》依据现有行政区划格局，遵从区域经济特色明显，自然条件和资源类似，优势互补和带动作用强，发展水平基本一致，相对集中，具有可操作性等原则，对全市渔业进行了区域布局，指出了各区域渔业发展主攻方向。

（一）都市渔业区

包括渝中区、江北区、沙坪坝区、九龙坡区、大渡口区、南岸区、北碚区、巴南区、渝北区、长寿区共10个区，本区域是重庆的主城区，其渔业形态应当适应都市发展的需要，适宜发展休闲渔业、观光渔业、设施渔业、特色鱼养殖、水产品加工、水产良种生产等相互交织的综合性渔业产业。

充分利用现有池塘、水库及江河水域，以休闲渔业、观光渔业、设施渔业、观赏鱼养殖、水产品加工等具有都市渔业特色的渔业形态为主攻方向。江北区、沙坪坝区、九龙坡区、大渡口区、南岸区等区的城镇化进程迅猛，可供渔业利用的土地将越来越少，发展重点放在休闲渔业、观光渔业；北碚区、巴南区、渝北区、长寿区则以规模化、规范化的池塘高效养殖与观光渔业并重。

（二）高效渔业区

包括长寿、合川、潼南、铜梁、大足、荣昌、永川、璧山、江津、綦江、垫江、梁平、双桥、万盛共14个区（县），是重庆市经济发展相对较好、速度较快的区域，区位优势明显，渔业基础较好，适宜发展以挖潜为主的高产、优质、高效商品鱼基地。

本区域养殖水面丰富多样，各类水面分布均衡，渔业发展潜力很大。坚持因地制宜，各有侧重原则，以高产、优质、高效养殖为主攻方向，挖掘内涵潜力，研究推广现代渔业设施、先进养殖模式、优质养殖品种。池塘养殖方面，实施多元化，主养和多品种混养相结合，推广先进养殖技术，提高单位面积产量；稻田养殖方面，以稻鱼工程为基础，改变传统养殖品种，提高档次，鼓励规模经营；江河渔业方面，要以增殖放流为主，禁止投饵、施肥、施药，以免造成对江河天然鱼类的污染；地下水养殖方面，重点发展地方和引进名优品种养殖。

（三）生态渔业区

包括巫山、巫溪、奉节、云阳、开县、万州、忠县、丰都、涪陵共9个区（县），本区域地处三峡水库库区，总面积广阔，自然资源丰富，生态环境优良，适宜发展以三峡水库增殖水生生物、强化捕捞管理为主，辅以因地制宜、开发与保护相结合的生态渔业形态。

本区域水面广阔，主要为江河水面，其次为水库、池塘，宜渔稻田面积也很大。三峡水库建成后，重庆库区水面达9.1万公顷，发展库区渔业具有得天独厚的条件。应当以发展三峡库区及库周生态环保型渔业为主攻方向，主要养殖地方名优水产品种，适度引进发展外来名优水产品种。一是三峡库区天然生态渔场建设（包括大水面增殖、水域牧场、渔业湿地、增殖放流、大规格苗种培育等）；二是以三峡库区土著鱼类为主要养殖对象，大力发展规范化池塘养殖，水库、稻田生态渔业。在涪陵、开县、万州等条件好的区县大力发展规模化池塘商品鱼养殖；在巫溪、巫山等山区河流、冷泉和特有鱼类资源丰富的区县，重点发展以裂腹鱼、鲑鳟鱼、鲟鱼、大鲵等冷水性品种为主的特色渔业。

（四）特色渔业区

包括黔江、酉阳、秀山、彭水、武隆、石柱、南川、城口共8个区（县、自治县），本区域多以山区为主，经济相对欠发达。但总面积宽，资源多样性明显，生态环境优良，但气温偏低，不宜发展大规模常规养殖，适宜发展小规模、集约化，保护与开发相结合的冷水性、亚冷性水生生物养殖，流水养殖、工厂化养殖等特色渔业和生态渔业。

本区域水面相对较少而分散，但具有山区独特的自然条件和渔业资源，因此开发特色养殖潜力很大。应当以发展设施渔业、流水养殖、微流水养殖等渔业形态，养殖冷水性、亚冷性中高档特色水产品为主攻方向。适宜养殖的品种除地方名优品种外，可重点发展鲑鳟鱼、鲟鱼、裂腹鱼、大鲵等冷水性、亚冷性品种的养殖。同时为解决渝东南地区水产品供应严重不足的问题，可在秀山等区（县）选择地势平坦、水源充足的区域发展规模化池塘商品鱼养殖。

四、重庆市三峡库区天然生态渔场建设规划布局

2010年6月制定的《重庆市三峡库区天然生态渔场建设规划》，对库区渔业进行了布局。

（一）库区天然生态渔场

本规划设定的天然渔场区域为三峡水库坝前水位165米时重庆库区长江干流和一级支流水域（不包括库湾、库汊），总面积约6万公顷，其中长江干流5.3万公顷，一级支流0.7万公顷。在此水域通过鱼类自然增殖和人工增殖放流，建立稳定的鱼类种群和数量，形成天然渔场。

（二）库区水域牧场

为便于捕捞、生产管理和提高渔获量，在库区适宜的库湾、库汊、沱湾通过设置围栏和人工放流，

形成“放牧式”生态渔场。生态放牧渔场主要在水域面积较大并相对稳定的长寿以下区（县）适宜地区实施，包括长江干流、一级支流和二级支流形成的库湾、库汊和沱湾。根据重庆市各区（县）统计，重庆三峡库区库湾、库汊总面积约2万公顷，规划建设生态放牧渔场1.7万公顷。

（三）人工湿地渔业

在坝区水位172～175米的库区消落带，选择地势相对平坦、保水能力较差的区域，结合库区消落带治理，构建消落带湿地生态屏障，因地制宜的发展人工湿地名优鱼生态养殖，在控制和减少面源污染源直接流入水库、改善库区水域生态环境的同时，获取高价值水产品供应市场。规划建设湿地总面积0.3万多公顷。

（四）库区休闲渔业

在区（县）城区附近水域和风景名胜区水域建立休闲渔业区，主要开展休闲垂钓、旅游观光、捕捞体验、餐饮娱乐、体育竞技等项目。规划建设休闲渔业区40处。

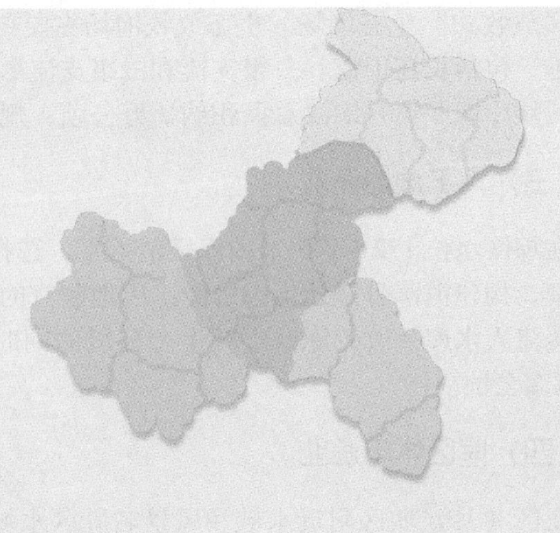

第三章 水产养殖

第一节 养殖方式

重庆水产养殖方式按水域分为池塘养殖、稻田养鱼、水库养鱼、河沟养鱼、网箱养鱼、工厂化养鱼等。按集约化程度则可分为精养、半精养和粗养。

一、池塘养殖

（一）发展历程

池塘养殖是重庆市渔业的主体，面积不断增加，单产逐步提高。20 世纪 70 年代出现大面积亩产 500 千克高产水平，80 年代出现大面积平均亩产 1 000 千克的高产纪录。

为解决市民"吃鱼难"问题，1985 年，重庆市人民政府向农牧渔业部提出申请实施世界银行淡水养鱼项目。在改造旧池塘的同时，积极调整部分粮、菜、多种经营用地、低洼地、荒地、河滩地、库汉等新建鱼塘，采取渔牧结合，综合经营的办法，建立良好的良性循环生态系统，充分发挥土地资源的生产效益，有效地调整农业结构，加快发展城郊渔业，做到就地生产，就地供应，提高质量，减少消耗，大幅度提高全市鲜鱼供应水平，从根本上解决城乡居民"吃鱼难"问题。同年 5 月、9 月、10 月，世界银行派出以希尔夫人为团长的预评估代表团、专家组成评估团，对重庆市淡水养鱼项目进行了预评估、评估，初步确定重庆市为利用世界银行贷款发展淡水养鱼城市。1986 年 6 月 25 日，国家计划委员会下达 8 城市淡水养鱼项目计划。当年 9 月 26 日，重庆市人民政府与农牧渔业部签订了《中国淡水养鱼项目转贷执行协议》，项目贷款落实，标志着项目正式确立并执行。到 1990 年，在重庆 18 个区（县），4 个市属农场，312 个项目点，完成新建鱼池 1 309.4 公顷，改造池塘 371.5 公顷，实际投资 7 570.91万元，向世界银行贷款 762 万美元（585.55 万个特别提款权），为签约额的 98.41%。1987—2004 年，项目鱼池累计生产水产品 196 663 吨，实现产值 17.89 亿元（含多种经营、项目鱼池产量及产值），其中，2004 年，水产品总产量达到 14 528 吨，比 1987 年的 1 346 吨增长 979%；平均亩产达到 750 千克，比 1987 年增长 273%；亩平纯收入达到 2 501 元，比 1987 年的 245 元增加 2 256 元、增长 920 %。涌现出一大批高产高效典型，如万盛金兰坝、六井坝连片集中的 33 公顷项目鱼池，2004 年，每公顷水产品产量 22.5 吨以上，纯收入 3.75 万元以上。该项目成功的主要经验：各级领导的高度重视是搞好项目工作的关键；落实详细的工作计划是完成项目工作的基础；健全严格的管理制度是抓好项目工作的手段；推广先进的实用技术是提高项目效益的保证。主要教训是项目建设周期较长导致项目后期管理有所放松，项目建设布点分散给项目管理带来较大困难，管理人员变动频繁影响了项目管理的连续性，外汇比率发生变化给政府还贷带来一定压力。

1986 年，开始大力推广邱国彬池塘养殖高产技术；1989—1991 年，实施重庆市科学技术委员会重大项目“新建池塘养鱼万亩千斤综合配套技术”，到 1991 年，全市商品鱼养殖面积 1 453 公顷，水产品产量 8 020 吨，分别比 1986 年的 618 公顷、1 732 吨增长 135.1% 和 163%。1988—1998 年，实施部级、省级（四川省）、市级水产丰收计划池塘养鱼项目，主要推广了“池塘养鱼高产综合配套技术”“山坪塘养鱼综合增产技术”“名特水产品池塘混养技术”等，其中实施部级丰收计划项目推广池塘养鱼高产综合配套技术 200 多公顷、山坪塘养鱼综合增产技术 370 多公顷。技术推广和丰收计划促进项目池塘养殖单产水平提高，带动了大面积池塘养殖单产提高。项目的示范效应促进池塘商品鱼基地快速发展。

1999—2006 年，先后实施良种、名优新养殖、产业化“三大工程”，推广名特优水产养殖技术、池塘 80∶20 高产养殖技术、水产健康养殖技术、单雄性罗非鱼养殖、冷水鱼与热水鱼养殖，淡水鱼与海水鱼养殖，集约化养殖与生态养殖，常规养殖与无公害养殖，四大家鱼养殖与名优水产品养殖等技术，促进养殖品种结构的调整，养殖面积和养殖产量大幅增加。

2006 年开始，实施规模化池塘直补政策，对养殖面积在 50 亩以上的业主，新建每亩补助 1 000 元。2009 年，重庆市人民政府提出积极推进商品鱼基地建设，支持在合川、铜梁、开县、永川、长寿等基础条件较好的区域，对现有池塘进行深挖改造，利用荒地、半荒地、低产地或低洼地适当扩建养殖设施，建设一批相对集中成片、达到一定规模的商品鱼基地，力争 3 年内全市建成市级重点商品鱼基地 10 个，要求各区（县）因地制宜，通过改造、扩建、新建等方式建设一批规模适度的商品鱼基地，积极培育养殖企业和专业大户，提高本地商品鱼生产规模和市场占有率。市级对新建规模化池塘养殖户每亩补助 1 500 元，改造规模化池塘养殖户每亩补助 1 000 元。相关区县出台池塘渔业发展政策，如渝北区人民政府 2012 年出台修建 50 亩以上标准鱼池每亩补助 4 000 元的政策，武隆县人民政府 2013 年出台新建标准池塘养殖场规模 20 亩以上每亩补助 4 000 元的政策。先后推广了池塘“一改五化”成套养殖技术、吨鱼万元工程、池塘鱼菜共生综合种养技术、池塘循环流水养鱼技术、池塘底排污技术、鱼病综合防治技术等实用技术，全市池塘渔业迅速发展。

到 2015 年，全市池塘养殖面积发展到 5.6 万公顷，水产品产量 40.6 万吨，比 2005 年的 3.3 万公顷、14.6 万吨分别增长 69.7%、219.2%，其中，渔业专用塘养殖面积 3.1 万公顷，水产品产量 31 万吨，比 2006 年的 0.98 万公顷、7 万吨分别增长 216.3%、342.9%。在专用池塘养殖中，相对集中成片 30 亩以上的池塘养殖大户 4 524 户、养殖面积 2 万多公顷，池塘规模化经营水平提高（表 9－3－1）。

表 9－3－1　1986—2015 年重庆市池塘和专用塘养殖产量统计表

年份	池塘面积（万公顷）	专用塘面积（万公顷）	池塘产量（万吨）	专用塘产量（万吨）	池塘单产（吨/公顷）	专用塘单产（吨/公顷）
1986	1.3	0.09	1.7	0.5	1.4	5.8
1987	1.2	0.10	1.6	0.3	1.4	3.0
1988	1.2	0.15	2.0	0.7	1.6	5.0
1989	1.3	0.16	2.2	0.7	1.7	2.5
1990	1.2	0.17	2.3	0.9	1.9	5.2
1991	1.2	0.18	2.5	1.0	2.1	5.7
1992	1.2	0.22	2.8	1.2	2.3	5.6

（续）

年份	池塘面积（万公顷）	专用塘面积（万公顷）	池塘产量（万吨）	专用塘产量（万吨）	池塘单产（吨/公顷）	专用塘单产（吨/公顷）
1993	1.4	0.28	3.3	1.60	2.4	5.7
1994	1.5	0.30	3.7	1.70	2.6	5.0
1995	1.5	0.40	4.1	2.10	2.7	5.0
1996	2.8	0.60	7.9	2.93	2.5	5.0
1997	2.8	0.70	7.9	3.15	2.8	4.6
1998	2.9	0.70	8.5	3.60	2.9	5.1
1999	3.0	0.74	9.4	4.20	3.2	5.7
2000	3.0	0.77	10.2	4.20	3.5	5.5
2001	3.1	0.77	9.9	4.80	3.3	6.2
2002	3.1	0.84	11.3	5.50	3.7	6.5
2003	3.2	—	12.3	—	3.8	—
2004	3.2	0.95	13.2	6.60	4.1	6.9
2005	3.3	0.98	14.6	7.00	4.4	7.1
2006	3.4	—	14.3	—	4.2	—
2007	3.7	1.30	16.2	9.20	4.4	7.1
2008	2.7	0.40	15.6	—	5.8	—
2009	2.8	1.70	18.2	13.40	6.5	7.9
2010	4.2	2.00	22.4	15.00	5.3	7.5
2011	4.5	2.30	25.7	18.70	5.7	8.1
2012	4.8	2.50	29.3	22.10	6.1	8.9
2013	5.1	2.70	33.6	25.40	6.6	9.5
2014	5.4	2.90	37.1	28.30	6.9	9.8
2015	5.6	3.10	40.6	31.00	7.2	10.0

（二）重点池塘养殖基地

1. 梁平万亩现代渔业示范园区

梁平万亩现代渔业示范园区主要分布在礼让镇川西、同河、老营、民中村和仁贤镇的长龙、宏山村6个行政村，规划面积669公顷。园区于2010年启动建设，受到重庆市委、市人民政府的高度关注和支持。2011年5月，重庆市委常委、常务副市长马正其莅临梁平检查调研，对梁平现代渔业示范园区建设给予充分肯定。梁平县委、县人民政府备受鼓舞，迅速行动，按照产出高效、产品安全、资源节约、环境友好的要求，全力推进现代渔业示范园区建设。

一是调优产品结构。调减易受市场冲击、效益低且不稳定的鲢鱼、鳙鱼、鲤鱼等传统品种，大力发展名优特新品种，以品种多样性来满足百姓差异化需求。园区先后引进了大鳞鲃、柳根子、黄鳝、泥鳅、黄腊丁、叉尾鮰、加州鲈、江团、青波、牛尾巴鱼、大鲵等名优品种，养殖品种20余种。自主研发了“金龙鳅”，极具观赏价值，填补了泥鳅在观赏鱼类上的空白，丰富了观赏鱼类品种。

二是调好生产方式。大力推广池塘内循环微流水养殖技术，成功筛选黄颡鱼、大口鲶、草鱼、鲫鱼、裸鲤等适养品种，构建了微流水养殖单塘、双塘、多塘健康养殖模式，获梁平县科技进步奖1项、国家授权专利1项；积极推广池塘综合种养技术，2015年，推广池塘鱼菜（卉、稻）共生综合种养面积240公顷，效益4万多元/公顷。

三是调顺产业体系。不断延长增粗渔业产业链，至2015年，建成三峡生态渔场梁平良种场、泥鳅种苗繁育场等水产苗种繁育基地近10个，年产泥鳅、黄颡鱼、大鳞鲃、四大家鱼等水花8亿尾；成功引进泥鳅深加工企业1个，开发麻辣味、香辣味、烧烤味等味型产品，年加工泥鳅2 000吨，生产泥鳅加工产品1 000吨；狠抓生态鱼品牌建设，成功注册“康乐”“跳鹵鹵”等生态鱼商标、申报“三品一标”认证产品11个、创建部级渔业健康养殖示范场6个；不断建立完善科技支撑新体系，梁平万亩现代渔业示范园区和梁平万亩生态泥鳅示范园区联合申报的重庆市梁平农业科技园区，被市科委认定为重庆市唯一一个以渔业为主的市级农业科技园区；注重农旅结合，充分利用“旅游+”“生态+”等模式，积极打造以展示各种现代水产养殖技术、养殖品种、养殖模式、水处理技术和宣传渔文化为主的集生产、示范、培训、观光、旅游于一体的“水产科技观光示范园”。截至2015年，渔业园区建成面积500公顷，水产品总产量9 500吨，产值1.5亿元，利润1 900万元，成为重庆市池塘规模养殖集中度最高的商品鱼生产基地。

2. 开县厚坝池塘生态渔业基地

开县厚坝池塘生态渔业基地位于厚坝镇大坝村、群联村、大安村、厚坝村、复兴社区，规划面积367公顷。该基地于2009年开始建设，2015年年底建成，投产267公顷。基地主要以“公司+基地”“业主+农户”“专业合作社+农户”3种发展模式进行发展。核心企业为市级龙头企业—重庆飞渝农业开发有限公司，流转土地233公顷，建成池塘面积200余公顷。

为建好该基地，开县人民政府及其渔业行政主管部门编制了《开县渔业水域滩涂规划》，成立了县长为组长的工作领导小组，将基地建设纳入部门综合目标考核，开展土地调规确保渔业用地，择优筛选养殖业主，成功引进了重庆飞渝农业开发有限公司和一批返乡创业业主投入到基地建设，对标准化基地按照1 500元/亩标准进行资金扶持，在农业用电、土地流转等方面积极协调，支持550万元完善基地配套设施，加强技术指导服务。

该基地主养品种有草鱼、鲤鱼、鲫鱼、鲢鱼、鳙鱼、甲鱼、泥鳅，主推”80：20”高效养殖、池塘鱼菜共生、鱼蛙混养、微孔增氧及池塘底排污技术。2015年，平均水产品单产为16.5吨/公顷，吸纳移民500余人，带动农户户均增收6 000元。

3. 合川区重庆吉冠水产养殖场

重庆吉冠水产养殖场选址为重庆市合川区云门街道吉福村，重庆吉冠水产养殖有限公司于2010年12月成立，2011年开始基础设施建设，2012年基地建成并投产。基地占地950多亩，建成池塘面积580余亩，有90口池塘，全封闭温室5 800米^2，完善的产卵孵化设施、设备及现代繁育条件。养殖品种有草鱼、鲫鱼、鲤鱼、花鲢、白鲢等常规鱼品种和黄颡鱼、江团、叉尾鮰、鲈鱼、大鳞鲃、花鲴、青波、岩原鲤、大口鲶等名优鱼品种；开展苗种繁育，有草鱼、青鱼、白鲢、花鲢等原种，3 000余组，成为重庆及周边地区常规鱼优质苗种供应基地，年供水花量2亿尾以上，产夏花鱼种8 000余万尾，规格鱼种4 000余万尾，商品鱼400余吨。

市级先后投入资金500余万元扶持该养殖场开展基础设施改造和现代渔业设备的配备，通过几年的努力，使该基地成了商品鱼、名优鱼示范基地、苗种繁育基地。该养殖场先后引进西南大学动科院、四川省水产学校等学校专家教授作为技术支撑。截至2015年，该养殖场先后获得了重庆市三峡库区四大家鱼良种场、重庆市南方大口鲶良种场、农业部健康养殖示范场、重庆市产品质量可追溯企业等称号。2015年，该养殖场生产苗种及商品鱼共300吨，产值1 200万元。

4. 铜梁区少云镇乌鱼基地

铜梁区少云镇乌鱼基地创办于2008年，位于少云镇高碑村12社。2012年8月3日，由乌鱼养殖大户周运明联合邓学勇等12名乌鱼养殖业主组建重庆市铜梁区高碑乌鱼养殖股份合作社，注册资金486万元。2015年年底，建成鱼池面积80多公顷，其中成鱼池48公顷，年产成品乌鱼180万千克，产值在

3 500万元以上，社员发展到46家。该合作社是以乌鱼养殖、销售为主要业务的新型农民专业合作组织，采取生产销售一条龙经营模式，实现了“五统一”，即统一采购鱼苗鱼种、统一采购饲料、统一采购渔药、统一技术管理、统一集中销售成品乌鱼。产品主要销往重庆主城、永川、遂宁、潼南、铜梁等14个市（区、县）。

市级先后投入210万元给合作社修建鱼池和购买车辆，2015年，农业部投入40万元建设500米^{2}的乌鱼繁育中心，年生产繁育乌鱼水花鱼苗5 000万尾左右，乌鱼种500万尾左右，年产值200万元以上，苗种除本合作社需要外，还对外出售。

5. 铜梁锦尚水产养殖示范基地

铜梁锦尚水产养殖示范基地是重庆锦尚农业发展有限公司创办，位于铜梁区东城街道安全村、花院村及巴川街道接龙村，占地面积达80公顷，属于重庆市千亩水产养殖示范基地建设项目，2013年被农业部评为健康养殖示范场。该基地于2011年开始建设，2012年基本建成，2015年扩建13公顷，总建鱼塘40余口，其中东城街道花院村乌龟堡片区12口，安全村火焰湾片区4口，牛叉口片区3口，天桥沟片区4口，巴川街道接龙村17口，养殖水面积约为67公顷。基地2013年投产，生产商品成鱼10万千克，2015年，生产商品鱼40余万千克，年产值800万元左右。公司正在研究探索开展鲈鱼、罗非鱼等特种鱼养殖。以期打开市场新局面，实现企业较好盈利。

该公司是重庆市农业产业化龙头企业、重庆市农业综合开发重点龙头企业。基地与重庆市休闲农业与乡村旅游示范点——铜梁金梅印象度假区形成农业旅游融合发展态势，基地还与教育融合发展建设国家青少年综合户外实践基地。

6. 潼南区柏梓镇安堂村池塘渔业基地

潼南区柏梓镇安堂村池塘渔业基地由重庆鸿信森农业发展有限公司建设，该公司成立于2010年10月，注册资金1 100万元。公司共租赁流转土地面积2 000多亩，2010建成了面积1 000亩共35口鱼塘的渔业基地，全部安装自动投饵机、增氧机。2012年公司荣获“潼南县农业产业化县级龙头企业”称号。2013年4月，在潼南县农业委员会的指导下基地安装了“重庆市水产品质量安全可追溯系统”。

该基地主要养殖品种包括草鱼、鲫鱼、黄辣丁，同时搭配养殖鲢鳙鱼、鲤鱼等，2015年生产销售成鱼750吨左右。其中，草鱼养殖面积大约40公顷，每公顷产鱼22.5吨；鲫鱼养殖面积20公顷，每公顷产鱼15吨左右，黄辣丁养殖面积6.7公顷，每公顷产量约11吨。实现利润200余万元。

7. 永川赖平淡水鱼养殖场基地

该基地位于永川区五间镇景圣村，2011年9月创办。“赖平脆鱼”养殖基地有成鱼和苗种繁育面积14.5公顷，其中，成鱼池（脆肉鲩养殖池）9公顷、苗种培育池5.5公顷，养殖品种以草鱼和鲫鱼为主。2013年该基地获得农业部“健康养殖示范场”称号。草鱼和鲫鱼两个品种获得农业部绿色产品认证，市场销售好，产品供不应求。

该养殖基地经济效益显著，2015年成鱼池每公顷产量16吨，产值40万元，纯利11万元。苗种池每公顷产量14吨，产值21万元，纯利9.8万元。全年综合每公顷收入26万元，纯利润10万元。赖凤平不仅靠养殖发财致富，还辐射带动周边养殖户12户开展脆肉鲩养殖（5公顷），人均年增纯收入4 157元。带动周边50户养殖户开展池塘高产高效养殖，均突破了吨鱼万元大关，实现人均年增纯利5 230元。

8. 重庆来苏镇柏树桥村特色养殖基地

2014年，重庆市龙景山农业开发有限公司在永川区来苏镇柏树桥村流转34公顷土地，投资876万元建成特色养殖基地。该基地主要产品有长江水系中华绒螯蟹、淡水小龙虾（克氏原螯虾）、四大家鱼等。基地走循环农业发展的道路，采用“芽苗生产+豆制品深加工”模式为虾蟹提供全生态有机饵料，采用“虾蟹+菜共生”“鱼+菜共生”养殖模式发展生态循环农业，辅以投喂自主研发生产的玉米+大豆+深海小鱼+蚕蛹+面粉等颗粒饲料。

2015 年，该基地共投放“长江水系中华绒螯蟹”苗 54 万只、淡水小龙虾 40 万只、花白鲢 1 000 尾，实现产量 56.25 吨，销售收入 842.12 万元，净利润 285.9 万元。

9. 北碚区水土镇大地村池塘养殖基地

20 世纪 80 年代，北碚区水土镇大地村利用世界银行贷款在静仕社和江北良种场修建鱼池约 33 公顷，后附近村民陆续自发修建鱼池，20 世纪 90 年代末，建成精养鱼池 80 公顷，渔业也成为该村的主导产业。该村自 2004 年成立养鱼协会后，区水产技术推广部门为其量身定制“提高组织化程度，大力发展嘉陵江名优鱼，提升水产品档次，建设精品休闲渔业基地”的发展战略，通过实施“北碚区嘉陵江名优鱼养殖示范基地建设”“北碚区无公害渔业示范基地建设”等项目，该村渔业取得飞速发展。在鼎盛时期的 2012 年，该村的平均单产在 18 吨/公顷以上，年产水产品成鱼 1 400 余吨（其中中华倒刺鲃和厚颌鲂等嘉陵江名优鱼 180 吨，中华鳖 30 吨），产值 1 800 万元，利润 500 余万元，该村人均收入达到 12 000 元。该村被相继评为“全国十佳小康村”“全国生态文明村”“全国文明村镇”“全国水产健康养殖示范场”“全国农民专业合作经济示范组织”。

该基地进行了无公害产地认定和产品认证，建立了比较完善的《养殖生产记录》《用药记录》和《进出货销售台账》，以及“无公害水产品养殖操作规程”和“质量控制措施”，在农业部和重庆市织的 10 余次水产品药残抽检中，全部合格。2007 年，西南大学的水产养殖、鱼病防治、饲料营养方面的 3 名专家教授和区水产站的 2 名技术人员在该村设立“水产养殖专家大院”，建立水质检测和鱼病诊断实验室，对农户进行“一对一”技术服务，形成“一户带十户，十户带一村，一村带一业”的发展格局。2008 年，该基地被农业部确定为全国水产健康养殖示范场。2009 年，该基地进行了鱼鳖混养模式试验，按照混养鳖 1 500～3 000 只/公顷的放养密度，在每公顷产出常规鱼类 18 吨的基础上，再产出生态中华鳖 750～1 500 千克，每公顷产值 30 万～45 万元，增收 15 万元。2011 年，该基地采取水上种植藤藤菜，水下饲养泥鳅的方式，建立了 13 公顷鱼菜共生示范基地，每公顷池塘多生产泥鳅 4.5～7.5 吨，收获藤藤菜 15 吨，增加产值 3 万元。2013 年后，由于两江新区的建设需要，该基地的池塘被陆续征用，到 2014 年底被全部征用。

10. 江津长冲热带鱼基地

江津长冲热带鱼基地，位于临峰山下的德感街道长冲社区，距江津城区 16 千米，重庆市区 65 千米。基地依托于常年恒温 23～25℃，流量 1 米^3/秒，水质清澈透明、无污染的地热温泉，主产罗非鱼等热带鱼。基地养殖面积 1 000 亩，年产罗非鱼等苗种 1 亿尾，商品鱼 1 000 吨，年产值 1 亿元，成为西南地区最大的热带鱼养殖基地。同时，基地还大力发展休闲渔业，集游泳、娱乐、垂钓、餐饮于一体，日接待量可达 2 000 人次。

长冲热带鱼基地始建于 1976 年，当时政府进行“连家渔船”改造，要求渔民上岸定居，国家投资修建了“江津县热带鱼良种繁殖场”安置上岸渔民。“九五”期间进行了大规模扩建。2000 年前后，闲云居水产养殖公司、欧登农业开发有限公司、聂珊渔庄、特种养殖场等企业相继入驻。

基地内，闲云居水产有限责任公司和欧登农业开发有限公司是区级龙头企业。明翰热带鱼养殖专业合作社和闲云居水产开发有限公司是全国休闲渔业示范基地、农业部水产健康养殖示范场。基地注册了“长冲罗非鱼”商标，认证了罗非鱼、淡水白鲳、胭脂鱼、匙吻鲟、杂交鲟以及草鲫、鲤鱼 8 个无公害水产品。

（三）技术推广及获奖情况

1. 新建池塘养鱼万亩千斤高产综合配套技术

该项目于 1990—1991 年在世界银行贷款“淡水养鱼项目”新建池塘实施，推广最新池塘养殖综合配套技术，迅速提高了池塘的产量和经济效益，增强了项目的还贷能力。1992 年，“新建池塘万亩千斤高产综合配套技术”获重庆市人民政府科技进步三等奖。

2. 罗非鱼大规模苗种繁育及养殖技术

1999 年在渝北、沙坪坝、巴南区和璧山县的 13 个镇（乡）集中连片实施罗非鱼大规模苗种繁育及养殖技术，带动周边区（县、市）2 533 公顷池塘和 667 顷稻田罗非鱼养殖的发展。2000 年，项目完成实施面积 1 437 公顷；承担项目的 4 个区（县）的推广区域内的池塘养殖共获得成鱼 1 262. 3 万千克，其中罗非鱼 298. 3 万千克，占实施区域养殖总量的 23. 63%。池塘养殖平均单产达到 8 781. 9 千克/公顷；实现总产值 10 098. 50 万元，新增总产值 2 053. 55 万元，新增纯收益 1 024. 34 万元；推广资金投入产出比为 6. 55，推广投资收益率为 3. 19。通过项目实施，完成了罗非鱼原、良种的引进和基地建设，并形成了规模化的生产能力；完成了“重庆市罗非鱼池塘养殖技术规范”制定工作。2001 年推广罗非鱼大规模苗种繁育及养殖技术获 2001 年度农业部“农牧渔业丰收奖”二等奖。

3. “80∶20 池塘养鱼”新技术

1997—1999 年，全市通过分批分期对重点县、乡级水产干部进行多次技术培训，加大“80∶20 池塘养鱼”新技术推广宣传力度，积极争取各级地方政府的支持。1999 年全市推广应用面积 2000 余公顷，约占全市池塘面积的 1/3，分布在全市 80% 的区（市、县）。通过现场测产评估，在同一水域中使用“80：20 池塘养鱼”新技术的经济效益普遍较前养殖模式均有不同程度地提高，每公顷平均新增纯利润 1305 元。如永川市探花渔场，养殖水面面积共计 3. 22 公顷，在水产专业人员地指导下，严格按照“80∶20 池塘养鱼”技术操作，以方正银鲫为主养鱼，配养鲢、鳙鱼，年终测产结果显示，总产量 37 191千克，总产值 33. 47 万元，纯利润 9. 6 万元，新增纯利润近 1 万元，每公顷平均增纯利润 3 000 元，在当地起到比较典型的示范作用，永川市的“80∶20 池塘养鱼”推广应用面积已达 170 公顷。同年，重庆市人民政府将“池塘 80∶20 养殖技术”列入重庆市水产八大重点技术推广之一。2002 年推广“池塘 80∶20 池塘养鱼技术”获全国农牧渔业丰收奖二等奖，2006 年制订并发布了《重庆市池塘 80∶20池塘养鱼技术规范》地方标准。

4. 池塘鱼菜共生综合种养技术

2013—2015 年，在重庆璧山、巴南、涪陵、潼南等 37 个区（县）累计实施“池塘鱼菜共生综合种养技术”面积 1. 7 万公顷，平均每公顷产水产品 19. 8 吨，产各类蔬菜 13. 4 吨/公顷，单位产值和纯收益比应用该技术前分别增加 62. 5% 和 132. 4%，节约水电等支出 60% 以上。“池塘鱼菜共生综合种养技术”连续 3 年获评全国农业主推技术；2014 年，获重庆市科委科技成果认证，通过重庆市农业委员会成果鉴定；制订并发布了《池塘鱼菜共生综合种养技术规范》地方标准，注册了“鱼菜缘”水上蔬菜商标，通过品牌打造，提高产品的知名度和公信度，通过了国家绿色食品认证，开设了重庆首家“鱼菜缘”绿色水产蔬菜直销店。2014 年 4 月，中央电视台 7 套《农广天地》节目制作播出“池塘鱼菜共生技术”专题，重庆电视台科教频道以及重庆新闻联播先后 4 次播出“鱼菜共生”相关内容和专题节目，《重庆日报》等多家媒体也多次报道，四川、云南、天津、宁夏等十几个省份均有人员前来参观学习重庆鱼菜共生种养技术。

（四）中华农业科教基金会中华神内基金农技推广获奖情况

1999 年，在水产战线上工作了 38 年的垫江县水产站站长、高级工程师陶宗铭，成为重庆渔业行业首个获得“中华神内基金农技推广奖”的基层水产技术推广工作者。他在推广规范化稻田养鱼，指导建设专用鱼塘、特种水产养殖、水库养鱼、种草养鱼，长期深入乡（镇）、村（社），开展水产养殖培训等方面工作，取得成效，为推动垫江县渔业发展作出重要贡献。

2002 年，綦江县水产站站长，县科技带头人后备人员、水产工程师周宗容，获得“中华神内基金农技推广奖”。她在工作中全身心投入普及和推广渔业技术，深入全县 58 个乡开展水产技术指导，1987 年以来先后成功实施池塘养殖、稻田养殖、名优水产养殖、水库增养殖、病害防治等方面试验示范和推广项目 28 个，获得县级奖 12 项，市级奖 6 项，为全县渔业生产迅速发展，赶上全市中、上水平，促进全县水产品质量快速提高和渔业经济效益稳定增长作出显著贡献。

2007年，璧山县农业局水产站毕贵礼获得“中华神内基金农技推广奖。”毕贵礼先后主持和参与了“规范化稻田养鱼高产技术”“异育银鲫池塘养殖综合技术”“罗非鱼原种大规模苗种繁育及养殖技术”“池塘混养名优水产品技术”“80：20池塘养鱼新技术”等30余项科技推广项目的实施；引进推广湘云鲫、团头舫（蒲江一号）、胭脂鱼、黄颖鱼等十几个名特优新品种，使璧山县成为重庆市鲫鱼生产第一大县；深入塘边为渔民提供技术指导和服务，2006年，推动璧山县一跃成为重庆市渔业大县。

2015年，潼南县农委农业水产综合服务中心主任、水产高级工程师杜朝晖获得“中华神内基金农技推广奖”。他始终坚持以基层渔业生产和发展为己任，大力发展特色效益渔业。2000年以来引进推广以中华绒螯蟹、娃娃鱼、白乌鱼、白甲、松浦镜鲤、“中科三号”异育银绷等为代表的20多个名优品种，实施水库生态渔业综合开发、鳜鱼人工内塘繁殖及苗种转食驯化试验示范取得实效，编资料、送资料、搞培训，手把手地向渔民传授养殖技术，组织大力推广“池塘鱼菜共生综合种养技术”“稻田综合种养技术”“池塘吨鱼万元生态集成技术”“白乌鱼标准化健康养殖技术”，促进了潼南渔业持续快速发展和渔民增收。

同年，重庆团渡水产养殖股份合作社理事长兼党支部书记、重庆市九龙坡区水产养殖致富能手慕宗友，作为水产养殖经营示范户，获得“中华神内基金农技推广奖”。2009年5月，他召集周边有意愿的村民“抱团”成立了重庆团渡水产养殖专业合作社（2012年5月变更为重庆团渡水产养殖股份合作社），先后承担和实施了多项水产新技术试验示范和推广项目，带头实施“鱼菜共生”技术试验示范，现身说法，带动了本村及周边500多户养鱼户走上致富之路，每年帮助20余农户，户均增收3万~10万元。

同年，重庆市大足区穗源种植养殖股份合作社和重庆市学清小龙虾养殖专业合作社理事长、大足区水产技术推广能手谢云灿，作为水产养殖经营示范户，获得了“中华神内基金农技推广奖”。他于2007年开始养鱼，从2009年起，连续将8.6公顷鱼池全部实施生态立体种养模式，累计新增纯收益80余万元，带动全区6 780亩渔业基地新增纯收益700余万元、户平均收益7.6万元；2013年在大足区铁山镇建角村流转稻田21公顷，新建标准化稻虾共生示范基地18.7公顷，每公顷产值14.7万元、纯利润7.8万元，带动全区发展305公顷，年新增产值4 200万元、纯收入2 500万元、户平均增收8万余元。

（五）池塘养殖典型人物邱国彬

邱国彬（1925年1月22日至2009年3月27日），重庆市九龙坡区花溪乡群乐村人。1952年加入中国共产党，曾担任过重庆市巴南区花溪镇群乐村七合作社社长、村农会主席、村党支部书记，群乐村渔业科研站站长，水产特级技师。曾两次被评为全国劳动模范，被推选为第七届全国人民代表。

1958年，群乐村开始发展成片池塘养鱼，邱国彬具体负责施行。开始，他仍按农村老一套方法喂养，成鱼产量不高，亩产一直徘徊在200千克左右。后来，他一边干一边学，经过几年的实践，1966年，摸索出了“五有数”（投放鱼类品种有数、放养鱼类尾数有数、捕捞鱼类的次数有数、每次鱼类出水有数、全年鱼类总产量有数）养鱼方法，改变了以前养鱼心中无数的状况，从而使池塘养鱼单产逐渐提高。

经过近10年的学用探索，从实践中又总结出了池、水、种、放、喂、防、捕、改“八字养鱼法”。其中，池，池深3米以上；水，水质要好要活；种，鱼种要大规格；放，一年内要多次投放鱼种；喂，定时定点定量投喂饵料；防，防治鱼病；捕，多次捕捞，以捕促长；改，改池内死水为活水。1975年，池塘养鱼亩产提高，在400千克以上，成了当时重庆市池塘养鱼的高产典型。

1979年，邱国彬被评为全国劳动模范，他开始特种水产越冬和自繁自养的试验研究。1980年，他引进罗非鱼种，在400米^{2}的鱼池上搭起钢架塑料大棚，用蒸汽保温、增氧机增氧的办法进行越冬养殖试验，每米^{2}水面产越冬鱼种3.5千克（亩产2 335.5千克）。

为了进一步发展养鱼事业，1980年，群乐村成立了渔业科研站，邱国彬任站长，先后引进了青鱼、武昌鱼、东北银卿、淡水白鲳、南方大口鲶、斑点叉尾鮰等12个良种进行繁殖试验，均获得成功。1985年，邱国彬领导渔业科研站全体职工进行了鳖（甲鱼、团鱼）的饲养繁殖试验，专门修建了280米^{2}共11个甲鱼养殖池，经过几年研究，甲鱼苗种繁殖和成鱼饲养获得成功。

邱国彬在渔业上孜孜不倦的钻研精神和所取得的成果受到四川省领导重视。1986年，四川省人民政府向他颁发了《农村特级技师》证书，成为当时四川省农村中唯一的水产特级技师；1988年被选为第七届全国人民代表大会代表；1989年再次荣获“全国劳动模范”殊誉。1992年5月29日，重庆市委、市人民政府向近年来为重庆经济建设作出突出贡献的赵明正、邱国彬、乐嘉庚、周志达、钟尚志、张成坤6名科技工作者分别发放5万～10万元的奖金。

1996年，邱国彬领导的群乐渔业科研站有养殖水面75亩，其中品种繁殖面积20亩。在单一品种养殖的基础上，通过几年实行青、草、鲢、鳙、鲤、鲫、鳊、淡水白鲳、南方大口鲶和加州鲈混合立体养殖，成鱼产量平均亩产1 323千克，其中优质鱼占62.6%；自繁自养的品种9个，除自用外，年出售水花鱼苗6 000多万尾。

邱国彬池塘养鱼的科研成果，被重庆市人民政府评为“科技二等奖”，四川省科学技术委员会向他颁发了《四川省科学技术成果》证书。有关专家学者将邱国彬的养鱼技术与经验，撰写成《池塘养鱼》《八字养鱼法》等丛书出版发行。群乐渔业科研站自1980年成立后就被重庆市科业技术委员会定位“星火计划”渔业人才培训点、被重庆市农牧渔业局定为淡水养鱼培训基地。在以后的10多年，群乐渔业科研站为各地开办养鱼技术培训班50多期，受训人员3 000多人次。邱国彬受上海水产大学的邀请与各地区的水产专家、教授进行学术交流，被成都、德阳、万县、攀枝花、遵义等10多个地、市邀请授课百余次，培训人员近万人。他长期实行无偿技术咨询和现场技术指导。先后到云南、贵州、四川等省的上百个县、市、地区传授养鱼技术，为发展西南地区渔业生产作出了很大贡献。

二、稻田养鱼

20世纪80年代，稻田养鱼经历了思想解放和技术进步的历程。在“以粮为纲”时代，“稻田养鱼”自生自灭，产量很低。改革开放以来，粮食产量迅速增加，自给有余，稻田养鱼有了发展机会。但指导思想上仍然是“在不影响水稻产量的前提下养鱼”。客观上，水稻栽培技术与养鱼存在矛盾。为了解决“稻鱼矛盾”，大足、璧山等县的水产科技人员和农民首创在田中挖“鱼凼”，解决了“晒田”“施农药”时鱼儿的安全问题。“鱼凼”面积控制在本田面积的8%～10%，利用“边际效应”和鱼儿的吃虫、除草、松土、施肥等功能，可以增产稻谷10%左右，实现“千斤稻、百斤鱼”目标。这种新兴的稻田养鱼方式称为“鱼凼式稻田养鱼”。

与此同时，西南农业大学著名专家、教授侯光炯的“半旱式耕作法”在重庆推广，与稻田养鱼有机结合，相得益彰。“鱼凼”与半旱式“垄沟”结合的稻田养鱼方式称为“半旱式稻田养鱼”。同时，学术界对稻田养鱼进行了大量理论研究，提出了“稻鱼共生”“稻鱼助生”“稻鱼互利”等理论，解决了稻田养鱼诸多理论问题。全市各级渔业主管部门抓住这一发展良机，通过抓点示范，召开现场会等多种方式，大力采用和推广先进实用技术，积极引导扶持，稻田养鱼获得持续快速发展。1986年全市稻田养鱼面积7.04万公顷，水产品单产120千克/公顷。1989年全市稻田养鱼面积9.2万公顷（其中半旱式稻田养鱼4.5万公顷），总产量1.6万吨，稻田水产品产量占全市水产品总产量的36.2%，居全国14个计划单列市第一位，水产品单产180千克/公顷，居全国第二位，水产品单产超过450千克/公顷的稻田面积有0.9万公顷。

为了实施科技兴农战略和实现国家农业发展目标，加速科技成果转化，推动农业科技与生产密切结合，促进高产、优质、高效农业的发展，农业部、财政部共同组织实施综合性农业科技推广计划——丰收计划。1990年，四川省实施“百万亩稻田养鱼高产技术”丰收计划项目，重庆市农牧渔业局水产处为第二参加单位，实施面积 23.95 万亩，亩产稻谷 560.4 千克，亩产成鱼 46.4 千克。1991 年，该项目获农业部农牧渔业丰收奖一等奖，重庆市农牧渔业局水产处作为第二完成单位获集体奖，时任处长朱铭立和曹豫获个人奖及证书。

1990 年，农业部在重庆召开全国稻田养鱼经验交流会。1991—1995 年，全市实施市级水产丰收计划“规范化稻田养鱼技术”项目，大面积稻田养鱼水产品单产 270 千克/公顷，“千斤稻、百斤鱼”的稻田养鱼面积从 1990 年的 1.1 万公顷增加到 1995 年的 3 万多公顷。1995—1996 年实施农业部丰收计划，圆满完成计划指标。

20 世纪 80 年代中期至 90 年代中期，重庆市稻田养鱼发展水平全国领先，亩产“千斤稻，百斤鱼”的稻田逐年增多，开辟了稻田综合利用的新天地。新华社、人民日报社、重庆日报社等媒体争相报道，《人民日报》载文赞誉稻田养鱼为“重庆农业三绝”（半旱式耕作法、稻田养鱼、再生稻）之一。各省份农业部门和国外人士纷纷来渝学习考察。1988 年 11 月 1—5 日，应中华人民共和国农业部邀请，泰国渔业部组建的稻田养鱼考察团一行 9 人，来重庆考察稻田养鱼。由重庆市农牧渔业局徐顺志、朱铭立等陪同考察了永川县陈食镇瓦窑村、东南乡银炉村等地的稻田养鱼。1998 年，越南农业部渔业考察团来重庆考察，由重庆市农业局水产处张继凯、国际合作处龙训娅陪同考察了永川、大足的稻田养鱼。

为进一步提高稻田养鱼经济效益，总结稻田养殖新技术，1997 年，农业部以农科发〔1997〕第 8 号文件，下达重庆市“丰收计划”稻田养殖新技术项目，要求至 1998 年推广该项技术 6 666.7 公顷，每公顷新增产鱼 450 千克以上。采取建设规范化鱼田工程，为稻田养鱼高产创造良好的生态环境条件；积极推广名特优新品种如南方大口鲶、斑点叉尾鮰、异育银鲫等的养殖，进行多品种混养；因地制宜推广“稻鱼鸭”“稻鱼菜”等多元复合生态种养模式；搞好科学种养和病虫害综合防治等措施，经过两年实施，全面超额完成了各项任务指标，起到了良好的示范推广作用。以此为基础，1998 年，稻田养殖新技术辐射到全市的 3.07 万公顷规范化稻田养殖区域，促进并带动了全市 11.6 万公顷稻田养鱼的发展，取得了很好的经济和社会效益，也取得了一系列具有重庆特色的稻田养鱼技术成果。同年，重庆市人民政府将稻田养殖新技术列入十大农业主推技术之一（表 9-3-2、表 9-3-3）。

表 9-3-2　1998 年重庆市稻田养鱼项目实施区（市、县）一览表

单位	实施面积（公顷）	乡（镇）数（个）	复合模式实施面积（公顷）				
			稻鱼萍	稻稻鱼	稻鱼菜	稻鱼鸭	小计
合计	8 047	38	420	176	146	49	1 091
大足县	2 780	23	120	176	66	49	411
永川市	2 867	7	高产示范片 300				300
渝北区	2 400	8	300	0	80	0	380
辐射区域	30 667	—	—	—	—	—	—
全市	116 000	—	—	—	—	—	—

表 9-3-3　1998 年重庆市稻田养鱼项目产量统计表

单位	实施面积（公顷）	总产稻谷（万千克）	公顷产鱼（千克/公顷）	总产鱼（万千克）	公顷产鱼（千克/公顷）	新增稻谷（万千克）	公顷新增（千克/公顷）	新增产鱼（万千克）	公顷新增（千克/公顷）
大足县	2 780	2 223.3	7 997	309.45	1 113	162.66	435	143.88	518
永川市	2 867	2 287.6	7 980	260.58	909	111.80	390	153.08	534
渝北区	2 400	1 864.8	7 770	214.20	893	91.80	383	124.20	518

（续）

单位	实施面积（公顷）	总产稻谷（万千克）	公顷产鱼（千克/公顷）	总产鱼（万千克）	公顷产鱼（千克/公顷）	新增稻谷（万千克）	公顷新增（千克/公顷）	新增产鱼（万千克）	公顷新增（千克/公顷）
小计	8 047	6 376.7	7 920	784.23	975	366.26	455	421.16	523
辐射区	30 667	—	—	2 160.80	704	—	—	—	—
全市	116 000	—	—	4 157.90	357	—	—	—	—

1999 年，全市水产工作会议提出了以稻鱼工程和稻田养鱼新技术为核心的发展要求，全市稻田养鱼面积 11.7 万公顷，水产品产量 4.16 万吨，占全市水产品总产量 1/4，发展“稻鱼菜”“稻鱼果”“稻鱼鸭”等多元符合模式，其效益较普通稻田养鱼高出 30% 以上。稻田养殖新技术荣获 1998 年度“全国农牧渔业丰收计划”一等奖和 1999 年重庆市农牧渔业科技进步一等奖。

2001 年，稻田养殖主要推广名优品种养殖技术（稻田养蟹、养鳝）、规范化稻田养殖技术，由于劳动力进城务工和养殖效益的减少，稻田综合种养面积逐年降低。2004 年，重庆市稻田养鱼面积 10.3 万公顷，比 2000 年的 11.3 万公顷减少 9.4%，稻田养殖水产品产量 3.8 万吨，占全市水产品总产量 16.6%。

铜梁在总结“稻田养鱼”经验的基础上，积极探索“稻田养鳅”新模式，从 2007 年开始，泥鳅繁殖、稻田养鳅和池塘养鳅试验示范，铜梁县玖龙水产养殖场、铜梁县西来渔场、铜梁县绿茵养殖有限公司和土桥镇巴渝人家生态养殖场开展的池塘自然繁殖、人工催产繁殖和池塘成鳅养殖试验取得全面成功，亩产鳅 600 多千克，亩平均收入 8 000 元；侣俸镇石河村四社开展的稻田养殖泥鳅试验也相继取得全面成功，半精养模式亩产泥鳅 70 余千克，亩纯收入 1 700 余元；自然养殖模式亩产泥鳅 30 余千克，亩纯收入 700 余元。

2008 年 9 月 19 日，市委常委、副市长马正其参观了铜梁县土桥镇巴渝人家生态养殖场的泥鳅养殖现场，在听取铜梁县开发“稻田养鳅”情况汇报后，对该项目工作给予了充分肯定，认为“稻田养鳅”可以成为农民增收的又一重要途径，要求做好试验示范，并大力推广。市农业委员会将“稻鳅双千”工程试验示范项目下达铜梁县实施。以往由于种稻效益差，农民积极性不高，种植面积减少较多，且稻田大多基础条件较差，养殖面积和产量均有较大程度的下降。经过多方考察和全面分析，选择泥鳅作为冬水田养殖品种，养殖成本低，容易管理，能大幅度提高水产品产量，有效增加收入，这是重庆在全国首次提出大规模开发冬水田泥鳅养殖。2008 年，全市稻田养鱼面积 5.6 万公顷，稻田养鱼水产品产量 1.1 万吨，占全市水产品总产量 5.3%。

2009 年 6 月 16 日，重庆市稻鳅双千工程现场会在铜梁召开，会议认为，实施稻鳅双千工程能够盘活农业资源、加快渔业发展、再现稻田养鱼的辉煌；要求抓好水的蓄存、种子供应、科技支撑、规模经营、质量安全、产品加工 6 个关键环节，从加强领导、创新机制（工作、投入、经营机制）、做好规划 3 个方面落实保障措施，确保稻鳅双千工程实施取得成效。当年，全市示范推广稻田养鳅面积 276 公顷，建成了一批鳅苗繁殖基地。随后几年，在大足、梁平、铜梁等区（县）实施稻鳅双千工程面积成倍增长，全市稻田养鳅面积 2 000 多公顷，并探索推广稻鱼、鳅、虾、蟹、蛙及藕鳅、菱鳅、莼鳅等多种种养模式。

2013—2015 年，全市按照“稳粮增效，以渔促稻”的总要求，集成配套稻田综合种养关键技术和设施设备，建立稻田综合种养产业化发展技术体系和配套服务体系，加大政策资金扶持力度，推广稻渔多样化综合种养模式，建立“稻（藕、莼）鱼（鳅、蛙、虾、蟹、鳖等）”等多种综合种养模式基地，在梁平集中打造一个万亩泥鳅生态养殖示范区。2015 年，稻田综合种养面积 3.8 万公顷，水产品产量 8 332吨。

2013 年，大足区实施了稻田名优鱼类生态养殖示范片项目。全区实施 17 个镇（街）、23 村、15 634

户，稻鳅综合利用投种面积 1 491 公顷，实施的稻鳅综合利用示范片 133 公顷，每公顷收入 2.3 万元，新增纯收益 673 万元，每公顷纯收入 6 930 元。万古镇的菱角和泥鳅立体种养结合，每公顷收入超过 21 万元，纯收入达到 12 万余元。2014 年，该区开展稻虾综合利用，养殖面积 242 公顷，平均每公顷产量达到 2 835千克，平均每公顷纯收入 7.3 万元，50 亩以上规模的 35 户，发展后劲强（表 9－3－4）。

表 9－3－4 1986—2015 年重庆市稻田养鱼统计表

年份	1986	1987	1988	1989	1990	1991	1992	1993
养殖面积（万公顷）	7.04	7.3	8.5	9.2	8.8	8.8	7.5	9.6
养殖产量（万吨）	0.8	1.0	1.5	1.6	1.6	2.0	1.6	2.0
平均单产（千克/公顷）	120	135	180	180	180	225	210	210
年份	1994	1995	1996	1997	1998	1999	2000	2001
养殖面积（万公顷）	8.3	8.7	11.6	11.1	11.7	11.7	11.3	11.6
养殖产量（万吨）	2.1	2.5	3.9	3.6	4.2	4.2	4.1	3.5
平均单产（千克/公顷）	249	285	335	330	357	357	362	299
年份	2002	2003	2004	2005	2006	2007	2008	2009
养殖面积（万公顷）	11.3	8.9	10.3	9.7	8.2	7.6	5.6	4.2
养殖产量（万吨）	3.8	3.5	3.3	3.4	1.1	1.6	1.1	1.0
平均单产（千克/公顷）	330	390	315	354	203	210	195	240

年份	2010	2011	2012	2013	2014	2015
养殖面积（万公顷）	4.2	4.3	4.0	4.1	3.7	3.7
养殖产量（万吨）	0.8	0.8	0.9	0.9	0.8	0.8
平均单产（千克/公顷）	195	180	225	225	210	210

三、水库养鱼

1983 年前，水库养鱼都是“白水养鱼”，产量很低。1983—1985 年，重庆市水利局组织发展了水库网箱养鱼和网箱培育大规格鱼种。

1985 年，全市有水库 1 448 座，养鱼水面 1.4 万公顷，水库养鱼面积占水库可养面积的 97.06%；成鱼产量 3250.1 吨，占全市水产品总产量的 11.57%（占水产品养殖产量的 13.7%）；水库养殖单产 238.5 千克/公顷。其中大型水库（长寿湖和大洪湖）可养水面 5 000 公顷，占水库总水面 35.38%，产鱼 743.2 吨，占水库鱼产量的 22.87%，单产 150 千克/公顷；中型水库可养水面 1 260 公顷，占水库总面积 9.03%，产鱼 240.35 吨，占水库鱼产量 7.39%，单产 190 千克/公顷；小（一）型水库可养水面 3 660公顷，占水库总水面 26.14%，产鱼 864.9 吨，占水库鱼产量的 26.61%，单产 236 千克/公顷；小（二）型水库可养鱼水面 4 130 公顷，占水库总面积 29.45%，已养水面 3 730 公顷，利用率 90%，产鱼 1 401.65 吨，占水库鱼产量的 43.13%，单产 376 千克/公顷。

1987 年，网箱养鱼已分布在 12 个县的 18 座水库。12 月，璧山县金堂水库从北京引进一套机械化网箱养鱼成套设备。1988 年 3 月，该设备正式投入使用，机械化养鱼面积 610 米^2。因网箱养鱼单产高，一度受到水利部门重视。各水库管理所把网箱养鱼列为多种经营项目大力发展。但是，水库网箱养鱼易造成水质污染，与农业灌溉和人畜用水有矛盾。后来逐步取缔水库网箱养鱼，推广健康养殖。

2007 年，全市水库养鱼面积 2.4 万公顷。2008 年全市加快转变渔业发展方式，开始推广不投饵、不施肥、不用药的水库生态养殖技术，推进水产健康养殖，全面取缔水库投饵施肥养鱼，水库养殖面积

1.6 万公顷，水库养殖产量 2.4 万吨，平均单产 1 500 千克/公顷。

2013 年，重庆全面完成国家科技部星火计划——三峡地区（重庆）特色水产业关键技术集成及产业化项目，到 2015 年，全市水库养殖面积 2.9 万公顷，水产品产量 3.6 万吨（表 9－3－5）。

表 9－3－5　1986—2015 年重庆市水库养殖情况表

年份	1986	1987	1988	1989	1990	1991	1992	1993
养殖面积（万公顷）	1.4	1.4	1.4	1.4	1.4	1.3	1.3	1.3
养殖产量（万吨）	0.30	0.30	0.40	0.40	0.44	0.50	0.60	0.80
平均单产（千克/公顷）	3 195	3 150	4 185	4 253	4 725	5 625	6 750	9 000
年份	1994	1995	1996	1997	1998	1999	2000	2001
养殖面积（万公顷）	1.3	2	2.2	2.2	2.2	2.2	2.4	2.2
养殖产量（万吨）	1.00	1.80	2.50	2.50	2.90	3.10	3.60	3.70
平均单产（千克/公顷）	11 250	13 500	17 055	17 055	19 778	21 128	22 500	25 223
年份	2002	2003	2004	2005	2006	2007	2008	2009
养殖面积（万公顷）	2.2	2.3	2.3	2.3	2.4	2.4	1.6	1.6
养殖产量（万吨）	3.50	3.90	3.80	3.90	3.80	3.80	2.60	2.70
平均单产（千克/公顷）	23 873	25 425	24 638	25 425	23 760	23 760	24 368	25 313
年份	2010	2011	2012	2013	2014	2015		
养殖面积（万公顷）	2.7	2.7	2.8	2.9	2.9	2.9		
养殖产量（万吨）	2.80	3.10	3.40	3.50	3.50	3.60		
平均单产（千克/公顷）	1 036.5	1 147.5	1 215	1 207.5	1 207.5	1 242		

四、河沟养鱼

全市农村常有利用小溪小河流速较缓慢的河段，筑坝或围栏养鱼。

1986 年，全市河沟养殖面积 1 000 公顷，水产品产量 360 吨，单产 338 千克/公顷。1997 年，河沟养殖面积 0.3 万公顷，水产品产量 4 902 吨。

2000 年后，河沟养殖快速发展，到 2002 年，养殖面积 1.5 万公顷，最高单产 4 265 千克/公顷。由于部分河沟过度开发，资源环境受到破坏，开始提倡生态养殖，养殖面积逐年降低。2007 年，全市组织实施江河库区生态养殖技术。2008 年，小江水体富营养化生物治理鱼类增殖放流示范项目纳入三峡工程生态环境建设与保护试点示范专项计划方案，全面禁止在生活用水水域和水源保护区内投饵、施肥养鱼。2015 年，河沟养殖面积减少到 1.1 万公顷，水产品产量 7 886 吨，江河围栏养殖面积 2 163 万米^2，水产品产量 1 163 吨（表 9－3－6）。

表 9－3－6　1986—2015 年重庆市河沟养殖及围栏养殖情况表

年份	河沟面积（公顷）	产量（万吨）	河沟单产（千克/公顷）	围栏面积（万米^2）	围栏养殖产量（吨）	围栏养殖单产（千克/米^2）
1986	1 044	0.036 0	344	—	—	—
1987	1 044	0.040 0	383	—	—	—
1988	1 225	0.0 321	262	—	—	—
1989	1 089	0.0 331	304	—	—	—

（续）

年份	河沟面积（公顷）	产量（万吨）	河沟单产（千克/公顷）	围栏面积（万米²）	围栏养殖产量（吨）	围栏养殖单产（千克/米²）
1990	1 041	0. 0 306	294	—	—	—
1991	968	0. 0 345	356	—	—	—
1992	1 273	0. 500 0	3 928	—	—	—
1993	1 176	0. 500 0	4 252	—	—	—
1994	1 101	0. 800 0	7 266	—	—	—
1995	1 259	0. 200 0	1 589	—	—	—
1996	1 640	0. 500 0	3 049	—	—	—
1997	3 172	0. 500 0	1 576	—	—	—
1998	2 083	0. 800 0	3 840	—	—	—
1999	2 130	0. 860 0	4 038	—	—	—
2000	2 193	0. 700 0	3 192	—	—	—
2001	14 514	1. 000 0	689	—	—	—
2002	14 589	1. 000 0	685	—	—	—
2003	12 128	0. 800 0	660	—	—	—
2004	12 122	1. 100 0	907	13. 7	50	0. 36
2005	12 142	1. 000 0	824	300. 0	60	0. 02
2006	102	1. 100 0	107 843	7. 5	10	0. 13
2007	520	1. 200 0	23 076	6. 5	15	0. 23
2008	527	0. 800 0	15 180	319. 7	240	0. 08
2009	2 048	0. 300 0	1 464	319. 7	260	0. 08
2010	7 489	0. 400 0	534	451. 3	390	0. 09
2011	7 872	0. 600 0	762	1 201. 8	885	0. 07
2012	7 914	0. 600 0	758	2 138. 1	1 230	0. 06
2013	7 822	0. 700 0	895	2 140. 0	1 243	0. 06
2014	10 393	0. 800 0	769	2 184. 1	1 243	0. 06
2015	11 232	0. 800 0	712	2 162. 7	1 163	0. 05

五、网箱养鱼

重庆市网箱养鱼始于 1977 年，重庆市科学技术委员会立项投资 7 000 元在长寿大洪湖渔场开始试验。

1983—1985 年，重庆市农机水电局组织发展了水库网箱养成鱼和网箱培育大规格鱼种。到 1987 年，网箱养鱼已分布在 12 个县的 18 座水库。1988 年网箱养鱼 1. 6 万米²（其中网箱养鱼种 6 500 米²），产鱼 279 吨，单产 17. 2 千克/米²。1989 年网箱养鱼面积达 3. 1 万米²（其中鱼种网箱 0. 7 万米²），产鱼 716 吨，单产 20. 3 千克/米²。1990 年网箱养鱼 2. 2 万米²（其中鱼种箱 0. 5 万米²），产鱼 850 吨，单产 38. 8 千克/米²。

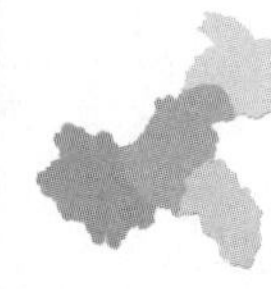

1992 年，出现江河网箱养鱼。1993 年江河网箱养鱼 2.5 万米^2，产鱼千余吨，其中船体网箱3 000 米^2，产量405 吨，比上年翻了一番；化纤网箱养鱼 2.2 万米^2，产量600 多吨，产量比 1992 年增加 5 倍多。1996 年，建成江河网箱养鱼基地 12 万米^2，其中节粮型网箱 10 万米^2。1997 年，船体网箱养殖面积发展到 3.2 万米^2，水产品产量 1624 吨，平均单产 51 千克/米^2。

在经历多年发展后，到 2005 年，全市网箱养鱼面积 32.3 万米^2，水产品产量 1.3 万多吨，分别是 1986 年的 24.1 倍和 67.1 倍。2005 年后，为控制水库、河流水质，保护生态环境，重庆市对网箱养鱼进行了控制和取缔。

2007 年，重庆市水利局、市农业局、市环保局联合印发《关于取缔饮用水源水库内投饵施肥养鱼有关工作的通知》，要求各区县水利、渔业、环保等部门要通力合作，精心组织，分步骤实施，稳妥推进，确保在 11 月底前全面完成饮用水源水库内投饵、施肥养鱼的取缔工作。之后，重庆水库网箱养鱼受到限制。

2008 年 9 月，根据《中共重庆市委办公厅　重庆市人民政府办公厅关于切实解决突出环境问题的通知》精神，为规范三峡库区水产养殖管理，取缔投饵性网箱养殖，确保库区水域生态环境安全，重庆市农业委员会印发了《关于规范三峡库区水产养殖管理取缔投饵性网箱养殖的通知》，要求对库区网箱养殖进行治理和规范，在国家有关政策出台以前，严格禁止新增网箱养殖，严格禁止与法律法规和有关文件精神相违背的渔业生产活动，对投饵性网箱养殖必须立即予以取缔；其他水产养殖从严规范，限制区域、规模和养殖方式，并限期逐步退出三峡水库。

为贯彻国务院“禁止三峡库区网箱养鱼”的规定，取缔三峡水库网箱养鱼，2009 年 3 月，重庆市农业委员会在全市渔业工作会议上进一步明确了取缔三峡水库网箱养鱼的要求。此后，涉及此项工作的巫山、奉节、云阳、万州、忠县、丰都、开县 7 个区（县）的渔业行政主管部门按照职能职责和有关要求积极介入了该项工作，采取加强组织领导、认真制订方案、广泛发动宣传、及时兑现补偿等措施，按照每口网箱 200 ~ 9 000 元、每千克鱼 5 ~ 16 元的标准，投入 9 607 万元，作为取缔三峡水库网箱养鱼补偿经费。经统计，三峡水库重庆库区应当取缔的网箱总数为 1.75 万只，面积 44.97 万米^2，涉及养鱼户 728 户。截至 2009 年 12 月 30 日，实际取缔了 1.69 万只，面积 43.49 万米^2，涉及养鱼户 702 户，按面积计算完成了应当取缔任务的 97%。同时，据不完全统计，在取缔过程中将收购的5 344吨水产品进行了增殖放流（表 9－3－7）。

到 2015 年，全市网箱养鱼面积 2.3 万米^2，水产品产量 833 吨，比 2005 年分别减少 92.9% 和 93.8%。

表 9－3－7　1986—2015 年重庆市网箱养殖情况表

年份	网箱面积（米^2）	网箱产量（吨）	网箱单产（千克/米^2）	其中船体网箱面积（米^2）	船体网箱产量（吨）	船体网箱单产（千克/米^2）
1986	13 401	200	40.0	—	—	—
1987	6 667	70	10.5	—	—	—
1988	16 208	279	17.2	—	—	—
1989	31 162	716	23.0	—	—	—
1990	22 011	850	31.8	—	—	—
1991	23 830	1 011	46.2	—	—	—
1992	21 870	1 743	79.7	—	—	—
1993	58 620	3 974	67.8	—	—	—
1994	90 800	4 891	53.9	—	—	—
1995	97 500	5 572	57.1	—	—	—

（续）

年份	网箱面积（米²）	网箱产量（吨）	网箱单产（千克/米²）	其中船体网箱面积（米²）	船体网箱产量（吨）	船体网箱单产（千克/米²）
1996	153 410	6 828	29.6	—	—	—
1997	211 993	9 279	44.0	31 836	2 624	51
1998	145 120	7 483	52.0	51 671	2 409	47
1999	137 564	7 636	56.0	92 197	3 459	38
2000	193 202	10 760	56.0	82 013	3 087	38
2001	112 351	6 720	59.8	77 192	3 329	43
2002	91 668	5 627	61.4	112 922	5 690	50
2003	284 139	11 537	41.0	—	—	—
2004	294 644	12 870	44.0	—	—	—
2005	322 647	13 412	42.0	—	—	—
2006	273 266	11 648	43.0	—	—	—
2007	261 127	11 318	43.0	—	—	—
2008	126 007	6 479	51.0	—	—	—
2009	120 970	7 812	65.0	—	—	—
2010	67 192	4 381	65.0	—	—	—
2011	65 100	3 831	59.0	—	—	—
2012	52 500	3 434	65.0	—	—	—
2013	43 200	2 574	60.0	—	—	—
2014	24 500	1 703	70.0	—	—	—
2015	23 474	833	35.0	—	—	—

六、三峡库区生态渔业

（一）发展概况

1998 年，《重庆市实施〈中华人民共和国渔业法〉办法》第九条规定："市人民政府渔业行政主管部门及其所属的渔政渔港监督管理机构应加强对三峡水库重庆库区的渔业养殖的监督管理。三峡水库重庆库区的渔业养殖应当坚持统一规划、合理布局、严格控制、科学放养、保护水质的原则。三峡水库重庆库区的渔业发展规划由市人民政府渔业行政主管部门编制，报市人民政府批准后实施。三峡水库重庆库区的养殖证由水域所在地区县（自治县、市）人民政府渔业行政主管部门审查后，报市渔业行政主管部门审核，由市人民政府颁发。国家另有规定的，从其规定"。

1999 年，首次在渔业发展分区中划分了三峡水库渔业开发区，范围是三峡水库（175 米）及沿岸的乡镇，提出的发展方向是高效渔业和生态渔业，养捕并举，适时发展水产品加工业，适度发展休闲渔业。之后重庆三峡库区渔业发展经历了从重视池塘、网箱养殖发展逐步转变到全面实行生态发展的轨道。

2008 年，重庆市人民政府启动了开县汉丰湖流域生态渔业基地建设项目，酝酿已久的三峡库区生态渔业开发课题开始破题。

2009年，依据重庆市委、市人民政府办公厅《关于切实解决突出环境问题的通知》及市农业委员会《关于规范三峡库区水产养殖管理取缔投饵性网箱养殖的通知》要求以及国务院《关于推进重庆市统筹城乡改革和发展的若干意见》的要求，全市从2009年开始全面清理取缔网箱养殖，江河、水库网箱养殖逐渐取缔。

2009年11月，重庆市人民政府印发《关于加快渔业发展的会议纪要》。提出要加快发展天然生态渔业，把天然生态养殖作为全市推广的渔业生产主要模式和政府支持的重点，每年对重庆市境内长江等重点江河实施鱼类增殖放流，保护水域生态平衡，增加鱼类资源储量。在三峡水库消落区及其他河滩地的适宜地段，在不影响河道行洪安全的前提下开展筑池养鱼探索工作。

2009年，完成了《开县汉丰湖生态渔业发展规划》，建成水产良种场1个，启动库区生态池塘养鱼和生态渔业示范基地建设；完成了三峡库区“生态渔业示范工程”项目。

2010年，三峡库区天然生态渔场建设工程启动。当年8月，重庆市人民政府印发《关于加快推进三峡库区天然生态渔场建设的意见》，决定开发利用三峡库区宜渔水面资源，大力培育天然生态渔业产业。11月11日，市人民政府在涪陵举行三峡库区天然生态渔场建设启动仪式，黄奇帆市长出席了启动仪式并做重要讲话，合川、江津、长寿、开县、彭水等5个区（县、自治县）设分会场同步举行了启动仪式。三峡库区天然生态渔场建设全面启动，“水下经济”开拓取得实质性进展。一是全力推进“五大工程”。资源增殖工程：全年放流水生生物8 000多万尾。水域牧场工程：市农投集团投资1 200余万元，建成位于忠县的两大水域牧场，完成万州襄渡河水域牧场及开县小江河（澎溪河）水域牧场建设的前期工作。湿地渔业工程：完成开县汉丰湖湿地渔业示范工程项目可行性研究、初步设计等前期工作。质量品牌工程：忠县水域牧场鲢、鳙鱼的绿色、有机认证进入审批程序，产品及环境检测已经达标。人才培训工程：按照“阳光工程”的运作模式培训3万多人（次）。二是精心培育“两大体系”。苗种繁育体系：投入4 500万元，全面启动15个水产良种场建设，其中8个良种场竣工。技术支撑体系：建成增殖放流及渔业环境监测中心站1个、监测点5个；使用新的放流标记技术，圆满完成首次大规模增殖放流标记任务。同时，成功获得三峡集团公司出资3 000万元建设大宁河增殖放流工程示范区，协调市移民局出资5 000万元在三峡库区实施增殖放流活动。

2011—2015年，14个三峡库区天然生态渔场良种场建成并投入生产，三峡库区生态渔场建设累计增殖放流鱼种3亿尾，比“十一五”期间的1.6亿尾增长87.5%，三峡库区年捕捞产量在1.2万吨以上，比2010年增长71.4%以上；建成水域牧场近2 000公顷，成功打造“三峡鱼”品牌。

（二）水域牧场

1. 忠县水域牧场

2011年开始建设的忠县水域牧场，位于重庆市忠县长江一级支流的干井河、龙滩河、香水溪和漕溪河，毗邻“世界八大奇异建筑”之一的石宝寨，重庆市“干井沟市级风景区”镶嵌其中。拥有生态养殖面积1 334.668公顷。为“国家三峡鱼生态养殖综合标准化示范区”，是中国科学院水生生物研究所、中国长江三峡集团“三峡水库生态环境保护项目——典型库湾生态渔业调控及资源利用关键技术示范工程生态渔业示范基地”。

2. 万州水域牧场

2013年建设完成并投产。万州水域牧场位于重庆市万州区长江一级支流石桥河，拥有生态养殖面积109.769公顷。上游紧邻万州区首家湿地公园——石桥水乡。河水平缓清澈，波光粼粼，两岸的青山绿树，湖光山色和峡谷风光在这里完美融合。

3. 涪陵水域牧场

2013年建设并投产。涪陵水域牧场位于重庆市涪陵区珍溪镇长江一级支流渠溪河，上距涪陵城区30千米，距重庆主城区118千米，下距丰都城46千米。拥有生态养殖面积446.757公顷。

七、观赏休闲渔业

重庆市的休闲渔业从20世纪80年代末鱼塘开放钓鱼开始。当时离、退休人员日渐增多，社会缺少娱乐项目，钓鱼成为一些人的最爱。市钓鱼协会就拥有会员40万人。养鱼户纷纷开放钓鱼，为钓鱼大军提供了“用武之地”。90年代，近郊区一些养殖户不但开放钓鱼，而且为钓鱼者提供钓具、鱼饵、餐饮、娱乐等服务，成为吸引全家人参与的“渔家乐”。

21世纪初，全市大力推进渔业区域结构调整，都市发达经济圈以池塘养殖为主体，特色渔业为补充，形成以娱乐、休闲、垂钓、餐饮为特色的都市观光渔业带。全市渔业垂钓面积2 000公顷，接待游客100万人（次），年产值近亿元。休闲渔业虽然结合旅游业、垂钓业、餐饮业有所发展，但发展很不平衡，缺乏资金和有效的组织。

2003年，全市休闲渔业基地发展到3 300多公顷，比上年增加660多公顷，增长25%。建成了一批“美食鱼一条街”，涌现出一大批颇具实力的“休闲鱼庄”、鱼餐馆，刺激了渔业产业发展，促进了小城镇建设和农村劳动力转移。合川市建起了“三江鱼美食街”，经营业主60多家，日销售鲜鱼2～3吨，月营业额500多万元。

2006年，休闲渔业在都市经济圈稳步发展，并逐步向渝西地区和三峡库区扩展。全市休闲渔业基地达到4 667公顷，渝北区发展休闲渔业107公顷，通过垂钓和就地餐饮，全年出池成鱼2 000吨左右，加上全区70家鱼庄鱼餐馆消费鲜鱼2 800吨左右，休闲渔业和餐饮业消费水产品占全区水产品总产量的66.2%。

2008年，全市观赏鱼产量4 656万尾，比2007年的4 338万尾增长9.32%。在南岸、沙坪坝、九龙坡等主城郊区建成相对集中成片的观赏鱼养殖示范基地33.33公顷，养殖品种涵盖了三大系列42个品种；观赏鱼产业点、线、面协调发展，与休闲渔业有机结合。南岸区将97公顷观赏鱼基地打造成重庆市观赏鱼基地。该基地年产观赏鱼1 800多万尾，实现产值1 800多万元，利润720多万元，每公顷产值15万多元，利润7.5万元。

2009年，实施都市观光休闲渔业项目，引进高附加值观赏鱼品种30个，观赏鱼年产量4 000多万尾。2012年，全市观赏鱼年产量达到7 000万尾，同比增长40%。

2012—2015年，按照农业部全国休闲渔业示范基地创建标准，组织开展全国休闲渔业示范基地创建活动，累计创建全国休闲渔业示范基地13家。

2014年，以垂钓、餐饮、观光、娱乐为主的休闲渔业发展迅猛，加速了渔业产业结构的调整步伐。全市休闲渔业产值5.4亿元，同比增速18%，休闲渔业基地已有618处、4.9万亩。其中，成功创建全国休闲渔业示范基地4处，累计达到10处。实践证明，休闲渔业具有强大的融合第一、第二、第三产业的功能，对渔业持续发展、富余劳动力吸纳、美丽乡村建设以及现代渔业发展具有重要的促进作用。

2015年，全市休闲渔业产值达到6.1亿元，观赏鱼产量2.12亿尾（表9－3－8、表9－3－9）。

表9－3－8　2003—2015年重庆市休闲渔业产值和观赏鱼生产情况

年份	2003	2004	2005	2006	2007	2008	2009
休闲渔业产值（亿元）	0.92	1.45	1.48	1.46	1.60	1.70	1.70
观赏鱼数量（亿尾）	0.13	0.21	0.30	0.29	0.43	0.47	0.40
年份	2010	2011	2012	2013	2014	2015	
休闲渔业产值（亿元）	2.00	3.30	3.40	4.50	5.40	6.10	
观赏鱼数量（亿尾）	0.46	0.43	0.85	0.81	1.21	2.12	

表9-3-9　2012—2015年重庆市国家级休闲渔业示范基地一览表

年份	区（县）	单位	位置
2012	江津	重庆市江津区明翰热带鱼养殖专业合作社养殖场	长冲镇
	沙坪坝	上天池度假村休闲渔业示范基地	歌乐山镇
2013	江津	重庆市江津区闲云居渔庄	长冲镇
	九龙坡	重庆市九龙坡区毛毛虫休闲渔业示范基地	白市驿镇
	长寿	重庆市大洪湖水产有限公司	洪湖镇
	渝北	重庆土瑞公司休闲渔业示范基地	大湾镇
2014	大足	重庆水原荷花山庄度假村有限公司	宝顶镇
	江津	重庆紫来农业开发有限公司	蔡家镇
	渝北	重庆春施兰生态农业发展有限公司	古路镇
	巴南	重庆新港农业发展公司	云篆山镇
2015	沙坪坝	龙虎休闲度假村	歌乐山镇
	九龙坡	西彭三鼎华乡休闲渔业基地	西彭镇
	潼南	潼南县浩然居田圆山庄休闲度假村	田家镇

八、工厂化养鱼

工厂化养鱼是指运用建筑、机电、生物、化学、自动控制学等学科原理，对养鱼生产中的水质、水温、水流、投饵、排污等实行半自动或全自动化管理，始终维持鱼类的最佳生理、生态环境，从而达到健康、快速生长和最大限度提高单位水体鱼产量和质量，且不产生养殖系统内外污染的一种高效养殖方式。工厂化养鱼是当今最为先进的养鱼方式，具有占地少、单产高、受自然环境影响小、可全年连续生产、经济效益高、操作管理自动化等诸多优点，而且其中的封闭式循环流水养鱼不易产生对环境的污染，耗水少，是一种环境友好的绿色养殖方式，是符合水产养殖发展趋势的最佳养殖方式之一。

1998年，重庆市水产科学研究所开始探索工厂化养鱼。全市工厂化养鱼起步较晚，技术装备水平和自动化控制水平较低，大多都属于比较初级的高密度室内养殖，只是增加了充气和流水，基本上属于开放式流水养殖。养殖品种有南美白对虾、罗非鱼、鲟鱼、斑点叉尾鮰、大鲵等。因工厂化养鱼规模小，长期未予统计。2003年才开始统计全市工厂化养鱼情况。

据重庆市渔业统计资料记载，2003年，全市工厂化养鱼仅有北碚区和铜梁县，共有养殖水体4 180米^3，生产水产品485吨。工厂化养鱼发展规模最大的一年是2014年，共有江津、合川、万州、沙坪坝、南岸、忠县、秀山7个区（县）开展工厂化养鱼，养殖水体8万多米^3，生产水产品601吨。

2015年，全市工厂化养鱼3万多米^3，生产水产品559吨，主要分布在合川、万州、沙坪坝、南岸、忠县、秀山6个区（县）。

重庆具有代表性的工厂化养鱼单位有重庆桓华渔业发展有限公司、重庆天盛龙源实业有限公司和重庆市万州区水产研究所。

（一）重庆桓华渔业发展有限公司“SUCCESS鲜鱼工厂”

原重庆市水产科学研究所工程师茆晴生于1998年6月24日成立民营企业“重庆市沙坪坝区当代水产养殖工程研究所”，与当时的“沙坪坝区养鱼场”联合，共同修建了“环渠式当代养鱼工厂”。建厂施工1年左右，因养鱼场人事变动和场地被国家征用，合作被终止。

2008年6月至2011年，研究所与渝北区新桥水库管理处签订协议，联合修建了“袖珍（生产线式）养鱼工厂”。经过该养鱼工厂的实践，技术进一步成熟，取得技术成果。2011 年 7 月，开始申请 7 项专利（含 2 项发明专利），2013 年已全部获准，形成了创新型产业“生产线式养鱼工厂”。

重庆市农业委员会和沙坪坝区农业委员会关心支持新生事物，在沙区凤凰镇三崇堂落实了一块场地，扶持这一创新的“生产线式养鱼工厂”。

2011 年 9 月 23 日，茆青筹资 200 万成立了合资股份制企业——重庆驰华渔业发展有限公司，开始实施标准规模的“生产线式养鱼工厂”项目。2015 年 3 月 9 日，股东增加，资金量增到 1 000 万。由茆晴生任董事长，茆青任总经理，并将重庆驰华渔业发展有限公司更名为重庆桓华渔业发展有限公司。

2015 年，“生产线式养鱼工厂”第一条生产线正式投产。生产线占地 650 米^2、水面 500 米^2。主养罗非鱼。当年 1—7 月，销成鱼 53 吨。

“生产线式养鱼工厂”的优点至少有 7 项，用 7 个英文单词来表达，取每个单词第一个字母，正式将其命名为“SUCCESS 鲜鱼工厂”。“SUCCESS”，英文意为“成功”。S，security，食品安全，安全生产过程可控，无公害认证，鱼体无墨衣、无激素、无抗生素；U，unlimited，不受限制，摆脱自然条件约束，有井水即可生产；C，capacity，高产能，单位面积年产能是传统池塘的 100 余倍；C，copied，可复制，工厂的设备、生产、管理均采用标准化设计；E，environmental，环保，工厂无污染，实现“零排放”；S，saving，节省，节省土地资源和水资源；S，sustainable，可持续，替代传统池塘渔业，实现可持续发展。

（二）重庆天盛龙源实业有限公司铜梁特种水产养殖基地

该基地位于铜梁区庆隆镇冬笋村与虎峰镇梨柿村交界的三鱼石，毓青山麓，周边环境植被良好，无工业，以毓青山的温泉水为养殖水源，出水口水温 28.5℃，日流出水量 1 万米^3 以上，且长年不断，泉水经 40 米落差曝气增氧、人工增氧后，进入鱼池时水温为 22～26℃，溶解氧 5～6 毫克/升。很适宜温泉水养殖。

1999 年 6 月，重庆天盛龙源实业有限公司流转农民承包地 65 亩，建成各类鱼池 45 口、面积 33 500 米^2，其中工厂化养殖车间 1 座、面积 554 米^2，内设直径 3 米、高 1.2 米的玻璃塑钢流水池 30 个；露天圆形直径为 3～5 米，深 2 米流水池 24 个，方形流水池 28 个。鱼池依山势而建，温泉水可以自流到每个鱼池。

2000 年 6 月，工厂化养殖车间竣工，当年 9 月投入生产，在 18 口池（126 米^2）放养规格为 10～12 克/尾的俄罗斯鲟、西伯利亚鲟、杂交鲟等鲟鱼种共 7 200 尾；在 12 口池（84 米^2）放养规格为 200 克/尾的俄罗斯鲟、西伯利亚鲟、杂交鲟等鲟鱼种 3 500 尾。至 2001 年 7 月，共投喂配合颗粒饲料 10 392 千克，收获成鱼 8 860 千克，饲料系数 1.17，单产达到 42.2 千克/米^2。

2001 年 10 月，每口玻璃钢养殖池投放杂交鲟 315～350 尾，2002 年 5—7 月，共收获商品鲟鱼9 580 千克，单产达到 45.6 千克/米^2，比 2000 年增产 3.4 千克/米^2，增长 8.1%。2001—2002 年，重庆市委书记贺国强、黄镇东等领导，先后视察了该养殖基地工厂化养殖新技术、新工艺，并给予高度评价。

由于受到鲟鱼市场价格下降等因素的影响，2003 年以后，养殖奥尼罗非鱼、银鲷等名优品种，单产一般在 150 千克/米^2 左右。2005 年 10 月 20 日，《重庆日报》报道：铜梁县天盛龙源实业有限公司试验的车间养鱼技术获得成功，其单位产量是普通养殖方式的 50 倍以上。2012 年，由于温泉水量降低，难以保障养殖车间用水，即停止生产。

（三）重庆市万州区水产研究所工厂化养鱼车间

重庆市万州区水产研究所工厂化养鱼车间 4 个，每个车间共有 6 组水循环养殖系统。一组水循环养殖系统包括 2 个养殖池、1 个水处理池。水处理池在 2 个养殖池中间，水处理池装有波纹板以及曝气增氧设备，养殖池池底坡面向中间的水处理池倾斜，与水处理池相通。养殖池的水流向水处理池，经过充氧的水以一定的速度流经填料波纹板，使波纹板上长满生物膜，水体与生物膜接触过程中使水中污染物质得到降解和去除，然后经过处理的水由于曝气产生的上推力从上面的连接处流回养殖池。水处理池的底部有个漏斗形的凹槽，鱼的排泄物、未吃完的饵料都沉积在此处，每天须适时开动排污阀门，排出这些废弃物，同时增加新水。

2015 年 4 月，从外地购买约 5 厘米长规格的加州鲈苗种 11 万尾，在工厂化车间进行转食驯化。随着鱼个体不断增长，逐步增大饲料用量，饲料为鲈鱼专用饲料。4 月底，共获得均重 20 克的大规格鱼种 10. 6 万尾左右。养殖过程中，每隔一段时间，用鱼筛子对鱼进行筛分，以利于加州鲈的生长，在前期小规格鱼种阶段，加州鲈养殖密度为 15 000 尾/池。后期鱼种阶段，养殖密度逐渐降低，加州鲈平均体重达 80 克时，养殖密度为 9 000 尾/池。2015 年年底，养出加州鲈共 9. 25 万尾，平均规格 188 克，总重量 17 482 千克，饵料系数 1. 3。

第二节　养殖品种

一、鱼类

重庆市将鱼类养殖品种分为常规养殖品种和名特养殖品种，常规养殖品种有草鱼、鲢、鳙、鲤、鲫、鳊鲂、青鱼，名特养殖品种为其他鱼类或新品种。

1986 年养殖品种主要以常规养殖品种为主，产量 3 万吨左右。随着水产科技进步，名特养殖品种繁育技术的突破，养殖新品种的不断引进，水产先进适用技术不断推广应用，养殖方式和模式不断丰富，渔业专业化规模程度不断提高，水产品市场竞争日益激烈，水产养殖业主市场意识和适应市场能力不断增强，养殖品种逐渐丰富。1991 年常规养殖品种产量 5. 14 万吨，名特养殖品种产量 470 吨。之后，常规养殖品种和名、特养殖品种都有了较快的发展。1995 年，重庆市人民政府批转了市农牧渔业局关于大力发展名、特、优、新水产品的报告，开展鱼类新品种引进推广。到 2000 年，鲑鳟鱼、鲟鱼养殖取得突破，胭脂鱼、岩原鲤、中华倒刺鲃、黄颡鱼养殖初获成功，鳜鱼、武昌鱼、单雄性罗非鱼、长吻鮠、湘云鲫等养殖推广收到良好效果，名、特养殖品种产量 9 800 吨。常规养殖品种产量 17. 77 万吨。

2015 年，重庆市鱼类常规养殖品种有草鱼、鲢、鳙、鲤、鲫、鳊鲂、青鱼等，产量 40. 4 万吨。其中鲫鱼养殖产量 10. 2 万吨，是鲤鱼产量 4. 3 万吨的 2. 4 倍，首次接近草鱼产量。名特养殖品种有鲶鱼、鮰鱼、黄颡鱼、乌鱼、短盖巨脂鲤、长吻鮠、黄鳝、泥鳅、鳜鱼、翘嘴红鲌、中华倒刺鲃、胭脂鱼、岩原鲤、白甲鱼、丁鲅、裂腹鱼、罗非鱼、鳗鱼、加州鲈、斑点叉尾鮰、鲑鳟鱼、武昌鱼、鲟鱼、长薄鳅、“蒲江一号”（武昌鱼选育的新品种）等鱼类品种，产量 5 万吨（表 9－3－10～表 9－3－13）。

表 9－3－10　1986—2015 年重庆市鱼类养殖常规品种和名、特品种产量

单位：万吨

年份	常规品种	名、特品种	年份	常规品种	名、特品种
1986	3. 03	—	1993	6. 19	0. 068
1987	3. 29	—	1994	—	—
1988	4. 00	—	1995	10. 23	0. 073
1989	4. 29	—	1996	12. 94	0. 180
1990	4. 43	—	1997	14. 41	0. 260
1991	5. 14	0. 047	1998	16. 10	0. 220
1992	4. 89	0. 047	1999	17. 24	0. 610

（续）

年份	常规品种	名、特品种	年份	常规品种	名、特品种
2000	17.77	0.980	2008	16.70	1.280
2001	17.22	1.220	2009	17.90	1.450
2002	18.51	1.370	2010	24.20	1.900
2003	20.01	0.950	2011	27.70	2.500
2004	20.78	1.150	2012	31.02	3.00
2005	22.11	1.440	2013	34.80	3.60
2006	14.44	0.990	2014	37.40	4.30
2007	15.80	1.150	2015	40.40	5.00

表 9－3－11 2003 年与 2015 年重庆市分品种养殖鱼类产量对比

单位：万吨

品种	2003	2015	品种	2003	2015
青鱼	283	1 819	长吻鮠	220	1 203
草鱼	49 260	102 480	黄鳝	446	1 057
鲢鱼	68 453	105 012	鳜鱼	72	757
鳙鱼	20 624	43 465	鲈鱼	34	1 609
鲤鱼	21 466	43 122	乌鳢	38	5 470
鲫鱼	37 949	102 348	罗非鱼	4 944	4 623
鳊鲂	2052	5 873	鲟鱼	311	1 520
泥鳅	270	9 581	翘嘴红鲌	—	1 127
鲶鱼	876	8 205	中华倒刺鲃	—	334
鮰鱼	1 852	7 156	胭脂鱼	—	348
黄颡鱼	121	5 289	岩原鲤	—	48
鲑鱼	29	75	白甲鱼	—	10
鳟鱼	10	867	丁鲅	—	25
短盖巨脂鲤	292	45	裂腹鱼	—	15

表 9－3－12 2012—2014 年重庆市主要冷水鱼流水养殖基地生产情况统计

分布	养殖基地名称	主养品种	面积（亩）	产量（吨）	产值（万元）
巫溪县	巫溪人川农业开发有限公司	虹鳟、金鳟、鲟鱼	60.0	115	405
	巫溪龙泉水产养殖公司	裂腹鱼、鲟鱼	60.0	245	792
	巫溪后街养殖场冷水鱼养殖基地	裂腹鱼	2.0	15	56
	巫溪金丰泰农民股份制专业合作社冷水鱼养殖基地	裂腹鱼、虹鳟	24.0	21	84
城口县	城口县洪洋淡水鱼养殖场	裂腹鱼、虹鳟	2.5	24	96
	城口县青龙峡流水养鱼场	裂腹鱼、城口砖鱼	1.5	6	35
	城口县任河水产养殖公司	虹鳟、裂腹鱼	10.0	90	336
	城口县绿慧大鲵驯繁开发有限公司	裂腹鱼、大鲵	9.0	11	65

（续）

分布	养殖基地名称	主养品种	面积（亩）	产量（吨）	产值（万元）
城口县	重庆市鲲池农业发展有限公司	虹鳟	16.0	150	560
巫山县	巫山县兴源特种水产养殖有限公司	大鲵、鲟鱼、裂腹鱼	20.0	43	176
奉节县	奉节榆昕鱼养殖专业合作社	虹鳟、鲟鱼、裂腹鱼	8.0	95	380
	奉节县渝丰农业发展有限公司	鲟鱼	100.0	72	263
	重庆市夔锦苑农业开发有限公司	裂腹鱼、大鲵	4.0	27	117
	奉节县高强鱼养殖场	鲟鱼、虹鳟、裂腹鱼	2.0	10	43
开县	田中翔裂腹鱼养殖场	裂腹鱼	20.0	60	246
武隆县	重庆市泉溪淡水养殖有限公司	鲟鱼	45.0	335	1 875
	武隆县关桥水产养殖公司	鲟鱼	5.0	82	286
	武隆鸿达农业有限公司	鲟鱼	2.5	53	183
	罗全宇养殖场	鲟鱼	2.0	65	215
	武隆县永丰农业开发有限公司	裂腹鱼、大鲵	10.0	80	283
	代树成鲟鱼养殖场	鲟鱼	1.5	45	155
	罗桂兰鲟鱼养殖场	鲟鱼	2.0	52	182
	罗全宪鲟鱼养殖场	鲟鱼	2.0	50	175
	何平鲟鱼养殖场	鲟鱼	2.0	54	190
丰都县	丰都包鸾冷水渔场	虹鳟	5.0	65	260
	重庆汉业特种水产养殖有限公司	虹鳟、鲟鱼	11.0	255	1 020
涪陵区	黑龙洞冷水鱼养殖有限公司	鲟鱼	4.0	60	197
酉阳县	酉阳新汉业特种水产养殖有限公司	虹鳟、鲟鱼	20.0	25	0
	酉阳县鑫汇农业开发有限公司	虹鳟	15.0	80	315
秀山县	秀山县北欧玛水产养殖有限公司	鲟鱼	55.0	210	735
	秀山县中润水产合作社	鲟鱼、大鲵、黄颡鱼	60.0	132	450
石柱县	泉鑫冷水鱼养殖有限公司	虹鳟	5.0	85	315
	重庆泓鲵清泉冷水鱼养殖有限公司	虹鳟、裂腹鱼、鲟鱼、大鲵	56.0	558	2 455
彭水县	彭水县碧水清泉渔业有限公司	虹鳟、金鳟、鲟鱼	65.0	493	2 040
	沱泉淡水鱼养殖有限公司	鲟鱼、鲈鲤等	20.0	83	275
	涂兴容冷水鱼养殖场	鲟鱼、虹鳟	3.0	32	126
合计			730.0	3 878	15 386

表 9-3-13　2007—2015 年重庆市泥鳅养殖产量情况表

单位：吨

年份	2007	2008	2009	2010	2011	2012	2013	2014	2015
产量	259	1 004	670	1 550	3 550	4 494	7 222	8 922	9 581

二、虾蟹贝类

1996 年前，虾、蟹、贝类在重庆都有养殖，但数量较少。1996 年资料统计，贝类、虾、蟹产量分别为22吨、11吨、4吨。主要在大足、渝北、长寿、万州等区（县）养殖罗氏沼虾，年育苗5 000万尾以上，全市示范推广罗氏沼虾养殖6.7公顷，平均每公顷产量1.6吨。

（一）虾蟹养殖

1996—2015年，重庆市先后养殖有罗氏沼虾、南美白对虾、中华绒螯蟹、克氏原螯虾等虾蟹品种。

2001年，大足县建成南美白对虾繁养基地6.7公顷，产虾20吨，产值120多万元，利润30多万元。2002年，引进南美白对虾3 000多万尾、中华绒螯蟹50多万只。同年，梁平县一业主投资500多万元，建成虾池16.7公顷，实现了当年建池、当年投产、当年获利80多万元；万州区2位业主养虾8.7公顷，每公顷产虾7.5吨，产值30多万元，利润15万元以上；长寿区一业主稻田养蟹16.7公顷，每公顷产蟹1.5吨，产值近15万元。2003，全市共建成池塘集约化养虾基地126.7公顷，养蟹基地66.7公顷。梁平县投入资金200多万元，扶持水产龙头企业，建成重庆一流专业养虾场，水面18.7公顷。2004年，长寿大闸蟹养殖面积达75.3公顷（含稻田），实现总产值450万元，利润135万元，"铁花"牌大闸蟹被评为"中国著名畅销品牌"。2008年，马来西亚大虾养殖向"公司+基地"带农户的方向发展，在南川区、铜梁县建养殖基地，采取技术入股，以市场价回收产品；武隆县发动农民养殖，产品以规格大、质量好、成活时间长而深受市内永辉、好又多等大超市欢迎，每公顷利润7.5万多元。2010年，万州区新田镇东村开展10公顷蟹虾生态养殖示范，取得了每公顷产中华绒螯蟹900千克、南美白对虾1 500千克、纯利润12万多元的较好成绩。同年，潼南池塘养殖小龙虾53.3公顷，每公顷产虾90多千克、利润7万多元。2012年，江津海水虾淡化养殖基地项目总投资3亿元，占地66.7公顷，成为第十届重庆高交会上签约的八大项目之一。

2013年，重庆澹然世外农业有限责任公司在永川区陈食街道办事处梅家桥村杜家五社流转土地22.5公顷，建设生态小龙虾养殖基地，率先摸索掌握生态小龙虾的池塘精养、虾稻套养、虾藕套养等先进技术，并通过反复试验，攻克各种生态小龙虾养殖的技术细节，该基地现年产优质生态小龙虾50吨，产品销售至永川、重庆、成都等周边市场。2015年，公司实现销售收入250万元，纯收益135万元，对周边种养殖产业发展起到极大的示范带动作用，周边养殖者前来基地学习考察络绎不绝。

2010—2015年，全市养虾已成一定规模，产量逐年上升；2014—2015年，蟹的年养殖产量突破400吨。2015年，重庆市虾蟹总产量2017吨，其中虾1576吨，蟹441吨，均达到历史最高产量。养殖的虾主要为克氏原螯虾、罗氏沼虾、南美白对虾等，其中克氏原螯虾1 215吨。

（二）贝类养殖

20世纪90年代，重庆市引进福寿螺，在巴县长生区开展养殖试验示范。后来，因福寿螺属外来物种，在荣昌县发生福寿螺损害水稻事件，被控制养殖。2000年，渝北区引入福寿螺在石坪镇进行稻田养殖，效果较好，当年产螺508吨。由于福寿螺养殖技术简单，适应性强、食性杂、生长快、投入少、市场好，随后几年快速发展。2003年，全市贝类产量1 960吨，其中福寿螺产量1 750吨。由于福寿螺病害增多，舆论流传，如加工不好会传播寄生虫病，影响销售市场，加上城市开发征用养殖基地等原因，产量逐年降低，到2009年，产量下降到50吨。2015年，全市贝类产量89吨，主要养殖品种为河蚌和螺，河蚌产量3吨，螺产量86吨（表9-3-14）。

表9-3-14　1996—2015年重庆市虾蟹贝类产量统计表

单位：吨

年份	贝类	虾	蟹	年份	贝类	虾	蟹
1996	22	11.29	4.14	1998	289	14.30	3.01
1997	440	18.52	5.50	1999	217	10.41	12.02

（续）

年份	贝类	虾	蟹	年份	贝类	虾	蟹
2000	1278	32.26	14.24	2008	204	206.00	21.00
2001	570	113.61	12.64	2009	110	168.00	30.00
2002	1 578	162.00	118.00	2010	114	615.00	34.00
2003	1 960	246.00	55.00	2011	97	800.00	69.00
2004	1 329	269.00	60.00	2012	69	959.00	75.00
2005	1 228	134.00	75.00	2013	67	1 064.00	74.00
2006	596	69.00	44.00	2014	65	1 281.00	406.00
2007	378	120.00	17.00	2015	89	1 576.00	441.00

三、其他

（一）龟鳖

20世纪80年代和90年代初期，重庆没有专塘养殖龟鳖。90年代后期，北碚区歇马镇、巴县南温泉建设工厂化车间开展甲鱼苗种繁育和养殖，但因养殖甲鱼品质不如野生甲鱼，销售价格远低于预计价格，巴南在南温泉的甲鱼养殖基地因经营不善，于2000年左右倒闭；北碚在歇马甲鱼养殖基地积极探索生态养殖，甲鱼产品适应了市场需要而生存了下来。重庆养鳖主要是池塘套养中华鳖，池塘专养不追求产量而是追求生态和品质，取得了较好效益，获得消费者认可。

1993—1998年，重庆市养鳖产量快速增长，但总体规模较小，产量最高的1998年，养鳖产量147吨。1999年，实施名优水产养殖工程，推广名优水产品中华鳖养殖项目，当年养鳖产量达到250吨左右；2000年，养鳖产量254吨，2001年，养鳖产量大幅下滑到80多吨，2002年，恢复发展到205吨。2003—2009年，养鳖产量时而增长，时而下降，最高的2005年，为127吨，最低的2009年，为50吨。2010—2015年，中华鳖养殖规模逐年扩大，主要采取池塘套养的方式，产量呈持续较快增长趋势，产量由2010年的148吨增长到2015年的701吨。2015年，龟养殖产量3吨（表9－3－15）。

表9－3－15　1993—2015年重庆市中华鳖产量情况表

单位：吨

年份	1993	1994	1995	1996	1997	1998	1999	2000
产量	1.13	—	12.65	30.12	120.41	147.00	250.17	254.21
年份	2001	2002	2003	2004	2005	2006	2007	2008
产量	81.50	205.00	109.00	122.00	127.00	114.00	98.00	104.00
年份	2009	2010	2011	2012	2013	2014	2015	
产量	50.00	131.00	201.00	265.00	348.00	479.00	701.00	

主要养鳖基地：

1. 重庆市恒韵水产养殖有限公司

基地位于重庆市合川区小沔镇盛泉村。养殖基地远离城镇、人烟稀少，保持原生态环境，无工业污染。放养水域由青山水库、上游水库组成，水域面积宽广，平均水深19米，物种众多；基地所处华蓥山山脉，属亚热带湿润性季风气候区，昼夜温差大，雨量丰沛、四季分明、日照充足的气候特点。气候条件、生态环境尤佳，非常适合中华鳖养殖。养殖基地种植有珍稀名贵花卉、瓜果、树种和有机蔬菜，为中华鳖生长提供了良好的野外生存环境。

基地所养中华鳖系渠江本地品系野生原种甲鱼，是中国经济价值与营养价值较高的中华鳖品系。中华鳖食材选用养殖基地自产的有机花鲢、白鲢并搭配基地种植的各种绿色瓜果，做到零污染、零添加、零激素；同时采用科学有机加饥饿喂养法，保持恒韵甲鱼凶猛野性，使其野生特征明显；中华鳖自然冬眠期每年长达190天，在冬眠期间中华鳖靠燃烧体内脂肪度过冬眠期，有利于鳖本身的营养储存与积累，提高营养价值与药用价值。

重庆市恒韵水产养殖有限公司生产的"恒韵""溢江春""昊江"等中华鳖品牌产品已达到自然野生的品质，2011年8月，取得国家有机产品认证，成为西部地区率先通过有机认证的中华鳖产品。

2010—2015年，年产有机生态中华鳖9 000～12 000只，年产有机生态中华鳖卵30万枚。

2. 潼南中华鳖养殖有限公司

基地创始人黄兴全是潼南县崇龛镇街村的转业军人、县政协委员、崇龛镇社区主任。1993年开始养鳖，是潼南县第一个养鳖人。20多年，坚持走规模经营之路，带动24户农户养鳖和养鱼386亩，给他们设计养鳖和养鱼池，精心指导养殖技术，联系销售市场。产品通过电话联系固定远销到成都、重庆各大酒店，还开通了《潼南农业信息网》进行销售，销售收入达2 000万元。重庆市电视台农村频道多次报道他的先进事迹。

黄兴全在长期的学习与实践中，摸索出了一套成功"四定""四重"养鳖技术。"四定"，即：定时——每天定时喂料；定位——在池塘一固定位置投料；定质——选择鲜活饵料；定量——根据鳖的重量与气候科学确定饵料投量。"四重"，即：重水质——保持水质清洁，定期用生石灰（25千克/亩）进行消毒；重环境——保持环境基本无噪声，阳光充足；重饵质——选择优质鱼虾、田螺作为饵料；重冬眠——每年9月底全池消毒，存池鳖按鳖的大小分池。在他的精心指导下，使崇龛甲鱼品质朝着绿色健康生态养殖模式发展，崇龛成鳖已通过重庆市农产品质量安全中心检测，获得绿色水产品认证。

2015年，基地养鳖56亩池。年生产成鳖33.75吨，实际出售成鳖11.3吨，产值500余万元。池塘中搭养其他常规鱼类，平均亩产463千克，出售鲜鱼25.2吨，产值17.03万元。年创总产值550万元，平均亩产值9.8万元，年创利润148.13万元。

3. 重庆容钦生态农业有限公司

重庆容钦生态农业有限公司是一家以中华鳖养殖、销售、农业观光旅游发展为一体的生态农业公司。公司在永川区来苏镇柏树桥村建成以中华鳖养殖为主的养殖基地16公顷，完成固定资产投资800多万元。2013年引进优质中华鳖种苗后，坚持自育种鳖，自孵幼苗，利用得天独厚的水质、气候、技术等条件进行外塘仿野生环境养殖，打造出公司特色品牌——"棠城"牌中华鳖。该产品于2015年10月荣获国家绿色食品称号，并畅销重庆喜来登、大蓉和、麦德龙等知名酒店及超市。

"棠城"牌中华鳖的特点：全过程仿野外环境生长，甲鱼野性更足，营养更丰富；全养殖过程严格执行国家绿色食品养殖标准，食品安全有保证；严格挑选优质的中华鳖种苗，经过3年以上的仿野外环境生长，甲鱼裙边宽厚，口感更好，味道更鲜香。

2015年，共销售中华鳖10万千克，优质淡水鱼10万千克，年产值近2 000万元，实现利润600余万元。

（二）蛙

蛙类属于特种养殖品种。养殖、销售蛙类必须取得《重庆市陆生野生动物驯养繁殖许可证》和《重庆市陆生野生动物或其产品经营许可证》。全市蛙类养殖品种主要有棘胸蛙、牛蛙、虎纹蛙、美国青蛙等。2003年，全市蛙类养殖发展迅速，产量18吨。2009年，蛙养殖发展迅速，产量从2008年的

41 吨增加到 115 吨，随后持续快速增长。2015 年，全市蛙养殖产量 986 吨。

重庆养殖模式主要采用稻蛙、菜蛙、草蛙等模式，蛙池内栽种水稻或蔬菜等。专业养蛙场每公顷年产商品蛙 22.5 吨以上、有机大米 1.5 吨以上，纯收入 30 万元以上；稻蛙养殖每公顷年产水稻 6 吨左右、商品蛙 1.5 吨以上，纯收入 3 万元以上。

武隆区火炉镇吉弘蛙类养殖场，经过 7 代以上种蛙的驯养繁殖，幼蛙不再诱食驯化就可以直接吃饲料。蝌蚪和幼蛙的抗病能力大大增强。该养殖场总结出的蛙病中草药预防措施非常有效，养殖出的商品蛙产量高，个体大，规格整齐，无病无伤，活动力强；经解剖、检测，与野生蛙对比除肠胃略小外，肝、胆、脾、肾正常，性腺发育良好，无药残，无对人体有害的寄生虫。蛙类人工养殖成功后，一年四季都有鲜活的蛙类上市。公司与电商合作，蛙类的销售走向“体验店+配送”的新模式（表 9-3-16）。

表 9-3-16　2003—2015 年重庆市蛙类产量情况表

单位：吨

年份	2003	2004	2005	2006	2007	2008	2009
产量	18	24	38	32	32	41	115
年份	2010	2011	2012	2013	2014	2015	
产量	158	275	312	631	678	986	

（三）大鲵

大鲵是国家二级重点保护野生动物。重庆市渔业管理部门坚持在保护中发展、在发展中保护的原则，对大鲵的经营利用在法律允许范围内实行逐步放开的政策，全市有 130 多家养殖和餐饮企业获得驯养繁殖或经营利用许可。全市大鲵养殖产区主要分布在开县、巫溪、武隆、万州、城口、黔江、巫山、奉节、秀山等地。

大鲵养殖始于 20 世纪 90 年代。最早开始大鲵养殖的区（县）主要有巫溪、铜梁、武隆等。

全市最早探索研究大鲵驯养繁殖技术的是铜梁区农业委员会水产工程师肖遥。1997 年 4 月，正值全市引进特种水产养殖品种高峰期，肖遥到四川考察后选定驯养大鲵。1998 年 8 月，在铜梁华兴建大鲵驯养池 60 米^2，当年 11 月 2 日，审报取得大鲵驯养繁殖许可证。2000 年 3 月，在铜梁县农业局办公楼地下室内建大鲵驯养池 260 米^2，2001 年 12 月，在巫山大宁河获取种源 10 组 20 尾，进行大鲵的驯养繁殖研究。发表了《珍稀动物——大鲵简介》《资源保护与科研开发并举——谈重庆市大鲵驯养繁殖走向》等文章。2002 年 2 月，肖遥入股民营企业巫溪县大鲵驯养繁殖研究所，并负责技术指导。先后到四川、贵州、陕西、湖北和重庆市巫山、巫溪等地，深入实地考察大鲵的生长繁育环境。通过几年的批量驯养和消化吸收国内学者研究成果，基本上掌握了大鲵的人工养殖及繁殖操作技术规程，并选择成熟大鲵个体，开展试催产探索。其间，参加了《大鲵保护国际协作网》的讨论，成为其资源保护版块版主。2004 年 2 月，在巫溪西溪河边建仿生态池 160 米^2，投放性成熟大鲵亲本 20 尾。2005 年 8 月，催产大鲵 3 组，一组产卵 583 粒，获受精卵 236 粒，孵出幼苗 31 尾，人工繁殖首获成功。2005 年，在巫溪县水产站的支持鼓励下，由 3 个养殖户自筹资金 20 余万元修建的仿生态大鲵繁育场建成投成。

2006 年 8 月 19 日，万州区水产研究所对在全人工控制条件下，经内塘培育达到性成熟的 7 尾成熟雌亲本催产，8 月 21 日，产卵粒 3 000 余粒，采用地下水恒温孵化，30 天后，孵出大鲵苗 230 尾，11 月初，180 尾大鲵幼苗顺利开口摄食，长至体长 6 厘米。同年，巫溪县仿生态大鲵繁育场人工繁殖取得突破，获卵粒 1200 余粒，成功孵化出幼苗 3 尾。

2009 年，巫山县永祥农业开发有限公司开始进行大鲵人工仿生态繁殖，于 2011 年成功获得受精卵

1 000余粒，共繁育出大鲵幼苗900 余尾。2011 年，巫溪、武隆、黔江 3 个区（县）幼鲵繁育量超过5 000尾。特别是巫溪县狠抓仿生态繁育技术总结、推广和指导，获得大鲵苗约 3 万尾，带动全县大鲵驯养户迅速增加到600 余户，为推动大鲵的开发利用打下坚实基础。全市仿生态繁育幼鲵接近 5 万尾，是2010 年繁育数量的2. 5 倍。

2012 年，肖遥与重庆邮电大学合作，对选育的大鲵亲本和后备亲本进行了芯片标记，2013 年 5 月17 日，重庆卫视（CQTV）午间新闻以《铜梁：娃娃鱼有了“身份证”》为题对此进行了报道。

2013 年，重庆市人民政府办公厅下发《关于加快大鲵产业发展的意见》，指导、扶持大鲵养殖，大鲵产业逐渐步入规范化发展时期。同年，巫山县永祥农业开发有限公司大鲵全自然环境繁殖孵化成功，自然孵化出稚鲵4 000 余尾，这是重庆市首例通过仿生态全自然环境繁殖孵化出大鲵幼苗。同年 9 月，巫溪县大鲵仿生态繁殖示范基地（半溪场）获得首批大鲵受精卵3 000 余粒。

2014 年，全市驯养繁殖的大鲵存有量 56 万尾。大鲵亲本存量 29. 7 万尾，主要来源是通过野外收集和从陕西、四川、湖北、湖南、贵州等地外购。全市取得驯养繁殖许可证的企业 96 家（多数养殖企业具备自养自繁能力），养殖（繁育）总面积 30 万米^2，产量 126 吨。繁育苗种 9. 5 万尾，除解决苗种自给外，还有部分外销。重庆大鲵主要采取仿生态养殖，经营模式主要采取“公司 + 基地 + 农户”模式。2014 年，开州区出台了冷水渔业发展扶持办法及实施细则，对符合条件的养殖户实施财政资金补助，其中，对于在规划区域内进行大鲵商品养殖的，给予苗种 60 元/尾、建池 200 元/米^2 的补贴。同年，巫山县永祥农业开发有限公司在全自然环境下培育的20 组亲本大鲵中，14 组通过自然交配、自然产卵 1. 5 万余粒，并由雄鲵自然孵化成功获得稚鲵 12 000 余尾，暂养驯化后获得大鲵种苗 1. 17 万尾。产卵率、受精率、仿生态繁殖孵化率均达到80%，标志着巫山大鲵养殖产业又迈上了新台阶。2015 年8 月 7 日，巫溪县中梁乡银水社区高山生态移民大鲵养殖小区完成第一批大鲵苗种投放，标志着该养殖小区正式投入使用，10 月大鲵仿生态繁殖产卵数量达 10. 5 万枚。

2015 年，全市大鲵产量 198 吨。在开县、巫溪、武隆、万州、城口、黔江、巫山、奉节、秀山等区（县、自治县）有大鲵养殖企业，并出现了多家养殖超过万尾以上的企业。

第三节 苗种生产

一、苗种场站建设

1985 年，重庆市所属 12 个县有国营鱼种站（含四川水产学校实习渔场）11 个，1986 年以后，全市有水产苗种生产单位 16 家，1996 年，包括万州、涪陵、黔江在内，全市有水产苗种生产单位 22 家。1997 年，重庆市人民政府印发《批转市农业局关于进一步加快渔业发展的意见》，明确：新建、扩建水产原（良）种场和苗种场用地，按国家农业用地计划统筹安排，建设资金由各级政府列入计划统筹解决。水库建设要根据条件配备必要的种苗场，所需资金列入工程基建投资。新建、在建和除险加固的水利工程，有渔业利用功能的，可征用苗种用地，征地费执行农业用地标准，建设资金列入工程基建投资。三峡水库是重庆市重要的渔业基地，市渔业行政主管部门和有关部门要抓紧规划落实库区鱼类种苗场，以保证库区水产养殖和增殖的鱼种供应。

1999 年，实施“重庆市南方大口鲶原种场”（国家项目）建设项目，2000 年 11 月竣工。建设地点位于重庆合川市钓鱼城办事处思居村，重庆市农业高新技术产业区内，距合川市城区 4 千米，项目实际改、扩建鱼池 4 公顷。2001 年，地方特色品种岩原鲤、青波、江团人工繁育初步成功，胭脂鱼、长吻鮠人工繁育技术已应用于生产。

2002 年，启动重庆市长吻鮠良种场（国家项目）建设项目，2004 年 5 月建成投产，建设地点位于涪陵区梓里乡平安村，项目实际改、扩建鱼池 9. 3 公顷。

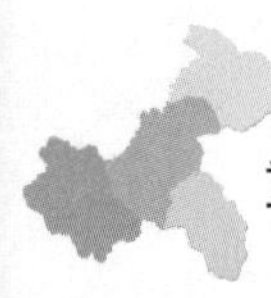

2004 年 9 月，农业部《关于重庆市水产引育种中心建设项目可行性研究报告的批复》批准立项建设重庆市水产引育种中心，2007 年 6 月完成建设任务，2008 年 7 月通过验收。项目共投资 460.7 万元，建设地点在璧山县璧城镇，共建设鱼池 9.3 公顷，工厂化繁育车间 647.0 米^2，实验室及管理用房 904 米^2，完善给排水管系统、输变电线路改造、绿化、道路等附属工程设施，购置仪器设备 100 余台。2013 年中心所在地被政府征收，经市农业委员会、市发展改革委员会 2015 年 9 月批复同意，中心搬迁重建地点确定为潼南区小渡镇。

2005 年，启动重庆市胭脂鱼原种场（国家项目）建设项目，建设地点重庆市万州区水产研究所，项目实际改、扩建鱼池 3.56 公顷，繁育车间 694.58 米^2，配套产孵系统和辅助设施 0.95 公顷、饲料车间 125.48 米^2，建办公室、实验室、档案室等共 1 176 米^2，建围墙 1 200 米，道路 1 000 米，进、排水设施 4 000 米，购置实验室仪器设备 10 台套，在长江三峡库区至金沙江一带收捕胭脂鱼原种 41 尾。同年 7 月 3 日，重庆市南方大口鲶原种场通过全国水产原种和良种审定委员会组织的国家级资格审查，7 月 19 日挂牌。

截至 2005 年，全市有鱼种场（站）25 个，自有良种比例 30%，渔业良种覆盖率达到 60%，均比 2000 年提高 10 个百分点。

2006 年 8 月，市农业局印发《重庆市农业“八大体系”建设规划》，规划实施水产良种工程，重点建设水产原种场、水产繁育场、水产良种场 3 个项目，其中在长寿、铜梁建白甲鱼、瓣结鱼原种场各 1 个，在丰都、武隆、巫山、黔江、渝北、巴南、北碚、潼南、永川、南川新建 10 个苗种繁育场，在黔江、垫江、奉节建 3 个水产良种场。

同年，启动重庆市鳜鱼良种场（国家项目）建设，建设地点潼南区小渡镇鱼种站。项目实际改、扩建鱼池 2 公顷，建工厂化育苗车间 420 米^2，修建实验用房 235 米^2，购置仪器设备 24 台（套）。

2007 年，市农业局印发《重庆市市级水产良种场建设和管理规范》。启动重庆市中华倒刺鲃原种场（国家项目）建设，建设地点开州区竹溪镇。项目实际改建养殖池塘 2.7 公顷，新建室外孵化池 200 米^2，室外暂养池 400 米^2，工厂化孵化培育车间 200 米^2，围墙 700 米，实验用房 500 米^2，排水渠 1 000 米，道路及隔离带 2 000 米^2，购置仪器设备 17 台（套）。

2008 年，启动重庆市岩原鲤原种场（国家项目）建设，建设地点重庆市万州区水产研究所。项目实际改造后备亲鱼池、苗种池 1.7 公顷，新建繁育车间 828 米^2 及附属工程，购置热水锅炉 1 台，引进种鱼 410 组。同年 11 月，市农业委员会成立重庆市水产良种场审定委员会（渝农发〔2008〕556 号文），审定委员会下设秘书处，挂靠在重庆市水产技术推广站，主要负责审定委员会的日常工作。

2009 年，启动重庆市黄颡鱼良种场（国家项目）建设，建设地点位于丰都县包鸾镇，2010 年 12 月建成投产，实际建成鱼池、亲鱼池等 8.7 公顷，科研试验用房 305 米^2，产卵孵化用房 380 米^2。

2010 年，市人民政府第 78 次常务会议审议通过《关于加快推进三峡库区天然生态渔场建设的意见》，提出建设苗种繁育体系：建设水产原、良种场 15 个，更换原种亲本 10 万千克。到 2015 年，各种规格苗种供应能力达到年产 3 亿尾，苗种需求基本自给。为切实贯彻落实该意见精神，保质保量完成三峡库区增殖放流任务，市农业委员会印发《关于申报重庆市三峡库区天然生态渔场原良种场建设项目的紧急通知》，要求有关区（县）积极筹备库区良种场建设。组织有关人员对 20 个拟建项目的现场进行了实地查看，最后确定开县、涪陵、南川等 15 个区（县）建设库区水产良种场，到 2012 年，全市建成 14 个三峡库区水产良种场。

2010 年 8 月 27 日，重庆市南方大口鲶原种场通过全国水产原种和良种审定委员会组织的国家级原种场复查。

2013 年 3 月 26 日，重庆市水产原良种场协作组成立，成员单位 24 家。市农业委员会副主任吴纯在成立大会上指出，水产种质是上档升级的瓶颈，技术是节本增效的关键，机制是良性运转的动力，协作是均衡发展的纽带，开发是做大做强的前提。

2015年，全市拥有苗种繁育生产企业996家，其中，国有控股单位有重庆市水产引育种中心、开州区鱼种站和潼南区鱼种站；获得全国水产原种和良种审定委员会认可的国家级原种场1个，为重庆市南方大口鲶原种场；重庆市市（省）级良种场20个，分别为三峡库区生态渔场巴南长薄鳅良种场、重庆市大洪湖水产有限公司、重庆市水产科学研究所所长寿湖基地、三峡库区生态渔场江津四大家鱼良种场、重庆市永川区水花鱼养殖专业合作社、潼南县鱼种站、三峡库区生态渔场合川四大家鱼良种场、重庆市水产引育种中心、三峡库区生态渔场万州岩原鲤良种场、三峡库区生态渔场涪陵四大家鱼良种场、重庆三峡库区长吻鮠良种繁育场、开县鱼种站、三峡库区生态渔场开县四大家鱼良种场、三峡库区生态渔场奉节四大家鱼良种场、三峡库区生态渔场巫山四大家鱼良种场、三峡库区生态渔场忠县岩原鲤良种场、三峡库区生态渔场南川细鳞斜颌鲴良种场、三峡库区生态渔场武隆四大家鱼良种场、三峡库区生态渔场梁平四大家鱼良种场、三峡库区生态渔场云阳县厚颌鲂良种场；资源增殖站1个，为三峡库区生态渔场万州岩原鲤良种场。重庆市市（省）级原种场1个，为重庆万州区水产研究所。

二、苗种繁育

苗种繁育是渔业生产的基础。1985年，重庆市所属12个县有国营鱼种站（含四川水产学校实习渔场）11个，鱼池水面71.21公顷（含溪河水面14.39公顷）。1986年以后，水产苗种个体生产逐渐增多，当年全市有水产苗种生产单位16家，生产鱼苗11.6亿尾，鱼种5.8亿尾。1996年，包括万州、涪陵、黔江在内，有水产苗种生产单位22家，当年生产鱼苗34.7亿尾，鱼种2.5万吨，投放鱼种2.6万吨。

2000年，全市61个苗种繁育生产单位共生产鱼苗39.4亿尾、鱼种3.3万吨。2004年生产鱼苗34.98亿尾，比2000年下降11.2%；生产鱼种3.7万吨，比2000年增长12.1%。全年投放鱼种4万吨。鱼苗生产量下降主要原因是草、鲢、鳙鱼等常规鱼需求量下降。鱼种生产量的增加，主要是名优鱼需求量的增加。鱼种的投放与生产量仍差3 000吨，需求缺口在10%以上，名优品种的苗种供不应求。

2009年，全市生产各类水花鱼苗46.4亿尾，比2004年（34.98亿尾）增加了32.6%，主要原因是池塘养殖面积增加导致鱼苗需求量增加；生产鱼种5万吨，比2004年（3.7万吨）增长35.1%；全年投放鱼种5.4万吨，比2004年（4万吨）增长35%，鱼种的投放与生产量仍差4 000吨，名优品种的苗种供应缺口大。

2015年，全市总产鱼苗78.32亿尾（其中罗非鱼1.31亿尾），是改直辖市的前一年（1996年）的2.3倍；比2009年的（46.4亿尾）增加了68.7%，主要原因是库区水产良种场鱼苗生产量增加。生产鱼种7.9万吨，是1996年的3.2倍，比2009年（5万吨）增长57.4%；全年投放鱼种9.6万吨，是1996年的3.7倍，比2009年（5.4万吨）增长77.7%。鱼种的投放与生产量仍差1.7万吨，苗种自给率仅有82%，名优品种的苗种供不应求（表9－3－17、表9－3－18）。

表9－3－17　1986—1995年重庆市水产苗种生产情况

年份	生产单位（个）	鱼苗（亿尾）	鱼种（亿尾）	大规格鱼种（亿尾）
1986	16	11.6	5.8	1.1
1987	17	12.3	5.5	0.6
1988	11	12.6	5.6	1.3
1989	11	15.9	8.0	0.6
1990	11	16.1	8.1	0.7
1991	12	17.1	7.6	1.0

（续）

年份	生产单位（个）	鱼苗（亿尾）	鱼种（亿尾）	大规格鱼种（亿尾）
1992	12	18.1	7.4	1.6
1993	9	21.3	9.1	2.0
1994	9	24.1	10.6	2.8
1995	10	25.4	11.1	3.2

表9-3-18　1996—2015年重庆市水产苗种生产情况

年份	生产单位（个）	鱼苗（亿尾）	鱼种（亿尾）	投放鱼种（万吨）
1996	22	34.7	2.5	2.6
1997	20	34.8	3.4	2.8
1998	22	33.2	2.6	2.8
1999	28	36.5	2.9	3.1
2000	61	39.4	3.3	3.8
2001	128	38.2	3.5	3.7
2002	229	37.2	3.6	3.8
2003	365	36.8	3.7	3.9
2004	457	35.0	3.7	4.0
2005	663	36.5	3.9	4.1
2006	748	37.0	4.1	4.3
2007	856	38.3	4.6	4.8
2008	863	41.2	4.8	4.9
2009	870	46.4	5.0	5.4
2010	886	48.5	5.3	5.8
2011	906	49.3	5.8	6.3
2012	907	50.2	5.7	6.8
2013	918	61.5	6.9	7.9
2014	930	69.8	7.1	8.5
2015	996	78.3	7.9	9.6

注：1996年后，因统计口径改变，“大规格鱼种”改为“投放鱼种”，所以分成2个表。

三、重点苗种生产单位简介

全市比较有影响力的苗种繁育单位有重庆市水产引育种中心、重庆市水产研究所、万州区水产研究所、潼南区鳜鱼良种场、永川区水花鱼养殖专业合作社。特色技术有家鱼“一年三产”技术，胭脂鱼、岩原鲤、白甲鱼人工繁育技术，知名品牌有“永川水花”。

（一）重庆南方大口鲶原种场

重庆南方大口鲶原种场，于1999年10月动工修建，2000年11月完工，2001年正式运行，2005年7月通过国家级原种场资格验收，2010年8月通过国家级原种场资格复查。2012年5月，该场被农业部批准为珍稀濒危水生动物增殖放流苗种供应单位。以西南大学为技术依托单位，是西南大学学生实习基地，实现科研、教学与生产有机结合。

重庆南方大口鲶原种场，由原种保存区、良种生产区和原种保护区3部分组成。原种场占地面积80余亩，配套有水域面积6 879亩原种保存区和40千米长的嘉陵江原种保护区；并按国家要求建立了实验室，配备了相应的设备、设施和药品。主要从事原种收集、驯养、选育、繁育、苗种及成鱼生产等服务活动。在做好原种选育保种的同时，加强长江上游特有鱼类如胭脂鱼、岩原鲤、白甲、中华倒刺鲃、泉水鱼等名优品种的繁育，突出苗种生产。2015年，完成选育南方大口鲶1龄原种2 500尾，2龄原种1 428尾，3龄原种1 000尾，4龄原种720尾；生产南方大口鲶、胭脂鱼、岩原鲤、白甲、中华倒刺鲃等鱼苗5 000万尾。

（二）重庆市水产引育种中心

重庆市水产引育种中心由农业部批准立项投资建设，2006年起，边建设边投产。中心承担重庆市科学技术委员会《泥鳅人工繁育技术研究与养殖示范》科技攻关项目，2012年6月通过项目验收。项目在泥鳅大规模人工繁育技术等方面有所创新，研究出从亲本选择到人工繁殖、鳅苗孵化、鳅苗培育、成鱼（池塘、稻田）养殖等成套技术，形成泥鳅苗种繁育和养殖（池塘、稻田等）生产2条生产线，填补了重庆市泥鳅人工繁育及大规模养殖示范的空白。先后从四川内江等地引进泥鳅亲本2 500多千克，从湖北石首引进长江“四大家鱼”原种亲本约1.7万千克，从上海引进建鲤良种亲本500多千克，从中国科学院水生生物研究所引进“中科三号”异育银鲫良种200多万尾；先后为三峡库区市级原良种场建设培育原种亲本7 700多千克，培育增殖放流苗种500万尾。2010年，组织开展池塘种植空心菜试验，取得每公顷产空心菜、丝瓜、水芹菜36 000千克以上好成绩，是重庆市鱼菜共生技术的发源地。

（三）重庆市水产科学研究所

重庆市水产科学研究所是1958年经重庆市人民政府批准成立的正处级事业单位。技术团队和管理团队实力雄厚，有各类专业技术人员40人，其中享受国务院政府特殊津贴专家3人，高级专业技术人员9人，中级专业技术人员8人，博士生2人，硕士生6人。科研成果经济效益可观，该所人工繁殖和研发鱼类20多个品种，检验检测设备配套齐全，拥有价值40余万元的高效液相色谱仪等仪器800多台套，总价值1 500余万元

由重庆市水产科学研究所申报筹建的“重庆市白甲鱼原种场”位于长寿区长寿湖镇新渔村，紧邻长寿湖，占地面积约17公顷，其中养殖水面近14公顷。该场是经农业部、重庆市农业局和重庆市发展改革委员会批准建设的渔业重点建设项目，可向社会提供白甲鱼种质亲本。

（四）重庆市万州区水产研究所

重庆市万州区水产研究所成立于1953年，历经60余年的发展，现已成为集科研、生产、经营于一体的科研事业单位，是三峡库区名、特鱼繁育规模最大、基础设施条件最好、研发实力突出、在国内有一定知名度和影响力的水产科研机构，是中国科学院水生生物研究所长江上游特有鱼类实验中心、西南大学国家级鱼类重点实验室试验基地。

胭脂鱼全球稀有，是国家二级重点保护水生野生动物，仅分布在长江水系和闽江水系，但闽江水系的胭脂鱼已经在20世纪80年代后绝迹。重庆市万州区水产研究所从1973年开始驯养胭脂鱼，1993年人工催产孵化成功，到2000年突破人工繁育全部技术。该所生产的胭脂鱼苗种占全国70%的市场份额。2009年11月，福州渔业部门从该所引进3万尾胭脂鱼苗，万州胭脂鱼在闽江有了新家。

2013年12月，“重庆长江名优鱼工程技术中心”落户万州区水产研究所。该所胭脂鱼、岩原鲤、白甲鱼等珍稀鱼类的育苗技术处于国内领先水平，取得了一批标志性的研究成果。

（五）永川区水花鱼养殖专业合作社

永川区水花鱼养殖专业合作社（农民专业合作组织）是农业部定点的淡水鱼苗批发市场，西南大学、重庆文理学院的教学科研实践基地，“永川水花”已获得国家地理标志证明商标注册并获得永川区“知名商标”认定。

永川区水花鱼养殖专业合作社的经营业态包括5个场组（亲鱼繁殖场、鱼苗培育场、名优鱼场、观赏鱼场和食用鱼场）。销售范围辐射国内西南、华中、北方地区，部分出口越南、缅甸、俄罗斯及中亚国家。主推技术是家鱼“一年三产”技术、禾花乌鲤生态养殖。产品注册商标有永川水花、水花鱼、渝鱼余、鱼摆摆、智渔等12个。鱼苗年生产能力18亿尾以上，鱼种生产能力2亿尾以上。2005年，新疆的一位客户告诉合作社理事长刘文俊，要将“永川水花”包装好一点，准备销往俄罗斯。刘文俊立即组织会员重新设计包装，第一次就外销了几十万尾。“永川水花”畅销全国，远销越南、缅甸、乌兹别克斯坦、俄罗斯等国家。2015年，销往国外鱼苗6.8亿尾，鱼种8 500千克（表9－3－19）。

表9－3－19　2011—2015年“永川水花”销往国际市场情况

年份	鱼苗（亿尾）	鱼种（千克）	销往国家
2011	4.65	—	俄罗斯
2012	3.80	4 500	俄罗斯、越南
2013	5.32	6 500	越南、缅甸、俄罗斯、乌兹别克斯坦
2014	4.20	—	俄罗斯
2015	6.80	8 500	俄罗斯、乌兹别克斯坦、缅甸

（六）荣昌区廷福鱼苗专业合作社

荣昌廷福鱼苗专业合作社位于重庆市荣昌区双河街道鱼苗社区三组，前身是1972年成立的梅石坝渔场。之后，经历了荣昌县良种场、渝西鱼苗第一村养鱼协会、廷福鱼苗专业合作社的发展历程。廷福鱼苗专业合作社是西南大学的教学科研实习基地，同时与万州水产研究所联合开发新品种，所产的鱼苗鱼种深受广大养殖户的欢迎。2003年，农业部把该合作社所在的村定为部级渔业试点单位。

合作社创始人罗廷福，2000年，被评为重庆市劳动模范，2005年，被评为全国劳动模范，并受到重庆市委书记汪洋、市长黄奇帆的接见。

廷福鱼苗专业合作社包括6个场组（亲鱼繁殖场、鱼苗培育场、名优鱼苗养殖场、名优鱼商品鱼养殖场、观赏鱼场和商品鱼渔场）。主要品种是建鲤、方正银鲫等。1995年，进行鲤鲫杂交获得成功。1997年10月，参加重庆市首届“农民丰收农业科技成果展示会”。2003年，引进鳜鱼养殖、次年繁殖成功。产品注册商标有“渝荣巨鲫”“白云溪”等。产品销售范围辐射云南、贵州、广西、四川等20多个省份，2002年，出口缅甸。2015年，生产鱼苗8亿尾以上，鱼种10万千克，成鱼10万千克。

第四节　病害防治

一、病害防治历程

1985年以前，全市鱼病防治工作除由水产部门宣传一些常见鱼病现象，预防和诊断一般知识外，没有设立鱼病防治机构和专用鱼病药物销售网点，也无专职鱼病防治诊所及人员。

1989 年，重庆市水产科技推广站成立，其主要职责任务中包含“做好全市鱼种鱼苗新品种和鱼病防治”。

1990 年，重庆市水产技术推广站建立第一个鱼病门诊部，到 1995 年，依托重庆水产学会的科技力量，通过广大会员建立鱼病防治监测网络，建立了 192 个鱼病门诊部（点），分布于全市各区、市、县及重点乡（镇），有水产专业技术人员 273 人，基本上形成了全市鱼病防治网络体系。在全市组织了草鱼三病免疫疫苗注射示范，推广面积 8.16 万亩，注射 786.3 万尾，成活率为 92.8%，减少损失 166.9 万千克，挽回经济损失 1 005 万元，对全市的健康养殖有较大促进作用。

1994 年，全市因鱼病损失鱼 2 824 吨，比 1993 年的 3 942 吨降低 39.5%，减少经济损失 1 557 万元。

1996 年，全市鱼病门诊有 170 个，技术人员 313 个，举办了各种培训班 570 次，参训人员 5.2 万余人次，印发资料 7.45 万份，出版印制《鱼病防治丛书》6 000 册，印发科技简报 6 期。全市鱼病网络门诊接待鱼病诊断咨询 3 万余次，出诊 2 000 余次，组织药品 178.29 吨，生产药饵 314.1 吨，生产渔药 4.5 吨，在指导养鱼户鱼病健康养殖，预防暴发性鱼病发生以及药物供应方面取得了较好的经济效益，全市鱼病损失控制在 5% 左右。重庆市水产技术推广站，结合长江片区病害防治网络活动，组织了全市的病害防治网络交流，促进了技术推广部门与科研所，大专院校在病害防治方面交流与合作。

1997 年，市水产技术推广站成立“重庆市鱼病防治监测中心”，并在渝北区、永川市、涪陵市设立了 3 个鱼病监测测报点，1998 年建立渔药厂。

1998 年，全市鱼病发生面积较上年度减少 8.2 万亩，减少幅度约为 25%，减少成鱼损失近 30 万千克，减少经济损失 2 400 余万元，比上年的损失减少 20.2%。进一步完善了市、县、乡三级鱼病防治网络，开设鱼病门诊部 200 多个，技术人员 300 多人。鱼病门诊接待就诊的农户 5 000 余人次，出诊 100 多次。

2000 年，市水产技术推广站开展水产养殖病害测报工作，设立了 7 个测报点及 21 个测报分点。市鱼病防治监测中心被全国水产技术推广总站列入全国首批鱼病测报试点工作单位之一。2000 年因病害发生的损失量占总产量的 3%，比直辖前的 1996 年的损失量（5%）减少 2 个百分点。

2001 年 4 月 29 日，市农业局发出《关于在我市开展水生动物检疫工作的通知》，启动了全市水生动物检疫工作。全市先后共有 102 人通过全国水产技术推广总站培训、考试考核，获得水生动物防疫检疫员资格。

2002 年，重庆市被农业部列为全国 4 个水生动物防疫检疫试点省、市之一，成立了专业检疫队伍，在全市主城区主要交通运输环节和主要水产品批发市场全面开展水生动物检疫工作。在全市 6 个区（市、县）18 个监测点开展鱼病监测，为广大渔农提供了防病信息，并有效指导了全市大面积鱼病综合防治工作。

2003 年，以市鱼病防治监测中心为主体，建立了渝北、永川等 10 个测报站，每月印发《重庆水产养殖动物病情月报》，通过《重庆水产信息》公布测报信息，提出预防措施。重庆市水产技术推广站拟定的《重庆市水生动物及水生动物产品防疫检疫收费办法及收费标准》，由市物价局和市财政局颁布实行，成为全国首个地方性可操作的水生动物检疫收费标准。全年累计检疫水生动物及产品 3 万吨，各类苗种 6 000 万尾。同年，重庆市农业局组织专家制定了《重庆市水生动物检疫名录（试行）》和《水生动物检疫操作规程》，并报相关部门备案。

2004 年，全市渔业病害监测总面积为 31 767 亩，其中水质检测 3 924.3 亩，鱼病检测 31 767 亩。监测品种达 15 个，小瓜虫、绦虫、中华鳋、锚头鳋、指环虫等病较为严重，且首次发现复殖吸虫病。全年累计检疫水生动物及产品 4.05 万吨，检出不合格水产品 5 批，销毁腐烂变质水产品 8 批，共计 10.5 吨，检疫鱼苗、卵不合格 2 批，共计 20 万尾，予以销毁。水产苗种检疫量达到 1.005 亿尾。

2005 年，市渔业病害防治中心、市渔业环境监测中心和市水产品质量监督测试中心的建设顺利完成，3 个中心的设备招标采购、安装调试进入尾声。

2007 年，建立了 28 个区（县）测报站，测报面积 12.3 万亩，监测点 224 个，监测品种 23 个，完成鲤春病毒病监测任务，送样27个，斑点叉尾鮰暴发性流行疾病学调查任务，送检81个样品。检疫水产品4.8万吨，水产苗种1.2亿尾。10个区（县）已启动县级水生动物疫病防治站的基本建设，6个已基本完成。制定并发布《重庆市水生动物重大疫病防治应急预案》。

2008年，在全市30个区（县）开展测报工作，建立测报站30个，测报点289个，测报面积14.4万亩。检疫水生动物及其产品4.9万吨，水产苗种1.3亿尾。

2009年，第二批县级水生动物疫病防治站建设任务完成并通过市级验收。检疫水产品5.14万吨，水产苗种3.9亿尾，编写《重庆市水生动物检疫技术规范》地方标准。

2010年1月，农业部颁布了2010年农业部第6号令，明确“水产苗种产地检疫，由地方动物卫生监督机构委托同级渔业主管部门实施。水产苗种以外的其他水生动物及其产品不实施检疫”。自2001年实施水生动物检疫工作以来，到2010年2月底，全市累计检疫生生动物及其产品共36.24万吨（其中海产品4万吨、淡水产品32.55万吨）、口岸检疫水产苗种12亿尾（出境4亿尾，进境8亿尾）；检疫出水生动物疫病687例，其中九江头槽绦虫病270例、华支睾吸虫病40例、鲤春病毒病10例、鳖出血病15例、草鱼出血病36例、尼罗罗非鱼溃烂病30例、鳃霉病75例、疖疮病40例、细菌性白头白嘴病36例、细菌性烂腮病51例、小瓜虫病34例、中华蚤病29例、牛蛙红腿病21例；检查出不合格水产品88批，重50余吨，销毁腐烂变质水产品15批，共25吨；检疫鱼苗（鱼卵）不合格62批，不合格苗种110余万尾，销毁苗种40万余尾。

同年，璧山等10个县级水生动物疫病防治站建设项目部级验收，落实2010县级水生动物疫病防治站增加设备项目，项目共投资300万元，为每个县级水生动物疫病防治站购置原子吸收分光光度计、酶标仪等检测仪器20台套。在全市29个区（县）建测报点257个，测报面积13.4万亩。

2013年，病害监测测报面积达20.4万亩，监测养殖种类12种，病害种类40种。开展增殖放流苗种的检验检疫33批次，5 605万尾，10余万千克，亲鱼610尾，4 000多千克。

2014年，在5个区（县）开展草鱼免疫疫苗注射示范推广，效果良好。

2015年，重庆市疫病监测重点区（县）18个。监测养殖品种（池塘养殖模式）7种，包括草鱼、鲢鳙鱼、鲤鱼、鲫鱼、大鲵、泥鳅、虹鳟。监测总面积1 330.52公顷，草鱼监测面积730.53公顷，鲢、鳙鱼监测面积1 277.13公顷，鲤鱼439.67公顷，鲫鱼754.87公顷，大鲵1.63公顷，泥鳅107.73公顷，虹鳟0.4公顷。

专项监测鲤春病毒病、锦鲤疱疹病毒病、草鱼出血病55个样品均为阴性，全市没有发生大规模流行性疫病。在永川、万州、潼南开展草鱼细菌病灭活疫苗和出血病灭活疫苗的注射免疫试验示范，试验面积350亩，免疫草鱼3.2万尾，近1.5万千克。效果最好的试验塘死亡率比对照塘低20%以上，草鱼亩产比对照塘高30%以上。

二、水产病害专项防治

（一）水产养殖病害测报

1. 病害测报基本情况

2001年，重庆市被列入全国首批鱼病测报试点工作单位之一。到2015年，全市已有30个区（县）开展水产养殖动物病害监测工作，测报的行政区覆盖率达到70%（表9－3－20）。

表9－3－20　2002—2015年重庆市水产养殖病害测报基本情况表

年份	2002	2003	2004	2005	2006	2007	2008
测报面积（亩）	12 472	19 572	31 767	114 117	114 117	123 700	144 624
病害种类（种）	52	60	52	80	63	69	76

（续）

年份	2002	2003	2004	2005	2006	2007	2008
发病率（%）	20.04	18.73	35.04	33.32	43.92	41.56	32.17
测报养殖种类（种）	14	13	15	21	21	22	22
死亡率（%）	7.10	11.08	8.93	10.50	12.54	12.01	8.65
传染性鱼病（种）	22	23	22	34	29	27	38
侵袭性鱼病（种）	24	23	22	34	21	31	30
不明病因及其他	6	14	8	12	13	11	8
草鱼发病率（%）	29.92	48.10	36.49	17.87	21.29	16.20	15.42
年份	2009	2010	2011	2012	2013	2014	2015
测报面积（亩）	135 478	134 272.5	142 000	156 630	204 450	24 420	19 957.79
病害种类（种）	58	54	42	40	40	25	18
发病率（%）	24.88	24.86	43.89	23.56	23.56	22.04	18.58
测报养殖种类（种）	19	12	16	12	12	7	7
死亡率（%）	5.92	9.38	14.15	8.75	8.75	8.55	0.73
传染性鱼病（种）	26	26	28	18	18	12	8
侵袭性鱼病（种）	26	22	13	16	16	8	6
不明病因及其他	6	6	1	6	6	5	4
草鱼发病率（%）	16.24	14.10	11.07	—	—	—	7.20

2. 病害测报网络建设

（1）市、县两级病防机构的建设：由农业部和重庆市两级投资，建成了“重庆市渔业病害防治中心”“重庆市渔业环境监测中心”“重庆市水产品质量监督检验测试中心”。2005 年，由农业部投资，重庆市水产技术推广站牵头在万州、黔江、江津、永川等 10 个区（县）建立区域性水生动物疫病防治站。

（2）基层病防网络建设：以重庆市鱼病防治中心为核心，以大专院校为依托，向周边区（县、市）辐射，测报站由 2000 年的 7 个发展到 2009 年底的 30 个，测报点由最初的 21 个发展到 259 个。

（3）病防队伍建设：为确保队伍的稳定，从 2000 年开始，建立病害测报和检疫队伍。基层测报员、门诊诊疗员，按自愿及基层推荐原则，通过县级疾病防控机构对实践经验丰富、热爱疾病防控工作的一线人员进行登记录入，资格审查，上岗考试后，报市级疾病防控机构批准录用。截至 2009 年底，全市已有 84 人通过农业部渔业局、全国水产技术推广总站培训考核，获得水生动物防疫检疫员资格，有水生动物测报员 261 人。

3. 水产养殖动物病害流行趋势

（1）病害种类多，病因复杂，传染性疾病相对严重：传染性疾病年均约 28 种，侵袭性疾病年均约 23 种，泛池、机械损伤及病因不明年均约 10 种。

（2）发病周期长，发病率高，损失量大：3—10 月为发病期，4—9 月为传染病流行期，5—8 月为侵袭性病流行期。全市年均发病率为 31.25%，死亡率为 9.59%，年均损失量达 1 691.5 万千克，经济损失达 1.33 亿元。

（3）草鱼发病率居高不下：年均发病率为 25.19 % 左右，年损失量达 1 165 万千克。

（二）水生动物疫病专项监测

按照全国水产技术推广总站的工作安排，重庆市从 2005 年开始开展水生动物疫病专项监测工作。

2005—2014 年，监测送检任务 460 个，监测项目均为鲤春病毒血症。2015 年，监测送检任务为 55 个，监测项目鲤春病毒血症 20 个、锦鲤疱疹病毒病 15 个，草鱼出血病 20 个。2005—2015 年，累计送样 515 个，阳性检出数 71 个，检出率 13.79%（表 9-3-21）。

表 9-3-21　2005—2015 年重庆市水生动物疫病专项监测情况表

单位：个

年份	送样总数	阴性	阳性
2005	50	50	0
2006	50	50	0
2007	50	44	6
2008	50	44	6
2009	50	44	6
2010	50	31	19
2011	50	43	7
2012	50	32	18
2013	50	47	3
2014	25	25	0
2015	55	55	0
合计	530	465	65

三、常见鱼病及灾害

（一）病毒性病

比较常见的有鲤春病毒病、草鱼出血病、对虾白斑病等。2002 年，重庆市出现草鱼高发病率，损失量大。草鱼发病面积 35.86 万亩，占全市发病面积 74.29 万亩的 48.19%；发病率 29.92%，比全市水产平均发病率 20.47% 高出 9.45 个百分点；死亡率 10.04%，比全市平均水产死亡率 7.10% 高出 2.94 个百分点；损失量 576 万千克，占总损失量 1 500 万千克的 38.4%。测报区内草鱼发病面积 1 956.9 亩，发病率 15.69%，死亡率 6.67%，分别比大面积草鱼发病率（29.92%）、死亡率（10.04%）低 14.23 个百分点、3.37 个百分点。

2013 年，在鲤春病毒病监测送检的 50 个样品中，检出 3 个阳性，及时对来源池塘进行了应急处理。

（二）细菌性病

比较常见的有细菌性烂鳃病、肠炎病、赤皮病、腐皮病、弧菌病、爱德华氏病，其中草鱼细菌性“三病”出现频率较高。

2006—2008 年，出现过斑点叉尾鮰暴发性流行病，有肠套叠现象，主要由嗜水气单胞菌引起。

2015 年，重庆市测报监测到的细菌病害主要有 6 种，包括赤皮病、烂鳃病、肠炎病、细菌性败血症、打印病、烂尾。

（三）真菌性病

主要包括水霉病、鳃霉病。历年时有发病。

（四）原生动物类病

常见的有车轮虫病、斜管虫病、隐鞭虫病、口丝虫病、小瓜虫病、纤毛虫病。历年时有发病，监测和报告病例均较少，没有出现过暴发性疾病。

（五）蠕虫类病

常见的有指环虫病、三代虫病、复口吸虫病、线虫病。监测中偶发。2004 年，首次发现复殖吸虫病。2009 年，检疫出九江头槽绦虫病 29 例，销毁苗种 3 万余尾。

（六）甲壳动物类病

常见的有中华鳋病、锚头鳋病、鱼鲺病。在例行监测中比较常见，每年均有监测和报告病例。

（七）非生物灾害

比较常见的有养殖环境恶化引起的疾病，饲料不足或营养不良引起的疾病及敌害生物等。2000 年病害测报中出现过草鱼营养性疾病（肝肿大），到 2015 年，主要为肝胆综合征、机械损伤、应激性出血、氨氮中毒等。

2003 年 6 月 10—15 日，全市境内连日暴雨，大部分区（县）遭受洪灾，直接经济损失 1.5 亿元。洪灾发生之后市农业局立即派出了综合调查组奔赴铜梁、璧山等重灾区（县）了解灾情、帮助救灾。2012 年，武隆县高海拔地区开年以来的大面积降雪降温气候造成的水面结冰给渔业带来较大损失。武隆县受灾面积 16.57 公顷，死亡成鱼 12 万多千克，直接经济损失 120 万元以上。

2006 年 7 月中旬至 9 月上旬，全市遭受了百年一遇的特大干旱，渔业蒙受了巨大损失，死亡成鱼 4.21 万吨、鱼种 0.55 万吨，直接经济损失 4.5 亿元；因池埂、进排水渠干裂、变形，导致养殖设施直接经济损失 1.8 亿元。灾害发生后，市委、市人民政府高度重视，拨款 200 万元用作渔业救灾专项资金；重庆渔业行政主管部门积极组织渔业抗灾救灾，监督用好渔业救灾资金，组织落实养殖用水、保种调种、苗种生产、后期饲养、鱼病防治等生产技术措施，抓好科技抗旱保鱼示范点建设，降低了灾害损失、有效恢复了渔业生产（表 9－3－22）。

表 9－3－22　1993—2015 年重庆市渔业灾害损失情况表

年份	损失水产品（吨）	经济损失（万元）	年份	损失水产品（吨）	经济损失（万元）
1993	1 749	1 125	2005	6 085	4 859
1994	4 554	9 175	2006	65 674	79 036
1995	2 948	3 013	2007	67 845	75 621
1996	5 854	7 045	2008	20 835	24 338
1997	5 827	7 093	2009	16 541	17 444
1998	8 247	7 539	2010	21 343	25 629
1999	3 639	3 491	2011	15 188	19 172
2000	4 664	5 964	2012	10 803	15 527
2001	12 102	9 299	2013	11 338	17 122
2002	10 941	11 222	2014	18 280	27 981
2003	5 076	4 832	2015	4 882	9 422
2004	7 368	8 766			

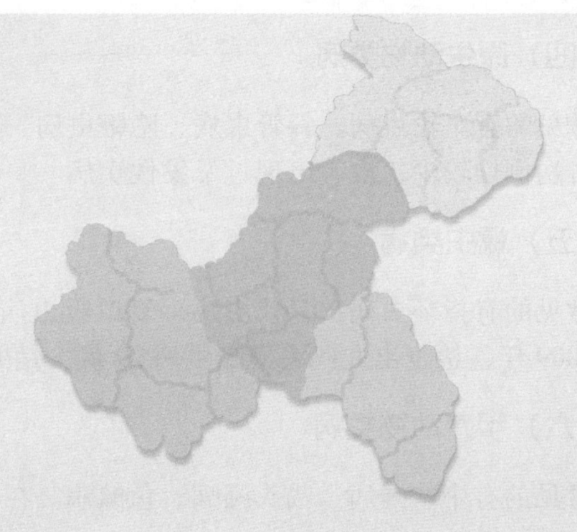

第四章
渔药与鱼饲料

第一节 渔　　药

一、渔药生产经营

1985 年，渔业用药由使用单位自行到市场采购。

1990 年，重庆市水产技术推广站进行新渔药的开发，以防治市内主要流行的草鱼赤皮、烂鳃、肠炎 3 种病为目的，开展有效渔药的筛选试验，完成了多种药物对点状气单胞菌、荧光假单胞菌、鱼害粘球菌等病原体的抑菌试验，完成了天原化工厂委托的次氯酸钠在鱼病防治上的应用的试验。

1998 年，市水产技术推广站建立重庆市禹王渔用药物添加剂厂。该厂将鱼病工作的重点放在推广健康养殖技术，使用安全、低毒、高效渔药。2000 年，更名为重庆市邦得动物药业有限公司。2001 年，市邦得动物药业有限公司与市水产开发总公司科技发展分公司实行合并，不更改工商、税务登记手续，对内统称为重庆市水产开发总公司科技发展分公司。

2003—2015 年，全市渔药产值和增加值累计分别为 4 100 万元和 1 489 万元，最高的 2008 年，分别为 510 万元和 179 万元（表 9－4－1）。

表 9－4－1　2003—2015 年重庆市鱼药产值及增加值情况

单位：万元

年份	产值	增加值
2003	280	110
2004	351	123
2005	333	117
2006	367	112
2007	461	161
2008	510	179
2009	505	177
2010	442	193
2011	183	68

（续）

年份	产值	增加值
2012	235	89
2013	158	56
2014	129	49
2015	146	55
合计	4 100	1 489

二、渔药使用

1995 年，重庆市水产技术推广站《鱼病防治实用技术》记载，常用预防和治疗鱼病的药物有漂白粉、氯化钠、碘、硫酸铜及硫酸亚铁、美曲膦酯（敌百虫）、高锰酸钾、磺胺脒（磺胺胍）和磺胺嘧啶、呋喃唑酮、孔雀石绿、鱼服康、强氯精、肠炎灵、鱼儿安、大蒜、大黄、苦楝、大叶桉、生石灰等 20 种。

2002 年，农业部先后发布公告，分别公布了《食品动物禁用的兽药及其他化合物清单》《动物性食品中兽药最高残留限量》。将氯霉素、硝基呋喃类、孔雀石绿、各种汞制剂、硝基咪唑类等 21 种（类）兽药及其他化合物列入《食品动物禁用的兽药及其他化合物清单》；将咖啡因、甲醛、苯酚等，至少 70 种药物列入《动物性食品允许使用但不需要制定残留限量的药物》；将阿莫西林、苄星青霉素/普鲁卡因青霉素、二氟沙星、恩诺沙星、红霉素、土霉素/金霉素/四环素、磺胺类等 21 种药物列入《已批准的动物性食品最高残留限量规定》；将地西泮（安定）、甲硝唑等 9 种药物列入《允许作治疗用但不得在动物性食品中检出的药物》；将氯霉素及其盐、脂、呋喃唑酮、孔雀石绿、氯化亚汞、硝酸亚汞、醋酸汞、吡啶基醋酸汞、甲睾酮（甲基睾丸酮）等 31 种（类）列入《禁止使用的药物在动物性食品中不得检出》。之后渔药的使用逐步规范。

2011 年开始，市水产技术推广站每年在区（县）开展水产养殖规范用药“科普下乡”活动。2015 年，对渔用抗生素使用情况调查，全市池塘养殖鲤鱼主要使用抗生素的种类有氟苯尼考粉、哨基呋喃、复方磺胺嘧啶粉、恩诺沙星粉，全年使用抗生素的总量为 30 千克，货值 4 500 元左右，抗生素货值在总渔药（包括抗菌抑菌药、驱杀虫药、消毒剂、水质底质改良剂等化学药物与制剂，不包括中草药、疫苗等微生态制剂和微生物制剂）使用货值中约占 5%；鲫鱼主要使用抗生素的种类有氟苯尼考粉、复方磺胺嘧啶粉、恩诺沙星粉、诺氟沙星粉，全年使用抗生素的总量为 35 千克，货值 5 000 元左右，抗生素货值在总渔药使用货值中约占 5%；草鱼主要使用抗生素的种类有哨基呋喃、氟苯尼考粉、复方磺胺嘧啶粉、恩诺沙星粉、诺氟沙星粉、盐酸环丙沙星，全年使用抗生素的总量为 1 200 千克，货值 18 万元，抗生素货值在总渔药使用货值中约占 65%。

20 世纪 90 年代，全市开始使用渔用微生态制剂。1999 年，农业部允许使用的微生态制剂有 12 种。重庆市水产技术推广站从 2000 年开始大范围推广微生态制剂，到 2015 年，全市推广面积在 5 万亩以上。微生态制剂主要种类包括光合细菌、放线菌、酵母菌、芽孢杆菌、硝化细菌、弧菌等几类细菌以及 EM 菌群等。微生态制剂的使用有利于改良水质、提高水产动物非特异性免疫能力，具有促生长、抑菌杀菌、增肥作用。

2015 年 9 月 1 日，农业部发布 229 号公告，除用于非食品动物的产品外，停止受理洛美沙星、培氟沙星、氧氟沙星、诺氟沙星 4 种原料药的各种盐、脂及其各种制剂的兽药产品批准文号的申请；自 2015 年 12 月 31 日起，停止生产用于食品动物的洛美沙星、培氟沙星、氧氟沙星、诺氟沙星 4 种原料药的各种盐、脂及其各种制剂，涉及的相关企业的兽药产品批准文号同时注销，2015 年 12 月 31 日前生产的产品，可以在 2016 年 12 月 31 日前流通使用；自 2016 年 12 月 31 日起，停止经营、使用用于食品动物的洛美沙星、培氟沙星、氧氟沙星、诺氟沙星4种原料药的各种盐、脂及其各种制剂。

第二节　鱼 饲 料

一、鱼饲料生产

2003年，重庆市水产配合饲料生产总量4万吨，水产添加剂预混合饲料739吨，产值2.6亿元，占全市饲料工业总产值14.63亿元的17.8%。2010年，全市水产配合饲料生产总量8.5万吨，水产添加剂预混合饲料168吨，产值5.76亿元，占全市饲料工业总产值60.9亿元的9.5%。

2015年，全市有生产水产饲料的企业63家，配合饲料生产总量12.3万吨、水产添加剂预混合饲料6.7吨，产值6.5亿元，占全市饲料工业总产值（93.58亿元）的7%。随着水产配合饲料配方不断优化、生产工艺不断提高，产销量得到大幅提升，水产养殖使用自配料减少，水产添加剂预混合饲料产销量快速下降（表9-4-2）。

表9-4-2　2003—2015年重庆市鱼饲料产值及增加值情况表

单位：万元

年份	产值	增加值
2003	25 998	8 849
2004	30 262	9 079
2005	33 348	9 312
2006	29 987	8 222
2007	46 413	12 949
2008	48 978	13 665
2009	52 805	14 733
2010	57 594	11 301
2011	51 281	11 261
2012	48 694	10 568
2013	49 779	12 698
2014	53 971	13 371
2015	65 322	20 413
合计	594 332	156 421

二、鱼饲料使用

1985年以前，重庆市水产养殖主要使用的精饲料有玉米、红薯；糠麸有米糠、麦麸；饼粕有菜籽饼；渣糟有酒糟、酱糟、醋糟、豆渣、粉渣、黄浆；动物性蛋白饲料有蚕蛹干、畜禽产品加工后的下脚料；矿物质饲料有猪、牛、羊等动物的杂骨；蛋壳粉、钙粉；农作物秸秆；青饲料；野牧草。据1984年8月出版的《邱国彬池塘养鱼技术》记载，邱国彬所领导的养鱼队以养草鱼为主，每年投青草35万～40万千克，占总投饵量的95%以上，商品饲料仅占4%左右，麦麸不到1%；1983年，全队池塘亩平产鱼950千克左右。1984年，全市水产养殖使用精料不足1万吨，占养殖业精料使用量0.66%；使用青饲料35万吨左右，商品饲料（配合颗粒饲料）使用量少。以后，随着水产养殖生产发展，特别是专用池塘面积不断扩大和先进适用技术的推广，鱼用颗粒饲料在水产养殖中逐步得到广泛应用。

1989—1991 年，全市实施了《新建池塘养鱼万亩千斤高产综合配套技术研究》，分年推广面积 689 公顷、728 公顷、808 公顷，每公顷水产品产量分别为 6 吨、7.5 吨、8.5 吨，3 年共投入颗粒饲料、糠、麸等精饲料 5438 吨，其中颗粒饲料 104 吨，占精饲料的 1.9%。之后，随着专用池塘面积增加，业主养殖规模扩大，以及“80∶20 池塘养殖技术”“颗粒料利用技术”等示范推广，到 2000 年，使用颗粒饲料养鱼被越来越多养殖业主接受。2001 年后，“80∶20 池塘养殖技术”逐步扩大推广。2005 年，全市推广面积 3 333 公顷，比 2001 年的 2 000 公顷的增长 66.7%，进一步促进了渔用颗粒饲料的运用。2006 年以后，“80∶20 池塘养殖技术”在全市得到全面推广，池塘吨鱼万元生态养殖集成技术（一改五化技术）得到大力推广。2015 年，全市池塘吨鱼万元生态养殖集成技术推广面积 1.21 万公顷，鱼用颗粒饲料在水产养殖生产中得到普遍应用。

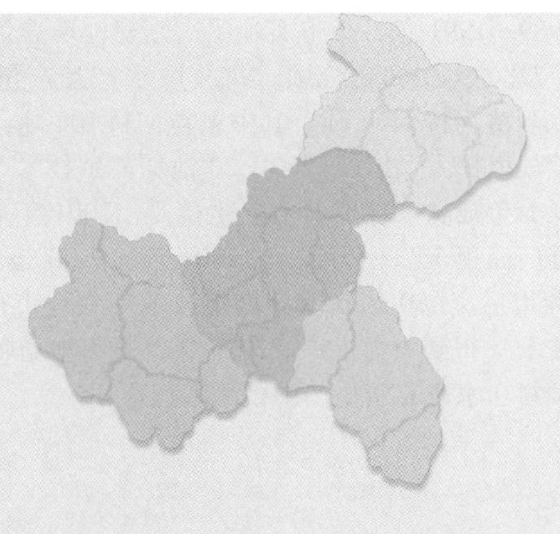

第五章 捕　　捞

第一节　渔具、渔法

为了保护江河鱼类资源，实现永续利用，渔业行政管理部门加强了渔具、渔法管理。1988 年前，重庆市农牧渔业局贯彻执行国务院《水产资源繁殖保护条例》，对渔具、渔法进行管理。1988 年 12 月 7 日，四川省第七届人民代表大会常务委员会第六次会议批准《重庆市实施〈中华人民共和国渔业法〉办法》。1999 年，重庆市渔业行政管理部门制定了《重庆市有重要经济价值的水生动物和重点保护渔业资源品种及其可捕标准、禁止使用的渔具与捕捞方法》。渔政部门依据上述法规对渔具渔法实施管理。

2010 年 1 月 27 日，重庆市农业委员会发布《关于禁止和限制使用的渔具和捕捞方法的公告》，规定了重庆市禁止使用张网、拖网、空钩延绳钓、武斗竿、迷魂阵、抬网、板罾、拦河缯（网）、密眼网（布网、网络子、地笼网）等破坏渔业资源的渔具进行捕捞；禁止使用炸鱼、毒鱼、电鱼、光诱捕鱼等破坏渔业资源的方法进行捕捞；禁止使用水獭进行捕捞；限制使用鱼鹰进行捕捞。

2012 年 2 月，全市启动了渔具渔法调查工作。调查显示：全市境内的渔具有 12 类 24 种。其中使用最多的渔具有：刺网类的漂流三层刺网、定置三层刺网、定置单片刺网；陷阱类的导陷建网陷阱（地笼、虾笼）；钓具类的定置延绳真饵单钩钓具（小钩、排钩）；耙刺类的定置延绳滚钩耙刺（滚钩、滑钩、大沟）；敷网类的定置延绳撑架敷网（抬网、银鱼网）、船敷撑架敷网（船罾网）等。渔法中主要包括网具刺挂缠绕捕鱼法、网具网囊包围捕鱼法、设置陷阱捕鱼法、诱饵捕鱼法、耙刺捕鱼法、电捕鱼法几类。鸬鹚捕鱼法仅存少量，在潼南县境内的涪江及支流内作业。水獭捕鱼法曾经使用过。赶拦刺张联合渔法也只在长寿湖等大中型水库使用过，小型水域未见使用。

第二节　渔民、渔船

一、渔民

重庆市于 1991 年起实行捕捞许可证制度，到 1995 年，对全市 3 000 余艘渔船核发了捕捞许可证。1997 年前，全市有渔船 3 000 艘左右，渔民 6 000 人左右。

1997 年后，渔船和渔民数量增加。1999 年，全市发放捕捞许可证 4 434 本，捕捞渔船 5 400 艘，常年有近 10 000 人在江河从事捕捞生产作业。重庆市专业渔民少，兼业渔民多。兼业渔民农忙时务农，农闲时捕鱼。改革开放后，农民就业渠道增多，有的渔民外出打工，所以渔民渔船数量时有增减。2000年，全市有捕捞渔船 3 493 艘，常年有近 7 000 人在江河从事捕捞生产作业。2003 年，全市登记在册渔船 7 083 艘，其中机动渔船 3 487 艘，非机动渔船 3 596 艘，捕捞渔船 5 204 艘，非捕捞渔船 1 879 艘。2015 年，全市登记渔业船舶共有 6 442 艘。

市渔业管理部门为普及法律法规知识，依法治渔，提高渔民遵纪守法的自觉性，在全市广泛开展了渔民培训。2008 年，共培训渔民 12 381 人次，考试合格 9 859 人。

渔民通过普法培训，自身素质有所提高。很多渔民在抗洪救灾和海损事故中见义勇为，救援落水群众，受到当地政府表彰。2003 年，涪陵渔民华明贵、华明江驾驶渝涪 03141 渔船，在“6・19”特大海损事故中，救起了仅存的 12 名幸存者，获得中共涪陵区义和镇委员会、涪陵区义和镇人民政府见义勇为先进个人称号。据不完全统计，当年全市渔民共救援落水群众 14 人。2014 年，江北、涪陵、云阳 3 个区（县）15 艘渔船和涪陵 2 艘渔政船、艇积极救援海难人员，共获得农业部渔业海难救助补助 8.5 万元。

二、渔业船舶

（一）分布

重庆市渔业船舶分布十分广泛。全市 38 个区（县），除渝中区和城口县外，其余 36 个区（县）均有渔业船舶。长江、嘉陵江、渠江、涪江、乌江、阿蓬江、大宁河、小江、长寿湖等天然、人工水域均有渔业船舶分布。渔业船舶分布的特点是大分散、小集中、点多、面广。长期以来，渔民自发形成了一些渔船集中停靠点，停靠渔船多在 30 艘以内。有的单独停靠、单独作业。一些山坪塘和小型水库等水域，也有用于养殖的小型渔船。在偏远山区，部分渔民作业时将渔船人工运至河边，作业结束后将渔船人工运回家里。

（二）作业方式

小型渔业船舶白天作业，多数渔民习惯傍晚放网，凌晨起网，夜间一般不进行作业。有的渔民有两艘船，一大一小，大船用于居住生活，小船用于收放网等渔业生产活动。渔民一般选择天气状况良好的白天进行作业，夜间或恶劣天气停止作业。在禁渔期以及遇汛期洪水，渔业船舶停泊根据主管部门的要求禁航并停止作业。渔业船舶停泊一般用缆绳系在岸边的树木、石墩等有较大稳定性的固定物上。渔业船舶基本上不夜航，大部分船舶具备居住功能，夜间停靠在风浪相对较小的水域，亦有部分渔民夜间将船舶停在水边，人上岸居住。

（三）材质及结构

渔业船舶材质主要有钢质、不锈钢质、木质、玻璃钢质等。钢质渔业船舶在全市水域均有分布；不锈钢质渔业船舶是近年发展起来的，以嘉陵江流域分布较多。木质渔业船舶分布在全市水域，但是数量在逐年减少。玻璃钢渔业船舶由于制造成本高，数量较少。2004—2006 年，渔民曾经以塑料为原材料造船，这种船虽然有重量轻、便于使用的优点，但有结构强度不足、安全性差的缺点，已经淘汰。2015 年底，全市有钢质（含不锈钢质）渔业船舶 5 484 艘、木质渔业船舶 793 艘、玻璃钢质渔业船舶 132 艘、其他材质渔业船舶 33 艘。全市渔业船舶在淡水中作业，功能单一，船体结构较为简单。渔业船舶一般设有平板龙骨，较大船舶采用流线型设计。为便于材料加工，较小船舶（水库、池塘作业的渔业辅助船，船长一般在 5 米以下,）船型一般采用折角线型（俗称三板船、五板船）。小型渔业船舶船体结构采用横骨架式，船底一根或者两根龙骨，无舷侧纵桁，但有护舷材；部分主尺度较小，作渔业辅助之用的船舶不设置纵横构件，以船体外板、护舷材提供纵向强度，以横舱壁提供横向强度。玻璃钢渔业船舶主尺度较小，一般在7米以下，作渔业辅助船之用，其船体无纵横构件，以船体外板、护舷材提供纵向强度，以横舱壁提供横向强度。

（四）动力装置

全市渔业船舶的推进动力有挂桨、挂机、座机3种型式，大部分使用柴油机，个别为汽油机。发动机生产厂家有常州柴油机厂、四川峨眉柴油机有限公司等，功率范围5～20马力为主。挂桨渔业船舶因机器便于维修，数量最多，其次为挂机船舶。座机渔业船舶分布于水流较急的山区河流，以便在冲过急流险滩时对船体提供较大的推动力，渔业船舶主机与轴系通过橡胶软连接，或者通过齿轮箱连接。渔业船舶主机数量一般为单机，但在急流水域，部分渔民也增设一台主机作备用。

（五）总体布置

在实施渔业船舶标准化之前，重庆市渔业船舶基本上都是由渔民世代延续下来并经逐代优化的传统船型，由渔民和工匠根据经验设计、制造。在长期的捕捞活动中，渔民总结出与自然作斗争的经验，根据当地特殊的水文状况，知道适合当地的具有地域特色的渔船的特征，工匠们便根据渔民的要求，制造出具有地域特色的渔船。渔业船舶的总体布置都比较简单，中部位置干舷甲板均有一个宽度至舷侧顶列板的开口，或者用于居住，或者用于放置捕捞工具、渔获物等。此开口可以起到降低重心，增加稳性的作用。船舶甲板除主甲板外，有的还有一层顶篷甲板。

第六章 渔政管理

1986 年 7 月 1 日，《中华人民共和国渔业法》颁布施行。根据《中华人民共和国渔业法》规定，1987 年，重庆农牧渔业局起草，1988 年 9 月 29 日，重庆市第十一届人民代表大会常务委员会第三次会议通过了《重庆市实施〈中华人民共和国渔业法〉办法》。1988 年 12 月 7 日，四川省第七届人民代表大会常务委员会第六次会议批准《重庆市实施〈中华人民共和国渔业法〉办法》。从此，重庆市渔业发展进入法制轨道。

第一节 渔业执法机构

1984 年前，重庆市渔政管理工作由渔业行政主管部门直接管理。1984 年 7 月 25 日，重庆市编制委员会批准成立重庆市渔政管理站。1990 年 12 月 8 日，重庆市编制委员会批准重庆市渔政管理站更名为重庆市渔政监督管理处。2001 年 8 月 8 日，市机构编制委员会批准撤销重庆市渔政监督管理处，设立重庆市渔政渔港监督管理处，并挂重庆市渔业船舶检验处牌子。12 月 25 日，中华人民共和国渔业船舶检验局批复同意重庆市渔业船舶检验处启用“重庆渔业船舶检验局”对外名称。

2002 年 5 月 23 日，中华人民共和国渔政渔港监督管理局批复同意重庆市渔政渔港监督管理处启用“中华人民共和国重庆渔港监督局”对外名称。2003 年 8 月 20 日，中华人民共和国渔业船舶检验局同意重庆渔业船舶检验局使用“中华人民共和国重庆渔业船舶检验局”对外名称。2007 年 9 月 6 日，重庆市机构编制委员会办公室《关于重庆市渔政渔港监督管理处增挂牌子的批复》，同意在重庆市渔政渔港监督管理处增挂“重庆市珍稀特有鱼类国家级自然保护区管理处”牌子，相应增加职责任务。

第二节 渔业资源保护

一、天然水域禁渔管理

春季是江河鱼类产卵繁殖季节，做好春繁保护工作，对保护鱼类的种群数量十分关键。1984 年，重庆市农牧渔业局、公安局、工商行政管理局、交通局、司法局、环境保护局联合印发的《关于加强渔业资源保护维护渔业生产秩序的通告》，规定每年农历立春至谷雨为全市江河水域禁渔期，在此期间，禁止在重庆市境内长江、嘉陵江上的 82 个鱼类产卵场捕捞作业，同时还规定了市场上禁止买卖单个重量在 1 千克以上的江河鱼类。自 1985 年开始，全市严格执行《关于加强渔业资源保护维护渔业生产秩序的通告》规定，认真开展江河鱼类春繁保护工作，对恢复江河鱼类资源种群起到积极作用。

1998年1月19日，重庆市农业局发布《关于开展江河鱼类春繁保护工作的通知》，要求春繁保护期间，严格执行《中华人民共和国渔业法》第二十条“不得在禁渔区和禁渔期进行捕捞”的规定，加强对珍稀、濒危水生野生动物的保护，严禁炸鱼、毒鱼及非法电捕作业。全市共出动检查车船561艘辆次，检查人员3 280人次，查处违规渔船265艘，没收电捕鱼器72套，没收网具794张，没收违法捕捞渔获物928千克、违法销售江河鱼790千克，处罚违规人员178人，罚款7万元。3月20日，市农业局印发《对武隆县水利电力局关于乌江渔业资源春繁保护期的批复》，同意将乌江鱼类春繁保护期（禁渔）确定为每年的4月1日—6月15日。

1999年7月19日，市农业局《关于公布重庆市有重要经济价值的水生生物和重点保护渔业资源品种及其采捕标准禁止使用的渔具与捕捞方法的通知》要求：对大口鲶等14种有重要经济价值的水生野生动物，在禁渔期内捕捞其亲体和采卵捞苗的，必须经渔业行政主管部门批准。

2000年，重庆市在全国率先实施全江河春季禁渔制度。4月21日，市农业局印发《关于加强禁渔期管理的通知》，规定从2000年起，禁渔时间为每年2月5日—5月5日，在禁渔期内，将禁渔区扩大为市内整个江河流域，实行全面禁渔。这项工作得到了农业部的充分肯定，农业部于2002年试行长江禁渔期制度。

2003年，农业部印发了《关于实行长江禁渔期制度的通告》，决定在长江及其一级通江支流实施春季禁渔。为保持禁渔工作的统一性，2003年1月18日，市农业局印发《关于进一步加强禁渔期管理的通知》规定，自2003年起，重庆市禁渔期由原来的每年2月5日—5月5日调整为每年2月1日—4月30日，范围仍为市内整个江河流域，实行全面禁捕。在此期间，重庆市仍然执行境内所有天然水域一律禁止捕捞作业。

2008年1月29日，重庆市人民政府办公厅专门就天然水域禁渔管理工作印发文件，重申重庆市所有天然水域在2月1日—4月30日实行禁渔。当年全市各级财政投入禁渔专项经费35.7万元，执法人员9 720人次参加禁渔检查，基本实现“船进港，网入库，江中无渔船，市上无河鱼”的禁渔目标。从2008年开始，全市禁渔期间，根据不同时间段的特点，着力开展了禁渔期间“三大专项行动”。一是2月，在全市集中开展针对餐饮船经营野生鱼类和星级宾馆经营大鲵等保护动物的专项执法检查行动；二是3月，在主城区、六大中心城市及区（县、自治县）政府驻地水域，集中开展针对游钓的专项执法检查行动；三是4月，联合市水警总队、长航公安万州分局和重庆分局，在主城区、六大中心城市、区（县、自治县）政府驻地以及各区（县、自治县）交界水域，集中开展针对禁渔期违禁捕捞特别是电、毒、炸等非法捕捞行为的专项执法检查行动。禁渔期间，要求各区（县、自治县）渔业行政主管部门按照属地管理原则对本区（县、自治县）禁渔工作全面负责，采取划片包干、责任到人的办法，把禁渔管理责任落实到每一个领导和渔政执法人员身上，做到人人有事管，事事有人抓；所有渔政执法人员必须着渔业执法人员制服并持证上班，必须全力以赴投身于禁渔管理工作；所有渔业船舶在保证安全的前提下，实行定点停靠并加强管理，未经有关部门同意，渔业船舶不得擅自离开停泊地；将燃油补贴等惠民政策与禁渔管理工作紧密结合，对违反禁渔管理规定，使用炸鱼、毒鱼、电鱼等严重违法捕捞作业行为的渔民，不得发给渔业柴油补贴。各区（县、自治县）经常组织执法检查，加强与公安、工商、海事等有关部门的联合执法。加强举报受理和处置工作，对每起举报进行登记并认真核查、处理，对查获的违禁行为要及时通报和曝光。因使用炸鱼、毒鱼、电鱼等严重破坏渔业资源方法进行捕捞，违反关于禁渔区、禁渔期的规定进行捕捞被吊销捕捞许可证的渔民，终身禁止从事渔业捕捞活动。

2012年开始，重庆市渔政监督管理处联合重庆市水警总队、长航公安重庆分局和万州分局开展了禁渔期打击非法捕捞专项行动，对禁渔期涉渔犯罪进行了严厉打击，有效遏制了禁渔期非法捕捞的行为，切实维护了禁渔期渔业秩序。对违反保护水产资源法规非法捕捞涉嫌犯罪的，各地渔政机构均及时制作《涉嫌犯罪案件移送书》，将案件及时移送同级公安机关，加大了禁渔期涉渔犯罪案件刑事责任追究力度。

2013 年 1 月 21 日，农业部办公厅发布《关于做好 2013 年长江和珠江流域渔政执法护渔行动有关工作的通知》要求：加强禁渔期间管理，开展陆上、水上禁渔巡回检查，对重点水域、交界水域和违法违规渔业案件高发水域开展联合检查、交叉检查、驻守检查等，查处禁渔期内除专项捕捞之外的其他所有捕捞行为。4 月 16—30 日，重庆市渔政渔港监督管理处在全市组织开展“护鱼雷霆行动”，对主城区、六大中心城市、各区（县、自治县）政府所在地、各地非法捕捞举报较多的重点水域存在的禁渔期各类非法捕捞行为，特别是非法电毒炸鱼行为进行了严厉打击。全市共出动渔政执法船艇 658 艘次，参加执法 7 903 人次，查处违规渔船 71 艘次、没收“三无”船只 23 艘、“迷魂阵”900 余米、深水张网 107 部、查处电捕鱼案 43 起、毒鱼案 2 起、查获电捕鱼器具 32 台套、没收非法捕捞渔获物 767.3 千克、没收违法销售渔获物 228.1 千克、行政处罚 126 人次、罚款 23.41 万元、刑事处罚（司法移送）14 人。

2015 年 1 月 27 日，重庆市渔政渔港监督管理处印发《关于天然水域春季禁渔管理工作的实施意见》，提出：为实现“江中无违规渔船、水面无违规渔具、市场无禁捕江鱼”的目标，一是要提高对天然水域春季禁渔管理工作的重视，二是要加大宣传力度，三是要加强对渔业船舶停靠点的管理，四是要为渔民解决实际困难，五是要适时开展专项执法行动，六是要认真实行“三个一律”的规定，七是要提升执法效能，八是要健全禁渔应急反应机制。同日，重庆市渔政渔港监督管理处印发《关于公布第一批天然水域禁渔管理风险警示点的通知》，要求：提高天然水域禁渔管理措施的针对性。2 月 28 日，重庆市渔政渔港监督管理处印发《关于扎实做好当前天然水域春季禁渔管理工作的通知》，针对部分区县涉鱼餐饮经营户以养殖鱼冒充野生鱼和无证经营保护水生动物的问题，要求有关区（县）加强管理：一是要加强监督检查、强化市场监管；二是要加强正面宣传、注重舆论导向；三是要加强游钓巡查、强化属地管理；四是要深入查办案件、加强案件移送。

二、鱼类增殖放流

重庆市于 1998 年 7 月起施行《重庆市实施〈中华人民共和国渔业法〉办法》。其中第二十四条规定“市和区县（自治县、市）人民政府渔业行政主管部门应当对渔业水域统一规划，采取人工增殖放流以及其他措施，增殖和保护渔业资源”。自 2006 年起，重庆市逐步加大增殖放流力度，当年放流 400 万尾。

2009 年 3 月农业部发布、于 5 月施行的《水生生物增殖放流管理规定》，对水生生物增殖放流活动进行了规范。2009 年 8 月，《重庆市农业委员会关于加强水生生物增殖放流工作的通知》要求“提高认识，加强领导，明确责任分工”“积极引导，加强监管，确保有序开展”“精心组织，规范操作，保证放流效果”“认真总结，做好统计，及时报送资料”，认真做好水生生物增殖放流工作。2009 年，重庆市政府与农业部联合举办的三峡库区增殖放流活动获得圆满成功。

2012 年 9 月重庆市质量技术监督局发布、2012 年 10 月起施行的《水生生物增殖放流技术规范》，规定了水生生物增殖放流的术语和定义、实施主体、技术要求、跟踪与效果评估、通报发布等。

截至 2015 年，全市累计增殖放流鱼种 5 亿多尾（表 9－6－1）。

表 9－6－1 2006—2015 年重庆市鱼类增殖放流情况表

单位：万尾

年份	放流鱼种	年份	放流鱼种
2006 年	400	2012 年	2 300
2007 年	2 846	2013 年	8 921
2008 年	2 833	2014 年	7 241
2009 年	8 433	2015 年	5 289
2010 年	4 000		
2011 年	8 000	合 计	50 263

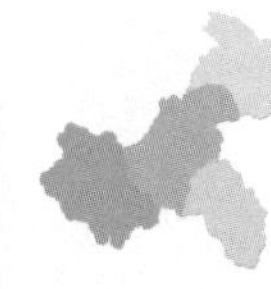

三、水生野生动物保护

重庆市地处大巴山、巫山、武陵山和大娄山四大山脉交汇处，江河纵横，地形复杂。境内主要有长江、汉水、嘉陵江、涪江、渠江、乌江、大宁河等河流。生态环境多样性为野生动物的多样性提供了良好的条件，全市野生动物资源较为丰富。保护和合理利用这些野生动植物资源，对于维护三峡库区的生态平衡、保护生物多样性、履行国际公约具有重要意义。

1998 年 3 月 28 日，重庆市第一届人民代表大会常务委员会第八次会议通过《重庆市实施〈中华人民共和国野生动物保护法〉办法》，1998 年 3 月 28 日，重庆市人民代表大会常务委员会公告第 34 号公布，自 1998 年 7 月 1 日起施行。

2000 年 6 月 23 日，重庆市农业局发布《关于加强水生野生动植物保护工作的通知》，要求：一是要认真履行法律赋予的职责，把水生野生动物保护工作落到实处；二是要加强法规宣传，提高对水生野生动植物保护重要性和必要性的认识；三是要开展资源调查，掌握资源及利用现状，依法规范管理，四是要保护渔业生态，加快驯养繁殖研究和自然保护区建设工作；五是要加强监督检查，打击破坏和危害水生野生动物资源的行为。2001 年，酉阳县渔政、公安等部门查处非法毒杀国家二级重点保护野生动物大鲵（娃娃鱼）113 条的重大案件，6 名涉案人员移交司法机关处理。

2001 年，为了便于识别水生野生动物并加强保护，重庆市渔政渔港监督管理处编印了《重庆市重点水生野生动植物保护名录》，进一步完善了特许证件的申办、年审、查验等方面的工作，全市办理水生野生动物特许证件 29 个。

2002 年 1 月，重庆市渔政渔港监督管理处召开“重庆市大鲵保护与利用研讨会”，印发了《关于重庆市大鲵保护与利用研讨会会议纪要》，对大鲵保护与利用提出要求。一是要提高对大鲵的经济、药用价值认识；二是要规划大鲵保护区，保护大鲵天然产卵场；三是要建立大鲵人工繁殖协作组，集中优势，协同作战；四是要加强大鲵人工繁殖基础科学研究；五是要加大打击非法捕捉、非法贩卖、非法运输野生动物的力度。

2003 年 1 月 18 日，农业部、国家工商行政管理总局、海关总署、公安部印发的《关于严厉打击非法捕捉和经营利用水生野生动物行为的紧急通知》指出：一是要高度重视水生野生动物保护工作；二是暂停审批发放国家重点保护水生野生动物的《捕捉证》《驯养繁殖许可证》等；三是组织对驯养、展览、加工、利用水生野生动物单位的持证情况进行检查、清理、整顿；四是加强对水族馆、驯养基地和驯养水生野生科研单位的检查；五是正确区分水生野生动物与水产经济品种；六是开展宣传教育活动，倡导保护野生动物的良好的社会风气。

2003 年 7 月 16 日，重庆市农业局、市工商行政管理局、重庆海关、市公安局《关于开展严厉打击非法捕捉和经营利用水生野生动物行为的专项检查活动的紧急通知》要求：加强珍稀濒危野生动物保护，倡导“拒食野生动物”的社会风气，树立文明饮食观念。对全市野生动物经营利用及展演场所进行了执法检查，共出动检查人员 3 000 余人次，检查野生动物经营场所 200 余家；全年救护水生野生动物大鲵、鳗鲡、胭脂鱼、中华鲟等物种共计 18 尾，实现了 100% 的救护率。9 月 2 日，重庆市农业局发布《关于打击捕捉买卖黑斑侧褶蛙专项行动的通知》，指出，根据《重庆市实施〈中华人民共和国渔业法〉办法》第十六条：“禁止捕捞、销售、收购……黑斑侧褶蛙等国家和市重点保护水生野生动物……”和《重庆市实施〈中华人民共和国野生动物保护法〉办法》第二十一条第三款：“禁止捕杀、买卖青蛙”的规定，经研究，决定在全市范围内开展历时 20 天代号为“绿色风暴”的打击捕捉、买卖黑斑侧褶蛙专项行动。市渔政处联合近郊区（县）有关部门，对市区部分水产品市场、餐馆、酒楼，约 30 余家进行了检查，查获到青蛙 3 000 余只，共罚款 1.9 万元。12 月 8 日，市农业局《关于同意重庆兴澳海底世界设立重庆水生野生动物救助中心的批复》，同意该公司加挂“重庆水生野生动物救助中心”牌子，救助渔政部门执法检查收缴的、渔民误捕的、市民主动捐献的水生野生动物。

2005年1月20日，重庆市渔政渔港监督管理处《关于对2004年救助国家和市级重点保护水生野生动物实施奖励的通知》要求：对误捕国家、市级水生野生动物实施保护、救治和放生，并对即时报告渔政部门的渔民给予奖励，全年共31人获得奖励。

2005年，重庆市“北碚胭脂鱼自然保护区基本建设项目”经农业部批准立项，2006年经重庆市发展改革委员会批复投资计划和重庆市农业局批复建设任务，由重庆市渔政渔港监督管理处承建，于2007年开工建设，2008年年底竣工，2009年3月通过市农业委员会验收，取得项目竣工验收合格证书。

根据水生野生动物利用特许制度的有关规定，2006年，全市发放水生野生动物驯养繁育证7个，至2015年，全市累计发放水生野生动物驯养繁育证246个，经营利用许可证210个。

四、水产苗种质量管理

1995年12月18日，重庆市农牧渔业局印发《关于发布重庆市特种水产苗种管理办法的通知》，自1996年1月1日起实施。1998年6月15日，市农业局印发《关于执行水产种苗生产经营许可制度的通知》，要求加强对水产种苗的生产经营管理，提高种苗质量，促进渔业健康发展。至2001年，全市办理水产种苗生产经营许可证558个。

2000年1月17日，市农业局的《关于报送建设重庆市三峡库区珍稀水生野生动物驯养繁殖保护中心项目建议书的函》提出：采取有效措施保护三峡库区特有珍稀物种，减轻长江上游特游鱼类因三峡工程的兴建而造成的损害。该项目征地7.1公顷，建救助暂养池0.7公顷，亲鱼培育池0.6公顷，苗种培育池2.3公顷，活饵培育池0.4公顷，建实验、加工、仓库等综合业务用房2 300米^2。

2000年11月28日，市农业局印发的《关于宣传贯彻〈中华人民共和国渔业法〉的通知》，要求：进一步加强资源管理和环境保护力度，一是要健全资源与环境监测体系；二是要在对水域统一规划利用的前提下，深入调查研究，科学确定鱼类的产卵场、水产种质保护区等；三是要全面执行法律规定，充分发挥法律法规对渔业资源和渔业环境保护的监督管理作用。

五、自然保护区管理

长江上游珍稀特有鱼类国家级自然保护区是在原“四川长江合江—雷波段珍稀鱼类国家级自然保护区”的基础上，经国务院批准调整、更名而来。2003年8月19日，长江渔业资源管理委员会《关于印发〈长江合江—雷波段珍稀鱼类国家级自然保护区调整有关问题研讨会会议纪要〉的函》指出：会议讨论了调整后保护区的水域范围和建设管理问题，其中长江羊石镇—马桑溪江段由重庆市负责。

2006年11月30日，重庆市渔政渔港监督管理处报送《关于长江上游珍稀特有鱼类国家级自然保护区重庆管理局初步设计的报告》，保护对象为长江上游珍稀、特有鱼类，建设地点为长江重庆市江津区石蟆镇羊石社区至大渡口区马桑溪大桥段，包括建设重庆保护局，江津、巴南、永川管理处，渔民转产转业设计包含渔船报废、渔民转产、核心区渔民安置等。之后又于2011年12月经国务院办公厅复函调整。调整后的保护区江段总长1 138.31千米（其中长江干流362.76千米），总面积31 713.8公顷，跨越四川、云南、贵州、重庆4个省份，保护对象为白鲟、达氏鲟、胭脂鱼等68种长江上游珍稀特有鱼类及其重要生境。其中，保护区重庆段起于长江干流江津区羊石镇，止于江津区地维大桥，河流长度115.22千米，面积8 584.59公顷，分为核心区、缓冲区、实验区等3个功能区，范围涉及永川区、江津区、九龙坡区、大渡口区4个行政区。

为落实保护区管理责任，经机构编制部门批准，依托江津区渔政渔监船检站、永川区渔政渔监船检站分别设立了长江上游珍稀特有鱼类国家级自然保护区江津管理处、永川管理处，按行政区划承担保护区管理工作，九龙坡区和大渡口区则由渔政渔监船检站承担辖区内的保护区工作。为加强保护区工作的统筹协调，在重庆市渔政渔港监督管理处加挂了“重庆市珍稀特有鱼类国家级自然保护区管理处”

牌子。

保护区自成立后，严格按照我国《自然保护区条例》《国家级自然保护区建设和管理规范（试行）》《国务院办公厅关于做好自然保护区管理有关工作的通知》《关于进一步加强涉及自然保护区开发建设活动监督管理的通知》的要求，建章立制，严格管理，强化巡查、执法、宣传、监测、修复等工作，保护区管理工作水平和成效逐年提升。

2007 年 1 月 11 日，重庆市渔政渔港监督管理处的《关于印发〈长江上游珍稀特有鱼类国家级自然保护区（重庆段）建设项目档案管理办法（施行）〉的通知》中要求：加强长江上游珍稀特有鱼类国家级自然保护区（重庆段）的档案管理工作，明确档案管理职责，规范档案管理行为，充分发挥档案在保护区建设与管理中的作用。

2007 年 6 月 23 日，重庆市渔政渔港监督管理处的《关于长江上游珍稀特有鱼类国家级自然保护区（重庆段）有关情况的报告》，对规划中的长江小南海电站对长江上游珍稀特有鱼类国家级自然保护区重庆段的影响提出意见和补救措施。后来，规划中的长江小南海电站因故未予实施。

2008 年 4 月 1 日，重庆市珍稀特有鱼类国家级自然保护区管理处的《关于印发“长江上游珍稀特有鱼类国家级自然保护区（重庆段）2008 年工作要点”的通知》中要求：一是要完成管理处及江津区、巴南区、永川区管理处的项目建设任务；二是搞好资源调查，健全保护制度；三是加大资源环境保护的工作力度。5 月 30 日，重庆市珍稀特有鱼类国家级自然保护区管理处的《关于印发长江上游珍稀特有鱼类国家级自然保护区（重庆段）渔业水域突发污染事故应急预案（施行）、长江上游珍稀特有鱼类国家级自然保护区（重庆段）水生野生动物救护应急预案（施行）的通知》要求：加强应急监测和处理能力，控制和减少污染事故危害，保证保护区生态环境安全。6 月 30 日，重庆市珍稀特有鱼类国家级自然保护区管理处聘请西南大学动物科技学院姚维志、何学福等 8 名专家成立“长江上游珍稀特有鱼类国家级自然保护区（重庆段）渔业水域突发污染事故应急处理专家组、长江上游珍稀特有鱼类国家级自然保护区（重庆段）水生野生动物救护专家组”，制定切实有效的行动方案。

为贯彻实施《中国水生生物资源养护行动纲要》，扎实推进渔业资源养护工作。2008 年全市水生生物资源增殖放流投资 618.6 万元，投放各类鱼种 2833 万尾（其中胭脂鱼种 8.5 万尾）。5 厘米以上鱼种占放流总量的 90% 以上，保证了放流鱼种品质，提高了存活率，使长江上游主要淡水经济鱼类资源量得到补充。

2009 年 5 月 7 日，重庆市农业委员会在《关于报请审批重庆市渔业环境及鱼类增殖放流监测中心建设项目可行性研究报告的函》中指出：通过改扩建重庆市渔业环境监测中心实验室、流域观测站，提高重庆市渔业环境监测和检测能力，对增殖放流实施有效监控。

2010 年，贯彻执行国务院办公厅《关于做好自然保护区管理有关工作的通知》，科学规划自然保护区发展，强化对自然保护区范围和功能区调整的管理，严格限制涉及自然保护区的开发建设活动，加强涉及自然保护区开发建设项目的管理，规范自然保护区内土地和海域管理，强化监督检查，加大资金投入，增强科技支撑，促进自然保护区事业健康发展。4 月 21 日，重庆市珍稀特有鱼类国家级自然保护区管理处在《关于印发长江上游珍稀特有鱼类国家级自然保护区（重庆段）管理制度的通知》中，要求各自然保护区管理处切实加强长江上游珍稀特有鱼类国家级自然保护区（重庆段）的日常管理工作。同日，重庆市渔政渔港监督管理处在《关于报送〈重庆市水生野生动物救护应急预案〉的报告》中，指导各区（县）渔业行政主管部门依法履行水生野生保护动物的救护工作职责，加大救护工作力度。

2010 年 6 月 10 日，重庆市珍稀特有鱼类国家级自然保护区管理处在《关于长江上游珍稀特有鱼类国家级自然保护区重庆江段项目建设情况的报告》中称：截至 2010 年 4 月 30 日，保护区重庆江段各管理机构已全部健全并入驻新的办公地点办公，已基本完成建设任务。其中，购置办公和附属用房 2 190.46米^2，建设暂养救护池 1 271.1 米^2；勘界立碑工作已完成野外勘查及图纸制作，并完成界碑、界桩和标志塔的设计制作，累计完成总投资 963.05 万元，为计划任务的 96.35%。

2012 年 3 月 13 日，重庆市珍稀特有鱼类国家级自然保护区管理处在发布《关于印发长江上游珍稀特有鱼类国家级自然保护区（重庆江段）2012 年工作要点的通知》中指出：一是要全面完成基本建设项目的竣工验收，二是切实加强日常巡护与执法工作，三是开展保护区重庆江段宣传和社区共建工作，四是重视珍稀濒危物种的救护与救生，五是组织水生生物资源环境调查与监测，六是组织开展学习培训及考察活动。4 月 16 日，重庆市珍稀特有鱼类国家级自然保护区管理处在《关于加强长江上游珍稀特有鱼类国家级自然保护区重庆江段管理工作的通知》中要求：一是要全面梳理保护区管理工作中存在的问题并抓紧制定整改措施，二是要高度重视管理机构人员和经费短缺问题。

2012 年 10 月 9 日，重庆市珍稀特有鱼类国家级自然保护区管理处召开长江上游珍稀特有鱼类国家级自然保护区（重庆江段）2012 年工作会，会后印发会议纪要，要求认真做好以下工作：一是各保护区机构要高度重视渔业资源监测工作，二是要进一步加强保护区重庆江段的日常管理，三是关于推广渔船远程在线监控系统安装工作，四是成立专家咨询组。同日，重庆市珍稀特有鱼类国家级自然保护区管理处在《关于加强长江上游珍稀特有鱼类国家级自然保护区（重庆江段）监测工作管理的通知》中要求：掌握长江上游珍稀特有鱼类国家级自然保护区（重庆江段）鱼类及保护对象的资源变动情况，进一步完善长江上游珍稀特有鱼类国家级自然保护区（重庆江段）渔业资源现状资料。2012 年重庆市对境内长江上游珍稀特有鱼类国家级自然保护区的 3 个断面 318 船次的渔获物进行了监测，共统计渔获物 23 717 尾，总重 1 513. 31 千克。保护区主要水质指标基本达到地表Ⅲ类水质和国家渔业水质标准，水体溶解氧、pH、主要金属离子等指标状态良好。

2013 年 1 月 8 日，农业部印发《关于水生野生自然保护区管理考核工作暂行办法的通知》，提出加强水生生物自然保护区管理工作，进一步提升自然保护区管理机构水平，确定考核周期为每年 10 月 1 日至次年 9 月 30 日。位于重庆市的长江上游珍稀特有鱼类国家级自然保护区（重庆江段）在 2013 年综合得分 138 分。

2013 年 5 月 14 日，农业部办公厅在《关于做好 2013 年度长江上游珍稀特有鱼类国家级自然保护区生态补偿项目工作的通知》中指出：农业部继续组织实施长江上游珍稀特有鱼类国家级自然保护区生态补偿项目，加强保护区能力建设、珍稀特有鱼类增殖放流、水生生态环境监测及监测能力建设等。重庆市放流胭脂鱼 3. 1 万尾、厚颌鲂 3 万尾、岩原鲤 4 万尾、中华倒刺鲃 5 万尾。

2014 年 5 月 30 日，农业部办公厅《关于做好 2014 年度长江上游珍稀特有鱼类国家级自然保护区生态补偿项目工作的通知》中，要求认真开展项目实施工作，切实加强经费支出管理，积极做好项目宣传工作。重庆珍稀特有鱼类国家级自然保护区管理处全年共放流珍稀特有鱼类苗种 183 976 尾，设置人工鱼礁 13 个，共计 36 000 米^2，同时开展科普宣传和日常管理等基础性工作。

2015 年 3 月 23 日，重庆市珍稀特有鱼类国家级自然保护区管理处《关于报送长江上游珍稀特有鱼类国家级自然保护区重庆段生态补偿项目 2014 年度总结和 2015 年综合计划的报告》，指出，2014 年珍稀特有鱼类人工增殖放流任务超额完成，以人工鱼巢为重点的生态修复工程效果明显，科普宣传和日常管理等基础性工作进一步夯实，2015 年将继续探索和完善常态化的巡护工作机制，继续实施保护区生态环境修复工程，进一步加强保护区日常管理。

2015 年 6 月 1 日，重庆市珍稀特有鱼类国家级自然保护区管理处在《关于开展长江上游珍稀特有鱼类国家级自然保护区重庆段巡航检查的通知》中要求：采用现场实地检查、查阅档案资料及座谈会相结合的方式，使用江津管理处中国渔政 55032 号执法船进行巡航，提高保护区规范化管理水平。6 月 8—12 日，市保护区管理处联合江津、永川、九龙坡管理处，从地维大桥进入保护区，沿保护区重庆段的试验区、缓冲区、核心区开展检查。12 月 28 日，重庆市珍稀特有鱼类国家级自然保护区管理处《关于资助重庆市木洞中学“生命长江”社团开展渔业资源环境保护工作的函》称：巴南区木洞中学“生命长江”社团，依托当地渔民持续开展的渔民渔获物调查统计工作，为保护区管理处提供了长江木洞江段最真实、最原始的渔业资源基础数据。经研究，保护区管理处拨付木洞中学资金 10 万元，专项用于资助“生命长江”社团开展工作和活动。当年，长江上游珍稀特有鱼类国家级自然保护区重庆段在“农业部水生生物自然保护区管理工作考核系统”的基础计分、平时计分和年度计分评比中名列全国第一。

六、打击非法捕捞

1996 年，农业部、公安部印发《关于严禁炸鱼、毒鱼及非法电捕作业的通告》后，渔业管理部门把打击电、毒、炸非法捕捞行为作为常年工作来抓，每年的 9—11 月均按照农业部的要求在全市开展打击非法捕捞专项行动。

2000 年，重庆市农业局发出《关于打击电、毒、炸鱼等非法作业联合行动的通知》后，重庆市渔政监督管理处联合公安、新闻等单位到重点区（县）巡查并及时报道各地行动情况，重点查处境内长江、嘉陵江和区（县）间交界水域、管理死角等水域的电、毒、炸鱼非法作业。全年全市共查处渔政案件 910 起，查处污染案件 68 起，加强渔业生态环境保护，促进渔业持续健康发展。

2001 年 9 月 19 日，重庆市渔政渔港监督管理处《关于 2001 年打击电、炸、毒鱼等非法作业统一专项治理联合行动的通知》要求，在全市集中开展打击电、炸、毒鱼统一专项行动。集中打击行动以区（县）为单位组织实施，重点查处长江流域中的电、炸、毒鱼的作业的案件。全年查处电、炸、毒鱼案件 216 件，查处违法捕捞渔船 400 艘，没收电捕鱼器 246 台（套）、雷管 20 发、炸药 8. 5 千克、农药 36 瓶、网具 309 张，没收渔船 75 艘，放生渔获物 981. 4 千克，责令赔偿渔业资源损失费 5. 88 万元，罚款 11. 4 万元，行政处罚 381 人。10 月 15—24 日，全国统一部署长江流域联合打击电（毒、炸）鱼行动在重庆市进行，市渔政监督管理处组织区（县、自治县、市）渔政队伍参加了这次联合行动。

2002 年，国家渔政渔港监督管理局印发了《关于开展打击电炸毒鱼等非法捕捞行为专项行动的通知》，根据通知精神，重庆每年都要精心组织，周密部署，并在每年的 9—11 月中集中 1 ~ 2 个月时间，开展集中行动，对非法电捕鱼严查重处，集中打击造声势，常年打击见成效。

2004 年 10 月 18 日，按照农业部渔政指挥中心《关于开展电炸毒鱼等非法捕捞作业专项行动的通知》要求：各省市根据当地自然环境和非法作业规律，严厉打击电炸毒鱼，查处违法制造和销售电捕渔具行为，取缔“三无”渔船。重庆市全年共出动渔政执法船艇 493 艘次、车 508 辆次、参加执法人员2 685人次，违法捕捞渔船362 艘、电捕鱼案件194 起、炸鱼案件15 起、毒鱼案件21 起，电捕鱼器具 243 套、非法渔获物 1 348 千克，行政处罚 374 人，罚款 16 万元。

2010 年 10—11 月，重庆市渔政渔港监督管理处根据长江渔业资源管理委员会办公室印发的《2010 年长江流域非法捕捞作业专项整治行动方案》，采取水上检查、陆上巡查、交叉检查等多种形式，组织开展长江流域非法捕捞作业专项整治行动。

2011 年 3 月 16 日，重庆市渔政渔港监督管理处发布《关于开展打击非法电捕鱼专项雷霆行动的紧急通知》，要求：从 2011 年 3 月 16 日起，在全市开展为期一周的打击非法电捕鱼的专项“雷霆行动”，要求通过明察暗访、加强部门配合、强化刑事责任追究，严厉打击了非法电捕鱼者嚣张气焰，有力推进了禁渔管理工作。

2012 年 8 月 30 日，农业部办公厅印发《关于开展长江流域渔政专项执法护渔行动的通知》，部署：从 2012 年 9 月起组织开展长江流域渔政专项执法护渔行动，查处有害作业方式、非法网具、三无船舶、非法工程等，同时做好涉嫌刑事的案件移送处理工作。9 月 27 日，重庆市农业委员会办公室发布《关于印发重庆市 2012 开展长江流域渔政专项执法护渔行动方案的通知》，要求：在长江干流及一级支流，重点是区（县）际交界水域、非法捕捞现象严重水域、群众举报反映强烈的地区、水生生物自然保护区、水产种质资源保护区开展专项执法行动。

2015 年 4 月 1—7 日，重庆市渔政渔港监督管理处在全市范围内，重点是主城区、六大中心城市、各区（县、自治县）政府所在地、各区（县、自治县）非法捕捞行为举报较多的重点水域，组织开展了为期一周的“霹雳”护渔专项行动，对江边游钓、电毒炸鱼等非法捕捞行为进行了严厉打击。

七、参与长江全流域渔政管理

长江是中国淡水鱼的“摇篮”和鱼类资源的天然“基因库”，各级十分重视长江鱼类资源的保护，农业部专门成立了长江渔业资源管理委员会（简称长渔委），负责统筹协调长江全流域的渔政管理和鱼类资源保护工作。重庆作为长江上游的中心城市，地理位置十分重要，长渔委凡有重大行动，都通知重庆市渔政渔港监督管理处参加。

2000 年 6 月 3 日，长江渔业资源管理委员会发布《关于印发〈2000 年长江渔业资源环境监测管理工作会议纪要〉的通知》，对 2000 年长江渔业资源和环境监测管理工作安排，一是组建长江流域渔业生态监测网络，二是组织专项治理，打击电、炸、毒鱼等非法作业，三是积极筹备长江流域春季禁渔工作，四是加强渔业资源环境监测，推动渔业生态环境保护，五是加强长江流域渔政基础建设。

2000 年 9 月 22 日，农业部渔政渔港监督管理局发布《关于开展长江流域重要渔业水域生态环境同步监测的通知》，明确：由农业部渔业局统一协调领导，对长江中上游等水域开展水质监测。2001 年，重庆市渔政渔港监督管理处组织万州区、巴南区和市渔业环境监测站完成对长江重庆段和嘉陵江北碚段的水质监测任务，共获得数据 534 个，为制定渔业环境保护措施提供了科学依据。

2003 年 4 月 3 日，农业部印发《关于加强渔业资源增殖放流工作的通知》，要求：一是要渔业行政主管部门加强领导，二是要将渔业资源增殖放流工作纳入政府生态环境建设计划，三是要加大渔业资源增殖放流资金投入，四是要建立科学管理制度，五是要增殖放流苗种由省级以上渔业行政主管部门批准的水生野生动物驯养繁殖基地、原良种场和增殖站提供。重庆市农业局于当年 4 月 15 日转发该通知，要求各区（县）农业局及相关部门按照通知要求遵照执行。2004 年，分别与长江渔业资源管理委员会、北碚区渔政渔港监督管理站、彭水县签订了渔业资源与环境监测合同，对每月监测数据进行分析和研究，并整理形成《年度监测报告》。

八、清理整治违规渔具

2013 年开始，按照农业部办公厅关于继续做好清理整治违规渔具有关工作的通知的要求，在全市开展了清理整治违规渔具的专项行动。以长江干流、嘉陵江流域、乌江流域等为重点的所有天然河流，特别是区（县）际交界水域、非法（违规）捕捞现象严重水域、群众举报反映强烈的地区、水生生物自然保护区、水产种质资源保护区为清理重点，针对非法使用“迷魂阵”、地笼网、深水张网、抬网等有害渔具进行捕捞的行为；使用电、毒、炸鱼等有害方式进行捕捞的行为；无证捕捞，非法从事渔业生产的“三无”船舶进行重点查处。

第三节 渔业环境监管

一、查处渔业污染案件

1986 年 7 月 1 日施行的《中华人民共和国渔业法》第二十六条规定：“各级人民政府应当依照《海洋环境保护法》和《水污染防治法》的规定，采取措施，保护和改善渔业水域的生态环境，防治污染，并追究污染渔业水域的单位和个人的责任。”同时，提出保护珍贵水生动物、禁捕重要经济价值水生动物苗种、生态补偿等内容。1990 年 10 月 12 日，农业部发布的《关于印发〈长江中下游渔业资源管理规定〉的通知》，要求加强长江中下游渔业资源的保护、增殖和合理利用，保障渔业生产者合法权益。

2000 年 4 月 12 日，农业部发布的《关于印发〈渔业污染事故调查鉴定资格管理办法〉的通知》要求：加强对渔业污染事故的管理，保证鉴定的准确和公正。4 月 20 日，农业部在《关于进一步加强渔

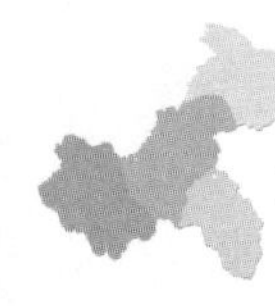

业环境保护严肃查处渔业污染事故的紧急通知》中要求：一是要提高认识，进一步加强渔业环境保护工作；二是要严肃查处渔业污染事故；三是要加强部门协调，共同促进环境保护和可持续发展。重庆市渔政渔港监督管理处认真贯彻执行农业部文件，加强了对渔业污染事故的管理和查处。在调查污染事故中由环境保护部门承担对有毒有害物质的测定，由渔政监督管理机构负责调查渔业经济损失，环保、渔政机构共同商定后作出处罚决定。2000 年全市查处渔业污染案件 68 起，挽回经济损失 95.21 万元。2001 年查处渔业污染案件 46 件，赔偿渔民直接经济损失 181 万元。2002 年，查处渔业污染事故 55 起，赔偿经济损失 201 万元。2003 年，查处渔业污染事故 18 起，赔偿经济损失 96 万元。通过案件查处，挽回了一定的渔业经济损失，同时对保护渔业生态环境，促进渔业持续健康发展起到一定作用。

2013 年 12 月 30 日，渝北区农业综合执法大队接到回兴街道长河村华武阁农家乐业主付启华的电话，反映其 15 亩钓鱼池的鱼出现大量浮头且有死鱼出现。区农业综合执法大队根据 2008 年修改后的《中华人民共和国水污染防治法》第九十四条："造成渔业污染事故或者渔业船舶造成水污染事故的，由渔业主管部门进行处罚"的规定，立即派出执法人员到现场展开调查，通过对现场勘验、走访和对周围环境的排查分析，查明造成污染事故的单位为重庆城建集团控股有限责任公司机场立交改造工程项目部，污染物为金港国际一带未经处理的城市生活污水，污染事故发生原因是重庆城建集团控股有限责任公司在机场立交改造工程中，造成城市污水管网损坏后未及时采取有效措施，为图简便，将金港国际一带未经处理的城市生活污水直接引流入地面水管网，流经华武阁农家乐钓鱼池造成渔业污染事故，致使鱼池中 1 万余千克鱼全部死亡。渝北区农业委员会执法大队根据《中华人民共和国渔业法》《中华人民共和国水污染防治法》及《渔业水域污染事故调查处理程序规定》，组织双方进行了 4 次调解，最后达成一致意见，由重庆城建集团控股有限责任公司一次性赔偿华武阁农家乐的渔业损失 26 万元。

二、参与涉渔工程项目环评

1986 年 7 月起施行的《中华人民共和国渔业法》第二十九条规定"国家保护水产种质资源及其生存环境，并在具有较高经济价值和遗传育种价值的水产种质资源的主要生长繁育区域建立水产种质资源保护区"；第三十二条规定"在鱼、虾、蟹洄游通道建闸、筑坝，对渔业资源有严重影响的，建设单位应当建造过鱼设施或采取其他补救措施"；第三十五条规定"进行水下爆破、勘探、施工作业，对渔业资源有严重影响的，作业单位应当事先同有关县级以上渔业行政主管部门协商，采取措施防止或减少对渔业资源的损害；造成渔业损失的，由县级以上人民政府责令赔偿"。

2003 年 6 月 7 日，重庆市农业局在《关于协调做好水利电力工程项目中渔业生态环境保护工作的函》中要求，协调重庆市环保局在组织建闸、筑坝的水利工程项目的环境影响评价时将有关资料抄送农业局，以便尽快了解情况，提出资源保护及补偿措施，减少对渔业资源、水生野生动物资源及生态环境的影响。

2004 年 4 月 15 日，重庆市渔政渔港监督管理处的《关于长江干线河道整治对渔业资源及其环境影响的报告》指出：长江上游泸州至重庆河段航道建设工程采用"疏浚、炸礁、枯水筑坝"等方法，可能改变原江水的流态，破坏鱼类产卵场及其生态环境，对长江鱼类资源产生不利影响，应采取相应的补偿措施。

2007 年 6 月 23 日，重庆市渔政渔港监督管理处的《关于长江上游珍稀特有鱼类国家级自然保护区（重庆江段）有关情况的报告》指出，对规划中的长江小南海电站对长江上游珍稀特有鱼类国家级自然保护区重庆段的影响指出：一是电站库区上游保护区江段天然鱼类产卵场将消失，二是生物多样性受到一定影响，三是阻断部分鱼类洄游，四是坝下鱼类成熟个体汇集。同时，提出补救措施：一是建立种质资源保护区，二是建造过鱼设施，三是建立鱼类人工增殖放流站，四是加强渔业行政执法能力建设，五是建立禁捕区，六是加强生态环境跟踪监测。后来，规划中的长江小南海电站因故未予实施。

2008 年 4 月，农业部关于《贯彻实施〈中华人民共和国水污染防治法〉全面加强渔业生态环境保护工作的通知》中，要求“采取有效措施，加强渔业水域环境保护管理”。同年，渔业管理部门协调长江航道炸礁、草街电站、彭水电站、石堤电站、玖龙纸业码头等工程，落实资金近100万元用于渔业资源修复工作。介入富金坝航电枢纽、兰渝铁路（重庆段）、城口巴山水电站、江津粉房湾大桥等7个涉渔工程水生生态环境影响评价，落实资源补偿资金500余万元。对嘉陵江和乌江干流重庆段河道采砂规划进行审查和研究，提出修改建议和意见，被有关部门采纳。小江水体富营养化生物治理鱼类增殖放流示范项目纳入三峡工程生态环境建设与保护试点示范专项计划方案（“7+1”专项计划）投资规模由180万元增加到860万元。

2010年，先后对乌江华新水泥码头水下施工作业工程、江合高速公路跨河大桥工程、杨东河水电站工程进行渔政执法检查并发出督办通知，要求对破坏渔业资源、水生生物及生态环境的违法行为，必须依法查处，情节严重的，按照有关规定及时移送环保、监察等部门处理。

2010年8月12日，农业部办公厅印发《关于中卫—贵阳联络线工程对长江上游珍稀特有鱼类国家级自然保护区影响专题评价报告的意见》，要求重庆市农业委员会按照《中华人民共和国自然保护区条例》及其他相关法律法规规定和意见组织落实，督促保护区管理机构加强全程监督，跟踪监测工程对保护区和保护对象的影响，采取切实措施做好水生野生动物的保护工作。根据《中卫—贵阳输气管线长江穿越对长江上游珍稀特有鱼类国家级自然保护区影响专题评价报告》和《中卫—贵阳输气管线长江穿越对长江上游珍稀特有鱼类国家级自然保护区影响生态补偿协议》编制完成《中卫—贵阳输气管线长江穿越对长江上游珍稀特有鱼类国家级自然保护区生态补偿项目实施方案》，主要开展保护区监管、水域生态监测、爆破跟踪评估、鱼类增殖放流、渔业生产调度等工作，共计生态补偿经费61万元。12月29日，重庆市珍稀特有鱼类国家级自然保护区管理处的《关于蓬威建材码头水生生态环境保护措施项目实施方案的批复》指出：根据农业部办公厅《关于重庆蓬威建材有限公司码头工程对长江上游珍稀特有鱼类国家级自然保护区影响评价报告意见的函》的要求，原则同意按照长江上游珍稀特有鱼类国家级自然保护区重庆市永川管理处《关于呈报重庆蓬威建材有限公司码头工程水生生态环境保护措施项目实施方案的报告》组织实施。根据《重庆蓬威建材有限公司码头工程水生生态环境保护措施项目实施方案》，生态补偿经费125万元，主要实施鱼类人工增殖放流、补偿渔业生产损失、开展水生生物资源生态环境监测、加强保护区巡查监管等水生生态补偿措施。

2014年2月11日，重庆市环保局、重庆市农业委员会发布《关于进一步加强水生生物资源保护严格环境影响评价管理的通知》，对重庆市渔业环境影响评价管理工作中相应工作程序和内容进行了规范。

重庆市渔业管理部门按照有关法律法规，不断探索涉渔工程环境影响评价管理，逐步走上规范化轨道。2004—2015年，累计开展涉渔工程项目环境影响评价60个（表9-6-2）。

表9-6-2 2004—2015年重庆市涉渔工程环境影响评价情况表

单位：个

年份	评价数量	年份	评价数量
2004	1	2010	2
2005	—	2011	9
2006	2	2012	7
2007	2	2013	9
2008	5	2014	5
2009	5	2015	13
		合计	60

第四节　水产品质量安全监管

1985 年 9 月 4 日，重庆市农牧渔业局根据《四川省水产管理暂行条例》及实施办法，发布《关于印发〈四川省渔政管理经济处罚通知书〉的通知》，要求从 1986 年 1 月 1 日起，重庆市各级水产主管部门或渔政管理部门对违章行为和造成经济损失事件及破坏案件处以赔偿损失和罚款时，统一使用《四川省渔政管理经济处罚通知书》。

1994 年 5 月 10 日，四川省水利电力厅关于印发《四川省渔政检查员管理办法》的通知，要求渔政检查员协助工商行政管理部门对进入市场的水产品、水产种苗等进行检查管理。重庆市渔政渔港监督管理处配合工商行政管理部门，逐步加强对水产品流通和水产品市场的宏观管理，对水产苗种生产、渔用饲料生产和渔用药物生产施行许可证制度。

1997 年 8 月 29 日，重庆市农业局印发《关于进一步加强渔业发展的意见》，要求对水产养殖病害防治实行“以防为主、防治结合、综合治理”的方针，建立多层次的病害防治网络。加强水生动物植物的疫情预报、防治和进出境检疫工作。

2000 年 4 月 18 日，农业部印发《关于加强渔业质量管理工作的通知》，要求：将 2000 年定为渔业质量年，建立完善的渔业标准化体系，水产品的安全与卫生指标达到国家标准要求，优等品率明显提高，形成一批按国际标准或国外先进标准组织生产的产品，提高产品在国际市场的竞争力。重庆市农业局根据渔业质量管理工作的实际情况和需要，一是积极组织渔业质量工作的宣传和培训，二是开展了渔业质量状况调查工作，三是大力开展渔业产品质量监督检查工作，四是加强标准的制定修订工作和宣传贯彻工作，五是加强质量检查体系建设工作，六是开展加强质量管理的试点示范工作。

2003 年 7 月 14 日，农业部第 18 次常务会议审议通过了《水产养殖质量安全管理规定》，自 2003 年 9 月 1 日起实施。《水产养殖质量安全管理规定》从养殖用水、养殖生产、养殖用药等方面提高养殖水产品质量安全水平，保护渔业生态环境，促进水产养殖业的健康发展。重庆市农业局高度重视水产养殖的健康发展，制定了切实可行的工作方案，落实各项措施，确保工作取得实效。一是加强技术培训和指导，二是积极开展渔业病害和环境监测，三是努力抓好水产品和鱼苗鱼种检疫，四是认真清理和整顿渔需物资市场。

2004 年，由农业部和重庆市共同投资建设了重庆市水产品质量监督检验测试中心。2008 年，首次通过实验室计量认证，目前中心具有检验检测机构资质认定证书和重庆农产品质量安全检测机构考核合格证书，检测项目包括水质（化家需氧量、生物需氧量、溶氧、酸碱度、重金属等）、农药残留、重金属污染、寄生虫等，主要承担农业部、重庆市农委下达的水产品质量监督抽查、例行抽查、水生动物疫病监测实验室检测任务，常年检测样品近 1 000 个。

2005 年，组织编印水产品标准化管理资料 300 多册（份），开展培训，普及水产品质量安全技术和管理知识，组织开展水产养殖规范用药宣传周活动。重庆市渔业病害防治、环境监测和水产品质量检测中心建成并通过竣工验收，结束了重庆市无渔业病害防治、环境监测和水产品质量检测机构的历史。加强渔业病害监测与防治，监测点 224 个，监测面积 7 767 公顷，监测品种 23 个，发布渔业病害预测预报 12 期。加强水产品质量检验，抽样检验 6 次，检验品种 13 个，检测项目 10 项。开展对市场上鱼药、鱼饲料、水产苗种等投入品的管理，坚决取缔假冒伪劣产品。加强水生动物检疫，全年检疫水生动物及其产品 4.4 万吨、水产苗种 1.1 亿尾。在巴南区、永川市、万盛区、渝北区、璧山县 5 个区（县、市）建设无公害水产品标准化养殖示范基地近 666 公顷，促进了全市水产品质量安全水平提高。当年，全市水产品质量抽检合格率 100%，没有发生食用水产品中毒事故。

2007 年，重庆市农业局发布《关于加强渔业病害防治工作的通知》，要求：针对上一年干旱灾害导致的渔业生产蓄水量严重不足、投足鱼种的时间很晚、饲料投放量减少、鱼类生长期缩短等问题，对鱼病尤其是“草鱼三病”、斑点叉尾鮰腐皮病，及鲤、鲫鱼出血性败血症等细菌性疾病防治工作进行安排部署。

自2007年开始，农业部每年安排重庆市水产品质量监督检验测试中心到全国相关省市实施国家层面的产地水产品质量安全监督抽检和市场水产品质量安全风险抽检，以及产地水产苗种质量安全监督抽检。2008年，重庆市农业委员会组织开展了市级水产品质量安全监督抽检和例行抽检，以及产地水产苗种质量安全监督抽检。

2010年8月30日，农业部办公厅发布的《关于全面推进水产养殖与水产品质量安全执法工作的意见》要求：加快建立完善水产养殖与水产品质量安全执法长效机制，突出水产养殖与水产品质量安全执法工作重点，不断强化水产养殖与水产品质量安全执法能力建设。重庆市渔业管理部门积极行动，一是杜绝在水产苗种繁殖和养殖过程中违法使用违禁药物；二是规范生产记录、用药记录和销售记录，监管率达到100%；三是基本确立水产品质量安全执法监管体系；四是建立可追溯体系；五是掌握重点水产品质量安全风险隐患。同年，建立了水产养殖场、水产苗种场市级数据库，为水产品质量安全监管奠定了坚实的基础。

2011年9月5日，重庆市渔政渔港监督管理处《关于切实加强水产养殖与水产品质量安全执法工作的通知》要求：一是要依法认真履行职责，二是要全面掌握执法监管对象的基本情况，尽快建立健全执法管理信息数据库，三是要坚持“主体合法、程序正当、处罚公正”的原则，依法严肃查处违反水产品质量安全规定的各种违法违规行为。各区县农业综合执法部门加强了对水产品质量安全事件的查处。同年9月6日，市农业委员会出台了《重庆市产地水产品质量安全监督抽查工作规范》，对产地水产品质量安全监督抽查进行规范。

2013年4月16日，铜梁县水口镇养殖户王定祥用高能聚碘对自己的8亩鱼塘进行消毒杀菌，施用药物后池水变为深褐色，一天后鲤、鲫鱼大批量死亡，少量白鲢及草鱼死亡。王定祥认为是所用的药物有问题，于是找经销商索赔，向生产厂家反映情况。经销商和厂家回复药没有问题。为了查明事故原因，铜梁县农业综合执法大队决定进行对比试验。双方和第三方（药物对比试验方）签订了责任协议书，于4月28日在第三方的鱼塘里用同批次药物按使用说明要求进行消毒杀菌，施用药物后池水同样变为深褐色，一天后鱼塘同样出现鲤、鲫鱼和岩原鲤等底层鱼类大批死亡和少量白鲢及草鱼死亡。因此认定死鱼原因是此批次药物出现了问题，经销商应赔偿王定祥和第三方的损失。在铜梁县农业综合执法大队的组织协调下，经历近3个月的磋商，经销商和厂家终于赔付了全部损失。

2013年，重庆市农业委员会在潼南区、合川区和忠县3个区（县）实施了水产品质量安全可追溯体系建设试点工作，涉及企业8个。

2014年3月20日，重庆市农业委员会办公室发布《关于印发2014年渔业工作要点的通知》，要求以养殖大户为重点，保持水产品质量安全水平稳定。继续推行和强化水产养殖、用药和销售3项记录制度，重在提高记录的质量，做到养殖大户户户有账本，养殖鱼池池池有记录。完善和建立30亩以上养殖大户数据库，将其作为水产品质量安全的重点指导和监管对象，从技术培训、“三品一标”认定认证指导、设备配置、禁药抽检、安全检查、专项整治等入手，落实措施，加大力度，提高其安全生产能力，确保产地水产品抽检合格率不低于95%。探索有效的水产品流通环节质量安全监管模式。

2015年4月7日，重庆市农业委员会发布《关于印发2015年渔业工作要点的通知》，要求深入抓好水产品质量安全。继续推行和强化水产养殖、用药和销售等“三项记录”制度，推动建立养殖产品质量可追溯制度；加大湘云鲫、湘云鲤、先科巨鲫、中科三号异育银鲫和乌鳢等外来苗种质量监管力度，落实快速抽检和监督抽检工作制度，做到阳性样品查处率100%；以30亩以上养殖大户为重点，完善和建立相关数据库，加大技术培训力度，支持“三品一标”认定认证，加强检测设备配置，确保产地水产品抽检合格率整体不低于95%；探索有效的水产品流通环节质量安全监管模式，加强水产品批发市场监管，监督市场开办者建立质量控制制度和开展质量检测，强化市场快速抽检和监督抽检，确保市场水产品抽检合格率明显上升；落实检打联动制度，确保水产品质量安全。同年，受农业部的委托，重庆市水产品质量监督检验测试中心赴山西实施了产地水产品质量安全监督抽检。

为推动全市水产养殖业增长方式转变，按照农业部办公厅《关于印发〈水产养殖业增长方式转变行动实施方案〉的通知》和农业部办公厅《关于做好农业部水产健康养殖示范区创建工作的通知》精神，重庆市积极行动，在永川、渝北、北碚3个区扎实推进水产健康养殖示范区创建工作。农业部办公厅发文，授予重庆市北碚区、永川市、渝北区为“农业部水产健康养殖示范区”。

2006—2015年，创建“农业部水产健康养殖示范场”。重庆市根据《农业部水产健康养殖示范区创建标准》，通过健全体系，完善制度，开展技术培训，改造池塘基础设施，建立《养殖生产记录》《用药记录》和《销售记录》3项记录制度，完善《无公害水产品养殖操作规程》和《质量控制措施》，强化了投入品控制，指导渔农科学用药，不使用禁用鱼药，推动重庆市无公害水产品养殖，提高水产品质量安全水平和档次。截至2015年年底，累计创建农业部水产健康养殖示范场103个，面积10 554公顷（表9－6－3）。

表9－6－3　2006—2015年重庆市“农业部水产健康养殖示范”情况表

年份	示范场（个）	示范面积（公顷）
2006	3	1 376
2007	1	14
2008	5	5 176
2009	4	138
2010	2	1 314
2011	7	563
2012	10	467
2013	24	620
2014	23	577
2015	24	309
合计	103	10 554

“十二五”期间，重庆市水产品质量综合抽样4 095个，比“十一五”增长77.8%，合格率98.2%，比“十一五”提高7.3个百分点，其中产地苗种、水产品监督抽样和市场抽样合格率分别达到100%、99.6%、93%，比“十一五”提高7.5、6.3和4.1个百分点，水产品质量安全水平持续提升。

第五节　渔业行政执法与刑事司法衔接

2011年12月，重庆市高级人民法院、人民检察院、公安局、环境保护局联合印发了《关于试点集中办理环境保护类案件的意见的通知》，要求在渝北区和万州区法院成立环境资源审判庭，专门审理市第一中级人民法院和第二中级人民法院辖区的环保类案件。市人民检察院第一分院和第二分院辖区的环保类案件，分别由渝北区人民检察院和万州区人民检察院集中进行起诉。市渔政渔港监督管理处积极与公安、检察院、法院相关处室加强联系，得到了相关部门的大力支持，建立了由重庆市公安局水上分局，长航公安重庆分局、万州分局，渝北区人民检察院、法院，万州区人民检察院、法院，市渔政渔港监督管理处参与的渔政执法和刑事司法衔接工作联席会议制度，共同研究讨论涉渔刑事案件查办过程中的问题，互通情况，取长补短。渔政部门利用联席会议平台，专门邀请西南大学的知名教授到会，讲解渔业专业知识以及各类非法捕捞行为的危害等方面的知识，使相关部门人员对破坏渔业资源的危害性有了全面的认识。

2013—2014 年，先后在万州、江津、忠县等地举行了多次联席会议，就重庆市渔业两法（渔业行政执法与刑事司法）衔接工作的现状、成效与问题进行了广泛交流和深入的探讨，就研究制定《重庆市渔业资源及其生态环境保护执法协调联动工作暂行办法》达成了初步共识。由此，全市涉渔刑事案件的办理取得了较大进展，两法衔接的工作机制也初步建立。

2014 年 12 月，重庆市高级人民法院等 4 家单位联合印发了《关于集中办理环境资源案件若干问题的规定的通知》，在涪陵区、黔江区、江津区法院成立环境资源审判庭，集中审理市第三中级人民法院和第四中级人民法院、第五中级人民法院辖区的环保类案件。重庆市渔政渔港监督管理处邀请涪陵、黔江、江津 3 个区的法院和检察院负责同志参加联席会议。至此，重庆市渔政执法与刑事司法衔接工作联席会议的成员单位由 8 个增加到 14 个，两法衔接工作覆盖了全市所有辖区。

2015 年 1 月，联席会议各成员单位在巴南区召开会议，对《重庆市渔业资源及其生态环境保护执法协调联动暂行办法》进行了最后的修改，修改文本获得与会各单位的一致认可，并同意以会议纪要的形式印发给与会单位及其所辖机构遵照执行，该办法的执行极大地推动了重庆市渔业两法衔接工作。

第六节 渔业船舶检验

一、渔业船舶检验机构

对渔业船舶的管理分为渔业船舶检验和渔港监督，根据现行法律法规，渔业船舶必须经过检验合格后方可下水作业，渔业船舶检验业务主管机关为农业部渔业船舶检验局。

2003 年 8 月 20 日，农业部渔业船舶检验局对重庆渔业船舶检验局机构颁发《中华人民共和国渔业船舶检验机构认可证书》，并根据农业部《关于渔船检验机构使用对外名称的通知》，在不改变机构及人员的隶属关系及编制的前提下，同意重庆渔业船舶检验局对外使用“中华人民共和国重庆渔业船舶检验局”业务名称（省级机构为渔业船舶检验代表机构，区、县机构为渔业船舶检验的执行机构）。随后，全市除渝中区和城口县外的 36 个区（县）均先后获得了农业部渔业船舶检验局的检验业务执行机构认可，并同时获得渔业船舶检验业务授权，自此，重庆市辖区内的渔业船舶检验工作正式开展。

二、渔业船舶设计、建造和维修

由于渔业船舶主尺度小，结构、设施设备简单，技术含量低。在设计方面，参与图纸技术文件设计的人员都是具有船舶专业背景的人员，一般不分船机电专业，几乎都是由一个专业的人员完成所有的图纸设计，而根据传统船型建造的渔业船舶一般没有图纸。在建造方面，对场地要求不高，需求设备简单，由有经验的工匠在岸边建造。曾经取得建造资质的船厂具有焊工资格证书，虽然场地简陋，但是都具有办公室、放样台、焊机等基本设备与设施。2013 年 5 月 15 日，《国务院关于取消和下放一批行政审批项目等事项的决定》取消了渔业船舶设计、修造单位资格认定，客观上使得更多的渔业船舶设计、修造单位参与渔船建造工作。

三、渔业船舶法定检验

《中华人民共和国渔业船舶检验条例》规定：渔业船舶检验是法定检验，每年至少检验一次，验船师实施现场检验。2008—2015 年重庆市渔业船舶检验情况见表 9－6－4。

表9-6-4 2008—2015年重庆市渔业船舶检验统计表

年份	渔业船舶登记数（艘）	渔业船舶登记总吨位（吨）	渔业船舶登记总功率（千瓦）
2008	6 997	13 686.0	40 610.09
2009	7 074	14 097.0	45 275.38
2010	7 051	13 717.0	43 247.54
2012	6 517	19 290.7	55 088.90
2013	6 581	16 362.4	61 318.58
2015	6 442	16 629.2	66 346.46

四、渔业船舶用产品检验

重庆市是全国重要的船舶配套产业基地，以潍柴重机股份有限公司重庆分公司、重庆康明斯发动机有限公司、重庆齿轮箱有限责任公司等企业为主，所生产的船舶配件大量用于全国渔业船舶。从2005年10月开始，重庆渔业船舶检验局承担了辖区内大量的船舶配件产品检验任务，经检验合格的产品大量用于沿海渔业船舶，远洋渔业船舶、大型海洋渔政船等。

2007年5月18日，农业部渔业船舶检验局发文，要求重庆渔业船舶检验局指导和帮助四川渔业船舶检验局开展船用产品检验工作，四川船用产品日常检验暂由重庆渔业船舶检验局承担，直至2009年。重庆渔业船舶检验局认真负责地地完成了传帮带工作（表9-6-5）。

表9-6-5 2008—2015年重庆市渔业船舶用产品检验统计表

单位：台（件、个）

年份	2008	2009	2010	2011	2012	2013	2014	2015
产品检验数量	5 644	5 545	4 490	7 406	6 960	5 433	5 864	612

第七节 渔业船舶安全监管

一、制定渔业船舶管理规范

2001年前，重庆市渔业船舶安全生产主管部门是市交通局，市农（牧渔）业局协助管理。2001年3月，重庆市人民政府明确由重庆市农业局负责渔业船舶安全生产工作。为了切实加强渔业船舶安全监管工作，2001—2015年，市农业局（市农业委员会）根据国家部委和重庆市人民政府相关法规，结合实际，先后制定并印发了《重庆市渔业船舶安全管理办法》《重庆市渔业船舶登记办法》《重庆市渔业船员考试发证办法》《重庆市渔业船舶水上事故调查处理规定》《重庆市渔业船舶生产安全事故指标归属确定暂行办法》《重庆市渔业船舶黑名单制度》等制度、规范，进一步规范渔业船舶安全监管工作。为做好日常监管工作，每年印发加强渔业船舶安全监管相关文件，并在每年的全市渔业渔政工作会上进行安排部署。

二、实施渔业船舶安全整顿

1988年6月至1989年4月，重庆市进行了渔业船舶安全整顿工作。重庆市21个区（县）中有渔船的区（县）17个，有渔船的乡（镇）432个。全市有渔船3 762艘，其中机动渔船42艘，非机动渔船3 720艘。在这些渔船中，经过检查，一类船占29.6%，二类船占64.4%，三类船占5.1%，四类船占0.9%，符合安全作业的一、二类船占总数的94%，经市相关机构验收后，发给了合格证、对三类船进行限期修整，四类船勒令停止作业。

通过整顿，建立健全了基层管理机构，渔业船舶的安全管理业务由乡（镇）港航安全联组负责，渔政（水产）员、渔民组长作为安联组成员。全市共设有港航安全联组150个。区（县）、乡（镇）及渔民建立了安全责任制，签订了安全承包责任书。各区（县）渔政管理部门建立和完善了渔船档案，建立了渔船违章登记簿、渔船生产安全事故登记簿、渔政检查登记簿；对每只渔船建立船舶登记表，船员登记表、安全检查登记表以及安全生产责任书，并颁发安全整顿合格证。全市整顿期间建立渔船安全管理综合性档案17套，船舶船员技术档案3 762套，进一步理清了渔业船舶的底数，渔业船舶的安全管理工作得到了很大加强。

2001年3月，重庆市人民政府明确由市农业局负责渔业船舶安全管理工作。市农业局采取措施，加强管理。一是与各区（县）渔业行政主管部门签订安全生产目标责任书。二是加大渔业法规宣传力度。全市出动宣传车、船299辆（艘），宣传人员2 421人次，进行广播电视宣传270次，印发资料9.34万份，召开会议369次，举办培训班60期，共培训1 500余人。三是开展渔业船舶安全生产大宣传大检查大整顿活动，全市共出动检查车、船1 300余辆（艘），检查人员8 000余人次，拆解销毁不符合安全规定的渔业船舶156艘，责令停业整改或取缔问题渔船780艘，查处违章渔船403艘。检验渔船5 210艘，其中合格的4 565艘，核发登记证书4 510本，消除了渔船事故隐患。

2003年，全面落实对渔业船舶安全监管工作的领导，层层签订安全责任书，严格实行目标管理，把管理责任落实到基层和船主。加强船舶检验工作，全市全年检验渔业船舶6 450艘，培训船员6 600余人次，核发和审验船员证9 050个。开展3次安全生产专项整治，查获非法载客载货渔船153艘次，拆解销毁渔业船舶148艘，责令停业整改或取缔渔船247艘次。

2009年，开展渔船安全生产百日督查落实专项行动，对2008年排查的安全隐患治理情况全面复查，全市销毁涉渔“三无”船舶7艘，查获非法载客载货等违法行为20余起，对水库渔船管理和主城区嘉陵江等水域渔船经营餐饮情况进行了全面清理整顿。

2011年，稳步推进全市渔业船舶“三证合一”试点工作。通过为全市渔业船舶、船员换发新的船舶证书和船员证书，彻底摸清了全市渔业船舶的底数，进一步规范了渔业船舶、船员档案“一船一档”“一人一档”，为安全监管工作打下了良好的基础，也为当时燃油补贴发放提供了参考依据。

三、强化渔业渔船安全检查

1999—2015年，重庆市渔业行政主管部门及其渔政机构，每年年初下发安全监督检查计划，在“两会”和节假日等重要时段前夕下发安全检查通知，并组织安全检查，年底对各区（县）渔业船舶安全监管工作进行考核。

1999年，重庆市渔政监管部门把渔业船舶安全生产作为重点检查。一是加强渔业法规宣传。全市共张贴宣传标语5 860幅，办宣传栏691期，发放录音带63盒，广播7 420次，印发各类渔业法规资料7 000多份。二是加强渔业执法队伍建设，提高渔业执法水平。举办了“重庆市第二期渔业行政执法培训班”，培训了134名渔政检查人员，共颁发了240余本《检查证》。三是狠抓渔船安全生产和违章渔船查处。全市共进行渔船安全检查187次，查处违章渔船349艘，非法载客载货渔船114艘，罚款1.31万元。

2000年7月，重庆市农业局下发《关于加强渔业船舶安全生产管理有关问题的通知》，开展安全大检查，全市共查处非法载客载货渔船397艘，有技术质量问题渔船40艘，清理和取缔“三无”船29艘。

2006年，重庆市农业委员会印发《重庆市渔业安全生产委托监管和行政执法指导意见》，明确区（县）渔业行政主管部门为委托人，乡（镇）政府为受委托人，在全市范围内开展渔业安全委托执法工

作。当年开展安全交叉大检查。全市分9组开展安全交叉大检查，共出动执法人员2 000余人次，出动检查车、船800余辆（艘）次，检查乡镇（街道）600个次，检查渔船3 000余艘次，查获非法载客载货45艘次，拆解销毁不安全渔船5艘，责令停业整改75艘次。全年累计出动执法人员5 000余人次，检查船舶1万余艘次，排查安全隐患100余个，查获非法载客载货71艘次。

2008年，开展“隐患治理年”活动，组织17个督查组拉网式督查，排查治理隐患单位和企业2.12万个，排查事故隐患148处，整改完成113处，排查出非法载客载货需求江段45处，有非法载客载货记录渔民59人，全部建档管理，确定重点监控对象101个，落实严防死守78处，查获非法载客载货渔船26艘次。

2010年9月27—28日，渔业部门对主城9个区中秋、国庆节期间渔业船舶安全工作情况进行专项检查督查。检查组采取查看现场、听取汇报，交换意见等方式进行检查，排除隐患，确保节日安全。

2012年，开展渔业船舶打非治违专项督查工作，组织了13个检查督查组对全市渔业船舶打非治违进行检查督查。1—11月全市共排查隐患7 000余处，排查出一般隐患596项，整改596项，整改率100%，并对2011年排查出的安全隐患的治理情况进行了全面复查，整改率达100%。共销毁非法从事渔业生产活动的“三无”船舶32艘。开展渔业船舶安全监管能力建设项目“4+X”[即为区（县）配一台车、一台笔记本电脑、一台打印机、一台照相机等]。同年，黔江、云阳、涪陵、南川、江北等区县在进一步完善应急预案的基础上组织开展了渔船安全应急救援演练。2012年10月19日至11月30日，重庆市渔政渔港监督管理处在全市各区（县）抽调人员组织13个检查组，对全市40个区（县、自治县）采取明查、暗访、查阅档案资料、座谈交流等形式，开展全市渔业船舶安全监管交叉执法检查。

2013年，组织开展安全生产大检查活动，全市共组成检查组647个，出动检查人员5 363人次，出动车辆1 200多台次，出动船艇300艘次。检查渔船7 867艘次。查处非法违法行为447起，其中无证作业72起，违规违章作业64起，安全设施不全93起，制度不健全2起，应急救援不落实31起，其他185起，被处警告367起，被处罚款16.8万元、责令整改290起，暂扣或吊销证照10起。

2015年，重庆市渔政渔港监督管理处选派区（县）37名渔业船舶安全监管经验丰富的执法人员组成12个交叉检查小组，对各区（县）安全责任落实到位情况、GPS应急救援系统建设进展和运行情况、安全违纪行为处理情况、区（县）渔船安全监管人员职责及待遇落实情况、渔船基础信息录入和实时更新情况等安全监管重点工作进行了一次普查，检查中共登船检查渔业船舶370余艘，检查渔业船舶停泊地41个，检查涉渔乡（镇、街道）37个，暗访风险点37个，开展汇报交流37场，发现各区县渔业船舶安全监管上存在的问题隐患共计185个，先后下达了37份整改通知书。

四、完善渔业船舶安全设施

为了增强渔民安全生产意识，保障渔民生命安全，2005年，重庆市农业委员会补助28万元，渔民自筹42万元，为渔民配备救生衣2.8万件。2007年，市农业委员会为全市登记在册的11 651名渔业船员每人赠送了一件救生衣。

2011年3月15日，启动“重庆渔民生命之光工程”，为全市7 000余艘渔业船舶安装防碰撞灯光信号设备，有效解决了渔业船舶夜间作业和航行极易发生碰撞出现船毁人亡的安全隐患。2012年，全年实施渔业生产损失救助项目7万元：向万州渔政处拨付救助资金3.3万元，拨付涪陵渔政站0.7万元，执法船艇油费1.69万元，维护费用1.31万元。同年，全市打造了100条安全生产标准化渔船，从船舶设施设备，特别是安全设施设备配备，船员知识技能与行为两方面着手，树立渔业船舶安全生产直观标准。2013年，稳步推进“重庆渔民生命工程—GPS应急救援系统建设”。全市继九龙坡之后，当年有北碚、沙坪坝、永川、南岸、江北5个区的GPS应急救援系统正式投入运行。

2014年，各区（县）按照部署，自筹资金大力推进通航水域机动渔船GPS应急救援系统建设，当年有11个区（县）完成系统建设并投入使用，2个区（县）初步建成系统，另有3个区（县）落实资金正筹备招标。同时，市财政拨款20万元开展重庆市渔政管理信息系统建设。

2015年，市财政投入专项资金182万元补助各区（县），推进通航水域机动渔船GPS应急救援系统建设，全市35个涉渔区（县），有16个区（县）完成系统建设并投入使用，2个区（县）初步建成系统正在调试，2个区（县）已落实资金并完成招标，11个区（县）已落实资金正在组织招标。

五、渔业渔船安全事故及处理

1998年11月30日，江津石蟆“渝津13120”渔船违法载客9人（共10人）沉没，1名妇女失踪。这次重大海损事故引起市政府高度重视，要求主管部门认真总结教训，进一步加强渔业船舶安全生产的管理，渔业行政主管部门立即召开会议，研究部署渔船安全监管工作，明确将渔船载客载货作为安全执法工作的重点，并对事故责任人作出相应的处理。

2003年，重庆市渔政渔港监督管理处印发《渔业船舶重特大生产安全事故应急救援预案》，对重特大生产安全事故应急救援进行了规范，明确了指导思想、适用范围、机构设置、职责任务、方法步骤、事故报告、事故结案、立卷归档、组织纪律等内容。

2008年7月2日，南岸区发生渔船非法载客翻沉事故，造成1人失踪，1人死亡。

2011年，全市渔业船舶安全事故频发：2月16日彭水、4月23日南岸、5月24日合川、5月29日江津、7月2日长寿相继发生渔业船舶安全事故，共死亡（失踪）8人。重庆市农业委员会先后印发了《关于“2·16”渔业船舶安全事故的紧急通报》《关于“4·23”渔业船舶安全事故的紧急通报》《关于印发〈重庆市进一步落实渔业船舶安全生产主体责任及监管责任工作实施方案〉的通知》《关于贯彻落实市政府专题会议精神切实加强渔业船舶安全监管工作的通知》等相关文件，分别从全面落实责任、加强机构队伍建设、加强监管能力建设、强化执法监管等方面对安全监管工作进行了强调和安排部署。当年，市农业委员会办公室发布《关于印发重庆市进一步落实渔业船舶安全生产主体责任及监管责任工作实施方案的通知》，明确渔业船舶主体责任，将渔业船舶安全生产状况划分为ABCD4个级别：A级——渔业船舶安全生产主体责任要求落实到位，经现场评估分值达到900分以上；B级——渔业船舶安全生产主体责任要求基本落实到位，经现场评估分值在700分以上900分以下；C级——渔业船舶安全生产主体责任要求落实不到位，经现场评估分值在700分以下；D级——经现场评估，发现存在重大安全隐患。

同年，市农业委员会《关于印发重庆市渔业船舶水上安全突发事件应急预案的通知》，明确全市各级渔业行政主管部门处置渔业船舶水上安全突发事件的职责和工作程序，明确了工作原则、编制依据、组织指挥体系及职责、预防和预警机制、应急响应、后期处置、保障措施等内容，为及时有效处置突发事件，最大限度地减少突发事件造成的人员伤亡和财产损失，维护社会稳定起到一定作用。

2012年，涪陵、丰都、云阳、长寿、彭水、大渡口、万州、奉节、潼南9个区（县）开展了水上安全突发事件应急救援演练。

六、创建平安渔业

2011年，按照农业部部署，在全市开展了平安渔业示范创建活动，评选出丰都县、江北区、北碚区、万州区为“重庆市平安渔业示范县”，其中丰都县被评为“全国平安渔业示范县”。

2013年，开展平安渔业示范创建活动，评出云阳县、垫江县、渝北区、江津区、奉节县为“重庆市平安渔业示范县”，其中云阳县被评为“全国平安渔业示范县”。

七、长江干线重庆区段治安防控体系建设

2010年10月29日，长江干线重庆区段治安防控体系建设联席会议首次召开，确定了长江干线重

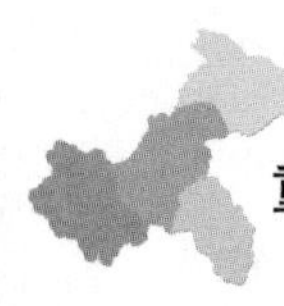

庆区段治安防控体系建设成员单位：重庆市交通委员会、长江航务管理局重庆代表处，市水利局、市农业委员会（市渔政渔港监督管理处具体承办）、市旅游局、长江航运公安局重庆分局、重庆海事局、重庆航道局、市港航管理局、重庆港务物流集团、重庆长江轮船公司为长江干线重庆区段治安防控体系建设成员单位，并决定每季度定期召开联席会议。

第八节　渔船、渔港日常监管

1988年，开展全市渔业船舶安全整顿工作，摸清了渔船数量，制定了管理办法，开展了渔船登记、发证（捕捞许可证）、年审等工作。1991—1995年，渔业船舶的管理纳入了乡（镇）政府工作议程，对江河捕捞生产的船舶进行了有效的监督管理。以委托形式明确乡（镇）渔政监督管理职责，初步形成了市（区、县）、乡（镇）大中型水域渔业行政执法监督管理体系，渔业执法逐步走向正规化。1994年5月10日，《四川省渔政检查管理办法》颁布实施，重庆市按照此办法开展渔政检查管理，直至1997年。2000年，结合渔业船舶安全生产大宣传大检查大整顿活动，在交通部门船舶检验机构的配合下，对全市渔业船舶进行了重新检验和登记发证，对渔业船员进行了培训考试。2001年5月14日，市农业局印发《重庆市渔业船舶登记暂行规定》中明确了渔业船舶登记程序、变更登记程序、渔业船舶登记或变更登记应交验的文件、注销登记情形及程序等内容；《重庆市渔业船舶船员考试发证暂行规定》中明确了适用范围、船员年龄、考试科目、发证程序。当年统计，全市6 486艘（捕捞渔船4 291艘）渔业船舶已核发登记证书4 510本，培训渔业船员并发证5 310本。全市有20个区（县、自治县、市）渔业行政主管部门向当地政府或者编委提出设置“渔业船舶检验和渔港监督管理机构”的申请。其中巴南区、永川市、江津市、武隆县、荣昌县等区（县、市）编委批复同意设置渔业船舶检验和渔港监督管理机构。

渔港监督管理是重庆市渔政渔港监督管理处的主要职责任务之一，为了便于依法履行渔港、渔船、渔民安全监督管理职责，根据农业部《关于改换渔港监督机构对外名称的通知》，2002年5月23日，中华人民共和国渔政渔港监督管理局批复同意授予重庆市渔政渔港监督管理处“中华人民共和国重庆渔港监督局”对外名称。同年，中华人民共和国重庆渔港监督局授予巴南区、涪陵区、合川市、江北区、万州区、武隆县、渝北区、垫江县、丰都县、梁平县、南川市、荣昌县、巫山县、永川市、长寿区等区（市、县）渔港监督管理机构对外名称：中华人民共和国××渔港监督处。2003—2004年，中华人民共和国重庆渔港监督局授予綦江县、沙坪坝区、奉节县、彭水苗族土家族自治县、潼南县、秀山土家族苗族自治县、云阳县、忠县和北碚区、铜梁县等区（市、县）渔港监督管理机构对外名称：中华人民共和国××渔港监督处。

2004年，根据重庆市农业局印发的《重庆市渔业船舶登记实施办法》和《渔业船舶船员考试发证实施办法》。重庆市渔政渔港监督管理处切实加强对渔业船舶安全生产的领导，健全日常安全管理制度，严格实行安全目标责任制。开展渔业船舶船员上岗培训，培训7 529人。在长江干流和一级支流开展全面取缔5米以下渔业船舶专项整治工作，取缔存在安全隐患的5米以下渔船526艘。严厉打击渔业船舶载客、载货行为。实现当年无重大安全责任事故发生的目标。

2004年4月，重庆市交通委员会批复同意重庆市渔政渔港监督管理处渔业执法码头设在嘉陵江北岸沙湾处（距朝天门河口4.40～4.43千米）设置趸船一艘，使用岸线40米。

2004年7月，市农业局规范执法主体，发文撤销“重庆长寿湖水库渔政管理站”。2006年，全市渔业船舶检验证书、登记证书和渔业船舶船名牌完成换发。全市各区（县）统一启用渔港监督证书专用印章。

2007年，重庆市农业委员会印发《重庆市渔业船舶安全管理暂行办法》《重庆市渔业船舶登记办法》《重庆市渔业船舶船员考试发证办法》《重庆市渔业船舶水上事故调查处理规定》《重庆市渔业船舶生产安全事故指标归属确定暂行办法》5个规范性文件。2009年，全面完成重庆市人民政府下达的渔船安全生产目标任务，全市无重大渔业生产安全事故发生，渔业生产安全形势持续稳定。一是积极应对各类渔业自然灾害：制定渔业防洪、抗旱、防冻等应对方案，最大限度降低渔业自然灾害损失。二是加强渔船安全基础建设：重庆渔政执法码头建成投入使用，涪陵渔港初步建成并通过验收，万州渔港建设启动。涪陵等区（县）推广标准船型渔船57艘。云阳等区（县）配置渔船安全设备870余套。丰都县建立渔业安全预警信息发布制度，向渔民发布安全生产警示信息1000余条。三是开展渔业船舶安全专项整治行动：组织实施渔业生产"安全执法年"各项工作，全面完成安全生产执法、治理、宣传教育3项行动和安全生产大排查、大整治、大执法3项行动的有关任务。四是加强渔业保险工作：编成《水产规模化养殖保险试点方案》。捕捞渔民意外伤害保险工作上新台阶，全市有9 132人参保，比上年增加近1 000人，参保率78%。

2011年，重庆市人民政府发布《关于印发重庆市宁静行动主城区实施方案（2011—2013）的通知》，决定：严格加强渔船作业的许可管理，划定合理的夜间作业区域，主城区高家花园大桥至黄花园大桥的嘉陵江水域严禁夜间作业，加大巡逻及违章查处力度，明确市农业委员会负责对主城区江面捕捞渔船噪声的监督管理；加强捕捞渔船的作业许可管理。完成全市渔业船舶"三证合一"证书（捕捞许可、船舶登记、船舶检验）换发工作，全市渔业船舶管理水平提升明显。市发展改革委员会发布《关于重庆市渔政趸船系泊设施及水电工程建设项目可行性研究报告的批复》，同意重庆市渔政趸船系泊设施及水电工程建设项目。

2014年，重庆市渔政渔港监督管理处编印了《重庆市渔业船舶安全监管工作手册》和《重庆市渔政执法人员现场执法规范》。全面清理修改《重庆市渔业船舶安全管理暂行办法》《重庆市渔业船舶水上事故调查处理规定》等5个规范性文件和《重庆市渔业船舶黑名单制度》。针对新的《中华人民共和国渔业船舶登记办法》要求渔船在船主户籍所在地办理登记的新要求，对全市异地登记渔船进行了全面摸底调研，并形成统计分析报告报请农业部渔业局。针对新的《中华人民共和国渔业船员管理办法》要求渔业船员发证考培分离的新要求，积极与区（县）渔政机构、重庆交通大学等相关单位沟通协调，努力摸索符合重庆市实情的渔业船员培训考核发证方式。

2015年，重庆市渔政渔港监督管理处举办了执法船员培训、船舶检验培训、"两法"衔接培训、渔政管理知识更新培训、船舶管理系统操作员培训和船员管理系统操作员培训6类8个培训班。其中，执法船员培训，是《渔业船员管理办法》颁布实施后重庆市第一次按照考培分离原则组织的船员培训；船舶管理系统和船员管理系统操作人员培训，是做好发放新"三证合一"船舶证书和新《船员证书》的前期准备工作。

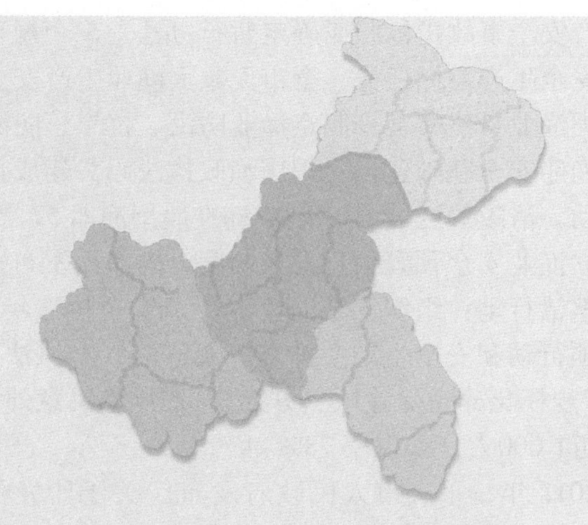

第七章 水产品加工与贸易

第一节 水产品加工与进出口

重庆水产加工品种有鱼糜制品、鱼面、麻辣泥鳅、盐干鱼、鱼丸、鱼片、三文鱼生鲜加工、莼菜等。加工数量少，产值小，对外贸易额低。随着人们消费习惯的改变，水产加工品种及数量也随之变化。重庆水产品进出口贸易主要以进口为主，出口量额极低，进口主要为海水产品（表9-7-1）。

2004—2005年，全市水产品加工主要是石柱莼菜加工。

2007年以后，品种增加冷冻水产品、鱼糜、干腌制品。2007年加工总量380吨，其中鱼糜150吨，干制品230吨。

2008年，加工总量370吨，其中鱼糜150吨，干制品220吨。水产品进出口2 071吨，金额168.19万美元，其中出口207吨、金额21.28万美元。

2009年，水产品加工企业3个，加工能力280吨/年，规模以上加工企业1个，冷库7个，冻结能力12 025吨/日，冷藏能力5 015吨/次。加工总量193吨，其中干腌制品113吨，其他加工品80吨。

2015年，全市水产品加工企业6个，水产品加工能力3 310吨/年，规模以上加工企业3个，水产品冷库31个，冻结能力12 106吨/日。加工总量805吨，其中冷冻加工品102吨，鱼糜及干腌制品683吨，罐制品20吨，用于加工的水产品2 351吨，进出口17 803吨，金额3 091.85万美元。

表9-7-1 2004—2015年重庆水产品加工及进出口贸易情况表

年份	加工总量（吨）	加工企业（个）	加工能力（吨/年）	进出口量（吨）	进出口额（万美元）	出口数量（吨）	出口金额（万美元）	进口数量（吨）	进口金额（万美元）
2004	2 100	3	5 000	—	—	—	—	—	—
2005	—	8	8 000	—	—	—	—	—	—
2006	380	1	800	—	—	—	—	—	—
2007	380	2	800	—	—	—	—	—	—
2008	370	2	830	2 071	168.19	207	21.28	1 864	146.91

（续）

年份	加工总量（吨）	加工企业（个）	加工能力（吨/年）	进出口量（吨）	进出口额（万美元）	出口数量（吨）	出口金额（万美元）	进口数量（吨）	进口金额（万美元）
2009	193	3	280	6 547	548.62	1	1.13	6 457	547.49
2010	107	3	380	10 522	1 274.74	0.27	0.57	10 522	1 274.18
2011	117	3	390	10 116	1 084.29	—	—	101 157	1 084.29
2012	163	3	1 700	16 113	3 134.67	—	—	16 113.25	3 134.67
2013	410	4	2 490	22 576	4 440.73	1	0.17	22 575	4 440.67
2014	711	6	3 310	19 098	2 969.49	1	0.6	19 097	2 968.88
2015	805	6	3 310	17 803	3 091.85	1	1.18	17 802	3 090.67

此外，重庆渔业的发展，为市场提供了丰富水产品，并推动了鱼类烹调加工技术的传承和发展。重庆人历来有吃鱼的习惯，重庆市渔业管理部门也把宣传吃鱼作为促进渔业发展的措施之一。重庆享有盛名的“来凤鱼”“酸菜鱼”“太安鱼”“北渡鱼”“豆花鱼”“翠云水煮鱼”“乌江鱼”“万州烤鱼”等，除传承了鲜鱼加工烹调技术外，更是促进了水产品烹饪技术的提高，推动了餐饮业的发展和创新，满足了市民“菜篮子”的需要。

第二节　主要水产品批发交易市场

一、重庆西三街农副水产品批发市场

1997 年 7 月，全市开办首家室内海水产品批发市场——重庆西三街农副水产品市场。该市场是一个以海水、淡水产品为龙头，农副产品配套，集批发、零售为一体的综合性集贸市场。1999 年，被评为重庆市人民政府“文明市场”，2001 年，被重庆市工商局渝中区分局与渝中区消费者保护委员会评为“消费者维权先进集体”，2004 年，被评为中华人民共和国农业部“定点市场”，同年，被评为全国水产品批发市场信息采集定点单位，2008 年，被重庆市工商行政管理局评为“重点联系市场”，2011 年，被重庆市商业委员会评为“标准化菜市场”。

西三街农副水产品市场系重庆市渝中区委、区人民政府为迎接重庆市改直辖、香港回归而打造的解放碑步行街形象工程，在渝中区政府取缔原五一路、八一路占道市场的同时，经渝中区市场办〔1997〕005 号文批准，由龙门实业（集团）有限公司投资 3 600 万元开办，经营面积 16 000 米^2 的商业用房。

该市场在政府有关职能部门的大力支持下，引入经营户总数 500 多户，其中水产经营户 200 余户，经营品种：①淡水类有江团、鳜鱼、鲈鱼、鲶鱼、钳鱼、长江鱼系列等几十个品种；②海产品类有虾，蟹、蚌、螺、贝、鲍等上百个品种；③冷冻品系列应有尽有，其海鲜、水产品覆盖面为云南、贵州、四川及周边地区。其中，虾、蟹、江团、钳鱼、鲢鱼、多宝鱼、鳜鱼及牛蛙等单品每日交易量均在 5 000 千克以上。全年市场总销售额近 60 亿元，是西南地区最大、产品最齐的室内水产品批发市场。

二、重庆盘溪水产品批发市场

重庆盘溪水产品批发市场位于盘溪转盘处，2003 年开业，2010 年 3 月，从大石坝九村迁入该址，占地约 20 亩。该市场现有客商 22 户，主要经营花鲢、草鱼、鲫鱼、鲢鱼等鲜活鱼，产品主要来自湖北、湖南、江西、江苏、四川及重庆当地。

盘溪水产市场每日进场车辆 25～30 车，每车载重约 14 吨，每日实际进场 350～420 吨，每月平均进场车辆 750 车。据统计，2010—2014 年，盘溪每月水产品交易量随季节变化在 1.0 万～1.4 万吨波

动，2015 年盘溪水产市场交易量 160 951 吨，交易金额为 197 139 万元，其中草鱼全年交易量在 4 300 余吨，鲫鱼全年交易量为 4 300 余吨，白鲢全年交易量约 74 000 吨，花鲢全年交易量约 78 000 吨。

三、重庆三亚湾水产批发市场

三亚湾水产市场规划总建筑面积 19.7 万米^2，相当于 10 个西三街水产市场，聚集了重庆主要水产经营大户，系西南片区最大的水产品交易市场。该批发市场设有活鲜市场、干副产品市场、美食城及广场、停车场等配套设施，并设有物流公司、包装厂、制冰厂、制氧厂等。三亚湾水产市场拥有覆盖云南、贵州、四川的辐射能力。

附表　1986—2015 年重庆市水产品产量产值统计表

年份	产量（吨）	产值（万元）
1986	32 746	8 418
1987	35 231	11 566
1988	43 346	17 301
1989	45 948	—
1990	46 784	20 076
1991	53 694	23 043
1992	54 257	30 362
1993	66 678	40 402
1994	75 961	58 971
1995	87 842	71 575
1996	101 754	89 787
1997	158 265	149 605
1998	178 607	—
1999	191 313	150 179
2000	200 345	155 532
2001	196 967	157 829
2002	211 568	158 918
2003	227 893	194 540
2004	239 255	233 138
2005	250 568	267 201
2006	164 046	190 491
2007	185 260	208 564
2008	190 600	241 351

（续）

年份	产量（吨）	产值（万元）
2009	203 900	268 088
2010	224 300	291 980
2011	275 600	377 685
2012	330 720	488 952
2013	385 000	588 919
2014	443 409	744 075
2015	480 863	851 055

注：1996 年（含）前为原四川省重庆市数据。

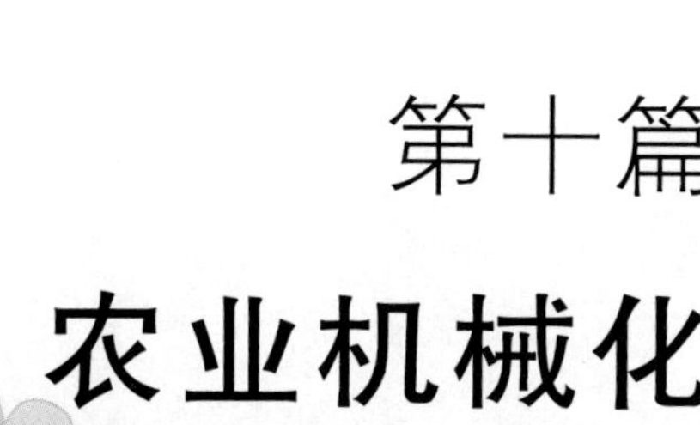

第十篇

农业机械化

党的十一届三中全会后，农村普遍推行家庭联产承包责任制，政府为了解决这一阶段经济社会中存在的主要矛盾，适时调整财政支农重点。重庆市支持农业机械化发展资金投入从“五五”时期的651万元减少到“六五”时期的2万元，农机化发展步伐明显放缓。一段时间以来，原本由国家投资建设的一些农机基础设施（国营提灌站、农村机耕道），公益性农机经营服务组织（国营、国社合营农业机械管理站）的管理、使用，与土地家庭联产承包的经营制度之间呈现不匹配矛盾，给农机化工作带来一系列问题和困难，农业机械化面临严峻挑战。经过5年的改革、调整，到1985年，四川省重庆市、万县地区、涪陵地区的农机管理、安全监理、教育培训、技术服务体系基本健全，农机产品质量、农业机械总量有所提高，农业机械化发展的基础得到稳定。农产品粗加工，农作物植保，水源条件具备的农田提水灌溉，农业生产资料进乡镇、农副产品从乡镇到城市到市场，基本实现机械化或半机械化。

1986—2015年，重庆农机化发展经历3个阶段。

一、计划经济向市场经济转换，农业机械实现恢复性增长阶段（1986—1995年）

1984年，中共中央十二届三中全会作出《关于经济体制改革的决定》，随着经济体制改革的逐步深入，市场的作用在农业机械化发展中逐渐增强，农机工业生产、产品经销的计划管制逐步放开，农业机械化发展发生新变化。

一是国家支持政策进一步贯彻落实。1983年，中央1号文件《当前农村经济政策的若干问题》明确指出：“农民个人或联户购置农副产品加工机具、小型拖拉机和小型机动船，从事生产和运输，对于发展农村商品生产，活跃农村经济是有利的，应当允许；大中型拖拉机和汽车，在现阶段原则上也不必禁止私人购置。”1985年，农牧渔业部《关于加强农机化管理工作的意见》指出：“积极支持各种专业户和合作经济组织自主经营各种农业机械。有关部门在机具配件供应、油料分配、贷款、技术指导等方面应予以支持”“任何单位和个人都不准以任何名义侵占、平调和挪用农机经营单位和农机经营者的资金和固定资产，不得强行联股分红”。农民由此获得了自主购买、经营使用农业机械的权力。1986年，形成国家、集体、农民个人经营，联合、合作经营等多种形式经营农业机械的局面。

二是“计划＋市场”的运行机制逐步形成。国家一方面实行计划经济体制下支持农机化发展的行政、财政、金融政策，对农机产品实行适度的价格管控，保证农机产品以较低的价格供应农村。另一方面，随着经济体制改革的深化，国家对农机工业的指令性计划管理逐步弱化，优惠政策逐步取消，市场机制的作用逐步增强。

三是农机主管部门指导思想转变。坚持“因地制宜，分类指导，重点突破。有步骤、有选择地发展农业机械化”。

四是农机服务范围拓宽，农机管理理念发生变化。农业机械化服务领域，从主要为种植业服务发展为面向农林牧副渔各业，以及农副产品加工、农村运输等各个方面。农机管理部门也从单纯管理转变为管理与服务结合，促进农机发展。各级农机管理部门把健全农机化服务组织作为重点工作。一手抓基层农机管理，一手抓农机修理、配件供应、技术培训、技术指导等农机化服务工作，为农机经营者提供服务。

五是适合丘陵山区特点的小型田间作业机械的引进、试验、试制、推广开始起步。农村实行家庭承包经营责任制后，农户从家庭经营规模、投资能力和家庭劳动力等多方面考虑，对小型、适用的田间作业机械有了新的认识。微耕机（机耕船），机动脱粒机，农用微水泵、化肥深施器成为这一时期农机推广示范，农民购买试用的主导产品。“八五”时期，重庆本土农机企业开始参与小型农田作业机械的研发、试制、试验示范和推广。

1995年年末，四川省重庆市农业机械总量135万台（套）。农机总动力为209.37万千瓦，100亩耕地拥有农机动力20千瓦；分别比1986年增加17.29万千瓦、0.271千瓦。农机装备结构发生变化，小

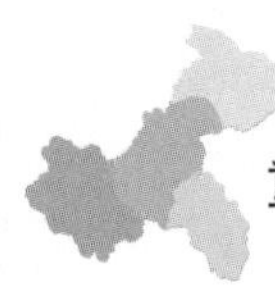

型耕作机械、机动脱粒机、农用微水泵、化肥深施器、多功能农用运输机械数量增加，大中型拖拉机、农用车数量减少。农机服务体系得到进一步完善，全市共有乡镇农机管理服务站607个，农机维修网点3 086个，农机供油点679个，农机从业人员16.5万人。

二、稳步推进阶段（1996—2005年）

1996年下半年重庆市对万县市、涪陵市、黔江地区（简称："两市一地"）实施代管，1997年6月重庆市改直辖后。随后成立了"重庆市农机事业管理局"。渝委发〔1997〕34号和渝办发〔1997〕48号文明确指示"重庆市农机事业管理局负责全市农机化事业的行政和行业管理"。重庆农业机械化进入一个新的发展阶段。

一是建立和完善一批农机法规、规章，农机管理有法可依，有章可循，1997年后，重庆市人民代表大会常务委员会先后颁布了《重庆市农业机械管理条例》（1997年9月13日，重庆市第一届人民代表大会常务委员会第三次会议通过）、《重庆市农村机电提灌条例》（1998年3月28日，重庆市第一届人民代表大会常务委员会第八次会议通过）、《重庆市农机安全监理及事故处理条例》（1998年5月29日，重庆市第一届人民代表大会常务委员会第九次会议通过）；重庆市人民政府发布了《重庆市乡镇农业机械管理服务站工作规定》《重庆市人民政府关于加快发展农业机械化的意见》。2004年1月，中共中央、国务院印发《关于促进农民增加收若干政策的意见》，6月，第十届全国人大常委会第十次会议通过了《中华人民共和国农业机械化促进法》，同年，重庆市人民政府相继出台了《关于做好农业机械化工作的通知》《重庆市农业机械化工作目标考核暂行办法》，为全市农机化发展提供了有力的法制保障，农机管理工作进入有法可依，依法管理时期。

二是项目带动与投入增加，助推全市农机化的发展。国家先后实施的商品粮基地建设、粮食自给工程，既给农机发展提供了必要的资金支持，又给农机服务提供了市场。农业部先后安排在重庆实施稻麦生产机械化、旱作节水、稻谷机械烘干、秸秆粉碎还田、农机服务体系建设等示范项目，取得良好的效果。重庆市市级财政安排资金对潼南"五一"灌区、红岩嘴灌区电灌站进行改造；1999年重庆开始安排农机购置专项补贴资金，激发农民投身农机化的热情和农机生产企业、农机经营者的潜在积极性。2004年1月，中央1号文件《关于促进农民增加收入若干政策的意见》将农机购置补贴项目列为全国"两减免三补贴"的支农惠农政策，明确提出"提高农业机械化水平，对农民、农场职工、农机服务组织购买农业机械给予一定补贴"。

三是农村劳动力转移，耕牛减少（饲养本高），加之土地流转、规模经营的兴起，给农机化的发展提供了机遇。这一阶段，重庆市每年约有40万农村劳动力转移到城镇从事第二、第三产业。农村劳动力结构性、季节性、区域性短缺矛盾突显，不少地方出现土地撂荒现象。在这样的形势下，农业机械作为劳动力的有效补充且具有成本低效率高的优势，受到农民的普遍欢迎。农田机耕、机收从试点示范进入全面推广阶段。农机社会化服务组织（农机户、作业服务队、农机专业合作社）应运而生，跨区（县）、跨省份作业的势头初现。

四是投入多元化，促进农机发展通过国家，地方法律法规及规章的实施，加之政府资金的引导，带动了社会资本投资农机事业的积极性。1997年开始，重庆市内合盛、宗申、成荣、富牌、联龙、腾龙、嘉兴等20多家民营企业和嘉陵、长安等国有企业先后加入农业机械的研发、生产和推广工作。四川、浙江、江苏等外省企业也自带机器到重庆市进行现场演示推广。社会资本的参与解决了困扰农机多年的投入问题，为重庆农机化发展增加了新动能。

这一阶段，农机部门继续坚持"因地制宜，分类指导，重点突破"的发展思路，加之政府对农民的购机补贴资金逐年增加（从1999年的50万元到2005年的2 635万元），到2005年年末，农机总动力775.96万千瓦，比1996年409.9万千瓦（含两市一地年末统计数据）增加366.06万千瓦；耕整机2.83万台，机耕地面积39.07万公顷，比1996年增加30.67万公顷；联合收割机从无到有，逐渐达到

159 台，机收面积 2.96 万公顷（含市外收割机入渝收割面积）。纳入全国农机统计重要指标的农机耕、种、收综合机械化水平从 2003 年的 3.75%，提高到 7.4%。农机专业服务组织（含农机户）44.82 万个，其中区县级 22 个，乡镇级 416 个，村级 6 053 个。

三、农业机械化加速发展阶段（2005 年以后）

继 2004 年中共中央、国务院《关于促进农民增加收入若干政策的意见》和全国人民代表大会常务委员会通过的《中华人民共和国农业机械化促进法》，以及重庆市人民政府出台支持农机发展的政策之后，2006 年重庆市再次下发《关于进一步加快发展农业机械化的通知》。重庆市发展和改革委员会、市财政局等综合部门，根据农机发展需要，也出台了相应的配套政策和支持措施。重庆农业机械化进入加速发展阶段。

一是思想认识上的变化。全市农机系统从上到下达成共识，以提高“耕、种、收综合机械化水平”为主线的阶段性发展思路确立。农户希望农机推广机构、农机作业服务组织提供耕、种、收作业服务的愿望增强，田间作业机械逐渐成为多数农户家庭必备的生产工具。

二是农业机械结构发生变化。随着土地流转，规模经营步伐地加快，农业机械又开始向大中型，多功能方向发展。大中型拖拉机、联合收割机、多行插秧机成为农机专业合作社、农机大户的选择目标。

三是农机购置补贴政策持续发力，对促进重庆农机化发展起到极大推动作用。补贴资金从 2005 年的 2 635 万元到 2010 年最高时的 3.8 亿元。2006—2015 年累计补贴资金达到 20.169 亿元。

四是农机生产企业得到大发展。2005 年重庆农机生产企业有 20 家左右，到 2010 年达到 90 家。以合盛、富派、鑫源、威马等为代表的一批微耕机生产企业其产品在满足本市所需之外，还销往全国 20 多个省市，出口 20 多个国家，市场销售量达 90 多万台。之后，随着微耕机在本市市场的逐渐饱和，农业产业结构调整以及农机补贴政策的变化，微耕机生产企业在产品和产量上也进行相应调整，部分企业转而研发、试制、生产收割机，插秧机、拖拉机等。

五是农机机收作业和农机购置补贴的全国信息化平台建立，农机信息更加公开透明，获取农机社会化服务信息更加便捷准确。机收作业形成了全国大市场格局，服务范围扩大，农机补贴资金的监管更加规范有效。

截至 2015 年年末，全市农机总动力达到 1 299.73 万千瓦，比 2005 年年末增长 67.49%；耕整机 71.24 万台，是 2005 年年末的 25.1 倍；联合收割机 8 300 台，是 2005 年年末的 52.2 倍。耕种收综合机械化水平从 2005 年年末的 7.4%，提高到 42.3%。这一时期，农机作业、维修、销售服务组织得到发展；农机推广、安全监理、教育培训、产品质量鉴定工作也得到大幅提升。

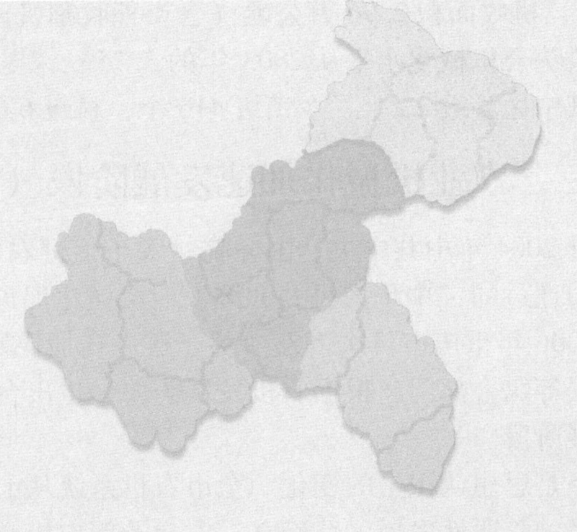

第一章
农业机械装备

第一节　耕整地机械

一、微耕机

由于重庆市地形地貌多为丘陵山地，并实行以家庭联产承包为主的经营模式，微耕机（2.2 千瓦/3 马力～6.3 千瓦/8.6 马力）以其重量轻、效率高、转移方便、价格便宜等优点，成为农户首选的耕作机械。在很长时期内，田间耕作机械在重庆处于引进、试验，开发、试制、推广阶段。

1986 年 9 月，四川省重庆市农机水电局（以下简称“重庆市农机水电局”）在巴县白市驿区召开小型机械耕作现场会。与会期间 3 马力、5 马力、7 马力小型耕作机进行了田间作业演示。

1987 年 4 月，重庆市农机水电局在市农业机械干部学校（江北读书梁）召开机耕现场会，中国共产党重庆市委员会常务委员会、市农村工作办公室主任邓中文同志参加现场会。此次现场会引进多款机型，通过田间实耕演示，多数参会代表对四川泸州生产的川丰 5－2 型水耕机耕作效果比较满意，其他机型尚需改进。5 月，重庆市农机水电局和潼南县农机水电局在潼南县大佛乡共同主办机耕现场会，重庆市计划委员会、市农业委员会、西南农业大大学、市农机研究所和潼南县一级中国共产党委员会、县人民政府及有关部门的领导、工程技术人员参加现场会。会后决定组织力量对在本市试制的工农-3 型耕作机进行可行性论证，同时对潼南机械厂研制的双向犁进行改进提高，成熟后在全市进行推广。随后几个月里，在市农机水电局的主持下，重庆市农机研究所分别与生产厂家对川丰 5－2 型水耕机、工农-3 型小型耕作机、半旱式轮作旋耕机进行改进、试制和可靠性试验，使样机基本成熟，最终确定在 1988 年春耕时投入试耕。9 月，北碚、巴县、合川、大足、江津、铜梁、长寿、荣昌、永川、江北等区（县）向市农机水电局申报了工农-3 型耕作机推广计划。

1986—1988 年的 2 年时间里，小型耕作机的推广是全市农机部门的重点工作。相关区（县）分别引进试验或自行开发生产的有 7 种机型：（1）浙江省永康手拖厂生产的工农－3 型小型耕作机；（2）北碚区生产的颖航－3 型稻田耕作机（北碚、江北、合川、长寿、璧山、巴县）；（3）四川省威远县生产的轴向双轴差距螺旋水耕机（璧山县）；（4）湖南省益阳县农机厂生产的 JD－3 型耕整机（巴县）；（5）广西容县生产的金牛－3 型耕作机（巴县）；（6）四川省泸州市生产的川丰 5－4 型深泥脚水田耕粒机（永川县、巴县等）；（7）四川省泸州市生产的川丰 5－2 型机耕船（巴县等）。同时，引进外地成熟、且适应重庆市不同土质耕作要求进行推广的机型有：赣江－5 型、工农－3 型、金牛－3 型、川丰 5

－4 型、峨眉－7型、天府－3 型、颖陵－3 型、轴向双轴差距螺旋水耕机等机型，数量达 200 多台。

1989 年，重庆市农机主管部门从威远县购买了 ILS－240A 型双轴螺旋水耕机专利并组织企业生产，1990 年 1 月，在铜梁县召开了 ILS－240A 型双轴螺旋水耕机鉴定暨推广会。

1990 年年初，重庆市农机水电局决定将小型耕作机械、机动脱粒机、饲料加工机械以及与其配套的小型柴油机作为当年的农机推广重点项目。随后在璧山县召开了机耕现场会。春节后，各区县又相继召开了 8 次机耕现场会，其中长寿召开的机耕现场会规模空前盛大，来自外省、市的 21 台水耕机进行了连续几天的大规模表演。农机部门现场推广形式和推广力度，得到重庆市人民政府分管农业副市长王正德的肯定。当年 4 月，根据中国共产党重庆市委员会、市人民政府领导在多次机耕现场会及会后的有关指示精神，市农机水电局组织有关专家、学者及科研人员讨论、研究，初步确定了重庆市小型耕作机推广机型及当年试生产量（表 10－1－1）。

表 10－1－1 重庆市农机部门 1990 年农业机械试生产机型、数量、钢材计划表

推广选型机型	试生产台数	钢材计划（吨）
鱼城牌双轴螺旋耕整机	530	47.70
川丰 5－4 型	50	10.50
渝丰－5 型	50	10.50
颖陵－5 型水田旋耕机	350	22.25
半旱式浅耕机	20	1.00

1990 年 6 月，合川县农机水电局向重庆市农机水电局报送请示，要求“将以县农机修理技术服务中心为主体的耕整机联合体”列为重庆市耕整机的定点生产单位。

1991 年 6 月，重庆市农机主管部门启动“小型机动耕作、脱粒机械作业示范、推广项目”，1993 年 6 月结束。示范推广的主要机型：（1）铜梁水泵厂生产的 1SL－240A 双螺旋水耕机，（2）市农机研究所研制的渝丰－5 型机耕船、川丰 5－4 型水耕机，（3）沙坪坝嘉陵脱粒机厂生产的稻麦脱粒机，（4）获得国家“七五”全国星火计划博览会金奖的 5TD－520 型多用机。经过两年实施，取得了明显的经济效益和社会效益。统计数据显示，在经济效益方面：生产厂家新增产值共计 542 万元，农户增加收益（增收、节支）共计 6 487 万元；在社会效益方面：一是有效解决了部分地区农忙时节劳动力紧缺的问题；二是降低了农业生产成本和农民劳动强度，提高了农业劳动生产率，实现了传统农业生产方式向机械化生产方式转变的有效探索。

1994 年 1 月，《重庆市小型耕作机械作业规范（试行）》编制完成。9 月，重庆市农机水电局决定，由巴县陈家桥农机化综合试点站引进“屎壳郎微型耕整机”进行试验示范。1996 年 3 月，江津市农机部门在碑槽镇车盘村举行了 1LS－240A 型双轴螺旋水耕机耕作示范。

1997 年，重庆市引进、研发、生产、试验、推广耕作机械的步伐加快。同年 4 月，重庆市人民政府组织农机考察团赴日本本田公司考察。根据中日有关方面协议，8 月，本田公司派出农机专家组并自带 TU450K、F810、FUR950、FR750 四款耕耘机和收获机，在重庆九龙坡、酉阳、彭水开展耕作试验。同年，重庆华生机械设备有限公司生产的 IG－30A 型水田旋耕作机通过重庆市农机产品质量监督检验站测试，各项技术指标合格。经重庆市农机水电局同意，投放市场试销；重庆合盛工业公司从意大利 Benassi 公司引进田园管理机，在重庆地区进行耕作适应性、灵活性、可靠性试验。其间，重庆合盛工业有限公司与西南农业大学合作，共同研发适宜山区农田耕作特点的耕作机；九龙坡区从成都引进 1 台丰收－25 拖拉机并配套旋耕机，在含谷镇宝洪村蔬菜地进行机耕试验。这一年，也是重庆市多年来引进、研发、推广耕作机械效果较好的一年，全市新增各类小型耕整机 850 台。

1998 年 5 月，重庆合盛工业有限公司与西南农业大学共同研发、试验、试制齿轮传动直联式微耕

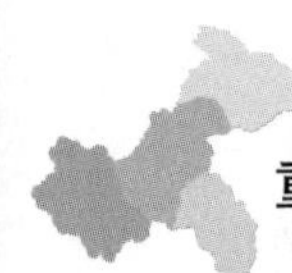

机。经过一系列的结构优化和技术改进最终取得成功，成为重庆本土微耕机的第一代产品。该机在旱地耕作环节取得重大突破，耕作质量能够基本满足农户的要求，耕作效率比传统人工劳作大幅度提高，机具有重量轻、田间转移方便的特点，得到用户的认可。

1999年，重庆市市财政局、市农机事业管理局共同商定，试行地产微耕机购置补贴，在此政策激励下，继重庆合盛工业有限公司之后，重庆嘉陵工业公司、重庆宗申工业有限公司、重庆市农机研究所等多家企事业单位介入开发生产微耕机及其他农机产品。

2000年，重庆市已形成以合盛、宗申、鑫源、嘉兴、强农、巧力等为主要品牌的微耕机系列产品。当年在全市销量达到700台。2001年，销量达到800台。

2001年11月，重庆市委书记贺国强视察潼南第二农机厂，详细了解“巧力”牌系列微耕机的生产销售情况，参观现场耕作演示，并指示随行的潼南县领导要切实解决企业存在的问题和困难。

2004年，中央财政开始实施农机购置补贴政策，重庆涪陵、永川两地被农业部列为第一批全国农机购置补贴项目县。重庆市农机局同时确定潼南、南川、巴南、长寿、垫江、梁平等10个区（县）为市级重点推广县，当年全市新增微耕机4 300多台。

2005年，国家进一步放宽补贴政策，实行国家统选目录与省、市地方自选目录相结合的目录管理办法，重庆巴南、江津、合川、南川、潼南、秀山土家族苗族自治县、梁平、綦江、丰都、大足、开县、垫江12个区（县）被列为农业部、财政部农机购置补贴专项实施区（县），农民购机、用机的积极性空前高涨。全年新增微耕机1.04万台，实现历史性突破，年末全市微耕机拥有量达到2.83万台。当年，市农机研究所还成功开发出1Z－70型微型水田耕整机，并获得市科学技术委员会颁发的科技证书。

在市财政和中央财政补贴资金的相继作用下，从2003年开始，一批之前从事摩配生产企业和新兴企业介入耕整机生产，先后又有嘉耕、豪野、威马、腾龙、富牌、众全等20多家企业参与。2005年，年产量达到10万台左右，产品除销售本市外，逐步向四川、贵州、云南、陕西、新疆及湖北恩施地区、甘肃天水地区销售。

2005年以后，机耕越来越受农民欢迎，农户购买耕作机械的意识越来越强，国家财政补贴资金逐年增加，生产企业进一步增多，产品质量相对稳定、标准基本统一。微耕机产量及市内购机农户不断增加。到2010年，全市微耕机年产量达到90万台；市内农户年购买量达到10.54万台，全市年末拥有量24.74万台。当年，已取得推广鉴定证的生产企业达到90家，其中合盛、富牌、鑫源、威马、耀虎、豪耕等一批产品在全国颇具影响力，销往全国20多个省份，部分厂家的产品已出口到国外。

2010年以后，农机购置补贴基本实现普惠制，农民购买农机已经成为一种主动行为，微耕机成为本市农田耕作的主要机具。平稳发展、稳步增长态势基本形成。2004—2015年，微耕机推广数量占各区（县）农机推广总量的70%～90%。

2015年年末，全市拥有量达到71.24万台。

二、机引式耕作机械

机引式耕作机械，是依靠拖拉机动力输出带动进行作业的耕作机械。在重庆市内主要有旋耕机、机引犁、深松机、开沟机、起垄机、平地机等。

1985年以后，重庆市内机引式耕作机数量不多，且主要是旋耕机、机引犁。其中：与大中型拖拉机配套的，主要集中在国有农场和农业院校实习基地上使用。随着国不农场改制、院校专业调整等原因，这部分机具闲置，年久失修自然报废。配套于小型（手扶）拖拉机使用的旋耕机，因家庭联产承包制后，经营规模小，机具适应性差，加上微耕机的出现，原本为数不多的机具被自然淘汰。

1997年年末，全市大中型耕作机械拥有量200台。随着农村劳动力转移，农业结构调整，土地集约化规模化经营的兴起，大中型农业机械开始恢复性增加，于2000年年末达到500台。2010年，全市大中型耕作机械4 700台，其中铧式犁300台。

2012年4月，奉节县林茂中药材专业合作社从洛阳市玛斯特拖拉机有限责任公司购置1台遥控履带自走式旋耕机，在奉节县草堂镇奇峰村11社，海拔1 000多米的种植基地进行耕地作业。

2012年7月，美国约翰迪尔公司来渝进行产品推介，首选在荣昌县召开拖拉机推广会，当地有意向使用大中型耕作机械作业的农户、种植业大户共计50多人参加。2013年4月，巫山县龙骨坡农机专业合作社在庙宇镇长梁村使用激光平地机对水稻直播田进行平地作业。2014年3月，云阳县南溪镇农户新购买东方红404型拖拉机3台套、东风404型拖拉机1台套、龙舟牌履带自走式旋耕机1台套用于耕地作业。2015年1月，荣昌区农机部门与供应商共同在清江镇河中村开展了履带式拖拉机的田间作业性能试验示范，有专业合作社、农机服务组织、种粮大户、家庭农场主等共计30余人前来观摩学习。同年4月，云阳县新旺农机专业合作社引进的农夫牌502型履带式拖拉机，在养鹿镇承包经营土地上进行水、旱田作业，并以此示范演示引导和提高当地农户对农业机械化的认识。

2015年，农业部将重庆市列为农机深松整地作业试点市，承担农机深松整地作业试点任务10万亩。为了从装备上保证任务的完成，年初，重庆市市农业委员会组织农机装备处和市农机推广总站技术人员，赴陕西省西安亚澳农机股份有限公司专题考察引进机械化深松机具事宜。当年全市购进深松机77台。同年，重庆捷耕机械有限公司生产的小型开沟机在春耕生产现场会进行耕作演示，该机适用于稻田、蔬菜地、果园地的开沟培土、开沟排水。

2015年年末，全市大中型耕作机械5 377台，其中铧式犁500台，深松机77台。

第二节　栽插（播种）机械

栽插（播）机械在重庆地区的推广应用一直以来是薄弱环节，计划经济时期，部分区（县）一度推广过人力插秧机，后因产品质量、适应性差以及农业经营方式的改变而停止。重启栽插（播种）机械的推广是从小麦播种机开始的。

1991年6月，重庆市农机与农技部门配合，引进四川大邑县农机所研制的2BJ-2型小麦播种机，在合川、巴县、潼南、永川等地进行试验、示范。试验效果表明，该机播种的小麦出苗整齐、均匀、健壮，与人工打窝播种相比，亩窝数增加25%，亩产量可增加50千克左右，亩成本降低30元以上。农机、农技专家通过现场考察，一致认为，该机适合在重庆市部分区县推广。为尽快打开推广局面，重庆市农机水电局向市财政提出经费预算报告，市财政局研究后同意解决10.7万元的推广经费。当年8月，市农机水电局分别在合川、巴县、潼南、铜梁等地召开推广现场会，共推广90台小麦播种机，当年机播面积2 200亩。由于小麦种植的比较效益低，农户积极性不高；全市小麦播种面积呈逐年减少趋势，该机具推广效果不明显，历经几年也没有起色，最终搁置。

1997年，农业部开始实施水稻机械化生产试点示范项目。年初，江津市茶机厂受重庆市农牧渔业局委托，生产50台育秧播种器。该厂用1个月时间完成生产任务并交付投入育秧播种。

1998—2004年，重庆市农机、农业部门在水稻生产机械化过程的栽插环节做了多种努力。曾先后引进抛秧机分别在35个区（县）试验、示范；引进工厂化育秧设备在江津先锋镇农机科技示范场安装投用，在长寿“水稻生产机械化示范项目”中建适宜机插的育秧中心；引进东洋PF455S手扶自走式插秧机在九龙坡、沙坪坝等地试验、示范。

2005年，由重庆市财政解决资金，重庆市农业技术推广站购进江苏省东洋机械有限公司生产的PF455S型插秧机在水稻主产区（县）进行示范推广，当年初见成效。2006年，市农业技术推广站分别与吉峰重庆农机有限公司和重庆众全机械设备有限公司签订合同，集中采购东洋PF455S型插秧机700台，VP4型高速插秧机10台；SPW48C型插秧机40台，井关PC6型插秧机50台，PG6型插秧机10台。2007年，市农业技术推广站又分别与吉峰重庆农机有限公司和重庆众全机械设备有限公司签订合同，

集中采购洋马 VP6 型高速插秧机 4 台、久保田 SPW48C 型手扶插秧机 40 台、东洋 PF455S 型插秧机 91 台、PS15 型两行独轮插秧机 200 台。

2007—2011 年，全市新增插秧机 9 515 台，其中四行机 1 517 台。2012 年及以后，插秧机每年平均增加量保持在 300 多台。

2011 年，重庆市科学技术委员会将市农业机械试验鉴定站主持研制的“丘陵山区油菜免耕直播机”列为科技攻关项目并立项。2BM－4 型和 2BM－6 型两款小型油菜免耕播种机，经检验机构检验，各项指标均达到相关技术标准要求，2012 年机械通过验收后，进入示范推广阶段。

2012 年 5 月，由中国工程院院士罗锡文团队研发的水稻精量穴直播机在巫山县庙宇镇长梁村示范，当年，巫山水稻精量穴直播示范面积 300 亩。2014 年，潼南区佳禾机械种植专业合作社购置 4 台油菜精量联合直播机，在崇龛镇青杠村进行油菜播种。2015 年 4 月 10 日，巫溪县在尖山镇大包村开展玉米直播机试验，西南大学王季春教授及科研组人员参加了试验。

第三节　收获（脱粒）机械

早在 20 世纪 80 年代初，重庆地区农村就开始使用收获机械，最常见的有机动小麦脱粒机、田间脚踏式挞谷机。

1990 年 5 月，为搞好“半旱式”水稻的规范化栽培，重庆市人民政府决定在巴县召开现场会议，并以会代训，示范推广。会议期间，市农机水电局一并套开小麦机脱现场会，市内多家脱粒机生产厂自带机器参加现场演示。此举得到重庆市人民政府领导的肯定。当年 10 月，市农机水电局在江津德感镇召开重庆市脱粒机推广选型评审会，经过参会代表综合评议，取得一致意见：（1）优先推广的机型为巴县双河农机站生产的 5TG 型－76 型稻麦脱粒机，巴县巴山机械厂生产的巴山牌 5TFS－40 型脱粒机，沙坪坝区汽修厂生产的 9QDT－600 稻麦脱粒机，大足石马农机厂生产的 5TD－75 型脱粒机。（2）由区（县）农机部门根据市场需求提出计划报市农机水电局综合后，统筹安排企业进行生产。

1991 年麦收期间脱粒机推广效果较好，农民易于接受。在此基础上，重庆市农机水电局将原定推广计划作出调整，对农民认同的几款脱粒机生产计划也作相应调整并下达到生产企业，从原计划总量 2000 台上调为 4 800 台，其中石马 5TD－75 型 2 550 台、嘉陵江 5TD－60 型 1 500 台、双河 5TD－76 型 500 台、巴山 5TFS－40 型 200 台；同时，根据重庆市人民政府当年安排再生稻面积计划，安排试制再生稻脱粒机 50 台。按照上述计划安排，市农机水电局向市计划委员会申请 300 吨计划内钢材指标。1992 年 3 月，重庆市农机水电局下达第一批农机科技项目，其中包括小型收割机引进及试验示范，由西南农业大学和巴县陈家桥农机站承担，项目经费 1 500 元。

1994 年 1 月，重庆市农机水电局发布《重庆市小型脱粒机械作业规范（试行）》。

1996 年 5 月，重庆市农机推广站会同潼南县农机推广部门，引进一台小型割晒机在潼南新林乡开展机械收割，6 天时间收割小麦 120 余亩。这也成为重庆稻麦机械收割零突破的起点。从此，重庆市农机主管部门开始把稻麦机械收获列为推广工作重点之一。此后曾先后两次组织有关单位和工程技术人员到外地考察学习，并从浙江引进湖州－130 型和四方牌联合收割机 10 台，RL 型割捆机 5 台。7 月，重庆市农机水电局同意市农机研究所研发的 STY－0.2 型玉米脱粒机进行试产试销。试销期从 1996 年 7 月至 1997 年 6 月。

1997 年 5 月，按照重庆市人民政府组织重庆农机考察团赴日期间签署的相关协议，市农机水电局引进日本本田公司 TB35、TB45、TB653 款稻麦收割机，并由厂方派技术人员来重庆开展稻麦收割试验、示范。此次引进试验、示范效果较好，重庆市农机主管部门计划由市农机推广站购买本田公司 TB65 型割捆机 1 台、TH40 型脱粒机 1 台、TM140 型联合收割机 1 台、久保田公司 PRO481 型联合收割机 1 台，作为市级推广示范用机。之后，重庆市农机局再次组织垫江、梁平、潼南、沙坪坝等 7 个县区农机部门从浙江购进湖州－130小型联合收割机11台、顺风RL50型割晒机5台，开展稻麦机械收获示范、推广，共收割小麦200亩，水稻3 300亩。这一年，重庆市农机推广站购买了两台日产洋马－人民1号半喂入水稻联合收割机作为推广示范用机，这也标志重庆实现联合收割机零突破。

1997年6月，重庆市农机水电局同意重庆内燃机厂生产的5TG－70型风选式稻麦脱粒机进行试产试销，试销期为1997年6月至1998年5月。统计数据显示：1997年全市拥有小型收割机12台。

1998年，多款收割机械参加水稻收割。当年，全市新增各类收割机械38台。

1999年5月，重庆市农机局在璧山召开斜挂式收割机操作培训现场会。当年，重庆市市农机研究所、北碚腾龙机械有限公司开始试生产斜挂式收割机，并于2000年投放市场。

1996年潼南县引进第一台水稻割晒机推广，2004年年末，全市已拥有中、小型（不含斜挂式）收割机200多台。

2004年，重庆市农机主管部门经过多方调研，反复论证后提出"以提高耕、种、收综合机械化水平为主线"的阶段性发展思路。

为了突破水稻机收、机插两个薄弱环节，2005年重庆市农机局商市财政局，同意对农户购置水稻联合收割机、机动插秧机实行中央补贴与市级补贴叠加，鼓励农户购买。这一政策的实施，起到极大的推动作用。年末，全市拥有联合收割机200台、机动割晒机800台、机动脱粒机27.76万台。联合收割机机型以江苏日资企业生产的高性能久保田PRO488型、PRO588型、洋马CE－2M型、AG600型为主。

在联合收割机的推广过程中，无论农机主管部门还是农户都感觉到久保田、洋马虽有效率高的优势，但价格偏高。虽有高额补贴，但农户自负额度仍然较大，加之政府意在扶持地方农机企业发展的原因，2005年以后，重庆市富派农机公司、双恩农机厂开始试制履带式全喂入联合收割机。之后重庆鑫源、峻海、盈丰民、航天巴山、威马、康朋、旭田等10多家企业相继投入了收割机的试制、生产。其中主要机型有：重庆富派4LZ－0.3型、重庆双恩4LZ－0.3型、重庆鑫源4LZ－0.3LA型、重庆航天巴山4LZ－0.4L型、重庆峻海4LZ－0.3型。这一时期，在重庆联合收割机销售市场上，除原有久保田、洋马和本市产品外，四川刚毅4L－0.9B型、天拖4LBZ－148型等产品也在重庆销售。

2010年年末，全市拥有联合收割机3 110台、割晒机1 430台、机动脱粒机60.77万台。

第四节　农用运输机械

改革开放初期，重庆农村最早的农用运输机械主要是农用拖拉机，其中以小型的工农－12（S195）型手扶拖拉，中型的丰收－27型、丰收－35型、东方红－28型、红旗－50型、铁牛－55型为主。

1982年，合川县机械厂、国营江津川江汽车改装厂进入农用运输车装配、生产，并逐步成为重庆市主要的农用运输车生产企业。合川县机械厂1982—1988年研制并生产嘉陵牌农用运输车达6年之久，主要产品型号有：HC120型1吨农用运输车、HC121型1吨农用运输车、HC121Z型1吨自卸农用运输车。该厂生产农用运输车的总产量超过万台，产品销往20多个省份。国营江津川江汽车改装厂1987年和中国农机院联合研制川江牌CJ－120型、CJ－121型农用运输车，该项目经重庆市（经济委员会以下简称经委）批准为1987年重点技术开发项目，产品于1987年11月30日通过重庆市经委组织的重点新产品技术鉴定，经检测，各项经济技术指标合格，之后投入批量生产。根据市场预测，市农机水电局下达1988年指导性生产计划500辆，1989年1 000～1 500辆。

1987年，重庆市八桥汽车改装厂开发的九龙牌JL63型轻型系列车，列入了四川省民政厅、重庆市计划委员会的重点扶持产品。

1988年1月，重庆市经济和信息化委员会同意将合川机械厂生产的嘉陵牌HC121型农用运输车，改装更型为HC121X型农用车，并且列入重庆市1988年新产品开发项目。同年8月，重庆市农机水电局同意江津川江汽车改装厂在原生产CJ－120型、CJ－121型农用运输车的基础上开发CJ120D型、

CJ121D 型自卸农用运输车；11 月，重庆市农机水电局同意合川县机械厂试销嘉陵牌 HC121X 型农用车 10 辆，并向重庆市公安局衔接办理上户手续事宜。

当年，重庆市农机水电局同意江北县通用机械厂与成都拖拉机总厂联合生产“大地牌 121A 型”农用运输车，并由江北县通用机械厂组织销售。市农机水电局对江北县通用机械厂下达年度指导工作性生产计划 70 辆。

1988 年，重庆市农机水电局向国家机械电子部工程农机司申报了“重庆市农用运输车产品名录”，目标是争取纳入机械电子部指导性计划。

1992 年，国家作出政策调整，大、中型拖拉机的更新工作由“全国老旧汽车报废更新领导小组”统管。同年 11 月，重庆市农机水电局转发国颁新规《拖拉机报废标准》。全市拖拉机更新工作由设在市物资局的“重庆市老旧汽车报废领导小组办公室”负责。

1987—1995 年，农用运输车发展迅速，在这期间，农用运输车成为农业生产资料、农村生活物资和农产品运输的主力（表 10－1－2）。

表 10－1－2　1990—1994 年重庆市农用车变化情况

年度	1990	1991	1992	1993	1994
农用运输车（台）	5 772	6 330	6 356	7 404	8 454

农用运输车的发展，挤占了原来大中型拖拉机在农村农用物资、农产品运输中的市场，因而大中型拖拉机拥有量呈逐年下降趋势。1987 年 812 台，1994 年只有 217 台，且绝大多数为农户所有（表 10－1－3）。

表 10－1－3　1987—1994 年重庆市大中型拖拉机拥有量变动情况统计

年度	拥有量（台）	大型轮式（55 马力以上）	中型轮式（台）	履带式（台）	全民所有（台）	集体所有（台）	农户所有（台）
1987	812	1	811	0	15	188	609
1988	709	1	708	0	10	135	564
1989	639	1	638	0	10	95	534
1990	534	1	533	0	6	61	467
1991	420	1	419	0	10	41	369
1992	328	1	327	0	7	21	300
1993	292	1	291	0	9	21	262
1994	217	1	216	0	7	13	197

1997 年，江津川江汽车改装厂“川江牌”CJ150T 型运输拖拉机试制成功，11 月，拖拉机经重庆市农机管理局同意进行试销。

1998 年，重庆立丹集团机车工业有限公司开发多款深受农民群众欢迎的多用途运输机具。1999 年上半年，该公司研发的 LD5Z3 型农用三轮拖拉机，经市科协评定，列为 1999 年“重庆市技术创新项目”。产品试制完成，经检测，各项指标合格，当年 9 月通过鉴定后，在全市推广、销售。

1998 年以后，重庆宗申、华亚，万虎、跨越等几家民营机械制造企业也开发出汽油机 3 轮、4 轮运输型机车投放市场。

截至 2005 年，重庆市各类农用运输机械总量达 61 000 辆。

2005 年以后，农用运输车的发展速度经历了从放缓到负增长的过程。其原因：一是道路条件改善，汽车运输效率、效益比农用三轮、四轮车、农用车运输高，优胜劣汰成为必然趋势；二是根据公安部的规定，2005 年重庆市政府裁定，农用运输车交公安交通管理部门进行统一户籍管理，农用运输车的认定标准（速度、载重量）更严格，无论厂家生产积极性还是农户购买的积极性都受到影响。

2010 年年末，重庆市各类农用运输机械总量 51 500 辆

2015 年年末，重庆市各类农用运输机械总量 46 100 辆。

第五节　其他农用机械

一、植保机械

1985 年农业植保用机械基本实现机械化或半机械化，重庆市有人力喷雾器 19. 27 万部，机动喷雾机 4 398 部。机型有：工农-0. 5 型、工农-16 型、工农-905 型、WD -0. 55 型等人力喷雾器；山城-30 型、东方红-60型、工农-36 型、工农-60 型等机动喷雾机。随着农村土地经营模式的变化（土地流转、规模化、产业化、集约化等），在以后的发展变化中，植保机械和植保方式也发生了变化。一是机动喷雾机的功率提高，数量增加，逐步替代了人力喷雾器；二是农作物植保的组织化程度提高，多见于专业服务队（专业合作社、社区服务组织）集中防控；三是形成了市场需要决定植保机械发展速度、数量的常态化格局。

2006—2014 年，担架式、手推式机动喷雾机、太阳能杀虫灯、植保无人飞机等植保机（器）械先后在重庆全市推广使用。

统计数据显示，1997 年，全市拥有机动喷雾机 9 000 台，2005 年，拥有量达到 12 100 台/1. 91 万千瓦；2010 年，达到 57 100 台/7. 423 万千瓦；2015 年，达到 74 100 台/9. 02 万千瓦。

二、水产养殖机械

1987 年 12 月，重庆璧山县金堂水库从北京引进一套机械化网箱养鱼成套设备。1988 年 3 月正式投入使用，这是重庆市第一家采用机械化网箱养鱼设备的水库，机械化养鱼面积 610 米^2。

1988 年，重庆市农机研究所进行渔业机械技术开发，在短时间内完成了半自动投饵机及充氧式增氧机的试制，试制产品出厂前，市农机水电局组织召开了演示现场会进行宣传推广。

1990 年，农业部下达重庆市农机水电局“鱼虾高产配套机械技术推广”任务，推广面积 200 公顷。重庆市农机水电局分别下达给沙坪坝区和九龙坡区，落实面积 205 公顷。两区农机主管部门认真落实计划任务，在原计划 233 台设备的基础上增加 110 台，超额完成目标。

水产养殖中的常用机械设备多为增氧机、投饵机。由于此类设备技术含量低，易于生产，价格便宜，又是养殖户必备的设施设备，多年来随着养殖水面的增加，形成快速、稳定的发展态势。

2005 年，全市有水产养殖（增氧机、投饵机等）机械 20 300 台；2010 年，全市有水产养殖（增氧机、投饵机等）机械 54 000 台；2015 年，全市有水产养殖（增氧机、投饵机等）机械 65 000 台。

三、农产品加工机械

（一）传统农产品（粮油）加工机械的发展

20 世纪 80 年代初，农产品加工机械主要用于粮油加工且多为粗加工。农村大量使用的有打米机、磨面机（粉碎机、压面机）和榨油机等。据统计：1985 年，重庆市有打米、磨面机共 68 576 台（其中，国营 48 台，集体 24 074 台，农户 20 384 台），榨油机 268 台。随着农村改革的深入和经济体制变革，粮油加工机械化程度得到进一步提高。加工设备形成双向发展态势，一是向小型化粗加工方向发展，面向院落、农户家庭；二是向自动化成套化精深加工方向发展，面向国营、民营专业加工厂。

农业产业化和农业特色经济的发展，拓展了农产品加工领域。农产品加工业向多门类、工厂化、深加工方向迈进。加工机械制造企业也根据市场需要开发、生产提供相应机械。统计报表记载：2005 年，全市拥有农副产品加工动力机械 49.97 万台（套）/198.44 万千瓦；2010 年，全市拥有农副产品加工动力机械 93.74 万台（套）/319.95 万千瓦；2015 年，全市拥有农副产品加工动力机械 102.22 万台（套）/359.29 万千瓦。

（二）重庆市农机研究所农副产品加工机械的研发

1986 年，重庆市农机研究所为涪陵市永义乡设计、生产、安装淀粉加工设备 1 套；为綦江县巨龙乡设计、生产、安装鲜魔芋切片设备 1 套，并协助培训设备使用操作人员。

1987 年，重庆市农机研究所研制成功了“水磨汤圆面加工成套设备”。当年，重庆市农机研究所与四川眉山县粮油食品工业公司签订提供“500 千克级水磨汤圆面加工设备”协议，并进行现场设备的技术调试和操作指导。之后，重庆市农机研究所又先后为重庆市江北区琦珠食品厂、万县市粮油食品第二供应公司、四川南充市粮油食品供应公司、福建泉州市延陵昌裕粮油加工厂等单位提供“500 千克级水磨汤圆粉加工设备”。该设备获 1992 年中国农业博览会优良奖。

1988 年 9 月，重庆市农机研究所在国内首次成功开发的小型柑橘酱加工设备通过鉴定，并被认为是当时国内先进的小型柑橘酱加工设备。同年 10 月，该所开发的椒盐花生加工设备在四川温江地区粮油食品厂投入运行。12 月，该所开发的红薯鲜贮加工设备通过鉴定。

1989 年，重庆市农机研究所为綦江县永乐食品厂研制草酸烘干设备；为江北机械厂研制提供 5 套“血粉烘干设备”。

1993 年，重庆市农机研究所为合川市涪江丝厂提供“蚕蛹干燥设备”1 套；为贵州遵义味全食品厂提供“200 千克级热风炉”1 套；为江西省仪丰脐橙场研制“甜橙锥汁机、磨果机系统和板式灭菌器”各 1 套。

1995 年，重庆市农机研究所为射洪县大华食品厂研制“ST－200 型水磨汤圆面成套设备”1 套；为重庆江北区琦珠粮油食品厂研制“机榨麻油生产设备”1 套。重庆市农机研究所为凉山彝族自治州西昌食品厂研制“阴米沸腾干燥设备”1 套。重庆市农机研究所为江安县葛粉厂研制“40 万千卡热风炉设备”1 台。

1996 年，重庆市农机研究所研制成功“12 万大卡热风炉”，并于当年和 1997 年分别为四川乐山市牛华粮油贸易公司、资阳市城关粮油食品站凤岭食品厂提供所需设备。

1997 年，重庆市农机研究所为江津食品厂研制“FG100 型阴米沸腾干燥设备”1 套。

2000 年，重庆农机研究所为四川泸州龙马潭区小市粮油食品公司、重庆市科光种苗公司研制“玉米加工成套设备”。

2002 年，重庆市农机研究所为秀山土家族苗族自治县、江津、梁平研制“金银花烘干设备”和“笋壳烘干设备”获得成功。当年为其安装调试并投入运行。

2005 年，重庆市农机研究所为秀山土家族苗族自治县红星中药材公司研制、提供“JH－25 金银花烘干设备”1 台。

四、秸秆粉碎还田机械

为了消除秸秆焚烧产生的空气污染和给航空器航行、起降带来安全隐患，2001 年农业部开始实施秸秆露天禁烧项目。2003 年，农业部安排重庆市农机部门在江北区、大足县、荣昌县实施秸秆粉碎还田示范项目。

根据重庆地区的实际，从减少污染、消除飞行隐患、提高农田肥力三方面考虑，2001—2004 年，重庆市农业机械试验鉴定站自主研发油菜秸秆粉碎还田机，形成 9FJ40A 型和 9FJ40HA 型第一代样机。

该机以锤片形状、排列方式、进料特征、无堵结构和整机配置5个创新点，超过国颁JB/T 6678－2001型秸秆粉碎还田机行业标准。其拆卸方便、结构紧凑适合山地丘陵地区作业使用。2004年，该机通过专家鉴定，定型后由重庆市江津茶机厂批量生产投放市场。统计报表记载：2005年，全市拥有秸秆粉碎还田机900台。

五、农用动力机械

1988年7月，重庆市农机水电局组织召开“3～5马力柴油机市场及生产可行性论证会”。论证会形成以下意见：(1) 建议恢复3～5马力柴油机生产；(2) 会后正式向重庆市人民政府（农业委员会）报告和请示；(3) 与永川机械厂衔接，商讨恢复生产的有关事项；(4) 重庆市农机水电局机关、科研所、公司都要围绕恢复该机生产开展工作；(5) 成立“恢复3～5马力柴油机生产领导小组”。同年10月，重庆市市农机水电局同意重庆内燃机厂开发的R175－1型柴油机小批量试销。12月，重庆柴油机厂“CC155型”产品取得“农业机械推广许可证”，被列入全国《小型拖拉机配套柴油机生产企业及产品目录》。

1997年6月，重庆市农机水电局同意重庆内燃机厂生产的R165型柴油机试销，试销期为1997年6月—1998年5月。11月，重庆市农机水电局同意重庆拓普柴油机厂生产的R165型柴油机试销，试销期为1997年11月至1998年5月。

2001年，北碚腾龙机械厂开发的TLIE40F型通用小型汽油机，重庆红光内燃机厂研制的R165型柴油机被重庆市名牌农产品认定委员会认定为重庆市首届名牌农产品。

2007年，由重庆市农机管理局主持，重庆市农业机械试验鉴定站、重庆合盛工业有限公司、重庆拓普柴油机厂共同承担南方丘陵山区微耕机及专用节能发动机研发。项目目标任务是：通过研究开发微耕机系列产品，形成三大系列12个品种，解决微耕机同质化问题；研究开发2个型号节能汽油机、2个型号节能柴油机作为微耕机专用发动机；建成年生产能力2万台微耕机专用节能汽油机中试生产线。2008年5月，该项目通过中期评估，完成阶段目标，研发专用节能柴油机新产品2个，汽油机2个，起草与之对应的地方标准3项，企业标准2项。2009年11月，该项目通过验收并获2010年度重庆市科技进步二等奖。

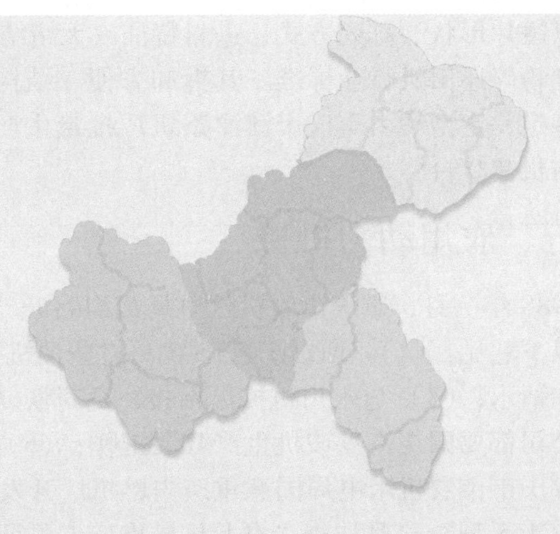

第二章 农机技术推广

第一节　节油（能）改造技术

20 世纪 80 年代，由于能源紧缺，农用柴油计划分配，凭证供应，为了缓解这种状况，尽可能使有限的农用油料发挥更大作用，保证农业生产，当时四川省农机主管部门在全省上下大力推广节油增效技术。其中 S195 型柴油机回油管改道节油增效，金属清洗剂代油、打米机节能增效改造技术的推广是各地的主推项目。

1986 年，重庆市荣昌县、合川县、江北区等农机部门引进并实施手扶拖拉机 S195 型柴油机节油增马力技术改造，当年改造 210 台。经测定，该技术确实具有节油、增马力效果。当年，重庆市农机水电局还在全市推广“打米机节能增效改造技术”，并配发技术资料到各区（县）农机主管部门以供操作人员学习。

1987 年 6 月，重庆市农机水电局要求进一步提高技术，通过年度冬春修，实现 S195 型柴油机的油耗降到 195～180 克/（马力·小时）以下，功率升到 13～15 马力以上，完成 30% 以上的旧机器改造目标任务。

1987 年，四川省万县地区农机局 S195 型柴油机节油改造技术推广项目获万县地区科技进步三等奖。

1988 年，四川省农业机械管理局把“打米机节能增效改造技术”列为推广项目。全省计划改造 21 400台，下达重庆市改造任务 2 000 台。

1989 年，四川省农业机械管理局下达重庆市改造任务2 500台。

1988 年、1989 年，在重庆市农机水利主管部门的主导下，大力推广水工机械粘修、防护和使用水剂代油在农机维修中的应用。

以上节油（能）技术在特殊时期缓解了部分供求矛盾，但同时存在副作用，随着油料紧缺状况的缓解及新材料、新工艺的出现，被逐步淘汰。

第二节　化肥深施技术

化肥深施技术是 20 世纪 90 年代初农业部大力推广的节本增效工程技术之一。此项技术主要是采用 2F－50 型液肥深施器或 LYJ 型多功能施肥枪与背负式喷雾器配套使用，将液肥深施于土表下 6～10 厘米的作物根际，有利于作物更为直接、充分吸收。

1990 年，四川省农机局在大邑、三台等县试验推广半机械式化肥深施节肥增效技术。1991 年，四川省农机局在三台县召开全省农机推广现场会，会议要求各地农机部门要把化肥深施技术的试验推广列为年度任务，逐步推广。随后的 3 年，重庆市农机部门会同区（县）农机部门采取试点示范，现场演示等方法推广，取得了一定的成效，农户逐渐开始接受这项技术。

1995 年，重庆市农机局统一从大邑县生产厂家购进 500 多支深施器，分发到区（县）。当年深施面积达到 7 850 亩。通过对比测试，小麦、玉米平均每亩增产 20 千克，化肥利用率也从 30% 提高到 45%，每亩减少化肥用量 12 千克，平均每亩增收节支 40 元左右。

1996 年，重庆市、区（县）农机推广部门共召开技术推广现场会 150 余次，推广化肥深器 11. 23 万支，深施面积 134. 47 万亩，增产 2 700 万千克，节肥 1 万吨左右，增收 5 400 万元。綦江县农机部门对全县 12 000 余亩玉米地实施了化肥深施技术。采用了该项技术的农户普遍增收，玉米每亩增产达 32 千克。当年 7 月，重庆市农机水电局选择江津市为“九五”农业节本增效示范县，重点示范化肥深施和节水灌溉。计划到“九五”末，示范县及毗邻县（市）化肥深施目标面积达 6. 67 万公顷。

1997 年初，重庆市农机水电局开展单项评比，按各区（市、县）1996 年化肥深施推广面积、化肥深施器推广数量、领导重视等项指标考核，綦江、巴南、璧山等区县农机主管部门被评为 1996 年度化肥深施技术推广先进单位，并决定给予綦江县 15 00 元，巴南区、璧山县各 1 000 元，渝北区、长寿县、潼南县各 500 元，荣昌县、沙坪坝区、九龙坡区各 200 元的奖励。1997 年全市共投入化肥深施项目经费 152. 54 万元，投入机具 16. 34 万件，实施化肥深施面积近 10 万公顷。

由于这项推广技术简单，成本低效果好，随后便进入农户自主选择、自行发展阶段。

第三节　机械节水灌溉

1991 年，重庆市农机水电局拟建立市级机电排灌技术推广服务中心 1 个、区（县）级机电排灌技术推广服务中心 19 个。主要职责是按装机容量，分级负责辖区内机电排灌设施兴建和技术改造的规划设计；施工、安装、竣工验收、技术监测，新技术新设备的试验示范和推广运用；技术培训、技术咨询、信息交流以及有关物资的供应等。当年，铜梁、潼南、荣昌、璧山等部分县级“中心”相继建立，开始探索提水与节水相结合的灌溉模式。

1996 年初，重庆市农机水电局选择江津市为“九五”农业节水示范县。计划“九五”期末，示范县及毗邻县（市）节水灌溉目标面积达 18 万亩。同年 6 月，重庆市农机水电局组织永川、合川、璧山、铜梁、大渡口等 20 个区（县）的提灌工程技术人员，到北京顺义考察参观采用以色列节水技术和设备建成的花卉（苗木）基地。

1997 年 6 月，为了实现水稻节水灌溉与高产增效的目的，市农机水电局组织綦江、璧山等区（县）相关工程技术人员赴山东考察学习“水稻高产控制灌溉技术”。同年 11 月，国务院总理李鹏在奉节移民区视察时谈到“应该引导农民搞滴灌”。这一时期，库区柑橘产业被国内外专家及企业看好，而地处三峡库区腹地的忠县正在大力发展这一产业。为了探索果园的节水灌溉方式，市、县两级农机主管部门和入驻企业三方协议，确定在规划区域内，分期实施“万亩果园滴灌示范工程”。次年，重庆市农机局就该项目向农业部提交总投资 1 000 万元的立项报告。建设项目投资分项是：新建提灌站 100 万元，修（整治）山塘坪 150 万元，水池 100 万元，管道设备 550 万元，渠堰 100 万元。资金筹措方案：中央解决 500 万元，市县 300 万元，企业及农户自筹 200 万元。项目建设规模：总面积 1 万亩，涵盖果园 14 个。同年 12 月，重庆市农业综合开发办公室同意，将市农机局申报的银杏生产基地采穗圃滴灌科技示范项目列入年度市级农业综合开发科技示范项目，总投资 27. 37 万元，由市农机局抗旱服务队在大足县实施。

1998年，重庆市农机研究所主持实施了北碚区东阳镇“蔬菜基地节水灌溉工程”项目。

1999年3月，重庆市农机局在永川市百里优质水果长廊双竹园区实施节水滴灌项目100亩。同时，重庆规划在5 000亩果园基地中实施节水灌溉1 100亩，于2001年5月建成。7月，市农机局向农业部递交立项报告，计划在九龙坡、长寿、永川、奉节、万州建设3.9万亩高标准农业节水增效灌溉项目。项目总投资4 000万元，申请使用国债资金2 000万元。11月，重庆市农机局向重庆市人民政府请示，要求将喷灌技术示范列入重庆市农业先导型技术项目。拟通过编写资料、研究灌溉组合、制定操作规程、管理制度等，进行2 000亩良田、果园、蔬菜喷灌技术示范。2000年，重庆市财政解决喷灌技术示范项目经费6万元；同年，该项目列入重庆市农业综合开发项目，并解决项目前期工作经费10万元。12月，永川市农机水电局向重庆市农机局报送《重庆市永川机械化旱作节水高效农业示范基地建设实施方案》。

2000年12月，重庆市农机局编制《重庆市“十五”期间机械化旱作节水农业发展规划》。规划提出：2001—2005年间重庆市建设40个机械化旱作节水农业示范基地，实施控制面积50万亩，遍及渝西丘陵区、三峡库区和武陵山区，总投资3 000万元。

2001年年初，重庆市农机局机电提灌总站（挂靠农机局排灌处）对大足县楷林优质苗木园进行了考察，确定在该苗木园进行节水灌溉项目建设，并由巴南区农机技术推广服务站实施，项目总投资20万元（中央10万元、市级10万元）。建设内容包括：固定式（10亩）、半固定式（50亩）、移动式（136亩），喷灌面积共195亩；7.5千瓦电灌站1处；3台6马力、4台0.75千瓦喷灌组；输水管、主干管、支管共4 000米；喷头70个。项目工期至2001年6月底前完成。

2002年下半年，重庆市农机局机电提灌总站先后组织实施了大足县楷林优质苗木园项目（二期），建设内容：节水灌溉面积92亩（50亩固定式喷灌，42亩育苗地浇灌），1 000米的沟管开挖回填，土石方400方，铺设支管1 600米，50亩喷灌区的喷头安装，项目投资20.16万元。綦江太公山节水项目，建设内容：节水灌溉面积158亩（8亩固定式喷灌，150亩甜竹叶、李子树浇灌），修蓄水池3口，铺设主支管3 000多米，8亩喷灌区喷头安装，项目投资10.05万元。

2002年9月，巴南区向重庆市农机局报送《关于巴南区二圣茶场节水灌溉示范项目申请立项的函》，立项函中明确：建设规模为节水微灌溉202亩，节水浇灌200余亩；总投资79.55万元（资金筹集方案：申请市农业综合开发办解决60万元，自筹19.55万元）。

2002年11月，重庆市农机局向农业部报送《重庆市优质柑橘生产基地机械化配套工程项目可行性研究报告》，提出：在江津、长寿、忠县建设机械化旱作农业节水灌溉工程1万亩、优质柑橘机械化作业工程1万亩；建设内容包括：修建提灌站10个，铺设滴灌、微灌管网（设施），控灌面积1万亩。总投资2 816万，资金筹措方案：中央2 112万元，地方704万。

2002年之后，重庆市农机局机电提灌总站主持实施了南岸吴小平葡萄园滴灌节水设施的设计施工；市委党校草坪喷灌设施的设计施工。

机械节水灌溉项目是一个具有前瞻性、精细化农业所必要的节水技术，也是农业灌溉发展的方向。1995—2007年，区（县）向市主管部门申报、市主管部门向农业部转报的项目很多，但由于重庆的自然条件（年降雨量相对充沛），同时受到资金投入的制约，落地实施的项目不多。

第四节　农副产品机械化烘干

20世纪90年代，农业部推广粮食机械化烘干技术，其主要目的，一是解决南方收获季节因梅雨天气造成的粮食损失，二是通过机械烘干准确控制稻谷含水率，提高稻米品质。机械化烘干技术在重庆的推广过程中，从粮食烘干开始，逐步扩大到中药材、竹笋、油菜籽等多种农副产品烘干。

1998年11月，重庆市农机局完成《重庆市粮食烘干机械化建设规划》的编制并呈报农业部农机化司。规划提出：积极引进烘干机械，探索粮食烘干机械化的运营模式，九五期间在南川、忠县、酉阳开展稻麦机械化烘干试验示范，在永川开展水稻（再生稻）机械化烘干试验示范，推广烘干机械320台，总投资2 880万元。到2010年，总投资达到3.5亿元，到2020年，全市推广4 000台烘干机械，年烘干能力达到300万吨。12月，重庆市市农机局批复南川《关于1998年粮食产地烘干示范县项目计划书的报告》，同时建议选用农业部推荐的设备，即上海“三九机械有限公司”生产的粮食烘干成套设备，同意落实市级配套资金15万元。

2000年，农业部农机化司在重庆市召开机械烘干项目工作布置会。次年，农业部农机化司在年度项目计划（农机产〔2001〕11号）中安排重庆市巴南区、合川市开展水稻机械烘干项目试点。同年，重庆市农机局安排南川开展市级水稻机械烘干试点。

2004年，秀山土家族苗族自治县、巴南、江津、荣昌、南川同时向重庆市农机局报送机械化烘干项目。秀山土家族苗族县农机局先后向重庆市农机局报送《关于金银花加工项目的立项报告》，项目建设内容有：金银花种植试验基地300亩，配套加工车间2 500米^2，仓库1 200米^2，附属设施1 000米^2，购置机械烘干设备9台，切片机9台，总投资270.6万元；《秀山土家族苗族自治县孝溪乡金银花机械化烘干项目报告》，项目建设内容：购置烘干设备1套，包装设备2台，配套建设相应的厂房、仓库，总投资32万元（其中技术培训费2万元）。巴南区农机水电局向重庆市农机局报送《花椒产地机械化烘干项目立项报告》，项目建设内容包括：建烘干仓库40米^2，防雨棚100米^2，清理房40米^2，成品仓库80米^2，加热站房16米^2；购置燃煤烘干设备1套，灭菌机、真空包装机1台。概算投资10.5万元。江津市农机水电局向重庆市农机局报送《花椒机械化烘干项目实施方案》。荣昌县农机水电局向重庆市农机局报送《香脆竹笋烘干项目立项报告》，项目建设内容包括：征地3亩，新建厂房500米^2；建笋干生产线1条，购烘干设备1套，高温蒸汽机1台，切片机1台，包装机1台，总投资60万元。南川市水利农机局向市农机局报送《关于方竹笋烘干项目的立项报告》，拟建厂房及烘房100米^2，购烘干设备一套，小推车11台，总投资22.66万。

2004年9月，重庆市农机局对江津市花椒机械化烘干项目实施方案批复：同意新建机房及仓库200米^2，增配100kV型变压器一台，架设动力线路400米，配套花椒烘干机一套。总投资29万。

2009年4月，重庆市农业委员会举办生物质移动式烘干技术培训会，会后决定在当年油菜万亩高产示范区县内，选择经复测排序列前五名的菜籽产量大县（潼南县、秀山土家族苗族县、垫江县、梁平县、南川区）开展生物质移动式烘干技术试验示范，并由重庆市农机办协调，为每个县（区）配置2台秸秆气化烘干机，进行油菜籽、水稻烘干试验示范。

2014年4月，重庆市农机技术推广总站发布重庆市2014年主推农机化技术，“稻谷和油菜籽烘干机械化技术”列入其中第五项。

第五节　水稻生产全程机械化

1996年12月［重庆市代管“两市一地”（万县市、涪陵市和黔江地区）］，重庆市农机水电局向农业部农机化司提出《将梁平县列为水稻生产机械化示范区》的立项报告，随后梁平县向市农机水电局报送《水稻生产机械化示范区项目实施方案》。1997年3月，重庆市农机水电局批复同意该《实施方案》并转报农业部，同时要求万县市农机局按照实施方案做好相关准备工作。6月，农业部农机化司批准实施梁平县水稻生产机械化示范区项目，同时在年度计划中给予项目资金预安排。

1997年年初，重庆市农机技术推广站向市计委提出《请求解决重庆市农机推广站推广设备的报告》，当年获批，并解决资金购买两台日产洋马-人民1号半喂入水稻联合收割机。设备到货后，当年7、8月在长寿、垫江、九龙坡机收现场会上进行了示范、宣传、推广。次年，在投入重庆市水稻收割（示范、宣传、推广过程）后，为了提高机手操作熟练程度，重庆市农机技术推广站还组织人员随行到四川成都参加跨区作业服务。

1998 年 5 月，重庆市农机局向农业部报送《长寿县水稻生产机械化示范项目建设方案》获得批准，并同意解决中央财政资金 100 万元。随后长寿县农机水电局向重庆市农机局报送《关于长寿县水稻生产机械化示范项目实施方案的报告》，1999 年 3 月，重庆市农机局批复长寿县水稻生产机械化示范项目实施方案：同意在长寿建设 10 个水稻生产机械化示范乡镇，每个乡镇规划面积 1 万亩，总规模 10 万亩。建设项目内容包括：建 10 个育秧中心（总面积 6 500 米^2），生产辅助房共 7 000 米^2；购育秧设备 80 台套，耕整机械 1 000 台，插秧机 100 台，收获机 140 台，烘干设备 15 台，深施器 600 具，植保机械 100 台，其他 90 台；改造维修用房、检测设备、车库等。总投资 1 376 万元，资金筹集方案：中央、地方财政各 100 万元，自筹 1 176 万元。建设期限两年（1998—1999 年）。

1999 年 5 月，重庆市计划委员会、重庆市农机局计划在江津建立稻麦生产机械化示范区，总投资 900 万元，资金筹措方案：申请中央财政补助 200 万元，地方财政配套 200 万元，自筹 500 万元；建设内容包括：土建工程 3 000 米^2（机械设备存放棚库、育秧房），购置联合收割机、育秧设备、插秧机、植保机械等与项目规模相适当的设备。同年 6 月，江津市农机水电局向重庆市财政局、市农机局报送《江津市 1999—2000 年优质稻机械化生产示范基地建设规划》（简称：《规划》）、《江津精准农业和水稻机械化建设项目的请示》（简称：《请示》）。重庆市财政、市农机局分别对《规划》和《请示》进行了审核，同意《规划》所列项目总投资 364 万元，资金筹集方案：申请中央补助 70 万元，地方配套 112 万元，自筹 162 万元。中央同意《请示》实施规模为；机械化耕整 20 000 公顷，机械化植保 6 670 公顷，机收面积 3 300 公顷，工厂化育秧供秧面积 1 340 公顷，精准农业 1 340 公顷；总投资 1 200 万元，资金筹集方案：申请中央补助 300 万元，地方配套 300 万元，自筹 600 万元。

1999 年 8 月，全市水稻机械化收割现场会议在垫江召开。这次会议一是表示全市水稻机收工作正式开始；二是示范宣传、扩大影响，为以后水稻生产全程机械化技术的推广打基础。

1999 年 12 月，长寿县农机水电局就《水稻生产机械化示范项目》实施情况向重庆市农机局报告，示范项目完成建设内容包括设备购置（耕整机械 332 台、小型收获 166 台、联合收割 2 台、烘干机 15 台、肥料深施器 900 支、植保机械 234 台）；设施（设备）维护［修复农业机械 24 台（套）维修新增提灌设施共 35 台（套）］；基础设施建设（机耕道整治 332.3 千米）；体系建设（育秧中心 5 个、完善乡镇农机化服务体系 5 个）；宣传培训（召开机耕现场会 6 次，机收现场会 3 次，举办机收培训班 4 期）。

2001 年 4 月，重庆市引进的两台东洋 PF455S 型手扶自走式插秧机，通过试验，基本适应本市水稻栽插要求，达到预期效果。从此机插秧设备及机插秧技术开始在本市进行推广。

2004 年，重庆市农机局计划在秀山土家族苗族自治县、开县两地实施《南方水稻全程机械化基地建设项目》，其中秀山土家族苗族自治县实施的内容是新建仓库 1 000 米^2，催芽室 558 米^2，购置耕整机械 40 台、催芽机 10 台、插播机械 41 台、拖拉机 10 台、联合收割机 14 台，修（整治）田间道路 20 千米/20 000 米^2，预算投资 245 万元。开县实施的内容是购置拖拉机 7 台、联合收割机 7 台、插秧机 7 台、辅助设备 6 台套、其他设备 115 台（套），新增（维护）6 台 176.5 千瓦提灌站，新建仓库 200 米^2、加工车间 300 米^2、温室 800 米^2，修（整治）田间道路 3 500 米^2，预算投资 408 万元。同年 9 月，沙坪坝区陈家桥农机综合试点站投资 11 万元，购置 PF455S 型四行插秧机 1 台、久保田两行插秧机 1 台，购置微耕机 1 台，收割机 1 台，进行水稻生产全程机械化技术试点。长寿县在葛兰镇投资 30 万元，建成工厂化育秧站（点）2 处（占地 600 米^2，育种厂房 100 米^2，育秧大棚 4 个 500 米^2），购置精量播种设备 1 套，育秧温控装置 2 套，种子催芽机 4 台，其他育秧设备 5 台，为实施水稻生产全程机械化技术推广作前期准备。

2005 年，外地跨区来渝参与水稻收割的联合收割机数量增加，助推了重庆市机收工作，突破了机收推广初期预想中的难题。同年 10 月，全市水稻机插秧技术推广培训会在沙坪坝区召开。从此，重庆市农机技术推广重点从机收向机收机插并重着力，开始水稻机插秧技术的培训、推广、技术指导工作。

2006 年，重庆市农机管理局发布《重庆市水稻机械化育、插秧技术方案（试行)》。2006 和 2007 这两年，重庆市农机技术推广站通过集中采购方式，先后购买东洋 PF455S 型、VP4 型、VP6 型、PS15 型，久保田 SPW48C 型，井关 PC6 型、PG6 型插秧机共计 1 145 台，分送全市 36 个区（县）110 个乡（镇）开展水稻机械化插秧推广、使用。同年，重庆市农机技术管理局向农业部申报“将永川区、垫江县列为 2007 年水稻育插秧机械化技术示范推广项目区（县)”。

2007 年永川区、垫江县投入插秧机 96 台、收割机 155 台，实现机插面积近 1 000 公顷，机收面积近 1 330 公顷。在强劲发展势头的带动下，南川市确定在 10 个乡（镇)，推进优质稻生产机械化。主推机械化育插秧、机械化收获、机械化耕整技术，举办技术员培训班 5 期，示范户培训班 22 期，涵盖 5.81 万农户。当年水稻插秧结束后，重庆市人民政府对市农机局、江津区、长寿区、涪陵区、合川区、梁平县、南川区、垫江县、秀山土家族苗族自治县、开县、永川区、大足县、潼南县等水稻机插秧先进集体予以通报表彰。

2008 年 5 月，重庆市农机管理办公室印发《重庆市水稻机插秧田间管理技术要点》到各区县（自治县）农机（农业、水利）局。11 月，重庆市农业机械化技术推广服务站向重庆市农业机械化办公室报送《2009 年水稻精确定量栽培技术示范项目》报告。

2009 年 4 月，重庆市农业委员会在江津召开全市 2009 年水稻机插秧现场会。当年，受阴雨寡照天气影响，机插稻秧苗长势偏弱，重庆市农业机械管理办公室发布关于做好机插水稻田间管理的指导意见。当年 7 月，为了推进水稻生产全程机械化技术的推广进程，重庆市农业委员会发布《关于支持久保田半喂入式两行联合收割机进行试验示范的通知》。次年 7 月，重庆市农业机械化技术推广服务站发布《关于两行插秧机适应性试验示范项目实施报告》，适应性试验示范期间，推广 1 500 台两行插秧机，实施 10 个乡（镇）800 公顷示范面积，通过科普宣传、育秧试验示范、机插秧现场示范，辐射面积 4.67 万公顷。

2011 年 3 月，重庆市农业机械管理办公室举办丘陵山区小型插秧机推广培训会议。重庆市农业机械试验鉴定站、重庆博沃发动机配件制造有限公司和参会的永川、南川、綦江、梁平、石柱、开县、忠县、璧山、荣昌、潼南等区（县）农机技术人员共同研讨、总结了丘陵山区小型插秧机试验示范工作。同时对 2ZSD－230 型电动插秧机、2Z－230 型插秧机进行了操作培训。

2013 年 2 月，重庆市农业委员会办公室印发《重庆市水稻机械化育插秧技术规程》。4 月，重庆市农业机械推广总站举办全市水稻机插作业补贴示范点图斑制作培训班。

2014 年 3 月，重庆市农业机械推广总站确定 2014 年主推农机化技术，水稻机械化育插秧技术是其中之一，同时印发《水稻机械化育插秧技术指导》。

实施水稻生产全程机械化技术推广以后，特别是 2004 年确立“以提高耕、种、收综合机械化水平”为主线的发展目标以来，机动插秧机、联合收割机从无到有，由少到多，作业面积大幅上升。机动插秧机作业面积 2005 年从零开始，2010 年达到 8.67 万公顷，2015 年达到 12.46 万公顷；联合收割机作业面积 2006 年为 2.28 万公顷，2010 年达到 22 万公顷（含跨区来渝作业面积），2015 年达到 31.84 万公顷。重庆市可机收田块基本实现机械化收割。

第六节　油菜生产机械化

2002 年，重庆市农机局计划实施油菜机械化生产技术试验、示范。同年 11 月，重庆市市农机局编制《重庆市优质油菜生产机械化项目可行性研究报告》，报告明确：在垫江县“双低”油菜示范区实施，内容包括：购置耕作机械 150 台，秸秆还田机械 200 台，化肥深施器 200 套，联合收割机 15 台，斜挂式收割机 150 台，机动脱粒机 450 台，育苗设备 2 套；建工厂化育苗基地 2 个，总投资 433 万元

（筹措方案：中央200万元，地方50万元，自筹183万元）。继“双低”油菜生产机械化技术推广之后，油菜机械化生产技术的示范推广工作一直都在进行中，其中农机力推的油菜秸秆粉碎还田效果明显。随着时间地推移，农村土地流转，集约化、规模经营的形成，油菜机械化生产技术更加先进。

2008—2009年，南川区、江津区先后被农业部确定为全国油菜生产机械化示范县。2010年9月，南川区在东城街道三秀社区实施“农业部万亩油菜高产创建示范片”，同时召开油菜机械化播种现场会，南川区农业委员会、市农业机械试验鉴定站、示范片农户等共计50余人参加现场会。

2013年，重庆市农业机械化办公室再次启动该项技术的推广。2014年5月，重庆市农业委员会召开油菜机械化收获现场会，交流和总结2013、2014年油菜生产机械化工作经验，推进全市油菜生产全程机械化进程。9月，重庆市农业机械化办公室发布《2015油菜生产机械化技术要点》。

第七节　马铃薯生产机械化

2001年5月，重庆市农机局在《重庆市农业产业化“双高一优”工程项目建议书》中提出：2001—2002年，在万州区投资1.44亿元，建设年加工马铃薯32万吨、精制淀粉6万吨、薯渣饲料2.7万吨的工程项目。同期培育与加工能力相当的薯类种植基地。由于投资因素制约，此项目未能付诸实施，但之后渝东北片区的薯类作物种植面积一直保持较高水平。劳动力短缺和成本的上升，薯类作物生产过程和精深加工机械化一直是农机部门力求解决的课题。

2012年11月13日，由重庆市农业机械化推广总站和巫溪县农业委员会有关技术人员组成的考察组赴贵州省马铃薯生产大市毕节考察，了解毕节市马铃薯生产机械化技术发展的历程，学习推广马铃薯生产机械化技术所取得的经验。2013年1月，巫溪县农业委员会在尖山镇大包村召开马铃薯生产机械化示范现场会，近60余名村民观摩了示范现场。现场会中，操作演示了机械化整田、播种、覆膜、施肥等机械化技术。10月，开县农业机械化推广站引进了青岛璞盛机械有限公司生产的2CMMF－2A型高垄马铃薯直播机，在竹溪、临江等乡镇开展了马铃薯试播示范。2014年3月，奉节县引进山东青岛洪珠农业机械有限公司生产的两行马铃薯播种机在红土乡百鹤村进行试播示范。同年8月，开县在竹溪镇平溪村召开马铃薯机耕、开沟、机播示范现场会。该县马铃薯生产重点乡（镇）的农业服务中心主任和农业组组长、种植大户、附近村民观摩了现场会。现场，山东乐陵市天成工程机械有限公司生产的2CK－2型马铃薯播种机进行了播种、施肥、起垄等机械作业演示。

2014年4月，重庆市农业机械化推广总站发布重庆市2014年主推农机化技术，“稻、薯连作机械化轻简生产技术”列入第四位。当年10月，为推进全市薯类生产机械化，经重庆市农业委员会研究决定在彭水县召开了薯类机械化生产现场会。

2015年1月，万州区白土镇在上年实现马铃薯机收500亩的基础上，进行马铃薯机械化播种2 000亩示范，实现了马铃薯种植全程机械化轻简栽培。巫溪县马铃薯生产机械化技术推广由2013年的尖山镇扩大到朝阳、凤凰、文峰、菱角等乡（镇），面积由2013年的500余亩增加到2015年的5 000余亩。

第八节　机械化深松技术

机械深松技术是使用深松机，在不翻转、不打乱原有土壤耕层结构的情况下，进行深度松土的一种机械耕整地作业方式。机械化深松可有效打破犁底层，蓄水保墒，增加土壤含水量，提高自然降水利用效率，为作物根系创造良好的土壤环境，为农作物高产创造条件。

2015年，农业部将重庆市列为开展农机深松整地作业试点工作的南方省份之一，计划实施农机深松整地作业试点面积10万亩。2015年年初，重庆市市农业委员会农业机械办公室组织人员赴陕西省西安亚澳农机股份有限公司专题考察引进机械化深松机具。2015年4月初，重庆市农业委员会召开全市农业机械深松整地作业工作会议，研究如何落实《农业部办公厅关于做好2015年农机深松整地工作的通知》要求，如期完成农业部下达的试点任务。会议确定，当年农机深松整地作业在万州、涪陵、南川、潼南、开县等优势特色产业区县开展试点，相关区县要根据当地产业发展现状，结合深松作业试点要求，抓紧落实试点区域及面积。同时明确：重庆丘陵山区4种深松技术作业模式，即标准果园深松作业模式，其他果园深松作业模式，粮油、蔬菜等浅根系作物土地免耕性深松作业模式，机械化土壤深松熟化作业模式。6月，重庆市农业委员会、重庆市财政局印发《关于开展2015年农机深松整地作业试点工作的通知》（简称《通知》）。《通知》要求万州、南川、潼南、开县等20个2015年农机深松整地作业试点区（县）农机化主管部门会同财政部门，结合本地实际需求及作业条件，科学制定试点工作实施方案。《通知》同时下达分区（县）作业计划。7月10日，重庆市农业委员会再次召开全市农机深松整地作业试点工作推进会，20个区（县）80余人参会。

2015年，全市完成机械化深松试点面积6 670公顷，2016年突破33 340公顷。

第九节　设施农业装备

重庆设施农业最早见于20世纪80年代，经历了一个数量由少到多、质量由低端向中、高端发展的过程。最早见于蔬菜、花卉苗木培植，以竹（木）塑料大棚居多，逐步有了钢架大棚、自动化室内调控设施等。本市使用最多的是钢架塑料大棚。生产设施大棚、通风除湿等设施设备的厂家很多，市内市外都有，业主（农户）根据自己的意愿自主选择。

农机部门介入设施农业，提供设施装备从20世纪90年代开始，主要承担单位是重庆市农业机械化研究所。

1995年，重庆市农业机械化研究所开始研制农业设施装备，并逐渐形成成套的产品。1997年，先后为贵州铜仁地区农业科学研究所、安顺地区科学技术委员会，市内沙坪坝农业局、北碚东阳镇提供成套镀锌钢架蔬菜大棚；1998年，重庆市农业机械化研究所为万州龙宝农业局、合川农牧渔业局、万州龙宝农牧局、彭水县科委、重庆市茶叶研究所、万县农业局农技站、贵州省余庆县计划局提供成套镀锌钢架蔬菜大棚；1999年，重庆市农业机械化研究所为綦江县农业局、北碚区农机站、大田农业公司、奉节县林业局、贵州省凤冈县农村能源办、四川省南充高坪区小龙镇提供成套镀锌钢架蔬菜大棚；2000年，重庆市农业机械化研究所为重庆嘉顿实业、荣达农业公司、丰都县良种场，贵州省林业种苗站、安顺中心苗圃、四川省南充民泰菜业开发有限公司、果树指导站提供成套的镀锌钢架蔬菜大棚。

2001年以后，重庆市农业机械化研究所分别为市内大足县种子公司、南岸区长生桥镇、綦江隆盛镇花木场提供成套镀锌钢架蔬菜大棚；为长寿凤城监狱现场设计制作了铝合金玻璃温室蔬菜花木大棚；按照重庆市兴源绿源绿色蔬菜开发有限公司、天泰植物园度假村、梁平县农业综合开发办的要求，分别为其提供大棚设计、安装、调试全程服务；为石柱林业局、重庆薯类脱毒中心、重庆西部新城农业生态园、丰都县包鸾园区、大足县宇鸣繁育中心有限公司、接龙镇桂馨村大棚设施提供设计、安装服务。重庆市农业机械化研究所为四川省南充嘉陵蔬菜办提供大棚设施的设计、安装、调试、初运行全过程服务。

2014年8月，重庆市农业委员会印发《关于促进设施农业发展的意见》。《意见》要求深刻认识发展设施农业的重要意义、指导思想，提出了发展设施农业的目标任务和工作重点、促进设施农业发展的政策措施和加强对设施农业发展工作的组织领导。

2015年1月，重庆市农业委员会办公室印发《关于上报2014年设施农业示范项目实施进度的通知》，要求万州、涪陵、黔江、北碚、巴南、长寿、潼南、梁平、垫江、巫山、秀山土家族苗族自治县等县（自治县、区）农业委员会严格按照批复的建设方案抓紧实施，并填报《2014年设施农业示范项目实施情况统计表》。4月，重庆市农业委员会办公室专门举办设施农业装备与技术示范培训班。7月，

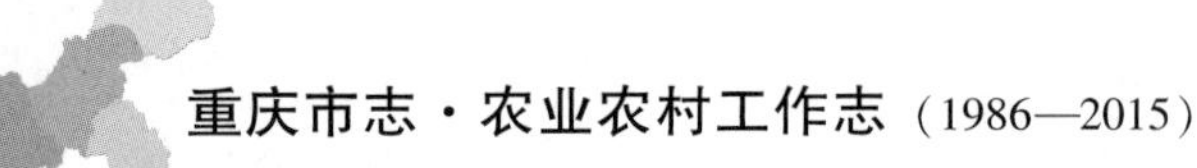

重庆市农业委员会印发《关于做好设施农业试点项目建设和验收工作的通知》。

2014 年开始，重庆市农业委员会先后批复建设了 25 个市级设施农业示范基地，其中设施园艺种植示范基地 17 个，设施畜牧养殖示范基地 4 个，设施水产养殖示范基地 4 个，为有效保障全市蔬菜、果茶、肉蛋奶鱼等农产品季节性均衡供应，改善城乡居民生活发挥了十分重要的作用。

第十节　其他农机技术

一、池塘养鱼机械化增氧技术

1986 年，农业部大力推广“池塘养鱼机械化增氧技术”。重庆市市农机水电局将农业部下达的任务以课题方式下达给九龙坡区农机站实施。通过两年的试验，至 1988 年 2 月，该课题总结出了较为完整的试验报告，对全市池塘机械化增氧技术养鱼起到了示范作用，逐步实现了该技术的普及。

二、植保无人飞机低空植保作业

2014 年 6 月，重庆市农业委员会召开植保无人飞机低空植保作业现场会，现场演示植保无人飞机作业。同时交流、布置植保无人飞机统防水稻病虫害工作。

三、丘陵山区土地宜机化整治技术

2014 年秋，为了改善丘陵山区农机化生产作业条件，提高作业效率，解决大中型农机进地作业立地条件“最后一千米问题”，重庆市农业机械化办公室在市农科院、忠县晨帆农机合作社、永川区圆桂农机合作社、永川陶义农机合作社和市丘陵山区农机试验示范基地（巴南南彭）等农业生产基地、科研试验园实施土地宜机化整治，探索宜机化整治的技术路径和体制机制模式。2015 年开始，市财政共安排 7 500 万元，对全市 24 个区（县）8 万余亩丘陵山区地块进行宜机化整治。整治后的地块大中型农机进地作业能够轻松自如，作业效率和生产效率倍增，实现了由小微农机单项作业向大中型机械全程化作业的跨越。2015 年在全国农机化工作会上，农业部张桃林副部长对重庆宜机化建设予以充分肯定。

四、水肥渣一体化循环利用技术

2014 年，重庆市农机技术推广总站与四川巨业环保科技有限公司、重庆市农业科学院农机研究所开始研究沼渣沼液机械化抽排循环利用技术，在巴南区、长寿区、江津区、城口县、合川区等 10 多个区（县）安装固定系统或投放移动设备 30 多台套，试用效果十分明显。该集成技术由抽排系统、控制系统、管网系统三个部分组成，移动式和固定式相结合，以沼渣沼液抽排机为核心，集成配套 PE 等高分子材料管网、快速拆接桩头、手持浇灌管、电动控制阀、遥控（手机控）等装置，实现沼渣沼液智能机械化、自动化输送。该技术设备 2016 年获国家实用新型专利。

五、柑橘生产全程机械化技术

2014 年起，重庆市在长寿区东源农业、江津区锦程农业、忠县黄金镇、万州区龙沙镇等地果园推广柑橘果园耕地、整地、开沟、施肥、除草、修剪、植保、转运机械化技术、沼渣沼液综合利用和清选冷藏机械化技术。2015 年拟定并于 2016 年重庆市正式印发了《重庆市柑橘机械化果园建设规程》地方标准。

第三章
农业机械生产、产品质量检验鉴定、安全监督管理

农业机械生产、产品质量监管和安全监督管理是农业机械化健康发展的3个重要环节。为了使3个环节协调共进，全面发展，在农业机械生产、供应体系基本完备的情况下，1984年重庆市人民政府相继批准成立重庆市农业机械试验鉴定站和重庆市农机安全监理所，分别实施农业机械产品质量检验、鉴定，农业机械安全监督管理工作。

第一节　农机生产

1986—2015年，重庆农机生产大体分为两个发展阶段。1986—1990年是计划经济向市场经济的过渡阶段，1990年以后进入市场经济完善阶段。在两个不同发展阶段中，一方面农机生产企业在发生变化，另一方面农机产品也从单一农业机械向多种类机械发展。

一、农机生产企业

1977年，在“全党动手、决战3年为基本实现农业现代化而奋斗”的号召下，重庆市、万县地区、涪陵地区都建立起市、地属农业机械厂，下辖区（县）也陆续建起1~2家国营农机生产厂。1979年农村开始推行家庭联户承包制，农业生产规模发生变化，农机生产形势同时也发生变化。1980年后，农机生产厂家开始出现任务不足，产销连年下降的局面。1982年，农机行业贯彻“调整、改革、整顿、提高”方针，到1985年，重庆市辖9区12县归口重庆市市农机水电局管理的农机生产企业36家（其中市局直属厂2家），万县、涪陵地属及县级归口管理的农机企业各有25家左右。

1986年，重庆市农机产品及配件生产实现工业总产值7 434万元，其中制造企业完成4 933万元（含归口产品产值1 722万元），销售收入实现5 520万元。

1987年，为了调动企业生产者积极性，挖掘企业内部潜力，增强企业自身发展能力，重庆市人民政府提出在中小企业中推行经济承包经营责任制，提高经济效益。1988年8月，重庆市农机水电局作为发包方分别与承包方重庆市减速机厂（原名璧泉机械厂）、重庆市农业机械厂分别签订经营承包合同，实行承包经营。

1986—1995年，是农机生产企业从计划经济向市场经济过渡时期，管理体制和经营方式都发生较大变化。万县、涪陵农机主管局为适应市场经济发展趋势，经过政府批准同意后，分别增挂机械电子工业局和机械工业局的牌子。生产企业也适应变化，开辟新门路、开拓新市场、研发新产品，部分企业更改了厂名，有的县属农机生产企业因转行而调整归口至工业、轻工业主管部门管理。

1990年以后，重庆市直属农机生产企业两家，万县、涪陵各两家，下辖区（县、市）基本保留1个农机生产企业。

随着企业改革地深入，1995年以后，市（地）属、区（县）属农机生产企业先后完成改制，农机生产企业进入市场。1998年，市、区县农机生产企业与主管部门脱钩，农机主管部门也去除对企业的行政化管理。

二、农机产品

计划经济时期农机产品的生产、供销由计划部门实行分区域计划安排。企业生产什么，生产多少靠计划，企业产品销售由计划部门统一安排调拨。

这一阶段，重庆市及万县、涪陵（含辖区县）农机企业技术水平和生产能力不高，除农用柴油机、手扶拖拉机外，多见的有农用运输机械、农用水泵、脱粒、打米、磨面等农副产品加工机械。

1985年以后，计划经济模式逐步弱化，市场经济成分增强，企业走向市场，自主经营自负盈亏的经营模式初现。从这时起，企业在部分保留原有产品生产优势的基础上，有的企业开发、生产新的产品。重庆市农机（修造）厂开发生产成套除尘环保设备、农业机械专用齿轮；璧泉机械厂开发生产GF型、JEQ型减速机，缧旋运输机、提升机；合川、江津机械厂生产农用运输车；沙坪坝、大足生产旋耕机、水耕机；江北县通用机械厂生产储蓄账箱，巴县江南橡胶厂生产翻补胎、火补胶，长寿、璧山机械厂生产鱼塘增氧机、投饵机。有的企业与大厂协作，为汽车、摩托车企业生产配套零部件：璧山八塘农机厂生产Cy－80型摩托车前、后托架；南川机械厂为嘉陵机器厂摩托车配套轮毂装配；江北县重庆长江活塞厂与日本依之密株式会社合资，组建重庆长江依之密活塞工业股份有限公司。还有的企业直接生产零部件进行摩托车组装，同时提供维修零部件服务。

1986—1995年，是重庆地区个体、民营摩配生产厂家（农机中小生产企业参与其中）迅速发展的时期。同时也经历了一个由兴向衰的过程，在激烈的市场竞争中，农机参与摩配生产（组装）企业的利润下降，部分企业被迫退出或停止生产。

1997年开始，重庆民营企业“重庆合盛工业公司、重庆华生机械设备有限公司”进入农机（微耕机）生产的技术引进和产品开发，并于1998年形成重庆本土微耕机的第一代产品。

1999年重庆市财政开始试行农机购置补贴，补贴资金逐年增加。2004年中央财政开始实施农机购置补贴政策，在政策利好和市场需求吸引之下，大大激发了企业参与生产农业机械的积极性，大量摩配生产企业转为农业机械特别是微耕机研发和生产。参与其中的大企业就有宗申、嘉陵、鑫源等，中小农机生产企业快速增加，到2010年微耕机生产企业达到90多家，产品标准化系列化基本形成，产量突破70万台，产值超过35亿元。

2010年，重庆市农业委员会提出“进一步增强重庆农机工业基础和装备支撑能力的意见”，支持鼓励企业重点研发和生产小型插秧机、小型收割机等适合丘陵山区推广应用的农业机械，以满足丘陵山区适用农业机械供的需要。经过几年的努力，研发工作取得一些进展，重庆富派、重庆双恩、重庆鑫源、重庆航天巴山、重庆峻海等企业开发生产的小型联合收割机、小型插秧机、农用无人飞行器、田园运输机等先后投入使用。2014年，重庆市农业委员会对7家企业的9款产品进行了奖补。

第二节　农机产品质量检验、鉴定

一、检验鉴定工作

1984年至1997年6月前，重庆市农机产品质量检验鉴定工作是在四川省农业机械鉴定站（以下简称农机鉴定站）委托下，由重庆市农业机械鉴定站（简称“农机鉴定站”）配合或独立开展对辖区内农机生产企业生产的农机产品进行质量检验鉴定。

1985 年首个检验项目是由四川省农业机械鉴定站委托，对江津茶叶机械厂生产的 6CH—16 型茶叶烘干机进行质量检测。随后于 1986 年配合四川省农业机械鉴定站对合川嘉陵机械厂生产的 HC121 型农用运输车实施部级推广鉴定。整个“七五期间”，完成检验任务 116 项（表 10－3－1）。

表 10－3－1　1986—1990 年重庆市农机鉴定站检验鉴定项目统计表

单位：个

年度	1986	1987	1988	1989	1990
鉴定项目数	6	11	11	13	75

1990 年，国家制定“八五”计划，1991 年，国务院首次提出开展“质量、品种、效益年”活动。1992 年，党的十四大召开，正式提出“建立社会主义市场经济”。1993 年，《中华人民共和国产品质量法》颁布实施。1995 年，国家制定了国民经济和社会主义发展“九五”计划和 2010 年远景目标规划。在上述法规、政策和计划规划的实施过程中，重庆市给农业机械检验鉴定工作提出一系列新任务新要求，检验鉴定范围扩大，工作内容增多，业务量明显增加。“八五”期间，检验项目总计达 649 项（表 10－3－2）。

表 10－3－2　1991—1995 年重庆市农机鉴定站检验鉴定项目统计

单位：项

单位名称	项目名称	年度项目数目				
		1991	1992	1993	1994	1995
鉴定站	省级推广鉴定	12	6	1	2	1
质检站	委托检验	23	16	30	30	14
	定期监督检验	47	52	55	27	29
	复查检验	—	—	3	—	—
	不定期监督检验	1	11	—	57	65
	监督检验	1	5	35	—	—
	季度抽查	—	—	2	—	—
	生产许可证检验	—	2	—	—	—
	市场抽查	—	1	—	—	—
	区县合作	—	—	—	27	—
	合计	72	87	125	141	108
水泵中心	水泵检测	—	—	—	—	94
年度总合计		84	93	126	143	203

1997 年重庆市改直辖后，行政体制发生变化，四川省农机鉴定与重庆市农机鉴定不再是委托和受委托关系。重庆市农机鉴定工作由重庆市农机主管部门主管，重庆市农业机械鉴定站具体实施。农业部的计划任务下达到重庆市农业机械管理局。“九五”期间，总计完成检验项目 1 505 项，比“八五”期间增加 857 项（表 10－3－3）。

表 10-3-3　1996—2000 年重庆市农机鉴定站检验鉴定项目统计

单位：项

承担单位	检验鉴定类别	年度项目数目				
		1996	1997	1998	1999	2000
鉴定站	省级推广鉴定	2	8	20	11	41
质检站	委托检验	16	30	40	59	57
	定期监督检验	22	39	28	30	37
	复查检验	—	—	—	—	—
	不定期监督检验	75	78	82	42	68
	监督检验	—	—	—	—	—
	季度抽查	—	—	—	—	—
	生产许可证检验	—	—	—	—	—
	市场抽查	—	—	—	—	—
	区县合作	33	43	52	126	71
	合计	146	190	202	257	233
专业站	部级推广	10	5	15	14	1
水泵中心	委托检验	21	10	6	7	3
	国家监督抽查	64	30	50	31	—
	统一检验	46	—	66	—	—
	农博会参展产品检验	—	—	—	16	—
	生产许可证检验	—	—	—	—	—
	合计	131	40	122	54	3
年度总合计		289	243	359	336	278

“十五”期间，总计完成检验项目 2 258 项，比“九五”期间增长 50%（表 10-3-4）。

表 10-3-4　2001—2005 年重庆市农机鉴定站检验鉴定项目统计

单位：项

承担单位	检验鉴定类别	年度项目数目				
		2001	2002	2003	2004	2005
鉴定站	省级推广鉴定	53	32	33	64	61
质检站	委托检验	75	68	61	91	93
	定期监督检验	44	51	79	77	86
	复查检验	—	—	—	—	—
	不定期监督检验	40	78	66	38	35
	监督检验	—	—	—	—	—
	季度抽查	—	—	—	—	—
	生产许可证检验	—	—	—	1	5
	市场抽查（工商监督）	—	—	—	—	50
	区县合作	99	48	48	17	—
	合计	258	245	254	231	269
专业站	部级推广	172	22	9	61	22

（续）

承担单位	检验鉴定类别	年度项目数目				
		2001	2002	2003	2004	2005
水泵中心	委托检验	3	42	6	9	25
	国家监督抽查	—	48	60	94	55
	统一检验	—	—	—	—	—
	农博会参展产品检验	6	—	—	—	—
	市场抽查（工商抽查）	—	—	—	30	—
	生产许可证检验	—	40	33	3	15
	合计	9	130	99	136	95
国家试验室	CE（欧洲）安全认证	—	—	—	1	2
年度总合计		492	429	395	493	449

“十一五”期间总计完成检验鉴定项目 2 480 项（表 10－3－5）。

表 10－3－5　2006—2010 年重庆市农机鉴定站检验鉴定项目统计

单位：次

检验鉴定类别	年度项目数目				
	2006	2007	2008	2009	2010
部级推广鉴定	6	4	8	77	48
省级推广鉴定	51	58	141	333	203
委托检验	78	99	—	350	68
监督检验	128	41	—	47	42
生产许可证检验	14	19	42	14	8
国家监督检查	82	54	48	60	60
工商抽查	63	52	69	62	40
微耕机跟踪抽查	11	—	—	—	—
合计	433	327	308	943	469

“十二五”期间完成检验鉴定项目 1 317 项（表 10－3－6）。

表 10－3－6　2011—2015 年重庆市农机鉴定站检验鉴定项目统计

单位：项

检验鉴定类别	年度项目数目				
	2011	2012	2013	2014	2015
部级推广鉴定	8	8	111	153	43
省级推广鉴定	60	135	191	169	52
委托检验	48	111	54	93	56
工商抽查	25	—	—	—	—
合计	141	254	356	415	151

二、标准制修订工作

1999 年，农业部开始向重庆市下达年度标准制修项目计划，并明确由重庆市农机鉴定站主持或参与标准制修工作。2009 年 10 月，重庆市质量技术监督局以渝质监〔2009〕97 号文批准，以重庆市农机鉴定站为依托，成立重庆市农业机械标准技术委员会（表 10－3－7、表 10－3－8、表 10－3－9）。

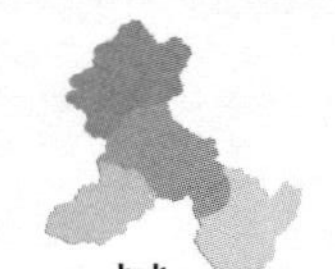

表 10-3-7　1999—2015 年重庆市农机鉴定站参与、主持制（修）订的行业标准统计

序号	标准类别	标准代号	标准名称	发布日期（年.月.日）	实施日期（年.月.日）	立项时间（年.月.日）	审定时间（年.月.日）	主撰人	备注
1	机械行业	JB/T 9804.1—1999	微型泵 形式与基本参数	1999.9.17	2000.1.1	/	/	罗宏	
2	机械行业	JB/T 9804.2—1999	微型泵 技术条件	1999.9.17	2000.1.1	/	/	罗宏	
3	农业行业	NY 643—2002	农用水泵安全技术要求	2002.12.30	2003.3.1	/	/	周开华、杨懿、陈洪、杨明江、梁山城	
4	农业行业	NY/T 1368—2007	微喷头及管件质量评价技术规范	2007.4.17	2007.7.1	/	/	杨懿、穆斌、杨明江、陈川、梁云、任宏生	
5	农业行业	NY/T 1140—2006	自吸泵产品质量评价技术规范	2006.7.10	2006.10.1	/	/	杜光艳、杨明江、阳绪英、梁云、石文	
6	农业行业	NY/T 1366—2007	小型潜水电泵产品质量评价技术规范	2007.4.17	2007.7.1	/	/	陈洪、金成、曾兴宁、朱跃其、林祖权	
7	农业行业	NY/T 1139—2006	单级单吸离心泵产品质量评价技术规范	2006.7.10	2006.10.1	/	/	杨懿、陈洪、金成、梁山城、曾兴宁	
8	农业行业	NY/T 1009—2006	旋转式喷头质量评价技术规范	2006.1.26	2006.4.1	/	/	李祥、阳绪英、穆斌、杨明江、陈川、梁云	
9	农业行业	NY/T 1015—2006	小型喷灌机质量评价技术规范	2006.1.26	2006.4.1	/	/	陈洪、曾兴宁、金成、梁山城、朱跃其	
10	农业行业	NY/T 1413—2007	浮水电泵	2007.6.14	2007.9.1	/	/	梁山城、陈洪、曾兴宁、林祖权、金成	
11	农业行业	NY/T 1367—2007	微型电泵质量评价技术规范	2007.4.17	2007.7.1	/	/	杨明江、梁云、穆斌、唐晓东、王刚	
12	农业行业	NY/T 1013—2006	喷雾器质量评价技术规范	2006.1.26	2006.4.1	/	/	陈洪、穆斌	
13	农业行业	NY/T 1827—2009	小型射流泵	2009.12.22	2010.2.1	/	/	曾兴宁、陈洪、林祖权、崔民明	
14	农业行标	NY 2189—2012	微耕机 安全技术要求	2012.12.7	2013.3.1	/	/	杨懿、任宏生、杨明江、穆斌	
15	农业行标	NY/T 2198—2012	微耕机 修理质量	2012.12.7	2013.3.1	/	/	曾兴宁、崔民明、林祖明、龙春燕	
16	农业行标	NY 643—2014	农用水泵安全技术要求	2014.10.17	2015.1.1	/	2013.12.11	梁山城、穆斌、李勇刚、任宏生、王惠露、陈海、许敏田	
17	农业行标	NY 2800—2015	微耕机安全操作规程	2015.10.9	2015.12.1	/	2013.12.11 2014.7.29 2015.5.20	金成、白艳、穆斌、崔民明、林祖权、龙春燕、陈海、王艳、杨勇	

表 10-3-8　2003—2015 年重庆市农机鉴定站主持编制的地方标准统计

序号	标准代号	标准名称	发布日期（年. 月. 日）	实施日期（年. 月. 日）	立项时间（年. 月. 日）	审定时间（年. 月. 日）	备注
1	DB50/T 146—2003	简易机动脱粒机安全技术条件	2003. 12. 31	2004. 1. 1	—	—	—
2	DB50/T 147—2003	简易青饲料切碎机安全技术条件	2003. 12. 31	2004. 1. 1	—	—	—
3	DB50/T 31—2000	运输拖拉机通用技术条件	—	—	—	—	作废
4	DB50/T 209—2005	微耕机质量评价技术规范	2005. 5. 20	2005. 7. 1	—	—	—
5	DB50/T 210—2005	微耕安全使用技术要求	2005. 5. 20	2005. 7. 1	—	—	—
6	DB50/T 276—2008	微耕机作业质量	2008. 4. 1	2008. 5. 1	—	—	—
7	DB50/T 277—2008	微耕机配套用旋耕刀	2008. 4. 1	2008. 5. 1	—	—	—
8	DB50/T 278—2008	微耕机修理技术规范	2008. 4. 1	2008. 5. 1	—	—	—
9		简易联合收割机安全技术条件	2012. 9. 30	2013. 1. 1	—	—	—
10	DB50/T4 63—2012	微耕机产品型号编制规则	2012. 9. 30	2013. 1. 1	—	—	—
11	DB50/T 381—2011	微型起垄机	2011. 1. 30	2011. 5. 1	—	—	—
12	DB50/T 382—2011	手推式移动喷雾机技术条件	2011. 1. 30	2011. 5. 1	—	—	—
13	DB50/T 383—2011	汽油机水泵可靠性测定试验	2011. 1. 30	2011. 5. 1	—	—	—
14	DB50/T 588—2015	田园管理机	2015. 8. 15	2015. 9. 30	2013. 7. 3	2015. 2. 11	46863—2015
15	DB50/T 587—2015	履带自走式旋耕机	2015. 8. 15	2015. 9. 30	2014. 11. 3	2015. 2. 11	46862—2015
16	DB50/T 686—2016	培土机	2016. 7. 1	2016. 9. 1	2013. 7. 3	2015. 12. 10	49972—2016
17	DB50/T 685—2016	内燃机共轴泵噪声指标及测量方法	2016. 7. 1	2016. 9. 1	2013. 8. 28	2015. 12. 10	49971—2016
18	DB50/T 687—2016	汽油机水泵能效指标及测量方法	2016. 7. 1	2016. 9. 1	2013. 8. 28	2015. 12. 10	49973—2016
19	DB50/T 684—2016	水稻机械化育插秧技术规程	2016. 7. 1	2016. 9. 1	2014. 11. 3	2015. 12. 10	49970—2016 重庆市农业机械化技术推广总站
20	DB50/T 638—2015	农用航空器 电动多旋翼植保无人机	2015. 12. 10	2016. 1. 1	2015. 7. 30	—	重庆金泰航空工业有限公司 48441—2016

表 10-3-9　2009—2015 年重庆市农机鉴定站主持制（修）订的国家标准

序号	标准类别	标准代号	标准名称	发布日期（年. 月. 日）	实施日期（年. 月. 日）	主撰人	备注
1	国家标准	GB/T 24687—2009	微型谷物风选机	2009. 11. 30	2010. 4. 1	罗宏、梁山城、穆斌、梁云	参加

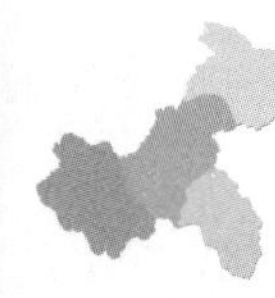

（续）

序号	标准类别	标准代号	标准名称	发布日期（年.月.日）	实施日期（年.月.日）	主撰人	备注
2	国家标准	GB/T 26116—2010	内燃机共轴泵试验方法	2011.1.10	2011.10.1	杨懿、杨明江、李勇刚	主持
3	国家标准	GB/T 26117—2010	微型电泵试验方法	2011.1.10	2011.10.1	杨明江	参加

三、质量监管

1989年9月，重庆市技术监督局《关于成立重庆市农机产品质量监督检验站报告的批复》同意建立“重庆市农机产品质量监督检验站”，承担重庆市农用排灌机械，农副产品加工机械，田间作业机械，拖拉机、农用运输机械部件，谷物脱粒机械，植保机械，茶叶机械的监督检验任务。

1994年4月，重庆市乡镇企业管理局《关于建立重庆市乡镇企业农机产品质量监督检验站的批复》，同意重庆市农机主管部门依托市农机鉴定站建立“重庆市乡镇企业农机产品质量监督检验站”，依据国家质量监督计划受市乡镇企业管理局委托，对全市乡镇企业农机产品进行质量监督检测，开展乡镇企业农机产品行业监督管理，督促和帮助企业提高产品质量。

1995年1月，农业部印发《关于批准水泵质量监督检验测试中心等四个部级检测中心正式对外开展检测工作的通知》，重庆市农机鉴定站正式接受农业部委托对指定区域内水泵产品进行质量监督检测。

2004年，中共中央《关于促进农民增加收入若干政策的意见》，明确对农民购买农业机械实施补贴；同年，全国人民代表大会常务委员会通过《中华人民共和国农业机械化促进法》，重庆农机化开始出现前所未有的发展态势，农机生产和销售大幅上升，产品质量监管面临新考验。当年，重庆市农业机械管理局为加强重庆市农机产品的监督管理，打击假冒伪劣农机产品，保护广大农民的合法权益，根据《中华人民共和国消费者权益保护法》《中华人民共和国产品质量法》《中华人民共和国农业机械促进法》和《重庆市农业机械管理条例》等法律法规，决定重庆市农机鉴定站增挂重庆市农机产品质量投诉监督站（简称：农机产品质量投诉监督站）的牌子，按有关法律、法规、规章的规定承担农机产品质量投诉、监督职责。从此对全市农机产品的质量监管成为农机鉴定站经常性常态化的工作之一。

（一）质量调查

农机产品质量投诉监督站成立之后，重庆市农机主管部门每年都要组织相关人员开展质量调查工作。调查重点是享受财政购机补贴企业产品。

2004年4到12月，重庆市农机主管部门开展耕作机产品质量跟踪调查。重庆市农机主管部门对市内主要耕作机生产厂家的产品进行了抽检；对部分经销商、推广站经营部经销的耕作机，农民用户使用的耕作机进行重点调查，其间，分批召开了耕作机械标准宣贯会。

2005年，重庆市农机主管部门调查走访了重庆各区（县）122家用户，15家农机推广部门和经销商，调查产品涉及8个企业10款机型。7月召开耕整机械质量座谈会，15家企业及经销商50余人参会。质量投诉监督站就调查发现的质量问题，提出87条整改意见。

2006—2007年，重庆市农机主管部门共调查抽检22家企业，15个区（县）150家用户及36家农机推广部门和经销商，完成22种型号150个产品的现场调查。经过连续4年的质量抽查和质量跟踪调查，耕作机械的质量得到明显提升。

2008年，重庆市农机主管理局重点开展两项质量跟踪调查。一是插秧机，调查了区（县）农机推广站12家，用户45户，企业4家；二是微耕机质量跟踪调查，涉及涪陵、南川、丰都等12个微耕机重点推广区（县）的220余家微耕机用户；同时对32家2008年度享受财政补贴的微耕机生产企业进行了产品质量检验和生产条件审查。

通过几年的努力，重庆市场上小型耕作机的质量已经相对稳定。因其他作业机械迅速增多，新的质量调查对象也增加。根据新变化，质量投诉监督站也适时调整工作方案，以适应新要求。2009—2015年，一直坚持每年安排1~2项调查任务。

（二）质量投诉受理

2010年，重庆市质量投诉监督站受理农机质量投诉9件，调解成功8件，为农民用户挽回经济损失5.736万元。产品涉及微耕机、拖拉机、柴油机、水泵和收割机。

2011年，重庆市质量投诉监督站受理农机质量投诉11件，调解成功10件，为农民用户挽回经济损失14.971万元。产品涉及微耕机、拖拉机、柴油机、水泵和收割机。

2012年，重庆市质量投诉监督站受理农机质量投诉14件，调解成功14件，为农民用户挽回经济损失22.165万元。

2013—2015年，重庆市质量投诉监督站受理农机投诉案件15件，调解成功15件，为农民用户挽回经济损失24万余元。涉及微耕机、联合收割机、柴油发动机、渣渣沼液抽排机、施肥机、太阳能灭虫灯等6类产品。

四、检验、鉴定能力建设

（一）闭式B级水泵试验台

1990年，重庆市农机鉴定站与中国农业机械化科学研究院排灌机械研究所合作，开展了闭式B级水泵试验台研究，1992年装机成功，同年11月，经同行专家按GB3216《离心泵、混流泵、轴流泵及旋涡泵试验方法》及GB3214《水泵流量测定方法》标准验收合格正式投入使用。

（二）开、闭式C级水泵试验台

1996年，重庆市农机鉴定站再次与中国农业机械化科学研究院排灌机械研究所合作，开展开、闭式C级水泵试验台研究，1997年装机成功，同年12月，经同行专家按GB3216《离心泵、混流泵、轴流泵及旋涡泵试验方法》及GB3214《水泵流量测定方法》标准验收合格正式投入使用。

（三）2000年，建成由国家质量技术监督局认可的国家试验室

（四）2004年，完成动力实验室改造和1号台位自动控制系统的升级换代

（五）2005年，建成重庆市农机质量安全检测及控制中心

（六）微耕机性能和可靠性试验台建设

2008年，重庆市农机鉴定站与中国农业机械化科学研究院合作，开展了微耕机性能和可靠性试验台研究。2011年正式投入使用。该试验台采用电子技术、自动控制、多传感器融合等技术，创建了具有国内领先水平的微耕机性能和可靠性自动试验检测平台。

（七）水泵试验台升级改造

2015年，重庆市农机鉴定站与现代农装科技股份有限公司合作，开展了水泵实验台升级改造。

2016 年通过验收，同年正式投入使用。升级改造后的水泵实验台测试水平处于国内领先地位。其中，内燃机水泵测试填补国内空白。

第三节　农机安全监督管理

一、农机安全监理依法行政

1986 年，国务院下发《关于改革道路交通管理体制的通知》（国发〔1986〕94 号，简称：《通知》），《通知》明确规定："农用拖拉机的交通管理工作，除专门从事农田作业的拖拉机及其驾驶员由农业（农机）部门负责管理外，凡上道路行驶的专门从事运输和既从事农田作业又从事运输的拖拉机及其驾驶员，由公安机关按机动车辆进行管理。有关道路行驶安全技术检验，驾驶员考核、核发全国统一的道路行驶牌证等项工作，公安机关可以委托农业（农机）部门负责，并有权进行监督、检查"。从此，各省（自治区、直辖市）、地、县级农机安全监理机关按照国务院的通知精神开展工作。随后农牧渔业部颁布并实施全国统一的《农机安全监理人员守则》。

1987 年 5 月，重庆市人民政府按照国务院文件精神，印发《关于改革道路交通管理体制的具体实施意见》（简称《意见》）。《意见》明确规定：农机部门受公安机关委托，负责全市上道路行驶的拖拉机及其驾驶员的安全技术检验，入籍（过户）、考核、核发全国统一的牌证和年检审、监理规费的征收；协助公安交通管理部门处理上道路行驶拖拉机发生的事故。重庆市农机安全监理所和区（县）农机监理站属国家行政机关纳入农机事业编制，其经费列入农机事业费中解决。9 月，公安部、农业部就各地在执行（国发〔1986〕94 号）中出现的有关农用拖拉机交通管理问题联合发出通知，要求各地要认真贯彻国务院文件精神，对上道路行驶的专门从事运输和既从事农田作业又从事运输的拖拉机及其驾驶员，做好公安机关对农机部门的委托工作，落实拖拉机道路交通管理问题。除城市、县城的机关团体、工矿企业、运输联社和非农业个体户专营运输的拖拉机外，其余上道路行驶的专门从事运输和既从事农田作业又从事运输的拖拉机安全技术检验、驾驶员考核、核发道路行驶牌证等项工作，由各省公安厅委托农业（农机）厅、局负责。

1988 年 8 月，《中华人民共和国道路交通管理条例》（简称《条例》）颁布。《条例》明确规定：上道路行驶的专门从事运输和既从事农田作业又从事运输的拖拉机安全技术检验、驾驶员考核、核发全国统一的道路行驶牌证等项工作，公安机关可以委托农业（农机）部门负责。与此同时，农业部发文要求深化改革，落实安全目标责任制。之后，重庆市开始实施农业机械全面安全监理。

1989 年 4 月，重庆市人民政府根据《中华人民共和国道路交通管理条例》精神，再次下发文件（重府发〔1989〕93 号）明确规定：重庆市农业机械委托管理的范围系上道路行驶的专门从事运输和既从事农田作业又从事运输的拖拉机及其驾驶员；城市（不包括郊区乡镇）县城的机关团体、工矿企业、运输联社和非农业个体户专营运输的拖拉机及其驾驶员不属于委托范围。具体委托内容：（1）拖拉机及其驾驶员道路行驶的安全技术检验等；（2）对驾驶员的考核等；（3）办理拖拉机入籍过户手续，核发拖拉机号牌、行驶证和驾驶员驾驶证；（4）处理拖拉机事故等；（5）收取拖拉机监理规费，以及其他行政执法工作。同年 11 月，全市贯彻实施《四川省农业动力机械及操作人员安全监督管理具体办法》，对为农业生产和农民群众生活服务的农业动力机械及操作人员实行规范管理。

1990 年 5 月 10 日起，重庆开始使用由四川省统一制订的"扣留机动车（拖拉机）驾驶证凭证"。11 月，重庆市人民政府办公厅批转《重庆市农机水电局农机安全监理工作报告》，明确农村农业机械安全监理工作由市、县农机安全监理部门归口管理。除农用拖拉机及驾驶员的管理仍按国务院规定办理外，其他农村动力机械及操作人员按《四川省农业动力机械及操作人员安全监督管理具体办法》执行。1991 年 1 月，按照国务院办公厅《关于农业用拖拉机从事非营业性运输范围的通知》（国办发〔1982〕

38 号）精神，重庆市农机监理所开展对农用拖拉机从事非营业性运输的具体认定工作。

1992 年 5 月，经重庆市人民政府批准，全市农机部门统一制发《农业机械安全检查证》，并要求各区（县）农机安全监理站对乡镇农机安全员执法权限依法进行委托。7 月，依照《中华人民共和国行政处罚法》和四川省农机局有关规定，重庆市农机安全监理部门启用《农机安全管理暂扣凭证》和统一使用《违章处罚决定通知书》。11 月，重庆市开始实施《四川省农业机械事故处理办法》。

1992 年，四川省印发《四川省农业机械事故处理办法》，随后，重庆市人民政府提出贯彻实施该办法意见。

1995 年 2 月，启动《重庆市农机安全监督管理办法》的调研工作。《重庆市农机安全监督管理办法》（简称：《监督管理办法》）送审稿形成并经重庆市人民政府常务委员会通过，10 月 23 日，重庆市人民政府以 83 号令颁布实施。《监督管理办法》成为重庆市首部农机安全行政规章，进一步明确了农机安全监理部门的法律主体地位。

重庆直辖前的 1996 年 12 月，按照重庆市人民政府统一安排，重庆市农业机械管理局与四川省农机局进行工作衔接，双方达成以下一致意见：即在重庆直辖市过渡期间，由重庆市农机监理所对万县市、涪陵市、黔江地区农机安全监理工作实施代管；重庆直辖市正式挂牌后，万县市、涪陵市、黔江地区农机安全监理工作纳入重庆市统一管理。

1998 年 5 月 29 日，《重庆市农业机械安全监理及事故处理条例》经重庆市第一届人民代表大会常务委员会第九次会议通过，自 1998 年 9 月 1 日起施行。

2000 年，根据《重庆市安全生产责任制暂行规定》，重庆市农机主管部门领导与区（县）分管农机安全的领导签订农机安全生产责任书，明确主体责任及考核目标，实行安全一票否决。8 月，重庆市人民政府办公厅对农机安全监理的职能明确为：研究农机安全监督管理的法规、规章、安全技术检验标准及安全规程并监督实施；指导农机安全工作，推广农机安全技术；组织实施拖拉机、联合收割机、农用运输车等农业机械的安全监理；指导农机安全监理机构的业务工作；负责农机的安全技术检验、注册、发放牌证、农机驾驶（操作）人员考试、考核发证工作的监督管理。同年 10 月，重庆市人民政府办公厅转发《关于加强农机安全监理工作的报告》，要求对全市农用运输机械开展专项整顿，规范入籍管理，查找事故隐患，严罚拖拉机载人和非法从事客运行为。2001 年 6 月，农业部下发《关于加强农机安全监理工作的通知》（以下简称《通知》），《通知》规定：农业（农机）部门负责对农业机械进行注册登记、安全技术检验、核发牌证、对农业机械驾驶（操作）人员进行考试考核，核发驾驶证（操作证）；负责对农业机械及驾驶（操作）人员进行年检（审）验、季节性检验；在县级以下乡村道路、田间场院及其他农机作业现场开展安全监督检查，纠正、处罚农机违章行为，调查处理农机事故。

2004 年 5 月，《中华人民共和国道路交通安全法》（简称《道交法》）颁布施行。《道交法》规定："对上道路行驶的拖拉机，由农业（农业机械）主管部门行使本法第八条、第九条、第十三条、第十九条、第二十三条规定的公安机关交通管理部门的管理职权。农业（农业机械）主管部门依照前款规定行使职权，应当遵守本法有关规定，并接受公安机关交通管理部门的监督；对违反规定的，依照本法有关规定追究法律责任。农业（农业机械）主管部门行使拖拉机注册登记、牌证核发、安全技术检验、驾驶员考试、驾驶证审验等源头管理职权，对上道路行驶的拖拉机由公安交通管理部门履行路面执法权"。同年 9 月，农业部第 42、第 43 号令发布《拖拉机驾驶证申领和使用规定》和《拖拉机登记规定》，明确从 2004 年 10 月起施行。

2006 年 6 月，重庆市人民政府第 198 号令发布《重庆市人民政府关于改革乡镇执法监管强化公共服务试点工作的决定》，明确规定：区县农机水利、农业管理部门可将农业机械安全管理行政处罚权委托乡镇人民政府，具体事项为农业机械安全的日常监督检查权、违法行为制止权、行政警告权。自 2007 年 1 月起执行。11 月，农业部第 72 号令发布《联合收割机及驾驶人安全监理规定》，自 2007 年 5

月起施行。

2007 年 8 月，重庆市人民政府印发《关于实施重庆市突发公共事件总体应急预案的决定》（渝府发〔2007〕87 号），根据文件精神和相关法律法规规定，重庆市农机局制定并下发《重庆市重特大农业机械安全事故应急救援处置预案》。

2008 年 1 月，按照重庆市人民政府《关于进一步实施区县扩权推进城乡统筹发展的决定》（渝府令〔2007〕209 号）要求，重庆市农机局印发《重庆市农机管理局关于做好农机行政权项委托工作的实施意见》的通知，将农机行政权项（拖拉机和联合收割机驾驶证核发、制证权；拖拉机和联合收割机登记、制证权；拖拉机驾驶员交通信息卡办理权等农机行政权限）正式委托给除主城 9 个区外的县（自治县、区）农机主管部门实施。

2009 年 9 月 7 日，《农业机械安全监督管理条例》（简称《条例》）经国务院第 80 次常务会议通过，自 2009 年 11 月起施行。根据《条例》精神，重庆市人民代表大会常务委员会分别于 2011 年、2012 年两次对《重庆市农业机械安全监理及事故处理条例》相关条款作出修正。

2013 年 4 月，按照重庆市人民政府《关于加强道路交通安全工作的意见》（渝府发〔2012〕125 号）要求，重庆市农业委员会和市公安局联合印发通知，确定在农机系统组建农机交通安全警务室，名称为“公安驻农机警务室”。

2014 年 9 月，重庆农业委员会召开行政权力清理规范工作部署会，农机安全监理部门按照职权法定、全面清理、清单管理、简政放权原则，进行农机安全行政权力清理工作。经过清理、上报审查，《重庆市政府部门和有关单位行政权力清单和责任清单》于 2015 年 12 月正式公布。其中，涉及农机安全监理的行政许可 4 项，行政处罚 10 项，行政强制 2 项，行政确认 2 项。

二、农机牌照、证照管理

（一）牌照管理

1986 年，重庆市农机安全监理部门按国务院和农牧渔业部有关文件精神，对农用拖拉机核发牌证，办理报户（过户）登记手续（对上公路兼营运输的农用拖机证照加盖交通或公安部门的印章）。当年重庆市拖拉机登记在册拥有量为 9 661 台。

1988 年 7 月，按照农业部、公安部联合文件精神，重庆市“对未列入农业机械推广许可”和为小型拖拉机配套柴油机的生产企业生产的机械产品停止检验和核发牌证。

1989 年 4 月以后，重庆市对上道路行驶的专门从事运输和既从事农田作业又从事运输的拖拉机，办理拖拉机入籍过户手续，核发拖拉机号牌，并按所辖地区发给四川 03 和四川 32 牌照与行驶证。6 月，全市拖拉机换发全国统一的机动车牌证。

1990 年 1 月，根据农业部《实施农业机械全面监理暂行规定》文件精神和四川省农机局的统一要求，重庆对全市柴油机、脱粒机、联合收割机、耕整机等自走式农业机械实行牌证管理。

1996 年 2 月，全市启用换发重庆九二式拖拉机号牌及行驶证。发牌机关数字代码改用英文字母，重庆市为“四川 B. ×××××”。为了方便群众，不影响拖拉机正常作业，换发新号牌期间，市监理所委托各区（县）监理站填发行驶证《代办凭证》。

重庆市改直辖前，万县地区（市）、涪陵地区（市）、黔江地区（1988 年 5 月成立）根据国务院、四川省人民政府文件精神，组建有地区（市）农机安全监理所，县农机安全监理站，并按照农牧渔业部颁发的《拖拉机及驾驶员安全监理规章》，四川省农业机械管理局发布的《农业动力机械及操作人员安全监督管理具体办法》《扣留机动车（拖拉机）驾驶证凭证》《农业机械事故处理办法》，开展拖拉机安全监理、牌证照管理工作。

1997 年 6 月，根据公安部对重庆市改直辖后启用换发机动车牌证的要求，重庆市内拖拉机等行走机械开始启用换发“重庆”字头机动车牌证。重庆农机安全监理所、涪陵农机安全监理所、万县农机安全监理所、黔江农机安全监理所按照区域划分，分别使用“重庆A”“重庆F”“重庆G”“重庆H”开头牌照。在1997年前后的一段时期，农机生产企业根据市场需要，对拖拉机进行改装，衍生出运输型拖拉机、多功能拖拉机、变型拖拉机（运输）机等多个系列。1997年年末，重庆市拖拉机及其他农用运输机械达到21 000余台。

1999年7月，农业部颁布实施《农业机械号牌标准》（简称《标准》），《标准》规定：农业机械号牌字头使用地区简称，重庆为“渝”字头，拖拉机号牌为绿底白框白字；联合收割机号牌为白底红框红字；农用运输车号牌为黄底黑框黑字。从加强农机安全监管考虑，同年12月，重庆市农机安全监理部门对改装拖拉机入户上牌作出规定：新机入户必须持有省级以上农机部门核发的推广证、安全合格证、临时号牌以及其他有效证件。

2000年7月，重庆市进行行政体制调整。根据新情况，市农机监理部门在万州区、涪陵区、黔江区设证照制作代办点，重庆市农机安全监理所委托万州区、涪陵区、黔江区农机安全监理所分别负责重庆市改直辖前分别管辖的区（县）的代办工作。

2003年5月，为进一步规范和完善全市拖拉机、农用运输机械的牌证管理，结合贯彻重庆市人民政府关于安全生产专项整治的要求，重庆市农机安全监理所就农用机车入户作出进一步严格规定：必须按《运输拖拉机通用技术条件》《农用运输车安全技术要求》、农机推广许可证、安全合格证上核定的相关参数，严格检验入户。

2005年3月，《中华人民共和国道路交通安全法》及《中华人民共和国道路交通安全法实施条例》实施后，按照农业部第42、第43号令的要求，重庆开始启用全国统一的拖拉机、联合收割机号牌、行驶证及其登记证书，并统一证章制作和业务规范。重庆号牌的代码为渝01，其中拖拉机号牌为绿底白字，联合收割机号牌为白底红字（图10－3－1）。

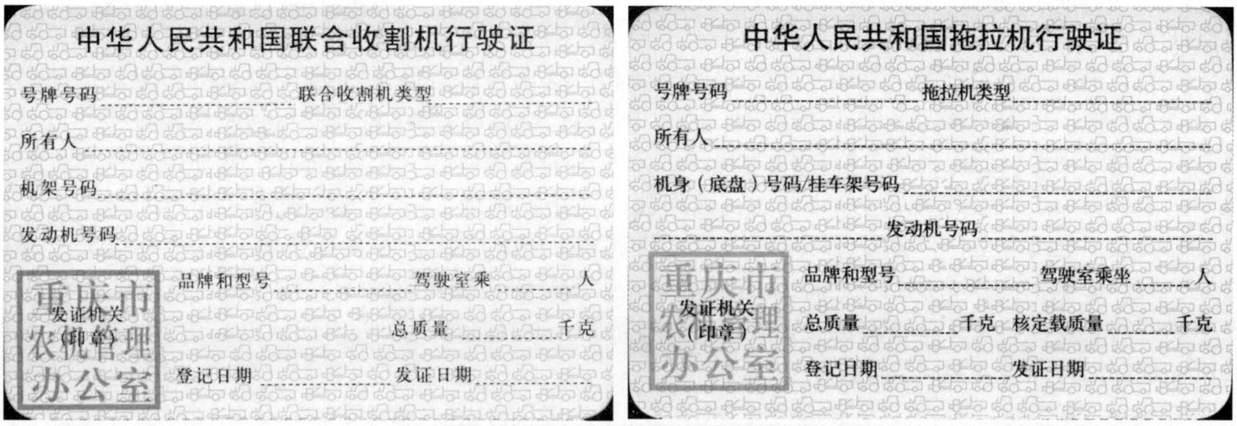

中华人民共和国联合收割机行驶证

号牌号码 联合收割机类型

所有人

机架号码

发动机号码

品牌和型号 驾驶室乘 人

发证机关（印章） 重庆市农机管理办公室

总质量 千克

登记日期 发证日期

中华人民共和国拖拉机行驶证

号牌号码 拖拉机类型

所有人

机身（底盘）号码/挂车架号码

发动机号码

品牌和型号 驾驶室乘坐 人

发证机关（印章） 重庆市农机管理办公室

总质量 千克 核定载质量 千克

登记日期 发证日期

图10－3－1 重庆市拖拉机、联合收割机行驶证

2005年11月，根据重庆人民市政府《关于三轮汽车、低速载货汽车、拖拉机及其驾驶人员档案移交有关会议纪要》（专题会议纪要2005第221号），市农机管理局、市公安局《关于认真做好三轮汽车低速载货汽车拖拉机及其驾驶人档案移交工作的通知》，市农机管理局《关于认真贯彻落实市政府会议纪要做好档案移交工作的通知》要求，市农机监理机关与市公安交通管理机关进行了档案移交，其中移交车辆档案41 747份，驾驶员档案3 265份。自档案移交之后，三轮汽车、低速载货汽车、拖拉机户籍管理及道路行驶的安全管理工作由公安交管部门负责。

2005年年末，全市各型拖拉机等农用运输机械达到6.1万辆。

2010年1月，重庆农机安全监理所启用“农机安全监理信息网络管理系统”，拖拉机、联合收割机

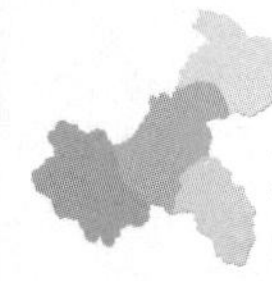

及驾驶员牌、证等相关业务全部通过网络管理系统办理。

2011 年 11 月，按照农业部办公厅《关于严格禁止违规发放拖拉机牌证的通知》和重庆市农业委员会《关于进一步加强全市拖拉机联合收割机有关管理工作的通知》要求，农机监理机关对全市拖拉机注册登记情况进行了清理。针对清理中发现存在的问题，决定从 2012 年 1 月起，对凡不符合《农业机械运行安全技术条件》（GB 16151—2008）和《机动车运行安全技术条件》（GB 7258—2004）国家标准的拖拉机，依法停止办理注册登记手续。

重庆市在 2005 年之前的较长一个时期，由于拖拉机承担的农产品及农用物资运输功能逐步被汽车替代，拖拉机经营效益降低，拖拉机保有量持续下降。但土地流转、规模经营兴起，农机补贴政策的实施，给拖拉机发展注入新的活力。2005 年以后，归属农机安全监理部门负责监管的拖拉机呈现缓慢增长的趋势，联合收割机也呈逐年增加态势。

2010 年末，全市拖拉机拥有量 10 100 台；联合收割机拥有量为 3 110 台。2015 年年末，全市拖拉机拥有量达到 12 600 台；联合收割机拥有量达到 8 300 台。

（二）驾驶（操作）人员证照管理

1986 年，重庆市农机安全监理部门按国务院（国发〔1986〕94 号）和农业部有关文件精神，对农村农田作业的拖拉机驾驶员进行考试考核，核发农用拖拉机驾驶证。同年 9 月，为了提高农机考验员的专业水平，四川省农机局在新都县举办农机考验员培训班，对培训合格人员颁发了《中华人民共和国农机考验员证》。

1989 年 4 月开始，重庆市农机安全监理部门联合市公安车辆管理部门，为上道路行驶的专门从事运输和既从事农田作业又从事运输的拖拉机驾驶员办理驾驶证。同年 10 月，重庆市农机安全监理部门对原已领取《学习驾驶证》《实习驾驶证》和正式《驾驶证》的拖拉机驾驶员进行清理整顿，严格培训考试规范，提高驾驶人员素质；要求参加拖拉机驾驶员培训班的学员必须进行《中华人民共和国道路交通管理条例》和《机械常识》的学习考试；同时，对拖拉机驾驶教练和教练车进行考核检验，对考核检验合格的，市农机安全监理所发给教练员证和教练车号牌。11 月，重庆市农机安全监理部门对农用动力机械操作人员核发《农业机械操作证》。同时对全市农用拖拉机驾驶员换发全国统一的机动车驾驶证。按照规定，此次换发的拖拉机驾驶证由公安车辆管理所在“发证机关”处加盖证件章，市农机安全监理所负责加盖准驾章。新证分为正式驾驶证（正、副证）、实习驾驶证（实习期为 1 年）、学习驾驶证。准驾车型代号分 G、H、K3 类，分别代表大型拖拉机 、小型拖拉机（15 千瓦以下）和手扶拖拉机。12 月，重庆市农机安全监理部门开展农用拖拉机驾驶员机动车驾驶证换证工作。新证由公安车辆管所盖发证机关章，市农机安全监理所加盖钢印，并在准驾车型栏内盖蓝色 G 、H 、K 字母章，农机监理部门打印并塑封（图 10－2）。

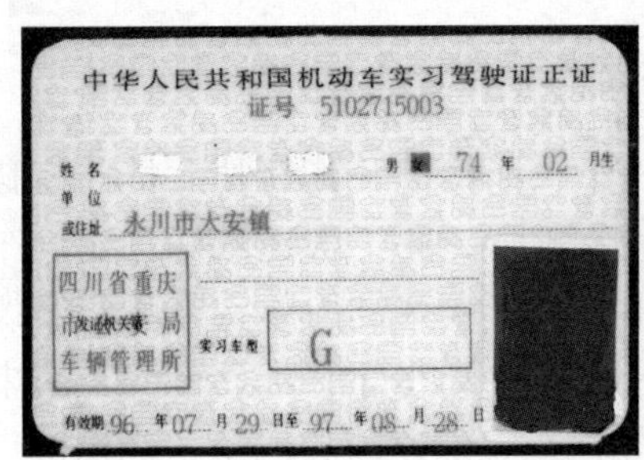

中华人民共和国机动车实习驾驶证正证
证号 5102715003
姓名 男 74 年 02 月生
单位或住址 永川市大安镇
四川省重庆市发证机关公安局车辆管理所
实习车型 G
有效期 96 年 07 月 29 日至 97 年 08 月 28 日

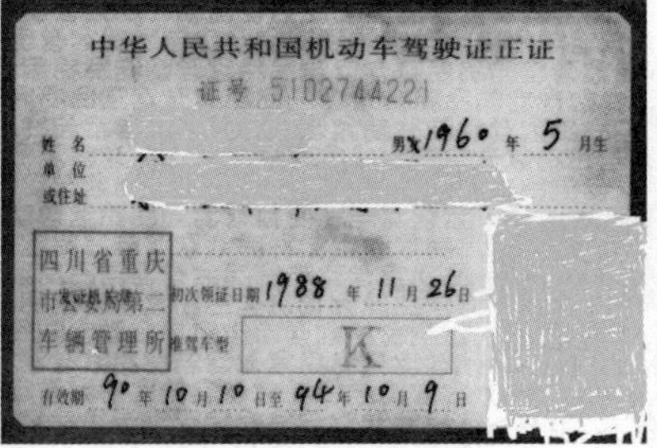

中华人民共和国机动车驾驶证正证
证号 5102744221
姓名 男 1960 年 5 月生
单位或住址
四川省重庆市公安局第二车辆管理所
初次领证日期 1988 年 11 月 26 日
准驾车型 K
有效期 90 年 10 月 10 日至 94 年 10 月 9 日

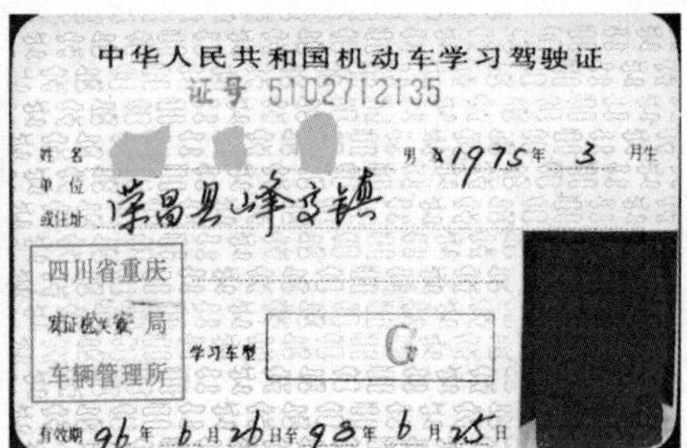

中华人民共和国机动车学习驾驶证
证号 5102712135
姓名 男 1975 年 3 月生
单位或住址 荣昌县峰高镇
四川省重庆发证机关公安局车辆管理所
学习车型 G
有效期 96 年 6 月 26 日至 98 年 6 月 25 日

图 10－2 新证示例

1990 年 3 月，重庆市农机安全主管部门出台《重庆市农用拖拉机驾驶员考核发证暂行办法》，明确规定：（1）对办理驾驶申请人资格审查后，由市农机安全监理所办理《学习驾驶证》；（2）经培训校培训，市农机安全监理所考试合格后办理驾驶员《实习驾驶证》；（3）取得《实习驾驶证》的驾驶员，在规定的实习期满后1个月内办理转正手续，经市农机安全监理所审查后，制发正式《驾驶证》；（4）担任拖拉机驾驶教练的人员经市农机安全监理所考核合格后，发给教练员证，培训校的教练员有效期为两年，培训班的教练员有效期为1年。

1991年6月，重庆市农机安全监理所与重庆市公安局车辆管理所成立审核领导小组，对全市拖拉机驾驶员培训学校的培训条件进行了审核。1992年2月，按照农业部“对农业机械实施全面监理”的要求，重庆市农机安全监理所市农机安全监理所对全市农业动力机械操作人员换发全国统一的《农业机械操作证》。1993年9月，重庆市农机安全监理所再次换发农用拖拉机驾驶员机动车驾驶证，新证使用统一的票据打印机制证。新驾驶证件和《驾驶证代办凭证》由当地农机监理所（站）在当地公安交警部门领取。

1996年12月，重庆市农机安全监理所对万县、涪陵、黔江3个地区驾驶员的证照编号与核发实行统一管理。

1998年11月，根据公安部门要求，市农机监理部门对全市拖拉机驾驶员核发统一的驾驶员信息卡，对驾驶人员的驾驶情况进行综合考核。

1999年7月，农业部颁布《农业机械驾驶证证件标准》，就农业机械驾驶人员所驾机型对应的驾驶证件做了G、H、J、K、L、N 6个分类编号代码，分别代表：大型轮式拖拉机、小型轮式拖拉机、四轮农用车、手扶拖拉机、三轮农用车、履带式拖拉机。该标准同时对大小不同类别的联合收割机做了R、S、T、U、V 5个编号代码。

2002年11月，为进一步加强农机驾驶人员的交通法制与安全知识教育，从源头上预防乡村道路交通事故，重庆市农机监理部门与公安道路交管部门配合，对全市拖拉机、农用运输机械驾驶员集中进行了一次交通安全及业务知识培训，对考试合格者颁发农用运输车驾驶员培训合格证。

2004年9月，为认真贯彻国务院和公安部、交通部、农业部有关文件精神，重庆市公安、交通、农机安全管理部门召开交通安全联席会议，会后联合印发《重庆市机动车驾驶员队伍整顿工作实施方案》。方案明确了整顿的重点，一是培训学校，严格培训条件；二是严格考试员、教练员的认证资格；三是严格驾驶员考试发证规定四、是严格责任追究，实行责任倒查制度。2005年4月，重庆市正式启用农业部统一制发的拖拉机和联合收割机驾驶证件（图10－3）。

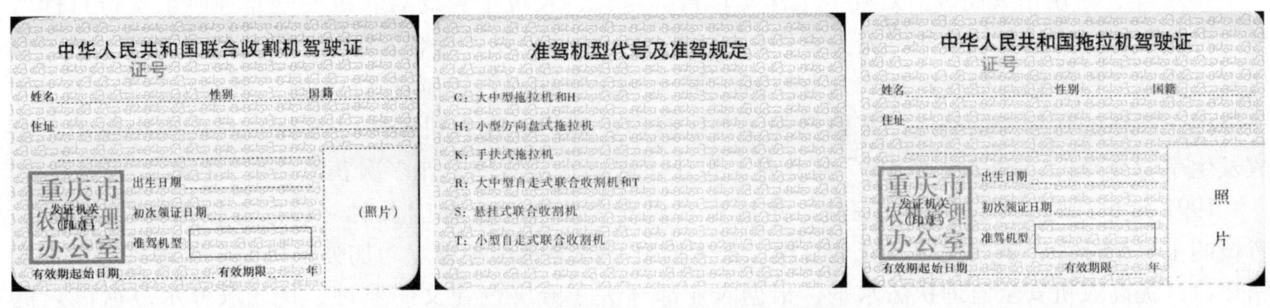

中华人民共和国联合收割机驾驶证
证号
姓名　性别　国籍
住址
出生日期
初次领证日期
准驾机型
（照片）
发证机关（印章）
重庆市农机管理办公室
有效期起始日期　有效期限　年

准驾机型代号及准驾规定
G：大中型拖拉机和H
H：小型方向盘式拖拉机
K：手扶式拖拉机
R：大中型自走式联合收割机和T
S：悬挂式联合收割机
T：小型自走式联合收割机

中华人民共和国拖拉机驾驶证
证号
姓名　性别　国籍
住址
出生日期
初次领证日期
准驾机型
照片
发证机关（印章）
重庆市农机管理办公室
有效期起始日期　有效期限　年

图10－3　拖拉机、联合收割机驾驶证

2013年9月，重庆市农机安全监理所下发《关于进一步加强拖拉机、联合收割机牌证管理工作的通知》，要求各县（自治县、区）农机安全监理机构要建立完善牌证出入库、档案管理、投诉监督、责任追究等农机监理业务相关管理制度，制定各类人员岗位职责；要严格按照“谁主管，谁负责”“谁考试，谁负责”“谁发证，谁负责”“谁审批，谁负责”的原则，规范牌证办理流程，及时调整补充人员，做到定人定岗，严禁相邻牌证办理岗位由一人担任。严格执行驾驶人考试申报制度，认真落实牌证领用制度，严禁机动车驾驶证换发拖拉机驾驶证，农机驾驶证超期1年以上不得换证。加强农机安全监理服务系统“无数据窗口”管理。

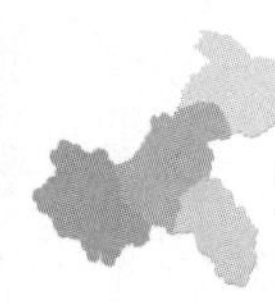

2014年7月，针对部分区（县）牌证管理工作中存在的问题，重庆市农机安全监理所再次下发《关于进一步加强牌证管理工作的通知》，要求各县（自治县、区）农机安全监理机构严格按照农业部42号令、43号令、72号令和《拖拉机联合收割机牌证业务档案管理规范》要求，严格执行考试制度，做好与驾驶培训学校衔接工作，严格农机驾驶人考试评判表的填写，实行双签名制度，建立健全农机安全管理档案，完善岗位职责，加强岗位监管。

三、安全监管

（一）宣传、培训工作

1988年9月，重庆市农机安全主管部门与重庆市公安等14个部门联合开展为期1个月的《中华人民共和国道路交通管理条例》宣传贯彻活动。1989年11月，根据重庆市公安局、农机局（公安交发〔89〕62号）文件要求，乡（镇）农机站开始选派农机干部担任当地交通安全联合检查组组长或副组长。1990年3月，受公安交管部门委托，对区（县）农机监理人员制发"公路安全检查证"，依法行使农机安全监理工作职能。

1990年5月，为了贯彻公安部、交通部、农业部《关于开展全国农村交通法规、水上交通安全管理法规知识竞赛活动的通知》，重庆成立以市农机水电局领导为组长，市公安局领导为副组长的竞赛活动领导小组，在全市农村汽车、拖拉机驾驶员、非机动车驾驶人员以及广大农村群众中开展形式多样的交通安全法规知识学习竞赛活动。

1991年5月，重庆市农机安全主管机关对全市农机安全人员和相关基层分管领导制发"农机安全检查证"，规范农机安全执法行为。7月，根据全国安全生产委员会、重庆市安全生产委员会部署，重庆市农机主管部门成立了以局领导为组长的安全活动领导小组，在全市农机系统开展以"安全第一 预防为主"为主题的"安全生产周"宣传教育活动。

1988—1997年，农机安全监理部门每年都要在重庆市安全生产委会和农机安全主管机关的领导下，根据季节特点和全市安全形势，适时开展安全生产周、安全生产月、农机百日安全生产活动等，以开展农机安全法规宣传为导向，达到章守纪、杜绝违章操作，落实责任、治理隐患、防控事故发生保障安全的目的。

1992年，重庆市人民政府对安全工作实行目标考核，农机主管局对农机安全监理所也实行目标考核，考核指标以农机事故控制，安全管理，技术监督，证照核发，综合管理为主要内容。当年下达的农机安全监理工作考核目标是：死亡人数控制在33人内，重伤人数控制在35人内，事故次数控制在100次以内。严格的目标考核制度，有效增强了各级政府、部门以及农机驾驶（操作）员的安全意识，事故发生率明显降低。1992年至1997年6月，重庆市农机安全监理工作多次获重庆市人民政府表彰。

1997年6月后，根据形势的变化，重庆市农机安全监理主管部门及时对目标考核指标作出调整，考核的主要指标为：事故控制、安全管理、技术监督、综合管理4项。为加强农机安全监理系统精神文明建设，提高农机安全监理执法水平，根据农业部《关于开展创建文明监理、优质服务示范窗口》的通知精神，全市农机监理系统广泛开展了"创建文明监理、优质服务"示范窗口活动。重庆市先后有4个县获得全国"文明监理、优质服务"示范窗口称号。1997年度农机安全监理工作受到市政府表彰。

1998年3月，重庆市农机安全监理部门围绕创建工作，制定了农机安全监理文明执法守则等6项行为规范。为提高安全监理人员处理事故的能力，9月，市农机安全监理所对全市区（县）监理站（所）正、副站（所）长分期进行了事故处理与相关法规培训。11月，市农机安全监理所再次举办农机安全监理人员依法行政和安全法规的培训、考试，全市参考人员共418人，及格率达到97.6%。1999年10月，为加强农机安全监理队伍建设，提高人员素质，全市农机安全监理人员120多人参加了在解放军通信学院举办的封闭式交通安全与法规知识的培训。

2001年5月，重庆市根据农业部、国家安监局、中华全国总工会的统一部署，在全市农机系统开展“农机百日安全竞赛”“安康杯”以及“落实安全生产规章制度，强化安全规范”为主题的“安全生产周”活动。2002年，重庆市农机安全监理主管部门在沙坪坝先后举办两期农机安全检验员、考核员培训班，109名农机安全监理人员获得检验员、考核员资格。

2003年3月，重庆市农机安全监理主管部门按照农业部创建农机安全文明村的要求，结合重庆市实际，制定出台《重庆农机安全文明村标准》，积极推进安全文明村创建工作。2004年6月，启动重庆市农机安全乡（镇）、农机安全示范村创建工作，制定出台《重庆市农机安全示范乡镇村标准》。截至2015年年底，全市已有396个乡（镇），2 027个村（居委会）达标。2004年9月，按照国家五部委（局）要求，重庆市农机、公安、经济委员会、交通委员会、安全监督生产管理局五部门联合发文，在全市开展预防道路交通事故“五整顿”“三加强”活动（即：整顿驾驶员队伍、整顿路面行车秩序、整顿交通运输企业、整顿机动车生产改装企业、整顿危险路段、加强责任制、加强宣传教育、加强执法检查）。重庆市农机安全监理部门集中开展了对拖拉机等农业机械进行清理整顿，严把安全技术检验和牌证管理关；清理整顿拖拉机培训机构，严把驾驶、操作人员技术关；清理整顿考试员队伍，严把考试、发证关，严查“黑车非驾”、违法载人等违章行为。

随后几年，重庆市农机安全监理机关围绕“五整顿”“三加强”工作目标组织开展相关活动，其中：2005年，在全市开展以“遵章守法、关爱生命”为主题的农机“安全生产”活动。2006年，在全市开展拖拉机联合收割机等农业机械道路交通安全宣传、整治工作。2007年重庆市开展“平安农机示范县”创建。2008年，重庆市对县（自治县、区）农机主管部门是否依法行使农机行政委托权事项进行检查。

2008年，农业部、国家安全生产总局开展“平安农机示范县”评定工作，当年重庆市黔江区、巴南区、云阳县被评定为全国平安农机示范县。在以后的评定中，又有区（县）入选。截至2015年年底，全市已有10个“平安农机示范区县”。

2012年12月，重庆市农业委员会农机安全监理所组织全市农机安全监理人员综合能力提升培训，培训内容包括：农业机械化在农业现代化中的作用；农业行政执法法律、法规和规章；农机安全监理；“平安农机”创建工作；廉政风险防控；公务礼仪、人际沟通等。

2013年3月，重庆市农业委员会农机安全监理所举办农机监理业务规范化培训班，培训内容包括：农业机械档案规范化管理、农机事故统计分析、平安农机创建、农机安全监理目标考核等。参加培训的区县农机监理站（所）长、档案管理员、事故处理员共计70人。2013年，巴南区农机监理站、南川区农机监理站荣获年度全国农机安全监理“为民服务创先争优”示范窗口，大足区农机监理站贺绍红、南川区农机监理站郝畔、开县农机监理站杨发文3名同志荣获年度全国农机安全监理“为民服务创先争优”示范岗位标兵。

2013年10月，重庆市农机安全监理所举办拖拉机、联合收割机检验员、考核员资格培训班。参加培训人员53名，考试合格51人，通过率96%。12月，重庆市安全监理所举办农机事故处理员培训班，培训对象为各县（自治县、区）农机监理站（所）具备农业机械事故处理员资质的农机监理工作人员，参培50余人次。培训内容包括：理论培训、实际操作、事故现场处理技巧。2014年，农机培训工作力度加大。3月，重庆市农机安全监理所在永川举办了农机安全监理执法培训，培训内容有《农业机械安全监督管理条例》《农业行政执法文书制作规范》，县（自治县、区）从事农机安全监理工作的执法人员共计160参加。7月，重庆市农机安全监理所举办了农机安全应急管理培训班，通过专家授课、应急演练、现场观摩等方式，强化全市农机事故应急管理，规范农机事故应急处理，提高农机事故应急救援能力，区县（自治县、区）农机安全监理站（所）长，农机事故处理员共计120人参加培训。8月，重庆市农机安全监理所举办了拖拉机联合收割机检验员、考核员资格复训班。按照《拖拉机联合收割机考试员培训教学计划和大纲》《农机安全技术检验员培训教学计划和大纲》对检验员、考核员进行能力提升。11 月，重庆市农机安全监理所在永川举办渝西片区农机专业合作社负责人农机安全生产培训班，巴南区、北碚区等 12 个区（县），共计 80 余人参加本次培训。12 月，重庆市农机安全监理所在万州举办“平安农机”创建工作培训班，参加本次培训人员共计 100 人。

2015 年，延续上年的培训工作强度，对上年未尽内容进行补充。9 月，重庆市农机安全监理所在秀山举办渝东南、东北片区农机专业合作社负责人农机安全生产培训班，参加本次培训的农机安全监理人员及农机合作社负责人共计 100 余人。10 月，重庆集中举办了农机安全监理执法人员培训，对全市 35 个区县农机安全监理机构的 91 名农机安全监理执法人员进行农机安全法律法规、依法行政、执法现场处置等内容的培训。11 月，重庆举办了农机检验员、考核员、事故处理员能力提升培训班，全市 37 个区（县）共计 132 名农机监理人员参加。

（二）对驾驶（操作）人员的安全监管

做好拖拉机驾驶、农机操作人员的年检审工作，是消除隐患，防范事故发生，提高农机从业人员素质，保障农机安全工作的一项重要措施。因检审的技术标准、对象的变化，每年的检审内容也相应发生变化。

1986—1988 年，重庆市拖拉机驾驶、农机操作人员安全技术检验主要以农用动力机械为主，驾驶、操作人员为审验对象。

1988 年 8 月以后，重庆市按照农业部文件要求，增加对春耕农机具实施季节性检验。1989 年 6 月，拖拉机及其驾驶员的年度检审工作和换发牌证工作同时展开。同年，为保证“三庆”（ 重庆命名 800 周年、建市 60 周年、解放 40 周年）活动的交通安全，按照全市统一部署，农机安全监理部门对全市农用拖拉机驾驶员技术集中进行一次安全检查。1990 年 2 月，经公安部门委托实施的上道路行驶拖拉机及其驾驶员的年度年检审工作展开，并对检审合格的驾驶员换发新驾驶证。1991 年 2 月，根据重庆市公安交通管理部门年检审工作部署，农机安全监理部门对 2 月份之前领取中华人民共和国机动车行驶证和号牌的拖拉机，按农业部颁发的《拖拉机及驾驶员安全监理规章》标准进行检验。1992 年 2 月，农业机械及驾驶、操作人员年审对象为领有牌证的自走式农业机械 及驾驶员、已核发操作证和准用证的动力机械及操作人员，按《农业机械运行安全技术条件》进行检审。同年 11 月，国家关于《大中型拖拉机报废标准》开始实施，该标准规定凡达到报废年限的拖拉机，农机安全监理部门不再进行检验，同时收回相关证件。

1995 年度拖拉机及其驾驶员的检审工作，增加核发“违章记录卡”，同时进行周期为 4 年的换发驾驶证工作。

1997 年上半年，根据规定，重庆市农机监理主管部门对 1996 年 9 月 1 日以后领取正式驾驶证的人员，按驾驶证有效期限，进行两年一次的审验。万县、涪陵、黔江 3 个地区拖拉机及其驾驶员的检审工作，按重庆市统一布置进行。重庆市农机监理主管部门委托三地农机安全监理所组织实施对原辖区拖拉机及其驾驶员的检审工作。

2002 年 11 月，重庆市农机监理主管部门为贯彻落实重庆市人民政府关于切实做好乡村道路交通安全工作的要求，对全市拖拉机等农用运输机械开展一次为期 15 天的专项检验。重点是机车的转向、制动以及严重影响车辆行车安全的机构。

2005 年，拖拉机等农业机械及驾驶、操作人员年检审工作要求按《道路交通安全法》、农业部 42 号、43 号令执行。拖拉机检验标准按《机动车运行安全技术条件》（GB 7258—2004）和《农业机械运行安全技术条件》（GB 16151—1996）执行。年检前无违章记录，主城区管辖的农用运输机械按规定缴纳重庆主城区路桥通行年费以及机动车第三责任保险。

2010 年 1 月，“重庆市农机安全监理信息网络管理系统”开通，拖拉机、联合收割机及驾驶人牌证等相关业务实现信息化管理。

2012 年，重庆市人民政府办公厅转发市编办、市财政局、市安监局《关于加强农机等行业和单位安全监管能力建设指导意见的通知》，增加对农机等行业和单位安全监管能力建设的投入，预算安排重庆市农机安全监理机构增配执法车 32 台，其他设备 202 台（套），以增强农机安全监管能力。

2012 年 6 月，针对全市微耕机拥有量已突破 36 万多台，部分微耕机操作手安全意识淡薄，不按规程操作，擅自改装改型，一些地方大量出现微耕机加挂拖斗上道路和机耕道行驶的现象，安全隐患极大，为切实保障农民群众生命财产安全，加强微耕机安全监管，重庆市农业委员会和重庆市安全生产监督管理局下发《关于坚决禁止和严厉打击微耕机挂拖斗运行安全违法行为的紧急通知》。随后，重庆市农机安全监理所在全市范围开展了“坚决禁止和严厉打击微耕机挂拖斗违法行为”专项整治。根据重庆市居民（包括本市暂住人口）跨省（市）办理拖拉机注册登记、申领市外拖拉机牌证（简称“外籍拖拉机”）及驾驶证的现象日趋严重，导致拖拉机道路交通事故快速上升，给本市拖拉机道路交通管理秩序和人民群众生命财产安全造成严重影响。根据重庆市人民政府办公厅《关于开展严厉打击非法违法生产经营建设行为专项行动的通知》（渝办发〔2012〕92 号）精神，同年 8 月，重庆市农业委员会、市安全监督局、市公安局和交通管理局联合印发了《关于联合开展外籍拖拉机清理统计工作的通知》，决定在全市范围内开展对外籍拖拉机的清理、整顿工作。

2014 年 2 月，重庆市公安交通管理局拖拉机违法信息查询系统正式开通。重庆市农机安全监理机构与公安交管部门达成一致意见，对有违章记录，尚未处理完结的驾驶人员或机动车，必须到公安交管部门接受相关处理后，才能办理后续相关业务。

四、农业机械事故处置

1989 年 4 月，重庆市人民政府（重府发〔1989〕93 号）文件明确规定：农机安全监理部门负责处理拖拉机在县以下道路（即区、乡机耕道）上发生的事故；协助公安机关处理拖拉机在县以上道路发生的事故，县以下道路上涉及治安管理处罚条例或需追究刑事责任的事故，以及汽车同拖拉机发生的交通事故。同年 6 月，重庆市公安交管部门与农机部门就拖拉机及农用运输机械事故处理程序进行了明确：县以下道路发生的事故由农机安全监理部门出现场，掌握第一手资料并进行处理；若发生死人或重伤 3 人以上事故，农机安全监理部门先进入现场，保护现场，并通知当地公安机关，以公安为主，农机部门协助处理；县以上（含县）道路上发生的事故，由公安机关处理，农机部门协助。同时，参照《中华人民共和国道路交通管理条例》，重庆市农机安全监理部门全面实施对乡村道路农机安全事故的责任认定，并参照公安道路交通事故赔偿标准，开展事故损害赔偿与调解工作。

1992 年 11 月开始，农业机械事故按《四川省农业机械事故处理办法》处置。

1995 年 11 月以后，《重庆市农业机械安全监督管理办法》中明确划分为：农业机械事故是农业机械在田间、场院、乡村机耕道上作业、行驶、停放时发生碰撞、碾压、翻覆、起火、爆炸等造成人畜伤亡或者机具、物品损毁的事故。轻微事故由县级农机监理机关委托乡（镇）农机站处理。一般事故、重大事故由发生地县级农机监理处理。特大事故按国务院规定办理。

1998 年 5 月以后，重庆市农机安全监理部门依照《重庆市农机安全监理及事故处理条例》规定的事故处理程序，开展对农机事故的责任认定、调解和损害赔偿工作。截至 2015 年，重庆市农机安全监理所参与或单独处理的农机重特大事故有：

2000 年酉阳县一拖拉机违章载人发生事故，死亡 3 人轻重伤 11 人；铜梁县一非驾驶人员违章操作拖拉机，致 4 人死亡；秀山县一拖拉机违章载人翻覆，致 4 人死亡，3 人重伤；同在秀山县雅江乡一拖拉机违章载人且无证驾驶翻覆，致 5 人死亡，3 人轻重伤；开县一拖拉机因操作不当，发生翻覆，造成 4 人死亡。

2001 年，巫山县一运输拖拉机违章载人翻覆，当场死亡 4 人；奉节县一村民无证驾驶运输拖拉机翻覆，当场死亡 3 人，重伤 1 人 ；巫溪县一村民无证驾驶拖拉机，违章搭载 15 人，途中翻覆，当场死亡

5人，伤8人。

2002年，酉阳县一农用运输拖拉机违章搭载25人，翻于路坎，造成8人当场死亡，10人轻重伤的特大农机道路交通事故。

2003年，开县一农用拖拉机侧翻，死亡2人；忠县一农用拖拉机将2行人碾压致死；云阳县在11月份发生2次拖拉机安全事故，分别死亡3人和2人。

2004年，四川岳池县平安输变电公司租用的一台运输拖拉机违章装载29人，在四面山林区公路翻覆，造成死亡16人，轻重伤14人的特大农机道路交通事故

1997年6月以后，重庆市农机主管部门及农机安全监理所每年都要根据全市安全工作的统一部署，参与全市联合或单独组织的安全大检查。同时还根据农机事故的多发环节、农业生产的季节性特点，安排必要的专项排查、检查。2004年12月10日，重庆市农机主管部门为做好农机安全监督管理工作，根据重庆市人民政府有关规定，制定并开始实施《重庆市重特大农业机械安全事故应急救援处置预案》。2007年8月，为进一步做好农机生产安全监督管理工作，根据相关法律法规的规定和《重庆市人民政府关于实施重庆市突发公共事件总体应急预案的决定》精神，重庆市农机局对《重庆市重特大农业机械安全事故应急救援处置预案》进行了修订印发。

第四章
农机社会化服务与管理

第一节 农业机械供应与管理

一、农业机械供应的组织机构

1986—1997年，四川省的省、市（地）、县（区、市）三级农业机械供应体系健全。重庆市、涪陵地区（市）、万县地区（市）和1988年成立的黔江地区都有地（市）、区（县、市）两级农业机械供应（农业机械化服务）公司，分属两级农机行政主管部门管理，属全民所有制国有企业性质，是农业机械及零配件供应的主渠道。重庆市市级农机供应公司有重庆市农机公司、重庆市农机公司第二公司（1989年在永川成立）、重庆市农机贸易公司（1992年成立），负责全市农业机械及其零配件的组织、调配、销售；市辖9区12县，其中7区12县有农机公司及其向区（县）下辖镇（乡）的延伸网点，负责本区（县）农业机械及其零配件的组织、销售。

四川省万县地区（市）有万县地区（市）农业机械化服务公司，涪陵地区（市）有涪陵地区（市）农业机械化服务公司；1988年黔江地区成立，同年12月成立四川黔江地区农业机械化服务公司。3个地区下辖县（市）都有对应的县（市）农业机械化服务公司，负责本县（市）的农业机械及其零配件的组织供应。县（市）以下部分乡（镇）有集体或个体农机经营网点，成为主渠道之外的补充。

1992年，党的十四大正式确立中国经济体制改革的目标是建立社会主义市场经济体制。1993年11月召开的十四届三中全会，审议并通过了《中共中央关于建立社会主义市场经济体制若干问题的决定》，拟定出社会主义市场经济体制的基本框架，确定了国有企业改革的基本方向，成为20世纪90年代推进经济体制改革的行动纲领。此后，农机集体、个体经营网点逐步发展，最后遍布乡镇乃至村社。农机销售网点的发展，推动了小型加工机械、小型提灌机械、稻麦脱粒机等农业机械在农村的普及应用。随着国家经济体制改革的深入，社会主义市场经济体制不断完善，民营、个体经济不断发展壮大，参与农业机械经营的商家越来越多，市（地）、县（区、市）农机供应（农业机械化服务）公司，市场竞争优势削弱，国营体制遗留下的问题和困难突显，经营状况、经济效益逐年下降。从1995年开始，重庆县（区、市）级和万州市、涪陵市、黔江地区农机供应（农业机械化服务）公司相继改制。

1997年5月，重庆市农机水电局印发《重庆市农机水电局关于重庆市农业机械总公司进行产权制度改革的批复》；同年10月印发《重庆市农机管理局关于重庆市农业机械公司第二公司进行产权制度改革的批复》，同意重庆市农业机械总公司和重庆市农业机械公司第二公司按（渝委发〔1995〕26

号)、(渝委发〔1996〕23号)、(渝国资管〔1995〕101）号及其相关文件精神、结合企业情况进行产权制度改革。重庆市农机贸易公司经营农业机械的业务也于1999年退出。至此，原本以国营为主体的农业机械供应体系全部融入市场经济，农业机械及零部件销售全部进入市场化运行。市、区（县、市）农机行政主管部门对下属农业机械供应（服务）公司去除行政化管理。

1999年，重庆市级财政开始安排资金补贴市内企业生产的适用小型农业机械。补贴资金从1999年总额50万元开始，以后逐年增加，2004年市级补贴资金达到334万元。2004年中央财政开始实施补贴政策，从试点开始逐步扩大到普惠，补贴资金大幅度增加，2010年最高时达到3.8亿元。市级财政和中央财政补贴资金、补贴产品对象也从重庆地产扩大到全国乃至部分进口农机，从小型扩大到中、大型，从耕作机、脱粒机扩大到提灌、植保、秸秆还田、农产品加工机械再扩大到联合收割机、插秧机以及部分为农业服务的设施设备。

为了管好用好财政农机购置补贴资金，2000年，重庆市农机主管部门开始对享受财政资金补贴的农业机械经销商实施监管。监管重点是享受补贴资格审查和补贴申报真实性两个环节。具体流程是经销企业自愿申请，对经销行为作出承诺（遵守补贴申报程序、申报材料真实），交区（县）农机主管部门进行资格审查，区县农机主管部门审查认为合格的，报市农机主管部门批准。在运行过程中，区县农机主管部门进行不定期监督检查。

2003年1月，为了进一步加强对经销商的监管，重庆市农机局印发《关于重点推广农机产品实行质量责任承诺的通知》，强调经销商在产品质量、售后服务、产品价格等方面必须承担的责任。

2009年1月，重庆市农机管理办公室印发《关于2009年农机购置补贴产品实行总经销商和二级经销商管理的通知》。通知明确，2009年农机购置补贴产品实行总经销商和二级经销商分级管理方式，经销商资格分级审定，一年一审。补贴机具生产厂家自行选定有资格的经销商经销。

2010年4月，重庆市农业委员会办公室转发农业部办公厅《关于2010年农机购置补贴政策落实监督检查方案》，目的是加强财政补贴资金监管，确保政策落实到位。

2010年5月，重庆市农机管理办公室发布关于开展农机购置补贴实施情况检查的紧急通知，决定在全市开展农机购置补贴实施情况检查，重点检查2009年和2010年推广的微耕机、水稻插秧机、联合收割机等补贴机具。

2004年国家实施补贴政策之后，经销商从最早的几家发展到近百家，具有代表性的有吉峰农机重庆分公司、众全农机有限公司、友邦机械供销公司等。到2015年年末，全市共有农机经销企业287个，农机经销点2 491个，从业人员8 000多名。

二、农机供应（农业机械化服务）公司主要经营产品及货源

1986—1997年，是我国经济转型时期，市场经济逐步替代计划经济模式，重庆市农机公司以经营农业机械产品及零部（配）件为主，主要有拖拉机、农用运输车、农副产品加工机械、农用动力机械（柴油机、电动机）、排灌机械、植保机械等。这一时期，农机经营效益经历了一个逐年向好又逐步下降的过程。以重庆市农机公司为例：1986年公司销售收入2 041万元，利润40万元；1988年公司实现销售额5 640万元（包括永川分公司），利润118万元；1991年，全重庆市农机公司系统实现销售总额1.2亿元，利润250万元；之后利润逐年下降，1995年企业出现亏损。最后，资不抵债，最终由市物资集团兼并。

自1981年后，农机供销体制机制开始发生变化，农机产品统分包销制度逐步弱化到最终取消，经销企业也逐步过渡到自主制定年度计划，自行参加国家、片区、省级，或生产企业组织的衔接会、产品订货会等，进行合同采购。

随着市场的进一步开放，农业机械及零配件的经营效益呈下降趋势，为了改变局面，多数企业开始经营跨行业、多门类产品。重庆市农机公司，在20世纪80年代末就开始涉足工程机械、汽车、机电、

环保机械的经营。

三、农机产品价格管理

1986—1994 年，农业机械实行政府指导价销售。各级农机公司在农机行政部门的监督指导下，按照 1984 年机械工业部、国家物价局、财政部联合印发的《农机商品销售价格暂行管理办法》和机械工业部《关于对农机商品销售价格暂行管理办法几点补充规定的通知》的规定，执行政府指导价格进行销售。

为了加强对农机产品价格的宏观控制和监督检查，适应价格信息交流和搞活经济的需要，1986 年 9 月，重庆市农机水电局根据机械工业部财务会计司《关于对机械产品价格正式实行统计报表制度的通知》要求，印发了《关于对机械产品价格实行统计报表制度的通知》，建立了重庆市农机产品价格统计报表制度，对农机产品价格实施监管。

万县、涪陵、黔江 3 个地（市）农机供应企业按照四川省农机局的要求，同期实施机械产品价格统计报表制度。

1987 年 2 月，重庆市税务局印发《对县以下（含县）农机公司（站）征免营业税问题的通知》，开始对农机产品和零配件在流通领域中征收营业税。1989 年 10 月，重庆市物价局印发《关于改变农机产品、半机械化农具及配件作价办法的通知》，市农机水电局及时转发了该通知。1989 年 10 月起，全市农机产品，半机械化及零配件的零售企业，在原作价办法的基础上，新增收入的营业税加价计入销售价格中。1991 年 12 月，重庆市税务局同意对乡镇农机管理服务站销售的农机产品及其配件业务，按农机公司实行的政策，1992 年给予免征营业税。

1992 年，中国共产党第十四次全国代表大会上，提出了中国经济体制改革的目标是建立社会主义市场经济体制。之后，逐步放开对农机产品的价格管制，进入市场调节阶段。原执行的价格统计报表制度（包括农机行业的财务报表）随之取消。

1999 年，重庆市开始实施农机购置补贴，从控制机具补贴额的目的出发，在补贴政策实施初期，市农机管理局对纳入补贴的农业机械，在企业自报价的基础上，组织专家审核确定该产品年度内最高限价，按最高限价给予不高于 30% 的财政资金补贴。重庆市农机管理局在补贴政策实施过程中，逐步调整、完善补贴方式，最终形成价格市场化，机具分类、定额补贴的办法。

四、农机“打假”行动

1998 年 9 月，重庆市农机主管部门在全市开展清理整顿农机生产、销售、维修市场，打击假冒伪劣产品，检查包括营业执照、质量检验合格证明、农业机械推广许可证、出厂合格证的专项行动。11 月，在万盛区召开全市清理整顿农机市场工作会议。

2001 年 3 月，为贯彻农业部、公安部、国家工商行政管理总局、国家质量监督检验检疫总局、中华全国供销合作总社等五部（局、社）《关于深入开展农业生产资料打假联合行动的通知》文件精神，按照中国共产党重庆市委员会、重庆市人民政府的统一部署及市人民政府农村工作办公室、市农业局、市供销合作总社、市农机管理局、市公安局、市工商行政管理局、市质量技术监督局等七办（局、社）《关于进一步在全市深入开展农业生产资料打假联合行动的通知》要求，同年 8 月，重庆市农机管理局印发《重庆市农机行业“打假”实施方案》，之后联合市工商行政管理局共同开展了农机市场“打假”整治执法行动。本次“打假”联合行动，全市农机系统出动检查人员 3 431 人次，共检查农机生产企业 65 户，其中，捣毁制假或非法拼装农用运输车窝点 7 户；共检查农机经营企业 616 户，其中，售假违法行为的经营企业 46 户；共检查农机维修点 538 个，查处违规经营的维修点 43 个；共查处假冒伪劣农机产品 118 批次，共计 8 112 台（件），涉案金额 92. 28 万元。此次联合行动有效查堵了假冒伪劣农机产品源头，严厉打击了无证经营、以次充好、假冒伪劣等扰乱农机市场正常生产经营秩序的违法行为，整顿和规范了农机生产、销售市场秩序，维护和保障了农机生产者、经营者和消费者的合法权益。

2004 年 3 月，重庆市农机管理局开展全市农机打假护农专项治理行动。

2006 年 2 月，重庆市农机管理局开展全市农机打假行动，范围包括用于农、牧、渔业的假、冒、伪、劣机械产品及零部件。

2006 年以后，农机“打假”已成为部门常态化工作，全市统一组织的农资“打假”联合行动，农业机械都列为“打假”整治范围，市、区（县）农机主管理部门都参与其中，在净化农机市场环境中发挥作用。

第二节　农机用油料管理与供应

中国的改革是从农村开始，从农业入手，以提高粮食生产解决温饱为突破口。为了支持农业发展，稳定粮食生产，计划经济时期，国家部委、省级相关部门对农用油料给予了特殊政策，同时对农用油料的管理、分配、供应做了严格规定。

一、计划管理时期农机油料指标的变化

1983 年，农牧渔业部、商业部印发《关于农用柴油分配供应管理办法》（简称《管理办法》）。《管理办法》明确，“从 1984 年起，国家对各省、市、自治区的农用柴油计划指标实行戴帽下达（在省、市、自治区的总指标内，列出其中‘农用柴油’指标），由农业（农机）部门分配，商业部门供应，以农业（农机）部门为主做好农用柴油的分配”。《管理办法》同时明确农用油料的使用范围：县以下农、林、牧、副（含社队工、副业用油）、渔业各项生产用油和农村运输用油；县以上（含县）各级农业、水产、农垦生产企事业单位用油，如农场，牧场，种子场，军马场，苗圃和水产捕捞、养殖等使用的柴油；农村社队服务生产性部门（供销，医院，邮电，电影队，气象等）用油。使用范围不包括县和县以上投资的水利工程和森林工业及其专业车队、船队的用油；凡原来不属于农用柴油分配范围的单位，现在划入农用柴油分配范围后，原供应指标必须随同划入。各省份可在年度计划指标内留出 3% ~5% 的机动指标，以备救灾急需。

按《管理办法》规定，四川省农业厅、商务两厅联合下发了贯彻落实《管理办法》的通知，通知指出：把有限的农用柴油真正用于农业，是国务院赋予各级农业（农机）管理部门的主要职能工作之一。通知要求农业（农机）部门要执行好中央和国务院扶持农业的政策措施，认真搞好农用柴油“分、管、供、用、节”一条龙的管理。

在执行过程中，农用柴油计划又逐步细分为“计划基数指标”“增拨指标”“抗旱救灾油指标”“新技术推广用油指标”；1987 年又增加粮食合同定购挂钩柴油（简称：粮挂油）指标。

1994 年国家取消成品油价格双轨制，改革成品油流通体制，整顿成品油市场，实行国家统一定价，取消农业（农机）部门“平价农用油料”计划指标。1995 年开始，国家对农业（农机）抗灾救灾用油给予特别（确有灾情发生）解决，采取的是下达救灾油指标，按指标配额补助资金的办法。

二、农机用油的分配与管理

在农用柴油计划分配时期，农机管理部门坚持农用柴油的分配次序，确保农用柴油真正用于农业生产的关键环节。市（地）、区（县）两级农机管理部门，根据“保证重点、统筹兼顾、综合平衡”的原则，按照保证抗旱救灾、无电地区口粮和饲料加工、农田作业、农用物资调运的顺序进行安排。乡（镇）农机管理站负责核实机台，落实作业计划，根据定额发放油票。机手凭票到供油点购油。因各区（县）具体情况有别，各时段的要求不同，所以执行办法和标准不尽相同。

（一）重庆市农用（农机）油料的管理、分配、供应

1986年以前，农机用油（含柴油、汽油、煤油、润滑油等），实行计划平价指标油与高价油、议价油并存的计划供应制度。重庆市第一商业局根据国家分配给重庆市的成品石油，经综合平衡后，将全市农机系统所用成品石油指标下达给重庆市农机水电局，重庆市农机水电局根据各区（县）、市级农口各单位、农机系统各直属单位机台拥有量，综合平衡后再分配。

1986年2月，重庆市计划委员会在巴县召开全市计划会议，会议确定取消原有农用汽油专项指标，明确成品油的分配由区（县）计划委员会平衡，同时提出农用柴油分配不再按两部文件执行，由市计划委员会和第一商业局下达季度计划给各区（县）计划委员会平衡。由于分配形式的变化，调拨供应滞后，当年春耕生产期间，部分区（县）向重庆市农机主管理部门提出急需农用油料用于提水灌溉和农用物资运输的报告。市农机主管部门向市政府紧急报告，提出继续执行农牧渔业部、商业部《关于农用柴油分配供应管理办法》，同时建议农用柴油年度计划由市计划委员会下达，季度计划仍由市农机主管部门下达，以便主管部门根据农时季节调节指标，实行“计划、管理、供应、使用、节油”“五统一”的一条龙式管理办法；农用汽油、润滑油仍然实行专项指标下达。市政府办公厅将该报告转重庆市计划委员会，重庆市计划委员会于1986年8月7日在《关于贯彻重办函〔1986〕74号文的通知》中对原有安排作出调整，明确：“农用柴油的分配计划，由市计划委员会与市农业委员会协商一致后，由市计划委员会统一带帽下达到各区（县）计划委员会和市级有关部门。农用柴油的供应范围，仍按商业部、农牧渔业部的《管理办法》执行”。

为了加强农用油料的管理，1987年，重庆市农机水电局向市农业委员会报送《加强我市农机基层供油点改造和建设的意见》，提出了加强农用油料管理的几点措施。一是“淡储旺用”，根据不同的农时季节合理供油，不误农时，保证重点；二是建设乡（镇）供油站（点），方便群众就地购油，减轻农民负担；三是科学管理，提高油料品质，推广“三级过滤、浮子取油、密封加油、计量发油”；四是改造提升农机储供油能力，“七五”期间对原有储油设备、计量器具、净化装置和节油检测手段进行改造和完善［计划添置金属储油罐250个，更新改造金属储油罐300个，购置计量器具1 000台（件），改造和新建储油库房400座20 000米^2，添置节油检测仪器设备1 000台］。

1987年底全市有农用油料管理人员1 202人，建有基层农机供油点594个，占乡（镇）总数的73%。除大足、合川和永川县部分属于乡供销社经营外，其余县（区）已全部实现了农用油料归口农机部门管供，基本实现“计划、管理、供应、使用、节油”一条龙服务模式。全市拥有储油池90余个、金属储油罐600余个以及大批储油桶，储油能力1 100吨。

1987年，四川省印发《粮食合同定购与柴油挂钩实施办法（试行）》，重庆市农机水电局及时转发该《试行办法》，提出加强本市挂钩柴油管理工作的具体措施，开始实行农用柴油与粮食订购合同挂钩办法，农民凭油票购买挂钩柴油。1989年，为了调动机耕积极性，重庆市农机水电局出台农机机耕作业奖励政策，奖励标准为每机耕1作业亩，奖励平价柴油指标1千克。

1990年，全市计划农业用柴油43 324吨，其中，平价柴油37 700吨（含粮油挂钩油14 576吨），议价柴油5 263吨。为管好用好当年农用油料，在分配和使用管理上，严格执行农业部昆明“农用柴油分配管理座谈会”精神和农业部“关于加强农用柴油分配管理工作的意见”，根据农时季节和气候变化规律，坚持“确保重点，统筹兼顾，强化管理，节约挖潜”的农用柴油分配原则。同年，全市新建供油点9个，改造53个，新增储油能力812吨。市、区（县）农机主管部门组织开展了农用柴油分配、供应、价格、制度、节油和供油点建设为主要内容的大检查活动；开展小型柴油机技术检测、调修和技术改造等节能降耗工作；督促乡（镇）农机管理站完善规章制度，确保农用柴油管理、供应有序进行。

1991年8月，重庆市农机水电局下发《关于加强农用柴油管理和节约工作的通知》，进一步强调农机节能工作是农机管理工作的重要组成部分，区（县）主管部门务必抓紧抓好。同时全面落实（川府发〔1988〕42号）明确的“农用柴油由各级农机管理部门负责分配、管理和节约工作”的要求。11

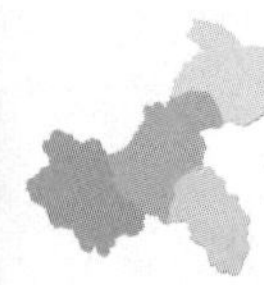

月，重庆市农机主管部门召开全市农机系统的农用石油管理工作会，进一步完善全市农用石油“分、管、供、用、节”一条龙的管理办法，会议总结了当年农用石油计划分配、兑现、落实情况及管理中存在的问题，通报了“八五”期间供油点改造计划及1991年和1992年供油点的改造立项情况。当年年底，按照四川省农机局的要求，重庆市开展了农用柴油分配管理工作大检查工作。

1992年2月，重庆市农机主管部门下发《关于加速农机基层供油点建设的意见》，强调“农机基层供油点是农机服务体系中的重要基础设施，是保证农村石油成品油经营使用的必备条件。意见提出“以区县为单位在摸清情况的基础上，实事求是地制定‘八五’时期农机基层供油点建设计划和年度实施方案”。明确从1992年起，实行项目管理，逐步实现供油点建设的标准化、规范化。

1993年11月，重庆市农机主管部门下发《关于加强农用柴油管理的通知》强调农用柴油是国家对农业扶持的一项重要政策，要按照农业部（农机字〔1993〕第7号）、四川省人民政府办公厅（川办发〔1993〕77号）和四川省农机局在泸州召开的农机管理工作会精神，加强农用柴油管理工作。严禁以任何形式将农用柴油转为议价油销售搞价差返还，更不允许将农用柴油转为议价油销售获取非法利润，也不允许搞平、议搭配或是先供议价再供平价；要及时保量保价地将农用柴油送到基层，供到农民手中；农用柴油的分配必须坚持农业部“确保重点，统筹兼顾，强化管理，节约挖潜”的规定；推广“机、田、油”挂钩的先进方法，重点保证农田作业及无电地区的口粮、饲料加工用油；严禁巧立名目，截留、挪用农用柴油，分配到区（县）的农用柴油，必须严格按照农业部和省局规定，将留用的机动指标控制在30%以内，县以下管理经销单位一律不得再留机动指标；要加强防火安全，杜绝恶性事故的发生。《通知》还要求乡（镇）基层农机供油点、加油站要面向农业生产，方便群众，大力开展节油活动，坚持油料净化，保质、保量、保价及时供应，保证农时用油。

1994年6月，重庆市物价局印发《关于转发并贯彻〈国家计委关于做好原油天然气成品油化肥价格调整工作的通知〉的紧急通知》，通知明确规定：“全市成品油价格实行国家定价，各经营单位和区（市、县）无权制定成品油价格及相关的收费。成品油销售价实行一县一价，不得再加价。平价农用柴油在1994年7月1日前维持原价和流通渠道不变。石油公司（系统）以外的加油站和社会零售网点，由当地石油公司对其实行代销制。”

1994年7月起，国家取消农用平价柴油政策。8月，重庆市农机水电局以（重机水机管发〔1994〕15号）转发国家经贸委、国家工商总局《关于印发整顿成品油市场的实施办法》（简称：《实施办法》）（国经贸运〔1994〕332号），要求区县农机主管部门向当地政府及有关部门汇报农机供油点的情况，并按《实施办法》的精神，参与配合对农机基层供油网点的清理整顿，按规定重新向工商行政管理部门申报核定经营资格；在取得营业执照后，继续代销石油产品（表10－4－1）。

表10－4－1　1986—1994年重庆市农用（农机）油料分配情况统计表

单位：吨

年份	平价油				高价油			
	汽油	煤油	柴油	润滑油	汽油	煤油	柴油	润滑油
1 986	1 909. 8	13	24 569	237	945	—	7	—
1987	316	16	22 976	41	426	225	6. 4	18
1988	269. 2	16	21 645	39. 8	277	2	2 500	—
1989	250. 3	16	19 824	39	—	—	—	—
1990	101. 6	16	19 724	37. 8	30	—	—	—
1991	1 570. 7	12	19 523	26. 6	10	4	8. 5	23
1992	—	4. 4	13 385	5	53	4. 4	20. 3	13
1993	—	—	16 870	—	—	—	—	—
1994	—	—	12 000	—	—	—	—	—

从1994年7月取消平价农用油料到1999年，农机主管部门，对农业机械用油，特别是农业生产和抗灾救灾油料的组织，农机加油站（点）的建设、改造，职工队伍管理工作仍在继续进行。

2001年，全国开展清理整顿成品油流通企业和规范成品油流通秩序，11月，重庆市农机局转发《重庆市清理整顿成品油流通企业和规范成品油流通秩序实施办法》，要求区县农机主管部门高度重视，积极做好衔接工作，严格自查，自觉整改。此次清理整顿，对油料经营单位的要求（安全、环保、规模等）较高，一批不达标的农机加油站（点）自行退出，部分站（点）实行股份制改造，少数条件较好的加油站也逐步被当地石油公司收购。

2001年以后，国内整个石油供应货源充足，流通渠道畅通，农用油基本需要得到保障。经过几年的调整，单一专门的农机加油站已不存在。

2006年后，农机行政主管部门不再介入油料供应方面的管理服务工作。

（二）“两市一地”农用（农机）油料的管理、分配、供应

1986—1996年，“两市一地”农机用油按照农牧渔业部、商业部《关于农用柴油分配供应管理办法》、四川省农业厅、商务厅两厅《关于贯彻执行农用柴油分配供应管理办法的通知》精神开展工作。但在执行过程中，地（市）政府根据当地当时情况作出调整。

万县地区（市）农用油料的分配、管理坚持按管理办法规定和通知的精神执行。年度计划分配油料情况：

1986年，全年实际分配14 930吨，其中：高转平1 400吨，救灾油650吨，追加指标油300吨。

1987年，全年实际分配11 097吨，其中：粮挂油1 780吨，救灾油300吨，追加指标油350吨。

1989年，全年实际分配16 966吨，其中：粮挂油5 085吨，救灾油1 207吨，追加指标油600吨。

1991年，全年实际分配19 235吨，其中：粮挂油5 235吨，救灾油1 450吨，农用专项柴油指标670吨，计划内高价农用柴油指标120吨。

1992年，全年实际分配17 976吨，其中：粮挂油4 875吨，救灾油1 070吨，增拨油211吨。

1993年，全年实际分配17 976吨，其中：救灾油150吨，专项油100吨，追加指标油292吨。

1994年，实际分配6 545吨（从1994年下半年平价油政策取消）。

涪陵地区（市）1989年以前，根据涪陵地区行署的意见，农用柴油管理分配由计划部门负责，石油公司、农机、供销部门负责供应。1989年以后，农用柴油（含计划油、机动油、救灾油、计划内高价油、粮挂油）的分配、管理由农机部门负责；油料供应划片区，由石油公司、供销社、农机供油站（点）分别负责。

黔江地区从建区到1994年上半年以前，农用柴油管理分配都是由计划部门负责，石油公司、供销社、农机供油站（点）分片供应。

（三）农机救灾油

1986—1994上半年，为了支持农业抗灾救灾，国家每年都要安排一定数量的平价油料指标，作为农业抗灾救灾备用。一旦灾情发生，所在地农业（农机）主管部门负责汇总灾情并逐级上报。最后由国家农业（农机）部门根据情况下拨平价救灾柴油指标，解决救灾工作中的用油需求。1994年6月后，国家取消平价油的计划安排，救灾农用柴油享受平价油政策也因此取消。

为了继续支持农业，稳定粮食生产，1995年，财政部、农业部印发的《农业生产救灾柴油、化肥专项补助资金使用管理暂行办法》中明确规定：在取消平价农用救灾油料后，对地方抗灾救灾给予一定的资金支持，方式上采取在下达救灾油指标的同时，按指标配额补助资金。救灾柴油专项补助资金的补助范围为抗旱、排涝和抗旱救灾的农机作业用油及受灾的农机供油网点；补助对象为灾区的农机、农业部门组织的承担抗旱救灾任务的各级农机服务队、抗旱服务队及机手个人；指标的分配依据是灾害损

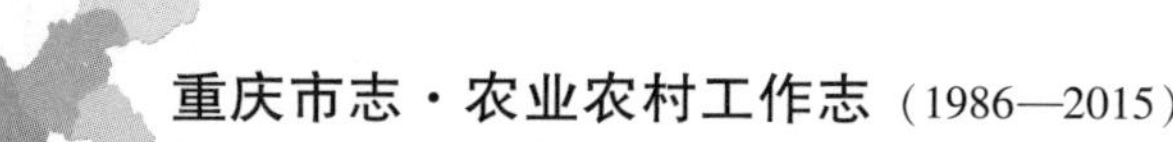

失程度。明确对灾情不重、受灾面积小、不积极组织救灾的单位或个人、机台不予安排。对从事农业生产救灾的服务组织，不论是否隶属农机部门，分配时都一视同仁”。

专项油料指标和补助资金指标到达后，由重庆市农机主管部门提出分配方案，并会同财政部门将两项指标下达区（县），再由区（县）农机、财政两部门安排到乡（镇）农机站，并由乡（镇）农机站具体落实。区县财政、农机部门负责监督。

1995—1997 年，农业部共安排重庆市农机救灾油补助资金 248 万元。

1997 年 6 月后，重庆有灾情发生的年度，农机部门都要收集汇总灾情，及时向农业部农机主管司报告，争取资金支持。资金到达后，仍由农机部门提出方案，会同财政部门联合行文下达到区（县）。

（四）农机加油站（点）及农机用油量的变化

在农用油料实行平价计划分配时期，重庆市农机加油站（点）较多，区（县）以下的乡（镇）农机管理服务站基本上都介入计划油料供应和其他油料的经营。据统计，1986 年，重庆市基层农用柴油储、供油网点数量达 600 个。四川省万县地区基层储、供油网点有 255 个。农机供油（油料经营）业务的开展，既增加了基层农机管理服务站的收入，也方便了农民，被社会广泛认可。

1987 年，重庆市有基层供油站点 614 个，网点覆盖面占乡镇总数的 75%，农用油料管理人员1 202 人，有油池 90 个，金属油桶 810 个，一次储油能力达 1. 3 万吨。到 1994 年全市农机供油站（点）在达到 675 个，全年供应成品油 10 万吨。农机供油站（点）在发展过程中，也经历了几次大的调整。一是 1990 年公安消防、商业委员会、农机几个部门联合检查，重点整治安全隐患。一部分设备极其简陋、存在严重安全问题的加油点被清理出局；二是 1994 年农用平价油取消，一部分单纯供应平价油的（主要在县辖区站）站（点）停止经营：三是行政区划调整和 1995 年前后的撤区建镇，部分加油点随之撤并。

1996 年年底，重庆市、涪陵市、万县市、黔江地区共有加油站（点）1 200 个，一次储油能加 2. 2 万吨，年销售石油成品油 20 余万吨。在确保农业生产和农民生活需要中发挥了重大作用。

1997 年 6 月，重庆有关部门进一步加强对加油站的规范化管理。2001 年，全国开展清理整顿成品油流通企业和规范成品油流通秩序，2004 年，重庆市商业委员会出台《重庆市加油站审批管理办法（试行）》，2006 年，国家商务部 23 号令颁布《成品油市场管理办法》，对加油站的储油能力、油源渠道、安全设施等诸方面提出更加严格的要求。绝大多数农机加油站不符合有关要求而退出，少量有一定规模的农机加油站也被石油经销公司并购。农机主管部门不再具有农用加油站（点）的行政监管职能。随后，按农业部的要求，只对兼顾农用油供应的站（点）及年度农用油消耗数量进行统计。

几个主要年度供油站（点）、供油量变化情况如下：

2000 年，全市有农用供油站（点）1 085 个，农业生产燃油消耗量 21. 43 万吨；2005 年，全市有农用供油站（点）569 个，农业生产燃油消耗量 35. 61 万吨；2010 年，全市有农用供油站（点）268 个，农业生产燃油消耗量 53. 98 万吨；2015 年，全市有农用供油站（点）134 个，农业生产燃油消耗量 53. 23 万吨。

第三节　农机维修

一、农机维修企业

20 世纪 70 年代末至 80 年代初，农业机械的维修是以区（县）农机修理厂为主，区（县）、乡（镇）农机站站办修理厂（点）为补充的格局。维修方法以修复为主，换件为辅。随着农村经营管理体制的变化，家庭联产承包责任制地兴起，农业机械分散分户经营后，远距离、集中修理的形式开始改变，随后集体经济组织、个体开设的维修网点逐渐增多，农机维修开始向市场化、社会化服务方向发展。

1986年年末，重庆市区（县）级国营农机修理厂，区（县）、镇（乡）农机修理站及私营、个体维修网点共801个。

1987年11月，重庆农牧渔业部、国家机械委员会联合印发《关于县农机修造厂修理业务工作移交农牧渔业部的通知》。重庆市农机水电局（重机水机修字〔1987〕57号）转发该通知，要求各区（县）农机主管部门按通知要求，做好各项交接工作。年末，按同口径统计，全市维修网点为1 127个。

1993年，中国共产党第十四届三中全会通过《中共中央关于建立社会主义市场经济体制若干问题的决定》，提出了中国经济体制改革的目标是建立社会主义市场经济体制。集体、民营、个体农机修理站（点）进一步发展。年末，全市农机修造企业和网点达到1 382个。1995年年末达2 086个。

1996年下半年，重庆市代管“两市一地”。之后，市、区（县）农机行政主管部门加快推进农机企业体制改革工作。一方面积极引导农机修理企业开展对外交流与合作，另一方面积极引导民营、个体经济投入并参与农机维修。年末，重庆及两市一地维修网点总数为3 440个。

1998年，市、区（县）农机修理厂全部进入市场化运行。农机行政主管部门对企业不再具有行政管理职能，转为业务指导、技术培训和职业技能鉴定。

2000年7月，重庆市农机管理局印发《重庆市贯彻农机修理工实行就业准入制度的实施意见》，要求：市内农机修理厂、农机维修网点、个体农机修理经营户中，新就业的农机维修工上岗前必须经过市、区县级职业教育培训单位进行职业技能培训，经农业-026特有工种职业技能鉴定站进行职业技能鉴定，取得相应的职业资格证书后方可上岗。

农机维修行业进入市场化运行后，几个主要年度年末农机维修网点变化情况：

2000年，全市农机维修网点年末数3 545个；2005年，全市农机维修网点年末数3 641个；2010年，全市农机维修网点年末数4 254个；2015年，全市农机维修网点年末数3 430个。

二、农机维修行业管理

（一）1997年前

1986年，四川省农牧厅农业机械管理局印发《一九八六年全省农机修造工作安排意见》。根据省农业机械管理局的要求和下达的任务，重庆市农机水电局将任务分解落实到区（县），当年完成农机维修17.3万台次。

1987年9月，重庆市农机水电局印发《关于下达“S型95系列柴油机、车节油、增功率性能改造计划”的通知》，全面开展S型95系列柴油机、车的改造的系列工作。随后各区县开展农用柴油机的节能检测、调修工作和推广S195型柴油机改造节油增马力技术，作为当年和以后一个时期农机修理工作的重点。当年完成农机维修15万台次，修理产值达4 348万元，农机完好率保持在85%以上。

1989年，为进一步提高全市农机修造企业的产品质量，重庆市农机水电局决定从1989年起，对部分修造企业中生产的产品重点进行质量考核管理。当年纳入重点考核的产品有：潼南县机械厂的印刷机、双轴螺旋水耕机，江津农修厂的扣件螺栓，江南橡胶厂的翻补胎、火补胶，江北县通用机械厂的储蓄账箱，璧山八塘农修厂的CY-80型摩托车前、后托架，大足县内燃机配件厂的高压油管。其中，将江津农修厂生产扣件螺栓和江南橡胶厂生产翻补胎、火补胶上报省农机局，作为当年省、市共同重点考核的产品。

1990年2月，重庆市农机水电局转发农业部《关于印发农村机械综合维修点基本设备、工具、量具、仪器配备方案的通知（试行）》。通知下发之后，各区（县）农机主管部门按照通知精神，分期分批对农机维修网点进行检查规范。以小型柴油机技术检测、调修，技术改造、节能降耗作为当年修理工作重点。

1990年，启动农机维修行业“八五”规划编制。

1991年4月，重庆市农机水电局印发《一九九一年农机修造工作意见》，指导全市农机维修企业工作。同时印发《关于整顿农村机械维修点搞好维修质量监督检查的通知》，开展了全市农村机械维修点的检查整顿工作。6月，以《关于加强我市农村机械维修管理的报告》和《关于加强我市农用汽车维修管理的报告》，先后向重庆市人民政府提出进一步加强全市农村机械维修管理和农用汽车维修管理的建议意见。随后在农机维修行业开展了“质量、品种、效益年”活动，贯彻、落实“农业部1991年设备管理工作要点”提出的几项任务。8月，重庆市农机水电局向各农机修造企业，转发《农业部企业设备管理定级、升级办法（试行）》，要求认真贯彻执行。

1992年2月，重庆市农机水电局召开全市农机修理工作会，传达农业部辽宁本溪 、四川省农机局新都农机修理工作会议精神，下达年农机修理工作任务。当年3月，重庆市农机水电局、市工商行政管理局、市技术监督局联合印发《关于检查整顿农村机械维修点的通知》，开始对农村机械维修点的整顿和规范。

1993年，农业部下发《关于进行农机维修行业管理和企业发展两个专题调查的通知》和《关于调查农机修造企业免交“两金”情况的通知》。按照要求，重庆市农机主管部门组织区县农机主管部门开展了广泛调查，后将调查结果上报农业部。同年7月，重庆市农机水电局在长寿县召开了全市农机修造工作会议。会议传达农业部农机化司关于加强农机维修工作的意见；对重庆农机修造企业1995—2010年发展规划进行了审议。10月重庆市农机水电局转发了农业部《农业机械维修工人技术考核办法》和印发了《重庆市农机修造工人技术考核实施细则（讨论稿）》，并要求各区（县）农机主管部门对《重庆市农机修造工人技术考核实施细则（讨论稿）》进行认真研讨，并向重庆市农机水电局农机修造处反馈意见。

1994年，重庆市汽修行业主管部门提出要对兼营农用汽车的农机修理站点纳入汽修行业归口管理，导致部分农机修理行业职工思想波动，企业服务方向调整，农机修理能力削弱。就此情况，重庆市农机水电局向农业部农机化司上报了《关于重庆市农机维修网点存在问题的情况报告》。

1995年2月，重庆市农机水电局召开全市农机修理工作会，安排1995年的农机修理工作，讨论了《重庆市农机修造工人技术考核实施细则》。6月，重在市农机水电局在南泉孔园举行“市农机学会修造行业专业委员会的学术交流活动”。10月，重庆市农机水电局印发《关于认真做好农机修理技术工人统考工作的通知》，明确从1995年11月1日起农机修理技术工人考试实行全市统一命题，各考委会主持考试。

1986—1996年，万县地区（市）、涪陵地区（市）、黔江地区按照四川省农业机械管理局的工作要求，围绕行业管理、新技术新材料推广应用、维修任务安排、人员培训、技术指导、网点建设等开展工作。在195型柴油机的技术检测，回油管改道节油，金属清洗剂和PS耐磨整修剂的推广等方面取得成绩。其中，万县农机局推广的“S195型柴油机”节油改造技术，获1987年万县地区科技进步三等奖。

（二）1997年后

1997年6月，重庆市改直辖后。10月，市农机管理局组织开展全市农机节油增效活动。农机手、农机供油站点、农机维修站点、技术推广机构全部参与。

1998年3月，国家经济贸易委员会、国家技术监督局、国家工商行政管理局、国内贸易部、机械工业部、农业部印发《农业机械产品修理、更换、退货责任规定》。4月重庆市农机局转发并提出本市贯彻实施意见。8月，重庆市农机局转发农业部《农业机械产品修理更换退货责任规定条文释义》。

1999年7月，重庆市农机局印发《重庆市农村机械维修点管理办法实施细则》的通知。随后，市农机管理局组织开展了全市农村机械维修点基本情况的调查工作。

2002年9月，重庆市农机管理局草拟《重庆市农村机械维修管理办法》并列入重庆市人民政府2002年立法计划。

2004年，《中华人民共和国农业机械化促进法》颁布实施，各级政府加强了对农业机械化工作的领导，农机新机具新技术推广，农机专业化、社会化服务，特别是联合收割机跨区作业的蓬勃发展，市农机主管部门更加注重农机维修服务体系的建设。为了保证农机维修等售后服务能力，市农机管理局组织开展对农机维修服务网点建设情况的调查，针对不同情况，分别给予政策引导、技术指导、资金扶持。2004年以后，每年在农机服务体系建设资金中安排部分专项用于支持基层农机维修网点的建设改造。逐步恢复和发展了一些农机维修站（点）。

2010年，重庆市农机管理办公室组织开展了为期3个月的农业机械维修管理情况大检查。

2013年11月，重庆市农业委员会组织农业机械化技术推广总站开展了全市农机使用及修理网点建设情况的调研。

2014年，为了推进农村专业合作社的发展和维修网点建设，重庆市级财政安排530万元，支持24个农机专业合作社维修车间和机棚（库）建设、18个区（县）农机维修网点改造。

第四节 农业机械化专业人员培训与考核

1986年，重庆市有市属农业机械化中等专业学校和农业机械化干部培训学校各一所；万县地区（市）、涪陵地区（市）各有一所农业机械化中等专业学校。重庆市、万县地区（市）、涪陵地区（市）所辖涉农区（县）都建有农机常训班。

重庆市农业机械化干部培训学校主要承担各区（县）农机管理人员、技术人员，以及由市级重点培训的农机驾驶、操作及维修骨干。万县地区（市）、涪陵地区（市）、黔江地区（1988年5月成立）对县级农机管理人员、技术人员的培训由地区（市）农机主管部门、地区（市）农机校，县农机常训班分别承担。区（县）、镇（乡）农机管理人员、操作人员和维修工的培训主要由县农机常训班承担，以短期培训、现场教学方式为主。

1986年，重庆市农机水电局安排市农业机械化干部培训学校，按照四川省农牧厅川农牧〔1984〕9号、川农牧机〔1985〕2号文件精神，开展农村机械修理工培训、技术考核和技术等级证书发放工作，为缺乏师资和技术力量的县（区）培训师资和农村机械修理工，以提高农村机械修理工的技术水平和业务素质。当年，农业机械化干部培训学校举办农机维修工、排灌站测试技术员、柴油机测试技术员培训班各一期，培训人员130名（表10－4－2）。

表10－4－2 1987—1996年重庆市农业机械化干部学校培训情况统计表

年度	培训数（人次）	培训专业
1987年	5 184	汽车（拖拉机）驾驶员、农机修理工、镇（乡）农机管理站站长、新技术推广人员
1989年	40	泵站设计规范
1990年	5 265	拖拉机手，适用新技术推广人员等
1991年	5 900	高级技工、泵站技术、拖拉机手、适用新技术推广人员
1992年	7 312	拖拉机手、农用汽车驾驶员、内燃机手、植保机手、修理技工
1993—1996年	1 080	汽车使用与维修、拖拉机驾驶员，农机中级技术人员，技术管理干部，农机操作人员

1993—1996年，重庆市农业机械化干部学校与区县农机培训机构采取联合办学方式，先后就地举办多期拖拉机驾驶员，乡镇农机企业中级技术职称考前培训活动，农机技术干部，千万农机手培训活

动，培训总人数达 10 000 余人次。

1996 年，农业部印发《农业行业特有工种职业技能鉴定实施实施办法（试行）》的通知。通知要求各省、自治区、直辖市农业（农牧渔业、农牧、农林）畜牧、水产、农垦、农机厅（局）结合本地区实际，制定农业行业特有工种职业技能鉴定站布局规划，组织筹建职业技能鉴定站的工作。重庆市农机水电局决定，农机维修行业职业技能鉴定站以市农业机械化干部学校为依托筹建。

1997 年重庆直辖后，根据农业部《关于组织送教下乡开展千万农机手培训活动的通知》精神，市农机局组织“送教下乡，培训千万农机手”活动。当年，市、区县共举办农机手培训班 148 期，组织送教下乡活动 136 次，培训农机手 30 134 人次。

1998 年，重庆市财政安排 174.1 万元专项培训经费，市、区（县）农机培训机构采取分散培训加现场教练方式，培训农机手 20 000 余人次。

1998 年，重庆市编制委员会（渝编〔1998〕86 号）批复，同意在重庆市农业机械化干部学校增挂重庆市农业机械职业技能鉴定所牌子。根据批复精神，重庆市农机管理局批准部分区（县）在原培训校的基础上设立农机职业技能鉴定工作站，开展农机职业技能鉴定工作。当年，重庆市农业机械化干部学校完成汽车驾驶员职业技能鉴定 300 名，培训和指导区（县）培训各类农机人员 22 000 余人次。

1999 年，国务院办公厅转发《劳动保障部等部门关于积极推进劳动预备制度加快提高劳动者素质意见的通知》，重庆市农机管理局按照文件精神，积极贯彻落实。当年，农业-026 特有工种职业技能鉴定站完成农机职业技能鉴定 1 124 人次，全市培训各类农机人员 14 500 人次。

2000 年，农业部先后印发《关于农业实行就业准入的职业目录的通知》和《关于农机修理工实行就业准入制度实施方案的通知》。根据通知要求，重庆市农机局提出贯彻实施意见，要求重庆市农业机械职业技能鉴定所和各区县农机职业技能鉴定工作站加强、加快职业技能鉴定工作。当年，23 个经市农机管理局批准设立的“农业-026 特有工种职业技能鉴定区（县）工作站”全面开展工作，完成农机职业技能鉴定人数 362 名，培训各类农机人员 16 300 余人次。同年 5 月，重庆市农业局、市农机局联合印发《重庆市“绿色证书”制度管理办法》，明确了有关技术管理标准、培训形式和要求。

2001—2005 年，全市通过“农业-026 特有工种职业技能鉴定站”鉴定的职业技能人员共计 2 276 名，培训各类农机专业人员 60 622 人次。

2009—2011 年，连续 3 年，重庆市农机管理办公室印发《重庆市农业机械化教育培训大行动实施方案》，要求各区县农机主管部门认真做好各类农机人员的培训工作。

2011 年 3 月，根据重庆市编制委员会办公室《关于市农委所属事业单位清理规范的批复》，重庆市农业机械化干部学校撤销。至此，农机相关培训，农业-026 特有工种职业技能鉴定站及其相关工作由重庆市农业机械化技术推广总站承接。

2013 年 3 月，重庆市农机管理办公室组织相关人员参加全国农机维修高技能人才及师资培训。当年，重庆市农业机械化技术推广总站组织开展市级农机修理工培训班 10 期，培训 200 人次，农机专业合作社经理人培训班 10 期，培训 250 人次，拖拉机教练员培训班 1 期，培训 50 人次。全市共培训农机行业从业人员 1 200 余人次。开展了 15 批次的农机特有工种的职业技能鉴定工作，参加职业技能鉴定 987 人，鉴定合格 908 人。

2014 年 11 月，重庆市农业机械化技术推广总站组织举办了 2 期拖拉机、联合收割机高技能维修人才培训班，培训高级农机修理工 100 人次。

2015 年 10 月，重庆市农机管理办公室组织举办 4 期高级农机专业合作社经理人培训班，共培训 200 人次。

第五节　农机作业管理与服务

一、农机服务组织

1986—1996 年，重庆市农机社会化经营服务组织，按作业性质分为 3 类：一是以抗灾救灾为主的抗旱服务队（站），二是参与农田机械化（耕、种、收）作业的服务队，三是为农业农村经济发展及农民生产生活服务（运输、维修、加工等）的综合服务队。按管理层也可分为 3 类：一是区（县）农机部门组建的农机专业服务组织（农机专业户协会、咨询服务中心、抗旱服务中心），二是区（县）农机站和乡（镇）农机管理服务站牵头组建的农机服组织（机耕、加工、运输、维修、机电提灌等专业服务队），三是农户自主经营的运输专业户或农机大户。

1986 年，璧山、江津率先成立“农村机械协会”，部分区（县）也先后组建“农机咨询服务中心”。区（县）、乡（镇）农机管理站在条件具备的地方组建机耕、运输等专业服务队。1986 年年末，全市建立各类农机专业服务组织 1.01 万个（含管理服务、经营服务、专业服务队、农机专业户）。

经过几年发展，到 1990 年年末，按同口径计算，全市有各类农机化服务组织 2.2 万个，从业人员 13.7 万人。

1994 年，全市进行基层政府建制调整。在这一过程中，原县辖区农机站撤销，其人员合并到各新组建的乡（镇）农机管理服务站中。1995 年年末统计，全市有区（县）、乡（镇）、村级农机专业服务队共 8 600 个（不包括专业户），从业人员 2.1 万人，专业服务组织拥有农机具及装备 3 万余台（套）。

1997 年，重庆市改直辖后，市级财政对农机基层服务体系建设的投入增加，农机专业服务组织得到快速发展。2000 年年末，全市各类农机专业服务组织 27 万个，其中农机专业户 5.8 万个。

2001 年全市实施乡（镇）级机构改革，撤并乡（镇）级分设的农、林、水服务机构，成立乡（镇）农业服务中心或乡（镇）农业综合服务中心。农机社会化服务组织也进行相应调整，组织规模得到扩大，数量相对减少。农机专业合作社、农机大户逐渐形成。

2003 年，全市开展“兴机富民农机进万家”活动，推动全市新建农机化社会服务组织 200 个、农机专业户 3 000 户、专业合作社 1 600 多个。

2005 年 9 月，重庆市农机管理局印发《关于农机社会化服务体系发展情况调查的报告》，2005 年年末，全市有各级各类农机专业服务组织 44.82 万个，其中农机专业户 6.4 万户。

2007 年年末，全市拥有各类农机化专业服务组织（含专业户）58.14 万个。其中县以上作业服务组织 25 个，镇（乡）作业服务组织 463 个，村作业服务组织 4 075 个。

2010 年，全市拥有农机化农田耕、种、收作业服务组织 6 716 个，作业专业户 11.69 万户。

2015 年，全市拥有农机化农田耕、种、收作业服务组织 5 990 个，作业专业户 17.98 万户。

二、农机作业服务

农机作业涵盖农产品加工、农用运输、农业植保、农田提水灌溉、农田（地）耕作等多方面。其中农产品加工、农用运输、农业植保起步早，到 1986 年，稳步发展的趋势和市场化运行机制基本形成，作业服务基本市场化。因此，1986 年以后，农机主管部门所抓作业服务的重点在农村机电提水灌溉（2008 年前）和农田（地）机械耕、种、收水平的提高上。

（一）机电提水灌溉

1986 年末，重庆市有机电提灌站 4 837 站，5 617 处，8 129 台（套），25.4 万千瓦（表 10－4－3）。

表 10-4-3 1986—1996 年重庆市提水灌溉机械历年拥有表

年份	提灌机械		其中					灌面万公顷
			燃油机械		电力机械			
	台（套）	万千瓦	台（套）	万千瓦	站（处）	台（套）	万千瓦	
1986	8 129	25.4	—	—	4 837/5 617	—	—	—
1989	72 467	50.87	37 725	24.78	—	9 310	24.78	25.06
1990	72 467	50.87	370 916	23.79	—	35 376	27.08	25
1994	—	52	—	23	—	—	29	33.33
1995	113 124	51.01	33 958	21.25	6 333/7 063	7 537	25.49	28.67
1996	110 000	51	—	—	6 500/8 100	8 450	30.15	29.33

1. 组织管理

1986 年，重庆市农村机电提灌站有 3 种性质，一是区（县）农机水利部门直接管理的国营、国社合营站，主要分布于沙坪坝区、九龙坡区、北碚区、长寿县、綦江县、潼南县等；二是镇（乡）、村（社）管理的集体站（集体站是当时普遍存在的）；三是农户自行购买，自备自用，解决春灌和夏季抗旱提水的小型柴（汽）油水泵机组和潜水泵。

1993 年以前，重庆市农机主管部门的组织管理工作：一是为干旱地区提灌站协调电力、油料的供应，了解掌握干旱地区机台出勤情况，协调解决救灾油料或资金；二是根据各地不同情况，下达年度机具冬春修计划并组织开展冬春修；三是按照分级管理原则，受理或转报提灌站建设或改造的立项申请，协助解决建设（改造）资金。

1993 年 7 月，重庆市农机水电局提出“集中精力把以抗旱为主的农机综合服务组织建设工作抓出成效，把全市农机基层服务组织建设提高到一个新水平”。之后，各区（县）开始组建农机化抗灾服务组织，并配套以移动式为主的抗旱设备。各区（县）建起农机抗旱服务中心，一些镇（乡）、（村）社也组建起农机抗旱服务队。服务中心、服务队的建立，增强了抗旱能力，同时提高了抗旱设备调配的机动性和设备利用率，在抗旱救灾过程中发挥十分重要的作用。在抗旱救灾期间，参与农村机电提灌作业服务的有国营（国社合营）、集体、服务中心（队）、个体 4 种组织形式。

1997 年后，重庆市农机主管局组织对全市机电提水灌溉（简称提灌）机械进行了普查，实际拥有各类提灌设施机械 15.9 万多台套，装机容量达 60 万千瓦左右。其中固定电力提灌站 7 189 处、9 423 台、32.1 万千瓦；燃油提灌机械 41 720 台、26.9 万千瓦。

1998 年 3 月，重庆市第一届人民代表大会第八次常务委员会通过《重庆市农村机电提灌管理条例》，全市的农村机电提灌管理工作步入法制化轨道。

1998 年 9 月，重庆市农机管理局根据《重庆市人民政府批转市水利电力局〈关于农村小型水利设施产权制度改革实施意见〉的通知》精神，印发《重庆市农村机电提灌站产权制度改革实施意见》。意见下发后，各区（县）农机主管部门结合实际情况开展股份制、承包制试点。部分具备条件的固定提灌站，通过投资改造，进行场（镇）、村（社）人畜饮用水供给，通过经营获得收入，增强以站养站能力。

2000 年 11 月，重庆市农机管理局印发《重庆市农村机电提灌站建设管理办法》。2000—2007 年，每年市财政安排给农机部门的农发资金，有 1/3 以上安排在农村机电提灌建设改造中。

1986—2007 年，农村机电提灌管理工作始终是市、区（县）农机主管部门的重点工作之一。

2. 作业服务

机电提灌作业服务重在预防，在组织能力、设备、有效保证灌溉面积上要充分准备，发挥作用则看当年气候情况。有无旱情、是大面积还是局部性旱灾等因素，与实际提水量、灌溉面积相关。

1994 年，重庆遭受春旱、百年不遇的夏旱和 50 多天伏旱，全市农机抗旱提水 6.49 亿米^3，灌溉面积 793 万亩次。

1995 年，重庆部分区（县）遭遇连晴高温天气的袭击，高山地区人畜饮水都成问题，提水作业服务不仅保证了农田灌溉，同时解决 56 万城乡居民生活用水，34 万头牲畜和 972 个企业的饮用水。当年重庆市农机水电（农机）局曾荣获 1995 年度四川省机电排灌工作先进集体荣誉（表 10－4－4）。

1997 年，提水作业服务在保证农田灌溉的同时解决了 70 万城乡居民生活用水，35 万头牲畜以及 1 000余户企业饮用水（表 10－4－5）。

表 10－4－4　1986—1996 年重庆市年度抗旱提水作业量

年份	提水量（亿米^3）	灌溉面积（万公顷·次）
1986 年	—	0.24
1989	4.80	20.40
1990	—	25.07
1994	6.49	52.86
1995	3.20	23.73
1996	4.84	29.33

表 10－4－5　1997—2005 年重庆市年度抗旱提水作业量

年份	提水量（亿米^3）	灌溉面积（万公顷·次）
1997	5.08	40.00
1998	5.50	32.86
2000	6.73	43.67
2001	6.17	27.27
2002	6.09	27.26
2003	6.00	27.00
2004	5.80	30.00
2005	7.06	41.00

（二）农田（地）机械化作业

重庆地形以丘陵山区为主，地貌起伏不平，“六山三丘一分坝”是整体形象的描绘。耕地地块单位面积偏小且零碎分散，农田机械作业起步较晚。20 世纪 80 年代末至 90 年代初，在重庆市农机主管部门的主导下，重庆对一些小型农田作业机具进行针对性的引进、试验、示范和推广，主推机具类型是微耕机（水耕机、机耕船），作业项目是农田（地）机耕作业。1986 年，重庆市机耕面积 2 400 公顷。

为了推广机耕，提高农业劳动效率，1989 年开始，重庆市农机主管部门对机耕实行平价油奖励政策，补助标准为每作业亩奖励平价柴油指标 1 千克。当年，重庆市农机水电局下拨各区（县）机耕作业奖励柴油 112.7 吨；1990 年，兑现机耕及其他奖励项目平价柴油指标共 404.8 吨；1992 年，重庆市农机水电局兑现机耕及其他奖励项目平价柴油指标达共 780 吨。

在农机部门地大力宣传、推广和政策持续支持下，几年间，机耕作业有了长足发展。1995 年，全市完成机耕面积 4.49 万公顷，是 1986 年的 18.7 倍。

1997 年重庆直辖，当年全市共完成机耕面积 12.65 万公顷。直辖后，农村劳动力转移步伐加快，农业劳动力出现严重短缺，加之耕牛存栏减少，留守农民对农业机械作业的愿望增强，特别是对耕、

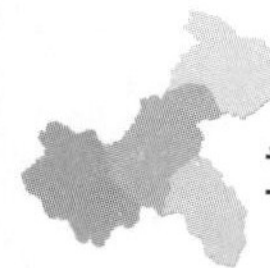

种、收环节机械化的愿望越来越强烈。这种状况引起各级政府和农机主管部门的重视。

1999 年，重庆市开始实施农机购置补贴，鼓励农民个人购买微耕机。当年新增耕作机械 500 台左右，机耕面积达到 19.6 万公顷；机械化、半机械化收获稻麦 2 100 公顷。

2000 年，全市农田机耕面积达到 22.73 万公顷，水稻机收效果初显，除本市收割机外，已有少量外省联合收割机跨省来渝参与水稻收割，机收面积达 7 000 公顷。

随着市级补贴资金的逐年增加，补贴机具范围扩大到脱粒机、收割机、插秧机等多种农业机械。2003 年，全市完成机耕 24.33 万公顷，稻麦机械化收获 9 533 公顷。

2004 年，中央财政开始实施农机购置补贴。《重庆市人民政府关于做好农业机械化工作的通知》出台，重庆市农机管理局提出“把提高农业耕、种、收综合机械化水平作为农机工作的主攻方向”。在多重利好政策的激励下，全市农村集体、农户购机、用机的热情空前高涨。当年，全市实现机耕面积 28.67 万公顷，机播面积 5 666 公顷，机收面积 14 393 公顷。

2004 年 11 月，重庆市人民政府通知市级部门申报 2005 年度“民心工程”备选项目，市农机局将“农业机械跨区作业助农增收”作为备选项目申报，经过筛选，该项目被正式列为 2005 年度“民心工程”实施。

2005 年，全市实现机耕作业面积 39 万公顷；当年，本市新增联合收割机 159 台，加上引入外省来渝作业的收割机，机收作业面积近 3 万公顷，农机耕、种、收综合机械化平从 2004 年的 5.09% 提高到 7.4% 。2005 年以后，中共中央和中共重庆市委员会重庆市人民政府支持农业、农业机械化发展的政策进一步释放，农机购置补贴资金总量逐年增加，单台机具补贴比例提高，对作业服务队、农机专业合作社的购机补贴更为优惠。

多年的宣传、推广和机械化作业的实际效果，农户对农机化的了解、认识得到提高，从观念到行动对农机产生认同感，使用农机，购买农机成为农民一种自我需要，农机耕种收作业在全市全面展开。

2007 年，重庆市农机系统组织市内外联合收割机 4 000 多台投入水稻机收作业，全市水稻机收作业面积 10 万公顷，直接为农户节约收获成本 1.5 亿多元，外出务工农民回乡收割水稻减少 60 万人次，节约往返路费和增加务工收入共 5 亿多元。全市开展水稻机收作业的区（县）36 个比 2006 年增加 5 个。梁平县等重点区（县）水稻机收率超过 50% 。渝北、巴南、北碚等非重点区（县）水稻收割机引机数量和机收面积大幅度增加。巫溪、巫山、忠县、云阳等县水稻机收作业开始启动。

2008 年，重庆市农机部门趁势而上，提前部署，在市及各重点作业区县建立接待站并开通服务热线电话；加强与公安交通、油料供应等部门的协调配合，确保收获时节为市内外农机手提供适时、全程的服务。当年共组织 5 000 多台联合收割机在全市开展水稻机收作业（其中江苏、江西、河南、广西等 10 多个省份到重庆参加机收作业的收割机达 4 500 多台），全市机收水稻面积达到 12.01 万公顷，再创历史新高。由于劳动力成本进一步上升，当年人力收获水稻每公顷成本达 3 750 多元，而机收每公顷 1 500元左右，每公顷节约 2 250 多元。相比之下，全市直接节约成本 3.2 亿元，同时还减少了外出务工人员因收割而返乡的路费，间接增加了农户家庭务工收入。通过时间和效益的对比，群众对机收的认同感加深，积极性更高。

2010 年 7 月 15 日，重庆市农业委员会召开水稻机收工作会议，会后水稻机收作业全面开展。全市各级农机主管部门共组织 1.25 万台联合收割机参加水稻机收作业，其中引进外地收割机 8 500 台。全市农作物机收面积 22 万公顷，全市 30% 左右的水稻种植面积收获实现机械化。当年，除机收作业外，全市还完成机耕面积 160.1 万公顷，水稻机插秧作业 8.67 万公顷，油菜机播 560 公顷，机械化植保作业 35.1 万公顷，机械化秸秆还田 5.69 万公顷。

2013 年，全市完成机耕面积 187.26 万作业公顷，示范推广水稻机插秧 12.33 万公顷，水稻机收作业 26 万公顷，油菜机播 776 公顷，机械化植保作业 36.94 万公顷，机械化秸秆还田 9.27 万公顷。

2015 年，全市完成机耕面积 216.8 万公顷，其中稻田机耕 65.8 万公顷；机插（播）12.8 万公顷，其中水稻机插面积 12.46 万公顷；15 000 台联合收割机（含本市自有机台）参加水稻机收，机收面积 31.8 万公顷，机收比达 43.7%。

2014 年开始，一批农业机械化作业新技术（水稻直播技术，油菜全程机械化，稻薯机械轻简化生产，粪污机械化循环利用和宜机化地块整理整治等）实施并取得突破，重庆农机作业进入高水平、高质量发展新阶段。

重庆市志

农业农村工作志

（1986—2015）

（下）

中共重庆市委农业农村工作委员会
重 庆 市 农 业 农 村 委 员 会 编纂

中国农业出版社
北 京

下册目录

第十一篇　农业科研与技术推广

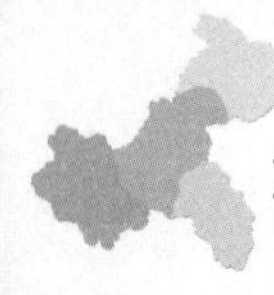

第十二篇　农业教育、宣传及农村体育

第十三篇　农村生态文明与社会主义新农村建设

第十四篇　农业对外贸易与合作交流

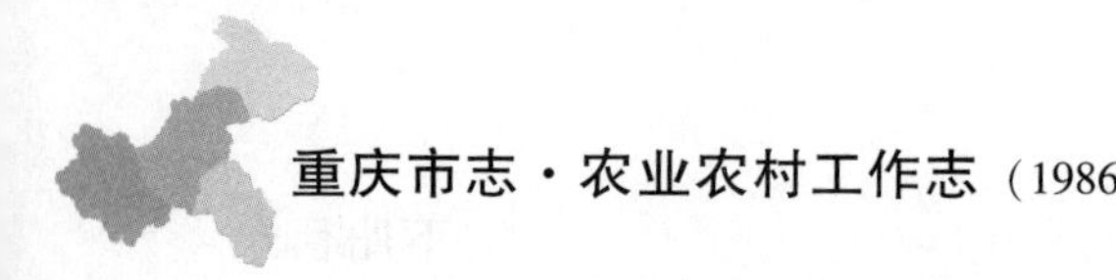

第十五篇　农产品质量安全

第十六篇　农产品流通和农村信息化

第十七篇　队伍建设

第十八篇　党的建设与文明单位创建

第十九篇　民主党派与群团、社团组织

第二十篇　区（县）农业农村概况

第二十一篇　农业文化

第二十二篇　“三农”人物

第十一篇

农业科研与技术推广

农业科技是推动重庆市农业和农村经济可持续发展的强大动力。1983 年，四川省重庆市和永川地区合并后，重庆农业科技事业得到较快的发展，农业科研机构设置全面，农业科技力量较为雄厚。“七五”初期的1986 年，市级农业科技人员共 2 130 人，其中农艺师、工程师以上技术职称的有 340 人。经过 10 年的发展，重庆在科技方面奠定了较好的基础，1996 年年底，重庆地区（含“两市一地”）拥有农业科研院所 17 个（含中央研究单位 1 个），科研人员 910 人。农技服务体系网络比较健全。从事农业科研的有中国农业科学院柑橘研究所，重庆市茶叶研究所、果树研究所、养猪研究院，西南农业大学 20 个研究所（室），及重庆市农业科学研究所、作物科学研究所、畜牧科学研究所、林业科学研究所、农业机械科学研究所等共 411 个院（所、室），农林牧副渔及农业机械（简称农机）各个领域具有相当的应用基础研究和技术开发能力。“十二五”期末的 2015 年，全市拥有市级农业科研单位 8 个，区属科研机构 9 个，在职科研人员 3 734 人，其中高级以上职称 1 911 人。1986 年以来，全市牢固树立科技是第一生产力的思想，全面实施“科教兴农”战略，依托西南农业大学（西南大学）、四川畜牧兽医学院、重庆市农业科学院（含市农业科学研究所、市作物研究所、市农机研究所、四川省农业科学院果树研究所、四川省农业科学院茶叶研究所）、重庆市畜牧科学院（含四川省养猪研究所、市畜牧兽医科学研究所、市种猪场）、中国农业科学院柑橘研究所，以及重庆市水产科学研究所、三峡农业科学院、渝东南农业科学院、万州水产研究所等科研、教学单位，大力强化基础科研；依托市、区（县）、乡（镇）三级农技和畜牧兽医服务体系，大力开展农业科技推广。全市农业科技创新取得明显进步，主要农作物、畜禽、水产良种基本实现全覆盖，农业科技进步贡献率从“七五”末的 30% 提高到 2015 年的 57%，农业科技成为重庆现代农业发展的重要驱动力量。

1986—2015 年是重庆市农业科技实现跨越式和持续发展的 30 年。在这期间，重庆农业科研领域不断拓展，科技队伍不断壮大，科技水平持续提高，从传统农业科研迈入了生物农业高科技研究，科技成果推广应用成效卓著。其标志性成果是以家蚕基因功能研究获国家自然科学二等奖，甜橙优良品种锦橙的选育鉴定与推广研究、猪优质高效饲料产业化关键技术研究与推广、荣昌猪品种资源保护与开发利用、甘蓝型黄籽油菜遗传机理与新品种选育、柑橘良种无病毒三级繁育体系构建与应用和重庆市杂交中稻再生稻综合增产技术等 6 个研究项目获国家科技进步二等奖等为代表，获得多项国家级科技奖励，并在重庆市农业科教领域产生了侯光炯、向仲怀 2 位中国工程院院士。20 世纪 90 年代，再生稻、半旱式栽培、稻田养鱼成为重庆农业“三绝”，国务院总理李鹏批示“认真推广重庆经验”，为稻、鱼双高产提供了新经验。“九五”实施重庆市重点攻关项目，“十五”实施六大作物联合攻关项目，“十一五”实施重大科技攻关项目，“十二五”实施良种创新工程，推动了科研事业快速发展，取得了一大批重大科技成果。

30 年间，重庆种植业科技主攻方向从“七五”“八五”前 10 年单纯重产量，转变到后 20 年的既重产量提高，同时亦重品质提升。取得重大突破的作物有水稻、玉米、小麦和蔬菜等，一些科研项目应用生物技术取得了可喜成绩。水稻、玉米育种结合“杂优利用”和“两杂”种子大面积推广进行研究，并将传统育种与高新生物技术相结合，使杂交水稻、杂交玉米育种逐渐占据主导地位，开创了重庆水稻、玉米育种的新局面，先后培育出一大批适合不同生态、不同耕作制度的杂交稻和超级杂交稻品种及杂交玉米新品种。育成国颁三级优质标准的杂交稻品种 1 个，二级优质标准 3 个。育成杂交玉米新品种被科学技术部和农业部列为“十五”国家科技成果重点推广计划品种；育成菜用杂交糯玉米新品种 5 个，其成果填补了西南地区的研究空白，达到国内同类研究先进水平。小麦育成了 9 个优质、高产、抗病的优良品种，20 世纪 90 年代至 21 世纪初重庆在全市及长江上游冬麦区累计种植面积达 2 500 万亩以上，产生了良好的社会经济效益，并获得一系列奖励。薯类、豆类、油菜、蔬菜和经济作物特别是柑橘、榨菜和茶树等也选育出了一批优良品种，单位面积产量大幅度提高，品质也明显得到改进。其间，对作物栽培生产中急需解决的技术问题进行科技攻关，推动了耕作制度改革，特别在提高农业光照、土地、水肥等资源利用效率等方面取得了丰硕的研究成果。重庆农业科技深入研究了粮食、蔬菜等农作物主要病虫害发生、发展规律，加强了病虫害的监测与预报，有效防控了病虫害的发生。

重庆畜牧兽医科学研究取得了巨大进步，在畜禽品种培育与繁殖、畜禽饲料与营养、畜禽疫病防治与监测等方面取得了突破性进展，多项研究已经迈入分子生物学、分子遗传学领域。在对重庆畜禽品种资源调查和种质特性研究基础上，对具有地方优良种质资源的荣昌猪等，进行了以杂交改良为基础的品种升级活动，获得国家科技进步奖。引进国外优良猪禽品种，到"十二五"期间，形成了瘦肉型猪规模化养殖技术体系。20世纪80年代后期开始，进行了畜禽营养系统研究，重点集中在饲料资源开发和生物学价值评定、营养标准、畜产品安全和控污减排等方面，大大推动了重庆猪禽产业的发展。畜禽疫病病原流行病学研究成效明显，畜禽疫病得到有效控制，有力保障了畜牧业的持续健康发展。

21世纪前后，重庆水产经济实现了历史性跨越，这得益于全市高密度流水养鱼、池塘水库养鱼、网箱养鱼、工厂化养鱼、鱼饲料科学配方、小环境控制技术的研发与应用和大力推广三峡库区生态渔业。重庆水产业还重点开展了长江上游名特渔业资源保护和开发利用研究工作。

通过重庆土地资源调研和土地肥力研究，自然免耕技术、中低产田土改造技术、坡改梯工程技术等新技术得到大面积推广，水土保持成效显著。新型肥料、微量元素肥料研究及农业面源污染研究都已得到实质性应用，测土配方施肥已进入应用研究阶段。

这一时期，重庆农产品加工科技取得一大批研究成果。采用现代研究手段对优质茶叶加工进行科学试验，培育出了10只优质名茶。研究出柑橘、榨菜加工储藏完整技术，取得显著效益，并结合市场需求，不断开发新产品，对副产物也积极进行深度开发，促进了全市农产品加工业持续发展。

30年来，重庆农业科技在学科建设、科学研究、科研成果的应用与转化等方面都已经迈上了一个新阶段，有力地促进了重庆农业的持续健康发展。西南农学院在1985—1999年这15年中，获得国家各级科技成果奖励的项目共250项（含协作完成的项目）。鉴定成果231项，其中国内首创8项，达到国际水平的10项，具有国内先进水平的119项。专利授权4项。西南农业大学2000—2005年，获省部市级奖22项，获准授权专利7项。学校蚕桑学重点实验室在向仲怀院士的带领下，绘制完成高质量中国家蚕基因组框架图，研究成果处于世界领先水平，入选2003年中国高校十大科技进展和2003年重庆十大科技新闻，研究论文《家蚕基因组框架图》于2004年12月在Science发表，实现了零的突破。2007—2015年，西南大学在国家级科技奖励方面获得重大突破，获国家科技进步奖二等奖2项、国家自然科学奖二等奖1项，部省市级科技进步奖一等奖13项、二等奖6项。这些成果对于促进农业生产的发展、提高科研水平、充实教学内容具有重要意义。截至2015年，除国家工程技术研究中心、国家重点实验室及培育基地外，学校有三峡库区生态环境教育部重点实验室（参与）、淡水鱼类资源与生殖发育教育部重点实验室、南方山地园艺学教育部重点实验室3个，蚕桑资源及分子改良教育部工程研究中心、柑橘教育部工程研究中心、南方山地农业教育部工程研究中心3个，农业部西南作物遗传改良与育种重点开放实验室、农业部西南耕地保育重点实验室等农业部实验室5个。

1985—2016年，重庆市农业科学院（含原5个研究所）共主持和参与科研项目2 320余项，获得科技成果奖384项，其中市农业科学院成立后2007年6月至2015年，获国家科技进步二等奖1项（参与），国家科技部科技一等奖1项，重庆市科技进步一等奖4项、二等奖13项，全国农牧渔业丰收奖一等奖2项，中华农业科技奖二等奖1项。目前依托市农业科学院，建有国家农作物引育种中心（重庆分中心）、农业部农产品质量安全监督检验中心（重庆）、国家蔬菜改良中心重庆分中心、国家玉米加工技术研发分中心等4个国家级创新平台，以及逆境农业研究重庆市重点实验室、重庆市茶叶工程技术研究中心等8个市级研发平台，拥有国家食用豆产业技术体系重庆综合试验站、国家大宗蔬菜产业技术体系重庆综合试验站等6个国家产业技术体系综合试验站。1985—2015年，重庆市农业技术推广总站获得科技成果奖励107项。其中国家级二等奖3项；省部级一等奖13项，二等奖32项；厅局级一等奖10项。

1986—2006年，西南大学荣昌校区（四川畜牧兽医学院）共获得科技成果奖23项。其中，部省

（市）级科技进步奖二等奖2项、三等奖16项。重庆市畜牧科学院于1984—2015年，共获得部省市科技成果二等奖以上的成果19项。其中，国家科技进步奖二等奖2项；部省（市）科技进步奖一等奖5项，二等奖8项；全国农牧渔业丰收奖一等奖2项，二等奖3项。建设有重庆市农业部养猪科学重点实验室、农业部种猪质量监督检验测试中心（重庆）、农业部西南实施养殖工程科学观察实验站、国家蜂产业技术体系重庆综合试验站、国家水禽产业技术体系重庆综合试验站、国家蚕桑产业技术渝西北综合试验站等29个科研平台。重庆市畜牧技术推广总站（包括动物防疫）于1992—2015年，共取得科技成果奖42项，其中农业部科技成果一等奖1项；四川省和重庆市科技进步奖二等奖4项，三等奖10项；全国农牧渔业丰收奖二等奖1项；重庆市农牧渔业丰收奖一等奖4项。

1985—2015年，重庆市水产研究所共获得科研成果奖10项，其中国家科技进步三等奖1项，省部级科技进步一等奖1项、二等奖4项。重庆市水产技术推广站共获得科技成果奖15项，其中全国农牧渔业丰收奖一等奖1项、二等奖3项，重庆市科技进步三等奖3项，重庆市农牧渔业丰收奖、农技推广成果奖二等奖3项。万州水产研究所获得科技成果奖6项，其中农业部科技奖三等奖1项，重庆市科技进步二等奖1项，万州区科技进步一等奖1项。

30年来，重庆渝东南农业科学院累计承担和完成国家及地方重大农业科技攻关项目140项次，获得各级科技成果奖87项，其中省部级一等奖3项，地厅级一等奖45项。重庆三峡农业科学院于1991—2015年，共获得科技成果奖30项，其中全国农牧渔业丰收奖一等奖1项，重庆市科技进步一等奖2项、二等奖5项；万州区科技进步一等奖8项。获得品种权4项，授权专利2项。

1986—2015年，重庆农业科技进步对全市农业和农村经济发展乃至粮食安全作出了巨大贡献，但其整体水平仍落后于发达地区。

第一章
粮油作物科学研究

30年来，重庆市粮油作物新品种选育，结合“杂种优势的利用”和“两杂”种子大面积推广，经历了高产、抗病、优质3个阶段。粮油作物栽培技术研究亦主要结合新品种示范推广、杂交水稻高产栽培技术和粮油产业化工程进行；同时，对重庆农业“三绝”之一的再生稻加大了研究力度。

第一节　水稻研究

重庆地处四川盆地东南部，地貌以丘陵、山地为主，多梯田，气候温和，为籼稻生产区。水稻是重庆市第一大粮食作物，常年播种面积1 027.5万亩，稻谷年总产量约510万吨，占全市粮食年总产量的45%。全市口粮的75%都是稻谷。

20世纪80年代以来，重庆市作物研究所、市农业科学研究所、市种子公司（2007年改制为重庆中一种业有限公司）和市农业科学院分别或者联合开展了优质丰产杂交、常规、特种水稻新品种选育、资源收集评价与开发利用，杂交中稻、粳稻和超级稻配套栽培技术等新技术研究与推广工作，培育了一大批水稻新品种在市内外和东南亚等有关国家进行推广和应用。重庆市同时对高产、高效、轻简化水稻和再生稻等栽培技术，进行了系统的、开创性的研究和推广应用，取得较好社会经济效益。重庆市先后共主持承担国家、省部级水稻科研项目100余项，获得相关科技成果奖励19项，其中重庆市（四川省）科技进步一等奖5项、二等奖7项、三等奖3项，中华农业科技三等奖1项、国家农牧渔业丰收奖3项；审定品种56个，其中国家审定6个，超级稻2个，越南、孟加拉国等国外审定8个；鉴定不育系13个，恢复系15个；获得新品种权保护5个、授权专利4项，注册商标1项。

西南农业大学（西南大学）水稻研究所先后培育成功3个杂交水稻新品种；针对大面积生产开展了杂交水稻高产栽培技术研究，获得重庆市科技进步一等奖、二等奖各1项。

三峡农业科学院在1991—2010年期间进行了高产优质高效育种研究，水稻科研获得省、地级科技成果奖励8项次，其中重庆市科技进步三等奖3项。获得国家新品种保护授权6项；经四川省、重庆市品种审定委员会审定的水稻品种13个（次），国家品种审定委员会审定1个，这些品种在市内外示范推广面积215.3万公顷，创社会经济效益8.78亿元。渝东南农业科学研究自2001年以来，先后育成13个杂交水稻品种通过重庆市审定。

一、高产优质水稻新品种选育

1987—1991年，由重庆市作物研究所沈茂松主持，西南农业大学、市农业技术推广站和市内科研及种子公司参加，进行了“超汕优63杂交水稻新组合选配”研究，项目组从湖南、四川、福建、安徽、江西等地引进了汕优、Ⅱ优、D优、协优等系列组合及不育系，进行了水稻适应性鉴定和提纯复壮研究。

1989—1998年，重庆市农业科学研究所在市科学技术委员会自然基金项目“水稻光温敏核不育新材料CQPGMS的育性遗传研究”等项目支持下，先后开展了实用型水稻光（温）敏雄性核不育两用系及“两系法”品种间和亚种间优势组合的选育，以及优良广亲和力基因的开发利用，标志性状（白绿苗性状）在杂交水稻育种上的应用探讨等应用基础研究。重庆市农业科学研究所发现了籼稻光温敏雄性核不育新基因源CQPGMS；选育出能克服水稻籼粳亚种间生殖障碍的广谱亲和性种质——城野；发现并报道水稻苗期阶段性白化现象和特殊标志性状——白绿苗性状城野，在幼苗期表现出的阶段性白化现象，可作为标志性状，用于杂交稻培育。

1991—1998年，重庆市作物研究所沈茂松主持、市内有关科研与推广单位参加的“重庆市杂交水稻优势利用”研究项目，重点在开展新组合引进筛选的同时，进行新材料创建与组合测配。重庆市作物研究所张庭光主持用南粳32与台北8号/芦杂稻的后代，杂交育成了品质优、香味浓的常规优质糯稻品种香糯1303，于1989年通过审定；沈茂松主持育成的D优704（D汕A/704）于1994年在重庆市通过审定，标志重庆市具有自主知识产权的交杂水稻品种选育已经起步。

1993—1995年，重庆市作物研究所主持完成的“重庆市高产优质糯稻新品种的开发利用研究”成果，获1993年度重庆市科技进步三等奖；1994年，重庆市作物研究所主持完成的“超汕优63杂交中稻新组合选配与Ⅱ优63、优I63的推广应用研究”和“杂交中稻间栽优特糯稻技术研究”成果，分别获1994年度重庆市科技进步一、二等奖；1995年，由重庆市作物研究所沈茂松主持育成了国内和重庆市第一个穗重型杂交水稻新组合Ⅱ优6078，标志着重庆市杂交水稻在育种上了一个新台阶。“杂交水稻Ⅱ优6078选育及其推广应用研究和重穗型育种研究”获2001年度重庆市科技进步二等奖，Ⅱ优6078推广应用获重庆市人民政府“百亿工程”优秀项目奖。

1996—2000年，由重庆市作物研究所培育的水稻新品种香粘1号、香糯9015号、杂交水稻品种Ⅱ优1539，以及育成的水稻恢复系1539，于1996年通过重庆市品种审定；重庆市作物研究所主持研究完成的“优质稻开发研究与应用”获1999年度重庆市科技进步三等奖；主研完成的“杂交水稻‘冈优渝九’选育及试验推广”，获2000年度重庆市科技进步三等奖。

2001—2005年，重庆市农业科学研究所和市种子公司培育的杂交稻新品种Q优1号、Q优2号、Q优5号、Q优6号和不育系Q1A、Q1A通过重庆市鉴定。其中，Q优2号、Q优5号水稻品种，通过长江上游国家审定；Q优1号是重庆第一个用自育不育系配制的杂交稻品种，Q优2号是第一个在重庆达到国颁三级优质标准的杂交稻品种。重庆市农业科学研究所同时主持开展了市科学技术委员会下达的水稻良种创新重大专项“优质高产广适杂交水稻品种创新”，科学技术部下达的农业科技成果转化项目“高温伏旱区优质杂交稻Q优2号产业化示范”，863计划“Q优系列优质高产杂交水稻培育与种子产业化技术研究”课题。重庆市作物研究所培育的水稻K优130、合优3号、水稻渝优11号、渝优1号、渝优12号、渝优13号等6个品种先后通过重庆市品种审定；“穗重型杂交水稻渝优10号选育与应用”和“杂交水稻新组合合优3号选育与应用”分别获2005年度重庆市科技进步二等、三等奖。

2006年重庆市农业科学院成立后，水稻育种工作又上了一个新台阶。

2006—2010年，由重庆市农业科学院水稻研究所、重庆中一种业有限公司培育的Q优6号、Q优108号水稻品种，通过长江上游国家审定；Q优6号通过湖南和湖北审定，Q优8号、Q优11、Q优12、Q优4108、Q香101、庆优78通过重庆市审定，Q优18通过重庆和湖北审定；其中Q优6号和Q优8号，被国家认定为超级稻品种。“优质、抗病杂交水稻Q优2号选育与应用”研究成果，荣获2006年重庆市科技进步一等奖；“高产优质杂交水稻Q优1号选育与应用”研究成果，获2008年重庆市科技进步二等奖；“Q优耐热优质杂交水稻选育与应用”研究成果，获2009年中华农业科技三等奖；“广

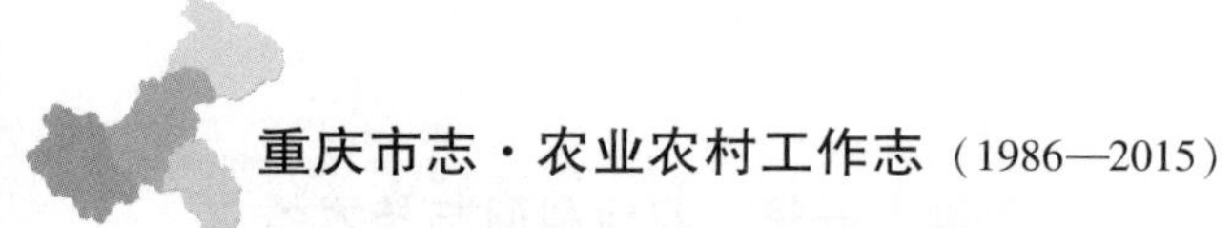

适超级杂交水稻Q优6号选育与应用”研究成果，获2010年重庆市科技进步一等奖。

2006—2010年，重庆市农业科学院培育的渝香203、渝优600、渝优35、渝优15、渝优5号、渝优6号、渝糯优16号、渝优528（重庆和云南）、渝优1351等10个（次）品种，先后通过重庆和云南审定。其中渝香203为重庆第一个国颁二级优质杂交稻，先后通过陕西、贵州、江西省审定，2010年通过国家品种审定；渝优600是重庆市第一个优质超级稻，渝优7109于2010年通过国家品种审定；渝优10号和渝优11号、渝优1号于2007、2009年获得国家品种权保护。“耐高温优质稻渝优1号产业化应用”获国家农牧渔业丰收奖三等奖。

2011—2015年，重庆市农业科学院、重庆中一种业有限公司培育的渝香糯1号、渝优865通过重庆市品种审定，渝优600通过越南国审定；培育的Q优28、热粳优35通过重庆市审定，Q香101通过贵州省审定；不育系热粳1A、Q香1A和恢复系R100、Q恢复35通过重庆市鉴定。其间，渝优600和渝香203先后获国家新品种权保护；“渝优”商标成功获得国家工商行政管理总局商标局注册。重庆市农业科学院主持完成的“优质抗病恢复系渝恢1351的选育与应用”获2011年度重庆市科技进步二等奖。

西南大学水稻研究所2005年以来，选育新品种3个通过国家审定（西农优1号、西农优30、富优1号），8个品种通过重庆市审定，其中张毅主持完成的“高产广适杂交稻富优1号的选育及应用”，荣获2012年度重庆市科技进步一等奖；西农优30号为达到国家二级优质米的国审品种。

重庆市农业技术推广总站完成的“抗逆高产优质杂交水稻为天9号选育及产业化”，获2010年度重庆市科技进步二等奖。

三峡农业科学院（万州地区农业科学研究所）开展水稻育种工作较早。1986年选育的万早4号具有高产多抗、适应高寒山区生态气候的特点，1987年通过四川省审定。省内万涪达及凉山州等山区县引种推广，省外云南，湖南等省也引种栽植。重庆直辖后，该院加强了杂交水稻恢复系、不育系选育工作。1991—2000年间，先后育成15个成型恢复系，其中万恢86、万恢88具有品质优、配合力强的优势，为后来育成的籼优86、Ⅱ优86、冈优88、K优88等高产型品种起到了重要作用。2001—2010年，三峡农业科学院先后育成以优质为主的恢复系有11个，又以万恢355、万恢481尤为突出，为后来育成的优质杂交品种万优2号、宜香481起到关键作用。1999—2007年，三峡农业科学院先后育成了10个稳定不育系，其中万6A和万3A在后来组合的测配中发挥重要作用。2008—2010年，三峡农业科学院在优质及抗病育种上取得重大突破，先后育成4073A、2020A等一批稳定不育系。

渝东南农业科学院自2001年以来，共有13个杂交水稻品种通过重庆市审定，其中B优811、中优9801通过国家品种水稻委员会审定。先后育成了优质香型杂交水稻宜香9303、高产广适杂交水稻B优811、达国标二级米的优质杂交水稻陵优2号和中9优9804、高抗（陵优2号稻瘟病抗性为1级）和中抗（陵优5204和陵优2060）稻瘟病的品种等。育成品种在长江上游稻区、湖南、湖北、广西等省份和越南等国家推广166.7万公顷，尤其是育成的优质稻品种已成为重庆市多家米业公司订单种植和加工用品种，带动了优质稻米的产业化开发，取得显著的经济效益和社会效益。

二、水稻栽培技术研究

1982—1989年，重庆市农业科学研究所主持开展了“提高作物光能利用率的栽培技术研究”项目，该研究获1983年四川省重大科技进步三等奖。该研究针对重庆地区日照较少，冬季温暖多湿，夏季伏旱严重的气候特点和主要粮食作物单产不高（亩产小麦150千克，玉米250千克，常规水稻300千克，杂交水稻400千克左右）、高产典型重演性很差等情况，根据作物光能利用学说，采用光合生理与常规栽培技术相结合的研究方法。通过3年的小区试验、盆栽试验和高产栽培示范，摸索出了常规和杂交水稻、玉米、小麦主要品种（组合）各生育时段的光合性能，植株和土壤营养及其与光、温条件和栽培技术措施的关系，找出了在重庆丘陵地区以上4种作物亩产分别达到450千克、550千克、400千克和

300千克的叶面积系数、光合生产率、干物重动态指标及实现这个指标以种植密度和氮素肥料施用技术为主要内容的高产、稳产、低成本的综合栽培技术，并经一定面积的示范得到验证。该研究揭示了水稻、玉米、小麦的代表品种（组合）的光合性能特点，提出了实现高产的光合生理诊断指标和关键栽培技术要点，使它们的光能利用率由1%左右提高到1.5%～2.0%，在重庆及川东地区的作物高产综合栽培技术研究上走出了一条新路子。

1984—1986年，西南农业大学主持，重庆市作物研究所、市农业科学研究所和市农业技术推广站参加的“杂交中稻高产栽培技术规范研究”研究项目，获1988年四川省科技进步三等奖和重庆市科技进步二等奖。项目组从杂交水稻组合（汕优63、汕优22）日叶片生长、分蘖成穗、稻穗分化、干物质积累与分配、生育期变化等高产生育规律，群体分蘖动态、产量结构、高产途径等方面进行研究，探索杂交水稻的高产机理与途径；同时，从品种布局、适宜播种期、移栽叶龄、栽植密度和肥料运筹等各项措施及其综合效应方面进行配套技术研究和不同生态地区的多点示范，将定性指标与定量指标有机结合，通过计算机模拟分析、筛选优化方案，总结形成了杂交中稻每公顷产8 250千克的栽培技术规范。1985—1986年在全市12个县和2个远郊区累计示范推广8.67万公顷，平均每公顷产量8 400千克，较非示范区每公顷增加产量525～600千克，社会经济效益显著。该项技术至今仍在大面积水稻生产中发挥着重大作用。

1985年，重庆市农业技术推广站主持实施“水稻温室育小苗两段培育多蘖壮秧新技术”项目获得农牧渔业部技术改进二等奖；“高温地区杂交中稻开花期高温危害对策及高产栽培技术”项目获国家农牧渔业部技术进步三等奖。

1997年，重庆市农业技术推广站主持实施“水稻旱育稀植栽培”获重庆市科技进步二等奖；1988年，主持实施“水稻半旱式栽培及综合利用技术示范推广”项目获四川省科技进步三等奖，“重庆市半旱式稻田丰产技术”获国家农牧渔业丰收奖三等奖；“杂交水稻高产栽培技术规范研究”获四川省科技进步三等奖。1989年，重庆市农业技术推广站主持实施“水稻半旱式及稻田综合利用技术”项目获农牧渔业部技术进步奖二等奖。1991年，重庆市农业技术推广站主持实施“稻田半旱式免耕多熟高产技术”和“250万亩杂交中稻规范化栽培大幅度增产”项目分别获全国农牧渔业丰收奖二、三等奖。

1993—1995年，重庆市作物研究所主持完成的“江津市粮油生产重点技术的开发与研究”和主研完成的“吨粮田系列配套技术开发”成果，分别获1993年度重庆市科技进步三等奖；1996—2000年，主研完成的“优质稻开发研究与应用”，获1999年度重庆市科技进步三等奖。主研完成了“杂交中稻+再生稻亩产吨粮技术研究”“重庆市抛秧配套栽培技术应用研究与推广”等科学技术部、农业部和重庆市重点研发项目。

重庆市土壤肥料工作站完成的“粮食增产综合技术大面积推广”，获1998年度重庆市科技进步二等奖；完成的“粮豆轮间套耕制发展及新品种引种繁育与高产栽培技术”，获2000年度重庆市科技进步二等奖。

2000年，重庆市农业技术推广总站主持实施“水稻旱育秧、抛秧及综合配套增产技术”，研究集成水稻旱育秧、抛秧及配套技术，获全国农牧渔业丰收奖二等奖。2007—2010年，实施农业部推广项目“免耕栽培技术示范推广”，连续在不同生态区开展中稻（—再生稻）、中稻—油菜（套播秋马铃薯）、中稻—秋马铃薯（—春马铃薯）为主的免耕栽培模式与技术研究，集成了“免耕抛秧配套技术研究”“旱作农田节水高效农作关键技术研究与示范”等技术成果；实施“优质稻标准化栽培技术示范推广”项目，形成绿色精品常规稻种子繁育标准化生产规程、绿色精品米加工生产技术规程、无公害优质中稻栽培技术规程、重庆市绿色精品稻米施肥技术规程、重庆市绿色精品稻米病虫草害防治技术规程等绿色精品稻米标准化系列生产技术，获得全国农牧渔业丰收奖二等奖。2007—2011年，参与实施农业部重点项目“水稻丰产精确定量栽培技术及其应用”，主持实施重庆市财政项目“水稻精确定量栽培技术示范推广”，在全市不同稻区进行精确定量栽培本土化研发，加速大面积试验示范，并以南川、江津、永

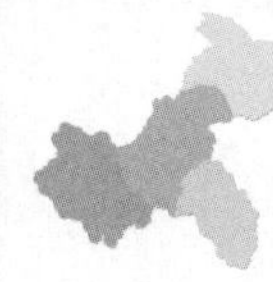

川、大足等建立核心示范区，辐射带动涪陵、铜梁、开县、垫江、秀山、潼南、云阳、合川、忠县、黔江、荣昌等15个水稻生产重点县示范应用。2008—2010年，累计示范应用538万亩（35.87万公顷），平均亩增产67.0千克，增13.1%；亩节本30.0元，亩增收148.1元。累计增产稻谷36万吨，增效9.6亿元。同时，节水21%～25%，氮肥利用率提高5～8个百分点，化学农药用量减少20%～23%，社会、经济、生态效益显著。“水稻丰产定量栽培技术及其应用”获得2011年度国家科技进步奖二等奖。

2005—2015年，重庆市农业技术推广总站承担农业部“重庆市超级稻示范推广”“超级稻标准化栽培技术研究与示范”和重庆市农业技术推广补助资金项目“重庆市超级稻高产创建示范”等，针对重庆水稻种植区域生态多样的特点，对超级稻主导品种的引进筛选及科学布局进行研究，筛选出了适宜重庆市不同生态区种植的超级稻及再生稻主导品种，为优化超级稻及再生稻品种和区域合理布局提供了科学依据。项目开展了大量的超级稻标准化高产高效栽培关键技术田间试验研究，创新形成了重庆市超级稻免耕抛秧、宽窄行栽培、抛秧栽培、机械化栽培、中稻-再生稻栽培标准化生产技术规范4套，实现了“良种、良法、良土、良制、良机”配套，其中水稻机械化育插秧技术规程成为指导丘陵山区水稻机械化育插秧的农业行业标准和重庆市地方标准。该项目创造了重庆市水稻栽培史上中稻及中稻＋再生稻科技攻关高产纪录共7项；该建立了“主导品种＋主推技术＋主体培训＋主流示范”四位一体的技术推广扩散机制，通过百亩核心攻关区、千亩展示区、万亩示范区验证和展示，创造了重庆市水稻栽培史上中稻及中稻＋再生稻百亩片、千亩片、万亩片、农户生产高产纪录共8项。获得重庆市2011年度农牧渔业丰收奖农业技术推广成果一等奖，2012年度重庆市科技进步二等奖。

2013年8月，重庆市农业委员会组织四川省农业科学院、西南大学、重庆大学、国家统计局重庆调查总队、重庆市气象科学研究所等单位专家，对重庆市农业技术推广总站承担、大足区农业委员会实施的农业部“超级稻示范推广”项目进行了现场测产验收。大足区当年在拾万镇建立超级稻＋再生稻高产示范区2.07万亩，其中建立超级稻千亩核心示范片4 000亩，百亩攻关示范片945亩。项目区主推中稻和再生稻两季丰产稳产性好的超级稻品种准两优527，搭配渝香203、Q优18，采用“适时早播、集中旱育壮秧、宽窄行规范栽插和机械化栽插、精确定量基本苗、科学水分管理、测土配方施肥、病虫害绿色防控、秸秆还田”等为核心内容的超级稻标准化栽培技术。专家组在拾万镇随机进行实收测产，结果表明：百亩攻关片超级稻平均亩产795.2千克，其中八埝村农户杨泽良1.28亩超级稻最高亩产达到843.6千克，刷新了重庆市水稻栽培史上最高单产纪录；千亩核心片中稻平均亩产749.1千克，刷新了全市中稻千亩示范区最高单产纪录；万亩辐射片平均亩产为696.0千克，刷新了全市万亩示范区水稻高产纪录。大足区拾万镇超级稻高产示范区比邻近非示范区亩平均增产104.9千克，总增产稻谷217.1万千克；扣除新增生产成本，超级稻示范区亩平纯收益达到589.2元，为农户创收1 219.6万元；比邻近非示范区每亩平均增收253.2元，总增收524.1万元。2015年第五期两系籼型超级杂交水稻新品系“超千2号”南川区百亩攻关片亩产达到950.5千克，最高亩产达1 006.7千克，实现丘陵山区水稻单产水平新突破；2015年开州区超级再生稻最高亩产612.8千克，超级稻＋再生稻百亩片两季平均亩产稻谷1 157.7千克；千亩片两季亩产稻谷1 048.5千克，最高亩产达到1 316.3千克，再生稻及中稻＋再生稻规模生产水平实现全国领先。

三、再生稻品种筛选及栽培技术研究

20世纪80—90年代，重庆市作物研究所、重庆市农业科学研究所、市农业技术推广站等单位开始进行再生稻品种筛选及配套栽培技术研究，对再生稻的杂交稻品种强再生力的形成机理、强再生力的鉴定方法、再生稻高效施肥与高产栽培等技术进行了研究。

1984—1986年，重庆市作物研究所任天举主持、重庆市农业科学研究所参加的“四川省杂交中稻蓄留再生稻技术”研究成果，获得1988年国家农牧渔业部一等奖；“再生稻品种筛选及其开发利用研究”和“再生稻栽培模式研究与应用”，分别获1990年度重庆市科技进步二、三等奖。

1986—1987 年，重庆市作物研究所主持、重庆市农业科学研究所参加的“再生稻品种筛选及其开发利用研究”项目，获 1990 年度重庆市科技进步二等奖。该研究探明了汕优 63 留蓄再生稻的再生芽萌发、生长与成穗规律；应用再生稻结实率与日均温等主要气象要素的相关性，初步规划出了汕优 63、岗矮 63 等杂交水稻品种留蓄再生稻的适宜区域；连续 2 年利用汕优 63 和岗矮 63 水稻品种，累计示范留蓄再生稻 196 公顷，其头季稻每公顷产 8 431.5 千克，再生稻每公顷产 1 813.5 千克。

1986—1994 年，重庆市作物研究所任天举主持开展了重庆市重点攻关项目“再生稻亩产 150 千克栽培模式研究”，提出了头季稻适期早播、宽行窄株或宽窄行栽插、加强再生稻田间管理、及时施用发苗肥、及时防治病虫害等再生稻配套栽培技术措施；同时规划出了重庆市再生稻种植区域：年均温 > 18℃或海拔 300 米以下地区为最适宜区；年均温 17.7 ~ 18℃，或海拔 300 ~ 350 米的地区为适宜区；年均温 17.4 ~ 17.7℃，或海拔 350 ~ 400 米的地区为次适宜区；总结形成了“杂交中稻培育再生稻亩产 150 千克栽培模式”。

1990 年，重庆市农业技术推广站完成的“再生稻的研究及利用”获四川省科技进步一等奖，“再生稻栽培模式研究与应用”获重庆市科技进步二等奖，“再生稻品种筛选及其开发利用研究”获重庆市人民政府科技进步三等奖。

1990—1993 年，重庆市作物研究所任天举主持、重庆市农业科学研究所参加的国家重点支持的地方攻关项目“再生稻亩产 250 千克栽培技术规范研究”，重点开展了杂交中稻留蓄再生稻的适宜品种筛选、再生芽生长发育与头季稻后期根系活力、茎秆糖氮消长的关系等基础研究；以及头季稻耕作栽培模式、育秧方式、中稻及再生稻的肥水运筹、促芽肥及保芽肥的施用等农艺措施综合研究与示范工作，成功筛选出了头季稻较汕优 63 增产、再生力强、增产极显著的Ⅱ优 63、岗优 22 等杂交稻组合；探明了再生芽萌发生长规律，提出了“前促、中稳、后保”的施肥法；形成了“四改、三增、两提高、一严格”的杂交中稻、再生稻两季高产施肥技术，这些品种和技术对全市再生稻生产的规模化发展提供了技术支撑和保障。项目制定的栽培技术规范，3 年累计共进行了 8 600 公顷中间试验，平均每公顷产头季稻 8 576.25 千克，再生稻 3 870.45 千克，达到了预期目标。该项研究达到国内同类研究的先进水平，获得 1996 年度重庆市科技进步二等奖。

1991—1993 年，重庆市作物研究所承担市科学技术委员会下达的“再生稻间栽晚稻技术研究与推广”项目。在杂交中稻留蓄再生稻及间作晚稻的品种搭配、间栽晚稻栽培技术等方面，进行了系统研究，形成了再生稻间栽晚稻配套栽培技术；在小区试验和小面积示范栽培中，再生稻间晚稻最高每公顷产量达 6 000 千克以上，显示出了较大的增产潜力，为进一步提高水稻生产潜力，提供了储备技术。

1995 年，重庆市农业技术推广站主持完成的“重庆市杂交中稻再生稻综合增产技术”获国务院科技成果奖二等奖。1997 年，重庆市农业技术推广站主持实施“再生稻亩产 250 千克栽培技术规范研究”，获重庆市人民政府科技进步二等奖。

1998—2002 年，重庆市作物研究所主持完成国家“948”项目“水稻强再生稻品种（材料）资源的引进与利用”。几年累计引进材料 200 余份，从中筛选出 IR36、越光、华舞、千代锦，D－10 等 10 多份再生力强的材料，并用这些材料为亲本，创建了一批再生力强的新质源材料，为优质再生稻新品种的选育奠定了基础。

2001—2003 年，重庆市农业技术推广总站主持实施农业部下达“优质再生稻栽培技术”项目，针对全市再生稻多年以来面积不稳，成功率不高，品质不优、单产较低等现状，集成创新“优质良种、适时早播早栽、旱育抛秧、合理密植、配方施肥、病虫害综防统治、头季稻看芽收获高留桩、促芽肥和发苗肥施用、无公害稻米生产”等为中心的优质中稻及再生稻无公害生产技术、优质中稻—再生稻高产栽培技术，研究探索了新型肥料（BB 肥）对再生稻的增产效益和高产高效施肥技术、方法等方面的探索，建立了优质再生稻生产、加工和销售一体化机制，2001—2002 年累计推广 82.85 万亩（5.233 万公顷），优质中稻—再生稻两季平均亩产稻谷达到 710.23 千克，比非项目区稻田平均亩增产稻谷

147.94 千克，增产 26.31%，带动了全市再生稻生产水平的提高，2003 年获得全国农牧渔业丰收奖二等奖。

2011—2015 年，重庆市农业科学院依托重庆水稻工程技术研究中心、重庆再生稻研究中心技术平台，系统阐明了杂交稻品种强再生力的形成机理；首次提出了根据头季稻“分蘖力”、齐穗期“单位颖花茎鞘干物重占有量”和头季稻收后第 5 日的稻桩再生芽的“出鞘率”3 个性状作为杂交中稻再生力鉴定指标，创建了杂交中稻再生力的田间鉴定新方法；首次提出了“粒芽肥”新概念，创建了粒芽肥高产高效施用量的新方法；联合四川省农业科学院、重庆市农业技术推广站等多家单位，鉴定出 30 余个头季稻产量高、抗倒性好、生育期适宜、再生力强两季高产的杂交中稻品种，形成了长江上游“杂交中稻—再生稻高产高效栽培技术模式”。重庆市农业科学院主持完成的“长江上游杂交中稻—再生稻高产高效栽培技术机理及模式研究与应用”项目，创新性强，区域特色明显，模式科学适用，总体达到同类研究的国际领先水平，荣获 2015 年度重庆市科技进步一等奖，一人获全国农牧渔业丰收奖——“农业技术推广贡献奖”（同一等奖）。

再生稻高产纪录：

2009 年 8 月 10 日和 10 月 24 日，由重庆市农业委员会组织市内外专家分别对开县竹溪镇 130 亩 Q 优 12 号水稻高产创建示范片进行了实收，中稻平均亩产 760.36 千克，再生稻平均亩产 477.9 千克，中稻 + 再生稻两季平均亩产 1 238.26 千克，突破 1.2 吨大关。其中开县竹溪镇竹溪村百亩核心示范区的农户韦先恩，种植 Q 优 12 号 0.7 亩，中稻实收平均亩产 786.69 千克，再生稻 504.7 千克，中稻再生稻两季合计亩产达到 1 291.19 千克。在同一地点，2002 年再生稻单产创造世界同纬度地区单产纪录的基础上，2009 年又实现了两季创纪录。同年 10 月 17 日，重庆市农业委员会组织专家对重庆市开县南门镇千亩水稻高产创建示范片进行了实收，中稻平均亩产 710 千克，再生稻平均亩产达到 305.3 千克，中稻 + 再生稻两季平均亩产达 1 015 千克，突破“吨粮”大关。该产量创重庆市千亩平均产量新纪录。

2015 年重庆水稻新品种再生稻喜获丰收。据统计，是年全市再生稻有收面积达到 135.1 万亩，比上年增加 13.5 万亩，增加了 11.1%，产量达到 18 万吨，超过常年 10 万 ~ 15 万吨的产量。当年，开县竹溪镇竹溪村“中稻—再生稻”增产模式攻关核心示范区，农户韦先恩家的中稻实收平均亩产 703.5 千克，再生稻实收平均亩产 612.8 千克，“中稻 + 再生稻”两季合计亩产达到 1 316.3 千克，突破 1.3 吨大关——这是该地块在再生稻单产打破 2002 年世界同纬度地区高产纪录的基础上，再次创下“中稻 + 再生稻”高产新纪录。

第二节　玉米研究

玉米是重庆市主要粮食作物之一，其种植面积、单产、总产仅次于水稻居第二位。重庆市玉米常年播种面积 700 万亩（46.67 万公顷）左右，总产 260 万吨左右，玉米年消耗量达 400 万吨，市场缺口占 1/3 以上，属于全国玉米净调入区。随着农业产业结构的调整，重庆市还要大力发展养殖业、加工业，对玉米需求量将会更大。糯玉米、甜玉米或甜糯玉米等各种特用玉米，更是人们喜食的重要品种，已成为百姓餐桌上的“新宠”。为此，重庆市农业科学院（市农业科学研究所、市作物研究所）、市种子站和三峡农业科学院等相关单位，紧紧围绕丰富品种、提高玉米单产、增加总产量的思路，针对不同生态条件、不同生产水平，开展了各类玉米新品种培育和高产与超高产综合配套栽培技术的研究和推广工作。重庆市农业科学院在各类玉米新品种选育和新技术推广等方面，取得了丰硕成果，先后选育出渝单系列和 Q 玉、渝玉、K 玉、渝豪单等普通玉米和渝糯、玉糯、渝彩糯、渝彩甜糯、渝黑糯等系列特用玉米品种 70 余个，获各类科技成果奖励 20 多项，尤其是在特用玉米新品种选育方面，达到国内领先水平。这些新品种、新技术在推广应用后，产生了较大的社会经济效益。

一、杂交玉米新品种选育

1986—2015 年，重庆市农业科学研究所，重庆市农业科学院玉米研究所在玉米科学研究方面取得巨大进步，在玉米材料创新、新品种选育、玉米栽培、玉米饲料与营养、玉米病虫害防治与监测等方面取得了突破性进展，多项研究已经深入到分子遗传机制和分子辅助育种方面，高通量分子标记辅助育种和玉米 DH 工程化高新技术已在玉米科研和实践中逐渐成熟和推广应用。

1986—1990 年，重庆市农业科学研究所马克勤、周培瑶等先后承担了市科学技术委员会杂交玉米新组合“渝 5 × 330”选育、渝 5 自交系开发利用及优良组合选育等研究项目，育成渝单 1 号、2 号通过四川省和重庆市农作物品种审定委员会审定。其中杂交玉米新组合“渝 5 × 330”选育成果，获 1988 年度重庆市科技进步二等奖。两个杂交种累计推广面积已达 66. 67 万公顷以上。

1986—2005 年，重庆市作物研究所开展了杂交玉米新组合选育、糯玉米和水果玉米新品种筛选等玉米研究与示范推广等工作，先后承担了玉米新组合“渝玉一号”及亲本系 8817 选育、玉米新组合“渝玉一号”示范推广等重庆市重点攻关项目。1995 年，玉米新品种渝玉一号、玉米自交系 8817，通过重庆市审定；1997 年，玉米新组合“渝玉一号”示范推广成果，获重庆市农业局、市农业委员会二等奖；1998 年，玉米新组合“渝玉一号”示范成果，获重庆市科技进步二等奖；1999 年，杂交玉米新组合“渝玉一号”及亲本系 8817 选育成果，获重庆市科技进步三等奖。

1997—2003 年，重庆市农业科学研究所承担市科学技术委员会下达的“重庆市玉米育种攻关”项目，选育出玉米新品种渝单 3 号、渝单 5 号和渝单 7 号，新自交系 268 通过重庆市审定，推广面积 16. 67 万公顷。其中，渝单 5 号获重庆市 2002 年度科技进步二等奖。渝单 5 号是优质高产、中熟中秆、多抗紧凑大穗型玉米新品种，被科学技术部和农业部列为“十五”国家科技成果重点推广计划品种。1999—2000 年在市内外累计推广 35. 61 万公顷，新增产值 16 245. 9 万元。

2001—2005 年，重庆市农业科学研究所主持，三峡农业科学研究所、西南农业大学协作，承担市科学技术委员会下达的“高产多抗玉米新品种选育及材料创新”研究项目，育成 3 个新品种通过国家审定，12 个新品种通过重庆市审定；推广渝单系列、渝糯系列，万单系列、科恩系列、西单系列杂交种 50. 8 万公顷，新增产值 4. 678 9 亿元，其中示范推广新审定品种 12. 36 万公顷。

2005—2006 年，重庆市农业科学研究所承担了科学技术部下达的“三峡库区粮饲兼用型玉米新品种及青贮青饲集成技术示范推广”研究项目，在西南地区推广种植渝单系列青饲青贮兼用玉米 10 万公顷，新增社会效益 7 500 万元。重庆市农业科学研究所主持研究的“三高自交系 268 的培育及兼用型杂交玉米应用”成果，获重庆市科技进步二等奖。重庆市农业科学研究所通过“三高”（高产、高抗、高配合力）自交系 268，培育出达国内领先水平的渝单 7 号、渝单 9 号、渝单 18 号，表现优质、高产、抗病、适宜青饲青贮兼用，在西南地区 3 年推广应用面积 80. 178 万公顷，新增社会纯收益 6. 576 7 亿元，取得显著的社会经济效益。

2007—2010 年，重庆市农业科学院承担了市科学技术委员会下达的科技攻关项目“大穗型耐瘠高产多抗优质玉米新品种培育”研究。该项目培育耐瘠、高产、多抗、优质和高配合力玉米自交系 3 个；选育出 19 个适宜该市不同区域种植的稳产型玉米新品种及适应不同消费习惯的鲜食玉米和加工糯玉米新品种，并通过审定，其中国审品种渝单 19 被农业部遴选为西南地区 2010 年玉米主导品种。同时，示范推广自育玉米新品种 32. 31 万公顷。

2014—2015 年，重庆市农业科学院开展了农业部 948 项目“加工专用型高直链淀粉玉米特异资源及分子标记技术引进利用”研究，其中“抗逆高产配合力玉米自交系渝 8954 创制及应用”，获 2014 年度重庆市科技进步奖二等奖。

重庆市种子管理站完成的“欧洲玉米资源 BC8241Ht 选系及其衍生系的创制改良与应用”项目，2014 年获重庆市科技进步二等奖。

三峡农业科学院玉米新品种选育方面成效显著：

1991—2010 年，在育种材料创新上，以配合力为核心，选育配合力高、自身产量高、抗逆性强的优良自交系，先后育成286－4、941、XZ966－14 等一批优良成型自交系并得到应用。在品种培育上，始终以高产、优质、多抗为育种目标，组配强优势杂交新品种，育成万单系列、科恩系列、三峡玉系列等25 个品种通过审定，其中通过国家审定品种1 个。

2002—2006 年，开展了“三峡库区纯白高淀粉玉米试验示范”科学技术部农业科技成果转化资金项目。至2004 年验收时，累计推广纯白高淀粉玉米新品种万单14 号7.24 万公顷。霍仕平研究员担任首席专家主持重庆市“十五”良种创新工程“高产、优质、多抗玉米新品种选育及育种新材料的创新与改良”研究项目，参加单位为重庆市农业科学研究所和西南农业大学。育成4 个新品种通过国家审定，其中普通玉米品种3 个，糯玉米品种1 个；育成16 个新品种通过重庆市审定。其中普通玉米品种11 个，糯玉米品种5 个。

2007—2009 年，开展了重庆市水稻玉米重大科技专项子课题“玉米育种材料创新”项目研究，参加单位有重庆市农业科学院和西南大学。育成的286－4、渝8 954、渝38 等6 个新自交系，通过鉴定。用这些自交系已组配出通过品种审定的杂交种13 个，其中国审品种1 个，市审品种12 个，比对照增产10% 以上的品种5 个。示范推广用新自交系育成的杂交种2.88 万公顷，增产玉米1 812 万千克，新增产值2 718 万元。

获得科技成果奖励14 项次。其中重庆市科技进步一等奖1 项、二等奖3 项、三等奖1 项；四川省科技进步二等奖1 项、三等奖1 项。其中，“高配合力玉米自交系南21－3 的选育与应用研究”成果，1997 年获得重庆市科技进步一等奖，2010 年年底，重庆开始大面积推广应用；“优良玉米自交系75－1 的选育及其改良利用研究”成果，1999 年获重庆市科技进步二等奖；“高配合力高产抗病玉米自交系286－4 选育”成果，2005 年获重庆市科技进步奖二等奖，市内外已用该系作亲本组配成功了万单11 号、万单13、达玉2 号、绵单7 号、渝单16 共5 个玉米新品种，并通过省（市）级审定，在重庆、四川、陕西南部、湖北西部等省份地区推广应用达83.83 万公顷，新增产值72 877.15 万元，产生社会经济效益50 035.13 万元；“纯白高淀粉玉米新品种万单14 选育与应用”成果于2008 年获重庆市科技进步奖二等奖。该新品种选育成功后，在重庆、四川及相邻生态区迅速推广应用，2007 年已累计推广29.55 万公顷，累计新增产值达3.53 亿元，创社会经济效益2.39 亿元。

二、特用（糯）玉米新品种选育

1990—1996 年，重庆市农业科学研究所承担了市科学技术委员会下达的“菜用玉米的选育及开发利用研究”，育成渝糯1 号、渝糯2 号表现品质好、产量高、熟期早、抗性强、综合性状优良，填补了中国西南杂交糯玉米选育空白，1994—1996 年累计推广8 573.33 公顷，取得经济效益2 036.51 万元。该成果1997 年获得重庆市科技进步二等奖。

2000—2004 年，重庆市农业科学研究所开展的“优质、高产糯玉米杂交种渝糯7 号选育”研究成果，荣获重庆市2004 年度科技进步一等奖。主研人员为张胜恒、徐红智、岑道源、杨华等。育成的渝糯7 号杂交玉米新品种具有品质优、食口性好，产量高、增产潜力大，综合性状优良，适应范围广等优点，在西南地区及长江流域和南方省市种植，2000—2004 年累计示范推广8.84 万公顷，平均每公顷增收3 216 元，新增社会经济效益2.802 亿元。

2003—2006 年，重庆市农业科学研究所承担市科学技术委员会下达的“玉米甜糯双隐基因突变材料创新及利用”研究项目，育成渝彩甜糯1 号，鲜穗售价比一般糯玉米高15% ~20%，3 年推广应用面积2.89 万公顷，每公顷增收62 685 元，新增社会纯收益1.213 亿元。重庆市农业科学研究所开展的“特用糯玉米新品种及配套技术推广”研究项目，2006 年获农牧渔业部丰收计划二等奖。

2006—2008 年，重庆市农业科学院采用重庆中一种业公司自选糯玉米自交系SQ－2－1 为母本，

SQ－1－1 为父本组配糯玉米杂交组合 Q 香糯 1 号，通过重庆市审定。重庆市农业科学院开展了市科学技术委员会下达的科技攻关项目“超级糯玉米及其选育”研究，育成配合力强、产量高、品质优、抗病性强的糯玉米自交系 B4301，以 B4301 为亲本育成了重庆市审定品种渝科糯 1 号、渝科糯 2 号、渝糯 16。其中适宜鲜食、加工兼用的渝科糯 1 号在重庆市区试中，鲜穗食用品质优于对照渝糯 7 号，支链淀粉含量达 97. 75%，亩产鲜穗 878. 4 千克，比对照渝糯 7 号增产 25. 63%。渝科糯 1 号等品种配套技术在市内外成功示范推广 770. 67 公顷，增加经济收益 173. 4 万元。

2007—2011 年，重庆市农业科学院开展了市科学技术委员会下达的科技攻关项目“玉米甜糯双隐基因突变材料创新及利用”研究，研制出甜糯双隐基因突变创新材料选育的基本技术，加甜型糯玉米的组配技术，基本解决了甜糯双隐自交系发芽率低，出苗困难，制种更难，甚至无法进行商品种生产的难题。重庆市农业科学院育成了强优势甜糯双隐自交系“WU2608”“WH3503”，高产高品质、适应性广的杂交新品种渝彩甜糯 1 号、渝甜糯 1 号，并通过重庆市审定、填补西南地区（按国家鲜食玉米分区）加甜型糯玉米选育空白，该项研究进入全国领先行列。同期，重庆市农业科学院还育成了玉米杂交种长糯 6 号，2011 年通过国家审定，该品种较渝糯 7 号产量大幅度提高。

2011—2013 年，重庆市农业科学院开展的“特用玉米优良自交系 S181 创制及其杂交种推广应用”，获 2011 年度全国农牧渔业丰收奖一等奖；“特用玉米优良自交系 S181 创制及应用”荣获 2012 年度重庆市科技进步奖一等奖。

三、玉米栽培技术研究

三峡农业科学院参与了 1987 年农业部下达、四川省农牧厅主持的“川东山区杂交玉米 50 万亩综合技术试验示范”丰收计划项目。针对巫山、巫溪、奉节和石柱、丰都等贫困山区玉米长期低产问题，重点试验研究推广杂交玉米良种、配方施肥、合理密植，育苗移栽、地膜覆盖等关键性技术措施，每亩提高 50～100 千克。技术员胡长青获农业部奖励；1988—1990 年，三峡农业科学院开展了玉米的栽培技术研究。三峡农业科学院针对高寒山区（海拔 1 200 米以上）玉米单产长期低而不稳的状态，参与农业部下达、省农牧厅组织的“盆边高寒山区地膜玉米丰收计划”项目的实施，完成推广面积 62 万亩，基本解决了山区人民的温饱问题。

第三节　麦类作物研究

小麦在重庆具有悠久的种植历史，因传统消费的需求，小麦一直是除水稻之外的第二大口粮作物。重庆小麦由于受气候地形的影响，产量不高，效益较低，种植面积逐年减少，加上粮食结构调整，小麦栽培面积由 1997 年的 834. 5 万亩（55. 63 万公顷），降到 2005 年的 419. 55 万亩（27. 97 万公顷），2015 年的 104. 5 万亩（6. 97 万公顷），但仍是全年农业生产必不可少的重要组成部分。

重庆市小麦育种工作起步较早，历史悠久，成效显著。重庆市农业科学研究所周志达、段雪萍等，于 1959 年开始小麦新品种选育与新技术研究与推广等工作。重庆市作物研究所从事麦类作物育种研究始于 20 世纪 60 年代初，1985 年，在谭昌华、张宗华、贾秉书等专家的组织下，重庆市作物研究所成立了麦类作物研究室，开展了麦类新品种选育和配套栽培技术研究与推广等工作。重庆市农业科学院成立后，院特作所麦作研究室专门从事麦类研究。目前这些研究所已累计培育了重庆面包麦、渝麦 4 号、渝麦 5 号、渝麦 9 号、渝裸 123 等小麦和大麦新品种在生产上推广应用，获科技成果 20 多项，取得良好的社会经济效益。

20 世纪 50—80 年代，是三峡农业科学院小麦研究最辉煌的时期，尤其是山农 205、蜀万 761、蜀万 831 等新品种在西南和长江中下游地区广泛推广，产生巨大的经济效益和社会效益，造就了贺逢辰、易明恕、张文等国内知名专家。

一、优质高产小麦育种研究

1980—1988年，重庆市农业科学研究所周志达主持开展了小麦新品种“渝麦4号”选育工作，该项研究成果获1990年重庆市科技进步二等奖，并获重庆市人民政府10万元奖金。渝麦4号是用矮秆、抗病性好的77-中-2882，与大穗品种巴麦18有性杂交，经8年9代选育而成。它继承了母本的白壳、红粒和抗病性，又继承了父本的大穗型，是一个优质小麦新品种，且抗逆性强、落黄转色好、易脱粒，深受农户欢迎。截至1990年，该品种推广面积近2万公顷，一般每公顷产量3 750～4 500千克，比绵阳15增产16.8%。

1986—2005年，重庆市作物研究所在优质、高产、抗病小麦新品种选育方面成效卓著，育成小麦新品种9个，在全市及长江上游冬麦区累计种植面积达166.67万公顷以上，产生了良好的经济社会效益，并获得一系列的奖励。1991—1992年，重庆市作物研究所贾秉书等先后育成了小麦新品种渝丰1号、矮麦58，渝丰1号获1992年重庆市科技进步三等奖，矮麦58获1995年重庆市科技进步二等奖；1998—2005年，重庆市作物研究所又先后育成了渝麦5号、渝麦9号和渝麦11号，还选育出了弱筋小麦新品种渝麦8号通过重庆市新品种初审。2001年“优质专用小麦新品种渝麦5号、渝麦7号选育研究”成果，获重庆市农业科技进步二等奖。其间，谭昌华和余国东等，带领课题组先后育成了渝麦7号、渝麦10号。其中渝麦7号于2001年通过国家品种审定，是2002年全国农技推广中心向全国推荐使用的10个小麦新品种之一。渝麦7号集高产、抗病、广适、早熟、矮秆等众多优点于一身，已在重庆、四川、贵州、云南等地累计种植超过53.55万公顷，于2006年获得农业部植物新品种权证书，该品种的选育与推广成果，获2004年重庆市科技进步三等奖。渝麦10号是在重庆特殊生态环境下育成的增产幅度最高、条锈病抗性最强（5R）的小麦新品种，已成为重庆市和长江上游冬麦区抗条锈病重点推广品种之一，也是重庆市高产创建主推品种之一。至2009年，累计种植面积达到17.01万公顷，产生了良好的社会经济效益。“高产、抗锈小麦新品种渝麦10号的选育应用”项目，获重庆市2009年度科技进步三等奖。

1998—2005年，重庆市作物研究所育成了重庆面包麦，并在1995年第二届中国农业博览会上获得铜奖，2000年成为农业部向全国推荐使用的优质小麦新品种之一，在重庆年种植面积超过6.67万公顷。它是重庆首次育成的优质面包专用小麦新品种，打破了国内部分学者持有的“在南方麦区温暖高温寡日照条件下不能育成优质面包专用小麦”的定论。“优质高产小麦新品种选育”成果，于2001年获重庆市科技进步三等奖。

2010—2015年，重庆市农业科学院特色作物研究所先后选育出高产、优质、抗逆小麦新品种渝麦12、渝麦13、渝麦14、渝麦15，这些新品种的产量均高于重庆市直辖后唯一的国审小麦品种渝麦7号（对照）5%以上，是目前重庆小麦生产的主推品种。渝麦12的选育应用成果，获2010年永川区科技项目研发二等奖。

1991—2010年，三峡农业科学院培育并通过审定小麦品种3个，即蜀万41、蜀万42和三峡麦8号，示范推广面积7.73万公顷，创经济效益2 072万元。该院“小麦新品种蜀万40选育与应用”获1994年四川省农牧厅科技进步二等奖；“川东南多湿区高产抗病小麦新品种选育”获1995年万县市科技进步二等奖；“小麦新品种蜀万42号选育与应用”获2002年万州区科技进步三等奖。2004—2007年，在传承“蜀万”系列小麦品种耐湿抗病、适应性广的基础上选育而成小麦04-843新品种。

二、温光敏两系杂交小麦应用研究

1987—1992年，重庆市作物研究所谭昌华和余国东等，从重庆特有的“倒春寒”导致小麦“跳籽”这一现象入手，带领课题组通过杂交定向选育，育成了世界领先水平的重庆温光型雄不育小麦C49S和C86S，并于1992年7月通过了以庄巧生院士为首的国家级专家组鉴定，被认为是“国内外首先报道的突破性阶段成果，具有新颖性、创造性和实用性，居国际领先水平，并为中国小麦杂种优势利用研究开辟了一条新的途径。”“温光型核不育小麦选育”成果于1992年获得重庆市人民政府重奖。C49S和C86S的育成，促进了重庆市小麦杂种优势利用研究的跨越式发展。

2002—2010年，重庆市作物研究所和市农业科学院特色作物研究所承担了“十一五”“863”攻关计划和“863”重大育种专项，实现了新的跨越。经过多年协作攻关，重庆温光敏两系杂交小麦应用研究取得较大突破，育成两系杂交小麦新组合20余个参加区域试验，1个组合通过省级初审，5个通过省级和国家级审定。C49S两系杂种小麦已在重庆、云南、湖北、四川等省市部分地区累计推广应用6.67万公顷，社会经济效益显著。伴随着小麦制种、繁殖、栽培技术的成熟，根本上实现了两系杂交小麦从研究到应用的突破。重庆市申报并获得了“温光型小麦两用系C49S的使用方法”发明专利和“温光两用系的繁殖方法”发明专利；“重庆温光敏两用系C49S创制两系杂种小麦关键技术”项目，获2011年重庆市科学技术发明二等奖。参与育成的云杂3号是全国第一个通过审定的两系杂种小麦品种，该项成果获2004年云南省技术发明二等奖；2011—2015年，院特色作物研究所参与了国家“863”计划“强优势小麦杂交种的创制与应用”研究项目。通过项目的实施，选育出不育度高、农艺性状优良的不育系材料6份，比对照品种增产10%以上的杂交小麦组合5个；示范推广杂交小麦204.27公顷，制订了“小麦轻简化生产技术规程”1项，获得发明专利“温光两用系的繁殖方法”1项，发表论文3篇。

三、专用大麦育种和引进筛选

1985—1989年，重庆市农业科学研究所主持、潼南县农业科学研究所协作开展了市科学技术委员会下达的“高产优质啤酒大麦浙农大4号的引种鉴定”研究。浙农大4号其特点为二棱春性皮大麦，早熟、高产、抗病、耐阴雨能力强。连续3年参加市预试、市区试，其产量均名列啤酒大麦之首。在市区试中，平均比对照潼南1号增产11.0%，千粒重42.8克，蛋白质11.53%，达到国家优级啤酒大麦标准。该品种在重庆啤酒集团所属基地累计推广2万公顷。

1986—1989年，重庆市农业科学研究所作为协作单位之一，参与了由西北农学院主持的“西引二号”引种推广项目，该项成果获1989年农业部科技进步三等奖。在整个大项目中，重庆市农业科学研究所主要负责大麦良种西引二号的高产试验、示范及栽培技术研究工作。1988年该品种在全国种植面积达39.33万公顷，四川、重庆有1.34万公顷，是重庆市很有推广前途的优良饲料大麦。

1988—1992年，重庆市农业科学研究所主持、潼南县农业科学研究所协作承担开展了市科学技术委员会下达的“高产优质饲料大麦‘饲麦8 640’的引种鉴定研究”项目。1989年参加市区试，较西引二号大麦增产42.6%，1990年在省联合试验中居首位。该品种为六棱弱春性皮大麦，中熟，大穗、大粒，赖氨酸0.39%，蛋白质13.2%，抗赤霉病突出，在川东每公顷产量潜力可达6 000千克，宜作水田免耕半旱式栽培，于1989年通过重庆市品种审定，成为重庆市引进的第一个专用饲料大麦品种，在市内外累计推广2万公顷左右。

1991—1999年，重庆市作物研究所张宗华主持的大麦课题组参加了由四川省农牧厅组织的地（市、州）大麦联合育种（1991—1995年）和市科学技术委员会“光温敏核不育大麦应用研究”项目（1996—1999年），育成渝裸123、渝浙108、渝皮226、渝裸9号4个大麦品种；1996年育成了世界首创的光温敏雄不育大麦C54S，开创了大麦杂种优势利用研究新领域，“光敏核不育大麦C54S选育研究”成果获1996年度重庆市农业科技进步一等奖。

四、小麦栽培技术研究

1983—1986年，重庆市农业科学研究所主持开展了“小麦‘四改两防’综合高产技术推广”项目，针对重庆市冬暖、多湿、日照少等气候条件，借鉴省外经验，摸索出一套稻茬麦“四改、两防”的高产栽培技术措施，并在较大面积上生产示范，实现了小麦每公顷产量4 500千克。该成果获1987

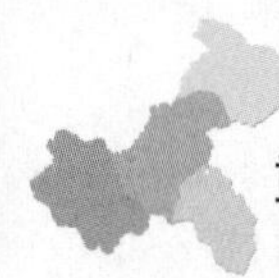
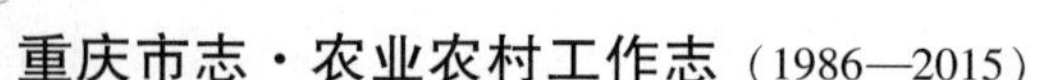

年重庆市农牧渔业局技改三等奖。

1989—1991 年，重庆市种子公司主持、重庆市农业科学研究所和相关区（县）种子公司等单位参加的“渝麦四号”示范推广项目，获 1992 年重庆市科技进步三等奖和重庆农业新技术示范推广二等奖。课题组采取了“五结合、四协力”的方法，使该品种获得大面积推广成功。1990—1991 年，市内累计推广面积 7. 34 万公顷，推广成效率达 80%，平均每公顷产量 3 684 千克，比绵阳 15 增加 510 千克，增产 16. 8%。

1986—1992 年，重庆市作物研究所开展了小麦改稀大窝为疏株密植等栽培技术研究与推广工作。研究结果表明，因地制宜缩小行窝距、减少每窝苗数的小窝密植，是适合重庆小麦生态条件的优良播种方式。改播大窝为疏株密植，建立合理的群体结构，适当增加亩总窝数和总株数，是促进小麦稳产高产的重要栽培技术。1992 年，全市小麦疏株密植栽培技术推广面积达到 10. 69 万公顷，占小麦总播面积的 74. 6%。

1989—1991 年，重庆市作物研究所等开展了稻田多熟轮作小麦技术推广工作，结合水稻半旱式推广免耕种麦新技术。该所参加了农业部下达的“小麦（水、旱厢）综合增产技术”丰收计划项目，项目在大足、合川、永川等地 20. 28 万公顷的实施结果表明，平均每公顷产量达 2 362. 5 千克，获得了明显的增产效果，经济效益显著。1990 年，全市小麦播种面积比上年翻了一番，稻麦均获得显著增产，三熟每公顷产量达 13 291. 5 千克，其中小麦产量 2 943 千克。“重庆市 100 万亩小麦综合增产技术”于 1993 年获全国农牧渔业丰收计划三等奖。

1989—1992 年，由重庆市农业技术推广站主持，重庆市农业科学研究所和重庆市作物研究所参加的“重庆市麦类新品种推广和高产配套栽培技术规范研究”项目成果获 1993 年重庆市科技进步二等奖。该课题通过对大、小麦新品种发育规律和土壤生态条件，新品种的生育规律和营养生理特点，以及大、小麦作物种植制度的综合研究，分析提出了不同耕作生态条件的麦作高产规范技术。

1989—1994 年，重庆市作物研究所等针对生产上选用绵阳系列品种、巴麦 18、渝麦 4 号、矮麦 58、渝丰 1 号、蜀万系列、川麦系列等品种，开展了推广“五改”技术工作。继续推广小窝疏株密植、适当增大播种量和密度、依靠主茎成穗等技术；同时改变传统宽厢耕作方法，为早开深窄沟、窄厢种植，提高整地质量，战胜湿害，土地利用率可提高到 95% ~97%，可亩增小麦 40 ~50 千克；改传统施肥方法，为“石骨子三合肥”为主的重底早追和配方施肥；抓好“两防”，即麦田化学除草、病虫统防统治、穗期防治赤灰霉病、蚜虫等。这些高产栽培技术措施，大幅度提高了稻茬麦田及旱地小麦单产。

1997—2005 年，重庆市作物研究所等开展了小麦综合配套技术研究与推广工作。2000 年随着重庆市启动“百万吨优质粮深加工产业化”百万工程项目，2001 年优质小麦品种种植面积达到 3. 33 万公顷。2005 年，重庆市作物研究所先后对育成的重庆面包麦、渝麦 5 号、渝麦 7 号等生产上的主推优质小麦品种，以及渝麦 9 号、渝麦 10 号、渝麦 11 号，开展了综合栽培技术研究。重点推广了旱地粮经作物间套多熟综合丰产、小春保护性耕作、病虫害综合防治、穗期防治赤灰霉病、蚜虫等技术，取得明显效果。其间，还开展了小麦平衡配方施肥技术推广工作。

2005—2006 年，重庆市作物研究所开展了小麦保护性耕作技术的示范推广研究工作。在选用良种、适期播种、配方施肥等高产栽培基础上，采用化学除草等综合配套技术，具有方法简单、省力省工、增产增效的优势，很适合重庆耕作技术改革。在采取农田保护性耕作免耕种植新品种渝麦 10 号的 7 公顷核心示范片中，干田平均每公顷产量 5 394. 9 千克，旱地平均每公顷产量 4 686. 45 千克，示范大获成功，《重庆日报》、《农民日报》、人民网、新华网、中国农业信息网等媒体都有报道。这些技术为全市冬季农业资源的开发利用提供了有力支持，为扩大小春面积提供了发展空间。

2010—2015 年，重庆市农业科学院开展了小麦轻简化生产技术研究与推广工作。通过渝麦系列小麦新品种新技术试验示范及小麦万亩高产创建示范区的建设等工作，以渝麦系列小麦新品种示范及原种繁育为载体，在重庆部分区（县）开展了适宜重庆丘陵稻茬麦田和旱地净作种植制度的小麦轻简化播种收获技术的探索研究。试验表明，撒播技术省时省力，是一种节本、增产、增效的轻简化栽培技术。主要采用机耕、深沟窄厢、人工撒播、合理密植、配方施肥、一喷多防、机防机收等轻简化栽培及隐性灾害防控集成技术，实现了小麦稳产增收。百亩、千亩示范片平均每公顷产量4 562千克、5 300千克，最高每公顷产量达6 067.5千克，实现了丘陵旱地小麦稳产增收，经济社会效益明显，深受当地群众欢迎。

五、荞麦品种选育和开发技术研究

荞麦是蓼科荞麦属作物，一年或多年生草本。主要栽培种为甜荞和苦荞。荞麦富含蛋白质、脂肪、维生素、微量元素等营养成分，芦丁、系元素、槲皮素、荞麦糖醇等保健成分。有调节血糖、预防和治疗糖尿病、降血压、缓解心脑血管疾病、美容、减肥、抗癌等作用。联合国称苦荞为“上帝赐给人们的神粮”，是一种优良的药食兼用作物，是“21世纪的健康食品”。

（一）荞麦生产

重庆荞麦年种植面积达18万亩，以苦荞为主；其中酉阳约10万亩，城口约3万亩，另外，在渝东南的彭水、黔江、秀山、石柱、武隆，渝东北的万州、云阳、巫山、巫溪，渝西的合川、潼南、大足等区（县）。均有种植。在酉阳、城口核心示范区，荞麦平均产量达到220.7千克/亩，全市荞麦平均产量达到110千克/亩，全市荞麦年总产量在1.9万吨以上。

（二）荞麦加工

“十二五”以来，重庆市建立了以酉阳荞丰农产品开发有限公司为代表的具有一定规模的加工企业近10家。在白酒的基础上开发了苦荞黄酒、苦荞红曲酒；在米、面基础上开发了苦荞生态粉、苦荞方便食品；在籽粒茶基础上开发了荞麦胚芽茶、麸皮茶、荞麦饮料等；利用荞麦壳开发了荞麦枕、靠垫等产品；利用荞麦茎秆开发了饲料产品，构建了食品、保健品、日用品等相结合的荞麦加工产业集群。实现荞麦年总产值9 000余万元。

（三）荞麦品牌

“十二五”以来，重庆荞麦产业一直致力于“品牌化”建设。“酉阳苦荞”成为国家地理标志产品名片，“荞丰”被认定为“重庆市著名商标”，“荞丰苦荞茶”被认定为重庆名牌农产品，“酉州坊”牌52度苦荞酒被评为湘、鄂、赣、渝、闽、桂6个省份白酒质量检评交流会金奖产品。“酉阳苦荞”于2017年11月获得国家工商行政管理总局颁发的商品注册证（地理标志证明商标）。

（四）荞麦科研

重庆市农业科学院特色作物研究所于2008年开始启动荞麦研究，先后从重庆各地、山西、陕西、贵州等地搜集和引进荞麦资源150份，进行了田间鉴定与选择。2008年以来，该所共承担了4轮国家苦荞（南方组）区域试验，共鉴定122个品种。2012年承担国家苦荞（南方组）生产试验，鉴定5个品种。

2015年以来，在“第三次全国农作物种质资源普查与收集”项目支持下，重庆市农业科学院共收集到重庆地区荞麦资源50份，其中苦荞资源23份，甜荞资源27份，并在武隆木根铺山地特色作物科技园进行了荞麦田间繁殖、鉴定评价、编目入库（圃）等研究工作。2017年，重庆市农业科学院特色作物研究所提供了一个苦荞新组合参加重庆市荞麦区试。该组合2016年春季在武隆栽培10亩左右进行示范（在国家荞麦区试同一块田旁边），平均实收亩产122.34千克，比国家区试对照CK（所有参试品种的平均产量）增产13.38%。

2011年，为推动重庆荞麦产业发展，重庆市农业委员会牵头成立了重庆荞麦产业技术体系创新团队。重庆市农业学校、西南大学、重庆市农业技术推广总站等为主要研究单位，共收集国内外荞麦种质资源600余份，综合评价入库保存荞麦资源300余份，通过分子标记辅助育种、杂交、EMS诱变等手段创制培育了绿花、红花、富硒、高黄酮等特异性育种材料30份，选育出西荞1、2、3、4、5号等“西荞”系列荞麦新品种6个。该团队提出了“荞麦+青蒿”“荞麦+马铃薯”“荞麦+玉米”等耕制，集成了《重庆荞麦绿色高效栽培技术规程》，并在酉阳、城口等地累计推广20万亩以上。该团队研发集成了荞麦醋、生态苦荞粉（苦荞精粉）、金荞麦花叶茶、荞麦茎秆饲料等工艺生产工艺。有力推动了荞麦产业发展。

第四节　薯类作物研究

一、马铃薯研究

马铃薯脂肪含量低，蛋白质含量高，因此决定了其粮蔬兼用的性质。按照国家马铃薯主粮化战略规划，预计到2020年，马铃薯种植面积将扩大到1亿亩（666.7万公顷）以上，主粮消费占马铃薯总消费量的30%，逐渐成为居民的主食。重庆立体气候明显，马铃薯能够周年生产，是全市优势特色农作物之一，加之重庆地区马铃薯增产潜力大，已将其列为促进粮食增产、保障粮食安全，增加农民收入，发展地区经济的重要产业。全市马铃薯常年种植面积35万公顷左右，鲜薯总产580万吨，约占全年粮食总产量的11%，总产值约50亿元，播种面积和总产量均居全国第六位，属全国马铃薯主产区之一。

重庆市作物研究所从事马铃薯研究历史较长，曾取得一定成绩。1970—1979年，该所开展了马铃薯茎尖脱毒及新品种引进筛选研究，其中“马铃薯灭菌毒试管苗简化培养基K5的研制”成果，获1979年四川省科技进步四等奖；“双季一号马铃薯茎尖脱毒”的研究成果，获1979年永川地区科委一等奖。后来因学科调整及项目经费短缺等原因，中断了马铃薯的研究。

2006年，重庆市农业科学院特色作物研究所成立，重启了马铃薯学科的研究。学科带头人王卫强自2008年以来，带领马铃薯学科团队已在永川、武隆、石柱建有科研基地6.67余公顷，2010年组建了“重庆市农业科学院石柱马铃薯研发中心”，该中心拥有完备的马铃薯脱毒种薯繁育设施，包括现代化的组培楼、智能水培室、原原种网棚、恒温冷藏库、原原种扩繁基地、一级种薯生产基地等科研试验设施和设备，具有年生产脱毒原原种2 000万粒的生产能力。

重庆市农业科学院特色作物研究所主持开展了以下研究：

2008—2009年，主持开展了市科学技术委员会下达的“彩色高产抗病马铃薯新品种的引进筛选与配套栽培技术集成与示范”项目。通过试验示范，引进筛选了2个紫色马铃薯新品种“紫云1号”和“黑美人”。

2008—2012年，主持开展了“马铃薯脱毒种苗与产业化示范”“脱毒马铃薯产业化技术集成与示范”和“紫色马铃薯新品种筛选及良种繁育体系建设”项目。通过采用三代种薯繁育体系（G1－G2－G3），将G3代种薯用于商品马铃薯生产，并制定了各级种薯的质量标准；建成了紫色马铃薯脱毒实验室、原原种繁育网室和脱毒种薯繁育基地。

2010—2011年，主持开展了市科学技术委员会科技攻关项目“鲜食菜用马铃薯新品种筛选及高产配套技术集成与示范”。通过试验示范，筛选出早熟高产菜用品种“费乌瑞它”；初步集成了马铃薯高山区高产栽培技术、秋马铃薯高产栽培技术各1套，马铃薯错季生产技术1套。

2011—2012年，主持了“特色马铃薯高产高效关键技术示范推广”项目。通过开展特色马铃薯新品种的引进筛选、试验示范及配套高产栽培技术的研究与推广应用等工作，示范栽培了脱毒马铃薯品种“黑美人”和“费乌瑞它”，示范推广了“一推三改”等特色马铃薯高产高效关键技术。在石柱土家族自治县悦来镇东木村建立66.7公顷特色马铃薯标准化栽培核心示范片，通过田间测产，“黑美人”平均每公顷产量为18 525千克，“费乌瑞它”平均每公顷产量36 428.6千克；核心示范片共增加种植农户纯收入118.31万元，每公顷增加纯收入73 650元，人均增收5 900元。

2015—2016年，参加了农业部下达的“第三次全国农作物种质资源普查与收集”项目，在城口、巫溪、巫山等12个区（县）开展了马铃薯种质资源收集工作。共收集到马铃薯资源17份，初步进行了田间鉴定。主持了“彩色马铃薯新品种引进筛选及关键技术集成与示范”项目，开展了彩色马铃薯新品种引进、筛选及新品种展示、马铃薯晚疫病防治及机械化收获等研究工作。目前已筛选出彩色马铃薯新品种2个，并有效解决了紫色马铃薯繁育产量低等技术问题。并与凉山州西昌农业科学研究所联合选育成功了鲜食型马铃薯新品种渝昌马铃薯1号，2017年3月通过重庆市品种鉴定。

国家种子工程项目“重庆市薯类脱毒种苗快繁中心”于2000年6月成立。该中心系重庆市农业技术推广总站下属单位，主要开展薯类作物良种引进、选育，脱毒种薯生产、供应、推广以及薯类栽培技术培训及推广等工作。中心成立以来，完成了“重庆马铃薯四级脱毒良种繁育体系”建设，使重庆马铃薯脱毒种薯推广率从2001年的不足5%、亩产895.35千克（每公顷产量13 430.3千克），到2017年提高到脱毒种薯推广率超过36%，单产增加到1 172千克，亩增276.65千克，增30.90%。获得奖项：2002年，“重庆市马铃薯脱毒种薯技术”获得农业部丰收奖二等奖；2003年，“马铃薯晚疫病综合防治技术”获得重庆市科学技术委员会科学技术进步奖三等奖；2016年，“马铃薯高产高效技术集成研究与推广”获得农业部全国丰收奖合作奖（等同一等奖）。

万县市农业科学研究所在马铃薯研究方面取得了明显成效：

1982—2000年，协作参加的“马铃薯生态农学研究——种薯与作物管理”成果，于2002年获四川省科技进步三等奖。该项目针对马铃薯生产上存在的种薯质量（遗传、病理、生理）低劣、繁殖系数低，以及品种不甚对路和基本栽培农艺措施及种薯体系不健全等原因而严重影响产量的状况，开展一系列针对影响马铃薯种薯和作物群体生长及产量的环境、基因和农艺诸因素及其相互关系的研究。通过该项目研制出的主要生态农学方法、品种品系广泛应用于育种和生产，在西南地区累计推广面积91.33万公顷，新增社会经济效益7.6亿元。

1991—2010年，对马铃薯研究主攻抗病、耐贮、大薯块新品种选育和茎尖脱毒繁育技术，承担全国马铃薯新品种区域试验和生产试验等相关工作。审定马铃薯品种怀化6号、万芋10号、渝马铃薯1号3个，推广面积2.33万公顷，创社会经济效益1 531万元。其中怀化6号1994年获万县市人民政府科技进步三等奖。

二、甘薯（红薯）研究

甘薯是重庆三大作物之一，种植面积和总产量仅次于水稻、玉米，居第三位。常年种植面积为42万公顷（630万亩）左右，占全市粮食播种面积的16.4%，总产量178.3万吨，占全市粮食总产的15.3%，其种植面积和总产量分别位居全国第三和第四，但单产较低，每公顷产量21 720千克，居全国第15位。在甘薯总产量中，饲料、加工、食用和种用的比重，大致分别为60%、20%、10%和10%。重庆甘薯产业发展具有适宜的生态条件、较大的增产潜力。

1961—1994年，重庆市作物研究所分别承担了四川省农业科学院、南充市农业科学研究所、西南师范大学的协作项目，主要从事甘薯新品种引种鉴定及推广。赵德秉等参加的“徐薯18引种试验鉴定”研究成果，获1983年重庆市科技进步四等奖；“川薯27、胜南红苕良种应用推广”研究成果，获1988年四川省农牧厅农牧技术进步三等奖；“优质、抗病、高产红苕新品种胜南”研究成果，获1989年四川省科技进步三等奖；“重庆市甘薯系列高淀粉新品种示范推广”成果，获1991年重庆市科技进步三等奖；重庆市作物研究所与西南师范大学联合开展的“甘薯新品种渝薯34的选育”成果，分别获1992年重庆市科技进步二等奖和1994年国家教委科技进步三等奖；赵德秉、王卫强参加的“新品种渝

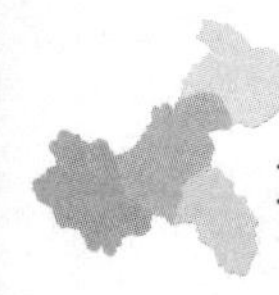

薯34的推广”成果，获1994年四川省教委二等奖；赵德秉参加的“甘薯新品种渝薯34高产配套技术应推广”成果，获2000年教育部科技进步三等奖。

1995—2006年，重庆市作物研究所因学科调整及项目经费缺乏中断了甘薯研究。

2007—2016年，重庆市农业科学院的甘薯研究与四川省农业科学院、西南大学、四川南充农业科学研究所等科研院校合作，先后开展了甘薯新品种引种鉴定、新品种选育和高产栽培、储藏与加工等技术研究，以及甘薯新品种、新技术的示范推广及高产示范基地建设等。近年来，共鉴定甘薯新品系、新材料200余份，推广新品种3.33万公顷。其中，与四川省农业科学院作物研究所联合选育的川薯217，于2011年通过国家品种鉴定，该品种为甘薯高淀粉新品种；联合选育的紫色甘薯新品种川紫薯6号，于2016年进行品种登记。

其间，重庆市农业科学院特色作物研究所甘薯团队王卫强、钟巍然等，先后主持了重庆市科学技术委员会下达的“紫色高产抗病甘薯新品种引进筛选与配套栽培技术集成与示范”“加工与食用甘薯育种新技术与新材料新品种创制及高产技术集成示范”“重庆市主要农作物种质资源共享平台建设（甘薯资源平台建设）”“鲜食薯类作物新品种选育”“优质高干加工专用甘薯新品种选育”等科技项目，进一步丰富了甘薯种质资源，为甘薯新品种选育打下了良好基础，同时促成了紫色甘薯的推广应用，积累了甘薯新品种选育的经验、技术和方法。其间，该所选育的新品系11－4－28（淀粉型）、12－1－126（紫色优质食用型）、A107（薯干型）正在参加重庆市区试，表现良好。

1992年，经重庆市人民政府批准，西南大学正式成立甘薯研究中心、重庆市甘薯工程技术研究中心，其前身是西南师范学院生物系甘薯科研组（从事甘薯研究可以追溯到20世纪50年代初），该中心是“国家现代甘薯产业技术体系重庆综合试验站”的承担单位。中心在甘薯的遗传育种、栽培繁殖、病虫防治、形态解剖、生殖发育、生理生化、产后加工等方面进行了较系统的研究，“九五”以来，先后承担国家“863”、自然科学基金和国家、省市科技攻关等科学研究课题30余项，其中连续主持了3届全市良种创新工程项目甘薯专项的研究工作；完成通过省市级以上鉴定成果26项；获部委、省市科技进步二、三、四等奖12项，其中1991—1995年连续5年获得教育部、四川省、重庆市科技进步奖等5项。“八五”“九五”期间，育成渝苏1号、渝薯34、渝薯20、渝苏303、渝苏297、渝苏76等甘薯新品种。2001年以来，该中心育成渝苏303、渝苏153、渝苏151、渝紫263甘薯新品种通过国家级品种审定（鉴定），渝苏30、渝苏162通过重庆市品种审定。该中心2010年育成高产、高淀粉品种渝苏8号通过国家审定，育成综合利用型紫薯渝苏紫43，高胡萝卜素食用型、食品加工型品种渝薯99通过重庆市鉴定，育种效率高、成效大这在国内属开创先例。利用甘薯近缘野生种I. trifida开展种间杂交，育成高产、优质和抗病的淀粉用甘薯新品种渝苏303，其鲜薯、薯干和淀粉产量均超过中国20世纪90年代甘薯生产上大面积应用的甘薯品种徐薯18和南薯88，并且其抗黑斑病能力强于徐薯18和南薯88，在通过四川、重庆、江苏、江西等省份的品种审定后，2002年又通过国家农作物品种审定委员会审定。这是在国内率先通过远缘杂交育成通过国审的甘薯新品种。甘薯种间杂交育种的成功，突破了长期以来中国甘薯育种亲本贫乏的局面，在育种技术上实现了创新，对中国开展甘薯远缘杂交种育、提高甘薯育种技术水平具有重要意义。“甘薯系列专用型新品种筛选及推广应用”成果于2004年获教育部科技进步二等奖。新选育的色素用和保健用紫肉甘薯新品种渝紫263在长江流域薯区平均鲜薯亩产1 700千克以上，色素含量达0.98%，处于国内同类品种领先水平。这些新品种用途十分广泛，有的可作为淀粉工业或食品加工业的原料，有的可作为功能性营养保健食品，有的可作为无公害的营养保健型蔬菜，有的可作为提取天然色素的原料，已在江苏、四川、重庆、江西、安徽、河北、河南、湖南、湖北、浙江、福建等16个省份有关地区累计推广1 500万亩，新增社会纯收益15亿元。

重庆市薯类脱毒种苗快繁中心完成的“高淀粉甘薯标准化栽培技术集成与示范”，2012年获得重庆市科学技术委员会科学技术进步奖二等奖。

第五节　油菜研究

油菜是重庆市主要油料作物。重庆地区种植油菜主要是甘蓝型和芥菜型2种类型，但随着油菜产业的发展，芥菜型油菜逐渐被甘蓝型油菜取代。重庆油菜主要栽培模式以稻油轮作为主，种植面积呈逐年增加的趋势。随着重庆市油菜种植规模的持续扩大，全市油菜产业不断发展，油菜生产、加工及其衍生的效益已成为助推农业增产、农民增收的重要力量。2014年，全市油菜种植面积已突破350万亩（23.33万公顷），菜籽总产量达40余万吨，单产124千克左右，实现了自2008年以来面积、总产、单产的“六连增”。

一、油菜新品种选育

重庆油菜新品种选育工作取得良好成效，重庆市作物研究所和市农业科学院特色作物研究所、水稻研究所，重庆中一种业公司等机构共培育或联合培育油菜新品种6个（次），其中国审2个（次），市审4个（次）。包括由市农业科学院特色作物研究所审定的品种3个，分别为种都油998（2012年）、重蓉油1号（2014年）、渝南油683（国审，2014年）；由重庆中一种业公司和院水稻所审定3个，分别为庆油1号（国审和市审，2014年）、庆油2号（2015年），庆油3号正在参加国家区域试验。

1986—2005年，重庆市作物研究所开展了油菜区域试验、中试、新品种选育及高产栽培技术等研究。主持的低芥酸油菜“81008”中试成果，获1986年重庆市农牧渔业局四等奖。

2009—2015年，重庆中一种业公司和市农业科学院水稻研究所进行了油菜品种选育工作。选育的油菜新材料不育系0911、1009和恢复系0802、1023、zy－13，通过重庆市专家组鉴定。工作累计配制新组合7 200多个，在其中选育出优势强、品质优、抗性好的苗头组合228个，进行了不同生态点的观察试验和综合性状品比试验，选育出庆油1号至庆油10号共10个油菜品种，参加重庆市和国家油菜区域试验。2014年4月，庆油1号通过重庆市审定，2015年2月，又以综合性状第一通过国家品种审定。2015年12月，庆油2号通过重庆市审定。庆油3号为甘蓝型特高含油量油菜两系杂交组合，已完成市区试（区试平均每公顷产量3 154.5千克），正在参加国家区试，其含油量高达49.96%，刷新了中国冬油菜含油量的最高纪录。

2012—2015年，重庆市农业科学院特色作物研究所和重庆中一种业公司、农业科学院水稻研究所参加了市科学技术委员会“十二五”油菜良种创新攻关项目“效益型油菜新品种选育与配套技术研发”工作，承担了油菜新品种选育及种子生产技术研究等工作，共创制早熟油菜新材料20份，其中1组亲本通过专家组鉴定，选育出高含油量材料25份、白花和杏黄花材料15份；研究出重庆市油菜化学杀雄制种关键技术，制定了油菜化学杀雄制种技术方案，并广泛深入地开展了相应的技术培训工作。其间，院特色作物研究所主持承担了油菜良种创新及高效技术研究与示范，培育油菜不育系、恢复系各2个，不育性稳定而彻底，恢复系配合力强。

西南农业大学李加纳带领的科研团队在油菜新品种选育方面取得了显著成效。李加纳先后主持国家和省级重点科研项目70余项，获得国家和省（部）级科技奖励13项、国家发明专利授权20余项，在国内外发表论文300余篇，主持育成17个油菜新品种（其中国审品种6个），应用面积8 000多万亩。2005年成功培育了高含油量的优质油菜新品种——甘蓝型黄籽杂交油菜，通过国家审定，并大面积推广。其中主持完成的“油菜优质高产育种的有关遗传规律研究”，获1994年四川省科技进步三等奖；“甘蓝型黄籽油菜新材料的选育与研究”，获2002年度重庆市科技进步二等奖；“甘蓝型优质杂交油菜‘渝杂18’的选育及配套技术研究”，获2000年度重庆市科技进步二等奖；“甘蓝型黄籽油菜粒色形成机理及调控技术研究”，获2007年度重庆市自然科学二等奖；“十五”期间，“甘蓝型黄籽油菜新品种选育及遗传基础研究”，荣获2009年度教育部科技进步一等奖；“十二五”期间，“甘蓝型黄籽油菜遗

传机理与新品种选育”获国家科技进步二等奖。

20世纪80年代开始，近30年里，李加纳带领的项目组采用传统安全的育种方法，从白菜型油菜、芥菜型油菜、埃塞俄比亚芥、甘蓝4种植物中聚集黄籽基因到甘蓝型油菜中，在国内外率先获得了携带黄籽基因的纯黄色甘蓝型油菜新品系，对甘蓝型油菜的“血统”进行了全面的提升。李加纳还带领团队将传统育种方法与分子标记技术结合，利用前期育成的100多种黄籽油菜新材料，建立了聚合育种技术体系。随后，具备黄籽、高产、高含油量、抗病抗倒、高配合力等优点的甘蓝型黄籽油菜新品种渝黄1号、渝黄2号、渝黄4号和渝油28相继问世并通过国家审定。截至2014年，4个甘蓝型黄籽油菜国审品种在长江流域油菜主产区累计推广面积近亿亩，取得显著的社会经济效益。由于黄籽油菜高产优质、加工效益好，企业一般加价5%～10%收购，农民因此增收72亿元以上。此外，以加工每吨黄籽油菜企业增效300元计算，该成果生产黄籽油菜籽1 264万吨，企业累计增收37.9亿元。

重庆市农业技术推广总站完成的“优质高产高效油菜新品种创制与应用”，荣获2014年度重庆市科技进步奖一等奖。

三峡农业科学院（万县地区农业科学研究所）在20世纪80年代育成的万油17号，突破了传统品种早熟不高产的技术难关。在四川省内，1985—1989年5年累计种植面积66.67多万公顷。其中1987—1989年每年种植面积均在18万～19.33万公顷，占全省当年油菜总面积1/4左右，占早熟油菜种植面积60%以上；2000年，该所“油菜新品种万油19的选育及其应用推广”获万州区科技进步二等奖。该品种因其具有高产、高含油量、耐病等突出优点，深受广大用户欢迎，截至1999年年底，累计推广种植面积达19.87万公顷，创经济效益1亿多元。1990—2010年，该院审定油菜品种7个（次），示范推广面积30.33万公顷，创社会经济效益68 250万元。在油菜新品种选育方面，经历常规育种、杂种优势利用及杂种优势利用与品质育种相结合等阶段。2000年以后，该院已步入分子育种与传统育种相结合的关键时期，先后育成审定万油19、万油22、万油杂1号、万油23、万油25、德新油59等品种，多数品种都是当时油菜生产上的主推品种，为当地油菜品种更新换代和油菜生产发展起到重要作用。2009年农业部将三峡农业科学院遴选为国家油菜产业技术体系三峡综合试验站的技术依托单位，承担国家油菜产业技术体系的各项重要任务。

二、油菜高产栽培技术研究

2008年以前，重庆市油菜栽培方式主要为育苗移栽，由于存在人工成本投入过大、产量不高、效益较低等问题，油菜栽培面积出现下滑趋势。2008年以后，在重庆市农业科学院主持开展的重庆市财政产油大县项目“油菜高产创建示范基地建设”的实施和推动下，重庆市油菜种植面积回升，栽培方式也向轻简化、机械化、效益化、优质化方向转变。油菜直播、撒播、机播等节本增效的生产方式，逐渐取代了传统的育苗移栽方式，同时随着“油菜综合利用高值化配套技术”的研究和示范应用，如油蔬两用、菜花节、油脂加工精炼、秸秆利用等技术的研发和推广应用，油菜种植效益也大大提升。

1986—2005年，重庆市作物研究所主持的“重庆市油菜高产栽培技术规范研究”成果，获1996年重庆市科技进步三等奖。

2008—2012年，重庆市农业科学院承担了市财政“油菜高产创建示范基地建设”项目，20个产油大县共建立油菜万亩示范片1.95万公顷，千亩核心示范片2 400公顷，百亩攻关片363.67公顷；这20个区（县）在油菜高产创建活动带动下，2012年度油菜种植面积达20.4万公顷，比2011年度19.8万公顷扩大了0.6万公顷，种植面积增长3%。

2013—2014年，重庆市农业科学院特色作物研究所主持承担了“稻油轮作模式高产高效技术集成与示范推广”和“双低油菜‘油蔬两用’绿色高效种植技术研制与示范”等项目，开展了适宜“油蔬两用”品种筛选和有机菜薹生产技术研制等田间试验，研制形成“重庆市‘油蔬两用’绿色高效栽培技术规范”1套。通过这些试验研究证明，油菜多收一季菜薹，比传统只收菜籽每亩增收100～300元，提高油菜种植效益 50% ~150%，取得了良好的社会经济效益。

油菜全程机械化种植技术研究：

长期以来，重庆的油菜生产过程以人工作业为主，操作工序繁杂，劳动强度大，效率低且成本高，严重制约了油菜种植规模的扩大。重庆市农业委员会于 2012 年开始探索“稻—油”连作机械化轻简生产技术模式，召开多次现场，并在十多个区县以专业合作社和种植大户为重点开展试验示范，已取得初步成效。该项技术及生产模式已经成熟，已在重庆市平坝地区油菜规模种植户示范推广应用。

2012—2013 年，重庆市农业科学院特色作物研究所主持实施了“重庆市优质油菜生产全程机械化示范”项目，开展优质油菜生产全程机械化核心示范区建设等工作，示范规模 600 亩，其中在南川区东城街道示范 200 亩，秀山县清溪镇芒洞村示范 200 亩，合川区涞滩镇九牛村示范 100 亩，垫江县普顺镇长柏村示范 100 亩；共筛选引进适宜机械化生产的优质油菜新品种 2 个，在适宜地区开展示范；筛选改进款耕整机 2 台、播种机 3 台、油菜捡拾脱粒机 1 台；组织召开油菜全程机械化示范现场会 1 次，并开展了相关技术培训。

油菜“耕种收”全程机械化种植技术，每亩平均用工量从传统模式的 10 个工减少到 3 ~5 个工，能有效减轻劳动强度，有助于扩大油菜种植规模，提高生产效率，降低生产成本，促进油菜规模化、集约化、标准化生产。该技术将会引领和推动油菜生产方式变革，在油菜种植比较效益较低、农村劳动力日益缺乏的现在及将来有较大的应用价值。

第六节 其他杂粮作物研究

小杂粮在重庆有着悠久的种植、生产历史。由于重庆有独特的地理、气候及生态环境，农民一直有种植大豆、高粱、蚕豆、豌豆、荞麦等小宗杂粮（杂豆）的习惯，且种类多，分布广。在当前种植业结构调整中，小杂粮是不可缺少的搭配作物，在一些地区已成为首选作物。

一、食用豆

重庆对大豆等食用豆研究与推广工作起步较早，西南大学在大豆新品种选育方面取得了明显成效。重庆市农业科学院成立以后也加大了研究工作力度，取得了较好的成果。

（一）大豆

20 世纪 90 年代以前，大豆在生产上栽培的品种大多为当地地方品种，90 年代以后生产上主要的大豆品种是浙春三号。2010 年以后，重庆几乎每年都有新的大豆新品种通过审定，目前主推的大豆品种有长江春 1 号、长江春 2 号、渝豆 2 号、渝豆 3 号、渝豆 6 号、渝豆 7 号和渝豆 9 号。

1978—1981 年，重庆市农业科学研究所段雪萍进行“大豆 78 - 19 选育”研究工作，主要针对重庆大豆品种混乱、产量低的生产现状，从本地黄豆品种中，进行了单株选择，经过 6 年的连续选育，获得了“78 - 19 新品系”，并通过结题鉴定，1983 年进行成果登记。“大豆 78 - 19 新品系”具有早熟、高产、品质好、蛋白质含量高（含量为 49. 30%，比对照品种高 4. 6% ~6. 8%）、耐瘠、较抗病毒病等优点，平均每公顷产量 1 500 千克左右。

重庆市土壤肥料工作站完成的“秋大豆资源开发及利用”，获 1995 年重庆市科技进步奖二等奖。

2006 年重庆市农业科学院成立以后，该院特色作物研究所开展了大豆研究项目，先后选育出了长江春 1 号、长江春 2 号和渝豆 2 号、渝豆 3 号、渝豆 6 号、渝豆 7 号、渝豆 9 号等大豆新品种。这些品种在大面积生产上推广应用，取得良好的社会经济效益。

西南农业大学从 20 世纪 70—80 年代就开始了大豆新品种选育。西豆三号是该校农学系于 1982 年从早熟亲本矮脚早中选优株，经钴 60 射线处理，历时 10 年系统选育而成，1992 年该品种通过四川省

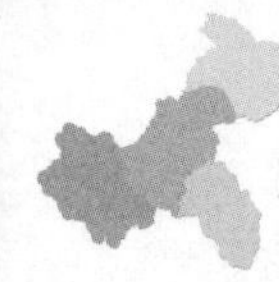

农作物品种审定委员会审定。西豆三号1997年分别在重庆市渝北区、巴南区及江津市进行品比试验，平均每667米^{2}产146.4千克（产量排第一位），比宁镇一号增产5.2%，比渝豆一号增产4.3%。多年多点试验、示范表明，西豆三号丰产潜力大，是粮菜兼用型高产大豆新品种。该校育成的大豆新品种西豆4号，1995年9月通过四川省农作物品种审定委员会审定。西豆4号在1993年、1994年两年省区试中，平均每667米^{2}产133.3千克，春播产量比对照“矮脚早”增产18.59%，居试验首位。之后，该校易泽林作为第一完成人，主持育成大豆新品种西豆5号、西豆6号、西豆7号，分别于2005年2月和2007年2月通过重庆市作物品种审定委员会审定。

（二）绿豆

20世纪80年代以前，生产上所用的绿豆品种大多为地方品种，80年代以后生产上主要的绿豆品种是中绿1号和安岳油绿豆。2013年以后随着重庆市农业科学院特色作物研究所引进或培育或联合培育的冀绿7号、冀黑绿12、中绿15、渝绿1号、渝绿2号等绿豆新品种通过重庆市鉴定，重庆市主推的绿豆品种种类越来越丰富，单产水平也有了大幅度提升。

2013—2014年，重庆市农业科学院特色作物研究所开展了“珍稀黑绿豆新品种选育及配套技术集成与示范”研究，该项成果获永川区科技项目研发一等奖。育成了适于集中收获、高产、大粒、光亮、早熟、抗逆的黑绿豆新品种冀黑绿12号和绿豆新品种冀绿7号；集成配套高产栽培模式2个，栽培技术3套；提出“一种检测农作物最优播种密度的方法”，获国家发明专利授权1项；发明了“田间试验小区快速规划工具”和“田间试验小区快速规划装置”，获国家实用新型专利授权2项；3项科技成果通过重庆市科技成果登记。通过研究和试验示范，走出了一条适合全市绿豆产业可持续发展的新路子。

（三）蚕豆

20世纪80年代以前生产上所用蚕豆品种大多是当地地方品种，80年代以后生产上主要的蚕豆品种是成胡10号、成胡11号。2013年以后，重庆主推的蚕豆品种为重庆市农业科学院特色作物研究所和江苏沿江地区农业科学研究所联合选育的蚕豆新品种通蚕鲜8号。该品种产量水平高，抗逆性强，商品性好，尤其适合重庆市冬季低温寡照的生态环境下栽培。

2012年，重庆市农业科学院特色作物研究所主持开展了“高效蚕豆杂交育种方法的发明与应用”研究，该成果获永川区科技项目研发二等奖。2015年，该所主持开展了“抗赤斑病蚕豆新品种选育及配套技术研究与应用”，研究成果获重庆市科技进步三等奖。

（四）豌豆

重庆市农业科学院特色作物研究所开展了豌豆新品种引进、筛选和推广等工作。重庆先后推广栽培了食荚大菜豌、成豌6号、团结2号、秦选一号等豌豆品种。其中成豌6号豌豆品种综合性状好，品质优良、食味好、商品价值高，是优质高产、耐菌核病的白豌豆品种，平均每公顷产量1 648.5千克。该品种种粒纯白，粒大光滑，卖相美观，市场售价高于同类品种，主要用作干豆及加工制品和烹食青豆，也可用作饲料。

二、高粱

重庆市作物研究所的高粱育种与栽培技术研究工作始于20世纪70年代，相关专家参与完成的《中国高粱品种资源目录》于1984年获得国家农牧渔业部一等奖；第一主研单位完成的“四川高粱品种资源的收集整理及评价利用研究”成果，获1994年四川省政府三等奖；收集到地方高粱种质资源1 000余份，选育出地方高粱品种渝松1号等，在重庆地区产生了较大影响。20世纪90年代末期，因科研经费不足等原因，该所将所有收集到的高粱种质资源材料赠送给四川省农业科学院水稻高粱研究所。高粱研究工作暂时中断。

2006 年重庆市农业科学院成立，使高粱学科遇上了新的发展机遇。2007 年以来，该院特色作物研究所高粱研究以引育相结合，加强高粱资源收集鉴定，开展酿酒型糯质高粱新品种三系配套选育工作，已形成一批配合力强的恢复系材料，合作育成高产优质高粱新品种6 个，并开展了新组合配套栽培技术的研究与示范推广等工作。2009 年以来，该院引进泸糯 8 号高粱在重庆市大面积推广，促进了高粱新品种的更新换代，高粱栽培面积呈现恢复性增长。2015 年高粱种植面积快速提升至 2. 57 万公顷，总产 9. 68 万吨，平均每公顷产量 3 774 千克。同时自育品种稳步推进，早熟优质高抗新品种晋渝糯 3 号从 2015 年逐渐开始大面积推广应用，经济效益显著，促进农民增产增收。

2009—2010 年，重庆市农业科学院特色作物研究所实施了重庆市科学技术委员会攻关项目“再生糯高粱丰产栽培技术集成应用及酿酒品质研究”，从全国各地广泛引进高粱品种资源，鉴定出丰产性好、抗性强的杂交糯高粱新品种泸糯 8 号，初步集成了适宜于高粱机械化生产的适时早播（直播）、增量直播（洒播）、头季合理密植与配方施肥、再生季地上留一节与施促芽肥等两季轻简化高产配套栽培技术体系 1 项；示范片 2 季高粱平均每公顷产量 13 021. 5 千克，最高 14 832 千克，100 公顷示范片 2 季平均每公顷产量 9 750 千克以上。2012—2014 年，该所培育高产酿酒专用再生高粱新品种 2 个，形成再生酿酒高粱双季均衡高产栽培技术规程，有效解决了双季酿酒高粱均衡高产的技术难点；累计在全市推广再生酿酒高粱 1. 97 万公顷，实现了小面积示范每公顷产量突破 15 000 千克、推广 6 700 公顷的项目预期目标。

三、花生

随着生活水平提高，人们对花生食品的需求越来越大，重庆市近年来花生种植发展很快。重庆和四川是“天府花生”系列的原产地，目前重庆天府花生年产量达 1. 5 万吨，由于农民习惯自留种，品种退化，加之种植分散，基本上还未形成规模。重庆市部分区（县）种植的花生品种，均属外省引进品种。

重庆市农业科学院特色作物研究所于 2007 年依托市科学技术委员会“三峡库区特色作物资源的引进、搜集、评价与利用”项目，开始启动了花生研究。先后从重庆各地、四川、山东、河南等地搜集和引进花生资源 28 份，2008—2009 年进行了田间鉴定与筛选，其中 2008 年筛选出 14 个产量较高、性状稳定的品种；2009 年筛选出河南 0026 -0 -1 -0N -1、河南濮阳、秀山石堤、天府 15 和天府 3 号等高产品种。该项研究获 2010 年永川区科技进步三等奖。2010 年，重庆市农业科学院特色作物研究所承担了基础科研项目“花生新品种引进筛选及高产示范”，对引进和搜集的花生品种进行了扩繁，并对特征特性进行鉴定；筛选出 09 -21（河南）、09 -22（河南濮阳）等高产品种，并进行了花生高产栽培技术试验研究。试验表明，普及优良品种，建立良种繁育基地，扩大繁育系数，取代品种混杂、种性退化的地方品种，是提高花生产量的主要措施；在施用氮、磷、钾肥的基础上，硼、钼、锌肥配合使用，花生增产效果显著；随着直立密枝型花生品种的大面积推广，合理增加密度，确保花生均衡增产的关键栽培技术。

2015 年以来，在“第三次全国农作物种质资源普查与收集”项目支持下，重庆市农业科学院特色作物研究所共收集重庆地区花生资源 22 份，在农业科学院渝西作物试验站的科研基地，进行花生田间繁殖、鉴定评价、编目入库（圃）等研究工作。

第二章
经济作物科学研究

1986—2015 年，中国农业科学院柑橘研究所和重庆市果树研究所，在果树科学研究上取得了巨大进步，开展了以柑橘为主的研究，同时积极开展了苹果、李、樱桃、桃、枇杷、葡萄、梨、核桃、板栗、石榴等多种果树研究，以良种选育、引进和优质高产栽培技术及其规律的研究为重点，结合开展果树资源、砧木、主要病虫害防治、贮藏加工及采后商品化处理的研究。30 年来，重庆市果树研究所获得了多项国家、部（省）、市级科技成果奖励，其中获中国科学院科技进步一等奖 1 项，国家科技进步二等奖 1 项、三等奖 1 项，农业部丰收计划一等奖 1 项，省、市科技进步一等奖 1 项、二等奖 7 项。这些成果已在生产上推广应用，在促进四川和重庆果树生产和科学技术的发展中获得了显著成效。中国农业科学院柑橘研究所为国家级柑橘专业科研机构，成立以来主持完成柑橘方面的科研成果 150 余项（其中国家级奖励成果 10 项，部省级奖励 51 项），专利 9 项。

第一节 柑橘研究

重庆三峡库区地处长江中上游，由于独特的气候和环境条件，非常适宜柑橘的生长，是最适宜发展柑橘生产的地区之一，也是国内为数不多能大规模生产晚熟柑橘的地区。柑橘在重庆市种植历史悠久，奉节、万州、江津、永川、巫山、云阳、丰都、涪陵等地柑橘生产发展较快，重庆柑橘生产实现持续平稳较快增长势头。尤其是近 10 年来，柑橘加工生产能力不断提升，不少大型果汁鲜榨企业落户忠县等区（县），使柑橘生产与加工成为重庆市重要的经济组成部分。2015 年重庆柑橘种植面积 297. 3 万亩（19. 82 万公顷），产量 249. 2 万吨，产值 220 亿元，其中晚熟柑橘突破 100 万亩、产量 60 万吨。早、中、晚熟品种面积由“十五”前的 15：80：5 调优至 24：38：38，成熟期覆盖周年，率先成为每个月都有柑橘上市的主产区。

重庆市果树研究所（原四川省农业科学院果树研究所，现重庆市农业科学院果树研究所，简称果树所）在 30 多年的柑橘研究中，取得了丰硕的成果。

1937—1984 年，果树所完成了“甜橙优良品种锦橙的选育、鉴定与推广”研究，将 1939 年从江津实生甜橙中选出的、具有自主知识产权的优良品种锦橙，在生产上进行了连续 47 年的观察鉴定、试验研究与推广应用等工作。锦橙又名鹅蛋柑 26，具有丰产、稳产、优质、少核等优良性状，是鲜食加工制汁兼用的中熟良种。该成果获 1985 年国家科技进步二等奖。1984 年，该所完成的“甜橙优良砧木——枳的研究和利用”，获农牧渔业部技术改进一等奖。

1976—2005 年，果树所先后主持开展了“巴锦梨 2 号甜橙的鉴定与利用研究”、柑橘新品种梨橙的选育研究及高效栽培示范与推广、梨橙高效栽培示范与推广等项目。历经 20 多年选育出了具自主知识产权的、重庆市改直辖后审定的第一个大果、优质、丰产、稳产的单胚甜橙品种梨橙，2000 年通过重庆市品种审定，同年被认定为重庆市柑橘产业化工程主导发展品种，2001 年被认定为中国国际农业博览会名牌产品，2003 年被确定为重庆市百万吨优质柑橘产业化工程重点发展品种。该成果先后获 1992 年四川省农业科学院科技进步三等奖，2007 年重庆市科技进步三等奖、重庆市农牧渔业丰收奖二等奖，2012—2013 年度中华农业科技奖二等奖。

1980—2005 年，果树所历经 20 余年，选育出具有自主知识产权的早熟、丰产稳产、鲜食品质优良、加工与鲜食兼宜的中熟甜橙优良品种渝红橙，2005 年 1 月通过重庆市品种审定，2006 年被认定为重庆市柑橘产业化工程早熟甜橙类主导发展品种，2007 年获农业部植物新品种权保护。该品牌填补了国内同类研究的空白，对延长中国橙汁加工期，促进柑橘加工业发展具有重要意义。

1981—1992 年，果树所等单位承担了“早冰橙（早熟甜橙江冰 1 号）的选育研究”项目，其果实早熟、优质、种子较少、丰产性好、适应性广等优良性状遗传性稳定。该成果获 1992 年四川省农业科学院科技进步三等奖。

1984—1989 年，果树所完成了“柑橘低产园改造技术研究”，针对四川省 4 种类型柑橘果园，组装了 4 套改造低产果园的技术，在试验点和推广面上，产量由 1983 年的 109.49 万千克，上升到 1986 年的 614.64 万千克，项目获得 1987 年四川省科技进步三等奖；完成了“四川甜橙计划密植早结丰产栽培技术”，改革了柑橘稀植栽培制度，大大提高了橘园的土地利用率，缩短柑橘园幼树抚育期，为发展柑橘密植丰产栽培提供了科学依据，项目获得 1989 年四川省科技进步三等奖；完成了“长寿湖夏橙丰产栽培技术研究”，针对重庆夏橙过去存在的“干、酸、落”缺点，制定出丰产栽培技术配套措施，项目获得 1990 年重庆市科技进步三等奖。其间，先后参与了“长江三峡工程对柑橘生态环境的影响及对策”等专题研究，深入三峡库区 10 多个县、市，通过调查研究分析及论证，对三峡工程中的难题——大规模移民后的生存和发展提出了较为可行的解决办法，该项目荣获 1989 年中国科学院科技进步一等奖。

1986—1992 年，果树所完成了“锦橙密植早结丰产配套技术技术开发研究”，总结提出了《锦橙密植早结丰产配套技术规程》，由原每公顷产 3 750 千克提高到 11 250～15 000 千克，达到预期指标，该项目获 1993 年四川省农牧厅科技进步三等奖；完成了“柑橘商品基地县优质丰产配套技术研究”，对柑橘优化品种及良种繁育、夏橙丰产栽培技术、锦橙密植早结丰产技术、柑橘主要病虫综合防治技术等进行了系统研究，对推动柑橘基地县的建设起到了积极的作用，项目获 1991 年四川省科技进步二等奖；该所完成了“柑橘果实采后商品化处理犀利技术研究”，以提高果实商品质量为目标，进行了洗果、分级、退绿、防腐保鲜、打蜡增色、商标和包装等系列技术的配套研究，项目获得 1992 年四川省农牧厅科技进步二等奖；完成“柑橘优质高产栽培技术及生理研究”，根据柑橘生长发育特点和对环境条件的要求，以柑橘营养、光能利用对土壤、水分、温度的需要为重点进行了深入系统的研究，提出了以柑橘营养为中心，提高植株个体与群体对光能的利用为基础的实现优质高产的技术途径与技术措施，对中国柑橘商品生产的发展有很大的指导意义，该项目获 1992 年四川省科技进步二等奖。

1987—1997 年，果树所开展了“甜橙高接换种及丰产技术示范推广”研究，通过高接技术的改进和应用研究，加快了大规模高接换种工作的进程，对推动重庆市及四川乃至全国柑橘品种的更新改造和品种结构调整起到了重要作用，该项目获 1996 年农业部农业丰收奖一等奖；完成了“建立重庆市柑橘良种无病毒繁殖体系的技术研究”，选定了 25 个优良品种作为母本树，建立了母本园定植，繁育了 17 个优良品种苗木 30 多万株，建立了重庆市柑橘良种无病毒繁殖体系，项目获得 1996 年重庆市科技进步二等奖；完成了“西班牙柑橘良种的引进筛选及开发研究”，筛选出橘橙杂交优良品种——洛娃，为重庆市和四川盆地提供了一个新的、具有推广潜力的优良品种，取得明显的社会经济效益，项目获 1998

年重庆市农业科技进步二等奖；完成了“脐橙早结优质丰产技术试验示范”，项目获1997年四川省农牧厅科技进步三等奖。

1996—1999年，果树所完成了科学技术部下达的“九五”重点科技项目“柑橘品种结构调整与提高品质示范研究”，在重庆三峡库区的9个县（区）开展示范研究，最终在库区建立优良品种、地方特色品种和高接换种示范园377.7公顷，推广辐射面积1.77万公顷。项目获得2000年重庆市科技进步三等奖。

2000—2004年，果树所完成了“杂交柑橘良种的引进与示范推广”研究，引进了默科特、清见、不知火、天草、南香、濑户佳等杂柑良种，并筛选出了适宜重庆栽培的杂交良种，研究提出了配套的栽培技术，进行了示范推广。该成果获2005年度重庆市科技进步三等奖。

2000—2005年，果树所完成了重庆市科学技术委员会攻关项目“柑橘高换果园适产高效规范化技术研究”，项目获得了重庆市科技进步二等奖；完成了“重庆夏橙生产现状及发展前景”，项目获得了“中国改革实践与社会经济形势社科优秀成果”二等奖；完成了重庆市科学技术委员会推广项目“柑橘新品种‘橘橙7号’优质丰产栽培示范与推广研究”，项目获得了重庆市科技进步一等奖；完成了“杂交柑橘良种的引进与示范推广”，项目获得了重庆市科技进步三等奖；完成了“梨橙高效栽培示范与推广”项目，获得了重庆市农牧渔业丰收奖二等奖。

2001—2003年，果树所完成了“柑橘优质果蜡研制与应用”研究，成功研制出了新型柑橘优质果蜡，属国内首创，达国际先进水平。2003年该品种获成果登记。

2003—2015年，果树所经10多年的柑橘杂交育种工作，成功选育出了具有自主知识产权的首个杂交柑橘新品种津香橙。该品种具有质优、少核、高糖、风味浓郁、出汁率高且肉质优、早结丰产等主要经济性状，2013年3月正式进入重庆市区试。

2006—2013年，果树所完成了“梨橙选育与高效栽培示范推广”，项目获得了2007年重庆市科技进步三等奖，以及2012—2013年神农中华农业科技奖二等奖；完成了“重庆市晚熟柑橘产量和质量提升示范推广”，项目获得了农业部2011—2013年度全国农牧渔业丰收奖农业技术推广合作奖。

2008—2015年，果树所承担了农业部国家柑橘体系“长江中游柑橘试验站”建设项目，开展晚熟柑橘优良品种的引进与集成示范，技术示范覆盖0.33万公顷以上；品牌创立成效显著，指导区县取得认证12个，其中无公害产地认证3个、无公害农产品3个，绿色农产品2个及有机认证3个，名牌农产品1个；获得发明专利2个、实用新型专利21个，有效促进了重庆柑橘品种和技术的更新。其间，果树所承担市农业委员会“柑橘新品种区域试验与示范基地项目”，起草了《重庆市柑橘品种区域试验管理办法（试行）》，制定了《重庆市柑橘品种区域试验技术规程》，对推动重庆柑橘产业健康发展发挥了积极作用。

2010—2013年，果树所完成“早熟甜橙新品种渝早橙区域试验与示范”研究，获2014—2015年度农业部中华农业科技奖三等奖、重庆市科技进步奖三等奖、重庆市农牧渔业丰收奖三等奖；完成“重庆市晚熟柑橘产量和质量提升示范推广”项目，研发出具有自主产权的、提高晚熟柑橘产量及品质的技术、产品与设备，实现了晚熟柑橘产量提升10%，该成果获农业部2011—2013年度全国农牧渔业丰收奖农业技术推广合作奖。

重庆市经济作物技术推广站完成的“三峡库区柑橘产业经济发展研究”，获2010年度重庆市科技进步二等奖。

重庆市农业技术推广总站完成的“柑橘营养失衡机制及矫治技术创新与应用”，获2014年度重庆市科技进步二等奖。

中国农业科学院柑橘研究所获得多项奖项，其中“中育7号甜橙育成与应用”获国家发明三等奖；“国家果树种质圃的建立”“果树资源性状鉴定及优化种质筛选”分别获国家科技进步二等奖；“哈姆林甜橙的引种及推广”“国外果树引种试种研究与利用”分别获国家科技进步三等奖。该所对柑橘果实保存、丰产技术有系统的研究，其中“柑橘商品基地县优质丰产配套技术”获1992年四川省科技进步二等奖，“柑橘果实商品化处理开发研究”1996年获四川省南充市科技进步一等奖；完成的“柑橘加工技术研究与产业化开发”，获2006年度国家科技进步奖二等奖。

此外，重庆选育成功的柑橘新品种奉园72－1中熟脐橙，1979年获四川省科技进步三等奖，2000年由重庆市农作物品种审定委员会正式命名奉园72－1单系为奉节脐橙。该品种因品质优、产量高等特点多年来在大面积推广应用，取得较好的社会经济效益。奉园72－1中熟脐橙与晚熟脐橙（95－1）等搭配，形成了世界上少有的脐橙特产生态带。

第二节　果树研究（除柑橘外）

重庆地处四川盆地东部地区，属于典型的亚热带季风气候，热量资源丰富，降水充沛。同时，由于境内气候地域差异大，物产丰富，特产多样化。重庆拥有54种特产类水果（含引进的新品种），除柑橘类有23种外，还有大量的鲜食水果及小水果，均具有重庆特色。

2008年，重庆水果种植面积300万亩（20万公顷），总产量204万吨，其中柑橘产量132.81万吨，占全市水果产量的64.91%；梨产量31.59万吨，占15.44%；李产量11.26万吨，占5.5%；桃、枇杷、葡萄、柿子、草莓、猕猴桃及其他水果仅占14.15%。2015年，全市水果总面积、总产量、总产值稳步增长，创历史新高。全市水果总面积525.47万亩，其中柑橘种植面积297.3万亩，产量249.2万吨，综合产值220亿元；其他水果种植面积228.17万亩，占总面积的43.42%，产量141.2万吨，产值170亿元。特别是李子面积达到57.6万亩，首超梨产业成为全市第二大水果，与2011年市农业委员会重点打造李子产业前相比，面积增长72%，产量增加70%，呈现出规模持续扩大、产业快速成长、经济效益翻倍，为贫困山区农民增收提供强力支撑。鲜食瓜果发展提速，成为农民增收的重要来源。瓜果面积37万亩，产量65.5万吨，产值35亿元。露地栽植的草莓面积缩减，设施草莓发展迅速，带动城郊游持续火爆；西瓜产量亦增长较快。

一、四川省农业科学院果树研究所

1982—1986年，完成了“四川梨资源调查”，探明了四川梨属植物种及品种资源情况，促进了优质梨的迅速发展，项目获1987年四川省科技进步三等奖。

1982—1988年，主持完成了获1992年四川省农业科学院科技进步三等奖的“苹果矮化中间砧的筛选研究”项目，首次发现了四川盆地特产资源四川矮花红作砧的半矮化、丰产、优质效应，为四川省开发利用这一资源提供了科学依据。

1988—1990年，完成了“四川桃、李、梅、樱桃、枇杷种质资源调查”，经过3年调查，摸清了四川桃、李、梅、樱桃、枇杷5个树种的栽培历史、生产现状和主要种类、品种，推动了四川省名特优水果商品基地建设和良种推广。项目获1992年四川省农牧厅科技进步二等奖。

1991—1994年，完成了“芒果嫩枝扦插快繁技术研究”，研究开发了芒果扦插专用促根剂及简易条件下芒果扦插快繁技术。项目获得1995年攀枝花市科技进步二等奖；完成了“芒果常温保鲜技术研究”，成功地研制开发了芒果专用保鲜剂。项目获1995年攀枝花市科技进步三等奖。

1991—1994年，完成了“芒果嫩枝扦插快繁技术研究”“芒果常温保鲜技术研究”，研发出了芒果扦插专用促根剂和专用保鲜剂，分别获得1995年攀枝花市科技进步二等奖和三等奖。

1991—1995年，完成了“川东北及川西南作物种质资源考察研究”，先后对川东北的11个县（市）和川西南的12个县（市）的果树种质资源进行了种类、分布及生境考察，共搜集果树种质资源1 345份，编入国家资源目录的有840份，珍稀资源28份、濒危资源4份。项目获1997年四川省科技进步三等奖。

1992—1998 年，完成了四川省“八五”重点项目“四川柚品种改良及配套技术研究”，经过 7 年的试验研究，新选育、鉴定出通贤柚等 9 种良种柚，并对其植物学性状、经济性状等做了系统研究。项目获 1999 年重庆市科技进步三等奖。

二、重庆市果树研究所（市农业科学院果树研究所）

1999—2004 年，完成“重庆市三峡库区龙眼荔枝幼树丰产栽培规范技术研究”，筛选出结果早、丰产性好，品质优，适应性强的适合三峡库区种植的晚熟优质龙眼和荔枝品种，该项目获 2006 年重庆市科技进步三等奖、重庆市农牧渔业丰收奖一等奖。2004—2007 年，该所开展了“重庆市晚熟优质龙眼无公害果品生产技术研究与示范”，以及获重庆市农牧渔业丰收奖一等奖的“龙眼幼树丰产栽培技术研究与示范”等工作。2013—2015 年，开展了“三峡库区晚熟龙眼生产关键技术集成与推广应用”研究，集成龙眼生产关键技术 5 个，集成三峡库区龙眼丰产优质规范化栽培技术 1 套。

2003—2005 年，完成了“鲜食良种甜柿引进、筛选及栽培示范”，项目获得 2006 年重庆市农牧渔业丰收奖三等奖。

2008—2015 年，开展了科学技术部“花椒覆盖免耕高效种植模式研究与示范项目”，项目获得了重庆市科学技术委员会成果鉴定，并完成了“九叶青花椒产业化开发关键技术研发”，获得 2013 年重庆市科技进步二等奖。通过“早熟九叶青花椒品种选育”项目研究，选育出优质的早熟花椒新品种，于 2016 年通过重庆市林木品种审定委员会认定。

2009—2012 年，完成了“葡萄无公害避雨栽培关键技术研究”“葡萄避雨栽培试验示范”的研究，共筛选出适合重庆避雨栽培的夏黑、红富士、户太八号 3 个优良葡萄品种，试验表明，避雨栽培的果品价格比露地栽培葡萄高出 3 倍以上。获成果登记 1 项。2014—2015 年，开展了“特色果树良种引进与高效种植模式集成示范”研究，集成设施葡萄优质栽培关键技术，获得葡萄大棚及葡萄连栋大棚实用新型专利 2 项，成果登记 1 项。

2012—2015 年，开展了“杨梅产业化关键技术研究与示范”“重庆野生杨梅种质资源遗传多样性研究”，获得 43 份野生杨梅种质资源，得出各居群野生杨梅之间的亲缘关系图，为重庆培育名优特新的本地杨梅品种奠定基础。

2014—2015 年，开展了“设施草莓适栽品种引进与筛选”“设施草莓适栽新品种引进试验示范”“草莓品种资源收集保存”研究，引进优新草莓品种 40 余个，筛选评价出适宜重庆地区不同设施条件下栽培的草莓优良品种 6 个，为重庆草莓观光采摘产业发展服务。

第三节　蔬菜、食用菌研究

重庆作为特大城市，对蔬菜刚性需求很大。近 30 年特别是重庆市政直辖以来，重庆蔬菜生产发展较快，蔬菜科技水平及产量提高，品质不断上升，花色品种增多，基地面积扩大，栽培制度日趋科学合理，缓解了淡季蔬菜供求矛盾。1997 年全市蔬菜播种面积 190 万亩（12.67 万公顷），总产量 400 万吨，其中基地蔬菜 50 万亩，产量 93.5 万吨；2015 年全市蔬菜播种面积 1 097.5 万亩（73.17 万公顷），总产量 1 780 万吨。重庆市栽培的蔬菜约 80 多种，其中高山蔬菜、山野菜、山区食用菌及魔芋生产具有一定特色和潜力，农民种植蔬菜总体上有较好收益。

长期以来，重庆市农业科学研究所和市农业科学院蔬菜花卉研究所，是重庆市蔬菜研究的重要科技力量，在茄果类、瓜类等各类蔬菜新品种选育和新技术示范推广等方面，取得了丰硕的科技成果，各类蔬菜新品种新技术推广也取得了良好的社会经济效益，为丰富市民“菜篮子”和农民增收，发挥了重要的科技支撑作用。西南大学在甘蓝新品种选育方面有较大突破，育成品种在大面积推广上取得明显成效。渝东南农业科学院则对榨菜有深入研究，并取得显著成效。30 年间，重庆蔬菜研究获得丰硕成果，其中获国家科技进步二等奖 1 项，教育部科技进步一等奖 1 项，重庆市科技进步一等奖 1 项，省、市科技进步二等奖 10 项。

一、蔬菜品种资源和应用研究

1983—1990 年，重庆市农业科学研究所联合成都市第一农业科学研究所、涪陵地区农业科学研究所等单位，主持完成了《四川蔬菜品种志》的编辑工作，该项成果获 1992 年四川省科技进步三等奖。《四川蔬菜品种志》对十四大类 105 个种或变种，483 个品种，做了来源分布、植物分类、基本特征特性、消费供应和栽培技术与特点等系统的总结论述。是一项具有科学性、学术性及新颖性的宝贵史料价值的科研成果，已成为四川省第一部有较高学术价值及实用价值的蔬菜品种志专著，达到国内同类研究的先进水平。

1986—1990 年，重庆市农业科学研究所、涪陵地区农业科学研究所等单位参加了由中国农业科学院蔬菜花卉研究所主持的“蔬菜种质资源的搜集、研究和应用”项目，该研究成果获 1992 年农业部科技进步二等奖、1993 年国家科技进步二等奖。该项目属国家“七五”重点科技项目“蔬菜种质资源繁种及主要性状鉴定”的专题，重庆市农业科学研究所主持了四川省川东片区的繁种入库，参加了西南地区菜豆的抗病性鉴定及品质分析等研究。该成果共调查、收集、完成了 817 份蔬菜地方品种资源的繁殖和入库，其中根菜类 120 份，芹菜类 271 份，瓜类 125 份，豆类 279 份，甘蓝类 18 份，其他菜类 3 份，这些品种经国家验收合格，已送往国家资源库长期保存；在田间农艺性状鉴定的基础上，完成《中国蔬菜品种目录》四川部分的编目工作；新调查、征集蔬菜种质资源 340 份，发现了一批在品质、抗性、丰产性等综合性状上表现好的品种在生产上直接推广应用，如榨菜品种“永安小叶”花椰菜品种“蘑菇花菜”菜豆品种“红花青壳”等。

渝东南农业科学院（涪陵地区农业科学研究所）经过征集，现拥有全国各地丰富的芥菜种质资源 1 500余份，其中茎瘤芥（榨菜）种质资源 150 余份；发现、鉴定并命名了 4 个芥菜新变种，提出了中国芥菜四大类 16 个变种的新分类系统。近年来，又从华南、华东、西南等地新收集当地地方特色及有利用价值的芥菜类蔬菜四大类 10 个变种（含茎瘤芥）种质资源材料 210 份，并在此基础上，开展了芥菜新品种的选育等工作。

二、蔬菜新品种选育及栽培技术研究

（一）茄果类蔬菜

1. 辣椒

重庆市农业科学研究所（市农业科学院）辣椒课题组从 20 世纪 80 年代中期开展进行材料收集、整理、纯化和挖掘利用。

从“七五”中期开始，直至“十二五”，先后开展了鲜食型和加工专用型辣椒新品种选育、新材料创制及高产栽培新品技术示范推广等研究工作，先后承担部、市级科研项目 30 余项，育成“渝椒系列”“鲜食辣椒”和“艳椒系列”“加工型辣椒”品种 18 个，其中 5 个品种通过全国品种鉴定。育成品种在西南地区及长江中上游地区 20 余省份推广应用，累计推广面积达 186. 67 万公顷，新增产值 50. 2 亿元，产生了巨大的社会经济效益。获重庆市科技进步二等奖 4 项、三等奖 2 项，出版专著 5 部，发表论文 70 余篇。

1985—1988 年，开展市科学技术委员会下达的“辣椒杂一代品种选育及制种技术研究”项目，利用杂交优势育种原理，选育出杂一代早熟辣椒新品种“改良早丰”，1991 年获重庆市科技进步三等奖。

1989—1991 年，开展市科学技术委员会下达的“辣椒杂交制种技术示范推广”项目，在重庆及甘肃、辽宁等地推广应用辣椒杂一代种子生产技术，获得较好的社会经济效益，1995 年获重庆市科技进

步三等奖。

1991—1995 年，开展重庆市科学技术委员会下达的“辣椒新品种选育”项目，针对重庆市场进行羊角形、灯笼形鲜食辣椒品种选育。选育出抗病毒病羊角形辣椒新品种渝椒二号、早中熟灯笼形辣椒新品种渝椒三号，在生产上大面积推广应用，1998 年获重庆市科技进步二等奖。

1996—2000 年，承担重庆市科学技术委员会下达的“春秋兼用型辣椒新品种选育”及“辣椒抗原材料筛选及开发利用”项目，对重庆地区的辣椒病毒病、疫病进行系统性研究，选育出高抗疫病、病毒病的辣椒新品种渝椒四号和渝椒五号，渝椒五号辣椒新品种于2002 年通过国家品种审定，“春秋兼用型辣椒新品种”项目成果于2004 年获重庆市科技进步二等奖。其间，承担重庆市农村工作领导小组办公室“辣椒新品种渝椒二号、渝椒三号的示范推广”项目，1998 年获重庆市农业科技三等奖；承担重庆市科学技术委员会下达“蔬菜新品种及配套技术推广”项目，在重庆市主要蔬菜基地县示范推广重庆市农业科学研究所自育的辣椒、茄子、番茄、黄瓜新品种及配套技术，成效显著，2002 年获重庆市人民政府科技进步三等奖。

2001—2005 年，进行“辣椒抗病毒病种质资源创新”和“辣椒抗炭疽病材料创新及加工专用型辣椒新品种选育研究”研究，创制辣椒抗病毒病（TMV）育种资源，摸清辣椒炭疽病在重庆发病规律，筛选抗炭疽病材料，选育出艳椒 5 号、朝天 148、胭脂辣、红椒 589 等 5 个加工专用型辣椒新品种，为重庆地区加工型辣椒产业发展奠定良好基础。其间，育成早熟、大果型鲜食辣椒新品种渝椒六号通过国家蔬菜新品种鉴定。

2006—2010 年，承担国家支撑计划项目子项目“加工型辣椒种质资源发掘及杂优新品种选育”、重庆市科学技术委员会攻关项目“辣椒优异资源发掘及杂一代新品种选育”以及农业部公益性行业（农业）科研项目子项目“辣椒抗病优质丰产新品种选育”，育成加工型辣椒新品种艳椒 417、艳椒 425、艳椒 132。新品种及配套技术在重庆及西南地区加工型辣椒主要产区大面积推广应用。承担的“鲜食辣椒抗病新品种选育”项目于2008 年获重庆市科技进步二等奖。

2011—2015 年，承担重庆市科学技术委员会下达“辣椒单倍体诱导技术及新品种生产关键技术研究与示范”“辣椒雄性不育材料创制与单倍体育种技术研究”和“鲜食、加工兼用型辣椒雄性不育材料创制与新品种选育研究”，建成完善的辣椒 DH 系培育技术体系，育成辣椒雄性不育系 2 个；主持农业部公益性行业（农业）科研项目“干制辣椒品种优化及安全高效生产关键技术研究与示范”，聚合重庆、贵州、湖南等 8 省份科研力量，开展干制辣椒品种优化及杂一代品种选育，开展干制辣椒安全高效生产关键技术集成，育成干制辣椒新品种艳椒 13 号、艳椒 426。加工型辣椒新品种艳椒 425 于 2014 年获国家植物新品种权，艳椒 417 于 2012 年通过国家品种鉴定，艳椒 11 号于 2016 年通过国家鉴定。“加工专用型辣椒新品种选育与应用”项目获 2014 年重庆市政府科技进步二等奖。

2. 茄子

重庆市农业科学院（市农业科学研究所）于 1989 年 10 月正式启动了茄子研究工作。

通过 30 年的不懈努力，茄子研究取得了巨大进步，培育出的茄子新品种在全国主要蔬菜基地得到推广应用，取得显著的社会经济效益。

1989—1993 年，开展了科技攻关计划项目“茄子引种筛选研究”，对收集到的茄子种质资源进行了鉴定和开发利用研究，并成功培育出了西南地区第一个茄子杂一代种渝早茄一号。渝早茄一号早熟性极强，比生产上广泛应用的地方品种三月茄提早 5 ~7 天，产量提高约 13% 。1994—1996 年，渝早茄一号在重庆、四川、贵州、山东寿光等地得到大面积推广应用，很快成为重庆、四川等茄子早熟栽培专用品种，取得了较好的社会和经济效益。“茄子引种筛选研究”项目获 1998 年度重庆市科技进步二等奖。

1997 年，随着重庆直辖市成立，茄子育种研究进入了“九五”重庆市六大作物联合攻关项目。1997—2001 年承担了“茄子功能性雄性不育 UGA－1－MS 的利用研究”。该研究利用从美国引进的茄子功能型雄性不育材料 UGA －1 － MS 为不育源，与地方茄子品系杂交，通过系统选育，成功培育出

F13－1－7、F16－5－6等3个功能雄性不育系，并成功实现了不育系和恢复系的配套。该项研究是国内首次开展茄子雄性不育在育种方面的应用研究，具有较大的理论和应用价值。2003年，获重庆市农业科技进步一等奖。

1999年，承担了市科学技术委员会科技攻关项目“蔬菜嫁接栽培技术研究与示范推广”，在重庆乃至西南地区首次开展了蔬菜（茄子、番茄、黄瓜、苦瓜、西瓜）嫁接育苗和嫁接栽培技术研究。2003年，首次在西南地区提出了五种蔬菜的高效嫁接育苗技术和防病丰产的嫁接栽培技术，有效破解了长期困扰蔬菜基地土壤连作障碍和土传性病害严重的难题，并且延长了蔬菜采收期，实现了产量和效益的双翻番。研制出茄果类蔬菜嫁接专用套管，申报了国家实用新型专利。“蔬菜嫁接栽培技术体系构建与推广应用”成果获2013年度重庆市科技进步二等奖。

2001—2005年，启动了茄子抗青枯病育种工作，对从亚洲蔬菜研究中心（AVRDC）引进的材料进行了青枯病抗性鉴定，筛选鉴定出了10份抗青枯病材料，并将抗性转育到茄子优良品系中，获得了抗青枯病品系。其间，培育出了早熟类型的渝早茄四号和中熟类型春秋长茄杂一代新品种。渝早茄四号成为重庆、贵州、湖南等地早熟栽培主栽品种之一，春秋长茄成为当时嫁接栽培的主栽品种。从此，培育的品种形成了早熟、中熟和晚熟配套的“渝早茄”系列茄子新品种。

2006—2008年，重庆市农业科学院承担了重庆市科学技术委员会攻关项目“无籽茄子品种选育研究”。利用具有单性结实的功能型雄性不育系，成功培育出天然的无籽茄子新品种无籽茄一号和无籽茄二号。无籽茄子品种在整个采收期无籽果率达到80%以上，总糖含量较有籽茄提高10%以上，品质优良。这是国内首次培育出的无籽茄品种，是茄子品质育种上的新突破。

2007—2010年，承担农业部行业科技项目“西南生态区蔬菜规范化生产技术研究与集成示范——耐热、耐旱抗逆茄子新品种的选育”和“西南生态区蔬菜规范化生产技术研究与集成示范——高温干旱环境蔬菜主要病虫害综合防控技术研究”。成功培育出适宜保护地栽培茄子专用品种渝研六号和中熟类型品种黑冠长茄。

2012—2016年，承担科学技术部科技支撑计划项目“西南地区茄子适应性材料筛选及新品种选育”，重庆市“十二五”良种创新工程“茄子耐贮运材料创制与长采收专用品种选育研究”，培育出适宜长采收嫁接栽培新品种黑丰、黑圣。

从2008年至今，重庆市农业科学院因在茄子基础研究和应用研究方面取得显著成效，得到国内外同行的认可，因此，市农业科学院也成为国家大宗蔬菜产业技术体系茄子遗传育种岗位的唯一依托单位，院蔬菜花卉所副所长田时炳研究员被聘任为茄子遗传育种岗位专家。

3. 番茄

重庆市农业科学院（市农业科学研究所）番茄课题组从20世纪80年代开始就从事番茄杂种优势的利用研究。

从“八五”开始，到“九五”“十五”“十一五”“十二五”期间，持续开展了抗病番茄新品种选育、新材料创制及新技术推广等工作，先后选育出“渝抗”“渝红”“渝粉”“红运”系列番茄品种在市内和国内大面积推广应用，产生了较大的社会经济效益。获重庆市科技进步一等奖1项、二等奖3项、三等奖2项，重庆市农业科技进步二等奖1项，发表论文40余篇。

1983—1987年，开展重庆市科学技术委员会下达的“番茄杂优利用研究”，利用杂交优势育种原理，选育出杂一代番茄新品种渝抗1号，1988年获重庆市科技进步三等奖。

1985—1989年，开展重庆市科学技术委员会下达的“重庆市番茄病毒原种类、株系鉴别及抗病品种选育”研究，对重庆地区的番茄病毒病种类、株系进行系统性研究，选育出抗病毒病番茄新品种渝抗二号、渝抗三号，在生产上大面积推广应用，1989年获重庆市科技进步二等奖。

1987—1991年，承担重庆市科学技术委员会下达的“番茄兼抗枯萎病及TMV杂一代新品种选育”项目，对重庆地区的番茄枯萎病、病毒病进行系统性研究，选育出高抗枯萎病、病毒病的番茄新品种渝

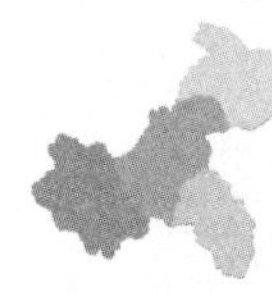

抗四号，该成果于1995年荣获重庆市科技进步一等奖；1989—1992年，开展重庆市科学技术委员会下达的“秋番茄丰产栽培技术研究”，对重庆地区秋季的番茄栽培技术进行了系统研究集成示范。

1990—1993年，实施重庆市科学技术委员会下达的“番茄杂一代新品种渝抗一、二、三号推广”，该成果于1994年获重庆市科技进步二等奖；期间，实施重庆市科学技术委员会下达的“高抗枯萎病、TMV病毒病番茄新品种85004推广”。

1996—2001年，承担重庆市科学技术委员会下达的“适宜保护设施栽培的番茄新品种选育”项目，采取室内耐低温弱光生理生化测定、抗病性鉴定结合田间试验鉴定筛选，选育出抗病、优质、丰产新品种渝红6号，该成果2006年获重庆市科技进步二等奖。

1997—2001年，承担重庆市科学技术委员会下达的“耐热、抗病、优良番茄材料的筛选及利用研究”项目，经田间高温试验及室内耐热性分析鉴定、抗病性鉴定等试验研究，摸索出了一套系统的番茄耐热鉴定方法，并从近300份资源材料中筛选出3份耐热、抗病、优良番茄材料，2002年获重庆市农业科技进步二等奖。

2001—2003年，承担重庆市科学技术委员会下达的“番茄抗青枯病材料创新及优质、抗病、优良新品种选育”项目。摸清了重庆市番茄青枯病发生及流行危害规律，初步明确番茄青枯病病原的种、生理小种、致病型和生化型。筛选出抗青枯病能力强、坐果力强、畸形果率低、果实硬度好的材料4份，选育出新组合4041、渝粉109。

2004—2006年，承担重庆市科学技术委员会下达的“番茄抗晚疫病材料创新及优质抗病丰产新品种选育”项目。选育出大果型鲜食番茄品种2个：渝红9号（4041）和渝粉109，选育出抗青枯病组合2个；选育出抗晚疫病材料4份；提出一套科学实用的番茄晚疫病抗病性鉴定方法。

2007—2009年，承担重庆市科学技术委员会下达的“蔬菜优异育种材料创新及优质抗病新品种选育”项目的子课题“优质抗病丰产番茄新品种选育及抗晚疫病材料创新”，创制出番茄抗晚疫病材料4份，选育出抗青枯病番茄品种渝抗10号；新品种渝粉109通过国家鉴定，2015年获重庆市科技进步三等奖。

2012—2015年，承担重庆市科学技术委员会下达的“优势蔬菜专用新品种选育及优良育种材料创制”项目的子课题“优质耐裂果番茄新品种选育及成熟基因突变体材料创制”，创制出番茄成熟突变体基因材料3份，选育出通过国家鉴定的优质耐裂耐贮运番茄新品种红运721。

（二）瓜类蔬菜

1. 黄瓜

20世纪80年代后期以来，重庆市农业科学院（原市农业科学研究所）开展了黄瓜的资源搜集、观察、纯化、品种选育、推广、种子产业化等研究。选育黄瓜新品种5个，新组合1个，获得各级各类科技成果奖励5项，其中中华农业科技进步三等奖1项，重庆市科技进步二等奖1项，三等奖2项。

1992—1996年，开展了重庆市下达的“黄瓜新品种选育”研究。开展了早熟青黄瓜资源引进、纯化、组合配制、配合力测定、区域试验等工作，育成渝杂黄1号、渝杂黄2号黄瓜新品种，填补了西南地区杂交黄瓜育种的空白。1999年“黄瓜新品种选育”项目获重庆市科技进步三等奖。

1995—2000年期间，开展了重庆市下达的“秋黄瓜新品种选育”研究。项目针对重庆秋季高温伏旱特点，合理选择亲本，配制杂交组合，选育出适合重庆市及相似生态区栽培的秋黄瓜新组合95－19（渝杂黄4号），填补了西南地区杂交秋黄瓜育种空白。2003年“秋黄瓜新品种选育”成果获重庆市科技进步三等奖；开展了重庆市下达的“雌型黄瓜杂一代新品种选育”研究。项目选育出4个黄瓜雌性系，育成早熟性好、丰产性强的雌型组合2个。雌性系的选育成功，为简化制种技术、提高种子质量、黄瓜总产量的提高等方面做出了积极贡献，填补了西南地区雌型黄瓜的育种空白。2002年“雌型黄瓜杂一代新品种选育”成果获重庆市农业科技进步二等奖。

2001—2008年，主持“黄瓜品种改良利用研究”。项目通过选育单性结实黄瓜雌性系，优势组合筛选、抗病性鉴定等方法选育出雌型黄瓜新品种燕白。燕白2008年通过重庆市认定，2009年获商标局“燕白黄”商标注册，2010年、2013年获“重庆市高新技术产品”称号。2012年“燕白黄瓜新品种选育”成果获重庆市科技进步二等奖，2015年获中华农业科技进步三等奖。该品种的选育成功，创造了较好的社会经济效益。

2012—2015年，完成重庆市下达的“优势蔬菜专用新品种选育及优良育种材料创制”项目。项目开展了“早熟雌型绿白黄瓜新品种选育及优异育种材料创新”研究，选育出燕丰、燕青2个优质黄瓜新品种，并获重庆市成果登记。

2. 丝瓜

1998—2003年，重庆市农业科学研究所主持完成了市科学技术委员会下达的“极早熟皱皮丝瓜新品种选育”项目，开展了丝瓜新品种选育工作，先后选育出春帅、春香、春丰、春美、春秀、春雪、春晖、秋香等不同类型、不同属性的系列杂交丝瓜新品种8个，研发丝瓜砧木防病嫁接技术1套，丝瓜早熟高产高效配套栽培技术1套。其中选育的新品种春帅丝瓜，于2007年5月通过重庆市非主要农作物品种鉴定，该品种选育成果获2012年重庆市科技进步三等奖。该系列丝瓜杂交新品种在西南、华南、华中、华北等省市区大面积推广种植，累计推广面积3.33万公顷，取得较好的社会经济效益。

3. 南瓜

1998—2012年，重庆市农业科学研究所和市农业科学院蔬菜花卉研究所先后主持完成了市科学技术委员会下达的“珍稀蔬菜的引种试验”等项目研发工作，先后收集全国各种类型南瓜资源450余份，开展了南瓜新品种选育工作，先后选育出蜜宝、蜜月、蜜黑等不同类型、不同属性的系列杂交南瓜新品种3个，研发了南瓜高产高效配套栽培技术2套；开展了观赏南瓜开发利用工作，目前已初步提纯开发了30余个适合瓜果长廊、盆栽等观赏型南瓜品种；其中蜜宝、蜜月、蜜黑等南瓜杂交新品种在西南、华中等地区累计推广1.35万公顷，取得较好的社会经济效益。

4. 苦瓜

2012—2013年，重庆市农业科学院蔬菜花卉研究所主持完成了市农发资金项目“浅绿色苦瓜新品种选育”，开展了苦瓜新品种选育工作，先后选育出翠玉、白玉、绿冠、绿丰875等不同类型、不同成熟期的苦瓜新品种4个。其中早熟苦瓜新品种绿丰875、绿冠苦瓜，于2017年1月通过重庆市非主要农作物品种鉴定，该系列苦瓜杂交新品种在西南、华南、华中等省市区累计推广3 334公顷，取得较好的社会经济效益。

（三）茎叶类蔬菜

1. 芥菜分类和新品种选育

1986—1990年，重庆市农业科学研究所联合涪陵地区农业科学研究所主持完成了“芥菜新变种的发现和芥菜分类”研究项目，该成果获1993年四川省科技进步二等奖。该项研究是农业部“七五”攻关课题，课题组将从全国收集的609份芥菜品种资源集中种植于四川省涪陵，发现、鉴定并命名了白花芥、笋子芥、卷心芥、长柄芥4个芥菜新变种，提出了中国芥菜四大类16个变种的新分类系统，并按新的分类系统编写了《芥菜类蔬菜品种资源目录》；研究成果有较强的科学性和实用性，对芥菜类蔬菜的基础理论研究做出了较大贡献，在国内居领先地位，在国际上也属首次发表。

1990—1994年，重庆市农业科学研究所联合南岸、双桥、永川等区（县），主持开展了“适宜鲜食的笋子芥、抱子芥品种筛选及栽培技术研究”，该成果获1995年重庆市农牧渔业科技进步二等奖。筛选出适宜重庆地区种植的抗逆性强、产量高、品质优的笋子芥、抱予芥品种各1个；研究集成了一套丰产栽培技术在生产上应用推广，取得了较好的经济社会效益。

1991—1996年，重庆市农业科学研究所与西南农业大学共同主持了市科学技术委员会“芥菜新品种选育及栽培技术研究”项目，从22份笋子芥品种中，筛选出适宜区种植的抗逆、高产、优质的笋子

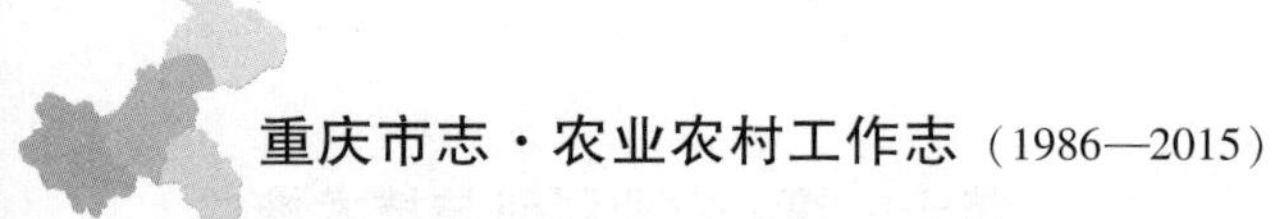

芥品种南充棒菜，并制订了相应的配套栽培技术。该研究获市科学技术委员会成果登记。

1995—2001年，重庆市农业科学研究所先后主持承担了市科学技术委员会青年基金项目“芥菜雄不育系转育”和“九五”攻关项目“茎用芥菜杂一代新品种选育”项目，以及“笋子芥雄性不育系新品种选育”等芥菜研究项目。通过以笋子芥、茎瘤芥、根芥3个变种的13个品种为受体，经1次杂交6次回交转育，成功选育出3个变种的胞质雄不育系，为芥菜杂一代新品种选育奠定了坚实基础，并成功育成2001年通过重庆市品种审定的丰产、抗病芥菜新品种渝丰棒菜。

2. 榨菜（茎用芥菜）

榨菜是芥菜的重要变种，重庆榨菜起源于涪陵。1995年3月，涪陵被国家命名为“中国榨菜之乡”。随着市场需要和人们对榨菜的喜爱，榨菜得到较快发展，生产规模、销售市场日益扩大。重庆榨菜种植主要集中在三峡库区特别是长江沿线，品质较好榨菜主要在重庆市丰都县的高家镇至重庆巴南区木洞镇附近200公里长江沿岸地带，其中涪陵系中心主产区。2015年全市榨菜原料种植面积为9.87万公顷（148万亩）、总产量270万吨，占全市蔬菜的13%、15%；总产值94.5亿元。

（1）榨菜新品种选育

从20世纪80年代末开始，重庆市农业科学研究所和涪陵地区农业科学研究所率先开展了榨菜品种资源收集、分类、筛选和品种选育等研究工作，并在芥菜分类与品种培育等方面取得显著成效。其中渝东南农业科学院（涪陵地区农业科学研究所，下同）是重庆市榨菜研究主要单位，在新品种选育和栽培技术研究方面取得明显成效。

渝东南农业科学院在芥菜资源收集的基础上，开展了芥菜新品种的选育等工作。通过常规杂交、后代连续系统选择，人工创制5份性状稳定且表现极晚或抗抽或丰产或株叶性状较好的茎瘤芥（榨菜）育种材料；通过茎瘤芥与萝卜、甘蓝、大白菜等远缘杂交、回交和后代系统选择，获得了稳定的遗传性状、可提供育种利用的高抗病毒病的茎瘤芥（榨菜）育种材料10余份；利用茎瘤芥、叶芥不育系为不育源，通过杂交和回交，在国内外率先培育出不育性状稳定、经济性状良好且各具特色的9个宽柄芥（酸菜）胞质雄性不育系和保持系。20世纪80年代最先育成了永安小叶等5个榨菜优良常规品种。2000年成功选育出茎瘤芥胞质雄性不育系，利用“三系”配套，在全国率先育成杂交茎瘤芥（榨菜）新品种涪杂1号并应用于生产，首次实现了中国茎瘤芥（榨菜）杂种优势的利用，该研究成果荣获2005年度重庆市科技进步一等奖。之后，又相继选育出杂交榨菜新品种“涪杂系列”2~8号，这些品种在重庆、四川乃至整个长江中上游榨菜产区得到了广泛应用，产生了极大的经济效益。

（2）栽培和保鲜技术研究

在榨菜生产实践中，渝东南农业科学院提出了以茎瘤芥“六改”栽培技术、“茎瘤芥无公害规范化生产技术规程”等为代表的栽培技术措施用于指导大面积生产。研究并集成了“涪陵早市青菜头丰产优质无公害栽培技术”和“涪陵两季榨菜丰产优质无公害栽培技术”，在大面积生产上进行推广应用；围绕青菜头“轻简高效栽培”为目标，完成了“青菜头工厂化育苗关键技术”研究，正在进行机播、机栽和机收等关键技术研究；完善了茎瘤芥优质丰产施肥原理并提出了其施肥技术和方法，开发出了高、中浓度榨菜专用肥配方进行了工厂化生产；形成了“塑料方便榨菜的生产加工新工艺和配套技术”“微波杀菌保鲜新工艺”并在生产上得到广泛应用；完成了“青菜头生物保鲜贮藏及长途贩运关键技术研究”，使青菜头的保鲜期可达30天以上，并连续3年进行了大面积应用。

（3）主要科研成果

在30多年的榨菜研究中，渝东南农业科学院取得多项研究成果，主要有以下几项：①“生产榨菜包装改革的研究及生产模式的提供利用”，获1988年四川省农业畜牧厅星火科技二等奖；②“榨菜良种‘蔺市草腰子’提纯复壮”，获1988年四川省农业畜牧厅农牧技术进步三等奖；③“榨菜病毒病大面积综合防治示范”，获1988年四川省农业畜牧厅农牧技术进步二等奖；④“涪陵榨菜优质丰产及加工新技术开发”，获1992年四川省政府星火科技成果二等奖；⑤“四川‘榨菜’病毒病原种群及其发布研究”，获1992年地区行署科技进步一等奖、获1994年四川省科技进步三等奖；⑥“茎瘤芥优质丰产施肥原理及技术研究”，获1996年四川省科技进步三等奖；⑦“榨菜新品种选育发掘及换代推广”获2001年涪陵区科技进步一等奖；⑧“茎瘤芥胞质雄性不育系选育及杂种优势利用研究”获2004年涪陵区科技进步特等奖、获2005年重庆市科技进步一等奖；⑨“早熟丰产杂交榨菜新品种涪杂2号选育及其示范推广”，获2008年涪陵区科技进步一等奖。

3. 萝卜

2008—2010年，重庆市农业科学院蔬菜花卉研究所参加了国家科学技术部科技支撑计划项目“萝卜雄性不育育种技术研究与新品种选育”的子课题，创制萝卜雄性不育系材料3份；利用自交不亲和技术先后育成了秋雪、秋冠2个圆白萝卜新品种和红冠1个红萝卜新品种，于2016年通过重庆市非主要农作物品种鉴定；这3个萝卜品种已在重庆、四川大面积推广。

三峡农业科学院（万州地区农业科学研究所）从20世纪90年代开始至2008年，开展了萝卜种质资源的研究工作，选育出一批萝卜自交品系和三系材料。2000年，成为重庆市三系杂交萝卜育种完成三系配套单位，保存萝卜不育系650份，自交品系104份。育成的万萝1号，2000年4月通过重庆市审定。2002—2004年在市内外累计推广面积6 700公顷，平均每公顷产量56 250千克，比当地主推品种每公顷增加产量11 550千克，增产26.5%；“杂交萝卜新品种‘万萝一号’推广应用”成果获2007年度万州区科技进步三等奖；利用上述的自交系和不育系，配制杂一代组合50个，其中有4个圆白萝卜组合在万县市各乡试种，每公顷产量6万千克以上，而且品质好，生长势强，早熟；育成的加工食饲兼用型、高产质优的万潘一号，已在市内外推广，累计面积333.3公顷，该品种产量高、品质好、抗性强，特别适宜加工和粮农区做食饲兼用栽培的大面积推广品种。

4. 甘蓝

西南农业大学甘蓝育种工作始于20世纪80年代，在重庆市处于领先地位，尤其在甘蓝自交不亲和性、甘蓝雄性不育性和高产抗病甘蓝新品种选育等方面，取得较大成效，先后培育出西园二号、三号、四号、六号等系列甘蓝新品种。其中，由西南农业大学王小佳领衔的“西园系列甘蓝新品种选育及推广应用”研究，获教育部科技进步一等奖。2000年该校经重庆市教育委员会批准成立蔬菜学重点实验室，2005年成立十字花科蔬菜研究所，围绕以甘蓝为核心的十字花科蔬菜作物，在甘蓝、芥菜、萝卜等蔬菜作物上开展系列、深入的研究。先后获省、市级科技成果奖5项，出版学术专著6部、译著1部，在国内外发表研究论文200余篇。在品种选育方面，针对抗病、早熟、丰产、耐热的育种目标，选育出的“西园”系列甘蓝新品种5个，已在全国10余个省份累计推广560万亩，新增产值19.5亿元，新增利润6.2亿元，取得了显著的社会经济效益。

2007—2015年，重庆市农业科学院蔬菜花卉所通过多年的资源收集、新材料创制和育种新技术应用，成功选育出秋实1号、秋实2号、秋实3号、秋实4号系列甘蓝品种4个，申报成果专利2项，发表论文5篇。其中利用CMS雄性不育技术选育的秋实1号甘蓝杂一代新品种，于2015年通过重庆市非主要农作物品种鉴定；该系列品种已在重庆、四川、湖北大面积推广应用，项目组也成功进入重庆“十三五”良种创新“十字花科根肿病材料创制”项目。

5. 瓢白

2007年至今，重庆市农业科学院蔬菜花卉所通过近10年的努力，瓢白研究工作已取得较大进步。共收集瓢白地方种质资源250余份，创制新材料65余份；利用CMS技术，先后育成了翠美、翠玉2个优质瓢白新品种，于2016年通过重庆市非主要农作物品种鉴定；目前这2个品种开始在重庆、四川大面积推广。

（四）食用菌

1986年1月重庆市农业科学研究所成立微生物研究室，开展了食用菌菌种生产技术、新品种选育研究和病虫害防治技术研究推广等工作。2010 年 7 月，重庆市农业科学院蔬菜花卉研究所增设食用菌研究室。2013 年 4 月，成立重庆市农业科学院食用菌研究中心。2015 年 12 月，食用菌研究中心被重庆市科学技术委员会授予“重庆市食（药）用菌工程技术研究中心”，成为市级的食（药）用菌技术研究平台，为全市的食用菌行业提供技术支撑，较好地助推了重庆食用菌产业的发展。

1987—1991 年，重庆市农业科学研究所开展了“食用菌培养料开发利用研究”。筛选出采用当地产的玉米秆、玉米芯、蔗渣和相应的添加辅料（菜园土 10%，尿素 0.5%）的袋栽，菌丝生长和出菇状况良好。1990 年 10 月市农牧渔业局主持鉴定；开展的“食用菌周年高产栽培技术研究及示范推广”，1991 年获重庆市科技进步三等奖；开展了“柱状田头菇高产栽培技术”研究。研究结果填补了重庆食用菌栽培淡季，柱状田头菇为周年生产中的一个理想品种，其风味独特，深受消费者喜欢。1992 年获重庆市农牧渔业局科技进步三等奖。

2013—2015 年，重庆市农业科学院承担：①市科学技术委员会下达项目“适宜重庆栽培的平菇耐高温菌株筛选试验”，获得了 1 个可以提高平菇菌丝体耐热性的培养基配方，鉴定了 21 个平菇菌株的耐热性，获得了 3 个适宜在重庆地区进行夏末秋初平菇栽培的平菇菌株，即 P558、夏福 2 号和华海 2 号。②承担市科学技术委员会下达的应用开发项目“食用菌种质资源的搜集与利用”，对国内外的食用菌种质资源进行综合调查搜集研究，引进了国内外食用菌资源 100 份以上，并鉴定、评价、入库保藏；建立了食用菌标本库，包含标本 50 份；建立示范点 3 个，示范推广优良品种资源 300 万袋。筛选出 3 个适宜重庆本地栽培的优良品种，筛选出 2 个适宜本地工厂化生产的优良品种，提出对应的高产栽培技术规程 5 套。③开展了“重庆食用菌产业关键技术研究”，获得适宜在重庆春、夏、秋、冬栽培的食用菌品种各 1 个。④开展了“食用菌品种结构调整与周年生产技术的研究与示范”，获得适宜在重庆栽培的珍稀食用菌品种 10 个；P558、夏福 2 号和华海 2 号等 3 个适宜在重庆地区进行夏末秋初栽培的平菇菌株；申报“一种保藏食用菌的方法”的发明专利 1 项。

（五）魔芋

西南农业大学研究员张盛林等从 1986 年一直进行蔬菜种质资源开发利用研究，主要以魔芋作物为研究对象，从资源、生理生态和产品开发等方面进行研究。先后主持省部级课题 8 项，主持横向合作课题 10 项，出版《魔芋防病丰产栽培技术》《魔芋栽培与加工技术》，编导《魔芋防病丰产栽培技术》科教片光盘，合作编著《中国魔芋菜谱》，参编《魔芋学》等。获得省部级奖 7 项，其中“中国魔芋产业关键技术的研究和推广应用”，2007 年 1 月获教育部科技进步一等奖；“魔芋防病丰产高效栽培技术推广”，2003 年 10 月获全国农牧渔业丰收计划三等奖；“魔芋综合开发利用的研究”，1988 年 4 月获四川省政府科技进步三等奖；“魔芋综合利用研究成果的推广利用”，1993 年 6 月获国家教育委员会科技进步二等奖。

三、其他蔬菜研究

1986—1987 年，重庆市果树研究所完成了“攀西地区米易立体农业早市蔬菜开发研究”，该项研究在提高对光能、热能、土地的利用率及稳定发展米易甘蔗生产的同时，大力发展早市蔬菜，为实现南菜北运提供成套技术，协调了粮、蔗、菜争地矛盾，促进了早市菜的发展。该项目获得 1987 年四川省科技进步三等奖。

1986—1993 年，重庆市农业科学研究所联合南岸、沙坪坝、九龙坡等区（县）农业技术部门，主持开展了“青花菜、生菜、西芹、无须豌豆等蔬菜品种引进筛选及丰产栽培技术研究、推广”项目，该项研究获 1994 年四川省农牧渔业科技进步二等奖和重庆市农牧渔业科技进步二等奖。经 4 年筛选出了适合重庆地区栽培的青花菜品种 3 个，西生菜品种 2 个，芥蓝品种 1 个，无须豌豆品种 1 个，并提出了相应的丰产栽培技术措施；该项研究在重庆市尚属首次，填补了特需菜研究的空白，具有较高的应用价值，取得显著的社会经济效益。

1989—1994 年，重庆市农业科学研究所联合巴南、九龙坡、沙坪坝、永川等区（县），主持开展了"菜豆、菜用大豆品种引进筛选及栽培技术研究"项目，获 1995 年四川省农牧渔业科技进步三等奖和重庆市农牧渔业科技进步二等奖。筛选出了抗逆性强、早熟、商品性好、超产稳产、经济效益高、适宜重庆早春栽培的 5 个矮生菜豆、蔓生菜豆、菜用大豆品种；进行了配套栽培技术研究与病虫害防治研究等。该项目填补了重庆"豆类"蔬菜研究空白，推广应用后社会经济效益显著。

1990—1993 年，重庆市农业科学研究所联合沙坪坝区农业局等单位，主持开展了"秋淡蔬菜引种筛选及丰产栽培技术研究"项目，获 1995 年重庆市科技进步三等奖。筛选出早熟、耐热、抗病，适应性强，优质丰产，适宜早秋栽培，8—10 月上市的黄瓜、豇豆、菜豆、甘蓝、花菜、大白菜等 14 个优良品种；同时研究出配套栽培技术及病虫防治配套技术。1991—1993 年累计推广面积 500.2 公顷，新增纯收益 594.52 万元，效益显著。

1995—1996 年，重庆市农业科学研究所联合九龙坡、南岸和成都金牛区、自贡等地的相关单位，主持开展了"蔬菜水培技术研究"项目，该成果获 1996 年重庆市农牧渔业科技进步二等奖。蔬菜水培主要有深液流技术（DFT）和营养液膜技术（NFT）两种基本方式，确定了黄瓜、生菜等蔬菜水培技术。该项研究在重庆市及西南地区尚属首次，填补了重庆市及西南地区蔬菜水培研究与生产应用空白，在重庆市、四川省设置生产示范点 7 个，取得良好的社会经济效益。

1995—1999 年，重庆市农业科学研究所承担了市科学技术委员会"早熟、耐热大白菜新品种选育"，以及市农业局"夏优一号、夏优三号大白菜新组合比较试验及相应栽培技术研究"项目，对大白菜品种资源进行了引种、筛选和培育等试验研究工作，筛选出早熟、耐热、抗病、丰产、稳产、适应性强的大白菜新品种夏抗 55、夏阳 50 并在生产上取得良好效果。

第四节　茶叶研究

茶叶是重庆市现代特色效益农业主要产业之一，也是山区农民增收、脱贫致富的重要经济作物。近年来，重庆茶园面积不断增加，生产技术不断提高，加工水平大幅提升，品牌建设持续跟进，重庆茶叶呈现良好的发展势头。2015 年，全市茶园面积、干毛茶总产量、干毛茶总产值分别为 68.2 万亩（4.55 万公顷）、3.1 万吨、15.8 亿元。

重庆市茶叶研究所（四川省农业科学院茶叶研究所、重庆市农业科学院茶叶研究所，简称茶叶所，下同）坚持立足重庆，面向四川及西南茶区，抓住区域茶叶产业科技需求，充分发挥资源优势，开展茶叶科技创新、成果转化和技术服务，特别是在茶树特异新品种选育、高效优质安全栽培、茶叶智能化加工及产业技术经济四大领域，建立了坚实的茶叶学科发展基础，为川渝茶叶科技进步和产业发展做出了重要贡献。建所 60 余年来，先后开展了 230 余项课题研究，获奖成果 96 项（国家、省部级奖 64 项），获国家专利授权 10 项（发明专利 8 项），编制发布地方标准 4 个，出版专著 5 部，发表科研论文 1 000 余篇，育成拥有自主知识产权的茶树国家级良种 11 个、省级良种 3 个，收集入圃保存茶树种质资源材料 600 余份。重庆市农业技术推广总站从 20 世纪 90 年代开始，开展了茶叶新品种选育和栽培技术研究推广工作，取得了一批科技成果。

一、茶树品种资源和新品种选育

1956—1965 年，茶叶所承担了"四川茶树品种资源初步整理"项目，对四川主要产茶区及有关山区的茶树品种资源进行了调查整理，发现了地方茶树品种 27 个，野生茶树品种 2 种，并对早白尖、牛皮茶、崇庆枇杷茶、南江大叶茶 4 个优良地方品种进行了产量、品质、适制性鉴定，就地推广，并由四川省农作物品种审定委员会认定为省级良种，其中，早白尖于 1984 年被认定为国家级良种。其间，还

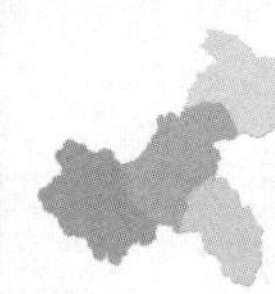

开展了云南大叶茶引种驯化和栽培技术研究，明确了该品种的适栽区域及配套的栽培技术，使该品种引种后保持了优质高产的特性，出口红碎茶达到第二套标准样的品质，大大促进了四川及重庆茶叶的发展。用云南大叶种生产的红碎茶曾获第25届世界食品评选会金奖。该成果获1978年四川省科学大会奖。

1962—1984年，茶叶所开展了“红茶新品种蜀永二号”研究。蜀永二号由川茶与云茶杂交育成，于1978—1983年进行大面积试种，取得很好效果。蜀永二号1987年被认定为国家级茶树新品种。该成果获1987年四川省科技进步二等奖。

1986—1989年，茶叶所参加了由中国农业科学院茶叶研究所主持的国家“七五”攻关项目“茶树优质资源的系统鉴定与综合评价”的子专题研究。该项目1990年12月在杭州通过验收，南-1、早-1被认定为优异种质，该成果荣获1993年农业部科技进步二等奖，1996年国家科技进步二等奖；承担了“茶树品种品质化学鉴定技术”研究项目，探明了四川省茶树品种中茶多酚、儿茶素、氨基酸、咖啡因、水浸出物和可溶性糖等主要生化成分的含量水平和变异程度以及这些成分在红、绿茶品种中的含量差异与特点等。该成果获1993年四川省科技进步三等奖。

1987—1991年，茶叶所开展了“茶叶吸附芳香成分规律的研究”。该项研究得出随着茶坯颗粒的减小，茶叶吸附茉莉花芳香成分的量随之增加，同时茶坯大小与茶叶水浸出物呈极显著负相关等结果，这一结果为袋泡茶的发展提供了理论依据。该项研究成果可降低窨制过程中劳动消耗和烘焙成本的30%左右，获1992年四川省科技进步三等奖；承担了“四川茶叶微量元素变化规律及与品质相关性研究”项目，研究表明矿质元素锌、磷、钾、镍、铜、硫、镁与茶叶品质呈正相关；锰、铝、钙、钡与茶叶品质呈负相关；茶叶中含有多种于人体健康有益的矿质元素等。该成果获1995年四川省科技进步三等奖。

1990—2002年，茶叶所主持了“优质高抗绿茶新品种选育及繁育技术研究”项目，先后选育出丰产、优质、高抗茶小绿叶蝉、抗茶跗线螨、综合农艺性状优良的早白尖5号、南江2号、南江1号、崇枇71-1等茶树新品种。并针对重庆及西南茶区适宜种植的名优绿茶良种，研究形成了扦插繁育等综合配套技术，茶苗出圃率提高了16.6%，成本下降了40%，并首次制订了“重庆市茶树无性系良种苗木标准”和“名优绿茶良种扦插繁育技术规程”。项目成果推广应用后，社会经济效益显著，获2003年重庆市科技进步二等奖。

1997—2000年，茶叶所承担了市科学技术委员会“名优茶树新品种选育及高产栽培、加工技术研究”项目，育成适制名优绿茶的茶树品种渝西1号、2号，提出了早市茶综合配套栽培技术等。研究形成了机采茶园培肥管理配套技术，制订了茶叶机械化采摘技术规程，机械化采摘使鲜叶产量比手工采增加15.3%，工效是手采的9~10倍，成本为手采的20%~30%。该成果获2001年重庆市科技进步奖三等奖。

2001—2004年，茶叶所承担了市农业局“茶树新无性系繁育及示范推广”项目，主要针对当时茶区急需解决的良种率低、产量和品质不高等问题，用5个优良品种及其相应的无性系良种茶苗繁育、无性系良种栽培、名优茶机械化加工等技术，在茶区进行示范推广。该成果获2005年全国农牧渔业丰收奖三等奖；承担了市农业局“苦丁茶的引进筛选及生态茶园示范推广”项目，从四川省宜宾市引进木樨科女贞属粗壮女贞、序梗女贞苦丁茶品种，提出一套规范种植及加工技术。在大足县、荣昌县试种，建立示范基地并在面上推广，开发了“奇葩”“巴山绿”牌青山绿水等产品投放市场，社会经济效益显著。该成果获2005年重庆市农牧渔业丰收奖一等奖。

2005—2008年，茶叶所等单位参加了由中国农业科学院茶叶研究所主持的国家社会公益研究专项“西部茶叶优质原料安全生产的关键技术及示范应用”，在筛选引进茶树新品种、提出茶树配套栽培技术等方面，进行了系统的试验研究并提出了相应的技术措施，有效保障了茶叶原料的质量安全。该成果获2010年中国农业科学院技术成果二等奖。

2008—2010年，茶叶所承担了市科学技术委员会“茶树种质资源评价及新品种选育”项目，通过对资源材料的鉴定评价，筛选出4个高抗寒种质资源；选育出具有特早生、高氨基酸、高茶氨酸等特性的茶树新品系7份，育成国家级茶树新品种南江1号，建成示范基地233.4公顷，应用推广3 333.4公顷；发表学术论文3篇。研究结果居国内先进水平，社会经济效益显著。该成果获永川区2011年科技研发一等奖。

二、茶树栽培技术研究

1981—1987年，茶叶所承担了四川省科学技术委员会下达的“改造低产茶园技术规范研究”项目，针对管采粗放型、强采早衰型、树势衰老型等3种低产花园类型，分别揭示出各类低产茶园形成的规律及特征，提出了增强树势、提高产量、品质和效益的技术措施。改造第三年，管采粗放型茶园亩产达71千克，比改前增产463%；强采早衰型茶园亩产量达69千克，增产125%。树势衰老型茶园改造第4年亩产量达148千克，比改前增产169%以上，提高了社会经济效益，为改造低产茶园提供了理论和实践依据。该成果获1987年四川省科技进步三等奖；开展了“茶园种植方式密度与茶树成年高产期研究”，通过相关试验示范，应用推广茶树高产栽培技术面积0.97万公顷，新增产值1 202万元，新增利税234.65万元。该成果于1988年获四川省科技进步三等奖；承担了四川省科学技术委员会下达的“植物生长调节剂P-51合成及在茶树上应用”项目，研究表明，P-51喷后茶树同化作用加强，叶绿体含量增加，促进光合作用，干物质总量增加，主要内容物氨基酸、全氮量均有所提高。至1986年，四川省内外已有100多个单位在0.67万余公顷茶园上应用该植物生长调节剂，增产幅度20%～36.8%，每公顷纯收入增加360元以上。该成果获1985年四川省科技进步三等奖，1986年四川省农牧厅推广二等奖；完成“云南大叶茶北移四川盆地大面积推广技术”成果，获农牧渔业部科技进步三等奖。创立了该品种在四川省的适栽区域及配套栽培技术，累计推广2.33万公顷，出口红碎茶达到第二套标准样品的品质，大面积平均每公顷产干细茶750千克以上，并出现每公顷6 000千克的高产典型。

1990—1995年，茶叶所承担了四川省科学技术委员会“荥经大坪山千亩茶园速成丰产技术开发”项目，经过4年多的大面积试验示范，研究形成了一套高山茶园速成丰产的配套栽培技术；研制出古城毛尖、观音仙茶、绿芽和机制古城毛尖4种不同风格名茶，分获四川省及中国西部地区名优茶评比会优质名茶奖，在四川省茶区直接推广应用面积1万公顷，影响面积2万公顷，新增产量160万千克，产值3 600万元，该成果获1993年四川省人民政府星火科技二等奖。承担了四川省科学技术委员会“提高春茶产量的剪采调控技术研究”项目。据达川、雅安、重庆等9个茶区统计，该技术在1993—1994年推广应用面积达3.1万公顷，新增产值6 579.8万元，新增利税5 360.2万元；春茶产量占全年比重，由过去的25%～30%，提高到40%～50%；名优茶产量由不到1%，提高至10%～20%，成为四川省名优茶主要产区，该成果获1995年四川省科技进步三等奖。承担了市农委“茶树良种栽培技术及名优茶加工工艺示范”项目，应用茶树良种栽培和名优茶加工技术在重庆市的重点茶区推广，社会经济效益显著，该成果获1994年重庆市农业新技术示范推广三等奖。开展了“茶树单株矮化速成栽培技术示范”研究项目，采用单株栽植、双条排列、缩小行距、低位定剪、品种搭配、养采结合等栽培集成技术，改变了传统小丛密播和高位定剪技术，取得了速成投产的良好效果，该技术成果用于生产后，推广面积200.7公顷，新增产值338万元，新增利税268万元。该成果获1995年重庆市农业新技术示范推广二等奖。

1994—2000年，茶叶所承担了重庆市农村办公室“银毫型茶叶的栽培加工技术示范”项目，示范产品“渝都毫茶”1995年被评为四川省第二届“甘露杯”优质名茶，示范推广面积达533.4公顷以上，银毫型茶叶总产量达24万千克，被评为重庆市“三峡杯”优质名茶称号，该成果获1998年重庆市农业新技术示范推广三等奖。承担了农业部丰收计划“茶叶优良品种及先进高效栽培技术”项目，推广了茶树单株矮化速成丰产栽培、投园平衡营养施肥等技术，使实施区技术推广1.45万公顷，茶叶每公顷产量由原来的1 141.5千克上升到1 486.5千克，4年新增产值5 880.0万元；期间，主持了"大叶类茶树栽培及加工技术研究"项目，被评为重庆市首届和第二届"三峡杯"优质名茶称号的大叶类名茶5种。

2003—2006年，茶叶所承担重庆市农业局"茶园忌地残毒控制技术研究"项目，探明了茶园连作的主要障碍因子和茶园忌地残毒形成的主要原因，得出了调控改良措施，提出了利用茶树植物篱控制水土径流的坡地茶园更新改植方法，筛选出了环境友好型植物源、矿物油、低毒农药和生物有机肥料在茶园中推广使用；形成"茶园忌地残毒控制技术规程"1套，获得"坡地茶园留桩护坎更新改植的方法"国家授权发明专利1项。该研究成果在茶区累计示范推广0.7万公顷，新增产值11 940万元，新增利税2 890万元，社会经济效益显著。该成果获2008年永川区科技项目研究奖二等奖。

2005—2009年，茶叶所等单位参加了由中国农业科学院茶叶研究所主持的国家社会公益研究专项"西部茶叶优质原料安全生产的关键技术及示范应用"，在筛选引进茶树新品种、提出茶树配套栽培技术、研制与应用茶树专用生物活性有机无机复混肥改良土壤的培肥技术、采用生物和物理防治方法、制定技术和管理规程等方面，进行了系统的试验研究并提出了相应的技术措施，有效保障了茶叶原料的质量安全，该成果获2010年中国农业科学院技术成果二等奖。承担了重庆市农业局"茶叶优质原料安全生产关键技术研究与示范"项目，成功研发、集成了茶叶原料优质安全生产关键技术；制定了茶叶优质原料安全生产技术规程和茶叶优质原料安全加工技术规程各1套，建成品种中试示范基地20余公顷，在茶区示范推广4 500公顷，开发名优茶产品5万千克，新增产值1 800万元、利税450万元，经济、社会和生态效益良好。该成果获2010年永川区科技成果转化二等奖。

2008—2011年，茶叶所承担了重庆市科学技术委员会攻关项目"云岭永川秀芽现代科技产业体系构建与示范"，共制定企业标准1套，技术规程2套。形成"云岭・永川秀芽"模块化拼配专家决策系统、产业组织结构模式各1套，获得国家外观设计专利授权2项。云岭牌永川秀芽茶产品多次获"重庆市名牌农产品"、"三峡杯"名优茶金奖、中国西部茶竹茶具交易博览会金奖、"重庆十大名茶"等奖项及称号，"云岭"商标获得重庆市著名商标。建立生产示范基地5个，示范推广成效显著。该成果获2012年重庆市科技进步三等奖。

2008—2013年，茶叶所联合四川农业大学、中国农业大学，主持承担了"生态优质茶生产综合技术集成研究与示范"项目，利用茶树良好的生态环境条件，通过丰产型树冠培养、土壤质量有机提升、病虫监测与绿色防控等技术，从生产源头控制了农药、化肥等污染源，提高了茶产品质量安全保障。创新茶叶加工工艺技术，开发生态优质茶产品，有效促进了示范地区茶产业的可持续发展。获得国家发明专利3项，计算机软件著作权3项，技术成果在渝、川、黔3省（市）茶区示范推广，社会经济效益显著。该成果获2015年重庆市科技进步奖三等奖。

2013—2015年，茶叶所承担了科学技术部农业科技成果转化项目"永川秀芽有机名茶生产关键技术中试"，集成永川秀芽有机名茶生产关键技术规范1套并进行区域示范，建立有机认证永川秀芽示范基地1个，通过有机转换认证基地面积16.7公顷，通过有机认证茶园面积54.2公顷。开展了茶园有机培肥地力保育、茶园病虫害绿色生态防控等技术推广应用，取得了良好的社会经济效益；承担了"夏秋茶原料提质增效研究及新产品开发"项目，集成了夏秋季机采茶园增效技术1套，形成特色工夫红茶加工工艺技术1套，并将集成的技术示范推广。

2013—2016年，茶叶所就"茶园机械耕作技术"，承担了"山地茶园提质增效栽培技术示范研究"项目，收集了耕作类、施肥类、修剪类、除草类等茶园管理机械性能指标，引进了茶园管理机、微耕松土机等轻简化作业机械，并对茶园耕作机进行了改良。项目技术建立示范片5个，其中核心示范片1个。示范名优茶施肥技术、绿色防控技术示范推广2 500公顷。

三、茶叶加工工艺研究

1980—1990年，茶叶所开展了茶叶加工工艺创新研究，不断开发新产品，创制名优茶。在原工艺基础上进行革新，将炒二青改为烘二青等方式，提升了茶叶品质。1989 年，茶叶所研制的“永川秀芽”在西安由农业部召开的名优茶评比会上，被评为优质农产品，成为全国名茶；承担的市科学技术委员会“提高绿茶品质工艺——红茶区绿茶加工工艺研究”项目，研究形成了在红茶产区实行红、绿兼制、多茶类生产技术，提升茶叶生产效益 40% 左右；研究了绿茶初制中揉捻与干燥工艺对品质的影响，形成三炒三揉工艺技术；开发的绿茶与红茶相比，增值率为 43. 26% 。该成果获 1992 年四川省农牧厅科技进步三等奖。

1992—1994 年，茶叶所与西南农业大学食品学院共同承担了“夏秋季名优茶开发研究”项目，形成了采用蒸汽杀青提升滋味品质、添加葡萄糖酸锌改善品质、添加有机锌和硒提升氨基酸品质等夏秋季名优茶加工技术工艺；生产夏秋名优茶 540 吨，新增产值 206 万元、利税 103 万元，研制的“江州茗毫”多次被评为省、市名茶。该成果获 1996 年四川省科技进步三等奖。1994 年，茶叶所研制的翠毫香茗、巴蜀黄芽、银峰茶等 4 种名茶和红玫瑰特种紧压茶，在四川省第三届“甘露杯”名优茶品比会上，被评为省级优质名茶，其工艺流程为：鲜叶杀青—揉捻—烘二青—复揉捻—做形—烘干等工序；1995 年，研制的渝都毫茶、翠毫香茗，分别被评为省级优质名茶及第二届全国农业博览会金奖，列为全国名茶，其工艺流程为：鲜叶—摊放—杀青—烘二青—做形—干燥整形。之后，该所陆续研制了渝西翠眉、渝西剑芽、福芽碧毫、巴牌芽茶、陆羽香芽、箕山银峰、云岭秀绿、巫山云雾、云岭雪眉等“三峡杯”优质名茶。

2004—2006 年，茶叶所承担了市科学技术委员会“蒸青针形名茶造形与焙香关键工艺研究”攻关项目，解决了蒸青针形名茶加工中造形与焙香的技术难题，提出了蒸青针形名茶造形、焙香的关键工艺及技术参数；形成了蒸青针形名茶加工技术规程 1 套，产品质量标准 1 套；获得“一种针形茶的制备方法”国家授权发明专利 1 项；指导推广蒸青针形名茶加工技术实施应用面积 166. 7 公顷，开发蒸青针形名茶产品 5 000 多千克。该成果获 2009 年重庆市科技进步二等奖。

2007—2011 年，茶叶所承担了市科学技术委员会重点攻关项目“中小茶厂连续机械化加工关键设备及工艺研究”，针对绿茶加工中的关键设备揉捻机进行了重点研究，利用多台联动与自动加压揉捻等技术手段，开发了茶叶连续自动揉捻机组 2 套（6CRZ－40、6CRK－40X），检测结果全部达到国家相关技术标准；制定了绿茶连续机械化加工技术规程、设备配套方案各 1 套，获国家发明专利授权 1 项、实用新型专利授权 2 项。该研究成果获 2011 年重庆市科技进步奖三等奖。承担了市科学技术委员会重点攻关项目“针形名茶自动化揉捻关键技术研究”。研发了自动揉捻机械装备，具有自动上料、精准称量、自动加压揉捻、自动出料、余料自动清扫、揉捻转速可变等自动化揉捻功能，且具有结构简单、运行稳定、自动化程度高等优点。完成了揉捻自动化程序控制系统开发，建立了自动化揉捻专家数据库，形成揉捻工艺参数 162 条，不仅满足了不同季节、不同采摘标准、不同茶树品种的针形茶自动化揉捻等要求，还满足了毛峰茶、大宗原料茶的自动化揉捻，实现了揉捻工艺的全覆盖。开展了单机自动化揉捻研究，开发了单片机和 PLC 控制程序，满足了小型茶厂的揉捻单机自动化需要。获国家发明专利授权 2 项，实用新型专利授权 5 项。

四、特色风味茶饮品研制

1984—1988 年，茶叶所与合川县酒厂共同开展了“茶叶新型饮料健尔康茶露和茶汽水”试验研究，并进行了小批量生产，其中生产的“健尔康茶露”外观黄亮澄清，香气清爽兼有果香、酒香，口感鲜醇且协调爽口；生产的“健尔康茶汽水”外观黄明，无沉淀、杂质，泡沫丰富，花香显露，滋味清爽。其间，茶叶所与永川食品厂共同开展了“茶叶食品茶饴和茶奶糖”的开发研究，研制的红、绿茶配比恰当，造型整齐，具有良好韧性与弹性，茶叶适中、爽口，既具奶糖风格，又具茶叶回味；茶叶所和四川省中医药研究院还共同研究开发了具有一定保健作用的保健袋泡茶“福寿茶”“益元茶”。

1992—1994 年，由攀枝花市科学技术委员会和四川省农业科学院资助立项，茶叶所承担了“芳香

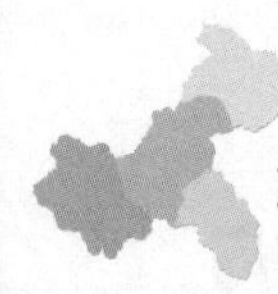

杜仲茶研制”项目，采用杜仲鲜叶加工成初制原料与几种香花适当窨制，选配优质绿茶制成的“芳香杜仲茶”系列产品，主要有茉莉、珠兰、米兰、桂花4种芳香杜仲茶；经感官鉴评，汤色黄绿明亮，香气浓郁，滋味醇爽；经食品安全性毒理学试验证实，产品无毒副作用，具有清除自由基、抗衰老作用。该成果获1994年四川省攀枝花市科技进步四等奖。

1998—2004年，茶叶所进行了绿茶浓缩汁饮料及超微绿茶粉加工工艺等研究，试验制成了绿茶浓缩汁饮料、超微绿茶粉饮片等样品。在此基础上，承担了市科学技术委员会攻关项目“超微绿茶粉加工工艺研究”，制定了超微绿茶粉生产的工艺流程和加工技术指标，研究形成了适合超微绿茶粉原料茶加工的加工工艺流程2套；重点进行了超微绿茶粉的应用研究，试验制成了超微绿茶粉饮片、速溶超微绿茶、超微绿茶粉挂面、冲饮型超微绿茶粉等样品；获得“一种超微绿茶粉的制作方法”国家授权发明专利1项，发表学术论文3篇。

2003—2005年，茶叶所承担了市科学技术委员会“风味茶加工关键技术研究”攻关项目，研究了以机械化方式采摘鲜叶原料，提出了工艺技术规程3套，研制开发了薄荷、橘皮、桂花风味茶3种；获“一种花香风味茶的制作方法”国家授权的发明专利1项。研究成果推广应用后产生经济效益851.3万元，科研投资年平均纯收益率达23.26%。

2004年至今，茶叶所先后与企业合作，进行了荷叶茶、薄荷茶、枸杞茶、桑叶茶、椿树茶、老鹰茶、纯茶粉、茶酒产品等非茶资源试验研究，其中开发研制的“荷乡”牌荷叶茶获2006年重庆·中国西部农产品交易会“最受消费者喜爱产品”称号；开发的“老鹰茶干茶”纯茶粉产品，获第十一届“三峡杯”新产品开发创新奖；开发的“绿茶酒”产品，经重庆茶叶学会行业专家审评，外观微绿明亮，香气酒香怡人、滋味醇和、风格独特，获第十一届“三峡杯”新产品开发创新奖。

重庆市农业技术推广总站负责全市物色经济作物茶叶新技术、新品种的试验、示范推广、技术培训、组织参与相关的科研课题及重大开发项目的立项和实施工作。“九五”以来，实施了国家级和市级重大科技项目、国债项目、扶贫项目、农业综合开发项目，参加建成了农业部中央农业基本建设“重庆市茶树良种繁育基地”项目，建成国家级茶树良种繁基地950亩，推广实施了“名优茶系列化生产、加工综合技术推广”“不同季节优质名优茶综合技术”“名优茶生产综合技术开发”“茶树名、优、新品种选育及配套栽培制作技术示范”“低产低质茶园综合技术改造”“无公害、有机茶茶园基地建设及产品开发”“茶叶标准园创建”等项目工作；开展茶树新品种选育，2014年选育的巴渝特早经全国农作物品种鉴定成为国家级无性系茶树良种（国品鉴茶2014001）；开展茶叶实用新技术的试验、示范、推广，建立茶叶生态栽培示范点，集成1套《茶叶绿色生产模式及配套技术》，制定地方标准《现代生态茶园生产技术规程》《巴渝特早茶园栽培技术规程》《巴渝特早茶叶加工制作技术规程》《巴渝特早茶树良种扦插繁育技术规程》；2013年编制的巴渝特早优质丰产栽培、制作技术成为农业部主推技术；获得农业部三等奖3项，市政府科技进步二等奖、三等奖各1项，市农业局农牧渔业丰收奖二等奖、三等奖各1项。其中：1998年“名优茶综合技术开发”项目获农业部科学技术进步三等奖；1999年“不同季节优质名优茶综合技术”项目获重庆市科技进步三等奖；2006年“茶树名、优、新品种选育及配套栽培制作技术示范”项目获重庆市科技进步二等奖；2007年“茶树名、优、新品种选育及配套栽培制作技术示范”项目获得农业部神龙中华农业科技奖三等奖；2013年“早生、兼制茶树系列良种繁育及名优茶开发关键技术创新与应用”项目获农业部全国农牧渔业丰收奖三等奖。

第五节　蚕桑研究

一、家蚕基因组研究

在中国工程院院士向仲怀教授的带领下，西南大学蚕桑学重点实验室联合中国科学院北京基因组研究所，于2003年5月启动了中国家蚕基因组计划项目。通过对家蚕全基因组基因的鉴定，确定为18 510个基因，其中绝大部分为新发现基因。更为重要的是，在与蚕业密切相关的家蚕重要生物性状相关功能基因方面取得了重要进展。通过分析家蚕全基因组和基因表达谱，发现了1 874个家蚕丝腺特异基因；发现了与茧丝蛋白质合成特殊性相关的转运RNA构成。

家蚕基因框架图绘制成功，被誉为21世纪蚕业科学研究的里程碑，奠定了中国在家蚕基因组研究中的世界领先地位。该成果2004年12月在世界顶级科学杂志《科学》上发表，这是近百年来中国在《科学》杂志发表家蚕研究论文实现“零”的突破。2007年10月已在家蚕的丝蛋白合成、抗病性、发育变态和性别比例等四大领域的主要经济性状功能基因的研究上取得重要进展，并已申报24项家蚕基因专利。之后，家蚕基因组“精细图”（2008）、“遗传变异图”（2009）及“丝腺甲基化谱”（2010）相继完成，再次取得重大成果，并于2009年8月研发出国内首个新型转基因有色丝绸（茧）品种，成功绘制出世界首张家蚕高精度遗传变异图谱，使家蚕成为完成基因组学研究从框架图到精细图和遗传变异图“三部曲”的少数代表物种之一，率先实现了家蚕基因科学研究终极目标。中国家蚕基因框架图的完成入选2003年中国高校十大科技进展和2003年重庆十大科技新闻。

2009年12月，以向仲怀为代表的家蚕研究团队首次成功开发出转基因新型有色茧品种，标志着利用转基因技术改造蚕丝结构、克服蚕丝易皱、褪色等新型素材创新工程进入一个新阶段，对蚕丝业的发展产生了重大影响。2015年，西南大学夏庆友团队的研究成果“家蚕基因组的功能研究”荣获国家自然科学奖二等奖。

二、新品种选育

“九五”以来，西南农业大学主持完成的“人工三倍体新桑品种嘉陵16号的选育”获国家科技进步二等奖；“家蚕优质高产新品种‘夏芳·秋白’的研究”获重庆市科技进步一等奖。2004年，经过10年努力，由西南农业大学蚕学与生物技术学院朱勇教授主持培育出了国内第一个具有知识产权的雄蚕品种——夏Sch，并利用温敏致死基因技术，掌控了家蚕性别的开关，从而使被誉为养蚕历史上第二次革命的单养雄蚕，变成生产应用的现实。在涪陵、铜梁建立雄蚕茧生产基地，累计推广雄蚕品种夏Sch 1万多张，雄蚕率达到95%以上。根据对蚕农的抽样调查，夏Sch平均每张蚕比普通蚕种增收150元左右。2005年，由该校桑蚕丝绸学院余茂德教授主持选育的超高产人工3倍体新桑品种嘉陵20号通过了重庆市农作物品种审定委员会的审定，超高产新桑品种嘉陵20号选育推广取得明显效果。嘉陵20号是采用化学诱变与人工杂交相结合的染色体工程技术育成的新一代桑树品种，高产性能突出稳定、叶质好、适应性强，亩产桑叶量比国家指定对照品种湖桑32号增产38%以上，是目前国内最好的新一代桑树品种。嘉陵20号新桑品种已在重庆、四川、云南示范栽培1 000多万株，并被列入重庆市主推品种。该品种的选育成功，对桑树品种的更新换代、提高茧丝品质、促进全国桑蚕丝绸产业发展具有重大作用。

重庆市蚕业科学技术研究院（蚕种场）亦在家蚕品种的培育方面取得成效。2010年1月，重庆市茧丝绸行业协会分别授予重庆市涪陵区海丰农业开发有限公司“海丰”牌桑蚕一代杂交种、重庆市北碚蚕种场“桑叶”牌桑蚕原种、重庆市西里蚕种场“桑葚”牌桑蚕一代杂交种为2010—2012年度“重庆市名牌蚕种”称号。2011年3月，西里蚕种场“桑椹”牌蚕种荣获重庆市著名商标铭牌，标志着重庆市育成了第一个蚕种品牌。

2014年2月，重庆市蚕业科学技术研究院自主选育的夏秋用家蚕新品种渝科8号，通过四川省家蚕品种审定委员会品种审定。针对重庆市长江河谷地区在夏秋季易出现伏旱高温恶劣气候，蚕病易发，需要抗逆性高、丝质好的强健性家蚕新品种来稳定增加蚕农收益的特殊情况，市蚕业科学技术研究院从2006年起组织科研人员进行选育工作，经过8年的科技攻关，成功选育出具有自主知识产权的渝科8号家蚕新品种。

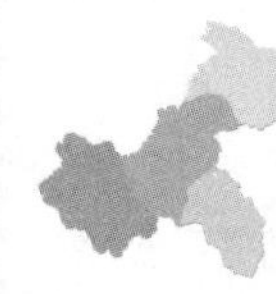

三、综合技术研究

（一）消落带治理

长江三峡库区蓄水之初，大片土地被水淹没以后的利用问题和消落带的生态修复问题亟待解决。中国林业科学研究院教授任荣荣教授组成了一个名为“沧海桑田”的科研课题组，于2010年成立重庆海田林业科技有限公司大面积种植饲料桑，打造“三峡库区沧海桑田桑产业示范园区”，承担三峡水库消落带治理的科研任务，历时5年，在开县建成了200公顷生态、经济、社会效益俱佳的试验示范基地，在1 200亩消落带成功建成了具有“秋冬水盈则海，春夏水退则桑”景观的“沧海桑田”生态经济工程。研究课题已经顺利通过国家验收，耐淹性得到了确认，栽培模式研究获得成功，项目的生态、经济、社会效益明显，“沧海桑田”进入示范推广阶段。

（二）石漠化治理

重庆市是中国石漠化治理的重点地区之一，目前已有15个区（县）纳入全国岩溶地区石漠化综合治理重点区县名单。2012年，重庆市科学技术委员会下达科技攻关计划项目“桑树治理石漠化试验研究”。项目围绕桑树治理石漠化的栽培技术、品种比较、间作模式等开展了一系列试验研究，建立了示范基地，工作卓有成效，项目进展顺利。黔江大面积推广应用桑树治理石漠化取得了明显效果，石漠化地里的桑树已逐渐成林，土地的基岩裸露度由原来的60%以上降至30%以下，单位面积收入由原来的种植农作物不足1 000元提升到养蚕收入超过2 500元。

第六节　花卉研究

重庆市农业科学研究所于21世纪初开始了花卉研究工作。建立重庆市农业科学院后，2007年年底在院蔬菜花卉研究所成立花卉园林研究室，花卉作为单独学科正式进入科研范畴。

一、品种资源收集和评价

2008—2010年，开展重庆市科技攻关项目“观赏果蔬引种筛选及示范推广”，收集观赏果蔬品种资源70份，建立了品种数据库，筛选出盆栽番茄、观赏辣椒、观赏茄、观赏瓜等适应重庆地区栽培的优良观赏蔬菜品种及W·默科特、观赏花桃、金佛手、四季柑等观赏果树品种，形成成配套的栽培养护技术规程，并进行了观赏蔬菜种子开发的相关探索。

2009—2011年，开展重庆市科技攻关计划项目“精品果树蔬菜观赏化栽培技术研究与示范”，收集引进观赏果树、蔬菜资源127份，首次建立了适合重庆及西南区域的观赏果蔬评价指标体系，为观赏果蔬品种筛选提供评价标准；通过综合评价筛选出了柑橘、桃、李、葡萄、草莓、观赏瓜、辣椒、茄子、番茄等适合重庆地区发展的观赏型果树、蔬菜品种25个，为周年观赏及休闲农业的发展提供了品种支撑。

2010—2011年，开展了良种创新与资源保护项目“西南地区原生特色花卉种质资源发掘与开发利用”，对西南地区的花卉园林植物资源进行了调查收集，共整理了240份西南地区原生特色花卉种质资源；建立了种质资源圃和西南地区原生特色花卉种质资源数据库；筛选出西南地区特原生特色花卉种质资源10份，集成配套栽培技术规程10套；建立1.33公顷示范基地和6.67公顷种苗繁殖基地，其间繁育花卉种质资源种苗10余万株，直接效益达到526.2万元。

二、引种筛选、栽培和休闲农业技术集成

2003—2005年，开展“澳大利亚、新西兰花卉新品种引进筛选及快速繁殖技术研究”项目，项目

引进澳洲花卉品种59类157种，进行了品种分类、筛选、播期及适应性试验、快繁技术研究和市场价值评价，形成了一套实用的技术体系；筛选出适合重庆市生产、观赏价值较高的花卉品种16个，确定龙翅海棠、常春藤和幸运花3个重点发展品种，提出了配套的栽培技术措施及快繁技术规程，为产业化开发、工厂化育苗提供了技术参考；通过示范栽培，累计推广面积8公顷，促进了重庆市花卉种植业发展。

2005—2007年，开展金佛手品种引种试验示范，先后承担重庆市农业委员会、市财政局金佛手相关项目3个，进行了重庆地区金佛手引进培育及嫁接、盆栽等栽培技术研究。研发的培育技术使金佛手在重庆成功挂果且果实丰硕，通过品种技术认定，获得“培育金佛手方法”专利。

2008—2010年，开展国家科技支撑计划项目“近郊山区新农村高效花卉产业培育关键技术集成示范”。引进选育国内外名贵花卉品种，进行了红掌、金佛手、球根海棠等种苗繁育技术研究，利用组织培养、穴盘育苗、扦插繁殖等工厂化育苗手段，优化了花卉苗木繁育技术体系；建立了100亩现代花卉苗木繁育中心，集科研、展示、花卉苗木良种繁育功能于一体，年产花卉种苗1 000万株（盆）；项目区内花卉企业达50余家，面积达733.4公顷，技术培训5 000人次，年销售收入达4 200余万元，创建了花卉网络信息发布平台——西部花木网站。其间，市农业科学院于2008年承办了由市政府主办的重庆市第四届花卉博览会，接待游客超过40万人次；2009年承办了重庆首届生态奇观博览会，以生态休闲为主体，吸引游客超过20万人次。

2013年，开展特色效益农业项目“休闲农业关键技术集成研究与示范”，筛选出适合重庆地区的休闲农业植物品种，包括羽衣甘蓝、牛皮菜、番茄、辣椒等观赏蔬菜50种，红柠檬、观赏桃、石榴、红叶李等观赏果树8种，紫裕谷等观赏作物5种，波斯菊、百日草、木春菊等特色花卉10种；对栽培管护方法、植物搭配组合、创意容器、造型组装等进行了研究，集成技术规程，汇编而成《休闲农业景观构建关键技术》手册；建立核心示范点1.33公顷，辐射推广达333.4公顷，对重庆市休闲农业健康可持续发展起到推动作用。同年，开展特色效益农业项目“香草植物培育关键技术集成与产业化开发”，引进国内外香草植物种质资源210份，筛选出薰衣草、迷迭香、百里香等在重庆地区适宜生产运用的品种15个，研究集成香草植物栽培技术规程1套；建立香草植物核心示范点23.4公顷；该项目的开展，为香草植物选种育种和良种推广提供了丰富原始材料和原始数据，开辟了香料植物、康体植物相关的新的研究领域。

2014年，引进了立体气雾栽培系统、立体潮汐式NFT栽培系统及HL基质栽培系统等工厂化智能栽培设施设备，为现代工厂化农业研究和展示提供了实现手段和载体。承担了良种创新暨重大科技推广项目“作物园艺化栽培关键技术集成与示范”和“都市智能生态农业配套蔬菜和花卉品种筛选及栽培技术研究”、特色效益农业项目“观赏向日葵景观构建关键技术集成与示范”、农发资金项目“观赏草培育关键技术示范与推广”。以这些项目为源头，举办观赏果蔬展、郁金香展、观赏向日葵展，开始了重庆市大农业特色的休闲农业模式探索之路。

2015年，承担了良种创新暨重大科技推广项目“重庆地区球根花卉设施高效栽培关键技术研究与示范”和特色效益农业技术支撑项目“花境植物引种筛选与示范推广”。

第七节　中药材研究

重庆湿润的气候，复杂的地形地貌，形成了复杂多样的生态环境，有利于多种生物共存，具有丰富的药用植物资源。重庆是中国重要的中药材产区，人工种植历史悠久，自国家启动中药现代化发展战略以来更是得到了前所未有的发展。2001年，重庆市将“百万亩优质中药材产业化工程”列入首批8个农业产业化百万工程。重庆中药资源品种多、发展潜力大，除主城及潼南、万盛外，各区县均种植中药材。其中，黄连、木香、丹皮、白术、枳壳、款冬花、党参、小茴香、天麻、半夏、青蒿、厚朴、黄檗等为国家重点发展品种；金银花、银杏、佛手、红豆杉、辛夷、前胡等为市级重点发展品种。2015 年，全市中药种植面积 170 万亩，种植业产值 27.36 亿元；全市中药工业产值 69.37 亿元。

一、资源状况及区域布局

1. 重庆中药资源的特点

（1）品种多、蕴藏量大

据《重庆中草药资源名录》调查、整理结果，2015 年，重庆市有中药种质资源 5 832 种，占全国药用动、植物总种数（12 080 种）的 48%；在全国统一普查的 363 种重点品种中，重庆市分布有 306 种，占 84%；中药总（产）蕴藏量达 163 万吨；在品种数量与资源蕴藏量上仅次于四川、广西、云南、贵州。

（2）道地药材历史悠久、品质优良

重庆种植的道地药材近 40 种，如石柱黄连年产量占全国年总产量的 60% 左右，素有“全国黄连之乡”的美誉，江津枳壳与枳实，合川使君子、补骨脂，万州款冬花与厚朴，酉阳的青蒿，巫山庙党与独活，城口的华细辛与味牛膝，武隆的川续断，綦江的乌梅，开县的云木香等道地药材品质优良，在国内外久负盛名；还有天冬、半夏、川百部、杜仲、黄檗、吴茱萸、金银花、白术、木瓜、太白贝母、葛根、巫山淫羊藿等大中道地药材，品质皆为国内上乘。

2. 农业生产的区域分布

重庆是中药材主产区之一，在广大的山区、农村（特别是三峡库区），有种植和加工中药材的传统习惯。黄连、党参等药材的种植已有几百年的历史。巫溪、巫山等县曾在 20 世纪 50 年代被列为国家中药材基地县。与全国其他药材主产区比较，重庆市的中药材具有“品种类型多、单品种产量小”的区域特点。目前，重庆中药材生产主要分布在以下几个区。

（1）三峡库区及大巴山药材区

主要包括巫山、巫溪、云阳、奉节、万州、开县、城口等区（县）。境内山高谷深，沟壑纵横，山地面积占 75% 左右，海拔最低 73 米，最高 2 797 米，相对海拔达 2 700 多米。气候温和，四季分明，雨量充沛，无霜期长。主要药材有党参（庙党、大宁党）、太白贝母、奉节贝母、云木香、独活、味牛膝、银杏、杜仲、小茴香、玄胡、枳壳、半夏、冬花等。主要名特道地药材有：巫山、奉节的庙党、巫溪大宁党，开县的云木香，城口、巫溪的太白贝母，奉节的贝母，云阳的小茴香，忠县和万县的野生半夏等。

（2）武陵山药材区

该区位于武陵山西北部，包括石柱、酉阳、秀山、黔江、彭水等区（县）。海拔最低 118 米，最高 1 938 米，地势起伏大，坡度陡；四季分明，昼夜温差大；雨量充沛但分布不均，植被生态垂直差异大，药用植物资源十分丰富。主要药材有黄连、青蒿、白术、天麻、杜仲、半夏、银花、冬花等。著名的道地药材有：石柱的黄连，酉阳的青蒿、吴茱萸，酉阳和秀山的白术、金银花、天门冬等。

（3）渝中部低山药材区

该区包括涪陵、南川、垫江、长寿等区（县）。地形以低山、丘陵为主，山地占 60% 左右，海拔最低 150 米，最高 1 900 米。长江及其支流乌江、高滩河、大溪河、芙蓉江流经境内，水源丰富，年降水量 1 300 ~ 1 400 毫米。气候温暖湿润，日照短，无霜期长，土地肥沃。主要药材有毛紫菀、玄参、鱼腥草、云木香、丹皮、杜仲、黄檗、厚朴等。

（4）渝西丘陵药材区

该区包括合川、江津、铜梁、荣昌等地区，海拔最低 154 米，最高 1 973 米，丘陵面积占总地区的 59.2%。区内江河纵横，水源丰富。气候特征为春早气温多变，夏长伏旱频繁，秋季多绵雨，冬暖多雾，无霜期长达310天，空气湿度大，相对湿度77%～83%，阴天多日照少，处于全国日照时数最少的地区。主要药材有黄檗、杜仲、栀子、吴茱萸、枳壳、红梅、木瓜、巴豆、使君子、补骨脂、粉葛、女贞子、苦丁茶等。重点发展和种植的道地药材有：江津、铜梁和荣昌的枳壳，铜梁、合川的使君子，合川的补骨脂、粉葛，綦江的红梅、木瓜等。

二、科技研发

1986—2015年，重庆中药农业科技方面各类科研项目约有2 000余项，项目涉及中药材品种包括黄连、金荞麦、仙茅、冬虫夏草、石斛、川党参、川续断、灰毡毛忍冬、青蒿等30余个；内容包括运用扫描电镜X射线能谱对川产10味道地药材形态学及无机成分的分析研究；中药材真伪优劣薄层鉴别研究及彩色图谱制作；穿山甲人工养殖研究；抗癌动物药——斑蝥资源的调查；川激苡78－1品系的研究；重庆市中药资源调查；西南药用生物资源开发战略研究；重庆四面山植物、动物资源调查；九寨沟自然保护区药用动植物研究；6种常用中药材的品种整理和质量研究；川产五味子资源研究；青城后山绞股蓝基地建设成套技术研究——绞股蓝资源再生与保护研究；川产道地药材系统研究——附子、黄连、麦冬、黄檗4个项目以及川产道地药材天麻、黄连的研究；人工虫草菌的研究；薏苡黑粉病防治研究以及石斛、贝母、三尖杉组织培养研究；常用藏药材藏茵陈资源调查、品种整理及保护研究；青蒿新品种选育研究；中药标本资源保存及网络化共享关键技术研究；中国药用大黄居群地理变异及品质形成效应研究；西南地区石柱黄连、玄参、滇重楼、滇龙胆、杜仲、头花蓼等中药材规范化种植及大宗中药材综合利用开发技术研究；南方大斑蝥不同地理种群的分化机制研究等。

1986—2015年，全市获得与中药材及相关研究项目的奖励共有121项，其中国家级奖励2项，省（部）级奖励66项。如：1987年，由陈善墉研究员参编的《中国高等植物图鉴》《中国高等植物科属检索表》获国家自然科学一等奖；1992年，由姜荣兰研究员参加的“常用中药材品种整理和质量研究（党参、防风等68类专题）”获国家科技进步一等奖；2006年，李隆云等参加的“中药材三维定量鉴定及生产适宜性的系统研究”项目获国家科学技术部科技进步二等奖；此外，“三峡库区生态环境安全及生态经济系统重建关键技术研究与示范”“冬虫夏草繁育研究”“川党参规范化生产技术及质量评价研究”“新药非临床安全性评价关键技术及应用”等项目分别获得当年重庆市科技进步二等奖。

项目涉及的中成药包括“金泽冠心胶囊”“复脉定”“银翘散袋泡剂”“昆明山海棠”“枣仁安神胶囊”“健脾止泻灵”“天麻丸”“口炎清含漱液”“还少丹胶囊”“芪黄胶囊”“消郁安神胶囊”等20多个品种。

三、成果转化

1986—2015年，可转化、开发的科研成果主要有：“靛玉红半合成研究”（治疗白血病）及“肝康宁”（治疗原发性肝癌）“中药抗内毒素研究”“穿琥宁水针、冻干针、大输液开发”“复脉定冲剂治疗心律失常研究”“天然左旋麻黄碱生物合成研究”“中药复方提取新工艺研究”“胆红素提取新工艺研究”“人参茎叶皂苷提取新工艺研究”“四川中草药资源普查”“冬虫夏草人工培植研究”“火把花根片治疗肾炎的研究”等数十项。独立开发新药近40个，与企业联合开发“天府可乐”“亚洲威士忌”“壮力口服液”“韵美减肥胶囊”“施尔美高级营养霜”“速食银耳”等产品，参与了地奥心血康、洁尔阴、雄狮丸、嫦娥加丽丸、速效枣仁安神胶囊、参附冻干粉针等新药研制，上述成果绝大多数已经通过转让或技术服务进入市场，创造了良好的社会效益和经济效益。

四、科技服务

1986年以来，重庆市中药研究院和中药农业科技人员到科研基地推动科技成果转化，同时进行科技扶贫，助推地方社会经济发展。对外科技服务能力和水平不断提高，服务范围逐渐扩大。长期服务于秀山、石柱、武隆、酉阳、奉节、巫山、巫溪、铜梁、潼南、合川、南川等20多个区（县）的近1万个中药材种植基地和1 000多家中药材企业，技术支撑在三峡库区和武陵山区建设中药材种植带，如青蒿、黄连、山银花、玄参、云木香、佛手、党参七大道地药材种植基地建设，形成“五园两带七基地”的产业格局，有力地支撑了重庆市区（县）的中药农业产业发展，基本形成了产、学、研一体的产业格局。在中药材规范化种植关键技术研究、药材适宜生产区划及布局的指导和规划、药材质量标准、以及药材种植技术推广及培训等方面取得了较好结果，并产生了良好的经济效益和社会效益。

第三章
畜牧兽医科学研究

1986—2015 年，重庆市畜牧兽医科学研究取得了巨大进步，重庆市畜牧科学院在畜禽品种培育与繁殖、畜禽饲料与营养、畜禽疫病防治与监测等方面取得了突破性进展，取得一批重大科研成果，多项研究已经迈入分子生物学、分子遗传学领域，新兴生物分子检测技术如 PCR 技术、CRISPR 技术（基因片段敲除）、DNA 分子标记、氟烷基因研究、动物克隆等高新技术已在畜牧兽医科研和实践中逐渐成熟和推广应用。重庆市畜牧技术推广总站、市品改站、市动物疫病控制中心和市动物卫生监督所重视畜禽品种改良、饲养技术推广和疫病防控研究工作，亦取得了一批科技成果。30 年间，重庆市畜牧兽医在学科建设、科学研究、科研成果的应用与转化等方面都已经迈上了新台阶，有力地促进了重庆畜牧业的持续健康发展。

第一节　猪

20 世纪 80 年代中期以来，重庆市畜牧科学院（含市养猪科学研究院、市畜牧兽医科学研究所、市种猪场，下同）等开展了猪的品种选育、品系建立、外种猪性能观察、瘦肉型猪生产技术研发、荣昌猪国家标准、荣昌猪配套系推广以及猪精液、胚胎高效冷冻保存、猪品种资源保护与开发利用等研究。获得各级各类科技成果奖励 32 项，其中国家科技进步二等奖 1 项，省部级科技进步一等奖 7 项，二等奖 10 项，三等奖 14 项。其中 1987 年黄谷诚等研究制定了《中华人民共和国荣昌猪国家标准》（GB7223—87）；1996 年由龙世发等主研完成的“荣昌猪瘦肉型品系选育”获得四川省科技进步一等奖；王金勇等研究完成的“渝荣 I 号猪配套系”，通过国家畜禽遗传资源委员会的审定，并获得成果转让金 1 500 万元；刘作华等研究完成的“荣昌猪品种资源保护与开发利用”项目，对提升中国生猪产业的核心竞争力意义重大，2015 年获得国家科技进步二等奖。

一、重庆市畜牧科学院开展的研究

1986—1988 年，开展了四川省畜牧食品局下达的“汉普夏猪引种观察”研究。主要研究测定了引进汉普夏猪的行为生理指标、不同性别和体重的生长发育及肥育性能、繁殖和主要疫病情况，获取了系统、完整的数据。该研究为汉普夏猪的进一步研究提供了可靠依据，有较高的推广价值。该项目获四川省农业畜牧厅科技进步三等奖。

1986—1995 年，开展了农业部下达的“荣昌猪瘦肉型品系选育”研究。通过导入少量外血，有效

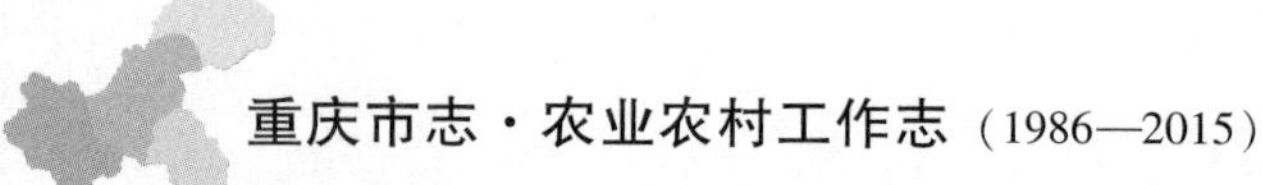

地保持了原地方品种特色，提高了瘦肉率。项目总结出该品种系各生长阶段最适宜的营养需要和饲养技术，初步探明了品系猪氟烷基因和应激标记基因的频率分布和遗传规律，采用先进的REML法测定了品系猪各性状的遗传参数。项目还解决了种猪活体测膘选种的适宜体重，最佳测膘部位及测膘点。在选育方法上，总结出一套多性状表型选择与突出的单性状选择和综合指数选择相结合的选种方法。项目获四川省科技进步一等奖。

1986—1989年，实施了四川省"优质瘦肉型猪生产、加工基地建设技术开发"星火计划项目。该研究成功采取了多种形式向农村转移技术，总结出了一套技术开发与生产、流通一体化的组织管理经验，新增社会纯收益2 332.71万元，增加税收400多万元；对生产、加工、流通一体化进行系列开发。提出的以"五饲、二实"为主要内容的瘦肉猪配套技术先进、实用，易于推广。其方法和经验在四川省18个瘦肉型猪基地县推广。该项目获四川省科技进步二等奖。

1991—1995年，开展了四川省科学技术委员会下达的"大白猪专门化父系选育"研究。该研究应用现代遗传学原理与国内外猪育种经验，对大白猪采用群体继代选育，经过4个世代的选育，建立核心群公猪11头，母猪75头，全面完成各项技术经济指标；对同期选育的母猪进行了配合力测定，提出了大白猪×新荣昌猪Ⅰ系的杂交组合，推广种公猪700余头。该研究改变了中国长期存在的外种猪只引不选，年年耗费巨资依赖引进的不良局面。该项目获得四川省畜牧食品局技术进步二等奖。

1996—1997年，开展了全国畜牧兽医总站下达的"新荣昌猪Ⅰ系推广及其配套利用"研究。该项目坚持推广与继续选育相结合，走"选育—推广—再选育"的技术路线，大力推广英系或丹系大约克或长白猪与新荣昌猪Ⅰ系的杂交，生产优质商品瘦肉猪及相关配套实用技术。项目还采用多种形式，有效地促进了技术普及和推广，促进了科技成果的转化，为养猪生产再上新台阶奠定了基础。该项目获全国农牧渔业丰收三等奖。

1998—2001年，开展了重庆市科学技术委员会下达的"新荣昌猪Ⅱ系选育及配套利用技术研究与开发"课题。该项目组建了一个来源广泛且遗传素质优秀的选育基础猪群；采用BLUP法进行种猪遗传评定，大大提高了选种的准确性；采用PCR－RFLP方法进行DNA诊断，淘汰了Nn、nn基因型个体，使猪肉品质有了保证；进行了ESR和FSHβ基因多态性研究，对在下一步的育种计划中实施产仔数的标记辅助选择技术提供了科学依据；研制开发出了"种猪场网络信息管理系统"。该项目获重庆市科技进步三等奖。

1999—2001年，开展了重庆市科学技术委员会下达的"新荣昌猪Ⅰ系综合配套技术推广"研究。该项目取得显著技术经济效果：新荣Ⅰ系母猪经产仔数达12头以上，母猪发情期一次受胎率91.95%、怀孕分娩率97.25%，仔猪断奶育成率90%，配套商品猪瘦肉率58.55%，90千克日龄为169.35天，免疫程序对猪瘟、繁殖障碍性疾病的预防保护率达95%；共生产仔猪22.19万窝，出栏配套商品猪234.64万头，新增社会纯益7 707.73万元。该项目获重庆市科技进步三等奖。

1999—2002年，开展了农业部下达的"引进优良种猪改良地方猪种"研究。该项目在与其他品系的结合中，运用现代先进的技术手段，培育出了繁殖性能高、瘦肉率高、有地方猪肉质风味等生产性能优越的新的配套品系。同时，项目组进一步加大其优良性能的推广利用，先后在四川省、重庆市内的少数县市进行了点面推广示范共1 068头，对地方种猪的杂交组合，明显优于与老三系的土二杂与土三杂，也高于相应品种调整的洋三元；项目实施进一步推动了生猪产业化结构的合理调整。该研究成果获重庆市科学技术进步三等奖。

2003—2006年，开展了重庆市科学技术委员会下达的"CRP配套系培育利用及产业化开发"研究。该项目采用国际主流配套系育种方法，利用三系配套模式，走常规选育与分子遗传、信息技术、系统工程技术等育种新技术相结合的技术路线，保证了选育工作的顺利进行；在品系育种上应用世代选育与BLUP遗传评估的有机结合，加快了选育进程；在项目组织形式上加强学科、部门间的交叉、协作研究以及科研院所、大学联合培养研究生等，拓展了专题研究的深度和广度，催生了科技成果与专门人才；

采取边选育边中试推广的办法及观察种猪在不同生态环境条件下的性能表现与反馈改良，促进了种猪的扩繁和推广。该项目获重庆市科学技术进步一等奖。

2006—2008 年，开展了重庆市科学技术委员会下达的“重庆市重要畜禽遗传资源的发掘及高效冷冻保存技术研究”。该项目首次对重庆地区畜禽遗传资源总体状况进行了调查，摸清了重庆市现有地方畜禽资源的数量、分布、种质特性和特点；建立了一套新的畜禽遗传资源评价体系，猪精液、胚胎和配子高效冷冻保存，牛羊胚胎和配子冷冻保存技术体系，建立了重庆市畜禽遗传资源冷冻保存库，开发了重庆市畜禽遗传资源网络信息管理系统。该项目获重庆市科技进步二等奖。开展的“渝荣 1 号猪配套系的培育及产业化开发”项目，荣获重庆市科技进步一等奖。

2007—2010 年，开展了国家“十一五”科技支撑计划课题“荣昌猪资源保护体系及关键技术研究”。该项目组建了总规模为 6 000 头的荣昌母猪基础群，对保护群的种猪全部进行建档管理，建立了荣昌猪保护区、核心群和冷冻库三级资源保护体系，建立了“重庆市主要地方畜禽资源信息共享平台”；开发了“重庆市畜禽种质资源网络信息管理系统”和“种猪场网络信息管理系统”软件；完成了“猪特殊性状资源网络信息管理系统”研发。项目获重庆市科技进步一等奖。

1991—2011 年，开展了国家科技支撑计划“荣昌猪品种资源保护与开发利用”研究。荣昌猪是中国三大地方优良猪种之一，具有皮薄、肉嫩、口感好、生长快、耗料少、产仔多和适应性强等优良特征。项目组围绕荣昌猪遗传资源保存方法和技术创新，对优势和特色性状基因进行发掘，采用传统育种技术、分子育种技术和信息技术相结合的方式培育新品种（系），对荣昌猪及其新品种（系）的利用关键技术进行了系统研究，形成了从资源保护、种质创新、新品种培育、标准化养殖到加工利用完整的全产业链技术支撑体系，将荣昌猪资源优势变为品种优势和经济优势，对提升中国生猪产业核心竞争力的意义重大。该项目获得 2015 年度国家科技进步二等奖。

2011—2012 年，实施了重庆市科学技术委员会下达的“现代实用养猪技术集成与推广”项目。该项目研究完成了圈舍设计、营养需要、饲养管理、免疫消毒、繁殖配种等成套技术方案，在圈舍和圈栏设计方面取得了多项创新性成果；编写的《现代养猪实用技术大全》不仅适合猪场饲养管理人员和广大养猪专业户阅读，也可作为大专院校和农村函授及培训班的辅助教材和参考书。该项目主要技术水平处于国内领先，获 2013 年度重庆市科技进步三等奖。

2011—2015 年，实施了农业部“国家生猪产业技术体系设施与设备”岗位科学家项目。该项目开展了肌内脂肪含量活体预测技术、影响猪超声活体背膘测量准确性因素、猪肉嫩度和滴水损失测定方法、妊娠母猪热应激参数、湿热环境对自由采食生长育肥猪采食行为的影响等研究，进行了不同猪种基因组 miRNA 编码区的高通量重测序、鉴定了部分重要序列突变并研究了遗传效应，进行了高温高湿气候环境猪舍设计及装备模式研究与示范，发表研究论文 29 篇，出版专著 2 部，研发设备 8 套，制定相关标准和规范 6 部，获得发明专利 2 个、实用新型专利 6 个。

二、重庆市畜牧技术推广总站的研究

重庆市畜牧技术推广总站王永康等完成的“优质瘦肉猪适度规模生产配套技术研究”，1999 年获重庆市科技进步三等奖、全国农牧渔业丰收奖三等奖。项目采取试验、示范、推广、培训相结合的技术推广方法，使项目在合川等 7 个重点县和大足等 9 个县推广实施，截至 1998 年年底，两年出栏优质肉猪 941.42 万头，仔猪培育 63.36 万窝，比实施前各项配套技术指标及覆盖率均有长足的进步，获得经济效益 1 600 万元。

第二节　牛 羊 兔

重庆市牛羊科学研究始于 20 世纪 90 年代中期。鉴于重庆农地、水田多，有效的草山草坡相对较少

的实际情况，牛羊的养殖及研究相对较弱。重庆市畜牧科学研究所冯大胜、李绶章、黄勇富、粟剑等人先后开展了山羊养殖配套技术、人工授精技术、三峡库区种草养畜技术、牛的杂交改良以及胚胎移植等科学研究及技术推广。重庆市畜牧科学院成立后继续加大研究力度，有效地促进了重庆牛羊产业快速发展。据重庆市农业委员会畜牧部门2014年统计，兔的养殖广泛分布在重庆市的石柱、开县、铜梁、忠县、渝北、璧山、江津、荣昌等10余个区（县）农村，年饲养1 913万只以上，一般为自繁自养，规模较小，对兔的研究开展较少。

1995—1997年，开展了重庆市科学技术委员会下达的“肉用山羊养殖配套技术”研究。该研究主要开展了山羊人工授精，广种优质牧草建立牧草基地，开展牧草氨化与青贮饲料技术等工作，促进山羊生产顺利发展。项目获农业部丰收二等奖。

2000—2001年，完成了重庆市农村工作领导小组办公室下达的“肉用山羊生产及人工授精技术示范”研究。该项目获重庆市农业局科技进步二等奖。

2000—2003年，开展了农业部下达的“优质肉用种牛、冷冻胚胎的引进”研究。该项目通过引进优质肉用种牛（红安格斯）和冷冻胚胎，采用胚胎移植和人工授精技术实现对本地黄牛品种进行杂交改良。引进群体（公5头、母29头）纯繁产仔22头；通过引进法国IMV公司生产的具有国际先进水平的细管冻精生产检测全套设备，共生产冻精15万粒；人工授精黄牛7 200头。逐步探索出一套适应重庆地区的红安格斯肉牛生产配套技术规程，筛选出红安格斯公牛精液稀释液最佳配方，多角度开展相关专题研究取得突破性进展。新增产值1 291.2万元，直接经济效益1 040.2万元。

2004—2005年，开展了重庆市农业局下达的“优质肉牛劳莱恩杂交利用技术示范的研究”。该项目建立了劳莱恩牛扩繁基地，建立了一个年生产10 000枚冻精的劳莱恩优质肉牛繁育基地。建立示范户53户，杂交改良本地黄牛661头，累计获得经济效益244.37万元。

2008—2010年，开展了国家“十一五”科技支撑计划子课题“南江黄羊新品系选育与产业化开发”研究。该项目选择了已有一定养殖规模、养殖场户集中连片的乡（镇）作为示范基地进行建设。同时在示范基地乡镇开展了杂交改良技术、羔羊早期断奶技术、补饲技术、秸秆青贮技术、舍饲育肥技术、环境控制技术、疫病监控技术和粪污处理技术等南江黄羊标准化养殖技术培训；开展了重庆市科学技术委员会重大科技攻关专项《山羊良种繁育与健康养殖关键技术研究》。项目首次利用胚胎工程技术成功扩繁酉州乌羊，胚胎移植取得了阶段性成果，为大足黑山羊的资源保护打下了坚实的基础。总结并提出了对波尔山羊进行杂交试验、肥羔生产技术和草羊配套模式研究结果形成的“肥羔生产技术规程”，对提高山羊的良种化水平和标准化养殖技术水平具有重大意义

2011—2013年，实施了国家“十二五”科技支撑计划项目“三峡库区山羊健康养殖关键技术集成与示范”课题。开展了山羊遗传资源保护、高效繁育、饲料营养价值评定、牧草选育及栽培、疫病快速诊断、粪污无害化处理和羊肉质量控制等技术研究和推广应用。项目获得牧草新材料2份，开发饲料配方5个、疫病诊断试剂8种、养殖设备5套；成果登记4项，成果鉴定1项；版权登记1项，获有机产品3个，有机转换产品1个；授权发明专利7项，实用新型专利3项；申请标准9项，授权地标6项，企业标准1项；发表论文44篇，SCI收录4篇，出版专著2部。

2012—2015年，实施了国际科技合作专项“抗旱王牛的引进及育种数据收集系统关键技术的合作研究”项目。主要与外方合作单位澳大利亚农牧业出口公司（AUSTREX）及澳大利亚畜牧集团（CPC）进行国际合作，引进了抗旱王种母牛并获取了相关的育种数据，引进了VAQUITEC技术软件，合作开展了种母牛有关数据收集、系统关键技术研究、抗旱王牛的适应性研究、胚胎移植技术研究、高效扩繁技术研究以及种牛性能测定和对比分析等，逐步实现遗传素材和育种新技术的引进、消化利用与创新，该项目利用合作技术进行种群扩繁。2015年，已经将抗旱王种牛群扩繁到近200头。

西南农业大学动物养殖工程学院实施的黄牛胚胎移植试验成功，于2001年3月培育出西南地区第一头胚胎移植良种牛——“海福特”牛犊；张家骅领衔的“大足黑山羊遗传资源保护与利用”获重庆

市科技进步一等奖。

重庆市畜牧技术推广总站王永康等人完成的“重庆市山羊高床舍饲配套技术推广”，2006年获重庆市丰收计划一等奖。项目围绕山羊生产过程中“种、料、养、管、防、圈、沼气利用、生态保护”等关键环节，推广了以“一改五推一防”为主的山羊高床舍饲配套技术；实施了“六化一配套一结合”及家庭小草原+高床舍试+适度规模、放牧、补饲养+疾病综合防治+粪便产气的高效生态养羊模式。实现养牛户户均收入达3 600多元，总的经济效益达8 394.2万元。

重庆市畜牧技术推广总站王永康等完成的“肉兔养殖技术推广”，1994年获重庆市科技进步三等奖。项目对肉兔养殖的每个环节进行了系统深入的研究，制定出一套适合重庆高温高湿环境下的肉兔养殖技术。

第三节　鸡 鸭 鹅

重庆市畜牧科学研究所于20世纪80年代中期开展了小群养鸡综合技术、肉鸡养殖综合技术、产蛋鸡营养需要、活拔鹅毛及养鹅配套技术以及优良杂交鸭和养殖技术大面积推广研究等，促进了重庆鸡鸭鹅产业的持续发展。其中，李绶章等主持完成的“优良鹅种及饲养管理配套技术推广”项目，获得全国农牧渔业丰收三等奖；“现代农业产业技术体系水禽养殖技术岗位”研究，完成了29种鸭饲料原料的营养价值评定；研究了粗蛋白质、能量、氨基酸水平对四川白鹅生产性能的影响和不同饲养方式对肉鹅生产性能及种鹅繁殖性能的影响，为小体型优质肉鸭标准、肉鹅饲料配方及饲料标准的制定提供了重要参考。

重庆市畜牧科学院成立后，加大了这方面的研究力度。

1991—1995年，开展了农业部下达的“四川白鹅新品系选育与利用”研究。四川白鹅新品系是以四川白鹅作杂交配套的母本，经过4个世代的家系选育，培育出的以提高产蛋率为主要目标的新品系。其产蛋性能得到了基本提高，年产蛋均能保持在70枚左右。通过将其与太湖鹅、浙东鹅、莱茵鹅进行正反交试验，筛选出提高早期生长速度效果显著的“莱♂×川♀”组合，分别在荣昌等6个区（县）累计推广四川白鹅新品系种鹅1.15万只，出栏杂交肉仔鹅46万余只；开展了农业部下达的“优良鹅种及饲养管理配套技术推广”项目。主要在荣昌、永川、合川、巴南、大足、綦江6个区县示范推广四川白鹅肉仔鹅网上平养和种草养鹅配套技术。四年累计推广四川白鹅619.5万只，总产活鹅2 019.57万千克。获全国农牧渔业丰收三等奖。

1994—1995年，开展了农业部下达的“良种肉鸭及配套增产技术”研究。项目在荣昌、永川、合川等10余个区县组织实施。主要推广“两改四推”配套技术，即改饲喂单一饲料为饲喂全价颗粒饲料；改饲喂野生杂草为饲喂栽培牧草；推广北京鸭、樱桃谷鸭、天府肉鸭、京麻鸭、天建鸭等良种水禽；推广农户适度规模经营；推广快速育肥技术，饲喂全价颗粒饲料，采取舍饲网上平养技术；推广小鹅瘟、鸭瘟、禽霍乱疫病防治和免疫程序。项目累计推广肉鸭746.88万只，总产活鸭1 149.1万千克。

1998—2002年，开展了农业部下达的“948”项目“优良鹅种的引进利用”研究。该项目从法国引进世界著名鹅种——朗德鹅、莱茵鹅四系配套一日龄雏鹅540只。建立并完善了朗德鹅、莱茵鹅良种繁育体系，同时逐年开展选育和杂交利用研究。项目实施期间，示范推广70套莱茵鹅1 750只、52套朗德鹅1 040只，其中200只以上规模饲养场有4个。另在武隆县、梁平县、渝北区推广父母代莱茵鹅60套，朗德鹅20套共计1 900只，并远销广西、山东、四川等地莱茵鹅、朗德鹅苗2 500只。该项目获重庆市科技进步三等奖。

2004—2006年，开展了重庆市科学技术委员会下达的“引进优良鹅种的综合开发利用研究”，该项目主要以引进的国外优良鹅种朗德鹅、莱茵鹅为主要研究素材，筛选出了“莱川”优秀肉用杂交组合，

研制的鹅肥肝填饲料添加剂预混料达到国内先进水平，并填补了肥肝化学成分、肥肝鹅肌肉及脂肪组织化学成分等方面研究的国内空白。项目获重庆市科技进步三等奖。

2011—2015 年，开展了农业部“现代农业产业技术体系水禽体系养殖技术岗位”的研究工作。经过 5 年的实施，完成了 29 种鸭饲料原料的营养价值评定；获得小型优质肉鸭 CMD 育雏期、生长期和育肥期能量、粗蛋白质、钙、磷、精氨酸营养需要量；研究了粗蛋白质、能量、氨基酸水平对四川白鹅生产性能的影响和不同饲养方式对肉鹅生产性能及种鹅繁殖性能的影响，为制定小体型优质肉鸭标准、肉鹅饲料配方及饲料标准制定提供了重要参考。发表论文 16 篇，获发明专利 1 项、实用新型专利 5 项。同期，开展了农业部“现代农业产业技术体系水禽体系重庆综合试验站”的研究与示范工作。5 年来，试验站以选育水禽新品系为主线，为满足市场对板鸭、卤鸭、卤鹅消费需求，进行针对性的肉鸭、肉鹅选育。先后建立市级家禽科研基地 1 个；规范、标准的肉鸭、肉鹅育种场各 1 个，填补了重庆地区无良种水禽标准育种场的空白；并建立了 5 个水禽试验示范基地；完成了优质肉鸭两品系 3 个世代的选育和优质肉鹅 3 个品系 2 个世代的选育；初步建立配套系并累计推广优质鹅苗 300 余万羽、鸭苗 2 000 多万羽；研究提出了适用于重庆高温高湿季节水禽防暑降温技术和发酵床养殖肉鸭配套技术各 1 套；开展水禽健康养殖及肉鸭产品加工技术优化与示范推广工作，举办各种培训班 64 期，参训人员 6 200 人（次）。

2013—2015 年，开展了科学技术部下达的“鹅繁殖调控与全年均衡生产技术示范推广”项目。该项目根据重庆气候条件和养鹅特点，制定了四川白鹅青年鹅反季节繁殖技术。结果显示种鹅 5～12 月产蛋 65 枚/只，受精率 75%，达到预期效果。经项目实施，已形成四川白鹅青年鹅反季节繁殖生产技术规范、种鹅网床养殖生产操作规范各 1 套；推广肉种鹅 64.25 万只，带动肉鹅生产 330 万只，实现销售收入 646.9 万元，销售利润 97.04 万元。该项目获授权实用新型专利 1 项，在国家核心期刊发表论文 5 篇。

第四节　蜂

重庆市蜂业研究起步较晚，2006 年 5 月重庆市畜牧科学院成立蜂业研究所，聘中国养蜂学会副理事长、云南农业大学东方蜜蜂研究所所长兼养蜂系主任匡邦郁为所长。建所以来，开展了熊蜂人工周年繁育及高效授粉技术、中蜂高产低耗新品种选育研究和国家蜂产业技术体系重庆综合试验站技术研究推广等工作，助推重庆蜂产业的快速发展。

2008—2010 年，开展了重庆市科学技术委员会下达的科技攻关项目“熊蜂人工周年繁育及高效授粉技术研究”。完成了重庆地区熊蜂资源调查，发现熊蜂品种 15 个，其中优势熊蜂种为三条熊蜂和黄熊蜂。根据熊蜂蜂种的生物学特性开展了熊蜂人工周年繁育技术研究，成功实现了熊蜂周年繁育；建立熊蜂繁育室 1 个，可年生产繁育熊蜂 500～1 000 群；编制《熊蜂人工周年繁育技术》资料 1 套。熊蜂为重庆设施农作物番茄、茄子和辣椒授粉的试验表明，授粉农作物产量分别比对照组提高 29.88%、17.8% 和 68.28%，产值分别提高 53 784 元/公顷、102 420 元/公顷和 32 040 元/公顷。蜂业研究所编制《熊蜂高效授粉技术》1 套，建立熊蜂授粉试验基地 3 个，共计推广熊蜂授粉种植面积 51.6 公顷，每年可新增种植效益 201.24 万元。项目分别获得重庆市科技进步三等奖、重庆市农牧渔业丰收二等奖。

2009—2012 年，开展了重庆市科学技术委员会下达的重点攻关项目“南川中蜂高产低耗新品种选育研究”。该研究对南川中蜂生产性能、形态特征和遗传差异进行了测试，完成了南川中蜂活体保存 150 群、超低温冷冻保存精液 4 350 微升；建立了南川中蜂核心保种场 1 个。选育的产蜜量高、冬耗量低的子一代分别比基础群提高 12.6% 和降低 14.29%；子二代产蜜量分别提高 38.89% 和冬耗量降低 17.86% 的新品种 1 个。项目推广了南川中蜂优良蜂王 3 876 只，实现直接经济效益 196.28 万元。项目获得重庆市农牧渔业丰收二等奖。

2006—2008 年，参与完成了科技攻关项目“出口型原生态蜂蜜生产配套技术研究与示范”。该项目改以“脾”为生产单位为以“箱体”为生产单位，研究集成了“低劳动、高产量、高品质”的多箱体养蜂技术。多箱体饲养方法比“脾式”饲养法人均饲养量提高了 2.5 倍以上，产蜜量提高了 15% 以上，蜂蜜成熟度提高了 4 ~ 5 波美度，养蜂户人均年收入达 5 万元以上。项目完成示范蜂群 21 000群，生产原生态蜜 1 950 吨，经济效益 10 394 万元，出口欧盟和日本 300 余吨，创汇 135 万美元；研制出了纯植物药源的新型蜂药“健蜂Ⅰ号”（早春繁殖用）、“健蜂Ⅱ号”（生产季节用）及其生产工艺和产品质量标准；采用植物药源蜂药替代抗生素防治蜜蜂幼虫病、用甲酸替代双甲脒和硫黄防治蜂螨的生物防治无害化手段，从而有效解决了国内蜂产品抗生素等药物残留问题，并获得重庆市科技进步三等奖。

2010—2015 年，开展了农业部下达的“国家蜂产业技术体系重庆综合试验站建设”项目。该项目已分别在万州、武隆、南川等地区建立了人均 120 群以上的中华蜜蜂规模化饲养技术示范场 3 个，其养蜂效益提高 30%，生产效率提高 100%；同时在垫江建立 200 群以上西蜂示范蜂场 1 个，在南川建立中华蜜蜂地方良种选育场 1 个，在荣昌建立西蜂保种场一个。上述蜂场在分蜂和采蜜季节群势增长达 20% 以上，蜜蜂为农作物授粉面积 644 公顷，授粉蜂群 30 096 群，蜂农累计增收 139 万元。项目研究集成了中华蜜蜂规模化饲养技术规程 1 套，探索建立了蜜蜂良种培育技术体系和优良蜂种资源采集、样品保存评价体系。完成了蜜蜂病虫害风险评估基础信息调查，开展了“中囊康”在重庆地区的中试工作。

第五节　畜禽疫病

重庆市畜牧科学院对畜禽疫病的研究主要是在微生物制剂、中草药制剂、粪便微生物的分离与筛选、高效发酵微生物功能分析、猪瘟和猪伪狂犬病种猪群净化策略、猪副猪嗜血杆菌病防控技术以及规模化猪场流感的流行病学调查等畜禽疫病净化方面采用分子生物学技术与分子生物信息学技术、血清学调查与分析等手段开展了科学研究。

一、猪疫病

2009—2011 年，实施了重庆市科技攻关项目“猪瘟和猪伪狂犬病种猪群净化策略的研究与示范”。项目完成了重庆地区规模化猪场猪瘟与猪伪狂犬病的野毒感染情况的调查。对 5 个重点猪场的种猪群的猪瘟与猪伪狂犬病野毒感染情况进行了全面筛查，淘汰了检测呈阳性的种猪。对 5 个重点猪场的种猪群的猪瘟与猪伪狂犬抗体进行了全面的筛查，剔除了抗体检测不合格的种猪；根据猪场的实际情况建立了两套实用的免疫程序；建立了猪伪狂犬病的 LAMP 检测技术 1 套；构建了 1 株缺失了 ORF2 基因的伪狂犬病毒并对其部分生物学特性进行了研究；建立了猪附红细胞体病实验室诊断方法 1 套；发表文章 7 篇，其中一级学报 2 篇。项目获得 2014 年度重庆市科技进步三等奖。

2009—2011 年，实施了重庆市科技攻关项目“规模化养猪副猪嗜血杆菌病防控技术研究”。项目主要针对川渝地区副猪嗜血杆菌的分离及流行病学进行了深入调查；对副猪嗜血杆菌进行耐药性分析，并针对耐药性杆菌研制出了副猪嗜血杆菌灭活疫苗；研究了副猪嗜血杆菌与免疫抑制疾病的相关性，发表科技论文 2 篇，编写出版专著 1 部，研究成果获得 2014 年度重庆市科技进步三等奖。

2009—2012 年，实施了国家科技支撑计划子课题“西南地区规模化猪场流感的流行病学调查与分析”。项目采用病原学、免疫学和现代分子生物学技术和方法，对中国西南地区（重庆、四川、云南、贵州）大型的规模化猪场猪群的流行病学调查，分析了不同猪群中猪流感的感染和分布情况；利用传统的流感病毒培养方法，对不同猪场采集的感染样本进行病毒分离、培养和鉴定；采用分子生物学技术与分子生物信息学技术，分析了猪流感病病毒遗传和演变情况，分离到猪流感病毒 CQ1，CQ2，CQ3－1，CQ3－2 共 4 株，发表论文 4 篇，其中 2 篇刊登在 SCI 期刊上。

二、山羊疫病

2010—2013 年，开展了国家“十二五”科技支撑计划项目子课题“重庆地区山羊健康养殖关键技术集成与示范”。项目针对三峡库区山羊产业饲养管理方式落后、生物安全形势严峻、疫病流行复杂等现状，通过对山羊主要流行疫病血清学调查与分析，建立该地区主要流行疫病诊断方法，并从疫病的发病原因、药物控制、疫苗免疫和养殖技术规范等方面进行研究，形成一套用于控制三峡库区山羊主要疫病的综合技术。同时依据实验室诊断、临床实验效果总结形成技术规范 1 个；研发集成“山羊细菌性肺炎防治关键技术研究”1 套；提出了一套用于控制山羊细菌性肺炎的综合技术。发表论文 4 篇，其中 1 篇刊登在 SCI 期刊上。

三、兔疫病

2008—2011 年，参与实施了重庆市重点合作项目“优质肉兔良种繁育健康养殖及加工关键技术研究”，承担肉兔快速检测及主要疾病防治技术研究。项目搞清了“幼兔胀气腹泻病”的病因，研究出了预防和控制该病的关键技术，完成了兔瘟快速诊断及抗体检测工作，为养兔场预防兔瘟提供了科学依据。制定了肉兔主要疾病防治技术方案，开展了兔病防治技术培训。项目在实施期间发表论文 4 篇，编写农业科普书籍 1 部，项目获得 2012 年重庆市科技进步三等奖。

2011—2013 年，参与实施国家科技支撑计划“三峡库区肉兔健康养殖关键技术集成与示范”项目。项目主要针对兔病综合防控工作，开展三峡库区兔的流行病学调查；研发兔病防控新制剂；开展肉兔主要疾病防治技术集成；开展技术示范和应用。研究内容形成了三峡库区肉兔主要流行疫病的流行病学调查资料 1 套，研发出了新检测制剂 1 个，制定主要兔病防治技术规范 1 套，研发出兔巴氏杆菌、葡萄球菌、肺炎克雷伯氏菌的微量凝集快速检测技术。项目研究内容获得发明专利 1 个，并获 2015 年重庆市科技进步三等奖。

2012—2014 年，承担重庆市农业发展资金项目“兔病毒性出血症间接血凝快速检测试剂盒的研究”，分离到兔瘟病毒野毒株 1 株（命名为 RHDV NB 毒株），研制用于快速检测兔瘟病毒的间接血凝快速检测试剂盒 1 个，主要用于兔瘟病的快速诊断。

四、家禽疫病

2008—2010 年，实施了国家支撑计划子课题“中药小复方制剂防治禽病毒病的研究”。该项目主要围绕防治鸡传染性法氏囊炎及传染性支气管炎病毒病新中兽药的研制，筛选了具有良好抗鸡传染性法氏囊病毒及传染性支气管炎病毒病作用的中药小复方；分析、提取了复合小复方有效成分，研制兽用抗鸡传染性法氏囊及传染性支气管炎病毒病中兽药新制剂 1 个；优化新型抗鸡传染性法氏囊及传染性支气管炎病毒病中兽药生产工艺 1 套；发表科技论文 3 篇；获得国家发明专利 2 项；建立中药提取物制剂中试生产线 1 条，颗粒剂生产线 1 条；应用于 16 000 多只鸡，有效控制了鸡病流行与危害，提高鸡的成活率达 30% 以上，取得了较好的经济效益。

五、微生态制剂和益生菌种研究

2002—2005 年，实施了重庆市科技攻关项目“畜禽微生物饲料添加剂研究”。筛选出了益生菌 7 株，建立了乳酸菌、芽孢杆菌、酵母菌的培养、发酵、浓缩、干燥工艺和乳酸菌的包被工艺，解决了生产微生物饲料添加剂的菌种缺失和产业化生产工艺复杂等问题；研制出猪、鸡、奶牛用微生物饲料添加剂各 1 个；研制出猪用“中益合生素”；研制出了猪、鸡及奶牛用微生物饲料添加剂、中药协同剂和猪用中益合生素的暂行质量控制标准，为产品的产业化提供了质量保证。研制的微生物饲料添加剂在荣昌区、涪陵区和武隆县等7个地区推广应用，猪8.6万头，奶牛120头，鸡15 000多只，新增收益近900万元，取得效益700多万元。项目获得发明专利1个，获2013年重庆市科技进步三等奖。

2009—2010年，参与实施了重庆市科技攻关项目“重庆市发酵床零排放养猪关键技术的研究与示范”。承担发酵床零排放养猪菌种的研制工作，主要开展了猪粪便微生物的分离与筛选、高效发酵微生物功能分析、外来菌种与本土菌种的应用对比以及猪粪便资源化利用操作规程的制定等研究。实施项目期间，发表论文4篇，参与出版论著1部。项目获重庆市推广应用三等奖。

2011—2012年，实施了国家科技支撑计划项目子课题“薯类及其副产物、柑橘渣发酵菌种筛选及发酵工艺研究”。项目实施期间，获得益生菌种，筛选出发酵木薯渣、柑橘渣复合菌种配方各1个；制定了木薯渣的发酵工艺和柑橘渣发酵工艺各1套；出版专著1部；发表论文6篇，其中SCI收录1篇；授权专利1个；建成了安富发酵车间（试验基地），建立1条发酵中试线。

重庆市畜牧兽医技术推广部门在动物疫病防控方面亦取得了较好的科研成果。2007年来主持或参与农业部公益项目（子课题）1项、省部级重大攻关、重要攻关、集成示范项目等10项，先后获得重庆市科学技术进步奖一等奖1项、三等奖2项，农业部丰收计划奖二等奖、三等奖各1项，重庆市丰收计划奖一等奖2项，获得国家专利3项。其中，“重庆地区高致病性猪蓝耳病病原变异及免疫防控技术研究”荣获重庆市2012年科学技术进步奖一等奖；“新城疫免疫胶体金快速检测技术研究”获重庆市2013年度科学技术奖三等奖；“高致病性猪蓝耳病诊断技术研究与推广”获全国2011—2013年度农牧渔业丰收奖农业技术推广成果奖二等奖；“重庆市出口猪肉生产安全卫生控制关键技术研究及示范”获重庆市2010年科学技术三等奖。

此外，重庆市农业技术推广总站完成的“集约化养猪场粪污无害化处理关键技术研究与示范”，获2010年度重庆市科技进步二等奖。

第六节　饲　　料

30年来，重庆市畜禽饲料与营养方面的基础研究和应用研究取得了突破性进展，研究重点集中在畜禽饲料资源开发和生物学价值评定、营养需要标准、饲料工业发展预测、添加剂配方与复合维生素配方筛选、添加剂预混料配方技术、猪营养需要模型以及大麦、甘薯作饲料、中草药多功能新型饲料添加剂等非常规饲料的研究及技术开发与应用方面。1986年以来，饲料研究获得多项成果，其中获得国家科技进步二等奖1项、省部级技术进步二等奖4项、三等奖33项；获国家发明专利3项，修订国家标准1项。

重庆市畜牧科学院做了以下研究：

1984—1986年，开展了四川省科学技术委员会下达的“提高四川省猪配合饲料质量研究”。该项目以四川泸县为基地，对提高配合饲料质量的管理体系、技术路线、质量监测、生产销售和试验示范推广等进行了全面深入的研究。项目实施三年新增纯收益661.34万元，节约饲料粮1 046.5万千克。该项目获四川省政府技术进步三等奖。

1986—1987年，开展了四川省畜牧食品局下达的“猪用复方添加剂配方筛选”研究。目的是筛选能使猪只增重快、饲料利用率高、经济效益显著和饲喂安全的饲料添加剂预混料配方。研究成果为饲料工业、养殖业的发展作出了重大贡献，获得四川省政府技术进步三等奖。

1986—1990年，开展了“重庆市饲料工业发展预测研究”。项目撰写了重庆市饲料资源现状调查及预测论证、重庆市1990—2000年畜禽发展目标预测、重庆市饲料工业现状及1990—2000年发展预测、重庆市1990—2000年人口结构及其营养水平的预测4个专题报告。研究成果获得四川省政府技术进步二等奖。

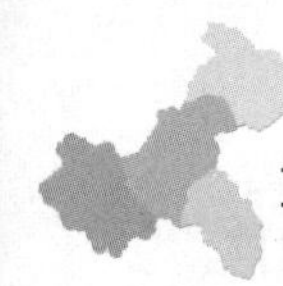

1987—1988 年，开展了四川省科学技术委员会下达的“四川省饲料工业发展预测”研究。研究成果获得四川省政府技术进步三等奖。

1990—1991 年，开展了四川省科学技术委员会下达的“酒糟合理利用研究”。该项研究首次测定了酒糟蛋白粉的消化率，在国内首次提出并证实了对曲酒糟进行谷壳、粮渣的分离不能提高酒糟的饲用价值。研究成果获得四川省政府技术进步三等奖；开展了四川省科学技术委员会下达的“大麦‘威 24’猪饲用价值研究”。该研究证明：推广利用威 24 大麦作饲料，将促进大麦品种改良和种植面积的增加，对充分利用土地资源，发展饲料工业和畜牧业具有现实意义。研究成果获得四川省政府技术进步二等奖。

1991—1992 年，开展了四川省科学技术委员会下达的“柠檬酸对哺乳仔猪生产性能、养分利用率及胃肠道微生物区系的影响”研究。该研究通过在饲粮中添加 0. 5% 柠檬酸，仔猪增重提高 14. 88%，饲料利用率改进 5. 88%，蛋白质利用率改善，养猪效益提高 12. 08%，仔猪腹泻发生率降低了 22. 83%，发病率显著减少；每使用 1 千克柠檬酸，农民多获取收益 54 元，该成果在 17 个饲料厂得到生产应用，取得了重大的社会经济效益，获得四川省政府技术进步二等奖。

1995—1996 年，完成了四川省畜牧食品局下达的“8 505 猪用添加剂预混料配套利用技术”研究。先后获得四川省农业畜牧厅科技进步一等奖、四川省政府技术进步三等奖。

1997—1999 年，开展了农业部丰收计划项目“猪用高蛋白预混料及其饲养管理技术”研究。该项目推广的预混料可提高仔猪日增重 11. 97%，料肉比改进 10. 34%，发病率降低 31. 3%，死亡率减少 6. 0%，每使用 1 千克预混料可获得经济效益 10. 1 元。项目获得国家农牧渔业丰收三等奖。

1997—1998 年，合作开展了国家“九五”攻关计划“猪用添加剂预混料配方技术”的子课题“生长育肥猪对微量元素铜、铁、锌、锰的需求特点及互作效应”研究。获得北京市科技进步三等奖。合作开展了国家“九五”科技攻关计划“新型饲料及产业化技术研究与开发”的子课题“猪用复合维生素配方筛选”研究，获得全国高校科技进步一等奖。

1999—2001 年，开展了重庆市科学技术委员会下达的“提高大麦作猪饲料饲用价值的研究”。该研究在国际国内首次观测到了加工对大麦纤维链结构的断裂破坏状况；在国内首次对大麦的营养成分的表观消化率进行了全面测定；在国内首次研究成功了猪用大麦型饲粮专用添加剂预混料。获得重庆市科技进步三等奖。

2001—2003 年，开展了重庆市科学技术委员会下达的“提高甘薯对猪的饲用价值及其产业化研究”。该项目根据甘薯的营养特点，开发出甘薯青贮专用添加剂，甘薯粉、鲜薯专用添加剂在四川、重庆等地推广应用和产业化生产。获得四川省政府科技进步三等奖；开展了重庆市科学技术委员会下达的《西南典型品种猪营养需要模型研究》。该项研究结果表明：NRC（1998）饲养标准高于实际生产需要，造成了饲料资源的大量浪费和经济效益的重大损失。该成果在推广应用中降低了饲料成本，企业销售量提高。获得重庆市科技进步三等奖。2002 年，刘作华等完成的“猪优质高效饲料产业化关键技术研究与推广”，获国家科技进步二等奖。

2001—2005 年，开展了重庆市科学技术委员会下达的“农产品质量安全与标准化生产技术”专项“猪用中草药多功能新型饲料添加剂的研究及产业化技术开发与应用”。研究筛选出以杜仲叶、黄芪、山楂等多种中药组成的具有来源广、效果好、安全、无毒副作用的中草药添加剂组方；研究建立了猪用中草药多功能新型饲料添加剂生产工艺，提出了醇、水低温分步提取—絮凝沉淀—喷雾干燥新工艺，使中草药有效成分尽可能提取完全并保持活性。项目获得重庆市技术发明三等奖。

2011—2015 年，承担完成了科学技术部下达的“十二五”国家科技支撑计划专项“饲料资源开发与高效利用关键技术研发与集成示范”课题。该研究提出了薯类、糟渣、杂粕、酶解谷朊粉等发酵增值工艺 11 套；研发出直投式发酵剂、非常规饲料发酵产品、酶解产品 16 个，浓缩蛋白饲料 3 个；提出了发酵饲料产品在畜禽上的高效应用技术 16 套、区域特色类型日粮营养平衡与配制技术 6 套；申请了国家发明专利 7 项，获得国家发明专利授权 3 项，修订国家标准 1 项，制定行业标准 2 项；建立示范基地 16 个、中试线和生产线 7 条。

重庆市畜牧技术推广总站完成的“秸秆资源开发及养牛配套技术推广”，2001 年获全国农牧渔业丰收奖三等奖。该项目通过两年来在彭水、武隆、丰都、南川 4 个区（县）的实施，新增效益 2 794.66 万元。

第四章
水产科学研究

20 世纪 80 年代至今，重庆水产科研的主攻方向为新品种开发推广、渔业资源调查和保护利用、水生环境监测和专题研究。30 年来，重庆市水产科学研究所、重庆市水产技术推广总站和万州水产研究所承担了多项国家部委、重庆市和万州区的科技攻关，取得一批重大成果；完成了一批科研平台建设项目，科研实力大大增强。

第一节　水产和渔业资源保护

一、重庆市水产科学研究所的主要研究成果

近 30 年来，重庆市水产科学研究所在科研和科技成果推广等方面，成效明显。主要科研成果：①“长寿湖水库渔业资源调查和区划”，1986 年获重庆市人民政府科技进步二等奖、四川省科技进步三等奖。②“中华鲟精液超低温保存试验”，1987 年获重庆市农垦局科技进步二等奖。③“长江鲟内塘驯化和人工繁殖试验研究”，1988 年获重庆市政府科技进步一等奖，四川省政府科技进步二等奖，1990 年获国家科技进步三等奖。④“鲮鱼引进养殖试验研究”，1988 年获重庆市农垦局科技进步二等奖。⑤“南方大口鲶人工繁殖及养殖技术研究”，1996 年获重庆市科学技术委员会科技成果三等奖。⑥“四川省鱼类寄生虫及寄生虫病的研究”，2002 年获重庆市政府科技进步二等奖。该所人工繁殖和研发鱼类 20 多个品种，其中大鳍鳠人工繁殖技术处于国内领先水平，年产鱼苗可达 100 万尾，利润率 40% 左右。江泓鲤鲫年产值可达 1 000 万元以上。

在长江鲟鱼类生物学及人工繁殖研究方面，在全市、全国水产界享有较高声誉，曾为三峡工程鱼道建设科学论证作出贡献。

二、重庆市水产技术推广总站主要成果

1997 年，“草鱼赤皮、烂鳃、肠炎三病免疫技术推广”获重庆市科技三等奖；“淡水白鲳繁育及池塘混养技术试验示范”获重庆市科技成果奖。

1998 年，“淡水白鲳繁育及池塘混养技术试验示范”获重庆市科技成果三等奖。“稻田养殖新技术”获 1998 年度“全国农牧渔业丰收计划”一等奖和 1999 年重庆市农牧渔业科技进步一等奖。1999 年，稻田养鱼面积 117 703 公顷，稻田养殖产量每公顷 355 千克，其中规范化稻田养鱼每公顷 731

千克。

2001 年，重点推广 80∶20 养殖模式、单雄新罗非鱼养殖、名优养殖技术、稻田养殖技术。“罗非鱼大规模苗种繁育及养殖技术”获 2001 年度农业部全国农牧渔业丰收二等奖。组织编制了《重庆市罗非鱼池塘养殖技术操作规范》和《重庆市池塘80∶20养殖技术规范》。2002 年“池塘 80∶20 养殖技术”获全国农牧渔业丰收奖二等奖。

2012 年，“重庆市池塘吨鱼万元生态养殖集成技术推广”获重庆市农牧渔业丰收奖，农业技术推广成果奖二等奖。

2013 年，参与的“池塘鱼菜共生生态养殖技术推广”获重庆市农牧渔业丰收奖，农业技术推广成果奖二等奖；“池塘鱼菜共生综合中央技术研究与推广”，获得中国水产科学研究院獐子岛渔业科技进步奖励基金奖励，获中国水产科学研究院科技进步奖三等奖。

2016 年完成的“三峡环库循环生态农业带构建与产业化应用”（第五完成单位）“池塘鱼菜共生综合种养技术推广”“水产养殖节能减排技术集成与示范推广”分别获 2014—2016 年度全国农牧渔业丰收奖二等奖。

鱼菜共生成果简介：

2013—2015 年，池塘鱼菜共生综合种养项目在重庆璧山、巴南、涪陵、潼南等 37 个区（县）累计实施面积 24.9 万亩，水产品平均亩产 1 318 千克，各类蔬菜亩产 891.4 千克，产值亩均 16 974.8 元，亩纯收益 4 666 元；新增水产品亩均 447.4 千克，新增产值亩均 6 527.6 元，新增纯收益亩均 2 658 元，亩产值和纯收益比技术应用前分别增加 62.5% 和 132.4%。亩均节约水电等支出 60% 以上，约 190.2 元。池塘鱼菜共生综合种养技术连续 4 年（2013 年、2014 年、2015 年、2016 年）获评全国农业主推技术和节能减排首选技术；入选 2014 年全国农业科技年鉴；获重庆市科学技术委员会科技成果认证；通过重庆市农业委员会成果鉴定。制定《鱼菜共生综合种养技术规范》（DB50/T 545—2014）、《池塘 80∶20 养殖技术规范》（DB50/T 226—2014）两项地方标准，注册了“鱼菜缘”水上蔬菜商标，通过品牌打造，提高产品的知名度和公信度；通过了国家绿色食品认证（产品编号：LB－15－1408342936A），有效提高了产品附加值，增加池塘综合生产效益；开设了重庆首家“鱼菜缘”绿色水产蔬菜直销店。2014 年 4 月 CCTV－7《农广天地》制作播出“池塘鱼菜共生技术”专题；重庆电视台、重庆日报等多家媒体也多次报道；四川、云南、天津、宁夏等十几个省份参观学习该市鱼菜共生种养技术。该技术在全国具有较大的反响，在 2016 年获得全国农牧渔业丰收奖二等奖。重庆大足区谢云灿和九龙坡区慕宗友两个合作社养殖户荣获 2015 年度中华神内基金农技推广奖。

三、万州水产研究所主要研究成果

万州市（区）水产研究所从 20 世纪 80 年代至今，科研事业取得了跨越式发展，承担了多项国家部委、重庆市和万州区的科技攻关项目，取得了一批重大科技成果。胭脂鱼、岩原鲤、大鲵、白甲鱼等品种的人工繁殖和育苗技术达到国内领先水平。主要成果：①1990—1992 年，完成了万县地区科学技术委员会“水库化肥养鱼技术规程研究”项目，研究探明施肥养鱼水库适宜鱼类生长的最佳氮、磷量配比，制定出适应面广、可操作性强的“水库化肥养鱼技术规程”。该成果于 1992 年获万县地区科技进步三等奖。②1994—1995 年，完成了“子二代胭脂鱼苗种培育技术研究”项目，该研究突破了苗种成活率低等关键技术难题，填补了 2 项国内空白，技术处于国内领先水平。该成果获重庆市 2001 年度科技进步三等奖。③1999—2004 年，完成的重庆市科学技术委员会项目“匙吻鲟亲鱼培育及人工繁殖技术研究”，获得 2011 年度万州区科技进步一等奖。④2002 年度完成的国家科学技术委员会项目“三峡库区渔业开发移民科技示范及推广”，获得万州区科技进步三等奖。⑤2002—2004 年，完成的万州区科学技术委员会项目“长江重要名特鱼类规模化繁育技术研究”，获重庆市 2005 年度科技进步二等奖，2007 年度农业部神农中华农业科技奖三等奖。成功实施了胭脂鱼、匙吻鲟、岩原鲤、白甲鱼、厚颌鲂、

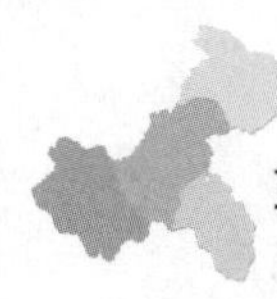

华鱼泉、中华倒刺鲃等名特鱼的人工繁殖。⑥2007—2008 年度完成的“中国大鲵人工繁殖技术研究”，顺利结题验收。通过人工催产最终获得大鲵开口苗 5 040 尾，养成 8～10 厘米的规格苗 4 900 余尾。形成了比较完整的一套养殖技术。⑦2008—2009 年，“大鳍鳠的生物学特性和人工繁殖技术研究”，顺利结题验收。⑧2010—2012 年，完成的万州区科学技术委员会项目“长江鲟人工繁殖技术研究”，顺利通过了专家组织的结题验收。长江鲟是国家一级保护动物，项目研究培育出性腺发育成熟的亲鲟，繁育出了一批仔幼鲟，为长江鲟的人工繁殖研究积累了宝贵的资料。⑨2013 年完成的万州区科学技术委员会科技攻关项目“岩原鲤池塘育种技术研究”，顺利实施并通过结题验收。通过合理的养殖密度，精细的水质调控技术和鱼病防治技术对其养殖效果进行比较，找到最佳的技术方法。当年共获得鱼种 40 万尾，平均规格达到 10 厘米以上，总产值达 50 多万元，获纯利 24 万元。

在名、特渔业资源保护和开发利用方面做了大量工作。坚持开发长江中上游特有鱼类资源，先后在嘉陵江武胜段、长江万州段收集长薄鳅后备亲本 320 尾，圆口铜鱼 280 尾，这两个科研品种驯养技术处于国内领先地位。多次作为长江三峡库区增殖放流的种苗供应方，向长江流域投放胭脂鱼、岩原鲤、中华倒刺鲃、白甲鱼等重要经济鱼种 500 余万尾，为增加野生鱼类的种群数量，恢复生物物种多样性作出了积极贡献。于 2010—2012 年度完成的国务院三峡工程建设委员会办公室“7＋1”发展项目“长江上游珍稀特有鱼类人工繁殖、放流技术试点示范”，到位资金 135 万元。项目选择达氏鲟、长薄鳅、四川白甲鱼等库区珍稀特有鱼类为研究对象，开展人工繁育技术研究，突破关键节点，稳定达氏鲟、长薄鳅和四川白甲鱼的繁育规模，为今后大规模苗种的生产提供技术示范。

第二节　科技平台和繁育基地建设

一、重庆市白甲鱼原种场（国家级）

重庆市白甲鱼原种场是经农业部、重庆市农业局和重庆市发展改革委员会批准建设的渔业重点建设项目，也是重庆市水产科学研究所建设的第一个国家级水产原种场。该原种场是在该所长寿湖镇新渔村的养殖基地的基础上再投资 187 万元改扩建而成，占地面积约 16.7 公顷，其中养殖水面约 13.4 公顷。原种场可向社会提供白甲鱼种质亲本，现已从长江捕捞了一定数量的白甲鱼原种入池驯养。重庆市白甲鱼原种场建成后既有利于白甲鱼资源的保存与保护，又有利于优质资源的合理利用与开发，有力地促进重庆市区域内白甲鱼的推广养殖，带动农民增收。

二、国家级重庆市胭脂鱼原种场、岩原鲤原种场、长江上游珍稀特有鱼类重庆增殖放流站

21 世纪以来，万州区水产研究所陆续建成如下项目：

2003—2004 年，在完成的农业部项目“重庆市胭脂鱼原种场建设”基础上，设立了胭脂鱼国家级的原种场，并与中国科学院水生生物研究所合作共建“长江上游特有鱼类实验中心”，与西南大学合作共建“水产科学重庆市市级重点实验室试验基地”。

2007—2008 年，完成的农业部项目“重庆市岩原鲤原种场建设”，顺利通过了区级和市级验收。建成后鱼种引进，由于采取切实有效的移养、驯养措施，岩原鲤都生长良好，成活率高达 95% 以上。

2010 年，共开展了 80 组胭脂鱼繁殖，出苗突破 500 万尾。

2010—2012 年，完成的农业部建设项目“长江上游珍稀特有鱼类国家级自然保护区重庆增殖放流站建设”，建成了长江上游珍稀特有鱼类国家级自然保护区重庆增殖放流站。该站受重庆市珍稀特有鱼类国家级自然保护区管理处的委托，具体实施珍稀特有鱼类增殖放流及鱼苗繁育研究工作，该项目总投资 639 万元，已于 2012 年建成并投入使用。项目的完成，在大幅提高珍稀特有鱼类苗种生产能力和规

模的同时，改善了珍稀特有鱼类救护、救治、保护技术研究和渔业生产科研、养殖新品种开发的必要基础设施和条件，在重庆市及三峡库区建成了一个设备条件相对完善、技术力量较强的长江珍稀特有鱼类增殖放流和救护中心（基地），更好地为三峡库区渔业资源的保护、开发和利用提供必要的科技支撑和服务。

2010—2015 年，完成的重庆市科学技术委员会科技平台建设项目“重庆市长江名优鱼工程技术中心建设”，到位资金 100 万元，通过了专家的结题验收，已顺利建设完成并投入使用；完成的重庆市农发资金项目“万州区名特水产繁育中心建设”，到位资金 238 万元，已成功实施并通过专家组织的结题验收；完成的农业部建设项目“重庆市万州区四大家鱼良种场建设”，到位资金 300 万元，已成功实施并结题验收。

2010—2016 年度完成了国务院三峡工程建设委员会办公室三峡后续项目“重庆市万州珍稀特有水生动物增值放流站及鱼苗繁育场建设”，到位资金 1 464. 79 万元。项目实施期间共向万州区相关水域投放珍稀名特鱼苗上亿尾，大大改善了水域生态环境。

第三节　鱼用饲料

万州水产研究所在鱼用饲料方面完成的项目如下：

1985—1987 年，完成地区科学技术委员会项目“草鱼苗种配合饲料研究”。试验筛选饲料配方，摸索投喂量，打破传统苗种培育模式，配制草鱼苗种专用饲料，为精养高产奠定物质基础。

1997—2000 年，与重庆市水产研究所主持，西南师范大学生物系、西南农业大学水产系协作，完成了“几种重要水产养殖对象的种质优化技术和人工饵料的研究”；完成的重庆市科学技术委员会项目“子二代胭脂鱼苗种培育技术研究”，是重庆市“几种重要水产养殖对象的种质优化的优质人工饵料的研究”子项目。该课题的实施大大提高了胭脂鱼苗种的受精率、孵化率和暂养率，该项目获得重庆市科技进步三等奖，万州区科技进步一等奖。

2006—2008 年，完成的重庆市科学技术委员会科技创新项目“三峡库区名优鱼饲料研发与生产”，顺利实施并结题验收。根据本项目对胭脂鱼、岩原鲤、白甲鱼营养需求的研究成果，进行科学、合理配方，利用饲料成套生产机组，生产出三峡库区几种名优鱼系列配合饲料定型产品，年产销量达 2 000 吨以上，年产值达 990 余万元，利润达 90 万元；生产销售的名优鱼饲料养殖商品鱼 1 200 吨，间接效益达 6 000 万元。同时提高了名优鱼养殖成活率及饲料利用率，降低了养殖成本，提高了养殖效益，激发了养殖户对名优鱼的养殖热情。项目完成后，胭脂鱼、岩原鲤、白甲鱼从此有了专用养殖饲料，三峡库区名优鱼系列饲料注册了“万腾”商标，饲料销往重庆市内 8 个区（县）及四川、广东、上海等地；建成名优鱼饲料生产线一条，年生产能力达 6 000 吨。

2007—2008 年，万州区发展改革委员会的“长江名优鱼饲料生产改扩建项目”顺利实施和结题验收。随着名优鱼类养殖地进一步推广，名优鱼专用饲料的需求量日益扩大，通过名优鱼饲料的加工工艺，饲料中微生态制剂、酶制剂等添加剂的使用，研制出满足名优鱼类生长发育的专用饲料，达到改善饲料品质，显著提高饲料利用效率，减少环境污染，综合成本降低，效益突出的目标；完成的重庆市科学技术委员会科技攻关项目“三峡库区名优鱼系列饲料中试应用研究”，顺利实施并结题验收。

2008—2009 年，完成了万州区科学技术委员会项目“岩原鲤无抗饲料配方技术研究”，课题顺利实施并通过专家组织的结题验收。

第四节　渔需物资

1985—1986 年，万州水产研究所完成了自立项目“增氧机在苗种培育中的运用”。试验表明增氧机

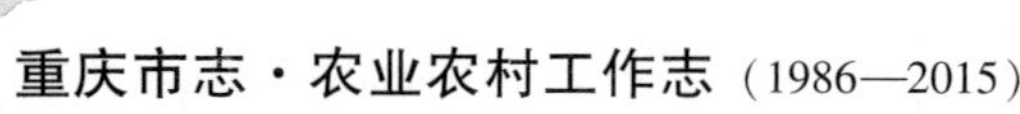

对培育大规格鱼种，增加单位面积放养量，提高苗种产量，有明显优势。在运用中进行了技改，增氧机自动定时开关。

鱼标本建设：万州水产研究所标本室建于1980年5月，以收集原地区鱼类标本为主，主要收集原万县地区所辖九县一市的鱼类标本。这一地区地处四川盆地东缘，面积29 521.17平方公里，属亚热带湿润季风气候。长江由西南向东贯穿区内318公里，区内沿途有大小支流数百条，较大的有彭溪河、梅溪河和小三峡所在的大宁河，为鱼类提供了良好的生息繁衍环境。紧靠石宝寨的漕溪盘至公龙背一带，是中国珍稀鱼类中华鲟和胭脂鱼的天然产场之一。多变的地形地貌和巨大的海拔落差，形成了物种的多样性，也是该区鱼类资源十分丰富的重要原因。该所标本室标本齐全，品位高档，属国家一类保护动物中的长江鱼类有3种，白鲟、中华鲟、达氏鲟；属二类保护的长江鱼类有两种，胭脂鱼和大头鲤，均已收齐。

万州区水产研究所标本室鱼类标本名录：

黑印真鲨、达氏鲟（长江鲟）、中华鲟、白鲟、匙吻鲟、鳗鲡、中华白肌银鱼、胭脂鱼、青鱼、、草鱼、鳡、南方马口鱼、宽鳍　、赤眼鳟、鳤鱼、山西　、丁　、长春鳊（鳊）、伍氏华鳊、银鳔、寡鳞飘、餐条、黑尾餐条（新种）、油餐（贝氏餐条）、三角鲂（三角鳊）、团头鲂、戴氏（青稍）红鲌、拟尖头红鲌、蒙古红鲌、翘嘴红鲌、伍氏红鲌、湖北圆吻鲴、园吻鲴、黄尾密鲴、逆鱼、彩副鱊、大鳞四须鲃（新亚种）、中华倒刺鲃、宽口光唇鱼、云南光唇鱼、多鳞铲颌鱼、白甲鱼、泉水鱼、华鲮、泸溪直口鲮、墨头鱼、四须盘鮈、云南盘鮈、花鱼骨、唇鱼骨、长吻鱼骨、似鱼骨、麦穗鱼、嘉陵颌须鮈、银色颌须鮈、济南颌须鮈、点纹颌须鮈、铜鱼、圆口铜鱼、吻鮈、圆筒吻鮈、长鳍吻鮈、似鮈（亚种）、长吻似鮈（亚种）、裸腹片唇鮈、蛇鮈、棒花鱼、齐口裂腹鱼、岩原鲤、鲤、大头鲤、鲫、白鲫、银鲫、南方长须鳅鮀（新亚种）、宜昌鳅鮀、短身鳅鮀；鳙、鲢、红尾条鳅、山鳅、酒泉高原鳅、贝氏高原鳅、红尾副鳅、宽体沙鳅、黄沙鳅、伍氏沙鳅、点面副沙鳅、花斑副沙鳅、长薄鳅、紫薄鳅、大鳞泥鳅、泥鳅、中华间吸鳅（中华间爬岩鳅）、短身间吸鳅、犁头鳅（毛缘犁头鳅）、贡氏（长脊）犁头鳅、西昌华吸鳅、四川爬岩鳅（四川中华吸腹鳅）、秉氏爬岩鳅、伍氏爬岩鳅、鲶、大口鲶、埃及胡子鲶、黄颡鱼、江（瓦氏）黄颡、光泽黄颡鱼、长须黄颡鱼、肥沱黄颡鱼（自取名）、长吻鮠、粗唇鮠、钝吻鮠、细体鮠、切尾鮠、白边鮠、乌苏拟鲿、大鳍鳠、斑鳠、白缘鉠、黑尾鉠、宽鳍纹胸鮡（四川亚种）、中华纹胸鮡、福建纹胸鮡、美丽纹胸鮡、扁头鮡、云斑鮰、斑点叉尾鮰、青鳉、食蚊鱼、乌鳢、黄鳝、鳜、大眼鳜、斑鳜、加州鲈、莫桑比克罗非鱼、尼罗罗非鱼、子陵栉　虎鱼、溪栉　虎鱼、褐栉　虎、鱼吻　虎鱼、暗色东方鲀、短盖巨脂鲤（淡水白鲳），另有大鲵（俗称娃娃鱼）。

第五章
土壤肥料科学研究

20 世纪 80 年代，著名土壤学家、中国科学院院士、西南农业大学教授侯光炯主持的水田自然免耕技术课题，经过 6 年多的试验研究和生产实践，取得了重大科技成果和显著的社会经济效益。

2006 年以前，重庆市农作物研究所、农业科学研究所、果树研究所和茶叶研究所，都围绕水稻、玉米、小麦、蔬菜、茶叶、果树等作物，开展了土壤肥料等研究，但土壤研究不系统。2012 年重庆市农业科学院农业资源与环境研究所（简称资环所，下同）成立后，把土壤学科作为独立的研究学科，进一步开展研究工作。

第一节　土壤研究

一、粮油作物土壤研究

1982—1984 年，侯光炯教授水稻自然免耕法在宜宾的 9 个县 1 个市全面推广后，水稻获得了大面积增产，平均每亩增产 25% 。1985 年四川省把自然免耕法作为全省农业增产的重大措施之一，在各水稻主产区因地制宜进行大面积推广应用。1986 年，自然免耕技术荣获国家科技进步三等奖、国家教育委员会和四川省科学技术进步一等奖。鉴定委员会专家对研究成果给予了充分肯定和高度评价，一致认为：该项技术是一种先进的、开创性的研究，是对水田传统耕作的一个重大改革。它揭示了水田自然免耕的机理、提高了土壤中水、热、气、肥的协调和动态有序性，充分发挥了土壤肥力的潜力；是一套提高土壤肥力、增加水田产量和产值的综合技术措施；在生产上取得了显著的社会、经济效益；在研究的指导思想上具有多学科综合研究的特点，值得其他课题借鉴；水田自然免耕技术的研究成果具有国际先进水平。1994 年，侯光炯完成了《自然免耕是消除洪灾，实现持续农业的一项世界性任务》论文撰写。

重庆市土肥工作站完成的“重庆主要土壤、耕制养分平衡及钾肥肥效研究”，获 2000 年度重庆市科技进步奖三等奖。

重庆市农业技术推广总站完成的“重庆市农地污染与作物健康品质的相关规律及控制关键技术”，获 2007 年度重庆市科技进步奖二等奖。

2013—2016 年，重庆市农业科学院农业资源与环境研究所（简称资环所）开展了“豆类优化种植模式和土壤生态效应研究”“丘陵山地高效种植模式土壤生态效应”“高粱周年绿色高效技术模式土壤生态效应研究”等项目。通过不同轮作模式对土壤生态效应的研究，揭示了不同特色作物轮作模式下

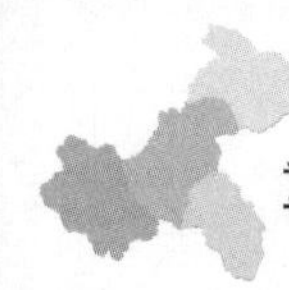

土壤的理化性质、微生物群落和杂草消长的时空变化以及作物产量的年际变化，为特色作物的栽培模式和土壤保育提供可靠的数据支撑。

2014—2015 年，资环所开展了“重庆水稻镉污染现状调查与对策研究”。通过对重庆市 30 个水稻生产区（县）的稻田土壤样品和水稻样品的取样分析，基本摸清了全市稻田镉污染现状，并进行了基于土壤环境风险的稻田土壤环境的质量评价，因地制宜提出了防治稻田土壤镉污染的对策和措施。

2014—2016 年，资环所开展了重庆市科学技术委员会下达的“重庆典型丘陵农田自然生态环境观测体系研究”。以重庆市现代农业高科技园区的典型农田自然生态环境为观测对象，对园区的土壤有机质、养分、重金属、土壤颗粒、水分动态、土壤呼吸强度、水土流失等耕地质量指标进行了监测。初步筛选和构建了一个适宜重庆典型丘陵农田的自然生态环境观测体系，为重庆市山地生理生态试验站开展长期定点定位实验积累了经验。

二、蔬菜土壤研究

2011—2014 年，资环所开展了重庆市科技攻关项目“菜地连作障碍的诊断与修复关键技术研究”。集成了克服根肿病连作障碍土壤修复及其调控技术；摸清了潼南、铜梁、璧山、武隆、石柱等主要蔬菜基地的土壤性状、存在问题及与连作障碍的相关性，明确了土壤酸化是重庆市菜地连作障碍的主要原因；首次从分子水平研究甘蓝不同连作年限的土壤障碍特征；开展了连作障碍土壤的修复关键技术研究，获得了主要蔬菜的高效配方施肥技术；针对草莓、生姜、连作障碍问题，集成了石灰氮太阳能 + 生物菌肥连作障碍土壤修复技术。

2015—2016 年，重庆市资源与环境交易所开展了市科学技术委员会下达的“秸秆生物炭对小白菜生长发育及土壤性质影响的研究”。针对重庆丘陵区农业生产中遇到的土壤有机质下降、土壤结构变劣、土壤生产力降低及大量秸秆资源浪费等问题，以重庆丘陵区典型紫色土为研究对象，得出秸秆生物炭施用对小白菜生长和土壤理化性质的改善方面起促进作用，在一定范围内，秸秆生物炭可促进小白菜对土壤中氮、磷、钾元素的吸收。项目研究为进一步的大田试验提供了依据和实践指导。

三、茶树和果树土壤研究

1979—1985 年，重庆市茶叶研究所承担了“因土配方施肥提供黄壤区茶叶品质、产量”项目，在大量调查研究、分析黄壤茶区土壤的基础上，率先在国内茶树上开展了因土施肥先进技术研究；根据土壤和茶树营养元素的丰缺程度，采用不同配方施肥、氮磷钾配比、有机无机结合和根外喷施铝、铜等多元微肥等方式，促进土壤与茶树营养的供需平衡、协调；提出的提质增产的氮肥用量指标及三要素合理配合比例，对提高红绿茶品质与产量有显著效果，开创了固土综合用肥的新途径并取得良好社会经济效益，其研究成果处于国内同类先进水平。该成果获 1987 年四川省科技进步三等奖。

1995—1997 年，重庆市茶叶研究所承担了四川省科学技术委员会下达“茶园土壤主要酶的分布规律及活性研究”项目，提出的土壤酶活性测定方法、茶园土壤脲酶、磷酸酶活性状况及其在茶园土壤中的分布规律、酶活性季节变化规律等诸多结论，对深入研究茶园土壤中脲酶对尿素的转化速率研究等，具有良好的指导作用。同时利用土壤脲酶的活性，为解决提高尿素利用率的研究打下基础。该成果获 1998 年重庆市农牧渔业科技进步三等奖。

2004—2006 年，重庆市茶叶研究所针对中国人多地少，连作普遍，连作障碍是国内外耕作栽培学、土壤肥料的重点和热点问题进行研究。选用多年生茶园为研究对象，对长期连作的茶园土壤的物理特性、化学性质、生物学性质，以及与茶叶产量品质进行相关分析，找到了影响茶园连作的主要障碍因子，即土壤严重酸化，铝毒加重，二价阳离子含量降低，土壤化感物质增加等，探明了影响茶园忌地残毒形成的主要原因，并提出了相应的调控改良措施。

此外，1994 年三峡农业科学院土肥室与南京土壤研究所开展“朋娜脐橙生产力及品质试验和不同地区农林牧复合生态系统建设”研究，采集土壤、植株、果实等样品111个，进行田间试验与室内分析，为万县市大面积推广朋娜脐橙，深入了解万县市农田复合生产系统的不同种植模式的系统产出能力和效益提供大量的科学依据。

第二节　肥料研究

20世纪80年代以来，重庆市土壤肥料工作站、农业科学研究所、作物科学研究所、茶叶研究所、果树研究所（四川省农业科学院果树研究所，简称果树所，下同）等单位，分别就蔬菜、水稻、小麦、茶叶、果树等相关农作物和经济作物的肥料引进筛选与施用技术等，进行了相关研究与推广应用。

一、粮食作物研究

1982—1983年，重庆市农业科学研究所、农业技术推广站和土壤肥料工作站联合开展了“小麦死苗原因及防治措施研究”，针对沙壤土小麦拔节时期出现的大面积死苗现象，赵远驰等重点对市郊小麦死苗原因和防治措施进行了系统研究，其死苗原因多种，但因土壤偏酸缺钼为主要原因；同时提出了在施用氮、磷、钾肥的基础上，用钼肥拌种或叶片喷钼，以及施用碱性磷、钾肥、石灰等改良土壤的防治措施，较好地解决了小麦死苗问题。该项成果获1983年重庆市科技进步三等奖、1984年四川省科技进步四等奖。

2002—2005年，重庆市作物研究所等开展了小麦平衡配方施肥技术推广工作。根据实现小麦目标产量的总需肥量、不同生育时期的需肥规律和肥料效应，在合理施用有机肥的基础上，提出肥料（主要是氮、磷、钾肥）的施用量、施肥时期和施用方法。2003年以后，大力推广了测土平衡定量施肥技术。根据不同的地区和不同的土壤自身养分含量测定结果，制定平衡配套定量施肥计划，氮、磷、钾平衡，大量和微量元素平衡，有机肥和无机肥结合，达到小麦需肥与供肥的平衡，获得小麦的高产优质高效。

重庆市土壤肥料工作站完成的“优质有机肥生产与应用技术”，获2003年度全国农牧渔业丰收奖一等奖。

二、蔬菜研究

1987—1988年，重庆市农业科学研究所主持开展了“稀土在蔬菜上应用推广”项目，该成果获1989年四川省农牧渔业科技进步三等奖和重庆市农牧渔业科技进步三等奖。该研究提出了在番茄、豇豆、辣椒、甘蓝、萝卜、黄瓜这6种主要蔬菜上施用稀土的技术措施；试验表明，稀土可促进植株生长，增强抗性，可促进作物现蕾、开花，提高坐果率，可改善蔬菜品质，提高商品价值，能显著提高产量，增大经济效益。番茄施用稀土每公顷产量增加4 500千克，每公顷增值1 350~2 250元；辣椒施用稀土每公顷增产1 500千克，提高产量13%，每公顷增值930~1 500元；豇豆施用稀土增产14%左右，每公顷增值1 050~1 500元。

1988—1990年，重庆市土壤肥料工作站主持，重庆市农业科学研究所参加的“茄果类蔬菜（番茄、辣椒）配方施肥研究”项目，根据22个肥料效应函数方法进行整理分析，提出了番茄、辣椒配方施肥基本方案5个，可供因地制宜选用；有机肥是茄果类蔬菜配方施肥的基础，每施1 000千克有机肥可增产356.7千克番茄或108.8千克辣椒，增产作用显著。该成果获1991年重庆市科技进步三等奖。

1990—1992年，重庆市农业科学研究所主持开展了“蔬菜叶面肥筛选及施用技术研究”项目，选择了当时在蔬菜生产上应用有一定效果的8种叶面肥，春季和冬季主要在蔬菜辣椒、豇豆、甘蓝上进行试验，筛选出了叶面宝、Vb氨基酸稀土、ABT4号生根粉、植宝素等适宜的叶面肥品种与配套技术，并在生产上进行了示范推广，产生了较好的社会经济效益。该成果获1992年重庆市农牧渔业科技进步三等奖。

渝东南农业科学院完成的“茎瘤芥优质丰产施肥原理及技术研究”，1996年获四川省科技进步三等奖。

三、果树研究

重庆市果树研究所在果树研究方面完成如下项目：

1977—1986年，承担了“甜橙氮素营养的研究”，系统观察了年周期中甜橙氮素营养与生育状况的变化规律，探讨了在紫色土上的氮肥用量、时间对树体营养的影响及与生长结果和关系；提出了在紫色土施氮素的经济有效施用标准，并对四川省柑橘施肥现状与营养问题进行了广泛调研，提出改进四川柑橘施肥的意见。该研究在1987年进行成果登记。

1984—1994年，与其他单位参加了由浙江省科学院柑橘研究所主持的全国协作攻关项目“柑橘营养诊断及施肥技术”，经过10年的协作攻关，提出了中国柑橘主栽品种氮、磷、钾等主要营养元素的施用适量范围，以及钙、镁、铁、硼、锰等10余种营养元素失调的诊断及防治方法等肥料施用技术，不仅填补了中国空白，还使全国柑橘生产从传统经验施肥，改进为诊断配方施肥；在大面积推广应用后，有效提高了柑橘的产量和品质，社会经济效益显著。该成果获1994年农业部科技进步三等奖。

1991—1996年，承担了“新垦殖果园土壤熟化途径与技术”项目，在明确新垦殖果园土壤理化特性的基础上，重点从有机营养的角度，提出了增加有机营养、提高土壤供氮能力等土壤培肥途径与措施；探明了不同碳、氮比的有机物料对新垦殖果园土壤熟化的合理配比和用量；研究成果适用于丘陵荒地的改良与开发，对加强长江水果带果园建设和三峡市库区的经济发展具有重要作用。成果达国内先进水平，获1998年重庆市科技进步三等奖。

四、茶叶研究

20世纪80年代，重庆市茶叶研究所从肥料用量、肥料种类（复合肥、微量元素肥）以及施用方式等多方面入手，就茶园施肥技术进行了研究：

1979—1987年，承担了农业部下达的重点项目“因土配方施肥提高黄壤区茶叶品质产量”，对四川省、重庆市茶区8个地（市）、20余县、70多个茶场进行了实地调查同时开展施肥试验，发现在极度缺磷、钾、铜、锌等含量及含量较少的黄壤茶园，合理配施磷、钾肥，根外喷施复合微肥，可提高芽叶中铜、锌、钾、铝、磷的含量，对茶多酚、儿茶素含量的形成具有促进作用。该技术成果在主要在黄壤茶区万盛、高县应用推广1 333.4公顷，每年每公顷分别净增产值498.6元和273.3元；在四川省6.67多万公顷黄壤茶园中有3.33万公顷推广应用该项成果，年净增产值达1 286.75万元。该成果获1987年四川省科技进步三等奖。

1986—1990年，承担了四川省农业科学院下达“茶园综合诊断及施肥技术研究”项目。将茶叶产地分为5个生态区，提出了3套施肥方案，形成了计算机茶园综合诊断及施肥技术的专家咨询系统，对茶区经济用肥和科学施肥具有实用价值；3年累计推广应用面积2.8万公顷，平均增产10%以上，新增总产值1 260万元，新增纯收益810.6万元。1991年，该成果获四川省科技进步三等奖。

第六章
植物保护科学研究

第一节　农作物病虫害及防治研究

西南农业大学、重庆市农业科学院（作物研究所、农业科学研究所、果树研究所和茶叶研究所）、重庆市植物保护植物检疫站和市农业技术推广总站围绕水稻、小麦、油菜、蔬菜、茶叶、果树等作物，开展了植物病虫害防治等植物保护研究工作，取得一批科研成果。渝东南农业科学院自1986年以来，重点在水稻稻瘟病、榨菜病毒病、肿瘤病及小麦病害方面进行了研究，获得多项科研成果。

一、粮油作物病虫害防治

1992年，市植保站承担重庆市科学技术委员会下达的“中稻穗期病虫配方施药技术研究”，首次提出“中稻—再生稻”栽培系中的病虫害防治关键时期是防治中稻穗期病虫害，并明确中稻穗期药剂配方的原则，研制出中稻穗期病虫配方药剂复配剂“扑螟虱”和相关的杀虫单颗粒剂等系列农药，同时还可根据不同生态区病虫种类和发生情况进行组配，扩大防治对象和范围。配方药剂防治中稻穗期病虫害技术和5%杀虫单颗粒剂，分别在1992—1995年累计推广13.93万公顷、3.47万公顷，纯收益5 006万元，产生效益1.65亿元。重庆市植物保护植物检疫站自行研制的杀虫单系列农药两获国家发明专利登记：“一种杀虫单微粒剂的制造方法”和“杀虫单颗粒剂制造方法”。“中稻穗期病虫配方施药技术研究”项目，获1995年重庆市科技进步三等奖。

1993—1995年，重庆市作物研究所等开展了小麦“一包药”技术研究与推广工作。示范推广将杀虫、杀菌剂和微肥混合在一起的“一包药”技术，对小麦中后期蚜虫、麦红黄蜘蛛、白粉病、赤霉病、锈病等病虫害，具有较好的防治作用，起到简化防治程序、降低生产成本的效果。

1996—1999年，重庆市植物保护植物检疫站进行了抛秧稻田病虫草害发生规律及防治策略研究，弄清了抛秧影响病、虫、草发生规律变化规律和抛秧田易发的主要病虫草害及其发生规律，建立抛秧稻田病虫草害防治策略与综防示范，提出并实施了“适当提前防治时期，坚持种子、土壤处理，狠抓前期草虫兼治和中后期病虫兼治”的抛秧病、虫、草防治策略。“重庆市水稻抛秧栽培技术体系研究应用”获2001年度重庆市科技进步三等奖。

2000—2003年，由重庆市农业局主持实施的“马铃薯晚疫病防治及脱毒种薯繁供体系建设”为市人民政府指导性科研项目。该项目的完成对重庆市马铃薯晚疫病防治及脱毒种薯繁供体系建设，起到极其重要的作用，马铃薯等脱毒快繁技术已经在全市得到广泛应用。

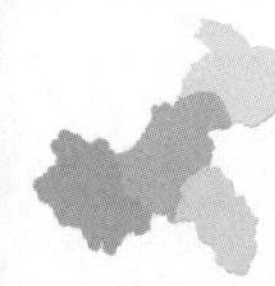

2009—2013 年，重庆市植物保护植物检疫站牵头参与了全国农技中心组织的“主要农作物有害生物种类与发生危害特点研究”的子课题“重庆市主要农作物有害生物种类与发生危害特点研究”。5 年来，在秀山、涪陵、南川等 16 个区（县）开展了 10 种作物病虫草鼠害发生种类及危害特点调查；共调查出发生种类 1 273 种，包括主要病虫杂草种类百余种，分析得出重庆市主要农作物有害生物发生发展趋势。建立重庆市主要农作物有害生物数据库，编写《重庆市水稻主要病虫草图册》，参与编写了由全国农技中心主编的《水稻主要病虫害测报与防治技术手册》。

2014—2015 年，重庆市农业科学院特色作物研究所主持承担了“油菜蚕豆间作对油菜菌核病的防控研究”项目，针对菌核病这一重庆地区油菜生产上危害最严重的病害问题进行研究。试验结果表明，油菜蚕豆多样性种植能有效控制油菜菌核病的发生，改善油菜主要经济性状结构，提高油菜产量。油菜蚕豆间作行比为 5∶5、6∶6 时，油菜菌核病的防控效果较好，其中在 6∶6 行比模式下，油菜籽产量最高。

二、蔬菜（食用菌）病虫害防治

重庆市农业科学研究所在蔬菜（食用菌）病虫害防治方面做了如下项目：

1982—1985 年，联合九龙坡和江北区农业局，主持开展了“豆荚野螟发生规律和防治研究”。按该研究提出的测报和防治方法进行防治，豆荚被害率为 2. 58% ～4. 32%，未防治的被害率为 28% ～71. 77%，效果十分显著。该成果获 1989 年重庆市农牧渔业科技进步四等奖。

1987—1988 年，主持开展了“食用菌主要害虫防治试验研究及示范推广”项目。该研究针对食用菌在生产栽培过程中有菇蚊、菇蝇、跳虫等多种害虫的危害，经济损失在 50% 左右等问题，研究并提出了食用菌害虫综合防治措施主要有杜绝虫源、改善栽培条件、药剂防治、人工捕捉等。该成果获 1989 年四川省农牧渔业科技进步三等奖和重庆市农牧渔业科技进步三等奖。

1988—1990 年，联合重庆市粮油进出口公司、罐头总厂等单位，主持开展了“重庆市芦笋主要病虫害发生及防治研究”。通过中试及大面积示范推广，表明芦笋病虫通过综合防治措施能有效地降低病虫的为害率，提高芦笋的产量和质量，为国家换取外汇作出了积极贡献。该成果获 1991 年四川省农牧渔业科技进步三等奖和重庆市农牧渔业科技进步二等奖。

1990—1992 年，联合沙坪坝区、九龙坡区和江北区农业局，主持完成了“重庆市辣椒主要真菌病害发生及防治研究”项目，该成果获 1993 年重庆市农牧渔业科技进步一等奖。通过 3 年系统研究，明确了重庆市辣椒主要真菌病害为疫病、灰霉病、黑根腐病，以及其发生规律、症状、发病与品种、土质、气候条件、栽培方式及管理水平等因素的关系；并鉴定出一种目前国内外尚无报道的新病害——辣椒黑根腐病；提出了一套以农业防治为主，药剂防治为辅的切实可行的防病丰产综防技术措施。1992—1993 年综合防治示范推广 379. 2 公顷，田间主要真菌病害发病率由原来的 30% ～50% 降低到 10% 以下，增产 14. 3% ～35. 2%，年经济效益达 83. 713 万元。其间，联合南岸、沙坪坝、九龙坡、江北等区农业技术推广站，主持开展了“重庆地区食用菌主要病害防治试验研究”项目，该成果获 1993 年四川省农牧渔业科技进步二等奖和重庆市农牧渔业科技进步二等奖。通过研究，基本摸清了全市食用菌主要病害的种类有 22 种，污染菌 10 种，其中新发现细菌性黄脓病（*Flavo baotefium* sp）1 种；提出了 12 项综合防治措施；该成果示范推广后，新增总产量 320. 026 万千克，新增总产值 912. 074 万元，新增纯收益 351. 51 万元。

1990—1993 年，参与由西南农业大学主持，重庆市植物保护植物检疫站等单位参加的“菜地昆虫群落及新分类系统建立”研究项目，该成果获 1994 年农业部科技进步三等奖。该研究属于应用理论研究范畴，建立蔬菜受害、损失的数学模型以及合理、有效的经济阈值，指导菜地害虫合理防治，并为测报的规范化和专家决策支持系统的建立奠定基础。该成果在重庆市、成都市等地建立 333. 4 公顷害虫治理示范区，示范区内害虫防治效果超过常规化防治，减少农药用量 30% ～70%，平均每公顷节约防治费用300～375元，商品菜农药残留在国家允许标准以下，产量增加5%～10%。该成果综防推广应用面积累计达8 600公顷，占推广地区蔬菜面积的49.8%，取得了明显的经济、生态效益。

1998年2月，重庆市植物保护植物检疫站与西南农业大学联合承担的“新传入检疫对象——美洲斑潜蝇研究与防除”项目通过重庆市科学技术委员会鉴定，同年10月通过市科技进步奖评审委员会评审，被评为二等奖。美洲斑潜蝇是世界上最为严重和危险的多食性斑潜蝇之一，属一类检疫性害虫。1995—1997年连续3年普查，查清美洲斑潜蝇在重庆市内的分布情况，并按发生程度不同将全市划分为重发生区、较重发生区、轻发生区，实施分区限期达到控制目标的治理策略，3年累计防治面积23 037.4公顷，发生面积减少45%，获得经济效益12 059.40万元，年经济效益3 861.05万元。该项目制定出切合重庆市实际的预测预报方法和有效的综合防治技术和检疫措施。

三、茶树病虫害防治

重庆市茶叶研究所在茶树病虫害防治方面做了如下项目：

1988—1994年，完成由重庆市科学技术委员会下达“茶角蜡蚧预测预报和防治技术”；完成了由四川省农业科学院下达“茶角蜡蚧预测和防治技术中试”项目，1996年获四川省农科院科技进步三等奖。

1996—1998年，承担了“茶跗线螨对水胺硫磷抗性机理研究”项目。研究表明，不宜使用杀虫机理相同的有机磷和氨基甲酸酯类杀虫剂进行害螨防治，推荐使用具有杀螨活性的新型抗生素农药——齐螨素，可交替使用双甲脒、哒螨酮、赛丹等低毒高效杀螨剂。该成果获1998年重庆市农牧渔业科技进步三等奖。

2006—2007年，制作了茶毛虫、扁刺蛾、茶网蝽、茶叶斑蛾、茶跗线螨等6种害虫的生活史图谱库及防治技术库，进行绿颖、茶毛虫病毒制剂和苦参碱等环境友好型农药的田间药效试验，累计示范推广1 000亩次。

2011—2013年，承担了“茶树主要害虫绿色防控技术示范与推广”项目，筛选对茶树主要害虫具有较高防效的新型农药，改善茶叶产品的质量安全；通过试验研究，筛选出帕力特等高效低毒农药新品种2个，对茶树主要害虫假眼小绿叶蝉30天平均防效达70%；与对照相比，在春茶生产期少施药1～2次；通过低水溶性农药施用与色板诱杀的技术集成，建立了茶树主要害虫绿色防控技术并在茶园示范推广，取得“带枝饲养昆虫的环保微型饲养笼”实用新型发明专利1项。该成果获2014年永川区科技项目研发奖二等奖。

四、果树病虫害防治

重庆市果树研究所在果树病虫害防治方面做了如下项目：

1980—1982年，参加由四川省农业科学院植物保护研究所主持的“四川省农业害虫及天敌资源调查”项目。果树所承担了梨、苹害虫及天敌资源的调查研究工作，先后赴省内13个县（市）的梨、苹果主产区，对危害相关水果的害虫与天敌进行了采集、饲养调查，获得害虫标本1450号、天敌标本1760号。经整理分类鉴定结果表明，害虫有496种，分属10个目87科；天敌177种，分属8个目45科，其中2种为中国新纪录；并编写了梨、苹果害虫与天敌名录（于1993年、1994年由四川省科技出版社出版），为提高害虫测报水平、保护天敌、综合防治害虫提供了重要依据。该成果获1983年四川省技术改进二等奖、1984年农牧渔业部技术改进一等奖。

1981—1985年，承担了“柑橘潜叶蛾发生规律及防治技术研究”项目，通过对柑橘潜叶蛾的生活史、各代发育历期、各虫态历期、田间消长规律及其与生态环境因素的关系和成虫生活习性等的研究，定点观察结合普查测报虫情，提出了该虫的药剂防治方法与时间，取得较好效果，苗木受害率大大降低。该研究1986年获成果登记。对柑橘线虫病进行了试验研究，先后调查了江津、巴南、长寿、简阳等19个柑橘生产县（市），鉴定、摸清了主要线虫各类，提出了柑橘线虫病的综合防治措施，用450℃

热水浸病苗根25分钟或用1∶50溴氯丙烷浸根、杀死根中线虫，对病区果园亩用80%二溴氯丙烷5千克兑水100倍或其他药剂配成药土，开沟施入土中，并覆盖压紧等杀虫措施。

1986年1月，参与西南农业大学主持的全国重大课题成果“柑橘螨类种群系统生态学应用理论研究”通过技术鉴定。这项成果使中国柑橘生产中棘手的螨类危害问题有了成套的科学防治对策。1986—1989年，参与西南农业大学主持、四川省农业科学院果树研究所参加的“柑橘主要病害的防治研究”项目，针对柑橘脚腐病，通过病原菌分离、培养、纯化和接种试验，并根据发病规律，提出了“预防为主、结合治理、靠接换砧、加强药剂防治”的策略和12条防治措施。该项目获1990年四川省科技进步三等奖。

1986—1989年，开展了“柑橘裂皮病防治研究”，对部分柑橘产区裂皮病的危害情况进行了较系统的调查和防治试验研究，调查结果显示，江津、巴县、合川、简阳、遂宁等11个县（市）均有分布；提出了培育无病毒良种、建立无病毒果园，建立健全果树种苗良种推广体系，用于嫁接、修剪的工具在操作前后要严格消毒，对病情严重、树势已衰弱的柑橘树采取及时毁除防治方法。

1989—1995年，承担了“四川桃、李、樱桃主产区重要害虫区系研究”“四川桃园猖獗害虫防治技术研究”和“桃透翅猖獗害虫的发生及防治对策研究”等项目，对四川核果类水果害虫的区系特征、群落演替及其综合治理技术做了系统研究，首次探明了四川核果昆虫种群由297种害虫和140余种天敌昆虫组成，其中桃害虫233种、李害虫131种、樱桃害虫80种；是国内各省份同类研究虫种数量最多的记载，提示了四川核果害虫区系种类与特征。“四川桃、李、樱桃主产区重要害虫区系研究”成果，获1992年四川省农科院科技进步二等奖、1995年四川省科技进步三等奖。

1990—1998年，承担了“四川、重庆主要果树病原线虫及防治研究”项目。该项研究主要针对四川和重庆柑橘、梨、苹果、桃、葡萄5种果树上病原线虫的种类及分布、诊断与防治，进行了系统的调查、鉴定和流行、发生规律与防治技术等研究。摸清了果园线虫种类并提出了果树线虫综合治理体系，在病区推广应用后，产生了良好的社会经济和生态效益。该成果获2001年重庆市科技进步二等奖。

“九五”以来，西南农业大学周常勇领衔主持、重庆市农业技术推广总站参加的“柑橘良种无病毒三级繁育体系构建与应用”，荣获2012年国家科学技术进步奖二等奖；周常勇领衔主持、重庆市农业技术推广总站参加的“柑橘病毒类和检疫类病害分子检测及无病毒三级繁育体系技术”，获重庆市科技进步一等奖。此外，“九五”期间，西南大学“四川省家蚕对病原性微孢子虫类的研究与防治”项目，获四川省科技进步二等奖

第二节　病虫害预测预报研究

一、预测预报主要研究成果

（一）新型测报灯应用研究与推广应用

2002—2004年，重庆市植物保护植物检疫站参加了全国组织的“佳多新型虫情测报灯应用研究与推广”项目，取得以下成果：一是该测报灯具有调查数据准确性高、诱集害虫处理方式对人和环境安全、自动化程度高、可操作性强、升级空间大等优点，符合现代病虫测报的要求。二是预报对象增加，预报准确率提高。三是推广应用面积大，创造效益高。在全市十几个区（县）应用6.67万公顷，人工费从20元/天降低到10元/天；应用区平均每公顷产量为8 040千克，较普通测报灯对照区增多217.5千克，新增（挽回）总产值2 105万元。同时，由于应用地区减少了化学农药施用量，生态环境得到了较大改善，稻田里天敌数量有所增加。“佳多自动虫情测报灯开发与应用研究”项目，荣获2005年河南省人民政府科学进步一等奖。

（二）晚疫病监测模型研究

由晚疫病菌引起的马铃薯晚疫病是马铃薯生产中最重要的病害，为提高马铃薯晚疫病测报规范化和自动化水平，2010 年开始，重庆市农业技术推广总站与北京汇思君达公司合作，在引进了比利时 CARAH 模型基础上，将物联网信息技术与植物病害流行学原理相结合，研发了马铃薯晚疫病数字化监测预警系统，实现了对晚疫病菌侵染过程的自动、实时监测，根据监测结果，将马铃薯晚疫病防治策略从见病防治变为无病预防，大大提高了对马铃薯晚疫病的防治效果。2010—2012 年，重庆、四川、贵州、甘肃马铃薯主产区应用马铃薯晚疫病智能监测预警系统和进行常规预报的多点大面积试验比较，前者平均预警准确率为 97.2%，较常规预报的 67.1% 提高了 30.1 个百分点；智能监测预警系统的预报指导防治，其平均防效率为 91.8%，较常规预报指导防治的防效 70.2% 提高了 21.5 个百分点，每公顷多挽回马铃薯损失6 189千克，减少投入人工和农药费用每公顷 495 元。此研究获得了农业部丰收计划二等奖及重庆市科技进步三等奖。

（三）水稻稻瘟病抗性监测研究

2002—2015 年，重庆市种子管理站委托涪陵区农业科学研究所开展了重庆市稻瘟病菌生理小种监测及水稻品种抗性鉴定。试验结果表明重庆市现有水稻品种抗性水平仍然不高，品种抗病性改善不明显。防治稻瘟病的关键在于加强监测防治力度，尽快选育出高抗新品种，满足生产需要。

（四）小麦条锈病抗性监测研究

2002—2015 年，重庆市种子管理站选择在小麦条锈病历年发生较重的合川、开县、潼南、丰都等区（县）开展了重庆市小麦品种抗锈性变异观察试验。试验结果表明重庆市现有小麦品种整体的抗锈病能力不高，且现有品种抗性退化较快，急需培育新的抗病良种以满足生产实际需要。

（五）茶叶病虫害监测预警研究

2008—2015 年，重庆市农业科学院茶叶研究所承担了“国家茶产业技术体系病虫害测报岗位专家”和“国家茶产业技术体系西部病虫害防控岗位专家”项目，探明了叶蝉的优势种群以及灾变的关键因子，完善了测报技术，提出了规范性文本，组织全国茶区开展叶蝉的测报工作，使茶树病虫害的防治进入有的放矢的良性循环之中；首次将信息技术应用于茶树植保领域，构建茶树病虫害监测预警平台，研发组建了“专家系统”，实施叶蝉的数字化监测预警。截至 2015 年，叶蝉的数字化监测平均准确率达 85%，为全国主要茶区叶蝉的防控提供了技术支撑；研究集成的绿色防控技术紧密结合生产，针对性强，在 9 个产茶省份得到广泛示范应用，有效地控制了中国茶产业中叶蝉等重要害虫的发生危害，降低茶园农药用量，保障茶叶的食品安全质量，取得显著社会经济效益。

此外，重庆市农业技术推广总站刘洪主持的“农业检疫性有害生物预警及远程管理系统”项目，获 2007 年度重庆市科技进步奖二等奖。重庆市农业技术推广总站于 2015 年编制红火蚁检疫管理系统移动终端 App，方便市内相关单位开展疫情监测普查工作，实现了对全市疫情的实时监控。

二、预测预报主要方法

渝东南农业科学院在病虫害预测预报的研究上，主要以水稻病虫害和榨菜病害为主，摸索出病虫害预测预报的方法。

（一）病虫预测预报方法

1. 虫害预测

①发育进度预测：根据田间害虫发育进度参照当时气温预报和相应的虫太历期，推算虫期的发生

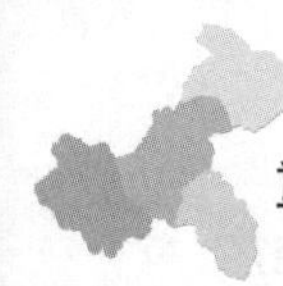

期。②害虫趋性预测法：根据害虫的趋光性、趋化性以及取食、潜藏、觅偶和产卵等生物学特性而设计、采取各种诱插方法，如利用多种诱虫灯、诱虫器、树枝把、谷草把、黄色盆以及性诱剂等诱集害虫，进行预测。③依据有效基数预测法：害虫的发生数量通常和前一世代或前一虫态有密切关系，基数大，则下一虫态或下一世代的发生可能性大；反之则小。④数理统计预测：病虫害的发生期、发生量和危害程度的变动和周围的物理环境条件（温度、雨量、土壤等）和生物环境（天敌、食物等）的变动密切相关。对病虫害、天敌昆虫发生的一定数量特征与一定环境特征之间的相互关系，可用数理统计法进行定性或定量分析，据此发出数理统计预报。常用的方法有函数分析法、相似相关法等。⑤异地预测法：一些远距离迁飞性害虫和大区流行性病害，其虫源或菌源可随气流迁往异地。如黏虫、褐稻虱、稻纵卷叶螟等害虫是逐代呈季节性往返迁移，其迁移的方向和降落区域地变动，又受随季风进退的气流和作物生长物候的季节变换制约。因此可根据发生区的残留虫量和发育进度，结合不同层次的天气形势以及迁入区的作物长势和分布，来预测害虫迁入的时间、数量、主要降落区域和可能的发生程度。

2. 病害预测

主要根据发生区的菌源量、气流方向以及作物抗病品种的布局和长势，来预先估计可能的发生区域、发生时间和流行程度，并可应用综合分析、预测模型和电算模拟等手段进行。常见的预测方法有：测图观察、田间调查、孢子捕捉和人工培养。

（二）研究进展

在前述预测预报方法的基础上，与时俱进，采用了新的预测预报方法，即电子计算机预测法。通过应用电子计算机技术和装置，将研究得出的有害和有益生物发育模型、种群数量波动模型、作物生长模型、防治的经济阈值和防治决策等存入电脑中心，通过各终端系统输入有关预报因子的监测值后，即可迅速预报有关病虫发生、危害和防治等的预测结果。这种方法的优点在于，对病虫测报原始资料和数据的处理既方便又利于保存资料；作出病虫数理统计预报时，可提高计算的效率和准确性；便于病虫测报资料的贮存、检索、调用，进而建立计算机网络。

第三节　病虫害综合防治研究

一、蔬菜

（一）无公害蔬菜生产综合技术研究

重庆市植物保护植物检疫站从1984年开始定点摸索无公害蔬菜生产技术，在沙坪坝区歌乐山乡金刚村建立无公害蔬菜生产基地100公顷。

1985—1986年，参与了全国植物保护总站组织的“长江中下游无公害蔬菜生产技术开发应用协作组”。主要开展了高效、低毒、低残留农药的试验、示范、推广以及无公害蔬菜病虫综合防治示范区的建设，几年来累计示范推广面积达4 600公顷；通过对15个蔬菜品种92个样品检测，示范区内蔬菜中有机氯残留量较对照区降低88.03%，有机磷和菊酯类农药均未检出，达到了国家允许标准以下，3年为城市提供无公害蔬菜2亿多千克；示范区天敌种类和数量较对照区增加1.0～5.9倍，示范区平均每公顷增值516.21元，效益比为1∶（10～15.5）。该站主持的“‘无公害’蔬菜生产技术开发应用”项目获1986年四川省农牧厅科技进步二等奖、重庆市农牧渔业局科技进步二等奖；参与的全国“长江中下游无公害蔬菜生产技术开发与应用”项目，获1987年农牧渔业部科技进步三等奖。

1999—2001年，参与由重庆市农业局主持参与的“重庆市无公害蔬菜栽培技术规程研究”项目，主要工作是为当时蔬菜病虫发生现状提供防治对策。调查表明，重庆市菜区田间常年发生的主要病虫害共30种，其中，病害18种，害虫12种，且病虫害种类的分布因菜区类型、种植品种、种植模式的不同而变化。开展了无公害蔬菜病虫防治生物农药品种以及高效、低毒、低残留化学农药的筛选，对嫁接防病技术进行了研究，形成了《重庆市无公害蔬菜病虫害综合防治技术规程》。同时，参与制定2002年4月1日正式实施的《重庆市无公害蔬菜地方标准》。“重庆市无公害蔬菜栽培技术规程研究”项目获2002年度重庆市科技进步三等奖。

（二）榨菜病虫综合防治

渝东南农业科学院完成的“榨菜病毒病大面积综合防治示范”项目，获1988年四川省农牧厅科技进步二等奖；“四川榨菜病毒病原种群及其发布研究”，获1992年涪陵地区行署科技进步一等奖；“茎瘤芥（榨菜）根肿病发生危害规律及综合防治研究”，获2005年涪陵区科技进步二等奖；完成了“榨菜茎瘤芥霜霉病发生危害及综合防控技术的研究”，制定了《霜霉病分级及抗性评价标准》，并得到广泛应用。

二、水稻

1. 水稻抛秧稻田病虫草害综合防治

1996—1999年，进行了“抛秧稻田病虫草害发生规律及防治策略研究”，弄清了抛秧影响病、虫、草发生规律变化规律和抛秧田易发的主要病虫草害及发生规律，建立抛秧稻田病虫草害防治策略与综防示范，提出并实施了“适当提前防治时期，坚持种子、土壤处理，狠抓前期草虫兼治和中后期病虫兼治”的抛秧病、虫、草防治策略。“重庆市水稻抛秧栽培技术体系研究应用”获2001年度重庆市科技进步三等奖。

2001年，承接“无公害水稻病虫害综合防治技术规范”地方标准的编制工作，于2003年11月1日由重庆市质量技术监督局发布并正式实施，为重庆市无公害农产品行动提供了技术支撑。

2. 稻赤斑黑沫蝉及稻秆潜蝇系统控制研究

1999—2001年，重庆市植物保护植物检疫站开展了稻赤斑黑沫蝉和稻秆潜蝇系统控制研究，会同西南大学植物保护学院及部分区（县）植物保护植物检疫站实施，取得了以下成果：一是弄清了稻赤斑黑沫蝉和稻秆潜蝇的发生规律。二是筛选出呋喃丹、氧化乐果、杀虫双等有效防治药剂和采取联防及围歼的办法从田边四周逐渐向田中间喷药施药技术，防治的新型关键技术实现技物配套。三是在巴南、涪陵、永川等十几个区（县）推广综合运用田埂除草、厚糊田坎，泡沫定位灭若虫、网捕结合农药灭成虫，引入天敌等措施并取得良好的效果。四是根据稻赤斑黑沫蝉生物、生态学特性，制定了稻赤斑黑沫蝉测报技术规程和测报标准。研究成果获2002年度重庆市农业局农业科技进步一等奖。

渝东南农业科学院完成的“涪陵沿江大螟发生规律和综合防治研究”获涪陵地区行署重大科技成果三等奖；“水稻主要病虫害综合防治最佳组配”获四川省科技进步二等奖。还出版了有科学价值的专著，如：《重庆市稻瘟病病菌独立基因组成及分布》一书，阐明了水稻抗病育种中，目标抗病基因不明和抗原材料抗病基因不明，育成品种对特定的稻瘟病菌独立基因的抗病性具有较大的偶然性，是制约重庆市抗稻瘟病育种的主要原因。

三、茶叶

2001—2003年，重庆市茶叶研究所联合重庆云岭茶业科技公司和万州、荣昌、南川等农业技术单位，主持承担了“茶叶中农药残留控制技术研究与示范推广”项目。针对当前茶叶中农药残留较高的问题，提出以有害生物自然控制、化学农药优化使用和农药安全使用标准为主体技术，综合应用农业防治、生物防治和病虫测报及推广使用植物源农药为核心的防治技术措施，从源头控制茶叶农药残留量，确保茶产品符合无公害茶叶农药残留最高限量标准；通过推广无公害茶园调控、农业技术措施运用、病虫预测、合理选用农药等综合防治技术，取得良好效果。该成果获2005年重庆市科技进步三等奖。

四、果树

2007年7月，根据中央关于加快推进园艺作物非疫区建设的要求和温家宝总理考察重庆时的指示，农业部优先在重庆全面启动柑橘非疫区建设，并与重庆市人民政府签订责任书，完成了重庆柑橘非疫区建设任务。主要成果：建成柑橘疫情监控应急扑灭中心和分中心、柑橘危险性有害生物检测鉴定中心、49个柑橘疫情检查站、22个县级疫情监测防控站、250个乡（镇）疫情监控点、2 700个疫情监测点，形成了市、县、乡、点各层级，果园、公路、市场、码头、车站等各重点区域的全方位疫情监测防控体系，显著提升了重庆市对疫情的监测和防控能力。

2012年，重庆市果树研究所承担了“杨梅果蝇无害化综合防控技术研究”项目。在广泛调查重庆市杨梅园虫害情况、虫害类别、虫害消长动态等情况后，提出了不同配比糖醋诱杀剂、罗曼物理防治等杨梅果蝇无害化综合防控技术；结果表明，杨梅园主要虫害有7大类，其中以黑腹果蝇对杨梅果实危害最为突出；糖醋诱杀剂以醋：糖：酒：水=2：3：6：8为最佳；在果实硬核期前利用罗曼技术，防虫率可达95%以上。

第四节　农田草鼠害及防治研究

一、稻田无草害工程研究

重庆市植物保护植物检疫站牵头于1998—2000年实施稻田无草害工程研究。研究成果：一是明确了重庆市稻田杂草主要种类、发生程度、季节消长规律和群落差异。初步查明了重庆市稻田杂草种类有20科45种。杂草防除的最佳时间在杂草萌发期，海拔高度对杂草群落特征的影响最大。二是制定了稻田杂草防治策略。在稻田杂草的综合治理策略上，注重因地制宜，根据不同海拔高度、不同地方杂草种类、杂草发生状况，采取不同的防治策略。三是新型除草剂的试验、示范取得明显效果。从近25个除草剂品种当中，筛选出稻保1号、太阳星、稻草净等12个理想的除草剂新品种，1998—2000年推广面积36.11万公顷，取得很好的应用效果。“重庆市稻田无草害工程”项目获2001年度重庆市农业局农业科技进步一等奖。

二、三峡库区鼠害发生规律研究

2004—2007年，重庆市植物保护植物检疫站开展了“三峡库区鼠情动态监测与控制体系的建立”攻关项目。研究结果：一是在江津、开县、万州、涪陵、丰都、巫山、忠县等淹没区县中选择不同生态淹没区建立了7个鼠情监测点组成鼠情监测与控制体系。二是研究了三峡库区鼠情发生规律，为鼠害的适时防治提供理论依据。三是筛选出三峡库区鼠害防治方法和药剂，形成综合治理措施并推广应用。2004—2007年，8个实施区县毒饵站灭鼠技术应用推广面积5.5万公顷，共挽回粮食损失1 684.5万千克，折合人民币2 358.3万元。4年累计投入405万元，节约防治成本168.9万元，累计新增纯收益1 953.3万元，新增经济效益1 869.35万元，投入产出比平均为1：4.62。四是构建了《重庆市三峡库区鼠害监测及综合治理计算机管理系统》。项目于2007年通过重庆市科委项目成果验收。

此外，涪陵农业科学研究所经调查研究发现，涪陵地区害鼠主要种类有黄毛鼠、褐家鼠、黄胸鼠、小家鼠及东方田鼠等。其中黄毛鼠为优势种，占60%左右，其次为占15%～20%的褐家鼠及黄胸鼠。为害特点一般来说，旱地、地形复杂的荒、沟坡地、耕作管理粗放的田块危害较重，而水浇地、平坦宽阔地及精耕细作的田块危害较轻。从时间分布来看，4、5月及9、10月种群数量大、危害重，因为此时气候条件适宜，食物充足；怀孕率高，幼鼠成活率也高，而1、2月气温较低，7、8月气温过高，对繁殖不利，相应的数量较少；但是，冬春季由于食源较少，所以油菜、小麦等越冬作物及大棚作物受害较重。提出农田鼠害的综合防治，应坚持“预防为主，综合防治”的防治方针，因时、因地、因作物区别对待。

三、农田杂草的危害及防治

涪陵农业科学院研究所对农田杂草的防治做了相应研究。经调查研究发现，危害严重的主要杂草有：稗草、马唐、野燕麦、看麦娘、扁杆藨草、牛繁缕、眼子菜、藜、苋、鸭跖草、本氏蓼、酸模叶蓼、节蓼、萹蓄、龙葵、水棘针、风花菜、铁苋菜、苍耳、刺菜、大蓟、问荆、苣荬菜、苦菜、芦苇等。提出了防草措施：一是农业防除措施。包括轮作、选种、施用腐熟的有机肥料、清除田边、沟边、路边杂草、合理密植、淹水灭草等；二是机械防除措施。采用各种农业机械，在不同季节采用不同方法消灭田间不同时期的杂草。机械防除农田杂草是田间管理的一项重要措施。

第七章
农业高新技术应用研究

第一节　农作物品种选育高新技术研究

20 世纪 70 年代以来，重庆在农作物新品种选育方面进行了一系列的育种技术创新，成功地选育出了一批农作物新品种。70—80 年代主要是核辐射育种技术的应用；90 年代以来相继应用了化学诱变育种技术、航天诱变育种技术等。21 世纪以来基因组研究、转基因育种技术、分子标记辅助选择技术、单倍体育种技术等现代生物技术研究和应用得到较快发展，位于育种技术创新的前沿，多项研究已经走在国内乃至世界的前列。

一、核辐射和航天诱变育种应用研究

1974—2009 年，重庆市果树研究所完成了“早熟甜橙新品种选育”研究，通过实生甜橙“桐子柑”辐射诱变，经过 10 多年的观察筛选，培育出具有完全自主知识产权的早熟甜橙新品种——渝早橙。该品种具有易栽培，早熟，果大，丰产稳产，区域适宜性广，抗性强，质优，出汁率高等特性，是优良的鲜食与加工兼用型早熟甜橙良种。2010 年 4 月通过重庆市品种审定，2010 年 1 月申请了品种保护，2011 年 2 月被纳入重庆市柑橘产业发展目录并获成果登记。

1986—1990，重庆市农业科学研究所所承担了重庆市科学技术委员会下达的“渝 5 自交系开发利用及优良组合选育”，育成渝单 1 号、2 号，获重庆市科技进步二等奖。该新品种于 1972 年用新单 1 号 F1 种子经^{60}Co 辐射处理，后经连续选株自交，育成生长势强、耐直播的渝 5、612 两自交系；1982 年和 1986 年分别与外引系 330、322 杂交培育出渝单 1 号、渝单 2 号，两杂交种累计推广面积达 66. 7 万公顷以上。

1991—1992 年，重庆市作物科学研究所张庭光利用地方品种南天糯，通过辐射育种而育成的高秆优质大糯品种荷香糯，于 1994 年通过审定。

2003 年，重庆市农业科学研究所开展了航天诱变育种技术，把普通玉米自交系渝 268、渝 561、糯玉米自交系 S181、S147 搭乘于中国第十八颗返回式科学与技术试验卫星，经 18 天的轨道运行返回地面。经过地面春种冬繁种植观察，从糯玉米自交系 S147 的航天诱变后代中连续自交纯化得到 7 个矮秆突变体。

三峡农业科学研究院完成“优质高产杂交水稻品种 K 优 88 选育与应用”项目，于 2007 年、2009 年分获万州区科技进步一等奖、重庆市科技进步三等奖。该项目运用辐射育种手段，解决籼粳亚种间结

实率低以及一些不利基因的遗传连锁问题；以云南优质粳稻资源扩大遗传差异，以地方稻种资源增强适应性，以 IRTP 资源提高稻瘟病抗性，将高产、优质、抗病有机结合，提高品种的丰产性、适应性和抗逆性。截至 2008 年，K 优 88 在重庆、湖北、广西、江苏等累计示范推广 53.4 万公顷，增产稻谷 2.3 亿千克，新增产值 3.9 亿元。该院“优质高产杂交水稻品种万香 1 号选育与应用”2010 年获万州区科技进步一等奖。项目采用辐射及梯级杂交技术，聚合云南优质粳稻、IRRI 抗病籼稻和本地地方种质的优良基因，将水稻高产、优质、广适性有机结合，提高了品种的丰产、优质及适应性。万香优 1 号平均亩产比汕优 63 增产 4% 以上，稻米品质指标达国颁三级优质米。累计示范推广 7.9 万公顷，净增稻谷 2 346.3万千克，新增产值 1.5 亿元。

二、生物技术研究

（一）家蚕基因组研究

在中国工程院院士向仲怀教授的带领下，西南大学蚕桑学重点实验室于 2003 年 5 月启动了中国家蚕基因组计划项目。经过艰辛研究，家蚕基因框架图绘制成功，被誉为 21 世纪蚕业科学研究的里程碑，奠定了中国在家蚕基因组研究中的世界领先地位。研究成果荣获国家自然科学二等奖（详见第二章第五节蚕桑研究）。

其他生物技术研究：2004 年 7 月，西南农业大学“家蚕资源评价的分子基础及重要功能基因克隆研究”项目，通过科学技术部和重庆市科学技术委员会组织的专家可行性论证。这标志着重庆市在生物技术领域的研究翻开崭新的一页。“十五”其间，西南大学鲁成领衔的“家蚕突变基因研究”，获重庆市自然科学一等奖。

（二）粮油作物生物技术应用研究

1. 水稻研究

2004—2006 年，重庆市水稻分子育种取得重大突破。西南农业大学科研人员利用水稻分子育种技术首次将高粱基因导入水稻中，成功培育出优质高产的杂交水稻新组合西农优 1 号、西农优 2 号、西农优 7 号、西农优 30 号、富优 1 号 5 个耐旱高产杂交水稻新品种，通过专家评审，相关科技成果达到国际领先水平。同时育成新组合Ⅱ优 21。“外源 DNA 导入水稻育种新技术及应用研究”，2008 年获重庆市科技进步一等奖。

2. 玉米研究

农业科学院对玉米研究工作进行了以下项目：

2006 年，引进玉米单倍体诱导系，开始了玉米单倍体育种技术研究。2011 年 7 月，育成的玉米双单倍体系渝 051 通过专家鉴定。渝 051 玉米双单倍体自交系的培育成功，是中国南方地区第一个通过鉴定的玉米双单倍体诱导品系，是重庆市玉米育种技术的重大突破，标志着重庆市玉米育种达到国内先进水平。

2006—2008 年，承担了市科学技术委员会下达的重点项目“玉米类群间杂种优势分子标记研究与超级新品种选育”研究。对自交系材料 A2 和其姊妹系 A1 材料，在实验室用引物 Phi057 进行标记鉴定，选育出两个不同于奥帕克 2 基因的高赖氨玉米自交系材料 A1、A2。育成渝 8954 和渝 38 两个“三高”玉米自交系；筛选出 9 个综合性状优异的潜力新组合。此外，还应用此技术选择出抗纹枯病株系材料和高直链淀粉材料。

2007—2010 年，承担了市科学技术委员会下达的科技攻关项目“简化高效玉米新品种培育”研究。该项目利用现代分子育种技术挖掘、筛选高效资源利用型玉米新材料，创制了 16 个耐瘠、耐旱玉米自交系，并通过重庆市农作物品审会组织的鉴定，其中 2 个达“三高”（高产、高抗、高配合力）玉米自

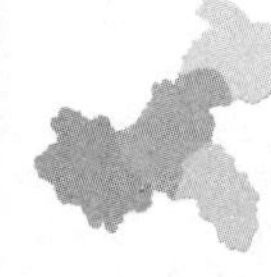

交系标准。

2010 年，承担重庆市科学技术委员会“重庆核心玉米种质高效转基因受体材料挖掘与应用研究”，筛选出 5 个玉米自交系适合作转基因受体材料；利用筛选到的两个材料 29 - 4887、29 - 6127 作为受体，转化外源载体 pCambia - 35S - TR1 - EPSPS，获得 41 株阳性植株，但由于雌雄不协调，未获得转基因种子。

3. 油菜研究

西南大学教授、重庆市油菜育种攻关首席专家李加纳花费了近 30 年时间，成功培育出高含油量的优质油菜新品种——甘蓝型黄籽杂交油菜。

20 世纪 80 代年开始，在 30 年里，李加纳带领的项目组采用传统安全的育种方法，从白菜型油菜、芥菜型油菜、埃塞俄比亚芥、甘蓝 4 种植物中聚集黄籽基因到甘蓝型油菜，在国内外率先获得了携带黄籽基因的纯黄色甘蓝型油菜新品系，对甘蓝型油菜的“血统”进行了一次全面提升。李加纳还带领他的团队将传统育种方法与分子标记技术结合，利用前期育成的 100 多种黄籽油菜新材料，建立了聚合育种技术体系。2003 年开始，具备黄籽、高产、高含油量、抗病抗倒、高配合力等优点的甘蓝型黄籽油菜新品种渝黄 1 号、渝黄 2 号、渝黄 4 号和渝油 28 相继问世并通过国家审定。

21 世纪初，“百万亩甘蓝型黄籽油菜产业化工程”成为重庆市人民政府 10 个农业产业化百万工程之一，国家发展改革委员会批准将“优质高效甘蓝型黄籽杂交油菜种子产业化工程”列入国家西部开发高技术产业化示范工程，4 个甘蓝型黄籽油菜新品种在长江中上游的油菜主产区都得到了大面积推广。截至 2014 年，4 个甘蓝型黄籽油菜国审品种在长江流域油菜主产区累计推广面积近亿亩，累计为农民和农业加工企业增收增效上百亿元。

甘蓝型黄籽杂交油菜获得多项科研成果，其中：“甘蓝型黄籽油菜新材料的选育与研究”获 2002 年度重庆市科技进步二等奖；“甘蓝型黄籽油菜粒色形成机理及调控技术研究”获 2007 年度重庆市自然科学二等奖；“甘蓝型黄籽油菜新品种选育及遗传基础研究”获 2009 年度教育部科技进步一等奖；“十二五”期间，“甘蓝型黄籽油菜遗传机理与新品种选育”荣获国家科技进步二等奖。

（三）蔬菜生物技术应用研究

1. 茄子研究

重庆市农业科学院（原重庆市农业科学研究所）在茄子研究方面做了以下项目：

1998—2000 年，与西南农大生物技术研究中心合作，开展市科学技术委员会下达的科技攻关项目“茄子抗黄萎病离体突变体研究”研究工作。利用 EMS 诱变处理茄子外植体，通过在培养基中添加黄萎病粗毒素，筛选获得了中抗茄子黄萎病突变株。这是生物技术在茄子育种研究开展的第一个项目，具有里程碑意义。随后，开展了市科学技术委员会下达的“茄子花药培养技术研究”应用基础研究基金项目，在茄子花药培养领域方面做了有益的探索。

2001—2005 年，继续参加重庆市“十五”六大作物联合攻关项目“利用分子标记辅助选择选育茄子青枯病抗病品系及优质、丰产新品种选育”，并成功鉴定出了与茄子青枯病抗性连锁的 RAPD 标记。该项研究工作的开展标志着茄子研究进入了分子育种水平，现代生物技术在育种中的应用迈向更高层次。

2004—2007 年，主持了院地合作项目“茄子分子标记遗传连锁图谱构建和重要性状基因定位”，与中国科学院植物研究所合作，构建出了较饱和的茄子 AFLP 标记分子遗传连锁图谱，并将果色、花色等基因定位在连锁图谱上。

2009—2011 年，承担了国家“863”转基因专项“主要茄果蔬菜重要农艺性状改良的转基因研究”，与西南大学合作成功获得了转抗寒基因 CBF3 的转基因植株。

在“十二五”期间，生物技术研究取得了较大突破，建立起茄子花药培养技术体系，获得上千茄子单倍体植株，应用于规模化茄子育种材料的纯化工作，极大加快了育种研究进程。在转基因方面，获得了抗除草剂草甘膦转基因植株、转花色苷合成调节基因植株。重庆市农业科学院利用茄子基因组重测序技术，开展 BSA 单性结实 SNP 标记的鉴定等研究。

2. 番茄研究

重庆市农业科学院（原农业科学研究所）在番茄研究方面做了以下项目：

2002—2004 年，承担市科学技术委员会下达的“番茄抗病基因分子标记技术研究”项目。确诊重庆地区番茄青枯菌为劳尔氏菌属茄科青枯菌（*Ralstonia slanacearum*），生理小种 1（Race 1），生化型Ⅲ；建立了番茄品种/材料抗青枯病鉴定技术体系；建立了分子标记实验群体、抗病池和感病池；探索出快速、简便的番茄基因组 DNA 微量提取方法；建立了 DNA 扩增反应体系；RAPD 分子标记筛选出差异带。

2004—2006 年，承担市科学技术委员会下达的“番茄抗病基因分子标记及辅助育种技术研究”项目和“番茄抗晚疫病材料创新及优质抗病丰产新品种选育”项目。优化了番茄基因组 DNA 微量提取方法；鉴定出一个与抗青枯病材料 F9819－2－1 基因连锁的 AFLP 标记—TBW1200；选育出渝红 9 号（4041）和渝粉 109 大果型鲜食番茄品种 2 个，抗青枯病组合 2 个，抗晚疫病材料 4 份，初步提出一套科学实用的番茄晚疫病抗病性鉴定方法。期间，承担了市科学技术委员会“番茄晚疫病病原分子鉴定及抗病性鉴定技术研究”项目，研究了重庆地区番茄晚疫病发病规律，掌握了番茄晚疫病病原菌分离、纯化、培养、鉴定、保存方法，建立番茄晚疫病抗病性鉴定科学实用的技术体系；初步鉴定出重庆市番茄晚疫病病原种群构成和番茄晚疫病菌的基因型，筛选出 CLN2037 等系列抗晚疫病材料。

3. 辣椒研究

2011—2015 年，重庆市农业科学院承担市科学技术委员会下达“辣椒单倍体诱导技术及新品种生产关键技术研究与示范”“辣椒雄性不育材料创制与单倍体育种技术研究”和“鲜食、加工兼用型辣椒雄性不育材料创制与新品种选育研究”，建成完善了辣椒 DH 系培育技术体系，育成辣椒雄性不育系 2 个，开发出辣椒不育基因、恢复基因标记 2 个，利用辣椒花培技术与分子标记相结合的方法，创制出一批优异辣椒育种材料和雄性不育恢复材料育成辣椒新品种艳椒 11 号和渝椒 12 号。

4. 榨菜研究

渝东南农业科学院在新材料应用技术研究上，开展了茎瘤芥胞质雄性不育系选育及杂种优势利用研究。通过利用芥菜型油菜胞质雄性不育系欧新 A（Ouxin A）作为不育源，育成了不同特征特性的茎瘤芥胞质雄性不育系 22 个，并解决了茎瘤芥雄性不育系在低温植株易黄化难题，利用自育胞质雄性不育系 96118－3A 与 92154 组配，在全国率先育成通过市（省）级审定和应用于生产的茎瘤芥杂一代新品种涪杂 1 号，并利用自育胞质雄性不育系 96092－3A 和 96154 又选育出了两个杂一代新组合 96092－3A×92115、96154－5A×92154；成功地研究解决了涪杂 1 号制种技术难题。使茎瘤芥杂种优势利用由希望变成现实。

（四）棉花生物技术应用研究

中国是世界上最大的纺织品生产国和消费国，棉花也成为中国最重要的经济作物之一，在国民经济中具有十分重要的地位。

“十二五”期间，西南大学裴炎教授主持的高产优质转基因棉花取得重大突破。“十五”期间，在国家自然科学基金重点项目“利用激素合成与传导基因改良棉花的纤维品质与产量”的资助下，西南大学生物技术研究中心裴炎课题组开展了棉花纤维发育的分子机理及基因工程改良的研究。课题组提出通过定向控制植物激素相关基因的表达，在棉花纤维细胞起始期适度增加棉花胚珠表皮细胞中的 IAA 浓度，促进纤维细胞，进而提高纤维产量的策略。针对这一策略，经过 10 余年坚持不懈的努力，筛选出了适宜的启动子，在上千个转基因棉花株系中获得了使纤维产量大幅度提高、同时纤维的细度也得到

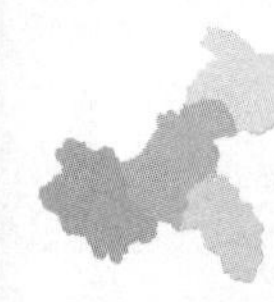

显著改进的新材料，在棉花高产优质育种上取得了重大突破。该研究所获得的转基因棉花材料已经顺利完成转基因生物中间试验。高产优质新材料已经发放给国内多家育种单位，由于转基因棉花已经为公众接受，该成果将在短期内实现产业化。

该研究的部分结果，2011 年发表在国际生物技术领域顶级期刊《自然——生物技术》上。国际同行给予高度评价，认为该研究首次实现了棉花产量与品质的同步改良，“展现了新一代转基因作物的光明前景”，是“模式植物基础研究与作物改良相结合的范例”。国内多家育种单位的引种结果进一步证实，该转基因棉花增加产量、改进品质的效果显著且稳定，有望产生巨大的经济效益。业内专家认为，该研究是自抗虫棉诞生以来，中国在棉花生物技术育种领域取得的一项具有世界领先水平的标志性重大成果。

该项目入选由教育部科学技术委员会组织评选的 2011 年度“中国高等学校十大科技进展”。该技术已经申请了中国专利和国际专利保护，具有完全的自主知识产权。

第二节　畜牧业生物技术应用研究

重庆畜牧高新技术研究起步于 20 世纪 90 年代，21 世纪以来得到快速发展。重庆市畜牧科学院重点对猪、牛进行了研究。在研究方法上采用了现代分子遗传学、生物学、细胞克隆、基因重组、基因测序、动物模型构建等高科技手段，多项研究已经走在国内乃至世界的前列。

一、猪的研究

1997—1998 年，开展了重庆市科学技术委员会下达的“荣昌猪、新荣昌猪 I 系和长白猪氟烷基因研究”。该研究采用改进的 PCR 方法对新荣昌猪 I 系和长白猪的氟烷基因进行比较研究，弄清了氟烷基因在新荣昌猪 I 系和长白猪中的分布情况。发现氟烷基因在新荣昌猪 I 系核心群中随着世代的增加而不断增加。为下一步研究不同氟烷基因型与母猪繁殖性能的关系积累了资料。

2001—2003 年，开展了重庆市科学技术委员会下达的“荣昌猪毛色的分子遗传学基础研究”。该研究运用分子生物技术，对影响荣昌猪毛色遗传的基因座位 I、C、E 进行逐一基因型确定性分析，初步确定了荣昌猪在 I、E 基因座位上的基因型；对 TYR 基因进行克隆测序及多态性分析，建立了猪的 TYR 基因 PCR—SSCP 分析方法；通过对荣昌猪洋眼类型的毛色研究，发现了猪的白化，这在国际上是首次发现。

2005—2007 年，开展了重庆市科学技术委员会下达的“猪遗传缺陷家系遗传资源的收集及遗传缺陷基因的定位、克隆与功能研究”。该研究主要完成了猪特殊性状家系遗传资源库及信息库的建立、猪 DNA 分子标记及其标记辅助选择技术体系的建立、荣昌猪分子遗传背景建立，独特分子标记筛选、遗传稳定性评估、猪矮小性状等特殊性状相关 DNA 分子标记和突变基因的筛选、改良猪生产性能的分子标记辅助选择等。

2007—2010 年，开展了国家“十一五”科技支撑计划子课题“荣昌猪特色性状研究与优势性状基因的筛选和鉴定”研究。该研究筛选并鉴定了荣昌猪特征毛色的主效基因，揭示了纯白色荣昌猪耳聋的分子遗传基础，克隆出了荣昌猪抗病基因 β－Defensin，弄清了抗病基因表达规律及营养调控机制。

2010—2013 年，开展了重庆市科学技术委员会重点基金项目“中国地方猪种繁殖和生长性状调控关键染色体区域基因重组测序与遗传变异分析”研究。该研究通过 QTL 分析、基因表达差异分析、表观遗传分析从猪基因组筛选出繁殖和生长性状调控关键染色体区域 40M；根据中国地方品种的种质特性和研究现状，筛选并采集了 21 个优良地方品种的基因组 DNA 样本。

2012—2014 年，主持完成了“遗传性感音神经性耳聋动物模型研究”。重庆市畜牧科学院研究人员在国际上首次发现并培育了听力缺陷疾病的大型高等动物模型，改变了人类耳聋疾病研究中只能采用小鼠、豚鼠、家猫等小型动物作为动物模型的现状。研究表明，听力缺陷荣昌猪在解剖结构、进化关系、病程发展等方面均完美地模拟了人类相关的疾病。本研究为探明这些疾病的发病机制、遗传机理等关键问题提供了理想的模式动物，并为听力相关的临床应用提供了量多质优、可操作的动物平台。目前该项目已用于多方面医学应用研究，包括人工耳蜗的前期动物临床试验，间充质干细胞与诱导多功能干细胞介导的内耳组织再生，以及人类白化耳聋综合征的早期干预治疗等。

2013—2015 年，开展了“人源化抗体猪血液生物反应器模型构建的关键理论与技术”研究。该项目由市畜牧科学院牵头，集聚英国剑桥大学、中国科学院广州生物医药与健康研究院、军事医学科学院、第三军医大学等研究力量，组建了一个国内外多个顶尖团队参与的动物遗传工程联合创新研究团队。紧密围绕人源化抗体猪血液生物反应器模型构建开展联合攻关，历时两年，突破了猪免疫球蛋白基因敲除和转人免疫球蛋白超大片段转基因培育的核心关键技术问题，利用 CRISPR 技术在国际上首次培育出猪免疫球蛋白重链和轻链双敲猪，将纳米技术与细胞融合技术相结合，在国际上首次培育出 500kb 以上的超大片段转基因猪。申报国内发明专利和国际发明专利 2 项，中国在人源化抗体转基因动物培育方面取得了重大技术突破。

二、牛的研究

2006—2009 年，重庆市畜牧科学院开展了重庆市科学技术委员会攻关项目“肉牛大理石花纹及嫩度的基因标记研究”。该项研究筛选出了有关肉牛主要生产性状较为理想的杂交组合；研究了地方黄牛品种及杂交肉牛群体 H-FABP 基因、CAST 基因和 MyoD1 基因的多态性，初步筛选出 H-FABP 基因、CAST 基因、MyoD1 基因与肉牛肉质性状相关的基因位点；建立了牛肉肉质标记基因实验室快速诊断方法；探讨了传统选育技术与标记辅助选择相结合的新选种体系在改良牛肉性状上的应用，为肉牛的早期选育提供了科学依据。

第三节　水产高新技术应用研究

“十二五”期间，西南大学罗凌飞领衔的“鱼类发育的形态学和分子机制研究”项目获得重庆市自然科学一等奖。

万州水产研究所在 2006—2008 年完成的“白甲无公害养殖技术”项目，通过结题验收。项目选择在杜家坝基地，池水质量符合《无公害食品淡水养殖用水水质》的要求，土质符合《无公害水产品产地环境》要求。严格把握池塘清整、苗种投放、科学投喂饲料、水质调控及病害防治几个重要环节。饲养结果：经一年饲养，池塘中白甲鱼均重为 270 克，成活率 90%，饵料系数 1.6，取得明显效果；2011 年度完成万州区科学技术委员会项目“大鲵仿生态池建造技术研究”。项目建设后，推广养殖了 5 万尾左右的大鲵，按成活率 80%，每尾规格 3 千克，每千克 400 元计算，产值达 4 800 万元。保存了大鲵的种质基因，解决了野生大鲵濒危绝迹的问题，维护了三峡库区生态平衡；2005—2006 年，万州水产研究所承担重庆市科学技术委员会项目“三峡水库形成对鱼类的影响及重要鱼类的遗传标记和移养驯化”，运用了生物技术进行研究，顺利实施并结题验收。

第四节　生物农药研究

2008 年，重庆大学生命科学院教授夏玉先（重庆大学基因工程研究中心主任、教育部“新世纪优秀人才”获得者），成功研制出广谱、微毒、高效的真菌类生物农药——金龟子绿僵菌 CQMa421，并在全球首次实现真菌生物农药的规模化生产。

1995 年，西南农业大学讲师夏玉先，成功申请到国家自然科学基金项目，重点研究真菌如何进入

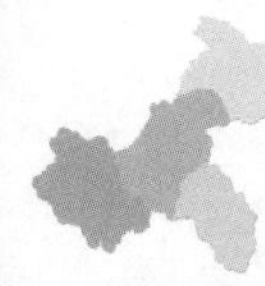

昆虫体。2000 年，夏玉先从英国巴斯大学博士毕业后，回国创建了重庆大学基因工程研究中心，发展生物学学科。2003 年，夏玉先团队成功研制出杀蝗绿僵菌产品。这是中国第一个获得国家登记的真菌杀虫剂，被同行认为是中国真菌生物农药领域的一个里程碑。2006 年以后，杀蝗绿僵菌在北方 10 省主要蝗区开展规模化应用，防蝗率高达 70% ~90% 。自此以后，中国大规模蝗灾发生频率和面积极大减少。

2006 年，夏玉先将目光瞄准了一个新的领域——对付水稻“两迁害虫”稻飞虱和稻纵卷叶螟。随着研究思路的转变，于 2008 年从 1 000 多种菌株中，选出广谱杀虫的优良菌株——金龟子绿僵菌 CQ-Ma421。与化学农药致害虫“猝死”不同，这种真菌生物农药只杀害虫不杀益虫，是让害虫“慢性中毒”，并把害虫的天敌——蜻蜓、蜘蛛、青蛙等保留下来，仍然会吃掉一些害虫。而且，施用生物农药“421”之后，即便害虫没有立即死亡，也会像生了病一样，既不动弹，也不吃作物，促进农作物增产。此外，生物农药“421”不仅可以用于水稻，还可以用于其他很多作物，比如茶叶、蔬菜、水果等等。

在农业部支持下，从 2011 年起，生物农药“421”开始在湖北、湖南、广东、广西、四川、贵州、重庆、江西、海南等水稻主要产区的数千亩、近 100 个试验点得到试验和应用示范。随后，生物农药“421”被农业部认定为水稻三大害虫防治推荐用药。全国农业技术推广服务中心还将在重庆等 8 地对该产品展开田间示范。

此外，重庆文理学院（原渝西学院）在 2004—2005 年开展了“分子标记技术及其在果树种质资源研究中的应用”，取得相应科研成果。

第八章 农业技术推广

第一节 农业技术推广机构

一、市级农业技术推广机构

1983 年，四川省重庆市与永川地区合并后，重庆的农业科技事业得到较快的发展，农业技术推广力量较为雄厚，机构设置全面。“七五”初期的 1986 年，市内农业科技人员共 2 130 人，其中农艺师、工程师以上的有 340 人。机构设置有农业技术、植物保护、土壤肥料、种子管理、蚕桑、农业广播电视学校、畜牧兽医、水产及农业科学研究所、作物科学研究所等农业技术推广机构。

重庆市改直辖时，市级农业技术推广机构主要有市农业技术推广站、市土壤肥料工作站、市植物保护植物检疫站、市种子经营管理站（种子公司）、市经济作物技术推广站、市蚕种管理站（蚕桑技术指导站）、市兽医防疫站、市畜禽品种改良站、市水产科技推广站、市农业环境监测站、市农机安全监理所、市农机技术推广站等单位。

2003 年，市级农业推广机构改革，原种植业方面的农业技术推广站、土壤肥料站、植物保护植物检疫站合并，成立重庆市农业技术推广总站。2011 年，市农业技术推广总站与市经济作物技术推广站合并，市农业技术推广总站的植物保护植物检疫职能划入市种子管理站，成立重庆市种子管理和植保植检总站（参公单位，后名称变更为重庆市种子管理站）。按照国家对农技推广机构的划分常规，市级农业技术推广机构（市农业委员会管理）主要包括重庆市农业技术推广总站（挂重庆市土壤肥料检测中心、重庆市马铃薯脱毒中心牌子）、重庆市种子管理站、重庆市农机技术推广总站、重庆市农机安全监理所（参公单位）、重庆市水产技术推广总站、重庆市农业环境监测站、重庆市动物卫生监督所（参公单位）、重庆市畜牧技术推广总站、重庆市动物疫病预防控制中心（挂重庆市饲料兽药检测所牌子），重庆市农产品质量安全中心，重庆市农村经营管理站（参公单位）。

二、基层农业技术推广机构

（一）机构建设状况

在农村实行家庭联产承包责任制后，特别是 1983 年在农牧渔业部颁发《农业技术推广工作条例（试行）》后，重庆市开始逐步恢复乡镇农业技术推广体系建设。

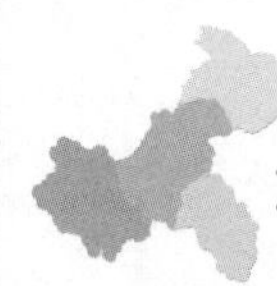

“七五”初期的1986年，重庆市县（区）、乡农业技术推广服务体系已初具规模。巴县、长寿、潼南、綦江、璧山5个县和北碚、九龙坡2个区建有农业科学研究所；12个县、7个区农业局都建有农业技术推广站和相应的科、股、站；全市已有巴县、合川、璧山、江津4个县建立农业技术推广中心和养鸡科学技术推广中心。巴县还建立有林业技术推广中心和养鸡技术推广中心，潼南县建有畜牧兽医技术服务中心。全市815个乡（镇）中，已建立农业技术推广服务站（公司）的599个，占乡（镇）总数的73.4%，共有农林科技人员（包括国家和聘请）1 973人，平均每县2.4人。815个乡（镇）全部建立了畜牧兽医站。有793个乡（镇）建有农机服务站，占乡（镇）总数的97%。同时，以专业户、联合体、专业生产者协会等形式的科技服务组织应运而生。全市已建有各种专业生产者协会216个，参加人员达15.6万人。1987年又有130个乡（镇）建立农业技术服务站，占乡（镇）总数的89.55%。“七五”期末的1990年，全市以乡（镇）农技推广服务站为主体的基层农业技术服务体系建设进一步加快，规范管理逐步完善。1990年年底，全市808个乡（镇）已全部建立起农技推广服务站，在科技兴农、推广农业新技术中发挥了重要作用。

2015年年底，全市共有农业技术推广机构1 136个（种植业、水产、农机化），农业技术推广人员2.34万余人。区（县）级推广机构由农业主管部门管理；乡（镇、街道办事处）级国家农业技术推广机构管理体制由乡（镇）政府管理为主。

依据国务院《关于推进兽医管理体制改革的若干意见》，2006年重庆市出台了《关于推进兽医管理体制改革的意见》，明确了兽医管理体制改革的总体思路和目标；提出了建立健全兽医工作体系、加强兽医队伍建设、完善兽医工作公共财政保障机制的具体意见。2007年年底，全面完成兽医管理体制改革，建立了市、县、乡（镇）3级较为完善的兽医管理体制，市、县两级设兽医行政管理机构、动物卫生监督机构、动物疫病预防控制机构；乡级设乡（镇、街道）畜牧兽医站（或农业技术服务中心）和按需设置的动物卫生监督分所。在全国率先将乡（镇）兽医人员工资纳入财政预算。依据《国务院关于地方改革完善食品药品监督管理体制的指导意见》和《重庆市人民政府关于改革完善食品药品监督管理体制的实施意见》，全市畜禽屠宰监管职责划入农业主管部门。2014年年底，全市畜禽屠宰监管职责移交工作全面完成。

“十二五”末，全市38个区（县）和1个开发区（万盛经济技术开发区），成立县级畜牧兽医局的有涪陵、长寿、江津、大足、荣昌、忠县、开县、巫山、武隆9个区（县），29个区（县）仍归区（县）农业行政管理机构管理，渝中区隶属区卫生局。均成立动物卫生监督所和动物疫病预防控制中心，归区（县）兽医主管部门管理，其中23个区（县）实行动物卫生监督所和动物疫病预防控制中心两块牌子一套人马，17个区（县）分设动物卫生监督所和动物疫病预防控制中心。全市936个涉农乡（镇、街道）均设置乡（镇、街道）畜牧兽医站或农业技术服务中心，均为财政全额拨款事业单位。其中，493个三权归县级兽医行政主管部门管理，443个三权归乡（镇）政府管理。有10个区（县）共设立198个动物卫生监督分所，其中，4个区（县）经编委批准共设立84个分所；6个区（县）经兽医主管部门批准共设立114个分所，受区（县）动物卫生监督所管理。

“十二五”期间，完成了重庆动物卫生监督110（重大动物疫情应急处置）指挥中心建设项目。市级农业资源开发资金投资1 200万元，建设了接处警系统、视频会议系统、视频监控系统、信息发布系统、自动化办公系统、工作软件系统共六大系统，提高了全市动物卫生监督信息化管理水平。

（二）机构建设主要措施

1. 推广机构改革和服务网络趋于完善

按照政事分设、独立建站的原则，把乡（镇）农技、植保等技术人员统一起来综合建站。到1990年年底，全市808个乡（镇）已全部建立起农业技术推广服务站，共配备粮油技术员2 672人，蔬菜技术员129人，平均每站有3.5人。农业技术人员的素质有很大提高，近年补充配备的2 073名乡（镇）

农业技术人员中，具有农业广播电视学校、农业职业高中和普通高中毕业文化程度的占92%。在全市8 543个行政村中，已配备村级农业技术员7 831人，占91%。重庆市已建立科技示范户19.96万户，占总户数的6.7%，平均每个合作社有2.5户示范户。

2004—2005年，铜梁县作为国家5个部委在全国开展基层农技体系改革试点县，在农业部的指导下，以较快的速度按要求完成了试点县的改革工作，并总结出以“职能分离、综合建站、机制优化、创业安置、三个结合、政府扶持”为主要内容的改革模式，为全市农业技术推广服务体系改革与建设工作提供了样本。2005—2006年，在全市范围内全面实施了基层农业技术体系改革。在改革中，重庆市委、市人民政府先后颁发了4个专门部署、指导全市农业技术体系改革与建设工作的文件，分别是渝委发〔2005〕20号、渝办发〔2005〕27号、渝办发〔2005〕86号、渝府发〔2006〕126号。

①调整乡（镇）农村经营管理职能：按照《重庆市人民政府办公厅转发市编办等部门〈关于做好我市乡镇农村经营管理职能调整有关工作的意见〉的通知》，将原来由乡镇农村经营管理事业机构承担的农村土地承包管理、农民负担监督管理、农村集体资产和财务管理指导等职能调整为乡镇人民政府承担，不再保留乡（镇）农村经营管理事业机构。同时，还专门调剂出乡镇公务员行政编制1 626个（规定2万农业人口以下的乡（镇）用编1人，2万~5万农业人口的用编2人，5万以上农业人口的用编3人），招考录用乡镇农业经济事业人员为乡镇机关公务员。

②补充招聘部分专业技术人员：根据实际需要，重庆市委、市人民政府决定在重庆市部分区县招聘乡镇农业服务体系专业技术人员。2005年，按照《重庆市人民政府办公厅转发市人事局等部门〈关于部分区（县、市）招聘乡（镇）农业服务体系专业技术人员的意见〉的通知》要求，采取面向社会公开招聘的办法，招聘补充了1 350名专业技术人员。其中，采取适当放宽年龄、文化程度等报考条件，招聘了非在编临时人员1 050名，这对于解决非在编临时人员的矛盾起到了积极作用。

③组建乡（镇）农业服务中心：按照渝委发〔2005〕20号文件精神，分离公益性服务职能与经营性服务职能，建设两类服务组织。一是将纳入区（县）机构编制管理的乡（镇）农技、农机、畜牧兽医、水产等服务事业机构承担的重大技术推广、信息服务、资源环境保护、疫病灾害防治等农业服务纳入公益性职能，合并成立乡（镇）农业服务中心（以下简称“中心”），承担辖区内公益性农业服务职能。“中心”为乡（镇）政府的直属事业单位，纳入财政全额拨款，由乡（镇）党委、政府直接管理，并接受县（自治县、区）业务主管部门的指导；二是将各类农业生产资料的经销、农业机械维修、一般性技术推广以及产后加工、运销等经营性服务职能分离出来，由各类农业经营性服务实体承担。农业经营性服务实体作为企业，按照独立核算、自主经营、自负盈亏的方式进行市场化运作。

④完善畜牧兽医体系：在全市乡（镇）农业服务体系按照渝委发〔2005〕20号文件精神整体推进的过程中，国务院下发了《关于推进兽医管理体制改革的若干意见》。为了贯彻落实国发〔2005〕15号文件精神，重庆市人民政府下发了渝府发〔2006〕126号文件，将乡（镇）畜牧兽医从“中心”分离出来，独立设站，人员、业务、经费由县级兽医行政主管部门管理，“三权”归县。乡（镇）畜牧兽医站依法实施行政区域内动物疫病的防疫、强制免疫工作和承担动物、动物产品的检疫工作；实施动物疫情调查、动物疫病监测、动物疫情报告和畜禽圈舍等环境的消毒工作；负责兽药、饲料等养殖业投入品的监督管理和种畜禽管理工作；承担畜牧兽医技术推广、畜牧业生产统计工作等公益性工作。

⑤落实财政供给：基层农技体系改革中，全市财政常年性净增加支出9 131万元，改革当年一次性支出辞退临时人员补偿费1 827万元。其中，市级财政采取定额转移支付的办法，给予一次性补助1 100万元和常年性增支补助2 600万元。这次改革以后，全市不再设置差额拨款和自收自支性质的公益性乡镇农业服务机构，现有在编人员以及原来纳入机构编制管理的正式离退休人员，均纳入财政供给范畴。

2. 推广机构服务设施建设加快

“七五”期间，重庆市采取以工补农经费定额补助，市、县、乡配套为主的办法加快了乡（镇）的服务设施建设。到1990年年底，全市已完成680个乡（站）设施用房建设，共建房115 760米^2，其中

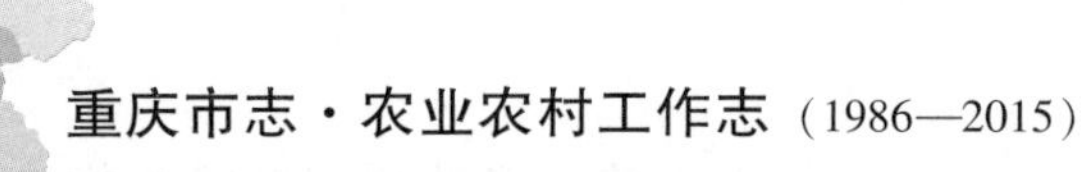

经营门市、仓库、工作用房 73 884 米^2，平均每个站有 108 米^2。由于社会各方面大力支持，建房造价降低。市、县、乡级共投资 1 669.92 万元，平均每米^2 造价仅 144 元，比社会同类建房造价低 50% 以上。这些服务设施建成后，大大增强了服务功能，提高了农技服务质量。

为充分发挥农技人员作用，提升农技体系技术推广能力和水平，从 2010 年开始，在中央支持下，重庆市实施乡（镇）农业技术推广机构条件设施建设，每个乡（镇）农技服务中心建成 200 米^2 办公、培训、检测用房，配备办公、检测、交通等履行职能职责的基本仪器设备，每个乡（镇）中央投资 25 万元，市里配套投资 5 万元，总计 30 万元，其中仪器设备 14 万元，房屋建设 16 万元。2010 年试点建设 60 个，2011 年建设 152 个，2012 年建设 570 个。这个项目的建成，极大改善了乡（镇）基层农技推广体系的基本工作条件，提高了履职能力。

3. 实行规范化管理，促进体系健康发展

为加强基层农技体系的规范化管理，重庆市农技部门在调查研究的基础上，先后为基层农技服务体系提出和制订了《重庆市乡（镇）农技站工作暂行办法》《重庆市乡（镇）农技站建设标准》《重庆市乡（镇）农技站聘用农技人员暂行规定》《重庆市村级农技员管理暂行办法》《重庆市村、合作社科技示范户管理暂行办法》等方面的管理规定和标准。通过这些规范的实施，理顺了基层农技服务体系管理关系，建立健全了体系内部的各种规章制度，使基层体系建设中存在的矛盾和问题得到较好的解决，保证了基层农技服务体系的健康发展。

从 2007 年开始，根据农业部关于在全国开展农技推广体系运行机制创新试点的要求，重庆市在铜梁、大足、开州等地开展了运行机制创新试点工作。2009 年后，重庆市结合全国基层农技推广体系改革与建设补助项目的实施，重点加强农技推广制度建设。

（1）建立农技人员聘用制度：在全市 34 个基层体系改革与建设项目实施的区（县）按照关于事业单位定岗、定责文件和人事、编办有关文件要求，制定了农技推广岗位设置方案、岗位任职条件、岗位竞聘办法等文件并落实。签订了聘用合同，完成了定岗、定责工作。为加强队伍建设，采取公开招聘、竞聘上岗、择优聘用等方式，选择有真才实学的专业技术人员进入农技推广队伍。

（2）建立农技推广责任制度：各项目区（县）农业委员会根据工作任务，分解下达目标任务到直属事业站及各个乡镇农业服务中心，各事业站及乡（镇）农业服务中心根据不同的技术职务、岗位和专业性质，进行明确分工，确定年度内每个专业技术人员的目标任务、工作职责和服务区域并签订目标责任书。34 个示范区（县）都制定并实施了《全国农技推广示范县项目农业技术指导服务合同书》《全国农技推广示范县项目农业技术指导员服务责任书》。

（3）建立农技人员工作考核评价制度：各项目区（县）制定了农技人员考评办法，全面建立了科技示范户、业务主管部门和乡（镇）政府三方共同参与的考核评价机制，考核权重分别为业务主管部门占 30%，当地政府占 30%，科技示范户占 40%。考核考评人员由区农业委员会领导、项目专家、联系乡（镇）指导员、科技示范户共同组成，考评结果在本单位公示接受群众和社会舆论监督。市里牵头制定了《重庆市示范县项目农技推广专家考评表》《重庆市农业技术指导员考评表》《农技推广人员工作考评办法》。

（4）建立健全乡（镇）农业服务中心内部管理制度：各区（县）制定了农业服务中心职责、考核评价制度、中心主任职责、技术人员岗位职责、管理人员职责、工勤人员职责、培训学习制度、考勤值班制度、信息、档案管理制度等系列制度，并统一印制，全区标准化上墙公示。通过农技人员聘用制度、农技推广责任制度、绩效考评制度等一系列日常管理制度的建立完善，进一步规范了基层农技推广队伍的管理，使农技推广技术人员做到“有章可循”“行事有度”。

第二节　农业技术推广队伍

重庆的农技服务体系网络比较健全。1996 年，重庆市（含万、涪、黔）农技、水产、畜牧、农经、农机、水利、林业、气象等各类农业技术推广站达12 063人，技术人员总数5.8万人，其中县及县以上各类农业技术推广站850个，技术人员1.2万人，基层农业技术推广站1 843人，技术人员4.6万人。至2015年年底，全市基层农业技术推广人员实有人数17 870人，含种植业、渔业、农机化、农产品质量安全、资源环境、农经。全市兽医管理部门、动物卫生监督、动物疫病预防控制机构人员数量1 911名。

一、基层农技推广（种植业、农机、水产、农经、农产品质量安全）人员队伍

1986年，重庆全市815个乡（镇）中，已建立农业技术推广服务站（公司）的599个，占乡（镇）总数的73.4%，共有农林科技人员（包括国家和聘请）1 973人，平均每个乡（镇）2.4人。为加强乡（镇）农业技术服务站建设，重庆市人民政府决定：从1987年起，在3年时间内，市、区（县）、乡（镇）每年各拿出100万元用于农业技术服务站聘请农技员（每个乡或镇3名以上）。当年年底已招聘农民技术员1 921名，每个乡（镇）平均2.36人。其中1987年新招聘1 106人，占农业技术员总数的57.53%。

1991年，党中央、国务院决定加强乡（镇）农业技术推广机构的建设，并要求做好定编定员的工作，同时规定机构定性为国家在基层的事业单位。1992年农业部、人事部颁发了乡（镇）农技、农经、畜牧兽医、水产、农机5个站的编制标准，要求3年左右完成。1996年1月，《中共中央、国务院关于“九五”时期和1996年农村工作的主要任务和政策措施》明确指出，“各级政府都要增加农业技术推广经费，并对乡（镇）农业技术推广机构的定性、定员、定编和经费保障等情况进行一次全面检查，切实按国家有关规定在1996年内落实到位”，要求当年全面完成乡（镇）农业5个站的“三定”工作。同年，农业部发出《关于落实乡（镇）农技推广机构“三定”工作的通知》，提出7项任务要求。市委、市人民政府对此极为重视，要求市机构编制委员会同市农牧渔业局对重庆市1992年按部颁标准测算的乡（镇）农技、畜牧兽医、农经、水产4个站的编制重新按新的乡（镇）建制测算核定，按时完成“三定”工作。

1996年，重庆市编制委员会和农业主管部门在反复测编的基础上，全市完成了乡（镇）农业技术服务体系的定性定编工作。9月18日，重庆市机构编制委员会印发《关于核定我市乡镇农业技术推广站人员编制的通知》《关于核定我市乡镇农村合作经济经营管理站人员编制的通知》《关于核定我市乡镇畜牧兽医站人员编制的通知》《关于核定我市乡镇水产站人员编制的通知》，并下达各区（市、县）编制委员会。明确了全市各个乡镇农业技术推广站为事业单位，下达了全市乡（镇）农业技术推广站定编人数，重庆市共4 149人（不含万、涪、黔，“两市一地”亦按规定完成“三定”工作，下同），比重庆市534个乡（镇）农业技术推广站在1995年年底在册人数3 595人增加554人；全市乡（镇）农村经营管理站为事业单位，定编人数为3 906名；全市乡（镇）畜牧兽医站为事业单位，定编人数为6 026名；全市乡（镇）水产站为事业单位，定编人数为973名。以上4个站实行：“实现条块结合、双重领导、合理划分管理职责、调动两个积极性”的管理体制。党团关系、日常工作、思想教育、综合协调等由乡镇党委、政府管理；政策和业务指导、培训，配合人事部门统一考录招聘，职称评定等主要由主管部门负责。站长由乡（镇）党委、政府推荐，征得区（市、县）级主管部门同意后，按干部管理权限任免。

通过开展“三定”工作，基本理顺了条块结合的双重管理体制，使乡（镇）政府和业务主管部门的双重管理职责进一步得到明确。定性定编工作的完成，有利于基层农业技术队伍的稳定，为下一步定员补员打下基础。

2005年，重庆市基层农业技术推广体系改革后，全市农业技术推广队伍处于稳定并逐步壮大的现状，部分区（县）根据农业技术推广工作的需要，逐年招聘专科以上学历的人员进入基层农业技术推

广队伍。至2015年年底，全市基层农业技术推广人员实有人数17 870人，含种植业、渔业、农机化、农产品质量安全、资源环境、农业经济。基层农业技术推广人员学历结构：研究生以上学历340人，大学本科以上学历共有4 468人，大专学历共有11 331人，中专学历有2 939人，高中学历有1 689人，初中及以下学历有674人。专业技术职称结构为正高职称人数128人；高级职称人数995人；中级职称人数4 413人，初级职称人数7 469人，无职称人数8 436人，其他1 665人。编制内人员年龄为25岁以下全市共有378人，25～35岁人员4 498人，36～50岁人员10 817人，51岁以上人员5 748人。编制内人员性别情况，男性人数16 745人，女性人数4 696人。

二、全市兽医机构人员队伍

经过兽医管理体制改革，重庆市兽医机构和人员队伍得到进一步的充实和完善。2006年，全市有畜禽诊疗机构989个；全市取得执业兽医师资格729人，执业助理兽医师资格754人；乡村兽医6 476人，全市有9 125个行政村根据需要配置了7 939名村级防疫员。到2015年，全市兽医管理部门、动物卫生监督、动物疫病预防控制机构人员数量共1 911名。市级行政管理类22名；市级事业类，重庆市动物卫生监督所编制数56名、在岗49名，重庆市动物疫病预防控制中心编制数60名、在岗57名；县级行政管理类，编制数1 182名，在岗总人数1 020名；县级动物卫生监督所总编制766名、在岗600名，动物疫病预防控制中心编制数总编制173名、在岗163名。乡镇畜牧兽医编制数7 564人、在岗6 379名。全市开展了三批动物卫生监督执法人员官方兽医资格确认，共确认官方兽医6 657名。

第三节　农业生产社会化服务

20世纪80年代中期开始，随着农村经济的发展和科技改革的深入进行，农村各类服务站（包括农业技术服务站、林果技术推广站、畜牧兽医站农业技术站、水利站、电管站等）逐步由过去的行政指导性转变为经济服务型，由单项服务转向综合服务，并在网络建设方面迈出了新的步伐。农业社会化服务体系大致经历了自我发展、加快建设和规范有序3个阶段。

一、支持建立基层综合服务实体

1987年10月，重庆市人民政府颁布了《重庆市乡（镇）农技推广服务站工作暂行办法》，农业技术服务站的管理和服务功能得到进一步加强。全市在县辖区和乡（镇）建有科普协会841个，占乡（镇，含县辖区镇）总数的88%；建有各种专业技术协会（研究会）1 349个，拥有会员53 869人。有的采取农技、科普学会、农民技术学校“三位一体”形成了不同层次、不同形式、有偿和无偿服务相结合的综合服务实体，走自我积累、自我完善、自我服务的路子。永川县临江镇在开展综合服务的基础上，建成了固定的物资销售门市、食用菌种厂和培训服务大楼，拥有固定资产110万元，不仅科技服务范围扩大，而且科技服务手段也得以加强。同时，农村科技服务组织每年还广泛开展科技服务和科普活动，编印和发行大量的科普报刊、技术书籍、技术资料，并通过举办各种技术培训班，进行技术指导和提供农药、良种及农用机械等进行卓有成效的服务，推进了经济的发展。由于农村科技服务体系的建立健全和完善，以农村科技能手为主体，科技人员、专业“大王”、科技致富能手为骨干，专业技术协会、村科普组织为基础，科技服务实体和科普学校、农技推广学校为阵地，乡（镇）科学技术协会、农业技术服务站为纽带，县科学技术协会、农业推广中心为枢纽，上下相通、左右相连、城乡结合的农村科技服务网络基本形成。

二、引导社会化服务组织健康发展

1997年以来，重庆市按照“一增强、二提高、四转变”的思路（即增强农业综合生产能力，提高农业机械化水平和农业生产效率，实现社会化服务组织从农业生产关键环节向全程化社会服务转变，从小规模服务向大规模服务转变，从兼业化经营向职业化经营转变，从传统生产方式向现代生产方式转变），引导龙头企业、农民合作社、大学生村官、村干部和农村致富带头人领办创办社会化服务组织。到“十二五”末，培育发展服务能力强、技术水平高、群众口碑好、收费价格合理和有跨区域作业能力的服务组织2 510个，其中农业技术协会1 192个、农资供应及农产品销售协会1 173个，农机服务协会107个、农业信息服务协会38个。推广新技术和新品种717项，新机具3.3万台（套），耕作面积477.3万亩，促进增产25.2万吨。

三、制定社会化服务组织扶持政策

2015年，重庆市科学技术协会与市农业委员会制定出台关于促进农村专业技术协会转型升级的意见，市财政局与市农业委员会制定下发《关于做好农业生产全程社会化服务的通知》，明确了社会化服务组织发展的总体思路、发展目标、重点工作和保障措施等方面的内容。试点区（县）财政和农业委员会，组织农户代表和社会化服务组织代表商议确定公允价格，依据公允价格确定服务补助标准。近4年来，安排市级以上财政资金6.59亿元，支持农业社会化服务组织发展。在支持社会化服务组织发展的基础上，突出社会化服务组织的服务绩效，加强社会化服务质量跟踪问效，将农户满意度作为衡量服务质量的重要标准，建立农民满意程度与补助资金挂钩管理机制，促进农业技术社会化服务组织的规范有序发展。

四、提高社会化服务组织服务能力

1986—2015年，重庆市在农业社会化服务体系建设中，注重社会化服务组织自身服务能力的提高，取得了明显效果。如粮油生产方面，1990年，在全市大范围、大面积上实施了“丰收计划”，实施面积达71.73万公顷，增产粮食11 929万千克，增产油菜籽87万千克，增产“两杂”（水稻、玉米）种子132万千克，种薯2 500万千克，增加饲料绿肥4亿千克。共计增加产值达10 536万元。通过实施“丰收计划”，技术承包等科技兴农措施，推进了大面积科学技术的普及，促进了大面积增产增收。社会化服务组织在其中发挥了重要作用。

重庆市农业植保技术服务体系也经历了发展、完善、壮大的过程。服务组织依托自己的技术优势和技物配套优势开展服务，1981年4月市植物保护植物检疫站在全国植保系统第一个成立了植保技术服务公司，率先创建植保技术推广服务体系，实现从封闭型向开放型、行政型向服务型、单功能向多功能的转化。建立了符合市场经济要求的以市站为龙头，县站为核心，乡村专业队、植保医院、配药站为基础的社会化、专业化、产业化的新型植保植检服务体系。1981—1995年，累计推广稻麦综防统治技术面积621.87万公顷，占应治面积的81.2%，挽回损失460亿千克，成效显著。2004年全市使用市植物保护植物检疫站开发的绿色稻保系列防治水稻前期草虫及中后期病虫面积达8万多公顷。2009年，全市有植保公司、植物医院、植保专业队等各种植保服务组织2 604个，为92.6万人次提供咨询服务。2010年推进农作物病虫统防统治，全市有各类农作物病虫专业化防治组织和服务队1 316个，病虫专业化防治覆盖水稻、小麦、油菜、马铃薯、柑橘等多种作物。粮油作物万亩高产创建示范片重大病虫专业化统防统治率达到100%。

在农业机械化方面，21世纪以来随着农业机械化的快速发展，全市加强社会化服务体系建设，农机社会化服务组织得到较快的发展。到2012年，全市组建农机专业合作社730个，基本覆盖全市所有涉农乡（镇）。全市农机企业200余户，其中规模以上农机企业40户，行业年产值稳定在100亿元以上。2012年全市农作物耕作收综合机械化率达33%，2015年达到42%，农机作业服务总收入达95.37亿元。

随着农村户用沼气的推广，农村能源产业发展较快，其服务体系亦快点跟进。重庆市农村能源服务企业主要经营农村能源配套物质和承担农村沼气池建设后期服务业务。2010 年，重庆市取得中央资金 1 462万元，安排建设 325 个村级沼气后续服务点，当年建成 225 个。至 2010 年年末，全市累计建成县级农村沼气后续服务点 37 个，乡村级沼气后续服务点 1 187 个，基本形成县、镇、村三级农村沼气后续服务网络。2013 年，新增省市级实训基地 1 处、县级服务站 9 处、乡村服务网点 490 处，新增从业人员 899 人，累计建成村级服务网点 2 361 个。

2015 年，全市涉农电商平台 1 110 家，其中“香满园”成为全国农产品电商平台 20 强，涉农电商主体超过 2 万家，网上销售的农特产品达 1. 4 万种，网络交易额达 27 亿元，比上年增长 53%。国家级（重庆）生猪电子交易市场实现全国生猪活体网上电子交易，全年实现生猪交易 26 万头、交易金额 3. 8 亿元，仔猪 15 万头、交易金额 7 000 万元，21 个省份的 2 000 余商户入市交易。

第十二篇

农业教育、宣传及农村体育

第一章

高等农业教育

高等农业院校是培养高素质科技人才的重要基地，在重庆市科教兴农中具有不可替代的地位且发挥着十分重要的作用。重庆的高等农业教育底蕴深厚、源远流长。特别是改革开放以来，高等农业院校面向21世纪，抓住办好教育、培养农业高素质人才这个中心目标，把培养适应农业新科技革命、农业产业化和发展市场经济要求的高层次人才作为根本任务，把高等农业院校建成培养和造就高素质创造性人才的摇篮。重庆市从事国民农业高等教育的院校有西南农业大学、四川畜牧兽医学院、西南大学、重庆三峡职业学院。此外，重庆大学、重庆文理学院等高校个别专业与农业高等教育有一定的相关性。

第一节　西南农业大学

一、历史沿革

西南农业大学前身是1950年经教育部批准，由四川省立教育学院（农学相关系科）与1946年创办的私立相辉文法学院（农学相关系科）以及1910年创办的私立华西协和大学（农艺系）合并组建的西南农学院，地址在重庆市北碚区天生桥。1952年，在全国的院系调整过程中，先后又有四川大学、云南大学、贵州大学、重庆大学、川北大学、乐山技艺专科学校、西昌技艺专科学校的农业系科和农业经济管理系科合并入校。1979年10月，经国务院批准，学校成为全国重点大学，直属农牧渔业部。1985年10月，经农牧渔业部批准，西南农学院更名为西南农业大学。2000年2月，国务院办公厅转发教育部、国家计划委员会、财政部《关于调整国务院部门（单位）所属学校管理体制和布局结构的实施意见》，正式确定了西南农业大学实行农业部与重庆市共建、以重庆市管理为主的管理体制。2001年经重庆市人民政府研究决定、教育部同意，西南农业大学、四川畜牧兽医学院、中国农业科学院柑橘研究所合并组建新的西南农业大学。2005年，在反复论证和多次申请并报教育部批准后，西南农业大学与西南师范大学合并组建西南大学，直属教育部主管，此举优化了中国高等教育格局，标志着重庆高等教育新框架的形成。

二、学校发展

（一）发展概况

1985年10月5日，西南农学院更名为西南农业大学后，进入全新的发展阶段，坚持“改革、开放、发展、提高”的方针，锐意改革，勇于进取，坚持以农为主，农理、农工、农文相结合的多科性的全国重点农业大学的定位，发挥重点院校骨干、示范和带头作用。通过实施改革开放政策，扩大了同社会各方、同国外的联系，加快了改革的步伐；通过有计划地加强学校重点学科建设，改造原有专业、建立新专业，促进了学校的发展；通过采取有效措施提高教学质量、提高学术水平，培养了一批优秀人才，建设了一支过硬的师资、管理、后勤队伍。经过多年发展，2000 年 11 月在西南农业大学成立 50 周年之际，已建成拥有 12 个学院、3 个直属系、1 万余名师生的以农为主，农、理、工、文、经、管相结合的多科性全国重点大学，实现了多层次、多规格、多形式的办学模式，实行全日制、非全日制教育并举、学历教育与非学历教育并举、校内教育与校外教育并举，较好地满足了农村经济建设和社会进步对不同层次、不同规格人才培养的需求。

2001 年，西南农业大学、四川畜牧兽医学院、中国农业科学院柑橘研究所合并组建新的西南农业大学后，学校校园占地面积 5 600 亩，校舍面积 455 683 米^2，图书馆藏书 115 万册。有在职教职工 2 442人，各类在校学生 21 536 人，学校涵盖农、理、工、文、经、管等 6 大类学科门类，有 1 个全国重点学科、11 个省部级重点学科、3 个部级重点实验室、11 个研究所、3 个研究中心。新西南农业大学领导班子实行一个法人、一个领导班人建制和一个班子、一套机构、一套制度、一个财务、一个发展规划，遵循整体合并、主体调整、逐步实施、平稳过渡的原则，加快学校的建设和发展。2003 年，学校本科专业总数达到 48 个，涉及 7 个学科门类、30 个专业类别，全校录取新生总计 5 986 人。2004 年年底，学校设置了经济管理学院、农学与生命科学学院、动物科技学院等 15 个学院，普通、重点及职教师资本科专业 40 个，涵盖了农、理、工、文、经、商、管等多种学科门类，全面实行网上录取，招收新生 6 260 人。

中华人民共和国成立以后，西南农业大学在人才培养方面成就辉煌，培养了袁隆平（中国工程院院士、杂交水稻之父）、侯光炯（中国科学院院士，土壤学家）、吴明珠（中国工程院院士、瓜类育种专家）、赵进东（中国科学院院士，植物生理学及藻类学家，北京大学教授、博士生导师）、孟安明（中国科学院院士，发育生物学家，清华大学教授、博士生导师）、向仲怀（中国工程院院士，蚕学专家）、唐华俊（中国工程院院士，中国农业科学院副院长）、杨华勇（中国工程院院士，浙江大学教授、博士生导师）等两院院士，培养输送了大量的政、学、研、商人才，在中国发展的各个时期，为中国的经济、社会发展作出了不可磨灭的贡献。

（二）学校改革

1. 招生制度改革

计划经济时期，高等院校招生严格按国家下达的招生计划进行。到 1994 年，国家计划招生人数与调节性计划招生人数各占约 50% 。1996 年，西南农业大学实行本科并轨、专科不并轨的方式招生，取消指令性招生计划与指导性招生计划的差异，实行一种计划，按一条分数线、同一批次录取。在总结经验的基础上，1997 年又在专科层次实行并轨招生，实现了全面并轨招生。1999 年，学校参加了 15 个省份的网上录取工作，为 2000 年网上录取“双过半”（即参加网上录取的省份过半、招生计划的一半以上在网上录取）奠定了基础。

为了适应经济建设和社会发展需要，促进农业和农村经济发展，西南农业大学在招收学历教育学生之外，每年还安排招收了其他类型的生源，包括招收定向生、委培生、自费生、社会实践生。根据国家教育委员会、农业部联合下发的《关于印发“高等农业院校招收有一定实践经验学生的暂行办法”的通知》，学校乡镇企业学院 1998 年面向重庆市乡镇企业系统进行“实践生”单独招收；根据重庆市教育委员会《关于试招预科生和资助生问题的通知》，结合办学实际情况，1999 年招收了近百名资助生。

为了规范管理，确保招生质量和招生工作顺利进行，西南农业大学逐步完善了招生管理体制。根据国家教育委员会规定，招生录取工作实行“学校负责招生监督”的体制。1998 年 4 月，成立了招生就业指导办公室。1999 年，随着内部管理体制改革，成立了专门的招生办公室。2002 年，招生工作首次实现不同校区、不同层次之间统一招生、统一录取、统一发放录取通知书“三统一”，招生的省份数量空前增加，达到 31 个，远程网上招生的省份总数由上年的 17 个增加到 30 个。

2. 就业制度改革

在计划经济体制时期，国家计划招收的学生实行“统分统配”就业，委培生回委托培养单位就业，定向生回定向地方就业，职教师资生、中专师资生到中专中学任教。随着市场经济体制的建立和“并轨招生”改革，高校毕业生“国家包分配”的就业制度就此画上了句号。在国家推行以政府为指导、学校为基础的毕业生就业制度的就业政策变化过程中，西南农业大学采取了 4 项措施促进毕业生就业。一是西南农业大学党委和行政对毕业生就业工作高度重视；二是坚持“信息公开、推荐公正、竞争公平”三原则推进就业工作；三是加强毕业生思想教育工作；四是多渠道收集就业信息。西南农业大学为毕业生就业开辟了广阔的道路，1996 年一次就业率为 65%，1999 年一次就业率达 71%，此后，一次就业率不断上升。

3. 办学层次改革

学校在本科教育的基础上，加大多层次、多规格地办学改革，为国家推进现代化建设培养了一大批各个层次的人才。

（1）研究生教育

西南农业大学加快发展研究生教育，通过充分发挥老学科优势，采取老学科帮新学科、老学科带新学科的挂靠招生办法拓展研究生招生领域及数量，促进新老学科有机结合，拓宽专业招生覆盖面，为新学科增列学位授权点和招生创造了有利条件。同时，在研究生招生和培养方面，开展横向联系，即采取跨学科、跨专业、跨单位联合招生、合作培养的方式，解决了在研究生培养中人力、物力、设备不足的问题。

1985—1999 年是研究生教育发展最快的 15 年。从恢复研究生招生到 1999 年，西南农业大学共招收硕士研究生 1 269 人，博士研究生 190 人。随着学校研究生教育的发展，学位授权点成倍增加。1985 年，仅有 1 个博士授权点、11 个硕士授权点，到 1999 年，博士授权点达到 11 个（其中 3 个为博士一级授权学科），硕士授权点达到 30 个，博士后科研流动站 5 个，有国家级重点学科 1 个，省部级重点学科 11 个。研究生教育带动了学科地发展，学科的发展又促进了研究生教育。一批批硕士、博士先后晋升为副教授、教授，给研究生教育增添了活力，为学科梯队增加了生力军。此时，学校导师队伍逐步壮大，博士生导师达到 32 名，硕士生导师达到 160 名。研究生导师中，中国工程院院士 2 名（含客座教授袁隆平）、国家级专家 5 名、省部级专家 21 名、国务院学位委员会学科评议组成员 5 名、重庆市学位评议组成员 8 名、国家跨世纪人才 1 名、农业部教学指导委员会成员 7 名。

2000—2005 年是研究生教育提升上档阶段。西南农业大学研究生教育重点工作：一是重点加强学科、学位点申报建设与管理。2000 年，换届组建了农学系、资源环境学院、蚕桑丝绸学院等 13 个学位（学术）分委员会；2003 年，组建第七届学位（学术）委员会及其分委员会，设立了农学与生物科学学院、园艺园林学院、蚕学与生物技术学院（纺织服装学院）等 15 个学位（学术）委员会。二是开始重点学科和学位点申报与建设。经过不断加强重点学科及学位点建设，2003 年学校获批植物保护、作物学 2 个一级学科博士授权点，生态学、生物化学与分子生物学两个二级学科博士点，区域经济学、遗传学、农业生物环境与能源工程等 9 个硕士点。还自主设置了农业环境保护、农村区域发展、花卉学 3 个博士点。三是学科与队伍建设。建立健全学科建设管理体制，对新增学位点采取专项经费支持建设，新增的 8 个博士点、9 个硕士点按照二级学科加大建设经费投入，并采取学校与科研机构联合申报学位点等措施；同时，学校通过重点定向培养破格晋升高级职称等措施，使一批年轻优秀教学科研人员成为学科带头人，为学科建设和发展奠定了良好的人才基础。

（2）成人、职业技术和干部教育

西南农业大学适时启动了干部教育、成人教育和职业技术教育服务于经济建设和社会发展，并且设立了专门机构管理。1999 年 6 月，成人教育学院、职业教育学院、中央农业管理干部学院西南农学院分院三院合署办公，资源的优化组合，进一步推动这类教育长足发展。

自创办成人教育以来，招生专业逐渐增多，办学规模日益扩大，管理日趋严格规范。1985 年更名西南农业大学后，成人教育有了更大发展。至 1999 年，仅函授、夜大、脱产班的招生专业就达 54 个。专门为成人教育修建楼房总面积 2 万多米^2，可供 2 000 多人教学和 1 800 人住宿。2000 年以来，学校积极塑造职业教育特色，通过严格管理，规范办学秩序；通过创办示范、试点专业，打造各具特色、职高、广受欢迎的职高专业；通过强化职业技能鉴定的指导、组织、管理、协调，为学校本专科学生申请职业资格证书提供了方便。2002 年，茶文化、养殖技术 2 个专业成为教育部部级高职高专教育教学改革试点专业，农业综合技术管理、城市园林设计与花卉等 7 个专业成为重庆市级高职高专教育专业教学改革试点专业。2003 年，建成 2 个全国高职示范专业，7 个高职专业成为重庆市首批的 28 个高职示范专业；学校申报创办民营二级学院 1 所，建设校外合作办学教学点 34。

1985 年 10 月，按照农牧渔业部要求，将 1979 年开办的干部培训班改为中央农业管理干部学院西南农学院分院（简称干分院），积极创造有利条件，保证干分院培训工作顺利开展。一是提供师资，依靠学校的师资力量，学校在干分院兼职的常任教师有 30～40 名；二是争取农牧渔业部为干分院新增加 30 个教师编制；三是根据需要从校外聘请教师上课。多年来，干分院先后选聘的主讲教师 200 多名，其中 80% 以上为正、副教授。为了提高教学质量，1993 年干分院聘请了 12 位教授组成教学指导小组。学校干部培训坚持以农业干部、农技人员培训为主体，合理设置培训内容，有针对性地进行培训。针对每期培训人员的特点进行专门的思想引导，课程内容设置、教学方式调整，保证培训质量。历年来干分院编写了具有针对性、科学性和适用性的各类班次的教材 271 种，印刷数量 10 万余册。

（3）招收留学生及派出交换生

随着改革开放地推进，西南农业大学积极与国外大学建立良好的合作关系，开展学术交流与科研合作，招收来华留学生和派遣交换生，有力地促进了学校的发展。1985 年以来，西南农业大学与美国、日本、英国、法国、加拿大、荷兰、俄罗斯等国家的 14 所大学建立了校际友好关系。1986 年，学校开始接收外国留学生，来自法国、英国、日本等国家的 10 多名留学生，分别在农业经济、蚕桑、农业化学、兽医学、环境保护、森林资源、生物技术等专业学习。

2000 年，西南农业大学由国家和单位公派出国留学 7 人，自费出国留学 7 人。2001 年，有国家和单位公派出国留学 7 人，自费出国留学 2 人。2002 年，公派出国留学 24 人，自费出国留学 9 人，联合培养 57 名中外学生。重点开展对泰国、日本、非洲以及我国台湾地区的交流与合作，积极吸引这些国家和地区的留学生来校学习。2003 年，公派出国留学 35 人，自费出国留学 6 人，联合培养 14 名中外学生。

（三）基础设施建设

为改善办学条件，为教师、学生提供良好、舒适的学习、生活环境，学校加大投入力度，进行了实验室、图书馆、食堂、宿舍、教学楼等教学及师生食、住、行等设施的建设和改造，改善了办学条件、美化了校园环境。

1. 投入稳步增长期

20 世纪 90 年代后，国家逐渐加大教育投资力度，西南农业大学利用部分资金来完善基础设施建设。1986 年 9 月动工建设图书馆新楼，1988 年竣工验收并投入使用。1999 年年底，先后建起了农经楼、食品楼、丝绸楼、新图书馆、新一教楼、体育馆、105 实验楼、畜牧兽医室、棉花研究室及品种资源库、紫色土监测站等教学科研用房，使教学及辅助用房增加到 97 123 米^2。1990 年建成了 1 600 米^2

的学生二食堂。新的学生宿舍、成人教育学生宿舍也相继建成，面积达 43 176 米^2；教职工住房面积达 82 208 米^2。各类公共设施均已配套。

2. 投入快速增长期

两校一所合并后，各种优势资源不断集中到新的西南农业大学，尤其是在基础设施建设投入大、开工多，新的楼宇不断投入教学、科研、教师和学生生活中。2000 年完成基建投资 4 300 万元，实施在建项目 9 个，建筑面积 64 800 米^2，总投资 8 100 万元。建成 12 000 米^2 的新二教学楼、11 600 米^2 的生物工程中心大楼，对部分仪器设备进行了更新，对水电管网信息网、信息网、闭路电视网进行了改造，极大改善了西南农业大学的教学科研条件。

2001 年，投资校本部基本建设项目 9 项，计划总投资 10 940 万元、总建筑面积 75 172 米^2，实际投资 5 973 万元。建成教学实验大楼 25 700 余米^2、学生公寓 46 645 米^2。投入资金 200 万元建设了 12 个实验室。当年，对学生生活区进行了较大规模的改造，调整新建绿地 3 000 余米^2。

2002 年，完成基本建设项目 9 项，总建筑面积 99 260 米^2，计划总投资 13 810 万元，到位资金 4 150万元。同时，投资407 万元对棉研楼、图书馆、老蚕房、学生区环境等 70 多个项目进行维修改造及环境工程整治。3 月 1 日，总投资 1 420 万元的新女生院建成，总建筑面积 15 760 米^2，有宿舍 390 间，可入住学生 3 120 名。这是西南农业大学当时单体容量最大的学生宿舍，成为学生区的标志性建筑，是亮丽的风景线。

2003 年，完成基本建设项目 16 项，计划总投资 20 930 万元、总建筑面积 168 251 米^2，实际到位资金 6 500 万元，累计付款 5 500 万元。加大对教学实验室的投资力度，启动了“100 万工程”加强教学实验室建设，学校集中资金 600 万元启动新一轮教学实验建设，建成了一批具规模、上水平、见效果的实验室。

2004 年，完成基本建设项目 17 项，总建筑面积 172 060 米^2，到位资金 8 392 万元，累计付款 9 631 万元，实际完成投资 7 936 万元，建设完成了 19 650 米^2 的三教学楼、11 450 米^2 的八教学楼、14 530 米^2 的学生公寓 9 舍，年内投入使用，多媒体教室 9 个并实施对多媒体教室和扩音教室的建设。西南农业大学开工建设 40 000 米^2 的第二学生区学生公寓、15 000 米^2 的学生食堂、20 000 米^2 的旧运动场改橡胶运动场、20 000 米^2 的新运动场工程、3 000 米^2 的游泳池、393 米^2 的院士楼等。

2005 年，建设竣工的第二学生公寓片区学生公寓，建筑面积 4.03 万米^2。新区一期学生公寓的竣工，标志着西南农业大学校区的成功拓展，标志着学校新校区运行的开始。

三、专业设置及实验室建设

（一）培养目标

随着经济建设的迅速发展和计划经济体制向市场经济体制的转化，西南农业大学加快改革步伐，对学校的学科专业进行了调整和重新规划。不仅设置农学专业，而且设置整个农村经济建设和社会进步需要的工科、理科、文科以及经济贸易等近农和非农专业，已发展成为农、工、文、理、经、管的多科性大学，为社会主义建设培养多层次、宽领域的各类专业人才。

（二）专业结构

西南农业大学专业结构逐步向多科性大学发展过程，大致分为以下 4 个时段。

1. 1984—1989 年

1983 年国务院批转教育部、国家计委《关于加速发展高等教育的报告》指出“根据国家‘四化’建设的需要，调整改革高等教育内部结构，增加专科和短线专业的比重”。据此，逐渐增设本、专科专业。到 1989 年本、专科专业增至 27 个，较 1984 年增加 14 个。

2. 1990—1994 年

根据国家教委有关文件精神，1991 年对设置的专业进行清理和调整。1993 年农业部同意增设和恢复农业建筑与环境工程等 4 个本科专业和工商企业管理等 17 个专科专业。到 1994 年，设置的专业及专业方向发展到 27 个本科专业、40 个专科专业，大大增加了专业覆盖面。

3. 1995—1999 年

中国社会主义市场经济体制的逐步形成，对高等教育的人才培养提出了更高的要求，调整和改革传统的专业设置已成为高等教育改革的一项十分紧迫的任务。1995—1996 年，增收了计算机及应用等 5 个本科专业和应用生物技术等 4 个专科专业。1999 年根据教育部 1998 年颁布的本科专业目录，将原来 35 个本科专业调整为 25 个，并申请增设了公共事业管理和环境工程 2 个本科专业。

4. 2000—2004 年

经过不断调整，2000 年学校拥有 10 个学院、6 个直属系，拥有的 27 个本科专业涵盖了 15 个专业类、6 个学科门类，全日制普通本、专科人数也由 1984 年的 837 人扩大到 2000 年的 2 010 人。

经过改革开放 20 多年的建设与发展，在 2000 年西南农业大学组建 50 周年时，已建成拥有 12 个学院、3 个直属系、1 万余名师生的以农为主，农、理、工、文、经、管相结合的多科性全国重点大学，形成了拥有 5 个博士后流动站、11 个博士点、30 个硕士点、1 个专业学位授权点、27 个本科专业的研究生教育、本专科教育、成人教育、职业技术教育、干部教育的多层次、结构合理的高等农业教育体系。在学科建设上建立了 1 个全国重点学科、7 个部（省）级重点学科、3 个部级重点实验室、5 个研究所、2 个研究中心、32 个研究室，以信息技术为先导，以生物工程技术为核心，基础研究、应用基础研究、技术推广合理配套紧密结合的现代农业科研体系。实现了多层次、多规格、多形式的办学格局，形成了全日制与非全日制教育并举、学历教育与非学历教育并举、校内教育与校外教育并举的办学模式（表 12－1－1、表 12－1－2）。

表 12－1－1　2004 年西南农业大学学院和专业设置

序号	学院	本、专科专业
1	经济管理学院	农林经济管理、土地资源管理、工商管理、会计（含审计）、金融学、市场营销、国际经济与贸易、会计与审计（专）、金融与保险（专）、会计电算化（专）、财政与税收（专）、涉外旅游管理（专）。其中荣昌校区有市场营销、市场营销职教师范、市场营销（专）
2	农学与生命科学学院	农学、生物科学、农村区域发展、农业综合技术与管理（专）、成教生物科学、农业应用技术
3	动物科技学院	动物科学、动物医学、药学、生物工程学、草业科学、动物营养与饲料加工（专）、动物养殖与疾病防治（专）、药用植物栽培与加工（专）、养殖技术（专） 其中荣昌校区有动物科学、动物科学师范、动物医学、动物医学师范、农畜特产品加工（专）、养殖技术（专）、动物营养（专）、畜牧兽医（专）、养禽与禽病防治（专）、宠物饲养与疾病防治（专）、动物养殖与疾病防治（专）
4	食品科学学院	茶学、包装工程、食品科学与工程、食品质量和安全、茶文化（专）
5	工程技术学院	农业机械化及其自动化、机械设计制造及其自动化、电子信息工程、自动化、车辆工程、土木工程、农业建筑环境与能源工程、机械电子工程（专）、汽车运用工程（专）
6	园艺园林学院	园艺、园林、城市规划、装潢艺术设计（专）、城市园林设计与花卉
7	纺织服装学院	服装设计与工程、纺织工程、服装艺术设计（专）
8	蚕学与生物技术学院	蚕学、生物技术。其中荣昌校区有生物技术
9	信息学院	计算机科学与技术．网络工程、电子商务、信息管理与信息系统、计算机信息管理（专）、计算机网络技术（专）、电子商务（专）、计算机应用与维护。其中荣昌校区有计算机科学与技术、信息管理与信息系统、计算机应用技术、计算机应用技术（专）

（续）

序号	学院	本、专科专业
10	外国语学院	英语
11	基础科技学院	化工与制药、电子科学与技术、生物化工工程（高）、化工与制药（高）、应用电子技术（高）、电子信息技术（高）
12	植物保护学院	植物保护专业、制药工程专业
13	人文学院	社会工作、法学、公共事业管理、经济法（专）、秘书（高）。其中荣昌校区有公共事业管理职教师资
14	资源环境学院	农业资源与环境、环境科学、环境工程、资源环境与城乡规划管理、水土保持与荒漠化防治、林学、地理信息系统、资源环境与城乡规划管理、森林生态旅游（高）
15	水产与水文学院	水产养殖学、水文与水资源工程、名特水产养殖（专）、渔业综合技术（专）、水生物资源开发与环保（专）、水产品的加工与贸易（专）、水产养殖（师范）。其中荣昌校区有名特水产养殖
		学校还设有体育部、继续教育学院（职业技术学院）和生物技术中心

表 12－1－2　2004 年西南农业大学重点学科设置

学院	学科	学科级别
蚕学与生物技术学院	特种经济动物饲养	国家级重点学科、农业部重点学科、重庆市重点学科
食品科学学院	农产品加工及贮藏工程	农业部重点学科、重庆市重点学科
经济管理学院	农业经济管理	农业部重点学科、重庆市重点学科
植物保护学院	农业昆虫与害虫防治	农业部重点学科
重庆市重点学科		
资源环境学院	土壤学	重庆市重点学科
资源环境学院	植物营养学	重庆市重点学科
农学与生命科学学院	作物遗传育种	重庆市重点学科
动物科技学院	临床兽医学	重庆市重点学科
动物科技学院	预防兽医学	重庆市重点学科
园艺园林学院	果树学	重庆市重点学科
园艺园林学院	蔬菜学	重庆市重点学科
工程技术学院	农业机械化工程	重庆市重点学科

西南农业大学不断加强学科建设，2004 年在已有一级学科博士点下自主设置了 7 个博士点和 5 个硕士点。学校学位点数达到博士点 5 个、二级学科博士点 26 个、硕士点 46 个，共有 53 位博士生导师（表 12－1－3）。

表 12－1－3　2004 年西南农业大学博士学位授权点

学位点名称	学位点名称	授权点范围
生物化学与分子生物学	生态学	—
农产品加工及贮藏工程	作物学	一级学科，作物栽培与耕作学、作物遗传育种
作物栽培与耕作学	作物遗传育种	—
种子工程	园艺学	一级学科，果树学、蔬菜学、茶学、花卉学
设施农业	果树学	—

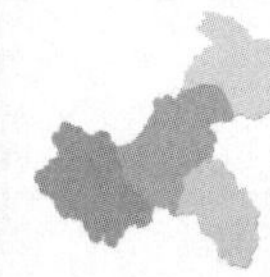

（续）

学位点名称	学位点名称	授权点范围
蔬菜学	茶学	—
花卉学	农业资源利用	一级学科，土壤学、植物营养学、农业环境保护
土壤学	植物营养学	—
农业环境保护	药用资源化学	—
资源微生物学	植物保护	一级学科，植物病理学，农业昆虫与害虫防治，农药学
植物病理学	农业昆虫与害虫防治	—
农药学	生物安全	—
特种经济动物饲养	农林经济管理	一级学科，农业经济管理、林业经济管理、农村区域发展
农业经济管理	林业经济管理	—
农村区域发展	农村金融与财政	—

（三）实验室建设

2000年10月，西南农业大学经调整后共有30多个研究室，有蚕桑学实验室、南方蔬菜遗传育种与栽培实验室、昆虫学及害虫控制工程实验室3个农业部重点开放实验室，有经济作物研究所、生态农业及农业经济研究所、蚕业研究所等24个研究所，其中有5个为农业部批准建设的研究所，基本形成科研支持体系。重点建设了植物保护、作物改良、蚕体解剖生理及遗传育种3个建制实验室和GIS测量制图、植物学2个基础实验室。

2001年6月，整合重庆市生物科技力量，设立重庆市农业生物工程技术研究中心。2002年10月，与重庆市养猪科学研究院合作成立西南农业大学畜牧科学研究中心。2003年，信息学院、工程技术学院、食品科学学院、纺织服装学院、基础科技学院和现代生命科学实验教学中心成为首批实验室建设单位。

四、教师与学生

（一）师生概况

1. 教师

1985—1999年，西南农业大学评聘了教授162人、研究员14人、副教授426人、副研究员66人、高级农艺师10人、高级实验师31人、副研究馆员13人、副编审5人、高级工程师7人、高级审计师2人、高级会计师2人、副主任医师7人。

2000年2月，学校有教职工1 544人，其中副高级职称以上人员400人，拥有院士，“新世纪百千万人才工程”一、二层次人选，国家级突出贡献专家，教育部“跨世纪优秀人才计划”入选人员共计9人。其中，院士1人，为向仲怀（中国工程院院士、蚕学专业教授）；“新世纪百千万人才工程”一、二层次人选1人，为鲁成（蚕学专业教授）；国家级突出贡献专家6人，为向仲怀、戴思锐（数量经济学专业教授）、鲁成、裴炎（作物遗传育种专业教授）、毛炳衡（土壤农化专业教授）、吴蔚文（昆虫学专业教授）；教育部“跨世纪优秀人才培养计划”入选人员1人，为王小佳（蔬菜学专业教授、部级突出贡献专家）。

2001年合并后的新西南农业大学在职教职工2 442人，其中中国工程院院士1人，博士生导师35人，硕士生导师174人，教授、研究员等正高职称160多人，副教授、副研究员等副高职称600多人。截至2004年年底，在拥有院士，“新世纪百千万人才工程”一、二层次人选，国家级突出贡献专家，教育部“跨世纪优秀人才计划”入选人员9人的基础上，2002年，周常勇教授被聘为中国农业科学院二级学科岗位杰出人才；2004年10月29日，农学与生命科学学院院长李加纳教授、农业部蚕桑学重点开放实验室副主任周泽扬教授当选首批“新世纪百千万人才工程”国家级人选；2004年，夏庆友、王进军教授入选2004年度教育部“新世纪优秀人才支持计划”人选。

2. 学生

2000年，全日制普通本、专科招收学生由1984年的837名增加到2 010名。2000年，招收研究生205名、成人教育本专科学生1 929名、新高职学生910名，在校各类学生达到12 709名。2001年，西南农业大学本部招收全日制本、专科学生2 711名、研究生288名及农业推广专业硕士140名，在校各类学生达到21 536名。2002年，招收本科学生3 555名、专科学生457名，实际入学本科学生3 169名、专科学生342名。2003年，招收新生5 986名，其中本科学生4 152名、专科学生1 834名。2004年，招生录取工作量大、专业多、批次多、覆盖面宽、历时长，全面实行网上录取，招收学生6 260名。

（二）研究生培养

2000年，西南农业大学招生研究生205人，授予硕士学位人数107人（其中，学历硕士85人，同等学力硕士22人），授予博士学位人数12人，均为学历博士。学历硕士博士研究生毕业生就业数87人，2人进入博士后流动站工作，11人继续攻读博士学位，1人退学。

2001年，19名博士生导师招收博士生64人，研究生招生总数288人。当年5月，学校首批40名农业推广硕士专业学位研究生入学，西南农业大学成为全国第一个招收该专业研究生的学校。6月，经第六届学校学位评定委员会第三次会议表决，决定授予28位博士研究生博士学位，授予92位硕士研究生硕士学位，授予4位以研究生同等学力申请硕士学位人员硕士学位。全校共审核109名研究生就业，另有7名继续攻读博士学位或者进入博士后流动站。

2002年，14个专业、24位博士生导师招收了67名博士研究生（包括4名硕博连读学生），有4名博士后进站。29个硕士专业（不含专业学位）招收硕士研究生274名；本年度共审批授予夏季毕业的17名研究生博士学位、114名研究生硕士学位、13名在职人员以同等学力申请的硕士学位。全校共审核批准143名研究生的就业方案，一次性就业率达到95%。

2003年，30名博士生导师招收博士研究生93名，招收硕士研究生398名，招收2002年硕士专业学位研究生84名。授予硕士学位158人（包括8名在职硕士），授予博士学位21名。年度审核172名研究生就业方案，截至审核时，就业率为95%。

2004年，西南农业大学招收全日制硕士研究生522名、博士研究生96名；招收2003年硕士专业学位研究生226名（农业推广100人、工程硕士6人、兽医硕士14人、高校教师106人）；7名博士进站开展博士后研究，2名博士后出站。全日制研究生在校生数达到1 531人，其中硕士1 191人，博士340人；在职人员攻读硕士研究生达到394人。

2005年，西南农业大学有40位博士生导师共计招收博士生96名，有6位博士后研究人员进站，2名博士后研究工作完成出站。

中国农业科学院柑橘研究所依托西南农业大学招生，2001年开始招收硕士研究生、2004年开始招收博士研究生，到2005年，学校共招收49名硕士研究生（其中4名依托中国农业科学院研究生院招生）、5名博士研究生。

（三）成人教育及干部培训

1. 成人教育

为更好发挥学科专业优势，服务社会，服务“三农”，根据专业结构特点，积极开展成人教育。1985年学校更名为西南农业大学后，成人教育有了更大发展。至1999年，仅函授、夜大、脱产班的招生专业即达54个，成教招生总数为9 986人，毕业的本、专科生6 917人。非学历教育培训10 000余人/次，其中为四川省、重庆市培养职教师资2 000多人。

2000年，西南农业大学成人教育本专科招生1 929人，新高职招生910人，同时承担了重庆市高职高专4门规划教材的编写任务。2000年开设的茶文化高职专业是全国第一个、也是唯一开办此专业的高校。2001年，录取成人教育新生1 885人、高职802人。2002年，在四川、重庆、云南、广西、贵州、新疆等地录取各类别成人教育新生2 912名。2003年，各类别各层次成人教育招生1 658名。2004年，招收高职专科学生1 535名，应用技术本科学生120名。2005年，录取各类各层次继续教育新生1 683名。

2. 干部培训

中央农业管理干部2000年，举办重庆市乡（镇）长培训班、西南地区县级畜牧局长培训班、贵州道真县玉溪干部培训班等各类培训班，12期；2001年，举办贵州省道真县科局级领导干部培训班、西南地区畜牧站长培训班、西南地区畜牧局长培训班等各类培训班共8期；2002年，举办西南地区畜牧局长及科长培训班、贵州省余庆县农业管理干部培训班、西藏县级农牧业领导干部培训班等各类培训班共14期；2003年举办国家外经贸部委托的粮食仓储保护技术国际培训班等各类培训班共12期，培训各级专业领导干部和各类农业技术人员590人；2004年，举办西南地区县级农业领导干部研讨班、西藏共县级农牧业领导干部培训班、重庆市农业农村工作领导干部和民族地区干部培训班等各类培训班共15期，共计培训各类干部和技术人员2 230人，创学校年度干部培训人次的历史新高。

（四）师资队伍建设

西南农业大学把切实加强教师队伍建设作为人才强校的重要措施，千方百计地为教师的发展创造良好条件，努力打造一支师德高尚、业务精湛、结构合理、充满活力的高素质专业化教师队伍。

1. 优化师资队伍结构

由于历史的原因，西南农业大学的师资队伍呈现明显的年龄结构断层，从而导致了学术梯队的断层。为了解决学术梯队“断层”和高级职称的学术带头人和学术骨干年龄普遍老化的问题，根据师资队伍结构情况，学校按照相关政策评聘了一批具有相当学术水平的教师为教授、副教授，同时还破格晋升了一些年轻有为的教师。

1985—1999年，西南农业大学根据《高等学校教师职务试行条例》等有关文件精神，先后制订了《西南农业大学技术职务评审组织章程》《西南农业大学专业技术职务岗位设置原则》等10多个配套文件，按照“坚持标准、保证质量、全面考核、择优晋升”的方针和“公开、公正、公平”的原则，开展评聘职称工作。这个时期评聘了745名副高职称人员。

西南农业大学破除论资排辈的传统观念，采取了一系列措施，选拔、培养教学科研的后续人才。1990年，在高级职称指标十分紧张的情况下，学校列出10名指标破格晋升35岁以上的青年教师。经过申报人的公开答辩和材料展览，10名青年教师破格晋升为副教授。此举，在全国农业院校和四川省内高校中引起了极大反响，至1999年年底，40岁以下的教师晋升教授者7人，35岁以下的教师晋升副教授者27人，40岁以下的科、教人员晋升副高职称者138人。此举使学校的师资队伍得以优化，学术梯队逐渐形成，而且选拔培养了一批跨世纪优秀人才，促进了学科带头人的成长。

2. 加强青年教师培养

西南农业大学采取多项措施加速对青年教师的培养。一是给青年教师压教学担子，促使他们掌握学科基础知识和教学艺术，过好教学关；二是给青年科教人压科研担子，培养他们的科研能力和在学术上独立发展的能力；三是给青年人压党政管理担子，让他们有职有权大胆地工作，锻炼管理工作的能力；四是根据学科建设和工作的需要选派青年人到国内外高等学校和科研机构去学习深造，同时分期分批组织青年人脱产或业余学习，熟练掌握1门外语；五是统筹安排青年人在职攻读学位，取得高一个层次的学位；六是支持青年人参加重要的国内外学术会议，让他们见世面，使他们在同行专家中崭露头角；七是分期分批安排青年人到基层区（县）进行1年以上的社会实践锻炼；八是单列技术职称指标，破格晋升有优异成绩的青年人，让他们脱颖而出，担负起更重要的工作任务；九是关心和解决好青年人夫妻分居、住房和子女读书升学等问题，解除他们的后顾之忧，让他们安心工作。

3. 引进国外智力，促进科学研究

西南农业大学通过国家外国专家局文化教育专家司、经济专家司和重庆市科学技术委员会等渠道，积极聘请外国专家，引进国外智力，逐渐从以请进长期语言专家为主体的聘请方式转变为以请进短期科技专家为主体的聘请格局。20世纪90年代以来，授予外国专家名誉教授3名、客座教授23名。聘请国外专家大大促进了学校学科专业发展、人才培养、实验室建设和重点科研项目攻关。1996年，聘请英国伦敦大学世界知名的昆虫学家、生态学家布伦·泰勒教授来校进行了1个月的学术交流。鉴于布伦·泰勒教授在昆虫学学科建设、国家级攻关项目及人才培养方面的突出贡献，1999年学校向国家外国专家局推荐，布伦·泰勒获得了我国外国专家局设立的“友谊奖”。这是中国政府对有重大贡献的外国专家颁发的最高荣誉奖励。布伦·泰勒应邀参加了1999年国庆活动，朱镕基总理亲自为其颁奖。

第二节　四川畜牧兽医学院

四川畜牧兽医学院是一所省属普通高等农业本科院校。始建于1939年，前身为私立建华高级农业职业学校，1941年改名为四川省立高级农业职业学校，1953年改名四川荣昌畜牧兽医学校，1978年12月改建成四川畜牧兽医学院。2000年，根据国务院办公厅转发教育部、国家计划委员会、财政部《关于调整国务院部门（单位）所属学校管理体制和部局结构的实施意见》，在重庆市人民政府、市教育委员会的领导和协调下与西南农业大学合并，统称西南农业大学（别称“西南农业大学荣昌校区”）。

一、学院规模

四川畜牧兽医学院位于成渝高速公路中段距重庆市93公里的“中国畜牧科技城”荣昌县城。2000年2月合并时，学院占地390余亩，校舍建筑面积十万余米^2。学院面向全国招生，在校学生有3 500余人，有教职工600余人，其中，教授、副教授150人，讲师、工程师、助理研究员有201人。有4 000多米^{2}的图书馆大楼、藏书16万多册，中外文期刊450种。有学生活动中心、公寓化管理的学生宿舍。

二、院系设置及科研机构

学院设置的主要系、院（部）有：动物科学系、动物医学系、水产系、经济与信息管理系、生物技术系、基础科学部、职教成教学院等。系、院中本科专业有：畜牧兽医、畜牧动物营养与饲料加工、兽医中兽医、淡水渔业、动物药学等；专科专业有：畜牧兽医、动物营养与饲料加工、畜产乡镇开发、宠物饲养与医疗保健、市场营销、商务英语、淡水养殖、养殖农牧、兽医药学等22个专业及专业方向。学院有25个实验室和中国重庆畜牧科技城畜牧科技信息中心、应用生物技术中心、动物药品研究中心、计算中心及实习牧场、渔场、兽药厂及动物医院，拥有现代化的显微测试、功能齐全的计算机多媒体电化教学系统，各项教学、科研设施齐备，学院所属川牧集团有年产18万吨的现代化饲料厂。总体形成教、学、研及社会实践的综合体。

三、教学成果

1939年以来，学校（院）先后为国家培养各级各类专业人才2万多人。1978年以后，学院就为社会输送本专科专业技术人才6 000多名。毕业生中，有牧业科技的专家学者，有大中型企业的企业家，有生产第一线的劳动模范，有的已走上重要的行政领导岗位。学院实行产、学、研合作办学，科研工作

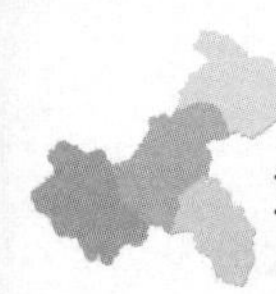

面向经济建设主战场，先后承担了一批国家、省及地方重大科研、技术推广课题，完成科研40余项，其中推广畜禽传染病防治、饲料、兽药、生物技术、种草养畜、特种水产养殖等方面的新成果40余项，获直接经济效益超过800万元/年，社会经济效益达5亿多元。19项科研成果获得省级奖，小鹅瘟、猪丹毒检测方法等被国家列为全国动物疫病检测方法。1990年以来，学院教师在国内外发表论文1 800余篇，出版科技专著50余种，有10多位专家参加国家药典委员会、重庆市人民政府科技顾问团及重要专著编撰工作。

四、国际交流与合作

学院积极开展国际教育合作与交流，坚持对外开放来激励内部学科振兴，长年聘请外籍教师讲学，与美国、加拿大、德国、法国、俄罗斯、日本、荷兰、瑞士、澳大利亚等20多个国家的大学、科研机构进行学术交流和科技合作，并与泰国卡赛萨大学、俄罗斯俄罗涅什农业大学、吉尔吉斯农学院、美国兰斯顿大学建立了校际长期合作，互派访问学者和留学生。

第三节　西南大学

2005年7月，教育部下发《关于西南师范大学、西南农业大学合并组建西南大学的决定》，7月17日西南大学正式成立。

一、学校总规模

新组建的西南大学总占地面积为8 000余亩，校舍面积150余万米^2。共有专任教师2 600余人，专职科研人员300余人，其中教授（研究员）307人，副教授（副研究员）739人，博士生导师103人，硕士生导师513人；中国科学院院士1人，中国工程院院士2人；国家级、省（部）级专家75人，重庆市学术带头人及后备人选173人，国家级突出贡献的专家15人；40余名教授为国务院学位委员会委员和学科组成员；教育部科学技术委员会学部委员；国家自然科学基金评审组成员；国家哲学社会科学基金评审组成员；全国教学指导委员会副主任、顾问和委员；70多名教授为全国二级以上学会的会长、副会长、理事长；20多名教授担任国际科研机构的重要职务，在相关领域有较大影响。学科涵盖11个门类、共40个一级学科、104个本科专业。有2个国家级重点学科、7个一级学科博士学位授权点、45个博士点、9个博士后科研流动站、120个硕士学位授权点、5个专业硕士学位授权点、35个省（部）级重点学科、17个省（部）级重点实验室、5个重庆市重点文科研究基地。各类在校学生50 000余人。

二、农科类人才培养

西南大学成立之后，在基本保持原西南农业大学专业结构设置的基础上，注重加强和改进农科类人才培养模式。2010年12月，获批“改革农科类专业优秀人才选拔培养模式”国家教育体制改革试点项目后，在农学与生物科技学院、园艺园林学院、植物保护学院等3个学院基础上组建农学部，着力整合农学类专业课程、实验场地、教师队伍等资源，培养高水平的农科类专门人才。结合国家教育体制改革试点项目的实施，在农业科学人才选拔培养方面展开了积极探索。一是通过多种途径选拔农科类优秀人才。2011年开始，选取10个农科类专业在重庆、四川以“西南大学（农科类）”单独代码招生，首批招生135人；在自主招生中进行试点，专门设立了“有志于报考农科类专业”志愿选项，在自主招生政策上予以倾斜，选拔“乐农”“适农”的学生；探索“2+2选拔与培养模式”，将部分农业科学类（简称农科类）专业纳入大类招生。经过招生环节的系列改革，农科类专业的生源质量不断提升，考生的专业志愿调剂率明显下降。二是积极探索农科类学生分类培养。将农科类学生分为专业研究型、应用复合型和创新创业型3类进行分类培养。在专业研究型人才培养方面，建立试点创新实验班。2011年

11 月，成立含弘学院，组建拔尖创新人才实验班“袁隆平班”，首批招收理工农科类学生 40 名进行重点培养。同年在农学与生物科技学院、植物保护学院及资源环境学院等设立 9 个创新人才培养实验班，重点开展研究型教学。在应用复合型人才培养方面，深化协同实践育人机制，加强产学研结合。2009 年起，西南大学加大力度建设“南方山地农业创新人才培养教学实践示范基地”“合川农场学生农业生产实习及农民培训基地”“荣昌校区高素质养殖业创业人才培养产学研基地”“柑橘科技成果转化与人才培养实训基地”“校地合作石柱农业科技综合示范基地”五大农林试点实践基地，为学生实践搭建了良好的平台。在创新创业型人才培养方面，试点顶岗支农实习，与地方、企业和科研院所共同建设了一批不同功能模块的创业型人才培养基地，形成了互助互赢的农业教育创业人才培养新体系。

2013 年，在教育部、农业部、国家林业局印发《关于实施卓越农林人才教育培养计划的意见》之后，西南大学成功申报教育部首批卓越农林人才教育培养改革试点项目，重点建设以农学部所属农学专业、园艺专业、植物保护专业和农业资源与环境专业为支撑的“拔尖创新型农林人才培养模式改革”。2014 年 10 月，完成卓越农林人才实验班（“神农班”）2015 级招生选拔。“神农班”鼓励学生在大学期间以个人或创新小组形式，进行社会调查，撰写社会调查报告。通过“神农班”的探索，进一步确定了学校高层次农业拔尖创新人才的努力方向。

西南大学围绕国家教育体制改革试点项目“改革农科类专业优秀人才选拔培养模式”，提高农科类专业人才选拔培养质量，促进高等农科类教育内涵式发展为核心、实施“三四五”农科类专业人才选拔培养模式改革。

“三”即创新 3 种培养模式。一是以培养高端学术创新拔尖人才为目标，创新农科类专业研究型人才培养模式；二是以培养一批既有现代农业专业知识又懂经营管理，既掌握理论又有应用实践能力和社会服务意识的复合型人才为目标，创新农科类专业应用复合型人才培养模式；三是以培养一批有文化、懂技术、会经营的农业创业人才为目标，创新农科类专业创新创业型人才培养模式。

“四”即探索 4 种人才选拔培养途径。一是通过在自主招生中专门设立“农科类专业”，重点选拔有志于农业科学研究的学生，将部分农科类专业纳入大类招生，积极探索 2 +2 选拔与培养模式；二是通过含弘学院实施“拔尖人才培养计划”“创新人才培养计划”等形式，建立创新教育实验班，探索农科类专业研究型人才的选拔培养模式；三是通过建设实践基地，开展校县模式基地、校院（所）模式基地等多种形式的校地合作，培养农业高层次实用人才，加强产学研结合，探索农科类专业应用复合型人才的培养；四是以大学生就业指导课和创业课程为依托，以北碚大学科技园为大学生创业基地，为学生提供创业实践平台，组织“挑战杯”及创业设计类竞赛，激发学生创业热情，切实加强创新创业教育，培养创业型人才。

“五”即 5 项选拔培养机制的新思路。一是建立科学的农科类人才选拔机制，增加学校招收农科类学生的自主权，更加注重对学生创新能力、综合素质的考核。试点探索农科类学生的免费培养机制，在农学和植保专业试点，定向招收重庆市内学生，采取“两免一补”的资助方式，即免学费、住宿费，补助生活费，实施定向就业。二是通过国家设立农科类免费教育的项目实施，推动国家实行农科类专业免费教育或出台基层农科类人才的学费代偿与奖励制度，建立农科类学生的免费培养机制。三是通过修订农科类学生培养方案，优化农科专业课程体系，改革和创新教学方法，推动农科类专业教育教学改革。四是通过建立系统的农科类学生质量标准，构建“毕业生就业率—就业流向—工作能力—收入状况—专业相关度—知识与能力培养”信息收集与反馈机制，建立人才培养结构与经济社会发展相适应的动态调控机制，建立农科类人才培养质量评价监控机制。五是通过制定对农林水等艰苦行业从业人员的激励制度，引导和鼓励农科类毕业生到基层就业，建立对农科类人才的激励机制。

通过实施“三四五”农科类专业人才选拔培养模式改革，较好地解决了制约高校农科类人才选拔培养的体制机制问题，探索出一条有效提高农科类高等教育水平、提升农科类人才选拔培养质量的道路。

三、农业科研项目及成果

西南大学成立后，通过加强学科建设，打造科研平台等一系列举措，学校科研实力增强，研究水平提高。科研方面以教育学、心理学、农学学科优势明显。家蚕基因组学研究居世界领先水平，基础心理学、教育学等学科研究达到国内领先水平。创造了以自然免耕法、家蚕基因库、西南民族教育与心理研究、人类时间认知研究等为标志的一大批重大科研成果。部分研究达到国际领先地位，研究成果引起中央有关领导重视并得到批示。国家及有关部门对学校的支持力度加大，先后安排了多批高端科研项目，其中2007年获准各类科研项目800余项，2010年1 500余项；2011年，仅国家自然科学基金立项的项目就突破100项。在获准项目的同时，科研经费也随之增加，科研项目的层次和质量明显提升。

在承担的高端涉农科研项目中，夏庆友的“家蚕重要经济性状功能基因研究”“家蚕分子育种技术创新与高产、优质、抗病新品种培育”“家蚕关键品质性状分子解析及分子育种基础研究”“基于基因组编辑的家蚕素材创新与育种研究”获得“973项目”“863项目”资助；周泽扬的“家蚕的免疫应答与性机制研究”和崔红娟的“家蚕干细胞与组织器官分化研究”获准“973项目”立项资助；谢德体的“三峡库区及上游流域农村面源污染控制技术与工程示范”获科技部重大专项资助；周常勇的“长江柑橘带橙汁加工关键技术研究与产业化开发”、王定勇的“秸秆沙质土壤改良材料与产业化示范”、谢德体的“沿三峡库区坡耕地农业面源污染综合治理技术研究与示范”、李学刚的“石柱黄连规范化种植基地及SOP优化升级研究”、张自力的“农村物联网信息服务关键技术集成与示范”先后获科技部支撑计划项目（课题）支持；向仲怀的“蚕桑现代产业技术体系家蚕基因资源”、周常勇的“果树病毒防控技术研究与示范”“柑橘黄龙病和溃疡病综合防控技术研究与示范”和鲁成的“蚕桑产业技术体系——分子育种”获农业部现代农业产业专项资助。

在众多的高水平研究成果中，一些成果获得国家、教育部、农业部以及重庆市科技成果奖。其中周常勇领衔的“柑橘良种无病毒三级防疫体系构建与应用”获国家科学技术进步奖二等奖；王小佳领衔的“西园系列甘蓝新品种选育及推广应用”和李加纳领衔的“甘蓝型黄籽油菜新品种选育及遗传基因研究”获教育部科技进步一等奖；鲁成领衔的“家蚕突变基因研究”、罗凌飞领衔的“鱼类发育的形态学和分子机制研究”和袁若领衔的“重要肿瘤标志物蛋白电化学免疫生物传感器研究”获重庆市自然科学一等奖；周常勇领衔的“柑橘病毒类和检疫类病害分子检测及无病毒三级繁育体系技术”、何光华领衔的“外源DNA导入水稻育种新技术及机抽研究”、张家骅领衔的“大足黑山羊遗传资源保护与利用”、张毅领衔的“高产广适杂交稻富优1号的选育及应用”获重庆市科技进步一等奖。其间还有多项涉农研究成果获二、三等奖。同时，家蚕基因工程组“精细图”（2008）、“遗传变异图”（2009）及“丝腺甲基化谱”（2010）是继2003年在国际上率先完成家蚕基因组“框架图”并于2004年发表论文之后，再次取得的重大成果。这一成果，使家蚕成为完成基因组学研究从框架图到精细图和遗传变异图“三步曲”的少数代表物种之一。

在促进成果转化应用方面，西南大学注重产、学、研和农、科、教相结合，积极推进科研成果的转化和应用，并取得较好的经济效益和社会效益。2007—2012年，获授权专利365项，转让转化技术成果到校经费超过1.8亿元。2008年，以向仲怀为代表的家蚕研究团队首次成功开发出转基因新型有色茧品种，标志着利用转基因技术改造蚕丝结构、克服蚕丝易皱、褪色等新型素材创新工程进入一个新阶段，对蚕丝业的发展产生了重大影响。2011年，教育部组织评选年度“中国高等学校十大科技进步”，裴炎主持的项目“高产优质转基因棉花取得重大突破”成功入选并排名首位。该项目通过转基因技术对生长素在棉花的分布进行精确的时空调控，从而提高了棉花产量，改进了纤维品质，产生了巨大的经济效益，成为自抗虫棉诞生以来，中国在棉花生物技术育种领域取得的一项具有世界领先水平的重大成果。

四、国际合作与交流

为了加强和拓宽对外合作交流，学校从海外引智、师资队伍建设的国际化、人才培养的国际化和科学研究的国际化等方面拓展对外合作交流渠道，为学校师生“走出去”创造机会，为海外友人、专家“请进来”提供平台。

（一）建立海外引智工作体系

根据教育部和国家外国专家局在新形势下开展引智工作的要求，西南大学结合自身实际，建立起了较为完善的引智工作体系。2007 年，“家蚕系统生物学创新引智基地”成功申报国家高等学校学科创新引智计划（“111 计划”）。家蚕基因组研究团队通过该基地平台先后引进了来自日本、美国、德国等国家的 10 名知名专家和 30 余名高水平学者来校开展合作科研。2012 年，该基地获得教育部、国家外国专家局地支持。在“家蚕系统生物学创新引智基地”之后，学校“作物种质资源利用创新引智基地”和“脊椎动物器官发育与再生创新引智基地”相继成功申报“111 计划”。

除了执行重点引智项目外，西南大学通过教育部重点资助项目、富布莱特项目、春晖计划项目及短期访问项目等渠道进行海外引智。截至 2012 年年底，共有来自美国、英国、法国等 30 多个国家和地区的 2 000 余名专家学者来校访问、短期讲学、合作科研及受聘长期外籍教师承担语言教学、专业教学任务等。2008 年，加拿大籍专家大卫·拉姆斯顿获得国家“友谊奖”，成为众多外籍专家的杰出代表。

（二）提高专任教师出国留学比例

2012 年，西南大学获批国家各类公派出国留学项目 70 人，较 2007 年增加 133. 33%，2007—2012 年共获批公派出国留学项目 233 人；学校具有 10 个月以上出国（境）留学（工作）经历的教师增加，2007 年 242 人，2012 年达 502 人。

（三）通过与国（境）外开展校际合作培养人才

西南大学努力争取校际交流及合作办学项目，并通过校际交流或合作办学项目，外派交换生赴国（境）外培养。外派人 2006 年为 18 人次，到 2012 年达到 161 人次。

（四）建立科学研究国际交流合作

西南大学一直重视国际交流合作。建校初期，在国际交流方面，与美、英、法、德、日、澳、俄、加等近 30 个国家或地区的高校和科研机构进行学术交流和开展科研合作，与国外 20 多所大学及科研机构建立了长期友好合作关系。

西南大学积极开展多层次、多形式国际科研合作，先后建立中韩教育交流与研究中心、加拿大研究中心、伊朗研究中心等，为国际学术交流与合作科研搭建平台。2007—2012 年，支持学院（部）主办国际学术会议共计 33 场，内容涉及教育学、农学、化学等多个领域；同时积极资助教学科研人员参加国际学术会议。在生命科学、教育科学、农学、心理学等优势领域大力推进合作与科研，与国外高校和研究机构开展项目合作。科学研究的国际合作与交流，营造了良好的国际学术氛围，提升了学校在国际上的学术影响和声誉。截至 2012 年年底，西南大学共接待来自美国、泰国、加拿大等国（境）外的短访团组、专家、学者和政府官员 3 100 多次。

第四节　重庆三峡职业学院

重庆三峡职业学院是经重庆市人民政府批准、教育部备案的一所以现代农业为特色、多学科专业群

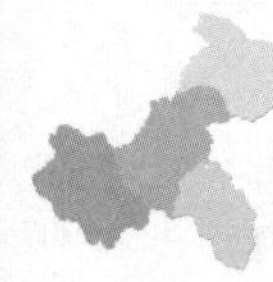

共同发展的全日制综合性公办普通高等学校，是由国家级重点中专万州农业学校与省部级重点中专万州工业学校两校合并、资源重组升级而成。在80余年的办学历程中，学校曾多次度开办大学专科，成立过专科学院。

2015年，重庆三峡职业学院被列为“重庆市普通高校毕业生就业示范中心”“中国现代农业职教集团副理事长单位”“全国毕业生就业典型经验高校50强”“重庆市示范性高等学校”“教育部重庆市首批高校单独招生试点院校”“重庆农机高端应用人才星火计划培养基地”“工业和信息化部全国网络与信息技术培训考试院校测评基地”“教育部——中兴通讯ICT产教融合创新基地”等。

2015年，重庆三峡职业学院总占地600亩，建筑面积20余万米^2，固定资产达5亿元，教学、科研设备投入8 141.67万元。建有校内实习实训中心118个、校外实习基地203个；设有国家劳动和社会保障部命名的“全国特有工种职业技能鉴定站”和“计算机信息高新技术培训考试站”；有纸质藏书60.7万册的图书馆，配有标准化的田径运动场、篮球场、羽毛球场、排球场和网球场，有2个标准化的学生食堂并设有少数民族学生餐厅。设有7个教学单位，开设39个专业，普通全日制在校学生8 000余人，外国留学生15人。多年来为社会培养了6万余名技术技能型人才。

一、历史沿革

1936年，四川省九区农林实验学校创建。1940年，四川省九区农林实验学校更名四川省立万县高级农业职业学校。1950年，万县高级农业职业学校改建为万县农业技术学校。1953年，万县农业技术学校更名为万县农业学校。1955年，万县农业学校（部分）并入四川省遂宁农业学校。1958年，万县农业学校并入万县大学。1959年，万县大学（专科部，原万县农业学校部分）改建为万县农业学校。1976年，万县农业学校升格万县农学院。1988年，万县农学院改建为万县农业学校。

1976年，万县农业机械化学校创建。1997年，万县农业机械化学校更名为重庆市三峡农业机械学校。1998年，万县农业学校被评为国家级重点中专。2003年，重庆万州工业学校、重庆万县农业学校、重庆市三峡农业机械学校合并组建升级为重庆三峡职业学院。

二、院系专业

重庆三峡职业学院共有7个教学单位，开设39个专业，其中涉农院系3个。农林科技系有食品营养与检测、园林工程技术、风景园林设计、园艺技术、食品加工技术、植物保护与检疫技术、园林技术、休闲农业9个；动物科技系有畜牧兽医、动物防疫与检疫、水产养殖技术、宠物养护与训导（宠物保健）、动物医学5个；农业机械与车辆工程系有汽车营销与服务（市级示范专业）、汽车检测与维修技术、工程机械应用与维护、农业装备应用技术、新能源汽车运用与维修、汽车制造与装配技术6个。

三、师生概况

（一）教师

重庆三峡职业学院有教职工450余人，其中教授26人、副教授等副高级职称80余人，拥有硕士、博士研究生学历130余人，享受国务院特殊津贴专家1名，全国农业职业教育教学名师2名，重庆市有突出贡献的中青年专家1名，外聘兼职教师100余人。另从工厂、企业聘请了大量实践专家，高级工程师担任实习指导教师。有国家职业技能鉴定高级考评员87人，专业带头人及骨干教师100余人。

（二）学生

重庆三峡职业学院常年有在校学生约8 000余名。2013年，计划招收高职（专科）学生2 460人，主要面向山西、内蒙古、河南、海南、重庆、四川、云南、甘肃、新疆等省份招生。2014 年，学院计划招收高职（专科）学生 2 460 人、实际录取 3 367 人，其中，重庆 636 人、四川 372 人、甘肃 499 人、山西 518 人、云南 745 人、内蒙古 467 人。2015 年，学院计划招收高职（专科）学生 2 684 人、实际录取 3 012 人，其中，重庆 504 人、四川 542 人、甘肃 509 人、山西 427 人、云南 655 人、内蒙古 375 人。同时，开展高技能人才、成人专科、高职衔接自考本科、短期技能培训、职业技能鉴定招生；已面向缅甸等东南亚国家招收 15 名留学生。学生在各级各类技能大赛中成绩优秀，连续 6 年获得全国职业技能大赛一等奖 8 项、二等奖 30 项；参加第一届中国小动物临床技能大赛中获得特等奖 2 项、一等奖 2 项、二等奖 1 项。

第二章
中等农业教育

重庆市中等农业教育历史悠久，20 世纪初，重庆市农业学校的前身——巴县甲等农业学校就开始创办，全市中等农业教育由此滥觞。100 多年来，全市中等农业职业教育为国家输送了数十万名“三农”人才，为中国的“三农”事业和革命、改革、建设事业作出了不可磨灭的贡献。

重庆中等农业教育学校主要有重庆市农业学校、重庆市农业机械化学校、万县农业学校、万县农业机械化学校、涪陵农业学校等，此外，北碚、开州、酉阳等区（县）职教中心分别开设有农业职业教育课程。

第一节　重庆市农业学校

重庆市农业学校位于重庆市九龙坡区白市驿镇。到 2015 年年底，学校占地 250 余亩，建筑面积 10 万余米^2，教职员工 550 人，开设有动物科学、植物科学、农业机械、电子信息、现代服务等 16 个专业，在校（籍）学生 11 400 余人。

重庆市农业学校于 1953 年 8 月由重庆市巴县农业学校、重庆市第一高级农业学校合并成立，校址江北董家溪。重庆市巴县农业学校最早可追溯到 1917 年前成立的巴县乙种农业学校，校址重庆浮图关。重庆市巴县农业学校成立以来，经历了多次易名、多次搬迁。1943 年 2 月更名为巴县县立高级农业职业学校，1947 年迁重庆南温泉花溪；1950 年 12 月巴县人民政府接收该校；1951 年 6 月更名重庆市巴县农业学校，归重庆市人民政府领导。重庆市第一高级农业学校的前身是思克职业学校，于 1945 年 6 月在重庆江北董家溪建立；1946 年 9 月更名为重庆市思克职业学校，归原重庆市政府领导；1946 年 11 月更名为重庆市立思克农业职业学校；1950 年 1 月更名为重庆市第一高级农业学校，归重庆市人民政府领导；1953 年 7 月归重庆市建设局领导。

重庆市农业学校也经历了多次更名、迁址，1954 年 5 月迁重庆市北碚歇马场磨滩河畔，归西南行政委员会农林局领导；1954 年 8 月更名四川省重庆市农业学校，归四川省农业厅领导；1958 年 9 月 15 日四川省重庆市农业学校分校为重庆市农业学校和重庆市农业机械化学校（1965 年迁至四川省遂宁，并更名为四川省遂宁农业机械化学校，后易名为四川省农业机械化学校），并调整部分师生到涪陵、江津等农校；1959 年春节前，迁至巴县白市驿镇，学校地址再无变化；1960 年下期升格为重庆市巴县专科学校；1961 年撤销专科学校恢复重庆市农业学校；1964 年初更名重庆市农业职业学校；1973 年恢复重庆市农业学校并一直沿用这一校名，1979 年被列为县团级单位。

一、历史沿革

重庆市农业学校前身是1917年前在重庆浮图关成立的巴县乙种农业学校，历经多次更名迁址，1943年更名为巴县县立高级农业职业学校，1949年迁往重庆马王场黄荆庵，设有初、高级农艺科园艺科、中级畜牧兽医科等专业。

中华人民共和国成立后，1950年1月学校更名为川东区巴县高级农业职业学校，属重庆市人民政府文教局领导，设有农艺、园艺、农产品制造及部分五年一贯制专业。1951年移交重庆市管辖，更名为重庆市巴县高级农业职业学校。1953年8月，巴县高级农业职业学校与重庆市高级农业职业学校合并，改名为四川省重庆市农业学校。1954年5月，移交西南行政委员会农林局领导，更名为重庆市农业学校。1954年9月，西南行政区撤销，交由四川省农业厅领导，更名为四川省重庆市农业学校，校址设在重庆北碚歇马场磨滩河畔，为当时四川省属八大农校之一。1958年，四川省重庆农业学校进行分校，新建立了重庆市农业学校和重庆市农业机械化学（即现在的四川省农业机械化学校）。重庆市农业学校又经历了巴县专科学校、重庆市农业干部培训班、重庆市农业职业学校，最后恢复为重庆市农业学校名称。1979年重庆市农业学校被列为县团级单位。

二、学校发展

（一）发展概况

重庆市农业学校是国家级重点中等职业学校、农业部现代农业技术培训基地，是以中等职业教育为主，成人大专教育、成人自考本科教育和实用技术培训为补充，以动物科学、植物科学、园林园艺等专业为特色，涵盖农业经营管理、农业信息技术、农业机械应用等专业培养应用型技能型人才的全日制国家级重点中专学校。重庆市农业学校隶属于重庆市农业委员会管理，是全国农业院校能力建设首批25所试点院校之一，是中国—澳大利亚职业教育合作项目学校，有市级示范中职学校和市级文明单位、市级百佳文明单位、市级市容整洁单位、安全文明示范小区等称号。重庆市改直辖后，重庆市农业学校各方面有了新的发展。2000年后，重庆市农业学校适应新形势、谋求新发展，不断加大资金投入，强化基础设施建设，先后建设了第四栋学生公寓楼、实训楼、科技楼、图书楼和新学生公寓5个项目。2000年，在校生达到2 000人、被确定为市级重点中专学校；2003年被农业部确定为全国首批25所重点能力建设试点院校；2005年成为国家级重点中职学校；2009年被农业部确定为全国首批20个国家现代农业示范培训基地。

自2006年以来，重庆市农业学校获得国家、省（部）级科研成果20余项及全国农业院校职业技能大赛、全国中职学生文明风采大赛、市级技能大赛奖120余项次。先后被确定为国家公务员培训施教机构、三峡移民劳动技能培训基地、重庆市机关事业单位技术工人技师技术等级培训考核单位；先后荣获重庆市百佳文明单位、招生就业先进集体、全国职业院校技能大赛（中职组）10年成就奖、安全文明示范小区等称号，连续10年被评为招生就业先进集体，先后被教育部、人力资源和社会保障部、农业部评为全国教育系统先进集体、全国现代农业技术示范培训基地。学生高考升学率达70%以上，居全国同类农业学校和全市中职学校前茅。学校就业工作成功入选全国职业院校百佳经典案例并在全国推广（表12－2－1）。

表12－2－1　重庆市农业学校发展情况

年份	班数（个）	毕业生数（人）	在校生数（人）	教职工数（人）	专任教师数（人）	专任辅导员数（人）
1985	6	136	478	126	79	2
1990	10	215	442	113	50	3

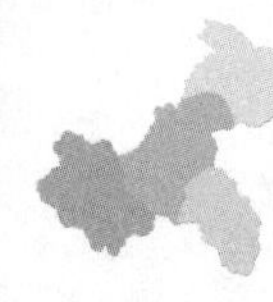

（续）

年份	班数（个）	毕业生数（人）	在校生数（人）	教职工数（人）	专任教师数（人）	专任辅导员数（人）
1995	23	118	919	130	79	5
2000	53	616	1 971	130	79	6
2005	87	1 154	2 170	115	80	10
2010	186	1 713	10 638	132	110	16
2015	217	2 888	9 435	154	136	20

（二）学校改革

中华人民共和国成立后，全国中等教育均采用国有化办学模式，学校缺乏活力和动力。1985 年，《中共中央关于教育体制改革的决定》出台后，中等教育体制开始发生变革。

1. 招生制度改革

1986 年开始，重庆市农业学校实行定向招生，其目的是使定向生的去向更加符合当地需求。录取定向考生时，在最低控制线可降低一定的分数录取，降分后如仍未录取满额时可扩大招生范围补录直至满额。1988 年重庆市教育委员会、市计划委员会指示学校试办不包分配班，报名实行学生自愿、家长担保、乡镇推荐，入学考试按全省成人中专统一分数线择优录取，其学籍、教学管理与普通中专生相同。由此，打破了计划经济的招生分配模式。从 1989 年起，学校统招生、定向生、不包分配生并行，办学形式上还有专修班、委培班、短训班等，从而形成了多形式、多渠道、多方位的办学格局。1986 年以前，学校招生范围主要是江津、璧山、合川、铜梁、江北、大足、荣昌、永川等地。1997 年重庆市改直辖后，招生范围扩大到重庆各区（市、县）。2000 年后，实行自主招生，不再有录取分数线，招生范围覆盖至重庆、四川、贵州等地。

2. 现代学校制度建设

1994 年，中国开始正式推进建立社会主义市场经济体制，重庆市农业学校迎来改制和转轨。改制主要内容是推行校长负责制、目标责任制、全员聘任制“三制”。学校在充分征求全校教职工意见的基础上，形成了试行“三制”的意见稿，当年下半年正式试行。1994 年 7 月起，由原来的党总支领导下的校长负责制，改为校长负责制。全体教职工在定编、定岗、定责的基础上，实行分级聘任、自愿组合、竞争上岗，根据工作目标签订聘用合同，实行人员的合理分配与分流，收入分配制度与市场经济接轨，教师的课时津贴和管理人员的岗位津贴依据工作能力和工作实绩结算报酬，形成了激励机制。试行一年后，各项工作明显好转，呈现出效率高、人心齐等新气象，通过 1995 年、1996 年的总结和完善，“三制”进入全面推行阶段。2000 年后，“三制”步入制度化、科学化阶段。

3. 办学体制改革

1986—1994 年是计划经济与市场经济相互交融的时期，以计划手段为主。即学校的招生、分配、财政保障主要由政府包办，招生计划由重庆市人民政府下达，分配由政府调配，办学经费由政府全额拨款等等，少数项目由政府下达宏观控制指标，学校拥有灵活自主的决定权。重庆市农业学校开始试办不包分配的学生班，适当调整教师的课时津贴等改革内部分配制度等。1994 年后，政府的计划手段大幅减少、学校自主权大幅提高，表现为学校招生规模自主决定，学生分配市场调控，学生自主择业，学校办学经费不再由政府全额拨款，由计划经济时代的政府全包变成市场经济体制下的部分拨款。学校面临着较大的办学压力。2000 年后，随着社会力量办学的快速发展，重庆市农业学校面临的竞争异常残酷。由于社会力量办学具有决策的高效性、手段的灵活性、政策的超前性等优势，在“生源大战”中占尽优势，在这样的严峻形势下，学校把大量精力用在招生、就业和基本建设、实训场地建设上，全力做好招生宣传、学生就业安置和争取基本建设项目、工程项目资金等方面。学校克服重重困难，在困境中不断提升办学水平和办学条件，办学实力不断增强。

4. 管理体制改革

1988—2007年，重庆市农业学校主管机关为重庆市农业局（农牧渔业局），实行党委领导下的校长负责制，主管部门对学校教育的不必要行政干预减少。2008年因重庆市大部制改革，市人民政府农村工作办公室、市农业局、市农业机械管理局整合为重庆市农业委员会，重庆市农业学校主管机关调整为重庆市农业委员会，教育教学业务归重庆市教育委员会指导。2010年以后，重庆市教育委员会将全市中职学校教育教学业务按照属地化原则进行调整，重庆市农业学校教育教学业务工作接受九龙坡区教育委员会指导。

（三）资金投入与基础设施

1998年起，国家大规模施行高等学校毕业生分配制度改革。2000年后，重庆市农业学校适应新形势，谋求新发展，不断加大资金投入，强化基础设施建设。特别是2006年以来，学校争取国家预算拨款3 691.50万元，自筹资金2 227.06万元，先后建设了学生公寓4栋、实训楼、科技楼、图书楼和新学生公寓5个项目，投资总额5 918.56万元，改善了学校教学、实训和学生的住宿条件。

三、培养目标与专业设置

（一）培养目标

重庆市农业学校的培养目标是根据国家教育方针和发展战略，培养适合国家和重庆市社会经济发展需要的、有一定基础理论知识、掌握必备的专业技能、动手能力较强的中等应用型技能型人才（表12－2－2）。

表12－2－2　重庆市农业学校各专业培养目标

系	专业	培养目标
动物科学系	畜牧兽医	培养基层农户和企业所需的动物养殖、疾病防疫防治及养殖企业管理方面的人才
	水产养殖	培养水生动物养殖、疫病防治、观赏鱼养护等方面的技术型人才
农机系	农业机械使用与维护	培养农业机械的操作、调试与维修方面的技术人才
	机电一体化	培养机电设备生产、维护维修、组装调试方面的技术人才
	数控	培养数控车工、数控加工中心、数控线切割方面的技术人才
	汽车制造与检修	培养汽车制造、调试、维护及维修方面的技术人才
农业信息系	农村电气技术	培养农村电子电气设备运行和供配电系统运行、维修安装、调试及计算机管理操作技术人才
	电子技术	培养电子设备的装备、调试、维修、检验，电子产品和电子元器件的生产、采购和销售等技术人才
	计算机应用	培养计算机的操作、维护、装配、调试和销售等方面的技术人才
现代农业系	学前教育（保育员方向）	培养幼儿园所需幼儿教师和幼儿保育技术人才
	观光农业经营	培养新农村建设所需观光农业推介、导游、农家乐开发、餐饮服务等方面的技术人才
	农产品营销与储运	培养农产品营销、电商平台推介、物流管理、物资储运等方面的技术人才
	农村经济综合管理	培养从事农业生产经营管理、农村财务管理等方面的技术人才
	会计	培养具有会计事务操作能力和会计岗位能力的企业财务管理、收银员等方面的技术人才
植物科学系	园林技术	培养园林绿化工程设计、施工、管理、风景规划、开发和园林植物栽培养护等技术型人才
	现代农艺技术	培养现代农业生产、经营及管理方面的技能型人才
	园艺	培养果树、蔬菜的生产、经营、管理、销售方面的技术人才

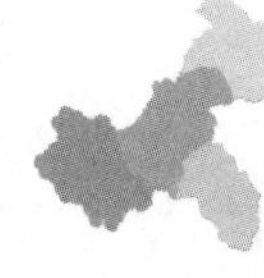

1. 纳入国家招生计划学生培养目标

1986—1987 年，重庆市农业学校招生对象为初中毕业生，学制 4 年，国家统一分配工作，为重庆市培养了一大批中等农业技术干部。其中，1986 年还建立了职工中专班，招生对象是四川省各个农业单位的在职职工。

1988—1992 年，招生对象为初中毕业生，学制 4 年和 3 年两种形式。学制 4 年的学生由国家包分配，学制 3 年的学生国家不包分配，为重庆市培养中等农业技术干部。

1993—1994 年，招生对象是初中毕业生，学制 3 ~ 4 年，国家包分配，为重庆市培养中等农业技术干部。

1998 年开始，招收的学生国家都不包分配，为生产一线培养技术工人。

2. 为重庆市开办专业培训班

表 12－2－3 列举了重庆市农业学校 1987—2015 年开办的各类培训班。

表 12－2－3　重庆市农业学校举办的各类培训班

年份	培训班名称	参训人员	备注
1987	贫困乡农技培训班	30 970 余人	重庆市 38 个贫困乡中通过推荐考核择优录取的政治合格、身体健康、已取得高中毕业证书的农村青年，培训 5 个月
1997	牧医技工等级培训班	200 余人	
2001	知识更新工程綦江县畜牧站长培训班	120 余人	
2002	农业人才智力更新工程农技培训班 重庆市农业领导干部研修班 农业领导干部 WTO 知识培训班	1 350 余人	分别开办万州、奉节、渝北、垫江、合川、长寿、万盛、荣昌、璧山、石柱、开县、秀山、彭水、双桥、忠县、城口、黔江、涪陵、江北、铜梁、綦江等区（县）培训学员班
2003—2015	农业人才知识更新工程高研班培训、农村劳动力转移管理培训、法制建设培训新闻宣传研修班、领导干部研修班、城乡统筹研修班培训，职业技能鉴定培训，基层农技人员重点班培训，农民田间学校师资培训，新型职业农民培训	8 900 余人	授课教师来自山东农业科学院畜牧兽医研究所、中科院南京土壤研究所、中国兽医药品监察所、华中农业大学、西南农业大学、重庆市农产品质量安全中心、重庆市农委经作站和农技推广总站、重庆市农科院蔬菜研究所和农村经济与乡村发展研究所。由重庆市农业学校等聘请

（二）专业设置

表 12－2－4 列举了 1985—2015 年重庆市农业学校设置的专业。

表 12－2－4　重庆市农业学校专业设置

年份	设置专业	学制（年）
1985	农学、园艺、畜牧兽医	3
1990	农学、园艺、畜牧兽医、果树、水产	3
1995	农学、园艺、畜牧兽医、水产、农业经济管理、金融、审计、市场营销、国有资产管理、土地规划与管理、计算机	3 或 4
2000	农学、园艺、畜牧兽医、农业经济管理、金融、审计、市场营销、国有资产管理、土地规划与管理、计算机、园林、电子	3
2005	园艺、畜牧兽医、计算机、园林、电子、机电、电算化与网络、汽车制造与检修、养殖、种植、数控	3
2010	畜牧兽医、计算机、园林、电子、机电、汽车制造与检修、数控、会计电算化、旅游、现代农艺技术、农业机械使用与维护、物流、平面设计、特种动物养殖、农村经济综合管理	3

（续）

年份	设置专业	学制（年）
2015	畜牧兽医、园林、汽车制造与检修、农业机械使用与维护、农村经济综合管理、建筑装饰、航空服务、观光农业经营、农产品营销与储运、机电、数控、农村电气技术	3

（三）教学形式

重庆市农业学校教学形式主要采用讲授法、读书指导法、讨论法、实作法等方式，课程设置有普通课、专业基础课、专业课三大类，课程改革要求教学由重理论向重实作转变。实践性教学时间保持在50%以上，重点课程达到80%。教师每年用2个月时间深入企业生产一线实践，提高实际操作能力。学校先后开办了企业定向班、学徒制班，学生在学习期间每学期用一个月到企业实习，提前了解企业文化、生产规律和技能，为毕业后参加工作打下良好的技能基础。

四、教师与学生

（一）教师

1985—2000年，重庆市农业学校教职员100人左右，教师均无博士硕士学位。从2005年开始在职教师稳定在126人，其中，教授副教授153人、博士硕士56人、国家高级专家3人、市级以上骨干教师15人。按照招生计划，遵循市场经济发展规律，学生人数在逐年增加，学校规模逐年扩大，教师队伍建设逐年加强，从学历配置、职称评定等方面不断改善、趋于合理。2015年年底，有各类教职员工400余人。教师中具有中高级职称者80余人，博士硕士36人，国家高级农业专家1人，参与国家级骨干教师培训16人，市级骨干教师27人。

重庆市农业学校坚持以中职教育、大专教育和社会培训为发展的三大支柱，以农业专业为特色，以种植、养殖为示范重点建设推广的办学思路，成功地探索出“农科教相结合，产学研一体化”的特色办学模式，立足社会，着眼于未来职业教育事业，服务社会（表12－2－5）。

表12－2－5　重庆市农业学校教师情况

单位：人

年份	教职工人数	专任教师							专任辅导员数
		总数	博士	硕士	本科	高级讲师	讲师	助理讲师	
1985	126	96	0	0	96	28	43	25	2
1990	113	87	0	0	87	27	46	14	3
1995	130	105	0	0	105	30	45	30	5
2000	130	108	0	0	108	31	42	35	6
2005	205	110	0	15	95	37	49	24	10
2010	382	217	1	26	190	65	87	65	16
2015	415	283	1	35	247	78	96	109	20

（二）学生

1. 招生

1986年以来，重庆市农业学校持续快速发展，办学特色鲜明，招生专业明显增多，招生人数大幅上升，形成了以种植、养殖、农机、农经等农科专业为特色，以汽修、数控、计算机、电子、财会、旅游为优势的多学科协调发展的专业结构体系（表12-2-6）。

表12-2-6　重庆市农业学校历年招生情况

单位：人

年份	招生专业及人数		总人数
1985	农学专业	39	78
	园艺专业	39	
1990	畜牧兽医专业	40	122
	果树专业	82	
1995	土地规划专业	52	448
	金融专业	100	
	国资专业	50	
	营销专业	46	
	审计专业	100	
	计算机专业	100	
2000	旅游专业	23	302
	电子专业	34	
	畜牧兽医专业	88	
	计算机专业	53	
	农学专业	35	
	园艺专业	44	
	园林专业	25	
2005	旅游专业	36	968
	电子专业	69	
	计算机专业	229	
	数控专业	367	
	机电专业	37	
	种植专业	12	
	文秘专业	83	
	养殖专业	34	
	汽摩专业	70	
	电算化专业	31	
2010	旅游服务与管理专业	64	4 767
	数控专业	202	
	文秘专业	44	
	畜牧兽医专业	153	
	电子信息技术专业	208	
	动物养殖专业	56	
	会计专业	113	
	机电专业	35	
	计算机网络技术专业	161	

（续）

年份	招生专业及人数		总人数
2010	汽车制造与检修专业	340	4 767
	农村经济管理专业	774	
	农村机械使用与维护专业	1 295	
	物流专业	107	
	现代农艺技术专业	877	
	园林专业	338	
2015	观光农业专业	147	3 404
	建筑装饰专业	52	
	农产品营销专业	178	
	农村电气技术专业	304	
	农村经济管理专业	779	
	农村机械使用与维护专业	1 580	
	畜牧兽医专业	187	
	园林技术专业	130	
	航空服务专业	47	

2. 就业

1985—2015 年，经过数代农校人的不懈努力，重庆市农业学校作为以农业学科为主体，文科、理科、工学等多学科协调发展的重庆市示范中职学校，毕业学生多数找到合适的岗位就业。学校为社会培养输送了大批实用技术、管理人才，为重庆市的经济发展作出应有的贡献（表 12－2－7）。

表 12－2－7　重庆市农业学校毕业生就业情况

单位：人

年份	专业	就业人数	就业总人数
1985	干部培训班	25	58
	教师培训班	18	
	英语专业	15	
1987	畜牧兽医专业	80	215
	园艺专业	80	
	农学专业	55	
1995	畜牧兽医专业	39	118
	园艺专业	39	
	果树专业	40	
2000	文秘专业	49	616
	计算机专业	98	
	土地规划专业	105	
	金融专业	69	
	审计、会计专业	54	
	农经专业	105	
	果树专业	92	

（续）

年份	专业	就业人数	就业总人数
2000	营销专业	44	616
2005	电子专业	129	1 154
	计算机专业	497	
	汽车驾驶专业	49	
	机电专业	52	
	种植专业	138	
	文秘专业	109	
	养殖专业	74	
	旅游专业	106	
2010	旅游服务与管理专业	53	1 713
	文秘专业	164	
	动物科学专业	69	
	电子信息技术专业	483	
	计算机专业	459	
	会计专业	204	
	数控专业	100	
	园林专业	68	
	物流专业	113	
2015	观光农业经营专业	125	2 888
	农产品营销与储运专业	184	
	农村电气技术专业	603	
	农村经济综合管理专业	395	
	农村机械使用与维护专业	1 159	
	畜牧兽医专业	130	
	园林技术专业	292	

第二节　重庆市农业机械化学校

重庆市农业机械化学校是一所公办全日制国家级示范中等职业学校，隶属于重庆市农业委员会管理。学校位于重庆市永川区兴龙大道2号，占地面积653亩，建筑面积21万米^2，绿化面积22万米^2，2015年在校学生10 000余人，教职工500余人。学校共设农业机械、数控、电工电子、财会、幼教等28个专业。

一、历史沿革

重庆市农业机械化学校是由重庆市第二农业学校和原重庆市农业机械化学校两所国家级重点中专整合而成。

原重庆市农业机械化学校的前身为四川省江津农业机械化学校，于1977年8月经四川省人民政府批准成立，校址确定在永川中山大道东段168号（原永川东外街297号），校区占地面积2.8亩，教职工 10 余人，在校生约 100 人。学校受四川省农机局和江津地区地委、行署双重领导。1981 年，江津地区更名为永川地区后，学校也更名为“四川省永川农业机械化学校”，学校性质和隶属关系不变。1983 年，永川地区划归重庆后，学校更名为“重庆市农业机械化学校”，隶属重庆市农机水电局主管。2000 年 12 月，重庆市教委、重庆市编委批复同意重庆市农业机械化学校增挂“重庆市机电工业学校”校牌。原重庆市农业机械化学校从 1977 年建校到 2007 年的 30 年间发生了巨大变化，占地面积扩展到 133 亩，在校生达到 4 000 余人，教职工达 220 人，学校被评为国家级重点中职学校，重庆市文明单位，学校成为中澳职教合作伙伴学校。

重庆市第二农业学校始建于 1958 年 8 月，原名四川省江津农业学校，是由四川省重庆农业学校中的江津地区籍学生共 303 人、教职员工 20 人划拨出来的，1958 年 8 月 8 日成立江津地区农业学校，校址位于江津城东门外武城山，学校受四川省农业厅和江津地委、行署的双重领导；1963 年校名变更为“四川省江津地区农业学校”，隶属关系不变。1973 年，江津地区农业学校迁址到永川南大街小桥子 92 号；1981 年因江津地区更名为永川地区，学校校名更名为“四川省永川地区农业学校”；1983 年国务院决定，将永川地区划归重庆市管辖，校名变更为“重庆市永川农业学校”。1985 年学校更名为“重庆市第二农业学校”。1985—2007 年，重庆市第二农业学校得到快速发展。截至 2007 年，学校在校生人数达 2 000 余人，教职工 200 余人、学校被评为国家级重点中职学校、农业部职业技能培训基地、重庆市最佳文明单位等荣誉称号。

2007 年 12 月，为了整合农业职教资源，重庆市人民政府作出决定，将重庆市第二农业学校和原重庆市农业机械化学校合并重新组建成重庆市农业机械化学校并增挂“重庆市机电工业学校”校牌。

2008 年，因重庆市人民政府农村工作办公室、重庆市农业局、重庆市农业机械局整合为重庆市农业委员会，学校的隶属关系变为重庆市农业委员会领导。2009 年，学校根据重庆市政府做大做强农业职业教育的指示，选址永川区兴龙大道 2 号、征地 853 亩建设新校区，于 2011 年 8 月 26 日整体搬迁入驻。二期工程于 2014 年年底完工，预计 2018 年完成全部工程。2011 年招生 4 264 人，2012 年招生 4 000人，在校生规模达 10 000 人。2012 年，学校成为国家级示范中职学校建设单位，2014 年教育部验收合格、2015 年教育部行文正式宣布建成国家级示范中职学校。

二、学校改革

中华人民共和国成立以来，全国中等教育均采用国有化办学模式，学校缺乏活力和动力。1985 年《中共中央关于教育体制改革的决定》出台后，中等教育体制开始发生变革。

（一）招生制度改革

1986 年开始，为了使招生来源与毕业后的分配更趋平衡、合理，重庆市农业机械化学校实行定向招生，在录取定向考生时，给予一定的降分等优惠政策。即在最低控制线上录取不满额，可降低 10～20 分录取，降分后如仍不满额，可扩大招生范围补录直至满额。1988 年，重庆市教育委员会、市计划委员会指示重庆市农业机械化学校试办不包分配班，报名实行“学生自愿，家长担保，乡镇推荐”，入学考试按省级成人中专统一分数线择优录取。其教学和学籍管理与普通中专生相同。从此，打破了计划经济的招生分配模式。1989 年开始，重庆市农业机械化学校既有统招生，又有定向生，还有不包分配的班级、一年制专修班、委培班、短训班，形成了多层次、多形式、多渠道、多方位的办学格局。1986 年以前，招生范围主要是原重庆的“江八县”，即江津、壁山、合川、铜梁、江北、大足、荣昌、永川。1997 年重庆市改直辖后，招生范围扩大到重庆市 43 个区（市）县；2000 年后，招生范围几乎涵盖全国，但以重庆、四川、贵州生源为主。

（二）现代学校制度建设

1994 年，中国正式推行建立社会主义市场经济体制。重庆市农业机械化学校迎来改制和转轨。改

制的主要内容就是推行“三制”，即“校长负责制、目标责任制、全员聘任制”。1994年5月，在全校教职工反复讨论的基础上，形成了试行“三制”的意见稿，下半年正式试行。7月起，由原来的党总支领导下的校长负责制改为校长负责制。全体教职工在定编、定岗、定责的基础上实行分级聘任，自愿组合，竞争上岗，根据工作目标签订聘用合同，实行了人员的合理分配与分流。试行一年后，各方面工作有了明显好转，打开了新局面，收入分配制度也与市场经济接轨，教师的课时津贴和管理人员的岗位津贴依据工作能力和工作实绩结算报酬，拉开了收入档次，形成了激励机制。通过1995、1996年的总结和完善，“三制”进入全面推行阶段。2000年后，“三制”步入制度化、科学化轨道。

（三）办学体制改革

1986—1994年是计划经济与市场经济相互交融的阶段，重庆市农业机械化学校办学以计划手段为主，即招生、分配、财政主要由政府包办，招生计划由政府下达，分配由政府调配，办学经费由政府全额拨款等等，但少数项目由政府下达宏观控制指标，学校具有灵活自主的决定权，比如试办不包分配的学生班，适当调整教师的课时津贴等改革内部分配制度等。1994年后，政府的计划手段大幅减少，学校的自主权大幅提高，表现在招生规模自主决定，学生分配完全由市场调控，学生自主择业，政府引导，财政不再由政府全额拨款，很多项目“断奶”，重庆市农业机械化学校由计划经济时代的纯事业单位变成“半事业半企业”的性质单位，面临巨大的生存压力。这是“教育产业化”的必然结果，也是市场经济体制的必由之路。2000年后，随着社会力量办学蜂拥而上，国办学校面临的竞争异常残酷。重庆市农业机械化学校所在地永川，计划经济时代仅四五所国办中职学校，20世纪80年代中期开始，永川很快就诞生了30多所中职学校。社会力量办学具有决策的高效性、手段的灵活性、政策的超前性等特点，在“生源大战”上优势明显。在这样的严峻形势下，重庆市农业机械化学校的主要精力用在招生和就业、基本建设和实训场地建设，校领导在加大招生宣传、学生就业安置，争取基本建设项目、工程修建资金以及招商引资等方面狠下功夫。这一时期的校长既当“教育家”，又当“企业家”。

（四）管理体制改革

2007年前，重庆市第二农业学校和重庆市农业机械化学校分别由重庆市农业局、重庆市农业机械局主管。2007年建立新的重庆市农业机械化学校后，主管机关为重庆市农机局，2008年因重庆市实行大部制改革，重庆市人民政府农村工作办公室、市农业局、市农业机械局及市农业综合开发办公室整合为新的重庆市农业委员会，重庆市农业机械化学校主管机关调整为重庆市农业委员会，学校实行校长负责制，学制为3年（表12-2-8）。

表12-2-8　重庆市农业机械化学校发展情况

学校名称	年份	班数（个）	毕业生数（人）	在校生数（人）	教职工数（人）	专任教师数（人）	专任辅导员数（人）
重庆市农业机械化学校	2007	88	1 100	4 605	364	164	78
	2008	92	1 200	5 210	386	168	82
	2009	108	1 200	7 760	412	169	88
	2010	124	1 600	8 100	426	171	90
	2011	146	1 800	8 200	468	177	94
	2012	168	2 400	8 423	487	179	98
	2013	170	2 300	8 753	492	181	102
	2014	182	2 420	9 631	498	182	116
	2015	194	2 600	10 016	502	182	124

（续）

学校名称	年份	班数（个）	毕业生数（人）	在校生数（人）	教职工数（人）	专任教师数（人）	专任辅导员数（人）
重庆市第二农业学校	1986	12	160	805	74	34	8
	1991	18	200	1 070	86	46	8
	1996	23	300	1 560	112	69	18
	2001	34	400	1 800	118	71	19
	2006	41	450	2 200	122	77	24
原重庆市农业机械化学校	1986	11	120	605	68	24	8
	1991	16	200	852	86	36	8
	1996	18	260	1 060	92	56	18
	2001	24	360	1 810	96	71	19
	2006	36	480	2 100	108	79	24

三、资金投入与基础设施

2007 年，重庆市第二农业学校和重庆市农业机械化学校合并后，按照重庆市人民政府要求，迁建新校区。重庆市农业机械化学校征地 853 亩，征地费用 1.2 亿元，原两校区土地与永川区政府土地置换，折价 8 000 万元。新校区建设所需资金 3 个来源：一是国家财政拨款约 1.8 亿元，二是自筹资金约 1.2 亿元，三是银行贷款约 2.3 亿元。通过 3 个渠道共募集资金约 5.3 亿元。重庆市农业机械化学校于 2011 年完成第一期工程，2014 年完成第二期工程，第三期工程计划于 2018 年完成（表 12－2－9）。

表 12－2－9　重庆市农业机械化学校投入、基础设施建设情况

学校名称	年份	财政投入（万元）	校舍建筑面积（$米^2$）	学校附属设施（$米^2$）	实验室（$米^2$）
重庆市农业机械化学校	2007	234	83 654	1 657	432
	2008	346	83 654	2 657	865
	2009	10 467	136 542	3 542	324
	2010	4 356	75 436	4 431	1 345
	2011	3 654	3 426	5 587	1 467
	2012	978	1 467	6 446	1 231
	2013	978	3 324	457	865
	2014	1 342	2 431	354	765
	2015	2 564	867	286	398
重庆市第二农业学校	1986	23	11 000	439	432
	1991	67	11 440	578	563
	1996	109	17 367	762	578
	2001	242	25 438	956	863
	2006	78	28 754	1 847	974
原重庆市农业机械化学校	1986	134	11 300	234	432
	1991	457	11 600	3 542	1 865
	1996	685	18 654	2 431	1 324
	2001	753	23 157	587	345
	2006	532	24 315	446	467

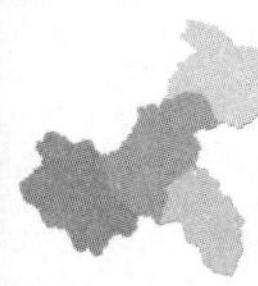

四、培养目标与专业设置

（一）培养目标

重庆市农业机械化学校培养目标：根据国家教育发展战略，培养适合中国社会主义市场经济发展需要的、牢固掌握必备专业技能的、有较强动手操作能力和实践能力的各方面中等应用技术人才，为实施人才强国战略提供人才支撑（表12－2－10）。

表12－2－10　重庆市农业机械化学校各专业培养目标

专业系	专业名称	培养目标
机电工程系	工业机器人应用与维护	培养工业机器人的安装、编程、调试、维修、运行与管理等方面的技术人才
	电子技术应用	培养从事电子设备的装备、调试、维修和检验等技术工作以及电子产品、电子元器件的生产、采购和销售工作的技能型人才
	机电技术应用	培养从事机电设备维护与维修、组装与调试等的技术人才
	模具制造技术	培养模具加工企业所需的模具制造技术人才
	数控技术应用	培养机械加工企业所需的数控车工、数控加工中心、数控线切割技术人才
	农村电气技术	培养从事农村电气设备运行和供配电系统运行、维修安装、调试和生产管理等工作的技术人才
	城市轨道交通运营管理	培养掌握地铁、轻轨和高铁运营设备基本概括，行车组织、客运组织、站场设计、综合控制、票务管理及服务等实用专业人才
	机械制造技术	培养机械加工企业所需的普通车工、机修钳工和焊工技术人才
	制冷和空调设备运行与维修	培养从事通风与空调有关工程企业从事的生产技术管理工作，在汽车销售维修企业、轻轨车辆及铁路车辆单位从事空调系统的性能检测、故障诊断及调试维修等工作的实用人才
农业工程系	建筑工程施工	培养施工员、监理员、钢筋工、砌筑工等岗位技术人才
	房地产营销与管理	培养具备房地产项目策划与市场分析、房地产开发与经营、评估与营销等方面的技能型人才
	给排水施工与运行	培养从事给排水管道设备管理与维护和给水污水厂运行与管理等工作的技能型人才
	水利水电工程施工	培养从事水利水电工程规划、设计、施工、管理等工作以及工程相关的其他领域工作的技能型人才
	园林技术	培养从事园林绿化工程设计、施工、管理，风景区规划、开发与管理和园林植物栽培与公共绿地维护管理等方面的应用性技术人才
	农业与农村用水	培养水利工程技术工作的技术人员，从事水利水电工程施工、中小型水利水电施工组织管理等工作的技能型人才
	建筑装饰	培养具有基础理论知识、建筑装饰方案图设计、建筑装饰施工图设计和建筑装饰工程管理的综合能力，适应建筑装饰初步设计、简装装饰施工图和效果图绘制、建筑装饰施工组织管理全面发展的高素质技术型专门人才
农业机械系	汽车运用与维修	培养汽车驾驶、维修及销售技术人才
	汽车制造与检修	培养汽车制造、调试与维修技术人才
	农业机械使用与维护	培养农业机械调试与维修技术人才
	新能源汽车维修	培养学生掌握检测与维修技术和汽车常见疑难故障分析、诊断和排除方法；熟悉汽车新能源技术，能在汽车维修企业从事汽车检测、整车维修、电控系统专项修理等检修工作，具备现代汽车维修企业管理能力的高级技能人才

（续）

专业系	专业名称	培养目标
现代服务系	服装设计与工艺	培养从事服装设计、制版、生产、管理和经营等专业技能人才
	会计电算化	培养具有较强会计事务操作能力和会计岗位能力的企业财务管理、金融系统职员、收银员、工业企业会计人才
	酒店服务与管理	培养从事星级酒店管理和服务的技能型人才
	旅游服务与管理	培养旅行社、旅游景区景点、旅游度假区等管理和服务的技能型人才
	中餐烹饪与膳食营养	厨师、餐厅经理、餐厅顾问、厨房经理、食品技术员、糕点师、菜单设计师及顾问等
	美发与形象设计	培养具有良好的职业素养；具有美发及整体造型综合职业能力，具有较强的观察、表达、沟通能力和营销理念并具有一定的审美观和世界观的初、中级人才
	农村经济综合管理	培养从事农业生产管理、经营管理、农村财务管理等有关工作的技术型人才
	航空服务	培养从事空中服务、机场地面服务和酒店、旅行社管理与服务工作的技术型人才
信息工程系	电子商务	培养网络营销、金融、海关等相关行业人才
	计算机平面设计	培养从事平面广告设计、包装设计、房屋设计、计算机排版、商业摄影、数码照片后期处理等技术型人才
	计算机网络技术	培养网络设备调试员、计算机网络管理员
	计算机应用	培养计算机操作、维护、装配、调试的专业技术人才
	数字媒体技术应用	培养计算机操作、多媒体制作、音频设备检测、课件设计等技术人才

（二）专业设置

重庆市农业机械化学校以市场为导向，逐年调整专业设置。全日制普通中专学制为 3 年，实行“2.5 +0.5”模式，即两年半时间在校学习，半年时间到学校安排的企业进行顶岗实习，3 年期满成绩合格后取得中专学历证书。鼓励学生获取“双证”（毕业证书和技能等级证书），学生获取“双证率”达到 40%。2007 年开始，学校设置了农业机械系、机电工程系、信息工程系、农业工程系、现代服务系 5 个系、28 个专业。

重庆市第二农业学校的专业设置，在 1990 年前，农业学校办的专业都是“纯农”专业，尽显乡村味道和田园风光。围绕“农”字设置了农学专业、农业经济管理、畜牧与兽医专业，果树栽培、土壤肥料、农副产品加工等专业，专业数量少。1990 年后，逐步突破“农”字拓展专业设置，比如设定会计专业、财政专业、外贸专业等。1993 年后，逐年增加新开专业。2007 年，农校专业设置数量达到 20 个，如市场营销、建筑与施工、房地产营销、航空服务等，按照市场需求设置专业及招生规模，完全与市场接轨。

原重庆市农业机械化学校的专业设置路径逐年增加，到 2007 年，专业设置数量达到 15 个。1986—2006 年，专业设置发生了巨大变化：一是数量剧增，办学规模扩张；二是专业设置完全面向市场，就业行情不好的专业压缩直至停办，如农学专业、畜牧兽医专业等“纯农”专业因就业行情不好而被迫停办，而就业行情看涨的专业如市场营销、建筑与装饰、计算机、汽车修理与运用等大幅扩招；三是专业设置过多，与师资队伍和实训条件建设滞后形成矛盾。

五、教师与学生

（一）教师

学校教师主要来源于高校分配来的毕业生、本校留校生和社会其他行业调入 3 个渠道。2007 年，

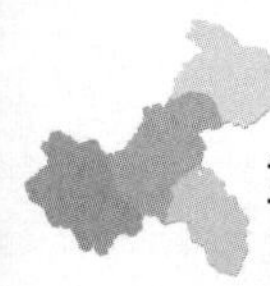

两校合并后，学校的教师主要通过对外公开招聘补员，少量特殊人才经上级主管部门同意后引进。2007年以来，由于学校招生规模不断扩大，教师缺编较大，每年对外公开招聘的人数仅能补充退休人数。

教师队伍的学历结构越来越高。对外公开招聘的教师必须是大学本科以上文化程度，取得研究生、硕士学位的教师历年创新高。2009年，重庆市机械化学校与江苏科技大学联合举办研究生班，共有62名教师攻读研究生，取得了硕士学位。学校注重教师队伍建设，除鼓励取得硕士学位外，还通过输送参加国家级、省级骨干教师培训、各种专业技能培训，全方位提高教师队伍的素质。2013年学校有研究员2人，2014年学校有研究员2人，2015年学校有高级讲师152人、讲师94人、助理讲师168人。

（二）学生

1. 招生

重庆市机械化学校招生时间分为春季和秋季，以秋季为主。招生范围面向全国，以重庆本地为主，其次是四川、贵州，还有少量甘肃、云南等地的学生。生源按省级行政区域划分，比例大致为重庆50%、贵州30%、四川18%、其他省份2%。招生对象原则上为初中毕业生。1994年后，随着社会主义市场经济体制的建立，国家大力发展职业教育政策出台后，招生对象扩大到高中毕业生及有意愿就读的往届毕业生，再扩大到退伍军人、残疾人及社会各界愿意就读的人士。2002年以前，学校招生时需要对学生进行体检和政审，有明确的政治标准、身体条件、年龄要求，不符合条件的不予录取。2002年以后，招生条件逐步放宽，本着“宽进严出”的原则，对生源不作成绩和身体要求，只要愿意就读即可报名入校。学生在校期间，严格管理，严格要求，达到毕业的标准方予发放毕业证书。

2. 就业

1986—2000年，重庆市机械化学生毕业后有4个去向：一是组织分配到用人单位，学生直接去报道；二是定向分配，即“学生从哪儿来回到哪儿去”；三是由学校及社会推荐工作单位，如工作单位愿意接收，学生可以去报到上班；四是由学生自谋职业。在这一阶段，学生就业主要以分配为主、不包分配为辅，包分配的学生由政府计划部门下达指标到学校、直接落实学生去用人单位，不包分配的学生就由学校推荐或社会推荐录用。学生大都分配到农村工作系统，如乡（镇）一级的农机管理服务站、农村经济管理站、农业技术推广服务中心、种子公司、农村合作基金会、农场、饲养场、乡镇企业、果园等，也有分配到其他行业的。在这一时期，由于计划经济和市场经济体制相互交融、并轨运行，学生毕业分配基本能够得到解决，学生就业率为100%。

2000年后，市场经济体制日益完善，国家政策明确对各类毕业生不包分配，结束了“统招统分”的历史。这一时期，学生就业主要由学校推荐、用人单位招聘或自谋职业，解决好学生就业的问题成为重庆市机械化学校办学的重大课题。由于学校招生也进入市场化运作阶段，招生与就业成为学校必须解决的两大难题，这两大难题相互依存、相互影响。解决好就业方可促进招生工作，学生愿意就读，因此，重庆市机械化学校花费很大精力来解决学生就业问题。主要有3种路径：一是积极联系用人单位，考察用人单位的工作条件，遴选符合条件的用人单位，组织用人单位与学生的见面招聘工作会；二是安排学生到用人单位进行顶岗实习，让学生自己感受用人单位的工作条件、劳动条件，由学生自主选择；三是允许学生自谋职业。在这一时期，学生就业率达90%以上（表12-2-11）。

表12-2-11 重庆市农业机械化学校招生、毕业生情况

单位：人

学校	年份	在校学生	招生数	毕业生数	就业数
重庆市农业机械化学校	2007	5 670	1 674	864	852
	2008	7 792	1 824	1 452	1 450
	2009	8 689	3 143	2 017	1 993

（续）

学校	年份	在校学生	招生数	毕业生数	就业数
重庆市农业机械化学校	2010	9 013	3 568	2 289	2 162
	2011	9 016	3 842	2 312	2 214
	2012	9 823	3 961	2 284	2 179
	2013	10 028	3 942	2 310	2 200
	2014	10 023	3 967	2 508	2 397
	2015	10 028	3 562	2 354	2 350
重庆市第二农业学校	1986	651	205	187	145
	1991	715	243	217	199
	1996	1 780	868	489	462
	2001	2 046	1 042	512	510
	2006	2 236	1 304	784	779
原重庆市农业机械化学校	1986	567	174	170	170
	1991	879	182	152	145
	1996	989	343	217	199
	2001	1 013	568	389	262
	2006	1 716	842	312	224

第三节　万县农业学校

万县农业学校位于三峡库区腹心地——万州城区西郊的龙宝经济开发区，是万县地区农业局所属的独立的地方性中等农业技术教育机构，作为重庆市唯一的省部级农业重点中专，主要任务是为本地区培养初、中级农业技术人才，对区、乡基层领导进行农业知识培训，为振兴万县地区农业经济服务。

万县农业学校开设农学、植保、园艺、牧医、农经、财会电算化、旅游、电子技术、计算机应用、企业管理、化工、土地规划与管理、公关与文秘等20多个专业，并与西南农业大学、四川省农业管理干部学院联办大专班。中华人民共和国成立以来，为国家培养大、中专学生近2万多人，毕业学生分布在全国16个省份。受到了中央和各地的充分肯定，得到了社会的广泛认可，为三峡库区经济建设和移民开发作出了很大贡献。

一、历史沿革

万县农业学校始建于1936年，前身系四川省第九区农林实验学校；1940年8月改名为四川省立万县高级农业职业学校，设农艺、园艺两科；1941年增设农产制造科，学制3年，校址由万县市西部场迁至万县市龙宝区；1950年1月，与四川省万县高级职业学校合并，改名为万县高级职业学校，设工，农，商3科；1952年秋，将工、商两科合并至重庆有关学校，农科单独设校，改名为四川省万县农业技术学校；1953年定名为四川省万县农业学校，属四川省农业厅领导；同年秋季，四川省农业厅决定将梁平农校、酉阳农校并入。1958年学校下放给万县地区领导；1960年秋，万县地区党委决定，将万县专科学校农科的全体师生转入万县农业学校成立专科部，设土化、农学、牧医3个专业，学制3年；1975年秋，与西南农学院合办西南农学院万县地区社来社去大专试点班，设农学、蚕桑、果蔬、畜牧兽医4个专业；1976年秋，经中国共产党四川省委员会批准，成立万县农学院，实行院校两块牌子、一套班子，设农学、植保、牧医3个专业；1981年7月大专班停止招生，经四川省人民政府批准为省属重点中专后，一直开办中专班，同时还开办了职高班、专业证书班及各种短训班。2003 年 1 月，经重庆市人民政府批准，并报教育部备案，万县农业学校和三峡农业机械学校合并，建立重庆三峡职业学院。

二、培养目标与专业设置

（一）培养目标

随着现代农业科学技术的迅速发展，为了适应全地区农业生产的需要，万县农业学校建校以来，主要在原万县地区范围内进行有计划、有指标的统一招生、统一分配，对全地区的国家技术干部及区、乡领导干部和在职职工进行轮流培训。

（二）专业设置

万县农业学校从 1936 年创办至 2000 年的 64 年间（含初农和大专班），共开设过 37 个专业。中华人民共和国成立前，设有农林科、农艺科、园艺科、农产制造科 4 个专业。1950—1985 年，设有农艺科、农科、农学、土化、农作栽培、植保、农植、畜牧兽医、园艺、畜牧、兽医、蔬菜、蚕果、蚕桑、农经、农机、气象、森林、果蔬、卫检 20 个专业。随着改革开放的深入发展，为服务于市场经济，1986—2000 年，拓展了公关文秘、会统、金融及计算机、食品加工、化工、乡建、经管、财电、特作、园林、计算机、乡企管理、财会、环保、农技 15 个新专业。

万县农业学校在完成中等农业教育的基础上，1990 年前，先后举办了区、乡农业管理干部，四川省对内植物检疫，四川省四级农科网植保骨干、土壤分析、植保函授、养殖、饲养、水电、蘑菇栽培、畜牧兽医、拖拉机、农业兽防员，农广校办事员、高考补习班 13 种培训班。1990—2000 年，为重庆市扶贫办举办 5 期扶贫干部培训班，为万县市人民政府培训林业、果品、畜牧、水产、粮食技术骨干 5 期，为万县市人力资源和社会保障局培训农业工人 5 期。此外，还多次组织教师赴开县、云阳、忠县、龙宝等地举办科技培训班。

万县农业学校从创办以来，共招收 340 班，毕业 260 班。其中：大专招收 32 班、毕业 22 班，中专招收 306 班、毕业 259 班，初级农业招收 2 班、毕业 2 班（表 12－2－12）。

表 12－2－12　万县农业学校历届专业设置、学制及班次

专业设置	学制（年）	招收班数（个）	毕业班数（个）	起止时间（年）	学历层次	备注
森林专业	4	4	4	1986—2000	中专	统招班
植保专业	3	13	9	1986—2000	中专	不包括分配、自费、委培、职高
	4	12	12	1986—2000	中专	统招班
	5	1		1986—2000	大专	统＋招班
农学专业	3	8	5	1986—2000	中专	不包括分配班、委培、自费
	4	8	8	1986—2000	中专	统招班
农技专业	3	10	8	1995—2000	中专	自费班
特作专业	3	3	2		中专	自费
园艺专业	5	1			大专	统招
	2	1	1			不包分配班
	3	7	7			不包分配，自费班
	4	9	9			统招班

（续）

专业设置	学制（年）	招收班数（个）	毕业班数（个）	起止时间（年）	学历层次	备注
园林	3	2		1999—2000	中专	自费班
经管	3	6	4	1994—2000	中专	自费班
财会	3	1	1	1995—1998	中专	外办班
财电	3	6	4	1995—1998	中专	自费班
畜牧兽医	1	4	4	1989—1991	相似中专	专业证书班、培训班
	3	13	8	1986—2000	中专	不包分配、自费班
	4	2	2	1984—1989	中专	统招班
土管	3	3	1	1995—2000	中专	自费班
	4	4	3	1995—2000	中专	统招班
化工	2	3	3	1993—1995	技工	为川东大化工代培
会统	3	3	3	1994—1999	中专	自费
	2	2	2	1992—1994	中专	委培
企管	3	2	2	1993—1996	中专	自费班
微机	3	2	2	1993—1998	中专	自费
金融微机	3	7		1998—2000	中专	自费
	2	1	1	1994—1996	中专	委培
	3	1	1	1994—1997	中专	自费
环保	3	3	1	1997—2000	中专	自费
公关文秘	3	1	1	1994—1997	中专	自费
乡建	3	1	1	1996—1999	中专	自费
水产	3	1		1998—2000	中专	自费
机电	3	2	1	1997—2000	中专	自费
西环	3	1		2000. 9—2004. 7	大专	西农大联办
西园	3	1		2000—2004	大专	西农大联办
渝计	2	2		2000—2004	大专	渝州大学联办
总计		340	283			

第四节　四川万县农业机械化学校

四川万县农业机械化学校隶属四川省万县市农机局的直属事业单位，开设农业机械化、汽车拖拉机运用与维修、农机制造、化工机械、化学工艺、农村工业与民用建筑、机电一体化、轮机、电子技术、计算机运用、财务会计等专业。1991 年被农业部评为 B 等一级学校。累计培养输送了中等技术专业人才 751 人、农机管理干部 1 827 人、广播电视大学专科生等 337 人，为地方经济建设作出了贡献。学校的主要任务是为本区域培养初、中级农业技术人才，对区乡基层领导进行农业知识培训，为振兴万县地区农业经济服务。

一、历史沿革

四川万县农业机械化学校于 1977 年建校，1992 年增挂四川省万县市工业学校牌子。1997 年，更名

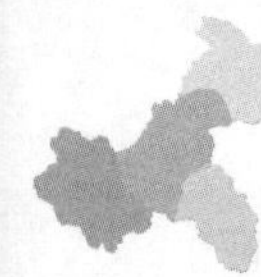

为重庆市万州工业学校、重庆市三峡农业机械学校。2003 年 1 月，经重庆市人民政府批准，并报教育部备案，四川万县农业学校和重庆市三峡农业机械学校合并，建立重庆三峡职业学院。至此，重庆市万县农业学校不复存在。

二、培养目标

随着现代农业科学技术的迅速发展，为了适应全地区农业生产的需要，四川万县农业机械学校建校以来，主要在原万县地区范围内进行有计划、有指标的统一招生、统一分配，以及对全地区的国家技术干部，区、乡领导干部，在职职工进行轮流培训。

三、专业设置

四川万县农业机械化学校开设了农业机械化、汽车拖拉机运用与维修、农机制造、化工机械、化学工艺、农村工业与民用建筑、机电一体化、轮机、电子技术、计算机运用、财务会计等专业。教学形式上主要以理论、实验、生产实习为主。

四、实践教学与实习场所

校内建有与教学相适应、用于技能培训和实践教学的多媒体教室、机零机原，金相、计算机（3 个）、CAD、网络、电子工艺、电工电子、电力拖动、计算机组装、家电维修、自动控制、公差、电子实作、物理、音像、制冷、液压试验、发动机实验、化学、汽车整车、汽车部件、夹具模具、刀具等 28 个实验室，设有一个 64 座语音室、电教中心、网络控制中心等。校内建有由国家劳动和社会保障部批准的“特有工种职业技能鉴定站”，拥有职业技能考评员 11 人，可对汽车、车、钳、刨、铣、磨、焊等工种进行高级工等级鉴定。还拥有用于学生实习的“万州驾校”一个。校外在重庆市三峡柴油机厂、开县氮肥厂、万州汽车大修厂、三金曲轴有限公司、常柴万州柴油机有限公司、重庆江东机械厂、重庆万光集团、重庆飞亚企业集团、科发电脑公司等大中型企业建有稳定的校外实习基地。

五、教师与学生

2000 年，在校学生 1 780 名，在册学生 2 400 人，在职职工 125 名（其中专任教师 48 名，高级讲师 12 人、讲师 35 人）。主要面向原万县地区招生，累计培养出各类毕业生和专业人才 5 000 余名，毕业生主要分布在三峡库区，也有部分移民学生安置在四川 11 个地（市、州）和福建、浙江、广东、江苏、山东等省份，有的学生已经成为库区有关单位的技术和管理骨干。

第五节　涪陵农业学校

涪陵农业学校是涪陵地区农业局所属的独立的地方性中等农业技术教育机构，主要任务是为本区域培养初、中级农业技术人才，负责对区、乡基层领导进行农业知识培训，为振兴涪陵地区农业经济服务。1999 年以来，学校开设了农学、农作物、果树与茶业、水产养殖、林业、园林、农业经济管理、森林旅游、土地规划与管理、国土管理、计算机、电子电工、现代农业技术、文秘、制药工程 15 个专业，毕业学生 1 500 余人，为渝中东部地区农村经济建设作出巨大贡献。

一、历史沿革

涪陵农业学校创建于 1936 年，最初是涪陵乡村师范附设的一个农科班，校址在涪陵城对岸的北岩寺点易洞的深沟书院。1937 年秋与师范脱钩，迁至凉塘乡的蚕桑园（原新光纸厂所在地），正式命名为“四川省涪陵县立初级普通农作科职业学校”，设初级农业学专业，春秋两季招生，学制 3

年，学生自费。学校经费由涪陵县自筹，每期每人由乡镇筹集大米六老斗（约150千克），学生家庭困难，成绩较好的，可享受公费待遇。1942年学校更名为“涪陵县立农业职业学校”，增办高级农科，设农艺、园艺两个专业。当时社会上普遍不重视农业，校舍偏窄、简陋，学生所学有限，以致就业困难。

1950年，中华人民共和国成立初期，由于政府工作需要，许多学生积极参加政府工作，有的参加“青调班”，有的直接参军，部分教师也抽调到政府工作，在校师生人员大减，专员公署决定将农校合并到涪陵县师范学校（校址北岩寺），此时学校有4个班、100人。

1951年春，学校又与涪陵师范学校分开，校名改为“川东区涪陵农业技术学校”，由四川省农业厅直接领导，由涪陵专署建设科管理。

1954年秋，四川省中等农校调整，涪陵农业学校由于设备差、师生人数少被撤销，合并到江津农校。学生、教师由全省调整，统一调配到其他学校，

1956年夏，鉴于地区农业互助合作发展的需要，专署在原农校校址成立涪陵专区农业合作干部学校，培训高、初级合作社的社长和会计、兽防、水利人员。

1958年，四川省重庆市农业学校一分为四（即江津农校、涪陵农校、重庆市农校、重庆市农机校），转到涪陵专区的学生400多人、教师10人。最初校址定在李渡（涪陵高中所在地），后因涪陵大学无校址，8月，涪陵专署决定撤销合涪陵专区农业合作干部学校，财产、人员移交涪陵农业学校。涪陵农业学校重新建立，但为保证涪陵大学顺利开学，将重庆农业学校分来的图书、仪器等教学设备和9名教师全部调到涪陵大学，并从分来的学生中挑了200名进涪陵大学深造。

1965年，为贯彻教育与生产劳动相结合的方针，农作专业5个班全部搬至专区农业科学研究所称“上农校”，后又宣布“所校合一”，实行一套班子，两块牌子，统一领导，

1966年，“文化大革命”开始后，学生外出串联，“所校合一”随之终止。

1969年3月，成立“革命领导小组”，不久学校老师又被编为地区“五七干校”一连，参加劳动，1971年解散。

1972年冬，涪陵农业学校恢复招生，教育工作在困难中逐步展开。党的十一届三中全会后，学校正式设立办公室、总务处、教务处、保卫科、学生科、培训科等科室，房屋、仪器设施逐步得到完善，涪陵地区农业学校的工作基本走上正轨。

1996年，涪陵地区农业学校更名为涪陵农业学校。

1997年，涪陵农业学校更名为重庆市涪陵农业学校。

2003年，重庆市第三财贸学校、重庆市第三水利电力学校、重庆市涪陵农业学校合并，升格为涪陵职业技术学院。至此，涪陵农业学校不复存在。

二、培养目标与专业设置

随着现代农业科学技术的迅速发展，为了适应全地区农业生产的需要，涪陵农业学校主要在原涪陵地区范围内进行有计划、有指标的统一招生、统一分配，以及对全地区的国家技术干部、区乡领导干部、在职职工进行轮流培训，使其掌握丰富的农业知识，为农业生产服务。

建校以来，涪陵农业学校统一招生设置的专业有农学、农经、林学、畜牧专业，非统一招生的有果树、林学、农经、农学等专业。教学形式主要以理论、实验、生产实习为主。

三、教师与学生

（一）教师

涪陵农业学校历年教师情况见表12－2－13。

表 12-2-13　涪陵农业学校历年教师情况

单位：人

年份	教职工总数	教师		
		总数	高级讲师	讲师
1986	111	36	0	2
1987	123	42	0	4
1988	123	60	4	20
1989	121	61	6	20
1990	124	67	3	15
1991	127	51	3	12
1992	118	53	2	10
1993	117	68	7	10
1994	115	70	6	11
1995	120	65	6	13
1996	123	71	7	12
1997	129	71	8	16
1998	125	72	4	23
1999	125	72	8	30
2000	123	73	9	35
2001	120	77	11	28
2002	117	70	12	35

（二）学生

涪陵农业学校历年学生情况见表 12-2-14。

表 12-2-14　涪陵农业学校历年学生情况

年份	文化程度	毕业总数（人）	专业分类（人）								学制（年）	毕业时间
			初级农科	高级农科	高级园艺科	农学	畜牧	果树	林学	农经		
1974	初中	100				100					3	
1976	初中	157				117	40				3	
1980	初中	80				80					3	
1981	初中	159				70	80				3	
1982	初中	155				155					3	
1983	初中	85				85					3	
1984	初中	79				79					3	
1985	初中	78				78					3	
1987	初中	40				40					3	
1988	初中	40				40					3	
1989	初中	40				40					3	1974. 12
1990	初中	40				40			77		3	1976. 12

（续）

年份	文化程度	毕业总数（人）	专业分类（人）								学制（年）	毕业时间
			初级农科	高级农科	高级园艺科	农学	畜牧	果树	林学	农经		
1991	初中	40				40					3	
1992	初中	40				40					3	
1993	初中	39				39					3	
1994	初中	40							40		3	
1995	初中	40							40		3	

第三章
农业广播电视教育

第一节 重庆市农业广播电视学校

重庆市农业广播电视学校是一所集教育培训、技术推广、科学普及和信息传播等为一体的综合性农民教育培训机构，是运用现代远程教育手段，多形式、多层次、多渠道开展农民科技教育培训的学校。1985—2015年，学校秉承“立足三农”“服务三农”的宗旨，结合重庆农业农村发展的需求，不断完善教育培训手段，创新办学形式，拓展办学功能，2015年年底已发展为运用广播、电视、网络、卫星等现代远程教育手段，开展面向农民、服务农村的公益性教育培训体系。

一、发展历程

20世纪80年代初，中国农村实行家庭联产承包责任制，极大地激发了广大农民的生产积极性。为适应农村经济发展和产业结构调整对人才的需求，满足广大农民学科学、用科学的热情，在农业部、教育部、财政部等10个部门联合发起下，1980年12月12日，中央农业广播学校（简称中央农广校）应运而生。1981年5月6日，重庆市人民政府根据四川省人民政府及有关联合办学单位发布的《关于成立中央农业广播学校四川省领导小组》的通知精神，责成重庆市农村工作办公室、市农业局、市教育委员会、市财政局、市广播电视局等10家单位，联合成立中央农业广播学校重庆领导小组，同时，成立中央农业广播学校重庆市分校。1987年2月，中央农业广播学校更名为中央农业广播电视学校，为保持校名一致，同年5月同步更名为中央农业广播电视学校重庆分校。1988年10月，为贯彻国家教育委员会和农业部联合下发的《关于改革农业广播电视学校管理体制及有关意见》，中央农业广播电视学校重庆分校纳入重庆成人中等专业学校管理，接受教育部门指导和监督，同时，接受中央农业广播电视学校的业务指导。

重庆市农业广播电视学校（简称市农广校）于1993年6月由中央农业广播电视学校重庆分校根据重庆市人民政府《关于同意建立重庆市农业广播电视学校的批复》更名而来，从此成为全额拨款的正处级事业单位，隶属重庆市农牧渔业局，全市共有21所分校。1997年6月18日，重庆市挂牌成立直辖市后，原属四川省的万县市、涪陵市和黔江地区的农业广播电视学校成为市农广校的分校，全系统扩大至37所分校。

为拓宽市农广校的办学职能，2001年8月，经重庆市机构编制委员会批复，市农广校加挂“重庆市农民科技教育培训中心”牌子，与学校一套班子、两块牌子，主要负责农民教育、绿色证书工程、农村基层干部培训和农村实用技术培训工作。2011 年 3 月，经重庆市机构编制委员会批复，重庆农民体育工作指导中心并入市农广校，保留重庆市农民体育工作指导中心和农民科技教育培训中心牌子。自此，重庆市农广校步入新的发展轨道。

二、机构建设

市农广校成立后，区（县）各级政府有关部门积极响应，陆续组建相应的农业广播电视学校领导小组或分校，抽调人员、安排办公场所、拨付专门经费推进工作。在当地政府和主管部门的领导下，在中央农业广播电视学校和市农广校的指导下，通过广播和录音磁带，以不脱产方式并按照“分级办学、分级管理”原则开展教学活动，取得初步成效。

为使市农广校办学走上规范化道路，促进学校健康发展，1988 年，重庆市贯彻国家教育委员会、农业部联合下发的《关于改革农业广播电视学校管理体制及有关问题的意见》，将中央农业广播电视学校“一级办学、垂直管理”改革为“分级办学、分级管理”。原中央农业广播电视学校的重庆市分校成为独立的办学实体，业务上接受四川省农业广播电视学校指导。原中央农业广播电视学校的区（县）分校成为四川省农业广播电视分校，市农广校规范、稳步发展。1994 年，重庆市教育委员会联合评估验收小组，对学校及 21 所区（县）分校逐步进行评估验收，全部达到中等专业学校办学标准。

重庆市改直辖后，各区（县）农业广播电视学校成为市农广校的分校。1998 年 9 月，重庆市人民政府办公厅转发市农业局、市教育委员会、市财政局、市人事局等 13 家单位联合下发的《关于进一步办好重庆农业广播电视学校的意见的通知》后，各级政府理顺管理体制，按照成人中专学校规范管理，各级农业广播电视学校，在行政管理上由同级农业部门主管，教育和人事行政部门指导、监管；在教学业务上接受上一级农广校的指导和管理，这种管理体制延续至今。

为全面提升区（县）农业广播电视学校的办学水平和基础条件，进一步深化教育教学改革，加强体系建设，提高农民教育培训工作质量和水平，2008 年 10 月，根据农业部办公厅《关于开展全国县级农业广播电视学校办学水平评估工作的通知》，市农广校组成 3 个评估验收小组，对全市 32 所农业广播电视分校的自评和复评结果进行了检查验收。次年 12 月，经中央农业广播电视学校验收认定，万州、涪陵、巴南、渝北、江津、永川、潼南、荣昌、丰都、开县、巫溪 11 所分校被评为全国 A 级校，21 所分校被评为全国 B 级校。同时，万州、巴南、丰都分校被评为全国中等职业教育 100 强学校，江津、永川、渝北分校被评为全国农民培训 100 强学校。

1986 年以来，市农广校机构不断壮大，形成了市、区（县）两级建制农广校和乡村教学班三级办学体系。至 2015 年年底，全市共有 1 所市级学校、34 个区（县）级分校（含培训中心）、217 个乡村教学点和实训基地，拥有专兼职教师 1 260 人、办学人员 310 人，办学范围覆盖了全市 90% 以上农村，成为面向“三农”开展教育培训、中等职业教育、非学历教育等多层次办学，集教育培训、技术推广、科学普及和信息传播等功能为一体的公益性教育培训机构。

第二节　中等职业教育

一、中等学历教育

（一）学历教育概况

重庆市农业广播电视学校（简称市农广校）学历教育从系统内向全社会延伸。1986 年前招收的三届学生，是根据中央农业广播电视学校的统一部署，在农业系统内自行组织招生。全市以区（县）为

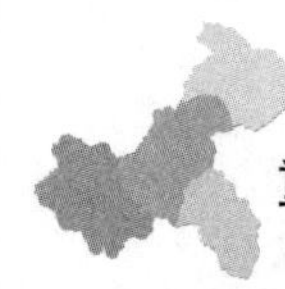

单位，由各区（县）分校或领导小组办公室负责组织报名、考试、录取。从第四届起，市农广校实行计划招生，并纳入国家成人中等专业教育事业计划之列。1987 年，经农牧渔业部申请，国家教育委员会同意，农业广播电视学校考生不参加教育部门组织的成人中专统一招生考试，仍由农业广播电视学校系统自行招生，并实行学期制。当年，重庆市农业广播电视学校组织了第四届招生报名、考试、评卷工作，并提出录取分数线报市教委统一录取。1988 年，按照“依靠地方、服务地方、分级办学、分级管理”的原则，第五期招生仍参加全市成人中专统一考试，市教育委员会统一命题，市农广校分校组织学员进行入学考试，然后按市农牧渔业局、市教育委员会商定录取分数线，市农广校负责办理阅卷、录取和注册。

由于农业广播电视学校办学有其特殊性，经市教育委员会同意，重庆市农业广播电视学校 1991 年第七届的招生工作分两步进行，即乡（镇）企业干部和职工、县以下农业部门干部和职工（非农业户口）参加市教育委员会统一组织的招生入学考试；农民和农业户口的乡（镇）企业职工参加由市教育委员会督促指导下，重庆市农业广播电视学校单独组织的招生入学考试。农业广播电视学校办学水平评估入位后，1992 年，纳入全市成人中等专业教育序列，又改为由各地农业广播电视学校组织学员报名，然后参加 5 月上旬市教育委员会组织的成人中专招生入学考试，并依据全市统一划定的成人中专录取分数线，到市招生办公室办理录取手续，然后到市教育委员会成教处进行注册。1993 年，教育委员会下发《关于进一步改革成人中等专业学校招生工作的通知》后，全市凡具有初中文化程度的考生，报名参加中央农业广播电视学校开设的农学、畜牧兽医、农产品储藏与加工、市场营销、会计审计与统计、机电等中等专业学习的学员实行免试入学。

为进一步加强农村基层干部的教育培训，提高农村基层干部能力和素质，2000 年、2003 年，市委组织部、市农业局联合下发了《关于在全市农村村级干部中实施中专学历教育》和《关于做好村社干部学历教育培训工作的通知》，要求各乡（镇、街道）把村（社）干部大专学历教育培训，纳入农村基层组织建设的重要内容，全面落实“一村一名大专学生，一村一名农业科技人员”工作目标。2006 年后，因受办学条件和国家对就读农业中等职业学校的学生实行全额资助政策影响，市农广校中等学历教育招生逐步萎缩，从 2009 年起，市农广校停止了中等学历教育招生。

1997 年，重庆市委组织部、市农业局联合下发《关于依托农广校对全市农村村社干部进行中专学历培训的通知》，当年，全市招生达到 9 000 余人，为历史最高水平。其中，招收村干部及后备干部 7 400余人，占总招生人数的 82% 。各地党委、政府结合具体情况专题研究，制订了贯彻意见。开县组织部门提出了在 2002 年前对全县 55 个乡（镇）的村级干部分期分批实施一次学历培训的要求。经过几年的培训，开县达到平均每 1 000 人和每个村都有一名中专学历的村干部的目标。

（二）招生对象与培养目标

重庆市农业广播电视学校中专学历教育招生对象主要招收具有初中文化或相当于初中毕业文化水平，没有参加过正规农业院校学习的区（县）、乡（镇）、村干部，农（牧）技术人员、社干部、农村专业户、科技示范户、乡（镇）企业职工、国有农（林、牧）场及部队农场的干部、战士和职工，广大农村知识青年中确能坚持业余学习者。

重庆市农业广播电视学校中专学历教育培养目标是培养有社会主义觉悟、热爱农村、有中等文化和农业技术水平的基层干部和农业科技人才。

（三）教学形式与专业设置

1. 市农广校教学方式经历 3 次变更

1986 年以前，重庆市农业广播电视学校以组织学员业余自学、收听中央人民广播电台播放的教学节目、在教学班播放教学录音带、幻灯片、定期开展课堂面授辅导以及实验实习等方式进行教学。

1987年以后，中央农业广播电视学校在中央电视台开播教学节目，改为组织学员进行业余自学、收听、收看中央人民广播电台、中央电视台农业广播电视学校教学节目、在教学班播放教学录音、录像带，开展课堂面授辅导以及实验实习等，基本取消了幻灯教学。1993年以后，部分区（县）分校开办全日制脱产班，开始采用课堂授课、录像教学、实验实习、学员自学等为主的教学方式，减少了录音教学。

2. 市农广校专业设置分为4个阶段

第一阶段为初步探索阶段（1981—1983年），主要尝试建设中等农学专业。第二阶段为逐步完善阶段（1984—1987年），开办了农学、农业经济管理、畜牧、淡水养鱼4个中等专业，并印发了教学计划。第三阶段为快速发展阶段（1988—2005年），在选开中央农业广播电视学校开设的课程或专业的同时，结合本地实际，自办当地所需的专业，共开设了种植、养殖、经济与管理、农业工程四大门类，专业涉及农学、农业经济与管理、畜牧、淡水养鱼、果树、蔬菜、乡镇企业经营管理、会计统计与审计、现代乡村综合管理、林业、电算会计、汽车拖拉机运用与维修、高效农作物生产、园林与花卉、农村电气化等20多个专业。第四阶段为重点专业建设阶段（2006年至今）。农业部以农业广播电视学校体系为依托，启动了农村实用人才培养“百万中专生计划”。重庆市根据“百万中专生计划”要求，围绕农业农村经济发展，突出农业特色，围绕培养实用型、技能型人才进行专业建设，取得明显效果（表12－3－1）。

表12－3－1　重庆市农业广播电视学校历年中专招生情况

单位：人

年份	招生人数	毕业人数	年份	招生人数	毕业人数
1981	3 029	1 025	1997	9 004	5 762
1982	未招		1998	9 835	5 837
1983	未招		1999	8 669	4 413
1984	22 636	7 804	2000	5 575	2 643
1985	4 880	1 487	2001	3 201	1 280
1986		794	2002	860	107
1987	5 220	1 671	2003	504	147
1988	1 655	772	2004	428	216
1989	4 047	1 931	2005	414	280
1990	4 699	1 889	2006	722	362
1991	4 865	1 457	2007	330	279
1992	3 892	1 516	2008	825	144
1993	2 534	1 343	2009		286
1994	2 309	1 520	2010		493
1995	2 834	1 777	2011		107
1996	4 620	2 501	合计	107 587	49 843

注：不含重庆市改直辖前的万县市、涪陵市、黔江地区招生及毕业数据。

二、专业证书教育

（一）农业系统会计人员专修班

重庆市农业广播电视学校分别于1988年11月和1990年6月开设农业系统会计人员专修班，学制1

年，主要培养能掌握相当于中等专业水平的财务会计理论和专业知识，熟悉并能正确执行国家有关农业方面的财务会计法规和制度，能担负本岗位职责的财务会计人员。主要开设政治经济学基础、计算技术、会计原理、专业会计4门课程。农业系统会计人员专修班第一期招收学员382人，第二期招收学员221人，累计招生603人，结业354人。

（二）农业系统兽医卫生检疫检验专修班

重庆市农业广播电视学校于1992年和1995年举办了2期兽医卫生检疫检验专修班，学制1年半，642名学员参加学习。主要招收农业系统中没有达到中专水平的从事畜禽卫生检疫和畜禽疫病防治工作的在岗人员以及在农业、农机、农垦、乡镇企业、水产、畜牧等部门从事财务管理、企业经营管理工作的人员，学员必须具备高中毕业、从事本专业工作2年以上和初中毕业、从事本专业工作4年以上的条件。兽医卫生检疫检验专修班设置了家畜解剖学、兽医微生物与病理学、家畜传染病与寄生虫病学、兽医检疫学、兽医卫生检验学、畜禽防疫法规6门课程。

农业系统会计人员专修班和兽医卫生检疫检验专修班学员经学习考试全部合格，由中央农业广播电视学校颁发专业证书，在农业系统相当于中等专业水平的考试合格证明，并作为农业部门审核入职的基本条件之一。

（三）初等农业技术教育

重庆市农业广播电视学校初等农业技术教育属于规范化的岗位培训，是农业部门开展农民技术资格证书（绿色证书）教育的重要组成部分，在性质上、内容上和要求上与绿色证书教育大体相近，初等农业技术教育学制1年。

重在市农业广播电视学校1991—1993年连续招收了3期初等农业技术教育学员，专业涉及养猪、养鸡、农户家庭经营、蔬菜、果树、会计6个专业（表12－3－2）。初等农业技术教育课程的考试，由市农广校负责命题、制卷，全市统考。所学各科考试均及格者，由有关单位与市农广校共同组织毕业审定，市农广校颁发结业证书。

表12－3－2　重庆市农业广播电视学校初等农业技术教育开设课程

专业	开设课程
养猪专业	猪的养殖、病猪防治、农户经营管理
养鸡专业	农户经营管理、鸡的饲养、鸡病防治
农户家庭经营专业	农户经营管理、农业基础知识、庭院生产综合化技术、作物栽培学及病虫害防治（各论）、农用机电知识
蔬菜专业	蔬菜病虫害防治、保护地蔬菜栽培、露地蔬菜栽培
果树专业	农户经营管理、农业基础知识、果树栽培学、果树病虫害防治学（各论）

三、大专学历教育

市农广校大专学历教育包括自考大专班、合作高等教育、中专后继续教育3个方面。

（一）自考大专班

1995年4月，全国高等教育自学考试指导委员会和农业部联合发文，由中央农业广播电视学校为助学总牵头单位，在全国开考农业推广专业（专科）。1996年10月，重庆市农业广播电视学校按照全国高等教育自学考试指导委员会制定的专业考试计划、课程自学考试大纲和开考计划，指定西南农业大学为主考学校，接受各地农业广播电视学校集体报名、组织考试、阅卷评分、建立考籍档案、颁发单科合格证书和毕业证书等项工作。

自考大专班共设置16门课程。考试时间安排在每年的4月下旬和10月下旬，全部课程（含复考）3年为一个周期，单科考试合格者，颁发单科合格证书，全部课程达到75个总学分，按国家有关规定，颁发大学专科毕业证书，国家承认学历。从1996年首次开考到2004年停止委托招生，重庆市先后有永川、铜梁、巴南、江津、渝北、綦江等11所农广校分校开办自考大专班，报名参加自考的学员达2 400多人，其中，单科结业1 650多人，毕业780人（表12－3－3）。

表12－3－3　重庆市农业广播电视学校大专学历专业毕业

类别	专业名称	毕业学生数（人）
自考大专班	农技推广	780
合作高等教育	畜牧兽医、农村区域发展 作物生产技术、农业经济管理	7 000
中专后继续教育	农技推广	956

（二）合作高等教育

从2000年开始，重庆市农业广播电视学校先后与西南农业大学（荣昌校区）、渝西学院（现重庆文理学院）、市委党校等院校联合举办大专学历函授班，共开设畜牧兽医专业、农村区域发展专业、作物生产技术专业、农业经济管理4个专业。

重庆市农业广播电视学校大专学历班学制3年，学习形式为函授，主要招收具有高中、中专、技校、职高学历的干部、职工、教师、管理人员和农广校中专毕业学员。专升本班招收具有大专、高职等国家认可的同等学历的村社干部、职工、教师、管理人员。学员所学课程考试合格并达到教学大纲规定的教学要求，实践环节考核符合要求，思想品德鉴定合格，即准予毕业并颁发国家承认学历的专科毕业证书或本科毕业证书。符合学位授予条件者，授予学士学位。截至2008年，共招收大专学历生1万多人，毕业8 230余人。

（三）中专后继续教育

农广校中专后继续教育主办单位是中央农业广播电视学校，由农业部、国家林业局、中央农业广播电视学校联合征得国家教育委员会同意提出的一种行业部门办学的模式，主要是培养面向21世纪、适应农村社会经济发展、具备农村管理知识和技能型人才。2001年，重庆市人事局、市农业局联合下发《关于在全市农业系统开展中专后继续教育工作的通知》，重庆市在全市农业系统中启动农业中专后继续教育。中专后继续教育由市人事局、市农业局统一组织管理并进行监督检查。市农广校负责教学计划制定、毕业生初审和报批、教学环节的指导以及阅卷等教学管理工作。各区（县）分校负责学员报名、入学考试、日常管理、教学辅导和考试考核工作。

中专后继续教育学制2年，主要招收区（县）以下基层工作、具有中专学历的农业推广服务体系在职人员、农场干部、农村经营管理人员、农村基层干部以及农广校中专毕业学员。中专后继续教育采取业余和脱产相结合的学习形式，共设置12门课程，每门课程按大学专科水平进行教学和考试考核，学员学习完全部课程，考试考核合格，经市农业局审核，颁发由市人事局鉴证验印的中央农业广播电视学校中专后继续教育毕业证书，相当于大学专科同等学历。该毕业证书可作为农村人员、基层工作人员持证上岗和解决工资待遇、评聘技术职称的重要依据。截至2006年年底，全市招收农业推广、畜牧兽医、农村经济管理3个专业学员1 129人，毕业956人（表12－3－4）。

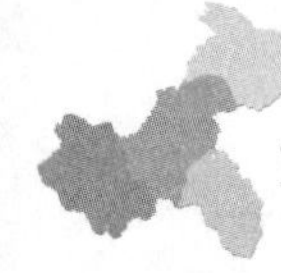

表 12－3－4　重庆市农业广播电视学校中专后继续教育畜牧兽医专业课程安排与学时分配

序号	课程名称	学年与学期	学时数						备注
			录像	辅导	实践	自学	考试	合计	
1	农业推广学	Ⅰ（1）	10	30	50	140	2	232	中央校统考
2	农村法规	Ⅰ（1）	10	30	18	120	2	180	中央校统考
3	养殖场经营管理	Ⅰ（1）	10	30	30	100	2	172	中央校统考
4	动物生产基础	Ⅰ（2）	10	30	30	120	2	192	中央校统考
5	养猪学	Ⅰ（2）	10	30	60	120	2	222	中央校统考
6	养牛养羊学	Ⅰ（2）	10	40	66	120	2	238	中央校统考
7	养禽学	Ⅱ（1）	10	30	42	120	2	204	中央校统考
8	特种经济动物养殖学	Ⅱ（1）	10	30	36	120	2	198	省校统考
9	动物医学基础	Ⅱ（1）	10	50	36	150	2	248	中央校统考
10	动物疫病防治	Ⅱ（2）	10	50	36	150	2	248	中央校统考
11	动物产品卫生检验	Ⅱ（2）	10	40	42	120	2	214	中央校统考
12	畜禽产品加工与质量控制	Ⅱ（2）	10	40	42	120	2	214	中央校统考
13	毕业实习（毕业论文）	Ⅱ（2）			120		2	122	省校考核
	总学时数		120	430	608	1 500	26	2 684	

第三节　农民教育培训

为适应农业农村经济发展需要，重庆各地农民教育培训以燎原之势迅猛发展，市农广校系统工作重心由单一的学历教育向农民科技培训转移。

一、绿色证书培训

“绿色证书”（即农民技术资格证书）是指农村劳动者经过培训、考核，达到从事某项农业技术工作应具备的基本知识和技能要求，由行业管理部门认可并经当地政府颁发的从业资格凭证，是农村劳动者从事某个岗位的岗位合格证书。开启“绿色证书”行动的主要目标是培养一支农民技术骨干队伍，“绿色证书”可谓农民学历教育与实用技术培训之间的一个层次。“绿色证书”培训的对象是乡村干部、乡村技术推广人员、种植业、养殖业大户、科技示范户、农村妇女、复转军人和较强技术岗位的从业农民。参加“绿色证书”学习的学员，学习4～6门专业基础和专业技术课，约300学时。同时还必须进行一年的实践课。种植业、养殖业等生产周期较长或技术性较强的岗位，还需要开展两年以上从事本岗位工作的经历。

1990年开始，农业部在全国正式开展“绿色证书”试点，江津、巴南、渝北、永川、长寿等21个区（县）开展了此项工作，参加“绿色证书”培训的农民达2万多人。开设的专业有农学、果树、蔬菜、植保、水产、农经、蚕桑、养鱼、花椒、农户家庭经营等15个专业岗位。通过考核有6 800多农民获得由农业部统一印制、当地县政府签章的农民技术资格证书。

1994年，国务院办公厅印发《国务院办公厅转发农业部〈关于实施“绿色证书工程”的意见〉的通知》，标志着中国“绿色证书”制度已作为一项政府职能及社会工程进入实施阶段。2000年11月，重庆市人民政府办公厅转发市农业局、市农机事业管理局《关于重庆市“绿色证书”制度管理办法的通知》。随后，重庆市农业局成立了“绿色证书”工程领导小组，下设“绿色证书”办公室，由市农广校具体运行。同时，各区（县）也成立了相应的机构，按照实际、实用的原则，面向具有初中文化程度以上的农民群体，按照岗位规范确定的培训内容，开展农业生产经营岗位技术培训。

2002年，重庆市委组织部、市农业局联合下发《关于在全市农村党员中开展“绿色证书”培训的通知》，对年龄在50岁以下的农村党员，重点是具有初中以上文化的青年党员、入党积极分子分期分批开展“绿色证书”培训。同年，市农业局与市教育委员会联合出台《关于在农村初中进行“绿色证书”教育的补充意见》后，全市78%的区（县）在农村初中生中推行了“2+1”“2.5+1”的“农技文化并进式”“绿色证书”培训机制。潼南县玉溪镇中学探索出“渗透型”模式，学生毕业率和“绿色证书”结业率均在98%以上；大足、铜梁、双桥等区（县）在镇、乡中学开展“双证”制试点；江津、大足、大渡口、沙坪坝等区（县）将“绿色证书”培训与“农民技术职称”评定结合，对持“绿色证书”的学员评定相应的技术职称。

截至2015年年底，全市34个区（县）开展“绿色证书”培训工作，培训“绿色证书”学员130多万人次，获证人数达到90多万人。其中，农村党员12万人，农村妇女15万人，有3.7万名“绿色证书”学员被镇乡政府、农村社会化服务体系和专业协会聘用或接纳。

二、农村劳动力转移阳光工程培训

农村劳动力转移阳光工程培训（简称“阳光工程”）是由农业部联合财政部等5部门组织实施、为进城务工的农村劳动力提供免费职业技能的培训项目。

重庆从2004年开始实施“阳光工程”项目。为有效开展农民工就业推荐，经重庆市劳动部门批准，当年10月，市农广校成立渝农劳务有限公司。2005年，市农广校先后与永川、巴南、巫溪、梁平、巴南、彭水等市农广校分校签订订单培训协议，提供企业用工信息280余条，与珠海佳能公司、浙江奉化金海制衣公司、东莞灯饰公司等企业签订了长期输送农民技工就业协议，当年安排就业3 180余人。

“阳光工程”实施以来，各区（县）农业广播电视学校分校积极承担“阳光工程”培训任务，通过参与投标，有28所区（县）分校被认定为“阳光工程”培训基地，占“阳光工程”培训基地总数的20%。“阳光工程”开设有缝纫、家政、机械、采煤、建筑、旅游、计算机、厨师、美容美发、服装加工、电工、车工、焊工、丝绸加工、注浆工、缫丝工等30多个专业，共培训45万人，转移27万余人。其中，引导性培训转移就业率在80%以上，成为“阳光工程”培训的一支重要依托力量。

三、新型农民科技培训

为提高农民技能水平，促进农业生产发展，加快培养新型农民，2006年农业部、财政部启动“新型农民科技培训工程”。黔江、江津、永川、大足、云阳、巫溪作为全国试点区（县）之一参与试点。在培训中，市农广校体系发挥自身优势，积极承担项目村的培训任务，紧紧围绕主导产业、培训专业农民、进村办班指导、发展“一村一品”，紧扣主导产业发展，进村培训、现场指导，极大方便了农民学习。

百县万村新型农民教育培训“三进村”行动，由农业部农民科技教育培训中心于2006年5月启动实施。该行动在全国10 000个村组织实施，每年培养具有中等及以上学历的实用人才2万名，绿色证书学员30万人。2007年，重庆市在16个区（县）、80个乡（镇）、200多个示范村组织实施“教师进村”“媒体资源进村”“人才培养进村”活动，这项活动共组织了12 000余名（次）教师进村，举办了800多个培训班，培训农民110 000多人次；建立了150个科技书屋，发放培训教材和资料45 500份，推广新品种150个（次），推广新技术130项（次），带动核心农户18.4万人。2009年12月，全国“三进村”工作经验交流暨农民培训工作座谈会在重庆召开，市农业广播电视学校作为典型在大会上交流了农民科技培训取得的成绩与经验。

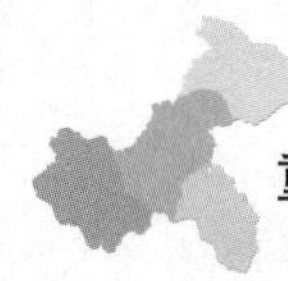

“冬春农业科技大培训”是助力乡村振兴的重要行动，旨在充分利用农业冬春的有利时机，全面扎实开展农业科技培训，掀起农民学政策、学知识、学技术的热潮。2011 年 12 月 19 日，市农业广播电视学校在潼南桂林镇双坝村举行了冬春农业科技大培训启动仪式，中央农业广播电视学校常务副校长刘天金出席启动仪式并向潼南桂林镇双坝村赠送了一批职业技能鉴定仪器设备、蔬菜种子和科技读物。2012 年，潼南区桂林街道双坝村作为中央农业广播电视学校“大培训联系点”和“大培训记者百村行”活动调研点；35 个区（县）、38 个行政村作为市级农业广播电视学校“大培训联系点”和“大培训记者百村行”活动调研点；160 个行政村作为区（县）级农业广播电视学校“大培训联系点”和“大培训记者百村行”活动调研点；涪陵、江津、万州、巴南、渝北 5 个区作为“大培训联系点”和“大培训记者百村行”活动重点调研区（县）（表 12－3－5）。

表 12－3－5　重庆市农业广播电视学校冬春农业科技大培训情况

年份	现场咨询服务（场次）	举办培训班（期）	发放技术资料（万份）	咨询服务（人次）	培训农民（万人次）	收看网络大讲堂（人次）	建立联系村（个）
2012	2 304	1 693	55.3	25.4	17.3	3 000	196
2013	938	1 510	28.5	22.7	9.9	44 000	
2014	942	1 502	26.3	22	10	40 000	
2015	931	1 405	24.1	22	0.2	39 000	

四、农民技术人员职称评定

为加强农村基层农民技术人员队伍建设，1991 年 11 月，农业部制定了《农民技术人员职称评定与晋升暂行规定》。次年，人事部发出《关于农民技术人员职称评定问题的通知》。重庆市认真贯彻执行人事部和农业部相关规定，切实做好农民职称评定工作，成绩斐然。重庆市农民职称评定工作分 3 个阶段：1996—1998 年为试点示范准备阶段，1999 年为试点示范完善阶段，2000 年以后为全市实施阶段。2011 年，重庆市出台《重庆市农民技术人员职称评定暂行办法》和《关于成立重庆市农民技术人员职称评定领导小组的通知》文件，成立重庆市农民技术职称评定领导小组负责统筹协调工作。领导小组下设办公室，办公室设在市农广校。同时，各区（县）农业部门也相继成立相应组织，负责本地区农民技术职称的评定工作。当年 11 月，重庆市农业委员会成立重庆市农民技术人员高级技师评审委员会和 11 个专业评审委员会，负责全市农民技术人员高级技师的评审工作。2012 年 5 月，重庆市农民技术职称评定办公室组织各专业评审委员会对 205 名申报农民高级技师进行评议。经专业评审委员会评议，163 名农民技术员评定为农业高级技师职称。

重庆市农民技术职称评定工作有序推进。2008 年重庆市农业委员会整合前，评定农民技术员职称 122 236 人，其中，农民高级技师 791 人。至 2015 年年底，全市 37 个区（县）成立了农民技术员职称评定工作领导小组和评审委员会，有 17 个区（县）开展了农民技术员职称评定工作。总计全市共有 126 816 人获得了农民技术人员职称，占农村实用人才的 7.76%，其中，农民高级技师 800 人、农民技师 1.28 万人、助理技师 3.06 万人和农民技术员 7.66 万人，分别占农村实用人才的 0.7%、11%、25.3% 和 63.0%。

五、职业技能鉴定

农业职业技能鉴定是以国家职业分类为基础，相应的技术等级标准为依据，对劳动者进行技术等级的考核。鉴定技术等级分为初级工，中级工、高级工、农技师、高级农技师 5 个等级。按照国家职业技能标准和鉴定规范要求，考核包括理论考试和操作技能考核。学员在理论知识和操作技能考核合格后，可获得国家劳动与社会保障部统一印制的中华人民共和国职业资格证书。1998 年 11 月，经劳动部、农业部批准，重庆市农业广播电视学校建立农业行业特有工种职业技能鉴定147号鉴定站，主要针对重庆农业行业开展农业职业工种职业技能培训和鉴定工作。

重庆市农业广播电视学校于1999年3月印发《1999年职业技能鉴定试点工作计划》，从99级开始实行“双证制”试点，将中专学历教育与职业技能培训结合，在中专教学过程中完成职业技能培训，使两者融为一体。“双证制”试点按照自愿原则推进，学员申请职业技能鉴定，须经农业主管部门同意，中央农业广播电视学校专业技能鉴定指导站批准，由重庆市农业行业特有工种职业技能鉴定147号鉴定站组织对学员进行鉴定。

重庆市农业广播电视学校147号鉴定站于2000年分别在万州、九龙坡、巴南、璧山、綦江、合川、长寿、丰都、忠县等12所市农业广播电视学校分校开展农业职业技能鉴定。当年，有875名学员报名参加农业行业特有工种职业技能鉴定。此次鉴定的工种为动物疫病防治员、动物检疫检验员、农艺工、农作物种子繁育工、农作物植保工等5个工种。经培训和考核学员全部获取职业资格证书，合格率100%。其中，高级工132人，中级工690人，初级工53人。2010年10月，经市农业广播电视学校147号鉴定站批复，万州、巴南、永川、九龙坡、江津、潼南、大足、荣昌、綦江、垫江、巫溪、巫山、开县、奉节、丰都、南川、酉阳、万盛18个区（县）分校成立职业技能鉴定工作站，属于劳动部门核准的工种范围内，协助市农业广播电视学校147号鉴定站开展鉴定工作。

截至2015年年底，全市已有34个区（县）分校建立了职业技能鉴定工作站，拥有质量督导员28人、国家级考评员280余人。鉴定范围覆盖了种植业、养殖业、农村能源等行业，鉴定的工种有：农艺工、果树工、水产技术推广员、动物检疫检验员、动物疫病防治员、沼气工、农机维修工等12个工种（表12－3－6）。

表12－3－6　重庆市农广校历年职业技能鉴定人数

单位：人

年份	鉴定人数	年份	鉴定人数
2000	875	2008	520
2001	482	2009	4 620
2002	319	2010	1 800
2003	1 020	2011	16 522
2004	896	2012	15 255
2005	456	2013	19 626
2006	405	2014	9 150
2007	162	2015	8 700
鉴定人数合计		80 800	

第四章
农业农村宣传

重庆市全市农村工作系统始终把农业农村宣传工作作为喉舌和窗口，多措并举，积极推进农业农村宣传工作规范化和制度化，宣传党的农业农村方针、政策，生动地反映农民的实践，调动一切积极因素，促进农业和农村经济工作的开展，为建设有中国特色的社会主义发挥着十分重要的作用。

第一节　新闻宣传

1986 年以来，全市农业农村新闻宣传工作紧紧围绕经济建设这个中心，通过多种新闻媒体以各种方式报道和各种形式传播，服务党和国家农业农村工作的大局，调动各方面的积极性、主动性、创造性，推进农业农村经济持续发展。重庆新闻媒体和中央驻渝新闻媒体的广大记者，沉下心、俯下身，为“三农”工作鼓与呼，营造全社会关注“三农”事业发展的良好氛围，在宣传党的方针、政策和国家的法律、法规、规章，推进农村改革开放、科技进步、经济发展和社会进步等方面发挥积极作用，作出了重大贡献。

1986 年，《重庆日报》等媒体宣传报道了 11 月 15—18 日在中国农业科学院柑橘研究所（重庆）举行的中美柑橘科学讨论会。

1987 年 10 月 12 日，《重庆日报》围绕《重庆市关于对农村承包地进行小调整的意见》进行系列报道，重点报道了 1984 年完善承包责任制后，重庆市因人口变迁等原因，承包地按照“大稳定、小调整”“先调出，后调进”“不打乱重来”的原则进行调整，完善家庭联产承包责任制的做法。

1996 年 9 月 13—14 日，由中共中央宣传部新闻协调小组王大龙带领的新华社、人民日报社、光明日报社、经济日报社、农民日报社以及中央人民广播电台记者组成的中央新闻记者代表团，对酉阳自治县扶贫开发工作进行了调查采访。

1997 年 5 月 17—19 日，《重庆日报》对移民先锋冉绍之进行了专题宣传报道。

2000 年 9 月 20 日至 11 月上旬，《重庆日报》、重庆广播电台、重庆电视台等多家媒体，对全市农村典型宣传活动分批次展开，重点报道了中国共产党重庆市委员会组织部通报的 6 个典型乡（镇）、8 个典型村、19 个典型个人的先进事迹。同年 10 月，重庆市改直辖后首次组织农民体育代表团参加全国农民运动会，市农业工作办公室成立第四届全国农民运动会宣传报道小组，组织了新华社重庆分社、重庆电视台、重庆广播电台、重庆日报社等多家媒体专程到第四届全国农民运动会举办现场（四川省绵阳）采访报道。市级新闻单位的 20 多名记者参加新闻采访团赴绵阳采访，经过 8 个昼夜的艰苦努力，重庆日报社、重庆晚报社、重庆商报社和重庆电视台、重庆电视二台、重庆广播电台等新闻单位累计编发农民运动会新闻133篇（次）。重庆日报社、重庆电台、重庆电视台、重庆电视二台及有线电视台、重庆晚报社、重庆晨报社、重庆商报社、重庆经济报社等多家新闻单位对中国特色村座谈会进行了宣传报道了。2000年12月28日在重庆市农业工作办公室举行了中国特色村代表座谈会。

2001年3月20日，新华社、人民日报社、中国新闻网、农民日报社等多家媒体报道了重庆市实施农村税费改革工作、农村税费改革试点方案以及农业税、农业特产税征收实施试行办法等一系列新政策。重庆市的农村税费改革，紧紧围绕减轻农民负担、提高农民实际收入、增强农业发展后劲的目标进行，取得了显著成效。2001年10月8日，《人民日报》刊发了市委农村工作委员会推出的《新闻媒体对农村有关问题曝光跟踪处理办法》，明确规定全市农业农村工作系统接受新闻媒体的监督、改进重庆农业和农村工作的消息。《农村工作通讯》2001年第12期，以“解放思想、创新观念、努力推进农村经济结构调整”为题，全面介绍了重庆市在农业和农村工作中，因地制宜、突出特色、分类指导，坚持不懈地推进农业和农村经济结构调整，提升农业产业层次，有力地支撑全市农村经济的发展的做法及经验。

2001年重庆新闻媒体关于重庆农业和农村工作的报道、通讯、言论约3 640篇，其中，《重庆日报》2 500篇，主要有《大旱之年的反思》《“官阳事件”发生以后》《断臂悲歌——重庆籍民工深圳致残调查》《明明白白移民心》《“渝黄一号”将引发革命》《走出贫困的必经之路》《高山贫困地区农民生存观念发生重大变化》《市长话粮》《东西合璧抓农业》《穷地方更需要带头人》《“小母牛”与“小母猪”的不同归宿》《有事拿到会上“扯”》《移民心中的丰碑》《点燃一盏灯明亮一个村》《防病就是增收》《博导话“农事”》《花椒的味道》《农民增收要打特色牌》《西部人看京郊农业》《站在更高的起点上》《播种希望的土地》《“借官”风波》《美国脐橙挤压奉节脐橙》《探索新形势下农科教结合新路子》《海浪人：打着旗帜走来》《大地作台唱大戏》《再造秀美山川》《农机成为经济增长点》《龙集镇：养鸭农户乐呵呵》；重庆人民广播电台、重庆经济台300篇，主要有《移民的贴心人》《狮子滩上弄潮人》《“活神仙”改行了》《真情》《绿色田野》《市郊又掀农机热》《水泥路进农户，致富快迈大步》《市郊又掀农机热》《仙女山上的洋学生》《国策到、巴山笑——退耕还林在城口深得人心》；重庆电视台840余条，主要有《枇杷生产见成效、农民喜上眉梢》《公司加农户、冬菜有出路》《农技服务佳、迎来果满枝》《电脑带动榨菜俏、洛碛农民开心笑》《渝北区：三千吨广柑滞销、区镇干部为民解难》《清水汩汩暖人心》《保名牌、果农也打假》《酉阳：干部入基层、助农致富显身手》《江津：“订单农业”在升级》《丰都：移民议事会深得移民心》《南瓜有了“妹妹”瓜》《“眼前亏”换长远利、政府助农增效益》《长寿：灾情严重村民忧，抗旱之际思水利》《李花谢、鲜桃花，农家桥村民笑开颜》《大旱之年歇马镇万亩粮田为何丰收在望》《莫庄经济园，移民致富园》《风险干部担、干给农民看》《“三个代表”见实效、科技承包到农家》《江津市：农业结构调整注重商业调控》《五桥红橘何时再“红”》。

2002年《农村工作通讯》第3期，以“重庆市走出新路、适应入世、抓住机遇、自加压力”为题，分析了中国加入世界贸易组织（简称WTO）对重庆市农业农村经济带来的重大影响，提出了深入研讨对策，找准与WTO的最佳融合点与突破点，趋利避害，善用权力，扩大出口，走出新路等举措。这一年，重庆新闻媒体关于重庆农业和农村工作的报道、通讯、言论约4 500篇，其中，《重庆日报》3 000篇，主要有《我市已有农村小超市2 000个》《重庆农民5年人均增收近500元》《订单农业“定”人心》《与时俱进铸辉煌》《巴渝气象新》《老支书的“新发明”》《跨国姻缘一果牵》《车送、车接下乡种田》《长寿：鸡粪变香了》《“百户夜谈”架起干群“连心桥”》《巴南乡村时尚，姑娘喜欢科技郎》《群众称赞“背包政府”》《巴南遭受大风袭击受灾严重》《今年第一批外迁上海移民安全抵达》《闻香十步九回头》《为奶牛买保险》《老支书的“新发明”》《返贫率因灾上升应引起重视》《组织起来优势多》《税费改革使弃田返耕》《双赢之路》《高家桥水库为他作证》《专业合作致富路》《审单金龙镇实施财务集体审批目击记》；《重庆晚报》主要有《毛玉梅挥泪“败走”丰都》《土地合法转包农民享受“低保”》《基层官员：不要让我们疲于奔命》《长寿湖畔渔者忏悔》《追忆好人黎昌和》《农民看病不再愁了》等；重庆人民广播电台、重庆经济台等550篇，主要有《老支书的三件心事》《神圣的选择》《农民心里踏实了》《“神树”下立碑谢人》等；重庆电视台880余条，主要有《农家新风“打的”赶集》《“换餐”换得兄弟情》《农业保险，路在何方》《居安思危开县大力调整柑橘产业结构》《丰都：矮哥修路的故事》《山里人的“留洋官”》《谁来为农药安全负责》《石雕“小”技赚大钱，农民致富笑开颜》《鸭蛋个头赶超鹅蛋，小鸭做出大文章》《开展学教活动，促干部作风转变》《“星级农家乐”亮相大足》《做大做强“永川梨”品牌》《合川肖家镇“农民闯市场大办西瓜节”》等；重庆有线电视台主要有《自筹资金自己动手村民同心协力修建致富路》《记者调查：满坡青菜为何难卖》《记者调查：双堰村4社》《记者调查：铜梁县发生大面积水稻歉收》《800米路难住菜农，200亩白菜“困死”地里》等。

2003年1月8日，《农民日报》刊发中国共产党重庆市委员会副书记聂卫国的署名文章——《山城经济出现三大变化》，介绍了重庆市以结构调整为主线，以农民增收为目标，农业和农村经济出现了3个积极的变化。4月10日，中央驻渝新闻媒体、重庆市新闻媒体宣传报道了重庆市“百镇工程”首批启动镇培训会。5月，重庆经济台启动重庆实施“百镇工程”专题宣传，通过镇长访谈、百镇巡礼、明星企业风采等形式在重庆经济台推出。

2003年10月24日，中央电视台、新华网、《人民日报》、《重庆日报》、重庆电视台报道了温家宝总理在三峡库区考察时，走进云阳县龙泉村了解民情，村妇熊德明向总理诉说了当地工程承包人恶意拖欠民工工资的事，在全国引起强烈反响，直接促使重庆市开展“百日欠薪大检查”活动，并由此引发“追薪风暴”，全国各地的职能部门，动用法律手段，帮助民工追讨血汗钱，成效显著。

2004年4月2日，《重庆日报》头版头条、重庆电视台跟踪报道了重庆市人民政府第26次常务会议审议并通过《重庆市2004年涉及农民负担行政事业性收费处理意见》，共取消或减免了12项涉农收费。当年12月7日，新华社、《人民日报》、《农民日报》和《重庆日报》报道了重庆市人民政府的决定，2005年起，重庆全部免征农业税，即对在重庆市行政区域内从事农业生产的农民、农场职工、各类经济组织和个人全部免征农业税及附加。重庆全面取消农业税的时间，比全国提早1年。

2005年，《重庆日报》全面报道和解读、中央驻渝媒体全面跟踪报道了5月30—31日召开的中共重庆市委二届七次全会并通过的《中共重庆市委关于统筹城乡发展加快农村全面建设小康社会步伐的决定》。6月20—21日，新华社、《人民日报》、中央电视一台、中央电视七台、《农民日报》等中央新闻媒体记者一行10人，对在涪陵、江津等27个区（县）建立健全动物疫病控制体系等四大体系进地现场采访报道。这是历年来层次最高、最大规模宣传报道重庆市畜牧兽医工作成就的一件盛事。

2006年，新华社重庆报道，4月24日，温家宝总理视察江北区光大奶牛科技园养殖基地，在企业培训室的留言簿上写道：“我有一个梦，让每个中国人，首先是孩子，每天都能喝上一斤奶。”并对企业负责人说：“希望你们能让我梦想成真。”5月10日，新华社、《农民日报》、《重庆日报》、重庆电视台跟踪了重庆市遭受百年一遇的特大旱灾。此次旱灾是自1981年重庆有气象资料记录以来最严重的一次旱灾。旱灾损失之重历史罕见，旱灾导致农业经济损失51.28亿元。新闻媒体的报道对于全社会较多地了解旱灾给农业、农民带来的损失及党和政府及时组织救灾等情况发挥了主要的作用。

2007年5月28日，新华网、中国新闻网、中国经济网、《重庆日报》、华龙网报道，重庆市委、市人民政府提出把劳务经济打造为农村“第一经济”。“十一五”期间，重庆市投入13亿元用于转移200万农村劳动力。6月9日，中央电视台、《人民日报》、新华网等多家媒体报道，重庆成为全国统筹城乡综合配套改革试验区，这是中央加快推进西部大开发的重大战略部署。这一新的改革试验，对于更好地贯彻落实科学发展观，切实解决好“三农”问题，加快推进西部大开发，完善全国改革发展格局，具有极其重要的战略意义。11月3日，新华网、人民网、《农民日报》、《重庆日报》报道《重庆市人民代表大会常务委员会关于设立重庆农民工日的决定》。每年11月的第一个星期日为重庆农民工日，设立重庆农民工日目的在于提升农民工的社会地位，维护农民工的合法权益，丰富农民工的文化生活，创造农民融入城市、融入企业的环境，努力解决影响城乡统筹的观念障碍，促进重庆统筹城乡综合配套改革试验区建设的顺利进行。2008年4月9日19：30，重庆卫视在“潮涌神州——改革开放30年巡礼”大型主题采访报道中，播出重庆市农村劳动力转移和阳光工程取得的成绩和阳光工程学员经过艰苦创业成为全国优秀农民工的先进事迹。

2008年12月4日，新华网、人民网、华龙网等多家媒体报道重庆农村土地交易所成立。

2009年1月17日，中央电视台七套大型户外访谈节目——“乡约”在21：17分播出《给我阳光好扬帆》（周日13：32重播），全国金话筒主持人肖东坡现场采访重庆市全国优秀农民工邱淑文和通过“阳光工程”培训学得一技之长的农民工代表，宣传了重庆市农村劳动力转移培训阳光工程取得的成绩以及阳光工程学员经过艰苦创业成为全国优秀农民工的先进事迹。

2010年7月12日，《农民日报》刊发了《当前农民生活现状及意愿动态调查——关于重庆市330户农民问卷调查分析》，文章在大量走访和调查的基础上，分析了当代农民生活和思想动态现状，提出了解决问题的建议。8月19日，中央电视台“致富经”栏目在重庆举办了“榜样到身边”路演活动，200多名重庆农业企业家、创业者与全国“三农”“致富榜样”50强中的10位代表，畅所欲言，交流了创业致富经验，探索了在新形势下如何发现商机、抓住商机、实现致富梦想。

2010年8月6日，《农民日报》刊发了《户籍制度改革的“重庆样本”》，对重庆农村户籍改革进行了全面报道。有22家网站进行了转载报道。这是自2010年7月28日重庆户籍制度改革正式启动后，中央媒体在重庆户籍改革报道中首次提到“重庆样本”。

2011年1月27日，重庆市农业委员会与重庆电视台联合制作了一期“让两翼农户富起来”专题节目，邀请了中央农村工作领导小组办公室副主任唐仁健作客访谈。节目在重庆卫视“民生”栏目播出。2011年9月29日至10月11日，市农业委员会召开了“大旱之年保增收”专题新闻宣传活动，新华社、《重庆日报》、新华网、人民网等20多家中央和市内外媒体对重庆市抗旱保增收的成效进行了全方位、多角度、立体化的宣传，并对全市抗旱夺丰收、农户增收、农村改革推进、农村基础设施建设等情况进行了延伸通报。

2012年11月2日，《农民日报》在头版头条以“在巴掌田鸡窝地上奋力崛起”为标题，报道了重庆如何在“巴掌田”“鸡窝地”上建设现代农业，如何在高山峡谷中推进农业现代化，又如何把恶劣的自然因素化解并转化为另一种优势、把独特的自然禀赋放大为独特的产业优势。报道引起重庆市主要领导的高度重视。12月19日，《农民日报》在头版头条以《“沼气梦”连着小康梦——重庆市农村沼气发展纪实》为题，对重庆在农村沼气建设方面取得的成效进行了全方位、多角度的报道，全面展示了重庆沼气建设的成效和经验。

从2013年2月至12月底，市委宣传部和市农业委员会领导带队，组织中央和市级15家媒体记者分别深入长寿、石柱、忠县等重点区（县）进行集中采访报道，把高效农业宣传推向了高潮。4月18—20日，针对春旱较重的实际情况，中央电视台《朝闻天下》连续3天播发了开县春耕再调查，重点回答“产粮大县，谁来种地”的问题，引起了强烈反响。9月25日，《人民日报》头版头条刊发了《重庆“易地扶贫搬迁”贯穿群众观念——搬走贫困，搬来富裕安居》的纪实报道，全面报道了重庆实施易地扶贫搬迁工作。《农村工作通讯》2013年第24期，以《民生青山两相宜——重庆易地扶贫搬迁作法》为标题、报道了重庆易地扶贫搬迁的具体做法。

2015年9月13日《重庆日报》以《重庆农业经营体系改革调查：一场悄无声息的变革》为题，报道了重庆农业经营体系改革现状调查，新华网、人民网、中国新闻网等多家网站进行了转载。《农村工作通讯》2015年第24期，以《重庆农业发展方式的嬗变》为题，以纪实方式全面反映了重庆农业改变发展方式的过程。自2015年起，重庆市农业委员会协调中央电视台第七频道“乡村大世界”栏目先后到云阳、南川、万盛举办大型采编、录制、路演活动，重点宣传重庆发展现代农业、建设社会主义新农村、繁荣乡村文化等方面取得的新成就。

第二节 农村宣传工作

一、组织新闻媒体宣传活动

（一）大型农业农村工作新闻媒体宣传活动

1. 全市农村工作会议新闻宣传

市委农村工作委员会每年均制定年度全市农村工作会议宣传方案并组织全方位宣传工作。2001 年市委农村工作委员会制定了全市农村工作会议宣传工作方案，制发了重庆市 2001 年农业和农村工作新闻宣传要点：一是大力宣传重庆市农业和农村工作的任务目标；二是大力宣传加强农业基础地位和努力增加农民收入；三是大力宣传推进农业结构调整和农业产业化经营，全面提高农业经济的素质和效益；四是大力宣传深化农村改革，充分调动农民的生产积极性；五是大力宣传发展农村二、三产业，加快农业富余劳动力转移；六是大力宣传“科教兴农”战略，促进农业和农村经济增长方式的转变；七是大力宣传扩大对内对外开放，增强农业和农村经济发展的活力；八是大力宣传继续加大扶贫攻坚的力度，努力改善贫困山区经济发展的“造血功能”；九是大力宣传不断加强农业基础设施建设和生态环境建设，努力改善农业和农村经济发展的条件；十是大力宣传切实抓好“三个代表”重要思想的学习教育活动，促进农村经济发展和社会全面进步。2002 年市委农村工作委员会自发并组织实施了全市农村工作会议宣传工作方案。全市农村工作会议宣传采访有深度、发布消息快，报刊上有文章、电视上有图像、电台广播有声音，营造了良好的农业农村工作舆论氛围。市级主要新闻单位和中央驻渝新闻单位在 1 月 15—16 日会前宣传中，结合“首届订单农业暨优质农产品展示展销会”后续报道，编发了全市农业农村经济发展、增加农民收入的新闻及专题报道；在 1 月 17—18 日会中宣传中，新闻单位编发了会议综合消息、图片，区（县）农业农村经济区域、产业特色、结构调整情况和实施 10 个农业产业化百万工程情况；在会后宣传中，新闻单位编发了重庆 10 个农业产业化百万工程实施有关消息。

2. 全市农业农村工作新闻座谈会

自 20 世纪 90 年代中期开始，市委农村工作委员会、重庆市农业委员会（办）每年初举行全市农业农村工作新闻座谈会，总结上一年、部署下一年的市级农村新闻宣传工作，并发布年度重庆市农业和农村工作新闻宣传要点。

2000 年在全市农村工作会议前夕，市委农村工作委员会、市农村办公室成功举办了一年一度的全市农业农村工作新闻座谈会，邀请中央新闻单位和重庆市主要新闻单位的负责人和记者近 70 人参加了会议。这一年，各级新闻媒体编发重庆农业农村的新闻稿件达 3 000 余篇，其中报刊、电台占 1/3，电视台等占 1/3，在《农民日报》上发表新闻作品 65 篇，较好地宣传了重庆形象，形成了强大的农业农村工作新闻宣传舆论。

2001 年 1 月 22 日，市委农村工作委员会、市农村工作办公室印发《重庆市 2001 年农业和农村工作新闻宣传要点》，各单位结合实际，制定农业和农村工作新闻宣传计划，加大宣传力度，做好正面引导，促进全市农业和农村经济发展。2001 年在全市农村工作会议前夕，市委农村工作委员会邀请中央新闻单位和重庆市主要新闻单位的负责人和记者近 70 人参加了会议。会议总结了全市农业农村新闻宣传工作的成绩。

2002 年 1 月 2 日市委农村工作委员会、市农村工作办公室确定了 2002 年重庆市农业和农村工作新闻宣传要点。2 月 1 日，市委农村工作委员会、市农村工作办公室召开市农业农村工作新闻宣传座谈会，中央新闻单位和重庆市主要新闻单位的负责人和记者65人参加了会议。会议总结了上年农村新闻宣传工作紧紧围绕农村经济发展和推进农业和农村经济结构战略性调整，特别是农业产业化经营开展新闻宣传工作，市级新闻单位和农民日报播报重庆农业和农村工作的报道、通讯3 640篇，其中，重庆日报2 500篇、重庆电视台840篇、重庆电台300篇、农民日报40篇。这一年，市委农村工作委员会、市农业办公室与重庆卫视共同策划组织了农业产业化经营、减轻农民负担、农村税费改革3个主题的“今日访谈”节目；与重庆人民广播电台共同组织了农村税费改革、农田水利基本建设、农业产业化经营等为主题的“时政热线”节目，向社会广泛宣传农业农村政策和农业农村重点工作。

2003年初，市委农村工作委员会、市农业办公室确定全市农村工作会议宣传方案和年度重庆市农业和农村工作新闻宣传要点。在全市农村工作会召开前夕，市委农村工作委员会召开了市委宣传部、中央驻渝新闻单位以及市级主要新闻单位负责人和记者代表参加的重庆市农业农村新闻宣传工作座谈会。会议总结出了2002年重庆市农业农村工作的新闻宣传富有新意、成效明显。初步统计，中央和市级新闻单位对重庆市农业农村工作的宣传报道达4 500余篇条，其中：重庆日报3 000余篇，重庆电视台880余条，重庆电台550余篇。

2008年2月22日，重庆市人民政府召开“三农”宣传工作座谈会，市委常务委员会、副市长马正其在会上做了重要讲话。市委宣传部、市财政局、市农业办公室、市农业局、市水利局、市林业局、市农机事业管理员等市级相关部门的领导，新华社、《人民日报》、《经济日报》、《农民日报》等中央驻渝新闻单位以及《重庆日报》、重庆电台、重庆电视台、《重庆晨报》、《重庆晚报》、《重庆商报》、《重庆时报》、新华网、华龙网等新闻媒体负责人参加了座谈会。

3. 重庆新闻媒体“总编台长看农村”宣传活动

2002年4月22—26日，市委农村工作委员会、市农业办公室组织《重庆日报》、重庆电视台、重庆人民广播电台、《重庆晚报》、《重庆晨报》、《重庆商报》、重庆有线电视台、《重庆经济报》老总和记者各1名，赴部分区县市和实施农业产业化百万工程的龙头企业进行实地采访报道。同年6月25—26日，市委宣传部、市委农村工作委员会、重庆市扶贫开发领导小组办公室、市供销合作总社联合推出了“总编台长看农村”新闻调研活动并在永川渝西会展中心举行重庆市农业农村工作新闻宣传座谈会。市委宣传部常务副部长刘庆渝主持会议，新华社重庆分社副社长蒋鹏、《重庆日报》报业集团总裁李华年、《重庆晚报》副总编辑石刚、《重庆晨报》副总编辑唐林、《重庆商报》总编辑陈杨、《重庆经济报》总编辑许大立、《现代工人报》总编辑赖柄福、《重庆青年报》总编辑龚建平、《重庆法制报》总编辑王家文、重庆人民广播电台副台长詹卡、重庆电视台台长助理丁道谊、重庆有线台副台长徐建等媒体的领导参加了此次活动。各位总编辑、台长在深入农村调研中的感触很深，收获很大。参加此次活动的新闻媒体刊发了多篇综述、报道。

4. 制作推出大型农业专题片

2000年5月，市委农村工作委员会、市农业办公室会同重庆电视台在重庆卫视《重庆新闻联播》推出12集新闻系列报道《结构调整——农业现代化的必由之路》，使农村基层领导干部和广大农民看到在西部大开发、重庆大发展中，重庆实施农业农村经济结构战略性调整的重要作用和成功经验。

2001年11月，市委农村工作委员会、重庆电视台联合拍摄制作了大型农业专题片《新世纪新重庆——迈向现代化的重庆农业》，全面展示重庆市农业农村工作在市委、市人民政府领导下，始终坚持改革开放，坚持以调整农村经济结构为中心，以增加农民收入为主线，以加强农业基础地位为前提，以引导、保护和发挥好农民的积极性为动力，以加强农村基层组织建设为关键，大力发展优质高效农业和乡镇企业，抓好农业基础设施建设和生态环境建设，实施科教兴农、综合开发、城镇带动、可持续发展战略，加快农产品优质化、农业产业化、农村经济市场化的进程，农村经济和社会发展取得显著成效。专题片11月4日在重庆电视台播出，11月7—12日在2001中国国际农业博览会展播，全面展示了重庆直辖以来农村经济社会发展取得的成果，加大了对重庆农业农村发展的宣传力度，在社会各界引起强烈反响，形成了强大的舆论氛围。

5. 媒体开设农业农村专栏

市委农村工作委员会协调《重庆日报》从2006年2月起开设了“新农村建设专栏”。按照党的十六届五中全会通过《十一五规划纲要建议》提出的“生产发展、生活宽裕、乡风文明、村容整洁、管理民主”的要求，扎实宣传全市新农村建设。同年4月8日，为加大新农村建设宣传力度，市农业局与重庆电视台联合开办首播“畜牧之窗”和“农经天地”栏目，每期节目总长6分钟。

2007年8月6日，重庆电视台公共农业频道“巴渝新农村”开播，定位于服务“三农”，关注农村、关心农业、关爱农民。时间为每天21：00—22：00播出，有《天地农事》《致富金桥》《三农热线》《魅力乡村》《城乡连线》《乡村故事》6项内容。

（二）系列专题新闻宣传活动

1. 中国加入世界贸易组织与重庆农业研讨会宣传

2001年11月2—3日，重庆举办中国加入世界贸易组织与重庆农业研讨会。市领导刘志忠、税正宽、陈光国出席了会议，国务院发展研究中心副主任陈锡文、中央财经办公室局长唐仁健、中国科学院蔬菜花卉研究所所长屈冬玉应邀做报告，特邀京、津、沪、川农业委员会领导介绍了经验。市委农村工作委员会、市农业办公室于10月23日制定了宣传方案，对市级新闻单位《重庆日报》、重庆电台、重庆电视台，中央驻渝新闻单位新华社重庆分社、《人民日报》重庆新闻中心、《经济日报》和《农民日报》重庆记者站等参会报道作出安排。会前，重庆市级新闻媒体报道做了充分准备，《人民日报》和《重庆日报》、重庆广播电台、重庆电视台进行了现场报道及专题宣传。

2. 重庆市“双百”工程宣传

2001年8月，重庆市农业产业化百万工程规划通过市级论证后，针对实施农业产业化百万工程这一全市农业和农村经济结构战略性、突破性调整的重大举措，市委农村工作委员会、市农业办公室为了加大宣传力度，为实施农业产业化百万工程营造良好的舆论氛围，制定了农业产业化百万工程宣传方案。新华社、《人民日报》、中央人民广播电台、《经济日报》、《农民日报》等中央新闻单位驻渝记者站和《重庆日报》、《重庆晚报》、《重庆晨报》等重庆市新闻单位高度重视农业产业化百万工程宣传工作，采取综合报道与专题报道相结合的方式进行农业产业化百万工程宣传。

《农村工作通讯》2002年第3期，以重庆市《走出新路、适应入世、抓住机遇、自加压力》为题，分析了中国加入世界贸易组织对重庆市农业农村经济带来的重大影响，提出了深入研讨对策，找准与世界贸易组织的最佳融合点与突破点，趋利避害，善用权力，扩大出口，走出新路等举措。

2001年9月20—21日，重庆市人民政府召开的重庆市农业和农村经济结构调整经验交流会是重庆市改直辖后以来首次召开的有关农业和农村经济结构调整的大型会议。市委农村工作委员会、市农业办公室制定了宣传方案，会前与《重庆日报》、重庆人民广播电台、重庆电视台和农民日报驻渝记者站等四家新闻单位进行了沟通交流，明确了报道形式以综合报道、专题采访等为主，报道内容以农业和农村经济结构调整经验交流会议为主。会中及会后相关新闻媒体用醒目版面和黄金时段、开展有广度和有深度的宣传报道，让全社会了解直辖以来重庆市农业和农村经济结构调整的丰富经验和取得的显著成效，形成了浓厚的舆论氛围。

在2002全市农村工作会期间对市农业产业化百万工程进行了综合报道。会后，开展了介绍百万吨优质柑橘深加工产业化工程、百万亩天然香料产业化工程、百万亩优质中药材产业化工程、百万头（只）草食牲畜产业化工程、百万头优质瘦肉型猪出口创汇产业化工程、百万亩竹产业化工程、百万亩优质甘蓝型黄籽菜油产业化工程、百万担优质蚕茧产业化工程、百万亩花卉草坪产业化工程等系列宣传。各新闻单位用醒目的版面和黄金时段进行有广度和有深度的宣传，形成浓厚的舆论氛围，为引导和鼓动广大农村干部和群众参与实施农业产业化百万工程、让全社会广泛关注和支持农业产业化百万工程建设发挥了积极作用。

2003 年 4 月 10 日，重庆市百镇工程首批启动镇培训会召开。为做好宣传舆论造势工作，市委农村工作委员会、市农业办公室制定了宣传方案，组织中央驻渝新闻单位、重庆市新闻单位做好宣传报道，特别是百强镇集聚能力强、带动作用强、服务能力强、发展后劲强、示范效应强等五大特征，处理好强镇与农业产业化的关系，贯彻好 3 个文件精神，切实抓好规划、项目、资金等方面进行了解读。

3. 举办“微政务微观三峡生态渔场”活动

2013 年 5 月 21 日，市委农村工作委员会在忠县三峡生态渔场首次尝试全部利用现代媒体宣传方式服务“三农”，共发微博 595 条，转发评论达 3 600 余次，总阅读量 400 余万人。

（三）开展农业新闻奖评选活动

从 1999 年开始，市委农村工作委员会启动重庆市农业新闻奖评选活动，连续举办多届。市委常委税正宽为重庆市第二届农业新闻奖获奖单位颁发了证书；陈光国副市长向获奖作者表示热烈祝贺。历届重庆市农业新闻奖评选情况见表 12－4－1。

表 12－4－1 重庆市历届农业新闻奖评选情况

届别	揭晓时间	获奖情况			
		获奖总数	一等奖	二等奖	三等奖
第一届					
第二届	2000 年 2 月 14 日	100	20	30	50
第三届	2001 年 2 月 3 日	80	18	25	37
第四届	2002 年 2 月 3 日	80	18	25	37
第五届	2003 年 1 月 29 日	83	15	25	43

（四）组织其他新闻宣传活动

2000 年 9 月 8 日，市委农村工作委员会、重庆市农村工作办公室举行重庆市农村科技新闻宣传发展研讨会。会上，市委农村工作委员会副书记、市农业办公室副主任杨修战做了《加大科技兴农宣传力度，为发展重庆农村经济作贡献》的专题讲话，各区（县）农业办公室、各级农村科研单位和新闻单位做了交流发言。2000 年 12 月 27 日，市委农村工作委员会、市农村工作办公室在市农办会议室举行全市农民负担情况通报会，通报了年度农民负担整体状况及监管工作情况，有关区（县）农业办公室和新闻单位代表参加了会议。

2004 年 3 月 3 日，市农业局通报表彰了 2003 年度农业局办公室、政策法规处、粮油处、渔政港渔监督管理处等对外宣传先进单位和艾晓林等 10 名对外宣传先进个人。同年 12 月 31 日，市农业局举办了新闻宣传工作总结表彰暨新闻宣传骨干培训会，各直属单位分管领导 1 名，新闻宣传骨干和机关各处室新闻宣传骨干参加。

2007 年 1 月 28 日市委农村工作委员会、市农业办公室举行直辖市 10 周年重庆农业农村经济建设成就系列宣传工作布置暨新闻媒体通气会。会上，部署了全市新闻媒体全力宣传重庆直辖市 10 年来“三农”工作取得的成就以及市级农村工作系统相关配合工作。

（五）有关新闻监督

2001 年，市委农村工作委员会、市农业办公室制定发布《关于新闻媒体对我市农村有关问题曝光跟踪处理办法》，对于接受新闻媒体的监督，改进农业和农村工作，密切农村工作系统与各新闻单位的

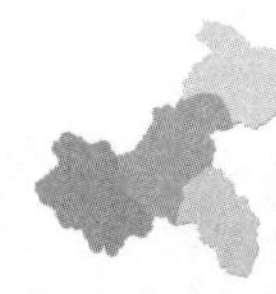

联系发挥了积极作用，受到普遍赞赏。《人民日报》就市委农村工作委员会、市农村工业办公室制定发布《关于新闻媒体对我市农村有关问题曝光跟踪处理办法》编发了专题消息。市农村工业委员会建立政务微博管理、信息收集审核发布和热点敏感问题处置回应等机制。2012 年 5 月 31 日，为真实、高效、权威传递农业信息，市农村工业委员会通过“重庆农业”名片在新浪、腾讯、华龙网同时开设重庆农业政务微博，发挥微博在扩大政务公开、宣传重庆农业、服务广大群众、引导社会舆论等方面的独特作用，从此开启了政务微博管理、信息收集审核发布和热点敏感问题处置回应等机制。2013 年 6 月 20 日重庆市农业委员会编印了《应对媒体和网络舆情实用手册》，供重庆市农业委员会领导和各处室参阅，以增强新形势下领导干部有效应对媒体及网络舆情的意识和能力。

二、推进宣传思想工作

（一）举办宣传教育活动

1. 推动重庆市农村宣传思想工作

2001 年 2 月 27 日，市委农村工作委员会、市农村工作办公室召开会议贯彻全市宣传思想工作会议精神，并结合农口宣传思想工作和精神文明建设改造提出贯彻落实措施，明确了年度全市农业农村宣传工作任务。会上，市委常委税正宽做了重要讲话，提出围绕中心开展思想教育、突出重点开展典型宣传、结合重大节日组织活动 3 点要求。2001 年 9 月 6 日，市委农村工作委员会、市农村工作办公室在铜梁县召开重庆市农业农村宣传工作座谈会；2005 年 6 月 27—29 日召开全市农村基层宣传文化工作交流会。会上，市委副书记邢元敏做了重要讲话，市委常委、宣传部部长何事忠等出席会议。这次交流会为推动全市农村基层宣传文化工作、构建社会主义和谐社会发挥了积极作用。

2. 开展庆祝党的生日主题活动

2001 年 6 月 26 日，为营造团结奋斗、开拓创新的良好氛围，市委农村工作委员会、市农村工作办公室牵头举办市级农村工作系统“科光杯”党在我心中演讲赛，全系统 16 名选手参加演讲比赛。7 月 1 日，市委农村工作委员会、市农村工作办公室组织机关全体党员在市农村工作办公室会议室集中收看了庆祝中国共产党成立 80 周年大会实况，收看了江泽民总书记在大会上的重要讲话并举行了座谈讨论。11 月 5 日，由市委农村工作委员会牵头组织以“回眸辉煌成绩，展望美好前景”为主题的宣传教育活动；为配合主题宣传教育活动，举行了市级农村工作部门“迎接党的十六大书画比赛”和“迎接党的十六大歌咏会”。重庆市农村工作系统于 2010 年 9 月 29 日举行“庆丰收·迎国庆文艺汇演”，重庆市农业委员会、市水利局、市林业局、市供销合作总社、市扶贫开发领导小组办公室机关和所属事业单位演出了 12 个节目，达到了丰富市级农村工作系统干部职工文化生活、更好地让干部职工共庆共享国庆节日的目的。

3. 举办主题摄影比赛

2013 年 1 月 14 日，为展示重庆市现代农业发展成就和新农村建设的新气象、新风貌，重庆市农业委员会举办了“影像三农”摄影比赛。活动共收到作品 142 幅，经重庆摄影家协会、重庆摄影家报、人民武警报等有关专家和摄影记者评审，评选出获奖作品 38 幅，其中，一等奖 3 幅、二等奖 5 幅、三等奖 10 幅、优秀奖 20 幅。这些获奖作品展现了重庆农业农村的发展、进步和成就，记录了重庆“三农”工作者的辛勤耕耘和奉献，表达了作者对“三农”的热爱和憧憬。重庆市农业委员会举办了全市农村工作系统“魅力乡村摄影展”。

2014 年 7 月 1 日，为展示全市美丽乡村建设的新气象、新风貌，重庆市农业委员会举办的“魅力乡村摄影展”活动共收到重庆市农业委员会机关、直属单位和各区县农业部门选送的摄影作品 85 幅，从中筛选了 29 幅作品进行展出。9 月 30 日，重庆市农业委员会召开新闻发布会，重点推介 50 条“醉美乡村”短途游线路，可供游客观花、摘果，体验田园风情。宣传处抓住当下游客青睐短途旅行的契机，在全市8 000多个村中精选出几百个出行方便、风景宜人、接待能力较强的乡村，精选出50条精品路线，并归为都市行、涵养行、生态行、沿江行、山中行、最炫民族风“五行一风”。

2015年6月5日，为生动、全面展示全市农村建设新成效、产业发展新气象、农民生活新风采、乡土风情新面貌，丰富全市农村工作系统干部职工文化生活，重庆市农业委员会举办了“走近醉美乡村，感受幸福生活”职工摄影比赛活动。9月14日，为配合“三严三实”教育活动，由市委农村工作委员会系统举行了“践行三严三实要求、争做知行合一标杆”主题演讲比赛。通过初赛、决赛，市畜牧技术推广总站的杜晓青、市畜牧科学院的邹力2名同志获得一等奖，市动物疫病预防控制中心的胡宇莉等4名同志获得二等奖，其他6名同志获得三等奖。

4. 编发《宣传思想工作动态》

市委农村工作委员会、市农村工作办公室充分发挥内刊的宣传作用，不定期编发了《宣传思想工作动态》，及时反映、交流了市委农工委、市农办及市级农村工作系统的宣传思想工作情况，受到市农村工作系统和区（县）的欢迎。2000年编发了38期、2001年编发了18期、2002年编发了25期。

（二）举行大型宣传文化活动

1. 举行第二届全国农民歌手电视大奖赛重庆选拔赛（简称“选拔赛”）

“选拔赛”由重庆市农村工作办公室、重庆市音乐家协会、重庆电视台主办，重庆叶光商品咨询有限公司承办。重庆市农村工作办公室、重庆市音乐家协会、重庆电视台在2002年8月22日召开了第二届全国农民歌手电视大赛重庆赛区选拔赛新闻发布会，明确了“选拔赛”的指导思想、组织机构和比赛程序，整个赛事分为民族、美声、通俗3个类别和初赛、复赛、决赛3个阶段进行。11月17日，第二届全国农民歌手电视大赛重庆选拔赛“阳光杯”复赛在神女峰宾馆举行，来自11个区（县）的79名选手参加了选拔赛。全国农民歌手大奖赛重庆决赛于2003年3月19日在重庆电视台800米^{2}演播厅举行，这次决赛分别评选民族、美声、通俗3个类别，一等奖1个、二等奖2个、三等奖3个，获奖的18名选手代表重庆参加第二届全国农民歌手电视大赛。

2. 组团参加首届中国农民艺术节

2010年6月12—16日，重庆市农业委员会组团参加了在北京农业展览馆举行的首届中国农民艺术节，重庆展团推出了大足石雕、綦江农民版画和綦江刘家乐班的民间吹打等参加展演。在这届艺术节上，重庆参展参演项目囊括了所有最高奖项，重庆市农业委员会获得“最佳组织奖”“最佳设计奖”“最佳推荐奖”。大足农民石刻和綦江农民版画分别获得首届中国农民艺术节“一村一品”优秀项目奖；石刻《魅态观音》和版画《挽线线》获首届中国农民艺术节优秀作品奖；刘家乐班演出的《阳雀报春》获首届中国农民艺术节文艺演出精粹奖；重庆市农业委员会宣传处副处长杜成才、干部安传林被表彰为先进个人。中央电视台、重庆电视台分别在艺术节开幕式的第二天“新闻联播”栏目对重庆展厅进行了报道，中央电视台第七频道对重庆展厅进行了专场采访报道。《人民日报》《农民日报》《重庆日报》《重庆时报》以及新华网、中新网、搜孤网、华龙网等对重庆参展参演情况进行了宣传报道。

第五章
农民体育

第一节　农民体育工作

一、农民体育工作服务机构

（一）行政事业机构

为加快推动重庆市农民体育事业发展，2006 年 4 月，重庆市设立农民体育工作指导中心，作为市农业局管理的事业单位，核定事业编制 3 名，市财政全额拨款。2011 年 3 月，重庆市农民体育工作指导中心并入重庆市农业广播电视学校，保留重庆市农民体育工作指导中心牌子，原承担的农民体育工作指导职责和核定的 3 名全额拨款事业编制相应划转。

（二）农民体育协会

20 世纪 80 年代，随着农民参加体育活动的人数日益增多，全国各地先后设立农民体育协会，农村体育事业如雨后春笋快速发展。重庆市农民体育协会于 1991 年成立，从此拉开了重庆市农民体育事业快速发展的序幕。

1991 年 10 月 10 日，重庆市农民体育协会在重庆市体育馆召开大会。重庆市老领导段大明、于汉卿为协会授牌，市民政局颁发社团登记证书和印章。协会挂靠重庆市农牧渔业局，重庆市老领导段大明、于汉卿及副市长王正德担任协会的名誉主席，重庆市农业委员会副主任徐明虎任兼任主席，市农业局副局长罗文广兼任副主席。重庆市农民体育协会第二届会员代表大会于 2005 年 4 月在渝通宾馆举行，市政府副秘书长王越兼任重庆市农民体育协会主席，市农业局副局长王义北兼任重庆市农民体育协会常务副主席，重庆市体育局副局长段杰、市农业局副巡视员叶邦勤兼任市农民体育协会副主席。重庆市第三届农民体育协会于 2012 年 3 月 12 日召开换届工作大会。重庆市农业委员副主任刘启明兼任市农民体育协会主席，市体育局副局长张欣兼任市农民体育协会副主席。

此外，各县区（县、自治县）也成立相应农民体协组织。2006 年起，全市 60% 的区（县、自治县）、1/3 的乡（镇）建立了农民体协组织，到 2015 年年底全市 38 个区（县、自治县）全部成立了农民体育工作机构。农民体育工作由区（县、自治县）农业委员会主管，区（县、自治县）农业委员会分管领导作为农民体育工作的主要负责人并兼任重庆市农民体育协会委员，区（县、自治县）农民体协由多数兼职人员负责农民体育工作，乡（镇）文化站及农民体协共同负责农村体育工作，形成农民体育工作从上到下，层层有人管、活动不间断的局面。

二、农民体育工作

重庆市农民体育工作蓬勃开展，以全国农民运动比赛为契机，在全市选拔，精心准备，科学组队，积极组团参加全国农民运动会、全国农民各种单项比赛，获得优异成绩，推动全市农民体育工作全面展开。重庆市成功举办每 4 年一届的农民运动会、重庆市农民特色运动会。重庆市结合农业产业举办全市农民水果采收运动会，在项目设置上贴近农村、贴近农业、贴近农民，富有特色，带动了产业发展，推动了地区性农民体育活动的开展。重庆市在农民体育工作中特别注重提高农民体育工作人员的政治素质、理论素养、管理能力和业务组织能力，不断强化素质建设，通过依托新型职业农民的培训，2010—2015 年间不断加强农民体育骨干培育。同时，深入挖掘整理重庆市农民特色项目、非物质文化遗产类为主的乡村传统体育特色项目以及农业生产和农村生活结合紧密的新创健身特色项目，挖掘在全市各地农村开展较为普遍、深受农民群众喜爱的体育健身特色项目，不断深入开展“亿万农民健身活动”，积极指导各区（县）农民体育运动，引领各区（县）开展农民体育赛事，促进重庆农民体育事业健康发展。

第二节　农民体育运动会

一、主办全市农民运动会

重庆市农民运动会每 4 年举办 1 次，时间定为全国农民运动会举办的前一年举行。它既是全市农民的体育赛事，也是反映全市农村改革成果、展现新时期农民群众精神风貌的盛会、全面“讴歌新时代、反映新农村、歌颂新农民”的重要平台。定期举行的重庆市农民运动会，深入推进了“农民健身活动”，促进了农民身心健康，有力推动了构建和谐新农村。全市农民运动会也为各区县提供了竞赛平台、展示平台和交流平台，促进了全市农民群众积极参加体育活动，全面展现出重庆农村的巨大变化和重庆农民的积极向上的拼搏精神。

（一）举办历程

一是在 1997 年（重庆市改直辖前）前举办的农民运动会。成功举办了 4 届农民运动会。其中，前两届由重庆市体育委员会主办。第三届由重庆市体育委员会、市农牧渔业局、重庆警备区司令部主办。第四届由重庆市体育委员会、重庆市农业委员会、市农牧渔业局和市农民体育协会主办。1991 年第三届农民运动会在巴南区举行，共设立了 5 个大类的比赛项目，参赛运动员 610 人；1995 年第四届农民运动会在北碚区举行，共设立了 7 个大类的比赛项目，参赛运动员 1 137 人。二是在 1997 年（重庆市改直辖后）后举办的重庆市农民运动会。1997—2015 年，重庆市分别在璧山、涪陵、黔江、永川 4 个区（县）成功举行了 4 届农民运动会。除第一届由市农业局、重庆市体育委员会、市农村工业办公室、重庆警备区司令部、市农民体协主办；其余 3 届都由市农业局、市体育局、市农民体育协会主办。农民运动会规模越来越大，特色越来越明显，参加的运动员也越来越多。

（二）举办特点

一是在时间上，每届重庆市农民运动会，主要采取先分散后集中的方法，利用农闲时间提前举行部分项目，最后在主赛区进行决赛并举行开、闭幕式。二是在举办场地上，全市前 3 届农民运动会都采取设立主赛场和分赛场形式。这不但解决了区（县）的接待能力问题，还调动了各区（县）积极性，扩大了农民运动会的影响，吸引众多群众观赛，推动了当地农民体育事业发展。三是在项目设置上，每届重庆市农民运动会项目设置上注重体现农民特色，突出健身运动。所设项目除与全国农民运动会所设项目一致外，还设置了重庆市农民熟悉和喜爱的健身项目。运动会上既有广大农民喜爱的游泳、田径等体育项目，又有中国象棋、武术等中国民间体育项目，还有体现农村特色的搬重物赛跑、抛秧苗比赛、集体奔小康、模拟救生比赛等项目，提高了广大农民参与体育竞赛的积极性，使他们在农民体育大舞台上不断创造好成绩，展示出最好的精神风貌（表 12－5－1）。

表 12－5－1　1999—2015 年重庆市历届农民运动会举办情况

届别	举办时间	承办地	组委会	参加代表团（个）	运动员、领队、教练员人数（人）	比赛项目	代表团总分前 8 名
重庆市首届农民运动会	1999. 11. 08	璧山县	名誉主任：于汉卿、税正宽、章必果、程贻举、黄立沛 主任：陈光国 副主任：蒋于华等 秘书长：陈卫平（兼）	40	1 739	篮球、田径、自行车负重、乒乓球、游泳、毽球、民兵军事 3 项、象棋、武术、龙舟 10 个大项	第一名：北碚区；第二名：巴南区；第三名：大渡口区；第四名：璧山县；第五名：荣昌县；第六名：永川区；第七名：渝北区；第八名：开县
重庆市第二届农民运动会	2003. 11. 08	涪陵区	名誉主任：聂卫国、康纲有、陈际瓦、辜文兴 主任：陈光国 副主任：王越等 秘书长：王义北（兼）	39	1 845	篮球、田径、自行车负重、乒乓球、游泳、民兵军事 3 项、象棋、武术、龙舟 9 个大项	第一名：渝北区；第二名：北碚区；第三名：涪陵区；第四名：永川市；第五名：巴南区；第六名：铜梁县；第七名：璧山县；第八名：大足县
重庆市第三届农民运动会	2007. 10. 27	黔江区	主任：马正其 副主任：夏祖相、刘涛、王越、吴建华、丁少武、洪天云等 秘书长：王健（兼）	39	2 100	田径、乒乓球、象棋、武术、篮球、自行车负重、游泳、民兵军事 3 项、龙舟、地方特色展示项目 10 个大项	第一名：渝北区；第二名：黔江区；第三名：永川区；第四名：璧山县；第五名：万盛区；第六名：巴南区；第七名：万州区；第八名：涪陵区
重庆市第四届农民运动会	2011. 08. 26	永川区	名誉主任：马正其 主任：夏祖相、吴建华、胡际权、蒋又一 副主任：周勇、高兴明等 秘书长：高兴明（兼）	38	1 999	田径、乒乓球、象棋、武术、篮球、自行车负重、游泳、民兵军事 3 项、龙舟、地方特色展示项目 10 个大项	第一名：永川区；第二名：北碚区；第三名：渝北区；第四名：璧山县；第五名：合川区；第六名：万州区；第七名：铜梁县；第八名：江津区

二、参加全国农民运动会

全国农民运动会始于 1986 年。当年 9 月，中国农民体育协会经国务院批准正式成立，并确定每 4 年举行 1 届全国农民运动会。在党中央、国务院的亲切关怀下，中国农民体育协会同农业部、国家体育总局已成功举办了 7 届农民运动会。

重庆市改直辖前参加了两届全国农民运动会。改直辖后（2000—2012 年），重庆市先后参加了第四届至第七届全国农民运动会。每届均成立了重庆市参赛工作小组，并以此为基础组建重庆市参赛代表团。领导小组由重庆市人民政府分管农业的领导任组长，市人民政府联系农民体育工作的副秘书长及市农业委员会、市体育局主要负责人任副组长，重庆市农业委员会、市体育局、重庆警务区、市农民体育协会和承担组队参赛任务的区（县）政府分管负责人为成员，参赛运动员按照条件在全市范围内经过选拔组队。

重庆组团参加全国农民运动会的有效做法：一是及早谋划参赛工作。在全国农民运动会举办的前一年，重庆市举行全市农民运动会，设定比赛项目基本和全国农民运动会一致，从而发现和选拔优秀的运动员，为参加全国农民运动会做好准备。二是召开论证会确定参赛项目和承担区（县）。根据全市农民运动会比赛情况，选择在全国运动会上有优势的比赛项目，与承担区（县）签订目标责任书，选聘优秀教练员，强化赛前训练，提高竞技水平，做好充分准备。三是落实项目责任和经费。由重庆市人民政府发文，明确参赛项目，落实参赛各区（县）、单位的具体职责。各单位加强协同配合，强化参赛保障，重庆市人民政府安排一定专项资金给予适当经费补助，对参赛组织工作成绩突出的区县和单位以及成绩突出的代表队、运动员给予表彰奖励。重庆市人民政府在人力、物力、财力上积极支持，保障了参赛工作的顺利开展。

在全国农民运动会比赛中，重庆代表团一届比一届成绩优异。2000 年 12 月 8 日，召开了第四届全国农民运动会总结表彰会，这届运动会上，重庆市代表团共获得奖牌 16 枚，其中，金牌 8 枚、银牌 2 枚、铜牌 6 枚。会上，重庆代表团团长陈际瓦出席会议并做了重要讲话，副团长杨修战宣读了表彰文件并对获奖运动员予以表彰，秘书长罗文广介绍了重庆代表团参赛情况。在第七届全国农民运动会中，重庆市共获得奖牌 41 枚，比 2000 年参加的第四届全国农民运动会增加 25 枚。其中，金牌 17 枚、银牌 12 枚、铜牌 12 枚。重庆市参加的运动员们团结协作，努力拼搏，充分展示了全市农业农村改革发展的新成就，展示了新时代重庆农民积极向上的新风采，为重庆市争得了荣誉（表 12－5－2）。

表 12－5－2　2000—2015 年重庆市组团参加全国农民运动会情况

届别	举办时间（年．月．日）	举办地点	代表团团部人员	代表团人数（人）	参加比赛项目	获得奖牌（枚）			
						总额	金牌	银牌	铜牌
第四届全国农民运动会	2000. 10. 30	四川绵阳	团长：陈际瓦 副团长：蒋于华、王越、杨修战、陈卫平、段杰等 秘书长：罗文广	196	田径、篮球、游泳、乒乓球、自行车载重、毽球花毽、民兵军事 3 项、中国象棋、武术、龙舟、舞龙舞狮、共 11 个项目。	16	8	2	6
第五届全国农民运动会	2004. 10. 18	江西宜春	团长：陈光国 副团长：项玉章、夏祖相、王越、高进进、谭风平、封毅等 秘书长：罗文广	159	田径、篮球、游泳、乒乓球、毽球花毽、民兵军事 3 项、武术、龙舟、舞龙舞狮、风筝、钓鱼共 11 个项目。	35	15	12	8
第六届全国农民运动会	2008. 10. 26	福建泉州	团长：马正其 副团长：丁先军夏祖相、吴建华、丁少武、封毅、刘启明、张欣等 秘书长：兰安福	188	田径、篮球、游泳、自行车载重、毽球花毽、民兵军事 3 项、中国象棋、舞龙舞狮、武术、龙舟、风筝、健身秧歌共 12 个项目。	38	10	18	10
第七届全国农民运动会	2012. 09. 16	河南南阳	团长：张敏 副团长：廖庆轩、夏祖相、吴建华、刘启明、高兴明、张欣、蔡家林等 秘书长：刘君绍	218	田径、篮球、游泳、自行车载重、毽球花毽、民兵军事 3 项、象棋、武术、龙舟、风筝、舞龙、钓鱼、健身秧歌共 13 个项目。	41	17	12	12

第三节　农民健身活动

1990 年，农业部、国家体育委员会和中国农民体育协会为推动乡村农民健身活动，大规模地发动

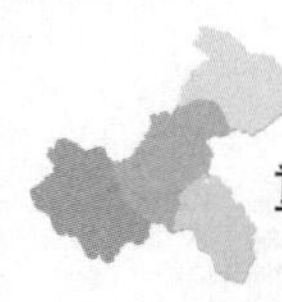

农民群众参加体育锻炼，促进农村经济发展和农村精神文明建设，在全国组织开展了以乡镇为单位的"亿万农民健身活动"。"亿万农民健身活动"在全国农村开展以来，受到了地方各级党政领导的高度重视，得到了广大农民群众的积极响应，取得了显著成绩。农业部、国家体育委员会（体育总局）和中国农民体育协会对"亿万农民健身活动"中涌现出来的先进乡（镇）进行了表彰，每两年评选一批全国"亿万农民健身活动"先进乡（镇）。1990—2006年"亿万农民健身活动"期间，重庆市有57个乡（镇）荣获全国"亿万农民健身活动"先进乡（镇）殊誉，238个乡（镇）荣获市级"亿万农民健身活动"先进乡（镇）称号。

"亿万农民健身活动"开展以来，重庆市主要开展以下活动：一是举办"全国亿万农民健身活动"先进乡（镇）运动会，成功举办2001年"统景杯"全国群众体育先进乡（镇）运动会和2006年"白马杯"全国农村体育先进乡（镇）运动会。二是参加中国农民体育协会主办的全国农民单项比赛。重庆市在全市择优选拔有优势项目的区（县），精心准备、科学组队。2010—2016年，重庆市参加全国农民单项比赛17次，都取得了优异成绩。三是指导举办节庆健身活动，市农民体育协会积极指导各区（县）农民体育协会以"新春农民健身活动月"为活动重点，利用元旦、春节、端午节等传统节日，结合各区（县）乡村文化旅游节庆，举办了多次的农民运动会和趣味性体育活动。四是积极争取和密切配合体育部门建设农民健身设施，积极推动农民体育健身工程、社区健身步道工程、乡镇健身广场工程，为广大农民朋友参加体育运动增加了运动场地和器械，提高了广大农民群众参与健身活动的积极性。五是组团参加"全国亿万农民健身活动"、全国亿万农民先进乡（镇）代表经验交流会，增长重庆市乡（镇）领导的见识，学习兄弟省份先进乡（镇）的经验做法，为乡（镇）开展农民体育活动理清了思路，增强了信心。六是加强培训，把选派体育骨干参加全国的单项培训与举办市级农民体育骨干培训结合，加快培养农民体育骨干。2010年开始，重庆市连续6年培训单项农民体育组织能手和镇、村级农民体育骨干140人次，建立一支高素质农民体育骨干队伍。七是启动挖掘整理农民体育特色项目，深入挖掘整理重庆市农民特色体育项目，重点以非遗类为主的乡村传统体育特色项目以及农业生产和农村生活结合紧密的新创健身特色项目，发掘出城口"钱棍舞"、巴南"帮鼓舞"等一批全市农村开展的较为普遍、深受农民群众喜爱的体育健身特色项目。八是承办全国农民单项比赛。2014年11月，重庆市承办全国农民传统武术大赛，大赛在万盛经开区举行。全国23个省份和200多名运动员、教练员参加了比赛。重庆市农民体育协会被大赛组委会评为"优秀组织奖"，赛区被中国农民体协评为"特别贡献奖"单位。

开展"亿万农民健身活动"16年来，这项活动增强了广大农民的身体素质，树立文明、健康、科学的生活方式，提高农业生产力水平，对于繁荣农村经济、保持农村社会稳定、加快农村社会进步发挥了积极且重要作用。

第十三篇

农村生态文明与社会主义新农村建设

CHONGQINGSHI ZHI·NONGYE NONGCUN GONGZUO ZHI

农村生态环境保护是生态文明建设的重要组成部分，是实现生态文明的基础和前提。重庆在农业生态文明建设中，着重农业环境保护，农业资源与环境管理，通过加强对环境的监测和修复整治，保障了农业生态环境安全。

“社会主义新农村”是指在社会主义制度下，反映一定时期农村社会以经济发展为基础，以社会全面进步为标志的社会状态。主要包括以下几个方面：一是发展经济、增加收入。这是建设社会主义新农村的首要前提。通过高产高效、优质特色、规模经营等产业化手段，提高农业生产效益。二是建设村镇、改善环境。包括住房改造、垃圾处理、用水安全、道路整治、村屯绿化等内容。三是注重公益、促进和谐。包括办好义务教育，使适龄儿童都能入学并受到基本教育；实施新型农村合作医疗，使农民享受基本的公共卫生服务；加强农村养老和贫困户的社会保障；统筹城乡就业，为农民进城提供方便。四是培育农民、提高素质。加强精神文明建设，倡导健康文明的社会风尚；发展农村文化设施，丰富农民精神文化生活；加强村级自治组织建设，引导农民主动有序参与乡村建设事业。建设社会主义新农村是中国现代化进程中的重大历史任务，是统筹城乡发展和以工促农、以城带乡的基本途径，是缩小城乡差距、扩大农村市场需求的根本出路，是解决“三农”问题、全面建设小康社会的重大战略举措。

党的十六届五中全会作出加快社会主义新农村建设的重大决策，提出了“生产发展、生活宽裕、乡风文明、村容整洁、管理民主”的总体要求。生产发展是新农村建设的中心环节，是实现其他目标的物质基础。生活宽裕是新农村建设的目的，也是衡量该项工作的基本尺度。乡风文明是农民素质的反映，体现了农村精神文明建设的要求。村容整洁是展现农村新貌的窗口，是实现人与环境和谐发展的必然要求。管理民主是新农村建设的政治保证，显示了对农民群众政治权利的尊重和维护。

重庆市在社会主义新农村建设中，认真落实科学发展观，因地制宜、科学规划、强力推进，用科学规划引领社会主义新农村建设。重庆市委、市人民政府根据党的十六届五中全会作出的建设社会主义新农村的重大决策部署，结合重庆市的特殊市情，提出了“千村推进百村示范”工程和以“三建、四改、五提高”为主要内容的新农村建设总体思路。重庆市在2006年以实施“千百工程”（千村推进百村示范工程）和深入推进“三百工程”（农业产业化百万工程、百个经济强镇工程、百万农村劳动力转移就业工程）为载体，正式启动社会主义新农村建设。2013年，重庆市农业委员会根据中央1号文件提出的“努力建设美丽乡村”和农业部办公厅印发的《关于开展“美丽乡村”创建活动的意见》，积极行动，深入调研，全面启动了“美丽乡村”建设，将新农村建设与“美丽乡村”建设融合共建。至2015年，重庆市共建部级美丽乡村36个、市级示范村388个。

第一章
农业环境保护

重庆大城市大农村并存，农村面积大，农业人口多。改革开放后，随着社会经济的快速发展，农村生活、农作物化肥施用、畜禽养殖等带来的农业环境污染日益突出。为加强重庆市农业环境保护工作，1985 年 11 月，重庆市农牧渔业局组建成立了“重庆市农业环境保护监测站”，具体负责农业环境保护与监测工作，强化了农业生态与资源环境管理，保障了全市农业生态环境安全。

第一节　农业环境污染状况

重庆是一个老工业城市，工业基础好，社会经济发展较快。改革开放后，工农业迅速发展，乡镇企业也如雨后春笋迅速发展起来，但是，随着工农业的发展和乡镇企业的蓬勃兴起，化肥、农药、农膜的大量使用，规模化畜禽养殖等，致使农业面源污染日趋突出，主要表现为农用化学品投入量大，利用率低；畜禽养殖量大，粪便处理率低；作物秸秆产生量大，资源化利用率低；生活污染无序排放，生活垃圾处理率低。

一、化肥农药农膜

据《重庆统计年鉴》的记载，1985—2015 年重庆市化肥、农药、农膜使用情况如表（表 13 - 1 - 1）所示。

表 13 - 1 - 1　1985—2015 年重庆市化肥、农药、农膜使用统计

单位：万吨

年份	农用化肥施用量（折纯）	农膜使用量	农药使用量
1985	31.76	0.50	0.73
1986	36.70	0.51	0.79
1987	38.26	0.57	0.78
1988	38.29	0.61	0.81
1989	44.72	0.65	0.81
1990	48.13	0.80	0.87
1991	52.08	0.97	1.01

（续）

年份	农用化肥施用量（折纯）	农膜使用量	农药使用量
1992	52.75	1.07	1.05
1993	54.51	1.18	1.27
1994	58.55	1.28	1.29
1995	62.02	1.43	1.46
1996	65.55	1.53	1.69
1997	69.64	1.59	1.69
1998	71.18	1.77	1.82
1999	71.03	1.86	1.84
2000	72.00	1.96	1.85
2001	72.58	1.94	1.91
2002	73.37	2.53	1.93
2003	71.59	2.42	1.95
2004	77.02	2.68	1.95
2005	79.20	2.75	1.95
2006	80.54	2.82	1.96
2007	84.32	3.01	2.04
2008	88.14	3.09	2.10
2009	91.17	3.47	2.20
2010	91.82	3.66	2.10
2011	95.58	3.93	2.03
2012	96.02	4.09	1.95
2013	96.64	4.29	1.84
2014	97.26	4.38	1.84
2015	97.73	4.52	1.82

2001—2005 年，重庆市农业环境保护监测站（以下简称市农环站）分别对全市或部分区（县）农业投入品开展了专项调查。2005 年，市农环站根据农业部印发的《全国重点区域农业面源污染调查监测方案》，采取面上调查、抽样调查、专项调查和径流监测的方法，对全市除渝中区以外的 39 个区（县、自治县、市）的农业面源污染状况进行了调查；2007 年，重庆市农业局组织开展了农业污染源普查。

（一）化肥

2001 年，三峡水库重庆库区 15 个区（县、自治县、市）164 个乡（镇），化肥施用总量 47.25 万吨，其中：氮肥 27.38 万吨、磷肥 15.48 万吨、钾肥 0.52 万吨、复合肥 3.86 万吨。

2005 年，全市 39 个区（县、自治县、市）化肥施用总量（按纯量计算）为 79.79 万吨，其中氮、磷、钾肥分别为 53.28 万吨、19.64 万吨、6.87 万吨，化肥单位施用量每亩为 27.44 千克。在潼南县、江津市、渝北区、开县、石柱县、万州区、酉阳县、奉节县 8 个区（县）设置 40 个面源污染固定监测站点进行监测，结果表明，氮的地面径流率 8.85%，地下淋溶率 0.60%；磷的地面径流率 4.77%，地下淋溶率 0.55%。

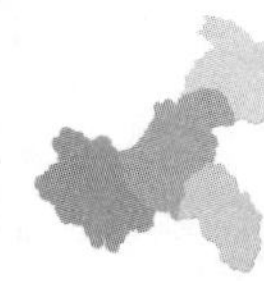

2007 年，全市施用化肥总量96. 16 万吨，其中氮肥66. 43 万吨，磷肥29. 73 万吨。施肥量最大的是奉节县，为5. 16 万吨，施肥量最小的是双桥区，仅0. 07 万吨。全市平均每亩施肥量41. 33 千克，单位面积施肥量最大的是巫溪县，每亩达到62. 4 千克，最小的是武隆县，每亩为27. 57 千克。

（二）农药

2001 年，重庆库区15 个区（县）164 个乡（镇）农药施用总量1 730. 79 吨，其中：有机氯0. 46吨、有机氮420. 03 吨、有机磷806. 02 吨、菊酯类241. 15 吨、除草剂86. 75 吨、其他176. 38 吨。在农药施用构成中，有机磷占58. 80%、有机氮占14. 61%，依次为菊酯类占11. 80%、其他类占11. 29%、除草剂占2. 97%，有机氯占0. 55%。

2005 年，全市农药施用量16 369. 3 吨，其中：有机磷、氨基甲酸酯、菊酯类、除草剂分别为8 201. 1吨、3 413. 1 吨、2 925. 9 吨、1 829. 2 吨，单位施用量为每亩0. 56 千克。随着新农药品种的不断出现，不同种类的农药使用量随之发生变化，形成了“有机磷>氨基甲酸酯>菊酯类>除草剂”的格局。

2007 年，重庆市种植业主要使用农药为毒死蜱、阿特拉津、2，4－D 丁酯、丁草胺、乙草胺、涕灭威、氟虫腈、克百威、吡虫啉以及其他有机磷类、有机氯类、其他菊酯类、其他氨基甲酸酯类等12种，12 种农药全市施用总量8 963. 32 吨。各区（县）农药施用量差异很大，施用量最小的为大渡口区，仅4. 96 吨，施用量最大的是开县，为560. 49 吨，其次是江津区，为515. 00 吨，大部分区（县）施用量集中在200～300 吨。

（三）农膜

2002 年，重庆市农膜使用量1. 93 万吨，其中地膜使用量1. 34 万吨，地膜覆盖面积238. 65 万亩。按每亩平均残留废旧农膜0. 84 千克计，全市每年土地残留废旧农膜0. 20 万吨。随着使用农膜年限的增加，土地中残留农膜呈逐年加大的趋势。

2005 年，重庆市农膜使用量2. 75 万吨，每亩平均使用7. 35 千克。覆盖农膜面积374. 4 万亩，占农作物种植面积的7. 5%。

2007 年，重庆市农膜使用总量为2 648. 67 吨。农膜用量最大的是奉节县，为275. 28 吨，占全市总用量的10. 39%；用量最小的是巫溪县，仅为1. 63 吨。

二、畜禽粪便

2003 年，重庆市畜禽粪污排放总量12 190. 51 万吨，其中：猪粪污9 680. 57 万吨、牛粪污2 129. 21万吨、羊粪污286. 41 万吨、家禽粪污78. 62 万吨、兔粪污15. 70 万吨。

2005 年，重庆市39 个区（县）畜禽产排粪尿总量8 866 万吨，其中：粪便总量5 522 万吨，尿液总量3 344 万吨。猪的产粪量最大，占总产粪量的53. 68%，其次是牛产粪量占总量的38. 04%，羊产粪量占总量的4. 16%，家禽产粪量占总量的4. 12%。少数农户的畜禽粪便经过简单发酵生产沼气利用，多数未经处理直接或间接排入农田和水体造成面源污染。

2007 年，重庆市规模化畜禽养殖、养殖小区和养殖专业户的畜禽养殖粪污产生量为969. 62 万吨。产生量较多的区（县）是长寿、荣昌、璧山、涪陵，产生量较多的畜禽种类是生猪和蛋鸡，平均贡献率达81. 82%。重庆市畜禽养殖共排放污水365. 09 万吨，排放量较多的依次是长寿、荣昌、璧山、涪陵、万州、合川、渝北。

三、农作物秸秆、农村生活垃圾

2003 年，重庆市产生农作物秸秆量789. 7 万吨，其中稻谷484 万吨、小麦94 万吨、玉米202 万吨、高粱 5.4 万吨、其他谷物 4.3 万吨。

2007 年，重庆市产生各类农作物秸秆 1 072.95 万吨。秸秆的处理方式主要有田间焚烧、丢弃、还田、堆肥、饲料、燃料、原料等，各种处理方式分别占比为：燃料 49.22%、还田 14.54%、饲料 13.43%、田间焚烧 12.11%、堆肥 6.58%、丢弃 2.91%、原料 0.37%、其他 0.83%。全市秸秆利用率最高的是薯类作物，达到 40% 以上，主要被用作牲畜饲料。其次是水稻为 25% 以上，部分用作燃料，少量用作大牲畜饲料。油菜秸秆多数直接还田处理。小麦、玉米、大豆、花生和芝麻等秸秆除极少部分被用作燃料外，绝大部分被直接田间焚烧或丢弃。

2004 年，重庆市农村居民生活垃圾排放总量 6.04 万吨/天，户均排放量 7.18 千克/天。生活污水排放总量 49.92 万吨/天，户均排放量 59.33 千克/天。在全市建制镇中，已建、在建、拟建、未建污水处理设施的比例分别为 7.14%、10.71%、21.43% 和 60.71%。农村生活垃圾无害化处理率为 10% 左右，生活污水处理率不到 10%。

四、其他污染物排放

以 2007 年重庆市农业污染源调查为例。

（一）化学需氧量（COD）

重庆市农业生产共产生化学需氧量 41.54 万吨，其中畜禽养殖业产生 41.11 万吨，水产养殖业产生 0.43 万吨。经各种途径、技术处理利用后，共排放化学需氧量 8.8 万吨，其中畜禽养殖业排放 8.52 万吨，水产养殖业排放 0.28 万吨。全市 39 个区（县、自治县、市）化学需氧量平均排放量为 0.22 万吨，排放量最大的是荣昌县，为 0.86 万吨，最小的是双桥区，为 29.12 吨。单位耕地面积排放强度最大的是南岸区，为 71.00 千克/亩，最小的是酉阳县，为 0.66 千克/亩。

（二）总氮

重庆市农业生产共产生总氮 68.56 万吨，其中种植业施用氮肥 66.43 万吨，畜禽养殖粪污产生总氮 2.08 万吨，水产养殖业产生总氮 0.05 万吨。全市总氮流失和排放 2.79 万吨，其中种植业氮肥流失 2.20 万吨，畜禽养殖排放总氮 0.55 万吨，水产养殖排放总氮 0.04 万吨。全市 39 个区（县、自治县、市）的总氮平均排放量为 717.22 吨，总氮绝对排放量最大的是江津区，为 1 424.67 吨，最小的是双桥区，为 25.08 吨。单位耕地面积排放强度最大的是南岸区，每亩排放 5.44 千克，最小的是酉阳县，每亩排放 0.86 千克。

（三）氨氮

重庆市畜禽养殖和水产养殖共产生氨氮 3 473.86 吨，其中：水产产生氨氮 81.29 吨，畜禽养殖产生氨氮 3 392.57 吨。全市氨氮排放量 2 546.41 吨，其中：水产养殖排放氨氮 60.39 吨，畜禽养殖排放氨氮 2 486.02 吨。全市 39 个区（县、自治县、市）氨氮绝对排放量最大的是荣昌县，为 283.82 吨，排放量最小的是双桥区，为 1.06 吨。

（四）总磷

全市农业生产共产生总磷 30.14 万吨，其中：种植业施用磷肥 29.73 万吨，畜禽养殖业产生总磷 0.4 万吨，水产养殖业产生总磷 0.01 万吨。全市总磷流失 0.34 万吨，其中：种植业总磷流失 0.21 万吨，畜禽养殖排放总磷 0.11 万吨，其余为水产养殖排放。全市 39 个区（县、自治县、市）总磷平均排放量为 87.42 吨，总磷平均排放量最大的是长寿区，为 171.81 吨，最小的是双桥区，为 2.84 吨。从单位耕地面积排放强度看，排放强度最大的是南岸区，每亩排放 1.01 千克，最小的是酉阳县，每亩排

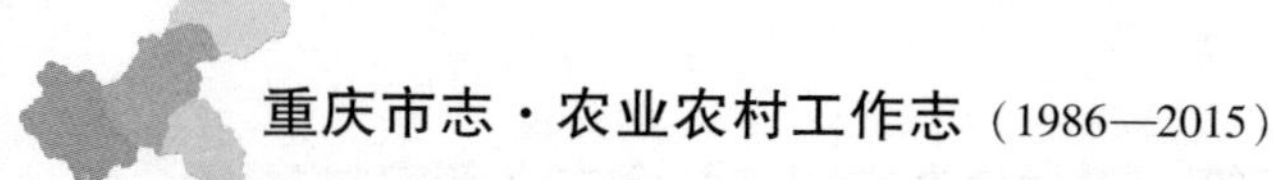

放0.08千克。

第二节　农业环境监测

一、监测机构

为了加强重庆市农业生态环境保护监测工作，1985年11月，经重庆市编制委员会同意建立“重庆市农业环境保护监测站”。1989年，重庆市农业环境保护监测站（简称市农环站）建立农业环境监测实验室，配备了大中型仪器设备20余台，开始对重庆市农区水质、土壤、作物农产品等进行监测分析。2001年3月，农业部批准在市农环站挂牌成立农业部农业环境质量监督检验测试中心（重庆）。同年5月，农业部渔政渔港监督管理局向市农环站颁发了“渔业污染事故调查鉴定资格证书（乙级）”。据此，市农环站获得检测土壤、水质、农田大气、农作物和农畜水产品中重金属元素、农药残留量、有害微生物和理化指标等197个参数的资质。到2002年，重庆市农业环境监测体系基本形成。农业生态环境保护工作从单一的监测向监测、管理、资源保护等综合领域扩展，从单一的环境监测向从“环境到产品”、从“土地到餐桌”的全过程监测转变，监测面不断扩大。监测范围涉及：基本农田、无公害农产品基地、绿色食品基地、主要渔业水域、大宗粮食产品、主要经济作物和部分畜产品。

二、定点监测及评价

1989—1991年，根据农牧渔业部《关于开展全国农业环境质量状况及发展趋势调查的通知》，市农环站联合重庆市环境科学研究所开展了重庆市蔬菜基地环境质量状况及发展趋势调查，对近郊的江北区、南岸区、沙坪坝区、九龙坡区4个区蔬菜基地的大气、水、土壤、蔬菜进行了调查监测；对九龙坡区农业环境质量、农用土壤、农灌用水、主要大宗蔬菜开展了定点监测。

1991年，市农环站启动农业部环能司和农业部环境监测总站下达的“重庆市主要农畜产品质量（有害物质残留）调查研究工作”，对重庆市水稻、小麦、大宗蔬菜、柑橘、猪肉、鸡蛋、牛奶等主要农畜产品中有毒有害物质的残留和积累情况进行监测调查。1992年，在长寿、合川、巴县、綦江、永川、江津和近郊4个区，以及井口农场、市作物研究所、缙云山园艺场、涂山奶场、江陵厂奶场、巴县红旗农场、九龙乡奶场、前进园艺场、市养鸡场等设点采样199个，对铅、镉、砷、汞、氟、锌、六六六、DDT、乐果、敌敌畏等有毒有害物质的残留进行测定。调查研究工作于1994年完成，获得“农业部环能司技术进步三等奖”“四川省农牧厅技术进步二等奖”。

1995—1996年，市农环站根据农业部“开展农业环境质量监测信息发布工作”的要求，市农环站对重庆市城市郊区、工矿企业区、一般农区的水、土壤、粮食和蔬菜作物进行了布点、采样和监测分析。同时对重庆市小安溪河流域污水灌溉开展调查，采集水、土壤、水稻、小麦样品进行了监测分析。

2000年，市农环站开展了全市无公害蔬菜生产基地环境监测评价及市场蔬菜抽检，对潼南、渝北、江北、万州、沙坪坝5个区（县）的8个基地背景值进行了监测；对水、气、土壤和蔬菜样品中重金属、农药残留、硝酸盐和大气中的二氧化硫、氮氧化物、TSP等项目进行了检测。对大足、潼南、铜梁、璧山、渝北、大渡口、巴南、万盛、万州9个区（县）的在地蔬菜检测了重金属和农药残留。对渝北区加州、渝中区学田湾、九龙坡区杨家坪、江北区盘溪4个农贸市场蔬菜中的有机磷、氨基甲酸酯等农药残留进行了抽检。

2001年，市农环站开展基本农田保护区土壤环境质量和农产品质量监测。分别对近郊区和重要工矿区的土壤环境和农产品、以及沙坪坝西永、大渡口区跳蹬、北碚区龙凤桥、万州区陈家坝等9个无公害蔬菜基地环境质量进行监测。分别在枯水期、平水期、丰水期对嘉陵江北碚段重要鱼类繁殖水域水环境质量进行了跟踪监测。

2003 年，市农环站继续对城市郊区、重要工矿企业区、中等城市郊区和一般农区共涉及 15 个区（县、自治县、市）的基本农田环境质量进行定点抽样监测。对已建和拟建的粮食、蔬菜、多种经济作物、水产品、畜牧产品等五大类无公害农产品生产基地环境质量进行跟踪监测，监测基地共 100 个。

2005 年，对重庆市 35 个区（县、自治县、市）的无公害农产品生产基地环境质量进行监测；对主城区 5 个农贸市场、52 个无公害蔬菜生产基地蔬菜进行了抽样检测；对嘉陵江（北培段）、乌江（涪陵段）、长寿湖、笋溪河（江津段）、五步河（巴南段）、渠江（合川段）、琼江（潼南段）、平滩河（铜梁段）“两江一湖”和 5 条次级河流渔业水质环境质量进行了监测；对长寿、铜梁、梁平、垫江、江津、南川、万盛、忠县、万州、云阳、永川、大足 12 个区（县、自治县、市）基本农田环境质量进行了监测。

2006 年，重庆市农业资源环境保护工作进一步加强，完成了长寿、铜梁、梁平、垫江、江津、南川、万盛、忠县、万州、云阳、永川、大足 12 个区（县）基本农田环境质量定点监测和渔业水质环境质量定点监测，开展了市场和产地农产品质量安全例行监测。认定监测绿色食品原料生产基地 30 个、无公害农产品基地 105 个、无公害农产品 108 个。在万州、江津、潼南、开县、石柱、酉阳、奉节 7 个区（县）开展农业面源污染径流监测，形成了《三峡库区重庆段农业生态与环境质量调查监测报告》。

2009—2010 年，市农环站按照《全国农产品产地安全状况普查方案》，对九龙坡区、南岸区、江北区、渝北区、北碚区和巴南区的农产品、农产品产地土壤进行了定点监测，共设监测点 285 个，采集土壤样本 285 个、农产品样本 142 个、农灌水样本 42 个，土壤监测样本体表面积 57.07 万亩，占监测区耕地面积的 38.0%。

三、面源污染调查

2005 年，市农环站首次开展了农业面源污染情况调查，收集整理调查数据 2 万多个，在市内 8 个区县建设了径流监测池 40 个，监测农田土壤、径流水质和流失泥沙共 40 次，形成了《三峡库区农业面源污染调查报告》和《重庆市农业面源污染调查报告》，编制完成了《三峡库区农业面源污染工程防治规划》。

2008 年，市农环站在全市 39 个区（县、自治县）开展农产品产地质量安全调查，确定城市郊区、工矿企业周边和污水灌区的农产品产地分布及监测点，建立调查数据库及重点污染源档案，绘制农产品产地区划图和重点污染源图。

2012 年，市农环站在全市 38 个涉农区（县、自治县）开展了农业面源污染调查，对种植业源、畜禽养殖业源、水产养殖业源和重点流域农村生活污染源进行全面清查和典型调查。

2014 年，市农环站根据农业部的统一布点，在万州、黔江、江津、石柱等 13 个区（县）建立农业面源污染定位监测国控点 20 个，其中地表径流监测点 9 个，农膜监测点 10 个，生猪养殖污染监测点 1 个。同年 9 月市农环站与全国其他 200 多个监测点联网运行，对重庆市农业面源污染进行动态监测。

第三节　农业环境污染普查

一、农业污染源普查

2006 年 10 月，国务院印发了《国务院关于开展第一次全国污染源普查的通知》，决定开展第一次全国污染源普查。普查标准时点为 2007 年 12 月 31 日。2007 年 6 月，重庆市农业污染源普查工作正式启动，在全市范围内开展种植业源、畜禽养殖业源、水产养殖业源和三峡库区农村生活污染源的数量和分布调查，普查工作于 2009 年 3 月结束。全市培训普查指导员 1 566 人、普查员 5 687 人，普查涉及 39

个区（县、自治县、市）966 个乡镇和街道，普查农业源对象 39 279 个，其中种植业 967 个、畜禽养殖业 15 924 个、水产养殖业 17 510 个、三峡库区农村生活污染源 4 878 个，普查了重庆市农业各类污染源主要污染物产排、农业资源利用、农村环境污染治理情况。2009 年，重庆市污染源普查工作顺利通过国务院第一次全国污染源普查领导小组办公室验收，重庆市农业委员会、市农环站被国务院第一次全国污染源普查领导小组办公室表彰为先进集体，全市共有 53 个先进个人受到表彰。

二、农产品产地土壤重金属污染普查

2012 年，农业部、财政部联合下发了《农产品产地土壤重金属污染防治实施方案》。同年 7 月，重庆市农业委员会成立重庆市农产品产地重金属污染防治工作领导小组，重庆市农业委员会副主任高兴明担任领导小组组长，领导小组办公室设在市农环站。全市涉农区（县）农业部门成立了相应的领导小组、专家组和执行组（工作组），负责辖区内普查工作。同年 8 月，重庆市农业委员会、市财政局会同有关部门制定了《重庆市农产品产地土壤重金属污染普查实施方案》，要求各区（县）农业和财政部门会同有关部门组织开展农产品产地重金属污染普查、监测预警，对全市工矿企业周边、污水灌区、大中城市郊区等重点区域和一般农区主要重金属污染现状进行了调查和监测评价，摸清了全市水稻、玉米、蔬菜等农产品产地土壤重金属污染底数，为农产品产地安全分级管理提供技术支撑。2013 年，重庆市启动实施农产品产地土壤重金属污染普查工作，普查范围为全市农产品产地（自留地除外），包括工矿企业周边农区、污水灌区、大中城市郊区等 3 类重点区域和其他农产品产地（一般农区），普查基准年为 2010 年。

2015 年，全市农产品产地土壤重金属污染普查工作全面完成，全市共确定 3 类重点区 213 个，耕地面积 157. 95 万亩；布设土壤样品监测点 2. 4 万个，农产品样品监测点 5 000 个。全市采集土壤样品 25 005 个、质量控制样品 1 313 个，采用国家规定的方法检测了所有样品中的重金属铬、铅、镉、砷、汞含量和酸碱值，获取监测数据 16 万个。同年，市农环站对全市农用地土壤重金属背景值开展了调查，以全市七大土壤类型为基础，按区域分布设置调查监测点位，对土壤中的砷、铬、锌等 8 大重金属元素进行监测，对土壤中的酸碱值、水分、容重、有机质等理化指标进行实验室分析。同年，市农环站组织开展了农产品产地土壤重金属源解析监测，分区域分类型设立源解析点，设置大气降尘监测点、农田灌溉水监测点，对解析点的农灌水、大气降尘、肥料等主要农业投入品中重金属的引入量进行了监测解析。

第四节　农业环境整治与管理

一、农村清洁工程建设

实施农村清洁工程示范村建设是农业部提出解决农业面源污染、改善农村环境卫生、建设节约型社会的新思路和新举措。2005 年，重庆市被列为农业部全国乡村清洁工程示范村建设试点省份，在渝北区硚田村和鹿山村开展试点，实施清洁田园、清洁家园和清洁水源“三大工程”，推广清洁生产、资源化利用、无害化处理“三大技术”，探索乡村清洁运行管理长效机制，建立促进农村循环经济发展的新模式。

2007 年，全市乡村清洁工程在渝北区试点的基础上，示范建设稳步推进，在全市建设 20 个示范村，其中：部级示范村 10 个、市级示范村 10 个。重庆市通过实施“三大工程”和“三大技术”，示范村的脏、乱、差现象有了明显改善，农业资源得到合理利用，农药化肥用量减少。2009 年，全市新建示范村 31 个。示范村生产生活环境明显改善，农业废弃物利用率明显提高，农业面源污染得到有效控制。

2011—2013 年，全市按照“突出重点，做出亮点”的工作要求，继续开展农业清洁工程示范建设，因地制宜地实施清洁田园、清洁家园和村级公共清洁设施建设。2012 年，重庆市共建成部市级农村清洁工程示范村 75 个、区（县）级农村清洁工程示范村 380 个。2013 年，重庆市累计建成部市级农村清

洁工程示范村120个、区（县）级农村清洁工程示范村450个，配合推进农村环境连片整治624个，受益群众达300多万人。

2013年，在农业部的支持下，重庆市针对主城郊区、渝西地区和三峡库区的不同产业类型，分别在渝北、永川、开县3个区（县），以农业合作社和生态农业公司为载体，结合农村清洁工程和无公害、有机农产品生产，开展了农业清洁生产技术示范。在渝北区打造了以藤稔葡萄为主的都市旅游观光农业生产示范基地1 000亩，在永川区建立无公害蔬菜生产基地和食用菌生产基地各1个，在开县申请农业部认证有机食品锦橙和脐橙各1个。

二、农业面源污染治理

2005年3月，重庆市农业局制定了《重庆市农业面源污染调查监测实施方案》，印发了《重庆市农业局关于开展农业面源污染调查监测的通知》，要求在全市范围内开展农业面源污染调查监测工作。同年，市农环站采取面上调查、抽样调查、专项调查和径流监测的方法，对全市除渝中区以外的39个区（县、自治县、市）的农业面源污染状况进行了全面调查和评价。

2006年，市农环站对潼南、江津、开县、石柱、万州、酉阳、奉节、渝北、长寿、巴南、云阳、丰都、大足13个区（县）开展了农业面源污染典型调查，重点对化肥、农药、农膜等农业投入品开展了调查。开展农业面源污染定点监测，对土壤、地表径流水、地表径流泥沙的理化指标进行了监测。

2008年，市农环站在大足、开县、江津、江北4个区（县），选择粮经作物基地、粮油基地、经果林生产基地、畜禽养殖小区4种典型的农牧业生产区域，开展了农业面源污染综合防治示范区建设，涉及农户999户，耕地面积3 835亩，对农村农田污染、径流污染、畜禽养殖污染和生活污染的防控和管理进行了探索和研究。

2015年7月，重庆市农业委员会印发了关于贯彻落实《农业部关于打好农业面源污染防治攻坚战的实施意见》的通知，提出了在全市范围内大力发展节水农业、实施化肥农药零增长行动、推进养殖污染防治、着力解决农田残膜污染、深入开展秸秆资源化利用等农业面源污染防控重点工作，各区（县）农业部门按照实施意见，因地制宜地开展实施农业面源污染防治工作。

三、世行生态家园建设

2004年，农业部发起“利用世界银行贷款实施中国新农村生态家园富民工程项目”，在重庆、广西、安徽、湖南、湖北5个省份的65个区（县）进行农村户用沼气建设，建立技术推广和服务体系，同时进行管理和监测评价能力建设。2006年9月，重庆市人民政府成立“重庆市利用世行贷款建设新农村生态家园项目领导小组”。重庆市委常委、市人民政府副市长陈光国任组长，市人民政府市长助理项玉章、市人民政府副秘书长夏祖相、市农业局局长王越任副组长。领导小组办公室设在市农业局，负责项目建设管理和处理日常事务。

2009年2月，重庆市在涪陵区召开世界银行贷款生态家园项目启动会，国际复兴开发银行与重庆市人民政府签署生态家园项目协定，项目正式实施。该项目在万州区、涪陵区、长寿区、合川区、江津区、璧山区、梁平县、垫江县、忠县、开县、云阳县、武隆县12个区（县）的50多个乡（镇）共7.5万户中实施。利用5年时间，开展“一池三改”（即：户用沼气池和改厨、改厕、改圈），实施乡村便道改造，建设高效庭院生态模式，改善农户生活环境和生产条件，促进农业经济快速高效可持续发展。

2014年6月，重庆市利用世界银行贷款建设新农村生态家园项目全面完成，全市累计完成投资49 339.91万元（其中世界银行贷款2 300万美元）。完成农户“一池三改”75 445户，实施生态农业生产12.27万亩，完成乡村公路改造945.01公里。开展县、乡、村技术员培训6 310人次，开展农户、示范户培训123 735人次。

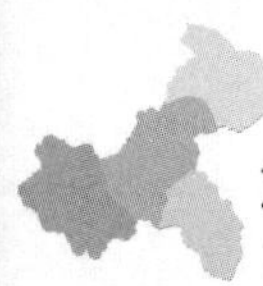

四、农业野生植物保护

重庆是中国西部地区重要的植物基因库之一，境内有野生大豆、野生莼菜、金荞麦、野生莲、胡黄连、中华结缕草、珊瑚菜、拟高粱、普通野生稻等9种农业野生植物列入了第一批国家重点保护野生植物名录。

2002年9月，农业部发布《农业野生植物保护办法》。同年10月，农业部印发了《关于加强农业野生植物保护工作的通知》，要求各省（自治区、直辖市）及计划单列市农业行政主管部门尽快明确专门的农业野生植物保护管理机构，依法加强对农业野生植物的保护。

2003年，重庆市农业局成立了重庆市农业野生植物保护领导小组，办公室设在市农环站，全市大部分区（县、自治县、市）农业局都成立了农业野生植物保护领导机构，逐渐开展农业野生植物保护工作。同年，市农环站组织全市开展了农业野生植物资源调查工作，编制完成了《重庆市重点农业野生植物原生境保护建设项目实施方案》。黔江区申报了农业部野生金荞麦原生境保护项目。

2004年，黔江区、潼南县和开县完成农业野生植物资源调查工作，编制完成了分别代表三峡库区、武陵山区和渝西经济区3个不同生态环境类型的野生植物资源调查报告。黔江区完成野生金荞麦原生境保护项目建设，建立核心保护区20亩和缓冲保护区200亩。

2005年，市农环站在完成全市农业野生植物已有资料的收集整理后，组织万州、奉节、武隆、石柱、江津、黔江、涪陵、潼南、开县、南川10个区（县、自治县、市）在金佛山、大巴山、白马山、四面山、七曜山、武陵山、缙云山和巴岳山等典型自然生态区域，开展国家重点保护农业野生植物资源调查，编写了《重庆市农业野生植物资源调查报告》。在开县和酉阳县分别实施野生大豆和野生金荞麦2个国家级原生境保护区建设项目。同年，市农环站与西南大学合作，组织实施了“野生金荞麦优异基因发掘和利用”科研课题研究。

2006年，市农环站启动并完成云阳县国家级野大豆原生境保护区、石柱县国家级野生莼菜原生境保护区建设。江津区野生大豆原生境保护区项目获农业部批准，立项并启动建设。按照《中华人民共和国野生植物保护条例》，完成了重庆市首家企业对国家二级重点农业野生植物的出口贸易审查，填补了重庆市在珍贵中药材商业贸易中的空白。

2007年，江津区野生大豆原生境保护区建成。至此，重庆市在黔江、酉阳、开县、云阳、石柱、江津6个区（县），建立了金荞麦、野生大豆、野生莼菜等农业野生植物原生境保护区6个。建立保护对保护农业野生植物，维护和改善农业生态环境具有重要价值。

2010年，市农环站印发了《重庆市农业野生植物调查工作方案》，在兰科植物的主要分布地南川、开县、万州等区县组织开展了农业野生植物资源重点调查，共调查兰科植物59属161种，采集标本图样131个。

2011—2015年，市农环站先后组织开展了对兰科、百合科百合属、野生柑橘、野生莲、野生莼菜、野生金荞麦、野生猕猴桃、野生青蒿、野生黄连、野生茶等农业野生植物资源的调查和保护工作，为进一步加强重庆市农业野生植物保护奠定了坚实基础。

五、外来入侵生物防治

生物入侵是指生物由原来的生存地经过自然的或者人为的途径侵入到另一个新环境，并对入侵地的生物多样性、农林牧渔业生产、人类健康造成经济损失或者生态灾难的过程。靠自身的扩散传播力或借助于自然力而传入属于自然入侵，薇甘菊以及美洲斑潜蝇都是靠自然因素入侵我国。无意识引入则是随贸易、运输、旅游等活动而传入的物种，美国白蛾的入侵就属于此类。中国已成为外来物种入侵最严重的国家之一，对中国生物多样性、农牧渔业生产等构成巨大威胁。

长江三峡库区作为中国重要植物资源库和物种基因库，正遭受多种外来有害生物入侵，在威胁着库区本土生物发展的同时，对库区的生物种群结构、水土流失控制、土壤营养循环、生物多样性造成了严重影响。搞好外来生物的监控和防治，遏止蔓延，维护三峡库区生态安全，是当前乃至今后相当长时期内农业环保部门的神圣职责和重要使命。

2004 年以来，重庆市实施农业部“十省百县”外来入侵生物除害灭毒行动计划，认真组织、扎实开展除害灭毒行动，提高广大干部群众认识，增强社会公众对外来入侵生物防范意识，引导农民和社会各界知毒、识毒、防毒，积极主动参与到灭毒除害行动中。

一是成立外来入侵生物防治领导及专家机构。2004 年 2 月，重庆市农业局成立“重庆市农业局外来入侵生物管理办公室”，办公室设在市农业局生态和农村能源处。同年 4 月，市农业局成立“重庆市外来入侵生物防治专家指导委员会”，西南农业大学教授李名扬为首席专家，西南农业大学教授谢德体、市农业局副局长王健等 16 人为专家指导委员会成员。2006 年 8 月，市农业局印发了《重庆市农业重大有害生物及外来生物入侵突发事件应急预案》，成立了重庆市农业重大有害生物及外来入侵生物管理与防治工作领导小组，加强了外来入侵生物防治工作的组织领导和监督管理。

二是开展外来入侵生物调查。2004 年，重庆市组织开展了外来入侵生物摸底调查，查明全市有外来入侵生物 53 种，占国家公布明令严控的主要外来入侵生物种类的 70%。2010 年，市农环站对重庆市外来入侵生物再次开展了全面调查，共查明外来入侵物种 80 种，分属 53 科 71 属，其中植物 22 科 40 属 47 种、动物 26 科 26 属 27 种、微生物 5 科 5 属 6 种。在国家公布的 16 种主要危险性外来入侵生物中，紫茎泽兰、水花生、水葫芦、福寿螺、毒麦、假高粱、牛蛙、非洲大蜗牛 8 种外来生物先后在重庆发现并产生不同程度的危害，尤其是水花生、水葫芦、福寿螺、紫茎泽兰 4 种外来生物在重庆生长蔓延现象较为普遍。

三是积极开展外来入侵生物灭毒除害行动。2004 年，为配合农业部在全国范围内开展“十省百县”外来入侵生物灭毒除害行动，重庆市农业局联合市教育委员会、市团委、市林业局和市环保局等市级部门，组织巴南、渝北、江津、长寿、开县、云阳、奉节、石柱、潼南、大足 10 个区（县）100 个乡（镇），实施“十县百镇”以紫茎泽兰为主的外来入侵生物的灭毒除害防治行动，4 月 19 日在巴南区举行了紫茎泽兰“大铲除”活动启动仪式。通过发动社会力量开展群防群治，全市共铲除紫茎泽兰 2.47 万亩，有效遏制了恶草的传播速度和危害势头。2005 年，全市继续开展“十县百镇”实施以紫茎泽兰为主的外来入侵生物灭毒除害防治，在实施区（县）铲除紫茎泽兰 3 万亩。同年 6 月，由农业部、国务院三峡办、共青团中央联合召开的“保护三峡、铲除外来入侵生物”专项行动现场会在重庆市江津市举行，农业部、国务院三峡办、共青团中央、湖北省和重庆市领导以及三峡库区县（市、区）代表出席会议，农民、学生和青年志愿者共 1 000 余人参加了铲除紫茎泽兰现场活动。农业部副部长张宝文、共青团中央书记处书记张晓兰、国务院三峡办水库司司长柳地以及重庆市政治协商会议副主席夏培度、重庆市人民政府市长助理项玉章，重庆市农业局局长王越、副局长王义北、纪检书记曾维露参加了现场活动。2006 年，重庆市继续在 10 个区（县）100 个乡（镇）865 个村开展“十县百镇”铲除外来入侵生物万人行动，共铲除并烧毁紫茎泽兰 82 处，6.4 万亩；防治福寿螺 3.5 万亩。2009 年，重庆市对加拿大一枝黄花、豚草、水葫芦、水花生等 4 种外来入侵生物开展调查，对水葫芦、水花生、紫茎泽兰等有害生物开展防除活动，巴南区在紫茎泽兰开花时期，采取人工挖除与药剂防治相结合，防除紫茎泽兰 600 余亩，减少了外来入侵生物对当地的传播和危害。2014 年 7 月，农业部组织的全国外来入侵生物水葫芦现场灭除活动在重庆市潼南县桂林镇双坝村举行。农业部科学教育司、中国农学会、农业部农业生态与资源保护总站、农业部信息中心、中国农业科学院环境与可持续发展研究所、中央农业广播学校、农业部环境保护科研监测所以及广西、贵州、湖南、四川、重庆等 12 个省份和单位共计 140 余名代表参加了现场灭除活动。

第五节　农业环境污染事故

重庆市农业环境保护监测站市农环站于 1985 年成立，当时按照边建站边开展工作的原则，配合市环境保护局开展了农业环境污染事故的调查处理。

1988年，重庆市近郊4个区（江北区、南岸区、沙坪坝区、九龙坡区）因工业“三废”造成的污染事故42起，其中废气污染13起、废水污染29起，污染蔬菜面积和养鱼水面积共计1 113亩，造成直接经济损失40.85万元。较为典型的有巴县长生桥地区大气污染造成大面积农作物受害、江北区石马河乡鱼池因废水流入引起死鱼事件、重庆化工厂硫铵气体泄漏事件、重庆农药厂HCD气体泄漏事件等。

1991年，市农环站开展了农业污染事故调查处理，为农民挽回经济损失9.81万元。其中：南桐矿区电厂硫氧化物污染水稻田10余亩，赔偿农民0.81万元；重庆搪瓷厂江北分厂排放含氟废气污染水稻田400余亩，赔偿农民6.8万元，江北煤矿煤矸石、洗煤水污染农田，赔偿农民2.2万元。

进入21世纪，重庆市随着工农业的快速发展，工业“三废”大量排放，农用化学物质大量投入和不合理施用，致使农业环境污染事故频繁发生，其中发生污染事件较多的是渔业污染。

2000年，全市因污染造成的渔业经济损失达500余万元，市级部门查处的污染案件68起，赔偿经济损失95.21万元。

2001年，全市因污染造成的渔业经济损失达400余万元，赔偿经济损失80多万元。其中较大的污染事故有：大足县赖溪河沿岸污染物进入养殖区，造成500多个网箱污染，死鱼60吨；潼南县与铜梁县交界处的琼江河段污染发生大规模网箱养殖死鱼事故，死鱼118吨，直接经济损失120万元；永川市朱沱镇渔业污染事故，造成长江一级支流大陆溪石牛滩以下32公里河段污染，污染面积2 250亩，造成渔业经济损失137万元。

2002年，全市发生渔业污染事故55起，造成渔业经济损失达757.5万元，赔偿经济损失201万元。其中：铜梁县天青石化工厂污水排放，造成该县穆家河养殖水域发生污染事故，死鱼3 019千克。

2003年，全市发生渔业污染事故18起，造成渔业经济损失365万元，赔偿经济损失96万元。较大的渔业污染事故有：重庆农化集团民丰公司生活垃圾场废水渗透流入桥溪河，致使养鱼河段发生死鱼事故；石柱藤子沟电站液氨泄漏致使31.4公里长的渔业水域被污染，死鱼7 500千克，经济损失69.7万元。

2004年，全市发生农业污染事故69起，农业经济损失达1 277.5万元，赔偿经济损失20万元。较为典型的污染事故为涪陵监狱生活污水排入藕田，导致25亩藕田受到污染，经济损失12万元。

2005年，全市发生农业污染事故78起，造成的农业经济损失240万元，赔偿经济损失95万元。其中较为典型的污染事故有：永川市青峰镇五龙珠水库污染事故，造成大量鱼类死亡，直接经济损失5万余元；万州沱口火电厂发电超标排放二氧化硫气体，污染五桥、陈家坝、百安坝街道农田2 500多亩，造成直接经济损失40多万元。

2006年，全市发生农业污染事故92起，处理57起；耕地污染面积5 310公顷，水面污染面积365公顷，其他污染面积79公顷，直接经济损失320万元，挽回经济损失96万元。其中：鼎泰拓源氧化铝公司废气物排放，致使武隆县白马镇枣子林村的农作物玉米减产10%～20%，果树减产65%～85%。

2008年，全市发生渝北区工业废水致使渔业污染、长寿区海棠天然气脱硫泄漏致使水稻污染、铜梁县土桥镇河水村锶盐致使周边农作物和渔业污染等10余起产地农业环境污染事故。

2010年，全市发生农业环境污染事故25起，经济损失439万元，获得赔偿金额为92万元。其中较为典型的污染事故有：重庆长安汽车公司渝北汽车制造厂的生产污水注入高堡湖，造成高堡湖渔业污染面积100亩，死鱼损失50万元；万盛区南桐电厂、方盛电厂二氧化硫废气污染事故，污染农作物面积2.03万亩，直接经济损失160万元；南川区南城街道烟尘污染事故，污染农作物面积达1 500余亩，直接经济损失8万元。

2013年12月，重庆城建集团控股有限责任公司机场立交改造工程项目部，将金港国际一带未经处理的城市生活污水直接引流入地面水管网，流经华武阁农家乐钓鱼池造成渔业污染事故，致使1万余千克鱼全部死亡，造成渔业损失26万元。

第二章

农村能源建设

重庆市农村能源建设始于20世纪70年代。全市农村能源建设始终坚持“因地制宜、多能互补、综合利用、讲求效益”和“开发与节约并举”的发展方针，结合全市农业农村资源现状，积极推动农村可再生能源发展和农村节能工作，全市形成了以农村沼气为主、太阳能利用等其他能源为辅的农村能源建设和利用体系。

第一节　综合能源

一、服务体系建设

（一）推广机构

重庆市沼气推广办公室成立于20世纪70年代，主要负责农村沼气建设和技术推广、改灶节柴等工作。1984年，重庆市沼气推广办公室由市科学技术委员会划归市农业委员会主管。1997年4月，根据重庆市委、市人民政府机构改革方案，重庆市沼气推广办公室主管部门由市农业委员会划归市农业局，挂重庆市人民政府农村能源办公室牌子。

1998年，重庆市市农村能源办公室组建重庆市农村能源职业技能鉴定站，负责重庆市沼气生产工、太阳能利用工的培训鉴定工作。2000年，正式启动农村能源职业技能培训与鉴定工作。至2007年，全市除渝中区、大渡口区外的38个区（县）都成立了农村能源管理和技术推广机构，其中在农业局（主管部门）以独立科室或所属独立事业单位存在的有24个，挂靠在农业局（主管部门）相关科室或所属相关事业单位的有14个。全市38个区（县）共有能源管理和专业技术人员243人，其中行政编制20人、事业编制223人。

（二）服务企业

20世纪80—90年代，重庆市各级沼气办相继成立了沼气服务公司和技术设计室。农村沼气服务企业坚持以“一业为主，多种经营”的发展方针，以生活污水净化沼气池建设为支柱产业，辅以经营农村能源配套物资，承接房屋建筑工程，生产经营建材等业务。1982年，成立重庆市能源环境开发有限公司，隶属于重庆市沼气推广办公室，主要经营沼气工程及有机污水处理、治理工程，沼气工程设计及咨询，为沼气工程及沼气系统经营的企业组织供应沼气物资及设计。1987 年，全市有 14 个区（县）建立了沼气（农村能源）服务公司（站），初步形成沼气改灶技术和物资服务体系；还有的成立了城镇建沼气池施工队，开拓多项目经营，促进了农村改灶和沼气建设的发展。1993 年，成立重庆市新能源开发公司，主要从事城乡沼气工程设计、施工及技术咨询、新能源开发，以及建筑材料、木材、金属材料、电器机械及器材经营。1995 年，全市有技术服务专业队 297 个，从业人员 2 785 人。到 1999 年年底，全市农村能源服务企业达到 39 家，其中市级服务公司 3 家，县级服务公司 33 家、乡（镇）级服务站 3 家。

2001 年，生活污水净化沼气工程管理职能划归环保部门，农村能源社会化服务企业业务量减少，服务企业呈现较快萎缩态势。2003 年，全市农村能源服务企业减少到 24 家，固定资产 1 204 万元，流动资金 143.5 万元，完成营销额 1 552 万元，实现利税 196 万元。其中，年产值上百万元的农村能源服务企业有荣昌县沼气服务公司、万州区沼气服务公司、石柱县沼气服务公司和北碚区沼气服务公司。到 2005 年，全市农村能源服务企业减少到 14 家，固定资产 855.5 万元，流动资产 524.5 万元，完成营销额 2 007.95 万元，实现利税 181.6 万元。

（三）服务网点

2007 年，国家启动农村沼气村级服务网点建设，并纳入中央投资支持范围，主要为农村沼气项目村级服务网点配置沼气维修设备、检测设备以及部分配件，村级服务网点得到较快发展。到 2008 年，全市建成县级农村沼气后续服务点 37 个，镇级服务点 251 个，村级服务点 794 个，基本形成县、镇、村 3 级农村沼气服务网络。

2010 年，农村沼气后续服务网络建设进一步加强，全市村级沼气后续服务点达到 1 187 个。2011 年，村级服务网点 1 380 个，从业人员 2 319 人，覆盖 68.46 万户农村沼气用户。2012 年，30 个农村沼气重点发展区（县）初步建成县级配送中心，建成 619 个镇（街）服务站所，覆盖镇（街）84.9%。

2013 年，重庆市启动了“市有实训基地、县有配送中心、乡镇有服务站所、村有服务人员”的农村沼气四级服务体系建设。2014 年新建乡村服务网点 387 处，累计 2 704 处。到 2015 年，重庆市建成市级实训基地 1 处、区（县）级服务站 23 个、村级服务网点 2 948 个，驻村服务人员 4 373 名。

（四）技术队伍

至 1992 年，全市共培训农民沼气技术员和改灶技工 1 000 余人，选派 105 人参加部、省举办的各类专业培训班和外出考察学习。铜梁县在县农业广播学校开办了 60 人参加的 3 年制能源中专班。1995 年，全市培训管理及技术人才和农民技工 2 331 人次，有农村能源高级职称的 195 人，中级职称的 511 人，初级职称的 1 383 人。1996 年，全市各级农村能源管理部门共培训农民沼气技术员，改灶技工及管理人员 1 420 余人次，选派 165 人参加部、省各类专业培训和考察学习。

2000 年，重庆市农村能源职业技能鉴定站正式启动农村能源职业技能培训与鉴定工作，开展沼气生产工、太阳能利用工、沼气物管员的职业技能培训和鉴定。2001 年，重庆市农村能源职业技能鉴定站承办了农业部西南地区沼气职业技能培训和鉴定班一期，培训市外技术人员 79 名。到 2015 年年底，全市累计举办农村能源职业技能培训和鉴定班 99 期，共有 10 813 名技术人员通过培训，获得劳动和社会保障部颁发的职业资格证书，为全市农村能源发展提供了充分的技术支撑。

二、资金投入

20 世纪 80—90 年代，农村沼气发展主要以技术研发和试点示范为主，国家投资相对较小，主要用于农村能源综合建设。2003 年农村沼气项目纳入中央国债投资计划，国家加大了对农村沼气的投入力度。2003—2006 年主要用于农村户用沼气投入，2007 年开始增加了乡村服务网点建设内容，2008—

2014 年，国家投资重点支持农村户用沼气、沼气工程（含养殖小区与联户沼气）、乡村服务网点建设。2015 年，国家启动农村沼气转型升级，投资重点转向规模化沼气工程。1993—2015 年，重庆市农村能源建设累计投入 244 983.7 万元（表 13 - 2 - 1）。

表 13 - 2 - 1　1998—2015 年重庆市农村能源主要投资情况

年份	中央投资（万元）	市级投资（万元）	合计（万元）
1998	197.7	20	217.7
1999	1 110	11.5	1 121.5
2000	—	19	19
2001	—	147	147
2002	—	150	150
2003	5 074	360	5 434
2004	5 092	777	5 869
2005	4 810	147	4 957
2006	13 120	335	13 455
2007	11 448	905	12 353
2008	29 554	810	30 364
2009	26 020	1 119	27 139
2010	32 670	9 511	42 181
2011	27 345	7 214	34 559
2012	18 808	825	19 633
2013	17 379	143.5	17 522.5
2014	17 120	1 196	18 316
2015	10 347	1 185	11 532
合计	220 094.7	24 889	244 983.7

三、农村能源建设

1983 年 10 月，铜梁县被确定为全国首批农村能源综合建设试点县之一，开展了农村沼气、省柴节煤灶等建设。经过 4 年多努力，圆满完成了试点建设任务。1987 年 10 月，经国家计划委员会、经济委员会、科学技术委员会、林业部、农牧渔业部、水利电力部验收合格。1989 年，重庆市人民政府决定把农村改灶和沼气建设纳入农田基本建设内容进行综合治理。1990 年 10 月 29—31 日，在农业部召开的农村能源先进集体、先进个人表彰大会和中国沼气协会成立十周年庆祝大会上。长寿县农村能源办公室、北碚区农村能源服务公司被评为全国农村能源建设先进集体；铜梁县综合能源试点评为先进单位。11 月 25—30 日，农业部环境保护司司长屠云章一行 9 人来渝，对铜梁县综合能源试点进行追踪考察。

1991 年 4 月 4—6 日，四川省农村能源工作会议在成都召开，会上，重庆市沼气办公室及铜梁、潼南、巴县沼气（农村能源）办公室被评为 1990 年度全省农村能源建设先进集体。同年，江津市、潼南县被列为国家八部委组织实施的“八五”期间全国 100 个农村能源综合建设重点县。

1993 年，江津市和潼南县全面完成了全国农村能源综合建设重点县的试点建设项目管理目标，两市县承担的“小型高效沼气池”和“沼气重点县”分别在 10 月和 11 月通过了部级验收。同年，重庆市、江津市、铜梁县和合川市沼气（农村能源）办被农业部和国家计划委员会评为全国改灶节能先进集体。

1996年，长寿县经国家八部委批准列为全国100个农村能源综合建设县。同年，江津市、潼南县全面完成了国家八部委组织实施的“八五”期间农村能源综合建设重点县建设任务，分别通过了国家级全面验收；同年，全面完成了重庆市代管四川省万县市、涪陵市、黔江地区农村能源工作的调查和衔接工作。

1997年，在合川、铜梁、北碚等区（县）的25个村启动了农村能源示范村建设，把20世纪90年代农村能源建设新技术集中在一个村范围内实施建设。12月，25个示范村经市农村能源办公室验收合格。同年，长寿县承担的国家八部委组织实施的农村能源综合建设工作，超额完成年度计划，受到国家项目领导小组办公室好评。同年，重庆市农村能源办公室完成重庆市经济委员会下达的“全国资源节约综合利用成果展览会”农村能源建设成果的参展任务，由于出色完成参展任务，受到重庆市经济委员会三等奖表彰。

1998年，国家启动生态环境建设农村能源项目。重庆市合川、巴南、万州、涪陵、武隆5个区（县、市）和大足县宝顶镇（简称“五县一镇”）被列为国家生态环境建设县，中央直接投资197.7万元。重庆市农村能源办公室及项目实施“五县一镇”把抓好生态建设县项目作为工作重点，加强领导，采取有效措施，加快项目实施进度。

为促进重庆市农村能源建设全面发展，改变全市农村能源建设发展不平衡的状况，1998年，全市各级农村能源工作部门，坚持因地制宜、分类指导、突出重点的工作原则，进一步加快农村能源建设步伐。重庆市在农村能源示范村建设方面，以典型引路，逐步推广，主要放在万州区、涪陵区和黔江开发区；在农村沼气建设方面，重点推广小型高效家用沼气池，主要集中在发展基础较好的铜梁、长寿、江津、荣昌、大足、巴南等区（县、市）；在城市沼气建设方面，重点是加快产业化进程，大力推广净化沼气池。

1999年，重庆市有26个区（县、自治县、市）被列为国家生态建设重点县，并将农村能源建设作为重要的子项目加以实施。该项目国家投入资金1 110万元，地方配套资金900万元，缓解了多年来农村能源建设资金缺乏的问题。当年新建成农村能源示范村7个，按时完成全市生态环境建设重点县农村能源项目年度任务，全市累计建成农村能源示范村37个。

同年，酉阳县被列为农业部“农村能源技术推广项目——农村能源生态示范村建设”县，该项目与市科学技术委员会下达的重庆市无公害蔬菜试点推广项目同时实施，将沼气综合利用技术作为无公害蔬菜试点推广的重要技术措施之一。该项目的实施，夯实了全市农村能源建设的基础，拓宽了农村能源建设的范围，成为全市农村能源建设与扶贫工程相结合的范例，为农村能源建设探索出新的路子。

为了大力推广净化沼气使用，加快沼气产业化进程。2001年，重庆市颁布了《农村户用高效沼气池设计规范》（DB50/T 48—2001）、《农村户用高效沼气池施工操作规程》（DB50/T 49—2001）、《农村户用高效沼气池质量检查验收标准》（DB50/T 50—2001）3个地方标准，对沼气工程的设计、施工、验收等各个环节作了具体规定，进一步制度化规范化。

2003年，国家正式启动生态家园富民工程，将多年来以农户为单位的各项技术和工程措施进行优化组合、集成配套，结合农户家居环境改善和庭院生态经济发展，以“一池三改”（建沼气池，配套改厨、改厕、改圈）为主要建设内容。在南方地区重点推广“猪—沼—果”生态农业模式，并纳入国债项目给予支持，重庆市和全国沼气建设迈入了一个全新的发展时期。重庆市实施农村生态家园富民工程在推广“猪—沼—果”“猪—沼—卉”等综合利用模式的基础上，实施“五个一”工程建设，即1个农户建1个沼气池、改1个节能灶、改1个卫生厕所、改1个畜圈和建1亩高产基本农田。当年，重庆市农村生态家园富民工程被列为全市八大“民心工程”之一。

2003年7月，全国人大常委会副委员长、中国民主促进会中央委员会主席许嘉璐率领的民进中央考察团对重庆市生态家园富民工程建设情况进行了调研，听取了重庆市人民政府和长寿、涪陵、丰都、忠县、大足5个区（县）及有关乡（镇）、村领导关于生态家园富民工程情况的汇报。许嘉璐副委员长在调研中指出，“‘生态家园富民工程’是改善农村生态环境与农民增收致富一个极佳的结合点，是一项促进可持续发展的德政工程，是实践‘三个代表’重要思想的具体体现。要以‘生态家园富民工程’为抓手，改善农民生活，增加农民收入，大力推进农村小康社会建设”。

2004 年，重庆市农村能源建设继续实施农村生态家园富民工程，实施“一池三改”建设。为确保该工程建设质量，重庆市颁布了《生态家园富民工程建设技术规程》（DB50/T 148—2004）。当年，全市累计建成农村能源示范县 19 个、生态家园富民工程示范村 179 个、生态家园富民工程示范户 5.4 万户。2005 年，全市累计建成农村能源示范县 29 个、生态家园富民工程示范村 191 个。永川市杨广桥村被评为全国生态家园先进示范村。

2007 年，重庆市人民政府印发了《关于加快农村沼气建设的意见》，《意见》指出：发展农村沼气，对于改善农民生产、生活条件，提高农产品质量，保护农村生态环境，促进循环农业发展和农民节支增收具有重要作用，是加快农村环境友好型、资源节约型社会建设的切入点和结合点。到 2007 年，重庆市人民政府已连续 5 年将农村沼气建设纳入全市民心工程、党政一把手环保实绩考核内容。到 2008 年，全市共建成农村能源示范县 34 个，生态家园富民工程示范户 13.03 万户。

2008 年，国家对西部地区农村沼气建设补助标准提高到 1 500 元/户。农业部与重庆市人民政府签署的《共建统筹城乡现代农业示范区合作备忘录》中，将“建设三峡库区生态家园富民工程示范区”作为部市共建的五大平台之一。

2008 年 10 月 10 日，重庆市农业委员会与日本双梨碳抵消有限公司签订联合开发农村户用沼气清洁发展机制（CDM）项目协议，计划在未来 5 年时间，由日本双梨公司融资在重庆市适宜地区非国债项目区投资发展农村沼气用户 50 万户，以现金方式给予建沼气池的农户每户补助资金 1 200 元人民币，每 300 ~ 500 户建 1 个服务网点，给予每个网点补助资金 2 万元人民币，日方总投资 7 亿元人民币。2009 年 3 月 4 日，项目启动仪式在开县大德乡龙王村举行，日本国驻重庆领事馆首席领事远山茂应邀出席会议。该批项目由日本外务省投资，所产生的减排指标将用于抵消 2008 年 7 月日本洞爷湖八国峰会产生的二氧化碳排放量。但由于受全球金融危机的影响，国际碳交易市场不景气，项目仅实施了 100 户示范户后即停止了后续工作。

2009 年，生态家园富民工程连续 7 年被列为重庆市人民政府八大“民心工程”的内容。全市 34 个农村能源示范县共建成生态家园富民工程示范户 20.98 万户。同年，由重庆市科学技术委员会牵头，市发展和改革委员会、市农业委员会、市环境保护局、市移民局共同参与，承担科学技术部集中型沼气新技术工程项目，集成引进国内外较成熟的集中型沼气新产品、新工艺和关键技术，构建沼气科技创新与服务保障体系，探索不同模式和运行机制的集中型沼气科技示范。2009 年 4 月 11 日，《人民日报》头版刊发了《重庆：“一池沼气”改变农民生活》的文章，对重庆农村沼气在改善农民生活、改变农村环境和促进农村节能减排的显著成绩进行了报道。

2010 年，重庆市颁布了《重庆市集中型沼气工程建设规范》（DB50/T 371—2010），同年，重庆市人民政府印发了《关于实施集中型沼气新技术工程的意见》、重庆市农业委员会会同市发展和改革委员会组织编制了《重庆市集中型沼气工程建设规划（2010—2012 年）》《重庆市集中型沼气工程建设项目管理办法》等规范性文件。当年，市级从地方债券中安排 1.6 亿元用于沼气建设，对农村户用沼气池（包括养殖小区和联户沼气池），市和区县两级按每户 800 元的标准配套资金，对农村户用沼气服务网点，市、区（县）两级按每个点 2.5 万元的标准配套资金，市、区（县）财政分别按贫困地区区（县）7∶3、一般区（县）5∶5、主城区 2∶8 的比例承担。

2011 年 8 月，由财政部委托的中兴财光华会计师事务所对重庆市中央投资农村沼气项目进行了绩效考评，35 名核查人员在重庆开展了为期 1 个月的专项考评检查。检查结果为，全市农村户用沼气正常使用率为 84.8%，根据“中央投资农村沼气工程绩效考评指标体系”，考评总得分为 80.06 分。

2012 年 12 月 19 日，《农民日报》头版头条刊发了《“沼气梦”连着小康梦》的文章，对重庆农村

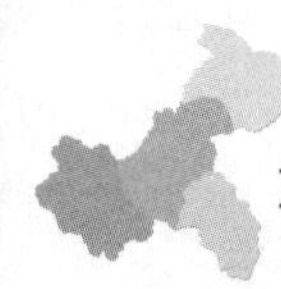

沼气发展纪实进行了专题报道。2015 年，重庆市启动部级农村综合能源建设 1 处，省柴节煤灶试点村 1 个，完成建设农村能源综合试点市级示范项目 12 个。

第二节　沼　　气

重庆是全国最适宜发展沼气的地区之一，也是全国沼气发展最早的地区之一。早在 20 世纪 60 年代就开展了农村户用沼气研究和试验，经过近几十年的发展和推广，农村沼气已经形成了比较完整的技术体系。20 世纪 80—90 年代，农村沼气建设主要以丰富农村能源供给为主要目标。进入 21 世纪，农村沼气与农村“改厨、改厕、改圈”结合，与改善农村环境、发展生态农业相结合，实现了农业生产与农民生活两个单元内部能流与物流的良性循环，农村沼气已融入农民生活和农业生产之中，对改善农村生态环境，发展庭院生态经济，提高农民生活品质都起到了重要作用。沼气的应用范围，已经从过去的农户扩大到城镇生活污水治理、养殖场粪污的无害化处理等领域。

一、农村户用沼气

1987 年，重庆市为了适应当时农村沼气发展的需要，进一步掌握全市沼气发展资源现状，启动了《重庆市农村沼气资源调查区划》和《重庆市农村能源调查区划》，主要针对全市各区（县）农村沼气发展资源现状进行了调查，对全市可再生能源、农村节能现状等进行综合评价，分析了不同区域未来发展重点和潜力，为全市农村沼气和农村能源发展奠定了坚实基础。当年，重庆市新建沼气池 5 159 个。至此，全市累计建有沼气池 11.8 万个，年产沼气 2 000 万米^3，其中巴县农村沼气建设发展较快，全县已建成混凝土预制块沼气池 1.6 万多个，建池成功率达 100%。1987 年新建 3 891 个，占全市新建沼气池的 75%。该县在管理使用上，推行合同承包，定期到用户进行质量检查，使沼气池得以正常使用，充分发挥了效益，吸引了 70% 的沼气池用户参加了合同承包管理，推动了农村沼气的稳步发展。

1990 年，江津市经农业部批准列为推广 R－2 型小型高效沼气池的试点县，在沼气推广工作中，采取集中成片的办法，加快了发展进程。1991 年，铜梁县小林乡建池 2 600 口，建池农户占全乡总农户的 76%，成为全市沼气池普及率最高的乡。1992 年，长寿县推广的“高效三结合”沼气厕所在四川省初级保健卫生县建设中受到韩邦彦副省长的高度评价。1993 年，长寿县荣获四川省“改厕普及县”称号。同年，江津 R－2 型小型高效沼气池项目获重庆市“科技进步三等奖”并参加了江津市在香港的项目招商；大足县“种—养—沼—肥”生态工程在印度国际生态工程展览会上获“一等奖”。

1996—1998 年，重庆市根据城镇净化池建设中存在的问题，组织编制了《重庆市净化沼气池的标准图集》《重庆市小型高效沼气池试用图集》，全市沼气池建设基本实行标准化。1997 年，全市有 216 个村沼气池普及率达 70% 以上。1998 年，全市新建农村户用沼气池 7.65 万个，累计建池 37.43 万个，形成年产沼气 8 613.97 万米^3 的能力。全市共有 238 个村，沼气普及率在 70% 以上。

2001 年，沼气建设作为基础设施建设被列入小型公益设施建设项目，首次得到国家专项资金支持。酉阳、江津、开县、璧山、忠县 5 个区（县、自治县、市）成为首批小型公益设施农村能源建设项目实施县，承担了 3 600 座户用沼气池和 4 个小型沼气工程的建设任务，获得项目资金 220 万元。

2003 年，重庆市在实施生态家园富民工程建设中，提出了“脱贫致富型生态家园建设模式”（以“一池三改”为主要建设内容）和“小康示范型生态家园建设模式”（“一池五改”，即在“一池三改”的基础上，增加了改晒坝和改建果园），各地根据经济条件选择建设，市里给予每户 1 000 元的补助。当年，全市建成农村能源示范县 16 个、示范村 60 个、示范户 3.5 万户。

同年，国家启动农村沼气国债项目，以“一池三改”为基础，推动农村改路、改水、改院坝、改环境等农村便民基础设施建设，使农村沼气融入新农村建设、现代农业发展之中，使农民在生产生活中切身体会到现代文明成果，享受农村沼气特有的综合效益。至此，全市农村沼气建设实现了从分散建设向规模发展、单一户用沼气向多类型沼气、单一能源效益向综合效益、重建轻管向建管并重的“四大”转变，形成了新的发展格局。当年，全市新建农村户用沼气池3.82万个，年新增产气量1 222万米^3。全市累计建农村户用沼气池51.63万个、全市有47.11万户农户使用沼气，使用率为91.3%。

2004年，合川、永川、万州、涪陵、万盛、渝北、长寿、黔江、酉阳、秀山、彭水、綦江、荣昌、大足、潼南、开县、丰都、忠县、奉节19个区（县、自治县、市）被列为农业部农村沼气建设国债项目实施县，承担新建5.09万个农村户用沼气池，同时配套改造5.09万个畜圈、厨房、厕所，获得国债项目补助资金5 092.3万元。

2006年，农村沼气项目纳入中央预算内投资计划，农业部提出用3年时间实现重庆三峡库区后靠移民适宜农户全覆盖的发展目标。当年，重庆市有35个区（县、自治县、市）被列为农业部农村沼气建设国债项目实施县，承担新建11.67万个户用沼气池，获得国债项目补助资金1.17亿元，是2005年的2.54倍。至2006年年末，全市共有农村户用沼气池69.74万个，占适宜建沼气池农户的19.4%，年产沼气2.23亿米^3，相当于年开发标煤1.59亿吨。

2010—2012年，重庆市农村户用沼气发展到鼎盛时期。2010年，重庆市农村沼气建设具有里程碑意义，提出了全市农村沼气“一统筹四集中”的发展思路，即统筹农村水、电、路、气、产业、环境综合规划，加快农村沼气向自然院落、规模养殖场、人群聚居区、优势特色农产品基地集中发展，把农村沼气从庭院经济向规模农业、效益农业延伸，在资金、技术、管理上奠定健康持续发展的坚实基础。一是争取国家支持。全市争取到中央农村沼气专项资金3.16亿元，占全国农村沼气专项资金总额的6.1%，争取到的资金总量和增幅均列全国前茅；争取到的中央农村沼气专项资金占市农委全年争取到位中央基建资金总额的57.8%。二是解决了多年未解决的农村沼气建设地方配套资金和工作经费问题。重庆市人民政府决定从2010年起，对农村户用沼气池（包括养殖小区和联户沼气池）建设，市和区（县）两级按每户800元的标准配套资金，配套资金可列支部分工作经费。当年，在农业发展资金外，市财政局、发展和改革委员会共落实市级配套资金9 077.4万元，并预先安排下达2011年配套资金7 422.6万元。降低了农户和业主自筹资金的比例，从根本上缓解了工作经费紧张的问题，为发展农村沼气提供了有力保障。三是推广模具现浇等建池技术确保沼气池建设质量。多年来，重庆市农村沼气池建设以传统的漂砖起拱技术为主，建设成本较高、速度较慢，施工的标准化、规范化较难控制，影响到沼气池建设质量和使用效果，因此有的区（县）进行了沼气池建设模具现浇技术试点示范并取得成功。模具现浇施工实现施工技术标准化、规范化，取得建池质量高、成本低、进度快且沼气池耐用、易于管护的好效果。四是管理创新促进了农村沼气发展。在探索农村沼气建设管理改革方面，黔江、南川、开县、武隆等区（县）全面实行沼气池建设公司化竞标施工，由中标公司承担建设任务，农村能源管理部门加强规划布局、督促检查、质量管理、协调验收等工作，实现了建管分离。经过荷兰国际组织专家的考察和柬埔寨亚洲沼气会议讨论洽谈，重庆市成为国际共有能源伙伴关系成员。当年，全市新建农村户用沼气池21.03万个，建沼气池达3 000户以上的有万州、涪陵、渝北、长寿、江津、合川、永川、南川、黔江、綦江、潼南、大足、荣昌、璧山、梁平、丰都、忠县、开县、云阳、奉节、巫山、巫溪、石柱、秀山、彭水25个区（县、自治县）。当年年末，全市累计建成农村户用沼气133.01万个，生产沼气4.17亿米^3，相当于年开发标煤2.98亿吨；占农户总数的18.3%。此后，随着农村社会经济发展变化，农村劳动力转移加快和农村畜禽散养以及农户的减少，国家对农村沼气的发展方向开始进行调整，重点向大中型沼气工程倾斜。2011年，重庆市落实到位中央投资农村沼气专项资金2.73亿元，占全国资金总量的6.4%，增速与总量均位于全国前列。当年新建农村户用沼气池15.5万个，全市累计建池145.54万个，占适宜农户301.3万户的41.6%，覆盖38个区（县、自治县）850余个乡（镇）5 650多个村，有124.56万户农户使用沼气池，使用率85.6%。同年国家对西部地区农户沼气建设补助标准提高到2 000元/户。同年，全市还新建集中型沼气工程156处，年产气量2 421万米^3，集中供气3.96万户。2012年，全市获得国家沼气专项资金1.7亿元，新建户用沼气11万户，累计156.54万户，

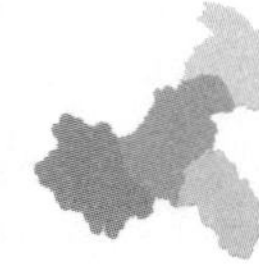

占适宜农户的51.95%，占全市农户总数的21.1%。

2014年9月25—26日，农业部科技教育司会同中国农林水利工会、中国就业培训技术指导中心在南宁举办了第三届全国沼气生产职业技能竞赛，重庆市沼气技工代表队获得大赛“二等奖”。

2014年，全市新建户用沼气3.86万户，因部分老旧沼气池自然报废和城镇化发展弃用报废，全市沼气池累计拥有158.15万户，占适宜农户的78.8%。2015年，全市发展农村户用沼气1.98万户，因部分老旧沼气池自然报废和城镇化发展弃用报废，全市累计拥有农村户用沼气160.2万户，适宜农户用户率达到80%，占全市总农户的22.5%左右，全市形成年产沼气3.7亿米^{3}的产气规模，每年可节约标煤约78.7万吨，折合燃煤81万吨，每年可减少二氧化碳排放290万吨（表13-2-2）。

表13-2-2 1993—2015年重庆市农村户用沼气发展统计

年份	本年新增（万户）	年末累计（万户）	本年利用（万户）	年产气规模（万米^3）
1993	2.26	16.52	14.3	3 356
1996	2.2	32.83	26.9	7 999
1997	2.38	34.7	31.95	9 215
1998	11	37.43	29.56	8 614
1999	3	38.51	31.68	9 365
2000	3.68	41.72	37.49	11 200
2001	3.68	44.41	39.83	12 149
2002	3.52	40.68	37.75	11 610
2003	3.82	51.83	47.11	15 013
2004	6.25	57.5	55.79	18 021
2005	6.39	63.31	61.31	20 752
2006	6.76	69.74	68.86	22 374
2007	12.89	81.9	78.26	26 234
2008	13.03	93.55	90	29 590
2009	20.98	112.83	105.21	36 586
2010	21.03	133.01	120.42	41 698
2011	15.51	145.54	124.56	44 199
2012	10.24	153.04	128.31	42 214
2013	5.28	155.78	131.48	41 586
2014	3.86	158.15	131.15	41 598
2015	2.53	160.02	116.18	37 429

二、城镇生活污水净化沼气工程

沼气厌氧技术以其耗能低、产生污泥少等优点，在20世纪90年代被广泛应用于城镇生活污水净化处理领域，并成为当时农村沼气建设的重要业务领域。

1987年，重庆市组织西南师范大学和北碚区沼气技术服务公司开展“处理城市粪便污水的厌氧（沼气）发酵工艺技术及其装置”研究，当年7月通过了市科学技术委员会主持的技术鉴定。沼气发酵技术在无害化处理城市粪便的技术得到了关注和重视，沼气应用也从过去的农村扩大到城市污水的无害化处理领域，生活污水净化沼气池成为沼气行业发展的重要内容。当年，全市有13个区（县）建成厌氧（沼气）发酵处理粪便污水装置79处，有效容积4 345米^3。其中市中心区罗家院小区公共厕所和朝天门码头公共厕所配套的沼气装置受到市环境卫生部门和当地街道居民的好评；江北县利用沼气发酵技术处理医院废水，得到卫生部门的认可。到1987年年底，全市建成这种粪便污水处理装置共257处，总有效容积1万米^3，年处理粪便污水15万~20万米^3。

1991年，重庆市新建城镇污水净化沼气工程196处，建池总容积6 570米^3，全市累计建成城镇污水净化沼气工程861处。随着城镇污水净化沼气工程建设的逐步发展，环保、能源和经济效益日渐显现，全市已有北碚、荣昌等8个区（县）把建设城镇污水净化沼气池列为建设卫生城镇的重要内容，城镇污水净化沼气工程迅速发展。到1997年，全市生活污水净化沼气工程累计发展共9 021处，总池容积达32.76万米^3，年处理污水达到2 762.7万吨，其中公厕净化沼气工程发展到364个，池容积达到1.96万米^3；医院净化沼气工程发展到130个，池容积达到1.12万米^3；居民楼净化沼气工程发展到7 373个，池容积达到24.48万米^3。到2001年，全市城镇生活污水净化沼气工程已累计发展到13 954处，总池容积达到73.63米^3，年处理生活污水达到3 634.4万吨。同年，生活污水净化沼气工程管理职能划归环保部门，农业部门不再管理城镇生活污水净化沼气工程（表12－2－3）。

表13－2－3　1997—2001年重庆市污水净化沼气工程发展统计

年份	合计			公厕			医院			居民楼			其他公共场所		
	池数（个）	池容（万米^3）	处理能力（万吨）	池数（个）	池容（万米^3）	处理能力（万吨）	池数（个）	池容（万米^3）	处理能力（万吨）	池数（个）	池容（万米^3）	处理能力（万吨）	池数（个）	池容（万米^3）	处理能力（万吨）
1997	9 021	32.76	2 762.7	364	1.96	194.34	130	1.12	23.26	7 373	24.48	2 151	1 154	5.2	394.14
1998	9 254	40.99	2 844.1	386	2.04	161.79	181	1.44	25.74	8 471	34.07	2 591.5	216	3.44	65.11
1999	11 301	50.57	2 585.9	405	2.1	166.77	215	1.58	30.66	10 317	42.56	2 285.7	364	4.33	102.75
2000	13 018	67.45	3 238.9	1 977	6.6	326.53	297	2.02	60.91	10 317	53.84	2 700.6	427	4.99	150.8
2001	13 954	73.63	3 634.4	2 237	8.23	388.39	277	2.24	101.15	10 930	57.83	2 874.8	510	5.33	269.73

三、养殖场粪污处理沼气工程

1990年5月，九龙坡区农业科研所沼气工程建成投产，成为重庆市农业系统场站第一个具有一定规模利用畜禽粪便制取沼气的示范工程。2002年，重庆市第一个上流式中温厌氧技术沼气工程在合川五洋公司养猪场立项建设，项目设计采用中温发酵工艺，通过回收的沼气为厌氧罐加热。经过2年的示范建设，沼气工程于2004年建成并投产使用。

2004年，全国启动养殖场大中型沼气工程试点建设，重庆市把养殖场沼气工程建设目标确定为解决养殖环保和能源回收利用兼顾，工程建设内容确定为粪污前处理系统、厌氧发酵系统、固体有机肥生产系统、沼气净化储存与利用系统、沼液还田系统或深度处理系统等五大系统，并分别在开县和合川启动了示范工程建设。当年，全市新建大中型沼气工程8处，累计有大中型沼气工程78处，总池容积1.25万米^3。2005年，全市累计有大中型沼气工程103处，总池容积2.39万米^3。2006年，全市累计有大中型沼气工程155处，总池容积3.63万米^3，年产沼气83.2万米^3，相当于年开发标煤59万吨。

2008年，全国启动养殖小区与联户沼气工程试点工作，重点解决中小型养殖场（小区）养殖污染和周边农户集中用气问题。同年国家批复重庆市养殖小区与联户沼气工程1 061处，中央投资2 419万元。2009年，农村沼气投资重点转向大中型沼气工程，国家批复重庆市大中型沼气工程114处，中央投资1.48亿元，创下历史新高。2009年年底，全市累计发展沼气工程1 825处，总池容积达到8.33万米^3，年产沼气410万米^3，集中供气农户达到1.24万户。至2015年，全市沼气工程累计达到4 284处，总池容积达到71.97万米^3，年产沼气4 589万米^3，供气农户达到6.26万户，部分项目实施了沼气发电、沼气锅炉等沼气多种利用模式，年节约标煤7万吨，折合燃煤10万吨，年减少二氧化碳排放25万吨（表13－2－4）。

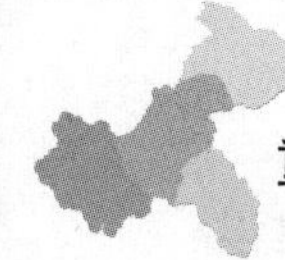

表 13-2-4　1996—2015 年重庆市养殖场沼气工程发展统计

年份	本年新增（处）	年末累计（处）	总池容（万米^3）	年产气量（万米^3）	供气农户（万户）
1996	—	7	0.13	2.89	—
1997	—	8	0.15	3.19	—
1998	—	8	0.15	2.99	—
1999	3	11	0.33	3.36	—
2000	4	15	0.33	3.31	—
2001	13	28	0.43	13.84	—
2002	24	52	0.59	16.52	—
2003	8	70	1.19	34.49	—
2004	8	78	1.16	943	—
2005	25	103	2.39	55.77	—
2006	261	354	3.67	228	—
2007	178	530	4.23	371	—
2008	668	1 185	12.6	570	—
2009	683	1 825	8.33	410	1.24
2010	205	1 982	25.04	1 615	3.18
2011	156	2 091	49.74	2 421	4
2012	141	2 168	50.87	2 773	4.87
2013	135	2 286	53.95	2 719	4.36
2014	1 054	3 334	62.69	3 298	5.54
2015	972	4 284	71.97	4 589	6.26

四、沼气综合利用

1990 年，沙坪坝区歌乐山乡有 36 户养牛、养猪专业户建起了沼气池，使用效果好，既解决了牲畜粪便堆积的污染问题，又回收了燃料能源，沼气综合利用有了进一步发展。沼液喂猪从试点到面，其他如沼液浸种灭虫、沼渣种菇、养鱼、沼肥种果种菜，沼气贮果及热能在生产上的应用等都有进一步发展，已成为农村发展生态农业和庭院经济的重要推动力。

1992 年，合川市沼气红柑保鲜成果通过鉴定并被《中国沼气》杂志选登。文章对利用沼气保鲜红柑的具体方法做了介绍：选址建设好红柑储藏设施（主要有薄膜罩式、储藏室、箱式、土窑窖式和柜式 5 种设施），在储藏设施里预埋好沼气输气管道和加水管。红柑入库前对储藏空间及四壁进行消毒，一般每米^3 储藏空间每天输入 0.01~0.03 米^3 沼气，15 天换气 1 次，1 周翻果 1 次，储藏温度 4~15℃，湿度控制在 90%~98%，出果之前通风 3~5 天。严禁在储藏室内吸烟或用明火，防止火灾、爆炸等事故发生。

1994 年，全市推广沼气储粮 190 吨，减损 26 吨；沼液浸种 398.6 吨，增产 1 916 吨；沼液养猪 10 675 头，节约饲料 433.9 吨，新增经济效益 53 万元；沼液养鱼 1.5 万亩，增产 184.34 吨；沼渣种菇 96 325 米^2，产菇 2 551.5 吨。

1996 年，重庆市全面完成了农业部下达的“沼气浸种和小城镇净化沼气池及养殖大户沼气工程配套”建设项目，推广沼液浸种 820.70 吨，面积 33 万亩，增产粮食 1.6 万吨；实施养殖大户沼气配套 61 处。有 6 个区（县）顺利完成了重庆市下达的沼气综合利用项目。利用沼液喂猪 5 万头，沼液防止农作物病虫害 20 万亩，沼渣、沼液养鱼 10 万亩，沼渣种蘑菇 20 万米^2。仅此几项，增产粮食 5 000 吨，节约饲料 2 500 吨，增加鱼产量 750 吨，增产平菇 1 000 吨，折合经济效益 1 500 万元。1997 年，重庆市完成沼液浸种 675 万亩，养鱼 600 万亩，沼液防治病虫害 405 万亩，涌现出一批沼气综合利用生态户、生态村。

1998 年，合川、巴南、长寿、铜梁等区县推广沼液浸种、沼气保鲜、沼渣种菇等综合利用技术，通过了国家计划委员会、农牧渔业部等 8 部委的验收。1999 年，全市推广沼液浸种 60 万亩，沼液防治病虫害 31.05 万亩，沼液养鱼 34.05 万亩，分别超额完成农业部下达目标任务的 20%、3%、13%。同年，还完成计划外项目——推广沼液养猪 4.5 万头。2001 年，完成沼液浸种 34.2 万亩，沼渣、沼液养鱼 10.13 万亩；沼液养猪 6.23 万头，沼渣种菇 135.71 万米^2。2003 年，全市推广沼液浸种 40 万亩，沼渣、沼液养鱼 7.5 万亩，沼液养猪 17.27 万头，沼渣种菇 41.75 万米^2，沼气保鲜水果 13 吨，沼气储粮 72 吨。2004 年，全市推广沼液浸种 47.1 万亩，沼渣、沼液养鱼 8.77 万亩，沼液养猪 23.1 万头，沼渣种菇 52.25 万米^2，沼气保鲜水果 23.54 吨，沼气储粮 372.5 吨。

进入 21 世纪后，从环保要求和食品安全等因素考虑，沼液养鱼、养猪等技术不再作为沼气综合利用主要推广技术，沼液利用以就近还田为主。

第三节　太 阳 能

重庆市是全国太阳能资源最贫乏的地区之一，在全国太阳能资源分布划分中属于第五类地区。全市的农村太阳能利用，主要通过家电下乡、巩固退耕还林成果专项以及新农村、美丽乡村建设等项目给予支持。太阳能产品主要为太阳能热水器。2008 年以前，农村太阳能热水器发展主要由农户自愿购买。2008 年，在全市启动的巩固退耕还林成果专项中，把太阳能热水器纳入专项支持，给予退耕农户每户安装 1 台太阳能热水器补助 1 000 元。2015 年，全市累计安装农村太阳能热水器 31.58 万台，集热面积 60.26 万米^2。

除太阳能热水器以外，太阳能路灯和太阳能杀虫灯在重庆部分地区也有一定的推广应用。为了解决农村集中居住点公共照明问题，自 2013 年起，重庆市先后在农村清洁工程、新农村建设、生态农业示范村创建、农村能源综合示范村建设等专项中，把太阳能路灯纳入了支持范围，在部分地区特别是发展乡村旅游的美丽乡村示范村安装了部分太阳能路灯，对方便农民群众、丰富农村夜间生活起到一定作用。为了减少农药的使用，提高农产品质量，太阳能杀虫灯作为病虫害绿色防控技术，在部分经济果林基地、蔬菜基地等得到一定的推广和应用（表 13－2－5）。

表 13－2－5　2003—2015 年重庆市太阳能热水器发展统计

年份	本年新增		年末累计	
	万台	万米^2	万台	万米^2
2003	—	0.29	—	0.33
2004	—	0.4	—	0.73
2005	—	0.21	—	0.94
2006	—	0.43	—	1.37
2007	—	0.6	—	1.87
2008	—	1.04	—	2.8
2009	2.3	3.92	3.87	6.68
2010	2.4	4.26	6.26	10.92
2011	3.3	8.06	9.36	17.27
2012	4.85	9.68	14.19	26.9
2013	8.09	16.77	22.26	43.63
2014	4.24	8.7	26.42	52.17
2015	5.32	9.58	31.58	60.26

第四节　省柴节煤灶

为了提高农村柴（煤）灶热效率，20 世纪 80 年代初，全国启动了农村省柴节煤炉推广工作，并将其纳入各级地方政府工作议事日程，县（区）、乡各级都成立农村能源工作领导小组，专人分管改灶节柴工作。1984 年 3 月 16 日，四川省人民政府印发的《四川省城乡建设环境保护厅〈关于加强农村改灶节柴工作的报告〉的通知》指出：解决农村能源问题，各级政府一定要列入议事日程，真正作为一项长期事业来抓。同年 8 月，重庆市人民政府把推广省柴节煤灶工作纳入政府工作议程。同年，铜梁县被列为国家改灶试点县、长寿县被列为四川省改灶重点县。

1986 年，合川县、江津县被列为国家改灶试点县。江津县在不到半年的时间里改灶 7.1 万户，节省煤炭 1.2 万多吨，节省劳动力 10 万多个工日。当年全市改建和新建省柴节煤灶 18.4 万户。全市历年累计改灶 31.2 万户，其中铜梁县改灶 16.2 万户，占该县农户的 89%。据抽测，全市推广的省煤灶“马蹄回风灶”，热效率达到 30% 左右。改灶后的农民家庭，每户 1 年可节约煤炭 400 千克、柴草 700 千克，并节约劳动力 30 个工日。按此节能水平计算，重庆已经改建的煤柴灶，节约煤炭相当于 1 个年产原煤 12 万吨的煤矿产量。

1987 年，铜梁县改灶工作经国家验收合格，长寿县被列为国家改灶节柴试点县。当年全市农村新建和改建省柴节煤灶 22.17 万户，累计达到 53.37 万户。1988 年，江津县完成省柴节煤灶改造任务并通过国家验收，全县改灶普及率达 91.9%，灶体完好率达 94.33%，柴灶平均热效率为 25.17%，煤灶平均热效率为 33.37%。当年，江津县沼气办公室被评为农业部生产节能先进集体。1989 年，重庆市人民政府把农村改灶和沼气建设纳入基本农田建设内容。1991 年，全市使用安全节能灶的农户累计达 148.5 万户，占全市总农户的 50%。1992 年，江北县改灶试点工作通过农业部验收，全县卫生节能灶用户达到 22 万户，普及率 90%。1993 年，重庆市、江津市、铜梁县和合川市的沼气（农村能源）办被农业部和国家计划委员会评为全国改灶节能先进集体。

20 世纪 90 年代，在广泛推广省柴节煤炉灶改造的同时，农村节能工作开始向农业生产领域延伸，重庆市新建和改建了一批节能炒茶灶、节能烤烟房、节能砖瓦窑等。到 1994 年年底，全市建成节能炒茶灶 400 个，年节约标煤 7 850 吨；节能烤烟房 214 座，年节约标煤 5 442 吨；节能砖瓦窑 196 座。1997 年，全市完成了 15 座砖厂、10 座小煤窑的节能技改工作。同年在武隆、黔江、丰都等县推广节能烤烟房建设，3 个县新建节能烤烟房 1 860 座，收到较好的节能效果。

2000 年以后，随着节能技术的进步，商品化节煤炉灶开始出现，农村省柴节煤炉改灶工作逐渐转向为主要以推广商品化炉具为主。2001 年全市推广省柴节煤炉灶 6.39 万户，其中商品灶 8 400 户、型煤炉 3.33 万户。全市累计推广省柴节煤炉灶 423.9 万户，年节约标煤 212.91 万吨。2001 年 10 月 10 日，重庆地方标准《重庆市预制炉芯省柴灶建设及验收规范》颁布实施。2003 年全市推广省柴节煤灶 11.94 万个，其中商品灶 4.4 万个，型煤炉 2.29 万个。抽样调查测试表明，型煤炉热效率在 36% 以上，省柴节煤炉灶热效率在 27% 以上。2003 年报废省柴节煤炉灶 24.1 万个。至 2003 年年末，全市共有省柴节煤炉灶 413.43 万个，年节约标煤 20.67 万吨。

2005 年，全市农村推广省柴节煤炉灶 6.44 万个，其中推广商品灶 2.08 万个，推广型煤炉 2.48 万个。由于移民等原因，同年全市农村报废省柴节煤灶 4.47 万个。当年末，全市推广省柴节煤炉灶的农户 34.79 万户，累计推广 445.67 万户，年节约标煤 22.28 万吨。

随着农村经济发展和生活水平的提高、农村沼气的推广、电等商品化能源在农村的全面普及，农村省柴节煤炉灶使用越来越少，自 2006 年开始，农村推广使用省柴节煤灶逐年下降。2006—2010 年，全市推广省柴节煤灶农户 14.73 万户，2011—2015 年为 14.39 万户，均呈逐年下降趋势。

2014 年，重庆市农村能源办公室会同农业部生态总站、全球清洁联盟和重庆市良奇科技发展有限公司开展了新时期省柴节煤炉灶市场调查，并针对高山地区，研发适合当地农户冬季习惯用的多功能节柴炉灶。2015 年，重庆市良奇公司选择在彭水县石盘乡石新村开展试点，针对当地农户冬季烤火、热水、做饭的能源需求以及木质结构房屋特点，研发出“良奇”牌多功能节柴炉灶，为 100 户农户免费安装使用（表 13－2－6）。

表 13－2－6　重庆市推广省柴节煤炉灶统计

时间（年）	推广数量（万户）
1986—1990	96.54
1991—1995	45.56
1996—2000	39.68
2001—2005	34.79
2006—2010	14.73
2011—2015	14.39

第五节　其他生物质能源

1999 年，经国家计划委员会批准，重庆市在永川市、垫江县实施“可再生能源项目——秸秆气化集中供气工程”试点，该项目中央投资 100 万元，市级配套 20 万元，分别在永川市万寿镇、垫江县包家乡实施，设计日产秸秆气 8 000 米^3，供气农户 1 000 户，工程于 2000 年动工建设。2002 年 3 月 21 日，永川项目点火成功并投入运行，同年 6 月垫江项目试运行，11 月底竣工验收。两个项目实际供气农户 350 户，其中永川项目供气 120 户，垫江项目供气 230 户。项目运行实现了“两人烧火，全镇做饭”的良好社会效益，填补了重庆市秸秆气化技术空白。但由于受当时投资不足、供气农户规模较小等因素的限制，项目的持续运行受到影响，永川万寿镇供气站于 2003 年停止运行，垫江县包家乡供气站于 2004 年停止运行。

2006 年 6 月，在重庆市科学技术委员会的支持下，重庆市在涪陵区龙桥镇袁家村开展了秸秆供气与制炭技术结构试点，项目总投资 180 万元，设计供气农户 500 户，年产燃气 20 万米^3，生物质炭 200 吨。项目于 2007 年投入运行。为了解决部分农户季节性缺料问题，2008 年，重庆市在永川、渝北、垫江等区（县）开展了秸秆气化技术应用试点，通过对秸秆粉碎、腐熟以及添加部分氮肥等措施，提高沼气产气率和使用率。

2009 年，农业部关于《2010 年农业生物质试点示范项目可行性研究报告的批复》提出了建设重庆市南川区大观镇秸秆气化集中供气项目，项目以生产活性炭和集中供气为主要内容。项目总投资 441 万元，其中中央投资 300 万元，业主投资 141 万元，设计供气农户 1 000 户。经过两年多的建设，项目业主于 2012 年开展活性炭试生产，但由于受当地通天然气的影响，该项目未能开展集中供气。

第三章
休闲农业与乡村旅游

重庆市具有丰富的乡村旅游资源。从田园风光、乡村建筑到农耕文化、民风民俗；从农业种植、栽培到养殖、狩猎及渔业、副业；从农业观光到农产品品尝、购物；从去农村考察、学习到娱乐、疗养；从传统农业生产到现代化高效农业等，都有可开发的乡村旅游资源和旅游景观，为全市乡村旅游发展奠定了丰富的资源基础。

20 世纪末，随着农业结构战略性调整和一批休闲农业规模化基地的兴起，休闲农业作为一种产业发展形态日益受到各级政府的重视。2007 年，中央 1 号文件提出，要充分利用“三农”资源发展旅游业，全面拓展农业功能和领域，积极发展休闲农业，促进农民致富增收，重庆市休闲农业发展步伐也随之加快。2011—2014 年，重庆市农业委员会、市旅游局先后出台了《关于加快发展休闲农业与乡村旅游的意见》《重庆市乡村旅游发展规划（2013—2020）》等文件，引导休闲农业与乡村旅游健康发展。2016 年，重庆市人民政府办公厅印发了《重庆市人民政府办公厅关于加快乡村旅游发展的意见》，制定了全市乡村旅游发展目标及其保障措施。

第一节　休闲农业模式

重庆因独特的地理条件、民俗文化和农业结构，休闲农业从过去传统单一的农家乐休闲模式，逐渐发展为观光体验、民俗风情、名村古镇、度假纳凉等多种复合型模式。农业公园、休闲农场、乡村营地、运动公园、庄园酒店、乡村民俗、乡村博物馆、乡村艺术村、文化创业园等新兴产业日新月异；规模效益日益扩大，逐步实现数量规模型向质量效益型转变，逐渐扩充为田园农业、民俗风情、农庄农家、科普教育等齐头并进的融合模式。农业模式的主要类型为避暑休闲、采摘赏花、民俗体验、四季休闲等。其中主城区以都市农业和特色村落为代表、都市扩展区以现代农业园区为代表、渝东北片区以乡村田园景观和特色农业为代表、渝东南片区以民俗风情为代表，组团式发展格局初步形成。

2013 年 6 月 19 日，重庆市人民政府办公厅印发了《重庆市人民政府办公厅关于发展都市现代农业的指导意见》，提出了发展休闲农业的要求：“大力挖掘农村自然、人文资源，着力构筑多元化、复合型休闲农业体系。重点开发园区观光型、参与体验型、休闲度假型、养老养生型、科普教育型等现代农业休闲模式，发展各具特色的休闲观光农业基地。建设一批市民农园、民居农庄、民俗观光村和农业公园等农业旅游重点景区，逐步形成近郊农家乐体验游、远郊乡村特色游、温泉生态游、高山纳凉度假游、乡村风情游多元发展的现代休闲农业格局。”

2013 年 12 月 12 日，重庆市首家休闲农业协会——北碚休闲农业协会正式成立，标示着重庆的休闲农业建设进入了新的发展时期。2014 年 2 月，重庆市首张休闲农业地图“北碚田园乐趣大搜罗”出炉。这张地图共囊括了采草莓、打糍粑、磨豆花、认领菜地等该区 23 个休闲农业项目，既包括集奇石根雕和蟠扎等民间艺术于一体的桃花源休闲农场，也包括汇聚了台湾精品农业于一体的北碚台农园，以及可亲手体验采摘蔬菜乐趣的和畅生态农业观光园等项目。地图上，不仅对每个休闲农业点的地点、特色、联系方式、交通等做了详细的介绍，还为游客提供了详细的休闲出行参考，标志着重庆的休闲农业发展基本成熟。至 2015 年，全市乡村旅游已由以前单一的农家乐休闲方式逐渐发展为田园农业休闲、民俗风情休闲、名村古镇休闲、度假纳凉休闲、农庄农家休闲、科普教育休闲、回归自然休闲等多种方式。全市所有区（县）或大或小都有一定规模的休闲农业与乡村旅游项目，农家乐由原来的单个叫卖发展成抱团经营，休闲农家由原来的星星点点发展成集群连片，有的区（县）发展趋势明显，示范作用突出，当地村民或经营、或保障、或服务，产业链逐步形成。

全市休闲农业主要模式有以下几种。

一、观赏型模式

这种模式以“眼观”为主，通过观赏达到旅游目的。游客通过参观一些具有当地特色的农业生产景观、农业生产经营模式、乡村民居建筑，了解当地风俗民情、传统文化和农业生产过程。

二、实践型模式

这种模式以亲身体验为特点，包括以下几种形式：一是品尝型，即以亲自动手采摘尝鲜为主要目的，游客亲自到果园或瓜地采摘水果和瓜果，这种形式很受游客欢迎。二是操作型，游客自己动手，品尝自己的劳动成果。水库、湖泊等为游客提供垂钓服务并为游客提供加工条件，让游客自己动手；或为游客提供烧烤野炊场地等。三是学习型，这种模式是让游客通过实践，学习到一定的农业生产知识，体验农村生活，从中获得乐趣。游客参加各种各样的农耕活动，学习农作物的种植技术、动物饲养技术、农产品加工技术，以及农业经营管理等。

三、综合型模式

这种模式是将上述的某两种或几种模式结合起来，让游客进行全方位的旅游，体验“干农家活、吃农家饭、住农家房、赏农家景、享农家乐”的生活方式，以获得在城市所体会不到的乐趣。

第二节 休闲农业布局

2013 年 6 月 19 日，重庆市人民政府办公厅印发的《重庆市人民政府办公厅关于发展都市现代农业的指导意见》指出，在重庆市加快推进农业现代化战略中，根据重庆大都市及其延伸地带不同地域的资源状况和功能特点，总体发展布局为“三圈四带”：城市农业发展圈、近郊农业发展圈、远郊农业发展圈以及缙云山、中梁山、铜锣山、明月山 4 条带状山脉为主体的山区生态涵养带。

一、城市农业发展圈

该区域以景观农业和会展农业为主，主要分布在内环高速以内的近郊区，重点发展以花卉苗木、城市绿地、园林景观、楼宇居室美化、农产品电子商务以及农产品展示交易等为主要内容的景观农业和会展农业。

二、近郊农业发展圈

该区域以精品农业和休闲农业为主，主要分布在外环高速路以内的近郊区，发挥该区域紧邻城区的区位优势，以直接服务城市消费为目标，重点发展园区农业、体验农业、科普农业、创意农业、精品农业以及农产品交易市场、配送中心等，为市民提供调节城市生活节奏的休闲生活空间。该区域紧邻城区，具有独特的区位优势，以直接服务城市消费为目标，重点发展园区农业、体验农业、科普农业、创意农业、精品农业以及农产品交易市场、配送中心等，为市民提供调节城市生活节奏的休闲生活空间。

三、远郊农业发展圈

该区域以规模化的产品农业和加工农业为主，主要分布在外环高速以外的远郊丘陵、岭谷区及平坝，重点发展以规模化、专业化、区域化、标准化为目标的蔬菜、水果、水产、粮食、牧畜等名优大宗农产品生产和以加工为主要内容的产品农业与加工农业。

四、山区生态涵养发展带（四带）

该区域以特色农业和生态农业为主，主要分布在缙云山、中梁山、铜锣山、明月山 4 条带状山脉，大力植树造林，恢复森林植被、有效保护水资源，挖掘山区独有的森林资源潜力，发展林业和特色经济林，打造山顶绿树戴帽、山间果树成行、山下美丽田园的农业景观，大力发展以山区民俗游、生态游、温泉游及高山养生养老等为主要内容的特色农业、生态农业和休闲农业。

第三节　发展概况

重庆乡村休闲旅游起步于 20 世纪 90 年代初的农家乐。随着人们生活水平的不断提高和消费观念的转变，休闲旅游已逐渐成为一种时尚和生活方式。到 1998 年，随着农业结构战略性调整，渝北“三色”农业、南岸泉水鸡一条街、九龙坡白市驿、沙坪坝歌乐山、江北铁山坪、北碚缙云山等一批乡村休闲旅游基地逐渐兴起。之后，各级政府和有关部门逐步认识到乡村休闲旅游的重要性，开始将乡村休闲旅游纳入重要议事日程，把休闲农业与乡村旅游作为一大产业来抓。在市场和政府双轮驱动下，全市休闲农业与乡村旅游呈现出从郊区到山区、景区到农区、零星到集群、观光到休闲的快速扩张或转型发展态势，正逐步成长为农村经济重要的支柱产业。经过几年的努力，以渝东南为代表，已经开发出了以民族文化为核心的旅游产品，具备了一定的接待能力和进一步发展的条件，形成了一定的规模优势，发展势头好。主城都市板块的农家乐行业，也已经发展到一定的规模。

1998 年，南岸区在全市首先提出发展“生态高效农业”理念，并着力打造“四季垄耕”现代都市乡村旅游品牌。2006 年，重庆市农村工作办公室、市商务委员会、市国土房地产管理、市财政局、市旅游局联合出台了《重庆市旅游农业发展总体规划》，重庆市农村工作办公室投入 800 万元分别在南岸的南山、渝北的铁山坪、九龙坡的白市驿进行试点，起到了很好的示范带动作用。从 2007 年开始，重庆市相继推出了生态游、乡村游、名镇游等主题年活动，实施“三百工程”（完成旅游招商投入 100 亿元，开工建设 100 个主题年项目，开展 100 项旅游营销活动）。通过主题年活动，重庆市以项目建设为抓手，有序推进休闲农业与乡村旅游深入发展，建设了北碚美丽乡村生态农业旅游区、巴南桃花岛旅游度假区、江北双溪村都市农业示范园等一批乡村旅游项目，打造了合川涞滩古镇、九龙坡白市驿等一批旅游名镇。如北碚生态农业旅游区，引进重庆商社集团投资 3 亿元，建成占地面积 67 公顷，集乡村印象、花卉园艺观赏、嘉年华体验、美丽湖水上运动及乡村度假于一体的大型生态农业旅游景区。从 2010 年起，农业部、国家旅游局组织开展全国休闲农业与乡村旅游示范县和示范点创建活动，重庆市九龙坡区成为第一批示范县。

2012 年，重庆乡村旅游接待游客超过 8 000 万人次，占全市旅游业总接待游客量 30% 左右，实现营业收入 150 亿元，带动就业 60 余万人，带动农村脱贫致富 18 万余人。乡村旅游发展为广大农村地区脱贫致富提供了一条切实有效的途径，为全市新农村建设、新型城镇化建设以及城乡统筹建设注入了新的活力，为重庆在西部地区率先实现小康社会提供了重要保障。到2013年，全市乡村旅游景区景点达3 000余个，特色乡村旅游资源1 668个；在全市130个国家A级旅游景区中，超过1/3的景区与乡村旅游活动紧密相关；全市拥有农家乐近2万家，星级农家乐593家；以农家乐为主的旅游景点3 650个，农家乐已成为市民提高生活质量的一项极其重要的休闲方式。全市休闲农业旅游接待游客总人数超过8 600万人次，实现营业收入165亿元，乡村旅游带动农民就业人数70余万人，带动农村脱贫致富人数20余万人。重庆拥有国家现代农业示范区3个；全国农业旅游示范点6个；全国休闲农业与乡村旅游示范县（点）14个；市级现代农业示范区48个；全国特色景观旅游名镇（村）9个；中国传统村落14个；中国历史文化名城22个；国家级非物质文化遗产名录项目39项；中国民间文化艺术之乡11个；高山扶贫纳凉村170多个。

2014年，在第二届全国休闲农业创意精品推介活动中，重庆市农业委员会获最佳组织奖，区（县）推荐作品获金奖5个，银奖7个，优秀奖11个。向农业部推荐申报“中国美丽田园”17个，获命名6个；推荐申报“最美休闲乡村”5个，获命名3个。在第六届新农村电视艺术节“魅力新农村”金牛奖评选活动中，南川区和渝北区统景镇印盒村分别获得“魅力新农村十佳县”和“魅力新农村十佳乡村”称号。同年，重庆市农业委员会制作了“巴渝·醉美乡村”网和微信公众号，并于国庆节前召开新闻媒体通气会，面向社会推出了50条精品主打干线和25条精品支线，包括都市行、涵养行、生态行、沿江行、山中行和最炫民族风“五行一风”线路。覆盖全市500多个乡（镇），全方位、多渠道、跨平台开展宣传造势，扩大影响力。国庆长假7天，全市乡村旅游人次达到508万，旅游收入56 872万元。同年，重庆新创建并获认定“全国休闲农业与乡村旅游示范县”1个，示范点4个。至此，全市共创建“全国休闲农业与乡村旅游示范县”5个、示范点18个，中国美丽田园11个，中国最有魅力休闲乡村4个。在18个贫困区（县）的177个村发展乡村旅游农户1.3万户。全市乡村旅游接待游客达1亿人次，实现综合旅游收入近190亿元，带动农村劳动力转移就业近40万人，带动农民脱贫致富20余万人。

2015年，重庆市着力打造主城区周边以都市闲情为主题的现代农业观光区，都市扩展区以巴渝乡情为主题的现代农业景观区，渝东北片区以山水真情为主题的滨水生态农业体验区，渝东南片区以民俗风情为主题的武陵山民俗特色农业休闲区。同年，重庆启动了奉节兴隆镇六垭村、彭水鞍子镇新式村、黔江小南海镇新建村、秀山涌洞乡楠木村、丰都高家镇方斗村5个贫困村的乡村旅游扶贫试点工作，大部分村内道路、饮水、用电、通信等基础设施达到2A级旅游景区及以上标准，村内卫生环境显著改善，农民精神面貌明显改观。当年，全市有休闲农业与乡村旅游经营主体和各类景区景点1.2万家（个），其中休闲观光果园5 300多个、全国休闲渔业示范基地13个，休闲渔业增加到4.9万亩、高山扶贫纳凉村177个、农家乐2万余家。全市从事乡村旅游管理、技术服务、生产及销售服务的人员38.9万人，休闲农业与乡村旅游接待游客1.27亿人次，实现综合旅游营业收入210亿元；带动农村劳动力转移就业40万人、带动农民脱贫致富近30万人。

至2015年，重庆市有全国休闲农业与乡村旅游示范县8个、示范点23个、中国最有魅力休闲乡村4个、中国美丽田园11个。全国特色景观旅游名镇7个、名村2个，市级特色景观旅游名镇10个、名村10个、国家乡村旅游扶贫重点村120个。

2016年3月11日，全市乡村旅游发展大会在铜梁召开，会议通报了“十二五”时期全市乡村旅游发展情况，安排部署了“十三五”全市乡村旅游重点工作。“十二五”期间，全市乡村旅游接待游客4.46亿人次，实现综合收入788亿元，乡村旅游的综合收入年均增长23.29%。会议认为，“十二五”期间，重庆市委员会、市人民政府高度重视旅游发展，尤其是乡村旅游发展，始终将乡村旅游作为贯彻落实党的十八大精神，建设“美丽中国”的具体行动，作为加快城乡统筹发展推进民生改善的具体举措，作为助推新型城镇化建设实现农村全面小康的重要路径，作为帮助群众脱贫致富、解决“三农”

问题、缩小“三大差距”的突破口和助推剂。按照“多元化、规模化、品牌化、差异化”发展原则，从规划引导、项目建设、产品打造、招商引资、宣传营销等方面，引导各区（县）积极发展乡村旅游，着力打造“巴渝人家”乡村旅游品牌体系，农民生产生活条件得到明显改善，农村各项社会事业取得全面进步，生态环境得到明显改善，乡村旅游接待能力得到进一步加强，有力地促进了全市广大乡村地区经济社会发展，推动了全市城乡一体化进程。

2016 年，重庆坚持把休闲农业与乡村旅游作为一大主导产业来抓，在全市 817 个高山生态扶贫搬迁集中安置点发展乡村旅游，在 10 个贫困区（县）开展以休闲农业与乡村旅游为重点的农村一、二、三产业融合发展试点，注重规划引领、主题推进、政策支持、结合配套和营销推介，休闲农业与乡村旅游实现蓬勃发展。重庆市农业委员会分季节召开了 4 次以春“踏青赏花”、夏“避暑纳凉”、秋“采摘体验”、冬“民俗年节”为主题的新闻发布会，重点推介了 249 条“巴渝·醉美乡村”精品线路。新华网、华龙网等媒体开展了航拍重庆美丽乡村、十大赏花（摘果）胜地评选等活动。至 2016 年年底，重庆市成功创建了 10 个全国休闲农业与乡村旅游示范区（县）、23 个示范点、23 个最美休闲乡村和中国美丽田园；建设部级美丽乡村 36 个、市级示范村 388 个；打造休闲农业和乡村旅游景区景点 3 000 余个，发展农家乐 2 万余家、休闲果园及农庄 7 500 多个；2016 年，休闲农业和乡村旅游接待游客 1.52 亿人次，营业收入 349 亿元，带动就业 50 余万人。

第四节　扶持政策

2011 年，重庆市农业委员会、市旅游局联合印发了《关于加快发展休闲农业与乡村旅游的意见》，提出了发展原则和政策措施。2013 年重庆市人民政府办公厅印发了《重庆市人民政府办公厅关于发展都市现代农业的指导意见》，明确了发展都市现代农业的保障措施；2014 年经重庆市人民政府批准，市旅游局编制了《重庆市乡村旅游发展规划（2013—2020）》和《重庆市乡村旅游扶贫规划》，引导休闲农业与乡村旅游健康发展。2016 年，办公厅印发了《关于加快乡村旅游发展的意见》，制定了重庆乡村旅游发展目标及其保障措施。重庆市人民政府将乡村休闲旅游纳入《重庆市农业农村发展“十三五”规划》和《重庆市旅游业发展“十三五”规划》的重要内容。

一、重庆市农业委员会、重庆市旅游局关于加快发展休闲农业与乡村旅游的意见

2011 年 6 月 7 日，重庆市农业委员会印发了《重庆市农业委员会重庆市旅游局关于加快发展休闲农业与乡村旅游的意见》，对加快推进重庆市休闲农业与乡村旅游发展作出明确规定。

（一）增强发展后劲

将休闲农业与美丽乡村和新农村建设、现代农业发展、高山生态扶贫搬迁、生态环境保护治理相结合，促进农村一、二、三产业融合发展。

（二）加强政策扶持

按照“政府扶持、业主为主、社会参与”的原则，建立和完善休闲农业与乡村旅游投入机制，进一步加大扶持力度。增加财政性投入，加大乡村道路、水电设施、信息网络、旅游资源、环境保护等休闲农业与乡村旅游基础设施建设力度。各级农业担保公司，各金融机构加大对休闲农业与乡村旅游扶持力度，对经营特色明显、带动能力强、运作规范的休闲农业与乡村旅游企业，优先给予信贷支持。实施税收优惠政策，对月经营收入未达到起征点的“农家乐”等休闲农业与乡村旅游个体经营户免征营业税。

（三）扶持发展典型

通过典型引路，重点扶持一批经营水平高、经济实力强、市场信誉好、发展后劲足的休闲农业与乡村旅游企业，逐步提高组织化程度。加快建设九龙坡区国家级休闲农业与乡村旅游示范县，永川区黄瓜山、潼南县农龙蔬菜科普休闲观光园、万州区古红橘主题公园、涪陵区大木花谷等国家级休闲农业与乡村旅游示范点，创建一批市级休闲农业与乡村旅游示范县、休闲农业与乡村旅游示范点。“十二五”期间，创建3～5个国家级休闲农业与乡村旅游示范县、示范点，培育10个生态环境优、产业优势大、发展势头好、管理规范、示范带动能力强、农民广泛参与的市级休闲农业与乡村旅游示范县，培育100个发展产业化、经营特色化、管理规范化、产品品牌化、服务标准化的市级休闲农业示范点，发展500个星级“农家乐”。

二、重庆市人民政府办公厅关于发展都市现代农业的指导意见

2013年6月19日，《重庆市人民政府办公厅关于发展都市现代农业的指导意见》提出了强化政策支持，优化发展环境等保障措施。

（一）强化政策支持

一是加大资金扶持。市级财政将发展都市现代农业纳入市级特色效益农业专项资金支持范围，重点支持基础设施等关键环节。主城涉农区要整合交通、环保、国土、农业、林业、农业综合开发、水利等涉农资金，集中扶持都市现代农业。

二是强化政策支持。市级财政对都市现代农业企业优先评定市级产业化龙头企业，符合《重庆市财政局农业专项贴息资金管理办法》申报条件的享受市级龙头企业贷款贴息支持。市级财政对属于小微企业的都市现代农业企业予以重点扶持，鼓励和支持利用重庆市现有地票制度，推进农村相对集中居住、住房改造和基础设施建设，改善农民生产生活条件。积极推进农村集体建设用地流转，保障都市现代农业配套建设空间。

三是明确用地政策。建立完善的区级农村土地整理平台，提高土地的利用率。土地连片经营面积100亩以上，经营期限5年以上，并签订规范流转合同的经营主体，在不破坏土地耕作层的前提下，根据种植和养殖的不同类别，允许其按占用经营面积3%～7%（最大面积不超过20亩）的土地，建造简易设施作为生产辅助性用地。其用地性质按临时建设用地管理，并按有关规定进行审批，期满后自行拆除，恢复耕作。市级财政鼓励农民组建土地股份合作社。

四是创新金融服务。重庆市有序发展服务“三农”的小额贷款公司和担保公司，大力推进农村“三权”抵押融资，积极探索扩大农村融资担保抵押财产范围，将担保抵押品种从农用建筑物扩大到种植、养殖等生物性财产。主城各涉农区和重庆市人民政府有关部门要根据各自职能职责，按照加快发展都市现代农业的要求，出台具体的扶持政策和实施细则。

（二）优化发展环境

都市现代农业采取市级指导、区（县）级主抓、市场化运作的运行模式。都市现代农业园区和相关项目建设简化审批程序，严格限时办结，实行“一站式”办理，切实提高工作效率。全市各级各有关部门简政放权，加快建立以土地转流、资金融通、信息服务、市场开拓、人才培训等为主要内容的服务体系，积极营造了投资都市现代农业发展的软环境，促进了都市现代农业跨越发展。

三、重庆乡村旅游发展规划（2013—2020）

2014年3月，《重庆乡村旅游发展规划（2013—2020）》提出了乡村旅游发展的政策保障机制。

（一）财政政策

按照“政府扶持、市场主体、社会参与”的原则，重庆市建立和完善乡村旅游投入机制，进一步加大财政投入力度。按照《关于金融支持旅游业加快发展的若干意见》相关规定，逐步增加市、区（县）两级财政对乡村旅游基础设施、公共服务设施建设、宣传营销的投入。根据项目轻重缓急，切实采取财政补助、贷款贴息、以奖代补等多种形式，充分发挥财政资金的杠杆作用。市级有关部门及各区（县）政府在安排各类支农、扶农、涉农资金和项目时，充分考虑乡村旅游发展需求，对乡村旅游景区建设与发展给予倾斜和支持。宅基地复垦地票收益、效益农业专项、高山生态搬迁、D级危房改造补助等项目资金向乡村旅游做了适当倾斜。农业综合开发、阳光工程培训和新型职业农民培训等项目向乡村旅游示范工程倾斜。鼓励社会力量投资建设和开发乡村旅游。

（二）税收政策

实施税收优惠政策，对月经营收入未达到起征点的“农家乐”等乡村旅游个体经营户免征营业税；对符合西部大开发优惠政策条件的旅游企业减按18%税率征收企业所得税；落实国务院关于宾馆饭店与工业企业水、电、气同价政策。

（三）扶贫专项基金

实行片区攻坚，立足重点区（县）的资源优势和产业基础，指导区（县）重点围绕1～2个特色产业规划1～2个片区，加快推进以特色优势扶贫产业为核心的片区建设，打造特色产业扶贫示范带，促进贫困地区脱贫致富。

（四）融资政策

进一步培育和壮大“三农”融资平台和旅游投融资平台，推广“专项资金贴息、地方政府优惠、担保公司担保、金融机构贷款、项目业主开发”的“五位一体”的投融资模式。鼓励金融机构增加农村贷款尤其是“三权抵押”贷款的投放，积极开展农村集体房屋产权等抵押贷款业务，或实行无抵押授信，鼓励和引导工商资本、民间资本通过入股分红参与乡村旅游建设。鼓励乡村旅游小微企业融资。支持旅游企业采取项目特许权、股权、收费权、旅游景区门票质押担保、资产出让、发行股票和债券等方式扩大融资规模和开拓融资渠道。

（五）招商引资

重庆市围绕“为美丽寻找资本、让智慧创造财富、给要素搭建平台”的招商引资主体，以国内旅游交流会、西部旅游产业博览会、长江三峡国际旅游节和山水都市旅游节、国家旅游项目投资网等重要平台，全方位、大力开展乡村旅游招商引资工作。正确引导旅游投资市场，改善乡村旅游投资环境，适时出台鼓励和引导民间资本投资乡村旅游业等政策意见。

四、重庆市人民政府办公厅关于加快乡村旅游发展的意见

2016年7月7日，《重庆市人民政府办公厅关于加快乡村旅游发展的意见》制定了重庆乡村旅游发展的保障措施。

（一）加强协调服务

全市各级政府、各部门各司其职，形成发展乡村旅游的强大合力。发展改革部门会同旅游部门加强乡村旅游发展规划引导，支持乡村旅游重点项目建设。旅游部门着力打造乡村旅游产品和线路，会同有

关部门抓好乡村旅游宣传推广、人才培训、标准制定、旅游统计等有关基础性工作。农业部门大力发展景观农业、休闲农业，加快生态扶贫搬迁与“美丽乡村”建设，逐步完善乡村旅游发展必要的基础设施建设。城乡建设部门大力推进古镇、古村落保护修缮和乡村风貌建设。交通部门抓好交通主干道、重点景区与乡村旅游景区景点的道路连接工程，打通乡村旅游“最后一千米”，做好乡村旅游交通保障。国土部门加大对乡村旅游用地的保障。环保部门加大乡村环境的整治力度。文化部门要加强对乡村文化资源的挖掘、保护与利用，组织开展游客喜闻乐见的文化娱乐活动。林业部门抓好森林资源开发与利用，建设一批乡村森林养生基地和森林人家等品牌产品。水利部门盘活乡村塘库水利资源，开展乡村滨水旅游。扶贫部门加大乡村旅游扶贫项目资金投入，打造一批乡村旅游扶贫示范村。金融机构研究制定发展乡村旅游金融扶持政策，完善乡村金融服务。宣传部门加大乡村旅游宣传力度，推广“山水重庆、美丽乡村”品牌。商业部门抓好农家乐（乡村酒店）转型升级和标准化建设，推进乡村住宿餐饮行业个性化、标准化、集群化、规范化发展。公安、国土、税务、工商、质监、食品药品监管、旅游等部门以增强企业活力促进乡村旅游发展为中心，进一步简化管理流程，依法、高效、优质地为乡村旅游经营者提供注册、审批、监管等服务。

（二）加大投入力度

市级旅游发展专项资金向乡村旅游发展重点区（县）倾斜；农村基础设施和生态建设、新农村建设、生态农业发展等项目向符合条件的乡村旅游项目倾斜。对乡村旅游发展相对集中区域，要优先安排土地整治专项资金、农业综合开发资金等开展田、水、路、林、村综合整治。各区（县）要统筹整合各类专项资金，充分发挥财政资金的杠杆作用，加快建立以政府投入为引导，企业和社会投入为主体的多元化投入机制，引导和鼓励社会资本及各类经济实体投资乡村旅游业。

（三）强化用地保障

城乡建设、国土和规划部门在制定城乡规划、土地利用总体规划时，应考虑乡村旅游发展的实际需求，将乡村旅游建设用地纳入城乡建设规划、土地利用总体规划，在符合相关规划前提下，分类保障各类乡村旅游用地；实行乡村旅游用地差别化管理，采用多种方式供应建设用地。公建项目用地通过划拨方式供应；经营性项目用地采取招拍挂方式供应；亭台、栈道、厕所、步道、索道缆车等设施应符合有关规划，并按规定办理规划手续；影视城、仿古城等人造景观用地在符合城乡规划、土地利用总体规划基础上，按照相应土地供应方式办理规划手续。土地供应方式、价格和使用年限依法按旅游用地确定。科学引导和鼓励农村集体经济组织依法利用集体建设用地自办或以土地使用权与企业合作开发乡村旅游项目。发展乡村旅游涉及建设永久性餐饮、住宿用地的，支持依法办理农用地转用等审批手续。支持有条件的地方通过盘活农村闲置房屋、集体建设用地、“四荒”地、可用林场和水面等资产资源发展乡村旅游。

（四）实行税费优惠

对月经营收入 3 万元（含 3 万元，按季纳税 9 万元）以下的乡村旅游经营户，免征增值税；在城镇土地使用税征收范围内经营采摘、观光农业的单位和个人，其直接用于采摘和观光的种植、养殖、饲养用地，免征城镇土地使用税。对从事乡村旅游的符合条件的小型微利企业，按规定执行小型微利企业所得税优惠政策；经批准改造的废弃土地和开山整治的土地，从使用的月份起免缴城镇土地使用税 5 年。对个人出租住房经营乡村旅游的，免征印花税，减按 4% 的税率征收房产税，免征城镇土地使用税。对符合西部大开发税收优惠政策规定条件的，可减按 15% 税率缴纳企业所得税。对在城镇规划区范围外开发乡村旅游项目的农户，在用电、用水等方面给予支持。

（五）加大金融支持

鼓励金融机构为乡村旅游发展提供信贷支持，创新金融产品，适当加大信贷投放力度，简化贷款手续，适度降低旅游企业贷款准入门槛。积极支持重庆旅游融资担保公司做大做强，突出业务特色，将乡村旅游纳入扶贫开发贷款扶持范围。担保资金要积极为乡村旅游提供担保，凡是符合小额担保贷款政策支持对象的，均可申请小额担保贷款，并按规定予以贴息。鼓励通过农村产权抵押和旅游门票质押方式，扩大乡村旅游融资规模，鼓励乡村旅游经营户通过小额贷款保证保险实现小额融资。

第四章

社会主义新农村建设

2005 年，中国共产党十六届五中全会提出："要按照生产发展、生活宽裕、乡风文明、村容整洁、管理民主的要求，扎实稳步地推进社会主义新农村建设。"2006 年 12 月 31 日，中共中央印发《中共中央 国务院关于积极发展现代农业扎实推进社会主义新农村建设的若干意见》指出：加强"三农"工作，积极发展现代农业，扎实推进社会主义新农村建设，是全面落实科学发展观、构建社会主义和谐社会的必然要求，是加快社会主义现代化建设的重大任务。发展现代农业是社会主义新农村建设的首要任务，是以科学发展观统领农村工作的必然要求。必须把建设现代农业作为贯穿新农村建设和现代化全过程的一项长期艰巨任务，切实抓紧抓好。

党的十六届五中全会作出建设社会主义新农村重大战略决策后，重庆市委、市人民政府根据重庆市特殊市情，提出了"千村推进百村示范"工程和以"三建、四改、五提高"为主要内容的新农村建设总体思路。2006 年，重庆以实施"千百工程"（"千村推进百村示范工程"）和深入推进"三百工程"（"农业产业化百万工程""百个经济强镇工程""百万农村劳动力转移就业工程"）为载体，正式启动社会主义新农村建设。

第一节　建设内容

一、新农村建设内容

2006 年 2 月 23 日，重庆市人民政府市长王鸿举在全市农村工作会上的讲话中指出：中央对建设社会主义新农村提出了"生产发展、生活宽裕、乡风文明、村容整洁、管理民主"的目标要求，重庆市要按照统筹城乡和新农村建设"五句话"的要求，形成全市、区（县）、乡（镇）、村的新农村建设规划。规划的内容包括特色产业发展、基础设施建设、村庄建设和人居环境整治、农村先进文化建设、劳动力转移、基层组织建设等。市人民政府副市长陈光国在讲话中要求：要用新农村建设统领"三农"工作全局，以促进产业发展为支撑，以增加农民收入为核心，以改变农村面貌为关键，以倡导乡村文明为重点，以扩大基层民主为保障，以启动实施"千百工程"和深入推进"三百工程"为载体，集合全市各方力量，既快又好地推进社会主义新农村建设。

（一）千百工程

"千百工程"即"千村推进百村示范工程"。"千百工程"的主要建设内容即"三建""四改""五提高”。

“三建”：第一，建优势产业。按照市场需求和区域产业布局，调整优化农业结构，推进“一村一品”，培育支柱产业。第二，建基本农田。按照山、水、田、林、路综合治理的要求，因地制宜开展农田整治和坡瘠地改造，大力搞好农业综合开发，提高农田产出能力和农业机械化水平。第三，建公共设施。重点建设“一校三室一园”：即根据规划布局建好村小学，方便农村小学生上学；建好村卫生室，切实解决农民就医难问题；建好村办公室，改善村“两委”办公条件；建好村活动室，作为农民学习、锻炼、休闲、娱乐的活动场所。建好村“五保家园”，对农村“五保户”实行相对集中供养。

“四改”：第一，改建乡村道路，建立完善乡村道路管养机制。第二，改善人畜饮水。搞好人畜饮水工程建设，确保农村饮水安全。第三，改造农民房舍。建设安全、整洁、美观、实用的农民新居。第四，改善人居环境。清除乱搭乱建，全面整治卫生环境，美化净化村容村貌。

“五提高”：第一，提高农民收入。大力发展种植养殖等多种增收项目，大力发展农村二、三产业，拓宽农民就业空间和增收渠道，千方百计增加农民收入。第二，提高农民素质。高质量普及九年制义务教育，逐步普及高中阶段教育，提高农民受教育程度；开展农业技术、务工技能、政策法律等各种类型的农民培训，提高农民的种田技能和务工能力，培养和造就有文化、懂技术、善经营、会管理的社会主义新型农民。第三，提高社保能力。建立新型农村合作医疗制度，建立农村社会养老保险和最低生活保障制度，妥善解决农村病残孤寡老人生产生活困难问题，对农村“五保户”实行集中供养，全面落实农村计划生育奖励扶助政策。第四，提高民主管理水平。加强基层党组织建设，充分发挥农村基层党组织在新农村建设中的战斗堡垒作用；建立在村党组织领导下的充满活力的村民自治机制，规范村“两委”工作运行程序，完善村民会议、村民代表会议等民主决策制度；切实维护农民的民主权利，让农民真正享有选举权、知情权、参与权、决策权、监督权和受益权。第五，提高乡风文明程度。建立和完善村规民约，开展文明家庭、文明院落、文明村社创建活动；引导农民崇尚科学、抵制迷信、移风易俗，提倡科学健康的生活方式和文明向上的道德风尚；加强农村社会治安综合治理，营造农村安全和谐、农民安居乐业的社会环境。

（二）三百工程

“三百工程”即重庆市2001年下半年启动的实施“农业产业化百万工程”、2003年启动的“百个经济强镇建设工程”和2004年启动的“百万农村劳动力转移就业工程”。“三百工程”选择全市有特色、有比较优势的产业作为建设项目，选择有较强辐射作用的建制镇，通过强化产业培育，做大做强主导产业，加快城镇基础设施建设，提高城镇化水平，从整体上提高农业产业化经营水平和综合竞争能力；通过构建全市劳动力资源体系调查系统、技能培训系统、组织输出系统和服务体系，加强对农村劳动力转移的培训、组织和服务，扩大农村劳动力就业渠道。

1. 农业产业化百万工程

2001年，为了推进全市农业农村经济战略性结构调整，重庆市委、市人民政府决定按照壮大产业规模、延长产业链条的要求，集中各方面力量，采取综合性措施，用5～10年的时间，在全市全面实施百万亩天然香料、百万亩优质中药材、百万亩笋竹、百万亩优质甘蓝型黄籽油菜、百万亩花卉苗木、百万吨优质柑橘深加工、百万吨优质粮加工、百万头（只）草食牲畜、百万头出口创汇优质瘦肉型猪、百万担优质蚕茧等10个农业产业化百万工程。

10个农业产业化百万工程，蕴涵了产业经济、规模经济、工程经济的丰富内涵，是重庆市委、市人民政府“跳出农业抓农业，换个方式搞农业”工作思路的重要体现，是推动全市农业农村经济结构由常规性、适应性调整向战略性、突破性调整转变的重要载体，是全市特色农业和优质高效农业向市场化、规模化、产业化发展的重要超越，是实现全市农村经济可持续发展、农民收入可持续增长的重要途径，是重庆农业有效地应对中国加入WTO新挑战的重大举措。重庆市委、市人民政府建立了副市长陈光国任组长的百万工程综合协调小组；每个百万工程都建立了由1个市级部门牵头、多个部门配合的工作小组，分别制定了《发展规划》和《实施方案》。2001年10月24日，召开10个农业产业化百万工程启动大会。

10个农业产业化百万工程，鼓励城市工商资本进入农业产业化领域，加快瘦肉型生猪、优质柑橘、中药材和优质粮油等重点产业发展，按照优势产业向优势产区集中的思路，形成优势产业带和特色产业区。积极支持和引导发展各类农村合作经济组织。

2. 百个经济强镇工程

2003年，为进一步推进重庆市农村经济结构战略性调整，加速农业现代化、农村城镇化、农村工业化进程，全面建设小康社会，重庆市委、市人民政府采取又一重大举措，决定实施“百个经济强镇工程”。全市共确定103个镇为百个经济强镇工程镇。

对百个经济强镇工程镇，加快基础设施建设，加大投入和扶持力度，培育优势特色产业，落实优惠政策，优化就业、创业环境，推进二、三产业协调发展。“十一五”期间重点中心镇逐步由45个增加到100个。

3. 百万农村劳动力转移就业工程

2004年，为推进全市农村经济发展和农村城镇化进程，大力增加农民收入，加快富民兴渝、全面建设小康社会步伐，重庆市正式启动实施百万农村劳动力转移就业工程（简称百劳工程）和农村劳动力转移培训阳光工程（简称阳光工程）。百劳工程和阳光工程实施的指导原则是“政府引导、市场运作、部门服务、农民受益”；目标是每年培训农村劳动力20万人以上，每年新增农村劳动力转移40万人以上，每年农村劳务收入增长10%以上，到2007年全市农村劳动力转移就业人数达到750万人，到2010年全市农村劳动力转移就业人数达到900万人；构建农村劳动力资源系统、技能培训系统和劳务输出系统等三大系统；实行培训补助、输出奖励、费用减免、权益保障、回乡创业5个方面的优惠政策。

二、美丽乡村建设内容

2013年7月16日，重庆市农业委员会办公室印发了《重庆市“美丽乡村”建设规划纲要（2013—2017）》。据此，重庆市全面启动了“美丽乡村”建设工程，将“新农村建设”与“美丽乡村”建设融合共建，按照生产、生活、生态和谐发展的要求，以发展农村经济、改善人居环境、传承生态文化、培育文明新风为主要途径，努力打造“生态宜居、生产高效、生活美好、人文和谐”的新农村。明确提出了美丽乡村建设的几条内容。

（一）主要任务

遵循生产、生活、生态和谐发展，围绕全市功能区划分的总体布局，因地制宜，突出重点，扎实推进生态经济、生态人居、生态环境和生态文明建设。

（二）建设标准

按照“五有、四无、三覆盖”标准建设。五有：有现代的产业支撑、有清洁的田园风光、有优美的生活环境、有民主的管理制度、有幸福的生活质量。四无：无刑事案件；无重大安全事故；无农产品质量安全事故；无规定动物疫病发生。三覆盖：“普九”全覆盖；农民医疗保险参保全覆盖；农民养老保险参保全覆盖。

（三）建设要求

做到“七个结合”。一是与发展特色效益农业相结合，二是与搞好高山生态扶贫搬迁相结合，三是

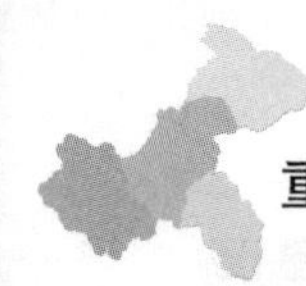

与发展乡村旅游业相结合，四是与改善农村生态环境相结合，五是与保障和改善农村民生相结合，六是与繁荣发展农村文化相结合，七是与健全农村社会管理相结合。

（四）区划布局

主城区（县）着力围绕都市休闲农业、渝西区（县）着力围绕现代农业示范、渝东北区（县）着力围绕山地特色效益农业、渝东南区（县）着力围绕武陵山区生态农业开展美丽乡村建设。

第二节　建设概况

一、新农村建设概况

2006年，重庆市委、市人民政府作出推进社会主义新农村建设的重大决策部署后，各级各部门领导高度重视，把新农村建设摆上了工作的重中之重，采取了一系列重大措施，扎实推进社会主义新农村建设。

（一）工作举措

为了扎实稳步地推进社会主义新农村建设，2006年，重庆市委印发了《中共重庆市委 重庆市人民政府关于统筹城乡发展推进社会主义新农村建设的意见》。同年，重庆市委办公厅印发了《中共重庆市委办公厅 重庆市人民政府办公厅关于社会主义新农村建设“千村推进百村示范”工程的实施意见》。重庆市以实施“千百工程”和深入推进“三百工程”为载体，全面实施社会主义新农村建设。

2006年是社会主义新农村建设的起步年，重庆市制定印发了《关于“千百工程”建设任务市级部门责任分解的通知》，各级各部门在新农村建设中，认真履行职能职责，制定工作方案，落实目标责任，在全市形成上下联动、部门配合、齐抓共管的整体推进合力，形成了全市上下推进新农村建设“一盘棋”。2006年，主要抓了以下工作。

1. 加强组织领导，完善推进机制

2006年3月，重庆市委、市人民政府召开了实施“千村推进百村示范工程”动员大会，对实施“千百工程”作出具体安排。明确了由市委农村工作领导小组统筹全市新农村建设工作，由领导小组办公室（重庆市农村工作办公室）具体负责牵头协调日常工作。全市有农村的39个区（县、自治县）都建立了高规格、强有力的新农村建设领导小组，其中37个区（县、自治县）由书记任组长，2个区（县）由区（县）长任组长，18个区（县、自治县）由党委或政府分管领导兼任领导小组办公室主任。重庆市从上到下形成了较严密的新农村建设工作体系，组建了精干的工作班子，建立了责任明确的工作推进机制。

2. 深入调查研究，明确工作思路

市委、市人民政府在深入调查研究，充分学习借鉴韩国和江西赣州经验的基础上，提出了以“千百工程”为龙头，有计划、有步骤、有重点地推进全市新农村建设的总体工作思路。结合重庆市特殊市情，在39个区县选择了不同区位、不同经济基础、不同地形地貌、具有一定代表性的1 000个村进行重点推进，并选择其中100个村进行典型示范，不断探索和积累经验。并把中央“五句话”细化、实化为“三建”“四改”“五提高”12项可操作的建设任务，力求在产业发展上、农民增收上、人居环境整治上、公共事业发展上取得突破。为了让各地对新农村建设有一个明确的阶段性奋斗目标，分区域制定出台了重庆新农村建设示范村10条具体建设标准。重庆推进新农村建设的总体思路和做法，得到了中共中央办公厅和中央农村工作领导小组办公室肯定，分别以“工作情况交流”和“农村要情”的形式进行了转载。

3. 广泛宣传发动，营造浓厚氛围

全市各级各部门采取多种宣传形式，广泛造势，深入发动。由市委宣传部，市委农村工作委员会等部门负责人和有关专家组成5个新农村建设宣讲团分赴20个区（县）开展了22场新农村建设宣讲活动，宣传新农村建设的目标任务、建设内容和重大意义。发放了上万份宣传资料，不断提高广大干部群众对新农村建设的认识。同时，各级部门在重庆日报、重庆电视台、华龙网开辟了新农村建设专栏和专题加强舆论宣传；开展了新农村建设建议征集活动，汇聚民智、广纳民策推进新农村建设；积极鼓励引导党政机关、人民团体、企事业单位和社会知名人士、志愿者支持和参与新农村建设。

4. 强化培训指导，提高服务水平

重庆市先后邀请国家部委（办）领导和专家到重庆作新农村建设专题报告，举办了4期赴韩国新农村建设研讨班，对市级相关涉农部门负责人、区（县）分管领导和新农村建设办公室主任进行培训。重庆市举办了两期区（县）农口部门负责人和乡（镇）党委书记（镇长）新农村建设培训班、整村推进特困村和100个示范村党组织书记（村主任）培训班、100个示范村大学生西部志愿者及所在乡镇团干部培训班等，统一了基层干部思想，提高了服务新农村建设的能力和水平。重庆市通过办农民学校，举办农村劳动力转移就业培训以及对农村应届毕业生进行职业教育等形式，有效地提高了广大农民的从业技能和综合素质，为新农村建设提供强有力的人才智力支持。

5. 采取综合措施，支持服务新农村建设

在资金投入上，按照“安排渠道不变、投资用途不变”的原则，统筹考虑，合理安排，将市级各部门资金打捆落实到新农村建设实施村的具体项目上，最大限度发挥财政资金效益。2006年，重庆市委组织部会同市发展和改革委员会，市财政局、市卫生局、市供销社等有关部门筹集资金1亿多元，大力推进2 000个村级公共服务中心建设。重庆市交通委员会投资38亿元，开工建设农村公路6 000千米。重庆市建设委员会安排1 000万元推进康居工程示范村建设。同年，国家开发银行重庆分行、农业发展银行重庆分行和市农村信用社3家银行支持新农村建设贷款金额338. 3亿元。全市财政安排支农资金160多亿元，比上年增加29. 4%。市和区（县、自治县、市）分别安排新农村建设专项资金2 000万元和3. 94亿元，筹集社会帮扶资金2. 35亿元。全市捆绑20个市级部门1. 74亿元的项目建设资金戴帽下到100个新农村建设示范村，带动区（县）、乡（镇）及农民、社会等方面的资金共6. 12亿元。在政策扶持上，重庆市委、市人民政府出台了《关于统筹城乡发展推进社会主义新农村建设的意见》《关于社会主义新农村建设“千村推进百村示范”工程的实施意见》等文件，明确提出了建立“一个专项（市财政要安排专项资金，对纳入新农村建设规划的农村公益设施建设、环境改造、规划编制和人员培训等给予补助）”、实现“三个高于（财政支农资金增量要高于上年，预算内资金用于农村建设的比重要高于上年，其中直接用于改善农村生产生活条件的资金要高于上年）”、提高“三个比重（基础设施建设投入的重点要转向农村，逐年提高市级基本建设资金支农的比重，提高国有商业银行、农村信用社、农业发展银行对区县贷款和农业贷款的比重，提高农村教育、卫生、文化、计划生育等社会事业发展投入的比重，逐步形成支农资金的稳定增长机制）”等扶持新农村建设的若干优惠政策。在辅助措施助推上，启动实施了“金融支持新农村建设合作行动计划”“新农村建设县校合作计划”和“村企结对共建新农村行动计划”，破解了农村“贷款难”、农村科技缺乏和农村产业培育难问题，收到了良好的效果。在推进方式上，市里把9 808个行政村按照示范村、推进村、跟进村、贫困村分为四大类型，通过抓两头带中间的方式进行分类指导、因地制宜推进新农村建设。重庆市还通过召开调研座谈会和流动现场会，有针对性指导全市新农村建设。

为做好新农村建设规划编制工作，2006年，重庆市农村工作领导小组印发《重庆市新农村建设规划编制指导意见》《重庆市新农村建设规划编制评审基本要求》，组织召开规划编制现场交流会，指导市、区（县）、乡（镇）、村各级规划编制。全市上下各级各部门把规划编制过程作为统一思想认识、广泛发动农民、摸清村情民意、理清发展思路、谋划建设项目、推进民主决策的过程。在规划编制中，

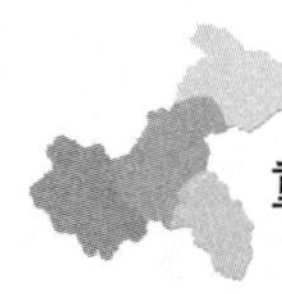

重庆市规划局和市组织部联合举办规划编制培训班，对100个示范村和所在镇的相关人员进行专题培训。重庆市建设委员会针对编制规划收费较高、文本不够规范、基层缺乏专业人才等问题，组织112家设计单位开展规划编制对口帮扶，支持区（县、自治县、市）的规划编制工作。

重庆市社会主义新农村建设，得到重庆市委、市人民政府的高度重视和市级各部门大力支持。2006年，重庆市委、市人民政府先后召开主城片区、渝西片区和三峡库区新农村建设现场会，分片区交流新农村建设的做法和经验，指导和督促新农村建设。全市100个新农村建设示范村实行全面建设整体推进，900个新农村建设推进村按照自身实际情况，重点解决农民群众最急需的突出问题，对贫困村继续加大力度推进整村脱贫工作。市规划局免费为“千百工程”100个示范村提供最新的1∶5 000地形图。团市委组织100名大学生西部志愿者分赴100个示范村参与新农村建设。重庆市民政局、市商务委员会、市水利局、市农机事业管理局、市林业局、市国土局、市农业综合开发办公室等部门围绕新农村建设组织实施“五保”家园建设工程、农村“双建”工程、水利设施建设工程、人畜饮水工程、农机推广和灌溉工程、农村绿化工程、基本农田整治工程等建设项目。重庆市农村工作办公室牵头组织实施三大计划：一是与市教育委员会、市扶贫开发领导小组办公室联合组织13所大专院校与三峡重庆库区16个区县实施“校地合作计划”，支持库区新农村建设。二是与重庆市人民银行、国家开发银行重庆分行、农业发展银行重庆分行和市农村信用社4家金融机构联合实施“金融支持新农村建设合作计划”。三是组织市级农业产业化龙头企业实施“村企共建新农村计划”，带动示范村和推进村的产业发展。

2007年，社会主义新农村建设按照“扩大示范、突破重点、梯次推进、辐射带动”的思路，以“三建、四改、五提高”为主要内容，深入推进“千百工程”建设。一是整合市级部门财政资金。将市交通委员会、市教育委员会、市卫生局等部门的涉农资金，市水利局、市农业局、市林业局等农口部门的农业专项资金，集中打捆190亿元投入新农村建设，比2006年增长20%。其中投入优势主导产业发展3.8亿元，投入种粮农民直补5.17亿元，投入农田水利基本建设70亿元，投入农村乡村公路建设72.9亿元。重庆市建设委员会投入1 400万元，实施100个康居示范村建设。重庆市农业综合开发办公室投入9 050万元，推进“千百工程”基础设施建设。二是推动区（县）融资创新。各区（县）通过财政资金投入，创建农业担保公司等方式，引导整合农业企业、农民专业合作经济组织和农民自身投入84亿元用于新农村建设，其中财政专项资金8.36亿元，整合项目资金23.64亿元，农业企业、农民专业合作经济组织、农民自身投入52亿元。江北区成立金世海农业发展有限公司积极为新农村建设融资3.25亿元，渝北区成立农业担保公司为新农村建设融资920万元。

2007年全市新农村建设的主要举措：

一是完善建设规划。各区（县）根据《重庆市新农村建设规划编制指导意见》和《重庆市新农村建设规划编制评审基本要求》两个指导性文件，采取专业机构、关联部门、实施乡村共同参与的方式组织编制规划。重庆市完成了全市新农村建设示范村、新农村建设推进村和区（县）新农村建设总体规划，启动乡级新农村建设规划和面上建设村规划实施方案的编制工作。规划内容包括产业发展、农民增收、基础设施建设、人居环境改造、社会事业发展等8类21项建设内容，新农村建设重点更突出、任务更具体、目标更明确。

二是谋划发展重点。根据重庆农村面积大、农民收入低、地区间经济发展不平衡、以城带乡能力不强等基本市情，采取重点支持、集中示范、加快辐射的方式为全市大范围推进新农村建设探好路子、增添经验、打牢基础、指引方向。在“千百工程”建设取得初步成效的基础上，重庆适时推进了一区（双桥）、两镇（渝北张关、大足古龙）、五大片区（开县福城、大足城宝、忠县斯格兰、北碚静观、江北双溪）的新农村建设。同时，重庆市还在一些地方还摸索形成了产业强村、科技兴村、企业帮村、机制活村等多种推进方式。如北碚区静观镇素心村依托花木产业，引进重庆商社集团发展旅游产业带动新农村建设。大足县龙水镇高坡村突出小五金加工，以发展第二产业带动新农村建设。永川区火炉镇会龙桥村实行由村社提供土地入股培育发展企业，由企业帮助农民修路建新农村，形成企业与村民利益紧密联结的村企驱动型发展模式。秀山县明确了新农村建设"推进四种模式，抓好四基建设，达到六通十有标准"的工作思路。江北区坚持统筹城乡推进新农村建设，把15个村全部纳入新农村"千百工程"建设，并以规划编制、城乡管理、产业发展、设施建设、公共服务、社会保障等"六个一体化"为主线，以双溪村为平台开展了统筹城乡建设新农村的试验示范。

三是加强宣传培训。重庆电视台于2007年8月6日正式开通了农村电视频道，成为第一家设立农村频道的全国省级电视台。司法系统印发法制宣传资料20余万份，制作展板800余块，编演文艺节目40余场，开展法制培训3 000余场次。永川区编印了3万册新农村建设宣传册子发放到农民手中。南川区抓住"五个一"（组建一支宣传队、开展一次点子征集、发放一封公开信、组织一场院坝讨论、举办一次大规模干部培训）进行宣传。开县编写了《建设社会主义新农村农民教育读本》，并在县乡抽调专门人员深入基层广泛宣传。巫溪县在40个县级部门抽调150多人组成新农村建设服务团，深入农村开展送政策、送法律、送科技、送文化、送卫生、送项目等"六送活动"。这些措施在全市形成了上下联动、部门配合、各方支持、齐抓共管的新农村建设良好局面。

四是加强农村严打整治。按照"以打开路、以治筑基"思路和"边排查边整治、滚动排查整治"的要求，开展了集中排查整治农村治安混乱地区专项行动。2007年全市集中排查行动出动警力18 964人次，破获刑事案件430件，查处治安案件696件，打击处理违法犯罪人员3 230人次，化解各类矛盾纠纷1 025起，农村刑事案件同比下降5.1%，维护了农村安定。

五是强化农村安全生产。把安全生产纳入新农村建设工作范畴，一是把安全监管网络延伸到村一级。南岸、九龙坡、渝北、大渡口、石柱、綦江、合川等区（县）先行试点建设村级安全监管网络。二是在全国率先开展农村消防工作。市里选择了10个村、7个镇先行开展了全市农村消防工作试点，各区（县）也选择1个经济强镇和1个"千百工程"村进行试点。全市编制农村消防规划的有123个乡镇、422个村，建立专兼职消防队5个、义务消防队3 463个、志愿消防队959个，农村预防和救援火灾的能力提高。

2008—2009年，全市新农村建设呈现出勃勃向上的新形势。一是工作力度进一步加大。在重庆市委、市人民政府出台的《关于统筹城乡发展推进社会主义新农村建设意见》和《关于社会主义新农村建设"千村推进百村示范工程"的实施意见》等文件指导下。各区（县、自治县）党委和政府十分重视新农村建设，主要领导亲自抓新农村建设工作。二是建设思路进一步明确。重庆市委、市人民政府根据中央提出的"五句话"总要求，提出了以"千百工程"为龙头，以"三建、四改、五提高"为主要内容的总体发展思路。各区（县、自治县）结合经济社会发展情况和区域自然条件等，提出了各自的发展思路。黔江区提出了"抓两头带中间"的推进思路；九龙坡区提出"实施三步行动，强化五项保障"的发展思路；江津区提出了"三清理、十整治"的推进思路；开县提出了"试点引路、重点突出、分步实施、扎实推进"的工作思路。三是建设氛围进一步浓厚。通过电视台、报纸杂志、华龙网、视界网等新闻媒体大量宣传新农村建设，机关干部广泛宣讲新农村建设，激发了农民群众和社会各界参与新农村建设的热情。四是建设工作进一步规范。按照《重庆市新农村建设规划编制指导意见》和《重庆市新农村建设规划编制评审基本要求》两个指导性文件，完成了《重庆市社会主义新农村建设规划纲要》编制，完成了39个区（县、自治县）新农村建设规划、210个示范村和1 800个推进村建设规划编制。市城乡建设委员会完成26套巴渝新农村民居通用图集编制。通过编制规划，新农村建设"先规划后建设"形成基本共识，农村乱建乱搭、随意建设、无序发展的现象得到遏制。五是资金投入进一步增大。2008年1月，重庆市委第三届四次全委会提出补助100亿元抓好粮油基础产业，投资750亿元加快水利、交通等基础设施建设，投入900亿元发展农村教育、卫生、文化事业。交通、水利、民政、卫生等市级有关部门，围绕新农村建设，打捆投入249亿元，用于农村基础设施改善，优势产业发展、文化社会事业发展。全市农民群众自筹资金30.9亿元，修建村级道路、改善人居环境、发展社会事业。巴南区7 865名返乡创业人员，投入19.5亿元资金，参与新农村建设，吸纳5.7万农村劳动力

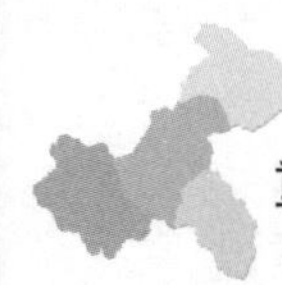

就业。2009 年，重庆市农业、水利、交通、教育等市级有关部门共投入 315 亿元，全市农民群众筹集资金 40.9 亿元，加快推进新农村建设。同年，农业部直接下拨或帮助重庆市落实资金近 45 亿元，支持 8 个大型农业灌区建设；安排 4.2 亿元支持畜牧业发展；安排 1.35 亿元支持三峡柑橘产业带建设；安排 2.3 亿元支持农机综合示范基地建设，安排 0.15 亿元支持农产品质量安全示范区建设；安排 2.76 亿元支持农村沼气建设；安排 0.68 亿元开展农民专业合作社项目试点；安排 0.76 亿元加大新型农民培训力度。同年，南方集团、金科集团、欧盟 TW 集团、亨嘉集团等城市工商企业和外资企业 3 000 多家到农村落户创业，投入资金 200 余亿元参与新农村建设，其中 121 家企业与 128 个"千百工程"示范村签订了"村企共建"新农村合作协议，建设内容涉及农村优势产业培育、基础设施改善、社会事业发展和基层组织建设等方面的内容。同年，重庆市农业担保公司注册资金达到 3 亿元，与 12 家银行合作，协议融资 20 亿元，为龙头企业和农民专业合作社担保贷款 8.28 亿元。

2010 年，重庆市在推进"千百工程"的基础上，实施"一线三园三城十点"新农村示范区建设。"一线"即大足邮亭至宝顶沿线；"三园"即重庆北碚台湾农民创业园、重庆（江津）现代农业示范园、重庆（南川）生态农业示范园；"三城"即重庆现代畜牧业示范城（荣昌）、重庆农科贸易城（九龙坡）、中国柑橘城（忠县）；"十点"即涪陵区松柏村、长寿区黄家坝村、江津区凉河村、綦江县中桥村、璧山县来凤村、荣昌县梅石坝村、潼南县罐坝村、开县长沙村、武隆县梅子村、秀山县石门村 10 个样板示范点。当年，全市安排资金 2.95 亿元，加快 108 个市级中心镇、1 500 个农民新村和巴渝新居建设及农村危旧房改造。2011 年，全市安排新农村建设市级财政专项资金 3 000 万元，对市级示范村农村基础设施（人行便道、小型人饮）、农村清洁环境、特色产业进行升级打造，带动全市新农村建设快速全面推进。全市新农村"千百工程"示范村第二批建设全面结束。

2012 年启动新农村"千百工程"第三批示范片（村）建设。全市确定 10 个市级新农村示范片（万州区孙家示范片、黔江区沙坝示范片、涪陵区南沱示范片、南岸区南山示范片、北碚区明通示范片、长寿区龙河示范片、南川区大观示范片、潼南县太安示范片、荣昌县古路示范片、璧山县璧北示范片）和 102 个市级新农村示范村为全市"千百工程"第三批示范片（村）建设。把乡风文明建设与"树新风、扬正气、促发展"主题实践活动相结合，推动全市新农村乡风文明建设又好又快的发展。同年，全市市级以上财政投资 34.5 亿元，完成造林 26.87 万公顷。全市水利投资 206 亿元，比上年增长 34.6%。

2013 年，重庆市财政安排专项资金 3 330 万元，支持市级示范村人行便道、小型人饮安全工程、农村清洁工程等项目建设和特色产业发展。整合涉农基本建设、产业发展、生态能源、技能培训等项目资金向美丽乡村建设倾斜，启动了"金融机构助推、百家龙头企业帮扶、百名农业专家支持"三大行动。重庆市委、市人民政府决定从 2013 年起到 2017 年，建设集中安置点 2 216 个，完成 50 万人高山生态扶贫搬迁，推动人口下山、产业上山、游客进山、产品出山，将搬迁地打造成秀美和谐的美丽乡村。在市财政每年安排 10 亿元特色效益农业专项资金基础上，重庆市农业委员会每年投入 1 亿元，每个集中安置点所在村安排 10 万元，主要用于支持产业发展、农业基础设施建设、新型经营主体培育等，引导发展特色效益产业，形成"一村一品""一主多业"的格局。重庆市对发展特色产业、乡村旅游的贫困搬迁户，分别给予不少于 2 000 元、2 万元的资金扶持。

（二）主要成效

自 2006 年全面启动新农村建设后，全市各级各部门积极配合、大力支持、齐抓共管、整体推进。全市农业农村经济和农村社会事业快速发展，农业优势主导产业加快形成，农业产业化程度快速提高，农村基础设施得以夯实，农民人居环境迅速改善。2006 年的工作取得一定成效。

1. 示范村、推进村建设规划全面完成

各级干部、广大农民群众的规划意识明显增强，"先规划后建设"普遍形成共识，农村随意建设、自由布局、无序发展的状况正在逐步改变。各区（县）按照重庆市委农村工作领导小组制定的《重庆市新农村建设村级规划编制指导意见》，及时组织力量编制规划。组织了112家设计单位，开展对口帮扶，支持区（县）搞好规划。截至6月30日，全市100个示范村规划全部编制完成。到9月底，全市900个推进村完成了编制任务。从规划编制的总体情况看，各地真正把规划编制的过程作为统一思想认识、广泛发动农民的过程，作为摸清村情民意、理清发展思路的过程，作为谋划建设项目、推行民主决策的过程。

2. 农村产业快速发展

各地新农村建设普遍更加重视产业的培育，在抓产业发展方面大胆探索、勇于创新，呈现出了龙头企业带动型、旅游农业带动型、劳务输出带动型、种养大户带动型、特色产业发展型等许多特色鲜明、模式多样的生动典型，有力地促进了农村三次产业全面健康成长。2006年，在农业生产遭受百年特大干旱的重创下，农业综合生产能力仍然保持稳定，农村二、三产业发展势头仍然强劲。前三季度乡镇企业增加值达到681.2亿元、利润总额126.3亿元、实交税金78.56亿元，分别同比增长20.8%、21.9%、27.4%，从业人员达到211.7万人，同比新增就业人数7.8万人；劳务经济加快发展，逐渐成为支撑农民增收的重要力量，全年新增转移农村劳动力51万人，劳务经济拉动全市农民人均增收在200元以上。农业产业化发展步伐进一步加快。市级以上农业产业化龙头企业达159家，带动发展柑橘、中药材、优质粮、笋竹、榨菜、香料、花卉等优质商品生产基地1 000余万亩，辐射带动了900多万农民增收致富。农产品贸易工作取得新进展。通过搭建农产品贸易平台，组织农产品生产企业参加第四届中国国际农产品交易会、泰国（亚洲）食品博览会等知名展会和举办库区产品“进主城出三峡”系列活动，加快了全市农业对内对外开放步伐。

3. 基础设施建设加快推进

各地从农民群众最急、最盼的问题入手，着力改善农村的生产生活条件。在搞好重点水利工程建设的同时，特别注重惠及千家万户农民的小微型水利工程及饮水安全建设。全市建成饮水安全工程1 560处，新建、改扩建乡镇供水工程107处，完成病险水库整治156座，解决了58.7万农村人口饮水安全问题，全市饮水安全工程前期工作走在全国的前列。在搞好高速公路、高等级公路等主干线重点交通工程建设的同时，重庆市特别加大了连接千村万社的乡村公路建设力度。2006年重庆市开工建设农村公路6 000千米，建成4 700千米，累计完成投资35.3亿元，占全年计划的93%。农村厨房、厕所正在发生深刻变化，全年建成“一池三改”示范户2.33万户，户用沼气池完成投资1 983.4万元。农村“五能合一”的村级公共服务中心建设进展顺利，共筹集建设资金1亿元，已建成737个，正在建设1 061个。农业机械化水平不断提高，推广微耕机12 988台，超额完成全年目标任务。农村“户户通电”工程已完成10.95万户，占计划任务的95.5%。

4. 社会事业全面进步

农村义务教育“两免补”政策全面落实，2006年到位的中央、市、区（县）三级财政经费12.49亿元，378万农村中小学生纳入了农村义务教育经费保障机制改革范围，其中有43万农村家庭经济困难女童实行了“零学费”。农村社会保险覆盖范围不断扩大，新型农村合作医疗试点区县达到17个，全市1/3的农村居民进入了农村新型合作医疗保险，农民工参加工伤保险的人数达到33.79万人，全市有20个区（县）45万人参加了农村社会养老保险。农村卫生事业健康发展，全面启动了800个农村“五保家园”建设，总投资6 400万元，基本建设已经完成。农村文化阵地建设进一步加强，农村电影放映“2131”工程、“十百千万工程”“万村书库”工程建设加快推进，50户以上自然村广播电视“村村通”工程全面完成，20户以上自然村“村村通”工程正积极筹备启动。

5. 基层组织建设不断加强

保持共产党员先进性教育活动加快推进了基层管理民主进程，村级党组织的管理能力、教育引导能力和服务协调能力明显增强。全市公开选出了668名优秀的党组织书记；从机关企事业单位选派

了18 784名优秀年轻干部到村任党组织副书记或村主任助理，选调了100名西部志愿者到新农村建设示范村任党组织副书记、村主任助理或团支部书记。村党组织领导的、充满活力的村民自治机制不断完善，全面推行党务、政务、村务、财务“四公开”，村务民主管理不断扩大，村级公益事业专项经费、新农村建设中的各项优惠政策和补贴均纳入了民主决策程序和村务公开的范围，村级管理逐步进入了规范化、制度化轨道。如武隆县充分发扬民主，采取公开竞标的方式确定新农村建设示范村和推进村，充分调动了广大农民的积极性和主动性，深受群众欢迎。

2006—2008年全市新农村建设取得“八大成效”。

一是农业农村经济快速发展。通过3年的新农村建设，农业农村经济、农民人均纯收入、主要农产品供给得到了快速发展。全市农村经济总量达到1 627亿元、乡镇企业增加值达到1 349亿元、农民人均纯收入达到4 126元，分别较2005年增加527亿元、647亿元和1 317元，增长48%、92%和47%；“千百工程”示范村人均纯收入达到5 006元，高出全市农民人均纯收入880元，璧山县新堰村人均纯收入达到12 000元。

二是优势主导产业加快形成。全市肉类总产量达到180万吨、蔬菜总产量达到995万吨，分别较2005年增加10万吨和105万吨，增长5.8%和11.7%；年出栏300头以上的标准化规模养殖场达到4 930个，规模养殖率达到40%，较2005年提高26个百分点；蔬菜播种面积达到723万亩、柑橘种植面积达到202万亩，分别较2005年增加124万亩和27万亩，增长40.9%和17%。“千百工程”示范村和推进村按照规模化、专业化和标准化的要求，加快推进了特色优势产业规模经营，专业村达到395个，其中水果类87个、蔬菜瓜果类69个、林产品类36个、药材类33个、烟叶类23个、蚕桑类17个，呈现出了一批柑橘村、蔬菜村、花卉村和药材村等优势特色产业村。

三是农业产业化程度快速提高。市级以上龙头企业达到237家，实现销售收入417亿元，分别较2005年增加78家和267亿元，增长49%和1.8倍；农村合作经济组织达到8 750个，参合农户176万农户，分别较2005年增加3 360个和81万户，增长62%和85%；各类农机服务组织达到6 750多个、农机户61万户，分别较2005年增加259个和18万户，增长3.9%和41%。

四是农村基础设施得以夯实。全市新建农村公路1.3万千米、人行便道1.4万千米，乡镇通畅率、行政村通达率分别达到82%和85%，较2005年提高17和19个百分点。开县鲤鱼塘水库下闸蓄水，“泽渝”一期8座水库主体工程基本完工，解决了306万人的饮水安全问题，相当于前5年总和；完成病险水库除险加固918座，较2005年增加846座，增长11.7倍。重庆市完成营造林424万亩，实现林业总产值165亿元，森林覆盖率达到34%，较2005年提高6.9个百分点。重庆市新增各类农业机械20万台（套），机耕、机播、机收作业面积达到1 500万亩，较2005年增加914万亩，增长1.6倍。“千百工程”示范村农业综合机械化率达到30%，高于全市平均水平12个百分点。

五是农村社会事业快速发展。免除344.9万农村义务教育学生学杂费，对43万贫困女童实行“零收费”，为困难寄宿学生提供了生活补助费，农村义务教育普及率达到99.5%，较2005年提高1.9个百分点；农村低保由每人每年700元按三大区域分别增加到1 200、1 400和1 600元，分别提高71%、100%和128%；农村新型合作医疗筹资标准从每人每年50元提高到90元，参合农民达到2 008万人，参合率达85%，较2005年增加1 778万人，增长7.8倍。“千百工程”示范村和推进村，农村新型合作医疗参合率分别达到95%和90%，高于全市平均水平9.8个和4.6个百分点。

六是农民人居环境迅速改善。农村户用沼气池总数达到95万户，大中型沼气工程636处，分别较2005年增加89.8万户和231处，增长17倍和57%；改造农村危旧房2 644万$米^2$、硬化农户院坝3 939万$米^2$、绿化农户周边环境226.2万$米^2$，分别较2005年增长43%、51%和35%；改造厨1 856.4万$米^2$、改厕936万$米^2$、改圈241万$米^2$，建立固定垃圾处理点10.8万个，分别较2005年增长36%、31%、29%和25%。江北、大足、荣昌等区（县）“千百工程”示范村，先后建成了一批农民康居示范片，村容村面貌发生巨大变化，农民人居环境得到改革。

七是农村基层人才结构有所改善。重庆市通过从现有村干部中优选一批、社会公开选拔一批、务工经商创业人员中请回一批、镇（乡）和事业单位中选派一批和高校毕业生中挑选一批的方式，优化配置农村基层干部。公开选派2 021名大学生到农村基层任职，现有村干部中外出务工经商返乡人员、专业大户、致富能手和企业法人占56.5%，高中（中专）以上文化程度占69%，大专以上占27%，有效优化了基层干部人才队伍结构。重庆市每年安排1.68亿元资金，保障每位村干部4 800元的最低误工补贴标准，推行村干部养老保险制度和离任补助办法等，增强了村干部的工作积极性和创造性，村干部队伍得到稳定和巩固。

八是"千百工程"示范村综合效应开始显现。经过3年的推进实施，"千百工程"示范村，综合示范效应开始显现出来。璧山县3个示范村集体经济实力强，农民收入高，生态环境好。其中新堰村被评为"中国特色经济村"、莲花坝村被评为"中国绿色小康村"；北培区大地村大力发展花卉苗木和水产品，农民人均收入达7 000元，被评为"全国十佳示范村"；渝北区徐堡村长年无刑事案件和群体事件，农民群众满意度高，被评为"全国民主法治示范村"；潼南县双坝村被评为国家首批"新农村建设科技示范村"。

2009年全市新农村建设取得新的成效。

一是农业农村经济加快发展。全市农业农村经济总量达到1 818亿元，乡镇企业增加值达到1 600亿元、农民人均收入达到4 620元，分别较2008年增加203亿元、251亿元和494元，分别增长11.5%、19%和12%。"千百工程"示范村人均纯收入达到5 360元，高出全市农民人均纯收入740元。

二是优势产业规模经营加快形成。潼南、璧山等4个核心蔬菜基地产量占全市蔬菜总产量的20%。全市柑橘果园达到202万亩，产量145万吨，居全国第9位。荣昌、合川等10个生猪调出大县出栏量占全市的42%，合川建成万头猪场12个，开县、万州出栏生猪超过100万头，生猪规模化养殖率达到43%。云阳新增牛羊养殖大户2 300户，丰都发展母牛养殖大户1 930户，秀山土家鸡、南川土鸡、城口山地鸡、巫溪大宁河鸡等出栏达到1 800万只，增幅65%。江津花椒、石柱辣椒产值增幅近50%。

三是农业产业化经营加快提升。市级以上龙头企业达到379家、固定资产188亿元、实现销售收入863亿元，分别较2008年增加142家、99亿元和447亿元，分别增长59%、1.1倍和1.07倍。销售收入超1亿元以上的龙头企业达到81家，其中超50亿元以上的企业有5家，观音桥农贸市场交易额达到165亿元，居全国农产品交易市场第三位。农业产业化龙头企业带动农户300万户。

四是农村基础设施加快建设。新建、改建农村公路5.4万千米，公路总里程达到10万千米，新增"通畅"乡镇435个、"通达"行政村2 157个，乡镇通达率、通畅率分别达到100%和92.6%，行政村通达率、通畅率分别达到89.2%和44.4%，解决了221万城乡居民饮水安全问题。重庆市治理水土流失面积850平方千米，土地治理47万亩；完成农村电网改造21.2万户，改造率达到93%；森林建设完成578万亩，森林覆盖率达到35%；建成村级信息服务站点1 000余个，累计发展农村信息终端用户630万户次，农业信息电话入户率达到13.6%。

五是农村社会事业加快发展。建成500所农村寄宿制学校，农民工子女就读学校由406所增加到623所，就读人数由19.8万人增加到25.9万人。新建和改建农村敬老院159个，农村低保标准和五保供养标准分别提高到1 370元/人·年和2 400元/人·年，均居西部前列。在15个区（县）开展城乡居民社会养老保险试点，农村新型合作医疗参合农民达到2 179.2万人，参合率92.6%，为1 852.5万人提供了医药费用补偿，受益率达到85%，提前2年全面实现农村初级卫生保健规划目标。新建和改扩建乡镇综合文化站235个、农家书屋1 350个。

六是农民人居环境进一步改善。重庆市建设巴渝新居3.7万户，改造农村危旧房4.1万户，硬化农户院坝396万米^2、绿化农户周边环境296.2万米^2，改厕41.5万米^2、改畜圈26万米^2，建立固定垃圾处理点9.8万个。重庆市减少贫困人口15万人，易地扶贫搬迁和生态移民3万人。新增农村沼气用户19.3万户，累计达到114万户。

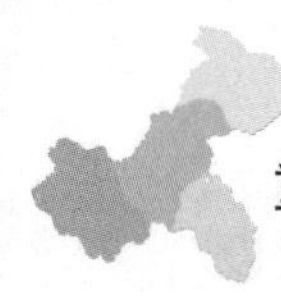

七是农村改革发展深入推进。农村土地承包经营权权能进一步完善，有29个区（县）、814个乡（镇）、5 452个村建立了农村土地流转服务机构，流转面积637万亩，占承包总面积的30%，累计发展农民专业合作组织5 619个，入社成员142万户，参合率20.6%。

八是农村基层组织建设更加巩固。重庆市公开选派4 723名大学生到农村基层任职，选派8 994名具有中级以上专业技术职务的农技人员、教师和医生到乡镇从事支农、支教、支医服务；从市、区（县）、乡（镇）机关抽调9 153名改任非领导职务干部、后备干部、年轻干部到村挂职、任职，保证每村有一名驻村干部。

九是农村社会更加和谐稳定。重庆市开展普法系列活动，举办法制讲座1 200余场，发送法制短信100余万条，轮训农村“两委”干部3.8万人，评选出了50个普法示范镇（街道）、500个普法示范村和5 000个普法示范大院。重庆市累计调解民间纠纷37.73万件，及时化解了大量矛盾纠纷，有力地维护了农村社会的和谐稳定。

2010年，全市新农村建设继续推进优势主导产业发展、推进农村基础设施建设、推进巴渝新居及危旧房改造、推进农村改革发展。全市农业农村经济总量达到2 100亿元，农民人均收入达到5 277元，分别增长15.5%和12.5%。粮食总产量达到1 156万吨、肉类总产量达到192.5万吨、水产品总产量达到28.2万吨，分别增长1.7%、1.9%和15.1%。蔬菜总产量1 300万吨，居全国特大城市第一，人均蔬菜产量达到全国平均水平。水果总产量达到238.5万吨，其中柑橘产量达到160万吨，同比增长10.3%。区（县）级以上龙头企业固定资产462.8亿元、实现销售收入1 338.9亿元、净利润51.3亿元，分别较2009年增长23%、31%和26%。销售收入超1亿元以上的龙头企业121家，其中1亿～50亿元的118家、50亿～100亿元的3家、100亿元以上的2家。太极集团资产总额160亿元，被评为中国500强企业。同年，重庆全面实现城乡免费义务教育。38个区（县）实施了“蛋奶工程”，30个区（县）为非寄宿制贫困生提供“爱心午餐”，11个区（县）开展了免费中职教育试点。城乡统筹的“人人社保”制度形成，30个区（县）实施城乡居民社会养老保险，参保1 300万人，250万老人享受到养老待遇。医保覆盖人群3 100万。广播电视村村通、乡镇综合文化站、信息资源共享基本实现全覆盖。新建和改建村级公共服务中心1 922个，选派3 704名大学生村官到基层服务。全市完成农村危旧房改造10万户，建成巴渝新居5万户。硬化农户院坝416万米^2、绿化农户周边环境336.9万米^2，改厕51.5万米^2、改圈32万米^2，建立固定垃圾处理点10.3万个。全市减少贫困人口15万人，完成异地扶贫搬迁和生态移民8.5万人，实现266个村整村脱贫。新建、改建农村公路8 000千米，全市农村实现乡通畅、村通达的“双百”目标；新建农村沼气15万户，建成农民新村500个，村容村貌明显改善。“万村千乡”市场工程实现全覆盖，建成县级配送中心55个、乡（镇）超市1 728个、村级便民商店18 256个。新建标准化农贸市场56个，改造社区标准化菜市场11个。家电（摩托）下乡产品销售72亿元，同比增长2倍以上。

2011年，全市建成市级新农村示范村207个、推进村1 123个。成功创建南川区、荣昌县2个国家现代农业示范区和长寿国家农业产业化示范基地，打造涪陵金科现代农业示范园等20个市级农业示范园区。重庆市支持发展市级以上农业产业化龙头企业379家，其中新申报认定国家级农业产业化龙头企业8家，全市总数达32家。同年，全市实施土地治理3.33万公顷，改造农村危旧房12万户，建农民新居52万户，建集中居民点500余个。全市安装“农商通”信息机5 725台，实现城区标准化菜市场全覆盖。全市实现450个贫困村整村脱贫，完成易地扶贫搬迁8.9万人，减少贫困人口29万人。关爱农村留守儿童和中小学生营养工程实现全覆盖，惠及130万农村留守儿童和325万中小学生。全市建成农村寄宿制学校2 080所，解决住校学生127万人。全市完成所有行政村村级公共服务中心建设。农村“响通”工程实现全覆盖，建成884个乡镇广播站，为8 967个行政村安装喇叭，为农村特困户送彩电11.4万台。改扩建乡镇卫生院和社区卫生服务中心342个。城乡居民社会养老保险比全国提前1年实现全覆盖，参保人数超过1 000万。全市城乡360万个60岁以上老人按月领取不低于80元的养老金。

2012 年，全市实现农业总产值 1 402 亿元，农业增加值 940 亿元。粮食产量 1 138 万吨，蔬菜种植面积 979 万亩、产量 1 509 万吨，出栏生猪 2 050 万头、肉牛 54 万头、山羊 212 万只、家禽 2. 2 亿只、肉兔 4 116 万只，肉类总产量 201 万吨。水产品产量 36 万吨。累计建成柑橘基地 265 万亩，柑橘产量 203 万吨。完成水利投资 206 亿元，开工建设 9 座大中型水库，38 处重点水源工程顺利推进，解决了 240 万城乡居民饮水安全问题，全市饮水安全达标人口累计 1 877 万人。全市农民人均纯收入达到 7 383 元，同比增长 13. 9%；农村扶贫步伐加快，新启动 450 个贫困村整村脱贫，完成扶贫和生态移民 22 万人，减少贫困人口 30 万人。重庆市新启动 160 个贫困村互助资金试点，全市试点村达 1 313 个。全市基本消除农村中小学危房，搬迁三峡库区淹没学校 353 所，累计建成 2 107 所农村寄宿制学校，“两基”人口覆盖率 100%，解决农村学校寄宿生补助生活费 55 万人。乡镇卫生院和社区卫生服务中心标准化率 90%，村卫生室标准化率 30%。城乡居民合作医疗保险基本实现全覆盖，参保人数 2 722. 6 万人；城乡居民社会养老保险提前实现全覆盖，参保人数 1 834. 5 万人。文化信息资源共享实现全覆盖，建成 720 个乡镇标准化阅览室，乡镇综合文化站达标率 94. 4%。同年，全市改造农村危旧房 12 万户，共建农民新居 5. 3 万户；全市新改建农村公路 8 643 千米，行政村通畅率达到 75%，重庆公路密度居全国第五、西部地区第一；全市森林覆盖率达到 40. 8%；新建农村沼气 11 万户。逐步改变了长期以来农村地区“露天厕、泥水街、压水井、鸡鸭院”的落后生活状况。

二、美丽乡村建设概况

2013 年，中央 1 号文件提出“努力建设美丽乡村”。3 月，农业部办公厅印发了《关于开展“美丽乡村”创建活动的意见》，重庆市农业委员会积极行动，深入调研，于 2013 年全面启动“美丽乡村”建设，将新农村建设与美丽乡村建设融合共建。5 月 31 日，重庆市在开县组织召开了全市美丽乡村建设现场会，市委常务委员刘光磊，副市长张鸣、谭家玲，市级相关部门及各区县分管领导、农业委员会主任等参加会议，标志着全市正式启动建设美丽乡村行动计划。7 月 5 日，中共重庆市委农村工作领导小组办公室《关于印发〈重庆市“美丽乡村”建设行动方案〉的通知》，提出按照生产、生活、生态和谐发展的要求，坚持“农民为本、生态优先、因地制宜、区（县）为主”的原则，打造“生态宜居、生产高效、生活美好、人文和谐”的“美丽乡村”。之后重庆市农业委员会印发了《重庆市“美丽乡村”建设规划纲要（2013—2017）》《关于全市“美丽乡村”建设工作的实施意见》《重庆市“美丽乡村”建设工作绩效考核办法（暂行）》《重庆市“美丽乡村”建设行动方案》《重庆市美丽乡村建设工作绩效考核办法（暂行）》等文件，建立起美丽乡村建设目标体系及工作机制。全市确定 36 个村创建部级美丽乡村示范村、选定 115 个村创建市级美丽乡村示范村，与高山生态扶贫搬迁、乡村旅游业、农村生态环境、农村民生、传承民俗文化相结合，整合涉农类基建项目、产业发展、技能培训、文教卫体事业建设资源，鼓励金融和工商资本下乡进村，开展“金融助推行动”“百家龙头企业助推行动”“百名农业专家助推行动”的“三百助推美丽乡村行动”，把美丽乡村建设作为新时期推进新农村建设的重要抓手开展创建活动。将 3 000 万新农村建设资金整合使用，支持美丽乡村及新农村建设 147 个项目，其中人行便道项目 69 个，农村清洁工程 43 个，小型饮水工程 33 个，特色产业项目 2 个。

2013 年，全市美丽乡村建设紧紧围绕 4 个方面开展工作。

一是发展农村经济。以特色效益农业为核心，开发优势资源，培育农村产业，加快形成“一村一品”的格局。壮大特色产业，稳定发展粮油，提升扩大蔬菜，稳量调优畜牧，重抓晚熟柑橘，发展生态渔业，开展特色林果，加快培育中药材、花卉、茶叶、蚕桑和烟叶等特色产业。将特色产业细化到村、落实到户，实行连片开发，促进集群发展。在有基础、有条件的地方积极发展乡村旅游。深化农产品加工，支持各类投资主体兴办农产品加工项目，特别是引导农业龙头企业以“村企合作”形式发展农产品加工。扶持农民合作社发展农产品初级加工，延伸产业链条，提高附加值。发展乡村低能耗、低排放工业。开展乡村加工业污染集中治理，促进可持续发展。培育新型职业农民，推进农民“田间学校”建设，开展“阳光工程”“绿色证书”培训，探索新型职业农民培训模式，培育专业大户、家庭农场等新型经营主体。支持农民创业，积极参与特色效益农业发展。

二是美化农村环境。以生态家园富民工程为载体，实施“田园绿化、庭院美化、居民靓化”行动，改善农民生产生活环境。完善新农村居民点建设规划，围绕古朴、古雅的特点和体现“巴渝民居”特色风貌的要求，在具备条件的地方引导和推动民居适度集中，鼓励农户减少宅基地使用面积，实现合理、集约用地。加强基础设施建设，推进行政村通畅工程，促进镇村、村村、村社公路联网，提高农村公路通达、通畅水平。推进农村人行便道建设，对主要生产生活道路实行油化硬化。加强农村饮水工程建设，支持有条件的地方普及自来水，确保农村居民饮水安全。推进农村沼气建设，实施农村清洁工程，加强农村污染治理，开展环境连片整治，鼓励和支持农户实施改厨、改厕、改圈，示范村垃圾集中收集实现全覆盖，生活污水治理覆盖率80%以上。加大农村植树造林力度，推进房前屋后、荒山荒坡、公路河道绿化。

三是建设农村文化。以培育和践行社会主义核心价值观为主线，切实加强农村精神文明建设，形成文明向上的良好风尚。推进农家书屋、文化广场、体育健身等设施建设，加快农村信息化建设，推进“广播村村响、电视户户通”工程。深入实施“金农”工程，加快形成四级农业信息网体系。加强农业信息服务，提高综合信息服务水平。培育农村文化市场，将公共文化服务向农村倾斜，坚持定期开展送电影、文艺演出等文化下乡活动。支持并规范发展农村文艺团队，培育乡土文化能人，繁荣农村文化市场，形成“传播正能量、弘扬新风尚”的文化导向。开展形式多样的农村精神文明宣传教育活动，引导广大农民树立互助和睦、诚信友爱、尊老爱幼等文明道德礼仪，破除农村封建迷信和愚昧思想，引导广大农民养成爱科学、学技术、讲文明的良好习惯。定期组织实施先进文明村、星级文明户创建活动。

四是构建和谐农村。以健全乡村治理机制为重点，推进乡村民主、公开、法制建设，促进乡村和谐发展。推进农村基层党组织、村民委员会建设管理，开展村干部培训教育，提高推动发展、服务群众、凝聚人心、促进和谐的素质和能力。完善村级组织民主决策机制，对涉及全村产业发展、基础设施建设、村级事务管理、社会保障等重大事项，实行民主决策、公开办理。完善“一事一议”运行机制，实行村务公开，将村级政务运行公开化、透明化。完善农村保障体系，加强农村公共服务，为村民全程提供社会保障、优抚救助、计划生育等服务事项。深化农村法治建设，广泛开展普法教育，提高农民法律素质。持续推进农村社会治安综合治理，防止重大刑事、重大安全以及群体性事件发生。加强农村矛盾纠纷预防、排查和调处，畅通农民利益诉求渠道，妥善处理农民最关心的利益问题，营造安定、有序、祥和的农村社会环境。

2014年，全市启动建设部级美丽乡村示范村36个、建设市级美丽乡村示范村100个。全市建成全国一村一品示范村镇33个。各示范村已培育1个以上主导产业，成为农村发展和农民增收的重要支撑。通过2年建设，形成了高山生态扶贫搬迁型、产业发展型、休闲旅游型、文化传承型、生态保护型、农民合作组织型等新农村创建模式。2015年，全市建设部级美丽乡村36个、市级示范村388个。同年，全市农业农村经济保持稳中有进、进中向好的良好态势。

一是主要农产品供给保障能力增强。粮食产量1 154.89万吨，创“十二五”新高；“菜篮子”菜品更加丰富，市、区（县）、乡（镇）三级蔬菜保供基地基本建成，产量1 780.47万吨；生猪出栏量2 119.89万头，肉类总产量222万吨。

二是农民收入迈上新台阶。农村常住居民人均可支配收入首次突破万元大关，达到10 505元，同比增长11%，高于同期城镇居民收入增速，城乡居民收入比下降到2.59：1。

三是现代特色效益农业发展加快。柑橘、榨菜、草食牲畜、生态渔业、中药材、茶叶、调味品等七大特色产业链综合产值达到898亿元。草食牲畜、柑橘等一批百亿级产业链加快建设，实现从传统粮猪型向农林牧渔多元发展转变。牛、羊、兔等草食牲畜分别出栏68万头、274万只、24 100万只。长江三峡柑橘产业带建设步伐加快，年总产量249.2万吨，总产值220亿元、创20年来新高。重庆成为全国唯一的柑橘非疫区、亚洲最大的橙汁加工基地和世界最大的晚熟鲜食柑橘基地。生态渔业持续较快发展，水产品产量达到48.1万吨，同比增长8.4%。茶园总面积67.1万亩，总产量3.24万吨、总产值17.3亿元，分别增长16.3%、23.2%、175%。中药材面积122.9万亩、产值25.7亿元，分别增长27.6%、25.1%。云阳山羊、三峡生态鱼、奉节脐橙、丰都肉牛以及石柱辣椒等已成为知名品牌。

四是农业现代化进程加快。农业科技进步贡献率达到57%，农业综合机械化水平达到42.3%，耕地适度规模经营面积达到34.4%，规模化、标准化、组织化、市场化水平不断提升。

五是新型农业经营体系加快构建。全市培育家庭农场13 433个，农民合作社25 158个，农村新型股份合作社3 118个，农业企业3 086家（其中国家级32家、市级625家），农业社会化服务组织2.5万个。农业生产全程化社会服务试点由原来的11个区（县）扩展至35个区（县）。全市实现电子商务、农资及金融进乡村的“三进村”达600余个，建成便民农资超市3 000余个、农村电子商务网店1 000余个、电商主体达到1.6万余家、农村金融服务网点2 000余个，农产品网上销售突破100亿元。秀山等8个县纳入全国电子商务进农村综合示范县、推动荣昌、梁平成为农业部第二批农业信息进村入户试点区县。永川、梁平承担的国家第二批农村改革试验区顺利推进。

六是股权化改革已由渝北、永川和云阳3个试点扩展至18个区（县）。政策性农业保险支持“三农”力度加大，全市农业保险财政补贴额度1.6亿元。

同年，全市完成高山生态扶贫搬迁18.2万人，累计完成生态扶贫搬迁54.2万人，累计减少贫困人口102万人，完成整村扶贫1 616个、整村脱贫450个，提前完成3年目标任务；新建成拆并村通达工程4 951千米，解决1 090个拆并村不通公路问题。全市累计完成拆并村通达工程2 590个、9 951千米，占计划总数的99%；完成4 900千米村（社）便道建设，超年度任务22.5%；累计启动实施2 000个农村环境连片整治。全市推进建设农村清洁工程示范村570个，新建户用沼气1.98万户。

第三节　扶持政策

一、新农村建设扶持政策

（一）中共重庆市委办公厅 重庆市人民政府办公厅关于社会主义新农村建设“千村推进百村示范”工程的实施意见

2006年3月17日，重庆市委办公厅印发的《中共重庆市委办公厅 重庆市人民政府办公厅关于社会主义新农村建设“千村推进百村示范”工程的实施意见》。根据要求做到：

一是要加大资金投入。按照“农民自助、政府补助、社会帮助”的原则，整合资源，集成力量，推进工程建设。要将各职能部门掌握的各项支农资金按照“安排渠道不变、投资用途不变”的原则，安排落实到实施村的具体项目上。市、区（县、自治县、市）两级都要安排专项资金投入“千百工程”建设，主要采取实物补助和资金补贴等方式，重点用于公共设施和人居环境建设、规划编制和人员培训等项目。农村金融机构要积极探索金融产品和服务创新，拓宽金融服务领域，采取多种渠道支持新农村建设，发挥资金支持、信息咨询等作用。引导农户发展资金互助组织，规范民间借贷。严禁举债搞新农村建设。

二是要整合各方力量。市、区（县、自治县、市）的相关职能部门都要把“千百工程”建设列入重要议事日程，落实好目标任务，履行好职能职责。宣传部门要采取多种形式搞好宣传和发动，营造新农村建设的良好舆论氛围；组织部门要切实加强村级党组织建设，搞好干部培训工作；民政部门要扎实抓好村民自治及“五保家园”建设；各农业相关部门要切实抓好“千百工程”实施村的产业发展、基本农田和农业基础设施建设等，促进农村经济发展，增加农民收入；交通部门要搞好村级公路的规划和建设，确保实施村公路实现通达通畅，并指导建立村级公路的养护管理机制；规划建设部门要指导搞好村落规划和农房建设；教育、卫生、文化等部门要扎实抓好村“一校三室”等公共服务设施建设；国土部门要用好用活土地政策，简化手续，搞好服务，积极支持新农村建设；电力部门要搞好农网改造，解决好农村用电问题，并落实同网同价政策；广电、电信部门要切实抓好广播“村村通”工程，推进电视电话户户通；各相关职能部门都要按照“三建”“四改”“五提高”所涉及的相关内容制定实施方案，将项目安排落实到“千百工程”实施村，做到项目到位、资金到位、政策到位。鼓励和引导机关企业、事业单位和社会团体与“千百工程”实施村实行联姻结队帮扶，积极投身于社会主义新农村建设。

（二）中共重庆市委 重庆市人民政府关于统筹城乡发展推进社会主义新农村建设的意见

2006 年，重庆市委印发了《中共重庆市委 重庆市人民政府关于统筹城乡发展推进社会主义新农村建设的意见》，提出了新农村建设的扶持政策，要求全市做到：

认真贯彻落实统筹城乡发展的基本方略和“工业反哺农业，城市支持农村”的基本方针，加大对新农村建设的扶持力度，落实好市委二届七次全委会的支农政策，大力调整国民收入分配格局。财政支出、预算内固定资产投资和信贷投放，要按照存量适度调整、增量重点倾斜的原则，不断增加对农业农村的投入。2006 年全市财政支农资金增量要高于上年，预算内资金用于农村建设的比重要高于上年，其中直接用于改善农村生产生活条件的资金要高于上年。基础设施建设投入的重点要转向农村，逐年提高市级基本建设资金支农的比重，提高国有商业银行、农村信用社、农业发展银行对区（县）贷款和农业贷款的比重，提高农村教育、卫生、文化、计划生育等社会事业发展投入的比重，逐步形成支农资金的稳定增长机制。重庆市财政安排专项资金，对纳入新农村建设规划的农村公益设施建设、环境改造、规划编制和人员培训等给予补助。区（县）也要安排一定资金，用于新农村建设；抓紧制定将土地出让金一部分收入用于农业土地开发的管理和监督办法，并依法严格收缴土地出让金和新增建设用地有偿使用费。充分发挥财政农业资金的引导作用，鼓励各类社会资金用于新农村建设；不断稳定、完善和强化对农业农民的直接补贴政策。各部门要对农业农村政策进行清理，在认真调研的基础上，研究出台有利于推动新农村建设的政策措施；要研究新农村建设的用地政策，特别是研究制定促进产业发展、适度规模经营和宅基地置换等有关政策，保证新农村建设中产业发展、建房、基础设施建设用地的需要。

（三）中共中央国务院关于积极发展现代农业扎实推进社会主义新农村建设的若干意见

2006 年 12 月 31 日，中共中央印发的《关于积极发展现代农业扎实推进社会主义新农村建设的若干意见》指出：要加大对“三农”的投入力度，建立促进现代农业建设的投入保障机制。继续巩固、完善、加强支农惠农政策，切实加大对“三农”的投入，实实在在为农民办一些实事。要加快农业基础建设，提高现代农业的设施装备水平。必须下决心增加投入，加快改变农村生产生活条件落后的局面。要求全市做到以下几点。

1. 大幅度增加对“三农”的投入

各级政府要切实把基础设施建设和社会事业发展的重点转向农村，国家财政新增教育、卫生、文化等事业经费和固定资产投资增量主要用于农村，逐步加大政府土地出让收入用于农村的比重，建设用地税费提高后新增收入主要用于“三农”。要建立“三农”投入稳定增长机制，积极调整财政支出结构、固定资产投资结构和信贷投放结构，中央和县级以上地方财政每年对农业总投入的增长幅度应当高于其财政经常性收入的增长幅度，尽快形成新农村建设稳定的资金来源。加快制定农村金融整体改革方案，努力形成商业金融、合作金融、政策性金融和小额贷款组织互为补充、功能齐备的农村金融体系，探索建立多种形式的担保机制，引导金融机构增加对“三农”的信贷投放。加大支农资金整合力度，抓紧建立支农投资规划、计划衔接和部门信息沟通工作机制，完善投入管理办法，集中用于重点地区、重点项目，提高支农资金使用效益。要注重发挥政府资金的带动作用，引导农民和社会各方面资金投入农村建设。加快农业投入立法进程，加强执法检查。

2. 健全农业支持补贴制度

各地用于种粮农民直接补贴的资金要达到粮食风险基金的50%以上。加大良种补贴力度，扩大补贴范围和品种。扩大农机具购置补贴规模、补贴机型和范围。加大农业生产资料综合补贴力度。中央财政要加大对产粮大县的奖励力度，增加对财政困难县乡增收节支的补助。同时，继续对重点地区、重点粮食品种实行最低收购价政策，并逐步完善办法、健全制度。

3. 建立农业风险防范机制

要加强自然灾害和重大动植物病虫害预测预报和预警应急体系建设，提高农业防灾减灾能力。建立完善农业保险体系。扩大农业政策性保险试点范围，各级财政对农户参加农业保险给予保费补贴。

4. 鼓励农民和社会力量投资现代农业

充分发挥农民在建设新农村和发展现代农业中的主体作用，引导农民发扬自力更生精神，增加生产投入和智力投入，提高科学种田和集约经营水平。完善农村“一事一议”筹资筹劳办法，支持各地对“一事一议”建设公益设施实行奖励补助制度。对农户投资投劳兴建直接受益的生产生活设施，可给予适当补助。综合运用税收、补助、参股、贴息、担保等手段，为社会力量投资建设现代农业创造良好环境。企业捐款和投资建设农村公益设施，可以按规定享受相应的税收优惠政策。

5. 大力抓好农田水利建设

增加农业综合开发投入，积极支持高标准农田建设。农业综合开发要增加对中型灌区节水改造投入。增加小型农田水利工程建设补助专项资金规模。

6. 加快发展农村清洁能源

继续增加农村沼气建设投入，支持有条件的地方开展养殖场大中型沼气建设。在适宜地区积极发展秸秆汽化和太阳能、风能等清洁能源，加快绿色能源示范县建设。加快实施乡村清洁工程，推进人畜粪便、农作物秸秆、生活垃圾和污水的综合治理和转化利用。加强农村水能资源开发规划和管理，扩大小水电代燃料工程实施范围和规模，加大对贫困地区农村水电开发的投入和信贷支持。

7. 加大乡村基础设施建设力度

“十一五”时期，要解决1.6亿农村人口的饮水安全问题，优先解决人口较少民族、水库移民、血吸虫病区和农村学校的安全饮水，争取到2015年基本实现农村人口安全饮水目标。加大农村公路建设力度，加强农村公路养护和管理，完善农村公路筹资建设和养护机制。继续推进农村电网改造和建设，落实城乡同网同价政策，加快户户通电工程建设，实施新农村电气化建设“百千万”工程。鼓励农民在政府支持下，自愿筹资筹劳开展农村小型基础设施建设。治理农村人居环境，搞好村庄治理规划和试点，节约农村建设用地。继续发展小城镇和县域经济，充分发挥辐射周边农村的功能，带动现代农业发展，促进基础设施和公共服务向农村延伸。

8. 提高农业可持续发展能力

鼓励发展循环农业、生态农业，有条件的地方可加快发展有机农业。继续推进天然林保护、退耕还林等重大生态工程建设，进一步完善政策、巩固成果。启动石漠化综合治理工程，继续实施沿海防护林工程。完善森林生态效益补偿基金制度，探索建立草原生态补偿机制。加快实施退牧还草工程。加强森林草原防火工作。加快长江、黄河上中游和西南石灰岩等地区水土流失治理，启动坡耕地水土流失综合整治工程。加强农村环境保护，减少农业面源污染，搞好江河湖海的水污染治理。

（四）重庆市委第三届第四次全委会决定

2008年，重庆市委第三届第四次全委会提出补助100亿元抓好粮油基础产业，投资750亿元加快水利、交通等基础设施建设，投入900亿元发展农村教育、卫生、文化事业；组织开展优秀应届大学毕业生驻村指导，选派万名专业技术人才下乡开展“支农、支教、支医”活动，为新农村建设提供智力支持和人才保障。

（五）国务院关于推进重庆市统筹城乡改革和发展的若干意见

2009年1月26日，《国务院关于推进重庆市统筹城乡改革和发展的若干意见》中，明确支持重庆市发展现代农业，推进新农村建设的一系列优惠政策。之后市人民政府与农业部、水利部等40多个国家部委及中央企业签订了部、市合作协议，内容涉及农、林、水利及基础设施等领域。

二、美丽乡村建设扶持政策

（一）重庆市“美丽乡村”建设规划纲要

2013年7月16日，《重庆市农业委员会办公室关于印发重庆市“美丽乡村”建设规划纲要的通知》提出了“美丽乡村”建设的保障措施：

一是强化组织领导。各级农村工作领导小组对“美丽乡村”建设负总责，承担规划指导、组织协调、督查考核等职能，协调解决重大问题。区（县）要承担主体责任，健全工作机制。

二是强化政策扶持。各级要积极调整国民收入分配格局，健全完善“三农”投入稳定增长机制，保证对农业农村投入的增长幅度高于经常性财政收入的增长幅度。区（县）要加大财政投入力度，原新农村建设专项资金用于“美丽乡村”建设。打捆资金用于“美丽乡村”示范点创建，各类项目向“美丽乡村”建设倾斜。鼓励金融机构增加贷款投放，引导社会资本参与“美丽乡村”建设。

三是强化协同配合。全市“美丽乡村”建设、新农村建设、乡村旅游发展由重庆市委农村工作委员会、市农业委员会总牵头。发展改革、财政、规划、建设、国土、环保、文化广电、水利、交通、林业、供销、农综等各级部门，要各尽其力，做到“美丽乡村”建设规划到哪里，相关项目和资金就跟进到哪里。

（二）重庆市“美丽乡村”建设行动方案

2013年，重庆市农业委员会印发的《重庆市“美丽乡村”建设行动方案》指出：各级政府要积极调整国民收入分配格局，健全完善“三农”投入稳定增长机制，保证农业农村投入的增长幅度高于经常性财政收入的增长幅度。要用好国家的支持政策和资金，进一步加大支农资金整合力度，集中财力办大事，提高资金使用效益。鼓励和引导工商资本、民间资本参与农村基础设施和农村公共事业建设。金融机构要积极支持“美丽乡村”建设，增加农村贷款投放。要完善农村“筹资筹劳”制度，调动农民参与“美丽乡村”建设的积极性。要建立激励机制，引导党政机关、人民团体、企事业单位和社会知名人士、志愿者与示范村开展结对帮扶。

第十四篇

农业对外贸易与合作交流

第十四篇　农业对外贸易与合作交流

改革开放以来，在国家农业对外开放的总框架下，重庆市不断加快农业对外开放步伐，农产品国际贸易快速增长，结构不断优化，对外合作机制日益完善，逐步形成了全方位、多层次、宽领域的农业对外开放格局。农业对外开放在推动农业生产水平提高、农业产业结构优化、农产品国际竞争力提升、农民收入增加及农业经济发展和农村社会进步等方面发挥了十分重要的作用。

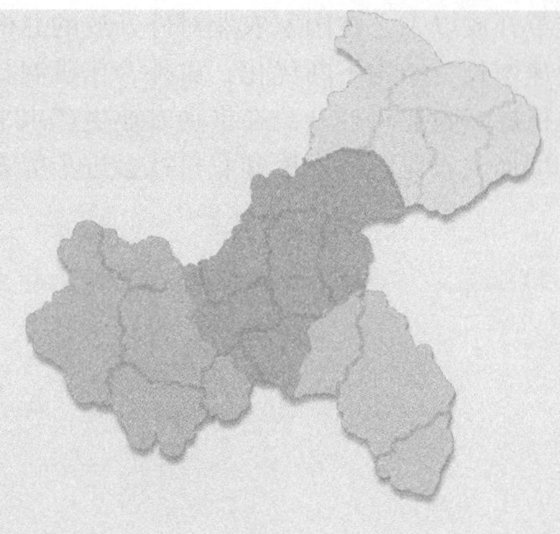

第一章
农业对外贸易

1986年开始，随着国家有关贸易政策的调整，农产品出口由向国家贸易总公司供货出口开始逐步实行配额、许可证管理及外贸行业承包经营责任制，重庆市农产品出口贸易规模增长，品种逐年丰富，市场呈现多元化。2001年底，中国正式加入世界贸易组织（WTO），农产品关税水平逐步降低，重庆市农产品对外贸易增长加快，结构开始优化。

第一节　出　　口

20世纪80年代初，重庆市农产品已走向国（境）外市场，实现出口创汇。出口品种主要有猪肉及其加工品、红碎茶、羽绒等。由于经济发展水平不高，重庆市农产品出口品种较少、数量较低，初级农产品及加工品出口额占全市商品出口额的比例较高。随着国家对外开放的扩大和重庆直辖市的设立，全市经济持续、快速发展，对外贸易大幅攀升，农产品出口贸易也逐步增加。

一、快速增长期

（一）出口趋势

1986年，重庆市农产品出口创汇为9 487万美元，占全市出口创汇1.5亿美元的63.25%，生猪、茶叶、柑橘、食品罐头、羽绒等一大批农产品年出口换汇额均在100万美元以上，在全市出口创汇中处于十分重要的地位。从1998年开始的10年间，全市农产品出口额由1998年的0.86亿美元增长到2007年的1.92亿美元，增长了132%，整体呈现出小幅增长的态势。其中，2000—2007年，全市农产品出口贸易额实现了连续8年的增长。农产品出口结构由冻猪肉等大宗传统产品为主转变为以生猪制品、榨菜、杂交种子等具有一定特色和科技含量的农产品及农资产品出口为主导。截至2007年年底，重庆市农产品出口国别（地区）发展到92个，市场份额主要集中在亚洲和欧洲地区，印度、日本、德国、中国香港、韩国等成为重庆市最主要的出口市场，对东盟地区和俄罗斯的出口呈现出较快增长趋势。

1998年、1999年，全市农产品出口总额持续增长。2000年，全年农产品出口额0.49亿美元，出现大幅度下降，主要是猪肉及加工品出口额大幅下降，桑蚕丝及坯绸织物也未纳入农产品出口统计中。2001—2006年，全市农产品出口总额呈现明显增长。2007年全市农产品出口额达到1.98亿美元，同比增长11.8%。在出口品种方面，10个农业产业化“百万工程”的全面启动，有效地带动了相关产品出口，桑蚕丝及织物、坯绸、肠衣、羽绒等出口额都有较大增幅（表 14－1－1）。

表 14－1－1　1998—2007 年重庆市农产品出口情况

年份	出口额（亿美元）	增长率（%）
1998	0.87	
1999	0.97	11.4
2000	0.49	－49.0
2001	0.78	59.2
2002	1.01	13.7
2003	1.18	16.9
2004	1.54	30.2
2005	1.77	14.7
2006	1.77	0.0
2007	1.98	11.8

（二）出口类别

多年来，重庆市出口农产品以桑蚕丝及坯绸、猪肉及加工品、猪鬃、茶叶及调料品、榨菜、羽绒等大宗农产品为主。其中，桑蚕丝及坯绸、猪肉及加工品、猪鬃是重庆市三大出口农产品及加工品，出口额占全年农产品出口额比重每年均保持在 50% 以上。桑蚕丝及坯绸出口额一直保持快速增长，从 1998 年的 592 万美元增长到 2007 年的 6 323 万美元；猪肉及加工品出口额整体呈增长态势；猪鬃出口额基本保持在 1 000 万美元以上。同时，随着重庆市特色农业产业的不断壮大，一些优势特色产品出口实现新的突破。2003 年，全市出口柑橘 1 万吨，比上年翻了一番，出口创汇达 800 万美元。其中，通过重庆市出入境检验检疫局报关出口的柑橘约 100 吨，实现近 10 年重庆市柑橘经过重庆市报关出口零的突破；红碎茶通过重庆报关出口达 1.8 万吨，出口创汇额突破 1 000 万美元，创重庆市茶叶出口创汇的历史新高。2006 年，重庆市牛肉直接出口量 425 吨；直接供应香港活猪 5 000 头，牛肉、活畜出口实现零的突破（表 14－1－2）。

表 14－1－2　1998—2007 年重庆市农产品主要出口类别及数量

单位：万美元

年份	出口总额	桑蚕丝及坯绸	猪肉及加工品	猪鬃	中药材	榨菜及酱腌菜	茶叶及调料品	羽绒	菌类
1998	8 668	592	3 314	1 408	342	763	242	233	549
1999	9 677	1 346	3 495	1 236	228	880	424	—	634
2000	4 906	—	1 351	1 284	—	339	407	281	—
2001	7 856	1 276	1 993	1 001	—	453	528	334	—
2002	10 148	2 947	2 491	874	—	461	—	349	889
2003	11 815	4 126	2 036	1 035	—	496	1 244	424	677
2004	15 416	5 724	2 041	940	—	512	760	—	804
2005	17 683	6 949	3 916	1 110	—	544	654	84	468
2006	17 684	5 309	4 088	1 225	85	598	619	709	644
2007	19 188	6 323	4 124	1 148	490	725	547	441	732

备注：猪肉及加工品包括冻猪肉、猪肠衣、猪肉罐头；表中“—”表示数据未统计。

（三）出口市场

这一时期，重庆市农产品出口市场不断扩大，出口国家和地区达到92个，出口市场主要集中在亚洲和欧洲。2002—2006年，列在重庆市出口国家和地区前五位的有印度、日本、韩国、中国香港、德国、波兰、马来西亚，前五大出口地出口额占全年出口比例分别为60.4%、59%、57.9%、61.1%、58.3%。由于印度和日本是重庆市桑蚕丝及坯绸、茶叶等大宗农产品的主要出口目的地，因而出口到这两个国家的农产品一直位居重庆市出口市场前两名（表14－1－3）。

表14－1－3　2002—2006年重庆市农产品主要出口国家（地区）及数量

单位：万美元

年份	出口额前五名的国家（地区）及贸易额									
	第一名		第二名		第三名		第四名		第五名	
2002	印度	2 099	日本	1 436	韩国	1 099	中国香港	881	德国	620
2003	印度	2 987	日本	1 762	中国香港	912	韩国	714	波兰	600
2004	印度	4 453	日本	1 837	马来西亚	1 015	中国香港	912	韩国	714
2005	印度	5 245	日本	1 972	韩国	1 393	德国	1 118	波兰	1 086
2006	印度	3 835	日本	1 948	德国	1 583	波兰	1 539	韩国	1 407

二、平稳增长期

（一）出口趋势

2008—2015年，重庆市农产品年出口额有增有降，总体表现较为平稳。2008年全市农产品出口额为2.15亿美元（含苎麻、桑蚕丝及其机织物0.27亿美元）。2015年出口额为2.34亿美元（不含苎麻、桑蚕丝及其机织物，调整为新口径统计），整体增长量小。农产品出口市场不断扩大，涉及亚洲、欧洲、美洲等国家和地区，但出口目的地主要集中在亚洲国家和地区。农产品出口品种以苎麻、桑蚕丝及其机织物、猪肉及加工品、猪鬃、中药材、烟草、榨菜及酱腌菜等大宗农产品为主并在不断增多。同时，柠檬、柑橘、新鲜蔬菜等一些特色农产品出口开始增加。

2009年，全市农产品出口达2.5亿美元，同比增幅达13.6%，增幅在西部地区居前列。2010年，重庆市新建8个农产品出口示范区，全市标准农产品出口示范基地达到57个，推动农产品出口额3.3亿美元，同比去年增长27.5%。2011年，重庆市农产品出口中，宠物用品及中药材出口呈现大幅度增长。从2014年开始，重庆市农产品出口按新口径统计，苎麻、桑蚕丝及其机织物等不再列入农产品出口统计，全市农产品出口额分别为2.4亿美元和2.34亿美元，与2013年相比，减少50%（表14－1－4）。

表14－1－4　2008—2015年重庆市农产品出口情况

年份	出口额（亿元）	增长率（%）
2008	2.15	12.6
2009	2.50	13.6
2010	3.30	27.5
2011	4.19	31.9
2012	3.60	－14.1
2013	5.11	41.9

（续）

年份	出口额（亿元）	增长率（%）
2014	2.40	-53.0
2015	2.34	-2.5

注：2014 年和 2015 年农产品出口统计不含苎麻、桑蚕丝及其机织物。

（二）出口类别

重庆市出口农产品主要以苎麻、桑蚕丝及其机织物、猪肉及加工品、猪鬃、中药材、烟草、榨菜及酱腌菜、茶叶及调料、羽绒及宠物用品、菌类等特色大宗农产品为主。2008—2010 年，苎麻、桑蚕丝及其机织物、猪肉及加工品、猪鬃、羽绒及宠物用品等 4 类品种出口额均突破千万美元；苎麻、桑蚕丝及其机织物出口额呈快速增长态势，从 2008 年的 2 720 万美元增长到 2010 年的 13 969 万美元，增长了 4.13 倍，其余出口品种保持平稳增长。2011 年开始，重庆市将烟草纳入农产品出口统计范围，其出口额年均保持在 3 000 万美元以上，呈现出稳步增长态势；苎麻及其机织物、猪肉及加工品、榨菜等主要出口产品出口整体保持平稳，中药材在 2013 年出口额达到历史最高水平（10 379 万美元），羽绒及宠物用品出口额在 2011 年、2012 年、2013 年出现井喷式增长，分别达到 11 999 万美元、10 677 万美元、9 625 万美元，之后开始逐步回落（表 14－1－5）。

表 14－1－5　2008—2015 年重庆市农产品主要出口类别及数量

单位：万美元

年份	出口总额	桑蚕丝、苎麻及其机织物	猪肉及加工品	猪鬃	中药材	榨菜及酱腌菜	烟草	茶叶咖啡调料	羽绒宠物用品	菌类
2008	21 500	2 720	5 466	1 304	891	863	—	824	1 427	491
2009	25 642	6 122	5 237	1 119	34	1 065	—	865	1 422	261
2010	32 680	13 969	6 063	1 686	382	1 342	—	548	2 519	348
2011	41 900	12 619	5 822	2 026	2 484	1 458	3 327	366	11 999	406
2012	36 000	8 074	4 311	1 362	1 196	1 487	3 466	430	10 677	385
2013	51 103	15 742	3 696	1 311	10 379	1 536	4 374	499	9 625	452
2014	25 972	—	3 798	1 393	1 246	1 528	5 518	1 024	2 326	1 073
2015	23 448	—	3 346	1 136	3 362	1 810	5 284	959	1 247	607

注：猪肉及加工品包括冻猪肉、猪肠衣、猪肉罐头；表中"—"表示数据未统计。

（三）出口市场

重庆市农产品进出口市场涉及 186 个国家和地区，其中，体现出口实绩的国家和地区最多达到 143 个，包括亚洲、欧洲、美洲等国家和地区。由于重庆市农产品出口品种主要为苎麻、桑蚕丝及其机织物、猪肉及加工品、猪鬃、中药材、烟草等大宗农产品，较为符合亚洲和欧洲国家和地区的消费需求，尤其适合亚洲国家和地区的消费需求，因此，重庆市前五大出口目的地主要集中在亚洲和欧洲，亚洲国家和地区包括港台、韩国、越南、印度、印度尼西亚等国家和地区，欧洲包括波兰、德国、意大利、比利时等国家。2009—2015 年，前五大出口目的地出口额占全年出口额比例分别为 53.0%、63.6%、52.7%、43.9%、71.0%、61.3%、64.1%。2009—2014 年，重庆市农产品出口市场前三名均为亚洲国家和地区，中国香港、中国台湾，韩国、印度、印度尼西亚成为重庆市农产品出口优势市场（表 14－1－6）。

表 14－1－6　2008—2015 年重庆市农产品主要出口国家（地区）情况

单位：万美元

年份	出口额前五名的国家（地区）及贸易额									
	第一名		第二名		第三名		第四名		第五名	
2009	印度	3 699	韩国	3 505	中国香港	2 618	波兰	1 930	德国	1 836
2010	韩国	7 247	印度	4 848	中国香港	3 460	越南	3 223	意大利	1 994
2011	越南	6 506	中国香港	4 674	韩国	4 116	印度	3 619	中国台湾	3 170
2012	中国台湾	3 170	印度尼西亚	3 648	中国香港	3 454	韩国	3 074	越南	2 458
2013	中国香港	21 230	中国台湾	5 444	韩国	5 090	比利时	2 899	印度	1 637
2014	中国香港	6 494	印度尼西亚	2 852	中国台湾	2 402	比利时	2 899	日本	1 282
2015	中国香港	6 387	印度尼西亚	4 254	比利时	1 959	日本	1 257	越南	1 163

第二节　进　　口

一、进口态势

重庆市 2004 年开始有农产品进口贸易，但进口贸易额较小，年进口额变化较大，整体上呈小幅增长态势，进口额从 2004 年的 8 621 万美元增长到 2008 年的 10 633 万美元。重庆市进口品种较为单一，主要进口农产品为大豆，进口来源国较为集中，主要是美国、巴西等大豆生产国。

随着重庆市经济快速增长和居民生活水平不断提高，加之国内外主要农产品价格差进一步扩大，重庆市农产品进口额整体呈现快速增长态势，从 2009 年的 2.685 亿元增长到 2015 年的 10.81 亿元，增长了 3.02 倍。进口农产品来源国家和地区不断扩大，达到 71 个；进口农产品品种逐步多样化，涉及 90 余个门类，除了大豆、食用油、鱼粉等传统进口品种外，鲜猕猴桃、鲑鱼、炼制乳油、干坚果等一些消费升级类产品种类不断增多。

2009 年，重庆市农产品进口额 2.685 亿美元。2010 年全年进口额 2.4 亿美元，下降 11.9%；2011 年重庆市对豆类、鱼粉、植物油等农产品的进口大幅增长，全年进口农产品 3.9 亿美元，同比增长 66%，红酒成为第二大进口品种，增长 263%；2012 年全年进口 8.04 亿美元，同比增长 106%，其中大豆进口额翻倍，红酒进口额增长 2.69 倍；2013 年全年进口 10.23 亿美元，同比增长 27.2%，其中大豆、鱼粉、食用油等主要农产品进口额由于国内外价格差加大、继续保持稳步增长；2014 年全年农产品进口额 5.4 亿元，同比下降 47.23%，由于年内国际市场大豆价格显著回升，削弱了进口大豆的价格优势，大豆进口额同比下降 97%；2015 年，大豆、食用油、奶粉、鱼粉等主要品种进口额大幅增长，使全年农产品进口额迅猛增长，上升到 10.81 亿美元，同比增长 100%，达到历史新高（表 14－1－7）。

表 14－1－7　2004—2015 年重庆市农产品进口情况

年份	进口额（万美元）	增长率（%）
2004	8 621	
2005	13 511	56.72

（续）

年份	进口额（万美元）	增长率（%）
2006	6 500	-51.89
2007	15 263	134.82
2008	10 633	-30.34
2009	26 850	152.52
2010	24 000	-10.62
2011	39 000	62.50
2012	80 400	106.15
2013	102 300	27.24
2014	54 000	-47.21
2015	108 100	100.19

二、进口类别

由于全国大豆种植量无法满足居民食用油的需求，加之畜牧业的发展需要大量豆制品饲料，同时油料类大宗农产品在国际市场上价格比国内低，因此，油籽豆类、植物油、鱼粉、甘薯等油料类及畜牧饲料成为重庆的主要进口农产品。其中非种用黄大豆进口额一直位居第一位，从2009年的25 776万美元增长到2015年的75 099万美元，增长了1.91倍；每年大豆进口额占全年进口额的比值平均为85.2%，2009年占比最高、达到96%。随着其他进口品种增多及增长率上升，大豆进口额占全年进口额比重开始下降，2015年下降到69%。饲料用鱼粉从2009年的402万美元增长到2015年的2 580万美元，7年间增长了5.42倍，植物油进口额在2015年达到3 596.7万美元。从消费升级类进口农产品看，进口品种种类逐步增多，进口额不断增长，2015年奶粉进口额达到7 936万美元，约占当年农产品进口总额的7.34%。总体上，重庆市农产品进口高度集中在大宗农产品，但占比逐步下降，消费升级类农产品进口额和占比稳步上升（表14-1-8）。

表14-1-8　2009—2015年重庆市农产品主要进口类别及数量

单位：万美元

年份	进口总额	大宗农产品进口额					
		非种用黄大豆	饲料用鱼粉	葡萄酒	其他大麦	奶粉	菜籽油
2009	26 850	25 776	402	86	—	—	—
2010	23 528	22 237	517	102	—	—	—
2011	39 150	37 349	124	370	363	—	—
2012	80 491	74 027	351	1 366	—	—	305
2013	102 300	88 463	2 401	695	425	—	724
2014	53 997	44 883	1 862	434	521	416	900
2015	108 142	75 099	2 580	547	503	7 936	3 598

备注：表中“—”表示数据未统计。

三、进口国别

巴西、美国、阿根廷是重庆市农产品进口的主要来源地，进口品种为大豆及食用油。2010—2015

年间，三大市场进口额合计占全市农产品进口总额的比重分别为94.7%、95.5%、89.2%、84.3%、80.7%、68.8%，总体呈逐步下降趋势。一方面是畜牧饲料类产品进口逐步增加，另一方面是居民生活水平提高，消费产品逐步多元化，消费升级类产品如牛肉、奶粉及乳制品、葡萄酒类等进口额不断增长。消费类产品进口市场加拿大、澳大利亚等国家位于进口来源地前位（表14－1－9）。

表14－1－9　2010—2015年重庆市农产品进口国家及数量前五名

单位：万美元

年份	大宗农产品进口国家及贸易额									
	第一名		第二名		第三名		第四名		第五名	
2010	巴西	8 541	美国	8 266	阿根廷	5 492	越南	596	菲律宾	310
2011	巴西	21 433	美国	12 333	阿根廷	3 638	澳大利亚	532	菲律宾	298
2012	美国	38 466	巴西	24 333	阿根廷	8 989	印度	3 683	乌拉圭	2 488
2013	巴西	57 417	美国	23 954	阿根廷	4 947	越南	3 536	乌拉圭	2 406
2014	巴西	22 713	美国	15 169	阿根廷	5 689	越南	2 434	加拿大	1 158
2015	巴西	35 455	美国	30 442	阿根廷	8 502	加拿大	5 352	越南	445

第三节　对外贸易活动

改革开放初期，重庆市促进农业对外贸易举措主要体现在参加市内相关活动。随着农业对外开放的扩大，重庆市开始在市内外主办和走出市外参加农业对外经贸活动，农业对外贸易往来由组团参加市内举办的对外经贸活动，到在国内参加全国性展会或区域性农业经贸活动，再走出去开展和参与国（境）外举办的国际性、区域性农业经贸活动；由政府统一组织企业参加到多主体推进农业对外经贸交往。

一、主要对外贸易活动

重庆市政府相关部门多次组织农产品生产、加工、贸易企业走出国（境）外开展对外贸易活动，重点是组团到中国香港和中国台北、泰国、马来西亚、俄罗斯、美国、澳大利亚等地参加知名农业、食品展会及相关贸易活动。

（一）香港美食博览

1. 香港美食博览概况

“美食博览”是香港贸易发展局举办的各类大型国际性展览中最成功、知名度最高的展览之一，集商品展示、促销和贸易洽谈于一体，为食品商进入东南亚及欧美等国际市场提供了良好的契机。美食博览每年举办一届，至2015年已经连续举办了28届。“中国美食城”是“美食博览”中最大的独立展馆，由香港贸易发展局与香港《文汇报》共同主办。2009年开始，香港贸易发展局在“美食博览”同期推出“香港国际茶展”。

2. 重庆组团情况

2003年以来，重庆市农业委员会（市农村工作办公室）9次组织重庆市农产品生产、加工及贸易企业参加“美食博览”。具体做法：第一，突出特色，优选产品。针对香港食品市场和“美食博览”的特点，重庆市在组织参展企业和农产品加工食品中，以农业产业化百万工程加工产品为主线，重点推出重庆具有优势的榨菜、猪肉制品、笋竹制品等产品。同时，把重庆火锅底料及酱腌制品、蜂蜜、茶叶等特色产品列入重点参展项目。由于重庆参展产品特色鲜明，因此成为中国美食城人气最旺的展区之一。

第二，充分准备，精心搭台。重庆市农业委员会（农村工作办公室）每届组展都较早着手准备，当年4月发文到区（县）农业委员会（农村工作办公室）征集参展企业及产品，对报名企业进行认真优选。7月份对参展企业进行有关知识、操作的培训。在“美食博览”期间，有针对性地组织企业拜访香港知名商家，同时积极组织参展企业在贸易日与来自世界各地的采购商进行对接，洽谈销售合同和意向协议。第三，积极推介，注重实效。重庆市农业委员会（农村工作办公室）把组织企业参加“美食博览”作为加快重庆市农业“走出去”的重要举措，特别是针对较多农产品生产加工企业由于受规模和营销能力的限制，单枪匹马拓展海外市场常常力不从心的状况，重庆市带领企业拜访商家，引导企业充分利用香港市场辐射国际市场面广的优势，积极与国外经销商对接。重庆市每次组团拓展香港市场都以务求实效为宗旨，以展示展销特色农产品为载体，注重多渠道、多层次地开拓市场，采取场内展销与场外洽谈相结合、产品推介和招商引资相结合、现场销售与市场调查相结合的做法，扩大了与香港、台湾地区和澳大利亚、泰国、马来西亚等国家经销商的交往与合作。

3. 重庆参展成效

重庆组团参加“美食博览”效果主要体现在5个方面：第一，扩大了农业对外贸易。重点推介重庆市榨菜及酱腌制品、蔬菜制品、茶叶、蜂蜜、调味品、冻猪肉及肉制品等产品，参展企业和农产品进入香港商家及外国采购商的视野并逐步开展贸易洽谈、订货，推动了重庆市农产品国际贸易。第二，建立了良好的贸易渠道。在参展期间，重庆市农业委员会（市农村工作办公室）带领参展企业代表拜访了香港和记黄埔（百佳超市母公司）、香港华润集团、惠康集团、华丰国货、裕华国货及大昌行、五丰行等知名商家，与香港多个商家建立了联系与合作，为促进重庆农业与香港合作奠定了良好的基础，推动了农产品贸易往来向深度和广度拓展。第三，积累了国际贸易经验。重庆市通过与众多的生产企业、经销商同台“唱戏”和对香港农产品市场进行调研，参展企业收集到较多的国际市场农产品信息，特别是对香港农产品市场的容量、消费能力、辐射能力，产品偏好、价格、包装、安全卫生要求及批发、零售销售渠道有了较多的了解，真正认识到香港这个国际贸易中心对农产品大容量、强消费、广辐射的地位，增强了开拓国际市场的信心。第四，展示宣传了重庆市农业发展优势与成果。重庆市通过组织展场推介销售、专题推介会、拜访知名商家和联系香港媒体广泛宣传，使香港有关方面及市民对重庆市农业、农产品有了较多的了解，特别是重庆市重点特色产业生猪、柑橘、榨菜在香港商界有了一定知名度，在香港主要食品经销商中树立了良好印象，逐步打开了冻猪肉、榨菜、健康食品等市场。第五，增强了做大做强的信心。重庆市农业委员会（市农村工作办公室）组织参展企业参观“美食博览”中的韩国馆、日本馆及其他国家展馆，观摩学习国外农产品包装、推销策略和技巧，并进行了现场总结，参展企业对发展壮大充满信心，扬长避短，做足功夫，赢得更多商机。

4. 部分组团参展情况

2003年8月14—18日，重庆市农村工作办公室首次组团到香港，参加“美食博览2003”，重庆市21家农业企业赴港参展。重庆展团展示展销了榨菜、茶叶、传统食品（板鸭、腌腊品、豆干）、猪肉及肉制品、优质粮油及调味品、笋竹产品、保健食品和花卉等八大类近200种农产品，现场签订购销合同8 950万元，签订意向性购销协议1.2亿元。香港商家对重庆产品表现出浓厚的兴趣，多个商家明确表示希望代理经销，其中，华润集团五丰行有限公司、大昌贸易行有限公司、裕华国产百货有限公司、通泰行等76家企业已与重庆企业进行实质性洽谈。参展期间，钱江食品有限公司、渝兴食品有限公司等引起了大昌贸易行的关注，2003年9月大昌贸易行行政总裁朱汉辉一行在考察重庆期间，分别与上述企业签下订单。当年，钱江食品有限公司通过与大昌行合作，冻猪肉运输到中国香港；渝兴食品有限公司借助大昌行的业务渠道和网络，开始了冻猪分割肉和冻乳猪的对外销售，实现了直接出口零的突破。大发食品有限公司总经理林国坤在“美食博览”期间洽谈后，随即赶往重庆金州食品有限公司、重庆希尔安药业有限公司商谈购销合作事宜。展会期间，香港及重庆媒体高度关注重庆展团，做大量报道。“美食博览2003”，《重庆日报》发稿5篇，其中，头版2篇，二版3篇；香港《文汇报》发稿6篇，其

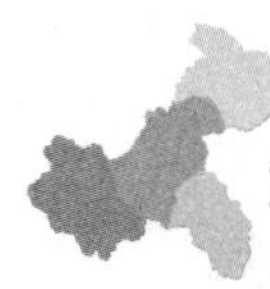

中，要闻4篇，财经2篇，两个专版；香港《大公报》发稿2篇。

2004年8月12—16日，重庆市第二次组团到香港，参加“美食博览2004”。重庆市农村工作办公室按照市委副书记聂卫国、副市长陈光国把开拓香港市场做热、做深、做透的指示，为组团赴港参展做了充分准备。重庆展团突出“特色农产品、优质农产品、绿色农产品”，注重将重庆展团的整体形象展示与农产品销售、推介有机结合起来，参展期间重庆市农村工作办公室带队专程拜访了香港裕华国货、大昌行、五丰行等贸易企业。参展企业带去的农产品受到香港商家的青睐和市民的普遍欢迎，扩大了重庆农产品的整体知名度，26家参展企业与169家香港和外国经销商开展了贸易洽谈，签订了41个、1.45亿元的意向性购销协议。同时，重庆在香港进行了3天现场销售，销售额达到62万元。

2009年8月13—15日，重庆市组团参加了香港贸易发展局举办的“美食博览2009”暨首届香港国际茶展。重庆市4家茶叶生产加工企业带去了30多个绿茶系列产品在展会上一展风采。参展的“巴南银针”“永川秀芽”“滴翠剑名”“重庆龙珠”等名茶吸引了美国、日本、俄罗斯、斯洛伐克、印度尼西亚及中国香港客商50多家，共签订出口茶叶协议150吨、金额6 019万美元。在“美食博览2009”展会期间，重庆与台湾农民创业园向来自世界各地的客商展示推广重庆台农园、提升台农园知名度，并与香港有关方面接触、交流，就借助香港平台宣传推广重庆台农园达成初步意向。

2012年8月11—15日，重庆市农业委员会组团参加了“美食博览2011”，取得了明显成效。一是宣传推介了重庆特色农产品。重庆市组织了重庆鱼泉榨菜（集团）有限公司、阿兴记食品有限公司、蜂谷美地有限公司等6家企业携带榨菜、蜂蜜、笋竹、脐橙及兔肉等30多个特色农产品在展会上一展风采，受到采购商及香港市民的青睐。鱼泉榨菜（集团）有限公司在展会期间，在香港国际会议展览中心举办了香港专场产品推介会，通过丰富多彩、生动活泼的方式向香港商家和市民宣传推介鱼泉榨菜及系列产品，进一步扩大产品知名度和影响力。二是拓展了香港及海外市场。重庆市参展企业与100多家来自港台地区和比利时我国内地的经销商和代理商等进行了对接和洽谈。鱼泉榨菜（集团）有限公司、阿兴记食品有限公司、峰谷美地养蜂有限公司等企业分别与香港美味栈有限公司、Plaky’s. Co.、LTD、杭州万隆食品、上海宝亚行进出口贸易公司等达成初步意向。三是学习了国（境）外农产品生产及销售经验。参展期间，重庆市农业委员会组织企业参观了这届“美食博览”的韩国馆、日本馆及其他国家参展商，观摩学习国外农产品包装、推销策略和技巧。四是考察了香港市场。参展企业对香港农产品市场、食品超市中经销的我国内地农产品进行了调研，规划了本企业进入香港市场的前景，为下一步开拓香港市场奠定了良好的基础。

2013年8月15—19日，重庆市组团参加了“美食博览2013”及“香港国际茶展2013”。重庆市参展的11家农业企业在展会上积极宣传推介、开展贸易洽谈，取得了可喜的成效。一是扩大了重庆农产品的知名度。在“香港国际茶展2013”上，重庆市重点推出重庆红茶，整体设计特装、大气古朴的重庆展厅和7家茶叶生产企业展示的生态、优质、安全、健康的重庆红茶吸引了澳大利亚、俄罗斯、英国、日本及中国台湾和香港本地的客商前来品茶、洽谈。在“美食博览2013”上，重庆市4家企业展示的榨菜、花椒油、蜂蜜、乌天麻等10多个具有浓郁重庆特色的农产品受到众多香港采购商及市民的欢迎。展会期间，重庆市成功举办了重庆红茶推介会和重庆美食推介会。通过丰富多彩、生动活泼的方式向香港市民和商家宣传推介茶叶和美食，扩大重庆农产品的知名度和美誉度。二是拓展了香港及海外市场。重庆市参展企业通过展会平台及拜访客商，促销产品、寻找合作伙伴等工作取得成效。重庆企业带去的原生态保健品乌天麻及花椒油等产品受到市场的欢迎，与5家客商达成初步供货协议，并与香港、台湾两家客商签订意向性代理协议；重庆参展茶叶企业与马来西亚茶叶商会签订1 000吨红碎茶购销协议；重庆生态养蜂企业连续两年参加“美食博览”，找到了香港代理商，重庆库区的蜂产品成功进入香港市场。三是荣获香港茶展大奖。这届国际茶展特设“国际名茶比赛”，并首次设置了“优秀茶叶包装大奖”。重庆茶业集团有限公司的顶级茗茶“定心·心经”系列，从来自中国香港和内地、日本、中国台湾及斯里兰卡的128个参赛茶样中脱颖而出，夺得“优秀茶叶包装大奖”。参展期间，重庆市农业委员会组织参展企业参观同期参展的韩国馆、日本馆及其他国家展馆，观摩学习国外农产品包装、推销策略和技巧，同时看到了自身的不足。重庆市农产品进入国际市场，还应该在包装的中英文介绍及繁体字的运用等细节上下功夫，以赢得更多的商机。

2014 年 8 月 14—18 日，重庆市组团参加了“美食博览 2014”，有 6 家农业企业参展并开展贸易洽谈取得了显著成绩。一是认真推介特色农产品。参展企业带去了重庆的榨菜、调味品、蜂蜜、猪肉加工品、蔬菜等系列特色农产品，通过现场品尝、销售等方式推介宣传，展示展销产品受到采购商及香港市民的喜爱，进一步扩大了重庆农产品知名度。二是积极洽谈贸易、寻求合作。参展企业借助“美食博览”这一平台，与相关经销商和代理商等进行对接和洽谈，建立联系并达成初步意向。重庆旭源生态农业开发有限公司董事长通过考察、洽谈，拟在香港黄大仙附近市场开设农产品实体店，将生产的生姜、泡菜、酱海椒、酸菜鱼佐料等推向香港市场。三是学习借鉴国（境）外农产品推广销售经验。重庆市农业委员会引导参展企业参观了这届美食博览中日本馆、韩国馆的参展商，观摩学习外国企业产品包装设计、推销策略的经验，以提升自身拓展市场的水平。四是认真考察香港市场。参展企业深入相关街市、食品超市调研，了解香港市场需求，研究进入市场的关键环节，为拓展香港市场奠定了良好基础（表 14－1－10）。

表 14－1－10　重庆组团参加香港美食博览情况

年份	届别	重点参展产品	参展企业（个）	意向订单（亿港元）
2003	15	榨菜等酱腌菜、茶叶、竹笋干、优质粮油及调味品和花卉；猪肉制品及板鸭、腌腊品等	21	2.01
2004	16	榨菜等酱腌菜、蔬菜制品、调味品及方便食品；猪肉制品等	26	1.45
2005	17	榨菜等酱腌菜、笋竹制品、火锅底料、松花皮蛋、葛制品；猪肉制品等	18	1.28
2009	21	“巴南银针”“永川秀芽”“滴翠剑名”“重庆龙珠”等品牌茶叶	8	0.60
2010	22	榨菜等酱腌菜、调味品、蔬菜制品、干副食品	10	2.52
2011	23	榨菜等酱腌菜、调味品、干副食品	9	1.16
2012	24	榨菜等酱腌菜、笋竹、蜂蜜及肉制品	6	0.77
2013	25	榨菜等酱腌菜、花椒油、蜂蜜、乌天麻、茶叶	13	1.35
2014	26	榨菜等酱腌菜、调味品、蔬菜制品、蜂蜜；猪肉、制品	6	0.83

（二）泰国（亚洲）食品博览会及相关活动

1. 泰国（亚洲）食品博览会及重庆参展概况

泰国（亚洲）食品博览会（简称“泰国展”），由德国科隆国际展览公司和泰国出口推广部、泰国商会共同在泰国曼谷 IMPACT 展览中心举办，具有高水平、国际化、专业性和特色明显等特点。每年吸引着美国、意大利、德国、中国、日本、韩国、马来西亚等多个国家的生产企业、贸易商和专业观众前往参展。重庆市农业委员会（重庆市农业办公室）把组织企业参加“泰国展”作为加快重庆市农业走出去的重要举措，注重多方位、广角度、重实效推出重庆农业优势和特色农产品，自 2004 年以来，多次组织企业参加“泰国展”，搭建起重庆市农产品生产加工企业开拓东南亚市场的桥梁。

2. 组团工作

第一，精心组织筹备。重庆市通过优化目标市场，根据企业出国参展情况锁定泰国作为农产品生产加工企业“走出去”的目标市场，并列入全市开拓国际市场重点计划。重庆市在组织工作的每一个步骤、每一个环节周密安排，有条不紊推进。第二，优选企业及产品。根据“泰国展”和东南亚市场的特点，重庆市农业办公室在组织参展企业和参展产品中，把具有优势的柑橘、调味品、茶叶等特色产品为重点参展项目，特色鲜明的产品在展会期间受到来自世界各地有关采购商的关注。组展中凡参展企业

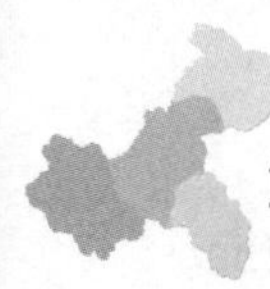

必须具备区（县）级以上农业产业化龙头企业、具有工商营业执照、生产许可证、食品卫生许可证和具有一定的国际市场开拓能力等条件，确保参展效果。第三，积极推介宣传。一是隆重推出重庆农业，展厅布展突出中国标志、重庆特色、现代风格，较好地展示了重庆农业、农产品的形象；二是参加专题推介活动，通过组织企业参加主办方组织的各项专业活动，及时掌握国际市场相关信息，与国际经销商建立联系；三是及时收集市场信息，通过在超市、卖场实地调查和与当地华人开展交流等方式了解采集市场信息，使参展企业及时调整市场开拓策略，为重庆市开拓国际市场做好信息储备。

3. 历届参展情况

2006 年 5 月 17—21 日，应泰国 Expolink 公司的邀请，经重庆市领导同意，重庆市农业办公室组织了 21 家企业赴泰国参加 2006 亚洲（泰国）食品博览会，成效显著。第一，测试了产品、了解市场信息。重庆市农村工作办公室通过此次参展，对于重庆市农产品生产企业如何拓展对东南亚及相关的食品市场有了初步判断，即畅销类产品有榨菜，潜力型产品有蜂蜜、蜂王浆、腌腊制品、调味品，不适应型产品有笋竹、米花糖、烤花生。第二，洽谈了合作、拓展了新市场。参展企业先后与美国、韩国、意大利、法国、日本、以色列、马来西亚等 20 多个国家的 122 家经销商、代理商进行了贸易洽谈，达成了 36 个合作意向，金额 1 300 万美元；现场签订订单 97 万美元、17 万元人民币。第三，沟通了信息、宣传了重庆。重庆市农业办公室带领企业与泰国商会、泰国食品协会和当地华侨相互交流了信息，为下一步做好东南亚市场的开拓奠定了基础。第四，找到了差距，看到了希望。参展使企业认识到重庆农产品生产加工企业与国际同行业相比，在商品包装、标准化程度、国际化程度低等方面存在着较大差距。

2007 年 5 月 23—27 日，重庆市农业办公室组团参加"2007 亚洲（泰国）食品博览会"，成效显著。一是促进了农产品贸易。重庆市组织 15 家企业和调味品、柑橘、茶叶、肉制品、蔬菜制品、豆制品等七大类 85 种产品参加展示展销，共达成 22 个合作意向、金额 1 500 万美元。二是建立了广泛的合作关系。参展企业先后与泰国、韩国、新加坡、乌克兰、印度、波兰等 20 多个国家 130 家经销商、代理商进行了贸易洽谈。其中，重庆美乐迪天然食品有限公司"饭遭殃"系列产品已通过泰国经销商进入泰国超市试销，重庆三峡建设集团与马尔代夫 NAMS Private Limited 公司的鲜榨橙汁销售协议、重庆翠信茶业有限公司与波兰 Maciek Szata 公司的红茶购销协议都正在进一步洽谈中。

4. 2007 中国农业（泰国）展览会

2007 年 5 月 19—21 日，由中国农业部贸易促进中心、商务部外贸事业发展局共同主办，泰国中华商会海外合作主办的"2007 中国农业（泰国）展览会"在泰国曼谷诗丽吉皇后展览中心馆举行。中国商务部、农业部和中国驻泰国大使馆及泰国枢密院、泰国中华商会等机构的政要出席了开幕式并致辞。展会上，重庆佳美香料有限公司生产调料展示的饲料诱食剂、食品香料等展品因气味醇正、浓郁吸引了多家泰国（驻泰）企业咨询，重庆火锅深受泰国民众欢迎，有 11 家泰国（驻泰）公司表达了原料采购、产品超市代理等明确意向。

（三）海峡两岸旅游食品展

海峡两岸旅游食品展由中国贸易促进会商业行业分会与台中世界贸易中心在台湾贸易中心南港展馆共同举办，旨在推动和加强两岸食品展会产业经济合作，促进两岸食品业界企业间的互利共赢，进一步推动渝台两地农业经贸合作与交流。海峡两岸旅游食品展以"展中展"的形式参与于"台北国际食品展"中，自 2007 年开办以来，由海外贸易联合会组织内地企业参展，规模逐年扩大。

自 2009 年以来，由重庆市对外贸易经济委员会、重庆市农业委员会连续 7 年组织有关食品企业、相关园区参加海峡两岸旅游食品展。通过展示、宣传和洽谈，重庆市参展企业与台湾相关企业增进了解、找到商机、加强合作、扩大交流、共同发展，在促进重庆农业与农产品（食品）生产企业与台湾农业、企业的合作交流等方面发挥了积极、重要的作用，为渝台开展农业经贸与技术交流奠定了良好的基础。

2012 年 6 月 27—30 日，重庆市农业委员会组织 17 家农业企业参加“2012 海峡两岸旅游食品展”。重庆市参展企业带去的 60 多种特色农产品吸引了台湾的经销商及市民，呈现出展、销两旺势头，重庆市农产品生产企业与多家台湾企业、营销商进行了洽谈并建立了联系。参展中，重庆市部分农产品生产企业参加了“2012 年国际食品通路商采购大会”“两岸农产暨食品交流论坛”“海峡两岸食品市场研讨会”等活动。在台期间，重庆市农业委员会副主任刘启明率团与台北进出口商业同业会及台湾财团法人等进行了广泛交流。同时，拜访、考察了橘之乡蜜饯形象馆、嘉义产业创新研发中心、南投县农会等，就进一步加强渝台两地农业合作进行了深入商讨。

（四）马来西亚国际食品及饮料展

1. 展会概况

马来西亚国际食品及饮料展（MIFB）是在马来西亚农业和贸易部门的全力支持下，由马来西亚博览国际有限公司和马来《先锋报》联合主办的、通过国际展览联盟（Union of international Fairs UFI）认证的展会。该展会以东盟市场为切入点，重点突出展会的商业平台优势以及对东盟各国强劲的辐射力和影响力，吸引了逾万名来自全球 38 个国家和地区的专业贸易商前来参加，已成为该国最大的专业食品贸易展。随着参展企业领域的日益广泛，产品质量不断提升，观展人数大幅度增长，持续保持良好记录，受到参展与观展者的欢迎。

2. 重庆参展情况

为进一步推动重庆市农产品及食品生产、贸易企业进入和扩大马来西亚及东盟市场，加快开拓国际市场步伐，重庆市农业委员会（重庆市农村工作办公室、市农业局）与市对外经济贸易委员会自 2004 年以来，连续 7 年组团参加马来西亚国际饮食品贸易展，取得显著成效。重庆参展企业与各国参展企业、采购商进行交流、洽谈，宣传了重庆农业及农产品，签订了合作协议及贸易协议，开拓东盟市场实现了突破。2004 年 7 月，重庆市参展的 15 家农业及农产品加工企业展品包括农业食品、农副产品、中药材、茶叶、鲜果及调味品七大类 80 多个品种。2007 年重庆市参展企业与近百家东盟企业、商家进行了洽谈，共签订了约 370 万美元的销售协议。重庆丰都明富实业有限公司与马来西亚最大的经销商 Kum Thim Food Industries 现场签订了 5 个货柜 12 万美元的销售协议。该展搭建起新的合作平台，重庆市农村工作办公室与马来西亚中小企业国际合作协会初步建立起互动组织本国或本地企业参加马来西亚食品饮料展和“重庆·中国西部国际农产品交易会”的双边贸易联系和促进机制，与新加坡国际企业发展局、粮农局初步建立了新的联系通道。2007 年重庆海峡两岸农业发展公司借助该展会平台，大力展示和推广重庆台湾农业园，与来自台中的 20 多家台湾企业进行了深入的洽谈和对接。展团负责人和企业代表累计与 100 多家东盟企业和新加坡、马来西亚的行业协会及政府部门的有关人士进行了深入的对接和洽谈，相互之间增进了了解。

（五）澳大利亚国际食品展

澳大利亚国际食品展（Fine Food Australia）是澳大利亚 Diversified 展览公司主办的最重要展览项目之一，汇集了全世界最新的食品、饮料产品和相关设备，是澳大利亚每年一度最大的食品行业展览。该展会每年举办 1 次，在墨尔本和悉尼两座城市交替举办。2005 年以来，重庆市多次组团参加澳大利亚相关农产品（食品）展，为拓展澳洲市场进行有益的探索。

2005 年 9 月，重庆市农村工作办公室、市对外贸易经济委员会联合组织 8 家农产品、食品生产企业参加了在悉尼举行的“2005 年澳大利亚国际食品饮料展”，并考察了澳大利亚农业。重庆参展产品包括食品、农副产品、调味品等，共达成意向性订单近 800 万美元。其中，重庆市美乐迪天然食品有限公司、重庆市包黑子食品有限公司、重庆里茂农产品开发有限公司在与参展客商交流和洽谈中，找到了进入澳洲市场代理商。

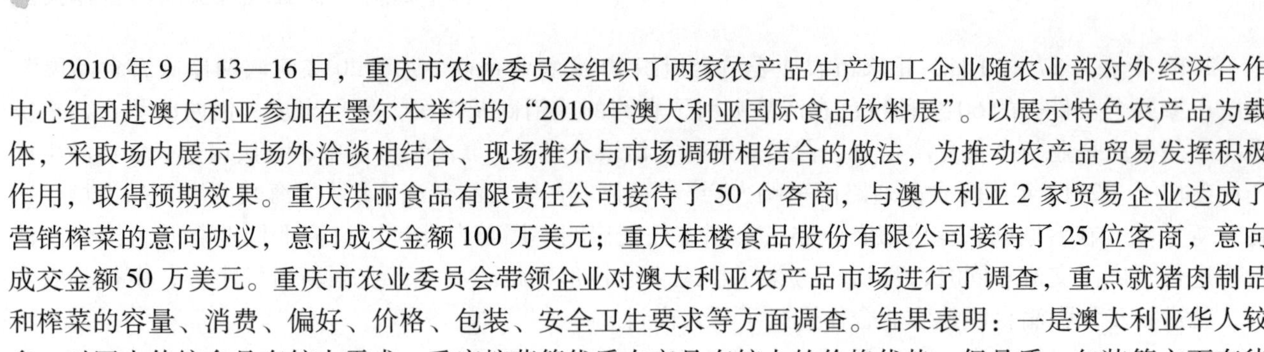

2010年9月13—16日，重庆市农业委员会组织了两家农产品生产加工企业随农业部对外经济合作中心组团赴澳大利亚参加在墨尔本举行的“2010年澳大利亚国际食品饮料展”。以展示特色农产品为载体，采取场内展示与场外洽谈相结合、现场推介与市场调研相结合的做法，为推动农产品贸易发挥积极作用，取得预期效果。重庆洪丽食品有限责任公司接待了50个客商，与澳大利亚2家贸易企业达成了营销榨菜的意向协议，意向成交金额100万美元；重庆桂楼食品股份有限公司接待了25位客商，意向成交金额50万美元。重庆市农业委员会带领企业对澳大利亚农产品市场进行了调查，重点就猪肉制品和榨菜的容量、消费、偏好、价格、包装、安全卫生要求等方面调查。结果表明：一是澳大利亚华人较多，对国内传统食品有较大需求，重庆榨菜等优质农产品有较大的价格优势，但品质、包装等方面有待改进，食品安全卫生也需要进一步规范；二是澳大利亚虽然对猪肉等肉食品的需求量大、消费力强、辐射面广，但对入境控制非常严格，外国产品进入难度大。

（六）美国夏季特色食品展

美国国家特色食品贸易协会（NASFT）从1955年开始举办北美洲最大特色食品行业盛会——特色食品展（FANCY FOOD SHOW）。分别在旧金山、芝加哥和纽约举办的三大年度展会——冬季、春季、夏季特色食品展，吸引了近60 000名来自世界各地的食品、饮料行业的参展商。该展会以到会者的质量著称，87%的到会者是采购决策人或采购决策建议人。特色食品展吸引着数以万计的买家来寻找新产品、体验新味道、搜索新品牌、捕捉新风格。

为了使重庆市食品企业及时了解国外食品业的现状及发展情况，扩大与国外食品行业的经贸交流与技术合作，结识新客户，招商引资，2006年、2011年重庆市农村工作办公室（农业委员会）两次组团参加美国夏季特色食品展。2006年7月9—11日重庆市农村工作办公室、市对外经济贸易委员会联合组团首次参加了在纽约举办的“2006美国夏季特色食品展”。重庆市6家参展农产品生产加工及贸易企业带去了榨菜、豆干、蔬菜制品、鱼制品等四大类29个品种的特色农产品在展会上受到欢迎。美国的食品经销商对参加世界大型食品展的重庆特色农产品及加工企业有了新的认识。重庆市鱼泉产业（集团）有限公司在美国新泽西州的客户扩大了对鱼泉产业（集团）有限公司的订货和品种，新增加了20个货柜（40英尺）、约700吨产品的订货。重庆市涪陵辣妹子（集团）有限公司、重庆市武隆县羊角豆制品有限公司、重庆市汀来绿色食品开发有限公司与美国5家企业签订了长期合作协议，参展后3家企业拼柜首批货品发往美国；同时，与加拿大、新加坡、马来西亚等国家的企业达成了合作意向。

（七）俄罗斯相关展览

2003年，重庆市农业局与市对外经济贸易委员会共同组团参加在俄罗斯圣比得堡市举行的“2003年俄罗斯—中国全球农业交易会”。重庆市的参展产品得到了消费者的认同，参展企业与食品工业集团总裁圣比得堡市依特食品集团等达成了价值800多万美元的冻猪肉、调味品、咸菜系列食品及板鸭销售意向性协议。

2006年，重庆市农业局组团参加“2006年俄罗斯国际农工博览会”并取得了良好效果。参展的企业同外方签订了红茶绿茶、风味食品、罐头食品等销售协议，协议资金达500万美元。

二、农业对外贸易促进工作

重庆市多管齐下，促进农业对外贸易。

（一）搭建促销平台，拓展农产品海外市场

一是集合资源加大“走出去”支持力度。重庆重庆市农业委员会设立开拓农产品国际市场专项资金，与国家中小企业开拓国际市场基金集合使用，加大力度支持农产品生产企业“走出去”，调动了企

业开拓国际市场的积极性；二是组团参加国外知名展会。组织龙头企业参加香港美食博览、马来西亚国际食品及饮料展等知名展会，在展位及布展、人员差旅费等方面给予补贴，促进企业展示形象和实力，与国（境）外组团参加香港美食博览等外采购商建立贸易伙伴关系，加大开拓市场力度；三是充分用好国（境）外知名贸易平台。定期参加国际农业交易会，并举办专题产品推介会等活动。

（二）强化基地建设，确保农产品质量安全

一是加快农产品出口示范基地建设和出口农产品质量安全示范区建设。重庆市制定下发了《重庆市出口食品农产品质量安全示范区管理办法（试行）》。在多方支持下，2012 年全市创建了 4 个国家级出口食品农产品质量安全示范区、7 个市级出口农产品质量安全示范区，建设了 57 个市级农产品出口示范基地，出口示范区及出口示范基地区域内出口农产品质量快速提高。二是完善农产品质量安全监控体系建设。通过建立重大动植物疫病防控、应急和信息发布制度以及重点农产品质量溯源等制度，建立农产品供给、需求、市场价格变动的预测预报系统，建立与国际标准接轨的农产品质量标准体系，连接国际国内市场，保障了出口农产品质量符合进口市场要求。

（三）加大扶持力度，完善政策支持体系

一是加强部门联动。2003 年重庆市农村工作办公室牵头，市对外经济贸易委员会、市出入境检验检疫局参与，成立了重庆市出口农产品生产加工贸易协作组，并制定了重庆市出口农产品生产加工贸易协作组议事规则。重庆市农业委员会、市对外经济贸易委员会、市出入境检验检疫局建立重庆市扩大农产品出口双组长制联席会议制度，定期召开农产品出口联席会，协调、解决农产品出口中出现的问题。2013 年重庆市农业委员会、市对外经济贸易委员会、市出入境检验检疫局、市科委加强合作，成立食品农产品质量安全示范区建设部门联系会制度，推动农产品质量安全示范区建设，推进原产地标志在出口农产品中的应用，加强监管体系建设，建立完善适合农产品出口特点的快速通关机制；二是关键环节支持。重庆市农业委员会、市对外经济贸易委员会对出口企业在农产品出口质量安全示范区和农产品出口示范基地建设、农产品国际市场开拓、出口知名品牌打造、国内外重要认证注册等方面予以补贴，提升了出口农产品的国际竞争力；三是多方参与服务。重庆市农村工作办公室、市对外经济贸易委员会共同培训农村外贸人才，为重庆市农业生产加工企业培养能独立开展业务的外贸人才，2005 年开设的为期一个月的专题孵化培训班为农产品出口及出口潜力企业培养了一批农业外贸人才；市、区（县）农业信息中心积极为农产品出口企业提供市场信息及信息技术服务，农业担保公司成为农产品出口企业融资担保及贴息的后盾。

（四）建立健全体系，提供优质通行服务

重庆市农业委员会联合重庆市出入境检验检疫局、重庆海关等相关部门优化通关监管方式方法、加快区域通关一体化改革，加快预先报检、预约通关制度，推广“通报、通签、通放”模式，服务企业便捷通关。对鲜活、易腐等特殊出口农产品，设立专门通道，特事特办，提供通关便利。重点扩大与东南亚等国家和地区合作，进一步完善重庆农产品出口通道，降低物流成本，提升出口竞争力。

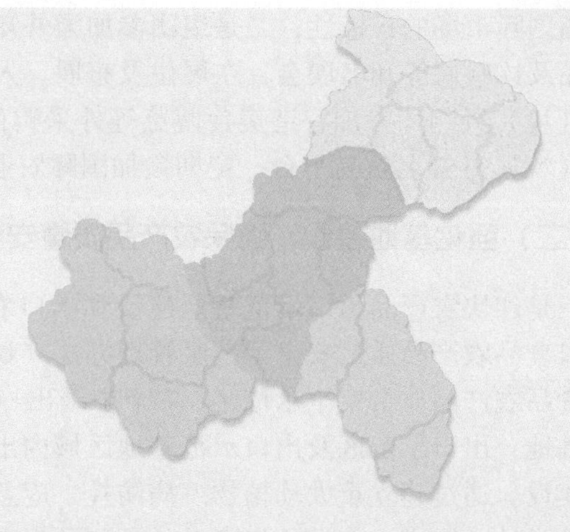

第二章
农业利用外资

中共十一届三中全会以来，重庆市农业开启了对外开放航程。1986 年以来，特别是 1992 年邓小平南方谈话、1997 年重庆改为直辖市等强劲东风，加快了各种资金、技术、人才等资源投入重庆农业和农村领域的步伐。

第一节 国外资本

重庆为加速农业发展，采取两种形式利用外国资金。一类是间接利用外资，通过国际货币基金组织和世界银行等国际金融机构提供的贷款、国外银行贷款、政府贷款等方式吸收国外贷款；一类是吸收国外投资者的资金或资产直接投入重庆农业领域相关企业或产业的生产、建设，投资者参与经营管理活动。通过利用来自国外的货币资金和利用国外物资、技术、专利等国外资源，加快了重庆市农村经济发展和农村社会进步。重庆农业利用国外资本由间接利用外资逐步转向直接利用外资与间接利用外资并重。

一、引资历程

促进外资投入重庆农业和农村领域工作经历了不断探索和不断发展的历史过程。1986—1996 年，农业引资处于起步探索阶段，引进外资规模较小，而且主要是接受外方贷款、赠款和引进国外设备。1985—1986 年重庆市先后与 8 个国家和地区签订了利用外资、引进良种和设备合同 15 项，引进外资总额达 1 424 万美元、良种 10 200 株、设备 15 台。重庆市养鸡场、重庆市柑橘科学研究中心、重庆市长江渔业公司、重庆市淡水养鱼办公室等单位，通过利用世界银行、欧洲共同体、意大利、丹麦等国家和地区的贷款、赠款 1 424 万美元，引进淡水鱼养殖、柑橘贮藏保鲜、商品蛋、鸡和水产品冷藏及加工设备，已生效并实施。

成立直辖市后，重庆市农业对外开放水平及外向度快速提升，重庆农业发展受到外资的关注和青睐。一是重庆市农业引进外资既有接受外方贷款、赠款、设备，也有国（境）外企业直接投资重庆农业生产、加工及贸易。二是引进外资规模整体呈现稳步增长态势，协议引资额从 1998 年的 5 925 万美元提升到 2011 年的 20 058 万美元，实际到位资金年均保持在 1 000 万美元。2011 年后，重庆市农业发展水平逐步提高，社会资本投入呈增长态势，逐步占据农业投资主导地位，外资投入农业逐步减少（表 14 - 2 - 1）。

表 14-2-1　1998—2011 年重庆市引进外商资本投资农业情况

年份	协议引资（万美元）	到位外资（万美元）
1998	5 925	1 338
1999	11 252	349
2000	15 700	1 174
2001	21 600	1 320
2002	19 900	1 274
2003	7 656	1 195
2004	1 497	365
2005	419	380
2006	1 300	1 137
2007	35 941	2 624
2009	11 300	1 136
2010	11 045	956
2011	20 058	1 037

二、外国政府资金及国际金融组织贷款

自 1986 年以来，重庆间接利用外资重点通过国际货币基金组织和世界银行等国际金融机构提供的贷款、国外银行和政府贷款等方式加速重庆农业的发展。外国政府及国际金融组织政策性资金执行的项目共 7 个，其中国际金融组织贷款项目 4 个，涉及资金 4 780.3 万美元，主要实施了世界银行贷款淡水养鱼重庆项目（约 257 万美元），世界银行贷款建设长江柑橘带重庆项目（约 1 190 万美元），世界粮食计划署无偿提供粮食援助、国际农业发展基金会提供低息贷款及中国政府提供配套资金进行联合投资的川东北农业综合开发项目（贷款 746 万 SDR、折 1 033.3 万美元），世界银行贷款生态家园重庆市项目（约 2 300 万美元）；外国政府贷款和援助项目 3 个，分别是丹麦政府贷款建设冷冻食品厂项目，欧共体援助奶类项目（援助物资 4 784.97 吨，援助款 7 301.80 万元），加拿大政府提供无偿援助、中国政府提供配套共同组织实施的中国—加拿大动物健康推广服务重庆项目（援助 235 万加元，折 207 万美元）。

（一）外国政府及机构资金

1. 丹麦政府贷款建设冷冻食品厂项目

1987 年，丹麦政府混合贷款冷冻食品项目以重庆市长江农工商联合总公司为主体，兴建冷冻食品加工厂，1989 年 5 月 5 日冷冻食品加工厂建成竣工。该项目为提高重庆市食品保障和供给能力发挥了积极作用。

2. 欧洲经济共同体援助奶类项目

1988 年 3 月 1 日，中国政府与欧洲经济共同体在布鲁塞尔签署了《EEC 援助中国 20 城市奶类发展项目协议书》并开始执行。重庆作为欧洲经济共同体（简称“欧共体”）援助中国 20 城市奶类发展项目实施城市之一，自 1988 年起，欧共体分两期对重庆市进行了奶类项目的援助，1988 年 6 月，重庆市接受欧共体奶粉、黄油加工再制奶粉销售资金。截至 1989 年年底，重庆市共接受欧共体援助食品2 149.661吨，占应援助物质总额的 44.78%。1991 年 11 月 30 日，欧共体无偿援助重庆市的重点工程——北碚乳品厂竣工投产，年产消毒牛奶 3 000 多吨。1992 年 12 月，第二期 EEC 援助项目累计新建收奶站 10 座，分发体系 371 个网点，运奶车 12 辆，改、扩建服务站 27 个，新建乳品厂、点 4 个，

改扩建乳品三厂，新建饲料厂、培训中心、繁育中心各1座，改造国有农场5个、集体农场10个。全市奶牛存栏19 000头，奶产量53 000吨。1993年9月，重庆作为欧共体奶类项目第二期20个城市之一，共接受EEC援助物资4 784.97吨，援助款7 301.80万元，市各级配套资金4 043.52万元。共新建收奶站10个，购运奶车16辆、建牛奶分发门市（点）188个，建设了6个乳品加工厂，改扩建2个乳品厂，新建年产2万吨配合饲料厂和年产2万吨脱毒菜籽饼蛋白饲料厂各1座，全面完成了市奶业培训中心的建设任务。项目的实施，极大地促进了重庆奶业发展。

3. 中—加动物健康推广服务重庆项目

2006年9月，以农业部致函重庆市人民政府明确重庆市作为中—加动物健康推广服务项目（简称“中加项目”）的区域开始，重庆市正式开始实施“中加项目”。该项目是加拿大国际开发署和中国农业部共同在中国西部地区实施动物健康推广服务项目，旨在支持西部地区扶贫开发计划和动物疫病监测、防治和报告体系的改革并使其符合世界贸易组织的标准。2006年12月，由加拿大政府提供无偿援助235万加元（207万美元）、中国政府提供配套设施，共同组织实施的“中加项目”正式启动。

“中加项目”主要开展4个方面的工作：一是为西部地区贫困农民提供动物健康技术的推广服务体系的国家级和省级政策和社会环境；二是提高动物健康推广体系的相关能力，为小型养殖户提供参与式可持续的兽医技术服务的机构的能力水平；三是改善西部地区动物健康职业教育和技能，尤其是培训方法学方面；四是健全动物和人畜共患健康信息、疫病监督监测体系。重庆“中加项目”由重庆市农业委员会（市农业局）牵头，会同市财政等部门共同推进。“中加项目”重庆片区管理办公室设在市动物疫病防控中心，市农业委员会动物防疫检疫处、对外合作处（国际合作处）共同参与，加拿大方面“中加项目”重庆办公室协调配合，各司其职，合力推动项目建设。

历时4年，重庆“中加项目”圆满完成任务。该项目在提升重庆市动物疫病防控能力、维护畜产品质量安全、提高兽医技术水平、增强社会环保意识、规范实验室监测手段、推动动物产品规范生产、启动兽医与人医联防工作机制等方面发挥了重要的促进作用，得到了农业部和加拿大国际开发署的充分肯定，成为重庆市实施农业国际合作项目的典范。“中加项目”实施效果主要体现在3个方面：一是健全技术规范体系，逐步缩短与发达国家的差距。遵循国际质量安全控制方面的标准和规范，制订发行了重庆市动物疫情监测及分析评估管理规范、重庆市规模化猪场疫病控制技术规范、重庆市动物医疗废弃物处置技术规范等16个技术规范，为有效防控动物疫病提供了有力的技术支撑，得到了农业部领导的高度肯定。二是开展培训学习，兽医人员业务素质得到大幅提升。项目实施期间，有20人次核心培训者（MTOT）先后到加拿大学习考察，其中3人在加拿大专门参加了“继续教育方法与管理培训”。举办市级和参加各类项目培训71期次，直接受训兽医人员达2 996人次，大部分实施区（县）建立了定期培训制度，共举办培训班230余次，参训人员达11 000余人次，培训女性和少数民族兽医比例均高达25%以上，其业务素质明显提高。三是推行先进防控模式，动物疫病防控能力明显增强。重庆建立了动物流行病学调查队伍，重庆市动物疫控中心成立了动物疫病流行病学调查专家组，区（县）组建了共198人的调查工作队，每月定期开展一次流行病学调查，定期开展动物流行病学调查和动物疫情分析评估工作。兽医实验室检测能力和水平全面升级。全市兽医实验室人员参加“中加项目”各类专题培训达120人次，39个区（县）完成了4 740.26米^{2}兽医实验室建设。有3个国家疫情测报站通过农业部和重庆市农业委员会的联合考核；15个区（县）兽医实验室通过市级考核；1/4的区（县）具有病原学检测能力。重庆市建立科学监测预警模式，组建了市、区（县）两级动物疫情分析评估员和专家委员会，零排放技术稳步推广。

截至2010年年底，全市相继发展了100多家大中型零排放畜禽养殖场，在荣昌县建立了两个乡（镇）的零排放技术示范推广基地。2011年6月25—26日，重庆市农业委员会、市外事侨务办公室共同主办了重庆农业国际合作项目总结表彰会暨兽医实验室管理培训班。农业部外经中心副主任王久臣和加拿大驻中国大使馆兽医参赞孔乐思先生、重庆市农业委员会副主任吴纯、市外事侨务办公室副主任刘光述出席会议并致辞、讲话。会议全面总结了重庆市实施“中加项目”4年来取得的成效，表彰了在项目实施工作中涌现出的3个先进单位和27名先进个人。重庆市动物疫病防控中心相关人员以及来自全市各县（自治县、区）畜牧兽医（农业）局分管领导、动物疫病防控负责人和兽医实验室的业务技术骨干共计200余人参加了会议。

（二）国际金融组织贷款

1. 世界银行贷款淡水养鱼重庆项目

1986年起，国家农林渔牧部安排，利用世界银行提供给中国淡水养鱼项目的贷款中的595万个特别提款权，折合687万美元，用于发展淡水养鱼，加速商品鱼基地建设。当年9月26日，中国授权代表在华盛顿正式签字；11月26日、国家农林渔牧部与重庆市人民政府授权代表签署转贷执行协议。重庆市从1984年4月开始准备，淡水养鱼基地主要规划在九龙坡、沙坪坝、南岸、江北、北碚、南桐6个区和巴县、江北、合川、江津、长寿、璧山、大足7个县，总规模为新建精养鱼池19 550亩，改造旧池5 500亩，共计25 050亩及其相应的配套设施，包括新建年产3 000吨渔用颗粒饵料厂2座以及技术服务中心、贸易服务中心和3个尼罗罗非鱼越冬养殖场。总投资为6 530.75万元，其中，世界银行贷款257万美元（约2 058万元人民币），重庆市、区（县）、乡、村投资4 472.7万元。项目到1990年全部完成投产。

2. 世界银行贷款建设长江柑橘带重庆项目

1990年8月9日，世界银行执行董事会批准向中国提供6 400万美元的贷款建设长江柑橘带，同年8月29日正式签字，12月4日正式生效。世界银行贷款建设长江柑橘带重庆项目（简称“长柑带重庆项目”）是建设长江柑橘带项目的主要部分，果园建设总规模40 815亩，总投资人民币12 570万元，其中，世界银行贷款1 190万美元。“长柑带重庆项目”建设期5年（1990—1994年），宽限期7年，还款期17年。“长柑带重庆项目”是重庆市农业生产引进利用外资最大的一个项目，由江津、长寿、巴县、合川、潼南5个县承担。

3. 川东北农业综合开发项目

1997年，川东北农业综合开发项目（简称“川东北项目”）由四川省准备和申报的国际农业发展基金（IFAD）贷款和联合国世界粮食计划署提供援助，主要实施改善农村基本条件和提高农民素质特别是妇女和儿童的素质。“川东北项目”包括重庆市云阳、奉节、巫山、巫溪4个县及万州区项目点和四川省南充市的4个县。按照协议，重庆“川东北项目”由国际农业发展基金会提供746万个特别提款权，折合1 033.3万美元，联合国世界粮食计划署援助44 000吨小麦，实际到位43 188吨小麦，变价后实际可用于项目建设4 770万元。国内政府按1∶1配套，国际农业发展基金贷款于1997年5月14日正式生效。

为了做好该项目实施工作，重庆市人民政府成立了由陈光国副市长担任组长的项目领导小组，市农业局下设办公室，对项目实施全面管理。市人民政府及市项目领导小组于1997年8月召开项目区（县）政府和市级有关部门参加的项目启动工作会，拉开了项目实施序幕。经过4年推进，项目于2002年年底按计划竣工，2003年10月，重庆“川东北项目”由市财政局、市审计局、市农业局等项目管理部门组成项目验收组，对项目实施情况进行验收，结果表明，项目区（县）较好地完成了“川东北项目”的建设任务。

重庆“川东北项目”的实施，使项目区基本实现了减少贫困、解决温饱的目标，贫困农户由93 340户减少到17 111户，该项目涉及的农户81.66%脱贫或基本脱贫，整体脱贫村288个，项目区农民人均收入从1996年的734元提高到2002年的1 310元，增加了576元，人均粮食占有量增加了101千克。农村生产生活设施显著改善，森林植被增加，生态环境向良性循环转变，妇女社会地位提高，特别是救助失学女童和妇女妇科病普查普治，在社会上产生很大影响，为项目持续发展奠定了基础

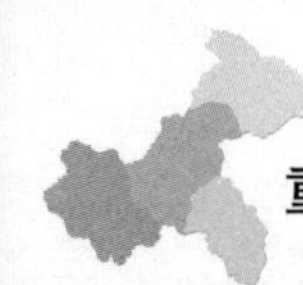

（表14－2－2）。

表14－2－2 重庆川东北农业综合开发项目完成情况

子项目/活动内容	单位	合计	云阳	奉节	巫山	巫溪
一、改土及配套水利						
1. 改土	亩	35 614	12 617	9 053	6 622	7 322
新改	亩	13 522	5 110	3 307	2 410	2 695
整治土地	亩	22 092	7 507	5 746	4 212	4 627
2. 配套水利	处	7 165	3 881	666	722	1 896
3. 拦山堰、引、灌渠	千米	174. 87	102. 70	22. 47	26. 92	22. 78
水渠	千米	103. 06	74. 30	5. 61	10. 17	12. 98
灌渠	千米	71. 81	28. 40	16. 86	16. 75	9. 80
二、扩大农业生产						
1. 大田作物	亩	174 732	25 000	34 736	77 490	12 506
2. 乡农技站	个	28	8	4	4	10
3. 畜牧						
猪	头	83 356	15 279	29 750	20 470	17 857
牛、羊	只	26 922	7 620	8 542	750	10 010
人工配种站	个	8	1	5	1	1
饲料加工设备	套	7		5	2	
三、经果林						
1. 经济林	亩	83 845	12 790	44 060	12 160	14 835
水果	亩	52 115	7 740	37 170	2 840	4 365
干果	亩	21 500	3 900	6 890	6 970	3 740
栽桑	亩	10 230	1 150		2 350	6 730
蚕房建设	间	2	2			
2. 防护林	亩	167 030	72 160	50 650	30 500	13 720
四、饮水及道路						
1. 人畜饮水	方	5 000 312	4 860 000		84 800	55 512
2. 道路						
新建	千米	398. 70	67. 00	62. 00	60. 50	209. 20
改建	千米	444. 80	91. 50	85. 00	42. 30	226. 00
五、妇女发展及村级创收						
1. 妇女发展	人	14 921	3 240	10 356	1 325	
多种创收	户	19 043	810	10 356	382	7 495
2. 培训	人次	167 445	42 490	14 501	63 400	47 054
3. 救助失学儿童	人	4 173	1 300	659	480	1 734

4. 世界银行贷款生态家园项目

2009年，世界银行贷款生态家园项目正式启动。该项目主要目标是通过世界银行贷款支持重庆市发展以沼气为纽带的生态家园项目，把沼气建设与改圈、改厕、改厨等基础设施建设结合起来，与种植业、养殖业结合起来，建设高效生态庭园模式，从而改善项目区农户生活环境和生产条件，巩固生态环境建设成果，促进农业经济快速高效可持续发展。重庆市从2004年开始向农业部申报，于2006年9月通过世界银行预评估，2007年6月12日通过正式评估。2008年7月28日国家发展和改革委员会正式批复项目科研报告，10月14—16日在北京世界银行代办处与世界银行正式谈判并签署了《项目协议》和《贷款协议》。于2009年2月27日正式签署有关法律文件，2009年5月27日最后生效。该项目涉及万州、涪陵、长寿、江津、合川、云阳、开县、忠县、璧山、武隆、梁平、垫江等12个区（县）75 000户农户，项目总金额为43 223.4万元，包括世界银行贷款2 300万美元，中央国债资金10 433.4万元，地方财政配套3 714.8万元，农户自筹14 585.1万元。项目执行期从2009年1月1日至2014年6月30日，共5年。世界银行贷款生态家园项目建设包括一体化生态农业系统建设，项目区技术推广和服务体系建设，项目实施管理和监测评价能力建设等3个方面内容。

世界银行贷款生态家园项目是重庆改直辖市后第一个农业利用外资项目。经过5年多的努力，项目于2014年6月30日竣工。重庆市项目完成总投资49 339.91万元，占总目标的114.2%。重庆市累计完成提款报账2 300万美元，占总目标的100%，全面完成各项任务。其中，市级使用贷款为11.16万美元，区（县）使用贷款为2 286.49万美元，合计2 297.65万美元（开县因不合格支出及虚假报账，按照世界银行的要求，于2015年3月向世界银行退款2.35万美元）。世界银行于2014年7月24—30日对重庆市项目进行了竣工检查，并于同年8月1日在北京召开了竣工检查总结会。

重庆实施世行贷款生态家园项目成绩显著。在一体化生态农业系统方面，完成一池三改验收75 445户，投资37 038.5万元，占总目标的123.5%；完成农业生产8 182.4公顷，改路945.01千米，农户改水已全部完成，完成投资255.6万元。在当地技术推广、沼气服务体系方面，完成县、乡、村技术员培训6 310人次，完成农户、示范户培训123 735人次，完成设备及技术服务车等货物采购181.8万元。在项目管理、监测与评价体系方面，完成各级管理人员培训2 514人次，国内外考察182人次，办公设备及工作用车等货物采购380.1万元，占总目标的100%。

三、直接利用外资

1986—1996年，重庆农业引进外资项目少、规模小。1986年3月，重庆市长江渔业服务公司从丹麦引进水产品冷藏和加工设备项目签约，总投资1 400万元，其中外资共1 800万丹麦克朗。1988年12月，项目竣工投产。1987年2月，重庆缙云山园艺场引进法国百利包无菌软包装饮料灌装生产线签约，项目利用外资43万美元，并于1988年初建成投产。1991年8月27日，重庆市第一家中外合资农牧企业——重庆正大有限公司成立，注册资金592万美元。

伴随着重庆直辖市的诞生，国外对重庆的关注和重视度大幅提升，重庆市迎来了国外大型跨国公司投入重庆市农业的春天。1997—2015年，外资投资重点项目如下。

（一）美国施格兰集团（法国威望迪公司）柑橘项目

1997年6月25日，美国施格兰纯果汁集团大中国公司总经理薛辉、外务总监穆杰夫一行来渝考察。初步决定在重庆三峡库区建设一座年产5万吨柑橘浓缩汁加工厂。11月19日，美国施格兰公司董事会主席Bronfman和重庆市人民政府代表正式签订《援助建设施格兰—纯品康纳三峡柑橘技术中心谅解备忘录》，与重庆市三峡建设集团签订了《施格兰纯品康纳三峡柑橘技术中心谅解备忘录》，这一项目引进外资3 150万美元，在忠县发展柑橘产业化经营，项目完工后可安置1万多移民。9月24日，施格兰公司与重庆三峡建设集团有限公司决定，共同投资6亿元人民币，开发忠县柑橘资源。为提升市场竞争力，该项目十分注重水利、土壤、试验室、加工等基础条件的改善，投入巨额“铺底”资金。1998年5月18日美国施格兰纯品康纳三峡柑橘技术中心在忠县正式动工兴建，项目包括柑橘技术中心、果园、果汁加工厂3个部分。

从1997年11月到2004年12月，施格兰公司投资1 100万美元，并派出专家和技术人员，在忠县建设加工型柑橘项目。2000年4月，一座1 069米^{2}的全封闭现代化温室已建成并投入使用；8月，占地约100亩的施格兰柑橘技术中心办公室、培训大厅和实验室等4 600米^{2}建筑群已建成并投入使用。施格兰公司引进的发展柑橘产业的先进理念、品种、技术、管理、设施，使忠县高起点发展柑橘产业，柑橘种植、加工无论是技术还是规模在国内都处于领先地位。借助美方建设的契机，根据对国际市场的行情分析，忠县加速推进柑橘加工原料基地建设，并结合国土整治、农业综合开发、扶贫、库周绿化和国家库区移民后期扶持等政策，加大政策支持力度。

1997年年底施格兰公司在忠县建设柑橘果园基地。该公司在忠县与农民合股建柑橘果园基地，项目投资达3.4亿元人民币（含中方及农民的投资和投劳）。忠县项目统一运作7年，建设道路系统分为6米宽的主道、3米宽的机耕道和2米宽的人行道以及便道，保证采摘的果实人力运输距离不超过100米。安装了从以色列引进的施肥供水滴灌系统，将农药、化肥和水均匀地直接输到每棵树的根部。新育柑橘品种平均亩产由500千克增加到3 000千克，上市期由3个月扩展到8个月，为重庆市柑橘生产带来了具有世界最高水平的育苗、定植、生产管理技术和生产经营理念。

经过9年的建设，该项目按世界最先进的标准建成一个现代化的柑橘技术培训中心，一个技术领先、年育苗300万株的脱毒容器育苗苗圃，一个面积达237亩柑橘示范园。美国专家对忠县5万多亩果园进行了技术指导，到2004年年底忠县已建成5万多亩高标准的加工型柑橘果园，三峡建设集团公司的果汁加工厂也建成投产。2002年法国威望迪公司重组合并美国施格兰公司，项目到2004年后不再参与，其投入部分全部捐赠给重庆市人民政府。

（二）美国博富文柑橘项目

2006年4月11日，美国博富文柑橘有限公司与重庆市人民政府、忠县人民政府和重庆三峡建设集团有限公司在五洲大酒店举行了《美国博富文柑橘有限公司投资重庆忠县项目达成谅解备忘录》签字仪式。美国博富文柑橘公司首席执行官穆杰夫、全国政协副主席董建华的特别代表邓炯杨出席签字仪式，副市长陈光国在签字仪式上作了重要讲话。当年11月4日，美国博富文柑橘有限公司投资3 000万美元在忠县建设柑橘基地果园及果汁加工厂项目主体工程—果汁加工厂奠基，从而拉开了美国博富文柑橘公司忠县项目的序幕。

美国博富文柑橘有限公司忠县柑橘项目的重要部分橙汁加工厂占地面积211亩，总建筑面积14万余米^2。包括：（1）建成柑橘鲜果包装生产线，设计生产能力为每小时10吨左右，设计年生产能力为4万吨左右；（2）建成浓缩橙汁一期加工生产线，安装的4台榨汁机每小时加工鲜果10吨，年加工能力达4万吨左右，加工厂设计最大产能24万吨；（3）建成年育苗能力达50万株的无病毒容器苗圃；（4）建成柑橘品质控制检测实验室；（5）冷藏库；（6）农业科技研发及培训中心（含柑橘栽培科研实验室、柑橘加工技术实验室、专业技术培训厅、柑橘产业展览厅、图书室、办公室）；（7）组建重庆博富文农业科技有限公司；（8）承包柑橘果园25 000余亩。

2010年5月21日，重庆博富文农业科技有限公司柑橘加工项目一期工程正式竣工投产。全国政协副主席董建华、美国博富文柑橘有限公司主席博富文、重庆市及忠县有关领导出席投产庆典。董建华宣布博富文加工厂正式投产。董建华在重庆市有关领导的陪同下参观了厂区并品尝了刚榨出的鲜橙汁。

（三）澳门恒河果业柑橘项目

2002年12月，澳门企业投资的重庆市恒河果业有限公司（简称“恒河果业”）在江津注册设立，投资6 000多万元人民币，建设10万亩柑橘生产基地。恒和果业投资重庆柑橘之初，提出了发展“晚熟错季柑橘”的思路，建立重庆柑橘业独特竞争地位，让重庆尤其是库区移民在激烈的市场竞争中有效致富。“恒河果业”坚持这一发展思路，在推动重庆晚熟错季柑橘发展中发挥了积极而重要的作用。

在“恒河果业”的带动下，重庆柑橘发展不与两湖“抢早”，不与赣南“争中”，突出优势，差异化发展，走上了异军突起向繁荣的优选之路。

“恒河果业”入驻江津后，2005 年在双福镇建成了 1 000 亩高标准品种园和生产示范园，先后从国内外引进 W 默科特（俗称澳柑）、青西柚、蜜奈、无籽尤力克、卡拉卡拉、青见等处于世界领先地位的 71 个柑橘品种，包括 6 个专利保护品种，建成高标准生产示范园 600 亩，建立现代化苗圃、温网育苗室、二级采穗圃等 14 000 米^2，完成容器育苗 470 万株。经试验筛选 5 年成功的晚熟柑橘品种已顺利通过品种审定，重庆市农业委员会已将 4 个恒河晚熟品种列为重庆市重点发展品种，成为重庆和库区发展柑橘的主打品种。2005 年西班牙、南非、澳大利亚等国的 35 位业内高层人士先后访问重庆，与“恒河果业”达成了长期提供新优品种、栽培技术、生产标准、采后处理及国际认证等技术合作协议。“恒河果业”在国内建立起 500 多家分销网络和 30 多个国家的市场营销网络，并长期保持同国外农业界的密切联系，适时引进国外水果新品种，实现了从“国外引进优良晚熟鲜销柑橘品种（包括专利品种）进行品种保留研究→扩繁培苗→种植示范→推广种植”到“包销果品→进行规模化商品化处理→面向国内、国际市场销售”的产业发展链条。

“恒河果业”充分利用三峡库区柑橘资源优势和自然条件，规模化发展晚熟鲜食柑橘基地，在渝投资已达 1.2 亿元，在江津、长寿、奉节、云阳、巫山等多个柑橘产业核心区新建高标准基地 8 000 亩，连同原有基地已达 2 万余亩，成了重庆地区最具规模的种植大户。“恒河果业”在自建柑橘基地的同时，也带动了当地农民发展柑橘产业脱贫致富。2005 年，该公司与农户签订了 4 万亩、30 年的保护价订单，柑橘投产后，公司按每千克 2～3 元的价格向果农收购，比当地产的名优锦橙的市场价高出 1 倍。2011 年，该公司在江津、长寿、奉节等地动员农民参与发展了 10 万亩优质晚熟鲜销柑橘种植基地。该公司率先与国家开发银行重庆分行及地方政府合作，以“三权”抵押融资方式推动农业担保并参股江津农业担保公司，为种植户累计担保借贷资金 3 000 万元。

2003 年，“恒河果业”在江津投资建成了一条先进的、时产 15 吨柑橘的全套进口生产线和 2 500 吨冷库，当年实现重庆（奉节）商品化处理柑橘批量出口突破，出口金额为 60 万美元。2004 年完成水果出口 140 万美元和内销 500 万元人民币。2005 年度，“恒河果业”在奉节建成时产 20 吨的商品化处理厂及 2 000 吨冷库。2006 年以来，“恒河果业”开展 ISO9001 质量管理体系认证、HACCP 食品安全认证、GAP 良好农业规范认证工作，促进了优质晚熟柑橘产品质量和生产达到标准化。“恒河果业”注册了“恒河牌 Ganges”“大坝牌 Bigdan”“发源地牌 Motherland”等商标。通过对自产和收购农民的反季节柑橘进行商品化处理，利用公司的外方销售渠道，将重庆的柑橘卖到东南亚、西亚，甚至返销到南半球国家。在重庆基地采摘柑橘后，24 小时内完成自动化加工程序，72 小时内即可进入泰国、新加坡等国外超市，实现了农民和企业长期稳定发展的双赢局面。

“恒河果业”在江津发展 10 年来，已投入资金 1.5 亿元，引进优新品种 70 余个，累计出圃合格柑橘苗木 600 万株，带动该区发展晚熟柑橘标准化种植基地 4.9 万亩，年产优质晚熟柑橘近 5 万吨。为了进一步推动晚熟柑橘产业发展，2011 年 10 月 20 日，江津区政府与“恒河果业”签署扩大投资项目合作协议。该项目“恒河果业”计划投资 38 亿元，在江津双福新区建设恒河果业重庆总部基地，并在白沙建果品加工储藏及技术教育新园区。

（四）新加坡新涪食品加工项目

2002 年 10 月 28 日，新加坡长城公司在重庆创办的外商独资企业重庆新涪食品有限公司（简称“新涪公司”）。该公司主要从事加工、销售大豆等粮食作物及其副产品；生产销售蛋白饲料、食用油等产品。第一期工程投资总额 3 600 万美元，引进国际先进的生产设备，采用大豆“脱皮”“膨化”等新工艺。项目于 2004 年 4 月 28 日竣工投产，已建成日加工大豆 3 000 吨和日精炼色拉油 600 吨的生产线。第二期工程计划扩大到日加工大豆 6 000 吨的生产能力。

“新涪公司”建成54 000吨的大豆贮藏筒仓、23 000吨的豆粕仓库、22 000吨的油罐和自备的3 000吨、1 000吨两个专用码头。(新涪公司）拥有先进的压榨和加工流程，采用美国、阿根廷和巴西的大豆为原料，引进“脱皮”“膨化”“二次脱色”等先进生产技术生产顶级的大豆粕和豆油产品。日加工大豆2 500吨，日精练色拉油600吨，主产品豆粕占43%，精炼一级大豆油占46%、四级大豆油占48%。

（五）美国嘉吉饲料重庆项目

2006年8月，嘉吉投资中国有限公司投资650万美元，在荣昌设立外国法人独资的嘉吉饲料（重庆）有限公司，主营畜禽和水产动物饲料生产，销售并提供相关技术服务。该公司于2007年建成投产，业务遍及重庆、四川、贵州地区，客户对象为养殖户、农场。

（六）香港理文造纸项目

2006年由香港利龙有限公司投资注册的重庆理文造纸有限公司落户永川，总投资30亿元港币，建设高档文化纸、生活用纸、包装用纸、竹浆纸、牛皮箱板等多条生产线。引进的9.5万吨竹浆项目，由香港理文造纸有限公司以独资方式投资，协议投资额12亿美元。2008年部分生产线建成投产，2015年基本完成卫生纸（TM5－8）生产线建设，每条生产线年产能5.5万吨卫生纸，在2016年正式投产。香港理文造纸在永川投资5 000多万元，租赁5万亩坡地建自有原料基地。

（七）日本双梨农村户用沼气清洁发展机制项目

2008年10月8日，重庆市农业委员会与日本双梨碳抵消有限公司在重庆市农业委员会签署合作实施农村户用沼气清洁发展机制项目（以下简称农村户用沼气CDM项目）协议。按照协议规定，日方投资约7亿元人民币，从2008年10月至2013年9月，在北碚、万州、黔江等38个区（县）农村户用沼气非国债项目区分期建设共50万口农村户用沼气池，向每个实施项目的农户以货币或实物方式补助人民币1 200元。农村户用沼气CDM项目的实施，是国际社会积极履行《京都议定书》规定义务的一项重大举措，此次实施农村户用沼气CDM项目，是中国首个启动实施的农村户用沼气CDM项目。中共重庆市委常委、副市长马正其出席了的签字仪式。该项目启动实施一年后，日方因市场变化而终止项目。

第二节　社会资本

一、投资历程

随着农村改革不断深入和农村经济快速发展，以农户、农村集体为投资主体，推动提高农业生产力和加快农村建设的投资渠道，难以满足加快农业农村基础设施建设、发展现代农业、农业结构调整和产业转型升级等对资本的需求，农业农村发展呼唤着社会资本和人才的进入，以解决农业农村投入不足、技术滞后、促进农业结构优化升级和农民收入快速增长等问题。而农业、农村众多资源及各级政府对农业的支持政策提供的发展机遇，也成为城市资本青睐的投资领域。社会资本投资重庆农业，在时间上可分为稳步增长期（1998—2007年）和快速增长期（2009—2015年）两个时期；在资本来源上，社会资本分为市内工商资本和市外工商资金两类；在投资类型上主要是独资和合资两种。

二、投资趋势

（一）快速增长期

1998—2007年，社会资本投资重庆农业以市外资金为主，引资额呈现快速增长态势，协议引进市外资金由1998年的2.58亿元人民币增长到2007年的22.95亿元，增长近7.9倍，累计达113.47亿元，同期实际引进市外资金由0.33亿元人民币增长到2.08亿元，增长近5.3倍，累计投资金额17.55亿元。但与第二产业和第三产业相比，农业整体投资量较小。社会资本投资项目主要集中在农作物种植、畜禽养殖及农产品加工等领域，引进项目有江苏雨润集团、四川希望集团、北京汇源集团等国内知名企业。雨润集团项目总投资2.7亿元，占地面积245.7亩，位于重庆市黔江区正阳工业园区A区。项目按屠宰企业五星级标准设计建设，总建筑面积5.5万米^2，包括11 000米^{2}待宰圈、6 000米^{2}屠宰加工车间、9 000米^{2}冷分割车间和5 000吨级冷库一座，配套有8 000米^{2}办公场所和实验室，以及无害化处理间、污水处理设施和绿化环保工程（表14－2－3）。

表14－2－3　1998—2007年社会资本投资重庆农业情况

年份	市外国内资金（万元）	
	协议引资	实际到位资金
1998	25 873	3 357
1999	276 039	9 898
2000	52 000	15 000
2001	59 300	20 300
2002	67 700	12 600
2003	78 100	14 500
2004	35 620	15 502
2005	59 850	16 010
2006	250 646	47 488
2007	229 550	20 841

（二）稳步增长期

2008—2015年，随着重庆市农业农村经济发展不断取得新成效，农业引进社会资本总量稳步增长，市外资本和市内城市工商资本投资农业齐头并进，2015年投资总额达到186亿元。投资领域不断拓宽，除了传统的种养业和加工业外，农村社会化服务项目，旅游与休闲农业，一、二、三产融合发展项目占比逐步增大。2009年2月重庆市引入了北京中恒兴业科技集团投资设立重庆恒都农业集团有限公司，专业从事优质无公害肉牛养殖、加工及产品销售。重庆市已建设了10个优质肉牛繁殖场、2个万头肉牛养殖区、1个饲料配送中心、1个肉牛屠宰精深加工厂，构建成一条完整产业链。2007年引进福建同发集团投资重庆巫山设立重庆同发食品有限公司，主营罐头食品、果蔬食品、盐水蘑菇、肉类食品的生产、加工及销售。江苏恒顺醋业调味品有限责任公司于2003年3月在云阳投资（独资）设立江苏恒顺醋业云阳调味品有限责任公司，占地40亩，建筑面积9 500米^2。该公司主营生产食醋、豆瓣酱、火锅底料等系列调味品，是一家调味品生产企业。2005年江苏恒顺醋业调味品有限责任公司投资0.3亿元，实施扩产项目。

2008年，全市农业招商引资达到100亿元。2009年，全市实现农业招商引资129亿，其中，市外资金82.87亿元。2010年，重庆收集、储备重大农业招商项目近200个，全市农业项目招商协议引资180亿元，增长40%。2011年，全市全年协议引进项目39个，协议资金184.7亿元。2012年，全年实现农业招商引资协议约190亿元。2013年全年农业招商引资签约金额199亿元，比上年增长5.3%。2014年全年招商引资协议投资金额153亿元。2015年全年招商引资协议投资金额186亿元。

第三节　招商引资

为推动各类资本投资农业领域，20 世纪 90 年代以来，重庆市陆续举办了一批专项农业招商对接活动，集中推出农业招商引资项目，有力促进了资本要素流向农业领域，提升了重庆市农业生产力发展水平，加快了现代农业发展步伐。

一、招商引资活动

区域合作、取长补短、优势互补和共同发展，已成为当今世界经济发展的潮流。重庆农业招商引资顺势而为，各项活动风生水起。

（一）99 重庆农业投资洽谈会暨优质农产品展示会

由重庆市人民政府主办，重庆市农村工作办公室、市对外经济贸易委员会承办的“99 重庆农业投资洽谈会暨优质农产品展示会于 1999 年 11 月 19—21 日举行，这是重庆直辖市第一次农业对外开放的招商引资活动，重庆市人民政府制定并推出了第一个农业领域对外开放的优惠政策，中外客商 120 多人到会，签约合作项目 52 个，签约金额 10.75 亿元人民币、1 376 万美元，签约合作项目涉及种植、养殖、农副产品加工、农业基础设施建设和农副产品展销等五大方面。

（二）农业产业化国家重点龙头企业西部行

2005 年 5 月 27—28 日，农业部农业产业化办公室和重庆市农村工作办公室共同举办了农业产业化国家重点龙头企业西部行活动，围绕农业产业化经营促进区域优势互补、推动区域经济协调发展，既总结交流各地龙头企业跨区域发展产业化经营的新思路和新经验，又组织中东部重点龙头企业到西部重庆、四川、云南、贵州、西藏考察项目、开展投资。

在此次活动中，西部的重庆、四川、云南、贵州、西藏等省份推出了 139 个合作项目，中东部 12 个省份推出了 87 个合作项目。在农业部农业产业化办公室、农业部发展计划司统筹协调和相关省份农业产业化办公室组织下，各地企业积极展开了项目对接。为了做好前期沟通对接，参加活动各方在 2004 年底以来，对合作项目进行了前期对接洽谈，部分项目签订达成了合作意向。活动期间，参会企业交流洽谈，达成共识，又产生了一批新的合作意向。活动中共有参会企业 283 家，其中，国家级重点龙头企业 71 家，省级重点龙头企业 98 家，地（市）级重点龙头企业 114 家。现场签订合作项目 18 个，合作金额 11.52 亿元。其中 6 个项目落户重庆，签约金额为 4.14 亿元。在重庆投资的 6 个项目分别是：北京汇源集团投资 3 亿元与重庆三峡果业集团合作续建 100 万吨柑橘深加工项目；江苏恒顺醋业公司投资 0.3 亿元，与恒顺醋业云阳调味品公司合作实施扩产项目；河南双汇事业集团投资 0.18 亿元，收购永川肉联厂；合肥华泰集团投资 0.2 亿元，与荣昌生物工程科技园区合作建设“洽洽”系列食品加工项目；贵州领先食品股份有限公司投资 0.36 亿元，与重庆九龙米业公司合作建设 6 条方便米饭脱水蔬菜生产项目；福建好日子食品公司投资 0.1 亿元，与重庆渝都茶叶饮品公司合作建设浓缩提取绞股蓝项目。

（三）民营企业投资农业农村项目对接洽谈会

随着改革开放的推进，民营企业作为一支重要力量，驶入了经济发展的快车道，成为经济发展的重要支柱。为了促进民营资本下乡、为农业农村招商引资搭建起合作发展的平台，2008 年 11 月 18 日，重庆市农业委员会与重庆市工商业联合会在重庆市农业委员会 3 楼多功能厅联合举办了重庆市民营企业投资农业项目对接洽谈会。金科集团、河南商会等 70 多家市内外知名民营企业、商会代表及39个涉农区（县）政府分管领导、市农村工作系统有关部门负责人及企业代表约300人参加了会议。市委农村工作委员会书记、市农业委员会主任夏祖相和市工商业联合会副主席陈健出席会议并讲话，金科集团等民营企业畅谈了投资体会和远景规划，丰都县、涪陵区、南川区、潼南县、酉阳县5个区（县）代表进行了项目推介，市内民营企业代表和区（县）相关部门进行了对接洽谈。此次对接洽谈会推出了包括种养业、城乡统筹及休闲观光农业、农产品加工、生物科技和市场体系建设等重大农业招商项目和各区县新推出的上规模、针对性强、投资回报有保障的项目共计135个，供市内民营企业洽谈对接。

2008年重庆市农业委员会联合市工商业联合会还举办了两场农业招商项目洽谈会，包括9月17—18日在重庆市农业委员会举行重庆市都市经济圈农业招商项目洽谈会，2008年10月18—19日在万州举行的重庆市三峡库区农业招商项目洽谈会。

2008年共开展3场农业招商引资对接会，共有200家市内知名民营企业、商会代表及39个涉农区（县）代表参加，推出了种养业、城乡统筹及休闲观光农业、农产品加工、生物科技和市场体系建设等重大农业招商项目共计235个，重庆市内民营企业代表和区（县）相关方面进行了对接洽谈，共签约项目23个、协议投资32亿元。对标会对扩大重庆市农业农村对外开放，推动城乡统筹协调发展，推进重庆市农业农村工作的“1155”战略思路和“135 + X”的产业发展战略发挥了十分重要的作用。

（四）第二届中欧农业研讨会暨百家中外企业投资农业重庆行

2010年9月10—11日，由中国人民对外友好协会、重庆市人民政府共同主办，重庆市农业委员会、重庆市外事侨务办公室、重庆市对外经济贸易委员会和重庆市对外友好协会承办的“第二届中欧农业研讨会暨百家中外企业投资农业重庆行”在重庆君豪大饭店隆重举行。中国人民对外友好协会副会长李建平，中国共产党重庆市委员会常务委员、常务副市长马正其和荷兰林堡省省长利昂·弗里森（Mr. Leon Frissen）出席开幕式并致辞。50多位来自荷兰、德国、英国、保加利亚等欧盟成员国的农业官员、专家，来自北京、江苏、山东等省份的行政官员和大型企业负责人以及重庆市各区（县）的农业部门和企业负责人等共250多人参加了相关活动。活动期间成功签订了25个投资项目，总投资达到43.5亿元。

此次活动的成功举办，进一步增进了重庆市与欧盟有关成员国、与北京等经济发达地区的了解和交流，增强交流、投资与合作，进一步扩大了重庆农业的对外影响力，对全市农业农村经济加快发展起到积极的促进作用。

（五）城市工商资本投资重庆农业农村对接会

2013年5月7日，由重庆市人民政府主办，市农业委员会、市工商业联合会联合承办的城市工商资本投资重庆农业农村对接会在市农业委员会举行。市委常务委员、市委农村工作领导小组组长、市委农村工作委员会书记刘光磊，副市长张鸣，市农业委员会主任夏祖相、市工商业联合会党组书记、工商业联合会常务副主席蒋平等领导出席会议。重庆浙江商会、福建商会、陕西商会等市内外200余家商协会、工商企业代表，重庆市37个涉农区（县）政府、农业部门、农业园区的负责人及农业企业代表参会，会议规模约500人。新华社、经济日报及重庆日报、重庆电视台等近30家媒体的记者到会进行现场报道。本次对接会旨在帮助城市工商资本拓宽投资渠道，加入现代农业发展轨道。通过前期对接，重庆市粮食集团、重庆市农业投资集团、福华国际（香港）投资有限公司、重庆陶然居集团等公司投资的特色效益农业种植示范基地和农副产品深加工、生态农业、有机农业、返乡农民工创业园、冷链物流中心等共计27个投资项目在会上签约，签约投资63.4亿元。

（六）城市工商资本投资渝东北助推特色效益农业对接会

2015 年 6 月 25—26 日，重庆市农业委员会和市工商业联合会在忠县共同举办了城市工商资本投资渝东北助推特色效益农业对接会，市内外 70 余家商会及工商企业代表参会，渝东北 11 个区（县）农业委员会负责人到会招商。有 13 个现代农业产业园、生态旅游度假中心、高端农作物开发、生物有机肥生产等项目签约，总金额达 17.8 亿元。对接会的成功举办进一步拓宽农业投资渠道，搭建起城市工商企业与渝东北各区（县）、农业企业之间对接洽谈、共谋发展的纽带和桥梁。

（七）市级综合平台推出农业招商引资

2002—2015 年，每届中国西部（重庆）国际农产品交易会、中国重庆投资洽谈会、中国（重庆）国际投资暨全球采购会等大型活动都推出农业招商引资活动，与国内外客商开展洽谈对接，为招商引资牵线搭桥，取得了好成绩。

二、招商引资工作

1997 年后，重庆直辖市招商引资成为农业对外合作的重点工作。重庆市农业委员会（重庆市农村工作办公室）作为农业招商引资的统筹部门，采取切实有力措施，调动各方力量推进招商引资。

（一）发挥优势

重庆市按照《重庆市鼓励外商投资农业领域的若干优惠政策的通知》推进农业招商引资工作，用好、用活、用够各项优惠政策。重庆引导各区（县）围绕农业重点优势产业、有针对性选择、规划适合企业化经营的种养业项目、农业基础建设项目，对外推出一批可行度大、带动效益强的项目，引进一批带动力强、辐射面广的农业产业化经营企业，促进各类社会资本参与重庆市农业农村发展。

（二）多方联动

重庆市农业委员会注重与市对外经济贸易委员会、市工商业联合会、市台湾事务办公室、市外事办公室、市台湾民主自治同盟等部门的联系与合作，汇集各部门的政策、渠道、经费、人才等优势，协力推进农业招商引资。将农业招商引资列入农业对外合作工作的重要内容，明确各区县的目标任务。特别是把农业招商引资融入区域合作、农产品贸易、对外交流与合作等工作中，广泛搭建平台，举办多种形式的对接会、洽谈会。同时，与各类会展、推介会等相结合，积极组织各区（县）、企业参与，为企业创造更多的投资合作机会，吸引和带动更多的社会资本进入重庆市农业领域。支持各区（县）主动出击，到市内外经济发达地区开展招商活动，充分利用会展、洽谈会和节庆活动等载体，开展农业投资考察交流。

（三）夯实基础

1. 建立招商引资宣传推介机制

重庆市农业委员会（重庆市农村工作办公室）通过各类平台及时发布、更新相关农业招商引资项目信息，着重介绍重庆市农业特色产业发展成效、重点农业园区、农业支持政策。同时，强化重点项目宣传、推介。先后编印了《重庆市农业投资手册》《重庆市农业招商项目》《重庆市农村经济合作指南》《重庆市农业综合开发招商引资项目》《重庆市贫困地区招商引资简介》等农业招商引资项目资料，对重点项目进行策划、包装，突出项目特色亮点，提高了招商项目的吸引力。

2. 建立和完善重庆市农业招商引资项目库

针对重庆市农业招商项目来源不稳定、数量不多的情况，在完善项目收集制度基础上，重庆市农业委员会通过建立农业招商项目库，将相关农业招商项目纳入储备，分类管理，提高了项目储备的深度和广度。通过收集汇总各区县农业招商引资项目及需求，归类编制并配译英文，在各种实体平台和重庆农业信息网及农业部相关网站上推出，吸引外商、外资直接投资重庆市农业项目。

3. 完善农业招商引资统计和信息报送制度

通过建立重庆市农业委员会与区（县）农业委员会、农业园区招商引资信息的定期互通机制，及时了解、掌握招商动态信息，有的放矢地开展招商工作，提高了工作效率，促进了更多项目落地。

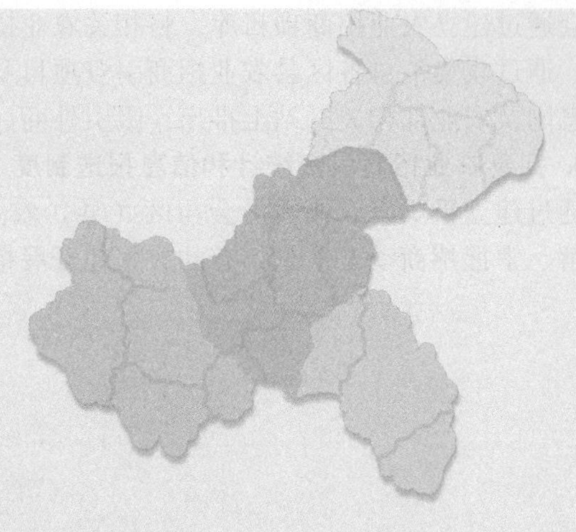

第三章 农业对外交流与合作

第一节 农业对外开放政策及活动

一、出台对外开放政策

（一）重庆市鼓励外商投资农业领域的若干优惠政策

1999年11月11日，为了进一步加快农业对外开放步伐，鼓励外商在重庆市农业领域的农业基础设施建设、先进农业技术装备、农业信息工程等方面投资，积极引进国外先进农业技术和优良品种，加大重庆市农业结构调整力度，不断提高农业现代化水平，促进农村经济发展，根据国家有关政策，结合本市实际，重庆市制定发布了《重庆市鼓励外商投资农业领域的若干优惠政策》；主要涉及土地政策、税收政策、物资进出口政策及其他方面的优惠政策。

（二）关于进一步加强农业对外开放工作的意见

2001年1月21日，重庆市人民政府办公厅转发市重庆市农村工作办公室、市对外经济贸易委员会《关于进一步加强农业对外开放工作的意见的通知》，指出，加快重庆农业农村经济发展，关键要通过改革开放和科技进步，把农业的对外开放放在更加重要的位置，把改革开放作为推动农村经济发展的动力，下大决心、花大力气抓好。提出了加快重庆市农业对外开放步伐的意见：第一，高度重视农业对外开放工作；第二，切实抓好农业对外开放工作；第三，用好、用活、用够对外开放政策；第四，努力创造良好的农业对外开放环境；第五，加强领导，开拓重庆农业对外开放新局面。

（三）关于重庆农业应对“入世”的工作意见

2002年6月11日，重庆市人民政府办公厅转发市重庆市农村工作办公室《关于重庆农业应对入世的工作意见的通知》，要求面对新形势，抓住新机遇，积极应对，做好工作，加快发展，扩大开放，确保重庆市农业和农村经济的持续、快速发展。《关于重庆农业应对入世的工作意见》提出4点意见：一是提高认识，转变观念，增强主动应对“入世”的意识；二是探索途径，建立规则，做好应对“入世”的基础工作；三是突出重点，择优扶强，增强重庆市农业在国际国内市场的竞争力；四是加强领导，抓好培训，增强合力，提高应对入世的有效性。

二、举行对外开放活动

（一）中国入世与重庆农业研讨会

2001 年 11 月 1 日至 2 日，重庆市委农村工作委员会、市农村工作办公室举办了中国入世与重庆农业研讨会。重庆市委副书记刘志忠、重庆市委常务委员税正宽、副市长陈光国出席了会议并分别在研讨会的开幕式和闭幕式上作了讲话；国务院发展研究中心副主任陈锡文、中央财经领导小组办公室局长唐仁健、中国农业科学院蔬菜花卉研究所所长屈冬玉应邀到会作了报告；会议还邀请了北京、天津、上海、四川等兄弟省份农委领导参加会议并介绍了应对 WTO 的经验。市内 9 个区（县）政府分管领导、10 个区（县）农村工作办公室主任、17 个市级有关部门、6 个大专院校及 12 个国家级、市级龙头企业的代表参加了会议，会议共收到论文近 30 篇，有 10 位代表在大会上作了交流发言。这次研讨会，提高了重庆市农业领域对中国 WTO 重大意义的认识，进一步加深了对 WTO 内涵的理解，拓展了农业国际化眼光，增强了做好 WTO 应对工作的紧迫感。与会领导和专家具有真知灼见的讲话和报告，对重庆在中国 WTO 后解放思想、转变观念，进一步发展农业农村经济具有很强的指导性。重庆市的代表也站在不同的角度，从各个方面对重庆的农业农村经济发展提出了很好的见解。本次研讨会的丰硕成果，对于重庆市农业遵循“趋利避害，减少冲击，善用权利，扩大出口，积极应对，走出新路”的总体要求，加快农业产业结构调整和农村就业结构调整步伐，大力实施农业产业化百万工程，建立健全农产品流通体系，努力扩大农业对外开放，使重庆市农业农村经济走出一条符合 WTO 规则的发展路子发挥了十分重要的作用。

（二）重庆农业对外开放座谈会

2003 年 9 月 1 日，重庆市委农村工作委员会、市农村工作办公室召开了重庆农业对外开放座谈会。重庆市委副书记聂卫国、副市长陈光国出席会议并作了重要讲话，重庆市委农村工作委员会书记、市农村工作办公室主任王大用主持会议，部分区（县）、市级部门和农业产业化龙头企业参加了会议。会上，市农村工作办公室副主任盛娅农汇报了参加香港“美食博览 2003”及重庆农产品深圳产销见面会的情况，万州农村工作办公室、江津农村工作办公室、包黑子食品公司、四面山花椒公司等单位汇报了参加“美食博览 2003”及重庆农产品深圳产销见面会的收获和感受；重庆日报和香港文汇报人员谈了随团参访的一些体会；重庆市对外经济贸易委员会副主任钱兆刚、市财政局副局长封毅分别就今后如何加大力度推动农产品出口作了发言。副市长陈光国讲话中指出，第一，重庆的农业、市场的拓展，走出夔门天地宽，农产品市场开拓不仅要唱好“国歌”，还要唱好“国际歌”；第二，重庆需要宣传，重庆的农业需要宣传，重庆的优势优质的特色农产品及其加工制成品也需要宣传；第三，重庆农业要走出去，必须把标准化贯穿于整个农业及其农产品生产、加工、销售的全过程；第四，农业企业闯市场，需要政府“搭台唱大戏”，要加大对农产品市场开拓的扶持力度，不仅在展位费上扶持，在运输费上也应给予补助。重庆市委副书记聂卫国作了总结讲话：一是赴港参展效果很好。了解了市场、宣传了重庆、检阅检验了产品竞争力、锻炼了队伍和取得实效；二是矛盾突出，重庆对外开放条件和对外开放的要求相比较还有很多不适应的地方，具体表现为思想观念不适应，农产品质量和市场要求不适应，对外开放队伍的数量、素质和能力不适应，企业和市场不适应；三是要加强对市外市场与国外市场的研究，扩大重庆市农产品的市场份额；四是发挥重庆农业比较优势，逐步形成有重庆特色的农产品核心竞争能力。要做到 2 个不能忽视，抓好 6 个重点，即不能忽视传统产品的提高档次，不能忽视有比较优势的新产品开发。同时抓住龙头企业培育、农产品深度加工、标准体系建设、对外开放人才培养、市外市场开拓和优势产品合理布局等 6 个重点，在国际国内市场上占领制高点，扩大重庆农产品市场占有份额。

（三）全市农村对外开放暨农业产业化工作会

2008 年 10 月 8 日，重庆市人民政府召开全市农村对外开放暨农业产业化工作会，各区（县）政府分管领导、农业委员会主任及农业产业化龙头企业参加了会议。会上，重庆市农业委员会主任夏祖相作了工作报告，明确了扩大农业农村开放的总体要求、目标任务，要求推进农业农村开放进程工作重点；引进发展一批具有国际国内知名度的龙头企业，培育壮大一批有较强支撑力的开放型优势产业，引导一批城市工商资本到农村投资兴业，回引一批外出务工农民返乡创业，创建一批市场竞争力强的农产品品牌、建设一批具有较大影响带动力的农产品市场。

重庆市委常务委员会副市长马正其作了重要讲话，指出扩大开放是缩小重庆农业发展差距的必由之路，是统筹城乡发展的关键之举，是建设现代农业的动力之源。要求按照“135 + X”的产业发展思路：一是做大做优产业，全市在确保粮食安全作为农业生产的基础上，大力发展生猪、蔬菜、柑橘产业，每个区县培育 1 ~ 2 个特色产业；二是培养壮大龙头企业，通过扩大开放，引进市内外企业、项目、资金、技术、品牌和现代管理理念，改造传统农业，推进现代农业建设。通过转变思维方式、加大引资力度、引导资本下乡、大力培育龙头企业；三是建设好国家级现代畜牧业示范区，加强领导，加大工作力度，建设一批基地、建立一大中心、打造三大高地、破解五大难题。

（四）重庆市农业对外开放工作座谈会

2010 年 4 月 16 日，重庆市农业委员会召开全市农业对外开放工作座谈会，各区（县）农业委员会（办、局）分管领导、科室负责人，部分农业园区负责人共 90 余人参加了会议。会议通报了全市农业对外开放工作情况，要求进一步加快农业对外开放抓好 5 项工作：一是在“引进来”下功夫，以项目为载体，有针对性地推进农业招商引资；二是在“走出去”上迈大步，重点推动农产品对外贸易、走出国门办农业企业等；三是搭建好农业对外开放平台，充分利用或自主举办各种形式的论坛、推介会、招商周、交易会等活动，为农业对外开放、对外宣传搭建起重要载体和平台；四是加强上下互动与沟通，定期收集、报送信息。五是加强农业对外开放政策研究，深入基层调研，了解农业对外开放政策落实与存在问题，提出有效的对策和建议。

三、对外开放研究

重庆农业产业化与农业对外开放战略研究是具有代表性的重庆农业对外开放研究项目。

（一）背景及概况

2003 年，为了积极有效地应对加入世界贸易组织（WTO）挑战，参与农业国际化，按照市委、重庆市人民政府领导的指示，重庆市农村工作办公室成立了重庆农业产业化与农业对外开放战略研究课题组，研究进一步找准今后 5 年重庆农业对外开放的发展定位，确立农业产业化的外向型发展战略，整合各方力量，采取综合措施，努力构筑重庆现代农业发展的崭新格局，全面提升重庆农业的国际竞争力，有效增加农民收入，推进全市农业和农村经济发展。课题分别对“重庆市农业产业化与农业对外开放战略”主报告及“重庆市生猪产业发展与对外开放研究”“重庆市柑橘产业化及对外开放战略研究”“重庆市茧丝绸产业化及对外开放战略研究”“重庆市茶叶产业化与对外开放战略研究”4 个子课题进行专项研究。课题组在进行认真调查、深入研究后，形成主报告及分报告。

（二）主要成果

1. 全面分析了重庆农业产业化与农业对外开放态势

重庆农业对外开放呈现出前所未有的新局面，农产品出口实现历史性突破，农业招商引资达到质的飞跃，农业对外交流与合作不断增多。面对加入世界贸易组织后国际国内市场的变化，重庆市农业对外开放水平还有较多制约因素：思想保守成为农业对外开放的“桎梏”，基础薄弱使农业对外开放“底气”不足，人才匮乏是农业对外开放的“软肋”，环境功能不全是重庆农业对外开放的“掣肘”。在全球经济的大平台上全面审视重庆市农业对外开放和农业产业化经营的发展前景，加速重庆农业产业化经营及农业对外开放步伐刻不容缓，农业产业化作为农业对外开放坚实的基础，农业对外开放对农业产业化具有巨大的推动效应。

2. 提出制定农业产业化及农业对外开放的总体战略

指导思想：坚持以“三个代表”重要思想和党的十六大精神为指针，以“全面建设小康社会”为目标，积极适应经济全球化发展，以改革开放为动力，以10个农业产业化“百万工程”为载体，以科技创新为支撑，加速推进农业产业化发展，不断增强农业的国际竞争力，切实提升农业对外开放水平，努力开创重庆农业和农村经济新局面。发展目标：2007年农产品出口力争突破两亿元大关，全市农业产业化产品出口比2002年翻一番；农业引进资金和技术力推动2007年形成7个外商集中投入的农业产业化支柱产业。

3. 提出正确处理3个重大关系

重点抓农业产业化对接国内国际市场与面上推进农业对外开放的关系；政府引导与各方参与的关系；局部突破与整体推动的关系。

4. 提出提高农业国际竞争力，全面推进重庆农业对外开放举措

更新观念，升华对加快农业对外开放的认识；加快农业产业化标准体系建设，提高农产品质量安全水平；不断加快农业科技进步，提高农产品的科技含量；完善农业对外开放投入体系，确保农业发展资金需求；注重人力资源开发，加强农业对外开放队伍建设；建立农业支持保护体系，增强农产品的市场竞争力；加快市场信息体系建设，为农产品进入市场搭建广阔平台；完善服务功能，为农业对外开放营造良好的环境。

第二节　涉外经贸活动

一、重庆市主办农业涉外经贸活动

（一）中国西部（重庆）国际农产品交易会

为了提高重庆及西部地区农产品的市场竞争力，扩大农业对外开放，自2002年重庆首次举办中国西部（重庆）国际农产品交易会（简称“西部农交会”）以来，在全国特别是西部地区产生了较大影响，已成为区域化、规模化、专业化、品牌化的展会，对推动重庆和西部农业农村经济发展发挥了积极的、重要的作用。

1. 历程

2002年1月开始，重庆每年举办一届“西部农交会”，已连续举办了14届，呈现出参展范围不断扩大、档次不断提升、成果不断涌现的良好态势。在展会名称上，首次启用“重庆首届订单农业暨优质农产品展示展销会”，经历了“中国重庆订单农业暨优质农产品展示展销会”“重庆·中国名优农产品展示展销会”“重庆·中国西部国际农产品交易会”“中国西部（重庆）国际农产品交易会”，最后确定为“中国西部（重庆）国际农产品交易会”（简称“西部农交会”）。在主办单位上，第一届至第四届“西部农交会”为重庆市人民政府主办；第五届“西部农交会”为重庆市人民政府与中国食品工业协会共同主办；第六届“西部农交会”开始，农业部鼎力支持，从此以后一直作为“西部农交会”的主办单位；第十届“西部农交会”开始，台盟中央大力支持，一直参与农业部、重庆市人民政府共同主办的“西部农交会”。在参展范围上，前四届“西部农交会”以组织市内参展、采购及相关活动为主，从2006年“西部农交会”开始扩大范围，逐步搭建面向国内、国（境）外招展、招商和促进合作的平台。在2015年第十四届“西部农交会”上，有19个兄弟省份政府和重庆市内40个区（县）政府及市级部门组团参展。参展企业达2 156余家，其中，来自泰国、巴基斯坦、哈萨克斯坦、马来西亚等国及中国台湾等境外企业60多家。同时，沃尔玛、家乐福、麦德龙、永辉、重百等322家大型连锁超市、采购商、经销商到会洽谈、采购。在参展成果上，“西部农交会”促进农产品现场销售、签订农业订单和农业合作项目金额等不断攀升，农产品现场销售金额从第一届的427.9万元增长到第十四届的3.2亿元，农业订单从第一届的28.8亿元增加到第十四届的88.7亿元，投资项目签约达到153.2亿元，“西部农交会”已成为知名的促进农业商贸、合作的大型综合经贸平台。2012年9月3日，中国国际贸促会农业行业分会在北京亚洲大酒店举行农业会展品牌建设工作交流与信息发布会上发布了《中国农业会展指南》，这是中国农业会展行业最权威的发布。“重庆·中国西部国际农产品交易会”等6个展会获得AAAA认定。

2. 特点

“西部农交会”已连续举办14届，具有6个特点：第一，展会内容丰富。展会采取政府引导、市场运作的模式，既有农产品和农业发展成果展示，更有贸易、合作洽谈和现场销售，展示交易农产品既体现品种丰富多彩、地区特色，又保证质量、安全。突出“绿色·品牌·合作·发展”主题，展示交易农产品主要有：无公害食品、绿色食品、有机食品；优质农、牧、渔、林产品及其深加工产品；农业机械及食品机械；农业生产资料；农业科研技术成果等。第二，展会特色鲜明，区域性特征明显。从主办单位看，“西部农交会”早期由重庆市人民政府单独主办，经历了重庆市人民政府与中国食品工业协会、国务院西部开发领导小组办公室及部分行业协会共同主办或作为支持单位，到固定为农业部、台盟中央、重庆市人民政府主办；从参展商看，通过加大市场运作力度，多形式、多途径推介，已由初期的市内企业参展和采购发展为全球多个国家和地区、国内多个省份等政府组团、企业参展。第三，交易平台功能突出。“西部农交会”使用重庆国际会展中心专业展馆，突出展示、交易、贸易洽谈，连接城市与农村、西部与全国，促进农产品生产基地、生产加工企业与市场对接的功能，按照打造区域化、规模化、品牌化、标准化知名展会的要求，将整个交易会分设为综合交易厅、专业交易厅、市外及境外参展交易厅。综合交易区全部实行综合布展，专业交易厅设置了柑橘、粮食、调味品、茶叶、花卉、农机等专业交易区，采取富有特色的专业化特装。“西部农交会”已成为涉农企业、农民与采购商、农产品生产基地连接农产品市场的重要平台。第四，贸易活动踊跃。“西部农交会”组织了重庆市内外农产品采购商、农产品商贸企业到会采购和洽谈合作，特别是积极组织有机食品、绿色食品、无公害农产品生产企业参展。“西部农交会”为参展的农产品生产加工企业提供商机，为生产基地的农产品找到好“婆家”，成为涉农企业寻找市场、开拓市场和经销企业寻找好产品、好企业的纽带和桥梁。“西部农交会”坚持为“三农”服务、为企业着想，为企业参展、交易洽谈提供优质服务，特别是“西部农交会”良好的效果，提高了企业和观众参展参会的积极性。第五，企业充分展示实力和形象。许多参展企业为更好地宣传企业形象、推出产品，策划设计突出行业和产品特色，进行全面特装，充分展示了企业的实力和形象。“西部农交会”还邀请了国（境）外农产品生产加工企业、贸易商参展，带来富有特色的农产品加工品、新鲜产品等，成为采购商、市民、媒体共同关注的焦点，不仅现场销售好，还签订了销售订单。外商涉足“西部农交会”，对于促进国（境）外企业与西部省市农业合作发挥了重要作用。第六，实行“准入制”严把质量安全关。为了保证进入“西部农交会”的农产品质量和安全，组委会明确规定了“交易厅展销、签订协议只能是农产品及加工品；参展企业必须持工商营业执照，销售食品企业必须具备食品卫生许可证”。同时，协调工商管理机构在现场设立了消费投诉点，既保护了消费者权益，也维护了“西部农交会”品牌。

3. 历届情况

重庆首届订单农业暨优质农产品展示展销会于2002年1月4—8日在重庆工贸大厦举行，重庆市委常务委员会委员税正宽、副市长陈光国出席开幕式及相关活动。这届展会成效：一是展示了农业发展方向。举办这次展会是中国加入 WTO 后重庆农业应对挑战、加速与国际农业发展接轨的重要举措，是重庆农业的市场取向。二是展现了农村经济风采。各展团精心策划、充分运用声、光、电等现代技术设计制作了特色明显、风格各异的展厅，并通过大量包装精美的优质农产品、图片及新像资料，向社会各界和市民展现了重庆市农业农村经济发展、特别是农业结构调整取得的巨大成就，充分体现了各地农业农村经济发展的特色。社会各界和广大市民对新的农业技术、新的优质农产品、新的发展成果有了全面的认识。三是签订了大量农业订单。展会期间，共签订了 211 个、55.73 亿元的农业订单，其中出口创汇订单 2.46 亿元，初级产品订单占 49.5%，加工产品订单占 50.5%。四是展销成效显著。此次展会短短 5 天就吸引了近 10 万市民前来参观购物，参展 400 余个产品现场销售金额 427.9 万元，许多展品供不应求。

中国重庆订单农业暨优质农产品展示展销会于 2002 年 12 月 26—30 日在重庆国际会展中心举行，重庆市委员会副书记聂卫国、重庆市人民代表大会常务委员会副主任康刚有、副市长陈光国出席开幕式并视察展会。这届展会是对重庆市农业应对加入 WTO 第一年、全面实施 10 个农业产业化百万工程和推进农业农村经济结构调整成果的一次大“阅兵”，展示了农业发展方向，展现了农村经济风采，为全市农业树立了形象和品牌，取得了丰硕的成果。展会期间，共签订了 94 项、73 亿元农业订单，其中农产品加工品约 24 亿元，占订单总额的 1/3，出口创汇订单 7 443 美元、占订单总额的 8%。这届展会是展示重庆直辖市 5 年来农业农村经济发展成就的盛会，展示展销的农产品都是各地在农业结构调整中生产和加工的优质产品。这次展会短短 5 天时间吸引了近 5 万市民前来参观购物，参展 384 个企业、1 174 个农产品现场销售额达 781.7 万元。在本届展会上，组委会评选出了 30 个最受欢迎的名牌农产品。

中国重庆名优农产品展示展销会于 2003 年 12 月 29 日至 2004 年 1 月 1 日在渝中区兴隆达大厦举办，重庆市委员会副书记聂卫国，重庆市委员会常务委员会委员、副市长陈光国，重庆市人民代表大会常务委员会副主任康纲有、政治协商会议重庆委员会副主席辜文兴出席开幕式及相关活动。此届展会面积 5 000 米^2、300 个展位，有 400 家企业参展。展销会期间，签订了 35 亿元人民币和 5 400 万美元的农产品订单，现场销售额 1 000 余万元。

第四届中国重庆名优农产品展销会于 2005 年 1 月 1—4 日在重庆市农业展览中心（九龙坡区白市驿镇）举行，重庆市委员会书记黄镇东、市长王鸿举视察展会，重庆市委员会副书记聂卫国，重庆市委员会常务委员会委员、副市长陈光国，重庆市委员会常务委员会委员税正宽、重庆市人民代表大会常务委员会副主任康纲有、政治协商会议重庆委员会副主席辜文兴出席开幕式及相关活动。这届展会面积 17 000 米^2，441 个展位，参展展团 52 个，四川、贵州、福建等省组团参加展会。展会期间，签约农业订单 95 笔，签约金额 52.45 亿元，其中外资额 280 万美元，现场销售额 1 300 万元。

2006 重庆·中国西部农产品交易会于 2006 年 1 月 1—4 日在重庆农业展览中心（九龙坡区白市驿镇）隆重举行，重庆市委员会书记汪洋、市长王鸿举视察展会，重庆市委员会常务委员会委员、副市长陈光国，中国食品工业协会常务副会长韩家增，重庆市委员会常务委员会委员税正宽、重庆市人民代表大会常务委员会副主任康纲有、政治协商会议重庆委员会副主席辜文兴出席开幕式及相关活动。这届展会首次与中国食品工业协会联合主办，并得到国务院西部地区开发领导小组办公室支持，升格为“西部农交会”。广东、福建、湖南、四川等 13 个省份前来参展，有 48 个展团、731 家企业参展，其中市内 630 家，市外 101 家。参展品种多达 4 000 多个，其中展销品种 2 489 个，展示品种 2 107 个。这届展会成果丰硕，现场销售金额达到 1 817.62 万元；有 126 家企事业单位参加现场签约，涉及农产品基地建设、食品和花卉苗木等农产品购销合同等协议 62 项，总额达 73.77 亿元。

从 2007 年开始，“西部农交会”均在重庆国际会展中心举行。2007 年 1 月 1—4 日举行“2007 重庆·中国西部农产品交易会”期间，重庆市委员会书记汪洋视察了展会，重庆市委员会常务委员会委员、

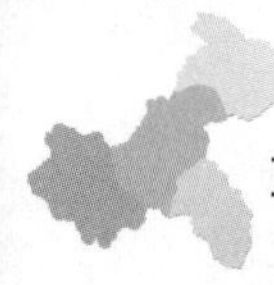

副市长陈光国，重庆市委员会常务委员会委员税正宽、重庆市人民代表大会常务委员会副主任康纲有、政治协商会议重庆委员会副主席辜文兴出席开幕式及相关活动。此届“西部农交会”呈现出良好态势，亮点纷呈。一是成就展丰富多彩。重庆市组织了农产品展示交易、洽谈订单并签约，举办了2006重庆市名牌农产品及农产品质量安全信息新闻发布、农业科技论坛以及文艺演出、农家乐推介展示等活动，特别在伴随着重庆直辖10周年来临，为了树立重庆形象、打好“直辖牌”、进一步做好“三农”工作，推出了突显“新重庆、新农村、新成就”主题的“直辖十年”农业农村发展成就展示，让社会各界和广大市民看到了10年以来农业农村的显著成效和巨大变化，进一步关注、了解、支持“三农”。二是参展商区域扩大。二是市内各县（自治县、区）报名参展的积极性空前高涨。全市组建了52个展团，约800家企业参展。全国各地农产品生产经销商报名参展非常踊跃，来自北京、四川、云南、内蒙古等16个省份的农产品、中国台湾及国外水果也进入展示销售。此届“农交会”已成为名副其实的西部区域化、规模化、专业化、品牌化的重要农业展会。三是展会平台功能突显。综合交易区将成果展示与农产品交易相结合，通过布展与实物展示、展销，推出本地农业农村工作的重大成果。成就展示区设置了重庆直辖市10年全市农业农村发展成就综合展示厅和农业馆、水利馆、林业馆、扶贫开发馆、农业综合开发馆、乡镇企业馆、粮食馆、农机馆、供销合作馆、气象馆、科技馆和农垦馆等；市外交易区凸显市场化展会特点，在招商、布展等方面均以市场化运作为取向；中国台湾及国外区重点推出东南亚、美国及中国台湾地区高档水果，使不同区域、不同品种的水果与重庆市上规模、上档次的柑橘类、柚类水果优势互补。四是市内外企业、采购商踊跃参加。重庆市780家农产品生产、加工的企业参加展示展销，沃尔玛、新世纪、重百等超市及观音桥农贸市场、菜园坝水果市场的134家农产品经销商纷纷到会采购、洽谈合作。四川、北京、浙江等16个省份的70家农产品生产、加工企业70家经销商到会参展。现场销售2 100万元，签订购销协议、合作协议金额82.5亿元。五是参展企业实行“准入制”。组委会严格管控，积极组织有机食品、绿色食品、无公害农产品生产企业参展。农产品以外的其他产品一律不准在“农交会”交易厅销售；参展企业必须持工商营业执照，销售食品企业还必须具备食品卫生许可证。

从2008年起，农业部作为每届“西部农交会”的主办单位之一。“2008重庆·中国西部国际农产品交易会”于2008年1月5—8日举行，农业部副部长牛盾、市长王鸿举出席开幕式并视察展会，重庆市委员会常务委员会委员、副市长马正其，重庆市人民代表大会常务委员会副主任胡健康、市政协副主席辜文兴出席开幕式及相关活动。这届“西部农交会”圆满成功，结出硕果：一是规格高。农业部对“西部农交会”给予了大力支持，成为“西部农交会”主办方之一，副部长牛盾和相关部门负责人亲临指导工作，传授中国国际农交会的好经验和好做法，使“西部农交会”办展规格、档次、水平大大提高。二是规模大。展示、交易面积达到17 500米^2、843个标准展位，总规模比上届增加近1倍，市内参加展示、销售的企业达到1 192家，比上届增加412家，规模为历届最大。三是销售多。现场销售达1.03亿元，其中，农产品5 065万元，销售农机8 228台、金额5 279万元，为历届展会之最。“西部农交会”共签订160个项目和订单、金额达102.8亿元。四是影响大。到会采购商约200多家，沃尔玛、家乐福、人人乐、好又多、王府井、新世纪等知名商家云集此届“西部农交会”现场，大大超过历届数量。“西部农交会”吸引了全国17个省份及台湾、香港地区的参展商和约200家采购商，在区域影响、国内影响以及对市民的影响越来越广泛。五是活动多。除了传统的展示、销售、签约、评奖之外，组委会还组织了重庆柑橘产业发展国际论坛暨全国柑橘新品种推广培训班、农业产业化龙头企业颁证大会暨农业产业化龙头企业发展论坛、潼南优质蔬菜推介、农业综合开发金融服务计划签约、生猪产业发展新闻发布会暨城乡统筹产业联动战略合作签约、农村劳动力培训就业对接洽谈、农产品拍卖等一系列极具针对性的经贸活动。

2009重庆·中国西部国际农产品交易会于2009年1月16—19日心举行。这届展会由农业部与重庆市人民政府主办，重庆市委员会常务委员会委员、副市长马正其、重庆市人民代表大会常务委员会副主任郑洪、市政协副主席于学信出席开幕式及相关活动。此届展会成为区域化、国际化、品牌化的农业盛会。这次展会创造性地采取“一会三点”布局，以重庆国际会展中心主展厅为中心点，布置了2.8万米^{2}的主展场，同时，在重庆观农贸农产品物流中心部分区域（盘溪农产品批发市场）、菜园坝水果批发市场部分区域设置两个分展场，布展1.5万米^2，布局总面积达3.3万米^2。各区（县）展团、市级部门展团及市外9个政府展团均进行了特装展示。来自全国23个省（自治区、直辖市）和台湾、香港地区，美国、德国、澳大利亚、丹麦、意大利等10个国家（地区）的1 569家农产品生产、加工企业参展。其中市外（含境外）企业618家，市内企业951家，分别比上届增加113家和56家；展示展销的品种达4 200余个，较上届增加品种250多个，其中市内展示展销品种3 150余个，比上届增加205个。沃尔玛、家乐福、欧尚集团等约260家国内外农产品采购商、批发商、经销商均前来洽谈贸易和采购，约25万市民到展会采购年货。展会成功举办了重大农业合作项目和订单签约仪式、农业农村改革发展成就展、中英现代畜牧业发展研讨会及农产品拍卖会、法国欧尚产品说明会、广安与菜园坝水果市场购销对接会、观音桥分会场开幕式及签约仪式、重庆增福土鸡秀等12项大型活动。陕西、宁夏、新疆、贵州等9个省份政府组团参展。展期内，市内外众多采购商和生产企业赴会参展、进行贸易洽谈，累计实现农产品销售额1.63亿元，签订产品购销协议达30.5亿元、农业机械购销协议28.5亿元。推出了重大农业招商项目135个，促成了意大利、美国、德国和中国台湾、香港等地的10余家投资企业签订多项意向投资协议，展会上协议总金额达206亿元。“西部农交会”正成农产品贸易和农业新产品、新技术交流的重要平台。展会对农村改革发展综合成就及重庆农业机械化推广、农村水利等基础设施改善、林业、乡镇企业、供销、扶贫等工作成果进行了集中展示。

第九届重庆·中国西部国际农产品交易会首次与第十二届迎春展销会联合举行。重庆市委员会副书记、代市长黄奇帆视察展会并在开幕式上致辞，农业部总经济师张玉香，重庆市委员会常务会委员、副市长马正其，中国人民政治协商会议重庆市委员会副主席于学信等领导出席了开幕式及相关活动。此届展会整合联办，加快向区域化、国际化、品牌化的农业盛会的目标迈进。一是资源整合，规模更大。此届展会实现强强联合，规格进一步提高；展会以主城区、主展场为中轴，在6个区（县）设分展场，创历届主展场面积之最，展会综合功能进一步拓展。二是内外联动，活动更多。在主展场成功举办了重大农业合作项目和农产品订单签约仪式、大型农商对接会等。在解放碑举办了城口县原生态农林产品推介会，在重庆台农园举行了首届重庆·台湾现代农业产业化论坛等活动，实现了主城与区（县）的城乡联动。三是两轮驱动，成效更佳。通过驱动贸易、消费“马车”，重庆市组织了100多家供货商和40多家采购商参加大型农商对接会，现场对接洽谈，签下了11.6亿元的采购大单；促成重百大楼股份有限公司与内江市初步达成了重百到内江建立大型百货商场和生鲜超市、大量引进内江产品进入重百流通网络的合作意向。沃尔玛蔬菜农超对接基地落户潼南，并现场订购白市驿板鸭1 000吨，合同资金达2 500万元。荣昌300万只桑园鸡“走进”永辉超市，既满足了市民需求，又促进了贸易，拉动了内需。重庆市通过驱动农业农村经济投资“马车”，利用展会平台，组织小分队下乡、强化服务，推动了城市资本向农村转移，全市累计签约农业合作项目达119个，协议资金129亿元，为加快重庆市农业农村经济发展注入了新的活力。四是辐射带动，覆盖更广。市外组团、企业、国外企业参展明显增多，周边地区组团参展积极性高涨。四川内江、泸州、达州及贵州遵义等9个地（市）人民政府组织了50多家企业参展，把“西部农交会”暨迎春展销会作为融入重庆经济区的重要平台，期望在成渝经济圈的发展中争得先机，率先发展；国内各地企业明显增多。北京、上海、广东等全国25个省份组团参展；越南、泰国等东盟国家，澳大利亚及中国香港、台湾的12个国家和地区的31家企业到会参展，“西部农交会”辐射带动功能进一步增强，国际化、区域化特色更加突出，正逐渐成为境外企业进军重庆及西部农产品市场的桥头堡。五是市民踊跃，人气更旺。展示展销特色农产品达4 300多个，多家媒体及时、连续的报道，户外广告、手机短信等的适时投放，为展会召开营造了良好的舆论氛围。4 天内，展场人流累计达 32.5 万人次，较上届人数增加 7.5 万人次。

从第十届中国西部（重庆）国际农产品交易会开始，台盟中央委员会作为主办方一直与农业部、重庆市人民政府共同举办“西部农交会”。在此届展会上，农业部总经济师张玉香、台盟中央副主席杨健及重庆市委员会常务会委员、常务副市长马正其出席开幕式并致辞。吸引了来自泰国、越南、南非、日本、巴基斯坦等 9 个国家、全国 28 个省份和香港、台湾地区的 1 700 余家企业、经销商、采购商和大型连锁超市参加展示交易和投资贸易洽谈。展会期间，有 30.5 万市民、采购商参与现场采购、洽谈，现场销售 2.2 亿元，农产品生产基地、企业及农村合作组织与经销商、采购商、大型超市签订购销协议 82.4 亿元，农业投资项目签约 181.5 亿元，投资及订单累计达 263.9 亿元。

第十一届中国西部（重庆）国际农产品交易会于 2012 年 1 月 5—8 日举办，重庆市委员会常务委员会委员、副市长马正其，重庆市人民代表大会常务委员会副主任郑洪出席开幕式及相关活动。交易会吸引了来自全国 28 个省份和国（境）外 11 个国家和地区的 1 780 余家企业、经销商参展，同比增幅 4.7%；200 余家大型连锁超市、采购商到会参与贸易洽谈。交易会汇聚了 4 660 余种绿色、生态、健康的优质农产品。展场面积达 3.5 万米^2，比上届增加 2 000 米^2。此届“西部农交会”有约 32 万市民、采购商参与现场采购、洽谈。现场销售农产品 2.45 亿元，同比增长 11.1%；农产品生产基地与经销商、采购商（包括大型超市）签订购销协议 96.5 亿元，同比增长 16.1%；签订农业投资项目及农产品交易订单 285.5 亿元。经过多年的打造，“西部农交会”在全国最具影响力的农业综合展会排名中名列前茅。

第十二届中国西部（重庆）国际农产品交易会于 2013 年 1 月 10—13 日举行。呈现出五大亮点：一是层次高。“西部农交会”形成由农业部、台盟中央、重庆市人民政府联合主办的基本格局。农业部副部长陈晓华、全国政协常委、台盟中央副主席黄志贤、贵州省副省长禄志明、重庆市委员会常务委员会委员、常务副市长马正其、副市长张鸣、市政协副主席陈贵云等领导出席开幕式及相关活动。这届展厅布局 3.2 万米^2、1 000 个标准展位。来自市内的 37 个区（县）、国内 23 个省份和台湾地区及韩国、泰国、马来西亚等 13 个国家和地区的 1 860 余家企业参展。沃尔玛、永辉、重百等 200 余家大型连锁超市、采购商、经销商到会洽谈、采购。境内外参展商均创历届新高，展会规模、规格进一步提高。二是成效佳。为期 4 天的“西部农交会”购销两旺。展期内实现现场销售达 2.6 亿元，增幅为 6.2%；签订农产品购销协议 98.3 亿元，签订农业投资项目 78 个、协议金额 199 亿元，均创历届新高。三是功能强。来自全国 23 个省份和台湾地区及韩国、泰国等 13 个国家和地区的 1 860 余家企业参展，其中，市外参展商 770 家，境外企业 60 余家，均为历届最多。展示展销品种 5 100 余个，比上届增加 440 余个。现场销售达 2.6 亿元，增幅为 6.2%；签订农产品购销协议 98.3 亿元；签订农业投资项目 78 个，投资协议金额 199 亿元。展会促进贸易、招商、信息交流等平台功能凸显。境内外一大批名牌特色产品亮相展会，更有蔬菜无土盆栽、藕鳅共生等科技成果展示交易。高捷资本、欧瑞投资、华威集团、英飞尼迪集团等多家投资公司参会推介，展会平台功能彰显。四是人气旺。这届展会是历届“西部农交会”人气最旺的展会，共有约 33.5 万人次采购商、市民参加，为历届人数最多。中央及境内外、市内外 40 多家新闻媒体的 60 多名记者对展会进行了全方位的报道和专访。展会充分展示了重庆特色效益农业的发展变化和取得的巨大成就。

第十三届中国西部（重庆）国际农产品交易会于 2014 年 1 月 9—12 日在重庆国际会展中心举行。此届“西部农交会”有 15 个兄弟省份政府和市内 41 个区（县）政府、市级部门组团参展。参展企业达 1 950 家、展示展销农产品品种 6 200 余个，其中，国外企业 50 多家、中国台湾企业 10 家。同时，沃尔玛、家乐福、麦德龙、永辉、重百等 269 余家大型连锁超市、采购商、经销商到会洽谈、采购。现场销售农产品 2.96 亿元；市内外农产品生产、加工企业和农民专业合作社与经销商、采购商、大型超市签订农产品购销协议 272 个项目、金额 85.0 亿元；市内外各展团通过会前、会中洽谈共签订农业投资项目 81 个、投资协议金额 125.5 亿元。

第十四届中国西部（重庆）国际农产品交易会于2015年1月16—19日举行。有19个省份政府和市内40个区（县）政府及市级部门组团参展，参展企业达2 156余家、展示展销农产品品种6 300余个，其中来自中国台湾地区和泰国、巴基斯坦、哈萨克斯坦、马来西亚等国的企业60多家。展示了农业发展成果，促进了农产品贸易，推动了农业交流与合作。同时，沃尔玛、家乐福、麦德龙、永辉、重百等322余家大型连锁超市、采购商、经销商到会洽谈、采购。4天来，有37.2万市民到现场选备年货。此届展会现场销售农产品3.2亿元；签订购销协议88.7亿元；签订投资协议153.2亿元（表14－3－1）。

表14－3－1　中国西部（重庆）国际农产品交易会有关情况

年份	届数	主展场		参展商（个）				采购商（个）			现场销售金额（万元）	签订购销协议、合作协议金额（亿元）	观展购物人数（万人）
		面积（万平方米）	展位（个）	总数	国内省份	国家和地区	参展商	总数	市外				
									省份	采购商			
2002	第一届	0.35	228	300	—	—	—	98	—	98	427.9	55.7	8
2003	第二届	0.5	300	400	—	—	—	113	—	113	781.7	73.0	10
2004	第三届	0.7	360	450	1	—	15	131	—	—	1 000	38.9	12
2005	第四届	1.7	441	100	3	—	100	162	8	30	1 300	52.5	10
2006	第五届	1.7	472	731	13	—	101	159	14	65	1 817.6	73.8	13
2007	第六届	2.0	512	780	16	6	70	134	16	70	2 100	82.5	15
2008	第七届	1.75	843	1 192	17	6	197	200	17	80	10 300	102.8	25
2009	第八届	2.8	852	1 569	23	10	618	260	18	117	16 300	206.0	25
2010	第九届	3.0	865	1 685	25	12	637	273	20	129	21 900	252.0	32.5
2011	第十届	3.3	872	1 700	28	11	740	278	21	133	22 000	263.9	30.5
2012	第十一届	3.5	884	1 780	28	11	770	292	23	146	24 500	285.5	32
2013	第十二届	3.2	855	1 860	23	13	720	285	24	261	26 000	297.3	33.5
2014	第十三届	4.0	1 100	1 950	15	8	810	296	27	269	29 600	210.5	36.1
2015	第十四届	3.5	906	2 156	28	5	783	322	26	296	32 000	241.9	37.2

（二）上海西郊国际农产品展示直销中心重庆馆

1. 上海西郊国际农产品展示直销中心概况

上海西郊国际农产品展示直销中心（简称“西郊国际”）是由上海市人民政府搭台，光明食品集团、上海蔬菜集团、上海曹安菜篮子股份有限公司等8家行业龙头企业出资组建的综合性、公益性、创新性的现代化农产品交易大市场，规划占地1 568亩、总建筑45万米^2。该中心实行统一品牌、统一管理、统一经营、统一结算、统一服务的运营模式，提供批发交易、展示直销、物流配送、进出口代理、电子商务、信息发布等全方位服务，汇集四海农商，荟萃八方农产品。

2. “西郊国际”重庆馆建设

应上海市农业委员会邀请，2011年3月3—5日，重庆市农业委员会副主任刘启明带领市农业委员会对外合作处、研究室及部分区（县）农业委员会、农产品生产加工企业负责人，前往“西郊国际”

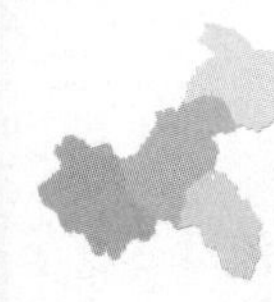

实地考察，市农委就设立重庆馆相关问题进行了专题研究。本着抢滩上海、扩大重庆农业影响力，立足当前、助推重庆农产品拓展市场，着眼未来、扩大重庆农业对外开放的需要，市农委报经市政府同意，于2011年10月启动“西郊国际”重庆馆建设工作。“西郊国际”重庆馆面积240米^2，其建设借鉴先期进入“西郊国际”的省、直辖市、自治区采取的“政府搭台、企业唱戏”的有效作法，一次性付清20年租金、5年市场管理费、一次性装修费用共计445.85万元，由市财政安排资金，其余费用市场运作，“西郊国际”重庆馆20年租期使用权为重庆市政府所有。经过约1年的建设，“西郊国际”重庆馆于2012年3月完成装修、布展。

3. “西郊国际”重庆馆运营

2012年4月25日举行“西郊国际”重庆馆开馆暨企业合作开拓市场签约仪式。此次重庆馆开馆，共组织市内130家龙头企业的503种特色农产品集中入馆，常年展销。重庆市农业委员会牵头制定了“西郊国际”重庆馆运营管理办法并招标确定重庆市农业信息中心100%控股的重庆禾茂商务信息咨询有限公司全权负责运营。重庆馆开馆以来，重庆市晚熟柑橘、调味品、菜籽油以及合川桃片、牛肉干等农产品通过这一平台进入上海市场。“西郊国际”重庆馆运营方除了在“西郊国际”重庆馆展示和销售外，还以重庆馆为中心，积极开拓辐射周边市场，逐步向上海各大农产品销售市场、卖场供货，与上海“菜管家”等农产品网上销售平台合作，促进了更多重庆特色、优质农产品走进上海市场。

4. “西郊国际”重庆万州馆

“西郊国际”重庆万州馆于2013年1月8日正式对外开业，来自万州的菌菇、牛肉干、柠檬酒、水果等13个系列160多种农副产品在上海进行全年展销。开业时，万州的中药材、特色水果、名特水产、笋竹、绿色葡萄、古红橘、无公害蔬菜和红心猕猴桃等产品陆续在万州馆推出。万州馆建设得益于三峡移民对口扶贫的上海支持，该馆由上海相关方面免费提供给万州使用，由万州方面组织运营。

（三）浙江省义乌重庆名优特新农产品专销馆

2011年，重庆在义乌农产品展销中心设立的重庆名优新特农产品专销馆（简称“义乌重庆馆”）经过近一年时间的精心策划、优选招商及试运行，于当年9月16日正式开馆。“义乌重庆馆”由重庆市商委委托义乌市全升金食品有限公司在浙江义乌农贸城筹建，集中展示专销重庆农特产品。

建设“义乌重庆馆”旨在“借船出海”，借助义乌的“知名度和人气”，把重庆的农产品卖向全国。“义乌重庆馆”面积500米^2，可容纳200个农产品进场展示销售，开业当年有60余家重庆名特优产品生产企业的产品入驻。“义乌重庆馆”既有重庆知名品牌的休闲食品、老字号农产品，也有名不见经传的重庆土特产，产品销售范围以浙江省为主，约有30%的农产品销往外省和国外。“义乌重庆馆”的热销产品有休闲食品、卤制品、调味品等，赶水豆腐乳、城口老腊肉、开县杜仲茶等有代表性的重庆土特产很受欢迎。

（四）京渝农业合作暨重庆“两翼”农产品进京推介会

2011年10月20—21日，由重庆市人民政府、北京市人民政府共同主办，重庆市农业委员会、北京市承办的京渝农业合作暨重庆“两翼”农产品进京推介会在北京五洲皇冠假日酒店举行。此次活动旨在加强重庆与北京农业领域的交流与合作，扩大重庆市“两翼”名特优新农产品在北京市场的影响力，丰富首都人民的“菜篮子、果盘子”，助推重庆贫困地区农民增收致富。

重庆市委员会常务委员会委员、常务副市长马正其，北京市副市长夏占义出席京渝农业合作暨重庆“两翼”农产品进京推介会开幕式并致辞、参加相关活动，重庆市农业委员会主任夏祖相与北京市农业委员会主任王孝东签订了渝京农业与农村合作协议。重庆市“两翼”农产品生产企业与北京新发地农产品批发市场进行了对接，并签订了农产品购销协议65个项目、签约金额达21.58亿元，涉及柑橘、牛肉、猪肉、土鸡、蔬菜、干果、调味品等七大类、200 多种产品。其中，最大的项目为奉节县农业委员会与北京新发地农产品批发市场签订的 2 万吨奉节脐橙购销协议，总金额 4.8 亿元，购销量超过当年奉节脐橙产量的 1/10。

（五）重庆市农产品深圳产销见面会

2003—2004 年，重庆市连续两年在深圳市布吉农产品批发市场艺术中心举行重庆市农产品深圳产销见面会，均由重庆市农村工作办公室主办、深圳市中农网电子商务有限公司承办。这是重庆市在深圳组织的、规模较大的农产品展销盛会，也是渝深两地产销面对面的对接会，标志着重庆市丰富的农产品搭上了深圳市完善、快捷的农产品流通网络快车。

2003 年 8 月 12—13 日，重庆 21 家企业参加了 2003 重庆市农产品深圳产销见面会，展示展销了榨菜、茶叶、传统食品、肉及肉制品、优质粮油及调味品、笋竹产品、保健食品和花卉等八大类近 200 种农产品。这是重庆市农产品首次有组织地亮相珠江三角洲，取得了 3 项成果：一是重庆市农村工作办公室与中农网电子商务有限公司达成长期合作意向。推动重庆农产品借助深圳农产品股份有限公司的优势，此后 3 年内在华东、华南市场实现 2 亿～3 亿元的销售额；二是重庆市多家企业与深圳民润超市、深圳兴国粮油批发行等 60 多家公司达成合作意向，初步签订 1.1 亿元的销售订单；三是深圳市农产品股份有限公司有意投资重庆兴建农副产品批发市场。

2004 年 8 月 9—11 日，重庆市 26 家农产品生产、加工企业参加了 2004 重庆市农产品深圳产销见面会。此活动邀请了深圳市 70 多家农产品经销商与重庆企业进行对接。产销见面会主要洽谈重庆市名优特农产品及各类茶叶等多种产品。会上，重庆市农业企业代表作了农产品推介，采购商代表作了发言，双方就深圳农产品市场及重庆市农产品对接作了交流。同时重庆市在展会上举行了购销签约仪式，深圳市民润超市与重庆市鱼泉（集团）有限公司、深圳市佟氏贸易有限公司与重庆市汀来绿色食品有限公司、深圳市永恒辉食品有限公司与重庆市钱江食品有限公司等进行签约，此次有 11 家公司达成合作意向，成交金额逾 1.3 亿元。重庆企业在深圳与食品深加工、包装、储藏、物流配送行业的企业进行了洽谈。

（六）2002 韩国首尔中国重庆农业食品展示洽谈会

2002 年 12 月 13—18 日，经重庆市人民政府同意并报中国贸易促进会、中国驻韩国大使馆同意，重庆市市农业局与重庆市对外经济贸易委员会在韩国首尔联合举办了 2002 中国重庆农业食品展示洽谈会。参展单位 36 家、展位 50 个，展品分为农业食品、农副产品、中药材、茶叶、鲜果、调味品及其他等八大类、140 多个品种。这是重庆市农业领域首次独立在境外举办农业食品展示会，到访韩国客商 600 余人次，意向性成交约2 000万美元。

（七）2006 重庆水果节

2006 年 11 月 17—19 日，渝中区政府、重庆市农村工作办公室、市商业委员会在朝天门广场共同主办“2006 重庆水果节”。水果节主题是“绿色・品牌・健康”，任务是搭建水果贸易平台、加快水果流通、促进农业农村经济发展。这是重庆举办的首次水果节，成为展示展销重庆市地产水果和国内外水果、加快农产品流通、促进区域合作的一次盛会。

2006 重庆水果节搭建起重庆水果贸易平台。一是展示了市内、外名优水果。在重庆地产水果展示销售区，集中展示了优质脐橙、锦橙、名柚和橙汁加工品等重庆市的名优水果及部分加工产品，加深了市民对重庆柑橘产业特别是锦橙、脐橙、柚类名果的了解；在国（境）外水果展示销售区，美国的车厘子、黑布李，泰国的龙眼、山竹，越南的火龙果，日本的丰水梨及中国台湾地区的木瓜、莲雾等吸引了众多观众；来自新疆的克瑞森提子、海南绿橙、四川椪柑也受到广大市民的赞赏。二是签订了大量水果订单。水果生产方与经销商积极交流洽谈，签订了一批合作协议和购销合同。奉节县农村工作办公室、涪陵区果品办公室、开县长沙镇人民政府、菜园坝水果市场、重庆超奇果品有限公司、重庆诚信干果有限公司等以及新疆、浙江、云南等水果生产地的15家企业、单位现场签约，共签订了10个项目、60 965吨、1.93亿元人民币的水果订单。三是展销成效显著。重庆水果节期间，有近30万市民前往水果节参观购物，现场销售各类水果84万斤、金额达205万元，许多水果供不应求。

（八）库区农产品对接主城农产品批发市场活动

为了贯彻落实重庆市委员会第二届第九次委员会全体会议精神，加快库区农产品开拓市场步伐，推进三峡库区农业农村经济发展，促进农民增收，2006年10月26日，重庆市农村工作办公室、观音桥农贸市场管理处共同举办了库区农产品与观音桥农贸市场对接会。对接会以企业为主，重点开展了粮食，蔬菜加工品及猪、牛、羊、兔等加工品，腌腊制品、榨菜、茶叶、调味品、畜禽等农产品产销对接。万州区、涪陵区、奉节县、巫溪县等8个库区的区（县）40多家农产品生产企业参加了对接会。同时，观音桥农贸市场管理处组织了近20家热心为库区服务，营销经验丰富经销商到会采购。会上，涪陵宝巍食品有限公司、万州区稼穗米业有限公司、奉节荣兴兔业有限公司等4家库区农产品企业分别与观音桥农贸市场经营大户签订了购销协议。通过对接洽谈，库区农产品生产企业与观音桥农贸市场经销商达成11项合作意向，金额达2 300万元。

（九）1999年重庆农业投资洽谈会暨优质农产品展示会

1999年11月19—21日，由重庆市人民政府主办，重庆市农村工作办公室、市对外经济贸易委员会联合承办的1999重庆农业投资洽谈会暨优质农产品展示会在重庆市高新区展示中心举行。这是重庆市直辖市以来农业领域优质农产品的第一次展示会。活动期间，直接销售农副产品750万元，签订销售合同1 550万元。

（十）农产品加工企业与外贸企业对接洽谈会

2005年9月16日，重庆市农村工作办公室、市对外经济贸易委员会联合举办了重庆农产品加工企业与外贸企业对接洽谈会，重庆粮油食品进出口股份有限公司等8家涉农外贸企业代表和62家农产品生产加工企业代表参加对接会。此次洽谈会为重庆市农产品生产加工企业和涉农外贸出口企业搭建起交流平台，促进外贸公司国际市场信息、国际贸易渠道的优势与重庆市农产品加工企业生产有特色、有一定规模优质农产品的优势相结合，促进双方交流信息，建立联系，促进出口，受到农产品加工企业和外贸企业的普遍欢迎和赞赏。

二、参加国内农业涉外经贸活动

（一）中国国际农业博览会

中国国际农业博览会自1991年开始，由农业部在全国农业展览馆已举办了4届。重庆参加中国国际农业博览会由重庆市农业委员会（农村工作办公室）牵头组织，相关区（县）农业委员会配合，组织农业生产、加工、贸易企业参展，每届参展都有特色及亮点，重庆展团取得的订单、现场销售额不断增加，捕捉到大量商机，促进了重庆企业开拓农产品国内市场和国际市场。

首届中国国际农业博览会于1992年10月中旬举行。重庆市农业委员会组团参展，重庆展团带去的榨菜、柑橘、柚子、米花糖、桃片等农产品受到各方欢迎。此次重庆组织参展规模较小，但参展各方与兄弟省份参展代表交流了经济合作信息，加强了贸易往来。

第二届中国国际农业博览会于1995年10月下旬举行。重庆展团展销近200个农产品，有22个产品分别获金、银、铜奖。展会期间，重庆展团签订意向性合作引资项目 16 项、金额达 2 900 万元，签订技术转让项目成交金额达 135 万元。

1999 中国国际农业博览会于 1999 年 9 月 21—28 日举行，这是重庆改为市直辖后首次单独组团参展，有 22 个区（县）、50 多家企业参展。重庆参展企业与 2 家客商签订正式合同、金额达 1.62 亿元，与 9 家客商达成了意向协议、金额达 1.45 亿元。重庆市有 33 个农业名特优产品获得名牌产品称号，重庆展团获得最佳组织奖和最佳设计奖。

2001 中国国际农业博览会于 2001 年 11 月 7—12 日举行。重庆精心设计制作的展厅和丰富多彩的展品，既全面展现了重庆农业和农村经济发展取得的新成果，又反映了重庆农业和农村发展追求精品和效益的新观念，开幕当天成为中央电视台新闻联播节目唯一播放全貌的展厅。重庆展团取得了显著成效：展示展销了 19 类 100 余个产品，参展企业现场销售 23 万元，达成合作意向的成交额达 2 380 万元；与国内 20 个省份、10 个国家交流了农业农村经济发展情况；与国内 10 个省份、5 个国家洽谈了农业合作事宜，推出招商项目达成合作意向 1 500 万元；有 30 个特色产品获得农业名牌产品称号；荣获组委会授予的最佳组织奖和最佳设计奖。

（二）中国国际农产品交易会

中国国际农产品交易会（简称“中国农交会”）是由农业部主办，国家发展和改革委员会、财政部、海关总署、国家质量监督检验检疫总局、中国证监会、全国供销合作总社和中国贸易促进委员会会协办的大型综合性农业盛会。自 2003 年以来，“中国农交会”连续举办了 13 届。重庆市政府组团、重庆市农业委员会（重庆市农村工作办公室）承办、参加了每一届“中国农交会”。重庆充分利用这一平台，在宣传农业政策、展示农业成就、推广农业技术、活跃农产品流通、促进贸易合作等方面发挥了重要作用，为保障农产品供应、促进农民增收、发展农业农村经济做出了积极贡献。主要表现为 3 个“到位”：一是促进农业贸易到位。重庆市组团重点推出重庆代表性农业企业及农产品，参展企业中既有中国驰名商标、中国名牌产品的农业产业化国家重点龙头企业，又有有机食品、绿色食品、无公害食品等生产企业；既推介凸显现代农业技术的农业新产品，又展销传统特色品牌产品。呈现出参展范围不断扩大、成果不断涌现、档次不断提升的良好态势。二是展示农业农村发展成就到位。每届会议都设立了综合展示厅，通过应用现代科技、声光并举、动静结合，既有图片及声像资料，配置新鲜的优质农产品和丰富的农产品加工品，突出展示重庆农业农村工作的推进思路、有力措施、良好态势和重庆农业农村经济发展的显著成果。三是深入宣传到位。中央新闻媒体和重庆日报、重庆电视台、重庆电台等新闻媒体多次对重庆参展进行专访和实况报道。同时，重庆市借助全国农业信息交流平台、中国农业农村信息网等新媒体平台现场迅速发布信息（表 14－3－2）。

表 14－3－2　2003—2015 年重庆组团参加中国国际农产品交易会情况

年份	届别	举办地点	参展企业（个）	现场销售（万元）	签订订单（亿元）
2003	1	全国农业展览馆	—	—	1.82
2004	2	全国农业展览馆	35	55.3	—
2005	3	全国农业展览馆	19	29.0	0.92
2006	4	全国农业展览馆	23	50.2	0.95
2007	5	济南国际会展中心	43	52.0	1.10
2008	6	全国农业展览馆	43	81.6	1.21
2009	7	长春中信国际会展中心	45	76.0	1.01
2010	8	郑州国际会展中心	56	80.6	1.62

（续）

年份	届别	举办地点	参展企业（个）	现场销售（万元）	签订订单（亿元）
2011	9	成都新国际会展中心	50	450.0	2.70
2012	10	全国农业展览馆	56	89.1	1.61
2013	11	武汉国际博览中心	32	93.6	2.2
2014	12	青岛国际会展中心	50	80.2	5.6
2015	13	福州海峡国际会展中心	42	89.5	18.1

（三）第十四届中国国际食品和饮料展览会（SIAL CHINA）

中国国际食品和饮料展览会（SIAL CHINA）是2000年法国高美爱博展览集团和（中国）商业发展中心共同主办、在上海新国际博览中心举行的亚太地区最为瞩目的国际食品展，是法国SIAL国际食品饮料展在中国的再现。经过十几年的运作，SIAL CHINA已成为亚洲规模和影响力最大、国际化程度最高、交易效果最好的食品展览会。

为了扩大重庆市农产品生产与市场对接，重庆市农业委员会于2013年5月7—9日组织部分区（县）农业部门及农产品生产加工、商贸企业随农业部对外经济合作中心组团，参加“SIAL CHINA 2013”，取得初步成效。一是宣传推介了重庆柑橘产业。农业部外经中心在SIAL CHINA 2013设立果蔬专区，重庆市忠县果业局及柑橘相关企业携带晚熟柑橘参展并在农业部对外经济合作中心组织的产销对接会上，重点展示推介了晚熟的夏橙和派森百橙汁。北京新发地水果批发市场、华联中超等多个商家对忠县企业经销柑橘系列产品产生了浓厚的兴趣。二是达成合作意向。重庆禾茂商务信息咨询有限公司在展会接待60多个商家，与上海宜鲜信息科技有限公司、吐鲁番宋峰工贸有限公司、上海善习物联网科技有限公司等多家企业达成了农产品电子商务合作共识。

（四）中国·贵州国际绿茶博览会

2012年7月13—15日，由贵州省人民政府主办的“中国·贵州国际绿茶博览会”在贵阳国际会展中心举行，重庆市农业委员会组团参加了这届绿茶博览会。重庆茶业（集团）有限公司等6家茶叶龙头企业带去了“定心·巴渝银针”“永川秀芽”“滴翠剑名”“仙女红”“秀山钟灵工夫红茶”“开县龙珠茶”等80多个名优绿茶和高端红茶，均在展会上展示展销。重庆展厅古色古香，茶产业发展主题突出，茶文化氛围浓郁。展会期间，中国工程院院士、国际著名茶学专家陈宗懋教授亲临重庆展厅参观指导，品鉴了“定心·巴渝银针”“永川秀芽”“仙女红”“工夫红茶”等，高度赞赏重庆茶叶香气好、滋味鲜爽、汤色明亮、品质好。各位参展企业代表积极参加中国茶叶绿色防控高端论坛、大型茶事对接等活动，加强与国内外茶叶同行的交流，弘扬和宣传了重庆茶文化。

2014年8月22—24日，重庆市组织綦江、长寿及万盛经开区的9家农产品生产和加工企业，参加了“2014第十三届国际茶文化研讨会”暨“中国（贵州·遵义）国际茶产业博览会”。

（五）陕西（杨凌）农产品交易会

第四届陕西（杨凌）农资暨农产品交易会于2012年3月9—11日在陕西省杨凌示范区举行。重庆市农业委员会组织了重庆市大足、綦江、长寿、城口、秀山、石柱6个区（县）、11家企业带着60多个特色农产品参加展示展销。重庆展团进行了整体装修，注重重庆企业形象和农产品品牌的宣传推广和洽谈营销，取得实效。大足区玉龙山食品公司的“玉龙山”牌粉丝、綦江县天属食品公司的“都晓得”调味酱等特色产品借助陕西（杨凌）农资暨农产品交易会平台首次打入陕西市场，与西安、延安的经销商和代理商及物流配送中心等达成了约3 000万元的销售协议。大足专门组团参观、考察了杨凌现代农业示范区和西北农林大学博览园等的建设情况，并就现代农业、休闲农业发展及农业科技推广等方面进行了座谈，促进了双方的交流与合作。

（六）中国（宁夏）园艺博览会暨第五届中国西部特色农业（宁夏）展示合作洽谈会

2009年10月10—12日，重庆组团参加了首届中国（宁夏）园艺博览会暨第五届中国西部特色农业（宁夏）展示合作洽谈会。该展会由农业部和宁夏回族自治区政府联合主办，主题为“绿色、现代、合作、发展”，展示分市内外两部分，室内为国内外园艺及特色农业新产品、新技术、新设备以及宁夏园艺产业、特色优势农产品；室外为国内外先进的农业机械、配套机具及牛羊新品种。重庆市4家园艺企业前往参展，并与有关方面进行了交流、洽谈。

（七）其他贸易活动

1987年9月25至10月8日，第七届全国农垦产品展览会在北京国际展览中心举办。重庆市属农垦单位和部分区（县）的公司参加了展览。

1988年9月13日，重庆市组团参加了在成都举行的四川省首届肉类及其他食品交易会，成交额近2亿元。

1989年9月25—28日和9月30至10月6日，重庆经济协作区第二届交易会、重庆对外经济技术贸易洽谈会分别在南坪西南经济协作大厦和工贸中心举行，重庆市农村工作系统各部门组织了124个企业、近200种产品分别参加了展览，5个区（县）与中国的香港、台湾地区及美国商人进行洽谈，初步达成近20个品种、60万美元的出口产品贸易协议。

1998年5月15—22日，由农业部农业司与中国贸易促进委员会农业行业分会共同主办、全国农业展览馆承办的“98中国国际名茶、茶制品、茶文化展览会”上，重庆展团选送19个名茶参评，经大会组织茶叶专家评审，16个名茶获推荐产品证书。

第三节　国际交流与合作

改革开放以来，重庆农业对外交流与合作起步于欧洲共同体有关国家和地区的支持，主要是接受欧洲共同体援助农业项目，提升重庆市农业发展基础。1997年后，重庆直辖市的农业外向度不断提升，与世界有关国家的农业合作交流日益频繁，不断加深了解，增进互信，围绕农业贸易投资、农业技术和人员互访、培训等领域开展了交流合作。重庆的国际交流与合作由早期对外交流以外方进入重庆为主，逐步发展为外方进入重庆与重庆“走出去”交流合作并重。

一、来访

1986—1997年，重庆农业对外开放处于初期，农业体量小，产业发展水平不高，科技水平较低，外事往来主要以外方人员来访为主，外方来访国别、人员和数量十分有限，引进资金、智力、技术、良种及开展对外经济技术合作与援助项目，主要围绕欧洲共同体援助项目开展，做好欧洲共同体官员和技术人员接待接洽工作，确保受援项目顺利实施。

随着重庆直辖市成立，重庆农业对外交往层次和规模不断扩大，越来越多的国家和地区开始与重庆开展农业交流与合作，尤其是随着各国驻渝领馆数量的不断增加，驻渝领馆国家与重庆农业的交流了解不断增多，有力推动了双方农业技术合作与援助项目的实施。2015年，重庆市市级农村工作系统接待外来团组约170个（表14－3－3）。

表 14-3-3　1986—2015 年主要国（境）外团组及农业、经贸界人士来访重庆情况

年份	来访时间	团组名称	团长姓名及职务	来访人数	中方接待单位及负责人	主要活动内容
1986	3 月 17 日	日本代表团	日本日中艺术研究会事务局局长三山陵	一行		访问重庆时，向綦江农民版画研究会赠送金杯，向綦江县文化馆李毅力赠送农民版画功劳奖杯
1987	5 月 9 日至 11 日	世界银行代表团	世界银行代表团黄唯雄（加拿大籍）	3	国家爱国卫生运动委员会办公室，副主任张明昭	
	8 月 19 日	匈牙利农业代表团	匈牙利国营农场联合体负责人帕尔	6		参观长江农工商联合总公司所属的部分农业企业
1988	5 月 27 日	日本代表团	日本门上		重庆市农业委员会主任廖侦华，中共九龙坡区委书记王玉明	对引进开发日本神户肉牛交换意见
1990	10 月 5—9 日	欧洲共同体	费梅尔	7		对重庆市 EEC 奶类项目进行中期评估
1991	4 月 8 至 5 月 8 日	欧洲共同体	EEC 乳品专家贝克、坦霍思	一行		考察市乳品三厂、北碚乳品厂进行技术援助等援助项目
	1 月 12—14 日	欧洲共同体	欧洲共同体官员柴路普·史坦雷	一行	中国农业科学院柑橘研究所、重庆市农业委员会	了解欧洲共同体援助重庆项目“柑橘栽培与贮藏研究”
1992	5 月 28 日	世界银行柑橘项目检查团	伊藤团组	一行	重庆市副市长王正德	就引进世界银行贷款建设柑橘市场基地进行商谈
1995	9 月 14—15 日	联合国粮农组织代表团	联合国粮食及农组织顾问	一行		南川考察发展农业分权规划工作
1996	5 月 19 日	丹麦国际开发署代表团	丹麦外交部国务秘书、国家开发署署长 D. 奥尔森	7	重庆市对外经济贸易委员会主任况浩文	参观重庆水产冷藏和加工项目
1997	1 月 27 日	联合国农业考察团	世界粮食计划署项目官员马腾斯	5 人	重庆市副市长周建中及相关部门负责人	考察川东农业开发项目
1998	10 月 25 日	国际马铃薯中心考察团	国际马铃薯中心（CPI）驻亚太地区办事处代理戈登·普雷恩（Gordon Prain）	一行	重庆市养猪科学研究院相关负责人	参观考察重庆市养猪科学研究院，了解甘薯喂猪研究进度和推广成果
	12 月 10 日	法国 CCA 公司来访团	法国 CCA 公司菲利普博士和台湾养猪科学研究所吴继芳博士	一行	重庆市养猪科学研究院相关负责人	参观访问重庆市养猪科学研究院
1999	1 月 10 日	美国卡特中心考察团	查尔斯先生	一行	重庆市养猪科学研究院相关负责人	参观访问重庆市养猪科学研究院

（续）

年份	来访时间	团组名称	团长姓名及职务	来访人数	中方接待单位及负责人	主要活动内容
1999	8月	国际马铃薯中心（CIP）代表团	分管科研副主任 Wanda Collins 负责东南亚地区农业经济专家 Dai Petevs	2	重庆市养猪科学研究院相关负责人	考察重庆市养猪科学研究院并共同拟定"甘薯项目"工作计划
	11月9—10日	美国经贸代表团	施格兰高速亚太外务总监兼施格兰有限公司董事长穆杰夫（Mujaf）	5	市委书记贺国强及市对外经济贸易委员会负责人	了解重庆施格兰有限公司生产、经销情况
2001	4月	国际柑橘研讨会代表团		一行		参加国际柑橘研讨会
	6月	美国精准农业考察团		一行		考察重庆市农业发展情况，就农业科技领域合作进行交流洽谈
2002	4月18—29日	日本共和化工株式会社来访团	日本共和化工株式会社副社长大村胜生	一行		考察了重庆市大型屠宰场、养殖场及污水处理状况
	4月28至5月11日	比利时农业大学专家和学生访问团		一行	重庆市农业委员会	与重庆市植保植检站马铃薯专家进行交流座谈，双方就马铃薯项目合作及中方技术人员赴比利时培训等事宜达成协议
	11月	日本北海道畜牧考察团		一行		参观重庆市荣昌、合川等区（县）畜牧养殖情况
2003	2月	俄罗斯克麦罗沃州代表团		一行		召开了重庆—克麦罗沃州农业、食品加工与农贸小组洽谈会
	9月28—29日	香港大昌行贸易有限公司代表团	香港大昌行贸易有限公司行政总裁朱汉辉	一行	重庆市副市长陈光国、重庆市农村工作办公室主任王大用等	考察重庆荣昌等养猪产业，商谈开展冻猪分割肉出口香港贸易
	11月2—5日	中—加动物健康项目考察团	加拿大开发署高级项目官员雷德克（Walter B. Redekop）	10		参观考察合川等生猪饲养重点区（县），了解重庆市畜牧业生产现状，为"中—加动物健康项目"在重庆的实施奠定了良好的基础
2004	5月18日	加拿大畜牧代表团	加拿大驻渝领事馆领事和加拿大伯乐遗传公司董事长艾伯特·爱灵费德（Albert Eringfeld）	5		参观考察合川等生猪饲养重点区（县），了解重庆市畜牧业生产现状，为重庆与加拿大阿尔伯达省之间开展畜牧业生产与加工的合作打下良好的基础
	10月23—25日	美国农业部中国农村金融现代化考察团		一行		参观重庆市重点农业企业，与中国农业银行重庆分行、中国银行业监督管理委员会重庆分会有关人员进行交流，并与大专院校的专家学者座谈、交流

（续）

年份	来访时间	团组名称	团长姓名及职务	来访人数	中方接待单位及负责人	主要活动内容
2004	11月25日	香港贸易发展局代表团	香港贸发局展览事务高级经理温少文	2	重庆市农村工作办公室对外合作处处长方玲	邀请重庆组团参加香港美食博览相关活动，并表示香港贸易发展局将为重庆赴港参展做好衔接
2005	5月13日	美国内布拉斯加州农业代表团	美国内布拉斯加州农业部部长默林．卡尔森		重庆市农村工作办公室副主任刘启明	座谈农业发展情况，内布拉斯加州农业部与重庆市农业局签订了农业合作协议
	8月4日	巴基斯坦国家农业研究中心访问团	国家协调人 RIAZ. MANN 博士	一行	重庆市农业局总农艺师张洪松	考察重庆农业及农作物种植制度情况
	10月	澳大利亚布里斯班市考察团		一行	重庆市农业委员会	与重庆市10多个农业产业化国家重点龙头企业进行对接交流
2006	4月	美国博富文柑橘有限公司经贸团	美国博富文柑橘有限公司首席执行官穆杰夫	一行	重庆市委员会常务委员会委员、副市长陈光国	举行美国博富文柑橘有限公司投资重庆忠县项目谅解备忘录签字仪式，根据双方达成合作意向和共识，美国博富文柑橘有限公司将投资3 000万美元在忠县建厂进行橙汁生产
2007	9月8—14日	中一加动物健康项目技术专家组	中一加动物健康项目北京项目办经理哈维尔·伯查德（Javier Burchard）	4	重庆市农业局沈文彪副局长	在荣昌县食品加工厂区考察，在武隆县与养殖农户座谈，在合川区国兴养殖厂考察
2008	10月23日	第八届国际柑橘苗木大会代表团	国际柑橘育苗者协会主席哈桑．马林（Hassan Marei）；国际柑橘育苗者协会执行主席 Francisco Llatser	一行	重庆市委员会常务委员会委员、副市长马正其	出席第八届国际柑橘苗木大会，考察中国农科院柑橘研究所、重庆市恒河果业有限公司
2009	4月9日	荷兰王国驻华大使馆来访团	荷兰王国驻华大使馆科技参赞埃里克·范库伊（Eric van kooij）	2	重庆市农业科学院	访问重庆市农业科学院
	11月11—12日	欧盟农业代表团	欧盟农业总司副总司长普雷瓦（Plewa）	12	重庆市委员会常务委员会委员、副市长马正其	参加中欧农业与农村发展对话机制第四次会议
	1月12日	英国畜牧业交流团	英国种猪协会副会长	一行		参加中英现代畜牧业发展研讨会，就猪肉生产、畜牧场管理、富优基因种猪培育等领域进行技术交流与合作
2010	4月13日	荷兰马铃薯产业代表团	荷兰驻华使馆农业参赞万代英（Henk van Duijn）	15人	重庆市委员会常务委员会委员、常务副市长马正其及重庆市农业委员会负责人	商谈马铃薯产业开展对接合作

（续）

年份	来访时间	团组名称	团长姓名及职务	来访人数	中方接待单位及负责人	主要活动内容
2010	7月24日	英国剑桥大学学术交流团	剑桥大学英国癌症研究院剑桥研究所转基因研究室主任邹贤刚教授	2	重庆市畜牧科学院院长刘作华	在畜牧科学院进行学术访问
	7月13日	中国台湾代表团	台湾嘉义县议员王金山、台商林思慕	2	重庆市农业委员会对外合作处处处长方玲	交流来渝发展台湾阿里山农业文化园事宜
	9月9—10日	法国诺本集团考察代表团	法国诺本集团中国区总经理戴轶舒（Edward Dai）	10	重庆市农业委员会副主任王健	参加2010现代畜牧业技术体系建设峰会
	10月29日	匈牙利驻华大使馆来访团	匈牙利驻华大使馆二等秘书比罗凡	4	重庆市农业委员会副主任刘启明	商谈引进霍尔多巴吉白鹅，共同投资建设鹅蛋孵化、饲养、屠宰、鹅绒加工生产链等相关事宜
	9月10—11日	欧盟农业代表团	荷兰林堡省省长利昂·弗里森	50	全国对外友好协会副会长李建平，中国共产党重庆市委员会常委员会委员、重庆市常务副市长马正其	参加“第二届中欧农业研讨会暨百家中外企业投资农业重庆行”活动
2011	1月11日	荷兰驻华大使馆来访团	荷兰驻华大使馆参赞Morinus Overheal	一行	重庆市农业委员会	交流、座谈重庆与荷兰农业合作
	3月11日	荷兰驻华使馆农业拜访团	荷兰驻华使馆农业参赞奥弗赫尔（Marinus Overheul）	3	重庆市农业委员会刘启明副主任	了解重庆农业农村经济发展情况，寻求荷兰与重庆在农业方面的合作机会
	6月16日	匈牙利共和国驻重庆总领事馆农业拜访团	匈牙利共和国驻重庆总领事馆总领事海博	3	重庆市农业委员会副主任刘启明	就两地可能开展合作的生猪养殖、鹅饲养技术、山羊奶酪生产及马铃薯栽培等相关事宜进行了商谈
	8月10日	意大利食品安全及公共卫生考察团	意大利托斯卡纳大区卫生局局长Andrea Leto	4	重庆市动物疫病预防控制中心	交流座谈、考察，并就有关事项达成初步合作意向
	8月27—30日	格鲁吉亚阿扎尔自治共和国柑橘访华团	格鲁吉亚阿扎尔自治共和国农业部部长多拉里	一行		实地考察柑橘种苗基地
	9月20—23日	美国生猪健康与猪肉安全考察团	美国农业部经济研究局盖尔	5	重庆市农业委员会副主任吴纯	了解重庆市生猪健康体系与疫病防控措施，并洽谈相关领域合作事宜
	9月20—22日	泰国农业与合作社部“水果冷链管理”考察团	泰国农业与合作社部农业促进司苏维萨·基廷（Suwisar Ketin）	7	重庆市农业委员会副主任张洪松	探讨水果冷链管理与合作
	11月21日	丹麦农业代表团	丹麦王国大使馆食品、农业及渔业参赞玛丽·路易丝·弗拉赫·德尼尔加德（Marie Louise Flach De Neergaard）	7	重庆市农业委员会副主任王健	参加高效安全的丹麦养猪业论坛

（续）

年份	来访时间	团组名称	团长姓名及职务	来访人数	中方接待单位及负责人	主要活动内容
2012	5月29日	意大利经贸考察团	意大利瓦莱达奥斯塔大区主席奥古斯都·罗兰丁	一行	重庆市农业委员会主任夏祖相	与重庆市农业委员会探讨合作相关事宜；考察重庆市农业科学院
	6月21日	英国农业代表团	英国多米尼克·斯丹顿（Dominic Stanton）	一行	重庆市农业委员会副主任刘启明	考察重庆市农业发展，就生猪产业、农业技术等开展交流与合作
	8月10日	意大利畜牧代表团	意大利托斯卡纳大区卫生局局长安德烈·莱托（Andrea Leto）、意大利比萨大学副校长教授阿莱桑德拉·居伊（Alessandra Guidi）	3	重庆市农业委员会副巡视员曾代勤	参观考察重庆市动物疫病预防控制中心，与中心就“实验室和防疫系统方面的合作”进行了洽谈，并在人员的技术培训、设备能力开发、实验室认证等方面达成初步合作意向
	8月31日	台湾“立法院”参访团	台湾“立法院”法制局研究员、组长张景舜	4	重庆市农业委员会副主任刘启明、重庆市农业科学院副院长荀小红	考察渝台农业合作情况
	5月29日	意大利驻重庆总领馆及瓦莱达奥斯塔自治大区经贸代表团	意大利驻重庆总领馆总领事	一行	重庆市农业委员会主任夏祖相、重庆市农业委员会副主任刘启明	考察访问重庆市农业科学院，就重庆与意大利在葡萄种植、园艺作物的组培快繁与转化育苗、保健蔬菜、马铃薯淀粉加工等领域的合作前景作了交流探讨
	12月11日	匈牙利驻渝总领馆访问团	匈牙利驻渝总领馆总领事海博	一行	重庆市农业委员会副主任刘启明	到访重庆市垫江县，考察了垫江县肉鹅产业建设工作，就种鹅孵化、饲料加工、饲养管理、屠宰加工及市场销售和营销管理等问题进行了交流
2013	1月17日	香港贸易发展局代表团	香港贸易发展局副总裁周启良	一行	重庆市农业委员会对外合作处处长方玲	在重庆会馆交流参加香港美食博览及开展合作相关情况
	4月21—22日	荷兰农业代表团	芬兰农林部塔维拉（Talvela）司长	7	重庆市农业委员会主任夏祖相	参加在重庆举行的中芬农业问题磋商会，参观考察了重庆光大（集团）有限公司巴南奶牛基地
	5月31日	盖茨基金会来渝考察团	盖茨基金会相关负责人	一行	重庆市农业委员会副主任刘启明	赴璧山调研，了解重庆移动农信通在农业信息化工作上的优势和经验；探讨和重庆在坦桑尼亚农业信息化建设方面的潜在合作机会；对下一步基金会联合科技部和农业部的合作提供重要信息
	7月3日	中东欧国家农业代表团	中东欧国家农业代表	一行	重庆市副市长张鸣，外交部、农业部有关司局领导；有关省份政府、企业参会代表	参加“中国—中东欧国家”农业合作论坛

（续）

年份	来访时间	团组名称	团长姓名及职务	来访人数	中方接待单位及负责人	主要活动内容
2013	7月29—31日	畜牧代表团	欧盟世贸畜牧兽药专家 Javier（博查德）	3	重庆市农业委员会副主任、王健	参加重庆人畜共患病防控论坛
	9月	比利时安特卫普省来渝访问团	比利时安特卫普省经济发展局中国首席代表曾甦	一行	重庆市农业委员会副主任刘启明	到访重庆市农业委员会，在畜牧养殖、农产品贸易和农业技术交流等合作事宜进行洽谈
2014	3月3日	意大利驻重庆总领馆考察团	意大利驻重庆总领事马非同	3	重庆市农业委员会副主任刘启明	到重庆市农业科学院开展交流访问
	5月12日	比利时埃诺省农业考察团	比利时埃诺省发展局专员卡洛琳・德瑞格诺克斯 比利时驻华大使馆瓦隆州经济商务参赞丁爱宇	一行	重庆市农业委员会副主任刘启明	到访重庆市农业委员会，就双方在中药材、畜牧业、果蔬等更多领域、更多项目广泛联系并深入合作进行洽谈
	5月29日	香港贸易发展局代表	香港贸易发展局重庆代表周宏	2	重庆市农业委员会对外合作处韩瑞春副处长	就香港美食博览、香港食品安全条例实施后，重庆农产品如何开拓香港市场等相关问题进行了深入探讨，商定了重点合作领域和合作方式
	7月17日	非洲农业技术基金来访团	非洲农业技术基金会（AATF）业务负责经理乔治・马瑞奇拉	4	重庆市农业委员会副主任刘启明，农业部国际交流中心有关人员	专程拜访重庆中一种业公司，双方进行友好商谈，就进口该公司的水稻、玉米和蔬菜种子，在非洲马维拉、埃塞俄比亚、津巴布韦等国家试验试种
	10月30日	以色列农业企业考察团	前以色列工业、贸易和劳工部部长，前以色列爱伟资公司总裁沙洛姆. 辛鸿	3	重庆市农业委员会巡视员刘启明	就双方在乳业、滴灌、大棚等领域技术合作进行了交流
	11月26日	丹麦驻渝总领馆及生猪业企业考察团	丹麦国际合作处处长、农业学院院长尼尔斯・埃里克・杰巴森（Niels Erik Jespersen）	8	重庆市农业委员会副巡视员曾代勤	就双方在畜牧业领域合作进行了交流与洽谈
2015	1月27日	以色列外交部经济司副司长来访团	以色列外交部经济司副司长雅法・本・阿里（Yaffa Ben Ari）以色列驻成都总领事埃米尔・拉蒂（Amir Laty）	3	重庆市委员会农村工作委员会副书记郭忠亮	邀请重庆市农业委员会组团参加2015年以色列国际高科技农业博览会，分享以色列的农业科研成果
	2月2日	美国驻华大使馆农业贸易处访问团	美国农业专家王丽	2	重庆市农业委员会对外合作处副处长杨雪梅	介绍美国驻成都总领事馆农业部农业贸易处，希望加强与市农委的联系，共同搭建平台，共同致力双边农产品贸易

（续）

年份	来访时间	团组名称	团长姓名及职务	来访人数	中方接待单位及负责人	主要活动内容
2015	4月7日	匈牙利驻重庆总领馆访问团	匈牙利驻重庆总领事史伯乐（Szilagyi Balazs）	4	重庆市委员会农村工作委员会副书记郭忠亮	为匈方农业部副部长罗伯特·冉谷先生出席渝洽会期间举行的相关活动与市农委负责人进行交流
	5月21日	意大利翁布里亚大区来访团	意大利翁布里亚大区策划、创新与竞争力部主任卢西奥·卡波里兹（Lucio Caporizzi）	6	重庆市农业委员会对外合作处处长程渝	就世界博览会重庆日活动期间，对重庆市农业委员会组团对翁布里亚大区进行农业、食品安全、环境保护等项目考察发出诚挚邀请
	5月5日	加拿大驻重庆商务领事拜会团	加拿大驻重庆总领事馆商务领事大卫·柏杜（David Perdue）	3	重庆市农业委员会对外合作处处长程渝	就加拿大农业与农业食品部长6月访问重庆相关事宜与重庆市农业委员会对外合作处负责人进行商谈
	6月16日	荷兰驻华大使馆农业访问团	荷兰驻华大使馆农业参赞郝马丁先生、荷兰驻渝总领事馆总领事谭敬南	4	重庆市委员会农村工作委员会副书记郭忠亮	就双方在园艺、马铃薯、乳业等方面进一步开展的交流合作进行了会谈
	6月16—18日	国际马铃薯中心来访团	国际马铃薯中心亚太中心专家格雷格（Greg）	一行	全国农业技术推广服务中心防治处副处长赵中华	参加亚太地区马铃薯晚疫病预测和防控国际研讨会
	7月1日	意大利驻重庆总领馆考察团	意大利驻重庆总领事马非同	一行	重庆市农业科学院领导	到重庆市农业科学院考察访问并洽谈合作事宜
	10月27日	意大利维切利市农业访问团	意大利维切利市市长（莫拉·福特（Maura Forte）	一行	重庆市农业委员会对外合作处副处长杨雪梅	宣传该市水稻新品种研发、有机种植、产后加工等方面的优势，了解重庆市农业产业发展情况，寻求农业领域合作的切入点
	12月11—13日	联合国粮食农业组织考察团	联合国粮食及农业组织（FAO）新任助理总干事兼亚太区域代表卡迪雷森（Kundhavi Kadiresan）	3	重庆市委员会农村工作委员会副书记郭忠亮，农业部国际合作司罗鸣处长	考察重庆市农业农村经济发展情况

二、出访

随着重庆农业对外开放的不断深入，重庆市与世界各国及地区的农业外事往来日益频繁，出访人员总数不断增加，出访的国家及地区不断扩大，有力推动了重庆市农业对外合作。1986—1996 年农业对外开放初期，重庆农业出访微乎其微。1998 开始，重庆大力实施“引进来”“走出去”战略，农业对外开放逐步向多层次、宽领域、全方位推进，出访的团组及人次增长，增进了重庆市与相关国家和地区的相互了解，交流领域不断扩大、层次不断提升，有力促进了农产品贸易、农业技术、农业投资等领域的合作。1997 年后，重庆直辖市农业领域对外开放程度不断提升，重庆市农业委员会系统领导干部和农业技术人员开始走出国门，赴相关国家和地区开展对外交往，考察学习，招商引资，促进农产品贸易，执行农业领域培训、对外经济技术合作与对外援助任务，积极有效利用国际、国内两种资源和两个市场，推动重庆市农业对外合作。

（一）重庆市农业委员会机构整合前（1986—2007 年）

重庆市农业委员会系统机构整合前，因公出访团组和人员均较少。

1998 年，重庆市农业委员会系统的领导及农业科技人员 22 人因公出访，赴西欧 6 国、美国、日本、斯里兰卡等国考察学习，借鉴国外农业的先进科学技术和管理经验，开展市场调查，寻找合作机会。

1999 年，重庆市农业委员会系统组织部门领导、技术人员及区（县）分管领导和农业局局长，赴法国、德国、澳大利亚、美国等国执行农业系统培训、考察任务。

2000 年，重庆市农业委员会系统组织了 116 人分赴美国、德国、荷兰、日本、韩国、以色列、泰国、越南等国，考察学习水产、土肥、植保、农机、农业产业化方面的先进技术和管理经验。

2001 年，重庆市农业委员会系统干部 8 批 86 人次赴德国、荷兰、澳大利亚等国学习考察。同年，为配合重庆市实施百万吨优质柑橘深加工产业化工程，重庆市组织农业系统领导干部及专业技术人员赴美国、巴西考察柑橘生产技术、科学的管理经验以及农业社会化服务体系等。

2002 年，重庆市农业委员会系统共计 46 人赴澳大利亚、法国、加拿大等国家执行培训、考察任务。

2003 年，重庆市农业委员会系统共 82 人次赴美国、加拿大、澳大利亚、智利等国执行培训、考察任务。其中，有市农业系统领导干部及专业技术人员 15 人组团赴美国考察学习农技服务体系培训团（外国专家局引智团）；重庆市农业系统领导干部及专业技术人员 11 人组团赴美国考察学习美国农业贸易及农业支持体系；市农业系统领导干部及专业技术人员 11 人赴澳大利亚、新西兰考察学习柑橘及农产品市场体系。重庆市农业系统领导干部及专业技术人员 18 人组团赴加拿大参加畜牧技术培训等。

2004 年，重庆市农业委员会系统组织有关领导和技术人员 116 人分赴尼日利亚、以色列、澳大利亚等国家执行农业合作考察，技术培训、科学的管理经验以及农业社会化服务体系等，为重庆农业进入非洲市场做准备。

2005 年，重庆市农业委员会系统组织干部和技术人员对先进国家的水稻、柑橘、畜牧、信息技术等进行考察，外出考察交流团组达 8 个，外出考察交流人员近 100 人。通过考察交流，加强了解，增进友谊，为经济技术合作奠定了良好基础，有力地促进了重庆市传统农业的改造，提升农村科技含量。

2006 年，重庆市农业委员会系统组织干部和技术人员 72 人次赴美国、巴西、澳大利亚、新西兰等国家考察柑橘生产与加工考察，有机农业、精准农业项目招商、农副产品生产与加工等。

（二）重庆市农业委员会机构整合（2008—2015 年）

1. 出访管理

2008 年重庆市农业委员会机构整合后，按照党中央、国务院及重庆市委员会、重庆市人民政府进一步加强因公出访管理要求，重庆市农业委员会对全系统因公出访实施统一归口管理，实行计划控制和经费控制（简称“双控”）。一是严格计划管理。重庆市农业委员会对外合作处牵头对全系统实现计划管控，具体计划由重庆市农业委员会系统各单位、机关各处室提出对外交流与合作计划，对外合作处汇集统筹，提出重庆市农业委员会系统因公出访计划，报主任办公会审议，每年11月前报重庆市委员会外事工作领导小组审批，重庆市农业委员会机关及重庆市农业委员会系统各单位出访人员由各单位根据工作需要和人员分工选派，再按流程办理因公出访手续。二是设立专项经费。财务处每年进行出访公务费定额预算，统一用于机关公务员因公出访开支。本系统各单位每年编制因公出访专项经费预算，加强“三公”经费管理。三是严格出访纪律。因公出访团组出访前，由重庆市农业委员会对外合作处组织召开行前会，就出发的任务、纪律及注意事项提出要求；出访团组实行团长负责制，全面负责出访期间各项事务，保证按时完成出访任务，在规定时间返回国内；每个出访团组回国后，必须撰写上报出访报告，按时交回因公出访证件。

2. 出访情况

2008年，重庆市农业委员会系统因公出国（境）团组13批22人次，其中参加农业部、教育部组团9批14人，市级部门组团2批2人次，自组团1批6人次。出访主要内容为农业项目考察、出国培训、研修，出访国家主要集中在加拿大、美国、埃及、德国、澳大利亚、日本等。

2009年，重庆市农业委员会系统因公出国（境）总人数为66人，比计划数减少31人。出访团组中，农业考察团1个，国际会议团1个，经贸参展团1个，出国培训团1个，参加双跨团24批32人次，出国培训人员达8批26人次。出访国家主要集中在美国、加拿大、柬埔寨、秘鲁等国家。

2010年，重庆市农业委员会系统组织经贸参展团3个，国际会议团1个，因公出国（境）总人数为25人，其中，参加双跨团12批17人次，出国培训人员7批10人次。

2011年，重庆市农业委员会系统因公出国（境）总人数为43人次，组织经贸参展团4个，国际会议团2个，考察交流团1个，培训团1个。其中，自组团3批7人次，参加双跨团13批16人次。

2012年，重庆市农业委员会因公出国（境）总人数为199人次，其中：经贸考察团9批41人，培训团3批138人，双跨团出访人数20人，其中4人为农业部外派援非专家。当年赴国外参加技术培训的人员占因公出访人员总数的69%，一是以市动物疫病防控中心为主的赴英国“兽医实验室建设及管理技术专题培训”；二是以市农业综合办公室为主的赴美国“农业生态综合管理培训”；三是以经营管理处为主的赴台“农民专业合作社管理培训”。同年4月17—25日，重庆市农业委员会领导率团赴缅甸、柬埔寨考察，分别拜访了缅甸农业部、柬埔寨农林渔业部农业总局并进行交流座谈。

2013年，重庆市农业委员会系统因公出国（境）总人数为61人次。其中：经贸考察团6批55人，双跨团出访人数6人。

2014年，重庆市农业委员会系统因公出国（境）总人数为35人，比上年同期减少26人。其中：经贸交流团7批29人，参加双跨团出访人数6人。重点策划并成功组织重庆市农机合作社领班人及合作社辅导员共计49人分批赴台湾研修培训。

2015年，全市农业委员会系统因公出国（境）总人数为79人。其中自组团5批11人，参加双跨团出访6批6人，培训团2批20人，赴港澳1批2人。重庆市农业科学院选派20名专家分赴以色列和美国进行蔬菜种植专业人才培训（38天）和果蔬栽培中青年优秀人才培训（60天）。重庆市组织全市渔业科技人员共计40人赴台湾执行渔业管理培训（表14－3－4）。

表 14-3-4　2008—2105 年重庆市主要农业团组出访情况

年份	出访日期	出访国家（地区）	团组名称	团长及职务	出访人数	出访任务
2009	9 月	美国	美国农业信息化与现代农业建设培训团	李芝渝，重庆市农业科学院纪检组长	9	美国农业信息化与现代农业建设培训
	11 月	秘鲁	参加国际热带作物协会第十五届研讨会	袁德胜，重庆市农业技术业推广站站长	1	参加国际热带作物协会第十五届研讨会
	3 月	柬埔寨	农业考察团	刘启明，重庆市农业委员会副主任	12	农业考察团
		智利	智利国际热带作物协会第十五届研讨会	张洪松，重庆市农业委员会副主任	3	智利国际热带作物协会第十五届研讨会
	8 月	中国香港	参加香港美食博览 2009 展团	方玲，重庆市农业委员会对外合作处处长	一批	组织企业参加香港美食博览 2009
	9 月	美国	农业信息化与现代化建设培训团	成世坤，重庆市农业委员会法规处处长	一批	农业信息化与现代化建设培训
2010	2 月 23—28 日	日本	参加亚洲低碳经济城市国际研讨会	王国华，重庆市农业委员会生态处处长	1	赴日本参加“亚洲低碳经济城市国际研讨会”
2011	5 月 15—20 日	越南	农业考察团	郭军，重庆市农业科学院所长	2	考察越南农业
	4 月	坦桑尼亚、南非	参加援坦农业技术示范中心移交仪式及交流考察团	刘启明，重庆市农业委员会副主任	13	参加援坦农业技术示范中心移交仪式及交流
	6 月	智利、阿根廷	参会	张洪松，重庆市农业委员会副主任	1	参会
	7 月	马来西亚	参加马来西亚食品饮料展团	韩瑞春，重庆市农业委员会对外合作处副处长	2	组织企业参加 2011 马来西亚食品饮料展
	8 月	中国香港	参加香港美食博览 2013 及香港国际茶展 2013 展团	方玲，重庆市农业委员会对外合作处处长	3	组织企业参加香港美食博览 2013 及香港国际茶展 2013
		中国台湾	重庆市农业委员会	夏祖相，重庆市农业委员会主任	3	考察台湾农业
		美国	柑橘平衡施肥节水灌溉与病虫害防治技术交流团	张才建，重庆市农业委员会经作站站长	6	柑橘平衡施肥节水灌溉与病虫害防治技术交流
	10 月	美国，加拿大	现代畜牧业生产及畜产品质量安全控制考察团	王健，重庆市农业委员会副主任	3	考察现代畜牧业生产及畜产品质量安全控制

（续）

年份	出访日期	出访国家（地区）	团组名称	团长及职务	出访人数	出访任务
2012	4月	缅甸、柬埔寨	农业合作项考察目团	王久臣，重庆市农业委员会副主任	6	考察农业合作项目
2012	5月28日至6月4日	英国	参加欧洲马铃薯大会	刘保国，重庆市农业委员会总经济师	6	参加马铃薯大会
2012	8月	中国香港	参加香港美食博览2011展团	方玲，重庆市农业委员会对外合作处处长	3	组织企业参加香港美食博览2012
2012	9月	英国	兽医实验室标准化建设及管理技术培训团	向义军，重庆市农业委员会副调研员	7	兽医实验室标准化建设及管理技术培训
2012	9月	中国台湾	农民专业合作社管理培训团	郭忠亮，重庆市委员会农村工作委员会副书记	32	农民专业合作社管理培训
2012	9月	中国台湾	农民专业合作社管理培训团	曾代勤，重庆市农业委员会副巡视员	32	农民专业合作社管理培训
2012	10月	英国、法国	渔业学习交流团	程渝，重庆市农业委员会渔业处处长	1	渔业学习交流
2012	10月	中国台湾	农民专业合作社管理培训团	邱树荣，重庆市农业委员会副巡视员	32	农民专业合作社管理培训
2013	8月	中国香港	2013年香港美食博览及2013香港国际茶展展团	方玲，重庆市农业委员会对外合作处处长	3	组织企业参加香港美食博览2013及香港国际茶展2013
2013	9月	英国、西班牙	现代种植业生产及信息化应用考察团	张洪松，重庆市农业委员会副主任	4	现代种植业生产及信息化应用考察
2013	11月	比利时	马铃薯种薯质量控制培训团	王泽乐，重庆市农业技术推广站	2	马铃薯种薯质量控制培训团
2014	3月17—22日	巴西	巴西交农业投资及合作考察团	秦大春，重庆市农业委员会副主任	5	组织企业赴巴西交流洽谈农业投资及贸易
2014	7月15—22日	中国台湾	赴台农机合作社领办人高级研修培训团	黄政，重庆市农业委员会对外合作处主任科员	2	赴台农机合作社领办人高级研修培训
2014	8月13—17日	中国香港	参加香港美食博展览2014展团	程渝，重庆市农业委员会对外合作处处长	2	组织企业参加香港美食博览2014

（续）

年份	出访日期	出访国家（地区）	团组名称	团长及职务	出访人数	出访任务
2014	9月26日	中国台湾	农机合作社领办人高级研修班培训团	邓光友，重庆市农业委员会副巡视员	3	赴台参加农机合作社领办人高级研修班培训
	12月1—5日	俄罗斯	农业投资及贸易洽谈团	黄深政，重庆市农业委员会副主任	4	农业投资及贸易洽谈
2015	7月17—24日	意大利、比利时	参加第四十二届世界博览会	夏祖相，重庆市农业委员会主任	5	参加第四十二届世界博览会
	8月12—16日	中国香港	香港美食博览2015展团	杨雪梅，重庆市农业委员会对外合作处处长	2	组织企业参加香港美食博览2015
	9月	中国台湾	农业培训团	吴中华，重庆市农业委员会渔业处副处长	7	培训
	11月7—15日	德国、意大利	农业经贸洽谈	赵培江，重庆市农业机械化管理办公室副主任	6	经贸洽谈
	11月10—18日	坦桑尼亚、埃塞俄比亚	农业交流考察团	高兴明，重庆市农业委员会副主任	3	交流

三、主（承）办国际性会议

（一）中美柑橘科学讨论会

1986 年 11 月 15—18 日在中国农业科学院柑橘研究所（重庆）举行中美柑橘科学讨论会，中美双方代表团成员 25 人以及中国列席代表 75 人参加会议。会上，中美双方宣读论文各 9 篇，涉及柑橘品种选育、栽培技术及栽培生理、病虫害及其防治、果实采后处理及加工利用等内容，美方论文多综述，中方论文多专题研究报告。

（二）中加小农户适应全球市场发展项目第二次董事会议

2004 年 5 月 26 日，中加小农户适应全球市场发展项目第二次董事会在重庆召开。商务部部长助理易小准、国家发展和改革委员会经济贸易流通司司长毕井泉、农业部国际司副司长屈四喜、财政部农业司副司长卢贵敏、商务部世界贸易司副司长张向晨、国家食品药品监管局国际司司长常文左，加拿大国际发展署中国司司长戴思平（David Spring）、加拿大食品检验署比利（Billy Hewett）等参加了会议。

（三）WTO 与重庆农业发展国际论坛

2004 年 5 月 27 日，由中国商务部、加拿大国际发展署、重庆市人民政府主办的 WTO 与重庆农业发展国际论坛在重庆举行，商务部部长助理易小准、加拿大国际发展署中国司司长戴思平（David Spring）、中共重庆市委常委、重庆市人民政府副市长陈光国出席开幕式并致辞。加拿大国际发展署、加拿大农业和食品部、国家发展和改革委员会、商务部、农业部、财政部、卫生部、国家质量监督检验检疫总局、国家食品药品监督管理局、国务院发展研究中心和西部省份的政府官员、专家学者约 50 余人及重庆市有关单位共计 220 多人参加了论坛。国家发展和改革委员会经贸流通司司长毕井泉、农业部国际司副司长屈四喜、财政部农业司副司长卢贵敏、重庆市农业局总农艺师张洪松、加拿大食品检验署比利（Billy Hewett）、商务部世界贸易司副司长张向晨、国家食品药品监管局国际司司长常文左等 11 位专家学者就中国粮食安全问题、世界农业发展对中国农业的启示、建立和完善 WTO 框架下的中国农业财政政策、入世后重庆农业面临的机遇和挑战、全球背景下的加拿大食品检验体系、WTO 新一轮农业谈判与西部农业发展、西部可持续发展和食品安全等问题作了发言。

（四）中国·重庆柑橘产业发展国际论坛

2008 年 1 月 5 日，由农业部和重庆市人民政府共同主办，重庆市农业局、农业部优质农产品开发服务中心和中国农业科学院柑橘研究所承办的中国·重庆柑橘产业发展国际论坛在重庆召开。该论坛旨在交流借鉴国内外柑橘产业发展成功经验，提升中国柑橘产业发展整体水平。来自美国、澳大利亚、西班牙、埃及、南非等国家以及国内 10 余省份的知名专家和业界代表 200 余名参加了论坛。农业部副部长牛盾参加此次论坛并致辞，肯定了重庆市在柑橘龙头企业培育、现代化基地建设、无病毒容器苗推广、晚熟柑橘发展和橙汁加工等方面取得的，并对重庆柑橘的非疫区建设寄予厚望。论坛期间，与会代表参观了忠县的中国柑橘科技城、重庆三峡建设集团柑橘新品种无病毒良种苗木基地、新品种标准化示范基地和派森百橙汁加工厂。

（五）第八届国际柑橘苗木大会

2008 年 10 月 23—25 日，由国际柑橘育苗者协会（ISCN）主办，重庆市农业委员会和中国农业科学院柑橘研究所共同承办，中国柑橘学会、国家柑橘工程技术研究中心、重庆市柑橘产业协会等单位协办的第 8 届国际柑橘苗木大会在重庆召开。开幕式由西南大学副校长、中国农业科学院柑橘研究所所长周常勇研究员主持，国际柑橘苗木协会主席哈桑·马林（Hassan Marei）、重庆市委员会常务委员会、副市长马正其及农业部种植业管理司处长王戈出席了开幕式并致辞。来自美国、西班牙等世界20余个柑橘主产国家和地区的苗木专家、学者和生产商80余人以及国内柑橘相关行业专家、学者、企业家、政府官员和管理人员160余人出席大会。会议围绕柑橘苗圃建设、品种与砧木、病虫害、质量鉴定方法与认证以及苗圃管理等议题，交流和探讨了柑橘良种苗木繁育、风险防范和生产管理技术，推进柑橘业可持续健康发展。

（六）第二届东盟与中日韩生物质能源论坛暨农村可再生能源技术交流与设备展示活动

2009年8月25—27日，由中国农业部主办的第二届东盟与中日韩生物质能源论坛暨农村可再生能源技术交流与设备展示活动在重庆举办。来自东盟10国及中国、日本、韩国的有关官员、专家、企业和示范项目村民代表130多人代表出席了论坛和设备展示活动。此次论坛讨论并通过了《东盟与中日韩（10+3）生物质能源论坛工作机制》，共同讨论了《东盟与中日韩生物质能源行动》方案。重庆市旺利原农业发展有限公司等9家国内企业与印度尼西亚、老挝、越南、缅甸、菲律宾5国达成合作意向，现场签订了设备订购协议及合作协议。

（七）中欧农业与农村发展对话机制第四次会议

2009年11月11—12日，中欧农业与农村发展对话机制第四次会议在重庆召开。重庆市委员会常务委员会委员、副市长马正其出席会议并致辞，农业部国际合作司司长王鹰和欧盟农业总司副总司长普雷瓦（Plewa）分别率团出席了会议。会议总结了第三次会议以来的合作成就，并在对话机制设立的农业贸易、农产品质量、政策信息、食品技术和创新4个工作组内，就农产品贸易、地理标志、转基因生物安全管理、有机生产、生物能源等10多个议题进行了交流和讨论。会议充分肯定了中欧农业与农村发展对话机制为促进和发展中欧在农业各领域的广泛合作发挥的重要作用，提出了进一步发挥好对话机制作用、强化合作的愿望和措施，并形成了会议纪要。

（八）第二届中欧农业研讨会暨百家中外企业投资农业重庆行

2010年9月10日，第二届中欧农业研讨会暨百家中外企业投资农业重庆行在重庆君豪大饭店隆重举行。该活动由中国人民对外友好协会、重庆市人民政府主办，中国人民对外友好协会副会长李建平，重庆市委员会常务委员会委员、常务副市长马正其和荷兰林堡省省长利昂·弗里森先生（Mr. Leon Frissen），保加利亚斯莫梁市市长杨科娃（Tankova Dora Ilieva）、英国苏格兰环境部长里查德·维克福德（Richard Wakeford），荷中友协前主席雅仆·波斯特（Jacob HarmPost）、德国罗莎·卢森堡基金会北京首席代表勃勒教授（Dr. Lutz Pohle）等出席了开幕式。全国对外友好协会副会长李建平，重庆市委员会常务委员会委员、常务副市长马正其，荷兰林堡省省长利昂·弗里森等分别在开幕式上发言。50多位来自荷兰、德国、英国、保加利亚等欧盟成员国的农业官员、专家，来自北京、江苏、山东等省份的行政官员和大型企业负责人以及重庆市各区（县）的农业部门和企业负责人等250多人参加了相关活动。

9月11日上午，“第二届中欧农业研讨会暨百家中外企业投资农业重庆行”在市外事侨务办公室外事大厅108室继续举行。保加利亚普列文市市长泽列诺高尔斯基做了在“保加利亚投资农业领域可能性”的发言，西南大学经济管理学院副院长谢家智教授做了农村金融改革和发展的战略取向等的发言，中荷友协前主席雅仆·波斯特、荷兰马铃薯协会驻华总代表佛科·维度基做了发言。

（九）2010年现代畜牧业技术体系建设国际峰会

2010年9月9—10日，由重庆市农业委员会和法国诺本集团共同主办的2010年现代畜牧业技术体系建设国际峰会在重庆举行。来自联合国粮食及农业组织、世界银行、加拿大种猪出口商协会、美国大豆协会、荷兰大荷兰人集团、美国泰森食品集团、上海光明食品集团和青岛易邦生物工程等的领导和专家分别围绕现代畜牧业的发展现状与未来趋势，现代畜牧业基地建设规划、建设和管理，农业生物技术的发展，动物疾病监视、控制及研究，动物饲料和营养技术发展，RFID 技术在畜牧业中的应用等主题作了交流。

（十）中芬农业问题磋商会

2013 年 4 月 21 日，我国农业部与芬兰农业代表团在重庆召开会议，农业部国际合作司副司长唐盛尧、芬兰农林部司长塔维拉共同主持会议，双方就共同关心的问题进行磋商。会议期间，芬兰代表团考察了重庆光大（集团）有限公司巴南奶牛饲养基地。

（十一）亚太地区马铃薯晚疫病预测和防控国际研讨会

2015 年 6 月 16—18 日，亚太地区马铃薯晚疫病预测和防控国际研讨会在重庆市巫溪县召开。来自国际马铃薯中心亚太中心，美国、比利时、印度、尼泊尔 4 个国家，全国 10 多个省份的 55 名马铃薯专家和农业科研人员参加了会议。国际马铃薯中心亚太中心专家格雷格（Greg）、比利时专家弗朗索瓦（Francois）、中国农业技术中心防治处副处长赵中华、印度专家维奈（Vinay）、尼泊尔专家吉里（Giri）、全国农业技术中心测报处黄冲博士等围绕亚太地区、全国马铃薯晚疫病的发生规律、防治措施、现代监测预警技术应用等做了主题交流。与会代表就推动马铃薯晚疫病预警防控协作、增加薯农收益和确保地区粮食安全进行了深入探讨并形成了合作共识。

四、对外合作交流活动

（一）经贸对接及交流活动

2010 年 4 月 13 日，在重庆市农委举办了重庆—荷兰马铃薯产业对接洽谈会。会议由荷兰使馆农业参赞亨克（Henk van Duijn）主持，重庆市农业委员会主任夏祖相致辞。对接会上双方就如何大力发展马铃薯产业，打造马铃薯种植、鲜销及深加工的产业链等问题进行深入探讨。来自荷兰的马铃薯加工、机械设备、花卉、蔬菜、温室大棚、制冷设备等领域的企业与重庆市马铃薯生产区（县）农业主管部门、农业科学院、畜牧科学院及相关企业一一进行对接，并取得丰硕成果。2009 年 6 月，重庆市农业委员会联合荷兰驻华使馆在北京举办了重庆—荷兰马铃薯产业专题对接会。

2011 年 9 月 19 日，农业部发展中国家农产品加工技术培训班来渝考察座谈会在重庆市农业委员会会议室举行。来自阿尔及利亚、巴基斯坦、斐济、智利等 19 个国家的 38 名学员听取了重庆市农业委员会副主任刘启明介绍重庆农业农村经济发展、优势特色产业以及近年来重庆市与发展中国家农业交流合作等相关情况。重庆市农业委员会相关处室负责人与各国学员就关心的重庆晚熟柑橘发展、杂交水新稻品种推广和畜产品生产加工及市场开发等问题进行交流。各国学员前往渝北区重庆毛哥食品开发有限公司参观了农产品加工及考察了渝北区草坪村新农村建设和乡村清洁示范工程。

2012 年 6 月 21 日，在重庆中一种业有限公司举行了中国援助非洲英语国家农业技术示范中心项目管理研修班学员重庆交流会，来自非洲 9 个国家的农业专家与重庆农业专家进行了交流。会上，重庆中一种业有限公司董事长钟世良介绍了公司的基本情况、优势产业和远景规划；重庆中坦农业发展有限公司董事长文守云介绍了坦桑尼亚农业技术示范中心项目情况及中一种业境外发展情况；重庆市农业科学院蔬菜科学家田时炳介绍了重庆蔬菜育种概况和产业发展现状。会后，非洲农业专家参观了重庆水稻制种基地、蔬菜科研基地和种子加工中心。

（二）与外国驻渝总领事馆、领事馆往来

自 2010 年匈牙利在重庆设立总领事馆以来，几任驻渝总领事均到访重庆市农业委员会，商讨农业

合作事宜。2010 年 10 月，匈牙利驻华大使馆二等秘书比罗凡先生一行来访，商谈重庆引进饲养、加工霍尔多巴吉白鹅一事。匈牙利驻渝总领馆总领事海博先后于 2011 年、2012 年到访重庆市农业委员会和重庆市垫江县，就两地可能开展合作的生猪养殖、鹅饲养技术、山羊奶酪生产等相关事宜进行了商谈。

2011 年 11 月 21 日，重庆市农业委员会与丹麦驻渝总领事馆共同在重庆举办了丹麦高效养猪业及食品安全研讨会。丹麦畜牧专家丹育贸易公司中国首席执行官马丁·延森（Martin Jensen）、青岛华牧机械有限公司首席执行官耶斯佩尔（Jesper Harrestrup Bang）、丹麦猪场顾问坦纳·亨里克森（Tenna Henriksen）与重庆生猪养殖研究专家、企业家一道，就重庆畜牧业发展情况，丹麦养猪业概况及丹麦种猪育种计划，高效能、低排放丹麦猪场设计、欧洲猪肉食品安全控制等问题进行了探讨交流。双方的交流对接，增进了了解，促进了重庆市六九畜牧科技股份有限公司引进丹麦原种猪。

2012 年 6 月 21 日，英国驻华大使二秘多米尼克·斯丹顿一行到访重庆市农业委员会，双方进行了深入的交流，并就下一步加强生猪养殖技术等方面合作达成了共识。

2013 年，匈牙利驻重庆总领馆总领事巴托里·贝洛一行到访重庆市农业委员会，商讨与重庆市农业技术推广总站建立长期合作关系并在马铃薯种植与研究方面开展合作。

2015 年 3 月 31 日，重庆市农业委员会副巡视员方玲带队拜访了意大利驻重庆总领事馆，与总领事马非同进行了交流。双方就“一带一路”发展为契机，在“中意关于加强经济合作的三年行动计划”框架下，加强农业机械化、农产品生产与加工、可持续发展和粮食安全等方面合作及在重庆设立“中意食品安全中心”，共促发展、实现双赢等达成共识。

（三）引进国外先进品种及技术

1986 年，日本广岛市与重庆市江北农场合建中日友好果园，日方赠送早熟、特早熟温州蜜橘良种 7 个品系，1988 年假植 6 亩，1989 年试花初果，1990、1991 年两年共收获蜜橘 2 246 千克。

2004 年，重庆市从意大利引进了晚熟柑橘精品——塔罗科血橙（玫瑰香橙）落户万州区，2005 年开建第一批玫瑰香橙果园。经过 10 年的精心培育，已发展到约 5 万亩并相继挂果，有力促进了库区农民增收和农村经济发展。

2007 年，重庆市种畜场与英国育种龙头公司（HermitagePedigreePigs）合作，引进 80 头英系大约克夏种猪，共 10 个外种血缘，耗资 260 余万元。通过国外隔离 45 天，国内隔离 60 天，两次国外、国内检疫机构进行系列指标血检全部合格后，正式进入新建成的永川核心群原种猪场。此次引进的英系大约克夏种猪系成年猪，经济性能综合指标处于世界领先水平，料肉比为 2. 38 ∶ 1，瘦肉率为 69. 7%，日增重 1 080 克，背膘厚 8 毫米，经产猪窝均产仔数为 13. 2 头。2008 年扩群达到 300 头基础规模，近 500 头原种猪已投放市场；2009 年种猪全面达标，年供 7 000 余头优质原种猪，为重庆市生猪良种推广跃上新台阶发挥了重要作用。

2011 年 4 月 10 日，重庆阿兴记食品有限公司从法国欧洲兔业公司引进 1 036 只伊拉原种兔，同年 11 月，阿兴记再次从法国欧洲兔业公司引进科技含量和代次更高的曾祖代伊拉原种兔 1 000 只。法国欧洲兔业公司还向阿兴记出口曾祖代伊拉原种兔的繁殖、选育、养殖、疾病防疫、饲料生产、屠宰加工等各方面的技术，并在阿兴记繁殖基地选育出祖代伊拉原种兔。这是法国欧洲兔业公司首次对外出口曾祖代核心技术，阿兴记从法国引进的曾祖代原种兔是重庆从国外引进原种兔规模最大、代次最高的一次引进，一举扭转了重庆无高代次配套系肉兔原种的局面，攻克了在种兔引进上的技术堡垒。阿兴记此次引种，是实施“阿兴记 1 500 万只优质肉兔产业化开发建设”项目的一部分。2011 年阿兴记按出口欧盟标准而建设的年加工能力 5 000 吨的兔肉休闲食品加工厂已经投产，这标志着阿兴记肉兔养殖基地、屠宰加工基地、精深加工基地等三大肉兔产业布局全面形成。

2012 年 3 月 30 日，重庆市六九畜牧科技股份有限公司所属的重庆市 69 原种猪场、重庆市天豚种公猪站从丹麦引进的 200 头优良原种杜洛克、大约克夏、长白种猪顺利抵达南京禄口国际机场并转至南京

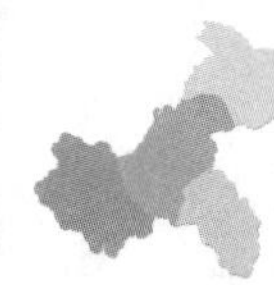

市隔离场，5 月到达重庆市 69 原种猪场和重庆市天豚种公猪站；该公司 2013 年又从丹麦直接引进 SPF 原种猪 136 头。重庆市六九畜牧科技股份有限公司引进的丹麦原种猪已成为当家品种，这也是重庆市民营企业从国外引进原种猪的成功案例。

（四）与国外大学、研究机构等交流合作

2000 年，重庆市农业局和美国明尼苏达大学签署了《在农业领域合作的谅解备忘录》。2001 年，在谅解备忘录的基础上，修改、通过了双方《关于加强和发展农业科技与教育合作协议书》，双方在农业领域的合作取得了实质性的进展。

2009 年，重庆市畜牧科学院与美国伊利诺依大学签订《现代畜牧生产与工程技术体系建设项目合作协议》。重庆市畜牧科学院承担的《重庆市畜牧科学院与美国伊力诺依大学香槟分校联合开展炎热气候区畜舍环境调控研究与推广应用》项目通过重庆市科学技术委员会组织的验收，形成了一套适宜重庆市炎热气候特点的畜舍调控模式，使猪舍夏季可节能 20% 以上，用水量降低 20%，仔猪存活率提高 5% 。项目成果已在重庆荣昌和四川等 10 余家猪场进行了示范推广，累计推广生猪 6.4 万头，取得了良好的经济效益和社会效益。重庆市畜牧科学院与剑桥大学英国癌症研究院剑桥研究所签约共建“转基因动物研究中心”，成功获得抗体基因打靶和人抗体转基因动物嵌合体 30 余只，获得国内首例抗体重链和轻链基因敲除小鼠嵌合体。

2009 年 8 月 31 日，俄罗斯农业科学院副院长等一行人到重庆市农业科学院蔬菜花卉研究所进行了学术交流及访问，双方就两院开展交流合作的事项提出了初步的建议与方案。同年 11 月，双方签订合作框架协议书，从信息和技术交流、人才交流、资源交流进行合作。双方就最新研究领域的进展、新品种的选育、规范化栽培技术的研究、生物技术育种、品质检测等方面，通过建立电子信息库或互派人员的形式，加强学术交流与信息资源的共享。

2009 年，重庆市从俄罗斯农业科学院生物中心引进耐抽薹胡萝卜种质资源及配套生产技术。重庆市企业从荷兰引进便携式薯类作物播种机和变性马铃薯淀粉的生产设备，填补了重庆市薯类作物无机械化耕作的空白，提高了马铃薯的附加值。

2011 年 10 月 20 日，重庆举行了市畜牧科学院与美国密苏里大学、荷兰瓦赫宁根大学、美国普渡大学、美国艾奥瓦州立大学、美国伊利诺伊大学香槟分校农业与生物工程系、加拿大马尼托巴大学、澳大利亚南昆士兰大学 7 家国际知名研发机构共建畜禽健康环境和福利化养殖国际研发基地的签约仪式，为重庆现代畜牧业发展提供了一个国际合作交流平台。

2011 年 9 月，重庆市农业技术推广总站与荷兰马铃薯中心签订《推进马铃薯产业发展合作备忘录》，双方达成长期友好合作协议，积极鼓励和促进人才、品种、技术交流与培训。荷方同意利用自身马铃薯产业发展高新技术协助并支持重庆建设库区马铃薯产业带，共同推动重庆马铃薯产业可持续发展，参与国际市场竞争。

2012 年 10 月，重庆市农业科学院与俄罗斯农业科学院生物中心达成初步的合作意向，分别策划申请引智项目及政府间的合作项目，包括“耐抽薹胡萝卜种质资源及配套生产技术的引进”“抵抗非友好型环境条件的蔬菜基因资源的创新及技术改良”“俄罗斯生态草莓的引进与示范”3 项，双方进行了胡萝卜等品种材料的互换。

2015 年 7 月，比利时艾诺省农业及农业工程中心与云阳县农业委员会签订马铃薯产业技术合作协议，同年 11 月 4 日在巫溪成立“中比马铃薯工程中心”。

五、引进国外智力

自 20 世纪 90 年代起，重庆市利用国家外国专家局资金和市级财政资金，累计承担实施农业引智项目 50 多个，引进国外农业专家开展农业技术合作。1999 年重庆市农业局属单位分别承担或共同承担国

家外专局引智项目12项。这些项目的实施和完成对促进重庆市种植业、畜牧业、水产业生产的发展起到了极大的推动作用。

2003年，在国家外国专家局和重庆市外国专家局的大力支持下，邀请法国、英国、比利时等国的专家来渝讲学，指导重庆市马铃薯生产，蔬菜、水果采后处理，种牛（羊）饲养等技术。当年11月，法国专家义务咨询协会与重庆市农业科学研究所、畜牧科学研究所等科研院所对接，争取法国专家为重庆市农业生产中生物技术的运用，朗德鹅、莱因鹅的饲养以及鹅肥肝的加工等提供无偿的技术指导。

2012年，重庆市争取国家外国专家局、重庆市外国专家局和重庆市农业委员会资金支持农业引智工作，引进了加拿大、澳大利亚、意大利等国家农业专家23名，在畜牧兽医、马铃薯疫病、果蔬等多个领域提供技术支持，为提升重庆市特色农业产业技术水平发挥了积极推动作用。

2015年，重庆市争取国家外国专家局、重庆市外国专家局和重庆市农业委员会资金支持，开展了马铃薯晚疫病预警防控、人畜共患病综合防控、柑橘高效生产体系等4个引智项目，共计金额384万元。

第四节　台港合作交流

一、渝台合作交流

1997年后，重庆直辖市与台湾、香港地区农业交流不断深入，合作领域不断扩大，在农业各个领域开展了广泛的交流与合作。

（一）举办大型活动

1. 海峡两岸农村合作经济（重庆）论坛暨农民专业合作经济组织研习班

2006年11月17—19日，台湾民主自治同盟（台盟）中央委员会和重庆市人民政府共同主办了海峡两岸农村合作经济（重庆）论坛暨农民专业合作经济组织研习班，全国政协副主席张克辉，全国人民代表大会常务委员会副秘书长、台盟中央主席林文漪，中共重庆市委副书记、市长王鸿举，重庆市政协副主席辜文兴，国台办经济局局长何世忠等出席开幕式。大陆举办以农村合作经济为专题的论坛尚属首次。在海峡两岸农村合作经济（重庆）论坛上，来自两岸的专家学者从理论与实践两个层面共同探讨了农村专业合作组织立法、政策配套体系、考评标准及辅导、评价体系建立和开展两岸农业合作经济组织交流等。在重庆举办这次论坛，对于推动重庆以及中西部农村建设、加强渝台农业合作与交流具有很大的促进作用。中国人民政治协商会议、台盟中央、国务院台湾事务办公室、农业部与重庆市的有关领导以及两岸经济管理与农村合作经济专家学者70余人参加了论坛。论坛期间，与会人员赴大足、荣昌等地对苎麻生产合作社、生姜生产合作社及荷花休闲山庄等进行了实地考察。在农民专业合作经济组织研习班上，国家行政主管部门、大学、农村合作经济研究机构的专家和农民专业合作社代表，台湾农业经济管理专家等就如何建设农村合作经济组织、提高农民专业合作组织经营管理水平进行了专题交流。重庆市农村工作战线及农民专业合作组织的150名代表参加了研习班，并与有关专家、农民专业合作组织践行者就共同关心的问题进行了互动交流。

2. 台湾农民创业园实践与发展研讨会

2010年8月18—19日，由农业部、台湾民主自治同盟中央委员会和重庆市人民政府共同主办的台湾农民创业园实践与发展研讨会在重庆北碚海宇酒店举行。中国人民政治协商会议副主席、台盟中央主席林文漪，中国人民政治协商会议常务委员会、台盟中央副主席黄志贤，农业部总经济师陈萌山，重庆市委员会常务委员会委员、常务副市长马正其，重庆市委员会常务委员会委员、统战部部长范照兵，市政协副主席吴家农，以及农业部、国务院台湾事务办公室、台盟中央和重庆市人民政府相关部门负责人，台湾财团法人二十一世纪基金会董事长高育仁，台湾农民创业园荣誉顾问孙明贤，以及海峡两岸从事农业管理、教育、研究、开发、生产的相关部门负责人和专家学者，相关省份的台湾办公室、台盟地方组织和台湾农民创业园管委会负责人、部分台商代表，共计200余人参加会议。研讨会上，两岸专家学者们分别围绕“台湾农民创业园实践与发展”“农业专业合作社发展与农业服务体系建设”“拓展农业功能与休闲农业发展”“农产品产销履历制度与农产品可追溯制度”等主题进行了专题发言，开展了互动交流。研讨会期间，与会代表考察了位于北碚的重庆台农园。

3. 渝台农业交流与合作恳谈会

2011年8月19—26日，重庆市委员会农村工作委员会书记、重庆市农业委员会主任夏祖相为团长的重庆农业考察团在台湾进行农业考察，于8月19日在台湾桃园举行了渝台农业交流与合作恳谈会。农业部总经济师、海峡两岸农业交流协会副会长陈萌山，重庆市农业委员会主任夏祖相、国民党中央委员会常务委员会李德维等出席渝台农业交流与合作恳谈会并致辞。“恳谈会”上，重庆市农业委员会对外合作处及重庆台湾农民创业园和重庆江津现代农业园区代表分别介绍了重庆市农业农村经济概况及投资环境、园区建设及发展项目等。重庆农业考察团全体成员，台湾省农会、台湾二十一世纪基金会代表，台湾桃园、彰化、云林等地的农业专家及台商代表等40多人就农业技术、农业合作等进行了交流、洽谈。

4. 渝台经贸（农业）合作对接会

为深入探索渝台两地合作机遇，促进渝台经贸交流，2013年5月19日，由中华全国供销合作社、重庆市人民政府主办的渝台经贸（农业）合作对接会在重庆世纪金源大饭店三楼国际会议厅举行。重庆市农业委员会、重庆市对外经济贸易委员会、重庆市供销社等相关部门领导、台湾客商代表和来自重庆部分区（县）农业园区的负责人、企业代表等约80人参加了会议。重庆市委员会常务委员会委员、重庆市委员会农村工作委员会书记刘光磊出席会议并致辞。会上举行了台湾兰花业进驻重庆、渝台蚕业合作示范基地等项目的签约仪式。本次对接会使渝台两地有了更宽领域、更深层次的交流，加强了台商对渝投资信心，为两地经贸、农业合作起到了积极的助推作用。

（二）推动重庆台湾农民创业园建设

2006年8月，全国首批经农业部、国台办批准设立的4家台湾农民创业园之一的重庆台湾农民创业园成立。项目选址在重庆北碚江东花木暨旅游农业生产带，规划面积40 000亩，其中核心区地处北碚区静观镇，占地6 225亩，农业生产区13 775亩，拓展区20 000亩。

台湾农民创业园在规划建设的同时，加大力度招商引资。2012年，重庆市成功引进广东三水九品香水莲花种植有限公司（台资企业）台湾九品香水莲花种植基地项目、重庆慈恩生物科技有限公司蛹虫草项目、重庆爱牧斯旅游发展有限公司台安湖生态鱼养殖项目等8个，全年累计招商引资8.8亿元。

经过近10年的建设，重庆台湾农民创业园完成了园区整体规划，编制了园区《总体规划》《土地利用总体规划》《村庄建设规划》《产业发展规划》《控制性详细规划》及水利、电力等专项规划。园区核心区流转土地4 398.558亩，取得两规覆盖的城市建设用地1平方千米，征地591亩，巴渝农民新居全面完工并妥善安置了相关农户。园区水利设施、农用设施、市政道路等基础设施基本完善，1.4万米^{2}的集贸市场和社区服务中心全面完工，15千米的园区交通主干道相继完成，形成道路环线。截至2015年年底，重庆台湾农民创业园入驻企业18家，主要从事果树苗木种植、园林工程、特色养殖、休闲观光农业等四大类产业，投资额共计2.35亿元。其中台资企业有台湾嘉宝果培育基地、重庆爱菲尔婚纱摄影基地、重庆阳明休闲农场、重庆蕈香天食用菌有限公司，共计投资额3 200万元。

（三）渝台农业交流活动

直辖以来，台湾农业代表团及台湾相关人士频繁到访重庆市，与重庆市农业系统的学者、管理人员进行学术座谈。重庆农业代表团也多次赴台开展农业考察学习，共商合作。

1999 年 11 月，重庆市接待台湾农业代表团到重庆市农业研究机构、现代化示范园区作现场参观和交流，就实施绿色食品等课题进行商谈。

2005 年，台湾省农会原理事长简金卿、南投县政府农业局前局长林雨森、中华农业交流协会秘书长黄英敏等 7 位台湾农业界知名人士率团到重庆考察农业。陈光国副市长会见了代表团成员。在渝期间，代表团考察了重庆市农业科学院及北碚，对北碚生态农业示范园区 B 区合作建设项目的深度开发合作等项目表达了浓厚兴趣。

2006 年 5 月 14 日，台商独资企业福江有限会社与永川市对外经济贸易委员会签订了关于合作发展永川茶、竹产业的投资意向协议。由福江有限会社投资、实施的台式乌龙茶项目，当年试制成功，在 9 月份厦门举行的海峡两岸农业合作成果展览暨农业项目推介会上受到好评。同年 9 月 20 日，台湾南投县埔里菇类生产合作社主席汤朝琴等一行 5 人来渝考察并寻求合作，在重点考察北碚柳荫镇的食用菌生产厂及重庆市及周边地区食用菌生产及消费情况，了解重庆市农业对外开放政策的基础上，台湾南投县埔里菇类生产合作社与重庆市台湾农民创业园达成初步合作意向，其后就合作相关事宜做进一步沟通。

2006 年 10 月 17—20 日，重庆市组团参加了由国务院台湾事务办公室、农业部等在福建省举办的海峡两岸农业合作成果展览暨项目推介会。重庆代表团组织了 8 家市级部门、2 家新闻媒体、27 个区（县）政府及其部门、88 家企业、5 家在渝台资企业参展，制作了《开放的重庆欢迎您》DVD 宣传光碟和编制《重庆农业合作项目招商指南》。重庆市举行了专题推介会，推介了重庆台湾农民创业园投资环境、总体规划和招商引资重点项目，渝台两地企业签订了重庆茶竹文化项目在内的 4 个合作协议，50 多位台商参加了推介会。

2006 年开始，中国西部（重庆）国际农产品交易会每届都邀请台湾农产品生产、加工、经销企业参加展示、销售台湾农产品，扩大了台湾农产品在重庆及西部的销售渠道，丰富了市民的“果盘子”“菜篮子”。2008 年开始，每届中国西部（重庆）国际农产品交易会都设立台湾农产品展示交易专区，来渝参展的台资企业逐渐增加。在 2015 年第十四届中国西部（重庆）国际农产品交易会上，台湾展区面积达到 25 个标准展位，来自台湾地区 20 家企业展示展销了 100 多种台湾特色农产品，参展农产品数量和贸易额均比上年度大幅提高。2010 年开始，重庆市农业委员会与市对外经济贸易委员会连续 7 年共计组织了近 90 家农业企业赴台参加海峡两岸食品展和台湾食品博览会，签订农产品销售协议累计达 5 000 万美元。

2007 年 4 月 12—20 日，由重庆市农村工作办公室主任刘涛带队的重庆市农业考察交流团在台湾进行了为期 10 天的考察交流。重庆市农村工作办公室、市台盟、江津区、永川区及重庆市部分农产品加工企业的负责人参加了考察。在台期间，考察团与台湾有关方面就发展“三生农业”（生产、生活、生态农业）、农村合作经济组织、农产品物流、农村社会保障制度、政府促进农业发展政策等进行了交流，并考察了台北农产运销股份有限公司，南投县埔里镇、草屯镇、鹿谷乡农会，白香果生产合作社、谷类生产合作社、竹炭窑文化工作园区、国际花卉物流（股）公司、农信社及兆丰农场、台一休闲农场等。同时，重庆市农产品生产加工企业与台湾相关企业初步达成菇类、竹类加工合作意向。

2010 年开始，重庆市农业科学研究院与台湾亚蔬—世界蔬菜中心（以下简称亚蔬中心）保持长期的科技合作关系，加强双方农业科研院所的技术合作。亚蔬中心科技人员多次来重庆市农业科学研究院讲学、交流，深入重庆市璧山、铜梁等蔬菜产区及武隆高山蔬菜基地，就辣椒炭疽病、番茄抗晚疫病、黄萎病、青枯病的防治提出了一系列合理化建议。重庆市农业科学研究院累计从亚蔬中心引进蔬菜优质、抗病种质资源多达 50 余份，大部分种质资源在重庆市得到很好的示范推广。

2011 年 8 月，重庆市农业代表团参加了在台湾桃园举办的第三届两岸乡村座谈会，并到桃园、台北、彰化、云林等 8 个县（市）参观考察农业行业协会、农业企业及农产品超市，了解学习台湾农产品生产、加工、运销及管理体系，台湾农业合作组织运行及管理体系，台湾休闲观光农业发展等经验，洽谈农业交往与合作。同时，邀请台湾地区农业技术专家、大学教授等来渝授课讲学，传授台湾地区现代农业发展先进技术和管理经验。

从2012年开始，重庆市农业委员会组织累计派出178名农业技术人员及农业经营主体赴台参加农业技术及管理培训。其中2012年，重庆市农业委员会组织60多个农民专业合作社百强示范社等共89名负责人分3期赴台湾考察、对接，学习、借鉴台湾地区农会、产销班的发展与运营管理经验。2014年，重庆市农业委员会组织重庆市农机合作社领班人及合作社辅导员共计49人分批赴台湾研修培训。2015年，重庆市农业委员会组织全市渔业管理、技术人员共计40人赴台湾执行渔业管理培训，学习借鉴台湾渔业在品种开发、苗种生产、养殖场管理、水产品加工、水产品市场流通等方面的先进经验。

2012年，重庆市先后接待台湾国民党中常委林沧敏、台北市原市长黄大洲、台湾立法院研究员张景舜一行，台湾彰化县、台南市及北京首农集团等众多涉台涉农企业、专家及参访团考察了重庆农业。

2012年，荣昌积极推进与台湾的合作，充分利用各种渠道招商引资，该县古昌镇建立台湾农民园，引进重庆蓝柳园生物科技发展有限公司、重庆能农农业发展有限公司等7家企业，已初步建成珍稀苗木基地500亩、林下循环经济基地2 100亩、蔬菜种植基地1 200亩、名优水果基地500亩、生态养殖基地200亩、良种良法实验示范基地500亩。

2013年5月19日，由中华全国供销合作社、重庆市人民政府主办的渝台经贸（农业）合作对接会在世纪金源酒店三楼国际会议厅举行。重庆市农业委员会、对外经济贸易委员会、市供销社等相关部门领导、台湾客商代表和来自重庆部分区（县）农业园区的负责人、企业代表等约80人参加了会议。会上进行了项目对接，举行了台湾兰业进入重庆、蚕业合作等项目的签约仪式。

二、渝港合作交流

自2003年以来，重庆市9次组团赴香港参加“美食博览”及国际茶展，利用这一影响面大、参与方多的平台，加大重庆市农业对外开放宣传推介力度。

随着重庆市与香港地区交流的不断扩大，重庆引进香港企业投资了一批港资投资项目。主要有重庆李文造纸有限公司造纸工厂及基地生产项目、港资控股的重庆三磊甜田农业开发有限公司在黔江建设猕猴桃种植基地项目等，港资累计协议投资资金12.5亿美元，实际到位资金4.5亿美元。其中，2006年引进的永川9.5万吨竹浆项目，由香港理文造纸有限公司以独资方式投资，协议投资额12亿美元。

第五节　省份间合作交流

1986年重庆市在云南省西双版纳召开了“四省区五方”南亚热带、热带农业资源开发利用协作会，重庆市农业委员会牵头促进重庆在资源、技术、资金、劳务、人才培训、信息交流和产品流通等方面同“四省区五方”的双边或多边协作。由此开始，重庆市先后与四川、贵州、云南、广西、广东、青海、新疆、宁夏、陕西、山东、北京、吉林等20余个省份开展了农业交流与合作，建立农业长效合作机制，取得了长足发展。

一、渝川合作

（一）签订推进合作协议

2004年2月3日，重庆市农村工作办公室与四川省农业厅在成都签订了《重庆市人民政府农村工作办公室、四川省农业厅关于加强现代农业合作的协议》。协议包括共同促进相互间农业投资领域，在农业科技和产业发展领域，在加强农业信息化、农产品质量安全和市场准入方面、建立现代农业合作长效机制等方面的内容。2011 年 10 月重庆市农业委员会与中共四川省委农村工作委员会签署了《关于加快建设成渝经济区全面深化农业和农村经济合作的协议》，达成人才培养、信息技术交流、农产品基地建设等多项合作事项。

（二）多措并举促进合作

重庆市与四川省加强联系与对接，促进《重庆市人民政府农村工作办公室、四川省农业厅关于加强现代农业合作的协议》取得实质进展。一是建立了川渝农村经济联席会议制度。渝川在指导农村工作的政策、文件和农村经济社会发展动态方面互相通报，交换有关文件和资料信息。两地间农村工作系统每年轮流互访一次，开展交流活动。二是开通了川渝鲜活农产品绿色通道。重庆市农村工作办公室在协议签署后，召集市交通委员会、市商业委员会等相关部门进行多次磋商，会同市交通委员会、市商业委员会于 5 月前往成都考察了解四川鲜活农产品绿色通道建设情况，在借鉴四川经验基础上，结合重庆市实际情况，正式开通了重庆市鲜活农产品绿色通道。8 月 2 日，四川省委农村工作领导小组办公室与四川省交通厅来重庆市商讨了启动渝川鲜活农产品绿色通道的有关事宜。10 月 1 日，川渝鲜活农产品绿色通道正式开通，运行良好。三是启动了动植物检验检疫方面的合作。在动物检验检疫方面，前述两个协议签署前后，重庆市农业局动物检验检疫方面与四川进行了沟通，根据任务分解，市农业局与四川省畜牧食品局签订了《关于畜牧兽医方面合作协议》，细化了合作内容，并迅及开始实施。四是加快了农业会展方面的合作。重庆市农村工作办公室积极与四川开展了会展方面的交流与合作。经邀请，四川、贵州两省分别组团参加了由重庆市人民政府主办的中国重庆名优农产品展销会，四川省参展企业达到 74 家，取得了较好的效果。

（三）加强与周边市的合作

2010 年重庆市召开了渝巴农业座谈会，签订《渝巴农业合作框架协议》，2011 年在《关于加快建设成渝经济区全面深化农业和农村经济合作的协议》框架下，重庆市与周边的达州、巴中市政府也分别签订了农业合作协定。

（四）携手合作见成效

重庆市借助两地相邻和产业发展相似的优势，渝川两地推动两地各类投资主体发挥优势，加强合作，落地项目掷地有声。2014 年，有 11 户重庆农业产业化龙头企业落户四川，发展农产品精深加工和综合利用。其中：重庆超奇果业联合体投资 2. 2 亿元在武胜县白坪—飞龙新农村示范区发展优质柑橘；重庆业主缪敏投资 5 000 万元在邻水县柑子镇发展葡萄产业基地并建设四川缪氏农业发展公司接待中心；重庆伍昱洁化妆品有限公司投资 2 000 万元在邻水县柳塘乡种植香瓜、草莓、葡萄等产业，重庆市农业投资集团三峡渔业公司首次出渝进入广安，投资 1 200 万元对广安生命之源的全民水库水体进行全面的生物学治理等。同时，重庆市充分利用“西部农交会”、四川农业博览会和农产品集散地等优势，举行农产品专场推介会，展示展销两地优质特色农产品。自 2002 年起，重庆市陆续组团参加四川农业博览会，四川省开始组团参加中国西部（重庆）农交会。在 2015 年第十四届中国西部（重庆）国际农产品交易会上，有四川广安、巴中、南充、达州、泸州、内江等地级市组团参展，参展企业达 200 余家，产品涉及蔬菜、水果、调味品、肉类加工等千余个品种，现场销售额达 2 000 万元，签订购销协议 10. 5 亿元。鼓励支持两地农业企业、农民专合组织开展农超、农企对接，鼓励、支持两地农业产业化龙头企业到广安、达州、巴中、潼南、璧山等地建立农产品直供基地，开展产销对接。

二、渝黔农业合作

2004 年 6 月 7 日，重庆市农业委员会与贵州省农业厅签订了《渝黔农业农村经济合作协议》，双方

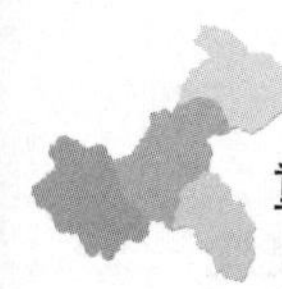

建立起农业合作协调机构及互访机制，达成人才培养、信息技术交流、农产品贸易平台建设等多项合作事项。加强两地相关部门及科院单位、龙头企业的联系和对接，推进深度交流合作。重庆市农业委员会与贵州省农业厅共同建设两地重大动物疫病联防联控机制，及时互通疫情信息，设立高速公路动物防疫监督检查站，在安全检查、疫病扑治等方面加强协调与配合，保障了两地畜牧业健康发展和畜产品卫生质量安全。

渝黔两地农业部门协调与配合落实《渝黔农业农村经济合作协议》见成效。一是双方加强共同执行鲜活农产品运输绿色通道政策，推进市场一体化建设。二是充分利用中国西部（重庆）国际农产品交易会、中国·贵阳国际特色农产品交易会、中国·贵州国际绿茶博览会、乌江流域名特新农展会、贵州国际辣椒节等贸易平台，共同搭建两省市龙头企业、农民合作组织、专业市场、连锁超市等协作平台，促进两地农业企业交流和农产品贸易。在第十一届“西部农交会”期间，贵州省毕节、湄潭等地47 家农业企业和农民专业合作社现场销售25.7 万元，意向签约和合同订货金额近6 455 万元。其中，8 家企业与重庆农产品集团签订框架销售协议4 800 万元。2011 年8 月，重庆市农业委员会组织綦江、万盛、石柱等区县多家企业和专业合作社参加贵州国际辣椒节、2011 中国·贵阳国际特色农产品交易会，实现销售总额达50 多万元，极大地促进了两地农业企业交流和农产品贸易。

三、渝粤农业合作

2009 年12 月4 日，广东省经贸代表团农业分团随广东省党政代表团来渝“联姻”，建立农业合作机制，助推两地农业交流与合作。在渝期间，两省市农业部门联合举办了渝粤农业与农村工作座谈会暨加强现代农业合作签约仪式，现场签订了《重庆市农业委员会、广东省农业厅加强现代农业合作协议》。双方约定，两地将在建立农业合作长效机制的基础上，在农业产业、农业技术、农产品市场、农业信息等多领域深入开展合作，实现发展共赢。

双方充分用好各类洽谈会等平台，开展招商引资活动，积极引进广东农业产业化龙头企业来渝投资现代农业，提升了农业产业水平。2009 年，广东省经贸代表团农业分团访渝期间，重庆市举行重庆台湾农民创业园及长寿区专题招商会等活动，重庆台农园与广东陈村花卉世界有限公司签订项目投资合作备忘录，广东省陈村花卉世界有限公司拟落户重庆台湾农民创业园、打造西部最大的花卉生产和交易中心项目。该合作第一期项目占地面积约3 000 亩，直接投入5 亿元，引进200 家以上的大型花卉企业。广州江南果菜批发市场有限公司等四家广东企业与重庆观音桥农贸市场管委会等企业现场签订了高达10 亿元的农业项目合作及订单协议，涉及柑橘、畜牧及农产品贸易等方面；广州潘高寿药业股份有限公司投资5 000 万元人民币，在城口县建设大巴山川贝母GAP 种植示范基地，促进了当地农业增效、农民增收。

四、其他合作

2008 年11 月18 日，重庆市农业委员会与陕西省农业厅签订了《重庆市农业委员会、陕西省农业厅关于加强现代农业合作的协议》。包括共同促进在相互间农业投资领域，在农业科技和产业发展领域，在加强农业信息化、农产品质量安全和市场准入方面、建立现代农业合作长效机制等8 个方面的内容。

2010 年4 月8 日，重庆市农业委员会与山东省农业厅就推进农业交流与合作签订了《关于加强农业合作的协议》。在重庆市农业委员会与山东省农业厅举行的农业交流与合作会上，初步达成农业投资项目17 项、金额30.1 亿元。

2010 年6 月8 日，渝苏农业合作对接洽谈会在重庆市农业委员会三楼六会议室举行。江苏省农业代表团一行12 人和重庆市相关区（县）农业委员会、农业园区及企业等单位的40 余人参加了会议。据统计，在此次对接活动中，6 家江苏农业企业与重庆市相关区（县）和园区达成了合作意向，签订农业合作协议 110 亿元。

2011 年 10 月 19—20 日，由北京市人民政府、重庆市人民政府共同主办的京渝农业合作暨重庆“两翼”农产品进京推介会在北京举行。重庆市委员会常务委员、常务副市长马正其、北京市副市长夏占义出席相关活动，两市农业委员会主任签署了《京渝农业与农村合作协议》。

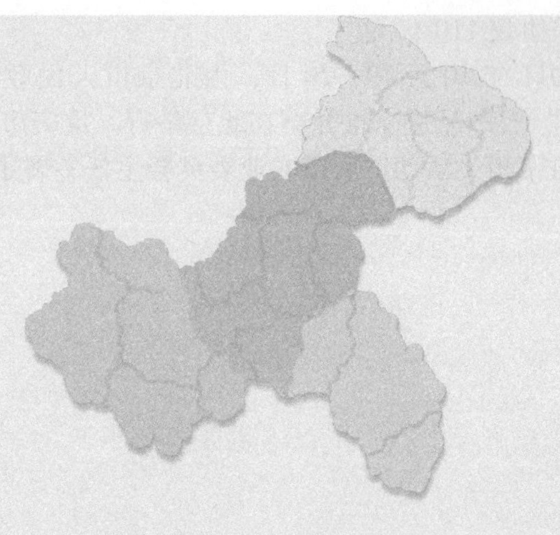

第四章
农业“走出去”

加快实施农业“走出去”发展战略，是贯彻落实党中央关于实施“走出去”战略决策中的重要内容。重庆市按照农业部的总体部署，积极探索实施农业“走出去”发展战略的途径和模式，充分利用国内外两种资源、两个市场，努力提高综合能力，拓宽发展空间，大力发展外向型农业，重庆市农业走出国门取得积极的进展。

第一节　“走出去”背景及形式

一、背景

农业“走出去”是国家的重要战略举措。重庆市委、市人民政府历来高度重视实施农业“走出去”战略，采取一系列措施推动农业“走出去”取得显著成效。重庆有着丰富的农业资源，丝绸、柑橘、生猪等特色农产品竞争优势显著。重庆市农业委员会（市农村工作办公室、市农业局）、市对外经济贸易委员会等部门按照国家和重庆市委、市人民政府的总体部署，多次组织市级有关部门赴中亚、非洲等国家和地区考察、洽谈，出台优惠政策鼓励企业“走出去”。相继在越南、老挝、缅甸、坦桑尼亚等国家建基地、强服务、促贸易，取得了突破性进展。

二、方式

重庆市农业“走出去”从2002年开始起步，充分整合各方力量和资源，积极引导、帮助重庆农业企业“走出去”。至今，重庆市农业企业已在坦桑尼亚、越南、缅甸、老挝、柬埔寨等国家建立了种子试验示范基地和农业加工贸易公司，开展科技合作，在利用两种资源、开拓两个市场上取得了较好的成效。

（一）政府主导型

以中国政府援助非洲建设14个农业技术示范中心为代表，重庆市人民政府承担中坦农业技术示范中心项目，由重庆中一种业有限公司和重庆农投集团共同投资组建新的重庆中坦农业发展有限公司承建和运作，项目地点坦桑尼亚莫洛戈罗省，核心区占地62公顷，建设办公、培训用房、试验生产示范田和相关设备设施。项目运行内容为开展示范与展示、农业技术培训和推广、生产示范。该项目基础设施建设基本完成。项目建设前期以国家政府投资为主，在境外建立农业生产试验示范基地，完成水利、道路及班训楼等基础设施建设。该项目已于2010年完成基础建设，2012年开始合作。同时，企业实施项目中，打下了“走出去”发展的基础。

（二）政府引导型

以重庆（老挝）农业综合园区项目建设为代表，该项目由重庆市人民政府发起，重庆华力农业开发有限公司等相继参与实施。园区土地租赁、水、电、路等基础设施建设由重庆市人民政府支持，企业也根据发展规划相应出资共同开展项目建设。该农业园区规划面积5 000公顷，其中核心区45公顷。包括种植业、水产业、加工业等7个具体项目，由重庆市人民政府和老挝政府方面提供税收、资金等方面的优惠政策，鼓励企业进入园区。

（三）企业主导型

以重庆粮食集团有限公司巴西优质大豆基地建设和重庆宏美达实业有限公司柬埔寨蚕桑生产基地项目为代表，重庆粮食集团巴西优质大豆基地建设采取以股权换土地等方式，在巴西建设上万公顷的优质大豆生产、贸易和精深加工基地，探索建设“基地建设+仓储加工物流+农业投融资+国际贸易+大豆加工和食品工业园”为一体海外农业基地新模式。重庆宏美达实业有限公司在柬埔寨建设蚕桑生产基地项目。

（四）科技合作型

以中非百名高级农业专家援助项目和杂交水稻种子项目为代表，中非百名高级农业专家援助项目由中国政府出资实施，各地方参与，选派高级农业专家赴非洲国家开展农业技术援助任务。东南亚国家杂交水稻种子项目是重庆市在海外成功的农业基地建设项目。重庆中一种业有限公司（原重庆市种子公司）从2002年开始，相继在越南、老挝等东南亚国家建立杂交水稻种植基地，投资上百万美元组建老挝3 000国际农业发展有限等公司，在国外开展Q优杂交种子等的推广、服务和培训等工作，实现了重庆市杂交种子通过外国认定、每年出口上千万千克的佳绩。

第二节　农业援外

重庆市早期农业援外主要是改革开放后随四川省参加对外经济贸易部和农牧渔业部牵头的援助非洲的农业援外项目。如：重庆市农业局郁宏寿（20世纪80年代任重庆市农业局局长）1983—1985年参加四川省援非工作，任莫桑比克专家组副组长、组长；北碚区农业局税蔚晰1979—1983年赴莫桑比克农业专家组工作。还有西南农学院和一些科研院所派出一批农业专家先后到非洲国家从事水稻、蔬菜等农业技术示范、培训工作，推动发展农业生产，为非洲国家提高农业生产水平和中国外交作出了积极贡献。

2006年，中非合作论坛北京峰会召开，国家主席胡锦涛在会上发表重要讲话，宣布向非洲国家派遣100名高级农业技术专家和在非洲建设10个（后增加为14个）有特色的农业技术示范中心等推动中非新型战略伙伴关系发展，促进中非在更大范围、更广领域、更高层次上合作。农业部、商务部在中非合作论坛机制下，共同推进建设中非农业技术示范中心和农业南南合作为主的对外援助。重庆农业作为援非的重要力量，在建设中坦农业技术示范中心和农业南南合作外派专家中发挥了十分重要的作用。

一、承担中国政府援建坦桑尼亚农业技术示范中心项目

重庆市承担的中国政府援建坦桑尼亚农业技术示范中心项目（简称“中坦示范中心”）是中非合作

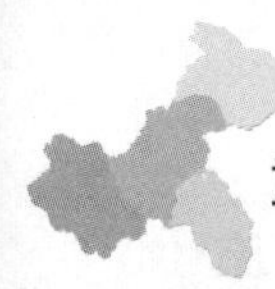

论坛北京峰会中国政府承诺援非农业技术示范中心项目之一。"中坦示范中心"建设与后期的3年技术合作项目，由重庆市农业科学院下属重庆中一种业有限公司控股的重庆中坦农业发展有限公司实施。"中坦示范中心"位于坦桑尼亚莫罗戈罗省达卡瓦镇千里马村，总面积62公顷，分为办公与培训区、试验与展示区、生产和示范区3个部分。"中坦示范中心"的主要功能为试验研究、技术培训和示范推广，包括水稻、玉米、蔬菜、香蕉组培和蛋鸡养殖5个子专项。在2013年由商务部、农业部共同组织的对援非农业技术示范中心进行技术合作进展及可持续发展监测评价中，"中坦示范中心"项目荣膺14个中方农业技术示范中心项目建设前三名。"中坦示范中心"项目实施分为基础设施建设和技术合作两个阶段。

（一）基础设施建设

"中坦示范中心"建设项目前期工作2007年开始启动。8月29日，重庆市人民政府向商务部发送《重庆市人民政府关于推荐有关企业承担我国援建坦桑尼亚农业技术示范中心的函》，推荐重庆中一种业有限公司承担援外项目。12月12日，商务部向重庆中坦农业发展有限公司下达《商务部关于请承担援坦桑尼亚农业技术示范中心项目实施任务的通知》。2009年5月14日，商务部国际经济合作事务局与重庆中坦农业发展有限公司签订援坦桑尼亚农业技术示范中心项目设计和施工内部总承包合同。5月26日，重庆中坦农业发展有限公司与湖南省建筑工程集团总公司签订援坦桑尼亚农业技术示范中心建设工程施工合同。10月16日，施工单位正式进入坦桑尼亚莫罗戈罗省达卡瓦镇千里马村开工建设。经过近一年的艰苦奋斗，施工方克服雨季施工困难及当地物资缺乏等诸多因素，2010年9月，"中坦示范中心"建成完工，10月底通过了中国商务部的工程竣工验收，同年11月，通过坦桑尼亚专家组验收。2011年4月2日，中方正式将"中坦示范中心"移交坦桑尼亚，坦桑尼亚总统卡亚·姆里绍·基奎特（Jakaya Mrisho Kikwete）出席移交仪式。

（二）技术合作

2012年6月21日，商务部国际经济合作事务局与重庆中坦农业发展有限公司正式签订援坦桑尼亚农业技术示范中心技术合作项目内部总承包合同，技术合作期3年。自此，重庆承担"中坦示范中心"项目正式进入技术合作阶段。

1. 技术合作工作

"中坦示范中心"重点推进3项技术合作任务：一是开展试验示范。重点开展了水稻、玉米、蔬菜、香蕉组培和蛋鸡养殖等试验示范。在试验研究上，重庆市先后派遣农业技术专家33人次，农业推广专家6人次，开展农作物试验示范新品种190个，其中水稻50个、玉米60个、蔬菜80多个，已经筛选出在当地可推广的、可以进行中试推广的农作物新品种水稻3个、玉米2个、蔬菜12个；培育出7个品种的香蕉试管瓶苗10 000株，培养2名专业技术人才，具有可培育年产香蕉组培苗10万株的能力；蛋鸡养殖保持7 000只以上，产蛋率为80%～95%，培养技术人才2人，具有可养殖蛋鸡1万只的能力。二是开展技术培训。培训涉及水稻、玉米、蔬菜、香蕉组培和蛋鸡养殖等5个专题培训。3年多时间累计开展技术培训24次，有组织的集中培训技术人员与当地农户1 137人次，实用技术"进村入户"培训与指导当地农民2 450余人次，培训指导来中心实习的当地大学生7批次、41人次，招收5名当地大学毕业生在中心工作与培训，接待参观农民1 500多人次，为增强坦桑尼亚国家的农业科技实力奠定了坚实基础。该中心编写了图文并茂的水稻、玉米、蔬菜、香蕉组培和蛋鸡养殖等5个专题的实用技术教材10 000余册，在培训和技术咨询过程中向农民、第一线技术推广人员和农业科研人员进行发放。三是开展交流合作。"中坦示范中心"成为中国、坦桑尼亚开展交流合作的重要载体，坦桑尼亚总统、总理、农业部长等高级官员，联合国世界铸造组织（WFO）官员及多个国际组织代表，先后到"中坦示范中心"视察，并给予了高度评价和赞扬。2013年，习近平总书记访问坦桑尼亚、2014年，国家副主席李源潮、全国人民代表大会常务委员会副委员长路甬祥访问坦桑尼亚，对援坦中国农业技术示范中心的引领带动作用给予了高度赞扬；2013 年，重庆市政协副主席陈贵云访问坦桑尼亚时也对示范中心建设作用给予充分肯定。“中坦示范中心”得到坦桑尼亚媒体、中国媒体等媒体多年的跟踪报道和转载，扩大了在国内、国际上的影响力。“中坦示范中心”建设和技术合作的成功经验，夯实了坦桑尼亚农业增长走廊，为铸就 50 年的中坦友谊典范贡献了力量。

2. 技术合作成效

重庆承担实施“中坦示范中心”建设和技术合作项目取得显著成绩。一是增强了合作基础，增进了中坦友谊。“中坦示范中心”通过传播中国农业技术，解决粮食增产上的技术瓶颈，提高了当地农业生产水平，引导农民增产增收，为坦桑尼亚粮食安全提供技术支撑，已经成为中国农业技术示范传播基地、国际科技合作基地、坦桑尼亚“农业经济走廊”支撑平台、中资企业投资坦桑尼亚的技术支持平台。“中坦示范中心”在传播中国农业技术的过程中，处处体现着两国之间相互发展、共同进步的诚意，为最终全面实现坦桑尼亚粮食增产增收，改进农业技术，提升粮食安全水平奠定了坚实基础。二是搭建了企业发展平台，拓展了国际合作领域。“中坦示范中心”作为政府之间搭建的平台，在国家层面上开展技术合作、人才培养和学术交流等活动，国际关注度和影响力得到快速提升，两国在资源优势和人才优势的利用上得到充分发挥，促进了两国在研究领域、技术推广领域、商贸领域等方面的深层次合作，为中国企业走出去搭建了平台。2011 年以来，国际水稻研究所与该示范中心、韩国国际合作机构（KOICA）等机构与“中坦示范中心”合作，开展相关培训。三是建成农业技术推广基地，开辟国际科技合作渠道。“中坦示范中心”通过开展人才培训，传播农业技术，融入当地文化，在坦桑尼亚多个省种植推广应用中国杂交水稻新品种及高产栽培技术，得到了当地农户、地方政府和军队的称赞。同时，“中坦示范中心”建立了中坦两国农业科研合作机制，增强了科技创新和联合研发实力，农业技术试验研究、示范推广、人员培训和宣传展示的农业技术推广基地基本形成，为后续的产业发展和产品质量提升创造了条件，为拓宽国际科技合作增添了新渠道。

二、外派农业专家项目

2009 年以后，中国政府向联合国粮食及农业组织捐助了两笔单边信用基金，专门用于南南合作。中国政府与联合国粮食及农业组织、受援国三方合作，在南南合作框架下，向 20 多个非洲国家和其他发展中国家派出了近 1 000 名农业专家和技术人员。

（一）外派农业专家情况

重庆市高度重视、积极参与中国政府主导的南南合作等农业援外项目，从 2009 年开始执行国家农业高级专家外派项目。2015 年，全市已累计派出 10 名高级农业专家、16 人次执行中国援助乌干达、吉布提、赤道几内亚、塞舌尔、博茨瓦纳、坦桑尼亚等国家农业援外任务，帮助当地发展农作物种植生产、畜牧业养殖，开展试验示范、农业技术培训等，有力促进了当地农业生产水平的发展，扩大了中国在国际上的影响力（表 14－4－4）。

表 14－4－1　2009—2015 年重庆市农业专家参与援外工作情况

姓名	单位	职务或职称	派往国家	派出时间
张世洪	涪陵区畜牧兽医局畜牧技术推广站	高级畜牧师	乌干达	2009 年 7 月至 2010 年 6 月
			津巴布韦	2012—2013 年
刘家学	涪陵区农业局水产站	副站长 水利高级工程师	赤道几内亚	2009 年 7 月至 2010 年 7 月
			布隆迪	2012—2013 年

（续）

姓名	单位	职务或职称	派往国家	派出时间
肖仁荣	南川区畜牧兽医局	动物疫病预防控制中心研究员	吉布提	2009年7月至2010年7月 2012—2013年 2015年11月至2018年
郝风	重庆市农业科学院	科长 高级农艺师	坦桑尼亚	2009年8月至2010年7月
刘世权	涪陵区畜牧兽医局卫生监督所	副所长 高级畜牧师	塞舌尔 布隆迪	2009年8月至2010年8月 2012—2013年
董志华	沙坪坝区农业水利局农机监理站	高级工程师	博茨瓦纳	2009年10月至2010年9月
赵正武	重庆市农业科学院	研究员	科摩罗	2009年10月至2010年
邹彪	合川区农业委员会	高级农艺师	坦桑尼亚	2015年9月至2018年9月
刘吉忠	开县农业服务中心	高级农艺师	孟加拉国	2015—2017年
聂必淼	重庆市巫山县农业委员会	农艺师	孟加拉国	2015—2017年

（二）外派农业专家工作

重庆市农业委员会在推动农业高级专家援外项目中主要开展了3项工作。

1. 广泛宣传动员，统一思想认识

重庆市农业委员会分别召集渝东南、渝东北片区及重点区（县）参加会议，宣传动员，达成共识。要求各区县农业委员会从国际形势、中国政府及地方政府、专家个人等宏观和微观层面认识农业援外，从思想政治、对外合作和个人得失等方面统一认识，推荐、支持优秀农业专家和技术员加入国家援外队伍、承担援外任务，在政治上、工作上、经济上积极做好相关配合工作。

2. 精心组织实施，切实落实任务

重庆市农业委员会组织对选送的农业专家集中开展外语培训，重点突破外语口语表达瓶颈，提升外语表达能力水平。2011年以来，重庆市农业委员会在四川外国语大学英语学院和重庆大学外国语学院举行办多期重庆农业南南合作项目英语和法语培训班，各区（县）及市级农村工作系统选派了111名各类农业专家、技术员等参加培训。参训学员在为期一个月的培训中，外语水平有了较大幅度的提高，尤其是口语交流能力提升较快，为参与农业援外项目打下较好的基础。同时，重庆市农业委员会建立了农业援外专家、技术员项目库，储备并选送了一批农业专家走出国门参加援外工作（表14-4-2）。

表14-4-2　2011—2013年重庆农业南南合作项目外语培训情况

时间	培训语种	培训机构	参训学员人数
2011年7月19日至8月17日	英语	四川外国语大学	30
2012年11月6日至12月4日	英语	重庆大学外国语学院	31
2012年10月至12月12日	法语	四川外国语大学	20
2013年11月至11月19日	英语	重庆大学外国语学院	30

3. 集合相关资源，建立协作机制

重庆市农业委员会牵头，协调市财政局、市外事侨务办公室、市对外经济贸易委员会等协力推进农业专家、技术员援外工作。市财政局提供经费保障，2011年开始连续3年预算了农业专家外语培训专项资金；重庆市外事侨务办公室在办理农业专家、技术员执行援外任务出国手续给予大力支持；区

（县）农业委员会及市级科研机构配合做好选派农业专家、技术员相关工作及衔接援外农业专家、技术人员的政治、经济待遇的工作；重庆大学、四川外国语大学担负外语培训因地制宜制定教学计划、组织实施培训。各方通力协作，为重庆农业专家、技术员参与农业南南合作项目创造了较好的条件，在帮助受援国发展农业生产和农村经济、提高粮食安全水平、服务中国整体外交、带动农业“走出去”等方面发挥了较为显著的作用。

第三节　对外投资

在经济全球化的大背景下，重庆市企业开始走出国门，投资农业，虽然数量少、规模小，但取得初步成效，积累了经验。

一、中国重庆（老挝）农业综合园区

（一）项目缘由

中国重庆（老挝）农业综合园区是中国和老挝两国政府间的双边农业合作项目，于 2004 年 12 月在老挝万象市正式启动，国务院副总理吴仪出席签字仪式。为了促进重庆（老挝）农业综合园区的开发建设，老挝政府提供 5 000 公顷优质土地供重庆企业使用，并在设备、机械、原材料进口、人员进出境和税收等方面给予优惠和方便，中国商务部、重庆市人民政府在园区基础设施、企业风险等方面为企业提供支持。

（二）项目建设

为了建设中国重庆（老挝）农业综合园区，重庆市人民政府成立了中国重庆（老挝）农业综合园区建设协调小组，全面领导协调重庆（老挝）农业综合园区建设工作。为了鼓励重庆市优势农业企业走出国门，开拓海外市场，重庆市人民政府对参与重庆（老挝）农业综合园区开发的企业在土地租金和融资贷款等方面给予扶持，对企业提供 1/3 的土地租金和贷款部分贴息。2008 年 12 月 3 日，重庆（老挝）综合农业园区二期 3 万亩土地签约。2014 年 11 月，老挝园区 10 年土地租期结束，重庆市农业委员会与重庆市对外经济贸易委员会、重庆市科学技术委员会、重庆市水利局共同协作，完成了相关善后工作，并与老挝方面沟通了下一步双方农业合作的意向。

2004 年 11 月，重庆市中一种业有限公司报经重庆市农业局、重庆市对外贸易委员会、老挝政府投资委审批，由重庆市中一种业有限公司控股投资 100 万美元的“老挝 3 000 国际农业发展有限公司”于 2005 年 2 月在老挝万象市注册成立，全面开展种子开发工作。

二、巴西大豆项目

重庆粮食集团有限公司（简称粮食集团）从 2009 年开始，启动巴西大豆基地建设项目（简称“巴西大豆项目”）。

（一）项目规划

1. 巴西大豆基地建设项目的整体模式

“巴西大豆项目”涉及农业种植、大豆加工、贸易、农业生产资料经营和港口物流运输等多个产业，项目计划总投资 172 亿元人民币，共分“四大板块”：一是投资 60 亿元人民币建设优质大豆基地。二是投资 20 亿元人民币建设以大豆加工为主的综合食品工业园区（年加工 150 万吨大豆压榨厂、30 万吨食用油精炼厂、卵磷脂加工厂、40 万吨粮食仓容、30 万吨储油罐）。三是投资 68 亿元人民币，为巴

西中小农场提供种子、化肥、农药等生产资料，用生产资料换取大豆。四是投资24亿元人民币建设仓储、港口等物流基础设施，为中巴长期的大豆和农产品贸易奠定基础。项目所需资金采取贷款、股权投资等，由重庆粮食集团、中国投资有限责任公司及巴西TIBA基金等共同完成。

2. 巴西种植大豆农场的管理模式

一是粮食集团租用巴西当地专业化农业服务公司，完成耕地、播种、施肥、治虫、收割等大豆种植全过程。二是建设完备的物流体系，采取新建、收购、租赁方式，在农场和港口建设烘干、仓储、运输等物流体系。三是建设高素质的管理团队，在国内外聘请一批熟悉法律、外语（葡萄牙语、西班牙语）、外经外贸、大豆种植、农场管理的专业人才、职业经理人，组建高端管理团队和执行力强的经营团队。

3. 大豆经营模式

粮食集团在收获基地种植大豆的基础上，以此为平台，一方面与巴西中小农场主结成合作伙伴直接采购大豆；另一方面，通过向巴西中小农场主提供种子、化肥、农药等生产资料，换取大豆，这既能突破美国四大粮商的制约，又能减少流通环节，降低采购成本，获取最大经营利润。

（二）项目建设进展

2014年“巴西大豆项目”取得前期进展。

1. 大豆基地建设和贸易

“巴西大豆项目”的大豆基地分别位于巴西大豆主要产区巴伊亚、托坎廷斯等州。重庆粮食集团通过收购巴西金山公司、巴西阳光公司及阿福优公司、快乐高原公司的部分或全部股份，与菲特帕特公司、美国远景基金等开展合作，初步落实农场土地20万公顷。2010年8月，国家发展和改革委员会正式批准重庆粮食集团在巴西建设300万亩巴西大豆基地项目。

2. 农业投资公司组建

重庆粮食集团与中投公司、国家开发银行和美国远景基金公司共同投资在巴西组建农业投资公司，直接向巴西农场主提供贷款和化肥、种子、农药等生产资料，以换取更多的大豆原料。2011年年底已完成农业投资公司总体方案。

3. 大豆加工和食品工业园

大豆加工和食品工业园所在地巴赫拉市政府已与重庆粮食集团签订投资意向承诺函，同意向园区赠送100公顷土地作为建设用地，并提供各种基础设施建设、税收优惠等政策。2012年3月，重庆市发展和改革委员会核准重庆红蜻蜓油脂有限责任公司投资建设巴西大豆压榨厂项目。

三、东南亚国家水稻项目

为实施农业“走出去”战略，重庆中一种业有限公司（简称公司）充分利用其在杂交水稻、玉米及蔬菜品种方面的优势，积极拓宽东南亚市场，公司产品在越南、老挝、孟加拉国、缅甸、坦桑尼亚等国家，实现了种子规模化出口，并得到了所在国的高度认可和赞许。

2002年开始，公司先后在越南、老挝、孟加拉国、缅甸和坦桑尼亚等国家进行Q优系列杂交水稻国外示范展示工作；2006年6月“Q优1号”通过越南农业部审定；2008年7月“Q优6号”获越南农业部审定。Q优108已通过孟加拉国审定，2011年9月公司向孟加拉国NAAFCO公司出口10万千克；2011年6月公司向缅甸SUPREME集团出口Q优6号5万千克，老挝、柬埔寨示范种植业表现良好，是当地品种产量的2～3倍，多家种子公司主动提出与该公司联合开发，为后续市场开发奠定了基础。2014年度，该公司在越南、孟加拉国、缅甸拥有示范总面积45公顷，其中孟加拉国20公顷、越南20公顷、缅甸5公顷；参观考察示范现场，召开示范现场会和培训会3次，培训人才120人次；带动杂交水稻等种子出口近100万千克。

四、柬埔寨蚕桑生产基地项目

重庆宏美达集团实业公司2005年11月进入柬埔寨开始实施蚕桑基地建设项目。经过在柬埔寨贡布省两年半的推进，宏美达（柬埔寨）蚕桑基地建设完成投资近100万美元，建成了育苗基础园30亩、育苗480万株，建成养蚕桑园400亩、养蚕标准蚕房2幢340米^2、小蚕共育室1幢35米^2。该项目规划发展3万亩优质蚕桑基地，4 800绪自动缫丝，年产优质蚕茧2 500吨，桑蚕丝400吨。宏美达（柬埔寨）桑蚕基地示范得到该国业内人士及社会各界的高度评价，激发了广大民众对蚕桑的极大兴趣。

第十五篇

农产品质量安全

CHONGQINGSHI ZHI·NONGYE NONGCUN GONGZUO ZHI

20 世纪 80 年代，在基本解决农产品数量供给问题的基础上，全国农业在保障农产品数量供给的同时，开始向改善农产品品质和提高农业生产效益方向发展。1992 年，国务院作出了发展高产、优质、高效农业的决定，农产品质量安全工作开始起步。2001 年 4 月，经国务院批准，农业部决定以解决农产品质量安全问题和治理“餐桌污染”为核心，实施“无公害食品行动计划”，对农产品质量安全实施从农田到餐桌全过程管理，全国农产品质量安全工作全面开展。2006 年 11 月，《中华人民共和国农产品质量安全法》正式施行，全国农产品质量安全步入依法监管的轨道。

重庆市农产品质量安全工作起步于 20 世纪 80 年代末。进入 21 世纪后，全市农产品质量安全工作进一步加强。

一是逐渐完善监管体系。2002 年，重庆市绿色食品协会成立，农业部环境质量监督检验测试中心（重庆）、农业部蔬菜质量监督检验测试中心（重庆）通过农业部组织的国家级验收，正式挂牌。同年，重庆市农业局系统建立了通过省级计量认证的种子、肥料、农药、兽药、饲料和牛奶等产品质量监督检验机构。永川市、黔江区、万州区和涪陵区等 4 个区域性农产品质量安全检测中心开始规划筹建，于 2006 年全部建成。2004 年，重庆市农产品质量安全中心成立。2009 年，重庆市农业委员会农产品质量安全监管处设立。2012 年，全市 37 个涉农区县的农业行政主管部门（含单设的畜牧业行政主管部门）建立了农产品质量安全监管工作机构，全市 832 个涉农乡（镇）建立了农产品质量安全监管站。万州、涪陵等 10 余个区（县）组建了村级农产品质量安全协管员队伍。

二是进一步健全监管机制。2002 年，成立了重庆市农业局农资打假领导小组。2003 年，市农业局建立了农产品质量安全联席会议制度，部分区（县）也建立相应制度。2006 年，市农业局完善了农产品质量安全工作联席会议制度，建立了农产品质量安全巡查整改制度。2007 年，市农业局在农产品质量安全工作联席会议的基础上，成立了以局长为组长的重庆市农产品质量安全工作领导小组，负责统筹协调全市农产品质量安全工作。2008 年，市和区县农业部门成立了重庆市农产品质量安全助奥运工作领导小组。2010 年，市农委成立了以主任为组长的农产品质量安全工作领导小组，统一领导全市农产品质量安全工作，进一步强化了农产品质量安全工作的组织领导和统筹协调。

三是加强农业标准化建设。2004 年，根据《重庆市人民政府办公厅关于大力推进农业标准化工作的通知》，建立了重庆市农业标准化工作联席会议制度，加强对全市农业标准化的组织领导和统筹协调。2005 年，重庆市人民政府召开了全市农业标准化工作会，明确将农业标准化作为农业和农村经济工作的一个主攻方向，全面强化了对农业标准化工作的组织领导。之后相继组织实施了《重庆市农业标准化体系建设工程》《重庆市农业标准制修订计划》，组织开展国家级和市级农业标准化示范县建设、农产品质量安全县创建、“三品一标”（三品：无公害农产品、绿色食品、有机食品。一标：地理标志农产品）基地示范县创建、菜篮子产品生产标准化创建、‘三园两场’（三园：蔬菜标准园、水果标准园、茶叶标准园。两场：畜禽养殖标准化示范场、水产标准化健康养殖场）标准化创建等标准化示范创建活动。

四是加大监管执法力度。2005 年起，市农业局建立并逐步完善了重庆市农产品质量例行监测及信息发布制度、监督抽检制度。监测范围、监测频率逐年加大，监测数量、监测项目逐年增加。当年组织开展了蔬菜质量安全专项整治。2007 年全面开展农产品质量安全专项整治。2010 年组织农产品质量安全整治暨执法年行动。2013 年以后，全市农业部门上下联动，重拳出击，每年集中力量开展了农药、“瘦肉精”、生鲜乳、兽用抗生素、生猪屠宰、“三鱼两药”（三鱼：鳜鱼、乌鳢、湘云鲫。两药：硝基呋喃类、孔雀石绿）及农资打假 7 个专项整治行动。实现了企业自查面、隐患排查面和隐患整治率 3 个 100% 的目标，有效防控了农产品质量安全风险，遏制了突出问题，打击了违法犯罪。

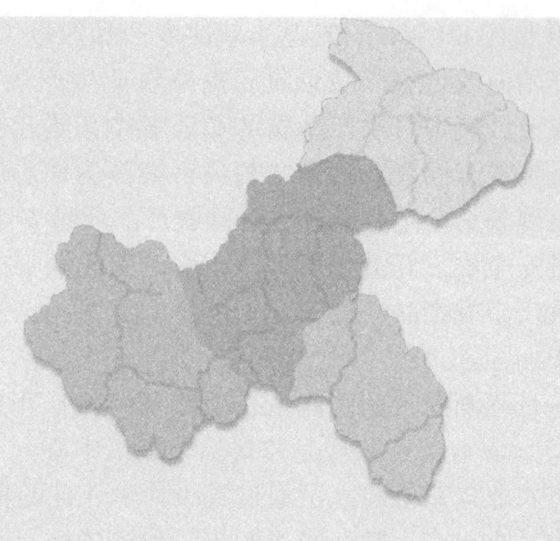

第一章 农业标准化

重庆市农业标准化工作从1995年推行“高产优质高效”农业标准化示范区开始。按照“政府大力推动，市场正确引导，龙头企业带动，农民积极实施”的工作方针，建立了全市农业标准化工作联席会议制度的工作管理机制。2001年，市政府提出“建立健全统一、权威的农产品质量标准和检验检测体系，全面实施无公害食品行动计划，努力提高农产品迎接加入世贸组织挑战的应变适应能力和国际竞争能力。”2004年，根据《重庆市人民政府办公厅关于大力推进农业标准化工作的通知》，建立了重庆市农业标准化工作联席会议制度，加强对全市农业标准化的组织领导和统筹协调。市委常委、市政府副市长陈光国指示：“要增强标准意识，提高对开展农业标准化工作的认识，做好农业标准的制订、修订工作，按照标准组织生产，真正标准化起来”。当年，市农业局建立了农产品质量安全例行监测及信息发布制度。2005年，市政府召开了全市农业标准化工作会，明确将农业标准化作为农业和农村经济工作的一个主攻方向，全面强化了对农业标准化工作的组织领导。2006年，重庆市人民政府出台了《重庆市人民政府关于实施标准战略切实加强标准化工作的意见》，明确提出2006—2010年农业标准化工作的具体目标是：全市50%的区（县、自治县、市）建立起国家、市、区（县）、乡（镇）四级农业标准示范体系，农业标准化生产水平进一步提高。提出了“以农产品质量安全标准为核心，推进农业标准化工作”的重点任务。要求“完善农产品质量安全标准、无公害种植及绿色食品种植生产技术规程、产地环境质量标准、产品规格标准及检测方法和包装、运输、储存标准，建成农产品质量安全标准体系。逐步实现农产品种植（养殖）、加工、储藏保鲜和批发销售等环节的标准化”。2011年，市政府出台了《关于加快实施技术标准战略打造内陆技术标准高地的若干意见》，提出了“加强生产技术规程、质量安全等质量控制技术标准的研制，形成涵盖产前、产中、产后全过程的标准体系”的战略任务。明确了农业标准化工作的重点领域和方向。

种植业方面：重点研制与国家标准和行业标准相配套的技术规程，建立完善水稻、玉米、油菜、蔬菜和柑橘等主要农作物以及竹笋、蚕桑、中药材、花卉、茶叶和辣椒等特色农产品标准体系。

养殖业方面：重点研制养殖环境、品种繁育、饲养操作规程、疫病防疫技术、畜禽粪便无害化处理及有效利用技术和畜禽屠宰、运输等标准。建立完善生猪、草食牲畜、家禽和水产品养殖技术标准体系。

农业基础建设方面：重点研制肥料、农药、兽药、饲料、农膜的科学使用标准及新型农业投入品安全评价标准。《重庆市人民政府办公厅关于进一步加强农产品质量安全监管工作的意见》提出了“扎实推进农业标准化建设”的重点任务。“坚持农业标准化示范区建设与农业产业化基地、无公害农产品生产基地和农业科技示范区建设有机结合，精心培育一批国家和市级农业标准化示范区。开展蔬菜、水果、茶叶标准园和畜禽养殖标准化示范场、水产标准化健康养殖场‘三园两场’创建活动。整合各类涉农资金，加快建立粮食、柑橘、无公害蔬菜、生猪、草食牲畜、家禽、生态鱼、有机茶、油菜等市级农业标准化示范区。积极推进农业标准化体系建设，加快编制农产品质量安全标准、检验方法标准、投入品技术标准和农产品生产技术规程”。2014 年，《重庆市人民政府办公厅关于加强农产品质量安全监管工作的通知》明确提出：“加快制定和完善一批质量安全控制技术规范和操作规程，力争用 3 ~ 5 年的时间，制定农业标准 400 项以上，基本建成重庆市农产品安全生产技术标准体系。同时继续扩大果蔬茶标准园、畜禽水产标准化养殖示范场等‘三园两场’建设规模”。这些文件将农业标准化工作纳入了全市技术标准战略和食品安全、农产品质量安全工作的重要组成部分，明确了发展思路、目标任务和推进措施。

第一节　农业标准

一、农业行业标准

1993 年，农业部颁布了《农业部标准化管理办法》和《农业部国家（行业）标准的计划编制、制定和审查管理办法》。1999 年，农业部和财政部联合启动“农业行业标准制修订财政专项计划”，农业标准建设进入制度化管理的轨道，推动了农业标准体系建设。

1999—2005 年，根据大宗优势农产品在全市的分布情况，市农业局承担了《锦橙》《梁平柚》《黄籽油菜》《魔芋》《柑橘产地环境条件》《柑橘采摘技术标准》等 26 项农业行业标准的制修订项目。2006 年，市农业科学院、西南大学园艺园林学院、市农业机械鉴定站承担了《甘蓝等级规格》《魔芋粉》《小型射流泵技术条件》3 项农业行业标准制修订项目。2007 年，西南大学和市农业科学院分别承担了《普洱茶等级规格》《西葫芦等级规格》2 项国家农业行业标准制修订项目。2009 年，市农药检定所、市农业科学院和市动物卫生监督所分别承担了《农产品中仲丁威最大残留限量》《菠菜等级规格》《病死动物和病死动物产品鉴定技术规程》3 项农业行业标准制订项目。2010 年，中国农业科学院柑橘研究所和市农药检定所分别承担了《柑橘病毒检测技术规范》《氟环唑在农产品中的最大残留限量》《氟磺唑草胺在农产品中的最大残留限量》3 项农业行业标准制修订项目。2011 年，市农业技术推广总站和中国农业科学院柑橘研究所分别承担了《多杀菌素在农产品中的最大残留限量》《多杀霉素在农产品中的最大残留限量》《噁霉灵在农产品中的最大残留限量》《噁嗪草酮在农产品中的最大残留限量》《柑橘贮藏期病害防治技术规范》《加工用橙》6 项农业行业标准制修订项目。2012 年，市种子管理和植保植检总站、市农业科学院、中国农业科学院柑橘研究所分别承担了《啶酰菌胺在农产品中的最大残留限量》《生姜等级规格》《南方水稻集中育秧设施建设标准》《加工用宽皮柑橘》《柑橘类水果及制品中多甲氧基黄酮含量的测定》5 项农业行业标准制修订项目。2013 年，市种子管理站、市农业机械鉴定站、市动物卫生监督所、市动物疾病预防控制中心和中国农业科学院柑橘研究所分别承担了《氟草烟在水稻中的残留限量》《氟磺唑草胺在甘蔗中的残留限量》《微耕机安全操作规程》《农用水泵安全技术要求（NY 643—2002）》《动物及动物产品储藏兽医卫生规范》《动物性食品中头孢噻呋残留量的测定》《柑橘良好农业规范》7 项农业行业标准制修订项目。

二、农业地方标准

2001—2003 年，市农业局组织在渝有关大专院校研究完成了《农产品主要贸易国农业政策及相关质量标准》（蔬菜、水果）和《农产品主要贸易国农业政策及相关质量标准》（畜产品、茶叶）的制订，为重庆市农产品出口企业按照国际标准组织生产提供了参考依据，促进了全市农产品国际贸易。

2001—2002 年，市农业局组织完成了重庆市《无公害蔬菜质量标准》《无公害蔬菜生产技术条件》《无公害蔬菜栽培技术规程总则》《绿叶菜类无公害生产技术规程》《重庆市无公害优质水稻栽培技术规程》《马铃薯种薯质量检测标准》《粮油及蔬菜作物种子（种苗）》等 10 余个相关标准的制订，由市质量技术监督局上报国家技监局审批，于 2002 年颁布实施。2003 年，制定了《无公害水稻病虫害综合防治技术规范》《马铃薯脱毒产品质量标准》《稻米食味方法》等农业地方标准。2004 年，市质量技术监督局会同市政府农村工作办公室、市商务委员会、市农业局、市农机局、市水利局、市林业局、市乡镇企业局、市长江农工商控股（集团）有限公司等部门，联合出台了《关于印发〈重庆市农业标准 2004—2006 年计划〉的通知》，明确提出经过 3 年的努力，初步建立起以大中农产品和特色农产品为基础，以"菜篮子"农产品为主线的产前、产中、产后全过程的农业标准体系，规划制订市级农业地方标准 169 项，主要涉及农产品质量、安全、生产栽培技术规范，种子繁育规程，农业机械等方面的标准。到 2006 年共完成了 166 项农业地方标准的制订。

2007 年，按照《农业部办公厅关于部分农业地方标准申报转化为农业行业标准的通知》要求，市农业局申报了《新荣昌猪Ⅰ系》（DB50/T 238—2006）、《方竹笋》（DB50/T 220—2006）、《丘陵地区稻田养鱼技术规范》（DB50/T 225—2006）、《九叶青花椒生产技术规程》（DB50/T 224—2006）、《马铃薯脱毒繁殖技术规程》（DB50/T 142—2003）、《杂交油菜品种渝黄一号》（DB50/T 131—2003）、《蚕种检验规程》（DB50/T 19—1998）、《桑蚕茧（鲜茧）分级及检验方法》（DB50/T 58—2002）、《中低产田土类型划分和改造质量要求》（DB50/T 34—2001）、《新增耕地质量》（DB50/T 35—2001）、《农村户用沼气池设计规范》（DB50/T 48—2001）、《农村户用沼气池施工规范》（DB50/T 49—2001）、《农村户用沼气池质量验收规范》（DB50/T 50—2001）13 项农业地方标准转化为国家农业行业标准。

2009 年，重庆市农业局完成《保鲜花椒》《奶站生产管理技术规范》《无公害竹笋质量》《合川黑猪》等 20 项农业地方标准修订。2011 年，完成市质量技术监督局下达的《菊苣种植技术规范》《大宁河鸡》等 23 项农业地方标准修订。2012 年，完成市质量技术监督局下达的《紫花苜蓿种植技术规范》《巫溪红三叶种子生产技术规程》等 8 项农业地方标准修订。2014 年，完成市质量技术监督局下达的《生鲜乳安全生产技术规范》《中蜂标准化养殖场建设规程》《青贮饲料品质鉴定技术规程》等 10 项农业地方标准修订。

第二节　农业标准化实施示范

一、高产优质高效农业标准化示范区（项目）建设

1995—2004 年，重庆市共建立 60 个农业标准化示范区（其中，国家质量监督检验检疫总局下达的国家级示范区建设项目 51 个，市级 9 个），涵盖了种植业，养殖业，加工业等农业生产的主要领域，包括粮食、油料、水果、蔬菜、畜禽、水产、茶叶、花卉及其他经济作物。自 1995 年起，永川再生稻、江津柑橘、黔江烤烟、忠县施格兰柑橘、合川 PIC 猪、石柱黄连、南川优质稻、酉阳山地杨树、城口薯蓣、铜梁优质桑蚕茧、黔江地牯牛、江北花卉等项目被国家质量监督检验检疫总局分别批准为第一批、第二批、第三批、第四批全国高产优质高效农业标准化示范区。自 2001 年起，江津南方早熟梨、开县柑橘、忠县柑橘被农业部定为部级农产品标准化综合示范项目。

2001—2003 年，重庆市农业局组织汇编了包括无公害农产品国家标准和无公害食品、绿色食品行业标准等内容的《农产品质量安全标准汇编》（目录）共 5 个专业部分，作为各区县组织实施无公害农产品行动计划，开展农业标准化生产的标准依据。

2003 年，潼南县、涪陵区和江津区建设成为全国无公害农产品（种植业）生产示范基地县，潼南县被农业部命名为无公害农产品（种植业）生产示范先进县。同年，重庆市人民政府农村工作办公室、

市农业局组织实施的农业标准化行动，在10个农业产业化百万工程中推行农业标准化生产，为推进全市农业标准化进行示范。为配合这一行动计划的实施，市农业局组织有关专家编写了标准化实用技术资料，首批推出12个重点农产品的《农业标准化生产技术实用手册》，把复杂专业的技术要求转化成简单易行、便于操作的规程，浓缩在一本实用技术手册中，即使生产者文化程度不高，也能按此操作，以实现标准化生产的预期效果。当年一批全国高产优质高效农业标准化示范区建设项目在重庆市实施，项目覆盖永川再生稻、江津柑橘、黔江烤烟、忠县施格兰柑橘、合川PIC猪、石柱黄连、南川优质稻、城口薯蓣、长寿湖淡水鱼、黔江地牯牛、江北花卉等优势产业。在项目实施中，市农业局制订了《重庆市农业局关于组织实施农业标准化示范区项目的指导意见》，为项目的实施在组织领导、标准体系确定、生产过程质量控制、产品认证与品牌创立、档案建立等方面提出了具体的指导意见。

2004年，被列为全国第五批建设的重庆市38个农业标准化示范区中有示范乡（镇）262个，示范行政村1 254个，示范农户20万户，制订标准50项，发放标准汇编18万册，组织举办培训班1 612期，培训人员26万人次。示范区种植面积达170万亩，新增总产量1亿千克，新增总产值14亿元；畜牧类出栏商品量比2003年同期增长16.2%。通过开展示范，全面促进了全市农村经济发展，取得了良好的经济效益和社会效益。

2006年，市农业局印发了《关于转发农业部〈关于印发农业标准化实施示范项目资金管理暂行办法的通知〉的通知》，进一步加强了全市农业标准化实施示范项目的资金管理。在各地政府统一领导和各部门密切配合下，标准化示范取得了较好效果：一是提高了政府相关部门和各级领导对农业标准化工作的认识；二是使广大农民掌握了先进适用的农业技术；三是为农业企业加强内部质量管理，提高产品的市场竞争力提供了有力支撑；四是取得较好的经济效益和社会效益。

二、创建全国农业标准化示范县

2006—2010年，重庆市承担了农业部下达的18个农业标准化示范项目建设。创建全国农业标准化示范县15个，涉及早熟梨、生猪、淡水养殖、柑橘、蔬菜、水稻、猕猴桃、肉鸭、四大家鱼、枇杷、锦橙、鲫鱼、奶牛13个示范品种。共建设粮食、柑橘、无公害蔬菜、生猪、草食牲畜、家禽、生态鱼、有机茶、油菜9大标准化生产示范区。在示范县的带动下，全市农业标准化工作得到快速发展，标准化率稳步提升。

2006年，建成永川市国家级南方早熟梨标准化示范县、合川市国家级生猪标准化示范县、长寿区国家级淡水养殖标准化示范县。同年，在万州区等4个区（县）启动了市级农业标准化示范县建设。各地充分发挥产业优势，在优质柑橘、优质粮油、优质生猪、蔬菜、水产品和茶叶等特色主导产业上，着力加强农产品标准生产基地建设，普及推广一批成熟的、操作性强的简明规范化生产技术，对产地环境、投入品、生产过程和产后加工、包装等实行全过程的标准化管理和质量控制，用标准规范生产全过程，各类标准化示范区建设总规模达到450万亩。2007年，重庆市承担农业部农业标准化示范县建设任务5项。其中，永川区承担全国农产品质量安全绿色行动示范县建设任务、江津区和忠县承担国家级柑橘标准化示范县建设任务、武隆县承担国家级生猪标准化示范县建设任务、潼南县承担国家级蔬菜标准化示范县建设任务。重庆市新建成种植业标准化生产基地135万亩，总规模达到450万亩。畜禽标准化规模养殖发展迅速，生猪、肉牛、奶牛、山羊、蛋鸡、肉鸡规模化率分别达到33.2%、15.4%、62.4%、29.9%、88.5%和86.9%，生猪规模化率提高了10.8个百分点，标准化生态养殖小区达到479个。水产品标准化率达到35%。2008年，重庆市承担农业部国家级农业标准化示范县建设任务4项。其中，南川区承担国家级水稻标准化示范县建设任务，黔江区承担国家级猕猴桃标准化示范县建设任务，梁平县承担国家级肉鸭标准化示范县建设任务，巴南区承担国家级四大家鱼标准化示范县建设任务。同年，新建成种植业标准化生产基地160万亩，总规模达到610万亩。畜禽标准化规模养殖发展迅

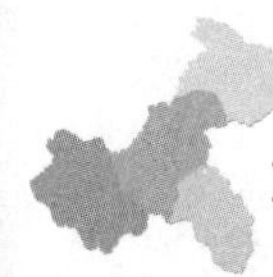

速。生猪、肉牛、奶牛、山羊、蛋鸡、肉鸡规模化率分别达到40%、20.4%、66.5%、34%、89%和87.5%，生猪规模化率提高了6.8个百分点，畜禽养殖综合规模化率达到48.2%。水产品标准化率达到26%。2009年重庆市承担农业部国家级农业标准化示范县建设任务5项。其中，大足县承担国家级枇杷标准化示范县建设任务，开县承担国家级锦橙标准化示范县建设任务，渝北区承担国家级鲫鱼标准化示范县建设任务，天友乳业有限公司承担国家级奶牛标准化示范县建设任务，大正畜牧科技有限公司承担国家级瘦肉标准化示范县建设任务。启动了蔬菜标准化百村百园和柑橘、茶叶生产标准园建设。全年新增种植业和水产品标准化实施示范面积180万亩，农业标准化示范区总规模达到790万亩。生猪、肉牛、奶牛、山羊、蛋鸡、肉鸡标准化规模养殖出栏量分别占总出栏量的43%、26%、68%、36%、90%和89%，分别比上年提高3、5.6、1.5、2、1和1.5个百分点。水产品标准化率达到30.47%，比上年提高4.47个百分点。

2010年，实施重庆市武隆县国家级蔬菜标准化示范县建设项目，全市农业标准化示范面积达到890万亩，较2005年年末的315万亩增加了183%。蔬菜标准园面积达到21万亩。生猪、奶牛、肉牛、肉羊、蛋鸡、肉鸡标准化率分别达到45%、78%、25%、33%、72%和78%，生猪的标准化率5年提高了22.6个百分点。

2011年，重庆市继续组织开展国家级农业标准化示范县建设，至年底共建成国家级农业标准化示范县16个。启动万州、城口两个市级“三品一标”基地示范县建设；全市农业标准化示范面积达到970万亩。水产标准化健康养殖场17个，畜禽养殖标准化示范场102个，生猪、奶牛、肉牛、肉羊、蛋和肉鸡标准化分别达到46%、77%、32%、35%、77%和78%。同年，重庆市农业委员会对2006—2010年度农业部下达重庆市的18个农业标准化示范项目进行了验收，18个项目全部圆满完成。从验收情况看，项目都较好地完成了建设任务和投资计划，建设质量符合设计要求，资金使用符合有关规定。管理规范，档案和资料符合归档要求，项目建设总体质量较高，效果比较明显。

2012年，重庆市实施了丰都国家级肉牛标准化示范县建设项目和开县、潼南县两个市级农业标准化农产品质量安全监管示范县建设项目。粮菜果茶标准化示范面积达880万亩，2013年实施了江津国家级农业标准化示范县创建和万州区、永川区、南川区、长寿区、渝北区、巴南区、涪陵区、潼南县、城口县9个市级农业标准化示范县创建项目。2014—2015年，实施了梁平县、云阳县两个国家级农业标准化示范县创建项目；继续实施万州区、永川区、涪陵区、城口县等9个市级农业标准化示范县创建项目，推动了农业标准的示范应用。

三、“三园两场”标准化创建

2006—2010年，重庆市以农业标准化示范县（场）建设为载体，组织开展蔬菜、水果、茶叶标准园和畜禽养殖标准化示范场、水产标准化健康养殖场“三园两场”创建活动，建设柑橘、无公害蔬菜、生猪、草食牲畜、家禽、生态鱼、有机茶、油菜等9大标准化生产示范区。

2011年，重庆市继续实施“三园两场”标准化创建活动，建成水果标准园46个，水产标准化健康养殖场17个，畜禽养殖标准化示范场102个，生猪、奶牛、肉牛、肉羊、蛋鸡和肉鸡标准化分别达到46%、77%、32%、35%、77%和78%。2012年，全市开展了9个蔬菜标准园、24个水果茶叶标准园、41个畜禽养殖标准化示范场、37个水产标准化健康养殖场创建活动。生猪、家禽、肉牛、肉羊标准化率同比分别提高3.1、8.4、4.1、2.2个百分点，水产标准化健康养殖达到14.5万亩。2013年，全市落实资金2 400万元，建设蔬菜水果茶叶标准园20个、畜禽养殖标准化示范场92个、水产标准化健康养殖场42个。2014—2015年，全市落实资金3 200万元，继续实施“三园两场”示范项目61个，包括蔬菜、柑橘、特色水果和茶叶标准园项目20个、畜禽标准化健康养殖项目31个、水产标准化健康养殖项目10个，示范带动效果明显。

第二章
农产品质量安全监管

第一节　监管体系建设

一、机构和队伍

（一）农产品质量安全监督管理机构

1998 年，成立重庆市绿色食品管理办公室（挂靠市农业局市场与经济信息处），负责绿色食品、有机食品的认证和管理工作。同年，经重庆市人民政府批准，市农业局设立科技教育与质量标准处（挂重庆市绿色食品管理办公室牌子）。负责综合管理产业的质量标准工作，监督农业投入品和农产品质量。2000 年，万州区等 9 个区（县）相继成立了基层绿色食品管理机构。

2004 年 12 月 24 日，根据《重庆市机构编制委员会关于市农业局直属事业单位机构改革方案的批复》，设立重庆市农产品质量安全中心，其职能职责：一是为农产品质量安全提供监督保障服务，开展农产品质量安全业务指导、技术培训和示范推广；二是为农产品质量安全提供认证服务，主要包括受理农产品质量安全标志许可申请，对申请人的生产条件与质量保证能力进行评估和认定，对获得农产品质量安全标志的农产品进行监督管理；三是负责农产品质量安全监督检验测试；四是承担农业标准的制订和推广。

2006 年《中华人民共和国农产品质量安全法》颁布施行后，农业部出台了《关于加强农产品质量安全监管能力建设的意见》，要求“力争用 5 年左右的时间，明确职责，充实人员，完善法规，逐步建立起科学、公正、高效和保障有力的农产品质量安全监管体系，尽快提升农产品质量安全监管能力，促进农业和农村经济可持续发展”“各级农业行政主管部门应明确一个归口管理机构，综合协调农产品质量安全工作”。此后，市和区（县）农业部门内部负责农产品质量安全工作综合协调的归口管理机构逐渐成立。

2007—2010 年，连续发布 4 个中央 1 号文件，都对乡镇农产品质量安全监管机构建设作了相关要求。2008 年，党的十七届三中全会要求“在全国普遍健全乡镇农产品质量监管等公共服务机构，逐步建立村级服务站点”。2008 年 9 月 24 日，重庆市委农村工作委员会、市农业委员会印发《关于机关内设机构主要职责的通知》，设立市场与经济信息处（挂重庆市绿色食品管理办公室牌子），负责以下农产品质量安全监管工作：一是综合管理农业产业的质量标准工作，组织拟订农业产品的技术标准；二是

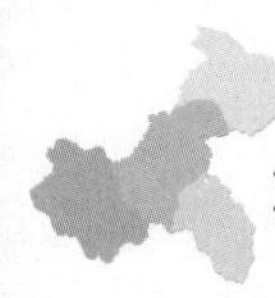

指导农产品市场准入管理，监督农业投入品和农产品质量，下达农业投入品和农产品质量监督检验计划，组织开展打击假冒伪劣农业投入品工作；三是负责无公害农产品、绿色食品、有机食品和农产品质量安全管理工作；四是组织农业各产业的质量认证和重庆名牌农产品认证工作，实施农业名牌战略；五是负责农产品贸易工作。

2009年6月18日，重庆市人民政府办公厅《关于印发重庆市农业委员会主要职责内设机构和人员编制规定的通知》明确，市农业委员会设立农产品质量安全监管处（应急管理办公室、重庆市绿色食品管理办公室），主要职责：一是拟订农产品质量安全发展战略、规划和计划并组织实施；二是承担组织开展农产品质量安全风险评估和提出技术性贸易措施建议的工作；三是承担组织开展农业标准化相关工作；四是承担农产品质量、农业生产资料安全监测、监督抽查和信息发布工作；五是承担组织、指导农业检验检测体系建设和机构考核工作；六是指导农业质量体系论证管理，组织化肥、农药、种子等产品的质量监督、检验、登记；七是负责无公害农产品、绿色食品和有机农产品管理工作；八是承担农业系统安全生产管理工作。

2010年，重庆市39个涉农区（县）的农业（畜牧业）行政主管部门基本建立了农产品质量安全监管工作机构。区（县）农业部门普遍成立了以一把手为组长的农产品质量安全工作领导小组。万州、涪陵、荣昌、南川等10多个区（县）在乡（镇）农技推广体系改革过程中，组建了乡（镇）农产品质量安全协管员队伍。至此，全市已初步构建起市、区（县）、镇（乡）三级农产品监管体系框架，农产品质量安全的监管力量逐步向镇（乡）延伸，实现了监管重心下移。2011年，《重庆市人民政府办公厅关于进一步加强农产品质量安全监管工作的意见》明确要求，到“十二五”末，监管服务体系基本健全。市和区（县、自治县）两级农产品质量安全行政监管、检验检测、执法检查和技术支撑四大体系建设任务全面完成，所有乡（镇）设立农产品质量安全监管机构，所有行政村配备农产品质量安全协管员。当年，经区（县）政府或编委（编办）批准，全市832个涉农乡（镇）有452个挂牌建立了农产品质量安全监管站，明确了职能，落实了人员。永川、南川、北碚、开县、涪陵、渝北等区（县）为乡（镇）监管站配备了检验检测设备设施，对乡（镇）监管人员进行了全面的上岗培训。2012年，全市各区（县）政府或编委正式发文，在乡（镇）农业服务中心加挂“乡镇农产品质量安全监管站”牌子，并赋予职能职责。全市832个涉农乡（镇）全部建立了农产品质量安全监管机构，配备专职监管人员2 090人并进行了全面的上岗培训。2013年，重庆市农业委员会印发《关于机关内设机构和直属单位农产品质量安全监管工作任务分工的意见》，渝北、万州、梁平等区（县）跟进出台了任务分工、责任追究等相关文件，落实了农业部门内部牵头协调、产业发展、技术支撑和行政执法等部门的质量安全监管职责分工；各级农业畜牧部门全面强化了一把手总抓农产品质量安全的组织保障和联席会议制度；不少区（县）采取增加编制、内部调整的方式补充监管人员，不断壮大监管队伍；产业发展与质量安全监管有机结合的“一岗双责”机制全面落实，监管合力初步形成。

2013年，国家对食品药品监管体制实施改革。为了确保重庆市稳步推进畜禽屠宰监管职能移交，重庆市农业委员会根据《重庆市人民政府关于改革完善食品药品监督管理体制的实施意见》《重庆市机构编制委员会关于市级食品药品监管体制改革有关编制划转的通知》《重庆市人民政府办公厅关于印发重庆市食品药品监督管理局主要职责内设机构和人员编制规定的通知》及有关会议精神，明确由畜牧业发展处、动物防疫检疫处分别承担行业管理和畜禽及其产品的检疫检验等职责，并委托重庆市动物卫生监督所履行畜禽定点屠宰的行政执法工作，理顺了行业内部相关职能职责关系。当年印发了《重庆市农业委员会关于切实抓好畜禽屠宰监管职能移交有关工作的通知》，推动各区（县、自治县）畜禽屠宰监管职能平稳顺利移交，确保全市畜禽屠宰监管工作实现无缝对接。到2014年6月，全市38个区（县、自治县）畜牧兽医主管部门全部明确了具体承担屠宰行业管理、检疫检验及监督执法等职责的单位或部门，并圆满完成畜禽屠宰相关职责承接工作。在畜禽屠宰监管职能移交中，部分区（县）畜牧兽医主管部门还设立了专门的畜禽屠宰监管科室承担畜禽屠宰监督管理职责，部分区（县）兽医主管部门积极协调同级编办、财政等部门，增加了人员编制数和日常工作经费。同年，全市建立了405人的农产品质量检验人员信息库，派出驻场兽医139人，全市畜禽屠宰监管体系初步形成。

（二）农产品质量检验检测机构

1985—1995年，作为农产品质量安全监管重要技术支撑体系的重庆市农业质检机构逐步建立。重庆市农业环境保护监测站、重庆市饲料监测所、重庆市兽药监测所、重庆市农药检定所、重庆市化肥商品质量监督检验站、重庆市牛奶质量监督检验站以及由中国农科院柑橘研究所（重庆）承建的农业部柑橘及苗木质量监督检验测试中心相继成立。

1995年8月，农业部发布《全国农业系统国家级与部级质检中心管理暂行办法》，开始对农业部归口管理的质检机构进行系统化规范管理，全国质检机构建设进入了制度化管理轨道，推动了检验检测体系的建设。市农业局于2002年全面启动重庆市农产品质量安全检验检测体系建设。全市农产品质量安全检测体系按照分级建设的原则进行。2002—2006年，全市分4个层次建设农产品质量安全检验检测机构：一是省部级农产品质量检验检测中心建设，在当时已有的蔬菜和农业环境两个部级质检中心基础上，完善畜产品和水产品检测机构，形成具有较为完备的检测设备和检测能力的农产品质检中心；二是区域性检验检测中心建设，建立永川、万州、涪陵、黔江四个区域性检测中心，其中永川覆盖江津、铜梁、璧山、大足、潼南、荣昌、綦江、双桥等区（县、市）；万州覆盖巫山、巫溪、云阳、开县、城口、忠县等区（县）；涪陵覆盖丰都、武隆、梁平、南川、垫江、万盛等区（县、市）；黔江覆盖石柱、彭水、秀山、酉阳等区（县）；三是区（县）级快速检验检测室建设，在每个区（县、市）建立以快速检测为主的农产品质量安全检测室。四是生产基地（市场）快速检验检测点建设。

2003年，农业部印发了《关于加强农产品质量安全检验检测体系建设的意见》，2006年，农业部编制了《全国农产品质量安全检验检测体系建设规划（2006—2010）》（以下简称《规划》）。明确了农产品质量安全检验检测体系建设的指导思想、目标任务，细化了农产品质量安全检验检测体系的功能与布局以及各级机构的建设思路和建设标准。同年8月，国家发展和改革委员会批复了《规划》。同年12月，市农业局根据《农业部关于印发全国农产品质量安全检验检测体系建设规划的通知》精神，编制了《重庆市农产品质量安全检验检测体系建设规划（2006—2010年）》，明确其建设目标是：到2010年，初步建立起以“1+40”为体系的重庆市农产品质量安全监督检验体系框架，即建成1个市级农产品质量安全监督检验中心和40个县级农产品质量安全监督检验站（10个重点县级检测站、30个普通县级检测站）。项目建设总投资1.56亿元，其中申请中央投资1.24亿元，地方配套0.32亿元。2007年10月，农业部印发了《农产品质量安全检测机构考核办法》，对农产品质量安全检测机构管理作了进一步规范。

2006—2010年，重庆市纳入中央预算内投资计划的农产品质量安全监督检验体系建设项目共计12个。包括重庆市农产品质量安全监督检验中心、重庆市农垦农产品质量安全检验检测中心2个省部级农产品质量检验检测中心和万州、涪陵、黔江、永川、江津、武隆、綦江、开县、潼南、石柱10个县级农产品质量安全检验检测站，总投资4 880万元。其中，中央投资3 904万元，市级统筹配套488万元，市财政专项368万元，区（县）配套120万元。2011年纳入中央预算内投资计划的农产品质量安全监督检验体系建设项目共计11个。包括梁平、璧山、渝北、长寿、忠县、大足、荣昌、巫溪、彭水、合川和北碚11个县级农产品质量安全检验检测站。

为了加强重庆市农产品质量安全检测机构的管理，2011年3月，市农委根据农业部印发的《农产品质量安全检测机构考核办法》，印发了《重庆市农产品质量安全检测机构考核实施细则》，依法对全市农产品质检机构实施考核，规范了全市农产品质检体系运行管理。2012年，农业部编制了《全国农产品质量安全检验检测体系建设规划（2011—2015）》。明确了“十二五”农产品质量安全检验检测体系建设的指导思想、原则及目标、建设布局和功能定位、主要建设内容和标准、项目建设和运行管理。

为了提高农产品质量安全质检人员技能水平，重庆市农委于2013年举办了3期县级农产品质检站检测人员跟班实习培训班，全市22个区（县）的35名县级质检人员参加了培训。同年，在第二届全国农产品质量安全检测技能竞赛总决赛中，永川区农产品质量安全检测中心的蒋金成，夺得种植业产品定量检测技能竞赛第一名，荣获“全国五一劳动奖章”，万州和涪陵质检站两位选手分别获三等奖。

2013年，巴南、丰都、巫山、酉阳、南川等区（县）纳入农产品质量安全检验检测体系建设项目中央预算内投资计划。中央预算内投资1 200万元，市预算内统筹资金75万元，市农发资金75万元，区（县）财政配套147万元。至2015年，重庆市已建成省部级农产品质量检验检测机构9个：农业部柑橘及苗木质量监督检验测试中心、农业部农产品质量安全监督检验测试中心（重庆）、农业部农业环境质量监督检验测试中心（重庆）、重庆市动物疫病预防控制中心（重庆市兽药饲料检测所）、农业部畜禽产品质量安全监督检验测试中心（重庆）、农业部动物产品质量安全生物性危害因子风险评估实验室（重庆）、农业部种猪质量监督检验测试中心（重庆）、重庆市水产品质量监督检验测试中心、重庆市化肥商品质量监督检验站、重庆市农药检定所。已建成地市级（区域性）农产品质量安全检验检测机构4个：重庆市万州农产品质量安全检验检测站、重庆市涪陵农产品质量安全检验检测站、重庆市黔江农产品质量安全检验检测站、重庆市永川农产品质量安全检验检测站。有长寿、大足、荣昌、璧山、梁平、九龙坡、北碚、渝北、铜梁、城口、垫江、忠县、巫溪、彭水、合川、云阳、秀山、巴南、南川、巫山、酉阳、丰都、奉节、沙坪坝等区（县）实施了县级农产品质量安全检验检测站建设项目。累计中央投资7 840万元，市和区（县）配套投资1 413.4万元。

1. 农业部柑橘及苗木质量监督检验测试中心

1991年，根据农业部《关于下达我部第二批部级产品质量监督检验测试中心筹建计划的通知》，依托中国农业科学院柑橘研究所建设。该中心是经过国家认证认可监督管理委员会资质认定、中华人民共和国农业部机构审查认可、为社会提供具有证明作用的数据的法定产品质量检验机构，是社会公益性技术机构。其质量监督检验业务受农业部农产品质量安全监管局和其他相关司（局）指导。主要任务：承担农产品（含农业投入品、农业生产环境和转基因生物，下同）质量监督检验工作；承担国家和各地、各部门下达的农产品质量安全例行监测、监督抽查、质量普查及产品质量认证和市场准入等检验工作；承担农产品质量安全重大事故、纠纷的调查、鉴定和评价，承担委托、仲裁等检验工作；开展检测技术、质量安全及风险评估等研究；承担国家、行业和地方标准制定、修订及验证工作；开展国内外农产品质量安全技术交流、培训、指导、服务及咨询。中心于1995年7月通过国家计量认证和农业部部级机构审查认可评审，2001年6月和2006年11月通过“双认证”复查评审，2010年1月、2013年1月分别通过“2+1”复查评审。至2010年，中心拥有高效液相色谱-质谱-质谱联用仪、气相色谱-质谱联用仪、气相色谱-质谱-质谱联用仪、等离子发射光谱-质谱仪、高效液相色谱仪、气相色谱仪、原子吸收分光光度计、原子荧光光度计等大型仪器设备37台套。

1999—2001年承担了历届全国农业博览会和中国国际农业博览会柑橘产品质量检测与评优任务。2002—2004年完成了农业部柑橘苗木质量全国统一检查、柑橘水果中硝酸盐污染普查。2003—2005年和2009—2015年完成全国柑橘质量安全普查或专项检测。完成2012—2014年果品质量安全国家监督抽查、2011—2015柑橘及果品质量安全风险排查评估项目及其他委托检验任务。

2. 农业部农产品质量安全监督检验测试中心（重庆）

1998年，根据农业部《关于下达第三批部级质量监督检验测试中心筹建计划的通知》，依托重庆市农业科学研究所（重庆市农业科学院前身）组建“农业部蔬菜品质监督检验测试中心（重庆）”。2001年6月首次以“农业部蔬菜品质监督检验测试中心（重庆）”通过国家级计量认证和农业部机构审查认可。2006年，更名为“农业部农产品质量安全监督检验测试中心（重庆）”，纳入第五批筹建计划并由重庆市农业科学院建成。2007年4月、2010年2月、2013年1月3次以“农业部农产品质量安全监督检验测试中心（重庆）”通过农业部机构审查认可与农产品质量安全机构考核、国家认证认可监督管理委员会检验检测机构资质认定的复评审。具备非食品类6类（初级农产品、畜禽养殖、水产养殖、农业投入品、农业环境、植物品种鉴定）307个参数（农兽药残留、重金属、营养成分）、食品类173个产品311个参数的检测能力。为可向社会出具具有证明作用的数据和结果的检验检测机构。

该中心内设办公室、业务室、研究室、有机检测室、无机检测室和转基因检测室6个科室。2015年有专职人员43人。其中博士3人、硕士20人，有正高级职称的4人、副高级职称的16人、中级职称的20人，有国家认证认可监督管理委员会检验检测机构资质认定评审专家3人、农业部农产品质量安全机构考核专家4人、重庆市检验检测机构资质认定评审专家6人。

至2015年，中心拥有面积约3 960米^{2}的现代化实验室，检测仪器设备120余台（套），其中高效液相色谱-质谱-质谱联用仪、气相色谱-质谱联用仪、气相色谱-质谱-质谱联用仪、气相色谱仪、高效液相色谱仪、原子吸收分光光度计、氨基酸分析仪等大型精密仪器设备58台（套），价值约4 000万元。

该中心是无公害农产品、绿色食品、有机食品和农产品地理标志产品定点检测机构。承担农产品（含初级农产品、畜禽养殖、水产养殖、农业投入品、农业环境和植物品种鉴定）质量监督检验工作；承担国家和各地、各部门下达的农产品质量安全例行监测、监督抽查、质量普查及产品质量认证和市场准入等检验工作；承担农产品质量安全重大事故、纠纷的调查、鉴定和评价，承担委托、仲裁等检验工作；开展检测技术、质量安全及风险评估等研究。承担国家、行业和地方标准制定、修订及验证工作；开展国内外农产品质量安全技术交流、培训、指导、服务及咨询。

3. 农业部农业环境质量监督检验测试中心（重庆）

1998年，根据农业部《关于下达第三批部级质量监督检验测试中心筹建计划的通知》，依托重庆市农业环境保护监测站建立，属非独立法人检验检测机构，能独立承担第三方公正检验检测，行政上隶属重庆市农业委员会，业务上接受农业部农产品质量安全监管局指导。2000年12月，中心通过国家计量认证和农业部部级质检机构审查认可，于2004年10月、2009年11月、2013年3月3次通过了国家资质认定和农业部机构审查认可复评审。

该中心共有办公及实验室用房1 900米^2，拥有原子吸收分光光度计、原子荧光分光光度计、ICP-MS等检测仪器设备100多台（套），可检测水、土、气、肥料和农产品共93项71个参数，包括质量判定标准和检测方法标准两个大类。

中心的主要职责任务：负责农产品产地环境质量安全监督和检验测试，提供农业污染事故调查鉴定。“双认证”评审以后，中心主要承担了无公害农产品产地和产品的认证监测、农业污染事故调查鉴定、农产品产地土壤重金属污染普查检测等任务，为摸清重庆市农产品产地环境质量状况、保障农产品质量安全起到了重要作用。

4. 重庆市动物疫病预防控制中心（重庆市兽药饲料检测所）

该中心成立于2007年4月，其前身为始建于1987年的重庆市饲料质量监测管理所、建于1994年的重庆市兽药监察所和成立于2004年的重庆市动物卫生监督总站。与重庆市兽药饲料检测所合署办公，两块牌子一套班子，是直属于重庆市农业委员会、具有独立法人地位、全额拨款的公益类事业单位。主要职责是“六负责一参与”。即负责动物疫病的监测、预警、实验室诊断、流行病学调查和疫情报告；负责兽药、饲料、畜产品残留的安全检验检测及溯源调查；负责动物产品生物性危害因子风险评估；负责指导县级兽医实验室动物疫病和兽药、饲料检验检测工作；负责动物免疫、诊疗、监测等防疫物资的储备和组织供应；负责动物疫病预防的技术指导、技术培训及法律法规、动物防疫科学知识的宣传；参与配合重大动物疫情防控技术的实施。重庆市饲料质量监测管理所于1989年首次通过重庆市技术监督局计量认证和审查认可，重庆市饲料兽药监察所于2005年5月10日通过市质量技术监督局计量认证。2007年4月机构改革，单位更名为“重庆市动物疫病预防控制中心”，挂“重庆市兽药饲料检测所”牌子。于2009年11月4日、2012年11月13日分别通过实验室资质认定复评审。2010年7月，农业部省级兽医实验室考核合格。

5. 农业部畜禽产品质量安全监督检验测试中心（农业部动物产品质量安全生物性危害因子风险评估实验室）

2013年1月农业部批准建立农业部畜禽产品质量安全监督检验测试中心（重庆），4月农业部批准建立农业部动物产品质量安全生物性危害因子风险评估实验室（重庆）。检验测试中心和风险评估实验室均依托重庆市动物疫病预防控制中心（重庆市兽药饲料检测所）建设。实验大楼建筑面积9 600米^2，其中实验室面积5 600余米^2，有温、湿度控制实验室4 500米^2。实验区与办公区分离，并根据需要设置了分子生物学室、病原检测室、血清学检测室、中药检测室、化药检测室、抗生素检测室、残留检测室、卫生指标分析室、违禁添加物分析室、常规分析室、饲料安全评价室、试剂药品保管室、留样室等实验区。其中，兽药和畜产品质量安全检测有实验用房2 000余米^2。于2013年9月通过部级质检中心首次评审。

6. 农业部种猪质量监督检验测试中心（重庆）

2003年农业部第636号文件公告，由重庆市畜牧科学院承建该中心。2006年4月17日，通过农业部和国家计量双认证评审。于2009年、2012年、2015年通过复评审。该中心是社会公益性的、相对独立的非营利性技术服务事业单位，在农业部授权下，面向全国开展监督检验工作。中心检测范围包括种猪生长发育性能测定、繁殖性能评定、肥育性能评定、胴体品质评定、肌肉品质评定、种猪精液品质检测。

7. 重庆市水产品质量监督检验测试中心

该中心于2002年成立。该中心是由重庆市水产技术推广总站承建的非独立法人公益性事业单位，是通过国家检验检测机构资质认定的法定水产品质量安全监督检验测试机构，也是重庆市唯一从事水产品质量安全检测、水生动物疫病监测诊断、渔业环境安全监测的专业检验检测机构，具有第三方公正性。中心依托重庆市水产技术推广总站，在重庆市农业委员会和重庆市质量技术监督局领导下独立开展检验检测工作。业务范围包括：承担重庆市农业委员会或其他部门指定的产品质量监督检验及优质荣誉产品的评选、复查、跟踪检验；受重庆市农业委员会或其他部门委托，检验实施证书管理（生产许可证、质量认证、进出口登记、推广许可证、产品登记、无公害食品、绿色食品、有机食品等）的产品，检验重要新产品、新品种投产和科技成果的鉴定；承担农业系统水产品质量考核检验和水产品质量的分等分级检验；承担有关水产品的质量仲裁检验和其他委托检验；负责农业系统有关企业和地方同类检验机构的技术指导、技术咨询、技术服务和人员培训；研究新的检测技术和方法，承担或参与有关农业国家标准、行业标准及企业标准的制定、修订以及有关技术标准的试验验证工作；负责完成水生动物疫病实验室监测诊断的任务；负责渔业环境水质监测。

8. 重庆市化肥商品质量监督检验站

该站于1989年8月28日成立，是重庆市质量技术监督局授权的检验机构。行政上隶属重庆市农业委员会，业务上接受重庆市质量技术监督局指导。2003年11月25日前挂靠重庆市土壤肥料站，因事业单位机构改革，原重庆市土壤肥料站、重庆市植物保护检疫站和重庆市农业技术推广站3个单位合并成立重庆市农业技术推广总站，后挂靠重庆市农业技术推广总站。是非盈利性、具第三方公正性的法定质检机构。于1990年通过四川省技术监督局的“双认证”，于2015年通过市质量技术监督局双认证复评审。业务范围：承担重庆市流通环节的化肥、有机肥、生物肥产品的质量监督检验；承担国家、重庆市质量技术监督局下达的各类检验任务；承担重庆市肥料登记检验；承担政府职能部门或企业、个人的委托检验；承担市级技术监督行政管理部门的仲裁检验、新产品鉴定检验。受有关单位委托，制定有关肥料标准，培训肥料检测人员；承担农业部、重庆市农业委员会和重庆市质量技术监督局下达的其他任务。在对肥料产品进行质量监督检验的基础上，对全市肥料的质量进行全面、科学的评价，找出产生质量问题的原因，提出改进建议，帮助企业提高产品质量，为技术监督部门打击假冒伪劣肥料提供强有力的技术保障。

9. 重庆市农药检定所

该所是经重庆市机构编制委员会批准成立的全额拨款事业单位，是重庆市质量技术监督局计量认证和重庆市农业委员会考核的法定检验机构。重庆市农药检定所的前身为重庆市农药质量监督检验站，于1989年重庆市技术监督局授权，于1990年通过四川省技术监督局的“双认证”。1998年，重庆市机构编制委员会批准在重庆市植物保护植物检疫站加挂重庆市农药检定所牌子。2003年9月，重庆市机构编制委员会批复将重庆市农业技术推广站、重庆市植物保护植物检疫站、重庆市土壤肥料站合并组建重庆市农业技术推广总站，挂重庆市农药检定所牌子。2011年3月，重庆市机构编制委员会批复将重庆市农业技术推广总站的植物保护、植物检疫、农药检定等职能划入重庆市种子管理和植保植检总站，挂重庆市农药检定所牌子。2012年5月，重庆市机构编制委员会批复将市种子管理和植保植检总站更名为重庆市种子管理站，挂重庆市农药检定所牌子。重庆市农药检定所于2012年7月通过市级计量认证，于2015年10月通过复查认证。业务范围：承担农业部、重庆市有关部门指定的质量监督检验工作；承担有关产品的仲裁检验和其他委托检验；承担农产品质量安全重大事故、纠纷的调查、鉴定和评价；开展新的检测技术、质量安全及风险评估等研究工作；承担或参与有关国家标准、行业标准和地方标准的制定、修订及验证工作；开展国内外农产品质量安全技术交流、培训及咨询业务；负责有关企业和地方同类检验机构的技术指导、技术咨询和人员培训。

（三）农产品质量安全风险评估机构

国家农产品质量安全风险评估体系由国家农产品质量安全风险评估实验室（包括专业性和区域性）和主产区风险评估实验站组成。至2015年，重庆市以部级专业性、区域性质检中心、部级风险评估实验室为龙头，以县级质检站和风险评估实验站为补充的农产品监测评估基础体系构建完成。

1. 风险评估实验室

2011年，农业部印发《农业部农产品质量安全风险评估实验室管理规范的通知》，启动了农业部农产品质量安全风险评估实验室建设。至2014年，依托重庆农业科研机构和西南大学农产品质量安全研究和检测机构承建的4家农业部专业性和区域性农产品质量安全风险评估实验室获农业部综合考核通过。2011年，经过广泛申报、专家评审和综合考核，农业部选定了36家单位为农业部首批专业性农产品质量安全风险评估实验室，选定了29家单位为农业部首批区域性农产品质量安全风险评估实验室，分别承担专业和地域农产品质量安全风险评估、风险监测、风险交流等工作。同年12月，农业部印发《关于公布首批农业部农产品质量安全风险评估实验室名单的通知》。地处重庆市的“农业部柑橘产品质量安全风险评估实验室（重庆）”（依托单位为中国农业科学院柑橘研究所）、“农业部农产品贮藏保鲜质量安全风险评估实验室（重庆）”（依托单位为西南大学）成为农业部首批专业性风险评估实验室；“农业部农产品质量安全风险评估实验室（重庆）”（依托单位为重庆市农业科学院）成为农业部首批区域性风险评估实验室。2014年，农业部印发《关于增补农产品质量安全风险评估实验室的通知》，地处重庆市的“农业部动物产品质量安全生物性危害因子风险评估实验室（重庆）”（依托单位为重庆市动物疾病预防控制中心）增补为农业部第二批专业性风险评估实验室。

2. 风险评估实验站

2013年10月，农业部决定在全国各农产品主产区择优认定150个农产品质量安全检测、科研方面的技术机构作为首批农业部农产品质量安全风险评估实验站，承担授权主产区范围内相应农产品质量安全风险评估定点动态跟踪和风险隐患摸底排查工作，为全国农产品质量安全风险评估和农产品质量安全风险管理提供技术支撑。2014年1月，农业部印发《农业部农产品质量安全风险评估实验站管理规范》，对风险评估实验站的运行管理作了规范。同时公布了首批农业部农产品质量安全风险评估实验站依托单位名单。重庆市的万州区农产品质量安全监督检测中心、开县农产品质量安全监督检验站、涪陵区农产品质量安全监督检测中心、黔江区农产品质量安全检测站和永川区农产品质量安全检测中心名列其中。

二、监管依据（法律法规规章及规范性文件）

2006年4月29日，国家第一部农产品质量安全管理专门法律《中华人民共和国农产品质量安全法》颁布实施。该法遵循农产品质量安全管理的客观规律，以全程质量安全管理控制为理念，创立了农产品质量安全标准的强制实施制度、农产品产地安全管理制度、农产品包装和标识管理制度、农产品质量安全监督检查制度、风险评估制度和信息发布制度等，推动了农产品质量安全工作进入了依法监管、科学管理的新轨道。2007年，国务院发布了《关于加强食品等产品安全监督管理的特别规定》，农业部发布了《关于贯彻落实〈国务院关于加强食品等产品安全监督管理的特别规定〉的实施意见》和《农产品质量安全专项整治工作具体实施方案》，进一步明确了监管职责，建立健全了服务、管理、监督、处罚、应急五位一体的工作机制。2009年2月28日，《中华人民共和国食品安全法》颁布实施，进一步明确了农业行政主管部门的监管职责，完善了国家的食品安全法律制度。重庆市农业委员会认真贯彻实施《中华人民共和国农产品质量安全法》《中华人民共和国食品安全法》，监管工作制度逐渐完善，农业标准化扎实推进，质量安全认证逐渐加快，质量检验检测体系逐渐完善，监管执法不断强化，重庆市农产品质量安全水平稳步提高。

2011年，重庆市人民政府出台了《关于进一步加强食品安全监管工作的意见》，重庆市人民政府办公厅印发了《关于进一步加强农产品质量安全监管工作的意见》和《关于保障食品安全财税扶持政策的通知》，为重庆市扎实推进食品、农产品质量安全监管长效机制建设明确了工作思路、目标任务、推进措施和扶持政策。2013年，按照国务院的部署，改革食品安全监管体制，重庆市人民政府出台了《重庆市人民政府关于改革完善食品药品监管体制的实施意见》和《重庆市人民政府办公厅关于重庆市食品药品监督管理局主要职责内设机构和人员编制规定的通知》，明确了重庆市食品药品监督管理局与重庆市农业委员会的有关职责分工，即重庆市农业委员会负责食用农产品从种植养殖环节到进入批发、零售市场或生产加工企业前的质量安全监督管理，负责畜禽屠宰环节和生鲜乳收购环节质量安全监督管理。重庆市人民政府同时明确豆芽生产环节的质量安全监督管理由农业部门牵头负责。同年，畜禽屠宰环节质量安全监管职能开始移交农业部门。2014年，重庆市人民政府印发《重庆市人民政府办公厅关于加强农产品质量安全监管工作的通知》。2015年，重庆市委督查室、重庆市人民政府督查室印发《关于做好2015年市级党政机关目标管理绩效考核工作的通知》，重庆市将农产品质量安全监管纳入了对区（县、自治县）年度经济社会发展实绩考核。

为落实豆芽生产环节监管主体责任，重庆市农业委员会先后出台了《重庆市2014年豆芽生产环节专项整治实施方案》《重庆市豆芽生产技术指导规范（试行）》和《关于贯彻落实〈国家食品药品监督管理总局、农业部、国家卫生和计划生育委员会关于豆芽生产过程中禁止使用6-苄基腺嘌呤等物质的公告〉的通知》，重庆市豆芽生产摸底调查、执法检查、技术培训和检验检测等工作全面展开。

三、工作规范

为规范、指导区（县）农产品质量安全监管机构、乡（镇）农产品质量安全监管站的监管工作和农产品“三品一标”企业质量管理，重庆市农产品质量安全中心经过广泛调研，于2014年设计编印了《重庆市三品一标监管工作指南》，在全国推广应用。当年发放该指南5 200多册。《重庆市三品一标监管工作指南》制定了区（县）农产品质量安全监管机构、乡（镇）农产品质量安全监管站以及农产品生产企业的工作规范。

（一）区县农产品质量安全监管机构工作规范

区（县）农产品质量安全监管机构应做到“六有一用一培训”。“六有”：①有一个制度。建立辖区内农产品质量安全监管制度、联系制度，把对具体乡镇、具体企业的监管联系职责落实到人头。②有一份文件。成立农产品质量安全领导机构，明确人员分工。③有企业（档案）名录：辖区内种养大户、专业合作社情况；生产者信息、主要产品、法人电话、内检员电话；认证企业，未认证企业目录；获证企业档案监督管理记录。④有检查记录。对生产企业开展监督检查，有专门的检查记录表，对每次监督检查结果归档。⑤有责任书。县级农业行政主管部门与县级行业监管站所签订的安全生产责任书、县级工作机构与生产企业签订的安全生产责任书。⑥有一个评价办法。对乡镇农产品质量安全监管站、对生产企业有一个具体的评价办法，树立先进榜样，起好示范带动作用。“一用”：用好整改通知书，其格式由重庆市质量安全中心统一制作。“一培训”：对辖区内企业进行农产品质量安全法律法规、安全生产知识、标准化技术培训，每年至少开展1次。

（二）乡镇农产品质量安全监管站工作规范

乡（镇）农产品质量安全监管站应做到：“五有一培训”。“五有”：有职责，依法建立农产品质量安全工作机构，明确农产品质量安全监管职能职责并上墙；有人员，明确监管人员职责，监管人员照片上墙；有档案记录，对辖区内投入品经营商信息、生产企业信息、三品一标认证情况有详细的档案记载；有检查记录，按照县级工作机构要求，开展监督检查，做好检查记录，将检查记录归档备查；有速测室，按统一标准建设农残速测室，为产品基地准出提供技术支持。“一培训”：对辖区内投入品经销商、专业合作社、种养大户及获证企业分期分类培训。

（三）农产品生产企业工作规范

获证生产企业质量管理控制应做到：“两书三上墙，设立两个提示牌，做好一本台账，用好一个标志，建立一个产品检测室”。“两书”：获证单位与县级工作机构签订农产品质量安全生产责任书、获证单位向社会承诺安全生产的承诺书。“三上墙”：制作并张贴（悬挂）获证单位信息公示栏，包括获证单位安全生产责任书、承诺书上墙，区（县）片区农产品质量安全监管员及企业内质检员信息和照片上墙，生产技术规程、证书复印件等上墙。“设立两个提示牌”：在基地内设立获证产品生产基地公示牌和禁用投入品警示牌。“做好一本台账”：遵守农产品质量安全法，做好农产品生产记录。包括投入品购买记录、投入品使用记录、生产农事记录、产地准出检查记录、标志使用记录、销售记录等。“用好一个标志”：获证单位必须按照“三品一标”认证（登记）管理办法相应要求，在产品包装、产品上规范使用相应标志；获证单位还应建立健全标志使用管理制度，做好标志使用台账，建立标志使用档案，如实记载地理标志使用情况，档案应当保存5年。“建立一个产品检测室”：生产企业、农村专业合作经济组织、种养大户须建立产品检测室，配备相关检测设备，或者委托有检测能力的检测机构检测产品质量，开展产地准出检测并做好检测记录。

四、监管措施

一是组建农产品质量安全技术指导专家组。为充分发挥专家的“智库”作用，进一步强化农产品质量安全科学研究、风险评估、技术指导和消费引导等工作，2012年，重庆市农业委员会在8个相关专业领域聘任了一批专家，组建了重庆市农委农产品质量安全专家组。

二是完善农产品质量监测手段。2013年，重庆市级财政投入600万元，为300个乡（镇）农产品质量安全监管站各配备一台速测仪及辅助设备。2014年，重庆市农业委员会为385个乡（镇）农产品质量安全监管站配备农残速测设备，重庆市配备农残速测设备的乡镇达685个，覆盖全市涉农乡镇达82%。2015年，市级财政投入210万元，为147个乡（镇）农产品质量安全监管站配备农残速测设备。至此，全市832个涉农乡镇农残速测设备实现了全覆盖。同年，市级财政还投入150万元，实施50个乡（镇）农产品质量安全监管站示范站建设项目，示范带动乡镇监管站标准化建设和规范化运转。

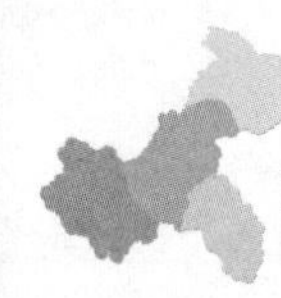

三是签订目标责任书。万州、城口、江津、武隆、梁平、璧山等区（县）农业部门印发了农产品质量安全工作考核实施办法，与乡（镇）签订了农产品质量安全工作目标责任书，并纳入了乡（镇）工作目标考核。全市畜牧部门单设的区县将重大动物疫病防控和畜产品质量安全工作纳入区（县）党委政府对乡镇的年度综合考核内容，实行“一票否决”。

四是开展业务培训。2014 年，举办市级乡镇农产品质量监管人员培训班 6 期，对 300 个乡镇的 600 余名监管人员进行了系统培训。2015 年，举办培训班 7 期，对 385 个乡镇的 755 名基层监管人员进行了法律法规、监督管理、安全生产技术知识及检测技能等方面的培训。

第二节　农产品质量监测

一、农业部组织例行监测

2001 年，农业部开始在全国实施“无公害食品行动计划”。组织有关检测机构参照国际食品法典委员会（CAC）标准，对部分省会城市的农产品生产基地、批发市场和农贸市场的蔬菜产品进行每年 5 次的农产品质量安全例行监测。重庆市于 2003 年被纳入农业部的例行监测范围，初次检测蔬菜农药残留，结果超标率为 24.2%，2005 年的第三次（5 月）检测降至 8.0%，总体呈下降趋势。猪肉中的“瘦肉精”和磺胺类药物残留在历次检测中均为阴性，走在全国前列。

二、重庆市自组例行监测

2004 年，重庆市农业局印发《关于建立农产品质量安全例行监测及信息发布制度的通知》，决定从 2005 年开始，建立重庆市主要农产品质量安全例行监督检测及信息发布制度。2005 年，重庆市农业局组织农业部蔬菜品质监督检验测试中心（重庆）、农业部农业环境质量监督检验测试中心（重庆），以蔬菜产品和畜产品为重点，对市内 10 个主要蔬菜生产基地、10 个市场（批发市场、农贸市场和超市）生产（经销）的初级农产品进行质量安全监测。检测工作每季度进行 1 次，监测结果经汇总分析后形成监测报告，通过新闻发布会向社会公布。当年 4 次例行监测共抽取蔬菜样品 903 个，进行了甲胺磷、氧化乐果等 10 项农药残留指标检测，样本超标总数 75 个，超标率为 8.31%。畜产品抽样 520 个，检测盐酸克伦特罗、甲硝咪唑和氯霉素，抽样合格率 100%。水产品抽样 111 个，检测重金属铅、镉、汞、砷残留量，样本超标率 0.9%。对长寿、万州、江津、永川 4 个产地的柑橘进行了监测，选择铅、镉、汞、砷、甲胺磷、甲基对硫磷 6 个参数作为监测指标。共抽样 20 个，样品检测合格率 100%。2005—2006 年，对重庆市南桐矿业有限责任公司九锅箐林业综合分公司、重庆市城口县鸡鸣茶业有限责任公司、重庆铜梁茶叶有限责任公司等 12 个企业生产的 14 个绿色食品茶叶进行了监测，绿色食品茶叶抽检合格率为 100%。

自 2006 年起，重庆市农业委员会（农业局）每年都印发关于农产品质量安全例行监测的相关文件并严格按照实施方案组织实施，监测结果向农业部报告同时向社会发布。2006 年，例行监测蔬菜生产基地 15 个、批发及农贸市场 10 个、超市 10 个。总计抽样 3 150 个，其中蔬菜 1 200 个，畜产品 360 个，水产品 80 个。蔬菜平均合格率为 92.6%，比 2001 年的 61.2% 提高了 31.4 个百分点。畜禽产品未受盐酸克伦特罗（瘦肉精）和氯霉素污染，磺胺类药物抽检合格率为 100%，在全国 22 个受检城市中保持第一位。水产品重金属含量抽检合格率为 99.5%。水稻主产区大米样本超标率为 8.3%，超标项目为“铅”，超标地点为铜梁、梁平和垫江。绿色食品水果全部符合绿色食品标准要求，100% 为绿色食品水果一级产品。

2007 年，例行监测蔬菜生产基地 22 个、批发及农贸市场 9 个、超市 15 个。总计抽样 3 150 个，其中蔬菜 2 610 个，畜产品 360 个，水产品 180 个。同时安排 18 个县级质检站开展了蔬菜残留的快速检测，结果是蔬菜质量安全水平稳步提高，总体安全。例行监测抽检合格率为95.4%，比2006年的92.6%提高了2.8个百分点。蔬菜基地例行抽检超标率为2.7%，比2006年的6.4%降低了3.7个百分点，主要污染物为氧化乐果、呋喃丹，叶菜类蔬菜超标率最高。主要市场蔬菜超标率为5.6%，与2006年的6.0%相比降低了0.5个百分点，主要污染物为氧化乐果、水胺硫磷，豆类蔬菜的超标率最高。主要超市蔬菜超标率为5.6%，与2006年的8.0%相比降低了2.3个百分点，主要污染物为氧化乐果、水胺硫磷和甲胺磷，豆类和叶菜类蔬菜的超标率较高。市售猪肝、鸡肉、猪肉等畜禽产品中盐酸克伦特罗、甲硝咪唑/二甲硝咪唑和氯霉素残留抽检合格率为100%。市售鲢鱼、草鱼重金属和药残氯霉素、孔雀石绿、隐色孔雀石绿抽检合格率为100%。市产大米质量状况良好，甲胺磷、噻嗪酮、杀虫双、克百威、毒死蜱、三环唑等农药残留抽检合格率为100%。对市场上销售的苹果、梨子、香蕉、柑橘类产品甲胺磷等9种农药残留进行了抽检，苹果、梨子超标率为10%，主要污染物为甲胺磷；香蕉和柑橘类产品没有出现超标。2007年，重庆市各监测机构累计检测样本数量2.2万个。

2008年，例行监测蔬菜生产基地22个、批发及农贸市场9个、超市15个。总计抽样3 450个，其中蔬菜2 610个，畜产品720个，水产品120个。同时安排23个县级质检站开展了蔬菜残留的快速检测。蔬菜质量安全水平稳中有升，总体安全。例行监测抽检合格率为97.74%，比2007年的95.4%提高了2.34个百分点。基地蔬菜的超标率为0.39%，比2007年的2.7%降低了2.31个百分点，污染物为氰戊菊酯。从蔬菜种类看，叶菜类出现超标。主要市场蔬菜超标率2.90%，与2007年的5.6%相比降低了2.7个百分点，主要污染物为水胺硫磷、杀暝硫磷、氯氟氰菊酯、氟氯氰菊酯、氯氰菊酯。从蔬菜种类看，豆类的超标率最高。主要超市蔬菜超标率为3.74%，与2007年的5.6%相比降低了1.86个百分点，主要污染物为氧化乐果、对硫磷、毒死蜱、三唑酮、氟氯氰菊酯。从蔬菜种类看，叶菜类的超标最高。畜禽产品盐酸克伦特罗（瘦肉精）和氯霉素检出结果均为阴性，全市畜禽产品未受盐酸克伦特罗（瘦肉精）和氯霉素污染。水产品重金属、氯霉素、孔雀石绿检测合格率为100%。2008年全市检测样本数量达到2.5万个。同年抽检了23家企业生产的蔬菜、粮油、水果、茶叶、畜产品共38个绿色食品产品样品，检测合格率为100%。其中，10家企业生产的13个产品达到绿色食品一级产品质量标准，占抽检样品总数的34.2%；17家企业生产的25个产品达到绿色食品二级产品质量标准，占抽检样品总数的65.8%。对20家绿色食品生产企业的蔬菜、经作、粮油原料生产基地的环境质量进行了监测，抽检土壤样品85个，农田灌溉水23个、加工用水20个，抽检合格率为100%。其中，15家企业原料生产基地环境质量均达到《绿色食品产地环境技术条件》一级标准要求，占监测企业总数的75%，5家企业原料生产基地环境质量为《绿色食品产地环境技术条件》二级，占监测企业总数的25%。

2009年，例行监测蔬菜生产基地22个、批发及农贸市场9个、超市15个。总计抽样3 450个，其中蔬菜2 610个，畜产品720个，水产品120个。同时安排34个县级质检站开展了蔬菜农药残留的快速检测，蔬菜质量安全水平良好。全年抽检蔬菜样品监测合格率为96.31%，与2008年的97.74%相比下降了1.43个百分点。生产基地，抽检蔬菜样品362个，超标率为2.76%，与2008年的0.39%相比上升了2.37个百分点，主要污染物为氧化乐果、水胺硫磷、毒死蜱、联苯菊酯。从蔬菜种类看，豆类超标率最高。主要农贸市场和批发市场，抽检蔬菜样品376个，超标率为4.26%，与2008年的2.9%相比上升了1.36个百分点，主要污染物为氧化乐果、毒死蜱、氯氟氰菊酯、磷胺、三唑磷。从蔬菜种类看，豆类的超标率最高。主要超市，抽检蔬菜样品264个，超标率为4.17%，与2008年的3.74%相比上升了0.43个百分点，主要污染物为氧化乐果、三唑磷、毒死蜱、三唑酮、氟氯氰菊酯。从蔬菜种类看，豆类的超标率最高。对渝北等区（县）的22个农贸市场和超市、5个屠宰场进行了监测，抽检猪肉、猪肝及相关样品300批次，鸡肉样品60批次。猪肉中磺胺类药物残留和鸡肉中环丙沙星、恩诺沙星药物残留监测合格率均为100%。对主城区16个市场及超市白鲢和鳙鱼进行了监测，共抽检白鲢和鳙鱼样品120批次。重金属铅、镉、汞、砷含量监测合格率均为100%。同年还对全市通过认证并在有效期的有机食品、绿色食品、无公害农产品和重庆名牌农产品进行了监督抽查。抽查有机食品20个，绿色食品60个，无公害农产品150个，重庆名牌农产品100个，计330个产品，每个产品抽取1个样，计330个样品。

2010年，例行监测蔬菜生产基地22个、批发及农贸市场9个、超市12个。总计抽样2 260个，其中蔬菜（含食用菌）1 460个，畜产品600个，水产品200个。同时安排31个县级质检站开展了蔬菜农药残留的快速检测。蔬菜监测合格率为92.78%，主要污染物为毒死蜱、多菌灵、氧化乐果和水胺硫磷；畜禽产品类猪肝及猪尿中的β-兴奋剂（盐酸克伦特罗、莱克多巴胺、沙丁胺醇）监测合格率为100%，猪肉中的磺胺类药物监测合格率为100%，鸡肉中的喹诺酮类药物（环丙沙星、恩诺沙星、沙拉沙星和达氟沙星）监测合格率为98.75%，鸡蛋中的三聚氰胺监测合格率为100%；水产品监测合格率为93.48%，主要污染物为孔雀石绿、氯霉素、汞和镉，喹诺酮类药物残留未出现超标。

2011年，全市共抽样检测样品69 187个，较2010年增加119.6%。其中蔬菜水果抽检49 552个样品，畜禽产品抽检18 663个样品（其中，养殖场户和定点屠宰环节瘦肉精专项和生鲜乳违禁物质专项抽检12 307个样品），水产品抽检972个样品。畜禽产品“瘦肉精”、三聚氰胺专项检测合格率100%，连续8年保持全国领先。地产水产品监督抽检合格率100%，全国领先。蔬菜监测合格率稳步上升，达到96%以上，居全国前列。全市未发生农产品质量安全事件。蔬菜产品：市级例行监测对主城及渝西片区、涪陵片区、万州片区、黔江片区共22个蔬菜生产基地、主城区和潼南的10个批发市场和农贸市场、主城区和渝西片区、涪陵片区、万州片区、黔江片区的12个超市共抽检蔬菜（含食用菌）和水果1 460个样品，主城及渝西片区监测甲胺磷等农药残留项目50个，其他地区监测甲胺磷等农药残留项目22个。同时安排31个县级质检站开展了蔬菜农药残留的快速检测，蔬菜质量安全水平良好。生产基地，抽检蔬菜样品98个超标率为7.14%，与2010年的1.25%相比增加了5.89个百分点，主要污染物为毒死蜱、多菌灵、氧化乐果、氯氟氰菊酯。从蔬菜种类看，叶菜类超标率最高，豆类、瓜果类、块根类蔬菜未出现超标。主要农贸市场和批发市场，抽检蔬菜样品327个超标率为8.26%，与2010年的6.38%相比上升了1.88个百分点，主要污染物为多菌灵、毒死蜱、水胺硫磷、氧化乐果、氟虫腈、甲氰菊酯、涕灭威、嘧霉胺。从蔬菜种类看，叶菜类的超标率最高，依次为豆类、瓜果类蔬菜，块根类蔬菜未出现超标。主要超市，抽检蔬菜样品115个，超标率为4.35%，与2010年的3.23%相比上升了1.12个百分点，主要污染物为氧化乐果、毒死蜱、克百威、吡虫啉。从蔬菜种类看，豆类的超标率最高，其次为叶菜类，瓜果类和块根类蔬菜未超标。畜禽产品：对永辉超市嘉州店等17家超市、渝北区嘉州小农贸市场等13家农贸市场、重庆兆隆肉食品有限公司等6家屠宰场，共抽检畜禽产品600批次，其中猪肝产品160批次、猪尿样品160批次，猪肉产品120批次，鸡肉产品80批次，鸡蛋产品80批次。猪肝产品及猪尿样品中的β-兴奋剂（盐酸克伦特罗、莱克多巴胺、沙丁胺醇）监测合格率为100%，猪肉产品中的磺胺类药物监测合格率为100%，鸡肉产品中的喹诺酮类药物（环丙沙星、恩诺沙星、沙拉沙星和达氟沙星）监测合格率为98.75%，鸡蛋产品中的三聚氰胺监测合格率为100%。水产品：对杨家坪农贸市场等26家市场和超市的白鲢、鳙鱼、草鱼、鲫鱼、鲤鱼、斑点叉尾鮰、甲鱼、鳊鱼、对虾、鳜鱼、鲈鱼、罗非鱼和乌鳢进行了监测，共抽检水产品230个样品，监测项目为铅、镉、汞、砷、氯霉素、孔雀石绿和喹诺酮类（恩诺沙星、环丙沙星、诺氟沙星）。水产品检测总合格率为93.48%，主要污染物为孔雀石绿，占超标样品总数的80%，氯霉素、汞和镉分别占超标样品总数的6.67%，喹诺酮类药物残留未出现超标。

2012年，例行监测蔬菜生产基地22个、批发及农贸市场10个、超市12个。总计抽样4 000个，其中蔬菜（含食用菌）3 200个，畜产品600个，水产品200个。重庆市农产品质量总体安全。蔬菜中甲胺磷等50种农药残留监测合格率为95.37%，主要污染物为毒死蜱、氯氟氰菊酯、异菌脲、氧化乐果、阿维菌素、苯醚甲环唑、克百威、水胺硫磷、三唑磷、甲氰菊酯。畜禽产品，猪肝产品和猪尿样品中的β-受体激动剂残留监测合格率均为100%，猪肉产品中的磺胺类药物残留监测合格率为100%，鸡肉产品中的喹诺酮类药物残留监测合格率为100%，鸡蛋产品中三聚氰胺监测合格率为

100%。水产品中氯霉素、孔雀石绿、喹诺酮类和磺胺类药物残留监测合格率为89.5%，主要污染物为孔雀石绿。

2013年，例行监测蔬菜生产基地22个、批发及农贸市场10个、超市12个。总计抽样4 000个，其中蔬菜（含食用菌）3 200个，畜产品600个，水产品200个。全市开展生猪养殖环节和屠宰环节瘦肉精抽检，抽检了30个区（县）545个养殖场（户）的1 051批次育肥后期的生猪尿样，屠宰环节抽检了全市303个生猪定点屠宰场的47 147份生猪尿样，经检测全部为阴性，所抽样品全部合格。全年抽检蔬菜样品合格率为94.0%，抽检畜禽产品600批次合格率为100%，抽检水产品样品180个合格率为95.6%。

2014年，例行监测蔬菜生产基地22个、批发及农贸市场10个、超市12个。总计抽样4 220个，其中蔬菜（含食用菌）3 420个，畜产品600个，水产品200个。重庆市农产品质量总体安全。蔬菜中甲胺磷等50种农药残留抽检合格率为93.97%，主要污染物为克百威、氧化乐果、多菌灵、毒死蜱、苯醚甲环唑、异菌脲、水胺硫磷、啶虫脒、三唑磷、辛硫磷、阿维菌素、氯氟氰菊酯、涕灭威、灭多威药物残留。畜禽产品，猪肝产品及猪尿样品中的β-受体激动剂残留抽检合格率均为100%，猪肉产品中的磺胺类药物残留抽检合格率为100%，鸡肉产品中的喹诺酮类药物残留抽检合格率为100%，鸡蛋产品中三聚氰胺抽检合格率为100%。水产品中氯霉素、孔雀石绿、喹诺酮类和磺胺类药物残留抽检合格率为95.56%，主要污染物为孔雀石绿和磺胺类药物残留。

2015年，例行监测蔬菜生产基地22个、批发及农贸市场10个、超市12个。总计抽样4 310个，其中蔬菜（含食用菌）3 385个，畜产品690个，水产品200个。蔬菜监测合格率为97.36%；畜禽产品合格率为99.86%；生鲜乳专项抽检120个样，合格率100%；水产品合格率98.58%。

第三节　农业投入品监测

1988年，重庆市首次开展了农药、化肥质量检查，查封了假劣农药。1995年后，重庆市人民政府加大了整顿农资流通秩序的力度，组织职能部门对农资市场大面积监督检查，打击假冒伪劣产品，切实维护了农民利益。自2004年开始，重庆市农业局（市农业委员会）每年组织对农业投入品质量进行例行监测抽检并将结果向社会公布。

一、肥料

2004—2006年，重庆市肥料3年抽检平均合格率为69.3%，每年抽测合格率有明显的下降趋势，2006年为58.8%。其中过磷酸钙3年抽检平均合格率为63.4%，2006年抽检合格率为36.4%。氮磷钾三元复混肥3年抽检平均合格率为77.5%，其中低浓度复混肥3年抽检平均合格率为64.0%；中浓度复混肥3年抽检平均合格率为80.0%；高浓度复混肥质量良好，3年抽检平均合格率为98.2%。铁锌复合肥、磷酸二氢钾等其他复合肥质量最差，2年（2005年未抽检）抽检平均合格率为28.6%，2006年抽检合格率为23.1%。市内企业生产的产品3年抽检平均合格率为67.2%，比市外企业生产的产品合格率72.7%低5.5个百分点。

2007年，肥料抽检合格率为85%。按肥料种类评价：过磷酸钙抽检合格率为84.0%，复混肥抽检合格率为85.2%，碳酸氢铵抽检样品2批次，评价结果为合格。与2004—2006年各年度相比，2007年肥料抽检合格率有较大提高。其中年度综合合格率比2004年、2005年和2006年分别提高了9.2、13.6和25个百分点；复混肥抽检合格率比2004年、2005年和2006年分别提高了2.8、14.3和5.2个百分点；过磷酸钙抽检合格率比2004年、2005年和2006年有大幅度的提高，分别提高了15.9、11.9和47.6个百分点。

2008年，肥料质量水平明显下降，抽检合格率为78.8%，比2007年的85%降低了6.2个百分点。

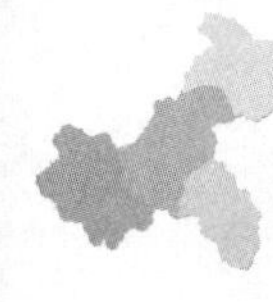

其中，复合肥抽检合格率比2007年的85.2%提高了2.3个百分点，过磷酸钙的抽检合格率比2007年的84.0%降低了11.8个百分点。新抽检的有机肥合格率只有57.1%。

2009年，抽检肥料产品共80批次，其中抽检过磷酸钙12批次、复混肥62批次、有机-无机复合肥6批次。肥料质量水平不容乐观，过磷酸钙和有机-无机复混肥质量令人担忧。2009年肥料监测合格率为73.8%，比2008年的78.8%降低了5个百分点。其中，复混肥监测合格率为82.3%，比2008年的87.5%降低了5.2个百分点，过磷酸钙监测合格率为41.7%，比2008年的72.2%降低了30.5个百分点，有机-无机复混肥监测合格率为50.0%。

2010年，肥料抽检合格率为62.3%。其中，复混肥抽检合格率为57.7%；过磷酸钙抽检合格率为71.4%。2011年，抽检肥料产品共80批次合格率为73.8%，比2010年的62.3%提高了11.5个百分点。其中，抽检复混肥60批次，合格率为73.3%，比2010年的57.7%提高了15.6个百分点；抽检过磷酸钙20批次，合格率为75%，比2010年的71.4%提高了3.6个百分点。2012年，肥料抽检合格率为70.6%。2013年，抽检肥料产品180批次，合格率为85.0%。2014年肥料质量抽检合格率为89.8%。其中，复混肥抽检合格率为89.8%，过磷酸钙抽检合格率为63.6%，其他肥料抽检合格率为95.7%。2015年，肥料抽检合格率为82.4%，比2014年的89.8%降低了7.4百分点。其中，复混肥抽检合格率为88.9%，比2014年的89.8%降低了0.9个百分点；过磷酸钙抽检合格率为66.7%，比2014年的63.6%降低了3.1个百分点；其他肥料抽检合格率为20%，比2014年的95.7%降低了75.7个百分点。比较结果显示，2015年的肥料质量比2014年的明显降低。

2015年，重庆市按照“简政放权”的总体要求，办理肥料登记296项，其中外省来渝备案120项，变更登记23项，临时登记、正式登记及续展登记153项，启动了“到2020年化肥使用零增长计划”。

二、农药

重庆市2004年的农药抽检合格率为85.4%。其中，杀虫剂抽检合格率为84.6%，杀菌剂抽检合格率为94.1%，除草剂抽检合格率为71.4%。2005年的农药抽检合格率为83.5%。其中，杀虫剂抽检合格率为87.7%，杀菌剂抽检合格率为71.4%，除草剂抽检合格率为100%。2006年的农药抽检合格率为79.1%。其中，杀虫剂抽检合格率为79.4%，杀菌剂抽检合格率为71.4%，除草剂抽检合格率为100%。农药3年抽检平均合格率为82.7%。其中，杀虫剂3年抽检平均合格率为83.9%，杀菌剂3年抽检平均合格率为79.0%，除草剂3年抽检平均合格率为90.5%。农药抽检合格率总体呈下降趋势。

重庆市2007年的农药抽检合格率为90%。其中，杀虫剂抽检合格率为89.1%，杀菌剂抽检合格率为100%，除草剂抽检合格率为87.5%。2007年的农药总体抽检合格率比2004年、2005年、2006年分别提高了4.6、6.5、10.9个百分点。其中，杀虫剂抽检合格率比2004年、2005年、2006年分别提高了4.5、1.4和9.7个百分点；杀菌剂抽检合格率比2004年、2005年、2006年分别提高了5.9、28.6、28.6个百分点；除草剂抽检合格率比2004年提高了16.1个百分点，比2005年和2006年降低了12.5个百分点。2008年的农药抽检合格率为79.7%，比2007年的90%下降了10.3个百分点。其中，杀虫剂抽检合格率为80.8%，比2007年的89.1%降低了8.3个百分点；杀菌剂抽检合格率为66.7%，比2007年的100%降低了33.3个百分点；除草剂抽检合格率为81.8%，比2007年的87.5%下降了5.7个百分点。重庆市2009年的农药抽检产品共100批次，抽检合格率为84%，比2008年的79.7%提高了4.3%。其中，抽检杀虫剂88批次，抽检合格率为86.4%，比2008年的80.8%提高了5.6个百分点；抽检杀菌剂12批次，抽检合格率为66.7%，与2008年相同。农药不合格主要原因是检出了未登记有效成分、未检出登记有效成分和登记有效成分含量不达标。重庆市2010年的农药产品抽检合格率为82.5%。重庆市2011年抽检农药产品165批次，合格率为72.7%，比2010年的82.5%降低了9.8个百分点。其中，抽检杀虫剂113批次，合格率为68.1%，比2010年的78.9%降低了10.8个百分点；抽检杀菌剂 21 批次，合格率为 90.5%，比 2010 年 85.7% 提高了 4.8 个百分点；抽检除草剂 31 批次，合格率为 77.4%，比 2010 年 91.4% 降低了 14 个百分点。不合格主要原因是检出了未登记有效成分、未检出登记有效成分和登记有效成分含量不达标。重庆市 2012 年的农药抽检合格率为 86.3%。2013 年抽检农药产品 155 批次，合格率为 87.1%。2014 年农药抽检合格率为 66.4%。重庆市 2015 年抽检农药产品 188 批次，合格率为 79.8%，比 2014 年的 66.4% 提高了 13.4 个百分点。其中，杀虫剂抽检合格率为 82.4%，比 2014 年的 62.8% 提高了 19.6 个百分点；杀菌剂抽检合格率为 85.7%，比 2014 年的 81.8% 提高了 3.9 个百分点；除草剂抽检合格率为 74.2%，比 2014 年的 69.4% 提高了 4.8 个百分点。重庆市 2015 年的农药质量比 2014 年的有明显提高。

2015 年，重庆市全面推行高毒农药定点经营和实名购买制度，高毒农药经营门店由原来的 8 226 家减少到定点 1 193 家。同年启动了“到 2020 年农药使用零增长计划”。

三、饲料

2004—2006 年，重庆市对生产、经营、养殖环节的饲料和饲料添加剂、“饲料/水”药物、动物源性饲料等产品抽取了 3 211 批次的样品进行检测。“饲料/水”药物检测平均合格率达到 99.8%；动物源性饲料平均合格率达到 97.5%；饲料和饲料添加剂平均合格率为 83.5%，质量相对较差。

2007 年，重庆市饲料生产、经营及养殖各环节中添加国家禁止使用的药物情况得到很好的控制（违禁添加物检出率为 0.6%），饲料常规营养及安全性项目检测合格率为 84.2%。

2008—2011 年，重庆市饲料类产品连续 4 年抽检合格率均保持在 95% 以上，产品质量优良，表现稳定。重庆市 2008 年饲料类产品质量抽检合格率为 95.9%，比 2007 年的 84.2% 提高了 11.7 个百分点。其中，配合饲料抽检合格率为 97.4%，浓缩饲料抽检合格率为 91.1%，添加剂预混饲料抽检合格率为 96.4%，精料混合饲料和植物源性饲料抽检全部合格，动物源性饲料抽检合格率为 79.6%。重庆市 2009 年共抽检饲料类产品 529 批次，包括配合饲料、浓缩饲料、添加剂预混饲料、精料混合饲料等产品，来源于 276 家饲料生产经营企业和养殖场（户），检测合格率为 98.3%，比 2008 年的 95.9% 提高了 2.4 个百分点。其中，配合饲料抽检 377 批次，合格率为 98.4%；浓缩饲料抽检 22 批次全部合格；添加剂预混饲料抽检 53 批次，合格率为 96.2%；精料混合饲料抽检 16 批次全部合格；动物源性饲料抽检 42 批次，合格率为 97.6%；植物源性饲料抽检 19 批次全部合格。2010 年饲料类产品抽检合格率为 97.2%。重庆市 2011 年共抽检饲料类产品 648 批次，合格率为 98.6%，比 2010 年的 97.2% 提高了 1.4 个百分点。其中，抽检配合饲料 359 批次，合格率为 99.4%；浓缩饲料 32 批次，合格率为 93.8%；添加剂预混饲料 52 批次，合格率为 98.1%；精料混合饲料 38 批次全部合格；动物源性饲料 118 批次，合格率为 96.6%；植物源性饲料 49 批次全部合格。

2012—2015 年，重庆市饲料类产品连续 4 年抽检合格率均保持在 98% 以上。2012 年的抽检合格率为 98.4%。2013 年为抽检 606 批次，合格率为 99.0%。2014 年的抽检合格率为 99.1%。2015 年，重庆市共抽检饲料产品 840 批次，827 批次合格，合格率为 98.5%，比 2014 年的 99.1% 降低了 0.6 个百分点。

重庆市 2015 年全面推行《饲料质量安全管理规范》，对饲料及饲料添加剂等投入品的使用，按照“简政放权”的总体要求，办理饲料添加剂、添加剂预混合饲料产品批准文号审批等 212 项。

四、兽药

2004—2009 年，重庆市兽药质量监测合格率在 58.6% ~80.6% 之间波动，兽药质量水平亟待提高。2004—2006 年，兽药抽检平均合格率为 74.8%，其中 2004 年合格率为 81%，2005 年合格率为 71%，2006 年合格率为 72.3%。2007 年共抽检兽药样品 150 批次，其中不合格 31 批次，合格 119 批次，合格率为 79.3%，比 2004 年下降了 1.7 个百分点，比 2005 年、2006 年分别提高了 8.3、7 个百分点。31 批次不合格兽药中，有10批次为假药。重庆市2008年的兽药质量水平大幅下降，抽检合格率为58.6%，比2007年的79.3%降低了20.7个百分点。77批次不合格兽药中，有25批次为假药。重庆市2009年抽检兽药产品108批次，检测合格率为80.6%，比2008年的58.6%提高了22个百分点。21批次不合格兽药中，有3批次为假药。

重庆市2010年的兽药抽检合格率为81.4%。2011年抽检兽药产品180批次，合格率为83.3%，比2010年的81.4%提高了1.9个百分点。重庆市2012年的兽药抽检合格率为83.7%。2013年抽检兽药产品214批次，合格率为88.3%。2014年兽药抽检合格率为91.5%。2015年抽检兽药产品259批次，其中17批次不合格，合格率为93.4%，比2014年的91.5%提高了1.9个百分点。

重庆市2015年全面推行兽药生产GMP和兽药经营GSP制度。按照"简政放权"的总体要求，办理兽药有关的登记65项，核发兽药生产许可证2个。

五、种子

2004—2006年，重庆市对种子生产、经营企业的主要粮食和蔬菜作物种子的净度、水分和发芽率进行抽样检测，共抽取各类种子544批次。蔬菜2年（2006年未抽检）抽检平均合格率为48%，水稻3年抽检平均合格率为96.7%，玉米3年抽检平均合格率为83.8%。重庆市2007年的主要粮食作物种子抽检合格率为68.8%。各检测指标中，种子净度检测全部合格，水分超标率为25.0%，发芽率不达标率为6.3%。2008年，重庆市主要农作物种子抽检合格率为62.1%，比2007年的68.8%下降了6.7个百分点。其中，水稻杂交种子抽检合格率为81.3%，比2007年的78.1%提高了3.2个百分点，主要是发芽率和水分不合格。玉米杂交种子抽检合格率仅为43.3%，比2007年的59.4%降低了16.1个百分点。其水分含量超标率为52.2%，发芽率不合格率为10.4%。蔬菜种子抽检合格率仅为57.5%。水分含量超标率为37.5%，发芽率不合格率为15%，净度不合格率为7.5%。

2009年，重庆市共抽检主要农作物种子产品543批次，其中水稻杂交种子203批次、玉米杂交种子267批次、蔬菜种子73批次。主要农作物种子抽检合格率为92.3%，比2008年的62.1%提高了30.2个百分点。抽检水稻杂交种子203批次，合格率为95.1%，不合格主要原因是发芽率不达标。抽检玉米杂交种子267批次，合格率为94.4%，不合格主要原因是水分含量超标。抽检蔬菜种子73批次，合格率76.7%，不合格主要原因是水分超标和发芽率不达标。

2010年，重庆市主要农作物种子抽检合格率为85.6%。重庆市2011年抽检主要农作物种子689批次，合格率为91.3%，比2010年的85.6%提高了5.7个百分点。其中，抽检水稻杂交种子255批次，合格率为94.5%，比2010年的86.5%提高了8个百分点，发芽率不合格是水稻杂交种子不合格的主要因素；抽检玉米杂交种子290批次，合格率为93.8%，比2010年的84.4%提高了9.4个百分点，水分含量超标是玉米种子不合格的主要因素；抽检蔬菜种子86批次，合格率为70.9%，比2010年的74%低了3.1个百分点，发芽率不合格和水分超标是蔬菜种子不合格的主要因素；抽检油菜种子58批次，合格率为94.8%，比2010年的98%降低了3.2个百分点，发芽率不合格是油菜种子不合格的主要因素。

2012年，重庆市主要农作物种子抽检合格率为94.8%，其中蔬菜种子抽检合格率为76.2%。2013年，重庆市抽检主要农作物种子451批次，合格率为96.7%。2014年，重庆市主要农作物种子抽检合格率为98.3%，质量水平良好。2015年，重庆市主要农作物种子抽检合格率为97.9%，比2014年的98.3%略有降低，其中，水稻种子合格率为97.9%，比2014年的98.8%降低了0.9个百分点；玉米种子合格率为97.5%，比2014年的97.8%降低了0.3个百分点；油菜种子合格率100%，比2014年的97.9%提高了2.1个百分点。

2015年，重庆市按照"简政放权"的总体要求，办理种子有关的登记89项，其中办理主要农作物种子生产经营审批40项，种子检验员资格认定49项。

第四节　农产品质量安全追溯体系建设

农产品质量安全追溯体系是通过对农产品质量安全追溯能力的建设，实施农产品质量安全追溯管理工作，将农产品从生产到加工直至销售等全过程结合起来，实现生产记录可存储、产品流向可追踪、储运信息可查询的产销一体化的农产品质量安全追溯信息网络。通过协同实施农产品批发市场索证索票及台账管理的方式，逐步实现农产品质量安全的规范化、制度化监管，将管理工作从被动应付向常态监管和源头管理转变。

重庆市于2011 年试点启动了产地准出管理和质量追溯体系建设。投入 200 万元在潼南、铜梁、璧山和武隆等 4 个蔬菜核心基地县的 20 个镇建设农产品质量快速检测站，探索基地农产品准出管理机制。投入 120 万元在涪陵、潼南等 8 个区（县）启动了蔬菜质量安全追溯体系试点建设，依托农产品生产基地和乡镇监管站的快速检测，实行检测数据与农委联网，实现了对监测点的实时跟踪监测。在荣昌建立了全国领先的 RFID 畜产品质量安全溯源系统，实行全程监控。

2013 年，重庆市投入 100 万元实施重庆市农产品质量安全追溯体系省级信息平台（包括菜篮子主产区县一级子平台、乡镇二级子平台和终端信息管理平台）建设项目。2014 年，重庆市对“三品一标”生产企业、农民专业合作经济组织及重点农产品生产企业推行农产品生产档案管理，对种植、畜禽养殖、水产养殖建立生产过程档案记载，从产地环境、投入品、生产过程、产品质量等生产全过程监管，以实现质量安全全程可追溯。2015 年，重庆市启动了市级农产品质量安全追溯体系建设。该系统含一库四平台，市—区（县）—乡（镇）—企业四级追溯管理，接入“菜篮子”主产区 20 个区(县)、70 个乡（镇)、110 家企业，对企业的生产记录、农产品销售、投入品使用等信息和数据进行采集、入库和追溯管理。2016 年，重庆市推进农产品质量安全追溯体系建设，基本建成农产品质量安全追溯管理平台，完善了农产品质量安全监管体系，建立追溯点 500 个，注册上线农产品生产企业 287 家。

第五节　农产品质量安全整治

在农产品质量安全监管执法方面，自 2005 年起，重庆市农业局建立并逐步完善了重庆市农产品质量例行监测及信息发布制度、监督抽查制度，监测范围、监测频率逐年加大，监测数量、监测项目逐年增加，并于 2005 年组织开展蔬菜质量安全专项整治。2007 年，重庆市全面开展农产品质量安全专项整治。2010 年组织农产品质量安全整治暨执法年行动。2013 年以后，重庆市农业部门上下联动，重拳出击突出问题，每年集中力量开展了农药、瘦肉精、生鲜乳违禁物质、兽用抗菌药、水产品禁用药物和有毒有害物质专项整治及农资打假治理等 7 个专项整治行动，实现了企业自查面、隐患排查面和隐患整治率三个 100% 的目标，有效落实了防控质量安全风险、遏制了突出问题，打击了违法犯罪。2008—2015 年，重庆市没有发生重大农产品质量安全事件，没有发生一起因农资质量而造成严重减产或大面积绝收的生产事故，没有发生一次因农资案件而引发的集访事件。

一、专项整治

2005—2006 年，重庆市组织开展了种子市场专项整治行动、兽药市场集中整治行动、饲料及饲料添加剂集中整治专项行动和蔬菜质量安全专项整治行动。重庆市累计出动执法人员 2.8 万多人次，查处种子、农药、肥料、兽药和饲料违法违规行为共计 1 433 件，涉案农资金额 334 万元，没收违法所得和处罚款 120 万元。扶持了一批有实力、信誉好的农资企业，在乡镇建立了放心农资连锁网点 160 余家。

2007 年 8—12 月，重庆市农业局在重庆市范围内组织开展了以高毒农药整治、畜产品质量安全整治、兽药和生猪生产整治、水产品质量安全整治、认证产品质量安全整治、农产品批发市场整治为主要内容的农产品质量安全专项整治行动，提高了重庆市农产品质量安全水平，保障了重庆市农产品消费安全。

2008 年，重庆市农业局组织开展了“一打三放心”农资打假、“农产品质量安全助奥运”“秋冬季饲料和农产品质量安全整治”“收奶站整治”等专项行动。2009 年，组织开展了重庆市农产品质量安全整治暨农产品质量安全执法年活动，深入开展了蔬菜产品、生鲜乳、饲料、兽药及兽药残留、水产品、无公害农产品绿色食品有机食品质量安全和农资打假等 7 个专项整治行动。

2010 年，重庆市农业局组织开展“重庆市深化农产品质量安全整治活动”。将重点任务细化为蔬菜质量安全、水果茶叶质量安全、生鲜乳质量安全、饲料质量安全、兽药及兽药残留、水产品质量安全、农资打假 7 个专项行动。重庆市共出动执法人员 2. 8 万人次，检查种子、农药、肥料、饲料和兽药市场 4 579 个、企业 1 874 家、门店 27 416 个；整顿农资市场 327 个；捣毁制假售假窝点 26 个，取缔无证经营户 162 个；查处违法案件 785 件，其中现场处罚 452 件，立案查处 333 件（大要案 1 件）；查获违法农资 32 718 千克，没收 5 843 千克，为农民挽回直接经济损失 23 682 万元。立案查处了张凯夫妇经营销售三聚氰胺奶粉的违法行为，收缴销毁含三聚氰胺奶粉 4. 85 吨，并溯源查处了成都大众饲料有限公司及石家庄经营人员。检查重庆市 423 个种植业基地、28 个规模奶牛养殖场（户）、5 826 个畜禽养殖场（户）、178 个水产苗种生产单位和养殖场、612 家“三品”生产单位，尚未发现畜禽养殖场添加和使用瘦肉精、莱克多巴胺、三聚氰胺等违禁物质的违法行为。责令整改种植业生产单位 92 家，水产苗种生产单位和水产养殖场 127 家，“三品”生产单位 55 家。对市场抽检不合格的农产品和经营企业及时函告工商部门依法查处 14 件。重庆市通过开展农产品质量安全大排查大整治大执法专项行动，农业生产企业、农民专业合作经济组织自查面达到 100%，初级农产品生产环节排查出的农产品质量安全隐患整治率达 100%。重庆市农业局对渝北、江北、沙坪坝等 11 个奶牛养殖重点区县范围内，以生鲜乳收购站、集中收奶点、生鲜乳运输车辆和奶牛养殖场（小区）为重点进行了全面整治，依法规范生鲜乳生产、收购和运输行为 100 余次；依法取缔违规生鲜乳收购行为，收回生鲜乳收购许可证和生鲜乳准运证明 2 个。按规定检查了 50 头以上的 28 个规模奶牛养殖企业（场、户）的近 8 000 头奶牛，实现生鲜乳收购站检查率 100%、生鲜乳中三聚氰胺检测合格率 100%、生鲜乳质量安全违规单位查处率 100%。

2012 年，重庆市农业委员会会同市环保局、市财政局出台了《重庆市农业行政处罚没收有毒有害农资农产品管理及销毁办法（试行）》，规范了重庆市农业（畜牧）行政处罚没收的有毒有害农资、农产品管理及销毁工作。市农业行政执法总队与市公安局打假总队签订了合作协议，建立了协调机制，农业行政执法与刑事司法衔接得到强化。畜牧部门全面落实了企业安全主体责任制，规范了畜禽养殖业主的生产行为，建立了畜产品质量安全责任追溯制度，全面推行了“一卡三档三书”（“一卡”即监督联系卡；“三档”即兽药购进和使用档案、养殖档案、监管档案；“三书”即监管工作责任书、安全用药责任书、安全用药告知书）制度。《生鲜乳生产收购管理办法》和《生鲜乳收购站标准化管理技术规范》全面落实，生鲜乳收购站、运输车现场检查全部达标。

2013 年，重庆市集中力量开展了“农药”“瘦肉精”“生鲜乳违禁物质”“兽用抗菌药”“水产品禁用药物和有毒有害物质”专项整治以及“农资打假”专项治理行动。基本实现了企业自查面、隐患排查面、隐患整治率 3 个 100% 的目标。重庆市共出动人员 4. 17 万人次，排查农产品和农资生产经营单位 2. 47 万家，整改隐患 1 534 起；受理举报案件 697 件，立案查处违法行为 401 件；对没收的假劣农资及有毒有害农产品实施集中销毁，重庆市集中销毁假劣种子、农药、兽药、饲料和饲料添加剂、有毒有害农产品 39. 2 吨。潼南、璧山等 10 个蔬菜产业重点区县推行了高毒农药定点经营和实名购买制度，潼南、璧山县的农药经销单位分别从实施定点经营前的 160 余家锐减至 20 余家，风险得到良好管控。

2014 年，重庆市开展了“农药及农药使用”“瘦肉精”“生鲜乳违禁物质”“兽用抗菌药”“畜禽屠宰”“水产品禁用药物和有毒有害物质”和“农资打假”7 个专项整治行动，实现了企业自查面、隐患排查面、隐患整治率 3 个 100%。全年出动执法人员 3.3 万人次，检查门店 1.8 万个，查办案件 871 件，处罚款 265.54 万元，没收物资 5.6 万千克，取缔无证照企业 114 家，吊销许可证照 20 个，移送司法机关案件 32 件。查获永川梁金瑜非法生产兽药案，涉案金额 20 余万元，捣毁了黑窝点，移送司法机关，受到农业部通报表扬；查获向待宰牛注水系列案件。杜绝了在生鲜乳中和畜禽养殖中非法添加有毒有害物质、在水产养殖过程中违法使用孔雀石绿、硝基呋喃类等违禁药物、在种植业生产中违法使用高毒禁用农药的行为。高毒农药管理、生猪收购贩运及屠宰、兽用抗菌药生产销售使用等行为得到进一步规范。端掉了一批假劣农资制售黑窝点，整顿了农资市场秩序。2014 年 8 月 18 日，农业部于康震副部长在农业部监管局《农产品质量安全舆情快报》（总第 643 期）上批示：“重庆牛肉市场整治做法好，请兽医局予以总结”。

二、综合整治

2011—2012 年，按照农业部和重庆市委、市人民政府的部署，重庆市组织开展了农产品质量安全综合整治行动，并与打击非法添加和滥用食品添加剂、“瘦肉精”整治、农药市场监管年、种子执法年和农业投入品“绿剑护农”等专项行动一起部署、一起检查、一起落实，形成了以多个载体助推综合整治的工作态势，实现了“四个到位和三个 100%”，农业部以“信息通报”专门向全国专题介绍了重庆的经验。

2011 年重庆市农业部门共出动人员 2.3 万人次，车辆 2 150 辆次，排查农产品和农资生产经营单位 97 050 家，整改隐患 2 990 起，立案查处违法行为 905 件，实现了执法检查面 100%、隐患整改 100%、违法行为查处率 100%。加强了与刑事司法的衔接，积极配合公安部门调查取证，移送司法机关案件 8 件，刑事拘留涉案人员 10 人，批捕 3 人。种植业以农药及农药残留整治为重点，深入开展“农药市场监管年”活动，市农委有关领导带队到海南考察学习试点推进高毒农药定点经营和实名购买制度，并在一些区县开始试行。生鲜乳整治以防反弹为重点，强化生鲜乳收购站日常监管与标准化管理，严密防范违法添加三聚氰胺、皮革水解蛋白等各类违禁物质。兽药整治以严打制售禁用药物及假劣兽药为重点，建立健全用药记录和休药期制度，加强畜禽产品兽药残留监控。重庆市组织开展“瘦肉精”清查收缴工作，各地农业畜牧部门普遍建立活畜出栏无“瘦肉精”承诺制度和养殖档案制度。水产品整治以打击非法使用硝基呋喃、孔雀石绿等违禁物质为重点，严格规范水产苗种生产行为，查缴养殖环节违法使用禁用药物，及时查处不合格产品。在综合整治中，实施检打联动，加强部门配合，加大了整治力度，重庆市农业委员会组成 8 个督查小组对各区县整治工作进行了督查。当年重庆市农业委员会在南川区举办了以“质量安全保春耕、放心农资送下乡”为主题的重庆市放心农资下乡进村宣传周活动启动仪式。在宣传周活动中，重庆市共出动执法和科技人员 2 万多人次，举办现场培训咨询活动 400 多场次，发放宣传资料 25 万份。

2012 年，按照农业部和重庆市委、市人民政府部署，重庆市组织开展了农产品质量安全综合整治行动。重庆市农业部门上下联动，重拳出击突出问题，组织开展了禁限用高毒农药、“瘦肉精”、生鲜乳违禁物质、兽用抗菌药、水产品禁用药物和农资打假等 6 项整治，累计出动执法人员 3.7 万人次，检查农业投入品和农产品生产经营单位及种养大户 7.2 万余个，查处并责令整改问题 1 440 起。实现了生产经营主体自查面、隐患排查面、隐患整治率 3 个 100% 的目标。实施了农药监管与法制建设年活动、清理规范兽药经营行动，贯彻实施新修订的饲料条例，严格投入品审批、生产流通和使用各环节的管理。集中公开销毁了 32 吨高毒禁用农药，潼南、璧山两县率先推行了高毒农药定点经营管理和实名购买制度。全面完成了兽药经营质量管理规范的目标任务，兽药 GSP 基本实现全覆盖。“瘦肉精”整治突出抓了生猪出栏和屠宰两个重点环节的监管。生鲜乳违禁物质整治突出抓了“两个全覆盖”，抽检覆盖重庆市12个生鲜乳收购站和26辆运输车，监测指标覆盖三聚氰胺等5种违禁添加物。水产品整治突出养殖环节执法检查，覆盖了重庆市所有水产苗种场和30亩以上的池塘养殖场。全年查处各类违法案件712件，处罚金额350万元，分别比上年增加18%和89%。在永川、潼南等4个区（县）探索了蔬菜产地准出制度。设立12316举报电话，初步构建了农产品质量安全举报制度。印发了重庆市农产品质量安全监管手册，督促生产主体依法履行农产品安全责任，严格执行质量安全控制制度，健全生产记录。

第三章 品牌建设

重庆市从“十五”初期开始陆续启动无公害农产品、绿色食品和有机食品（简称“三品”）认证工作，2005年后“三品”认证的步伐明显加快，“三品”规模迅速扩大。2006年年底，重庆市无公害农产品产地认定数345个，种植规模25.16万公顷（其中蔬菜6.87万公顷）、水产养殖面积0.94万公顷，畜禽养殖规模2 518.5万头（万只）；认证无公害农产品155个，绿色食品150个，有机食品25个；“三品”总产量为108.69万吨，占重庆市农产品生产总量的5%。同时开展重庆名牌农产品认定工作，2006年年底，重庆市有效重庆名牌农产品155个。

2007年，重庆市通过实行以奖代补政策，鼓励和扶持各地实施无公害农产品产地认定的整体推进。重庆市有15个区县的25个产地通过综合评价被认定为重庆市无公害农产品产地县。新认定无公害农产品产地180个，无公害农产品153个，绿色食品67个，有机食品15个，重庆名牌农产品59个。8个地理标志农产品通过农业部专家评定，3个产品被评为“中国名牌农产品”，全年品牌农产品新增数量创历史新高，实现了重庆市中国名牌农产品零的突破。

2008年，重庆市农产品品牌建设较快发展，新认定无公害农产品产地245个，新认证无公害农产品160个、绿色食品80个、有机食品53个，评定重庆名牌农产品49个，5个产品获得农产品地理标志登记。新认证的“三品一标一名牌”（无公害农产品、绿色食品、有机食品、地理标志农产品、重庆名牌农产品）总产量233.42万吨，总产值60.68亿元。2008年年底，重庆市累计认定无公害农产品产地793个，累计认证“三品一标”产品934个。

2009年，重庆市新认定认证产地产品591个，其中，无公害农产品产地78个，无公害农产品406个，绿色食品47个，有机食品32个，地理标志登记农产品3个，重庆名牌农产品25个。重庆市累计认定无公害农产品产地871个，产地面积54.39万公顷，畜禽养殖规模7 102.57万头（万只），累计认定的无公害产地面积占重庆市2009年耕地总面积的24.26%。累计认证无公害农产品、绿色食品、有机食品、农产品地理标志等品牌农产品总数为1 422个，总产量为394.15万吨，占重庆市2009年食用农产品总产量的16%，总产值为100.92亿元。累计评定重庆名牌农产品449个。

2011年，重庆市农产品品牌建设稳步推进。全年新认定认证产地产品465个，其中无公害农产品产地41个，无公害农产品227个，绿色食品135个，有机食品22个，农产品地理标志登记产品5个，重庆名牌农产品35个。重庆市累计认定无公害农产品产地1 006个，产地面积57.64万公顷，畜禽养殖规模8 315.63万头（万只）；累计认证无公害农产品1 317个，总产量443.72万吨，总产值439.13亿元。重庆市有效期内绿色食品总数有71家企业252个产品。重庆市累计有32家生产企业的134个产品通过了有机食品认证，批准产量 1.52 万吨，种植、养殖规模 1.54 万公顷，产值 6.84 亿元。重庆市累计登记农产品地里标志产品 21 个，批准产量 83.22 万吨，种植、养殖规模 28.23 万公顷，家禽 800 万只，蜂蜜 4.15 万箱。重庆市在有效期内的重庆名牌农产品 110 个。

2012 年，重庆市新认定认证产地产品 728 个，其中无公害农产品产地 90 个，无公害农产品 408 个，绿色食品 66 个，有机食品 83 个，农产品地理标志登记产品 10 个，重庆名牌农产品 71 个。重庆市累计认定无公害农产品产地 1 096 个，产地面积 58.75 万公顷，畜禽养殖规模 8 337.95 万头（万只）；重庆市累计认证无公害农产品 1 725 个，总产量 473 万吨，总产值 450.37 亿元。重庆市累计有 619 个产品通过了绿色食品认证、217 个产品通过了有机食品认证，批准产量 2.08 万吨，种植、养殖规模 1.7 万公顷，产值 7.8 亿元。重庆市有 31 个农产品获得农产品地理标志登记证书，批准产量 302.65 万吨、蜡梅 5 985 万束，种植、养殖规模 21.64 万公顷、家畜 200 万头、家禽 600 万只、蜜蜂 5.35 万箱、生猪 10 万头。

2013 年，重庆市新认定认证产地产品 768 个，其中无公害农产品产地 197 个，无公害农产品 293 个、绿色食品 207 个、有机食品 16 个，新登记地理标志农产品 7 个，新评定重庆名牌农产品 48 个。2014 年新认证“三品一标”产品 687 个，总产量 83.19 万吨，创年度认证数量新高。其中，新认证无公害农产品 421 个，产量 26.82 万吨，绿色食品 241 个、产量 45.82 万吨，有机食品 21 个、产量 0.9 万吨，地理标志农产品 4 个、产量 9.65 万吨。认定无公害农产品产地 179 个、种植、养殖规模 1.08 万公顷、258 万头（万只），推广无公害农产品防伪标志 2 160 万枚。评定重庆名牌农产品 45 个、产量 9.85 万吨。养殖业绿色有机产品发展迅速，认证绿色食品养殖企业 10 家产品 18 个，占畜禽产品有效使用绿色食品标志产品总数 32 个的 56%，认证有机食品养殖企业 1 家产品 5 个，占畜禽产品有效使用有机食品标志产品总数 12 个的 42%。重庆市有效期内的“三品一标”总数为 2 405 个，其中，无公害农产品 1 587 个、绿色食品 679 个、有机食品 97 个、地理标志农产品 42 个。有效期内的无公害农产品产地 666 个、重庆名牌农产品 152 个。

2014 年 1 月，重庆市组织重庆市“三品一标”企业参加了“西部国际农产品交易会”。5 月，重庆市组织重庆市 18 家企业 25 个产品参加了上海第八届中国国际有机食品博览会。石丫越野蛋和禾汇九亩大米获得博览会金奖，乌天麻、榨菜、龙鼎茶叶 3 个产品获得优秀产品奖，新胜永川秀芽和武隆仙女红红茶获得茶叶佳味奖，重庆展团获最佳组织奖。11 月，重庆市组织 28 家企业 50 余个产品，参加了第十五届中国绿色食品博览会。重庆大洪湖有机甲鱼、上田红柠檬、彭水苏麻、吴滩花椒、美滋滋蜂蜜、辣妹子榨菜等 10 个产品获得绿博会金奖。重庆市展团获得当届中国绿色食品博览会优秀组织奖。

2015 年，重庆市继续实施“三品一标”获证企业的直补政策，重庆市农产品品牌建设取得可喜成绩，重庆市新认定无公害农产品产地 123 个，新认证“三品一标”产品 522 个。其中，无公害农产品 322 个，绿色食品 189 个，有机食品 9 个，农产品地理标志登记产品 2 个，新评定重庆名牌农产品 51 个。重庆市累计认定无公害农产品产地 1 595 个，累计认证“三品一标”产品 4 326 个。其中，无公害农产品 2 761 个，绿色食品 1 258 个，有机食品 263 个，地理标志农产品 44。累计评定重庆名牌农产品 699 个。重庆市有效期内“三品一标”产品总数 2 660 个，生产企业 1 485 家，总规模为 51.74 万公顷，总产量为 744.07 万吨，总产值为 333.55 亿元。

同年，重庆市开展了绿色食品企业年检、地标综合检查、生产企业和基地巡查、市场标志督查、产品质量抽检和 12 个区县交叉综合检查。全年巡查了 15 个区县，40 多家企业。对 36 家绿色食品企业，113 个产品开展了年检。受理查处 5 件关于“三品一标”质量安全的投诉举报。重庆市通过加强对获证产地产品的监管，促使“三品一标”生产企业进行标准化生产，规范农业投入品使用管理，严格产品质量控制管理，合法规范使用标志，建立完善生产记录档案，保障了产品质量安全。同年，重庆市抽检“三品一标”产品 200 个，抽检合格率为 99.5%；农业部中心抽检重庆市绿色食品 12 个、无公害水产品 30 个，抽检产品合格率均为 100%。

第一节　无公害农产品

1985 年，重庆市农业局加入长江中下游无公害蔬菜协作组，开始在城市近郊区定点摸索推广无公害蔬菜生产技术，开展无公害蔬菜生产技术培训，逐年扩大面积推广。1995 年开始在个别茶场实施无公害茶叶先导型项目。1999 年，重庆市无公害蔬菜工作全面启动，无公害蔬菜示范面积达到 1 333 公顷。2000 年，重庆市完成了蔬菜基地环境背景监测和无公害蔬菜基地的区划，建成了 7 个无公害蔬菜生产基地。

2001 年 4 月，经国务院同意，农业部启动了“无公害食品行动计划”，对农产品质量安全实施“从农田到餐桌”的全程控制，重庆市实施的“无公害食品行动计划”在各产业陆续展开。2001—2002 年，无公害蔬菜生产取得较大进展，市人民政府颁布了《重庆市无公害蔬菜管理办法》，市农业局完成了重庆市《无公害蔬菜产地环境技术条件》（DB50/T 39—2001）、《无公害蔬菜质量标准》（DB 50/38—2001）、《无公害蔬菜绿叶菜类生产技术规范》（DB50/T 45—2001）等 10 个无公害蔬菜相关标准，建成了一批无公害蔬菜基地。2002 年，无公害粮油基地建设、无公害生猪产地建设、无公害水产品基地建设和“放心肉工程”相继启动。

2003 年 4 月，《重庆市无公害农产品发展规划（2002—2006）》通过市人民政府审定，同年启动实施无公害农产品行动计划，开展无公害农产品产地认定和产品认证工作。2006 年，重庆市开始实施无公害农产品产地认定整体推进，至年底，重庆市共认定无公害农产品产地 345 个，通过认定的产地面积 26. 12 万公顷、畜禽养殖规模 2 518. 46 万头（万只）。认证无公害农产品 155 个，总产量达到 93. 38 万吨，总产值达到 9. 13 亿元。

2007 年，重庆市继续实施无公害农产品产地认定整体推进工作，并对即将到期的产地和产品进行复查换证。新认定无公害农产品产地 180 个，产地面积 9. 02 万公顷、畜禽养殖规模 1 405. 18 万头（万只）；新认证无公害农产品 153 个，总产量 49. 64 万吨，总产值 14. 76 亿元；复查换证无公害农产品产地 40 个、无公害农产品 29 个。重庆市累计认定无公害农产品产地 548 个，认证无公害农产品 308 个。

2008 年，重庆市新认定无公害农产品产地 245 个，产地面积 18. 66 万公顷、畜禽养殖规模2 440. 33 万头（万只）；新认证无公害农产品 160 个，总产量 158. 65 万吨，总产值 26. 44 亿元；复查换证无公害农产品产地 56 个，产地面积 3. 18 万公顷、畜禽养殖规模 1 584. 61 万头（万只）；复查换证无公害农产品 38 个，产量 48 612 万吨，产值 3. 39 亿元。重庆市累计认定无公害农产品产地 793 个，产地面积 53. 46 万公顷，畜禽养殖规模 6 363. 97 万头（万只）；累计认证无公害农产品 468 个，总产量 302. 68 万吨，总产值 54. 57 亿元。无公害农产品质量监测，抽检了 49 家企业生产的蔬菜、大米、水果、茶叶、畜产品共 78 个产品样品，检测合格率为 100%。重庆市无公害产地环境质量监测，对 50 家无公害农产品生产企业的蔬菜、经作、粮油、水产、畜牧等原料生产基地的环境质量进行了监测，抽检土壤样品 269 个，农田灌溉水 49 个、畜禽饮用水 122 个、渔业水 22 个，抽检合格率为 100%。土壤环境质量监测，被监测的 32 家企业中，30 家企业土壤环境质量为清洁或安全，达到无公害农产品产地环境质量一级标准要求，占监测企业总数的 93. 75%，2 家企业土壤环境质量为尚清洁、二级土壤质量，占监测企业总数的 6. 25%。农田灌溉用水水质均达到无公害产地环境质量一级标准要求。渔业水环境质量监测了 3 家企业，2 家企业渔业水质均为清洁，达到无公害水产品产地环境质量一级标准要求，占监测企业总数的 67%，1 家企业渔业水质为尚清洁、二级水质，占监测企业总数的 33%。畜禽饮用水质监测了 15 家企业，14 家企业畜禽饮用水质均为清洁，达到无公害畜禽饮用水水质一级标准要求，占监测企业总数的 93. 3%，1 家企业畜禽饮用水水质为尚清洁、二级水质，占监测企业总数的 6. 7%。

2009 年，重庆市新认定无公害农产品产地 78 个，产地面积 9 163. 43 公顷、畜禽养殖规模 738. 60 万头（万只）；新认证无公害农产品数量创历史新高，达 406 个，产量 79. 33 万吨，产值 40. 90 亿元；

复查换证无公害农产品产地71个，产地面积9.75万公顷、畜禽养殖规模405.80万头（万只）；复查换证无公害农产品26个，产量1.99万吨，产值1.73亿元。重庆市累计认定无公害农产品产地871个，产地面积54.39万公顷，畜禽养殖规模7 102.57万头（万只），累计认定的无公害产地面积占重庆市2009年总耕地面积的24.26%；累计认证无公害农产品874个，总产量38.20万吨，总产值95.47亿元，累计认证的无公害农产品总产量为重庆市2009年食用农产品总产量的16%。

2010年，重庆市新认定无公害农产品产地117个，产地面积达2.27万公顷，畜禽养殖规模400.08万头（万只）；新认证无公害农产品203个，产量47.46万吨，产值24.01亿元；复查换证无公害农产品产地126个，产地面积6.0万公顷、畜禽养殖规模3 896.28万头（万只）；复查换证无公害农产品89个，产量53.57万吨，产值12.65亿元。重庆市累计认定无公害农产品产地988个，产地面积56.65万公顷，畜禽养殖规模7 502.65万头（万只），累计认定的无公害产地面积为重庆市2010年主要农作物播种面积的17.50%；累计认证无公害农产品1 077个，总产量429.47万吨，总产值119.48亿元，累计认证的无公害农产品总产量为重庆市2010年食用农产品总产量的16%。

2011—2015年，重庆市共认定无公害农产品产地630个，产地面积6.02万公顷，畜禽养殖规模867.14万头（万只）。共认证无公害农产品1 671个，产量107.42万吨，产值68.05亿元。其中2011年重庆市新认定无公害农产品产地41个，产地面积达0.7万公顷，畜禽养殖规模558.2万头（万只）；复查换证无公害农产品产地12个，产地面积0.28万公顷，畜禽养殖规模3 896.28万头（万只）。新认证无公害农产品227个，产量16.68万吨，产值7.60亿元；复查换证无公害农产品222个，产量49.41万吨，产值21.8亿元。2012年，重庆市新认定无公害农产品产地90个，产地面积1.12万公顷，畜禽养殖规模22.32万头（万只）；复查换证无公害农产品产地109个，产地规模3.76万公顷，畜禽养殖规模3 248.7万头（万只）。新认证无公害农产品408个，产量29.28万吨，产值11.23亿元；复查换证无公害农产品114个，批准产量25.67万吨，产值7.55亿元。2013年，重庆市新认定无公害农产品产地197个，产地面积达1.68万公顷，畜禽养殖规模133.81万头（万只）。复查换证无公害农产品产地113个，产地面积14.94万公顷，畜禽养殖规模3 129.28万头（万只）。重庆市新认证无公害农产品293个，产量22.21万吨，产值15.49亿元。复查换证无公害农产品133个，批准产量46.72万吨，产值30.69亿元。2014年，重庆市新认定无公害农产品产地179个，产地面积达1.30万公顷，畜禽养殖规模82.61万头（万只）。新认证无公害农产品421个，产量26.28万吨，产值11.63亿元。2015年，重庆市新认定无公害农产品产地123个，产地面积1.22万公顷，畜禽养殖规模70.2万头（万只）。新认证无公害农产品322个，产量12.97万吨，产值7.90亿元（表15-3-1）。

表15-3-1　2006—2015年重庆市无公害农产品认证统计表

年份	无公害农产品认证数/个	批准产量/万吨	产值/亿元
2006	155	93.38	9.13
2007	153	49.64	14.76
2008	160	158.65	26.44
2009	406	79.33	40.90
2010	203	47.46	24.01
2011	227	16.68	7.60
2012	408	29.28	11.23
2013	293	22.21	15.49
2014	421	26.28	11.63
2015	322	12.97	7.90

截至2015年，重庆市累计认定无公害农产品产地1 595个，产地面积74.42万公顷，畜禽养殖规模8 667.31万头（万只）。累计认证无公害农产品2 761个，总产量534.45万吨，总产值485.38亿元。

第二节　绿色食品

2000年，重庆市有5家企业的6个产品通过绿色食品认证。至2006年年底，重庆市有48家企业的150个产品有效使用绿色食品标志，产品种类包括蔬菜及其加工产品，大米及其他粮食加工产品，水果、茶叶及其他经济作物。种植面积3.7万公顷、渔业水域面积为0.5万公顷、畜禽养殖基地面积1.9万公顷。

2007—2015年，重庆市有1 108个产品通过绿色食品认证，批准产量266.52万吨，产地规模32.76万公顷，总产值147.45亿元。其中2007年重庆市有19家生产企业的67个产品通过绿色食品认证，批准产量1.74万吨，产地规模9.68万公顷，畜禽养殖数量16万头（万只），总产值13.77亿元。2008年，重庆市有29家生产企业的80个产品通过绿色食品认证，批准产量21.08万吨，产地规模16.20万公顷，畜禽养殖数量3.2万头（万只），总产值13.95亿元。重庆市累计认证绿色食品403个；有效使用绿色食品标志企业64家产品208个。2009年，重庆市有13家生产企业的47个产品通过绿色食品认证，批准产量11.30万吨，产地规模0.68万公顷，畜禽养殖数量2 000万头（万只），总产值3.66亿元。2010年，重庆市有31家生产企业的76个产品通过绿色食品认证，批准产量127.32万吨，产地规模2.59万公顷，养殖数量：奶牛550头、蛋鸡30万只、蜜蜂2 000箱，实现总产值17.55亿元。2011年，重庆市36家生产企业的135个产品通过绿色食品认证，批准产量23.34万吨，产地规模0.99万公顷，养殖数量：牛0.41万头、蛋鸡10.5万只，总产值12.10亿元。2012年，重庆市有30家生产企业的66个产品通过绿色食品认证，批准产量4.80万吨，产地规模0.45万公顷，产值4.45亿元。有11家企业的39个产品通过绿色食品续展认证。2013年，重庆市有93家生产企业的207个产品通过绿色食品认证，批准产量22.74万吨，产地规模0.90万公顷，产值8.77亿元。有18家生产企业的46个产品通过续展认证。2014年，重庆市有104家生产企业的241个产品通过绿色食品认证，批准产量45.82万吨，产地规模0.99万公顷，产值51.20亿元。2015年，重庆市有62家生产企业的189个产品通过绿色食品认证，批准产量8.38万吨，产地规模0.28万公顷，产值22.0亿元（表15-3-2）。

表15-3-2　2000—2015年重庆市绿色食品认证统计表

年份	绿色食品认证数（个）	批准产量（万吨）	产值（亿元）
2000—2006	150	—	—
2007	67	1.74	13.77
2008	80	21.08	13.95
2009	47	11.30	3.66
2010	76	127.32	17.55
2011	135	23.34	12.10
2012	66	4.80	4.45
2013	207	22.74	8.77
2014	241	45.82	51.20
2015	189	8.38	22.00

截至2015年，重庆市累计有1 258个产品通过了绿色食品认证，产品种类包括蔬菜及其加工产品，粮油及其他粮食加工产品，水果、茶叶及其他经济作物，畜牧业产品，乳制品及饮料，食用盐、调味品

等及其他加工业产品7大类。

第三节　有机食品

2007年以前，重庆市有6家企业的25个产品通过中绿华夏有机食品认证中心认证，有效使用有机食品标志。产品种类包括蔬菜、西洋参、莼菜、活畜、蜂产品、茶叶及鱼类等。2007年，重庆市有2家生产企业的17个产品通过中绿华夏有机食品认证中心认证。重庆市共有5家企业的30个产品有效使用有机食品标志。

2008年，重庆市有9家生产企业的53个产品通过中绿华夏有机食品认证中心认证，批准产量0.73万吨，产地规模2.49万公顷，畜禽养殖数量0.42万头（万只），产值1.36亿元。2009年，重庆市有6家生产企业的32个产品通过中绿华夏有机食品认证中心认证，批准产量863.75吨，产地规模213.27公顷，蜜蜂7 168箱，产值0.47亿元。2010年，重庆市有7家生产企业的31个产品通过中绿华夏有机食品认证中心认证，批准产量1 992.6吨，产地规模1 079.33公顷，畜禽养殖数量1.4万头（万只），产值4.48亿元。2011年，重庆市有11家生产企业的22个产品通过中绿华夏有机食品认证中心认证，批准产量4 817.7吨，产地规模2 489.8公顷，产值0.70亿元。2012年，重庆市有13家生产企业的83个产品通过中绿华夏有机食品认证中心认证，批准产量5 552.9吨，产地规模1 598.5公顷，产值0.96亿元。2013年，重庆市有6家生产企业的16个产品通过中绿华夏有机食品认证中心认证，批准产量6 150.8吨，产地规模5 944.74公顷，产值0.85亿元。2014年，重庆市有9家生产企业的21个产品通过中绿华夏有机食品认证中心认证。批准产量9 042吨，产地规模365.8公顷，产值0.37亿元。2015年，重庆市有4家生产企业的9个产品通过中绿华夏有机食品认证中心认证，批准产量5 963.5吨，产地规模139.7公顷，产值0.37亿元（表15－3－3）。

表15－3－3　2007—2015年重庆市有机食品认证统计表

年份	有机食品认证数（个）	批准产量（万吨）	产值（亿元）
2007	17	—	—
2008	53	0.73	1.36
2009	32	0.09	0.47
2010	31	0.20	4.48
2011	22	0.48	0.70
2012	83	0.56	0.96
2013	16	0.62	0.85
2014	21	0.90	0.37
2015	9	0.60	0.37

截至2015年，重庆市累计有73家生产企业的309个产品通过了有机食品认证，其中有64家企业的265个产品有效使用有机食品标志。批准产量4.2万吨，产地规模2.35万公顷，产值9.39亿元。

第四节　地理标志农产品

2007年，农业部启动了全国农产品地理标志登记试点工作。作为首批12个试点城市之一的重庆市，对武隆高山辣椒、梁平柚、江津花椒等产品开展了农产品地理标志登记试点工作，农产品地理标志登记证书长期有效。

2008年，武隆高山辣椒、武隆高山白菜、武隆高山萝卜、武隆高山马铃薯、武隆高山甘蓝、梁平柚、江津花椒、梁平肉鸭8个产品获得农产品地理标志登记，产品生产规模4.98万公顷，其中肉鸭养殖规模200万只，这些农产品年产量38.40万吨。2009年，南川米、江津广柑、城口山地鸡3个产品获得农产品地理标志登记，产品生产规模4.00万公顷，其中山地鸡养殖规模100万只，这些农产品年产量31.85万吨。2010年，开县锦橙、南川鸡、武隆猪腰枣、秀山金银花、城口蜂蜜5个农产品获得农产品地理标志登记，产品生产规模3.56万公顷，其中南川鸡养殖规模500万只、蜜蜂4.15万群，这些农产品年产量14.01万吨。2011年，巫溪洋芋、璧山儿菜、巫溪洋鱼、罗盘山生姜、渝北歪嘴李5个农产品获得农产品地理标志登记，产品生产规模3.30万公顷，水产养殖规模0.7万公顷，年产量112.00万吨。2012年，潼南萝卜、潼南罗盘山猪、云阳红橙、静观蜡梅、白马蜂蜜、南川大树茶、南川金佛玉翠茶、永川莲藕、城口核桃、渝北梨橙10个农产品获得农产品地理标志登记，产品生产规模6.89万公顷，其中罗盘山猪养殖规模10万头，蜜蜂1.2万群，蜡梅5 985万束，这些农产品年产量106.40万吨。2013年，城口洋芋、万州罗田大米、南山蜡梅、石曹上萝卜、青草坝萝卜、彭水苏麻、城口太白贝母7个产品获得农产品地理标志登记，产品生产规模2.44万公顷，蜡梅1 200万束，这些农产品年产量29.50万吨。2014年，垫江白柚、太和胡萝卜、合川湖皱丝瓜、故陵椪柑4个产品获得农产品地理标志登记，产品生产规模0.33万公顷，年产量9.65万吨。2015年，垫江丹皮、石柱莼菜2个产品获得农产品地理标志登记，产品生产规模0.29万公顷，年产量13.26万吨（表15－3－4）。

表15－3－4　2008—2015年重庆市地理标志农产品登记统计表

年份	地理标志登记数（个）	生产规模（万公顷）	年产量（万吨）
2008	8	4.98	38.40
2009	3	4.00	31.85
2010	5	3.56	14.01
2011	5	3.30	112.00
2012	10	6.89	106.40
2013	7	2.44	29.50
2014	4	0.33	9.65
2015	2	0.29	13.26

截至2015年，重庆市获得农业部登记的农产品地理标志产品44个，其中畜牧类产品6个，经作类产品18个，粮油产品3个，蔬菜产品16个，渔业产品1个。累计产品生产规模25.79万公顷、鸡鸭800万只、生猪10万头、蜜蜂5.35万群，累计产量355.07万吨。

第五节　重庆名牌农产品

重庆市于2001年开始实施重庆名牌农产品评选认定工作，名牌农产品有效期3年。2001—2006年，重庆市累计评定重庆名牌农产品316个。2006年，重庆市有效期内名牌农产品155个，其中，种植业111个，畜牧业27个，水产业3个，生产资料14个，总产值13.53亿元。

2007年，新评定重庆名牌农产品59个，批准产量38.65万吨，产值18.52亿元。重庆市累计评定重庆名牌农产品375个，其中有效期内名牌农产品141个，产品种类包括蔬菜、粮油、经济作物、畜牧产品、水产品等5大类，产值约46亿元。程文农业公司的“美人鱼坊”牌鲢鱼、江津四面山花椒公司的“骄王”牌保鲜花椒和二圣茶业的“巴南”牌银针茶叶3家企业的3个产品更是被评为中国名牌农产品，实现了重庆市中国名牌农产品零的突破。

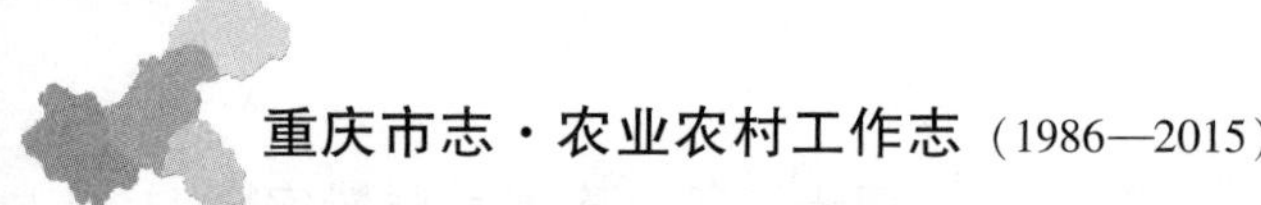

2008年新评定重庆名牌农产品49个，批准产量52.96万吨，产值18.93亿元。2009年新评定重庆名牌农产品25个，批准产量52.27万吨，产值20.84亿元。累计评定重庆名牌农产品449个，产品种类包括蔬菜、粮油、经济作物、畜牧产品、水产品及饲料等6大类。

2010年，重庆市因修订重庆名牌农产品评选认定办法，未开展评选认定工作，只受理了70个产品的申报材料，其中40个产品初审合格。2011年，重庆市对该批产品开展了评选认定，新评定重庆名牌农产品35个，批准产量16.40万吨，产值6.52亿元。2012年新评定重庆名牌农产品71个，批准产量16.40万吨，种植规模6.41万公顷、家禽养殖2 034万只、牲畜养殖6.81万头、蜜蜂养殖1.5万箱，这些农产品的产值为6.52亿元。2013年新评定重庆名牌农产品48个，批准产量12.88万吨，种植规模20.40万公顷、家禽养殖10万只，这些农产品的产值为20.40亿元。2014年新评定重庆名牌农产品45个，批准产量2.61万吨，牲畜养殖规模2万头、种植规模5 455.4万公顷，这些农产品的产值为9.87亿元。2015年新评定重庆名牌农产品51个，批准产量61.52万吨，种植规模3.5万公顷、食用菌栽培规模300万袋，这些农产品的产值为23.91亿元（表15－3－5）。

表15－3－5　2001—2015年重庆名牌农产品评定统计表

年份	名牌农产品评定数（个）	批准产量（万吨）	产值（亿元）
2001—2006	316	—	—
2007	59	38.65	18.52
2008	49	52.96	18.93
2009	25	52.27	20.84
2010	—	—	—
2011	35	16.40	6.52
2012	71	16.40	6.52
2013	48	12.88	20.40
2014	45	2.61	9.87
2015	51	61.52	23.91

截至2015年，重庆市累计评定重庆名牌农产品699个，产品种类包括蔬菜、粮油、经济作物及其加工制品、畜牧产品、渔业产品5大类。

第十六篇

农产品流通和农村信息化

CHONGQINGSHI ZHI·NONGYE NONGCUN GONGZUO ZHI

第十六篇　农产品流通和农村信息化

改革开放以来，我国农业由计划经济向市场经济转变，农产品产量迅速增加，不但满足了人民生活的需要，而且部分农产品生产过剩，出现“卖难”现象。解决农产品流通问题十分迫切。重庆市在恢复农村集市的基础上，加强农贸市场建设。到2001年，全市建立了各类农产品批发市场80多个，城乡集市贸易市场2 400多个。观音桥农贸市场、重庆三亚湾水产品综合交易市场、重庆茶叶专业批发市场等14个农贸农资市场被农业部认定为定点市场。

为扩大农产品流通和交易，重庆市建设了农业展览展销平台，主要有：每年一届的“中国西部（重庆）国际农产品交易会”和各区（县）举办的“特色农产品展销会”等多个展会、上海西郊国际农产品交易中心重庆馆等一批常年性展销平台。这些展销平台成为重庆市农产品对接市场的桥梁和渠道，为全市农业品牌形象塑造搭建了平台。

1986—2015年，随着以市场为取向的流通体制改革的进一步深化，农产品市场风险成为农民在农产品商品化过程中损失的重要因素，破解农产品市场风险成为农业主管部门的重要课题。为此，重庆市加强对农产品市场的监测和分析，组成重庆市农产品市场监测预警专家组，定期编写月度分析材料，对全市大宗农产品产销形势进行深度分析，指导全市农业生产。

广泛应用现代信息技术促进农业和农村经济结构调整，增强农业市场竞争力，发展农村经济，建设现代农业，增加农民收入，加速农村现代化进程，已成为全社会共识。30年来，重庆市高度重视农业农村信息化工作。1987年开始酝酿成立重庆市农业信息专业协会，每年至少召开一次全市性会议安排部署农业信息化工作。重庆市农业信息工作者积极工作，为农村经济发展和农民致富奔小康服务。

互联网的兴起，开启了信息化新纪元，促进“三农”发展。特别是党的十八大报告指出，要“促进工业化、信息化、城镇化、农业现代化同步发展”，这是基于对“四化”的重要性、关联度和存在问题的科学分析作出的战略决策，为农业农村信息化注入了强劲动力。重庆市加快了农业农村信息化基础设施建设步伐；以物联网信息技术应用为重点，完善智能化信息设施；加快建设新型信息化服务体系，全面构建现代化“智慧农业”信息管理平台，以农业农村信息化推进农业农村现代化。

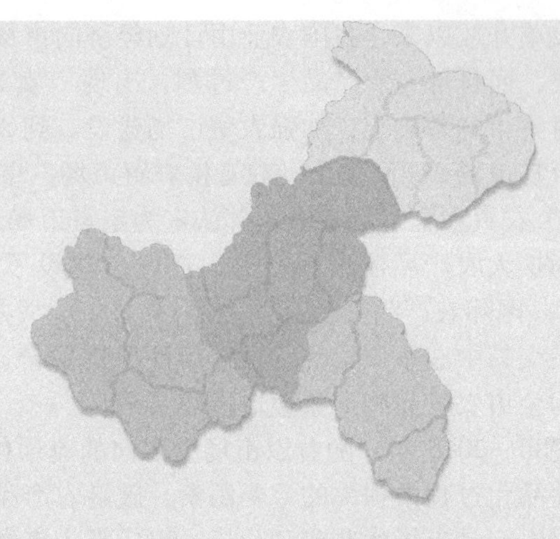

第一章 农产品市场

第一节　农业部定点市场

为推动重庆市农副产品融入全国大市场从2000年起，全市积极申报农业部定点市场。2000年，重庆市农业局申请将开县滨江农产品批发市场、奉节县夔门仔猪交易市场作为农业部定点农副产品批发市场。2001年申请将九龙坡区白市驿太慈农副产品批发市场列入农业部定点农副产品批发市场，获农业部批准。

2007年，农业部组织开展部级定点农资市场创建活动。重庆市农业局积极创建，经过一年的努力，中国重庆畜牧科技城饲料兽药畜产品批发交易市场达到《农业部定点农资市场管理办法（试行）》要求，2008年5月被批准为首批30家农业部定点农资市场。

到2013年，重庆市共申报成功获得批准的农业部定点市场有14个（表16－1－1）。

表16－1－1　2000—2010年重庆市获批的农业部定点市场一览表

序号	名称	批准年份	批次	备注
1	重庆江北区观音桥农贸市场管理处盘溪蔬菜批发市场			
2	重庆永川市农副产品综合批发市场			
3	重庆南岸区正扬集团远达物业公司正扬农副产品大市场			
4	重庆九龙坡区太慈农副产品批发市场			
5	重庆渝中区西三街农副水产批发市场	2003	9	
6	重庆万州区宏远批发市场	2004	10	
7	重庆市黄水黄连产地批发市场	2005	11	
8	重庆市潼南无公害蔬菜批发市场	2006	12	
9	重庆三亚湾水产品综合交易市场	2006	12	
10	重庆茶叶专业批发市场	2007	13	
11	重庆永川区双竹淡水鱼苗批发市场	2007	13	
12	重庆市涪陵区农业开发有限公司稻香蔬菜批发市场			
13	重庆祥和九龙坡蔬菜批发市场	2010	15	
14	中国（荣昌）畜牧产品交易市场			

2013 年，重庆市农业委员会发出《关于开展农产品批发市场调查和定点市场复查工作有关事项的通知》，对 14 个获批农业部定点市场称号的农贸市场开展清查，其中有 2 家市场因为外迁及市场功能有所退化，按照文件规定取消农业部定点市场资格。另外 12 家市场在搞活流通、服务农业、带动产销等方面能正常发挥部级定点市场的示范带动作用，经营状况良好，保留其农业部定点市场资格。此外，经过两年的积极争取，双福国际农贸城被认定为农业部定点市场，享受相应政策扶持。全市的农业部定点市场累计 13 家。

为促使双福国际农贸城尽快投入运营，重庆市农业委员会于 2014 年召开了双福国际农贸城招商对接会，主动牵线搭桥，协调重庆市内及四川等周边蔬菜生产基地进驻双福市场。针对观音桥农贸蔬菜市场整体搬迁，重庆市农业委员会有关部门主动与双福国际农贸城和毛线沟市场对接，加大对生产供给、市场流通、消费情况的监测，协助确保蔬菜供应及价格稳定。

第二节　生猪交易市场

为推动生猪产业持续稳定发展，2012 年重庆市政府决定建设生猪交易市场，并向农业部发出《重庆市人民政府关于恳请部市共建国家级重庆农畜产品（生猪）交易市场建设》的函。为推进该项工作，当年 11 月，重庆市政府决定成立部市共建国家级重庆农畜产品（生猪）交易市场协调领导小组。由重庆市委常委、常务副市长马正其任组长，副市长张鸣、市政府副秘书长张智奎、市农委主任夏祖相任副组长。经领导小组和农业部多次协调，12 月 31 日，农业部正式批复同意与重庆市政府共同支持建设国家级重庆（荣昌）生猪交易市场（以下简称“国家生猪市场”）。

2013 年 1 月，国家生猪市场正式挂牌运行。到 5 月底，开展了以下工作：组建机构，建立制度；成立了国家级重庆（荣昌）生猪交易市场建设协调领导小组，协调推进市场建设；搭建平台，整合资源；成立了交易市场荣昌方面实体运作平台——重庆科牧科技有限公司，投入运行，仔猪网上交易系统预计在 2013 年 7 月前上线试运行；争取项目资金，市场的基础设施建设列入了财政预算，同时纳入市级农业示范工程、国家现代农业改革与建设试点示范区等项目，为交易市场建设奠定坚实基础；多渠道广泛宣传，利用中国畜产品交易网、重庆日报、中国畜牧兽医报等多家媒体宣传国家生猪市场，提高其知名度，定时发布仔猪交易信息，邀请多方参与开展平台信息互动；调研现状，制定计划，围绕国家生猪市场五大中心建设，开展全方位调研，拟定了工作计划；科技研发中心围绕制订种猪、商品猪、仔猪等的交易标准、技术标准及技术研发制定了相应工作计划；会展贸易中心以中国畜牧科技论坛、中国畜牧科技新项目新技术新产品博览会为平台，传递信息，招商引资，力争当年会展商贸经济达到 10 亿元以上；物流集散中心依托中国（荣昌）畜牧产品及饲料兽药等交易市场，打造集物流、信息流、资金流相融合的现代枢纽；信息传播中心利用中国畜牧产品交易网，完善生猪交易信息基础平台建设；价格形成中心开展生猪价格形成机制调研，实现了荣昌仔猪集中电子竞拍，对外定时发布仔猪价格。

经过一年多建设，国家生猪市场于 2014 年 5 月 20 日正式启动生猪活体网上交易。同年 9 月 22 日，重庆市政府划拨部市共建国家级重庆（荣昌）生猪交易市场建设资金 500 万元。

2015 年 1 月 30 日，重庆市农业委员会主持召开国家级重庆（荣昌）生猪交易市场建设推进专题会议，议定以下事项：关于市场建设运营主体——重庆市渝荣生猪交易有限责任公司（以下简称“渝荣公司”）二期注资问题；决定重庆农交所、重庆科牧科技有限公司、重庆泰华牧业（集团）有限公司务必按照重庆市政府的要求，在 2015 年一季度之内，全额到位余下的 1 600 万元注册资本金，尽快按法律、公司章程、发起协议所规定的权限和程序启动，由农交所代缴抓落实。为全面贯彻落实国务院领导的重要批示及重庆市政府专题会议纪要精神，渝荣公司尽快召开专题董事会，研究贯彻落实领导批示及专题会议纪要的具体措施及办法，并将贯彻落实意见报重庆市农委。关于工作推进机制的问题：渝荣公司董事会在经营管理上要大胆放权，公司实行总经理负责制，总经理行使公司决策、经营及管理权，紧

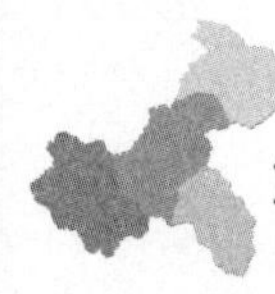

紧围绕汪洋副总理批示，做到逐年量化明确，2015年要实现交易生猪20万头，注册交易商1 000户的目标，初步建成重庆生猪价格形成中心。国家级重庆生猪交易市场是国家唯一的畜牧产品大市场，确定由荣昌县政府承担农业部在重庆召开的国家级农产品大市场会议的筹备工作。

自网上交易启动至2015年1月，生猪活体交易挂牌发布量达223 999头，实际交易量65 988头，交易金额7 886万多元，在线商户600多家。2015全年共实现生猪电子交易超过100万头，交易额近20亿元。市场拓展走向全国，已有新疆、山东、广东、河南等21个省份的2 000多个交易商参与网上交易。

活猪网上买卖创新了交易模式，颠覆了千百年来猪贩向农民“打白条”的陈规陋习，实现了公开、公平、公正交易。农业部市场与经济信息司司长张合成称赞“这是前无古人、开天辟地的大事，已经把韩（韩长赋）部长的想法变成了现实”。国务院副总理汪洋视察重庆后批示：“要求国家商务部、农业部及中国证监会支持重庆生猪交易模式创新，做大做强生猪电子交易。”重庆推动国家级市场建设的做法和经验，成为全国11个部省共建大市场的标杆和榜样，多次受到农业部表扬并在全国会议上交流发言，交易市场也被中国农产品市场协会破格吸收为副会长单位。

第三节　区县级市场

2001年，重庆市有各类农产品批发市场80多个，城乡集市贸易市场2 400多个（其中城市500多个、农村1 900多个），经营面积达800多万米^2。重庆观音桥市场、杨家坪市场、盘溪市场、南坪市场、菜园坝市场、陈家坪市场、两路市场、永川农产品批发市场、开县汉丰市场、綦江河东市场、合川合州市场、北碚天生市场、南川中心市场等市场年成交额超过亿元；盘溪市场、永川农产品批发市场、重庆天星桥农产品批发市场先后被认定为农业部定点市场。石柱黄水黄连市场、石柱南宾兔毛市场、江津先锋花椒批发市场、合川二郎皮革市场、万州万安水果市场、璧山丁家辣椒市场、荣昌饲料市场、永川来苏仔猪市场等一批专业市场形成了自己鲜明的地方特色，具有较强的辐射力和知名度。如江津李市镇依托历史上的“江津鹅蛋柑”产业优势发展柑橘市场，吸引了周围26个乡（镇）的果农，柑橘年销售量达到500多万千克，并促进了当地竹编业、运输业、饮食服务业的发展，年收入达500万元。江津先锋镇结合万亩花椒基地建立批发市场，推动花椒生产向着集约化、产业化方向发展，新建规模化花椒种植基地10万亩，投产4万亩，年收入1.6亿元，花椒生产销售成为当地农民重要的收入来源，国家林业局把江津先锋镇列为“全国花椒基地”。石柱黄水黄连批发市场的建立，为生产者提供了稳定的销售渠道，极大地刺激了当地黄连生产，石柱县黄连种植面积扩大，产量占全国总量的60%。

第二章 农产品展览展销

第一节　农业展览展销平台建设

重庆市作为新兴的直辖市，与其他省份相比，建设农产品展览平台着重以搭建常年性展览展销平台和连续举办年度展会并举的方式推进，不再设立省级农业展览馆作为农产品展览展销中心。重庆农产品展览展销平台作为一种新型的农产品营销流通业态，可以拓展农产品销售渠道，提高农产品知名度、品牌度。促进千家万户的小生产与千变万化的大市场之间的有效对接，促进了农产品流通、农业增效和农民增收。

一、建设背景

改革开放极大地解放了农业生产力，重庆农业农村经济快速、持续发展，农产品生产种类和数量不断增多，丰富的农业产出使重庆市告别了农产品短缺时代。

随着中国市场经济体制的建立，重庆市农村市场化进程不断加快，农产品市场供求关系发生了重大变化，不断增加的农产品卖难时有发生，有时甚至异常严峻。农产品流通不畅制约了经济发展，也是农民收入增长减缓的一个重要因素。加快农产品流通市场建设进程，呼唤建设农产品展览展销平台，促进农产品快速进入市场并卖出好价钱，增加农民收入。在这种背景下，重庆市推动农产品展览展销平台建设如雨后春笋般不断发展壮大。

（一）农产品展览展销平台搭建起对接市场的桥梁

重庆市许多农户及农产品生产加工企业等各类农业生产主体由于生产规模小、信息渠道不畅、经济实力不强、市场营销薄弱，加之在农产品推介营销过程中，固守落后的营销手段和传统的营销模式，农产品淤塞、销售困难、库存积压时有发生，有些鲜活农产品甚至烂在地里、死在路上。农业展会、展览为广大农民及农产品生产企业提供了丰富的市场信息，成为农产品产销对接的纽带。中国西部（重庆）国际农产品交易会每年组织了现场信息发布、生产者与采购商对接，约 200 家农产品采购商到现场采购，促成了大量现场销售及订单签订。

（二）农产品展览展销平台成为塑造农业整体品牌形象的舞台

在重庆成为直辖市前，重庆农产品市场基础设施较为落后，农业生产水平不高，市场化程度低，农产品多以大宗、粗放、低质形象推向市场。各类农产品展览展销平台的建设，对提升农产品种类、品质、包装等方面进行辅导，促进了农产品整体形象的逐年提升，不少农产品商标已与国际接轨，创建了一批中国驰名商标、中国名牌产品，重庆市名牌产品、重庆市名牌农产品。

（三）农产品展览展销平台成为永不落幕的供销渠道

重庆建设农产品展览展销平台既开拓了组团参加国（境）外知名国际展会、也有组织地发挥国家及区域性展会的渠道优势，既连续每年举办农业综合展会，也建设了常年展示展销农产品的固定场所。从而为各类农业生产主体对接市场提供了广泛、有效服务。

二、建设内容

为建设农产品展览展销平台，各级政府集中财力，集合资源，打造了综合展览展销平台和特色展览展销平台。

（一）综合展览展销平台

重庆市建设综合性农产品展览展销平台按照国际性、大型农产品（食品）展会打造，推出来自国外、国内的各类种、养、加的农产品（食品）展览展销，实现产销见面。现代化体验式销售和产销对接订单等，使农产品的交易方式、管理体制、信息和物流服务体系现代化。重庆市农产品综合展览展销平台主要有中国西部（重庆）国际农产品交易会、上海西郊国际农产品展示直销中心重庆馆，组团参加中国国际农产品交易会、香港美食博览等。这些综合展览展销平台，成为重庆市开拓国际、国内农产品市场的重要路径。

（二）特色展览展销平台

重庆市以区（县）为主建设特色农产品展览展销平台，重点推出带有区域特色的农产品，以突出宣传、推介区域农产品特色，形成区域规模效应，扩大影响力，助推特色农产品对接市场。重庆市特色展览展销平台主要有乌江流域特色农产品暨美食展、涪陵青菜头（鲜榨菜）鲜销推荐会、重庆·忠县中国柑橘文化旅游节等。

第二节　展览展销活动

一、综合型展览展销

重庆建设的综合型展销平台中的中国西部（重庆）国际农产品交会、上海西郊国际农产品展示直销中心重庆馆，组团参加中国国际农产品交易会、中国香港美食博览、马来西亚国际食品及饮料展等，均为重庆市农业对外贸易的重要活动，为重庆市农产品走出市外、走向国际市场承载了重要功能。

二、特色型展览展销

（一）乌江流域特色农产品暨美食展

地处乌江流域的彭水苗族土家族自治县从 2011 年开始，连续举办了五届乌江流域名特新优农产品展销活动。首届乌江流域名特新优农产品展销活动汇集了乌江流域和友邻 7 个区县以及彭水本地的各种名优新农产品参展，活动特别推出了贸易洽谈、产品推介、现场品尝、农产品精品展示、产品销售和惠民政策宣传等活动。展会上来自彭水 30 多个乡（镇）的山货、土货让市民们目不暇接、流连忘返。第二届和第三届乌江流域名特优新农产品暨美食展分别于2012年9月和2013年9月在彭水举行，第二届美食展共有49个展团参展，展出各类特色农产品和美食280多个。第三届美食展共设180个展位，展出各类特色农产品和美食300多个，涵盖了渝东南和黔东北的特色农产品及民族风味传统美食，不论是展会规模、展出品种，还是展示出的民族风情，均超过前两届。

（二）重庆·涪陵青菜头推介会

“涪陵榨菜”是深受消费者喜爱的食品，作为榨菜原料的青菜头种植规模不断扩大，成为当地农户增收的主要途径。为了促进青菜头鲜销，重庆市级主管部门和涪陵区政府采取在销售区域召开推介会等形式，连续4年向北方市场宣传推介，收到良好的效果。2010年12月25日，重庆市农业委员会、涪陵区政府在陕西省西安市唐城宾馆联合举行了“重庆·涪陵青菜头（鲜榨菜）鲜销推介会”，来自全国的30多个客商和涪陵区20多个乡（镇）签订了11.8万吨的青菜头鲜销合同。2011年12月，在沈阳市举行的推介会上来自全国各地的30家经销企业代表，与涪陵区签订了20万吨的涪陵青菜头销售合同。2013年12月24日，在山东省济南市举行了重庆·涪陵青菜头鲜销推介会，推介会由涪陵区人民政府主办，区农委、榨菜集团协办。来自涪陵青菜头产地龙头企业、合作社代表、济南匡山市场“一家人”商行等全国各地经销商近200人参加了推介会。推介会期间，还开展了多种形式的宣传活动，如召开新闻发布会、在当地电视台打广告、进超市现场讲解制作方法以及对当地市民家访等，让更多的消费者和企业了解涪陵青菜头的食用方法，品尝到了涪陵青菜头的鲜香脆嫩，开启了涪陵青菜头在山东省济南市、河北省石家庄市等北方市场的鲜销。2014年又将推介会开到了天津市，12月26日“重庆·涪陵青菜头推介会”在天津市河东区帝旺凯悦酒店举行，北方市场30多家涪陵青菜头经销企业代表与涪陵区的乡（镇、街道）、部分榨菜企业、榨菜（蔬菜）专业合作社，签订了12万吨青菜头销售合同。

（三）重庆·忠县中国柑橘文化旅游节

自2010年以来，忠县举行了6届重庆·忠县中国柑橘文化旅游节。该文化旅游节“以橘为媒”，集中展示了忠县的历史文化、民俗风情和发展成就，重点推出游橘海、摘橘子等活动。

2011年4月23日举行了重庆·忠县第三届柑橘文化旅游节，来自美国、日本、西班牙等国及国内北京、浙江、湖北等国内外省份的科研院所、高等院校的专家学者、企业高管出席了相关活动。共签订招商项目72个，协议引资139亿元。其中，农业与基础设施建设项目39个，协议引资95.92亿元。

2013年重庆·忠县第四届柑橘文化旅游节助推招商引资，签订汽车配套、电子信息配套、农副产品深加工、乡村旅游休闲开发等15个项目的集体签约仪式，签约金额达到109.99亿元。

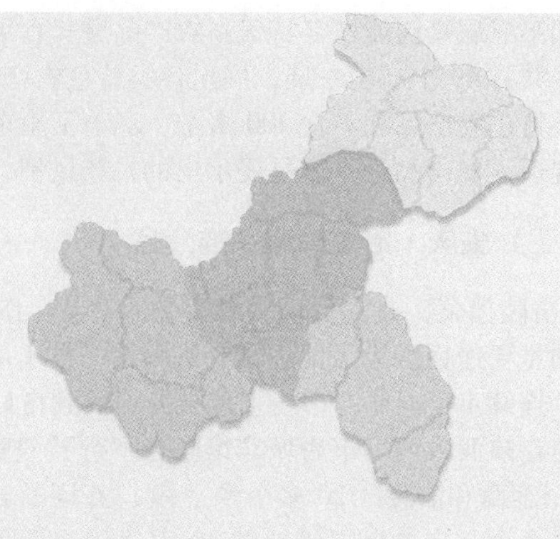

第三章
农产品市场监测

第一节 监测网络

一、监测预警分析师队伍建设

为加强农产品市场监测预警工作，2009 年 1 月 7 日，农业部办公厅下发《关于建立农产品市场监测预警分析师队伍》的通知，决定在全国建立农产品市场监测预警分析师队伍。按照农业部要求，重庆市农委市场与经济信息处确定 1 名处级干部和 1 名具体负责同志作为农产品市场监测预警分析师。

为提高农产品市场监测预警能力，2010 年，重庆市农委分别举办了全市农业信息化示范暨农产品监测预警分析师培训会、全市农村信息员培训会议，对全市行业系统的信息员，以及蔬菜基地、农贸市场、专业合作社等相关单位具体从事农产品价格信息采集报送的工作人员进行培训，对参训人员进行职业技术考核鉴定，对符合条件者颁发资格证书。

为提高领导和消费者关注度高的蔬菜市场价格分析的准确性和时效性，提高农产品市场价格信息采集质量。从 2013 年起，全市连续开展了蔬菜等主要农产品市场监测预警技术培训，根据不同年份的工作要求和重点监测项目确定培训主题和培训内容。2013 年以蔬菜等主要农产品市场监测预警及农业信息应用系统的培训。2014 年以蔬菜等主要农产品市场信息采集分析为主题开展培训。2015 年围绕农产品市场监测这一主题开展技术培训。

二、农产品产销信息网络建设

根据重庆市政府安排，全市在 1999 年年底完成蔬菜产销专用信息网的建设，实现市里与主要基地和市场的计算机信息联网。为实现这一目标，重庆市农业局规划由 22 个区（县、市）农业局（蔬菜办），14 个重点乡（镇），4 个蔬菜批发零售市场，蔬菜营销协会以及重庆市政府办公厅等用户共同组成蔬菜产销专用信息网远程站点。22 个区（县、市）级远程站包括万州区、涪陵区、黔江开发区、江北区、南岸区、沙坪坝区、九龙坡区、大渡口区、巴南区、渝北区、北碚区、万盛区、长寿区、璧山区、荣昌县、永川市、合川市、江津市、潼南县、大足县、铜梁县、武隆县。14 个重点乡（镇）远程站包括南岸区长生桥镇，沙坪坝区中梁镇、歌乐山镇，九龙坡区白市驿镇、含谷镇、西彭镇，巴南区鱼洞镇、百节镇、花溪镇，北碚区龙凤桥镇、东阳镇，潼南区桂林镇，大足县复隆镇，武隆县木根乡。3 个蔬菜批发市场是盘溪、场家坪（含零售）、南坪（含零售），蔬菜零售市场学田湾。重庆市农业局还明确了各级远程站的工作职责：蔬菜批发、零售市场和乡（镇）远程站每个工作日报送当地蔬菜批发、零售价格及成交量；各区（县、市）和各乡（镇）远程站每月底报送主要蔬菜的在土菜面积、当月上市量和预计下月上市量；所有的远程站蔬菜产销工作、生产技术和有关信息的交流。

由重庆市农业局主办的《重庆农业信息网》于2000年1月11日正式开通，该网设立的“农产品市场信息专栏”开设了“农产品市场简介”“农产品市场供求”“农产品市场价格”等栏目，向社会提供信息服务。“蔬菜专用信息专栏”为部分生产基地、批发零售市场提供政策、生产技术、市场行情等方面的信息服务，每日向社会发布重庆市主要批发、零售市场的价格信息。2000年6月，“重庆市农产品市场信息网络”竣工，建成了中心机房，配置了服务器、交换机、网管工作站、扫描仪等设备。

1999年和2000年，农业部将重庆市纳入全国省级信息共享联网试点建设和农产品市场信息网络建设规划，并下达了相应的基本建设投资计划，其中省级信息共享及联网试点建设总投资40万元、农产品市场信息网络建设总投资100万元。到2001年，两个项目的基础部分建成投入运行。

三、农业物价基点成本调查

为了加强农业统计和农产品价格调查工作，提高现代化信息技术应用水平，2002年1月16日，重庆市农业局为全市各农业统计基点、物价基点所在县（自治县、区、市）农业局配备了1台计算机。

2009年，重庆市开展了农业基点调查县、农业物价网点调查和农产品成本调查点的调整，并开展了相应的调查工作。全市的农业统计基点调查县和物价调查区（县）由原来的6个增加到13个，分别是万州区、涪陵区、黔江区、巴南区、合川区、永川区、南川区、大足县、荣昌县、武隆县、开县、云阳县、石柱县。农产品成本调查区（县）由原来的5个增加到9个。

根据《农业部办公厅关于启用农业信息采集系统的通知》精神，结合重庆市的实际情况，重庆市农委从2010年开始全面启用农业部最新农业信息采集系统，对系统访问地址、登录方法、启用时间等做了规定。随着农业信息采集系统的更新，涉农区（县）农业农村经济的统计工作也全面展开。2010年，18个区（县）开展了种养业成本调查，13个基点区（县）负责农作物生产统计，6个区（县）主要负责农产品及农资价格统计，9个区（县）稻谷、玉米、油菜、土豆成本调查统计，以及全市各区（县）农村经济基础资料（农村基本情况、农业生产情况）统计，将这些数据采集、整理、审核后通过电子邮件和《全国物价网点调查管理系统》报送农业部。2011年农作物生产统计的基点区（县）减少为12个，稻谷、玉米、油菜、马铃薯成本调查统计区（县）减少为8个，主要农产品及农资价格调查区县继续保持6个。为了确保农业农村经济统计工作质量，2010年组织开展了全市39个区（县）农业统计工作人员统计知识培训。在农业部进行的2010年全国农业综合统计工作考核中，重庆市万州区农委被评为工作突出单位，石柱县、荣昌县各有1名信息员被评为工作突出先进个人。

四、农业信息采集点建设

为加强重庆农业信息体系建设，搞好信息资源开发，全面、准确、及时地采集各类农业信息，2001年3月开始，重庆市农业局提出在全市范围内选择信息工作基础较好、有一定代表性的部分（区、县、市）建立首批信息采集点，将采集的信息通过《重庆农业信息网》发布，并给确定的采集点授牌，配备相应的工作设备，对工作人员进行技术培训。

2002年8月29日，重庆市农业局提出在2001年已建立18个农业信息采集点的基础上，再建21个，达到每个区（县、市）1个。要求无论是否承担部市两级农业信息体系建设项目区（县、市），凡没有建采集点的，要立即建立并开展工作。同时，对信息采集的主要内容、上报时间以及上报形式做了规定。

为了快捷、准确地掌握市场运行态势，重庆市农业局决定自2008年起，主要农副产品、部分农资产品市场价格通过《重庆农产品市场行情查询系统》网上报送，并对部分报送工作进行调整。重点报送区县执行工作日网上填报制度，除原来的武隆县、石柱县、开县、荣昌县、巴南区外，新增万州区，共计6个重点报送区县，采集零售价、采集品种不变。其余各区县执行网上旬报制度，报送次数由原来的每月2次调整为每月3次。5个农业部定点市场［盘溪蔬菜批发市场、九龙坡太慈市场、南坪正扬农贸市场、重庆农副产品综合批发市场（永川区）、渝中区西三街水产批发市场］仍执行网上日报制度，采集批发价。主城区江北永辉超市、家乐福超市观音桥店、江北重百超市纳入农副产品市场价格采集点，执行网上旬报制度，采集零售价，由重庆市农业局汇总分析后转报农业部。华牧集团有限公司、重庆今普食品有限公司、重庆结义食品有限公司、重庆德佳食品（集团）有限公司纳入生猪价格监测采集点，执行旬报制度。

针对农产品市场价格采集报送工作中存在的不按时报送数据，采集品种不固定随意性大，数据准确性不高等问题，重庆市农委要求从2010年6月起，实施更具体严格的工作规范。要求实行日报制度的12个区（县）（合川、巴南、荣昌、永川、南川、涪陵、武隆、石柱、黔江、万州、开县、云阳）及4个农业部定点市场（观农贸、太慈、正扬、西三街），每日中午12时以前报送价格信息，其余27个区（县）每月5、15、25日报送，填报品种为报送平台要求的所有品种，各区县应保证报送数据的准确性和可靠性。从7月1日起，重庆市农委对该项工作进行考核，并将农产品市场价格采集报送工作纳入对各区（县）农业信息工作的综合考核。

为促进重庆市农产品市场体系日趋完善，建立稳定的产销联系，结合农业部《全国“菜篮子工程”定点鲜活农产品中心批发市场管理办法（试行）》的相关规定，2010年5月5日，重庆市农委制定了《重庆市农业委员会定点农产品批发市场管理办法（试行）》，该规定适用于正式申报定点的重庆市农产品批发市场和已被农业部批准命名的定点农产品批发市场；涉及粮油、蔬菜、瓜果、茶叶、食用菌、中药材、畜产品、水产品等农产品批发市场。定点农产品批发市场按照规定的时间，向重庆市农委及时报送市场价格行情，半年和年度市场运营情况（包括各类商品的交易量、成交额等），随时报告市场运营中的新情况、新问题。重庆市农委对市定点市场实行动态管理，每3年进行1次全面考核和评估，对不符合条件的定点市场，取消其“重庆市农业委员会定点农产品批发市场”资格。

2010年8月2日，重庆市农委公布了8个重庆市首批市场信息采集定点市场名单：涪陵区稻香蔬菜批发市场、九龙坡区农产品蔬菜批发市场、巫溪县宁河农贸市场、丰都县糖酒有限公司开心超市、忠县巴王路农贸市场、城口县葛城中心农贸市场、酉阳县钟灵山农贸市场、渝北区双凤农贸综合市场。

蔬菜市场价格监测量大、面广、难度大，为提高监测水平，强化信息对蔬菜产业发展的支撑作用，2012年12月19日，重庆市农委印发《重庆市蔬菜生产与市场信息采集工作方案》，提出了蔬菜产销信息采集要以区县农业部门为工作主体，发挥市农业科学院蔬菜所、市农技总站、市农业信息中心的行业优势，逐步实现在统一平台上实现数据采集、分析、应用的集成与共享工作目标，方案进一步明确了监测范围。重庆市生产信息和价格数据监测涵盖38个涉农区（县）；报农业部种植业司和市场司的监测范围涉及潼南、武隆、璧山、铜梁、涪陵、万州、巴南、江津、綦江、梁平10个全国蔬菜生产重点区（县）。重庆市的监测品种包括根菜类、叶菜类、茄果类、瓜类、豆类、多年生及杂类蔬菜、食用菌、芽苗菜等14大类；报农业部的监测品种包括大白菜、结球甘蓝（莲白）、萝卜、黄瓜、番茄、青椒、豇豆、莴笋、青菜头、藤菜（空心菜）、生姜、苦瓜、平菇等34个主要地产品种。重庆市的采集标准，按农业部和市级层面、生产和流通环节分别提出。同时，对信息的上报频次及渠道也做了明确规定。

第二节　产销分析

一、农产品市场信息采集发布

及时准确地采集和上传信息，是农产品产销形势分析的基础。传统的信息采集方式，不仅时效性差，而且错误发生率也高。为了提高市场信息采集的质量和效率，在沿袭传统方式采集农村市场信息的同时，2005 年 1 月，重庆市农业信息中心利用现代网络技术建立的“重庆农产品市场行情查询系统”投入运行，实现了市内 5 个国家级农产品批发市场和 20 个市、县级农产品批发市场信息的每日上报。

为了更好地发挥信息的预警数据分析功能，重庆市农委办公室发出通知，决定从 2010 年 6 月开始启动农业市场热点快速报送机制。要求报送内容要围绕“热点”问题，重点反映区域性、苗头性问题，主要包括农产品价格异动情况；区域性“卖难”“买难”现象；最低收购价、临时收储等农产品市场调控政策落实中存在的问题及建议；农业生产资料市场大的波动；媒体及社会关注度高的其他农产品市场问题。对报送范围和时间进行了明确，各区（县）、各单位报送的市场热点信息，用于重庆市农委编发《重庆农产品及农资市场行情》，编报《重庆市农委信息》，开展专题调研与分析。

从 2010 年年初开始，重庆观音桥农贸市场每天免费在央视二台财经频道滚动播出农产品价格信息（全国 4 家农贸市场），此举使观音桥农贸市场在全国知名度快速提升，年交易额突破 200 亿元（2009 年市场总交易额 167. 67 亿元）。

根据农业部部署，2013 年重庆市开展了生产者价格采集扩容工作。扩容后的价格采集系统涵盖了蔬菜、生猪、水果等三大类别 30 余个品种，其中蔬菜新增 5 个基点采集县。新增基点采集县于 11 月初正式启动数据报送工作。2013 年年底，全市蔬菜生产者价格采集县累计达到 15 个、采集点 150 个。

经过十多年的发展，农产品市场信息采集发布工作的能力和水平都得到提高，信息采集的品种由过去的以粮油生猪产品为主扩展到粮油生猪蔬菜水果等 30 多个品种以及农业生产资料，信息采集方式由最初的笔写纸记发展到智能终端采集传送，信息发布也由传统媒体为主转向新媒体多形式、多渠道发布，信息发布的时效性和有效性大幅度提升，信息在连接市场和生产两者间的纽带和桥梁作用更加凸显。

二、农产品产销形势分析

（一）生猪产销形势分析

1996 年 1 月 16 日，四川省重庆市农牧渔业局（以下简称“市农牧渔业局”）向重庆市政府报送《关于当前我市生猪产销形势分析与建议的报告》，这是最早的生猪产销形势分析资料。报告认为，1995 年全市生猪生产虽然在市场疲软、饲料价格居高不下的困境下实现了稳定发展，出栏肥猪 950 万头，但产销形势日渐严峻，面临以下主要问题：一是生猪价格过低，荣昌县仔猪价每斤仅 2. 7 元。二是饲料价格一路攀升，育肥猪配合饲料每斤 1. 00 元左右，比上年同期上涨 20% ~30% 。三是养猪亏本，一头 100 千克重的肥猪，自配混合料支出 480 元，仔猪成本 108 元，两项合计 588 元，而肥猪销售收入 510 元（5. 10 元/千克），亏损 78 元。四是肥猪压栏严重，据 1995 年 12 月份对 12 个生猪主产区（县）100 户的典型调查，50 ~ 100 千克的中猪占 34. 6% ，100 千克以上的大肥猪占 27. 3% 。五是规模化养猪严重受挫，1995 年上半年全市户养肥猪 20 头以上的农户 3 万余户，出栏肥猪数占全市出栏总数的 5% 左右，到年底该比例下降到 3% 左右。为此，全市采取了 6 条措施指导生猪生产：强化政府对生猪产销的调控能力；建立生猪生产发展基金；继续坚持生猪经营多渠道流通；支持国有食品部门开展猪肉加工；建立重庆市猪肉批发市场；大力调整种植业结构，增种饲料玉米和饲草作物。

（二）大宗农产品产销形势分析

2010 年 8 月，重庆市农委聘请相关行业专家，组成重庆市农产品市场监测预警专家组，编写《重庆市大宗农产品产销形势分析月报》，对重庆市粮油、生猪、蔬菜、水果、水产五类大宗农产品产销形势进行深度分析，根据当月大宗农产品的产销情况，针对具体的品种，结合本地的农业生产条件和气候条件，提出政策和技术方面的建议。编印的月报报送农业部及市内相关领导及部门，下发各区（县）

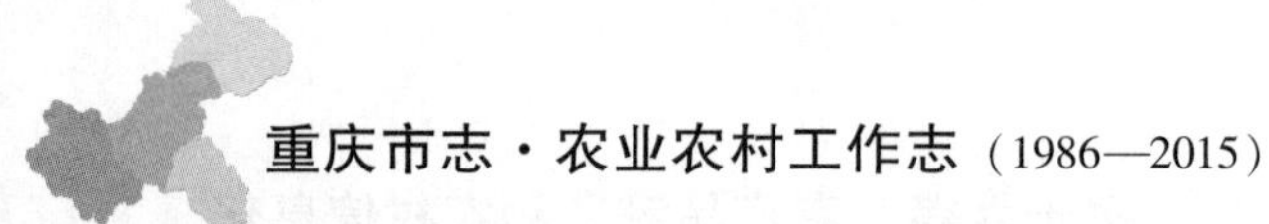

相关部门，为政府决策提供科学依据，到2015年年底，共编印65期。

三、农产品市场行情分析

（一）农产品市场行情季度分析

从2004年第一季度开始，重庆市通过农业部的农产品及农资产品市场价格采集系统（内网）获取农产品及农资产品市场价格信息，启动了重庆市农产品市场价格季度分析工作。根据相关区（县）上报的10个农贸市场的粮油、蔬菜、水果、肉禽蛋、水产、农资6大类农产品及农资产品的市场零售价格进行同比、环比统计分析，找出价格变动的原因，提出具体的解决办法。2005年第一季度，重庆市自主开发的“重庆农产品市场行情查询系统”投入运行，上报信息的区（县）和市场也逐步增加。2009年第一季度，《重庆农产品及农资市场行情》季报以红头期刊编印，加大了分析力度，增加了价格走势图，分析数据来源于30个农贸批发、零售市场，6大类58个品种，分析内容包括实时价格行情，未来价格走势和政策建议。农产品市场行情季度分析除了报送农业部及市委、市政府有关领导和相关部门外，还作为参加全市经济分析会的参考资料，并在《重庆农业农村信息网》上发布，为市民消费提供参考，为政府决策提供科学依据，到2015年年底已编印38期。

（二）农产品市场行情月分析

从2004年1月开始，启动了全市农产品市场价格月分析工作。根据相关区（县）上报的9～12个农贸市场的粮油、蔬菜、水果、肉禽蛋、水产、农资六大类农产品及农资产品的市场零售价格进行同比、环比统计分析，找出价格变动的原因，提出具体的解决办法，为市民消费提供参考，为政府决策提供科学依据。从2005年1月开始，通过重庆市自主开发的重庆农产品市场行情查询系统获取农产品及农资产品市场价格信息，上报信息的区（县）和市场也逐步增加，月度分析范围也扩大到30个区（县）农贸市场。2009年1月，《重庆农产品市场行情》月报以红头期刊编印，加大了分析力度，增加了价格走势图。农产品市场行情月度分析除了报送重庆市农委领导和相关部门参阅外，还在“重庆农业农村信息网”上发布，到2015年年底已编印129期。

（三）农产品市场行情周分析

从2008年10月14日开始，启动了全市农产品市场价格周分析工作。根据相关区（县）上报的粮油、蔬菜、水果、肉禽蛋、水产、农资六大类农产品及农资产品的市场零售价格进行环比统计分析，找出价格变动的原因，提出具体的解决办法。《重庆农产品及农资价格周报》除了报送有关领导及部门外，还在“重庆农业农村信息网”上发布，到2015年年底已编印366期。

（四）农产品市场行情专报

为了应对特殊年份、极端气候条件对农业生产的影响，以及由此带来的农产品价格异常波动，应对市场大环境及人为因素对农产品价格的影响，2010年3月22日，重庆市启动了重庆农产品市场行情专报，编辑发布了《西南五省旱灾对重庆市蔬菜价格的影响》《西南五省旱灾对重庆市粮油市场的影响》《重庆玉米价格上涨调查分析》《近期重庆大蒜市场行情分析》《近三年重庆及周边省市蔬菜价格走势分析》等近20期，多数篇目被《重庆市政府公众信息网》“权威发布”栏目采用。

（五）观音桥农贸市场蔬菜价格日报

观音桥农贸市场（以下简称“观农贸”）被称为重庆蔬菜价格的风向标。为了及时掌握重庆蔬菜价格的动向，2010年11月26日，重庆市启动了观农贸蔬菜价格日报分析制度，每个工作日对观农贸交易的大宗蔬菜批发价格及蔬菜批发量进行统计分析，根据上市蔬菜品种的交易情况、本地蔬菜品种的交易情况，根据批发量在100吨以上的蔬菜交易情况、本地蔬菜品种的交易情况等，分析蔬菜交易量及价格的变化，为市场供应提供及时的数据支撑，到2015年年底已发布586期。

（六）农产品市场行情分析成效

行情分析的能力不断提高。2013年完成了基础数据库的扩容，扩容后的数据库，从类型上涵盖了七大类300多个农产品及农资产品，从来源上汇集了国家发展改革委员会价格监测中心、农业部有关司局、国家统计局、国家物价局等相关数据资源。资源量的扩充，监测品种的扩大，提升了市场行情分析的能力和水平，当年收集处理各种价格数据20多万条。

行情分析覆盖面不断扩大。自2004年启动农产品市场价格分析以来，数据采集分析的范围和品种逐年扩大。2009年，市场价格调查范围扩大到39个区（县）的农贸市场，5个农业部定点批发市场，3个主城区超市、1个大型生猪屠宰企业以及主要蔬菜基地等，调查点近100个，涵盖粮油、蔬菜、肉禽蛋、水果、水产、中药材、农资等七大类100多个品种，数据采集频率提高到每日（旬）。2010年，发展了13个市级农产品定点市场、40个区（县）农贸市场、4家大型超市、3家大型屠宰场等60个农产品市场信息采集点，新增80个乡、村或专业合作社作为农产品生产信息采集点，在18个区（县）选择了500个户（点）开展主要农产品基点、物价、成本调查及统计分析。

行情分析针对性更加凸显。为提高数据分析的质量水平，2010年，聘请了15名专家对全市水稻、生猪、柑橘、水产、蔬菜等大宗农产品开展月度产销形势分析。按照农业部市场信息司统一部署，收集整理区（县）市场热点信息308期，上报《农产品市场热点分析》32期，其中4期被农业部《农产品市场聚焦》采用。2012年，除常规的市场行情分析外，还聚焦重点品种，开展前瞻性预警分析，市场异动专题分析，及时发现一些苗头性的问题和隐患，供各级领导决策参考，收到了良好的效果。

行情分析规范性不断提高。2010年，制定并发布了《农产品市场信息采集标准与规范》《农产品市场信息采集工作整改意见》，对信息的采集分析和发布作出了具体明确的规定。邀请农业部领导和专家对县（区、市）150名信息员进行培训，使其充分理解和认识标准化规范化采集信息的重要性，领会和掌握标准化、规范化采集信息的方法，提高他们的业务素质和工作能力，印发了《农产品市场信息采集工作每月通报》。

服务产业发展作用不断彰显。经过多年的不懈努力，全市农产品市场信息服务工作取得了可喜的成绩，得到了国家相关部门的称赞。2011年，国家菜篮子工程检查调研组对重庆的蔬菜生产监测预警体系给予了高度肯定，认为重庆在全国率先建立特大城市蔬菜生产监测预警体系，已经成为稳定菜篮子价格的措施之一，最大限度地避免了种植者因信息不畅而盲目跟风的现象发生。重庆市农产品市场监测预警“四个一”的做法受到农业部的充分肯定，在2011年全国农业市场信息工作会议上，重庆市作为全国5个省份的代表之一做大会发言。2006年编辑出版的《2003—2005世界·中国·重庆主要农产品生产、贸易及排名》，为相关部门及领导提供了参考资料，具有实用价值。2004—2015年，共计编报《重庆农产品及农资市场行情季报》《重庆农产品市场行情月报》《重庆农产品及农资价格周报》《重庆市大宗农产品产销形势分析月报》《观农贸蔬菜批发价格日分析报告》等市场行情分析报告1 184期，报告呈送分管市领导和市级相关部门，作为全市经济工作分析会的参阅材料，市政府公众信息网“权威发布”栏目、重庆电视台移动频道、《重庆日报》农村版等主流媒体也作为重要内容转发、播报。

第三节　预测预警及信息发布

2006年，农业部下发《关于下达2006年农业信息预警项目资金的通知》，以此为标志，重庆市启动了农业信息预警项目建设工作。之后3年（2007年、2009年、2010年）农业部继续下达农业信息预

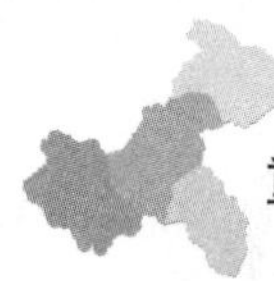

警项目资金，推进信息采集、处理、分析、会商、发布以及农村信息员培训等工作。到2010年8月，重庆市农委拨付到区（县）和直属单位的预警项目资金72.4万元，兑现区（县）以奖代补资金6万元，共计78.4万元，是农业部下达重庆资金的125%，完成了基点、物价和成本调查的项目建设任务，以及农村信息员的培训工作，在中国农业信息网上认证农村信息员3 000多名。2012年，农业部继续下达农业信息预警（市场信息）项目资金，用于农业应急信息采集、12316手机短信系统建设、农业网站资源整合、信息服务支持等方面。2012年和2013年，重庆市农委也对预警项目给予了资金支持。

2010年，依托农业部在重庆投资建设的农业信息预警项目，初步构建起全市大宗农产品监测预警分析工作体系，开展农产品市场信息预警分析。组建五大类农产品供求形势分析专家组，开展对粮油、生猪、蔬菜、水产、水果等《大宗农产品产销形势分析月报》工作，受到重庆市领导、农业部及相关部门的好评。重庆市委常委、副市长马正其在分析月报上批示：市场决定生产，月报分析总体好。农业部市场与经济信息司司长钱克明认为："重庆做法很好，值得向全国推广"。2011年，重庆市建立了特大城市蔬菜生产销售监测预警体系，实现了从生产基地、产地批发市场、城镇中心批发市场到零售市场的全程监测。自此以后，全市一直将蔬菜监测预警工作作为重点，在技术力量上给予充分保障。相应地蔬菜监测预警工作也多次受到农业部领导的高度肯定。2013年对监测预警工作方案作了修订，更加突出对蔬菜、生猪、柑橘等重要敏感品种的监测预警。2014年，受农业部委托，牵头协调云南、贵州、四川3省，探索建立西南片区蔬菜产销结构监测及跨省份蔬菜预警联动机制，为农业部在全国分区域开展蔬菜监测预警开路探道。

注重对重庆市内外农产品市场出现的重大问题进行深度分析，及时向领导和主管部门提出应对措施和对策建议。2010年针对"海南毒豇豆"事件，全市及时编写了《海南毒豇豆事件对我市反季节蔬菜价格和销售的影响》预警报告；针对西南5省份特大干旱和"通胀预期"带来的农产品尤其是蔬菜价格波动等"突发"事件，组织力量开展专题调研分析，编写发布了《西南五省旱灾对重庆市蔬菜价格的影响》《重庆玉米价格上涨调查分析》《近期重庆大蒜市场行情分析》《近三年重庆及周边省市蔬菜价格走势分析》等近20期预警信息，在领导和主管部门指挥调度全市农业生产过程中发挥了决策参考作用，多数篇目被《重庆市政府公众信息网》"权威发布"栏目采用。强化农产品市场价格异动会商，重庆市农委定期召开有专家、业务处室及相关直属单位参加的分析会商会，对出现的个别品种卖难问题，积极协调促销等，信息引导生产和销售的能力得到增强。2012年，对全市主要农产品产销及市场流通等情况开展专题调研，向农业部、市政府等提交了《重庆蔬菜生产与流通情况调研报告》《重庆柑橘产销情况分析》等调研报告9篇。针对重庆农产品商品率低、流通规模小、流通成本高等问题，2014年，组织开展了《重庆主要农产品生产主体培育研究》《农产品流通体系研究》及《防范柑橘生猪蔬菜三类农产品价格剧烈波动的对策研究》。对中籼稻、玉米等主要粮油品种的生产、流通、加工、销售各环节成本收益开展调查，形成高质量分析材料上报农业部。

《重庆农业信息网》于2005年开设了"重庆名优农产品"专栏，开始通过网站发布名优农产品信息，为农产品的产销对接开辟了新途径。为确保上网发布的产品信息准确无误，对2001—2005年论证通过的名牌农产品名录进行了更新。据统计，2005年上网发布供求信息超过12万条（次），农产品网上销售额超过8 000万元。

2006年，重庆遭受百年不遇的特大旱灾。蔬菜特别是叶类蔬菜生产受到严重影响，菜价上涨，引起了市委、市人民政府的高度重视。重庆市农委加大市场信息采集、报送力度，对市场供求数据进行系统全面的分析，同时注重与相邻的省份对比，对市场作出预判。市政府根据这些信息，组织调运蔬菜，要求区县创造条件发展速生蔬菜和秋冬蔬菜，保证了市民的"菜篮子"供给和菜价基本平稳。

2010年，结合当时的情况，重庆市农委调整完善了全市农产品市场价格信息、产地价格信息采集点布局，全市各区县、各类产品的市场价格采集点，生产基地、种养殖大户、专业合作社的产地价格采集点共计约300个。按照农业部要求，每周报送《农业市场热点信息快报》。《重庆农产品及农资价格周报》《重庆市大宗农产品产销形势分析月报》作为重庆市农委的一项日常性工作持续开展。2013 年 6 月，《重庆农产品及农资价格周报》先后被重庆市政府公众信息网“权威发布”“统计分析”“价格与收费”3 个栏目同时采用，从 2013 年 12 期开始《重庆市大宗农产品产销形势分析月报》也被重庆市政府公众信息网“统计分析”栏目采用。《农产品及农资价格周报》《农产品产销形势分析月报》得到了市政府领导、市级相关部门及广大生产经营主体的一致认同，困扰多年的“信息缺乏针对性适用性”“信息只对上不对下”的状况得到较大改善。由于工作成效显著，重庆市先后被农业部确定为全国 3 个信息速采试点省份之一和农业信息化发展评价试点 4 个省份之一。

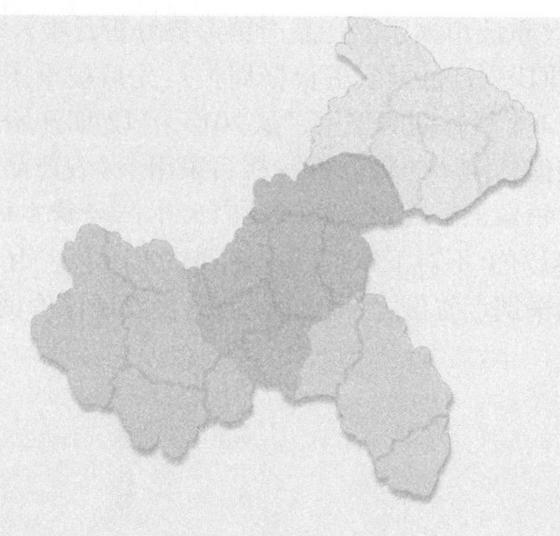

第四章
行业系统电子政务

第一节　农业主管部门官网建设

一、农业信息网站建设

作为重庆市农业主管部门官方网站的“重庆农业农村信息网”建设，大致可以分为3个阶段：建设阶段、资源整合完善阶段、稳定运行阶段。

（一）建设阶段（1999—2000年）

这一阶段的特征是“重庆农业信息网”建成投入运行，实现了市农业局机关内部之间、机关与农业部相关司局之间，以及区县农业局与市农业局之间信息与公文的网络传送，市农业局所属部分事业单位也各自建立了自己的网站，独立运行，信息共享。重庆市农业局机关于1999年7月迁入新办公楼，在修建新办公楼的同时，对信息化及办公自动化建设也作了较高起点的规划，按信息网络中心与智能化要求进行了综合布线。同时，根据市政府的要求，在国际互联网上注册了政府类农业综合信息网站—重庆农业信息网（http：//www. cqagri. gov. cn），于2000年1月11日正式开通。“重庆农业信息网”共设置了市农业局职能及行政机构情况，市农业局直属单位情况，县（区、市）农业概况，政策与法规，农业科教信息，农产品市场信息，对外交流与合作，渔业信息，菜篮子信息，畜牧信息，农业气象信息，农情快讯，综合信息，图片新闻等14个栏目。建成了“蔬菜专用信息网”专栏，联入部分生产基地、批发零售市场，提供政策、生产技术、市场行情等信息服务，每日向社会发布重庆市主要批发、零售市场的价格信息。“重庆农业信息网”通过重庆市数据通信局互联网结点全天24小时向国内外发布信息，各县（区、市）和局属各部门可以通过当地中国电信163拨号上网。

由市农业局组织实施的“农业部省级信息共享及联网试点”及“重庆市农业信息体系建设”工作，纳入重庆市信息体系建设。2000年完成了《重庆市农业信息体系建设发展规划》。同时，初步完成了市级农业信息网络中心基本硬件设施的建设，设立了专门工作用房、配备了服务器、交换机、工作站、扫描仪等设备，为网络建设打下了一定基础，“重庆农业信息网”已初步形成了内网外网两个版本，并开始运行，一批专门数据库也在开发建设中。

重庆市农业局各处室基本实现了与农业部各司局的计算机联网，近30个区（县）农业部门利用已有设备与市局联网，各种数据和材料实施了网上传送，大大提高了农业信息传输的现代化水平和传输速度。局内各专业子网建设也逐步推开。财务、蔬菜、农技、植保等先后建成了本系统的专业子网。

《中国柑橘网》于2004年7月20日正式注册，域名：china-citrus. cn。“中国柑橘网”是一个独具特色的柑橘专业网站，立足柑橘产业发展，坚持产前、产中、产后全面服务柑橘产业，国内国外柑橘信息统揽。该网站主要由柑橘专业数据库及专家咨询系统两大部分组成，专业数据库收录了柑橘实用技术、质量标准、品种资源、产销动态及相关信息；柑橘专家系统库设品种专家、植保专家等子系统，由20余名权威专家组成专家团，为全国各地果农提供及时的在线咨询服务。《中国柑橘网》按照统一技术标准、整合信息资源、共建共享的原则建站，网站后台信息共享发布平台可实现远程信息的采集、审核和发布，实现了多个单位和部门的信息交流、整合与共享。网站着力搭建柑橘供求服务互动平台，为全国各地的橘农及柑橘供销商提供信息交流通道。网站全力打造柑橘市场信息专栏，滚动播出柑橘等水果每日价格行情信息，让农户了解市场，引导生产，促进农户增收，成为中国柑橘产业宣传的一个重要窗口。

（二）资源整合完善阶段（2001—2007年）

这一阶段的主要特征是，以“重庆农业信息网”为平台，对市农业局系统各个专业网站、区（县）农业部门网站以及部分涉农企业网站实行资源整合，实现了资源共享，信息互通，“重庆农业信息网”的数据量和服务能力得到显著提高。

2005年以前，在统一数据平台的基础上，先后建成了《重庆市农业局英文网》《重庆市农产品质量安全网》《重庆市农业信息体系建设》《重庆动物卫生监督网》《重庆畜牧网》《重庆农业财务信息网》《重庆农业法制网》《重庆兽医信息》《忠县畜牧信息网》《万盛动物防疫监督网》《重庆动物植物良种创新信息网》《重庆科光种业有限公司》《重庆中亚药业有限公司》，“重庆市农作物品种审定委员会”子网站以及种子专项整治行动、四五普法依法治理、农业行政执法百日行动、农业法制动态、重庆市农业局保持共产党员先进性教育活动专题、猪链球菌防控、高治病性禽流感防控专题以及市动物卫生监督总站、市农业信息中心保持共产党员先进性教育等专栏。2005年，按照统一标准、整合资源、共建共享的原则，对“重庆市农业信息共享发布平台”进行升级改造，实现了多个网站之间信息的整合，为全市农业信息网站群建设奠定了基础。在统一平台基础上建成的专业网站，收录相关信息和文献资料13.9万条（篇）。开发完善重庆市劳务信息平台，包括农村劳动力资源管理系统、农村劳动力培训系统、农村劳动力输出系统，收集全市农村劳动力基础资源信息量超过6GB。当年6月中旬推出“重庆农业信息管理系统”综合服务平台，提供农业数据库信息超过10万条，提供查询1994年以来涉及农业的中文期刊全文数据库文献近百万篇。到2006年，初步建成了以“重庆农业信息网”为核心，集区（县）农业部门、不同专业和相关企业约90多个单位为一体的重庆农业网站群，进入数据库的信息总计19万条。2006年，“重庆农业信息网”共发信息5.5万条，上报中国农业信息网联播信息1 313条，发布供求信息6 340条，向中国国家农产品加工网提供信息2 200条。网站日均点击数近5 000次。2007年，依据农业部委托第三方评测机构的评测结果，对“重庆农业信息网”进行了改版。

（三）稳定运行阶段（2008—2015年）

这一阶段网站建设的重点主要是在统一平台的基础上，进一步实现资源整合，按统一的标准规范各专业网站的数据库，并将其转入重庆农业农村信息网的数据库，实现了真正意义上的资源整合，提高了数据资源的利用率，减少了重复投资重复建设，“重庆农业农村信息网”进入常态化运行阶段。2008年，按照新组建的重庆市农委要求，对“重庆农业信息网”进行了升级，形成了以“重庆农业农村信息网”为核心，集区（县）农业部门、市农委系统不同专业领域、农业企业于一体，成员近100个的重庆农业网站群，建成50多个专题数据库。升级当年，“重庆农业农村信息网”新增发布各种农业信息5.7万多条，累计发布信息27.9万多条（篇）。网站的日均点击数达1.2万次，在国内同行业网站的

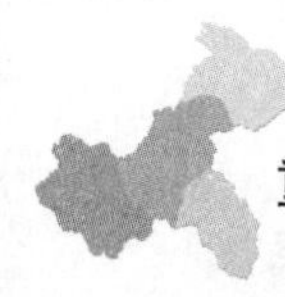

影响力逐渐增大。农业部委托第三方评测机构对全国省级农业政府网站评测，“重庆农业农村信息网”排名西南第一、全国第十二。到2010年，“重庆农业农村信息网”全年新增发布各种农业信息3.9万多条，累计发布各种农业信息34.4万多条（篇）。日均点击数达1.6万次，比2009年增加26%，在国内同行业网站的影响力逐渐增大，在农业部全国农业网站测评中获“全国第八，西部第一”的好成绩。从2004年开始连续7年被评为“全国农业百强网站”。

2011年，为顺应现代农业和统筹城乡区域发展的需要，对重庆市农业门户网站进行改版，打造重庆农业门户“金牌”网站。年新增发布各种农业信息3.9万多条，累计发布各种农业信息39万多条（篇）。网站的影响力逐渐增大，日均点击数达1.6万多次。通过大力推进三级示范网站群建设，不断完善网上农产品展示和促销、农业项目招商引资、农业信息资源点播、查询等服务。2012年，“重庆农业农村信息网”日均点击数达到2.2万多次，成为西部一流的大型农业网络资源数据库。“重庆农业农村信息网”在2012年农业部省级农业网站测评中排名全国第四（比2011年上升4位），中国农业信息网重庆频道在31个地方频道信息维护工作考核中排名全国第三，连续3年获得农业部网站“全国信息联播”最佳组织奖，并在2012年农业部全国信息联播和信息安全工作会上作典型发言。2012年，市“农业信息中心”被市信息化领导小组办公室评为重庆市政务服务网站发展评估先进单位。

2013年，在党的群众路线教育实践活动中，全市将网站的建设与维护作为教育实践活动的重点整改内容，从“强化政务公开、优化服务功能、注重信息原创、丰富栏目内容、提升平台技术、严格网站监管”等方面着手，改进栏目设置，扩展信息通道，收到了良好效果。全年新增发布信息5万多条，累计发布各种农业信息51万多条（篇），日均点击数达2.6万次。当年“重庆农业农村信息网”在市政府部门网站考评中名次逐月上升，市级部门网站排名由6月的第八位，上升到11月的第二位。

为了更好地满足政务公开的需要，2014年，“重庆农业农村信息网”在栏目设置和资源建设方面，重点打造“政务公开、政策法规、市场服务、行业动态”四大板块，入库信息53万条（篇），日均点击数达3万多次。2015年，日均点击数上升到4万多次。

2013—2015年，在农业部委托第三方评测机构对各省份政府农业网站测评中，“重庆农业农村信息网”一直保持“全国第四、西部第一”的好成绩，并在市政府网站考评中长期保持前列。

二、网站管理制度

为了规范有序推进信息网络建设，2000年5月22日，重庆市农业局印发了《重庆市农业局关于进一步加强和规范信息网络建设、管理工作的通知》，明确规定全市农业局系统信息网络建设由“局信息网络建设领导小组”统一领导并组织实施，各单位专业子网建设的规划、方案需报领导小组审核，避免小而全和重复建设。对农业局系统信息体系两个组成部分的功能作出了明确界定，即“重庆农业农村信息网”网站，向社会提供“政策法规”“实用技术”“农产品市场信息”等方面的信息服务。局办公大楼内局域网和覆盖全市农业部门的广域网系统，为局内各处室和全市各级农业部门数据资料共享、信息快速传递提供服务，推动办公自动化建设。要求全市农业局系统内信息采用主页方式在网站（内网和外网）上发布，网站由市场信息处维护和管理。在综合网上建立10个专业栏目（或二级主页），对已经建成的“农技网”“植保网”在综合网主页上单独链接。区（县）农业部门可采取在局综合网上设立区（县、市）专栏等形式发布信息。通知规定各单位的入网工作由局市场信息处提供技术支持，费用原则上由各单位自理，局内各处室的局域网互联工作统一安排。入网的微机由使用者填写入网登记表，网络中心分配用户名、密码。通知强调，使用网络不得做出泄漏国家秘密、有损网络安全、有违社会公德和其他与工作无关的行为，各地区、各单位的上网信息材料要注意保密，注意区分对外信息（用于因特网的网站）和对内信息（用于局域网网站），各单位上网材料要由负责人签署后经局办公室审核。

为了保障信息系统的安全和数据安全，重庆市农业局制定了一系列的管理制度。2005年印发的

《信息后备制度》规定，内、外网站和各种业务系统的数据定期备份和异地存档，确保信息资料的安全。《重庆市农业局互联网管理办法》对网络安全运行和有序管理提出了明确要求，制定了网络安全预案，与网络管理人员签订责任书。同时，还出台了《重庆市农业局公众信息网信息发布管理试行办法》《重庆农业信息管理系统管理办法》《重庆市农业局公众信息网局长信箱管理办法》《重庆农业信息管理系统留言板管理制度》等网络网站管理制度。2008 年北京奥运会期间，重庆市农委制定了《关于加强北京奥运会期间全市农业系统网络信息安全工作的意见》《关于重庆市农牧科技大楼局域网管理办法》，明确了奥运会期间网络信息安全责任和防范措施，进一步规范了农牧科技大楼网络管理，明晰了网络运行及安全准则。2009 年 9 月 29 日，印发了《信息网络突发事件应急预案》《节假日信息维护值班制度》《机房值班手册》，设立突发信息网络事件应急领导小组。《信息网络突发事件应急预案》对机房漏水、机房停电、机房设备发生被盗或人为损害事件、机房消防、空调系统出现渗漏水、不良信息和网络病毒等突发事件均制定了应急措施。针对全市农业信息网站建设中存在的突出问题，2014 年 12 月 17 日，重庆市农委下发通知，要求各地各部门要高度重视网站建设，完善栏目设置，充实网站内容，改进网站功能，提高服务质量，要认真落实网站维护职责。按照《市农委信息平台整合方案》的要求，依据“谁主管、谁负责”原则，建立信息发布机制，落实专人负责日常更新维护管理。各地各单位在保证网站信息发布数量的同时，必须保证网站信息的质量和安全，按照重庆市农委《关于加强网站安全管理工作的通知》的要求，切实履行“谁主管谁负责、谁运行谁负责、谁使用谁负责”的信息安全职责，市农委决定建立网站信息维护绩效评价机制。2014 年启动对区（县）农业门户网站的绩效评价，翌年逐步扩大到委属各单位网站。绩效测评结果上网公示，对优秀网站承办单位在有关专项经费中适当给予工作补贴。

为了提高网站信息服务质量和水平，2006 年 8 月 9 日，印发了《重庆市农业信息联播采编管理办法》，规定了信息采编发布工作应当遵守国家法律法规，遵守保密规定，发布的信息真实可信，不侵权，不发布反动、封建、色情、暴力信息等基本原则。信息采集要求实行领导负责制，强调信息的时效性和准确性，每个工作日报送 1～3 条本县（自治县、区、市）当前农业生产、农村经济、农民生活、农村建设等信息。对信息的标题、正文、关键词、作者、信息来源、图片大小和格式以及信息报送时间等都提出了具体要求，特别强调如有动物疫情方面的信息，应当按照国家规定的程序和渠道报送。

为规范网站信息发布工作，根据重庆农业特征，制订了相应的制度，如为生产者提供信息，每天编发“天气与农事”，每月编发农事。为批发市场和经销商提供的信息，每日发布全市主要农贸市场的农产品批发、零售价格；每月、每季发布“重庆农产品市场行情”、发布全市六大类主要农产品和农业生产资料市场价格分析报告。建立农业信息分析制度，每季度对全市的农业生产信息进行汇总分析，对下步工作进行预测预判。

2008 年，制定了《机房管理制度》《机关收发文流程规范》《重庆巴渝新农网专家服务团管理办法》《计算机网络故障排除行为规范》等一系列制度和办法。

2011 年 4 月 11 日，印发了《重庆市农业信息工作年度综合考评办法（试行）》，重点对信息工作机构设置、电子政务和办公自动化进展、网站建设运营与信息维护更新、市场信息采集与报送、农村信息进村入户、12316 热线等 7 项指标进行量化考核，重庆市农委对获奖单位给予通报表彰。

三、人员培训

信息工作起步阶段，针对大多数从业人员对计算机技术和网络技术不了解，对计算机等设备不会用的情况，开展基础性的技术培训工作。2000 年 6 月 16 日，重庆市农业局举办的农业信息网络技术培训班，参加培训的为局属各单位具有一定计算机操作基础的人员。培训内容包括计算机网络的产生和发展对社会经济的影响，计算机网络的基础知识和基本技术。

为推进区（县）农业信息化建设进程，2002 年，重庆市农业局连续举办了两期培训班：农业信息网络管理员培训班，主要是培训区（县）网络管理人员；农业信息网站建设及网管员培训班，主要是培训网站管理部门负责人和网管操作员。

随着信息服务方式的多元化发展，全市及时地开展新技术培训。2007年，“重庆巴渝新农网”投入运行，全市及时地举办了区县信息员培训班，对《巴渝新农网运行机制、工作流程》《巴渝新农网平台操作系统》《巴渝新农网平台上机操作练习》《供求信息“一站通”“网上展厅”和“重庆农业信息联播”操作》等新平台的操作方法，及《计算机基本操作》《信息编发操作常见问题及解决办法》《农产品市场行情报送》《信息员工作职责及要求》《信息采集、编辑、发布规范》《网页制作及图像处理基本技术》等基础知识进行了系统培训，来自全市39个区（县）及所属乡（镇）的农业信息人员共计78名参加了这次培训。

从2007年开始，农业信息人员的培训纳入了重庆市“农业人才知识更新”工程，经费有了保障，使培训工作步入了规范化、制度化的轨道，培训规模扩大，培训对象也由之前的市、县（区）、镇（乡）3级农业信息工作者扩大到农业产业化龙头企业、农民专业合作经济组织、中介组织的信息服务人员和农业生产经营大户、农村经纪人。2008年，全市利用人才知识更新培训工程和其他农业信息化培训项目，组织相关人员编写了农业信息员培训教材，并纳入《重庆市“三农”人才知识更新工程培训教材》，通过培训使其达到了会收集、会分析、会传播信息的“三会”要求。全年累计培训农业信息技术队伍500余人，累计培训农村信息员800人。根据《重庆市农业委员会关于下达2009年农业技术培训计划的通知》要求，培训了相关区县的信息科（站、中心）负责人。

为推进农产品生产及市场信息采集工作，统一监测标准，完善监测制度，提高监测数据的准确性和代表性，2012年11月13日，重庆市农委召开了全市农产品生产及市场信息采集培训会，对全市蔬菜生产监测人员进行专题培训。

2015年，利用全国农业市场与信息化工作会在重庆市召开的契机，先后3次邀请了农业部信息中心、国家农业信息化工程技术研究中心的知名专家对500多名区县信息工作分管领导及工作人员进行了培训。重庆市委组织部和重庆市农委在浙江大学举办农业农村信息化研修班，30个区（县）的企业，农民专业合作组织负责人，重庆市东北、重庆市东南部17个区（县）有关负责人参加培训。

为了提升区（县）农业、畜牧信息服务机构工作人员网络信息安全、网站规范化管理、农产品市场价格采集分析工作能力，普及新型农业生产经营主体负责人电商平台应用技能，2015年8月19—21日，召开了全市农业信息综合培训会议，对网络信息安全、网站规范化管理、农产品市场价格采集分析和新型农业生产经营主体电商平台应用展开培训。

四、网站获奖

在中国电子商务协会、北京农博数码科技有限责任公司组织的“2005年中国农业网站100强评选活动”中，《重庆农业信息网》荣获“2005中国农业网站100强”称号。

在农业部信息中心、中国电子商务协会、中国互联网协会组织的“2006年中国农业网站100强评选活动”中，重庆农业信息网、中国柑橘星火科技网和重庆动物卫生监督网荣获“2006中国农业网站100强”称号。在“2007年中国农业网站100强评选活动”中，重庆农业信息网、中国柑橘网和重庆动物卫生监督网荣获“2007中国农业网站100强”称号。

在中国电子商务协会、中国互联网协会、农业部信息中心组织的“2008年第五届全国农业网站百强评选活动”中，重庆农业信息网荣获“全国农业网站百强（政府类50强）”称号。在“2009年第六届中国农业网站百强评选活动”中，重庆农业农村信息网荣获“最佳运营模式网站”称号，中国柑橘网荣获“中国农业网站百强（园艺林业类10强）”称号。

在中国电子商务协会、中国互联网协会组织的“2010年第七届中国农业网站百强评选活动”中，《重庆农业农村信息网》荣获“中国农业网站百强（政府类30强）”称号。

重庆市农业信息中心先后获得由农业部市场与经济信息司、农业部信息中心颁发的2006年度、2007年度、2009年度“全国农业网站信息联播优秀组织奖”，农业部信息中心颁发的2010年度、2011年度、2012年度“中华人民共和国农业部网站全国信息联播优秀组织奖”。

第二节　电子政务系统建设

一、加强政务信息的领导

从20世纪末开始，市级农口系统将电子政务的管理作为一项十分重要的工作列入议事日程，加强了政务信息的组织领导。2004年10月成立了重庆市农业局机关办公自动化领导小组，由局长王越任组长，下设领导小组办公室，具体负责局机关办公自动化工作，此后，市农机事业管理局也成立了相应机构。

二、政务信息管理制度建设

1999年9月29日，重庆市农机事业管理局（以下简称“市农机局”）印发了《微机管理及电子信息（公文）报送的有关规定》，规范了电子信息（公文）报送程序。

2000年1月，在电子政务刚刚起步阶段，重庆市农业局就制定了《重庆市农业信息化建设规划》，成立了由分管局领导任组长的“重庆市农业局信息网络建设领导小组”，设立了专门机构“市场与经济信息处”，负责信息化建设工作。完成了局办公楼局域网综合布线工作，局机关实现了与农业部多个司局的网上信息传输。在互联网上设立了“重庆农业信息网”，蔬菜、农技、植保等一批专业子网建设开始启动，部分区（县）开始通过互联网进行信息传递。

2001年4月11日，重庆市农业局下发《加强政务信息工作的通知》，明确了政务信息的工作原则和任务，即分层次服务的原则，以服务领导为重点，同时做好为农业部和重庆市委、市人民政府、市级各部门和下级有关部门的信息服务工作。政务信息工作的主要任务是反映农业生产和农村经济发展的重要情况及重点、热点、难点问题，规定了政务信息工作体系和人员设置。政务信息工作归口局办公室管理，重要信息送局领导审核、签发，各处室和直属单位均应设置兼职的信息工作人员，决定统一编发农业局政务信息刊物《重庆农业信息》，每周出刊一期以上，刊登综合类信息，也可一事一报。《重庆农业信息》由后勤服务中心统一印制，各处室原有的政务信息刊物全部停办，明确了政务信息工作人员3项职责，实行政务信息登记、考核制度。

2001年6月12日，重庆市农业局下发《加强政务信息工作的通知》，对政务信息工作做了进一步的规范。政务信息工作体系和人员设置方面，要求凡上报的政务信息，均应严格按公文管理程序审核、签发，形成由办公室、市场与经济信息处、政策法规处、组织处牵头，各处（室）、各直属单位组成的政务信息网。对政务信息刊物实行分类管理，《重庆农业信息》由办公室和市场与经济信息处负责管理和编发，原则上每周出刊一期。《农业工作参考》和《情况反映》均由政策法规处负责管理和编发，前者主要反映工作动态、行业工作综述、倾向性问题等，后者主要向上反映工作中的重点、难点、重大问题，不定期出刊。《政工简报》由组织处负责管理和编发，主要反映干部队伍思想建设、组织建设、作风建设、党建工作、群团工作、机关党委的建设、精神文明建设等情况。《农业信息参考》由市场信息处负责管理和编发，主要反映国内外农业发展的新动态。其他处室所办的信息刊物，全部停止印发。

按照行政机关政务公开的总体要求，2004年11月23日，重庆市农业局印发了《政务信息公开暂行办法》，明确主动公开信息的范围、应当公开的政务信息13个方面的内容和公开形式，明确局办公室主管政务信息公开工作，局办公自动化领导小组办公室负责具体实施，并将机关各处室、局属各单位在政务公开信息网上公开信息的情况纳入年度综合考核的重要内容。

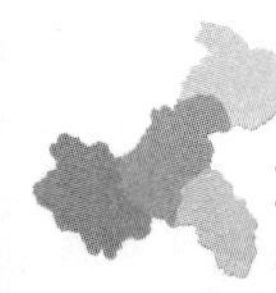

2005 年，重庆市农业局印发《重庆市农业局局域网管理办法》《重庆市农业系统电子公文管理办法》，草拟了《重庆市农业局办公自动化管理办法》及《电子公文管理办法》，明确电子公文具有与纸质公文同等的效力。制作电子公文的同时，必须保存相应的纸质公文，各单位加强了对电子公文的管理。

2006 年，重庆市农业局制定了《重庆市农业局政务数据交换管理办法》和《政务信息目标考核办法》，进一步规范了系统管理，建成了比较完善的电子政务系统，并实现了有效运行，极大提高了公文运行效率，提高了系统的安全性，提高了大家的工作积极性，进一步丰富了网站稿源，当年年底就有行业自发信息近 20 万篇、期刊数据库 100 万篇、视频节目 20G，为全市政务内网用户提供了权威的农业信息来源。

2011 年 8 月 12 日，重庆市农委印发《政府信息公开实施办法（试行）》，明确了信息公开职责分工。与 2004 年发布的《政务信息公开暂行办法》相比，本实施办法确定的信息公开范围更宽泛。驻委监察室加强了政府信息公开工作的监督检查，建立工作考核制度、公开评议制度和责任追究制度，定期考核、评议，保证了政府信息公开的有效实施。

三、办公自动化建设

重庆市农业农村部门办公自动化建设起步于 1999 年，在修建新办公楼期间即将信息网络系统纳入基建内容，整体化布局，为实现办公自动化奠定了基础。

2000 年，重庆市农业局完成了机关办公大楼的计算机网络综合布线工作，网络中心机房硬件配备初具规模，以服务全市农业局系统工作、实现信息共享、推进办公自动化为目的的计算机局域网（内网）初步建成。

2004 年 12 月 1 日，重庆市农业局启用以“@ cqagri. gov. cn”为后缀的专用邮箱，要求与市农业局机关各处室进行邮件联系时，使用这一指定的专用邮箱，该电子邮箱作为唯一认可的公务邮箱，不得私用，并落实专人进行管理和维护，定时查收电子邮件。

2005 年，重庆市农业局系统实现了局机关和直属单位以及区县农业行政主管部门联网，无纸化办公。当年 2 月，市农业局研究决定，局机关办公自动化和行业信息化建设原定目标不变，在机关率先实现无纸化办公的基础上，力争年内实现全市农业局系统的网络协同办公和无纸化。3 月 1 日，局机关内部按期实现了无纸化办公；9 月 1 日，直属单位与机关联网实现无纸化办公；10 月 1 日，区（县）农业（畜牧）局系统与市农业局联网实现无纸办公后，全市农业局系统 85 个单位（其中直属单位 22 个、区和县农业行政主管部门 63 个）实现了公文和信息交换无纸化，标志着市农业局系统从此告别了传统的纸质公文年代，进入了高效率的办公自动化时代。当年在办公网上共处理公文 3 203 件，其中发文 1 075件，收文 2 128 件，处理信息 1 921 条，收发邮件 6 454 件，电子刊物 118 期。系统内各单位办公自动化水平提高。市农业信息中心、市农环站、市渔政处、市农技总站、市农科所、市农科院（筹建）、市动监总站、市水产站等 8 个直属单位和渝北、沙坪坝、云阳、巫山、黔江等 5 个区（县）农业局安装运行了 OA（办公自动化）系统。

在全市实现联网无纸化办公之后，工作重心转向了 OA 系统的维护和不断完善。酉阳、石柱、丰都、彭水、大足、云阳、开县、南岸等 8 个区（县）农业（畜牧）局的 OA 系统在 2006 年投入运行，完成黔江、武隆农业局和市农科院等 15 个单位的 OA 系统升级维护和 OA 系统管理员培训，21 个局属单位实现了内部的无纸化办公和与政务数据中心的数据协同。全市农业局系统 85 个单位的联网协同办公进一步强化，公文和信息交换能力增强，提升了办公效率，包括政务信息发布系统、行政审批系统、涉农文件查询系统、交互系统、监测发布系统、农产品市场行情查询系统、农产品查询系统 7 个部分组成的重庆市农业局公众信息网信息发布量明显增加，向公众发布通知通报 268 条，局发文件 104 条，工作动态 2 318 条，近期要闻 261 条，领导讲话和涉农优秀论文 57 条。公开四大类 18 种行政审批事项，公示市长（局长）信箱受理的90余件来信处理结果，做到了件件有回复，公示了近10项涉及人事、职称评定等信息，提供农资监管、动植物检疫、监测通报、疫情通报、农情通报等监测信息近500条，提供涵盖全市26家农贸市场8大类58个品种的农产品及农资的市场行情，公开2001—2005年全市认定的名牌农产品信息。2012年，重庆市农委委属单位地理信息系统等信息资源实现了与市农委政务系统资源共享共用，农机审批、土地确权管理等也进入政务系统运行，市农委政务系统功能进一步扩大。

在实现点对点无纸化办公的基础上，2007年，重庆市农业局推进OA系统在各单位内部的应用和单位间政务数据的有序交换，初步实现农业行业政务数据大协同。对照市人民政府年初下发的公众信息网考核办法，着重对市长信箱处理、信息上报、网上办事、互动栏目进行完善和升级。在市人民政府对市级各委、办、局的网站评比中，市农业局公众信息网一直排名前几位。推进农业信息系统信息安全风险评估工作，努力保障内、外网和各应用系统的正常运行，加强网上信息巡查，确保信息资源安全。

2008年，市级农口部门实施大部制改革，以原市农业局的电子政务系统为基础，整合了原市农办、市农机局和市农综办电子政务和网站信息资源，建成市农委办公自动化系统。

随着办公自动化普及程度的不断提高，OA系统泄密的风险也随之增加，为了防患于未然，重庆市农委机关2009年组织开展了重要单位信息系统保密检查，对查出的涉密文件全部予以清除。在2010年，市经信委、市国家保密局组织的对各级政府部门信息安全和保密检查评比中，市农委获得“十佳先进单位”（市级部门4家，区和县部门6家）。

通过几年的运行，尤其是整合多个机构组建市农委新的OA系统后，数据存储量过大影响系统运行速度的问题开始显现，2009年和2010年先后通过优化代码和删除冗余数据的办法，对办公系统进行了5次较大的调试，对已安装OA的单位进行了25次升级和维护，及时发现和解决OA系统内网通道故障，保证了市农委办公系统安全、稳定的运行。

2013年，“重庆农业电子政务系统”改版升级，市农委委属单位全部安装并运行了统一的办公自动化系统，为全市行业信息化打下了坚实的基础，实现了市农委行政审批电子系统数据与全市电子监察系统的数据采集和交换，保证了市农委行政审批事项办理过程的公正透明优质高效。完成了全市农业、畜牧两级视频会议系统共58个终端联调、联动和60个种养殖基地视频监控接入。支撑委直属单位办公自动化系统应用实现全覆盖，土地确权颁证、农经统计、三资管理、农机补贴等10多个行业应用系统安全、平稳运行。改版升级后的“重庆农业电子政务系统”实现了市、县（区）两级全覆盖，机关28个处室、21个委属事业单位、58个区（县）农业部门联网协同办公。截至2013年年底，累计集成政务信息资源77 310条，群发政务信息33 800条，接入并开通了区（县）视频会议系统，召开视频会议48场次，60个种养殖基地视频监控系统接入市农委大楼演播室。到2015年，市农委系统107个单位实现了联网协同办公，市、县两级视频会议系统、60个种养殖基地视频监控系统投入使用。同时，市农业信息中心正在推进全市农业系统新一代云办公平台开发工作，计划在2016年年初实现新系统的全面上线。

2008—2010年，重庆市农业电子政务系统共计收发公文15 236件，处理信息9 264条，收发邮件13 231件，刊发电子刊物169期；2012年全年政务信息处理量2万余件；2013年收发公文6 234件，处理信息3 299条，收发邮件12 933件，刊发电子刊物45期。

为拓宽以智能手机为终端的非涉密文件及政务信息便捷传输渠道，提高移动办公效率，2014年11月14日，市农委启用12316微农信政务办公辅助系统。该辅助系统是基于移动智能终端的手机客户端系统，由12316微农信平台、短彩信平台和语音呼叫平台组成。12316微农信平台以流量传输方式直接推送信息到接收终端，短彩信平台以短信方式推送信息到终端用户，语音呼叫平台通过12316热线外呼提醒终端用户关注。终端用户主要包括市农委、市农机办、市农综办领导和中层干部以及各区县农口部门主要负责人等。

第三节　行业热线服务

一、信息服务平台建设

2007 年 10 月 17 日，重庆市发展改革委员会批复了《巴渝新农网》农村公共信息服务平台建设项目可行性研究报告，同年下达了《巴渝新农网农村综合公共信息服务平台建设项目》，平台建设正式启动。到 2008 年 9 月，“巴渝新农网”公共信息服务平台网络支撑系统完成了网络中心机房，市农委办公大楼网络综合布线系统，数据交换系统及网络安全保障系统建设，完成了网站服务门户及信息采集发布系统，农业信息资源综合数据库第一期建设内容，正式投入运行，为最大限度地发挥各个部门涉农信息的资源优势，提升信息服务“三农”的水平，在平台建设的同时，初步建立起信息资源整合共享模式与机制。按照“政府部门主导、社会力量参与、优化资源配置、完善运行机制、实现多方共赢”的原则建立了农业信息工作联席会议制度。

根据市人民政府农村信息化专题会议精神，从 2009 年起，针对全市农村基层干部、种养大户、专业合作社、农村经纪人、供销连锁经营户等 8 万重点用户开展信息服务。由重庆市农业信息中心牵头，各区（县）农业部门配合，自主研发了“8 万重点用户群数据库及信息管理系统”，并进行了基本信息采集、实时更新和维护。设计了信息服务产品，制定了信息使用费用补贴方案。自 2009 年 7 月 1 日起，针对不同用户群分别为其免费发送“重庆农业手机报”“种植行家”“养殖能手”“农业气象”“农机天地”“企业之声”“市场动态”“劳务信息”等手机短（彩）信和座机语音信息。当年年底，接受有效信息服务的重点用户达到 1 440 万人次，其中“重庆农业手机报”彩信 540 万人次。

为了满足用户群的多元化需求，提高信息服务的时效性，2014 年重庆市农业信息中心研发推广移动办公、12316 微农信、“农企宝”、农情数据、价格采集、“特产宝”、12316 快讯等 App 产品。12316 快讯因信息原创、更新及时的特征，深受用户欢迎，全年下载浏览量近 30 万次，日均达 2 000 余次。10 个委属单位、15 个区（县）农业部门、200 家专业合作社使用 12316 微农信，12316 微农信、“农企宝”等移动互联 App 系列产品，受到农业部调研组的肯定，认为重庆农业信息化服务“接地气、重实用”，并表示将一些产品提升到全国层面加以推广，在海南省召开的全国农业信息工作会上，重庆的经验和做法做典型发言。

二、专家团队建设

随着“农网广播”正式启动，2005 年 10 月，开通了农业专家咨询热线服务，聘请农业专家组成最早的农业信息服务专家团，用户拨打电信座机号码 11 896 789 提出问题，工作时间内由工作人员记录，工作时间外由系统自动录音，专家根据记录或录音在 48 小时内回答用户提出的问题。

2008 年开通“12316”为农服务热线后，市农委正式启动了重庆市农业信息专家服务团队组建工作，完善了《重庆巴渝新农网专家服务团管理办法》。通过 1 年左右的时间进行遴选和筹备，2009 年 4 月 23 日，重庆市农业信息服务专家团管理办公室首批聘任了 280 名重庆市农业信息服务专家，其中市级专家 56 名，区（县）级专家 224 名。专家团管理办公室向受聘专家颁发聘书。随着重庆“三农”呼叫中心建成并投入运行，来自农村社会的咨询电话日益增多，咨询内容日趋广泛，已有专家团成员在数量和专业领域上已经不能满足咨询服务的需要。为此，2010 年 4 月 15 日市农委发出通知，决定在 39 个区（县）涉农部门、委机关相关处室、委属有关单位遴选增补农业信息服务专家团成员。9 月 10 日市农委向续聘的 39 位市级专家、增补的 49 位市级专家颁发了聘书。

为规范农业信息服务专家的管理，2009 年，市农委印发了《重庆农业信息服务专家团管理办法（试行）》（以下简称《办法》）。《办法》规定，农业信息服务专家应具有大专以上学历、副高以上专业技术职称和从事农业农村工作5年以上等条件，一次聘期为3年，到期后根据情况续聘或解聘。专家拥有以下权利：专家本人向“重庆农业农村信息网”和“巴渝新农网”发布信息享有署名权及著作权，在本单位年终评优考核中，受聘专家享有一定的优先权。专家为“12316”“12396”“12582”“11896789”“10109555”等提供咨询服务的有关费用由重庆市农委支付。专家必须履行以下主要义务：值班时间内转接或坐诊接听咨询电话，解答农民的问题，梳理、分析具有普遍性的问题，提出解决办法或建议，并形成有价值的信息资料。《办法》实施以来，市级专家定期撰写对全市农业生产具有指导作用的专题信息资料，每月不少于2篇，区（县）级专家根据农时撰写对当地农业生产具有指导作用的信息或农业动态信息，每月不少于3篇。

三、开发信息服务产品

为拓宽用户信息获取渠道，扩大信息服务“三农”覆盖面，先后与多家通讯营运商共同开发了“农网广播”“移动农网”“巴渝农业新时空”“巴渝新农网”等多个信息服务产品。

农网广播—11896789。2005年2月23日，市农业局与市电信公司合作开通了“农网广播”，为用户提供当前农事、政策快讯、劳务信息、市场行情、实用技术、咨询问答等6个栏目信息服务，开通了农业专家咨询热线服务，聘请农业专家组成最早的农业信息服务专家团。用户拨打电信座机号码11896789提出问题，工作时间内由工作人员记录，工作时间外由系统自动录音，专家根据记录或录音在48小时内回答用户提出的问题，并根据农事季节、天气变化、作物病虫害、动物疫情等情况向农户发送预警。2005年“农网广播”注册用户达到3.2万户。2006年，“农网广播”注册用户达到132 983户，为农户提供农技指导、政策信息、农产品市场行情、供求信息、劳务信息等信息23 328条，接听有效咨询并回复电话5 541个，最高日接听咨询电话达50多个。

“移动农网”—12590110（农信通—12582）。2005年9月1日，重庆市农业局与重庆移动公司合作，在永川市、合川市、开县启动了“移动农网”手机短信服务试点，经过2个月的试运行，11月8日举行了“移动农网”正式开通仪式。用户可通过手机短信获取价格信息、市场分析、种植业科技、养殖业科技、政策信息、劳务信息等6个板块的农业信息，还可拨打语音电话12590110向专家咨询各种农业问题。“移动农网”是在“农网广播”的基础上，信息服务覆盖面的扩张，服务内容的细分和完善，突出信息的市场价值、时效性和广泛性。2006年，“移动农网”注册用户175 539户。2010年5月，市人民政府办公厅印发了《关于加快推进农村信息化体系建设的通知》，认定“125825农信通”为统筹城乡农村信息化体系建设技术服务平台，同年10月，将“移动农网”平台更名为“农信通”。

“巴渝农业新时空”—10109555。2006年7月6日，市农业局与中国联通重庆分公司合作开通了“巴渝农业新时空”短信服务产品。“巴渝农业新时空”设置农网热点、农产品及农资市场信息、政策信息、天气与农事、科技信息、劳务信息、生活保健、供求信息、政务信息等9个固定栏目，为注册用户免费提供专家坐诊和预警信息，用户将需要的栏目代码发送到3688就可以获得该栏目的信息，也可发送问题到3688或拨打10109555向专家咨询生产、生活中的问题。“巴渝农业新时空”实行2元包干收费，不管订阅多少栏目，拨打多少次专家热线都不再产生新的通信费，未订阅“巴渝农业新时空”的用户，每次咨询只收取信息费0.5元，当年“巴渝农业新时空”注册用户5 968户。

“巴渝新农网”。为了提高信息服务的针对性和时效性，实现打造三级平台、建设三张网络、实施“三电合一”，推进“三农”服务的目标，将“农网广播”“移动农网”“巴渝农业新时空”整合在一个平台上，打造“巴渝新农网”综合信息服务平台。“巴渝新农网”在渝北区和永川区试点成功后，于2007年1月1日在中国西部农产品交易会（以下简称“农交会”）上正式开通。“巴渝新农网”的总体目标是：打造三级平台、建设三张网络、实施“三电合一”，推进“三农”服务，促进粮食增产、农业增效、农民增收，全面参与和服务社会主义和谐农村建设。2007年，出台了“巴渝新农网”实施及推广工作方案和一系列管理办法和规范。组织了“巴渝新农网”区（县）信息员培训会，区（县）也开始启动对乡（镇）“巴渝新农网”的培训工作。针对区（县）“巴渝新农网”信息发布中存在的问题，下发了《关于加强巴渝新农网信息发布管理工作的通知》。“巴渝新农网”注册用户数达到48.3万户，其中“农网广播”6万户，“农信通”（原“移动农网”）41.6万户，“巴渝新农网”0.7万户。

2008年，累计发展“农信通”“农网广播”用户669.2万户，比2007年同期增加105万户，最高月份用户数达69.3万户。农业信息进村入户率达到9.6%，比2007年增加2.4个百分点，累计发布农村政策、农业科技、农村市场行情等信息5.7万条，同比增加1.3万条。“巴渝新农网”农村综合信息平台建设项目获2008年重庆市第二届科学技术普及工作一等奖。

重庆12316“三农”热线。市农业局与市电信、重庆移动、联通重庆分公司合作，于2007年1月1日正式开通“重庆12316三农热线”，“重庆12316三农热线”为用户提供的服务更加注重全面性、可靠性、快捷性和综合性，将对用户提供咨询服务内容扩展到农业和农村经济发展的各个领域，内容更全面更广泛，聘请的专家大都是本学科、本领域、本部门的资深人士，具有丰富的实践经验，通过电话载体，实现农业专家与农民朋友1对1直接交流，获取信息渠道更加快捷。通过行政推动、市场化运行、共建共享等机制，整合现有信息资源，服务“三农”。开通重庆“12316”全国农业系统公益服务热线后，对其功能做了进一步完善，增加了农资打假投诉举报和农业综合信息服务两个栏目，扩大信息服务范围。

四、呼叫中心建设—12316、12396

在“重庆12316三农热线”基础上，市农业局从2008年开始筹备“三农”呼叫中心，在完成建设方案制定、报批，建设工程招标，软硬件安装调试，工作人员招录、聘用、培训工作后，重庆“三农”呼叫中心于2009年12月28日投入试运行，试运行期间，重庆“三农”呼叫中心提供的咨询服务内容涉及农业直补、农村土地流转、农村医疗及社会保险、农民工培训、返乡创业、耕地补偿、房屋拆迁、农村信贷、种养技术、农产品质量安全、农资打假、农民工维权等产业发展、农村社会事务等方面。2010年4月7日，在重庆市农委召开的全市农业信息工作会议上，举行了重庆“三农”呼叫中心运行启动仪式。“12316”和“12396”“三农”服务热线是市农委、市科委联合重庆移动、重庆电信、重庆联通为广大农民群众和农村社会公众量身定做的电话公益服务热线，该热线依托重庆“三农”呼叫中心电话语音服务平台，全天候、多方位地提供“农业生产技术咨询、农业政策法规解答、农资打假投诉举报”等权威、高效的信息咨询服务。

为进一步提升信息化服务“三农”水平，农业部决定在全国范围内启用“12316”短信息服务专用代码，2009年重庆市农业信息中心开始采用全国统一的“12316”短信息服务专用代码为用户提供信息服务。市农业信息中心制定了《重庆“三农”呼叫中心运行方案》（以下简称《运行方案》）和《重庆“三农”呼叫中心管理办法》（以下简称《管理办法》）及配套制度。9月29日向重庆市农委报送关于报批《重庆“三农”呼叫中心运行方案》的请示。《运行方案》对“三农”呼叫中心的座席设置、人员配备和呼叫受理作出了明确规定。启用初期设13个座席（最大规模期设21个座席），包括1个值班长席位，5个专家席位，7个接线员席位。初期计划招聘7名接线员，达到最大设计规模时招聘15名，拟聘人员为农业院校本科毕业生，实行人力资源外包。座席专家为重庆市农委聘请的市级专家。生产技术及一般咨询由座席专家或接线员直接受理；农资打假投诉举报转交市农业行政执法总队受理、处置。《管理办法》明确提出重庆“三农”呼叫中心由重庆市农委主管，其日常运行由市农委市场与经济信息处牵头协调，各相关处室和委属单位密切配合，市农业信息中心具体负责。农业政策及法律法规咨询受理工作由市农委法规处牵头协调，农业专家咨询服务工作由市场与经济信息处牵头协调。

为提高资源的利用率，避免重复建设，市农委、市科委将原农技110、农网广播11896789、农信通12582和农业新时空10109555等涉农服务资源进行整合，建成通过12316、12396农业及农村科技公益服务热线，为广大用户提供电话咨询服务的新平台。2010年4月7日，市农委和市科委联合启动重庆三农呼叫中心，整合后的重庆“三农”呼叫中心数据库和座席设在市农业信息中心，设有11个普通接线座席和10个专家座席，从每天上午8：30到晚上21：30，用户可以使用重庆电信、重庆移动和重庆联通的移动电话、小灵通或固定座机直接拨打12316或12396热线与专家对话。为保证信息服务的有效开展，市农委、市科委专门组建了拥有500人的专家团，制定了相应的专家团管理办法。

2010年，重庆市农委印发了《重庆“三农”呼叫中心运行管理办法》，启动了市委机关政策类专家服务工作还印发《重庆市农委、市科委关于加强12316和12396“三农”服务热线宣传工作的通知》，与市委宣传部衔接共同上报了《关于加强12316热线宣传的实施方案》。咨询内容涉及农业直补、农村户籍制度改革、农村医疗及社会保险、农民工培训及返乡创业、耕地占用补偿、房屋拆迁、农村信贷、种养技术、农产品质量安全、农资打假、农民工维权等关系到农业产业发展和农村社会进步等方面。2011年，为满足用户“农转非”的政策需求，增加了“户籍制度改革”政策咨询栏目，全年12316热线累计拨打量超过10万余次，专家直接为农民群众解决疑难问题1万多起，其中农业政策类占18.6%，农业生产技术类占52.9%，投诉举报类占2.6%，生活服务及其他社会求助类占25.9%，群众咨询满意率超过95%。

2012年，重庆“三农”呼叫中心开展“三亮三比三评”竞赛活动、“优秀接线员”和“优秀热线专家”评选活动、热线服务大回访活动，全年新增热线拨打量近5万次，累计拨打量超过15多万次，专家全年直接为农民群众解决疑难问题5千多起，群众咨询满意率超过95%，全年累计回访用户600多名，收集各种建议和意见1 000余条。为配合农业部“12316信息惠农家活动”，在7个区（县）、100个镇（乡）印刷了墙体广告300多处，印发宣传单和海报10万多份。

2013年，全市开始推广使用12316微农信系统。引入腾讯“微信”运营理念，采用公共平台管理的手机客户端应用模式，通过流量传输可推送文件、传输视频，加载“农业资讯、惠农政策、市场行情、农情预警、实用科技”等应用模块，开展农业微政务和远程诊断服务，用户包括10个委属单位、15个区（县）农业部门、200家专业合作社。“12316快讯”App应用，含“政策动态、市场行情、农事指南、农情预警”四大栏目板块内容，以“信息原创、更新及时”为特色，深受网民青睐，全年下载浏览量近30万次，日均点击率达2 000余次。12316热线拨打量累计达到25万次，专家直接为农民群众解决疑难问题2万多起，初步统计增加农民收入达2 000多万元。

2014年，重庆市农委机关各处室、各直属单位和37个区（县）农业部门以及500名专家团队共同形成的重庆12316“三农”服务热线联动机制进入常态化，热线拨打量累计达到25万次，直接解决农民群众疑难问题2万多起，初步统计帮助农民增加收入和挽回经济损失2 000多万元。2015年，热线拨打量累计突破30万次，直接解决农民群众及农村社会公众疑难问题超过3万起，群众咨询满意率超过95%，帮助群众增加收入和挽回经济损失3 000多万元。

重庆“三农”呼叫中心作为信息服务“三农”的窗口单位，受到各级领导的关注。2012年9月，中共中央政治局委员、国务院副总理、重庆市委书记张德江视察了该中心。此外，2010—2012年，中央农村工作领导小组办公室主任陈锡文，农业部部长韩长赋，农业部副部长牛盾、陈晓华，农业部总经济师张玉香，市长黄奇帆，市委副书记张轩，市委常委、常务副市长马正其等领导视察过该中心，信息服务工作也得到上级部门和社会各界认可。2012年，荣获中共重庆市委“群众满意窗口”荣誉称号；2013年，获得重庆市总工会授予的“工人先锋号”；2015年7月，被市委宣传部命名为全市首批“岗位学雷锋”示范点。

五、动监110热线（89070505）

2000年，重庆动监110率先在国内与公安110建立联动工作机制。动监110热线89070505开通10多年来，为保障人民大众生命财产安全服务，得到各级党委、人民政府和人民的认可。到2015年，连续15年被市政府评为110联动先进单位，多次被评为“市长公开电话值班工作先进集体”，在2012年，在市委“创先争优”活动中，被市委表彰为“创先争优群众满意窗口”称号。中共中央政治局委员、国务院副总理、重庆市委书记张德江，市长黄奇帆，副市长陈光国，农业部党组副书记、副部长尹成杰，农业部副部长高鸿宾、于康震，市委副书记张轩、任学锋，市委常委、组织部部长陈存根，市委常委、常务副市长马正其，副市长童小平、张鸣、刘强、李明清等各级领导曾先后视察过该中心，各兄弟省份前来观摩学习的同行络绎不绝。

六、信息服务产品应用推广

针对“移动农网”“农网广播”（以下简称“两网”）发展不平衡问题，为切实加强“两网”推广工作，2005 年 11 月 30 日，市农业局印发《加强“移动农网”“农网广播”推广应用工作的通知》，要求各地农业行政主管部门主动向当地党委、政府汇报，争取支持，统筹规划当地的推广工作，制定推广应用工作方案，明确工作目标，采取切实可行的措施，层层落实责任，把这项为农服务的实事办好。此后，各地与电信、移动通信公司、广播电视密切协作，形成合力；加强了农村信息服务站和农村信息员队伍建设，扩大了“两网”推广工作的组织网络；把推广重点放在信息需求量大、接受能力强的龙头企业、种养大户、农村经纪人和村社干部等群体上。同时，对“两网”推广应用工作实施以奖代补政策，对推广应用“两网”效果好、注册用户量大、使用频率高的区（县）“两网”领导小组，按推广规模分等级给予了奖励。

根据 2006 年全市“两网”推广应用工作会议精神，4 月 28 日，市农业局印发《关于下达 2006 年农网广播和移动农网推广计划的通知》，下达了各区（县）2006 年“两网”推广计划，提出除按现行规定对成效突出的单位给予奖励外，还将“两网”推广纳入信息工作考核内容。10 月 31 日，市农业局印发《关于加强巴渝新农网推广应用工作的通知》，并对以奖代补的政策做了具体规定。经过各方协同努力，当年“农网广播”用户达到 8.1 万户，“移动农网”（“农信通”）用户达 14.5 万户，“农业新时空”用户达到 6 400 户，“三网”用户共计达到 23.2 万户，市农业局对推广“两网”成效显著的区（县）工作机构给予了通报表彰。

截至 2008 年 9 月，“重庆农业信息网”编辑发布涉农信息 4.4 万余条，通过“巴渝新农网”接听有效咨询并回复电话达 1.21 万个，专家日接听咨询电话最高达 50 多个，直接受益农户近 60 万户，辐射带动 250 万农户受益，农业信息进村入户率达到 34.6%，让农民实现增收超过 2 亿元。通过“巴渝新农网”开展农资打假为农民挽回经济损失 833 万元。

为了更好地服务新型农业经营主体，自 2008 年 7 月 1 日起，重庆市农业信息中心针对不同的用户群分别为其免费发送“重庆农业手机报”“种植行家”“养殖能手”“农业气象”“农机天地”“企业之声”“市场动态”“劳务信息”等手机短（彩）信和座机语音信息，至 2008 年年底，接受有效信息服务的重点用户达到 1 440 万人次，其中“重庆农业手机报”彩信 540 万人次。2009 年市农业信息中心制定了针对“8 万重点用户群数据库及信息管理系统”的信息费用补贴方案，强化对全市农村基层干部、种养大户、专业合作社、农村经纪人、供销连锁经营户等重点用户的个性化信息服务。2010 年全市重点用户扩大到 10 万户，对其发送电话服务信息，实施“信息补贴”。按照种植业、养殖业、加工业、贸易服务业分类的基础上，将 10 万重点用户细分为干部、农村经纪人、供销经营户、粮油、生猪、柑橘、蔬菜、水产、其他果树、牛羊、家禽、农机、家兔、食用菌、茶叶、花卉、蚕桑、中药材、养蜂等 19 个用户群，有针对性地设计了“重庆农业手机报”“农网广播”“农业气象”“企业之声”“市场动态”“粮油科技”“生猪科技”“柑橘科技”“蔬菜科技”等 21 个短彩信和语音服务产品，初步实现了“信息分类、用户分群、服务对点”的目标。精心编辑和定时发布包括生产、科技、市场、政策等方面的信息，提高了信息服务的针对性和时效性。2012 年继续对 10 万核心用户群按行业进行细分，提高了服务的针对性；对信息产品进行优化，提升了产品的实用性。利用“巴渝新农网”平台和新开通的 12316 短彩信平台向全市粮油、生猪、柑橘、蔬菜、水产等 10 万农业产业“核心群体”对点发布农业政策、农业科技、防灾减灾、市场行情等各类实用信息 2.5 万余条。“信息补贴”机制得到了农业部的充分肯定，认为通过支付通信运营商最低优惠通信费，实际是对农民实施“信息直补”，实现了“小补贴、大效益”的目标。基层农业干部认为“农业手机报”是他们的“掌中宝”，栏目多样、内容丰富，对开展农村基层工作具有指导意义。农村种养大户认为“对点”产品信息实用性、针对性强，很贴近农民的生产和生活。

在县（区）两级农业部门的共同努力下，农业信息产品推广取得了显著的进展。2009 年累计发展农信通、农网广播、农业新时空用户 804 万户，比 2008 年增加 135 万户，增加 20.2%。最高月份用户数达 81 万户，带动 100 万农户从中受益，农业信息进村入户率 13.6%。发布涉及农村政策、农业科技、农村市场行情等信息 18 489 条，比 2008 年同期增加 4 757 条。2010 年按照年初制定的考核办法，充分发挥 10 万核心用户的辐射带动作用，完成了农信通、农网广播、农业新时空、农业手机报等信息服务产品 100 万用户的目标任务。农业部总经济师张玉香在“信息化与现代农业博览会”上称赞“重庆农业手机报办得好”，农业部市场信息司副司长李昌建要求重庆深入总结“信息补贴”的经验和机制，在全国推广。

2012 年 8 月 9 日，决定在全市范围内加快推广农村信息服务短彩信产品，配合重庆移动公司将原“农信通”产品割接到“百事易”全网产品栏目加以重点宣传推广，整合后的“百事易”产品包括各种农业科技、生活百科等个性化短信栏目，以农业政策、农事指南、科技服务和市场引导为主要内容服务种养大户和广大农业生产者，实行个性化定制与服务。试点推广 12316“农业专业合作社手机报”短彩信产品，以图文并茂的形式为广大农业专业合作组织及成员分类提供实时农业关键技术和市场行情等个性化专业服务。

七、信息发布管理制度

为规范“农网广播”“移动农网”（“两网”）预警系统对重要天气、重大疫情和病虫害以及农业科技下乡等信息的发布，确保预警信息发布与传播的准确性、及时性，2005 年 12 月 7 日，印发了“两网”预警信息发布管理办法。对预警信息发布的相关内容、审核审批机制和发布操作程序等做了具体规定。

为规范区（县）、乡（镇）信息采编、发布工作，2006 年 8 月 9 日，市农业信息中心印发《巴渝新农网区县平台信息采编发布管理办法》及《巴渝新农网乡镇平台信息采编发布管理办法》，分别对区（县）和镇（乡）信息工作机构的工作职责、专家队伍、信息采集、信息加工、信息发布流程等作了具体规定。

为促进“巴渝新农网”健康发展，2007 年 3 月 19 日，市农业局印发《巴渝新农网推广实施方案及相关管理办法》提出，“巴渝新农网”推广应用是农业信息服务的重点工作，是市人民政府考核的工作目标之一，也是市农业局向社会公布的为农民群众办的 10 件实事之一，要求各地按照通知要求，结合本地实际严格遵照执行。

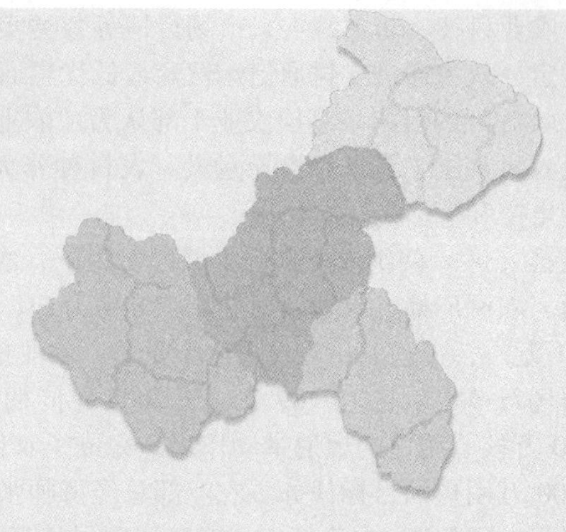

第五章
农村信息化

重庆市农委与时俱进，加强农村信息化工作，取得显著成效。2008 年前，重庆市人民政府农村工作办公室、重庆市农业局、重庆市农机事业管理局分头抓信息化工作，对该项工作的称谓分别为“农村信息化”“农业信息化”“农机信息化”。2008 年进行大部制改革，重庆市人民政府农村工作办公室、重庆市农业局、重庆市农机事业管理局合并，成立“重庆市农业委员会”，农业农村信息工作用语统一为“农村信息化”。重庆市农委内设市场与经济信息处和市农业信息中心，负责农村信息化工作，全市农村信息工作者积极工作，为农村经济发展和农民致富奔小康作出了显著成绩。

第一节　农村信息基础设施

一、三电合一

自 2005 年以来，农业部在全国开展了“三电合一”农业综合信息服务平台建设工作，其核心是综合利用电视、电话、电脑 3 种信息载体，整合农业信息资源，依托农业信息服务体系，开展形式多样、交互性强、个性化的农业信息服务。重庆“三电合一”建设起步于 2005 年，市农业局选择条件较好的 100 个乡镇，按农业部提出的“五个一”要求建设了“三电合一”信息站，启动了市、区（县）、乡（镇）3 级信息采集发布平台、3 级信息数据库以及 3 级专家系统。

在农业部和市委、市人民政府的大力支持下，“三电合一”推进顺利。2006 年 10 月 8 日，市农业局向永川市农业局下达了农业部“三电合一”农业信息服务试点项目建设任务，农业部拨付项目资金 15 万元，用于建立电话语音系统，以及相关的电脑网络、电视节目制作系统等。

根据农业部《关于下达 2008 年“三电合一”农业信息服务试点项目资金的通知》精神，2008 年 6 月，重庆市制定了《“三电合一”农业信息服务试点项目实施方案》，提出基础设施建设重点内容：一是完善“三电合一”综合服务资源系统；二是以 12316 服务号码为基础，建立 12316“三农”热线呼叫中心；三是构建全彩色信息发布电子大屏；四是筹建重庆农业影视中心。应用系统建设主要内容包括建立市级“三电合一”综合信息门户系统和综合服务信息采集软件系统，信息资源建设主要是数据分类标准体系和数据中心。

根据农业部办公厅《关于报送 2010 年农业信息服务“三电合一”工程基本建设项目方案的通知》，市农委结合各区县农业信息化建设的实际，编制了《2010 年“三电合一”工程基本建设项方案》。

2010年3月24日，农业部下达2010年“三电合一”农业信息服务试点项目资金，明确资金用于建立电话语音系统、计算机网络系统、电视节目制作系统和数据库，开展人员培训和服务。

根据农业部市场与经济信息司《关于开展“三电合一”财政项目资金清理和检查工作的通知》精神，2010年8月4日，市农委上报农业部《关于开展“三电合一”财政项目资金清理和检查工作的报告》，“三电合一”试点项目已经基本完成实施方案确定的建设内容，建成呼叫中心，在市农委新建成的办公楼大厅设置了近70米^{2}的重庆“三农”呼叫中心，设立16个市级专家座席，实现与“移动12582”“电信11896789”“联通10109555”呼叫中心的无缝衔接，为专家咨询提供强大的支撑平台，完善网络信息采集平台，启动市、区（县）、乡（镇）3级信息采集发布平台、3级信息数据库以及3级专家系统，启动电子商务和农业影视栏目，增强信息服务的互动性和针对性，对不同信息类型和不同需求用户群分类管理，更大程度地满足了用户的个性化需求。开办“巴渝新农村”电视节目。与重庆电视台合作制作“巴渝新农村”农业电视节目350多期，组织农业专家走上电视屏幕讲解农时农事、农产品市场行情和政策法规，宣传农村创业致富典型，每天定时发布全市天气农事指导建议、劳务信息、主要农产品批发市场价格行情等农业信息。

2014年，完成了农业部“三电合一”项目“市级12316资源集成与演示平台”，市农委支持的“农业财政项目管理系统”“产业化项目管理系统”“醉美乡村网站”“特产宝电商平台示范应用”项目建设任务并通过验收。

二、信息入乡工程

全市信息入乡工程自1999年开始启动。2005年开始，按照农业部提出的“五个一”标准和市农业局提出的“整县推进”原则，每年建成200个以上的乡（镇）信息服务站。第一批选择在万州区、黔江区、涪陵区、合川市、永川市、铜梁县、巫溪县、彭水苗族土家族自治县整县推进，2005年12月，完成了200套设备物资的集中采购，并分送到各项目单位。2006年，继续招标采购219台计算机和打印机，完成了8个区（县）219个乡（镇）信息服务站建设。2007年集中采购220台计算机和打印机，完成了8个区（县）220个乡（镇）信息服务站建设。2008年完成了剩下的339个乡（镇）、涉农街道信息入乡工程。至此，实现了全市1 026个镇（乡）、涉农街道信息服务站全覆盖，并且通过技术培训，使镇（乡）信息人员达到“会采集、会分析、会发布”的水平。

为了改善乡镇信息服务设备匮乏的情况，提高服务能力，“中国联通”“方正科技”捐赠专用设备，支持重庆新农村建设“信息入乡”工程。2007年2月3日，市农业局、忠县人民政府在新立镇联合举办“中国联通重庆农业新时空支持新农村建设信息入乡专用设备捐赠仪式”。11月9日，由市农业局主办，南川区人民政府、方正科技（集团）股份有限公司共同承办的“2007年度信息入乡工程启动仪式”在南川区渚堰塘广场举行。

三、“金农”工程

2006年4月，国家“金农”工程项目建设办公室部署“金农”工程项目申报。按国家要求组建了由市农业局局长任组长，市粮食局、市发展改革委员会、市财政局等相关部门为成员的重庆“金农”工程建设领导小组及工作办公室，编制完成了重庆“金农”工程一期可行性研究报告，主要建设内容为“两个中心”，即市级农业数据中心和粮食流通数据中心；“三个系统”，即农产品监测预警系统、农产品及生产资料市场监管信息系统、农村市场与科技信息服务系统。同时建设完善县及县以下农村信息服务网络，包括39个区（县）级农业信息服务平台、136个乡（镇）农业信息服务站，培训2 450名农村信息员。12月初，国家“金农”工程项目管理办公室对包括重庆在内的7个西部省份的可行性研究报告进行了初审。

2007年1月，重庆市“金农”工程一期项目可行性研究报告通过了国家“金农”工程项目建设办

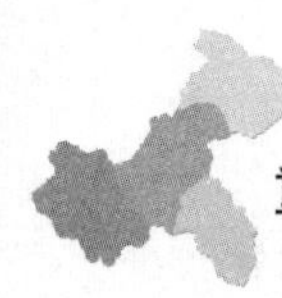

公室审核，市农业局向市发改委分别报送关于请求审批“金农”工程一期项目可行性研究报告的函和资金申请函。可行性研究报告提出的主要建设内容为“两个中心”，即市级农业数据中心（含农产品监测预警信息、农产品和生产资料监管信息、农村市场供求信息、农产品批发市场价格信息、农业科技信息等5个数据库）和市级粮食流通数据中心；“三个系统”，即农产品监测预警系统、农产品及生产资料市场监管信息系统、农村市场与科技信息服务系统。建设完善县及县以下农村信息服务网络，培养农村信息员队伍。市发改委于5月批复了可行性研究报告，并于8月向国家发改委上报了《重庆市发展和改革委员会关于申请重庆市“金农”工程（一期）项目国家预算内专项资金的请示》。

2008年2月，国家发改委正式批复重庆“金农”工程一期建设资金，项目总投资1 407万元，其中，中央补贴资金618万元，市级配套资金789万元。3月，市发改委下达第一批地方配套资金200万元。至此，“金农”工程一期建设开始启动。9月初，市农业信息中心通过招标确定了设计单位。2009年完成了项目的初步设计，4月正式向市发改委报送了项目初步设计报告，拟定了项目招投标方案和监理方案，2010年8月12日完成“金农”工程项目第一批次工程监理招标，9月9日完成工程招标。1年内市级农业数据中心和市、县两级五大应用数据库基本建成，区（县）信息平台、信息采集点和乡（镇）农业信息服务站设备全部分发安装到位。在2008年4月，农业部召开的“金农工程一期农产品监测预警子系统应用培训”会上，重庆市就金龙工程建设推进做了经验交流发言。

国家“金农”工程领导小组办公室要求在2011年内全面完成一期项目建设任务。截至2011年5月，除粮食流通数据中心外，农口系统承担的建设任务进展顺利。受初设阶段技术和产品配置的限制，信息采集和传输方式与实施阶段的主流技术和产品差距较大，存在安全风险，12月12日，市农委商请市发展和改革委员会调整增加部分建设内容，并附项目资金使用方案，函请市发展和改革委员会审定。2012年9月10日，市农委再次商请市发展和改革委员会，对市级单位及粮食局部分采购设备及软件做小幅调整。2011年市级农业数据中心、粮食流通数据中心、区（县）信息平台、信息采集点和乡（镇）农业信息服务站设备完成安装调试，“金农”工程一期项目的主要建设内容基本完成，2012年，按照批复的可行性研究报告内容，全面完成了“金农”工程一期项目“构建两个数据中心、搭建一个采集平台、开发四大应用系统、建设两个工程”的建设任务，等待农业部组织的验收。同时，市农业信息中心积极开展涉农信息资源的整合和农业信息标准制定的调研工作，为申报“金农”二期工程奠定基础。为实现金农工程建设任务目标，建立统一、高效的农业信息化服务体系，提升行业综合管理水平，2013年2月19日，市农委发出通知，要求做好金农工程一期设备配发和管理工作，3月前完成区（县）农业主管部门的防火墙设备、畜牧兽医局的服务器配发工作，要求做好设备接收管理工作，提供良好的工作环境，保证设备稳定运行，保证设备专用，落实管理责任，做好资料存档，配合项目验收。当年完成了金农一期项目第三批设备和服务的招标、安装、调试，以及系统软件的二次开发，完成了项目审计，单项验收，编制了项目综合验收报告。2014年1月13日，市农委请市发展和改革委员会对“金农”工程一期项目进行综合验收。1年内，“金农工程”一期工程通过了综合验收。

为了确保“金农”工程一期项目建设的顺利推进，2009年，重庆市农委印发《重庆市金农工程一期项目建设管理办法》，对机构与职责、招标管理、实施管理、资金管理、验收管理、运行管理等相关问题进行了规范。同时，向项目区（县）布置工作任务，要求各区（县）牵头单位要落实项目实施单位和责任人，摸清家底、制定项目操作办法，争取区（县）配套资金。5月项目办派人参加了农业部组织的“金农工程应用支撑平台组件技术培训班”，积极为项目建成后的运行培养人才。

根据农业部和国家“金农”工程项目建设领导小组办公室有关要求，为切实加强组织领导，有序推进项目实施，按期保质保量完成建设任务，2010年7月23日，重庆市农委、市商委决定成立重庆市“金农”工程项目建设领导小组及相关工作机构。时任重庆市农委主任夏祖相任领导小组组长，副组长分别为市农委副主任刘启明、市商委副主任蒋寿光，领导小组办公室设在市农委市场与经济信息处，负责具体协调、归口管理工作，市“金农办”多次派相关技术负责人参加农业部组织的“金农工程应用系统技术培训班”，对市级、区（县）级骨干技术人员开展了二次培训。2011 年 6 月 8 日，重庆市农委向国家“金农”工程项目建设办公室重新确认实施机构人员组成，项目建设领导小组成员均未发生变化，根据实施过程中遇到的新情况，重新制定了项目工作计划。

按照重庆市“金农”工程项目实施进度要求，市农委于 2012 年 6 月 25 日至 9 月 27 日分别举办 7 期农村信息员队伍建设培训班，对全市各区（县）及乡（镇）2 250 名农村信息员进行了培训。培训内容包括网络设备安装调试，“金农”工程科技服务单机版软件安装与使用，重庆农业网站信息共享发布，信息安全防护，网站建设与维护（三级示范网站建设），图形图像处理，办公设备使用和维护。2012 年 9 月 13—15 日，重庆市农委举办全市农民专业合作社经营管理信息系统使用培训，全市 25 个信息系统应用示范农民专业合作社负责人及操作人员参加了培训，培训会为参加应用示范的农民专业合作社配发计算机 1 台，对项目基础软硬件环境进行了更新，完善了安全管理系统和等级保护安全体系，协助市粮食局完成市级粮食流通数据中心设备安装调试，对 1 500 名市、区（县）、乡（镇）3 级农业信息从业人员进行了相关培训。2013 年继续对全市 2 000 名市、区（县）、镇（乡）农业信息员进行了集中培训。2014 年，重庆“金农”工程一期工程通过综合验收。

四、农村信息进村入户

为了推进“农村信息进村入户”和“千镇万村信息惠农”工程，全面提升重庆市农村信息化服务水平，2009 年 4 月 21 日，重庆市农委分解下达了发展 100 万农村信息用户目标任务，为实现这一目标，在全国率先对 8 万名农村基层干部、技术骨干、种养大户、农村经纪人以及专业合作社会员等“核心用户”实施信息使用及传播补贴，以此带动发展 100 万农村信息用户，这一做法为全国探索“信息补贴”惠农政策积累了经验，通过核心用户示范带动，全年累计发布“农信通”“农网广播”“农业新时空”“重庆农业手机报”农村实用信息 18.3 亿条次，惠及 100 万农户，通过信息扶农全年挽回农民损失 1 200 万元，直接增加农民收入近 1.5 亿元。

2010 年，重庆市农委决定将核心用户由 2009 年的 8 万户扩大到 10 万户，对点免费发送农业农村实用信息，以此带动 100 万农村信息用户的发展。为此，要求各区（县）做好 10 万核心用户信息资料采集录入工作。10 万核心用户包括符合专业大户生产标准要求的种、养业大户，专业合作社牵头人，以及符合种养专业户最低标准要求的农户，也包括村支部书记、村主任，乡（镇）党委、政府主要领导及分管领导，区（县）党委政府分管领导，抓好发展 100 万农村信息用户任务的落实，由各区（县）农业行政主管部门牵头，畜牧、农机、渔业行政主管部门配合，全面完成分解下达的任务。通过一年的共同努力，“农业手机报”“农信通”“农网广播”成为农村信息服务的精品，对 10 万核心用户“对点”发布信息并实行“信息补贴”成为全国首创，农村电话信息进村入户率达到 13.6%，实现了“全国先进、西部领先”的目标。农业部在充分肯定重庆财政补贴农民使用手机报信息这一经验基础上，研究将信息补贴纳入国家惠农政策。

2011 年，在全市范围内继续对 10 万核心用户免费对点发送农业农村实用信息，以此带动 110 万农村电话信息用户的发展。市农委要求做好 10 万核心用户的稳定工作，做好发展 110 万农村电话信息用户的落实工作。此项工作纳入 2011 年农业信息工作综合考核。将 10 万核心用户细分为干部、农村经纪人、供销经营户、粮油、生猪、柑橘、蔬菜等 19 个用户群，有针对性地设计了“重庆农业手机报”“农网广播”“农业气象”“企业之声”“市场动态”“粮油科技”“生猪科技”“柑橘科技”“蔬菜科技”等 21 个短彩信和语音服务产品，初步实现了“信息分类、用户分群、服务对点”的信息服务目标，收到了很好的信息示范效果。该项目应用获得“全国农牧渔业丰收奖合作奖”，在全国仅 10 项获奖项目中排名第五。

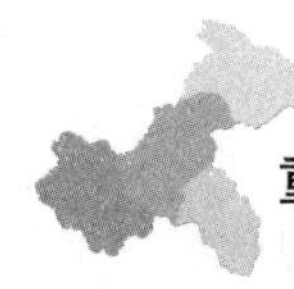

五、信息化示范基地

为落实2007年中央1号文件关于启动农村信息化示范工程的要求，在各单位自愿申报的基础上，经各省（自治区、直辖市）农业行政主管部门审核推荐，农业部于2007年12月5日确定了100个农村信息化示范单位，重庆市农业信息中心和大足县农业局被确定为100个农村信息化示范单位。

2012年，农业部开始在全国开展农民专业合作社经营管理系统的示范推广，探索以农业信息化助推农业现代化的新途径。全市25个农民专业合作社被农业部确定为“农民专业合作社经营管理系统”示范点，农业部为其配发了信息化设备，安装了农业专业合作社生产经营管理系统，并开展了使用培训。在此基础上，扩大建立200家专业合作社生产经营管理系统工作也在有序推进。

2013年，加大了农业生产经营信息化示范试点力度。结合国家级农业园区建设，在3个县开展整体推进农业信息化工作试点；通过公开竞争申报，市农委在全市选择12家龙头企业和农民合作社开展农业生产经营信息化试点，大力推进农业部农民专业合作社经营管理系统示范应用。在全市38个区县遴选了200家规模大、带动力强、管理规范的市、县两级示范社作为应用的重点，培训了400多人的系统管理员队伍。通过示范应用与推广，目前已进入农业部经营管理系统的农民专业合作社达6 000多家，其中活跃用户近1 000家，接受来自市、区（县）农业部门的政策资讯、产品供求信息10 000多条，形成了专家咨询、快速推送信息传输常态机制。同时，部分同行业合作社还利用该系统创新性建立了网络“联合社”，相互交流信息，并正在引入生产资料和销售商以及合作社必需的服务商，通过该系统开展对接服务。

2010—2011年启动的7个示范区（县）、76个示范乡（镇）、380个示范村建设已经建设完成，2012年3个重点区（县）已经评定，农业服务信息化示范效果良好。

2013年6月13日，秀山土家族苗族自治县农业委员会、重庆市农业信息中心被农业部认定为2013年度全国农业农村信息化示范基地。

2015年12月9日，重庆市“奇易网络信息咨询服务有限公司”被农业部认定为2015年度全国农业农村信息化示范基地。

六、农村信息化三级示范

重庆市农委于2010年9月，确定4个农村信息化示范区（县）、41个示范乡（镇）、205个示范村。同年又启动了第二批4个示范区（县）、40个示范乡（镇）、200个示范村建设，计划在11月底前完成项目建设，12月组织项目验收。为规范项目实施，12月16日，市农委印发了《2010年农村信息化三级示范项目实施意见》，各地按照规定的内容和要求，组织实施，专款专用，万州区、涪陵区建立了电子显示屏农业信息服务窗口，各示范镇（乡）建成了农业信息网站和专家视频诊断服务中转站，各示范村将党员远程教育村级服务点网络接入宽带，设立专家远程诊断软视频服务终端。重庆市制定了《重庆市农村信息化三级示范工程总体方案》，起草了《重庆市农委关于农村信息化三级示范的实施意见》。2012年又启动了璧山、梁平、巫溪3个重点示范区（县）建设。

首批启动的4个示范区（县）、41个示范乡（镇）、205个示范村建设项目，于2011年9月全部通过验收并产生了良好的效果。万州区响水镇公议村通过村级网页推销猕猴桃，引来了全国各地客商；黔江区沙坝乡村民通过视频诊断系统解决了脆红李“缩叶病”防治难题。

为推进农村信息化三级示范建设，落实重点示范内容，规范项目建设行为，提升项目建设形象，2011年1月17—20日，市农委开展了农村信息化3级示范培训。10月28日，市农委印发《2011年农村信息化三级示范项目实施意见》，强调抓好重点内容示范。为此，各重点示范区（县）建设了农村信息化示范服务中心，新建了4个镇（乡）农村信息化服务站和20个村级农村信息化示范服务点。网站建设示范区（县）基本完成本级农业信息门户网站改版升级，新建了1个镇（乡）农村信息化服务站和镇（乡）农业信息网，建设了5个村级农村信息化示范服务点，明确了各村干部或大学生村官为兼职信息员，建立了“一村一品”村级网页，后续建设的示范区（县）建立延伸到全建制镇、村的区（县）级农业信息网站群，实现了辖区内镇（乡）网站、村级网页全覆盖。

实施三级示范以来，重庆市改版区（县）农业门户网站30余个，新建镇（乡）农业门户网站300多个、村级“一村一品”网页3 000多个，网上推介名优农产品1.5万余个。全市农业公共信息服务能力得到提升，形成“三级网站上线、电子显示屏上墙、特色农产品上网、信息直通车进户、远程诊断视频进村、信息服务到点”的农业信息服务格局。涪陵区网上推介特色农产品达成意向协议3起，交易金额达5 000多万元。

2013年，启动了荣昌、潼南、璧山3个区（县）信息化整体推进示范工作，分别从完善电子交易、生产经营信息化和政务管理信息化等方面开展示范建设。继续推进农业信息3级应用示范工作，重点是帮助乡镇开展互联网站建设，截至2013年年底，全市已有4 200多个乡（镇）开通了本地互联网站。

2014年，通过竞争性申报，选择荣昌、潼南、璧山及彭水等4个区（县）实施农业信息化整体推进示范项目，集成应用办公自动化、远程会议系统等电子政务相关信息技术。

七、农业部信息进村入户试点

2015年，农业部信息进村入户试点项目在荣昌区、梁平县实施。10月27日，市农委向荣昌区、梁平县下达了2015年信息进村入户工程试点项目建设任务；10月29日，市财政局向荣昌区、梁平县财政局下达市级财政补助资金各150万元。项目实施过程中，两区（县）将益农信息社12316综合信息服务、便民服务、电商服务等整合到组织部的村级便民服务中心，提高信息资源的整合度，更好地发挥农村信息化在助推农民增收农业增效中的作用。

第二节　农村信息网络

一、农业信息项目及规划

2004年以来，重庆市完成了多项省部级科研项目或横向部门委托的科研项目，为提升信息工作服务质量和水平提供技术支撑。

2005年，承担了科技部科技促进三峡移民开发专项《三峡库区农业科技信息技术开发示范》，信息产业基金支持项目《农产品电话采播信息系统建设》，以及星火计划项目《柑橘集聚产业科技信息资源开发》；承担了重庆市科委的动植物良种创新专项“十一五”重点项目《主要农作物遗传资源保存、鉴评和共享信息数据库建设》，其中前两个项目分别在6月和9月顺利通过了科技部和市信息产业局的验收，后两个项目按计划进展顺利。10月，国家星火计划项目《重庆市星火“110”科技信息共享与服务平台建设》任务下达，重庆市成立了项目实施领导小组，将任务分解到各实施单位和示范区（县），市财政支持的《“农网广播”应用推广》项目也正式下达。

2006年，重庆市农业局与市信息产业局共同建立了新农村信息化工作联席会议制度，落实了分管领导和具体工作部门及责任人。会同市信息产业局就如何组建“农业信息化总编室”进行了认真研究，初步拟定《重庆市农业信息编委会设置方案》，制定了《重庆市“十一五”农业信息化建设规划》。

2007年，重庆市组织申报了农业部《2008年“三电合一”农业信息服务试点项目》《全国农村信息化示范工程项目》和市发改委《重庆市“巴渝新农网”农村公共信息服务平台建设》、市信息产业局《涉农信息资源整合机制及开发研究》等项目。组织技术力量整理《三峡库区农业科技信息技术开发示范》科研项目资料，完成成果登记和科技进步奖申报，由重庆市农业信息中心牵头申报的《三峡库区农业科技信息技术开发示范》成果，获重庆市人民政府2007年度科技进步二等奖。

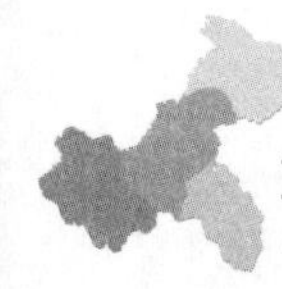

2008 年 5 月，“巴渝新农网”农村公共信息服务平台建设完成了网络支撑系统建设，包括网络中心机房、大楼网络综合布线系统、数据交换系统及网络安全保障系统建设。完成了网站服务门户及信息采集发布系统、农业信息资源综合数据库一期建设；完成了县级“巴渝新农网”信息员队伍培训，积极推进“巴渝新农网”综合信息服务；完成了专家服务团建设。发布涉农权威信息 4.4 万余条，发展用户 64.7 万户，有效接听咨询电话 6 800 多个，产生了良好的社会效益和经济效益。

按照“强化顶层设计、注重信息共享、提高应用效能”的思路，在大量调查研究的基础上，围绕“办公自动化综合服务、农业产业信息化服务、农产品市场与产销信息对接、12316 综合信息服务”几大内容，引入“云计算、大数据”理念，编制了《农业产业化综合信息服务平台建设初设方案》，2013 年 12 月，该初设方案通过专家评审。

2015 年，重庆市人民政府出台了《重庆市探索信息化助推农业农村发展机制改革实施方案》。方案出台后，市农委编制了《互联网 + 重庆现代农业发展重大项目实施方案》报送市发改委和市财政局，提出“建设一个农业大数据资源库、一套现代农业发展信息化支撑体系、一个健全的农村信息化服务体系和多个行业信息化应用子系统”的构想。

二、农村信息网络建设

（一）重庆市人民政府农村工作办公室农村信息网络

为进一步加强农业战线的信息联系，为领导决策和指导工作当好助手，1991 年 8 月，重庆市人民政府农村工作办公室（简称：市政府农办）决定刊出《农村信息》。主要涵盖：各级党委、政府对农村经济工作的总体部署和重大决策；各项涉农的方针、政策贯彻执行情况，以及执行中出现的问题和解决方法，各地在工作上发现和处理的典型事例；农民带倾向性的思想动态；与农民利益有关的社会动态；可能发生重大突发性事件的苗头及发展、处理情况。《农村信息》各信息点设在各区（县）农办、农口各局办公室及农办各处室，各信息点明确了 1 ~ 2 名信息员。经各单位推荐，《农村信息》编辑部决定聘请冯廷华等 48 位同志为《农村信息》信息员，各信息员应围绕中心工作，按照《农村信息》反馈要点和内容准确、真实、精练的要求，每月上报至少 2 条信息。

1994 年 5 月，重庆市农村经济信息中心经重庆市人民政府批准成立，当年完成了机关局域网建设，机关各处室全部接入局域网，并与农业部、重庆市委、市政府办公厅联网运行，其中与市委办公厅实行光纤联网。1995 年 2 月 28 日，市农村经济信息中心刊出《农村经济信息》第一期。

为适应直辖市的新重庆农业和农村经济工作的需要，进一步开发重庆农村经济信息，1997 年，重庆市人民政府农办印发了《关于建立重庆农村经济信息库的通知》，开展信息中心第二期建设。吸收有关涉农单位建设信息系统局域网，通过计算机实现市级农村经济信息的采集、交换和分析利用，为市级领导和农村经济有关部门提供决策的信息支持。新的市农村经济信息中心在功能设计上包括信息服务，政策法规服务，农村经济形势分析与预测，农村经济数据统计和数据处理以及办公决策服务。通知要求各有关单位按照《重庆农村经济信息库总目录及责任单位一览表》，配合市农村经济信息中心分别建立目录并提供有关资料，于 7 月 31 日前完成子目录，8 月 31 日前提供有关资料，10 月 1 日前建成信息系统局域网。

1998 年，重庆市农村经济信息中心重点开展了县（自治县、区、市）远程工作站建设，根据资金情况和信息网络的规划布局，结合各县（自治县、区、市）的申请及信息报送情况，在万州开发区、黔江开发区、涪陵区、巫山县、云阳县、石柱县、彭水县、南川市、丰都县、江津市、永川市、巴南区、渝北区、铜梁县、长寿县、大足县等地建成了 16 个计算机远程工作站，配备了计算机和调制解调器各 1 台，并举办了 1 期培训班，对各站计算机操作人员和信息工作人员进行了业务培训，设立了市委、市人民政府领导包括刘志忠副书记、税正宽常委、陈光国副市长、周建中市长助理、艾智泉副秘书长、傅钟鼎副秘书长6个信息网络工作站，年底前为各工作站配置调制解调器1台，并开通农村经济信息网络，使市领导直接通过微机查阅和调用农村经济信息。1997年后，重庆直辖市各区（县）人员变化较大，一定程度上影响到信息的采集传送，3月16日，市农办印发《关于推荐重庆农村经济信息中心信息员的通知》，请各单位向市农办推荐1～2名信息员，按照通知要求，各信息员每两周至少向市里报送了1次信息。

2000年，重庆市人民政府农办与重庆国信通信公司合作，利用该公司的通信网络作为载体，建立农业信息寻呼网络，向广大农村传播农业信息，为确保8月开始投入运行，按照市农办通知要求，各区县要高度重视信息寻呼网建设工作，确定了1名领导负责落实人员加大推广力度，农业信息寻呼网建立后，主要播报了主城区市场和各区（县、市）产地农副产品信息，市区完成了主城区市场信息由负责收集，各区（市、县）完成了产地信息由收集报送。

（二）重庆市农业局（农牧渔业局）农业信息网络

20世纪80年代起，重庆市农牧渔业局将农业信息化作为推动农业生产发展，夺取农业丰收，搞好产前、产中、产后服务的手段之一，逐步建立和完善了信息体系。1988年，重庆市为加强农业信息化建设，一是建立了机构，撤销了原综合计划处，将农业信息和统计合并成立了农业信息室，列入局办公室内；二是改善了信息手段，在农业部农业信息中心的支持下配备了电传，市局为信息室购置了直拨电话和录音电话；三是加强了信息网络建设，部分县不仅加强了自身建设，还与有关单位建立了联系，增设了信息联系点，有的区（县）还在乡一级农技综合服务站设立了信息员。1989年，全市建立了农情点7个，农牧渔业统计基点30个，参加了农业部组织的全国农产品价格行情网络，与全国36个省份及计划单列市农业部门的信息机构建立了传真联系，重庆市农牧渔业局提供的信息被市委“重庆快讯”和市人民政府“政务快讯”采用50多条。

根据农业部和四川省农牧厅要求，结合重庆市实际，1993年1月8日，重庆市农牧渔业局制定了《1993年农业信息定期汇报提纲》，各级农业部门加强了市场供求动态研究，及时发布了有关信息，为国家宏观调控当好参谋。在搞好定期汇报的同时，还加强农业生产、经营活动中农情、民情、灾情及市场行情的调查研究，及时反映党和国家的政策在农村的贯彻落实情况，以及农业生产、经营活动中存在的突出问题，为各级领导指挥农业生产当好参谋。

按照重庆市农牧渔业局《重庆市1994年农业信息定期汇报提纲》要求，各地切实做到机构、人员、经费“三保证”，即区（市、县）农业部门设立专门收集定期汇报信息的职能机构；保证有1～2名思维敏捷，业务水平较高的专职信息人员；保证必需的工作经费和差旅费，确保农业信息定期汇报工作的顺利开展。

1994年，重庆市人民政府办公厅发出《关于建立信息定点专报制度的通知》，将市农牧渔业局列为全市44个地区和部门信息专报点之一。为做好该项工作，3月17日市农牧渔业局印发了《关于实行信息专报制度的通知》，明确由局办公室负责信息的收集和专报工作。信息专报内容包括：中央及省级人民政府各项改革措施出台前后各方面的反映；农牧渔业各项政策、法律、计划、任务、安排、措施等在贯彻落实中出现的问题；加强农业的基础地位，稳定农村和农村工作中值得重视的情况、问题、经验和措施；加强社会治安综合治理，两个文明建设，以及科、教、文、卫、体等方面的主要情况和问题；重大突发事件如爆炸、火灾、翻车等造成重大伤亡的事故，影响较大、涉及面广、参与人数多的集体上访、请愿、械斗、非法集会、非法组织的其他活动；重大自然灾害及严重疫情；重要社情民意，如一个时期干部、群众最关心、议论较多、意见较大的热点问题，农民最关心、最担心、最敏感的问题等。

1998年8月，重庆市农业局组织实施的农业信息体系建设工作。根据农业发展面临新形势的要求和建立重庆直辖市后全市农业发展的实际情况，提出加强农业信息网络建设，尽快缩短重庆市与全国农业部门信息化建设的差距，建成上与农业部和市政府相连，下与各区（县）农业部门相连，横向与全

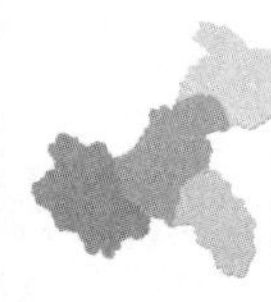

国各兄弟省份农业部门相连的现代信息网络体系，实现全市农业信息的快速传递和资源共享，推进全系统办公自动化建设，为全市农业和农村经济发展服务。为此，市农业局专门成立了由分管领导挂帅的"重庆市农业局信息网络"建设领导小组，并明确由刚成立的市场信息处牵头实施。领导小组成立后，编制了《重庆市农业局信息网络建设规划》，作为指导信息体系建设的依据，开展了全市农业信息工作基本情况的调查，收集整理全市农业信息资源，初步建成几个基本信息库。市农业局信息网络建设得到了农业部的支持，被纳入农业部"省级信息共享及联网试点"和"农产品市场信息网络建设"单位。

1998 年，重庆市农技站建成农技服务局域网，1999 年，在互联网上开通了"重庆农业技术服务信息网"，全市 40 个区（县、市）级农技站以及 20 多个镇（乡）级农技站实现了远程联网。副市长陈光国为"重庆农业技术服务信息网"开通题词："走上互联网铺就致富路"。2000 年，开通了"三峡农业科技网"，建成包括农业、科技、实用技术、良种资料等 9 个专题数据库在内的农技综合信息数据库，成为覆盖全市农村并同互联网连接的网络系统，为广大用户提供技术和经济信息的咨询服务，同时，市农技站在全市开发出网上办公自动化与信息综合管理系统——重庆市农技推广服务信息系统暨办公自动化信息管理系统，为实现农技推广系统内的资源共享和信息的快捷传递，提供了一个较为先进的基础信息平台。

2001 年，重庆市委办公厅、市人民政府办公厅分别于 2 月 28 日和 4 月 18 日召开党委系统、政府系统办公厅（室）主任会议，会上，市农业局被市委办公厅、市人民政府办公厅分别评为 2000 年度"信息工作先进集体"。至此，市农业局已连续 3 年获得两厅授予的先进集体称号。

2001 年初步形成了由农业综合政务网、农技服务网和农产品商贸网构成的重庆市农业信息体系基本框架，"重庆市农业和农村经济统计数据库""农业政策法规数据库""农业实用技术数据库""优良品种数据库"等也初具规模。市农业局编制完成了《重庆市农业和农村经济信息体系建设规划》。规划提出逐步建成以市农业局信息网络中心为枢纽的市、县、乡 3 级信息网络体系，实现全市农业信息资源共享，信息交流现代化，通过多种形式开展农业信息服务。10 多个区（县）制定了县级农业信息化建设规划。

在市级信息平台建设的同时，区（县）级农业信息化平台也同步推进。2001 年，重庆市启动了合川、璧山、江津、垫江 4 个县级农业和农村经济信息服务系统建设试点。10 月 18 日，市农业局印发了省、地（市）、县级信息平台及乡（镇）信息服务站网络建设技术标准。2002 年，市农业局根据各地的申报情况和工作基础，决定在开县等 20 个县（自治县、区、市）实施县级农业和农村经济信息服务系统建设项目。2005 年，市农业信息中心重点扶持县级信息平台和乡镇农业信息服务站建设，帮助 20 个县级畜牧兽医部门搭建信息平台，审定局域网建设方案、建设互联网站。

通过集中授课、现场指导和网上多媒体等多种形式，市农业局加大对区（县）信息技术的推广和业务培训力度。2005 年，与局科教处合作实施人才知识更新工程，对区（县）农业行政主管部门领导及信息员培训 3 次，培训 150 人次，中心技术人员到区（县）集中授课 6 次，内容涉及电子政务、网页制作与维护、计算机网络安全管理、信息采集、编辑与发布等，共培训信息人员 620 余人。2006 年，通过人才知识更新培训工程和其他农业信息化培训项目，新增培训农业信息工作人员 1 000 人，农村信息员 2 000 人；组织相关人员完成了农业信息员培训教程的编写，并纳入《重庆市"三农"人才知识更新工程培训教材》。重点加强对农业产业化龙头企业、农民专业合作经济组织、中介组织的信息服务人员和农业生产经营大户、农村经纪人的培训，使其达到会收集、会分析、会传播信息的"三会"要求。

（三）重庆市农业委员会农村信息网络

2008 年，按照新组建的市农委要求，重庆市农业委员会对"重庆农业信息网"进行了升级，形成了以"重庆农业农村信息网"为核心，集区（县）农业部门、市农委系统不同专业领域、农业企业于一体，成员近 100 个的重庆农业网站群，建成 50 多个专题数据库。

2011 年，为顺应现代农业和统筹城乡区域发展的需要，对重庆农业门户网站进行改版，打造重庆农业门户“金牌”网站，年新增发布各种农业信息 3.9 万多条，累计发布各种农业信息 39 万多条（篇）。

2013 年，重庆市农业委员会紧紧抓住移动互联技术迅猛发展的契机，引入“大数据、云服务”理念，积极研发并成功应用了移动办公、农情数据、价格采集、“特产宝”、12316 微农信、12316 快讯移动互联手机客户端系统，使农业信息化服务水平得到进一步提高，在海南全国农业信息工作研讨会上，重庆市就信息服务的新途径做了大会典型发言。

2014 年，重庆市农业委员会把 12316 综合信息服务 App 系列产品研发作为重要业务工作来抓，除对已有的移动办公、农情数据、价格采集、“特产宝”、12316 微农信、12316 快讯等 App 产品做进一步的改进完善外，还研制开发了“农企宝”加大推广应用力度，应用效果良好。12316 快讯以“信息原创、更新及时”为特色，深受网民青睐，全年下载浏览量近 30 万次，日均达 2 000 余次。12316 微农信成为行业政务和在线农技服务的良好载体，市农委印发推广应用通知，10 个委属单位、15 个区（县）农业部门、200 家专业合作社使用 12316 微农信系统。12316 微农信、“农企宝”等移动 App 系列产品，受到农业部调研组的肯定，认为重庆农业信息化服务“接地气、重实用”，并表示将一些产品提升到全国层面加以推广。

截至 2014 年，全市 33 个涉农区（县）设置了专门信息机构，800 多个乡（镇）设立了信息服务站。市、区（县）、乡（镇）3 级专兼职从业人员近 1 000 人，4 000 多个行政村设立了兼职信息员，12316 农业服务热线拨打量累计达到 25 万次，解决农民疑难问题 2 万多起。12582 农信通政务易平台使用单位 1.12 万户，乡镇覆盖率 100%，行政村覆盖率 85%；务工易发布招聘信息 100 余万次；百事易平台访问次数 1.8 亿次。农业门户网站建设取得了显著成效，建成包括 120 个行业子网站、50 多个专题数据库的重庆农业农村信息网，入库信息 53 万条（篇），日均点击率 4 万多次。信息服务领域进一步扩大，新开通的休闲农业信息平台“巴渝·醉美乡村网”瞄准乡村旅游，为市民“周末去哪里”提供便捷查询服务，仅 2014 年国庆黄金周期间，就引导游玩人数 508 万人，营业收入 6.5 亿元。重庆市自然村通电话率 100%，行政村通宽带率 100%，行政村光纤通达率接近 70%，农村地区固定宽带接入用户 77 万户，第三期重庆市电脑百村工程，为 40 个示范行政村配备电脑 120 台，配装 80 条电信 2M 宽带，优惠销售重庆造电脑 3 181 台，开展 40 场次信息技术培训会，累计培训村民 1 269 人次。

2015 年，为推动农村宽带普及，重庆市启动“行政村通宽带工程”。全市 8 655 个行政村全部接通互联网宽带，启动“行政村通光纤”工程，新增 551 个行政村开通光纤。以中国移动“12582 农信通”为核心服务平台，推进信息进村入户，12316 热线拨打量累计达到 30 万次，直接解决农民群众及农村社会公众疑难问题 3 万多起，帮助群众增加收入和挽回经济损失 3 000 多万元，群众咨询满意率超过 95%，荣获重庆市委“群众满意窗口”荣誉称号。市、区（县）、乡（镇）3 级专兼职信息工作人员增加到 2 200 人，4 000 多个行政村设立兼职信息员，组建由行政、科研、推广部门参与的 500 人农业信息专家服务团队、200 余人的农产品市场信息采集队伍，建成由共享信息发布平台支撑，包括 100 多个行业子网站、50 多个专题数据库的重庆农业农村信息网站群，入库信息 53 万条（篇），日均点击数达 4 万多次。

第三节　智慧农业及大数据应用推广

一、智慧农业技术应用推广

智慧农业是将物联网技术运用到传统农业中去，运用传感器和软件通过移动平台或者电脑平台对农业生产进行控制，使传统农业更具有“智慧”，广义的智慧农业还包括农业电子商务、食品溯源防伪、

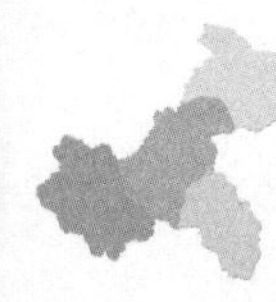

农业休闲旅游、农业信息服务等方面的内容。重庆市智慧农业技术探索应用起步于21世纪初，其中以“重庆动监110指挥调度平台”“动物标识及疫病可追溯体系”“马铃薯晚疫病监测防控系统”等最具代表性，应用范围大，产生良好的社会经济效果。

（一）重庆动监110指挥调度平台（系统）

1. 建设背景

2009年前，国内外禽流感、口蹄疫等重大动物疫病发生频繁，三聚氰胺、加工销售病害动物产品等畜产品安全事件时有发生，对人民生命财产安全构成严重威胁，猪肉价格的暴涨暴跌也成为社会不稳定因素。如何建立一套科学、快速、准确的指挥调度信息系统，实现科学处置重大动物疫情、全程追溯畜产品安全事件和宏观指导畜牧业生产，为重庆市国家现代畜牧业示范区、国家无规定动物疫病区建设探索经验。根据《重庆市突发公共事件总体应急预案》和《重庆市突发重大动物疫情应急预案》，2009—2010年，市农委打造了市人民政府应急指挥平台八大子平台之一——基于“重庆市地理信息公共服务平台”的重庆动监110指挥中心，为政府科学指挥决策提供有力支撑。

2. 主要技术手段

主要利用3S（GIS：地理信息系统；GPS：全球定位系统；RS：遥感）技术，以计算机网络为基础、以有线和无线通信为纽带、以接处警信息传递处理为核心、以动监空间数据库为载体，实现地理信息与动物卫生监督业务数据的集成，全面、及时、准确地采集、统计、分析、报告动物卫生信息。

3. 专题子系统

（1）110联动接处警子系统。市动物卫生检疫站于2000年加入市人民政府110联动中心，向社会公开24小时热线电话89070505（谐音：动物），市民可直接拨打110或89070505进行相关事件的举报、咨询、投诉，提高对动物疫情和畜产品安全事件等的信息反馈能力。

（2）预测预警辅助系统。通过该系统动态掌握以下情况：动物种群和养殖场地理分布、历史疫情、防疫工作、动物流通空间路径等基本信息。专门开发了以下系统：畜牧生产及防疫信息管理，动物调运监管，兽医机构及人员管理，执法监管，监管对象管理，动物检疫监管等相关信息。所有数据将集成于三维电子地图中，提供预测预警辅助。

（3）疫情信息管理子系统。主要针对所有历史疫情进行空间标注，并将发生时间、地点等属性信息一一传输上报，科学分析疫情走势，建立疫病防控空间决策支持系统。

（4）视频监控子系统。借助地理信息系统，将视频监控头的空间分布位置标注在电子地图上，也可以通过监控头的编号、安装位置进行空间定位查询。

（5）三维应急指挥处置子系统。依托三维地图，对应急预案进行数字化管理，应急指挥人员可以快速对事故地点进行定位，掌握事故点的相关信息，实现应急资源的统一集成、展现，为突发事件的快速处置提供科学决策依据。

4. 创新点及先进性

（1）新型的动物卫生监督管理模式。与传统的动物卫生监督管理信息化建设不同，本成果利用三维仿真技术、CallCenter技术、无线视频技术、WebGIS技术、数据库技术，建立了涵盖动物调运监管、动物检疫监管、动物防疫监管、动物卫生执法监管、兽医机构及人员监管、动监110联动接处警、视频监控管理、重大动物疫情应急指挥管理、疫情信息管理的动物卫生监督指挥调度平台，不仅实现了市、县（区）、乡动物卫生监督业务管理的一体化，同时也实现了重大动物疫情应急指挥远程可视化，为科学防控动物疫情、及时应对畜产品安全事件、宏观指导畜牧业生产布局提供科学决策依据。

（2）率先在国内建立了动监行业与社会110的信息共享模式。通过与公安等其他业务部门的共建共享，统筹管理，实现了动监行业与社会110的信息共享模式。这种以“整合资源为前提、以网络数据为基础、以应急实战为特征”的建设模式有效地避免了过去“多而不统、重复建设、无法联动”的疾瘤，真正意义上实现了一体化、集约化的应急联动防控体系。

（3）健全的、易扩展的动物卫生监督空间信息数据管理体系。通过在动物卫生监督管理中积累大量业务经验，对动物卫生监督业务进行抽象、整合、扩展和提炼，在国内首次建立起了动物卫生监督空间信息数据体系，定义了动物卫生监督空间信息的数据模型，规范了重庆市动物卫生监督行业空间数据的分类、编码、收集、处理、存储、分析、发布、数据交换等业务操作流程，可为其他兄弟省份建立相关系统提供宝贵的经验。

（4）基于自主研发的地理信息聚合服务的动物卫生监督指挥调度平台。采用自主知识产权的地理信息聚合服务平台，根据既定的规则，通过对来自不同系统的多源数据进行提取、过滤、转换、关联分析、集中展示，生成完整、准确、简洁的综合信息，为决策者提供详细的信息服务。这种多信息源的数据聚合，可比任何从单个输入数据元素获得更多的信息，不仅在技术上实现地理信息与专业数据的完美集成，业务上实现了动监110联动快速接处警，远程视频同步监管，快速处置重大动物疫情，可视化远程处置指挥。

（二）动物标识及疫病可追溯体系

动物标识及疫病可追溯体系（简称：追溯体系）是2007年中央1号文件确立的，是对动物个体或群体进行标识，以动物标识编号为数据轴心，将动物从出生到屠宰历经的防疫、检疫、监督管理工作贯穿起来，采集整个动物饲养过程中的计划免疫、产地检疫、屠宰检疫、运输监督等环节的基础信息，利用现代信息技术工具和传输手段把生产管理、防疫检疫、流通监管等的数据汇总到数据中心（中央数据库），实现数据的全国联网记录。通过移动终端和固定终端设备核查动物及动物产品的来源，从而实现对动物从出生到屠宰、动物源性食品从生产到消费的全程监管。

实施动物标识的可追溯，是OIE（世界动物卫生组织）、WTO（世界贸易组织）、ISO（国际标准化组织）和欧盟178/2002号法令的通行法则。

1. 重庆市试点历史回顾

动物标识及疫病可追溯体系是一项系统工程，需要花费大量的人力、物力、财力，工程实施后，全国传统兽医工作方式将发生根本性的改变。农业部计划用5年左右的时间，逐步建立既适合中国国情又与国际通行做法接轨的动物标识及疫病溯源系统，其建设工作自2001年6月就开始提出，得到党中央国务院领导的高度重视。为此，2004年10月以来，农业部兽医局、中国动物疫控中心领导数十次深入重庆市基层广泛调研，进行硬件、软件开发的需求分析，反复论证，研究开发硬、软件，并于2006年10月在北京、上海、四川、重庆试点使用成功。当年，农业部颁布实施《畜禽标识和养殖档案管理办法》，规定全国统一使用牲畜二维码耳标。

2007年，中央1号文件明确提出了要建立追溯体系。

2. 技术关键点及其关键技术攻关

（1）技术关键点。采用全国统一数字化标识，采用便携式适度设备，采用中央集中式数据网络模式，采用网络传输通道。

（2）关键技术攻关。二维码影响适度技术，便携式职能识读器，海量中央数据库设计和检索，网络机打检疫证明。追溯体系建立了三大系统：畜禽标识网络申购与发放管理，动物生命周期各环节全程监管，动物产品质量安全追溯。

3. 正式启动推进

2007年，农业部决定全面推进追溯体系建设工作。当年，重庆市农业局根据农业部有关文件要求，成立了市级追溯工作领导小组及其办公室，之后，各区县也成立了相应机构。当年，市农业局制定了《重庆市动物标识及疫病可追溯体系建设试点工作方案》。

重庆市财政从2007年开始全额解决了二维码可追溯耳标（含耳标钳）的购置资金，并纳入了政府

招标采购。2007—2012 年，市财政预算了购置耳标的资金分别为 240 万元、350 万元、230 万元、310 万元、270 万元和 180 万元。中央在《乡镇畜牧兽医站基础设施建设项目》拨付资金 2 100 万元，地方配套资金 300 万元用于购置移动智能识读器、票据打印机、IC 卡和 SIM 卡。全市共招标移动智能识读器 6 174 台，票据打印机 957 台，同时，还加强牲畜耳标的招标采购、使用和制度建设等，加强追溯设备使用。

追溯体系在重庆市的推广使用，在防控重大动物疫病上起到了积极作用，近几年，随着物联网技术的日新月异，追溯体系也正在更新升级换代。

（三）重庆柑橘产业数字化精准管理系统

2010 年，“重庆柑橘产业数字化精准管理系统”以 GIS 地理信息系统为基础平台，为用户提供柑橘分布的图形和属性数据双向查询、条件选择、宜种性评价等功能，在生产上实现了定时、定点、定量管理。忠县是重庆市柑橘生产的重要基地，利用现代物联网技术，2014 年建成基于土壤墒情监测的柑橘自动灌溉和精准施肥系统，实现了柑橘种植过程的精准监测、高效灌溉和科学管理。2015 年，在忠县等 11 个主产区累计示范推广基于土壤水分传感的柑橘自动灌溉系统 144 万亩，平均每亩增产 209 千克，每亩新增产值 251 元，劳动用工投入每亩节约 50 元，农药投入每亩节约 5 元，创造 2.78 亿元的经济效益。

（四）重大动物疫病防控物资管理系统

重庆市重大动物疫病防控物资管理系统于 2009 年 9 月开始建设，于 2010 年 1 月 1 日完成第一期开发建设，后续经第二期、第三期升级改造，于 2014 年 12 月全部建成验收，全面交付使用，在实际使用过程中根据实际情况不断升级。该系统面向的使用对象主要是 40 个区（县）（含两江新区、万盛经开区）、935 个乡（镇），中标供应商等共计 1 099 个用户。该系统通过分级管理的模式，一是实现了对重大动物疫病疫苗、常规疫苗、动物二维码耳标、应急物资、试剂耗材及固定资产等物资的管理：物资出入库登记、库存统计、上报计划、审核结果反馈、重要文件下载等；二是促进了市级管理好区（县）、区（县）管理好乡（镇），不断提高各级防控物资的管理水平；三是实现了数据挖掘以及大数据应用，在原始数据的基础上，进行汇总分析。

（五）动物疫病预警预报信息管理系统

2012 年 12 月，成立了重庆市动物疫病预警预报信息管理系统（Laboratory Information Management System，简称 LIMS 系统）开发工作小组。2013 年调研、需求分析、软件开发测试，双轨运行，从 2014 年开始并轨运行。2015 年 7 月，在荣昌等 5 个区（县）试点，建设经费 198 万元。该系统是以实验室 LIMS 系统为平台，通过计算机对实验室的各种信息进行管理，采用科学的管理思想和先进的数据库技术，专门针对实验室的整体环境而设计，实现实验室人（人员）、机（仪器）、料（样品、材料）、法（方法、质量）、环（环境、通讯）全面资源管理的计算机应用系统，是一套完整的实验室综合管理和质量监控体系，既能满足实验室日常管理要求，保证实验室分析数据的严格管理和控制，又能通过市、县两级兽医实验室检测数据的互联互通、交换共享和对数据的统计、分析，最终实现全市动物疫病防控的预警预报。系统的推广运行：一是实现了全市兽医实验室规范化管理，标准化操作，全市统一规定了样品编号、动物疫病调查表/抽样单、应急流行病学调查表、ELISA 结果导入模板、检测试剂盒、静态数据等，进一步规范了全市实验室活动的开展；二是实现了检测业务流程的自动化、信息化和网络化，针对业务主流程，提出了“五个一键”功能，即一键建批、一键下载模板、一键 EXCEL 采集、一键编制报告、一键报告归档，实现了实验室检测业务流程自动化，报告能自动生成，提高了工作效率；三是实现全市监测信息互联互通，全市共用一套系统，统一静态数据，确保结果准确可靠，通过权限设置，市中心实时掌握各区（县）兽医实验室样品接收、检测项目、检测进度、检测结果，促进了全市动物疫病监测工作；四是实现了监测数据的自动统计分析。由于全市使用一个数据库，利用软件设计优势，使得全市监测数据可按时间、区域、病种、方法、结果进行自动统计分析，为动物疫病预警预报及时提供数据，为领导决策提供支撑。

（六）种业信息化

20 世纪 90 年代，重庆市种子行业信息工作已初步开展起来，由重庆市种子站品种管理科负责调查统计全市主要农作物品种推广面积，由计划财务科负责统计全市种子财务会计报表并上报农业部相关部门。2000 年《中华人民共和国种子法》的颁布实施，促进了种子经营市场化，种子生产经营多元化，种子信息社会化，种业信息工作越来越得到重视。2002 年 2 月，重庆种业信息网开通，它是全市唯一涉及种子管理、产销、科技等方面的专业网站，反映全市种业状况重要的信息平台，成为品种选育者和种子生产者、经营者、使用者提供及时、准确信息服务的有效网络载体。2003 年，在全市种子企业和区县种子管理部门聘请了 46 位有一定计算机应用技术水平、文字水平较高的义务信息员，负责各单位基础种子信息的采集工作。2003 年起，全市开展种子市场零售价格的调查工作，定期在全市区（县）、重点乡（镇）种子市场的“两杂”种子零售价格进行市场调查了解。2004 年，重庆市农作物区试自动汇总分析系统应用软件正式运行，实现了市和区（县）种子部门的数据交汇，从当年 9 月开始，全市各区（县）农业局实行种子市场监管月报制度。2014 年，在全国率先开发建设了农作物品种数据库，整理完成了全市 1989 年以来品种审认定和鉴定情况、2005 年以来主导品种推荐情况、2003 年以来停止推广退出品种情况，摸清了全市的品种基本情况，实现品种信息资源共享以及农作物审定品种基础信息的快速查询和分析。

（七）其他物联网技术在农业重要生产领域中的应用

2012 年，为市级 200 家示范合作社搭建了生产经营管理系统及整合推进重庆柑橘生产物联网系统建设，同时确定 10 家龙头企业和推广单位开展以“物联网、产品质量追溯、生产智能化”技术为主的生产经营信息化示范。

2014 年，在巫溪等 16 个区（县）设立空气温湿度无线传感器应用的马铃薯晚疫病“温湿度参数”预警系统 57 个监测点，对约 60 万亩马铃薯实施晚疫病预警监测。2015 年，巫溪等 10 个主产区近 100 万亩马铃薯晚疫病得到及时有效的控制，最大限度控制了发病率，平均每亩增加鲜薯 300 千克，增加产值 300 元，创造近 3 亿元的经济效益。

2011 年，市畜科院建成智能化养猪系统，对全市大小养殖基地进行实时监控，有效推进了科学养殖。2014 年，“重庆动监 110 应急指挥调度系统”在动物疫病防控和畜产品质量监管中发挥重大作用。荣昌县推广应用基于物联网的智能与福利化猪舍建设，8 月对射频识别（RFID）生猪及其产品质量安全追溯系统进行升级改造，从养殖、屠宰到销售环节的全程溯源系统更加完善。荣昌城区经溯源销售的猪肉产品累计量由 2013 年的 670 万千克上升到 2015 年的 700 万千克。

2014 年，基于 RFID 的肉牛养殖链全程管控与追溯系统获国家物联网发展专项资金支持，基于 RFID 的农产品物联网综合应用系统，为梁平县 2 000 户合作农户饲养的黑鸡实现 RFID 电子保真溯源，在全市范围内优先选择 12 家推广单位、企业和农民合作社，开展农业物联网、农产品电子商务试点。

2014 年，“水产养殖智能化系统”在荣昌区龙集镇华楷水产养殖有限公司成功应用，通过手机 App 客户端控制多项水质参数，随时监测池塘的水温、溶氧、pH 及氨氮等几个重要水质指标。

2015 年，重庆市 7 000 多艘渔船、4 000 多家水产养殖企业建立了渔业安全监管系统。

二、大数据建设

按照2014年《重庆市人民政府关于印发重庆市社会公共信息资源整合与应用实施方案的通知》和2015年《重庆市人民政府关于印发重庆市探索信息化助推农业农村发展机制改革实施方案的通知》等要求，2015年开始，全市着手农业大数据建设工作。重庆市农业委员会10多个处室、单位与市综合市情系统、惠民平台通过手工传递方式进行了数据交换，与社会资源整合工作领导小组明确了重点关注业务的数据项，开展了与市政府部门间数据共享的尝试。

重庆市农委已计划在2016年安排110万元农发资金，开始建设“市农委数据集成与共享系统”一期工程，开发数据支撑系统、完善数据指标编码、数据入库展示分析。一期工程完成后，计划下期扩大系统所涉及的细分行业，进一步规范、调整、补充系统数据采集，构建数据分析模型，促进联动分析和提升科学决策能力。

第四节　农产品电子商务

一、电子商务平台建设

根据农业部《关于下达2004年农产品促销项目和经费的通知》精神，2005年1月18日，重庆市农业局下发《关于下达2004年农产品促销网上展厅项目及经费的通知》，将农业部下达重庆的2004年农产品促销“网上展厅资料采集、整理”项目下达市农业信息中心，市农业信息中心按照《重庆市农业信息中心网上展厅资料采集、整理项目实施方案》及农业部的有关要求，搭建了“网上展厅”供求热线平台，这是重庆市最早的农产品电子商务平台的雏形。

2005年，市农业信息中心进一步丰富了“重庆农业信息网”及40个区（县）农业信息网站内容，帮助近50个企业建立了网上展厅，通过农产品网上交易平台总成交额超过1亿元。

市农业信息中心组织各级农业信息网络服务平台搭建的“一站通”“网上展厅”供求热线平台，2006年覆盖到全市所有涉农区（市、县），并实现了与农业部和各省农业信息网站“一站通”和“网上展厅”的联动。同年内，“一站通”提供5 631条农产品求购信息，30 933条农产品供应信息；“网上展厅”共展出企业信息250余家，农产品信息600余种，视频信息10余条，上传图片80多张。2006年农交会期间，重庆农业信息网上专题展厅日点击率上千次，许多企业通过网上展厅了解农展会情况，促成来自全国各地的126家企事业单位参加现场签约，共签订劳务输出订单、农产品基地建设、食品和花卉等农产品供销合同协议62项，251宗。“一站通”先后为“巴南银针”系列茶、利君板鸭、五布柚、鱼洞蔬菜、凉水及圣灯山糯玉米、接龙辣椒、石龙南瓜销售提供了网上信息服务，增加经济效益950多万元。云阳县文龙乡农业信息站，利用“一站通”发布本地特色农产品花生销售信息，引来重庆、四川的大量客商，300吨花生很快销售一空，价格比其他乡（镇）每千克提高0.5元，实现销售总收入120万元，为农民增加收入15万元。2006年重庆市遭受百年不遇的旱灾，武隆县通过网上促销活动及时将当地叶类蔬菜运到主城区，缓解了主城区叶类蔬菜供需矛盾，菜农比2005年增加收入3 800余万元。

2008年，继续开展5个国家级、39个区（县）级农产品（批发）零售市场信息的网上采集发布，全年网上共发布农产品及农资市场行情和价格信息18万条次，“网上展厅”共展出280余家企业、600余种农产品，网上“一站通”发布供求信息超过25万条次。

2009年，网上共发布农产品及农资市场行情和价格信息27万条次，“网上展厅”展出280余家企业、600余种农产品，网上“一站通”发布供求信息超过25万条次。

2011年1月，在西部农交会上，市农委正式启动了“重庆市网上农产品产销对接平台”，并与企业合作开展了“奉节脐橙”“刨猪汤”等网上团购促销活动，此举受到市委、市人民政府领导的高度肯定，要求“办好平台，打造永不落幕的农交会”；重庆市农畜产品电子交易系统依托现代网络资源，建立了跨越时空的远期交易市场。到12月底，重庆市农畜产品交易所生猪交易达到548个交易日，上市23个合约，成交量1 955 646手，成交额59亿元；荣昌县推动养鸡产业自动化，完成40家企业的改造。仔猪集中网上竞拍交易在短短的时间内达到5万头，实现交易额4 000万元。

利用“重庆市网上农产品产销对接平台”和上海西郊国际农产品展示直销中心“重庆馆”两个平台，开展“奉节脐橙”“璧山葡萄”“刨猪汤”等网上团购促销活动，在西部农交会上受到市政府主要领导的肯定。2012年有130多家农产品生产企业和合作社近500种名优农产品入驻上海西郊国际农产品展示直销中心“重庆馆”。

2013年，重庆市农委召集全市农产品电子商务代表企业开展农产品产销对接工作专题研究，通过建立“重庆市农产品电商联盟”，促进了全市农产品卖得更远更好；积极参与石柱辣椒产业对接会、武隆高山蔬菜节等展销节会。

重庆市以“重庆农产品产销对接平台”和“爱粑和电商网站”为基础，积极研发“特产宝”等手机移动电商平台，重庆禾茂商务信息咨询有限公司引入500多户商家入驻电商平台，经营商品种类超过900多个，交易额每月突破10万。璧山然然蔬菜合作社通过平台销售葡萄、蔬菜超过40多吨，收益近50万元。

2014年，市农业信息中心自主研发的农产品产销对接平台正式上线投入运行，入库相关信息280余万条，特色基地、种养大户、龙头企业及农村经纪人等服务对象资源10万余条。与此同时，各具特色的电商平台不断涌现，采取订单营销的“特产宝”移动电商平台以“爱粑和电商网站”为基础，入驻500多商家，经营商品种类超过900多个。以企业微信营销为主的“农企宝”电商平台包含投入品管理、物流管理、销售管理以及成本核算等四大功能，在“四季菜园”“吴小平葡萄”“兴宏生态牛肉”等20家农业企业推广应用，平台设计的理念和商业营销的模式受到农业部及其他省份农业部门的普遍称赞。在青岛市全国农业信息化论坛上，重庆市相关人员就“农企宝”电子商务应用做学术报告。2014年年底，全市农产品网店已达1 645家，涉农电子商务运营企业62家，农产品电子商务平台60个，网上销售农产品特色品种14 510个，交易总额超过10亿。涌现出“香满园”“农企宝”“特产宝”“在村头”等本土化知名电子商务平台，和“鲜立达”“天农八部”等一批特色鲜明的农产品电子商务企业，其中“香满园”2014年线上销售已超过1亿元，成为全国农产品电商平台20强，“农企宝”上线1年，平台交易额超过5 000万元。梁平“天农八部”公司2014年网上销售梁平柚9 500多吨，实现年交易额4 800多万元。在经营效益不断提高的同时，农产品电商发展模式也不断创新。2014年荣昌区通安村大学生村官使用“在村头”电子商务平台，探索形成“农产品进城、工业品下村”便民服务模式；武陵山区“重庆农村电商第一县”的秀山县，通过整合城乡资源，开始形成“200多家大小电商企业+遍布行政村的农村网点+10亿销售额”的农村电商网络。

到2015年，重庆市农村电子商务建设力度进一步加大，促进农村产业发展，表现在以下4个方面：

一是农产品电子商务发展方面。市委、市人民政府先后出台《重庆市探索信息化助推农业农村发展机制改革实施方案》《重庆市人民政府关于大力发展电子商务的实施意见》等13项支持政策，秀山、酉阳、奉节、荣昌等38个区（县）出台配套文件。淘宝率先在18个区（县）布局农产品电商，京东商城、苏宁易购紧随其后，分别进入14个区（县）和8个区（县）。本地农产品电商平台也快速发展，与2014年比较，2015年全市农产品网上销售总额27.6亿元，增长155.6%，网上注册电商主体增加到8 718家，增长430%，电商平台数量增加到229家，增长282%，电商试点行政村由240个增长至1 492个，增长522%。市农业信息中心开发的重庆市农产品产销对接平台开通了“基地展示、企业需求、价格行情、市场分析、品牌推介、产销对接”六大栏目便捷查询服务功能，通过平台采集并汇集西部农交会企业与产品信息资源，当年入库相关信息280余万条，特色基地、种养大户、家庭农场、龙头企业

及农村经纪人等产销主体资源信息10万余条。在部分具备条件的区（县）启动建设“智慧乡村旅游”O2O平台，推进乡村旅游线上线下融合发展。积极与苏宁云商、阿里巴巴等知名平台合作，在秀山、酉阳等8个县（区）建设国家级电商进农村综合示范县；在梁平、垫江等7个县（区）建设市级电商进农村示范县；在涪陵等4个区（县）建设电商扶贫示范区（县）。自主研发建成“农企宝”“特产宝”等本地涉农电商平台，入驻企业600多户，经营商品种类超过900多个，全年实现销售收入近1.5亿元。2015年全市涉农电商平台110家，涉农电商主体超过2万家，网上销售的农特产品达1.4万种，网销交易额达27亿元，比上年增加53%，电商带动产业发展成效初显。2015年发展电子商务以来，奉节脐橙销售价格由传统销售渠道的2元/斤，提升至网销价格6元/斤以上，带动全县种植面积扩大15%。重庆市天农八部公司销售梁平柚9 960余吨、交易额8 000余万元，带动就业356人，柚农交易价格由0.5元/斤增至1.5元/斤，全县柚树种植面积从8万亩增至13万亩，帮助增收总额1亿元以上，柚农人均增收5 000元。

二是品牌创建提高农产品电商竞争力方面。在2015年的全国百家合作社百个农产品品牌推选活动中，重庆市5家合作社的5个品牌入选，涪陵榨菜、白市驿板鸭、梁平柚子、丰都牛肉、奉节脐橙、秀山土鸡（蛋）、城口老腊肉、北碚花木、垫江彩色苗木、江津富硒农产品及璧山葡萄等品牌农产品2015年度网上交易额累计达7亿元，占全市农产品网上交易额的25%以上。以荣昌生猪电子交易、香满园、武陵生活馆、天农八部、在村头、桃花园赶场天、淘实惠、淘土货、亲戚田园、渝农鲜、富硒网等为代表的地方电商品牌影响力逐渐提高。国家级（重庆）生猪电子交易市场实现全国生猪活体网上电子交易，21个省份2 000余商户入市交易，全年实现生猪交易26万头、仔猪15万头，交易总金额4.5亿元。“香满园”采取供应链驱动模式，以菜园坝水果市场为基础，通过O2O运营，网上上架商品数已达2万余个，全年线上销售金额过亿元，继续成为全国农产品电商平台20强。“武陵生活馆”现已建立网点208个，着力打造“武陵遗风”和“边城故事”两个区域性品牌。“天农八部”采取“农产品质量安全溯源”的引导模式，重塑梁平柚老字号品牌。“桃花园赶场天”以“网络赶场”模式，连通基地与市场。荣昌区大学生村官联盟通过“在村头”平台，帮助通安村172户贫困户开展农产品电商销售，增收110万元，户均增收6 400元，成为电商精准扶贫的典型。

三是发展环境方面。重庆市已初步构建起4级物流区域布局体系框架，末端物流建设开始起步。顺丰、申通、圆通、韵达等第三方物流服务范围已延伸到乡（镇），拥有冷藏车619辆、冷库166座，培育冷链物流企业176家。重庆邮政在主城拥有1万余米^{2}和5 000余米^{2}的二、三级独立物流分拨中心各1个，区（县）级仓储处理中心38个、邮运车辆1 534辆、邮路318条，其中市区到各区（县）的干线邮路43条，区（县）到乡（镇）邮路196条，乡村末端投递配送人员3 275人、段道2 823条、机动车2 520辆。农产品电商的发展极大地吸引了返乡农民工、高校毕业生和具有投资意向群体投身农产品电商产业。2015年，全市拥有农产品电商创客5 000余人，直接从业人员达4万余人，间接带动就业40万人。2015年市级部门开展培训100批次，累计培训农产品电商专用人才2万余人，区（县）、协会及相关企业自行组织培训800余批次，受众达10万余人。

四是试点示范方面。秀山、彭水、酉阳、石柱、忠县、巫溪、云阳、城口8个县自2015年7月成为我国商务部第二批农村电子商务示范县以来，共发展农产品电商主体达2 000余个，占全市农产品电商总数的25%；实现农产品网络销售近10亿元，占全市农产品电商交易总额近36%。酉阳“桃花源赶场天”实现网上交易额300余万元，基地农民人均收入9 000元。梁平、垫江等7个区（县）建设市级电商进农村示范县；涪陵等4个区（县）建设电商扶贫示范区（县）也取得成效。

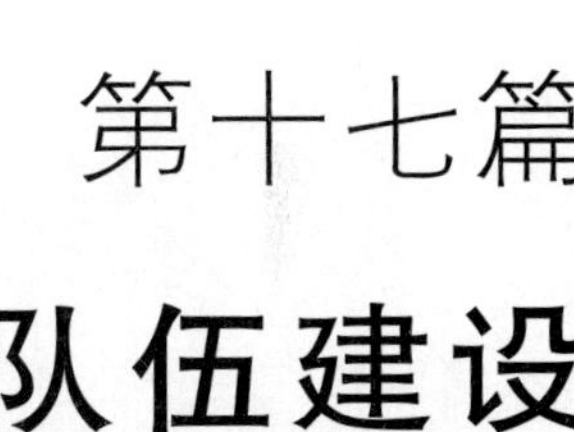

第十七篇

队伍建设

CHONGQINGSHI ZHI·NONGYE NONGCUN GONGZUO ZHI

第一章
领导干部

第一节　选拔任用

一、干部任用

党的十一届三中全会后，党中央进一步加强了各级干部队伍建设，提出干部队伍建设“革命化、年轻化、专业化、知识化”（以下简称“四化”）标准。中央组织部于1983年11月印发《关于呈报中央任命干部要坚持走群众路线的通知》，规定提拔任命干部一般要采用民主推荐、民意测验等形式，充分走群众路线，并由组织部门进行全面考察，党委（党组）集体讨论决定。1986年1月，中共中央印发《关于严格按照党的原则选拔任用干部的通知》，规定领导干部用人，必须坚持德才兼备、任人唯贤的原则，做到公道正派，光明正大。1995年，中共中央印发《党政领导干部选拔任用工作暂行条例》，对干部选拔任用的原则、条件、程序等进一步做了明确规定。重庆市农口各部门在选拔任用干部工作中，严格按照党中央和中央组织部有关规定，严格执行干部选拔任用原则，坚持按照民主推荐、考察、酝酿、讨论决定等程序开展选拔工作。

（一）重庆市直辖之前阶段（1986—1997年）

1. 重庆市人民政府农村工作办公室（重庆市农业委员会）、中共重庆市委农村工作委员会

1988年提拔市委机关中层干部2名，批准农口各局提拔任用中层干部19名，其中越级提拔7名、45岁以下中青年干部15名。1990年，在民主推荐、广泛听取群众意见的基础上，经考察后报市委农工委决定，提拔5名中青年干部担任处级领导。1994年12月，市委常委、市委农工委书记辜文兴主持召开青年干部工作座谈会，总结了前一阶段青年干部选用工作，并对下一阶段工作提出要求。1991—1996年，提拔任用中层干部21名、批准农口各局提拔任用中层干部118名，一批学历层次较高、专业素质较强的青年干部走上领导岗位。

2. 重庆市农牧渔业局

重庆市农牧渔业局认真贯彻中央组织部提出的“稳定、完善、提高”的方针，按照“四化”要求，于1986年调整局级领导班子成员2人，班子成员平均年龄由54.7岁下降到49.2岁；调整处站领导班子成员10人，平均年龄由47.88岁下降到45.54岁。1988年9月，对直属企事业单位行政领导实行招聘制，通过召开招聘大会，经局考评委员会现场提问打分，各单位群众投票，局长办公会议研究确定聘

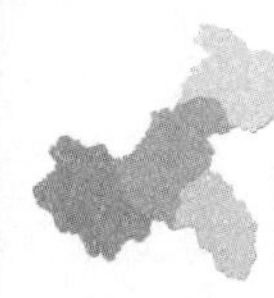

任人选，聘期为2～5年，至1989年共聘任直属企事业单位中层干部39名。1990年1月重新实行选任制，同年任命机关、直属单位和直属企业处级领导干部27人。1991年，对市种畜场、市农科所、市种子站等11个直属单位党政领导班子进行了集中调整，充实党组织班子成员7人，任免行政领导18人，进一步改善了直属单位班子结构。1992—1996年，对处级领导干部选拔坚持开展民意测验或民主推荐，广泛听取群众意见，大单位听取中高级技术人员和生产班组长以上人员意见，小单位听取全体人员意见，5年共选拔处级领导干部41名。

3. 重庆市农机水电局

从1986年起，重庆市农机水电局坚持贯彻干部“四化”方针，认真执行干部选拔任用工作有关规定，坚持干部能上能下，对直属企事业单位推行行政首长负责制，行政班子分别实行3年或4年任期制，对局属单位党委（总支、支部）进行到期换届改选（党委、总支任期3年，支部任期2年），结合实际形成了一套行之有效的干部选拔任用制度。1986—1994年，共选拔县（处）级领导干部84名，其间，干部选拔任用一般分为3个阶段：第一阶段由组织部门拟定干部考察议程、领导动员报告、测评推荐表格、谈话对象范围等，并报局党组审查；第二阶段为考察实施阶段，主要采取领导干部述职、民主测评推荐、找干部职工个别谈话等方式进行；第三阶段为局党组审批阶段，局党组听取考察情况汇报，研究形成决定。1995年起，按照中共中央印发的《党政领导干部选拔任用工作暂行条例》规定的程序，开展干部选拔任用工作，1995—1997年调整干部30名，其中提拔正处级领导干部6名、副处级领导干部15名，轮岗交流处级领导干部9名。

（二）重庆市直辖后至市级农口部门大部制改革之前阶段（1997—2008年）

1997年后，重庆直辖市市级农口各部门坚持加强干部队伍建设，依据中央印发的《关于党政机关推行竞争上岗的意见》《党政领导干部选拔任用工作条例》《公开选拔党政领导干部工作暂行规定》《党政机关竞争上岗工作暂行规定》等一批制度性文件，按照重庆市委部署要求，建立健全科学的选拔任用机制，扩大干部选拔任用的工作民主，全面规范干部选拔任用工作，着力打造年龄、文化、知识结构合理的高素质干部队伍。

1. 重庆市人民政府农村工作办公室、中共重庆市委农村工作委员会

1997年撤销重庆市农业委员会，设立重庆市人民政府农村工作办公室（以下简称“市农办”），与中共重庆市委农村工作委员会实行两块牌子、一套机构合署办公，其内设机构重新设置为办公室、组织处、干部处等9个处室，对20名处级干部进行了重新任命。1998年，市农办对干部进行了集中调整，干部轮岗交流面达到80%，新提拔处长、副处长17人。2000年，制定机关干部调配方案，明确选调干部的原则、对象和条件，集中调整机关处级领导干部19名。2004年，开始在市农办系统推行处级领导干部选拔竞争上岗，主要程序为公布方案、公开报名、竞岗演讲、民主测评、公共科目和专业科目测试、面试，再进行考察、讨论决定、任前公示、正式任职。2004—2007年，市委农工委坚持落实群众对干部选拔任用工作的知情权、参与权、选择权和监督权，切实做到“坚持原则不动摇，执行标准不走样，履行程序不变通，遵守纪律不放松”，通过竞争上岗等方式，选拔了一批群众公认度高、能力素质强的处级领导干部。

2. 重庆市农业局

1997年，重庆市农牧渔业局更名为重庆市农业局。按照中央办公厅《1998—2003年全国党政领导班子建设规划纲要》要求，为提高领导班子成员学历层次，形成不同年龄段干部梯次配备，市农业局从1998年起开始有针对性地选拔本科以上学历、年龄45岁以下干部。2000年，根据市委组织部《关于做好公开选拔领导干部工作的通知》，首次对处级现职岗位实行竞争上岗。通过本人报名、资格审查、大会演讲、群众评议、党组考察和集体研究等程序，公开公正择优选拔正副处长36名。2001年实施领导干部交流轮岗8人，新提拔处级干部3人，重新任命干部1人。2002年5月，市农业局党组制定了《重庆市农业局干部选拔任用试行办法》，规定了领导干部提拔的基本条件和资格条件、局管干部的选拔范围，明确实行竞争上岗选拔干部，主要程序为民主推荐、考察、酝酿、决定、任命等，并对任前公示、试用期制作出具体要求，进一步规范了干部选拔任用工作。2004 年，市农业局严格按照规定的程序、标准和要求，对 7 个处级领导干部岗位进行公开竞争上岗。2005 年 2 月，市农业局党组印发《重庆市农业局机关部分处级职位竞争上岗方案》，对机关 4 个正处级、3 个副处级岗位实行竞争上岗。2006 年，农业局党组进一步明确领导干部改任非领导职务的年龄为女干部 53 周岁、男干部 56 周岁。2006—2007 年，按照干部选拔任用工作规定，共选拔处级领导干部 54 名，在机关内部、机关与直属单位以及直属单位之间开展了干部交流和轮岗工作，共交流干部 45 名。

3. 重庆市农机事业管理局

1997 年，重庆市农机水电局分设为市农机事业管理局（以下简称“市农机局”）和市水利电力局。为贯彻落实全市组织工作会议精神，市农机局于 1997 年 8 月印发《关于认真贯彻落实全市组织工作会议精神的通知》，强调选拔任用干部要解放思想、严格标准、严格程序、严格纪律。当年结合班子换届调整处级领导干部 5 名，其中新提拔 3 名。1999 年 3 月，市农机局党组制定《关于处级干部选用工作实施办法》，进一步明确了干部选用条件、程序、纪律等方面内容。同年，按照公开、平等、竞争、择优的原则，对局机关 16 名正、副处长岗位实行公推自荐和竞争上岗，并全面实行职务任期制度和试用期制度。同年 10 月，根据重庆市农机研究所体制改革的需要，按照公开、平等、竞争、择优的原则，采取组织推荐与个人自荐相结合、面试与考察相结合的方法，面向社会公开招聘副所长 1 名。2001 年，市农机局党组转发市委组织部《重庆市民主推荐党政领导干部实施办法》《重庆市党政领导干部任期考察实施办法》《重庆公开选拔党政领导干部工作实施办法》等制度性文件，进一步规范了民主推荐、考察等工作。2002 年，市农机局全面实行任期制、试用期制、公示制、票决制等制度，对拟任的 6 名处级领导干部进行了任前公示，对提拔的 5 名同志按规定实行了 1 年试用期。同年，面向全市农机系统公开招聘市农机校副校长、市农机研究所副所长。2003 年，在市农机干校、市农机化学校、市农机研究所 3 个直属事业单位开展人事制度改革，对中层领导干部全面实行公开竞争上岗。2004 年、2006 年和 2007 年，按照“召开动员会议、报名与资格审查、笔试、面试、民主测评、确定考察对象、组织考察、党组讨论审定、公示及任职”等程序，在机关和部分直属单位开展了 3 次竞争上岗，共选拔处级领导干部 8 名。

（三）市级农口部门大部制改革后阶段（2008—2015 年）

2008 年 4 月，重庆实施大部制改革，市委、市人民政府批准新设立的重庆市农业委员会（以下简称“市农委”）挂牌成立，与中共重庆市委农村工作委员会合署办公。市农委按照“个人选岗、上台演讲、群众测评、民主推荐、会议统筹研究决定”5 个程序，重新任命了 25 名处长、28 名副处长。另外，商市人事局批准 8 名正处级领导干部，完成了 9 个直属单位领导班子的选退补工作，确保了机构改革的顺利推进。同年，制定了《市委农工委讨论决定干部任免事项守则》，明确了市农委处级领导干部女同志满 52 周岁、男同志满 55 周岁改任非领导职务。2009—2011 年，市农委遵循“三公三意三匹配”原则（“三公”指公开、公平、公正相统一；“三意”指组织意图、群众意见、干部个人意愿相结合；“三匹配”指干部的品行、才能、资历和任职岗位相匹配），建立健全民主推荐、任用比选、机关空缺竞争上岗、组织纪检部门联席、干部任用全程纪实等 5 项制度，其间，选拔任用处级领导干部 46 名，其中新提拔 18 名。2012 年，市农委在干部选拔任用工作中坚持严把推荐、考察、决定关口，认真落实群众知情权、参与权、选择权和监督权，提拔处级领导干部 27 人。2013 年，市农委针对一些直属单位领导班子和委管干部结构问题，及时进行了补充调整，新提任处级领导干部 2 名，对农干校校长岗位进行公开选拔，对 8 个直属单位的 10 名党政主要领导进行了交流调整。2014 年 1 月，中共中央修订《党政领导干部选拔任用工作条例》，市委农工委严格执行新规定，坚持习近平总书记在 2013 年 6 月全国组织

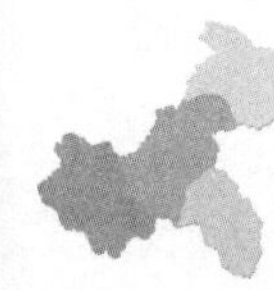

工作会上提出的“二十字”好干部标准，按照酝酿动议、民主推荐、组织考察、讨论决定、任前公示、任职试用期等规定程序开展干部选拔任用工作，2014—2015年共提拔任用委管处级领导干部33名。

二、后备干部培养

1989年1月24日，中央组织部印发《关于加强后备干部培养工作的通知》。重庆市农口各部门结合本部门实际情况，认真做好领导班子需求预测和结构分析，根据领导班子建设的实际需要，制定切实可行的后备干部培养计划，重点培养40～45岁、发展潜力较大的后备干部。

（一）市级农口部门大部制改革前阶段（1986—2008年）

1. 重庆市人民政府农村工作办公室（重庆市农业委员会）、中共重庆市委农村工作委员会

1986年，重庆市委农村工作委员会（以下简称“市委农工委”）印发《关于加强后备干部队伍建设的意见》，严格选拔标准、规范选拔程序、建立定期和不定期考察制度，实行定向和全面培养后备干部。1987年，市委农工委坚持抓领导班子年轻化的建设，对农口各局干部采取定向培养，建立农口各局“三梯队”，并对第三梯队的后备干部，坚持提拔使用一个，补充一个。1989年，根据全国组工会精神，市委农工委切实加强后备干部的选拔、培养工作，按照中组部“坚持、改进、完善”的方针，对农口各局共考察、选拔后备干部27名。1990年，完成农口各局后备干部的建档工作，对后备干部实施有计划的定向培养，加强了后备干部队伍的建设和管理。

1999年12月，根据市委组织部《关于推荐市直部门后备干部建议人选有关问题的通知》精神，市委农工委在市人民政府农办机关全体干部和直属单位主要负责人民主推荐基础上，经与市委驻农工委、农办“三讲”教育巡视组研究，确定夏祖相等4名同志为市委农工委、市人民政府农办副职领导后备干部建议人选。2000年，市委农工委在后备干部队伍建设中，对后备干部实行动态管理，及时调整充实后备干部。强化后备干部的教育培训，坚持“四化”方针，坚持德才兼备、任人唯贤的原则，向市委组织部推荐4名处级干部作为市级有关部门领导班子成员或区（县、市）党政领导班子成员人选。

2. 重庆市农业局（重庆市农牧渔业局）

1987年，重庆市农牧渔业局按照市委组织部《关于做好1987年后备干部调整补充工作的通知》要求，进一步调整充实了后备干部队伍。通过民意测验、组织部门考察，经局党组研究，在原定4名局级后备干部不变基础上，另增补后备干部3名。

1994年，市农牧渔业局党组对原定的后备干部进行了全面分析，在充分肯定成绩，指出不足的基础上，广泛听取了有关群众的意见。经研究，决定刘涛等两位同志为一把手接班人，并调整补充了局级后备干部。

2001年，市农业局党组本着严格推荐条件和资格，确保数量、优化结构的原则，于10月16日召开市管党政领导班子后备干部人选推荐大会，18日局党组召开专题会议，经过充分酝酿研究，推荐正厅局级后备干部人选3名，推荐副厅（局）级后备干部人选5名。2002年，市农业局党组于9月9—17日组织3个考察组，采取民主测评与个别人谈话方式，先后到局机关和重庆市养猪科学研究院等6个直属单位，对优秀年轻干部推荐人选进行考察。经局党组会议讨论决定，共推荐市管党政领导班子后备干部18人（副厅级14人，正处级4人）。2003年，根据市委组织部《关于报送优秀年轻干部建议人选名单的通知》精神，在科研院所等重点单位推荐出的建议人选的基础上，经局党组研究，向市委组织部推荐3名优秀年轻干部建议人选。2004年，市农业局开始建立局管领导班子后备干部人才库，为局管领导班子建设提供基础人才储备。对推荐为后备干部的资格做了明确规定：单位正职后备干部，一般应是同级副职，对特别优秀、发展潜力大的下一级正职，也可列为上一级正职的后备干部；单位副职后备干部，一般应是下一级正职和特别优秀的年轻干部；具有大学本科以上文化程度。到2005年，市农业局共确定正处级后备干部23人，副处级后备干部54人。

2007 年，按照市委组织部《关于认真做好市管党政领导班子后备干部建议人选推荐和报送工作的通知》要求，经民主推荐和考察，按照后备干部结构要求，经局党组研究，上报 3 名干部为市管班子后备干部建议人选。同年 11 月，市农业局党组又向市委组织部推荐 2 名优秀干部和 7 名后备干部建议人选。

3. 重庆市农机事业管理局（重庆市农机水电局）

1991 年，重庆市农机水电局党组遵照中组部和市委组织部的要求，着力抓后备干部和精选干部的挑选和管理工作，建立局级后备干部档案 5 人，其中精选干部 2 人。

1997 年，市农机局党组建立后备干部档案，在选拔上按正职 1∶2、副职 1∶1 的要求选拔年轻后备干部。1999 年，建立了后备干部人才库，对后备干部实行动态管理，不合适的随时调整，对新提拔任用的处级干部，原则上在后备干部中选用。

2001 年，市农机局党组根据市委组织部《关于进一步做好市管党政领导班子后备干部人选推荐工作的通知》要求，按照规定的程序和办法，向市委组织部推荐市管党政领导班子后备干部 6 人。2002 年，按照党的十五届六中全会提出的“五坚持五不准”（坚持任人唯贤，不准任人唯亲；坚持五湖四海，不准搞团团伙伙；坚持公道正派，不准拉关系、徇私情；坚持集体讨论决定，不准个人或少数人说了算；坚持按程序办事，不准临时动议）要求，一是大力选拔“靠得住、有本事”的优秀干部，重视选拔高素质、高层次的优秀年轻干部，建立健全后备干部档案，对后备干部队伍实行动态管理；二是加强后备干部定向培养，重点抓理论培训，实践锻炼、党性修养等关键环节，选派后备干部到艰苦地方，艰苦岗位锻炼。2003 年，按照《干部任免条例》规定，通过民主推荐、组织考察、局领导班子集体研究决定，储备了一批后备干部，平均年龄 36. 6 岁，大学文化程度占 89. 5%，中共党员占 74%。2006 年 8 月，市农机局党组向市委组织部推荐吕永同志为市管领导干部建议人选。

（二）市级农口部门大部制改革后阶段（2008—2015 年）

2008 年，市级农口部门大部制改革，成立重庆市农业委员会（简称“市农委”），与中共重庆市委农村工作委员会（简称“市委农工委”）合署办公。同年，市委农工委按照及时准确、规范有序、系统完善、科学利用的要求，建立了系统完整的委管干部以及后备干部数据库和花名册，实现了领导干部的年龄、学历、政治面貌、任职时间、现任职务“五清楚”，按照早培训、早压担的思路，举办了市农委首期 60 名后备干部培训班。2009 年，制定了委管后备干部队伍建设规划，建立后备干部动态管理机制，并进一步完善了后备干部库。后备干部库共有党政正职人选 22 任、副职人选 44 人、市农业科学院中层干部正职人选 17 人、市畜牧科学院中层正职人选 10 人。实施了“委管干部培训工程”，选择 50 名后备干部进行了为期 1 周的综合素质能力提高培训。

第二节　管　　理

一、干部教育

（一）市级农口部门大部制改革前阶段（1986—2008 年）

1. 重庆市人民政府农村工作办公室（重庆市农业委员会）、中共重庆市委农村工作委员会

1986 年，根据中央关于普及法律常识教育的指示和市普法领导小组的要求，重庆市农业委员会举办了 3 期农口单位领导干部普法学习班，全面学习法学基础理论、宪法、刑法等法律及条例的基础知识。1987 年，市农委牵头与农口各局共同举办了 4 期处级干部读书班，深入学习《建设有中国特色的社会主义》和《坚持四项基本原则、反对资产阶级自由化》两本书，引导干部加深对中国正处于社会

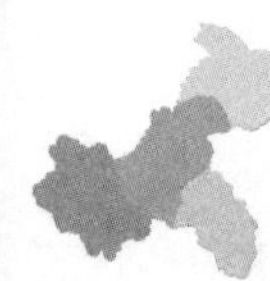

主义初级阶段的认识，加深对党的十一届三中全会以来路线的理解。1989年11月7日至12月9日，先后举办了3期领导干部学习班，培训400人，提高了干部思想理论水平。1991年，市农委共选送到党校学习培训的局级领导干部6人，县处级干部23人（其中农委机关选送处级干部4人），完成市委组织部下达的调训任务。1993年，积极开展建设有中国特色社会主义理论学习和教育，分层次、多形式地组织干部学习《邓小平文选》第三卷，有计划地对处级干部和各单位中层以上干部培训和轮训。1995年7月3—6日，市农委举办全系统党政领导干部《邓小平同志建设有中国特色社会主义理论学习纲要》培训班，市委党校教授为参训学员进行了《坚持科学的社会主义观》《坚持党的基本路线及发展战略》等5个专题辅导。1997年，市农委系统各级党政领导干部，特别是全体现职处级领导干部，严格按照市里的部署，分期分批地参加轮训，认真反复地研读党的“十五大”报告。1997—1998年，市农委以提高思想素质、工作能力和业务水平为目标，多层次、多形式地开展农村工作系统干部培训：一是围绕学习贯彻党的十五大精神，分期分批对全系统各级党政领导干部，特别是全体现职处级领导干部进行轮训；二是选派处以上领导干部参加市委党校进修学习；三是抓机关干部计算机、外语等岗位技能培训；四是分期分批开展对乡镇领导干部的培训。1999年，按照中央办公厅《关于加强农村基层干部队伍建设的意见》的要求，市委组织部、市委农工委印发《关于切实加强农村工作干部培训的意见》，提出了对重庆市农村工作干部培训的总体要求：以邓小平理论为指导，以全面提高干部的思想素质和工作能力为重点，以农村基层组织建设、农村政策法规、市场经济知识、农业先进技术、农村工作方法为主要内容，以党校、培训中心、大专院校等为重要依托，采取集中授课、现场参观、经验交流、问题研讨等多种形式开展培训，力争每3年对全市所有农村工作干部进行一轮培训，尽快把农村基层干部素质提高到一个新水平。2000—2008年，按照要求，中共重庆市委农村工作委员会坚持每年举办全市乡镇领导干部培训班，年均举办培训班5期，培训内容包括江泽民总书记“三个代表”重要论述，党在农村的方针政策、农业农村经济战略性结构调整、农业产业化经营、农村基层组织建设、乡镇领导干部的领导艺术和工作方法等，参加检训乡镇领导干部的政治素质、政策水平和工作能力都有较大提高。

2. 重庆市农业局（重庆市农牧渔业局）

1986年，重庆市农牧渔业局组织领导干部学习《毛泽东著作选读》，以提高领导干部的马列主义、毛泽东思想水平和政治思想觉悟。1987年组织县（处）级领导干部和非县级独立单位领导干部参加市农委培训。1989年，市农牧渔业局制定了《关于1989年11月至1990年3月全局干部政治理论学习的安排意见》，要求领导干部从深层次上对有关重大思想政治理论问题开展深入的学习讨论，进一步把思想认识统一到中央的精神上。1991—1992年，市农牧渔业局组织领导干部开展了为期1年的中共党史、党建理论学习。1993—1997年，持续加强领导干部学习教育，在系统内重点学习《邓小平文选》1～3卷，并多次组织处级干部参加市委党校“中国特色社会主义理论”等培训。

自1996年党的十四届六中全会到1998年11月党的十五届三中全会期间，市农业局举办骨干培训3期、专题辅导报告12场、邓小平理论学习辅导4场，组织经济理论和法律法规知识讲座6场、“三五”普法培训班7期，安排县（处）级以上干部到市委党校、市行政学院、清华大学干部培训中心等院校轮训45人次，参加市委组织部县（处）级中青年干部培训3人，进一步提升了干部理论水平和业务能力。

2000年，市农业局按照市委有关要求，以“三基本”（《马列主义基本问题》《毛泽东思想基本问题》《邓小平理论基本问题》）、“五当代”（《当代世界经济》《当代世界科技》《当代世界法制》《当代世界军事和我国国防》《当代世界思潮》）作为干部培训的重要学习内容，加强领导干部的理论教育培训，并把领导干部的理论学习纳入领导干部日常管理工作。2001年9月，市农业局举办2期学习江泽民同志“七一”重要讲话培训班，通过邀请市委党校领导和教授做专题报告、组织观看专题纪录片和封闭式的学习讨论方式，对机关干部职工进行培训。同年，选派了1名领导干部参加农业部举办的“WTO与中国农业”高级研讨班。2002年，举办2期领导干部WTO知识专题培训班，把干部的思想和行动统一到应对 WTO 挑战的决策上来，为有效应对加入 WTO 后的挑战打牢思想基础、做好知识储备工作；选送 4 名处长、副处长参加市委党校为期 3 个月的培训学习；1 名处级干部参加行政学院为期 1 个月的培训；1 人参加市委组织部年轻干部一年制青干班学习；1 人参加市委组织部选送新加坡南洋理工大学 1 年制研究生学历学习；推荐参加意大利“农牧班”培训 2 人。2003 年，对 130 多名局管干部进行了为期 1 周的领导科学培训，制定了《重庆市农业局 2003—2007 年干部培训规划》。按照中央提出的“大规模培训干部，大幅度提高干部队伍素质”和市委、市政府 5 年内使全体在职干部轮训一遍的目标要求。2002—2007 年，市农业局累计投入干部培训资金 1 000 余万元，共培训党政干部 1 000 余人次、专业技术人员 2.5 万人次，市外和境外培训 415 人次。2003—2008 年，共选派参加市委组织部举办的各类调训和市人民政府举办的政务培训等 94 人次。

3. 重庆市农机事业管理局（重庆市农机水电局）

1988 年，重庆市农机水电局在党员干部中进行党的基本路线和基本知识的教育，有计划地安排在职的厂长（经理）、党委书记、总工程师、局机关处级干部 13 人参加重庆市举办的各类岗位培训，输送部分干部到正规院校大、中专班读书深造。1989 年，市农机水电局开展 45 岁以下干部的学历培训，并试办成人高等教育大专班。1990 年，结合中心任务，采取一事一训的办法培训干部，提高干部的马克思理论水平和组织领导能力。1991 年 6 月举办了一期企事业民主管理领导干部学习班。1992 年 8 月，市农机水电局成立“八五”干部培训工作领导小组及办公室，制定了“八五”干部培训规划，加强对局系统“八五”干训工作的领导。“八五”时期，选派了 71 名处级以上干部到市委党校、市社会主义学院学习。1996 年，在各级领导班子中开展“向孔繁森同志学习，全心全意为人民服务”的活动。

1997 年，市农机局着力加强领导干部政治理论及业务知识学习培训，推动干部队伍素质适应直辖市新要求。1997—1999 年，选派 4 名处级领导干部参加市委党校为期 3 个月的脱产培训学习，选派 1 名优秀年轻干部参加市委党校为期 4 个月的脱产培训学习。1998 年 6 月，集中举办 2 期全局系统干部学习邓小平理论培训班。同年 7 月，市农机局党组印发《关于进一步加强党的建设工作的意见》，其中就加强干部培训、全面提高干部素质等方面提出了具体措施，为落实市委提出的“九五”干部培训《规划》打下了基础。2000 年 10 月，市农机局党组召集机关副处级以上领导干部学习《中共中央关于制定国民经济和社会发展第十个五年计划的建议》，并进行了认真讨论。2001 年 9 月，市农机局党组印发《2001—2005 年重庆市农机干部教育培训规划》，主要目标为通过实施分级分类培训，完善培训激励和约束机制，全面加强干部教育培训工作。2003 年，安排局级和处级领导干部参加国家行政学院、中纪委纪检干部培训班学习 33 人次，安排 5 名局级领导干部参加市委党校举办的十六大精神学习班。2006 年，选派 2 名厅（局）级非领导职务干部参加市委组织部调训，组织 34 名处级干部进行集中培训。2007 年，选派机关和直属单位领导干部参加党的十七大和重庆市第三次党代会精神培训学习。

（二）市级农口部门大部制改革后阶段（2008—2015 年）

2008 年，重庆市农业委员会组建后，市委农工委按照以人为本，促进干部全面发展的理念，全面启动干部素质提升工程，印发了《市委农工委 2008—2012 年干部培训意见》。2008—2011 年，组织实施了以市农委系统处级领导干部为对象的党政领导干部培训，以渝东南、渝东北地区乡（镇）党政负责人为对象的“统筹城乡区域发展”培训，以大学生“村官”和村党组织书记为对象的新农村建设“领头雁”培训等，共培训干部 4 156 名，其中处级领导干部 160 名。2008—2015 年，积极争取农业部、市委组织部等单位较高层次培训名额，共选派处级以上干部近 100 人次参加了各类调训。2013 年举办了以市级农村工作系统市管干部为主的党的十八大精神培训班，以区（县）农委主任、畜牧局长为主的专题培训，以乡（镇）分管领导为主的城乡统筹与现代农业培训，以村委、村支委和大学生“村官”为主的“领头雁”培训，共计培训 1 400 余人。2014—2015 年，举办“统筹城乡”“领头雁”“委管干部素质提升”、农业农村工作干部、青年干部等培训班 12 期，培训干部 1 351 人，其中委管处级干部

185 名。

二、干部监督

（一）市级农口部门大部制改革前阶段（1986—2008 年）

1. 重庆市人民政府农村工作办公室（重庆市农业委员会）、中共重庆市委农村工作委员会

1986 年后，市农委及农口各局按照中央和市委部署要求，将干部监督工作从以审查干部的历史遗留问题为主，逐步转为以加强对选人用人和干部现实表现监督为主，并依据上级有关会议和文件要求，逐步规范和加强了领导干部及选人用人工作的监督。市农委着眼于全党工作的大局，紧紧围绕建设高素质干部队伍，经常性组织开展党风、党纪教育和干部政策法规学习宣传，通过处理审查干部遗留问题、班子回访、民主生活会、集中考察、开展干部任用政策法规执行情况监督检查、对党员领导干部实行提醒谈话、函询和诫勉等措施，切实加强干部监督工作。1987 年对农口局级领导班子进行回访，1988 年对农委机关中层干部进行集中民主测评，1989 年对农口各局 23 名领导干部以及 45 名直属单位党政正职和机关处级领导干部进行集中考察，通过全面了解掌握干部情况，逐步对不团结的班子和不称职的干部进行了调整。1991 年处理有关审查干部信件 30 余件，接待人员来访 50 余次，集中力量处理解决了一批审干工作遗留问题，市农委在全市审查干部工作总结大会上受到市委表彰。1995 年，印发《重庆市农委机关干部廉洁自律具体规定》，对公务接待标准、不准接受可能对公正执行公务有影响的宴请、不准参加用公款支付的娱乐活动等做了具体规定，同年，开始实行处级以上领导干部收入申报制度。1999 年 5 月，根据中共中央办公厅、国务院办公厅印发的《县级以下党政领导干部任期经济责任制审计暂行规定》，开始实行离任领导干部任期经济责任审计。

2000 年，中央组织部印发《关于加强组织部门干部监督工作若干意见（试行）》，这是中央组织部关于组织部门干部监督工作的第一个系统的规范性文件，据此，市农委制定了《领导干部个人重大事项报告制度》《收入申报制度》《礼品登记制度》，每半年进行一次检查，年底进行评价；制定《农工委、农办关于机关干部生活圈、娱乐圈、社交圈管理规定》，不断探索干部监督管理的新途径和新办法，坚持对领导干部严格要求、严格监督。2001 年，按照《关于进一步做好经济责任审计工作的意见》，进一步强化了审计监督手段。2003—2004 年，连续 2 年对市农委机关和农口各局全面贯彻执行《党政领导干部选拔任用工作条例》情况进行监督检查，进一步规范了选人用人工作。2004 年，根据市委安排部署，对党政领导干部在企业兼职进行了清理。2006 年，根据中央《关于党员领导干部报告个人有关事项的规定》和重庆市委《关于党员领导干部报告个人有关事项的实施办法》的要求，市农委开始稳妥有序地开展领导干部个人有关事项报告抽查核实工作。

2. 重庆市农业局（重庆市农牧渔业局）

1986 年，重庆市农牧渔业局党组对原有 16 项内部管理制度进行了修改完善，并建立 5 项新制度，从物资使用、休假考勤、宴请接待等方面对干部进行深入细致的监管，同时加大执纪力度，对 2 名违纪干部给予了党内严重警告处分。1987 年，市农牧渔业局党组按照部署扎实开展干审工作，给予 1 名干部开除党籍处分，将 1 名“属于政治历史问题”的干部更改为“一般政历问题”，恢复 2 名干部政治荣誉。1989 年 10—11 月，根据中央、四川省委、重庆市委部署，抽调离退休同志和有关人员 11 人组成干部考察组，对局机关和 22 个企事业单位的 97 名处级领导干部进行集中考察，全面掌握领导班子和领导干部表现情况。1991 年 8 月，市农牧渔业局党组组织对干部档案进行全面整理，对干部的年龄、参加工作时间、入党时间、学历、技术职称等进行审查，对前后记载不一致的进行重新认定；11 月，转发中央组织部《要严格执行出国人员审批制度》，加强对出国人员政治表现、经济问题等方面审查，对因私出国（境）党员进行严格教育管理。1995 年 8 月，市农牧渔业局党组下发《机关干部不准接受可能对公正执行公务有影响的宴请和不准参加用公款支付的营业性娱乐活动的规定》，明确了 6 种不准接受宴请的情形和5种不准参加公款支付的娱乐活动，并明确了落实规定的5项保障措施，进一步强化了对干部日常行为的监督；同月，按照上级部署，在处级以上干部中开展了收入申报工作。1996年，按照江泽民总书记对领导干部“严格要求，严格管理，严格监督”和“自重、自省、自警、自励”的指示，加强对领导干部监督管理，对领导干部在经济实体中违规兼职、用公款超标准装修住房等问题进行了清查纠正，其中查处了4起违纪违法案件。

1997—1999年，根据中央办公厅《关于领导干部报告个人重大事项的规定》《县级以下党政领导干部任期经济责任制审计暂行规定》等规定，市农业局党组坚持严格执行领导干部个人重大事项报告制度、收入申报制度，以及党政领导干部谈话、诫勉、回复党组织函询制度，全面实行领导干部任期经济责任审计。2001年，市农业局党组认真贯彻落实《中共重庆市委组织部关于加强组织部门干部监督工作的实施意见（试行）》等文件精神，切实加强对干部选拔任用工作的监督，加强领导干部民主集中制教育，加强对“一把手”的监督和制约，有效地规范了选人用人工作。2002—2005年，市农业局党组制定《重庆市农业局干部选拔任用办法》《重庆市农业局干部监督管理办法》，建立完善了领导干部竞争上岗制度、民主测评、干部考察、任前公示、任职试用等系列制度，切实规范了干部监督工作；对领导干部参加老乡会、校友会、战友会“三会”活动情况进行清理和纠正，开展局系统干部的学历、学位检查清理工作，按规定诫勉谈话4人、免职2人，有效地监督领导干部各项行为。2006年，市农业局党组制定《重庆市农业局干部工作暂行办法》，明确了干部监督“实事求是，关心爱护，立足于教育、着眼于防范，依法监督”4项原则，完善了干部监督的干部谈话制度、干部诫勉制度、任期经济责任审计制度、民主生活会制度和对党政“一把手”的监督制度。2007年，市农业局党组妥善处理15件群众来信来访，对6名直属单位“一把手”实施了离任审计，对3名领导干部进行了诫勉谈话，纠正直属单位要求上级批准设单位助理职务的请求3件，纠正领导干部兼职兼薪问题1件。

3. 重庆市农机事业管理局（重庆市农机水电局）

1986年，重庆市农机水电局党组制定《重庆市农机水电局抓党风责任制》和《关于增强党性、端正党风的规定》，切实加强对干部的监督管理和执纪问责，对1名领导干部给予了开除党籍和行政降职处分，对4名领导干部给予了免职等组织处理。1989年10～11月，按照上级要求，市农机水电局党组抽调部分离退休同志和政工干部共25人，组成5个考察组集中对76名处级领导干部进行全面考察，全面掌握干部在政治动乱中的表现以及其他各方面的情况，为有效监督和正确使用干部提供依据。1990年，市农机水电局党组制定《关于加强机关廉政建设的有关规定》，从议事决策、改进作风、物资使用等方面做了规定，全方位加强干部监督。同年，制定《关于建立健全局管干部谈话制度的实施意见》，局组织部门不定期与各直属单位领导干部交心谈心，了解班子思想作风、工作情况、听取意见、沟通思想，及时掌握班子运行情况和干部状况。1991—1994年，在协调领导班子中存在的问题、领导班子换届考察、中干提拔任免工作中，坚持开展干部谈话达300多人次。1994年1月，农机水电局党组制定《党风廉政建设十不准》，包括不准接受和赠送礼金及有价证券、不准以掌握的权力吃拿卡要、不准公款大吃大喝、不准经商办企业等，进一步加强对干部的监督管理。1995年9月，农机水电局党组下发《关于切实做好新形势下干部监督工作的通知》，规定了选拔任用干部工作监督的3个方面的职责和5个方面的内容，明确局组织处和直属单位政工部门负责干部监督日常工作。1997年，农机水电局党组下发《关于认真学习贯彻对违反“条例”行为的处理规定》，要求直属企事业单位对干部选拔任用工作进行自查，总结经验教训，完善整改措施，规范组织程序，严肃干部纪律。

1997年4—11月，根据市委安排部署，重庆市农机水电局党组、重庆市农机事业管理局党组先后组织对局属国有企业领导班子开展考察、整顿和建设工作，通过民主测评、个别谈话、分析研判等方式对企业班子及其成员进行考察，客观公正地评价并提出整顿和建设的建议。根据考察成果，对2个企业领导班子和4名领导干部进行了调整，解决了企业班子运行存在的主要问题。1997年，重庆市农机事业管理局党组加强对直属企事业单位干部选拔工作的监督，要求直属事业单位中干部任免要报局组织处

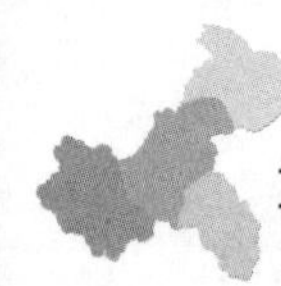

审查，企业行政管理人员任免要报局组织处备案。1999 年，市农机局党组按照“三严”“四自”（各级党组织对领导干部要严格要求、严格管理、严格监督；各级领导同志应该自重、自省、自警、自励）要求，制定了《党风廉政建设目标责任制》《业务目标考核责任制》，建立了《资金项目管理制度》《机关物资管理制度》《局招待所财务管理制度》等规章制度，进一步夯实了干部责任，加强对干部的监督管理。2001 年，农机局党组认真贯彻落实市委组织部印发的《重庆市党政领导干部任期公示制度》《重庆市党政领导干部任职试用期制度》《重庆市党政领导干部民主测评实施办法》《重庆市党政领导干部职务任期制度》《重庆市党政领导干部辞职实施办法》《重庆市党政领导干部选拔任用工作责任制度》等制度，建立健全党政领导干部选拔任用工作监督责任制。加大干部监督检查力度，坚持对民主推荐领导干部、领导干部任前考察制、考察与考试、公示制、任期制、使用制等制度执行情况的检查。2002 年，坚持认真贯彻市委组织部《关于加强组织部门干部监督工作的实施意见》《关于加强对党政“一把手”监督的意见》等，把执纪执法和掌管人财物等关键部门和关键岗位的领导干部，特别是党政“一把手”作为监督的重点，进一步落实实行厂务、政务公开制度。2003 年，根据中共重庆市纪委、中共重庆市委组织部《在市管领导干部中开展述廉工作实施意见的通知》精神，实施局直属单位处级党政领导班子成员、机关各处室正副处级领导干部述廉工作。2004 年，按照科学发展观与正确的政绩观相统一的原则，探索建立干部实绩考核评价办法，把党建工作纳入考核中，对在年度考核中民主测评不称职票超过 1/3、并经上级组织考察认定为不称职的领导干部予以免职，进一步强化了考核工作的监督和导向作用。2005 年，局党组印发《贯彻落实〈建立健全教育、制度、监督并重的惩治和预防腐败体系实施纲要〉任务分工》，明确要加强对领导干部个人重大事项报告、述职述廉等情况的检查，加强对干部推荐提名、考察考核、讨论决定等各个环节的监督。2006 年，局党组印发《关于 2006 年党风廉政建设和反腐败工作意见》，进一步明确要强化权力运行制约和监督，着力抓好领导干部民主生活、重大事项报告、民主评议等制度执行情况的检查。

（二）市级农口部门大部制改革后阶段（2008—2015 年）

2008 年，重庆市农业委员会（简称“市农委”）、中共重庆市委农村工作委员会（简称“市委农工委”）挂牌成立。为确保机构整合后各项工作顺利开展，市委农工委全面加强干部监督管理，坚决防止和查处搞非组织活动行为，坚决防止和纠正违反人事纪律的行为，严格落实领导干部兼职审批、个人事项报告等监督制度，注重强化日常监督提醒，维护了单位团结稳定、实现了工作高效运转。2009 年，市农委严格执行组际联席制度、干部考核制度、干部谈话制度、离任审计制度、任用纪实制度“五项制度”，在干部考察、班子考核、述职述廉、民主评议、任职谈话、民主生活会等工作中，坚持组织部门与纪检监察部门共同参与，共同使用考评结果，从严监督干部。2010 年 3 月，中央办公厅和中组部印发干部选拔任用“四项监督制度”，市委农工委围绕健全事前报告、事后评议、离任检查、违规问责的干部选用监督体系，全面加强干部监督工作；同年年底，在接受市委组织部干部任用政策法规及 4 项监督制度贯彻专项检查中得到好评。同年，市委农工委出台《委管干部因私出国（境）管理办法》，规定委管干部因私出国（境）必须履行填写审批表、单位初步审查、分管委领导审核、组织干部处政审、主要领导批准等程序，并规定委管干部出入境证件须交组织干部处集中保管。2010—2012 年，市委农工委对新任干部集中谈话 2 次、个别谈话 260 余人次、函询 4 人、离任经济责任审计 13 人、处理来信来访 24 件，根据年度考核结果调整直属单位班子成员 1 人。2013 年，制定《市农委系统改进工作作风密切联系群众的实施办法》《市农委直接服务基层、联系群众的意见》，开展 2 次执行干部任用政策法规自查工作，3 次接受市委组织部的检查，推动了各项干部监督举措的落地落实。

2014 年，市委农工委根据中央组织部《关于加强干部选拔任用工作监督的意见》和全国干部监督工作会议精神，深入推进干部监督工作。开展干部档案清理，重新核查了 135 名领导干部“三龄二历一身份”（三龄指年龄、工龄、党龄；二历指简历、学历；一身份指是干部或工勤人员）信息；开展干部兼职清理，清理干部在企业兼职35人、在社团兼职87人；在21个直属单位落实了党政主要领导不直接分管人、财、物工作，对2个直属单位和1名干部进行了告诫谈话，对3名干部进行了经济责任离任审计；对19个直属单位班子进行集中回访，开展干部谈话100余人次。通过这些工作，动态掌握领导班子运行状态、及时了解领导干部思想工作状况，增强了干部监督工作的针对性和有效性。2015年，抽查核实47人的个人有关事项报告，对448名处级（含五六级职员）以上干部开展了因私出国（境）信息登记备案，对6名直属单位法人进行了离任经济责任审计，对考核结果较差、平时反映问题较多的3个直属单位班子主要负责人进行了岗位调整。根据民主测评、班子回防、年度考核、个人事项报告抽查情况，对存在问题的63名干部进行了约谈，对1名干部进行了诫勉谈话。

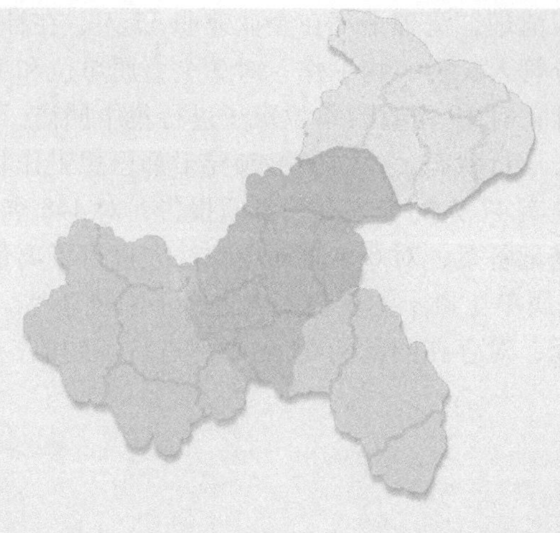

第二章
一般干部

1986 年以来，重庆市级农口各单位认真执行国家干部人事管理制度，严格按照相关政策实施处级以下干部招收录用和管理、非领导职务设置与晋升和直属单位岗位设置及聘用等人事工作。

第一节　录　　用

改革开放后，随着国家干部人事制度改革和法律法规的不断完善，重庆市农业系统在干部选拔录用方面，按照不同时期干部选拔录用的具体要求，经历了 3 个时期。

一、计划调配录用干部时期（1986—1989 年）

1986—1989 年期间，同属重庆市农业系统的重庆市农业委员会、重庆市农牧渔业局、重庆市农机水电局及其所属的企事业单位，在干部招收录用工作中均按照国家劳动人事部、四川省人民政府、四川省人事局、重庆市人民政府、重庆市人事局等单位下发的相关文件所规定的政策办理，并实行各用人单位（或部门）在上年末向同级人事主管部门申报下一年度干部需求计划，严格实行干部计划管理。截至 1989 年，重庆市农业系统机关共有行政干部 304 人，其中重庆市农牧渔业局 137 人、重庆市农业委员会 95 人、重庆市农机水电局（农机部分）72 人。

二、考试选拔录用干部时期（1989—1993 年）

自 1989 年开始，各级国家机关补充工作人员开始实行“国家工作人员录用考试”制度。较大规模的录用一般采取多个部门联合招考的形式进行，较小规模的录用则采取各个部门单独招考的形式。重庆市农业系统各单位多采取单独招考形式进行，考试内容为《行政职业能力测验》和《公共基础知识》，前者占 10% 的分值，后者占 90% 的分值。至 1993 年，重庆市农业系统机关共有行政干部 267 人，其中重庆市农牧渔业局 109 人、重庆市农业委员会 76 人、重庆市农机水电局（农机部分）82 人。

三、公务员考试录用干部时期（1993—2015 年）

（一）公务员制度的建立及录用干部规定

1993 年 10 月，我国《国家公务员暂行条例》施行，建立了中华人民共和国公务员制度。1994 年 6

月，人事部印发《国家公务员录用暂行规定》，对国家公务员录用工作进行规范，要求录用国家公务员必须贯彻公开、平等、竞争、择优的原则，按照德才兼备的标准，采取考试与考核相结合的方式进行。原党政机关工作人员在培训考试后，过渡为公务员。同年12月，重庆市人事局关于印发四川省人事厅《关于转发〈国家公务员录用暂行规定〉通知》的通知明确规定：凡录用担任主任科员及以下非领导职务的国家公务员，都必须贯彻公开、平等、竞争、择优的原则，通过考试考核的方法，择优录用，并对录用管理机构、录用计划、报考资格审查、考试考核、录用等做了具体规定。考试科目为《公共基础知识》和《行政职业能力测验》，两科分值占有相同的权重，同时还进一步丰富了考查的范围，提高了选拔的科学性和准确率。

1997年12月，重庆市人民政府令第9号发布《重庆市国家公务员录用暂行办法》，要求机关录用工作人员必须坚持“凡进必考”的原则，实行报名、笔试、面试、体检、考核和录用试用程序。1998年1月，重庆市人民政府印发《重庆市推行国家公务员制度实施方案的通知》，方案中指出，各机构依据“三定”方案，合理设置职位，将机关职能分解落实到各个职位，明确各职位的职责任务和任职条件，编制职位说明书，以职位设置为依据，按照任职条件，在经过过渡培训且考试合格，列入过渡范围的现有人员中选择配备人员；同时印发了《重庆市实施国家公务员制度范围界定办法》《重庆市国家公务员职位分类实施办法》《重庆市国家公务员非领导职务设置办法》《重庆市国家行政机关现有工作人员向国家公务员过渡实施办法》《国家公务员制度有关配套规章目录》。1997年9月，重庆市人事局印发《重庆市国家公务员录用面试实施细则（试行)》的通知，对面试组织、方法、内容、工作程序、规则和违纪处理等方面作出了规定；同年10月，重庆市人事局印发《重庆市国家公务员录用考试实施细则（试行)》的通知，确定开考比例为参考人数与录取数量之比2∶1，公共科目为《机关公文写作》《政治》《职业能力倾向测试》等，由市人事局统一管理、统一命题、统一制卷、统一考试时间和评分标准。

1999年9月，中共重庆市委组织部、重庆市人事局、重庆市卫生局关于印发《重庆市录用国家公务员体检工作实施细则》，对重庆市各级国家机关录用公务员体检标准、体检的组织与复查做了规定。

2000年12月，重庆市人事局印发《关于国家公务员录用工作有关问题的通知》，对录用具有双学士学位、硕士学位、博士学位的人员资格审查、笔试、体检考核、审批录用等做了规定。2001年6月，重庆市人事局《关于印发〈国家公务员录用面试暂行办法〉和〈国务院工作部门面试考官资格管理暂行细则〉的通知》，对重庆市国家公务员录用面试管理机构，面试内容、方法和程序，面试考官要求，考试记录等做了规定。

2006年1月1日，《中华人民共和国公务员法》（简称《公务员法》）实施。《公务员法》规定国家机关录用担任主任科员以下及其他相当职务层次的非领导职务公务员，实行公开考试、严格考查、平等竞争、择优录取。此后，在《公务员法》的指引下，国家相关部门对公务员各管理环节的政策法规陆续出台并逐步完善，2007年11月，人力资源和社会保障部印发《公务员录用规定（试行)》，对公务员“管理机构、录用计划与招考公告、报名与资格审查、考试、考查与体检、审批与备案、纪律与监督”等做了明确规定。

2011年12月，中共重庆市委组织部、重庆市人力资源和社会保障局印发《关于进一步规范事业单位公开招聘工作的通知》，对公开招聘范围和对象、招聘工作的透明度、科学化水平、考务工作、招聘工作的监管等事宜做了详细说明。

（二）公务员制度的实施及录用干部情况

1. 公务员过渡（推公）

1998年3月，重庆市人事局根据《重庆市推行国家公务员制度实施方案的通知》要求，印发《关于明确市级行政机构首批实施国家公务员制度范围的通知》，公布了重庆市首批实施国家公务员制度的

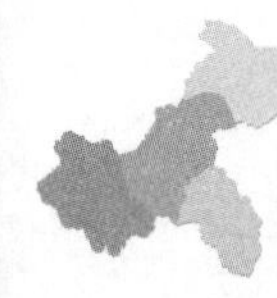

76个市级机构名单，其中重庆市农业局、重庆市农机事业管理局在列。按照通知要求，重庆市农机事业管理局“推公”工作于3月正式启动，11月结束，在明确处室职责和职能分解的基础上，全面完成宣传动员、轮岗交流、竞争上岗、确定职务、职位分类、人员过渡、自我总结等7个方面的工作，顺利完成52名公务员的过渡。同年11月，重庆市人民政府农村工作办公室完成47名公务员的过渡工作，其中正副处级干部26名，调研员10名，副调研员3名。重庆市农业局完成112名公务员过渡工作。2002年4月，重庆市农业局《关于申请参加公务员录用考试的函》，将重庆市渔政渔港监督管理处13名工作人员按照公务员制度实施方案过渡为公务员。

2006年7月，重庆市农机事业管理局成立实施《公务员法》工作领导小组，局党组成员、副局长王建秀为组长；局党组成员、纪检组长江玉蓉为副组长。同年，重庆市农业局制定了《重庆市农业局实施公务员法方案》，明确了对在编在职的工作人员按要求实施公务员登记、确定职务与级别、进行工资套改。

2. 干部（公务员、事业单位工作人员）录用

自实施《重庆市国家公务员录用暂行办法》后，重庆市农业系统的重庆市人民政府农村工作办公室、重庆市农业局、重庆市农机事业管理局在干部招收录用工作中，均按照相关规定开展干部公开招录工作。1997年，重庆市农机事业管理局录用主任科员以下的公务员5名。2001年2月，重庆市农业局公招3名公务员，严格按照《中共重庆市委组织部、重庆市人事局关于印发市级机关公开招录工作人员方案的通知》精神，组织开展了报名、笔试和面试工作，根据应试人员笔试和面试成绩各占50%计算后，以招录名额1∶1进入体检。同年8月，重庆市农业局根据重庆市人事局《关于市级机关在有关人员中考试录用国家公务员的通知》，经考试、体检、政审考核，录用公务员3名。2003年7月，重庆市农业局《关于申请从公务员候录库中招录2名应届大学毕业生到机关工作的函》，从公务员候录库中招录了2名应届大学毕业生到局机关工作。2006年12月，重庆市农业局按照规定程序，面向社会公开招录国家公务员2名。2007年，重庆市农业科学院、重庆市畜牧科学院、重庆市农业学校、重庆市第二农业学校、重庆市种子管理站、重庆市水产技术推广站、重庆市农业技术推广总站等单位公开招聘工作人员25名，考核招聘工作人员2名。

2008年4月，重庆市机构编制委员会《关于〈中共重庆市委农村工作委员会、重庆市农业局职能配置、内设机构和人员编制规定〉的通知》明确：市农业局内设22个职能处（室）和市农机办，机关行政编制189名（含市农机办编制），由人事劳动处负责机关和直属单位的人事、劳动、机构编制、调配等管理工作。

自2008年重庆市农业委员会组建后，委机关及其直属参公事业单位实施公招、遴选等方式录用工作人员，其他直属事业单位实施考试、考核方式招聘录用工作人员。2008—2015年，重庆市农业委员会机关录用公务员28名，其中公开考试录用公务员16名、公开遴选录用公务员12名；直属参公事业单位录用参公人员47名，其中公开考试录用参公人员45名、公开遴选录用参公人员2名；直属其他事业单位招聘工作人员356名，其中公开考试招聘工作人员305名、考核招聘工作人员51名（表17-2-1）。

表17-2-1　2008—2015年重庆市农委系统录用干部统计表

单位：人

年份	机关录用	其中		参公事业单位录用	其中		其他事业单位录用	其中	
		公开招录	遴选		公开招录	遴选		公开招录	考核招录
2008	—	—	—	—	—	—	12	12	—
2009	—	—	—	—	—	—	40	39	1
2010	—	—	—	—	—	—	42	41	1
2011	2	—	2	—	—	—	34	29	5

（续）

年份	机关录用	其中		参公事业单位录用	其中		其他事业单位录用	其中	
		公开招录	遴选		公开招录	遴选		公开招录	考核招录
2012	9	6	3	26	25	1	72	50	22
2013	3	3	—	17	16	1	63	56	7
2014	7	7	—	4	4	—	39	34	5
2015	7	—	7	—	—	—	54	44	10
合计	28	16	12	47	45	2	356	305	51

第二节　管　　理

一、非领导职务设置与晋升

改革开放以来，干部人事制度改革取得重大成就，其中之一就是废除了领导干部终身制，实行退休制和任期制；同时，在各级国家机关设置非领导职务。这一制度的建立，旨在单位领导职数有限的情况下，解决那些没有担任领导职务的公务员的职级待遇。

1987 年 3 月，重庆市委办公厅、市人民政府办公厅转发市委组织部、市人事局《关于在市、区机关干部中确定一般行政职务的意见的通知》，对市、区政府机关中不设科的处（局），设主任科员、副主任科员、科员、办事员；处（局）科下设科员、办事员。设置比例为主任科员、副主任科员与科员、办事员的比例，市级机关平均不超过 1∶2；区级机关平均不超过 1∶3。

1989 年 8 月，中共四川省委组织部、四川省人事厅印发《关于在市、地、州、县级机关部门设置调研员职务的规定》，在规定范围内可设置调研员职务，在企事业单位不设置调研员职务，同时对任职条件、职数、审批程序做了要求。

1990 年 1 月，中共重庆市委办公厅、市人民政府办公厅印发重庆市人事局、市委组织部《关于县以上党政群机关补充非领导职务工作人员实行考试办法的实施意见》的通知。同年 5 月，四川省人事厅、中共四川省委组织部《关于对一般行政职务管理工作有关问题的补充通知》，明确副主任科员晋升为主任科员，应在主任科员职数不高于副主任科员职数的前提下进行。

1992 年 5 月，中共重庆市委组织部、重庆市人事局关于印发《重庆市党政群机关一般行政职务管理暂行办法的通知》，对各级党政群机关一般行政职务序列设置、各级一般行政职务的任职资格、任职条件、职数设置及管理做了规定。

1993 年 4 月，中共重庆市委组织部、重庆市人事局关于转发中央组织部、人事部《关于加强国家行政机关工作人员晋升行政职务管理工作的通知》的通知，指出党政群机关工作人员晋升一般行政职务，应坚持干部德才标准和任职资格条件，晋升上一级职务，必须在下一个职务层次任职 3 年以上。同年 10 月，《国家公务员暂行条例》实施，将公务员职务分为领导职务和非领导职务两类。同年实施的《国家公务员制度实施方案》，对非领导职务的职数设置做了严格的比例限定：省辖市（行署、州、盟、直辖市的区）人民政府机关设置的调研员和助理调研员职数，不得超过处级领导职务职数的 1/3，其中调研员不得超过 30% 。

1998 年 1 月，重庆市人民政府在《重庆市国家公务员非领导职务设置办法》中明确，非领导职务的设置，要在机构改革核定的基础上，按照国家公务员制度的实施方案有计划地进行，非领导职务应根据领导职务的数额按规定比例核定，不得任意突破。对具体职务序列及职数比例限额、任职条件、审批程序、组织实施做了具体规定。同年 3 月，中共重庆市委组织部、重庆市人事局《关于市级党群机关

和行政机关开展非领导职务设置工作有关问题的通知》，要求市级行政机关非领导职务设置方案，须报经批准后，方可组织实施。

同年5月，重庆市农机事业管理局根据中共重庆市委组织部、重庆市人事局《关于市级党群机关和行政机关开展非领导职务设置工作有关问题的通知》精神，向市人事局致函《关于呈报我局非领导职务设置方案的函》，设置方案核定编制78名，可设置非领导职务职数40名，其中巡视员1名，助理巡视员1名，调研员7名，助理调研员8名，主任科员15名，副主任科员6名，科员2名。时有非领导人数33人，其中调研员1名，助理调研员6名，主任科员17名，副主任科员7名，科员2名。拟配备非领导职务职数分别为巡视员1名，助理巡视员1名，调研员6名，助理调研员6名，主任科员14名，副主任科员5名。同年7月，重庆市人事局印发《重庆市录用国家公务员任职定级暂行办法》，对任命、确定新录用国家公务员的职务、级别做了规定。同年11月，重庆市农机事业管理局在推公过程中，根据市委组织部和市纪委对干部任免的批复、市人事局《关于非领导职务任职备案的复函》精神，按职务任免程序，对12人确定了处级非领导职务，对19人确定了科级非领导职务。

为保证市级机关机构改革健康顺利进行，完善国家公务员制度，2000年7月，中共重庆市委组织部、重庆市人事局印发《关于在市级党政机关机构改革中国家公务员和党的机关工作人员非领导职务工作有关问题的通知》，要求各单位严格按照《国家公务员非领导职务设置办法》《重庆市国家公务员非领导职务设置办法》和单位“三定”方案等有关规定，设置非领导职位，并对因机构调整等原因出现非领导职数超限额问题、非领导职数审批和管理权限等问题做了解释。同年10月，重庆市农业局根据以上文件精神，在向市人事局上报的《关于重新核定非领导职务的函》中，对局机关机构改革后重新核定8人为调研员、13人为助理调研员。

2006年1月，《中华人民共和国公务员法》实施，以法律明确了非领导职务的分类。至2015年年底，重庆市农业委员会机关实有非领导职务职数56人，其中调研员28人、副调研员26人，正处级干部2人。

二、年度考核

（一）考核依据

在干部管理工作中，重庆市农委系统各部门，认真贯彻实施国家法律法规，严格遵照执行上级有关部门干部管理规定。1986—2015年，市农委系统在干部年度考核中，所遵循的法律、法规、规章和规范性文件主要有：

1984年6月，中共中央组织部、劳动人事部印发《关于逐步推行机关工作岗位责任制度的通知》，要求实行机关工作人员岗位责任制，严明考核和奖惩。

1990年12月，中共四川省委组织部、四川省人事厅《关于印发〈四川省党政群机关工作人员年度考核试行意见〉的通知》（以下简称《意见》）指出：为了解工作人员年度工作情况，为任免、奖惩、调配、工资、福利、培训等各项管理制度的贯彻实施提供重要依据，将每年进行干部年度考核工作，《意见》同时确定了考核分“优秀、称职、基本称职、不称职”4个等次。

1992年6月，中共重庆市委组织部、重庆市人事局《关于印发〈重庆市党政群机关工作人员年度考核试行意见〉的通知》要求，对全市乡（镇）以上各级党政群机关及直属事业单位人员从德、能、勤、绩4个方面每年进行考核，考核分为优秀、称职、不称职3个等次，优秀一般不超过总人数的10%，最多不超过的15%。市农委系统各单位从1994年开始实行了公务员年度考核。

1995年6月，重庆市人民政府办公厅《印发〈重庆市国家公务员考核暂行办法〉的通知》，对考核内容和标准、考核的组织和实施、考核机构、考核结果的使用做了相关规定。同年12月，人事部《印发〈事业单位工作人员考核暂行规定〉的通知》，对事业单位工作人员按照德、能、勤、绩4个方面进行考核。1998 年 6 月，重庆市人民政府印发《重庆市国家公务员考核办法》，要求按德、能、勤、绩 4 个方面，对国家行政机关工作人员进行考核，考核结果将用于衡量是否晋职、晋级和晋升工资。

2000 年，重庆市人社局印发《关于在国家公务员考核工作中进一步推行量化测评的通知》，重庆市开始试行记名式量化测评和按不同权数进行统计汇总的评价办法，对公务员实施年度考核。同年，重庆市人民政府颁发《重庆市国家公务员奖励暂行办法》，对全市各级国家行政机关公务员奖励适用本办法。

2001 年 11 月，重庆市人事局印发《关于事业单位工作人员年度考核工作若干具体问题处理意见的通知》，重庆市农业局将此通知转发各直属单位，并要求各单位在考核中，确定优秀等次的比例一般掌握在本单位参加考核人数的 10%，最多不超过 12%。

2007 年，重庆市委组织部、市人事局根据《中华人民共和国公务员法》和中组部、人事部《公务员考核规定（试行）》，制定了《重庆市公务员考核实施办法（试行）》，进一步完善和规范了重庆市国家公务员年度考核工作。

（二）考核结果

重庆市农委系统按照各有关部门制定的考核规定，认真实施了年度考核工作，还根据中共重庆市委组织部、重庆市人事局《关于印发〈重庆市公务员考核实施办法（试行）〉的通知》和中共重庆市委组织部、重庆市人力资源和社会保障局、重庆市公务员局《关于印发〈重庆市公务员奖励实施办法（试行）〉的通知》等有关规定，市农委自 2009 年起，对委机关及直属参照公务员法管理单位中连续 3 年被评为优秀公务员的同志，记个人三等功并给予奖励（表 17－2－2 至表 17－2－4）。

表 17－2－2　1997—2007 年重庆市农业局机关年度考核统计

单位：人

年份	考核人数	称职人数	优秀人数
1997	74	63	11
1998	74	61	13
1999	74	62	12
2000	75	64	11
2001	84	70	14
2002	85	70	15
2003	90	75	15
2004	97	80	17
2005	94	78	16
2006	97	77	20
2007	101	77	24

表 17－2－3　2008—2015 年重庆市农委系统年度考核统计

年份	机关处室			直属单位		
	考核处室（个）	先进处室（个）	优秀公务员（人）	考核单位（个）	先进单位（个）	先进工作者（人）
2008	22	7	39	21	—	42
2009	22	8	37	21	8	47
2010	22	8	40	21	8	41

（续）

年份	机关处室			直属单位		
	考核处室（个）	先进处室（个）	优秀公务员（人）	考核单位（个）	先进单位（个）	先进工作者（人）
2011	22	7	32	21	8	43
2012	22	8	29	21	6	43
2013	22	9	29	21	6	44
2014	22	14	29	21	6	2
2015	22	14	29	21	6	2

表 17－2－4　2009—2016 年重庆市农委系统三等功获奖人数统计

单位：人

年度	三等功奖励
2009—2011	9
2010—2012	11
2011—2013	9
2012—2014	12
2013—2015	13
2014—2016	5

第三章
科技人员（专业技术人员）

第一节　职称（专业技术职务）评定

1986 年 1 月，中共中央、国务院《转发〈关于改革职称评定、实行专业技术职务聘任制度的报告〉的通知》指出：自 1978 年开展职称评定工作以来，由于职称制度本身的缺陷以及经验不足，1983 年 9 月中央书记处和国务院决定暂停职称评定工作，进行整顿。现各省应结合报告精神和自身实际，在试点的基础上，经过批准，逐步展开。同年 2 月，国务院《关于印发实行专业技术职务聘任制度的规定的通知》，要求省、自治区、直辖市人民政府应成立职称改革领导小组，对这项工作进行统一领导，明确专业技术职务设置要明确职责、任职条件和任期，并对专业技术职务设置、基本任职条件、结构比例及工资额的确定、专业技术职务评审委员会等做了要求。

一、职称系列设置

1986 年 2 月，劳动人事部《关于做好国家行政机关专业技术职务系列设置准备工作的通知》，要求各级劳动人事部门做好专业技术职务系列设置的准备工作。

1986—1988 年，中央职称改革领导小组先后颁布了 29 个系列《专业技术职务试行条例》，各系列分别组建评审委员会，开展每年一次的评审工作。中央职称改革领导小组、人事部、农业部陆续印发了《农业技术人员技术职务试行条例》《工程技术人员技术职务试行条例》等 7 个文件。其中《农业技术人员技术职务试行条例》，对直接从事农业技术、试验、示范、推广、培训、科技管理等工作的农业技术人员和畜牧兽医技术人员技术职务的评审和聘任做了具体规定，技术职务名称为高级农艺师、农艺师、助理农艺师、农业技术员，高级畜牧师、畜牧师、助理畜牧师、畜牧技术员，高级兽医师、兽医师、助理兽医师、兽医技术员。《工程技术人员技术职务试行条例》，对从事工程研究的专业技术人员技术职务的评审和聘任做了具体规定，技术职务名称为高级工程师、工程师、助理工程师、技术员，农业工程技术人员适用此条例。《农业科学研究人员执行〈自然科学研究人员技术职务试行条例〉的实施细则》对直接从事农业科研的专业技术人员技术职务的评审和聘任做了具体规定，技术职务名称为研究员、副研究员、助理研究员、研究实习员。《水产技术人员执行〈工程技术人员技术职务试行条例〉的实施细则（试行稿）》，对直接从事水产技术、试验、示范、推广、培训、科技管理等专业技术人员技术职务的评审和聘任做了具体规定，技术职务名称为高级工程师、工程师、助理工程师、技术员。

1987 年 6 月，重庆市农牧渔业局印发《关于评审农牧渔业中级技术职务有关问题的通知》，设立农学、植保、土肥、蔬菜、经作、蚕桑、畜牧兽医、水产、农经等9个专业。

二、职称申报评审条件

1987年4月，重庆市农牧渔业局转发四川省职称改革工作领导小组《关于职称改革工作若干政策问题的补充意见》，对有突出贡献专业技术人员晋升、不具备规定学历的专业技术人员晋升、未定级大中专学生评审等问题做了解释。同年11月，重庆市农牧渔业局转发四川省农牧厅职称改革工作领导小组《关于农技、农经专业技术职务评聘工作中有关具体问题的处理意见》，首次对农技、农经专业技术职务评、聘工作中的问题提出处理意见。

1993年3月，重庆市农牧渔业局印发《关于重庆市农牧渔高、中级技术职务评审工作有关事项的通知》，对全市农牧渔高、中级技术职务评审工作的评审原则、评审范围和对象、申报程序、答辩和评审材料要求做了具体规定。同年4月，重庆市农牧渔业局印发《重庆市农牧渔业局机关专业技术人员评定专业技术资格的实施意见》，明确了机关部分专业技术人员评定专业技术资格的指导思想和原则、评定范围、对象和条件，专业技术系列等事宜。

1993年11月，农业部、人事部印发《关于从事农业技术推广工作的教学科技人员评聘专业技术职务有关问题的通知》，明确了农业技术推广研究员的评聘范围、申报条件、评审标准、评审程序、聘任规定。

1994年1月，重庆市农牧渔业局转发市职改办《关于1994年重庆市专业技术职务资格外语考试（第一次）的通知》，按重庆市职称改革办公室对外语的要求，组织应考人员报名参加考试。同年，重庆市农牧渔业局转发重庆市职称改革领导小组《关于重申经济、统计、会计（审计）等系列人员不准再通过评审取得专业技术职务任职资格的通知》，自1994年起，经济、统计、会计（审计）系列进行资格考试，不再进行评审工作。同年10月，人事部关于印发《关于专业技术资格评定试行办法》的通知，明确实行专业技术资格制度，是深化职称改革的一项重大措施。专业技术资格（即职称）是学术技术水平的标志，一般没有岗位、数量的限制，不与工资待遇挂钩，可作为聘任专业技术职务的依据。专业技术资格评审委员会负责评审科技人员是否符合相应资格条件，评委会由11名以上同行专家组成，并应有一定比例的中青年专家。申请评定专业技术资格的人员必须符合各专业中、高级技术评审条件所规定的申报条件。

1999年3月，重庆市职称改革工作领导小组《印发〈重庆市专业技术职务任职资格评审工作规范〉的通知》，要求评审工作要按照三级审查、分级负责、层层把关、各司其职的原则，坚持程序控制和标准条件控制。申报程序按照本人申请、所在单位推荐、主管部门审核、各级政府人事（职改）部门资格审查进行办理。同年10月，重庆市职称改革工作领导小组印发关于《重庆市农机、水电系统专业技术称号评审暂行规定》的通知，对全市农机水电系统开展专业技术称号评聘工作，实行专业技术称号制度，全市农机、水电系统专业技术称号主要设置工程、经济、会计、统计4个系列。其中工程系列设高级工程师、工程师、助理工程师、技术员称号；经济系列设高级经济师、经济师、助理经济师、经济员称号；会计系列设高级会计师、会计师、助理会计师、会计员称号；统计系列设高级统计师、统计师、助理统计师、统计员称号。评审组织由各级农机、水电主管部门牵头管理，重庆市农机事业管理局和重庆市水利局对评审范围和对象、各级申报条件做具体规定。

2000年2月，重庆市职称改革办公室印发《关于建立全市高、中级专业技术职务评审委员会评审结果备案制度的通知》，从2000年起，重庆市职称改革办公室开始建立高、中级专业技术职务（称号）评审结果备案制度。同年10月，重庆市职称改革办公室《印发〈重庆市工程、农业、科研、高校、中专校、中小学、卫生等七系列破格评审专业技术职务任职资格推荐条件（试行）〉的通知》，对具备破格条件的高、中级专业技术职务任职资格的人员，可破格推荐评审正高级专业技术职务。2001年7月，重庆市职称改革办公室《关于印发专业技术职务任职资格初定、确认和转评有关问题的通知》和《关于印发普通高等学校、中小学、卫生及农业事业单位专业技术职务岗位设置及结构比例试行意见的通知》，分别对专业技术职务任职资格初定、确认及转评条件做了规定，对农业市级科研教学单位和推广应用单位的专业技术职务岗位设置及结构比例作了规定。同年8月，重庆市人事局《关于实行“五个突破”进一步深化职称改革的意见》，提出“五个打破”实施意见：打破所有制界限，允许各类所有制性质单位的专业技术人员评聘专业技术职务；打破地域界限，允许外地在重庆市工作的专业技术人员评聘专业技术职务；打破身份限制，允许在专业技术岗位上工作的各类人员申报评定相应的专业技术职务任职资格；打破资历、学历、职务档次等限制，允许业绩突出者提前确定、晋升专业技术职务；打破岗位限制，逐步实行专业技术职务评聘分开。

2006年5月，重庆市农业局转发重庆市职称改革办公室《关于印发重庆市工程技术正高级职务任职资格申报评审条件（试行）的通知》的通知，对从事工程技术专业工作的专业技术人员申报基本条件、破格申报要求、评价标准等做了规定。

2009年，重庆市职称改革办公室印发《关于深化职称制度改革的若干意见》，创新职称评价机制。调整全市技术人员职称外语、计算机考试及继续教育有关政策，在原相关政策基础上放宽了免试条件。同年9月，重庆市职称改革办公室印发《重庆市农业（畜牧、兽医）技术高级职务任职资格申报评审条件（试行）》，作为评审农业（畜牧、兽医）技术职务任职资格的试行标准。对从事农业技术专业工作的专业技术人员申报基本条件、破格申报要求、评价标准等做了规定。

2012年5月，重庆市职称改革办公室关于印发《重庆市工程技术农机、林业、水产专业人员资格考试办法（试行）》的通知。重庆市农机、林业、水产专业人员资格考试，实行全市统一组织、统一大纲、统一命题、统一标准、统一证书的办法，原则上每年举行一次。农机、林业、水产专业资格考试级别分为助理工程师、工程师、高级工程师。助理工程师、工程师资格实行“以考代评”，实行考试后，全市不再进行工程系列农机、林业、水产专业中、初级资格的评审工作；高级工程师资格实行考试与评审相结合的评价方式。

三、评委组建及调整

1986年10月，重庆市委办公厅、重庆市人民政府办公厅印发《重庆市实行专业技术职务聘任制度的试行意见》的通知，要求市、区（县）和市级各系列主管部门分别成立职称改革领导小组及办公室。其中，市农牧渔业局主管农业技术人员职务。

1987年2月，重庆市成立农牧渔业局职称改革领导小组，由市农牧渔业局副局长郁宏寿，长江农工商总公司党委副书记刘天明，市农委科教处处长熊祯祥，市农牧渔业局副局长辜文育、代祥文，市农牧渔业局政治处副处长杨清和、科教处处长黎四维，长江农工商总公司科教处副处长付国应、组织处副处长张玉珍等9人组成。同年3月，组建重庆市农牧渔业技术干部中级技术职务评审委员会，评委由郁宏寿、邱运河、谭力中、谢大敬等15人组成，郁宏寿任主任委员，谭力中、谢大敬任副主任委员，下设粮作、土肥、果树、蚕桑、植保、蔬菜、水产、农经、畜牧兽医等专业组。同年6月，成立重庆市农牧渔业局初级职务评审委员会，由郁宏寿、辜文育、戴祥文等15人组成，郁宏寿任主任委员，辜文育、戴祥文任副主任委员。下设种植业和养殖业两个专业组。7月首次评审通过13人。同年8月，成立重庆市农委机关初级技术职务评审小组，负责农委机关技术职务的评审和推荐工作，评委由高益信、周崇基等7人组成，高益信任组长，周崇基、熊祯祥任副组长。

1989年12月，重庆市成立市农委企业思想政治工作人员专业职务评定工作领导小组，徐明虎任组长，王淑裕、凌承道为成员。

1991年4月，人事部发布《关于重新组建专业技术职务评审委员会有关事项的通知》，要求各地区、各部门应根据人事部《关于印发〈企事业单位评聘专业技术职务若干问题暂行规定〉的通知》精神，按系列重新组建评审委员会。高教、科研、卫生、工程等系列，应在评委会下按学科、专业设置若

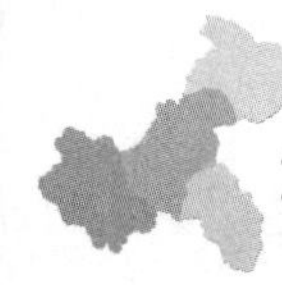

干评审组，并对评委人数、资格、推选办法、任期等做了规定。

1992 年 3 月，重庆市职称改革领导小组《关于同意组建“农业技术中级职务农牧渔业局评审委员会”的批复》，同意由耿继平、赵德秉、高大恒、张应国等 17 人组成评审委员会，耿继平任主任委员，赵德秉任副主任委员，负责农牧渔业局农业技术中级职务评审工作。同月，成立农委机关初级技术职务评审小组，徐明虎任组长，周崇基、凌承道任副组长，主要负责评审初级技术职务，提出担任中、高级技术职务的推荐意见。同年 8 月，重庆市职称改革领导小组根据四川省职称改革领导小组《关于同意组建四川省农业技术高级职务重庆评审委员会的通知》精神，印发《关于同意组建“四川省农业技术高级职务”重庆市评审委员会专业评审组的通知》，组建“四川省农业技术高级职务”重庆市评审委员会专业评审组。共设 3 个专业评审组：农学专业组（由邹学祥、张斗成、刘家齐等 8 人组成，邹学祥任组长）、多种经营专业组（由胡国洪、陈智勇、钟永华等 6 人组成，胡国洪任组长）、畜牧兽医专业组（由李绶章、刘耳、吴小娟等 6 人组成，李绶章任组长）。

1993 年 12 月，重庆市职称改革办公室《关于同意组建“重庆市农业经济专业中级职务市农委临时评审委员会”的批复》，同意组建市农业经济专业中级职务市农委临时评审委员会，由高益信、舒茂瑞、肖的常等 9 人组成，高益信任主任委员，舒茂瑞任副主任委员，该评委会负责农委系统各局农业经济专业中级专业技术职务任职资格的评审工作。同年 11 月，重庆市农牧渔业局印发《关于调整重庆市农牧渔业局职称改革工作领导小组成员的通知》，调整后成员由税蔚晰、景可嘉、辜文育、戴祥文、王淑裕、刘涛等 6 人组成，税蔚晰任组长，王淑裕任副组长。

1994 年 4 月，农业部人事劳动司、人事部职位职称司印发《农业技术推广研究员任职资格评审实施办法的通知》，对农业技术推广研究员评委会组建、评审工作程序、申报材料要求做了具体规定，并明确组建“全国农业技术推广研究员任职资格审定委员会”，下设农学、园艺、土肥、植保、畜牧、兽医、中兽医、水产、农业机械化 9 个专业评委会。审定委员会设在农业部职称改革办公室，自 1994 年开始，评委会原则上每两年召开一次会议。

2000 年 3 月，重庆市职称改革办公室发出《关于印发重庆市专业技术职务评审委员会组建管理办法的通知》，对重庆市专业技术职务评审委员会性质、组成、任职条件、评委会产生、工作规则等做了规定。

2004 年 6 月，重庆市农机事业管理局职称改革领导小组撤销，成立重庆市农机事业管理局职称改革办公室，由局长任大军任主任，副局长王建秀、劳动人事处处长陈新明任副主任。同年 8 月，重庆市农业局《关于调整重庆市农业局职称改革领导小组成员和重庆市农业技术高级职务评审委员会主任委员的通知》明确，根据工作需要，对重庆市农业局职称改革领导小组成员做如下调整：重庆市农业局职称改革领导小组成员王越、王健、吴纯、张洪松、罗荣，王越任组长。

2006 年 6 月，重庆市农业局转发重庆市职称改革办公室《关于建立全市职称评委库和高中级专业技术职务评审委员会换届调整工作有关问题的通知》的通知，按照重庆市职称改革办公室分配的农业、畜牧兽医、水产评委推荐名额，执行换届调整。重庆市职称改革办公室同意市农业局农业技术高级职务评审委员会换届调整方案，按照“超员配置、随机抽评”的原则，每年由重庆市职称改革办公室根据评审工作的需要随机抽取 18 位委员组成评审委员会，负责当年的评审工作。重庆市职称改革办公室同意市农业局畜牧兽医技术高级职务评审委员会换届调整方案和市农业局工程技术水产养殖专业中级职务评审委员会换届调整方案。

2008 年 10 月，根据重庆市机构编制委员会《关于重庆市农业局更名为重庆市农业委员会的通知》，为适应部分农口部门机构整合后相关专业技术职称改革工作需要，成立重庆市农业委员会职称改革领导小组及办公室，夏祖相任领导小组组长、王健任副组长，职称改革办公室设在市农委人事劳动处，柯荣彩任办公室主任。

2009 年 6 月，根据重庆市职称改革办公室《关于全市高级专业技术职务评审委员会换届调整工作有关问题的通知》和重庆市职称改革办公室要求，重庆市农业委员会增补农业高级技术职务评审委员会和调整畜牧兽医高级技术职务评审委员会委员，组建农机和水产专业高级技术职务评审委员会。

2011 年 11 月，重庆市职称改革办公室《关于同意调整重庆市工程技术农林水专业高级职务评审委员会领导成员的批复》明确，调整后的评审委员会由夏祖相、吴纯、罗韧、陈建等 39 人组成，夏祖相任主任委员，吴纯、罗韧、陈建、李云、王建秀任副主任委员，该评审委员会负责全市工程技术农机、林业、水产专业高级职务任职资格评审工作。重庆市职称改革办公室《关于同意调整重庆市畜牧兽医技术高级职务评审委员会成员的批复》明确，调整后评审委员会由王健、刘作华、曾代勤等 24 人组成，王健任主任委员，刘作华、曾代勤任副主任委员，该评审委员会负责全市畜牧兽医技术高、中级职务任职资格的评审工作。重庆市职称改革办公室《关于同意调整重庆市农业技术高级职务评审委员会领导成员的批复》明确，调整后的评审委员会由夏祖相、张洪松、唐洪军、张泽洲等 39 人组成，夏祖相任主任委员，张洪松、唐洪军、张泽洲任副主任委员，该评审委员会负责全市农业技术高、中级职务任职资格的评审工作。

四、职称评定

1987 年 3 月，重庆市农业部门首次职称改革工作启动，全民所有制事业单位于 1988 年 12 月底结束，企业单位于 1989 年 3 月底结束。全市农业部门获得专业技术职务任职资格 8 222 人，其中，获正高级职务任职资格 2 人，获副高级职务任职资格 295 人，获中级职务任职资格 2 145 人，获初级职务任职资格 5 780 人。市级农业系统所属企事业单位，有 3 091 名专业技术人员申报，获得专业技术职务任职资格的有 2 926 人（获副高级职务任职资格的有 171 人，获中级职务任职资格的有 753 人，获初级职务任职资格的有 2 002 人）。重庆市农业系统行政机关参加评审的专业技术人员，有 39 人获得中、高级专业技术职务任职资格，其中副高级职务 25 人，中级职务 14 人。全市农业系统职改工作自 1987 年 3 月全面布置，至 1989 年 4 月，全面结束全市农业系统首次专业技术职务的评聘工作。

2001 年，重庆市农业局组织开展了全市农业专业技术高、中级职称评审，通过评审的高级职称 132 人、中级职称 83 人。

为了认真贯彻落实全国、全市人才工作会议精神，探索建立以品德、能力、业绩和创新为导向，客观公正地评价农业（畜牧、兽医）技术领域专业技术人员的学术技术水平，自 2004 年起，重庆市根据国家颁发的《农业技术人员职务试行条例》有关规定，结合重庆市社会和经济发展的实际需要，对农业系列高、中级职务实行了“考评结合”，对初级职务实行“以考代评”。

2008—2015 年，经个人申请、基层单位推荐、区县和重庆市职称改革办公室审查合格，参加全市农业、畜牧兽医、农机、林业、水产养殖专业高级职务评审人数共 1 649 人，有 1 200 人通过评审（表 17－3－1、表 17－3－2）。

表 17－3－1　2008—2015 年重庆市农业系统专业技术高级职务评审统计

单位：人

年份	参评评审人数	其中				通过评审人数	其中			
		农业	畜牧兽医	农机水产	林业		农业	畜牧兽医	农机水产	林业
2008	191	127	64	—	—	121	78	43	—	—
2009	148	76	42	9	21	115	51	37	8	19
2010	151	72	51	14	14	107	53	35	19	—
2011	153	72	67	12	2	133	56	53	24	—
2012	177	125	52	—	—	114	74	40	—	—
2013	223	127	52	16	28	175	99	41	13	22

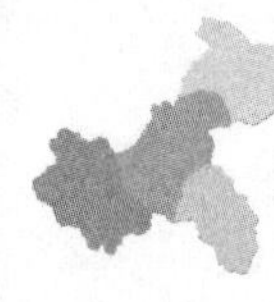

（续）

年份	参评评审人数	其中				通过评审人数	其中			
		农业	畜牧兽医	农机水产	林业		农业	畜牧兽医	农机水产	林业
2014	236	141	77	18	—	168	99	56	13	—
2015	370	217	128	25	—	267	160	89	18	—

表 17－3－2　2008—2015 年重庆市农业系统专业技术人员统计

单位：人

年份	专业技术人员	其中					学历				
		正高	副高	中级	初级	其他未评级	研究生	大学本科	大学专科	中专	其他
2008	17 881	111	1 336	4 857	9 684	1 893	271	3 062	6 272	5 431	2 845
2009	20 966	133	1 523	5 966	10 995	2 349	365	3 909	7 447	6 026	3 219
2010	16 935	130	1 354	5 027	8 813	1 611	449	3 836	6 905	4 119	1 626
2011	13 690	100	1 111	4 316	7 730	433	349	3 107	6 223	2 499	1 512
2012	14 686	153	1 277	4 788	8 117	351	543	3 709	6 284	2 715	1 435
2013	14 432	173	1 330	5 046	7 482	401	630	4 071	6 102	2 273	1 356
2014	13 651	185	1 477	5 302	6 421	266	710	3 808	6 062	1 983	1 088
2015	13 553	208	1 491	5 497	6 031	326	820	3 993	5 981	1 857	902

第二节　聘　　用

1986 年 2 月，国务院印发《关于实行专业技术职务聘任制度的规定》，规定用人单位应建立专业技术职务聘任制度，根据实际需要设置专业技术工作岗位，明确职责和任职条件，在定编定员的基础上，确定高、中、初级专业技术职务的合理结构比例；由行政领导在经过评审委员会评定的、符合相应条件的专业技术人员中聘任，在任期期间领取专业技术职务工资。

一、市级农口部门大部制改革前的聘用（1986—2008 年）

1986 年 10 月，重庆市委办公厅、市人民政府办公厅印发《重庆市实行专业技术职务聘任制度的试行意见》的通知，全市农业系统开始实行专业技术职务聘任制度。

1988 年 4 月，中共四川省委组织部、四川省人事局、四川省经济体制改革委员会、四川省科学技术委员会印发《关于引入竞争机制、改革科研单位人事管理制度的试行意见》，决定在科研单位中引入竞争机制改革、公开招标选聘经营管理者，坚持能上能下，妥善安排落聘和未聘人员的工作。同年 7 月，重庆市人事局转发此文件。1999 年 11 月，重庆市农机事业管理局探索事业单位人员的聘用管理路子，在重庆市农机校进行了按需设岗，按岗聘用、公开竞争试点，全校聘用 37 名员工。通过聘用管理方式缓解了人浮于事、工作拖拉、遇事推诿的矛盾，增强了竞争激励机制。

2000 年 9 月，中共重庆市委组织部、重庆市人事局关于印发《重庆市事业单位专业技术职务聘任管理办法》的通知，对事业单位专业技术职务岗位设置与聘任、工资与福利、聘后管理等做了规定。

根据中共中央组织部、人事部《关于加快推进事业单位人事制度改革的意见》和《重庆市事业单位人事制度改革总体方案》的精神，重庆市农机事业管理局于 2001 年 9 月发布《关于报送重庆市农机事业单位人事制度改革实施方案的函》，明确通过改革，逐步建立符合农机事业单位自身特点的政事职责分开、单位自主用人、人员自主择业、政府依法监督、配套措施完善的科学分类的人事管理体制；逐步建立起符合专业技术岗位、管理岗位和工勤岗位人才成长规律的管理制度；进一步健全竞争机制和激励机制，形成人员能进能出、职务能上能下、待遇能升能降、优秀人才脱颖而出的用人机制。

二、市级农口部门大部制改革后的聘用（2008—2015 年）

（一）岗位设置及调整

2008 年，重庆市农业委员会全面启动了事业单位岗位管理工作，按照科学合理、精简效能的原则进行岗位设置，坚持按需设岗、竞聘上岗、按岗聘用、合同管理。按照《重庆市人事局关于印发重庆市事业单位岗位设置管理实施办法（试行）的通知》和《关于印发重庆市农业事业单位岗位设置管理指导意见的通知》精神，多次召集直属事业单位座谈，征求意见，与市人社局沟通，全面完成了委属 21 个事业单位的岗位设置工作。

2009 年，根据重庆市农业学校、重庆市农业机械化学校 2 所中等职业学校专业技术人员职称水平现状，申请对其专业技术岗位结构比例进行了微调。

2011 年，根据重庆市农业技术推广总站、市农业机械化技术推广总站、市农业广播学校和市农业干部学校 4 个单位机构调整，以及市动物疫病预防控制中心增编 15 名等情况，市农委分别对 5 个单位重新进行了岗位设置。2013 年，重庆市人社局对重庆市农校增编 45 名，重新进行了岗位设置。2015 年，重庆市人社局对重庆市农业委员会所属 15 个事业单位岗位结构比例实施了全部调整，调整后市农委系统事业单位（包括市农校、市农机校）高、中、初级岗位结构比例由 4∶3∶3 调整为 4.5∶4∶1.5，为全市最优。

（二）岗位聘用

2009 年，重庆市农业委员会指导直属各事业单位编制了单位的岗位实施方案（包含岗位任职条件、岗位说明书、岗位竞聘办法），根据本单位的岗位实施方案，在本单位岗位结构比例控制下，除重庆市农业学校外的 19 个事业单位开展了首次岗位竞聘，完成 1 629 人聘用工作。2010 年，市农委完成重庆市农业学校首次岗位聘用工作，还办理批复其他直属事业单位岗位聘用 296 个。2011—2015 年，市农委办理批复直属事业单位岗位聘用分别是：2011 年 246 个、2012 年 458 个、2013 年 328 个、2014 年 465 个、2015 年 92 个。

（三）工人转岗

2012—2015 年，市农委根据每年的工人转岗文件，对符合转岗条件的工人，经个人申报、单位推荐、组织公示、资格审查、统一考试、转岗培训后，报经市人社局批准，转到相应的专业技术岗位或管理岗位，其间，共有 10 名工人转到专业技术岗位或管理岗位。

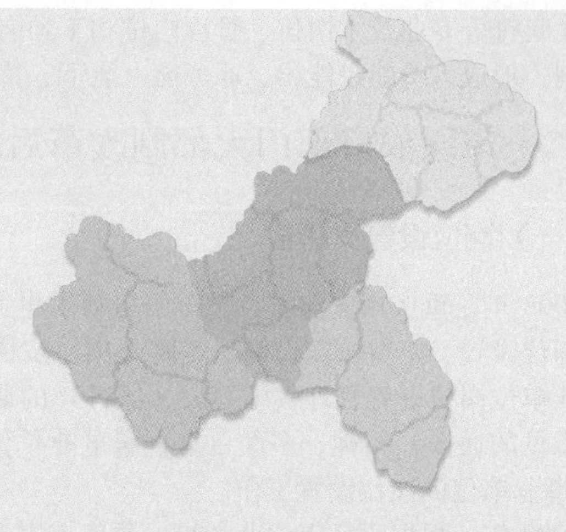

第四章 离退休人员管理

自 1983 年重庆市与永川地区合并设立计划单列市以来，市级农口机关离退休人员队伍不断扩大，结构比例发生很大变化。截至 2015 年，市农委机关有离退休人员 242 人，其中厅级干部 54 人，处级干部 149 人，处级以下干部和工勤人员 39 人。随着离退休人员的增加，结构不断变化，老干部的管理服务工作也随之加强。根据中央和市委关于重视和加强老干部工作的有关文件精神，市级农口几个部门把离退休干部管理服务纳入了重要议事日程，建立了保障离退休干部政治、生活待遇和发挥老干部作用的长效机制，完善了离退休干部档案管理和工作制度，形成了组织管理和离退休干部自我管理相结合的管理体制。

第一节 管　　理

一、行政管理机构

1983 年，重庆市与永川地市合并，成立计划单列市后，市级几个农口部门先后明确了内设机构和工作人员，专门负责本单位的离退休人员管理和服务工作。在重庆计划单列市时期，市级农口几个部门的离退休人员，除潘椿、肖祖修、邓中文、税正宽等几名中央管理的市级领导干部改由重庆市老干部局管理外，分别由市农委（市委农工委）组织处、市农牧渔业局人事劳动处和市农机水电局组织处管理。市农委于 1986 年 12 月成立了老干部管理处；市农机水电局于 1990 年 8 月设立离退休人员工作处，挂在组织处。市农牧渔业局于 1991 年 12 月经市编委批复成立离退休干部处，与人事劳动处一套班子、两块牌子，不增设机构，不增加编制和处长职数。

1997 年后，重庆直辖市人民政府农村工作办公室（市委农工委）于 1998 年 2 月单独设立了离退休人员工作处；市农业局在 1998 年机构改革时，独立设立了离退休人员工作处；1997 年后市农机水电局分设为市水利局和市农机事业管理局，市农机事业管理局设立了离退休干部处，与组织处合署办公，增设一名处长职数。

2008 年 4 月，市级农口部门大部制改革，将市政府农办、市农业局、市农机事业管理局合并成立市农业委员会时，单独设立了离退休人员工作处，明确了 1 名分管领导主抓离退休人员的管理和服务工作。按照《重庆市人民政府办公厅关于印发重庆市农业委员会主要职责内设机构和人员编制规定的通知》要求，配置离退休人员工作处领导职数 2 名，全处常年保持了 5 名以上在职在岗干部，每人对应联系1个离退休支部及其小组，负责离退休人员的日常管理及服务保障工作。他们以敬老、爱老、为老、助老的精神，讲政治、重感情、精业务、转作风，成为离退休老干部们信得过的队伍。

二、党组织建设

加强和改进离退休党支部建设，是离退休工作的重心之一。市级各农口部门历来都非常重视离退休党员管理工作。1983年，重庆市与永川地区合并为计划单列市后，农口各部门机关党委及时明确了离退休党员的党组织隶属关系，使他们组织有归属，活动有人管，进一步增强离退休党员的荣誉感和对党组织的归属感，保证了离退休党员“离职不离党，退休不褪色”。

2008年，重庆市市级农口部门大部制改革之前，市人民政府农办、市农机事业管理局各设立了一个离退休党支部。市农业局因离退休党员较多，针对离退休干部的特点，为方便老干部活动，坚持“统分结合，就近便利，形式灵活，注重实效的原则”，创新退休党支部的组织设置。按照居住区域，分别设立了3个离退休党支部：江北区区长塝支部、市中区（渝中区）人民村支部、市中区（渝中区）局机关支部，离退休党员可以就近参加党组织活动。

2008年，机构整合后，离退休党员多，居住分散，再按过去的支部开展活动显然不行。离退休人员工作处通过调查研究，召开老干部座谈会等方式广泛听取意见，对机关离退休党支部的组织设置进行了认真论证，将原3个单位的5个离退休党支部调整为4个离退休党支部，即对原市人民政府农办、市农机事业管理局分别设立1个离退休党支部，原市农业局设立2个离退休党支部。对原离退休党支部委员进行了换届，选举较年轻的党员为党支部委员，年龄结构进一步优化，较好地解决了因离退休人员多，不便组织开展活动的问题。各支部建立和完善了工作制度，适时召开小组联络员、支部书记、各类各职级人员座谈会，广泛听取意见建议，统一思想认识，不断完善工作措施和活动方案，使开展的工作和活动尽量符合老同志的需求和实际，减少了意见分歧。

三、老年人协会工作

为了充分发挥离退休干部的作用，帮助他们实现自己的晚年人生价值，1987—1988年，四川省重庆市农机水电局、市农委、市农牧渔业局相继成立了老年人协会（以下简称“老协”），同时还分别成立了老龄工作领导小组，由行政一把手担任组长，开展离退休老年人活动，为“四化”贡献余热。

1997年后，重庆直辖市，“老协”工作进一步加强。市农业局在1998年局机关机构改革时对“老协”工作进行改组，根据人员变动大，离退休人员增加和家庭居住区域不同的实际情况，以有利于开展活动为原则，及时调整了“老协”小组，将局机关119名离退休人员编成8个“老协”小组，增补了“老协”小组长和3位“老协”理事，加强对离退休人员工作的组织、协调，做到了离退休人员上下有人问，有人管，形成了健全的服务和管理体系，为做好离退休人员工作起到了保证和促进作用。同时，理顺了市沼气办离退休人员与局机关“老协”的关系，将市沼气办离退休人员编为一个小组，作为团体会员加入局机关“老协”，参加局机关离退休人员的各项活动，享受和承担局机关“老协”会员相同的权利和义务。

2008年，市级农口大部制改革后，根据机构整合后离退休人员的实际情况，再次对“老协”进行了改组，尽量淡化社会服务功能，减少老同志负担，真正做到老有所养、老有所乐。在征得老同志意见的基础上，将所有离退休人员按原工作单位和居住区域划为4个离退休人员小组，每个小组聘请一个有责任心的离退休同志为联络员，这种组织管理模式比较符合实际，受到离退休人员的普遍欢迎和好评。

四、关心下一代协会工作

关心青少年健康成长是全党全社会的共同任务，老同志是一支不可替代的重要力量。重庆市农机水电局于1990年成立了关心下一代协会（以下简称“关协”），重庆市农业委员会、重庆市农牧渔业局也相继成立了“关协”组织，建立起一支思想水平高、身体素质好、经验丰富、工作积极、热情耐心、甘于奉献的关协队伍，全方位地开展未成年人教育工作。

在关心下一代工作中，离退休老干部纷纷加入“关协”组织，继续发挥余热，发挥着自己的政治优势、威望优势、经验优势和时空优势。离退休老党员离职不离心，积极投入到关心下一代工作中，在本系统的青年职工中、职工的中小学子女中广泛开展革命传统教育、爱国主义教育，开展法制宣传、心理健康知识讲座，让青少年焕发出更亮丽的光辉，让下一代更加健康地成长。

在2008年“5·12”汶川大地震中，“关协”的老党员、老干部严格按照党中央和中共重庆市委、市人民政府的要求，组织老同志学习抗震救灾先进英勇事迹，号召老同志发扬中华民族以人为本、仁者爱人的传统美德，向灾区献爱心。在短短的一个月时间内，200多名离退休党员和职工向震区捐款41 070元，缴纳特殊党费37 575元，共计78 645元。离休局级干部张茨尧在捐款10 000元后，又缴纳特殊党费2 000元，他还谢绝新闻媒体对他的报道，充分体现了一名老共产党员的高尚品德。

2009年10月，市农委离退休人员工作处发动200余名老同志向石柱县悦崃镇寺院村小学捐款3.23万元，并派出20余名老同志代表，到该村小学参加捐资助学仪式，该校回赠给老同志们一面“捐资助学，最美夕阳”的锦旗，充分体现了老同志发挥余热，尽力资助贫困学生的高尚情操和强烈的社会责任感。

第二节　关　　怀

党中央要求，各级要满腔热忱做好老干部服务保障工作，认真落实各项有关政策，多办实事好事，让老干部在政治上有荣誉感、组织上有归属感、生活上有幸福感。习近平总书记强调，要用心用情做好老干部工作。习近平总书记的讲话，是对老干部无微不至的关心、关怀，对服务老干部工作给予极大鼓舞。重庆市农口部门党组织历来高度重视离退休人员管理工作，将其列入重要事项，并在服务关怀方面进行了积极的探索。

一、领导关怀

市级农口部门领导要求机关各处室要尊重和关心本处室的离退休人员，主要领导和分管领导多次在处级干部会或职工大会上强调要看到老同志的历史功绩和现实贡献，要尊重老同志，关心老同志，从而使全系统形成了尊老敬老的良好氛围。

（一）召开专题会研究工作

主要领导和分管领导经常了解和研究离退休人员工作，如2004年4月和6月，市农业局党组书记王越两次亲自主持召开局机关全体离退休人员座谈会，在认真广泛听取老同志的意见和建议基础上，又召开了两次老干部工作专题会议，就如何落实解决老同志的意见和建议问题作出决定，并印发了会议纪要。2008年，市农委大部制改革后的4个月内，市委农工委书记夏祖相两次向全体离退休人员通报情况，市农委第一次办公会研究的事项就是有关离退休工作的议题，第一次下发的文件是有关离退休人员方面的文件。

（二）带队看望慰问

除要求机关各处室尊重和关心本处室的离退休人员外，还调整和健全了局级现职领导联系离退休局级干部制度，做到经常关心所联系人员。2004年，市农业局新任局长王越上任后的第五天，就带领分管老干部工作的领导和组织部门、老干部处的负责人，登门到离退休局级干部家中拜访问候；2005年，老干部部门的负责人亲自带队到医院看望老干部5次，有关副职带队到医院看望老干部11次。春节和重阳节期间，局长和在家局领导还专门对离退休老干部进行团拜慰问。2008—2015 年，每年重阳节，市农委主任夏祖相都要亲自到前几任市委农工委书记家中拜望问候。

二、经费保障

重庆改直辖市之初，市农业局办公经费较紧，但对离退休人员工作处工作经费和离退休人员活动费均保持稳定。2004 年，将离退休人员健康疗养费从 2 万元提高到 4 万元。2008 年，市农委机构整合后，针对原 3 个单位离退休人员的工作、活动、经费等情况，定下了在合法合规的基础上“走高限”的原则。在机关经费相当困难的情况下，对离退休处要开展的大型工作和活动都予以大力支持，对此老同志们非常满意和高兴。为使离退休工作和活动正常开展，在每年经费预算中首先明确离退休人员工作经费和老干部活动经费，保障了离退休工作的延续性。

三、政治待遇

1986—2015 年，随着改革开放的不断深入，经济体制深刻变革、社会结构深刻变化，市级农口部门的离退休人员队伍结构、思想状况、利益需求、生活方式等方面也发生了很多变化。市级农口部门党组织非常注重离退休人员的思想政治工作，始终结合时代特征和离退休人员特点，把离退休人员思想政治工作做实、做细，更好引导他们为全市的“三农”事业增添正能量，为重庆市的农业农村经济发展建言献策，始终坚持把离退休人员的思想政治建设放在首位，引导他们始终保持政治坚定、思想常新、理想永存，紧紧围绕党和国家工作大局，向离退休人员及时传达学习有关会议及文件精神，坚持用中央、省委、省政府、市委、市人民政府和本部门的决策部署统一思想，使离退休人员自觉树立大局观念和全局意识，始终同党和政府同心同德，保持高度一致。

（一）学习方式

市农委认真落实中央及市委要求，积极创新基层服务型党组织建设，认真落实全市离退休干部党组织推进会各项要求，指导离退休党支部把组织老同志学习作为重要任务之一，根据老同志不同层次、不同年龄、不同学习基础的实际，有针对性地开展多种形式学习，真正把离退休党支部建设当作服务老同志学习的主阵地、凝聚老同志思想的精神家园。一是支部活动学。以老年支部活动的形式，坚持每月一次政治理论学习和党员过一次组织生活会。二是订阅资料学。从 20 世纪 90 年代开始，给每个离退休同志订阅《老同志生活》《老年文萃》等学习资料，给老年活动室订《重庆日报》《重庆晚报》等报刊；针对年老体弱、行动不便的老同志，不硬性要求参加集体学习活动，通过送学上门，提供学习资料与相对年轻的老同志结对等方式进行学习。三是网络媒体学。随着网络时代的到来，从 2004 年开始，市农业局重新明确了老干部阅文制度，将每月第一周的星期三确定为老干部阅文时间，在局“老协”中心活动室专门安装了 2 台上网电脑，供老同志查阅资料。2014 年起，市农委把传统学习手段与利用网络学习结合起来，机关党委为老同志每家安装了高清电视卡，为老同志更便捷地学习、更深入地交流创造了好的条件。四是通报情况学。凡中央和市里召开的重要会议，都及时向离退休人员通报或传达，局里的重大事项，也及时向老同志们通报或听取他们的意见，使他们了解全局的工作部署，支持局里的工作。每季度向老同志通报一次全市的农业生产形势，并不定期地、及时向他们通报全局、全委的主要工作情况，使广大老同志了解情况，关心和支持局、委的工作，听取他们对“三农”工作的意见建议，不断改进工作。五是外出考察学。30 年来，定期或不定期地组织老干部外出考察学习。2001 年，市农业局组织离休干部和局级退休干部到市农科所、市畜科所、市养猪研究院等单位参观考察，参观鹅公岩大桥等重点市政建设项目。2004 年，市农业局组织离休干部和局级退休干部参观渝合高速公路等重点建设项目，参观考察了重庆市良种苗木繁育中心和北碚区静观花木生产基地以及北部新区的发展变化情况，使离退休同志了解单位以及全市改革发展成就，更加拥护改革开放各项政策；组织党员和离退休老同志先后到贵州遵义会址、邓小平故居、杨闇公故居、刘伯承纪念馆、聂荣臻纪念馆、赵世炎纪念馆参观学习，接受革命传统教育。2011 年，围绕纪念建党 90 周年，市农委组织老同志学党史、忆党史，开展党的知识竞赛，就近外出参观、重走革命路，使老同志始终保持政治坚定、思想常新、豪情满怀。六是集中党课学。市级农口部门历来十分重视离退休老干部党课教育工作，确保老干部思想政治工作紧跟时代步伐。2008 年，组织老同志参加学习科学发展观活动动员大会和党校教授对学习科学发展观的辅导报告，邀请了机关党委书记龚必智给离退休党员上专题党课《回顾改革开放 30 年的伟大历程》，使老同志们加深了对党的改革开放政策的理解，自觉按党的政策办事，做到“政治坚定、理想永存、思想常新”。2010 年 10 月和 12 月，市农委机关党委书记龚必智分别 2 次向全体离退休人员做了有关民生和国际形势的报告。2014 年，为贯彻落实市委组织部《关于加强和改进离退休干部思想政治工作的意见》通知精神，市农委先后两期派出 8 名老同志参加市委老干局组织的为期一周的理论骨干培训。

（二）学习内容

紧紧围绕党在不同历史时期和社会发展阶段的路线方针政策开展学习。20 世纪 80 年代，主要学习党的十二大提出的建设有中国特色的社会主义和党的十三大明确提出的社会主义初级阶段的理论和党在初级阶段的基本路线。90 年代，主要学习党的十四大确立的邓小平建设有中国特色社会主义理论和建立社会主义市场经济体制的理论；学习开展以“讲学习、讲政治、讲正气”为主要内容的“三讲”教育活动；学习党的十五大提出的党在社会主义初级阶段的基本纲领和确立邓小平理论为党的指导思想的精神。2000 年后，主要学习“三个代表”重要思想和全面建设小康社会奋斗目标有关理论；学习西部大开发、加入 WTO 等专题；继续组织座谈狠批“法轮功”邪教组织的滔天罪行，使广大离退休干部增强政治鉴别力和敏锐性，保持了清醒的政治头脑；学习实践科学发展观，坚持以人为本，树立全面、协调、可持续的发展观，促进经济社会和人的全面发展。2003 年，在离退休干部中组织开展了学习讨论胡锦涛同志号召的“共产党员永不退休”的理论，涌现了一批政治信念坚定，保持革命本色和晚节，积极发挥余热的先进典型，在市委组织部和市委老干部局表彰的 120 名重庆市优秀离退休共产党员中，市农办、市农业局各有 1 位同志受到表彰。在 2005 年开展的保持共产党员先进性教育活动中，市农业局党组表彰的 5 个先进集体中有 1 个是离退休党支部，表彰的 25 名先进个人中有 10 名是离退休共产党员。从 2010 年起，在离退休干部中深入开展创先争优活动。按照“支部班子好、党员队伍好、组织设置好、活动开展好、群众反映好”的要求，开展了离退休干部“五好党支部”的创建活动。在离退休干部中开展了争当“学习活动好、教育后代好、家庭关系好、发挥作用好”的“四好老干部”活动。2012 年以来，把深入学习贯彻党的十八大精神，十八届三中、四中、五中、六中全会精神作为离退休各党支部首要政治任务，持续深入开展中国特色社会主义和中国梦的学习宣传，开展社会主义核心价值观学习，切实加强离退休干部思想政治建设和党支部建设“两项建设”，引导广大老同志进一步坚定理想信念，严守党的政治纪律和政治规矩，增强中国特色社会主义“四个自信”（道路自信、理论自信、制度自信、文化自信）。2015 年，在离退休党员中开展了党的群众路线教育、三严三实（“三严”即严以修身、严以用权、严以律己。“三实”即谋事要实、创业要实、做人要实）教育并使之制度化、常态化。通过学习，使离退休老同志在思想上、政治上、行动上始终同以习近平同志为核心的党中央保持高度一致。

四、生活待遇

（一）健康保健

从 1986 年开始，市农业局每年组织全局持蓝色医疗证的老干部进行一次健康体检。为进一步做好离退休干部的社会优待和服务工作，根据市委老干部局通知精神，1987 年，市农业局为离退休干部办理了“优待证”。1992 年，市农机水电局根据市委老干部局通知，恢复了离退休干部健康休养活动，并开始分期分批组织机关县处级以上退休干部进行健康疗养。

市农业局从 2001 年起，每年安排 1.5 万元用作老干部到市外疗养考察。同年，市农业局组织了 71 名老同志参加永川茶山竹海和南岸南山消夏活动，请重庆市医科大学附属医院老年科教授李法琦为老干部讲授心血管老年保健知识，提高老同志自我保健能力。2003 年，市农业局组织全体老干部到江北铁山坪疗养，还组织了 13 位老同志到海南省和云南省丽江市疗养，坚持每年给 70 岁以上老干部发放护理费。

市农委于 2008 年夏天组织 95 名老同志到圣灯山等地健康疗养，组织 145 名老同志到冒水湖参加健康知识讲座，2008 年和 2009 年组织到四面山疗养。从 2009 年起，市农委提高离休干部护理费标准，将抗战时期和解放战争时期参加工作的厅局级、处级干部每人每月 100 元提高到 500 元、400 元、300 元不等，对生活不能自理的每人每月提高到 600 元。

（二）文体活动

随着离退休人员生活水平的逐渐提高，开展好离退休老同志的文体活动，丰富离退休老同志的精神文化生活，已成为老龄事业的重要组成部分。30 年来，市级农口部门认真抓了机关老年活动室建设，安排活动场地，添置设施设备，并落实了值班管理人员，加强管理，按时开放，为离退休人员开展文娱活动，丰富老年精神文化生活创造条件，使他们老有所学、老有所教、老有所乐。每年在春节、重阳节等重大节日，组织开展离退休人员跳棋、扑克、川牌、麻将、钓鱼等适合老年人的专题活动，参加人数占离退休人员总数的 90% 以上。

自 20 世纪 90 年代开始，市农业局经常组织举办离退休音乐爱好者歌咏活动，在春节、国庆节、重阳节、“五一”劳动节等重大节日期间除组织文艺演出外，还举办摄影、书法和绘画展览，陶冶了老同志的情操，使他们感觉到在组织的关心和照顾下，晚年生活丰富多彩和幸福美满。

2001 年，在建党 80 周年之际，市农业局老年合唱团 41 人于 4 月 26 日参加了市委组织部和市老干部局举办的“重庆市老干部庆祝中国共产党成立 80 周年文艺演出”时，所唱歌曲音调准确优美、声音洪亮、服装整齐、富有表情，受到了市领导和观众的一致好评。2003 年，市农业局老年合唱团参加了市老干部局组织的庆祝香港回归和重庆直辖市 5 周年合唱比赛。2004 年，为庆祝国庆节和重阳节，市农业局举办了老干部摄影、书法和绘画展，共 155 件作品参加了展览。2005 年，市农业局十多次组织老同志到江北五宝和南桥寺、南岸长生和预备师一团营区等地进行钓鱼活动。

2008 年，市农委 5 次组织离退休人员参加市老干部活动中心、市老龄委举办的竞技麻将、钓鱼、棋牌和门球比赛，其中钓鱼、棋牌两项均获得第一名。2010 年，市农委离退休老干部各活动小组分别组织老同志进行了棋牌类比赛，绘画、书法、诗歌、心得体会评比交流，全年进行了 6 次钓鱼活动及比赛，每次参加人数 100 余人，通过一系列文体活动，老同志之间互相沟通、增进了友谊，陶冶了情操。

（三）人文关怀

30 年间，市级农口部门非常重视老干部的慰问工作，始终坚持生日慰问、生病住院看望，对有丧事的职工家庭慰问、“九九”重阳节和春节进行团拜慰问，及时把党和政府的关心送给离退休职工，使他们充分感受到党和政府的温暖。为老干部服务的工作人员吃苦耐劳、勇于奉献的精神，千方百计、精益求精做好老同志工作，达到了“让党组织放心、让老同志满意”的效果。

从 2004 年起，认真贯彻市委组织部、市委老干部局关于落实对新中国建立初期参加工作的退休干部在生活上给予适当照顾的政策，使多位老同志每人每月享受 200 元、180 元、160 元不等的生活补贴和 60 元的困难补助；对过 70 岁、80 岁、90 岁等生日的老同志进行拜访慰问。

2008 年，市级农口大部制改革后，市农委离退休人员工作处在委领导带领下，看望生病住院的离退休人员78人次，慰问长期生病生活不能自理人员52人次，走访看望居住在北京、成都、合川、永川、江津和重庆主城的老同志和遗属家庭132人次，办理老同志丧事6起，落实了增加离休干部护理费、遗属抚恤金，为8名生活不能自理的离休干部申请了600元/月护理费。

自2009年起，按照市委办公厅要求，每年对离退休人员走访慰问不少于4次；对离休干部、年满85周岁及以上退休干部、生活不能自理的退休干部、家庭有特殊困难的干部，逐步建立和完善单位、街道社区、养老机构、家庭相结合的离退休干部医疗保健、生活服务体系，为他们提供就近医疗服务、生活服务和精神慰藉服务。对29名离休干部和32名退休局级干部的平时服务工作给予了更多关照，做到了事事都由离退休人员工作处亲自告知和问候；对所有生病住院的离退休人员，离退休处工作人员都亲自到医院看望，是党员的各支部还专门进行慰问；对患有重病、生活不能自理的老同志，离退休处和各小组联系员、支部书记不定期到其家中看望问候；对满70岁、80岁、90岁生日的老同志，给予健康长寿的祝福；对家庭困难、癌症病人、建国初期参加工作的离退休人员，除每年重大节日和传统节日4次慰问外，还配合市委老干局给予慰问，使他们真正感受党和政府的关怀和照顾。2010年，对去世的2名离休干部、2名退休干部，离退休处工作人员及时赶到丧家看望慰问，不仅让家属在第一时间得到安慰，同时也让其他离退休老同志感到满意。

2013年，看望生病住院离退休人员90余人次，对居住在永川、江津、成都等地的离退休人员进行专门走访慰问和看望；配合市委老干部局处理了四川省重庆市政协副主席廖祯华在海南省三亚市去世有关事宜、料理了2名离退休人员的后事。对16名离退休老同志进行了特困帮扶，帮扶资金5.8万元，其中，对1名老同志特困帮扶2万元。2014年，对生病住院、去世人员看望慰问384人次，到安乐堂办理后事8起。

第十八篇

党的建设与文明单位创建

中共重庆市委农工委党建工作职责是：负责市级农村工作系统党的组织建设和基层党委设立的相关工作；参与农村基层党组织建设；负责市农委系统党组织的思想建设、组织建设、作风建设和党风廉政建设。工作对象包括市农委（市农办）、市农牧渔业局（市农业局）、市水利局、市林业局、市农机局、市供销合作总社等。1986—2008 年，全市农村工作系统党组织主要由中共重庆市委农村工作委员会（市农办）党组、中共重庆市农牧渔业局（市农业局）党组、中共重庆市农机水电局（市农机事业管理局）党组组成；2008 年因机构改革新设立重庆市农业委员会，整合至中共重庆市委农村工作委员会，各直属单位（公司）均建立了党的组织。市农委为市人民政府组成部门，市委农工委履行市委规定的职责，与市农委合署办公。市委农工委制定了一系列党建工作制度，开展了党的思想建设、组织建设、党风廉政建设和文明单位创建。

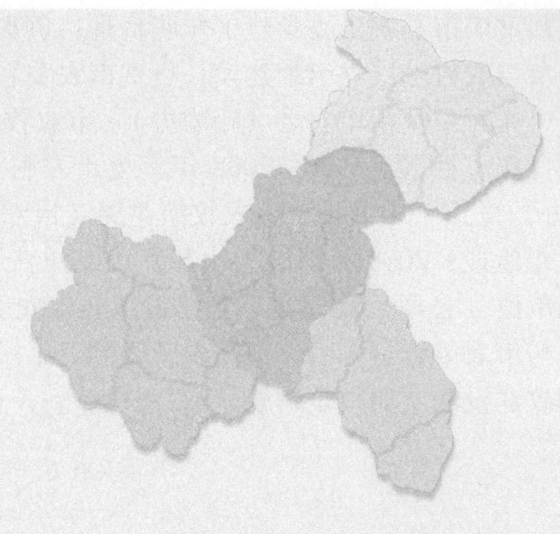

第一章
思想建设

党的思想建设的基本内容和主要任务是用马克思列宁主义、毛泽东思想、邓小平理论、“三个代表”重要思想、科学发展观、习近平新时代中国特色社会主义思想武装全党；对党员、干部进行严格的思想政治教育，保证党的基本理论、基本路线、基本纲领、基本经验的贯彻执行。

第一节　理论学习

一、基本理论学习

20 世纪 80 年代后期至 90 年代中期，市级农村工作系统的思想建设主要体现在深入学习马克思主义基础理论和建设有中国特色社会主义理论、党的基本路线。

1984—1986 年，市委农工委对青年职工和干部进行政治轮训并举办多期培训班，其中用 3 年时间，对 35 岁以下青年职工进行一遍政治轮训，系统学习《中国革命史》《科学社会主义》和《工人阶级常识》3 本书，进行爱国主义、集体主义、社会主义和共产主义教育。这期间完成了对 4 327 名青年职工政治轮训，占应训人数的 70%。1986—1990 年，市级农村工作系统通过培训、集中学习等方式开展党的基本路线学习教育。1987 年 8—9 月，市委农工委举办 4 期市农村工作系统处级干部读书班，每期学习 8 天，308 名处级以上干部参加。通过深入学习《建设有中国特色的社会主义》和《坚持四项基本原则、反对资产阶级自由化》2 本书，党员干部加深了对党的十一届三中全会以来路线及其两个基本点的理解，认识到社会主义初级阶段必须坚持四项基本原则、反对资产阶级自由化，懂得改革是中国发展生产力的唯一出路，坚定了以发展农业生产力这个主题大做文章的决心。1986 年 9 月《毛泽东著作选读》在新华书店公开发行后，市农牧渔业局党组及时在全系统广泛组织宣传学习，着力提高广大党员和群众的马克思列宁主义、毛泽东思想水平和政治思想觉悟。1987 年 12 月起，市农牧渔业局以“国情教育、基本路线教育、自力更生、艰苦创业教育”为重点，组织干部职工深入学习领会党的十三大精神，针对领导干部举办了 3 期学习班，针对一般干部职工采取报告会、讲演会、参观展览等多种形式开展学习。总体上学习效果较好，达到了统一认识、振奋精神、推动工作的目的。

1991—1996 年，市级农村工作系统集中组织学习理论并开展相关活动。1991 年，市农委系统各级党组织通过组织生活、“三会一课”“学习日”等形式，组织党员认真学习江泽民同志在庆祝中国共产党成立 70 周年大会上的重要讲话，认真学习《中共党史和马克思主义党的建设理论》和《毛泽东选集》《邓小平文选》《马列选集》《刘少奇选集》等多部著作中的经典文章。市农委、市农牧渔业局结合建党70周年，组织全局干部职工开展哲学和社会主义“两纲要”教育、党史和形势教育、“三清理”教育、“双基”教育等，广大干部职工的马列主义水平进一步提高，辨明是非能力进一步增强，工作作风进一步转变，职业素养进一步提升。同年，市农牧渔业局党组下发《关于认真学习中共党史、党建理论和“毛选”新版的安排意见》。同年11月，市农委举办了中共党史学习骨干培训班，对市级农村工作系统各局及企事业单位分管宣传教育的领导、宣传理论骨干共89人进行了培训。1993年11月，市农委组织党员干部集中学习《邓小平文选》第三卷重要篇目，举办学习《邓小平文选》第三卷骨干培训班。1994年，市农机水电局组织学习《邓小平文选》第三卷，将其纳入中心组学习重要内容，并组织直属单位书记和党建工作办公室（党办）主任参加学习班，用建设有中国特色社会主义理论武装全体党员干部。同年11月，市农委召开市级农村工作系统党建工作会，各基层党组书记、党办主任、组织（政工）科长等110余人参会。会上，邀请市委组织部领导、党的十四届四中全会讲师团成员就新时期党建工作面临的形势和任务、基层党建、坚持和健全民主集中制等方面做了辅导报告，市委常委、市委农工委书记辜文兴做了总结讲话，全面分析了市级农村工作系统基层党组织现状，并就党建紧紧围绕党的组织建设三大任务推进工作提出具体要求。

1995年7月，市农委举办党政干部理论培训班，围绕搞清楚“什么是社会主义、怎样建设社会主义”等问题，邀请市委党校5位教授做了5场专题辅导。同年，为配合开展抗日战争和世界反法西斯战争胜利50周年庆祝活动，市农牧渔业局举办了“牢记历史、不忘国耻、艰苦奋斗、振兴中华”演讲比赛，增强干部职工民族自尊心和自信心，激发他们积极投身现代化建设的热情。1996年4月，市农委举办党员骨干培训班，对基层党组织优秀党员和党员骨干进行为期3天的培训。同年5月，市农委举办系统基层领导干部思想政治建设培训班，对基层单位党政领导干部进行了为期3天的培训。1996年，为纪念建党75周年，根据市委统一安排，市农机水电局系统开展了上好一次党课、开好一次学习会、过好一次民主生活会的“三个一”活动。

重庆成立直辖市后，市级农村工作系统深入学习政治理论，开展党的基本路线教育。1997年，市农机管理局党组先后组织学习《邓小平伟大光辉的一生》等3篇文献和《邓小平经济理论学习纲要》，教育党员干部加深对邓小平理论的理解，深刻领会邓小平理论是建设有中国特色社会主义理论的重要组成部分，提高参与中国特色社会主义建设的思想觉悟和工作本领。

2000年10月，市委农工委、市农办制定了分3个阶段学习党的十四届五中全会精神学习计划。第一阶段为10月中旬初步学习阶段，市委农工委、市农办学习了十四届五中全会公报、《中华人民共和国国民经济和社会发展第十个五年计划》等，认真做好起草《重庆市十五个农业农村经济发展计划》工作；第二阶段为11月初至12月底深入贯彻学习阶段，结合实际深入学习江泽民总书记、朱镕基总理和贺国强书记、包叙定市长讲话精神，做好总结年度工作和推进农业农村经济发展、农民增收工作及制定2001年全市农业农村经济发展计划和目标任务；第三阶段为全面抓好落实阶段，认真学习市委一届八次会议精神、全市经济工作会议精神，认真分析年度农业农村经济形势，思考下一年度全市农业农村经济发展工作。

市委农工委、市农办推动理论学习不断深化。2001年制定了内容丰富、符合实际的中心组学习计划和江泽民总书记“七一”重要讲话学习计划，组织了10次集中学习和2次分散自学。通过多形式学习、中心发言、专题讨论、撰写论文，班子成员和机关干部牢固树立了政治意识、大局意识、责任意识，提高了理论水平和思想素质，明确了方向，增强了信心。同年1月，市委农工委、市农办举行学习会议，认真学习中央办公厅《关于在农村开展“三个代表”重要思想学习教育活动的意见》和市委《关于在全市农村开展“三个代表”重要思想学习教育活动的实施意见》、市委组织部和市委宣传部《关于转发中组部、中宣部〈关于加强和改进党委（党组）中心组学习的意见〉的通知》，并结合本单位实际，提出了贯彻落实意见。通过学习，市委农工委、市农办党员干部从自身做起，一是讲学习、讲

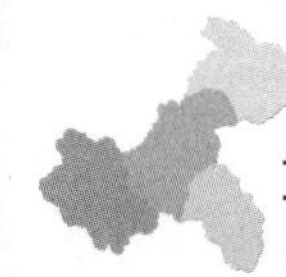

政治、讲正气，努力提高思想道德素质和科学文化素质，自觉抵制消极腐败现象，努力把市委农工委、市农办建设成为一支政治强、业务精、作风硬、纪律严的高素质队伍；二是不断增强学习自觉性，在学习上狠下功夫，力争全面正确掌握邓小平理论的科学体系、精神实质和“三个代表”的重要思想，努力提高政治水平、业务水平和领导水平，把思想和行动统一到党中央的这一重大决策上来。1月17日，市委农工委、市农办召开会议，认真学习江泽民总书记在全国宣传部部长会议上的讲话和重庆市人民代表大会、重庆市政治协商一届五次会议、重庆市纪律检查委员会第七次会议精神，并结合实际提出贯彻意见。市委农工委书记、市农办主任王大用就抓好学习和贯彻会议精神提出5点要求。6月19日，市委农工委、市农办举行中心组学习会议，认真学习江泽民总书记在安徽省、江西省考察工作时的讲话，要求党建工作必须充分发挥机关共产党员的先锋模范作用、必须增强基层党组织的战斗力、必须狠抓党风廉政建设等。7月27日，市委农工委、市农办在前一阶段集中学和自学的基础上，举行了学习江泽民总书记“七一”讲话座谈会，会上有8位同志做了重点发言，大家认真学习和思考，联系实际，从不同的角度畅谈学习江泽民总书记讲话的心得体会，决心为重庆市农村经济持续发展和农村社会全面进步努力奋斗。9月27日上午，市委农工委、市农办组织全体职工认真学习中国共产党第十五届六中全会精神和人民日报社论《以新的作风创造新的辉煌》，市委农工委副书记、市农办主任王大用主持会议并做了中心发言。2001年，市农业局党组组织学习江泽民总书记“七一”重要讲话精神，以中国共产党80年的奋斗业绩和基本经验、“三个代表”重要思想的科学内涵、加强和改进党的建设和党的基本路线及历史任务等作为重点内容，充分利用组织生活会、政治学习日、宣传栏等载体进行学习宣传。同时，对机关106名和后勤服务中心25名职工及21名离退休职工分两批进行了集中轮训。同年，市农机局党组组织深入学习江泽民总书记在建党80周年上的重要讲话，主要分3个阶段进行：7月初为初步学习阶段；8月集中1周时间对局机关党员干部进行了集中轮训；8、9月为深入学习阶段，10月及以后为全面贯彻落实阶段。

2002年，市委农工委系统充分发挥中心组学习的带动作用，结合实际，制定了中心组学习计划，主要内容包括：学习党的十六大精神、中共重庆市委第二次党代会精神、中央农村工作会议、全市农村工作会议精神，学习江泽民总书记在纪念建党80周年讲话，学习马列、毛泽东选集等党的理论，主要形式有学习会、学习观看建党录像、外出考察等。市委农工委、市农办先后组织了13次中心组集中学习和2次分散学习，委办领导和列席学习会的处级干部在深化思想认识、把握科学内涵、理论联系实际和加强理论研究上狠下功夫，使“三个代表”重要思想和党的十六大精神入耳、入脑、入心，高质量的中心组学习，带动了市委农工委、市农办机关和市级农村工作系统政治理论学习的不断深入。3月，市委农工委、市农办举行中心组学习会，认真学习领会江泽民总书记在省部级主要领导干部“国际形势与WTO”专题研究班上的讲话精神和市委传达贯彻省部级主要领导干部“国际形势与WTO”专题研究班会议精神。贯彻落实江泽民总书记讲话、应对加入世界贸易组织（WTO）的行动体现在着力抓好9项工作：一是以经济建设为中心，加速推动农业农村经济发展，努力提高全市农村经济的运行质量和整体水平，不断增强农业农村经济的综合实力；二是大力实施农业产业化10个百万工程，加快全市农业农村经济结构调整步伐；三是大力推进农业产业化经营，进一步发展和扶持龙头企业，使其在国际竞争中当好探索者和排头兵；四是积极推进城镇化进程，提高农村城镇化水平；五是进一步扩大农业对外开放，重点是“引进来”利用外资，“走出去”扩大出口；六是大力推进农业科技进步，努力增加农产品科技含量，加强农民素质培训；七是以质量和安全为核心，不断完善质量安全标准体系建设；八是发展农村合作经济组织，提高农民的组织化程度；九是用足“绿箱”政策，用好“黄箱”政策，逐步建立起政府符合WTO规则和全市农业发展要求的农业支持与保护体系。5月，市委农工委、市农办召开会议认真学习江泽民总书记在重庆市考察时的重要讲话，机关全体职工参加了学习。通过深入学习领会，把握精神实质，切实贯彻落实江泽民总书记的重要讲话，坚持解放思想，实事求是，振奋精神，扎实工作，大力推进以10个农业产业化百万工程为载体的农业农村经济结构调整和农村税费改革，全面提升重庆市农业农村经济运行质量和整体效益，增加农民收入，不断夺取农业农村经济发展和农村改革的新胜利。6月5日，市委农工委、市农办中心组举行了江泽民总书记视察重庆市重要讲话学习座谈会，盛娅农、刘念慈、方玲等7位代表做了重点发言，一致认为必须把学习和工作统一到江泽民总书记重要讲话精神上，扎扎实实做好本职工作。市农办学习贯彻江泽民总书记讲话精神，落实在抓好8项工作上。一是深入推进农村经济结构战略性调整；二是加快推进10个农业产业化百万工程；三是抓紧抓好农村非农经济超亿元百镇工程的调研；四是大力推进农业产业化经营、着力扶持龙头企业；五是加大农业科技创新力度、努力扩大农业对外开放；六是认真贯彻党在农村的基本政策、不断深化农村改革；七是认真搞好新一轮扶贫工作；八是进一步加强对“三农”问题的探索和研究。市委农工委、市农办提出学习《江泽民论有中国特色社会主义》（专题摘编）和学习贯彻党的十六大精神的安排意见，并印发到全市农村工作系统，指导政治理论学习。6月10日，市委农工委举行了市级农村工作系统学习江泽民总书记视察重庆市重要讲话座谈会，市级农村工作系统各部门领导和负责宣传工作处室负责人参加学习座谈。会上，市委农工委副书记、市农办主任王大用、市水利局局长朱宪生、市林业局局长周克勤等13位市级农村工作系统各部门领导做了重点发言。8月16日，市委农工委、市农办组织机关全体干部认真学习8月14日市委书记贺国强在市委农工委、市农办调研座谈时的重要讲话。市委农工委书记、市农办主任王大用主持会议并做了讲话，张国林、夏祖相、王周远等5位代表做了重点发言。市委农工委、市农办贯彻落实贺国强书记讲话精神，重点开展了3个方面工作：一是做好认真学习、调整思路、狠抓落实、勇于创新等4篇文章；二是在当好参谋、加强指导、真抓实干3个方面狠下功夫；三是加强更新思想观念、转变工作作风、加强队伍建设。2002年11月起，市农机局先后组织学习贯彻江泽民总书记在中央党校省部级干部进修班上的重要讲话、在重庆市考察工作时的讲话等。

2003年，市农业局党组把学习贯彻“三个代表”重要思想作为首要政治任务，印发《关于兴起学习贯彻“三个代表”重要思想新高潮的通知》，明确建立领导干部理论学习档案，将学习情况纳入年度精神文明考核内容，与干部提拔任用挂钩，作为干部评比、奖励的重要依据。通过组织党员干部研读《论“三个代表”》《论党的建设》《江泽民论有中国特色社会主义》等系列重要著作，全局广大干部职工对立党为公、执政为民的理解更加深刻，对发展是第一要务的认识更加清晰。

2003—2006年，市农机局组织深入学习贯彻“三个代表”重要思想，把《“三个代表”重要思想学习纲要》作为主要辅助材料，集中时间对机关党员干部进行全覆盖轮训，利用中心组学习、职工政治学习、党组织生活等开展经常性学习，提升了全体党员干部对“三个代表”重要思想科学内涵的认识，增强了他们学习贯彻的自觉性。

2003年至2008年4月，市委农工委、市农办坚持把用“三个代表”重要思想武装党员、教育干部作为思想建设的首要任务，通过领导干部带头示范学、分类指导基层学，召开中心组学习会、经验交流和开展培训等方式，结合实际，学以致用，推动开展各项工作。2003年1月，市委农工委、市农办组织学习胡锦涛总书记、温家宝总理在中央农村工作会上的讲话和中共中央、国务院关于做好农业和农村工作的意见，市委农工委书记、市农办主任王大用主持会议并传达了中央农村工作会议精神。2008年，市委农工委、市农委认真组织本系统干部职工深入扎实地学习党的十六大以来关于科学发展观等创新理论。采取集中组织收看、集中传达文件、专家教授解读、座谈学习体会等形式，确保党的创新理论在第一时间深入人心。全年共完成组织生活会、理论培训班等20余次，切实增强了领导干部的理论功底。

2008年5月至2011年，市农委机构整合后，市委农工委连续举办4届青年人才论坛农村工作系统分论坛，参赛人员700多人次，提出政策性建议和合理化建议近500条，促进年轻干部加强了理论学习，提升了干部职工的精气神。2009年，围绕庆祝中华人民共和国成立60周年，市委农工委坚持抓好中国特色社会主义理论体系的学习宣传，切实做好《社会主义核心价值体系学习读本》和《中国特色社会主义理论体系学习读本》的学习使用，深入开展党的历史和革命传统教育、理想信念教育、爱国主义教育等，引导广大党员、干部成为社会主义核心价值体系的自觉实践者。2010年，市委农工委突

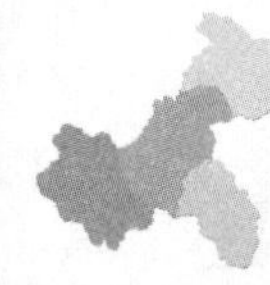

出抓好直属单位党员干部理论学习，出台了《关于加强和改进直属单位党的建设工作的意见（试行）》，从制度上对理论教育进行规范；组织直属单位开展首次党建工作交叉检查，推动理论学习各项措施落到实处；举办市级农村工作系统党务干部培训，提高了参加培训的直属单位党务工作者的理论素养。

2012—2015 年，市委农工委围绕“落实党代会、贯彻十八大”这一主线，把深入学习贯彻习近平总书记系列重要讲话精神作为重大政治任务，加强了“新时期中国特色社会主义理论”学习，班子成员的理论素养和领导能力明显增强，推动了党的建设和各项业务工作的开展。

二、学习贯彻党代会精神

重庆市级农村工作系统把开展党的基本路线教育与落实党员代表大会（党代会）精神紧密结合，推动农村思想建设。

学习贯彻党的第十三次代表大会精神：市委农工委、市农业局党组、市农机水电局党组组织认真学习党的十三大报告，全面宣传党的基本路线。1988 年，市农委持续深入宣传贯彻党的十三大精神，深入对党员干部进行党的基本路线和党的基本知识教育，不断提高党员对坚持四项基本原则和坚持改革开放的认识水平，切实统一全体党员特别是领导干部的思想和行动。

学习贯彻党的第十四次代表大会精神：根据市委安排，市委农工委、市农业局党组、市农机水电局党组深入开展党的基本路线教育，市农委组织党员利用学习日等形式集中学习，利用广播、专栏、图片、录像、知识竞赛、文艺演出等形式广泛宣传，使党的基本路线深入人心。1992—1993 年，市农委组织党员干部学习党的十四大精神，分江北片区、江南片区和市区机关召开了 3 个座谈会集体学习讨论，深刻领会党的十四大会议精神，分期组织领导干部参加市级学习班。1992 年 10 月至 1993 年上半年，市农牧渔业局把学习贯彻党的十四大精神作为首要任务，采取座谈会、汇报会、专题发言、辅导课、演讲会、知识竞赛等形式，组织干部职工结合实际深入学习讨论十四大报告、《党章》等，在全系统实现了认识更加统一、行动更加有力的目标。

学习贯彻党的第十五次代表大会精神：中共重庆市委农工委、市农业局党组、市农机局党组组织学习党的十五大报告。1997 年 9 月，市委农工委下发文件全面部署学习贯彻党的十五大精神。9—11 月先后举办 3 期学习十五大会议精神培训班。

2000 年，市委农工委、市农办坚定不移地按照党中央和中共重庆市委的部署和“站在高处，想在大处，干在实处”的总体要求，紧紧围绕结构调整、农民增收、农村稳定这个主题，思考在前，参谋在前，引导在前，宣传在前，唱响主旋律，打好主动仗。一是起草市委农工委、市委宣传部《关于进一步加强和改进农村思想政治工作的意见》，为扎实有效地抓好宣传思想工作提供了强有力的指导。二是策划并举办了全市农村思想政治工作座谈会。市委副书记刘志忠出席会议并做了重要讲话，市委常委税正宽、邢元敏出席会议，市委宣传部、市委农工委、市农办主要负责人在会上做了专题发言。这次会议对全市农村思想政治工作提出了新的要求，对于开创新时期农村思想政治工作新局面具有重要指导作用。三是撰写《重庆市农村思想状况调查综合报告》。为进一步摸清全市农村思想政治工作现状，提出加强和改进农村思想政治工作的对策，市委农工委、市农办在全市展开了农村思想状况调查活动。在深入 10 多个区（县）农村调查和全市 25 个区（县）农办调研，对翔实的材料进行认真分析、反复研究的基础上，撰写出近 3 万字的《重庆市农村思想状况调查综合报告》上报市委，引起高度重视，市委副书记刘志忠和市委常委税正宽、邢元敏等作出批示，给予高度评价。四是出台《加强和改进乡镇企业思想政治工作的意见》，市委农工委会同市委宣传部、市乡镇企业局起草下发了旨在扭转乡镇企业思想政治工作薄弱状况的《加强和改进乡镇企业思想政治工作的意见》，明确了乡镇企业思想政治工作必须坚持的方针、原则及做好乡镇企业思想政治工作的重要措施，对于开创乡镇企业思想政治工作新局面发挥了重要的指导作用。

市委农工委、市农办坚持以“三个代表”重要思想统揽思想政治工作，坚定不移地唱响主旋律、打好主动仗。2001 年精心指导市级农村工作系统思想政治工作，把认真学习、贯彻江泽民总书记“七一”重要讲话和中共十五届六中全会精神摆在突出位置，及时起草、下发市委农工委和市农办《关于认真组织学习和贯彻江泽民总书记在庆祝中国共产党成立 80 周年大会上的讲话的通知》，对全系统学习贯彻进行了部署，要求把思想认识统一到江泽民总书记“七一”重要讲话精神上，把力量凝聚到农业和农村工作上，把行动落实到推进农业和农村经济发展上。9 月，市委农工委、市农办认真学习、深刻领会、贯彻落实党的十五届六中全会精神，重点做了 3 个方面工作：一是按照市委的部署抓好学习；二是机关党委负责抓好机关的学习，采取中心组、支部集中学与个人自学相结合的形式进行；三是把党的十五届六中全会精神落实到具体工作中。同年 10 月 16 日，市委农工委召开了学习党的十五届六中全会座谈会。市级农村工作系统各部门的党委（党组）书记、宣传处负责人和市委农工委各处室负责人参加了会议，市委常委、市委农工委书记税正宽做了重要讲话，市委农工委副书记、市农办主任王大用做了重点发言，市直机关党工委副书记李明才、市委宣传部助理巡视员肖长富应邀出席了会议。

学习贯彻党的第十六次代表大会精神：2002 年，市委农工委、市农业局党组、市农机局党组把学习贯彻党的十六大精神作为首要政治任务，采取专题辅导、集中学习、撰写心得体会等方式，组织党员深入学习党的十六大报告和新党章，在市级农村工作系统各单位掀起了学习贯彻热潮。市委农工委、市农办学习贯彻党的十六大精神分 3 个阶段进行：11 月 8—18 日为初步学习、收听收看阶段；11 月下旬到春节前为传达贯彻、集中学习阶段；2003 年春节以后为系统学习、深入落实阶段。11 月 8 日，市委农工委和市农办全体干部职工和部分离退休同志集中收看了党的十六大开幕式和江泽民总书记在会上所做的报告，举行了座谈会。座谈会上，部分同志就收看江泽民总书记报告，结合农业农村工作实际和自己的体会进行了发言讨论。市委农工委、市农办把学习贯彻党的十六大精神与贯彻落实中共重庆市委第二次党代会精神相结合，与加快重庆市农村经济发展相结合，与个人的工作和思想实际相结合，整个学习贯彻有计划安排、有制度保证、有经验交流、有检查督促、有效果体现。重点抓了 3 个方面工作：一是认真收听收看党的十六大报告实况，学习十六大报告精神，把思想全面统一到十六大精神上。二是认真抓好农业农村经济工作，全面推进农业产业化百万工程，加快农业结构调整，努力增加农民收入。三是抓好安全工作，以高度的政治觉悟抓好农民负担监督管理，保持机关和农村稳定。12 月 6 日，市委学习党的十六大精神宣讲团在市委农工委、市农办举行报告会，100 多名市委农工委、市农办机关在职职工和离退休同志听取了市委学习党的十六大精神宣传团成员冉健桥所做的报告。2002 年，市农业局党组开展党的十六大精神的学习贯彻，主要采取座谈会、讨论会、专题辅导等形式广泛组织学习，印发黄镇东书记讲话材料和中共重庆市委十六大的传达提纲等资料 70 多份，购买新《党章》1 082 本、《十六大报告辅导读本》《十六大文件汇编》《十六大报告》单行本 3 000 多册。市农机局开展“贯彻十六大，加快农机大发展”等主题讨论，通过专题辅导、知识竞赛、文艺演出等形式，强化全局理论学习氛围。2003 年 2 月印发了《关于进一步学习贯彻党的十六大精神的意见》，坚持把学习贯彻党的十六大精神作为一项首要政治任务，推动农机化事业发展。

2002 年 5 月，市级农村工作系统各局组织党员干部收看了中共重庆市第二次党员代表大会开幕式实况并进行座谈，认真学习贯彻大会精神。6 月 5 日，市委农工委、市农办召开会议，学习座谈市委第二次党代会精神，对学习贯彻大会精神重点抓了 4 项工作。第一，千方百计增加农民收入，努力提高人民的生活水平，为实现第二次党代会提出的“全面推进富民兴渝，加快建设长江上游经济中心”的目标而努力奋斗。第二，坚定不移调整农业农村经济结构，加快全市农村经济发展步伐，为实现第二次党代会的奋斗目标贡献力量。第三，不断推进农村改革开放，执行党在农村的基本政策，维护农村社会稳定，为实现全市第二次党代会提出的奋斗目标不懈努力。强化对农民负担的监督管理，加强农村基层组织建设，维护农村社会的稳定。第四，加强市委农工委、市农办班子建设、机关建设和干部队伍建设，为实现市委第二次党代会确定的奋斗目标群策群力、奉献力量。11 月 20 日，市委二届二次全委会刚结束，市委农工委即召开了农工委（扩大）会议，传达贯彻市委二届二次全委会精神，并对学习贯彻党

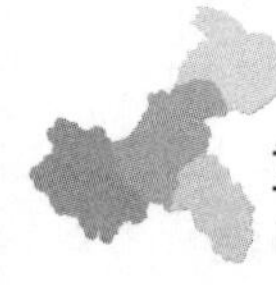

的十六大精神做了全面部署。

学习贯彻党的第十七次全国代表大会精神：2007 年，中共重庆市委农工委、市农业局党组和市农机局党组以学习党的十七大精神为主线，狠抓党的创新理论学习。10 月，党的十七大召开后，市委农工委、市农办紧紧围绕“科学发展观”，狠抓党的创新理论学习。6 月至党的十七大召开期间，根据市委安排部署，市农业局组织开展“贯彻党代会、迎接十七大、再创新佳绩”主题实践活动，组织局属各单位党员同志召开“迎接党代会、共谋新发展、永葆先进性”专题组织生活会。11 月，市农业局党组印发《关于深入学习贯彻党的十七大精神的意见》，启动党的十七大精神的学习培训。至 2008 年 6 月，每个领导班子开展 2 ~ 3 次集中学习，对全体党员干部进行普遍轮训，每个单位开展 1 次理论研讨或学习交流活动。市农机局组织为迎接党的十七大和市第三次市委党代会的召开，从 2 月中旬至 4 月中旬，开展了“迎接党代会、共谋新发展、永葆先进性”主题实践活动；2007 年 6 月至 2008 年 1 月，市农机局组织开展了“贯彻党代会、迎接十七大、再创新佳绩”主题实践活动。2011 年，市委农工委坚持把思想政治建设工作放在首要位置，采取中心组学习、专家教授解读、个人自学等形式，紧紧围绕科学发展观等党的创新理论，组织党员干部深入学习了党的十七届六中全会，胡锦涛总书记在庆祝建党 90 周年大会上的讲话，市委三届八次、九次全委会等中央和市委文件精神。

学习贯彻党的第十八次代表大会精神：2012—2013 年，市委农工委紧紧围绕“落实党代会、贯彻十八大”这一主线，举行班子中心组学习 17 次，聘请专家教授集中解读中央和市委重大精神、重要时事 8 场，购买和印制各类政治学习资料 16 本（套），深入学习了市第四次党代会精神、党的十八大报告、习近平总书记关于作风建设中央和市委文件精神。通过学习，班子成员的理论素养和领导能力、单位干部职工的思想水平和党性修养均有了新提升，以理论武装作为保持党的纯洁性成为全系统的共识。2014 年，市委农工委组织深入学习贯彻习近平总书记系列重要讲话和治国理政新理念、新思想、新战略，着力用讲话精神武装头脑、统一思想、指导实践，坚定自觉地同以习近平同志为核心的党中央保持高度一致。市级农村工作系统 38 名市管干部参加了党的十八届三中全会及习近平总书记系列讲话精神专题轮训，对系统 185 名处级领导干部进行集中培训。班子成员带头上党课 21 人次，推动了 1 300 余名党员干部的经常性政治理论学习。

三、设立思想政治工作机构

重庆市农村工作系统思想政治工作研究会经批准成立。1999 年 4 月 10 日市委农工委研究决定，调整重庆市农村工作系统思想政治工作研究会领导机构及领导成员。由市委农工委副书记杨修战任会长，周克勤、陈卫平、王建秀、张玉珍、叶学文、赵家明、周崇基、靳家宝、曾晓辉任副会长，曾晓辉兼任秘书长。

1998 年 4 月 10 日，市委农工委研究决定，调整重庆市农村工作系统思想政治工作研究会领导机构及领导成员。由市委农工委副书记杨修战任会长，周克勤、陈卫平、王建秀、张玉珍、叶学文、赵家明、周崇基、曾晓辉任副会长。

1999 年，市农业局首届思想政治工作研究会于 1999 年 6 月 25 日在重庆种业宾馆召开，会议选举产生了市农业局首届政研理事会，税蔚晰任会长，陈卫平、申雄、刘云华、吕中华任副会长，黄河任秘书长，并选举产生了常务理事和理事。1999 年，为加强职工思想政治工作，市农机局成立职工思想政治工作研究会。林业局党组书记、局长李以宽任会长，周崇基、刘国平任副会长，张文明任秘书长，成员单位有市农机校、市农机鉴定站、市农机总公司、市农机研究所、市农机厂、市农机干校、市农机监理所。

设立思想政治工作人员专业职称评定工作领导小组。1998 年 7 月，为进一步加强对思想政治工作人员专业职称评定工作的领导，市农业局党组研究成立思想政治工作人员专业职称评定工作领导小组。税蔚晰任组长，陈卫平任副组长，申雄、吴纯、杨树海为成员。

2001 年 5 月，市委农工委、市农办成立创建“党建工作先进单位活动”领导小组，组长由市委农工委副书记、市农办主任王大用担任，副组长由市委农工委副书记杨修战担任，成员有杨俊、邱树荣、武宪刚、方玲、徐定益。市委农工委“党建工作先进单位活动”领导小组根据《中共重庆市委办公厅转发〈市直机关党工委关于在市直机关开展创建“党建工作先进单位”活动的意见〉的通知》，采取有力措施积极推进创建机关党建工作，取得明显成效。

第二节　典型模范教育和学习教育制度

一、典型模范教育

从 1986 年 7 月起，在重庆市级农村工作系统组织开展“四职”教育，深入纠正行业不正之风，使广大职工普遍受到了一次讲求职业道德、遵守职业纪律、努力尽职业责任、提高职业技能的教育。活动中，涌现出一批“四职教育”先进职工。代表有：水利工程综合经营公司门市部“受人称赞的青年营业员”赵子英、长寿湖渔场宣传科“严谨办报、对人民负责”的刘忠信，水电机械厂“劳动技能强、职业道德好”的车间主任、党支部书记姜德宽，市乳品公司“优秀送奶工”吴显才，市沼气办公室“圆满完成出国援建沼气工程任务”的黄积沛，市机械化养鸡场“热爱本职、埋头苦干”的青年知识分子史昭信，市乡镇企业供销公司“工作不计报酬、不分分内分外”的司机黄友明等。

1986—1997 年，重庆市级农村工作系统坚持深入开展“创先争优活动”，每年评选出一批先进党组织、优秀党务工作者、优秀共产党员；1994 年，市农牧渔业局党组作出表彰优秀思想政治工作单位和优秀思想政治工作者的决定，市种猪场、市农业科学研究所被表彰为思想政治工作先进单位，曹婉秋等 11 人被表彰为优秀思想政治工作者。

1997—2008 年，重庆市级农村工作系统结合党内活动开展或单独开展评比表彰，每年评选一批先进党组织、优秀党务工作者、优秀共产党员。2001 年 6 月 25 日，市委农工委、市农办召开市级农村工作系统纪念建党 80 周年暨表彰先进基层党组织、优秀党员、优秀党务工作者大会。市委常委、市委农工委书记税正宽，副市长陈光国出席大会，税正宽发表讲话，市委组织部副部长刘培轩参加会议。会上，表彰了中共重庆市养猪科学研究院委员会等 9 个先进基层党组织和高治贵等 13 名优秀党员和 12 名优秀党务工作者。2003 年 6 月 25 日，市委农工委、市农办庆祝机关建党 82 周年及表彰大会，会上表彰了机关先进党支部、优秀共产党员和优秀党务工作者，向 50 年党龄的老党员颁发了荣誉证书。

2008 年市农委整合以来，除 2012 年、2013 年，市委农工委每年评比表彰了一批先进党组织、优秀党务工作者、优秀共产党员。评比表彰活动推动了基层党组织思想、组织、作风、制度建设，激励了各级党组织充分发挥战斗堡垒作用和广大党员充分发挥先锋模范作用。

为传播正能量，加强党员党性修养，弘扬党的优良作风，按照中共中央和中共重庆市委统一部署，市级农村工作系统各部门党组织认真组织开展了系列学习先进典型的活动。1995 年，各部门党组织开展了向孔繁森、梁强同志学习活动。2003 年，胡锦涛总书记就深入学习郑培民同志先进事迹作出重要批示，中共中央组织部、宣传部发出学习通知，各部门党组织迅速行动，联系各自实际广泛开展学习郑培民同志活动。市级农村工作系统各部门学习郑培民座谈会在市委农工委 18 楼会议室举行，市委农工委书记、市农办主任王大用，市水利局局长朱宪生、市林业局局长周克勤等 9 位市级农村工作系统各部门领导做了发言。2007 年，按照《中共重庆市委关于深入开展向邓平寿同志学习活动的通知》要求，各部门党组织认真组织学习邓平寿同志活动。2009 年，市委农工委组织开展了向王瑛、吴大观、周鑫同志学习活动。

二、学习教育制度

1986—2016 年，中共重庆市委农工委、市农牧渔业局、市农业局、市农机水电局（1997 年前）、市农机局（1997年后）党委（党组）始终坚持“三会一课”、中心组学习等党内基本学习制度，做到了思想政治学习的制度化、常态化。同时在不同历史阶段，结合自身实际出台了相应的学习制度。

1986年，市农牧渔业局建立干部政治学习制度。主要内容为：每月集中2~3天学习，具体时间每次提前通知；每个处、室、站为一个学习组，支部书记为学习组组长；局中心组成员须到分管的处、室、站参加学习一天；政治处定期收集、公布各处、室、站学习出勤人数；凡是比较大型的学习结束告一段落后，政治处将组织考试。

2000年，市委农工委、市农办制定机关干部和职工学习制度，规定每月最后一个星期五为机关干部职工学习日，一般以支部为单位组织学习，学习内容由机关党委统一布置。

2001年，市级农村工作系统各局进一步健全了直属单位党委中心组学习制度，坚持学习考勤制度，每月不少于一天，班子成员参加学习的出勤率不低于90%，建立完善了学习考核制度。市农机局党组建立思想政治工作联席会议制度，明确会议召集人为各单位党委（总支、支部）书记，人员组成为各单位党委（总支、支部）书记、行政主要领导，党办主任、政工科科长、办公室主任、工会主席、团委（总支、支部）书记，原则上每年召开2次联席会议，主要任务是传达中央和市委有关思想政治工作的指示精神、通报本单位思想政治工作的动态、研究加强和改进思想政治工作的重要举措。同年，印发《关于进一步健全直属单位党委中心组学习制度的通知》，明确中心组的学习内容为“马列主义、毛泽东思想、邓小平理论和江泽民总书记‘三个代表’重要思想；党的路线、方针、政策，党的十一届三中全会以来党和国家的重要文献和中央领导同志的重要讲话；时事政治、法律法规知识、市场经济理论、金融历史知识和当代科技等各种新知识”，要求中心组成员每年至少读1~2本政治理论和专业知识方面的书，每月不少于1天集中学习，出勤率不得低于90%。建立学习考核制度，定期检查中心组学习记录、读书笔记，实行“述学、评学、考学”，把理论学习情况纳入干部述职、民主评议、年度考核重要内容。

2002年，市农业局党组印发《关于加强和改进直属单位党委（总支、支部）中心组学习的意见》，明确中心组学习的目的是促进领导班子思想政治建设，不断提高领导干部素质；主要学习内容为邓小平理论、江泽民同志系列重要论述、现代化建设必需的各种知识等；严格学习管理，年度集中学习研讨时间不少于12天。同年，市农业局党组印发《重庆市农业局机关政治学习制度》，明确以处室为单位组成政治学习小组，每月第一周的星期五为机关政治学习时间，学习情况作为年终考核和评比先进的重要依据；同时印发《中共重庆市农业局党组创建“党建工作先进单位”实施规划》，《规划》要求党组领导班子自身建设好，坚定政治信念，提升思想作风、工作作风、优良学风，团结协调，勤政廉洁；重视抓机关党建工作；机关党委和党支部积极主动开展工作；利用党建工作促进业务工作。

2010年，市委农工委出台《关于加强和改进市农委直属单位党建工作的意见》，规定对领导班子成员的学习情况进行检查，促进领导班子成员自觉加强理论学习，提高思想政治素质、理论政策水平和业务工作能力；规定党组织重点落实好“三会一课”、中心组学习等制度，开展政治学习、知识竞赛、实地参观等形式多样的党内活动，定期召开党建工作形势分析会，建立党政负责人分别向党员和全体职工讲党课和形势报告制度等。

第三节　党内专项教育活动

一、“三讲”教育

1999年10—12月，根据中央和市委统一安排部署，市农办、市农业局、市农机局分别在各自系统开展“讲学习、讲政治、讲正气”教育，按照“调查研究、做好准备，思想发动、学习提高，自我剖析、听取意见，交流思想、开展批评，认真整改、检查验收”5个阶段进行。活动主要目标是推动领导班子和领导干部深入学习邓小平理论和党的十五大精神，提高政治素质，加强党性修养，端正思想作风，坚定马克思主义和建设有中国特色社会主义信念，实现思想上有明显提高、政治上有明显进步、作风上有明显转变、纪律上有明显增强。活动期间，各单位党组坚持把“三讲”教育放在各项工作的首位，认真贯彻落实中央和市委指示精神，搞好思想发动，走好群众路线，紧紧把握“讲政治”这个核心，以整风的精神推进“三讲”教育，较好地实现了预期目标。市委农工委、市农办召开领导班子专题会议9次、干部职工大会和各种座谈会13次，机关干部职工和离退休干部全部参加了“三讲”教育活动；查摆领导班子及领导干部在党性党风方面存在的突出问题52项，全部按要求完成整改。市农业局聚焦解决理论学习深度广度不够，深入基层调查研究不足，思想解放不够，对干部的教育、监督、管理需进一步加强等4个方面的问题，组织集中学习中央规定的必读篇目，开展积极健康的思想斗争，坚持定时考勤、定时检查、定时补课、定时汇报，确保了“三讲”教育活动的顺利开展和预期效果。市农机局严格学习要求和纪律，制定《“三讲”教育学习制度》，每周六白天和周四、周五晚上组织集中学习；坚持开门搞活动，征求意见建议292条；组织开展民主评议、交心谈心、民主生活会，党员干部思想触动大，受到深刻教育。

2000年4月，市级农村工作系统各部门分别组织开展“三讲”教育回头看，按照“思想发动、深入学习、征求意见、自看自查、总结通报”5个步骤开展，主要是看“讲学习、讲政治、讲正气”（“三讲”）的自觉性是否提高，看“三讲”教育的成功经验是否运用，看群众反映的问题是否解决，看工作是否得到改善，确保“三讲”教育不走过场。市委农工委、市农办先后召开3次领导班子专题会和3次处级干部职工大会，对领导班子和领导干部党性党风方面的问题进行自查自看，提出整改任务14项，切实巩固了“三讲”教育成效。2000年4月20日，市委农工委、市农办召开“三讲回头看”集中学习会，组织深入学习江泽民总书记在广东省高州市讲话、中纪委副书记刘锡荣在重庆检查指导工作时的讲话和中共重庆市委书记贺国强在全市干部会上的讲话等，总结了“三讲”取得的成就和存在的不足，明确了下一步工作任务。市农业局针对“三讲回头看”中发现的问题，研究制定了《关于转变机关工作作风，增强服务意识的若干规定》，修订了《重庆市农业局工作规则》。市农机局坚持运用“三讲”教育的成功经验改进经常性工作，改进党组中心组学习、干部理论教育和民主生活会质量。

二、保持共产党员先进性教育活动

2005年，市级农村工作系统各单位党组织分两批开展保持共产党员先进性教育活动，每批次活动分为学习动员、分析评议、整改提高等3个阶段。第一批活动参加对象为机关党员干部，1—4月；第二批活动在直属单位开展，7—10月。

为了巩固和扩大保持共产党员先进性教育活动取得的成果，使共产党员的先锋模范作用得以持续、长久地发挥，把市委农工委、市农办建设成为有整洁的工作环境、有严格的工作纪律、有热情的服务态度、有良好的敬业精神、有较强的从政能力、有清廉的办事作风的行政机关。市委农工委经认真研究，提出构建科学、系统、有效地保持共产党员先进性长效机制的意见。包括建立长效学习机制、着力提高党员的综合素质，建立长效教育机制、着力增强党员的党性意识，建立长效管理机制、着力推进党组织规范化制度建设，建立长效联系群众机制、着力筑牢党同群众联系的桥梁，建立长效民主参与机制、着力营造党内民主集中制氛围等5个方面。

市农业局党组的79个基层党组织、1 202名党员全部参加了保持共产党员先进性教育活动。其主要特点是注重结合实际积极开展主题活动，一是实施两项行动，分别为“服务三农，进村入户”行动和捐资助学行动。捐资助学行动中，每名党员向贫困学生捐款300元，共结对帮扶92名贫困生。二是开展“服务三农、党员争先”为主题的“五个一”实践活动，即：搭建一个致富信息平台、解决一批生产经营难题，帮助农户出一个致富点子，推广一批先进实用技术，培训一批农民工。

第一批先进性教育活动中，市农机局党组、局先进性教育领导小组先后召开30多次专题会研究工作，结合实际开展“树党员形象争先锋、创岗位业绩兴农机”“百千万农机助耕促农”等系列主题实践

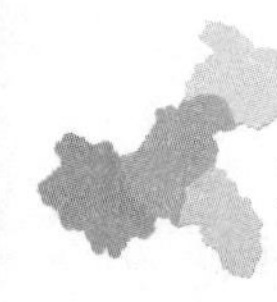

活动，达到“提高党员素质、加强基层党组织、服务人民群众、促进农机工作”的目标，群众满意度测评中满意票占比91.9%。第二批先进性教育活动中，以“心系群众、转变作风、服务群众、展示形象”主题实践活动为载体，坚持边学边议边改，征求意见建议300条，梳理整改突出问题97个，每个党员撰写党性分析材料，党员宗旨意识更加牢固，思想和工作作风有了新的转变，群众满意度测评中满意票占比88.9%。

三、深入学习实践科学发展观活动

市委农工委、市农办以中国特色社会主义理论为指导，以“党员干部受教育、科学发展上水平、人民群众得实惠”为目标，以领导班子和处以上党员领导干部为重点，以提升服务水平为主线，在全系统开展深入学习实践科学发展观活动。活动分两批进行：第一批从2008年9月开始，2009年2月基本完成，参加范围为市农委机关（含农综办）全体党员。第二批从2009年3月开始，2009年8月基本完成，参加范围为市农委直属企事业单位全体党员，按学习调研、分析检查、整改落实3个阶段开展。

在学习调研阶段中，重点学习了党的十七大报告、《毛泽东邓小平江泽民论科学发展》《科学发展观重要论述选编》等。以党支部为单位，组织党员集中学习。邀请市委常委、副市长马正其，国家发展改革委员会宏观经济研究院副院长马晓河，中国科学院院士张启发等做专题报告。组织党员干部开展“解放思想找差距、扩大开放促发展”大讨论，举办科学发展观经验交流会、改革开放30周年座谈会、组织观看《潮涌神州》音像资料片。学习实践活动中，按照宏观、中观、微观3个层面科学设置调研课题：宏观层面设置了“重庆市建设现代农业的路径及目标研究”；中观层面围绕“保供增收工程”“产业优化工程”“质量放心工程”“人才培训工程”“生态家园工程”五大实践活动设置调研课题；微观层面有各处（室）各单位结合自身业务工作确定调研课题。先后组织200人次深入区（县）、农村、产业大户、服务对象进行调研，20多人次外出考察学习，形成调研成果和调研报告31篇。

在分析检查阶段中，广泛征求意见，先后向相关市领导及市级部门，区（县）涉农部门、市农委机关直属单位和部分党代表、人大代表、政协委员及250名农村干部征求意见，召开了2次征求意见座谈会，共征求到50多条意见建议，梳理出11个方面的问题并纳入整改内容。各级党组织按照要求，召开了专题民主生活会或专题组织生活会，市农委领导、支部书记、处级领导干部认真分析查找自身在思想、工作、作风等方面存在的问题，带头开展批评和自我批评。

在整改落实阶段中，围绕解决“农业发展方式落后、农民增收困难、农业基础设施建设相当落后脆弱、社会化服务缺失、城乡资源双向流动不畅、以城带乡的体制机制尚未建立”等问题，坚持开展以“农村改革破难题，科学发展勇争先”为主题的五大实践行动，即“保供增收工程”“产业优化工程”“质量放心工程”“人才培训工程”“生态家园工程”。通过狠抓学习、认真调研、边学边改，努力突出实践特色，经过广大党员群众的共同努力，顺利完成了学习实践活动的各项任务，实现理论更有新境界、思路更有新调整、目标更有新指南、举措更有新加强、评判更有新标准等五大效果，满意度测评中满意率达到99.6%。

四、创先争优活动

2010年6月以来，按照中央和市委统一部署，市委农工委紧紧围绕“推动科学发展、促进社会和谐、服务人民群众、加强基层组织”的总体要求，以“助农增收促统筹、创先争优树形象”为主题，以服务“三农”科学发展为目标，以联系服务群众为主线，严格执行规定动作，扎实开展“创先争优”活动。活动至2012年9月结束，市级农村工作系统27个机关党支部、22个直属单位党组织、1 659名党员、2 165名职工全覆盖参加“创先争优”活动，取得实实在在的成效。在创先争优活动中，严格按上级部署抓落实，保证了活动的扎实有效。一是真正推行承诺讲评制度，按照“设岗定责、任务到人，依责承诺、明确要求，日常纪实、据实讲评，逐个点评、具体奖惩，结果公示、选树典型”5个环节规范操作，系统内各基层党组织、党员和普通干部职工开展承诺讲评做到全覆盖。市级农村工作系统共组织基层党组织集中讲评会10次，各基层单位组织讲评会2 000余次，评出优秀党员4 000余人次、先进职工3 500余人次，在广大干部职工中形成了比学赶超、奋勇争先的良好态势。二是务实推进为民服务活动，紧贴基层群众期盼，扎实开展“人民好公仆”教育实践、“三优一满意”两大主题实践活动，积极引导干部职工争做人民群众满意公务员和农业干部；借助读书竞赛、文艺汇演、重走革命路、一线帮扶群众等形式，认真开展“三项教育”，进一步强化了干部职工勤奋干事、服务宗旨、勤学善学、廉洁自律“四种意识”，纠正了庸懒无为、服务淡漠、重玩轻学、廉政淡化“四种现象”；依托12316“三农”呼叫中心、动监110等服务平台，切实抓好为民服务，创造优质服务品牌。创先争优为民服务活动开展以来，查出和整改自身问题89个，直接帮扶群众2 500名，帮助群众解决实际问题3 000多个，联系服务群众更加有效，行风政风明显改善。三是扎实开展基层组织建设年活动，把基层组织建设年作为深化创先争优活动的重要抓手，以创先争优为动力全面加强基层组织建设，按照“基础性整改、特色性培育、示范性打造”的总体思路，整顿后进、提升一般、巩固先进，基层党组织活力进一步增强，党建基础进一步巩固。共查出需整改问题57个，全部基层党组织按标准进行分类定级，17个基层党组织制定了特色型党组织培育方案。

市农委坚持结合自身实际，注重行业特色，推动活动创新开展。一是主题设置突出特色。提出“助农增收促统筹、创先争优树形象”主题。在“人民好公仆”教育实践活动中，提出“转变作风、服务三农”主题，开展强化“四种意识”、纠正“四种现象”的专题活动；在“三优一满意”活动中，提出“争做群众五种人、扶农助农促增收”的主题，争做农民群众“自家人、引路人、贴心人、知情人、维权人”成为市级农村工作系统干部职工的自我追求。二是重要载体体现特色。结合行业特点，选择能体现特色的载体，深入推动活动开展。在帮扶群众中，把共建城乡产业支部作为重点载体，系统各基层党组织共与21个行政村或专业合作社共建产业支部，推动了产业的健康发展；在维护农民群众利益上，率先于全国提出并开展“绿剑护农”行动，有效地纠正和打击了损害农民利益的行为；在加强基层组织建设上，按照“基础性整改、特色型培育、示范性打造”的总体思路，提出了重点培育窗口服务型、先锋带动型等5种特色党组织，深化了基层组织建设年活动。

在创先争优活动中，党员干部思想认识有新提高，干部作风有新转变，基层组织有新加强，助推发展有新成效。开展创争活动以来，各级组织和党员干部深入农业农村一线1.2万余次，开展技术服务、技术咨询和结对帮扶，为中心工作的全面完成提供了坚强保证。市级农村工作系统共有58个基层党组织、215名优秀共产党员、4个单位“窗口”受到各级表彰，其中4个基层组织、3个优秀个人、2个为民服务“窗口”受到市委表彰。活动先后受到市委领导6次肯定，做法和成效63次被市活动办和媒体宣传，在市农委召开了市级机关和窗口服务单位创先争优活动推进会，市内外26个兄弟单位到市农委参观学习，群众测评中满意率达95.95%。

五、群众路线教育实践活动

市委农工委按照中央和市委的部署，于2013年7月23日正式启动群众路线教育实践活动（简称实践活动）。实践活动中，坚持领导带头、严格规定动作、注重自身特色、突出边学边查边改，取得了预期成效，党员干部的思想认识普遍提升，干事创业信心更加坚定，为民意识更加自觉，这些做法先后10余次被《重庆日报》《农民日报》等5家省部级媒体报道。

市委农工委坚持带头抓好学习，采取中心组学习形式，班子成员先后集中4天时间学习；带头听取意见，班子成员按分工深入分管部门、单位，主动听取意见建议，牵头召开7个座谈会，听取服务对象意见建议；带头开展谈心交流，市委农工委书记夏祖相与班子13位成员逐一谈心，总谈心时间达5天。市委农工委领导班子成员间、班子成员与分管部门干部之间广泛开展相互谈心活动；班子成员带头查摆问题，查找出存在的“四风”及突出问题12条，14位班子成员自查作风方面的问

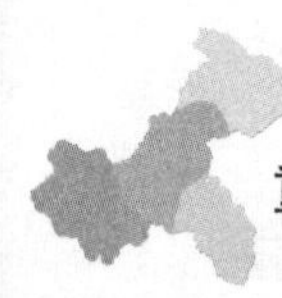

题160条，班子成员相互之间提出的批评意见和改进建议96条；带头抓整改落实，对查找出的“四风”问题和群众反映强烈的问题，班子成员积极认领责任，及时研究解决问题的方案和措施，抓好逐个问题整改落实。

市委农工委坚持自学、集中学、辅导学和专题学4种方式对全系统党员干部进行系统培训、学习，机关和19个直属单位集中学习时间均达到3天以上。采取信函广泛查、座谈真诚查、一线直接查和专题会议查的方式，先后召开7次座谈会、39个院坝会，深入农民群众家中136次，直接参与意见反馈的群众达900余人次，深入查找“四风”问题和群众关心的突出问题，共搜集各类意见建议137条，归纳梳理为30个突出问题。广泛开展交心谈心，总谈心达2 000余人次，实现全覆盖。全系统党员干部共撰写对照检查材料739份。在机关和直属单位的专题民主（组织）生活会上，市委农工委14名班子成员和活动办4个督导组，亲自参与、全程监督和指导。

市委农工委以“俯身基层接地气、服务三农转作风”为主题，积极开展“三项行动”，即以“争做五种人、兴农促增收”为载体的为民惠民行动，以“走基层、结对子”为载体的联民亲民行动，以“精减办事程序、打造服务窗口”为载体的便民利民行动。市委农工委班子成员及相应级别领导每人帮扶2名困难群众、机关正副处长和委属单位班子成员每人帮扶1名困难群众、其他干部以支部为单位帮扶1名困难群众，直属单位党组织结合单位和产业实际与1个支部开展城乡联建。

市委农工委坚持统筹兼顾，做到活动和工作两手抓、两不误、两促进；注重制度建设，做到用制度管权管人管事。活动期间，农村经济稳中有进、主要农产品稳定供给、特色效益农业稳步发展、综合生产能力稳步提升、农产品质量安全水平稳步提高、农村改革稳步推进；制定了《联系服务基层和群众制度》《因公出国（境）及外事管理办法》《公务接待管理制度》等10项制度，以制度规范党员干部行为。

六、“三严三实”专题教育

市委农工委按照中央的总体部署和市委统一安排，从2015年5月起，在市农委机关和直属单位副处级以上领导干部中开展“三严三实”专题教育（简称专题教育）。活动分为党组织主要负责人带头讲专题党课、扎实开展专题学习研讨、高质量开好专题民主生活会、组织生活会和切实抓好整改落实、立规执纪4个步骤进行。其中，学习研讨分3个专题进行：一是严以修身，加强党性修养，坚定理想信念，把牢思想和行动的“总开关”；二是严以律己，严守政治纪律和政治规矩，自觉做政治上的“明白人”；三是严以用权，真抓实干，实实在在谋事创业做人，树立忠诚、干净、担当的新形象。

市农委“三严三实”活动围绕“党的经典著作、重要论述和最新理论成果必学、中央和市委的文件精神必学、关系农业农村改革稳定发展的政策法规必学”等“三个必学”，通过定期召开中心组学习（扩大）会议专题学习、主题集中研讨、开办“三农讲坛”、举办主题演讲比赛和到红岩连线、廉政教育基地、市规划展览馆实地接受教育等形式，确保系统干部正确领会中央和市委精神，思想理论水平得到新的提高、党性修养和能力水平得到增强。

在专题教育中，市农委修订了《市农委工作规则》《市农委主任办公会议制度》《市委农工委会议制度》，制定了《领导干部外出请假和报备制度》《机关考勤制度》《联系基层和服务群众工作制度》，出台了《落实党风廉政建设“两个责任”的暂行办法》《党风廉政建设和反腐败分工责任制》等，完善了《领导干部谈心谈话制度》《领导班子回访制度》，不断扎紧制度的笼子，从严从实强化领导班子和干部队伍建设。

深入推进专项整治行动中，市农委深化正风肃纪和提升效能服务“三农”主体专项行动，到19个区（县）开展惠农富农政策落实情况集中检查。对农机、粮油、农经等补贴项目进行抽查，整改资金滞留等11个问题。加大市农委系统审计监督力度，整改问题35项。组织开展了市农委系统干部不作为、乱作为等损害群众利益问题专项整治，使21个直属单位和28个机关处室都把解决干部不作为、乱作为等损害群众利益问题作为一项重大任务切实加以落实。

第二章
组织建设

党的组织建设是党的自身建设的一个重要方面，主要包括民主集中制建设、党的基层组织建设、干部队伍建设和党员队伍建设等内容。

第一节　党员队伍建设

1986 年以来，市级农村工作系统严格按照《关于党内政治生活的若干准则》和《中国共产党廉洁自律准则》，贯彻“坚持标准，保证质量，改善结构，慎重发展”的方针，在生产、教学、科研第一线的青年干部、工人、学生、教师、科研人员中发展优秀分子入党。坚持党员思想教育，不断强化党员监督管理，做好党员登记工作。市级农村工作系统党员数量逐年递增，党员队伍不断壮大，质量不断提升，党员的先锋模范作用不断提升，促进了各项工作开展。

一、发展党员

市委农工委工作系统高度重视发展党员工作，1986—2007 年，在市委农工委及市农委（市农办）、市农业局（市农牧渔业局）、市农机局（市农机水电局）的推动下，党员数量逐年增加，党员队伍不断壮大。

2008 年 4 月，市农办、市农业局、市农机局、市农综办合并组建重庆市农业委员会，原市农业局党组、市农机局党组并入市委农工委。市委农工委工作系统（含市水利局、市林业局和市供销合作总社等）共有党员 3 315 人，其中在职党员 1 915 人，全年发展党员 82 名。同年 9 月，市农委机关共有党员 356 名，其中在职党员 159 名。2015 年年底，市委农工委工作系统党员达到 3 657 名，其中在职党员 2 359 名。市委农工委工作系统自 2008—1015 年的 8 年间共发展党员 489 名。

（一）中共重庆市委农村工作委员会（市农委、市农办，1986—1988 年）

市委农工委工作系统（含市水利局、市林业局和市供销合作总社等）发展党员况：1986 年年底，党员总数为 2 766 名，其中新发展党员 196 名，比 1985 年新增党员 252 名；1987 年年底，党员总数为 2 971名，其中新发展党员 173 名，比上年新增党员 260 名；1988 年年底，党员总数为 3 086 名，其中新发展党员 97 名，比上年新增党员 115 名。

（二）市农业局（市农牧渔业局，1986—2008 年）

2008 年，市农业局党员组织关系均转入市委农工委。

市农业局（市农牧渔业局）发展党员情况（见表 12-2-1）。

表 12-2-1　1986—2007 年市农业局（市农牧渔业局）发展党员情况

单位：人

年份	党员总数	新发展党员数
1986	477	40
1987	508	29
1988	532	17
1990	563	
1991	470	9
2001		72
2002		45
2003	919	
2004	998	24
2005	1 038	33
2006	1 148	39
2007	1 165	38

（三）市农机局（市农机水电局，1986—2008 年）

市水电系统党员情况：1986 年年底，党员总数为 223 名；1987 年年底，党员总数为 237 名，其中新发展党员 11 名；1988 年年底，党员总数为 241 名，其中新发展党员 5 名。

市农机系统党员情况：1986 年年底，党员总数为 325 名；1987 年年底，党员总数为 339 名，其中新发展党员 14 名；1988 年年底，党员总数为 349 名；1989 年年底，共有党员 351 名，其中预备党员 6 名；1990 年年底，共有党员 350 名。1991 年年底，党员总数为 311 名，其中新发展党员 10 名。2000 年共有党员 239 名，其中新发展党员 5 名；2001 年年底，共有党员 248 名，其中新发展党员 14 名；2004 年新发展党员 8 名；2006 年新发展党员 1 名。

2008 年，市农机局党员组织关系均转入市委农工委。

（四）市委农工委（2008—2015 年）

2008 年 4 月，市农办、市农业局、市农机局、市农综办合并组建新的重庆市农业委员会，市农业局党组、市农机局党组并入市委农工委。整合后，2008—2011 年，市委农工委工作系统党员数量增长较快，每年增加均在百名以上；2012—2015 年，市委农工委工作系统党员总数及新增数量增长放缓（表 12-2-2）。市委农工委机关 2008—2015 年党员数变化较小，由 2008 年的 326 名增加到 2015 年的 343 名，增加了党员 17 名。

表 12-2-2　2008—2015 年市委农工委工作系统党员发展情况

单位：人

年份	党员总数	新发展党员数
2008	3 315	17

（续）

年份	党员总数	新发展党员数
2009	3 416	101
2010	3 562	146
2011	3 676	114
2014	3 597	47
2015	3 657	64

二、专项整治和党员监督

（一）整党工作

1984 年 7 月至 1987 年 1 月，重庆市级农村工作系统开展整党工作，共有 81 个单位的 204 个党支部，2 651 名（预备党员 163 名）党员参加此次整党工作，有 8 名党员受组织处分，占党员总数 0. 3%，其中开除党籍 3 人，留党察看 1 人，严重警告 3 人，警告 1 人。此次整党过程中，根据市级农村工作系统的实际情况，自始至终加强思想教育，着眼于提高党员的思想觉悟，立足于找准和解决存在的主要问题，开展批评与自我批评，分清是非，纠正错误，坚持疏导方针，摒弃“左”的做法。基本完成了整党工作的 4 项任务，各级党组织和广大党员坚持党的领导，在政治上同党中央保持一致。

（二）“双清”工作（清理清查）

1989 年 6 月，北京发生反革命暴乱（即“六・四”政治风波）。1989 年 8 月至 1990 年 3 月，根据市委统一部署，在全系统开展内部清理工作。市农委、市农业局、市农机水电局迅速召开会议传达学习中央指示精神和市委紧急会议精神，开辟“坚决拥护党中央决策，坚决镇压反革命暴乱”学习宣传栏，认真组织学习邓小平同志在接见首都戒严部队军以上干部时的讲话，并专门对 1989 年 6 月至 1990 年 3 月干部政治理论学习作出安排，围绕江泽民同志在国庆期间讲话中论述的 4 个基本结论和 10 个重大问题以及党的十三届四中、五中全会精神等，分两个阶段对有关重大思想政治理论问题开展学习讨论，把干部职工思想统一到中央的精神上来。通过学习，进一步认清反革命暴乱的原因和性质，确保了干部的思想稳定、认识统一。

1989 年 10—11 月，市农委组织对市级农村工作系统处级、局级干部进行全面考察，重点了解市级农村工作系统各局（总公司）领导班子和领导干部在政治动乱和暴乱中的表现情况，评出市乡镇企业局、市林业局、市长江农工商联合总公司 3 个表现好的班子，市农牧渔业局、农机水电局 2 个表现一般的班子，没有表现差的班子；宋明度、赵綦雅、刘天明、郑成坤、郑文明、杨修战、戴祥文等被评为表现好的同志，占局级干部总数的 30. 4%，1 名领导干部被评为表现差的同志，占局级干部总数的 4. 3%。市农机水电局经过学习文件、发动群众查找问题，组织专人查证核实等，查清与动暴乱有牵连的人和事共 3 件，涉及 3 个单位 10 个人。

1989 年 11—12 月，为系统提高市级农村工作系统机关和企业事业单位主要领导思想理论水平，先后举办 3 期领导干部学习班，培训 400 人。通过培训，教育干部旗帜鲜明地坚持党的四项基本原则，理直气壮地反对资产阶级自由化，真正把思想统一到党的十三届四中、五中全会精神上来。1990 年 5 月，市农委组织召开市级农村工作全系统“两坚持”（即坚持社会主义道路、坚持共产党的领导）学习经验交流会。

1990 年 4—10 月，市农委开展市级农村工作系统党员重新登记和党员评处工作，按照学习教育、个人总结、民主评议、组织处理和整改、建章立制 5 个阶段进行。重登工作分两批进行，共完成对 754

名党员的登记。市农牧渔业局评出优秀党员11人、合格党员339人、基本合格党员1人、基本不合格党员1人、不合格党员1人。市农机水电局评出合格党员377人、基本合格党员27人、不合格党员2人。1991年3月，市农牧渔业局党组对22个评处单位进行验收，全部为合格，至此，专项清理工作告一段落。党员评处工作的开展，进一步纯洁了党员队伍，严格了党员标准，提高了党组织战斗力和凝聚力；进一步坚定了党员的共产主义信念和建设有中国特色社会主义的信心，推动了各项工作的开展。

1992年，重庆市级农村工作系统转发《关于共产党员交纳党费办法的规定》，严格执行了党费交纳的有关规定。

第二节　基层党组织建设

一、组织概况

1986年年底，中共重庆市农业工作委员会（简称“市委农工委”）系统建有17个党委、16个党总支、172个党支部。中共重庆市农机水电局党组中，水电系统建有1个党委、2个党总支、17个党支部，农机系统建有1个党委、3个党总支、21个党支部。中共重庆市农牧渔业局党组建有2个党委、5个党总支、12个独立党支部。随着形势的发展和新机构的设立，基层党组织逐渐增多，基层党组织建设不断增强。

（一）市委农工委、市农业委员会（市农办）党组

1990年10月至1991年6月，市农委对照市委组织部关于软弱涣散基层党组织标准，列出13个问题，基层党组织逐一进行整顿，调整5个单位的党组织书记，向4个单位增派专职副书记，对5个单位的支委进行了调整。

1991年，市农委报请市委同意，恢复市委农村工作委员会。市农牧渔业局、长江农工商联合总公司机关党组织关系转至市级机关党工委。同年，中共重庆市柑橘科学研究中心临时支部委员会换届选举，并正式成立党支部。

1996年，市农委系统企业共建有党委14个、党总支6个、党支部131个。同年，在市农委系统企业建有的14个党委、6个党总支、131个党支部中开展党建工作情况调研和委属企业领导干部廉洁自律专题民主生活会。

1997年4月，市委农工委确定张德邻等10名同志为参加党的十五大代表推荐提名人选。5月4日，市委农工委选举产生，出席中共重庆市委第一次党代会代表8名。

1998年，市委农工委撤销中共重庆市柑橘科研中心支部委员会，党员组织关系转入户口所在地党组织；1999年9月7日，同意撤销中共重庆市五一农场总支部委员会，建立中共重庆市五一农场支部委员会。

2000年12月，建立中共重庆市农业综合开发办公室党组。2002年，成立中共重庆市奶业管理办公室支部委员会。

（二）市农牧渔业局（农业局）党组

市农牧渔业局党组批准，于1986年2月成立中共重庆市长江畜禽研究所、市畜禽肉品改良站联合党支部，同年4月更名为中共重庆市畜牧兽医科学研究所、重庆市畜禽品种改良站联合党支部，翌年4月由联合党支部组建为党支部；3月组建中共重庆市土壤肥料站支部委员会、中共重庆市农业技术推广站支部委员会、中共重庆市植物保护植物检疫支部委员会、中共重庆市动植物检疫支部委员会、中共重庆市蚕桑技术指导站支部委员会、中共农业广播学校重庆市分校支部委员会、中共重庆市华渝牧工商联

合公司支部委员会7个独立党支部；7月将中共四川省北碚蚕种场（代管）党总支改建为党委；9月中共重庆市土壤肥料站支部委员会、中共重庆市蚕桑技术指导站支部委员会联合成立党支部。1987年，市农牧渔业局党组撤销市兽医防疫站、重庆市牲畜运输检疫站联合党支部，建立市兽医防疫站党支部和重庆市牲畜运输检疫站、重庆市饲料质量检测管理所党支部；撤销原蚕桑技术指导站、市农业土壤肥料站联合成立的党支部，建立市蚕桑技术指导站党支部和市农业土壤肥料站党支部。中共重庆市农业学校总支部委员会、中共重庆市作物研究所委员会于当年先后换届。至1987年年底市农牧渔业局党组共建有党委2个、党总支5个、党支部48个（其中独立党支部14个）。

1988年，市农牧渔业局党组组建重庆市水产养殖公司党支部；撤销重庆牲畜运输检疫站、重庆市饲料质量监测管理所党支部，重新组建中共重庆市牲畜运输检疫站党支部和重庆饲料质量监测管理所党支部。截至年底，市农牧渔业局党组建党委2个、党总支4个、党支部48个；市农机局系统建党委1个、党总支3个、党支部20个。

1989年，建立重庆市经济作物技术推广站党支部、重庆市水产科技推广站党支部委员会、重庆市农业环保监测站党支部、重庆市畜牧公司党支部；将“中共四川北碚蚕种场总支部委员会”（代管）改建为“中共四川省北碚蚕种场委员会”；中共重庆市农业科学研究所总支委员会改建为党委，并选举出第一届委员会；重庆市农业学校、重庆市第二农业学校变更领导体制，实行党委领导下的校长负责制；重庆市作物研究所开始实行党委领导下的所长负责制；中共重庆市动植物检疫站党支部更名为中共重庆市动植物检疫所党支部、原重庆市种子公司党支部更名为重庆市种子站党支部，原重庆市植保公司党支部更名为重庆市植保植检站党支部。

1991年，市农牧渔业局党组共建有党委4个、党总支2个、党支部41个。

1992年，设立中共重庆市经济作物技术推广站支部委员会，并选举出第一届支委会成员。

1993年，市农委批准建立中共重庆市畜牧总公司委员会，并选举产生党委会。

1995年，中共重庆市华渝牧工商联合公司支部委员会隶属关系由中共重庆市畜牧总公司党委变更为直属局党组管理，并完成换届选举。

1996年，建立中共重庆市兽药监察所支部委员会。到年底，中共重庆市农牧渔业局党组共辖党委6个、党总支2个、直属党支部18个，党员646名。

1997年，成立重庆直辖市后，重庆市农牧渔业局党组因机构改革变更为重庆市农业局党组。

1997年8月18日，原四川省属果树研究所、茶叶研究所、养猪研究所因划归市农业局主管，三个研究所的党组织关系由市委农工委划转到市农业局党组管理。

2001年，建立中共重庆市农业技术推广站支部委员会、中共重庆市农业广播电视学校支部委员会、中共重庆市土壤肥料站支部委员会，并选举第一届委员。

2003年，建立中共重庆市动物卫生监督总站总支部委员会、中共重庆市畜牧技术推广总站总支部委员会。

2004年，因设立中共重庆市畜牧科学研究院委员会和纪律检查委员会，市养猪科学研究院、市畜牧兽医科学研究所、市种猪场3个单位党组织合并至中共重庆市畜牧科学研究院委员会。成立中共重庆市农产品质量安全中心支部委员会。到年底，市农业局党组共有党委7个、党总支3个、党支部54个。

2005年，新增中共重庆市农业行政执法总队党支部和重庆市种畜场地产党支部。截至年底，市农业局党组共建立7个党委、4个党总支、56个党支部。

2006年，市农业局设立中共重庆市农业科学院委员会和纪律检查委员会，同意党委设委员9名，其中书记1名、副书记1名；纪委设委员5名，其中设书记1名（由党委副书记兼任）。党委下设中共重庆市农业科学院蔬菜花卉研究所总支部、果树研究所总支部、特色作物研究所总支部、茶叶研究所总支部、农业机械研究所总支部。同年，成立中共重庆市农民体育工作指导中心支部委员会。到年底，共有党委4个、党总支9个、党支部60个。

2007 年，中共重庆市农产品质量监督检验测试中心支部委员会更名为中共重庆市农业环境监测站支部委员会；撤销中共重庆市动物卫生监督总站总支部委员会，分设为中共重庆市动物卫生监督所支部委员会和中共重庆市动物疫病预防控制中心支部委员会；中共重庆市农业科学院委员会完成第一次代表大会选举完成，选举唐洪军任党委书记、张国民任副书记兼任纪委书记。至 2007 年年底，市农业局党组建有党委 3 个、党总支 3 个（不含农业科学院 5 个）、党支部 59 个。

（三）市农机局（市农机水电局）

1987 年，中共重庆市水利电力学校党支部、中共重庆市农业机械化学校党支部改建为党总支。

1990 年，重庆市农机水电局成立局机关党委。1991 年，市农机水电局党组建立中共重庆市农机安全监理所支部委员会。

1992 年，重庆市红雪饮料工业公司的党组织关系由市农机水电局党组转入重庆市特殊钢铁厂党委。

1997 年，因机构改革，重庆市农机水电局分为重庆市水利电力局和重庆市农机事业管理局，成立中共重庆市农机事业管理局党组，印发了《中共重庆市农机事业管理局党组议事规则》，并于 1998 年对所属机关党委重新组建，新组建的局机关党委共有党员 66 名，选举周崇基为中共重庆市农机局机关委员会第一届书记，郭明远为副书记。

1999 年 9 月，成立中共重庆市农业机械化干部学校退休党支部。2000 年 12 月，成立中共重庆市农业机械化干部学校支部委员会。

2002 年，中共重庆市农业机械总公司委员会改建为中共重庆市农业机械总公司总支部临时委员会。

2003 年，撤销中共重庆市农业机械厂委员会，改建为中共重庆市农业机械厂支部委员会；撤销中共重庆市农机研究所支部委员会，重新组建为中共重庆市农机研究所总支部委员会。

（四）新组建的重庆市农业委员会

2008 年，市委农工委工作系统共建立党组织 114 个（包含市水利局、市林业局和市供销合作总社，下同），其中党委 10 个、党总支 14 个、党支部 90 个。同年表彰先进基层党组织 20 个、优秀共产党员 47 名、优秀党务工作者 24 名。

2008 年 9 月，新组建的重庆市农业委员会机关设立 19 个临时党支部，保证机关党建工作正常开展。12 月，成立党风廉政建设和反腐败工作领导小组。新增中共重庆市农业机械化技术推广服务站支部委员会。

2009 年 10 月，撤销中共重庆市动物卫生监督所支部委员会，组建中共重庆市动物卫生监督所总支部委员会。

2015 年，市委农工委基层党组织总数 247 个，其中党委 12 个、党总支 25 个、党支部 210 个。同年表彰先进基层党组织 10 个、优秀共产党员 50 名、优秀党务工作者 10 名。

二、党组织制度建设

1998 年，市农机事业管理局党组印发《中共重庆市农机事业管理局党组议事规则》和《中共重庆市农机管理局党组民主生活会制度》。

2000 年和 2004 年，市农业局党组印发《中共重庆市农业局党组议事规则》，制定相关民主生活会制度。

2001 年，市农业局、市农机局党组运用“三讲”教育的经验，对直属单位如何开展民主生活会进行专题研究，党组成员和组织纪检部门干部参加直属单位领导班子民主生活会，发出《征求意见表》，与各单位党员谈话，加强对民主生活会的指导。同年，市农机安全监理所、市农机鉴定站、市农机化学校、市农机干校、市农机研究所党组织制定《议事规则》，充分体现了“集体领导、民主集中、个别酝酿、会议决定”的要求。

2008年，新组建的市农委成立以后，及时制定并印发了《中共重庆市委农工委议事规则》，制定了相关管理制度。

2009年，市委农工委出台《重庆市级农村工作系统党的组织建设、作风建设和党风廉政建设制度》，配套完善党内民主监督制度、“三会一课”制度、党内关怀制度、党员活动制度、民主评议党员制度、密切联系群众制度、党建工作责任制度、党建工作保障机制等管理制度。

2010年，市委农工委出台《关于加强和改进直属单位党的建设工作的意见（试行）》，完善了《事业单位党的书记报告工作制度》《事业单位党组织参与单位重大决策制度》《基层党组织活动经费保障制度》，推进了党建工作的规范化。

2012年，市委农工委修改完善《关于加强和改进直属单位党的建设工作的意见》，建立健全了党组织书记报告工作等10项制度。

2014年，市委农工委出台《市农委系统改进工作作风密切联系群众的实施办法》《市委农工委关于加强和改进基层服务型党组织建设的意见》，切实推进党员干部密切联系服务群众，确保基层党组织在强化服务中更好地发挥政治核心作用。

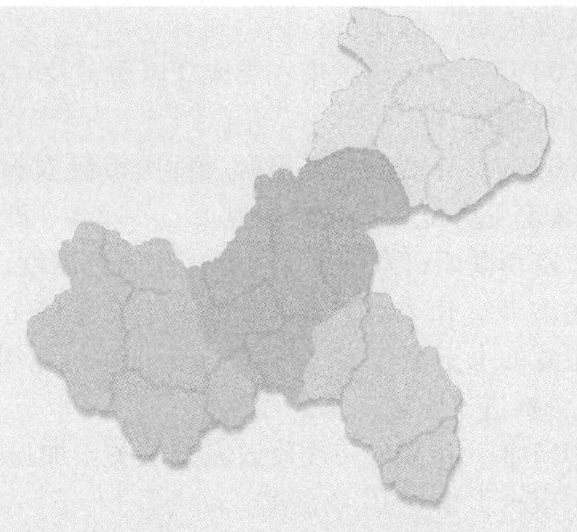

第三章
党风廉政建设和反腐败工作

第一节　纪检监察机构

1979 年 6 月，重庆市农牧渔业局恢复成立纪律检查组。1984 年 7 月，市农机水电局成立纪检组。1986 年 7 月，成立市农委纪检组（派驻）。1988 年 1 月，市农机水电局成立监察室。1988 年 5 月，市农牧渔业局设立监察（室）审计处，与纪检组合署办公。1988 年 9 月重庆市监察局和市编委联合下达《关于在市级部门设立行政监察机构的通知》。1989 年 2 月，市农委设立监察室。

1991 年 5 月，中共重庆市委下达《关于同意向市级有关部门派驻纪律检查组的批复》，市纪委向市农委、市农牧渔业局、市农机局派驻纪检组。1991 年 9 月，重庆市监察局向市农委、市农牧渔业局、市农机水电局派驻监察室。1993 年 3 月，重庆市党的纪律检查机关与行政监察机关合署办公，市级部门纪检监察机构也随之合署办公。

1994 年 10 月，根据市编委《关于同意市纪委市监察局健全和完善市级机关部委办局纪检监察机构的批复》，市纪委、市监察局进一步健全和完善了 45 个市级部门纪检监察机构，在市农牧渔业局、市农机水电局党组内设纪检组，与监察室合署办公，即实行一个工作机构、两个机构名称、履行两种职能。实行市纪委、市监察局和所在部门党组、行政领导的双重领导体制，纪检监察业务工作以市纪委、市监察局领导为主。

1997 年 9 月，经市委同意，市纪委再次行文向市农办派出市农村纪工委，市监察局在市农办、市农业局、市农机局派驻监察室。1998 年 8 月，市纪委、监察局印发《重庆市市级机关纪检监察工作若干问题的规定（试行）》，对市级机关纪检监察机构的领导体制、工作职责、工作关系、工作权限、工作制度以及机构设置和干部管理等做了明确规定。

2000 年 9 月，经市委、市人民政府同意，根据《关于市级有关部门纪检监察机构设置、人员编制和干部管理的意见》，市纪委、市监察局对派驻市级部门纪检监察机构进行调整。市纪委向市农办派驻市农村纪工委，向市农业局、市农机局派驻纪检组。市监察局向市农办、市农业局、市农机局派驻监察室。

2004 年 12 月，市委根据《关于对派驻纪检监察机构实行统一管理的试点工作意见》，在市农办（市委农工委）等 3 个部门进行派驻纪检监察机构统一管理试点工作。

根据中共重庆市委、市人民政府 2005 年 8 月转发的市纪委等部门《关于对派驻纪检监察机构实行统一管理的实施意见（试行）》，11 月 14 日，市纪委、市监察局制定下发《关于统一管理的派驻纪检监察机构干部管理工作管理办法（试行）的通知》，从2005年年底起，对派驻市级机关42个双派驻纪检监察机构进行统一管理，改“双重领导”为市纪委、市监察局直接领导，派驻机构的后勤保障仍由派驻所在部门负责。由此，驻市农办农村纪工委、监察室和驻市农业局、市农机局纪检组、监察室由市纪委、监察局统一管理和考核，纪检监察人员编制全部划转市纪委统一管理。

2008年6月，市农办、市农业局、市农机局合并组建市农业委员会，并新组建中共重庆市纪委派驻市农村纪律检查工作委员会和市监察局派驻市农委监察室。核定纪检监察单列编制7名，其中纪工委书记1名、纪工委副书记兼监察室主任1名、监察室副主任2名，一般工作人员3名。

2014年1月15日，中纪委十八届第三次全会明确提出了纪检监察机关要转职能、转方式、转作风的“三转”纪检机构职责定位。按市纪委要求，派驻市农村纪工委、驻市农委监察室积极开展“三转”工作，落实“查办腐败案件以上级纪委领导为主”“各级纪委书记、副书记的提名和考察以上级纪委会同组织部门为主”“加强对同级党委班子成员的监督”等规定，精准定位，聚焦主责主业。派驻纪检机构只承担监督责任。

第二节　党风廉政制度建设

一、党风廉政建设责任制

党风廉政建设责任制是党和政府的各级领导班子、领导干部抓党风廉政建设的一种责、权、利相结合的管理制度。1992年10月，《中共重庆市委、重庆市人民政府关于进一步健全和落实党风廉政建设责任制的若干规定》修改印发后，市级农村工作系统各局及直属单位十分重视，将党风廉政建设责任制制定和落实，纳入了党风廉政建设重要工作内容，逐年推进，不断完善。

1999年，市委农工委、市农办，市农业局、市农机局党组贯彻市委、市人民政府《关于实行党风廉政建设责任制的实施办法》，实施党风廉政建设和反腐败工作分工包项，坚持“党组统一领导、党政齐抓共管、纪检部门组织协调、部门各负其责、依靠群众的支持和参与”，对全局的党风廉政建设责任制落实、廉政教育、公务接待、场馆建设、资金监管、案件查处等工作，按照处室职能职责实行分工包项，让责任落到实处，职责明确，促进了反腐败工作的深入开展。

2001—2006年，市级农村工作系统各部门认真贯彻了市委、市人民政府《贯彻中共中央、国务院关于实行党风廉政建设责任制的规定的实施办法》和重庆市委办公厅、市人民政府办公厅《关于市级领导和市级部门党风廉政建设和反腐败工作分工责任制》《重庆市实施党风廉政建设责任制规定的五项制度》的规定，全面落实了各项工作任务。2001年，市委农工委、市农办在加强党风廉政责任制建设上，做到班子成员管好分管处室的正、副处长，处长管好本处室的干部职工；坚决纠正和抵制行业不正之风，加大力度强化农民负担管理，切实减轻农民负担，维护农村稳定。2002年，市农机局党组印发《重庆市农机管理局贯彻〈重庆市实施党风廉政建设责任制规定的五项制度〉的实施办法》。2004年，印发《关于印发局直属单位党风廉政建设责任制考核办法的通知》，要求各直属单位自评自查、局党风廉政建设考核小组考核，充分发挥第一责任人的作用，团结带领班子成员认真履行党风廉政建设责任制，认真落实《建立健全教育制度并重的惩治和预防腐败体系实施纲要的具体意见》，带头廉洁自律，严格实行责任追究。市农业局制定了《重庆市农业局领导成员和机关处室党风廉政建设和反腐败分工责任制》，按照谁主管谁负责的原则将责任制分别落实到7名局级领导和13个处室，2004年、2005年、2006年分别落实了25项、27项、30项责任，明确了具体的牵头部门，把任务具体化、明细化。在全局系统党风廉政建设和反腐败工作会上，局党组书记、局长王越提出了加强落实责任制工作的6条具体要求，逐一落实，并在会上与机关处室和直属单位主要负责人签订了党风廉政建设责任书，此方法一直坚持到新成立的市农委。同时，进一步完善了《重庆市农业局机关处室工作综合考核办法》和《重庆市农业局直属单位工作综合考核细则》，明确规定了5项考核内容，将党风廉政建设和反腐败工作作为重要考核指标之一，与其他工作同部署、同安排、同考核、同奖惩。

2008年，由市农办、市农业局、市农机局组建成立新的市农业委员会。市委农工委、市农委十分重视党风廉政建设工作，认真执行《重庆市党风廉政建设责任制实施办法》，注重建立具有农业部门特色的惩治和预防腐败体系，加大工作创新力度，突出重点，统筹推进，取得了工作新成效，为促进全市农业和农村经济更好更快发展，提供了有力的保证。按照新形势、新要求，制定了2008年和2009年党风廉政建设和反腐败工作分工责任制，按照“谁主管、谁负责”的原则，将任务分解落实到相关领导和责任部门，市委农工委书记夏祖相分别与机关处室、直属单位负责人签订《2008年党风廉政建设责任书》和《2009年党风廉政建设责任书》，使任务分解到单位，责任落实到人，形成了“一把手”负总责、分管领导各负其责、齐抓共管的工作机制。在市农委机关，把党风廉政建设纳入机关领导干部目标管理，建立了考核体系，进一步强化了责任。结合“执政为民，服务发展”活动，对市农委机关各处室上年履行工作职责和落实党风廉政建设分工责任制的情况进行了检查和考核，并将考核结果作为机关评选先进、干部选拔任用的依据。在市农委系统，根据上级的部署和要求，按照一级抓一级、层层抓落实的原则，进一步完善了抓好党风廉政建设工作的措施，将各单位党风廉政建设和反腐败分工责任制落实情况纳入全局综合考核内容，作为年终评比的重要依据。在年末结合述职述廉考核工作，对各单位党政领导班子和领导干部落实责任制及廉洁自律的工作情况进行了检查考核。市委农工委还定期听取各单位“一把手”履行责任制和自身廉洁自律的情况报告，针对存在的问题，不断完善整改措施，对确保责任制的全面落实起到了积极作用。

2010—2015年，重庆市党风廉政建设工作电视电话会议和市纪委全会召开后，市委农工委及时传达贯彻全会精神，结合实际，分年度制定了《中共重庆市委农工委重庆市农委党风廉政建设和反腐败工作分工责任制》，按照“谁主管、谁负责”的原则，将任务分解落实到了相关领导和责任部门。明确了市委农工委书记、市农委主任为党风廉政建设和惩防体系“第一责任人”；领导班子其他成员对职责范围内的党风廉政建设担负了直接领导的责任。主要领导及班子成员坚持“一岗双责”，既抓好主管的业务，又认真抓好分管范围内的党风廉政建设和惩防体系建设工作。为加大工作责任力度，市委农工委书记分别与机关处室、直属单位负责人签订了《党风廉政建设责任书》，使相关任务分解到各处室、各单位，工作责任真正落实到人，在全委上下形成了“一把手”负总责、分管领导各负其责、齐抓共管的良好机制。

2014年，按照《中共重庆市委关于落实党风廉政建设党委主体责任和纪委监督责任的意见》落实“两个责任”要求，市委农工委（市农委）、驻市农委纪工委出台《关于落实党风廉政建设主体责任和监督责任暂行办法》，明确了8条市委农工委（市农委）党风廉政建设主体责任。

二、执行廉政制度

（一）廉政谈话和述职述廉制度

1997年3月28日，中共中央印发《党员领导干部廉洁从政若干准则》。11月4日，中共重庆市纪委会同市委组织部、市监察局、市人事局联合制定《关于建立新提拔党政领导干部廉政谈话制度的暂行规定》。为保证党政领导干部廉洁从政，市农委系统各局立即制定了相应制度，在新提任党政领导干部正式任职通知下达一个月内，对其进行了廉政谈话。1998年5月至2006年年底，市农业局对新提拔任用的处级干部及有关人员进行廉政谈话累计达200多人次，收到明显效果，许多干部多年以后还记忆犹新。2007年，市农业局机关和局属单位进一步开展了落实党员领导干部报告个人有关事项工作，厅级干部有7人、县处级领导干部39人报告个人有关事项。对新上任的19名处级领导干部进行了任前廉政谈话，并赠送一本《党员领导干部廉洁自律手册》；对重庆市第二农业学校年终考核基本称职的3名副处级领导干部按照干部管理的有关规定进行了诫勉谈话；对下级党政主要负责人进行谈话共30次。

2008年新的市农委成立后，严格执行“三谈两述”和函询等党内监督制度。市农委抓住重点部门和关键环节，认真落实了述职述廉、诫勉谈话、函询和领导干部个人重大事项报告等制度，促使领导干部正确行使权力。市农委班子成员在职工大会上进行了述职述廉；在民主生活会上，认真进行了自查，开展了批评与自我批评。2009年上半年，市委农工委书记夏祖相代表班子在职工大会上述职述廉。当年，夏祖相与下属单位党政“一把手”谈话26次，市农村纪工委书记对市农委新提任的8名处级干部进行了廉政谈话。2010年，市委农工委领导和市农村纪工委书记同下属单位党政主要负责人谈话33人次、领导干部任前廉政谈话32人次、诫勉谈话1人次，执行干部任用函询1人次。2011年，市农委抓住重点部门和关键环节，认真落实了述职述廉、诫勉谈话、函询和领导干部个人重大事项报告等制度。市农委班子成员在职工大会上进行了述职述廉；在民主生活会上，认真进行了自查，开展了批评与自我批评。市委农工委领导和市农村纪工委书记同下属单位党政负责人谈话41人次、任前廉政谈话43人次、诫勉谈话5人次。

2014年7月，中共重庆市纪委、监察局关于印发《重庆市纪检监察机关党风廉政建设约谈暂行办法》，纪工委书记郭伟开展领导干部任前廉政谈话13人次、诫勉谈话11人次。2015年，按照市纪委有关领导干部约谈工作规定，将机关处室负责人、直属单位班子成员、新提拔领导干部、现任重要岗位4类人群作为监督重点，定期或不定期地开展约谈，纪工委约谈新任领导干部22人次，约谈处（室）、直属单位负责人及纪检人员124人次。

（二）廉洁从政制度

2000—2003年，市委农工委开展一系列党风廉政建设专项活动，主要有加强国有企业领导干部廉洁自律、纠正部门行业不正之风、制止用公款吃喝玩乐、清理纠正用公款为领导干部配备住宅电脑和支付上网费用、清理纠正机关干部借用小汽车等。2002年1—6月，全市农村工作系统开展狠刹奢侈享乐、铺张浪费歪风工作。2002年，市委农工委、市农办狠抓党风廉政建设和反腐败工作，进一步树立市委农工委、市农办和市级农村工作各部门的形象，重点抓了6个方面工作：第一，在保持廉洁上狠下功夫，认真做好领导干部廉洁自律、查处大案要案、查处行业不正之风等3项工作。要求机关干部自身在党风廉政上不出问题，党的政治纪律在机关干部中得到了进一步强化；第二，认真执行中纪委和市纪委关于县（处）级以上干部廉洁自律的各项规定和同年中纪委提出的6项工作。第三，抓好直接承办或协办的农民负担监督管理、乡镇政务公开和村务公开、纠正乡镇干部“走读”、干部下基层在食堂就餐等工作。第四，开展“三要三不要”活动，贯彻落实市人民政府办公厅《关于开展“三要三不要”学习教育活动的通知》，机关党委牵头负责，办公室、宣传处协助，提出了贯彻意见，切实落到实处。第五，严格执行廉政规定。5月，组织学习市委、市人民政府党风廉政建设办公室《关于落实领导干部因公出国（境）规定有关问题的通知》和《印发〈关于落实禁止领导干部到企业和单位报销由本人及其配偶、子女支付的个人费用规定的实施意见〉的通知》，进一步强调了领导干部党风廉政建设有关问题。市农业局党组加强党员干部教育，在每月第一周星期五安排党员干部分期分阶段学习，深刻认识反腐败和反对奢侈浪费的重要意义；完善、执行机关干部下基层工作条例、机关工作人员廉洁自律的有关规定、推行政府采购制度等一系列措施。当年实施政府采购950万元，比预算节约开支110万元。市农机局党组建立每月1次的中心组学习制度，开展党风廉政专题教育3次，参加教育人数155人次；开展狠刹奢侈享乐、铺张浪费歪风工作监督检查2次，接受监督检查80人次；健全规章制度，修改完善《重庆市农机管理局公务接待工作管理办法》，压缩精简会议，节约招待费用3万元，同比减少13.3%，会议经费开支减少1.04万元。2003年，市农业局系统开展坚决反对和制止各种奢侈浪费行为专项治理工作，严格按照上级要求，领导干部以身作则、加强思想教育、严格执行各项规章制度，比上一年减少招待费开支105 072元，减少6.7%。

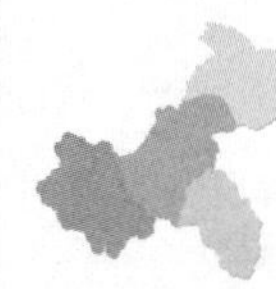

2004—2005年，市农业局继续落实领导干部不准收受与其行使职权有关系的单位、个人、外商、私营企业主的现金、有价证券和支付凭证的规定以及《关于各级领导干部接受和赠送现金、有价证券和支付凭证的处分规定》。进一步重申了市农业局机关和直属单位所有工作人员一律不准接受农业系统、与农业系统工作有关联的单位和个人的现金、有价证券、支付凭证，也不准用公款以单位或个人的名义向外赠送现金、有价证券和支付凭证，对违反规定的直接责任人和单位主要负责人，给予党纪政纪处分或组织处理。通过严格执行“两不准”等规定，市农业局系统在公务活动中赠送、收受礼金和有价证券行为得到了有效遏制。根据市农业局机关到区（县）及下属单位出差多的特点，市农业局党组除严格要求机关干部按照制定的“七不准”规定执行外，还严格规定了市农业局机关工作人员和领导干部在公务活动中，严禁以任何方式和身份接受当事单位、当事人与公务有关的宴请。

2009—2010年，市农委严格执行廉洁自律有关规定。一是严格执行“四大纪律八项要求”、《中国共产党党员领导干部廉洁从政若干准则》和《关于严格禁止利用职务上的便利牟取不正当利益的若干规定》，为认真落实《廉政准则》的各项规定，印发了《市委农工委关于贯彻落实〈廉政准则〉的实施意见》。二是认真落实领导干部配偶和子女从业、投资入股、到国（境）外定居等规定和有关事项报告制度，加强了对有关住房制度政策执行情况的监督检查，严禁领导干部利用和操纵招商引资项目、资产重组项目，为本人或者特定关系人谋取私利，市农委系统县（处）级以上领导干部都主动报告了配偶、子女及其配偶从业情况，未发现违规经商办企业的问题。

2013—2015年，市委农工委及时传达贯彻了党的十八大精神，认真学习并贯彻执行中央“八项规定”、狠纠“四风”。坚持抓“四风”常态化，纠“四风”制度化。建立落实中央八项规定情况月报制，定期统计机关和委属单位执行情况。严格执行《重庆市党员干部生活作风“十二不准”》和《关于加强作风建设监督检查的暂行办法》。在元旦、春节、五一、中秋、国庆等重大节日前，市农村纪工委印发要求通知，发出廉政短信，开展节中抽查。2014年，会同有关处室对市农委系统执行“八严禁”“十二不准”等作风规定情况、“四风”问题整改情况以及执行党政主要负责人不直接分管人、财、物工作，主要领导“末位表态制”等规定情况，组织专项检查9次，查纠问题25人次，提出监察建议24条。落实“三谈两述”“三公开”制度，开展了对市农委班子贯彻民主集中制、执行“三重一大”及廉洁自律规定等事项的监督检查，参加了委属21个单位的民主生活会，抽查了12名领导干部个人事项报告情况。2015年，围绕纠正“四风”问题，抽查了市农委所属6个单位公车使用、公务接待等情况，对11名存在“四风”问题的干部进行了约谈。

三、制定廉政制度

（一）廉政管理制度

1993年，针对社会上经济业务活动中普遍存在的回扣问题，市农牧渔业局纪检组印发了《关于加强“回扣”管理，促进党风廉政建设的意见》，明确要求把握几个原则界限，对不能回避的“回扣”必须交回单位纳入财务管理，否则按违纪违法处理，该意见在执行中收到很好的效果。

2002年，市农机局党组印发《关于处级以上领导干部遵守廉政纪律的规定》，进一步规范市农机局机关和直属单位领导干部遵守廉洁从政的行为。2002—2004年，市农业局制定了政府采购和项目招投标制度。自列入政府采购试点单位后，制定了《重庆市农业局政府采购管理试行办法》，实行了严格的采购制度和监督制度。从多年执行情况看，市农业局政府采购制度已走上正轨，不仅有效预防了腐败，而且创造了良好的经济效益和社会效益。2003年，制定出台了《重庆市农业局农业投资项目监督管理办法》。先后制定了《基本建设管理办法》和《基本建设财务管理办法》，对农业基本建设项目的有关程序和基建工程招投标的有关内容作了具体规定。为加强招标项目的廉政监督，市农业局坚持执行对投资额在50万元以上的基本建设项目严格实行进入有形市场招标；对20万元以上的基建项目实行了必审制度。这有效地降低了基建成本，确保了工程项目顺利实施，避免了“暗箱操作”和个别人说了算的情况，防止了权钱交易和工程建设过程中的不正之风。2004 年对 14 个单位的基建设备仪器项目实行了招标，其中有 10 个项目进行了公开招标，4 个项目进行了邀请招标。全年实际招标金额 1 103.7 万元，比计划招标总金额节省金额 368.2 万元，节省率达 25%。对市农业局属单位的基本建设项目进行了结算审计，共完成基建项目审计 4 项，审减金额 100 多万元。

在审计监督方面，2000 年，市农业局印发《重庆市农业局基本建设工程项目审计实施办法》；2001 年，制定了《重庆市农业内部审计工作暂行办法》；2002 年，制定了《重庆市农业内部审计工作规范》；2003 年，制定了《重庆市农业内部审计工作暂行办法》。

2008 年，市农委制定了《重庆市农委内部审计工作规范》和《重庆市农委内部审计暂行办法》，加强了审计监督。2009—2010 年，市农委从制度上规范干部的从政行为，先后制定了《重庆市农业委员会机关财务开支管理办法》《重庆市农业委员会机关公务接待办法》《重庆市农业委员会机关工作作风“十不准”规定》《重庆市农业委员会机关公务员廉洁从政“十不准”规定》《重庆市农业基本建设项目招标投标管理规定》《重庆市农业委员会国有及国有控股公司管理暂行办法》《重庆市农业委员会机关办公设施设备配置暂行办法》《重庆市农业委员会公务车辆及驾驶人员管理暂行办法》等 20 多项制度。2009 年，市农委制定出台了《重庆市农业投资项目廉政监督检查办法（试行）》《重庆市农业委员会加强强农惠农资金监管的实施方案》。2010 年，市农委纪检审计部门直接参与监督基本建设和政府采购项目招标投标共 30 余次，涉及金额 2 亿多元，比原定计划节约 902 万元。2011 年，强化对财政资金运行的监督和国有资产的监管，直接参与监督基本建设和政府采购项目招标投标 62 次，涉及金额 4 亿多元，效果明显。

2011—2015 年，市农委制定和完善了相关的廉政制度。2011 年，制定印发了《重庆市农业委员会机关公务人员廉洁从政“十不准”规定》《重庆市农业委员会关于进一步加强农业财务工作的通知》《重庆市农业投资项目廉政监督检查办法（试行修订）》《重庆市农业委员会国有及国有控股公司管理暂行办法》和《关于加强监督检查保证新增农业投资落实的通知》等制度。2012 年，修改完善了《关于加强和改进直属单位党的建设工作的意见》，提出了“书记报告工作”等 10 项制度，印制了《机关党的基层组织建设文件汇编》；出台了《重庆市农机购置补贴工作绩效评价暂行办法》《关于进一步加强农村沼气项目资金管理的通知》《关于加强农机购置补贴监管工作的通知》等 10 多项资金管理监督办法。2014 年，修订了市农委《改进工作作风、密切联系群众的实施办法》《重庆市农业行政处罚机关行使行政处罚裁量权暂行规则》《重庆市农业行政处罚自由裁量指导标准》，制定了《联系基层和服务群众工作制度》《创建基层服务型党组织实施办法》《农业项目资金监督管理暂行办法》《关于加强惠农资金管理的实施方案》等。2015 年，重庆市农委制定并下发了《重庆市农业委员会农业项目资金监督管理暂行办法》。同年，根据市纪委主要领导要求，加强了市农科院、市畜科院和市农综办党组织的党风廉政建设工作指导，会同市纪委三室开展了抽查。

（二）廉政风险防控制度

2011—2012 年，市农委注重制度体系建设，健全廉政风险防控机制。市农委工作从实际出发，以职责履行为主线，以权力运行为重点，以强农惠农政策落实（含项目管理）为关键，印发了《中共重庆市委农工委关于查找廉政风险点的意见》《中共重庆市委农工委开展廉政风险点防控管理工作实施方案》，切实推进具有农业部门工作特点的惩治和预防腐败体系建设。在步骤上：一是排查风险点。采取自己找、群众帮、领导提、组织审等方式，结合近年来本系统、本单位发生的问题和案件，逐一排查履行岗位职责过程中可能出现的廉政风险点。直属单位及机关处室共查找出廉政风险点 256 个，其中一级风险点 36 个、二级风险点 82 个、三级风险点 138 个，涵盖了市农委系统项目安排、资金分配、农业执法、人事、财务、基建、物资采购等各个岗位和工作环节。二是制定防控措施。针对查找出的风险点，根据不同的风险等级，制定有针对性的、具体的、可操作的防控措施，建立健全各项规章制度。针对社会关注的粮油补助补贴、畜牧补助补贴、农机具购置补贴以及农业综合开发项目等资金，市农委16个部门和单位制定了《粮油综合补贴流程图》《畜牧补贴权力运行图》《农机购置补贴流程图》和《农机产品购置运行图》等18个运行图，接受社会监督，并指导区（县）农业部门推进该项工作。三是确定防控责任。按照分级管理、分级负责的原则，建立风险防控责任制，明确风险防控责任人和监督人，严格责任追究。围绕前期预防、中期监控、后期处置3道防线，对各风险点提出了相应的防范措施，实行分级防控。对审定为“一级风险”的，在单位分管领导直接管理的基础上，由单位主要领导负责落实防控措施；对审定为“二级风险”的，在处（室）、科（室）、直属单位领导直接管理的基础上，由单位分管领导负责落实防控措施；对审定为“三级风险”的，由处（室）、科（室）、直属单位领导直接管理和负责落实防控措施，形成了一级抓一级、层层抓落实的工作局面。市农委根据机关各处（室）建立的风险防控体系，制定了《中共重庆市委农工委廉政风险点防控管理办法》，下发机关各处（室）、直属单位和各区（县），明确要求区（县）农业部门参照制定，建立起横向到边、纵向到底且具有长效机制的防控体系。

2015年，市委农工委制定《深化市农委系统廉政风险防控工作实施方案》，以执行“八项规定”，落实“两个责任”，项目资金监管和履职勤政等4个方面为重点深化风险防控，健全系统“不能腐”的防控机制。

市农委通过一系列制度建设和加强监管：一是干部职工防范意识明显增强。切实增强了广大干部职工防范和化解廉政风险的能力，促进了工作效能和队伍形象“双提升”。二是行政行为进一步规范。市动物卫生监督所组织开展全市动物卫生监督系统行风评议，群众满意率达到90%以上，执法办案进一步规范，无一件群众信访投诉，无一件行政复议和行政诉讼。三是权力制约意识进一步提高。许多处（室）和直属单位在涉及项目评审、资金分配、招投标方面，主动邀请纪检监察人员参加。市农机办开展的“2011—2013年重庆市支持推广的农业机械新产品目录”，邀请本单位监察室全程监督，此项工作完成后，受到各界的好评。四是廉政风险防控体系框架基本建立。具有农业部门特点的廉政风险防控机制基本建立，用制度管人、管事、管权变得更加明晰，系统干部在履职中更加有章可循，实现了有效预防风险和消除隐患的目标。

四、专项清理

20世纪80年代中期至90年代末，市级农村工作系统各局按照中共中央和中共重庆市委、市人民政府及市纪委的要求，认真开展了“清理党员干部建房、分房、装修住房中以权谋私问题”“清理公款配置通信工具问题”“清理党政机关干部在企业兼职和党政机关经商办企业问题”“清理党政机关违规使用小汽（轿）车问题”“清理党政机关干部收受红包、礼金、有价证券问题”等，达到了预期目的，取得明显效果。

1997年以后，重庆直辖市开展了“清理党政机关公款购买个人商业保险和领导干部拖欠公款的问题”等专项清理活动，均取得明显效果。

2004年，认真开展了“三清理”工作。市级农村工作系统各局按照重庆市廉办有关文件精神，一是开展了党政领导干部在企业兼职情况的清理工作，二是开展了对党政领导干部拖欠公款和利用职权将公款借给亲友问题的清理工作，三是开展了用公款为干部职工购买商业保险的清理工作。此外，各单位开展了清理检查行政事业单位私设“小金库”的工作。“三清理”和清理检查“小金库”的工作中未发现有突出的违纪问题。

2007年，市级农村工作系统各局认真开展5项清理工作。一是按照中央纪委《关于严格禁止利用职务上的便利谋取不正当利益的若干规定》，在机关和直属单位开展了清理和纠正领导干部廉洁从政方面存在的5个突出问题的工作，未发现领导干部存在5个突出问题的现象。二是根据市委办公厅、市人民政府办公厅印发《重庆市开展党政机关办公楼等楼堂馆所建设项目清理工作实施方案》的通知要求，在机关开展了“机关办公楼等楼堂馆所建设项目”的清理工作，未发现有违纪违规行为。三是按照全市清理评比达标表彰活动工作电视电话会议的要求，对机关和直属单位的评比达标表彰活动开展了清理工作，市农业局清理出各种评比达标表彰活动9项。四是根据市纪委和市委组织部的通知要求，对机关和直属单位县（处）级以上领导干部配偶、子女从业情况开展了申报登记工作，未发现有突出问题。五是按照市政府纠风办的要求，在机关和直属单位开展清理和严格控制节庆活动工作，市农业局对2005—2007年本局系统的节庆活动情况进行了调查摸底，局机关和直属单位尚未出现有利用行政手段拉赞助、搞摊派举办节庆活动的情况。六是按照要求进一步加大力度，继续治理了“领导干部违反规定收钱送钱”“跑官要官”和规范津贴补贴3项工作。在治理“违反规定收钱送钱”方面，制定了《重庆市农业局机关干部廉洁从政“十禁止”规定》。

2009—2010年，新组建的市农委认真开展了“三项治理”等专项治理工作。一是深入治理领导干部违反规定收送现金、有价证券、支付凭证和收受干股，以及以赌博和交易等形式收受财物、利用婚丧嫁娶等事宜收钱敛财等问题，在市农委系统认真开展了自查自纠。“三项治理”工作开展以来，市农委系统干部主动上交的“红包”金额共计14.51万元，其中通过“581”账户上交的金额为7.46万元。二是认真落实领导干部配偶和子女从业、投资入股、到国（境）外定居等规定和有关事项报告制度。三是加强对有关住房制度政策执行情况的监督检查，严禁领导干部利用和操纵招商引资项目、资产重组项目，为本人或者特定关系人谋取私利。四是对单位公务车辆进行全面清查，严格执行了规定，将4辆超标准公务车报批作为过渡车辆使用，对借用的1辆公务车进行了处理。五是市农委系统县处级以上领导干部都主动报告了配偶、子女及其配偶从业情况，未发现违规经商办企业的问题。六是认真开展“小金库”专项治理。对市农委机关和直属各单位“小金库”专项治理工作进行了“回头看”，除发现市农机鉴定站2007年曾用白条列支检测成本费138.77万元外，其他单位未发现问题。对市农委属国有企业也开展了“小金库”专项治理工作，在自查自纠中，对重庆市水产开发总公司另设账户用于职工食堂开支的问题和2个企业在资产管理及账务核算中的不规范行为进行了纠正。

2011年，市农委深入开展“三项治理”工作，继续抓好对“红包”“超标准公务车”“领导干部违规经商办企业”的专项治理工作。2010年11月至2011年年底，市农委系统干部主动上交“红包”金额31.175万元；按要求对公务车辆进行了清理和登记造册；41名厅局级干部、194名县（处）级领导干部均严格按照《关于领导干部报告个人有关事项的规定》要求主动报告了配偶、子女情况，未发现违纪违规问题；以规范财务、公务车辆管理为重点完善了规章制度。2013年，市农委全面开展会员卡清理。按市委要求，召开了委属单位、机关处室负责人参加的市农委系统会员卡专项清退活动动员部署会，市农委系统781名干部（含40名市管干部）全部按要求填报了零持有报告，确保“零持有”要求落实到位。2014年，市农委机关20名厅（局）级干部、140名县（处）级领导干部均按要求主动报告了配偶、子女情况。2015年，督促领导干部如实报告个人有关事项，核查新任领导干部报告个人有关事项7人，抽查处级领导干部报告个人重大事项11人。

第三节　反腐倡廉教育

一、纪律法规教育

1986年2月，市委农工委以“端正党风、整顿纪律、提高效率、服务基层”为主要内容的党风大检查按期完成。该任务由市委、市纪委于1985年11月中旬布置，检查持续3个多月。根据市级农村工作系统实际情况，市委农工委明确了新的不正之风是否纠正、业务指导思想是否端正、党内生活是否正常、是否有忽视精神文明建设和削弱政治思想工作的情况等4个方面检查重点，采取自查为主、重点抽

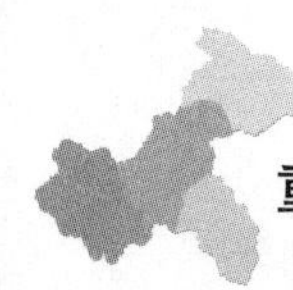

查的方法进行了检查，在各局、各单位带头自查基础上，抽查了20个下属单位，确定了好的和较好的9个、差的1个。检查期间，市农机水电局重点纠正了乱收费、接受礼品等不正之风17起，退出现金14 754元、退出实物74件；市农牧渔业局清理和归还职工、单位所欠公款27万多元。通过党风检查，市级农村工作系统各级党组织领导干部和党员群众受到了一次深刻的党性、党纪、党风教育。

1986年3—5月，为落实市级干部大会精神，市农委党组作出整顿市级农村工作系统机关党风的安排。每周星期六全天为机关党风大检查时间，分为“学习文件、提高认识，自查自改、解决突出问题，建章建制、巩固和扩大整风成果，总结”4阶段进行。

1998年，市农机局在全局党内开展全心全意为人民服务的宗旨教育活动，充分利用中心学习组、党员支部大会、党小组会、板报、广播、看录像、听报告等多种形式，组织党员认真学习《毛泽东、邓小平、江泽民等论全心全意为人民服务》等；举办了两期邓小平理论、“宗旨教育”培训班。通过“宗旨教育”活动的开展，基层党组织的工作进一步规范化，凝聚力、战斗力明显增强，党员干部思想作风进一步转变，服务群众意识明显提高。

1999年10月至2000年1月，市委农工委、市农办开展“三讲”教育，深入进行以“讲学习、讲政治、讲正气”为主要内容的党性党风教育，加强领导班子政治建设，先后经历了“思想发动、学习提高”“自我剖析，听取意见”“交流思想、开展批评”“认真整改、巩固成果”4个阶段。活动中，查摆领导班子及领导干部在党性党风方面存在的突出问题52项，全部按要求完成整改，制定完善20个规章制度、4个规定、干部职工10条守则，实现“气顺、心齐、风正、劲足”的要求。2000年4月，在市委农工委、市农办领导班子及领导干部中集中进行“三讲”教育“回头看”活动，主要按照“认真准备、集中学习、总结提高”3个步骤开展。活动中，对领导班子和领导干部党性党风方面的问题进行自查自看，提出整改任务14项，切实巩固了“三讲”教育成效。2001年，市委农工委、市农办进一步提高认识、统一思想，切实抓好党风廉政建设和反腐败斗争，从源头防止腐败，把预防腐败寓于各项工作中。1月2日，新年上班的第一天，市委农工委、市农办举行了学习会议，认真学习贯彻江泽民总书记在中纪委第五次全体会议上的重要讲话和《中纪委第五次全体会议公报》。2002年2月，市委农工委、市农办认真学习贯彻江泽民总书记在中纪委第七次全会上的讲话、中纪委第七次全会精神和贺国强书记在市纪委第九次全会上的讲话、市纪委第九次全会暨重庆市党风廉政建设工作会精神。市委农工委领导和机关处级以上干部参加了学习和座谈，市委农工委副书记、市农办主任王大用主持了会议。

2004—2007年，市级农村工作系统各部门开展了纪律法规教育。

2004年，认真开展以学习《中国共产党党内监督条例（试行）》《中国共产党纪律处分条例》为主要内容的学习教育活动。按照市纪委的统一部署，市级农村工作系统开展了以学习两个《条例》、中纪委三次全会“四大纪律、八项要求”为主要内容的学习教育活动。市农业局为机关和局属单位购买了两个《条例》专辑、《中共中央关于加强党的执政能力建设的决定》辅导读本等相关学习教育资料共2 600本，保证党员干部的学习需要。在市农业局系统党员、干部中开展了以学习贯彻两个《条例》为主要内容的知识竞赛有奖活动。参加知识竞赛的党员、干部和党外人士共900余人，评出了组织奖6名，优秀个人一等奖3名、二等奖6名、三等奖40名，市农业局党组分别给予了精神和物质奖励。市农机局党组开展两个《条例》学习教育活动，全局党员干部参加超过20小时的集中学习，在广大党员干部中广泛宣传两个条例，并组织知识测试，对照两个条例找出问题，完善措施，积极整改，增强了全局党员监督意识和纪律观念。通过两个《条例》的学习，党员干部充分认识到了两个《条例》颁布实施的重大意义，增强了学习贯彻两个《条例》的自觉性，尤其是领导干部增强了监督与接受监督的意识，明确了监督的责任。

2006年，市农机局开展机关作风专项整改工作，以积极转变机关作风为重点，狠抓“四个强化、三个结合、两个推进”，突出抓好党员干部的理想信念教育、宗旨意识教育、廉洁从政教育，全体党员干部的宗旨意识、服务意识进一步增强。2007年，市农办、市农业局按照“作风建设年”活动要求，结合“清廉从政，服务发展”专项学习教育活动，开展理想信念和从政道德教育、党的优良传统和作风教育、党纪条规和国家法律法规教育。组织中心学习小组和党员干部集中学习了《中国共产党党章》《领导干部廉洁从政若干准则》《重庆市领导干部作风建设教育读本》等相关内容。

2008 年，市农委进一步加大了纪律法规教育。2008 年，市农委组织参加了全国学习宣传《建立健全惩治和预防腐败体系 2008—2012 年工作规划》（简称“工作规划”）的知识答题活动。中央《工作规划》下发后，及时组织全委系统党员干部认真学习，在中层以上领导干部中开展了以学习贯彻《工作规划》为主要内容的知识答题活动，有 563 名党员干部参加了知识答题，占总数的98%，营造了贯彻落实的良好氛围。

2009 年，市农委认真开展党风廉政教育。按照市纪委、市委组织部、市委宣传部通知要求，及时印发了《市委农工委关于开展“加强党性修养、弘扬优良作风”主题教育月活动的实施方案》，积极开展主题教育活动。一是组织了一次专题学习。以中心组学习和支部生活会等形式，认真组织党员领导干部学习了胡锦涛总书记在中央纪委十七届三次全会上的重要讲话和《加强党性修养、弘扬良好作风》《从政提醒——党员干部不能做的 150 件事》等教育读本。二是开展了党纪政纪知识学习教育活动和知识测试。组织了党委机关副处级以上党员领导干部认真学习了《党章》《公务员法》《中国共产党纪律处分条例》《党内监督条例》《领导干部廉洁从政若干准则》等有关法律法规知识，并集中进行了统一闭卷考试，100 名副处级以上党员领导干部参加了由市纪委统一出题的党纪政纪知识测试。

2010—2011 年，市农委结合“争先创优”活动，组织了廉政内容的专题学习。一是组织学习了胡锦涛、贺国强在《中纪委十七届五次全会上的讲话》《中共重庆市委、重庆市人民政府关于开展“三项治理”工作的意见》等廉政内容和全市党风廉政建设电视电话会议精神，为机关党员干部配发并组织认真学习《权力腐败与权力制约》《廉政准则》及《关于领导干部报告个人有关事项的规定》等教育读物。二是印发了《市农委贯彻执行“廉政准则”实施意见》，要求全系统各级党组织把《廉政准则》作为支部生活会的必学内容，自觉遵守，并通过设置《廉政准则》宣传展板、在公共场所贴挂廉政格言和警句风景画、在廉政内网上宣传廉政规定、组织干部参加《廉政准则》知识测试活动等形式，积极营造崇尚廉洁的良好氛围。三是领导干部带头讲廉政党课。市委农工委书记夏祖相为全体机关干部和直属单位负责人上了一堂题为“强化制度建设，深入推进党风廉政建设”的党课；市农村纪工委书记为全系统党员领导干部上了一堂题为“学习贯彻《廉政准则》，不断增强自律意识”的廉政党课。

2012—2013 年，市委农工委组织市农委系统领导干部深入学习习近平总书记关于作风建设重要讲话和党的十八大报告，举行班子中心组学习 17 次，聘请专家教授集中解读中央和市委重大精神、重要时事 8 场；认真学习并执行中央“八项规定”、狠纠“四风”。开展“读书思廉”，为机关领导干部统一购置《领导干部廉洁从政教育读本》《党员领导干部易犯错误模糊问题 50 问》，为每位党员干部购买《党章》《十八大报告辅导读本》等书籍；结合“加强从政道德建设，保持党的纯洁性”为主题的“党性党风党纪教育月”活动，给党员干部做《勤政廉政葆纯洁、正风正己尽责任》为题的廉政辅导。通过学习，班子成员的理论素养和领导能力有了新增强、党员干部党性修养有了新提升。

2014—2015 年，市委农工委坚持把深入学习贯彻习近平总书记系列重要讲话精神作为重大政治任务，着力用讲话精神武装头脑、统一思想、指导实践，自觉地同以习近平同志为核心的党中央保持高度一致。2014 年，领导班子成员带头上党课 21 次，推动了 1 300 余名党员干部的经常性政治理论学习。7 月 12 日，《重庆日报》报道，中央“八项规定”出台后，由市农委参与的节会由原来的 40 多个减为 1 个，各区县自主兴办的节会也大幅度减少，许多节会被推向市场，由合作社、协会、企业、农户等自办，全市农字号节会实现“官转民”。2015 年，组织市农委系统党员干部原原本本地学习《习近平谈治国理政》《习总书记在重庆视察时的讲话》等重要讲话和论述，班子成员和处级领导干部围绕“增强党性原则，在政治立场上敢于担当”等主题开展集中学习、研讨 13 次，处级以上领导干部撰写心得体会和理论文章 70 余篇。选派 21 名干部参加党性教育专题研讨班等各类调训，组织培训市农委系统骨干党

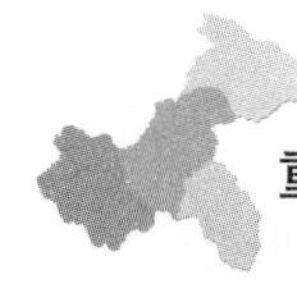

员100名。党员干部政治理论素养进一步提高，理想信念进一步坚定。

二、正反典型教育

1995—2003年，为传播正能量，加强党员党性修养，弘扬党的优良作风，按照中央和市委统一部署，市级农村工作系统各部门党组织认真组织开展了系列学习先进典型的活动。1995年，各部门党组织开展了向孔繁森、梁强同志学习活动；1996年，市农牧渔业局党组在全局系统开展“双创双争”活动。此次活动与“讲学习、讲政治、讲正气、弘扬红岩精神，学习孔繁森、吴天祥、徐虎先进事迹”和党员民主评议，党员目标管理相结合，达到了树正气、促发展的目的。2003年，中共中央组织部、宣传部发出深入学习郑培民同志先进事迹通知后，各部门党组织迅速行动，联系各自实际广泛开展学习郑培民同志活动。

2004—2006年，市级农村工作系统各部门认真开展以正反两方面典型素材为主要内容的党性党纪教育活动。2004—2005年，市级农村工作系统各部门组织机关和下属单位党员干部认真学习了张建国同志和梁雨润同志的先进事迹。在党风廉政建设和反腐败工作会上宣读了“王怀忠严重违纪违法案件的通报”和“交通系统部分干部违纪违法案件的通报”，观看了VCD电教片《王怀忠的两面人生》。市农业局组织机关党员干部在局内部网上收看电教片《“立党为公、执政为民”先进事迹报告》，观看电教片《禁越“红线”》《死路》等典型腐败案件。组织610名党员干部参观“全国廉政文化大型绘画书法展重庆巡展”，使党员干部在接受文化艺术熏陶的同时，从心灵上受到了廉政启迪教育。市农办开展警示教育，在机关干部大会上宣读了“孙斌、佟世荣严重违纪案件的通报”等，组织处级以上党员干部观看了电教片《沉重的忏悔》《走上被告席的大法官》《为欲所累向深渊》等，这些典型腐败案例，使大家在思想上产生了强烈的震撼，受到了深刻的警示教育。

2006年，市级农村工作系统各部门运用先进典型进行正面引导，先后开展了向先进人物任长霞和抗灾英雄李彬同志学习的活动，并组织广大党员干部观看了《用生命铸就忠诚》等电教片和廉政党课电化教材，观看了反腐倡廉电影《大道如天》和警示教育专题片《忏悔录》，进一步增强了党员干部反腐倡廉意识。市委农工委组织党员干部围绕“八荣八耻”开展荣辱观大讨论，围绕开展建党85周年纪念活动，举办党员干部理论培训班，不断提高党员思想素质。市农业局积极开展了“廉洁奉公光荣、勤政为农无悔”为主题的廉政文化进机关“十个一”活动：开办了一个廉政宣传栏、设立了一批廉政警示牌、设立了一个廉政网站、唱响了一组廉政歌曲、开展一次机关处室服务基层调研活动、举办一次读书思廉研讨活动、上一堂廉政辅导课、看一部廉政片、发送一句廉政短信、组织一次廉政宣誓教育。通过开展“十个一”活动，在市农业局机关形成了廉洁从政的良好氛围，机关工作作风明显改进。同时，充分发挥网络优势，在内部办公网上开设了“党风廉政建设”专栏，将党风廉政建设最新信息、调研文章和市内外最新的典型案例以及全系统有关党风廉政建设的工作动态等分门别类的编辑上网，开展经常性教育，收到了很好的宣传教育效果。结合“清廉从政，服务发展”专项学习教育活动，组织了黄丕娇同志先进事迹报告会；邀请了市委党校教授为全局系统党员干部作党风廉政建设形势报告；组织每个支部党员干部参加全市作风建设知识竞赛网上答题活动。通过开展多种形式的党风廉政教育，使广大党员干部的思想道德修养得到进一步提高，遵纪守法、廉洁自律的自觉性进一步增强。

2007年，按照《中共重庆市委关于深入开展向邓平寿同志学习活动的通知》要求，各部门党组织认真组织学习邓平寿同志先进事迹活动。4—6月，市农机局党组在全系统深入开展“作风建设年”活动，紧紧抓住解决党员干部在思想作风、学风、工作作风、领导作风和生活作风等方面存在的突出问题，开展“清廉从政，服务发展”专项学习教育，深化“执政为民，服务发展”活动，抓好每个局领导蹲点联系一个区（县），局党组举办一次作风建设演讲比赛，每个党员干部撰写一篇加强作风建设的论文或心得，各党支部过一次重温入党誓词的组织生活，组织一次深入扶贫乡访贫问苦活动，建立健全一套改进作风建设的制度“六个一”活动。为深入学习贯彻市第三次党员代表大会精神，开展以“领会精神促发展，转变作风强素质”为主题的“党建活动月”活动，共安排4个专题活动，一是“学精神、促发展”活动，举办4场专题辅导报告，召开研讨会；二是“受教育、强党性”活动，主要是重温入党誓词、举行党员先进事迹报告会、开展党课教育；三是“强纪律、转作风”活动，开展军事活动日、干部大下访等；四是“壮队伍、塑形象”活动，加强党员、干部队伍建设，加强基层党组织和“三型机关”建设。

2008—2009年，新组建的市农委，组织开展了向王瑛、吴大观、周鑫同志学习的活动。组织党员干部深入学习王瑛同志的先进事迹，认真观看中央纪委制作的《永不凋零的巴山红叶——记四川省南江县原县委常委、纪委书记王瑛》《王瑛同志先进事迹报告会》等电视片。2010年，市农委结合“争先创优”活动，组织了廉政专题学习，加强先进教育和警示教育。利用市农委廉政内网登载党风廉政建设最新信息、典型案例和市农委系统有关党风廉政建设的工作动态，供党员干部学习。组织党员干部观看了《第一书记》《青藏线》等教育题材的影片，深入开展了学习先进事迹的活动；组织机关处级以上领导干部到重庆市廉政教育基地接受警示教育，收到了良好效果。

2011—2012年，市农委进一步加大反腐倡廉教育力度，筑牢党员干部反腐防线。一是强化警示教育。针对近两年农业系统发生的腐败案件情况，积极开展以案说法、警示教育等活动，对全市农机系列案件的沉痛教训进行深刻反思。组织市农委机关部分处室负责人及重要岗位工作人员参加了市农委原副主任龚天荣、罗泽宽及农机装备处原处长孙友阶等涉案人员的庭审；组织机关处级以上领导干部、直属单位领导班子成员及市农业科学院等6个直属单位中层以上干部200多人，分批次前往市廉政教育基地、渝州监狱接受教育，听取违法违纪者的现身说法及办案人员、专家学者的剖析点评；组织市农委系统150余名党员干部参观全国检察机关惩治和预防渎职侵权犯罪展览重庆巡展；组织机关党员干部及直属单位负责人观看了党风廉政建设警示片《失德之害》等，提高廉政意识。二是宣讲廉政党课。市委农工委书记夏祖相多次在会议上强调维护党的政治纪律的重要性和必要性，市农村纪工委书记曾维露为机关全体党员干部上了一堂《当前反腐倡廉面临的形势和任务》专题党课，机关党委书记龚必智做了题为《光辉的旗帜》的专题报告，不断提高党员干部的政治敏锐性和政治鉴别力。三是营造廉洁氛围。开设廉政专栏，及时将好的反腐倡廉文章、党风廉政建设好的经验等在市农委系统内传送。每逢重要节假日，市农委处级以上干部都会如约收到手机廉政短信，时刻提醒干部常怀律己之心，防患于未然。2011年，市农委全面推开廉政文化进机关、进企业、进家庭活动，把反腐倡廉的思想教育、道德教育、纪律教育与社会公德、职业道德、家庭美德和法制教育结合起来，坚持贴近生活、贴近实际、贴近群众，寓教于文、寓教于乐、寓教于多种文明有益活动之中，努力形成“以廉为荣，以贪为耻”的良好社会风尚。在系统内组织歌咏比赛、“读书思廉”、知识竞赛、演讲比赛、观看廉政专题教育片等活动。以“纪念建党90周年”为主题，举办了“学党史、强党性”知识竞赛，进行一次深刻的党史、党性教育；邀请重庆市红岩革命历史博物馆馆长厉华同志做了“红岩魂——信仰的力量”专题报告，让大家深刻领悟了红岩精神。

通过用正反典型素材对党员干部尤其是领导干部进行示范、警示教育，广大党员干部进一步树立了正确的世界观、人生观和价值观，进一步增强了立党为公、执政为民的意识，进一步增强了政治素质、廉洁自律意识和遵纪守法的自觉性。

第四节　信访举报和案件查处

1986—1996年，重庆直辖市成立之前，市级农村工作系统各部门重视群众信访举报工作，认真查处违法违纪案件，对党风廉政建设起到了重要的推动作用。

市农牧渔业局纪检监察部门于1987年11月，办理了市种畜场党员赵××因“文化大革命”期间所犯错误案件（此人被给予开除党籍处分）。1989年1月，会同重庆市作物研究所党委对屈××嫖宿问题进行了综合调查；同年4月，市农牧渔业局党组同意给予屈××开除党籍的处分。1993年，会同市第二农业学校党总支查处了党员龚××的违纪行为；1995年4月，龚××因在留党察看处分期间正确认识和改正错误，按期恢复党员权利。1994年，协助检察机关查处了市农牧渔业局经管处处长、市农村合作基金会总经理肖的常受贿案件，给予肖的常开除党籍、开除公职处分。

市农机水电局于1986年4月，查处了重庆市农业机械研究所有关于领导接受“红包”违纪问题，市农业机械研究所工会主席林××、副所长曾××、行政办公室副主任唐××因接受“红包”错误，受到组织处理。

1995年4月起，逐渐建立完善全市农村工作系统党政领导干部党风廉政档案。

1997年，重庆直辖市成立后，市级农村工作系统各部门认真贯彻从严治党、从严治政的方针，进一步加大了案件查处和惩治腐败的力度，为全市农业和农村经济的发展创造良好的政治环境。1997年，全市农村工作系统党员干部因违法违纪，开除党籍4人，留党察看2人，党内严重警告1人，党内警告1人。

市纪委派驻市农村纪工委，加大了对市级农村工作系统各局纪检监察工作的指导协调力度，处理了一批重要信访举报，查处了一批重大的违法违纪案件。2001年，市纪委、市监察局指导市农村纪工委查处了市农资总公司原总经理胡启能贪污受贿案，这是自新中国成立以来，重庆市最大的一起贪污受贿案，胡启能涉案金额高达1 599万元，受到开除党籍和开除公职处分；重庆市第一中级人民法院一审判处胡启能死刑，剥夺政治权利终身。

市纪委、市监察局派驻市农业局纪检组、监察室，自1998年5月至2006年年底，受理群众来信来访260余件，查办违法违纪案件19件，21人受到党纪、政纪处分；为国家和集体挽回直接经济损失527.1余万元；内部审计工作和农业专项资金审计，查处违纪违规金额近千万元。1999年11月，协助重庆市蚕种管理站查处了该站职工赖××，因其伙同其他法轮功修炼者进京非法聚集案件，市农业局党组经研究决定给予赖××开除党籍处分。2001年，驻局纪检组对局属单位1997年以来查结案件处分决定的执行情况和所办案件质量进行全面检查。2005年，市种畜场退休支部党员李××，因利用邪教组织破坏国家法律实施，被劳动教养一年，给予李××开除党籍处分。驻局纪检组查办了原重庆市果树研究所所长弓××因失职渎职给单位造成重大经济损失案，局党组给予弓××留党察看和行政降级处分。同时，驻局纪检组案件管理工作受到市纪委监察局的表彰。2007年，驻局纪检组查办市农业学校违规发放津补贴奖金案，被市纪委、市监察局表彰为“2007年度办案先进集体”。派驻市农机局纪检组监察室于2004年2月，查办了市农机总公司原经理陈××挪用资金和严重失职案件，市农机局党组给予其开除党籍的处分决定。

2008年，新组建了大部制的重庆市农业委员会。市委农工委高度重视群众来信来访和查处违法违纪案件工作，相关领导及时批阅举报信件，组织办信办案人员认真研究案情，解决调查办案工作中的困难和问题。纪工委认真接待群众来访，及时处理群众来信，加大了信访举报工作初核、查办力度，做到了事事有回音、件件落到实。当年共受理群众来信来访26件，初核7件，存查6件，转办7件，办理待结3件。牵头查办了市种畜场武装部部长江××经济违纪案件，给予其本人撤销行政职务和党内严重警告处分；同时，对市农科院果树所、市畜科院、市农机校等单位出现的问题进行了调查和处理。

2009年，纪工委印发《重庆市农委系统纪检监察信访举报工作实施办法》，进一步规范市农委系统纪检监察信访举报工作办理程序。当年共受理群众来信来访29件，初核10件，存查6件，转办10件，正在办理待结3件，立案1件。2010年，共收到群众来信来访30件（重复12件），其中初核5件（转立案1件）、信访调查11件、转信2件。市农委对群众反映的市畜科院、市农校、市奶牛协会、市种畜场二季度公招等有关问题进行了初核调查。配合市纪委对群众反映市农科院修建高档集资房问题进行调查处理。查处了市农科院某办公室主任王某（科级）因酒后闹事而被当地公安机关拘留的问题。对市农科院李某私设小金库的有关问题进行了调查核实。并对市动监所招标采购中存在违规行为和市种子站违规报销等问题进行了查处。

2011—2012 年，市农委设立举报电话和意见箱，畅通投诉反映渠道，完善了信访举报的制度流程。2011 年，收到群众来信 21 件，全部进行了处理。其中办结 11 件、存查 5 件、转信 4 件，提出监察建议 10 余条。调查处理了涉及惠民补贴、侵害农民利益的重点信访举报案件 10 多起。此外，纪工委积极配合专案组及司法机关调查取证，对系统内发生的重大案件涉案人员，依纪依法进行了处理。2012 年，市委农工委原委员、市农委副主任、市农机管理办公室主任罗泽宽因犯受贿罪、挪用公款罪，数罪并罚，被重庆市第一中级人民法院判决执行有期徒刑 15 年，并处没收个人财产 30 万元，犯罪所得赃款 301.68 万元以及价值 1 350 元的仿劳力士手表予以追缴，上缴国库。6 月，市委农工委作出对罗泽宽开除党籍和开除公职的处分决定。近年来，重庆市在农业部的关心支持下，实施中央购机补贴，资金总量达到 7.58 亿元，有力地促进了重庆农机化发展。在加大投入的同时，也暴露出一些问题，特别是当年上半年，农机购置补贴系列案件被查处，原市农委副主任、市农机办主任罗泽宽和 19 个区（县）共 50 人涉及职务犯罪被移送司法处理。查处案件中发现农机主管部门干部严重失职渎职和侵占，存在收礼、受贿、吃回扣，占干股，与农机生产商、销售商勾结弄虚作假骗取国家农机补贴，使不法商人和公司获得暴利。案件的查处，在全市农机系统引起极大的震动，随之强化了制度建设，建立了廉政风险防控体系，改进了农机补贴的方式方法，取得明显效果。

2013 年，市委农工委原委员、市农委原副主任龚天荣（此前任市种畜场场长、华牧集团有限公司总经理）因犯受贿罪、巨额财产来源不明罪、为亲友非法牟利罪等数罪并罚，被重庆市高级人民法院终审判决执行有期徒刑 15 年，并处没收个人财产 15 万元、罚金 40 万元。同年 7 月，市委农工委作出对龚天荣开除党籍和开除公职的处分决定。

市农村纪工委、监察室在办信办案过程中，严格执行纪律和正确运用政策，对反映情况不属实的问题，及时澄清是非，为干部消除了负面影响；对群众反映的一些不构成违纪但又有明显错误的问题，市农委领导及时对有关人员进行了诫勉谈话和严厉的批评教育，帮助提高认识、改正错误，收到良好效果。

第五节　政风行风建设

一、职业道德教育和机关作风建设

1986 年 7 月起，在农委全系统组织开展“四职”教育，深入纠正行业不正之风，使广大职工普遍受到了一次讲求职业道德、遵守职业纪律、努力尽职业责任、提高职业技能的教育。活动中出现了一批“四职”教育先进职工，如水利工程综合经营公司门市部“受人称赞的青年营业员”赵子英，长寿湖渔场宣传科“严谨办报、对人民负责”的刘忠信，水电机械厂“劳动技能强、职业道德好”的车间主任、党支部书记姜德宽，市乳品公司“优秀送奶工”吴显才，市沼气办公室“圆满完成出国援建沼气工程任务”的黄积沛，市机械化养鸡场“热爱本职、埋头苦干”的青年知识分子史昭信，市乡镇企业供销公司“工作不计报酬、不分分内分外”的司机黄友明等。

1998 年 1 月起，全市农村工作系统开展机关作风整顿工作，市农办通过学习自查，找准差距、明确重点，提高了机关工作作风。市农机局分为 6 个学习整顿小组，坚持每月一次的中心组学习制度，现职副处级以上干部参加学习，各学习小组分组讨论学习，采用多种方式学习《机关作风整顿学习资料》。完善各项制度，层层发动找准问题，针对主要问题边整边改，认真召开民主生活会，有效地改进了全局机关作风。

2000 年，市委农工委开展一系列党风廉政建设专项活动，加强国有企业领导干部廉洁自律、纠正部门行业不正之风、制止用公款吃喝玩乐、清理纠正用公款为领导干部配备住宅电脑和支付上网费用、清理纠正机关干部借用公家小汽车等情况。在机关开展“创优质服务、优良作风、优美环境，做人民满意的公务员”活动，转变了机关工作作风，提高了工作办事效率，树立了市委农工委、市农办良好的机关形象。

2005年，市农业局党组开展以“服务三农，党员争先”为主题的“五个一”活动，即搭建一个致富信息平台，解决一批生产经营难题，帮助农户出一个致富点子，推广一批先进适用技术，培训一批农民工。在市农业局机关党员中开展“一对一”帮扶活动，每个党员帮助一名贫困学生完成小学学业。

2007年，市级农村工作系统各部门根据市委要求，巩固和深化“执政为民、服务发展”学习整改活动成果，开展“作风建设年”活动。活动以邓小平理论和“三个代表”重要思想为指导，开展了“清廉从政，服务发展”专项学习教育，举办演讲比赛、写心得体会、重温入党誓词、访贫问苦等多种形式的活动营造良好氛围，建立“执政为民、服务发展”的长效机制，切实解决干部作风方面存在的突出问题。市农业局还在内部网上增设了“作风建设年”专题网页，促进机关干部作风转变。

二、做好窗口服务，主动服务“三农”

（一）创设办事窗口，简化行政审批

为了更好地服务“三农”，落实改革行政审批制度，市农业局于2001年12月创设了公开办事大厅，共有15个行政审批项目纳入了窗口。窗口按照“廉洁、公开、优质、快捷”的原则，实行一站式服务，保证了行政审批工作公开、公平、公正。随着农业农村经济的发展，农业行政审批项目逐年增多，如2004年共办结申报件487件。市农业局在抓好公开办事窗口同时，做到了更好地为“三农”服务，得到农业部和市委、市政府领导的充分肯定。2003年4月，农业部部长杜青林来重庆市视察工作，在市长王鸿举的陪同下专门到市农业局公开办事窗口进行了调研。事后，农业部将重庆市农业局公开办事窗口的先进事迹，送到CCTV7《农友之家》电视栏目和中央人民广播电台向全国广泛宣传推广。驻农业部纪检组将其做法和取得的成效制作成光盘发至全国农业系统，作为政风行风建设的宣传学习资料。2003年，市农业局公开办事窗口获得了重庆市“青年文明号”和“巾帼文明示范岗”的称号。2004年12月，窗口增减了一批审批项目，承办25个审批项目。

2006年，为了深入推进行政审批制度，提高行政服务质量和办事效率，市农业局大力推进简政放权。以开展“执政为民、服务发展”活动为契机，进一步清理、取消和规范行政审批项目，规范行政审批行为，将原来的农业管理审批项目减少5项，下放区（县）6项，合并12项，从而由37项减为14项。减少和规范行政审批工作，极大地方便了基层，有效地防止了行政审批事项中的不正之风。

新农委组建后进一步重视行政审批制度的改革，建立高效政务运行机制。按照转变部门职能、创新行政管理体制的要求，不断推进行政审批制度改革。2008年5月，新组建的市农委搬迁办公大楼，将办事大厅更名为重庆市农委行政审批大厅。先后3次清理、规范行政审批事项，许可审批项目由原来的36项缩减为20项，行政审批和行政服务的工作质量和效率进一步提高。2011年，继续推进行政审批制度改革，全面清理行政许可审批项目，将18项审批项目纳入网上审批和电子监察范围，基本实现行政审批及电子监察信息化管理，全年受理行政许可审批684件，法定期限办结率达到100%。随后，因渔业船舶检验、兽医行政许可等纳入统一审批，2016年1月，行政审批项目增加至45项，每年受理行政许可审批逾1 000件，法定期限办结率为100%，提前办结率达85%。

（二）建立呼叫中心，解答“三农”问题

2005年2月，市农业局与市电信公司合作开通了“农网广播”，为用户提供当前农事、政策快讯、劳务信息、市场行情、实用技术、咨询问答等6个栏目信息服务。10月开通了农业专家咨询热线服务，聘请农业专家组成农业信息服务专家团。为了提高信息服务的针对性和时效性，实施“三电合一”，市

农业局与市电信公司、重庆移动通信有限责任公司、中国联合通信有限责任公司重庆市分公司合作，于2007年1月1日正式开通“重庆12316三农热线”，将“农网广播”“移动农网”“巴渝农业新时空”整合在一个平台上，打造“巴渝新农网”综合信息服务平台。2008年开通“12316”“12396”“12582”为农服务热线后，首批聘任了280名重庆市农业信息服务专家，其中市级专家56名，区（县）级专家224名。自2009年7月1日起，针对不同用户群分别为其免费发送“重庆农业手机报”“种植行家”“养殖能手”“农业气象”“农机天地”“企业之声”“市场动态”“劳务信息”等手机短（彩）信和座机语音信息。至2009年年底，接收有效信息服务的重点用户达到1 440万人次，其中“重庆农业手机报”彩信540万人次。随着重庆市“三农”呼叫中心建成并投入运行，来自农村的咨询电话日益增多，咨询内容日趋广泛，已有专家团成员在数量和专业领域上已经不能满足咨询服务的需要。为此，2010年4月，市农委决定在39个区（县）涉农部门、市农委机关相关处（室）、市农委所属有关单位遴选增补农业信息服务专家团成员，并向续聘的39位市级专家、增补的49位市级专家颁发了聘书。2014年，热线拨打量累计达到25万次，直接解决农民群众疑难问题2万多起，帮助农民增加收入和挽回经济损失2 000多万元。2015年，热线拨打量累计突破30万次，直接解决农民群众及农村社会公众疑难问题超过3万起，群众咨询满意率超过95%，帮助群众增加收入和挽回经济损失3 000多万元。

重庆市“三农”呼叫中心作为信息服务“三农”的窗口单位，受到各级领导的关注。2010年，时任中央农村工作领导小组办公室主任陈锡文，农业部副部长牛盾、陈晓华和总经济师张玉香，重庆市市长黄奇帆，常务副市长马正其等领导视察了重庆“三农”呼叫中心。2011年，市委副书记张轩等领导视察了“重庆12316三农热线”工作。2012年，市委书记张德江、农业部长韩长赋等领导先后视察重庆市“三农”呼叫中心。重庆市“三农”呼叫中心的信息服务工作也得到上级部门和社会各界的认可，2012年荣获中共重庆市委“群众满意窗口”荣誉称号，2013年获得重庆市总工会授予的“工人先锋号”。

市农委通过设立监督举报箱、开办专栏等多种形式，畅通民意反映渠道，对突出问题进行重点督办，规范服务行为，受到领导群众好评。参与《阳光重庆》行风热线活动，就惠农政策直补、农户增收、农村户籍改革、农村土地确权颁证等农民群众关心的问题进行了现场解答。

（三）建立动监110热线，保障肉食品安全

为保障人民大众肉食品安全，保护畜牧业健康可持续发展，经市人民政府批准，2000年6月2日，市动物卫生检疫站（兽医卫生监督检验所，2003年并入市动物卫生监督总站，2007年更名为市动物卫生监督所）正式加入“重庆110社会服务联合行动”。这是国内首个与公安110建立联动工作机制的动物卫生监督机构。动监110联动工作由市兽医卫生监督检验所负责，近郊9区兽医卫生监督机构为成员单位。2002年，在农业部和市人民政府的支持下，动监110联动工作被纳入重庆市国家无规定动物疫病区建设内容，并于翌年在全国率先建成具有动物疫病控制快速反应和指挥功能的省级指挥中心。

指挥中心设立应急接报工作热线89070505，全天24小时值班，市民可拨打热线电话110或89070505，投诉加工销售病害肉、行业不正之风等行为，报告动物疫情，还可咨询肉品卫生相关知识等，动物卫生监督机构接报后及时跟进查处。

动监110联动工作，是市人民政府为民办实事的“民心工程”，是关系政府形象和群众切身利益的大事。开展动监110联动工作以来，紧紧围绕“确保重庆国家无规定动物疫病区和现代畜牧业示范区清净无疫、确保人民大众生命财产安全”的目标，积极开展创先争优，不断丰富服务内涵，成功指挥处置重大动物疫情和畜产品安全事件。

1. 畅通沟通渠道，做群众“知情人”

指挥中心坚持开门纳谏，积极畅通与社会的交流沟通渠道。一是政务公开。采取多种形式，向社会公开动监政策法规、办事程序、咨询投诉渠道，接受社会监督。二是强化宣传。除加强平时宣传外，坚

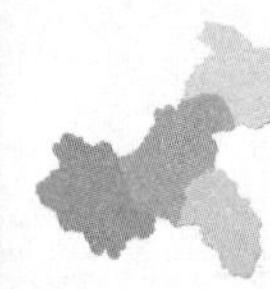

持每年利用110宣传日，大规模组织人员上街宣传动监政策法规、疫情防疫知识，增强老百姓的防范意识，争取对动监工作的理解和支持。三是顺畅沟通。自中心成立以来，平均每年处理社会各界来电1 000多个，日均接警近30件，处警率达100%，做到了“有案必接、有接必查、有查必果”。

2. 优化便民措施，做群众的“贴心人”

指挥中心为各养殖户、畜产品经纪人、基层行业人员搭建了网络平台，着力简化办事程序，提供优质服务。一是“全流程”无缝衔接。动物出售前的检疫申报，以前程序比较烦琐，现在畜主采取电话或网上申报，很快便能获取申报号码，动监机构核对申报号码后，及时派人员到场检疫合格后放行，减少了畜主来回奔波，极大地方便了办理相关手续。二是“全方位”信息跟踪。养殖户或基层行业人员依托3S技术服务手段，及时掌握各养殖场的生产状况、防控工作、历史疫情等方面的情况，并对信息进行远程更新，方便政府随时跟踪掌握生产防疫动态，为宏观指导畜牧业生产、减少疫病发生等提供科学决策依据。

3. 认真快速办理，做群众的“维权人”

动监行业是一项政策性、技术性、时效性强的工作，中心挑选了一批服务意识强，业务水平高的人员承担此项工作。一是认真对待举报投诉。重庆市和各区（县）动物卫生监督所均成立了快速反应查处小组，认真受理每一个举报投诉，要求工作人员在规定时限内迅速查办，并及时将查处结果报告指挥中心，做到了“件件有落实，事事有回音”。二是严肃查处大案要案。充分发挥110联动作用，形成查处合力。2001年以来，通过市民提供的线索，该中心查处大案要案近百件，端掉黑加工窝点50多个，销毁病害肉900多吨，拦截境外疑似重大动物疫情56起。三是严格处理违纪人员。配合公安机关成功端掉黔江区一加工销售病死猪肉窝点，依法追究2名罪犯刑事责任；配合公安机关严肃查处荣昌县以兰明亮为首的病害肉加工犯罪团伙，分别被判处8～10个月有期徒刑，罚金18万元；配合公安机关成功破获南川区吴桂伦等贮藏、销售病死猪肉案，4人犯罪团伙分别判处7～12月的有期徒刑和罚金40万元等。2011年3月，中心接群众举报，一车疑似口蹄疫生猪将从綦江县安稳检查站进入重庆市，指挥中心庚即指挥安稳检查站工作人员拦截处置，对该车生猪进行了销毁处理，防止了疫情传入重庆市。

指挥中心从成立到2015年的14年间，按照“有警必接、有案必查、快速反应、果断处置”的16字方针，加强联动指挥，实现动物卫生监督服务于民、贴近于民，“接警有处理，查处有终结”“件件有着落，事事有回音”。连续14年被市人民政府评为110联动先进单位，多次被评为“市长公开电话值班工作先进集体”，在2012年市委“创先争优”活动中，被市委表彰授予“创先争优群众满意窗口”称号。中共中央政治局委员、国务院副总理、重庆市委书记张德江，市长黄奇帆，副市长陈光国，农业部党组副书记、副部长尹成杰，农业部副部长高鸿宾、于康震，市委副书记张轩、任学锋，市委常委、组织部部长陈存根，市委常委、常务副市长马正其，副市长童小平、张鸣、刘强、李明清等中央、国家部委和市委、市人民政府等领导同志曾先后视察过该中心，各兄弟省份前来观摩学习的同行络绎不绝。

三、严格工作纪律，规范从政行为

（一）及时查处纠正违纪违规行为

2004年，市农业局按照市监察局、市人民政府纠风办、市财政局“关于整顿统一着装的通知”要求，在市农业局系统开展了行政执法人员着装情况的清理整顿工作。经过清理整顿，收缴制式（仿制）服装576套，折价金额27.36万元；整顿后减少统一着装人数共5 151人。

2005年，市农业局狠抓种子管理人员行为规范。针对农业系统区（县）部分种子管理人员参与种子经营的乱象，从理顺种子监管体制、完善种子管理制度和落实责任制等方面着手，出台了《重庆市农作物种子管理人员“六不准”规定（试行）》，就此召开了新闻发布会，严禁机关干部、行政执法与种子管理人员参与生产和经营种子；开展了种子管理人员的清纠工作，在网上公布了23宗种子经营违纪案件，加强了源头治理，维护了种子生产者、经营者、使用者的合法权益。2006 年，市农业局贯彻落实《重庆市农作物种子管理人员“六不准”规定（试行）》，狠抓种子管理人员行为规范，在全市农业系统深入开展了行政人员、执法人员和种子管理人员及其直系亲属从事和参与种子生产经营活动的清纠工作，共清退股金额 307 万元，32 位种子管理人员及其直系亲属退出种子经营活动。

（二）制定完善相关制度，促进政风行风建设

2004 年，市农业局印发《重庆市农业局机关处（室）和直属单位负责人问责暂行办法》，提升了行政效能和工作效率。制定《重庆市农业局直属单位工作综合考核细则》，对落实党风廉政建设和行风建设内容做了明确的规定。2005 年，市农业局印发《重庆市农业局关于严禁领导干部驾驶公车有关规定的通知》《重庆市农业局关于加强机关作风建设的几项规定（试行）》《重庆市农业局重大动物疫情防治责任追究暂行规定》等，以保障和监督相关机构依法履职，严肃工作纪律。

2008—2010 年，市农委围绕重点部位、关键环节、重要岗位，制定完善了一系列制度，制定了《重庆市农业委员会机关财务开支管理办法》《重庆市农业委员会机关公务接待办法》《重庆市农业委员会关于加强和改进机关作风建设的规定》《重庆市农业委员会机关工作作风“八不准”规定》《重庆市农业委员会机关干部廉洁从政“十禁止”规定》《重庆市农业行政执法责任制规定》等多项制度，通过制度的出台，加强了农委系统的内部管理，进一步推动了机关及行业作风建设和廉政建设。

2013 年，市委农工委制定《市农委系统改进工作作风密切联系群众的实施办法》，出台了 7 个方面 22 条措施，严格贯彻执行中央、市委要求，收到很好的效果。

四、认真开展行风评议工作，成效明显

2003—2006 年，市级农村工作系统各局结合“执政为民，服务发展”活动，深入开展政风行风评议工作。根据《重庆市民主评议行风工作实施意见》，市农办、市农业局、市农机局印发《重庆市民主评议行风工作实施意见和方案》，开展了行风评议工作。

2003 年 5 月，市农办举行行风评议座谈会，统一思想，落实任务，增强责任感；明确任务，突出重点，分阶段搞好工作；纠建结合、综合治理、以行风评议推动防治非典及农业农村发展；加强领导、明确责任、扎扎实实搞好行风评议工作。市农办成立了行风评议领导小组，组长由市委农工委书记、市农办主任王大用担任，副组长由市委农工委副书记蓝富国担任，下设指导组、秘书组、协调组。同年 6 月 13 日，市委农工委、市农办召开行风评议座谈会，市人大农委、市政协农林委领导，区（县）农委（办）代表及市级农村工作系统代表参加了座谈会。市委农工委、市农办推进行风评议，对象明确、重点突出，分学习动员、自查自纠、集中整改 3 个阶段，从切实减轻农民负担、提高工作透明度、端正服务态度等 3 个方面推进专项治理，取得明显成效。

市农业局制定了《重庆市农业局民主评议政风行风工作实施意见》，召开了行风评议工作动员会，在全局系统广泛开展了自查活动。按照“谁主管，谁负责”和“管行业就要管行风”的原则，认真落实政风行风评议责任制。对各单位、各部门开展民主评议政风行风工作情况，纳入该局对各单位和各处室年度综合考核的重要内容进行考核。按照“满意”“基本满意”“不满意”3 个档次对涉及该局行业方面的 10 个内容，向市农业局所属单位、区县农业部门，农业系统部分市人大代表、市政协委员发放了征求意见函，收集有关单位和个人意见建议，2004 年收集到 30 条、2005 年 32 条、2006 年 23 条，从总体看，测评情况较好，满意率均在 90% 以上。针对提出的意见和建议，市农业局办公会专门进行研究，累计制定了 30 余条整改措施，并补充制定《重庆市农业局机关工作人员“九不准”规定》，对存在的政风行风问题及时加以纠正和解决。市农业局高度重视行风建设，工作扎实，措施到位，受到市行风评议检查组的好评。

新市农委组建后，坚持执政为民、服务发展，推动政风行风建设，认真开展民主评议政风行风工

作。2008—2011年，市农委始终坚持把“执政为民、服务发展”作为政风行风建设核心工作。一是建立责任明确的工作机制。市农委机关和所属各单位均成立了政风行风建设工作领导小组和工作机构，在坚持一把手抓总的前提下，确定一名副职具体抓，并落实了具体工作机构和人员。同时，将政风行风建设纳入党风廉政建设责任制范畴，与业务工作同部署、同检查、同考核，形成责任明确、责权统一的工作机制。二是建立高效的政务运行机制。为提高行业行政效率，结合机构改革，理清了职责，精简了层次，内设机构在原来的基础上减少了16个。同时，进一步规范了农业综合执法行为，整顿了执法队伍，完善了执法制度。三是建立政风行风监督考核机制。一方面加大明察暗访力度，从基层聘请了8名特邀监察员，并利用“三农热线”电话，反映农民诉求、检举不良作风；组织力量深入暗访服务对象，了解和掌握市农委系统干部职工的工作作风情况，发现问题及时整改。另一方面完善综合考核评议机制。2009—2011年连续3年，市农委按照“执政为民，服务发展”的工作要求，明确了参与行风评议考核的1 000名服务对象及人大代表、政协委员，及时向他们发放了征求意见函，按照反馈的意见和建议，有针对性地开展了自查自纠，提出了进一步改进的具体措施，并制定了《“执政为民、服务发展”工作综合考核办法》，从履行职责、工作作风、廉洁从政3个方面，对机关处室实施了综合考核。

五、开展纠正损害农民利益不正之风专项治理工作

（一）牵头推进专项治理

2010—2011年，市农委按照《重庆市纠风工作分工责任制》的要求，认真开展以纠正损害农民利益不正之风专项治理工作。在市纠风办的指导下，牵头组织6个市级部门建立了强农惠农监管工作联席会议制度，召开了“解决强农补助及补贴资金突出问题”专项行动联席会议，联合下发了《“解决强农补助及补贴资金突出问题”专项行动实施方案》。同时，明确了相关市级涉农部门资金使用与管理的责任，制定了全年工作计划并认真实施，取得成效。市农委为抓好本系统的治理工作，出台《“三项行动”实施方案》，专门成立了强农惠农政策落实监督管理领导小组，下设综合协调组和行业监管组，分别作为日常联络机构和日常监督管理机构。各级各部门严格按照“分级负责、条块结合、一级抓一级、层层抓落实”的原则，通过签订责任书、目标考核等形式，确保强农惠农资金的安全有效使用。

2012年，市农委继续协调市级6个部门牵头制定了《2012年纠正损害农民利益不正之风工作实施方案》，深入开展纠正损害农民利益的不正之风工作。

（二）制度约束规范服务行为

一是出台相关监管制度。2010—2011年，制定了《重庆市农业投资项目廉政监督检查办法（试行）》《重庆市农委加强强农惠农资金监管的实施方案》《关于加强监督检查保证新增农业投资落实的通知》等制度规定，加强了对惠农资金和中央拉动内需新增投资执行情况的监督检查；坚持“三公开”制度，全面公开惠农补贴政策、惠农补贴对象、惠农补贴结果，强化社会监督；严明“五不准”规定，不准擅自改动补贴数据，不准截留、挤占、挪用惠农补助资金，不准由乡（镇）和村（组）集体代领转付，不准拖延兑付时间，不准抵扣任何款项，突出纪律约束。二是规范服务行为，加强执法监察。2011年，全市农业综合执法机构办案883件，其中，一般程序案件592件，简易程序案件291件，办案量比去年全年办案量增加了71%，问题整改率达到95%，当事人无一提起行政复议和行政诉讼，切实“解决基层执法单位违规执法的突出问题”。同年7月，开通了行政审批电子监察系统，纳入电子监察范围的许可审批的条件、程序、状态及均在网上进行了公布，大大增强了审批过程的透明度。2014年，制定了《重庆市农委农业项目资金监督管理暂行办法》《重庆市农委关于加强惠农资金监管的实施方案》等制度，用于指导区（县）农业农村工作项目资金使用。结合行政权力专项清理，再次对行政审批项目进行全面梳理，督导取消审批项目1个，减少审批环节3个，全面实现行政审批及电子监察信息

化管理。监察室指派专人对审批事项进行定期检查和即时监督，纠正不规范办理等问题21个，确保全年709件审批事项按时办结。2015年，按照《重庆市农委农业项目资金监督管理暂行办法》继续强化业务处室资金监管主体意识，加强对项目立项、评审、审批和资金拨付、使用等环节的监督检查。

（三）专项检查查漏补缺

2011年，市农委“三项行动”全面推进，力保强农政策惠济民生。一是开展“解决侵占惠农资金突出问题”专项行动。在各区（县）自查的基础上，2007—2010年市农委组成6个检查组对30个区（县）市级以上财政安排的粮油、畜牧、农机、阳光工程等4类补贴资金的分配、运行、管理、使用情况进行重点检查，共随机抽取了131个乡（镇）、218个村，走访农户1 769户，涉及金额70多亿元，共纠正和整改违规问题325件，涉及金额4 748万元。针对检查中发现的部分补贴项目资金滞留、随意变更项目资金用途、改变补助标准及补贴方式、监督机制不够健全等8个方面问题，提出了6条整改意见和4条工作建议。二是开展重大专项资金检查。对10个区（县）新增农资综合直补资金用于粮食基础能力建设项目、农户增收工程、良种场建设项目等进行了检查验收，对全市2010年市级渔业项目进行了交叉检查，对全市农村沼气建设情况开展全面检查，涉及金额115.34亿元。三是组织涉农资金专项审计。当年，完成审计项目15个，审计金额8.709 3亿元，及时查处违纪违规问题12个、金额2 503万元，提出审计建议40余条，及时纠正和处理了存在的突出问题。2014年，牵头做好惠农资金管理使用情况的经常督查、集中督查和专项督查，对粮油、畜牧、农经等项目进行了重点抽查，涉及资金8 000多万元，整改滞留、挤占等问题11个。协同市农综办开展全市2013年度农综开发资金项目进行了专项检查，查处违规项目13个，落实整改32项。对购机补贴实施经常性督查，查纠不法行为4件，暂停了3家企业的受补资格。

市农委在政风行风建设中取得的成绩，得到了上级和社会各方面的好评。2008年在重庆市组织的“执政为民、服务发展”考核中，市农委取得了在委办局中排名第六的成绩。委（局）政风行风建设工作还多次在农业部组织的全国农业系统政风行风建设工作座谈会上发言交流，得到了农业部领导和中纪委、监察部驻农业部纪检组、监察局的高度评价。同时，还在重庆市纠风专项治理工作推进会上进行交流发言，得到各级的好评。

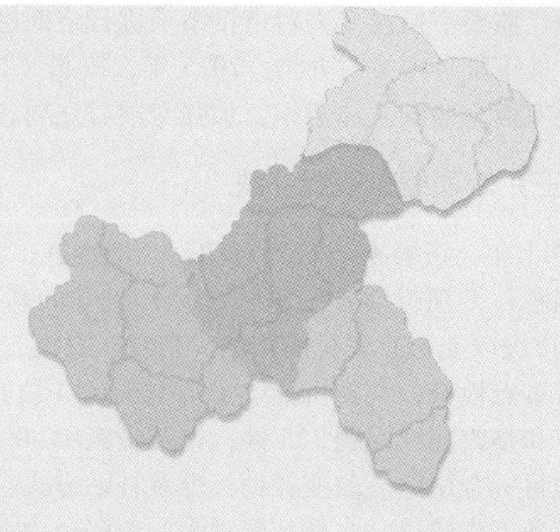

第四章
文明单位创建

第一节 文明单位创建概况

党的十一届三中全会开启了改革开放的历史新时期。在以邓小平同志为核心的第二代中央领导集体的坚强领导下，党中央鲜明地提出了社会主义精神文明建设的概念，确立了“两手抓、两手都要硬”的战略方针，群众性精神文明创建活动应运而生。1986 年 9 月 28 日，党的十二届六中全会通过《中共中央关于社会主义精神文明建设指导方针的决议》，明确了精神文明建设的指导思想、战略地位、主要任务和基本方针，指出社会主义精神文明建设的根本任务是适应社会主义现代化建设的需要，培育有理想、有道德、有文化、有纪律的社会主义公民，提高整个中华民族的思想道德素质和科学文化素质。同年 9 月 28 日，《中共中央关于社会主义精神文明建设指导方针的决议》，开启了从中央到地方的社会主义精神文明创建工作。

1990 年 12 月 30 日，《中国共产党第十三届中央委员会第七次全体会议公报》提出，要坚定不移地贯彻执行物质文明建设和精神文明建设一起抓的方针，建设高度的社会主义精神文明是建设有中国特色社会主义的一项基本任务。1992 年 10 月，江泽民总书记在党的十四大报告上提出，坚持两手抓、两手都要硬、把社会主义精神文明建设提高到新水平。1996 年 10 月，党的十四届六中全会作出《关于加强社会主义精神文明建设若干重要问题的决议》，明确提出了创建文明城市、文明村镇、文明行业三大系列创建活动。从此，文明单位创建活动正式展开。1997 年 4 月 21 日，中共中央决定成立中央精神文明建设指导委员会，指导全国精神文明建设工作。

重庆市农村工作系统从 1996 年开始启动精神文明建设工作。按照重庆市精神文明委员会的部署，市委农村工作委员会（以下简称农工委）、重庆市农村工作办公室（以下简称“市农办”）大力推进市级农村工作系统文明单位创建活动，1998 年，市委农工委出台《重庆市农村工作系统文明单位建设与管理办法》，明确了创建文明单位的指导思想、原则和任务。2001 年 1 月 16 日，市委农工委研究决定，调整市农村工作系统精神文明建设领导小组成员。市委农工委副书记、市农办主任王大用任组长，市委农工委副书记、市农办副主任杨修战任副组长，市委农工委相关处室负责人邱树荣、武宪刚、方玲、杨俊等任成员，方玲兼任市农村工作系统精神文明建设领导小组办公室主任。

第二节 市级文明单位创建

1996 年以来，重庆市级农村工作系统以经济建设为中心，大力推进精神文明建设，在开展文明单位创建活动中注重文明单位创建的统筹性、广泛性、持续性，推动社会主义精神文明建设步入持续发展轨道，从领导层面保证创建工作落到实处，从建章建制规范全员参与，并从宣传着手营造创建浓厚氛围，从加强监督检查可持续推进，全系统文明单位创建活动生机勃勃。2000 年以来，进一步加强市农村工作系统精神文明建设。1 月 3—4 日，市委农工委会同市文明办深入申报创建和复查市级文明单位的市农机校、市农机鉴定站、市养猪研究院和市森林病虫防治站等单位，采取一看现场环境、二听汇报、三进行评议方式进行实地考评验收。考核验收组一致认为，上述单位领导班子思想建设好，深化改革、业务工作好，文化建设、社会效益好，基础设施、营造环境好，符合市级文明单位条件，向市文明办推荐。重庆市养猪科学研究院、重庆市农机鉴定站、重庆市农业机械化学校获得市级文明单位称号。2001 年市委农工委、市农办宣传处负责人带队专程赴市二农校、市水电校调研创建市最佳文明单位情况，推动市级农村工作系统文明单位创建工作再上新台阶。

2002 年 7 月 23 日，市农村工作系统建设文明建设领导小组办公室下发《关于切实做好 2002 年文明单位创建工作的通知》，要求创建市级文明单位把创建工作抓紧、抓落实，以优异成绩迎接市文明办的检查、验收，重点在切实加强班子建设和职工队伍建设、强化检查督促协调工作、切实做好各项资料的准备工作等方面狠下功夫，以优异成绩迎接市文明办的检查验收。2003 年 2—4 月，市文明办会同市委农工委对市农技站、市种畜场、市果树研究所等单位文明单位建设情况进行考评验收。2008 年市农办、市农业局、市农机局及市农业综合开发办公室整合，新的市委农工委、市农委高度重视并采取一系列措施推动文明单位创建活动，取得新的成效。2011 年 1 月 1 日，市委农工委、市农委按照《重庆市文明单位建设与管理办法》全面规范文明单位建设与管理，在各单位的共同努力下，市级农村工作系统社会主义精神文明建设盛开出绚丽之花，市级文明单位、委级文明单位不断涌现（表 18－4－1）。

表 18－4－1 重庆市级农村工作系统获得市级文明单位情况

年份	荣获称号单位	备注
1997	重庆市畜牧科学院 重庆市农业科学研究所	新获批准
2000	重庆市养猪科学研究院 重庆市农机鉴定站 重庆市农业机械化学校	新获批准
2001	重庆市种猪场	新获批准
2002	重庆市农产品质量安全中心	新获批准
	重庆市畜牧科学院 重庆市农业科学研究所 重庆市农业机械化学校 重庆市农业机械鉴定站 重庆市农业技术推广总站 重庆市动物疫病预防控制中心 重庆市农村环境监测站 重庆市畜牧技术推广总站 重庆市动物卫生检疫站	复查合格
2006	重庆市动物疫病预防控制中心	新获批准
	重庆市畜牧科学院 重庆市农业科学研究所	复查合格

（续）

年份	荣获称号单位	备注
2006	重庆市农业机械化学校 重庆市农业机械鉴定站 重庆市农业技术推广总站	复查合格
2007	重庆市水产技术推广站	新获批准
2008	重庆市动物卫生监督所	新获批准
2009	重庆市农业科学院 重庆市农村环境监测站 重庆市畜牧技术推广总站	新获批准
2010	重庆市动物卫生监督所	新获批准
2012	重庆市种子管理站 重庆市农业行政执法总队 重庆市农业信息中心	新获批准
2014	重庆市农业担保公司	新获批准

第三节　委级文明单位创建

重庆市农业委员会1996年3月开始在市级农村工作系统开展委级文明单位创建活动。特别是1996年10月，党的十四届六中全会作出《关于加强社会主义精神文明建设若干重要问题的决议》，明确提出创建文明城市、文明村镇、文明行业三大系列创建活动后，市级农村工作系统加快创建文明单位步伐，取得初步成效。1997年，重庆市养猪科学研究院、重庆市种子公司、重庆市动物卫生检疫站、重庆市植保站、重庆市养猪场、重庆市茶叶研究所、重庆市牛奶研究所、重庆市农业机械化学校、重庆市农业机械鉴定站、重庆市农机研究所被命名为第一批委级文明单位。

出台市级农村工作系统创建文明单位规范性文件：市委农工委于1998年4月7日下发《重庆市农村工作系统文明单位建设与管理办法》，明确了委级文明单位评选条件、命名与表彰奖励程序及管理办法。1999年6月10日，为进一步加强市级农村工作系统文明单位建设与管理，市委农工委下发了《重庆市农村工作系统文明行业建设与管理暂行办法》，包括总体目标、基本要求、创建标准、申报命名、管理五大部分。2000年，为进一步加强全市乡镇企业精神文明建设，加快乡镇企业“二次创业”步伐，规范文明乡镇企业的管理，市委农工委联合重庆市乡镇企业管理局，于7月12日联合印发了《重庆市文明乡镇企业建设与管理办法》，内容包括：总则、评选范围及条件、评选程序及命名、表彰与奖励、管理与复查5个部分。从1999年年底开始，对重庆市养猪科学研究院、重庆市种子公司、重庆市动物卫生检疫站、重庆市植保站、重庆市养猪场、重庆市茶叶研究所、重庆市牛奶研究所、重庆市农业机械化学校、重庆市农业机械鉴定站、重庆市农机研究所、重庆市作物研究所委级文明单位进行了复查，上述单位复查全部合格，继续保留委级文明单位称号。2000年，重庆市农业技术推广站、重庆市种畜场、重庆市农机局机关成功创建委级文明单位。同年，对重庆市养猪科学研究院、重庆市种子公司、重庆市动物卫生检疫站、重庆市植保站、重庆市养猪场、重庆市茶叶研究所、重庆市牛奶研究所、重庆市农机研究所等单位进行复查，上述单位在复查中全部合格，继续保留委级文明单位称号。2001年11月26—27日市委农工委组织对部分委级文明单位进行了复查，于2002年1月28日下发《关于委级文明单位复查结果的通知》，重庆市种猪场、重庆市茶叶研究所、重庆市森林病虫防治检疫站等18个单位在创建和巩固文明单位工作中，领导重视，措施有力，成效显著，符合委级文明单位条件，保持委级文明单位称号。2003 年 4 月 18 日市委农工委在铜梁区召开市级农村工作系统创建文明单位工作会，各单位文明办主任参加会议。会议主题是深化认识，明确任务，高效推进全系统文明单位创建工作。会上，集中学习了中央、市委有关开展社会主义精神文明建设的文件和市文明办开展创建文明活动的有关规定；系统介绍了创建文明单位的流程及相关要求；观看了创建文明单位纪实。为规范市级农村工作系统文明单位的创建工作发挥了重要作用。

市委农工委、市农办推进本机关争创市直机关文明单位活动：2002 年 6 月 6 日，市委农工委、市农办召开争创市直机关文明单位工作动员部署大会，拉开创建序幕。市委农工委副书记、市农办主任、创建工作领导小组组长王大用提出创建工作要求——必须高度重视两个文明建设，按照制定的创建文明单位规划卓有成效地推进创建工作，树立机关良好形象，把市委农工委、市农办建设成为廉洁、高效、务实、文明的行政机关。市委农工委、市农办创建工作重在深化创建认识、努力提高机关党员干部和职工的文明程度，有效实施行政业务建设，把机关建设成为廉洁、高效、务实、文明的行政机关，开展文明细胞创建活动。在推进创建工作中，市委农工委、市农办落实工作班子，制定创建规划，实施了分阶段的创建活动，定期通报创建工作情况；编印了《文明礼仪手册》，进行了广泛的文明知识测试，制作了两个文明建设纪实光碟，整理了创建工作档案；开展了争创“文明处室”“五好家庭”活动和举办了“迎十六大机关职工书画比赛”，提高了职工的文明程度，丰富了职工的文化生活。通过狠抓领导班子建设、职工队伍建设、农村经济建设、文明细胞建设、机关软硬环境建设、创建档案建设等全方位的创建工作，文明单位创建活动取得了显著成效。市委农工委、市农办领导班子更加团结务实，职工素质不断提高，办公环境明显改善，机关处处洋溢着朝气蓬勃、奋发向上的文明风气，树立了廉洁、高效、务实、文明的机关形象，一举通过了市直机关党工委的考评验收，受到考评验收组的充分肯定和高度赞扬，获得市直机关文明单位称号。

2008 年开始，新的市委农工委推进创建委级文明单位活动：重庆市农业广播电视学校、重庆市农村经济经营管理站、重庆市渔政渔港监督管理处、重庆市农机安全监理所等一批单位被授予委级文明单位。同时，对重庆市农业广播电视学校、重庆市农村经济经营管理站、重庆市渔政渔港监督管理处进行了复查，经复查继续保留其委级文明单位称号（表 18－4－2）。

表 18－4－2　1997—2014 年重庆市市级农村工作系统委级文明单位评定情况

年份	荣获称号单位	备注
1997	重庆市养猪科学研究院 重庆市种子公司 重庆市动物卫生检疫站 重庆市植保站 重庆市养猪场 重庆市茶叶研究所 重庆市牛奶研究所 重庆市农业机械化学校 重庆市农业机械鉴定站 重庆市农机研究所	新获批准
1998	重庆市作物研究所	2000 年撤销称号
1999	重庆市养猪科学研究院 重庆市种子公司 重庆市动物卫生检疫站 重庆市植保站	复查合格

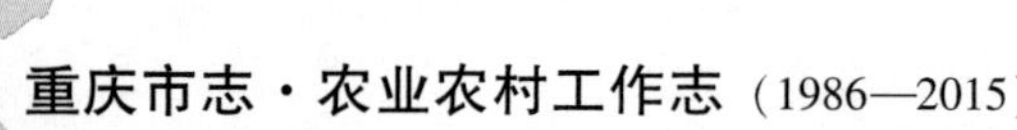

（续）

年份	荣获称号单位	备注
1999	重庆市养猪场	复查合格
	重庆市茶叶研究所	
	重庆市牛奶研究所	
	重庆市农业机械化学校	
	重庆市农业机械鉴定站	
	重庆市农机研究所	
	重庆市作物研究所	
2000	重庆市农业技术推广站	新获批准
	重庆市种畜场	
	重庆市农机局机关	
2001	重庆市农业机械鉴定站	新获批准
	重庆市种猪场	复查合格
	重庆市茶叶研究所	
	重庆市森林病虫防治检疫站	
	重庆市森林调查设计队	
	重庆市经贸中专学校	
	重庆市果树研究所	
	重庆市植保检查站	
	重庆市农业技术推广站	
	重庆市林木种苗站	
	重庆市水利电力建筑勘测设计研究院	
	重庆市动物卫生检疫站	
	重庆市水产开发总公司	
	重庆市种畜场	
	重庆市农机研究所	
	重庆市北博名特食品有限公司	
	重庆市物资公司不锈钢材料分公司	
	四川省长江造林局重庆办事处	
2002	重庆市乡镇企业局管理机关	新获批准
	重庆市种猪场	
2010	重庆市农业广播电视学校	新获批准
	重庆市农村经济经营管理站	
	重庆市渔政渔港监督管理处	
2011	重庆市农机安全监理所	新获批准
	重庆市农业广播电视学校	复查合格
	重庆市农村经济经营管理站	
	重庆市渔政渔港监督管理处	
2014	重庆市农业担保有限公司	新获批准

第十九篇

民主党派与群团、社团组织

民主党派是中国爱国统一战线的一支重要力量，也是维护国家安定团结、促进社会主义现代化建设和祖国统一的一支重要力量。民主党派在中国共产党的领导下，同中国共产党通力合作、参政议政、共同致力于社会主义事业。中国民主同盟、中国农工民主党和九三学社3个民主党派在重庆市农业委员会系统建有基层组织，各民主党派在同级中共党组织的领导下，认真履行参政党的职能，以“农业生产发展、农业生态安全和农产品质量安全”为参政议政主线，紧紧围绕中共重庆市委、市人民政府的中心工作和市民关心的热点、难点问题开展调查研究，积极建言献策，提出了许多有见地、高质量的提案建议，受到各级政协和政府相关部门的高度重视。

群众性团体组织简称群团组织，是中国共产党组建的，是党联系群众的桥梁和纽带。重庆市农业委员会系统建立的群团组织有工会、共青团、妇委会。

工会：四川省重庆市农牧渔业局机关工会成立于1991年，1998年更名为重庆市农业局机关工会。四川省重庆市农机水电局机关工会成立于1990年1月，机构分设后，1998年成立重庆市农机事业管理局机关工会。四川省重庆市农业委员会机关工会成立于1991年9月，1997年成立重庆市人民政府农村工作办公室机关工会。农口大部制改革后的重庆市农业委员会机关工会于2008年9月成立。

共青团：四川省重庆市农机水电局团委成立于1984年6月，1998年10月成立重庆市农机事业管理局团委。四川省重庆市农牧渔业局团委成立于1985年，1999年5月成立重庆市农业局团委。农口大部制改革后的重庆市农业委员会团委于2010年3月成立。

妇委会：四川省重庆市农机水电局机关妇委会成立于1991年，机构分设后，1997年成立重庆市农机事业管理局机关妇委会。2005年3月成立重庆市农业局机关妇委会。农口大部制改革后的重庆市农业委员会机关妇委会于2009年4月成立。

社团组织是党和政府联系广大科技工作者的桥梁和纽带，是国家发展科学技术事业的重要力量。重庆市涉农社团组织在各自行业主管部门的指导下，紧紧围绕中共重庆市委、市人民政府的中心工作和“三农”工作，团结广大科技工作者，以经济建设为中心，坚持科学技术是第一生产力的指导思想，坚持科技创新。对实施科教兴渝战略和可持续发展战略、繁荣和发展农业事业、促进农业科学技术的普及和推广、促进农业学术交流和国际合作、促进农业科技人才成长、促进农业科技与经济结合，做了大量有益的工作，为促进“三农”工作和加快社会主义现代化建设作出了积极贡献。2015年，重庆市存在的涉农社团组织22个，其中涉农学会9个、涉农协会12个、涉农研究会1个。

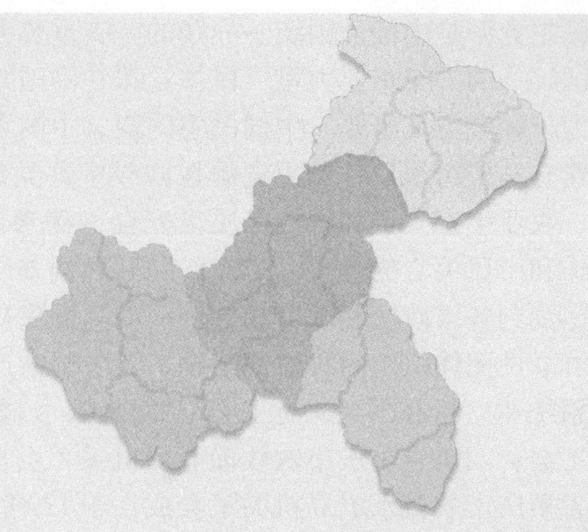

第一章
民主党派及无党派代表人士

至2015年，重庆市农业委员会（以下简称市农委）系统共建有民主党派基层组织5个，其中民盟基层组织1个，有盟员13人；农工民主党基层组织3个，有党员72人；九三学社基层组织1个，有社员13人。另有2名民盟盟员、2名农工民主党党员、23名九三学社社员和11名民革党员、3名民进会员、14名民建会员的组织关系分别挂靠在其他系统（部门）的相关基层组织。市农委系统无党派代表人士有2人。

第一节　中国民主同盟

中国民主同盟（以下简称“民盟”）在重庆市农委系统建有1个基层组织：中国民主同盟重庆市农业科学院支部委员会。1983年，成立中国民主同盟重庆市农业科学研究所（以下简称“农科所”）小组，有盟员7人，吕继麟任组长。1986年11月，成立民盟重庆市农科所支部委员会，李希文任支部主任委员，王树明任组织委员。盟员发展到9人。

1987年4月支部换届，李希文任支部主任委员，王树明任组织委员，赵晓凤任宣传委员。1994年4月支部换届，赵晓凤任支部主任委员，唐高科任组织委员，顾小萍任宣传委员。1999年12月支部换届，张洪成任支部主任委员，张谊模任组织委员，洪云菊任宣传委员。2005年12月支部换届，张洪成任支部主任委员，张谊模任组织委员，洪云菊任宣传委员。

2006年6月，重庆市农科所等5所合并组建重庆市农业科学院，民盟重庆市农科所支部委员会更名为民盟重庆市农业科学院支部委员会。2010年12月支部换届，张洪成任支部主任委员，张谊模任支部副主任委员，王之劲任组织委员，洪云菊任宣传委员。

2014年1月，支部组织关系从巴南区转入九龙坡区。2015年10月支部换届，曾志红任支部主任委员，黄永川任组织委员，王之劲任宣传委员。有盟员13人，其中在职9人，退休4人。在职盟员均从事农业科研和农业技术推广工作。

支部盟员吕继麟先后任重庆市第五届、第六届、第八届、第九届人大代表；李希文先后任重庆市九龙坡区第三届、第四届政协委员和民盟重庆市九龙坡区第一届委员会委员；赵晓凤先后任重庆市九龙坡区第五届政协委员、重庆市巴南区第十届政协委员、民盟重庆市巴南区第一届委员会副主任委员、民盟重庆市九龙坡区第二届委员会委员；张洪成先后任重庆市巴南区第十届政协委员、重庆（直辖）市第二届、第三届政协委员；曾志红先后任重庆市巴南区第十一届、第十二届政协委员、重庆市九龙坡区第十届政协委员、民盟重庆市九龙坡区第七届委员会委员；张谊模先后任重庆市巴南区第十一届、第十二届政协委员、第十二届政协常委、民盟重庆市巴南区第二届、第三届委员会委员。

民盟重庆市农业科学院支部成立以来，支部盟员认真履行参政党职能，紧紧围绕政府中心工作和民生实事，积极参政议政、建言献策。自2000年以来，支部盟员提交调研报告5份、政协提案30余份，社情民意20多条。其中《关于加快我区农业产业结构调整的建议》等提案获巴南区政协优秀提案奖，《培育壮大农产品加工业，促进我市农村一二三产业融合发展的建议》的社情民意信息被市人民政协采纳并报送中国人民政治协商会议全国委员会（以下简称“全国政协”）。

第二节　中国农工民主党

重庆市农业委员会系统建有3个中国农工民主党基层组织：中国农工民主党重庆市农业支部委员会、中国农工民主党重庆市农业科学院支部委员会、中国农工民主党重庆市畜牧科学院支部委员会。至2015年年底，3个支部共有党员72人。部分党员现任或曾任市（包括原四川省省级）、区政协机关或中国农工民主党市（包括原四川省级）、区委员会的重要职务。

一、中国农工民主党重庆市农业支部委员会

1992年5月，经中国农工民主党（以下简称“农工党”）重庆市委员会批准，将农工党重庆市科技支部中市级涉农部门的农工党员，组建成立“中国农工民主党重庆市农业支部委员会（以下简称农业支部)”，挂靠在市农业局。农业支部是农工党重庆市委直属的专业支部之一，是全市最早以农业专业命名的民主党派支部，农业支部党员以市级农口部门为主体，涵盖市农委、市农业局、市政府办公厅、市农投（农垦局）集团、市林业局、市水利局、市外贸集团等市级涉农部门及其事业单位。

1992年5月，农业支部在重庆市农业局举行成立大会。会议由农工党重庆市委员会韦思奇主委主持，中共重庆市农业局党组书记、局长景可嘉，中共重庆市农垦局党委书记郑成坤，农工党重庆市委组织处处长杜黎明出席会议。第一届支委班子成员是：主任委员：耿继平，副主任委员：苏培义，委员：程传仁、马吉金。有党员14人。

2000年，农业支部划转到农工党重庆市渝中区委管理。2002年9月支部换届，支委班子成员是：主任委员：张基明，副主任委员：耿继平，委员：郭利敏、陈守康、郭明武。有党员36人。2010年9月19日，农业支部在渝北区花卉园召开换届选举大会。支委班子成员是：主任委员：张基明，副主任委员：吴中华、周洪满，委员：耿继平、郭明武。有党员39人。

2013年11月，农业支部划转到农工党重庆市渝北区委管理。2015年7月支部换届，支委班子成员是：主任委员：张基明，副主任委员：吴中华、周洪满、魏耀东，委员：耿继平、郭明武、徐润琴。至2015年年底，支部党员共42人，其中在职党员24人，退休党员18人。

农业支部成立后，认真履行参政党的职能，以“生态农业与农产品质量安全”为参政议政主线，紧紧围绕中共重庆市委、市政府的中心工作和市民关心的热点、难点问题，积极建真言、谋良策。在国家、市、区“两会”和“政协信息专报”上提出了许多有见地、高质量的调研报告和提案建议。据不完全统计，2005—2016年共提交调研报告30余篇、反映社情民意50余条。其中，《构建农业农村社会化服务金融体系的建议》（徐润琴）、《关于大力发展主城区都市农业的建议》（张基明）、《关于构建农业生产环境数据库的建议》（吴中华）分别获农工党重庆市委2015年集体提案三等奖。2005年以社情民意提交的《从四川发生人猪链球菌病疫情，反思在生猪屠宰管理中存在的问题》（张基明）的调研材料，被农工党中央以社情民意报送全国政协，全国政协信息局作为转送稿采用，得到国务院副总理回良玉的阅批。

农工党党员唐双福、张钟灵、凌虹任重庆市政协委员；唐双福、张钟灵、张基明任农工党重庆市委

委员。苏培义曾任四川省政协委员、农工党重庆市委常委；马吉金、文荣铨曾任重庆市政协委员；耿继平曾任农工党四川省委委员、重庆市人民政府第一届特邀监察员、农工党重庆市委委员、农工党全国十一大代表。

2000 年 5 月，农工党重庆市委授予农业支部“中国农工民主党 70 周年先进支部”。2000 年 11 月，农工党中央授予农业支部“农工党全国基层组织先进集体”。2005 年 1 月，张基明获农工党中央“2004 年度全党社情民意信息工作先进个人”荣誉称号，同年 12 月，张基明获农工党中央“2005 年度全党社情民意信息工作先进个人”荣誉称号。2010 年 7 月，农工党重庆市委授予农业支部“中国农工民主党 80 周年先进支部”、授予耿继平、吴中华、凌虹“中国农工民主党 80 周年先进个人”荣誉称号。

二、中国农工民主党重庆市农业科学院支部委员会

1982 年，建立中国农工民主党重庆市委直属农业科学研究所小组，组长：高光容。有党员 6 人。

1986 年，成立农工党重庆市农业科学研究所支部委员会，隶属农工党重庆市委员会。主任委员：葛尊达，副主任委员：李普顺，后增补胡道荣为支委委员。有党员 6 人。

1987 年，隶属关系由农工党重庆市委划转到农工党九龙坡区工委。1990 年 10 月支部改选，主任委员：葛尊达，委员：李普顺、胡道荣。有党员 8 人。同年，农工党重庆市农业科学研究所支部被评为农工党四川省委先进支部。1993 年 8 月支部改选，主任委员：葛尊达，副主任委员：田时炳，委员：何志丹。有党员 11 人。

1995 年 8 月，支部由九龙坡区划转到农工党巴南区工委。同年支部改选，主任委员：何志丹，委员：葛尊达、田时炳。2000 年支部改选，主任委员：柴勇，委员：龚久平、江学维。2005 年支部改选，主任委员：柴勇，委员：龚久平、康月琼。

2006 年成立重庆市农业科学院，农工党重庆市农业科学研究所支部更名为农工党重庆市农业科学院支部委员会。2010 年支部改选，主任委员：龚久平，委员：康月琼、江学维。

2013 年，由于单位办公地址变更，支部于当年 10 月又划转到农工党九龙坡区工委。2015 年支部改选，主任委员：龚久平，副主任委员：徐进，委员：魏捷。有党员 14 人，其中在职党员 8 人，退休党员 6 人。

农工党重庆市农业科学院支部委员会，按照新时期中共中央统一战线的方针政策，积极执行中共中央《关于坚持和完善中国共产党领导的多党合作和政治协商制度》等文件精神，积极组织支部党员努力为市、区、院（所）的两个文明建设服务，在中共重庆市委统战部的领导下，积极发挥本支部党员的农业技术优势，通过培训等多种方式将农作物栽培、食用菌栽培和病虫害防治等技术送到农民手中。在参政议政等方面做了大量有益的工作，提出了许多有见地、高质量的调研报告和提案建议。党员高光容参加了《重庆市“九五”及其远景规划》的制定和修改，高光容、田时炳、岑道源等党员共撰写调研报告和提案 20 份；其中田时炳撰写的《大力发展白色农业，促进我市农业可持续发展的建议》获市政协优秀提案奖。

农工党党员高光容，1983—1997 年任重庆市第八届、第九届、第十届政协委员，第九届、第十届政协提案委员会委员，农工党重庆市第六届、第七届、第八届委员会委员，第七届、第八届常委；1985—1995 年兼任农工党九龙坡区主委，九龙坡区第三届、第四届、第五届政协副主席，1989—1993 年兼任重庆市妇联副主任；1995—1997 年兼任巴南区政协副主席；1991—1997 年兼任重庆市人民政府参事室参事。

农工党党员岑道源，1989—1993 年任重庆市第九届政协委员，1993—1997 年任重庆市第十届政协委员、常委、农林委副主任，1994—1997 年任农工党巴县工委主委，1997—2002 年任重庆直辖市第一届政协常委、农林委副主任。

农工党党员田时炳，任重庆市（直辖市）第二届、第三届、第四届政协委员、农工党重庆市委第

二届、第三届、第四届委员。

三、中国农工民主党重庆市畜牧科学院支部委员会

2008 年 9 月 2 日，中国农工民主党重庆市委员会和荣昌县委统战部经会议决定，同意成立中国农工民主党重庆市畜牧科学院支部委员会，隶属中国农工民主党荣昌县委员会。

2008 年 10 月 7 日，中国农工民主党重庆市畜牧科学院支部委员会召开第一次党员大会，选举杨飞云为支部主任委员，毛健德、邬丹、陶明冲为委员。有党员 12 人。

2015 年 5 月 11 日，中国农工民主党重庆市畜牧科学院支部委员会在重庆市畜牧科学院召开第二次党员大会暨二届一次会议，选举杨飞云、黄健、刘琪、毛建德、王高富等 5 名同志为中国农工民主党重庆市畜牧科学院支部委员会第二届委员会委员；选举杨飞云为支部主任委员，黄健为副主任委员。有党员 16 人。

第三节　九三学社

九三学社在重庆市农委系统建有 1 个基层组织：九三学社重庆市农业科学院综合支社。2014 年，经九三学社重庆市委批准，依托原巴南区迁入九龙坡区的九三学社重庆市农业科学院小组，组建成立九三学社重庆市农业科学院综合支社，隶属九三学社重庆市九龙坡区委。

2014 年 2 月 28 日选举第一届支社委员会，主任委员：周茂林，委员：廖敦秀、罗云米。有社员 10 人。

2015 年，区委各支社换届，该支社班子成员未变化，主任委员：周茂林，委员：廖敦秀、罗云米。有社员 13 人。

2016 年 6 月 26 日，九三学社九龙坡区委换届，支社主委周茂林当选为第七届九三学社九龙坡区委副主委。

支社自成立，认真履行参政党的职能，紧紧围绕中共重庆市委、市人民政府和九龙坡区委、区政府的中心工作和市民关心的热点、难点问题，积极建言献策。在市、区“两会”“政协信息专报”上，提出了一些高质量的调研报告和提案建议。2014—2016 年，共提交调研报告和提案 12 篇、反映社情民意 10 余条。其中，2014 年《关于进一步推进九龙坡区生态涵养区建设的意见》被区政协重点立案。

第四节　其他党派及无党派代表人士

至 2015 年，市农委系统尚未建立民革、民进、民建、致公党等民主党派的基层组织，但有民革党员 11 名、民进会员 3 名、民建会员 14 名，其组织关系分别挂靠在其他系统（部门）的相关基层组织。市农委系统有无党派代表人士 2 人。

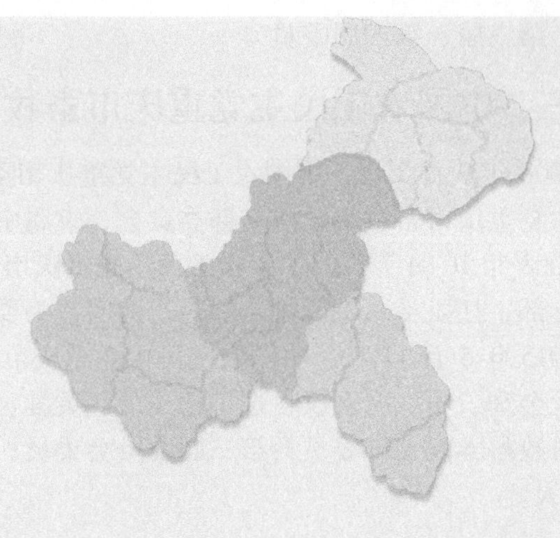

第二章
群团组织

2008年农口大部制改革组建重庆市农业委员会之前，重庆市农业局（重庆市农牧渔业局）、重庆市农机事业管理局（重庆市农机水电局）建有机关工会、团委、妇女工作委员会等群团组织，重庆市人民政府农村工作办公室（重庆市农业委员会）建有机关工会。2008年农口大部制改革组建重庆市农业委员会（以下简称市农委）后，于当年9月选举产生了重庆市农委第一届工会委员会，2009年4月选举产生了重庆市农委第一届妇女工作委员会，2010年3月选举产生了共青团重庆市农委第一届委员会。

第一节　工　　会

一、重庆市农机事业管理局（重庆市农机水电局）机关工会

经重庆市直属机关工会联合会批准，重庆市农机水电局机关工会于1990年建立。1月，重庆市农机水电局机关工会召开会员代表大会，选举产生了局机关工会委员会及其经费审查委员会，局调研员（副局级）刘永才任工会主席，项蒂兰、张文明任副主席，副局长叶学文任经费审查委员会主任。1994年1月刘永才退休后，叶学文负责局机关工会工作。1995年项蒂兰退休后，先后由严家瑶、马素强具体负责局机关工会工作。局机关工会认真履职，关心职工生活福利，努力为职工排忧解难；依法代表职工利益，维护职工的合法权益；组织开展丰富多彩的文体活动，丰富了机关职工生活；开展扶贫工程，为贫困群众献爱心。

1997年，重庆改直辖市后，市委决定将重庆市农机水电局分设为重庆市水利电力局和重庆市农机事业管理局（简称市农机局）。1998年，市农机局成立第一届机关工会，刘国平任工会主席，谢婉玲任工会副主席。2002年第二届，刘国平连任工会主席，谢婉玲连任工会副主席。2007年第三届换届选举，刘国平当选工会主席，谢婉玲当选工会副主席。局机关工会注重关心爱护职工，积极维护职工正当权益。组织职工参观红色基地、廉政基地，接受革命传统和廉政教育。组织开展登山、乒乓球等文体活动，多次组织职工参加全市歌咏、拔河等比赛并获奖。通过各种活动在单位营造了健康向上、团结和谐的氛围，调动了机关职工的积极性、创造性，在局机关两个文明建设中发挥了积极作用。

二、重庆市农业局（重庆市农牧渔业局）机关工会

1991年，重庆市农牧渔业局机关工会成立，罗文广任工会主席，唐荣耀、徐正隆任工会副主席。

1994 年 4 月，市农牧渔业局机关第二届委员会选举辜文育等 9 人组成工会委员会，辜文育任主席、孔金秀任副主席。局机关工会委员会下设组织工作、宣传文体工作、女职工工作、财务工作、生活工作委员会。局机关工会在市农牧渔业局党组和市级机关联合工会的领导下，以邓小平同志关于建设中国特色的社会主义理论统一职工思想，积极开展群众性文体活动，提高职工素质；定期召开会员代表会议，组织职工献计献策和参加评议、监督领导干部等，保障机关职工的民主权利；协助行政办好集体福利事业，帮助机关职工解决实际困难，充分发挥了工会组织的作用。

1997 年，重庆改为直辖市，重庆市农牧渔业局更名为重庆市农业局。1998 年，市农业局机关工会换届，选举产生重庆市农业局第一届机关工会委员会，辜文育任主席，孔金秀、罗荣任副主席。2005 年 4 月，选举产生市农业局第二届机关工会委员会，龚必智任主席，金延任专职副主席。在市农业局党组和市总工会的领导下，局机关工会积极开展职工文体活动，维护职工福利待遇，帮扶生活困难职工，获得干部职工认可。局机关工会先后被市直机关工会评为“合格职工之家”“先进职工之家”，金延被评为“职工信赖的好工会主席”。

三、重庆市人民政府农村工作办公室（重庆市农业委员会）机关工会

1991 年 9 月，市农委机关召开职工大会，选举产生第一届工会委员会，李维舟当选工会主席、周绪贵当选工会副主席。1994 年 1 月，市农委机关第二届委员会选举产生赵綦雅、王周远、李培德、王达敏、袁光渝、唐树荣等 6 名委员，赵綦雅任工会主席，王周远任工会副主席。1997 年，重庆改为直辖市，重庆市农业委员会工会更名为重庆市政府农村工作办公室（简称“市农办”）工会，直至 2008 年 4 月大部制改革，其间，开展两次换届选举，工会主席、副主席仍分别由赵綦雅、王周远担任。机关工会坚持围绕中心、服务大局开展工作，坚持维护职工利益、尽力为职工服务，组织开展了丰富多彩的文体活动、建家活动，动员职工献计献策，加强机关民主政治建设，充分发挥党联系群众的纽带作用。

四、重庆市农业委员会机关工会

按照中共重庆市委第三届委员会第三十二次常委会议决定和《重庆市机构编制委员会关于整合部分市级涉农机构有关问题的通知》精神，2008 年组建成立市农委。经重庆市直属机关工会联合会批准，2008 年 9 月 12 日，成立市农委机关工会委员会，龚必智任工会主席，胡杰任工会副主席，谢宇、兰建平、胡腊全、李志、杨雪梅、汤文志、骆凤玲等 7 人任委员。市农委第一届机关工会注重加强自身建设，不断推进工会组织群众化、民主化、法治化、规范化，努力为职工办实事、办好事。市农委机关工会成立后，清理规范了原市农办、市农业局、市农机局工会财务和账务，新建健身室、乒乓球室、理发室等职工活动场地。坚持开展职工生日、生病住院慰问和八一建军节慰问等。大力开展建设“干部职工之家”活动，组建文体活动兴趣小组，经常性举办文体活动、读书活动和全民健身主题活动等。

2016 年 12 月，重庆市农业委员会机关工会举行换届选举，郭忠亮、金延、谢宇、李扬、张巧玲、曾丽娜、陈军、雷平当选第二届机关工会委员，郭忠亮任主席，金延任副主席。

第二节　共青团

一、共青团重庆市农业局（重庆市农牧渔业局）委员会

1983 年 5 月，重庆市农业局与永川地区农业局合并组建四川省重庆市农牧渔业局。1985 年，共青团重庆市农牧渔业局委员会（简称“局团委”）第一次代表大会召开，选举产生了第一届局团委，程渝任团委副书记，主持局团委工作。1988 年 7 月，共青团重庆市农牧渔业局委员会第二次代表大会召开，丁洪当选团委书记。在共青团重庆市委和市农牧渔业局党组领导下，局团委着力加强团的思想建设、组

织建设、制度建设、作风建设，发动广大团员青年积极投身服务“三农”工作、为“三农”事业和重庆市农业发展贡献力量。

1997 年，重庆改直辖市，重庆市农牧渔业局更名为重庆市农业局（简称“市农业局”）。1999 年 5 月，共青团重庆市农业局第一届委员会召开，大会选举杨雪梅、周正科、唐光建、黄河、黄任中、郭萍、谭平为委员，黄河任书记。1999—2003 年，局团委在全市农业局系统连续组织举办了五届“丰收杯”乒乓球比赛。局团委坚持围绕中心、服务大局，积极推动青年建功立业，市农业局系统涌现出了刘作华、黄勇富、汤明等一批获得全国青年技术岗位能手、全国优秀青年志愿者、重庆市五四青年奖章等荣誉称号的青年带头人。

2006 年 12 月，共青团重庆市农业局委员会第二次代表大会召开，马龙强、王永红、邓晓静、卢祎、李玫、杨雪梅、唐光建 7 人当选团委委员，杨雪梅任书记。市农业局共有 12 个直属团组织，其中基层团委 5 个（下辖 103 个支部）、团支部 7 个，共 3 784 名团员、6 139 名青年。局团委坚持服务大局、服务社会、服务青年，积极号召并动员广大团员青年学习贯彻党的十七大精神，开展了“迎党代会召开、送科技入户”、奥运火炬传递助跑、青工技能比武等系列活动，组织了抗雪救灾送温暖、抗震救灾捐赠、捐资助学等活动，组织青年技术骨干开展“新型农民科技培训”“农村使用人才创业培训”“村级动物防疫员培训”，协助农委成功举办多期“青年人才论坛”等活动。

二、共青团重庆市农机事业管理局（重庆市农机水电局）委员会

1983 年，重庆市改为计划单列市后，经共青团重庆市委批准，共青团重庆市农机水电局委员会（简称“局团委”）于 1984 年 6 月成立。第一届局团委由 7 名委员组成，林宏任团委副书记，主持团委工作。局团委及 18 个局直属企事业单位基层团组织（总支、支部），共有团员 2 000 余名。局团委在局党组领导下，带领全局团员和青年，积极投身改革实践，努力争做“四有新人”，在重庆农机水利建设中发挥了生力军和突击队作用。1989 年 4 月，共青团重庆市农机水电局第二次代表大会召开，选举产生了第二届局团委，林宏任团委书记。为加强市农机水电局青少年教育，1991 年 8 月，重庆市农机水电局成立青年教育领导小组，办公室设在局团委，林宏兼办公室主任。局团委先后组织开展“达标创优”、争当优秀共青团员活动、“建功杯”竞赛活动、“学雷锋精神 做‘四有’青年”活动。1992 年 4 月，共青团重庆市农机水电局第三次代表大会召开，选举产生了第三届局团委，吕永任团委书记。同年 8 月，重庆市农机水电局党组印发了《局团委第三届委员会工作的意见》。党的十四大召开后，局团委及时组织团员青年认真学习邓小平南方谈话和建设有中国特色社会主义理论，带领团员青年为加快改革开放和现代化建设而奋斗。

1997 年，重庆改直辖市，分设重庆市水利电力局与重庆市农机事业管理局（简称“市农机局”），1998 年 10 月 29 日，共青团重庆市农机事业管理局第一次代表大会暨一届一次全委会召开，40 名代表出席会议，刘宗银、李晴、罗爱民、夏茂平、曾妮、彭其利、傅锐 7 人当选为委员，刘宗银任书记，罗爱民任副书记。2002 年 5 月，共青团重庆市农机事业管理局第二次代表大会暨二届一次全委会召开，牟维斌当选书记，肖扬生当选副书记。局团委在局党组和团市委的领导下，坚持“服务大局、突出重点、分类指导、着力深化”的工作方针，组织团员深入学习“三个代表”重要思想，以“党在我心中”为主题，开展“全国青年改革开放 20 年知识竞赛”“严冬送温暖、新春献爱心捐赠”等活动，实施青年创业、青年科技创新等行动。积极推动团员立足本职岗位建功立业，涌现出“重庆市青年岗位能手”朱毅等先进典型。

三、共青团重庆市农业委员会

按照中共重庆市委第三届委员会第三十二次常委会议决定和重庆市机构编制委员会《关于整合部分市级涉农机构有关问题的通知》精神，2008 年成立市农委。经共青团重庆市委批准，共青团重庆市

农业委员会第一次代表大会于2010年3月5日召开，王永红、王劲、邓晓静、刘建兴、李孝勇、李玫、任桂英、唐光建、唐钦9人当选委员，李孝勇任书记，邓晓静、唐光建任副书记。团委紧密围绕“促农增收、服务三农”中心任务，扎实推动团的工作，先后组织“放飞梦想酚·拥抱青春”文艺汇演、“喜迎十八大，颂歌献给党”国庆歌咏比赛等系列活动，开展了“三支一扶”、科技下乡、结对帮扶等活动，举办了6期大学生村官参加创业创新培训。为了拓宽市农业学校、市农业机械化学校学生实习场地，团委于2014年分别在重庆市、上海市、江苏省、浙江省等地建立起中职学生工学结合实习基地5所，专门服务市农校、市农机校青年学生，年服务达到3 200余人次。

2016年12月8日，共青团重庆市农业委员会第二次代表大会暨二届一次全会召开，共80名代表出席会议。差额选举产生了共青团市农委第二届委员会，王永红、孙金果、何可依、余祥瑀、唐钦、彭炜、程杨7人当选委员，孙金果任书记，王永红、彭炜任副书记。

第三节　妇女工作委员会

一、重庆市农业局（重庆市农牧渔业局）机关妇委会

2005年前，重庆市农业局（重庆市农牧渔业局）一直未建立妇女工作委员会（简称“妇委会”）组织。2005年成立重庆市农业局机关妇委会。同年3月，重庆市农业局第一次妇女代表大会召开，选举邢海南、贺利民等5人组成妇委会成员，邢海南任妇委会主任。2006年11月，重庆市农业局第二次妇女代表大会召开，选举产生第二届妇委会，李世贤任妇委会主任、张雯雯任妇委会宣传委员。两届妇委会认真履行职责，坚持服务中心、服务发展，组织妇女同志开展了新农村建设主题调研、农业科技下乡、捐资助学等活动，举办了庆祝“三八”节、和谐廉洁家庭评选等活动，取得较好工作成效。局长王越被评为妇女之友。

二、重庆市农机事业管理局（重庆市农机水电局）机关妇委会

1991年，重庆市农机水电局机关妇委会成立，局党组任命李俐为市农机水电局机关妇委会主任。妇委会认真落实市妇联和局党组要求，积极组织妇女同志学习中国特色社会主义理论，坚持开展丰富多彩的活动，关心帮助困难女职工，围绕中心工作开展岗位竞赛和主题调研，得到局党组和干部职工的认可。

1997年，重庆改直辖市，市农机局第一次妇女代表大会召开，谢婉玲当选主任。至2007年，谢婉玲连续3届当选市农机局机关妇委会主任。市农机局妇委会坚持服务农机事业发展，经常组织女职工集中学习中共中央、中共重庆市委重要会议精神和农机局党组重要决策，组织女职工到忠县对口帮扶农村贫困学生。妇委会尽职尽责服务女职工，凡女职工结婚、生子、生病住院必派人看望。从1999年起，农机局机关妇委会年度考核均为优秀。谢婉玲被评为市级机关十佳妇委会主任。

三、重庆市农业委员会机关妇委会

2009年4月，重庆市农业委员会机关第一次妇女代表大会召开，选举谢宇、施红、邢海南、谢婉玲、骆凤玲、王光泗、张巧玲7人组成妇委会成员，谢宇任妇委会主任。妇委会紧紧围绕委中心工作，充分发挥妇女组织优势，狠抓“巾帼促农”“做高尚女性，建和谐家庭”创建等活动，助力重庆农业农村各项事业发展。组织完成30名区（县）“农村女致富能手”候选人推荐工作，成功推荐10名市级“农村女致富能手”和1名全国“百佳优秀女性”。开展了“十佳高尚女性”和“十佳和谐家庭”的“双十佳”表彰，协助工会筹建了委机关职工活动室，持续开展纪念“三八妇女节”活动、半年或年终特色女职工活动及职工健康培训等工作。谢宇被表彰为重庆市妇女儿童工作先进个人，邢海南等5人被

确定为重庆市第四次妇女代表大会代表。

2016 年 12 月 14 日，市农委召开机关妇女代表大会，参会妇女代表 31 名，选举产生市农委机关第二届妇女工作委员会，骆凤玲、贺利民、何琳、何敏、李亚玲、康丕琴、徐甜当选妇委会委员，骆凤玲任妇委会主任。

第三章
社团组织

至2015年，重庆市有22个涉农社团组织在正常开展相关工作（活动），其中涉农学会9个、涉农协会12个、涉农研究会1个。另有20余个涉农社团组织曾在1986—2015年出现过，随着机构改革、产业结构调整和工作重心转移等各种原因，已逐渐取消。

第一节　涉农学会

一、重庆市农学会

重庆市农学会成立于2001年2月，业务主管单位为重庆市农业局。主要工作内容有如下几项：第一，开展学术活动，提高农业科学学术水平；第二，普及农业科学知识，传播和推广农业先进技术；第三，编辑出版本会会刊及有关学术刊物、技术专著和科普读物；第四，开展继续教育和农业技术培训工作，促进知识更新；第五，开展国内外学术交流和科技合作；第六，接受政府有关部门的委托，对农业发展战略、农业科学技术应用措施进行决策论证；第七，开展科技咨询服务，承担科技项目评估及大型技术改造论证等任务；第八，反映农业科技工作者的意见、建议和要求，维护他们的合法权益；第九，开展表彰奖励活动，举荐人才。重庆市农学会设学术交流咨询委员会、组织工作委员会、科普教育工作委员会。

（一）重庆市农学会沿革

2001年2月28日，重庆市农学会成立。第一届名誉会长：刘志中、税正宽、陈光国、向仲怀，会长：刘涛（2001年2月至2004年5月）、王越（2004年5月至2010年7月），副会长：戴思锐、王建、辜文育、陈卫平、王义北、张家骅，秘书长：黄贵川。本届理事会成员128人，其中常务理事51人。有会员158人，至2007年12月有会员318人。

2010年7月12日，学会召开第二届会员大会，选举产生了第二届理事会及其领导成员。会长：张洪松，副会长：刘保国、刘作华、周常勇，秘书长：欧阳柬（2010年7月至2015年3月）、陈松柏（2015年3月—　）。学会设农科教结合工作委员会、学术工作委员会、农业信息化专业委员会、农作物防灾减灾专业委员会、农村能源环保专业委员会、农产品质量安全专业委员会和城乡统筹专业委员会等7个专业委员会。本届理事会成员48人，其中常务理事23人。有团体会员28个，个人会员73人。

学会主管单位：重庆市农业委员会。

（二）重庆市农学会主要活动

2001年8月至2002年8月，重庆市农学会开展了《论新时期重庆农业发展》征文活动，共收集论文93篇约60万字，并以《论新时期重庆农业发展研讨会论文集》汇编成册。

2002年4月20日，在中国农学会第八次全国会员代表大会上，重庆市农学会向仲怀、刘涛、王义北3人被选为理事会理事，其中向仲怀、刘涛被选为常务理事。重庆市农学会黄贵川被评为学会先进工作者。

2002年12月10日，重庆市农学会在重庆市农业局召开2002年年会暨常务理事会；学会副会长张家骅作《高新技术在改造重庆市传统农业中如何发挥作用》的学术报告；学会常务理事张洪松作《关于重庆农业发展的几点思考与建议》学术报告；会长刘涛就学会今后的工作方向发表讲话。会议讨论通过了42位同志入会。

2003年7月，应日本东海珠算联盟会长大矢甫先生约请，重庆市农学会为日本东海珠算联盟创立80周年制送锦旗一面。锦旗题词：东瀛长岛一衣带水，珠联璧合乱玉铺阶。

2003年，在农业科技年活动中，学会组织有关专家参加了重庆市农业科技年活动启动仪式以及送农业科技下乡活动。学会还在重庆市农业信息网上开办专栏和“农技110”以及“百名专家”在线活动。通过这些活动，把农业科学技术直接带到农民手中。

2004年3月29日，学会接待了以阿部照男为团长，由日本东洋大学亚洲文化研究所、西部大开发研究组组成的访问团。重庆市农业局国际合作处处长刘保国、重庆市农学会秘书长黄贵川、副秘书长袁光耀出席座谈会，黄贵川代表学会向访问团介绍了重庆市农业和农村发展概况。

2007年6月7日，在中国农学会第九次全国代表大会上，重庆市农学会刘涛、王义北、欧阳東、刘作华、刘光德等5人被选为理事。孔金秀被评为学会先进工作者。重庆市农学会被评为先进学会。

2008年，学会承办“院士论坛”，张亚平和张启发院士分别以“家养动物的起源与遗传多样性”和“绿色超级稻培育的构想与实践”为题做学术报告，约500人参加了报告会。

2009年，学会协办“中国科协年会重庆山地农业发展专题论坛和全国都市型现代农业与休闲农业学术研讨会”，约680人参加。

2011—2015年，学会承担完成了市科协委托的科技思想库建设重点调研课题“重庆市粮食保供给能力研究”“西南丘陵地区稻田保护性利用研究”“重庆农业适度规模经营的对策研究”和“重庆市基层农技推广队伍现状和履职情况调查研究”等，相关建议得到市领导的批示，并纳入市级相关部门农业产业结构调整相关工作安排。

二、重庆畜牧兽医学会

1958年3月16日，中国畜牧兽医学会重庆分会成立大会在重庆枇杷山公园召开，大会选举产生了第一届理事会，理事长：陈万聪，副理事长：梁之军，秘书长：严德。有会员40余人。同年6月26日，重庆畜牧兽医学会向重庆市民政局提交申请，于8月5日获准正式成立，挂靠在西南农林部畜牧处。1981年1月后，学会挂靠在重庆市农业局。主要工作内容如下：第一，开展学术交流活动，组织重点学术课题研讨和科技考察活动；第二，组织科技工作者参与科技政策、科技发展战略、有关法律法规的制定和科学决策工作，对经济建设的重大决策进行科学论证和科技咨询，提出政策建议；第三，普及科学技术知识，推广科技成果和科技工作者的继续教育和技术培训；第四，编辑出版畜牧兽医科技书刊、科普读物及科技资料，科技信息；第五，接受委托承担本行业科技、经济发展规划及行业专业标准制定、项目评估、成果鉴定、专业技术职务资格的评审；第六，举荐人才，表彰、奖励在科技和学会活动中取得优秀成绩的会员和单位；第七，反映畜牧兽医工作者的意见和呼声，维护会员的合法权益。

（一）学会沿革

1958 年 8 月 5 日，重庆畜牧兽医学会正式成立。1985 年 1 月 23—25 日，学会在杨家坪召开会议，选举产生了学会第四届理事会及其领导成员。理事长：蒋光化，副理事长：尹泽臣、罗文广、佘永健、李绶章、戴祥文，秘书长：耿继平。本届理事会成员 30 人，其中常务理事 14 人，有会员 878 人。

2003 年 4 月 10 日，学会在重庆渝通宾馆召开重庆改直辖市后第一届会员代表大会，选举产生了新一届理事会及其领导成员，理事长：王健，副理事长：张家骅、王永才、宋定明、刘作华、黄勇富、何学良，秘书长：张基明。本届理事会成员 60 人，其中常务理事 26 人，有会员 1 007 人。

2007 年 10 月 25 日，学会第一届第三次常务理事会在荣昌召开。会议传达了中国畜牧兽医十二大会议精神和四部局关于《党政机关与社会团体分离改革的实施方案》文件精神，研究决定学会挂靠单位调整到重庆市畜牧科学院，成立学会秘书处，负责学会日常事务。

2009 年 2 月 27 日，学会成立 50 周年暨第二届会员代表大会在重庆市召开，大会选举产生了第二届理事会及其领导成员。理事长：王健，副理事长：张家骅、王永才、宋定明、刘作华、黄勇富、唐贻林，秘书长：王金勇。本届理事会成员 67 人，其中常务理事 24 人，有会员 1 007 人。

2011 年 12 月 17 日，学会召开第二届第六次常务理事会，决定将原来的 9 个专业委员会合并改组为生猪专业委员会、家禽专业委员会、草食动物专业委员会、兽医专业委员会和宠物专业委员会。重庆市畜牧科学院王金勇研究员、王启贵教授、西南大学荣昌校区左福元教授、西南大学北碚校区聂奎教授、重庆市协和动物医院张月星高级兽医师分别当选为各专业委员会主任。

2013 年 12 月 13 日，学会召开第三届会员代表大会，选举产生了第三届理事会及其领导成员。理事长：王健，副理事长：王永才、刘作华、黄勇富、唐贻林、张家骅，秘书长：王金勇。本届理事会成员 95 人，其中常务理事 27 人，有会员 1 223 人。

2016 年 12 月 29 日，重庆畜牧兽医学会第四届会员代表大会暨学术年会在荣昌举行。大会选举产生了第四届理事会及其领导成员。理事长：王金勇，副理事长：甘玲、左福元、伏刚、赵永聚、唐贻林、黄勇富、曾政，秘书长：郭宗义。本届理事会成员 87 人，其中常务理事 25 人，有会员 1 000 人。

重庆畜牧兽医学会党支部有党员 8 人，支部书记：赵永聚，支部副书记：郭宗义，支部委员：朱丹。

（二）学会主要活动

1986 年 11 月 25 日，学会第四届第五次常务理事会在重庆市种子公司召开，表彰了 50 年以上畜牧兽医科技工作者。同年 12 月 25—28 日，在北京怀柔县召开的全国中兽医座谈会上，重庆畜牧兽医学会郭开万、宋岗获全国中兽医事业贡献奖。

1992 年 7 月 10—11 日，川东南北重庆畜牧经济联合集团成立大会在重庆召开。重庆畜牧兽医学会副理事长戴祥文任集团理事会理事长，学会秘书长耿继平任集团理事会秘书长。

2003—2010 年，重庆畜牧兽医学会承办并公开出版发行《畜牧市场》杂志（月刊，国内连续出版号：CN50—1087/S，国际标准刊号：ISSN1674—2508）。

2003 年，重庆畜牧兽医学会张基明被评为“中国畜牧兽医学会先进工作者”。2006 年，重庆畜牧兽医学会冉元智荣获“感动中国畜牧兽医科技推广功勋人物”荣誉称号。同年 10 月 30 日，中国畜牧兽医学会第十二届全国会员代表大会在北京召开，重庆畜牧兽医学会王健、刘作华、张基明当选为中国畜牧兽医学会第十二届理事会理事。

2006 年 12 月 9—10 日，重庆畜牧兽医学会联合重庆市遗传学会主办了以“重庆市动物遗传资源的保护、开发和利用”为主题的“重庆市动物遗传资源高峰论坛”。

2009 年 4 月 15 日，学会主办第五届重庆饲料行业暨养殖行业发展战略研讨会。市内 140 多家企业

参会，与会代表200余人。同年7月29—31日，学会承办中国畜牧兽医学会期刊编辑学分会第五届会员代表大会。同年10月11—14日，中国畜牧兽医学会2009年学术年会在石家庄举行，重庆畜牧兽医学会张家骅、刘作华、王金勇获得“新中国60年畜牧兽医科技贡献奖”。

2010年12月15—17日，学会承办“2010年全国猪联合育种协作组年会暨国家生猪核心育种场授牌仪式”。来自全国各省份的畜牧兽医主管部门和技术推广机构、国家生猪核心育种场等单位代表300余人参加会议。

2011年10月22日，中国畜牧兽医学会第十三届全国会员代表大会在四川成都召开。重庆畜牧兽医学会王健、刘作华、王永才当选为中国畜牧兽医学会第十三届理事会理事。同时，重庆畜牧兽医学会获中国畜牧兽医学会先进集体，白小青获中国畜牧兽医学会先进工作者。

2012年10月12—14日，学会协办“第五届全国系统动物营养学发展论坛”，会议以“创新、发展、走进系统营养学”为主题，特邀12位专家作专题报告。来自全国30余所高等院校、科研单位、饲料企业的100名代表参会。同年11月10日，在重庆莱特酒店召开学会第二届第四次理事会，审议通过了《重庆畜牧兽医学会专业委员会管理办法（试行）》。

2013年1月，学会获重庆市科协和重庆市民政局联合颁发的中国社会组织等级3A级证书和奖牌。同年7月12—13日，学会协办“第八届中国西部猪业论坛”。来自云贵川渝等地的畜牧、饲料行业专家和企业代表约300人参会。同年11月15—17日，学会协办“第六届中国畜牧科技论坛暨第八届中国畜牧科技新项目新技术新产品博览会”。

2015年4月16—19日，学会承办“中国畜牧兽医学会家禽学分会第十七次全国家禽学术研讨会”。全国从事家禽遗传育种、饲料营养、产品加工、环境控制以及疾病防治等方面的教学、科研和生产的专家、学者及技术人员600多人参会。会议共收录论文318篇，展示墙报19篇，评选出优秀论文18篇、优秀墙报2篇。同年10月15—18日，学会协办“中国猪营养学术研讨会”。会议的主题是“健康、高效、安全、优质”。来自美国、荷兰、丹麦、比利时及国内40余家高等院校、科研单位、饲料和养殖企业的院士、专家和代表共300余人参会。会议共收集论文143篇。同年10月24—26日，学会协办“畜禽健康环境与福利化养殖国际研讨会”。来自12个国家和地区的顶级研发机构的40余名专家和国内30余家科研机构、科技企业的300余名专家代表参加会议。会议包括9个大会主题报告、4个专题38个学术报告，47名中外专家将各自国家、各自领域的最新研究进展进行学术探讨和大会交流。

2016年4月27—28日，重庆畜牧兽医学会联合重庆市畜牧科学院组织举办第三期“中国畜牧科技城建设示范工程畜牧人才培训暨家庭牧场现代实用养猪技术提高班”，培训人员100余人次。

三、重庆市水产学会

重庆市水产学会成立于1979年1月，首届理事会由13人组成，有会员61人。主要工作内容如下：第一，组织开展学术交流与科技合作，举办各种形式的学术会议、讲座、展览、科技考察等活动；第二，普及水产科学知识，推广先进水产科学技术，开展水产科技继续教育和培训工作；第三，组织水产科技工作者参与水产科技政策、科技发展战略的科学论证，提出政策建议；第四，开展科技咨询服务，促进科学技术成果转化；第五，接受委托开展科技项目评估、科技成果鉴定、技术职务资格评审，组织、举办科技展览、科技文献和标准的编审；第六，编辑发行学会会刊、会讯，编写及组织出版水产科技书刊；第七，表彰、奖励在水产科技活动中取得优秀成绩的会员和科技工作者，向有关部门举荐人才；第八，反映水产科学技术工作者的建议、意见与诉求，维护他们的合法权益。

1979年1月17日，重庆市水产学会成立。1983年4月1日，四川省重庆市与永川地区合并后，重庆市水产学会与永川地区水产学会于1985年3月合并，有会员155人。

1988年5月，重庆市水产学会召开会员代表大会，选举产生了重庆市第四届水产学会理事会，理事会由22人组成，理事长：徐顺志，副理事长：谢大敬、马成伦、黄德祥、朱铭立，秘书长：李灼光。

理事会聘请廖德清为顾问。有会员 335 人。学会设鱼病防治、渔业经济、池塘渔业、水库渔业、稻田养鱼、渔政管理、科学普及、学术工作等 8 个专业（工作）委员会和《重庆水产》编辑部、渔业生产者协会。

1998 年 7 月 9 日，重庆市水产学会在重庆市植保站召开重庆直辖市成立后第一次会员代表大会，选举产生了重庆市水产学会第一届理事会及其领导成员。理事会由 54 人组成，其中常务理事 27 人。理事长：徐顺志，副理事长：刘方贵、叶元土、谢小军、杨德孟、孙德祥、谢大敬、黄德祥、朱铭立，秘书长：朱铭立。本届有团体会员 50 个，个人会员 536 人。学会设水产养殖专业委员会、鱼病防治专业委员会、水生动物营养及饲料专业委员会、三峡水库渔业专业委员会、学术委员会、科技咨询部、技术开发部、渔业管理委员会。

2014 年 7 月 8 日，重庆市水产学会第四届第四次会员代表大会在重庆蓝箭宾馆召开，120 名会员代表参加会议，选举产生了由 82 人组成的重庆市水产学会第四届理事会，其中常务理事 35 人。理事长：吴纯，副理事长：张耀光、任军、曹豫、李昀、李虹、李云、李家勇、马跃刚、吴青，秘书长：李虹。理事会聘任刘方贵为学会顾问。本届有团体会员 65 个，个人会员 508 人。

2016 年 1 月 8 日，重庆市水产学会在北碚莱特大酒店召开第四届第二次理事会议，会议通过了 17 名新会员入会，增选了 12 名理事、4 名常务理事和 1 名副理事长。王波增补为重庆市水产学会第四届理事会副理事长。1 月 9 日，学会在北碚举办 2015 年度学术年会，150 余名来自重庆水产高校、科研、技术推广、渔业行政及水产养殖企业的相关人员参加会议。本次学术年会的主题为“科技引领现代渔业打造百亿级生态鱼产业链”。中国海洋大学董双林教授和国家大宗淡水鱼产业技术体系首席科学家戈贤平研究员应邀作主题报告。重庆市水产学会理事长吴纯在开幕式上致辞。

2016 年 12 月 29 日，重庆市水产学会在渝召开了第四届第三次理事会议，45 名理事参会。吴纯理事长出席会议并讲话，副理事长王波、李虹、李云、李家勇、吴青出席会议。会议决定成立“中共重庆市水产学会党支部”，陈玉露为中共重庆市水产学会党支部书记。会上增选了 8 名理事，3 名常务理事；选举何忠谊为学会秘书长，任旺为学会监事。

四、重庆市农业机械学会

重庆市农业机械学会成于 1981 年，挂靠重庆市农业机械研究所。理事长：陈光怡，秘书长：魏慕征。至 1997 年，学会共经过 5 次换届，选举产生过 6 届理事会，第一、二届理事长：陈光怡，第三、四届理事长：张彪，第五、六届理事长：汪晋。从第三届起，学会挂靠重庆市农机水电局。

1997 年重庆改直辖市后，学会第六次换届，选举徐庆杨任理事长。学会重新挂靠重庆市农业机械研究所。2004 年，学会交由重庆市农机局科教处管理；2008 年，学会交由重庆市农机推广总站管理。2012 年，学会因连续 3 年未年审，被重庆市民政局注销。

2014 年，重庆市农业机械学会恢复成立，业务主管单位为重庆市科学技术协会，挂靠重庆市农业科学院农业机械研究所。主要工作内容如下：第一，开展学术交流，传播先进技术，促进农机科学技术的开发、应用；第二，普及科学技术知识，推广先进技术和经验，开展技术培训和继续教育，提高会员和有关农机化人员的科技水平和实践能力；第三，开展科技咨询工作，接受政府部门及企事业单位的委托，对农机化科学技术问题和经济建设中的重大决策、发展战略、技术政策提供论证、评估，提供技术职称评审，成果评定、推广等有偿服务；第四，编辑出版学术、科普刊物及其他文集、资料；第五，反映会员的意见和呼声，维护会员的合法权益；第六，表彰、奖励优秀学术论文、科普作品和学会先进工作者，发现人才并向有关部门推荐。

2014 年 7 月 28 日，重庆市农业机械学会成立（恢复）暨第一次会员代表大会在重庆市农委召开，选举产生了第一届理事会。理事长：陈建，秘书长：庞有伦。

2015 年 12 月 18 日，学会第一届第三次理事会暨 2015 年年会在九龙坡区白市驿镇召开，会上增补副理事长1人、常务理事3人、理事9人。成立了耕作机械专业委员会、收获机械专业委员会。

五、重庆作物学会

重庆市作物学会成立于1959年9月25日，挂靠重庆市农业局。初期有会员20人，至1985年有会员248人。

1997年重庆改直辖市后，重庆市作物学会重新登记，于2000年4月更名为重庆作物学会。业务主管单位为重庆市农业局。作物设立学会设学术、耕作专业、麦类专业、水稻专业、薯类专业、玉米杂粮专业、油料专业7个专业委员会。学会主要工作内容如下：第一，组织大型年会、小型研讨会、以及为领导机关决策咨询而召开献计献策会等各种学术会议；第二，组织访问考察；第三，组织现场观摩，培训基层农技人员，普及科学技术知识；第四，撰写学术文章，开展学术交流，接受委托承担科技项目评估、成果鉴定、评审、提供科技咨询。

2000年4月1日，学会在重庆市种业宾馆召开第一次代表大会，选举产生了第一届理事会及其领导成员。会长：胡声荣，副会长：辜文育，秘书长：邹学祥。

六、重庆市植物保护学会

重庆市植物保护学会（以下简称“植保学会”）成立于1959年10月26日，挂靠重庆市农业局。初期有会员40余人，至1985年有会员152人。1997年，重庆改直辖市后，重庆市植物保护学会于1997年12月4日重新成立，首届理事会由27人组成，有会员340人。1999年5月24日取得了社会团体法人登记证书。2000年经重庆市民政局年检合格，有会员417人。

植保学会主要工作内容如下：第一，组织开展学术交流与科技合作，举办各种形式的学术会议、讲座、展览、科技考察等活动，普及植保科学知识，推广先进植保科学技术，开展植保科技继续教育和培训工作；第二，组织植保科技工作者参与植保科技政策、科技发展战略、植保法规工作的科学论证，提出政策建议；第三，进行科技咨询服务，促进科学技术成果转化；第四，接受委托开展科技项目评估、科技成果鉴定、技术职务资格评审，组织举办科技展览、科技文献和标准的编审；第五，组织编写、出版植保科技书刊；第六，表彰、奖励在植保科技活动中取得优秀成绩的会员和科技工作者，向有关部门举荐人才；第七，反映植保及与植保有关的科学技术工作者的建议、意见与诉求，维护科学技术工作者的合法权益。

1997年12月4日，重庆市植保学会第一届会员代表大会在重庆市植保站召开，选举产生了重庆市植保学会第一届理事会。理事会由27人组成。理事长：赵志模，副理事长：罗其荣，刘映红，秘书长：赵光潜。学会设6个专业委员会，本届有会员417人。

2002年12月8日，植保学会第二次会员代表大会在重庆市植保植检站召开，150名会员代表参加会议，选举产生了由86人组成的重庆市植保学会第二届理事会，其中常务理事29人。理事长：刘映红，副理事长：王进军、张卫、朱明华；秘书长：丁伟。学会设9个专业委员会。本届有会员单位65个，个人会员457人。

2006年12月24日，植保学会第三次会员代表大会在重庆市永川区召开，150名会员代表参加会议，选举产生了由68人组成的重庆市植保学会第三届理事会，其中常务理事18人。理事长：刘映红，副理事长：王进军、张卫、张文强、周常勇，刘洪；秘书长：丁伟。学会设9个专业委员会。本届有会员单位54个，个人会员457人。

2008年，植保学会组织承办了中国植物保护学会2008年学术年会。

2010年11月20日，植保学会第四次会员代表大会在重庆市涪陵区召开，150名会员代表参加会议，选举产生了由86人组成的重庆市植保学会第四届理事会，其中常务理事29人。理事长：王进军，副理事长：刘祥贵、丁伟、严合章、李中安、张晓春，秘书长：刘怀。学会设9个专业委员会。本届有会员单位36个，个人会员463人。

2014年12月19日，植保学会第五次会员代表大会在重庆市永川区召开，160名会员代表参加会议，选举产生了由86人组成的重庆市植保学会第五届理事会，其中常务理事29人。理事长：王进军，副理事长：施宗伟、刘祥贵、丁伟、严合章、李中安、张晓春，秘书长：刘怀。学会设9个专业委员会。本届有会员单位36个，个人会员463人。

重庆市植物保护学会先后获评：中国植物保护学会2002年度“优秀工作奖”、中国植物保护学会第一届（2005年）和第二届（2009年）“先进省级学会”、重庆市科协2001、2002年度“先进学会”、重庆市科协2006年度“学术工作先进奖”。

七、重庆土壤学会

重庆土壤学会成立于1956年5月，挂靠西南农学院土化系，侯光炯任第一届学会理事长，有会员50人。学会设土壤、农业化学、农业生物、环境保护、森林土壤及水土保持、土地资源6个专业委员会和《土壤农化科技》编委会。2008年后，学会在原有专业委员会不变的基础上，增设了农产品安全与检测专业委员会。

重庆土壤学会主要工作内容如下：第一，组织开展学术交流与科技合作，举办各种形式的学术会议、讲座、展览、科技考察等活动；推广先进土壤肥料科学技术。第二，开展土壤肥料、资源环境科技继续教育和培训工作。第三，组织土壤肥料科技工作者参与资源环境科技政策、科技发展战略、土壤肥料法规工作的科学论证，提出政策建议。第四，开展科技咨询服务。第五，接受委托开展科技项目评估、科技成果鉴定、技术职务资格评审。第六，编辑发行学会会刊、会讯；组织科技展览、科技文献和标准的编审。第七，表彰、奖励在土壤肥料科技活动中取得优秀成绩的会员和科技工作者，向有关部门举荐人才。第八，反映有关的科学技术工作者的建议、意见与诉求，维护他们的合法权益。

1956—1998年，学会经历过5次换届，产生了6届理事会，其中1986—1998年为第五届、第六届理事会。1985年有会员166人。1997年重庆改直辖市后，将原万县、涪陵、黔江三地的土壤学会分会合并到重庆土壤学会。学会于1998年换届，产生了重庆直辖市第一届土壤学会，有会员410人。至2013年，学会经历过3次换届，产生了4届理事会。2013年有会员500余人。

重庆改直辖市之前第五、第六届理事会组成：

1986—1993年第五届理事会，理事长曾觉廷；副理事长毛炳衡、陈世正、徐泽辉、高益信；秘书长宋光煜。

1993—1998年第六届理事会，理事长宋光煜；副理事长张学良、高益信、徐泽辉、谢德体；秘书长谢德体。

重庆直辖市历届理事会的组成如下：

1998—2003年第一届理事会，有理事61人，其中常务理事19人。理事长宋光煜；副理事长张学良、段克兴、阳年驰、谢德体、蒙毅；秘书长谢德体。

2003—2008年第二届理事会，有理事58人，其中常务理事19人。荣誉理事长毛炳衡、宋光煜、张学良；理事长谢德体；副理事长孙彭寿、黄建国、邱道持、阳年驰；秘书长魏朝富。

2008—2013年第三届理事会，有理事59人，其中常务理事20人。荣誉理事长毛炳衡、宋光煜、张学良；理事长谢德体；副理事长魏朝富、李伟、石孝均、谭佐文；秘书长高明。

2013—2018年第四届理事会，有理事62人，其中常务理事20人。理事长谢德体；副理事长李杰、石孝均、高明、王帅、张祖光；秘书长倪九派。

八、重庆市茶叶学会

重庆市茶叶学会成立于1979年6月29日，挂靠在西南农业大学茶叶系，有会员67人。1985年有会员158人。学会设茶叶学术及科普专业、茶树栽培及育种专业、茶叶加工及贸易专业、茶文化专业等4个专业委员会。

重庆市茶叶学会主要工作内容如下：第一，调查研究、预测国内外茶叶发展趋势，收集、整理相关经济、技术信息，建立信息网络；第二，组织会员研究提出茶业生产、销售、加工等有关方针、政策和总体规划的建议；第三，组织地区、部门和企业之间的横向联合，协调茶叶产业有关的经济、技术协作关系；第四，开展技术服务和技术咨询活动，开展茶叶有关技术交流和学术讨论，引进推广先进实用新技术；第五，组织茶叶重大课题的协作公关与考察活动，配合教学、科研部门开展茶叶产业产前、产中、产后服务；第六，组织茶叶及其加工制品的鉴评；第七，向有关部门反映会员的意见和要求，维护他们的合法权益。

2015年12月4日，学会召开会员大会，选举产生了第七届理事会及其领导成员。会长：童华荣，副会长：司辉清、张节明、徐泽、陈明成、唐德平、冉茂垠，秘书长：赵仲。本届有团体会员50个，个人会员170人。

九、重庆市蚕桑学会

重庆市蚕桑学会成立于1962年6月24日，挂靠在西南农业大学蚕桑系。学会设有栽桑、养蚕、蚕种、蚕丝4个专业学组。有会员37人。1985年有会员122人。

学会主要工作内容如下：第一，组织重点学术课题的探讨和科学考察活动，开展学术交流。第二，举办各种类型的蚕业培训班，普及蚕业技术，传播先进生产技术经验；第三，同国外科学技术团体和科学技术工作者友好联系，开展国际学术交流活动；第四，开展蚕业科学技术、政策、经济等方面的咨询服务；第五，向党政部门反映蚕业科技工作者的意见和要求；第六，根据国家经济建设和科学发展的需要，举办为蚕业科技工作者的各种服务事业和活动。

1998年6月29日，重庆市对外贸易经济委员会、重庆市农业局发出《关于蚕业生产经营管理单位从市农业局移交重庆茧丝绸集团有限公司有关问题的通知》，除重庆市蚕种管理站外，重庆市蚕桑技术指导站、重庆市蚕业制种公司、重庆市北碚蚕种场、重庆市西里蚕种场、重庆市蚕种冷库均移交市茧丝绸集团公司。

1999年6月29日，经学会第六届第六次常务理事扩大会通过，并报请重庆市科协同意，重庆市民政局批准，重庆市蚕桑学会更名为"重庆市蚕丝学会"，挂靠单位由西南农业大学转为重庆茧丝绸集团有限公司。1999年有个人会员294人，团体会员单位40个。

重庆市蚕桑学会自1962年6月24日成立第一届理事会至1999年，学会先后召开了10次会员大会或会员代表大会，组成了7届理事会。第一届理事长：李萃农，副理事长：韩惠卿，秘书长：易永。第七届（1999年，重庆市蚕丝学会第一届）理事会名誉理事长：向仲怀，顾问：张明阶、吴开明、林元吉、陈荣生，理事长：薛建农，副理事长：宋方州、樊民军、刘炳林、秦光尧，秘书长：吴大洋。

第二节　涉农协会

一、重庆市农民体育协会

重庆市农民体育协会于1991年成立。当年10月10日，在重庆市体育馆召开重庆市农民体育协会成立大会。由市领导段大明、于汉卿授牌，市民政局颁发社团登记证书和印章。协会挂靠单位：重庆市农牧渔业局。主要工作职责：发动和指导农民开展群众性体育运动，促进体育事业发展；培养农民体育骨干，培育、举荐农民优秀体育人才；组织参加全国性体育竞赛，开展体育交流活动；组织举办全市农民体育竞赛，提高运动技术水平。协会名誉主席：段大明、于汉卿、王正德，主席：徐明虎，副主席：

罗文广，秘书长：邹学祥。

2005 年 4 月 28 日，在渝通宾馆召开重庆市农民体育协会第二届会员代表大会。选举王越为主席，王义北为常务副主席，段杰、叶邦勤为副主席，黄贵川为秘书长。

2012 年 3 月 12 日，协会召开换届工作大会，成立了第三届农民体育协会。主席：刘启明，副主席：张欣，秘书长：刘君绍。

重庆市农民体育协会自 1991 年成立至 2015 年，已组织举办 5 届全市农民运动会、全市首次农民特色项目运动会、全市首次农民水果采收运动会。承办全国农民传统武术大赛单项比赛。组织参加全国第四、第五、第六、第七届农民运动会，共获得奖牌 130 块，其中金牌 50 块，银牌 44 块，铜牌 36 块。

协会主管单位：重庆市农业委员会。

二、重庆市畜牧业协会

重庆市畜牧业协会成立于 2014 年 1 月 18 日。业务主管单位：重庆市农业委员会。主要工作内容如下：第一，调查研究国内外畜牧业及相关行业的发展动态，制定行业行为规范，为政府制定行业规划、法规、政策等提供咨询和建议；第二，协助行业管理，反映会员诉求，协调各界关系，维护行业利益；第三，搭建服务平台，组织展览展示，开展信息服务及合作交流；第四，组织开展技术咨询、技术培训。协会时有会员企业 122 家，其中非公企业约占 68%。协会常务理事单位 72 家，理事单位 94 家。会长：岳发强，副会长：薛继春、王学刚、毛良模、王金勇等 29 人，秘书长兼法人代表：王华平。

2015 年 5 月 8 日，重庆市畜牧业协会召开第一届第三次理事会，同意会长岳发强、副会长薛继春、常务理事曾代勤 3 人辞职，选举康雷为协会会长。2015 年 5 月承办在重庆举办的第十三届中国畜牧业博览会。2016 年 8 月承办在重庆市酉阳土家族苗族自治县召开第十三届（2016）中国羊业发展大会。

三、重庆市绿色食品协会

重庆市绿色食品协会成立于 2002 年 11 月，业务主管单位：重庆市农业局。主要工作内容如下：第一，围绕绿色食品发展，组织理论研讨及学术交流，开展技术咨询、人才培训及科学普及服务活动；第二，组织绿色食品宣传、科技协作、经验交流、信息传递和理论研究；第三，协调绿色食品科研、生产、贮运、销售、监测等社会各方面关系，为绿色食品事业的健康稳定发展提供有效的综合服务和有力的社会支持。

2003 年 3 月，重庆市绿色食品协会召开会员代表大会，选举王建东为协会会长，孙池、钟世良、李洪军为副会长，周优良为秘书长。

2006 年 3 月，重庆市绿色食品学会换届。会长：周优良，副会长：钟世良、丁美枝、张元秋、周英明、邱太明，秘书长：邬清碧。本届理事会成员 27 人，其中常务理事 14 人。至 2007 年年底，协会有团体会员 78 个（企业 46 个，管理机构 32 个），个人会员 106 人。

2010 年 12 月，重庆市绿色食品学会换届。会长：周兵，副会长：李洪军、曹豫、李杰、熊伟、王永康、柴勇、易廷辉、黄昀、许云华、谭荣、李万明、杨大刚、张节明、李德建、张元秋、邱太明、周英明、康清平、丁美芝，秘书长：邬清碧。本届理事会成员 144 人，其中常务理事 51 人。至 2014 年底，协会有团体会员 70 个，个人会员 90 人。

2016 年 1 月，重庆市绿色食品学会换届。会长：黄昀，副会长：张元秋、邱太明、钟世良，秘书长：邬清碧。本届理事会成员 120 人，其中常务理事 45 人。至 2016 年年底，协会有团体会员 60 个，个人会员 80 人。

四、重庆市奶业协会

重庆市奶业协会成立于 1999 年 11 月，业务主管单位：重庆市农业局。主要工作内容如下：第一，宣

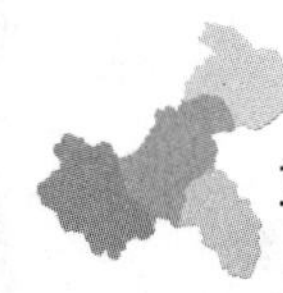

传贯彻国家法律法规和方针政策，维护行业公平竞争环境；反映行业诉求，维护行业合法权益。第二，开展调查研究，拟订行业生产技术规范、行业产品质量标准。第三，参与行业有关资质管理及授权范围的发证工作。第四，开展技术交流活动，提供行业咨询服务。第五，组织新产品、新技术、新工艺及优秀科技成果的鉴定与推广应用。第六，举办各种培训班，为企业培训相关人才。第七，举办和参与地区性、全国性、国际性乳制品及其设备交易会、展示会、信息发布会、研讨会和经验交流会，开展国内国际同行业交往活动。2015 年有单位会员及个人会员 168 个（人），理事单位 16 个，协会负责人有 12 名。

（一）重庆市奶业协会沿革

1999 年 11 月 22 日，重庆市奶业协会成立。2002 年 6 月 13 日，协会召开第一次会员大会，选举廖祯华为理事长，戴祥文、范兆坦、刘伯荣、杜方志、关崇学为副理事长，蒋远映为秘书长。

2007 年 8 月 15 日，重庆市奶业协会召开第二次会员大会。选举产生了第二届理事会及协会负责人。会长：向阳升，常务副会长：刘德君，副会长：吴一奕、李忠、盛勇、刘勇、颜烈，秘书长：蒋远映。

2012 年 4 月 17 日，重庆市奶业协会召开第三次会员大会，选举产生了第三届理事会及协会负责人。会长：张家骅，执行会长：刘德君，副会长：黄勇富、邱太明、吴一奕、刘弘、蒋宝泉、刘联福、陈启明、朱中川、邓学华、江荣，秘书长：刘德君。

2016 年 8 月 24 日，经中共重庆市委农村工作委员会《关于同意成立中国共产党重庆市奶业协会支部委员会的批复》，成立中国共产党重庆市奶业协会支部委员会，刘德君任支部书记，黄勇富、邹莉萝任支部委员。协会负责人中有中共党员 8 人，专兼职工作人员中有中共党员 3 人。

（二）重庆市奶业协会主要活动

1999 年，重庆市奶业协助政府有关部门制定了《重庆市牛奶管理办法》，重庆市人民政府于 1999 年 3 月 1 日以 45 号令颁布实施。

2002 年，重庆市奶业协助政府部门完成了联合国世界粮食计划署（WFP）和欧共体（EEC）对重庆无偿援助的奶类发展项目（先后 4 期），项目地区涉及全市 24 个区（县）。该项目的实施促进了重庆奶业的发展，缓解了全市长期存在的市民“吃奶难“问题。

2009 年 7 月 18 日，由西部乳业协作会与重庆奶业协会、广州市奶业协会联合举办了“2009 中国（重庆）奶业高峰论坛”会议，论坛主题是：“论标准、求健康、促和谐”，会议为新出台的国家《乳制品安全标准》提供了很好的建议和意见，得到国家卫生部和行业的高度认可。

2011 年 5 月，重庆市奶业协会联合重庆市八大食品行业协会成功举办了“2011 年度重庆市首届食品安全示范企业、示范品牌和模范先进个人评选活动”和“2011 重庆食品安全高峰论坛暨先进个人表彰大会”活动。联合举办了食品行业百日综合整治行动，取得了重大成果，通过严打和媒体曝光行动，维护了广大消费者的合法权益。

2013 年，根据《农业部关于调整学生饮用奶计划工作的通知》和《重庆市农业委员会关于调整学生饮用奶计划推广工作方式的通知》要求，将重庆市“学生饮用奶计划推广”工作整体移交给重庆市奶业协会。协会受上级主管部门委托、成立了“重庆市学生饮用奶计划协调办公室”，办公室主任由协会秘书长刘德君兼任。

2014 年 5 月，重庆市奶业协会主办、天友乳业承办了“2014 首届大中华巴氏鲜奶高峰论坛”。2015 年 12 月，承办“全国学生饮用奶计划工作经验交流会”在重庆市召开。

五、重庆市农业技术推广协会

重庆市农业技术推广协会成立于 2000 年 9 月 18 日，业务主管单位：重庆市农业局。主要工作内容如下：第一，开展农业技术推广科学的理论研究和学术交流，推广应用农业科技成果和先进实用技术；第二，向政府及有关部门反应农业技术推广工作者的意见和要求；第三，围绕科技推广应用，为农民提供产前、产中和产后服务；第四，开展多种形式的低偿技术服务，兴办各种不以营利为目的的技术服务性事业。会长：张洪松，秘书长：尹泽佑。2005 年，会长：孙彭寿，秘书长：尹泽佑。

2003 年，重庆市农业技术推广协会设立种植技术专业、农用新产品开发与推广专业、信息专业、农技体系建设与管理专业、农村人才资源开发专业 5 个专业委员会。2006 年，协会增设植保植检专业、土壤肥料专业、农产品质量安全专业、农田整治技术专业、项目咨询专业 5 个专业委员会。

2011 年 1 月，选举产生了协会第三届理事会。会长：曾卓华，副会长：李杰、廖聪学、尹泽佑、郭凤、王季春，秘书长：廖聪学。本届有团体会员 34 家，理事会成员 53 人，常务理事 15 人。分支机构的设置调整为种植业、植保植检、土壤肥料、农技体系建设与管理 4 个专业委员会。

2016 年 8 月 22 日，成立中共重庆市农业技术推广协会党支部，李杰任书记，黄振霖、王季春任委员。协会共有正式党员 7 人。

六、重庆市肉类行业协会

重庆市肉类行业协会成立于 2002 年 8 月，业务主管单位：重庆市商业委员会。主要工作内容如下：第一，宣传贯彻国家法律法规和方针政策；第二，反映企业诉求，维护企业合法权益；第三，依照国家产业政策和相关法规，向主管部门提出肉类行业的发展方向、产品结构调整、资源合理配置等方面的建议；第四，接受政府委托，拟订肉类行业生产技术规范、行业产品质量标准；第五，参与肉类行业有关资质管理及授权范围内的发证工作，为企业生产经营、市场营销、企业管理、经营决策等提供咨询服务；第六，组织新产品、新技术、新工艺及优秀科技成果的鉴定与推广应用；第七，举办各种培训班，为企业培训相关人才；第八，举办地区性、全国性、国际性肉类食品、肉类加工设备交易会、展示会、信息发布会、研讨会和经验交流会。

2002 年 8 月 15 日，重庆市肉类行业协会召开第一届会员大会，选举产生了重庆市肉类行业协会第一届理事会。名誉会长：刘轶茂，会长：赵钢。常务副会长（法定代表人）：韩锋，副会长：刘远荣、匡明、张承明、周丽强、周相华、赵长贵、雷光碧、谭祖文，秘书长：李晓密，有会员单位 47 家。到 2007 年 8 月，协会有畜禽屠宰企业 44 家、规模化养殖企业 30 余家，肉类制品加工企业 30 余家，各类冷库 45 座，具有各类专业技术人员近 1 000 人。

2007 年 11 月 21 日，重庆市肉类行业协会召开第二届会员大会，选举产生了第二届理事会。会长（法定代表人）：黄正，常务副会长：左应鸿，副会长：甘在明、刘远荣、吴清伟、汪开益、周相华、周祖云、赵长贵、钱毅、赖维学，秘书长：韩锋。

2012 年 3 月 13 日，重庆市肉类行业协会召开第三届会员大会，选举产生了第三届理事会。会长（法定代表人）：胡朝斌，常务副会长：冯纪宇、张全生、罗大文、苟拥军、赵长贵、韩锋、赖维学，副会长：甘在明、刘远荣、吴清伟、汪开益、陈合元、陈敬学、周相华、钱毅，秘书长：欧帮全。

2014 年 6 月，协会创办内部刊物《重庆肉类通讯》，已印发 32 期，刊载各类信息和通讯近 350 篇。

2014 年，经重庆市民政局批准，重庆市肉类行业协会的业务主管单位由重庆市商业委员会变更为重庆市农业委员会。

2016 年，协会有会员单位 120 家。全市 105 家生猪定点屠宰厂场中，有 80 家是重庆市肉类行业协会会员单位，全市所有一、二级生猪屠宰企业和所有规范化牛羊屠宰企业及禽、兔屠宰企业都是重庆市肉类行业协会的会员单位。

七、重庆市现代农业科技服务协会

重庆市现代农业科技服务协会成立于 2013 年 8 月，业务主管单位：重庆市农业委员会。主要工作内容如下：第一，宣传贯彻国家有关的方针政策和法律法规，协助政府主管部门开展行业管理；第二，组织经验交流与技术推广，为会员单位培养和推荐专业的农业经营人才；第三，搭建区域性农业社会化服务综合平台；第四，协助制定行规行约，加强行业自律；第五，反映会员单位的愿望和要求，维护会员的合法权益；第六，组建金融服务平台，成立专业的担保公司、小额贷款公司、基金会，帮助会员解决发展资金的难题；第七，搭建宣传沟通平台，通过多种媒体帮助会员创立品牌，拓展市场；第八，建立信息平台，及时为会员提供生产、流通和市场信息等服务。会长：黄子华，副会长兼秘书长：汪红泉，执行秘书长：丁浩。协会有团体会员73个，个人会员22人。

2013年10月，重庆市现代农业科技服务协会组织巴马生态农业、及时雨生态农业、卡沃物流公司、快车道投资公司、正格农业机械公司5家会员单位参加了重庆市扶贫协会发起成立的“大学生扶贫创业基金会”，首期共筹得资金1.44亿元人民币。同年12月，承办“科技大篷车·农业专家田间行动（永川站）”暨“科技金融市场三下乡”活动。

2014年7月，重庆市现代农业科技服务协会组织企业家参与“春晖行动捐资助学”。与重庆市贵州商会一起，组织重庆市多个优秀企业家，深入贵州贫困地区，在黔东南团州委的积极支持下，成功对接三所学校，为100名贫困学生捐款45万元人民币。

2015年，重庆市现代农业科技服务协会在重庆市扶贫指导中心指导下，参与组织“贫困地区劳务经纪人培训班”和“致富带头人培训班”学员和师资，完成1 000余人培训；参加重庆18个重点贫困县农业创业培训工作，培训新型农业经营业主5 000名。

2016年5月，重庆市现代农业科技服务协会主办（江北区农业委员会承办）的首届重庆江北“三创之星（创新引领未来、创业成就梦想、创优实现价值）”的现代农业和农村电商行业大赛在江北区举行，共有109个创业项目参赛。

八、重庆种子行业协会

重庆种子行业协会成立于2003年4月，业务主管单位：重庆市农业局。主要工作内容如下：第一，开展调查研究，加强行业自律，树立行业标杆和典范、扶优扶强；第二，开展种子行业服务，开展对全市种子企业的诚信评审；第三，同全国各个种子协会的交流与合作；第四，承担全市水稻、玉米的联合品比试验，提高种子行业技术水平；第五，组织全市种子企业参加每年由农业部组织的种子“双交会”，展示重庆种业形象；第六，根据需要开展有利于种子行业发展的其他活动。

2003年4月8日，协会召开第一届会员大会，讨论并通过了《重庆种子行业协会章程》《重庆种子行业协会会员管理办法》《重庆种子行业协会自律公约》等规章，选举产生了第一届理事会及其领导成员。理事长：曾卓华，副理事长：钟世良、段永国、夏远策、代宗，秘书长：史明远。

2008年11月13日，协会召开会员大会，选举产生了第二届理事会及其领导成员。理事长：曾卓华，副理事长：黄中伦、刘贤双、江家扬，秘书长：官治文。

2010年3月23日，协会召开第二届一次理事会扩大会议。经理事长曾卓华推荐并经参会的理事单位一致通过，选张颖韬为重庆种子行业协会秘书长。

2011年1月18日，协会召开第二届二次会员大会。会议宣布了《中共重庆市农村工作委员会关于史明远同志兼职的批复》，同意史明远同志兼任重庆种子行业协会理事长。会议增选九龙坡区种子管理站、重庆涪陵绿源农业科技发展公司等7个会员单位为协会理事单位。

2015年7月29日，协会第四届第一次会员大会在重庆种业宾馆召开，会议选举产生了重庆种子行业协会第四届理事会及其领导成员。理事长：钟世良，常务副理事长：叶祥富，副理事长：毛跟东、张晓峰、杨孝廉，秘书长：张颖韬。

2016年9月9日，协会召开第四届第七次理事长办公会。会议通报了中共重庆市委农村工作委员会《关于同意成立中国共产党重庆种子行业协会支部的批复》文件精神，同意成立中国共产党重庆种子行业协会支部，唐维超同志任党支部书记。会议还审议了协会监事会、监事长人选，同意赵辉、赵正武、廖光荣3人组成监事会，赵辉任监事长。

九、重庆市农业产业化协会

重庆市农业产业化协会成立于2009年7月16日，协会接受重庆市农业委员会（重庆市农业产业化办公室）和重庆市民政局的业务指导和监督管理。协会主要工作内容如下：第一，宣传贯彻党和国家有关农业产业化发展的方针、政策和法律、法规，为会员创造良好的社会环境；第二，协调会员之间、会员与相关组织、有关部门以及农民之间的关系，加强企业与基地和农户间的利益联结，促进农民增收；第三，开展调查研究，制订农业产业化发展规划和发展战略，为政府及有关部门提供行业发展、产销政策、立法等方面的建议和决策依据；第四，制定并执行行业规范，加强行业自律和会员自律，维护会员的合法权益；第五，组织会员实施农业产业化、标准化建设，接受政府职能部门委托制订行业标准或地方标准；第六，建立本会各专业的专家咨询委员会，为会员提供咨询服务和业务培训；组织会员学习、考察，提高会员管理水平和职工队伍素质；第七，建立本会信息网络体系，建设重庆市农业产业化网站，编辑出版有关农业产业化的书籍和资料，搭建信息交流平台；第八，协助会员在国内外拓展业务，组织举办各种展销活动，推介名特稀优新产品；第九，总结交流农业产业化发展与管理经验，探索农业产业化发展与管理的新思路、新途径和新方法，推广管理创新成果；第十，向政府及有关部门反映会员关心的热点、难点及迫切需要解决问题，维护会员的合法权益。

协会第一届理事单位64个、副会长单位24个。会长单位：重庆市农业担保有限公司，会长：潘慧中，秘书长：谭勇。有团体会员334个。

2015年8月27日，协会召开第三届会员大会，选举产生了第三届理事会及其领导成员。协会理事单位30个、常务理事单位20个，副会长单位15个。会长：钟世良，秘书长：余小林。本届有团体会员242个。

2016年7月19日，协会召开第三届理事会2016年第二次会长办公会议，决定成立重庆市农业产业化协会党支部，选举钟世良、张敏、高立明、张杰明、赵长庆为支部委员，钟世良任党支部书记。

十、重庆市柑橘产业协会

重庆市柑橘产业协会成立于2006年4月7日，业务主管单位：重庆市农业局。会长：罗弟福，秘书长：张才建。有团体会员47个，个人会员47人。

协会主要工作内容如下：第一，宣传国家法律法规和相关政策；第二，为会员提供技术指导、技术咨询、技术培训、品种示范等服务；第三，收集、发布柑橘生产、运输、贮藏、加工、销售等信息；第四，开展项目论证、项目咨询，新产品推介，进出口产品代理以及其他中介服务；第五，制定行业标准、规范，创建协会统一品牌；第六，制定行业行为准则，加强行业自律，协调处理协会内部成员间，协会成员与其他单位及个人的关系，为会员提供法律支持；第七，与国内外相关协会及组织建立联系，进行信息互换，宣传推介协会自身和协会成员单位。

2013年12月26日，重庆市柑橘产业协会在重庆天宇大酒店召开第三届组织机构换届大会，选举产生了第三届重庆市柑橘产业协会理事会，理事会成员由原20名增至30名。会长：郑勇，副会长：曾卓华、彭良志、朱铁能、罗弟福、刘巨龙，秘书长：曾卓华。本届有团体会员74个，个人会员76人。

十一、重庆市蔬菜协会

重庆市蔬菜协会成立于1999年，业务主管单位：重庆市农业局。主要工作内容如下：第一，宣传党的方针政策和国家有关法律法规，反映会员的意见和要求，向行政部门提出工作意见和建议；第二，组织会员开展蔬菜行业的经验交流，举办学术研讨、讲座、考察、培训等活动；第三，建立蔬菜信息网络，收集、分析国内尤其是市内蔬菜生产和市场信息，为生产者、经营者提供信息服务，为决策提供参考性意见；第四，推进蔬菜产业结构调整，培育蔬菜优势产业，提高蔬菜质量卫生安全水平和科技水平，壮大蔬菜加工业，促进蔬菜营销，为重庆蔬菜产业发展做贡献；第五，发展基层专业协会和联合组织，组织制定本协会行规行约。第六，编辑出版有关信息资料和刊物，加强同国内外同行间的业务交流与联系。

2005 年有会员单位 59 家，理事单位 19 家，会长刘强。

十二、重庆市食用菌协会

重庆市食用菌协会成立于 1989 年，业务主管单位：重庆市农业局。主要工作内容如下：第一，开展行业基础情况调查、资料收集和整理工作，掌握国内外食用菌科研、生产、加工、流通、消费发展动向和趋势，向政府部门提出制定全市食用菌行业的发展战略、规划、经济技术政策和标准等方面的建议；第二，协调本行业产、供、销关系，促进科、工、贸的联营、联销，促进本行业部门间、地区间的联合协作；第三，组织行业技术攻关、技术交流、学术研讨、考察与技术培训工作，加快新技术的开发和推广应用，促进行业技术进步和经营水平的提高；第四，制定菌种生产标准化、栽培工艺科学化、产品加工规范化的技术规范，制止菌种混乱、栽培粗放和产品滥制的现象；第五，发展基层专业协会和联合组织，组织制定本协会行规行约。

1999—2004 年，理事长：娄方龙。2005—2009 年，理事长：郭军，副理事长：彭洪光、刘朝贵、刘朝伟，秘书长：陈一龙。2010—2016 年，理事长：郭军，副理事长：秦成冰、毕麦、梅明、张中全、陈能威、田时炳、李刚、刘克成、舒政光、雷志德、许云华，秘书长：陈一龙。有会员 110 人。

按照《重庆市深化行业协会商会与行政机关脱钩联合工作组关于印发〈重庆市进一步深化全市性行业协会商会与行政机关脱钩试点工作方案〉的通知》要求，上述 12 个涉农协会除重庆市农民体育协会外，其余 11 个协会均于 2016 年 9 月 30 日前与重庆市农业委员会脱钩。

第三节　其他涉农社团组织

一、重庆市农业投资研究会

重庆市农业投资研究会（简称“研究会”）成立于 2002 年 4 月，业务主管单位：重庆市农业局。主要工作内容如下：第一，开展农业投入机制、方式和支持环节的学术研究；第二，探索农业财政资金投入与当前农村产业升级、新农村建设、特色效益农业建设与农民增收的有机结合形式；第三，根据需要开展有利于行业健康发展的其他活动；第四，开办《重庆农业财务信息网》《重庆农业财会信息》学报；第五，配合有关部门开展会计知识竞赛、财会人员职称考评、从业资格证书管理等活动。

2002 年 4 月 16 日，研究会召开第一届会员代表大会，选举产生了第一届理事会及其领导成员，会长：杨树海，副会长：王波、彭珏、龚世和，秘书长：王波。本届理事会成员 106 人，常务理事 33 人。有团体会员 200 个、个人会员 500 人。

2012 年 12 月 21 日，研究会召开第二届会员代表大会，选举产生了第二届理事会及其领导成员。会长：周庆红，副会长：刘歆、陈杨、刘翊、王远美，秘书长：刘翊。本届有团体会员 200 个、个人会员 500 人。

2016 年 12 月 2 日，研究会召开第三届会员大会，对重庆市农业投资研究会变更法定代表人、变更住所地址进行审议和表决并一致通过。后经重庆市民政局审批，法定代表人由杨树海变更为刘翊。业务主管单位：重庆市农业委员会。第三届会长：曾佳鑫，秘书长：刘翊。本届有个人会员 110 人，未吸收单位会员。

二、1986—2015 年先后成立过的其他涉农社团组织

1986—2015 年，30 年间，重庆先后成立过重庆市农业法制学会、重庆农业经济学会、重庆植物学会、重庆市区（县）经济学会、重庆市沼气学会、重庆市农村劳动力转移协会、重庆市家禽业协会、重庆市犬业协会、重庆市饲料工业协会、重庆市果品行业协会、重庆市农资行业协会、重庆市茶产业协会、重庆市干辣椒销售协会、重庆市农产品加工业协会、重庆市有机农产品加工业协会、重庆市猕猴桃产业协会、重庆市茶文化研究会、重庆市村社促进会等涉农社团组织。随着机构改革、产业结构调整和工作重心转移等各种原因，上述社团组织经过几次清理后，有的已经注销或正在注销，有的已自动消亡，有的已名存实亡，没有正常开展相关业务工作。

第二十篇

区（县）农业农村概况

CHONGQINGSHI ZHI·NONGYE NONGCUN GONGZUO ZHI

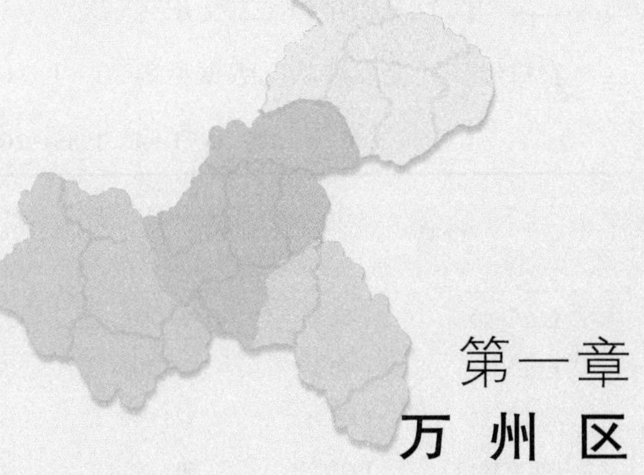

第一章 万州区

万州历史悠久，以“万川毕汇”“万商毕集”而得名。地处四川盆地东缘，重庆东北边缘，面积3 456.38平方千米，辖12个乡、29个镇、11个街道办事处，户籍人口175.5万人，常住人口160.7万人，城镇化率62.4%。

万州在夏、商时代属梁州地，在周朝属巴子国，在秦朝属巴郡朐忍县。东汉建安二十一年（216年），刘备分朐忍地置羊渠县，为万州建县之始；蜀汉建兴八年（230年），省羊渠置南浦县。南北朝，西魏废帝二年（553年），改南浦为鱼泉县；北周先改鱼泉县为安乡县，后又改万川县，与南州和万川郡同治。隋朝，开皇十年（590年），废万州郡，改万川县为南浦县，与南州同治；炀帝大业三年（607年），省南州、南浦县归属巴东郡。唐代，武德二年（619年）置南浦郡，领梁山、南浦、武宁3县；武德八年（625年）改南浦郡为浦州；贞观八年（634年）改浦州为万州；天宝元年（742年）改万州为南浦郡；乾元元年（758年）恢复万州，仍与南浦县同治。宋朝，因循唐制。元代，世祖至元二十年（1283年），省南浦县入万州，领武宁一县。明朝，洪武四年（1371年），并武宁县入万州，洪武六年（1373年）降万州为万县。清代，因循明制。民国二十四年（1935年），设万县专区。

中华人民共和国成立后，于1992年设万县市，辖龙宝区、天城区、五桥区、开县、梁平县、忠县、云阳县、奉节县、巫山县、巫溪县、城口县3区8县。

1997年，成立重庆直辖市，撤万县市，设万县移民开发区和万县区。

1998年，万县区更名为万州移民开发区。

2000年，撤销万州移民开发区，并入万州区。

第一节 农村基本概况

一、农业生产自然条件

万州区境内属亚热带季风湿润带，气候四季分明，春早，气温回升快而不稳定，夏热，多伏旱，秋长，阴雨绵绵，冬暖、多雾；日照充足，雨量充沛，天气温和，无霜期长，霜雪稀少。境内河流纵横，河流、溪涧切割深，落差大，高低悬殊，呈枝状分布，均属长江水系。2015年，全区有耕地150.9万亩，林地201.7万亩，园地16.4万亩，森林覆盖率49%。

二、农村经济社会发展状况

农村经济社会发展状况数据见表20－1－1。

表20－1－1 1986—2015年万州区农村经济社会发展情况

分期		地区生产总值（万元）	农业总产值（万元）	农业增加值（万元）	农民收入状况	
					纯收入、可支配（元）	城乡收入比
“七五”始	1986年	82 590	39 665	—	—	—
“七五”末	1990年	143 107	65 516	—	513	3.41：1
“八五”末	1995年	376 647	161 339	—	1 046	3.92：1
重庆市直辖后	1997年	508 873	182 980	12.88	1 512	2.65：1
“九五”末	2000年	723 043	174 724	12.43	1 651	3.03：1
“十五”末	2005年	1 573 610	299 480	19.10	2 582	3.30：1
“十一五”末	2010年	5 001 318	495 084	33.87	5 332	3.12：1
“十二五”末	2015年	8 285 151	889 327	59.62	10 729	2.65：1

三、移民动迁

1985年，万州区开始探索三峡移民工作，于1993年正式实施，至2009年8月，全区搬迁总人口26.3万人，就地后靠农业安置1.09万人，非农安置2.52万人。农村移民外迁安置计划外迁安置工作，从2003年2月启动，至2008年3月结束，外迁农村移民14 227人。

四、农村扶贫

1984年，万县被列为四川省定贫困县，于1991年跨越“二六”温饱线。1993年，万县市有建卡贫困户492 799户、1 795 570人，其中，国定贫困县324 823户、1 190 334人，省定贫困县167 976户、605 236人。1994年扶贫标准调整后，仍为国定贫困县（区）。1995年，开始启动实施《万县市六一八扶贫攻坚计划》，到1996年，万县市贫困人口减少到94.19万人，占农业总人口的12.38%。2000年，万州区实现成建制越温达标，基本解决温饱问题。2001年，贫困人口减少到21.89万人，占农业总人口的17.8%；2005年，贫困人口减少到10.95万人，占农业总人口的8.8%；2015年，贫困人口最终减少到2.51万人，占农业总人口的2.5%。

第二节 农业主要产业

20世纪80年代初，编制完成了《万县地区农业区划》，将全地区分为四大片区，万县为沿江河谷区，着重发展柑橘和畜牧饲养业。世纪之交，大力调整产业结构，逐步建立以柑橘、草食牲畜、榨菜、中药材、肉猪等十一大优势产业为主的产业体系。2012年，编制了《万州区现代农业发展总体规划（2012—2017年）》，确立了“136”产业体系：粮油基础产业，柑橘、蔬菜、畜禽三大骨干产业，名优小水果、名特水产、中药材、林木花卉、茶叶、烟叶六大特色产业。“十三五”期间进一步优化调整为“334”特色效益农业产业体系：稳定发展粮油、畜禽、蔬菜三大保供产业，大力发展柑橘、茶叶、特色水产三大主导产业，积极发展名优小水果、中药材、林木花卉、烟叶四大特色产业。

一、三大保供产业

（一）粮油

粮食作物以水稻、玉米、小麦、马铃薯、甘薯为主，此外有大豆、豌豆、胡豆、绿豆、红小豆（打米豆、饭豆）等10余种杂粮杂豆。油料作物以油菜、花生、芝麻为主。1985年，万县专（地）区粮食作物面积占农作物总播种面积87.25%，经济作物占农作物总播种面积的8.12%，园艺作物和其他作物播种面积占总面积的4.63%。其后，通过大力调整农作物内部生产结构，1996年，粮食作物播种面积占农作物播种总面积降至82.32%，经济作物占农作物总播种面积的比重上升至14.38%，园艺作物和其他作物播种面积占比3.3%。在农业产业化过程中，万州区粮食作物播种面积由2000年的79.72%降至2005年的73.35%，经济作物和其他作物面积分别上升到占农作物播种面积的22.72%、3.92%。“十二五”以来，大力调整产业结构，转变农业发展方式，2015年，粮食占全区农作物播种面积的比重降至62.58%，经济作物和其他作物面积分别上升到占农作物播种面积的35.16%、2.26%。

（二）畜禽

畜牧业以生猪、山羊、家禽和肉兔为主。生猪是万州传统优势产业，1985年出栏达49.69万头。1986年以来，通过“双推五改一防”、生猪标准化规模养殖场（小区）建设、生猪供精中心和配种点建设等项目和技术的实施推广，促进了生猪产业发展。到“十一五”末，出栏达85.52万头，2015年达91.96万头，比1997年增长近50%。万州一直把山羊生产作为优势产业，“十二五”实现快速增长。2010年出栏2.67万只，2015年达3.88万只，增长45.3%，年均增长7.8%。家禽是万州传统优势产业之一。1997年重庆改直辖市至“十一五”期末，家禽生产稳步发展。“十二五”以来，尽管受鸡蛋、出栏鸡等产品供求关系及市场行情变化的影响，以及其他地区“禽流感”疫情的影响，万州家禽生产仍呈现良好发展态势，出栏量连年增长。2010年出栏462.36万只，2015年达到620.92万只，增长了34.3%，年均增长6.1%。肉兔是万州近年发展的特色优势产业，2010年肉兔出栏量25.11万只，2015年达到36.18万只，增长44.1%，年均增长7.6%。

（三）蔬菜

20世纪80年代以来，随着市场经济发展，万州蔬菜播种面积迅速增加，1985年全地区社会蔬菜播种面积55万亩，产量10.7亿千克，产值1.26亿元，1987年万县地区商品蔬菜播种面积达到24万亩。1988年、1990年、1996年万县地区社会蔬菜播种面积分别达到62.14万亩、73.29万亩、102.47万亩。直辖以来，区人民政府高度重视“菜篮子”工程建设，将蔬菜产业列为全区十大重点产业和“民心工程”，虽然三峡工程淹没和移民城市迁建占用耕地，但蔬菜种植面积连年增长，由1997年38万亩增长到2015年的66.3万亩，增长74.5%。

二、三大主导产业

（一）柑橘

《重庆市柑橘产业发展“十二五”规划》将万州列为全市柑橘重点发展区县和绿化长江重点区，万州紧紧围绕“一古两洋”（“一古”即万州古红橘，“两洋”即万州玫瑰香橙、尤力克柠檬），打造现代精品果业，保存世界最大古红橘基因库，建成全国最大玫瑰香橙基地，建成全国柠檬第一镇。

古红橘是万州特色柑橘品种之一，有4 000多年历史。1990年，万县地区柑橘产量9.4万吨，水果

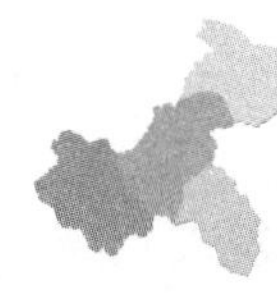

产量的占81.52%。2002年，万州区柑橘产量4.26万吨，占水果总产量的55.6%。2009年，“万县红橘”获得国家地理证明商标，2010年，获国家地理标识保护产品认证，2011年，成为百强中国农产品区域公用品牌，2014年，首次出口东南亚。2015年，种植面积达到12万亩（占国内古红橘1/3），产量13万吨（占国内总产50%左右），产值2.6亿元，万州已成为全国古红橘最大产区。

万州玫瑰香橙是从意大利引进的塔罗科血橙珠心苗中选育获得的塔罗科血橙品种，于2003年3月通过专家认定，2004年引进无病毒嫁接容器苗大面积栽培。因其外观和果肉均具玫瑰色彩并具有玫瑰香味，于2011年命名为“万州玫瑰香橙”。2015年种植面积达12万亩，产量3万吨，产值2亿元。

万州柠檬种植历史悠久，产品销往俄罗斯、中国香港、中国澳门等10多个国家和地区，主产区白羊镇已成为全国柠檬种植面积最大乡镇，获“重庆市柠檬之乡”美称。其种植大致经历了散户零星种植、积极发展田坎柠檬、业主开发规模种植3个阶段。2015年，种植面积达10万亩，产量5万吨，产值3亿元。开发有柠檬干片、柠檬果酒、柠檬茶、柠檬饮料等10多个系列产品。成功注册“白羊坪”柠檬商标，“万州柠檬”获批国家地理标志。

（二）茶叶

万州区属茶树原产地之一，产茶历史悠久。1982年，万县地区细茶产量仅次于宜宾，居四川省第二位。1984年，全地区茶园面积发展到22.35万亩，产量4 112.8吨。1985年，实行户营为主的生产责任制后，许多地方将茶园分割承包到户经营，生产责任制不健全，产量和质量逐渐下滑。至1996年，万县市茶园面积降至11.3万亩，产量在2 900~3 800吨。2000年后，为扭转茶叶发展的被动局面，万州区在太安镇、长岭镇建立生态茶园，积极拓展名优品牌。2015年，全区茶园总面积达3.2万亩，产量760吨，综合产值1.5亿元，基本形成“一红一绿”产品格局。

（三）特色水产

万州境域江河密布，水域广阔，有长江及其支流水面75.5万亩，池塘水面6.9万亩，水产养殖发展条件得天独厚。1986年以来，城乡居民消费需求拉动渔业发展，推动了名特鱼种繁育和网箱养鱼、稻田养殖等渔业产业化发展，水产品产量、产值比重增大。1986—1996年，成鱼养殖面积均在12万亩以上，产量由8 269吨上升至1.95万吨，增加1.36倍。1998—1999年，万州移民开发区成鱼养殖面积上升至15万亩，水产品养殖产量在2.3万吨以上。2000年以后，万州区城市人口比例不断增大，食用鱼、观赏鱼需求量随之增大。2000—2005年，万州区成鱼养殖面积稳定在6万亩，产量由8 704吨增至1.18万吨。2015年，养殖面积7.2万亩，产量2.38万吨，名优水产品达7 800吨。

三、特色产业

（一）名优小水果

万州区水果种植历史悠久，在唐代即为荔枝的重要产地之一。2000年以后，积极开展各种小水果基地开发建设，2002年，水果总产量7.68万吨，其中小水果3.42万吨，占44.5%。2005年，天城贡桃，熊家、新田枇杷，武陵、新田荔枝，分水李子和柚子，九池葡萄，茨竹梨，甘宁、铁峰、长滩西瓜等初具规模，渐成特色。草莓、杨梅、桂圆等水果，逐步建设果园，进行规模开发。2015年，全区小水果总面积达到15.2万亩，产量3.44万吨，产值约3亿元。

（二）中药材

万州境域野生植物药源种类多，蕴藏丰富，历来有“天然药库”之誉。1975—1985年，省、地有关部门对万县地区中药材资源普查结果显示，可供药用的动植物达182个科774属1 600种。1985年，万县地区药材面积5.4万亩。1996年，万县市药材面积9.6万亩，产值7 125万元（1990年不变价），分别占当年农作物播种面积和农业总产值0.58%和1.13%。1999年，万州移民开发区家种药材面积6.2万亩，产值7 011万元（1990年不变价），分别占当年农作物播种面积和农业总产值的0.42%和1.22%。2000年后，万州区加大中药材种植发展力度，主要有杜仲、厚朴、黄檗、黄连、贝母、党参、天麻、人参、茯苓、麦冬、柴胡等。中药材种植面积由1 500亩增至2005年的6 200亩，从占农作物播种面积的0.07%提高到0.26%。2015年，万州区种植面积10万亩，产量2.7万吨。

（三）烟叶

烟叶生产主要有白肋烟、烤烟和晒烟，以烤烟为主，以重庆烟草公司万州分公司为产业龙头企业，长期实行产业化经营。20世纪80年代，万县地区制定全地区烟草发展区划，调整烟叶产业区，引进推广良种烟叶，推广麦、玉、烟间套作和烟稻连作、地膜烟草、优质高产规范化栽培等技术，加强烟草生产的具体指导，推动烟叶产业发展。1981—1999年，烟草种植面积在10万~20万亩，产量在0.8万~2.0万吨；1989年达31.7万亩，为最高年份，1997年产量3.3万吨，为最高年产。2000年以后，万州区种植面积在2万亩、产量在2 000吨上下徘徊，单产稳定在100千克以上。到2015年，种植面积下降到15.3万亩，产量下降到1 865吨，产值4 043万元。

（四）榨菜

万州是榨菜最适生产区之一，榨菜生产历史悠久。1985年，青菜头播种面积5万亩。1989年，鱼泉榨菜集团在全国首创低盐无防腐剂榨菜，1995年，率先开发多元风味榨菜，带动了该区榨菜产品提档升级。1999年以来，榨菜产业被列为该区农业十大产业化项目，青菜头播种面积从1999年的5.4万亩增加到2005年的12.1万亩。2008年，区榨菜产业被列为市级优势特色产业得到市级财政大力支持，产业发展进一步提速，榨菜原料生产基地达到25万亩。到2015年，全区青菜头收获面积24.98万亩，产量50.18万吨，产值3.82亿元，“鱼泉榨菜”获得中国驰名商标、中国名牌产品、地理标志产品、绿色食品等品牌，产品畅销全国各地和世界30多个国家和地区，榨菜出口创汇680余万美元。

（五）食用菌

万州食用菌生产历史悠久，富有特色。1987年，蘑菇的室外栽培技术获成功。1988年，万县地区9县1市共189个乡从事食用菌生产。20世纪90年代，随着蘑菇外销市场封闭，食用菌生产全面萎缩，除干制品下降速度较慢外，鲜食品生产急剧减少，只以零星种植作为蔬菜生产和销售。近年来，万州区积极探索产业发展新模式，食用菌生产呈现出持续、快速的发展态势，对丰富“菜篮子”品种及促进农民增收起到了积极的作用。

第三节　产业发展扶持政策与重大举措

一、完善农业生产责任制

1987年11月20日至12月10日，在家庭联产承包经营责任制的基础上，万县地委和万县县委组织工作队于万县三正乡进行双层经营合作社组织建设和规章制度规范化试点。在坚持土地公有制不变、包干到户经营长期不变、农户和集体财产所有权不变、原生产队责权和债务不变的前提下，着重做好合作社的“定名、选干、立章、建制”工作。1990年，全地区以村建社51个，以原生产队建社6.52万个，

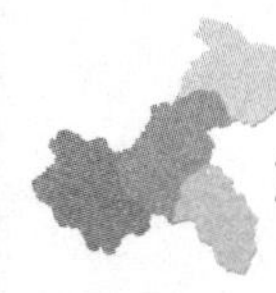

由数队联合建社 1 812 个（含原 4 776 个生产队）；未设合作组织的村 6 750 个，未设合作组织的组 280 个。各农业生产合作社选举正、副社长，聘请专业会计，大多同村民委员会、村民小组实行一套班子，两块牌子。经过社员讨论，制定新社章，规定合作社的性质、任务，社员的权利和义务，组织机构、管理和服务职能等。明确和落实农业合作社担负的四大职能（生产服务、管理协调、资产积累、资源开发职能）和三大管理（土地管理、合同管理、财务管理）任务，使双层经营合作组织逐步规范化。

1990 年 10 月，万县地区开始村、社集体企业和服务性经济实体试点。当年，全地区村、社集体经济企业发展到 1.68 万个，集体经济总收入 7 677.1 万元。1993 年后，万县市抓住三峡工程上马机遇，拓宽发展村、社集体经济门路，由以种植业为主，逐步向第二、第三产业延伸。万县市农村经济委员会在龙宝区龙沙镇龙安村进行股份合作制试点。至 1994 年底，全市的村、社集体经济企业达到 3.99 万个，集体经济总收入 2.52 亿元，净收入 6 245 万元，其中上交村级 1 325 万元。

1984 年，中共中央提出土地承包期 15 年不变，1997 年再延长承包期 30 年不变。开发性的荒山、荒地、荒水、荒滩承包期可延长 50～70 年。1998 年 3 月，万州区在五桥溪口乡搞土地“延包”试点。至 2001 年年底，全区参与家庭承包的农民 37.45 万户，占总农户数的 99.07%；完成土地延包耕地 92.25 万亩，占承包耕地面积的 98.55%；发放土地承包经营权证书的农户 37.01 万户，占第二轮土地承包农户的 98.8%。

二、推进农业产业规模发展

1995 年，万县市委、市人民政府提出实施农业产业化经营战略：坚持以市场为导向，以提高效益为中心，以龙头企业和各种中介组织为依托，以农户为基础，以科技为支撑，以农民增收为目的，将农业的产前、产中和产后诸环节形成完整的产业链条，并逐步形成自我积累、自我发展的良性运行机制，增强农业发展的内在动力，在更高层次上实现资源的优化配置和生产要素的重新组合，推进农业向商品化、专业化、现代化转变。各地因地制宜，确定有本地优势、有市场前景的骨干项目，先后建成粮食、油料、生猪、山羊、家禽、果品、蚕茧、烟叶、良种繁育、中药材、水产品、蔬菜、茶叶等具有一定规模的商品生产基地 700 余个，加快了龙头企业组建。

2004 年 9 月，万州区农村税费改革取得阶段性成果：农民人均负担由 73.83 元减为 26.02 元；农民承包耕地费每亩由 101.2 元减为 39.03 元。此后，国家又取消农业税和农林特产税；对种粮大户给予补贴；万州区退耕还林 10 万亩土地获得粮食补助。同时，坚持以市场为导向，大力调整农业和农村产业以及劳动力结构，一方面大力兴办农村第二、第三产业，鼓励和引导向沿海发达地区输出劳力；另一方面采取“龙头企业 + 基地 + 农户”和以产品为龙头组织专业合作社形式，把分散的家庭经营农业导向产业化、规模化的商品经济发展方向。至 2005 年，万州区围绕优势资源和龙头企业的加工需求，突出十一大农业专业化、产业化项目。

三、推进产业结构调整

2005 年 6 月，万州区委农村工作会议召开，提出了“一心三带八点”农业生产力布局规划。“一心”：主城规划区范围，着力培育都市现代农业，重点发展以龙头企业为主的农产品加工业、农产品专业批发市场等现代流通业、无公害蔬菜等城市消费型农产品，建立农业和农业高新技术示范基地。“三带”：沿江生态农业带，重点搞好库岸绿化，大力发展柑橘、笋竹、蔬菜、畜禽、水产等产业及其加工业；浅丘高效农业带，重点发展以中小企业为主的农产品加工业，围绕柑橘等特色产业，培育农产品产地市场，发展优质农产品基地；山区特色农业带，重点发展优质粮油、茶叶、烟叶、反季节蔬菜和特色果品、生态与经济相结合的林草业和中药材，建设商品牛、羊、兔等草食牲畜基地，开发山区旅游，发展劳务产业。“八点”：实施“经济强镇”工程的 8 个区域性中心城镇（分水、新田、熊家、龙沙4个市级经济强镇和武陵、龙驹、白羊、余家4个区级经济强镇），发挥其基础设施条件、区域性中心地位的优势，加快壮大城镇规模，完善城镇功能，建设原料基地，积极发展城镇第二、第三产业和劳动密集型产业，协调发展社会事业，使其成为城市带动大农村的“传感器”和农村跨越式发展的“先行者”。

2012年，万州区编制了《重庆市万州区现代农业发展总体规划（2012—2017）》，确立了“136”产业结构体系，“十三五”期间，按照现代农业发展的总体要求，进一步优化产业结构，确立了“334”特色效益农业产业体系。至今，仍在不断探索产业发展的扶持办法和切合万州实际的现代农业发展道路。

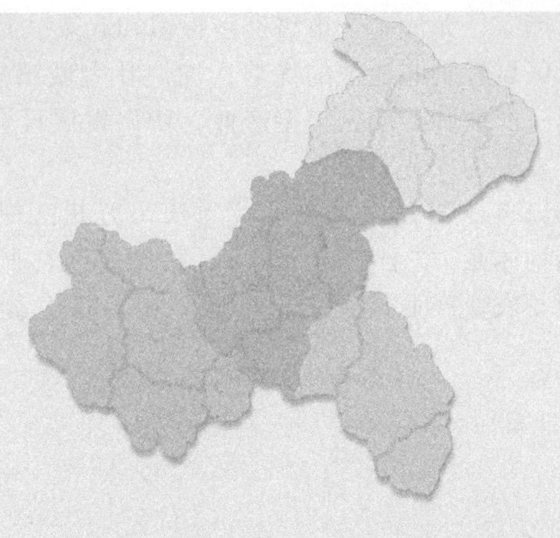

第二章 涪陵区

第一节　基本情况

涪陵在春秋中后期至战国中期为楚国地。秦昭王三十年（公元前 277 年）置为枳县。东汉置平都县。东晋穆帝永和三年（138 年）置涪郡。隋置涪陵县。元、明、清置涪州。民国初改为涪陵县。1950 年，置川东涪陵区，辖涪陵、南川、丰都、石柱、武隆、长寿、彭水 7 县。1952 年，增辖垫江、黔江、酉阳、秀山 4 县，隶四川省。1968 年，改称涪陵地区。1983 年，撤销涪陵县设涪陵市。1988 年，分黔江、酉阳、秀山、彭水、石柱 5 县设黔江地区后，涪陵地区辖涪陵市、南川县、丰都县、垫江县和武隆县。1995 年，设地级涪陵市，下辖枳城区、李渡区、南川市、垫江县、丰都县、武隆县。1997 年 6 月重庆市直辖后，同年 12 月 20 日，撤销原地级涪陵市和枳城区、李渡区，设重庆市涪陵区，辖原枳城区、李渡区的行政区域。

涪陵全区总面积 2 942. 3 平方千米，辖 6 个乡、12 个镇、8 个街道，有耕地面积 153. 75 万亩，人均耕地 1. 34 亩。2014 年末年，有户籍人口 116. 67 万人，城镇化率 62. 18%；常住人口 113. 61 万人，城镇化率 62. 28%。动迁三峡移民 90 307 人。

第二节　农业农村发展情况

农业农村发展情况见表 20 - 2 - 1。

表 20 - 2 - 1　1986—2015 年涪陵区农业农村经济情况表

分期		地区生产总值（亿元）	农业总产值（万元）	农业增加值（万元）	农业增加值占比（%）	农民收入状况		
						纯收入、可支配（元）	城乡收入比	农村居民恩格尔系数（%）
“七五”始	1986 年	12. 97	23 561	—	—	304	2. 32 : 1	58. 1
“七五”末	1990 年	28. 29	49 702	—	—	511	2. 44 : 1	63. 5
“八五”末	1995 年	90. 71	129 960	—	—	1 105	3. 32 : 1	65. 3
重庆市直辖后	1997 年	50. 59	157 702	—	—	1 500	3. 2 : 1	62. 0
“九五”末	2000 年	69. 32	157 517	—	—	1 822	3. 1 : 1	58. 7

（续）

分期		地区生产总值（亿元）	农业总产值（万元）	农业增加值（万元）	农业增加值占比（%）	农民收入状况		
						纯收入、可支配（元）	城乡收入比	农村居民恩格尔系数（%）
“十五”末	2005年	135.08	223 321	150 386	55.49	2 780	3.39∶1	53.3
“十一五”末	2010年	434.49	449 808	302 485	59.17	5 549	3.06∶1	49.8
“十二五”末	2015年	757.48	721 202	489 174	69.10	9 965	2.02∶1	41.8

第三节　农业主要产业

1986年，涪陵市委、市人民政府制定了“在保证粮食稳定增长的前提下，优化产业结构”的农村经济发展举措；20世纪90年代以后，抓好五大商品基地建设和实施7个重点项目，“十二五”突出建设“榨菜、畜牧、桑果、蔬菜”特色农业基地，积极培育蚕桑、烟草、水产、中药材等产业，农业产业成为涪陵农业农村经济发展的主要引擎。

一、蔬菜

蔬菜是涪陵农业农村经济的骨干支柱产业。产业化模式发展有近50年历程。进入20世纪90年代，形成以蔺市、石沱为代表的沿江早市蔬菜区，以丛林、天台等为代表的中山蔬菜调剂区和以大木、武陵山为代表的高山反季蔬菜区的生产格局。1986年，蔬菜产量10.5万吨（含青菜头）；1997年，产量为33.9万吨（含青菜头）；2007年，面积达24.45万亩、产量31.78万吨；2015年，种植面积达36.3万亩、产量58.14万吨，实现农业产值12.33亿元，成为重庆市蔬菜产销第一区（县）。产业布局为“一线两片”。“一线”：包括李渡、荔枝、江东等14个乡（镇、街道），重点发展辣椒、黄瓜、丝瓜、茄子、南瓜等茄果类和瓜果类早市蔬菜。“两片”：“坪上片”包括青羊、龙潭等6个乡镇，重点发展莲藕和菜心、芥蓝、娃娃菜、莴笋、油麦菜等速生叶类菜；“后山片”包括大木、武陵山等4个乡（镇），重点发展甘蓝、大白菜、萝卜、菜玉米等反季蔬菜。技术上，推广良种普及率在95%以上，推广无公害蔬菜标准化生产技术、设施蔬菜生产技术，水肥一体化生产技术、“猪—沼—菜”等生态农业模式；品牌建设上，涪陵有蔬菜地理标志产品2个、无公害认证产品34个、绿色认证产品4个、有机产品认证1个；全区所有商品蔬菜基地产品90%的品牌销售；经营模式上，以涉农企业、合作经济组织、大户及家庭农场为经营主体，已建成蔬菜产业园区15个，种植面积2万亩，实现产值1.3亿元。

二、榨菜

涪陵榨菜已诞生100多年，是农民致富的主要产业，是重庆市农业产业化程度最高的产业。全区23个乡（镇、街道）建有鲜销青菜头种植基地和加工原材料青菜头种植基地，良种普及率达100%，实现无公害、标准化种植。2015年，种植面积72.45万亩、产量150万吨，外运鲜销50.6万吨，被认定为“中国绿色生态青菜头之乡”。36个产品获国家“绿色食品”认证，4个品牌获国家“有机食品”认证。有4个中国驰名商标、24个重庆市著名商标、37个涪陵区知名商标，“涪陵榨菜”“涪陵青菜头”品牌价值分别为132.93亿元和20.23亿元，“涪陵青菜头”被认定为重庆市蔬菜第一品牌。涪陵有榨菜产业化重点龙头企业19家，其中国家级2家、市级14家、区级3家；全区年加工成品榨菜量47万吨，在全国50多个城市建立涪陵青菜头鲜销网点，青菜头年对外鲜销量50.6万吨，占青菜头总量的33.7%，鲜销收入5.6亿元。涪陵榨菜产业年总产值达85亿元，农民人

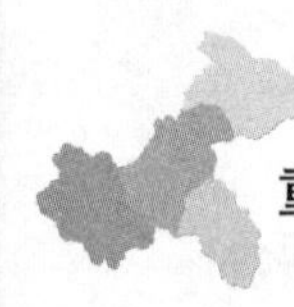

均榨菜纯收入达1 904元。

三、蚕桑

涪陵区是原四川省和重庆市的蚕茧主产地，1986年，蚕茧产量1 358吨，占原涪陵地区（1968年）的41%，居四川省产茧县第31位，1992年，成为四川省养蚕基地县。“九五”调整时期，到直辖市成立之初的1997年，涪陵蚕茧产量为3 538吨。“十一五”至“十二五”时期，抓住“东桑西移”“百万担优质蚕茧产业化工程”的机遇，保持了较好发展势头，此后产业调整，产量逐年下降。2015年，全区有20个乡（镇、街道）1.52万户栽桑养蚕，桑园面积6.72万亩，发种8.1万张，产茧2 811吨，发种量、产茧量占全市总量的20%左右；蚕农售茧收入7 787.25万元，蚕农户均收入5 116.38元。有蚕种生产单位2家，年产种生产能力15万张；区级重点龙头企业1户，有缫丝企业1家，自动缫能力1 600绪，年产白厂丝70吨，丝绵被2 100床，工业产值4 000万元。

四、果品

果品是涪陵农业又一大骨干产业，近30年来得到较快发展。通过长江两岸森林工程经果林、三峡库区柑橘产业化项目的设施，2015年，有经果林基地20.55万亩，果树种植面积34.05万亩，果品产量15万吨，是1986年（7 017吨）和1997年（1.21万吨）的21.38倍和12.35倍，总产值3.38亿元，位居全市第六位。初步建成三大优势果树区域：一是沿江河谷区域龙眼、荔枝特色果树带，主要分布在沿长江海拔175～300米内的百胜、珍溪等6个乡（镇、街道），面积24万亩；二是沿江丘陵以柑橘为主的常绿果树带，主要分布在长江沿岸海拔500米以下区域的新妙、石沱等10乡（镇、街道），面积19.05万亩；三是坪上后山以南方早熟梨为主的落叶果树带，主要分布在坪上后山海拔500～900米区域，涉及马武、同乐等14个乡（镇），面积9万亩。全区注册柑橘、早熟梨、龙眼、西瓜、猕猴桃等果品商标11个，涪陵龙眼获地理标志商标；获2003年全国果蔬十强县，鹅冠牌脐橙2000年获重庆名果，2001年，获重庆名牌产品，涪陵杨梅2012年获全国优质杨梅，2014年，获“中国绿色生态龙眼之乡”。

五、渔业

涪陵区有渔业水域43.05万亩，其中鱼池1 600亩，山坪塘11 511口、水面1.23万亩，水库140座、水面814.5亩，河沟88处、宜养水面3 168亩，宜养稻田25.05万亩；境内有长江、乌江捕捞水面12.05万亩，溪河36条、水面约3万亩。三峡水库建成新增加水域5.55万亩，全区渔业开发潜力现已超过2万吨，中远期可达到4万吨以上。渔业资源丰富，有国家一级保护的中华鲟、长江鲟、白鲟和国家二级保护的胭脂鱼、大鲵、水貂等物种，养殖鱼类有鲤、鲫、鲢、鲂“四大家鱼”和长吻鮠等名特水产。

渔业是涪陵大农业发展最快的产业，20世纪80年代中、后期，随着渔业新技术的普及推广和集约化养殖技术的兴起，渔业逐步走上了高产、优质、高效的快速发展道路。1997年，全区水产品总产量达到6 220吨，分别比1985年和1990年增长35.1%和2.6倍，渔业产值达到5 430万元，比1985年增长42倍；渔业产值占农业总产值的比重由1985年0.58%提高到1997年的3.6%。重庆市改直辖后，涪陵渔业生产大幅增长，2000年，产量达8 662吨、产值8 081万元；2010年，达1.61万吨，产值3.29亿元；2015年，达2.1万吨，产值6.27亿元，产值占全区农业总产值的8%，比“十一五”末分别增长29.8%和90.58%。

六、苎麻

涪陵苎麻种植已有1 000多年历史，唐代曾织贡麻布，每年纳贡，为贡品之一。涪陵境内海拔500～

900 米的区域都可以种植，海拔在900 米左右的大顺、聚宝、龙潭、蔺市等地种植面积最大。1999 年，涪陵苎麻在地面积不足500 亩，产量仅50 吨。2000 年后，涪陵区委、区人民政府将苎麻生产纳入全区农业生产结构调整重点扶持，2007 年恢复到4. 73 万亩，总产量3 748 吨。2008 年以后，以苎麻为原料的轻工业逐步萎缩，有关苎麻的科研和技术推广单位转向苎麻新品种多用途试验示范。2009 年，国家麻类产业技术体系“涪陵苎麻试验站”建设启动，于当年10 月在涪陵区召开了麻类体系的首个全国性会议——苎麻榨菜套作模式现场观摩交流会。2012 年起，进行了“饲用苎麻饲喂肉牛、山羊”示范，“十二五”又进行了“苎麻套作榨菜高产高效种植技术示范”，累计面积200 亩，实现亩增收1 581. 4元。

七、中药材

中药材是涪陵区产业发展的后继产业，太极集团重庆涪陵制药厂有限公司在涪陵区采取“公司 + 合作社 + 农户”的模式建立中药材种植生产基地。主要栽培品种为金荞麦、前胡、紫苏、白芷、薄荷、厚朴、半夏，种植区域主要分布在马武、蔺市、大顺、百胜、青羊、江北、焦石、罗云、大木、荔枝、龙桥等乡（镇、街道）。2015 年，全区中药材种植面积3. 15 万亩，产量3 550 吨，产值3 749 万元。产品由太极集团用于急支糖浆、藿香正气口服液所需的原材料供应，不对外销售。

八、畜牧业

畜牧业作为涪陵农业传统支柱产业之一，近30 年来，按照“调结构、转方式”的发展要求，结合发展基础、资源条件、区域特点等因素，坚持科学产业布局，基本形成了沿江生猪、后山草食牲畜、坪上家禽的发展态势。2015 年，全区出栏生猪 82. 09 万头、肉牛 1. 68 万头、山羊 3. 15 万只、家禽767. 72 万只、肉兔52. 35 万只，肉类产量 7. 57 万吨、禽蛋产量 1. 35 万吨，畜牧业产值达到 20. 65 亿元，畜牧业产值占农业产值的比重达 28. 68%，农民人均畜牧业纯收入 2 240 元，占农民人均纯收入的24. 89%。其中，特色产业发展迅速，出栏涪陵黑猪 1. 8 万头、山羊 3. 15 万只、增福土鸡 145 万只，产值达 1. 8 亿元左右，占畜牧业产值比重 8. 7%。

涪陵区单设畜牧兽医局，24 个乡（镇、街道）都设有畜牧兽医站，区、乡、村 3 级畜牧兽医技术服务网络较为完善。

全区各类畜禽专业养殖户 2 856 户，畜禽适度规模化养殖率在 45% 以上，畜禽自繁自养率达 65%、自产自销率在 35% 以上；注册成立畜禽养殖专业协会 10 个，专业合作社 75 个，微型企业 221 个；畜牧业产业化龙头企业达到 15 个，其中国家级 2 个、市级 3 个、区级 10 个；注册国家地理商标 4 个（涪陵黑猪、渝东黑山羊、增福土鸡、涪陵水牛），重庆著名商标 3 个，企业商标 13 个。

第四节　农业农村发展重大举措

1981 年 6 月 16 日，涪陵县委召开三级干部会，总结了党的十一届三中全会以来，积极推行多种形式的生产责任制，提出了稳定、完善包产到户，联产计酬责任制。

1985 年 8 月，涪陵市委、市政府召开全市农村商品生产基地建设会，确立了重点抓“柑橘、油菜、畜牧、木材、榨菜、茶叶、蚕桑”七大商品基地和“水产、烤烟、苎麻、蔬菜”4 个重点项目，确立了涪陵市建设农村商品基地的指导思想，对农村产业结构进行了调整，促进了农村商品生产。

1988 年 1 月，涪陵市委召开完善农村双层经营合作制工作会，部署全市农村开展完善双层经营合作制工作，成立了“完善农村双层经营合作制工作领导小组”，推动全市农村双层经营合作制工作。

1989 年，涪陵市委发出关于完善土地承包制中实行“动账不动地”的“两地互补制”的指示。1990 年 10 月，又作出《进一步健全和完善统分结合的双层经营体系，发展农村集体经济的决定》，推行“三地制”：承包地、口粮地和集体经济地。

1994年2月，涪陵市委、市人民政府决定允许农村承包经营权出租或转让，允许创造条件引导农民到集镇落户，新建小集镇占地按成本划拨，支持以社相对集中建新村等10个方面的改革措施。同年10月，作出《关于大力发展集体经济，加快奔小康进程的决定》，提出发展壮大村级集体经济总的要求和目标。

1998年，涪陵区委、区人民政府出台《关于延长农村土地承包期工作中几个具体问题的意见》，着手第二轮土地承包工作，全区第二轮土地承包工作于2003年如期完成。

1999年3月7日，涪陵区委、区人民政府作出了“以市场为导向，努力提高农业和农村经济发展水平；突出个体私营经济发展，培育多种所有制形式的农村市场主体；积极推进土地经营权流转”等的《关于农业和农村工作十个问题的决定》。

1999年3月29日，涪陵区委、区人民政府作出了《关于加快农业产业化发展的意见》，确立了发展的主导产业、全区农业产业化的总体要求和发展目标。

2001年1月4日，涪陵区委作出《关于加快小城镇建设的意见》，确立了建设目标，到2010年，城镇面积达到30平方千米，人口规模26万。

2004年4月7日，涪陵区委作出《关于进一步加快农村劳动力转移的意见》，目标是实现“321”战略，到2007年实现劳务输出30万人、劳务收入20亿元、回引1万人返乡创业。4月25日，又作出《关于促进农民增加收入十个问题的意见》，要求贯彻“多予、少取、放活”方针，力争每年农民人均纯收入保持7%以上的快速增长。6月4日，涪陵区委作出《加快发展农民专业合作经济组织的意见》，力争3~5年围绕榨菜、蚕桑、苎麻、畜牧、果品、蔬菜、烤烟、水产、花卉、优质米等优势产业，有100个以上较大规模的增长群体，形成“企业+合作组织+农户”的机制。

2006年1月1日，涪陵区委作出《关于统筹城乡发展，加强“三农”工作，推进农村全面建设小康社会的意见》，到2010年，全区小康实现程度在40%以上。4月12日，又作出《关于抓好社会主义新农村建设示范村和推进村发展的设施意见》，决定用3年时间，在全区重点抓好一批示范村和推进村发展。

为进一步实行农业规模化经营，2007年，涪陵区人民政府出台的《关于加快农村土地流转促进农业规模经营的意见》，规范了土地流转的总体要求、流转模式、规模经营、政策支持、管理服务、保障措施。同年9月3日，区委作出《加快劳务经济发展，促进农民向城镇转移的意见》，明确到2011年全区劳动力转移30万人以上，其中40%左右实现由农民向城镇居民的身份转变，劳务收入突破30亿元。

2009年1月4日，涪陵区委作出《关于加快推进农村改革发展的决定》，到2011年农村经济总量在2007年基础上翻一番，达到160亿元，农民人均纯收入超过全市平均水平达到6 000元，农村全面实现小康程度达到60%，社会主义新农村建设取得阶段性成效。

2010年，涪陵区人民政府发出《关于开展农村土地经营权确权颁证工作的设施意见》，启动了土地承包确权颁证工作，各项工作在同年底之前全面完成。

2010年3月11日，涪陵区委、区人民政府作出《关于深入推进城乡统筹，大力夯实农业农村发展基础的意见》，要求大力推进“五大农业”建设和农村“四项改革”，强化“三大支撑”，确保农业增加值增长6%，农民人均纯收入增长13%，农村土地规模经营集中度达到27%，农业综合机械化率提高5个百分点。

2012年2月26日，涪陵区人民政府工作报告提出未来5年加快建设国家级现代农业示范区。建设城郊型都市型农业区、沿江农业主导产业密集区、坪上现代农业示范区、后山绿色生态农业区四大功能区。

2014年1月13日，涪陵区人民政府提出以特色效益为主，壮大特色产业规模，创新农业经营机制，夯实农业发展基础，加快推进农业现代化。

2015 年 2 月 4 日，涪陵区人民政府提出发展现代农业，做大做强榨菜、蔬菜、畜牧、水果骨干产业，稳定蚕桑、烤烟生产，积极培育水产、中药材、花卉苗木、竹笋、油茶后续产业。加快打造现代农业发展载体，推进 4 个市级现代农业园区提档升级，积极培育农村现代流通体系，大力培育农业新型经营主体。

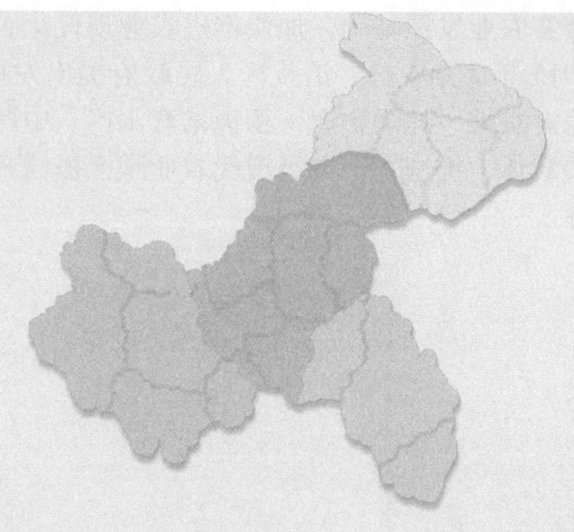

第三章
黔 江 区

第一节　基本概况

黔江区位于渝东南中心，地处渝、鄂边区结合部，巫山山脉与大娄山山脉交汇地带。东汉建安六年（201 年）析涪陵建丹兴县，隋开皇五年（585 年）改称石城县，唐天宝元年（742 年）更名黔江县。1949 年 11 月，新中国成立后仍用黔江县名，1984 年 11 月，改名黔江土家族苗族自治县；1988 年 5 月，国务院批准设立四川省黔江地区；1997 年 6 月，改设为重庆市黔江开发区；2000 年 7 月，设立重庆市黔江区。

黔江全区总面积 2 402 平方千米，辖 12 个乡、12 个镇、6 个街道，区内地形多样，有山林、丘陵、平坝、河谷、山间小盆地，山地占总面积的 85%，有耕地面积 90 万亩。2015 年末，有户籍人口 55.05 万人，城镇化率 44.63%；有常住人口 46.2 万人，城镇化率 46.13%。

第二节　农业农村经济

1986—2015 年，黔江农业农村经济呈曲线发展态势，开头升，1990 年降，1996—1998 年升，2002 年降，之后又经历上升，下降再上升。

一、“七五”期间（1986—1990 年）

实行家庭联产承包责任制初期，劳动者与劳动对象紧密结合爆发出极大生产积极性，产品产量成倍增长。黔江的农民生产、生活条件得到极大改善。然而受科技水平、生产条件、物质投入制约，农村经济缓慢前进。到 1990 年，黔江的粮食年递增为 3.21%，农民人均占有 366 千克，纯收入 300 元。人均占有粮食不足 200 千克、纯收入不足 200 元的农民占总数的 50% 左右。20 万农民缺粮“闹饥荒”年份占 90%；80% 的乡镇人均财政收入不足 20 元，1 000 多农民住岩洞、窝棚；10 万余人患地方病；20 万人饮水困难；50% 的村、组不通电、公路。整个农业、农村经济处于“用钱靠贷款，吃粮靠返销”局面，是国家重点贫困县之一。

二、“八五”期间（1991—1995 年）

黔江县委、县人民政府根据国家“八七”扶贫攻关计划提出了“宁愿苦干，不愿苦熬”的黔江精神，制定了“3 年解决温饱，4 年摆脱贫困，5 年奔小康”的“345”扶贫开发计划。以“创富于民、让利于企业，服务于基层，致力于发展”为指导，提出了“兴农促工、以工带农、区域开发、重点突破、治穷治愚治病相结合”的开发路子和“顺民心、重效益、求发展”的工作方针，狠抓科教兴农，用足国家给予的“商品粮基地建设”“丰收计划”“两赈资金”“粮专资金”“日援项目”“低产田土改造”“农产品开发”等项目资金，改变了“老品种、稀大窝、欠管理”的传统种植习惯。以农业广播电视学校、农业职业技术学校及乡镇农技、农经、农机、水利、畜牧、林业、蚕桑、烟草为依托，涉农职能部门科技人员为骨干，给农民传授农业科技知识。5 年累计举办了 300 万人次种植技术培训班，25 万农业从业人员，每人熟练地掌握 23 项农业实用技术。

黔江大办小春，大力推广旱地带状轮种和稻田两熟制，旱地带状轮种面积达 90%，冬闲田利用 80%，累计增加粮油播种 152 万亩，增加粮食 45.14 万吨、油菜籽 4.9 万吨。比 1990 年增加 96.02%，年均递增 14.4%。马铃薯 5.13 万吨，比 1990 年增加 83.21%，年均递增 12.07%；油料 1.3 万吨，比 1990 年增加 1.57 倍，年均递增 2.74%；小麦单产提高到 191 千克，比 1990 年增长 42.7%，年均递增 7.36%；全年农作物复播面积 135.23 万亩，复种指数达 185%，即 92.5% 的耕地实现两熟制。

黔江着力适应“春寒、夏旱、秋凉”的自然气候和克服自然灾害，以两段育秧和地膜覆盖为主要技术措施的水稻、玉米实现规范化栽培，克服了“寒、旱、凉”的危害。促进了农业生产由传统型向现代型转变。其间，累计推广两杂面积 493.2 万亩，普及率 94.5%；累计推广规范化栽培面积 600 万亩，普及率 92.5%；累计推广保温栽培面积 370 万亩，普及率 78.1%；累计推广植物病虫综防面积 310 万亩，普及率 45%；累计推广配方施肥面积 352 万亩，普及率 51.2%。1994 年，粮食累计增加 29.82 万吨，比 1990 年翻两番，平均年递增 14.86%。

黔江抓区域开发，优化配置资源。力推“一乡一品、一村一业”的典型。烤烟农民累计增加收入 5.22 亿元，烟区人均每年现金收入 1 000 元以上；养殖业收入累计增加 8.86 亿元，人均每年现金收入 762 元。

在国家扶持下，黔江建设了 15 万亩商品粮基地、10 万亩烤烟基地、20 万头商品猪生产基地；改造中低田地 9 万亩，其中：连片 2.7 万亩；新增和改善有效灌溉 13.2 万亩。

“八五”末，黔江的农民人均占有粮食 631 千克，比 1990 年的 336 千克增长 72.66%，年均递增 11.52%，农民人均纯收入达到 864 元，比 1990 年的 300 元增长 1.88 倍，年均递增 23.56%。由“贫困型”向“温饱型”转变；脱贫人口 84.16%；致富 25.84%；农村消费 1.98 亿元，比 1990 年的 1.06 亿元增长 86.79%，年均递增 13.31%；农村居民储蓄额由 1990 年的 1 569 万元增长到 7 431 万元，增长 3.74 倍，年均递增 36.48%。

三、“九五”期间（1996—2000 年）

黔江历经 10 年奋斗，1997 年，经国家验收提前 3 年脱贫。农民人均占有粮食 671 千克，人均纯收入达到 1 297 元，超过国定脱贫标准。时逢国家由计划经济向市场经济转轨，城市居民消费水平发生变化，致使黔江有限市场被外地农产品挤占，当地农产品“烂市难买”制约黔江农村经济进一步发展。为有效规避市场风险，适应农产品多样化的市场需求，农产品升级换代。黔江县农业行政主管部门及时提出实施新的举措，确立“以市场为导向，着眼国内，放眼国际”的指导思想，以科技组装为手段，立足资源，建设基地，全面提高农产品单产和品质；以规模化、集约化、产业化为路子，精深开发、创造品牌，全面提高农村经济效益，以“一中心、二重点、三品牌、四技术”为措施，确保农业可持续发展。

1998 年，黔江以第二次创业为中心，进一步实施农业产业结构调整。实现优势组合，形成高品位、多档次的经济格局；以突出经济支柱、争创名牌为重点；打好无公害绿色品牌、立体气候的反季节种植牌、野生资源天然牌。以保温栽培、农畜产品综合配套、农畜产品保鲜与深加工、优质农畜产品种子工程技术四大技术，支持农业产业结构调整。

“九五”期间，虽然目标明确，但农产品价格疲软，农业产业结构调整不到位，“数量型农业”观念未转变、对商品化农业陌生、交通不通、信息不畅，导致失去先机；农产品、人均收入都略有回落。

四、“十五”期间（2001—2005年）

黔江在前5年农业发展欠佳的情况下，对农业进行宏观调控，先是税费改革，后全部减免农业税，再进行种粮直补。黔江区委、区人民政府因势利导，出台系列激励农业和农村经济发展的政策措施，明确提出“工业带农业、城市带农村”和“五个十”工程。制定了10万亩优质大米、10万亩优质玉米、10万亩烤烟、10万亩药材、10万亩经果林、5万亩蚕桑园、5万亩果园、3万亩蔬菜的农业产业结构调整计划。创新农业工作方法，建立“以市场为导向，以资源为依托，以基地为基础，以企业+合作经济组织+农户为纽带，以科技为支撑的农、工、贸，产、供、销一体化”的农业产业发展运作机制，重点发展优质粮油、蔬菜草石蚕（地牯牛）、茶叶、桑蚕、畜牧、林果、水产、中药材八大产业。

优质粮油基地建设以良种良法配套，促进品种结构调整。每年兴办3 000～5 000亩区级示范片。

蔬菜、草石蚕（地牯牛）商品基地建设坚持“政府引导、政策扶持、业主开发、订单生产、合同收购、部门服务”。种植达1.2万亩，总产量7 000余吨，基地万余农户致富增收。

扩大无公害蔬菜商品基地建设规模，带动面上无公害蔬菜标准化生产。以正阳基地为样板，巩固城周（围）、正阳、中塘、冯家四大商品基地，实现基地面积1万亩，上市品种230个，产量4.5万吨。

茶叶、中药材商品基地建设注重后续产业。2005年，茶叶生产面积达到1.3万亩，投产茶园3 600亩，年产成品茶4 000担，总产值800余万元。

中药材基地1.7万亩，分布在19个乡（镇），产量1 600吨，总产值1 600余万元。

畜牧业收入由2000年的3.1亿元发展到5.45亿元，增长74.12%，年均递增11.73%。小区饲养瘦肉型生猪商品基地建成800头良繁场1个，引进产、供、销一体的龙头企业1个。

建蚕桑基地5.8万亩。收购8 200担，总收入480万元。比2000年翻了6.4番，年均递增244%。

林果基地开辟增收门路，5年建成13.9万亩经果林。其中：白杨树9.3万亩、黑桃4万亩、花椒0.6万亩。

武陵山区最大冷水鱼蒲花河流域基地二期工程投资690万元竣工，建成鱼池水面143亩，水产品年均800吨多。

2005年，黔江农村经济总收入17.2万元，2000年以来，年均递增12.39%；农民人均纯收入2 060元，比2000年增长56.58%，年均递增9.38%；农民人均现金收入2 317元，比2000年增长80.6%，年均递增12.55%。

黔江加大“调粮扩经”力度，全区粮食作物面积80.18万亩，比2000年减少21.4%；经济作物面积54.22万亩，比“九五”增长66.12%；粮经比例由2000年的75.55：24.45调整为2005年的59.39：40.61。粮食总产量25.5万吨，人均占有600千克。

黔江在农村一二三产业结构方面由2000年的76.8：16.4：6.8提升到2005年的58：22：20；种养业结构比，从2000年的57.8：42.2提升到2005年的50：50；粮经结构比由2000年的75.9：24.1提升到2005年的55：45。

五、“十一五”期间（2006—2010年）

“十一五”期间，黔江的农民人均纯收入超重庆市平均水平。

农村经济总收入实现40亿多元，年均递增17.98%，粮食总产25万吨，人均占有500千克，结构保持“88 171”，（8万吨水稻、8万吨玉米、1万吨小麦、7万吨薯类、1万吨杂粮）。油料2万吨，年递增2.1%；水果5万吨，年递增32%；蔬菜6万吨，年递增14.86%。

药材10万亩，产值1亿元；茶叶700吨，年递增4.19%；水产品3 000吨，年递增32%；产值年递增20.11%。

10万亩水稻分布在马喇、五里、城南等12个乡（镇、街道办事处）；10亩玉米分布在新华、两河等12个乡（镇、街道办事处）；10亩油料分布在金溪、太极等13个乡（镇）；5万亩水果分布在冯家、濯水、金溪等6个乡（镇）；10亩药材分布在沙坝、南海等11个乡（镇）。

在原有龙头企业的基础上，招商引资新建8万吨杂粮加工厂，1万吨野生蕨菜加工厂、1万吨水果、蔬菜、饮品加工厂、1万吨地牯牛水蔬糖深度开发加工厂、1万吨猕猴桃饮料加工厂五大龙头企业。在农村经济总收入中，一二三产业比为4∶3∶3。

坚持生态自我恢复。对涉及商品基地、高科技园区实施山、水、林、田、路、电配套建设。建2万口沼气池、20万亩农田整治，使涉及农户达到“小康生态家园示范村”要求。建立健全基础设施、经营机制、科技推广、集约经营四大支撑体系。

用活国家西部开发。重庆九大农产品商品集散地、少数民族地区等独特政策资源，落实黔江区委、区人民政府根据中央2004年、2005年两个1号文件制定的《关于农业农村发展的若干意见》，建立健全土地流转制度，大胆放活经营权，给工商资本介入农业开发营造环境。

六、“十二五”期间（2011—2015年）

依据黔江区委、区人民政府涉农政策，黔江在“十二五”期间突出“农村发展、农业增效、农民增收”三大主题，以生态特色效益农业为抓手，狠抓产业结构调整和基础设施建设，有力地促进了农业农村经济快速健康发展。取得7个方面的新成效。

第一，通过加快调整农业结构，促进农业提质增效，农村经济总量不断增大。到2015年，农村经济总量达到60亿元，比2010年的35亿元增长71.4%；农、林、牧、渔总产值28亿元，比2010年的16.9亿元增长65.7%，年均增幅10.6%；农业增加值达19.3亿元，比2010年的10.06亿元增长78.9%，年均增幅15.7%。

第二，优化农业农村经济结构。农村经济总量中第一产业占10.1%，比2010年下降1.6个百分点，第二、第三产业所占比重分别提高8.1个和6.4个百分点；农、林、牧、渔、农业服务业比重由44.7∶7.1∶46.0∶1.0∶1.2调整到44.9∶5.4∶47.6∶1.1∶1.0。到2015年，农村常住居民人均可支配收入达到8 823元，比2010年净增4 023元，年均增幅12.9%，连续5年高于城镇居民。城乡收入差距从2010年的3.1∶1降到2.8∶1。

2015年，粮食总产量达到25万吨、油菜1.35万吨，连续6年获得国家产粮大县、产油大县奖励；出栏生猪86万头，成为国家级现代畜牧业示范区先行区和全国生猪调出大县；产茧量达2.42万担，成全市优质茧丝绸基地，连续5年产茧量全市第一；种植烤烟6万亩，收购烟叶12万担，成为全国整区推进标准化烟草农业示范区；猕猴桃、脆红李等优质水果面积达7万亩，产量1.5万吨，获得“全国猕猴桃标准化种植示范区”“全国生态猕猴桃之乡”称号；建成阿蓬江、诸佛江等保供蔬菜基地2万亩，发展外销和加工蔬菜6万亩，成为重庆市首个取得鲜菜供港权的区（县）。蔬菜播种面积达到25万亩，产量30万吨。发展以青蒿为主的中药材4.54万亩，实现产量1.1万吨。

第三，加快现代农业园区建设。于2012年启动武陵山、仰头山两大现代农业园区建设。整合节水灌溉、国土整治、道路建设等项目资金7亿元，引进和培育入园企业11家、合作社21家、专业大户和农场36家，建成产业科技示范及种子种苗繁育中心5个，发展蚕桑、猕猴桃、脆红李等产业基地1.62万亩，建成易地扶贫安置点6个；建成羽人山欢乐农场、脉东百合基地两大休闲农业与乡村旅游示范点。2014年接待考察休闲观光游客10万余人次；成为全市10个市级现代农业综合示范工程园区之一。濯水农业生态园已建成渝东南第一家苗木脱毒组培室，获得全国休闲农业精品大赛银奖，是重庆市休闲农业唯一获奖的园区。依托现代农业园区，大力发展休闲农业和乡村旅游，建成休闲农业与乡村旅游示范村35个、示范点125个、发展农家乐400余家，成为全国休闲农业与乡村旅游示范区。

第四，“十二五”期间，以办好农村民生实事为抓手，创新推进重点民生工程建设。一是易地扶贫搬迁加快推进。建设易地扶贫搬迁集中安置点94个，建成64个；全区累计搬迁3.83万人，其中集中安置搬迁2.78万人，搬迁贫困人口1.74万人；累计开工住房面积157.8万米^2，竣工住房面积149.3万米^2。建成农民新村65个、康居农房2.5万户。成功申报部级美丽乡村示范村1个、市级美丽乡村示范村8个、全国传统村落4个。二是改善农业生产条件。实施农业综合开发土地治理10.1万亩，完成基本口粮田建设2.5万亩，实施市级现代农业综合示范工程，累计完成投资7亿元。工程区流转土地1.6万亩，土地规模经营度达到78%。三是加强农田水利建设。成功创建全国农村饮水安全示范县和小型农田水利重点县，整修病险水库5口，整治山坪塘539口，全面解决5.8万农村人口饮水安全问题，新增灌面12万亩，改善灌面36万亩。基本实现城乡用电同网同质同价。

第五，加快农业产销体系建设。主动适应国内农业农村经济新常态，坚持以市场决定产业的发展导向，不断延伸产销链条，着力提升农业附加值。一是科技能力有效提升，建成投用重庆市畜科院黔江分院，启动武陵山农科院筹建工作，累计成立民营科技研究所5个，组建市级科技研发平台2家、农业专家大院2个，改造基层农业服务中心22个，建成“农民田间学校”13所、农家书屋8个，启动渝东南地级农产品安全质量检测中心建设，六九原种猪场成为国家核心种猪场，建成5个万亩粮油高产创建示范片，常年推广测土配方施肥100万亩、秸秆还田13万亩；二是品牌效应初步显现，建成蔬菜、水果、蚕丝、中药材等农产品产地加工项目11个，逐渐形成食品、中药材和茧丝绸三大农产品加工企业集群，获得农产品“三品一标”43件、著名商标10个，黔江金溪镇红心猕猴桃获得国家地理标志产品认证；三是销售渠道不断拓展，基本建成武陵山农产品和渝东南林产品2大区域性专业市场，建成1个冷链物流中心、2个产地集配中心，新建“新网工程”网点65个，建设10个镇村电子商务示范点、12个网上交易平台，黔江特色农产品实现网销国际、国内市场。

第六，加快农村生态文明建设。“十二五”期间，坚持生态优先发展战略。人居环境日趋优美，被确定为“全国生态保护与建设示范区”。完成营造林任务32.3万亩，石漠化治理1 185公顷，巩固退耕还林成果23.15万亩，森林面积190.99万亩，全区森林覆盖率达到55.4%。实施中小河流治理项目6个，完成20个农村连片整治。建成农村户用沼气池3.5万口，取缔黔江河流域养殖场99个，完成33个养殖场污染治理；完成15个农村环境连片整治项目，建成集镇污水处理厂12个，3个集镇垃圾中转站。综合治理水土流失23平方千米，创建市级生态乡镇3个。

第七，深化农村改革。一是完成农村土地确权颁证工作。加快集体林权制度改革，基本实现产权明晰、承包到户的目标。二是全面启动农村集体经济组织清产核资和集体资产量化确权改革试点。共清理村组集体经济组织1 569个，其中村级集体组织219个，集体经济组织1 350个，清理农村集体资产7.98亿元，完成白石乡的安山村、阿蓬江镇的大坪村、舟白县坝居委3个农村集体经济组织量化确权改革试点；开展土地纠纷仲裁工作，农村土地管理机制不断健全。三是加强土地流转服务。在建立区级土地流转中心的基础上，逐步完成区、乡（镇）、村3级土地流转服务平台的建设；鼓励城市工商资本下乡发展农业，稳步推进农村土地流转，土地流转总面积达22.7万亩，占家庭承包耕地面积（确权面积）的25.9%，农村土地集中经营度达30%；深入开展农村“三权”改革，累计发放“三权”抵押贷款19.7亿元；建立村级资金互助社72个，注入资金1 229万元，拓宽农民融资渠道；2015年全区交易“地票”3 829亩，实现农村“三权”抵押贷款3.3亿元，办理农村“三权”抵押登记5笔，抵押融资3 506万元；成立投资基金管理公司，实现首期融资2.5亿元，被重庆市委、市政府确定为全市3个“金融扶贫示范区”试点区县之一。四是大力推进农业保险。开展生猪、蛋鸡、蚕桑、猕猴桃等政策性农业保险试点，推广政策性农业保险 17.5 万亩，农业保险险种达到 8 个，其中政策性险种 3 个。

第三节　农村民生福利

黔江原是国家 258 个贫困县之一。1986 年，黔江县委、县人民政府组织开始扶贫工作。经过 11 年的艰辛努力，1997 年，经重庆市检查验收为脱贫越过温饱线。1997 年“脱贫至温”后，连续 3 年复查巩固。2000 年 9 月，黔江撤县建区后，继续开展扶贫攻坚，巩固扶贫成果。区级单位分镇、乡包乡扶贫。确保让农民享受到改革的福利。

一、整村脱贫

2007 年，黔江财政投入 300 万元，整村推进 14 个扶贫村建设。2008 年，财政投入 1 436 万元整村推进 80 个扶贫村建设，同时财政投入 230 万元对两个市级扶贫示范村建设。投入扶贫产业烤烟等资金 750 万元，推进 24 个联系贫困村推进工程，全年累计投资 2 560 万元。2009 年，启动 10 个整村脱贫。启动各扶贫项目 76 个，投资 4 490.2 万元。2010 年，投资 9 945 万元，全面完成 2009 年启动的 10 个整村脱贫。2011 年，投资 27 300 万元推进 15 个贫困村脱贫达标，启动 18 个整村脱贫。2012 年，投资 9.22 亿元，推进 55 个贫困村整村脱贫，实现水、电、路、气、房、环境改造六到农家。全年累计减少贫困人口 9 072 人。全区贫困人口累计减少 58 486 人，脱贫村人均增收达 5 330 元。2013 年，投资 1 921万元进行易地扶贫，易地搬迁 6 198 户安置 25 841 人；投资 3 亿元，整村脱贫 18 个连片村。2014 年，确定新一轮贫困村 65 个、贫困人口 11 430 户 40 641 人。脱贫减少 1 337 户 4 680 人。脱贫人口人均纯收入 7 460 元。易地扶贫搬迁 751 户，安置 2 981 人。2015 年，全年 30 个贫困村脱贫。累计 5 491 户 19 996 人脱贫。易地扶贫搬迁 202 户安置 694 人。

二、农村富余劳动力输出

2007 年以前，黔江农村富余劳动力是个体或结伴外出务工。2007 年以后，是有组织的输出务工。2007 年，组织 6 208 人外出务工，劳务总收入 506 亿元，300 余名农民工返乡创业当老板。

2008 年，全年向新加坡、马来西亚、韩国等 11 个国家输出经过培训的农民工 48 人。建立区农村劳动力转移协会，注册成立黔江区兴黔劳务开发公司，全年培训富余劳动人员 1.65 万人，转移富余劳力 12.84 万人，实现劳务总收入 7.41 亿元。

2009 年，累计转移富余农村劳动力 19.8 万人，劳务纯收入 9.17 亿元。

2010 年，累计转移富余农村劳动力 14.2 万人，实现收入 15.9 亿元。

2011 年，累计转移富余农村劳动力 14.2 万人，实现劳务总收入 16.6 亿元。回引返乡创业 5 922 人，在返乡创业人员中培育经济人 210 人。

2012 年，建立农民工服务中心 81 个，转移富余农村劳动力 14.2 万人，实现劳务总收入 17 亿元。

2013—2015 年，平均每年转移富余农村劳动力 12 万人；平均每年实现劳务总收入 17.3 亿元。

三、减轻农民负担

农民负担问题始终是各级党政关注焦点。1993 年，中央办公厅发出《关于切实加强减轻农民负担工作的紧急通知》后，国务院取消 37 项涉农达标升级活动及 43 项不合理收费后，黔江县农业局统一印制《监督卡》，发到各农户种，用于沟通和监督。

2002 年，黔江区按照重庆市统一部署进行农村税费改革，把原来农民负担的“三提八统”改为农业税和附加税两个项目，比改革前负担亩均减少 4.22 元，人均减少 6.53 元。

2005年，黔江区严格按照重庆市人民政府《关于全部免征农业税的通告》和重庆市人民政府办公厅《关于切实做好全部免征农业税的通知》以及黔江区人民政府办公室《关于切实做好全部免征农业税工作的通知》要求，共减免农业税646万元、附加税110万元。至此，黔江农民种地不再纳税。

第四章
大渡口区

第一节　基本概况

大渡口原名北渡，清光绪二十五年（1899 年）在长江北岸马桑溪设义渡，为沿江数十里渡口之首，大渡口由此得名。原隶属巴县管辖，1965 年正式建区。1995 年，大渡口进行区划调整，辖区面积进一步扩大。大渡口区总面积 102.83 平方千米，全部处于重庆市主城二环线以内，辖 3 个镇、5 个街道。2015 年年末，全区有户籍人口 25.64 万人、常住人口 33.27 万人，总耕地面积 3.5 万亩。

第二节　农业农村经济

农业农村经济情况见表 20－4－1。

表 20－4－1　1995—2015 年大渡口区农业农村经济情况

分期		地区生产总值（万元）	农林牧渔业总产值（万元）	农业增加值（万元）	农业增加值占比（%）	农民收入状况		
						人均纯收入（可支配收入）（元）	城乡收入比	农村居民恩格尔系数（%）
“八五”末（区划调整）	1995 年	209 284	14 610	10 167	4.86	2 020	—	—
重庆市直辖后	1997 年	295 809	15 803	10 722	3.62	2 573	2.06∶1	51.6
“九五”末	2000 年	403 029	17 045	11 648	2.89	2 910	2.06∶1	48.7
“十五”末	2005 年	681 124	24 400	15 190	2.23	4 321	2.38∶1	43
“十一五”末	2010 年	1 772 136	21 050	14 320	0.8	8 837	2.16∶1	46.6
“十二五”末	2015 年	1 597 192	24 731	17 003	1.06	15 439	1.91∶1	39.2

第三节　主要农业产业

大渡口区以工业立区，自 1995 年区划调整后才有农业、农村和农民。全区结合“大工业、小农业”区情特色，以“减少农民，富裕农民，发展农村”为指导思想，以农村基础设施建设为重要突破，

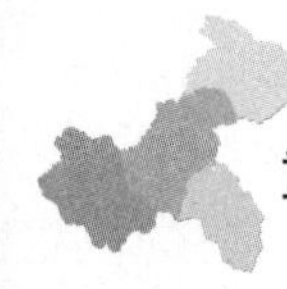

大力调整农业农村经济结构，努力增加农民收入。

一、蔬菜

大渡口区是重庆市传统蔬菜基地之一，以建胜镇的茄子，跳磴镇的火葱、韭菜为主，其他各种时令蔬菜为辅。随着城市化的推进，八桥镇、建胜镇蔬菜种植面积锐减。2008 年，跳磴镇沙沱、山溪、石盘、金鳌 4 个村联合成立重庆市大渡口区跳磴镇蔬菜农民专业合作协会。入会农户 1 700 余户，种植面积 7 000 余亩。主要生产火葱、四季葱、韭菜等特色蔬菜。2010 年，跳磴韭菜、火葱、四季葱通过农业部认定为“无公害农产品”，并颁发了“无公害农产品认证书”。2013—2016 年，协会连续 3 批次成功申请到大渡口区特色效益农业病虫害统防统治项目，累计在山溪村、沙沱村、石盘村安装太阳能杀虫灯 207 盏。

二、花椒

2002—2003 年，跳磴镇通过退耕还林种植花椒 8 000 余亩，产鲜花椒 2 000 余吨。2009 年注册重庆市大渡口区强联花椒专业合作社，入社社员 740 户，覆盖跳磴镇新合村、湾塘村、双河村、鳌山村和石林村。同年 10 月，合作社社员赖强贵个人注册重庆连坡花椒种植有限公司，专业从事花椒深加工及销售；2013 年，该公司花椒精加工储藏销售项目获得区特色效益农业项目资金支持，建设花椒加工及储藏用房 680 米^2，购置冷冻储藏设备、烘干烤箱、真空包装机、净椒机等设备。2015 年，强联花椒农民专业合作社获得市级示范社项目支持，建设示范片 100 亩；强联花椒农民专业合作社每年组织技术培训 2 次，邀请市级专家为社员授课，并组织社员到江津等地考察学习修剪、施肥等管理技术，当年开始集中收购跳磴镇青花椒，价格从 10 元/千克逐步涨价到 18 元/千克，有效增加椒农收入，促进了花椒产业发展。

三、柑橘

大渡口区柑橘产业历史悠久，主要品种为红橘和无核橘。2009 年开始，跳磴镇石盘村引进一大批优质果苗，栽种杂柑春见 14.5 万株，通过高位嫁接更新老红橘树 2 000 余株，春见种植面积 2 000 余亩；另外老品种香水橙、脐橙、无核橘还有 500 余亩。2014 年开始，陆续引进卡拉卡拉（红心脐橙）、沃柑等新品种 500 余亩，石盘水果种植面积共计达到 3 000 余亩。2009 年 11 月，注册重庆市大渡口区石盘水果种植农民专业合作社，注册社员 90 户，到 2015 年达 480 户，出资总额达 588 万元，带动跳磴镇金鳌村、鳌山村、沙沱村等周边村农户 1 480 户，种植面积 5 000 余亩。专业合作社主要经营范围为水果种植、水果销售。2010 年，使用跳蹬牌商标，举办第一届“寻找香水橙的故乡”水果推介会。同年，完成一批基础设施建设，加宽改造沙石、金石乡村公路水泥路面 2 000 米，同时硬化 1.5 米宽人行中大路 5 000 余米；同年，合作社被大渡口科学技术协会、区农业农村水利局授牌“水果种植科普教育基地”和“大渡口区科普示范村”。2010 年 12 月，被中国科学技术协会、财政部评为“全国科普惠农兴村先进单位”；理事长李波被评为“重庆市第七届十大杰出青年农民”“大渡口区农村科普带头人”。2011 年 5 月，石盘水果专业合作社成功创建市级示范专业合作社，6 月通过农业部农产品质量安全中心认定，成功申报“无公害柑橘产品认定书”。2012 年，专业合作社升级为股份合作社；同年，完成 1 500米^2 的鲜果储藏室和包装车间建设。2013 年，获得中央财政资金柑橘标准园建设项目，建设 100 亩高品质休闲观光柑橘园。2016 年，合作社设计出自己的标志，注册自己的商标“石源果”，打造自己的品牌，并获得区特色效益农业项目支持，实施合作社观光果园建设。同年，第二次成功创建市级示范专业合作社，举办“石盘春见、甜如初恋”采果节活动。2016 年，全区柑橘年产量 1 100 吨，年销售收入 1 200 万元，实现年净利润 120 万元。

四、休闲农业

2003 年，依托新农村建设，小南海水泥厂在跳磴镇红胜村建设小南海温泉和农民新村。部分村民利用自家住宅开办农家乐，形成红胜村农家乐一条街。2009 年，依托重庆市大渡口区石盘水果种植农民专业合作社，石盘村村民开办“康然山庄”。2013—2016 年，依托特色效益农业项目，“盘果山庄”“南海地球村”“赛公桥生态农业”等一批休闲农业项目拔地而起，初步形成休闲农业产业带。2015 年，以小南海片区建设指挥部为平台，筹措资金新建红福路一期，改造双石路、跳南支路延伸段 3 条乡村公路，提升了部分项目通达性，将南海地球村、赛公桥、南海温泉、红胜农家乐一条街连接成乡村旅游小环线。

五、农业产业化龙头企业

2001 年 10 月，重庆石川泰安化工有限公司和重庆天泰绿色农业开发（集团）有限公司被市农业综合开发办认定为农业产业化经营重点市级龙头企业。2006 年 5 月，重庆红九九食品有限公司被认定为重庆市农业综合开发重点龙头企业。2007 年，重庆森护木材加工有限公司成为大渡口区市级农业产业化龙头企业。2012 年，重庆红九九食品有限公司、上海梅林重庆食品有限公司被认定为重庆市农业综合开发产业化市级重点龙头企业。2014 年，重庆红九九食品有限公司、重庆华生园食品有限公司被认定为重庆市农业产业化市级龙头企业。2016 年，重庆红九九食品有限公司、重庆华生园食品有限公司、重庆宏美科技有限公司被认定为重庆市农业产业化市级龙头企业。

第四节　产业发展重大举措

一、稳定和完善农业生产责任制

1998 年 5 月，大渡口区委、区人民政府出台《关于大渡口区农村第二轮土地承包工作的实施意见》；6 月，区人民政府印发《关于推进第二轮土地承包工作的通知》。随后，本着大稳定、小调整的原则，大渡口开展了第二轮土地承包工作。第二轮承包期限为 1998 年 7 月 1 日至 2028 年 6 月 30 日。全区通过清理、核实农村家庭承包农户 19 260 户。实际签订第二轮土地承包合同并颁发土地经营权证书共 11 026 户。

2004 年 8 月，区委员会办公室、区人民政府办印发《关于进一步完善农村土地承包关系的实施意见》，要求认真贯彻《中华人民共和国农村土地承包法》《中华人民共和国农村土地承包经营权证管理办法》，规范农村承包土地流转，切实保障农民土地承包权益和农村土地资源的合理利用。

2010 年 9 月，区委、区人民政府成立大渡口区农村土地承包经营权确权颁证工作领导小组，区人民政府办公室印发《大渡口区农村土地承包经营权确权颁证工作方案的通知》。29 日，召开大渡口区农村土地承包经营权确权颁证工作动员会，农村土地承包经营权确权颁证工作全面启动。随后，以国土“二调”面积为基础依据，按照规定程序将土地承包关系、承包面积、地块、“四至”边界据实确认落实到承包农户，并建立农村土地承包管理电子信息系统，完善档案资料。此次纳入确权颁证的有 14 个村（跳蹬镇 11 个村、建胜镇 3 个村）、97 个社、5 833 户农户，涉及原承包面积 1. 17 万亩，确权耕地面积 1. 47 万亩。

二、推进农村产业结构调整与产业发展

2012 年，大渡口区首次开展都市农业项目策划与论证，委托西南大学专业团队编制完成《重庆市大渡口区都市生态农业旅游项目可行性研究报告》。

2013 年 9 月，大渡口区农林水利局、区财政局印发《关于申报 2013 年第一批特色效益农业生产发展项目的通知》，启动特色效益农业相关工作。

2013 年 10 月，大渡口区委、区人民政府出台《关于加快推进都市现代农业发展的意见》，明确主要目标任务、工作思路、工作重点及“一山两带三产业”布局。“一山”：即中梁山，包括中梁山森林公园及大渡口国有林场。“两带”：即“依山”休闲产业带和“傍水”特色产业带。“依山”休闲产业带包括中梁山麓以东城市规划范围以西，以石林、双河、沟口、红胜村为主的狭长地带及拱桥新合片区。“傍水”特色产业带包括金鳌山周边及沿长江岸线分布的石盘、沙沱、南海、山溪等村。“三产业”：即以蔬菜、柑橘、林果为农业基础产业。

2014 年 2 月，大渡口区农业工作委员会、区财政局首次下达特色效益农业项目区级建设任务 12 个，当年验收合格 8 个。

2015 年，大渡口区农业工作委员会、区财政局下达特色效益农业项目建设任务 11 个，当年验收合格 11 个。

2016 年，大渡口区农业工作委员会、区财政局下达特色效益农业项目建设任务 13 个，验收合格 10 个。

三、推进农村改革与发展

（一）减轻农民负担

2002 年 4 月，农村税费改革恢复全面试点。大渡口区按照重庆市提出的“三个确保”和“零上访”的目标要求，历时半年，广泛深入地开展了农村税费改革试点工作。5 月 19 日，重庆市税费改革办公室对大渡口区方案作出正式批复，全区开始将农税任务分解到户。按 2000 年农经统计报表测算，全区有农业人口 60 667 人，改革前农民负担合计为 529 万元，其中农业税及其附加屠宰税 3 项之和为 123 万元，乡（镇）统筹费 111 万元，村提留 295 万元，人均负担 87.2 元（其中，许多村是通过集体经济分配代交的，农民个人直接缴纳的数额要少许多）。改革后，应税面积为 17 848.88 亩（未包括退耕还林田地），按亩均产 594 千克计算，农业税收及其附加总额 89.11 万元，人均负担仅 15.21 元，改革前、后比较，人均减负 71.99 元，减负幅度为 82.55%，减负总额达 440 万元。2005 年，全面免征农业税及附加。

（二）农村产权制度改革

2012 年，大渡口区全面开展农村“三资”清理工作。清理农村集体经济组织 233 个，其中村集体经济组织 32 个，社集体经济组织 200 个，农村集体经济组织独办、合办且控股的企业或者组织 1 个。清理资金资产总额 2.9 亿元，其中资金 1.3 亿元，资产 1.6 亿元；清理土地资源 7.1 万亩，其中农用地 5.1 万亩，建设用地 1.7 万亩，未利用地 0.3 万亩。完成数据库建设的农村集体经济组织 233 个，建立资产、资源数据库台账 222 个，清理资料立档 100 卷；实行委托代理和实行电算化的农村集体经济组织 233 个。2014 年 11 月，大渡口区人民政府办公室印发《大渡口区农村集体经济组织清产核资实施方案》，随后，三镇全面开展了农村集体经济组织清产核资工作。清产核资对象共 232 个，其中镇 3 个，村集体经济组织 32 个，社集体经济组织 196 个，企业级集体经济组织 1 个。清理资金资产总额 2.27 亿元，负债总额 6 032.6 万元，所有者权益总额 1.66 亿元。清理土地资源 4.76 万亩，其中：现状农用地 3.8 万亩，现状建设用地 0.57 万亩，未利用地 0.38 万亩。清理农村主要固定资产：乡道村道共计 95.2 千米，小型水利设施 863 座（处、口），房屋（办公、养老、卫生、文化等）价值 0.2 亿元等。清理经营性资产 1 173 万元（不包括未确定现值的资产资源）。2015 年 2 月，大渡口区人民政府印发《大渡口区农村集体资产量化确权改革试点工作方案》，按照“全面清理、明晰归属、量化确权、依法治理、合理分配、健全制度”的总思路，依法稳妥、有序推进农村集体资产量化确权改革试点。2015 年，完成八桥镇公民村 6 社和跳磴镇新合村共 2 个试点单位改革。2016 年，完成八桥镇五一村 6、8、9 社，建胜镇四胜村 14 社和跳磴镇蜂窝坝村共 5 个试点单位改革。

（三）农村集体资产处置及村干部审计

2012 年 11 月，大渡口区委员会办公室、区人民政府办公室印发《大渡口区农村集体资产处置指导意见（试行）》，在重庆市率先开展农村集体资产处置试点。主要规范撤销村、社（组）建制过程中的农村集体资产处置及分配行为，不涉及集体经济组织的日常具体经营。2012 年，大渡口区农业农村水利局会同区委组织部、区监察局、区审计局和区财政局等部门，制定并印发《2012 年镇村干部经济责任审计工作方案》，选定 5 个村基层干部进行经济责任审计。2013 年，开展第八届村干部任期和离任经济责任专项审计。委托重庆市凯弘会计师事务所对本届未审计过的 27 个村的村委会成员进行审计，涉及村委会成员 182 人。2016 年，开展第九届村干部任期和离任经济责任专项审计。三镇分别委托中建华会计师事务所有限公司重庆分公司、鑫凯源会计师事务所、重庆华信会计师事务所实施审计。共审计 32 个行政村和 2 个有集体资产的社区，涉及村（居）干部 223 人。

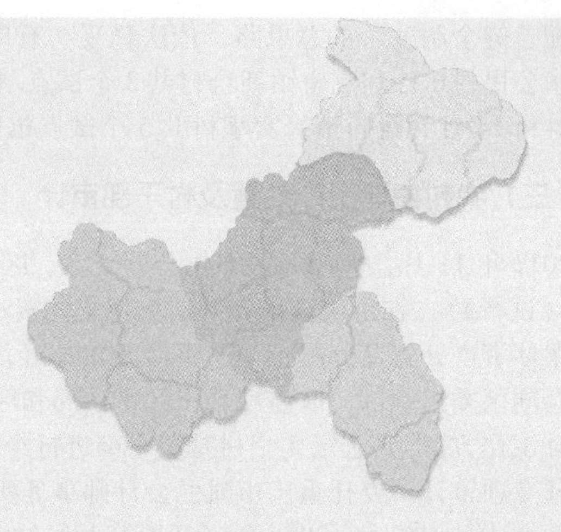

第五章
江 北 区

第一节　基本概况

江北区是重庆市主城核心区之一，位于长江、嘉陵江交汇处北岸，东、南、西 3 面分别与巴南、南岸、渝中、沙坪坝区隔江相望，北与渝北区接壤。全区总面积 220.77 平方千米；地貌多为“坪、丘、谷、坝”，以浅丘陵为主；海拔高度在 160 ~ 586 米；气候温和，四季分明，雨量充沛，农业生产自然条件良好。2015 年末，有承包耕地 1.91 万亩，辖 3 个镇、9 个街道；户籍人口 60.2 万人，城镇化率 96.58%；常住人口 85.12 万人，城镇化率 97.58%。

第二节　农业农村经济

农业农村经济情况见表 20 - 5 - 1。

表 20 - 5 - 1　1986—2015 年江北区农业农村经济情况

分期		地区生产总值（万元）	农林牧渔业总产值（万元）	农民收入状况		
				人均纯收入/可支配收入	城乡收入比	农村居民恩格尔系数（%）
“七五”期始	1986 年	54 208	1 215	—	—	—
“七五”期末	1990 年	306 866	3 544	0.083 7	—	—
“八五”期末	1995 年	356 314	23 184	0.183 3	—	—
重庆市直辖后	1997 年	471 744	23 148	0.230 0	—	—
“九五”期末	2000 年	504 535	17 829	0.291 0	—	—
“十五”期末	2005 年	1 337 202	24 838	0.428 0	2.4 : 1	47.7
“十一五”期末	2010 年	3 913 947	39 360	0.868 7	2.3 : 1	41.5
“十二五”期末	2015 年	6 873 142	18 960	1.559 4	2 : 1	27.8

第三节　农业主要产业

一、粮食

江北区粮食作物有水稻、玉米、甘薯、小麦、豆类等，以水稻、玉米为主。1986—1994 年粮食生产分布在寸滩、唐家沱街道，粮地面积 8 700 亩。1995 年鱼嘴、复盛、五宝镇划归江北区管辖，粮地面积扩大到 6.2 万亩。1998 年后，城市建设大量征用土地，郭家沱以西街道仅剩少量粮地，粮地主要分布在鱼嘴、复盛、五宝 3 个镇。2000 年后，江北区粮地面积逐年减少，至 2005 年仅剩 3.6 万亩。之后，鱼嘴、复盛两镇城市建设大量征占粮地，2015 年粮食播种面积 1.5 万亩，产量 4 740 吨。

二、蔬菜

江北区曾是重庆主城主要的蔬菜生产地。1986 年年初，实有商品菜基地面积 7 170 亩。1989 年，基地面积 8 595 亩，基本达到人均供菜面积 0.03 亩要求；当年 11 月，成立江北区蔬菜基地建设指挥部。1995 年，区划调整，郭家沱街道划入江北区，增加基地面积 555 亩，全区基地面积 8 955 亩。1997 年，全区蔬菜基地面积达历史最高峰（9 990 亩）。其后城市建设征占用农地较多，基地面积迅速递减，传统蔬菜基地概念逐渐淡化，2005 年仅余蔬菜基地 6 000 亩。2015 年全区蔬菜播种面积 7 230 亩，产量 7 012吨。

1981 年前，蔬菜实行指令性计划生产，农村完全按政府下达的任务组织生产，蔬菜产品全部交由国营蔬菜公司进行销售。1981 年，农村实行双包责任制以后，取消指令性生产计划，转变为指导性生产。菜农拥有部分蔬菜销售权。1988 年，深化蔬菜产销体制改革，对石马河、观音桥、寸滩 3 个乡实行小管大活的双轨制政策，增大活的比例，即生产者提供 10% 的计划品种菜给国营蔬菜公司，保淡季，保节日，其余部分由菜农按照市场需求进行种植和销售。唐家沱乡率先在全市试行自产自销。1990 年，以观音桥农贸市场为龙头，国家、集体、个人投资 100 万元，新建五里店蔬菜批发市场和唐家沱蔬菜批发市场，形成较完整的蔬菜流通市场体系。1991 年，蔬菜经营部门实行划线经营改革。1993 年，蔬菜产销全面放开，农民生产的蔬菜自由上市交易，国营蔬菜公司实施整体改制，淡出蔬菜销售市场。

三、水果和蚕桑

（一）水果

江北区果树种植历史悠久，1996 年普查，全区果树面积 8 189.55 亩、94.97 万株。树种主要以柑橘为主，桃、李、梨次之，苹果、葡萄、樱桃、枇杷等果树较少。1986 年，水果种植面积 4 972.05 亩，水果总产量 1 489 吨。1995 年 3 月，重庆区划调整，江北区增加鱼嘴镇、复盛镇、五宝乡和郭家沱街道，全区水果面积 7 227 亩，水果总产量 5 509 吨，其中柑橘 5 119 吨、伏季水果 390 吨。2005 年，果树种植面积 1.1 万亩，水果年产量 4 296 吨，其中柑橘 3 851 吨、伏季水果 445 吨。其后，由于城市建设征占，水果面积大幅度减少，2015 年年末，仅余 4 320 亩，水果年产量 1 611 吨。

（二）蚕桑

江北区蚕桑生产历史悠久，宣统元年（1909 年）即有记载。1965 年，植桑苗 37.68 万株。1970 年，养蚕 274 张，产茧 2 400 千克。1979 年后，养蚕量逐渐减少，至 1985 年，无蚕桑生产。1995 年，行政区划调整，由江北县划入江北区的鱼嘴镇、复盛镇、五宝乡共有桑树 1.2 万亩，栽桑 1 277 万株，年发放蚕种 9 243 张，年产茧量 24.03 万千克。1996 年，受国际茧丝绸市场行情低迷影响，蚕业生产逐渐减少。2002年及2003年，在“东桑西移”和“退耕还林”政策扶持下，桑树纳入生态经济兼用林型之列，分别栽桑1 324.95亩、3 400.05亩。2005年4月，桑树资源普查，江北区有桑树面积9 087.3亩。饲养家蚕4 000张，年产茧量11.6万千克。近几年，受国际茧丝绸市场行情低迷影响，加之城市开发征占，蚕桑生产基本消亡。

四、畜牧业

2010年以来，随着两江新区快速建设，次级河流整治和畜禽养殖污染整治，光大、金宏2家畜牧业发展有限公司奶牛养殖相继迁出，大量畜禽养殖场（户）被外迁和关停，江北区畜禽养殖量急剧减少。禁养区范围内禁止饲养生猪20头以上、家禽200只以上、奶牛3头以上。全区畜牧养殖严重萎缩，无规模适养区。江北区农业重心不再是发展畜牧业，而是逐渐向发展绿色生态可持续农业转移，把农业发展与生态环境保护、资源的永续利用有机地结合起来（表20－5－2）。

表20－5－2　1986—2015年江北区畜牧业情况统计

年份	生猪出栏（头）	牛存栏（头，含奶牛）	羊出栏（只）	家禽出栏（只）
1986	24 643	—	—	50 100
1991	24 642	2 483	—	42 100
1996	78 171	2 310	—	203 309
2001	43 237	2 576	—	421 135
2006	93 955	2 959	—	—
2011	25 462	4 432	2 163	606 236
2015	9 671	72	1 966	169 431

五、渔业

（一）淡水养鱼

1986—2000年，水产养殖品种以草鱼、鲢鱼、鳙鱼、鲤鱼、鲫鱼、罗非鱼等为主。2001—2005年逐年推广80∶20养殖技术（80%主养品种，20%辅养品种），养殖品种以鲫鱼、草鱼、南方大口鲶、淡水白鲳、斑点叉尾鮰为主，产量及经济效益大幅度提高。

20世纪80年代末，江北区鱼类养殖品种以草鱼、鲢鱼、鳙鱼为主。90年代初，引进杂交鲤鱼、罗非鱼、团头鲂、淡水白鲳和南方大口鲶等品种。1986—1989年4年产鲜鱼51.66万千克，收入206.66万元。1989—1991年，推广池塘成鱼高产养殖技术。1992年推广使用渔用颗粒饲料，渔业生产取得较大发展。1995年区划调整后，江北区鱼池总面积达到2 305.2亩。2005年12月，江北区鱼池面积约1 350亩。随着两江新区开发建设，渔业生产大幅度萎缩。2015年末，全区池塘养殖面积仅510亩，总产量383吨（其中捕捞产量181吨）。淡水养殖渔业总产值为242万元。

1990年，江北区建成首个规范性鱼类繁殖场——唐家沱胜利村崔家湾鱼苗繁殖场。该场主要繁殖生产草鱼、鲢鱼、鳙鱼等鱼苗鱼种，年产量约220万尾。2006年，该场被征占。

项目鱼池建设：1985年，江北区开始实施《重庆市利用国际开发协会“淡水养鱼项目”转贷资金建设商品鱼池项目》。至1990年6月，江北区利用世界银行贷款建成商品鱼池937.65亩、104口，改建408.6亩、76口，全部投入生产。1985—2005年，因城市建设占用，减少项目鱼池面积951.6亩。

长江郭家沱钢质框架网箱养鱼项目：1996年，经重庆市计委、市农牧渔业局批准立项。重庆大江水产开发有限公司（市水产科学研究所、市农垦总公司等6家单位共同组建）实施，网箱设置在长江郭家沱望江码头水域；网箱80个，面积2 000米²。2001年，重庆大江水产开发有限公司将项目设施等折价转让重庆成轩水产海鲜有限公司。2009年，网箱养殖面积约1 200米²，主要养殖南方大口鲶、青波、江团等名优水产品种，年产量约200吨，年产值200万～300万元。2011年，拆除网箱养殖设施。

（二）江河捕捞

江北区境内有长江、嘉陵江、御临河等河流。主要捕捞品种有铜鱼、鲶鱼、黄颡鱼、长吻鮠、草鱼、鲫鱼、鲢鱼、鳙鱼等。1986—1996年，单船年捕捞量500～700千克，年捕捞总量30～42吨。1997—2003年，单船年捕捞量大幅下降，为150～300千克。2015年年末，全区登记在册渔业船舶217艘，其中，捕捞渔船210艘、辅助渔船6艘、渔政执法艇1艘；单船年捕捞量862千克，年捕捞总量181吨。

2006年，江北区启动机动渔船燃油补贴。2006—2009年，共发放补贴资金96.18万元。2015年起，燃油补贴改为禁渔护渔补贴，建立渔民禁渔期护渔队。

2002年起，每年2—4月，全区天然水域实施禁渔期管理。2009年起，江北区230艘渔船集中停泊在17个点，网具封存，春季禁渔。2014—2015年，按照"船入港、网入库、江中无渔船、市场无江河鱼"的禁渔目标，采取渔船禁航、集中停泊，渔具封存、GPS电子监管、打非治违等措施完成春季禁渔任务。

（三）水生生态养护

1. 水生生态补偿

长江三峡水库变动回水区碍航礁石炸除一期工程对江北、涪陵等5个区的渔业资源、渔民捕捞作业影响较大，项目建设方出资64.18万元在江北实施保护区监管、鱼类人工增殖放流、鱼类生境修复和渔业生产损失补偿等。江北区编制《水生生态补偿项目监管实施方案》，并于2014—2016年实施监管。2015年3—6月，为修复江河生态环境，改善鱼类春季繁殖条件，江北区在长江的门闩子、朝阳河、鱼嘴沱、杨柳沱及御临河的鱼洞沱5处鱼类习惯性产卵场首次设置人工鱼巢，总面积6 000余米²，提高鲤鲫等黏性鱼卵的附着率，繁育幼苗数千万尾，有效增加江河渔业资源。

2. 增殖放流

2008年10月，江北区农林水利局与重庆市渔政渔港监督管理处、长江重庆航道工程局在嘉陵江长安码头开展珍稀鱼类增殖放流活动，投放胭脂鱼、黄颡鱼、中华倒刺鲃等鱼种10万尾。2009年，组织社会力量放流2次，放流鲢、鳙鱼1 500千克，约7万尾。2010年4月22日，即第41个"世界地球日"，重庆市农村工作委员会、江北区人民政府联合主办"2010·重庆主城水生生物增殖放流活动启动仪式"，放流活动在长江、嘉陵江交汇处——江北嘴举行。向江中放流规格在5厘米/尾以上的草鱼、鲢、鳙、中华倒刺鲃计500万尾。2013年3月13日，放流胭脂鱼、重庆市重点保护的岩原鲤、长江中上游重要经济鱼类中华倒刺鲃、鲫鱼、鲢鳙等136万尾。

3. 渔政执法

2010年，农业部授予江北区渔政渔港监督管理所"全国渔业文明执法窗口单位"。同年，《区渔政渔港监督管理所办理的电捕鱼案卷》被中国渔政指挥中心评为优秀执法文书。2015年，江北渔政处置群众举报78起，查处渔政案件23起，移送公安机关追究刑事责任4起。

（四）渔民救助

2014年5月20日，涪陵籍装载建筑材料的千吨级"港昌擎基1号"货船在长江明月沱水域因触礁发生翻覆，船上人员全部落水。渔船主陈刚发现险情后拨打"12395"报案电话，并驾驶"渝江北渔060"号渔船施救，成功救起7人。"渝江北渔059"号渔船主刘茂兵驾驶渔船施救，成功救起1人。该

事故10人落水，9人获救，1人失踪。2014年6月1日，在长江木关沱水域，3名大学生落水，渔船主濮家发驾驶“渝江北渔170”号渔船施救，救起1人，另2人死亡。2015年10月，渔民刘义国在嘉陵江忠恕沱码头附近水域成功救助1名落水者。

第四节　产业扶持重大举措

一、“菜篮子”扶持

政府为解决城市居民“菜篮子”问题，对蔬菜生产和销售实行财政补贴。1988年，每15亩菜地补助种苗费150元，奖励375千克平价尿素指标。1989年，江北区人民政府调整蔬菜经营亏损补贴政策，对国营蔬菜公司实亏实补，农户种植补助政策不变，7—8月高温伏旱期间，增种小白菜600亩，每15亩补贴种苗费300元，增供150千克平价尿素指标，50%的产量交蔬菜公司收购，每千克保护价0.30元。1990年，大春菜丰收，菜价猛跌，社员增产不增收，严重挫伤菜农的种菜积极性，江北区财政拿出5.4万元专款，在重庆市率先对海椒、茄子、豇豆3个品种每15亩给予225元的种苗补贴。1992年，春淡增种速生叶菜495亩，小白菜495亩，每15亩增供标准氮肥750千克，江北区财政每15亩补贴小白菜种子费75元。秋淡指令性计划种植水藤菜1 230亩，江北区财政每15亩补贴150元，供应专项化肥50千克/亩。1995年秋淡增种495亩小白菜，重庆市财政每15亩补贴种苗费300元。1996年，春秋两淡指令性计划增种小白菜1 305亩，市级补贴50元/亩，秋淡指令性计划种植水藤菜1 005亩，市、区两级分别补贴20元/亩。1997年，春秋两淡增种速生小白菜1 005亩，每15亩补贴种苗费750元，秋淡1 005亩水藤菜，每15亩补贴种苗费300元。1998年，春淡指令性计划增种小白菜615亩，市、区分别补贴1.12万亩。2004—2005年，区财政对600亩秋季糯玉米每15亩直补种子款450元。2005年，区财政对鱼嘴、复盛、五宝3镇农民莲藕种植户补贴37.5万元。

二、种养扶持

为调动和保护农民种粮积极性，确保粮食生产稳定发展，充分发挥良种在粮食增产增收中的作用，2007年，起国家对种粮农民实行补贴，包括农资综合补贴和良种补贴两类。2004年，江北区人民政府对一定规模的种、养殖业单位、个人和土地流转者实施农业产业化补助，区财政补助资金111.9万元。2008年，对食用菌、蔬菜、花卉苗木、水产养殖、生猪养殖的生产及基础设施等16个项目补助资金200万元。2009年，对观赏牧草种植、果园建设、食用菌生产、农民专业合作社等10个项目补助资金64万元。2013—2015年，使用市级特色效益农业切块资金280万元对蔬菜、茶叶、林果和生态渔业等产业大力扶持。

三、龙头企业扶持

1997年，重庆市确定江北区为城市型农业综合开发示范区，农业产业化在“服务城市，富裕农村”的思路指导下兴起，在中低产田土改造的基础上迅速发展。一批企业被引进来开发农业，本地的专业户也迅速发展，形成具有“服务城市”特色的一批农业产业化企业。2002年，江北区有农业产业化企业21家，其中，重庆茂源实业公司为重庆市级农业产业化龙头企业，主导产品为宠物用品及宠物食品。2006年，在西南大学专家组指导下，确定休闲观光农业的发展方向。梅花村酒业有限公司为重庆市花卉苗木农业产业化百万工程重点龙头企业，主要种植花卉苗木。重庆市金宏畜牧发展有限公司为市草食牲畜农业产业化百万工程项目建设单位，主要养殖奶牛。龙头企业重庆光大（集团）有限公司投入5.9亿元建成光大奶牛梦工场、主牧场、玉峰山三大牧场和年产10万吨乳制品加工厂。江北区农业产业化企业销售总收入1.28亿元人民币，创汇500万美元，1 753名农民在此务工，务工总收入413万元。

四、新农村建设

2006 年 3 月至 2014 年 10 月，江北区开展社会主义新农村建设。按照“生产发展、生活宽裕、乡风文明、村容整洁、管理民主”的总体目标，推进农村基础设施建设，大力发展特色优势产业，推进农村社会事业蓬勃发展，建立三级联系帮扶制度。农村道路、村容村貌、农村基础设施等得到有效改善。财政资金累计投入约 14 亿元，筹集社会资金约 12 亿元。2007 年，鱼嘴镇双溪村评为全市新农村建设“十佳示范村”之一。五宝镇干坝村评为市级示范村。2010 年，出台《重庆市江北区五宝镇集体建设用地使用权流转管理试行办法》，并在五宝镇干坝村、万缘村分别修建农民集中居住地；推进户籍制度改革，出台户改“1 +3”配套文件，引导农民变市民。

第五节　农业农村政策

一、家庭联产承包责任制

（一）包产包干到户

1979—1982 年，江北区农村试行土地以户为主的家庭联产承包经营责任制，即“土地公有，分户经营，统一服务”。1983 年，江北区农村实行以家庭联产承包经营责任制为主的统分结合的双层经营体制。逐渐放宽土地政策，建立土地流转机制。1986 年，主抓合作经济组织建设和制度建设。1989 年，推广土地有偿承包，当年完成土地有偿承包的合作社 66 个，占全区农村合作社的 30. 4% 。1990 年，农村双层经营体制总收入 2 559 万元，占全区农副工总收入的 13. 3% （不含非家庭承包经营收入）。其中集体统一经营层次 791 万元，占双层经营总收入 30. 9% ，平均每个合作社 3. 63 万元。

（二）农村土地承包

1982 年，在石马河、大石坝、观音桥、五里店、寸滩、唐家沱等涉农乡（镇）推行第一轮土地承包工作，承包期 10 年。1992 年，江北区推行农村第二轮土地承包工作，承包期 5 年。1997 年到期后，在唐家沱以西街道进行第三轮承包，承包期 30 年；鱼嘴、复盛、五宝 3 镇及郭家沱街道实行第二轮承包，承包期 30 年。全区土地承包户 30 471 户、承包人口 90 558 人、承包土地面积 6. 9 万亩。

2004 年，根据重庆市委办公厅、市政府办公厅《关于进一步完善农村土地承包关系的通知》，江北区制订实施方案，开展全区农村土地承包现状调查，有承包农户 27 791 户、承包人口 80 707 人、承包面积 6. 17 万亩。签订承包合同 27 291 户、面积 6. 12 万亩。发放承包经营权证书 18 788 户、未发放承包经营权证书 9 003 户、需换发证 12 487 户、合计 21 490 户。通过转包、转入、互换、入股、出租等方式土地流转总面积 7 900. 5 亩，涉农 4 800 户。

2007 年，开展农村土地突出问题专项治理。2009 年，江北区人民政府办公室出台《关于印发贯彻农村土地承包经营纠纷调解仲裁法实施方案的通知》（江北府办〔2009〕237 号），建立区仲裁，镇、村调解的 3 级调解仲裁体系。江北区首届农村土地承包仲裁委员会成立。寸滩、铁山坪、郭家沱、鱼嘴、复盛、五宝 6 个主要涉农街镇成立调解委员会，各村成立调解组织；聘用培训调解员、仲裁员。

（三）土地承包经营权流转

2000 年，江北区引进重庆庆瑞实业（集团）有限公司、重庆绿保工贸有限公司等 8 家公司，全区租赁土地 1 500 亩，农民在引入的公司中打工收入 20 万元。

2002 年以来，按照“依法、自愿、有偿”的原则，在稳定家庭承包经营制度的基础上，建立健全

土地流转机制，放活承包经营权。鼓励土地使用权主要在农户间合理、有序流转，向农村专业大户集中。鼓励工商企业投资开发农业，采取“公司+农户”和“订单农业”方式，带动农户发展产业化经营。允许农产品加工、流通企业和农业科研单位向农户租赁承包地建立种苗繁育、示范推广基地，发展设施农业。妥善处理第二轮土地承包中的遗留问题，使承包地块、面积、合同和证书“四到户”。规范农村土地承包合同、承包经营权证和档案管理。规范农村土地流转、保障农民土地承包权益和农村土地资源的合理利用。

2006年，江北区委、区人民政府出台《关于鼓励农民转变为城镇居民的意见（试行）》（江北委发〔2006〕28号）。区经营管理站深入鱼嘴镇双溪、复盛镇协睦和五宝镇干坝等新农村建设示范村指导、帮助示范村、镇规范农村土地流转合同，按照依法、自愿和有偿的原则，引导农村土地合理流转近1 000亩，有效推动区花卉协会、区级部门和龙头企业顺利入驻示范村，带动农民根据区产业发展规划要求种植花卉苗木、养殖特色水产，发展休闲观光农业。

2007年，江北区委、区人民政府出台《江北区农村土地承包经营权流转实施办法（试行）》，组建农村土地流转服务机构，规范土地流转程序和调解土地流转纠纷等内容。江北区成立区、镇、村3级农村土地流转服务机构。江北区经营管理站、街镇经济发展办公室（农业服务中心）、村委会作为3级农村土地流转服务机构的载体，具体负责农村土地流转信息的收集和发布，帮助农户联系流转对象，协助办理流转手续，开展土地流转登记、价格评估、矛盾纠纷的调解、法律法规和政策咨询等指导和服务工作。

2008年，鱼嘴镇双溪村有335个农民享受政策优惠转变为城市居民，自愿放弃900余亩的土地承包经营权。鱼嘴镇双溪新农村建设有限公司将农民自愿委托流转的土地，按照王志刚工作室整体策划“田园牧歌”的要求对流转出的土地进行项目包装，统一对外招商，实行整体打造，走农业和旅游业相结合的路子，大力发展休闲观光农业。公司一次性支付农民8 500元/亩的土地构附着物补偿，并按每年每亩500千克稻谷的保底价格支付农民租金。全村4 000余亩土地实现整体流转，公司与重庆远辉实业有限公司、重庆千禾生态农业发展有限公司、重庆花房宫园艺有限公司、光大牧草科技园、光大葡萄园等业主签订用地协议，促进农村土地合理有序流转，提高规模经营集中度。

2009年底，全区累计流转土地1.28万亩（主要集中在鱼嘴、复盛、五宝3个镇），占总耕地面积的28.89%，涉及农户数3 931户，签订流转合同3 836份，实行适度规模经营的流转面积0.84万亩，规模集中度65.63%，占总耕地面积的18.96%。

2015年底，全区家庭承包经营耕地面积1.9万亩，土地流转面积0.38万亩，其中流转入专业合作社的面积0.112 5万亩，流转入企业的面积0.115 4万亩，流转入其他主体的面积0.141 2万亩。

江北区探索农村土地所有权、经营权分置具体实现形式。在农村土地实行所有权、承包权、经营权“三权分置”的基础上，按照“依法、自愿、有偿”原则，引导农民多种方式流转承包土地的经营权。鼓励村、社、农户采取出租、转包、互换、转让、入股等多种形式流转承包土地经营权；采取招商引资等方式引进龙头企业、业主等到农村经营流转土地，发展休闲观光农业，提高土地收益。

（四）农民负担监督管理

1991年，江北区人民政府成立减轻农民负担领导小组，建立集体提留和统筹费的财务管理与审计监督制度。成立江北区街镇统筹费专项审计小组，江北区纪律检查委员会、监察局、农业委员会、农业局、审计局抽调专人，对各街镇统筹费的提取、管理、使用情况进行专项审计，对存在的问题进行纠正。

1995年，江北区发放《农民负担监督卡》，做到每户一卡。开展对农民负担的执法检查。

1998年，江北区调整减轻农民负担领导小组成员，调整农民负担标准。唐家沱以上的街镇实行“一定五年不变”政策，鱼嘴、复盛、五宝地区及郭家沱街道实行农民负担预决算制度、一年一定。70

岁以上老人免收村提留和乡镇统筹费，贫困户经审批可免收提留统筹费。实行农民负担监督卡制度、专项审计制度、预决算制度和公开制度。

1999 年，江北区接待群众 60 余人，受理举报 44 件，其中农民负担问题 8 件，学校乱收费问题 3 件，及时处理解决，受到农民群众欢迎。

2000 年，江北区全面推行提留统筹费以村为单位计算，不超过上年农民人均纯收入的 5%。以 1997 年的预算额为基数，一定 3 年不变。负担分流，上中段农村集体经济发达的村社、农民负担由村、社集体承担。残疾人、特困户和 70 岁以上老人经街镇乡审核同意后免征，全区免征 14.02 万元。

2002 年，全区推行农村税费改革。取消乡镇统筹费、农村教育集资和面向农民征收的行政事业性收费、政府性基金、集资。改村提留为农业税附加，征收比例为农业税正税的 20%，性质属于集体资金，实行街镇管理、村社使用。取消屠宰税、劳动积累工和义务工。村内农田水利基本建设、修建道路等集体公益事业所需劳务，实行“一事一议”。制定农民负担监督卡，执行涉农价格和收费公示制。贫困地区农村中小学“一费制”。调整农业税政策，农业税按照农作物的常年产量和规定的税率依法计征。

实行改革前，江北区农民人均负担（农税和提留）49.76 元，其中提留统筹 22.9 元、占上年人均纯收入的 0.78%。改革后人均负担 35.46 元，人均减少 14.3 元、减少 28.7%，其中提留统筹 5.9 元，人均减少 17 元、减少 74%，占上年人均纯收入的 0.2%、下降 0.58%。区农业税附加、财政转移支付资金全部用于乡（镇）、村级组织的工作经费。村干部报酬按照中共江北区委发〔2003〕3 号文件规定纳入财政预算，实行每月发放。农村义务教育经费全部纳入财政预算。

2005 年，江北区农业税全部免除。

2007—2011 年的 5 年间，江北区安排使用惠农专项资金 4 421.83 万元。惠农补贴采取“一卡通”或“一折通”直接兑付到农户。全区基本实现“普十二”教育，义务教育阶段“零收费”。实施“学生饮用奶计划”；城乡居民合作医疗参合率达 99.1%。

2009 年，复盛镇协睦村推行农村集体设施建设“一事一议”，列为重庆市实施重点村，获重庆市财政奖补资金 100 万元。

2005 年，取消农业税后，江北区农民已没有传统意义上的负担。深化农村税费改革，按照“多予、少取、放活”方针，落实一系列强农惠农政策和减轻农民负担“四项制度”，建立农民负担信访案件挂牌督办制度，建立健全减轻农民负担的长效机制。近 10 年来，无农民负担反弹现象，无农民负担过重引发的群访集访事件。

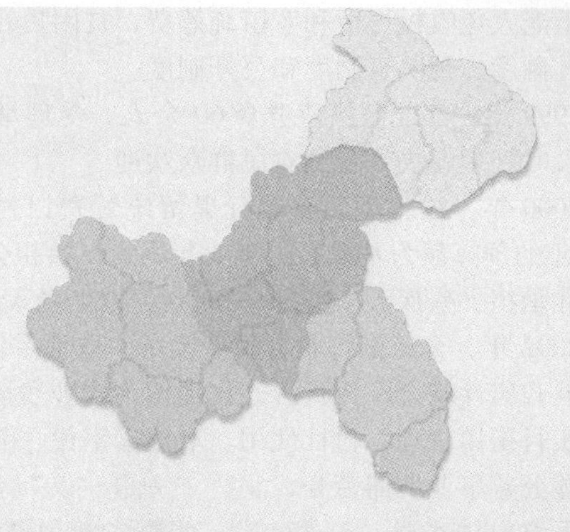

第六章
沙坪坝区

第一节　基本概况

沙坪坝区地域历史上长期隶属巴县。1940年9月，重庆市政府正式办理省市划界事宜，其中以巴县第一区高店乡、新丰乡辖区建置重庆市第十三区，以巴县第一区龙隐实验乡（即龙隐镇）辖区建置重庆市第十四区。1950年4月，重庆市人民政府将原十三、十四区合并组成重庆市第三区。1955年10月，重庆市第三区定名为重庆市沙坪坝区，区名沿用至今。全区总面积395.8平方千米，2015年全区常用耕地面积为12.99万亩，下辖8个镇、18个街道；有户籍人口80.4万人，城镇化率85.2%；有常住人口112.8万人，城镇化率94.3%。

第二节　农业农村经济

农业农村经济情况见表20-6-1。

表20-6-1　1995—2015年沙坪坝区农业农村经济情况

分期		地区生产总值（万元）	农林牧渔业总产值（万元）	农民收入状况		
				人均纯收入/可支配收入	城乡收入比	农村居民恩格尔系数（%）
“七五”期始	1986年	124 542	20 724	—	—	—
“七五”期末	1990年	192 492	26 726	0.081 7	—	—
“八五”期末	1995年	549 566	30 322	0.156	—	—
重庆市直辖后	1997年	658 265	26 439	0.223 8	—	—
“九五”期末	2000年	837 077	28 454	0.286 1	—	—
“十五”期末	2005年	1 632 288	74 964	0.433 1	2.38∶1	48.6
“十一五”期末	2010年	4 195 406	66 521	0.863 8	2.23∶1	42.27
“十二五”期末	2015年	7 142 957	91 431	1.526 4	1.99∶1	28.77

第三节　农业主要产业

一、粮食

沙坪坝区从“七五”始期到“九五”末期，粮食产量总量高，1995 年，粮食产量达 9.8 万吨。在此期间，粮食产量经历了大致先上升后下降的过程。从 2000 年之后，随着城市发展速度加快，农村区域不断减少，粮食播种面积减少，粮食产量总体呈下降趋势。到“十二五”末期，沙坪坝区粮食播种面积仅为 4.55 万亩，粮食产量仅为 1.35 万吨。

二、蔬菜

蔬菜产业在沙坪坝区农业中有着举足轻重的地位，是主城重要的蔬菜基地，蔬菜种植历史悠久，有着“歌乐山蔬菜基地”“中梁蔬菜基地”等传统蔬菜种植基地，蔬菜产业大致经历了如下几个发展时期。

第一阶段（1986—2000 年）：以发展传统种植为主，蔬菜产量不断提到，从 1986 年的 13.95 万吨提高到 2000 年的 23.83 万吨。第二阶段（2000—2005 年）：产量下降到 21.2 万吨，但继续为主城蔬菜保供发挥作用。第三阶段（2005—2010 年）：产量继续下降到 11.7 万吨，但蔬菜产业由传统种植向“都市现代农业”转变，第一产业和第三产业的融合逐渐显现。第四阶段（2010—2015 年）：蔬菜产量持续下降到 8.1 万吨，蔬菜产业进一步向“现代农业”“特色效益农业”“都市观光休闲农业”等方向发展。“泉水豆芽、有机蔬菜、猴头菇”成为沙坪坝蔬菜的特色名片，以“绿瀚开心农场”为代表的蔬菜观光园不断涌现，蔬菜产业溶入了休闲、观光、采摘等新的元素，第一产业和第三产业不断融合，单纯的卖菜收入不再是蔬菜收入的全部。随着“特色效益农业切块补助资金”“现代农业蔬菜产业发展资金”“沙坪坝区农业发展资金”等资金的不断投入，沙坪坝区蔬菜产业发展基础不断夯实。在此期间，沙坪坝区在道恩有机蔬菜基地和绿瀚开心农场成功创建“农业部蔬菜标准园”。

三、渔业

渔业作为沙坪坝区都市现代发展主导产业之一，已由原来的池塘养殖、水库养殖、稻田养鱼等传统养殖向生态休闲垂钓渔业发展。2003—2015 年，养殖面积从 1.77 万亩降到 0.81 万亩，产量却从 0.4 万吨增长到 0.48 万吨。

近年来，沙坪坝区大力推广“中科 3 号”异育银鲫、长丰鲢、松浦镜鲤、甲鱼、翘嘴红鲌、黄颡鱼、中华倒刺鲃、罗非鱼等水产新品种，推广《池塘鱼菜共生综合种养技术》《吨鱼万元池塘养殖技术》《池塘微孔增氧技术》《池塘套样甲鱼》《无公害水产品养殖技术》《名特优鱼类养殖技术》《鱼病综合防治技术》《水库生态渔业养殖技术》等新技术，保证了渔业生产的总体稳定。通过对渔业基地提档升级，打造休闲渔业基地，建成上天池度假村全国休闲渔业示范基地、龙虎度假村全国休闲渔业示范基地、永宁生态渔业基地、歌乐生态渔业基地等一批综合性休闲渔业基地。重庆鸿盛凯天生态农业发展有限公司和重庆市绿歌生态农业专业合作社所属水产养殖场成功申报农业部健康养殖示范场。

四、特色经济作物

沙坪坝区特色经济作物主要有水果和花卉，肩负着满足市场果品花卉供应和增加农民收入的职责，其发展变化主要经历了 1995 年区划调整种植规模增大和 2003 年前后大学城西部新城建设种植规模减小，特别是 2003 年以后水果产业主要发展伏淡季水果，柑橘类水果由于价格低，农民管理积极性受影响，基本上处于萎缩和减少的趋势，而花卉产业则呈现出大发展的趋势。

2001 年，全区水果种植面积 1.87 万亩，产量为历史最高，达 0.58 万吨。2015 年，水果种植面积降到 0.81 万亩，产量 0.49 万吨。花卉种植面积由 2002 年的 0.2 万亩发展到 2015 年的 1.02 万亩。

政府支持特色经济产业发展的政策举措主要是结合沙坪坝区处于城市近郊的特点，大力发展伏淡季水果和花卉产业，依托特色产业基地，注重“三产”融合导向，积极拓展农业多种功能，发展农业新业态，建成了一批集生产、采摘、加工、配送、体验、休闲、科普等为一体的农业观光园，特色经济生产基地规模达到 2.68 万亩，突出国际慢城、凤凰花海、农场滑草等多样化的特色项目，建成凤凰花海、天池桂花基地等花卉观光园 11 个，颐麓欢歌、蓝莓谷、永宁生态园、桑醍蓝莓野营花园等水果采摘园 20 个，全年交替举办桃、桂、荷等观花节和蓝莓、桃李等采果节，不定期开展各类主题活动，逐步形成以“休闲农业、快乐乡村”为主题的“都市乡村游”品牌。

五、畜牧

随着产业结构的调整，沙坪坝区于 20 世纪 90 年代末大力发展的肉鸭和奶牛产业逐渐萎缩，特别是 2009 年以来，为改善区域生态环境，沙坪坝区开展了轰轰烈烈的畜禽养殖污染整治工作，全区范围内禁止饲养生猪 20 头以上、家禽 200 只以上、奶牛 3 头以上的畜禽，畜禽养殖量急剧减少，沙坪坝区农业的重心不再是发展畜牧业，而是逐渐向发展绿色生态可持续农业转移，从而把农业发展与生态环境保护、资源的永续利用有机地结合起来（表 20－6－2）。

表 20－6－2　2003—2015 年沙坪坝区畜牧业发展变化情况

年份	牧业产值（万元）	生猪出栏（头）	家禽出栏（百只）	奶牛存栏（头）
2003	21 474	98 821	61 061	4 603
2004	24 876	87 736	65 912	4 517
2005	25 130	87 167	71 593	4 457
2010	17 763	29 370	5 247	1 483
2015	10 176	14 480	2 274	184

第四节　产业发展重大举措

一、家庭联产承包责任制

（一）包产包干到户

1982 年 10 月，沙坪坝区委、区人民政府联合印发实施《关于进一步发展和完善农业生产责任制的意见》。10 月下旬，205 个生产队最终定下来搞双包，占生产队总数的 78%。

1983 年 3 月，沙坪坝区农业局印发《关于完善农业承包合同制的意见》，并制定《包干承包合同书》，在全区推行使用。继续完善农业生产责任制，使全区农村从统一经营方式改变为以户营为主的家庭联产承包责任制，农民积极性高涨，农业生产和农民收入成倍增长。

1988 年，着手完善农村双层经营责任制。取消人民公社“政社合一”的管理体制，人民公社改为乡人民政府，并在农村建立经济合作组织。到 11 月底，全区建立经济合作社 188 个，占总队数的 84%，井口、覃家岗部分经济合作社已经开始进入整章建制阶段。

1989 年，为进一步完善农村双层经营体制，沙坪坝区农村财务管理办公室、农业局在井口乡开展“加强农业承包合同管理，推行土地有偿使用制度，进一步完善承包责任制”试点工作。1990 年，在全区推行农业承包合同管理工作。当年，全区 99.7% 的农户签订了土地有偿承包合同。

从 1992 年起，按照中央"土地承包三十年不变"的精神，沙坪坝区人民政府制定了《关于进一步完善土地承包和放活土地经营使用权的工作意见》，进一步明确土地所有权和使用权的界限，坚持土地承包大稳定小调整的做法，鼓励土地合理流动，向种田能手和大户适当集中，同时积极配合各镇处理好联产承包责任制中出现的遗留问题，完善了土地承包候轮补缺方式，较好地解决了土地调不动和乱占耕地、违章建房等问题。

（二）第二轮土地承包

1998 年，沙坪坝区积极开展并基本完成了第二轮土地承包工作，全区农业农村经济也进入了一个崭新的发展阶段。按照区委、区人民政府的统一部署，沙坪坝区农业局在全区 11 个镇、81 个村、1 351 个合作社组织开展了第二轮土地承包工作。

2003 年 3 月 1 日，《中华人民共和国土地承包法》施行以后，沙坪坝区围绕农村土地承包合同及土地承包经营权证书管理、承包费管理、机动地管理和土地流转等管理工作，建立健全制度，规范管理，不断加强延长土地承包期的后续完善工作。2004 年，根据重庆市委办公厅、市人民政府办公厅《关于进一步完善农村土地承包关系的通知》的要求，印发了《沙坪坝区关于进一步完善农村土地承包关系的通知》和《实施方案》，并于 9 月底对该项工作进行了全面布置。随即各镇加快完善农村土地承包工作，加强了农村土地承包经营权证的核、换、补发和农村土地承包档案管理，使农户土地承包经营权进一步得到有效确认。

（三）土地承包经营权流转

根据 1995 年《国务院批转农业部〈关于稳定和完善土地承包关系意见〉的通知》（国发〔1995〕7 号）文件精神和要求，沙坪坝区允许农户转包承包地，鼓励土地向种田能手集中，并就推动土地合理有序流转进行了积极探索和尝试。

2001 年，沙坪坝区农村工作领导小组办公室印发《关于进一步完善第二轮土地承包工作的通知》，正式启动土地流转机制的探索和实践工作，并在当年实现各种形式的土地使用权流转面积达到 1.07 万亩。

2002 年 3 月，沙坪坝区农业水利局印发《关于做好 2002 年农村经营管理工作的意见》，提出在长期稳定家庭承包经营制度的前提下，做好农户承包地使用权流转工作。

2003 年，沙坪坝区制定了全区农村土地经营权流转的试点办法和方案，以适应和推动全区农村城市化、工业化、现代化建设及社会经济健康发展，正确引导农村土地承包经营权的合理流转，规范流转程序。

2007 年，沙坪坝区依法加强土地承包与流转的规范管理，并大胆尝试在曾家、虎溪、中梁 3 个镇的 5 个村先后成立了村集体土地托管中心，为农民自愿、依法流转农村土地承包经营权提供了规范管理和有效服务。

2008 年，沙坪坝区开展集中试点与探索，通过搭建土地承包经营权流转平台，依法加强土地承包与流转规范管理，稳步推进农村土地适度规模经营。到 11 月，全区 7 个镇 20 个村先后成立了具有法人资质的村集体土地托管中心，依法开展土地流转工作。同时在曾家、中梁、西永、回龙坝 4 镇 10 个村先后开展集体土地托管试点工作，并印发了沙坪坝区集体土地托管试点工作实施方案，强化规范管理和服务。全区当年 11 月底土地流转面积达 3.27 万亩，土地规模经营率达到 23.3%。

2009 年，在土地承包经营权流转方面，沙坪坝区制定出台了《沙坪坝区农村土地承包经营权流转管理试行办法》，明确规定土地流转必须按申请—审查—签订合同—备案的程序进行。土地流转面积在 100 亩以下（含 100 亩）的，由社、村两级签注意见后报镇人民政府审查；面积在 100 亩以上的，经

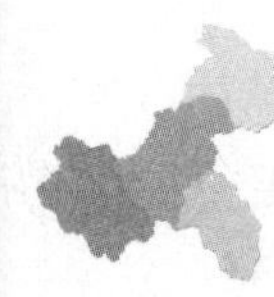

社、村、镇3级签注意见后报区农业农村水利局审查。并且要求流转合同统一使用重庆市制定的《重庆市农村土地承包经营权流转合同》文本。当年，在凤凰等4个镇，威灵寺等10个村成立了村集体土地托管中心。当年年底，已在全区9个镇31个村成立了村土地托管中心，累计土地流转面积达到3.56万亩，其中当年流转土地0.29万亩，土地规模经营度达到28.7%。

2010年，沙坪坝区继续推进土地流转工作。当年上半年，新建村级集体土地托管中心4个，全区土地流转面积累计为3.86万亩，土地规模化经营率达31.2%。到2013年，全区全年新增土地流转面积0.29万亩，土地规模经营率超过40%。2014—2015年，新增农村土地流转备案11宗，土地规模经营化率42%。

二、农村税费改革

沙坪坝区委、区人民政府十分重视减轻农民负担工作，特别是农村实行家庭承包责任制后，及时把深化农村税费改革、减轻农民负担提上“三农”工作日程，摆到了突出重要位置，取得了明显成效。沙坪坝农村税费改革总体可以分为宣传检查、治乱减负、改革试点、免税补贴4个阶段。

（一）宣传检查阶段

自1990年起，沙坪坝区按照中共中央、国务院《关于坚决制止乱收费、乱罚款和各种摊派的决定》和国务院《关于切实减轻农民负担的通知》等文件精神要求，各镇党委、政府采用广播、闭路电视、板报、标语、会议等多种形式，深入开展“减负”精神宣传，使广大农民及时了解党中央、国务院关于减轻农民负担的有关政策，明确自己应尽的义务和享有的权利。

1995年，沙坪坝区认真贯彻落实中共中央办公厅、国务院办公厅《关于切实减轻农民负担紧急通知》精神，根据国务院授权农业部宣布取消农村43项达标升级活动，纠正10项不合理收费和管理办法，取消了37项中央国家机关涉农负担项目，全区各镇狠抓落实，农民负担大大减轻。当年全区人平农民实际负担37元，占上年人平经营收入的3.7%。

1996年，根据党中央“约法三章”指导精神，沙坪坝区组织区农业局、监察局对全区“减负”监督管理工作进行了专项研究，并于5月中旬深入到青木关、陈家桥等7个镇，采取听汇报、查方案、查报表、走访农户等方法，进行重点检查和抽查。尤其重视对“减负”“约法三章”的执行和推行农民负担卡的落实及“农负”提留统筹费的管理等农民反映较突出的其他问题的检查。检查结果表明，全区农民负担项目及收费标准控制较好，收取的统筹费项目包括教育附加、计划生育、烈军属优抚、民兵训练、公路民工建勤等五项，村社集体提留包括公积金、公益金、管理费3项，没有擅自增加收费项目和标准。全区统筹费均未超过上年人均纯收入的5%。在农民负担比例较高的西部9镇，人均平均实际负担为28.63元，占上年人均收入的4.08%。人均增加的绝对额在3元以内的有7个镇，突破3元的有青木关镇为5.12元，土主镇为3.60元，农民负担保持了基本稳定。在检查中也发现，存在个别镇、村修公路向农民摊派、集资的现象，如回龙坝、土主两镇，规定农民出资4元、10元、20元不等，农民反应较大；还有凤凰、土主两镇为推进普及九年义务教育达标，规定学生每人借款100元给学校，虽然要付一定的利息，但变相地给学生家长增加了负担。

1997年，沙坪坝区人民政府批转了区农业局、监察局《关于一九九七年在全区开展减轻农民负担执法检查的实施意见》，并于4月29日召开了全区开展减轻农民负担执法检查动员大会，布置了自查工作。区农业局、监察局等有关单位组成检查组，对西部9镇进行了重点检查。检查结果发现，全区农村“减负”政策落实较好，农民负担法定项目及收取标准控制较好，各镇的提留统筹费均未超过上年人均家庭经营收入的5%，农民人均负担增加的绝对额控制在3~5元。西部9镇农民人均负担31.36元，负担比例稍高。农民人均负担最高的是回龙坝镇，为36.82元，占上年人均家庭经营收入的4.1%；农民人均负担最低的是中梁镇，为20.39元，占上年人均家庭经营收入的2.4%。各镇提留统筹费的收取工作管理制度化，实现了专款专用，没有乱开支的现象。覃家岗、歌乐山、井口等镇，联芳经济园区以及青木关、陈家桥、土主3个镇4个村84个社，因集体经济发展较好，农民应承担的负担大部分甚至全部由村社集体承担，从而解决了农民负担分流问题。如联芳经济园区的农民不但没有负担，而且农民到退休年龄领取50元/月、80元/月、100元/月不等的退休金，儿童免费入学到高中，并对考上大学者予以0.3万元的现金奖励。当年年底，西部9镇“农民负担卡”已经全面推行，实现了100%发卡。但检查也发现，以镇核算，农民负担增加额虽已严格控制在3～5元内，但有个别村、社却突破了5元；中小学收费项目多，除学费外，加收补课费、校服费等项目；个别镇、村修公路向农民收取10元、15元、20元不等的摊派集资。

1998年，沙坪坝区人民代表大会按照市人民代表大会农村工作委员会关于开展农民负担检查的通知要求，对全区减轻农民负担工作和农民负担情况进行了检查。西部9镇当年农民负担总额为532.51万元，人均负担33.26元，比上年增加了1.9元，占上年人均家庭经营收入的3.68%。其中回龙坝镇农民负担相对较重，人均负担45元，占人均家庭经营收入的4.8%；最轻的是中梁镇，人均负担25元，占上年人均家庭经营收入的2.57%。在农民负担总额中，村社集体提留241.96万元，人均负担15.11元；镇统筹费290.55万元，人均负担18.15元。镇统筹费中，教育附加费165.17万元，人均负担10.32元；民工建勤费59.68万元，人均负担3.73元。两项合计人均负担14.05元，占统筹费的77.39%，是农民负担的绝大部分。

（二）治乱减负阶段

针对农民负担检查中发现的问题，1999年，沙坪坝区根据《关于1998年农民负担情况和做好1999年减轻农民负担工作意见的通知》和《关于加强农民负担管理工作的若干规定》精神，进一步加强了减轻农民负担工作的监督管理，全面落实“合理负担定额限项、一定三年不变的政策”，重点治理向农民乱收费、乱集资、乱摊派。从当年检查情况看，近郊3个镇由于集体经济发展较好，提留统筹费基本由集体承担，西部9个镇的提留统筹费主要由农民负担。西部9个镇由农民负担的摊派和提留为416.49万元，人平均负担26.3元，比上年人平均负担33.26元减少6.96元，比1997年人平均负担31.36元减少了5.06元。在西部9个镇中，回龙坝镇人平均负担较重，人平均负担达37.33元，比上年人平均负担45元减少了7.67元；青木关镇最轻，人平均负担13.26元。

2000年，沙坪坝区近郊3个镇和联芳经济园区由于集体经济发展较好，提留统筹费基本由集体承担。西部9个镇共有27个村、1 214个合作社，农村人口16.84万人。全年农民负担总额为511.01万元，比上年负担总额减少8.46万元。其中，村集体提留228.86万元，比上年减少3.82万元；镇统筹费282.15万元，比上年减少4.64万元。西部九镇由农民实际摊提的负担为414.47万元，人均负担26.24元，比上年人均负担26.3元减少了0.06元。全区农民负担在总体上继续呈现下降趋势。

（三）改革试点阶段

2001年，沙坪坝区农业水利局下发《关于加强2001年农村经营管理工作的意见》，要求积极开展农村税费改革，切实减轻农民负担，要求加强对农业税附加、“一事一议”筹资筹劳的监督管理，探索建立农民负担监督管理新机制和新办法。为使农民减负工作落到实处，区委、区人民政府专门成立领导小组，组建了沙坪坝区减轻农民负担监督管理办公室。按照重庆市委、市人民政府的统一部署，在当年3—6月开展了农村税费改革试点工作，全区农村税费改革试点工作顺利开展，各镇及全区的改革方案基本完成，待报批后实施。后又根据中央文件要求，重庆市决定沙坪坝区暂不进行农村税费改革试点工作，仍然按原“减负”政策执行。

2001年，沙坪坝区减负工作严格执行现行的农村税费政策，继续落实中央关于农民负担“一项制度、八个禁止的规定。”西部9个镇当年农民人均负担23.54元，比上年减少2.7元，比1997年人均负担的31.36元减少了7.82元。各镇、村人均负担控制在上一年家庭经营人均纯收入的5%以内，9个镇的人均负担占上年家庭经营人均纯收入的3.48%。全面推行农民负担监督卡制度，全区应发7.36份，实发7.34万份，入户率为99.73%，增强了农民负担的透明度。

农村税费改革试点是2002年沙坪坝区农业和农村工作的一项重点任务。沙坪坝区在重庆市委、市政府的统一部署下，由区财政局牵头，农业水利局参与，农村经济管理站抽点1人参与这项工作。全区农村税费改革工作进展顺利，并取得了较好的成果。通过改革，主要取得了4个方面的成效。一是农民负担明显减轻。取消了镇统筹等面向农民的不合理行政事业性收费和各种集资、屠宰税等涉农收费项目21个及统一规定的“两工”，实事求是地核定计税面积和计税产量，按规定的税率和附加比例计征，使农民负担明显减轻，以西部9个镇为例，税费改革后计税人口15.7万人，计税面积近16万亩，人均近1亩地，全区平均计税常产按570千克/亩计算，税改前农民负担总额475万元，税改后农民负担总额为306万元，比税改前减少了169万元，下降33.58%。农民人平负担比税改前减少22元。二是镇级财政体制进一步优化。区财政加大了转移支付力度，通过财政补助的办法解决村组织正常运转的资金缺口，对相对困难的西部9镇共70多个村近300名村干部，由区财政每人每年补贴0.30万~0.36万元。三是促进了各项配套改革。农村税费改革试点工作进一步促进了镇级机构的改革、农村中小学布局的调整、村级组织的完善等配套改革。四是规范了税费征收行为。改革提高了征管透明度，有效禁止了农村各种乱收费、乱集资、乱罚款、乱摊派行为，避免了重复计征税费的现象，杜绝了平摊特产税、屠宰税的行为，通过建立分户纳税档案，使农民对应交的税清清楚楚。

在推进农村税费改革试点工作的同时，沙坪坝区还开展农民负担专项审计工作。2002年，共审计12个镇和81个村，审计内容为2001年镇统筹费和村提留的提取、管理和使用，审计金额为村级423万元和镇级178万元。审计结果表明，2001年，各镇统筹和村提留使用无平调、挪用等现象，基本做到了专款专用。

2003年，沙坪坝区在农村税费改革的基础上，将农民负担监督管理的重点转向对农业税附加的征收和使用、“一事一议”筹资筹劳、农村建房收费、农村中小学收费等情况的监督。11月底，在各镇开展农民负担自查后，区农业农村水利局会同纪委纠风办对全区农民负担状况进行抽查，结果表明，全区无涉及农民负担的违纪违法现象。2003年，全区农业税总额为992万元，相比税改前的全区提留统筹费1 407万元减少415万元，人均减少19.5元。全区农业税当年实现全额征收，无拖欠现象，全年无一例因农民负担问题引起的投诉。

（四）免税补贴阶段

自2004年开始，沙坪坝区进一步贯彻落实相关政策，巩固农村税费改革成果，确保农民负担不反弹。

2005年，根据重庆市政府办公厅《关于进一步做好减轻农民负担工作的通知》和沙坪坝区人民政府纠正行业不正之风领导小组办公室《关于印发〈沙坪坝区2005年纠风工作实施意见〉的通知》要求，沙坪坝区执行了免征农业税政策，全区免征农业税866万元，农民得到了实惠。各镇及有关部门严把收费审批关，没有越权审批收费，没有出台新的涉农负担的行政事业性收费项目和提高原有收费标准。落实农民减负工作党政领导亲自抓、负总责的工作制度和专项治理部门责任制，实行农民负担“一票否决制”。

2006年，国家废除农业税。自此，这种延续了两千多年的“皇粮国税”退出历史舞台。沙坪坝区继续执行了免征农业税、种粮直补、农机直补等政策，全区免征农业税678万元，兑现农民购机补贴10.8万元、种粮直补123万元、良种补贴32万元，使农民得到了更多实惠。全年没有出现因农民负担问题而引起的群众来信、来电、来访。

2008年，为认真贯彻党的十七届三中全会和全市农村工作会议精神以及重庆市农村工作委员会、市政府纠正行业不正之风领导小组办公室、市财政局等7个部门联合下发的《关于2008年减轻农民负担工作的意见》精神，沙坪坝区农业水利局结合实际制定印发《关于开展农民负担监督检查的通知》，确定了各镇自查为主和区抽查相结合的方式。检查内容包括：是否存在有关部门或单位委托村级组织向农民收取各种不合理费用、乱罚款和乱摊派；有无修路强行向农民摊派集资、变换形式向农民乱收费和平调、挪用农民补贴补偿款；村民一事一议筹资筹劳是否按规定的程序和范围进行；是否坚持涉农价格和收费“公示制”；是否执行农村公费订阅报刊“限额制”；国家对农民的种粮直补、农机直补等补贴是否落实到位等9个方面的内容。检查结果表明，全区各镇的减负工作均完成得非常好，各项政策措施都落实到位，确保了全区农村社会的稳定，更加有效地调动了农民建设社会主义新农村的积极性。

三、产业扶持政策

2015年5月，沙坪坝区财政局、区农村工作委员会联合下发了《关于印发沙坪坝区农业产业补助资金管理办法（试行）的通知》，辖区内的农户（由村社汇总集中连片200亩以上）、专业大户、家庭农场、农民合作社、农业企业可以申报区级农业发展专项资金项目。农户（由村社汇总集中连片200亩以上）、专业大户、家庭农场补助金额每年不超过30万元，自筹资金不低于财政补助资金的30%；农民合作社补助金额每年不超过50万元，自筹资金不低于财政补助资金的50%；农业企业补助金额每年不超过80万元，自筹资金不低于财政补助资金。采取“先建后补”的方式，补助范围包括：良种繁育体系建设、标准化基地建设、循环农（林）业建设、产业链建设、农（林）业市场体系建设、休闲观光农（林）业建设、社会化服务等。

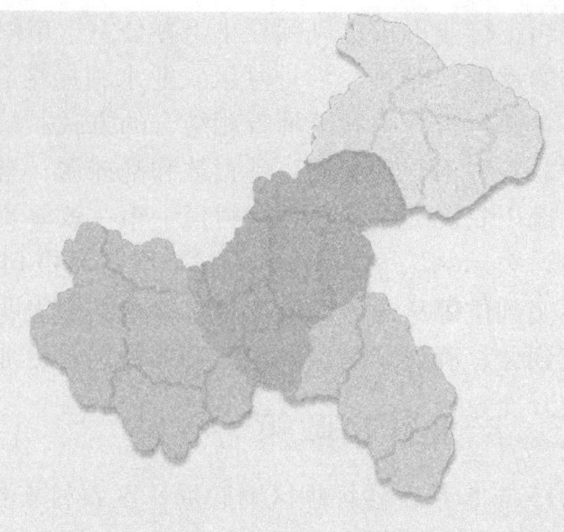

第七章
九龙坡区

第一节　基本概况

九龙坡区地处重庆市主城区西大门，1950 年 10 月，被设为重庆市第四区，1955 年 10 月更名为九龙坡区。据 2012 年第二次土地变更调查，全区总面积 430.78 平方千米，辖 8 个街道、11 个镇，有耕地 13.5 万亩。2015 年有户籍人口 90 万人，城镇化率 82.31%；有常住人口 118.69 万人，城镇化率 91.78%。

第二节　农业农村经济

农业农村经济情况见表 20－7－1。

表 20－7－1　1995—2015 年九龙坡区农业农村经济情况

年度	地区生产总值（亿元）	农业总产值（亿元）	农业增加值（亿元）	农业增加值占比（%）	农民收入状况		
					农民人均纯收入（元）	城乡居民收入比	农村居民恩格尔系数（%）
1986	4.59	0.45	—	—	762	—	—
1990	29.48	1.05	—	—	1 212	—	55.95
1995	67.76	7.07	—	—	1 804	—	51.20
1997	90.56	8.82	—	—	2 403	2.40：1	43.30
2000	132.16	7.93	5.62	4.25	1 938	2.22：1	50.30
2005	270.41	9.61	6.79	2.51	4 283	2.41：1	48.09
2010	589.58	10.44	7.17	1.22	8 696	2.22：1	41.90
2015	1 003.57	13.45	9.58	0.95	15 480	1.98：1	37.81

第三节　农业主要产业

一、畜牧业

（一）生猪

养猪业是九龙坡区畜牧业主业。1986 年，全区 80% 农户养猪，饲养量 19.4 万头。20 世纪 90 年代初，一些村民、进城务工者利用泔水在城乡接合部规模养猪。1995 年 3 月，行政区划调整，农村面积扩大，农户增加，当年出栏生猪 25.5 万头。2000 年后，生猪养殖呈下降趋势。2005 年，区人民政府对饲养范围作出规定，除中梁山以西 9 镇和华岩镇外，九龙坡其余地方为禁养区。同年 9 月，禁养区内生猪饲养全部取缔，到 2015 年，全区出栏生猪降到 2.2 万头。

（二）牛

九龙坡区养牛业仅次于养猪业，在养牛业中，以奶牛为主。1986 年，全区有集体奶牛场 15 个，存栏奶牛 1 700 多头、耕牛 600 多头。1990 年，四川省重庆市利用欧共体奶类援助项目发展奶牛，九龙坡区作为重点项目区，从北京、浙江等地引进优质奶牛，到 1992 年，全区饲养奶牛 2 144 头。1996 年，集体奶牛场全部关闭，奶牛以私人个体饲养为主，到 2005 年，全区存栏耕牛 575 头、奶牛 564 头。随着城镇化的快速推进，重庆主城二环以内为禁养区，养牛业退出，2015 年，全区最后存栏肉牛 9 头、奶牛 7 头。

（三）羊

九龙坡区地处主城，山区面积小，养羊一直较少，以农户散养杂羊为主，如本地山羊和南江黄羊。2000 年后，盛行吃烤羊，带动了养羊业发展，饲养量略有增加，2005 年出栏 5 367 只。2005 年后，因实行禽畜限养，养羊业逐年下降，2015 年，全区羊存栏仅 1 217 只。

二、果蔬

（一）水果

20 世纪 80 年代，九龙坡区形成以柑橘为主，桃、李、葡萄等为辅的生产结构，形成一定规模，是全区经济作物的主体。1986 年，全区有果园 1 650 余亩，水果总产 200 多吨。1988 年，种植业结构调整，实施"万亩伏淡季水果基地建设"，在南泉、花溪、华岩等镇发展水果生产。1995 年，全区行政区划调整，水果种植面积和产量增加，分别达 16 125 亩、1.41 万吨。进入 21 世纪，都市农业蓬勃发展，水果产业成为其主导产业，2005 年，全区果园面积增加到 22 050 亩，水果总产量增加到 1.72 万吨。此后城镇化快速推进，农地减少，到 2015 年，全区果园面积仍有 12 348 亩，水果产量 1.5 万吨。

（二）蔬菜

20 世纪 80 年代，九龙坡区的部分蔬菜基地被征用和改作他用，同时发展部分二线菜基地，至 1988 年，全区有蔬菜基地面积 19 099.95 亩。1989—1995 年，全区蔬菜基地面积基本稳定在 19 050 亩左右。1995 年区划调整后，减少到 8 114 亩，主要分布在中梁山以东各镇，但蔬菜种植面积有所扩大，达 70 890 亩，总产量 15.2 万吨。2000 年开始，中梁山以西农业产业结构调整，普遍粮改蔬。2005—2012 年，全区蔬菜种植面积保持在 90 000 亩以上，产量稳定在 13 万～18 万吨。随着城镇化推

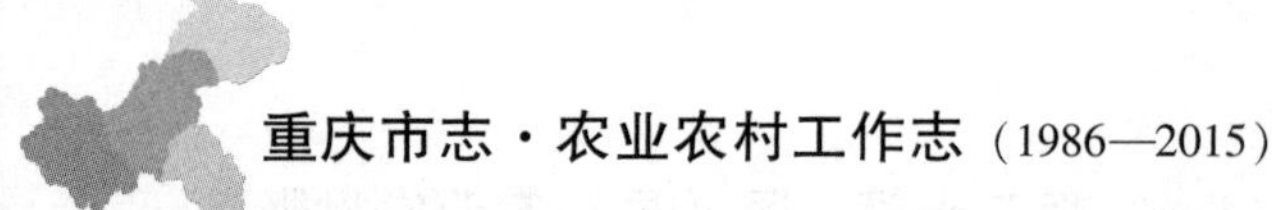

进，中梁山以东没有了蔬菜基地，仅有中梁山以西9个镇种植，2015年，全区蔬菜播种面积75 375亩，产量10.1万吨。

三、渔业

1986年，九龙坡区有渔业养殖面积5 460亩，产量2 679.9吨。至1994年，全区渔业养殖面积在400～600公顷、产量在3 000～4 000吨。20世纪90年代中期，观光休闲渔业迅速发展，渔业养殖面积增加，到1995年，全区渔业养殖面积增长到25 570.95亩，产量4 900吨。此后，城镇化占地越来越多，渔业养殖面积和产量逐年下滑，到2015年，全区渔业养殖面积下降到22 785亩，产量3 299吨。

四、花卉苗木

九龙坡区花卉苗木形成产业，始于20世纪80—90年代，1989年，全区有8户专业户经营集体所有制的苗圃，种植花卉苗木412.05亩。1989—1994年，集体花木场解体，一部分苗圃被城市建设用地征占，一部分由个体承包经营。1997年，重庆皇田现代农业有限公司在白市驿镇实施花卉产业化经营，形成种苗繁育、规模化种植的全天候工厂化生产能力。2000年以后，产业发展进一步加快，2003年，启动了白市驿花卉苗木产业示范区建设，芳草、天子等一大批花卉种苗企业在九龙坡区扎根落户，花卉产业发展迅猛。2007年，全区花卉苗木种植总面积13 000.05亩，初步形成以草花、盆花、鲜切花和绿化苗木为优势的花卉苗木基地。白市驿鲜花基地成为重庆市最大的草花和盆花生产基地，年生产量800多万盆，占全市产量的80%以上。2015年，全区有花卉种植10 395亩，鲜切花69万只，盆栽观赏植物920万盆，以草花、绿化苗木为主，草坪等也有种植，品种繁多，初步统计有200多种，几乎涵盖了城市绿化、园林景观所需要的多数树种。

五、其他

（一）花椒

九龙坡区对花椒的大规模栽培开始于20世纪90年代中期。2000年，全区花椒种植达到1 519.95亩，产量7 200千克，产值16.5万元。2002年，花椒栽培获得迅猛发展，栽培面积达到16 290亩，全区退耕还林项目的镇均大面积栽培花椒。全区花椒栽培面积2005年达历史最高23 280亩，干椒产量842吨，产值2 250.2万元。2012年，全区花椒种植14 355亩，鲜椒产量3 124.5吨，产值2 794.8万元，主要分布西彭、陶家、铜罐驿3个镇。

（二）都市农业

1998年，九龙坡区委、区人民政府提出发展都市农业，作为全区农业发展的模式。2000—2010年，在白市驿、含谷、金凤、走马、石板5个镇实施都市农业示范区建设。2009年，区人民政府批准在白市驿建设重庆现代都市农业科技示范园区，园区占地34 500亩，规划投资400亿元，园区功能定位为生产、展示、休闲观光、科研教育、贸易等，主导产业为花卉苗木产业。

第四节　产业发展重大举措

九龙坡区农业发展政策环境优良，政府支持力度较大。除前瞻科学规划，在资金方面，充分利用市级、区级在农业产业化、农业综合开发等方面的配套资金注入都市农业，还在农业机具、优质品种引进方面花大力气，同时在农技培训、农村劳动力培训、绿色认证等方面加大培训力度，使九龙坡区真正成为重庆都市后花园和重要的现代农业集聚区。

一、发展城郊农业，调整农业结构

1989年，根据城市近郊区特点，发展城郊型农业，对农业产业结构进行逐步调整。种植业方面，适度减少粮食种植面积，扩大蔬菜、水果及其他多种经济作物的比重。全区蔬菜基地面积扩大到19 050亩。同时，在华岩、南泉、花溪等镇实施“万亩伏淡季水果基地建设”项目，发展水果生产。养殖业方面，以生猪、奶牛、鸡、鱼为主，重点发展养殖大户和规模化养殖。

1996年，针对行政区划调整后的农业结构情况，在白市驿、含谷、西彭镇实施蔬菜产化基地建设；在石板、走马、巴福3个镇实施“万亩伏淡季水果丛地建设”。同年，伏淡季水果栽培面积8 700亩。

二、发展都市农业，加快农业产业化进程

1998年，九龙坡区委、区人民政府提出发展都市农业，作为全区农业发展模式。1999年，编制《重庆都市农业示范区规划》。2000年，区委、区人民政府出台《关于农业及农村经济结构调整的指导意见》，以“三点两线一个区域”的发展思路规划布局都市农业。即以白市驿、金凤、走马3个镇为重点，白市驿—金凤、白市驿—西彭公路沿线和白市驿、含谷、金凤、走马、石板5个镇为区域发展都市农业。2001年10月，《重庆都市农业示范区规划》获市批准，规划总面积60 000亩。2000—2010年，规划的示范区建设在白市驿、含谷、金凤、走马、石板5个镇得以实施。

2003年2月，中国共产党九龙坡区第九次代表大会正式提出实施都市农业战略。立足都市经济圈，进行农业及农村经济战略性调整，走都市农业发展之路，推动农业产业化、农村经济非农化、农村城镇化，建设重庆都市后花园，实现农民收入持续增加。2004年1月，编制完成的《重庆市九龙坡区都市农业战略实施纲要（2003—2007）》提出了建设都市农业示范区思路、工作重点、政策措施、发展目标及重点项目等。

2006年，以花卉苗木示范区为龙头，推进都市农业战略，编制花卉园区核心区11平方千米控制性详规。同时，畜牧业产业开始由以前的政府花钱扶持转变为城镇建成区内限制发展，以市场为导向，以规模化养殖、产业化经营、标准化规范为手段，促进畜牧业增长方式转变，推行生态养殖战略。农业产业逐步由生产型向生态型、数量型向质量型转变。

2007—2011年，全区投入农业产业化资金10亿余元，发展花卉苗木生产基地1.86万亩，建成无公害蔬菜基地1.3万亩，无公害果品基地1.2万亩，各类农业产业化龙头企业发展到30家，各类农业产业化经营组织达到410个；投资1.6亿余元，推进农田水利基础设施建设；投资22.8亿元，推进林业建设，致力改善农村环境；投入防汛、防火、防疫资金6 750万元；发放农业机具、退耕还林、粮食良种等多项补贴1.5亿余元；开展阳光工程创业培训，推进农民田间学校建设，培训1.5万农村劳动力；支持新型专业合作社发展，发展农民专业合作组织105个。

2012年，九龙坡都市农业逐渐形成，产业结构进一步优化。农业主导产业特色更加鲜明，全区花卉苗木种植面积扩大到近2万米^2，产值近10亿元，蔬菜年产值近6亿元，成为全国农业标准化一类文化区。传统农业逐渐向农产品加工、休闲农业与乡村旅游等产业拓展，农业产业化步伐加快。

2015年，全区有各类农业产业化经营组织551个，农业产业化龙头企业61家，“名牌农产品”7个。68个产品通过“三品一标”认证。生产方式进一步转变，专业化，规模化生产方式成为主要的发展方式，农业与第二、第三产业联系紧密，农工商一体化组织创新集成市场体系建设加快，农业产业链条不断延伸，组织方式进一步转变。

三、统筹城乡发展，加大扶持力度，优化产业结构

九龙坡区作为重庆市统筹城乡综合配套改革试点区（县），“十二五”期间，政策支持力度更加提高，农业基础作用更加突出，发展基础条件更加扎实，具有先行先试的先决条件，重点开展乡村规划改

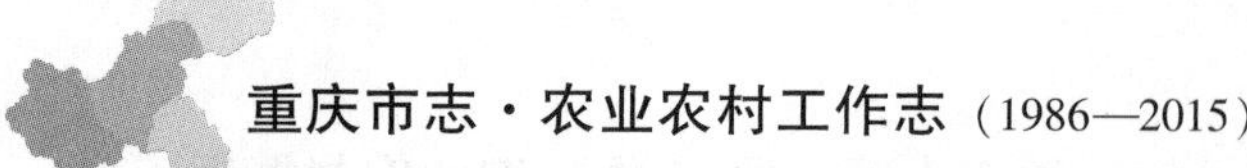

革试验，在财税、产业、金融等政策方面，加大扶持力度。

2012 年，九龙坡区投入经费 200 万元，建设现代农业蔬菜基地 1 190 亩；补贴 29.72 万元推广农业机械。2013 年，投入 2 300 余万元，扶持农业项目 40 余个。2014 年，投资 5 040 万元，完成 630 口山坪塘整治；投资 7 000 余万元用于中低产田改造、花卉苗木种植基地改扩建、精品水果基地改建等；投资 900 万元用于美丽乡村建设；投入 220 万元加强森林防火基础。

九龙坡区注重效益优先，实施减粮增果行动，以优质果品为主导产业的西彭镇真武宫村成功申报为市级现代农业示范园区——西彭现代农业示范园区。农产品加工业发展迅猛，全区农业产业化龙头企业达到 48 家。重点打造休闲垂钓基地 21 个，休闲渔业基地面积达到 2 500 亩，无公害鱼类品种 10 个。

2015 年，投入 2 000 多万元，推进“美丽乡村”建设。以西彭真武宫村、金凤九凤村、白市驿镇高峰寺村为核心，重点打造 3 个“美丽乡村”示范片，即以采摘体验为特色的“西铜”片区（西彭真武宫村—马鞍村—铜罐骚镇双骑龙村）、以赏花观光为特色的白市驿片区（高峰寺村—真武村）、以垂钓休闲为特色的金凤片区（九凤村—海兰村—虎峰村）。同年，大溪河重点河段综合治理工程基本完工，完成冷家河水库水资源涵养工程。投资 479 万元在巴福镇建设高标准农田 3 500 亩。完成铜罐驿、白市驿、西彭等小型农田水利专项工程建设。树立“精品·生态·休闲”理念，提质发展花果、农产品加工、生态休闲三大产业。农业发展开始步入可持续发展的新阶段，全国第一批创建“休闲农业和乡村旅游示范县”，并建设一批国家级项目。

四、实施农业农村改革，优化发展环境

（一）农村土地制度改革

1981 年开始，九龙坡区推行家庭联产承包责任制。1986 年 6 月，依据《中华人民共和国土地管理法》，以法律形式确立了家庭联产承包责任制，全区继续实行以家庭联产承包为主的经营责任制。1995 年 3 月，四川省重庆市行政区划调整，划入九龙坡区的白市驿、含谷、金凤、西彭等 9 个乡镇仍按原巴县制定的“两田制”土地承包经营形式执行。即人均 0.795 亩耕地以上的合作社每人土地三等份，一份“口粮用”，两份“责任田”；人均耕地 0.795 亩以下的合作社，每人土地“四六开”，40% 为“口粮用”，60% 为“责任田”。1998 年 4 月，全区统一实行第二轮土地承包到户的经营责任制。2003 年，全区开始推进农村土地承包经营权流转。2004 年 1 月，九龙坡区完善农村土地承包关系领导小组下发《关于完善农村土地承包关系工作有关问题的处理意见》，对进一步完善农村土地承包关系工作方面作出明确规定，至 2005 年 7 月，进一步完善农村土地承包工作基本结束。全区补、换发农村土地承包合同及新证 43 311 份，签订土地承包合同的农户共 67 412 户，占农村总户数的 86.7%。2007 年，九龙坡区统筹办公室制定《关于加强土地承包经营权流转管理工作的意见》，培训镇村农村土地承包管理干部 120 余人。全区建立镇级土地流转中心 10 个，村建立土地流转管理站 92 个。建立农村土地承包权流转纠纷的调处机制。2010 年，开展农村土地承包经营权颁证工作，涉及 6.75 万农户、19.66 万权利人，共制作《农村土地承包经营权证》6.33 万本，发放 6.21 万本，发证率达 98.1%。全区第二轮承包土地面积 142 300.05 亩，据实核定确权为 178 600.05 亩，增加 36 300 亩，扩大幅度为 25.51%。

（二）农村税费改革

九龙坡区农村税费主要有农业税及其附加、牧畜交易税、农业特产税、屠宰税及各种杂费。1986—1998 年，农民负担执行的是村（社）集体提留，乡（镇）统筹的政策。2002 年，全区取消村提留和镇统筹费。2002 年，九龙坡区作为全国农村税费改革试点单位，启动农村税费改革试点工作。农村税费改革的重点是实行“三取消，两调整，一改革”。取消不合理的收费、屠宰税和“两工”。不合理收费指专向农民收取的各种名目繁多的杂费；宰税按重庆市人民政府的通知，从 2002 年 6 月 1 日起停止征

收。取消“两工”包括农村义务工和劳动积累工。调整农业税和农业特产税政策。在农业税调整方面，合理确定计税面积、常年产量、税率和计税价格。在调整农业特产税方面，市里规定在计税面积内，不征收特产税，计税面积以外据实征收。改革村提留制度。执行农业税附加和农业特产税附加政策。农村税费改革后，村级组织运转所需要经费，通过收取农业税附加或农业特产税附加的方式解决。按重庆市规定，农业税附加或农业特产税附加比例确定为正税的 20% 。2005 年起，全区农业税全部免征。2007 年后，在全区范围内开展涉及农民负担文件、项目的清理，对农村中小学、报刊订阅、农民建房、农村用电用水、农民进城务工等反面的乱收费、乱摊派等进行专项治理。2012 年，区农林水利局牵头制定并出台《关于进一步做好减轻农民负担工作的意见》，严格消农收费管理，加强消农资金监管，开展农资安全检查，加强农资流通环节监督检查，减轻农民负担。

（三）农村集体资产产权制度改革

2006 年开始，九龙坡区按照“资产折股、量化到人、固化股权、按股分红”的方法，开展农村集体资产产权制度改革试点，取得明显成效。2007 年，华岩镇共和村、西山村开展村（社）集体资产股份化试点。2008 年，白市驿镇高峰村、清河村和海龙村开展社级农村集体资产产权制度改革试点。2012 年，九龙坡区人民政府印发《九龙坡区农村集体经济组织产权制度改革实施方案的通知》，到年底，九龙坡区共和、西山、大盐、华新、白果、宝华等 21 个村完成改革。2013 年，完成 16 个村农村集体资产股权量化，清产核资 4 698 万元，股东人数 58 442 人。2014 年，9 个镇的 68 个行政村完成村级农村集体经济组织产权制度改革工作，清理资产总额 24 368 万元，确定股东 231 584 人（含户籍不在册人员），明确股份 4 398 431 股。2015 年，完成石板镇梅乐村、巴福镇钟鹤村、金凤镇海兰村、含谷镇含湖村、新营房村 5 个村的村级集体资产产权制度改革。按照“农龄折股、股权固化”的模式，适合开展村级集体资产量化确权改革的 94 个村全部完成改革工作，清理资产 4.11 亿元，确定股东 31 万余人（含户籍不在册人员），明确股份 719 万余股。农村集体资产产权制度改革，赋予农民对集体资产股份占有、收益及继承权。

农村集体“三资”管理。2003 年，九龙坡区人民政府办公室出台《关于统一开设村社集体资金管理账户的通知》，全区各镇会计代理中心统一在信用社开设账户，进出款都必须通过此账户。同年，九龙坡区人民政府印发《九龙坡区村社财务会计委托代理制实施方案》，将各镇村社财务集中到镇会计代理中心统一做账，钱、账都收归镇会计代理中心管理。2004 年，九龙坡区人民政府办公室出台《关于推行农村财务电算化管理的通知》，实行各镇、村、社财务微机单机版做账管理。2008 年，在单机版做账基础上，出台《重庆市九龙坡区农林水利局关于试行村社财务联网记账的通知》，开始实行全区联网记账，实现全区农村财务网络化管理。2012 年，九龙坡区委办公室、区人民政府办公室出台《关于印发加强农村集体资金资产资源管理的意见（试行）的通知》。各镇组建“农村集体资金资产资源管理服务中心”，按照 3 ~4 个村配 1 名专职工作人员的标准配备。建立财务预决算、票据管理、财务收入管理、开支限额审批等 10 项制度，完善审计监督、民主监督、财务公开、民主理财 4 项监管措施。同年 10 月，九龙坡区被农业部认定为全国农村集体“三资”管理示范区（县）。2015 年开始，华岩镇 7 个村、40 个社的农村财务管理正式纳入农村“三资”综合信息管理平台。全区 11 个镇已有 10 个镇实现“村财镇管”。

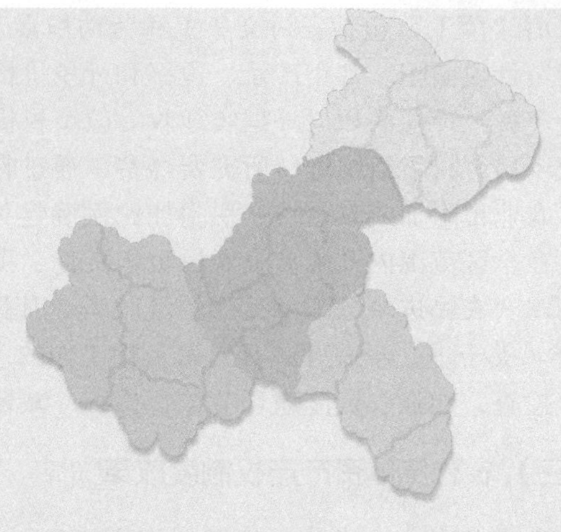

第八章
南 岸 区

第一节 基本概况

1929年重庆建市，设南岸市政管理处，管理由巴县划入的南坪城、海棠溪、龙门浩、弹子石。1935年2月，撤销市政管理处，正式设立重庆市第四区，下半年改为第六区。1950年6月，长江南岸4个区合并为重庆市第五区、第六区。1955年10月，第五区因地处重庆长江南岸而更名为重庆市南岸区。

全区总面积262.43平方千米，有耕地4.03万亩。辖7个镇、8个街道。2015年，有户籍人口68.14万人，城镇化率91.68%；有常住人口85.81万人，城镇化率94.57%。

第二节 农业农村经济

农业农村经济情况见表20－8－1。

表20－8－1　1995—2015年南岸区农业农村经济情况

分期		地区生产总值（万元）	农业总产值（万元）	农业增加值（万元）	农业增加值占比	农民收入状况		
						人均纯收入、可支配（元）	城乡收入比	农村居民恩格尔系数（%）
“七五”始	1986年	—	2 149	—	—	572	—	51.50
“七五”末	1990年	—	2 406	—	—	847	—	61.58
“八五”末	1995年	319 362	14 308	21 992	6.89	1 250	—	67.46
重庆市直辖后	1997年	424 968	14 925	28 139	6.62	2 418	2.49：1	50.56
“九五”末	2000年	564 614	14 692	22 134	3.92	2 964	2.18：1	48.81
“十五”末	2005年	1 155 990	30 575	30 699	2.66	4 250	2.28：1	45.40
“十一五”末	2010年	3 512 280	55 255	36 365	1.04	9 236	2.10：1	36.96
“十二五”末	2015年	6 794 000	71 180	47 834	0.70	14 831	1.91：1	37.00

第三节　农业主要产业

南岸区是长江之滨的一颗明珠，地处主城，有7个涉农街镇，传统农业人口较少，是典型的城郊型农业。南岸区利用依托地处主城区位优势和丰富的山水园林资源，审时度势，抢天时之机，以自身之地利条件，率先提出了发展“生态高效农业”的工作理念，重点扶持水果、花木、休闲农业特色效益产业发展。

一、水果

（一）枇杷

枇杷主要布局在南岸区的广阳、峡口和迎龙3个镇。2007年1月，南岸区被评定为“重庆市无公害枇杷产地县（区）”。其中位于广阳镇回龙桥村的广阳回龙枇杷基地，地处广阳镇西南部，面临长江，背靠重庆市外环高速公路，年平均气温18.5℃，地形地貌以低山、丘陵、平坝为主，海拔高度在200～500米，土地肥沃，水利条件优越，现有枇杷种植面积4 000亩，全部为大五星优质枇杷，有种植户1 000余户，是重庆主城最大的枇杷种植基地。2006年，成立广回枇杷专业合作社，入社果农658户，占回龙桥村农户的81.6%，被评定为市级示范社。2007年10月，被中国果品流通协会授予“中国优质枇杷基地乡镇”称号。2009年，成立枇杷专家大院，聘请重庆市、南岸区果树专家10余位，每月定期组织枇杷技术培训，全面推广先进生产技术和病虫害物理生物防治办法，引导社员使用有机肥，开展无公害化生产。2010年4月，中国果品流通协会授予“广回”牌无公害枇杷为“中华名果”。2011年，枇杷基地成功申报国家科技部星火计划项目《枇杷无公害标准化生产示范与推广》，并成功培育100亩富硒SOD枇杷示范园。2016年，基地枇杷总产量达230万千克，实现销售收入7 820万元，亩均纯收入19 000元以上。广阳枇杷先后荣获重庆市名牌农产品和“无公害农产品”“中国优质枇杷基地”“中华名果”等荣誉。

（二）葡萄

主要布局在南岸区的迎龙、广阳2个镇，2008年，全区葡萄种植面积870亩，产量314吨。2010年，葡萄园发展到最高的935.25亩，产量256吨。随着这些年城镇化建设快速推进，葡萄种植面积逐年减少，2015年为618亩，产量221.37吨。迎龙镇“吴小平葡萄园”在西南地区首屈一指。该园创建于1999年，主要从事葡萄种植与销售，现已在南岸区迎龙镇、南川区大观镇以及四川凉山州西昌建成3个优质大型的果园种植基地，其中迎龙基地总部占地200亩，年产葡萄近300吨，年产值800余万元。葡萄园生产过程中充分运用现代农业科学技术，通过草炭土改良土壤、深施有机肥、微喷灌溉、避雨栽培等技术手段，实现了标准化管理和流程化生产，通过疏花疏果保证葡萄美观，通过严格控产提高葡萄品质，通过土壤有机化改良葡萄口味。现已拥有巨峰、夏黑、玫瑰香、阳光玫瑰4个品种。吴小平葡萄口感佳，风味浓，安全无污染，深受广大消费者喜爱，通过了无公害产地、产品认证，已经成为中国十大葡萄品牌，并先后获得“重庆名牌农产品”“重庆市著名商标”“中国果品百强品牌”等荣誉称号。

二、花木

（一）南山蜡梅

南山蜡梅种植历史可追溯至民国初年。抗战时期，蒋介石陪都官邸设置于南山，达官显贵竞相赏花，南山蜡梅名噪一时。南山腊梅是南岸区唯一地理标志农产品，其地理标志地域保护范围位于北纬

29°30′21.17″—29°35′31.91″，东经106°36′9.86″—106°39′42.56″。东与南岸区迎龙镇接壤，南邻巴南区南泉镇，西与南坪、涂山、鸡冠石3镇相连，北临长江。涉及南山街道双龙村、石牛村、放牛村、大坪村、联合村，峡口镇大石村、西流村，长生桥镇凉风村、茶园村。南岸蜡梅由于气候、温湿度、土壤等原因，具有朵大、色黄、花密等特点。为解决蜡梅的外销问题，专门研制了礼品包装盒、保鲜剂，礼盒蜡梅远销北京、上海、广东、香港等地，保鲜剂的使用可延展蜡梅鲜切花的花期10天左右。主要生产区域：南山街道双龙村种植300余亩，分布在5个村民小组，年产值约200万元。南山街道放牛村大竹林村民小组建有南山蜡梅科普观光园，面积300余亩，栽植素心蜡梅5 000余株，红梅及桂花、春夏鹃、泸州栀子、红继木、金叶女贞、九重葛等花木品种若干。峡口镇大石村家家户户种植蜡梅，面积约370亩，以南岸区厚均花木专业合作社为龙头，带动农户330户，年均产值95万元。

（二）南山盆景

南岸区的南山盆景技艺于2011年被列入重庆市非物质文化遗产，主要分为树桩、山水、水旱3个类别，以传统的蟠扎技艺见长，枝干虬曲多姿、端庄雄奇，具有一定的格律。在秉承川派盆景高、悬、陡、深、奇的造型特征基础上，更注重写实，浑原雅致、自然灵秀。南山最为著名的盆景品目是罗汉松、杜鹃等，也是巴渝（川东）盆景的典型代表之作；广泛知名的盆景品种有蜡梅、桂花、茶花、红枫、三角枫、银杏、油柿子、柏树、石榴、黑松、香樟、紫薇等10余个。各类品种遍布南山大大小小多个山头和数十个农家花园花圃及制作场地，以南岸区双益花木种植专业合作社为龙头，建成了双龙村盆景园、南山盆景交易展示中心、盆景花卉展示街，带动休闲旅游发展，实现盆景年产值近1 200万元。

（三）南山桃花园

南山桃花园位于南岸区弹广公路铜锣峡处，2011年建园以来，在政府的引导和支持下，放牛村两委牵头，秋枫花木专业合作社参与，逐渐把千亩荒山打造成风景秀丽、游人如织的桃花园。园区以观赏桃花、樱花和映山红为主，主要种植了雪碧桃、牡丹红桃、红叶桃、三学仕等10多个优质品种的桃花，以及樱花、玉兰花、桂花、香樟树、黄葛树，及草本花卉20多个品种。园区内可品尝乡村特色美食，观赏民族风格的寨子，体验篝火晚会、露营、真人射击游戏和自助烧烤，属典型都市乡村旅游的园区。每年桃花盛开之季，接待游客近5万人次，门票及餐饮收入近70万元。

三、休闲农业

南岸区都市现代农业主要集中在南山、茶园新区非城镇规划区和二环外非建设区域，农村经济基础较好，具备市场、交通、信息等方面优势，农民大多从事特色花果种植及休闲乡村旅游，拥有老幺泉水鸡、南山陆派火锅、南山特色乡村旅游等一批全市知名农业产业品牌，形成了“三区一带”都市现代农业发展格局。

（一）大南山生态旅游示范区

结合大南山优质自然资源与丰富人文历史资源，农旅结合发展，南岸区进一步完善农村基础设施和乡村旅游设施，引导花木产业向休闲旅游转型升级，扶持双益花木合作社、秋枫花木合作社、老幺泉水鸡等新型农业经营主体，打造一批以南山“塔堡花园”“老幺泉水鸡”为代表的优质生态休闲农家乐，推进特色民宿与农业休闲观光融合发展，形成“南山蜡梅”“南山盆景”“泉水鸡罐装食品”“泉水鸡一条街”“南山陆派火锅”等地域特色鲜明休闲农业品牌。

1. 南山联合都市旅游村

位于重庆“肺叶”南山之中，总面积0.7平方千米，有农户369户，农业人口976人。该村以都市旅游特色为主，境内有两园一街，即涂山湖公园、都市休闲公园和泉水鸡一条街，提供给游客新鲜蔬菜、各种鲜花、工艺盆景和不同档次的各类包装泉水鸡等。泉水鸡一条街是该村的主打休闲度假一条街，以吃、住、游、乐、购、休闲、度假、健身为特色，在国内外都享有盛名，有各种档次的农家乐10多家，年接待游客100多万人，年收入约7 500万元，解决就业1 000多人。

2. 南山石牛特色景观旅游村

位于重庆市南山风景区内，常住人口589户，1 295人，面积3.7平方千米，是重庆市市级文明示范村、旅游农业示范村，森林覆盖率77.6%，是重庆主城旅游度假的首选之地。石牛村园区现有农家乐75家，拥有床位2 938个，从业员工1 000余人。2015年接待游客突破100万人次，实现旅游业收入6 500万元，占农民年收入的65%。近10余户经营规模较大的业主年营销总额都稳定在100万元以上。

3. 南山陆派火锅一条街

南山“陆派火锅一条街”位于南岸区南山街道黄金公路沿线，占地约300亩，火锅店有18家，涉及龙井村的大田、原新龙塆、仙女洞、檬子院、窝子沟，金竹村的龙井磅、金竹沟、高冬寺8个村民小组，主要分布在黄沙坎至高冬寺，黄沙坎至老厂约5.6千米的村级公路边，属城乡接合部。近年来，公路沿线火锅店从农民手中租地200多亩，用于拓展场地，做大做强火锅产业。曾先后发展了巴倒烫、鲜龙井、快活林、古月泉水（猪圈）、李氏、月轩鸭肠王、枇杷园食为鲜、老厂老火锅、杀牛匠、花果园、天然味、金桂苑等近30家火锅店，年接待顾客200多万人次、年营业收入上亿元，为国家纳税1 000多万元，在重庆乃至全国餐饮业界均有着举足轻重的重要地位。

（二）峡口“乐和谷”生态休闲区

位于南岸区峡口镇罗家沟流域，跨大石、西流2个行政村，总面积4平方千米。该区域地处南山山脉后坡，东接通江、港口两条大道，南抵茶园新城，西靠南山旅游公路，北邻弹广路，中有南山隧道、慈母山隧道贯穿，交通便捷，区位优势明显。

乐和谷旨在让乐和成为百姓生活、让生活成为乐和风景、让风景成为经济产业、让产业带动农民增收，建成生态、富裕、和谐、文明的人文生态旅游景区。该区域以基础设施建设为突破口，强化生态环保、改善人居条件；以产业项目为载体，调整产业结构、发展公共经济、培育公共精神，促进农民增收；以开展活动为抓手，丰富群众文化、提升百姓素质，培训乡村礼仪。将都市休闲农业建设与“三事分流”创新社会治理结合，以“社工站”为抓手，组织当地农民发展花木、休闲旅游等优势产业，谋划包装一批都市休闲农业项目，启动乐和谷旅游接待中心及接待广场项目，建设两千米慢行步道，实施兰草溪环境整治工程，打造社工培训基地，发展乡村民宿，带动农民增收致富。

（三）广福山生态休闲景观区

位于南岸区长生桥镇东南部，东临迎龙镇，南与巴南惠民镇毗邻，西接茶园机电工业园，北与长生桥镇桃花店村和乐天村相邻，涉及长生桥镇共和村、广福村和南山村3个行政村，面积11 028亩。

长生桥镇通过“企业+农户”模式在当地大力发展观光休闲农业，引导农户流转土地约980亩，种植葡萄、西瓜、草莓等特色水果，栽植美国紫薇、红叶紫薇、滇丁香、兰草等特色花木，培植夏鹃桩头、金弹子桩头等优质盆景，建成茗艺养瑞生态农庄、恒艺苗木种植场、森飞广福特色观光园、茗藤标准化观光采摘园等休闲观光农业园区，年接待游客约11万人次，休闲观光农业收入约914万元。

（四）迎龙—广阳都市现代农业示范带

示范带位于迎龙、广阳两镇二环外区域，是南岸区精品水果、采摘体验农业发展的主要区域，一方面加快推进都市现代农业综合示范工程，建设南岸区都市现代农业园区，整体流转土地2万亩，占总可供流转农地的88.7%，完成迎龙湖国家湿地公园“湿地田园示范点”和“农业综合开发示范点”建设。另一方面，以广阳枇杷、吴小平葡萄、龙顶樱桃等一批全市知名农业产业为重点，积极引进优质农产品生产技术，引导业主减少农药、化肥使用，推广无公害、绿色生产，打造更多诸如富硒SOD枇杷、草碳葡萄、乡里人樱桃等精品农产品品牌，提高农业附加值。

南岸区都市现代农业园区建设规划范围为绕城高速以外南岸区迎龙镇的辖区范围，主要涉及迎龙镇清油洞村、武堂村、双谷村、蹇家边村、苟家咀村、石梯子村、龙顶村7个村12个组和长生林场，农户约2 300户，农业人口约7 078人，面积约20.27平方千米，耕地面积约14 861亩，农村建设用地约1 210亩。2012年6月，正式获批重庆市现代农业综合示范工程，系主城核心区内唯一的现代农业综合示范工程。2013年8月，成立了“都市现代农业发展管理委员会”负责项目的开发、管理、提档升级，全面推进园区的建设、管理和运营。园区依托紧邻都市核心区，自然资源丰富的区位生态优势，将生态、生产、生活的多元空间合一，对园区进行整体规划，形成以迎龙湖水库为主体的“水”，以长生林场为主体的“林”，以石梯子村为主体的“果”三足鼎立的主题休闲园区发展格局。

迎龙湖国家湿地公园位于南岸区迎龙镇，总规划面积364.4万米^2，其中水体占地面积约85万米^2，以保护长江中上游一级支流水源水质为核心，以恢复湿地生态系统功能和保护水库的城市饮用水资源为基础，以生态旅游及科普宣教为依托，以湿地生态文化为特色，建成湿地保护与恢复、湿地科研与科普宣传教育、湿地游憩、观光览胜为一体的国家湿地公园。

第四节　产业发展重大举措

一、第一阶段：稳定农业政策，增加农民收入

1987—1992年，南岸区逐步深化农村改革，完善“双层”经营体制。1987年4月，南岸区人民政府转发区农业办公室《关于加强土地管理，完善土地承包责任制的意见》，9月，为完善农村经营体制，在南坪乡丹桂村进行队改社试点工作。1990年，南岸区农村土地联产承包由无偿承包完善为土地有偿承包，将农民应承担的村提留、乡统筹费用和劳务纳入承包合同。1991年，南岸区把推行土地有偿承包，完善土地管理制度作为深化农村改革的重点加以落实。2月，南岸区委、区人民政府印发《关于实行土地有偿承包，进一步完善土地承包责任制的意见》。1992年，通过摸底调查和经验总结，在巩固完善以家庭联产承包责任制和统分结合的双层经营体制的基础上，全面推行土地有偿承包使用制度的改革，这项工作由点到面的全面展开。1992年底，南岸区5乡1镇285个合作社完成了此项工作，共发包土地30 712.5亩，签订土地承包合同20 241份，占应签数的91.39%，落实承包金达158.63万元。1993年秋，南岸区开展第二轮土地有偿承包。南岸区委、区人民政府成立了由分管农业副区长任组长的领导小组，加强该项工作的领导。在工作中坚持大稳定、小调整、一般不打散重来的原则，尊重原有的土地承包关系；坚持承包金在上年农民人均纯收入的5%以内总量控制，定项限额的原则。第二轮土地有偿承包工作9月布置，11月上旬结束，全区6镇39村共签订承包合同20 958份，签订率达97.25%，合同期限为1994—1996年，落实承包金95.11万元，农民人均负担村提留和乡统筹费13.07元，为1993年农民人均纯收入的1.3%。1996年，第二轮土地有偿承包到期，为稳定完善土地承包责任制，南岸区委、区人民政府贯彻中共中央、国务院及中共四川省委关于将土地联产承包责任制承包期再延长30年的有关文件精神，在全区农村开展延长土地承包期、放活土地使用权的工作。这项工作以坚持土地集体所有权、稳定承包权、放活使用权、解决现实矛盾为指导思想，以稳定原有的承包格局和承包关系为基础，坚持大稳定、小调整原则，充分尊重大多数社员意愿，在调查研究的基础上，以社为单位制订方案，实施土地承包。根据区委、区人民政府“南委发〔1996〕56号”文件规定，南坪、黄角垭、南山、峡口、鸡冠石、涂山6个镇签订的土地承包合同，承包期10年不变；长生桥、迎龙、广阳镇发放南岸区农村承包经营户土地使用权证书，30年不变。文件同时规定，在土地使用性质不变的

前提下，经发包方同意，允许承包方将土地使用权转包、转让、入股、调换，允许四荒地使用权拍卖。该项工作从7月开始，到10月结束，全区签订土地承包合同2.5万份，签订率达96.15%，落实承包金205.64万元，发放土地使用权证2.25万份，建立了土地承包档案。

二、第二阶段：减轻农民负担、加强监督管理

减轻农民负担是党在农村的一项基本政策，是维护农村社会稳定，促进农民增收，农村经济发展的重要举措。

1993年，为贯彻中共中央《关于切实减轻农民负担的紧急通知》精神，有计划、有步骤地对全区20个涉农部门和6个镇开展清理农民负担工作。通过广泛宣传，自查清理，重点抽查，查清了南岸区农民负担情况：1992年，农村集体提留、统筹费人均16.72元，占上年农民人均纯收入的1.89%；全区涉及农村的行政事业性收费项目123项，其中涉及农民个人负担的有41项，计收901 674元，人均11.87元，占上年农民人均纯收入的1.34%。全部收费除1项为镇制定的以外，均依据市以上文件精神制定，在清理的基础上，依据国务院有关减负的要求和原则，南岸区决定在全区范围内取消24项达标升级活动、28项收费项目，使农民减轻负担657 244元，人均减负8.65元。为防止农民负担反弹，南岸区委、区人民政府加强了农民负担监督管理工作，提出了7项具体要求；南岸区农村工作领导小组办公室将编印有国务院、四川省、重庆市农民负担管理条例和各级已被取消的收费项目的小册子发至合作社，以利农民群众监督。

1994年以后，按照中央和四川省、重庆市的部署，南岸区每年均组织区内农民负担情况的检查和重点审计，严格审查了长生桥镇、迎龙镇、广阳镇预算报告。几年的检查都未发现已取消的收费项目恢复收费，未发现新出台的收费项目，定项限额以内的收费均低于5%，每年增加的绝对金额在人均3元以下。

2003年6月，南岸区农村税费改革领导小组办公室在长生桥镇和广阳镇分别举办了农村税费改革业务指导培训会。参加培训的有峡口、长生桥、迎龙和广阳镇的财政所长、经济发展办公室负责同志及四个镇所辖47个村的村支书、村会委会主任及村经管站长共计150余人。

2005年，根据国家的政策和重庆市的统一部署，南岸区全面取消了农业税及其附加，极大地减轻了农民负担。同年南岸区开展减轻农民负担检查工作，参加此次检查的单位有南岸区监察局、政府纠正行业不正之风领导小组办公室、财政局、宣传部、物价局、建设委员会、民事政务局、计划生育办公室、教育委员会9个相关部门及9镇，检查结果是全区无一例增加农民负担的案件。

2010年，南岸区农业委员会联合区级有关部门对涉农收费项目、标准进行了清理和规范。清理结果是全区在全面推行“公示制”、义务教育阶段“一费制”和农村订阅报刊费用“限额制”，全区无一例涉及农民负担的案件和违法违纪行为。

三、第三阶段：调整产业结构、发展特色效益农业

1990年，南岸区通过深化改革，调整结构，增加投入，完善体系，进一步落实科技兴农措施，稳定农村经济政策，使农业生产稳步发展。

1993年1月1日开始，根据重庆市人民政府《关于深化蔬菜产销体制改革的通知》，南岸区放开了计划生产，由生产者自主安排蔬菜生产；放开蔬菜合同订购，取消定购任务，由生产者自主经营；放开购销价格，由产销双方议价成交，蔬菜产销体制改革后，区农业部门和各镇加强了蔬菜基地的管理和基础设施建设，保证蔬菜种植面积，并帮助生产者转换市场；财贸部门组织调节，引菜进城，搞活流通。

1995年，长生桥、迎龙、广阳3个镇划入南岸区后，全区农业中粮食的比重加大，农业生产的指导思想由以菜为主的副食品生产调整为菜、粮、猪生产并重。通过“两高一优”“农业产业化”等途径广泛筹集资金，先后投资828.28万元，其中市、区投资675.58万元，加强了蔬菜产业化生产基地和农

业基础设施建设，促进了农业结构向城郊型过渡。

1997—2002 年，南岸区农业产业结构调整，以生态高效农业为发展主线，采取了“调产业，调品种，调布局”的措施，调整粮经比例，减少粮食作物种植面积，增加蔬菜多经生产，大力发展养殖业，全区结构调整取得长足发展。区域经济特色明显，在产业结构调整上，着重发展蔬菜、水果、花木、瘦肉型猪、禽蛋奶、水产和休闲观光旅游农业七大主导产业。全区粮经比例由 1997 年的 7：3 调整为 2002 年的 5：5。

1998—2002 年，南岸区加大科技兴农力度，加快农业结构调整，以“治水、改土、兴林、修路、建园”为方针，按照“集中成片，规模开发，谁积极、谁最具备条件就支持谁”的原则，大力实施农业综合开发，促进高效生态农业发展。成功建成了广阳回龙水果基地、大佛农业观光园、紫景园、林正花卉园、迎龙马颈园枇杷园、吴小平葡萄园等一大批农业科技示范园区，成为各镇农业产业结构调整的亮点。

2013 年，南岸区委、区人民政府出台《关于加快推进现代都市农业发展的意见》，大力发展林果、花卉苗木、蔬菜三类特色效益农业。

探索“互联网＋农业”，助推都市现代农业发展。针对南岸区都市生态农业、都市旅游产业发展中存在的突出问题，瞄准市场需求，研究用互联网思维推动传统农业和旅游业发展的商业模式，推动都市农业、乡村旅游等与互联网深度融合。制定《重庆市南岸区电子商务进乡村工作方案》，积极开展电子商务在农村的推广应用。引导农业业主与淘宝、京东等知名电商合作，将火锅底料、泉水鸡、南山蜡梅、盆景等特色农产品在互联网“上线”，拓宽销售渠道。利用“12316”农业综合服务平台功能，扩大农业信息覆盖面，为农民提供相关农业科学技术。充分利用主城核心区优势，在城市化、信息化、产业化较为集中的南坪西部新区，成立西部新区管委会，把农业信息化项目作为西部新区发展的重要载体，通过西部新区农产品加工体验中心、重粮集团电商运营中心等市级网络信息平台建设，实现大宗农产品在南岸区交易和结算。

2014 年 8 月，完成《南山旅游度假区总体规划》编制，并通过市旅游局组织的专家评审，力争打造为国家级旅游度假区。在峡口镇罗家沟流域，将峡口镇定位为“美丽乡村”建设创新镇。在长生桥广福片区和广阳银湖片区，将长生桥镇、广阳镇定位为“美丽乡村”建设推进镇，与江南新城发展同步推进，利用“企业＋农户”模式开展凉风名优苗木博览交易中心、茗艺养瑞生态农庄、森飞广福特色观光园等重点农业项目建设。

第九章
北 碚 区

第一节　基本概况

北碚，因有巨石伸入嘉陵江中，曰碚；又因在渝州之北，故名北碚。夏、商至春秋前期，为濮人居住区。春秋中后期至战国中期为巴国地。战国中后期为楚国地。战国后期为秦巴郡地。南齐时曾设东阳郡，清代为巴县之白碚镇。1916 年，设立江巴璧合特组峡防营。1923 年，设江（北）、巴（县）、璧（山）、合（川）4 个县特组峡防团务局。1936 年，划江北、璧山、巴县的 2 镇 3 乡成立嘉陵江三峡乡村建设实验区；1942 年，改为北碚管理局。1949 年，改称北碚管理处；1951 年，为川东行署辖北碚市；1953 年，撤市改区，为重庆市第六区；1955 年，改为北碚区。

截至 2015 年，全区总面积 755 平方千米，辖 5 个街道、12 个镇，其中涉农镇街 15 个、行政村 111 个，属典型的亚热带温暖湿润季风气候，农业气候资源好，森林覆盖率 48.87%，嘉陵江纵贯全境，地表水资源丰富。2015 年末，有户籍人口 78.13 万人，其中非农业人口 38.14 万人；常住人口 78.62 万人，其中城镇人口 60.97 万，城镇化率 80.01%。耕地面积 17.42 万亩。

第二节　农业农村经济

农业农村经济情况见表 20－9－1。

表 20－9－1　1997—2015 年北碚区农业农村经济情况表

分期	地区生产总值（亿元）	农业总产值（亿元）	第一产业增加值（亿元）	第一产业增加值占比（%）	农村常住居民家庭人均可支配收入（元）	城乡收入比	农村居民恩格尔系数（%）
重庆市直辖后 1997 年	—	8.071 9	—	—	2 060	2.1∶1	—
“九五”末　2000 年	—	6.270 8	—	—	2 435	2.3∶1	51.8
“十五”末　2005 年	80.15	9.547	6.01	7.4	3 670	2.7∶1	48.5
“十一五”末 2010 年	232.37	13.797 0	9.47	4.1	7 598	2.4∶1	44.3
“十二五”末 2015 年	430.34	21.852 7	14.57	3.4	14 499	2.08∶1	40.6

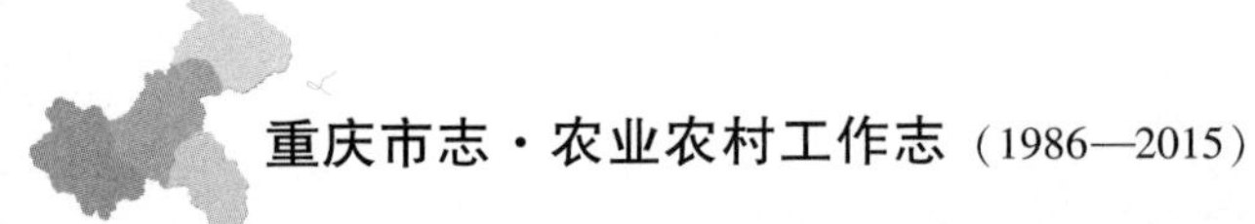

第三节　农业主要产业

一、粮油

1986—2015 年，北碚区粮油作物主要以水稻、玉米、甘薯、小麦和油菜五大作物为主，常年种植面积占粮油总面积的 80.5% ~89.0% ，年产量占到粮油总产量的 94.2% ~97.6% 。

（一）水稻

水稻在北碚区粮食生产中占重要地位，占历年粮食总产量的 37.7% ~50.7% 、总播种面积的 22.3% ~33.3% 。1986—1992 年间，水稻种植面积稳定在 6.23 万 ~6.59 万亩，产量保持在 2.89 万 ~3.53 万吨，亩产保持在 480 千克以上。1986 年，面积 6.59 万亩，产量 2.95 万吨。1990 年，面积 6.50 万亩，产量 3.53 万吨。1992 年以后，面积逐年减少，产量逐年下降。1995 年，行政区划调整时，水稻种植面积 13.45 万亩，产量 7.25 万吨。2000 年，面积 12.63 万亩，产量 6.74 万吨。2005 年，面积 11.05 万亩，产量 5.43 万吨。2010 年，面积 7.77 万亩，产量 4.27 万吨。到 2015 年，面积减少到 5.06 万亩，产量下降到 2.47 万吨。正常年份单产水平因新技术和良种的推广稳中有升，最高年份 2008 年亩产达到 558 千克，但 2006 年因遭遇特大旱灾亩产只有 332 千克。2011 年、2012 年也分别因多次强寒潮、持续高温干旱和阴雨寡照日数偏多、暴发性飞虱虫害偏重产量受到极大损失。

（二）玉米

玉米在北碚区粮食生产中位居第二，占历年粮食总产量的 21.3% ~34.8% ，总种植面积的 21.9% ~27.2% 。其生产发展轨迹与水稻基本相同，但面积比重 1986—2007 年变幅不大，2007 年后才略有上调。1986—1992 年，玉米种植面积保持在 6.70 万 ~6.89 万亩，产量 1.58 万 ~2.26 万吨，亩产 233 ~332 千克。1986 年面积 6.89 万亩，产量 2.14 万吨。1990 年，面积 6.80 万亩，产量 2.26 万吨。1992 年以后，面积、产量逐年下降。1995 年，行政区划调整时，玉米面积 12.18 万亩，产量 4.01 万吨。2000 年，面积 10.82 万亩，产量 3.67 万吨。2005 年，面积 8.06 万亩，产量 2.66 万吨。2010 年，面积 6.80 万亩，产量 2.46 万吨。到 2015 年时，面积减少到 5.88 万亩，产量下降到 2.03 万吨。

（三）甘薯

甘薯是重要的饲料粮食作物，产量位居北碚区第三，占历年粮食总产的 15.3% ~21.9% ；甘薯面积比重和变化与玉米基本相同，但 2003 年后一直略低于玉米。1986—1992 年，甘薯面积基本稳定在 6.46 万 ~7.16 万亩，产量在 1.17 万 ~1.81 万吨，亩产 181 ~263 千克。1986 年面积 6.46 万亩，产量 1.17 万吨。1990 年，面积 6.64 万亩，产量 1.39 万吨。1992 年以后，甘薯面积逐年减少，产量逐年下降。1995 年，行政区划调整时，面积有 12.80 万亩，产量有 3.15 万吨。2000 年，面积 10.97 万亩，产量 2.71 万吨。2005 年，面积 7.88 万亩，产量 2.03 万吨。2010 年，面积 6.51 万亩，产量 2.04 万吨。到 2015 年，面积减少到 4.48 万亩，产量下降到 0.98 万吨。

（四）小麦

小麦是北碚区小春生产主要作物，2007 年以前，在全区粮食生产中占主要地位。1986—1999 年，小麦产量占全区粮食总产的 11.3% ~15.5% 。1986 年，面积 5.29 万亩，产量 1.13 万吨；1990 年，面积 5.52 万亩，产量 1.07 万吨。1992 年后，因其在本地生产周期长、产量低、品质差等弱势而被大幅削减。1995 年，面积 11.46 万亩，产量 2.45 万吨。1999 年，产业结构调整后，面积、产量占比逐年下降。2003 年，小麦面积低于胡豆面积，但到 2007 年产量仍居第四位，产量比重仍占到 4.3%（胡豆居第五位只占 2.2%）。2000 年，面积 6.393 万亩，产量 1.238 万吨。2005 年，面积 2.466 万亩，产量 0.502 1 万吨。2010 年，面积 0.93 万亩，产量 0.217 8 万吨。2010 年，产量低于胡豆仅占 2.3%（胡豆占 2.5%），小麦退出主要作物行列。2015 年，小麦面积、产量下降到 0.12 万亩 0.03 万吨，仅占全区粮食产量的 2.2%。

（五）油菜

油菜是北碚主要的油料作物，也是北碚唯一用于食用油生产的油料作物，产量占历年油料总产的 77%～99.3%，面积的 74.8%～99.2%。1986 年，油菜种植面积 0.17 万亩，产量 0.02 万吨。1990 年面积 0.46 万亩，产量 0.03 吨。1993—2000 年，面积、产量有小幅波动；1995—2000 年，面积、产量在 1.77 万～2.02 万亩和 0.17 万～0.19 万吨。2000 年以后，面积、产量有较大调减，当年面积 1.998 万亩，产量 0.18 万吨。2005 年，面积 0.95 万亩，产量 0.099 7 万吨。2010 年，面积 0.97 万亩，产量 0.11 万吨。到 2015 年时，仅有 0.84 万亩 0.093 万吨。

二、蔬菜

1985—1995 年，北碚蔬菜产业平稳发展，其中 1985 年全区有蔬菜基地 0.84 万亩，用于蔬菜种植 0.68 万亩，调市蔬菜基地 0.097 万亩，全区实际种菜面积 0.58 万亩，二线菜地和季节性菜地 0.2 万亩。全区年总产蔬菜 6 000 万千克，其中蔬菜基地产蔬菜 2 800 万千克。1995 年以后，随着蔬菜产销体制的全面放开和市场经济运行机制的确立，蔬菜生产得到发展，面积扩大，数量增加。当年，为保证重庆主城蔬菜供应，在重庆市人民政府支持下，开展蔬菜基地建设。1997 年，建成蔬菜基地 0.9 万亩。2007 年，达 3.5 万亩，播种面积 11.12 万亩，总产量 15.63 万吨，产值 3.06 亿元。2007 年以后，北碚区蔬菜产业发展势头良好。随着农业产业结构的不断优化调整，政策扶持和资金扶持力度的加大，2012 年，全区蔬菜基地面积由 2007 年的 3.5 万亩增至 13.5 万亩，播种面积增加至 26 万亩，总产量 41.6 万吨，产值 10.4 亿元，成为继花木之后农业又一支柱产业。2013 年，北碚区委、区人民政府大力发展特色效益农业，将蔬菜产业作为四大产业之一重点支持，除市级切块特效资金之外，区级每年配套 1 500 万元用于特色产业发展。蔬菜产业资金重点支持标准化基地和生产设施建设，此阶段的蔬菜发展主要是生产基地的提档升级。2013—2015 年，随着城镇化进程推进和两江新区的建设，全区的蔬菜播种面积和产量呈逐年下降趋势，每年降幅 5% 左右。2015 年，播种面积 23.61 万亩，产量 38.01 万吨，总产值 9.69 亿元。

三、水果

水果产业是北碚区发展农村经济的一大支柱产业。1985—1990 年，北碚区通过培育引进，发展一批水果新品种，形成了“三家”（施家梁、蔡家岗、童家溪）伏季水果带和歇马“北碚 447”锦橙基地。1991—1995 年，在蔡家良种场建立了重庆市良种柑橘无病毒繁育母本园和苗木基地，柑橘育苗产业开始蓬勃发展。1996—2009 年，共计发展果园 5.7 万亩，种植果树 488 万株，逐步形成以柑橘、梨子、李子、葡萄、枇杷为主的水果产业基地。2009 年以来，随着城镇化进程推进和两江新区的建设，传统的水果产业基地开始萎缩；同时，在政策和资金的引导下，引进了猕猴桃、蓝莓等水果；柑橘主栽品种开始多元化，柑橘无病毒育苗产业发展迅速。2015 年年底，全区水果面积达 3.3 万亩，产量 2.1 万吨，产值 1.16 亿元；柑橘育苗基地 0.1 万亩，出圃无病毒柑橘苗 2 000 多万株，产值 1.5 亿元，已成为农业增效、农民增收的重要途径，为地方经济的发展解决当地留守人员就业做出了重要贡献。

四、蚕桑

20 世纪 80 年代末，北碚区人民政府把蚕桑产业作为促进蚕农增收、社会增效的主要发展方向，全

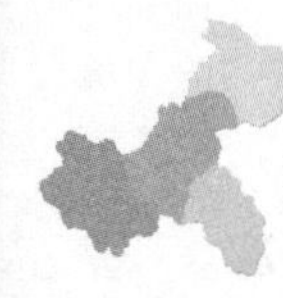

区进行第四次发展育苗栽桑。1986—1995 年 10 年间，全区共育苗 0.17 万亩。1995 年，全区 17 个乡（镇）发展蚕桑生产，桑园面积达 1.2 万亩。当年发种 2.2 万张，产茧 57.7 万千克，产值 641 万元。随着农村经济结构的不断调整，蚕桑产业急剧下滑，到 2015 年，桑园面积 0.2 万亩，其中果桑面积约 300 亩，全年发种 205 张，产茧 8.1 吨，产值 30.78 万元。

五、水产

1985—1991 年，北碚区人民政府引进世界银行贷款新建商品鱼塘，解决了区内渔业生产资金不足、养鱼设施落后问题，建设商品鱼基地 0.18 万亩，平均亩产 503 千克，亩均产值 4 024 元，亩均利润 1 690元，商品鱼塘从此大力发展，池塘养鱼高产技术推广得以推广，水产品产量从 1987 年的 802.6 吨提高到 1991 年的 1 582 吨。1991 年，大力推广良种鱼，如异育银鲫、杂交鲤、尼罗罗非鱼等，促进养鱼业高产高效。1993 年，北碚区开始对嘉陵江名优鱼人工繁殖进行研究，取得了可喜成果。1997 年重庆改直辖市，全区水产品产量已达到 4 336 吨。2000 年水产品产量达到 4 692 吨。2000 年以后，北碚区开始发展渔业基地、龙头企业以及专业合作社，水产养殖往集约规模化方向发展。2004 年，北碚区开始实施渔业养殖证制度并大力推广嘉陵江名优鱼养殖。2005 年，全区水产品产量达到 0.51 万吨。2006—2010 年，随着城镇化建设加快，大量水产养殖用地征地拆迁，水产养殖面积减少，2010 年水产品产量降低至 0.44 万吨。2010 年，北碚区在全市率先进行鱼鳖混养模式的试验示范，试验取得成功，可在亩产常规鱼类 1 000 千克的基础上，再产出生态甲鱼 50～100 千克，实现亩产值 2 万～3 万元，亩增收1 万～2 万元的目标。2012 年以来，北碚区大力发展休闲观光渔业、生态渔业、无公害渔业等特色效益渔业 2015 年，已建成休闲观光渔业基地 500 亩，生态渔业养殖面积 0.38 万亩，水产品产量达到 0.49 万吨。

六、食用菌

1986 年以来，北碚区食用菌产业经历了生料栽培、熟料栽培、半机械化栽培阶段。1986—1990 年期间，栽培主要品种有平菇、蘑菇等。1991—2015 年，栽培主要品种有平菇、金针菇、黄背木耳、姬菇、鸡腿菇、茶树菇、袖珍菇、猴头菇、大球盖菇、草菇、香菇等种类。总产量从几十吨发展到 2012 年的年产近万吨，产值近亿元，产量、产值占全市本土的 1/8，带动 2 000 余人就业；期间，食用菌产业成为北碚农业发展新的重点产业。1986—1990 年，各乡镇均有农户从事食用菌生产，每个乡镇不超过 10 户，全区有近 100 户；每户年产量 1～10 吨不等，年产量在 500 吨左右。1991—2000 年，户均年产量提高到 1～100 吨，全区年产量近 1 000 吨。2001—2012 年，城镇化建设加快，各开发区设立与建设，食用菌生产户数减少到不足 60 户，户均年产量大幅度提高，从 10 吨到 1 000 吨以上不等，年产量近万吨。2015 年，全区食用菌产量 1 万吨，产值达 1.2 亿元。

七、畜牧

1986—1994 年，北碚区因具备地域小、畜牧技术力量强、推广队伍体系完善等优势，在生猪生产上先后承担并实施了多个养猪技术试验、示范项目。并提出以“五改、二推”为主要内容的农户养猪成套技术在全市范围内大面积推广。1995—2010 年 15 年间，畜牧品种大引进、结构大调整、养殖模式大变化、新技术大推广、生产水平大提高，畜牧产业基本稳定。畜牧业的经营形式已由过去千家万户分散饲养向适度规模经营发展，并逐渐向标准化、生态型经营方向发展。因城市化建设进程的加快和生态环境保护的需要，北碚区作为重庆市主城区之一，自 2010 年开始，开展了次级河流整治、创建国家环境保护模范城市的活动，取缔畜禽养殖场（户）500 余家，使全区畜牧产业养殖总量逐年下降。2012 年，重新划定畜禽禁止养殖区域，北碚区大部分街镇区域内的养猪专业场户被限制发展，农户规模养猪数量被控制在 20 头以下，生猪生产遭遇政策性缩减。2012—2015 年全区持续进行畜禽养殖污染治理，力求达到停止养殖，处理畜禽，拆除圈舍，环境无污染的目标，生猪生产降至区划调整后的最低点。2015 年，全区生猪存栏 3. 35 万头，出栏 5. 58 万头；大牲畜存栏 0. 14 万头，出栏 0. 032 5 万头；羊存栏 0. 969 万只，出栏 1. 14 万只；禽存栏 64. 59 万只，出栏 104. 32 万只。全区肉类总产量达到 0. 586 3 万吨，禽蛋产量达到 0. 207 5 万吨。

第四节　产业发展重大举措

1987—2015 年，北碚区不断推进农业农村改革，扶持产业发展，大致可分为 3 个阶段。

一、第一阶段：保障市场供应，增加农民收入

1987 年，北碚区在调查研究的基础上，开始了农村双层经营体制的试点改革工作，到 1992 年全面推行。这是农村落实家庭联产承包责任制后，集体经济和服务功能受到削弱，为巩固壮大集体经济，加强生产队集体层面经营和服务功能而采取的一项重要措施。

1990 年，全区开始推行“两田制”为主的农村土地承包完善工作。两田制，就是把农民承包的土地在账面上分为口粮地和承包地，口粮地不承担国家统购派购任务，新增人口时，通过账面调整各家各户的口粮地和承包地，实质是调整各家各户承担国家统购派购任务的数量，以此来解决无地承包的新增人口的口粮问题，即人地矛盾问题。到 1992 年，全区 133 个村、1 122 个合作社普遍结束完善工作，其中：实行“两田制”承包形式的有 798 个社，占 71. 2%；实行“定份制”承包形式的有 106 个社，占 9. 4%；实行“人均包地，排轮候缺”承包形式的有 209 个社，占 18%；实行其他承包形式的有 8 个社，占 0. 8%。1998 年，第一轮农村土地承包时间结束，按市里统一部署，全区全面开展了第二轮农村土地承包工作。北碚区委、区人民政府下发了《关于认真开展全区第二轮农村土地承包工作的指导意见》，对全区延长土地承包期工作的相关问题作出了规定。

二、第二阶段：减轻农民负担，加强监督管理

2003 年，按照国务院和重庆市农村税费改革试点方案要求，全区开展了农村税费改革试点工作。北碚区农业委员会同区财政局共同制发了《两税附加和村级缺口资金管理办法》，为农村税费改革和建立覆盖城乡的公共财政制度，最终取消农业税和农村“三提五统”，减轻农民负担，增加农民收入奠定了基础。同年，全区全面取消了农业税及其附加，为农民减轻负担 1 010 万元，农民人平减轻负担 29 元（增收 29 元）。在减轻农民负担方面，各级都把减轻农民负担视为农民增收，全区农民负担年年保持不超过上年农民人均纯收入 3% 的水平。2004—2006 年，区委、区人民政府连续下发关于做好农民负担监督管理工作的意见，明确各街道（镇）和区级部门的责任；彻底取消了农村“三提五统”，为农民人均增加收入 30 元以上。种粮直补（农民种粮国家按种植面积补贴）、农村义务教育“两免一补”、农机购置补贴和大量的农业项目投入，让农民直接或间接地得到较多实惠。北碚区人民政府还放宽政策，积极引导农民经商办企业；认真执行市的政策优惠，积极引导农民农转城。2008 年，全区建立、完善了涉农收费文件“审核制”；涉农税收、价格、收费及补贴补偿“公示制”；街道（镇）、村级组织和农村中小学校公费订阅报刊“限额制”；农民负担“监督卡制”及农民负担案（事）件“责任追究制”等 5 项制度。最大限度实现农民负担“三无”（无农民负担恶性案件、无群体性事件、无大规模集访事件和到京上访事件各类信访案件和突发事件）。2009 年，北碚区始终把贯彻落实中央、重庆市减轻农民负担政策作为“三农”工作的重点，结合纠风与机关效能建设会议，及时传达中央、重庆市减轻农民负担工作会议和有关文件精神，对农民负担监督管理工作进行了再动员、再部署，把减轻农民负担工作列为镇（街）领导政绩考核的重要内容之一，明确党政一把手为减负的第一责任人，层层把关，一级对一级负责，形成了减轻农民负担工作党政一把手亲自抓、负总责，分管领导具体抓，有关部门密切配

合抓，业务工作人员全力以赴抓的工作机制，为农民负担监督管理工作提供了有力的组织保证。2010年，北碚区农村工作委员会联合区级有关部门对涉农收费项目、标准进行了清理和规范。清查结果是全区119个行政村全面推行“公示制”、义务教育阶段“一费制”和农村订阅报刊费用“限额制”，全区无一例涉及农民负担的案件和违纪违规行为。

三、第三阶段：发展都市现代农业，促进农旅融合发展

2012年，北碚区委、区人民政府出台《关于加快推进农业现代化的实施意见》，北碚区人民政府出台《关于大力发展特色效益农业的实施意见》，提出要大力发展优质蔬菜、花木、食用菌以及嘉陵江名优鱼等效益较高的特色产业，着力建设都市现代农业示范区。坚持以“一统三化两转变”战略为指导，以繁荣农村、提升农业、富裕农民和服务城市为目标，围绕都市农业的生产、生活和生态三大主体功能，调优农业产业结构和产业布局，拓展农业功能，推动一二三产业融合发展。2013—2015年，建立了北碚区特色效益农业发展基金，列入区财政年度预算，额度为每年1 500万元，用于农业结构调整、良种推广、技术培训、基础设施建设、加工销售、农产品质量安全监管、品牌创建及对农业龙头企业、农民专业合作社贷款贴息等方面的补贴和奖励。2013—2015年，每年分别新建（扩建）休闲农业园17个、13个、13个。截至2015年年底，全区共有休闲农业园（农业公园）34个。其中静观镇花漾栖谷被评为“全国休闲农业与乡村旅游示范点”，歇马镇虎头山生态农业公园、东阳街道西山坪农业公园和金刀峡镇帮胜蓝莓园3个农业公园被评为“重庆市休闲农业与乡村旅游示范点”。2015年10月，北碚区成功创建为重庆市休闲农业与乡村旅游示范区。

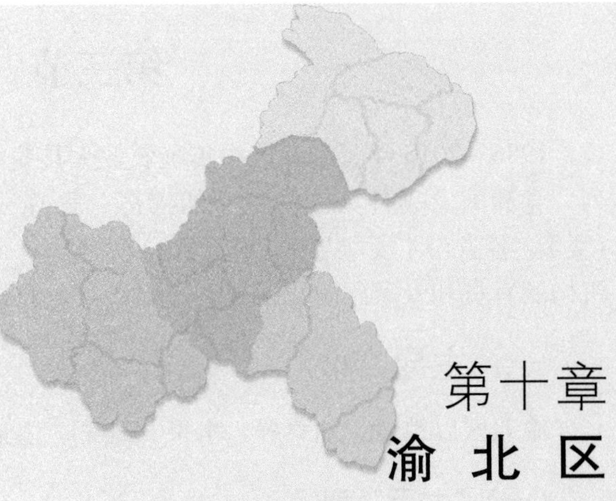

第十章
渝 北 区

第一节　基本概况

1913 年，设江北县。1994 年 12 月，撤销江北县设渝北区。原江北县总面积 1 944.23 平方千米，有耕地 87.75 万亩。建渝北区时，辖原江北县 20 镇 14 乡，总面积 1 452.03 平方千米，耕地面积 63.9 万亩。2000 年 12 月，将人和、大竹林、礼嘉、鸳鸯 4 镇划出，设重庆市北部新区。至 2015 年，渝北区（不含北部新区）总面积 1 330.2 平方千米，辖 11 个镇、11 个街道，耕地面积 56.7 万亩。有户籍人口 121.01 万人，镇化率 68.40%；有常住人口 155.09 万人，城镇化率 79.46%；安置三峡库区移民 5 961人。

第二节　农业农村经济

农业农村经济情况见表 20－10－1。

表 20－10－1　1986—2015 年渝北区农业农村经济情况

分期		地区生产总值（亿元）	农业总产值（亿元）	农业增加值（亿元）	农业增加值占地区生产总值（%）	农村居民收入		
						纯收入、可支配（元）	城乡收入比	农村居民恩格尔系数（%）
“七五”始	1986 年	4.27	3.00	1.95	45.67	415	2.18：1	0.43
“七五”末	1990 年	8.62	5.99	—	—	623	2.60：1	0.39
建区	1994 年	15.41	9.42	—	—	1 160	3.35：1	0.22
“八五”末	1995 年	22.79	13.80	—	—	1 511	3.12：1	0.22
重庆市直辖后	1997 年	31.91	15.24	10.16	31.84	2 094	2.58：1	0.19
“九五”末	2000 年	53.40	14.15	10.07	18.86	2 404	2.39：1	0.33
“十五”末	2005 年	145.32	18.34	11.82	8.13	3 479	1.93：1	0.32
“十一五”末	2010 年	573.64	27.15	18.52	3.23	6 772	2.82：1	0.36

第三节　农业主要产业

1986—2015年，渝北区由传统农业大县蜕变为现代都市农业新区，农业农村工作跨入全市先进行列。党和国家领导人江泽民、胡锦涛、姜春云、回良玉、毛致用，农业部部长杜青林及国家其他部（委）、各省份主要领导等76人次，联合国、世界银行及东南亚国家联盟、中非共和国等21个国家、机构的官员和专家到渝北区视察、调研农业农村工作和国家农业科技园区开发建设。

一、主导产业

渝北区以粮食、油菜籽、水果、蔬菜、生猪和渔业为主导产业。

（一）“七五”期间

江北县委、县人民政府提出“打好一个基础（粮食生产），攥紧两个拳头（乡镇企业、商品基地建设）”的农业发展思路，动员各方力量支援农业，增加农业投入。成立以县长熊懋仁为组长的生猪发展领导小组。农村继续完善承包经营责任制，调整农业产业结构。建设长江柑橘带和市县蔬菜商品基地。以世界银行贷款在滩口和鸳鸯建设商品鱼基地。在长江片推广“双杂”，改变粮食低产面貌。建设“十大商品基地”。1987年遭受特大旱灾，粮食总产量减产8.77%。1990年，建设国家商品瘦肉型生猪基地县，出栏生猪75.07万头，位列全国养猪百强县第51位。全年粮食播种面积159.6万亩，总产量46.18万吨；油菜籽产量0.36万吨；蔬菜面积11.55万亩；水产品产量0.35万吨；水果产量0.97万吨。

（二）“八五”期间

渝北区稳定农村基本政策，增加农业投入，狠抓粮食生产，积极发展“三高”农业，建成瘦肉型猪、蚕桑、奶类、渔业、柑橘、蔬菜等商品基地。安排120万元扶持蚕桑生产，栽桑0.56亿株。在鱼嘴、龙胆、复盛实施万亩柑橘幼树早期丰产综合配套技术。在两路镇鹿山村建成重庆市最大良种枇杷示范基地。建立沙坪乡农业综合开发示范区。建设市第三期蔬菜基地及“三高”农业基地22个。1994年，全年粮食面积120.6万亩，产量36.11万吨；油菜籽面积3.6万亩，产量0.29万吨；蔬菜面积11.4万亩；生猪存栏43.74万头，出栏59.35万头；水产品产量0.43万吨；水果产量1.05万吨。1995年，因建区耕地减少22.8万亩。大力发展“两高一优”农业，引导农民“稳粮增收奔小康”。在回兴、石坪等地新建蔬菜基地10.05万亩。全年粮食面积119.7万亩，产量36.74万吨；油菜籽产量0.44万吨；蔬菜面积14.25万亩；生猪出栏61.24万头；水产品产量0.46万吨；水果产量0.85万吨。

（三）“九五”期间

渝北区委、区人民政府印发实施《关于加快农业和农村经济发展的决定》，提出“九五”期间坚持稳粮调结构，致富奔小康的发展思路。1998年，全区农民基本实现小康目标。全区进一步深化农村改革，大力推广农业科技，增加农业投入，改善农业内部结构；建设全国生态农业示范县和国家无规定动物疫病区。1996年，猪肉产量4.6万吨，是新中国成立以来最高纪录。重庆改为直辖市之初，坚持“稳粮、增收、调结构”的工作思路，建设小康村。1998年，渝北区启动“科技兴果”工程，因开发需要，农业产业结构调整和退耕还林还草等，粮食和生猪生产开始持续减少。2000年，蔬菜、牛奶、小家禽、水果等多经增长较快。全年粮食面积107.7万亩，产量33.51万吨；油菜籽产量0.21万吨；蔬菜面积22.65万亩，产量29.75万吨；生猪出栏50.59万头；水产品产量0.64万吨；水果产量1.93吨。

（四）“十五”期间

渝北区减免农业税1个百分点。全区贯彻落实中央1号文件精神，农村劳动力转移就业和农业招商引资工作推进有序，农业全面增效，农民增收提速。按照“北移东进”发展思路，在北部和东部乡镇建设蔬菜基地。实施“金龙工程”，建立渝北区农业信息网。在永庆等7个乡（镇）培育小桑园1.2万亩。2005年，粮食播种面积78.75万亩，产量25.97万吨；油菜籽产量0.37万吨；蔬菜面积26.25万亩，产量33.26万吨；生猪出栏45.38万头，猪、牛、羊肉总产量4.83万吨，为新中国成立以来最高纪录；水产品产量0.73万吨；水果产量3.11万吨。

（五）“十一五”期间

渝北区印发实施《关于加快农业产业化经营的意见》，坚持工业反哺农业，城市支持农村，统筹城乡经济社会发展；全部免征农业税；实行种粮直补政策；实施“增收致富”等5项工程和整村推进试点促进新农村建设。深化农业结构调整，减少生猪等生产。2006年，因特大旱灾，粮食总产15.51万吨，为渝北区建立以来最低纪录。在茨竹建成重庆市第一个乡村蔬菜夜市。2007年，在茨竹镇、张白路沿线、兴隆镇发展蔬菜3万亩；开展了生猪和奶牛保险试点。2008年，油菜籽产量0.45万吨，为历史最高纪录。2010年，启动“超万行动”，编写推行《16种增收模式》。继续调整农业产业结构，启动张白路万亩蔬菜基地建设。在两江流域和景观水域放流鱼种213万尾。创建“平安渔业示范县”。实施农业部“三电合一”农业信息服务项目。全年粮食面积64.2亩，产量22.47万吨；油菜籽产量0.24万吨；蔬菜面积30.45万亩，产量41.68万吨，为历史最高纪录；生猪出栏33.31万头；水产品产量0.50万吨；水果产量8.55万吨。

（六）“十二五”期间

渝北区出台改革试点实施方案，坚持“5555”改革思路，在重庆市率先开展“拨改投”改革试点，投入财政资金7 199万元，惠及业主50家，受益农户5 935户，试点农民亩均分红收益550元以上，人均财产性收入增加825元以上，得到农业部和重庆市委、市人民政府充分肯定。在重庆市率先建立土地流转风险防控机制，率先建立区有市场、镇有中心、村有服务站的3级联动农村土地流转交易服务体系，严控城市工商资本下乡风险。累计流转农村土地面积达23.1万亩，农村土地适度规模经营度达到42%。渝北区在重庆市率先进行农村金融改革，围绕解决农业“融资难”“融资贵”问题，出台《渝北区农业扶持贷款风险及担保管理暂行办法》《渝北区农村居民生产扶持贷款风险损失补偿金使用管理暂行办法》等政策文件，设立0.20亿元农业贷款风险金，发放农村居民生产扶持小额贷款和“三权”抵押贷款累计2.87亿元。印发实施《关于加快推进生态文明建设的实施意见》《农村改革总体方案》《鼓励农民创业扶持政策，缩小“数字鸿沟”行动方案》等，推进农村集体资产量化确权改革。实施“千百工程”和“整村推进试点工程”，继续推进新农村建设，创建市级新农村建设示范村2个，重点村20个。实施蔬菜基地产业提升项目。广泛开展“农社”“农超”对接。全面取缔、搬迁二环内、风景区（景点）规模养殖场218家。建立农产品质量安全保障体系，建立和完善生猪、牛奶、蔬菜、水产品等农产品质量安全追溯制度。建成“三农呼叫中心”和“12316”热线。在两江流域投放鱼苗269万尾。2015年，粮食面积56.4万亩，产量19.62万吨；油菜籽产量0.33万吨；蔬菜面积28.05万亩，产量39.10万吨；生猪出栏27.32万头；水产品产量0.81万吨，水果产量13.30万吨，均为新中国成立以来的最高纪录。

二、特色产业

（一）建设重庆渝北国家农业科技园区

渝北区自主研发生猪、奶牛、蔬菜等9个农业专家系统。建成中国（重庆）国际食品工业城及红掌鲜花示范基地、柑橘脱毒种苗繁育中心、良种牛繁育中心等八大高新技术农业项目。引进天友乳业股份有限公司、华牧实业（集团）有限公司、秦妈餐饮文化有限公司等近100家涉农产品加工、物流企业。大拇指、五谷地等精品休闲农业项目和三亚湾水产品市场落户园区。形成以良种奶牛业、精品花卉业、名贵种苗业、生物药业、农产品加工业、农产品物流、农业生态业、农业科研等为龙头的现代农业产业化集群。以农业园区拓展区为载体，龙头企业为依托，建立种子种苗、畜禽、水产三大良种繁育基地，被评为国家现代梨和柑橘体系试验区。

（二）发展农村特色劳务经济

渝北区组织农村创业青年赴山东、广东、高校考察、学艺，开展定点、订单培训，提升农村劳动者技能。大规模组织农民工赴疆摘棉创收。2015 年，全区农村劳动力转移就业 16 万人次，劳务创收 27 亿元。“十二五”期间，全区农村劳动力转移就业 85 万人次，劳务创收 109 亿元。

（三）实施区域化布局

“七五”到“八五”期间，渝北区实行“三片”布局，重点发展统景柑橘、“梅溪”榨菜、人和丝瓜、礼嘉藤藤菜、茨竹藠头、静观花卉和静观醋等。静观花卉是川派花卉发源地，有 800 多年历史。静观、水土、复兴花卉种植面积 0.48 万亩。“九五”期间，渝北区实行“五片”布局，在南部片区人和—沙坪 10 个镇建设“菜篮子”基地。在中部片区王家、关兴等 6 个乡（镇）建设蚕桑、药材等商品基地和花卉长廊。在北部片区永庆—华秦 6 个乡（镇）建设伏淡季水果经济带 4.5 万亩，发展藠头、反季节蔬菜和草食畜产品。在东部片区洛碛、石船、龙兴等 7 个乡（镇）建设优质稻，优质榨菜（4.5 万亩），优质蚕茧（5 万担）和优质猪肉、水禽基地。在东北部片区统景—明月 6 个乡（镇）建设御临河流域优质柑橘基地 4.5 万亩。“十五”到“十一五”期间，实施“1331”农业发展战略。继续建设国家农业科技园区。在南部片区突出发展以奶牛、蔬菜、花卉为代表的“三色农业”。在 210 国道沿线、渝邻高速路渝北段、御临河流域分别建设伏季水果、生态旅游、优质柑橘“三大经济带”。在北部片区发展草食牲畜。“十二五”期间，实行“一区三带十基地”布局。续建国家农业科技园区。在龙王洞山、铜锣山、明月山建设 3 条观光休闲农业带。在洛碛、石船、大盛、统景、木耳、兴隆、茨竹、大湾、古路、玉峰山 10 镇建设特色效益农业基地。实行标准化生产，颁布实施草莓、歪嘴李、葡萄、柑橘等生产技术规程。

渝北区内具有较大生产规模和市场份额的特色效益农产品有优质果茶（柑橘、梨子、李子、葡萄、茶叶），优质畜禽产品（牛奶、肉兔、山羊、家禽），优质蔬菜（榨菜、藤藤菜、丝瓜），优质桑蚕茧，优质糯玉米和特种水产品等。加工辣椒、食用菌、藠头、生姜、火葱、柠檬、蓝莓等有少量生产。人和丝瓜，礼嘉生姜、藤藤菜，梅溪榨菜，茨竹藠头、梨子，茨竹和大湾辣椒，木耳西瓜，洛碛茄果类蔬菜，玉峰山樱桃、丝瓜、冬苋菜、火葱，统景柑橘和歪嘴李，大盛石斛，玉峰山和石船葡萄，兴隆杨梅，渝北环山春茶、糯玉米、肉兔，张关老腊肉等品质优良，具有地域特色，市场信誉佳，发展前景广阔。歪嘴李、梨橙、柠檬、蓝莓、杨梅远销香港、澳门、台湾，以及马来西亚、俄罗斯、韩国等地。

1.“七五”到“八五”期间

渝北区在 1987 年，与西南农业大学联合选育人工 3 倍体新桑品种“嘉陵 16”。1989 年，哈姆林甜橙评为市优质果品。1990 年，选送的杭青梨被评为市优质梨。1991 年，建设全国栀子生产基地县，在统景、兴发、王家等地发展栀子、杜仲 400 亩。环山茶场与青峰茶场选送的绿茶评为市优质绿茶。1992 年，“碧泉环山”茶被省评为优质名茶。“碧泉环山”茶及绵橙、哈母林甜橙、杭青梨入编《重庆名优特产品年鉴》。1993 年，江北县委、县人民政府提出“坚持市场导向，发挥比较优势，形成特色经济”要求，把花卉等纳入特色经济重点发展。1994 年，在大竹林建成全市第一个秋糯玉米基地。建成茨竹放牛坪伏季水果基地 0.15 万亩。“青峰翠芽”茶评为市优质名茶；“川烘”“川炒”茶评为重庆市优质茶。“环山春”“青峰翠芽”评选为省优质名茶。1995 年（建区后第一年），“环山春”茶荣获第二届中国农业博览会“金奖”。渝北区人民政府召开新闻发布会，向社会各界推介“环山春”名茶。1997 年，在大竹林建成市优质奶牛基地，规模 800 余头。建立优质糯玉米基地，面积 0.15 万亩，产量 0.08 万吨。

2. “九五”期间

渝北区在龙溪、王家等 8 个镇实施百里花卉长廊工程，从广东、浙江、四川等地引进花卉客商 30 余家，发展花卉流转土地 0.3 万亩。渝北沙田柚评为全国优质柚和市名柚产品。环山春茶评为市优质名茶。茨竹镇放牛坪梨子基地和白岩乡选送的梨子 4 个品种和“御临牌”梨橙被评为市优质果品。注册“渝泉”牌名优果茶商标。

3. “十五”期间

重点扶持发展奶牛、蔬菜、花卉“三色农业”。渝北区农村工作领导小组决定对境内生产的绿色、有机食品，市级以上名牌农产品给予奖励。从浙江、陕西引进优质奶牛 0.2 万头。建设“210 国道沿线优质伏季水果经济带”“御临河流域优质柑橘经济带”“渝邻高速公路渝北段生态农业经济带”。建立区农业良种展示园。建成龙兴、天堡寨、王家、石坪、回兴 5 个奶牛基地和天堡奶牛小区，奶牛存栏 0.75 万头，居重庆市之首。天堡奶牛小区养殖奶牛 500 头，为全市最大奶牛养殖小区。在双凤桥街道沙坪村建成重庆市最大的波尔山羊养殖场，规模 152 头。建设沙坪生态园，引进花卉业主 80 余家，引进资金 2 亿余元，发展花卉苗木 0.8 万亩。全区花卉种植总面积 3.3 万亩，花卉产值 1.80 亿元。在石船镇重桥村建成优质葡萄园。注册“御临牌”柑橘商标，“渝泉牌”梨橙、脐橙评为“中华名果”。“渝泉牌”环山春茶评为市首届名牌农产品。“渝泉牌”梨橙，“毛哥牌”毛哥老鸭汤汤料系列，“悦龙牌”鲜芦荟粒评为市名牌农产品。“大西南牌”五香牛肉干和“龙头牌”鲜牛肉被认定为绿色产品 A 级产品。张关彩虹鲷获无公害农产品认证。石船蔬菜基地获无公害农产品产地认定，为该区首个无公害蔬菜基地。2005 年，经过大力调整农业结构，特色效益农产品发展较快。全年优质榨菜面积 7.95 万亩，产量 14 万吨。优质柑橘面积 7.05 万亩，产量 1.90 万吨。优质高淀粉甘薯和鲜食糯玉米等 15 万亩，产量 14 万吨。特种水产品斑点叉尾鮰、湘云鲫、中华倒刺鲃、黄腊丁有较大规模养殖。蚕茧 0.11 万吨。出栏肉兔 80 余万只，山羊 7 万只；家禽出栏 700 余万只；奶牛养殖 0.54 万头，牛奶 1.79 万吨。

4. “十一五”期间

渝北区人民政府印发实施《渝北区名牌产品培育发展规划（2007—2011 年）》，实施“3136”工程，重点扶持推进肉兔、蔬菜、水果发展。实施六大产业化工程（优质柑橘加工、花卉、草食性牲畜、笋用竹、天然香料、优质蚕茧）。建设国内首个干奶酪生产基地，重庆市英明种兔场、全国最大梨橙生产基地（柑橘面积 10.05 万亩）和现代农业示范基地。阿兴记产业（集团）有限公司、天友乳业股份有限公司、隆生农业发展有限公司、正伦农业发展有限公司从国外引进兔、猪、奶牛原种等 0.19 万只（头）。调减奶牛等高污染高风险传统畜牧产业，大力发展以肉兔、土鸡为重点的低污染、低风险、高效益的节粮型畜禽，以及与都市休闲农业配套的休闲渔业。实施“小家禽科技入户”“一村一品”产业化项目。实施 800 万只肉兔产业化工程，建设南方肉兔之乡。建成生态鸡、肉兔、蔬菜科技示范园和畜禽十大标准化养殖场。从浙江省调进的杂交桑苗 40 万株。因开发和农业产业结构调整等养蚕发种持续下降。建设“全国梨橙之乡”。引进投放湘云鲫、太空巨鲫苗种 55 万尾，发展名特优水产和垂钓、观光渔业，翠云水煮鱼远近闻名。香港南华集团在兴隆镇发展生态旅游、休闲、观光一体化现代农业。注册“统景梨橙”“渝盛御兔”“放牛坪土鸡”“花漾渔村”等商标，打造“北大门”“两江源”农业公共品牌，包装推介放牛坪土鸡、印盒歪嘴李、张关老腊肉、统景梨橙、兴隆五黑粮油等品牌。产于渝北区的“翠京元”梨通过有机食品认证，榨菜 7 个产品通过绿色食品认证。渝北区被授予“中国果菜无公害科技示范区”“全国优质蚕茧标准示范区”“中国梨橙之乡”“中国李之乡”称号；统景镇评为“中国优质柑橘基地乡镇”；空港水产生态养殖区评为“全国水产健康养殖示范区”。重庆市人民政府命名“天食”牌（肠衣）为市级重点培育出口知名品牌。渝北区的兴隆、御临、石坪、茨竹、玉峰山、

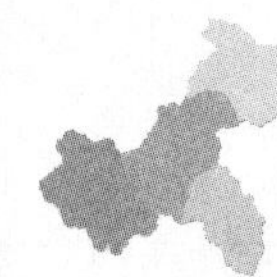

龙兴、玉峰山7个镇，木耳镇二岚垭花果农场梨园，望梅农业杨梅基地，均通过无公害农产品产地认证；木耳镇万亩蔬菜基地和无公害生态草鸡获无公害农产品和产地认证。渝北区的玉峰山镇南瓜、番茄、火葱，石坪镇的丝瓜、湘云鲫、斑点叉尾鮰，“仙梅渝乡”杨梅通过无公害农产品认证。“红剑”“有友”“可可舒”“天食”“享恋”“凌峰”“百特”“秦妈”“红九霞”“紫芸”“渝北”11件商标被认定为重庆市著名商标，渝北区人民政府分别奖励10万元。“御临牌”梨橙、“静观牌”静观醋、“毛哥牌”毛哥麻辣鱼调料3个农产品，“江龙牌”杯装调味酸牛乳等6个农产品以及天友灭菌奶被评为重庆市名牌农产品。渝北梨橙获市名优柑橘优质奖。统景“塔罗科血橙”“梨橙11”分获重庆市优质柑橘和优质农产品称号。统景梨橙荣获“中国十大名橙”称号。“渝乡仙梅”品牌荸荠种杨梅获全国精品杨梅优质奖。“仙桃1号”“歪嘴李”通过重庆市品种鉴定。

5.“十二五”期间

渝北区实行“一区三带十基地”发展布局，建设特色产业基地。以农民收入“倍增计划”为主线，实施特色产业带动，就业创业联动，农村改革创新驱动“三动工程”，着力发展中药材和蓝梅等特色高效农业。渝北区人民政府对蓝莓基地建设基础设施和购买苗木每亩补贴0.26万元。渝北区人民政府组织渝北区农业委员会、大盛镇、茨竹镇、古路镇和中药材、蓝莓企业业主多批次到重庆市药物种植研究所，贵州黔东南州麻江县、黄平县、施秉县，重庆市中药研究院考察中药材、蓝莓产业。邀请重庆市中药研究院专家组到渝北区实地考察。完成《渝北区临空都市区都市农业发展课题研究》，制定《渝北区发展临空都市农业亩均产值及利润考核办法》。编制《重庆市渝北区中药产业发展规划（2014—2020年）》，与重庆市中药研究院签订中药产业化发展战略合作协议。引进中药材、蓝莓、草莓等新品种164个，筛选适合渝北种植的蓝莓、石槲、丹参、灵芝、牡丹、芍药、菊花、佛手、天麻、白及、丹参、党参、百合等26个亩均产值在万元以上，亩均利润在0.5万元以上的特色高效农业品种。建设重庆市首个中药材现代化农业示范基地，渝北区建成大盛中药材良种繁育中心，茨竹名贵中药材和大湾镇八角村百合种植等18个中药材种植基地。大盛中药材良种繁育中心引进业主阿尔泰生态农业发展有限公司、及时雨科技有限公司等8家业主，建成标准化石斛栽培基地1.2万米^2，栽培石斛18万丛，种植百合、黄菊、薏米、黄栀子、白牡丹等1.0万亩。加快“互联网+临空都市农业”发展，建成渝北精准农业智慧化总平台和玉峰山“醉美葡萄谷”等12个农业物联网示范基地，实现“1台电脑1部手机就能让大棚听懂‘指令’”目标。大力发展农产品电子商务，依托益农佳农业专业合作社联合社，建成“亿农加”临空农产品物流园、电商产业园，举办首届、第二届全市农民合作社产销对接会。在渝北区高层次人才服务中心开展“智慧化农业培训交流”主题活动，邀请重庆市农业委员会副主任做专题辅导。举办设施农业物联网技术及应用培训班，邀请重庆市农业委员会专家和西南大学教授对农业物联网的发展前景、关键技术及其应用进行详细分析讲解。隆生集团在渝北区建成国内首个“良种猪繁育基地”“国际科技合作基地”。建设“醉美风情葡萄谷”“七彩香村”“白云印象”“盛世花都”“兴隆花海”“花漾渔村”“桂禾·花仙谷”“十里荷花走廊”，明月山阿尔泰中药材基地和张白路万亩蔬菜基地。渝北区投入20亿元以上，集中连片建成中药材、蓝莓、杨梅、葡萄、歪嘴李、柑橘、梨园、高山设施蔬菜、苗木、红枫十大万亩特色效益农业基地。“一镇一品”“一镇一特”布局基本形成，统景镇印盒村、茨竹镇梨园村、大盛镇天险洞村被授予“全国‘一村一品’示范村”称号。渝北区被授予“中国知名杨梅之乡”称号；玉峰山风情葡萄沟被授予“重庆市现代农业示范园区”称号。“渝仙牌”杨梅获全国优质杨梅金奖。“南天门”杨梅被评为全国十大精品杨梅。鹰嘴李，兴隆杨梅，秋园有机鸡，常青藤四季田园巨峰、巨玫瑰、金手指、摩尔多瓦，重桥葡萄获绿色食品认证。阿兴记肉兔等获无公害农产品及产地认证。渝北“歪嘴李”“梨橙”获农业部地理标志认证，选入《全国名特优新农产品目录》。“歪嘴李”荣获“重庆特产名片”称号。“渝北梨橙”通过市品种审定。印盒鹰嘴李，毛哥风萝卜老鸭汤炖料，“嘟嘟兔”系列食品，天友纯鲜牛奶和重隆发饲料被认定为重庆名牌农产品。渝北区的塔罗科血橙、W. 默科特分别获中国（重庆）晚熟柑橘金奖、银奖。五谷地农业股份有限公司在兴隆镇龙寨村建设意大利休闲度假农场，建成重庆市首个国际乡村度假俱乐部。举办印盒李花、兴隆杨梅、木耳葵花、玉峰山草莓等都市休闲农业节庆活动。创建印盒李花基地3A景区。玉峰山百果红风情生态园为该区首个“全国休闲农业与乡村旅游示范点”。印盒村选入首批市级特色景观旅游名村，被评为部级“美丽乡村”示范创建村。大湾土瑞基地成功创建全国休闲渔业示范基地。印盒李花、木耳桃花、放牛坪梨花被农业部评为“中国美丽田园”。古路红枫入选“重庆十大最美春景”之首。渝北区农村成为主城居民休闲观光的重要目的地。“三品”认证增至189个。涉农商标增至222件。培育新型农业经营主体，推进农业供给侧结构性改革。渝北区有天友乳业股份有限公司、华牧实业（集团）有限公司、长龙实业（集团）有限公司3家国家级农业产业化龙头企业和市级、区级农业产业化龙头企业63家，家庭农场、农民合作社分别增至120家和248个。

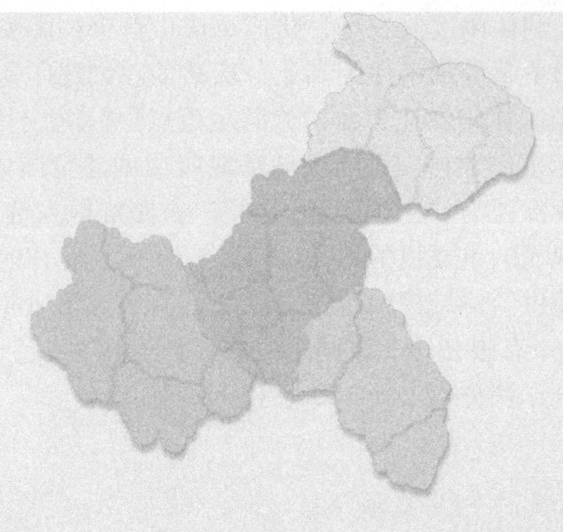

第十一章
巴 南 区

第一节 基本概况

巴南区前身是具有2 300多年历史的巴县，1994年12月，撤县设区。总面积1 824.6平方千米，辖14个镇、8个街道；2015年，户籍人口90.62万人（其中农业人口49.63万人），常住人口100.58万人，城镇化率78.28%。地处长江南岸丘陵地带，天气温和，雨量充沛，土地以丘陵为主，低山次之，平地极少，有耕地面积3.70万公顷。

1986年以来，历届巴南区委、区人民政府，为加快全区城乡统筹发展，先后制定并实施了“发展主城区、开发渝黔线、带动大农村、城乡共繁荣”“工业强区、农业稳区、三产活区、科教兴区”发展战略和“1134”“1145”农业产业化发展战略，按照“江南新城、主城第三增长极、城乡一体发展示范区”的战略定位，指引着全区传统粮猪型农业向以“都市农业”为主的农业现代化转变。全区农业生产发生翻天覆地的变化，农民生活水平不断提高，都市农业生产格局逐步形成。

第二节 农业农村经济

农业农村经济情况见表20－11－1。

表20－11－1 1986—2015年巴南区农业农村经济情况

年份	地区生产总值（万元）	农业总产值（万元）	农民人均收入状况	
			纯收入、可支配（元）	农村居民恩格尔系数（%）
1986	58 661	36 587	—	—
1990	77 980	73 577	—	—
1995	279 908	190 217	—	—
1997	401 221	226 172	2 161	65.69
2000	502 656	203 398	2 371	63.28
2005	1 000 044	303 516	3 475	53.08
2010	3 208 481	403 426	6 741	48.24
2015	5 683 423	672 779	13 878	47.00

第三节　农业主要产业

1986—2015 年，为满足市场需求，促进小康建设，巴南区农村经济主要构成，以种粮食为主的种植业，以养猪为主的养殖业，以经济作物为主的特色产业，在建设新农村、富裕广大农民上起了明显支撑作用。

一、重点产业

（一）茶叶

巴南属江南低山区，适合茶树种植，巴南区委、区人民政府高度重视茶产业，茶叶已成为巴南区重要名片。1999 年起，巴南区启动二圣茶厂建设；2004 年，被西南大学指定为科研、教学实习基地。到 2006 年，形成了以重庆市二圣茶业公司、重庆品茗茶业公司、重庆业丰茶叶公司为核心的产业化体系。生产基地面积达到 3.2 万亩，茶树无性系良种化率达到 85%。建设了重庆市唯一的国家级茶树良种繁育基地，培育了具有自主知识产权的省级茶树良种“巴渝特早”。2008 年，土地治理项目与产业化经营项目结合实施，为巴南区万亩生态茶叶基地探索经验。通过“公司 + 专业合作社 + 农户”模式，“公司 + 基地 + 种植大户”模式，扩大了规模经营，增加农民劳务收入。2015 年，全区茶园面积 31 410 亩，茶叶总产量 3 846 吨，总产值 1.77 亿元。

（二）水果

巴南是水果产地。中华人民共和国成立后，随着人民生活水平的提高和市场的需要，大量栽培梨子、柚子、樱桃、草莓等水果。建区后，在巴南区委、区人民政府扶持下，培育出五布柚、鱼洞乌皮樱桃、二圣梨等一系列名特产品，巴南区成为全国无公害水果产地县。

1. 五布柚

又名五布红心柚、五布红橙，在巴南区已有百年历史，是独有的全国名柚，主要分布在五布河沿岸。2015 年，全区共栽植 3 万亩，100 余万株。在 2001 年 11 月的全国柚类科研生产协作会上，五布柚名列全国名优柚类商品评比名列榜首，产品远销国内 10 多个大中城市和地区并于 2011 年获国家地理标志证明商标。

2. 二圣早熟梨

在巴南区海拔 600 米左右的二圣天坪山，有 8 000 亩无公害生产基地。具有成熟早、果皮薄、果核小、果肉细嫩、口味甜、水分足、个体适中、外形美观等特点。于 2006 年投产面市，深受消费者喜爱。基地每年举办梨花节、采梨节等节庆活动，促进了都市观光旅游业发展。

3. 鱼洞乌皮樱桃

因其果实成熟时呈深紫红色（乌皮）而得名，具有色艳、浓甜、不裂果等特点。2011 年，获得无公害农产品一体化认证，并以“百胜牌”商标登记注册。

4. 木洞草莓

为加快新农村建设，促进农业产业经济的发展，巴南区通过农业产业化经营和市场运作，改变农民的传统生产和生活方式，促进农民增收。2007 年 5 月，由重庆平克农业发展有限公司在长坪山海眼村建设 400 亩生产基地开始，生产绿色、无公害农产品，生产反季节水果，经济价值极佳，基地设施建设较为完备，实行机械化生产，仅 2008 年产值就达 300 万元。

5. 天星雪梨

2007 年，巴南区在天星寺建设东风桥到黑石岩丨里雪梨长廊，通过种植大户的带动，使亩产超过

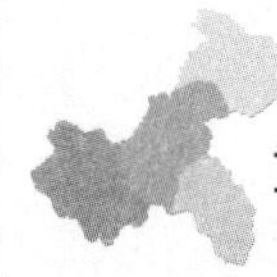

4 000斤的雪梨种植面积达到了2 000余亩，无公害雪梨生产基地1 500亩。

6. 清和高山西瓜

清和高山西瓜生长于海拔700米左右的东温泉镇鱼池村，因海拔较高，昼夜温差较大，有利于西瓜糖分的积累，所以种出的西瓜个大皮薄香甜脆爽口，造就了清和高山西瓜优质的口感、清新的甜味和丰富的营养，深受广大消费者的青睐。清和高山西瓜种植面积1 000亩，亩产3 000～6 000斤，总产量400万斤，产值600万元，人均收入9 000元。清和高山西瓜已取得农业部绿色食品认证以及注册了“高山清和”商标。

7. 接龙高山葡萄

2008年，普丰农业有限公司在巴南区接龙镇荷花村海拔800米的高山上兴建果园，以特色优质葡萄品种巨玫瑰为主，已建葡萄园300余亩。主要有高山巨玫瑰、夏黑、水晶牛奶等品种。其产品采取了测土配方施肥技术、实现了果品全程套袋管理，无农药、无污染。接龙葡萄被评为A级国家绿色食品，获重庆市名牌农产品称号。

8. 南彭草莓

产于巴南区“草莓之乡”南彭镇，有“宝交早生”“芳香”等6个品种。有产业化示范基地达到5 000余亩，产量达1.5万吨。2008年获重庆市农委无公害产品认证，2011年，全区草莓种植面积达7 000亩。

（三）其他

花椒是巴南区确定的特色产业。巴南区委、区人民政府制定了打造重庆第二大花椒生产大区的目标。2003—2004年，投入资金40多万元，以惠民、二圣、接龙、跳石等镇为重点，重点进行了基地基础设施建设，培育了惠民“凤仙牌”花椒农业主导品牌，延长产业链条，全区新发展花椒种植面积达5万亩。2005—2006年，“东灵”牌花椒基地规模达25 000亩，占全区花椒种植面积的20%，鲜花椒产量达120万千克，销售收入达900万元。2007—2008年通过重庆市名牌农产品认定委员会评议审定，获得重庆市名牌农产品称号。

此外，石龙镇“密本”南瓜产地，该区还建有接龙镇小米椒、条子椒产地，安澜镇辣椒产地，二圣镇辣椒、萝卜产地。为全区的都市农业差异化、多样化发展起着辅助支撑作用。

第四节　扶持政策与举措

（一）土地制度改革

1. 第一轮土地承包

巴县根据中央文件精神，实行“五定一奖惩”，即：定劳力、定面积、项目，定产量、产值任务，定成本，定工分，超产奖短产赔。当年有4 115个生产队实行包产到组联产计酬责任制，占全县总队数的64.66%。1980年，巴县县委制发了《巴县农业生产包干到户试行办法》。1983年，全县所有生产队推行家庭联产承包责任制。1984年，巴县根据中央精神，明确规定土地承包稳定在15年以上，并于1989年试行“两田制”（承包地划分为口粮田和责任田）；口粮田一般占承包地30%～40%，主要解决农民口粮问题；责任田一般占承包地的60%～70%，主要承担农业粮税、各项集体提留、统筹等。到1991年，采取推行“两田制”为主，多种形式完善土地承包的办法。在以农业家庭联产承包责任制为主的双层经营体制下，分配总原则是“除去国家的，留足集体的，剩下就是自己的”。农民交纳国家农业税和定配粮、村（社）集体提留粮款和乡镇统筹费是其应尽的义务，每年作为“两保证”载入农业承包合同，统一收取。

2. 第二轮土地承包

1995 年，巴南区建区后，认定第一轮承包经营合同继续有效，并依据党的方针、政策，开展了二轮承包经营。1996 年，巴南区开展了农村土地二轮承包工作。这次承包，是在第一轮承包 15 年的基础上再延长 30 年不变。1996—1998 年，巴县全面完成农村土地二轮承包工作，共签订土地承包合同 20.30 万份，占总农户的98%。2004 年 8 月，巴南区开展完善二轮农村土地承包工作，至 2005 年 9 月，全面完成工作任务，签订农村土地承包合同 9.5 万户，核发经营证书 9.48 万户，占应换发农户的99%。2011 年，建立了农村土地承包经营权登记簿制度和信息系统，全区 18.47 万承包农户完成了农村土地确权颁证工作。

3. 土地承包流转

农村的土地承包工作，是从原巴县时期开始的，建立巴南区后进一步做了完善。1990 年，巴县在完成"两保证"（保证国家征购，保证集体提留）的基础上，进行了土地承包工作。1991 年 1 月，巴县县委和县人民政府联合发出了《关于稳定完善农村土地承包责任制的若干规定》。自 1996 年巴南区开展农村土地二轮承包经营工作以来，在小调整基础上，由农户与村民小组签订土地承包 30 年合同，其后由镇（街道）核发巴南区人民政府统一印制的《农村土地经营权证》。到 2004 年，全区土地流转总面积已达 7.38 万亩，其中转让面积 0.34 万亩，转包面积 2.23 万亩，出租面积 3.14 万亩，互换面积 0.3 万亩，入股面积 1.21 万亩，其他方式流转 0.187 万亩，涉及农户 2.01 万户。2005—2006 年，全区 20 个农业镇（街道）都开展了农村土地流转工作，流转土地面积 61 956 亩，涉及农户 30 932 户。2008 年，累计流转土地面积 12 万亩，有力推动了全区农业重点项目建设和都市农业发展。2015 年，新增流转土地 1 087 公顷，累计达到 2.32 万公顷，流转率达到 37.62%；适度规模经营度达到 31.7%。

（二）农民负担监督和税费改革

20 世纪 80 年代，国务院规定农村集体提留和社会统筹款不能超过农民上年人均纯收入的 5%，但仍要保证完成国家粮食定购和农业税征收。巴南区将减轻农民负担摆上了重要议事日程。1993 年，巴县县委发出了《关于减轻农民负担有关问题的通知》，明令取消农村 42 项达标升级的活动，取消农村 29 个集资、基金和收费项目，纠正农村 10 种错误收费行为和管理方法，严格禁止中小学校的 14 项收费以及结婚收费等有关问题。再次强调把减轻农民负担工作纳入各级部门工作目标考核。2005 年，巴南区人民政府认真贯彻《重庆市人民政府关于全部免征农业税的通告》，在全区全部免征了农业税及附加，结束了千百年来农民种地缴纳"皇粮国税"的历史。当年，全区农民减负总额达到 6 221 万元，人均减负 101 元。

（三）产业结构调整与产业发展

1985 年，巴县县委继续开展农村政策研究工作，结合巴县实际，制定出贯彻中央关于农村各项方针政策的具体意见。1986 年，巴县县委、县人民政府制定了《关于贯彻中共中央〔1986〕1 号文件的有关政策意见》，要求进一步完善农副产品收购制度；实行以工补农、改善农业生产条件；继续实行优惠政策、支持城乡集体企业发展；加强土地管理、稳定完善承包地；落实"两保证"等切实减轻农民负担的 10 项具体意见。1987 年，巴县县委制定了《关于进一步完善农村政策的几点意见》，提出加强农村土地的承包和管理，要稳定和完善土地承包关系，在坚持"大稳定，小调整"的原则下，提倡将"增不补，减不退"的办法改为"候轮补缺"。同年，全县狠抓了合作经济组织的完善工作，至 1988 年 9 月，全县有 8 140 个生产队改建为农业生产合作社，占生产队总数的 99.7%。同年，为实施巴县县委、县人民政府提出的"在绝不放松粮食生产的前提下，建立以乡镇企业为主体，多种经营、城镇工业为两翼，城乡经济协调发展"的城郊型经济发展模式，巴县县委、县人民政府出台了《关于大力抓好乡镇企业发展的决定》。同时，为贯彻“服务城市、繁荣农村”的方针，巴县县委、县人民政府出台了《关于大力发展开发性商品农业的意见》，重点规划了11个粮经商品生产基地。1991年，巴县县委、县人民政府制定了《关于稳定完善农村土地承包责任制的若干规定》，提出在继续实行农村耕地按户承包，增人进，减人退，候轮补缺政策的同时，在人均耕地0.5亩以上有国家粮油定购任务，人口矛盾突出的合作社，原则上实行“两田制”。1998年，粮食种植面积逐年减少，经济作物面积逐年增加，农村主导产业有了明显变化。巴南区建成了“两园、两线、八大基地”，粮食、茶叶、畜牧、香料等产业初步形成了链式开发格局；实施了农业产业化“百万工程”和农村“百个经济强镇工程”。优质粮油生产加工、天然香料生产加工、瘦肉型猪出口创汇、名优花卉苗木生产和优质柑橘生产5个产业化项目纳入重庆市的农业产业化“百万工程”；花溪、南泉、木洞3镇纳入重庆市的“百个经济强镇工程”。

2001年，巴南区农业发展“23421”工作思路出台，即明确发展都市观光休闲农业、特色农业、有机绿色农业3大方向；构建城郊、近郊、山区3个农业经济发展区；建设中坝现代农业示范、南湖生态农业、二圣茶叶良种科技产业、鹿角农产品加工示范四大园区；培育“南南线”、渝黔线两条观光农业走廊；实现增产增收的目标。2003年，调整为“1134”农业发展战略，即：一廊（重庆百里生态农业经济长廊），一园（重庆现代农业示范园区），三大产业（优质粮、花椒、花卉苗木产业），四大品牌（“樵坪牌”贡米、二圣“巴南银针”茶、惠民“东灵牌”花椒、大正“正州牌”猪肉）。2005年，再次调整为“1145”农业发展战略，即“一廊”（重庆市巴南区百里生态农业经济长廊）、“一园”（重庆中坝现代农业示范园区）、“四大产业”（优质粮、花椒、花卉、蚕桑）、“五大品牌”（“樵坪”牌贡米、“巴南银针”茶、“东灵”牌花椒、“正州”牌猪肉、“石龙”技工）。2012年，巴南区为科学调整农业产业布局，优化产业结构，加快推进都市农业发展，编制《重庆市巴南区都市效益农业产业发展规划》，提出“一心两区七带多点”总体布局、“3+5产业体系”构建设想，并提出了“调整和优化农业结构、深入推进农业产业化、加快农业科技进步、完善农业基础设施、加快推进亮点项目”等具体措施。2015年，重新优化产业布局，调优产业结构，划定了“三线二片”（“木—高线”生态农业特色、“南—南线”现代科技特色、“惠—东线”品牌优势特色，环云篆山片区都市休闲特色、天坪山乡村旅游胜地农业景观特色）重点区域，有效推动农业增效，农民增收，都市效益农业体系初步形成。同年，巴南区被重庆市农村工作委员会、市旅游局评为“全市首批休闲农业与乡村旅游示范区”。

（四）社会主义新农村建设

2006年，巴南区委、区人民政府印发《重庆市巴南区社会主义新农村建设规划纲要》《重庆市巴南区社会主义新农村建设整体推进村点示范工程实施意见》等一系列推进新农村建设的文件。制定了《重庆市巴南区社会主义新农村建设工作计划》等一系列相关文件，为全区新农村建设指明了方向。

2008年，巴南区新农村建设规划出台。确定鱼洞街道云山村、花溪镇民主村、界石镇武新村和南彭镇鸳鸯村4个村为市级新农村建设示范村，16个区级新农村建设示范村和19个重点推进村。按照“镇街为主、专业参与、部门指导、区里统筹”的原则，全面完成了全区39个市（区）示范村、重点推进村和所有一般村的新农村建设规划。

2009年，巴南区修订完善新农村建设规划。南泉街道万河村、二圣镇集体村、界石镇桂花村、麻柳嘴镇八角村被重庆市农村工作委员会确定为第二批新农村建设市级示范村。2009—2011年，在4个村实施了建卫生厕所、建花台、建化粪池、建排水池、建垃圾坑和院坝硬化“五建一化”工程，新农村面貌不断改观。鱼洞街道干湾村、仙池村，接龙镇塘边村等42个村被市确定为新农村建设推进村。修订完善了南彭街道鸳鸯村、木洞镇水口寺村、安澜镇棋盘村等15个村的新农村建设规划。在南彭街道鸳鸯村，二圣镇集体村，跳石镇大沟村，石滩镇天台村、双寨村，石龙镇大桥村，东温泉镇玉滩村等整治农家环境600余户。

2011年，巴南区人民政府印发了《关于做好2011年度农村人行便道建设工作的通知》等文件，明确了农村人行便道建设的实施与管理。2009—2011年，通过融资和市财政“一事一议”等多渠道筹资，新建农村人行便道1 300千米，惠及21个镇街30多个村60 000多群众。鱼洞街道云山村、南彭街道鸳鸯村、二圣镇集体村、南泉街道万河村、姜家镇文石村、接龙镇荷花村等基本实现了人行便道户户通。

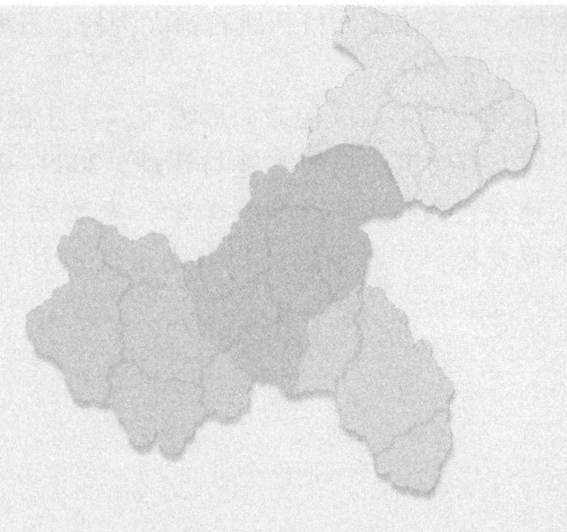

第十二章
长 寿 区

第一节　基本概况

长寿区位于重庆市主城东北隅，地跨长江南北，东南接壤涪陵区，西南与渝北区、巴南区为邻，东北接垫江县，西北与四川省邻水县相接，属于三峡库区生态经济区。

唐代武德二年（619 年），因其地常温，禾稼早熟，民乐之，故定名为乐温县，隶属涪州。明洪武六年（1373 年），明玉珍以“县北有长寿山，居其下者，人多寿考”将乐温县改名长寿县。2001 年，撤县设区。全区总面积 1 423.62 平方千米，辖 7 个街道、12 个镇，222 个行政村。

长寿区属亚热带湿润季风气候，四季分明，气候温和，冬暖春早，初夏多雨，盛夏炎热常伏旱，秋多连绵阴雨，无霜期长，温差大，多雾少日照。有 107 座水库，境东和境西有人工湖泊长寿湖（狮子滩水库）、大洪湖，水资源丰富。

截至 2015 年，全区有耕地面积 85.05 万亩，人均耕地 1.46 亩。2015 年末有户籍人口 90.2 万人，其中非农业人口 32.1 万人，户籍人口城镇化率 35.6%；常住人口 82.43 万人，其中城镇常住人口 50.79 万人，常住人口城镇化率 61.6%。

第二节　农业农村经济

一、地区生产总值、农林牧渔业总产值和农民纯收入情况

长寿区农业农村经济情况见表 20－12－1。

表 20－12－1　1986—2015 年长寿区农业农村经济情况表

分期		地区生产总值（万元）	农业总产值（万元）	农业增加值（万元）	农业增加值在地区生产总值的占比（%）	农民纯收入、可支配（元）
“七五”始	1986 年	61 832	43 944	20 305	32.8	424
“七五”末	1990 年	126 852	91 350	35 747	28.2	684
“八五”末	1995 年	257 951	154 162	78 511	30.4	1 470
重庆市直辖后	1997 年	365 735	171 081	93 144	25.5	1 728

（续）

分期		地区生产总值（万元）	农业总产值（万元）	农业增加值（万元）	农业增加值在地区生产总值的占比（%）	农民纯收入、可支配（元）
“九五”末	2000 年	485 919	152 958	97 814	20. 1	2 362
“十五”末	2005 年	914 318	218 710	147 831	16. 2	3 480
“十一五”末	2010 年	2 286 417	323 183	215 076	9. 4	6 410
“十二五”末	2015 年	4 301 168	574 151	382 489	8. 9	12 047

二、移民动迁

长寿三峡移民涉及菩提街道、凤城街道、晏家街道、江南街道和但渡镇 5 个街道（镇）和半座城市，淹没陆域 8. 7 平方千米，移民任务居重庆市非重点区（县）之首，搬迁安置总人口 21 058 人。

三、农村扶贫

1986 年以来，长寿区扶贫开发工作经历了探索、起步、攻坚、巩固阶段。2005 年，以全区调整后的特困村为主进行了全面的贫困户普查、建卡，全区共有建卡贫困人口 25 823 人，相对贫困人口20 019 人、绝对贫困人口 5 804 人。到 2009 年，进一步加强了贫困户动态管理，共有农村扶贫对象 25 007 人。2014 年，长寿区在贫困户中继续寻找相对贫困的农户，最终录入系统 17 619 人。2015 年，全区扶贫攻坚工作开始启动，经过努力，完成 17 619 人越线脱贫，扶贫工作再上新台阶，各阶段的扶贫开发战略目标基本实现。

第三节　农业主要产业

1986—2015 年，长寿区以粮油产业为基础，以柑橘、蔬菜、渔业、畜牧、林果五大产业为主导，以中药材、花卉苗木产业为增长点，初步形成了“1 +5 +2”特色效益农业产业体系。

一、粮油

（一）水稻

水稻是长寿粮食生产主要作物，形成了早稻、中稻、晚稻和一季中稻—再生稻种植模式，其中以中稻为主。1986 年加大推广杂交稻种植，栽培面积达 17. 5 万亩，占全县水稻种植面积的 41. 8%。1986—1990 年，水稻常年种植 41. 55 万亩以上，占全年粮食产量的60% 以上。1991—1995 年，坚持科技兴农，开展“丰收计划”，农业先进实用技术得到推广应用，水稻产量得到较快增长，从 1991 年的 21 万吨上升到1995 年的24. 2 万吨。1996—2000 年，加速农业科技成果转化和旱育秧、旱育抛秧推广，扩大再生稻留蓄面积，提高水稻单产，2000 年亩产 634 千克，创历史新高。2001—2005 年是农业内部结构调整重要时期，全区主要推广种植优质水稻，优质良种推广率60% 以上。水稻面积由2000 年的40. 5 万亩逐渐减少到2005 年的 36 万亩，总产量保持在 20. 7 万 ~21. 9 万吨。2015 年播种面积为 35. 1 万亩，产量 18. 3 万吨。

（二）玉米

玉米种植面积和产量在长寿区粮食作物中占第二位，多用作饲料、烤酒，食用少。1986 年，杂交玉米推广面积 20. 7 万亩，占全县玉米种植面积的 80% 以上，总产量 9. 6 万吨。2002 年种植面积高达

21.6 万亩、产量 9.1 万吨。此后开始进行了农业种植结构调整，玉米种植面积减少，2006 年减少到 18.5 万亩，2015 年，播种面积 19.1 万亩，产量 9 万吨。

（三）甘薯

甘薯是长寿区粮食生产主产作物，种植适应性强，不择土壤，容易繁殖，普遍采用薯块无性繁殖。1986—2001 年，常年种植面积 22.5 万亩左右，1990 年发生"6.30"暴雨，连晴高温时间长，在 2 个月以上，甘薯损失惨重，栽插面积 15.7 万亩，萎蔫、枯死 44.5%。2001 年农业调整粮经结构，甘薯面积减少，2002—2006 年，种植面积在 16.5 万～19.5 万亩，2015 年，播种面积 18.5 万亩，产量 4.5 万吨（折合粮食计算）。

（四）小麦

小麦是长寿区小春主要作物，栽培历史悠久，适应性强。1986—1999 年，长寿县常年种植面积 30 万～33 万亩，总产量 5.0 万～5.5 万吨。由于产量长期不高，投入大，农民没有种植积极性，从 1996 年起，种植面积逐年减少。2000 年种植面积 21.6 万亩，总产量 3.13 万吨。2002 年，长寿区粮经结构调整，大力发展优质柑橘，到 2015 年，小麦种植仅为 4.4 万亩，产量 0.94 万吨。

（五）马铃薯

马铃薯在长寿区既作粮食也作蔬菜种植，一年分春秋两季种植，以春季为主，种植方式多为套种。1985—1990 年，一般种植面积 1.2 万～1.5 万亩，总产 1 100～1 600 吨。1999 年，开始综合利用冬闲田，发展秋洋芋稻草覆盖高产栽培技术，种植面积不断增加。1999—2006 年，一般种植面积 3.00 万～4.05 万亩，总产 4 000～5 500 吨。2015 年，播种 7.36 万亩，产量 1.76 万吨（折合粮食计算）。

（六）油菜

油菜是长寿主要油料作物，因小春油菜种植经济效益较好，市场食用植物油缺口较大，农民种植积极性较高。1986—1988 年，种植面积 6.3 万亩，总产量 5 000 吨以上。1989—2002 年，实施重庆市"丰收计划"项目，长寿县种植面积 6.0 万～7.5 万亩，总产量由 1989 年的 4 578 吨提高到 2002 年的 6 863吨，增长 49.9%。2002—2006 年，长寿区结合农业战略结构调整，把扩大油菜种植面积作为小春农业结构调整的主要举措来抓，以提高油菜产量和品质，增加农民效益为目标，参与重庆市"6.67 万公顷甘蓝型黄籽油菜产业化工程"实施，建立优质油菜基地 5 万亩，占油菜种植面积 80%。2002—2006 年，优质品种种植面积稳定在 5.85 万亩，年产约 6 760 吨。2015 年，全区油菜籽播种 7.22 万亩，产量 9 452 吨。

（七）花生

花生是长寿油料作物之一，多种于带沙地、河沙地。1986—1995 年种植面积从 0.61 万亩下降到 0.26 万亩，总产由 655 吨减到 258 吨，单产在 90～100 千克，最高单产是 1994 年的 109 千克。2015 年，花生播种面积 0.88 万亩，产量 1 395 吨。

二、水果

长寿区果树种类和品种繁多，有橘、柑、橙、柚、梨子、桃、李等 154 个品种，其中以柑橘为主。1985 年，柑橘栽植达到 172.4 万株，占全县总果树 201.8 万株的 85.4%，产量达到 6 060.8 吨，占全县总产量 7 202.7 吨的 84.1%。1990 年以后，农业结构调整，积极发展多种经营，实施长江柑橘带建设项目，建成以名优水果为龙头的优质水果商品基地。柑橘生产逐年增长。2000 年，柑橘种植面积5.61万亩，总产量3.63万吨。2006年，果园栽植面积12.91万亩（其中柑橘10.3万亩，占80%），水果总产量7.59万吨（柑橘4.8万吨，占64%）。长寿沙田柚、长寿夏橙等名优水果已成为长寿农业的优势产业，是农民增收和农村经济新的增长点。2015年，全区水果投产面积33.9万亩，产量22.2万吨。

三、蔬菜

1985—1994年，全县蔬菜常年种植面积12.3万～15.0万亩，总产量由13.8万吨增加到19.4万吨，增产40.6%。1995年，长寿县人民政府将蔬菜作为全县农业产业化六大产业之一，大力发展蔬菜生产。1995—2005年全区每年种植蔬菜15万亩左右，总产量18.5万～21.9万吨。2015年，播种面积21.9万亩，产量33.7万吨。

四、渔业

1986—1989年，长寿县利用国际开发资金贷款及重庆市、长寿县配套资金，共新建商品鱼池63口，面积499.5亩，投产后，因农民缺乏技术，亩产成鱼仅146千克，亩均纯收入281元。1992年，发展稻田养鱼发展到2.79万亩。2000年，进行养殖品种结构调整，发展特种水产品。组织实施"稻田名优新养殖技术""名特优新水产养殖基地""名优鱼类池塘混养增效技术"等项目2万亩，推广普及先进实用养殖技术。2003年，为做大做强水产产业，以长寿湖、大洪湖为重点，建立重庆市生态渔业养殖基地，实施标准化渔业生产。2013年，成功打造"长寿湖"牌、"渔缘"牌有机水产品10个。2015年，全区累计认证"三品一标"水产品（即有机食品、绿色食品、无公害食品及地理商标标志）30个。2008年，"美人鱼坊牌"鲢鱼被中国名牌农产品推进委员会评为"中国名牌农产品"。2014年，"渔缘"牌甲鱼获第八届中国国际有机食品博览会优秀产品奖和第十五届中国绿色食品博览会金奖。2015年，全区渔业养殖面积18.735万亩，产量3.03万吨，名优水产率达84%。

五、畜牧业

长寿区是国家无规定动物疫病区示范区、全国生猪调出大县、西南地区最大的禽蛋生产基地和重庆市特色养殖示范区。1986年以来，长寿畜牧业紧紧围绕保障畜产品有效供给这一主线，以绿色、生态、效益、安全为导向，先后实施了"百万蛋鸡工程""2 000万只蛋肉鸡建设""100万头优质瘦肉猪基地建设"等项目。形成了较为合理、相互配套、生态协调的"3＋8"全产业体系，即：生猪、蛋鸡、饲料三大支柱产业和奶牛、羊、兔、蜂、兽药、畜牧加工业、畜禽环保治理、畜禽服务八大新兴产业。先后引进通威集团有限公司、广东温氏食品集团有限公司、华西希望集团有限公司3家国家级龙头企业，培育了长水禽业发展有限责任公司、长太生猪养殖有限公司、一牛农业发展有限公司、兴发新实业有限公司等8家市级龙头企业和源创畜牧发展有限责任公司等12家区级龙头企业。发展养殖专业合作社20个，微型企业450个、家庭农场41个、温氏养户37个，为长寿区畜牧业的发展注入了新的活力。2015年，全区出栏生猪68万头、家禽1 080万只。肉类总产量6.9万吨、禽蛋5万吨、牛奶4 417吨、饲料14万吨，比1986年分别增长1.2倍、10.2倍、3.0倍、253.5倍。蛋鸡存栏居全市第一、奶牛存栏和饲料产量居全市第二。

六、中药材和花卉苗木

在云集、海棠、石堰等地大力发展中药材，种植香桂、杜仲、银杏等中药材，长寿区中药材基地1个；在新市、八颗等地发展花卉苗木，重点发展紫薇、樱花、桂花等品种，500亩以上花卉苗木基地4个，育苗约4.44万亩。

第四节　农村能源

1987 年，长寿县被农业部列为全国改灶节能试点县。全县累计改灶 16.5 万户，占总农户的 91.7%。1990 年，逐步在全县推广“八九一八”型沼气池。1995 年，全县农村共新建“八九一八”型沼气池 18 504 口，超额完成计划。2001 年，全区累计建沼气池 74 857 口，容积 55.6 万米^3，年产沼气 2 530.8 万米^3。2004 年，长寿区通过市级农业发展资金在新市镇新塘村建设生态富民家园示范户 300 户，结合国债项目的实施，在“一池三改”的基础上实行改水、改院坝，新建精准果业示范园，发展晚熟柑橘 60 公顷，每户年存栏肥猪 3 头，形成完善的“猪—沼—果”生态循环模式，修建机耕道路 2.5 千米。2005 年，全区新建设沼气池 5 492 座，完成改灶 5 112 户，改厨 5 089 户，改厕 5 053 户（其中完成 2004 年的农村沼气建设国债项目建沼气池 1 800 座、户改厨 1 800 间、改厕 1 800 间、改畜圈 1 800座）。沼液综合利用养鱼 1 080 公顷、病虫防治 3 440 公顷、浸种 4 160 公顷、养猪 6 200 头。2006 年，全区新建沼气池 2 167 座，完成改灶 2 032 户，改厨 2 032 户，改厕 2009 户，其中生态家园“一池三改”示范建设农户 1 500 户，完成上级下达的任务。至 2015 年年底，全区有沼气池 9.56 万个。2003 年以来，实施国债项目建设 3.9 万个，沼气服务网点 83 个，年产沼气 2 448 万米^3。

第五节　农业机械

1986 年，为适应农村家庭联产承包责任制经营方式，农业机械向小型、多功能、操作轻便灵活的方向发展。1988—1989 年，实施国家水稻机械化示范县项目，农业机械化水平有所提高。至 2001 年，全县农机总动力 24.69 万千瓦，其中：提灌机械 8 533 台 5.02 万千瓦，大中小型拖拉机 377 台 1.34 万千瓦，农用运输车 996 台 4.85 万千瓦，农用载重汽车 1 228 辆 9.68 万千瓦，农副产品加工机械 3 463 台 3.02 万千瓦，耕整机 279 台 1 297 千瓦，其他农业机械 6 599 千瓦。2006 年，掀起发展农机化的热潮，耕种收综合农机化水平达到 21.8%。至 2015 年，全区农机总动力 40.1 万千瓦，其中提灌机械 16 088台 5.41 万千瓦，大中型拖拉机 50 台 1 746.08 千瓦，农用运输车 294 台 1.68 万千瓦，农副产品加工机械 32 910 台 3.2 万千瓦，耕整机 19 715 台 10.84 万千瓦。

第六节　扶持政策等重大举措

一、规划文本类

2000 年，长寿县农业畜牧局关于《长寿县粮食、蔬菜、水产品生产“十五”计划及 2015 年发展规划初步意见》，确定了“十五”期间和到 2015 年期间，长寿县农业产业发展的目标、思路及相关政策。2005 年，长寿区农业局《“十五”工作和“十一五”规划》，确定了全区“十一五”期间农村发展的目标、思路及相关政策。2010 年，长寿区人民政府与西南大学合作编制了《重庆市长寿区新农村建设和现代农业发展“十二五”规划》《重庆市长寿现代农业种植园区总体规划》《重庆长寿现代畜牧养殖园区总体规划》，确定了长寿区“十二五”期间农业农村发展目标和思路。2012 年，《长寿区移民生态农业园建设总体规划》实施，启动了长寿区移民生态农业园建设。2012 年，长寿区人民政府与西南大学编制了《重庆市长寿区特色效益农业园区总体规划》，启动 4 个园区建设，基本形成现代农业“三园”“五区”发展格局。

二、实施意见类

1986 年，长寿县人民政府《关于进一步落实和完善渔业承包责任制的意见》，要求各级各部门要认真落实好渔业承包责任制的相关政策，保障渔业产业良性健康发展。1987 年，长寿县人民政府《关于强化植保工作的通知》，要求各级各部门要切实加强植保工作，保障农业生产安全。1987 年，长寿县人民政府《关于完善农机水利服务体系的通知》，要求各级各部门要切实加强农机水利服务工作，为农业农村发展提供有力保障；1987 年，长寿县人民政府《关于建立健全农技综合服务体系的通知》，要求各级各部门要大力开展各项农技服务工作，形成社会化的农技服务网络，为农业农村发展提供有力保障。1988 年，长寿县人民政府《关于增加农业收入改善农业生产条件增强农业发展后劲的决定》，要求各级各部门要落实好农业扶持政策，加快推进全县农业农村发展；1988 年，长寿县人民政府《关于进一步加强农业承包合同管理的通知》，要求各级各部门要切实抓好业承包合同管理工作，落实家庭联产承包责任制。2004 年，长寿区人民政府《关于大力开展农业标准化工作的通知》，加快推进农业标准化工作，提升农产品质量和标准化水平。2007 年，长寿区人民政府印发《关于加快农村土地流转促进规模经营的意见》，鼓励和加强农村土地流转。2010 年，长寿区人民政府印发《关于大力发展微型企业的实施意见》，推进农业微型企业发展。2010 年，长寿区人民政府印发《关于开展农村土地承包经营权确权颁证工作的实施意见》，明确农村土地承包经营权确权颁证工作。2012 年，长寿区委、区人民政府印发《关于贯彻落实市委市政府〈关于推进新型工业化的若干意见〉的实施意见》《关于贯彻落实市委市政府〈关于推进新型城镇化的若干意见〉的实施意见》《关于贯彻落实市委市政府〈关于加快推进农业现代化的若干意见〉的实施意见》，明确了“十二五”和“十三五”期间，加快推进农业现代化的总体要求、主要目标和具体措施。2012 年，长寿区人民政府办公室下发《关于印发重庆市长寿区推进农村新型股份合作社发展实施方案的通知》，明确了农村新型股份合作社的扶持政策。2013 年，长寿区人民政府印发了《关于鼓励发展家庭农场的实施意见》，扶持家庭农场发展。2015 年，长寿区委、区人民政府下发《关于精准扶贫精准脱贫工作的实施意见》，为全面完成扶贫攻坚任务指明了方向。

三、规范性文件类

1986 年，长寿县人民政府印发《长寿县水产管理的若干规定》，对全区水产产业发展进行了规范。1998 年，长寿县人民政府《关于印发渔业生产管理办法的通知》，对全区渔业产业发展进行了规范。2007 年，长寿区人民政府下发《关于印发重庆市长寿区农村土地流转管理办法的通知》，实现农村土地流转的有序管理。2007 年，长寿区财政局、区农业产业化领导小组办公室印发《重庆市长寿区柑橘、蛋（肉）鸡产业扶持资金使用管理办法》，明确了柑橘、蛋（肉）鸡产业扶持资金的管理。2014 年，长寿区委、区农村工作领导小组印发《长寿区特色效益农业产业扶持办法（实行）》，明确了全区特色效益农业扶持重点。

四、产业扶持类

1986 年，长寿县人民政府出台《关于发展种猪生产的意见》，确定了种猪发展的扶持政策；1986 年，长寿县人民政府印发《关于加快龙溪区长寿沙田柚基地建设的通知》，明确了长寿沙田柚产业的扶持政策。1986 年，长寿县人民政府《关于进一步加强长寿湖夏橙基地建设的通知》，确定了加快长寿湖夏橙基地建设的扶持政策。1987 年，长寿县人民政府《关于加强长当前水果生产的通知》，加强水果产业发展，明确扶持政策。1987 年，长寿县人民政府《关于搞好 1988 年榨菜加工生产的通知》，切实抓好榨菜加工生产。1987 年，长寿县人民政府《关于进一步加强农村畜牧服务工作的通知》，进一步强化农村畜牧产业服务工作，加快畜牧产业发展。1988 年，长寿县人民政府《关于加强耕牛保护和繁殖工作的通知》，切实抓好更牛保护和繁育工作。1988 年，长寿县人民政府《关于蔬菜基地建设几个问题的通知》，加快蔬菜基地发展。1988 年，长寿县人民政府《关于认真抓好一九九八年“两杂”种子生产的通知》，切实抓好“两杂”生产工作。1988 年，长寿县人民政府《关于对推广水稻半旱栽培技术实行奖励的通知》，鼓励大力推广水稻半旱栽培技术新技术，提高水稻产量。1988 年，长寿县人民政府

《关于稳定生猪生产的紧急通知》，扶持稳定生猪生产。1990 年，长寿县人民政府《关于保护水产资源发展渔业生产的通知》，促进渔业产业又好又快发展。1994 年，长寿县人民政府办公室《关于搞好蔬菜外销工作的通知》，切实抓好蔬菜外销工作。1994 年，长寿县人民政府《关于加快发展草食动物的通知》，加快草食动物产业发展。1995 年，长寿县人民政府《关于发展 100 万只笼养良种蛋鸡的通知》，发展 100 万只笼养良种蛋鸡，加快建成蛋鸡养殖基地。2003 年，长寿区人民政府《关于进一步做好我区新阶段“菜篮子”工作的意见》，加快蔬菜基地建设和蔬菜产业发展；2008 年，长寿区百万吨优质柑橘深加工产业化工程项目领导小组办公室《关于 2008 年度柑橘发展工作意见》，明确了柑橘产业的扶持政策和措施。2011 年，长寿区人民政府《关于稳定发展粮食生产的意见》，明确了粮食产业的扶持政策和措施。

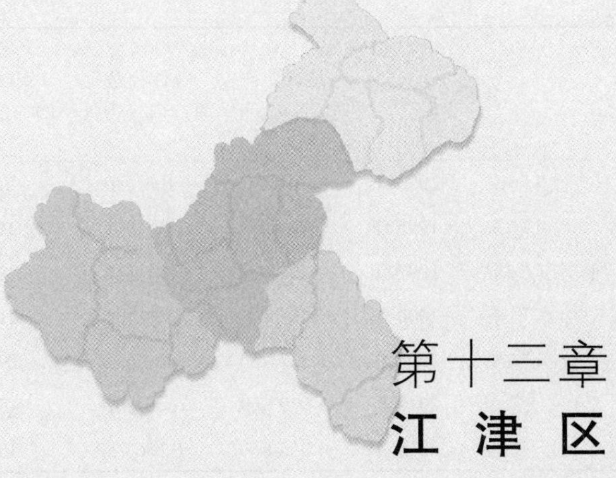

第十三章 江 津 区

第一节 基本概况

江津位于重庆市西南部，夏、商属梁州，周属巴国，秦属巴郡。南齐永明五年（487 年）置江州县。西魏（553—556 年）改为江阳县。隋开皇十八年（598 年），因县城地处长江之要津而改为江津县。1992 年，撤县设江津市。2006 年，撤市设江津区。总面积 3 200 平方千米，地貌以丘陵兼具低山为主，属亚热带季风气候，拥有耕地 171. 1 万亩。2015 年，辖 25 个镇、4 个街道，有户籍人口 149. 5 万人，城镇化率 61. 64%；有常住人口 133. 2 万人，城镇化率 63. 71%。

第二节 农业农村经济

江津是重庆农业大区，农业和农村工作一直是各届党委、政府工作的重中之重。1986—2015 年，江津紧紧围绕农业农村经济发展目标不动摇，勇于探索，大胆创新，努力调结构、转方式、惠民生、促改革，农业农村经济呈现稳中向好、稳中有进、稳中提质发展态势，实现了由传统农业大县向现代农业强区的快速转变，先后获得“全国产粮大县”“生猪调出大县”“中国柑橘之乡”“中国花椒之乡”称号，列入“国家现代农业示范区”“全国农村产业融合发展试点县”“国家农业产业化示范基地”等，李克强、温家宝等党和国家领导人多次来津视察调研，国家级媒体多次宣传报道江津经验。2015 年，农、林、牧、渔业总产值达 110. 68 亿元，稳居重庆市第一位，农、林、牧、渔业增加值 76. 03 亿元，分别是 1985 年的 25. 21 倍、24. 89 倍。

一、主要年份农业农村宏观经济指标

江津区农业农村经济情况见表 20 - 13 - 1。

表 20 - 13 - 1　1985—2015 年江津区农业农村经济情况

分期		地区生产总值（万元）	农林牧渔业总产值（万元）	农林牧渔业增加值（万元）	农林牧渔业增加值占比（%）	农民收入状况		
						人均可支配收入（元）	城乡收入比	农村居民恩格尔系数（%）
基期	1985 年	74 816	43 858	30 549	40. 83	359	—	—

（续）

分期		地区生产总值（万元）	农林牧渔业总产值（万元）	农林牧渔业增加值（万元）	农林牧渔业增加值占比（%）	农民收入状况		
						人均可支配收入（元）	城乡收入比	农村居民恩格尔系数（%）
“七五”末	1990 年	176 245	106 080	72 538	41.16	666	—	—
“八五”末	1995 年	443 494	311 818	217 693	49.09	1 507	—	—
重庆市直辖后	1997 年	622 892	347 156	224 430	36.03	2 117	—	—
“九五”末	2000 年	719 638	318 002	210 587	29.26	2 400	2.33∶1	—
“十五”末	2005 年	1 333 480	449 652	296 245	22.22	3 629	2.60∶1	53.11
“十一五”末	2010 年	3 029 969	666 908	459 693	15.17	7 074	2.35∶1	47.86
“十二五”末	2015 年	6 055 860	1 106 759	760 332	12.56	13 722	2.04∶1	40.5

二、调整农村生产关系，完善落实农村政策

江津区在调整农村生产关系，完善落实农村政策方面的做法。一是稳定完善农村土地承包关系：1986 年，农村土地承包关系尚不稳定，为解决无地人口问题，一年或几年调整一次承包地；1987 年，完善农村双层经营责任制，加强集体统的功能；1995 年，推行二轮土地承包；1998 年，完善二轮土地承包，土地承包期一律延长至 2028 年 6 月 30 日，实行 30 年不变；2010 年，启动农村土地确权颁证，以国土“二调”面积为基础，重新确定农户承包地面积，发放经营权证；2014 年起，贯彻党的十七届三中全会决定，土地承包关系保持稳定并长久不变。二是改革完善农产品购销政策：1985 年前，粮食、生猪等大宗农产品实行统派购制度；1985 年，取消生猪派购制度，改国家粮食统购为合同定购；1991 年底，粮食合同定购改为国家定购；1992 年，放开生猪购销价格；1993 年，放开粮食价格和经营，取消实行 40 年的城镇居民粮食供应制度；从 2002 年起，取消粮食定购，收购市场、价格全面放开。三是稳步推进农村税费改革，逐步形成支农、惠农、强农政策体系：1993 年，率先在全国对农村提留统筹费实行“定项限额”，一定三年不变；2001 年，取消乡（镇）统筹费，取消集体提留改征农业税附加；2004 年，首次实行撂荒地复耕、蓄留再生稻等 12 项农业直补；2005 年，免征农业税，首次实施水稻、玉米、马铃薯良种直补；2007 年，首次实行农资综合直补；2008 年，首次实施家电下乡财政补贴；2008 年后，对农业农村转移支付力度逐年加大。

三、加强基础设施建设，提高农业综合生产能力

江津农业生产时常受到基础制约和自然灾害威胁。1985—2015 年，不断加强基础设施建设，改善农村生产生活条件。一是农村水利建设：1985 年以来，先后开展了小流域治理、水土流失治理、中小型水利工程建设和山坪塘整治等；至 2015 年，有效灌溉面积 55.23 万亩，比 1985 年增加 8.22 万亩，占年末耕地面积的 32.28%。二是农村交通建设：1984—2002 年，先后开展农村公路拓宽改造、完善公路建设网络和连镇公路建设；2003 年，江津提出“一路三化”发展战略，加强农村公路建设，实施村级公路通达、通畅工程；2005 年，340 个行政村基本实现村村通公路；2009 年以来，实施农村交通基础设施建设项目，逐年新建和硬化农村公路；至 2015 年，全面实现乡镇通油（水泥）路，村村通公路，公路里程达 5 047 千米。三是实施农业综合开发：30 年间，开展山、水、田、林、路综合整治，累计投入资金 3 亿元，其中财政投资 2.2 亿元，完成土地治理 35.25 万亩。四是农村电力建设：先后列入“九五”“十五”“十一五”全国农村初级电气化和电气化建设县（区）；1999—2002 年，实施第一期农网改造工程；2009 年，实施农村中、低压供电网络改造；2010—2015 年，实施新一轮农网改造升级工程；至 2015 年，累计完成农村电网改造投资 10.25 亿元，地方电网日趋合理和完善，功能更加齐全，

农村用户电价大幅下降。五是农村通信建设：至 2015 年，江津有固定电话用户 19 万户，移动电话用户 96 万户，互联网用户 19.80 万户，覆盖面逐年扩大。

四、调整农业和农村经济结构，构建现代农业产业体系

江津传统农业是粮猪型单一结构。20 世纪 80 年代初期，粮食基本自给后，开始农林牧渔业内部结构调整，扩种经济作物，利用荒山荒坡造林，用余粮发展畜禽和水产养殖。80 年代中期，开始农村经济结构调整，发展第二、第三产业。1984 年，大力发展乡镇企业。同期，由于乡镇企业和商贸业兴起，劳务经济进入萌发期，以“离土不离乡”为特征。90 年代初，由于长三角、珠三角经济快速发展，劳务经济进入壮大时期，形成“民工潮”。1992 年，以邓小平南方谈话为标志，再次大力发展乡镇企业。1994 年，实施百万农民多种经营致富奔小康工程。1996 年年初，江津市人民政府首次提出“努力推进农业产业化”，把它列为农村工作五大任务之一、农村改革三大任务之一和农民增收的重要途径。2000 年，江津市人民政府作出推进农业结构调整的若干政策规定和指导意见。2001 年，江津被列为重庆市唯一的农业结构调整综合示范县（市），纳入重庆市 10 个农业产业化百万工程项目区。同年，大力发展花椒产业，召开花椒发展专题会，政府下达指导性种植计划 7.5 万亩，规划 2005 年发展到 50 万亩。2002 年，全面启动退耕还林工程，启动 10 万亩优质晚熟柑橘产业项目。2003 年，实施农村公路，工业化、城镇化、农业产业化“一路三化”战略。同年，珞璜、白沙、油溪、杜市 4 镇列为重庆市“百个经济强镇建设工程”首批试点镇。2004 年，实施农业部“阳光工程”和重庆市“百万农村劳动力转移就业工程”。2005 年，江津花椒种植面积首次达到 50 万亩；江津转移农村剩余劳动力 33.52 万人（重庆市外 16 万人），农村劳务总收入 16.75 亿元，占农民所得收入的 42%。2010 年，发展林下种植 2.15 万亩，林下土鸡出栏 120 万只。至 2013 年，江津共计完成退耕还林 45.31 万亩。2014 年，江津区人民政府首次决定大力发展富硒产业，出台产业发展规划。2015 年，实施新一轮退耕还林工程 10 000 亩，2015 年，农林牧渔业结构不断优化，初步形成粮油、蔬菜、肉猪三大支柱产业，花椒、柑橘、茶叶三大特色产业。农村经济结构日趋合理，一二三产业在地区生产总值中的比重由 1985 年 41∶45∶14 变为 2015 年的 12∶59∶28。

五、扩大对外开放合作，拓展农业发展空间

江津农业始终坚持“引进来”和“走出去”相结合，拓展农业对外开放广度和深度。1986—2000 年，江津农业对外交流多采取“走出去”方式，组织农产品参加国内各种展销会、博览会等。进入 21 世纪，开始实施“引进来”战略。2002 年，正洲养殖公司落户夏坝镇建设万头养猪场，澳门恒和集团来渝投资在江津发展优质晚熟柑橘；同年，组织 6 个龙头企业近 100 个产品赴韩参展；同年 12 月，城南综合市场举办首届订单农业暨优质农产品展示展销会。2006 年，举办首届花椒之乡贸洽会。2007 年，启动现代农业园区规划编制，协议引进重庆长江三峡农业发展有限公司、重庆瑞恩农业有限公司、德国亨嘉国际有限公司等 4 家公司，意向投资 37 亿～40 亿元。2009 年，举办首届“重庆江津石蟆橄榄节”。2010 年，在石门镇举办首届晚熟柑橘采果节。2015 年，猫山茶叶基地举办“江津首届富硒采茶节”。通过对外合作交流，江津优质农产品及其加工产品走向海内外市场，江津花椒远销日本、韩国，榨菜出口马来西亚，江津逐渐成为重庆近郊重要观光休闲之地。

六、改革完善农业社会化服务体系，构建农业发展科技支撑

江津区在改革完善农业社会化服务体系，构建农业发展科技支撑方面，一是改革完善基层农业服务体系：20 世纪 80 年代初，各区公所、公社组建“农业技术服务公司”开展技术承包。1985 年，各区公所、乡均建立农业技术、农业经济等“农业技术服务公司”；1986 年，更名为“农业技术服务站”；1989 年，从在岗农技员中招聘区、乡农技干部 70 人；1994 年，镇（乡）农技推广机构实行综合建站；

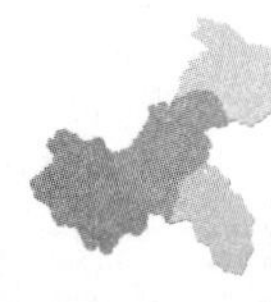

2004—2006 年，将镇（街道）公益性农业服务职能合并纳入镇（街道）农业服务中心，综合建站，将各类经营性服务职能分离出来，实行市场化运作；2005 年，实施“万村千乡”农村市场双建工程，探索建立农资连锁经营服务体系，在原农技体系辞退人员中招考招录农技员。2006 年，26 个镇（街道）畜牧兽医站职能并入镇（街道）的农业服务中心；2008 年，镇（街道）畜牧兽医站分离出来移交给江津区畜牧兽医局归口管理；至 2015 年，共有镇（街道）农技人员 948 人，其中种植业 602 人，畜牧兽医 346 人。

二是发展多种形式的协会和行业组织：1984 年，试建一批专业生产者协会；至 1988 年年底，先后建立起柑橘、花木、养猪、食用菌、农机等 56 个生产者协会，发展会员 5 371 人；1998 年，发展农村专业合作社和村级综合服务站；2001 年，成立江津市农业产业化龙头企业协会；2002 年，先锋绣庄村成立江津首个花椒专业合作社；2003 年，成立江津市花椒产业协会、橄榄专业合作社；2003 年，发展新型合作经济组织 90 个；2012 年，引导农民以多种要素作为股份，组建农村新型股份合作社，同年，在油溪镇成立大坡村河上滩股份合作社，为重庆首家集体资产股份量化后组建；截至 2015 年年底，有各类种养专业大户 3 200 个，农民合作社 651 家，工商注册家庭农场 406 家，农业龙头企业 169 个，农业社会化服务组织 65 个。

三是发展多种信息服务：2001 年，《江津农业信息网》上网运行；2004 年，实施信息入乡工程，建乡（镇）农业信息服务站和“农业 110”；2005—2006 年，实施电脑、电话、电视“三电合一”项目，推广“巴渝新农网”“农网广播”“移动农网”等信息服务平台。

七、实施扶贫开发，帮扶贫困对象脱贫

江津在实施扶贫开发，帮扶贫困对象脱贫方面，一是 81 个贫困乡（村）相继脱贫：1987 年，按照年人均纯收入 200 元以下标准，江津有 6 个重庆市级贫困乡；1988 年，确定 7 个县级贫困乡；“七五”至“九五”期间，江津 13 个贫困乡相继脱贫；“十五”期间在 21 个镇确定 57 个特困村，实现脱贫 28 个；2005 年，确定“十一五”贫困村 29 个，建制调整后为 25 个；2008—2013 年，分批实行“千村脱贫”战略，25 个贫困村全部达到“七有、四通、三解决”的标准，实现整村脱贫；2014 年按照国务院扶贫办统一安排，识别新一轮贫困村 15 个；2015 年通过实施精准扶贫精准脱贫攻坚实现 15 个贫困村整村脱贫。

二是 14.8 万人次贫困户实现脱贫越线：“七五”期间贫困标准线为年人均纯收入 400 元，2002 年的为 944 元，2007 年的为 1 017 元；2010 年，重庆率先在全国采用相对扶贫标准，按照全市农民人均纯收入 30% 比例确定当年贫困标准线，与国家级贫困村标准线就高不就低。2010 年，贫困村标准线为 1 400 元；2011 年的为 1 583 元；2012 年的为 2 300 元；2014 年的为 2 736 元；2015 年的为 2 855 元。“七五”至“十二五”期间累计脱贫 14.8 万人次。

三是财政专项扶贫、行业扶贫、社会扶贫“三位一体”支持扶贫开发建设，贫困户交通、用电、饮水、居住、教育、医疗、社会保障等方面全面改善：累计投入财政专项扶贫资金 1.95 亿元，实施基础设施、生产发展等项目 934 个。资助贫困中高职、大学生 1 469 人，搬迁 1 243 户 3 954 人。

八、发展农村社会事业，推动经济社会全面发展

江津区在发展农村社会事业，推动经济社会发展方面，一是发展农村教育事业：1985 年，实施普及九年义务教育。1988 年，启动“两基”（基本普及九年义务教育，基本扫除青壮年文盲）；1990 年，开始实施“两基”“普实”（普及中小学实验教学）；2006 年春季开学起，农村义务教育“两免一补”全面实现；2007 年，江津利用中央、重庆和地方配套资金 4 000 多万元，消除中小学 C、D 级危房；2008 年秋季起，在重庆率先对贫困生提供“免费午餐”。2009 年起，在重庆率先创立“优秀贫困大学生助学奖励金”；2010 年秋季学期起，向小学生提供“免费营养奶”；2012 年春季开学起，免除 1～9

年级作业本和7～9年级教辅资料费；2013以来，实施38所寄宿制学校校舍、教师周转宿舍设施建设和农村贫困地区义务教育学生营养餐工程；至2015年，九年义务教育巩固率97.6%。

二是发展农村卫生事业：1985年，农村卫生保健水平较低；1985年以来，改革医疗机构设置，开展爱国卫生运动，实施7岁以下儿童计划免疫和妇幼保健，预防、控制和消除传染病，实施农村初级卫生保健、新型农村合作医疗和城乡居民合作医疗保险，以及大病医疗保险和困难群众医疗救助，农村卫生事业不断发展；至2015年，全区有卫生机构291人，床位6 683张，卫生技术人员6 297人，城乡居民合作医疗保险参保人数130万人。

三是发展农村社会保障事业：过去，农村社会保障主要为五保户供养、困难户临时救济等形式；2006年，首次对新中国成立以来13 750名村居干部实施养老保险和生活补助；2007年，首次实行农村最低生活保障，当年保障人数19 630人；2008年，开展城乡居民合作医疗保险试点；2009年，启动新型农村养老保险试点，首次对农村60岁以上老人每月发放基础养老金；至2015年，基本建立覆盖城乡居民的养老、医疗保障和社会救助制度。

四是推动新农村和美丽乡村建设：2006年，启动社会主义新农村建设；2009年，启动农民新村、巴渝新居和农村危旧房改造；2010年，创新提出“三集中两增加”新农村建设思路，龙华镇燕坝村新居300户农户搬入新家；至2015年，共建全国休闲农业与乡村旅游示范点2个，农业部美丽乡村创建试点乡村1个，重庆市级新农村建设“千百工程”示范村13个，重庆市级美丽乡村示范村6个，重庆市级美丽乡村示范片1个，新建农民新村155个、巴渝新居11 860套，改造农村危旧房19 751户，硬化农村人行便道6 000千米。此外，江津大力发展农村文化、广播、体育、通讯、信息、养老服务等其他社会事业，形成全方位支持。

九、深化农村综合配套改革，统筹城乡发展

江津区在深化农村综合配套改革，统筹城乡一是推进统筹城乡综合配套改革：2007年，启动统筹城乡综合配套改革试点，同年，率先首次实施宅基地复垦；2008年，广兴镇300亩集体建设用地复垦项目地票以2 560万元成交，为全国第一宗“地票”；2009年，江津区委出台城乡统筹发展决定；2010年，开启户籍制度改革“破冰行”，出台农村自愿转户居民宅基地、承包地、建（构）筑物退出补偿政策，完成10.7万农村居民转户进城；2011年，申报全国农村改革试验区；2013年，推进行政管理体制改革，向七大平台下放行政审批权，在白沙镇推进行政管理体制改革试点。

二是推进农村金融改革：1988年，组建农村合作基金会，开展资金互助服务；2005年，成立江津绿丰农业担保公司，对主导产业实行融资担保；2008年，首次开展能繁母猪保险；2009年，开展柑橘保险试点，推广生猪保险；2011年，创办重庆首家资金互助社——白沙明星农村资金互助社，成立首家村镇银行——重庆江津石银村镇银行，同年，在重庆市农村林权、土地承包经营权、农民居民房屋财产权“三权”抵押融资的基础上，创新开展农村塘库堰承包经营权和集体建设用地使用权抵押贷款；2014年5月，累计实现“五权”抵押融资18.9亿元。

三是推进农村集体林权制度改革：1981—1985年，稳定山权林权，划定自留山，确定林业生产责任制；从1998年开始，先后将部分代管国有林承包到个人经营，承包期50年；2004年，实行森林分类经营管理体制，划分公益林和商品林两大类；2006年，开展以“明晰所有权、放活经营权、落实处置权、确保收益权”为主要内容的集体林权制度改革工作；至2007年，江津纳入森林分类经营的单位有30个，划分国家公益林30 917公顷，地方公益林59 437公顷，商品林32 802公顷；2008年，推进集体林权制度改革，实现“山有其主、主有其权、权有其责、责有其利”，核发全国统一的《林权证》，全面放开商品林经营权；至2010年年底，已将146.3万亩集体山林落实到户，颁换发《林权证》22.5万本。农村改革实践，为江津改革开放和现代化建设提供了宝贵经验，为促进城乡社会和谐稳定奠定了坚实基础。

第三节　主要支柱和特色产业

一、粮食

粮食是江津农业支柱产业之一，生产历史悠久，主要品种有水稻、玉米、甘薯、小麦、大豆、高粱等。

1985 年，江津粮食作物播种面积 175 万亩，产量 56 万吨。

1985 年以来，江津坚持稳粮增收目标不动摇，全面落实税费减免、种粮直补等惠民措施，先后实施“七五”“八五”国家商品粮基地建设、产粮大县专贷、丰收计划、重庆市优质粮食深加工产业化工程等重大项目，推广“两杂”种子、地膜覆盖、半旱式免耕、平衡施肥、测土配方施肥、水稻机插秧暨超高产栽培等重大技术和全程社会化服务，在耕地面积逐年减少的情况下，粮食生产稳中有增。1998 年，江津全年粮食产量 73.5 万吨，达到历史最高水平。2005 年，江津被列为重庆市 10 个粮食生产重点县之一。2008 年，江津被列为全国产粮大县。2015 年，江津区粮食作物播种面积 153 万亩，产量 66.61 万吨。

二、畜牧业

畜牧业是江津农业传统支柱产业之一，主要畜禽有猪、牛、羊、兔和鸡、鸭、鹅等。

1985 年，江津肉类总产量 35 794 吨，出栏肉猪 62 万头，小家禽 304 万只，畜牧业产值 10 366 万元，占农、林、牧、渔业总产值的 24%。养殖方式以农户分散饲养为主，规模化养殖较少。

1985 年以来，江津适时推进兽医管理体制改革，开展“五号病”“蓝耳病”“禽流感”“链球菌病”等重大疫病防控，实施了商品瘦肉型猪基地建设、50 万只蛋鸡工程、国际小母牛等重大项目，推广猪圈、厕所、沼气池“三结合”，生猪“五改四推”，沼气池、改厨、改厕、改圈“一池三改”，发酵床养猪，林下养鸡等配套技术，先后列为全国商品瘦肉型猪基地建设县、国家无规定动物疫病区示范区、重庆市草食牲畜产业化工程项目区。2013 年，江津畜牧兽医局获农业部“全国农业先进集体”表彰。

2015 年，全区肉类总产量 9.7 万吨，生猪出栏 100.2 万头，牧业总产值 29.3 亿元，占农业总产值的比重达到 30%。有畜禽规模养殖场（户）达 1 239 户，其中部、市、区级示范场 7 个。

三、蔬菜

蔬菜是江津大宗经济作物，支柱产业之一，种植历史悠久。

1995 年前，只有几江城区、白沙等少数居民较多的城镇在郊区规划有菜蔬社，其他地区农户利用自留地、冬闲地，或小麦等农作物行间种植自食，多余部分才拿到当地场镇出售。1995 年，江津市被重庆市政府列为二线蔬菜基地，在几江、双溪（今属双福镇）两地建立蔬菜基地，开启江津规模化种植蔬菜历史。2000 年，在吴滩镇建设重庆市无公害蔬菜基地。至 2006 年，江津已陆续建成支坪、几江、珞璜、白沙、吴滩 5 个无公害蔬菜基地，面积达 4 万亩。以后，随着重庆城市建设扩张，重庆近郊蔬菜基地陆续被城市、交通设施建设占用，江津逐渐成为重庆近郊重点蔬菜基地之一，产品远销西南地区。2013 年，确定江津为重庆的“菜篮子”基地之后，江津的蔬菜产业进入新的发展阶段。2015 年，江津蔬菜种植面积 53 万亩（含复种），产量 84.31 万吨，产值 18 亿元以上，其中，有规模化生产基地 7.7 万亩，复种面积 19 万亩，产量 30 万吨，产值 6.75 亿元。

四、花椒

花椒是江津支柱和特色产业之一，种植历史悠久，但过去多利用房前屋后空地零星种植自用。20

世纪70年代，先锋镇一些农户开始规模种植。90年代中期达到近万亩规模。90年代中期以来，江津区各级党委、政府加大了宣传推广力度，并出台了相关政策措施，花椒产业迅猛发展。2004年，被国家林业局命名为“中国花椒之乡”。2005年8月，江津花椒因其独特的地理来源和质量特色，获得国家地理标志产品保护。2015年，江津区有29个镇（街道）、315个村的22万农户、61万椒农种植花椒，面积达50万亩，位居全国三大花椒基地之首；投产35万亩，鲜椒产量22万吨，产值30亿元，占据了全国70%的青花椒份额。“骄王”系列花椒产品先后获得“中国名牌农产品”“中国川菜调味品十大知名品牌”“中国川菜调味品金奖”等称号。

五、柑橘

江津是中国柑橘的发源地之一，种植柑橘已有4 000多年的历史。20世纪60—70年代，江津柑橘闻名国内外，总量4万多吨，远销华北、东北、西北地区，大批量出口苏联及欧洲国家。90年代，由于国内外市场发生巨大变化，加之品种单一、老化，销售受阻，江津柑橘产业陷入困境。进入21世纪，为重振江津柑橘雄风，江津区引进澳门恒和集团投资设立恒河果业公司，确立发展优质晚熟柑橘产业方向。2003年，政府出台政策扶持晚熟柑橘基地建设，当年建成柑橘园2.1万亩。2002—2006年，建成面积7万余亩。2006年以后，实施新基地建设和老果园改造，面积5万余亩。2008年11月，江津被中国果品流通协会命名为“中国柑橘之乡”。2015年，优质晚熟柑橘种植面积12万亩，产量13万吨，收入5.85亿元。

六、蚕桑

20世纪80—90年代，蚕桑是江津农业支柱产业之一。

1985年，江津14个区、85个乡、710个村、4 625个生产队中的10万农户栽桑养蚕，蚕茧产量1 026吨，产值277万元，与生猪、柑橘同时列为江津农村经济“三大支柱”之一。

1986年，设立蚕茧收购国营站19个、乡办茧站14个，实行多渠道经营。1988年，江津县蚕茧公司、丝绸厂、蚕桑站等7家单位，联合组成江津县茧丝绸联合公司，当年利润突破百万元大关，成为江津出口创汇大户之一。1994年，因蚕茧市场看好而出现“蚕茧大战”，产茧2 874吨，创历史最高水平。1996年，蚕茧产量比1994年减少61%，达1 114吨，江津实行合同订购与最低保护价收购政策。1999年，蚕茧产量758吨，为1979年以来最低产量。1999年后，蚕茧产量恢复性增长。2003年达到1 244吨阶段高点之后，逐年减少。至2015年，蚕茧产量保持在1 000吨以上水平。

七、茶叶

茶叶是江津特色产业之一，种植历史悠久。清康熙、乾隆年间就有种茶和外销记载。民国26年（1937年），被四川省列为重点产茶县。

中华人民共和国成立后，先后在南部山区建设劳改茶场、外贸种茶基地、社队茶场等，县外贸站统一收购，茶叶生产得以恢复。1974年，再次列为四川省重点产茶县。

1985年，江津有13个区，55个乡，166个村种茶，有268个茶场，共有茶园面积12 600余亩，年产茶600余吨。1985—2000年，江津茶叶面积逐年下降，产量徘徊在600～800吨。21世纪以来，由于工商资本介入，茶叶生产得以恢复。截至2015年，江津现有茶园25 000亩，产茶1 300吨，销售收入7 950万元。主要分布在嘉平、蔡家、李市、西湖、永兴、白沙、塘河、珞璜、柏林等9个镇。有茶叶规模种植企业、家庭农场、专业合作社18家，加工销售单位16家，品牌有“硒茗”“硒针”“康峡硒”“四面绿针”“四面碧芽”等20余个。地处嘉平、蔡家、李市3镇的猫山一带分布最为集中，面积17 800余亩，为江津茶叶生产核心基地。

第四节　现代农业园区和特色产业园

一、重庆市（江津）现代农业园区

园区位于江津腹心地带，规划面积200平方千米，核心区60平方千米，分为特色产业、农产品加工、休闲观光、生活社区四大功能区，涉及7个镇（街道）19个村（居）。2007年启动建设以来，引进农业龙头企业，培育农民新型合作组织、大户和家庭农场，农旅结合，一二三产业融合发展，初步成为重庆主城近郊现代农业、统筹城乡示范窗口和高效生态农业、都市休闲农业示范基地。截至2015年，引进培育农业企业58家（其中国家级1家、市级7家），培育各类新型经营主体205家，协议投资100亿元，实际到位资金50余亿元。企业、业主共流转土地5.4万亩，建成晚熟柑橘标准果园近2万亩，无公害蔬菜基地6 000亩，花椒基地5 000亩，花卉苗木基地5 000亩，特色水产基地3 000亩，富硒农产品年总产值14.5亿元，打造了白沙镇恒河片区“万亩橘海”、永兴镇“黄庄现代粮油科技示范园”、龙华镇“橘香四季”、先锋镇“蓝梅庄园”等特色园区。先后获“国家现代农业示范区”“国家农业科技园区”“全国农业产业化示范基地”“全国农产品加工创业基地”“市级统筹城乡集中示范区”等称号和命名，重庆市委、市人民政府领导亲临园区调研并导航定位，近30名省、部级以上领导人到园区视察指导，600多批次兄弟省份组团到园区考察指导，国家级媒体争相报道。

二、重庆双福国际农贸城

农贸城项目是重庆市“菜篮子工程”和“民生工程”，也是重庆市统筹城乡发展和助农增收的重要载体，由国有控股企业重庆双福农产品批发市场有限公司投资经营。该项目位于江津区双福新区，规划占地面积5 000亩，计划总投资100亿元，有商品交易区、配套功能区、管理办公区、生活服务区四大功能板块，其中，商品交易区有蔬菜、水果、粮食、食用油、肉类、水产、冻品共计26个类别。项目建成后，预计市场年交易量600万～1 000万吨，年交易额达500亿元。

项目分两期建设，一期市场主要以保障鲜活农产品供应为主，规划用地2 500亩，计划投资60亿元；二期着重于完善冷链物流，配套建设城市配送区、物流市场区及居住设施等。

市场已于2014年8月30成功开业运营，原重庆最大农批市场——观音桥农贸蔬菜市场整体迁入。目前，客商云集，购销两旺，日均交易量约6 000吨，年市场总交易量150万吨，交易额95亿元。

三、重庆锦程实业有限公司橘香四季体验农场

体验农场位于重庆市（江津）现代农业园区核心区域龙华镇新店村，规划用地6 300亩，计划总投资5.39亿元。主要建设内容包括4 000亩标准化柑橘园、1 000亩有机柑橘产业园、200亩柑橘盆景产业园、小型NFC橙汁加工及配套冷库、无病毒种苗繁育中心、晚熟柑橘研究中心、960亩水库及生态渔业、休闲旅游配套设施等。项目于2011年8月启动建设，已累计投资1.8亿元，完成了4 000亩晚熟柑橘果园、无病毒种苗繁育中心以及配套路网、灌溉设施建设，完成了水库大坝和环湖公路建设，基本完成了七星湖生态湿地一期工程建设，初步形成了农业信息化系统和循环农业系统。

四、重庆市江津黄庄现代粮油科技示范园

示范园园区位于永兴镇和慈云镇交界处，总面积3.5万亩，其中核心区5 000亩，示范区和辐射区30 000亩。该园区是江津建设国家现代农业示范区核心区之一，也是重庆市级现代农业示范园区。核心区由重庆沃津农业有限责任公司凉河分公司建设、管理和经营。

黄庄粮油科技园的建设目标是构建农业科技研发技术攻关、新品种新技术引进及实用技术展示、农

业技术培训、优质粮油加工及产品展示4个平台，发挥科技成果研发、农业综合技术展示、示范带动、宣传培训、农业机制探索、休闲观光“六大功能”。园区自2012年12月正式启动建设以来，通过项目整合，基本建成100亩的现代农业科技展示中心、农技农机培训中心、育苗中心，1 000亩的农业生产公共服务监测试验、农作物标准化生产示范区、生态渔养殖示范等“三中心六区”的功能结构。

五、白沙镇恒和片区万亩橘海

万亩橘海分布在白沙镇恒和、金宝、红花店、三口4个村，面积26平方千米范围内。过去，这里种植业以大宗粮食作物为主，缺乏突出产业。2011—2015年，农业综合开发先后投入土地治理项目财政资金1 600万元，在15 000亩项目区内实施中低产田改造、生态综合治理和高标准农田建设，壕沟式改土建设标准化柑橘园6 200亩，建成配套道路、水利设施。在农业综合开发项目带动下，交通、水利、农业委员会等涉农部门项目先后投入，项目区建成以晚熟柑橘“W. 默科特”、柠檬为主的柑橘基地万余亩。至2015年，项目区柑橘大部分投产，亩产1 000～2000千克，收入在4 000～6 000元，增收致富效果明显。

六、猫山万亩富硒茶产业园

产业园分布于蔡家镇新开村、鸳鸯村、文昌村，嘉平镇紫荆村、天水村、寒坡村，李市镇龙吟村、两岔村、孔目村、洞塘村3个镇10个村范围内，富硒茶叶种植面积1.78万亩，年产富硒茶叶达1 000吨，产值5 000万元，为江津茶叶种植核心区域。

七、石笋山生态农业园

农业园位于江津区、永川区交界处的重庆市云雾坪森林公园，由重庆市麦腾农业开发有限公司建设经营，规划面积5平方千米，总投资7.2亿元。

农业园包括两大板块：“云雾坪爱情大观园”主要发展餐饮住宿、休闲娱乐、健身文化、景观花卉等；“簸箕坪农业生态观光园”主要发展高山有机农场、四季果园、特色养殖、美丽乡村展示和生态养老。

农业园于2012年7月1日正式启动投资，至2015年底，累计投入近2亿元用于建设旅游、道路、水利及农业设施等，并造林1 000亩，种植红心猕猴桃2 000亩、有机茶2 000亩、四季果园1 000亩、花卉苗木1 000亩。

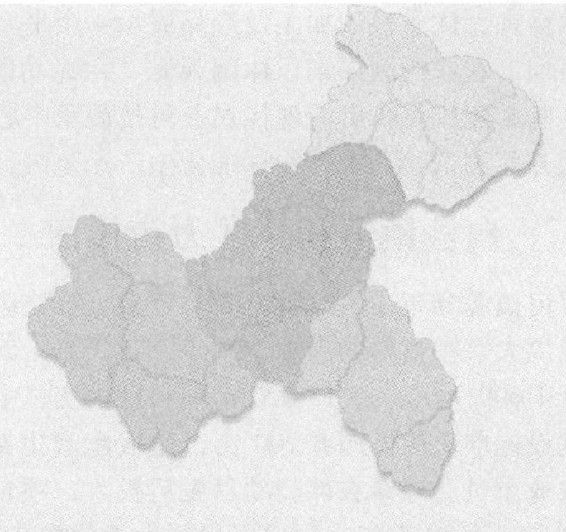

第十四章
合　川　区

第一节　基本概况

合川位于四川盆地东部，重庆主城区北面，曾为古巴国故都，公元前314年置垫江县，为合川建制之始。南朝宋文帝元嘉年间（424—453年），改垫江县为东宕渠郡。西魏恭帝三年（556年）改置州，因其地三江汇合，故名合州。民国时改为合川县。1992年设县级合川市，2006年撤市设区。“上帝折鞭处，东方麦加城”合川钓鱼城的抗蒙史，彪炳环宇，震古烁今。

全区总面积2 356.21平方千米，地形以丘陵为主，占全区总面积的90%，属亚热带季风气候区。2015年末，有耕地180万亩。辖27个镇、3个街道办事处，接纳三峡移民5 064人；有户籍人口154.43万人，城镇化率32.95%；有常住人口136.06万人，城镇化率63.8%。

第二节　农业农村经济

1986年是国民经济第七个五年计划的第一年，是稳固和完善家庭联产承包责任制，鼓励农民发展多种经营的关键时期，合川县认真贯彻“无农不稳，无粮则乱；农业是国民经济的基础，粮食是基础的基础”的指导思想，农业基础不断巩固。农业增加值在地区生产总值中占有相当大的比重。1992年，随着改革的不断深入，第二、第三产业不断发展。2006年，合川撤市设区以来，面临更多产业发展机遇，农业增加值在地区生产总值中占比不断下降。具体情况见表20－14－1。

表20－14－1　1986—2015年合川区农业农村经济情况表

分期		地区生产总值（万元）	农业总产值（万元）	农业增加值（万元）	农业增加值占比（%）	农民收入状况		
						纯收入、可支配（元）	城乡收入比	农村居民恩格尔系数（%）
“七五”始	1986年	76 513	64 723	43 900	57.4	407.0	7.87∶1	50.00
“七五”末	1990年	151 812	114 604	80 600	53.1	663.0	7.54∶1	57.27
“八五”末	1995年	483 105	252 446	175 400	36.3	1 386.0	6.91∶1	63.28
重庆市直辖后	1997年	609 897	260 685	182 400	29.9	2 194.0	6.69∶1	68.64
“九五”末	2000年	740 863	220 132	212 800	28.7	2 453.0	5.32∶1	60.83

（续）

分期		地区生产总值（万元）	农业总产值（万元）	农业增加值（万元）	农业增加值占比（%）	农民收入状况		
						纯收入、可支配（元）	城乡收入比	农村居民恩格尔系数（%）
“十五”末	2005年	1 304 562	347 971	268 900	20.6	3 538.0	4.39：1	55.02
“十一五”末	2010年	2 444 920	540 712	376 600	15.4	6 929.0	2.08：1	51.79
“十二五”末	2015年	4 761 869	938 474	654 500	13.7	13 184.4	2.03：1	37.78

第三节　农业主要产业

合川是农业大区，既是产粮大县，也是生猪调出大县，通过多年结构调整，由最初的保基本、保基础、保供给向多元化发展，资源优势、比较优势逐步转化为竞争优势和市场优势，是国家商品粮、瘦肉型生猪、商品鱼、南方大口鲶、白山羊生产基地，先后被国务院、农业部评为全国粮食生产先进单位、全国粮食生产百强区、全国农业（生猪）标准化示范区。

一、“七五”时期（1986—1990年）

（一）产业发展

合川在“七五”时期主要以保供给为主，巩固一个基础（粮食）、两大支柱（蚕桑、果树），猛攻水产、甘蔗两个薄弱环节。年产粮食70万吨左右，其中1990年76.5万吨，为最高水平；年产茧量0.68万吨左右；年产水果3.8万吨左右，其中柑橘为优势产业。1987年，承担重庆市科学技术委员会下达的“提高红橘产量成套栽培技术”研究项目获得鉴定通过。畜牧、蔬菜等产量稳步提升，建成了商品粮基地、蚕桑基地、商品鱼基地。

（二）技术推广

1986年，合川积极推广地膜育苗、半旱式免耕栽培、化学除草、农田综合利用等新技术，承担省、市、县科研项目70项，获四川省农牧厅奖励1项。1987年，积极推广农田综合利用新技术、杂交中稻规范栽培、蓄留再生稻等技术，粮食产量不断提升；“苍溪雪梨高产栽培技术”在会龙乡试点取得显著成效。1988年，改革农业耕作制度，独创了“稻田沟厢免耕水旱轮作”技术方法，推广稻稻麦、稻稻油、稻苕菜、稻苕豆、稻苕麦等技术，发展种植7.2万亩，得到省内外专家学者的赞赏，省内外30多次人员到实地观摩学习。1989年，“稻田沟厢免耕水旱轮作”技术在省份内外已有广泛影响，获四川省重庆市科技进步二等奖，列入合川县重点推广项目。1990年，承担四川省重庆市下达的农业“丰收计划”项目18项，除两个项目属跨年度外，其余16项均超额完成任务。“大面积甘蔗地施用稀土微量元素”课题，获得四川省农牧厅科技进步三等奖。

二、“八五”时期（1991—1995年）

（一）产业发展

合川在“八五”时期注重产业结构调整，产业发展逐步多元化，产量稳步增长。粮油主要以大春、小春、再生稻、甘薯、玉米等为主，产量持续稳定，年产量70万吨左右，其中1991年为新中国成立以来最高水平，达79.95万吨；畜牧业以生猪、白山羊、小家禽为主，年生猪出栏量110万头左右；水果产业主要以柑橘、苍溪雪梨等为主，水果年产量4.5万吨左右；蚕桑年产量0.5万吨左右；水产年产量4万吨左右。推进基地建设方面，1991年，合川承担了中央、省、市下达的基地建设项目：有商品粮基地、白山羊基地、蚕桑生产基地、长江柑橘带水果开发项目基地。

（二）技术推广

1991年，合川承担了四川省重庆市下达的“丰收计划”项目32项，获重庆市“丰收计划”奖11项，其中二等奖4项，三等奖7项；完成了四川省重庆市科学技术委员会下达课题3项，重庆市农业畜牧局课题6项。低产田改造获重庆市农田基本建设三等奖；代表重庆市接受6省“生猪五号病”消毒检查，受到重庆市农牧厅奖励；农作物种子管理受到国家种子总站好评，被重庆市农牧局评为“档案工作先进集体”和“先进站”；10人被重庆市农牧渔业局评为“先进个人”，75人获部、省、市、县科技成果奖。1992年，承担重庆市农业“丰收计划”项目39项，完成32项，其中水稻制种项目，单产达到168千克，创造历史最高水平，水稻用种达到自给有余。承担中央和重庆市下达的商品粮基地、蚕桑基地、长江柑橘带建设项目，28人获部、省、市科技成果奖。县农业广播电视学校获得重庆市招生和办学水平综合评比两个“第一”，被农业部评为教育管理水平“先进集体”。1993年，承担四川省重庆市农业“丰收计划”项目37项，完成33项，江河船体网箱养鱼项目纳入重点推广项目。1994年，落实部、省、市下达的农业新技术的试验示范项目7项。1995年，实施四川省重庆市下达的农业丰收计划18项。

三、“九五”时期（1996—2000年）

（一）产业培育

“九五”时期合川的粮食总产量75万吨左右，主要以水稻、玉米、甘薯、大麦、小麦、优质花生、优质油菜、优质大豆为主；生猪年末出栏101.2万头左右；1997年，50万蛋鸡工程通过重庆验收。1998年对云门山果园实行了改制，建成了合川市万头种猪场；蔬菜产业快速发展，年产量达23万吨左右；水果总产年均5万吨，主要以桃、李、血橙、枇杷、伏淡季水果为主，其中名特优新水果产量不断增长，官溪蜜柚被评为重庆市十大名柚之一；水产总量为6.5万吨左右，主要推广了大口鲶养殖规模；狠抓了十大优质粮油、特需蔬菜、瘦肉型猪、合川白山羊、长柑带等基地项目进行了巩固和完善；大口鲶原种场启动建设，在农业部重点项目交叉检查中获得好评。落实了中低产田改造工程、蔬菜产业化工程等项目，加快了重庆市农业生产规范化、商品化步伐。

（二）技术推广

合川在“九五”时期狠抓农业增产技术推广，大力发展“三高”农业，重点抓好“两杂”良种的推广，推广了肥球育苗和地膜覆盖育苗技术和以施复合肥为重点的配方施肥技术；狠抓了以柑橘为主的大面积优质高产栽培技术、优质高产瘦肉猪及节粮型肉禽蛋禽新良种的推广。1997年，实施重庆市“丰收计划”17项。1998年实施农业丰收项目17项，农业部项目2个，获重庆市一等奖1项，二等奖6项，三等奖4项，其中水稻旱育秧、抛秧及配套增产技术获重庆市科技进步一等奖；秋大豆高产配套技术、劣杂杠杆改造示范及推广获重庆市科技进步二等奖；大口鲶繁殖技术、黄花梨矮密早丰栽培试推广获重庆市科技进步三等奖。2000年，合川市安排专项资金500万元，补助64个乡（镇、街道）建PIC种猪二级扩繁场。合川市苗木基地被列为全国15个省级林木种苗示范基地之一。

四、“十五”时期（2001—2005年）

（一）产业培育

为加快发展农业经济，2001年9月，合川市成立了生猪、蚕桑、葛、蔬菜、水产五大产业领导小组和办公室，纵深推进农业产业化发展。5 年期间，合川市粮食总产量稳定在 72 万吨左右；生猪出栏保持在 120 万头左右，坚持走“小规模、大群体”的路子，建立完善了 7 个 PIC 猪专业合作社，2004 年，尖山 PIC 猪专业合作社获得“全国百家先进示范专业合作社”称号；葛产业有葛根基地 5 万亩，成为中国西部葛根种植面积最大的地区，葛根深加工项目列入重庆市农产品加工十大项目，年葛根加工能力近 6 万吨，建成 3 个葛产业科技示范园；水果年产 2 万吨左右；蚕桑产业以建设 10 万担优质茧基地为目标，蚕桑年发种 9 万张左右，产茧 6.1 万担左右，并成功开发了雄蛹酒、果桑酒，2003 年，富源丝业公司通过了 ISO9001：2000 国际质量管理体系认证，是合川市第一家获得国际质量管理体系认证的缫丝企业；蔬菜种植面积保持 22 万亩左右，产量稳步在 35 万吨左右，到 2004 年，重庆市级以上无公害蔬菜基地面积达到 1.1 万亩；水产产业年生产总量最高达到 11.2 万吨，青波人工繁育获得成功，2003 年，在重庆率先实施工程化养鱼，在合阳城办事处、钓鱼城办事处、云门镇 3 地建成 3 000 亩工程化养鱼示范片。

（二）农业产业化

“十五”期间，重庆在农业产业化方面进一步加快产业结构调整，合川市粮经比例调整为 78 ：22，农产品优质率和商品率分别达到 33.4%、51.2%。2002 年，重庆市启动了 10 个农业产业化“百万工程”，合川承担了 7 个“百万工程”项目，一是 PIC 瘦肉型猪出口创汇产业化工程；二是 10 万亩葛根基地建设；三是优质蚕业产业化工程；四是笋竹产业化工程；五是花卉产业化工程；六是优质粮产业化工程；七是甘蓝型黄籽油菜产业化工程。2001 年以来，合川市大力发展订单农业，并逐步在全市推广了以“公司 + 基地 + 农户”“市场 + 基地 + 农户”的新型运作模式。2004 年，以“两社两化”为依托，围绕特色产业，积极发展各种形式的专业合作社、综合服务社和农产品行业协会，建立“龙头企业 + 合作经济组织 + 农户”的运作模式，注重培育农副产品加工企业、流通龙头企业，积极培育发展希尔安药业有限公司、重庆大正畜牧科技有限公司为国家级龙头企业，其中，希尔安药业有限公司列为重庆市级“双十计划”企业；培育发展太和丝绸有限公司、重庆金州食品有限公司、重庆钰锋生物制品有限责任公司、重庆永生食品有限公司、合川五洋畜牧科技有限公司为重庆市级龙头企业。

（三）农产品质量

2004 年，合川市设立了农产品质量安全检测站，建立了蔬菜质量安全检测执法分队，加强农产品市场检测力度，并强化农业综合执法工作。全面推进无公害计划活动，2004 年，合川三绿超市营销的蔬菜产品通过市级和部级认证。2005 年，11 个生猪养殖企业获得重庆市无公害生猪产地认定，合川市 PIC 猪肉、青坝萝卜、香龙大头菜 3 个产品通过无公害认证，万源禽蛋食品有限公司“石丫”牌鸡蛋通过绿色食品认证。

五、“十一五”时期（2006—2010 年）

（一）产业培育

“十一五”时期，合川各产业稳步发展，除 2006 年百年一遇的特大干旱，农作物受不同程度的减产外，其余几年农作物产量相对稳步。粮食种植面积在 195 万亩左右，总产量 75 万吨左右，2010 年，合川区获得“全国粮食生产先进县”称号；畜牧产业持续发展，生猪出栏稳定在 120 万头左右，建成了重庆市最大的良种猪生产基地，通过了重庆无公害产地整体认定和 6 家无公害生猪养殖企业认证，率先创建了 2 个“无公害猪肉”认证；积极发展合川黑猪，开展了合川黑猪品种资源保护和利用；划定了合川黑猪保种区，培育了合川黑猪保种场和保种户。2009 年，制定并通过《合川黑猪》重庆市地方标准，积极开发利用合川白山羊地方遗传资源。2010 年，制定并通过《合川白山羊》重庆市地方标准，建成了白山羊资源保种场；蔬菜种植面积30万亩左右，销售量达到43万吨，其中无公害蔬菜20万吨左右；水产品总量达1.8万吨，名优鱼品种逐步增多。

（二）农业产业化

合川在“十一五”时期推进农业产业化经营，新培育了瑞鑫格中药饮片有限公司、希望动物药业有限公司等龙头企业，到2010年，区级以上龙头企业达到58家，产值实现20亿元；启动镇域产业园建设，2010年，开工建设项目76个，投产22个，产业化水平明显提升；顺利开展土地流转工作，土地流转面积达到42.2万亩，其中规模经营35.5万亩；积极推广耕整机、联合收割机、插身机等农业新机械，农业机械化率达到27%。

（三）农业产业基础

合川认真做好“千百工程”项目推进，统筹推进农业综合开发、土地整治、统筹城乡试点、新农村建设等项目，群众生产生活条件逐步改善。

六、“十二五”时期（2011—2015年）

（一）产业培育

合川在“十二五”时期，积极抓好主导产业及特色优势产业的发展。

粮油产业：建成优质粮油基地60万亩，推进5个万亩粮油高产示范片和1个部级水稻高产整体推进镇发展，粮食播种面积稳定在180万亩，产量73万吨左右，2011年、2014年，合川区被国务院评为全国粮食生产先进单位。

畜牧产业：生猪出栏量稳定在120万头左右，基本稳居重庆首位；在太和、肖家两镇分别培育建成高标准规模化养殖的丰润奶牛养殖基地、荣豪肉牛产业示范基地，实现了草食牲畜标准化规模养殖零突破，创建国家畜禽标准化示范场7个。

蔬菜产业：重点推进嘉陵江、涪江、渠江三江沿岸3个10万亩蔬菜产业带建设，年产量60万吨左右，除保证本地销售外，每年还向主城区供应10万吨左右。

水果产业：重点加强了212国道百里枇杷长廊建设，建成百亩以上标准化水果示范园52个，积极发展循环农业，水果年产量稳定在18万吨左右。

水产产业：重点抓好5个千亩标准养殖基地建设，水产年产量保持在6.2万吨左右。

（二）农产品品牌创建

合川的优质农产品比重不断提升，2011年，成功申报合川黑猪、合川黑猪肉地理标志证明商标2个。2012年，成功申报合川白山羊、合川白山羊地理标志证明商标；合川桃片被国家工商行政管理总局认定为地理标志集体商标。2013年，新认定恒韵甲鱼、竹丰蛋鸡、致国鸡蛋为重庆名牌农产品。渭沱镇七星村被农业部认定为“全国一村一品示范村”。青草坝萝卜成为合川首个国家地理标志登记保护农产品。

第四节　农业农村改革

一、土地承包

1984年，根据中央1号文件“土地承包期一般在十五年以上”的精神，合川全县顺利完成了第一轮承包，承包土地的农户32.7万户，承包人口127.46万人，承包耕地124.3万亩。

1994年，合川狠抓土地的第二轮承包工作，根据《中共中央关于建立社会主义市场经济体制若干问题的决定》和中共中央《关于当前农业和农村经济发展的若干政策措施》文件精神，合川市于1994年年底全面完成农村土地第二轮承包工作，共填发《合川市农村承包经营户土地承包使用权证》32万份，农民拿到了合法证书。1995年，开展了以"两田制"为主要内容的双层经营责任制的完善工作，解决了103个社"天地"不统一，303个社田与坎割裂承包，855个社增人要地的突出矛盾。

2002年，随着《中华人民共和国农村土地承包法》的颁布，家庭联产承包经营责任制已纳入法制轨道进行管理。2004年，合川市人民政府根据重庆市委、市人民政府的意见，提出了进一步完善农村土地承包关系的要求，对土地承包关系进行了进一步完善，当年共核、换、发土地承包经营权证书10万余份。

2010年，根据《重庆市人民政府关于农村土地承包经营权确权颁证工作的意见》（渝府发〔2010〕82号）文件精神，合川区启动了农村土地承包经营权确权颁证工作，其中一个重要任务就是逐步建立农村土地承包管理的信息化。2011年6月，全区农村土地承包经营权确权颁证信息化建设总体上基本完成，全区农村土地承包管理信息化已迈出关键一步，将第二次全国土地调查耕地面积181万余亩落实到了农户和地块，其中农村家庭承包土地确认总面积为150.6万亩，比原统计耕地面积增加了51.1%。已发放农村土地承包经营权证38.6万份。

二、土地流转

2008年，合川区委、区人民政府出台《关于加快农村土地流转发展规模经营的意见》，推进农村土地流转工作，按照政府主导、农民主体、村社主办的模式，坚持依法、自愿、有偿的原则，农村土地流转有租赁、转包、入股、转让、互换等多种形式，其中以租赁和转包形式为主。到2010年底，合川区农村土地流转总量达38.4万亩，占全区耕地面积102.8万亩的37.4%，涉及农户13.2万户，占全区农业总户数的35.6%。

三、农村税费改革

2001年，合川市委、市人民政府印发《关于全面进行农村税费改革试点工作的通知》，决定在全市开展农村税费改革试点工作。2002年4月，制定的《合川市农村税费改革试点实施方案》，在2003年获重庆市农村税费改革领导小组批准后实施：一是取消乡（镇、街道）统筹费、农村教育集资和专门面向农民征收的行政事业性收费和政府性基金、集资；二是从2002年6月1日起取消屠宰税；三是取消统一规定的劳动积累工和义务工；四是调整农业税政策，农业税率为7%；五是调整农业特产税政策，不再征收农业特产税；六是改革村提留征收使用办法。从2005年起，全重庆市统一取消农业税，农村税费改革试点结束。

四、农村集体资产量化确权改革试点

结合合川实际情况，合川区人民政府制定了《合川区农村集体经济组织清产核资实施方案》和《合川区农村集体资产量化确权改革试点实施方案》，启动农村集体资产量化确权改革试点工作。一是全面开展清产核资工作：全区摸底调查工作已全面展开，国土、教育、林业、民政、水务、卫生等部门将涉及已确权的基层资产于当年10月底全面清理反馈到镇（街道），农业委员会在重点研究如何组织落实清产核资后的产权界定工作。二是确定量化确权试点村，根据合川区人民政府总体要求，确定草街古圣村和太和亭子村两村作为市级量化确权改革试点村。合川区农村集体资产量化确权改革试点工作于2015年4月启动，选择草街街道古圣村、太和镇亭子村两个资产量较大、工作基础较好、积极性较高村集体经济组织作为全区农村集体资产量化确权改革试点村，整个工作于当年9月底全面完成，以

1994 年第二轮农村土地承包为基础，按照有人有地 1 股、有人无地 0.5 股、有地无人 0.5 股配置股权，两个试点村涉及农户 2 787 户、村民 7 639 人，共配置 7 542 股，并以《重庆市合川区人民政府关于农村集体资产量化确权改革试点工作情况的报告》的形式上报重庆市政府。

五、农村合作基金会

1989 年，启动农村合作基金会的组建工作，在盐井进行试点。1991 年，合川县 89 个乡（镇）全部建立了合作基金会，集资额达 2 789 万元，融资 2 545 万元，集体经济的壮大，促进了公益事业的发展。1997 年，对 33 个资产质量差、发展滞后，管理不规范的基金会落实了有效措施，收回逾期贷款 254.6 万元。1998 年，农村合作基金会不断壮大，集资额达到 5.8 亿元。1999 年，全面开展了合作基金会清理整顿工作，整体移交。

第十五章 永川区

第一节　基本情况

永川历史最早可以追溯到唐朝，大历十一年（776 年）置县。北宋时并入昌州，南宋和元时属于合州。明洪武六年（1373 年）重置永川县。民国元年（1912 年），属重庆镇抚府，后直属四川省政府。中华人民共和国成立后，先后隶属于璧山专区（1949—1951 年）、江津专（地）区（1951—1981 年）、永川地区（1981—1983 年）。1983 年，重庆、永川地（市）合并，属重庆市辖县。1992 年，设永川县级市。2006 年，撤市设区。

永川区总面积 1 575. 68 平方千米，地处四川盆地东南丘陵地带，属亚热带季风性湿润气候。辖 16 个镇、7 个街道，截至 2015 年年末，常住人口 109. 6 万人，有户籍人口 113. 1 万人，全区城镇建成区面积 75. 73 平方千米，中心城区面积 65. 6 平方千米、人口 65. 87 万人，城镇化率 64. 9%。接收安置奉节、万州三峡移民 4 308 人。

第二节　农业农村经济

永川区农业农村经济情况见表 20 - 15 - 1。

表 20 - 15 - 1　1986—2015 年永川区农业农村经济情况

分期		地区生产总值（万元）	农业总产值（万元）	农业增加值（万元）	农业增加值占比	农民收入状况		
						纯收入、可支配（元）	城乡收入比	农村居民恩格尔系数%
“六五”末	1985 年	—	62 730	—	—	301	—	—
“七五”末	1990 年	115 548	75 672	—	—	561	—	—
“八五”末	1995 年	251 101	156 261	102 184	0. 65	1 425	—	—
重庆市直辖后	1997 年	447 657	194 660	124 154	0. 63	2 176	—	—
“九五”末	2000 年	642 333	191 994	130 714	0. 68	2 483	1 : 2. 2	—
“十五”末	2005 年	1 247 740	299 502	194 370	0. 65	3 627	1 : 2. 53	51. 00
“十一五”末	2010 年	3 000 382	428 840	291 590	0. 68	7 059	1 : 2. 53	45. 75
“十二五”末	2015 年	5 703 351	725 536	493 153	0. 68	13 808	1 : 2. 05	37. 56

第三节　农业主要产业

永川是传统农业大区，属全国农村改革试验区、产粮大县、生猪外调大县，国家农业综合开发现代农业园区试点项目区，农业部“健康养殖示范区”。全区紧紧围绕“保供给、促增收”两大目标，坚持农业“规模化、产业化、科技化、品牌化”发展战略，重点打造圣水湖、黄瓜山、八角寺3个市级现代农业园区，推进农业现代化建设，是重庆市现代农业综合示范工程区（县）。

一、基础产业

（一）粮油

永川区耕地面积101.2万亩，其中田75.4万亩、土25.8万亩。种植水稻、玉米、甘薯、高粱、胡豆、豌豆、大豆、马铃薯和油菜、花生等粮油作物。因田多土少，水稻种植面积大，产量高，在粮食生产中占据十分重要的地位，为人们主食口粮。历史上永川区曾是重庆市的双季稻主产区。20世纪70年代中期未普及杂交水稻生产，在此基础上80年代永川区创造“中稻—再生稻”耕制以来，成为重庆市农业“三绝”之首，双季稻种植面积逐年大幅度下降，到2000年左右双季晚稻基本消失，中稻—再生稻上升成为农业主体耕作制度。1986—2000年，全区粮食种植面积稳定在125万亩以上、粮食总产51万吨，其中水稻70万亩，稻谷总产33.5万吨，占全区年粮食总产量65%左右；油料6.5万亩，总产6 600吨。21世纪，随着“超级稻”推广应用，水稻品种从“三系”走向“两系”、中稻—再生稻生产模式普及和农业种植结构调整的纵深推进；2008年，国家出台产粮油大县、种粮油直补、农机直补、粮食基础能力建设等强农扶农惠农系列政策的实施，有力地促进粮油生产稳定发展和提质增效。2001—2015年，永川区粮食种植面积稳定在105万亩左右、粮食总产50万吨水平，其中水稻种植面积60万亩，稻谷总产35万吨，占全区粮食总量70%；油料生产飞速发展，2015年油料作物种植面积达到15.46万亩，产量2.18万吨。种粮油大户不断涌现，农业社会化服务主体逐步发展壮大，到2015年，全区50亩以上规模种粮大户达到了166户；新发展粮油种植家庭农场34个；水稻、高粱、油菜等种植专业合作社9个，种粮大户、家庭农场、专业合作社已成为永川区粮食发展的主力军。永川基本建成覆盖全程、综合配套、便捷高效的农业生产社会化服务体系和市场化运作、政府买单、定向委托、以奖代补的可量化、易监管、受益广的公益性现代农业生产服务经营新机制，全区农机综合化率达到60%，切实推进农业生产规模化、机械化、组织化、集约化和专业化，转变农业生产与发展方式，呈现出“实施面积大、经营主体多、覆盖范围广、群众接受度高”和农户、服务主体、政府“三增三满意”等特色和亮点。

（二）畜牧

畜牧业是永川区农村经济的主导产业、农民增加收入的支柱产业，主要以生猪为主。1985年，永川被列为国家首批商品瘦肉猪基地县，生猪品种主要有荣昌猪、丹系长白、加系长白、大约克，主要生产方式是用长白或大约克公猪与荣昌母猪杂交，生产“长×荣”“约×荣”二杂商品猪。到1997年，重庆改为直辖市之初，全区出栏生猪达80.1万头。此后永川市委、市政府高度重视生猪产业发展，出台了一系列扶持政策，通过实施“瘦肉型生猪养殖”“生猪标准化规模养殖场（小区）建设”“生猪良种补贴”等项目及生猪人工授精等配套技术的推广应用，促进了产业的健康发展。2001年，永川区成为全国生猪调出大县（区）之一，并连续10年获得国家生猪调出大县（区）奖励资金。2003年起，永川市委、市政府确定了建设生态畜牧大市的指导思想。在生猪生产上，永川市农业局严格按照统一规划布局、统一技术培训指导、统一圈舍建设规范、统一品种制种模式、统一饲养管理技术、统一防疫用药规程、统一环境控制标准、统一产品订单收购的“八统一”技术规范，安排畜牧站技术骨干与镇街兽医站技术人员一起分片包干，强化配种及饲养管理。重庆美德沃尔多原种猪繁育有限公司、重庆华牧生态农业有限公司、重庆阳辉生猪养殖场、重庆尚泰生态农业发展有限公司、重庆市诸运通农业发展有限公司、重庆正大金龙种猪场等市（区）级生猪养殖龙头企业相继建成投产。2015 年，重庆美德沃尔多原种猪繁育有限公司获得国家生猪标准化示范场授牌，此后呈逐年增长趋势，到 2015 年年末，全区出栏达 90.1 万头，分别增长了 0.9% 和 12% 。

二、特色产业

（一）蔬菜

蔬菜产业是永川农业“三大特色产业”之一，主要包括食用菌、莲藕、水藤菜、茄果、泡萝卜、盐白菜、豆瓣酱、加工辣椒等，2015 年，全区蔬菜种植面积达 40.3 万亩，总产量达 60.7 万吨，总产值 11.9 亿元。永川莲藕、松既盐白菜、永川儿菜等 4 个产品获得地理标识认证，莲藕、南瓜等 3 个产品菜获得有机食品认证，苕尖、双孢蘑菇等 4 个产品获得绿色食品认证，苦瓜、茄子、莴笋等 12 个产品获得无公害食品认证。

1. 食用菌

食用菌是永川农业产业的两个主导产业之一。1982 年，开始在来苏、青峰等镇种植，推广双孢蘑菇棚架设施栽培 2 000 余亩，亩平增收 2 000 余元，被誉为“永川香珍”。2006 年，全区“永川香珍”种植面积扩大到 3 000 余亩，产值 5 800 万元。2008 年，全区推广桑枝菌开发，利用桑枝种植黑木耳、平菇 60 余万袋，产值 240 余万元。2012 年，全区食用菌开始大发展，永川区人民政府将食用菌作为农业主导产业，实行工厂化生产，建设菌种研发繁育基地、原料生产供应基地、工厂化生产基地、产品深加工基地等。2015 年，全区生产主体达 162 家，种植规模 1 亿袋，总产量 5 万吨，总产值 5 亿元，解决农民就地从业 2 000 人。

2. 莲藕

1988 年，永川引进鄂莲系列品种，开始在临江镇示范栽种 200 余亩，此后种植规模逐年扩大，全区常年种植 1 万余亩，主要品种有鄂莲 4 号、鄂莲 5 号、鄂莲 6 号、鄂莲 7 号、鄂莲 8 号、鄂莲 9 号，早、中、晚熟品种合理搭配。2012 年，“永川莲藕”获农业部地理标志农产品，享誉大西南。随着莲藕产业逐渐扩大，莲米产品开发应运而生。重庆华辰生态农业发展有限公司于 1995 年开始莲米、莲蓬产品开发利用，提高莲藕种植效益。随着莲藕种植规模不断扩大，莲米、荷花、荷叶系列产品不断推向市场，荷叶豆腐、荷花菜系列深受人们喜爱，成片的莲藕基地成为永川休闲观光现代新型农业的亮点。

3. 水藤菜

1993 年，永川开始在卫星湖南华村规模种植水藤菜，亩产约 7 000 千克，亩产值 2.5 万 ~ 3.5 万元。由于水藤菜高产、优质、高效、采收时间长，全区扩大种植规模，常年保持在 1 万余亩。近年来的蔬菜专业合作社等组织，对永川水藤菜的健康发展起到了积极作用。

（二）茶叶

两汉时期，永川已有茶的种植和生产，巴岳山、箕山等地在民国初年就是产茶地区。目前，永川茶叶种植主要分布在阴山、云雾山、箕山、巴岳山等区内海拔 400 ~ 750 米的山上，产茶镇街以永荣镇、宝峰镇、双石镇、大安街道办事处和茶山竹海街道办事处为主。

20 世纪中叶，四川省农牧厅茶叶试验站（现为重庆市茶叶研究所）和四川省新胜茶场相继落户永川，带动了永川地区茶产业发展。50 年代，引种云南大叶种成功。60 年代初，朱德总司令视察了

四川省农牧厅茶叶试验站，对“银峰”名茶给予高度评价。70年代中期，永川先后新辟茶园500余公顷、兴建茶叶加工厂场50余个。21世纪初，永川市委、市人民政府加大茶产业扶持力度，再次掀起茶叶生产发展高潮。2004年，永川市茶叶行业协会成立，着手申报永川秀芽地理证明商标和两年一次的茶产业茶文化旅游博览会工作，邀请海内外知名茶企、茶商及友人共同宣传永川茶文化。通过政府引导、企业带动，在栽培管理、采摘、制作方面实行良种、良法、良制配套，促进了茶叶生产的迅速发展。

2015年，全区茶叶种植总面积达到7万亩，产茶5 200吨，产值5.2亿元。主栽品种有巴渝特早、福鼎大白、乌牛早、蜀永系、川茶等。近年引进了安吉白茶、黄金芽等新品种。已有新胜实业有限责任公司、云岭茶业科技有限公司、永荣茶厂等单位共1 700余亩茶园通过有机茶园认证。无公害认证茶叶产品7个，有机认证产品9个，绿色食品产品认证6个。全区现有茶叶加工企业13家，合作社9家，家庭农场38户，加工厂房面积达5.6万米^2。“云岭”“新胜”“云升”“永荣”等茶叶品牌21个；永川秀芽、渝州毛峰、乌金吐翠、竹海竹针、云岭毛峰等10余个产品被农业部和各届博览会评为名优茶。产品远销拉丁美洲、欧洲、东南亚地区和中国香港、澳门、台湾等地。先后多次获得国际国内嘉奖。

绿茶产品代表“永川秀芽”，自1959年开始，历经了研制、提高和规模化生产3个阶段，1964年，茶叶专家根据其产地和品质特征正式命名。属针形名优绿茶，原料来源于永川区的云雾山、阴山、巴岳山、箕山特殊地理条件下的丘陵茶区，外形紧、圆、细、直；色泽鲜润翠绿，汤色清澈绿亮，香气鲜嫩高长，滋味鲜醇回甘，叶底嫩匀明亮。现有生产基地7万亩，产量5 200吨，产值5.2亿元。2004年，加工技术获国家发明专利，在2010年注册为地理证明商标。1989年，被评为全国优质名茶。2004年、2006年，获国际名茶评比金奖。2015年，获“全国最具文化底蕴十大地理标志名茶”和“最受消费者喜爱的中国农产品区域公用品牌”称号。

（三）水果

水果产业是永川农业产业发展过程中确立的支柱产业之一，黄瓜山梨和晚熟龙眼是永川水果中两大特色产品，其规模、产量和效益都居于重庆前列，永川百里优质水果长廊是永川20世纪90年代建设最成功的农业产业示范基地，以水果为主的黄瓜山现代农业园区已获重庆市级示范园区。

1. 梨

1984年，永川果树站从杭州、武汉等地的科研机构引进50余个梨新品种进行试验，1987年从中优选出5个表现最好的南方早熟梨品种进行示范，1990年，开始大面积推广，建设了牛门口伏淡季水果基地。1996年，永川市委、市人民政府提出了建设以梨为主的“百里优质水果长廊”战略，长廊位于永川—泸州公路沿线，总长65千米，涉及南大街、吉安、仙龙、五间、来苏5个镇（街道），主栽黄花、黄冠、翠冠等品种，是一个以种植优质南方早熟梨为主，集体、个人、农业股份合作等多种生产经营形式并存的“三高”农业示范区，百里优质水果长廊已成为重庆农业的示范工程。从1998年开始，永川区人民政府组织在每年的3月和7月分别举办百里果乡赏花季和采果季，极大地提高了永川百里优质水果长廊的知名度和果品的竞争力。2012年，黄瓜山梨获国家工商行政管理总局地理保护商标。2016年，百里优质水果长廊梨产业的面积6万亩，产量5.6万吨，产值1.48万元。

2. 柑橘

永川柑橘产业经过了20世纪60年代末至70年代初和90年代两个时期的大发展，取得了有目共睹的成效，成为永川中南部区域的支柱产业，为当地经济发展作出了重要贡献。21世纪，永川以重庆市百万吨优质柑橘产业化工程建设为契机，努力打造重庆市优质柑橘鲜销基地，柑橘产业不断发展壮大。2004年以来，累计投入资金4 000万元，新栽优质柑橘0.3万公顷；柑橘总面积达到5 133公顷，年产量达7.7万吨，产值达1.625亿元。集中成片柑橘基地主要分布在临江河、圣水河、小安溪、高洞河、九龙河流域及永泸路、五朱路沿线海拔400米以下的临江、卫星湖、五间、仙龙、吉安、何埂、陈食镇街，以中熟的梨橙、锦橙、脐橙、椪柑为主，成熟期集中在11月至翌年1月初，晚熟品种有塔罗科血橙和晚熟杂柑。全区有规模上万亩的柑橘专业镇4个，市级果业龙头企业2个，区级果业龙头企业6个，成立了柑橘专业合作社10个，面积3.3公顷以上的柑橘种植大户55户，业主倒包土地建园面积达1 333公顷。推广的“甜橙高接换种及丰产栽培技术”和“柑橘优质高产规范化栽培技术”分别获得农业部丰收计划一等奖、二等奖。永川梨橙获第二届中国农业博览会银奖，在重庆市柑橘评比中获得重庆市优质果称号，柑橘产业已成为永川农业的特色优势产业。

3. 龙眼

永川龙眼种植历史长达百年，主要分布在长江沿岸的朱沱等镇。早年因产量低、品质差未能大量种植。从1996年开始，在朱沱镇长江沿岸村社建设连片龙眼基地。2003年后，在松溉镇、大河镇长江流域建设连片龙眼基地。2010年后，在朱沱镇、松溉镇建设连片基地，苗木多从福建福清、四川泸州、广西钦州等地引进，主推品种为大乌圆、蜀冠、储良、石硖等，经过3次大规模的发展。至2016年，全区龙眼种植面积累计已达2 220公顷，其中朱沱镇1 867公顷、松溉镇353公顷。2012年，在朱沱镇成功举办了永川首届龙眼彩果节。至2015年已成功举办两届，大大提升了永川龙眼的知名度。“永川龙眼”由于产地环境特殊，成熟晚，品质特佳，深受消费青睐。

4. 蓝莓

2009年开始，在永川区委、区人民政府支持下，重庆蓝越农业开发有限公司投资1 800万元，在吉安镇尖山村建成面积1 200亩七彩·蓝莓园。七彩·蓝莓园是川渝两地最具规模和效益的蓝莓种植园区，是永川第一、第三产业融合发展的典范，蓝莓园于2011年顺利承办了“2011年永川黄瓜山赏花节”开幕式，并精心策划筹办了“浪漫夏日，蓝莓之约——首届蓝莓节”在重庆市内外提升了知名度和影响力。2012年，举行“黄瓜山赏花节”，全国各地来参观考察的游客络绎不绝。2013年，蓝莓园产量20吨，接待乡村旅游客人万余人次，入园采摘门票收入60万余元。至2015年，实现产值600万元，接待游客2万人次，进园采果门票收入达100万元。

5. 猕猴桃

2006年前，永川猕猴桃主要为森林自然生长。2006年，何埂镇石笋山村村民蔡教奎同志开始人工建园搭架栽培，当年建园栽培面积21公顷。2012年后，在何埂镇、南大街办事处等镇（街道）先后建起猕猴桃生产基地。至2015年，全区建园栽培猕猴桃面积已达近200.0公顷。何埂镇石笋山村2012年栽培的猕猴桃单产在7.5吨/公顷以上。

6. 五间西瓜

西瓜是永川五间镇的特色产业，自2006年开始，经过近10年的发展，生产规模达到200公顷，产量9 000吨，产值3 600万元，注册了“润之爽”商标，打造了富硒SOD西瓜品牌，获得了国家绿色食品认证，开创了“瓜—菜”种植模式先河，成功与腾讯大渝网合作开发“QQ农场”五间现实版，先后被民政部、财政部等单位评为“科普惠农兴村计划”先进单位、“先进民间社会组织”“示范合作社”“全国十佳科技示范基地”和“重合同守信誉单位”，五间镇现代农业园区发展模式亦成为永川区2010年城乡统筹改革发展五大模式之一。

（四）渔业

1986—2005年，全区狠抓天然水域鱼类资源的保护和合理利用，加大了人工养殖鱼类的开发力度。2005年，永川市各类水面共计年产鱼量1.4万吨以上。长江等天然水域年产鱼20余吨。2015年，全区健康水产品产量达41 031吨，与2010年环比增64.12%；实现渔业产值5.63亿元，与2010年环比增96.85%。建成大闸蟹、泥鳅、甲鱼等为特色的水产基地。“永川水花”已于2010年通过国家地理标志认证，系全国知名水产苗种品牌，年生产销售优质水产苗种16亿尾。

第四节　农村产业结构调整

一、"七五"期间（1986—1990年）

永川把改革开放放在首位，发展生产和提高效益放到突出位置，改善城乡人民的物质文化生活，合理调整产业结构的总体方针，继续稳定党在农村的基本政策，农村以家庭联产承包为主的双层经营责任制得到进一步的巩固和完善；加大农业投入，改善农村基础建设，围绕农业结构调整，加大基本农田建设与低产田改造力度，商品粮基地规模进一步扩大；村社集体经济、乡镇企业快速发展；农业新技术、新品种推广成效显著，有力地推动了农业生产和农村经济的全面发展。

二、"八五"期间（1991—1995年）

"八五"期间，以1992年邓小平同志重要谈话和中国共产党第十四次全国代表大会为标志，中国改革开放和现代化建设进入了新的阶段。国民经济持续快速增长，国民生产总值提前5年实现了翻两番的战略目标。按照"决不放松粮食生产，积极发展多种经营，大力发展乡镇企业"的方针，以强化集体经济和农村社会化服务为基础，以科教兴农和农业综合开发为先导，促进农村经济全面、持续、稳定、协调发展。永川为探索农业和农村经济发展新的增长点，在黄瓜山探索建成了百里优质水果长廊，引导和带动镇村发展"一乡一业、一村一品"产业经济模式。基层农业服务体系建设得到调整完善，农业新技术推广工作取得了重大成就，配方施肥、地膜育秧、半旱式栽培、再生稻生产、稻田养鱼、统防统治技术推广实现了新的突破。其中，再生稻生产技术推广成为重庆市三绝之首，在国际国内外享有极高声誉。1991年，中央政治局委员杨汝岱亲临永川，视察再生稻生产，迎来南方13个省份和国际水稻专家组、印度水稻专家的考察学习和研究。"五统一分"（统一收费、统一时间、统一药剂、统一方法、统一专业队与分户防治相结合），病虫害防治技术推广，为广大农民的粮增产、钱增收提供了强有力的技术保障。

三、"九五"期间（1996—2000年）

"九五"期间是我国在建设社会主义市场经济条件下的第一个中长期计划，是一个跨世纪的发展规划，是全面完成现代化建设的第二步战略部署，实现人均国民生产总值比1980年翻两番，使人民群众生活达到小康水平目标的关键时期。

围绕建立社会主义市场经济体制目标，探索农业和农村经济发展适应市场变化的新途径，永川最大限度减少和降低市场风险，按照有效推进结构调整，稳定发展粮食生产，积极发展多种经营，引导农民奔小康的思路，组织开展了农村第二轮土地承包，在确保党在农村基本政策连续和稳定的前提下，引导农民合理有序地开展土地流转，大力发展集约化生产和规模化经营，引导农户积极参与市场经济建设，积极创建"公司+农户""公司+基地+农户""企业（协会）+基地+农户"等实体经济，农业生产逐步迈出了规模化发展，专业化生产，市场化经营的步伐。

四、"十五"期间（2001—2005年）

"十五"期间，永川根据中央对农业和农村经济发展结构调整的战略部署，按照"调优农村结构，促进产业升级，加快劳动力转移，转变增长方式"的目标，积极在农业发展的深度和广度上挖掘潜力。

围绕实施统筹城乡经济社会发展和永川市人民政府提出的建设强大新永川、营造渝西中心城的目标，强产业战略纲要、大城市战略纲要、新营运战略纲要和基础固市工程、工业强市工程、流通旺市工程、城市升级工程、城市经营工程的"一三五"发展战略，永川通过创新思路，完善规划，优化布局，改进方法，包装项目，以重庆市人民政府提出的10个百万农业产业化、百万农村劳动力转移和建设百个经济强镇的“三百工程”为载体，以提高农业综合生产能力为重点，以优化农业和农村经济结构为目标，组织实施优质粮油、优质蚕茧、优质柑橘、优质瘦肉猪“农业产业化百万工程”项目，积极培植和发展农业龙头企业，引导发展无公害农业，优质高效农业快速发展，并成为农业增长新的亮点，实现了农业和农村经济的平稳增长，农业结构调整取得了明显成效，农业生产结构进一步优化，产业结构日趋合理。农业生产“大而全、小而全”的布局格局开始被打破。区域化布局、专业化生产趋于明显，优质粮、生猪、蚕桑、茶叶、水果、水产等产业布局呈现出相对集中的生产格局。全市农业和农村经济发展实现了“四突破、三提高、二增强”目标。

五、“十一五”期间（2006—2010年）

根据中央提出建设社会主义新农村、推进现代农业发展、深化农村改革、发展农村公共事业、增加农民收入的总体规划，围绕永川农业“十一五”发展规划的总体思路和奋斗目标，永川区编制了《永川市2006—2015年农业发展规划》和优质粮、生猪等16项农业产业发展专题规划。按照着力打造一个黄瓜山现代农业展示区，建设一批渝西“农业中心”项目，把握产业化经营、标准化生产、市场化运作、专业化培训4个重点，壮大优质粮、生猪、茶叶、水果、蚕桑五大主导产业，提升良种保障、科技推广、基础建设、“三农”培训、产业发展、执法管理六大能力的“11456”工作思路，组织实施了农业部农产品质量安全绿色行动计划、乡村清洁示范工程、劳动力转移培训、种粮直补、区域性渔业病害检测中心、种子检测检验中心建设等重大项目。

2006年4月23日，国务院总理温家宝视察永川时，对黄瓜山百里优质水果长廊和五间农业综合开发项目区建设给予了高度评价和充分肯定，永川农业给总理留下了良好的印象。

六、“十二五”期间（2011—2015年）

进入“十二五”期间，永川区农业委员会积极探索创新体制机制。涉农建设性资金整合试验和水稻、生猪目标价格保险等4个国家级改革试点，并建立健全新型农业经营体系、农村集体资产清产核资和量化确权、农业项目财政补贴资金股权化3个重庆市级改革试点。从5个方面入手大力培育新型农业经营体系。一是大力发展新型农业经营主体，二是积极推进土地适度规模经营，三是积极推进农业保险，四是开展社会化服务体系，五是积极开展农业金融服务，推进农村“三权”融资。

第五节　深化农村改革

永川区作为全国第二批农村改革试验区之一，主要承担7项改革任务，其中，4项国家级改革试点、3项重庆市级改革。

一、国家级试点改革

（一）涉农建设性资金整合试验

针对长期以来农村涉农资金投入涉及部门多、投资分散、资金使用效益差等问题，永川区坚持涉农资金项目性质、用途、主管部门“三不变”原则，按照资金、标准、督导考核“三统筹”思路，采取整合区域、整合项目、整合程序“三整合”措施，引领规划、聚众合力，开展涉农建设性资金整合试验，重点整合农村水、电、路等15个方面的涉农资金，集中打造三大市级现代农业园区、镇（街道）特色效益农业园区和“美丽永川·清洁乡村”。涉农建设性资金整合试验已在全区23个镇（街道）全面铺开。2012—2014年，共整合涉农资金4.14亿元；2015年，共整合涉农建设性资金6.98亿元，拓展市级现代农业园区1万亩，新建镇街特色效益农业示范园区0.8万亩，农业现代化步伐进一步加快。

（二）农产品目标价格保险试点

为保证农产品生产稳定和市场供应均衡，降低种养业主亏损，保护生产者积极性，促进农业可持续发展，永川区在广泛征求种养业主意见的基础上，结合全区实际，科学制定了保险实施方案，明确了参保条件、保险责任及理赔机制，保额根据约定目标价格和约定目标产量确定（保险金额=约定目标价格×约定目标产量×投保数量），水稻保险费率为4.5%，生猪保险费率为5.5%。试点按照市级财政、区级财政、投保人6：2：2的比例分摊保费，2015年完成水稻投保规模1.5万亩，生猪投保规模3万头。收益保险有效分散转移了农业生产者面临的价格波动风险，稳定了农业生产和市场供应，一定程度上探索破解了“价贱伤农、价贵伤民”的难题。

（三）深化集体林权制度改革试点

针对集体林地经营方式普遍粗放、效益低下的问题，根据国家林业局农村林业改革发展司相关要求，永川区结合实际积极探索：一是培育新型林业经营主体，到2015年底，全区培育各类新型林业经营主体330余个，经营林地面积100亩以上的181个；二是开展“三权分离”试点，累计为非林地林木办理“林木证明”10宗，办理面积7 810亩；三是探索开展公益林流转，累计流转林地319宗，面积约6 830公顷；四是探索森林保险制度，落实森林保险面积35.3万亩，其中，公益林30万亩、商品林5.4万亩，共发生2起理赔事件，赔付面积638.2亩，每亩赔付450元，赔付金额28.7万元；五是搭建林权交易平台，推进林权流转体系建设，完成了《集体林地经营权流转管理办法》等制度办法的修改和完善。

（四）农村承包土地经营权抵押贷款试点

为缓解农业经营主体融资难问题，探索以政府出资为主，设立区级农业信贷风险补偿基金，为新型农业经营主体提供金融支持，化解农村新型经营主体融资难问题。永川区自2011年8月起开展农村承包土地经营权抵押贷款试点，以加快确权为基础，建立和完善权益评估、风险补偿、资产流转、担保保险、产权交易等机制，健全工作机制，推进农村金融体系建设。相继出台了《永川区农村土地承包经营权抵押融资登记管理实施细则（试行）》《永川区农村“三权”抵押融资风险补偿资金管理办法（试行）》等办法。2011—2015年，全区累积办理农村土地承包经营权抵押贷款584笔，共计48 815.5万元，一定程度上解决了业主扩大农业生产规模资金不足问题。

二、市级改革

（一）建立健全新型农业经营体系试点

务农人员老龄化、农民组织化程度低、服务体系不健全等问题严重制约了农业发展，为此，永川科学规划，一方面从培育新型经营主体入手，实行“三统一分”的经营机制，龙头企业统一供种、统一技术、统一销售，家庭农场分散管理，构建“农业企业（农民合作社）+家庭农场+大户”的利益联结机制，引导、扶持家庭农场及大户适度规模经营，实现了企业、农民双增收。截至2015年，全区新型经营主体总数达2 543个，其中：家庭农场490个，合作社622个，大户1 305个，农业企业126个。另一方面着力于构建农业生产全程社会化服务体系，在朱沱、来苏等17个镇街开展水稻耕种防收全程社会化服务试点，2015年完成试点3.45万亩，培育农机专业合作社和农机大户14个。

（二）农村集体资产清产核资和量化确权改革试点

针对农村集体资产产权归属不清晰、权责不明确等问题，永川区在清产核资的基础上，做好界定产权、确权发证，为盘活集体资产资源奠定基础，开展农村集体资产量化确权改革试点。2015 年，永川区全面完成农村“三资”清理，通过清产核资，全区拥有总资产 14. 48 亿元，比清理前增加 10. 69 亿元，增加了 2. 82 倍。在南大街街道黄瓜山村等 3 个单位开展量化确权改革试点，核定配股人数 8 469 人，量化资产总额 2 088 万元。

（三）农业项目财政补贴资金股权化改革

近年来，国家对农业企业给予了大力支持，各类补助资金带动了业主投入，推动了产业发展，但这些补助资金极易成为企业的“私有财产”，周边农民、村社无法充分享受到国家补助带来的红利，为此，永川区探索开展农业项目财政补贴资金股权化改革。对财政资金扶持农业经营主体 100 万元以上（含）的补助项目，项目补助金额的 50% 作为涉及土地流转的农民和企业项目所在地集体经济组织持股，其中，农民持股 60%，集体经济组织持股 40%。农民和集体经济组织所持股份，按持股金额 7% 的标准实行固定分红。截至 2015 年年底，涉及农民持股分红项目的资金共计 3 120 万元，涉及农业企业 9 家、村民小组 28 个、农户 1 248 户，流转土地面积 2 534 亩，流转土地的农民和企业项目所在地集体经济组织共持股 1 248 万元，固定分红 87. 36 万元。

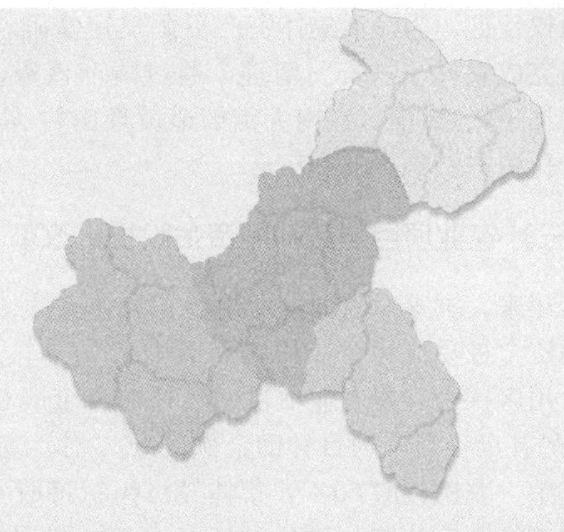

第十六章 南川区

第一节 基本概况

南川区位于重庆南部，地处渝黔、渝湘经济带交汇点。唐贞观十一年（637 年）设隆化县，隶属涪州，先天元年（712 年）改为宾化县。南宋理宗嘉熙三年（1239 年）改为南川县，属重庆府。1949 年，南川解放，隶属涪陵行政专署。1994 年，撤县设市。2006 年，撤市设区。

全区总面积 2 062 平方千米，地形以山为主，辖 9 个乡、22 个镇、3 个街道。属中亚热带季风气候区，气候温和，雨量充沛。立体气候明显。2015 年年末，有耕地面积 106.2 万亩；有户籍人口 68.69 万人，其中非农业人口 19.42 万人，有常住人口 56.4 万人；城镇化率 55.6%。

第二节 农业农村经济

1986 年是“七五”计划第一年，南川县认真做好稳固和完善家庭联产责任承包责任制，鼓励农民发展多种经营为指导思想，农业基础不断巩固。进入 21 世纪后，农业增加值在地区生产总值中占有相当大的比重。1994 年，南川撤县设市，随着改革的不断深入，农业产业不断纵深发展；2006 年，南川撤市设区以来，面临更多产业发展机遇，南川区采取多种渠道，大力调整产业结构，农业总产值逐年上升，人民生活水平不断改善。

南川区农业农村经济情况见表 20－16－1。

表 20－16－1 1986—2015 年南川区农业农村经济情况

分期		地区生产总值（万元）	农业总产值（万元）	农业增加值（万元）	农业增加值占比	农民收入状况		
						纯收入、可支配（元）	城乡收入比	农村居民恩格尔系数（%）
“七五”始	1986 年	33 866	21 167	15 551	45.9	342	—	—
“七五”末	1990 年	61 057	37 954	25 311	41.4	522	—	—
“八五”末	1995 年	184 408	76 561	52 545	28.5	1 076	—	—
重庆市直辖后	1997 年	284 678	131 159	89 525	31.4	1 903	—	—
“九五”末	2000 年	313 232	135 005	93 853	30.0	2 082	—	—

（续）

分期		地区生产总值（万元）	农业总产值（万元）	农业增加值（万元）	农业增加值占比	农民收入状况		
						纯收入、可支配（元）	城乡收入比	农村居民恩格尔系数（%）
“十五”末	2005 年	621 265	203 167	138 093	22.2	3 057	—	—
“十一五”末	2010 年	1 435 465	335 523	228 437	15.9	5 944	2.74∶1	—
“十二五”末	2015 年	1 862 532	576 848	384 930	20.7	11 237	2.38∶1	—

第三节　农业支柱产业

农业产业化经营是20世纪90年代，中国为推进市场与农业的协调发展而探索出的农业经济新形式。2002年1月，南川市委、市人民政府成立农业产业化建设领导小组，重点实施以茶叶、中药材、笋竹、生猪、优质稻为主的五大支柱产业。

一、茶叶

1986年6月，南川被国家确定为出口优质红翠茶基地县；9月，南川生产的“峨眉”牌红翠茶荣获第二十五届世界食品金奖。1988年，获首届中国食品博览会金奖。1989年，全县茶园面积发展到6.3万亩，产茶2 550吨，其中红翠茶产品畅销欧美等国家，出口1 825吨，创外汇220万美元。1993年创制“金佛玉翠”名绿茶，至创制以来，夺得“中茶杯”“三峡杯”“国饮杯”等国际、国内大奖30多项，并连续4届蝉联重庆市“十大名茶”称号。2002年，农业产业化调整，把茶叶作为五大支柱产业之一，改造低产茶园，新建无性系良种茶。到2006年，南川建成无公害茶叶基地6.3万亩。大观天绿园茶厂年加工名茶10吨，优质绿茶等300吨及各类红茶500吨14个品种。培育发展重庆市益川茶叶有限公司等2家茶叶生产龙头企业。2011年全区茶叶面积6.97万亩，产量达到2 900吨，产值1.3亿多元；2012年9月，“南川金佛玉翠茶”“南川大树茶”获农产品地理标志认证；2016年，全区茶园面积达到8.25万亩，茶叶产量3 507吨，现价产值2亿多元，现为重庆3个茶叶综合示范区之一。

二、中药材

南川区的金佛山是一座药物宝库，有药用植物4 180种。1986年，南川农民中药材种植面积3 330亩。1990年，种植面积7 290亩，2000年，种植面积1.1万亩。2002年，推进农业产业化，把中药材作为五大支柱产业之一。在金佛山周边的金山、鱼泉、三泉等6个乡（镇），种植品种有玄参、白芷、黄连、天麻、杜仲、栀子、云木香等，种植面积3.3万亩。2006—2010年，中药材种植面积发展到21万亩，涉及三泉、大有、合溪等10个乡（镇），共有药材种植户3.5万余户，产量8 000多吨，其中“金佛山”牌半夏药材被评为“中国名优品牌”。2015年，中药材迎来了难得的发展机遇，被重庆市列为七大百亿级农业优势主导产业。全区种植中药材面积达30万亩，产量达2.9万吨，实现产值6.7亿元。

三、笋竹

方竹笋是南川“五绝”之一，也是全国独一无二的产品，生长在金佛山海拔1 800米以上，有原生态方竹林基地12万亩。经过改造培育，到2006年发展到16万亩。1986—1989年，方竹笋干产量累计510吨。1990年，建立金佛山食品厂，年产方竹笋罐头500吨，产值360万元。1993年，方竹笋获香港国际博览会金奖。2002年，产真空封口鲜笋5 000吨以上，共18个品种。2006年，“清水方竹笋”被评为重庆品牌农产品。方竹笋畅销日本、英国、德国及东南亚等国家和中国香港、台湾地区。2015 年，全区笋竹种植面积 50 万亩，年产鲜笋 2.76 万吨，竹材 5 万吨，年产值 2.4 亿元，其中：金佛山方竹面积达到 21 万亩，产量 1.8 万吨，产值 1.8 亿元。

四、优质稻

南川是国家级粮食产能县、国家级优质稻标准化示范区。自然生态条件优越，地处亚热带湿润季风气候区，雨量充沛、日照充足，有 30 多万亩稻田处于海拔 600～1 000 米的倒置山区，森林覆盖率达 51%，富硒土地面积占 52.4%，足硒土地面积占 30%。受金佛山小气候的影响，水稻孕穗结实期气温相对较低，昼夜温差大，作物生长期长，生产的稻米外观、食味品质俱优。“南川米”颗粒饱满，色泽如玉；蒸煮时有清香，饭粒完整，软而不糊，冷后不硬，柔软可口，滋润香醇。清代头渡梅滩所产的油米就为朝廷进贡，因此“梅滩贡米”名扬全国。

南川从 2000 年开始，进行优质稻示范种植，目前已建设优质稻基地 32 万亩。2001—2003 年，以兴隆镇、大观镇为核心建立 12.31 万亩优质稻标准化示范基地，平均亩产 489.5 千克，总产优质稻谷 6.03 万吨，通过了国家级优质稻标准化示范区验收。2005 年，南川在大观、兴隆等乡（镇）建立超级稻示范区 16 万亩，示范区平均亩产达 605.2 千克，总产优质稻谷 9.68 万吨。2009 年，大观镇超级稻千亩片平均亩产达 769.9 千克，创造了重庆市高海拔地区水稻生产记录。2015—2016 年，在国家杂交水稻工程技术中心袁隆平院士的关心支持下，南川在东城街道三秀居委实施超级杂交稻高产攻关片区建设，最高亩产达到 1 028 千克，创重庆市水稻高产新纪录。2015 年 8 月 10 日，袁隆平院士亲临南川现场指导，并亲笔题词“南川米好”。

2006 年，南川区水稻获重庆市无公害农产品整体认证，2007 年，“金佛山贡米”和“大观米”在全市率先通过了有机米基地和产品认证。2009 年，通过了农业部“南川米”地理标志认证。2013 年，通过了国家工商行政管理总局“南川贡米”地理商标认证。2016 年，“金佛山牌南川米”荣获“中国十大好吃米饭”称号。

五、生猪

1988 年，改革生猪购销政策，坚持流通体制，收购价格随行就市。坚持开放搞活，收购肉猪由低价收购改为合同收购，猪肉产量 2.1 万吨。1992 年，建立农村生猪发展专业基金，财政拨款扶持商品猪生产基地建设，对养猪大户贴息贷款，饲养优良公母猪给予奖励和补贴。1994 年，对交售 10 头以上生猪的重点户分档次给予扶持。1998 年，南川全市生猪出栏数为 55.42 万头。2002—2006 年实施优质瘦肉型出口创汇产业工程，投资 219 万元，建成出栏万头肉猪基地乡 10 个、千猪场 20 个、百猪场 200 个、50 头养猪大户 1 000 户。猪杂交制种场 2 个，洋二元猪二级扩繁场 7 个，标准化人工授精站 2 个，推广洋二元母猪 830 头，出栏瘦肉型猪 5 万头。2006—2014 年，生猪饲养开始转型，随着青壮年外出打工，农民养猪明显减少，而专业户养猪增多。2006 年，南川全区生猪出栏 70 万头，猪肉产量 4.5 万吨。2015 年，南川生猪存栏 51.3 万头，其中母猪 4.8 万头，出栏生猪 70.55 万头，猪肉产量 5.2 万吨。

第四节　支持农业发展的重大举措

一、稳定和发展农业生产责任制

土地是农民的命根子，土地承包是事关农村及社会稳定。自 1981 年以来，南川县积极推行多种形式的生产责任制，完善统分结合的农村双层经营体制，延长土地的承包期。南川的土地发包与承包大体经历了 3 个阶段。

（一）第一阶段（1978—1981 年）

为群众性自发探索时期。主要形式是由开始包干到作业组过渡到包干到户，以责任田的方式确定耕种户，包干上交公粮，完成农业税和提留。

（二）第二阶段（1982—1997 年）

为全县第一轮土地承包期。其中，1982—1985 年，农村土地的发包与承包工作，主要由各乡（镇）人民政府自行管理。1986 年，全县 43 个乡（镇）、447 个行政村、3 406 个农业社、12. 2 万个农户，第一次对农民承包合同使用的土地，颁发了由南川县人民政府统一印制的《土地使用证》。1987 年，对农民承包土地进行定产审查核定，以定产为基数，按每户定产的 5% ~10% 提取实物，或按市场价格折算承包费（土地使用费）。农民除完成国家税收、征购和承包费外，其余收入全部归自己。1990 年，按照中共中央关于农村土地双层经营承包责任制要“明确使用权，稳定承包权，放活经营权”的原则，南川县委、县人民政府在领导农村土地承包“三权分离”上做了较大探索，先在水江镇试点，再全县推开。这次开展的双层经营承包责任制，主要表现有以下几种形式。

1. 承包型

一些有经济头脑、发展眼光的农民和在城镇居民，为了获得土地经营权，扩大再生产，主动与勘察农户或农业社协商。有偿承包几户或几十户农民的承包地，或成片经营“四荒”，搞“三高”农业的综合开发。

2. 租赁型

部分农户和村社将自己的承包地或“四荒”资源有偿出让，从中收取租金，实现劳动力的转移。

3. 股份合作型

一些有长远眼光和能担风险意识的农民，以土地、劳力入股，与有资金、技术的单位和个人合作经营搞“三高”农业的经济实体，实行“风险共担，利益均享，按股分红”的办法，兴办绿色企业。

4. 拍卖型

部分村社和单位，将集体所有的荒山、林地、塘、库水面等资源的经营权拍卖给农户或单位、职工经营，拍卖经营权期限一般为 30 ~50 年。

5. 无偿型

部分村社为了开发利用长期荒芜的荒山荒坡、荒滩、荒水资源，改变自然环境，按照“谁投资，谁受益，谁经营，谁开发”的原则，将村社所有的“四荒”资源，无偿提供给集体或社员开发经营。

6. 转包或退包型

一批务工经商或劳务输出到沿海或发达地区的农民，因无力耕种承包地，将承包地在一定期限内转包给其他农户耕作，从中获得一定的报酬。

1994 年，南川市委、市人民政府出台了《关于进一步稳定和完善农村土地承包问题的若干问题》和《关于林地开发若干问题的规定》，进一步规范了农村土地发包工作，明确提出了农村土地承包管理的政策。

（三）第三阶段

为第二轮农村土地承包、发包阶段。南川从 1998 年 4 月开始，到 1999 年 10 月结束。采取“统一部署，以点带面，全面推进”的办法，由重庆市农业委员会牵头，市、乡（镇）农业承包管理委员会组织实施。开展第二轮农村土地承包工作，划地人口以 1998 年 7 月 31 日的农业户口为准，土地延包模式 3 种：一是“增人不增地，减人不减地，一定 30 年不变”；二是在土地承包期再延长 30 年的前提下实行“大稳定，小调整”；三是为了加快城市、集镇规划区的建设，在规划区内由农业社统一分户发包给农户承包经营。实行第一种模式的有金山、头渡、德隆、大有、乾丰5个乡（镇），其余乡（镇）选择了“大稳定，小调整”模式。小调整间隔时间为3～5年，有利于减少人多地少的矛盾。在实行“大稳定，小调整”的乡（镇）中，有48个村、234个社选择“增人不增地，减人不减地，一定30年不变”的模式。到1999年5月，南川37个乡（镇），447个村、3 416个农业社，15.9万个农户，54.6万亩耕地，全部按规定完成了第二轮土地承包，核发《重庆市农村土地经营权证书》，签订了《南川市第二轮农村土地承包经营合同》。“两证”经乡（镇）农经站签证后生效，进一步稳定了家庭联产承包责任制。2006年，全市有16个乡（镇、街道）、35个村、401个农户，依法办理了6 015亩土地流转手续。继续做好第二轮土地承包的后续工作，对因土地承包而产生的争议，南川市农业承包合同仲裁委员会及时受理，认真解决。是年，依法裁决土地纠纷案2起。

二、扶贫开发

（一）越温达标

1986年，建立南川县扶贫开发领导小组，设立办公室。对全县1985年人均纯收入开展逐村、逐组、逐户进行调查，共有23个乡（镇）、281个村、2 221个组、4.5万户贫困户，占全县总农户的38.3%；人均纯收入120元以下的特困户9 211户。南川县委、县人民政府确定14个县级部门，抽调345名干部，组成44个扶贫工作组，对金山、半河、元村等13个重点贫困乡（镇）进行对口扶贫。对人均纯收入不足120元的乡（镇）减免农业税493.6万元，发放扶贫贴息贷款、周转金160万元。到1988年，这些贫困户人均纯收入260元，越过温饱线。南川成为全省率先越过温饱线的15个县之一。

（二）扶贫攻坚

1989年巩固温饱成果，防止返贫，将原来13个贫困乡（镇）扩大到17个，主要抓建卡贫困户的巩固扶贫工作。年末达到人均粮食434千克，年纯收入1 289元的有62户、826人。1990年遭连续60多天的伏旱，建卡贫困户人均纯收入230元，人均占有粮食284千克的返贫户有3 396户。1993年受大风、冰雹、秋风、冷露和病虫害等自然灾害影响，返贫户达到4 005户，1.6万人，返贫率为58.4%。1987—1993年，抓13个贫困乡（镇）扶贫工作，投入信贷扶贫资金1 244万元。1999年，实施“四一六”扶贫攻坚计划，全市183个单位参与“1+1”帮扶4 005户建卡贫困户由救济扶贫转变为开发式扶贫，建立烤烟、草食牲畜、五倍子、银杏和苹果等基地。经过4年的努力，1997年，重庆市检查验收，90%以上的建卡贫困户人均纯收入500元以上。2002—2006年，启动扶贫开发，实施公路、水、学校建设移民搬迁，农业支柱产业等新一轮造血式扶贫工作。市级领导和73个单位对口联系，实施“1+1”对口帮扶，到2006年有90%的贫困村实现通路，通电、通广播电视，60%以上的人饮上了自来水。2009—2012年，启动实施16个贫困村整村扶贫建设，涉及52个村民小组、农户5 842户，人口1.8万人（其中建卡贫困户人口2 163人）。3年来，实施扶贫项目242个，总投资达8 282.3万元。2012—2015年，实施易地扶贫搬迁、整村整片扶贫、产业扶贫、扶贫培训，努力构建大扶贫工作格局。全区贫困人口1.3万户4.3万人、贫困村40个，稳定解决9 541人贫困人口温饱；制定出台贫困户搬迁差异化政策，整合资金1.1亿元，完成易地扶贫搬迁4 561人；实施贫困地区连片开发，16个贫困村整村扶贫达到标准，搬迁高山移民2 600人；抓好扶贫创业培训2 000人。推行扶贫集团对口帮扶贫困村、干部帮扶贫困户制度及资金监管工作。

（三）脱贫攻坚

2015年7月，南川区人民政府召开脱贫攻坚启动会，把脱贫攻坚作为重大政治任务，头等大事，第一民生，以前所未有的重视程度，投入强度，工作力度，推进脱贫攻坚工作。争取到市级扶贫资金

7 341万元，实施项目317个。其中投入道路交通74个，2 503.5万元，人畜饮水11个，77.5万元，农田水利9个，79.5万元，易地扶贫搬迁106个，1 660万元，种养殖业28个，1 140万元，乡村旅游18个，308万元，电商扶贫4个，13万元，社会事业10个，81万元，金融扶贫12个，216万元，扶贫培训5个，112万元，其他项目40个，802万元。全区20个贫困村贫困发生率由12.6%降至0.8%，达到“建八有”“解八难”标准，实现脱贫销号。6 543户贫困户，2.2万名贫困人口越线，圆满通过市级检查验收。

三、农业综合开发

自1991年以来，南川区坚持以建设“田地平整肥沃、水利设施配套、田间道路畅通、科技先进适用、优质高产高效”的高标准农田为主，辅以产业扶持、科技推广等项目资金，在全区打造和扶持了一批“基础扎实、设施完善、产业配套、科技领先、生态优美、持续高效”的高标准农田和产业。截至2016年底，全区共计投入资金4.58亿元，其中中央财政资金2.33亿元，市级财政资金1.18亿元，区级财政资金0.18亿元，其他自筹资金0.89亿元。投入土地治理项目资金3.90亿元，改造中低产田36.9万亩，建成高标准农田14.6万亩，先后建成了东城街道三秀片、大观镇铁桥片、南城街道三汇片、金山镇金狮片等典型高标准农田项目片区。投入产业化资金0.64亿元，扶持了茶叶、中药材、方竹笋、特色水果、畜禽、水产养殖、粮油加工等产业的发展壮大。投入科技推广资金0.04亿元，推广了大树茶标准化栽培、茶叶高产栽培、生姜高产栽培、中药材栀子种苗繁育、玉簪花标准化种植等先进适用技术。通过项目的实施，一是有效改善了农民生产、生活条件，显著提高了农业综合生产能力，确保了主要农产品有效供给和粮食安全，凡是实施农业综合开发的区域，土地集中经营度达70%以上，全区60%以上的新型农业经营主体在农综项目区内；二是增强了农民科技意识，提高了农民种植技能，推动农户利用先进技术进行产业化生产，加速了科技成果转化，促进了农业结构调整，对培育地方新的经济增长点、推动当地经济社会发展发挥了积极作用；三是增加了农民收入，农民种植技术的提高、基础设施的配套完善和产业务工促进了农业的增产、增效和农民的增收，项目区农民人均增收在300元以上。

四、大观生态农业园区

重庆大观生态农业园区位于南川区北部，总面积280平方千米，涵盖大观、兴隆、黎香湖、木凉、河图5个乡（镇）。2009年3月，重庆市人民政府将大观生态农业园区确定为重庆市唯一的生态农业示范区。2010年3月，南川区委、区人民政府正式组建成立南川区生态农业园区管委会。按照重庆市确定的“1年启动、3年成型、5年示范”的发展目标，坚持统筹领导、统筹规划、统筹管理、统筹投资、统筹招商、统筹政策、统筹考核的“七个统筹”原则，在基础设施建设、农村住房改造、产业结构调整、整乡扶贫开发等方面进行了有效探索。

重庆大观生态农业园区建设始终坚持“生态立园、产业强园、旅游兴园”理念，围绕“建设国家现代农业示范区、实现农民增收致富、推进城乡一体化”目标，用现代工业装备农业、用现代科技武装农业、用现代管理经营农业，把农业园区和产业基地打造成为现代农业样板。

2010—2015年，园区共组织实施大项目205个（项目投资500万元以上），完成投资32亿元。其中市级重点项目2个（都市休闲食品园区、现代农业示范工程），区级重点项目32个；基础设施类项目68个，现代农业项目85个，乡村旅游项目28个。以20平方千米现代农业综合示范工程为核心，完成大通道建设20千米，建成农民康居工程30万米^2，土地集中整治1万亩，现代农业设施10万米^2；以新建6平方千米食品药品综合产业园为重点，加快推进了3平方千米土地整治、5千米主干道、5万方安置房、1万吨污水处理厂、0.8万吨自来水厂；以打造重庆休闲观光和养老养生基地为目标，开展了花木基地、万宝片区土地整治，实施金旅公司生态农业观光项目、澳美统筹城乡、现代农业示范等

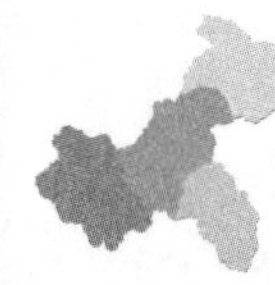

项目。

截至2015年底，园区建成优质粮油、茶叶等2个万亩示范片，形成绿色蔬菜、精品水果、特色水产、花卉苗木等20个千亩产业园。遵循“特色定位、产城融合、市场运作”原则，培育百亿级食品药品综合产业园区，启动都市休闲食品和中医药科技产业园基础设施建设，引进食品加工、健康饮品加工企业4家。坚持“吃住行游购娱”统筹打造，形成精品乡村旅游线路5条，连续举办5届生态大观园乡村旅游文化节及10个系列主题活动，吸引游客近500万人次。培育现代农业经营主体，农业产业化龙头企业达33家，其中市级龙头企业9家，成立各类专业合作社66个，兴建星级农家乐100余家。承办了重庆市乡村旅游发展现场会，接待了34个国家友人参观、52位省部级领导视察、36次外地党政代表团考察、45次市内、区（县）党政代表团的交流。

五、减轻农民负担

1990年11月，根据国务院切实减轻农民负担的通知精神，南川县委、县人民政府出台了《关于落实定项限额提留，切实减轻农民负担的三项决定》，一是把农民负担总额控制上年农民人均收入的5%以内，二是明确规定农民负担的项目和标准，三是加强农民负担管理建设，切实实行民主监督。

1993年，南川县委、县人民政府根据南川的实际情况公布了《南川县第一批涉及农民负担项目的审核处理意见》，宣布取消了33项收费，集资、资金项目和39项达标升级活动项目，严格禁止了中、小学18项收费项目，严禁向学生强行推销商品。从1993年起，将农民负担纳入农业承包合同管理，并按照《四川农村承包合同书》实施，将农民负担的集体提留和乡统筹费填入《农民负担结算手册》一并发放，分大春、小春两次结清，实现了农民负担早知道。对超出合同书范围的负担，农民有权依法拒绝。1990—1994年的农民负担预算方案由市农委统一办理，分乡（镇）行文审批后实施。

1995年以后，按照国务院规定，对农民负担费用及项目，实行“一定三年不变”的政策，由南川市农民负担监督管理办公室把关审批，批转各乡（镇）审批后的方案实施。随着物价的上涨，1998年，明确规定了后3年计提标准和原则，即3年的平均增量标准不得超过5元。并规定，有条件的乡村，由企业补贴或全部承担农民负担费用。通过努力，南川的农民负担由1990年的7.2%，下降到1998年的1.9%。按照“一定三年不变”的原则，农民负担逐年递减。

从2006年开始，全国免除了农业税，后来又进行村、社调整，精简了干部，农民负担极大减轻。从2004年开始，通过退耕还林补贴、种粮直补等财政补助扶持农业生产，逐步扩大补助范围和项目，提高补贴标准，涉及粮食、油菜、农资综合直补、良种推广、农业机械购置等项目。2015年，全县累计补贴农民资金达5 886.9万元。

第十七章 綦江区

綦江之名源于古綦市，江以綦名，县以江名。唐武德二年（619 年），分江津县地置南州，并置隆阳县，州治、县治均在今古南街道境内，是为綦江建置之始。2011 年 10 月撤县设区。

全区总面积 2 748.27 平方千米，2015 年年末，辖 17 个镇、3 个街道，有耕地面积 139.1 万亩；有户籍人口 93.9 万人，有常住人口 81.1 万人，城镇化率 49.03%。

第一节 农业农村经济

綦江区农业农村经济情况见表 20－17－1。

表 20－17－1 1986—2015 年綦江区农业农村经济情况

分期		地区生产总值（亿元）	农业总产值（亿元）	农业增加值（亿元）	农业增加值占比（%）	农民收入状况		
						年人均纯收入（可支配收入）（元）	城乡收入比	农村居民恩格尔系数（%）
“七五”始	1986 年	5.42	5.19	1.93	35.7	412	3.71 : 1	—
“七五”末	1990 年	8.66	5.87	3.44	39.8	567	2.99 : 1	—
“八五”末	1995 年	25.37	7.85	12.89	50.8	1 433	2.58 : 1	—
重庆市直辖后	1997 年	30.40	8.57	14.40	47.4	2 095	2.5 : 1	—
“九五”末	2000 年	35.10	16.4	12.40	35.3	2 207	2.92 : 1	58.5
“十五”末	2005 年	81.20	25.29	20.30	25.0	3 398	2.65 : 1	54.7
“十一五”末	2010 年	167.28	38.44	25.89	15.5	6 159	2.62 : 1	49.6
“十二五”末	2015 年	285.98	63.73	42.51	14.7	11 494	2.12 : 1	39

第二节 农业产业结构调整

1986 年，綦江县委、县人民政府贯彻落实中共中央“决不能放松粮食生产，积极发展多种经营”的方针，逐步调整农业产业结构。全县将生猪、茶叶、柑橘、贮麻、蚕桑、长毛兔等 9 个项目为发展重点，启动生猪、茶叶、柑橘、贮麻、蚕桑、长毛兔等基地建设。

1998 年，綦江县人民政府印发《关于发展农业产业化的意见》《土地流转的实施办法》等文件，全县确定粮油、肉食、蔬菜、林果四大产业为主的“三线、四块、五点”发展格局，规划建设 10 个农业基地。1999 年，綦江县人民政府印发《关于加强农业产业结构调整的意见》，并出台农业产业结构调整的税收、科技、价格、投入等方面的优惠政策。

2010 年，綦江县启动山地现代农业示范区的建设，规划 300 平方千米，覆盖 10 个街道（镇），其中核心区 100 平方千米，涉及隆盛、永城两个镇 17 个村，规划发展 2.6 万亩的产业规模。

2014 年，綦江区根据“大山区、大农业”的地区特色，提出了“1 +20 + X”［即一个山地现代农业示范核心区，20 个街道（镇）特色效益农业园区，以及若干个生态旅游休闲观光农业园区和三大类特色现代产业园区］的山地现代农业示范园建设模式。

一、产业发展状况

（一）蚕桑产业

1986 年，綦江县把蚕桑产业作为发展多种经营生产的重点之一，采取普遍发展和基地建设相结合的办法，加快发展。全县养蚕 1.79 万箱，产茧 387.5 吨，1988 年，按照“产供销一条龙、农工商一体化”格局，将县蚕桑站、蚕茧公司和丝绸厂合并为綦江县茧丝绸公司。

1990 年，綦江县委、县人民政府把蚕桑生产作为振兴全县农村经济的重点事来抓，制发《关于大力发展蚕桑生产的意见》，成立綦江县蚕桑生产发展领导小组，把蚕桑生产纳入全县各级干部年终考核目标。全县新办乡、社集体桑园 283 个，发展成片桑园 8 687 亩，蚕茧产量比 1985 年增长 20.9%。

1991 年起，綦江县人民政府每年拨款 50 万元作为蚕桑生产发展奖金，奖励各级干部。1994 年，全县桑园面积 3.17 万亩，养蚕 7.31 万箱，产茧 962.2 吨，创历史最高水平。新盛镇种植桑园 2 630 亩，被确定为重庆市蚕桑基地镇。

1995 年后，受国际市场价格波动的影响，蚕茧价格下降，蚕农生产积极性减弱，蚕茧产量逐渐下降。1996 年，綦江县茧丝绸公司因亏损而破产。2000 年，全县蚕茧产量仅为 101.9 吨，比 1994 年减少 800 多吨。

2007 年，綦江县抓住市“百万担优质蚕茧基地建设”的机遇，在新盛镇气田村、德胜村实施“产茧千担府”建设项目。全县蚕茧产量 105 吨，比 2000 年增长 3.04%。2011 年，綦江县蚕茧产量 90 吨，比 2007 年下降 14.3%。

（二）烟叶产业

1990 年，綦江县委、县人民政府把烟叶生产作为振兴全县农林经济的重点之一，决定在石壕、打通、安稳、赶水、郭扶、高青、高庙等多镇发展烟叶生产。同时，成立綦江县烤烟生产领导小组，在綦江县农村工作办公室和綦江县烟草公司抽调 5 人专门负责烤烟生产。全县种植烤烟 1 641 亩。

1991 年，綦江县确定南部地区的 13 个乡镇为烤烟种植区域，并制定各种优惠政策，予以重点扶持。全县种植烤烟 1.58 万亩，比上年增长 8.6 倍；实现烟叶产量 1 035 吨。綦江县被确定为重庆市烤烟生产基地县。

1993 年，綦江县烟草公司投资 250 万元，文龙、赶水、郭扶、石壕、綦江县农村工作办公室等各投资 50 万元，在文龙建成綦江烟叶复烤厂，形成种植、收购、销售一条龙的经营体系。1996 年，綦江烟叶复烤厂由股份制企业改为綦江县烟草公司经营。1997 年，全县种植烤烟 3.81 万亩，比 1991 年增长 1.4 倍；烟叶产量 3 677 吨，比 1991 年增长 2.5 倍。

2000 年，綦江烟叶复烤厂，复烤加工烟叶 26.48 万担，实现产值 6 960 万元。2001 年，綦江烟叶复烤厂关闭，各乡镇、村、社修建的烤烟烘烤房相继拆除。此后，因国家调控烟叶规模和农村劳动力大量外出务工，烟叶种植面积逐年减少，烟叶产量逐年下降。农民种植的烟叶，除自己使用外，在市场上自产自销。

（三）蔬菜产业

1986年，綦江县主要在文龙、桥河、三江、土台、打通等地发展蔬菜生产，以满足县城及市属厂矿企业的蔬菜供应。1998年，綦江县人民政府决定，将蔬菜生产作为农业产业化四大产业之一，加快发展。1999年，綦江县建立以古南镇为中心的万亩蔬菜基地，以东溪镇镇紫为中心的早熟黄瓜基地，在石角、万兴高山地区建立反季节蔬菜基地。全县蔬菜种植面积17.31万亩，比1995年增长29.7%；实现蔬菜产量31.15万吨。

2002年，綦江县人民政府将蔬菜生产列为全县八大重点产业化项目之一。全县种植蔬菜面积23.06万亩，比1999年增长33.2%；实现蔬菜产量40.5万吨，比1999年增长30.01%。2005年，全县蔬菜种植面积占总耕地面积的13.6%。2008年，全县20个街道（镇）的“无公害蔬菜产区”全部通过认定。

2009年，綦江县实施蔬菜生产“311”工程，与重庆市农业科学院、西南大学开展技术合作，实行蔬菜标准化生产，建成辣椒示范片30个，发展100亩以上辣椒种植大户50户，形成东溪、郭扶、三角辣椒生产基地，赶水萝卜生产基地，隆盛叶类菜生产基地和石壕反季节蔬菜生产基地。赶水草蔸萝卜被誉为“草根人参”“绿色珍肴”，销售到国务院机关事务管理局。2010年，全县实现蔬菜产量47.28万吨，比上年增长8.5%；实现蔬菜总产值9.6亿元，农民人均种植蔬菜收入1 400元。

2011年，全县建成蔬菜商品基地30万亩，其中万亩基地7个、5 000亩基地10个、专业林5个，形成永丰河流域“菜篮子”工程产业带，东溪辣椒产业带和赶水草蔸萝卜产业带。2015年，綦江区种植蔬菜面积39.65万亩，比上年增长3%。在永丰河流域蔬菜基地建立农业部蔬菜标准园1个；投入资金169万元，在石角、东溪、隆盛、篆塘等镇建设中央现代农业蔬菜产业项目12个。全区首次试点蔬菜生产保险工作，已办理2 770亩蔬菜的保险投保。石角盘龙豇豆制种基地提纯选育的綦龙5号品系，已通过重庆市农作物品种审定委员会的鉴定，并向农业部申请“植物新品种权”。

（四）木瓜产业

2006年，綦江县将木瓜产业作为特色产业发展，县内和木瓜项目镇均成立机构，落实具体人员，制定发展思路，普及木瓜栽培技术。同时，对木瓜产业发展进行科学论证，编发了《綦江县木瓜管护年度标准》《綦江县木瓜标准化示范基地周年管理标准》；委托西南大学对木瓜生产病虫害进行调查，制定防治方案；委托第三军医大学开发木瓜深加工产品，成功申报木瓜多酚发明专利，设计定型木瓜功能性产品3个。2007年，全县木瓜栽培面积累计5.1万亩，建成投产1家木瓜加工厂，并引进1家万吨木瓜加工企业入驻食品工业园区投资建厂。

2008年，綦江县制定木瓜产业3年规划，发布施行木瓜生产地方标准，木瓜栽培面积累计8.0万亩。綦江县成立为全市无公害木瓜产地认定整体推进县。

2009年，綦江县建成木瓜示范片18个，面积1.31万亩。其中，县级部门示范片4个，面积2 000亩；街道（镇）级示范片14个，面积1.11万亩。全县规范化管护木瓜面积8.09万亩，比上年增长1.1%。

2010年，綦江县建成木瓜品比园和木瓜资源园，展示20多个木瓜品种。全县规范管护木瓜面积10.2万亩，比上年增长26.1%；实现木瓜产量8 500吨，增加种植木瓜农民收入5 000万元。同时，金立方酒业股份有限公司、酒民郎木瓜有限公司、酌知酒业有限责任公司3家木瓜加工企业，年可消化加工木瓜8 500吨，生产木瓜酒3 000吨，打造“金立方”“蒋瓜瓜”等木瓜酒品牌。綦江县被中国果菜专家委员会评为中国木瓜无公害科技创新示范县。

2011 年，綦江区建成万亩示范片 4 个，全区木瓜规范化管护面积 10.8 万亩，比上年增长 5.9%。綦江区被中国果菜专家委员会、第九届中国果菜产业发展论坛组委会授予“中国优质木瓜之乡”“中国木瓜产业科技示范区”称号。

（五）水果产业

1986 年，綦江县将水果产业作为农业多种经营发展的重点之一。全县水果种植面积 3 600 亩，水果产量 1 774 吨。1995 年，綦江县投入资金 786 万元，在永新和中峰交界的凤凰山上，建成凤凰山万亩优质梨园，主要品种为金水黄花梨，成片种植面积 1.5 万亩。

1998 年，綦江县将水果产业作为农业产业化四大产业之一，加快发展。全县水果种植面积 2.07 万亩，比 1986 年增长 4.7 倍；实现水果产量 6 654 吨，比 1986 年增长 2.8 倍。

2002 年，綦江县人民政府将水果生产列为全县八大重点产业化项目之一。全县种植水果品种 20 多个，种植面积 3.14 万亩，比 1998 年增长 51.7%；水果产量实现 1.4 万吨，比 1998 年增长 1.1 倍。

2005 年，綦江全县水果种植面积 3.41 万亩，比 2002 年增长 8.59%；实现水果产量 1.87 万吨，比 2002 年增长 33.3%。2010 年，綦江县建成隆盛猕猴桃、赶水布朗李、石角钙果、扶欢柚子、永新梨子、横山蓝莓等水果基地。全县水果种植面积 4.37 万亩，比 2005 年增长 28.23%；实现水果产量 2.11 万吨，比 2005 年增长 12.9%。

2015 年，綦江区水果种植面积 8.24 万亩，比 2010 年增长 88.5%；实现水果产量 4 万吨，比 2010 年增长 89.4%。特别是李子产业发展较快，种植面积 1.5 万亩，主要品种有布朗李、歪嘴红、脆红李、清脆李等，分布在石壕、安稳、赶水、篆塘、三角等地区，已建成赶水布朗李基地，石壕脆红李基地和篆塘脆红李基地。

（六）畜牧业

畜牧业是綦江农业产业化发展确立的四大支柱产业之一，是农业经济发展的重要组成部分。綦江的畜牧业，主要包括生猪、牛、羊、兔和家禽，特别是生猪，是农业经济中的骨干产业，綦江是全国生猪生产百强县。

1. 生猪

1986 年，全县生猪饲养量 126.1 万头，出栏 58.85 万头，并引进荣昌母猪 1 141 头、荣昌公猪 4 头、约克公猪 6 头进行繁殖。1987 年，成立綦江县养猪综合技术推广小组，在全县推广养猪综合技术。1988 年，綦江县采取“养猪奖售粮”等一系列鼓励养猪积极性的措施。1990 年，实施“綦江县商品瘦肉猪基地建设”项目，全县瘦肉型猪出栏率达到 60%。1992 年起，实施“新荣昌Ⅰ系猪二级扩繁场建设”“重庆市外种猪杂交制种场建设”“重庆市百万头优质瘦肉猪产业化工程”“綦江县 30 万头优质瘦肉型猪产业化工程”“重庆市优质瘦肉型猪出口创汇产业化工程”项目。1997 年，綦江县成为全国生猪生产百强县。2004 年，在全县 15 个养猪示范镇建立示范户 408 户。2005 年，全县建成万头猪场 1 个、千头猪场 3 个，20～900 头养猪大户 1 449 户。2007 年，綦江县坚持重点保护母猪和生猪规模养殖，在隆盛、三角、永新、古南、郭扶、东溪、赶水、石角建设生猪生态养殖小区，小区出栏优质瘦肉型商品猪 4.18 万头；在隆盛镇建设良种母猪繁殖场和规范化商品猪场各 1 个，发展年出栏 500～3 000 头规模养殖户 44 户。2008 年，围绕“畜牧大县、畜牧强县”的目标，利用国家对綦江生猪调出大县的奖励资金，加强生猪良种繁育体系建设，引进业主建成生猪良种扩繁场 4 个，饲养良种母猪 602 头，其中，农业部确定的科技示范项目——綦江县隆盛畜牧科技示范场，饲养良种母猪 200 头。全县建成出栏 500 头以上规模场（户）65 个，出栏肉猪 8.05 万头。2009 年，发展户养 10 头以上母猪养殖户 297 户，年出栏 500 头以上肉猪养殖户 54 户，建成年出栏 5 000 头以上的优质肉猪生态养殖小区 8 个。全县出栏肉猪 68.66 万头，比上年增长 4.3%；存栏 50.09 万头，比上年增长 0.56%。2010 年，完成了中央现代农业生产发展资金安排给綦江的生猪产业项目，改扩建7个生猪规模养殖场，建成安稳生猪标准化规模养殖示范小区。2011年，全县已有重庆宏讯农业发展公司、赶水陈勇、中锋龚顺开、石角易华强、三角周旭波等企业及个人开办标准化生猪规模养殖场，如石角生猪标准化规模养殖小区以及石角民建村山猪养殖场、隆盛中桥村维东生猪标准化养殖场、篆塘珠滩村生猪养殖场等。2015年，綦江区生猪存栏54.23万头，出栏生猪86.12万头。

2. 牛

1986年，綦江全县牛饲养量7.09万头，出栏6 934头，产仔8 958头。1987年，綦江县委制发《加强领导，完善养牛责任制，促进耕牛稳定发展》等文件，县（区）、乡人民政府都把保护和发展耕牛生产列入议事日程。1989年，綦江县成立綦江县奶类项目领导小组，推进奶牛养殖发展。1993年，綦江县被列为全国秸秆养牛示范县。1997年，綦江县出栏水牛、黄牛共1万头，存栏水牛、黄牛6万头，成为重庆市的水牛主产区。2000年起，在全县推广黄牛精配种技术，生产杂交黄牛1 000余头。2007年，綦江县制订畜牧"111"工程规划，发展出栏肉牛10头以上的示范户20户。2008年，綦江县人民政府把肉牛生产作为养牛业的重点，发展肉牛专业户30个、奶牛场2个，饲养肉牛4 185头、奶牛187头。2009年起，綦江县人民政府出台政策，凡购5头以上肉牛的，每头补助500元。2011年，新发展奶牛258头，全县出栏肉牛2.43万头，存栏肉牛3.07万头；永新、石壕等镇建成千头肉牛基地。2015年，綦江区已发展年出栏肉牛100以上的养殖户22户，重庆市科牧华农业开发有限公司在三江、石壕建成年出栏500头肉牛标准化养牛场各1个。

3. 羊

1986年，綦江县养羊1.29万只，其中存栏6 867只，出栏6 080只。1994年，綦江县存栏山羊1.2万只，比1986年增长75.1%。1996年，重庆市财政投资50万元，在綦江建设良种山羊养殖基地，发展山羊1.94万只。1997年，以石壕、安稳、莲石、打通、赶水等乡镇为基地，实行扶持优惠政策，推广良种山羊养殖配套技术。1999年，綦江县被列入重庆市山羊良种繁育体系建设基地。全县山羊养殖量4.92万只，其中存栏山羊2.6万只。2001年，綦江县人民政府与重庆市人民政府签订调整牧业结构责任书，建成规模化种羊场1个，引进南江黄羊300只，建立专业户100户。2002年，"綦江县30万只优质山羊产业化开发"项目被列入全市100万头（只）草食牲畜产业化工程，发展肉羊8.23万只。2004年，全县扩建羊场5个，发展养羊大户860户，建成示范镇18个、示范村22个、示范户521个。2005年，全县养羊量31.26万只，其中出栏山羊17.07万只，存栏山羊14.2万只。2006年，实施"30万只优质肉羊建设"项目，全县建立人工授精站8个，建成示范村19个、示范户328户，培育100只以上养羊大户62户、50只以上养羊户1 360户。2007年，綦江县人民政府制定"畜牧111工程"产业化规划，把山羊发展作为100万头（只）草食牲畜发展目标的骨干项目，在石壕、安稳、打通、赶水、永新等镇建立年出栏优质肉羊1 000只的生态小区5个，年出栏50只以上的示范户328户。2009年，全县存栏山羊3.41万只，比上年增长2.6%。2010年，建成石壕、安稳、打通、赶水、永新等镇年出栏优质羊1 000头的生态养殖小区，发展年出栏50头以上的标准化生产示范户320户，新建扩建规范化羊舍2万多米^2。2011年，全县出栏山羊4.37万只，存栏山羊3.93万只。2015年，綦江区已发展年出栏山羊100只以上养殖户123户，在石壕、打通、赶水、安稳等镇建成綦江区南部山羊养殖示范区。

4. 兔

1986年，綦江县饲养肉兔4 000只，饲养长毛兔12万只。长毛兔饲养量比上年增长3倍。1989年，先后5次从外地引进塞白兔、加利福尼亚兔、新西兰兔进行饲养，并把分水、福林作为养兔示范乡。1991年，"綦江县肉兔综合技术开发与推广"被列为国家"星火计划"项目，并作为重庆市科技开发项目"綦江山区农业区域性支柱产业综合开发"的项目内容。1994年，全县肉兔饲养量24.3万只，兔肉产量255.8吨，创产值640.7万元，农民养兔纯收入279.33万元，均创历史最高水平。2000年，綦江县人民政府批准成立獭兔产业开发领导小组，实施"綦江县50万只獭兔产业化"项目，引进德采獭兔种 832 只。全县存栏肉兔 2. 66 万只，比上年增长 2. 5%。2005 年，全县出栏肉兔 12 万只，存栏肉兔 8. 7 万只、比 2000 年增长 2. 7 倍。2007 年，将肉兔生产纳入畜牧产业化“111”工程，在古南、三角、篆塘等镇建设年出栏 1 万只以上优质肉兔生态养殖小区 5 个、年出栏 1 000 只以上示范户 10 户。2008 年，全县养兔业成立养兔协会，新发展年出栏 1 万只以上养殖户 51 户，建成以三角、东溪、郭扶、篆塘、石角等镇为主的年出栏 1 万只以上优质肉兔生态养殖小区 5 个。2011 年，建成肉兔生态养殖小区 52 个，形成东溪、篆塘、扶欢、石角、古南、文龙、三角肉兔养殖带。2015 年，綦江区在东溪、郭扶、篆塘、三江等街道（镇）建成优质肉兔生态养殖区，发展年出栏 1 万只以上肉兔养殖场 15 个。

5. 家禽

1986 年，綦江县养鸡、鹅以农户家庭散养为主，养鸭还有大棚或小群饲养。1990 年，全县出栏鸭 101 万只，存栏 41. 08 万只。1991 年，綦江县试验和扩大北京鸭与本地鸭杂交生产技术和稻田养鸭技术。1992 年，全县出栏肉鹅 31. 6 万只，发展养鹅 100 只以上大户 6 户。1995 年起，綦江县实施“重庆市 100 万蛋鸡产业化工程”，全县建成 2 个养鸡示范乡。1997 年，全县适度规模笼养良种蛋鸡 27. 18 万只。2000 年，全县养鸭 187. 28 万只，出栏 29. 5 万只。2005 年，全县专业化肉鸡、蛋鸡规模饲养 30 万只；出栏肉鸭 260 万只、存栏 85. 25 万只，分别比 2000 年增长 38. 8% 和 188. 9%；出栏肉鹅 98. 7 万只，比 1990 年增长 2. 1 倍。2001 年，全县发展万只以下蛋鸡场 9 个，万只以上蛋鸡场 7 个；同时，引进重庆洪海朗德鹅养殖有限公司在安稳镇建成全市最大的朗德鹅种场，饲养种鹅 2 000 多只。2011 年，永城镇建成 8 万只蛋鸡场、10 万只蛋鸡机械化养鸡场和 20 万只蛋鸡场各 1 个；重庆农满天下农业开发有限责任公司在永新凤凰山梨园建成林下养鸡示范场，并引进“北京油鸡”种蛋，培育成“永新凤凰鸡”。全县有年出栏 2 000 只以上规模养鸭户 35 户，存栏 300 只以上蛋鸭饲养户 66 户；有规模养鹅户 1 151 户，出栏肉鹅 42. 71 只，存栏肉鹅 36. 1 万只。2015 年，全区家禽存栏 357. 3 万只，出栏家禽 933. 12 只，比上年增长 0. 3%；实现禽蛋产量 1. 98 万吨，比上年增长 0. 92%。

第三节　产业发展重大举措

一、完善农业经营责任制，促进农业生产发展

1982 年，綦江县有 5 856 个生产队全部实行以家庭联产承包为主的经营责任制。1984 年，按照中央、省、市文件精神，明确规定承包期稳定在 15 年以上，对因婚娶、生死而产生的矛盾采取“增人进，减人退，候轮补缺”的办法解决。1985 年，继续完善土地承包办法，对土地承包到户因抽肥搭瘦、远近搭配造成承包地零星分散的，允许户与户之间协商调换，并鼓励土地转包。1986 年，全县已发展各类型专业户 535 户、新的经济联合体 275 个。1987 年 9 月，綦江县委、县人民政府按照“因地制宜、统分结合、宜统则统、宜分则分”的原则，在永新乡开展完善农村双层经营体制试点后，在全县推行统分结合双层经营责任制，调整完善茶山、果园、鱼塘、山林承包，全县签订合同 7 700 多份。1991 年，綦江县委、县人民政府在三角乡双寨村和永新乡进行“两田制”试点，然后在全县试行。全县有 395 个村 3 670 个社试行“两田制”。1995 年 1 月，綦江县委、县人民政府作出《关于稳定完善农村以户经营为主的土地承包责任制放活土地使用权的决定》，规定统一从 1993 年 9 月 30 日起，农户承包的土地再延长 30 年承包期，实行“增人不增地，减人不减地”。10 月中旬，綦江县人民政府集中全县 33 个乡镇分管农业的领导和农经员 66 人，在篆塘镇开展农村土地第二轮承包试点工作，于 11 月 10 日结束。綦江县委、县人民政府转发县农办《关于完善农村土地承包责任制试点工作情况通报》，实行“生不补，死不退”的政策，对农村土地征占用实行“谁占谁补、占谁补谁”的政策，解决了土地纠纷和矛盾问题。1996 年，全县向农民颁发农村集体土地承包证书 18 万份，占农户总数 90% 以上。1997 年，开展“四荒”（荒山、荒地、荒水、荒滩）小堰塘、果园等项目转让、承包、拍卖、租赁、反包等土地

流转工作。全县土地流转312宗，其中“四荒”地拍卖12宗、土地入股办企业75宗、集体“几小园”租赁拍卖200宗、水利设施租赁承包5宗。2000年，全县土地流转的农民7 136户，流转土地面积2.02万亩。2002年，按照《中华人民共和国农村土地承包法》和《中华人民共和国农村土地承包经营权证管理办法》，完善和规范农村土地的经营和管理。2003年，全县流转土地10.2万亩，占承包土地面积的13%。2004年7月，按照中共重庆市委办公厅、重庆市政府办公厅《关于进一步完善农村土地承包关系的通知》文件精神，成立綦江县完善农村土地二轮承包工作领导小组，组建试点工作队，选择6个镇的6个村进行试点。綦江县委、县人民政府出台了《关于完善农村土地二轮承包若干问题的指导意见》和《关于做好完善农村土地二轮承包工作的通知》，在全县开展完善农村土地二轮承包工作。

二、减轻农民负担，增加农民收入

依靠政策，多予少取，强农惠农，是中央和各级党委、政府对“三农”工作的一贯方针，让农民共享国家政策发展成果。

1990年，綦江县委、县人民政府印发《关于切实做好农民负担管理工作的通知》，制定1992—1994年第一轮“定项限额，三年不变”的农民负担收费标准，全县农民人均25～30元。同时，綦江县人民政府出台《关于减轻农民负担的实施意见》，成立綦江县农民负担管理领导小组，清理不符合规定的16个部门、31个文件、60个项目130类型的不合理收费，停止农村各级报刊费、乡镇广播费、文化活动费、农村初级保健费、农村培训费、植树造林费的收费。1992年，全县农民人均“两全两费”（即公积金、公益金、提留费、统筹费）24.3元，占年人均纯收入的4.8%，未突破国务院规定5%的标准。

1995年，綦江县制定1995—1997年第二轮农民负担收费标准，全县农民人均40～45元。全县农民人均“两全两费”实际收取35元，占年人均纯收入的3.1%，比1992年下降1.7个百分点。

1998年，綦江县制定1998年至2000年第三轮农民负担收费标准，以村为单位控制在每人50～55元之间。全县农民人均“两全两费”实际收取40.12元，占年人均纯收入的2.9%，比1995年下降0.2个百分点。

2002年，綦江县实施农村税费改革后，全县农民人均负担45.56元，比税改前减少了20元，下降31.53%。2003年，綦江县进行农网改造，实行城乡同网同价，全县人民人均减负28.45元。2005年，国家免征农业税。全县农民人均税费支出12.8元，比上年减少35.5元，下降73.5%。2011年，全县农民人均税费支出5.87元，比2005年减少6.93元。

2015年，綦江区人民政府重新修订《綦江区村民一事一议筹资筹劳管理办法》，规范村级公益事业建设“一事一议”筹资筹劳的管理。同时根据国家和重庆市减轻农民负担工作要求，制定具体的减负实施办法和工作方案，明确各街道（镇）政府（办事处）、区级成员单位的工作任务及督查目标。綦江区农业委员会牵头实施督查评价制度，实行街道（镇）自评、审核评价、重点抽查、通报督查结果的办法，落实监管责任，实现监管工作的制度化、规范化。

三、调整农业产业结构，振兴农业经济

1991年，綦江县委、县人民政府在全市率先提出以发展乡镇企业作为振兴綦江经济的突破口，把工作重点转移到大力发展乡镇企业上。1992年，綦江县委、县人民政府明确提出乡镇企业是全县经济的主体，突出乡镇企业的地位和作用。1992年起，全县乡镇企业总产值连续两年实现翻番。到2000年，全县乡镇企业共有5 455家，比1995年增长7.5%；职工6.15万人，比1995年增长37.7%；实现总产值30.56亿元，比1995年增长83.2%，已成为县城经济的重要支柱。同时，乡镇企业在转移农村劳动力、增加农民收入、支持农业发展等方面起到重要作用。全县乡镇企业职工中，农村劳动力占80%以上，占镇农村劳动力的20.4%；全县农民年人均纯收入中有22%来源于乡镇企业工资收入；全

县乡镇企业累计提供的支农建农资金3 568万元，支持农业生产发展和农林各项社会事业。

为加快农业产业结构调整，1998年，綦江县印发《关于发展农业产业化的意见》，确立粮油、肉食、蔬菜、林果四大产业为主的“三线、四块、五点”发展格局。1999年，綦江县人民政府印发《关于加快农业产业结构调整的意见》，并出台农业产业结构调整的税收、科技、价格、投入等方面的优惠政策。2005年，全县粮食作物播种面积占总耕地面积的72.7%，蔬菜、瓜果类，经济作物等种植面积占总耕地面积的27.3%。全县粮、经作物种植面积的比例，由1986年的9.3∶1，调整为3.5∶1。2015年，綦江区委、区人民政府印发《关于2015年农业农村工作的意见》，明确要按照“四区一城”发展战略，加快建设山地现代农业示范区，深化推进农业产业结构调整，大力发展特色效益农业，推动农业由主要追求产量向数量质量效益并重转变。全区粮食作物播种面积100.28万亩，占总耕地面积的72.1%；蔬菜、瓜果，经济作物等种植面积占总耕地面积27.9%，比2005年提高0.6个百分点。

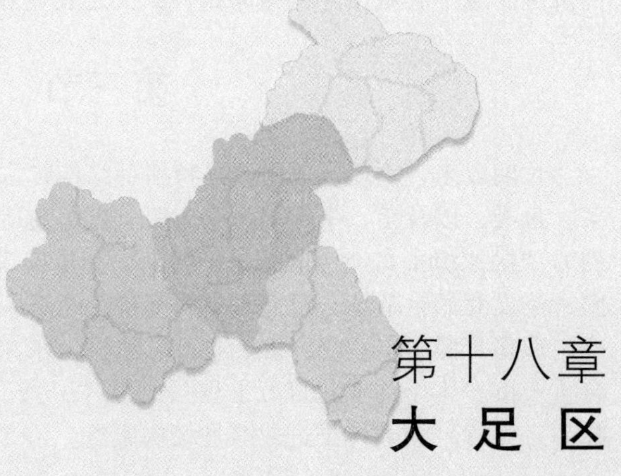

第十八章 大足区

第一节 基本情况

大足建县于唐肃宗乾元元年（758 年），自晚唐历五代经两宋至元初为昌州治地所。元初撤州裁县，元末红巾军明玉珍建都重庆，复置大足县，历明、清、民国，相沿至今。1975 年，划双桥乡、元通乡部分地建立双桥区。于 1983 年撤永川地区，大足隶属重庆市。2011 年 10 月，经国务院批准撤大足县、双桥区，成立重庆市大足区。

全区总面积 1 390. 21 平方千米，2015 年年末，总耕地面积 113. 62 万亩，辖 21 个镇、6 个街道，户籍人口 105. 38 万人，城镇常住人口 54. 59 万人，城镇化率 51. 8% 。

第二节 农业农村经济

20 世纪 80 年代前，大足县一直把农业放在第一位，工业基础相当薄弱。1985 年国民经济三大产业比重为 54. 9 : 22. 7 : 22. 4，到 2005 年，一二三产业比重调整到 20. 4 : 43 : 33. 6。1985 年全县农、牧、渔业总产值 2. 79 亿元，2008 年达到 29. 57 亿元，2015 年农、牧、渔业总产值达到 53. 83 亿元。第一产业实现增加值 36. 43 亿元，一二三产业结构比为 11 : 60. 4 : 28. 6；拉动经济增长分别为 0: 4、8. 3 和 2. 7 个百分点，对 GDP 的贡献率分别是 3. 3% 、73% 和 23. 7% 。农民收入连年增长，1986 年，大足县农民人均纯收入 348 元，1995 年，为 1 558 元，2005 年为 3 485 元，2015 年，农村居民人均可支配收入达到 11 235 元，恩格尔系数降到了 43. 2% ，农民购买力明显曾强。1978 年全县农村有未解决温饱的贫困人口 21 万人，占农村人口 30% 。1995 年，全县贫困人口减少到 5. 9 万人。到 2015 年，实现全区最后8 015户 26 888 人的农村建卡贫困户和 9 个市级贫困村脱贫“销号”。

受制于水资源贫乏，对大足农业及农村经济影响很大。1986 年，起农业上大力调整农业产业结构，努力提高农产品商品率，建设十大商品基地。20 世纪 90 年代初，在稳定和完善家庭联产承包为主的责任制和统分结合的双层经营体制的同时，加快了三大工程建设（农田基本建设、水利建设、农业综合开发）。1996 年以后，以“稳粮调结构，增收奔小康”统揽农村工作全局；2000 年起，坚持“调结构、促效益、增收益、树特色”，推进农村工业化进程，加快农业向第二、第三产业转变。

随着国家“西部开发”及重庆 1 小时经济圈的布局，2000 年后，大足大力招商引资，建立工业园区，实施交通“125”畅通工程，第三产业发展速度超第一、第二产业。2011 年建区后提出“建设成渝

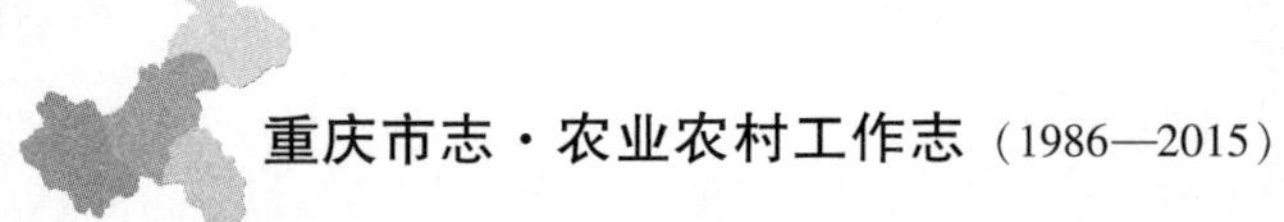

经济区区域中心城市”的战略定位，大足农业农村进入一个新的发展时期。

第三节　农业产业发展

长期以来，大足农业主要是粮猪型结构，主产水稻、玉米、小麦、甘薯、油菜籽、花生、茶叶、蔬菜，鱼类，以及猪、牛、羊、鸡、鸭、鹅、兔等畜禽，素称“鱼米之乡”“全国产粮大县”，黑山羊被列为“国家级畜禽遗传资源保护名录”和重庆市著名商标。20世纪80年代初，全县加快了农业结构调整，建设商品粮基地，建立东中西部特色经济园区等。1986年，大足县委、县人民政府提出建设粮食、瘦肉型猪、黑山羊、小家禽、甘蔗、油桐、水果、用材林、蚕桑、高粱十大商品基地。2001年后，结合重庆市“十个产业化百万工程”，决定以“五大产业化工程”（优质粮油、枇杷、瘦肉型猪、冬菜调味品、笋竹）为载体推进战略性结构调整。

一、粮油产业

大足历来田多土少，粮油生产特别是水稻生产为区内的优势产业，水稻产量占全区粮食总产量60%以上。

2006年，大足县以打造品牌农产品为重点，积极开展农业产业百万工程行动，大力推进优质粮油产业化进程。全县发展优质稻25万亩，优质花生1万亩，优质双低油菜5万亩。

2009年，大足县粮食总播种面积92.85万亩，总产量41.85万吨，粮食单产连续6年居全市第一。油菜播种13.87万亩，总产量1.57万吨，被列为全市产油大县。

2010年，大足县粮食作物播种面积93.15万亩，粮食总产量43.04万吨，油料种植面积20.55万亩，总产量2.61万吨，获得“全国粮食生产先进县”称号。

2011年，大足区粮油高产创建成效显著。获重庆市产油大县一等奖。水稻、油菜、花生高产创建综合考评均位居全市前茅，四大粮油作物高产创建示范面积达14万亩。其中，拾万镇为水稻高产创建“整镇推进”，实施面积3.15万亩；水稻高产配套栽培技术成了重庆市水稻标准化生产标杆，水稻实现最高亩产828千克，创重庆水稻单产记录。

大足从2003年开始建设优质粮油基地，其中优质稻基地30万亩，优质黄籽油菜基地5万亩。到2011年，大足的优质粮油基地面积达40万亩，培育了8家粮油加工龙头企业，“邮桥香米”“足丰香米”分别获得2010年、2011年全国优质博览会金奖、获有机食品认证，“红土地”纯菜籽油被新世纪超市全部收购。

2015年，大足区粮食作物种植面积102.9万亩，总产量45.68万吨；油料作物种植面积25.5万亩，总产4.38万吨。

二、畜牧业

1985年，大足获得国家100强养猪大县称号后。2002年，开始实施瘦肉型猪产业工程，品种以PIC、洋三元、内三元、内二元为主体，土三元、太湖猪为补充。2011年，全县出栏瘦肉型猪64.23万头，产值13.2亿元，其中培育有51家标准化生猪养殖场，出栏优质肉猪33万头。

2009年，大足年出栏生猪62.97万头、出栏家禽591.23万只、山羊1.26万只、肉兔38.55万只；肉类总产量5.53万吨、禽蛋8 819吨、奶263吨；畜牧业产值达11.63亿元。大足黑山羊列入国家级禽畜遗传资源，大足县连续3年获得“国家生猪调出大县”称号，《大足黑山羊遗传资源保护与利用》项目荣获重庆市人民政府科技进步一等奖。

2012年，大足出栏生猪66.46万头、肉羊6.05万只、出栏家禽741.69万只、肉兔51.30万只，同比分别增长3.29%、49.81%、7.55%、10.51%。实现肉类6.14万吨，禽蛋1.03万吨；畜牧业总产值

14.42 亿元。在全市现代农业重点产业发展规划（2012—2017）中，生猪、蛋鸡、蜜蜂产业列入重点优势发展区县。

2015 年，大足区出栏生猪 49.53 万头，产值 8.8 亿元。大足畜牧成功参展“第十三届（2015）中国畜牧业博览会暨 2015 中国国际畜牧业博览会”；尚牧公司成功创建“国家级蛋鸡标准化示范场”，全区创国家级标准化畜禽养殖示范场 4 个；腾达牧业种猪场成功评定为“市级种畜禽场”。

三、水产

2009 年，大足县水产养殖面积 2.53 万亩，水产品总量 1 万吨，其中，名优水产品产量 3 571 吨，占水产品总量的 35.7%，渔业经济总产值 1.84 亿元，居全市第八位。

2012 年，大足区新增鱼池 4 000 亩，水产总养殖面积达到 5.41 万亩，全年渔业总产值达 1.99 亿元。

2015 年，大足区养殖面积 7.2 万亩，其中，专用池塘养殖面积 3.06 万亩、山坪塘养殖 1.25 万亩，水库养殖 2.89 万亩。稻田综合养殖利用面积达 1.56 万亩。全年水产品总量 2.15 万吨，渔业总产值达到 5.4 亿元。

四、蔬菜

20 世纪 80 年代，大足县蔬菜面积只有 5.25 万亩，1996 年，重庆市委、市人民政府实施蔬菜产业化工程（菜篮子工程），大足成为二线蔬菜基地，复隆乡第一、第二期蔬菜基地建设工程达 8 000 亩。2001 年成为重庆市无公害蔬菜基地；从此，全县蔬菜基地建设步伐加快，新建基地呈现以规模经营为主体，大足白萝卜、冬尖、莲藕、刀豆、大头菜、藠头等已成为重庆知名蔬菜品牌。

2003 年，大足县开始实施冬菜调味品产业化生产。全县成立 8 家冬菜专业合作社，种植面积 3 万亩，有 10 多家冬菜加工企业，珠溪、龙岗等 11 个镇街成为原料生产基地，已形成农工贸、产加销一条龙格局，年产值 1.5 亿元以上。

2011 年，大足区蔬菜种植面积达到 27 万亩、产量 40 万吨、产值 7.2 亿元、基地面积 11 万亩。莲藕基地猛增至 5 万亩，产量 12.5 万吨，综合产值近亿元，

2012 年，大足区新建蔬菜基地 800 公顷，引进重庆尚然农业有限公司，建成最大的现代设施农业生产基地；投资 2 000 多万元，建成蔬菜钢架大棚 1 000 个，保温栽培（种植）香椿 160 万株。全年蔬菜种植面积达 27 万亩，产量 40 万吨。

2015 年，大足区蔬菜种植 26.17 万亩，总产量 35.72 万吨，产值 12.6 亿元。全区建有蔬菜基地 20 余处，主要集中在龙水、智凤、雍溪、国梁、回龙、三驱，宝兴、龙岗街道等 10 个镇（街道）的 16 个村，并集新设施、新技术、新品种展示于一体，经济效益普遍高于粮食作物。

五、水果

1995 年，大足县人民政府制订《农业结构调整方案》，提出建设三大区域项目，即东部栽植银杏，中南部栽植伏淡季水果，西部种植花椒。至 1998 年，全县栽植银杏面积 8.3 万亩，栽种枇杷、葡萄、水蜜桃、李子、梨子等伏淡季水果 4.29 万亩、268 万株。全县水果从过去单一柑橘品种经过几年改造、建设，发展形成优质脐橙和优质伏淡季水果（枇杷、黄金梨、葡萄等）产业群。全县引进果树品种（品系）20 余个，栽植面积 9.21 万亩，年产水果 2.28 万吨，产值 3 040 万元以上。

大足的枇杷产业 1996 年开始建设，逐步发展成为重庆市重点扶持的农业主导产业之一和重庆市西部的最大的枇杷产业园。2006 年，大足县枇杷面积 5 万亩、2010 年大足枇杷总面积达到 7 万亩，产量 1.8 万吨，实现产值 1.5 亿元。大足枇杷被评为“中华名果”，大足获“中国枇杷之乡”“全国枇杷生产示范区”和“重庆市无公害枇杷生产总体推进县”等称号。

从2005年开始，大足发展优质葡萄示范基地4 500亩。2012年，大足被评为“重庆市早晚熟优质葡萄示范基地”，总面积达到1.2万亩，产量1.2万吨，实现产值7 000万元。

2013年，在“第十九届全国葡萄学术研讨会”上，大足葡萄获得2013年全国中晚熟优质鲜食葡萄金奖。

2015年，大足区早晚熟优质葡萄示范基地种植面积达到2.6万亩，产量2.3万吨，产值达1亿元。

第四节　产业发展扶持政策与重大举措

一、财政支持大力开展农村农业基础建设

“七五”期间，大足成为国家粮食生产基地县后，全县投入粮食专项资金710.4万元，其中，中央200万元，市级100万元，县级配套200万元，县农发资金中增加210.4万元。主要用于农业服务体系建设和农机水利工程建设。用于农机水利建设和中低产田改造517.085万元，占72.8%，整治、修建灌溉渠道290千米。

2006年，中央和市级财政投入大足农业基础设施建设和粮食、农机直补资金等共到位1.2亿元。其中，退耕还林、天然林保护、补植补造等资金3 816.4万元，农业综合开发资金1 037.89万元，水务局水利工程、人饮工程、防汛抗旱资金等2 894.02万元，粮油直补、优质稻基地建设、生态家园富民工程、农村劳动力转移培训等1 811.5万元，扶贫开发、百镇工程及新农村建设项目386万元，畜牧局重大动物疫情防控物质补偿费、抗灾补助资金等143.2万元，供销社专业合作社资金156万元。

2010—2015年，国家投资1.2亿元，在大足实施“新增1 000亿斤粮食生产能力田间工程”“巩固退耕还林成果基本口粮田建设”和“退耕还林地区基本口粮田建设”等项目；实施低产田改造8 300亩，整治、修建灌溉渠道210千米。

2005—2015年，大足农业综合开发累计投入资金6.34亿元，建设高标准农田20.7万亩，改造中低产田35.55万亩，防止水土流失面积95.32平方千米。市级及地方财政投资4亿元改善农村居住环境、生活环境，集中建设农民新村（巴渝新居）、改善农村交通。

“十一五”时期，国家对购买农机实行补贴政策，促进了农业机械化快速发展，大足县农机户享受到国家农机补贴资金达2 139.92万元，极大地调动了农民生产积极性，农机化作业服务水平迅速提高。截至2015年，全县农机总动力达到60.55万千瓦，农机拥有量26万台，耕、种、收综合农机化水平达到48%，农业机械的普及，进一步提高了农业劳动生产率，促进了全区农业现代化发展。

二、引导农村土地承包经营权合理流转

引导农村土地承包经营权合理流转，是推动农业规模化经营、增加农民收入、实现农村经济持续发展和社会稳定、加快农村城市化和农业现代化进程的重要举措。

1998年，大足县在完成第二轮土地承包后，全县有11 120户转包转让土地5.8万亩，为土地适度规模经营提供了基础。

2008年，大足县农村土地流转面积23.25万亩，流转土地后，规模在500亩以上的农业业主有39家，如长龙农业开发有限公司，荷花山庄、万古向天云黄金梨基地等；规模200～500亩有109家，50～200亩的有963户。已成立农村合作经济组织146个，加入其中的农民2.8万人，占农业总人的3.6%。这些农村合作经济组织和规模经营，带动全县10万农户共同致富。如雍溪镇石堡村1 129家农户中，有64%的农民已经外出打工，大量土地被转包，发展蔬菜、水果等作物，全村土地流转面积2 012亩，占全村总面积55%。

2011年底，大足县共流转土地面积26.5万亩，流转的土地主要用于农业规模经营。其中转包后规

模经营500亩以上的有81家，形成以长龙农业开发有限公司、天醉园农业开发有限公司、原也农业股份有限公司、荷花山庄、顺华蔬菜专业合作社、邮桥米业集团有限公司、双福油脂有限公司等大型农业龙头企业。

2012年年底，大足区累计流转农村土地41.1万亩，其中规模经营面积达38.5万亩。承包土地规模在500亩以上达到82家。

2015年，大足区累计流转农村土地43.7万亩，流转率40.3%，土地规模集中经营率达39%，大足区成为重庆市唯一一个农业部“农村土地承包经营权流转规范化管理和服务”试点区。全区发展有区级农业产业化龙头企业172家（国家级1家，市级27家）；农民专业合作社283个，家庭农场167家。

三、大力实施农村劳动力转移就业

21世纪，大足由农业社会向工业社会转化。在这一过程中，必须经历农业剩余劳动力向非农产业转移、农业人口向城市人口转化的过程。因此，农民进城务工是加快工业化、城镇化的历史必然，也是农业现代化的推动力之一。

大足县农村人多地少，资源匮乏，一直以来经济都是欠发达的状态。1976年，农村人均年收入为52元。1996年，人均耕地0.86亩，人均生产粮食585千克，人均纯收入1 240元，农民一年纯收入只占城市职工人均收入的20%。

在国家经济体制变革和开放搞活政策引导下、随着农业结构调整，城镇化建设，工业用地和耕地大量减少等因素，使农民人均耕地越来越少，过去长期隐蔽在农村就业不充分的矛盾迅速表现出来，导致农村大量富余劳动力外出打工。

2002年10月，大足县委、县人民政府发出《关于加强劳动力输出工作的意见》指出，“劳务输出在县域经济发展中具有极其重要的地位和作用”，当年全县输出农村劳动力达16.8万人。2003年，全县共转移农村剩余劳动力17.2万人。2004—2005年，两年新增转移农村劳动力3.38万人，劳动力转移就业收入21.8亿元，占两年GDP总额的17%。

2006年，大足县共转移农村劳动力21.5万人，占乡村劳动力总数的41.2%。农村劳动力转移就业收入达到13亿元，占全县GDP17%，占农业产值53.7%。

2015年，大足县农村劳动力外出务工人数达到35.2万人，占农村劳动力总数55.6%，农民打工收入30亿元以上。农民打工经济已成为农民的主要收入来源。

农村劳动力大量转移，不仅直接增加农民收入，而且推动农村城镇化、农业产业化及农村经济加速发展，农民商品经济意识和劳动生产率提高，农村耕地资源得到优化配置，使传统农业正向规模农业、高效农业和现代农业转变发展。

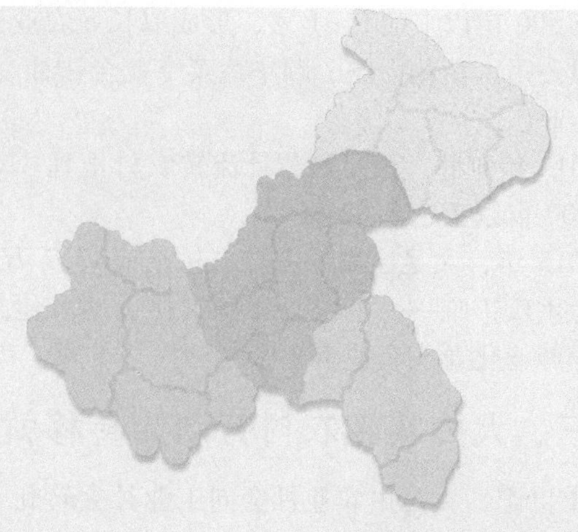

第十九章
璧　山　区

第一节　基本概况

璧山区位于重庆主城以西，东邻沙坪坝、九龙坡区，南界江津区，西连铜梁区、永川区，北与合川、北碚相连。自公元757年建县，迄今已历1258年。中华人民共和国成立之初，属川东区行政专员公署管辖，设璧山行政专员公署。1951年，璧山专署迁至江津县，改名江津专区。1960年，江津专署迁至永川县，1981年改名永川地区，璧山县隶属关系未变。1983年，永川地区与重庆市合并，璧山县隶属重庆市。2014年撤县设区。

全区总面积913平方千米，辖6个街道、9个镇。2015年，常用耕地面积36.93万亩；有常住人口72.52万人，城镇化率50.54%；有户籍人口63.95万人。2005年和2007年共接收安置三峡移民4 441人。

第二节　农业农村经济

一、地区生产总值、农林牧渔业总产值和农民收入

璧山区农业农村经济情况见表20－19－1、表20－19－2。

表20－19－1　1986—2015年璧山区农业农村经济情况

分期	地区生产总值（亿元）	农林牧渔业总产值（亿元）	农村经济总收入（亿元）	农民人均年纯收入、可支配收入（元）
七五始（1986年）	2.450	3.71	3.602	425
七五末（1990年）	4.850	3.94	6.610	610
八五末（1995年）	16.080	4.57	40.610	1 556
重庆市直辖后（1997年）	23.028	4.72	42.730	2 189
九五末（2000年）	30.120	5.05	51.640	2 568
十五末（2005年）	66.100	8.04	—	3 682
十一五末（2010年）	152.760	18.45	—	7 142
十二五末（2015年）	381.770	31.42	—	14 227（可支配收入）

表 20－19－2　2005—2015 年璧山区农林牧渔业中各业增加值及占比变化情况

分期	农业		林业		牧业		渔业		农林牧渔服务业	
	增加值（亿元）	占比（%）	增加值（亿元）	占比（%）	增加值（亿元）	占比（%）	增加值（亿元）	占比（%）	增加值（亿元）	占比（%）
十五末（2005 年）	4.56	58.9	0.09	1.1	2.58	33.4	0.40	5.2	0.11	1.4
十一五末（2010 年）	6.67	55.3	0.11	0.9	4.64	38.5	0.54	4.4	0.11	0.9
十二五末（2015 年）	12.31	59.8	0.25	1.2	6.17	30.0	1.67	8.1	0.18	0.9

三、农村扶贫

1986 年以来，扶贫开发经历了探索、起步、攻坚、巩固阶段，到 2015 年年底，除少数社会保障对象和生活在自然环境恶劣地区的特困人口以及部分残疾人以外，璧山区农村贫困人口的温饱问题全部解决，扶贫村减少到 3 个，农村扶贫对象减少到 0.5 万人，各阶段的扶贫开发战略目标基本实现（表 20－19－3）。

表 20－19－3　2006—2015 年璧山区扶贫工作情况

年份	扶贫资金（万元）	扶贫户（户）	脱贫户（户）	脱贫率（%）
2006	—	—	—	—
2007	112	0	0	0
2008	115	0	0	0
2009	222	0	0	0
2010	483	2 480	0	0
2011	283	2 480	596	24
2012	377	2 334	607	26
2013	261	2 304	647	28
2014	366	2 232	670	30
2015	4 815	1 891	1 891	100

第三节　农业产业发展

一、粮油生产

1986 年以来，璧山区粮油生产以水稻、玉米、小麦、油料为主（表 20－19－4）。

表 20－19－4　1986—2015 年璧山区重要年份农业产业调整发展状况

分期	水稻		玉米		小麦		油料	
	面积（万亩）	产量（吨）	面积（万亩）	产量（吨）	面积（万亩）	产量（吨）	面积（万亩）	产量（吨）
七五始（1986 年）	31.65	150 563	9.98	28 971	17.08	33 370	2.89	3 012
七五末（1990 年）	33.30	179 496	9.93	36 044	18.99	29 174	3.61	3 391
八五末（1995 年）	31.00	163 679	9.58	26 242	14.49	31 123	2.94	2 836
重庆市直辖后（1997 年）	31.55	168 817	9.82	33 497	16.83	30 320	2.99	2 775

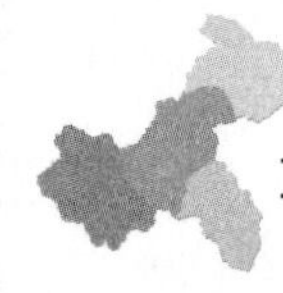

（续）

分期	水稻		玉米		小麦		油料	
	面积（万亩）	产量（吨）	面积（万亩）	产量（吨）	面积（万亩）	产量（吨）	面积（万亩）	产量（吨）
九五末（2000年）	30.32	154 867	9.36	31 167	15.40	27 387	2.82	2 656
十五末（2005年）	24.99	125 996	7.28	28 071	6.90	13 142	1.89	1 884
十一五末（2010年）	22.83	116 969	6.53	26 231	3.52	6 768	3.23	3 294
十二五末（2015年）	22.58	113 565	6.93	28 484	1.34	2 925	4.27	4 655

二、畜牧水产

璧山区畜牧水平产业发展状况详见表20－19－5。

表20－19－5　1986—2015年璧山区重要年份农业产业调整发展状况

分期	水产养殖		畜牧业							
	面积（万亩）	产量（吨）	总产值（亿元）	肉类产量（吨）	猪肉产量（吨）	羊肉产量（吨）	牛肉产量（吨）	兔肉产量（吨）	鸡肉产量（吨）	鸭肉产量（吨）
七五始（1986年）	1.82	1 868	1.07	16 117	13 584	33	32	520	1 948.4（禽肉）	—
七五末（1990年）	2.08	2 656	1.53	20 548	18 315	47	209	269	1 066.0	401
八五末（1995年）	2.94	4 920	1.56	22 338	19 505	136	62	403	1 362.0	593
重庆市直辖后（1997年）	3.07	7 120	1.62	23 609	19 278	141	75	610	2 509.0	883
九五末（2000年）	3.18	8 566	1.59	25 609	20 551	257	76	839	1 999.0	1 633
十五末（2005年）	3.81	1 2 028	3.16	50 064	21 251	579	37	2 597	22 588.0	2 273
十一五末（2010年）	3.68	1 1 800	8.59	68 897	20 561	161	78	4 117	41 732.0	1 726
十二五末（2015年）	5.30	1 7 906	13.63	77 172	21 336	237	81	4 417	48 563.0	1 253

三、果蔬产业

果蔬产业发展状况见表20－19－6。

表20－19－6　1986—2015年璧山区重要年份农业产业调整发展状况

分期	果树		蔬菜	
	面积（万亩）	产量（万吨）	面积（万亩）	产量（万吨）
七五始（1986年）	4.80	1.34	3.79	—
七五末（1990年）	7.86	1.74	3.70	—
八五末（1995年）	6.08	2.88	5.28	—
重庆市直辖后（1997年）	7.09	3.20	5.17	—
九五末（2000年）	9.43	4.33	5.54	—
十五末（2005年）	14.81	5.93	6.65	—
十一五末（2010年）	15.21	7.83	25.01	49.62
十二五末（2015年）	16.05	13.99	32.42	70.30

第四节　产业发展历程

璧山区产业发展过程分 3 个阶段，即城郊型经济阶段、城镇化阶段和城乡一体化阶段。

一、城郊型经济阶段（1985—1997 年）

1990 年 12 月，璧山召开的全县农村工作会上，璧山县委提出“破除传统农业观念，树立发展城郊型经济思想”决定，结合璧山县特点和优势，按照发展城郊型经济的指导思想，制定璧山县 10 年规划和“八五”计划。至 1997 年，县城郊型经济格局基本形成，国民生产总值实现 24. 5 亿元，工农业总产值实现 32. 61 亿元，乡镇企业总产值实现 37. 5 亿元，财政收入实现 1. 445 亿元，农民人均收入达到 2 219元，分别比 1992 年增长 128. 3%、209. 24%、227. 8%、226. 8%。

二、城镇化阶段（1998—2007 年）

1998 年 1 月，璧山县委提出：统一规划，合理布局，综合开发，配套建设，扩大城镇规模，增强城镇功能；以业兴镇，以市兴镇，推进农村城市进程。至 2007 年，璧山城镇建成区面积 23. 5 平方千米，城镇人口新增 1. 5 万人，全县城镇化率达 37%。农业四大主导产业产值达 8. 7 亿元，占全县农业总产值的 62%。蔬菜产业形成区域化、专业化、规模化和商品化。全县有 1 000 ~ 7 000 亩的蔬菜基地 8 个，蔬菜生产营销协会（公司）5 个。以早熟优质梨为主的伏淡季水果产业种植面积 14 万亩。有 3 000 多户养兔专业户，引进国家级产业龙头——广东温氏食品集团股份有限公司，成立重庆温氏家禽有限公司。全县花卉苗木面积达 2 000 公顷，形成以丁家镇为中心的 7 个基地乡（镇）。全县龙头企业 61 家，其中市级 5 家，县级 4 家。龙头企业带动农产品基地 4 万亩，农户 3 万余户，为农民带来收入 1. 4 亿元。各类专业合作社 76 家，土地流转总面积达到 9 万亩，流转率 21. 7%。

三、城乡一体化阶段（2008—2015 年）

璧山县委《关于推进城乡一体化加快农村全面建设小康社会步伐的决定》提出了城乡一体化的指导思想和目标任务。至 2015 年，全年完成农林牧渔业总产值 31. 4 亿元，全年水果、蔬菜、禽兔、花卉苗木四大主导产业产值 20. 4 亿元，同比增长 9. 6%，占农林牧渔业总产值比重达 65. 0%。全年水果产量 14. 0 万吨，蔬菜产量 70. 3 万吨，出栏家禽 3 232 万只，肉兔 363. 8 万只；新型职业农民培训人数 1 100人。农村劳动力转移新增 2 354 人，农村劳动力转移累计总人数达到 18. 32 万人次。建立有利于统筹城乡发展的财政支出结构，新增财力的 80% 用于农村，建设用地有偿使用费增量部分 66. 7% 用于支持农村水利、公路建设，集中资金推进土地整理，落实各类惠农直补资金。全面建立农村低保制度，符合条件的 5 341 户 9 615 人纳入农村低保，所有五保对象供养经费全部纳入财政预算，新建农村“五保家园”55 个，实施康居村民集居点建设 6 个。全县 38 万农民参加新型农村合作医疗，参加率达 82. 9%。

第五节　产业发展扶持政策与重大举措

一、完善土地承包经营责任制

1986 年，璧山县推行完善生产队统一经营和社员分户经营相结合的双层经营体制。1987 年，璧山县组织区乡农村工作干部和农村专业会计等，完善农业生产责任制；建立健全合同制。对群众要求大调整或大稳定小调整的 1 108 个生产队的土地承包合同，帮助调整了 1 028 个，占 92. 8%。1991 年，璧山县实行了“两田制”的社1 983个，占64.3%；“等份制”（田土按人口平分）的社916个，占29.5%；租赁制的社7个，占0.23%。1992年，璧山县实行了“两田制”的社3 243个，占99.4%。1994年，璧山县延长土地承包期30年不变。全县“两田制”面积逐年减少，到1997年，实行“两田制”的社有43个，面积4 319亩。1994年8月，璧山县委、县人民政府印发《关于进一步完善土地承包、搞活土地使用权的通知》，开展农村土地第二轮承包。延长土地承包期30年不变，实行“30年内增人不增地，减人不减地”，使部分农民不再受土地束缚向非农产业转移，使土地向种田能手集中，发展专业化、商品化农业生产。

二、土地流转

1988年，璧山县委提出土地向开发性商品农业流转，重点是乡统一规划成片的高效益农作物，荒山办茶果场，开发溪河，发展养殖业。1994年，集体收回土地、林地、荒山等，不再按人头发包，不再实行承包土地“候轮补缺”，采用招标发包，允许农户之间互换土地使用权，土地使用权可以转让、出租、入股、联营。1998年，建立健全土地经营使用权流转机制，允许承包方在承包期内依法转包、转让、互换、入股，推动适度规模经营。全县土地流转4.05万亩，其中耕地2 025万亩，荒地1.8万亩。涌现种植业、养殖业大户1 300多户，较大农业龙头企业或组织23家。农村劳动力转移到第二、第三产业12.77万人。2000年，璧山县流转农户8 881户，耕地流转面积2.27万亩。2004年，全县农业人口47.23万人，农户15.91万户，家庭承包耕地面积40.83万亩，土地流转面积8.16万亩，占19.98%。其中流转规模20亩以上的2.15万亩，占承包土地流转面积的26.34%，涉及255个业主。

三、产业结构调整

1992年，璧山县委、县人民政府确定璧山县实施“城郊型”经济发展战略，大力调整传统的“粮猪型”农业结构，按照自身优势和市场要求发展农村经济。通过农村产业结构调整，至1997年，全县粮食作物占地30.9万亩，经济作物占地16.05万亩，粮经占地比从1980年的88：12调整为65.8：34.2。农、林、牧、渔业产值比从1980年的70.39：26.55：0.75：2.31，调整为46.5：41.2：8.6：3.4。1998—2000年，璧山县委、县人民政府连续制定文件，指导全县农业产业结构调整，从土地、税费、工商、科技、流通等方面明确相关政策。璧山县农业局聘请重庆市社会科学院、西南农业大学等单位专家会同县农业部门科技人员，编制《璧山县农业结构调整规划》。确立以优质早熟梨为主的伏淡季水果业，以精细菜、调味菜为主的无公害蔬菜业，以禽肉为主的畜牧业，以花卉苗木为主的环境绿色美化产业为主导产业，发展名特优新产品，扩大主导产业。2000年，璧山县粮经比为70：30，到2015年，全县粮经比为27：73，经济作物比重大幅度上升。

第二十章
铜 梁 区

第一节 基本概况

铜梁历史悠久，建县历时 1 300 多年。夏、商时期属梁州之城，周代为巴国属地。隋、唐时期，铜梁地域一直为合州石镜县辖地。其后，铜梁地域在历史上曾有铜梁、巴川、安居 3 县建制。明宪宗成化十七年（1481 年），划铜梁、遂宁 2 县部分新置安居县，隶属重庆府。清康熙元年，铜梁、安居两县并入合州；宣统三年（1911 年）铜梁县军政府成立。1949 年 12 月，成立铜梁县人民政府。2014 年 5 月，国务院批复撤县设区，7 月，正式挂牌。

全区总面积 1 343 平方千米，辖 23 个镇、5 个街道；有耕地 100.5 万亩；2015 年年末，有户籍人口 84.53 万人，常住人口为 66.38 万人，城镇化率为 49.46%。2005—2015 年，共有农村贫困对象 6.93 万户、22.89 万人，已逐年具备脱贫条件，达到脱贫标准。

第二节 农业农村经济

铜梁区农业农村经济情况见表 20 - 20 - 1。

表 20 - 20 - 1　1986—2015 年铜梁区农业农村经济情况

分期		地区生产总值（万元）	农业总产值（万元）	农业增加值（万元）	农业增加值占比	农民收入状况		
						纯收入、可支配（元）	城乡收入比	农村居民恩格尔系数（%）
“六五”末	1986 年	35 916	25 624	16 399	45.66	437	—	65
“七五”末	1990 年	68 165	30 524	19 535	28.66	667	—	62.7
“八五”末	1995 年	206 839	76 002	99 729	48.22	1 407	—	59.2
重庆市直辖后	1997 年	152 594	148 688	93 065	60.99	1 908	—	57.3
“九五”末	2000 年	400 100	149 980	97 005	24.25	2 435	—	49.6
“十五”末	2005 年	723 812	228 182	138 215	19.10	3 715	3.90 : 1	49.6
“十一五”末	2010 年	1 501 846	315 163	213 044	14.19	7 019	2.40 : 1	47.8
“十二五”末	2015 年	3 082 041	542 090	366 519	11.90	15 711	2.07 : 1	44.7

第三节　农业主要产业

随着农村改革不断深入，铜梁在实施农业高产、高质、高效战略同时，在推进农业结构调整和农业产业化进程中，坚持以市场为导向，以结构战略性调整为主线，以“三大工程”和“八个百万工程”为重点，以农业产业化服务为纽带，以农民增收为最终目标，围绕实施农业特色战略，打造优质畜产品生产基地，全区经济保持平稳健康发展势头。

一、水稻

粮食作物以大春为主，大春以水稻面积最大，产量最多，是铜梁农业发展规划和“三大产业”发展的重点。从1982年开始，连续贯彻5个中央1号文件以来，到1990年，全县水稻产量达26.36万吨，创造铜梁历史最高年产记录，农民人均产粮600千克。1997年，重庆市改直辖后，产量25.58万吨，进入稳步发展时期。由于大力推广农业新技术，不断改良品种，提高单产，加大了对农业的投入，综合利用稻田生产取得好的成效。全县水稻常年种植面积在90万亩，大面积实施“水稻半旱式栽培”“再生稻”“稻田养鱼”3项农业科技取得规模效益，被重庆市和四川省大力推广，被国务院领导誉为“农业三绝”，成功保持了产粮大县和产油大县称号。

二、生猪

铜梁养猪业历史悠久，农村传统养殖业历来是农业农村经济的支柱产业。1986—2015年的30年来，通过“五改四推”综合技术、“瘦肉型生猪品改项目”“洋三元二杂母猪”项目、“生猪标准化规模养殖场（小区）建设”、“生猪供精中心和配种点建设”等项目和技术的实施推广，抓好新技术推广和良繁体系建设。2015年，铜梁区生猪规模养殖场579家，实现商品猪杂交改良面100%；坚持预防为主的方针，生猪防疫有效密度达到100%；重点普及“五改四推”综合养殖技术，全县约有1万户科技示范户。全区生猪出栏由1986年的45.96万头增长到1997年时的55.51万头，增长20.77%，2015年增加到66.55万头，比1986年增长了44.79%，保证了市场供给。

三、禽蛋

2001年，铜梁县人民政府提出实施1 000万只蛋禽工程，2004年，铜梁县人民政府提出2 000万羽水禽发展目标，禽蛋产业成为铜梁畜牧业发展的“重头戏”。2005年，铜梁县委、县人民政府把水禽发展列为县“三大工程”之一，将其纳入乡（镇）政府和县级有关部门的政绩考核，全县主推天府麻鸭、樱桃谷鸭、江南二号、迪鸡、罗斯鸡、黄鸡、绍兴麻鸭、四川白等几十个优良品种，对发展规模养殖2 000只以上的补助2万元，1 000只以上的补助2 000元，促进了水禽产业发展。

2001年，全县出栏家禽571.91万羽；2005年增加到2 092.42万羽；2015年高达2 463.95万羽，家禽出栏量位居重庆市区（县）第一，增长了3.3倍。2015年禽蛋产量达4.65万吨，良种蛋鸡规模养殖场20家。组建了专业从事农业产业化经营的重庆三江羽绒实业有限公司等龙头企业，新建种鹅场，引进4 000只皖西大白鹅，扩建为渝西生态水禽良种基地；重庆广东温氏家禽有限公司在铜梁县虎峰镇设立服务部。建成铜梁县重点工程——渝西第一蛋禽交易市场，是集禽产品销售、加工于一体的专业化市场。

四、油料

油菜是铜梁县油料作物主打品种，花生、芝麻次之，渝黄1号作为全县农业产业化百万工程之一，是人民食用植物油的主要来源。近年来，农民生产油菜不但是为榨油，而且还是为蔬菜食用。铜梁龙米业有限公司是县油菜产业加工发展的重点龙头企业，在产业化经营中，与农民实行合同订购生产，农民生产积极性高，油菜生产一直保持稳定增长趋势。1986—1999 年，全县油菜种植面积基本稳定在 3 万亩左右。2015 年，扩大到 8.4 万亩，比重庆直辖市建立之初增长了 37 倍。2000 年后，油菜籽产量快速增长。2015 年，增加到 1.16 万吨，比重庆直辖市建立之初的 1997 年增长了 20 倍。

五、蔬菜

重庆市人民政府决定，1995—1997 年，重庆市郊和适宜种植的 10 个区（县）实施 10.6 万亩蔬菜产业化工程，铜梁安居片区有 5 010 亩列入其中。铜梁县蔬菜主要发展早春菜、大春菜、早秋菜、秋冬菜。巴川、土桥、石鱼、平滩、侣俸等镇为优质蔬菜区域，安居、高楼涪江沿河生产区域，白羊、永清镇蔬菜加工区域，华兴、大庙山区反季节蔬菜生产区域。主要品种有莴笋、白菜、瓜、茄子、马铃薯、水藤、萝卜、莲藕、花菜、秋菜玉米等。2005 年，全县大力发展蔬菜生产，推进 3 万亩蔬菜基地提质上档工程，大力发展设施蔬菜、绿色蔬菜，建成标准化蔬菜基地 20 万亩，2009 年，增加到 20.5 万亩，产量 35.71 万吨，2015 年，产量高达 67.49 万吨，产值 14 亿元，同比增长 7.2%。蔬菜产品上市早、品种优、产量高、商品性好，产品丰富了当地和城镇居民的菜篮子，成为农业产业化发展的重要支柱。全县 40 多个品种获“三品一优”绿色产品称号，产品远销成渝、西南等地区农贸市场。

六、蚕桑

蚕桑产业是铜梁农业产业发展规划确立的支柱产业、骨干产品之一，20 万担茧生产基地主要布局在大庙、少云、安居等乡镇。1986 年以来，丝绸产品受国际市场价格波动影响，全县蚕茧发种从 1986 年 11.9 万张增长到 1995 年 12.7 万张。1995 年，美国宣布对中国丝制品实行配额限制，此后全县发种量和产量成倍减少。2000 年 8 月，铜梁县委、县人民政府把蚕桑生产作为全县农业和农村经济结构战略调整的突破口，提出 5 年内建成产茧 20 万担的全国基地县。2005 年，全县发种 8.91 万张、产茧 350.4 万千克，茧款收入 5 963.7 万元，与实施前的 1999 年比，发种、产茧、收入分别增加 119.9%、176.12%、401.25%；前 3 项人均占有量居全市第一位。2013 年中央提出了共同建设“丝绸之路经济带”，其产业发展出现新的转机。2015 年，铜梁区蚕茧 0.13 万吨，仅比 1997 年减少 0.03 万吨。

七、观光农业

按照农业结构调整要求，积极整合各类涉农资金，用好农业结构调整示范单位、休闲农业与乡村旅游示范点奖补项目资金，重点支持黄桷门奇彩梦园、西郊现代农业观光园、三色农科园等农业园区建设，进一步壮大产业规模，完善基础配套设施，强化农业科技支撑，打造精品示范园区，促进农业与旅游有机融合，建立铜梁区现代农业对外展示的平台；如双山樱桃园等 4 个农业园区成功创建市级休闲农业与乡村旅游示范点。土桥荷花、侣俸牡丹花、南城桂花、东城蜡梅花和蒲吕玫瑰花 5 个乡村旅游及现代农业发展项目（又称“五朵金花”），建设顺利，注入了文化元素和旅游元素，朝着乡村旅游景点打造进发。2015 年，全区乡村旅游接待游客 606.92 万人次，实现旅游综合收入 21.19 亿元。铜梁区成功创建全国休闲农业与乡村旅游示范县、全国农业产业化示范基地县、全国美丽乡村建设示范县、全国绿色生态农业示范县、全国美丽乡村建设典范县。

八、肉兔

铜梁养兔业历史悠久，主要品种有本地白兔、中国白兔、日本大耳白兔、加利福尼亚兔、新西兰白兔、丹麦白兔、比利时兔、齐卡肉兔、法国花巨兔、伊拉兔、伊普吕兔、天府黑兔等。1986 年，全县肉兔出栏 42.65 万只。20 世纪 90 年代初，积极引进良种和推广养兔综合技术及《良种肉兔丰收计划项目》等，1996 年，出栏肉兔 285.50 万只，名列重庆市区（县）第三位，比 1986 年增加 242.85 万只，增长569.4%。铜梁县养兔专业户达501户，其中年出栏1 000只以上的就有155户。2015年，铜梁区规模肉兔养殖场达324家，出栏优质肉兔260万只，比1986年增长509.6%。

九、水产

20世纪80年代，铜梁县江河、水库、塘堰等宜渔面积25万亩，稻田养鱼面积20万亩，主要养殖草鱼、白莲、鲤鲢鱼、鲫鱼等，大力引进推广乌鱼、观赏鱼、甲鱼、娃娃鱼、鲟、鳖等名优特水产品养殖。2006年，全县水产品产量为1.1万吨，2010年增长到1.3万吨。2015年，全区水产品产量达3.2万吨，位居全市第三。源源不断的水产品，供应了水产市场，提高了人民生活水平。

十、柑橘

20世纪80—90年代，铜梁柑橘以"铜水72－1"锦橙著称。全县柑橘产量，1980年产量0.49万吨；1985年，全县果树面积为3.3万亩，其中柑橘就有3.2万亩，产量1.12万吨，当年外销量达0.15万吨。1986—1990年，"铜水72－1"锦橙连续5年在农业部组织的全国农副产品会获得好评，参加1988年4月日内瓦"第一届国际植物新产品博览会"，受到国外专家好评；1989年获得农业部优质产品；1995年、1999年分别获全国农业博览会金奖。2005年，全县柑橘产量达2.61万吨。2006年后，随着品种退化，产量大幅度下降，常年稳定在1.5万吨左右。2015年，全区柑橘产量为1.79万吨。2010年后相继种植发展了柠檬和柚子生产。

十一、山羊

1986—2005年，全县山羊发展一直保持增长势头，"十一五"期间有所下降，"十二五"期间有所回升。1986年末，全县出栏羊1.55万只，此后引进了南江黄羊、金堂黑山羊、波尔山羊等进行改良和推广，到1997年末，全县羊出栏达5.54万只。2005年，重庆科技扶贫项目在铜梁建设了双山波尔山羊种羊场，当年全县羊出栏达18.5万只，比1986年增加了近11倍。此后随着全县城镇化快速推进和农业产业化调整，出栏量逐年下降，2015年，全区引进努比亚山羊、大足黑山羊、南江黄羊等优良品种，对本地山羊进行提纯复壮，出栏量恢复到4.38万只。

十二、特色小畜禽

铜梁积极引导、鼓励发展鹌鹑、肉鸽、竹鼠、豪猪、孔雀等特种畜禽养殖。2012—2015年，全区有规模鹌鹑养殖场350～380家，常年存栏量达400万羽，年产鹌鹑蛋0.73万吨以上，养殖量位居重庆市区（县）第一。

第四节　推进农业农村改革发展的重大举措

一、第一阶段：稳定和完善农业生产责任制，增加农民收入

1987年11月，铜梁县委领导提议，县委政策研究室召开第五次政策研讨会，研讨1988年继续抓好"队改社"，建立"合作基金会"，建立"专业合作社"等农村改革，要把稳定和完善"两田制"土地承包责任制，完善农村服务体制作为深化农村改革的重点来抓全县4 370个生产队改为农业生产合作社，对2 200个果园和成片林木进行了专业承包，集体收回欠债530多万元。1991年1月，铜梁县委、县人民政府提出《关于加强农村合作基金管理的意见》，指出全县农村合作基金会自1987年创建以来，到1990年底集资已达1 200万元，有效地支持了农村经济发展。1988年3月，铜梁县委、县人民政府就进一步完善双层经营责任制发出文件，提出完善土地承包责任制等8个方面深化农村改革。1994年3

月，铜梁县委、县人民政府发出《关于进一步推行改革加快经济发展的意见》，要求农业总产值达到7.8亿元，农民人均纯收入达到900元。

1995年3月，铜梁县委、县人民政府发出《关于进一步稳定土地承包权、放活土地使用权的意见》。1999年铜梁县委、县人民政府发出《关于加快农业和农村工作的决定》，稳定党在农村的基本政策，调动和保护农民的积极性，不断增加农民收入。2004年8月，铜梁县委、县人民政府《关于进一步完善土地承包关系的通知》从4个方面完善土地承包关系做好工作。2014年10月9日，《关于进一步规范农村土地流转的意见》，要求规范农村土地流转，规范农业项目管理，明确相关单位责任。

二、第二阶段：推动农村产业结构调整，促进产业化发展

农业产业化是农村经过农业合作化、人民公社到包产到户等一系列改革后，1996年中央农村工作会提出推行“农业产业化”作为发展战略。

1987年，重庆市农牧渔业局下达了“区县稻田半旱式推广项目”，半旱式的推广成效率达到了铜梁县适宜面积的53%，期增产增收效果明显。1993年国务院关于发展“高产优质高效”农业（简称“三高”农业）的意见。经铜梁县委研究决定，建立铜梁县“三高”农业领导小组，开展日常工作；铜梁县人民政府主要抓了两个“三个骨项目”，一是传统的生猪、蚕桑、水果；二是稻鱼工程、优质畜禽、蔬菜。

1996年1月，铜梁县委、县人民政府提出《关于大力推进农业产业化战略的意见》指出：大力调整产业结构，发展高产、优质、高效、低耗农业。建立商品农业生产基地。

1997年9月，重庆市财政局、重庆市农牧渔业局《关于下达1997年商品瘦肉猪基地县补助费的通知》，将中央40万元和市级配套资金20万元下达给铜梁县，支持商品瘦肉猪生产。

2001年2月23日，铜梁县人民政府《关于实施生猪品种改良工程的意见》提出，力争3年内完成生猪品种更新换代。7月，铜梁县委、县人民政府《关于实施1 000万只蛋禽工程的意见》，8月，铜梁县委、县人民政府发出《关于加快推进农业产业化经营进程的意见》，决定实施农业产业化“三大工程”。2002年，铜梁县有7个百万工程列入了市级盘子，在重庆市争取了百万工程资金287.3万元。同年3月，制订了《铜梁县扶贫开发规划（2002—2006年）》，要求通过5年扶贫开发到2006年年底将达到人均粮食占有量由现在的318千克，提高到400千克，解决9 100名贫困人口的温饱；农民人均纯收入由691元提高到1 600元。

2003年2月，重庆市委、市人民政府决定2003年启动实施“百个经济强镇工程”，铜梁县被批准进入的有安居镇、虎峰镇、旧县镇。

2004年3月，铜梁县人民政府发出《关于扶持农业和粮食生产的意见》，对春耕生产使用提灌设备的按实际费用30%进行补助，再生稻每亩补助15元，小杂粮每亩免费供种1.2千克。同年5月，铜梁县委、县人民政府发出《关于促进农民增加收入的意见》，铜梁县获重庆市粮食生产一等奖，荣获中华人民共和国农业部授予“全国粮食生产先进县”称号。5月，铜梁县人民政府发出《关于实施2 000万羽水禽工程的意见》，提出到2006年水禽养殖量达2 000万羽。

2006年10月2日，国务院总理温家宝视察铜梁县巴川镇渔溅村8社抗灾自救示范现场，对推动全县农业产业发展和农村改革，起到了极大的推动作用。

三、第三阶段：推进农村改革与发展，做好减负强监管

1993年，铜梁县委、县人民政府发出《关于涉及农民负担项目审核处理意见》的通知，取消涉农负担的44项，取消要求农民出钱、出物、出工的达标升级村镇建设40项，纠正强制摊派和搭车收费14种。

2005年元月，铜梁县人民政府转发《重庆市人民政府关于全部免征农业税的通知》，从2005年起

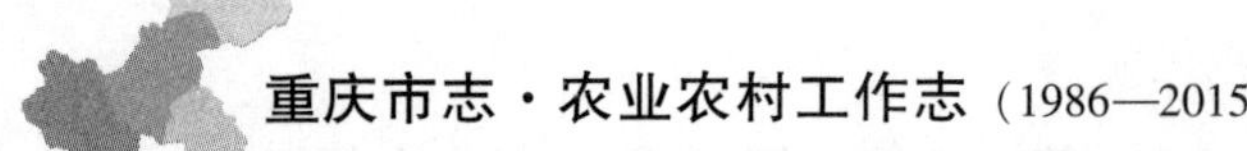

全部免征农业税及附加。7月18日，铜梁县人民政府发出《关于推进贫困山区农民生态移民和易地扶贫的实施意见》，提出生态移民和易地扶贫的对象。8月9日，重庆市“基层农业服务体系改革与建设工作会”在铜梁召开，铜梁县是全国12个改革试点县之一，也是重庆市改革的先行者。

2006年6月，铜梁县委、县人民政府关于印发《铜梁县乡镇畜牧兽医站体制改革实施方案》的通知，明确了机构调整与设置。决定了乡镇畜牧兽医站职工为财政全额拨款事业单位工作人员。2008—2010年，实施生猪保险，对常年生猪存栏100头以上，生猪存栏30头以上给予保险费补贴每头48元。

2011年，铜梁县委1号文件提出，要努力调整和优化经济结构，积极打造“三个2 000亩”水产养殖基地。

2015年11月19日，铜梁区委印发《西郊现代农业观光园建设实施方案》，要求创建全国休闲农业与乡村旅游业示范区，提升休闲农业与乡村旅游业发展档次，有效带动农业增收致富和农村经济快速健康发展。

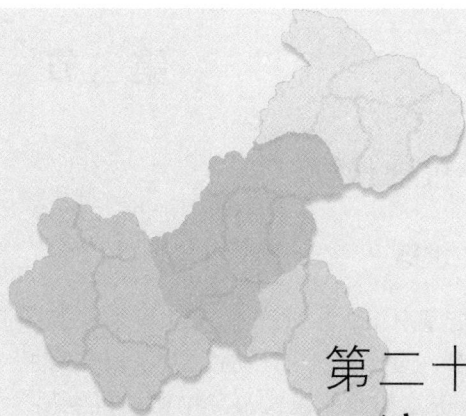

第二十一章
潼南区

潼南区位于重庆西北部，1950年隶属川北行署遂宁专区，1958年隶属绵阳专区，1976年隶属江津地区，1981年隶属永川地区，1983年并入重庆市，县名沿用至2015年6月设立潼南区。全区下辖2个街道、20个镇，总面积1 583平方千米，耕地145.9万亩。2015年，户籍人口95.21万人，城镇化率17.7%；常住人口68.23万人，城镇化率46.7%。潼南是全国现代农业示范区、渝川合作示范区、重庆市大都市区，2015年在全市率先实现“脱贫摘帽”。

第一节　农业农村经济

潼南区农业农村经济发展情况见表20－21－1。

表20－21－1　1986—2015年潼南区农业农村经济情况

分期		地区生产总值（万元）	农业总产值（万元）	农业增加值（万元）	农业增加值占比（%）	农民收入状况		
						年人均纯收入、可支配（元）	城乡收入比	农村居民恩格尔系数（%）
“七五”始	1986年	5.57	3 557	24 586	44.1	356	—	66.3
“七五”末	1990年	10.22	58 190	38 862	38.0	579	—	66.2
“八五”末	1995年	15.05	141 161	92 713	61.6	1 202	—	66.5
重庆市直辖后	1997年	22.56	165 645	113 005	50.1	1 707	—	61.2
“九五”末	2000年	31.23	159 105	116 853	37.4	2 103	2.48∶1	46.7
“十五”末	2005年	59.65	238 699	169 552	28.4	3 158	2.55∶1	55.1
“十一五”末	2010年	116.79	390 199	271 456	23.2	5 889	2.64∶1	49.2
“十二五”末	2015年	265.2	678 200	468 218	17.7	22 582	2.24∶1	38.1

第二节　农业主要产业

一、粮食作物

（一）水稻

水稻是潼南粮食主导产业，30 年来，按照潼南区委、区人民政府“挖潜力，攻单产，增总产，提品质”要求，重点抓“稻—油”“稻—稻—油”“水稻—马铃薯”“稻—肥”“稻—麦”“稻—稻—麦”“稻—菜”等水旱轮作模式及“中稻—再生稻”“中稻—糯稻”等水田双稻模式及水稻旱育抛秧、地膜覆盖栽培、农田保护性免耕、测土配方施肥、病虫草鼠综合防治，水稻机械秧旱育水管育秧、机械化稻油两熟制等技术，在粮食作物内部结构调整中，稳定了种植面积。不断调优品种，不断调高产量，效益不断增加。1986 年栽植 41 万亩，占粮食总播面积 37.4%；2015 年仍栽植 38.52 万亩，仅较 1985 年减少 2.48 万亩，减少 6.0%，面积基本保持。

（二）甘薯

1986 年后，潼南的种植模式改革，变净作为甘薯—玉米套作，复种指数显著提高，栽植面积 20.1 万亩，到 1997 年栽植达到 24.6 万亩，占粮食作物种植面积的比例达 19.6%。以后由于劳动力的转移，加之甘薯易腐烂，不易储藏、生产需劳多等特点，以及高产玉米新品种的推广，面积逐渐减少，到 2015 年仅为 17.41 万亩，比 1997 年最多时面积减少 7.2 万亩，减 29.2%；并在种植品种上也做了适当调整，用作饲料的种植产量高、淀粉含量低的品种；对作食用、加工、出售的，逐步调整为淀粉含量较高、口感好、产量相对较低的品种。

（三）玉米

玉米是潼南在耕作改制中发展起来的，既可以改良人民生活，也是饲养畜禽的优质饲料。因此，随着人民生活水平的提高，地膜玉米、西部旱地改制技术的推广，种植面积逐年增加：1986 年，种植 8.9 万亩，1997 年 16.4 万亩，到 2015 年增加到 16.75 万亩，比 1986 年增加 7.85 万亩，增 88.2%。

（四）豆类

潼南的豆类主要是绿豆、大豆、豌豆、胡豆，辅助种植赤豆等其他杂豆。种植面积随市场需求变化而变化。1985 年种植在 5.6 万亩，2000—2015 年，一直保持在 8.9 万亩左右（折合正种面积），比 1985 年增加 3.3 万亩，增 58.9%。

（五）小麦

1986 年，小麦在潼南的种植面积 24.9 万亩，但由于产量不高，品质不如“面包麦”，在国家停止定购后，市场销路不佳。2000 年，仍维持在 23.3 万亩，其后在调整种植结构中，种植面积较大幅度降低。2005 年锐减到 9.2 万亩，到 2015 年仅种植 1.45 万亩，较 1986 年减少 23.45 万亩，减 94.2%。

（六）大麦

大麦作为畜禽精饲料和供酿啤酒的原料种植，1986 年种植面积为 6.4 万亩，随着“潼麦一号”“8640”“87－44”等新品种系的推广，其产量高、生育期短的优势逐渐受到农民喜爱，面积逐年增加，1998 年，达到 9.3 万亩。1999 年后，随着玉米种植面积逐年扩大，潼南农业结构调减大麦地扩大油菜等作物的种植面积政策，加之农村劳动力转移的影响，大麦面积逐步减少。到2015年仅0.75万亩，比1998年面积最多时减少8.6万亩，减少92.0%。

二、经济作物

（一）油菜

1986年，潼南的油菜种植5.8万亩，以后随着“中双一号”“渝油18”“先油188”等新品种、新技术的推广，油菜产量高、效益佳，收获方法简便的优点凸显，加上2008年起潼南“菜花节”的举办，乡村旅游得到发展，社会效益彰显，面积迅速增加。2015年，已种植28.3万亩，较1986年增加22.5万亩，增加近4倍，面积和产量均居全市第一。

（二）花生

1986年，潼南的花生种植6.4万亩。2000年，由于大量推广天府系列新品种，面积增加到8万亩。2015年增到8.45万亩，较1986年增加2.05万亩，增32.0%。

（三）芝麻

1986年，潼南的芝麻种植845亩；1990年，降为92亩；1997年，几乎降为零。2000年以后，随着“万州白芝麻”“航芝一号”新品种的推广，加之良种良法技术配套，单产大幅提高，种植面积增加。到2015年，面积达880亩，比1986年增加35亩，增4.1%。

（四）其他经济作物

果用瓜、茶叶、棉花、麻类、药材、甘蔗、烟叶、花卉等，潼南在1986年有零星种植，以后随着人民生活水平提高，对果用瓜需求增加，面积迅速增多。到2015年，西瓜面积达2万亩之多；茶叶面积变化不大，棉花、麻类、甘蔗、烟叶依然零星种植，药材、花卉面积逐渐增多。

三、蔬菜

1986年，潼南的蔬菜生产只能满足本地需要，面积仅6.67万亩，食用菌300吨。1999年国家将潼南定为全国无公害蔬菜生产示范基地县，群众积极性迸发，面积迅速成规模调大，品种繁多，品质调优。先以涪琼江沿岸桂林、梓潼、上和、永安、柏梓等镇（乡）为重点，各镇（乡）分别建成5 000～6 000亩的蔬菜基地，达到5万亩。以后潼南无公害蔬菜生产效益凸显，2010年起按照“建设产业带、形成企业群、延长产业链”的思路，构筑现代蔬菜产业体系，建设中国西部绿色菜都。2015年，全区蔬菜种植已大面积覆盖，面积92.5万亩，总产量188.29万吨；比1986年增加面积85.83万亩，增加接近13倍，比1999年增加81.6万亩，增长7.5倍；面积和产量居全市第一，成为经济作物的拳头产品。

此外，1986年后，潼南区狠抓蘑菇生产。特别是1993年，全县进行以良种场作试点，双江、新胜等区镇作示范推广基地的大面积试验示范推广。2007年后，按照潼南县委、县人民政府“一镇一业”“一地一色”工作思路，狠抓“四百工程”之一的蘑菇优势产业带建设，全县共种植蘑菇10.1万米^2。2010年随着太安罐坝现代农业示范区成为全市统筹城乡发展改革集中展示区、蘑菇科技种植模式的推广，面积逐年递增，2015年，总产量达4 372吨，比1986年增长4 072吨，增13.6倍。

四、水果

潼南属浅丘地带，土质较好，温光水条件均适宜多种果树生长。常年鲜果满市。成为农业经济的骨干项目，种类主要有柑橘、柠檬、梨、柚、桃、李、果桑、葡萄、枇杷等，其中柠檬面积和产量均居全市第一。

1986年，全县有国营果园4个，乡办果园21个，村办果园44个，社办果园527个，户联办果园480个，家庭小果园4 553个；果树品种有9个科、27个种、890多个品种。总产水果4 233吨，形成了以黄桃、柑橘为龙头的水果生产大发展趋势。主要向潼南罐头厂提供制罐水果原料。1992年，受国际市场影响，罐头产品难销，生产停滞，造成黄桃产大于销，水果价低，损伤了果农生产积极性，黄桃树被大量砍伐。1993年，开始“长江柑橘带”建设，1998年，花岩镇矮株密梨大量上市。2001年，宝龙开始大面积柚子生产，主要满足本地食用。以后，随着人民生活水平的提高，对水果需求越来越多，水果生产也走向健康有序发展。2015年，潼南有水果面积25.5万亩，比1986年增加22.8万亩，增加9.4倍。

五、蚕桑

蚕桑生产是潼南农业中的骨干产业。1986年，桑园面积2 034亩，发种量10.2万张，产茧2 115.9吨，产值6.4亿元。1987年，潼南县人民政府成立“蚕桑生产基地领导小组”，建立古溪、宝龙等14个乡（镇）生产基地乡。1991年，潼南县人民政府又成立“十万担蚕茧工程指挥部”。1986—1995年是生产盛期，1991年为最佳年份。1996年后，随着国际市场供需状况的急剧变化，加之林、果、桑等争地矛盾显露等诸多因素，导致蚕桑生产大“滑坡”。2001年5月，潼南县人民政府制定了《关于大力发展蚕业生产的意见》，把蚕桑作为农村产业结构调整的主要项目之一，并成立了“优质蚕茧工程领导小组”具体负责抓好蚕桑生产。2003年，贯彻潼南县委、县人民政府“实施五万担蚕茧工程”项目的决定，兴办重庆市潼南三汇丝绢总厂，引进了重庆忠宜蚕业有限公司和潼南盈裕丝绸有限公司两个龙头企业。2015年，全区有养蚕户6 125户，桑树1.7万亩，本地发种量6 815张，比1986年减少93.3%。

六、渔业

潼南近30年鱼苗鱼种繁殖培育有国营、民营两种模式。成鱼养殖有稻田养殖、塘库堰养殖和网箱养殖3种产业化模式。养殖特色有4点：一是琼江百里网箱养鱼长廊，常年养鱼面积达5万米^2，年产成鱼约3 000吨；2000年，网箱养鱼达8.7万米^2，产成鱼3 590吨，规模效益在重庆市首屈一指。二是鳜鱼繁育和养殖初具规模，2002年，已初步建成国家级的鳜鱼苗鱼种繁殖基地，年产鳜鱼苗鱼种100万尾，产成鱼约20吨；生产水平在重庆市最好，规模最大，潼南鳜鱼列入全市水产业六大种子工程。三是初步形成了甲鱼养殖基地，崇龛镇的甲鱼养殖面积达320亩，甲鱼养殖数量16万余只，形成了年产量50多吨的规模，产品远销西南各地，是西南地区最大的甲鱼养殖基地。四是以渔为主的餐饮业发展快速，“太安鱼”远负盛名，经久不衰，成为全国知名的美味佳肴，带动和发展了地方经济；1986年，生态渔业养殖面积12万亩，水产品总产量2 576吨；2015年，养殖面积达到20万亩，水产品年总产量3.143 1万吨，年平均增加2 667亩、962吨。

养殖面积以年平均2.2%的速度逐年增长，产量则以37.3%的速度逐年递增。渔业生产一直保持平稳健康态势持续发展。

七、畜牧业

1986年以来，潼南畜牧业克服了国际、国内动物疫情频发，畜产品价格低迷、效益下降等种种困难，按照“改良生猪，突出家禽，狠抓草食畜禽生产”的指导思想，大力推进规模化、专业化、产业化，畜牧业呈现出稳定发展的良好势头，1996年被授予全国瘦肉猪生产基地、全国产肉百强大县。

1998年，全区出栏生猪70.5万头，小家禽发展量140万只。畜牧业发展成为潼南农村经济的支柱产业，产业化经营取得积极进展。此后实施了《优质肉猪产业化开发项目》《蛋鸡工程项目》等四大工程，2015 年，全区各类畜产品生产基地达到 10 个，各类畜禽规模养殖场（户）达到 800 个。

全区饲料工业进入了一个崭新的时期，动物疫病防控能力不断提高，2002 年获得“全国动物防疫先进县”。2004 年 7 月，潼南国家无规定动物疫病区示范区项目通过国家验收，猪、鸡、大牲畜死亡率分别控制在 3%、13%、1% 以下，确保了畜牧业安全生产。2015 年，全区出栏生猪 75.9 万头，比 1986 年增加 52.6%；出栏牛 5 503 头，比 1986 年增加 11 倍；出栏羊 1.3 万只，与 1986 年基本持平；出售和自宰家禽 330.5 万只，比 1990 年增加 4.4 倍。

第三节　扶持政策及农业农村改革重大举措

一、第一阶段：保障市场供应、增加农民收入

1990 年，潼南县委、县人民政府组织工作组在太安乡九村进行了承包期限为 10 年，在大稳定小调整的基础上，实行以“两田制”为主的稳定和完善土地承包关系试点。1991 年到四方乡进行稳定和完善土地承包关系现场练兵，随后在全县展开此项工作，年底全面完成。这是农村落实家庭联产承包责任制后，集体经济和服务功能受到削弱，为巩固壮大集体经济，加强生产队集体层面经营和服务功能而采取的一项重要措施。所谓“两田制”，就是把农民承包的土地在账面上分为口粮地和承包地，口粮地不承担国家统购派购任务，新增人口时，通过账面调整各家各户的口粮地和承包地，实质是调整各家各户承担国家统购派购任务的数量，以此来解决无地承包的新增人口的口粮问题，即人地矛盾问题。到 1992 年，全县有 4 158 个合作社的承包期限为 10 年，占 95.6%。有 4 138 个合作社实行“两田制”，占 95.1%。这些合作社将农户承包土地按（4：6）～（6：4）的比例分解为口粮田和任务田两种承包地承包。到 1997 年底，实行“两田制”的合作社不足 30%，有 50% 左右的合作社对增减人口又实行轮班候缺办法，20% 左右的合作社实行增减人口 3～5 年调整一次承包土地的定期调整办法。1998 年，第一轮农村土地承包期结束，潼南县委、县人民政府下发了《关于开展第二轮稳定和完善土地承包关系的通知》，对全县延长土地承包期工作的相关问题作出规定，第二轮农村土地承包工作全面开始。

二、第二阶段：减轻农民负担、加强监督管理

潼南县委、县人民政府高度重视农民减负工作。1993 年 7 月，开始对农民负担进行执法检查。2000 年，潼南县委、县人民政府下发了《关于切实做好 2000 年度农民负担与管理工作的通知》。2002 年，潼南县农业局、财政局、农村工作办公室联合转发了《重庆市农业税附加和农业特产税附加征收管理办法（试行）的通知》，为农村税费改革、农民减负工作奠定了基础。2005 年，全县全面取消了农业税及其附加，为农民减负 3 224 万元，落实兑现良种补贴 19.8 万亩 184.6 万元；农民人均减负增收和直接获利 42.50 元。同时，潼南县人民政府规定，农民负担不得超过上年度农民人均纯收入 5% 的水平。到 2006 年，全县彻底取消了农村“三提五统”，农民为此又增收 35.18 元。此外，种粮直补、农村义务教育“两免一补”、农机购置补贴和大量的农业项目投入，农民直接或间接地得到较多实惠。2010 年后，潼南区每年都出台了农民负担监管、清理整顿的文件，潼南农业委员会联合区级有关部门对涉农收费项目、标准进行了清理和规范。清查结果是，全区 281 个行政村全面推行“公示制”、义务教育阶段“一费制”和农村订阅报刊费用“限额制”，全区无一例涉及农民负担的案件和违纪违规行为。

三、第三阶段：调整产业结构、发展“三高”农业

1995 年，潼南县委、县人民政府出台《关于大力发展我县特色农业的决定》。1996 年，潼南县作出“关于加快农业结构调整，推进农业产业化进程的决定”，提出“九五”农业调整规划，决定调整农业内部结构、粮经结构和品种结构，将种植业与林、牧、渔业之比，由 5：5 逐步调整到 4：6，粮经比

由8∶2调整为7∶3，同时依靠科技，调整农业品种结构，发展“三高农业”，“九五”末基本建成了全区农业十大基地。

1998年，潼南加大农业种植业结构调整，延伸产业链条，发展产业基地，培植龙头企业，开发农村第二、第三产业，实施农业产业化十万工程、“141”“百村百园”和“三线四项”等重点工程，着力推动农业与旅游融合。2001年大力推进“3111”工程、“四百工程”、第二届“桃花节”。到2003年，结构调整工作取得实效，全县粮经结构调整为69.6∶30.4。2004年，全县大力实施“33工程”建设。到2005年时，粮经结构调整到69.4∶30.6。

2003年开始，全县农村劳动力转移工作启动。2004年，实施重庆市《百万农村劳动力转移就业工程》，全县培训农民工6 339人，外出务工人数达21万人，新增外出务工人数达1.3万人左右。2006年开始，启动绿色证书培训。2008年开展了新型农民科技培训。2009年，开展阳光工程。2011年，开展“农民田间学校”培训。2004—2015年，全区每年培训人次在0.2万~2.5万人次不等，促进了农村劳动力转移就业，为推进农村土地流转，集约化、规模化发展农业产业化铺平道路。

从2008年起，全县积极打造崇龛油菜花、太安蔬菜博览园、农业展览馆等农业产区，开发阳台盆栽蔬菜，建设农民新村，创建“潼南农家”，促进“产区变景区”“产品变礼品”“民房变客房”，大力开展菜博会、菜花节、玫瑰节、桑葚节、梨花节、柚子节等农业节会，有效延伸了农业产业链，大幅提升了农业发展水平。2012年，按照重庆市委、市人民政府对加快农业现代化的重要部署，潼南县委、县人民政府先后出台了《关于加快推进农业现代化的实施意见》《潼南县市级特色效益农业资金（切块资金）管理实施细则（试行）》，潼南区开启了探索特色鲜明、质优效高、切合潼南实际的现代农业发展道路。

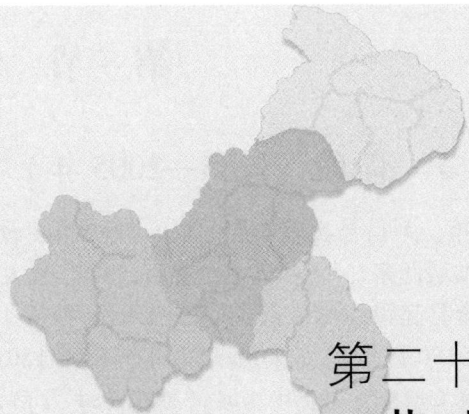

第二十二章
荣昌区

第一节　基本概况

荣昌区位于重庆市西部，渝、川两地接壤处，东靠重庆市大足区、永川区，西接四川省内江市隆昌市，南邻四川泸州市泸县，北与四川省内江市东兴区、资阳市安岳县接壤。历史悠久，唐乾元二年（759 年）始建昌元县，为昌州府州治所在地；明洪武七年（1374 年），取古昌州和荣州首字更名为荣昌县，寓“繁荣昌盛”之意，县名沿用至今。2015 年 5 月，国务院批复同意撤县设区，同年 6 月 18 日挂牌成立。

截至 2015 年 6 月，全区辖 15 个镇、6 个街道，总面积 1 076.7 平方千米，有耕地面积 86.55 万亩；2015 年年末，户籍人口 84.48 万人，城镇化率 46.15%；常住人口 70.10 万人，城镇化率 49.26%。

第二节　农业农村经济

农业农村经济情况见表 20－22－1。

表 20－22－1　1986—2015 年荣昌区农业农村经济情况

分期		地区生产总值（万元）	农业总产值（万元）	农业增加值（万元）	农业增加值占比（%）	农民收入状况		
						纯收入、可支配（元）	城乡收入比	农村居民恩格尔系数（%）
“七五”始	1986 年	3.85	24 245	17 782	46.23	414	—	—
“七五”末	1990 年	6.14	39 954	30 654	50.00	613	—	—
“八五”末	1995 年	21.35	128 375	96 703	45.29	1 538	—	—
重庆市直辖后	1997 年	27.00	143 514	103 318	38.26	2 179	—	—
“九五”末	2000 年	32.76	140 533	97 508	29.76	2 392	—	—
“十五”末	2005 年	59.86	215 122	150 778	25.19	3 426	2.58 : 1	—
“十一五”末	2010 年	159.95	372 990	261 587	16.36	6 755	2.46 : 1	—
“十二五”末	2015 年	329.87	635 793	444 316	13.47	13 035	2.08 : 1	0.33

第三节　农业主要产业

一、第一阶段（1985—2005 年）

1985 年，荣昌县实施农产品统、派购制度改革，除蚕茧外的其他农副产品退出统派购，农村商品经济逐步发展起来。1986 年，全县有各种专业大户 293 个，专业村 16 个，经济联合体 405 个。1995 年开始，在全县建设生猪、蔬菜、杂交稻制种等 10 大商品基地。1998 年，十大商品基地中，仔猪基地（年产仔猪 180 万头）、白鹅基地（年养白鹅 150 只）、养蜂基地（养蜂 2.3 万群）、苎麻夏布基地（盘龙等地产麻 600 吨）、茶叶基地（种植 1.4 万亩，年产细茶 1 800 吨）以及杂交水稻制种基地（制种 8 000亩，制种 2 000 吨）6 个项目基地初具规模。2001 年，产业逐步发展壮大。荣昌县成为全国最大外向型仔猪生产基地；年出栏肉鹅 150 万只，占重庆市的 1/6；年产蜂产品 1 500 吨，占重庆市的 1/4。荣昌被农业部命名为茶叶高产基地县。2002 年，农产品基地类型增多，规模增大，除六大基地外，还建成铜鼓镇 30 万只蛋鸡养殖基地、盘龙万亩生姜基地、远觉镇万亩花生基地、双河等镇万亩笋用麻竹基地、双河梅石坝的 800 亩鱼苗繁殖基地等。2002 年 8 月，荣昌县列入重庆市首批 2003—2005 年农业产业化出口基地县。2003 年，荣昌成为西南地区最大的红碎茶集散基地。2004 年，又新建成 10 万亩优质粮基地和 20 000 亩黄籽油菜基地。2005 年，重点抓“猪、竹、茶”三大优势产业基地的建设，促进地方特色经济的发展。

1986 年，全县农业产业化经营处于起步阶段。2001 年开始，全县大力发展农业产业化经营，到 2005 年，农业产业化组织总数 53 个，产业化组织从业人数 12 900 人，带动农户数 9 400 户。省级以上重点龙头企业 52 个，利用外资龙头企业数 50 个，利用外资额度 51 万美元，固定资产总值 17 670 万元。销售收入 50 310 万元，净利润 2 791 万元，创汇 2 100 万美元，上缴税金 110 万元；中介组织销售收入 4 800 万元；专业市场交易额 40 万元，净利润 41 万元，上缴税金 42 万元；农户从事产业化经营增加收入 34 500 万元。

二、第二阶段（2006—2015 年）

多年来，荣昌因地制宜，狠抓特色产业发展，在全区逐步形成了粮油、蔬菜、畜牧、林果、渔业、花卉苗木、茶叶 7 类 17 个重点产业，有力推动了全县农业农村经济的发展。

（一）粮油

粮油播种面积、总产稳定。多年来粮食播种面积稳定在 80 万亩左右，粮食总产量稳定在 30 万吨；油料播种面积稳定在 20 万亩左右，总产量在 3.0 万吨。目前多为传统作物，效益较低，主要作物有水稻、玉米、甘薯、胡豆、油菜。常年水稻面积 35.5 万亩，产量 18.5 万吨，单产 519 千克，亩产值 1 350元；玉米 10 万亩，产量 4 万吨，单产 406 千克，亩产值 934 元；甘薯 13 万亩，总产 4 万亩，单产 305 千克，亩产值 700 元；油菜 15 万亩，总产 2.4 万吨，亩产 157 千克，亩产值 820 元。

（二）畜牧

1. 荣昌猪

2005 年，荣昌用“以奖代补”方式支持全县规划建设生猪养殖小区。2006 年，荣昌猪和荣昌白鹅列入国家级资源保护名录；3 月，农业部种猪质量监督检验测试中心（重庆）通过国家计量认证农业评审，是西南地区首个部级种猪质检机构。2007 年，成功培育出渝荣 1 号猪配套系并被农业部遴选为 2008 年 80 个主导品种和 50 项主推技术之一。2007 年，国家邮政局在荣昌举行“丁亥年生肖（猪）邮票首发式”。2008 年，重庆市农业局以渝农发〔2008〕44 号文，授予荣昌县为重庆市无公害生猪产地县称号；同年，在荣昌建立国家级资源保护区。2009 年，启动荣昌县生猪保险工作；11 月，启动荣昌县 2010 年能繁母猪保险工作。2012 年，中国农业品牌研究中心评估荣昌猪品牌价值为 21.7 亿元；10 月，荣昌猪吉祥物“荣荣、圆圆”获得全国休闲农业产品创意金奖。2013 年，农业部与重庆市人民政府在荣昌县签订共建国家级重庆（荣昌）生猪交易市场建设协议，并为“国家级重庆（荣昌）生猪交易市场”揭牌；7 月，举行“第八届中国西部猪业论坛（重庆·荣昌）分论坛”。2014 年，荣昌县人民政府与丹麦王国驻华大使馆签订《养猪业经贸与技术合作的谅解备忘录》；在中国农业品牌研究中心发布的“2014 中国农产品区域公用品牌价值排行榜”中，荣昌猪品牌价值以 23.21 亿元人民币名列第 51 位；重庆荣昌现代畜牧业（生猪）科技创新与集成示范基地被列入农业部国家农业科技创新与集成示范基地建设名单；11 月，“新希望荣昌猪资源保护场”被授牌国家首批“动物疫病净化创建场”，掀开了荣昌区动物饲养场动物疫病自主净化的新篇章。2015 年，“荣牧荣昌猪肉”获绿色食品认证和国家地理标志证明商标；11 月，荣牧荣昌猪肉分别获得第十三届中国国际农产品交易会、第十六届中国绿色食品博览会金奖和全国食鲜猪肉奖；12 月荣昌猪品种资源保护与开发利用获国家科学技术进步二等奖。

2. 荣昌白鹅

2006 年，荣昌白鹅被列入国家级资源保护名录；由重庆市发展和改革委员会立项的“荣昌白鹅资源保护场”选址峰高镇刁家湾，占地 40 亩。2012 年，荣昌白鹅成功注册国家地理商标。在双河街道、清江镇、清升镇规划打造荣昌白鹅标准化规模化养殖基地；2012—2016 年，安排项目资金 120 万元，支持基地养鹅企业进行标准化改造和粪污治理等。2014 年，荣昌区畜牧兽医局争取项目资金 55 万元，支持重庆西江月农业有限责任公司开展荣昌白鹅的选种选育。西江月农业有限责任公司培育出荣昌白鹅新品系，四季产蛋，有效解决了四川白鹅产蛋的季节性导致的卤鹅原材料短缺的技术难题。2016 年，小罗卤鹅年销售量达 216 吨，年销售额 1 210 万元。荣昌白鹅新品系种鹅达到 3 000 只，全区孵化种鹅苗能力 800 万羽。2016 年，全区存栏鹅 107.4 万，鹅出栏 176.7 万只；有标准化养鹅场 63 家，其中年出栏 10 000 只以上规模养鹅场 13 家。有养鹅专业合作社 6 个，入社农户 4 165 户。

3. 荣昌蜂业

2005 年，荣昌县建立重庆市荣昌县联合养蜂场，联合养蜂场的宗旨实行四统一（技术统一、蜂产品的质量标准统一、品牌统一、销售统一）。同年，注册成立重庆美滋滋蜂业有限公司，荣昌县联合蜂场把荣昌县的蜂群带到新疆的阿勒泰北屯放养，生产优质的成熟巢蜜，年产量 300 余吨，年产值达到 1 200万元，产品远销日本和韩国。2007 年 2 月，注册成立重庆市佳联生物科技有限公司，开展荣昌蜂蜜、蜂王浆、蜂胶等系列产品的加工和品牌的研发，年加工销售能力达 3 000 吨，销售额达 2 000 万元；10 月，召开中国蜂业科技论坛。2011 年，成立荣昌县蜂业科学技术学会。2013—2017 年，荣昌区畜牧兽医局共争取项目资金 300 余万元用于养蜂产业发展，重点对蜂场标准化建设，现代化养蜂设施设备给予支持。2016 年，荣昌区有蜜蜂养殖户近 600 户，其中西蜂养殖专业养蜂大户 400 余户；蜂群保有量达 11 万群（其中中蜂养殖数量达 3 万余群），全区养蜂业从业人员 3 000 余人；全区有养蜂专业合作社 17 个，入社会员达 2 100 人；建有蜜蜂产业示范园 1 个，建有国家蜂产业体系意蜂养殖示范场 1 个；全区蜂蜜产量达到 0.6 万吨，蜂浆 10 余吨，蜂胶 25 吨以上，年产值上亿元，从业人员人均创收 3 万元。养蜂业规模效益被认定为全国区级单位第三名，重庆市内第一位。

（三）林业

荣昌是重庆市人口密度最大的区县之一，总面积 1 075 平方千米，人口 83 万多人，人多地少，林业用地矛盾突出，林地面积少，使荣昌这个农业大县成了林业资源小县。但荣昌是中国麻竹笋之乡、中国特色竹乡，虽无林业资源优势，却有特色林业产业优势。全县土地面积 161 万亩，现有森林面积达到 64.5 万亩，森林覆盖率达 40%。

现有麻竹面积15万亩，占森林面积的21.71%，主要分布在双河、峰高、仁义、盘龙、清升、昌元、昌州、荣隆、路孔、河包、安富、古昌、清江、龙集14个镇（街道）。通过项目带动和示范引导，坚持资源培育与加工利用相结合，市场引导与政府推动相结合，大大加快了麻竹产业化进程，麻竹资源培育和加工利用等开始步入产业化的发展轨道。

现有速生桉树面积8万亩，占森林面积的12.4%，主要分布在古昌、清江、清升、安富、广顺、昌元、昌州、荣隆、仁义、盘龙、清流、远觉、直升、河包、铜鼓15个镇（街道）。已经建立了锦竹车厢板有限责任公司，顺宇木业有限公司正在建设中，年可加工桉树板材10万米^3。

现有花卉苗木基地1.6万亩，占森林面积的2.5%，主要分布在昌州、昌元、峰高、路孔、吴家、安富、河包等镇（街道）。其中：300亩以上的大型苗圃12家、101～300亩的中型苗圃29家、51～100亩的小型苗圃6家、31～50亩的小型苗圃5家、30亩以下的微型苗圃16家，年出圃花卉苗木10 733.38万株。

（四）茶叶

荣昌县是茶叶生态适宜区。1973年开始，大力发展茶叶生产，于20世纪80年代跨入四川省重点产茶县行列，被列为全国红茶基地县。进入21世纪，先后被列入重庆市农业产业化产品出口基地县、重庆市无公害茶叶产地县、全国优势茶叶县、国家茶叶产业技术体系示范县、国家级茶叶标准化示范区等。名茶“天岗玉叶”获第二届中国农业博览会金奖、重庆市名牌农产品、重庆市首届（2008）、第二届（2011）十大名茶；“岚峰松针”1997年和1998年重庆市“三峡”杯优质名茶。2008年“天岗玉叶”产品通过有机茶认证。

全县现有茶园3.5万亩，安富、双河、广顺、清升和荣隆5个镇（街道）为重点产地。主产名优茶和红碎茶，常年产销1万吨，行业总产值近1亿元，多项指标在全市34个产茶区县中名列前茅，红碎茶出口量长期处于霸主地位。据2011年全市统计，荣昌茶园面积位列第八，采摘面积位列第六，毛茶产量位列第二（其中绿茶位列第五，红茶位列第一）。红碎茶出口量占全国的40%、重庆市的90%，是西南地区及全国最大的红碎茶生产、加工、出口大县。

全县共有26个茶叶加工企业，年加工能力达3万吨。其中市级龙头企业2家、县级龙头企业16家。红茶加工企业11家，绿茶加工企业15家。有自营出口权的5家，年加工量在200吨以上的企业12家。主要品牌有“天岗玉叶”“荣发”“雾都”“龙山春”“渝珠”等。

2011年6月，县内5家红碎茶出口企业成立股份制公司——重庆市荣商茶业有限公司，统一生产、加工和出口，避免同行业内的恶性竞争，出口单价上扬。

（五）果蔬

1. 蔬菜

在吴家、盘龙、清升、清江、安富、昌州、广顺、峰高、路孔、古昌10个镇（街道），建成高效特色蔬菜种植专业村15个左右。全县建成蔬菜生产基地15万亩，总产量30万吨，蔬菜产值达到15亿元。其中生姜6万亩（仔姜5万亩，种姜1万亩），总产值9亿元。

荣昌生姜产业有一定的发展，由2006年的2.2万亩发展到2011年的3万亩，增长36%；产值由1.5亿元增加到3.4亿元，增长127%。生姜总面积和总产值分别占全县蔬菜的13.1%、57.6%，生姜成为荣昌县第一大蔬菜品种，也是荣昌县第一个万亩规模以上实现亩纯收入超1万元的特色种植业。成立有长岭仔姜专业合作社，业务辐射到盘龙全镇、相邻的龙集镇及贵州、云南等地，合作社所在的长岭村是重庆市新农村建设十佳示范村和生姜专业村。“昌州”牌生姜被农业部农产品质量安全中心认证为无公害农产品，“昌州”牌仔姜被评为重庆名牌农产品。“十一五”以来，荣昌县以实施农业标准化为重点，建立了无公害生姜标准化示范区，制订了《无公害仔姜生产技术操作规程》，把标准化的理念引入到生姜生产的全过程，进一步发展壮大无公害生姜生产基地，打造生姜的地域品牌，提升生姜产品质量安全水平。

荣昌区3个蔬菜生产片区和1个蔬菜产业园区。东部生产片区主要分布在路孔、古昌等镇；成渝线生产片区主要分布在昌州、广顺、峰高等镇（街）；南部蔬菜生产片区主要分布在双河、清升、清江、安富等镇（街）。蔬菜产业园区以吴家双流村、清流马草村市级蔬菜专业村为核心，集中连片打造1万亩无公害蔬菜生产基地（吴家6 500亩、清流3 500亩），商品蔬菜在4万吨以上。

2. 水果

荣昌的水果主要以晚熟脐橙为代表。在清流、吴家、观胜等镇集中连片发展晚熟脐橙1万亩，其中清流塔罗科血橙6 000亩、吴家纽荷尔脐橙3 000亩，观胜1 000万亩，发展生态休闲观光农业。

（六）水产

荣昌在双河、盘龙、清升、清江、安富、龙集6个镇（街道），培育壮大3～5个泥鳅繁育基地、2个“四大家鱼”繁育基地、2个名优鱼繁育基地。全区推广稻鱼同田、池塘“一改五化”综合增产技术及“鱼菜共生”种养模式和高附加值品种主（混）养等池塘高效生态渔业模式，以达保供增收的目的。

1. 渝西鱼苗基地

“四大家鱼”繁育场。建设双河、安富2个“四大家鱼”繁育场，繁育水花达10亿尾。泥鳅繁育场。现有清升、龙集、盘龙3个泥鳅繁育场，2017年繁育水花达12亿尾，培育大规格鳅种2亿尾；建设盘龙、龙集2个白乌鱼繁育场；繁育水花达2亿尾，培育大规格鱼种5 000万尾。

2. 高效生态养殖基地

“鱼菜共生”示范基地：培育清江、清升、安富“鱼菜共生”示范基地2 000亩。以清江为核心，向全县推广6 000亩池塘高效生态渔业。乌鱼等名优鱼养殖示范基地：盘龙、龙集、峰高等镇街池塘推广主养或套养白乌鱼、鳜鱼、翘壳等高附加值品种的池塘高效生态渔业。名优鱼养殖面积达3 000亩。

3. 稻鱼同田示范基地

“稻鳅”示范基地：以“清升、清江、安富”为主的南部生产片区，发展“稻鳅”养殖模式。“稻鱼”示范基地。以“龙集、盘龙、吴家”为主的北部生产片区，开展栽稻养名优鱼，发展“稻鱼”养殖。

第四节　产业发展配套支持措施

一、制定出台扶持农业产业化发展政策

为鼓励投资农业产业化建设，荣昌县委、县人民政府在2008—2012年，每年出台县级农业产业化经营奖补办法，实施农业产业化贴息。2008年，出台了《荣昌县鼓励投资的若干优惠政策》；2013年，出台《加快“两区”建设率先实现农业现代化》意见，引导全区农业产业化发展，对兴办农业产业化龙头企业及进行农副产品深加工企业，在增值税、营业税、企业所得税等方面享受优惠政策。

二、不断提高农业科技支撑

一是强化科技人才支撑：与中国农业科学院、重庆农业科学院、重庆畜牧科学院、西南大学荣昌校区等科研院校科技结对合作，依靠与国内知名科研院所战略合作，扎实推进农业科技创新、资源整合、成果转化、推广运用。建立专家大院和特色产业科技服务队，进村入户进行科技推广服务，努力培育一批有文化、懂技术、善经营、会合作的新型职业农民。二是优化农技推广服务体系：全面加强21个镇

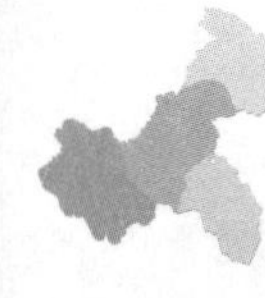

（街道）基层农技推广服务体系建设，建立科技特派员制度，创新基层农业服务体系管理机制，探索“服务在乡、管理在县”模式，建立县级主管部门、镇街、农民三方考评制度。加强基层农技服务队伍建设，引导和鼓励高校涉农专业毕业生到镇（街道）农业公共服务机构工作，引导社会力量开展农业产前、产中、产后社会化服务，大力培育农村科技示范户。

三、加快农产品市场流通体系建设

一是推行农业标准化生产：建立荣昌猪、荣昌白鹅、富硒黑花生、盘龙生姜等特色农产品标准化生产体系，强化监督管理和检测。健全农产品产地准出和市场准入制度，建成农产品质量安全可追溯体系。加大“三品一标”认证扶持力度，逐步建立农产品品牌培育和保护体系。二是健全农产品交易市场，拓宽销售渠道：以品质为支撑，以市场营销为主要手段，发展农产品流通龙头企业；推行农超、农餐、农企、农校对接等多种营销模式，鼓励大宗直供，减少小贩小卖，减少流通环节。发展农产品冷链物流，推进县城冷链集中配送站和产业基地小型冷冻库建设，逐步完成镇街规范化农贸市场建设和城区标准化农贸市场改造，搭建营销平台，拓宽销售渠道。三是完善农村信息服务：充分发挥“农业农村经济信息网”“移动农网”“农信通”“农网广播”的实际效用，建立县、镇（街道）、村三级农村信息网络体系，完善“12316 三农”信息综合服务平台，提高信息服务质量，全区所有农户免费享受技术、政策、市场等综合农业信息服务。

四、积极构建新型农业经营体系

一是创新农业经营体制机制：坚持农村基本经营制度，完善政府对农业的扶持方式，加快土地、资本、人才等生产要素配置的市场取向改革，营造农业创业与就业的良好环境，建立农业经营者的退出与进入机制。充分尊重农民意愿，依法鼓励多种形式的土地使用权流转，推行“龙头企业 + 农民合作社 + 基地 + 农户”的产业化经营模式，建立健全农民与合作社、企业利益有机联结、风险共担的经营机制，促进农业资源向优势产业和新型农业经营主体适度集中。二是培育新型农业经营主体：围绕重点产业和重要园区（基地）培育和壮大新型农业生产经营组织，实施“十百千万”工程（即培育壮大 10 个农业产业化核心龙头企业、100 个核心农民合作社，培育发展 1 000 个新型职业农民，带动 10 000 户以上农民增收致富）确保新型农业经营主体特别是农民合作社在每个农业产业发展上都发挥重要作用，稳步提高组织化程度，促进农业生产经营向集约化、专业化、组织化、社会化发展。三是推进农村产权制度改革：在农村集体经济组织“三资”清理基础上，建立、完善农村集体产权明晰完整、管理科学规范的集体资产管理办法，探索农村集体资产股权化改造；破解“三权”抵押融资瓶颈，降低融资门槛，增加贴息额度，使土地、林地、宅基地能够优化配置。四是建立农业融资新机制：搭建政府、金融机构、农业投资公司与农民合作社、种养大户良性互动的战略性融资合作平台，鼓励金融机构向农业产业化龙头企业、农民合作社及种养大户发放农产品订单质押等权益贷款、农户联保互保等信用贷款或提供大中型农机具融资租赁等服务。五是建立农业风险防控体系：建立财政支持的农业保险大灾风险分散机制，鼓励保险机构开发适合荣昌农业发展需要的保险产品，逐步建立健全农业保险体系。按照政府引导、政策支持、市场运作、农民自愿的原则和政府补贴保费 70%、农民承担 30% 的缴费标准，全面开展生猪、水稻、黑花生、麻竹、生姜、渔业、农机和国有林区森林保险保费补贴，提高农业防灾减灾能力。

五、不断加强基础设施配套建设

一是加快发展农村交通：围绕重点产业、重要园区（基地）实施农村公路提质联网工程，加快城乡交通运输一体化进程，大力发展农村客运，不断改善农村交通、农业生产和农民出行条件。二是大兴农田水利建设：坚持产业发展到哪里，农田水利设施就配套到哪里，加强耕地质量建设，深入推进国土整治、农业综合开发、“沃土工程”等。三是提升农业装备水平：抓好农业生产、农产品加工和运输等环节的适用农机具推广普及，重点推广中小型和微型农业机械，推进水稻生产全程机械化，加快蔬菜、茶叶生产和畜禽养殖机械化建设；扶持发展20家农机服务合作社，开展农机社会化服务；立足现代农业园区，开展数字化、精准化农业技术应用和农业物联网技术示范；因地制宜发展设施农业。

六、切实加大各类资金投入

一是加大县级财政投入：按照重庆市委、市人民政府关于“财政支出优先支持农业农村发展，预算内固定资产投资优先投向农业基础设施和农村民生工程，土地出让收益优先用于农业土地开发和农村基础设施建设，各级财政对农业的投入增长幅度要高于财政经常性收入增长幅度”的要求，不断加大农业农村发展投入。市级以上涉农资金按照规定用途，集中打捆投向重点产业、重要园区（基地），加快农业产业化发展。二是鼓励社会资本投入：加强农业招商引资，重点引进知名大型企业投资现代农业，鼓励城镇企业、单位、职工、居民投资经营农业项目，政府在融资和政策上给予支持和帮助。探索“先建后补”的模式，鼓励社会资本投入水利、交通等项目建设。

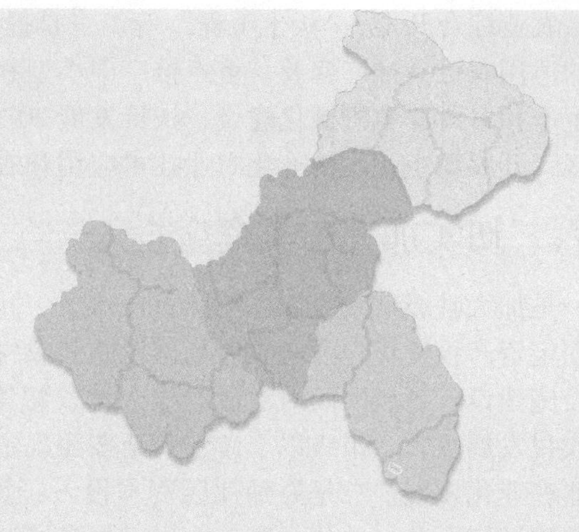

第二十三章
梁 平 县

第一节　基本概况

梁平位于重庆市东北部，地处四川盆地东部平行峡谷区，东邻万州区，南接忠县、垫江，西连四川省大竹县，北倚四川省达县、开江。西魏元钦二年（553 年）置梁山县。中华人民共和国成立后，隶川东人民行政公署大竹专区，因县名与山东省梁山县同名，1952 年 12 月更名为梁平县。1953 年 3 月 10 日，撤销大竹专区，归万县地区（市）管辖，1997 年 6 月，归重庆市直辖。2016 年 11 月撤县设区。

全县总面积 1 892.13 平方千米，辖 5 个乡、26 个镇、2 个街道。2015 年末有净耕地 115.7 万亩，户籍人口 92.5 万人，常住人口 66.4 万人，城镇化率 41.61%。全县尚有农村扶贫对象 2.8 万人，农村贫困人口的温饱问题已经解决。

第二节　农业农村经济

梁平县农业农村经济情况见表 20－23－1。

表 20－23－1　1986—2015 年梁平县农业农村经济情况

年份	地区生产总值（万元）	农业总产值（万元）	农业增加值（万元）	农业增加值占比	农民收入状况		
					纯收入、可支配（元）	城乡收入比	农村居民恩格尔系数（%）
1986	28 757	44 258	14 056	48.89	300.26	—	50
1990	43 941	48 629	20 883	47.53	512.10	—	48
1995	166 985	64 873	60 376	36.17	1 311.70	—	48
1997	192 497	72 715	68 963	35.83	1 721.93	—	48
2000	235 848	119 822	75 244	31.90	1 849.10	—	48
2005	488 426	188 105	110 468	22.62	2 813.00	3.40：1	45
2010	1 111 066	293 729	194 753	17.53	5 528.00	2.82：1	43
2015	2 423 308	540 320	364 806	15.05	11 268.00	2.35：1	38

第三节　农业主要产业

1986年以来，梁平县委、县人民政府贯彻落实中央“决不放松粮食生产，积极发展多种经营”的方针，立足梁平自然条件和发展基础，确立了“四支柱，八骨干”农业产业发展方向。四支柱为粮食、油料、生猪、蔬菜；八骨干为粮油加工、家畜家禽、禽蛋、蚕桑、水产、水果、蜂蜜、烤烟。2013年，调整为“三三三”产业体系，即：粮猪菜三大保供产业，禽竹柚三大特色产业，牛鱼蜂三大兴型产业。2015年，确立了“3+X”产业体系，“3”即粮油、生猪、蔬菜，“X”即禽、竹、柚、牛、羊、蜂鱼、鳅等。

一、粮食

粮食生产分小春、大春、晚秋粮食生产，梁平县委、县人民政府确立了“粮食生产不放松”的目标，积极推广新技术、新方法、新技能，不断提高粮食生产能力。从1986年水稻的成都麻壳、甘薯的苕尖越冬、甘薯大房窑等开始，到水稻、玉米的“双杂”种子、两段育秧、定行定距定植等，再到集成技术的综合运用、10万亩高产粮油创建活动，极大调动了农民生产积极性。全县农作物播种面积连年增长，1986年、1997年、2015年分别为137.86万亩、148.76万亩、153.79万亩。其中粮食播种面积有所波动，分别为115.37万亩、129.23万亩、112.47万亩，但粮食产量却连年增长，分别是28.78万吨、36.64万吨、38.30万吨。2015年较1997年重庆直辖市建立之初粮食播种面积减少12.97%，粮食产量却增加4.51%，实现面积、总产双增收。

二、油料

梁平的油料作物主要有小春生产的油菜籽，大春生产的花生和芝麻，油菜籽是油料作物的第一品牌，油菜籽和油菜茎尖商品率高。1997年，梁平县昌盛植物油厂，主要从事桐油、油菜籽加工；2007年，改制成立重庆市昌鑫植物油有限责任公司，成为县域内唯一的油料作物加工重点龙头企业。农业产业化经营过程中，建设了专业化的菜籽园、油桐园、花生园、芝麻园，与农民开展订单式生产，激发了农民生产积极性，1986年、1997年、2015年全县油料作物播种面积和油料产量分别是7.37万亩、7.71万亩、13.21万亩、0.67万吨、0.73万吨、1.63万吨。2015年较1997年重庆直辖市建立之初油料作物播种面积增71.34%，油料作物产量124.88%。其中全县油菜生产一直保持稳定增长趋势，实现了播种面积和产量双增目标，1986年、1997年、2015年的播种面积分别为5.10万亩、5.84万亩、11.85万亩，油料产量分别为0.51万吨、0.50万吨、1.48万吨。

三、蔬菜

蔬菜产业是梁平县农民收入的又一项重要来源。分春、夏、秋、冬四季蔬菜，从1986年的自给自足开始，到“建基地，搞发展，闯市场”，掀起新一轮的蔬菜基地建设，全县业主自建打造了梁山、双桂、安胜、星桥、云龙和蟠铁高山蔬菜等12个乡（镇、街道）蔬菜基地，带动周边农户发展蔬菜生产，引进优良品种50余个，培育种植大户360户，新建标准化钢架大棚4.2万$米^2$，人行耕作道15千米，新建冷藏库8座，冷藏能力1 600吨。1986年、1997年、2015年，全县蔬菜播种面积分别是13.95万亩、10.72万亩、26.46万亩，产量分别为30.23万吨、23.24万吨、48.24万吨；2015年面积和产量较1997年重庆直辖市建立之初增长了146.75%、107.51%，实现了蔬菜面积、产量双增，品质、效益双增的良好局面。

四、畜牧业

梁平畜牧业生产有猪、牛、羊、兔、鸡、鸭、鹅、蜂等，以生猪为主，其次为鸭、肉羊、肉牛、鸡、鹅，已经发展成为梁平县内农业经济中第一大骨干产业。

（一）生猪

生猪生产是梁平县农业生产一大产业。1986 年以来，全县生猪业一直保持增长势头。先后通过以下一系列措施：双推五改一防技术；“12788”致富工程生猪项目；瘦肉型生猪项目；洋三元二杂母猪项目；生猪标准化规模养殖场（小区）建设；生猪养殖大户、生猪供精中心和配种点建设等项目和技术的实施推广等。促进了生猪产业的发展，1986 年、1997 年、2015 年，生猪出栏连年增长，分别为 30.54 万头、62.01 万头、74.79 万头；2015 年比 1997 年重庆直辖市建立之初增长了 1.21 倍。

（二）山羊

“要想口袋里有钱，必须手里要有羊”，是梁平老百姓的口头禅。山羊作为集中劳动，按时计工，按劳分配条件下，是家家户户养殖的草食性牲畜，按照社会化分工不同，山羊养殖经历了散户饲养、养殖大户、养殖小区、养殖场等不同模式和方式，仍是县域经济的又一抓手。1986 年，全县山羊仅出栏 1 286只，经过 10 余年的发展壮大，1997 年出栏达 4.25 万只。此后，县内畜牧产业结构调整，山羊养殖量下滑，到 2015 年，出栏比 1997 年重庆直辖市建立之初减少 38%，仅为 2.64 万只。

（三）肉牛

20 世纪之前，梁平耕牛一直作为役用，是犁田的主要劳动工具，一直以来，梁平高度重视。随着农业机械化的不断推进，役用牛养殖逐步退出历史。肉牛养殖在 20 世纪末应运而生，福禄、柏家、紫照、大观等山区乡镇出现养殖 20～100 头的肉牛养殖大户。2013 年，重庆恒都农业集团有限公司落户梁平，兴建年出栏 4 万头，年存栏 2 万头的大型肉牛养殖场，梁平肉牛走上了产业化、规模化、专业化的道路。1986 年、1997 年、2015 年，全县肉牛出栏量 1 456 头、4 774 头、24 982 头。2015 年较 1986 年肉牛存栏量增 4 592 头，增幅 13.45%，肉牛出栏增 23 526 头，增幅 1 615.79%。2015 年较 1997 年肉牛存栏量增 6 106 头，增幅 18.71%，肉牛出栏量增 20 208 头，增幅 423.29%。

（四）家禽

1986—2015 年，30 年间，梁平经历了散户饲养、圈养、养殖大户，智能化监测与自动化控制的规模饲养过程，特别是鸭鸡产业。梁平县家禽业一直保持增长势头。1986 年末，全县家禽存栏、出栏量为 84.46 万只和 317.39 万只。到 1997 年末，家禽存栏、出栏量分别为 172.12 万只和 599.98 万只。到 2015 年，存栏、出栏量为 552.3 万只和 1 269.9 万只，2015 年较 1997 年分别增长了 203.45% 和 111.66%。

五、水果

梁平水果生产品种较多，四季常有。春夏有桃、李、杏、梨、苹果、樱桃、枇杷，秋、冬有梁平柚、虎蜜柚、广柑、脐橙、红橘、核桃、板栗等。近年来，全县以“1＋3”产业为重点，产业结构持续优化，其中“1”是指梁平柚，已确定为现代农业的重点予以发展壮大。

（一）梁平柚

梁平柚是在梁平种植多年的一大产业，具有皮薄、肉厚、化渣特点。多年来，全县开展 10 万亩新建标准柚园和 10 万亩老柚园标准化生产改造规划工作，完成标准柚园土地流转 2 000 亩，改造低产柚园 2 000 亩，完成 1 150 亩标准柚园改土和 2 万亩柚园的病虫害防治、蔬果、施肥等标准化生产示范，培育优质柚苗 20 万株，开展优质梁平柚母本选育，组建明乾农业、澎湃农业、天农八部、龙滩、荫平、大观、虎城柚子专业合作社等梁平柚新型经营主体，梁平柚实现“扩面增量、选优提纯、创牌拓市、延链增效”的目标，实现了生产经营主体的积极性和梁平柚知名度、美誉度两提高。2015 年，种植面积达 18. 6 万亩、产柚 6. 35 万吨，产量分别比 1986 年、1997 年增长 24 倍和 2 倍。

（二）梁平李子

梁平李子由青脆李、黄腊李、晚熟的高山李组成，近年来，经过特色效益农业和扶贫开发的催促作用，近年来，梁平本地青脆李子、黄腊李子、晚熟的高山李子因品质好、产量高，管理粗放，好销售，效益高，越来越受到广大农民和个体工商业主的重视，纷纷投资，规模开发，梁平县农业委员会利用扶贫和产业发展专项资金，采取种苗统一供应，组织拉线定点统一定植，连片栽植青脆李嫁接苗 25 万株，新建蓄水池 12 口，机耕道 1 800 米，人行耕作道 8 200 米，已建成曲水镇聚宝村青脆李基地 2 000 亩，梁山街道天鼓村、东山村高山李子基地 1 500 亩，星桥镇高都村李子基地 500 亩，合兴镇合兴村青脆李子基地 1 500 亩，利用产业扶贫，建设李子基地，发展乡村旅游业，吸引广大游客前来赏花、采果，经济、社会、生态效益明显。

（三）梁平甜茶

梁平甜茶以野生为主，主要分散在明月山脉和东山山脉的松林、竹林中，相对集中在明月山脉的竹山、龙胜、袁驿、新盛、屏锦、礼让、东山山脉的蟠龙、合兴、铁门等乡镇，目前以龙胜乡的龙胜村、公平村集中度较大，数据较多。目前，梁平县农业委员会积极争取国家扶持专项资金 3 000 万元和特色效益农业切块资金 200 万元予以扶持该产业的发展，重点扶持重庆龙甜茶业有限公司和重庆多穗石柯生物科技有限公司，采用现代育种技术，已培育出 20 万株甜茶苗，管护甜茶林近 8 万亩。

六、蚕桑

蚕桑是梁平县一项传统农业产业，主要在柏家镇、大观镇、福禄镇、石安镇、曲水镇、虎城镇、袁驿镇、龙胜乡、紫照乡等东西部乡镇发展。1986 年，全县蚕茧产量 1 046 吨，1997 年，蚕茧产量 622 吨，2015 年，蚕茧产量 760 吨，随着丝绸产品受国际市场价格波动的影响，蚕桑产业面积锐减，发种张数逐渐萎缩，目前，蚕桑产业正处于夯实基础，巩固单产，提高亩桑综合效益道路。

七、其他产业

（一）花椒

1986 年以来，梁平不断从四川等地引入花椒苗在县内各地栽植，而以 2010 年后因农村扶贫等项目的实施推进发展较快，2015 年，全县花椒种植面积已发展到 7. 2 万亩，盛产期干花椒产量可达 500 吨/亩。

（二）有机农业

2015 年，梁平县开始探索有机水稻、有机梁平柚、有机蔬菜的生产，分别由梁平县光华米业有限责任公司、梁平县龙滩柚子专业合作社、梁平县三清蔬菜专业合作社独立承担运行。每年拨付一定比例的款项，开展种子、肥料、地膜、农药和农业生产过程数据的采集、传输、存档等专项补助，目前正处于探索实践阶段。

第四节　支持产业发展的重大举措

一、第一阶段：保障市场供应、增加农民收入

1978 年，梁平县在调查研究的基础上，农村开始了以“队为基础，实行包产到组”试点工作。

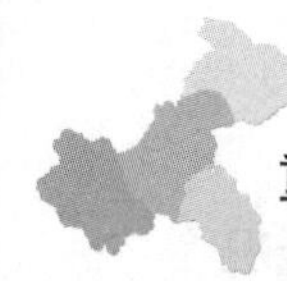

1980 年，农村普遍实行了以“队为基础，包产到户”经营体制的工作，农村实行家庭联产承包责任制后，农村农业劳动力得到解放，农村经济、农业生产得到了很大发展，取得了世人瞩目成就，但集体经济和服务功能受到削弱。1993 年，为巩固壮大集体经济，加强生产队集体层面经营和服务功能，全县开始推行“两田制”为主的农村土地承包完善工作。两田制，就是把农民承包的土地在账面上分为口粮地和承包地，口粮地不承担国家统购派购任务，新增人口时，通过账面调整各家各户的口粮地和承包地，实质是调整各家各户承担国家统购派购任务的数量，以此来解决无地承包的新增人口的口粮问题，即人地矛盾问题。到 1993 年，全县 644 个村，6 199 个合作社普遍完善工作，其中：实行“两田制”承包形式的有 5 077 个社，占 81. 9%；实行“定份制”承包形式的有 213 个社，占 3. 44%；实行“人均包地，排轮候缺”承包形式的有 900 个社，占 14. 52%；实行其他承包形式的有 9 个社，占 0. 14%。1998 年，开始了第一轮农村土地承包工作，并实行一定 30 年不变制度。2002 年结束该项工作。按重庆市统一部署，梁平县全面开展了第二轮农村土地承包工作。梁平县委、县人民政府下发了《关于认真开展全县第二轮农村土地承包工作的指导意见》，对全县延长土地承包期工作的相关问题作出了规定。

二、第二阶段：减轻农民负担、加强监督管理

依靠政策，多予少取，强农惠农，让农民共享改革发展成果。多予少取，强农惠农，是中央和各级党委、政府对“三农”工作的一贯方针，目的是让“三农”休养生息，让农民共享国家改革发展成果，让“三农”更好发展。

1978—2002 年，较好保证了农民的负担保持不超过上年农民人均纯收入 3% 水平的增长幅度。

2003 年，梁平县农业局会同县财政局共同制发了《两税附加和村级缺口资金管理办法》，为农村税费改革和建立覆盖城乡的公共财政制度，最终取消农业税和农村“三提五统”，减轻农民负担，增加农民收入奠定了基础。

2005 年，根据国家的政策和重庆市的统一部署，梁平县全面取消了农业税及其附加，为农民减轻负担 2 278 万元，农民人均减轻负担 29 元（增收 29 元），在减轻农民负担方面，各级都把减轻农民负担视为农民增收。

2006 年，梁平彻底取消了农村“三提五统”，实际上农民又增加收入 30 元以上。另外种粮直补（农民种粮国家按种植面积补贴）、农村义务教育“两免一补”、农机购置补贴和大量的农业项目投入，农民直接或间接地得到较多实惠。同时县里还放宽政策，积极引导农民经商办企业；认真执行重庆市的政策优惠，积极引导农民“农转非”。

2007 年，按照重庆市的规定，梁平县积极开展农民工培训培育工作，并承接了重庆市 10 000 名农民工进新疆摘棉花工作任务。

2010 年，梁平县农业委员会联合区级有关部门对涉农收费项目、标准进行了清理和规范。清查结果是全县 315 个行政村全面推行“公示制”、义务教育阶段“一费制”和农村订阅报刊费用“限额制”，全县无一例涉及农民负担的案件和违纪违规行为。

三、第三阶段：调整产业结构、发展“三高”农业

1986 年，梁平县委、县人民政府着力于优质粮油种植推广、优质畜禽的繁育与推广、优质蔬菜培育与种植推广、优质水果的培育与推广的农业结构调整，着力确保“市场供应充足、市场物价平稳、人民生活开心”，提出了“三三三一”农业调整规划，争取全县粮油、蔬菜、畜禽、水果作物种植比例 3∶3∶3∶1。

2010 年，梁平县农业委员会按照“稳粮保供给、增收惠民生、改革促统筹、强基增后劲”的工作思路，积极围绕县委、县人民政府“农业稳县”战略，打好土地（林地）流转牌，大力发展林下经济，加快现代农业和农村经济发展，积极促进农户增收，力争实现农业总产值 31 亿元，农民人均纯收入增

长20%。

2012—2015年，梁平县委、县人民政府出台《关于大力发展特色效益农业的实施意见》和《梁平县2013年“效益农业促进年”实施方案》，紧紧围绕加快推进农业现代化，5年再造一个梁平的总任务，大力推进“137”总体部署，坚持以市场为导向，以科技为支撑，以提高资源利用率、土地产出率和劳动生产率为重点，保持粮油稳定增长，着力发展特色效益农业，以优势主导产业为抓手，以全县农民增收为目标，建设一个现代农业示范区、创建一批特色产业基地、培育一批农业龙头企业、打造一批农产品知名名牌、构建城乡一体的农产品交易市场体系、形成各具特色的农业产业带，建立起农民增收、农业增效、生态增值的长效机制。

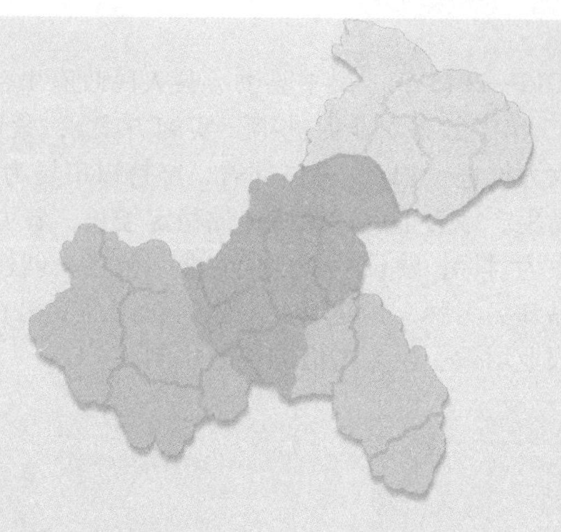

第二十四章
城　口　县

第一节　基本概况

城口县位于重庆市北部，重庆、四川、陕西3个省份的交汇地带，地处大巴山南麓腹地；东与陕西省平利县、镇坪县接壤，南与开州区、巫溪县交界，西与四川省宣汉县、万源县相连，北与陕西省岚皋县、紫阳县毗邻。全县总面积3 232平方千米，有常年农耕地37.5万亩，占土地总面积的7.59%。气候温和，降水充沛，四季分明，土壤类型复杂，山地微域小气候与立体气候明显，由此具备生物多样性，农作物种类全，品种多。

全县辖12乡11镇2街道，2015年，全县有户籍总人口25.06万人（其中农业人口18.19万人）；常住人口18.63万人，城镇化率32.37%。

第二节　农村经济概况

城口县农业农村经济情况见表20－24－1、表20－24－2。

表20－24－1　1986—2015年城口县农业总产值及增加值情况

年份	地区生产总值（万元）	农、林、牧、渔业（农、林、牧、渔服务业数据未显示）										农业总产值占地区生产总值比（%）	农业增加值占地区生产总值比（%）
		农业总产值（万元）	农业增加值（万元）	其中各产业									
				农业		林业		畜牧业		渔业			
				产值（万元）	增加值（万元）	产值（万元）	增加值（万元）	产值（万元）	增加值（万元）	产值（万元）	增加值（万元）		
1986	6 709	6 638	4 359	3 177	2 319	1 966	1 552	1 454	454	41	34	98.94	64.97
1990	11 102	10 690	7 216	5 954	4 225	1 927	1 505	2 711	1 891	98	102	96.29	64.99
1995	28 826	25 671	15 902	12 891	8 766	2 773	2 349	9 702	4 517	305	270	89.06	55.17
2000	48 063	29 545	18 542	16 788	12 160	2 833	2 351	9 567	4 181	357	297	61.47	38.58
2005	102 065	39 864	25 112	17 863	12 780	4 042	3 003	16 941	8 533	571	465	39.06	24.60
2010	250 064	65 353	41 451	27 856	20 276	5 692	4 309	30 534	15 950	806	568	26.13	16.58
2015	425 418	116 277	73 586	50 632	37 113	10 313	7 735	53 055	27 111	1 645	1 142	27.33	17.29

备注：1. 数据来源于城口统计年鉴，按当年价计；2. 表中大农业是对纯农业的称谓；3. 表内农业服务业未统计。

表 20－24－2　1986—2015 年城口县城乡居民收入与恩格尔系数

年份	城乡居民可支配收入对比		农村居民可支配收入占城镇居民的（%）	农村居民人均收入		农村居民恩格尔系数	
	城镇居民（元）	农村居民（元）		总收入（元）	纯收入（元）	食品消费（元）	恩格尔系数（%）
1986	1 116	177	15.86	416	294	188	74.60
1990	1 679	294	14.77	577	373	253	75.52
1995	2 796	559	19.99	1 510	926	648	72.00
2000	4 657	1 067	22.91	1 787	1 337	582	64.38
2005	7 757	2 037	26.26	2 411	1 966	968	53.13
2010	12 920	3 894	30.14	4 318	3 681	1 439	53.20
2015	21 116	7 224	34.21	7 733	6 591	2 129	50.12

备注：数据来源于城口县统计年鉴。2015 年恩格尔系数来源于分区调查。

第三节　产业发展

20 世纪 80 年代，部分农村居民，“温饱”没有解决，城口县委、县人民政府推行“以粮为纲”，种植业“以粮食生产为主，经济作物为辅”的发展方针，玉米、洋芋、毛猪为主导产业。大面积推广杂交玉米，政府财政支持高山玉米地膜覆盖栽培，大幅度提高单位面积玉米产量，立足解决农村居民“吃饱”的生活问题。1991—2005 年，农村居民已越过温饱线。城口县委、县人民政府开始调整农业产业结构，推行“稳定粮食生产，发展以草食牲畜”为主的农业发展方针，改变过去“粮猪”型农业产业结构，通过逐步产业调整，立足解决农村居民“吃饱吃好”的生活问题。2006—2015 年，城口县委、县人民政府推行“生态为本，特色为魂”的发展理念，围绕“粮食增产，农业增效，农民增收”优化农业产业结构。玉米、马铃薯、毛猪为农业基础产业；草食牲畜、城口山地鸡为主导产业；中蜂、高山蔬菜、中药材、冷水鱼、茶叶、魔芋、苏麻为特色产业；政府投入大量财政资金，扶持主导产业和具有规模的特色产业；引导农村剩余劳动力有效转移，每年农村劳务输出占农业总劳动力的一半以上，获取了大笔劳务资金。大量农村劳动力转移后，政府大力推广对路良种、规范化种（养殖）植业、配方施肥等现代农业实用技术，大幅度提高单位面积产量与品质，实现了种养业增效，农民增收；进入“十二五”规划时期，城口县委、县人民政府对农业产业结构进一步优化，推行“生态为本，特色为魂；发展为要，民生为重”的发展理念，魔芋、苏麻、苋米、药材等城口特色农作物，得到高度重视，作为特色效益农业强力打造，立足农村居民“吃好吃健康有钱用”。

一、粮食生产

1986—2015 年的 30 年间，玉米、马铃薯和甘薯是城口县传统的主导粮食作物，是居民食用和畜禽养殖精饲料的主要来源。玉米、马铃薯两作物播种面积总的呈逐年缩小，而总产量依次为逐年增长与稳定趋势；甘薯播种面积与总产逐年增长同步；水稻、小麦和杂粮播种面积与产量，逐年同步减少，2009 年，小麦停播；豆类播种面积和总产量趋稳（表 20－24－3）。

表 20－24－3　1986—2015 年城口县粮食生产情况

项目		年份										
		1986	1988	1991	1994	1997	2000	2003	2006	2009	2012	2015
玉米	面积（万亩）	22.71	22.44	23.68	23.87	24.20	23.33	19.16	18.94	18.36	18.43	18.51
	产量（吨）	22 770	29 194	33 187	29 963	42 368	43 284	31 347	35 652	39 033	43 200	47 800

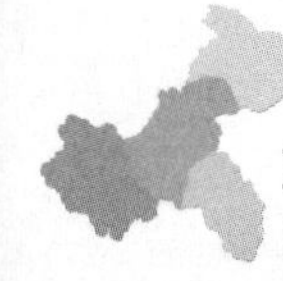

（续）

项目		1986	1988	1991	1994	1997	2000	2003	2006	2009	2012	2015
马铃薯	面积（万亩）	20.66	21.32	22.30	22.44	22.69	20.94	17.69	15.96	16.11	16.25	16.31
	产量（吨）	28 472	30 463	31 648	35 105	42 241	34 949	29 334	28 507	27 187	30 000	31 900
甘薯	面积（万亩）	2.46	2.93	3.37	3.79	4.08	4.23	3.10	4.70	5.17	4.92	5.02
	产量（吨）	2 875	4 476	6 407	6 203	6 273	11 645	7 155	7 736	15 128	14 400	14 700
大豆	面积（万亩）	2.40	3.01	2.72	2.48	2.06	1.93	1.35	1.11	1.47	1.75	2.37
	产量（吨）	1 688	1 481	1 250	888	1 079	1 248	1 093	806	1 426	1 700	2 300
小麦	面积（万亩）	2.83	2.63	3.08	3.08	2.63	2.07	0.90	0.32	0	0	0
	产量（吨）	1 923	1 837	3 257	3 384	3 797	2 576	1 201	311	0	0	0
水稻	面积（万亩）	2.58	2.40	2.60	2.61	2.70	2.67	2.35	1.92	1.88	1.35	1.49
	产量（吨）	5 960	7 657	7 555	8 629	10 125	9 777	7 951	6 572	7 940	5 700	6 300
胡豆	面积（万亩）	0.61	0.55	0.54	0.48	0.43	0.45	0.33	0.47	0.41	0.50	0.63
	产量（吨）	332	222	325	300	336	307	295	321	328	400	500
豌豆	面积（万亩）	0.60	0.65	0.63	0.57	0.51	0.39	0.39	0.53	0.44	0.63	0.75
	产量（吨）	344	281	412	376	429	335	320	350	350	500	600
杂粮	面积（万亩）	2.16	1.89	1.72	1.87	1.54	3.39	1.13	0.22	1.01	0.30	0.90
	产量（吨）	732	1 050	1 219	960	1 137	3 108	1 176	286	1 015	300	900

注：表头“年份”横跨 1986—2015 各列。

二、畜牧水产

（一）畜禽

城口县养殖的家畜有猪、牛、羊、马、骡、兔，养殖的家禽有鸡、鸭、鹅。城口山地鸡、城口腊肉、城口板角山羊已成为城口县特色产业。生猪圈养和城口山地鸡放养，属城口县畜牧生产传统主导产业，是城乡居民肉食品和肉食商品的主要来源。1997 年以来，城口县委、县人民政府高度重视毛猪与山地鸡产业发展，数度组织大量财政资金重点扶持。全县毛猪年出栏从 1996 年的 13.36 万头，至 2015 年增长到 23.39 万头；家禽年出栏从 1996 年的 21.21 万只，增长到 2015 年的 419 万只；毛猪、城口山地鸡近 20 年来增速最快。牛、羊草食牲畜，具备良好生产条件，政府作为主导产业，极力鼓励与资金扶持，1997 年后得到快速增长（表 20－24－4）。

表 20－24－4　1986—2015 年城口县畜牧水产生产情况

项目		1986	1988	1991	1994	1997	2000	2003	2006	2009	2012	2015
毛猪	出栏（万头）	7.88	9.17	10.03	10.52	14.10	14.02	16.04	17.50	21.60	22.74	23.39
	产肉（吨）	6 625	6 875	7 770	8 154	10 788	10 599	12 995	12 700	15 842	16 373	16 840
山羊	出栏（万只）	1.15	1.93	1.93	2.22	2.74	2.99	2.59	3.36	3.91	5.24	5.98
	产肉（吨）	161	215	231	253	296	323	325	404	626	567	658
肉牛	出栏（万头）	0.057	0.053	0.082	0.171	0.421	0.740	0.578	0.470	0.552	0.700	0.780
	产肉（吨）	72	64	82	205	506	564	653	592	828	826	874

（续）

项目		年份										
		1986	1988	1991	1994	1997	2000	2003	2006	2009	2012	2015
家禽	出栏（万只）	16.15	18.35	19.71	23.46	21.41	26.30	37.13	73.69	239.70	383.00	419.00
	产肉（吨）	242	275	296	352	321	394	771	1 513	3 584	5 362	6 075
水产	水面（万亩）	4.12	4.11	4.11	4.11	4.12	4.13	4.13	4.11	4.14	6.11	6.11
	产量（吨）	237	246	292	300	360	380	469	305	381	363	362
蜂蜜	蜂群（万群）	2.92	3.40	3.84	2.84	2.96	3.08	3.52	4.00	13.20	13.40	13.00
	产蜜（吨）	73	85	96	71	74	77	88	100	331	600	585

备注：1. 产鱼水面＝溪河有鱼水面＋水库＋养鱼池塘。2. 蜂群数：按每群平均产蜜 2.5 千克计算。

（二）水产

城口县的水产主要为鱼类，分布于仁河、前河水域和溪沟鱼泉。天然鱼类有 27 种，常见鱼类有 20 余种，主要鱼种县内称谓：洋鱼、母猪鱼、牛尾巴、鲢鱼、鲤鱼、白甲鱼、红口、黄刺骨、麻鱼子、棚沙棒、团鱼（鳖）、娃娃鱼（大鲵、小鲵）等。20 世纪 60 年代，捕鱼工具落后，渔网由麻线织成，捕鱼度有限，溪河鱼类踊跃，品种全而肥壮，全县常年捕鱼近万人。20 世纪 70 年代初期，捕鱼工具改进，渔网由化学线织成，捕鱼效率迅速提高，加之不法人员偷炸、毒、电鱼，天然鱼产量大幅度逐年减少，部分品种已经绝迹。近年，城口县渔政水产机构归属城口县农业委员会直属，渔政水产执法统一由城口县农业委员会执法大队行使职权，强力处理毒、炸、电鱼人员；规定每年鱼类繁殖期禁捕并对部分水域进行增殖放流；对捕鱼作了捕大留小的具体限制。全县产鱼水面 6.3 万亩，2015 年产鱼 362 吨，增加值 1 142 万元。城口冷水鱼是城口特色渔业名片。

（三）中蜂

城口县常年养殖中华蜜蜂不足 3 万群。1997 年以来，城口县委、县人民政府将中华蜜蜂养殖确定为特色产业，并加以财政资金重点扶持，促进了中华蜜蜂养殖业的快速发展，养殖量从 1986 年的 2.92 万群，年产蜜 73 吨，到 2015 年统计显示，辖区内年产蜜 585 吨，养殖量达 13 万群。

三、经济作物

城口县的传统经济作物为药材、茶叶、核桃、生漆、油桐、棕片、烟叶；另有苏麻、天苋米、魔芋、板栗、核桃、茶叶、野生食用菌、野菜等是城口农业特色产业与种质资源。生漆在 20 世纪 90 年代前全国有名。随城乡居民生活水平的逐步提高，主导的经济作物随之发生变化，近年主要经济作物转变为干果、药材、蔬菜、水果、魔芋、茶叶、油菜籽。除药材之外，茶叶、蔬菜、水果、干果、魔芋、油菜籽六大类经济作物产量与产值同步逐年增长，市场看好，前景广阔。高山蔬菜、魔芋生产，政府已作为特色产业，加以重点扶持。2015 年全县魔芋鲜块产量 7 779 吨，蔬菜种植 6.5 万亩。

四、乡村生态旅游业

城口县位于大巴山腹地，森林覆盖率 62.8%，林木绿化率 72.7%。自然景观遍布各区域，生态旅游资源丰富，拥有东安亢谷、黄安坝、九重山、高楠方斗坪与五角包、巴山水库、龙田箭竹水库、双河八台山、修齐北屏大梁、明中龙门、岚天陕西界梁等生态旅游点。城口县是重庆市唯一的苏维埃政权革命老区，县城内有苏维埃政权红军文物陈列馆和苏维埃政权纪念公园；双河乡、庙坝镇、沿河乡、左岚乡、坪坝镇、周溪乡、龙田乡有红军战场遗址 20 余处。红色旅游和生态旅游服务的森林人家、生态旅游农家乐、避暑山庄遍布全县各乡（镇）。

第四节　农村劳动力转移

全县农村劳动力占农业人口50%左右，1986—1994年，从事农业生产的劳动力占95%，1995年开始，从事农业生产的劳动力逐年减少，到2015年，在家从事农业生产的劳动力不足总劳动力的45%，且劳动力素质整体降低。农业生产因现代农业技术全面推广，低素质农业劳动力，担负起了全县农业生产任务；外出劳务从事其他产业的农业劳动力逐年增多，到2015年统计，外出劳务从事第二、第三产业的农业动力占总劳动力的55%以上，且劳动力素质整体较高。农民外出劳务，获取了大量现金收入，增强了家庭支付能力，促进了农村商业市场的长久繁荣；修建房屋购置家电，改善了农村居住环境，促进了农村持续发展；农民外出务工，开阔了视野，带回了农村先进的经济发展理念。

第五节　农村扶贫

城口县1984年被四川省人民政府核定为特困山区，1986年以来，4次被圈定为国家级贫困县。1986—2015年，城口县农村扶贫，投入以工代赈、中央各类专项、扶贫单位投入、社会各界捐款4项资金，累计总额209 710万元。1990年，四川省人民政府到城口县检查验收"农村温饱线达标工程"，验收合格，提前一年越过温饱线；2000年12月，重庆市人民政府派验收组，对城口县"农村越温达标工程检查验收"，城口县扶贫攻坚越温达标验收合格（表20－24－5）。

表20－24－5　1986—2015年城口县各阶段扶贫对象变化

扶贫对象	年度					
	1986—1993	1994—2000	2001—2005	2006—2010	2011—2014	2015
特困乡镇（个）	41	41	10	—	—	—
特困村（个）	370	370	129	94	90	79
特困户（个）	23 468	23 451	22 000	10 857	9 344	7 019
特困人口（人）	102 863	96 294～85 580	85 580～40 900	40 900～44 324	44 324～34 574	24 094

1994—2000年，全县有贫困人口23 451户96 294人。2001—2005年，绝对贫困人口降低到40 900人；2014年，实施精准扶贫，实施易地扶贫搬迁，走特色效益农业融合生态发展之路。到2015年年底，90个贫困村、贫困人口34 574人中，有11个村，2 992户10 480人脱贫。

第六节　移民动迁

2006—2015年的10年间，全县移民动迁总计18 737户，75 755人，各级财政总投资71 600.5万元。搬迁户生活环境改善，多数外出务工，少数在家发展生态农业，生活基本稳定（表20－24－6）。

表20－24－6　1986—2015年城口县移民动迁情况

扶贫对象	年份									
	2006	2007	2008	2009	2010	2011	2012	2013	2014	2015
乡镇（个）	5	8	12	12	18	23	25	25	25	24
迁户（个）	316	284	737	762	1 761	1 868	3 601	3 946	2 831	2 631

（续）

扶贫对象	年份									
	2006	2007	2008	2009	2010	2011	2012	2013	2014	2015
移民（人）	1 265	1 139	2 948	3 048	7 044	7 472	14 405	15 784	11 325	11 325
投资规模（万元）	632.5	564.0	1 474.0	1 519.0	7 045.0	7 492.0	14 440.0	15 784.0	11 325.0	11 325.0
备注	10 年统计：总计移民动迁 18 737 户，75 755 人，财政投资 71 600.5 万元									

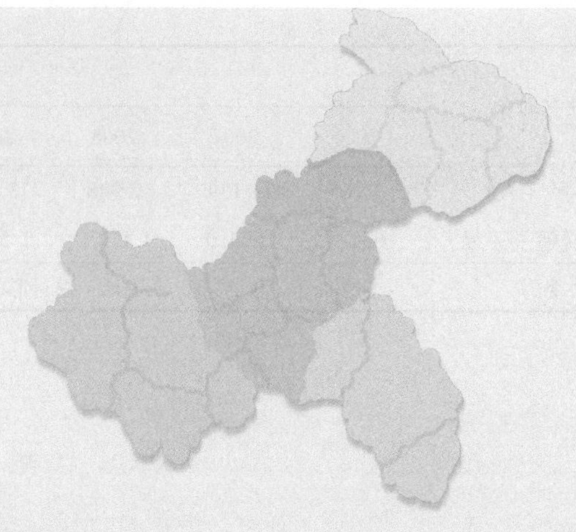

第二十五章
丰 都 县

第一节　基本概况

丰都周属巴国，秦属巴郡枳县（今涪陵），东汉置平都县，三国蜀汉并入临江县（今忠县）。隋恭帝义宁二年（618 年），自临江县分出置县，取平都山下豐民州的“豐”字与平都山的“都”字，更名豐都县。明洪武十三年（1380 年），朱元璋下诏将“豐都县”改为“酆都县”1950—1997 年隶属涪陵。1958 年，周恩来、李先念等中央领导同志视察酆都，见人民丰衣足食，将“酆都”的“酆”改为“丰收”的“丰”，丰都县名沿用至今。1997 年后由重庆市直接管辖。

全县总面积 2 900. 86 平方千米，5 个乡、23 个镇、2 个街道，2015 年年末，有耕地 122. 48 万亩；有户籍人口 82. 9 万人，动迁移民 8. 601 万人，城镇化率 29%；有常住人口 59. 56 万人，城镇化率 41. 49%；2015 年年末有农村扶贫对象 3. 03 万人。

第二节　农村经济社会发展状况

丰都县农业农村经济情况见表 20 - 25 - 1。

表 20 - 25 - 1　1986—2015 年丰都县农业农村经济情况

分期		地生产总值（万元）	农业总产值（万元）	农业增加值（万元）	农业增加值占比	农民收入状况		
						纯收入、可支配（元）	城乡收入比	农村居民恩格尔系数（%）
“七五”始	1986 年	22 459	18 915	12 162	54. 2	268	—	63
“七五”末	1990 年	47 995	38 300	25 328	52. 8	444	—	56
“八五”末	1995 年	119 641	86 284	54 111	45. 2	928	—	57
重庆市直辖后	1997 年	156 834	94 730	61 023	38. 9	1 449	—	52
“九五”末	2000 年	194 349	106 741	66 694	34. 3	1 640	—	53
“十五”末	2005 年	359 259	167 898	91 708	25. 2	2 430	3. 40 : 1	50
“十一五”末	2010 年	771 182	240 733	163 638	21. 2	4 766	2. 84 : 1	50
“十二五”末	2015 年	1 501 886	400 546	275 848	18. 4	9 727	2. 46 : 1	38

第三节　产业发展

1986年以来，丰都县委、县人民政府贯彻落实中共中央“决不放松粮食生产，积极发展多种经营”的方针，依照“林牧并重，长短结合，突出优势”的调整原则，根据丰都自然条件和发展基础，在1998年确立了发展“四大支柱产业（蚕桑、烟叶、畜牧、果菜）、八大骨干产品”（烤烟、蚕桑、果品、榨菜、油菜、蔬菜、藠头、苎麻）的农业产业发展方向。2014年，又确立了“1＋6＋X”的农业产业体系（“1”即肉牛，“6”即榨菜、红心柚、林业、烤烟、花椒、有机大米，“X”即龙眼等），并取得长足发展。

一、蚕桑

丰都的蚕桑产业生产基地主要布局在龙河、江池、社坛、虎威、兴义等乡（镇）。1986年以来，丝绸产品受国际市场价格波动的影响，其产业经历了曲折的发展过程。1986年，全县桑园面积0.42万亩，蚕茧产量691吨；1994年，桑园面积近4.5万亩，蚕茧产量2 818吨，创历史新高。1995年以后，丝绸产品受国际市场价格波动的影响，蚕农栽桑养蚕收益降低，生产积极性受挫，产量逐年下降。到2015年，产量仅200吨，比1997年重庆直辖市建立之初减少84.4%。

二、烟叶

丰都烟叶包括烤烟和晒烟，以烤烟为主。1986年，全县烟叶播种面积2.85万亩，产量2 200吨。1988年，国家烟草专卖局领导到丰都考察后，将丰都县确定为全国烤烟基地，办起县属烟叶复烤厂，年生产能力5 000吨以上，销售价格（增长值）提高1～2倍。1990年，全县烟叶种植面积达到7.05万亩，产量5 700吨。1991—1993年，国家投入扶贫贴息贷款140万元发展烤烟生产。1997年，全县种植面积扩大到7.35万亩，产量6 600吨。2000年随后因国家调控烟叶规模，烟叶面积逐年减少到3.15万亩，总产量3 200吨。2012年，烟叶确定为重庆特色效益农业重点产业，丰都大力发展。2015年，全县烟叶种植面积5.7万亩，总产量4 700吨。

三、畜牧业

丰都的畜牧产业主要包括牛、生猪、羊和家禽，以牛为主，其中肉牛已经发展成为县内农业经济中第一大骨干产业。

（一）肉牛

1986年以来，丰都县牛业发展一直保持增长势头。1986年年末，全县牛存栏、出栏量分别为5.94万头和1万头。1997年年末，存栏、出栏量分别达10.1万头和2.5万头。2015年年末，全县牛存栏、出栏量高达21.9万头和11.4万头，比1997年重庆市改直辖之初增长了1.1倍和3.5倍。恒都农业集团有限公司、恒都食品开发有限公司成为丰都肉牛产业龙头企业，全面施行肉牛产业化经营，肉牛加工品畅销海内外。2010年2月，“丰都肉牛”获“国家地理标志证明商标”。2012年10月，丰都县被国家质量监督检验检疫总局确定为“国家级出口食品农产品质量安全示范区（肉牛为载体）”。

（二）生猪

1986年至1997年重庆市直辖时，丰都的生猪存栏、出栏量一直保持增长势头，随着农业产业结构的不断调整，1997年后呈下降趋势。1986年末全县生猪存栏、出栏量为41.0万头和29.1万头。此后，通过“双推五改一防”技术、“12788”致富工程生猪项目、“瘦肉型生猪项目”“洋三元二杂母猪”项目、“生猪标准化规模养殖场（小区）建设”、“生猪供精中心和配种点建设”等项目和技术的实施推广，促进了生猪产业的发展。到1997年末，全县生猪存栏、出栏量高达52万头和55万头。此后呈逐年下降趋势，到2015年末，减少到41.18万头和50万头，分别比1997年下降了20%和9.1%。

（三）羊

1986—2005年，丰都县羊业发展一直保持增长势头，“十一五”期间有所下降，“十二五”期间有所回升。1986年年末，羊存栏、出栏量分别为6.2万头和6.9万头。到1997年年末，分别达13.3万头和13.1万头。2015年年末，分别下降了11.4%和8.4%的水平，存栏、出栏量为11.6万头和12万头。

（四）家禽

1986—2005年，丰都县家禽发展一直保持增长势头。1986年年末，全县家禽存栏、出栏量为91.9万只和6.9万只。1997年年末，家禽存栏、出栏量分别为451.31万只和500.97万只。到2015年存栏、出栏量为499.6万只和629.79万只，比1997年分别增长了10.7%和25.7%。

四、果菜产业

（一）红心柚

丰都红心柚是县科技人员自己培育的地方品种，2006通过重庆市品审委审定通过而得名，是县果菜产业第一品牌。丰都红心柚品质优良，颇受广大消费者青睐，产品畅销海内外。先后获“全国第七次优质柚类评比及商品评比金杯奖”“2001年中国国际农业博览会名牌产品”“中国优质红心柚之乡”和“中华名果”称号及“国家地理标志证明商标”“中国果品百强品牌”等。1997年重庆市改直辖后，借助扶贫项目，丰都开始种植红心柚。1999年，面积仅1.56万亩，产量100吨。2004—2006年，丰都县农业局与重庆市果研所开展红心柚技术合作攻关，突破多项红心柚生产技术难题。2010年，实施了“长江柑橘带”建设工程，柚园面积达7.22万亩，产量1.2万吨。到2015年，全县有11个红心柚基地乡（镇），柚园面积10.89万亩，年产柚果4.4万吨。

（二）榨菜、藠头

榨菜是丰都县蔬菜第一品牌，种植加工历史悠久。1986年，丰都县人民政府成立榨菜生产领导小组，帮助农民种植发展。县榨菜公司和乡镇企业局直属榨菜厂开始改进榨菜加工制作工艺技术，生产的榨菜颇受广大消费者青睐。1986年，全县种植榨菜面积2.25万亩，产量3.7万吨。1997年，面积和产量分别为6.3万亩和10.2万吨。到2015年，面积和产量分别增长到18.15万亩和35.6万吨，比1997年分别增长了1.9倍和2.5倍。藠头种植面积和产量也一直增长，从1986年的1.5万亩、2.7万吨增长到2015年的25.95万亩、46.8万吨。丰都三和实业有限公司、重庆三冠食品有限公司为县榨菜产业发展新的龙头企业，其产品畅销全国各地和日本、新加坡、马来西亚等国家和中国香港、澳门地区。“乡姑牌榨菜”为重庆市著名商标，“丰都榨菜”获国家地理标志证明商标

（三）油菜

油菜属油料作物，但其茎尖可作蔬菜食用，商品率极高。丰都三明油脂有限公司是丰都县油菜产业发展的重点龙头企业。1986—2010年，全县油菜种植面积基本稳定在6 000公顷左右。2010年后种植面积扩大到12万亩，比1997年增长了51%。1986—1999年，全县油菜籽产量基本稳定在6 000吨左右。2000年后，油菜籽产量快速增长，2015年增长到1.61万吨，比1997年增长了1.8倍。

（四）龙眼

龙眼在丰都的栽培历史悠久，1997 年后，因三峡大坝蓄水，海拔 180 米以下的龙眼树被全部清除。为确保库区移民安稳致富，2003 年，开始从四川泸州、福建福清等地大量引进龙眼新品种。通过 10 年发展，基本形成长江库岸龙眼产业带，在 2012 年达 2.64 万亩。2006 年，兴义镇被重庆市命名为“龙眼之乡”“丰都龙眼”获国家“地理标志”。

（五）猕猴桃

2004 年前，猕猴桃在丰都主要为森林自然生长。2004 年，开始人工建园搭架栽培。到 2015 年，全县建园栽培猕猴桃面积已达 1.14 万亩，个别地方单产高达 50 吨/公顷。

五、其他产业

主要为花椒，1986 年以来，从四川等地引入花椒苗在县内各地栽植。2005 年后发展较快，2015 年种植面积 4 617 公顷，盛产期干花椒单产可达 0.12 元/亩。丰都花椒被评定为辛香料国家标准。

第四节　扶持政策与重大举措

一、推进农村改革与发展

1993 年，全县在实施统分结合双层经营责任制、建立和完善农村社会化服务体系的基础上，在农村普遍试行“两田制”，建立土地流转机制，允许和鼓励农民转包土地。1996 年，开创土地流转先河，成功流转农村土地 1 169 宗。1998 年 7 月，丰都县委、县人民政府印发《关于切实做好稳定和完善农村土地承包工作的通知》，本着大稳定、小调整的原则，开展了 30 年不变的第二轮土地承包工作。全县通过清理，核实农村家庭承包农户 19.31 万户，家庭承包耕地面积 64.2 万亩，全部核发了《农村土地承包经营权证书》。2002 年，丰都县人民政府印发《关于促进和规范农村土地使用权流转试行办法的通知》。到 2005 年，全县累计签订流转合同 2 320 份，流转耕地 9.87 万亩、林地 4.12 万亩，为推动规模化、产业化打下基础。2008 年 3 月，丰都县人民政府印发《关于加快农村土地流转促进规模经营发展的实施意见（试行）》，建立“政府引导、市场调节、农民自愿、依法有偿”的土地流转机制，制定了 6 条政策措施：一是建立农村产业发展用地新机制；二是建立农村闲置房屋及宅基地合理利用机制；三是建立农业规模经营扶持机制；四是建立促进农村劳动力非农就业扶持机制；五是建立土地撂荒惩罚机制；六是建立流转土地复耕保障机制。2009 年 1 月，丰都县委印发《关于加快推进农村改革发展的实施意见》，加快推进农村改革发展。2011 年，丰都县人民政府印发《关于开展农村土地承包经营权居民房屋和林权抵押贷款及农户小额信用贷款工作的实施意见（试行）》。丰都县委、县人民政府印发《关于加快推进农业现代化的实施意见》。2015 年，丰都县人民政府出台《关于金融服务“三农”发展的实施意见》，丰都县人民政府办印发《关于丰都县农业项目财政补助资金股权化改革实施方案的通知》，进一步增强改革发展活力。

二、切实减轻农民负担

1986 年以来，丰都县委、县人民政府在强调保持农村家庭承包经营责任制不变，允许农民自由转让土地承包权的同时，依照中共中央“对贫困地区，分别情况减免农业税 5 年。困难较轻的酌量减征 1 ~ 3 年”的规定，以乡为单位，对 1981—1983 年间人均收入不足 100 元的农户减免农业税 5 年；人均收入在 100 ~ 200 元的农户减免农业税 3 年。对新办乡镇企业定期减免所得税。1998 年，丰都县人民政府印发《关于切实做好减轻农民负担工作的几个问题的通知》，丰都县委办公室、县人民政府出台《关于进一步做好减轻农民负担工作的通知》，要求进一步加强和规范农民负担监督管理。2000年，丰都县农村税费改革领导小组成立，农村税费改革工作逐步推开。2005年，丰都县农民负担领导小组制定《农民负担工作监督管理意见》，针对农业税免征、农村"一事一议"收费等工作，进行监督管理，并全面免征农业税。从2006年起，丰都县减轻农民负担工作领导小组严格按照中央、重庆市有关减轻农民负担文件要求，每年制定印发《关于开展年农民负担专项治理工作的通知》，重点开展"一事一议"筹资筹劳及财政奖补政策的落实和涉农乱收费乱摊派专项治理，加强监督管理，确保农民负担监管工作有效开展。

三、产业结构调整与产业发展重大举措

1986年，涪陵地区在黔江召开烟叶会议后，丰都县人民政府印发《关于抓好烟叶基地建设的意见》，促进烟叶生产发展。

1993年，丰都县委在全县第一轮土地承包尚未到期的情况下，将农村市场经济的发展和市场经济体制的建立作为农村工作的重点，研究制定《关于发展高产、高质、高效农业的决定》，大力发展"三高"农业。

1995年1月，丰都县委召开农村工作会，将强化农业基础设施、增加农民收入和建设"小康村"纳入农村工作议事日程，在全县开展创建100个"三高"农业基地村、100个产值超200万元的村办企业、100个村民自治示范村和组建100个村级农工商公司为主要内容的"四个一百"活动。

1997年，丰都县委研究制定出《关于加快农业产业化进程的决定》，确立面向市场，调整农村产业产品结构，建立骨干商品基地，走农业产业化发展道路。

1998年，围绕丰都县委、县人民政府确定的"四大支柱产业，八大骨干产品"的农业产业发展方向，坚持按照"一乡一业，一村一品"的发展思路，因地制宜建立具有区域特点的商品生产基地，借助扶贫开发，发展建设沿江蔬菜、水果、藠头为主的骨干产品基地，浅丘低山地区油菜、生猪、蚕桑、榨菜等骨干产品的基地，中高山区草食牲畜、烤烟、林业等骨干商品基地。

1999年，丰都县人民政府印发《关于全县粮油结构调整的指导意见的通知》，调整粮油生产结构。

2000年，丰都县委、县人民政府印发《关于农业和农村经济结构调整的指导意见》和《关于农业和农村经济结构调整若干政策规定》，提出了丰都"十五"期间农业和农村经济房展目标。

2006年7月，丰都县委、县人民政府《关于印发加快经济社会发展优惠政策的通知》，提出了6条加快农业产业化发展的优惠政策。

2006年12月，县《"十一五"农业及农村经济发展规划》提出了坚持"四三二一""十百千万"工作思路。

2007年4月，丰都县委、县人民政府印发《关于发展现代农业增加农民收入扎实推进社会主义新农村建设的意见》，提出七大工作重点，加强社会主义新农村建设。

2007年9月，丰都县委、县人民政府印发《关于抓好新阶段扶贫开发工作的意见》，推进新阶段扶贫开发工作。

2008年11月，丰都县委、县人民政府印发《关于加快肉牛产业化发展的意见》，切实加快全县肉牛产业化发展。同年12月，丰都县人民政府下发《关于印发丰都县2009年肉牛产业化发展奖励扶持办法的通知》，明确提出了奖励扶持范围、奖励扶持内容及标准。

2009年1月，丰都县委印发《关于加快推进农村改革发展的实施意见》，提出要发展农村特色产业，做强肉牛产业，做优果菜产业，做精烟叶、蚕桑产业。

2011年，丰都县人民政府先后召开全县肉牛产业发展大会和肉牛产业发展工作推进会，提出肉牛产业发展重大举措。

2012 年 7 月，“中国产业扶贫·肉牛发展峰会”在丰都召开，总结推广丰都肉牛产业扶贫经验，助推武陵山区和三峡库区经济社会发展。

2013 年 1 月，丰都县人民政府印发《关于切实抓好 2013 年烟叶产业发展工作的通知》，推进全县烟叶产业持续健康发展。

2014 年，丰都县委、县人民政府印发《关于集中力量开展扶贫攻坚的实施意见》，开展扶贫攻坚工作。

2014 年 9 月，丰都县委、县人民政府印发《关于加快建设中国肉牛之都的实施意见》，抓好“牛都”建设。

2015 年 7 月，丰都县委、县人民政府办印发《关于扎实做好扶贫帮扶工作的通知》，明确责任、务求实效，切实打好扶贫攻坚战。

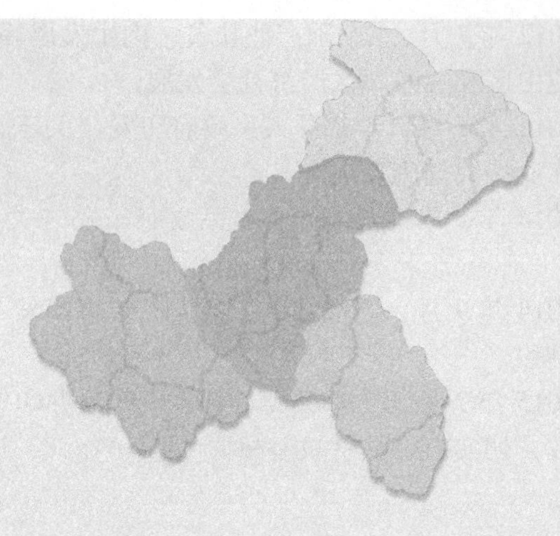

第二十六章
垫 江 县

第一节　基本概况

垫江县地处重庆中部北缘，西魏恭帝三年（556年）置垫江县。总面积为1 518平方千米，属亚热带湿润季风气候，气候温和、雨量充沛、四季分明。2015年年末，辖2个乡、22个镇、2个街道办事处；有耕地119.4万亩；户籍人口97.05万人，常住人口为67.67万人，城镇化率为41.60%；接收奉节、云阳三峡移民6 393人。1986年，全县有贫困人口11.6万人，2015年有贫困人口2.8万人。

第二节　农业农村经济

垫江县农业农村经济情况见表20－26－1。

表20－26－1　1986—2015年垫江县农业农村经济情况

分期		地区生产总值（万元）	农业总产值（万元）	农业增加值（万元）	农业增加值占比（%）	农民收入状况		
						纯收入、可支配（元）	城乡收入比	农村居民恩格尔系数（%）
"七五"始	1986年	30 244	20 089	14 215	47.00	300	2.76∶1	57.8
"七五"末	1990年	50 656	38 109	25 873	51.07	516	2.84∶1	58.4
"八五"末	1995年	129 236	105 802	62 681	48.50	980	4.16∶1	49.4
重庆市直辖后	1997年	187 182	118 318	69 425	37.10	1 519	2.85∶1	52.2
"九五"末	2000年	257 537	121 170	73 609	28.60	1 817	3.38∶1	53.8
"十五"末	2005年	483 229	196 042	107 413	22.20	2 989	3.00∶1	31.5
"十一五"末	2010年	1 138 705	313 219	206 405	18.10	5 662	2.79∶1	48.3
"十二五"末	2015年	2 398 394	542 763	362 454	15.10	11 480	2.32∶1	32.7

第三节　农业产业

垫江地处川东平行岭谷区，地形较简单，地势较平缓，以丘陵为主，耕垦条件好，土壤类型不多，大部分质量好。20 世纪 80 年代初，《垫江县农业区划》中将全县划分为低山林经区、丘陵粮经区。产业以种、养业为主。1986—2015 年，30 年间，全县农业保持了较快的增长速度，农业总产值从 1986 年的 4.2 亿元增加到 2015 年的 54.28 亿元，增长了 12.88 倍。农业结构不断得到调整，从单一“粮—猪”生产逐渐转向农林牧渔及服务业综合发展。“七五”至“十五”期间，全县着力加快“三高”农业发展，初步建成粮油、蔬菜、畜牧、柑橘、渔业、林果、中药材、蚕桑等产业。“十一五”至“十二五”期间，结合全县农业资源优势和产业基础，因地制宜发展了一批优质农业、特色农业示范区。

一、粮油

垫江素有“川东粮仓”之称，1986 年以来，按照中央“绝不放松粮食生产，积极发展多种经营”的指示，大力推广杂交水稻和杂交玉米及配套技术，始终不放松粮食生产。

1986 年，全县粮食播种面积 111.2 万亩，总产 29.1 万吨，时在四川省涪陵地区 10 个县中，只有垫江每年向国家上交农业税，完成粮食征购任务，还向国家交售商品粮 5 万吨以上，是国家级商品粮大县。

重庆市改直辖后，垫江县加快村镇道路建设，村社实现路通、水通。水稻生产力推机耕机插机收，节约劳力、减少成本；承担了重庆市农业科学院、金穗种业责任有限公司杂交水稻制种任务，于 2012 年被农业部确定为全国杂交水稻种子生产基地县（重庆唯一）。兑现农业税减免、种粮直补、种粮大户补贴等惠农政策，促进了粮食产业化发展。至 2015 年，已连续 8 年大丰收。粮食播种面积从“九五”末的 101.7 万亩减少到“十二五”末的 97.5 万亩，但产量却从 36.9 万吨增长到 39.4 万吨。在提供 20 万吨商品粮的基础上，全县大力发展优质水稻、甜糯玉米、粮饲兼用玉米、优质高粱、特色小杂粮，黑花生等优质粮油。2015 年，油菜、花生产量达 2.05 万吨。

2007 年、2012 年，垫江两次获“全国粮食生产先进县”，被列为全国产（油）大县；2013 年，成功承办重庆市人民政府全市春耕生产现场会。2010 年起被列为全国新增千亿斤粮食能力规划田间工程县，在 2010 年基础上，每年新增 1.8 万吨粮食产能，得到国家和市级专项补贴支持。在粮食安全行政首长责任制和“产粮（油）大县”奖励资金使用绩效考核中获得优秀奖励。

二、蔬菜

垫江县大力发展生姜、藠头、食用菌等特色蔬菜和时令蔬菜，着力建设重庆“主城菜园”。2015 年，全县蔬菜种植 40 万亩，其中蜜本南瓜种植 10 万亩、榨菜 15 万亩，蔬菜总产实现 44 万吨。

（一）蜜本南瓜

1986 年以来，蜜本南瓜经过多年发展，成为长寿湖畔小气候区域集中种植带，白家镇为核心种植区，1997 年后，发展为垫江南部乡（镇）特色产业。截至 2015 年，全县已建成白家、鹤游等 10 个万亩镇，100 个千亩村。培育了“岳大妈”“千岛”“黄哥”“湖岛”等品牌，产品销往川、滇、沪、香港等地，出口越南等国。获农业部瓜果无公害产品和产地认证，获 2014 年上海“十三届中国绿色博览会金奖”。

（二）榨菜

垫江榨菜种植历史悠久，20 世纪 80 年代，乡镇企业蓬勃发展，全县每个乡（镇）都有榨菜厂。1986 年后，因销售萎靡而逐渐倒闭。1997 年后，榨菜产业逐步恢复，种植面积逐步扩大，成为全县种植面积最大的加工蔬菜，形成垫江独特的“春种蜜本南瓜、秋种榨菜”的旱地蔬菜种植模式。坪山、鹤游、三溪等镇引进涪陵榨菜集团，设立生产基地。全县有榨菜加工厂 125 个，乌江、涪地特、佳佳美、丹香妹等其产品销往全国各地，出口越南、柬埔寨等东南亚国家。

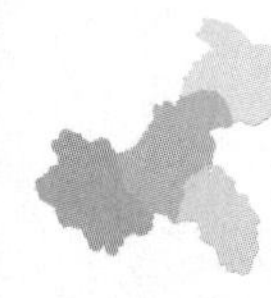

（三）其他蔬菜

主要有蔃头、生姜、甘蓝、辣椒、优质红萝卜等，分布在曹回、永安、高安、杠家、沙河、大石等乡（镇），2015年，种植15万亩。满足高安食品工业园区加工企业生产需要。新民、沙坪、高峰、五洞、澄溪等镇发展现代设施蔬菜1万亩，种植特色蔬菜销往市内外。垫江蔃头在1986年就远销日本、韩国，是垫江有名的外贸商品。

三、畜牧

（一）生猪

1986年以来，垫江县实施生猪品种改良，推广新荣1系、洋二元生猪新品种、“双推五改一防”养殖新技术，建设生猪人工授精服务网络，促进了生猪产业的发展。1986年，全县出栏肥猪35.18万头，以后几年保持较好的上升势头。1990年，出栏45.82万头，1995年，出栏60.25万头。1997年后，全县以建设全国优质瘦肉型商品生猪基地县为目标，以优质猪肉产业化“百万工程”为载体，建设生猪支柱产业，实施乡镇畜牧兽医站管理体制改革，促进了畜牧产业的较快发展。1996—2005年，全县以培植专业养殖户、规模养殖场为重点，推动生猪产业持续发展。2000年，全县出栏肥猪55.5万头。2005年，出栏61.92万头。2006—2015年，全县依托国家生猪调出大县建设，全面推进生猪规模化养殖、标准化改造，深入治理畜禽养殖污染，加快推动畜牧业发展转型升级，生猪产业保持稳定发展势头。高安镇龙盛生态农业发展有限公司最高年出栏肥猪1.1万头，新民镇优科畜牧有限公司专业饲养母猪年产仔猪3万头，全县成功建成了龙盛生态农业发展有限公司、九牧养殖有限责任公司2个国家级生猪规模化标准化养殖示范场。2010年，出栏75.15万头。2015年，在大力关停搬迁禁养区规模养殖场的情况下，仍出栏肥猪80.7万头，猪肉产量5.97万吨，畜牧业产值实现18亿元。

（二）肉（奶）牛

垫江县养殖牛分为奶牛和肉牛两大类。奶牛：1997年以来，积极承接重庆市主城区奶牛产业转移，从1997年的1个奶牛场、存栏奶牛70头发展到2015年的6个奶牛场、存栏奶牛2 000多头，其中高安镇新曲奶牛合作社480多头、太平镇勤有奶牛合作社430多头、白家镇农福奶牛合作社160多头、沙坪镇代均奶牛场200头、高峰镇文顺奶牛场300多头、周嘉镇永大牧业有限责任公司300多头。2015年产牛奶2 447吨，在重庆市名列第一。肉牛：近几年来，积极推进南方草地现代畜牧业发展，着力调整畜牧产业结构，大力发展草食牲畜，肉牛规模养殖飞速发展，2015年，全县规模肉牛养殖场已达15家，存栏4 000余头，其中白家镇蜀天乐生态农业开发有限公司200多头、远彬农业开发有限公司300多头，曹回镇河湾湾生态农业发展有限公司620多头，全县出栏肉牛0.77万头，牛肉产量1 000吨。

（三）白鹅

2003年，垫江县引进重庆市清水湾良种鹅业有限公司落户普顺镇，着力打造中国西部鹅都，建成了西部地区首个也是唯一一个天府肉鹅原种场及其父母代扩繁场，通过10多年努力，促进了周边重庆、四川、湖北3省份8个区（县）肉鹅产业快速发展。重庆市清水湾良种鹅业有限公司存栏种鹅8 000多只，砚台镇郭龙云存栏种鹅600多只，五洞镇徐洪成存栏种鹅500只，周嘉镇黄远学、欧祖田、赵中国各存栏种鹅200～300只。2015年，全县有适度规模养殖户约5 000户，年出栏肉鹅400万只。

（四）蛋（土）鸡

1986年以来，垫江县蛋（土）鸡养殖由过去的一家一户散养逐渐发展为适度规模养殖为主。1997

年后，尤其是2000年垫江县提出大力发展小家禽以来，积极推进“公司+协会（合作社）+农户”产业化经营，全县养鸡业发展很快，成为了垫江县畜牧业又一主导产业。如周嘉镇鑫伟旭生态农业发展公司恒温全封闭自动化智能化养殖蛋鸡10万只，桂溪镇双飞畜禽养殖股份合作社养殖种鸡7万只，大石乡渝娟农业开发公司年出栏肉鸡12万只。2015年，全县出栏肉鸡520.72万只，禽肉产量0.8万吨，禽蛋产量1.97万吨。

（五）黑山羊

1997年，垫江县提出突破性发展草食牲畜，2000年起，实施《肉羊产业化项目》，促进了全县沿“三山”乡镇大力发展黑山羊，养殖大户不断涌现，其中沙坪镇世国林产品开发有限公司养殖黑山羊1 100只，太平镇易贤全养殖黑山羊1 000只。2015年，全县出栏山羊2.08万只，羊肉产量284吨，年末存栏4万只。

（六）蜜蜂

“十二五”以来，垫江县依托国家蜂产业技术体系示范县建设，大力发展“空中畜牧业”，蜜蜂产业长足发展，常年中蜂保有量30群，西蜂保有量50群及以上养殖户312户，其中刘氏蜜蜂园养殖蜜蜂300多群，林氏蜜蜂园200多群，全县保有量达4.12万群，产蜂蜜1 200吨。

（七）畜产品

全县培育了“蓝希络”分割肉、“树臣牛肉”、“申记牛肉”、“赵二妹牛肉”、“佳佳乳业”、“川久食品”、“鹭馨”酱板鸭、清水湾卤鹅、刘氏蜂蜜等10多个畜产品品牌。

四、柑橘

垫江柑橘品种主要是垫江白柚、夏橙类两大产业。垫江白柚栽培历史悠久，原产于黄沙镇，称黄沙白柚。1936年，《垫江县志》记载，“柚以黄沙镇为特品，味极香甜，味寒无毒，皮消实快，膈散愤懑之气”。1951年，垫江县人民政府曾选送100个黄沙白柚给毛主席和中央领导品尝。1986年，黄沙白柚改名为“垫江白柚”。1986年，获农业部优质水果称号；1995年，获第二届中国农业博览会金奖；1997年，经国家工商行政管理总局批准为“白柚王”商标。1998年，全国第五次柚类评比获“名柚称号”。2001年获第三届中国国际博览会名牌和重庆名牌农产品称号。

1986—1989年，全县进行了柚类普查。全县有11.13万株柚，面积约0.5万亩。1990年，培育黄沙白柚果苗，全县黄沙白柚种植3 000株以上的乡（镇）有：黄沙、五洞、高峰、高安、永安、杠家、裴兴；种植2 000~3 000株的有长龙、新民、大石、澄溪、汪家、坪山、包家、永平等。成片果园32个，品种为黄沙白柚和包家沙田柚。1995年全县产量1 108吨；2000年产量3 500吨；2005年产量5 000吨；2010年产量1.25万吨；2015年产量2.04万吨。

垫江橙类面积2万亩，主要分布在白家、包家、坪山的长寿湖滨地区。其中白家镇种植面积1万亩。2003年，垫江启动了重庆市“百万吨柑橘工程”，在包家镇、白家镇建成夏橙园4 150亩。定植夏橙苗17.33万株。

2007年4月，垫江与北京汇源饮料食品集团有限公司签订了柑橘项目投资协议。8月，在白家镇、包家镇开工建设标准化柑橘园1万亩。2008年，在太平镇建2 000亩高标准柑橘园。恒河集团有限公司抢驻垫江，建设晚熟柑橘基地，一期工程在高峰镇民主大坝祖地1 000亩建园。2008—2012年，建设澄溪镇、黄沙镇、长龙镇、高安镇、高峰镇、沙河镇、太平镇7个乡（镇）的重点区域，新建柑橘标准化果园53个。基地面积13万亩，其中早熟柑橘基地6.2万亩，中晚熟基地6.8万亩。早熟柑橘分布在高滩河、大沙河两岸，涉及高安、高峰、沙河3个乡镇24个村，200个社，面积6.2万亩，其中高安

3.25 万亩，高峰 2.25 万亩，沙河 700 亩。中晚熟基地在澄溪、太平、黄沙、长龙 4 个乡（镇），29 个村，240 个社，面积 6.8 万亩，其中澄溪 2.3 万亩，太平 2 万亩，黄沙 1.2 万亩，长龙 1.3 万亩。2001 年柑橘、橙产量 3 053 吨；2005 年 1.24 万吨；2010 年 1.97 万吨；2015 年 2.15 万吨。

五、林果花卉

梨子、李子都是垫江的林果产业，东西两山低山区都有成片种植，西山沙坪镇东印农场有成片的梨树，太平镇廖家槽李树。东山高安镇曲尾村有成片的果园，全县农村房前屋后均种植桃、李、梨树，被农民称为“摇钱树”。五洞镇大梨山唐家坡有成片的梨树、李树。20 世纪 80 年代初，农民徐同贤流转荒山荒坡的使用权，兴建了李子园，在 1986 年已初建规模。2001 年，在太平镇牡丹园旅游景点开放后，五洞镇开始筹办李花节，修好环山旅游公路、避暑山庄、山下新村建设、开办农家乐，为垫江打造出一张旅游名片。春季李、梨花开后，这里桃红李白菜花黄，是春游赏花的好去处，吸引着县内外游客，春季花开让游客饱眼福。夏天李子熟了，游客到此采摘饱口福。农民卖李子增加收入。全县 2001 年李、梨、桃产量 0.99 万吨；2005 年产量 1.1 万吨；2010 年 1.54 万吨；2015 年总产量 3.52 万吨。

桂溪镇城郊发展花卉、苗木，建设桂花十里长廊；永安镇三河口建了玫瑰园；新民镇的樱花世界园区繁殖的花卉苗木可出售。全县林果、花卉、苗木面积 2 万亩，产值 7.5 亿元。

六、渔业

垫江各类宜渔面积 6.55 万亩，其中河流面积 0.85 万亩，塘、库水面 4.24 万亩，精养鱼池 1.46 万亩。到 2015 年，水产品产量已达 1.85 万吨，其中养殖产量 1.8 万吨，捕捞量 0.05 万吨。2014 年，渔业总产值 2.73 亿元，2015 年总产值 3.65 亿元。垫江县浩维水产品养殖合作社、安高农业发展公司被农业部评为国家健康养殖示范场，5 家 22 个水产品获“无公害水产品认证”。

七、中药材

垫江是中国西部牡丹的原产地之一。自古就有野生药用丹皮分布，人工栽培历史不可考。1962 年，垫江县由商业部确定为全国药用牡丹良种基地，负责繁育种苗，成为全国“牡丹之乡”。1971 年，垫江被列为丹皮对外出口基地。1971—1977 年，垫江牡丹种植面积 1 313 ~ 2 790 亩，收购丹皮 617 吨。1978 年全县下达种植计划 0.33 万亩，沿东西两山低山区都有种植，当年产量 150 吨，出口 14.3 吨。1985—1999 年，全县常年种植 0.99 万亩。2000 年，太平镇利用牡丹春季开花，人们春游赏花的优势，举办牡丹节，开发牡丹旅游产业。牡丹种植面积进一步扩大 0.9 万亩，其中太平 0.45 万亩，澄溪、桂溪、新民、沙坪 0.45 万亩。

半夏、白芍是垫江丘陵地传统种植中药材，品种优良，闻名全国。垫江依托太极集团重庆涪陵医药有限公司和垫江天圣制药集团股份有限公司在垫江建设“重庆市丘陵药材研究基地”和“中药材生产基地”，其中在垫江南部白家、包家、裴兴等乡（镇）为太极集团重庆涪陵医药有限公司栽植油樟 3 万亩，种植半夏、白芍、金银花、铁皮石斛等 1 万亩药材生产基地。在垫江北部地区的普顺、永安、曹回、长龙为天圣制药集团股份有限公司 5 万亩的生产基地。

八、蚕桑

1986 年以来，丝绸产品受国际市场波动影响，经历了曲折的发展历程。1990 年，垫江县委决定实施蚕桑生产的“双五”工程，即栽桑 5 万亩，发种 5 万张，全县掀起大育苗栽桑高潮。1990 年，全县发种 7.6 万张，产茧 1 150.5 吨。1993 年 4 月，垫江县委决定提升蚕桑产业，实施“双十一”工程，即发种 10 万担，产蚕茧 10 万担。当年发种 14.3 万张，产茧 3 074 吨，1995 年发种 15.5 万张，产茧 2 963 吨。1996 年发种 10.5 万张，产茧 1 168 吨。1997 年，发种 9.2 万张，产茧 1 303 吨。由于国际丝绸市场价格下滑，整个丝绸行业走下坡路，农村大量青壮劳动力外出务工，蚕桑业受到影响。经过1998—2002年的发展，到2005年时，达到发种7.94万张，产茧2 338吨。到垫江县丝绸公司改制时的2007年，发种仍有6.1万张，产茧1 763吨。受垫江丝绸体制改革和2008年国际金融危机的双重影响，从2008年开始，垫江的发种量、产茧量持续下滑，到2010年降为发种1.49万张，产茧528吨；2015年，发种1.24万张，产茧493吨，桑树面积仅剩1.8万亩，仍有鹤游、白家、坪山、永安、三溪5个镇，10个重点村在发展蚕桑业。

九、特色农业示范区

（一）休闲观光农业示范区

垫江县利用离重庆主城较近的优势，为主城游客提供休闲观光的乡村旅游。体验垫江独特的农家风味，在太平镇、澄溪镇、新民镇等沿明月山区域，观赏“垫江山水牡丹”原生态，返璞归真的华美丽姿。沙坪镇、曹回镇的万亩油菜花海，一片金黄，浩瀚壮观；五洞镇李子园展现桃红李白的山乡风貌；黄沙镇白柚花开，奇特花香让人心旷神怡；高安镇金荷园荷花清香，让人们消除夏天的疲劳。充分展示垫江奇特的“五朵金花”的魅力。

（二）优质高效农业示范区

垫江县城郊地区新民镇、高安镇、长龙镇、黄沙镇、高峰镇有优质高效农业示范区3万亩，其中有设施蔬菜、大棚生产和完善的智能温室、喷淋、滴灌、施肥自动化系统，在这里进行无公害陆地蔬菜基地的土地改良，排灌系统改造升级，道路建设，收获机械更新，引进高产、优质良种等优质高效的农业示范。

（三）生态农业循环农业示范区

遵循可持续发展原则，垫江县将畜禽养殖的布局与蔬菜、林果、粮油作物种植结合起来，采取“畜禽—沼气—农作物”循环的利用生物资源模式，对畜禽排泄物合理利用，既不污染环境，也是优质的农家肥，其沼气还可以用作燃气、照明。在长寿湖滨地区，龙溪河两岸有30万亩柑橘基地，发展畜禽必须配套建设沼气池，实现生物资源的循环利用。2015年前，全县“一池三改”总量为3万余户，建设大众型沼气工程16处，养殖小区和联户沼气池200余处，农村沼气服务网点53个，新曲奶牛场、蜀天乐肉牛养殖场、勤有奶牛场、龙盛养猪场、贵丰养猪场、文顺奶牛场、润莲肉牛场、同欣益生猪养殖场、河弯弯肉牛场、鑫味旭蛋鸡养殖场、渝实肉牛养殖场、代均奶牛场、鑫桂生猪养殖场，七朵种猪养殖场等16个规模养殖场建设大中型沼气工程，完成工程投入4 204万元，中央财政投资1 635万元。养殖场在建设治污设施同时，安装管网，实现沼液还土，施肥自动化，建立了“畜禽—沼气—蔬菜”“畜禽—沼气—水果”“畜禽—沼气—粮食”等农业一体化生态模式。肉鹅、田鸭产业以普顺、曹回、永安、高安、周嘉、长龙为重点的“万亩畜禽养殖加工示范区”建设；利用水稻秋收后的冬水稻田放养肉鹅、群鸭。鹅、鸭以田间机收食落谷粒和再生稻为食，其排泄物在田间，是有机肥，有利来年水稻生长，形成生物有效利用的“循环农业”。

（四）重庆粮仓示范区

以重庆建设“长寿—垫江—梁平”100万亩水稻生产建设基地为载体，抓好垫江北部龙溪河流域的普顺、周嘉、永安、沙坪、新民、高安、曹回为重点的万亩“国家粮食安全示范区”建设，通过农村土地使用权流转，大力发展种粮大户，推广水稻生产的农机化，促进水稻生产的产业化发展，推广“渝香优”优质水稻，打造优质品牌，辐射全县，带动全县粮食产业化，建设“重庆粮仓”。

第四节　产业发展重大举措

一、稳定和完善农业家庭联产承包责任制，确保农民增产增收、市场繁荣

1983 年，垫江县在全县农村普遍实行了家庭联产承包责任制。除土地、集体森林、水利设施所有权仍属集体，将耕地按土质优劣等级划分，由农民以家庭为单位，联产承包到户。其他集体资产、生产资料包括耕牛一律作价分给农民个人所有。按中央要求，将承包期一定不变到 1998 年。并将荒山、荒坡、“四荒”地划给农民作为自留山，为承包户填发了《土地使用证》。

1987 年 10 月，垫江县委、县人民政府发出了《关于对农村承包地进行调整的意见》，要求对 1984 年新划分的承包地按照“大稳定、小调整”“先调出、后调进”“不许打乱重来”的原则进行调整。完善了家庭联产承包责任制，消除了农民心中的余悸，让农民吃了定心丸，放心大胆地对承包地进行投入。

1994 年，垫江县委规定，允许土地使用权有偿转让，少数经济发达地区，对土地做必要调整，进行适度规模经营。当年，全县以拍卖、转租、入股等方式，共流转土地经营权 712 宗 28 772 亩，全额 745. 5 万元。

1998 年，垫江县开展农村土地第二轮承包工作，第二轮承包工作在第一轮承包 15 年的基础上，再延长 30 年不变，实行增人不增地，减人不减地。各乡（镇）为农民核发了垫江县人民政府统一印制的《农村土地经营权证》，农民积极性高，只要交足国家的（指国家征收和农业税），留足集体的（指三项提留和五项统筹），剩下的全是自己的，粮食年年增产，家家户户丰衣足食，市场购销两旺。

1997 年 10 月，垫江由重庆市直接管辖，当时全市正掀起西部大开发热潮。垫江县人民政府出台了招商引资的奖励文件。2001 年 5 月，垫江县农业局引进了重庆利农一把手农业科技有限责任公司，该公司在沙坪镇毕桥、建安、李白、红旗等村租地 3 000 亩，与西南农业大学油菜专家、博士生导师李加纳教授合作，搞优质油菜“渝黄一号”新品种制种基地。在明确耕地承包权是农民承包户的前提下，活用使用权，承包给利农公司，农民不仅有每亩地租金（800 斤稻谷作价的实际金额），还有给基地务工的劳务收入，农民一举两得。2001 年秋，重庆市副市长陈光国在沙坪“渝黄一号”制种基地调研时，肯定了农民土地在稳定承包权的前提下，可以流转用活使用权，搞规模经营的做法，利农一把手农业科技有限责任公司开创了全市承包农民耕地搞规模经营的先例。重大意义在于把农民从土地束缚中解放出来，从事劳务输出或其他产业活动。

2002 年 3 月，农业部副部长刘坚在沙坪基地调研时也肯定了“稳定农民承包权，可以用活使用权”的经营流转的方式。4 月，重庆市市长王鸿举来沙坪基地调研时也肯定了“稳定农民承包权，流转用活使用权”，指示垫江可以全县推广。2001—2005 年，垫江县委、县人民政府全面落实了我国的《中华人民共和国农村土地承包法》和《农村土地承包经营管理办法》，进一步明确农村土地的承包权是农民家庭承包的，是受法律保护的，鼓励用活使用权，有偿转让，实施规模经营。全县逐步形成专业公司租赁流转，土地入股流转型，吸纳农民入股流转。从此，垫江开始了全县流转土地使用权，实行规模化、产业化经营。2008 年，全市实施种粮大户的补贴政策，全县流转土地面积也逐年扩大。全县耕地总面积 128. 23 万亩。2010 年，流转土地 34. 44 万亩，2011 年，流转土地 41. 32 万亩，2012 年，大户补贴为流转土地 50 亩以上，补贴标准提高到每亩补贴 200 元，2012 年，流转土地 45. 98 万亩，2014 年，全县流转土地 52. 41 万亩，2015 年，流转土地 55. 28 万亩。

二、切实减轻农民负担，强化监督管理，坚决杜绝乱收费、乱摊派，让三农更好发展

1986 年，全县粮油由征购改为国家定购，定购价格按国家规定执行，农民必须保证完成任务。

1987年起，垫江县对农民实行评价奖售紧俏化肥、柴油、配合饲料“三挂钩”政策。并按年初订购价格提前预付20%定金扶植农民生产。1992年，国务院决定粮食实现购销同价。1993年，垫江县结束40余年的粮食统购经销政策，放开了粮食市场。

2015年1月8日，根据《重庆市人民政府关于全部免征农业税的通告》，为进一步贯彻“多予、少取、放活”和“工业反哺农业，城市支持农村”的方针，切实减轻农民负担，调动农民生产积极性，重庆市委、市人民政府决定从2005年起，全部免征农业税及其附加税。全县免除农业税2 500万元，人均免除农业税35~45元，实际农民增收35~45元。全部免征农业税及附加后，县、乡（镇）、村等减少收入，由国家和市级财政给予转移支付补助，要强化政策督查，坚决杜绝各种乱收费、变相乱收费行为，如有违反，必将严肃查处。

同年废止的村提留，乡统筹（“三提、五统筹”），人均年少交100~150元，最关键的是从此阻死了乡、村、社3级向农民乱收费、乱摊派的黑洞，农民群众欢呼雀跃。同年建立了一事一议村民大会制度，凡需要兴办的公益事业必须召开村民大会或村民代表会通过，否则视为乱收费，必须严肃查处，切实保护了农民合法权益，让农民得以休养生息，让“三农”更好发展。

2004年，中央1号文件提出国家实行农民种粮直补政策，其中分粮食直接补贴、良种补贴、农资综合补贴，直接惠给全县19万户农户，每年发给各种补贴款7 000万~8 000万元，农民实际增收7 000万~8 000万元。

2002年，开始执行的农机补贴，支持农民购买大型拖拉机、收割机、插秧机等，每年有700万~800万元，最高年有千万元之多，直接补贴到购买农业机械农户或农机专业合作社，推进了全县农业机械化进程。

三、促进产业结构调整，发展特色农业，实施产业化、规模化经营

20世纪80年代中期，垫江县的农民建筑队已进入全国10多个省份的建筑市场，农村富余劳动力已开始向其他劳动力市场转移。1994年，全县劳务输出突破10万人次，实现劳务收入3.14亿元。

2003年10月，垫江县在上海、广州、厦门、昆明等垫江劳务人员输出集中的地方，建立了劳务输出办事处。收集、反馈劳务输出信息，输出全县农村富余劳动力，促进城市下岗失业人员就业，解决垫江外出劳工人员的各种困难，维护其合法权利。构筑通商桥梁，引导在外务工人员回家乡办经济实体，介绍引导外商到垫江投资。当年全县外出务工人员达到17.8万人次，年创劳务收入10亿元。（县邮政局兑回数）垫江成为全国首批50个农村劳动力转移培训示范县。

2004年，垫江县建立职业教育中心、第一职业中学校、第二职业中学校、利农一把手农业科技有限责任公司、飞腾电脑有限责任公司、佳渝驾校、中央农业广播电视学校垫江分校、乡镇成人技术学校作为农民培训基地，对农村劳动力进行基本技能培训和技术操作培训。

2004年，垫江劳务输出开始由“自由式”向“订单式”转变，不断扩大农民增收致富渠道。

2005年7月15日，垫江县委十一届六次全委会通过《关于统筹城乡发展，加快农村全面小康社会步伐的决定》，提出大力推进百万农村劳动力转移就业工程，着力建设农村劳动力培训和劳务输出基地，把劳务输出当作垫江农村脱贫致富奔小康支柱产业抓紧抓好。

1997年10月10日，重庆直辖市人民政府批转市农业局《关于进一步加快渔业发展意见》，垫江县结合实际，在龙溪河、大沙河、回龙河流域和深丘沟壑地带，利用易涝地、低产田建池养鱼，把水产养殖作为促进农村经济发展，引导农民脱贫致富的产业来抓，垫江渔业从此有了较大发展。

1997年11月2日，垫江县人民政府印发《垫江县农业局关于“九五”时期蔬菜产业的报告》，把蔬菜生产作为高效、优质的产业来抓，实现蔬菜生产产业化，垫江在其后20年间，一直抓住蔬菜产业不放松，建成垫江南都地区春种南瓜（密本南瓜），秋种榨菜、蔬菜基地。在垫江中部地区，县城周边地区建设设施蔬菜基地，供应重庆、万州等地的“都市菜篮子”。

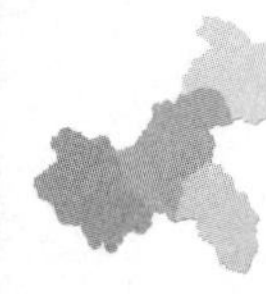

1997 年，垫江县人民政府批转县畜牧局关于 2000—2005 年（“十五”计划期间）畜牧产业结构调整规划报告，提出稳定生猪产业，突破性发展草食牲畜，加快发展小家禽，大力发展特种养殖，产业结构上提出规模养殖，培育养殖大户，进行产业化经营。从“十五”计划开始，全县养鸡、养鹅、养猪、养羊、养牛大户发展壮大，改散养为大户规模养殖。

1999 年 11 月 24 日，《垫江县人民政府批转垫江县农业局关于种植业结构调整规划的报告》指出，要面向市场需求，稳水稻、玉米，减小麦、薯类，增加多经杂粮，扩油料，发展蔬菜，推进产业化经营。从“十五”计划开始，20 年间，垫江一直抓住水稻产业不放松，着力建设垫江北部“重庆粮食”核心区，包括现代农业示范区、农产品加工园区。2015 年，垫江县获评全国粮油生产先进县，全国杂交水稻种子生产基地县（重庆唯一）。

2000 年 2 月 3 日，垫江县人民政府印发《垫江生猪良种工程》《肉羊生产项目考核办法》，根据项目规划布局，对工作内容、生产任务、技术指导实行百分制计分考核，2003—2005 年（即“十五”计划考核）全面考核，一等奖 6 000 元，二等奖 4 000 元，三等奖 2 000 元，80 ~ 85 分不奖不惩，80 分以下视为不合格单位处理，奖金来源，县、乡各出 50% 。

2006 年 12 月 29 日，即“十一五”计划开局之年，《垫江县人民政府关于推进兽医管理体制改革的意见》精神，本着“精简、统一、效能”的原则，健全机构，明确职能，理顺关系，将垫江县畜牧局更名为畜牧兽医局，将垫江县畜禽防疫检疫站更名为垫江县动物卫生监督所，将乡镇畜牧兽医站从乡农业服务中心分离出来，独立设置乡镇畜牧兽医站，经费纳入财政预算，人员、经费由县统一管理，这个改革为全县畜禽产业化建设、规模化养殖的大发展起了关键促进作用。2006 年 7 月 27 日，《垫江县人民政府关于扶持生猪产业发展的通知》，按渝府发〔2006〕159 号的要求，垫江县对生猪生产实行良种补贴，保护良种生产，保护规模养殖户积极性。垫江县从“十一五”计划起，生猪养殖大户迅速发展，如高安镇龙盛生态农业发展有限公司年出栏肥猪 11 000 头，新民镇优科畜牧发展有限公司，喂母猪年出栏仔猪 3 万头。全县生猪改过去的散养为主，为发展规模养殖为主，逐渐发展到设施养殖，肉牛、奶牛、山羊的大户养殖同时发展起来了。

2008 年 1 月 18 日，重庆市委 1 号文件对传统产业进行区域调整，采取保险、补贴等政策性措施，促进规模经营。要求稳定粮油，突出发展生猪、蔬菜、柑橘三大优势产业，大力发展林木、蚕桑、中药材、草食牲畜、花卉 5 个区域特色产业。根据这一精神，指导垫江在“十二五”计划期间，全县围绕“3 + 2”特色效益农业，结合优势资源，产业基础，进一步优化产业区域布局：一是抓好垫江北部“重庆粮仓核心区”，包括现代农业示范区、农产品加工园区；二是抓好垫江中部地区“花果之乡休闲旅游区”，包括五洞李子花园区，太平、澄溪的山水牡丹旅游区，高安的金桥荷花园，新民牡丹樱花世界；三是垫江南部地区“都市菜园展示区”，全县结合抓好生态农业、循环农业。使得垫江县的农业得以可持续发展，促进全县粮油、蔬菜、畜牧、柑橘、渔业、林果、中药材、蚕桑八大产业的持续发展。

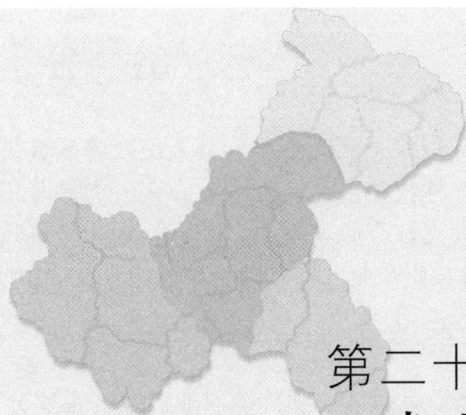

第二十七章 武隆县

第一节 基本概况

唐武德二年（619 年）置武龙县，明洪武十年（1377 年），因与广西一县同名，改“龙”为“隆”。新中国成立后，武隆县隶属川东涪陵区行政专员公署，1997 年 12 月 20 日，由重庆市直接管辖。属亚热带湿润季风气候，气候温和、雨量充沛、四季分明，境内河道属乌江流域，水能资源非常丰富。

全县总面积约 2 901.3 平方千米，2015 年年末，有耕地 42.56 万亩，有效灌溉面积 23.79 万亩；辖 14 个乡、12 个镇；有户籍人口 41.43 万人，常住人口 34.67 万人，其中城镇人口 13.82 万人，城镇化率 39.86%；三峡移民搬迁 4 127 人。1986 年，被列为四川省 51 个贫困县之一。2000 年，重新确定为国家级贫困县。2015 年年底，全县有农村扶贫对象 4.9 万人，占农村总人口比例 16.6%。

第二节 农业农村经济

武隆县农业农村经济情况见表 20－27－1。

表 20－27－1 1986—2015 年武隆县农业农村经济情况

年份	地区生产总值（万元）	农林牧渔业总产值（万元）	农民收入状况		
			人均纯（可支配）收入（万元）	城乡收入比	农村居民恩格尔系数（%）
1986	30 715	10 313	0.026 8	—	—
1990	38 295	22 144	0.044 4	—	—
1995	58 727	49 103	0.092 8	—	—
1997	75 452	58 730	0.144 9	—	—
2000	82 129	76 595	0.164 0	—	—
2005	298 769	107 639	0.243 0	3.40 : 1	50.1
2010	724 155	170 536	0.476 6	2.84 : 1	43.3
2015	1 313 995	293 209	0.972 7	2.46 : 1	38.4

第三节　农业主要产业

1986年以来，武隆县委、县人民政府认真贯彻中央“决不放松粮食生产，积极发展多种经营”方针，依照“林牧并重，长短结合，突出优势”的调整原则，根据武隆地理自然条件，因地制宜确立了发展“四大支柱产业（蚕桑、苎麻、烟叶、畜牧），六大骨干产品（烤烟、蚕桑、苎麻、蔬菜、果品、油菜）”的农业产业发展方向。2007年后，大力发展特色效益农业。

一、蚕桑

蚕桑产业是武隆一项传统农业产业，主要分布于沿乌江及县域西部地区大溪河沿岸的长坝、白马、鸭江、平桥、庙垭、凤来、江口、石桥等乡镇。改革开放以后，特别是20世纪90年代发展较快，1994年，全县桑树面积达到3.5万亩，蚕茧产量由1978年的20吨增至548吨。1996年后，随着丝绸产品受国际市场价格波动的影响，蚕桑产业逐渐萎缩，面积锐减，到1998年，产量跌至244吨。2000年后迎来新一轮发展机遇，到2004年，全县蚕桑面积恢复发展到5万亩，产量增至602吨。此后，历经调整、巩固、提高等，目前蚕茧产量稳定在400吨左右。

二、苎麻

武隆沿乌江、芙蓉江一带乡（镇）一直有种植苎麻的历史。1964年，涪陵苎麻纺织厂在白马镇成立，为了给该厂供应原材料，全县扩面积、建基地，大力发展苎麻生产。1986年，苎麻种植农户达1.26万户，面积2.84万亩，产量1 454吨，比上年增长1.8倍。1987年，武隆县委、县人民政府出台鼓励农民进一步发展苎麻生产的意见，农民种植苎麻积极性高涨，面积扩大至3.67万亩，产量达4 596吨，分别比上年增长1.29倍、2.2倍，创历史之最。1988年，国际苎麻市场逐渐被丝绸产品代替，在涪陵苎麻纺织厂开始调整转产后，全县展开稳定苎麻种植面积行动，当年种植面积减少1.9万亩，产量跌至2 528吨，比上年下降23.2%。1990年，苎麻种植农户及面积出现继续下滑局面，县里也及时调整产业发展布局，苎麻产业由此从辉煌走向衰落。

三、烟叶

武隆县大多乡（镇）海拔在800米以上，土质、气候适宜烟叶种植。为帮助农民脱贫致富，1982年，武隆县委、县人民政府决定引进烟叶种植，当年种植了3 889亩，产量289.3吨。1986年，制定了“计划种植、猛攻单产、优质高产”的方针，进一步扩大烟叶生产，作为全县重点骨干产业发展。在布局上实行“三个转移”，即：丘陵平坝种植向高山区转移，分散零星种植向集中种植区转移，土地面积少的向土地面积多的地区转移。烟叶生产重点乡（镇），集中在海拔800～1 200米且交通条件好的广阳、蒲板等18个乡（镇），当年烟叶种植3.6万亩。到1991年，全县种烟农户2.6万户，烟叶产量26.37万担，产值2 919万元，烟农收入1 100万元，生产效益居四川省第二名，烟农户均收入1 176元。

1997年后，全县坚持“以市场需求为导向，以越温脱贫为目标，以提高质量为重点，以增加效益为中心”方针，强化计划种植、合同收购，烟叶生产实现大突破，科学兴烟跻身全国烤烟市场领先位置。1998年，全县有烟叶种植户4.1万户，面积16.5万亩，烟叶产量45.2万担，烟农收入1.65亿元，户均纯收入4 006元，人平均收入1 046元。2000年后，国家调控烟叶规模，农村劳动力大量外出务工，以及退耕还林等政策的实施，烟叶面积有所减少，但因实行科学种烟，生产水平仍大幅度提高，单产大幅增长。加之收购均价提高和政府实行补贴，烟农收入也逐年增长，有效保护其种烟积极性。2015年，全县烟农减少至2 378户，种植面积7.31万亩，总产量却跃升到17.73万担，烟农总收入达2.37亿元，户均收入8.6万元。

四、蔬菜

蔬菜产业是全县农民收入的一项重要来源。1985 年，重庆市蔬菜公司将武隆定为“三线”蔬菜基地，发展了 1 000 亩。重庆直辖后，重庆市蔬菜公司又在武隆创建了“重庆高山秋淡蔬菜基地”，当年扩大种植面积至 4 000 亩，种植主要品种有莲白、萝卜、青椒、大白菜等。2007 年，武隆县为大力发展蔬菜产业，成立“蔬菜生产办公室”，制定了《2007—2020 年蔬菜产业发展规划》，将木根乡和白马山、弹子山定为蔬菜生产基地。2008 年，重庆市农业科学院在武隆成立了“武隆县高山蔬菜研究所”，全县引进龙头企业和能人到武隆“建基地，搞发展，闯市场”，掀起新一轮的蔬菜基地建设。跻身全市（潼南、铜梁、璧山、武隆）四大核心蔬菜基地。2015 年，全县建成木根、复兴、接龙 3 个万亩核心蔬菜基地，有 1/3 的农户种植蔬菜，面积达 6.4 万亩，产量超 52 万吨，产值 7.5 亿元，菜农户均收入 2 010元。

五、畜牧

武隆县委、县人民政府于 1986 年将其列为全县农业四大支柱产业之一，出台了鼓励农民发展畜牧业的相关政策和措施。

（一）生猪

1986 年，武隆县生猪产业“双推五改一防”技术取得了突出进步，建立 28 个人工授精站点，杂交面达 85.5% 。1992 年，全县 32 个乡（镇）推行“瘦肉型生猪”和“洋三元二杂母猪”项目，建生猪标准化规模人工授精站点 31 个，生猪杂交面继续扩大。1995 年，全县生猪杂交改良面在 95% 以上，生猪出栏 26.7 万头。2003 年，全县出台实施了“百万头优质瘦肉猪建设工程”，建成各类养殖小区 50 个，饲养 10 头以上二杂母猪农户 400 户，年出栏 30 头以上优质瘦肉猪的猪场 500 个。2004 年，推进“小群体、大范围、全覆盖”发展模式，形成“产、加、销”一条龙服务和“公司十农户”现代产业化经营模式。当年全县农业人口人均出栏生猪 1.44 头，人均增收 351 元。2005 年后，受市场影响，收购价格不断下滑，农民养猪积极性受挫，武隆县人民政府通过及时兑现补助政策，推行能繁母猪保险，生猪良繁体系建设和企业收购生猪平抑价格等一系列措施，稳定了产业发展势头，到 2015 年，全县生猪出栏达 48.3 万头。

（二）肉牛

1986 年以来，武隆县牛业主要推广种草养畜，政府“无偿提供牧草种子，建立示范性养殖”，重点集中区在双河、车盘、清水、广阳、桐梓等乡（镇）。重庆市改直辖后，通过实施国家以工代赈项目、建立肉牛育肥示范乡（镇）、提供国家购牛周转金、加大肉牛育技术培训等措施，扶持牛业发展。1998 年，武隆县建氨化池 216 个，青贮氨化秸秆 1.4 万吨，育肥牛肉 920 吨。2002—2008 年，全县牛饲养量逐年增加，发展一直保持增长势头。2002 年存栏、出栏分别为 1.04 万头和 0.4 万头。2008 年末，存栏、出栏分别达 3.1 万头和 1.24 万头。到 2015 年，存栏、出栏高达 4.9 万头和 3.1 万头。分别比 1997 年增长了 1.1 倍和 1.03 倍。

（三）羊

武隆饲养山羊历史悠久。1986 年，全县山羊存栏 6.41 万只，出栏 5.45 万只。1995 年，调整了山羊发展思路，加大本地母山羊与湖北土根堡羊和南江黄羊杂交力度，在黄莺、白果等乡建立山羊繁育基地，促进羊业发展，当年山羊存栏 9.85 万只，出栏 9.12 万只。1997 年后，组织实施《100 个村万只南江黄羊改配本地山羊项目》，引进波尔山羊纯繁饲养，推行“借羊还羊”滚动发展模式，重点加大黑山

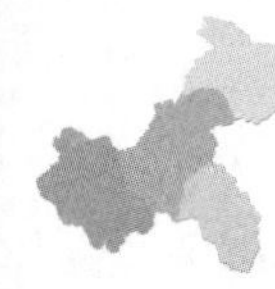

羊布局调整和规模示范力度，帮助农民发展养羊，武隆县山羊产业快速发展。2000 年末，武隆县山羊饲养 3.9 万户，存栏 17.2 万只，出栏 16.1 万只。2002 年实施了“重庆市百万只优质草食牲畜产业化工程”，建成以县种羊场为核心，以乡（镇）人工授精站为依托，以专业养殖场（户）为网点的良种繁育体系，在广阳、蒲板、火炉、仙女山、巷口、凤来 6 个乡（镇）建成标准化高床舍饲养基地。2005 年后，随着武隆旅游业的发展，山羊肉成为特色旅游商品，农民养羊积极性大增。到 2015 年，全县建成山羊规模养殖场 350 个，有 4.1 万户养羊，年末存栏 18.3 万只，出栏 15.6 万只。

（四）家禽

家禽饲养是武隆传统的农业产品，农民利用房前屋后的山林、空地和水塘、溪沟便利条件，散养土鸡及鹅、鸭。1986 年，全县家禽存栏、出栏为 56.9 万只和 6.4 万只。1997 年末，存栏、出栏量分别为 108.24 万只和 76.46 万只。2003 年，家禽发展纳入农民增收致富主要产品，各地开始涌现养殖专业户，兴建了一批规模的鸡、鸭场，增长势头强盛，年末存栏、出栏数量为 115.04 万只和 134.50 万只。2010 年后，家禽饲养注入科学技术，大力推广优质品种，并在市场上树立“武隆土鸡”特色品牌，其数量继续保持增长态势，2015 年，存栏、出栏量达 167.5 万只和 141.9 万只，分别比 1997 年增长 64.62% 和 53.8%。

六、林果

果品产业也是武隆县农业四大支柱产业之一，主要有红枣（猪腰枣）、梨子、桃子、李子、猕猴桃、石榴、柿子和草莓、葡萄等。

（一）红枣

在武隆县内乌江流域及丘陵地区有红枣种植。2000 年之前，红枣种植面积保持在 9 600 亩左右，常规品种占 80%。2000 年后，武隆的猪腰枣品质脆嫩，甜中带酸走俏市场。羊角镇率先建起生产基地，其他乡（镇）跟进发展，全县种植面积逐年增多。2005 年，羊角猪腰枣获“2006 年中国国际农业博览会名牌产品”，被农业部评为“最佳果品”。羊角猪腰枣基地成为武隆观光、采摘、农事体验的乡村旅游示范点。2015 年，全县红枣种植面积 1.75 万亩，其中猪腰枣就达 9 000 亩。

（二）梨

武隆种植梨主要集中在半山以下和河谷地带，以传统芝麻梨、青皮梨为主。“羊角芝麻梨”享誉渝东和乌江流域，受消费者青睐；《羊角梨子脆又甜》民歌唱响巴山蜀水。改革开放后，全县大力发展水果产业，先后引进“苍溪雪梨”“金川雪梨”“脆冠梨”“金冠犁”“圆黄梨”“苹果梨”等品种。2015 年，全县种植面积 2.04 万亩，种梨收入成为农民增收重要经济来源。

（三）桃

1997 年前，武隆桃品种单一，面积保持在 3 000 亩左右。2005 年后，火炉镇引进湖南优质脆桃种植，建起“火炉脆桃”基地，脆、嫩、利核、化渣的品种迅速走俏市场，成为受消费者喜爱的果品。2015 年，全县在仙女山镇、桐梓镇、巷口镇、鸭江镇、庙垭乡、双河乡等乡（镇）推广种植脆桃 1.2 万亩。

（四）李子

李子是武隆传统水果产业，种植面广农户多，以“青脆李”“歪嘴李”为主，尤以江口“黄腊李”享有盛名。1990 年，水果产业作为武隆县农业六大支柱产业之一，李子得到较大发展。随着“脆红李”

“黄腊李”等优良品种的引进，品种增多、品质提升。2015 年，全县李子产业面积 9 500 亩，其中经改良的品种面积 6 400 亩。

（五）其他水果

重庆直辖市建立后，武隆借助扶贫开发等项目，在乌江、芙蓉江、大溪河、石梁河、木棕河流域，因地制宜地发展了柑橘、猕猴桃、石榴、柿子、草莓、葡萄等水果。2015 年，柑橘面积达 6 000 亩、猕猴桃 4 000 亩、石榴 2 500 亩、柿子 9 000 亩、草莓 1 500 亩；建成特色果园 42 个，专业合作社 25 个，有种植大户 420 户。

七、其他产业

（一）茎瘤芥（榨菜）

民间称为青菜头，是武隆重要蔬菜品种。全县海拔 800 米以下地区适宜种植，芙蓉江、大溪河、石梁河沿岸的江口、鸭江、平桥、长坝、石桥、庙垭、凤来等乡（镇）种植面积较多。2003 年，鸭江蓝祥食品公司利用民间制作榨菜的传统制作工艺，加工“鸭江老咸菜”，其后又提高机械作业程度，改进包装，调制成麻辣、五香、鲜味等各种品味的产品，迅速走俏市场，在居家、旅行、餐配调料等方面受到各类人群的喜爱。2008 年，“鸭江老咸菜”在重庆渝洽会上被评为“最受消费者欢迎商品”，其后又获“有机产品基地种植转换认证”和“有机产品生产加工认证”。2015 年，全县青菜头种植面积达 1.2 万亩。

（二）油菜

是全县油料作物的第一品牌，农民生产油菜以菜籽榨取菜籽油为生活所需。2000 年前，全县各乡（镇）都有种植，面积 1.6 万亩左右。其后城乡市场受到外来商品菜籽油的冲击，农民种植油菜积极性受到影响，面积逐年减少。近年来，在原生态绿色油类产品畅销市场带动下，传统油菜生产大乡借油菜花海开展乡村旅游活动，2010 年后，农民油菜生产积极性提高，油菜产业实现恢复性增长。2015 年，全县油菜种植面积 1.21 万亩，比 1997 年增长了 1.2 倍。

（三）茶叶

武隆有茶叶种植传统，1986 年，全县有茶园面积 3 500 亩，其中以石桥乡六棱村的“虎老契”茶最为有名，曾列入《四川省土特产名录》。1994 年后，随着武隆旅游业发展，各个种茶乡（镇）瞄准市场商机，利用当地自然地理和土质优势，扩大茶叶种植。2000 年后，通过引进龙头企业，白马镇、桐梓镇、后坪乡、赵家乡建起茶叶种植基地。2012 后，“仙女红”红茶、“双凤”绿茶、“天尺碧芽”系列产品走俏市场。2015 年，全县有生产加工茶叶公司 3 个，专业合作社 7 个，茶园面积 1.6 万亩。

第四节　扶持政策和重大举措

一、稳定和完善农业生产责任制

1988 年，全县继续深化农村改革，出台一系列稳定和完善农业生产责任制政策，作出了长期稳定土地承包关系的决定：土地承包期可延长 30 年以上；从事开荒造林、种草养畜、改土治坡等开发性生产的，承包期可以更长；承包期内允许继承经营权。

1993 年，武隆县委、县人民政府在全县第一轮土地承包尚未到期的情况下，要求各乡（镇）大力

发展“三高”农业，抓好基地建设，形成规模经营；抓好基础设施建设，改善农业生产条件，搞好农业社会化服务；允许农民经营、开发荒山和荒滩，使农民拥有承包经营权和使用权；依法出租、转包和转让土地，放活土地使用权，使一部分农户由零星分散经营，转向规模化和集约化经营，逐步发展成为种粮大户或多种经营大户。

1994年，武隆县又提出进一步深化农村经济改革促进农业发展的意见：保障集体的土地所有权；稳定农户的承包权；放活土地的经营使用权；．要应用市场机制，促进生产要素合理流动和组合。全县在实施统分结合双层经营责任制，建立和完善农村社会化服务体系的基础上，农村普遍试行了“两田制”，建立土地流转机制，允许和鼓励农民转包土地。按照“明确所有权，稳定经营权，放活使用权”的原则，成功流转农村土地244宗。

1998年，武隆县委、县人民政府作出决定，对现有的土地承包关系，原则上不做调整。无论原承包期到否，均从1998年7月起，再延长30年承包期不变，对开垦荒地、营造林地和从事开发荒山、荒地、荒滩、荒水“四荒”土地经营的，可延长至50年或70年不变。2000年，为了减轻农民负担，要求各级各部门禁止平摊农业特产税、屠宰税；禁止一切要农民出钱出物出工的达标升级活动；禁止一切没有法律法规规定的行政事业性收费；禁止面向农民集资；禁止各种摊派行为；禁止强行以资代劳；禁止在村里招待下乡干部，取消村组招待费；禁止用非法手段收款收物。

2001—2005年，全县累计签订农村土地承包经营权流转合同2 320份，流转农村土地承包经营权面积6 580公顷。流转林地104宗、林地面积2 746. 67公顷。

2008年，武隆县人民政府进一步加快农村土地流转促进规模经营发展，建立了农村闲置房屋及宅基地合理利用机制，农业规模经营扶持机制，促进农村劳动力非农就业扶持机制，土地撂荒惩罚机制，流转土地复耕保障机制等6条政策措施。

2013年，全县坚持“公开、透明、稳定”的原则，改财政资金补贴以专项式、竞争性为条件的标准明晰的普惠制补助，引导产业向区域性特色产业集中，向现代农业园区集聚，向规模化经营转变，不断培育壮大新型农业生产经营队伍。重点扶持高山蔬菜、草食牲畜、观光农业（特色渔业、特色林果、高山茶叶）区域性特色产业。

二、推进农村农业改革与发展

1986年以来，武隆县委、县人民政府在强调保持农村家庭承包经营责任制不变，允许农民自由转让土地承包权的同时，依照中共中央“对贫困地区，分别情况减免农业税5年。困难较轻的酌量减征1～3年”的规定，以乡为单位，对1981—1983年间人均收入不足100元的农户减免农业税5年；人均收入在100～200元的农户减免农业税3年。贯彻执行中共中央“对新办乡镇企业定期减免所得税”的规定，大力扶持发展乡镇企业。

1991年，全县进一步明确土地（包括耕地、林地、草地、水面、滩赊、宅基地）权属。农民承包农业社的土地，除依法向国家缴纳赋税和粮油定购外，应向农业社交纳土地承包费。在稳定完善土地承包基础上，因地制宜完善林地、果园、塘库及工副业项目的承包。完善土地管理制度，逐步建立地力补偿制度、耕地保护制度、土地流转制度等。

1997年，武隆县人民政府决定从1998年起，全县农民负担将过去以乡（镇）农民人均纯收入为依据，改为以村农民纯收入为依据，以村为单位，按不超过上年人均纯收入5%的比例，编报村提留款和乡（镇）统筹费预算方案。

2001年4月，全县启动了农村税费改革试点工作，取消统筹费、农村教育集资和专门面向农民征收的行政事业性收费、政府性基金、集资，取消屠宰税和劳动积累工和义务工；调整农业税和农业特产税政策；改革村提留征收使用办法。调整农业税政策，按照农作物的常产量和规定的税率依法计征。调整农业特产税政策，在农业税计税土地上生产的烤烟和蚕茧外的其他农特产品，不再征收农业特产税。

2005 年，武隆全面实行了农业税免征。从古至今沿袭 2 000 多年的农业税征收历史宣告结束。

2007 年，为了推进新农村建设，武隆县决定集中力量抓好一批点（5 个示范村和 25 个推进村）、带活 2 条线（319 国道武隆段沿线和垫道路武隆段沿线）、推进 2 个大片（巷口镇县城规划区和仙女山新区）、促进 1 个面（全县新农杜建设面上的整体推体），以加快基础设施建设为切入点，大力发展现代农业，强化农民素质培训，突出示范带动，落实保障措施，确保新农村建设取得明显成效。

2011 年，武隆县委、县人民政府以“保供给、促增收”为目标，以基地拓展为重点，以“育龙头、调结构、强科技、创品牌”为抓手，以蔬菜标准化示范园、基地乡（镇）、专业村建设为载体，以目标管理、整合推进为手段，开展“全国知名高山蔬菜基地县”建设步伐。

2013 年，全县农业总产值增长 10%，农业增加值增长 5%，农民人均可支配收入增长 14%，粮食产量稳定在 17 万吨以上，土地综合产出率提高 8%，实施易地扶贫搬迁 1.7 万人，解决了 3 万人饮水安全问题，森林覆盖率提升到 60% 以上。

三、推进农村产业结构调整与发展

1986 年，武隆县统一规划在火炉、巷口、江口、木根、车盘、和顺、核桃、广扬等乡（镇）建设烟叶基地，同财制定奖励政策，促进烟叶生产的发展。

1990 年，武隆县委、县人民政府制定了《农村产业结构调整意见》，要求深化改革促发展，依靠科技求效益，突烟保麻攻粮油，狠抓畜牧上果桑。要在确保粮食稳定增长同时，下决心突破畜牧业，抓好开发性商品农业，继续因地制宜发展烤烟、苎麻生产，大力抓好增效的林果业和油菜生产。

1994 年，为加快建设高产、优质、高效农业，决定建设烤烟、苎麻、蚕桑、畜牧、林业五大商品基地；发展五倍子、魔芋、三木药材、油桐、水果五大骨干品种；兴办一批股份合作制龙头企业；建好一批示范村和一批重点户；. 建立行政指挥体系，社会化服务体系，加工流通体系；鼓励农村土地合理流动和优化组合，鼓励部门和个人到农村发展“三高”农业。

1997 年后，推进农村产业结构调整与发展成为武隆县委、县人民政府农业农村工作的重点，先后出台了《关于加快农业产业化进程的决定》和《大力发展“四大支柱产业”和“八大骨干产品”的意见》，确立面向市场，调整农村产业产品结构，建立骨干商品基地，走农业产业化发展道路，要求各乡（镇）制定切实可行规划，因地制宜建立具有区域特点的商品生产基地，借助扶贫开发，发展建设以烤烟、苎麻、畜牧、林业、水果、油菜为主的骨干产品基地，帮助农民实现增产增收。

2000 年，武隆县进一步完善土地承包、流转制度，稳定土地承包关系，放活土地使用权，允许和鼓励土地承包户在承包期内依法转包、转让、入股、出让土地使用权。

2004 年，武隆县实现农业增加值 5.8 亿元，农民人均纯收入达到 2 115 元。

2010 年，武隆县农村贫困人口发生率从 21% 下降到 5% 以内，人均纯收入达到 2 918 元，年均增加 399 元；全面基本完成 84 个贫困村扶贫规划目标任务。

2015 年，武隆县 8 419 户 2.952 4 万建卡贫困人口实现“越线”减贫目标，其中，搬迁安置脱贫 270 户 986 人，产业发展带动脱贫 5 558 户 20 850 人，低保兜底脱贫 2 162 户 6 046 人，梯度转移脱贫 197 户 542 人。贫困人口人均纯收入从建卡时的 2 736 元，增长到 6 335 元。

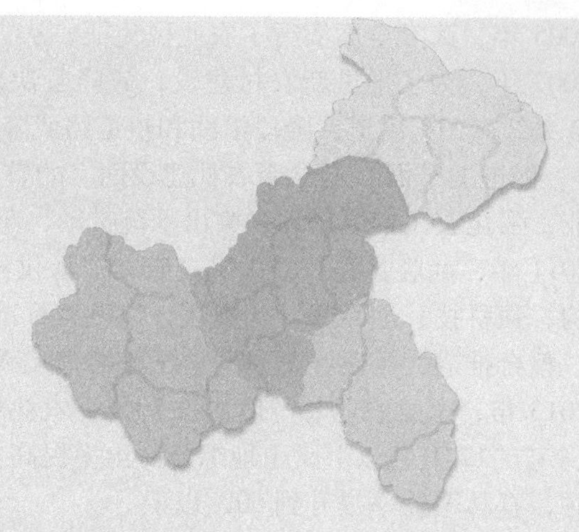

第二十八章 忠　　县

第一节　基本概况

忠县古名临江，西汉置县。王莽新政，改临江为监江，东汉复名临江县。唐贞观八年（634 年），因巴曼子“刎首留城”，严颜、甘宁忠勇，“意怀忠信”，唐太宗御赐临州为忠州。民国二年（1913 年）废忠州为忠县，隶属东川道，县名沿用至今。

全县总面积 2 187 平方千米，2015 年年末辖 27 个乡（镇）、2 个街道，有耕地 134.4 万亩，林地 159.4 万亩，森林覆盖率达 50%；有户籍人口 100.31 万人，常住人口 71.67 万人，城镇化率 41.59%。全县尚有农村扶贫对象 0.58 万人，农村贫困人口的温饱和基本保障问题已经解决。

第二节　农业农村经济

一、农业农村经济

忠县农业农村经济情况见表 20－28－1。

表 20－28－1　1986—2015 年忠县农业农村经济情况

分期		地区生产总值（万元）	农业总产值（万元）	农业牧渔总产值（万元）	农民收入状况		
					年人均纯收入（可支配收入）（元）	城乡收入比	农村居民恩格尔系数（%）
“七五”始	1986 年	26 088	37 704	29 300	260	2.68∶1	62.25
“七五”末	1990 年	47 144	41 453	49 137	379	3.30∶1	61.65
“八五”末	1995 年	135 520	39 372	111 707	1 076	2.72∶1	61.25
重庆市直辖后	1997 年	190 432	42 436	129 329	1 505	2.45∶1	60.67
“九五”末	2000 年	227 746	43 605	136 485	1 765	2.69∶1	56.27
“十五”末	2005 年	442 330	118 637	246 371	2 602	3.16∶1	51.44
“十一五”末	2010 年	1 094 111	197 640	315 405	9 803	1.58∶1	56.86
“十二五”末	2015 年	2 223 968	319 075	506 445	10 960	2.44∶1	43.71

二、移民动迁

忠县1984年开始实施“开发性移民”试点，1992年起正式开展移民工作。1998—2002年，实施大搬迁、大安置、大拆除的移民工作方针，完成二期移民搬迁工作任务。2002—2006年，完成搬迁工作和巩固已安置移民成果的三期移民任务。2006—2008年，采取“边搬迁，边拆除、边清库”和“全面复查与集中清库相结合”的方法，全面完成四期搬迁及清库任务。至2009年年底，全县移民工程累计完成投资41.5亿元，累计搬迁建房7.9万人，完成生产安置4.1万人；搬迁工矿企业101户，搬迁单位363个；外迁移民至22省64市129县，共1.8万余人。

三、扶贫开发

忠县扶贫开发经历了基本越温达标阶段（1986—1993年）、扶贫攻坚阶段（1994—2000年）、扶贫开发新阶段（2001—2014年）和精准扶贫阶段（2015—2016年），开展以改善贫困地区生产条件、发展农村经济、增强自我积累和自我发展能力的开发式扶贫工作，通过建设、提高、促富3个阶段，取得巨大的成就。

1978年，忠县按农民人均纯收入100元的贫困标准测算，全县有贫困户9.9万余户44.7万人。1986年有建卡贫困户9.6万户36.2万人，占全县97万总人口的1/3，占全县总农业户和农业人口的34%和37%。1989年12月，四川省检查组正式验收，忠县越过基本温饱线。

1990年，忠县制定新的脱贫标准，即年人均占有粮达到400千克，年人均纯收入达到500元（“五八”标准）。1991年4月，四川省人民政府将忠县定为全省12个享受专项扶贫贷款国家扶持的省定贫困县之一。1993年，全县有农业人口89.34万人，贫困家庭2.9万户10.8万人。全县农民年均纯收入597元，贫困地区农民人均年收入384元。全县农村基本上实现越温达标。

1994年8月，四川省人民政府办公厅正式将忠县纳入国定贫困县。1996年年底，全县未达到“五八”标准的贫困人口减少到2.9万户9.8万人。1997年11月，万县市委、市人民政府对忠县越温达标工作进行复查，越温达标率为91%。1998年1月，重庆市检查验收团正式验收，粮经指标均达到国家和市定“五八”标准，检查验收合格。

2001年年底，按新的贫困线标准，忠县有农村绝对贫困人口5.68万人，相对贫困人口12.9万人。2002年年初，忠县在新一轮扶贫开发工作中被确定为重庆市扶贫开发工作重点县。2002年1月14日，重庆市扶贫开发领导小组将忠县按全市14个国家扶贫开发工作重点县比照对待（后忠县将此简括为“14+1”政策），忠县不再是国家扶贫开发工作重点县。2002年，忠县实施以基础设施建设、产业扶贫、公共服务建设为重点的整村推进扶贫，全县确定150个市级特困村。至2004年年底，全县有网上建卡贫困户共5万户13.7万人（绝对贫困户1.6万户3.6万人；相对贫困户3.4万户10万人）。2005年，确定“十一五”“十二五”规划期间的87个市级贫困村。2009年起，推进实施整村脱贫工程，至2014年，全县初步形成“专项扶贫带动、行业扶贫助推、社会扶贫补充”“三位一体”的大扶贫格局；2014年下半年，全县新一轮建卡贫困人口为2万户6.8万人，贫困发生率8.98%。2015年，忠县确定精准脱贫目标：即新一轮有贫困村72个，农村建卡扶贫对象2万户6.8万人，贫困发生率8.98%，新确定贫困村72个。2015年6月，按照精准扶贫精准脱贫总要求，作为全县重大政治任务和“一号工程”，推进实施脱贫攻坚。至2016年年底，经市级验收和第三方评估，全县72个贫困村实现整村脱贫，6.2万人超过当年脱贫线实现脱贫，全县贫困人口降至5 576人，贫困发生率降至0.73%。

第三节　农业主要产业

一、主要农业产业

忠县农业产业化规模较大的有三峡·施格兰柑橘产业、“双杂”制种产业、笋竹产业和蚕桑业。

（一）三峡·施格兰柑橘产业

1997 年 11 月 20 日，施格兰公司董事长博富文专程赴忠县新立镇三岔湾参加柑橘技术中心奠基典礼，标志施格兰·三峡柑橘产业化项目正式启动。1998 年 5 月，柑橘技术中心在新立镇三岔湾动工建设，次年建成。至 2000 年 11 月，美方在忠县新立镇建成规模较大，具有世界先进水平，融柑橘技术培训、苗木培育、柑橘栽培管理和建园示范等为一体的技术中心。2003 年，忠县建成威望迪环球柑橘技术中心为主体的现代化柑橘育苗基地。

全县从 1997 年开始施格兰柑橘产业化项目建设，2000 年 3 月 10 日，正式在涂井启动基地果园建设，2001 年，在石宝、涂井、新立共建园 0.82 万亩；2002—2013 年，在忠州、新立、黄金、双桂、乌杨、洋渡、复兴、磨子、拔山、石宝、任家、东溪、花桥、永丰、汝溪等乡（镇）建园 31.8 万亩；2014 年起，暂停柑橘果园新建工作，开展已建果园的提档升级工作，全县柑橘总面积为 32.6 万亩。到 2015 年，全县有各类新型经营主体 231 家，其中，专业合作社 42 家（股份制合作社 5 家），农业公司 92 家（国家级龙头企业 1 家、市级龙头企业 2 家、县级龙头企业 10 家、其他从事柑橘生产农业企业 79 家），家庭农场 22 家，种植大户 75 家。全县柑橘果园实现规模化经营面积 16 万亩，果园集约化经营率 70% 以上。建成县级高产高效果园 18 个，面积 4 万亩，乡镇高产高效果园 18 个，面积 1 万亩。

2004 年，忠县基地果园柑橘陆续挂果，至 2007 年，全县共产果 77.8 万吨，柑橘销售收入 21.4 亿元。2008 年，忠县被中国果品流通协会命名为“中国柑橘城”，成为重庆市柑橘产业的核心区、全国柑橘的示范区。2011 年，全县柑橘总产 26 万吨、总产值 136 220 万元，分别比 2006 年增加 19.182 万吨、92 468 万元，分别增长 281%、211%。2015 年，销售哈姆林、锦橙等中熟甜橙 11 万吨，派森百橙汁加工厂收购 NFC 优质原料果均价 1.4 元/千克，万州汇源、开县天邦、南充佳美、尚书坊等浓缩橙汁加工厂收购浓缩原料果均价 0.90 元/千克。

（二）笋竹产业

2008 年 11 月，忠县从浙江临安引入雷竹、高节竹等竹种，在白石镇望岩村进行试验种植。先后经历引种试验、推广种植、规模发展和提质增效 4 个阶段，笋竹基地涵盖善广、任家、乌杨、洋渡、磨子、石宝、涂井、汝溪、野鹤、金声、官坝、石黄、兴丰、马灌、金鸡、拔山、白石、三汇、黄金 19 个非柑橘产业乡（镇）及柑橘产业乡（镇）的非柑橘发展区，形成以笋竹龙头企业为骨干，专业合作社为主体，家庭农场为特色的继柑橘产业后的忠县第二大农业主导产业。

2008—2009 年，忠县分别在忠州、乌杨、新生、石黄、汝溪等乡（镇）建立雷竹、高节竹苗圃 0.05 万亩，续建撑绿竹苗圃 0.03 万亩，完成竹材基地建设 2.5 万亩。2011—2012 年，重庆市林木品种审定委员会分别认定雷竹、高节竹为市级林木良种，在全市推广种植。2008—2015 年，通过出台《忠县笋竹产业发展规划》《忠县笋竹产业发展意见》和《笋竹产业管护项目检查验收试行办法》，37 家涉林企业及合作社参与笋竹产业发展。至 2015 年，共新建以雷竹、高节竹为主的笋竹基地 10.3 万亩（其中，企业自建 3.1 万亩，带动专业合作社或农户建设 7.2 万亩），年产鲜竹笋 1.2 万吨，产值 1 亿元，初步形成以白石镇为核心，马灌、乌杨、汝溪 3 镇为中心，任家、新生、善广、黄金、三汇 5 个乡（镇）为节点的“一核三心多点”发展格局。培育笋竹龙头企业 11 家，其中注册资金 5 000 万元以上的

1 家，流转土地自建的 5 家，产加销综合性企业 7 家。发展股份制专业合作社 30 家，家庭农场及种植大户 8 家。加工企业有白石镇万吨笋竹加工厂，年加工鲜竹笋能力 1.2 万吨。

（三）蚕桑业

蚕桑业是忠县农村经济的支柱产业，是农民增收的骨干项目。1990 年前，共定植桑树 12 939 万株。1991 年 12 月，忠县被四川省批准为蚕茧商品基地县。1996 年，因蚕茧价格下降，严重挫伤蚕农积极性，全县毁挖桑树近 40%。1999 年 11 月，忠县县委、县人民政府将蚕桑列为“3 +2”特色农业的重要产业，即蚕桑在农业上是特色产业，工业上是骨干项目。1988—2005 年，全县共育苗 8.5 万亩，栽桑 36 966 万株，嫁接良桑 9 184 万株。2005 年后，忠县栽桑处于停滞状态。2015 年蚕桑产业处于历史最低水平。蚕桑产业由 20 世纪 80 年代的主导产业、90 年代至 21 世纪初的特色效益产业将转变为非物质文化保护产业。

1985—1994 年，为忠县蚕桑产业的鼎盛期，年平均发种 12 万张以上，收茧 4.5 万担以上。1993 年，全县有 41 个乡（镇）、783 个村、7 099 个社、186 644 户养蚕，产茧首次突破 5 万担大关。2003—2005 年，因美国“9·11”恐怖事件的影响，茧丝绸国际市场行情持续低迷，加之新旧体制交替等原因，忠县蚕桑处于最低谷。1988—2005 年，发放蚕种 192.5 万张，产茧 59 万担，收入 2.82 亿元，生产环节创税 1 200 万元。此后，蚕桑产业一直呈萎缩趋势。2015 年，全年发种 200 张，产茧 7 600 千克，蚕农收入 31 万元。

（四）“双杂”制种产业

1985—1988 年，水稻制种基地分布在马灌、倒灌、永丰、里仁、八德 5 个乡 21 个村 83 个组 2 568 户，面积 0.4 万亩。玉米制种基地分布在金龙、石黄、里仁、广兴 4 个乡 21 个村 177 个组 5 175 户，面积 0.3 万亩。1991 年忠县被列为国家级杂交稻种子基地县。1994 年，水稻制种基地分布在马灌、永丰、八德、善广等地共 23 个村 121 个社，面积 0.3 万亩。1995 年，杂交玉米分布在新生、复兴、大岭、凌云、金龙、石黄、广兴、金声、新场 9 个点，面积 0.6 万亩。1999—2006 年，杂交玉米制种集中在金声、三汇、永丰、金鸡、黄金、兴峰、石黄 7 个乡（镇），采取公司 + 基地 + 农户的管理模式。2005—2007 年，制种面积 3 万亩（杂交水稻 1.5 万亩，杂交玉米 1.4 万亩），入库合格种子 320.8 万千克（其中：杂交水稻 166.5 万千克，杂交玉米 154.3 万千克）。2015 年，有水稻组合 7 个，制种面积 0.4 万亩，入库种子 87 万千克；玉米组合 1 个，制种面积 0.1 万亩，入库种子 24.2 万千克。忠县制种生产龙头企业为重庆皇华种业股份有限公司。

1982 年，成立县种子公司，负责种子生产、经营、管理，形成产、供、销服务体系。1993—1998 年为忠县两杂（杂交玉米、杂交水稻）种子生产、经营辉煌期。1997 年，县外销售网络有湖北、湖南、广西、云南、贵州、四川、陕西 7 个省份及重庆市内 40 多个区（县），实现综合服务收入 110 多万元，销售收入 2 396.3 万元。1998 年全县两杂制种面积 2.7 万亩，生产和调进两杂种子共 450 万千克；供应本县 100 万千克，调出 350 万千克，支援省内外 10 多个县（市）。2000 年 12 月 1 日开始，施行《中华人民共和国种子法》，“两杂”种子全面推向市场。2005 年，销售网络有湖北、湖南、四川、陕西、贵州、云南等省份及重庆市内 80 多个县。2005 年后，制种业生产、经营主体向多元化发展，制种面积逐步缩小、销售市场逐渐萎靡。

二、产业基地建设

（一）优质粮油基地建设

1986 年，忠县被四川省列为商品粮基地县。1991 年，被纳入“八五”期间国家级商品粮基地县序列，于1993年完成基地建设。1991—1993年，平均粮食总产33.6万吨，平均粮食商品率为29.9%。1998年，忠县被重庆市确定为优质大豆生产基地县和优质大豆良种繁育基地县；1999年种植面积10万亩，占重庆市大豆面积的10%。

2000年，在巴营乡梅坝、咸隆乡四方山建高档优质稻基地0.01万亩。2001年，引进杂交黄籽油菜“渝黄一号”，在三汇、乌杨、复兴、东溪4个镇种植3.3万亩。同年，开发出“猫耳山”“梅坝”“巴王台”等优质大米品牌，并获得国家商标注册。2002年，忠县将“渝黄一号”油菜纳入优质粮油产业，实行“订单农业”。2002年全县建千亩以上大豆示范基地0.9万亩，种植面积18万亩，总产2.2万吨，总产值6 480万元。2003年，全县优质油菜实施主要区域为三汇、石宝、汝溪、官坝、拔山、新立、双桂等16个乡（镇），面积20万亩。2004年“渝黄一号”油菜种植面积15万亩，建成三汇、拔山、新立、双桂4个万亩高产示范镇。同年，高档优质水稻基地扩大到巴营、大岭、咸隆、善广等7个乡（镇），种植面积5万亩。

2005年，大豆生产基地纳入全国第二批农业标准化示范区建设，大豆通过国家无公害农产品认证。2005—2007年，加快优质粮油等农业产业框架建设，推行重大龙头企业、专业合作组织、产业大户和基层农技服务体系相结合的“四位一体”产业经营化模式，完善产业化经营组织与农民的利益连接机制，加强基地与农户、基地与企业之间的联合与合作，提高农业经营化水平。2008年，忠县被列为全国产粮大县和产油大县。2009年，被表彰为“全国粮食生产先进县”。2009年，在马灌、官坝、汝溪、永丰、东溪等乡（镇）开展水稻、大豆、小麦、油菜和玉米等部、市级万亩高产示范创建活动，受到农业部的高度评价，中国南方高蛋白非转基因大豆产业发展研讨会、重庆市林豆种植现场会都在忠县召开。2011—2015年，开展水稻、油菜、大豆等粮油高产创建工程，建立部、市级万亩高产创建、万亩高产示范片和千亩高产核心示范片。2014年开始，培育水稻规模种植大户新型经营主体参加水稻高产创建，给予土地流转补贴、生产作业补贴、购买农机具补贴。在新立、马灌、汝溪、乌杨4个镇培育9户水稻种植面积100亩以上的大户，流转稻田种植面积1 345亩，平均亩产605.4千克，2015年，继续在新立、双桂、官坝等8个镇培育14户水稻规模种植大户参加水稻高产创建，种植水稻2 538亩，平均亩产660.2千克。2015年，全县油菜示范面积3.1万亩，比非示范片平均亩产增14.9千克，增产9.69%；小麦示范面积1万亩，比全县小麦亩产249.5千克增产5%；水稻示范，实施2个部级万亩水稻高产示范和1个市级水稻万亩高产示范片，共建立3个千亩核心示范片和3个百亩攻关示范片。其中：部级示范片面积2万亩，平均亩产681.6千克，比示范片外水稻平均亩产增产21.7%。

（二）畜禽基地

1995—2000年，在官坝、磨子、马灌等乡（镇）建立以新荣昌猪Ⅰ系为主的优质种猪示范繁殖基地；在新立镇建立南江黄羊示范繁殖基地。2001—2004年，在全县28个乡（镇）建立以洋三元为代表的猪养殖基地；在东溪、磨子、新生、兴峰、白石、永丰等乡（镇）建立PIC肉猪示范繁殖片；在石子、乌杨、三汇建立南江黄羊养殖基地；在三汇、新立镇建立金塘黑三羊示范繁殖基地；在马灌、永丰、白石3个乡（镇）建立矮小型蛋鸡养殖基地。至2006年，全县PIC和“洋三元”为骨干品系的畜禽产业化规模年出栏生猪55万头、肉羊12万只、肉兔40万只、家禽550万只以上；“一乡一业、一村一品”特色产业有永丰镇10万只蛋鸡产业、两河乡10万只绿色土鸡产业等。2005—2015年，畜禽养殖大户剧增，并呈现出连线成片发展的势头。以永丰、白石等乡（镇）为辐射点，搞好蛋鸡工程；在石宝、汝溪、新立、拔山、马灌等乡（镇）发展鸭、鹅生产；重点突出抓兔、羊小区建设，带动肉牛生产。2015年，全县有各类畜禽标准化规模养殖场（户）1 080户，其中猪场354户、肉牛场71户、肉羊场166户、家禽大户105户，年出栏1万只肉兔场60户，年出栏1 000只以上肉兔示范户210户，养蜂场114户。全县畜禽规模化标准化率68%，商品化率78.6%。

（三）中药材基地

2002年，忠县天然红豆杉被国家科技部列入国家级星火计划项目，在天池、巴营林场推广。2003年，忠县进行野生石蒜人工繁殖，2005年，在石子乡金竹铺、黄金镇黄土村建基地240亩。

2003年，忠县农业局经济作物工作站开始探索青蒿人工种植，经过两年试验研究成功，国内一些青蒿素加工企业对忠县青蒿产业十分青睐。2005年，迪正天生化有限公司在丰收乡建青蒿基地100亩。2006年，四川新华生物产业有限公司在新立、磨子发展青蒿种植基地1万亩，当年全县青蒿种植面积为3.5万亩。

2004年4月，启动红豆杉基地建设，时育苗10亩，产苗20万株，造林0.26万亩。2005年3月，组建重庆天池红豆杉生态种植有限公司。同年9月，忠县县委、县人民政府将忠县红豆杉基地建设纳入全县农业产业化重点项目，规模0.5万亩，投资1.67亿元。全县规划在善广、望水、巴营、任家、白石等乡镇营造红豆杉5万亩，时育苗100亩，产苗150万株。至2006年完成红豆杉种植基地建设0.2万亩，提取氢溴酸加兰他敏10千克，创汇20多万美元。至2007年12月，在善广、白石、任家、新生、石子等乡（镇）建成红豆杉原料基地。2015年，建成红豆杉基地3.7万亩，花椒基地1.3万亩，金银花基地1万亩。

（四）水产基地

1995—2000年，在马灌镇果园村实施工程稻田化养鱼500亩。2001—2004年，在黄钦水库、磨子水库实施网箱养鱼700米^2，亩产量为20万斤。2005—2006年，在沿江溪河石宝、涂井等乡（镇）试点网箱养鱼300米^2，亩产量为15万斤。2009—2011年，全县取缔了库区所有的网箱和网栏养鱼，共取缔养鱼网箱400多个，网箱养殖面积14 286多米^2，涉及养殖户22户，取缔网栏养鱼34处。2011—2015年，建成了4.5万亩的忠县三峡生态渔场，采取“三不投”的放牧养殖方式，创建了具有示范性质的三峡生态渔业“忠县模式”，忠县三峡生态渔场被国家标准委列为“国家生态养殖标准示范区”，所生产的“三峡鱼”系列产品，被评为重庆“质量安全放心品牌”和“名牌农产品”，并于2012年在全国淡水渔业首获中绿华夏有机食品认证中心“有机食品”认证。2011年，建成了面积约200亩的重庆中水水产养殖有限公司忠县良种繁殖场，是重庆市级良种场、农业部水产健康养殖示范场和国家珍稀濒危水生动物增殖放流苗种供应单位。实施了水产养殖示范工程、优质苗种生产工程、水产技术推广工程、鱼病防治测报工程和水域牧场示范工程，重点推广池塘、水库80∶20养殖技术、鱼菜共生养殖技术、微孔增氧技术、池塘底排污技术等。2015年，全县水产品产量达1.23万吨，渔业经济总产值2.15亿元。

（五）其他基地

1. 蔬菜基地

1989年，扩大忠县城区蔬菜种植基地面积，种植面积增至0.2万亩。1992年，开辟三线菜地和“破季菜”栽培。1995年，在巴营、忠州镇等开展早春、夏种和晚秋反季节栽培；1998年，分别在巴营、善广两乡建秋淡蔬菜基地1 250亩。2000年，在黄金镇黄土村建立标准科技示范园200亩，作为推广蔬菜设施栽培和新品种、新技术的示范基地。2001年，在黄金镇黄土村建立忠县第一个无公害蔬菜生产示范基地200亩。2005年，新生、任家2个镇被列为无公害蔬菜基地。2008—2009年，新发展蔬菜基地0.5万亩。2010年，在任家镇实施市级蔬菜标准园和专业村建设项目，建成标准化蔬菜园区0.2万亩；新建永丰镇团丰村县级标准蔬菜园300亩。2011—2015年，在新立镇红岩村、农井村、双桂镇石桥村、过桥村、农桥村、三汇镇飞龙村建成标准化时令蔬菜基地6 580亩。到2016年全县商品蔬菜播栽面积3.9万亩，商品蔬菜生产量9.5万吨；全县常年性蔬菜基地面积1.9万亩，全县本地蔬菜上市

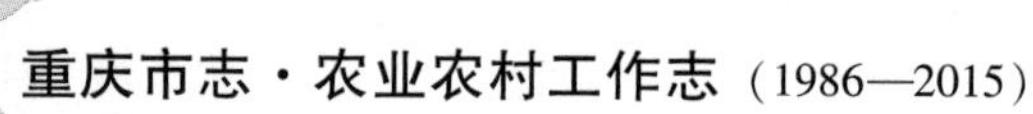
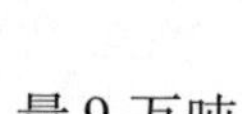

量9万吨。

2. 食用菌基地

20世纪70年代忠县农资公司开始建立食用菌制种场。1986年，万县地区罐头厂在汝溪、新场、九亭、野鹤等乡发展蘑菇生产。此后，扩大到官坝、石黄等12个乡。1990—2008年，种植面积、产量逐年减少。2010年，在任家镇建成千万袋级的食用菌菌种站1个，在新立镇、任家镇、汝溪镇、忠州镇4个镇建立6个规模15万袋以上食用菌标准化种植示范园。2015年，全县苎食用菌总产4 000万袋，产值8 550万元。

3. 贮麻基地

1985—1993年，由于苎麻市场走俏，苎麻生产发展很快。1987年，忠县苎麻种植面积、产量达到历史最高水平。之后，新生、白石等区先后办起精干麻厂，县办起麻纺厂。1988年后，苎麻种植面积下降，1990年，苎麻种植面积1.3万亩。20世纪90年代末，由于纤维品种增多，麻纺织品面临激烈的市场竞争，苎麻行业进入低谷，部分地区毁麻改种。但忠县仍把苎麻作为农民增收的重要项目，在稳定面积的同时，推行科技种植，提高单产，增加效益，全县苎麻面积稳定在1.2万亩左右。2001年后，任家、新生两镇把苎麻作为农村经济发展的重点项目，进行品种改良，至2006年全县种植面积为1.6万亩。2008—2009年，新发展苎麻基地0.84万亩、改造苎麻基地1万亩。至2015年，全县苎麻种植面积3.6万亩，其中：苎麻产业基地面积2.5万亩。

第四节　农村改革发展重大举措

一、稳定和完善农业生产责任制

（一）土地承包

1981—1998年6月，全县农村承包土地在第一轮承包期间实行“大稳定、小调整”，即坚持农村集体土地实行家庭联产承包制度，在绝大多数农户原有的承包土地继续保持稳定的前提下，根据实际需要，按照排轮等缺的原则，在个别农户之间小范围适当调整。

1989年上半年，全县有50%的农业社推行“两田互补、租赁经营”试点，后在实践过程中，因其规定繁杂不易操作而停止。1998年5月，忠县进行农村第二轮土地承包，6月30日完成。全县42个乡（镇）、780个村、7 366个农业社、25.34万户、87万人，共签订《土地承包合同》《土地承包关系经营证书底卡》25.34万份，共承包耕地面积79.25万亩。2004年、2005年根据重庆市人民政府统一布置，忠县对农村第二轮土地承包进行补充和完善。2010年，完成全县28个乡（镇）的346个村（居委），2 664个农业社农村土地承包经营权确权颁证工作，发放《经营权证》25.3万本，建立农村土地管理各类档案3 200卷。

（二）土地流转

全县实行家庭联产承包责任以来，土地经营权流转随之产生，主要形式有代耕、转包、出租等。1989年3月，忠县县委发出《关于1989年深化农村综合改革工作安排意见的报告》，允许农村土地有偿流转。2002年后，忠县土地流转进程加快。2006年，全县土地流转71 130户19.2万亩，分别占全县总农户和耕地面积的28.5%、23.9%。2008年，创建土地“预置流转”“零租金入股”“土地合作社”的新方法和新模式。2009年，成立县级农村土地经营权流转交易市场。在此阶段，忠县主要建立并推行以“1+5”土地流转模式为主要内容的体系。“1”指建立1个土地流转中介，即依托乡镇农经管理部门建立土地流转服务中心，村依托村支部、村委或农民专业合作组织建立土地流转服务所，农户委托土地流转中介服务机构。“5”指以农户代耕、大户经营、公司租赁、农民公司股份合作、认购5种形式进行土地流转。

2015年，忠县农业委员会发出《关于进一步规范农村土地流转工作的通知》，进一步明确土地流转的原则，统一提出流转需求、协商洽谈、实地勘察核实、签订合同、合同备案鉴证、变更登记、服务管理等流转程序，健全合同管理、合同备案鉴证、动态监测、价格形成机制、纠纷调处、风险防范等管理制度。当年，全县农村土地流转面积68.4万亩，涉及农户14.68万户，土地流转率51.6%。家庭农场、专业大户、农业企业发展适度规模经营面积45.9万亩，适度规模经营率34.6%。

（三）农村集体产权制度改革试点

2015年，按照《关于印发重庆市农村集体经济组织清产核资实施方案和重庆市农村集体资产量化确权改革试点实施方案的通知》和《忠县农村集体资产量化确权改革试点工作方案》要求，选择忠州镇灯树社区、官坝镇固国2个村（居）开展试点，重点对资产量化、成员资格界定、股权设置与管理、新型集体经济组织主体地位和治理结构、产权交易等重大问题进行试点探索。至10月，2个试点村（居）基本建立“归属清晰、权责明确、利益共享、保护严格、流转规范、监管有力”的农村集体经济组织产权制度，基本实现资产所有股份化、收益分配股红化、股权流动规范化、监督约束法制化的目标。

二、农村产业结构调整与产业发展

20世纪80年代末至90年代初，全县围绕一个基础（种植业），两大支柱（畜牧业、乡镇企业），抓粮、油、猪、桑、果、麻、烟、禽、菜（榨菜）、茶十大骨干品种生产。1993年与1978年相比，农业总产值（1990年不变价）中，种植业比重由70.7%下降到51.6%，林业产值由2.5%上升到2.9%，畜牧业产值由22.6%上升到39.2%，副业产值由3.7%上升到4.9%，渔业产值由0.5%上升到1.4%。1993年，种植业产值占农业总产值比重，虽比1978年下降19.1个百分点，但绝对值增长58.8%。其余4业产值占农业产值比重，虽比1978年上升幅度不大，但绝对值林业增长1.34倍、畜牧业增长2.75倍、副业增长1.83倍、渔业增长5.96倍。

1994—1997年，全县围绕“前乡果后乡粮，背斜两翼放牛羊，蚕桑禽鱼建基地，三业三品奔小康”，主要抓两个薄弱环节（即：农副产品和流通），抓好六大重点产业（粮油业、种子业、蚕丝业、果品、畜产品、水产品）。建成以拔山、新立、官坝等30个乡（镇）为重点的商品粮油基地；建成以马灌、永丰、金声、新场等8个乡（镇）为重点的双杂种子基地；建成以汝溪、官坝、三汇等14个蚕桑基地乡（镇）为重点蚕茧基地；建成以井、大岭、任家、新生、黄金、涂井等乡（镇）为重点优质果品基地；开发以忠州、巴营、新场、汝溪等乡（镇）为重点的节粮型畜禽为主的八大片畜产品基地；建成以黄钦、白石等乡（镇）为重点的水产品基地。1997年与1994年相比，农业总产值增长45.3%。农业总产值中，种植业比重由60.7%下降到54.5%，林业产值由2.8%下降到1.7%，畜牧业产值由34.6%上升到41.8%，渔业产值由1.9%上升到2%。

1998—2000年，以结构调整为主线、农民增收为目标、实施产业化经营为突破口，发展“3+2”（柑橘、银杏、大豆、蚕桑、种子）特色产业。建成以新立、拔山、井等乡（镇）为重点的施格兰基地果园；建成以井、涂井、任家、新生等乡（镇）为重点的银杏基地；在全县42个乡（镇）建立18万亩大豆基地；在官坝、三汇、汝溪等14个乡（镇）建蚕桑基地乡镇；在马灌、永丰、金声等乡（镇）建立双杂制种基地；至2000年，全县农业总产值为84 621万元，比1997年增长4.3%。2000年与1998年相比，农业产值增长3.7%。农业总产值中，种植业比重由57.4%下降到54.4%，林业产值由1.9%上升到2%，畜牧业产值由38.4%上升到41.6%，渔业产值由2.2%下降到2%。

2001—2015年，以农业产业化经营为目标、农民增收为核心、提高农业比较效益为突破口，以柑

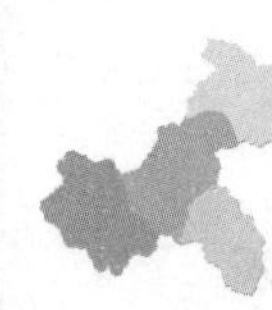

橘、出口创汇型生猪、草食牲畜、蚕桑、优质黄籽油菜、生态水产、休闲农业、农村电子商务、标准化蔬菜基地、笋竹、红豆杉、大豆、种子、苎麻、食用菌等农业产业化工程为载体，发展优质柑橘业、粮油业、笋竹、两杂制种业、蚕桑丝绸业、畜禽产业、中药材、食用菌、苎麻等产业及农村第二、第三产业，建立示范主题为“三峡库区现代柑橘生态循环农业”的重庆市忠县国家现代农业示范区，推进一二三产业融合发展。引进和培育三峡柑橘产业发展有限公司、博富文柑橘有限公司、天运液体生物燃料有限责任公司、忠州豆腐乳有限公司、重庆美丝农业综合发展有限公司等农产品加工龙头企业，农业产业的主导产品实现深加工。发展各类农村专业合作经济组织。1978 年忠县生产总值为 10 405 万元，1986 年增至 26 088 万元；2015 年为 222.4 亿元，是 1978 年的 213.7 倍、1986 年的 85.2 倍。1978 年忠县地方财政收入为 726 万元，1986 年增至 1 505 万元；2015 年为 13.4 亿元，是 1978 年的 184.6 倍、1986 年的 89 倍。1978 年全县农民人均纯收入为 134 元，1986 年增至 260 元，2015 年为 1.1 万元。1986—2015 年，均递增 13.5%。2015 年，农业总产值 50.6 亿元，农、林、牧、渔分别占 63%、2.6%、31%、3.4%。农业总产值比重比 1985 年下降 11.2%，林业下降 3.1%、牧业下降 11.3%、渔业下降 0.6%。

三、减轻农民负担和惠农政策

（一）减轻农民负担

1993 年 5 月和 10 月，忠县县委、县人民政府相继发出《关于废止和修改与〈四川省农民负担管理条例〉不相一致的有关文件、条款的通知》《关于转发省委、省政府〈关于贯彻“中共中央、国务院有关切实减轻农民负担规定”的通知〉的通知》，共清理涉及农民负担文件 49 份，其中废止 17 份，修改 12 份，停止执行 20 份。

1997 年，忠县推行三化（提留公开化、使用民主化、管理制度化）三项（预决算制度、监督卡制度、审计制度）制度，农民负担管理工作走上制度化、规范化、法制化轨道。2000 年，统一规定上卡项目，统一填写程序，农民凭卡交费，干部凭卡收费。

2001 年，忠县取消统一规定的劳动积累工和义务工预算审批；教育排危审批 38 个乡（镇），人均控制在 10 元以内，贫困乡（镇）控制在人均 5 元以内。设置农民负担公示栏，审计违规金额，清退一期农网改造结余款，减少报刊征订费，禁止“在农村地区收取宅基地有偿使用费”等行政事业性收费 7 项。2002 年，进行农村税费改革，取消农村集体提留和乡（镇）统筹费，禁止任何形式的集资摊派和生产性统筹费用，实行收取农业税、农业税附加和农业特产税附加及农村村级一事一议收费办法。

2002 年后，农民负担工作重点由“治乱”“治重”转移到巩固农村税费改革成果，有效防止农民负担反弹的新阶段。管理办法有 5 条，即：规范涉及农民负担的行政事业性收费管理，加强对涉及农民负担文件出台、项目公示的审核；加强对农业生产性费用监管；强化村民“一事一议”筹资筹劳监管；加强向农村合作经济组织乱收费、乱摊派等问题的监管；做好对农民补贴、补偿和对村级财政性补助资金的监管，并将农民征地补偿等纳入监管范围。2004 年，中共中央、国务院下令全部免征农业税和农业税附加及农业特产税附加，至此，农民结束了缴纳“皇粮国税”的历史。农民只承担自己享用的生产性、公益性、“一事一议”费用。2010 年，健全完善农民负担监测、信访、公示、审计、重大案件报告、责任追究、一票否决等制度，做好“一事一议”财政奖补试点工作。开展“一事一议”财政奖补试点乡镇 28 个，财政奖补资金 1 900 万元。2013 年，解决计划生育、农民建房、农村义务教育等领域多收乱罚及向村级组织、农民专业合作社乱收费、乱摊派问题。2005—2015 年，完善和落实涉农收费文件“审核制”、涉农收费和价格“公示制”、村级组织公费订阅报刊“限额制”、农民负担“监督卡制”、涉及农民负担案（事）件“责任追究制”等制度，建立健全涉及农民负担政策文件会签、信息公开和备案制度，推行农村基础设施建设项目审核制度，严格落实有关政策，从源头上制止加重农民负担。2015 年，全县按照规定程序和标准共审批一事一议筹资筹劳项目 45 件，涉及一事一议筹资筹劳金额 410 万元。

（二）惠农政策

2004 年，忠县实行恢复撂荒地直补和再生稻直补。2006 年，实行水稻直补。2007—2015 年，主要实行农资综合补贴（含种粮大户补贴）、粮食直补和良种直补。2013 年起，忠县县农业委员会同保险承办机构在石黄、金声、马灌、官坝等乡（镇）开展水稻、玉米政策性农业保险试点工作。通过试点，研究制定符合农业保险特征和忠县实际的工作机制和工作流程。2013—2015 年，累计投保面积 18 万亩，保费收入 350 万元，保险理赔 160 万元。2015 年，农民享受农资综合补贴 227 931 户，6 577. 5 万元；享受粮食直补 227 931 户（含种粮大户），185. 3 万元；享受农作物良种补贴 22. 26 万户，1 230. 6 万元。

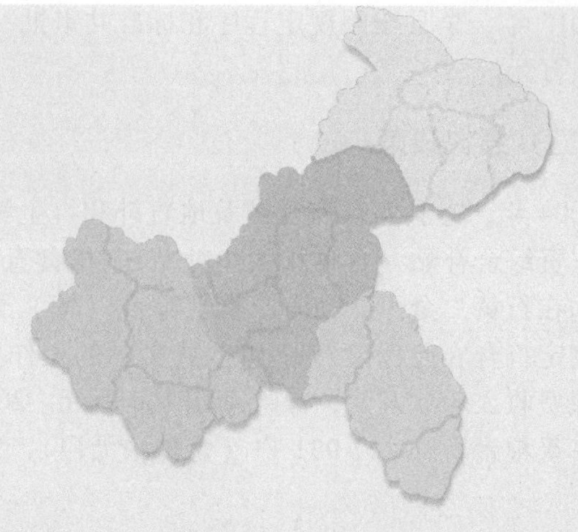

第二十九章 开　县

第一节　基本概况

开县于东汉建安二十一年（216 年）建县，北周天和四年（569 年）设开州，隋开皇十八年（598 年）改开州为万州，唐武德元年（618 年）改万州为开州。明洪武六年（1373 年）降州为县，始名开县，县名沿用至今。开县景物繁华，人杰地灵，有“金开银万”之称。唐宰相韦处厚曾任开州刺史；著名的军事家、开国元帅刘伯承出生于开县赵家场，故名帅乡。

开县位于重庆市东北部，长江之北，大巴山南坡与川东平行岭谷的结合地带，全县总面积 3 963 平方千米，山地、丘陵、平坝并存，分别占 63%、31%、6%，即“六山三丘一分坝”，有耕地面积 151 万亩。2015 年末，辖 7 个乡、26 个镇、7 个街道；有户籍人口 168. 35 万人，城镇化率 32. 21%；有常住人口 117. 07 万人，城镇化率 43. 42%。

开县是三峡工程重庆库区 8 个重点淹没区（县）之一，累计搬迁安置人口 16. 9 万人。具有淹没搬迁最集中、经济损失最大、时间跨度最长、搬迁难度最大等特点。淹没的耕地、拆迁的房屋、动迁人口分别占库区的 9. 9%、13. 08%、14. 13%，其中淹没县城 1 座。

第二节　农业农村经济

开县农业农村经济情况见表 20－29－1。

表 20－29－1　1986—2015 年开县农业农村经济情况

分期		地区生产总值（亿元）	农业总产值（亿元）	农业增加值（亿元）	农业增加值占比	农民收入状况		
						人均纯收入（元）	城乡收入比	农村居民恩格尔系数（%）
“六五”末	1986 年	4. 76	4. 21	3. 02	63. 45	254	—	57. 14
“七五”末	1990 年	7. 72	7. 30	—	—	439	—	—
“八五”末	1995 年	22. 37	17. 21	—	—	1 074	—	—
重庆市直辖后	1997 年	31. 23	21. 00	13. 43	43. 00	1 481	—	—
“九五”末	2000 年	36. 85	21. 00	13. 21	35. 85	1 578	—	—

（续）

分期		地区生产总值（亿元）	农业总产值（亿元）	农业增加值（亿元）	农业增加值占比	农民收入状况		
						人均纯收入（元）	城乡收入比	农村居民恩格尔系数（%）
“十五”末	2005 年	67.87	32.36	19.44	28.64	2 471	2.97：1	50.42
“十一五”末	2010 年	149.28	45.76	30.14	20.19	5 079	2.72：1	51.10
“十二五”末	2015 年	325.98	80.56	52.53	16.11	10 170	2.34：1	43.40

第三节　农村扶贫

1986 年，开县定为四川省贫困县，设立开县扶贫办公室，全面启动扶贫工作。同年，全县年人均纯收入 150 元以下的建卡贫困户 4.72 万户 18.48 万人，其中绝对贫困人口 9.9 万人。到 1993 年年底，全县越温达标（年人均纯收入 200 元，粮食 600 斤）。

1994 年，按《国家八七扶贫攻坚计划》标准，全县建卡贫困户 4.25 万户 15.82 万人。到 2000 年年底，全部越过温饱线（人均纯收入 500 元粮食 800 斤）。

2001 年，按照全国新标准，全县农村贫困人口 30.41 万人，其中绝对贫困人口 10.21 万人；2002 年，被定为全国扶贫开发重点县；2012 年，被定为新一轮国家级贫困县，有市级贫困村 112 个 13.8 万人；2014 年，按全国新一轮贫困标准，全县确定市级贫困村 135 个，3.36 万户，11.92 万人。

到 2015 年，中央、重庆市、开县共投入扶贫资金 14.6 亿元，新建改建贫困村公路 0.21 万千米，解决 72 万人行路难；新建改建人饮池 0.15 万口，解决 14.6 万人饮水难；启动建设美丽乡村居住点 194 个，完成易地扶贫搬迁 2.68 万人；贫困村卫生室达标，村级便民服务中心、文化体育活动中心全覆盖；养老、医疗保险率分别达到 92%、96%，建卡贫困户小额保险全覆盖。年末，全县贫困村 120 个，比上年减 11.1%；贫困人口 7.49 万人，比上年减 37.42%；贫困人口占农业人口比重下降到 6.5%，脱贫人口人均可支配收入达到 0.49 万元。

第四节　农业主要产业

1986 年起，根据中共中央“决不放松粮食生产，积极发展多种经营”的方针，开县农业结构调整以发展多种经营为主。2003 年，重点发展肉食、粮油、柑橘 3 个支柱产业和中药材、油桐、魔芋、竹材、烟叶 5 个特色骨干产品。2005 年，实施“3 + X”（畜牧、粮油、果品 + 其他）结构调整，2012 年，提出发展生猪、柑橘、肉兔、中药材、蔬菜、生态鱼等“六荤三素”特色产业。2015 年，开始构建“332”产业体系，即粮油、生猪、蔬菜和以柑橘为主的水果、以山羊为主的草食牲畜、以大鲵为主的生态渔业，以及中药材、饲料桑。

一、粮油

开县是产粮大县，1986—2015 年，粮食播种面积 15.32 万～12.19 万公顷。1986—1994 年，粮食产量 45 万～49 万吨；1995 年，粮食首次突破 50 万吨，总产 53.9 万吨。此后，除 2000 年和 2006 年受特大自然灾害低于 50 万吨外，一直稳定在 53 万吨以上。2002 年，开县进入全国产粮 100 强县，居 96 位，列重庆第三名；2014 年粮食总产量首次突破 60 万吨；2015 年达到 60.62 万吨，比 1986 年增长 33.6%。2003 年、2009 年、2010 年、2011 年、2013 年，开县被评为全国粮食生产先进县。

水稻是开县的主要粮食作物，优质米生产历史悠久，“大慈山”桂花米曾作贡米。“九龙山”牌系列精米被评为2003年重庆市优质农产品，“钦穗”牌桂花香米、龙茶油米、龙茶贡米被认证为绿色食品、重庆市名牌农产品。敦好镇“晚佳”米、竹溪镇“竹溪”牌再生稻米享誉市内外。全县常年种植面积3.1万公顷，产量20万吨，占粮食总量的1/3。海拔400米以下河谷地带适宜蓄留再生稻，适宜区域0.67万公顷。2002年，竹溪镇竹溪村优质再生稻高产田块经市、县两级验收，每公顷产量为8.53吨，创单个田块世界同纬度纪录。2009年，竹溪镇百亩“中稻+再生稻”攻关两季平均每公顷18.57吨创百亩连片双季世界同纬度纪录。2013年，岳溪镇千亩“中稻+再生稻”高产攻关两季平均每公顷16.76吨，创千亩连片双季世界同纬度纪录。2015年，全县成功蓄留面积0.6万公顷，总产量1.2万吨。

开县被农业部列为油菜优势种植区域，是全市最大的油菜籽生产县，面积和产量均占重庆市的10%以上。重庆帅笑实业集团有限公司生产的“帅笑”牌植物油畅销县内外。1986年，全县种植油菜1.33万公顷，产量1.73万吨，是油菜生产鼎盛时期，以后种植面积徘徊稳定，单产逐年提高。2015年增长到2.14万吨，比1986年增长23.7%，比1997年增长67.2%（表20-29-2）。

表20-29-2 开县1986—2015年粮食、油菜生产发展情况统计

年份	粮食		油菜籽		年份	粮食		油菜籽	
	面积（万公顷）	产量（万吨）	面积（万公顷）	产量（万吨）		面积（万公顷）	产量（万吨）	面积（万公顷）	产量（万吨）
1986	14.89	45.37	1.33	1.73	2001	14.55	57.04	1.00	1.19
1987	14.83	46.00	1.33	1.89	2002	14.27	58.34	0.90	1.04
1988	14.99	30.01	1.20	1.28	2003	13.47	59.23	1.00	1.15
1989	15.23	44.50	1.10	1.01	2004	13.59	55.70	1.00	1.64
1990	15.30	45.06	1.33	1.37	2005	13.83	58.20	1.09	1.57
1991	15.30	47.96	1.33	1.78	2006	13.66	49.82	1.11	1.79
1992	15.30	48.69	1.20	1.59	2007	13.80	58.83	1.10	1.81
1993	15.30	47.08	1.00	1.28	2008	12.19	57.94	0.72	1.38
1994	15.40	48.97	1.00	1.12	2009	12.29	57.57	0.76	1.45
1995	15.20	53.90	1.10	1.45	2010	12.51	58.57	0.80	1.58
1996	15.40	56.46	1.10	1.23	2011	12.66	59.04	0.81	1.60
1997	15.30	58.94	1.00	1.28	2012	12.65	59.08	0.89	1.78
1998	15.30	59.04	1.00	1.65	2013	12.67	59.95	0.89	1.78
1999	15.20	59.04	1.09	1.09	2014	12.68	60.12	1.00	2.04
2000	14.78	46.74	1.04	1.26	2015	12.70	60.62	1.03	2.14

二、果品产业

开县是重庆市10个水果重点产区之一，主要水果有柑橘、李、梨、桃、草莓、枇杷、猕猴桃、樱桃等，现有面积3.64万公顷，产量43.48万吨，居全市前列。

开县是全国柑橘生产示范样板县，享有“橘乡”的美誉。柑橘是全县的主导产业，种植历史悠久，《后汉书·地理志》载“朐忍，容毋水所出，南［入江］有盐官、桔官”。1986—1994年，开县柑橘实现大发展，1985年种植柑橘0.27万公顷，产量2.98万吨，1994年发展到0.35万公顷，产量4.85万吨。1995—2000年为稳定发展时期，主要以提高品质为主，采取改换良种、改造老品种和老果园，分期分批伐旧更新，2000年改换早、中、晚熟良种500万株，柑橘面积稳定在0.30万公顷左右。2001—2005年为发展提高时期，开县县委、县人民政府提出打造“重庆果品第一县”和“中国锦橙第一县”的总体目标，并加大柑橘了产业投入，2005 年全县柑橘达到 1.94 万公顷，产量 11.92 万吨，柑橘良种率 58%，果品优质率 52%，成功举办首届锦橙文化节，把开县的柑橘推向全国、走向世界。

2006—2007 年，受三峡库区淹没影响，开县柑橘面积出现短暂下滑，但从 2008 年开始，国家加大了对库区后续产业的扶持，并着力进行结构调整，柑橘产业快速恢复并迅速壮大。2008 年，引进重庆天邦食品股份有限公司和重庆尚果农业科技有限公司，年加工鲜果 20 万吨，产浓缩橙汁 1.5 万吨、鲜橙汁 5 万吨，橙汁加工规模居重庆第一、全国第二。2009 年，引进重庆恒河果业有限公司在厚坝现代农业园区建成全国最大的晚熟柑橘良种苗木繁育场，承担全市新品种区域试验示范和储备基地。2015 年，全县种植柑橘 2.41 万公顷，产量 22.91 万吨，比 1986 年分别增长 8.9 倍、7.7 倍，早、中、晚熟品种结构已调整为 2∶46∶52。晚熟品种中锦橙 1.33 万公顷，产量 10 万吨，居全国第二，重庆市第一。

1986 年，开县培育的“72－1 锦橙”在全国柑橘中、晚熟品种评选会上被评为“全国优质农产品”，并以 36.47 分的总成绩荣获金杯奖。1994 年开县锦橙、椪柑、脐橙分别获第二届中国农业博览会金、银、铜奖。1999 年，“渝开”牌锦橙被中国国际农博会评为“国际农业名牌”，获金奖。2009 年，“开县春橙”被国家工商行政管理总局注册为地理标志产品、中国果品流通协会评为“中华名果”、中国果品区域公共品牌 50 强，2015 年，被国家质量监督检验检疫总局评为生态原产地保护产品，通过浙江大学 CARD 中国农产品品牌研究中心评估，品牌价值 8.7 亿元。

三、蔬菜产业

蔬菜产业开县重点发展的主导产业之一。1986 年，全县蔬菜播种面积 0.47 万公顷，产量 5 万吨，品种以大白菜、甘蓝、萝卜、莴苣为主。1986 年后，蔬菜产业的商品率和市场化程度逐渐提高，引进杂交蔬菜品种 150 余个。1990 年，开县人民政府成立蔬菜办公室，逐步推广塑料大棚种植蔬菜，在白桥乡、河堰镇建立辣椒生产基地 334 公顷。到 1997 年，蔬菜播种面积 1.33 万公顷，产量 19 万吨。

三峡工程蓄水后，城郊蔬菜生产基地全部淹没。2006 年开始，在竹溪镇、南门镇、河堰镇等建设新的蔬菜基地。到 2015 年末，建成规范无公害的城郊低坝、中山特色、高山反季节蔬菜基地 0.39 万公顷，拥有标准化日光大棚 1.1 万个，共 250 万米^2，钢架智能温室 5 个，共 2 万米^2，蔬菜加工企业 3 家，组建县级蔬菜产销协会 1 个、蔬菜专业合作社 117 个，认证无公害蔬菜基地 5 个、绿色食品标志 2 个、无公害农产品标志 95 个，全县蔬菜播种面积达到 2.8 万公顷、产量 44.4 万吨，是 1986 年的 5.9 倍、1997 年的 2.1 倍。

四、桑产业

桑产业曾是开县农村经济发展的骨干产业之一，其中蚕桑产业为农民增收、国家增税、出口创汇和就业发挥了重要作用，主要布局在临江、中和、义和、铁桥、南雅、岳溪等 10 个乡（镇）。1986 年，全县桑园 1.04 万公顷，年养蚕 3.37 万张，产茧 41.08 万千克。建有 2 家丝厂，1 家绸厂。1989 年组建开县国营蚕种场。1993—1995 年，对新植桑和老桑树改造进行扶持。1995 年，桑园面积达到 1.22 万公顷，年养蚕 7.66 万张，产茧 117.23 万千克，是蚕桑产业发展鼎盛时期，以后蚕桑生产逐年下滑。2011 年，传统栽桑养蚕向桑树的多元化开发利用转型，在三峡库区湿地、库岸创建种桑养畜工程，桑产业得到复兴，兴办桑叶养鸡农场 6 家，养羊、鱼、鹿等企业 6 家。到 2015 年，桑园面积 0.13 万公顷，其中饲料桑、果桑 400 公顷，养蚕 0.14 万张，产茧 0.48 万千克，产值 0.58 亿元。

五、茶叶产业

茶叶产业曾经是开县实施“3＋X”结构调整的重点产业，1986 年，全县茶叶面积 0.22 万公顷，产

量628.2吨。1989年，开县提出“稳定面积、主攻单产、增加效益”的茶叶发展方针，从抓名优茶开发入手，注重提高质量，增加效益、加强低产茶园改造，重点发展敦好龙珠茶和正坝、大进名优茶。此后茶叶面积下降，但产量增长，到1997年，茶叶面积下降到0.13万公顷，产量增长到0.10万吨，比1986年增长63%。其间，“龙珠茶”1992年被评为“三峡最佳名茶”。1995年参加全国第二届农业博览会获金奖。2005年，全县累计改造茶园800公顷，新建茶园187公顷，全县种茶面积0.12万公顷，产茶677吨，细茶340吨。2007年，龙珠茶获有机食品标志认证，“龙珠”牌被评为重庆市著名商标，产品远销日本、中国香港等10多个国家和地区，在第四届国际茶博会上创下200克茶叶拍卖9.8万元的天价。近年，茶叶面积和产量均出现萎缩。2015年，全县有茶叶加工企业7家，面积0.12万公顷，产量623吨，产值0.57亿元。

六、中药材产业

中药材产业一直是开县重点发展的特色骨干产业，常年生产品种300多个，规模发展品种30多个，有川东药库之称。主要分布在大进镇、谭家镇、关面乡、满月乡、白泉乡等北部山区。1986年后，中药材发展较快，全县种植808公顷。1990年后，除规模发展黄连、木香、党参、柴胡等优质中药材外，另建立杜仲、黄檗、厚朴三木药材基地0.23万公顷。1998年，开县列入国家木香生产基地，年产量0.3万吨，占全国总产量的70%，产品出口韩国、日本等国家和地区。2002年，引进黄姜、木瓜，分别发展200公顷、133公顷。2005年，全县草本药材0.36万公顷，木本药材0.67万公顷，商品产值超过0.85亿元，组建黄姜专业合作社5个。2010年“开县木香”获国家地理标志注册。2015年，开县中药材获生态原产地保护产品认证。2015年，开县中药材发展到1.08万公顷，是1986年的13.4倍，产量10.4万吨，产值3.16亿元，均成倍增长。

七、畜牧产业

20世纪80年代，开县畜牧养殖除生猪外，多为传统的散养，牲畜多为役用，经济效益低下。90年代，开县把发展畜牧业作为农村经济的主导产业，规模化养殖逐步兴起，迅速发展，并由偏重数量增长向数量和质量并重的方向转变，成为全县农村经济的支柱产业和农民增收的重要途径。

（一）生猪

1986年以来，开县生猪产业一直保持稳健发展。1986年，在镇东乡进行科学养猪示范并推广到10个乡。1987—1988年，全县推广“双推五改”技术。1989年，被列为全国商品瘦肉猪基地县。2001年，被重庆市列入“外种猪杂交制种”项目示范县。2002年被重庆市确定为“百万头优质瘦肉猪产业化工程”项目实施县。2005年，全县长白、约克、杜洛克等良种猪0.12万头，基础母猪8万头，建成万头猪场1个（钱江种猪场），千头猪场4个，百头以上的大户176户。到2015年年末，建成优质瘦肉猪基地乡镇30个，生猪规模养殖场672个（其中年出栏1万头以上的1个，1 000头以上的32个），规模化率达到56%。

1986年，开县生猪存栏88万头，出栏54.1万头；1997年，存栏98.9万头、出栏119万头。此后生猪徘徊下滑，但一直稳定在100万头以上，并多次被评为全国生猪调出大县。2015年，生猪存栏78.5万头、出栏106.5万头，分别比1997年下降26%、10.5%。

（二）山羊

1986年，开县被农业部、轻工业部和中国国际贸易促进委员会列为“山羊板皮出口基地县”，给予基建投资和扶贫贷款39.5万元，建山羊基地乡23个，购发展基础羊0.87万只。1991—1992年，参加农业部山羊丰收计划，进行“两改两推”。1999年，开县被列为“国家级秸秆养羊示范县”。2012年，开县制定山羊产业发展意见，再次开启山羊产业快速发展序幕。2013 年，重庆开县旭辉牧业有限公司投资 0.60 亿万建成万只原种羊场；2013 年，在温泉镇建成特色养殖园区建成标准化羊场 15 个，是年全县新建羊场 160 户。2015 年，全县重点基地乡（镇）7 个，规模羊场 576 个，规模养羊户 0.30 万户，规模化率 62%。

1986 年，全县山羊出栏 1.9 万只，此后逐年增长。1997 年，出栏 27.5 万只。1998 年，出栏下降到 22.5 万只，此后又逐年恢复增长。2007 年出栏 47.1 万只，达到最高峰。2008 年，出现断崖式下滑后又逐年恢复。2015 年，出栏达到 42.2 万只，是 1986 年的 22.2 倍，是 2007 年的 89.6%。

（三）肉牛

20 世纪 80 年代至 90 年代初，牛作为生产资料以役用为主。随着人民生活水平的提高和退耕还林还草，逐步向肉用、奶用和役用 3 个方向发展。1986—1995 年，牛的存栏量变化不大，稳定在 3.9 万～4.5 万头。1996—2005 年，稳定在 4.1 万～5.6 万头。1991 年后，出栏数迅速增长，1991 年出栏 3 282 头，1995 年 1.05 万头，2000 年 1.56 万头，2005 年 2.65 万头，此后开始下降，2015 年出栏 1.57 万头，比 2005 年下降 40.8%。

（四）家禽

1986 年以前，家禽是农村家庭的副带产业，以自食为主，商品率低，养殖规模小。1986 年年末，全县家禽存栏 103 万只，出栏 202 万只，1997 年以后家禽养殖持续增长。2007 年末，家禽存栏 615 万只、出栏 0.10 亿只，分别是 1986 年的 6 倍和 5 倍。2008 年，开始逐年下降，农户散养萎缩，大户开始规模养殖产业开发，2012 年，开始回升，并出现桑叶鸡、桑叶蛋等特新产品。2015 年末，全县建规模养鸡养鸭场 174 个，其中常年存栏 5 万只以上的 10 个，规模化率 82%，桑源桑叶蛋、海田桑叶蛋被评为国家生态原产地保护产品，家禽存栏 350 万只、出栏 582 万只，分别比 2007 年下降 43%。

（五）肉兔

1986 年，毛兔存栏 36.5 万只。1987 年后，兔毛价格暴跌直到拒收，养毛兔亏本。随着市场对兔肉的需求增加，农民开始改养肉兔，肉兔成为开县的新兴产业。1997 年，肉兔存栏 26.15 万只，出栏 1.57 万只。2007 年，引资组建重庆康大聚鑫兔业有限公司，在九龙山镇东坝村建成全国规模最大、功能最全的肉兔养殖场，在全县建立 10 个直属基地、16 个示范乡（镇）、72 个示范村、38 个专业合作社，年出栏 1 万只以上规模的养兔场 254 个，其中 3 万只以上 18 个、2 万只以上 85 个，规模化率 94%，成功创建市级“出口兔肉质量安全示范区”。到 2015 年，肉兔存栏 312 万只、出栏 609 万只，分别比 1997 年增长 12 倍、388 倍。

八、水产产业

1986 年后，开县水产经历了 1986—2005 年和 2010—2015 年两个大的发展时期。1986 年，养殖水面 0.20 万公顷，成鱼产量 0.3 万吨。到 1997 年，养殖水面 0.21 万公顷，成鱼产量 0.6 万吨，比 1986 年翻一番。2005 年，养殖面积 0.25 万公顷，出水成鱼 0.7 万吨。近年来，引进胭脂鱼、岩原鲤、中华倒刺鲃、食吻鲟等新品种和甲鱼、小龙虾等特色品种，大力发展以大鲵为主的北部山区冷水渔业，开县渔业由产量到质量、由常规到特色绿色的转变。到 2015 年，养殖水面 0.53 万公顷，产量 2.63 万吨，分别比 1986 年增长 2.6 倍和 8.7 倍，比 2005 年增长 2.1 倍和 3.7 倍。

2012 年以来，开县利用地下水资源丰富和中国大鲵原产地自然保护区优势条件，把以大鲵为主的冷水鱼产业作为发展特色效益农业、带动农民增收的重点产业来抓，投入财政资金 0.74 亿元，带动社会资本投入近 4 亿元，推进了冷水鱼产业发展。2015 年年末，已发展大鲵养殖企业 20 家，其中大鲵人工繁殖基地4家、裂腹鱼繁殖基地1家、大鲵加工企业2家，研发大鲵加工系列产品20余种于2014年上市。大鲵黏液3D生物打印材料和临床医疗应用研发属国际前沿科技，“大鲵营养罐头研发及产业化”项目选入2015年国家星火计划。2015年年末，开县的大鲵养殖存量26万尾、产量20吨，是重庆市最大的冷水鱼养殖基地。

第五节　产业发展重大举措

一、稳定和完善农业生产责任制

1988年，开县县委组织工作组在郭家镇对完善双层经营合作制进行试点。同年，出台《关于巩固完善农村双层经营合作制成果进一步深化农村改革的意见》，双层经营合作制在全县得到完善，组建合作社1.30万个，合作管理机构0.10万个，植保专业队427个，专业技术协会543个。

1990年，出台《关于完善农村土地承包调整办法试行意见》，对稳定家庭联产承包责任制起到了重要作用。1995年，开县县委、县人民政府《关于完善土地承包责任制放活土地使用权的意见》，明确放活土地使用权，建立起农村土地流转机制，促进了农村土地向规模大户有序流转。

1998年，开县县委、县人民政府《关于进一步稳定和完善农村土地承包关系的通知》，明确土地承包期再延长30年，林地延长50年，让农民吃了定心丸。全县37.1万个农户喜获《土地承包经营权证书》，承包土地9.79万公顷；37万农户获《林权证书》，承包林地19.27万公顷。

1995年，开县县人民政府出台《拍卖“四荒”使用权试行办法》。1998年年末，全县拍卖山坪塘0.91万口，放活使用权1.3万口，出让小二型水库使用权12座，出让荒山荒坡0.37万公顷，开发山沟85处，拍卖四荒成交额1.4亿元。

二、推进农村产业结构调整与产业发展

1993—1995年，开县设立新桑园发展奖，以乡（镇）为单位，成片栽植1公顷桑园区奖给乡（镇）90元，成片栽植200公顷以上部分，每公顷再增发奖金60元。同时设立老桑树改造奖，以乡（镇）为单位，每年改造原有低产、劣质和老化桑树，嫁接成活良桑10万株以上的奖500元，20万株以上的奖100元，两年累计改造嫁接良桑90%以上的再奖1 000元，促进了全县桑园发展。

1999年8月，开县县委、县人民政府在白桥乡召开的农业结构调整会议，是开县农业结构调整的里程碑。同时发出《关于调整农村产业结构推进农业产业化经营的决定》，制定了《开县农村产业结构调整“十五”规划》，确立了调整品种品质、粮经、种养和农村一二三产业结构的路径，建设四大特色经济带，发展粮油、果品、茶叶、蚕桑、中药材、畜牧、蔬菜、水产八大优质产业。

2000年，开县县人民政府出台《开县退耕还林（草）工程实施办法（试行）》，对退耕还林的2.1万公顷林地颁发18万本林权证。到2015年，粮食作物面积减少到12.6万公顷，经济作物面积扩大到5.4万公顷，粮经比调整到1∶0.43。

2002年，开县县人民政府出台《关于实施百万亩优质中药材产业化项目的意见》，在中药材生产优势乡建立木香、玄胡、柴胡、黄连、银杏、杜仲等骨干药材生产基地1.34万公顷。

2003年，开县县人民政府出台《竹溪高效生态农业科技示范园区现场办公会纪要》，要求竹溪高效生态农业科技示范园区发展规模更大、层次更高。2015年，十里竹溪生态养生庄园被评为“全国休闲农业与乡村旅游示范点”。

2004年，开县县人民政府出台《关于扶持家禽业发展若干措施的通知》，保持和促进了家禽业持续稳定发展。

2007年，开县县人民政府出台《关于抓好生猪生产工作的意见》，提出了“19631”（出栏肥猪

100万头，其中三元杂交优质猪90万头，养猪50头以上的大户出栏量占总量的60%，出栏1万头以上的生态养猪小区30个，产值10亿元）的“十一五”生猪发展目标，出台了“母猪保险、种猪补贴、建站配种补贴、扶持防疫体系建设、扶持规模养殖”五大扶持政策，促进了生猪生产稳健发展。

2009年，开县县人民政府出台《进一步加快柑橘产业发展的意见》，明确了柑橘产业发展的总体目标；要求种植区采取有效措施，把开县建成全国锦橙第一县，重庆市果品第一县。

2010年，开县县委、县人民政府放活山林经营权发展林下经济，促进农民增收。对柑橘、蔬菜、渔业、肉兔、生猪、禽类、林果、中药材等产业的生产发展、产品销售、品牌打造、科技支撑进行扶持。鼓励科技人员承包开发农业生产基地，同等享受同类产业的扶持政策。

2012年，开县县人民政府出台《关于加快山羊产业发展的意见》，按照“树立样板，扩大规模，集中连片”的原则，以北部山区的白泉、满月、大进等16个乡（镇）为重点，建设山羊发展基地，打造全国山羊生产大县；2013年，开县县人民政府《关于肉兔产业扶持办法》，对肉兔养殖大户进行扶持。

2013年，开县县人民政府出台《加快推进现代农业综合示范工程建设的通知》，注重特色效益，发展效益农业，统筹城乡发展一体化。

2013年，开县县人民政府出台《关于加快推进现代农业园区建设的通知》，按照“政府引导、多元投入”的发展思路，创建南门了市级现代农业综合示范工程；厚坝、长沙、竹溪、温泉4个县级现代农业园区；郭家万亩桃园、铁桥万亩梨园、丰乐百果博览园、渠口湿地渔业园、长沙狮子山生态园5个休闲观光农业园区。

2014年，开县县人民政府《关于冷水渔业发展扶持办法（暂行）》，加大扶持力度，推进冷水渔业发展。

2015年，开县县人民政府出台《关于加快休闲农业与乡村旅游示范点建设的通知》，坚持“农旅结合、以农促旅、以旅强农”方针，创建60个乡村旅游示范点，其中国家级12个、市级25个。当年，开县被评为“全国休闲农业与乡村旅游示范县”。

2015年，开县县人民政府出台《关于大鲵产业发展扶持办法》，对规划区域内扩大养殖大鲵规模、从事大鲵研发加工、市场营销及品牌打造的业主进行扶持。

三、推进农村改革与发展

1986年以来，中央、省、市加大农业投入，开县县委出台《关于建立农业发展基金和合作基金的决定》，建立了县级农业发展基金制度。农业发展基金逐年递增，从1988年的30万元增加到2015年3 000多万元，增长100倍。

1995年，开县县委、县人民政府出台《关于完善土地承包责任制放活土地使用权的意见》，建立土地流转机制，促进土地有序流转。

2006年，开县从中央农资综合补贴资金中切块15%对种粮大户试点扶持；2007年，试点经验在重庆市全市推广。2012年，开县人民政府印发《关于培育种粮大户促进粮食规模生产经营的通知》；2013年，出台《开县种粮大户信用贷款办法（试行）》，对种粮大户农机购置、信用担保贷款、基础设施、土地流转等进行全方位扶持，促进粮食生产规模经营。先后有孙昌武、王端培、朱占昌、陈流江、余江、王胜洪、王栋梁被国务院或农业部表彰为全国种粮售粮大户。

2014年，开县县人民政府印发《开县家庭农场认定管理及扶持办法（试行）》，对种、养殖业家庭农场给予扶持。2015年年末，全县累计培育家庭农场530个。

2014年，开县县农业委员会、县财政局发出《关于开展水稻玉米马铃薯保险试点工作的通知》，防范和化解农业风险，增强农业抗险力，促进农业发展。

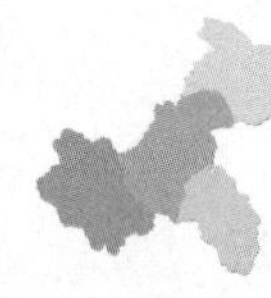

1987年以来，开县利用冬闲100天，连续19年大打以兴水、改土、造林、建园、修路为主的“百日战役”。1991年，开县县人民政府《深入持久开展农田水利基本建设的通知》，举全县之力大搞农田水利基本建设，改善农业基础条件，增强农业发展后劲。

1991年，开县县人民政府发出《关于深入持久开展农田水利基本建设的通知》《关于深化农业综合开发的通知》，提出“三统一”（统一规划设计、统一组织实施、统一管理服务）、“三不变”（土地承包关系不变、土地改造后上交提留不变、国家税收不变）、“三优先”（优先安排新技术项目、优先培训技术、优先供应农资）政策，使农田水利基本建设深入持久地开展。

1998年，开县县委、县人民政府决定，用3～5年时间建成江东浦3条百里高效生态农业走廊，集中项目资金对山水田林路进行综合治理。

2002年，开县县委、县人民政府发出《关于开展第十六个百日战役的通知》，抓住西部大开发和生态环境建设的历史机遇，继续开展农田水利基本建设。19年来，各级财政投入资金10.38亿元，农民投资5.1亿元、投工3.9亿个，完成改田改土2.3万公顷；整治水利工程1.8万处，蓄引提水量达5.39亿方；造林10.12万公顷，森林覆盖率达到47.5%。

1990年，开县县委、县人民政府出台《关于切实减轻农民负担的意见》，开县县人民政府出台《农民负担提取方案》，严格规定了农民负担的项目和标准，严禁各种形式的摊派，维护农民合法权益。

1997年，开县县委、县人民政府《关于认真贯彻执行〈中共中央 国务院关于切实做好减轻农民负担工作的决定〉的通知》，采取有力措施进一步加强和规范农民负担监督管理，原“开县减轻农民负担办公室”更名为“开县人民政府农民负担监督管理办公室”。

2000年，开县县人民政府成立农村税费改革领导小组，2001年，开县县委、县人民政府发出《关于全面进行农村税费改革试点工作的通知》，在巫山乡试点的基础上，全县取消乡镇统筹、农村教育等集资和劳动积累工和义务工，取消屠宰税、调整农业税、农林特产税。

2002年，开县县委、县人民政府《认真执行减轻农民负担四项制度三项专项治理工作的通知》，及时清理整顿“三乱”（乱收费、乱罚款、乱摊派）现象，查处违法案件，规范涉农收费行为。开县县委、县人民政府作出《关于执行减轻农民负担四项制度三项专项治理工作的情况报告》，将清理整顿的情况向重庆市委、市人民政府报告，全面完成农村税费改革，免征农业税，沿袭两千多年的农业税制从开县消失，农民不再有任何负担。

1988年，开县县委、县人民政府发出《关于建立扶贫目标管理责任制的意见》，明确目标责任和奖惩办法。1989年，开县县委、县人民政府《关于对解决温饱乡予以奖励的决定》，对扶贫开发提前越温达标的乡给予奖励，对成绩显著的个人晋升一级工资。

1988年，开县县人民政府《关于搞好智力开发增强脱贫致富后劲的通知》《关于鼓励科技人员向农村流动的暂行办法》，鼓励全县0.85万名科技人员到农村承办企业，实施智力扶贫战略。

2004年，开县县人民政府印发《开县农户迁居脱贫工程实施办法》，对生产生活和生存条件恶劣的贫困农户，为尽快摆脱贫困愿意搬迁的，按照“统一规划，分步实施”的原则实行迁居脱贫。2015年末，启动建设美丽乡村居住点239个，完成易地扶贫搬迁0.87万户，2.68万人。

2004年，开县县人民政府印发《开县农村特困户救助实施办法（试行）》，建立农村特困户救助制度，保障基本生活。

2015年，开县县委、县人民政府出台《关于扶贫攻坚脱贫摘帽的实施意见》，按照整体推进、精准施策、精准扶贫的原则，到2017年全部整村脱贫销号，摘掉“国家扶贫开发重点县”的帽子。

2012年，开县县人民政府出台《关于聘用农业产业技术体系首席专家的通知》，在农业产业技术体系中的14个产业（行业）设立农业产业技术首席专家。到2015年末，全县已建立科技示范基地29个，培育科技示范0.59万户，获得科技成果奖励8项，攻破技术难题和瓶颈30个，科技成果转化率达到

90%，科技贡献率达到56%。

2012年，开县县人民政府出台《关于加快农业科技创新着力保供给促增收的意见》，强化农业科技支撑作用，提升现代农业发展水平，完善农业科技推广体系，加强基层农技人员知识更新，纵深推进农民持续增收。

2015年，开县县人民政府印发《开县生态原产地产品保护示范区建设实施方案》，加快了生态原产地产品培育。是年，开县被国家质量监督检验检疫总局命名为“生态原产地产品保护示范区”，开县“桑源桑叶蛋”“海田桑叶蛋”“开县木香”“星星竹制品套装门”“开县春橙”5个产品被认定为“生态原产地保护产品”。

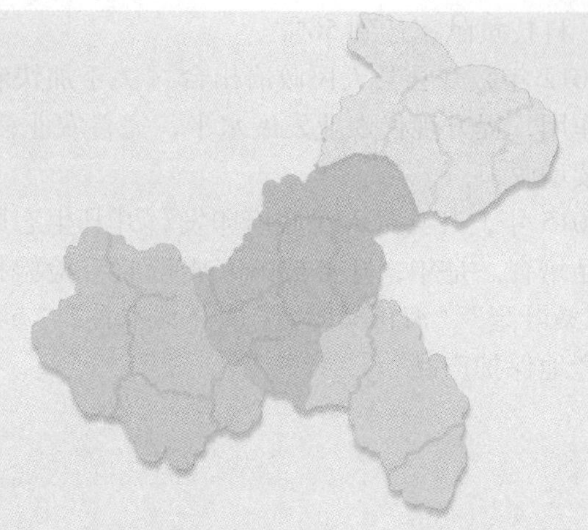

第三十章 云阳县

云阳县位于四川盆地东部边缘，川东平行岭谷区东部与盆缘山区过渡地带，三峡工程库区腹心部位。秦统一后始设朐忍县，明洪武六年（1373 年）定名云阳县。

全县总面积 3 649 平方千米，辖 7 个乡、31 个镇、4 个街道办事处。2015 年，有户籍人口 134. 6 万人，城镇化率 28. 22%；有常住人口 89. 66 万人，城镇化率 39. 45%；有耕地 120. 2 万亩，为“六山二水两分田”的土地构成。

第一节 “三农”基本概况

云阳是农业大县、移民大县、经济穷县、财政弱县。改革开放以来，云阳县委、县人民政府按照“开发大农业，改造工业，建设新城镇，拓展大流通”发展思路，以“稳粮增收调结构，脱贫致富奔小康”为农村工作重点，大力促进农村经济不断创新发展。

一、农业农村经济

云阳县农业农村经济情况见表 20 - 30 - 1。

表 20 - 30 - 1　1986—2015 年云阳县农业农村经济情况

年份	地区生产总值（万元）	农业总产值（万元）	农业增加值（万元）	农业增加值占比（%）	农民收入状况		
					纯收入、可支配（元）	城乡收入比	农村居民恩格尔系数（%）
1986	30 787	—	—	—	292. 46	—	41. 6
1990	47 246	—	—	—	—	—	—
1995	137 573	122 838	78 894	57. 3	1 018	—	—
1997	193 493	152 225	97 289	50. 3	1 445	—	—
2000	226 130	150 878	95 682	42. 3	1 495	—	—
2005	436 065	210 826	137 364	31. 5	2 223	—	36. 8
2010	857 637	345 303	228 159	26. 6	4 418	2. 31 : 1	32. 9
2015	1 879 115	606 891	408 155	21. 7	9 054	2. 03 : 1	25. 7

二、农村扶贫与农民脱贫

1987年，云阳县有贫困户93 389户、380 541人，占当年全县总户数、总人口的34.2%、35.9%。1988年，有建卡贫困户65 060户、256 540人，分别占当年农业总户数、总人口的22.8%、24%。云阳县委、县人民政府制定《云阳县“七五”脱贫规划（1987—1990年）》《云阳县“八五”扶贫开发规划（1991—1995年）》《云阳县九八三五扶贫攻坚计划（1994—1998年）》《云阳县扶贫开发规划（2002—2006年）》，采用扶贫管理责任制、分类扶持、帮扶“四到村、五到户”、选派干部专抓科技扶贫、整体推进特困村建设、发动社会力量扶贫等形式，全方位实施扶贫攻坚。至2005年，投入资金52 245.5万元，用于专门扶贫，脱贫户逐年增加。2015年，制定2017年全县“整县摘帽、整村销号、整户越线”目标，又有36个行政村整村脱贫，15 690户、58 665人越过国家扶贫标准线。

三、三峡工程农村移民

云阳是移民大县。三峡工程导致全县受淹123.58平方千米，淹没耕地6.6万亩，涉及1座县城、36个乡（镇）、24个集镇、205个行政村、926个村民小组，181家工矿企业、760家行政事业单位；动迁人口16万人，其中农村人口52 644人（1991年调查数据）。农村移民，国家和县人民政府采用后靠农业安置、工矿企业安置、自谋职业安置、自主分散外迁安置、集中外迁安置等安置形式，以集中外迁安置为主。分4个阶段实施，至2003年6月。农村移民全部安置完毕。集中外迁地点为上海市、江苏省、江西省、湖北省、重庆市的21个县、289个乡（镇），共安置8 148户、33 586人，占农村移民人口的63.70%。

四、农村基础设施

（一）水利

1986年，云阳县渠堰1 469条、山平塘7 387口、水库132座，蓄水总量7 958万米^3，有抽水机350台，有效灌溉面积22.3万亩。“七五”至“八五”期间，加快农村水利设施建设，采用户、联户、村民小组形式，组织群众利用农闲季节疏渠建堰、修建水库，1992年末，全县渠堰1 492条，引水1 074万米^3，有效灌溉面积3.61万亩。1993年后，采用国家投资修建水利设施办法，至2005年，共新建中型、小（一）型水库各1座，小（二）型水库5座，使用国家扶贫资金修建饮水和整治山平塘工程。2010年，投资6.86亿元，完成各类水利工程3 988处、饮水工程58处，安装管道638千米，15.38万群众喝上清洁自来水。2010年后，继续抓紧水利设施建设。2015年，累计完成投资11.3亿元，其中市级投资6.8亿元，新建塘（池）198口，整治改造渠堰21.4千米，整治病险山平塘2 453口，梅峰水库完工，肖家湾水厂完成主体工程，青杉、黄柏沟、双竹等水库竣工，新建、改扩建309处农村供水设施，有效解决16.9万群众饮水问题。

（二）农业综合开发

1993年起，启动以改造中低产田土，改善农业基本生产条件为重点的农业综合开发项目。采用分阶段、分重点实施。1993—2000年，建成水磨、红狮、人和、双土等5个乡（镇）的万亩改土工程片，成效显著，被重庆市人民政府评为一等奖。1997—2002年，使用世界粮食计划署和国际农发基金及国家、市级配套项目资金10 717.9万元，实施川东北农业综合开发项，进行坡改梯及水利工程、农业及畜牧业工程、防护林及经济林、饮水及道路、妇女发展项目五大工程建设。2000年，进行新一轮农村能源建设，主要推广沼气池兴建，至2005年年底，完成沼气池建设2 245口，总投资510万元。2004年，开始三峡库周绿化云阳基本农田建设，至2005年年底，完成农田建设1.54万亩。2010年，实施

生态综合治理，建立玉米、水稻、柑橘测土配方施肥3个县级示范片、设立村级测土示范点227个；完成养殖小区和联户沼气工程10处、农村沼气乡村服务网点16处。2015年，全县形成以中韵果业有限公司、锦程实业有限公司为代表的柑橘商品化处理和冷藏保鲜产业链，新增标准预冷预贮库12个，新增商品化处理保鲜能力3 500吨；以票草脊梁牛肉制品有限公司、绿源牧业有限公司为代表的牛羊肉系列加工产业链；以金昌大米、千丝来粉丝、大阳大米、南溪粒粒香、双土军盛粮油和人和、水口两家面条厂为代表的粮油生产加工产业链；以南山峡黑木耳、大阳桑枝木耳、明天菌业和耀灵、普安香菇等为代表的食用菌生产加工与保鲜配送产业链；以芸山农业开发有限公司、渝峰天麻、鑫焘菊花为代表的中药材生产加工产业链；以宏霖食品股份有限公司、江苏恒顺醋业云阳调味品有限责任公司、太尔香食品有限公司、巾帼辣椒种植股份合作社为代表的调味品加工产业链；以蜂谷美地生态养蜂有限公司为代表的蜂蜜加工处理与保鲜产业链，带动全县4 000多户农民致富，实现销售收入32亿元。农业综合开发形势发展良好。

（三）农业机械

1986年，云阳县有农业机械225台（套）其中机引犁58台、机引耙18台、旋耕机器74台、手扶栅条犁34台。1993年，有拖拉机配套农具231部，机动脱粒机575台、饲料粉碎机3 539部，茶叶加工机械141部，淀粉加工机械1 765部。2000年，有耕作整机663台、牵引犁11台、机引耙11台、旋耕机35台、化肥深施机700台、机动脱粒机5 173台、联合收割机3台。2010年，建立县、乡两级农机推广网络，落实农机补贴政策，推广耕整机2 759台、插秧机80台、拖拉机302台、收割机99台，还在江口、路阳、南溪等7个乡（镇）开展插秧机技术示范。2015年，新推广农机具11 000万套，农业机械化综合水平47.1%。

（四）农村交通

“要致富，先修路”。1958年，在云阳域内修建第一条公路。至1986年，云阳有乡级公路755千米，12个乡不通公路。云阳县利用国家“以工代赈”修建公路资金，发动群众修建公路。1992年末，共修建公路88条，1 267千米，其中乡道817.5千米。1995年，确立“打通出口、改造骨架、畅通乡镇、完善网络”的交通发展思路，启动交通扶贫工程。2000年年末，公路里程4 000千米。2003年，又提出“两小时云阳”和“乡乡通、村村通公路”计划，规划改造农村公路4 023千米，总投资12.5亿元，其中通乡公路969千米、通村公路3 154千米。并于当年6月12日在青山乡（现入南溪镇）举行“两小时云阳”开工庆典。乡村公路建设全面提速。2005年，乡道通车里程801.13千米、村道4 861.23千米，655个行政村仅有157个不通公路。2006年年初，全面落实“十一五”交通建设规划，抢修、新修乡村公路，在保证资金、畅通前提下，逐步硬化乡村公路，提升公路等级和建设水平，2010年，行政村通达率实现100%、畅通率30%。2015年，行政村畅通率提高到81.5%，实现村村通，基本实现组组通。农村交通大改善。

（五）农村电力

1986年，有乡村办电站109个，发电能力5 671千瓦时，419个行政村用上电，没有1个村民小组用上电。农民煮饭靠烧柴、照明靠煤油灯、夜行靠手电或火把，更谈不上看电视了。“七五”至“八五”期间，加快电力设施建设，先后启动小峡电站、咸盛电站和乡镇办电站建设。1992年年末，农村办水电站68个，年发电量2 400万千瓦时，用电乡实现100%，但仍未实现村、组（社）、户全通电，其中，村通电65.5%、组（社）通电56%、户通电41.3%。三峡工程建设完工后，三峡水库电力输送到云阳，大大弥补电力不足瓶颈，经过几年电力线路敷设，2015年，全县农村电力实现村村通、组组通、户户通，并实施69个农网改造升级。由于有了电，大部分群众喝上自来水，部分群众用上电视、电话、洗衣机、电饭煲、淋浴器，生活基本实现现代化。

（六）农村电话电信

1986 年，农村群众基本无电话。“七五”至“八五”期间，云阳县发展电讯设施。1990 年，邮电部门安装实线中继电路 18 路、载波 14 套；电路 45 路，农话用户 772 户。1992 年，上升到 1 503 户。“九五”期间，电讯大发展。中国电信集团有限公司、中国移动通信有限公司、中国联合网络通信集团有限公司先后入驻云阳，以发展农村用户为首选，在农村建设电讯设施，办理固定电话、手机、电视等业务。2015 年，电信营业分公司建成 4G 基站 154 个，农村主要场镇 100% 实现 100 兆宽带接入能力，4G 手机信号覆盖率大幅提升；中国联合网络通信集团有限公司新增 4G 基站 119 个，覆盖率 92% 以上；移动通信有限公司实施“万村千乡工程”，营业网点深入到村组，做到“镇镇有店、村村有点”，方便群众使用移动宽带。全年固定电话用户 11.58 万户、移动电话用户 69.05 万户（含城镇）。

（七）农村广播电视

1986 年，云阳县有广播放大站 74 个，有 4 个乡不通广播。1990 年，云阳县有线电视台逐渐向农村发展。1992 年，所有乡均建立广播站，铺设农网线路 3 505 千米，广播通村数 558 个，通村率 67.47%，入户喇叭 105 303 只，入户率 40%。建设电视差转台 65 座，电视覆盖率 70%，但用户不多。1993 年开始，取消原 80 系统电视差转台和地面接收站，建立有线电视网络。1999 年起，施行行政村“村村通广播电视”工程，2004—2005 年又施行自然村“村村通广播电视”工程，消灭 52 个“返盲点”和 180 个“盲点村”，农村群众能收看“32 + 2”（中央电视台电视节目 32 套、县自办节目 2 套）电视节目。至 2015 年，全县有电视用户 15.56 万户（含城镇），广播、电视覆盖率分别为 99%。

（八）农村公共服务设施

1. 学校

1986 年，云阳县农村每个区有 1 所中学，每个乡有 1 所中心小学，每个村有 1 所村级小学，基本实现学生就近读书。“八五”期间，加大教育投入，建设规范化学校，教育设施质量提高。1990 年后，因三峡工程移民、农村人口移居县城、外出务工群众将子女转到外地，村级小学大多不存在，但中心小学、中学继续开办。至 2015 年，有农村小学 268 所（含教学点）、普通中学近 50 所，在校学生 16.9 万人（含城镇）。

2. 卫生院

中心卫生院：1979 年，云阳县有区一级卫生院 13 家。1992 年 9 月，区一级行政区划撤销，各区卫生院陆续并入所在地的乡（镇）卫生院，冠名为某镇中心卫生院。至 2014 年，有原区卫生院并入乡（镇）的中心卫生院 8 家。

乡（镇）卫生院：1978 年，全县公社一级卫生院有 79 个。1992 年 9 月起，调整行政区划，乡（镇）卫生院也随之调整，至 2015 年，有乡（镇）卫生院 26 个，其中 7 个乡卫生院、19 个镇卫生院。

村卫生室：1965 年，各生产大队开始建农村合作医疗站。1979 年后，合作医疗逐步解体。2000 年，又开始推行新型合作医疗制度，简称“新农合”。2006 年，引入世界卫生组织Ⅷ项目资金，将村卫生室建设纳入规范化医疗机构建设，至 2015 年，全县有村卫生室 400 余个，其中规范化村卫生室 176 个。

3. 农村幼儿园

1992 年，沙市、南溪乡开始建乡中心幼儿园。1994 年后，龙角、凤鸣、双江等乡（镇）先后建中心幼儿园。2005 年，农村乡（镇）有幼儿园 51 所，多数属私立幼儿园。入园幼儿 10 400 余人。2015

年，41所幼儿园通过等级认定、晋级或复审，15所幼儿园认定为普惠性幼儿园。

4. 农村文化娱乐室

20世纪90年代，以牌茶为主要娱乐工具的文化娱乐活动在农村兴起，多数设在场镇或大的院落，私人经营。各乡（镇）建文化站，有少量图书。2008年9月，云阳县人口和计划生育委员会开始“新家庭文化屋”工程建设。至2010年年底，建设“新家庭文化屋”200余个。2015年，有乡镇文化站42个，藏书14万册；同时在乡镇广场、文化大院、文化中心户、农家乐设置图书阅读室。

5. 农村敬老院

1958年，云阳县开始在各公社建敬老院。1992年，全县有敬老院34所，收养孤、老、残疾人568人。2005年，发展到55所，每个乡（镇）基本有1所。至2015年不变。

6. 农村体育设施

1986年前，云阳县农村没有专门供成人用的体育设施。1990年，高阳、南溪等部分移民搬迁乡镇结合新城镇建设，开始建设体育场地，供人们跳广场舞。2015年，投资近400万元建设4个集镇全民健身活动中心，投资近500万元建50个农民健身工程。农村农民体育设施建设起步。并有部分农民自动筹资兴建坝坝舞设施。

五、农民新村建设

1993年，云阳开始实施农民新村建设。在云阳县建设委员会在《农民新村建设规划》指导下，采用政府资金扶持、社会力量参与、农民筹资参加办法，逐步推进。至2005年，建成毛坝乡白水村等15个农民新村，其中巴阳镇永利村、建全乡皇城村、新津乡和平村还兴起集市。2006年，新增盘龙镇活龙村、龙角镇龙堰村、巴阳镇阳坪村。2010年，启动凤鸣镇陈园村等18个农民新村建设。2015年，又建成云阳镇民强村农民新村10个。全县共有近100个农民新村建成，新的农民新村正建设中。

六、小城镇建设

1993年，结合集镇移民迁建，启动小城镇建设（仅限于几个试点镇和移民集镇）。2002年4月，云阳县人民政府在莲花乡召开农村集镇和居民点建设专题会议，制定《关于加快城镇化建设进程的意见》，落实促进小城（集）镇建设优惠政策，至2005年，启动小城镇建设56个，其中移民迁建小城镇15个，新建各类房屋345.44万米^2，改扩建14.45万米^2。2006年，江口、南溪、龙角、凤鸣、高阳小城镇建设初具规模。2010年，江口、南溪、凤鸣等镇继续进行附属设施建设。至2015年，22个重点城镇初步建成，并发挥小城镇效益。

七、农村劳动力转移

1980年后，农村产业结构调整、长江三峡工程库周绿化退耕还草还林和国家政策鼓励，云阳县农村群众开始到沿海经济发达地区务工，尤以上海、广东、浙江、江苏、福建等省份为多，1990年达到10万人，1995年11.1万人，1997年13.4人，2000年12.6万人，2005年30.1万人，占农村劳动力总工数的51.2%。以后，每年转移25万人左右。每年劳务收入数亿元，成为农民脱贫致富、改变家庭经济状况的首选。

八、农业科技

1998年，云阳县成立“绿色证书”培训领导小组，在沙沱中学学生、养鹿乡党员中培训农民科技能手。2004年，在红狮等18个乡（镇）中开展农村后靠移民技能培训2 118人。2005年，在九龙等15个乡（镇）以及中韵牧业有限责任公司开展移民技能培训881人；同时经农业部立项，在渠马等17

个乡（镇）开展柑橘纽荷尔等推广品种栽培及标准化生产技术培训；在养鹿等11个乡（镇）开展水稻良种宜优1 577、D优68、金优527等高产品种技术培训；在关市等12个乡（镇）开展临奥一号、东单60、掖单13等玉米高产品种栽培技术培训，辐射带动2万余个水稻、玉米、柑橘种植大户。2010年，围绕“五业一人”开展农村劳动力培训，共培训柑橘种植、畜禽殖、农民创业、农机使用与维修、农村刺绣等学员4 500人；围绕农业特色产业，组织中级以上专业技术人员开展农业实用技术培训14 200余人，示范带动农民7万人以上。同时实施“阳光工程”培训，两年共培训农民学员10 814人。

第二节　农村经营体制和结构调整

一、农村经营体制调整

（一）包产到户、包干到户

1980年冬，贯彻中央包产到户、包干到户的决定，1 023个生产队施行“两包”办法。至次年6月，11 639个生产队中，实行包产到户的539个，占全部生产队总数的4.6%；包干到户9 945个，占85.5%；水旱统包973个，占8.3%；分组作业、联产记酬91个，占0.8%；仍实行生产队统一核算86个，占0.7%；专业承包5个，占0.1%。数年后，其他承包形式全部转为“两包”责任制。农村家庭联产承包责任制定型。

（二）双层经营责任制

1988年11月，云阳县为加强对集体土地、合同、财务管理，保证集体和公益事业发展，达到劳动者增收、集体经济壮大为目的，在家庭联产承包责任制基础上，组建农业生产合作社10 796个。每个社设社长、会计各1人，与遴选的群众代表组成社委会，对全社实行集中管理领导。

（三）第二轮土地承包

1998年5月，云阳县开始第二轮土地承包，当年12月结束。全县54个乡（镇）、827个行政村共调整耕地89.58万亩，其中承包5年以下一期的1万亩、5～10年二期2万亩、10～15年三期2万亩、30年以下84.58万亩，共发放土地承包经营证29万套。

（四）土地确权认证

2010年8月，云阳县人民政府制定《云阳县农村土地确权颁证工作实施方案（试行）》，启动农村土地确权颁证工作。至12月，完成38个乡（镇）、4个街道、467个行政村、5 127个农业合作社、30.88万农户入户进行工业调查和信息录入，土地确权面积139.95万亩。确权工作中，大力推动农村土地流转，实现土地流转28.05万亩，占耕地面积的29.66%，其中规模经营20.85万亩；新建专业合作社174个、专业协会10个，使农村专业合作社达到450个，拥有会员9.67万人，带动农户10.8万户，资产总额6 780万元。2015年，完成447个村农村集体资产清理核资和42个行政村量化确权试点。

二、产业结构调整

云阳是典型的粮猪型结构农业大县，粮食和生猪生产是传统优势。改革开放以来，云阳县委、县人民政府为做强、做大、做好优势农业，有计划、有步骤地逐步调整农业产业结构。

1957—1978年，云阳县农业产业结构存在重种植业，轻其他四业；重粮食生产，轻经济作物生产；重计划种植面积完成，轻因地制宜等结构僵硬等弊病。1980年，从经营体制调整开始，对产业结构实施调整。主要思路为五业并举、全面发展、稳强强弱、突出优势，提高产量、品质，全面振兴农业经济。主要措施是以资金和政策为杠杆，引导农民按照自己耕作爱好和优势，发展自己喜欢的产业。经过多年努力，结构发生变化。“九五”期间，经济作物、经济林果种植增加，畜牧业得到发展。2000年，农、林、牧、渔结构比为52.2%、3.1%、42.9%、1.8%。“十五”期间，按照“稳水稻玉米、减小麦薯类、增油菜杂粮”思路，调整粮经作物结构，探索培育产供销一条龙、农工贸一体化龙头企业，推动农业经济向专业化、社会化、现代化方向发展。同时大力实施畜牧业“双百万”和“5111”小家畜禽工程。至2005年，农、林、牧、渔产值比重调整为45.74%、3.89%、47.61%、1.83%。2010年，坚持“农业稳县”战略，按照“稳粮食、建基地、兴产业、树品牌、促增收”原则，与扶贫、脱贫工作结合，大力提倡农业产业结构调整和农业产业化经营。2015年，初步形成“家户+专项业合作社+龙头企业”的全产业链模式，新培育股份制专业合作社42个、各类专业大户和家庭农场1 710户，打造“天生云阳”农产品区域公用品牌，新认证无公害农产品14个。农业结构进一步优化。

第三节　农业区划

农业方面，云阳县划分为5个区。

一、浇丘河谷粮经三熟柑橘区

位于海拔185~400米处，含养鹿等23个乡（镇、街道）、212个行政村，耕地26.85万亩，占全县耕地（以下简称“占”）的25.63%，其中田8.5万亩。热量丰富，降水充沛，春早夏长，冬暖秋迟，土层深厚，肥力较高，水肥条件优越，耕作精细，作物一年2~3熟，交通方便，人口稠密。是本县甘蔗、柑橘、蚕茧、榨菜主产区和加工集散地，产春、夏、秋三季蚕茧。

二、低山台地稻麦两熟桑区

位于海拔400~800米处，跨10个乡（镇）和14个乡（镇）部分行政村（318个），耕地39.82万亩，占38.01%，其中田19.77万亩。气候温和，光照充足，全年热量两熟有余，三熟不足；土质良好，地势开阔，昼夜温差大，水利条件好，是以水稻为主的粮食主产区和蚕桑发展区。田多为稻—麦、稻—芋（马铃薯）、稻—油两熟，地为麦—玉—苕和薯—玉—苕三熟，复种指数215%。

三、低山单斜深丘薯玉两熟茶桑区

位于海拔400~900米处，跨4个乡（镇）及16个乡（镇）的部分村，共168个行政村，耕地20.99万亩，占20.04%，其中田4.58万亩，田土比0.22：1。沟深谷狭，气温变化大，降雨量较其他乡（镇）少，7—8月常发生干旱，秋冬云雾大，日照少，土地资源丰富，但土质差，再生产能力弱。为生产红薯、玉米、豌豆为主的旱粮区，烟叶、茶叶生产居云阳县首位。

四、中山岭谷玉芋豆一、二熟茶药区

位于海拔800米以上，有14个乡（镇）的66个行政村。耕地多分布在海拔1 000~1 400米地带。耕地8.79万亩，占8.39%，其中田1.51万亩，田土比0.21：1。春迟秋早，夏短冬冷，云雾多，日照少，雨量大，气温低，热量不足。以红薯、马铃薯、玉米为主，少量水稻。田内以一熟为主，地多两熟，其中马铃薯具有优势，单产较高。

五、中山平台稻薯油一、二熟油茶区

位于海拔800～1 400米方山平台上，跨4乡（镇）及洞鹿、南溪两个乡（镇）部分地区，共59个行政村。耕地8.3万亩，占7.85%，其中田4.47万亩，田土比1.17∶1。地势开阔平坦，田多于地，为云阳县水稻主产区之一。田多集中成片，土质肥沃，年降水量1 580毫米左右，且蒸发量小，基本无高温伏旱；春迟秋早，热量不足，无霜期短，小春作物易冻害，秋季低温对农作物影响大。稻田冬种马铃薯、油菜，地种马铃薯、玉米、红薯、黄豆，一年一熟至二熟。为优质大米、玉米主产区。

第四节　农业产业

一、粮食作物

云阳的粮食作物以水稻、玉米、红薯、小麦、马铃薯为主，其他有杂粮豌豆、胡豆、大麦、燕麦、荞麦、小米、黄豆、绿豆、打米豆等。总产量及单产不高，遭遇重大自然灾害，影响农村群众生存。改革开放后，全县将粮食生产摆在头等重要位置，引进良种、改良土壤、除害灭病、兴修水利，推广新技术，推行耕作机械化，实施优质粮油生产基地、人工降雨防雹等措施。2006年，实施“科技兴粮”战略。2010年，被农业部表彰为“全国粮食生产先进县”。2015年，播种面积205万亩，产量42.78万吨。

二、经济作物

云阳的传统大宗主要经济作物有油菜、甘蔗、棉花、芝麻、花生、麻类、烟草、黄花、榨菜、高粱和蔬菜等。但耕作粗放，种子退化，未形成规模，产量一直不高。改革开放后，全县将经济作物生产作为农民脱贫致富奔小康的重要手段，引进良种，改良技术，推行专业合作社和专业基地，大力振兴经济作物生产。2010年，发放市级专项资金5 290万元，县级配套资金5 000万元，鼓励农民发展柑橘、蚕桑、蔬菜、食用菌、茶叶等科技含量高的经济作物。2014年，云阳230个农产品亮相第十三届中国西部（重庆）国际农产品交易会，渝蜂牌乌天麻、太尔香香肠、冉菊花、巴人坊白酒、脐橙、蜂蜜、茶叶、黑木耳等受到市民青睐；同年，第十二届中国国际农产品交易会上，云阳芸山“阳菊”菊花、泥溪镇南三峡“青杠树”黑木耳获金奖。2015年，乌天麻、菊花、食用菌等特色经济作物产业继续扩张。云阳大力发展特色水果，云阳野生猕猴桃通过“中国绿色产品”论证。全年产油料1.89万吨、糖类751吨、烟叶610吨、蚕茧1 782吨、茶叶566吨、水果20.68万吨、蔬菜46.6万吨。

三、畜牧业

云阳是养牛、养猪大县。传统家畜主要有生猪、牛、羊、马骡、兔，其中白山羊属省优品种，著称国内外；家禽有鸡、鸭、鹅等。改革开放以来，全县大力发展畜牧业生产。2000年起，结合三峡工程退耕还草还林，以千峰村和岐山万亩草场为中心，采用“实物发放、合同管理、借羊还羊、滚动发展”模式，发展以白山羊为主的草食牲畜。2005年，全县累计人工种草8.9万亩、改良天然草场6.78万亩，出栏山羊54.22万只、牛4.2万头。2015年，牛肉产量6 064吨、羊肉6 633吨。2010年，全县生猪出栏80.5万头、山羊35.33万只、牛28 519头，羊、牛饲养量分列全市第一、第二位。2015年，为提高畜牧业经济效益，推广种养结合的生态养殖模式，全县肉类总产量达8.33万吨，畜牧业总产值14.8亿元。

四、渔业

云阳县水域辽阔，内河中的鱼类鲟、长吻鮠、长条鲖、白甲、青波、鲶、黄桑、鳗利、银鲴、岩鲤、马口鱼、嘴红鲌、尖红鲌、鳜鱼、烟子鱼等属县内特、稀有鱼类。塘内养殖主要有草、鲢、鲤、鲫四大家鱼。1957—1978 年，实行生产队集体放养；1979 年调整经营体制后，改为农民个人放养。1987 年，开始在西林水库用网箱养鱼；1990 年后，有人在长江、彭溪河内建网箱养鱼，效益虽好，但因污染水质被禁止。2010 年，鼓励农民开展生态养鱼，产鱼 6 967 吨。2015 年，全县地产水产品产量11 378 吨，渔业产值 1.58 亿元。

五、其他特色农副产品

（一）桐油

云阳是全国有名的桐油之乡。清朝中期即远销欧美国家，世界桐油质量以云阳桐油为标准，多次荣获国家对外贸易经济合作部、商务部表彰奖励。1958 年，全国桐油现场会在云阳南溪召开。云阳县成立桐油研究所开发桐油产业。年产桐油数十万吨。2011 年，“云阳桐油”正式注册为中国地理标志证明商标。

（二）小茴香

清末，云阳小茴香就远销日本、韩国、德国等地，是国际公认的重要特色农产品。为发展这一特色产业，特在小茴香故乡故陵、堰坪等乡镇发展万亩小茴香生产基地，2003 年，种植 1.3 万亩、产量 130 万千克。2005 年，扩大到 5.1 万亩。大部分产品销往外地或国外。

（三）中药材

佛手为云阳县有名中药资源。1980 年左右起，养鹿、关市、龙塘、高阳、白龙等地就种植佛手，2005 年发展到 250 万株。全县中药材种植达到 1 万亩。

（四）名茶

清朝中叶起种植绿茶，取名黄堆茶。改革开放后，云阳县委、县人民政府大力推进茶叶生产。1993 年，面积 1.24 万亩，产量 196 吨。2002 年，在沙市柿坪村母本茶园引进种植福鼎大白、龙井长叶、名山特早芽 213 和 131　4 个国家级无性良种，建立茶园基地，由云阳县相思茶叶有限公司、云阳县盘龙茶叶专业合作社开发，主要生产“云阳毛尖”“相思茶”“岐阳秀芽”“盘龙茶”4 个名品牌。其中“江上风清”相思茶被评为重庆市名牌农产品、“盘龙茶”获重庆市第五届“三峡杯”名优茶称号。2015 年，全县茶产量达 566 吨。

（五）柑橘

云阳县是西南地区最早种植柑橘地区之一。汉朝时，朝廷即在汤口（今云阳镇）设橘官，征收优质柑橘上贡朝廷。宋朝云安县（今云阳县）县令张坤在县城建橘官堂，传到夔州府，夔州知府李埴参观橘官堂并作《云安柑橘官堂记》。柑橘一直是全县的传统优势产业。1989 年，启动长江柑橘带项目，利用世界银行资金 346 万元，建成外郎乡明德果园、红狮镇向阳果园和中坪果园，盛堡镇四元果园、长洪镇青印果园、院庄乡陈园果园，定植朋娜脐橙 1 500 亩 12 万株。1993 年，果园面积达到 3.72 万亩，除柑橘外，还种有梨、柚等品种。1994 年，锦橙、椪柑荣获第二届中国农业博览会银奖。2003 年，“巴阳牌”纽荷尔脐橙获重庆市名牌农产品称号。2012 年，“云阳红橙”通过国家农产品地理标志登记。2014 年，“故陵椪柑”通过全国第三次农产品地理标志专家组评审。

（六）蚕桑

云阳县是西南地区最早栽桑养蚕的地区之一，秦汉时即出名。全县均有养殖。蚕桑多栽于田边地角，屋前房后，沟侧堰旁。1956 年后，即成片栽植。1993 年，有桑园 1.59 万亩，产茧 2 244 吨。2000 年起，依托市级龙头企业——云阳县光德纺织有限公司实施 10 万担优质蚕茧工程，实行公司 + 基地 + 农户的经营方式，桑园面积逐年扩大。到 2015 年，全县产茧 1 782 吨。

（七）有名特色农副产品集锦

荔枝、桐油、灵龟、灵寿木、新阳大米、小茴香、白山羊、吐绶鸟、蚕茧、蚕丝、佛手、龙须草、黄骨头鱼、山羊板皮、虎头牌猪鬃、地球牌肠衣、黄堆茶、相思茶、岐阳秀芽、云阳锦橙、云阳椪柑、云阳夏橙、云阳红玫瑰李、水果罐头、还少丹、胱胺酸、杜公酒、巴乡清酒、高粱酒、桃片糕、桐酸型不饱和聚酯树脂等。

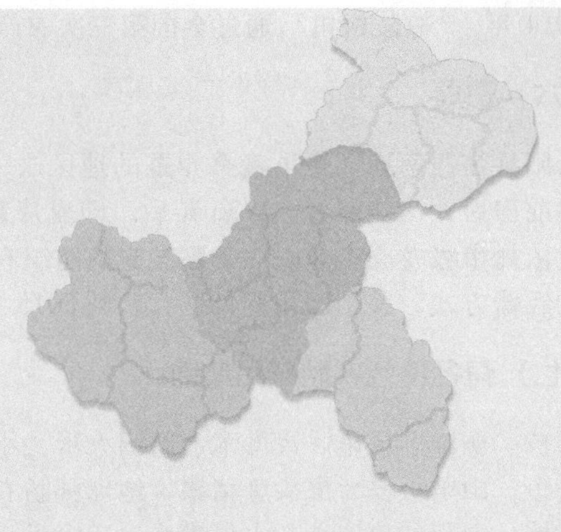

第三十一章
奉节县

第一节　基本概况

奉节，古为“夔州”治地，历称鱼复县、永安县、人复县。唐贞观二十三年（649 年），为尊崇诸葛亮奉刘备“托孤寄命，临大节而不可夺”的品质，改人复为奉节。1950—1997 年，隶属四川省万县地区（专区），1997 年后由重庆市直接管辖。

地处四川盆地东部即重庆市渝东北边缘山区，总面积 4 087 平方千米，辖 18 镇，11 乡，3 个街道办事处。2015 年，有耕地 114.2 万亩；户籍人口 107 万人，城镇化率 39.44%；常住人口 75.33 万人，城镇化率 39.4%。动迁三峡移民 60 844 人（外迁 29 211 人）。

第二节　农业农村经济

农业农村经济情况见表 20－31－1。

表 20－31－1　1986—2015 年奉节县农业农村经济情况

分期		地区生产总值（万元）	农业总产值（万元）	农业增加值（万元）	农业增加值占比（%）	农民收入状况		
						农村可支配收入（元）	城乡收入比	农村居民恩格尔系数（%）
“七五”始	1986 年	37 370	17 124	11 037	53.1	279	1.00∶1	65
“七五”末	1990 年	69 520	29 229	24 511	46.3	393	1.00∶1	59
“八五”末	1995 年	186 302	72 978	63 170	39.8	751	1.00∶1	58
重庆市直辖后	1997 年	205 919	83 262	56 329	33.7	1 541	1.00∶1	52
“九一”末	2000 年	259 749	94 156	63 147	24.2	1 687	1.00∶1	54
“十五”末	2005 年	450 267	114 523	72 151	22.7	2 021	3.37∶1	52
“二一五”末	2010 年	1 029 661	208 248	127 241	21.6	4 143	2.73∶1	51
“十二五”末	2015 年	1 974 324	359 572	225 838	20.5	8 385	2.48∶1	41

1985 年，全县人均地区生总值 454 元，被列为四川省 51 个贫困县之一。1997 年，按照国家把人均年纯收入 300 元作为扶贫基准线的要求，奉节建卡贫困户 42 106 户，贫困人口 170 911 人，占全县农村

总人口的35.7%。2001年，奉节被列为新一轮国家扶贫开发重点县，全县绝对贫困人口184 521人，相对贫困人口165 435人。2002年，奉节被确定为国家级贫困县。2005年，全县贫困村减少到195个，贫困人口减少到41 506人。2010年，全县贫困村减少到175个，贫困户减少到38 157个，贫困人口减少到150 816人。2014年，全县贫困村减少到135个，贫困户减少到34 185人，贫困人口减少到124 425人。2015年，脱贫贫困户总数13 418户，脱贫贫困人数248 666人。

第三节　农业主要产业

"七五"以来，奉节按照"粮棉油，麻丝茶、糖菜烟、果药杂"的思路，大力发展多种经营。重庆市改直辖后，奉节确立了柑橘、烟叶、蚕茧、畜牧为"四大支柱"产业。到2014年，奉节县委提出柑橘、油橄榄、红豆杉"三棵树"产业调整方针。

一、蚕桑

蚕桑是奉节农业发展中的骨干品种，20世纪80年代，是县内主要创汇产品，到90年代受国际市场价格影响，发展出现波折。2004年以前，由县丝绸公司发展生产和经营产品；2004年后，由重庆祥飞茧丝绸有限公司生产经营。1997年，生产蚕茧401吨，2005年，下降到387吨。2013年以来，随着国家"两带一路"战略又凸显生机。全县确定以吐祥、新民、公平、竹园4镇为蚕桑生产基地，2015年，蚕茧产量上升到432吨。

二、烟叶

烟叶产业一直是奉节骨干产业，为全县财政创收主要税源，是渝东北产烟大县。以烤烟和白肋烟为主，重庆烟草公司奉节分公司为产业龙头企业实行产业化经营。1997年，种植面积3.55万亩，产量2 489吨；2000年，提高到3.85万亩、5 217吨，单产大幅提升；2016年，稳定在3.8万亩，生产烟叶10.25万担，产值1.2亿元，烟农户均收入达到10.62万元，税收1.52亿元。

三、畜牧业

畜牧业一直是奉节农业支柱产业，主要发展肉牛、生猪猪、羊、鸡、鸭、兔等家畜家禽。

（一）肉牛

1986年以来，奉节全面落实母牛扩群增量项目，扶持科亚牲畜养殖责任有限公司等肉牛产业龙头企业和专业合作社发展，大力推广生太肉牛养殖和零排放技术，养牛业发展较快。存栏、出栏量从1986年的4.68万头和0.24万头，增长到2005年的5.73万头、2万头，2015年达7.56万头和4.1万头，比1997年增长0.6倍和0.93倍。

（二）生猪

1986年以来，奉节县开展"瘦肉型商品猪基地"建设，生猪杂交改良普及到全县各乡（镇）。1990—2000年，奉节成为渝东最大的仔猪销售市场，常年外销商品仔猪30万头以上，肉猪远销长江中下游地区，生猪生产在渝东领先。2010年出栏生猪85.5万头，比1990年增加34.2万头，增加70%。近几年生猪保险的推出，使生猪生产进一步发展，2015年完成生猪保险5.2万头，出栏达91万头。

（三）羊

奉节属高山地区，林下养殖促进了养羊业发展。1997—2015年，奉节县的羊业发展只增不减。

1997 年全县羊存、出栏量仅为 14. 36 万头和 27. 07 万头，到 2015 年达 28. 35 万头和 42 万头，比建立直辖市之初增加了 98% 和 55% 。

（四）家禽

奉节县家禽业发展较快，1986 年来，一直保持高速增长，存栏、出栏量从 90. 88 万只和 157. 32 万只增长到 1997 年的 183. 15 万只和 364. 28 万只，2015 年，全县存栏、出栏量为 360. 94 万只和 673. 65 万只，比 1986 年分别增长了 3 倍和 3. 3 倍。

四、果菜产业

（一）脐橙

奉节脐橙是县科技人员自己培育的地方特色水果，72－1 脐橙在国际巴拿马会上获名牌金奖，是奉节县果菜产业的第一招牌，产业发展迅速。1991 年，全县仅有 334. 2 万株，产量 0. 82 万吨，到 1999 年，已发展到 850 万株，产量 8. 6 万吨。澳门恒河集团有限公司为奉节脐橙开发的龙头企业，实行育苗、生产、加工、营销一体化经营。2005 年，奉节脐橙研究所和恒河集团有限公司引进鲍威尔、班菲尔、切斯列特，与原引进的纽荷尔等脐橙一样，品质优良，颇受广大消费者青睐，产品畅销海内外。当年，全县脐橙种植达 1 020 万株，产量 13. 20 万吨。2012 年，为落实重庆市委、市人民政府加快发展特色效益农业的决定，奉节进一步加快特色效益产业步伐，依托自然禀赋和资源优势如快脐橙发展。到 2016 年，全县种植面积达 30 万亩（其中晚熟 10 万亩），产量近 30 万吨，产值达 11 亿元，被农业部授予“中国橙都”称号。

（二）蔬菜

随着城镇化步伐加快，奉节蔬菜得到大力发展，从 1991 年开始，大量种植商品蔬菜，主要有瓜类、豆类、根菜类。当年播种面积为 10. 26 万亩，产量 7. 28 万吨，到 2010 年，面积为 20. 5 万亩、产量 22 万吨。2011—2015 年，奉节大力发展蔬菜专业合作社，技术上加大力度，大搞大棚蔬菜，热能培育蔬菜，使蔬菜产业蓬勃发展。2015 年，全县蔬菜种植 25. 3 万亩，产量 29. 4 万吨，产值 4 884 万元。

（三）油菜

农民生产的油菜籽不仅自食，还作为商品油销售，并用菜籽饼作为有机肥料，使其充分发挥增产作用。1998 年，由奉节植物油厂改制的夔州油脂公司是油菜产业发展的重点龙头企业，在产业经营中，与农民实行合同订购生产，使油菜生产稳定增长。1990 年，种植面积 9. 5 万亩，亩产 79 千克，总产 7 540吨；1997 年，扩大到 10. 5 万亩，单产提高到，总产 9 680 吨，增长 53% 。到 2015 年，面积达 15. 7 万亩，产量 2. 25 万，比直辖之初增长了 1. 36 倍。

（四）猕猴桃

奉节有野生硬毛猕猴桃等 9 个品种，集中分布在海拔 900 ~ 1 200 米地段，在兴隆镇“天坑地缝”景区的农村有部分人工栽培。2015 年，全县建园栽培猕猴桃面积已达 243 公顷，产量 1 720 吨。

五、其他产业

（一）茶叶

“夔州香山”为唐朝小三支贡茶之一。1968—1978 年，开荒种茶 2 万亩，全县有大小茶园 199 个，

“香山贡茶”1995年获第二届中国农业博览会金奖，1999年获中国国际农业博览会获“名牌农产品”称号，2001年，获首届重庆市名牌农产品称号。此后，茶产业得到大力发展，到2009年，全县产茶392吨，产值1 100万元。2015年，全县在竹园、草堂、新民等6个乡（镇）大力发展，种植面积达2万亩。全县产量396吨，远销国内外市场。

（二）有机农业

2010年，奉节在红土乡、吐祥镇实施“万亩有机水稻示范”片，水稻落实2.1万亩，产量1 279.32万千克。2013年在草堂等实施有机种植2.5万亩，在白帝八阵等村建立了柑橘、水稻有机质提升项目主示范片5 000亩，施用有机肥700吨，实施绿肥种植项目3万亩。2015年奉节到红土米业有限公司中在红土新建首座有机工厂化育秧室，投资46万元，可一性育谷种350千克，移栽大田400亩以上。全县2015年实行有机种植水稻177 450亩、玉米346 020亩、蔬菜253 425亩，开始登上有机农业生产征程。

第四节　扶持政策与重大措施

一、第一阶段：保障市场供应，增加农民收入

1987年，奉节县在调查研究的基础上，开始了农村双层经营体制的试点工作，在永乐镇试点的推广下，到1992年，全面推行。这是农村落实家庭联产承包责任制后，集体经济和服务功能受到削弱，为巩固壮大集体经济，加强生产队集体层面经营和服务功能而采取的一项重要措施，全县普遍推行农业合作社模式。

1990年，奉节县推行“两地制”为主的农村土地承包完善工作，把农民承包地在账面上分为口粮地和承包地，口粮地不承担国家统购任务，新增人口时，通过账面调整各家各户的口粮田承包地，实质调整承担统购派购任务的数量，以此解决无地承包新增人口的口粮问题，即人地矛盾问题。到1992年，全县833个村，7 357个合作社普遍结束了完善工作。1998年，第一轮土地承包时间结束。按重庆市统一部署，奉节县开展了第二轮农村土地承包工作。奉节县委、县人民政府下发了《关于认真开展全县第二轮农村土地承包工作的意见》，对全县执行四川省府〔1996〕31号文件（即延长土地承包期工作的相关问题）作出具体规定。

二、第二阶段：减轻农民负担，加强监督管理

依靠政策，多予少取，强农惠农，让农民共享改革成果。中央和各级党委、政府对“三农”工作制定的一贯方针，使“三农”休养生息，更好发展。

2002年，奉节县农业委员会、县财政局制定了《两税附加和村级缺口资金管理办法》，取消屠宰税，劳动积累工、义务工，调整农业税、特产税，改革村提留征收使用办法等措施。全县税费改革后农民应承担的资金总额为7 095万元，比税改前的2001年减少3 759万元，比税改前的2001年减少3 759万元，减负比例为47.76%。

2005年，根据国家政策和重庆市统一部署，奉节县全面取消了农业税及其附加，农民土地负担为零，为农民减负7 095万元，农民人均减负30元（增收30元），各级把减负视为农民增收，全县农民负担每年保持不超过上年农民人均纯收入3%的水平。

2006年，奉节彻底取消了农村“三提五统”，实际让农民再增加收入30元以上。另外种粮直补、农村义务教育“两免一补”，农机购置补贴和大量的农业项目收入，农民直接或间接地得到实惠。同时，奉节县放宽政策，引导农民经商办企业；认真执行市上政策优惠，积极引导农民农转城，充分调动

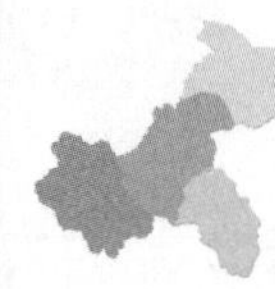

了农民增收积极性。

2010年，奉节县农业委员会联合县级有关部门对涉农收费项目进行了清理和规范。全县合并的332个村54个社区全面推行“公示制”，义务教育阶段“一贯制”和农村订阅报刊费用“限额制”，使全县无一例涉及农民负担的案件和违纪违规行为。

三、第三阶段：调整产业结构、发展“三高”农业

2004年，奉节开始实施重庆市《百万农村劳动力转移就业工程》，当年培训1 804人，转移农村劳动力1 578人。到2008年达到高峰，培训3 726人，转移5 712人。到2015，年培训人数保持在1 600～5 000人，为解决农村富余劳动力，推进农业产业化创造了条件。

1995年，县里提出了“333”农业调整工程规划，即“三棵树”（脐橙、油橄榄、红豆杉）、“3片叶”（烟叶、蚕桑、茶叶）、“三高山”（高山蔬菜、中药材、畜牧）。全县粮经比由“七五”末的8∶2调整到“八五”的7∶3，“九五”到“十二五”再次优化到6.9∶3.1。

奉节县重视改革农村经济体制，多措并举大力推进发展，使乡镇企业异军突起。企业个数由1982年的264个发展到1993年的528个，增加2倍（当时只统计到乡或镇级，未统计到村）。在企业的年末人数由1982年的5 280人增加到1993年的10 562人，增加了2.1倍；总产值由1982年的1 526万元增加到1993年的38 150万元，增加了25倍。2000年前，随着区、乡企业办公室撤销，农村正业逐步转向专业合作化经营。2005年11月，奉节县人民政府出台《关于加快发展农民专业合作经济组织的意见》，当年建立38个脐橙协会、17个果蔬、药材专业合作社。2010年，飞速发展，新发展1 315个，新增成员32 100户，新增带动农户48 600户。到2015年，全县已组建各类农民专业合作社2 551个，获得财政扶持资金2 580万元；发展家庭农场759个，农业龙头企业134家。

2013年9月，奉节县成立了发展特色效益农业领导小组，专门负责推进特色效益农业发展工作。“十二五”期间，共争取中央和重庆市市级专项资金1.1亿元，支持奉节特色效益农业项目469个、产业链项目27个，竞争立项类项目14个，中央现代农业专项资金项目35个。建设项目涵盖了粮油、脐橙、畜牧、蔬菜、渔业、中药材、特色小水果、蚕桑等产业和农产品加工业。进一步夯实了特色效益农业生产发基础，增强了农业综合生产能力，促进了农业增效和农民增收，走出了一条切合奉节实际的现代农业发展道路。

第三十二章 巫山县

第一节 基本概况

巫山历史悠久，春秋、战国时为楚国巫郡，秦、汉改郡为县。秦昭襄王三十年（公元前277年）名巫县，隋开皇三年（583年）更名为巫山县，县名沿用至今。

县境地处大巴山弧、渝东褶皱带、渝鄂湘黔隆起褶皱带三大构造单元的结合部，总面积2 958平方千米，有耕地76.47万亩，占总面积的17.24%；辖13个乡、11个镇、2个街道。2015年年末，有常住人口46.23万人，城镇化率为37.01%；户籍人口63.83万人，城镇化率为25.05%。动迁移民87 486人。

第二节 农业农村经济

巫山县农业农村经济情况见表20－32－1。

表20－32－1 1986—2015年巫山县农业农村经济情况

年份	地区生产总值（万元）	农业总产值（万元）	农业增加值（万元）	农业增加值占比（%）	农民收入状况		
					纯收入、可支配（元）	城乡收入比	农村居民恩格尔系数（%）
1986	17 702	28 332	10 630	60.0	268	—	67.9
1990	31 488	26 750	16 932	53.8	323	—	66.0
1995	75 403	40 179	36 667	48.6	936	—	64.0
1997	104 497	44 336	45 875	43.9	1 344	—	64.0
2000	120 113	47 061	45 572	37.9	1 261	3.6∶1	59.2
2005	209 524	104 662	63 241	30.2	2 031	3.9∶1	54.0
2010	503 060	178 438	114 038	22.7	3 925	3.5∶1	53.5
2015	896 605	310 042	193 506	21.6	7 733	3.0∶1	35.3

第三节　农村扶贫

1986年以来，巫山县扶贫开发工作经历了区域扶贫开发、扶贫攻坚、扶贫开发新阶段，到2015年年底，除少数社会保障对象和生活在自然环境恶劣地区的特困人口及部分残疾人以外，全县农村贫困人口的温饱问题已经得到解决，阶段扶贫开发战略目标基本实现。

1986年，巫山县人均纯收入268元，人均年收入在150元以下的贫困户有45 956户，78 557人，分别占农业总户数和总人口的36.7%和36.1%。

1987年4月，对巫山县贫困人口进行调查摸底，并逐户建账建卡。全县人均年纯收入在200元以下的农户共有66 539户，占全县农业总户数的40.4%；贫困总人口为252 116人，占农业总人口的49.62%。

1991年11月，巫山县有31 902户133 117人越过温饱线，分别占实有贫困户的97.59%，占贫困人口的97.57%。通过了省、地组织的验收，完成了温饱达标的任务。

1993年年底，巫山县对人均收入300元以下的农村贫困户重新调查登记建卡，全县有特困乡12个，特困村84个，建卡贫困人口42 302户143 730人，贫困人口占农业人口总数的26.97%，建卡贫困户人均纯收入仅309元。

至1999年年底，普查核实，除去“五种户”3 436户11 617人外，达到“五八”（500元钱800斤粮）标准和“四个一”建设标准的，综合得分在90分以上的有37 156户131 072人，越温达标率分别占95.6%和95.1%。

2000年，巫山县解决温饱的贫困人口2 937人。

2002年，巫山被定为国家新一轮扶贫开发工作重点县。农村绝对贫困人口5.57万人。

2005年，巫山县农村绝对贫困人口减少到3.45万人。特困村有91个。

2010年，巫山县减少贫困人口6 000人，解决农村8 000贫困人口饮水困难，易地扶贫搬迁675户，10个村达到整村脱贫标准。

2015年，完成39个贫困村整村脱贫，8 818户28 511名贫困群众越过贫困标准线。

第四节　主要特色产业

1986—2015年，30年间，全县农业发展经历了两叶（烟叶、桑叶）、两业（乡镇企业、畜牧业）、十大特色产业（粮油、烤烟、蔬菜、畜牧、中药材、柑橘、魔芋、干果、小水果、渔业）历程，走上“1+3”（100万只山羊+20万亩脆李、20万亩中药材、8万亩烤烟）特色效益农业与农旅融合发展之路。

其间，巫山庙党、巫山魔芋、巫山纽荷尔、巫山脆李4个农产品成功在国家工商行政管理总局商标局注册为地理标志商标。“龙骨坡摇篮”有机大米、黛溪粉条以及黑山羊等6个品种获得有机农产品认证；根源牌麻竹、黛溪红薯粉条、老磨坊粉条、“龙骨坡摇篮”绿色大米等5个品牌农产品获得中国绿色食品发展中心绿色食品A级农产品绿色认证。

一、烤烟产业

（一）行政深度参与阶段（1986—1995年）

1985年，巫山县烤烟产量为316吨；1986年，烤烟产量为896吨。到1995年，烤烟产量增长到4 225吨，年均增长29.6%。

（二）“公司 + 农户”阶段（1996—2005 年）

1996 年，巫山县烤烟产量为 7 610 吨。2000 年，官阳区酿成了一起“铲苗种烟，违法伤农”而震惊全国的“官阳事件”，被中央电视台《焦点访谈》曝光。进而推行“公司 + 农户”模式，提高烟草公司的主体地位及烟农种烟的组织化程度，成为重庆市第二大烤烟生产县和湖南中烟的重要原料基地。到 2005 年，全县烤烟产量达 10 474 吨，10 年间年均增长 9.5%。

（三）“公司 + 基地 + 专业户”阶段（2006—2015 年）

2006 年，巫山县烤烟产量为 9 865 吨。到 2015 年，烤烟产量为 8 771 吨，10 年间产量基本稳定，优化实现由“公司 + 农户”转向“公司 + 基地 + 专业户”转变。实行水、路、机、房、电、土、经“七配套”，建成了笃坪、骡坪两个现代烟草农业试点基地。共修建标准化站点 6 个、卧式密集烤房 4 482座、烟水工程 62 万米^3、烟路 682 千米、育苗工场 15 个、联体大棚 73 座、防雹点 12 个，农用机械 724 台（套）。建立了 10 万亩基本烟田、土壤肥力、自然气候等 11 个数据库。全面推行“321”移栽法，落实烟草 GAP 规范，地膜栽培、配方施肥和保健栽培等标准化生产技术全部实现 100% 目标。到 2015 年，15 个种烟乡（镇）、98 个种烟村、3 231 户烟农，签订合同面积 7.6 万亩，户均种植面积 23.5 亩，实现全县烟农种烟收入 2.3 亿元，户均收入 7.0 万元。稳定全国重点产烟县、市第二产烟大县地位。

二、水果产业

1986 年，巫山县人民政府果品经济办公室成立，主抓柑橘产业带建设，每年保障 5 万 ~ 10 万元支农资金，试验示范纽荷尔、赖维林娜、棚娜等脐橙品种，示范区域主要集中在曲尺果园场带动伍柏村和官渡镇松林村、老屯村。当年，全县水果产量 528 吨，其中柑橘为 2 636 吨。到 1995 年，水果产量为 8 285 吨，其中柑橘为 6 186 吨。10 年间，水果年均增长 4.8%，柑橘年均增长 6.2%。

1996 年，全县水果产量 5 570 吨，其中柑橘 4 565 吨。移民后靠安置政策推进，脆李、樱桃、枇杷等小水果面积增加，小水果挂果比柑橘早 2 年以上，以小水果为主的水果产业增速快于柑橘产量的增长。1999 年，巫山实施生态工程，全面启动巫峡—曲尺柑橘产业带建设。2001—2005 年，容器苗运往巫山县建设移民果园。2001 年 10 月，启动福田镇凌云标准化果园建设由县扶贫开发领导小组办公室实施约 700 亩；县农业综合开发办公室实施的福田镇凉水村标准化果园建设 500 亩；2004—2005 年，军营、白水和桂花村 3 000 亩移民标准化柑橘园建成。到 2005 年，全县水果产量 21 865 吨，其中柑橘 9 351吨。10 年间，水果产量年均增长 10.2%，柑橘年均增长 4.2%。

2006 年，水果产量为 22 335 吨，其中柑橘为 8 859 吨。2006—2009 年，北京汇源集团有限公司、恒河果业有限公司落户巫山，利用移民扶持资金在伍柏村、朝阳村、柑园村等建设标准化柑橘园达到 7 000亩，县级 5 个部门积极主动向各自的上级主管部门争取项目资金支持，栽种晚熟柑橘 9 200 亩，巫山县柑橘产业被列为全市 10 个柑橘重点区（县）之一。2009 年，重庆市名优柑橘展示品鉴暨产销对接会上，巫山县 W. 墨科特和鲍威尔分获金奖和银奖。巫山脆李也得到发展，2014 年，被评为“中华名果”，巫山获得“中国脆李之乡”荣誉称号，“巫山脆李”成功在国家工商行政管理总局商标局注册成为地理标志商标，2015 年，全县种植面积达 8.8 万亩，产量达 42 000 吨。当年，全县水果产量为 8 096 万吨，其中柑橘为 37 988 吨。10 年间，水果产量年均增长 14.0%，其中柑橘年均增长 15.0%。

三、中药材产业

巫山县拥有中药材资源 5 000 余种，被国家列为名贵中药材的有 24 种，被列为道地产品的 15 个品种。1986 年，全县中药材种植面积 0.70 万亩，到 1995 年，增加到 1.56 万亩，10 年间年均增长 8.3%。

1996 年，下降到 1.49 万亩，2005 年又恢复性发展到 1.57 万亩，10 年间处于徘徊阶段。2006 年，为 1.55 万亩，2015 年发展到 4.31 万亩，10 年间年均增长 10.8%。巫山道地药材庙党、独活、牛膝、贝母、巫山淫羊藿、杜仲、黄檗、厚朴、木瓜实际种植规模达到 10.50 万亩，年采收面积超过 4.31 万亩。巫山庙党 1830 年前后形成商品，明末、清初由野生转为栽培，销售市场也由中原荆湘经过广州、香港转至东南亚一带，因此巫山被国家标准化管理委员会列为国家党参种植农业综合标准化示范区。巫山为原四川省杜仲及桔梗等道地药材生产基地县。重庆市改直辖后先后被列为“重庆市中药材产业化百万工程”重点基地县，以及巫山党参、淫羊藿被列为重庆市“五园两带七基地”重点发展道地品种，重庆市中药材产业技术体系创新示范县。其间，巫山县获得“中国庙党之乡”称号、“巫山庙党”地理标志、荣获“2015 中国优质道地中药材十佳规范化基地”殊荣。巫山独活规范化生产技术 GAP 研究及基地建设被确认为重庆市科学技术成果。

四、蚕桑产业

1986 年，巫山蚕茧产量 190 吨，到 1995 年，全县蚕茧产量达到 507 吨，10 年间，年均增长 11.8%，各区设有蚕茧收购站。受到市场的影响所致，1996 年蚕茧产量为 186 吨，2004 年达到 300 吨，2005 年又下降到 250 吨，10 年间处于徘徊阶段。2006—2015 年，10 年间，产量起伏不定，2009 年、2012 年产量分别达 625 吨、609 吨，由于市场影响以及巫山县凯丰丝绸有限公司转向其他产业，2013 年，巫山县蚕桑管理办公室被撤销，出现“桑树栽了挖、挖了栽”的恶性循环。到 2015 年，全县蚕茧产量回落到历史最低水平的 160 吨。

五、山羊产业

1986 年，巫山县山羊出栏 2.50 万只；1995 年，达 5.61 万只，10 年间年均增长 9.1%。2005 年，达 23.20 万只，1996—2005 年，年均增长 12.6%。此后，全县以“良种繁育、生产销售、饲草饲料、疫病防控、技术服务”五大体系建设为载体，巫山白山羊、黑山羊等地方优良品种资源，成功引进湖羊等优质品种，建成农业部批准，全市最大的川东白山羊原种场，建成 2 000 只规模的市、县级种羊场 6 个，年提供种羊 300 只以上规模的种羊扩繁场 110 个。规模山羊养殖场（户）5 000 余户，山羊规模养殖率达到 60%。被重庆市确定为山羊生产重点县、川东白山羊保种基地县，“川东北白山羊之乡”。到 2015 年，全县山羊出栏高达 50 万只，居重庆市第四位。

六、水产品

1986 年，全县水产品产量仅 125 吨，1995 年，发展到 320 吨，10 年间年均增长 10.6%。1996—2005 年，10 年间，巫山库区养鱼水面达到 23.8 万亩，在桂花、神女湖、大昌湖 5—7 月出现批量银鱼、淡水虾，银鱼最高捕捞量在 100 余吨。2005 年，水产品产量 840 吨，10 年间年均增长 9.6%。2006—2015 年，福田、龙溪、抱龙 3 个镇的龙头企业批量养殖娃娃鱼（大鲵）。2006 年，水产品产量 750 吨；2015 年，水产品产量 880 吨，10 年间总体统计产量年均增长 0.5%。

第五节　产业发展重大举措

一、政府扶持政策

1986—1995 年，巫山县引进良种，烤烟种子扶持、肥料供给提前买后归还。玉米肥球育苗技术推广，部分乡（镇）给对应帮扶乡（镇）捐赠一些“三材”物资修建机耕道路，以自力更生为主。

1996—2005 年，川东北项目、农业综合开发项目、移民开发项目、生态工程建设、移民产业扶持项目等在巫山县有关乡（镇）实施，集中在改田改土、免费发放种苗供给农民移栽、免费接受技术培训、库区移民产业化、柑橘蔬菜茶叶产业发展、贫困农户接受帮乡扶贫赠送的化肥等。巫山县采取“一事一议”村基础设施建设，政府给予适当补助，鼓励群众积极自力更生兴办小型农田水利，对乡（镇）年度评出一、二、三等奖的对象，分别补助现金1.5万元、1.0万元、0.5万元。1997—2005年，川东北项目投资8 000万元；2004—2007年，库周绿化带基本农田改造（6.5万亩）投资6 500万元等国土综合整治、烟水配套工程、农业综合开发等配套总数高产稳产农田10万亩。1996年，全县沼气池1 500口；到2005年建成“一池三改”1.3万口。2014年，巫山县委、县人民政府出台《关于建设生态农业基地加快农业和农村经济发展的意见》；2005年，出台《关于进一步加强“三农”工作推进生态农业基地建设加快农村全面小康进程的决定》，实施5个片区“三梯次”战略，大昌福田片区（一梯次）；官渡庙宇片区、骡坪龙井片区（二梯次）；抱龙笃坪片区、官阳庙堂片区（三梯次）。

2010年，巫山县当年安排资金1 000万元，用于烤烟种植奖励扶持。2011年，巫山县仅畜禽产业发展就安排资金2 990万元，直接补助农户达到2 000万元，畜禽种繁场及新型经营主体培育达到770万元，220万元用于动物重大疫病防控；1 740万元用于蔬菜产业（含魔芋和菜用马铃薯）发展；600万元用于中药材产业发展；柑橘产业300万元等。2012年，普惠困难户1 700万元；烤烟发展1 300万元、蔬菜发展1 200万元、畜禽养殖1 077万元、柑橘150万元、食用菌50万元、特色粮食824万元、中药材发展300万元、500万元基本口粮田项目建设、174万元用于农村能源建设、魔芋产业发展200万元。移民资金1 000万元，用于移民区其他种养殖补助。3 560万元用于生态效益补偿，276万元用于石漠化治理；250万元用于核桃、板栗基地建设。400万元用于乡镇农贸市场建设，100万元用于龙头企业、协会、农民专业合作社给予奖励扶持，50万元用于新型经营主体，申报“三品一标”认证，200万元用于县校科技合作。

2012年，巫山县人民政府出台《关于加快发展特色效益农业的意见》，不遗余力建设特色效益农业高地，2013年、2014年都整合各类资金超过1亿元用于特色效益农业发展。2015年，巫山县出台《关于发展特色效益农业实施产业扶贫的意见》，巫山县人民政府整合县涉农资金1.36亿元，用于2015年度“1+3”主导的特色产业的发展。2015年，建立“1+5+11”政策体系，整合资金9.5亿元，用于特色产业发展实行精准扶贫，脱贫解决“八难”、实现“八有”。

此外，政府加强农业品牌扶持，2010年，巫山县人民政府出台《巫山县加快商标发展战略的实施意见》，对每成功注册一件商标、地理标志证明商标分别给予申报人2 000元和5万元补助；对纳税关系在巫山的企业，新获得县知名、市著名、中国驰名商标，每件一次性分别给予0.3万元、3万元、30万元的奖励。

二、推进农村改革

（一）土地承包经营权到“三权”分置促进规模经营

2007年，巫山县委、县人民政府出台《关于推进城乡统筹加快农业农村经济发展的决定》《关于加快农村土地流转促进农业规模化经营的意见》；2008年，出台《关于进一步抓好撂荒地复耕工作的通知》《关于加快农村土地流转促进农业规模化经营的意见》，2009年，土地流转面积达到6.82万亩，流转率为16.01%。到2015年，土地流转面积达到15万亩，流转率为23.1%，实行“公司+基地+农户”或股份制等模式进行土地流转扩大规模经营。全县烤烟集中种植大户3 237户，户均23.5亩；中药材种植50~2 000亩规模新型经营主体100家。2015年，畜禽规模养殖率达60%，建设山羊规模养殖场3 000个、生猪标准化规模养殖场45个，建立200个种羊纯繁场、2个祖代猪场。

（二）全面取消农业税，各项补贴相继到位

2000—2005年，巫山以减轻农民负担为中心，取消“三提五统”等税外收费、改革农业税收为主

要内容的农村税费改，设立农业税附加。

2006 年，巫山全面取消农业税及附加。2007 年，巫山县被确立为全国产粮大县，2007 年，享受国家农资综合直补资金 1 096 万元、产粮大县奖励财政 700 万元。相继确立为全国产油大县、生猪调出大县。2007 年，巫山县委、县人民政府出台《关于推进城乡统筹加快农业农村经济发展的决定》；巫山县人民政府表彰了农田水利基本建设先进单位：一等奖笃坪乡，二等奖官阳镇、骡坪镇、官渡镇，三等奖福田镇、庙宇镇、三溪乡、大昌镇、当阳乡。实施粮食直补、水稻良种补贴、油菜良种推广补贴、农机补贴、种粮大户奖励及种粮大户农机具奖励等扶持惠农政策得到落实，最高年份总资金达到 6 500 万元。2006—2010 年，巫山县人民政府出台《关于大力发展烟叶生产的意见》《关于畜牧业发展的意见》《关于大力发展柑橘产业的意见》《关于大力发展蘑菇生产的通知》《关于大力发展蔬菜产业的意见》《关于巫山县柑橘非疫区项目建设的实施意见》《关于林业特色产业发展的意见》等。农业部投资 360 万元在巫山进行柑橘非疫区建设防控体系建设。

（三）户籍制度改革和农村建设用地复垦

2011 年，巫山县人民政府出台《关于切实做好农村建设用地复垦工作的试行意见》《巫山县统筹城乡户籍制度改革农村居民转户实施细则》《巫山县统筹城乡户籍制度改革社会保障实施方案》《巫山县统筹城乡户籍制度改革农村土地退出与利用实施细则》。2014 年 11 月，巫山县人民政府出台《巫山县统筹城乡重点改革总体方案》《农村集体经济组织清产核资实施方案、农村集体资产量化确权改革试点方案》。到 2015 年，巫山县土地开发整理新增耕地 4.5 万亩，完成地票交易 5 000 余亩，兑现农户补偿 4.1 亿元、农村集体经济组织补偿 3.5 亿元。

（四）推进农村金融改革

一是实施农牧业保险。2007 年起，巫山县实施能繁母猪保险，保费每头 48 元，其中养殖户承担保费每头 8 元，其余由市县财政承担，赔偿费良种母猪每头 800 元，本地母猪每头 600 元。推进了烤烟产业化保险、柑橘产业发展保险。

二是提升金融服务水平，风险抵押、担保贷款促进产业发展。到 2015 年，巫山县发放“三权”抵押贷款 6.8 亿元；发放小额担保贷款 1.1 万户 8.5 亿元；重庆市农业担保公司担保贷款达到 3 000 万元，其中用于山羊和生态渔业达到 2 000 万元，其他产业贷款扶持达到 1 000 万元。设立政府风险补偿金 1 500万元，撬动金融扶贫贷款 1.5 亿元。

（五）社会力量及招商引资支持主导产业发展

投资 3 亿元的山羊产业化项目，巫山县人民政府与重庆盈昇农业开发有限公司董事长袁世利签订投资 3 亿元的山羊产业化项目，在巫山工业园区楚阳特色产业园建设 1 个国家级核心种场基地、3 条国家一流的现代化羊肉深加工食品生产线和 1 个山羊电子交易中心。重庆市神女药业股份有限公司落户巫山职教和楚阳工业园区，利用新商业模式手段重构中药材价值链，建成中药材全产业链运营平台，建成中药饮片厂并取得药品生产许可证，通过中药饮片生产 GMP 认证。社会各界募捐 6 000 余万元，巫山县宏渝农副产品开发有限责任公司给 20 余户贫困户免费送独活种子和肥料，并保底价收购中药材产品，让 20 余户贫困户走上致富道路等。重庆市神女药业股份有限公司给笃坪乡腰栈村、向阳村以及邓家乡神树村、池塘村贫困户免费赠送价值 4 万元的党参种子。

到 2015 年，全县成立专业合作社 1 092 个（市级示范社 14 个）、家庭农场 131 个，农民入合率 46%，培育种养大户 1.5 万户，培育新型农业服务主体 3 家；市、县级龙头企业达到 70 个（其中市级龙头企业达到市级 14 家）；发展微型企业 8 560 户，打造微企特色村 5 个。

第六节　新农村建设

一、新农村与美丽乡村示范村建设

2006—2015 年。2006 年，巫山县委出台《关于 2006 年建设社会主义新农村示范村的指导意见》，启动 28 个社会主义新农村示范村建设。2006—2008 年，凉水村、瓜瓢村被列为市级新农村建设示范村；2009—2012 年，天宫村、鸳鸯村、营盘村、凌云村成为市级新农村建设示范村；2013—2014 年，杨坝村、茶园村、鸳鸯村、乌龙村、营盘村成为市级美丽乡村建设示范村，其中，杨坝村、茶园村成为 2013 年农业部 1 100 个“美丽乡村”创建试点乡村；2015 年，杨坝村、水库村、柳池村、长梁村、新城村成为市级美丽乡村建设官渡铜鼓庙宇示范片组成的村，10 年间，市级示范村 13 个（含 2 个部级），县级新农村（美丽乡村）示范村达到 50 个。

二、现代农业园区和休闲农业与乡村旅游融合发展

2013 年，巫山县梨早现代农业示范园区、庙宇现代农业示范园区被命名为市级产业复合型现代农业示范园区；2015 年，笃坪现代农业示范园区、曲尺现代农业示范园区，以及县级农业园区建设总数达到 50 个。

1985 年，抱龙镇青石村发展 1 家农家乐，开启休闲农业与乡村旅游发展之先河。

1986—2005 年，跳石村、建平村、金花村、巴雾村、下湾村、桂花村、白水村等 10 余村兴起农家乐，让 500 余名农民把农产品变成旅游产品，吃上旅游饭。

2006—2010 年，巫山县人民政府举办第一、第二、第三、第四届中国重庆三峡国际红叶节举办，全县农家乐达到 100 余家，就业人数达到 0. 3 万人。

2011—2015 年，继续举办了第五、第六、第七、第八、第九届中国重庆三峡国际红叶节，以及每年度 3 月江南菜花节、江北曲尺李花节和 4 月福田采茶节、“大昌古镇文化节”。先后建成春晓、大垭、瓜瓢、水库、茶园、营盘、双月、朝元、福坪、里河 10 个乡村旅游扶贫点，占全国 1 000 个乡村旅游扶贫点的 1%，带动望天坪、朝元观、九龙谷片区、当阳大峡谷、龙骨坡、龙王淌 6 个乡村旅游扶贫示范片快速发展。2014 年，官渡镇、红椿土家族乡获得市级“最美乡村旅游度假村镇”；同年 10 月，农业部命名“重庆市巫山县万亩油菜花景观”为 2014 年度全国十大油菜花之一。2015 年年底，共培育农家乐 300 余家，星级农家乐达到 43 家，其中三星级 22 家；全年观光休闲农业与乡村旅游年接待 330 万人次，综合收入 8. 25 亿元，直接就业人员 0. 52 万人，加间接就业总数达到 1. 4 万人。

三、易地扶贫搬迁助推美丽乡村建设

2008—2010 年，完成了庙堂乡整乡搬迁任务，启动了茶园、仙桥、乌龙市级易地扶贫搬迁 2 000 余人，2013 年，较大规模启动易地扶贫搬迁，到 2015 年 11 月，重庆市政府确认巫山县 2013—2017 年易地扶贫搬迁集中安置点达到 78 个。2015 年，全县林地面积达 320 万亩，森林覆盖率达 55%。

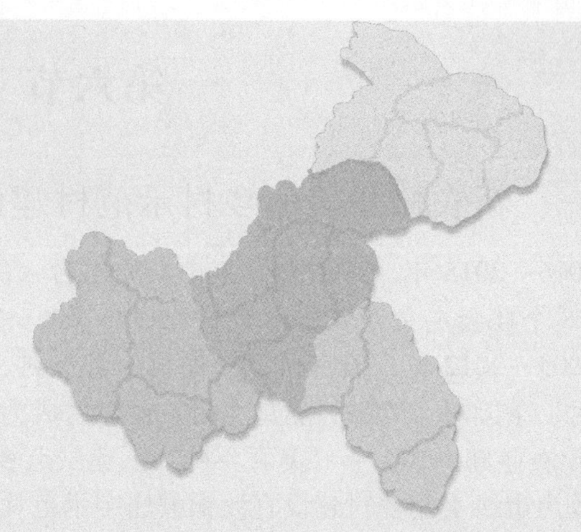

第三十三章 巫溪县

第一节 基本县情

巫溪县地处大巴山东段南麓的重庆、陕西、湖北3个省份结合部，古为北井、大宁。东汉建安十五年（210年）设北井县；宋太祖开宝六年（973年）置大宁监，明洪武九年（1376年）置大宁县，民国三年（1914年），因与山西省大宁县同名，遂改名巫溪县。1949年12月20日，巫溪县人民政府成立，隶属于西南行政区川东人民行政公署万县专区。1952年9月1日，恢复四川省建制，巫溪县属四川省万县专区。1968年6月，万县专区改称万县地区；1993年，万县地区改设万县市，实行市管县的行政体制。1997年3月，中央直辖重庆市，万县市改设重庆万州移民开发区，巫溪县随属。2000年7月，巫溪县由重庆市直接管辖。

全县总面积4 030平方千米，辖12个乡、18个镇、2个街道办事处、1个经济开发区。2015年年末有耕地面积79.2万亩，户籍人口54.388万人，城镇化率31.6%；常住人口39.1万人，城镇化率32.58%。

境内水、森林、旅游资源丰富。县境地处亚热带暖湿季风气候区，四季分明，气候温和，日照充足，温湿适度，雨量充沛，从低山到高山呈立体气候分布；河流众多，溪流密布，主要河流有大宁河、柏杨河等15条；森林覆盖率63.6%，是重庆市森林资源第一大县、全国绿化模范县；地处长江三峡“黄金水道”与大宁河相连接的奉节—巫山—巫溪“金三角”旅游地带，属国家级风景区。

第二节 农业农村经济

巫溪县经济总量小，增长速度慢，产业支撑弱，要素保障难；产业结构落后，产业层次和整体水平不高，第二产业发展严重不足；科技创新能力弱，群众生活水平低，贫困面大，城乡统筹难度大。2015年，巫溪县生产总值达到733 991万元，比1986年增加13.6倍，平均每5年增加1倍。一二三产业结构比为20.4∶38.3∶41.3。按常住人口计算，人均GDP达到18 741元。

2015年，巫溪县农业增加值152 629万元。农业总产值达到238 993万元，是1986年的19倍（表20－33－1）。

表 20－33－1　1986—2015 年巫溪县农业农村经济统计

年份	地区生产总值（万元）	农业总产值（万元）	农业增加值（万元）	农业增加值占比（%）	农民收入状况			备注
					纯收入、可支配（元）	城乡收入比	农村居民恩格尔系数（%）	
1986	16 335	11 885	8 908	68.49	—	—	—	按 1980 年不变价计算
1990	42 753	27 509	13 430	65.24	—	—	—	按 1990 年不变价计算
1995	54 043	45 728	28 777	62.93	821	3.54：1	—	—
1997	66 321	58 325	36 710	62.94	1 124	2.99：1	—	—
2000	81 038	60 931	39 251	64.42	1 258	4.98：1	60.0	—
2005	147 340	89 850	56 857	63.28	1 928	3.50：1	50.5	—
2010	375 962	136 099	87 639	64.39	3 647	1.25：1	51.2	—
2015	733 991	238 993	152 629	63.86	7 121	2.76：1	52.5	—

第三节　农业产业

巫溪县山大坡陡，沟壑纵深，良田沃土少。20 世纪 80 年代初，《巫溪县农业区划》中，将全县分为低山河谷粮果经区、中山宽谷粮经林区、中山谷岭谷林粮牧区、中低山峡谷粮经林区、中山峡谷林牧粮区和高山林牧涵养区六大片区。产业以种养业为主。为提升高效益农作物种植比例，巫溪县委、县人民政府提出把巫溪打造成三大基地、长江中上游地区最大的脱毒马铃薯种源基地、最大的“两薯”淀粉加工基地、重庆市最大的商品薯基地。农产品品牌逐渐突显，巫溪洋芋、巫溪洋鱼、巫溪板角山羊获国家地理标志登记保护，成功注册了地理商标，巫溪洋芋被认定为重庆名牌产品。“十二五”期间，打生态牌、走特色路、念致富经，因地制宜发展四大支柱产业，实施“1122”工程发展特色效益农业，加快推进农业现代化。

一、四大支柱产业

（一）巫溪洋芋（马铃薯）

马铃薯又名洋芋、土豆。是全县种植面积最大的粮食作物，分布甚广，常年播种面积在 37.5 万亩。1986 年，种植面 33 万亩，平均亩产鲜薯 655 千克；随着化肥推广应用，单产逐步提高，1995 年，平均亩产鲜薯 799 千克。1996—2007 年，因马铃薯病毒导致种性退化、调整农业产业结构、高山移民等原因，种植面积下降，到 2007 年，下降到 32.25 万亩，为历年最低。此后，国家惠民政策大力支持马铃薯产业，脱毒种薯应用技术大力推广，巫溪县被列入部级万亩马铃薯高产创建县、市级现代农业综合试验示范基地和无公害农产品马铃薯产地县，面积和单产大幅上升。2008 年，种植面积达 46.2 万亩，为历年最多。2013 年，套作的平均亩产达 1 031 千克，比 1986 年增产 52.06%，净作最高亩产达到2 985.6千克，创全市之最，当年成功承办了全国马铃薯大会。到 2015 年，与比利时合作成立了“中国—比利时马铃薯工程中心”，全县建有脱毒马铃薯原种繁育基地 10.5 万亩，具备年生产脱毒原原种6 000万粒、原种 1 万吨、良种 10 万吨的能力。形成了脱毒马铃薯组织培养、原原种生产、种薯扩繁的完整体系。

（二）巫溪板角山羊

巫溪县内特殊的地形地貌、海拔相对和绝对高差大，形成天然的高山草场和天然畜牧场，适宜山羊

养殖。境内山羊养殖历史悠久，经过多年的培育，形成了独特的地方品种——巫溪板角山羊，1980年，被列入《中国畜禽品种志》。1983年12月，巫溪县获国家对外经济贸易部授予的“山羊板皮出口产品品质优良”荣誉证书。1986年，国家对外贸易部确定巫溪为山羊板皮生产基地县，全县出售和自宰的肉用羊6.51万只，年底山羊存栏11.77万只。1995年，巫溪县委、县人民政府印发《关于大力发展畜牧业生产的决定》指出：“坚持科技兴牧，突出规模效益，大力发展商品羊，健全和完善服务体系，走产、加、销综合开发的路子”，当年养殖规模达到21.21万只。1997年，广泛开展“山羊三推一育”（推广杂交改良，推广人工补饲技术，推广防病、驱虫；本品种选育）技术，山羊养殖规模大幅增加，2002年，巫溪板角山羊列入重庆市地方畜禽品种资源保护名录。2013年，巫溪板角山羊申请国家地理标志证明商标，2015年，养殖规模达到31.97万只，出栏13.75万只，存栏18.22万只。

（三）烟叶

以烤烟、白肋烟、土烟为主，巫溪县常年种植面积在4万余亩，主要分布在尖山、朝阳、文峰、塘坊、胜利、古路、上磺、通城、兰英、双阳等乡（镇）海拔800～1 200米的区域。土烟多由农户自行种植销售或自用，烤烟和白肋烟以政府引导，公司与农户实行合同种植、订单专销。1986—2002年，全县以种植白肋烟为主，种植面积因市场需求起伏较大。1989年种植面积3.25万亩，次年降到1.83万亩，1994年，种植面积萎缩至0.86万亩，平均亩产不足50千克，烟叶生产进入历史低谷期。1995年，巫溪县委、县人民政府调整扶持政策，加大生产扶持力度，引进万县复烤厂共建生产基地，采取大户带小户，修建高质量的晾晒房，种植面积和产量逐步回升，全县种植白肋烟2万亩，产烟叶1 562.5吨，亩产78千克，上中等烟占65%以上，农民收入4 000余元。当年烟农对烤烟种植信心不足，停种烤烟一年。1997年，全县21个乡种植白肋烟2.55万亩，产量3 279.9吨，单产创历史最高纪录，烟农增收1 683.3万元，创税253.4万元。到2001年，白肋烟种植面积达到3.51万亩，产烟3 882吨，为历史最高。当年全县烤烟种植得到了恢复发展。此后，国家对白肋烟做了控制性生产。2003年后，白肋烟逐步减少，2008停止发展。2005年开始，全县以种植烤烟为主。坚持贯彻“控制总量、提高质量、优化布局、优化结构”的发展思路，推行“科技兴烟、计划种植、合同收购”的运行方式，启动现代烟草农业基础设施建设，增加蓄水池、道路、管网、烤房等配套设施投入，烤烟种植面积、产量和质量得到大幅提升。2008—2012年，种植农户均在3 000户以上，户均种植10亩。2009年，烤烟种植面积达5.64万亩，产烟7 071吨，为历年之最。此后逐步调减种植面积，推广大户集中种植，至2015年，种植烤烟4.04万亩，收购烟叶4 867吨，烟农收入1.27亿元，创税2 794万元，户均收入90 963元。

（四）中药材

巫溪县素有“天然药海”之称，是全国中药材生产重点县，“绿色中药出口基地县”。早年曾获“全国药材生产红旗县”称号。“大宁党参”自清代始即以“质地特优”盛名远扬，销往香港、东南亚等地。《重庆中草药资源名录》记载巫溪境内有药用价值的地产中药材2 932种，占重庆市药用动、植物总数（5 832种）的50.2%，在中药材品种数量上居重庆市之首。太白贝母、大宁党参、北岸连、款冬花、肉独活、厚朴、黄檗、华细辛等20余种道地药材质量上乘，远销海外。开发潜力巨大。1986年，全县种植药材0.86万亩，1990年达1.84万亩。1991—2000年，药材种植徘徊增长，10年间增加种植面积0.68万发亩。2002年，巫溪县委、县人民政府把中药材定为县内支柱产业，成立中药材领导小组，制定《巫溪县中药材产业发展10年规模》，启动款冬花、大宁党参GAP认证，药材种植得到较快发展，种植面积大幅提升，到2010年种植面积增加到8.18万亩，10年增加4.5倍。随着市场需求量的增加，药材效益显著提高，种植面积突飞猛进。至2015年，全县在地中药材面积达到18.1万亩，产值达5.4亿元。

二、其他特色产业

巫溪县独特的立体气候，特殊的加工方式，使其盛产不同的地域特产。红池坝的高山包包菜、药材蜂蜜，西溪河的冷水洋鱼、娃娃鱼，大宁河鸡，巫溪烤鱼、巫溪腊肉、巫溪牛肉干享誉盛名。

（一）特色水产养殖

巫溪县河流密布，暗河众多，水温较低，是养殖冷水鱼的绝佳环境。巫溪娃娃鱼（大鲵）、巫溪洋鱼（裂腹鱼）、巫溪油桶子（云南盘鮈）、巫溪钱鱼（多鳞铲颌鱼）等野生资源丰富。1986 年，县内基本上依靠捕捞天然鱼为主，少有人工养殖。因过渡捕捞、大力兴修水电站导致野生资源逐渐减少，人工养殖逐步增多。21 世纪之初，人工繁育技术突破，巫溪洋鱼和娃娃鱼开始人工饲养。2000 年，县内养殖娃娃鱼 2 万尾、洋鱼 20 万尾。2011 年，“巫溪洋鱼”通过农业部地理标志登记保护，突破了巫溪钱鱼的人工繁殖技术；2012 年，人工繁殖云南光唇鱼取得成功，全县实现了巫溪娃娃鱼、巫溪洋鱼的苗种规模化繁育；2014 年，在全国首次突破巫溪油桶子人工繁殖技术；至 2015 年，全县人工养殖巫溪娃娃鱼 13 万余尾，巫溪洋鱼 200 万尾。

（二）大宁河鸡

俗称“土鸡”，是经多年选育而成的肉蛋兼用型地方鸡种，一直占巫溪禽类产业 95% 以上，多以散养自食为主。20 世纪 80 年代，部分农民不再满足于分散养殖，开始尝试小规模养殖，并逐步扩大规模，形成家禽养殖业，成为早期的土鸡养殖专业户，并带动周围一批农户进行养殖。1988 年，全县养鸡 44. 5 万余只，产值 105. 19 万元。2006 年 6 月，“大宁河鸡”通过重庆市畜禽品种审定委员会审定，成为重庆市地方畜禽品种，列入重庆市畜禽遗传资源保护名录。2009 年 9 月，“大宁河鸡”通过国家畜禽遗传资源委员会审定，成功注册为国家地理商标，被列为全县农民增收致富产业的主推品种。是年，在菱角乡三坪村 2 社建设千万羽“大宁河鸡”繁育场 1 个。县域已建成种鸡场 12 个、孵育中心 75 个、保种户 876 户、扩繁户 4 753 户，建立兰英、双阳、天元“大宁河鸡”保护区 3 个。2011 年，成功申报注册“大宁河鸡”非活类地理标志证明商标，巫溪县被确立为国家级地方品种资源保护县、全国生态畜牧养殖基地县。全县新建保种户 386 户，扩繁户 2 015 户。2015 年，全县存栏土鸡 246. 5 万只，出栏 500. 4 万只。

第四节　扶持政策与重大举措

一、稳定承包关系，完善经营体制

1989 年，巫溪县加强了农业承包合同管理，完成了对全县 11. 3 万个农户的土地承包合同，完成了 725 件多种经营和工副业承包合同的签发签证工作。1991 年，全县共签订农业承包合同 12. 38 万份，农业承包合同的管理开始从人治到法治的转换，已基本形成从县到村的管理组织体系。巫溪县根据 1984 年中共中央提出的土地承包期 15 年不变政策，对 1998 年第一轮到期的承包地再延长承包期 30 年。在实施统分结合双层经营责任制、建立和完善农村社会化服务体系的基础上，在农村普遍试行“两田制”（口粮用地和多种经营用地），建立土地流转机制，允许和鼓励农民转包土地。2007 年，加强了农村土地合理流转的探索与研究，出台了《推进土地规模经营促进产业发展的实施意见》。2010 年 5 月，巫溪县人民政府制定了《农村土地承包经营权确权颁证工作实施方案》。全面完成了 30 个乡（镇）、288 个行政村、1 560 个社、12 万农户的农村土地二轮承包经营确权颁证工作。全县土地流转率 29. 5%，适度规模经营率达到 25%。

为妥善处理土地承包经营权纠纷，化解土地经营权流转矛盾，引导农户信法维权。2011 年 5 月，经巫溪县人民政府研究同意，正式成立巫溪县农村土地承仲裁委员会，成员由县人民政府办公室、法制办公室、农业、林业、国土、财政、司法、妇女联合会、信访等部门领导以及农村集体经济组织代表、农民代表等组成。至 2015 年末，累计受理土地承包经营纠纷案件 1 113 件，仲裁 212 件，成功调解 886 件。

二、减轻农民负担，加大扶持力度

1990 年，巫溪县执行了“一增二保三限制”原则，即增加公积金，保证干部正当的误工费和军烈属、五保户、集体文化、福利等公益金支出。限制提留项目和提留金额，限制巧立名目、假立名目、自立名目对农民摊派，限制承包合同的项目、金额，农民负担额度控制在上年农民净收入的 5% 以内。1991 年，切实宣传和贯彻执行《四川省农民负担管理条例》。1992 年 5 月，为全面贯彻、落实国务院《农民负担费用和劳务管理条例》，巫溪县设立了“农民负担举报站”，各区建立接待站，设置举报箱，依法受理农民负担举报事宜。

1993 年，巫溪县委、县人民政府要求各乡（镇）对农民负担数额不得突破上年人均纯收入的 3.80% ~4.37%，增长幅度不得超过人均收入的增幅。重点实行了“六统一”来规范农民负担管理。一是农经站管理集体资金；二是乡（镇）农经站代政府预算、县减负办审批负担方案；三是农业行政主管部门统一把关农民负担问题；四是全县统一使用减负办监制的专用收据；五是全县提留、统筹统一分大春、小春两季按比例结算；六是实行收费经审批、亮证、出收据的制度。强化监督机制，县农村合作经济审计站把好了农民负担审计关，及时发放重庆市统一的农民负担监督卡 116 104 户。

2001 年，巫溪开展了以“三取消，两调整，一改革”为主要内容的农村税费改革试点，农民负担明显减轻。税费改革前的 2000 年，全县农民上交农业税 858 万元，农业特产税 860 万元，屠宰税和其他税金 277 万元，乡（镇）统筹 536 万元，集体提留 478 万元，农村义务工和劳动积累工以劳折资金额 475 万元，教育集资（中小学危房改造）69 万元，合计 3 553 万元，农民人均负担 81.1 元。农村税费改革后，全县农民上交农业税及附加 1 899 万元，特产税及附加 192 万元，村内“一事一议”筹资 48 万元，合计 2 139 万元，人均负担 48.8 元，减幅达 40%，维护了农村社会稳定。同年，与农村税费改革相配套，进行了村、社建制调整，由原来的 607 个村、3 657 个社，调整为 346 个村、1 555 个社，精减村社干部 2 322 人，减少村社干部工资性支出 60 多万元。2007 年起，全面取消农业税和农业特产税，农民负担降至人均 22.4 元。

从 2004 年开始，巫溪通过退耕还林补贴、种粮直补等财政补助扶持农业生产，逐步扩大补助范围和项目，提高补贴标准，涉及粮食、油菜、农资综合直补、良种推广、渔业规模化养殖、渔业船舶燃油、农业机械购置等项目。至 2015 年，全县累计补贴农民资金达 95 518 万元。

三、加大农业投入，改善基础设施

1987—1990 年，巫溪累计投入资金 88.72 万元，改造中低产田土 0.8 万亩。农田基本建设坚持“因地制宜、突出重点、集中连片、规模开发、注重质量、讲求效益”的思想，1991—1996 年，以粮代赈、川东项目、以工代赈农田基本建设项目涉及 25 个乡，81 个村，223 个社，累计完成投资 285.52 万元，完成改造中低田土 19 940 亩。1997—2002 年，由世界粮食计划署、国际农业发展基金会及中国政府联合在巫溪实施了川东北农业综合开发项目，涉及农田水利基本建设和农业开发，总投资 3 342.56 万元，其中援粮资金 889.56 万元，国际农业发展基金贷款 1 862 万元，国内配套资金 591 万元。完成坡改梯 0.15 万亩，改造下湿田 0.12 万亩，修建配套水利设施蓄水池 96 口，蓄粪池 900 口；修建灌溉渠 12.98 千米，拦山堰 9.8 千米；修建乡农技站 10 个，乡畜牧站 1 个；新修乡村道路 209.2 千米，改建道路 226 千米，修建公路桥一座；新修人畜饮水池 52 口，容量 55 512 米^3；营造防护林 520 亩，封山育林

1.32 万亩。2004—2005 年，三峡库区周边绿化带基本农田建设项目投资 559.3 万元，完成石坎梯地 50 亩，拦山堰 3 500 米，蓄水池 8 400 $米^3$，沉沙凼 222 个，排灌沟 7 200 米，贮粪坑 111 个，耕作便道 8 000米，土坎聚土垄作 600 亩。2008—2009 年，完成了基本农田建设 1 万亩，新建蓄水池 4 500$米^3$，排灌沟渠 6 500 米，耕制道 6 500 米，村级便道 2 500 米，通过该项目的实施，增强了农业后劲，为发展现代农业创造了条件。2010 年，共实施粮食基础能力建设、退耕还林地区基本口粮田建设等农田基础设施工程项目 5 个，总投资 404.88 万元，其中财政投资 362 万元。年末，全县公路里程到达数 3 551 千米，其中，省道 333 千米，县道 294 千米，乡道 551 千米，村道 2 373 千米。2015 年，新增国道 242 千米、省道 96 千米，行政村通畅工程 1 500 千米，行政村通畅率提高到 70%，撤并村通达率达到 100%。安装农村公路防护栏 466 千米。新增蓄水能力 58.8 万$米^3$，恢复和改善灌溉面积 1.5 万亩。彻底消除"无电村"。建成 4G 通信基站 301 个，实现重点乡（镇）4G 网络全覆盖，完成重要场镇光网建设。

四、加强扶贫开发，改变生活状况

巫溪县山大坡陡，土壤生产力低，生活条件恶劣，农业生产水平低下，自然灾害频发，农民吃饭、穿衣、住房、饮水、行路、过河、医病、子女入学难，1986 年巫溪被四川省定为 46 个贫困县之一。1988 年，全县仍有 2 786 户住岩洞、窝棚，有 25 万人、29.32 万头牲畜饮水难，有 7 万户、35 万人行路过河滩，小学升初中升学率比全国低 50%，初中升高中的升学率比全国低 70%，全县 70% 的乡近 30 万人患病不能就医治疗。全县通过实施"希望工程"、援建工程、国家实施发达地区对口支援贫困地区的政策，采取多种扶贫措施，不断增加百姓收入。2002 年，人均纯收入在 657 元以下的绝对贫困人口还有 5.776 万余人，农村贫困发生率高达 15%，是重庆市地理位置最边远、自然条件最恶劣、农村贫困程度最深、经济发展最困难的县，国务院批准巫溪县为重庆市 14 个国家级贫困县之一。巫溪县有 217 个特困村，按照国家"十五"扶贫纲要对 217 个特困村分阶段、分步骤实施。2014 年，通过新一轮农村扶贫对象精准识别和建档立卡工作，巫溪将农民年人均纯收入低于 2 736 元作为评判贫困人口的硬杠杠，按照"户主据实申报、民主评议排序、三榜审核公示、入户登记调查"等程序对贫困农户的家庭人口情况、产业发展情况、收入情况等基本情况进行调查，对扶贫对象进行精准识别，做到户立卡、村造册、乡建簿、县有电子档案，摸清全县贫困人口底数。精准识别出贫困村 150 个，建卡贫困户 2.5 万户，贫困人口 8.6 万人。经过采用改造窝棚、危房易地搬迁、生态移民、养殖业补助、劳动力转移、机关企业帮乡扶贫、科教科技扶贫培训、学费减免等方式，全县公共基础设施突飞猛进，教育、卫生、交通都得到很大改善，脱贫致富人员越来越多。开展了"万人扶万户"和"万名师生帮扶万名特困生"等帮扶活动，通过各种渠道的扶贫援建，至 2015 年，全县完成验收消除的贫困村有 96 个，累计减少贫困人口 4.48 万人，平均每年减少 1.5 万人。

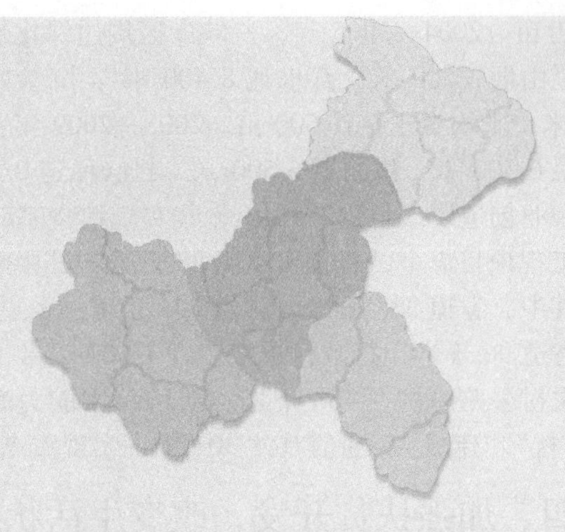

第三十四章 石柱土家族自治县

第一节　基本概况

石柱，以石潼关、砫浦关而名。唐武德二年（619 年）置南宾县，为石柱建县之始；明洪武十四年（1381 年）石砫宣抚司始理民事，隶重庆卫；清乾隆二十六年（1761 年）升为石砫直隶厅，直隶四川省；民国二年（1913 年）改为石砫县。1959 年，改石砫县为石柱县。1983 年，成立石柱土家族自治县（简称石柱县）。

全县总面积 3 012.51 平方千米，耕地面积 84.92 万亩，辖 14 个乡、16 个镇、3 个街道，是三峡库区唯一的少数民族自治县。2015 年年末，全县户籍总户数 19.63 万户，总人口 54.66 万人，常住人口 38.65 万人，城镇化率 27.99%。

第二节　农业农村经济

石柱县农业农村经济情况见表 20－34－1。

表 20－34－1　1986—2015 年石柱县农业农村经济情况

分期		地区生产总值（万元）	农林牧渔业总产值（万元）	农民收入状况		
				人均纯收入（元）	城乡收入比	农村居民恩格尔系数（%）
“七五”期始	1986 年	11 910	11 198	193	—	62.5
“七五”期末	1990 年	22 091	19 080	313	—	61.0
“八五”期末	1995 年	80 854	55 942	861	—	59.1
重庆市直辖后	1997 年	111 954	76 194	1 166	2.67：1	59.7
“九五”期末	2000 年	130 799	79 089	1 308	3.40：1	59.6
“十五”期末	2005 年	268 078	122 230	2 296	3.35：1	53.5
“十一五”期末	2010 年	648 118	204 715	4 644	3.01：1	48.5
“十二五”期末	2015 年	1 292 437	335 150	9 642	2.60：1	43.9

石柱县属重庆市 18 个重点贫困县之一。1986 年，石柱被核定为国家贫困县，当年，全县有 2.16

万户8.79万人缺衣少粮，3 300户1.44万人房屋破烂不能遮风挡雨，479户1 916人无房居住；金铃等7个特别贫困乡人均纯收入仅107元。到1990年年底，石柱县经四川省人民政府组织验收，越过了低标准的“二六温饱线”，全县农民人均纯收入、人均粮食分别为401.6元、462千克，基本解决温饱。这一阶段，扶贫开发工作取得初步成效。

1994年，国家“八七扶贫攻坚计划”提出，对全国农村8 000万贫困人口的温饱问题，力争用7年左右的时间基本解决。全县有扶贫对象2.39万户，9.59万人。1999年，石柱县贫困人口人均纯收入、人均粮食分别达到662元、666千克，被认定为“扶贫攻坚越温达标县”。

2001—2010年，石柱被确定为全国592个扶贫开发工作重点县之一，2010年，农民人均纯收入达到4 765元，农村贫困人口降到7.14万人，累计实现23.8万贫困人口稳定脱贫，返贫率控制在2%以内。

2014年年底，新一轮扶贫开发精准识别，全县有贫困村85个、贫困户15 758户、贫困人口54 908人。经过“两进两出”动态调整后，2015年年底，全县有贫困户10 470户、贫困人口37 745人，其中，重点贫困户2 119户、贫困人口7 236人，一般贫困户8 351户、贫困人口30 509人。

第三节　农业产业发展

20世纪80—90年代，以“山上烟连药林、山下桑果兔猪、山上山下粮经安天下”的农业产业发展思路，奠定了石柱农业基础。21世纪，按照“绿色为体、特色为魂”的构想，围绕“调新品种、调优结构”目标，开始了石柱特色农业创新发展之路。以辣椒为主的蔬菜、以黄连为主的中药材、以草食家畜为主的畜牧业、以工业原料林为主的林业、以马铃薯为主的粮食、烤烟等六大农业产业加快发展，初步形成了“4+2”特色产业体系，巩固提升了石柱农业。党的十八大以来，石柱特色农业迈向了加快推进农业现代化的新征程，全县上下发展效益农业的思想大解放、体制大突破、结构大调整，打特色牌，走生态路成为长期坚持发展之路。按照“三县一地”区域布局，着力打造以辣椒为主的调味品、以黄连为主的中药材、以莼菜为主的高山果蔬、以兔子为主的草食牲畜及中蜂、冷水鱼、烤烟等“4+X”特色产业体系，特色产业成为石柱农村经济快速发展的生力军，石柱农业发展之路成为了武陵山区山地现代农业发展样板。

一、辣椒

辣椒是石柱农业产业发展过程中确立的“四大支柱产业”之一，也是“4+X”农业特色产业体系的重要组成部分。

2000年，通过赴贵州考察，石柱县委、县人民政府决定尝试发展。2001年，在悦崃区三益乡试种500亩辣椒获得成功，开创了辣椒产业种植先河。2002年，全县试点推广，种椒规模增至3 000亩，为辣椒产业在石柱落地生根打下了坚实基础。随后10余年间，石柱县委、县人民政府大刀阔斧，将辣椒产业作为全县骨干产业培育发展，并作为石柱县四大特色支柱产业之一。到2015年，石柱辣椒已成为石柱农业举旗产业，品种已实现从外引进到自主研究推广，成功培育石椒3号、石椒5号、石椒7号等9个杂交长椒品种和石辣1号、石辣2号等石柱朝天红杂交品种；基地面积从500亩发展到30万亩，迅猛增长600倍；辣椒加工从无到有，在国内率先实现辣椒机械化干制加工，42家加工企业年加工能力达到5万吨；成功注册“石柱红”辣椒（集体）商标和“石柱红（鲜椒）”证明商标，先后获得“中国辣椒之乡”“中国辣椒百强县”“中国调味品原辅料（辣椒）种植基地”和农业部首批命名“全国农产品加工创业基地”。

二、中药材

中药材是石柱四大农业支柱产业之一，也是“4+X”产业重要组成部分。自2004以来，石柱县委、

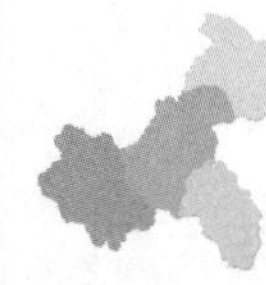

县人民政府将中药材列入全县农业产业发展的支柱，其产业地位在重庆市乃至西南片区有重要影响。

石柱野生中药资源丰富，有野生中药材品种800多种，鱼腥草、银杏、天麻、五倍子、金银花、五味子等野生中药材资源极为丰富。分布在全县33个乡（镇、街道）。建成了30万亩中药材种植基地，规模种植有黄连、佛手、前胡、紫菀、百合、大黄等10余个品种，干品产量5万吨左右，产值5.5亿元。特别是黄连，据记载，唐天宝元年（742年），石柱曾“上贡黄连十斤，木药子百粒。”黄连在石柱的种植历史达700多年，1959年，刊登在《四川医学院学报》上的《黄连史》中写道：“峨眉、洪雅野生品种驰名天下，石柱栽培品种品质优良，产量甲全国”，黄连是重庆市唯一获得道地药材认证的品种。

1979年4月，国家医药管理总局授予石柱为“中国黄连之乡”。1987年，国家工商行政管理总局批准在石柱县黄水镇建立第一个黄连专业市场——“中国黄连市场”。1991年，农业部在石柱建立优质黄连商品基地，黄连有限公司生产的“神农牌”石柱黄连被评为“中国著名畅销品牌”和“重庆名牌农产品”。2004年，石柱黄连获得国家地理标志产品保护和中药材GAP认证，于2009年获第二次认证。2006年，石柱黄连正式注册了“地理标志产品”商标，国家质量监督检验检疫总局、国家标准化管理委员会正式批准发布《地理标志产品石柱黄连》国家标准（标准代号GB/T 20358—2006）；2010年，石柱县被中国药文化研究会中国道地药材文化建设工程组织委员会认定为“中国黄连药材产业之乡”。2014年，中国中药协会黄连专业委员会落户石柱，中国第二届黄连峰会在石柱举行，为石柱黄连产业的发展聚集起雄厚的人才优势、资本优势和企业优势，意味着石柱黄连产业迈出从单一中药品种开发向产业集群经济发展的第一步，石柱黄连产业开起了升级发展新阶段。2015年，石柱县有16个乡（镇）3万余农户种植黄连，常年在地面积5万亩，是1986年（3万亩）的1.83倍；产量2 500吨，是1986年（700吨）的3.57倍，占全国产量的60%和全球产量的40%以上，居世界之首。

三、畜牧

1986年以来，石柱县畜牧业快速发展，产业地位不断巩固，已成为全县推动农业结构调整、拓展农民就业渠道、促进农民增收致富、繁荣农村经济的支柱产业。

（一）长毛兔

石柱县享有全国长毛兔养殖“第一大县”的美誉。1980年，县畜牧局首次从德国引进“西德长毛兔”百余只。1983年，石柱县委、县人民政府根据四川省委“秀山会议”精神，制定了《关于大力发展草食牲畜的决定》，提出发展长毛兔养殖。1984年开始了长毛兔生产。1986年起，全县长毛兔养殖蓬勃发展，饲养量达76万只，兔毛产量257吨，产值占全县畜牧业产值的43.35%。石柱县获得“中国长毛兔之乡”和中国长毛兔第一大县的荣誉称号。1987年4月，世界著名养兔专家阿道夫·鲁道夫来石柱考察，称赞“石柱长毛兔真了不起，不愧为长毛兔之乡”。至20世纪90年代中期，全县常年存栏5万~10万只的有15个乡（镇），10万只以上的有7个乡（镇）。进入21世纪，兔毛市场行情一度低迷，饲料价格不断上涨，广大养殖户的积极性遭受打击，全县长毛兔养殖量接连下降，兔毛产量滑坡，发展进入低谷时期，长毛兔年产值仅占县畜牧业总产值的11.3%。2006年5月，石柱联农兔业同美国普利姆皮草有限公司达成协议，成立重庆圣丹兔业科技有限公司，打造中国西部兔业的“航母”。2009年以后，兔毛价格稳步上扬，长毛兔呈现上涨的趋势，市、县两级政府也积极推动长毛兔品牌建设，当年，石柱长毛兔被纳入全市“百万产业化”工程畜牧基地县项目。2012年，石柱长毛兔成功注册“石柱长毛兔”地理标志。2015年年末，全县存栏206.4万只，比1997年下降了14%。

（二）肉牛

1986年以来，石柱县牛业发展一直保持增长势头。1986年年末，全县牛存栏、出栏量分别为5.4万头和2.2万头，到1997年年末，存栏、出栏量分别已达9.8万头和2.1万头。到2015年年末，全县牛存栏、出栏量已高达 13.9 万头和 5.6 万头，分别比 1997 年增长了 1.4 倍和 2.6 倍。

（三）生猪

1986 年以来，通过大力推广和普及实用技术，抓好品种改良，生猪基地建设和疫病防控等，促进了生猪产业发展。1986—1997 年时，全县生猪存、出栏量一直保持增长势头。1986 年年末，全县生猪存栏、出栏量为 17.9 万头和 11.9 万头；到 1997 年年末，全县生猪存栏、出栏量高达 24.8 万头和 22 万头。随着农业产业结构的不断调整，1997 年后，呈下降趋势。2015 年年末，存、出栏量为 26.2 万头和 38 万头，分别比 1997 年增加了 1 倍和 1.7 倍。

（四）山羊

1986 年年末，石柱县山羊存、出栏量分别为 0.8 万头和 0.6 万头。1997 年年末，山羊存栏、出栏量分别已达 8 万头和 6.8 万头。2015 年末，山羊存栏、出栏量分别为 6.8 万头和 5.6 万头，比 1997 年分别下降了 15% 和 17% 。

（五）家禽

1986—2005 年，石柱县家禽发展一直保持增长势头。1986 年年末，全县家禽存栏、出栏量为 38.7 万只和 67 万只。1997 年年末，家禽存栏、出栏量分别为 121 万只和 105 万只。到 2015 年存栏、出栏量为 230 万只和 460 万只，比 1997 年分别增长 1.9 倍和 4.3 倍。

四、莼菜

莼菜素有“植物锌王、水中人参”的美称，对生长环境要求极为苛刻，营养价值及药用价值巨大，在中国历史悠久，日本、韩国及东南亚国家对莼菜需求量很大。

1986 年，石柱枫木农民从湖北利川带回莼菜种子，随着小面积试种成功，逐步在当地零散种植。1991 年，石柱县委、县人民政府充分挖掘高山水田资源，把莼菜纳入全县水产新特产业。石柱水电局从利川佛宝山莼菜基地引进 8 000 多千克良种，以每亩 150 千克稻谷的代价，租用黄水镇万胜坝村 47 户 97 块低产田 78.13 亩作为莼菜基地，移植试种 35.9 亩获得成功。1995 年，黄水片区适宜区域农户大量种植，莼农借助“西湖莼菜”品牌，将莼菜借道浙江出口，但因贴牌生产附加值低，当地莼菜产业始终没有形成规模优势。1998 年，“山之纯”牌莼菜亮相重庆“一会一节”获得金奖，同年，石柱县成立莼菜产业化开发领导小组。2003 年，石柱莼菜获得无公害莼菜产品认证和无公害莼菜产地认定，莼菜产业迎来了春天。当年，全县建成有机莼菜生产基地 2 000 亩，绿色莼菜生产基地 6 300 亩，“山之纯”“福吉利”等品牌获国家有机食品证书和 AA 级绿色食品证书，填补了重庆市无有机水产品的空白。2005 年以来，莼菜被石柱县委、县人民政府确定为重点特色产业，莼菜产业进入快速发展轨道。政府连续投入大量资金，扶持莼菜基地、加工企业、农田基础建设，开展莼菜科研和品牌建设，全县适种地区大规模发展莼菜生产。2015 年，全县莼菜种植 1.3 万亩、产量 1.3 万吨，产值 1 亿元以上，为莼菜农户人均增收 5 556 元。

五、烤烟

1981 年，烤烟在石柱县大歇乡和漆辽乡试种成功，至今，已有 30 多年的历史，大致经历了 6 个发展阶段。

起步阶段（1981—1990 年）。十年艰辛，从试种到学技术、拓展市场，到烤烟这一产业在石柱站稳脚跟。这个阶段的基本特征是石柱能种烟，而且能生产出优质烟叶，其间，烟叶产量从 80 担增加到 8.7 万担。

优质高效发展阶段（1991—1993 年）。3 年的优质高效发展，经济效益和社会效益得到充分体现，农民增收、行业增交、财政增税，山区农民从此走出脱贫之路。其间，烤烟产量从 13.9 万担增加到

15.9 万担，从根本上改变了农业内部结构，形成了农业经济的支柱产业。

跳跃式发展阶段（1994—1997 年）。这是一个艰辛奋斗阶段，产量从 15.9 万担急转滑落到 3.9 万担，而在短时间内又从 3.9 万担一跃发展到 23 万担。其基本特征是以超常规思维、真抓实干作法，实现了试点突破发展。

稳定持续发展阶段（1998—2001 年）。这个阶段的 4 年时间，烟叶产业是从数量型向质量效果型的转变。全县烟叶产量下滑到 8.6 万～12.0 万担，但全县上等烟比例由 1988 年的 0.8% 上升到 10%。阶段基本特征是计划种植、合同收购、主攻质量、提高效益。

巩固发展阶段（2002—2009 年）。这个阶段，由于受传统产业和新兴产业黄连、辣椒、莼菜、中药材等产业及劳务经济的强劲发展的冲击，烤烟产业的相对优势有所下降，产量基本稳定在 12.8 万～13.0 万担，种烟形势得到巩固。这个阶段的基本特征是调整思维、转变观念、转换机制，走“公司＋农户＋基地”的路子，推行烤烟生产专业合作社带动基地发展。

稳定发展阶段（2010—2015 年）。这个阶段，主要是以现代烟草农业建设为统领，以重庆市定下的 10 万担左右产量任务为目标，产量维持在 8.4 万～9.5 万担。其间，全面开展烟地、烟路、烟水、烟机、烟苗、烟房、烟草站点配套基础设施建设，推广落实“4＋1”项目技术体系、在六塘、沙子、冷水、龙潭、洗新打造万亩高规格种植示范带，引领全县规模化、规范化建设，成为烤烟产业的亮点。

六、其他产业

（一）马铃薯

2007 年 6 月，石柱县委、县人民政府决定把马铃薯生产纳入全县重点农业产业。2013 年，成立了石柱县脱毒马铃薯研究发展中心，通过杂交育种自主选育的新品系 S071－1 和 S071－5，成为渝东南脱毒马铃薯良种基地县，集马铃薯科研、生产、加工、销售于一体的产业链条基本形成。2014 年 3 月，石柱杂交育种自主选育的新品系 S071－1 和 S071－5，分别定名为渝马铃薯 7 号和渝马铃薯 5 号，结束了石柱无自主知识产权马铃薯品种的历史，标志着石柱马铃薯产业发展提高到了新的水平。2015 年，全县近 10 万个农户种植马铃薯，种植面积 30.19 万亩，鲜薯总产量突破 40 万吨，平均价格 3.0 元/千克，总产值 6.5 亿元以上。

（二）中华蜜蜂（中蜂）

2012 年，石柱县供销社建立了中蜂产业发展有限公司，负责蜂蜜产品销售，指导和帮助各中蜂专业合作社发展，通过公司制定 50 元/斤以上保护收购价，统一销售指导价，同时确保蜂蜜质量，使“石柱蜂蜜”的价格一路攀升，2012 年为 70～80 元/斤，2013 年为 80～100 元/斤，2014 年为 100～120 元/斤。2012 年年初，全县饲养规模仅为 1.78 万群，饲养农户 2 000 余户。到 2015 年 5 月末，全县中蜂饲养规模达到 6.24 万群，饲养农户达到 4 601 户，遍及全县 32 个乡（镇）。经过 3 年多发展，全县中蜂饲养规模增加 4.43 万群，饲养农户增加一倍以上。

第四节　产业发展重大举措

一、稳定完善农业生产责任制

1987 年 12 月，石柱县委、县人民政府发出《一九八八年粮食生产意见》，要求大力普及“两杂”良种，努力推广保温栽培技术。推广杂交水稻良种 16 万千克，杂交稻种植面积 12 万亩；推广杂交玉米良种 81 万千克，种植面积 17 万亩。1991 年 5 月，石柱县人民政府发出《关于加强农技推广服务体系建设》的通知，提出争取1991年内建设农机推广服务中心，建立健全23个乡（镇）农业技术服务站，40个乡机防专业队；争取在1991年内达到60%以上的村有技术员，每村每个主要产业应选出1～3个科技示范户。1998年9月，石柱县委、县人民政府发出《关于进一步稳定和完善农村土地承包关系的通知》，进一步稳定和完善农村土地承包关系。2001年2月，石柱县人民政府发出《2001年粮油结构调整意见》，要求稳定粮食播种面积100万亩，特色经济作物种植面积40万亩，调整粮经种植结构，由7.8∶2.2调整为7∶3。2002年2月，石柱县人民政府发出《2002年粮经及水产业结构调整意见》，提出树立绿色生态品牌理念，坚持产业化发展方向，以“品种调优，规模调大，档次调高，效益调好”为主攻目标，实行口粮、加工粮、饲用粮分立，发展特色产业。2003年2月，石柱县人民政府发出《关于2003年辣椒产业基地建设意见》，大力发展辣椒生产，不仅可以调整优化农业产业结构，而且是增加农民收入的一项骨干产业和有效途径。2009年4月，石柱县人民政府发出《关于加快农村土地流转促进规模经营发展的意见》，要求2009年全县农村土地流转在18%以上，规模经营面积在16%以上。2015年12月，石柱县委办公室发出《关于引导农村土地经营权有序流转发展农业适度规模经营的实施意见》，为土地规模化经营创造了条件。

二、产业结构调整与发展

1987年11月6日，为加强领导，打胜1988年“粮油烟草攻关年”这一仗，石柱县委决定成立石柱县粮油攻关指挥部和石柱县烟草攻关指挥部。1992年10月，石柱县委、县人民政府发出《关于一九九三年粮食生产意见》，要求全县粮食作物播种面积90万亩，总产2.5亿千克，保证全县人均粮食500千克以上。其中小春作物面积37万亩，产量6 100千克，猛抓小麦；大春作物面积53万亩，产量19 000万千克，主攻玉米、水稻。1998年3月，石柱县人民政府发出《关于加快全县农业产业化经营发展的意见》，要求至2002年，全县农业产业化经营总产值达到12.69亿元。2001年，石柱县委、县人民政府提出关于2001年种植业结构调整意见，以“山上药菜茶珍，山下桑果油豆，山上山下粮经产业化”为发展思路。2005年1月，石柱县人民政府发出《关于2005年加快无公害农产品绿色食品有机食品基地建设促进农业结构调整工作的意见》（石柱府发〔2005〕2号），要求建成7个“三品”生产基地，其产品质量抽检合格率在95%以上；完成3项农产品认证，实现主要特色农业产业认证率达到100%；初步建成“四大保障体系”，促进农业结构进一步优化，农业及渔业总产值7亿元，种植业和水产业实现农民人均纯收入增加100元以上。2010年9月，石柱县人民政府发出《关于开展农村土地承包经营权确权颁证工作的意见》，提出要进一步完善农村土地第二轮承包关系，妥善处理遗留问题。2014年5月，石柱县人民政府发出《关于大力促进家庭农场发展的意见》，提出加大扶持力度，鼓励多元发展。2015年7月，石柱县委、县人民政府决定成立新型职业农民培育工作协调领导小组，加快新型职业农民培育，推进现代农业发展；决定成立黄连产业发展领导小组。

三、农村改革与发展

1988年9月，石柱县委召开了首批科技人员承包开发农业会议，会议认为，首批到农村去承包开发农业的科技人员是加快石柱县发展生产力的带头人，要走雇工经营发展农场主的路子。1989年3月，石柱县委、县人民政府发出《关于一九八九年加强农村实用技术普及推广工作的意见》，指出重点普及推广14项使用技术。2005年10月，石柱县委、县人民政府发出《关于培育和扶持农业产业化经营龙头企业的意见》，提出9点对重点龙头企业的扶持政策。2011年1月，石柱县人民政府发出《转发重庆市人民政府办公厅关于开展农村土地承包经营权居民房屋和林权抵押贷款及农户小额信用贷款工作的实施意见（试行）的通知》。2011年3月，石柱县人民政府发出《关于加快推进农村金融服务改革创新的意见》，提出创新农村金融服务制度，创新农村金融组织体系，创新农村金融服务方式，建立农村金融风险分担机制，完善农村金融市场服务体系。

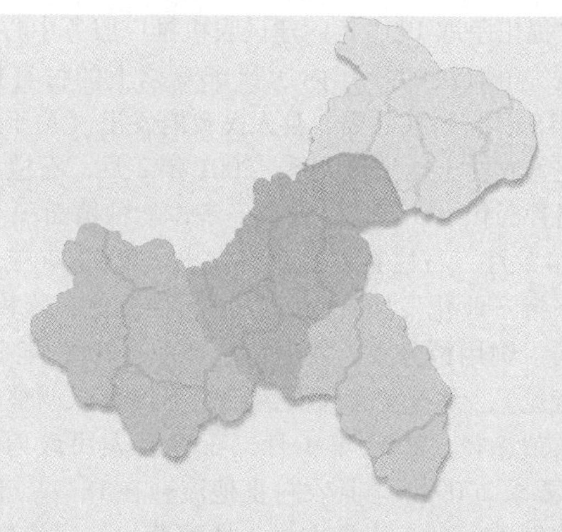

第三十五章 秀山土家族苗族自治县

第一节 基本概况

1736年建县，因境内一秀美山峰“高秀山”而得县名。《禹贡》中记载为梁州之域。1983年11月7日，秀山土家族苗族自治县建立，仍隶涪陵地区专员公署。1988年5月，置黔江地区，秀山改隶之。1997年3月，秀山土家族苗族自治县（简称秀山县）随黔江地区改隶重庆直辖市。

全县总面积2 450.25平方千米，地处重庆市东南边陲，武陵山腹地。东和东北与湖南省的花垣、保靖、龙山三县毗邻，南和东南、西南与贵州省松桃苗族自治县相连，北和西北与酉阳土家族苗族自治县接壤。根据2014年最新的区划调整，全县共辖3个街道、18个镇、6个乡。2015年年末，有耕地99.56万亩，有户籍人口66.21万人，城镇化率37.31%；有常住人口49.13万人。

第二节 农业农村经济

秀山县农业农村经济情况见表20－35－1。

表20－35－1　1986—2015年秀山县农业农村经济情况

分期		地区生产总值（万元）	农业总产值（万元）	农业增加值（万元）	农业增加值占比（%）	农民收入状况		
						纯收入、可支配（元）	城乡收入比	农村居民恩格尔系数（%）
“七五”始	1986年	15 162	12 106	8 632	56.9	296	—	—
“七五”末	1990年	29 016	23 275	15 581	53.7	325	3.05∶1	—
“八五”末	1996年	109 800	78 020	56 113	51.1	967	4.07∶1	—
重庆市直辖后	1997年	121 478	80 563	50 866	41.9	1 094	3.38∶1	—
“九五”末	2000年	134 481	87 298	52 799	39.3	1 263	4.10∶1	—
“十五”末	2005年	274 143	108 637	68 134	24.9	1 969	4.05∶1	—
“十一五”末	2010年	759 080	171 684	111 129	14.6	4 088	3.57∶1	—
“十二五”末	2015年	1 381 933	299 961	186 549	13.5	8 360	3.01∶1	37.5

1984年7月底，四川省委在秀山召开盆地周边区（涪陵、万州、达州）经济工作会，强调做好经

济开发和改变贫穷落后面貌。

1985 年年底，秀山县年人均纯收入 150 元以下，年人均粮食不足 300 千克的贫困户有 98 036 户，412 892 人，分别占全县农业总户数和总人口的 89.7%、89.3%。

1990 年，秀山县根据新的标准和实际情况（人均占有粮食 394 千克、人均纯收入 264.6 元）拟定了将 20 个贫困乡、1 212 个村、1 692 个组、198 621 人给予重点扶持。

1994 年，秀山县又将人均纯收入 400 元以下的 19 个乡定为重点贫困乡。

2000 年 6 月，秀山县制定印发了《关于开展“百村千户扶贫大行动”的实施意见》，公布了 27 个乡（镇）中的 70 个特困村为全县扶贫攻坚的重点对象。根据《重庆市农村扶贫开发十年纲要（2001—2010 年）》要求，在新的情况下，重新拟定了全县 32 个乡（镇）中的 132 个特困村，因村级行政单位建制调整、合并，变动为 95 个特困村。

2001 年，秀山被列为新一轮国家扶贫开发重点县，全县绝对贫困人口 3.8 万人，相对贫困人口 9.09 万人。

2014 年，秀山被确定为重庆市 14 个国家级贫困县之一。

2015 年，全县贫困村 85 个，贫困人口 6.172 8 万人。

第三节　农业主要产业发展

秀山农业经济结构调整起步于 20 世纪 90 年代初，学习外地经验，建设支柱产业。县建丝绸厂，各区建蚕茧站发展蚕桑生产，后又陆续把白鹅、板栗等作为支柱产业。2000—2004 年，秀山把具有规模效应和可进行开发的农业经营项目如金银花、白术、黄姜、油桃、葛根、茶叶、柑橘和反季节蔬菜等中药材、绿色食品鲜销或加工后供应市场。此外，按农业区划相对集中的要求，把发展油桐和油茶列入产业开发项目。2010 年后，秀山县把发展特色产业发展作为现代农业的突破口和切入点，按照“规模化提升、集约化经营、市场化发展、社会化服务”的思路，围绕“高产、优质、高效、生态”的目标，做大做强特色农业主导产业。主要以“一朵花（指中药材）、一只鸡（秀山土鸡）、一杯茶（茶叶）、一盘果（果蔬）、一桶油（油茶）”作为主导特色产业进行培育、发展。

一、茶叶产业

秀山是重庆市茶叶基地面积最大的县，是重庆市三大茶叶综合示范区之一。

秀山农民历史上有种茶活动，较大发展始于 20 世纪 60 年代后期至 70 年代初，于 1971 年前后在全县建成各类茶园 2.7 万亩，其中公社茶场 14 个，共计 2 500 亩，大队办及联办茶场 203 个，共计 15 000 亩，队办茶场 439 个，共计 9 500 亩。至 1981 年，全县实有茶园 1.95 万亩。因建园不当和管理不善，到 2002 年，全县投产茶园仅 9 000 亩，梅江、洪安、龙凤是当时秀山茶叶的主产区。自 2003 年开始，秀山县委、县人民政府强化农业产业化工作，充实调整了全县农业产业化发展成员，确定大力发展茶叶等优势农业产业主要目标，出台了《秀山土家族苗族自治县农业招商引资优惠政策》，使秀山茶叶产业发展开始步入快车道。

2013 年，洪安溜沙茶园获评中国美丽田园。2016 年，全县有茶叶基地 11 万亩，茶叶龙头企业 18 家，茶叶商标 50 余个，“秀山茶叶”获农业部地理标志产品认证。茶叶是秀山县特色效益农业的第一产业，茶叶产业覆盖 19 个乡（镇、街道）、55 个行政村、1.2 万户农户，2017 年，全县产干毛茶 1 650 吨，实现综合产值 3.8 亿元，成为秀山扶贫攻坚的主导产业。目前，全县有茶叶商标 50 余个，“重庆市著名商标”2 个，“重庆市名牌农产品”2 个，市内外茶博会获奖 13 次。“秀山茶叶”获得地理标志认证。2016 年，获得第六届“三峡杯”金奖 1 个，银奖 1 个，全市唯一一个大宗茶类特等奖也由秀山县获得。

秀山县茶叶产于武陵山区，海拔800米以上的云雾山中，远离城区，空气清新，山峦叠翠，环境优美，冬春多雾，夏秋多云，土地肥沃，独特的自然优势，这里的茶无公害、无污染，自古为武陵山区名茶产地。秀山县茶叶以优质鲜嫩茶叶为原料，经精细加工而成，是绿茶中的精品，具有汤色晶莹、清香持久、味醇鲜爽的特色。所产茶叶具有叶香高、味纯、耐泡、无污染的内在品质，富含人体所需的硒、锌等20多种微量元素。

二、中药材产业

中药材是秀山传统道地商品，主要有金银花、白术、玄参、杜仲、厚朴、黄檗、五倍子等20余种。2002年5月30日，秀山县人民政府与重庆市巴渝中医药研究所签订了《合作开发中药材白术、玄参等规范化种植和基地建设科技扶贫项目协议书》，同年，在钟灵建立了金银花GAP试验基地，并与重庆市中药研究院签订了金银花GAP技术合作协议，拉开了全县大力发展中药材的序幕。2004年，秀山加速了实施“111468”农业产业化建设工程，确立建立20万亩以金银花、白术为主的中药材基地，大力发展加工项目，培育骨干企业，拉长产业链条。

秀山以金银花、银杏为主的中药材是秀山“一村一品”产业扶贫的重点特色产业。全县以“秀五味”（金银花、白术、黄精、南苍术、白及）为重点的中药材基地面积达25万亩，其中金银花基地面积近15万亩，规模位居全国前列；白术常年种植面积在2万亩左右，黄精在地面积8 000余亩，南苍术2 000余亩，百合种植面积8 000余亩，银杏种植面积1万余亩；与药化企业合作，订单种植了前胡、紫菀、颠茄等中药材1万余亩；黄檗、杜仲、厚朴三木药材约5万亩；白及、重楼等名贵中药材处于试种阶段。2017年，全县中药材产量1.45万吨，实现产值3.21亿元，产业覆盖16个乡（镇、街道）3万余农户，其中贫困村40个，建卡贫困户4 521户。

秀山县重点围绕现代中药产业进行发展，海王集团股份有限公司、步长制药有限公司、红日药业股份有限公司三大中医药上市企业正式入驻秀山。万物春生制药有限公司以银杏、颠茄、黄芩等为重点的植物中间体提取生产线实现满负荷生产；海王中药健康产业基地建设项目投资5亿元，产品方向有中药饮片、植物提取物、功能饮料、保健食品等；步长（重庆华涛药业有限公司）百亿中医药产业化项目正式启动，拟投资100亿元，围绕中药材种植、加工、销售进行全产业链打造；红日中药配方颗粒项目与政府签订了框架性投资协议。同时与太极实业（集团）股份有限公司、扬子江药业集团有限公司等形成了基地共建关系。

三、秀山土鸡

秀山县从2008年起，把秀山土鸡产业发展作为秀山县农业产业化重点项目，出台了一系列产业发展扶持政策。全县已建成秀山土鸡种鸡场3个，年可饲养种鸡8万只，年孵化雏鸡1 000万羽；建成年出栏2 000只以上的规模养殖场28户，年出栏土鸡16.9万只；与西南大学、重庆市畜牧科学院校企联合研制了土鸡加工系列产品19个，进行了秀山土鸡品种选育，形成了秀山土鸡种苗繁育，规范养殖、产品加工及市场销售全产业链条。

四、油茶产业

2008年以来，秀山县委、县人民政府高度重视油茶产业发展。2016年，全县油茶种植面积达16.2万亩，其中：老油茶林5.6万亩，油茶新造林10.6万亩。产业覆盖全县25个乡（镇、街道）。围绕319国道、秀松高速沿线，重点布局妙泉、宋农、龙池、官庄、平凯、梅江、兰桥等乡（镇、街道），初步形成百里油茶长廊。县内现有10家从事油茶产业开发的公司、20多家油茶专业合作社和40多个油茶种植大户，有市级油茶良种繁育基地1个，市级油茶良种种子园1个、市级油茶良种采穗圃1个，市级油茶高产示范园1个，县级万亩油茶示范基地2个。2017年实现产油茶籽1 800吨，产油560吨，实现产值0.6亿元。

五、果蔬产业

近年来，秀山县委、县人民政府按照“稳定面积、调整结构、创新品牌、拓展市场”的发展思路。采取科技带动、典型示范等有效措施。全县果蔬产业发展发生了质的飞跃，成为全县农业增效，农民增收、农村发展的一大支柱产业。

（一）蔬菜产业

秀山盛产蔬菜，种植经销蔬菜是县城、集镇周围广大农民重要的经济来源之一。从“七五”到“九五”期间，蔬菜种植面积总的呈逐年上升趋势。“十五”期间，稳定在14万亩上下。2005年，蔬菜总产量达到17.59万吨，产值3 250万元。目前，主要围绕“一高二带”，即：①城郊10千米范围内的设施蔬菜产业带；②距县城30千米内的露地蔬菜产业带产业发展布局。到2016年，全县蔬菜种植面积达23.43万亩，蔬菜产量31.99万吨。借助平阳盖、川河盖、太阳山等地（海拔800~1 500米）独特鲜明的高山小气候特点，着力发展高山蔬菜产业。目前，全县高山蔬菜种植面积1.8万亩，其中基地面积0.8万亩，年产量2.7万吨，产区年人均种菜收入2 000余元。

（二）水果产业

秀山栽培果树历史悠久，品种繁多。《秀山县志》光绪十七年（1891年）记载，秀城近10里有柑橘栽培，且有小型果园；对栽梨也有“植梨岁致利并百金”之佳记。据统计，民国时期全县栽培的果树品种有桃、李、梨、枇杷等8科35种。1986年，全县果园面积10 485亩，水果产量1 235吨，历年递增，到2004年时，全县果园面积52 960亩，水果产量16 154吨。近年来，秀山以柑橘、橙、柚、高端猕猴桃、李、梨为主的水果产业由小到大、由弱变强，到2016年，全县水果种植（管护）面积15.09万亩，产量达11.12万吨，产值约2.82亿元。

第四节　产业发展重大举措

一、“两杂”良种推广普及化

1992年，秀山县“两杂”良种播种面积分别占当年水稻、玉米总播种面积的89.7%、89.4%，比1985年分别增长70.92%、61.7%，“十五”期间分别已达到97.73%、98.04%。粮食产业逐年上升。2003年，水稻总产14.667万吨，玉米5.76万吨。杂交水稻“三系”配套发展到“两系”配套，逐步迈向超级稻（超高产）和基因育种杂交玉米的新时代。

二、畜牧品种改良

（一）生猪品种改良

秀山县在生猪品种改良方面，主要以经济杂交的方式进行。1988年以前，生猪品种改良基本上用二元杂交方式，先后引进内江、荣昌、约克、巴克夏、长白、渝白和临湘等优良猪种，以公猪与本地母猪杂交，效果很好。群众反映除临湘猪外，其他杂交一代猪的初生重、断奶重和增重速度均优于本地猪种。

（二）牛品种改良

主要是采用人工授精的方法，达到经济杂交的目的。1986年，全县建立牛的人工授精点5个，配种 252 头，利用“三合激素”对部分区、乡的母牛进行催情试验获得成功，提高了母牛的受胎率。“十五”期初，重庆市农业局下达《重庆市牛良种繁育体系建设项目工作意见》及实施方案，落实援助资金 15 万元，使黄牛改良工作及良繁体系建步入了规范化轨道。

（三）山羊品种改良

主要是引进和培育优良品种种公羊与本地母山羊进行经济杂交。从 1994 年开始，先后引进南江黄羊 130 只，金堂黑山羊 800 只，建立饲养规模 300 只的种羊繁殖场，扶持培养发展了一批山羊纯繁户。主要推广金堂黑山羊（公）×本地山羊（母）为主的经济杂交，向面上提供种羊 275 只，调剂投放种羊 166 只，加强了对种羊场和黑山羊纯繁户的规划化饲养管理。

（四）家禽品种改良

是通过引进优良品种单独进行饲养，或与本地品种混同饲养，让其自行繁殖，产生杂种后代，保持其优良特性。2001 年，秀山县从重庆荣达建设（集团）有限公司引进节粮矮小型蛋鸡父母代种鸡 3 000 套，商品代蛋鸡 600 套，建起了节粮蛋鸡父母代场。

三、大力发展农业产业化，建设小康社会

2005 年 1 月，为了切实推进农业产业化工作，确保秀山县委、县人民政府提出的“优质农业打基础”战略目标顺利实现，将该年度定为秀山县“农业产业化推进年”，并出台《关于农业产业化推进年实施意见》，要求全县农村经济总量达到 18. 89 亿元，增长 9%；农业总产值达到 11. 68 亿元，增长 4%；农业增加值达到 7. 2 亿元，增长 5%；农民人均纯收入达到 1 966 元，增长 7%；农产品商品率达到 61%，提高 3 个百分点；农产品优质率达到 54%，提高 3 个百分点；解决 0. 6 万绝对贫困人口的温饱问题。并从重点产业、龙头企业、招商引资、经济强镇、小康示范村工程等几个方面来实施考核。2005 年 8 月，秀山县委印发《关于加强“三农”工作加强全面建设小康社会步伐的决定》，贯彻落实党中央“以工促农，以城带乡”的重要论断，确定了“工业反哺农业，城市支持农村”的战略方针，加大“以工补农，财政哺农”的力度，加快农业产业化、农村城镇化和农村市场化建设。

第三十六章
酉阳土家族苗族自治县

第一节　基本概况

酉阳土家族苗族自治县（简称酉阳县）位于重庆东南部，与湖南、贵州、湖北 3 个省接壤，总面积 5 173 平方千米，是重庆总面积最大的区（县）。秦属黔中郡，汉为酉阳县地，清置酉阳直隶州，民国二年（1913 年）废州为县。新中国成立后，于 1949 年设酉阳专区，辖酉阳、秀山、黔江 3 个县，1952 年撤销酉阳专区，3 个县划归涪陵专区。1983 年 11 月，成立酉阳土家族苗族自治县。

全县 23 个乡、14 个镇、2 个街道，属亚热带湿润季风气候，2015 年，有耕地总资源 720 030 亩，常用耕地面积 709 140 亩，平均每个农村劳动力拥有常用耕地 1.46 亩；有户籍人口 86.04 万人，城镇化率 27.9%；有常住人口 56.24 万人，城镇化率 29.7%。有建档立卡贫困人口 130 286 人，贫困村 278 个。

第二节　农业农村经济

酉阳县农业农村经济情况见表 20－36－1。

表 20－36－1　1986—2015 年酉阳县农业农村经济情况

分期		地区生产总值（万元）	农业总产值（万元）	农业增加值（万元）	农业增加值占比	农民收入状况		
						纯收入、可支配（元）	城乡收入比	农村居民恩格尔系数（%）
“六五”末	1986 年	16 700	15 000	9 700	64.71	243	—	0.91
“七五”末	1990 年	30 400	29 700	18 400	61.85	335	—	0.92
“八五”末	1995 年	70 100	63 700	39 000	61.24	753	—	1.16
重庆市直辖后	1997 年	103 600	92 000	60 100	65.33	1 099	0.29：1	1.13
“九五”末	2000 年	123 900	98 800	88 300	89.35	1 298	0.25：1	0.82
“十五”末	2005 年	248 200	144 400	81 900	56.71	1 889	0.49：1	1.07
“十一五”末	2010 年	581 600	223 900	113 300	50.60	3 655	0.31：1	0.9
“十二五”末	2015 年	1 169 700	382 900	193 700	50.59	7 263	0.36：1	0.91

第三节　农业产业发展

1986—2015 年，酉阳县农业主导产业以粮油、蔬菜、生猪等保供产业和烤烟为主。2005 年起，酉阳县开始大力发展山羊、中药材、苦荞等特色产业；2011 年，新增青花椒、油茶、茶叶 3 项特色产业，取得长足发展。

一、粮油

粮油是酉阳主导产业，也是保供产业和支柱产业。1986 年以来，规模有较大波动，近年来稳定在 150 万亩以上，生产基地主要布局在酉西和酉东两大片区，其中酉西片区重抓有机稻米、双低油菜产业；酉东片区立足林农复合，突出高淀粉甘薯生产基地建设与加工。

1986 年，全县粮油播种面积 124 万亩，产量 22.1 万吨。1996 年，播种面积达 182 万亩，产量 36.8 万吨，播种面积创历史新高。1996 年以后，粮油价格涨幅缓慢，农民收益降低，生产积极性受挫，种植面积和产量逐年下降。2007 年，种植面积低至 138 万亩，之后逐年上升，但借助高产粮油项目推广，单位产量不降反升。2015 年，播种面积 157 万亩，产量 41 万吨，产量创历史新高。

粮油长期以来实行产业化和个体化经营并重的思路，注重产品加工能力建设和全产业链建设，全县有花田米业有限公司、康友粮油有限公司、荞丰农产品开发有限公司、重庆粮食集团酉阳县粮食有限责任公司等 15 家市级产业化龙头企业。酉阳贡米、酉阳苦荞成功申报国家地理标志证明商标，“康友源”菜籽油获得重庆市著名商标称号。

二、蔬菜

蔬菜是酉阳县落实“生态强县、绿色富民”发展战略的重点产业。为促进蔬菜产业发展，酉阳不断推进蔬菜产业基地规模化、品种特色化、产品绿色化、服务社会化、经营产业化，建成了绿色蔬菜产业带：城郊“菜篮子”蔬菜基地、酉西加工原料蔬菜基地、酉东高山蔬菜基地。同时，全县引进社会资本，全力推进蔬菜产业建设，先后引进和培育了重庆大千农业开发有限责任公司、酉阳县恒道农业开发有限责任公司、酉阳县民赢农业有限公司等 15 家从事蔬菜生产、加工、销售的市级产业化龙头企业。

1986 年，全县蔬菜种植面积 8.2 万亩，产量 9.2 万吨。1997 年，面积和产量分别为 8.6 万亩和 10.4 万吨，之后面积和产量开始大幅增加。到 2015 年，面积和产量分别增长到 26.95 万亩和 30.2 万吨，比 1997 年分别增长了 3.1 倍和 2.9 倍。

三、生猪

1986 年以来，酉阳通过“双推五改一防”技术、生猪标准化规模养殖场（小区）建设、生猪供精中心和配种点建设等项目和技术的实施推广，有效促进了全县生猪产业发展，生猪存、出栏量一直保持稳定增长势头。1986 年年末，全县生猪存栏、出栏量分别为 21.2 万头和 11.3 万头；1997 年，全县生猪存栏、出栏量分别达 41.8 万头和 38.6 万头；到 2015 年末达到 56.5 万头和 68.3 万头，比 1997 年分别提高了 35% 和 77% 。

四、烤烟

烤烟是酉阳农业产业发展过程中的“支柱产业”，也是重要的主导产业。烤烟产业，长期以来都实行产业化经营，以重庆烟草公司酉阳分公司为产业龙头企业。

1986 年，全县烟叶播种面积 5.76 万亩，产量 3 500 吨。1992 年 6 月，总投资 1 350 万元，建筑面积 22 320 米^2 的武陵卷烟厂酉阳分厂竣工。1997 年，全县烤烟种植面积达到 21.5 万亩，产量 1.96 万吨，均创下历史新高。由于重庆烟草行业整合，1999 年年底，酉阳烟厂关闭，加之 2000 年后因国家调控烟叶种植规模和农村劳动力大量外出务工，以及退耕还林等政策的实施，烤烟种植面积逐年减少。2007 年，全县烤烟种植面积低至 6.6 万亩，总产量 6 800 吨。到 2015 年，全县烤烟种植面积恢复至 9 万亩，总产量 12 300 吨。

五、山羊

山羊产业是酉阳特色效益农业发展过程中确立的“主导产业”。1986—2004 年，全县山羊养殖以农户个体养殖为主。2005 年，山羊产业开始纳入特色产业发展范畴；1991 年，存栏、出栏量分别为 22 万只和 9.5 万只；2005 年，存栏、出栏量分别为 30.8 万只和 19.6 万只，之后规模不断扩大。到 2015 年年末，羊存栏、出栏量已达到 32.6 万只和 37 万只。

作为重庆山羊产业发展重点区（县），酉阳紧抓良繁体系、养殖基地、链条延伸等关键环节，打造产、加、销一条龙，科、工、贸一体化的全产业链格局，全力打造中国“南方羊都”。引进和培育了开展山羊养殖、加工、销售的市级龙头企业 2 家，县级龙头企业 26 家，专业合作社 171 个，“酉州乌羊”成为国家级畜禽遗传资源，全县获无公害山羊产地认定 13 个、产品认证 12 个。酉阳山羊产业获得国家认可。第十三届中国羊业发展大会定于 2016 年 8 月在酉阳召开。

六、中药材

中药材是酉阳特色效益农业产业发展过程中确立的“主导产业”，酉阳也是全国重点中药材基地县，重庆市 100 万亩优质中药材产业化工程的重点县和市级 7 大百亿级产业（中药材产业）重点区（县）。中药材种植以玄参、青蒿、白术为三大主项，主要布局在两大地域。玄参、白术布局在酉中中高山区域，重点在毛坝、黑水、木叶、腴地、楠木等乡镇；青蒿布局在酉东丘陵平坝区域，重点在泔溪、酉酬、大溪等乡镇，共引进和培育中药材种植、销售企业 14 户、专业合作社 47 家。“酉阳青蒿”成功申报国家地理标志证明商标，享有“中国青蒿药材产业之乡”和“世界青蒿之乡”的美誉。

2005 年，全县中药材种植面积 11 万亩，产量 10 100 吨；2006 年，面积和产量分别为 16.9 万亩和 11 000 吨，达到历史最高值。之后，酉阳开始全力推进规模化、标准化种植，进行减量提质，中药材种植面积和产量略有下降。2010 年，面积和产量分别为 8.2 万亩和 6 200 吨，为历史最低值，之后开始逐步回升。到 2015 年，面积和产量分别增长到 16.3 万亩和 8 100 吨。

七、苦荞

苦荞在酉阳种植历史悠久，是酉阳特色效益农业产业发展过程中确立的“主导产业”。长期以来在酉阳苦荞只是作为粮食作物，没有进行商业化开发。2008 年，酉阳后坪苦荞种植专业合作社和后坪苦荞协会成立，苦荞产业进入高速发展时期。各龙头企业、专业合作社以苦荞酒、苦荞茶为主，陆续开发出苦荞米、苦荞面、苦荞保健枕等系列苦荞产品，发展出国家级苦荞种植专业合作社 1 家、市县级龙头企业 2 家，在后坪、清泉等 16 个乡（镇）发展了种植基地，实现种植、加工、销售一体化发展，“酉阳苦荞”也成功申报国家地理标志证明商标。

2005 年，全县苦荞种植面积 7.53 万亩、产量 17 400 吨。2008 年，在合作社，由于苦荞种植收益过低，面积和产量分别低至 3.78 万亩和 14 000 吨，之后在专业合作社的带动之下开始回升。2013 年，面积和产量分别恢复为 6 万亩和 37 000 吨。到 2015 年，面积和产量分别增长到 6.13 万亩和 46 000 吨。

八、青花椒

青花椒是酉阳特色效益农业产业发展过程中确立的“主导产业”。2008 年，酉阳县通过招商引资引入重庆和信农业发展有限公司发展青花椒产业，2012 年，和信农业发展有限公司成为重庆农业产业化市级龙头企业，2014 年 12 月荣获国家科技部颁发的“国家高新技术企业”称号，成功创建“和麻子”“武陵天椒”等青花椒品牌。全县 25 个乡（镇）发展了青花椒种植基地。2015 年，和信农业发展有限公司投资 1.8 亿元在酉阳县板溪工业园区建设的青花椒精深加工厂建成投用，设计年加工能力 10 万吨，同时在各乡（镇、街道）建设了青花椒初加工站 24 个、冻库 12 个。

2011 年，全县青花椒种植面积 8 万亩，产量 400 吨；到 2015 年，种植面积达 18 万亩，产量 2 800 吨。随着挂果面积的不断增加，全县的青花椒产量仍将大幅攀升。

九、油茶

酉阳是传统的油茶大县，也是重庆市油茶资源大县，全县保存的原生油茶林达 10 万亩，占重庆市原生油茶资源的 46% 以上，有改造价值的资源面积达 2 万亩以上。

2008 年以来，酉阳在可大乡、大溪镇、兴隆镇等地累计新造良种油茶基地 8 万余亩，初步形成了酉东和圆梁山沿线两大良种油茶基地示范带。引进和培育包括全国重点油茶加工企业酉阳县康友粮油有限公司在内的 15 家企业、18 个专业合作社参与油茶产业基地建设。成功注册“酉阳油茶”国家地理标志证明商标，可大油茶籽和茶油获批有机食品认证，“琥珀”“康友源”“金银山”“金品”“福道”等酉阳制造茶油产品成功登陆周边各大市场。

2011 年，全县油茶种植面积 2.3 万亩，产量 600 吨，到 2015 年，种植面积发展到 9.5 万亩、产量 1 500 吨。

十、茶叶

酉阳有着悠久的茶叶种植历史，早在明清时期，宜居乡出产的绿茶已成为“贡品茶”。长期以来，酉阳茶叶没有进行规划发展，茶园普遍老化，加工工艺落后，管理差，商品化率低，单产和效益不高。2008 年，酉阳编制了茶叶产业发展规划，茶叶产业发展开始步入快车道。2015 年，共引进和培育茶叶生产加工龙头企业 8 家、专业合作社 12 家，发展茶叶种植大户 230 户，建成了以宜居、铜鼓、木叶为核心的三大茶叶产业带。

1986—2007 年，全县茶叶种植面积基本稳定在 8 000 亩，年产茶叶 300 吨。2008 年开始，种植面积和产量开始逐渐增加，当年种植面积 8 600 亩，产量 644 吨。到 2015 年，种植面积 4.5 万亩，产量 1 200吨。

第四节　产业发展重大举措

2007 年 5 月，酉阳县委、县人民政府印发《关于 2007 年农业农村工作意见》，提出加快农业标准化建设，创新经营模式，大力发展订单农业，加快结构调整的思路和深入推进粮食“百千万”工程建设；全力打造“世界青蒿之都”；主推“洋三元”商品猪和酉州黑山羊；推进烟水、烟路等“六配套”工程建设；大力扶持特色农业，建成 25 万亩农特产品基地；扶持农特产品加工企业，切实提高农业产业化水平的工作目标。

2007 年 12 月，酉阳县人民政府印发《关于加快农村土地流转促进规模经营发展的意见》，就加快农村土地流转，促进规模经营发展提出意见。

2008 年 3 月，酉阳县人民政府印发《关于 2008 年药业生产工作意见》，着力品牌培植，打造世界“青蒿之都”，全面提高中药材产业化竞争力和整体水平，促进酉阳县中药材产业跃上新台阶。

2009 年 2 月，酉阳县人民政府印发《关于 2009 年畜牧产业化工作意见》，要求以“百千万”畜牧工程为统揽，增强畜产品市场竞争力，保障市场供给，提升畜牧业效益，增加农民收入。

2010 年 5 月，酉阳县委办公室、县人民政府办公室印发《关于加快推进贫困村整村脱贫工作的实施意见》。决定在每个贫困村选择1～2个最有发展基础和潜力的优势产业，突出特色、集中扶持，形成带动当地农民脱贫致富的支柱产业。

2010年8月，酉阳县人民政府办公室印发《酉阳自治县永久性基本农田划定工作实施方案》，要求落实最严格的耕地保护制度和最严格的节约用地制度，严守酉阳县耕地和基本农田红线，强化对基本农田的特殊保护，充分发挥基本农田特别是永久性基本农田的功效，确保国家粮食安全。

2010年8月，酉阳县人民政府办公室印发《酉阳自治县农村土地承包经营权确权颁证工作实施方案》，通过开展农村土地确权颁证工作，保护农民土地承包权益、促进农村土地流转。

2011年3月，酉阳县人民政府办公室印发《关于2011年蔬菜生产工作意见》，确立了2011年全县建成蔬菜基地20万亩，蔬菜播种面积30万亩，实现蔬菜总产量30万吨，蔬菜产值6亿元，蔬菜商品率达70%。

2011年9月，酉阳县人民政府办公室印发《专题研究青花椒产业发展会议纪要》，要求坚持把青花椒产业作为乡镇部门“一把手”工程，作为农户增收的后续产业。

2013年1月，酉阳县委、县人民政府印发《关于加快推进农业现代化的实施意见》，明确了到2017年，基本建立现代农业发展体系，建成山地生态特色农业示范县。大力发展特色、传统、优势产业，提高农业效益，培育壮大苦荞、山羊、青花椒三大特色产业，稳定发展粮、油、烤烟、青蒿、生猪五大传统产业，提质发展蔬菜、麻旺鸭、茶叶、中药材、特色渔业、蜜蜂六大优势产业。

2013年10月，酉阳县委、县人民政府印发《关于加快村域经济发展的意见》，要求立足村域资源优势，着眼自然条件，优化产业布局，发展特色产业，打“绿色牌”，走“生态路”。坚持规模化、标准化、产业化发展方向，做大青花椒、油茶、中药材、烤烟、山羊、肉牛六大支柱产业，强化村域经济发展的产业支撑，大力发展山地特色效益农业

2015年9月，酉阳县委办公室、县人民政府办公室印发《关于印发〈酉阳土家族苗族自治县关于精准落实产业扶持措施的实施方案〉的通知》，要求科学规划发展特色产业，实现特色产业在贫困村全覆盖。

2015年9月，酉阳县委办公室、县人民政府办公室印发《酉阳土家族苗族自治县关于提供金融扶贫支持的实施方案》，要求加大涉农扶贫信贷投入，2015—2017年，争取政策性银行和县内商业银行投放涉农扶贫贷款50亿元以上；对建卡贫困人口实施创业扶持和就业引导工程，投放精准扶贫小额到户贷款和“改补为贷”产业扶贫贷款5亿元以上。

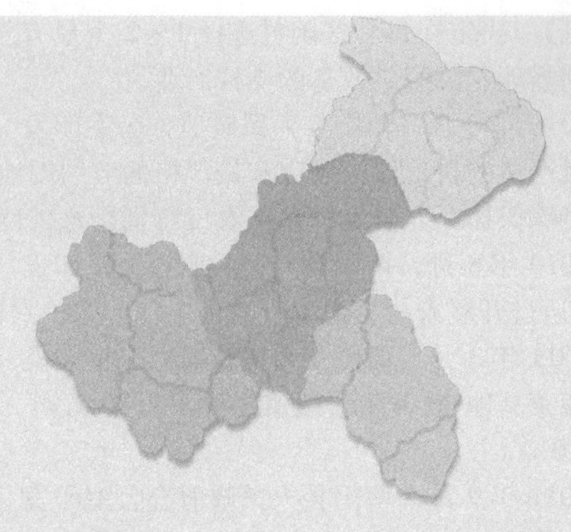

第三十七章 彭水苗族土家族自治县

彭水苗族土家族自治县（简称彭水县）位于重庆市东南部，乌江下游。隋开皇十三年（593 年）置彭水县。1949—1988 年，隶属涪陵专区。1983 年 11 月，成立彭水苗族土家族自治县。1988 年，隶属黔江地区，2000 年由重庆市直接管辖。全县总面积 3 903. 79 平方千米，耕地面积 162. 79 万亩，林地面积 342 万亩，水域面积 14. 7 万亩。辖 3 个街道、18 个镇、18 个乡。2015 年，全县有户籍人口 69. 81 万人，常住人口 50. 64 万人，城镇化率 34. 22% 。

第一节　农村经济社会发展状况

彭水县农业农村经济情况见表 20 - 37 - 1。

表 20 - 37 - 1　1986—2015 年彭水县农业农村经济情况

年份	地区生产总值（万元）	农林牧渔业总产值（万元）	农林牧渔业增加值（万元）	农林牧渔总产值（万元）				
				农业产值	林业产值	牧业产值	渔业产值	农林牧服务业
1986	23 309	14 432	—	9 672	1 093	3 590	2	—
1990	28 902	25 488	—	14 981	2 868	7 499	140	—
1992	42 984	35 231	—	21 899	3 199	8 606	144	—
1995	83 321	70 651	—	43 112	4 218	23 088	233	—
1998	120 482	93 000	—	57 756	6 137	28 621	486	—
2000	145 411	104 331	61 907	64 647	6 523	32 651	511	—
2003	208 969	120 075	—	70 961	7 241	40 801	432	640
2005	295 292	149 855	89 348	87 570	9 068	51 649	760	633
2008	529 798	179 654	111 463	100 931	11 244	65 297	412	1 490
2010	663 882	209 280	131 905	118 081	13 036	75 663	481	1 631
2012	857 804	282 030	177 746	162 812	14 560	101 706	641	1 521
2015	1 159 666	352 437	223 204	200 591	19 674	128 057	920	2 238

1985 年，按照“二三”扶贫标准，彭水县有 41 万贫困人口，占当年农业人口的 82% 。1987 年 9

月，被四川省定为国家级贫困县；1994 年，被国务院确定为国家级贫困县。到 2015 年，全县仍有 115 个贫困村、99 123 个贫困人口。自 2000 年开始，对居住在高寒贫穷地理环境恶劣的农户，进行生态移民扶贫搬迁，已完成扶贫搬迁 32 540 人。

第二节　农业主要产业

彭水县主要粮食作物有：水稻、玉米、高粱、豆类、荞麦、马铃薯、甘薯、豌豆、胡豆、麦类等。经济作物有：油菜籽、花生、烤烟、蚕桑、魔芋、白皮大蒜等，蔬菜有各种菜类、瓜果、生菜、芽菜、豆荚菜类以及根类、茎类菜等。

一、烤烟

彭水县种植烟叶历史悠久，但均属零星种植，土烟为主，主要用于满足农民自己吸烟嗜好需求。1971 年，彭水县在普子区三义乡试种烤烟 20 亩，获得成功，以后，逐年推广扩大烤烟种植面积，形成重要生产基地。1981 年，彭水县被列入四川省烤烟种植重点县，烤烟生产正式列入国家计划。彭水县委、县人民政府把烤烟生产作为重点支柱产业之一来发展。1989 年，彭水烤烟质量被评为全国第一名；1996 年是彭水烤烟生产的高峰年；1997 年，全县烤烟收购量进入全国县级单位第七强。1993 年、1995 年、1996 年、1998 年彭水荣获全国烤烟生产、收购先进县称号；1999 年，被国家烟草专卖局纳入全国烤烟标准化生产示范县，成为全国 12 个烤烟生产强县之一。近年来，全县烤烟生产规模保持在 12 万亩左右，稳居重庆市榜首。

二、蚕桑

彭水栽桑养蚕历史悠久。中华人民共和国成立后，蚕桑生产得到了恢复发展，1987 年，全县有“四边桑”50 余万株，产鲜茧 350 担。1988 年 12 月，把蚕桑列为全县第二大支柱产业来抓。1993 年，全县密植桑园 4 万余亩，养蚕（发种）3.5 万～4.0 万张，产茧 1.5 万担，4 800 绪缫丝厂当年产生丝 80 吨。1994 年，全县蚕桑生产遍及 9 个区（镇）54 个乡 467 个村 1 100 组的 3.35 万农户，共栽植桑苗 1.8 亿株；当年发蚕种 8 243 张（除保家区由地区丝绸公司直接发种未统计外），产鲜茧 3 437 担。1995 年开始，由于茧丝市场疲软，基地开始萎缩，桑园面积和养蚕量逐年减少。2000 年，抢抓茧丝绸市场复苏的机遇，新建桑园 4 000 亩；2002 年，新建桑园 10 845.7 亩；2005 年，新建桑园 500 亩。

三、畜牧

彭水畜牧养殖历史悠久，在彭水郁山汉墓出土文物中就有猪、牛陶塑。中华人民共和国成立以来，特别是党的十一届三中全会后，把畜牧业列为全县经济支柱产业来发展，畜牧产业得到快速发展（表 20－37－2）。

表 20－37－2　1986—2015 年彭水县主要年份畜牧产业情况

年份	大牲畜		生猪		山羊		家禽出栏（万只）	肉类产量（万吨）	禽蛋产量（万吨）	畜牧产值（万元）
	存栏（万头）	出栏（万头）	存栏（万头）	出栏（万头）	存栏（万只）	出栏（万只）				
1986	8.39	—	31.61	17.04	3.67	1.10	42.21	1.27	1 400	—
1988	8.86	—	32.70	18.14	3.77	1.29	4.80	1.36	1 428	18 900
1990	9.45	—	38.51	24.08	4.64	1.59	4.54	1.70	1 701	—
1995	10.08	—	45.62	35.14	9.98	4.42	82.89	3.03	4 805	23 088
1998	12.95	—	41.69	35.88	13.79	5.98	92.41	3.20	5 827	—

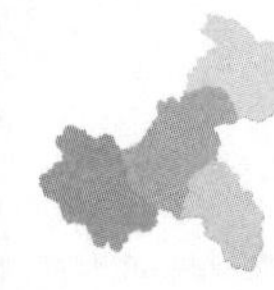

（续）

年份	大牲畜		生猪		山羊		家禽出栏（万只）	肉类产量（万吨）	禽蛋产量（万吨）	畜牧产值（万元）
	存栏（万头）	出栏（万头）	存栏（万头）	出栏（万头）	存栏（万只）	出栏（万只）				
2000	14.80	3.30	42.50	42.50	17.30	7.70	98.70	3.57	6 580	33 751
2005	11.60	3.90	43.60	50.70	3.50	4.30	118.30	4.59	8 700	51 649
2008	12.50	4.50	41.00	50.10	3.20	3.50	122.10	4.50	8 100	—
2010	12.50	4.80	41.00	52.50	3.60	4.50	128.10	4.74	6 854	75 663
2015	13.60	6.80	39.60	58.10	5.60	6.70	188.40	5.57	8 320	128 057

四、林业

彭水是林业大县，地域辽阔，气候温和，雨量充沛，适宜林木生长。中华人民共和国成立以来，彭水一直重视林业发展，每年都要进行1～2次人工植树造林活动。20世纪90年代初，把林业作为全县经济发展的产业来打造。通过实施行之有效地人工植树造林、飞机播种造林、国家生态综合治理工程、退耕还林工程，天保公益林建设等造林绿化工程项目。1997—2006年，完成成片造林38.68万，完成公路绿化1 207千米，完成水系绿化441千米，完成城周绿化3 570亩。2006年后，大幅度退耕还林（草），大面积植树造林，扩大林地面积4.4万公顷。到2015年，全县共有林地面积241 114.33公顷，森林覆盖率上升到50.0%。

林业产业项目有竹木加工业、木本油产业（早年的桐油、乌桕油、茶油）、生漆、松香、五倍子等。林业产业的产值逐年上升。1986年，林业产值为2 162万元。2015年，林业产值达到19 647万元，为1986年的9.1倍。

五、魔芋

2008年，魔芋被确定为彭水农业主导产业，当年种植18 441.5亩。2010年，建成魔芋种子良繁基地5 000亩，新发展魔芋种植面积3.26万亩，累计在地面积6.4万亩。2011年，全县新发展魔芋种植和原种繁育面积6 458亩。2012年，建立魔芋科学研究所，建成魔芋专家大院，培育出适宜彭水地理环境条件种植的渝魔1号、渝魔2号新品种2个，建成2 500亩良种繁育示范片、200亩魔芋标准化种植示范片、100亩技术集成示范片和1 200亩林下种植魔芋示范片。2013年种植魔芋2.16万亩，收购商品鲜芋112吨，收购种芋148吨，芋农收入186万元。到2015年，魔芋基地面积达到3万亩，收购商品鲜芋1 000余吨，加工800多吨，产出精粉80多吨，实现产值1 600万元。

六、渔业

1986年以来，彭水坚持以水养鱼、以渔养鱼、以渔富民，因地制宜、注重实效、有序开发、稳步推进的原则发展渔业生产。2012年，发展库区养殖800亩，新开挖池塘和旧塘改造250亩，养殖大鲵存塘1 100尾，培育冷（清）水养鱼养殖龙头企业1家。2013年，冷（清）水鲟鱼和鲑鳟生态养殖达110亩，泥鳅养殖5亩，特色水产品乌鳢养殖15亩，大鲵养殖1 000尾，库区生态养殖500亩。2015年，发展生态渔业规模养殖企业（专业合作社、养殖户）18家、大鲵养殖户4家（汉葭顺裕达鲵养殖场建成全市最大的大鲵驯养基地）、库区大水面养殖企业2家，建有银盘电站增殖放流站和青龙嘴鱼苗良种场等鱼苗繁育场。实现渔业产量446吨，产值920万元。

2010年，开展增殖人工放流鱼苗，在县城乌江南渡坨放流30万尾，长溪河放流60万尾，乌江彭水电站万足库区放流60万尾，鹿角库区放流50万尾，鱼苗品种为鲢鳙、草鱼、中华倒刺鲃等。

经重庆市人民政府批准，于2007年2月建立彭水乌江—长溪河鱼类自然保护区，是以保护野生鱼类为主的市级自然保护区，全场29.5千米，水域面积83公顷，主要鱼类有：白鲟、达氏鲟、胭脂鱼等12种以及大鲵（俗称“娃娃鱼”），其中：国家一级、二级保护动物2种，重庆市级重点保护鱼类8种。

七、油菜

彭水是重庆市产油大县，又是重庆市油菜整乡（镇）推进县。1986年，油菜种植面积57 270亩，产油菜籽2 811吨，亩产仅为49千克。1997年，开始实施农业部优质油菜“丰收计划”项目，推广优质油菜新品种中油119。2000年起，实施重庆市“百万工程”，试种性推广优质油菜种渝黄一号。2010年实施市上下达丰收计划，全面推广渝黄一号，保家镇万亩油菜高产示范片荣获重庆市级“渝黄杯”一等奖、单产攻关奖，产油大县后继续补二等奖。2015年，全县种植油菜160 095亩，油菜籽总产量达到19 750吨，亩产菜籽达123.4斤。

八、果菜

（一）蔬菜

1986年以来，为缓解彭水县城居民、机关学校吃菜难的问题，彭水县人民政府依托城郊扩大蔬菜种植面积，引进优良品种，推广科学种菜技术，有效缓解了城镇居民机关学校吃菜难的问题。2015年建成蔬菜专业村2个，蔬菜标准园1个，新（改）建蔬菜基地近2 000亩（含食用菌），全县种植蔬菜16.15万亩，产量31.32万吨，产值28 500万元。

（二）瓜果

1986年，彭水县水果产量3 426吨；1990年，水果产量不增反降，经过更换品种，加强管理，逐步实现恢复性发展。目前主要品种有：青碎李、苍溪雪梨、糖梨、水蜜桃、嫁接猕猴桃、葡萄、广柑、无核橘、无花果、香柑等。2015年，水果产量为8 711吨。

九、甘薯

“十二五”期间，甘薯生产是彭水三大特色主导产业之一，以“龙头企业+合作社+专业大户”的发展模式，培育壮大产业规模。2011—2015年，甘薯种植面积每年稳定在30万亩，其中高淀粉及食用薯改良品种18万亩，培育甘薯种植（加工）市、县级龙头企业7家，作坊加工大户200户，5年累计收购加工鲜薯50万吨，实现产值12.2亿元。

近年彭水把甘薯生产列为一大产业来抓。2011年红薯产业以品质优化和加工优化为重点，从河南省调进豫薯系列高淀粉甘薯品种进行扩繁种植，共发展高淀粉甘薯繁育基地5 951亩，完成目标任务的118%。以甘薯为原料做好加工升级，技改升级甘薯淀粉加工厂1家，新建新型甘薯加工厂1家。

2015年，全面推广甘薯种苗集中繁育供给模式和高淀粉食用菜用型甘薯品种。全县共种植甘薯30万亩，实现品种改良8万亩，收购鲜薯10万吨，薯农收益9 000万元。着力甘暑加工、储藏、营销工作，争取到农业部农产品加工局甘薯储藏项目资金800万元，使甘薯储藏设施建设上了一个新台阶。至2015年底，全县有规模以上甘薯加工企业11家，作坊加工大户200户，年加工鲜薯18.7万吨，单项产值4.8亿余元。

十、其他产业

（一）蜜蜂

1986年，全县有蜂群13 480群，同比上年增加347群，增长4.37%。1990年，有蜜蜂142 650群，蜂蜜产量为58吨。2010年，有蜂群51 200群，实现蜂蜜产量1 049吨。2015年12月底，保有蜜蜂群95 000群，当年蜂蜜产量2 190吨。

（二）长毛兔

1986年，全县有长毛兔62 887只，同比上年增加102.63%。1993年，全县圈存长毛兔125 000只，增长47.1%。2010年，出栏肉兔31 000只。

第三节　产业发展重大举措

1987年，彭水县委、县人民政府制定《关于农村经济发展的若干规定》，进一步明确全县农村土地联产承包责任制一定15年不变。

1997年，彭水县委、县人民政府按照中央要求精神，制定了关于农村土地第二轮承包的规定，并允许农村土地向经营产业化转移转包，向农业生产种田能手转移转包，进行规模化生产转移。

2006年，彭水县委、县人民政府再次对农村农民承包的责任地进行规范，同时允许农民的责任地可以有偿规范化流转，允许以土地为股资入股开发。

2010年，重庆市农业委员会印发《基层农技推广体系改革与建设示范县项目实施指导意见》。彭水县农业委员会坚持改革创新，以满足农民的需求为出发点，以服务农民的成效为检验标准，通过建立健全农技推广运行机制，培养农业科技示范户，建设农业科技示范基地，开展农技人员培训等措施推进基层农机推广体系进一步创新管理体制，强化条件建设，全面提升基层推广体系的公共服务能力，为保障主要农产品有效供给，促进农民持续增收，提供有效服务和技术支撑，收到好的成效。全县有基层农技推广机构41个，其中县级1个、乡（镇）级39个、区域性机构1个。全县农技服务机构人员184人，其中县级19人、区域性机构人员5人、乡（镇）级机构人员160人。

近年，彭水县委、县人民政府把贯彻实施《中华人民共和国农民专业合作社法》列入重要工作内容来抓，切实抓紧抓好。具体引导、规范、支持、维权全县农民专业合作社的发展，县财政部门将专项资金列入预算。结合新农村新型农民培训项目，确保全县农民专业合作社得到健康快速发展。

第三十八章
万盛经济技术开发区

第一节　基本概况

万盛位于重庆市南部，地处渝黔边界，距重庆主城70千米。1955年1月，国务院批准贵州省桐梓县，四川省南川县、綦江县部分乡（镇），合并组建重庆市南桐矿区。1993年2月更名为重庆市万盛区。2011年10月，经国务院批准，设立重庆万盛经济技术开发区（简称万盛区）。

全区总面积566平方千米，辖8镇、2街。有耕地18.98万亩；户籍人口26.81万人，城镇化率80.4%，常住人口为26.95万人。

万盛属四川盆地东南边缘与云贵高原衔接过渡山区，地势东高西低，山脉南北伸展，切割强烈，高低悬殊，重峦叠嶂，岭谷相间。以低山、低中山为主，兼有岩溶丘陵、台地、平坝、山原。属四川盆地亚热带湿润季风气候区，气候温和，降雨丰沛，四季分明，无霜期长，冬暖春早，初夏多雨，夏热伏旱，秋多绵雨，冬季云多日照多，灾害性天气种类多，同时具有地区差异大的山区气候特色。区境年平均径流量654.85毫米，年降水量69 960.74万米^3，总水量129 274万米^3。有潮土、紫色土、石灰岩土、黄壤、水稻土、黄棕壤6个土类，农业土壤面积有15.1万亩。森林分布面广、蓄积量大，面积为37.5万亩。

第二节　农业农村经济

万盛区农业农村经济情况见表20－38－1。

表20－38－1　1986—2015年万盛区农业农村经济情况

分期		地区生产总值（万元）	农业总产值（万元）	农业增加值（万元）	农业增加值占比（%）	农民收入状况		
						纯收入、可支配（元）	城乡收入比	农村居民恩格尔系数（%）
“七五”始	1986年	18 641	4 224.0	4 049	21.7	399	—	—
“七五”末	1990年	38 218	12 510.7	7 732	20.2	586	—	—
“八五”末	1995年	94 586	15 200.0	22 850	24.2	1 310	—	—
重庆市直辖后	1997年	122 326	17 339.0	24 500	20.0	1 750	—	—

（续）

分期		地区生产总值（万元）	农业总产值（万元）	农业增加值（万元）	农业增加值占比（%）	农民收入状况		
						纯收入、可支配（元）	城乡收入比	农村居民恩格尔系数（%）
“九五”末	2000 年	124 872	18 977.0	24 911	19.9	2 076	2.69∶1	—
“十五”末	2005 年	210 060	52 839.0	30 933	14.7	3 242	2.13∶1	—
“十一五”末	2010 年	492 747	74 621.0	48 476	9.8	5 918	2.12∶1	—
“十二五”末	2015 年	920 562	122 892.0	79 640	8.7	11 165	1.94∶1	—

第三节　农业主要产业

一、种植业

（一）粮食作物

万盛区主要农产品数据见表 20-38-2。

表 20-38-2　1985—2015 年万盛区关键年份农作物播种面积与主要农产品变化

项目	1985 年	1995 年	2005 年	2011 年	2011 年比 1985 年增长量	2011 年比 1985 年增长率（%）	2015 年
农作物总播种面积（亩）	296 558	341 994	315 328	315 204	18 646	6.29	326 888
粮食作物面种（亩）	257 647	258 527	199 107	195 679	-61 968	-24.05	193 192
经济作物面积（亩）	5 465	15 256	15 272	13 746	8 281	151.53	14 552
其他农作物面积（亩）	33 446	68 211	99 402	105 779	72 333	216.27	119 144
粮食占总播种面积比率（%）	86.88	75.59	63.14	62.08	-24.80	-28.55	58.56
经济作物占总播种面积比率（%）	13.12	24.41	36.86	37.92	24.80	189.02	41.44
稻谷亩产量（千克）	359	436	445	388	29	8.08	426
玉米亩产量（千克）	228	273	285	282	54	23.68	306
粮食总产量（吨）	59 695	69 254	54 763	46 286	-13 409	-22.46	55 392
稻谷总产量（吨）	24 000	28 098	26 000	19 712	-4 288	-17.87	22 673
玉米总产量（吨）	14 410	16 227	10 616	10 546	-3 864	-26.81	11 141
小麦总产量（吨）	8 465	8 980	2 498	2 480	-5 985	-70.70	2 343
推广“两杂”面积（亩）	88 278	112 211	91 257	85 784	-2 494	-2.83	87 379
“两杂”占稻谷和玉米比率（%）	67.93	90.70	95.34	97.26	29.33	43.18	97.48
粮食播种面积单产（千克）	231	268	275	237	6	2.60	287

（二）经济作物

1. 油料作物

万盛区重点发展的油料作物有油菜、花生、向日葵、芝麻等品种。推广的油菜优良品种有渝油 18、渝黄 1 号、油研系列、中油 821、万油 17 等，主要分布在金桥、青年、关坝镇。花生优良品种有天府系列、狮选 64 等，主要分布在金桥、青年、关坝、丛林镇。油料豆类作物常年种植面积 3.5 万亩左右，其中油菜 0.5 万亩，总产量 500 吨左右；花生 0.8 万亩左右，总产量 1 200 吨左右。对促进农民增收、提高农业经济效益发挥了显著作用（表 20－38－3）。

表 20－38－3　2005—2015 年万盛经济技术开发区关键年份油料作物生产情况

年份	油料合计			油菜籽			花生			向日葵籽		
	面积（亩）	单产（千克）	总产（吨）	面积（亩）	单产（千克）	总产（吨）	面积（亩）	单产（千克）	总产（吨）	面积（亩）	单产（千克）	总产（吨）
2005	11 289	130.8	1 477.0	3 850	103.4	398	7 240	146.4	1 060.0	199	95.5	19
2010	10 112	123.1	1 244.6	4 155	107.6	447	5 832	134.9	786.6	125	88.0	11
2015	10 433	123.0	1 280.0	4 068	127.0	515	6 191	119.0	738.0	174	158.0	27

2. 蔬菜

1985 年底，万盛区有商品蔬菜基地 4 241 亩。1999 年 3 月，规划建设“无公害”蔬菜基地 5 000 亩。到 2011 年，新建蔬菜基地 3 个，面积 9 500 亩。全区有蔬菜品种 14 类，68 个种属，241 个品种，其中地方品种 84 个，占 34.9%，引进品种 157 个，占 65.1%。蔬菜生产在全区农业生产中占有极其重要位置，蔬菜收入每年占全区农业总收入的 21%～25%。曾获重庆市人民政府 1994 年一等奖、1996 年二等奖及多次获市级有关部门的奖励，为全区“菜篮子”工程作出了显著贡献（表 20－38－4）。

表 20－38－4　2005—2015 年万盛区关键年份蔬菜播种面积和产量情况

年份	播种面积（亩）	产量（吨）	年份	播种面积（亩）	产量（吨）
1986	33 577	—	2000	71 265	135 942
1990	38 112	73 276	2005	76 744	134 956
1995	53 536	112 503	2012	81 975	169 136
1997	63 407	125 963	2014	91 848	171 148
1999	69 296	135 194	2015	93 669	178 611

3. 茶叶

1985 年以来，在恢复传统名茶“景星碧绿”的基础上，万盛区进行了名优茶的研制和发展，先后开发“云雾毛峰”“菊花春”“清明香”名茶和川烘、川炒优质茶。1990 年后，全区加大名优茶生产和品牌创建工作，滴翠剑名、三月春、石海翠竹、黑山雪芽四大品牌名茶相继获国际金奖。名优茶加工由手工操作向机械化作业发展。名优茶产量、品质逐年增加提高，到 2005 年，全区名优茶基本实现生产机械化，加工技术规范化，名优茶产量达 588 吨，产值达 1 149 万元，其中品牌名茶 12 吨，产值达到 500 万元（表 20－38－5）。

表 20－38－5　2005—2015 年万盛区关键年份茶叶生产情况

年份	面积（亩）	产量（吨）			产值（万元）			名茶		单产（千克）
		总产量	优质茶	大宗茶	总产值	优质茶	大宗茶	产量（吨）	产值（万元）	
1986	13 170	747.0	687.0	60	215.4	211	4.7	—	—	113.5
1990	11 259	754.0	655.0	99	254.4	247	7.4	—	—	53.1
1995	11 797	492.0	425.0	67	246.3	246	0.6	—	—	37.7
1997	11 201	587.0	470.0	117	443.2	443	0.3	7.04	72	47.8
2000	9 982	668.0	422.0	246	486.7	482	4.7	6.50	81	61.7
2005	8 978	627.0	488.0	139	1 200.0	1 149	51.0	74.00	500	64.9

（续）

年份	面积（亩）	产量（吨）			产值（万元）			名茶		单产（千克）
		总产量	优质茶	大宗茶	总产值	优质茶	大宗茶	产量（吨）	产值（万元）	
2010	12 199	682.0	553.0	129	2 500.0	2 300	200.0	79.00	2 000	93.2
2011	14 830	665.0	527.0	138	3 000.0	2 700	300.0	80.40	2 500	89.7
2015	16 869	778.1	578.1	200	8 000.0	6 500	1 500.0	20.00	2 500	46.0

4. 水果

万盛区水果种植主要有柑橘、梨、桃、李、柿、猕猴桃、苹果、柚子、樱桃、枇杷、无花果、枣、甘蔗、香蕉、拐枣、西瓜、葡萄、杨梅、杏等。1985 年，引进柑橘良种哈姆林甜橙，以后陆续引进柑橘新品种 15 个。1988 年引进猕猴桃；1989 年，开始发展猕猴桃，种植规模迅速扩大；2005 年，猕猴桃总面积 12 120 亩，投产面积 3 000 亩，产量 670 吨；2011 年，总面积 10 894 亩，投产面积 6 200 亩，产量 650 吨。主要分布在景星乡、青年镇、丛林镇、石林镇，主栽品种为川猕。1993 年，农业综合开发，万东镇五和村引进梨子新品种黄花梨、金水二号、青云、杭青、杭红等，面积 200 亩；1995 年，试花挂果；1997 年，开始投产。1997 年大面积发展黄花梨，面积 2 000 余亩，现已成为万盛区的主要栽培品种。1987 年，全区水果总产量 366 吨；1990 年以后，产量直线上升；1995 年，总产量上升到 474 吨；1997 年，总产量为 572 吨；1998 年，总产量为 805 吨；2000 年，总产量为 1 044 吨；2004 年，总产量为 2 525 吨；2005 年，总产量为 2 667 吨；至 2011 年，全区水果总产量达到 3 294 吨，果园总面积 29 221 亩。2001 年，建设 4 个基地：南桐镇沙坝村果园基地，现有面积 900 亩，其中，梨橙 150 亩、枇杷 150 亩、桃 100 亩、花椒 500 亩。九龙村 500 亩果园基地；青年镇更古村 500 亩果园基地；景星乡梨橙基地。

（三）畜牧

万盛区畜牧业结构中：生猪占主要地位，占 63% ~70%；其次是牛，占 30.4% ~16.6%，呈逐年下降趋势；再次是家禽，占 4.9% ~16.1%，占比逐年上升；山羊比重从 0.2% 上升到 3.4%；兔、蜂的比重在 0.2% ~0.5% 徘徊（表 20 - 38 - 6）。

表 20 - 38 - 6　1986—2015 年万盛区关键年份畜禽产品情况

单位：吨

年度	肉类总产量	其中					牛奶产量	禽蛋产量	蜂蜜产量
		猪肉	牛肉	羊肉	禽肉	兔肉			
1986	7 584.2	7 370.5	4.7	10.3	198.7	1.4	469.0	373	11.0
1990	7 602.8	7 382.8	7.5	2.6	209.9	0.0	497.5	347	3.8
1995	10 035.0	9 374.0	50.0	13.0	596.6	1.4	240.0	927	7.0
1997	11 318.0	10 453.0	73.0	27.0	764.6	0.4	221.0	1 135	5.0
2000	11 868.0	10 873.0	113.7	49.8	829.9	1.5	273.6	1 170	6.7
2005	12 685.9	10 825.0	147.7	115.9	1 595.0	0.0	531.0	1 805	6.7
2010	8 487.9	7 013.0	166.4	183.1	1 057.5	67.9	428.0	2 938	3.9
2015	8 818.0	7 032.0	113.0	367.0	1 256.0	51.0	113.0	2 883	64.0

（四）渔业

1986—2005 年，万盛区渔业迅猛发展，养鱼面积从 1 539 亩增加到 2 995 亩，鱼产量从 183 吨增加到1 701吨。引进了彭泽鲫、湘云鲫、单雄性罗非鱼、淡水白鲳、斑点叉尾鱼回等新品种，渔业产值从55万元增加到1 735万元。2006—2011年，引进了先科巨鲫、彩虹鲷、湘云鲫、异育银鲫、彭泽鲫、罗非鱼，引进大鲵亲本35尾，商品及幼苗大鲵400余尾（表20－38－7）。

表20－38－7　1986—2015年万盛区关键年份渔业生产情况

年份	养殖面积（亩）	产量（吨）	产值（万元）	池塘亩产（千克）
1986	1 601	183	55	104
1995	3 225	1 270	1 232	479
2000	3 030	1 576	1 140	555
2005	2 973	1 701	1 507	629
2010	2 986	1 647	1 687	625
2014	3 537	2 045	2 240	578
2015	4 009	1 613	2 445	402

第四节　名、优、特农产品

1990年4月26日，南桐矿区农业局公布1990年，万盛区名优茶评选结果的表彰决定：

一、名茶

一等奖：王家坝茶场（清明香茶）。

二等奖：更鼓茶场（云雾毛峰茶）、皂角茶场（清明香茶）。

三等奖：青年茶场（景星碧绿）、合林茶场（清明香）、湛家茶场（景星碧绿）、景星茶场（景星碧绿）。

二、川烘

一等奖：湛家茶场。

二等奖：毛里茶场、绿水茶场。

三等奖：皂角茶场、沙坝茶场、七龙茶场、关口茶场。

三、川炒

一等奖：均田茶场。

二等奖：青年茶场、皂角茶场。

三等奖：南桐茶场、更鼓茶场。

1997年12月12日，万盛区农业局对获得1997年全国及区级名优茶的单位进行表彰（表20－38－8）。

表20－38－8　万盛区1997年获得全国及区级名优茶品牌奖项的单位

序号	茶叶名称	获奖茶场	获奖等级
1	滴翠香绿	青年镇湛家茶场	97′中国国际茶会银奖
2	滴翠剑茗	青年镇湛家茶场	第二届“中茶杯”二等奖
3	清明香	青年镇更鼓茶场	区级名茶
4	清明香	青年镇湛家茶场	区级名茶

（续）

序号	茶叶名称	获奖茶场	获奖等级
5	烘青茶	南桐镇沙坝茶场	区级优质茶
6	炒青茶	丛林镇红岩茶场	区级优质茶
7	炒青茶	青年镇毛里茶场	区级优质茶

2001 年 3 月 12 日，中共万盛区委办公室、万盛区人民政府办公室关于命名表彰区级旅游商品和区级优质农产品的决定见表 20－38－9。

表 20－38－9　万盛区首届优秀旅游商品展销会评比获奖名单

一等奖	二等奖	三等奖	鼓励奖
夜郎牌方竹笋系列产品	滴翠香绿茶	鲤鱼河酒、鲤鱼河花生	香梳
苗族蜡染	翠屏银峰、银针茶	天门银毫春绿茶	糟海椒
	芦笙	猕猴桃干	山药条
		九龙湖腊肉	其林口杯酒
		孙二娘红豆腐	湛家红苕粉

万盛区区级优质农产品名单：金兰鱼、五合黄花梨、金桥优质米、滴翠剑茗茶、绿香系列猕猴桃、金桥蚕茧。

2005 年 10 月 26 日，重庆日报载文：1959 年，万盛生产的“景星碧绿”名茶，跻身四川省“三大名茶”且作为新中国成立 10 周年的献礼产品，1980 年又被《中国名茶志》收录。“景星碧绿”名副其实成为重庆市名优绿茶的代表。

万盛区部分获奖名优农产品：

景星碧绿首创名茶。原产景星乡新场村景星台，1958 年，被列为四川省三大优质名茶之一。1983—1985 年，连续 3 年荣获四川省优质名茶称号。1990 年，获四川省优质名茶“甘露杯”奖。2003 年，被翠信茶叶公司注册并生产。

菊花春王家坝茶厂产品。1985 年，评为四川省优质名茶。

云雾毛峰更古茶场产品。1990 年，评为西部优质名茶，荣获“陆羽”奖。

清明香王家坝茶厂产品。1990 年，评为西部优质名茶，荣获“陆羽”奖。

滴翠剑名翠信茶叶公司产品，1995—1997 年，连续 3 年被评为重庆市优质名茶，1997 年，获全国名茶“中茶”杯银奖，国际名茶金奖。

三月春更古茶场产品。2001 年，获全国名茶“赏农”杯银奖，国际名茶金奖。

石海翠竹盛泉茶厂产品。2004 年获国际名茶金奖。黑山雪芽白塔茶叶公司产品。2004 年，获国际名茶金奖。

“黑山翠剑”牌方竹笋获重庆市 2009 年度名牌农产品称号，欣润农业成为首个拥有自主出口权的农业企业。经区知名商标认定委员会认定：10 种区级著名品牌中，翠屏银针、滴翠剑名茶叶、堡堂面、贵先米等 6 个农产品榜上有名，翠屏茶叶于 2009 年 7 月获得重庆市著名商标。

第二十一篇

农业文化

第二十一篇　农业文化

中国是一个农业大国，中华民族凭借自己的勤劳和智慧，在数千年的历史长河中，创造悠久灿烂的农耕文化，形成了宝贵的农业历史文化遗产，是先人先贤留给世界的宝贵财富。

巴渝地区的农业发展也同中国中原地区一样，经历了由传统农业向现代农业发展与过渡的过程。在漫长的历史发展过程中，形成了形形色色的农业文化，包括：生产工具、耕作技术、民俗民风、诗词歌赋、神话传说、口头文学等。农业文化是巴渝文化的源头，是巴渝文化的根，是一笔珍贵的文化遗产，值得深入发掘整理。本篇撷取其中精华部分，供后人寻根巴渝农业文化，传承巴渝农耕文明，助力巴渝乡村振兴。

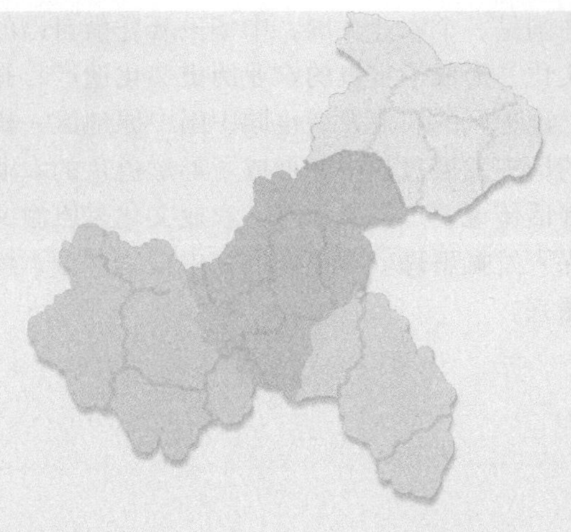

第一章
古农书选、古诗词

第一节　古农书选

一、《华阳国志》

又名《华阳国记》，是一部专门记述古代中国西南地区地方历史、地理、人物等的地方志著作，于晋穆帝永和四年至永和十年（348—354 年）由东晋常璩撰写。全书分为巴志，汉中志，蜀志，序志并士女目录等，共 12 卷约 11 万字。记录了从远古到东晋永和三年（347 年）巴蜀史事，记录了这些地方的出产和历史人物。此书是中国现存最早的地方志。

《华阳国志》自成书以来，受到历代学者的高度评价和推崇。当代人对于古代西南的研究，都把《华阳国志》作为重要的史料。尤其是撰写四川、重庆、云南、贵州等地方的史志，更是离不开《华阳国志》。日本东洋大学亚洲文化研究所于 2000 年前后翻译了《华阳国志》并印制了该书的日文版本。

《华阳国志·巴志》卷中对重庆地区当时的农业状况已有所记载：

如"涪陵郡，巴之南鄙。从枳南入，折丹涪水，本与楚商於之地接。秦将司马错取楚商於地为黔中郡也。汉兴恒有都尉守之。旧属县五。去洛五千一百七十里。东接巴东。南接武陵。西接牂柯。北接巴郡。土地山险、水滩。人多戆勇，多獽蜑之民。县邑阿党，斗讼必死。少文学。无蚕桑。惟出茶、丹、漆、蜜、蜡。汉时，赤甲军常取其民。"

又如："其地，东至鱼复，西至僰道，北接汉中，南极黔、涪。土植五谷。牲具六畜。桑、蚕、麻、纻，鱼、盐、铜、铁、丹、漆、茶、蜜、灵龟、巨犀、山鸡、白雉，黄润、鲜粉，皆纳贡之。其果实之珍者，树有荔支，蔓有辛蒟，园有芳蒻、香茗、给客橙、葵。其药物之异者，有巴戟、天椒。竹木之璜者，有桃支、灵寿。其名山有涂、籍、灵台、石书、刊山。其民质直好义。土风敦厚，有先民之流。故其诗曰：'川崖惟平，其稼多黍。旨酒嘉谷，可以养父。野惟阜丘，彼稷多有。嘉谷旨酒，可以养母'"。

二、《古农书联合目录》

《古农书联合目录》收录了重庆地区重庆市北碚图书馆、西南师范大学图书馆、西南农业大学图书馆、重庆图书馆历史资料部、中国农业科学院柑橘研究所图书室 5 所图书馆（室）所藏有关古代农业生产的书籍 463 种，分正编和附录两部分。正编收录撰述于 1911 年以前、刻印（出版）于 1987 年以前的著作，附录收录1912—1987年现代学者研究、整理古代农业和古代农书的著作。并于1989年8月刊印成册。

本目录中所指的农业生产包括时序、耕作土壤、农具、灾害防治、作物、园艺、蚕桑、畜禽、水产等方面。

第二节　古诗词选

本节精选了历史上在重庆地区生活或路过重庆吟咏涉农诗词之佳作。以朝代出现顺序为起始，同一朝代以出生年月为起始。作者出生重庆籍者为先，在重庆为官者次之，在重庆创作者再次之，写重庆之事者后之。同一人著有多首诗时，只在首诗介绍作者生平。

《宿巫山下》

作者：李白

李白（701—762年），字太白，号青莲居士，又号谪仙人，是唐代浪漫主义诗人。至德二年（757年），李白因安史之乱中参加永王璘东巡获罪长流夜郎（今贵州桐梓），后于唐肃宗乾元二年（759年）遇赦东还。开元十三年（725年）冬，李白因三峡不通航，滞留于巫山一带，因此他在万县停留，登临西山（后来改名太白岩），一直等到开元十四年（726年）春汛来临时才得以离开。在此地写下了《宿巫山下》。描写了巫山下桃花漂流水、清风携细雨的早春景象，运用了抒情的表现形式与反衬的修辞手法，借景抒情，并以宋玉在楚王时期的大展身手来反衬作者的仕途失意，使得诗人怀才不遇的心情显得更加浓郁与凄凉。

昨夜巫山下，猿声梦里长。
桃花飞绿水，三月下瞿塘。
雨色风吹去，南行拂楚王。
高丘怀宋玉，访古一沾裳。

《夔州歌十绝句》（选四）

作者：杜甫

杜甫（712—770年），字子美，自号少陵野老。河南巩县（今河南省巩义市）人。唐代现实主义诗人。广德三年（765年）四月，杜甫由成都东下，于唐代宗大历元年（766年）暮春到达夔州（今重庆奉节），至大历三年（768年）早春离夔出峡，在夔州近两年作诗430多首。此夔州歌及以下各首均为诗人在夔州期间所作。

其一：
中巴之东巴东山，江水开辟流其间。
白帝高为三峡镇，夔州险过百牢关。
其二：
赤甲白盐俱刺天，闾阎缭绕接山巅。
枫林橘树丹青合，复道重楼锦绣悬。
其三：
瀼东瀼西一万家，江北江南春冬花。
背飞鹤子遗琼蕊，相趁凫雏入蒋牙。
其四：
东屯稻畦一百顷，北有涧水通青苗。
晴浴狎鸥分处处，雨随神女下朝朝。

《秋兴八首》（选二）

作者：杜甫

其一：

玉露凋伤枫树林，巫山巫峡气萧森。
江间波浪兼天涌，塞上风云接地阴。
丛菊两开他日泪，孤舟一系故园心。
寒衣处处催刀尺，白帝城高急暮砧。

其二：

夔府孤城落日斜，每依北斗望京华。
听猿实下三声泪，奉使虚随八月槎。
画省香炉违伏枕，山楼粉堞隐悲笳。
请看石上藤萝月，已映洲前芦荻花。

《自瀼西荆扉且移居东屯茅屋四首》（选二）

作者：杜甫

其一：

白盐危峤北，赤甲古城东。
平地一川稳，高山四面同。
烟霜凄野日，粳稻熟天风。
人事伤蓬转，吾将守桂丛。

其二：

东屯复瀼西，一种住青溪。
来往皆茅屋，淹留为稻畦。
市喧宜近利，林僻此无蹊。
若访衰翁语，须令剩客迷。

《茅堂检校收稻二首》

作者：杜甫

其一：

香稻三秋末，平田百顷间。
喜无多屋宇，幸不碍云山。
御夹侵寒气，尝新破旅颜。
红鲜终日有，玉粒未吾悭。

其二：

稻米炊能白，秋葵煮复新。
谁云滑易饱，老藉软俱匀。
种幸房州熟，苗同伊阙春。
无劳映渠碗，自有色如银。

《种桃杏》

作者：白居易

白居易（772—846年），字乐天，晚年号香山居士。祖籍太原（今属山西），唐代现实主义诗人。

818 年冬，被任命为忠州（今重庆市忠县）刺史（辖垫江、石柱、丰都、忠县、桂溪五县），819 年 3 月到任。820 年夏被召回长安，任尚书司门员外郎。在忠州任职期间，白居易在忠州城东的山坡上种花，并命名此地为“东坡”。其间写了 20 多首吟咏种植赏花的诗。

无论海角与天涯，大抵心安即是家。
路远谁能念乡曲，年深兼欲忘京华。
忠州且作三年计，种杏栽桃拟待花。

《东坡种花二首》（选一）

作者：白居易

持钱买花树，城东坡上栽。
但有购花者，不限桃杏梅。
百果参杂种，千枝次第开。
天时有早晚，地力无高低。
红者霞艳艳，白者雪皑皑。
游蜂逐不去，好鸟亦来栖。
前有长流水，下有小平台。
时拂台上石，一举风前杯。
花枝荫我头，花蕊落我怀。
独酌复独咏，不觉月平西。
巴俗不爱花，竟春无人来。
唯此醉太守，尽日不能回。

《酬和元九东川路诗十二首・江岸梨花》

作者：白居易

梨花有思缘和叶，一树江头恼杀君。
最似孀闺少年妇，白妆素袖碧纱裙。

《竹枝词九首》（选一）

作者：刘禹锡

刘禹锡（772—842 年），字梦得，河南洛阳人。唐穆宗长庆元年（821 年）冬，刘禹锡被任为夔州（今四川奉节县）刺史，至长庆四年（824 年）夏离任。其间作《竹枝词》十一首，此为其中一首。

山上层层桃李花，云间烟火是人家。
银钏金钗来负水，长刀短笠去烧畲。

《使东川・江花落》

作者：元稹

元稹（779—831 年），字微之，别字威明，河南府东都洛阳（今河南洛阳）人，唐朝著名诗人、文学家。和白居易合称“元白”。唐朝时期，长寿就有梨子栽培。元和四年（809 年）春，以监察御史身份奉命出使剑南东川，在《使东川・江花落》一诗中写道：

日暮嘉陵江水东，梨花万片逐江风。
江花何处最肠断，半落江流半在空。

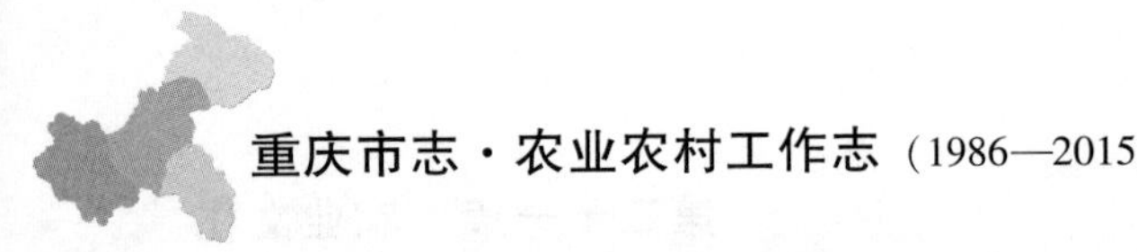

《阮郎归·黔中桃李可寻芳》

作者：黄庭坚

黄庭坚（1045—1105年），字鲁直，号山谷道人，晚号涪翁，洪州分宁（今江西修水县）人，北宋著名文学家、书法家。曾被贬谪为涪州别驾，遣黔州（今彭水县）安置。诗中的黔中指现在的重庆彭水县。

黔中桃李可寻芳，摘茶人自忙。
月团犀腌斗圆方，研膏入焙香。
青箬裹，绛纱囊，品高闻外江。
酒阑传碗舞红裳，都濡春味长。

《次韵咎监务早梅》

作者：王十朋

注：王十朋（1112—1171年），字龟龄，号梅溪。生于温州乐清四都左原（今浙江省乐清市）梅溪村。南宋著名政治家、诗人，爱国名臣。两首诗为王十朋在夔州为官时所作。

群芳避路放梅开，奔走游人满砌苔。
半树溪边冲雪破，一枝头上带春回。
月移瘦影供吟兴，风荐幽香袭酒杯。
刚被西湖都道尽，至今诗客句难裁。

《给水》

作者：王十朋

接筒引水下山陬，端为夔民解百忧。
长使义泉名不断，莫教人费一钱求。

《白帝泊舟》

作者：陆游

陆游（1125—1210年），字务观，号放翁，汉族，越州山阴（今绍兴）人，南宋文学家、史学家、爱国诗人。乾道五年（1169年）十二月，朝廷征召已赋闲4年的陆游，任为夔州通判，主管学事兼管内劝农事，因此在夔州留下大量诗词。

客路闲无事，津亭爽有余。
峡江春涨减，瀼岸夜灯疏。
老矣孤舟里，依然十载初。
倦游思税驾，更觉爱吾庐。

《新蔬》

作者：陆游

黄瓜翠苣最相宜，上市登盘四月时。
莫拟将军春荠句，两京名价有谁知？

《夔州竹枝歌九首》（选四）

作者：范成大

注：范成大（1126—1193年），字致能，号石湖居士，平江吴郡（今苏州市）人。南宋诗人、文

学家。淳熙二年（1175 年），受任敷文阁待制、四川制置使（后改管内制置使），知成都府，淳熙四年（1177 年）离任，五月底从成都出发途经三峡十月入吴。《夔州竹枝歌九首》是其于淳熙二年待制敷文阁来成都，兼制置成都、潼川、利、夔四道，赴夔州时所作。

其一：

五月五日岚气开，南门竞船争看来。
云安酒浓麴米贱，家家扶得醉人回。

其二：

赤甲白盐碧丛丛，半山人家草木风。
榴花满山红似火，荔子天凉未肯红。

其三：

新城果园连瀼西，枇杷压枝杏子肥
半青半黄朝出卖，日午买盐沽酒归。

其四：

白头老媪簪红花，黑头女娘三髻丫。
背上儿眠上山去，采桑已闲当采茶。

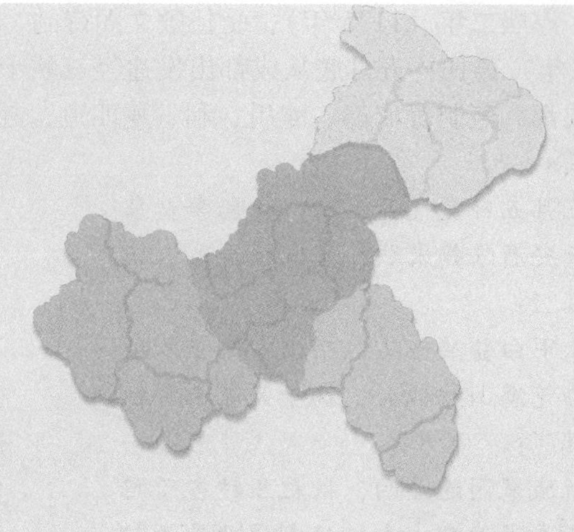

第二章
农谚、歌谣

谚语与歌谣在传统农业时期，作为一种反应农耕文化的口头文学形式而广为流传，经记录整理刊行于世。

本章谚语部分根据1964年4月四川人民出版社编辑出版的《庄稼话》一书摘编；歌谣部分根据20世纪90年代所撰《中国歌谣集成·重庆市卷》一书撷取一二编撰。歌谣后所附地名系指该歌谣所采集地区。

第一节　农　　谚

土能生万物，锄下出黄金。苗从地起，枝由树分。土要经整，田要深耕。边收边耕，野草不生。地不中耕，草比苗深。耕地耕得深，犹如地翻身。头道早，二道深。四道犁耙要认真。耙得烂，犁得深，一亩多收几十斤。

土地是宝，越种越好。种田无他巧，精耕勤锄草。要想庄稼好，四犁四耙不可少。犁好耙好，光长庄稼不长草。

土变田，好万年；田变土，年年苦。田土炕得酥，好比下油枯。土垫一寸，好比上粪。宽一尺不如厚一寸，三挑泥巴当挑粪。

水土不下坡，粮食产得多；水土不出田，粮食吃不完。田泥上山金不换，土泥下田收万石。

［注释］四犁四耙不可少：这句话专指水稻种植，其他农作物的田土犁耙次数，应根据土质等情况来决定。

庄稼一枝花，全靠肥当家。粪草粪草，庄稼之宝。要得庄稼好，须在肥上找。肥是农家宝，积足又沤好。冬天积堆草，春来就是宝。庄稼施肥有技巧，看天看地又看苗。底肥要足，追肥要巧，时间数量还要掌握好。

土是本，水是命，肥是劲。娃娃不离困，庄稼不离粪。庄稼不施粪，等于瞎胡混。三挑青草皮，当挑牛屎粪。五黄六月莫要睏，多积青草多沤粪。多养六畜多积肥，人勤畜旺地有劲。

［注释］粪草粪草：这里的粪草、粪，是指牲畜粪及厩肥，含有丰富的有机质和氮、磷、钾等肥料要素。

水是庄稼命，肥是庄稼粮。积水如积金，保水如保粮。奶足娃娃胖，水足谷满仓。一滴水，一颗粮，水里能把粮食藏。机电提灌力量强，翻过坡坡翻过梁。到处修起抽水站，高产稳收多打粮。与其望老天，不如修口塘。冬修一口塘，来年谷满仓。水满塘，谷满仓，塘内有水仓有粮。

有收无收在于水，收多收少在于肥。有水无肥收一半，有肥无水光眼看。不怕天旱，就怕靠天吃饭。蓄水防旱，该打八斗打一石。机电提灌，不怕天旱，只要勤灌，天干也能吃饱饭。

沟渠纵横水长流，百日无水也丰收。会看水，看一沟，不会看水看一丘。春雨如油夏如金，管好秋水为来春，秋雨季节错过了，春来光是鼓眼睛。春雨贵如油，不让一滴流，及时蓄好水，秋后庆丰收。秋水关满田，来秋是丰年。

［注释］会看水，看一沟，不会看水看一丘。前两句是指有经验的老农民，能根据地形等不同条件管好大面积田水。后一句是指不会看水的人，一小片田的水都不会管好。

母壮儿肥，种好苗壮。一粒好种，千粒好粮。今年选好种，明年多打粮。种大芽子粗，子饱禾苗旺。穗选筛选子粒好，泥水选种苗子壮。

好树结好桃，好种出好苗。什么样子的种子出什么样的苗，什么样的葫芦做什么样的瓢。种子又齐又老，收获又多又好。剩秧如剩草，缺秧如缺宝。种怕水上漂，谷怕折断腰。种子年年选，产量节节高。

选好种子田，连年保丰产。种子换一换，多收一两担，留种要晒干，藏种要常翻。选得好，晒得干，来年种下少黑疸。种子消毒净，庄稼少虫病。药剂拌种盐水浸，来春禾苗无虫病。

［注释］黑疸：指农作物的黑穗病害。

种地无他巧，三年两头掉；三年两头掉，地肥人吃饱。麦子三年一掉，再孬也有七成好。要得土不瘦，年年种季豆。红苕地里带绿豆，包谷地里带黄豆，豆后谷，享现福；谷后豆，吃肥肉。豆麦油，三层楼，上楼不收有下楼；麦稻豆，层层厚，土地越种越不瘦。稻麦苕子轮换作，七成变成十成收。

［注释］三年二头掉：指一种作物，不能年年种在一块田里，应该轮种，才能丰收。豆麦油，三层楼，上楼不收有下楼；麦稻豆，层层厚，土地越种越不瘦：指豆、麦、油的套种和麦、稻、豆的轮作。都是农作物耕作制度的一种。苕子：是一种栽培的绿肥作物，苕尖可作蔬菜；苕叶又可作饲料。

密植是个宝，千万掌握好。过稀长草，过密易倒。一滴露水一苗草，太密露水吃不到。密田多收稻，稀田多生草。草多欺苗，苗多欺草。秧多一把草，秧少谷子好。密密密，一石一；稀稀稀，一撮箕。肥田不宜密，瘦田不宜稀。合理密植吃饱饭，过稀过密够喂鸡。

［注释］密密密，一石一；稀稀稀，一撮箕：农作物要合理密植，过密或过稀都会影响收成。

谷从秧上起，种好谷满仓。片子秧，谷满仓，狗毛秧，病汤汤。黄荆发芽泡保种，桐子开花快栽秧。惊蛰春分泡谷种，立夏小满正栽秧。清水撒谷，浑水栽秧。栽秧要成线，田内要透光。宁种隔夜地，不栽隔夜秧。田平如镜，泥绒如浆。肥田栽糯谷，烂田栽健秧。深栽芋子浅栽秧，红苕栽在皮皮上，荞见阎王麦见天，胡豆只壅大半边。立夏栽秧谷满尖，芒种栽秧像香签。秧子栽得嫩，犹如上道粪；秧子栽得深，半年不转青；秧子栽得困，犹如害场病，秧栽七八寸，干饭不断顿。杏子香，快薅秧。要得包谷浆，快薅三道秧，浅灌巧施肥，杂草都锄光。谷怕干旱，蓄水早防。秋前十天无谷打，秋后十天遍地黄。谷倒一包秧，麦倒一包糠。宁肯打包浆，不肯打包秧。处暑逢霜，割断稻桩。拌桶后面跟犁头，来年丰收不用愁。七月犁田一碗油，八月犁田半碗油，九月犁田光骨头。

寒露霜降，胡豆豌豆把坡上。寒露胡豆霜降麦，过了十月少收获。冬豆黄了叶，正好点小麦。沙土花生黏土麦，阳山荞子阴山麦。苕地种麦，讨口子请客；豆田种麦，庄稼好得了不得。菜子栽得稀，麦子点得密，地要多锄草，草多会欺麦。栽秧天赶天，割麦刻赶刻；立夏小满节，收麦不停歇。

阳雀叫在清明前，高山顶上好种田；阳雀叫在清明后，高山顶上好点豆。清明高粱谷雨豆，惊蛰殡苕正时候。芒种前，好种田，芒种后，快点豆。包谷套黄豆，田肥收成厚。伏里点豆，收成不厚。沟深底肥足，栽苕望天漏。夏至好栽苕，苕地好间豆。立夏栽苕，斤多一条；小满栽苕，半斤一条；芒种栽苕，筋筋吊吊。

［注释］秧子栽得困：指秧子的根没有栽深，影响其生长。稻桩：割了谷子后剩在田里的稻的根

茎。胡豆豌豆把坡上：指胡豆、豌豆已种下地。殡苕：指下种苕。四川各地下种子苕时间在惊蛰前后。天漏：指下雨。筋筋吊吊：形容红苕（甘薯）结的苕块小而少。

清明花，大把抓；立夏花，不归家。小满好种麻，谷雨好种花。牛王刺开花，种棉不定差。过了四月八，种花无疙瘩。生地茄子熟地瓜，生地菜子熟地花。早挖深挖，棉花满丫；迟挖不挖，落桃落花。胡豆地，种棉花，不施肥，也收花。人靠饭养，棉靠磷钾。要想多收花，不离草灰渣。棉花要五打，结桃顶瓜瓜。棉花害怕虫，草多也无花。立秋一十八，遍地都是花。小麦浇芽，油菜浇花。油菜浇花，子粒象瓜。三月种芝麻，七枝八个叉；四月种芝麻，到老一朵花。芝麻开花施道粪，自己不夸别人夸。

春分春分，好种花生。花生生得笨，薅草如上粪。不薅头草不长苗，不薅二草不下针。花生不下针，一年空费心。白露秋分收花生，不收花生要落针。花生落了针，一亩少收几十斤。

立春雨水节，甘蔗正放得。放种半个月，晾行不可缺。苗长“鸦雀口”，补苗是时节。甘蔗不上行，杆小少出糖。甘蔗不壅兜，等于到处丢。油枯粪肥饱，甘蔗长得好。甘蔗受虫厌（指蚜虫危害），糖分失散；药剂治虫，费省效宏。小雪到小寒，挖行炕土不可闲；惊蛰到清明，松兜好长根。

［注释］过了四月八；三月种芝麻；四月种芝麻：这里的时间均指阳历（公历）。五打：即打叶枝、打赘芽、打旁心、打老叶和空枝、打顶心。苗长“鸦雀口”：指刚出土的嫩苗，形似鸦雀的嘴巴。

农家不种菜，白饭莫见怪。不怕年辰坏，就怕不种菜。清明种瓜，车装船拉；清明种菜，有吃有卖。头伏萝卜二伏芥，三伏里头种白菜。路边栽葵花，屋边一溜麻，墙边爬扁豆，檐前好种瓜。惊蛰种瓜，不开空花。种瓜没有巧，边边角角找。白露快把土挖松，点起萝卜嫩冬瓜。七月半，好种蒜，八月中，栽大葱。萝卜白菜葱，要用大粪攻。菜苗个性娇，时常要水浇。要得菜长好，勤捉害虫勤锄草。夏至不挖蒜，蒜在泥里烂；冬至不收菜，一定受霜害。蔬菜三分粮，多种有看场。

［注释］头伏萝卜二伏芥：指萝卜、芥菜的播种期。

庄稼若要好，除去虫病和野草。苗中有棵草，犹如毒蛇咬。除草没巧，动手要早。预测预报，及早知道。种子温汤泡，灭病最见效。夏天少锄一窝草，秋来半天锄不了。冬天铲去草，春来病虫少。挖掉谷桩铲杂草，害虫一定跑不了。捕捉一个蛾，产量增一箩。田头撒农药，螟虫跑不脱。除去害虫如治病，不除庄稼会丢命。不施肥，收一半；不治虫，光眼看。

［注释］预测预报：根据植物病虫发生规律，结合气候情况，预报其发生期、数量、地区、面积和危害程度等，及时报告，以便做好准备，适期防治。

种田如种园，管理似绣花。田间管理如绣花，功夫越细越到家。秧薅草，豆薅花，高粱不薅有个疤。三分收成七分管，十分收成才保险。边种边管，保证增产；只种不管，打破金碗。地要勤薅，人要勤俭。棉花薅瓣，芝麻薅点。麦薅三，稻薅三，棉薅七遍还要管。豆薅三遍，豆角成串。芝麻不论遍，越薅越好看。

一道锄头一道粪，三道锄头土变金。头道锄浅，二道锄深，三道把土壅到根。干锄浅，湿锄深。头草不锄根，过后又发青。甘蔗壅得浅，玉米壅得深。杂草薅得净，产量增几斤。只要功夫深，遍地是黄金。

［注释］棉花薅瓣，芝麻薅点：棉花、芝麻薅草要薅得早，而且要勤薅草，产量才高。

九成黄，十成收，十成黄，九成收。麦交小满谷交秋，寒露快把冬豆收。收获有五忙：割打挑晒藏。大麦上场，小麦发黄。谷雨扯菜子，处暑砍高粱。麦从立夏死，中稻秋后黄。一滴汗，一粒粮；仔细收，仔细藏。一吊撒一颗，一亩撒一簸。一步漏一颗，捡拢煮一锅。立秋前后不收禾，一天就要脱一箩。栽秧要抢先，打谷要抢天。先收低田后高田，收了阳山收阴山。等一颗黄，遭十颗殃。早打谷子一包浆，迟打谷子要生秧。荞子遇霜，粒粒脱光。精收细打，颗粒归仓。

［注释］早打谷子一包浆，迟打谷子要生秧：水稻收割得太早或太迟都会影响产量，应适时收割。

荒山变绿山，不愁吃和穿。树木连成片，不怕天干和水患。雨水清明紧相连，植树季节在眼前。栽树忙一天，利益得百年。栽树时节遇天旱，早晚浇水莫偷闲。枇杷来年就开花，桃三李四柑八年。苹果喜气寒，栽植不宜南。培植一亩园，胜过十亩田。荒山不结果，烂梨不值钱。房前屋后种满竹，三年以后换新屋。

柏树肥，松树凉，黄土坡上栽青杠，背风地点好种槐，桉树易活又肯长，桤木栽在河边上，柳树喜欢湖水旁。山上毁林开荒，地上农田遭殃。山顶戴绿帽，溪水清汪汪。栽桐植桑，办社有方；栽得一亩桑，胜过十亩粮。

山上栽有百棵杨，屋里添个打柴郎。河边插柳，河堤久长。山上栽树，山腰点桐，山足种果，山下务农。千柏万松，吃穿不空，千棕万桐，队里不穷。要想桐子结满树，除草松土勤垦复；一年不垦二年荒，三年不垦见阎王。千桐万柏一片楠，世世代代享不完。

［注释］桃三李四柑八年：指过去桃、李、柑开始结果的年限。现在采用嫁接苗，加强田间管理，是可以使它提早结果的。苹果喜气寒，栽植不宜南：南，这里指气温很高或热带地方。这句话是说苹果宜种植在较寒冷的地方。垦复：将丢荒的土地开垦出来，种上农作物。

猪养田，田养猪。识字要读书，种田要喂猪。种田不喂猪，必定有一输。公好管一坡，母好管一窝。配种要选公，留种要选母。嘴短身长腰杆粗，弯脚黄牛直脚猪。前夹不会吃，后夹不肯长；尾巴高吊起，越喂越欢喜。嘴粗颈长，到老不胖；嘴粗腰圆，当年出圈。养猪养猪，要下功夫。着急吃不到热饭，心焦喂不出肥猪。牛要放，猪要胀。小猪要长胖，须得经常放。小猪要奔，大猪要困。圈头有粪，庄稼有劲。猪吃百样草，看你找不找。养猪要加料，精细配搭好。喂猪没巧，窝干食饱。

炒菜要油，耕田要牛。耕田有了牛，庄稼不发愁。母牛生母牛，三年牛五头。公牛看前头，母牛看后头。前峰高一掌，犁田如水响；腰长肋巴稀，定是懒东西。上选一层皮，下选四肢蹄，前要胸膛宽，后要屁股齐。龙头虎背狮子尾，分腰漩水琵琶腿。嘴形如老虎，牛角如铁锥，寸骨一寸力，犁田快如飞。牛是农家宝，种田少不了；草要喂得匀，圈要勤打扫。猪要喂得饱，牛要吃夜草。牛要喂得好，圈干食饱露水草。同样草，同样料，喂法不对不长膘。在家一把米，不如坡上摆个尾；屋里喂一斗，不如圈外走一走。老牛难过冬，怕受西北风。冬天牛圈要背风，老牛护好过寒冬。来年要耕田，冬天要喂盐。产前四十天，不要急转弯。有劳有逸，不打冷鞭。

鸡鹅鸭兔羊，多喂有看场。农家不喂羊，缺少三月粮。喂兔喂羊，本短利长。三月鸡，叽叽叽；三月鹅，背上驮；三月鸭，动刀杀。养猪要胀，家禽要放。六畜兴旺，人强马壮。

［注释］弯脚黄牛直脚猪：黄牛后脚要弯，因前脚直，后脚弯，才便于行走，推进力大，适于役用；猪后脚直一些，负担体重的力强，可喂成大猪。前夹不会吃，后夹不肯长：前要胸膛宽，后要屁股齐。龙头虎背狮子尾，分腰漩水琵琶腿；嘴形如老虎，牛角如铁锥：这些都是选耕牛、生猪的鉴定标准，耕牛凡体躯前高后洼、腰宽、蹄固的，骨架就比较健全；猪嘴宽的取食能力较强。有这些条件，就可以把它养成大畜，使役力也比较好。

靠山吃山，靠水吃水。栽竹能得千倍利，养鱼得利难估计。树下好遮阴，塘中好养鱼。逆水能行舟，急水好捕鱼。刮风莫放蜂，下雨好捕鱼。勤撒网，多打鱼。鱼过千层网，网网还有鱼。

立春雨水到，早起晚睡觉。季节不等人，一刻值千金。早一日，早一春，早个时辰早定根。春争日，夏争时，百事宜早不宜迟。上季看下季，早看几步棋。

年怕中秋月怕半，庄稼就怕误时间。打蛇要打七寸子，种田要把季节赶。人随节气转，粮多吃饱饭，天变人不变，庄稼不受看。天晴落雨两安排，农业活动要早办。要得庄稼好，一年四季早。

［注释］春争日，夏争时，百事宜早不宜迟：抓住季节，不误农时是保证农业增产的一大关键。这里的“百事宜早”，是说要及早做好春耕工作。

日晕三更雨，月晕午时风。月亮毛东东，不下雨，便起风。一九二九，怀中插手；三九四九，冻死老狗；五九六九，沿河插柳；七九八九，登门访友；九九八十一，庄稼老汉田中立。东风刮的急，准备蓑衣和斗笠。

鱼鳞天，不雨也风颠。猫洗脸，雨不远。蜻蜓飞满天，老农不上山。东虹晴。西虹雨，南虹大风北虹雨。大星高，小星低，不在今天在夜里。霜降起风不下雨，麦子收成了不起。云从西北起，狂风急连雨。春分有雨，坛内有米。

雷打天顶，有雨不狠；雷打天边，大雨连天。春雷东西起，大塘干到底。雷公先唱歌，有雨也不多。东闪太阳红，西闪雨重重，南闪长流水，北闪起狂风。

天上勾勾云，地下雨淋淋。天上起了泡泡云，不过三天雨淋淋。黄瓜云，淋死人；娃娃云，雨淋淋；乱绞云，下满盆；云绞云，水淹门。春寒有雨夏寒晴，秋风一场雨淋淋。远山看不清，还有雨来临。家里烟子不出门，今天总是不得晴。鸡不入笼有雨淋，蜜蜂出窝天放晴。

一个星，保夜晴；满天星，明天晴。天黄雨，地黄晴；山雾雨，河雾晴。不刮东风天不雨，不刮西风天不晴。一日黄沙三日雨，三日黄沙九日晴。鸠唤雨，雀噪晴。

［注释］日晕三更雨，月晕午时风：指日月外围如果绕着一个圈，预示将有风和雨。一九二九……从冬至那天算起，每隔9天，叫做一九，直到九九。这9个时期，可以说明冬至后81天内，天气变化的一般情况。鱼鳞天，不雨也风颠：每当暴风雨将来的时候，天空中出现一种排列成群的云块，表示天气可能很快就要变坏。雷公先唱歌：指下雨前的响雷。

第二节　歌　　谣

这山没得那山高

九龙坡区

这山没得那山高，那山有树好葡萄。
心想摘颗葡萄吃，人又矮来树又高。

这山没得那山高，那山有树好花椒。
心想摘颗花椒吃，麻乎儿麻乎儿嘟开交。

你姓啥

合川县

你姓啥？我姓唐。
什么糖？芝麻糖。
什么芝？桂芝。
什么桂？肉桂。
什么肉？豆腐肉。
什么豆？豌豆。
什么豌？菜豌。
什么菜？青菜。
什么青？水青。
什么水？大河水。
什么大？天大。
什么天？火烧天。
什么火？乌雷火。
什么乌？嘴巴乌。
什么嘴？白鹤嘴。
什么白？问到娃娃不晓得。

侧耳根青又青
铜梁县

侧耳根，青又青，
我是家家亲外孙。
打烂家家红花碗，
家家看见不作声，
舅舅看见咕眼睛。
收拾包包回家转，
永世不上舅爷门。
舅爷问我哪阵来。
石头开花马长角，
牯牛下儿我才来。

月亮走我也走
北碚区

月亮走，我也走，
我给月亮提笆篓。
一提提到后门口，
打开后门摘石榴。
石榴树上滴点油，
大姐二姐来梳头。
大姐梳的盘龙纂，
二姐梳的大花头。
只有三姐不会梳，
丢了梳子绾鬏鬏。

咽咽阳
荣昌县

咽咽阳，
咽咽阳，
担起水来淋高粱，
高粱没结籽，
挖了栽茄子。
茄子没开花，
挖了栽冬瓜。
冬瓜没长毛，
挖了栽红苕。
红苕没牵藤，
饿死一家人。

一下田来稗子多

（高腔）巴县

一下田来稗子多，
扯了一窝又一窝。
又要低头扯稗子，
又要抬头唱山歌。

大田薅秧不唱歌

巴县

大田薅秧不唱歌，
薅起秧来懒拖拖。
少的在把哈欠打，
老的在把烟杆摸。

大田薅秧沟对沟

九龙坡区

大田薅秧沟对沟，
捡个螺蛳坡上丢，
螺蛳晒得大参口，
丘二晒得汗长流。

薅秧要薅五寸深

璧山县

薅秧要薅五寸深，
莫在田里打水浑，
误了老板都得淡，
莫误秧苗一年春。

看你二年在不在

璧山县

水案板，四叶菜，
你在田中好作怪，
喊些丘二来扯你，
看你二年在不在。

秧子转青你翻黄

（花腔禾籁）巴县

稗子王，稗子王，一爪提你田坎上，
你在田中好占强。秧子转青你翻黄。

唱花

（神歌）巴县

鼓眉鼓眼豌豆花，闭眉闭眼葫豆花，
细眉细眼海椒花，扯眉扯眼茄子花，
乱七八糟包谷花，黄脚黄爪菜子花，
筋筋吊吊板栗花，上流下滴桐子花，
白蓬白蓬李子花，粉红粉红桃子花，
一大一小岩畔花，又白又香柑橘花，

天上青云又起斑

西阳

天上青云又起斑，
金竹林内砍钓竿；
砍起钓竿无钓线，
一对鲤鱼飘下滩。

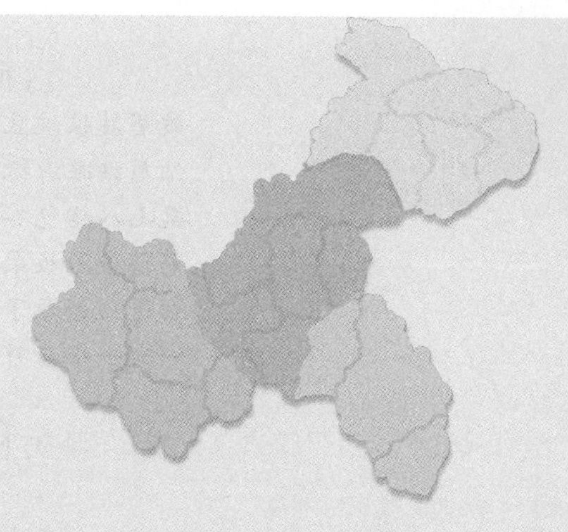

第三章
涉农神话传说

第一节　蓝采和圆觉洞成仙

蓝采和是汉族民间及道教传说中的八仙之一。重庆地方民间传说蓝采和是唐朝人，在重庆江津白沙镇永兴大圆洞得道成仙。陆游在《南唐书》中说他是唐末逸士。有史料说，蓝采和出生在四川省大英县卓筒井镇石马村，据说是蓝氏家族的祖先。《蓝氏族谱》记载了神话传说中的蓝采和。据后世碑刻记载及乡里传闻，蓝采和在唐高宗年间中过进士，入朝为官，因为忤逆权臣，随后解印归田，回到家乡，隐居园林，常踏歌而行。后被汉钟离点化，羽化成仙，人称“大罗仙”。元代杂剧《蓝采和》说他姓许名坚，蓝采和是他的乐名。他常穿破蓝衫，一脚穿靴，一脚跣露，手持大拍板，行乞闹市，乘醉而歌，周游天下。后在酒楼，闻空中有笙箫之音，忽然升空而去，相传于北宋时期聚仙会时应铁拐李之邀在石笋山列入八仙。

第二节　巴人伐木

很久以前，巴人有个习惯，喜欢伐木做板材。唐朝开元年间，有100多个巴人从褒中到太白庙一带随山砍伐。太白庙前百余棵松树，各自有数十围之大。巴人惊喜道：“这是老天在赏赐我们!”于是准备停当，大砍大伐。在砍倒了20多棵松树之后，有个戴帽子、拄着大拐杖的老人对他们说：“这些是神仙，为何要砍伐?”开始巴人都不理他，仍砍树不停。于是老人又说：“我是太白神。已砍倒的就算了，还没砍的就不要再砍了。”巴人还是不听。老人说：“如果你们再不停止砍伐，就会没命，这对你们没有好处。”巴人还是不理他。老人便登山呼喊：“斑子!”不多时，先后来了几只老虎，老虎一下子便把砍树的人撕碎了，仅剩下几个人。神仙对他们说：“你们几个表现稍好点就不杀了，赶快走吧。”后来，那些被砍倒的树到了天宝末年还尚存在。

第三节　邱正富与涪陵榨菜

清朝道光年间，忠州（今重庆忠县）人邱正富因为天天吃鸡鸭鱼肉，致使食欲减退，身体渐渐消瘦。一天晚上，他在梦中一位老道告诉他，涪州（今重庆涪陵）天子殿用包包菜（茎瘤芥）做的泡菜最下饭。醒来后，他立即前往天子殿察看。他看到天子殿里的老和尚都是用自制的菜招待香客，其中有一道菜，颜色青绿，入口爽脆，味道鲜嫩，邱正富特别喜欢吃，就问老和尚这菜的做法，老和尚如实相告，邱正富学会后，便高兴地回家了。从此以后，邱正富就在家乡按照老和尚传授的法子制作，然后又把法子传给附近的村民，渐渐的，涪陵榨菜就闻名于世了。

第四节　崔女与永川豆豉

相传明朝年间，永川有一姓崔的富家小姐，容貌俏丽，聪明能干，温柔贤良，在当地小有名气。然而天有不测风云，刚到谈婚论嫁的年龄，父亲却一病不起，崔家从此开始破落。守孝 3 年之后，崔女嫁给了城东一个开小饭馆的男人，过上了起早摸黑的清苦日子。一天，崔女带着孩子在蒸黄豆，刚起锅，就有一群官兵从她家店门经过，崔女怕官兵抢吃黄豆，就把黄豆倒在后院的柴草上，然后带着孩子逃出村外。半个月后，崔女回到小饭馆，便闻到异香，顺着香味她找到了半月前倒下去的黄豆，一看，黄豆全都长毛了，崔女觉得倒掉太可惜，便将发霉的黄豆收集起来，放点盐装在了坛子里。次年开春，崔女想起去年那坛烂黄豆，倒出来一看，豆子粒粒清香散粒，色泽晶莹，光滑油黑，放进嘴里一尝，入口化渣回味无穷。从此以后，崔女靠做永川豆豉发了家。

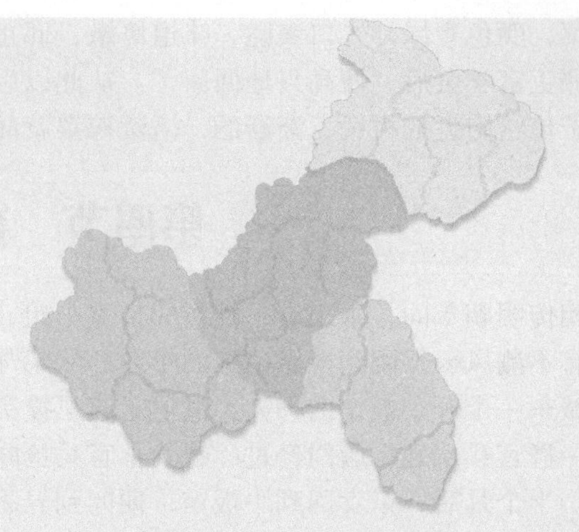

第四章 “三农”人物成名作品

第一节 文学作品

一、陈昆作品

陈昆（1809—1873 年），名枝竹，号友松，开县九龙山双柏堂（现双柏乡）人。于生清嘉庆十四年（1809 年）。系翰林陈之胞弟。16 岁考入县书院，享受公费供给。7 次参加省考均未中。道光二十年（1840 年），32 岁时中举人，37 岁中进士，留北京农部任职。纂修成《开县志》《云阳县志》。53 岁时称病辞职返乡，专志著述和教学。著有《小桃溪馆诗抄》9 卷 860 首，《小桃溪馆文钞》4 册 109 篇，刊行传世。另著有《西夏事略》《廿二史年表》《畸园诗文话》《古诗文钞续集》等多卷，惜未刊行，均已散佚。

二、陈景星作品

陈景星（1841—1916 年），又名陈其楠，号笑山，字云五。黔江县石钟乡朱家岩人。自幼随父在酉阳直隶州就读，是著名经学家冯世嬴（壶川先生）的得意门生。诗人一生命运多舛，伴随他的足迹而产生的诗作，感人肺腑。他的诗题材广泛，内容深刻，风格清清隽永，语言明白晓畅。陈景星的诗作颇丰，是土家族文学宝库中的瑰宝。其诗收入《叠岫楼诗草》一书，主要有《壮游集》《磨铁集》《田居集》《尘劳集》《耄游集》《宾沪集》《山房诗草》《悬崖积卷》等。光绪二年（1876 年），其师冯壶川先生将他的《壮游集》《悬崖积卷》《山房诗草》等收入《二酉英华集》。后经增删，又载入《蜀诗所见集》。宣统二年（1910 年），此书在天津重刊印出。可见，陈诗不仅名扬川黔，且在国内广为传播，难怪冯壶川先生称其诗“盈篇皆珠玉”。

三、《涂山禹碑记》

贾元（生卒不详），字长卿，号易岩，元代长寿人，有文才，清贫高雅，终生贫民，流传作品有《涂山禹碑记》。该记写于元顺帝至正十二年（1352 年），是当年重修涂山禹庙时，贾元为之做的碑记。他在文中引经据典，逐层批驳禹后神祠在九江当涂之说，以确凿的证据和严密的推现证明，大禹祠当在江州（重庆）涂山。

四、《起义军檄文》和《起义军告示》

余栋臣（1851—1912 年），今重庆双桥区通桥镇农民。幼时家贫失学，以挑煤为生。余栋臣生活的时代，正是鸦片战争后清王朝腐朽没落之时，帝国主义以传教为名深入中国内地进行文化侵略。仅四川而言，到 1892 年就建教堂 161 座，修传教据点 1 239 处。大足县龙水区龙西和石马两处，法国传教士霸占良田 2 700 多亩。光绪十六年（1890 年），法国传教士勾结官府禁止龙水镇百姓举行一年一度的迎神赛会——灵官会，教民将平民蒋兴顺杀死，便激发了平民与教民械斗。8 月 8 日，余栋臣率煤窑、纸厂工人和各乡民众武装起义，攻入龙水镇，杀死不法教民 12 人。光绪二十四年（1898 年），余栋臣被官军诱捕，并关押在荣昌县监狱，后被乡申和义军解救。回到大足后，他继续组织反洋教活动，后被官府所捕，关押成都，1912 年辛亥革命后，获释回大足，后被川军第一师师长周骏捕杀于永川南门。留世作品《起义军檄文》和《起义军告示》，写于光绪十六年六月。

第二节　艺术作品

一、瓷器

胡道中（1880—1969 年），字贯之，昌元镇人。生于清光绪六年（1880 年）十月。民国九年（1920 年），受聘到华蜀瓷厂制作“乳子美人”、牛、马、狗、虫等瓷塑，成批生产。民国十六年（1927 年）受聘到彭县瓷器公司担任塑形指导。次年，受聘到荣昌瓷器社负责塑型工作。民国三十二年（1943 年），胡道中仍潜心钻研人物肖像塑制艺术。所塑人物肖像，仪容肃穆，姿态生动。尤其是对人物肖像的双目制作，采用银匠特技，用玻璃吹炼成人眼晶体，根据人物黑白眼球构成的不同特点进行装饰，像真眼一般，使人物活灵活现。1956 年 10 月，在四川省工艺美术品展会上，他创作展出的川剧面谱、人像及陶塑蟹、狗等作品，得到了“神形具备，艺术价值很高”的评价。1959 年，国庆 10 周年向党献礼，他创作的“老旦”“红面”“武生”川剧面谱、青老年农民泥塑像、陶制螃蟹水盂、银丝嵌花扇等在四川省内展出，均获一等奖。

二、石雕

刘能风，重庆大足龙岗镇龙岗村 5 组人。1980 年开始从事石雕创作，在 2000 年首届重庆市旅游商品新产品设计开发大赛上荣获一等奖；在 2002 年首届中国旅游纪念品设计大赛上荣获金奖；在 2006 年第三届中华民间艺术精品博览会上荣获金奖。先后被评为重庆市民间艺术家、重庆市工艺美术大师、重庆市十大杰出技术能手，并被联合国教科文国际民间艺术组织授予“民间工艺美术家”称号。2004 年，刘能风获得了农业部授予的“农民高级技师”职称。

三、根雕

彭勇，1963 年生于重庆市合川区土场镇中弯村。于 1974 年开始跟家舅学漆画、根雕，1981 年开始从事专业根雕。1993 年 6 月，首次到深圳举办个人根艺作品展。1994 年 2 月在杜甫草堂举办大型个人展。1994 年 6 月，参加成都首届旅游商品博览会，作品“荷花”被评为二等奖。1998 年，在重庆市首届盆景艺术展览中，作品“欲与天公试比高”获一等奖。2004 年，参加中国第九届根石艺术博览会获金奖。作品以其生动、传神、粗犷、奔放、大气、寓意深远而著称。

四、农民板画

李成芝，1965 年生于重庆綦江，现为重庆市美术家协会会员、二级美术师。1984 年至今创作版画

100多幅，其中80多幅作品先后参加省（市）、全国展览，荣获一、二、三等奖30多次，其中《苗乐图》《乘凉》等60多幅作品先后在中国香港和日本、美国、法国、加拿大、德国等30多个国家和地区展出。2004年，李成芝被共青团中央办公厅、中国民间文艺家协会授予“全国青年民间工艺能手”称号。2011年，荣获“重庆市工艺美术大师”的美誉。2012年被重庆市文化广播电视局评为市级非物质文化项目綦江农民版画代表性传承人。

五、微刻艺术

刘声道（1922—2009年）重庆永川人。号大愚，别号何苦老人，中国书画家协会终身名誉主席，著名金石家、书画家、微刻家。4岁丧父，因家境贫寒，少时只上过一年半学，便辍学与母同操持家之担。20岁时刘声道就将孙中山先生100多字的遗嘱刻在一粒米大的象牙上，轰动了当时的陪都重庆。他还曾在头发丝上刻过“毛主席万岁”。1956年，苏联部长会议主席伏洛希罗夫访华，他将其4 000余字的演说辞组刻成肖像微雕，周恩来总理将其作为国家礼品赠送给了苏联。其事迹从1944年以来被《华声报》《大公报》《中国日报》《人民日报》《人民画报》《中国西南》，中央电视台等报纸、杂志、电视台专访并报道。书画作品被收入《东方之子世界书画名家辞海》《世界名人录》《中国专家大辞典》《世界当代著名画家》等多种大型辞书。被世人誉为全才、怪才、奇才。出版有《巴蜀将帅印谱》《刘声道金石书画集》、著有《刘声道诗词楹联》《中国书画速成》等。

六、小提琴制作

何夕瑞，1945年生于四川荣昌。初中未毕业即跟一乡下木匠学木工。因在小提琴制作技术上有独特的工艺和水平，被四川音乐学院聘为管弦系提琴制造专业特聘教授，受聘西南交通大学兼职教授，成为美国环球弦乐协会贵宾会员、重庆首届艺术大师，荣获“巴渝民间艺术大师”称号。发明并制作了“何氏三圆琴”，填补了中国民族乐器无低音的空白，被人称为“从木匠到教授”的民间奇人。

第二十二篇

“三农”人物

CHONGQINGSHI ZHI·NONGYE NONGCUN GONGZUO ZHI

第一章 人物传

第一节 晏阳初

晏阳初（1890—1990年），派名兴复，四川巴中人。世界著名平民教育家和乡村建设家，20世纪20年代开始致力于平民教育，被誉为“世界平民教育运动之父”，与陶行知先生并称“南陶北晏”，1943年与爱因斯坦等荣获“现代世界具有革命性贡献十大伟人”殊荣。著有《平民教育的真义》《农村运动的使命》等著作。20世纪20—30年代，他在河北定县（今定州）的平民教育实践为定县乃至河北留下了大量有形和无形财产，据80年代统计，定州是河北省内唯一一个无文盲县；20年代，晏阳初引入的良种棉花、苹果、白杨等作物和引入培育的良种鸡等仍然广受当地农民的欢迎；70年代，遍及中华农村的“赤脚医生”以及相关培养计划，皆承袭自晏阳初在定县的实验内容，90年代后期，在中国大陆部分农村推行的村干部直选等政治体制改革的试点，也无不是当年的定县经验。

晏阳初

1985年，晏阳初受到万里、邓颖超、周谷城等党和国家领导人的亲切接见。他表示要把中国的经验介绍到第三世界国家去，并于1987年98岁高龄时再次回国访问。1990年，晏阳初病逝于纽约。

为纪念晏阳初先生，四川省巴中市人民政府1997年为其修建陵墓。2003年，建成晏阳初博物馆。河北省定州市还建有晏阳初中学，北京市建有晏阳初农村教育科技发展中心等。

一、人物生平

1890年10月26日，晏阳初出生于四川省巴中县城内一个书香之家。其父美堂先生秉承祖业，设馆教书，兼行岐黄之术以济乡邻。晏阳初有二兄一姊，他是家中最小的儿子。自幼随父习诵四书五经，13岁由长兄护送到保宁（今四川省阆中市），进入基督教内地会办的天道学堂读西学。1907年去成都华美高等学校学习。1913年，晏阳初以第一名的成绩考入香港圣保罗书院（香港大学前身）。1916年赴美国耶鲁大学留学。27年后，这位从巴山蜀水走

晏阳初（右一）与爱因斯坦（左一）一同受奖

出来的平民子弟，闻名于世界。

1918 年，时逢第一次世界大战，英、法两国在中国招募了近 14 万华工到法国战场做战勤工作。他们被歧视地称作“苦力”。晏阳初在耶鲁大学毕业后的第二天，便奔赴法国，为华工服务。在给华工代写家信的过程中，他产生了办华工识字班的想法。4 个月后，第一批参加识字班的 40 名华工便有 35 名可以自己写信了。于是，识字班如雨后春笋般在各地华工营纷纷建立起来。识字的华工越来越多，为了进一步提高对华工的教育，晏阳初又办了一份《华工周报》，华工们通过读报和投稿，不但使已学到的文化知识得以巩固和提高，他们的社会意识、民族觉悟、都得到启发和提高。

在与华工们相处的日子里，晏阳初不但认识到了“苦力”的苦，也看到了“苦力”的力，他说：“表面上是我在教育他们，实际上是他们教育了我。中国的劳动人民有智慧，有能力，只是因为没有读书的机会，使他们的才智不得发挥”。因此他立下了“不当官，不发财，一辈子为劳苦大众服务”的誓言，从此走上了平民教育这条崎岖漫长的道路。

1985 年，中共第十二届中央政治局委员、中央书记处书记万里（右）接见晏阳初（左）

1920 年，晏阳初在完成普林斯顿大学硕士学位后，怀着报效祖国的满腔热情和推行平民教育的决心回到祖国。先后在长沙、烟台、嘉兴开展平民教育实验，效果显著。1923 年，晏阳初与朱其慧、陶行知等人在北平成立了中华平民教育促进总会（以下简称平教会），晏阳初任总干事长。平民教育运动随之在全国蓬勃开展起来。

1926 年，晏阳初将平民教育的重点转到农村。他带领着平教会的同仁深入到河北省定县（今定州）农村，开展后来闻名世界的定县实验。因为平教会的主要人员大都是留学归来的硕士、博士，故被农民称作“博士下乡”。他们经过 10 年的艰辛，创造了一整套乡村建设的理论与经验——定县经验。其主要内容是：根据中国农村普遍存在的“愚、贫、弱、私”现象，以学校教育、社会教育、家庭教育三大方式，对农民施以“文艺、生计、卫生、公民”四大教育。定县经验不但在当时推动了中国的乡村建设，而且至今仍是广大第三世界乡村改造运动的蓝本。抗日战争的爆发，使定县实验中断，后来晏阳初又在湖南的衡山，四川的新都、重庆等地继续开展乡村建设实验。

1936 年，为配合衡山试验工作，平教会协助湖南省政府创办了衡山乡村师范学校。该校的教育宗旨要求学生毕业后不但能胜任乡村小学教师的工作，而且还必须成为学校所在地乡村建设的领导人。

1940 年，虽然当时抗日战争正艰苦地进行，但晏阳初预见到中国人民必将取得最后胜利，战后农村的重建定会需要大量人才，于是在重庆北碚创办了中国乡村建设学院。开设了乡村教育、农学、水利、社会 4 个系。

1943 年，由美国、加拿大、墨西哥及南美洲各国的几百所大学和高等学术机构发起的“全美纪念哥白尼逝世 400 周年大会”上，晏阳初与爱因斯坦等人一起荣获“现代世界具有革命性贡献十大伟人”殊荣。

20 世纪 50 年代起，晏阳初将平民教育运动推向世界。他在考察了东南亚和中东的一些国家后，开始以菲律宾为中心推广平民教育和乡村改造运动。在菲律宾，他取得了显著成效，引起许多国家关注，纷纷要求晏阳初去指导乡村改造工作。为满足这些国家需要，他于 1960 年在马尼拉附近创办了国际乡村改造学院，40 多年来，该院已为 50 多个国家培训了近 4 000 名乡村工作的领袖人才。

1985 年，晏阳初应时任全国人民代表大会常务委员会副委员长周谷城的邀请，回国访问。受到万里、邓颖超、周谷城等党和国家领导人的亲切接见。晏阳初对祖国建设取得的成就，特别是农村发生的巨大变化表示感动，深受鼓舞，表示要把中国的经验介绍到广大第三世界国家去。1987 年，已近 98 岁高龄的晏阳初再次回国访问。

1990 年 1 月 17 日，晏阳初病逝于纽约，享年 100 岁。他的长女 1993 年将他的部分骨灰送回故乡。1997 年，巴中市政府为晏阳初修建陵墓。

二、教育思想

在晏阳初看来，“民为邦本，本固邦宁”，这话虽旧，实有至理，人民是国家的根本。然而，当时中国虽号称有四万万人民，但其中 80% 以上是文盲。而且中国以农立国，这些“有眼不会识字的瞎民”的绝大多数是在农村。因此，为平民办教育，尤其是到乡村中去为农民办教育，“开发世界最大最富的‘脑矿’”，这是关系到“本固邦宁”的根本问题。从 1926 年以后，晏阳初把平民教育的重点从城市转到农村，教育的对象也由城市平民变为乡村农民，心甘情愿“给乡下佬办教育”。晏阳初从事乡村教育的一个显著特点是进行实验研究。他根据中国农村社会的实际状况，主张以一个县为实验研究的基本单位。在进行广泛、深入、科学调查研究的基础上，最终选择河北省定县作为实验区。在中国乡村教育运动中，首创以一个县为基本单位从事乡村教育实验研究。在乡村教育实践中，提出“四大教育”“三大方式”。所谓“四大教育”，即是文艺教育、生计教育、卫生教育和公民教育。“四大教育”的目的是为了克服当时社会存在的四大问题。其中文艺教育的目的在于培养知识力，解决“愚”的问题；生计教育的目的在于培养生产力，解决“穷”的问题；卫生教育的目的在于培养健康力，解决“弱”的问题；公民教育的目的在于培养团结力，解决“私”的问题。推行“四大教育”，必须采用“三大方式”，即学校式、家庭式和社会式。晏阳初还主张要“化农民”，必先“农民化”。晏阳初认为，知识分子到乡村去，为农民办教育，要“化农民”，自己首先必须“农民化”。要虚心向农民学习，“给农民当学徒”；要与农民共同生活和劳动，只有在同他们广泛深入的接触中，才能真正了解他们的需要，更好地为他们服务。晏阳初的教育思想，反映了他的拳拳爱国之心，不仅在当时产生了很大社会影响，而且在当下也仍有现实意义。

三、两大发明：平民教育和乡村建设理论

（一）平民教育

1920 年，晏阳初从法国战场上回到祖国，看到各方面仍很落后，非常难受。他原在美国是学政治经济学的，对这些问题特别关注。过去一般留学欧美和日本的青年回国后不根据中国的情况，只知道照搬照抄别人那一套，结果“救国”无门。晏阳初认为，中国有句古训，叫作“民为邦本，本固邦宁”，本不固，则邦不宁。他认为，中国人必知中国，然后才能救中国。因此，他回国后就积极进行社会调查，游历 19 个省，调查中国平民教育现状。1926 年 4 月，他在《“平民”的公民教育之我见》一文中指出，对于教育，要适合各自国家的情况，要有中国的特色，我们“有我国的历史文化和环境，亦当有我国所特有的公民教育，方能适应我国的需要。要知道什么是中国的公民教育，非有实地的、彻底的研究不可”。

中国的教育必须结合中国的实际。中国的国情就是经济落后，人口众多，80% 以上住在农村，他们差不多都是文盲。晏阳初指出，我国过去办教育，成效甚小，一个大的原因就是从事教育的人奴隶式地抄袭外人，漠视国情。他并不反对外国好的东西。他认为，对于本国的历史文化环境务必彻底研究，求得公民教育的根据；对于外国的东西，亦可引为参考，适应世界的潮流。

经过一年多的调查研究和探索，晏阳初研究出一套适合中国国情的“平民教育”计划和方案，并说服各省有关当局重视平民教育，特别是农村青少年教育。根据当时中华教育改进社的统计资料，全国

有8 000万名学龄儿童，只有700万人就学，且大多是富家子弟。此外还有1亿多青壮年，他们都已超过入学年龄，都不识学或识字不多。平民教育就是对12岁以上不识字及识字而缺乏常识的全国男女开设的教育。这些儿童和青壮年是平民教育的重点。据此，晏阳初动员了一大批教育家、社会活动家、归国留学生与晏阳初一道，1923年8月23日在北京成立了平教会，由朱其惠任董事长，晏阳初任干事长，陶行知等任干事，负责具体部门工作。从此，中国平民教育终于有了统一的领导机构。

平教会成立后，立即根据中国平民的实际情况和中国的历史文化特点编写教材。晏阳初、陶行知与陈鹤琴等人从中国常用汉字中选择最常用的1 300个，编成4册《平民千字课》，每册24课，每晚学习1课，为1小时，共96小时学完4册，就能看书读报了。他们在编写教材时，注意到农民为生活而奔波，没有多少时间学习，经济情况低下，没有钱买更多的书，他们就以白话文形式编写这套《平民千字课》，注意以“最短的时间、最小代价、获最大限量词汇”，将4册《平民千字课》在4个月内学完。普通未上过学校的平民学习了这套教材后，就基本掌握了识字的工具。它的目的是：一是认识千余个基本汉字；二是输入这千余汉字所能代表的基本的知识；三是引起平民的读书兴趣。这3点中又以引起读书兴趣更为重要，目的是使他们能够接受平民的“继续教育”。后来，晏阳初又根据实际情况编成《市民千字课》《士兵千字课》在城市和部队中推行，并收到了良好的效果。

（二）乡村建设理论

1923年平教会成立后，晏阳初等人选定河北定县为平民教育整体推进计划的实验县。他们把40万名定县农民分成若干档次进行识字教育。平教会当时的口号是“除文盲，作新民”。他们在扫除文盲的基础上进行平民的继续教育。晏阳初根据他所总结出的中国普通老百姓存在的“愚、贫、弱、私”四大病症，计划施以“文艺、生计、卫生、公民四大教育”。它的目标：其一是养成自读、自习、自教的能力；其二是灌输公民常识，培养国民应有的精神和态度；其三是实施生计教育，补助、指导、改善平民的生活。1926年，平教会从北京迁到定县，1929年晏阳初及其同仁又举家离开大城市，迁到定县，调查和实施平教会的平民教育计划。晏阳初认为，“要想普及中国平民教育，应当到农村去”，对农民进行以扫盲为目的的识字教育。但识字教育只是给了平民以识字的工具，有了工具不会应用也等于零，必须和乡村改造与建设结合起来。1933年7月，晏阳初在山东邹平县召开的第一次全国乡村工作讨论会的报告中指出：“在定县乡村办平民教育，我们觉得仅教育农民认识文字取得求知识工具，而不能使他们有用这套工具的机会，对于农民是没有直接效用的。所以从那时候起，我们更进一步觉悟，在乡村办教育若不去干建设工作，是没有用的。……不谋建设的教育，是会落空的，是无助于中国农村社会的。”晏阳初及其同仁从1926年冬开始在定县进行大规模的平民教育和乡村建设工作。他们进行了3项重要的工作，分别是：农村教育，送知识下乡，传播农业基础知识，改良品种、防治病虫害；进行农民教育的研究与调查，离开大城市知识分子的象牙塔，钻进“平民”的泥巴墙，与他们生活、劳动在一起，研究他们受教育的状况和他们对知识渴望的心理；搞农村普查工作，进行农村的社会调查、工业调查、农村人口调查，农村概况调查等。这些调查结合农民生活实际，材料可信。正如张世文《定县农村工业调查》附录三指出的那样：“定县的调查工作由于结合改善生活、办学治病、推广农技来进行，所以取得农民信任，调查对象愿意告诉真实情况，资料可靠。”晏阳初等人经过调查研究和定县实验，找到了适合中国农村特色的治国方略，认为：“人民是国家的根本，要建国，先要建民；要强国，先要强民；要富国，先要富民。”这就是以教育为工具，推动经济、政治、卫生、文化全面发展的乡村建设理论。

建设离不开教育。通过教育，从整体上认识和把握教育与社会、教育与人生、教育与文化发展、教育与政治经济的关系，开拓了农村教育改革的新路子。平民教育思想和乡村建设理论是一种新的思路，后来在第三世界国家和地区得到了广泛的应用和推广，取得了很大的成果，成为世界范围内的乡村改造和建设运动。1988年，晏阳初在谈到乡村改造十大信条时指出：“国际乡村改造运动，沂其历史，源于第一次世界大战时期法国战区的华工教育，后来演变为中国的平民教育运动，成熟于定县实验时期。从50年代起，以中国定县实验的基本理论为基础的乡村改造运动，在第三世界发展中国家推广开来。经过40多年的努力，我们的平民教育和乡村改造实践与理论又有了很大的发展。”而乡村改造的目的，不只是使人们摆脱困境，提高生产能力。如果只是为生产而单纯地抓生产，不同时策划乡村的平民教育，不努力提高人们的科学文化水平与生产技能，不加强人们道德观念和社会认识方面的工作，不提高人们的民主意识与自治能力，不注意提高人们的健康素质，不注意巩固和提高的措施，即使生产一时上去了，也是不能巩固和持久的。因为“人的发展需要和社会发展需要都是多方面的，并且彼此之间互相联系，满足了一个方面的需要，只是解决问题的某一方面，只是使各方面的发展需要都得满足时才能得到均衡的发展”。

晏阳初的平民教育和乡村建设理论，是具有中国特色的国民教育思想，其根在中国。他在1985年和1987年以90多岁的高龄远涉重洋回祖国参观访问，他“五体投地”地称赞今天的中国在邓小平建设有中国特色社会主义理论指导下所取得的巨大成就。访问期间，他受到党和国家领导人邓颖超、万里、周谷城的亲切接见。他仍然关心农村的建设，他说：“科学不应是少数人享受的，而应是全世界劳苦大众都享受的，应该成为他们的知识，成为他们的技能，使专家的所有科学知识能够打入到民间去。”他表示：“我们愿意把我们70多年在乡村深入民间认识问题、研究问题、协助人民解决问题所取得的一点知识奉献给祖国。”

晏阳初的平民教育和乡村建设理论，在我国普及九年制义务教育，提高劳动者的素质和农、科、教结合建设新农村的实践中仍有借鉴意义。

第二节 卢作孚

卢作孚（1893—1952年），原名卢魁先，别名卢思，重庆市合川人，近代著名爱国实业家、教育家、社会活动家；民生公司创始人、中国航运业先驱，被誉为“中国船王”“北碚之父”。

卢作孚跨越了“革命救国”“教育救国”“实业救国”三大领域，并在各方面都有成就。他青年时提出教育救国并为之奋斗；自学成才后创建学校、图书馆、博物馆，普及文化和教育，并以北碚为基地，从事乡村建设的理论探索和社会实践；抗日战争期间坐镇宜昌，组织、领导宜昌大撤退，保存了中国民族工业的命脉，被历史学家评为“中国的敦刻尔克大撤退”。毛泽东评价他是“中国近代史上万万不可忘记的人”；蒋介石称他“作孚兄”“民族英雄”；冯玉祥夸他是“最爱国的，也是最有作为的人”。

作为近代中国“乡村教育运动三杰”之一，卢作孚自1927年担任北碚峡防局局长后，对重庆北碚实施的一系列改革及其取得的成就，对当前我国实施乡村振兴战略具有重要的借鉴意义。

卢作孚

一、人物生平

1893年4月14日出生于四川省合川县，年幼家境贫寒，辍学后自学成才，自己编著多本教材。1910年，加入同盟会，从事保路运动，投身辛亥革命。1914年，担任合川中学教师，先后任报纸编辑、主编、记者。1925年，创办民生公司，陆续统一川江航运，迫使外国航运势力退出长江上游。1938年秋，卢作孚领导民生公司组织指挥宜昌大撤退，用40天时间抢运150万余人、物资100万余吨，挽救了抗战时期整个中国的民族工业，受到国民政府嘉奖。1952年2月，卢作孚在“五反”运动中受诬陷，在重庆服安眠药自尽。

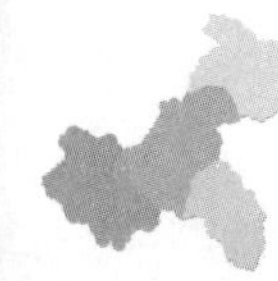

二、卢作孚乡村建设背景

乡村教育运动，它的兴起可以追溯到20世纪20年代中后期，是我国近现代教育史上浓墨重彩的一笔。据统计，当时全国从事乡村教育运动的大大小小的团体和机构有600多个，在各地先后涌现出的实验区有1 000余处。当时有不少有识之士认识到乡村建设的重要性，将乡村教育作为民族复兴和民族再造的重要途径，纷纷提出各自的乡村建设方案，走出繁华的城市，走进落后的农村，实践他们的理想。卢作孚曾被毛泽东称赞为发展近代民族工业不能忘记的4位实业界人士之一，是其中杰出的一位。卢作孚领导的嘉陵江三峡乡村建设实验与全国其他地区的乡村建设实验相比，成就特别卓著。

一直以来，卢作孚都是以一代“船王”、现代实业家的形象被世人广为传颂，而他本人所言：“自己现在是办实业的，但实际上是一个办教育的，几乎前半生的时间都花在教育上，而现在所办的实业也等于是在办教育……”（卢作孚，《如何改革小学教育》）

早年卢作孚是“教育救国论”者，竭力宣传教育的作用，并积极投身于各种教育实践活动：1921年赴泸州出任四川永宁道尹公署教育科长，在当地开展了教育改革和通俗教育运动；1924年又到成都创办通俗教育馆，出任馆长，开展了轰轰烈烈的民众教育运动。他希望通过教育来提高国民素质，挽救国家危亡。但在战乱年代，即使是深处于中国腹地的西南地区亦不能幸免，受军阀混战的影响，卢作孚主持的教育活动总是刚刚取得成果，就被战火打断。几次重大挫折后，卢作孚幡然省悟，认识到仅靠教育不能“救国”，他转而投身实业。1925年下半年是卢作孚的思想和实践的重大转折时期——由“教育救国”转向实业与教育并举。1926年他集资创办了民生实业股份有限公司，出任公司总经理，开创了从嘉陵江到长江的民族航运事业。从此开始了他以实业为依据、教育为利器，推动国家实现现代化的探索。

1927年春，卢作孚到重庆北碚出任江（北）、巴（县）、璧（山）、合（川）嘉陵江三峡峡防团务局局长。这本来只是一个清理匪患、维护治安的职位，但是，却为卢作孚提供了又一个进行社会改革，实现“理想社会”的实验场所。他借此机会，在清剿匪患的基础上，在峡区开展以经济建设为中心，综合发展文化教育事业和社会公益事业为特点的乡村建设实验。目的是“要赶快将这一个乡村现代化起来”，以供“小至于乡村，大至于国家的经验参考”。

三、卢作孚乡村建设理念

卢作孚在嘉陵江三峡地区推行的乡村建设运动，经历了北碚峡防团务局时期（1927—1936年）、嘉陵江三峡乡村建设实验区时期（1936—1942年）、北碚管理局时期（1942—1949年），其乡村建设实验一直并未中断，从1927年到1949年前后经历了23年。把北碚这个原本荒僻的小乡场建设成了一座充满生气和现代气息的美丽城镇。

（一）在教育方面

卢作孚吸取前两次教育实验意外终止的教训，关于乡村教育的理念逐步完善，完成了从纯粹的“教育救国”向实业与教育并举的转变，以民生公司为依托，持续不断地为北碚乡村教育建设提供稳定的经费支持；以教育现代化为手段去推进北碚乡村现代化建设——“产教结合”的乡村建设模式。其内容主要包括学校教育和民众教育两方面。教育为立国之本。

卢作孚反复强调的“教育为救国不二之法门”“将教育独立于政治之外”“第一重要的建设事业是教育”“中国的根本问题是人的训练”“人人皆有天赋之本能，即人人皆应有受教育之机会”“教育的普及是要科学和艺术的教育普及，是要运用科学方法的技术和管理的教育普及，是要了解现代和了解国家整个建设办法的教育普及”“学校之培育人才，不是培养他个人成功，而是培养他做社会运动，使社会成功”，教师应该是“须知教育精义，而有其志趣者”等振聋发聩的观点和他关于大力普及小学教育，根据社会对毕业生的需求规范中学数量，停止低水平的初级师范，以提高程度为前提合并高素质大学、关闭不合格大学等具有前瞻性的构想，就其性质而言，民国乡村建设运动是在维护现存社会制度和秩序的前提下，采用和平的方法，通过兴办教育、改良农业、流通金融、提倡合作、办理地方自治与自卫、建立公共卫生保健制度以及移风易俗等措施，复兴日益衰落的农村经济，实现所谓的“民族再造”（晏阳初语）或“民族自救”（梁漱溟语）。

在主持乡村建设运动中。他第一次提出了“乡村现代化”的主张。同时也意识到实现现代化，首先是人的现代化。而只有实现了人的现代化，社会、国家的现代化才有可能实现。而人的现代化的实现，最终要落实到人才培养上来。

（二）在经济建设方面

卢作孚推行的乡村建设，重点不是在教育上，而是把经济建设放在各项建设的首位。在重庆北碚的实验，称为北碚模式。唯以卢作孚所领导的嘉陵江三峡乡村建设实验效果最为显著，使北碚从一个交通闭塞、盗匪猖獗的偏僻乡村建设成为“具有现代化雏形的”的美丽城市。

卢作孚的嘉陵江三峡乡村建设之所以能取得如此大的成就，很重要的一个原因就是它坚持以实业辅助建设、以经济支撑建设，以一个实业家来主持一地的乡村建设，这与教育家、学者身份主持者乡村建设有着很大的不同，与晏阳初、梁漱溟等比较起来，卢作孚更有经济头脑和更具务实开拓精神，使北碚成为我国乡村建设运动史上的“神话”。

在乡村教育运动形成后不久，尤其是1927年后，乡村教育开始向乡村建设的方向发展，这是因为乡村教育的实践表明，要“救济农村”“复兴农村”，仅靠乡村教育还不行，还必须进行乡村建设。

卢作孚领导的嘉陵江三峡乡村建设实验成为民国时期唯一没有中断，延续至新中国成立后的乡村建设实验，是民国时期乡村建设运动最完整的历史记录。

卢作孚在试验中始终把峡区的经济建设放在各项建设事业的首位，以经济建设为中心，以交通建设为先行，以乡村城市化为带动，以文化教育为重点，由此创造了民国乡村建设运动中的北碚模式。民生实业公司总经理身份的卢作孚主持乡村建设，使他更有经济头脑，更具务实开拓精神。

卢作孚是民国乡村建设运动中从经济入手进行乡村建设并时刻保持经济与教育互助的典型代表。正如他自己回忆所说：“自己现在是办实业的，但实际上是一个办教育的，几乎前半生的时间，都花在办教育上，而现在所办的实业，也等于是在办教育。”他开创了“实业民生——乡村现代化”的北碚模式，明确提出以“现代化”为目标来建设乡村。他认为乡村建设的目的不只是乡村教育方面，也不只是乡村救济方面，而是要赶快将乡村现代化起来，最终实现国家的现代化。卢作孚在乡村建设中非常有远见地注意到了乡村与城市发展之间的相互依赖关系，所以他描绘的现代化北碚蓝图中，除经济、文化方面外，还有“人民皆有职业、皆受教育、皆为公众服务”，“地方皆清洁、皆美丽、皆有秩序、皆可居住”等设想，目的就是向农村培植现代化的新生产和新生活，最终实现城市化。

四、卢作孚乡村建设思想的借鉴意义

关于卢作孚的乡村建设思想，西南大学刘重来教授认为：卢作孚的“乡村现代化”思想，实际上是他“国家现代化”思想的延伸，是卢作孚乡村建设思想的核心，是他开展乡村建设运动的终极目标和高度概括。卢作孚的“乡村现代化”建设模式，概括起来，就是以经济建设为中心、以交通建设为先行、以乡村城市化为带动、以文化教育为重点的建设模式。卢作孚主持的乡村建设在民国时期众多乡村建设实验中之所以成就大、成效好，与他的“乡村现代化”思想和以经济建设为中心的建设模式是分不开的。他把经济建设放在其他建设的首位，因地制宜，以发展本地资源丰富的矿业和需求大、成本低、收益快的纺织业为龙头，通过激化和扩散效应，带动整个地区经济大发展。他以工辅农，特别是重视文化教育事业发展的种种举措，都使其乡村建设的基础更加厚实。卢作孚的乡村建设思想给当代农村发展的一个重要启示是：在乡村建设和统筹城乡发展中，把重心放在发展经济上是完全正确的，但绝不能忽视文化事业的发展。乡村建设不但应该有一个安定和谐的环境，而且还须政府、企业、政策、制度等方方面面的大力支持。只有指导思想正确、前进方向找准，齐抓共管，上下齐心、共同努力，才能取得成就大、成效好的结果。

第三节　梁漱溟

梁漱溟

梁漱溟（1893—1988年），蒙古族，原名焕鼎，字寿铭。曾用笔名寿名、瘦民、漱溟，后以漱溟行世。原籍广西桂林，生于北京。因系出元室梁王，故入籍河南开封。中国著名的思想家、哲学家、教育家、社会活动家、国学大师、爱国民主人士，主要研究人生问题和社会问题，现代新儒家的早期代表人物之一，有“中国最后一位大儒家”之称。

梁漱溟受泰州学派的影响，在中国发起过乡村建设运动，并取得可以借鉴的经验。一生著述颇丰，存有《中国文化要义》《东西文化及其哲学》《唯识述义》《中国人》《读书与做人》《人心与人生》等。1988年6月23日，在北京逝世，享年95岁。

一、梁漱溟与重庆的渊源

梁漱溟是与重庆有着特殊渊源的著名爱国民主人士，有世界影响的思想家、教育家和社会活动家，也是乡村建设的领军人物、现代新儒家的开山祖师。其在重庆前后跨度十多年，从事抗战、奔走和平、发起民盟、兴办教育、著述讲学等，留下了丰厚的历史文化遗产。在“三农”领域，其最主要的影响是曾指导民国时期重庆的乡村建设。

梁漱溟是我国早期乡村建设运动的实践者更是理论家，他提出的通过改造乡村、复兴文化进而改造社会政治体制的乡村建设理念得到乡建派各家一致推许，影响到全国各地，重庆也不例外。如重庆最早的乡村建设实验发端于梁漱溟的学生王平叔、张俶知、何吏衡等人，之后在重庆创办四川乡村建设学院及实验区也主要由梁漱溟的学生仿照他在山东的做法进行，并聘请梁漱溟作顾问。此外，卢作孚嘉陵江三峡实验区乡村建设运动、晏阳初创办中国乡村建设学院皆与梁漱溟不无关联。

早在1937年6月，梁漱溟即在受邀来川讲演期间，先是在重庆青年会讲了《略述乡村运动要旨》，之后又被请到北碚视察乡村建设工作并讲学，所讲《乡建的三大意义与知识分子下乡》强调知识分子下乡进行乡村建设，可达成内外沟通（使外间的文化传播到乡间来，将内地的情形输送到外间去）、上下沟通（使政府知道农村的实际问题，使民众明白政府的一切办法）、宣达农民的疾苦（将民间的问题、痛苦、灾变等宣达出来，将外间的新知识、时事等演艺到农民脑里，作民众的“耳目”）三大意义。

二、梁漱溟乡村建设理论（致力中国乡村建设的脊梁）

梁漱溟认为，东西方教育存在根本的差异，中国人传统的教育侧重“情意”教育，例如孝悌之教；而西方人侧重“知识”教育，例如自然科学之教。东西方教育各有得失，应该相互借鉴。但是，近代以来，中国备受列强欺凌。为了民族自救，中国人开始向西方学习，教育模式也全部西方化。对此，梁漱溟尖锐地批评说：“学校制度自从欧美流入中国社会以来，始终未见到何等的成功，倒贻给社会许多的病痛”“现在学校教育，是使聪明的人变成愚钝，使有能力的人变为无能力的废物”。在20世纪20—30年代的众多演讲和文章之中，梁漱溟反复抨击西式现代教育的种种弊端。

1928年，梁漱溟在河南进行过短期的村治实验，1931年，又来到山东的邹平，进行了长达7年的乡村建设运动，后来实验区逐步扩大到全省十几个县，实验成果在海内外产生了深远影响。

梁漱溟甚至把他的这种教育方法用到了自己的政治试验上。

1917 年，梁漱溟出任北京大学讲师的时候完成了他的巨著《东西文化及其哲学》，他在这一时期显露出入世济人的心怀，称“吾辈不出如苍生何”。他把解决中国问题的重点，落实在社会改造上，他想出的办法是“乡治”。

在成功说服军阀韩复榘后，梁漱溟得以在河南、山东开始他的“乡村自治”试验。梁漱溟发起的这一运动因为抗战被迫中断了。

那是 1917 年，已 24 岁的梁漱溟报考北京大学，因分数不够，遗憾落榜。就在他伤心失落的时候，却意外接到了北京大学校长蔡元培的聘书，邀请他担任北京大学教授。这是怎么回事呢？原来蔡元培看过梁漱溟写的一篇文章，叫《究元决疑论》，第一次用西方现代学说阐述佛教理论，蔡元培对这篇文章印象非常深刻，当他听说作者梁漱溟报考北京大学落榜，就说了一句：“梁漱溟想当北大学生没有资格，那就请他到北大来当教授吧！”于是，一个北京大学落榜生，转眼就成了北京大学教授，创下了一段极具传奇色彩的文坛佳话。

纵观梁漱溟的一生，其实都是充满了出人意料的传奇色彩，他曾幽默地自述：6 岁就开始读书，却还不会穿裤子；中学时参加过革命团体，后来却最反对暴力革命；报考北京大学落榜，却当上了北京大学教授；自己最讨厌哲学，结果在北京大学偏偏讲起了哲学；以研究佛学起家，却被誉为“中国最后一位儒家”；从小在城市长大，一生中最大的贡献却是乡村建设……

梁漱溟刚到北京大学时，正是“打倒孔家店”如火如荼的时候，梁漱溟就问校长蔡元培对孔子是什么态度，蔡元培向来主张兼容并包，学术自由，就说：“我不反对孔子，在北大讲什么都欢迎，梁先生不是讲佛学吗？”

梁漱溟严肃地说：“我的愿望不是只讲佛学、讲儒学，而是要为释迦牟尼、为孔子讲个明白，争一口气。”

蔡元培也被他这番话打动了，从此极力支持他讲学。

梁漱溟开过《人心与人生》的课，来听课的人必须要交一块钱。这倒不是他有经济头脑，而是怕随便什么人都来听，实际上未必有兴趣。而交过了钱，多少能保证听得认真一些。至于收上来的钱，他也不会装进自己的腰包，而是发给那些想来听课却没钱的学生，比如后来成为新儒家大师的唐君毅，就收到了梁漱溟的 5 元钱。

在婚姻上有个词叫“七年之痒”，意思是两口子结婚 7 年后会产生很多矛盾，是一个容易离婚的时间点。梁漱溟跟北京大学竟然也产生了“七年之痒”。在 1924 年，梁漱溟当了 7 年北京大学教授后，毅然辞去了这份地位高、待遇好的工作，一个人跑到山东菏泽当起了中学校长，开始致力于中学教育。后来有人问他原因，他说：“因为觉得当时的教育不对，先生对学生毫不关心。”

梁漱溟跟“七年之痒”好像很有缘分，在菏泽当了 7 年中学校长后，又迎来了一生中最重要的一次实验。

1931 年，在时任山东省主席韩复榘的支持下，梁漱溟来到山东邹平，开始了一次关于乡村建设的前所未有的大实验。在他看来，中国最主要的问题不是哪个政党当政，也不是暴力革命，而是广大农村的建设问题。要改造中国，最重要的就是要改造农村，把自由散漫的农民组织起来，用科学的技术和组织化的方式来共同劳动。

在韩复榘的支持下，梁漱溟在邹平拥有至高无上的权力，甚至把全县的行政机构全都撤掉了，代之以邹平研究院，研究院的人也不当官，而是到各个农村去做事，教大家新的生活方式，让农民从关心一家，转变到关心一村，最后扩大到关心一省、一国。在梁漱溟的设想中，只要在邹平实验成功了，就可以向全国推广，最终达到改造全国的目的。

平心而论，梁漱溟的乡村改造计划出发点是好的，但过于理想化，在现实中很难行得通。农民几千

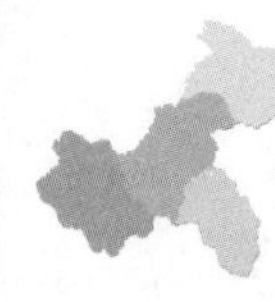

年来形成的生活方式，不是那么容易改变的。而且梁漱溟不想用强制的方式来灌输，而是引导，让研究院的人用自己强大的人格去感染他们，可想而知，研究院并不是每个人都是梁漱溟，其引导的效果自然也大打折扣。

到了1937年，抗战爆发，韩复榘不战而退，致使山东落于日寇之手，梁漱溟的乡村改造运动也随之停止。1939年2月，梁漱溟带着几个学生，开始在北中国走访调查，历时8个月，遍及50多个县、市，最后总结出了3句话：第一，老百姓真苦；第二，敌人之势已衰；第三，党派问题尖锐严重。

日寇的侵华，让无数中国人陷入了恐慌的状态，而梁漱溟却泰然自若。1940年，他在重庆开会时，日寇的飞机经常来轰炸，每到这时，人们都纷纷往防空洞跑，唯独梁漱溟不跑，还把椅子搬到操场上，郑重其事地读书。

1941年香港沦陷时，梁漱溟跟一大批文化名流坐船撤离。日寇的飞机不停地来轰炸，水里也不停地有水雷炸响，全船的人都吓得半死，唯独梁漱溟呼呼大睡，毫不在乎。同行的人问他不害怕吗？他说：“我是死不了的，如果我死了，中国怎么办?”

这就是梁漱溟“狂”的一面，在他心里，早就认为自己不只是一个普通人，还是肩负着弘扬中国文化重任的人，他曾激动地说：“为往圣继绝学，为来世开太平，此正是我一生的使命。《人心与人生》等3本书要写成，我乃可以死得，现在则不能死。又今后的中国大局以至建国工作，亦正需要我，我不能死。我若死，天地将为之变色，历史将为之改辙，那是不可想象的，万不会有的事!”

梁漱溟醉心于佛学研究，一直无暇考虑终身大事，到28岁时，好友伍伯庸想给他找个妻子，就问他对女方有什么要求，梁漱溟郑重其事地说：“在年龄上，在容貌上，在家世上，在学识上，我全不计较，但愿得一宽和仁厚的人。不过，单是宽仁而缺乏超俗的意趣，似乎亦难与我为偶；有超俗的意趣，而魄力不足以副，这种人是不免要自苦的；所以宽仁超俗而有魄力者，是我所求。这自然不容易得，如果有天资大略近乎这样的，就是不识字亦没关系。”

其实伍伯庸在问他的时候已经有了人选，就是他的小姨子，叫黄靖贤，也是28岁，还没嫁人，所以一听梁漱溟说“在年龄上，在容貌上，在家世上，在学识上，我全不计较，但愿得一宽和仁厚的人”时，也没管后面说的什么，就立刻向他推荐了黄靖贤。

到了见面那天，黄靖贤一身老土打扮，跟姐姐站在一起，竟显得比姐姐还大，梁漱溟后来说：“凡女子可以引动男子之点，在她可说全没有。”但好友的面子不能不给，梁漱溟也不是那种贪恋女色之人，就这样定下了。结婚后，梁漱溟在外面打拼事业，黄靖贤在家里操持家务，给他创造了一个坚强的后盾。后来，黄靖贤不幸病逝，梁漱溟郁郁寡欢了很长时间。

1944年，梁漱溟与陈淑芬在老家广西桂林再婚。当时，梁漱溟虚岁52岁，陈淑芬虚岁48岁，两人加起来正好100岁，被时人誉为“百年好合”。因梁漱溟巨大的影响力，共有100多位文化界名流前来祝贺，李济深也赶来亲自为他们主持婚礼。在婚礼上，众人要梁漱溟说说追求陈淑芬的经过，梁漱溟惭愧地说：“我听说谈恋爱要花很多钱，下馆子、看电影、看戏等等。但我却没有花过一分钱。我是羞于谈及此事，但的确连出去散步也没有过。”

因名流荟萃，大家兴致很高，婚礼进行了很长时间也没结束，梁漱溟支持不下去了，又不好意思赶人家走，就心生一计，对大家说，为了感谢大家的光临，自己唱一段京剧《盗御马》助助兴。众人齐声叫好。梁漱溟便起了个范儿，唱了一句剧中的台词——“告辞了——”随着长长的尾音，梁漱溟拉起陈淑芬扬长而去，再也没回来。众人这才明白过来怎么回事，都哈哈大笑，也纷纷散去了。

梁漱溟跟第一位妻子黄靖贤生了两个儿子：梁培宽和梁培恕，取“宽恕”之意。梁漱溟对儿子的教育极为宽容，梁培宽曾说：“我们受到的可能是最自由的教育，拥有了别人没有的最大的自主权。”梁培宽的小学、中学、大学都因种种原因而选择了肄业，但梁漱溟从来不怪他，唯一对他说的一句话是：“你要对你自己的事负责。”

1988年6月23日，梁漱溟在北京逝世，享年95岁。在追悼会上，挂着一副挽联：百年沧桑，救国救民；千秋功罪，后人评说。横批：中国的脊梁。

——“中国的脊梁”，无疑是对梁漱溟这位中国乡村建设的伟大先驱最好的概括。

第四节　侯光炯

侯光炯（1905—1996年），又名侯翼如，上海市金山县人。土壤学家，中国科学院院士，历任原西南农业大学（西南大学前身之一）一级教授、博士生导师、名誉校长，英国皇家学会资深会员。全国人民代表大会第一、第二、第三、第五、第六、第七届代表，中共四川省委第三、第四届委员。

侯光炯是中国及世界著名土壤科学家、教育家中国土壤科学的开拓者和奠基人之一。他毕生致力于创建和发展土壤科学理论，长期从事土壤地理、土壤分类和土壤肥力的研究及教学工作，提出用土壤黏韧曲线作为判断土壤肥力的方法。20世纪70年代提出“土壤肥力的生理性”的观点，后发展成土壤肥力的“生物热力学”观点；80年代，在常年深入农村生产第一线的过程中，运用他的观点研究“水田自然免耕”技术获得成功，已在全国十多个省份推广，增产节本效果显著，开拓性地建立了一套独特的土壤肥力理论和研究方法，开创自然免耕理论和技术研究的先河；他为培养土壤科学人才、促进土壤科学理论转化为生产力，呕心沥血，奋斗终生，在国内外享有极高的声誉，为发展中国土壤科学作出了开拓性的贡献。

侯光炯（左）

一、人物生平

1905年5月7日，出生在江苏省金山县（今属上海市）吕巷镇的一个中医家庭。

1919年，考入江苏南通甲种农业学校。

1928年，毕业于国立北平大学农学院农化系。

1928年，在北平农业大学农化系毕业留校，任校图书馆馆员、农学系助教。

1931—1935年，受聘于前中央地质调查所，任土壤研究室调查员、土壤研究室副主任。

1935年，出席在英国牛津召开的第三届国际土壤学会议，作为第一位参会的中国人，在第三届国际土壤学会上宣读了《中国水稻土剖面形态与肥力的关系》的论文，首次提出了“水稻土”这一特殊的土类名称和水稻土形成“三育”（即淹育、潴育、潜育）特征，后来逐渐为世界各国土壤学者接受。

1937年，赴美学习归国。

1937年，在前中央地质调查所任土壤研究室主任、主任技师，抗日战争爆发后，随所迁来重庆北碚，继续从事土壤及土壤肥力研究。

1942—1946年，兼任重庆大学、前中央大学（南京大学前身）、川北大学教授。1946年后先后在四川大学、西南农业科学研究所土壤研究室、中国科学院重庆土壤研究室工作。

1946—1952年，先后任四川大学、重庆大学、川北大学教授，兼任四川农业改进所土壤肥料系主任。

1948年起，任国立西北农学院教授。

1952—1953年，两次率领师生赴云南西双版纳等地，完成国家橡胶宜林地考察规划，并实现了橡胶种植北移的世界性突破作出了贡献，获得国家科技进步一等奖。

1955年，当选中国科学院院士、学部委员，任中国科学院生物地理学部常务委员。1956年加入中国共产党，晋升一级教授，当选为中国农业科学院学部委员会委员，任中国科学院重庆土壤研究室主任，并出席在匈牙利召开的第六届国际土壤学会，连续3年完成长江上游水土保持的土壤概查。

1957—1958年，兼任重庆市自然科学专门学会联合会主席。

1958年起，任西南农学院土壤农化系主任，兼任四川省科学技术协会副主席、重庆市中苏友好协会委员。

1958—1963年，连续6年获重庆市先进工作者，1958年还被评为重庆市百面红旗之一。

1960年，获全国文教群英会先进工作者。

1964年，出席在罗马尼亚布加勒斯特召开的第八届国际土壤学会议。

1972年，任西南农学院教育革命组副组长。

1973—1980年，在四川简阳县农村长期从事土壤科学和农业高产研究，总结农民经验，创立了一整套农业土壤研究方法，提出了“土壤生理性”“土壤肥力生物热力学”等农业土壤的新概念和新观点。

1978年，“土壤肥力生物热力学”研究成果获全国科学大会国家重大科技成果奖。

1980—1996年10月，直到生命的最后一刻，在四川长宁县农村继续从事土壤和农业高产研究，长达17年。他在农业综合研究的基础上，创建了我国第一个自然免耕研究所，并用土壤肥力生物热力学理论，先后完成了水田和旱地自然免耕机理与技术的研究，两项研究技术已在南方14个省份大面积推广，增产粮食数亿千克，为土壤科学技术转化为生产力作出了突出贡献。此间，曾5次被四川省、重庆市和学校党委授予“优秀共产党员”称号，两次被农业部和学校评为优秀教师。水田自然免耕研究获四川省科技进步一等奖及全国科技进步三等奖；1985年获中华全国总工会“优秀教育工作者”称号、并获全国“五一劳动奖章”，1989年获全国先进工作者称号，并获全国老有所为精英奖。

1990年，中共四川省委、省人民政府授予“四川省自然科学界精神文明标兵”，由省委组织部、省农牧厅、省人事厅、省科学技术委员会、省教育委员会、省科学技术协会联合下发了“关于向侯光炯同志学习的决定”，同年获国务院颁发的政府特殊津贴。1992年由四川省人民政府授予“四川省有重大贡献科技工作者”称号，并获重奖10万元。1994年4月，90高龄的侯光炯教授赴墨西哥出席了第十五届国际土壤学会议，会后顺访美国，进行学术交流。

1952—1996年，兼任过原西南农业大学校党委委员、校工会主席、科学研究部主任、学报总编辑，中国科学院土壤研究所学术委员会委员、中国农科院土壤肥料研究所顾问、全国第二次土壤普查顾问组成员、西南区和四川省土壤普查顾问组组长，四川省科技顾问团第一、第二届副团长，四川省科学技术委员会农业组成员。在学术团体中担任过中国土壤学会副理事长和荣誉理事、中国土壤肥料研究学会荣誉理事长、四川省土壤学会理事长和荣誉理事长、四川省农学会荣誉理事长、重庆市土壤学会理事长等职务。

1996年11月4日因病逝世，享年92岁。

二、学生时代

于1905年5月7日出生在江苏省金山县（今属上海市）吕巷镇的一个中医家庭。4岁时，父亲被恶霸逼死，在他幼小的心灵上留下了深深的创伤。11岁时母亲又不幸去世。1919年，他考入江苏南通甲种农业学校，学习成绩常列全班第一。由于家境贫寒，被迫中途辍学。后经人介绍给该校教师王善干任助手，白天同工人一起劳动，进行棉花栽培试验，晚上跟美国女教师学习英语。由于他勤奋好学，成绩优异，两年后免试进入南通大学农科。翌年，考入北京农业大学（1927年8月改名京师大学校农科，1928年7月改名北平大学农学院）农业化学系，学习成绩均名列前茅。课余经常给报纸和杂志撰稿，换取微薄稿费以维持生计。

三、树立理想

学习期间，他经常到学校附近农村接触农民，了解到由于土壤盐碱化，农业生产产量极低，农民生活十分贫困，使他感到，要改变国家的贫穷落后面貌，必须依靠科学，发展农业，并决心以土壤科学作为他的主攻方向。

1928 年 6 月毕业后，侯光炯经过短期失业，经人介绍回北平大学农学院任图书馆管理员，不久改任助教。在校期间，他深受陈宰均教授的教益。陈宰均谆谆教导他不能只从外国文献中寻找研究课题，关在实验室中进行试验研究，而应走向祖国大地，开展土壤调查，研究和发展中国的土壤科学；鼓励侯光炯不要害怕体质孱弱不能胜任野外考察工作，而应加强锻炼，增强体质。他还帮助侯光炯修改论文，提高写作论文的能力和水平。

四、土壤研究

1931 年，经虞宏正教授推荐，进入中央地质调查所，在该所的土壤研究室和美国专家一起工作。1934 年侯光炯任该室副主任，1937 年晋升为主任。为了查清我国的土壤资源，他历尽艰辛，和同事们一起开展了大面积的土壤调查，取得了大量第一手资料，写出了《河北省定县土壤调查报告》《中国北部及西北部之土壤》《四川重庆区土壤概述》及《甘肃省东南部黄土之分布利用与管理》等论文。大量的实践使他牢固地树立了土壤科学必须为农业生产服务的信念。

1935 年，侯光炯作为中央地质调查所土壤研究室的代表，和邓植仪、张乃凤一起代表中国出席了在英国牛津召开的第三届国际土壤学大会，并宣读论文，首次对水稻土的发生、层次形态划分，特别是水稻土层次形态与生产力的关系方面，做了科学论述。会上还展出了，各种水稻土标本，系统地展示了中国水稻土的研究成果，受到与会科学家的重视。会后，侯光炯得到苏联、美国、德国、法国、英国、意大利、匈牙利、荷兰、瑞典等 10 多个国家的代表的邀请和中华教育基金会的资助，去各国进行访问和合作研究。侯光炯带着“中国土壤与欧美土壤有什么不同”的问题在外国进行了 3 年考察和研究。在瑞典写出了《土壤胶体两性活动规律》论文，在苏联写了《红壤成分与茶叶品质的关系》论文。

抗日战争期间，受研究条件所限，他的一些有关研究农业土壤方法的创建，竟是在家中进行的。女儿帮助采集标本，妻子帮助试验。初试成功的“土壤黏韧性测定法”可以方便地用于测定土壤矿质胶体的性质，从而受到国内外同行们的重视。

1946 年，侯光炯转入四川大学任教授，主讲土壤肥料学、土壤化学、土壤地理学等课程。他教学认真负责，实行启发式教学，经常组织学生进行学术讨论、野外考察和科学研究。在这期间，与青年教师合作写了《土壤吸附养分状况和土壤黏韧性的关系》《用黏韧曲线鉴定土壤特性》《黏韧曲线的测定》3 篇论文，刊于第四届国际土壤学大会论文集中。

中华人民共和国成立后，朱德同志关于“土壤科学必须为农业生产服务”的号召给侯光炯留下了深刻的印象，更加坚定了他对中国土壤科学的发展要走自己的道路的信念。1952 年院系调整后，成立了西南农学院，侯光炯任该院教授。为了使土壤科学紧密为农业规划和农业生产服务，他承担了云南橡胶宜林地考察；长江上游的岷江、沱江、涪江、嘉陵江流域的土壤调查，以及后来的第一次和第二次全国土壤普查、西南区农业土壤区划等任务。在完成这些任务的同时，写出《中国土壤黏韧性研究》，该文曾在匈牙利全国土壤学会上宣读，并译成俄文，转载入苏联《土壤学》杂志，引起了国外行家们的共鸣；写出了《四川盆地内紫色土的分类与分区》，作为在巴黎召开的第六届国际土壤学大会的论文；写出《利用土壤层次评价土壤肥力的研究》论文，并在罗马尼亚召开的第八届国际土壤学大会上宣读。侯光炯认为，解决农业生产中的问题必将带动土壤学科的发展。

1956 年，侯光炯加入了中国共产党。他兼任中国科学院重庆土壤室主任，集中精力研究紫色土，于 1960 年提出了“农业土壤生理性”的见解。“文化大革命”期间，侯光炯虽处困境，长期卧床的妻子又不幸去世，家庭和精神上的遭遇丝毫没有动摇他继续研究农业土壤的决心。1973 年以来，他深入广阔农村长达 18 年之久，在四川简阳镇全区和长宁县相岭区蹲点，进行土壤科学理论应用的研究，提出了旱地的“大窝栽培”和冬水田的“自然免耕”技术，经大面积推广，有明显的增产效果，受到广大科学工作者的重视和农民的欢迎。

侯光炯从事农业教育和土壤科学研究几十年如一日，勤于思考，敢于创新，热爱祖国、热爱科学，1955 年被遴选为中国科学院生物学部委员，1986 年获全国“五一劳动奖章”，1989 年被授予全国劳动模范光荣称号，以表彰他为发展中国土壤科学所做出的贡献。

五、主要贡献

侯光炯教授是我国土壤科学的开拓者和奠基人之一。半个多世纪以来，为创建和发展中国的土壤科学理论，取得了一系列开创性研究成果，他和同事、助手们合作，撰写了各类论著及学术论文，主编出版我国第一部农业土壤专著《中国农业土壤学概论》，还主编出版《土壤学》（南方本）等 5 部专著，公开发表论文 140 余篇（册）。1978 年，他提出的“土壤肥力生物热力学”理论，荣获中国科学大会重大科技成果奖。1979 年，侯光炯教授开始研究“自然免耕技术”，这项技术在全国 13 个省份推广，推广面积 4 000 多万亩，平均增产幅度 15%，是一项开拓性的科技成果，获 1986 年四川省重大科技成果一等奖、1987 年全国科技进步三等奖。1986 年，他撰写的《中国水土保持应走自然免耕的道路》一文，荣获四川省科协优秀学术论文奖。侯光炯先生是我国现代土壤科学研究和农业教育的先驱，他把一生献给了我国的土壤科学研究和农业教育事业。侯老去世前，专门捐出 12 万元，奖励在重庆、四川、云南、贵州、广西、西藏 6 省份从事农业科技和农业教育工作的个人和集体。

（一）提出土壤生理性的新观点

侯光炯根据自己多年的研究和实践认为，静态的土壤理论无法对土壤与植物的关系作出科学的解释，也无法将农民长期积累而形成的丰产经验提高到理论高度去认识。以死体的理论去论述活体的规律将事倍功半，甚至是徒劳的。侯光炯认为，土壤是“活”的，是有“生命”的历史体。为了证实他的这一认识，1960 年，他组织人力进行了大规模的探索试验，先后在成都平原灰色水稻土，简阳、南桐、北碚等地的紫色土上，在一个昼夜周期内，定点定时用野外速测和室内测定的方法研究土壤水、热、肥、pH、CO_2 和微生物变化状况。结果发现，土壤各层次的土性都在不停地发生时变化现象，而且是随着太阳辐射热的变化而变化的；不同土壤类型所表现的动态差异与肥力水平有一定的联系。侯光炯十分重视这些发现，他以科学事实证实土壤是“活”的历史体；初步发现了土壤的动态规律。

在这些探索性试验中，侯光炯又发现另一个问题，常规的采集土样进行室内分析的程序犹如从人体上挖一块肉进行解剖一样，是不能反映活体全貌的。对土壤而言，以一次分析结果来估价它的土壤肥力和发展趋势是不能得到正确的科学结论的。他认为必须对土壤进行原态原位测定。为此，他们研制了有关仪器，在土温、吸力段的水分测定和反映土壤溶液浓度变化的电导仪自动记录等方面获得了初步成果。当然，侯光炯也认识到，改变土壤学的某些传统观念，必须在理论上要有所创新。经过日日夜夜的劳动，侯光炯在 1960 年发表了《农业土壤生理》论文，正式提出“土壤生理性”的见解。他认为，土壤生理性是土壤在太阳辐射热影响下各种理化生物性质发生周期性变化现象的通称，土壤生理性周期性变化和植物生理作用周期性变化是否谐调，决定土壤生产力的高低。1970 年，侯光炯运用土壤生理性理论解决重庆歌乐山林场油橄榄青枯病问题，取得良好效果。

（二）开拓土壤肥力研究的新领域

威廉斯的土壤肥力学说认为，土壤肥力是在植物生长的全过程中土壤及时地、不断地满足植物水分和养分的能力，而团粒结构则是土壤肥力的基础。侯光炯在调查了中国许多农业土壤后发现，除黑土、沼泽土、泥炭土等以外，基本上都属于矿质土，特别是四川盆地紫色土水土流失严重，腐殖质很少，团粒结构更少，但仍具有一定的肥力，因而觉得威廉斯的论断有一定的局限性，有进一步研究的必要。为了探索土壤肥力的秘密，土壤科学工作者在这方面做了大量工作，但始终没有找到令人满意的答案。特别是威廉斯本人对土壤肥力的动力、物质基础、肥力实质和动态规律都没有明确的结论。侯光炯决心为揭开这个奥秘而拼搏。

广阔的农村和试验田是侯光炯探索这个问题的场所。他深入到农村，发现农民评定土壤类型的标准主要是热性土、冷性土的差异，而冷、热是太阳辐射热不同所引起的。如果从时间序列上连续观察土温和胶体活性，则可洞察出二者之间的联系。大量田间测定结果表明，肥沃土壤的土温和胶体活性的日变化都比较小，瘦土则相反。这个事实启发了侯光炯：土壤肥力还应当包含土壤自我调节的功能。于是，关于土壤具有生理代谢性和自调力两大功能的设想产生了。根据这一设想，他把农民的“三看”（看天、看地、看庄稼）经验上升为土壤肥力的生物热力学观点。根据大量测定数据，提出土温是产生土壤生理功能的唯一动力，太阳辐射热是土温最丰富的能源。土壤肥力是土壤水热肥气的周期性时变化和植物生理作用周期性时变化谐调的程度。肥土谐调性好，瘦土差。所谓谐调性是指土壤能够稳、匀、足、适地满足植物水肥气热需要的能力。土壤肥力的实质就是土壤生理性。产生这种谐调性的机制是土壤无机—有机—微生物—酶复合胶体体系，这是土壤具有代谢、调节功能的物质基础。根据上述认识，土壤的研究内容与方法都应随之而改变。侯光炯认为，在内容上应着重研究胶体活性及活化温度以及稳、均、足、适的定量指标及谐调方式；在研究方法上则提出土壤肥力的短期鉴定法和田块立体土壤图的结合。以上观点集中反映在他的《农民群众的生产斗争经验开辟了发展土壤科学的广阔道路》论文中。此文受到国外许多同行的关注，并已译成日文出版。比利时有关部门还邀请他参加有机肥料会议。此项成果获得了 1978 年全国科学大会重大成果奖。

（三）提出培育土壤肥力的新途径

“理论来源于实践，又指导实践”，是侯光炯从事科学研究的座右铭。他总是千方百计地把土壤肥力观点应用到实践中去，以检验、修正和丰富他提出的观点。因此，他不止一次地组织人员到四川盆地典型地区进行农业生产综合考察，力图查明该地区阻碍农业生产发展的症结，找出培肥土壤的良方。考察中他们看到了水土林综合治理的富饶景象和无林地带的衰竭情景，又用土壤肥力理论研究了水土林之间的有机联系，对比林地和无林地的水热状况，从大气—土壤—植物—人类系统的角度，把农民朴素的实践经验进行了理论概括，提出了培肥土壤的新途径。

侯光炯提出的改造环境与改造土体相结合，从根本上解决了土壤培肥问题。改造环境是通过林网化稳定低空大气层的水热状况，通过立体作物种植稳定近地面的水热状况；通过田间渠系工程稳定土壤层次的水热状况；而土体改造，即腐殖化、浸润化和细菌化，可以稳定土壤内水肥气热的状况。这样以区域水热状况的稳定为前提，以保证土壤内部水热状况的稳定，加上合理的耕作措施，可以实现土壤肥力稳、匀、足、适的要求，以满足植物生长的需要。这种从生态系统观点提高土壤肥力的做法，无疑是一种创新。

农业生产实践证明了侯光炯提出的土壤培育途径的正确性。很多典型地区进行了水、土、林综合治理，实现了林茂粮丰的新局面，农业系统抗逆力增强，系统生产力提高，由原来旱涝频仍，生产歉收，转化为水肥基本平衡，农业增产增收的新气象。农业生产实践使侯光炯土壤肥力观点不断趋于完善，其提高土壤肥力的新途径正在为广大农民所接受，实际上这也是农业的一项基本建设。为此，他在 1979 年向四川省有关领导建议，要特别重视土、水、林综合治理研究基地建设，受到了重视。

（四）制定冬水田的自然免耕技术

1979 年，侯光炯到四川省长宁县相岭区建立农业综合研究基点。这里冬水田面积大，产量低。当

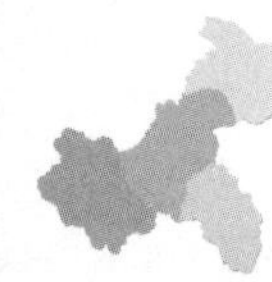

地的光热资源是可以一年三熟的，而冬水田却只能一年一熟。冬水田生产力的问题引起了侯光炯的注意。他总结了水稻半旱式栽培和小麦湿板田免耕栽培法的经验，通过垄作、浸润、免耕等对比试验以及增产机理研究，逐步完善了冬水田自然免耕耕作技术。这是人们根据自然土高肥力的生理生态特征进行人工模拟而成的。

在技术关键中特别强调连续垄作，连续浸润，连续免耕和连续植被的配套，具有省工省水，一田多用，增产增值的优点。与冬水田常规耕作法不同，它用重建土壤垄沟生态条件的手段，改变冬水田长期淹水的水热状况，改善耕层土壤的生理机能，使水热肥气逐步与作物生长需要相谐调，为高产创造了条件，同时加强土壤与植物的抗逆力，减少了冬水田秧苗坐蔸，使作物正常生长，是发挥冬水田生产潜力一个比较可靠的方法。这个方法已在全国13个省份推广，增产效果显著。1986年获四川省科技进步一等奖，1987年获国家科技进步三等奖。目前这项成果正向冬水田综合开发，多层次利用方向发展，社会、经济、生态效益日趋显著。另一方面，水田自然免耕技术将与山水田林路综合治理及改造土体相结合，为向农、林、牧、副、渔全面发展的农业现代化目标而努力。

（五）为农业高产而不断进取

关于土壤科学理论与农业实践的关系，侯光炯打了一个比喻，他认为土壤肥力理论是灵魂，高产是肉体，只有灵魂附在肉体上才有生命力。早在20世纪30年代，他就提出土壤科学必须为农业生产服务的观点。虽然当时在一起工作的美国专家坚持主张土壤归土壤，农业归农业，但是侯光炯仍然根据他自己的认识行事，显示出科学家应有的本色。中华人民共和国成立后，侯光炯坚持从生产中找课题，并将研究成果回到生产中去接受检验。他所进行的各项研究课题，无一不是紧紧与农业生产相联系的。

半个多世纪以来，侯光炯坚持在为生产服务过程中发展土壤科学。他认为，脱离农业生产研究土壤，就无法掌握土壤的演变；预告土壤的归宿，就难以窥测土壤的奥秘。从这种认识出发，他不是为土壤而研究土壤，而是为农业生产而研究、考察土壤的变化和发展。从1973年起，他已在农村深入研究了18个寒暑。中共四川省委、中国科学院成都分院以及西南农学院（西南大学前身之一）领导考虑到他年迈体弱，劝他回到学校从事培养青年人才的工作。他总是婉言谢绝，还幽默地说“高楼大厦是不会产生土壤科学的”。仍坚持在农业生产第一线。

土壤科学为农业生产服务的最终目标是实现“五省一高”（省水、省肥、省种、省工、省药和高产），水田自然免耕技术就是实现“五省一高”的典型实践。侯光炯反对以大水大肥的手段获取高产的做法，提倡培养土壤自调能力。这一独到的见解，正在不断完善，并逐步得到实现。

侯光炯除了教学和科研工作外，还十分关心国家的农业科学发展，在全国人民代表大会上多次提出提案和建议，有的已经付诸实施。

侯光炯为了实现土壤科学为农业丰产服务的理想，几十年如一日地勤奋工作，显示了一个科学家的高贵品质。1976年他剧烈胃痛，医生诊断为“胃体小弯后壁溃疡型癌”，需要立即动手术抢救。侯光炯坚决不同意，给党组织写信说：“我的工作时间已经不长了，农业土壤学有许多事需要我做……我不怕疾病恶化而死，只怕不能为党为人民工作了……我绝不能牺牲最后一点为人民服务的机会。”病情刚有所好转，又立即投入研究工作。

侯光炯在政治上要求是高标准，在生活上要求则是低标准的，显示了一个共产党员的高尚品德。20世纪50年代，他拒收国家给每位学部委员每月100元的补贴经费；60年代，将8 000元稿费除交党费外全部交给学校；70年代，将自己一半以上的工资交了党费。

1990年5月，在四川各界为庆祝侯光炯从事教学科研60周年及85岁寿辰的集会上，中共四川省委组织部、四川省人事厅、四川省教育委员会、四川省农牧厅、四川省科学技术委员会和四川省科学技术协会联合作出“关于向侯光炯同志学习的决定”。这是党、政府和人民对他数十年忘我工作取得的卓越成绩的最高奖赏。

（六）创建中国农业土壤学

侯光炯早年立志科学救国，投身农业科学。“土生万物”使他爱上了土壤科学，那时，中国土壤研究刚起步，主要靠外国专家。一开始侯光炯搞土壤地理，和外国专家一起或独自进行了考察，先后发表了大同、哈尔滨、南昌、渭河流域及中国北部、西北部、江苏东部等地区的土壤调查报告。在调查中侯光炯深感土壤科学理论基础薄弱，技术性差，脱离农业生产。于是他独辟蹊径，走自己的路，着手水稻土壤的研究。

1935 年，他在第三届国际土壤学会议上以娴熟地道的美语向世界各国与会代表宣读了自己的研究论文《江西南昌地区潴育性红壤水稻土肥力初步研究》，首次提出“水稻土”这一特殊的土类名称和水稻土形成的“三育”（即淹育、潴育、潜育）特征，引起了与会学者的重视。其观点为各国土壤学者认可和采纳。会后，侯光炯应邀去欧美八国考察或短期研究。侯光炯深感适应机械化的欧美土壤学不符合我国传统精耕细作自然农业生产的国情。回国后坚定地走中国自己的土壤科学发展之路。

20 世纪 30 年代末至 40 年代中期，侯光炯从调查总结农民经验着手，开展水稻土、红壤、黄土、紫色土等多种土类的耕作土壤研究，同时开拓理化研究方法和把土壤与作物生长紧密联系起来的“土、植并析”工作，创造出土壤黏韧曲线的测定，写出了《土壤的黏韧率与黏韧曲线》等 3 篇论文，被收入《第四届国际土壤学会论文集》，苏联和匈牙利等国也相继转载。

50 年代，侯光炯接受国家任务，带领师生赴云南边陲，完成西双版纳橡胶宜林的考察规划，创造橡胶种植史上的奇迹，实现橡胶北移的世界性突破作出了重要贡献。

50—60 年代，侯光炯常带领师生和中国科学院重庆土壤研究室的科技人员，深入农业生产第一线，开展土壤肥力和农业土壤研究，从农民“看天、看地、看庄稼，定管理措施”中，发现土壤水、热、肥、气随太阳辐射热周期性变化规律和在土、植并析中发现这种变化与植物生长间存在不同程度的协调关系，从而提出“土壤生理性”的观点。同期还创立了“pH 八联”“立体土壤图”“土壤肥力短期坚定法”等新的研究方法。

70 年代，在农村蹲点进行高产示范试验推广，同时继续土壤研究，将“土壤肥力生理性”发展为“土壤肥力生物热力学理论”。并以此理论作为指导，主编完成了我国第一部农业土壤学专著《中国农业土壤概论》。

80—90 年代，继续在农村蹲点，从事水土保持、防灾减灾和高产研究、示范、推广工作，并侧重“土壤肥力生物热力学理论”的应用技术——“水田自然免耕技术”的研究。这种免耕与欧美免耕迥然不同，也破除了我国精耕细作传统，实行连续垄作、连续免耕、连续植被、连续浸润，以保持土壤水、热、肥、气与作物生长需要间的协调，从而获得高产、稳产，进而发展为大面积“生态治洪、免耕治土”的一整套技术。该项目正在推广中。

侯光炯在土壤地理、土壤分析分区、土壤物理化学、土壤肥力、土壤改良及生态农业等学科方面做了大量研究工作，在理论和技术上都有很多新的发现和创造，尤其在创建中国农业土壤学科和坚持土壤科学直接为农业生产服务方面，为“三高”农业持续发展作出了巨大贡献。

（七）严谨治学，教书育人

侯光炯自幼学习刻苦，勤思好问，平时谨言慎行，一心扑在学习上，在校学习期间一直品学兼优，外语功底扎实，受到嘉奖。

侯光炯知识广博，学术造诣精深，但他却从不满足，一天也没有放弃对知识的学习和对国内外最新科技动态的了解。

他的每一篇论文，每一部专著，在写作过程中，都是字斟句酌，反复推敲。例如：他在编写《中国农业土壤论文集》一书的《中国农业土壤分类系》时，竟反复修改 14 次之多。尽管侯光炯英语很好，但他的英文论著常常都要请专业英语教师审查，唯恐有疏漏。

在教学上，无论是担任本科生、硕士生、博士生，还是农业领导干部，农业技术员及农民技术培训班的教学，他都坚持因材施教和启发式教学，着重引导学生独立思考；在野外考察时，要求学生做到边行、边观察、边记录、边思考。当某一成土因素发生变化时，都要进行土壤剖面观察、讨论。每天野外工作结束后，还要组织学生对当天的学习心得进行交流评讲，并做好日记。

在科学研究上，他始终坚持土壤科学为农业生产服务的方向，发扬理论联系实际的作风，坚定不移地走与工农相结合的正确道路。

他不仅注意将最新的科学技术知识传授给学生，还十分重视学生思想道德教育，经常教育学生爱党、爱人民、学农爱农，处处为农民、为农业生产着想，言传身教、教书育人。

他要求他的研究生必须联系实际选题和开展试验研究，还要求研究生们经常向他汇报试验情况，并及时给予指导。为了培养研究生的观察能力和深入实践的作风，他常常亲自带领学生深入田间，联系实际，分析和解决生产问题。他要求学生做到的，自己首先做到。有一次，为了按时赶回学校给研究生授课，81 岁高龄的他彻夜赶路，终于准时站在了讲台上，学生们深受教育。不仅如此，他爱生如子。学生家庭闹矛盾，他亲自做工作；学生生病，他自己拿钱抓药买饭送到学生寝室。在学生眼里，侯老既是一位严师，又是一位慈父。

八、评价

（一）报国之志，效国之行

年少时期，家父的义举、国家的落后、人民的贫穷、列强的横行，在侯光炯幼小的心田里播下了报国的种子，就读南通甲种农校的选择又使他走上了从农报国的征途。

他投身土壤科学，即徒步考察了大半个中国，填补了我国在一些地区土壤资源调查的空白；作为第一个登上国际土壤学术讲坛的中国人，他令世人对中国刮目相看。而会后的赴欧美考察，使他深深认识到：欧美土壤研究方法不适合中国的国情。抱着走中国自己的土壤科学研究之路的决心，他谢绝外国专家的挽留；为了表示他对西方社会种族歧视的强烈不满和科技强国的赤诚之心，他脱下西装，剃成光头，重新穿上中国人的蓝步长袍，毅然回返，报效祖国。

1950 年，在第一次全国土肥工作上，朱德总司令的讲话，使他备受鼓舞，深感把自己的土壤科学知识献给祖国和人民的夙愿可以实现了。从此，他以高昂的革命热情战斗在农业教育和土壤研究战线上，夜以继日，忘我工作。

为了打破帝国主义的经济封锁，他率领师生克服重重困难，完成了橡胶宜林地的考察。20 世纪 50—60 年代，在完成繁重教学任务的同时，他还为满足国民经济发展需要，进行了大量地域性的土壤、区划工作及高产经验总结和土壤科学的理论研究。“文化大革命”结束后，为了更好地从我国丰富的农业生产经验中汲取营养，发展土壤科学，他用科学促进农业生产发展，长期扎根农村，一去就是 20 多年，直到生命的最后一息。

侯老，以他的赤胆忠心和辉煌的业绩谱写了一曲以土壤科学强国富民的宏伟篇章。

（二）淡泊名利，无私奉献

侯光炯在科学研究和人才培养上作出了卓越贡献，党和人民给予了他很多的荣誉，他却把自己应得的荣誉视为“欠人民的债”。他说：“得到的越多，欠人民的债就越多，债是要还的，我这辈子，人民给我的太多了，只有拼上老命才还得清啊”。为了“向人民多还一点债”，他工作起来总是夜以继日地拼命干，在他的时间表上，从来没有节假日和星期天。

侯老不仅从不向组织伸手，即使政策规定范围内的待遇，他也经常谢绝。20 世纪 50 年代他担任中国科学院学部委员，按规定每月补助考察费100元，他一次也未领取。1956年，学校在工资定级时给他评为一等，他立即向领导写信，要求降低等级。

在困难时期，中央提出降低党内高薪人员工资时，他立即响应。“文革”期间，他每次收到工资，仅留下微薄的生活费，其余都交了党费。

1989年，侯光炯被评为“全国先进工作者”，按规定提了两级工资，他每月除留下369元外，余下的钱和所得稿费设立了“土壤青年科学奖励基金”。1992年，获四川省委、省人民政府科技重奖10万元，他也用于科研和奖励基金。

随着国家经济的发展，他的工资、津贴也不断增加，但他仍然保持过去的生活标准，生活简朴得令人难以置信。

而对农民在生产、生活方面的困难，他总是慷慨解囊。几十年来，受到过侯老救济、帮助的人到底有多少，谁也说不清。

侯光炯的一生正像中国人民政治协商会议全国委员会副主席杨汝岱1990年题赠给他的那样：“侯光炯同志一生从事土壤科学研究，长年深入农村实际，犹如土壤一样，年复一年为人民作出了无私的奉献。”

西南农业大学（2005年西南师范大学合并组建西南大学）专门建立了侯光炯纪念馆，以此铭记缅怀他的丰功伟绩。

第五节　许振英

许振英

许振英（1907—1993年），山东省武城县人。1953年评为国家首批终身一级教授。1954年，被评为黑龙江省特等劳动模范。1956年加入中国民主同盟。1985年被授予全国“五一劳动奖章”。毕生从事畜牧学、动物营养和饲料科学的教学和科研工作，是我国著名畜牧学家、动物营养学家、农业教育家，我国动物营养科学的奠基人和开拓者。

一、人物生平

1920年，许振英以优异成绩考入北京清华学校（清华大学前身），1927年，毕业后赴美留学，就读于美国康奈尔大学农学院，获学士学位。

1929年，考入威斯康星州立大学研究生院，1931年，获科学硕士学位。1932年夏回国，在河南省禹王台第一区农业改良场任技师职位。

1933—1935年，任河南大学教授、系主任。创建了中国第一个畜牧系。

1936—1940年，任国民政府中央大学农学院畜牧兽医系教授，主持洛克菲勒基金项目——中国养猪研究。抗日战争时期，时任国民政府农林部中央畜牧实验所技正兼畜牧组主任的许振英，随中央大学内迁到重庆。

1944—1945年，赴美国考察畜牧业。抗日战争胜利后，负责善后救济总署援华种畜的接收与分配工作。

1945—1947年，任国民政府农林部简任技正、联合国善后救济总署专门委员兼天津牲畜饲养站主任。

1947—1949年，先后任北京大学农学院教授、清华大学农学院教授兼农艺系主任。

1949—1950年，先后任北京农业大学畜牧系教授。

1950年，任沈阳农学院教授兼畜牧兽医系主任。沈阳农学院与哈尔滨农学院合并为东北农学院后，历任东北农学院教授、畜牧系主任、院科学研究部主任、院学术委员会主任、动物营养研究室主任、中国畜牧兽医学会名誉理事长，中国动物营养研究会名誉会长，《中国大百科全书·农业卷》编委会副主任。

1956年，应国务院邀请，参加制定《国家1956—1967年12年科学发展远景规划》。

许振英创建了中国第一个动物营养研究室。设计并领导育成了中国第一个瘦肉型新品种“三江白猪”，主持完成了“中国猪种质特性的研究”“猪的营养需要与饲料配方的研究”“肉脂型猪饲养标准”“瘦肉型猪饲养标准”等重大科研项目。著有《中国的畜牧》（1953），并担任《家畜饲养学》（1979）、《动物营养进展》（1986）主编。译著有《养猪生产》（1979）、《猪的营养与饲养》（1982）等。部分论著收入《许振英教授论著选集》（1984）。

1993年9月25日，病逝于哈尔滨，享年86岁。

二、主要研究成果

20世纪30年代，许振英主持洛克菲勒文化基金项目——“中国养猪研究”。

40年代，任中央畜牧试验场技正主任期间，主持“中国猪种特征的研究和引进猪杂交效果研究”。他深入荣昌、隆昌、泸县等对荣昌猪产地进行调查，建议政府加以保护，并对品种性能和改良进行研究，为荣昌猪不断选育提高以致成为国际公认的优良地方种猪资源奠定了基础。此间，许振英提出了“畜牧本位化、农业化、自给化、学术化”的报告。主编《中央畜牧兽医汇报》等刊物。1944年，陪同美国农业部育种专家费里普博士在重庆、成都和西北等地开展农业考察。

50年代创办《东北农学院学报》，并担任首届编辑委员会主任委员、主编；主编了教育部布置的全国统一教材《家畜饲养学》和《养猪学》（未出版）。1961—1966年主编《家畜饲养学》，主持完成4个科研项目；“文化大革命”期间下放劳动，其间查阅了大量中外期刊文献，为日后教学与科研积累了丰富资料。1989年，主编的《中国动物营养学报》创刊。

1972—1983年，许振英主持育成我国第一个瘦肉型猪种“三江白猪”。

1979—1983年，主持并完成“中国地方猪种种质特性的研究”，获1985年农业部科技进步一等奖和1987年国家科技进步二等奖。

1978—1985年，先后主持并完成“中国肉脂型猪的饲养标准”和“中国瘦肉型生长育肥猪的饲养标准”两项科学研究，获得1983年农业部技术改进一等奖和1986年农业部科技进步二等奖。

1983—1987年，主持并完成“畜牧生产中物质转化规律及其影响因素的研究”，获1991年国家教委科技进步一等奖、1992年国家自然科学基金三等奖。

许振英于1980年创办中国畜禽营养研究会（即现在的中国畜牧兽医学会动物营养学分会），任第一任会长；1981年，任国务院首届学位委员会委员及畜牧兽医学科评议组组长，被批准为我国首批博士生导师。生前曾任中国畜牧兽医学会副理事长和名誉理事长、中国动物营养学会会长和名誉会长、国家科学技术委员会学科组成员、农业部学术委员会委员、中国农业科学院学术委员会委员、黑龙江省畜牧兽医学会副理事长和名誉理事长等职。他还是中国人民政治协商会议全国委员会第六届委员，黑龙江省人民代表大会第五、第六届代表和常委，黑龙江省政治协商会议第六届常务委员会委员，中国民主同盟黑龙江省委副主任委员和顾问。

三、社会评价

许振英胸怀坦荡，学而不厌，诲人不倦，知行合一，不断探索事物发展之真谛，为我国畜牧界留下了宝贵的物质财富和精神财富。1990年，许振英与王和民教授到重庆市畜牧兽医科学研究所考察指导，对该所科技人员在极其艰苦的条件下取得的诸多成就给予鼓励。为纪念这位著名的畜牧学家，激励科技人员秉承“学而不厌，诲人不倦，开拓创新，不断探索”的奋斗精神，重庆市畜牧科学院征得其子女同意，于2005年在科技创新中心办公楼前设置了许振英雕像，供人们缅怀。

第二章
人物简介

第一节　中央管理的干部

一、白兰芳

白兰芳（1925—2002 年），山西省临县安业乡人。于 1940 年 4 月加入中国共产党，初中文化。曾在家乡担任过区委书记、中共江津地委第一书记，中共重庆市委副书记、市委农工委书记（兼）等职。

1949 年 10 月，南下入川，历任中共达县县委组织部部长、宣汉县委代理书记、达县县委书记、达县地委委员、地委农工部长。

1959 年 5 月至 1965 年调离大竹后，白兰芳在中共达县地委受过“文化大革命”的磨砺，之后担任中共江津地委第一书记。

1983 年 4—8 月，任中共重庆市委副书记、市委农村工作委员会书记（兼），之后任重庆市人大常委会副主任。

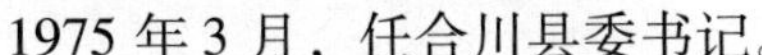

二、潘椿

潘椿（1929—），山东招远县人。于 1946 年参加革命，于 1947 年 2 月加入中国共产党。曾任中共重庆市委常委、市农业委员会书记，市人民代表大会副主任等职。

1948 年 9 月至 1949 年 5 月，参加济南、淮海、渡江战役的支前工作。

1949 年 12 月，随西南服务团到重庆合川县，任县委秘书、办公室主任；1965 年 11 月，任江津地区专员公署办公室副主任。

1971 年 6 月，任江津地区革命委员会办事组副组长，后任中共江津地委办公室副主任。

1975 年 3 月，任合川县委书记。

1977 年 9 月，任铜梁县委书记。

1981 年 7 月，任中共永川地委书记。1983 年 8 月，任重庆市委常委、重庆市农业委员会书记。

1985 年 6 月，任重庆市人民代表大会常务委员会副主任。

1995 年，离休。

三、王海亭

曾任中共四川省永川地委副书记、四川省重庆市委常委兼农村工作委员会副书记、四川省重庆市副市长、重庆市顾问委员会委员。1994 年 4 月，离休（其他资料不详）。

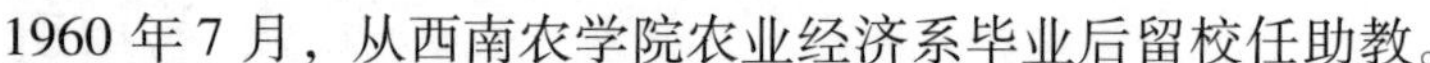

四、肖祖修

肖祖修（1938 年 7 月—），汉族，四川西昌市人，大学本科毕业，教授任职资格。于 1979 年 11 月加入中国共产党。曾任中共重庆市委常委、市农村工作委员会主任，重庆市常务副市长、市第一届人民代表大会常务委员会副主任。

1960 年 7 月，从西南农学院农业经济系毕业后留校任助教。

1961 年 8 月，在北京农业大学农业经济系进修。

1962 年 8 月，在新疆生产建设兵团奎屯农校当教师。

1971 年 3 月，任奎屯市第三中学副校长。

1975 年，任奎屯农机厂副科长。

1979 年 10 月，任西南农学院农业经济系主任。

1985 年 3 月，任中共重庆市委常委、市农村工作委员会主任。

1988 年 6 月，任重庆市人民政府副市长兼市教育委员会主任。

1993 年 5 月，任中共重庆市委常委，市人民政府常务副市长、党组副书记。

1997 年 6 月，任重庆市人民政府副市长、党组副书记。

1997 年 6 月，在重庆市第一届人民代表大会第一次会议上当选为市人民代表大会常务委员会副主任。

2003 年，退休后，出任重庆市关心下一代工作委员会常务副主任，为重庆的青少年工作做了积极的贡献。

重庆市第六届市委委员，重庆市第十二届人民代表大会代表。中国共产党重庆市第一次代表大会代表、重庆市第一届人民代表大会代表。

五、邓中文

邓中文（1934 年 5 月—），合川区南坪乡人。于 1950 年 1 月参加工作，于 1952 年 8 月入党。曾任中共重庆市委常委，兼任中共重庆市委农村工作委员会书记、市农业委员会主任，重庆市第十届政治协商会议常务委员会（以下简称政协）常务副主席。

1940 年春起，在私塾学校念书 8 年。

1948 年学校停办，在家随父种地直到新中国成立。

1949 年 11 月，任村农会文员。

1950 年 1 月，被选举为十塘乡农会青年委员，并兼任十塘乡政府乡干事至当年 5 月（期间，参加合川县人民政府举办的区、乡干部培训班 1 个月的培训）。

1950 年 12 月，调到合川县二区委工作，任机要文书、区机关团支部书记。

1952 年 8 月，参加中国共产党，任区委组织干事同时兼任机要文书。

1954 年 3 月，调中共合川县委任组织员。

1954 年 4 月，调江津地委组织部工作，任地委农林建党组织员。

1962年，任中共江津地委组织部组织科副科长。

1962年8月，调中共江津地委办公室工作，任地委第一书记秘书、地委办公室秘书科副科长、秘书科长。

1964年3月，任中共江津地委组织部副部长。

1965年1月，兼任璧山县“四清”工作团来凤乡“四清”工作队党委副书记，副队长。同年10月，调江津地委“四清”工作总团任政治部副主任。

1966年5月，兼任江津地委机关“文革”领导小组组长。

1972年6月，任江津地区革命委员会（地革委）生产指挥部任组长。

1973年2月，任江津地革委政治部任组织组副组长。

1974年11月，任中共江津地委组织部副部长。

1976年10月，任江津地区清查“四人帮”办公室副主任。

1977年12月，兼任江津地区平反纠正新中国成立以来冤假错案办公室副主任。

1981年12月，任中共大足县委书记。

1982年5月22日，增补为中共永川地委委员。

1983年6月，选为中共重庆市委候补委员，后转补为委员。

1986年7月，任中共重庆市委常委，分工负责农业区（县）工作。

1988年6月至1992年5月，任重庆市委常委，兼任重庆市委农工委书记、市农委主任（兼任到1991年2月）。

1992年6月至1996年6月，任政协重庆市第十届委员会常务副主席，中共重庆市政协党组副书记。

1999年12月，退休。

六、辜文兴

辜文兴（1945年5月—），重庆江津区人。大学学历，高级经济师。于1968年9月参加工作，于1972年4月加入中国共产党。曾任中共重庆市委常委、市农村工作委员会书记、市农业委员会主任，重庆市政协副主席，市委统战部部长。

1964年9月，在四川师范学院中文系学习。

1968年9月，任四川省江津县第三初级中学教师。

1970年9月，任四川省江津县革命委员会学校组、宣传组、组织组干部，县委办公室秘书。

1980年1月，任四川省江津县高牙公社党委书记。

1980年12月，任四川省江津县副县长、县委常委、副书记。

1983年12月，任四川省江津县委书记，1990年2月，兼任县人民代表大会常务委员会主任。

1992年8月，任四川省重庆市农业委员会主任。

1993年5月，任中共重庆市委常委、农工委书记，重庆市农业委员会主任。

1996年10月，任中共重庆市委常委、市长助理。

1997年6月，任中共万县市委书记。

1998年5月，任重庆市万州移民开发区党工委（万州区委）书记兼开发区政协工作委员会主任（区政协主席）。

2000年1月，任重庆市政协副主席，市委统战部部长。

2007年6月，任重庆市政协副主席。

2008年1月，退休。

第九届、第十届全国政协委员，中共第一届、第二届重庆市委委员，重庆市第一届人民代表大会代表，中国共产党重庆市第二次代表大会代表，市第二届政协委员。

七、廖祯华

廖祯华（1928 年 4 月至 2013 年 12 月），重庆市巴南区人。于 1949 年 12 月参加工作。1952 年 5 月，加入中国共产党，大专文化。曾任重庆市委农村工作委员会副书记、市农村工作领导小组办公室主任（兼），市政协副主席。

1949 年 8 月，任巴县跳石乡中心小学任代课教师。

1949 年 11 月，任巴县九区公所任征粮员。

1950 年 6 月，任巴县九区农民协会任干事。

1951 年 2 月，任巴县九区委民运员。

1952 年 8 月，任巴县九区公所副区长。

1954 年 3 月，任共青团巴县县委副书记。

1955 年 1 月，任巴县县委宣传部副部长。

1956 年 11 月，任巴县县人民委员会（人委）县长。

1965 年 12 月，任巴县县委副书记。

1975 年 3 月，任巴县县委书记。

1980 年 3 月，任重庆市人民政府副市长。

1983 年 11 月至 1985 年 4 月，任重庆市委农村工作委员会副书记、市政府农业生产办公室主任（兼）。之后任市农业委员会局级调研员。

1988 年 7 月至 1993 年 5 月，任重庆市政协副主席。

1994 年 4 月，退休。

八、税正宽

税正宽（1941—2012 年），重庆綦江区人。于 1966 年 1 月加入中国共产党，1967 年 9 月，参加工作，大学学历。曾任中共重庆市委常委、市委农村工作委员会书记（兼）、重庆市人民代表大会常务委员会副主任。

1963 年 9 月，在成都大学工业经济系学习。

1967 年 9 月至 1968 年 10 月，留校待分配。

1968 年 10 月，在凉山军垦农场劳动锻炼。

1970 年 7 月，任四川省黔江县水泥厂会计、厂革命委员会副主任。

1973 年 9 月，任四川省黔江县委常委、黔江县寨子公社党委书记、石家区委书记、县科学技术委员会主任。

1980 年 12 月，任四川省黔江县副县长、县委副书记。

1983 年 1 月，任四川省黔江县委副书记、代县长、县长。

1983 年 9 月，任四川省涪陵地区工会办事处主任。

1984 年 5 月，任四川省涪陵地区计委副主任、党组副书记兼地区经济研究室主任、计划委员会主任。

1988 年 7 月，任四川省黔江地委委员、副专员。

1993 年 2 月，任四川省黔江地委副书记、专员。

1996 年 2 月，任四川省黔江地委书记、专员。

1996 年 9 月，任四川省重庆市委常委，黔江地委书记、专员。

1996 年 12 月，任四川省重庆市委常委、黔江地委书记。

1997 年 6 月，任重庆市委常委、农村工作委员会书记（兼）。

2002 年 1 月，任重庆市委常委、农村工作委员会书记（兼），重庆市人民代表大会常务委员会副主任。

2002 年 5 月，任重庆市人民代表大会常务委员会副主任。

2006 年 6 月，任重庆市老区建设促进会会长。

2005 年 12 月，经中组部批准退休。

中国共产党第十五次全国人民代表大会代表。

九、刘光磊

刘光磊（1954 年 11 月—），山东单县人。中央党校研究生，经济师，副总警监。于 1970 年 11 月参加工作，于 1973 年 11 月加入中国共产党。曾任中共重庆市委常委、市委农村工作领导小组组长、市委农村工作委员会书记（兼）。

1970—1976 年，解放军 35 212 部队战士、班长、营部代理书记。

1976 年，贵州省毕节地区汽车运输公司工人、组织科干事、政治处办公室副主任。

1984 年，贵州省毕节地委党校党政干部大专培训班学员。

1986 年，任贵州省毕节地委办干事、副主任科员、秘书科副科长，地委深化农村改革试点工作队队长。

1988 年，任贵州省毕节地区林果药茶开发公司党支部书记、副经理（副县级）。

1990 年，任贵州省威宁县委副书记、书记。

1994 年，任贵州省毕节地区农村经济委员会主任、党组书记、扶贫开发领导小组办公室主任。

1995 年，任贵州省黔西南州委常委、副书记、组织部部长（1995 年 8 月至 1997 年 12 月，在中央党校函授学院本科班党政管理专业学习）。

1998 年，任贵州省黔东南州委副书记（正地级）。

1998 年，任贵州省黔东南州委书记（2003 年 3 月至 2004 年 1 月中央党校一年制中青班学习）。

2004 年，任贵州省委常委，黔东南州委书记。

2005 年，任贵州省委常委，省公安厅厅长、党委书记，2005 年 12 月，任副总警监。

2006 年，任重庆市委常委、政法委员会书记，市公安局党委书记、局长（2003 年 9 月至 2006 年 7 月，在中央党校函授学院省部级干部研究生班政治学专业学习）。

2009 年，任重庆市委常委、政法委员会书记。

2012 年，任重庆市委常委、市委农村工作领导小组组长、市委农村工作委员会书记。

2013 年，任重庆市委常委、统战部部长，市委农村工作委员会书记。

2015 年—，任重庆市委常委、统战部部长、市政协副主席。

中国共产党第十六次全国代表大会代表，第十一届全国人民代表大会代表，中国共产党重庆市第三次、第四次代表大会代表，第二届、第三届、第四届重庆市委委员，重庆市第三届、第四届人民代表大会代表，市第四届政协委员。

十、谢小军

谢小军（1950 年 12 月—），重庆合川区人，于 1995 年加入九三学社。教授，博士生导师。曾任重庆市政府农村工作办公室副主任。重庆市政府副市长、九三学社中央委员会副主席。

1969 年 9 月，在四川省合川县临渡公社，插队落户知识青年。

1973年9月，在四川省江津师范学校体育专业学习。

1975年7月，在四川省合川县肖家公社小学，体育教师。

1978年3月，在四川省合川县师范学校，教师。

1978年9月至1982年9月，在北京师范大学生物系生物专业学习。

1982年9月至1985年7月，在西南师范学院生物系动物学专业学习，获理学硕士学位。

1985年7月，在西南师范大学当助教（1986年9月至1989年7月，在生物系生态学专业学习，获理学博士学位）。

1989年8月，在西南师范大学当讲师。

1990年10月，被西南师范大学生物系聘为副教授。

1992年12月，被西南师范大学生物系聘为教授。

1996年5月，任水产科学研究所所长。

1997年5月，兼任九三学社市委副主委。

1997年8月，被西南师范大学聘为博士生导师（1993年12月至1995年1月，在英国斯特林大学鱼类营养学专业作博士后研究工作，1998年8月—1999年2月，在美国迈阿密大学，高级访问学者）。

2000年11月，任重庆市农村工作领导小组办公室副主任，兼任九三学社重庆市委副主委。

2002年4月，九三学社重庆市委主委，重庆市农村工作领导小组办公室副主任，2002年12月，任九三学社中央常委。

2003年1月，任九三学社中央常委、重庆市委主委，重庆市人民政府副市长。

2007年12月，任九三学社中央副主席、重庆市委主委，重庆市人民政府副市长。

2011年1月，任九三学社中央副主席、重庆市委主委，政协重庆市第三届委员会副主席。

2013年1月，任九三学社中央副主席、重庆市委主委，政协重庆市第四届委员会副主席。

2016年12月，任九三学社中央副主席，政协重庆市第四届委员会副主席。

2017年1月，任九三学社中央副主席。

九三学社第十届中央委员会委员、第十一届中央委员会常委，第十二、第十三届中央委员会副主席；重庆市第一届委员会副主委，第二、第三届委员会主委。第十届全国政协委员，重庆市第一届政协常委；第十一届全国人民代表大会代表，重庆市第二届人民代表大会代表。

十一、夏祖相

夏祖相（1958年9月—），重庆江津区人。于1978年2月参加工作，于1981年12月加入中国共产党，工程师。重庆市人民代表大会常务委员会副主任，曾任重庆市委农村工作委员会书记、市农业委员会主任。

1978年2月，昆明军区35 015部队战士。

1979年9月，在解放军工程兵学校舟桥专业学习。

1982年1月，在长沙工程兵学院任教员（1986年8月至1989年6月，在长沙工程兵学院舟桥专业大专班函授学习）。

1989年9月，在四川省重庆市农业委员会任科员、副主任科员、主任科员。

1994年1月至1997年3月，任四川省重庆市农业委员会宣传处副处长、办公室副主任。

1997年3月至2000年5月，任重庆市人民政府农村工作办公室政策法规处副处长、处长（1997年8月至1999年12月，在中央党校函授学院行政管理专业学习）。

2000年5月，任重庆市人民政府农村工作办公室副主任（2000年9月至2001年1月，在中央党校西部领导干部培训班学习）。

2004 年 6 月，任重庆市人民政府副秘书长、办公厅党组成员（正厅局级，其间：2004 年 9 月至 2007 年 7 月，在重庆公共管理学院公共管理专业研究生学习）。

2008 年 1 月，任重庆市农业局局长、党组书记；同年 4 月任重庆市委农村工作委员会书记、市农业局局长；同年 7 月任重庆市委农村工作委员会书记、市农业委员会主任。

2009 年 10 月，任重庆市委农村工作委员会副书记、市农业委员会主任。

2010 年 7 月，任重庆市委农村工作委员会书记、市农业委员会主任。

2012 年 6 月，任重庆市委农村工作委员会副书记、市农业委员会主任。

2013 年 8 月至 2016 年 3 月，任重庆市委农村工作委员会书记、市农业委员会主任。

2016 年 1 月至今，任重庆市人民代表大会常务委员会副主任。

中国共产党第十八次全国代表大会代表、中国共产党重庆市市第四次代表大会代表、第四届市委委员、重庆市第四届人民代表大会代表。

十二、张季

张季（1959 年 11 月—），山东昌邑县人。于 1977 年 8 月参加工作，于 1985 年 6 月加入中国共产党，山东大学哲学系哲学专业毕业，哲学学士，西南农业大学资源环境学院土壤专业毕业，农学博士。曾任中共重庆市委农村工作委员会书记、市农业委员会副主任（正厅局长级）。

1977 年 8 月，在辽宁省瓦房店，插队落户知识青年。

1980 年 9 月，在山东大学哲学系学习。

1984 年 7 月，任共青团中央青农部、轻工部、组织部、机关党委、实业部副处长、处长、副部长（1990 年 9 月至 1993 年 7 月，在中央党校经济学专业学习；1993 年 9 月至 1996 年 7 月，在北京大学行政管理专业学习）。

1997 年 7 月，任共青团重庆市委副书记（挂职）。

1998 年 2 月，任重庆市黔江地委副书记，同年 6 月任中国共产党重庆市黔江开发区工作委员会副书记（1998 年 9 月至 2001 年 6 月，在吉林大学世界经济专业硕士研究生学习）。

2000 年 8 月，任渝北区委副书记。

2001 年 12 月，任南岸区委副书记、人民政府副区长、代区长。

2002 年 2 月，任南岸区委副书记、人民政府区长（2001 年 9 月至 2004 年 6 月，在西南农业大学土壤学专业学习取得农学博士学位）。

2006 年 5 月，任南岸区委书记。

2009 年 10 月至 2010 年 7 月，任中共重庆市委农村工作委员会书记、市农业委员会副主任。

2010 年 7 月至 2010 年 12 月，任重庆市人力资源和社会保障局代局长、党组副书记。

2010 年 12 月至 2016 年 5 月，任中共中央政策研究室社会研究局局长。

2016 年 5 月至 2017 年 3 月，任中共中央政策研究室办公室主任。

2017 年 3 月至 2018 年 3 月，任中共中央政策研究室副主任。

2018 年 3 月至今，任十三届全国政协社会和法制委员会副主任。

中国共产党第十九次全国代表大会代表，十三届全国政协社会和法制委员会副主任，重庆市三届市委委员。

十三、王越

王越（1961 年 9 月—），山东沾化县人。研究生，管理学博士，于 1977 年 10 月参加工作，于 1981

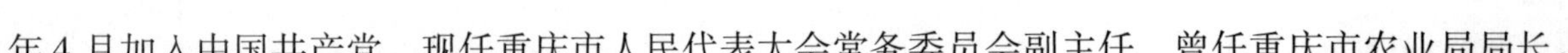
年4月加入中国共产党。现任重庆市人民代表大会常务委员会副主任，曾任重庆市农业局局长。

1977年10月，在四川省巫山县楚阳公社，插队落户知识青年。

1978年1月，在四川省万县农学院农学系农学专业学习。

1981年1月，任四川省万县地区农贸市场建设和改造提升工作领导小组办公室干部。

1983年8月，任四川省万县地区农贸市场建设和改造提升工作领导小组办公室商品生产科副科长、科长。

1988年10月，任四川省万县地区农村经济委员会副主任。

1991年3月，任四川省云阳县委副书记。

1992年7月，四川省万县地区（市）农村经济委员会主任、党组副书记。

1993年5月，任四川省万县地区（市）农村经济委员会主任、党组书记。

1995年4月，任四川省万县市人民政府副市长。

1997年6月，任重庆万县市人民政府副市长（1995年9月至1997年12月，在四川省委党校经济管理专业本科班学习）。

1998年6月，任重庆市万州移民开发区管理委员会副主任、万州区人民政府副区长（1997年9月至1999年7月，在四川大学世界经济专业研究生班学习；1998年5月至1998年11月，挂职任水利部水土保持司副司长）。

2000年5月，任重庆市人民政府副秘书长、办公厅党组成员，2002年12月，正厅局长级。

2004年5月，任重庆市农业局局长、党组书记。（2002年9月至2005年6月，在西南农业大学农业经济管理专业在职研究生学习，获管理学博士学位；2007年2月至2007年4月，在国家行政学院西部地区领导干部培训班学习）。

2007年9月，任重庆市綦江县委书记（正厅局级）（2008年9月至2008年11月，在中国浦东干部学院中青年干部培训班学习；2010年4月至2010年6月，在清华大学、哈佛大学第八期公共管理高级培训班学习）。

2011年11月，任重庆市綦江区委书记。

2013年8月，任重庆市沙坪坝区委书记。

2018年1月，任重庆市人民代表大会常务委员会副主任，沙坪坝区委书记。

2018年3月—，任重庆市人民代表大会常务委员会副主任。

中国共产党第十九次全国代表大会代表，第十一届全国人民代表大会代表，中国共产党重庆市第三次、第四次、第五次代表大会代表，重庆市第三届市委候补委员，第四届、第五届市委委员，重庆市第三届、第四届、第五届人民代表大会代表。

第二节　市委管理的机关实职干部

一、纪俊仪

纪俊仪（1923—2013年），山东省海阳市人。于1939年9月参加革命，于1941年3月加入中国共产党。曾任中共重庆市委农村工作委员会书记、市农业委员会主任（兼）。

1939年9月，参加革命组织“青年抗日先锋队”。

1941年11月，被任命为中共亭儿崖村第一任党支部书记。后历任乡青年抗日救国会副会长、中山联防区青年抗日先锋队分队长。

1942年，任中山联防区政治副指导员、指导员，五虎村片区联防中队政治指导员，海阳联防军第一营第一连政治指导员，中共中山学区组织委员，大山所区青年抗日救国会会长，联合会长，区委副书记。

1948年，参加淮海战役，任海阳县子弟团第一营教导员。淮海战役后，调华东野战军支前司令部。

1949年7月，调南京，参加解放大西南服务团。

1949年12月，进军大西南后，被分配到川东行署长寿县工作。

1949年12月，任长寿渡舟区委书记兼区长。

1951年3月，任长寿城关区委书记、县委委员。

1952年10月，任长寿县委副书记、县农业委员会书记。

1954年6月，任长寿县委代书记，1955年10月至1965年12月，任县委书记。

1966年1月，任中共重庆市委委员，中共重庆市委农林政治部副主任。

1972年3月，任重庆市革命委员会农业组副组长兼市农林局革命领导小组组长。

1973年5月，任重庆市委农村工作部副部长兼市农林局党委书记、局长。

1981年1月，任中共重庆市委农村工作委员会书记，兼任农业委员会主任。

1983年5月，任中共重庆市委农村工作委员会副书记。

1983年8月，任中共重庆市顾问委员会委员。

1988年5月，任中共重庆市第二届顾问委员会委员，直至1993年5月，中共重庆市顾问委员会撤销。

1993年5月，离休。

二、任大军

任大军（1948年—），四川南充市人。于1971年8月参加工作，于1973年7月加入中国共产党，中山大学化学系有机化学专业大学普通班毕业。曾任重庆市委农村工作委员会副书记、市人民政府农村工作办公室主任兼农业综合开发办公室主任，市农机事业管理局局长。

1971年8月，在四川省綦江县通惠公社，插队落户知识青年。

1973年9月，在中山大学化学系有机化学专业学习。

1976年12月，在四川省綦江化肥厂任技术员、副厂长、厂长。

1983年12月，任四川省綦江县委副书记、县长。

1990年3月，任四川省綦江县委副书记、县人民代表大会常务委员会主任。

1993年1月，任四川省綦江县委书记，1993年2月，兼任县政协主席。

1997年2月，任四川省重庆市委农村工作委员会书记、市人民政府农村工作办公室主任。

1997年8月，任重庆市委农村工作委员会副书记、市农村工作办公室主任兼农业综合开发办公室主任。

1999年10月，待安排。

2000年3月，任重庆市林业局副局长。

2003年9月，任重庆市农机事业管理局局长、党组书记。

2007年1月，任重庆市第二届人民代表大会农业与农村委员会副主任委员（正厅局级）。

2008年1月，重庆市第三届人民代表大会农业与农村委员会副主任委员（正厅局级）。

2012年4月，退休。

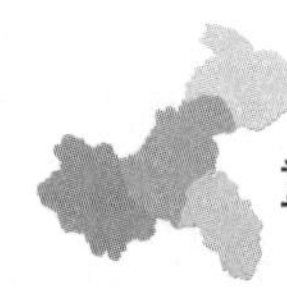

中国共产党重庆市第一次代表大会代表，重庆市第二届人民代表大会代表，重庆市第三届人民代表大会常委。

三、王大用

王大用（1945年—），四川平昌县人。于1967年9月参加工作，于1977年1月加入中国共产党，南充师范学院生化系本科毕业。曾任重庆市委农村工作委员会书记、市人民政府农村工作办公室主任。

1963年9月，在南充师范学院生化系学习，1967年9月，留校待分配。

1968年9月，在重庆市江北县龙兴中学、江北中学任教师、校长、党支部书记。

1984年1月，任重庆市江北县教育局局长、党委副书记。

1987年1月，任重庆市江北县委常委、副县长。

1989年10月，任綦江县委书记、县政协主席。

1992年11月，任重庆市委宣传部副部长。

1997年4月，任重庆市委办公厅主任、副秘书长。

1997年7月，任重庆市委办公厅主任、副秘书长（主持工作）。

1999年10月，任重庆市人民政府农村工作办公室主任、市委农工委副书记。

2002年6月，任重庆市委农村工作委员会书记。

2004年6月，任重庆市二届政协农业委员会副主任（正厅局级）。

2005年1月，任重庆市第二届政协常委。

四、刘涛

刘涛（1956年—），重庆忠县人。本科学历，农学学士。于1974年2月参加工作，于1981年5月加入中国共产党。曾任重庆市委农村工作委员会书记、市人民政府农村工作办公室主任，市农业局局长。

1974年2月，在四川省忠县，插队落户知识青年。

1976年12月，在四川省忠县汝溪小学当教师。

1978年3月，在西南农学院园艺系果树专业学习。

1982年3月，任西南农学院团委干事、副书记、书记。

1985年8月，任共青团四川省重庆市委宣传部部长。

1985年12月，任共青团四川省重庆市委副书记、党组副书记（1986年6月至1989年3月，主持工作；1987年8月至1989年6月，在中央党校经济专业函授学习；1989年3月至1990年12月，挂职巴县县委副书记）。

1992年9月，任四川省重庆市农牧渔业局副局长。

1997年3月，任重庆市人民政府农村工作办公室副主任、市委农村工作委员会副书记（1997年9月至1998年1月，在中央党校第29期厅局级干部进修班学习）。

1999年10月，任重庆市扶贫办公室副主任、党组书记（正厅局级）。

2000年5月，任重庆市农业局局长、党组书记，2001年10月，被评为高级农艺师（2003年3月至2004年1月，在中央党校第十九期中青年干部培训班学习）。

2004年5月，任重庆市委农村工作委员会书记、市人民政府农村工作办公室主任。

2008年1月至2016年8月，任重庆市民政局局长、党组书记。

2016年8月，任重庆市人民政府参事。

五、路伟

路伟（1963 年—），重庆渝北区人。于 1983 年 8 月参加工作，于 1985 年 12 月加入中国共产党。重庆市农业学校中专毕业、重庆市委党校区域经济学专业研究生。现任重庆市委农业农村工委书记、市农业农村委员会主任。

1980 年 9 月，在重庆市农业学校农学专业（中专）学习。

1983 年 8 月，任四川省巴县农业科学研究所干部；同年 12 月，任四川省巴县农牧渔业局干部。

1984 年 4 月，任四川省巴县政府办公室秘书（1984 年 9 月至 1985 年 7 月，在渝州大学文秘班脱产学习；1984 年 4 月至 1987 年 6 月，在四川大学党政干部基础科自考学习）。

1987 年 11 月，任四川省巴县人民政府办公室副主任。

1990 年 3 月，兼任巴县精神文明办公室主任。

1991 年 8 月，任四川省巴县经济体制改革委员会主任。

1993 年 3 月，任四川省巴县人民政府办公室主任（1991 年 8 月至 1993 年 12 月，在中央党校函授学院经济专业大学学习）。

1995 年 3 月，任四川省重庆市巴南区人民政府办公室主任（1994 年 8 月至 1995 年 10 月，挂职任巴南区界石镇党委书记；1995 年 3 月至 1995 年 6 月，在重庆市委党校中青年干部培训班学习），同年 10 月，任四川省重庆市巴南区人民政府副区长、人民政府办公室主任。

1996 年 8 月，任四川省重庆市巴南区人民政府副区长。

1997 年 6 月，任重庆市巴南区人民政府副区长（1997 年 9 月至 2000 年 6 月，在重庆市委党校区域经济专业研究生学习）。

2003 年 3 月，任重庆市巴南区委常委、区人民政府副区长、党组副书记，重庆市巴南区行政学校校长（兼）。

2007 年 1 月，任重庆市物价局副局长、党组副书记，2009 年 3 月，副厅局长级（2010 年 9 月至 2011 年 1 月，在重庆市委党校中青年干部培训班一班学习）。

2013 年 4 月，任重庆市物价局局长、党组书记，市发展改革委员会党组成员（兼）。

2013 年 11 月，任重庆市酉阳土家族苗族自治县委书记。

2016 年 3 月至 2018 年 10 月，任重庆市委农村工作委员会书记、市农业委员会主任。

2018 年 10 月，任重庆市委农业农村工委书记、市农业农村委员会主任。

重庆市第四届人民代表大会代表、中国共产党重庆市第五次代表大会代表，中国共产党第十九次全国代表大会代表，重庆市委委员。

六、廖德清

廖德清（1926—2016 年），重庆市江津区人。于 1951 年 7 月参加工作，中国共产党党员。曾任重庆市农牧渔业局局长、党组书记。

1951 年 7 月至 1953 年 8 月，任綦江石角乡农会、区公所副主任、生产干事、副区长、副书记。

1953 年 9 月至 1960 年 8 月，任綦江石角区委副书记、书记。

1960 年 9 月，任綦江县委组织部副部长兼东溪区委书记。

1963 年 8 月，任綦江县委组织部副部长。

1965 年 11 月，任綦江县人民政府县长、县委常委。

1969 年 10 月，任綦江县革命委员会副主任、县委常委。

1975 年 1 月，任重庆市水利局副局长、党组副书记。

1979 年 5 月，任重庆市农牧渔业局局长、党组书记。

1983 年 7 月，任重庆市农牧渔业局调研员、党组成员。

1984 年 5 月至 1985 年 8 月，重庆市农牧渔业局党组代理书记。

1985 年 9 月，任重庆市农牧渔业局调研员。

1986 年 7 月，退休。

七、郁宏寿

郁宏寿（1930 年—），上海市人。大学本科毕业，于 1953 年加入中国共产党。

1946 年，在上海市真如中学就学。

1949 年 6 月，参加中国人民解放军第二野战军西南服务团。

1950—1953 年，任重庆市南岸十八区鸡冠石乡任副乡长、乡长。

1953—1956 年，任南岸区人民政府办公室秘书，铜元局厂区办事处主任。

1956—1960 年，从西南农学院毕业。

1960 年 6 月，在重庆市农业局任秘书。

1973—1979 年，任重庆市农村工作领导小组办公室、市农业委员会秘书，办公室副主任。

1979—1990 年，任重庆市农业局（农牧渔业局）副局长、局长（1983—1985 年，任四川省援非莫桑比克农业专家组副组长、组长）。

1986 年，任重庆市农业中级、高级职称评审委员会主任。

1991 年，离休。

八、景可嘉

景可嘉（1940 年—），四川省三台县人。大学本科毕业，高级农艺师任职资格。于 1976 年 8 月加入中国共产党。曾任中共重庆市农牧渔业局党组书记、重庆市农牧渔业局局长、重庆市农牧渔业局总农艺师、重庆市农业局巡视员。

1962 年 7 月，从西南农学院农学系毕业，9 月在重庆市农林水利局工作，先后在粮油作物处、科技教育处工作。

1978 年 3 月，任重庆市农业科学研究所党总支部委员、副所长，代所长。

1983 年，调重庆市农业技术推广站工作。

1984 年，任重庆市农牧渔业局粮油作物处处长。

1985 年 7 月，任重庆市农牧渔业局党组书记，9 月任市农牧渔业局局长。

1993 年 9 月，任重庆市农牧渔业局总农艺师（正厅局级）。

1997 年 6 月，任重庆市农业局巡视员（正厅局级）。

2000 年 6 月，退休。

九、税蔚晰

税蔚晰（1940 年—），四川省遂宁市人。大学专科毕业，高级畜牧师，西南农业大学客座教授，曾被评为重庆市劳动模范。曾在农业部援外专家组工作 4 年，1982 年经中国驻莫桑比克大使馆批准加入中国共产党。曾任重庆市农牧渔业局、市农业局党组书记、局长。

1962 年 9 月，在重庆市北碚区农业局做技术员、副站长、副局长。

1979—1983 年，参加农业部赴非洲莫桑比克农业专家组工作。

1984 年 4 月，任重庆市北碚区委常委、科学技术委员会主任。

1985 年 3 月，任重庆市北碚区政府农办主任，兼任农业局局长、党委书记。

1987 年 3 月，任重庆市北碚区委常委、区人民政府常务副区长。

1990 年 1 月，任重庆市农垦局副局长、党组成员。

1993 年 9 月，任重庆市农牧渔业局党组书记、局长。

1997 年 7 月至 2000 年 5 月，任重庆市农业局党组书记、局长。

1997 年 12 月，任重庆市农业技术高级职务评审委员会主任。

2003 年 2 月，退休。

十、张朝贵

张朝贵（1937 年—），重庆市合川区人。大学本科学历，于 1980 年 8 月加入中国共产党。曾任重庆市农机水电局局长、局党组书记，市人民代表大会常务委员会农业委员会主任。

1961 年 7 月，于成都工学院水利系河川枢纽及水电站建筑专业毕业后，在合川县交通局任技术员。

1964 年，在江津专区水电局任技术员、工程师、地区水电勘测设计队队长、地区（1981 年更名永川地区）水电局副局长。

1983 年 6 月，任重庆市农机水电局局长、局党组书记。

1988 年，被评为教授级高级工程师。

1992 年，被评为全国抗洪抢险模范。

1997 年 6 月至 2003 年 1 月，任重庆市第一届人民代表大会常务委员会委员、市人民代表大会农业委员会主任。

2003 年 3 月，退休。

十一、李以宽

李以宽（1946 年—），北京市人。大学本科毕业，高级工程师职称。于 1984 年 12 月加入中国共产党。曾任重庆市农机事业管理局党组书记，局长。

1969 年 8 月，从北京农业机械化学院农业机械化系毕业后，到铁道兵锻炼一年。

1970 年 8 月，在河北省阳原县农机研究所任技术员。

1978 年 12 月，在重庆市农机干部培训学校任教师。

1981 年 9 月，任重庆市农机局办公室秘书。

1984 年 4 月，为重庆市农机局供销处负责人。

1986 年 3 月，为重庆市农机水电局办公室副主任。

1990 年 7 月，任重庆市农机水电局副局长。

1997 年 7 月，任重庆市农机事业管理局党组书记、局长。

2003 年 7 月，任重庆市农机事业管理局巡视员。

2006 年 3 月，退休。

十二、吴亚

吴亚（1959 年—），经济师。中央党校经济学研究生。于 1983 年 8 月参加工作，于 1986 年加入中国共产党。曾任重庆市农机事业管理局局长、党组书记。

1992 年，任重庆市双桥区委常委、组织部部长、副书记、区长。

1999 年，任重庆市万州移民开发区党工委副书记、重庆市万州区委副书记。

2003 年 6 月，任重庆市渝北区区长，渝北区委副书记、常委、委员。

2006 年 12 月，任重庆市农机事业管理局局长、党组书记。

2008 年 3 月至 2017 年 12 月，任重庆市林业局局长、党组书记。

2018 年 1 月—，任重庆市政协民族宗教事务委员会主任。

十三、胡杰玲

胡杰玲（1931 年—），四川巴南区人。于 1950 年 1 月参加工作，于 1953 年 3 月加入中国共产党，高中学历。曾任重庆市农业委员会副书记、副主任。

1936—1949 年，在巴县读书，在重庆猪鬃厂做学徒。

1950—1955 年，在巴县先后任乡干部，区委宣传委员、县委组织部组织员。

1955—1966 年，任四川省委宣传部干事。

1966 年至 1980 年 7 月，任江北县委副书记、县革命委员会副主任。

1980 年 8 月至 1983 年 11 月，任沙坪坝区革命委员会主任、区长。

1983 年 12 月，任沙坪坝区委副书记、区长。

1985 年 3 月，任重庆市农业委员会副书记、副主任。

1989 年 10 月，任沙坪坝区政府巡视员。

1993 年 12 月，退休。

十四、肖师绪

肖师绪（1932 年—），四川省铜梁区人。县农业职业学校初中毕业，1949 年 11 月参加革命工作，于 1952 年 9 月加入中国共产党。曾任重庆市农业委员会副主任、市人民代表大会农业委员会副主任。

解放初期参加铜梁县青年干部训练班学习，并从事征粮、剿匪、减租退押、土地改革工作。

1953 年，任铜梁县人民政府建设科科员、县委政策研究员、县委办公室副主任。

1957 年 2 月，任铜梁县大庙区委书记、县共和铁厂党委书记、县委办公室主任。

1965 年 4 月，任铜梁县委副书记。

1970 年 10 月，任铜梁县修建襄渝铁路民兵团副政委。

1975 年 5 月，任永川地委农林部第一副部长，兼任地区农业局局长和行政公署农村工作领导小组办公室副主任。

1983 年 4 月，任重庆市农业委员会副主任、党组成员。

1991 年 9 月，任重庆市人民代表大会农业委员会副主任（正厅局级）。

1997 年退休后，被聘请担任重庆市人民代表大会办公厅扶贫集体办公室副主任。

十五、陈述春

陈述春（1929年—），江津区人，于1950年7月从江津县师范校毕业，同年8月参加工作。先后在四川省江津县人民法院、县人民政府农业科、江津地委农村工作部工作。

1961年，江津地委、专署机关迁永川后，在地区农业局、专署农村工作领导小组办公室、地委农林部工作。

1979年，任永川地委农林部副部长。

1983年，永川地区与重庆市合并后，重庆市农村工作委员会与市人民政府农村工作领导小组办公室合署办公，任农村工作领导小组办公室副主任。

1985年5月，退居二线，任重庆市农业委员会调研员。

1989年7月，退休。

十六、熊铭勋

熊铭勋（1927—1999年），安徽省金寨县人。中农家庭。上海同济大学法律系毕业，1949年11月加入中国共产党。曾任重庆市农牧渔业局副局长。

1948年，在同济大学法律系学习。

1949年6月，在南京集结参军，西南服务团干部团任炊事员；同年12月，任西南局军政委员会、重庆市军事管制委员会、民政局干事。

1952年12月，重庆市人民政府办公厅秘书科科员。

1953年4月，重庆市人民政府办公厅资料研究科科员。

1954年2月，任重庆市城市建设委员会计划检查科副科长（期间负责渝州宾馆基建工作）。

1956年12月，任重庆市人民政府办公厅第六科副科长。

1966年，“文化大革命”期间任重庆市人民政府办公厅农业科副科长。

1973年，任重庆市农村工作部、农村工作委员会生产处副处长，重庆市人民政府蔬菜办公室任副主任。

1979年4月，任重庆市农牧渔业局副局长。

1985年8月，任重庆市农牧渔业局调研员。

1994年，离休。

十七、尹有贵

尹有贵（1931—2003年），重庆永川区人。曾任四川省重庆市农机水电局副局长（主持农机管理工作）。中华人民共和国成立后，先后任四川省煤炭厅秘书、团委书记、四川省委秘书，20世纪60年代下派到四川省曾家山煤矿从事“四清”，任四川省江津专区（后改为永川地区）璧山县委副书记、县长。

1979年，调任永川地区农业机械管理局局长。

1983年6月至1987年4月，任四川省重庆市农机水电局副局长（主持农机管理工作）。

1991年，退休（正厅局级）。

十八、汪世凡

汪世凡（1933年—），四川省铜梁区人，初中文化。于1951年5月参加工作，于1957年加入中国

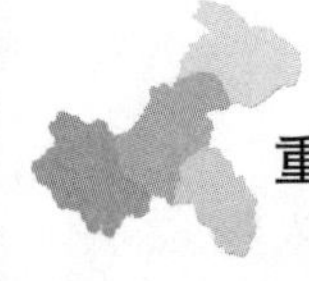

共产党。曾任重庆市农牧渔业局副局长。

1951 年 5 月，在铜梁县税务局工作。

1953 年，在中央税务学校西南分校学习。

1954 年，任铜梁县人民政府财经委员会科员。

1956 年，任中共铜梁县委财资政治部干事。

1960 年，任铜梁县人民政府办公室秘书。

1964 年，任永川地区财资办公室干事。

1975 年，任四川省永川地区农业局农场组组长。

1979 年，任四川省永川地区农业局副局长。

1983 年，任重庆市农牧渔业局副局长。

1989 年，任重庆市农牧渔业局巡视员（正厅局级）。

1994 年，退休。

十九、谢赐福

谢赐福（1933 年—），重庆市璧山区人。于 1952 年 8 月参加工作，于 1954 年加入中国共产党。高级农艺师。曾任重庆市农牧渔业局副局长。

1952 年 8 月，毕业于四川省荣昌畜牧学校，分配在四川省江津专区行署建设科。

1952 年，在荣昌县人民政府建设科工作。

1954 年，任荣昌县建设科农业技术推广站站长。

1955 年，在江津专署建设科工作。

1955 年 10 月，任四川省江津地区森林病虫防治检疫站站长。

1958 年 6 月，任江津地区农业局农业技术推广站长。

1963 年 10 月，任江津地区气象局负责人。

1964—1965 年，任江北“四清”工作团鸳鸯工作处工作组长，鱼嘴工作队副队长，璧山工作团城北工作队队长。

1973 年 9 月至 1978 年 5 月，任四川省永川地区农业局副局长。

1983 年 8 月至 1985 年 8 月，任重庆市农牧渔业局副局长，后退二线为局级调研员。

1988—1992 年，任重庆市长江上中游水果开发项目领导小组办公室主任。

1992—1993 年，任重庆市农牧渔业局局级巡视员。

二十、贺廷干

贺廷干（1927—2014 年），璧山县人。于 1951 年 4 月参加工作，中国共产党党员，畜牧师。曾任重庆市农牧渔业局副局长。

1949 年以前，在璧山河边场读小学，青木关中学读初中及高中。

1949 年 9 月至 1950 年，在中国公学大学部读书。

1951 年 1 月，考入川东外政公署农业厅畜牧兽医干部班学习，任学习组长。

1951 年 4 月，在江津专员公署兽医卫生防疫队工作。

1951 年 8 月，在合川兽医卫生防疫站工作，任站长。

1952 年 2 月，在璧山兽医卫生防疫站工作，任负责人、站长。

1953 年 2 月，因专署兽医卫生防疫队撤销，调江津兽医卫生防疫站工作。

1953 年 6 月，在合川兽医卫生防疫站工作，任站长。同年 7 月—12 月，在四川省农干班学习畜牧兽医知识、任组长。

1954 年 1 月至 1980 年 11 月，在江津专署农业局工作（1954 年 8—12 月在四川农村干部培训班学习专业知识，任中队长，1956 年至 1959 年 12 月在江津专署农业局任畜牧组组长）。

1980 年 12 月，任永川地区畜牧局副局长。

1983 年 5 月，任重庆市农牧渔业局副局长。

1985 年 12 月，在重庆市农牧渔业局任局级调研员。

1989 年 2 月退休，退休后继续在重庆市防治牲畜五号病指挥部、重庆市农业局防治牲畜五号病办公室工作，一直到 2000 年 12 月。

二十一、张彪

张彪（1929—2007 年），陕西蒲成县人。于 1948 年 8 月参加工作，于 1952 年 12 月加入中国共产党。大专文化程度，高级经济师。曾任重庆市农机水电局副局长、正局级巡视员。

1948 年 8 月至 1950 年 2 月，陕西韩城县第一野战军洛河部队战士、源县及西北军大军械员、成都南下支队粮秣员。

1950 年 2 月至 1954 年 11 月，任重庆市第二高级步校粮秣员、建设局农业技术指导所副站长、建设局农机队副队长。

1954 年 11 月至 1962 年 5 月，任重庆市农业水利局水利队队长水利科副科长、市农业机械管理局水利科副科长。

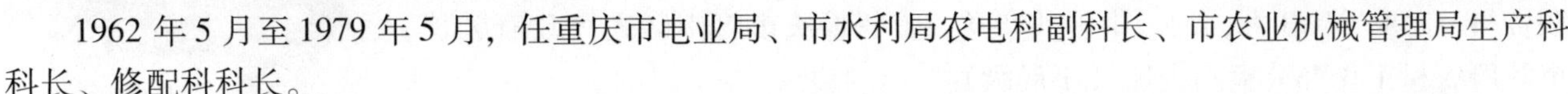

1962 年 5 月至 1979 年 5 月，任重庆市电业局、市水利局农电科副科长、市农业机械管理局生产科科长、修配科科长。

1979 年 5 月至 1988 年 11 月，重庆市农业机械管理局副局长、市农机水电局副局长、党组成员。

1988 年 11 月至 1989 年 11 月，重庆市农机水电局正局级巡视员。

1989 年 11 月，离休。

二十二、徐明虎

徐明虎（1936 年—），重庆长寿区人，于 1951 年 7 月参加工作，于 1956 年 10 月加入中国共产党。高级经济师、高级政工师。西南政法学院政治系函授专科毕业。曾任重庆市农业委员会副主任。

1951 年 7 月，在中共长寿县委工作队从事征粮、土改等农村工作。

1952 年 5 月，在长寿县人民银行做储蓄、政治学习辅导员。

1956 年，在长寿县委肃反办公室从事外调及案件甄别工作。

1957 年，在长寿县人民检察院经四川省人民政府任命为检察员。

1960 年，在县委党校任理论教员、办公室副主任。“文革”后任县沼气办公室主任。

1975 年，任中共长寿县葛兰区委副书记、县委宣传部副部长。

1979 年，任中共长寿县委宣传部部长，兼任葛兰区委书记。

1980 年 12 月，任长寿县副县长、县委副书记、县长。

1989 年 11 月，在重庆市农业委员会任副主任兼农口政治思想研究会会长、市农民体育协会主席以及农业委员会机关党委书记等职。

1994 年 8 月，担任重庆市农业委员会巡视员。

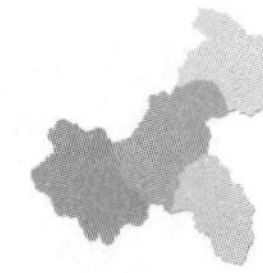

1996 年 10 月，退休。

二十三、杨修战

杨修战（1944 年—），重庆市綦江区人。于 1959 年 10 月参加工作，于 1965 年 12 月加入中国共产党，大专学历。曾任重庆市委农村工作委员会副书记、市农村工作领导小组副主任，市二届人民代表大会农业与农村委员会主任。

1959 年 10 月，綦江县高清人民公社参加工作，任邮递员、信用社会计。

1961 年 11 月，任郭扶乡信用社会计，郭扶乡团委书记。

1966 年 4 月，任綦江县郭扶区副区长。

1975 年 11 月，任重庆市农林局副局长。

1979 年 4 月，任重庆市林业局副局长。

1988 年 7 月，任重庆市林业局党组书记、局长。

1997 年 8 月，任重庆市农业工作委员会副书记、农村工作领导小组办公室副主任。

2003 年 1 月，任重庆市第二届人民代表大会常务委员会委员，农业农村委员会副主任、主任。

2008 年 4 月，退休。

二十四、张国林

张国林（1945 年—），重庆市江津区人。大学专科毕业，高级工程师任职资格。1983 年 10 月，加入中国共产党，曾任重庆市巴南区人民政府区长、市政府农村工作办公室副主任（正局级）。

1960 年 9 月至 1966 年 8 月，成都水力发电学校毕业在甘肃省水利厅水文总站工作。

1977 年 6 月，在巴县前进化工厂、巴县农机水电局工作。

1984 年 1 月，任巴县县委办公室秘书、研究室副主任、县委办公室副主任。

1988 年 9 月，任巴县县委常委。

1990 年 1 月，任巴县县委副书记。

1993 年 1 月，任巴县县委副书记、县人民政府县长。

1994 年 12 月，任重庆市巴南区人民政府区长。

2000 年 6 月，任中共重庆市委农村工作委员会委员、市人民政府农村工作领导小组办公室副主任（正厅局级）。

2005 年 6 月，退休。

二十五、傅中鼎

傅钟鼎（1943 年 2 月—），重庆市巴县人（现为巴南区）。大专学历，于 1961 年 8 月参加工作，于 1983 年 3 月加入中国共产党，高级农艺师。曾任重庆市农村工作办公室副主任。

1964 年 8 月至 1972 年 11 月，在巴县虎溪镇当知青。其后，在巴县农业科学研究所做工人、技术干部。

1983 年 11 月，在巴县农业技术推广站任助理农艺师。

1983 年 12 月，任巴县农村工作领导小组办公室副主任。

1985 年 8 月，任巴县副县长。

1992 年 3 月，任重庆市农村工作办公室副主任。

1997 年 8 月，任重庆市人民政府副秘书长（正厅局级）。

2000 年 5 月，任重庆市水利局局长、局党组书记。

2001 年 12 月，任重庆市政协常委，市政协农业委员会副主任、主任。

2008 年 6 月，退休。

二十六、胡长青

胡长青（1940 年—），四川省阆中市人。大学本科毕业，高级工程师，于 1965 年 9 月参加工作，于 1972 年 6 月加入中国共产党。曾任重庆市农机事业管理局副局长。

1965 年 7 月，从四川省农业机械学院农机系农机设计与制造专业毕业，当年 9 月，分配到重庆市机械研究所农机研究室做实习生、技术员。

1970 年 12 月，任重庆市农业机械研究所情报室、研究室、办公室副主任。

1979 年 12 月，任重庆市农业机事业管理局行政办公室、党委办公室副主任。

1984 年 4 月，任重庆市农机水电局办公室副主任。

1984 年 7 月，任重庆市农业委员会组织处副处长、处长、政治处处长。

1985 年 8 月，任重庆市乡镇企业局副局长、党组成员。

1989 年 6 月，任重庆市农机水电局副局长、党组成员。

1997 年 8 月，任重庆市农机事业管理局副局长、党组成员。

2000 年 6 月，任重庆市农机事业管理局巡视员。

2001 年 4 月，退休。

二十七、赵綦娅

赵綦雅（1949 年—），女，浙江省诸暨市人。于 1969 年 1 月参加工作，于 1971 年 4 月加入中国共产党。曾任重庆市委农村工作委员会副书记、副主任。

1969 年 1 月，在綦江县三角公社新农大队，插队落户知识青年。

1971 年 4 月，任綦江县县委常委，在綦江县革命委员会群众工作部工作。

1973 年 4 月，在重庆市委群众工作部工作，参加了恢复重庆市共青团组织的筹备工作。4 月 21 日，被选为綦江县团委书记，6 月，任团市委副书记。

1975 年 9 月，任重庆市沙坪坝区石桥公社党委第一书记。

1977 年 9 月，任重庆市农业委员会副书记，重庆市委农村基本路线教育工作团、长寿县龙溪区工作团和江北县洛碛区工作团团长。

1980 年 9 月，任重庆市南岸区委委员、南岸区革命委员会副主任，其间到西南农业大学学习。

1981 年 5 月，任重庆市长江农工商总公司副总经理。

1983 年，到重庆市委党校大专班学习。

1986 年 3 月，任重庆市市中区第一届人民代表大会代表。

1988 年 5 月，任中国共产党重庆市第六次代表大会代表。

1991 年 7 月，任重庆市农业委员会副主任。

1997 年 3 月，任重庆市扶贫开发办公室党组成员、副主任。

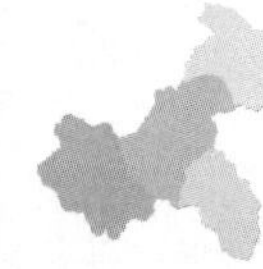

2003年2月，任重庆市政协第二届委员会农业委员会委员。

二十八、张世钊

张世钊（1940年—），重庆市铜梁区人。于1968年2月参加工作，于1969年3月加入中国共产党，大学专科毕业。曾任中共重庆市农村纪律检查工作委员会书记。

1968年2月，中国人民解放军59 001部队战士，同时担任文书、营部书记、副政治指导员、组织干事。

1978年2月，任中国人民解放军高级军械学校政治部组织处干事。

1982年2月，任永川地区纪委干部。

1983年3月，任中共重庆市纪律检查委员会主任干事、室副主任、主任。

1998年5月，任中共重庆市委农村工作委员会委员，中共重庆市农村纪律检查工作委员会书记。

2001年1月，任重庆市农业综合开发办公室助理巡视员，至退休。

二十九、周崇基

周崇基（1942年—），回族，四川省大竹县人。大学本科毕业，高级农艺师，高级政工师。1983年5月，加入中国共产党。曾任重庆市农机事业管理局副局长。

1984年4月，任重庆市农业技术推广站站长。

1984年6月，任重庆市农业委员会生产处处长。

1985年8月，任中共重庆市委农村工作委员会政治处处长、组织处处长（1987年10月至1988年1月，在重庆市委党校学习）。

1995年3月，任重庆市农机水电局副局长、党组成员（其间：1995年5月—6月，在上海交通大学重庆市领导干部高级研修班全脱产学习）。

1997年8月，任重庆市农机事业管理局副局长、党组成员。

2000年6月，改任助理巡视员。

2002年4月，退休。

三十、辜文育

辜文育（1943年—），四川省仁寿县人。大学本科毕业，高级农艺师职称。1980年2月，加入中国共产党。曾任重庆市农业局副局长。

1966年7月，毕业于西南农学院农学系。

1968年10月至1974年4月，任巴县长生桥区生产干部。

1974年4月至1983年4月，任巴县农业科学研究所技术干部、副所长、所长。

1985年5月至1997年7月，任重庆市农牧渔业局副局长、党组成员。

1997年7月至2003年10月，任重庆市农业局党组成员、副局长。

2003年10月至2004年10月，任重庆市农业局巡视员。

2004年10月，退休。

三十一、高益信

高益信（1941 年—），高级农艺师，1964 年 8 月，四川农业大学土壤农化专业本科毕业。曾任重庆市农业委员会副主任。

1964 年 8 月，任重庆市农业局粮土科科长，市农业区划办公室主任。

1985 年 3 月，任重庆市农业委员会副主任。

1997 年 5 月，任重庆市农业委员会副巡视员。

2002 年 6 月，退休。

三十二、李维舟

李维舟（1939—2008 年），四川荣县人。

1963 年 9 月，到重庆市农水局工作。

1965 年 12 月，加入中国共产党。

历任重庆市农业委员会政策研究室主任，重庆市农业委员会党组成员，纪律检查组组长、副主任（1986 年 6 月），重庆市扶贫开发办公室助理巡视员（1997 年 3 月）等职，中国共产党重庆市第六、第七次代表大会代表。1999 年 10 月退休。

三十三、王昌渠

王昌渠（1948 年—），重庆市合川区人。大学学历，于 1969 年参加工作，于 1978 年加入中国共产党。

1977 年 1 月至 1984 年 12 月，成都工学院水利系毕业，在合川县水利电力局工作，任技术员、股长、副局长、局长。

1984 年 12 月至 1987 年 2 月，任合川县委、荣昌县委副书记。

1987 年 2 月，任荣昌县委书记。

1992 年 10 月，任重庆市委农村工作委员会副书记。

1993 年 5 月至 1997 年 7 月，任重庆市乡镇企业管理局局长、党组书记，重庆市委农村工作委员会副书记。

1997 年 7 月，任重庆市乡镇企业管理局局长。

2000 年 5 月，任重庆市扶贫开发领导小组办公室主任、党组书记。

2007 年 1 月至 2011 年，任重庆市政协农业委员会副主任、主任。

2012 年 1 月，退休。

2012 年 1 月，经市委组织部批准，担任重庆市革命老区建设促进会会长。

三十四、戴祥文

戴祥文（1938 年—），重庆市渝北区人。大学本科毕业，于 1964 年 7 月参加工作，于 1962 年 6 月加入中国共产党。曾任重庆市农业局副局长。

1959 年 7 月，重庆市第一中学高中毕业。

1964 年 7 月，四川农学院牧医系毕业后，在重庆市农业学校担任政治教师。

1965 年，任重庆市农业学校政治处处长。

1981 年，在中共重庆市委党校学习培训，同年，任重庆市农林局组织人事科副科长。

1984 年，任重庆市农牧渔业局组织人事处处长。

1985 年 10 月，任重庆市农牧渔业局副局长、党组成员。

1997 年 7 月，任重庆市农业局副局长、党组成员。

1997 年 12 月，任重庆市农业局助理巡视员，至退休。

三十五、王淑裕

王淑裕（1938 年—），女，重庆市涪陵区人。大学本科毕业，于 1961 年 9 月参加工作，于 1975 年 2 月加入中国共产党。曾任重庆市农业局副局长、纪律检查组组长。

1961 年 9 月，西南农学院毕业后，在市委农村工作部生产处任干事。

1971 年 1 月，任重庆市农业委员会政治处干事。

1981 年 1 月，任重庆市农业委员会企业管理处干事。

1983 年 6 月，任重庆市农业委员会宣传处副处长。

1988 年 11 月，任重庆市农业委员会宣传处处长。

1991 年 9 月，任重庆市农牧渔业局副局长、党组成员。

1992 年 5 月，任重庆市农牧渔业局机关党委书记，9 月，任重庆市农牧渔业局纪律检查组组长。

1997 年 7 月，任重庆市农业局副局长、党组成员。

1997 年 12 月，任重庆市农业局助理巡视员。

1998 年 10 月，退休。

三十六、王健

王健（1957 年—），重庆万州区人。于 1976 年 9 月参加工作，于 1984 年 4 月加入中国共产党。教授，北京农业大学研究生院兽医内科专业研究生毕业，兽医硕士，中国农业大学预防兽医学专业预防兽医学博士。中共重庆市委农村工作委员会副书记、市农业委员会副主任（正厅局级）。

1976 年 9 月，任四川省万县市天城区分水镇团委任副书记，兼农业机械管理站车工。

1978 年 2 月，在四川农学院兽医系兽医专业学习，获农学学士学位。

1982 年 1 月，在四川畜牧兽医学院兽医系当教师，1984 年 7 月，任系办公室主任（1982 年 9 月至 1983 年 1 月，在甘肃农业大学兽医系进修）。

1985 年 8 月，在北京农业大学研究生院兽医内科专业学习，获兽医硕士学位。

1988 年 6 月至 1990 年 2 月，任四川畜牧兽医学院教师、兽医系副主任、副教授（1989 年 2 月至 1990 年 1 月，在华南农业大学农业部出国预备人员英语培训学习）。

1992 年 2 月，任四川畜牧兽医学院科技处处长，《四川畜牧兽医学院学报》副主编（1994 年 10—12 月，在四川省委第二党校系处级干部班学习）。

1996 年 5 月，任四川畜牧兽医学院副院长、教授，《四川畜牧兽医学院学报》主编。

1998 年 8 月，任四川畜牧兽医学院院长（1999 年 10—12 月，在国家高级教育行政学院学习）。

2001 年 9 月，任重庆市农业局副局长、党组成员（正厅局级，其间，2002 年 3 月至 2005 年 3 月，在中国农业大学预防兽医学专业学习，获预防兽医学博士学位；2002 年 9 月至 2003 年 1 月，在中央党校西部地区干部培训班第五期学习）。

2008 年 4 月，任重庆市委农村工作委员会副书记、市农业局副局长（正厅局级），同年 8 月，任重庆市委农村工作委员会副书记、市农业委员会副主任（正厅局级，其间，2011 年 2—7 月，在重庆市委党校第三期中青年干部培训班学习）。

2017 年 6 月，退休。

重庆市第四届政协农业委员会副主任。

三十七、蓝富国

蓝富国（1948 年—），重庆忠县人。于 1971 年 3 月参加工作，于 1972 年 4 月加入中国共产党。四川省委党校政治经济专业大专学历。曾任重庆市委农村工作委员会副书记、市农村工作领导小组办公室副主任（正厅局长级），重庆市第三届政协农业委员会副主任（正厅局级）。重庆市一次、二次党代会代表，重庆市一届、二届人大代表，重庆市三届政协常委。

1971 年 3 月，在四川省忠县汽车轮渡任轮机员。

1974 年 9 月，任四川省忠县养路队党支部副书记。

1977 年 6 月，任四川省忠县县委工业交通部干事。

1978 年 9 月，任共青团四川省忠县县委书记。

1980 年 11 月，任四川省忠县干井区公所区长。

1981 年 11 月，任四川省忠县白石区委书记（1983 年 9 月至 1985 年 7 月，在四川省委第二党校政治经济专业大专班学习）。

1985 年 7 月，任四川省忠县移民局局长，同年 11 月，任四川省忠县县委副书记。

1995 年 5 月，任四川省梁平县委副书记、副县长、代县长。

1996 年 3 月，任四川省梁平县委副书记、县长。

2000 年 7 月，任重庆市梁平县委书记（2001 年 9 月至 2002 年 1 月，中央党校第三期县委书记培训班学习）。

2002 年 12 月，任重庆市人民政府农村工作办公室副主任、市委农工委副书记（正厅局级）。

2007 年 1 月至 2008 年 1 月，重庆市二届政协农业委员会副主任（正厅局长级）。

2008 年 1 月，任重庆市第三届政协农业委员会副主任（正厅局级）。

2012 年 4 月，退休。

三十八、杨昌国

杨昌国（1949 年—），重庆市九龙坡区人。于 1982 年 2 月参加工作，于 1983 年 5 月加入中国共产党。四川大学哲学系哲学本科专业，高级政工师。曾任重庆市纪律检查委员会派出市农村纪律检查工作委员会书记、市监察局派驻市人民政府农村工作领导小组办公室监察专员。

1978 年 2 月，在四川大学哲学系哲学专业学习。

1982 年 2 月，任四川省巴县县委党校教师。

1983 年 3 月，任四川省巴县县委政研室副主任。

1984 年 12 月，任四川省重庆市委研究室农业区县处干事，1987 年 4 月，任副处长。

1987 年 10 月，任四川省綦江县委副书记。

1990 年 3 月，任四川省重庆市委研究室农业区县处副处长，当年 9 月，任正处级调研员。

1990 年 11 月，任四川省重庆市人民政府财经办公室宣传教育处处长。

1998 年 5 月，任重庆市商业委员会宣传教育处处长。

2000 年 10 月，任重庆市纪律检查委员会派出市农村纪律检查工作委员会书记、市委农村工作委员会委员。

2007 年 8 月，任重庆市监察局派驻市政府农村工作办公室监察专员。

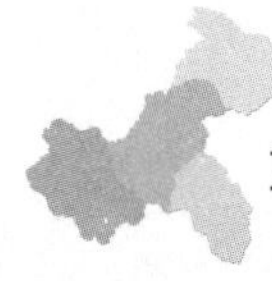

2008 年 1 月，任重庆市政府农村工作办公室副厅局级干部，4 月，任重庆市农业局副厅局级干部。

2009 年 10 月，退休。

三十九、陈卫平

陈卫平（1956 年—），四川资中市人。西南农学院农学系农学专业本科毕业，朝鲜沙里院农业大学农学专业研究生毕业，副博士。1974 年 3 月，加入中国共产党。1974 年 7 月，参加工作。副教授。曾任重庆市农业局副局长、党组成员。

1974 年 7 月，在资中县广太公社 6 大队，插队落户知识青年。

1976 年 3 月，任解放军 0080 部队（国防科委后勤部）文书、汽车驾驶员。

1978 年 10 月，在西南农学院农学系农学专业读书，任校文书。

1982 年 7 月，任西南农学院农学系助教、辅导员，党总支副书记、团总支书记。

1985 年 8 月，任西南农业大学团委书记、讲师。

1987 年 9 月，在朝鲜沙里院农业大学博士院读书，获博士研究生学历和副博士学位。

1990 年 4 月，任西南农业大学党委宣传部部长。

1991 年 6 月，任中国驻朝鲜大使馆二等秘书。

1993 年 6 月，任西南农业大学宣传部部长、副教授。

1994 年 4 月，任西南农业大学党委副书记、副校长。

1997 年 12 月，任重庆市农业局副局长、党组成员。

2004 年 9 月，任重庆市卫生局党组书记、副局长（正厅局级）。

2009 年 3 月，任中共重庆市交通委员会委员、书记、副主任（正厅局级）。

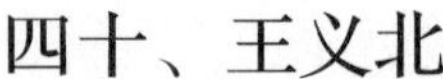

四十、王义北

王义北（1953 年—），女，重庆忠县人。于 1971 年 4 月参加工作，中国共产党党员，党校研究生，高级经济师。曾任重庆市农业局副局长。

1971 年 4 月，在云南省生产建设兵团十六团六营，插队落户知识青年。

1978 年 9 月，在重庆市农业学校农学专业学习。

1981 年 7 月，任重庆市种畜场行政秘书（1982 年 7 月至 1987 年 7 月，在西南农业大学农经系本科班学习）。

1984 年 3 月，任重庆市种畜场副场长。

1987 年 3 月，任重庆市养鸡场副场长、华渝牧工商联合公司副经理。

1987 年 12 月，任重庆市水产养殖公司副经理。

1990 年 8 月，任重庆市农牧渔业局研究室副主任、主任。

1993 年，兼任政策法规处处长和实体办主任。

1994 年 10 月，获高级经济师任职资格（1995 年 3—7 月，在重庆市委党校中青年干部培训班学习）。

1996 年 8 月，任重庆市农牧渔业局计划财务处处长，兼任实体办公室主任（1996 年 4—6 月，在清华大学领导干部研修班学习）。

1997 年 11 月，任重庆市农业局党组成员、副局长（2000 年 5—11 月，挂职任中国农业发展银行资金计划部副主任；1999 年 9 月至 2002 年 7 月，从中央党校研究生院政治学专业毕业）。

2006 年 12 月，任重庆市扶贫开发办公室主任、党组书记。

2011 年 11 月至 2016 年 12 月，任重庆市政协常委、农业委员会主任。

2016 年 12 月，退休。

四十一、曾维露

曾维露（1953 年—），四川泸县人。于 1972 年 3 月参加工作，于 1982 年 10 月加入中国共产党。农艺师、经济师，中央党校在职领导干部研究生班经济管理专业研究生毕业。市纪律检查委员会派出市农村纪律检查工作委员会书记、市监察局派驻市农业委员会监察专员、市委农村工作委员会委员。

1972 年 3 月，中学毕业下乡，在酉阳县楠木公社，插队落户知识青年。

1974 年 11 月，在重庆市农业学校（中专）学习。

1976 年 12 月，任重庆市农业科学研究所作物研究室技术员、助理农艺师（1980 年 9 月至 1982 年 2 月，在四川农学院农学专业进修学习）。

1984 年 7 月，任重庆市农业科学研究所政工科副科长（1984 年 9 月至 1986 年 7 月，在重庆市委党校党政领导干部大专班政治专业学习，大专毕业）。

1986 年 8 月，任重庆市农业科学研究所科研管理科副科长、办公室主任，农艺师。

1989 年 12 月，任重庆市农牧渔业局监察审计处主任科员、副处长，经济师。

1993 年 11 月，任重庆市农牧渔业局任纪检组副组长、监察室主任、审计处处长（1993 年 8 月至 1995 年 12 月，在中央党校函授学院经济管理专业学习，本科毕业）。

1998 年 5 月，任重庆市纪律检查委员会派驻市农业局纪检监察组组长、市监察局派驻市农业局监察专员，市农业局党组成员（1999 年 9 月至 2002 年 7 月，在中央党校在职领导干部研究生班经济管理专业学习，研究生毕业）。

2008 年 4 月，任重庆市纪律检查委员会派出市农村纪律检查工作委员会书记、市监察局派驻市农业委员会监察专员、市委农村工作委员会委员。

2011 年 12 月，任重庆市农业委员会巡视员（正厅局级）。

2013 年 12 月，退休。

四十二、沈文彪

沈文彪（1956 年—），重庆潼南区人。本科学历，于 1981 年 1 月参加工作，于 1985 年 6 月加入中国共产党。曾任重庆市农业局副局长、重庆市农业科学院党委书记。

1978 年 4 月，在四川省永川地区农业学校农作物栽培专业学习。

1981 年 1 月，在四川省永川地区农业局、农林部工作。

1983 年 6 月，任四川省重庆市农业委员会综合处干事（1986 年 9 月至 1988 年 7 月，在重庆市党校经济管理专业大专班脱产学习）。

1989 年 1 月，任四川省重庆市农业委员会综合处副处长（1990 年 9 月至 1990 年 12 月，在重庆市委党校处级干部培训班学习）。

1993 年 11 月，任四川省重庆市农业委员会办公室副主任。

1995 年 6 月，任四川省重庆市农业委员会科技教育处处长（1996 年 5 月至 1997 年 5 月挂职任綦江县县长助理）。

1997 年 6 月，任重庆市政府农村工作办公室科技教育处处长。

1998 年 4 月，任重庆市政府农村工作办公室综合处处长。

1999 年 12 月，任重庆市丰都县委副书记、县长。2000 年 7 月，为副厅局级（1999 年 8 月至 2001

年12月，在中央党校函授学院经济管理专业学习）。

2004年5月，任重庆市丰都县委书记、县人民代表大会党组书记。

2005年1月，任重庆市丰都县委书记、县人民代表大会主任（2006年5月，参加中央党校培训）。

2006年12月，任重庆市农业局副局长、党组成员。

2008年6月，任重庆市农业科学院党委书记。

2011年12月至2016年1月，任重庆市老龄工作委员会办公室主任，市民政局党组成员、副局长（兼）（正厅局级）。

2016年4月，退休。

四十三、詹仁明

詹仁明（1964年—），重庆荣昌区人。于1980年6月参加工作，于1983年5月加入中国共产党。空军第六航空学校飞行专业大专毕业，重庆公共管理学院公共管理专业研究生（地方）。中共重庆市委农业农村工作委员会委员、市农业农村委员会副主任（正厅局级）。

1980年6月，为空军第二航空预备学校、第六航空学校飞行专业学员。

1983年6月，任空军航空兵第三十五师一〇五团正排职飞行员。

1984年6月，任空军航空兵第二师五团飞行一大队正排职飞行员、五团飞行一大队副连职飞行员、六团飞行一大队正连职飞行员。

1988年6月，任空军航空兵第二师六团飞行一大队中队长、副营职中队长、飞行三大队副大队长、正营职副大队长。

1993年10月，任空军航空兵第二师六团飞行三大队大队长、飞行一大队大队长。

1996年5月，任空军航空兵第二师六团飞行一大队副团职大队长。

1997年11月，任空军航空兵第二师六团副团长（1998年9月至1998年12月，在空军指挥学院合同战术班学习）。

1999年5月，任空军航空兵第二师六团正团职副团长（1998年8月至2000年12月，在中央党校经济管理专业学习）。

2002年3月，任空军航空兵第二师六团团长。

2004年5月，任空军航空兵第二师六团副师职团长。

2005年3月，任空军航空兵第二师副师长。

2008年6月，任空军航空兵第十二师师长。

2012年8月至2018年10月，重庆市委农村工作委员会委员、市农业委员会副主任（正厅局级）（2012年9月至2015年6月，在重庆公共管理学院公共管理专业学习）。

2018年10月—，任重庆市委农业农村工委委员、市农业农村委员会副主任（正厅局级）。

四十四、盛娅农

盛娅农（1965年—），女，重庆市丰都县人，中国共产党党员。于1986年7月参加工作，MBA研究生，文学学士。曾任重庆市政府农村工作领导小组办公室副主任。

1986年7月，任四川省重庆市沙坪坝区歌乐山乡党委办公室干部。

1987年7月，四川省重庆市沙坪坝区委政策研究室干部。

1990年9月，任四川省重庆市农村工作委员会办公室干部。

1994 年 3 月，任四川省重庆市农村工作委员会政策法规处副处长。

1997 年 3 月，任重庆市政府农村工作领导小组办公室副主任。

1998 年 3 月，任重庆市农村工作领导小组办公室外经外事处处长（2000 年 3 月至 2003 年 6 月，在重庆工商管理硕士学院工商管理专业学习）。

2003 年 6 月，任重庆市政府农村工作办公室副主任、市委农村工作委员会委员（2004 年 4—9 月，在农业部经济体制改革与经营管理司挂职任副司长）。

2006 年 5 月，任重庆市石柱土家族自治县委书记。

2008 年 2 月，任石柱土家族自治县委书记、县人民代表大会常务委员会主任，2009 年 10 月，为正厅局级。

2011 年 8 月，任重庆市大渡口区委书记。

2013 年 11 月，任重庆市卫生和计划生育委员会党委书记、副主任（正厅局级）。

2016 年 12 月，任重庆市卫生和计划生育委员会党委书记。

2017 年 5 月，为重庆市政协机关党组成员，同年 6 月，任重庆市政协副秘书长。

第十一届全国人民代表大会代表，第三届、第四届重庆市委委员，中国共产党重庆市第三次、第四次代表大会代表，重庆市第三届、第四届人民代表大会代表。

四十五、谢金峰

谢金峰（1966 年—），四川南部县人。于 1989 年 7 月参加工作，于 1984 年 12 月加入中国共产党。中央党校政治学专业研究生，西南农业大学园艺园林学院果树生态专业农学博士。曾任中共重庆市委农村工作委员会副书记。

1985 年 7 月，在四川农业大学园艺系果树专业学习。

1989 年 7 月，在四川省万县地区果品办公室工作。

1989 年 9 月，在四川省巫山县官渡镇任技术员。

1990 年 6 月，任四川省开县赵家镇党委副书记。

1992 年 7 月，任四川省万县市果品办公室果树站工作技术员、副站长，农艺师。

1994 年 2 月，任四川省万县市果品办公室果树站站长。

1997 年 6 月，任重庆万县市果品办公室果树站站长。

1998 年 2 月，任重庆市农业局经济作物处副处长（主持工作），高级农艺师。

1999 年 3 月，任经济作物处处长。

2001 年 2 月，任重庆市荣昌县人民政府副县长、党组成员（1999 年 9 月至 2001 年 7 月，在中央党校政治学专业研究生班学习；2001 年 9 月至 2003 年 6 月，在西南农业大学园艺园林学院果树生态专业在职学习，获农学博士学位）。

2003 年 2 月，任重庆市荣昌县委副书记（2003 年 9 月至 2005 年 12 月，在重庆大学经贸学院经济管理博士后流动站学习）。

2004 年 9 月，任重庆市农村工作领导小组办公室副主任、市委农村工作领导小组办公室副主任、市委农工委委员。

2008 年 4 月，任重庆市委农村工作委员会副书记（2008 年 6—12 月，在浙江杭州挂任市长助理，2009 年 7 月，任市委农村工作领导小组办公室主任，2009 年 9 月，任市委第三批学习实践活动巡回检查组三组组长）。

2009 年 10 月，任重庆市荣昌县委副书记。

2009 年 11 月，任重庆市荣昌县委副书记、县人民政府副县长、代理县长。

2010 年 2 月，任重庆市荣昌县委副书记、县人民政府县长。

2012 年 9 月，任重庆市荣昌县委书记，荣昌县人民政府县长。

2012 年 11 月，任重庆市荣昌县委书记。

2015 年 6 月，任重庆市荣昌区委书记。

2016 年 7 月—，任重庆市委党校常务副校长、重庆行政学院常务副院长。

第三届重庆市政协农业委员会委员。

四十六、张泽洲

张泽洲（1957 年—），苗族，重庆彭水县人。重庆市委党校在职研究生，助理经济师，于 1972 年 10 月参加工作，于 1985 年 5 月加入中国共产党。曾任重庆市委农村工作委员会副书记、市农业委员会副主任。

1972 年 10 月，在四川省彭水县乔子乡，插队落户知识青年。

1974 年 9 月，任四川省彭水县乔子乡中心小学校教师。

1978 年 12 月，任四川省彭水县保家区税务所税务专管员。

1983 年 6 月，任四川省彭水县普子区税务所副所长。

1984 年 11 月，任四川省彭水自治县普子区税务所长。

1987 年 5 月，任四川省彭水自治县税务局副局长。

1988 年 3 月，任四川省彭水自治县鹿角区委副书记、区公所区长。

1989 年 11 月，任四川省彭水自治县黄家坝区委副书记、区公所区长。

1991 年 12 月，任四川省黔江地委宣传部科长（1992 年 9 月至 1995 年 6 月，在省委第二党校函授学院大专班经济管理专业在职学习）。

1996 年 4 月，任四川省黔江地委宣传部副部长。

1997 年 6 月，任重庆市黔江地委宣传部副部长。

1997 年 11 月，任重庆市秀山自治县委副书记（1997 年 9 月至 1999 年 12 月，在市委党校函授学院本科班法律专业在职学习）。

2000 年 8 月，任重庆市秀山自治县委副书记、人民政府副县长、代理县长。

2001 年 1 月，任重庆市秀山自治县委副书记、人民政府县长（2002 年 9 月至 2005 年 6 月，在市委党校研究生班宪法与行政法学专业在职学习）。

2006 年 6 月，任重庆市秀山自治县委书记。

2010 年 7 月，任重庆市农村工作委员会副书记、重庆市农业委员会副主任。

2011 年 11 月，任重庆市供销合作总社党委副书记、监事会主任。

四十七、郭忠亮

郭忠亮（1959 年—），重庆酉阳县人。酉阳师范学校（中专）毕业，重庆市委党校宪法学与行政法学专业研究生毕业，于 1979 年 9 月参加工作，于 1985 年 5 月加入中国共产党。中共重庆市委农村工作委员会副书记、市农业综合开发办公室党组书记（兼）。

1979 年 9 月，任四川省酉阳县天山乡民办教师。

1982 年 9 月，在四川省酉阳师范学校学习。

1984 年 8 月，在四川省酉阳自治县南腰界乡中心小学校任教师（1986 年 9 月至 1988 年 7 月涪陵教育学院中文专业大专学习），1988 年 9 月，任副校长。

1989 年 4 月，在四川省酉阳自治县委宣传部任理论教员。

1990 年 4 月，任四川省酉阳自治县文化局副局长，1991 年 1 月，任局长。

1992 年 1 月，任四川省酉阳自治县钟多区委书记。

1993 年 10 月，任四川省酉阳自治县委办公室主任，同年 12 月，任酉阳自治县县委常委。

1995 年 2 月，任四川省黔江地委办公室副主任、副秘书长，同年 10 月，任四川省彭水自治县委副书记。

1997 年 6 月，任重庆市彭水自治县委副书记，同年 11 月，任重庆市秀山自治县委副书记、副县长（1996 年 9 月至 1998 年 7 月，在四川省委党校经济管理专业大学学习）。

2002 年 2 月，重庆市秀山自治县委副书记、副县长、政法委员会书记（1999 年 9 月至 2002 年 6 月，在重庆市委党校宪法学与行政法学专业研究生学习）。

2003 年 3 月，任重庆市秀山自治县委副书记、政协主席。

2006 年 12 月，任重庆市武隆县委副书记、副县长、代县长。

2007 年 2 月，任重庆市武隆县委副书记、县长。

2011 年 11 月，任中共重庆市委农村工作委员会副书记。

2014 年 7 月，兼任重庆市农业综合开发办公室党组书记。

2018 年 7 月，任重庆市农业委员会巡视员。同年 10 月，任重庆市农业农村委员会巡视员。

四十八、刘启明

刘启明（1955 年—），四川资中市人。农工民主党党员。于 1977 年 7 月参加工作，高级农艺师，四川农学院农学系农学专业本科毕业。农工民主党中央委员，重庆市第四届政协常委。重庆市农业委员会副主任、总经济师（兼）。

1977 年 7 月，在四川省资中县东合乡，插队落户知识青年。

1978 年 3 月，在四川农学院农学系农学专业学习。

1982 年 1 月，任四川省涪陵地区农业局农业技术推广站、农情信息站干部。

1990 年 2 月，四川省涪陵地区农业局信息站站长（1991 年 3 月至 1993 年 2 月，挂职武隆县平桥区任副区长，1992 年 12 月，被评为高级农艺师）。

1993 年 5 月，任四川省涪陵地区农业局副局长。

1996 年 2 月，任四川省涪陵市枳城区副区长，同年 3 月，任四川省涪陵市副市长。

1997 年 1 月，任农工党涪陵市委副主委。当年 4 月，任重庆涪陵市副市长，农工党重庆市委副主委、涪陵市委副主委。

1998 年 5 月，任农工民主党重庆市委副主委、涪陵区委主委，重庆市涪陵区副区长（1999 年 6 月至 2001 年 7 月，在西南师范大学区域经济专业在职研究生课程班学习；2001 年 5—11 月，挂职国家烟草专卖局任政策法规与体制改革司副司长）。

2004 年 9 月，任重庆市人民政府农村工作办公室副主任。

2008 年 4 月，任重庆市农业局副局长、总经济师（兼），农工民主党重庆市委副主委，同年 8 月，任重庆市农业委员会副主任、总经济师（兼），农工民主党重庆市委副主委。

2014 年 9 月，任重庆市农业委员会巡视员。

2015 年 4 月，任农工民主党中央委员，重庆市第四届政协常委。

重庆市第一届人民代表大会代表，重庆市第二届、第三届、第四届政协常委，农工民主党中央委员。

四十九、刘念慈

刘念慈（1954年—），重庆巴南区人。于1980年7月参加工作，于1992年2月加入中国共产党。农艺师，在职本科学历。曾任重庆市农业委员会副主任，市农业综合开发办公室主任、党组书记。

1978年4月，在重庆农业学校园艺专业学习。

1980年7月，在重庆市农业科学研究所任技术员（1985年9月至1986年7月，在西南农学院园艺专业学习）。

1987年1月，任四川省重庆市农委蔬菜副食品处干事，1989年1月，任副处长（1994年9月至1996年12月，在中央党校函授学院经济管理专业学习）。

1997年4月，任重庆市人民政府农村工作办公室农村发展处处长，2000年5月，任流通信息处处长。

2003年2月，任重庆市委农村工作委员会委员（兼），市农业综合开发办公室任主任、党组书记。

2008年4月，任重庆市农业局副局长、市委农村工作委员会委员、市农业综合开发办公室主任、党组书记，同年8月，任重庆市农业委员会副主任、市委农村工作委员会委员、市农业综合开发办公室主任、党组书记。

2014年5月，任重庆市农业委员会巡视员，至退休。

五十、张洪松

张洪松（1954年—），四川射洪县人。于1977年8月参加工作，于1976年9月加入中国共产党。研究员，西南农学院农学系农学专业大学普通班毕业。百千万人才工程国家级人选。重庆市农业委员会副主任、市委农村工作委员会委员（正厅局级）。

1974年11月，在西南农学院农学系农学专业学习。

1977年8月，在西南农学院派市农村基本路线工作团任副组长。

1978年6月，在西南农业大学农学系任教师，系党总支部委员会委员。

1988年8月，在重庆市农业技术推广站任干部，代理党支部书记，当年12月，被评为农艺师。

1989年4月，任重庆市农业技术推广站副站长、站党支部副书记，1993年10月，被评为高级农艺师（1991年4月至1991年10月，赴日本福井县农业试验场进修）。

1995年11月，任重庆市农业技术推广站站长。

1998年12月，被评为农业技术推广研究员。

2003年9月，任重庆市农业局总农艺师。

2005年10月，为重庆市农业局党组成员。

2006年4月，为重庆市农业局党组成员，任重庆市农业科学院院长。

2007年2月，任重庆市农业局副局长、党组成员（正厅局级）。

2008年4月，任重庆市农业局副局长、市委农村工作委员会委员。

2008年8月，任重庆市农业委员会副主任、市委农村工作委员会委员（正厅局级）。

2014年5月，任重庆市政府参事（正厅局长级），至退休。

五十一、黄深政

黄深政（1956 年—），重庆市潼南区人。于 1974 年 12 月参加工作，于 1976 年 8 月加入中国共产党。西南农学院农业工程系农业生产机械化专业本科毕业。重庆市农业委员会副主任、市委农村工作委员会委员。

1974 年 12 月，为解放军 56 075 部队战士。

1977 年 5 月，复员回乡，代课、征粮工作。

1978 年 3 月，在西南农学院农业工程系农业生产机械化专业学习。

1982 年 1 月，任西南农业大学农业工程系政治辅导员、系团总支书记，兼任学生党支书、系党总支副书记。

1988 年 8 月，任四川省綦江县副县长。

1997 年 5 月，任重庆市綦江县副县长。

1997 年 12 月，任重庆市长寿县委常委、副县长。

2002 年 3 月，任重庆市长寿区委常委、副区长。

2003 年 2 月，任重庆市农机事业管理局副局长、党组成员。

2008 年 4 月，任重庆市农业局副局长、市委农村工作委员会委员。

2008 年 8 月，任重庆市农业委员会副主任、市委农村工作委员会委员。

2015 年 5 月，任重庆市农业委员会巡视员，至退休。

五十二、吴纯

吴纯（1959 年—），四川自贡市人。于 1976 年 8 月参加工作，于 1984 年 4 月加入中国共产党，副研究员，西南农学院农学专业、西南师范大学政治系思想政治教育专业毕业，农学学士、法学学士。重庆市农业委员会副主任、市委农村工作委员会委员，总水产工程师（兼）。

1976 年 8 月，在四川省自贡市郊区九洪公社，插队落户知识青年。

1978 年 2 月，在西南农学院农学系农学专业学习。

1982 年 1 月，任西南农学院农学系团总支书记。

1985 年 9 月，在西南师范大学政治系思想政治教育专业第二学位班学习。

1987 年 7 月，任西南农业大学农学系党总支副书记，当年 10 月，被评为讲师。

1989 年 3 月，任西南农业大学农学系副主任、党总支副书记（1990 年 11 月至 1993 年 5 月，挂职潼南县副县长）。

1993 年 1 月，任西南农业大学科研处副处长。

1994 年 11 月，任西南农业大学基建处处长、机关第三党总支书记，1995 年 3 月，被评为副研究员。

1998 年 3 月，任重庆市农业局办公室主任。

2003 年 9 月，任重庆市农业局副局长、党组成员（2005 年 6—12 月，挂职任中国农业发展银行总行营业部副总经理）。

2008 年 4 月，任重庆市委农村工作委员会委员、市农业局副局长，总水产工程师（兼）。

2008 年 8 月，任中共重庆市委农村工作委员会委员、市农业委员会副主任，总水产工程师（兼）（2009 年 3—12 月，在重庆市委党校中青年干部培训班学习）。

2018 年 6 月—，任重庆市农业委员会巡视员。

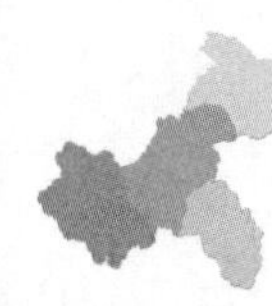

2018 年 10 月—，任重庆市农业农村委员会巡视员。

五十三、唐双福

唐双福（1963 年—），重庆市潼南区人。于 1982 年参加工作，于 2014 年 12 月加入农工民主党。四川省重庆市第二农校中专毕业，重庆市委党校区域经济专业在职研究生毕业。重庆市农业农村委员会副主任。

1979 年 9 月，在四川省重庆市第二农业学校果树专业学习。

1982 年 8 月，任四川省潼南县农业局干部。

1988 年 5 月，任四川省重庆市潼南县农业局果树技术推广站副站长。

1990 年 3 月，任四川省重庆市潼南县农业局果树技术推广站站长（1989 年 8 月至 1992 年 7 月，在西南农业大学园艺系果树专业本科在职学习）。

1993 年 3 月，任四川省重庆市潼南县农业局副局长，当年 10 月，评为农艺师（1995 年 3—7 月，在重庆市委党校第九期青年干部培训班学习）。

1995 年 8 月，任四川省重庆市潼南县县长助理。

1997 年 5 月，任重庆市潼南县县长助理。

1998 年 1 月，任重庆市潼南县副县长（2000 年 6—12 月，挂职福建省莆田市湄洲湾北岸管委会主任助理；2002 年 9 月至 2005 年 6 月，在重庆市委党校研究生班区域经济学专业在职学习）。

2006 年 4 月，任重庆市农业科学院副院长，同年 10 月，被评为高级农艺师。

2007 年 3 月，任重庆党外知识分子联谊会副会长。

2014 年 8 月，任重庆市农业综合开发办公室主任。

2017 年 4 月，任农工民主党重庆市第五届委员会副主委。

2018 年 10 月—，任重庆市农业农村委员会副主任。

重庆市第一届政协委员，第二届人民代表大会代表，第三、第四届政协常委、政协农业委员会副主任。

五十四、刘文华

刘文华（1961 年—），女，重庆铜梁区人。于 1981 年 7 月参加工作，于 1981 年 5 月加入中国共产党。重庆市委农业农村工作委员会委员、重庆市纪委监委驻市农业农村委纪检监察组组长。

1981 年 7 月，任四川省永川地区纪律检查委员会干部。

1983 年 6 月，任四川省重庆市纪律检查委员会干事（1985 年 9 月至 1988 年 7 月，在中央广播电视大学汉语言文学专业专科学习）。

1988 年 11 月，为四川省重庆市监察局科员。

1990 年 11 月，任四川省重庆市监察局副主任科员。

1993 年 11 月，任四川省重庆市纪律检查委员会、市监察局主任科员。

1994 年 1 月，被评为政工师。

1997 年 6 月，任重庆市纪律检查委员会、市监察局主任科员。

1998 年 5 月，任重庆市纪律检查委员会、市监察局第一纪检监察室副主任、审理室副主任（1997 年 8 月至 1999 年 12 月，在中央党校函授学院政法专业本科学习）

2002 年 5 月，任重庆市纪律检查委员会、市监察局案件审理室副主任（正处级）。当年 9 月，任重庆市纪律检查委员会、市监察局案件审理室主任。

2006 年 8 月，任重庆市纪律检查委员会、市监察局案件审理室主任（副厅局长级）。

2009 年 12 月，任重庆市纪律检查委员会派驻市卫生局纪检组组长、市监察局派驻市卫生局监察专员，市卫生局党组成员

2014 年 1 月，任重庆市卫生和计划生育委员会纪委书记、监察专员、党委委员。

2016 年 8 月，任重庆市卫生和计划生育委员会党委委员、市纪委驻市卫生和计划生育委员会纪检组组长。

2018 年 10 月—，任重庆市委农业农村工作委员会委员、市纪委监委驻市农业农村委纪检监察组组长。

五十五、高兴明

高兴明（1959 年 11 月—），土家族，重庆石柱县人。于 1978 年 12 月参加工作，于 1981 年 9 月加入中国共产党。四川省委第二党校函授经济管理专业本科毕业，经济师。重庆市委农业农村工委委员，市农业农村委员会副主任。

1978 年 12 月，在解放军 56048 部队、36177 部队服役。

1983 年 8 月，任解放军步兵第 33 团子弟小学校长。

1985 年 4 月，任四川省石柱土家族自治县人事局干部、主办科员。

1990 年 3 月，任四川省石柱土家族自治县南宾区委副书记（1987 年 9 月至 1990 年 7 月，在中央党校函授学院经济管理专业专科学习）。

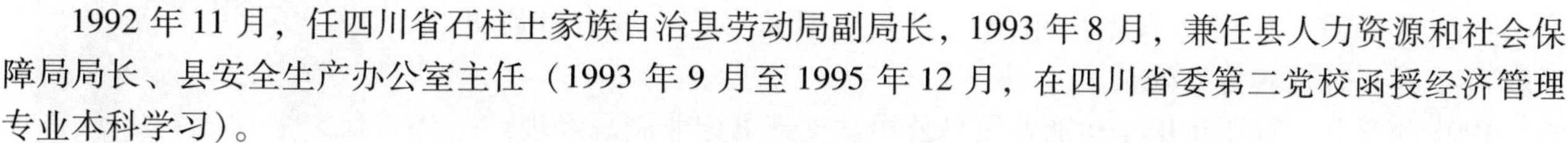

1992 年 11 月，任四川省石柱土家族自治县劳动局副局长，1993 年 8 月，兼任县人力资源和社会保障局局长、县安全生产办公室主任（1993 年 9 月至 1995 年 12 月，在四川省委第二党校函授经济管理专业本科学习）。

1996 年 3 月，任重庆市石柱土家族自治县委办公室副主任、县政策研究室主任。

1997 年 11 月，任重庆市石柱土家族自治县南宾镇党委书记（享受副县级待遇）。

1998 年 2 月，任重庆市石柱土家族自治县南宾镇党委书记，县委宣传部副部长、县文明办主任，同年 9 月，任重庆市委农村工作委员会宣传处副处长。

1999 年 4 月，中共重庆市委农村工作委员会办公室副主任（1998 年 9 月至 2000 年 6 月西南师范大学区域经济规划专业研究生课程进修班学习）。

2000 年 7 月，任重庆市政府农村工作办公室政策法规处处长（2002 年 5—11 月，在挂职上海市农业委员会，任政策法规处副处长）。

2005 年 11 月，任重庆市政府农村工作办公室镇村发展指导处处长。

2006 年 12 月，任重庆市委农村工作委员会委员、市人民政府农村工作办公室副主任。

2008 年 4 月至 2018 年 10 月，任重庆市委农村工作委员会委员、市农业局副局长，市农业委员会副主任。

2018 年 10 月—，任重庆市委农业农村工作委员会委员，市农业农村委员会副主任。

五十六、张钟灵

张钟灵（1956 年 11 月—），湖北光化县人。于 1975 年 7 月参加工作，农工民主党党员，农艺师，中央党校函授经济管理专业本科毕业。曾任重庆市农业局副局长。

1975 年 7 月，在四川省巴县长生公社，插队落户知识青年。

1978 年 3 月，重庆市农业学校（中专）毕业。

1980 年 7 月，在重庆市农业科学研究所蔬菜室工作。

1985 年 11 月，任重庆市农业科学研究所蔬菜室副主任。

1987 年 3 月，任重庆市农业科学研究所技术咨询服务部副主任。

1988 年 9 月，任重庆市水产科技推广站工作。

1989 年 6 月，任重庆水产养殖公司副经理。

1992 年 11 月，任四川省重庆市农牧渔业局蔬菜处副处长，1995 年 5 月，任处长（1994 年 8 月至 1996 年 12 月，在中央党校函授学院本科班经济管理专业学习）。

2001 年 9 月，任重庆市农业局副局长。

2008 年 4 月，任重庆市粮食局副局长。

2009 年 3 月，任重庆市农业综合开发办公室副主任（副厅局级）。

2016 年 11 月，任重庆市农业委员会巡视员，至退休。

重庆市第一届政协委员，市第二届、第三届、第四届政协常委

五十七、王建秀

王建秀（1959 年—），女，陕西紫阳县人。中央党校研究生毕业，于 1981 年 11 月加入中国共产党。曾任重庆市农业委员会副主任，重庆市农业科学院党委书记、副院长。

1977 年 11 月，在重庆肉联厂制药车间当化验员，1983 年 9 月，在厂组织科当办事员。

1984 年 4 月，任四川省重庆市第二商业局团委书记、教育处副处长，1992 年 8 月，任局宣传处处长。

1993 年 3 月，挂职重庆华达商业贸易公司党支部书记兼副总经理。

1995 年 8 月，任四川省重庆市第二商业局副局长、党组成员。

1997 年 8 月，任重庆市供销合作总社副主任、党委委员。

2000 年 9 月，任重庆市农机事业管理局副局长、党组成员。

2008 年 4 月，任重庆市水利局副局长、党组成员。

2011 年 7 月，任重庆市农业委员会副主任、市委农村工作委员会委员、市农机管理办公室主任，同年 12 月，任重庆市农业科学院党委书记。

2014 年 3 月至 2017 年，任重庆市农业科学院党委院党委书记、副院长。

2017 年，任重庆市政协农业委员会主任。

五十八、丁珂

丁珂（1944 年—），辽宁省铁岭开原市人。大学本科毕业，高级经济师。1980 年 9 月，加入中国共产党，曾任重庆市人民政府经济协作办公室副主任，重庆市农业机械管理局副局长。

1967 年 7 月，毕业于鞍山钢铁学院治安系展压力加工专业。

1968 年，在重庆钢铁公司中心钢铁处工作，先后担任车间技术员、车间主任、生产销售科科长。

1985 年 3 月，任重庆市人民政府经济协作办公室任经济协作处处长。

1990 年 9 月，任市经济技术协作办公室副主任。

2000 年 6 月，在重庆市农业机械事业管理局任副局长。

2003 年 9 月，任重庆市农机事业管理局巡视员。

2004 年 5 月，退休。

五十九、郭伟

郭伟（1963 年—），重庆渝中区人。于 1984 年 7 月参加工作，于 1993 年 4 月加入中国共产党，政工师，渝州大学数学专业大专毕业，重庆市委党校函授学院法律专业本科毕业。市委农村工作委员会委员、市纪律检查委员会驻市农业委员会纪检组组长。

1981 年 9 月，在渝州大学数学专业学习。

1984 年 7 月，在四川省重庆市人民路中学任教师。

1986 年 9 月，在四川省重庆市市中区财政局任干部，1987 年 6 月，任科员。

1990 年 9 月，在四川省重庆市监察局任干部，同年 11 月，四川省重庆市监察局纠正行业不正之风领导小组办公室科员，1992 年 8 月，任副主任科员。

1993 年 5 月，四川省重庆市纪律检查委员会、市监察局党风室任副主任科员，1995 年 3 月，主任科员。

1998 年 5 月，重庆市纪律检查委员会、市监察局纠正行业不正之风领导小组办公室副主任。2002 年 5 月，重庆市纪律检查委员会、市监察局纠正行业不正之风领导小组办公室副主任（正处级）（1999 年 9 月—2001 年 12 月，在重庆市委党校函授学院法律专业本科学习）。

2002 年 9 月，任重庆市纪律检查委员会、市监察局宣教室副主任（正处级）。

2006 年 7 月，任重庆市纪律检查委员会、市监察局宣教室主任，2007 年 11 月，副厅局长级。

2011 年 12 月，任中共重庆市委农村工作委员会委员、市纪委驻市农村纪律检查工作委员会书记、市监察局驻市农业委员会监察专员。

2016 年 8 月至 2018 年 10 月，任重庆市委农村工作委员会委员、市纪委驻市农业委员会纪检组组长。

2018 年 10 月，任重庆市卫生健康委员会党委委员、市纪委监委派驻市卫生健康委员会纪检监察组组长。

六十、龚必智

龚必智（1956 年—），重庆綦江区人。解放军南京政治学院大专毕业，重庆公共管理学院公共管理专业研究生（地方），于 1974 年 12 月参加工作，于 1976 年 8 月加入中国共产党。重庆市农业委员会主任助理、机关党委书记。

1974 年 12 月，为解放军总后格拉输油管线管理团战士、政治处书记，青藏兵站部政治部干部科干事。

1984 年 9 月，为解放军南京政治学院学员。

1986 年 7 月，任解放军总后勤部青藏兵站部政治部干部科任正连职干事。

1987 年 1 月，任解放军总后勤部青藏兵站部政治部干部科副科长、科长（副团职）。

1992 年 3 月，任解放军总后勤部青藏兵站部汽车第一团政治委员（正团职）。

1994 年 2 月，任第三军医大学大坪医院政治部副主任。

1996 年 1 月，任第三军医大学大坪医院政治部主任（副师职）。

1997 年 1 月，任第三军医大学政治部副主任（1995 年 8 月至 1997 年 12 月，在中央党校函授学院经济管理专业学习）。

2005 年 1 月，任重庆市农业局局长助理、党组成员（副厅局长级）［2004 年 9 月至 2007 年 7 月，在重庆公共管理学院公共管理（MPA3）专业学习］。

2008 年 4 月，任重庆市农业委员会主任助理、市委农村工作委员会委员（副厅局长级）。

2016 年 1 月，任重庆市农委巡视员，至退休。

六十一、刘国平

刘国平（1948 年—），重庆市江津区人。大学本科毕业，于 1969 年 6 月加入中国共产党。曾任重庆市纪委派驻市农机事业管理局纪检组组长、市监察局派驻市农机事业管理局监察专员。

1968 年 3 月入伍，先后在总后 281 部队和解放军后勤工程学院服役。历任战士、干事、副指导员、指导员、副教导员、教导员、副团职教导员。

1990 年，转业到重庆市财办，市财办纪检组成员、副组长。

1998 年 5 月，任重庆市农机事业管理局纪检组组长、监察专员。

2006 年 4 月，任重庆市农机事业管理局巡视员至退休。

六十二、陈建生

陈建生（1958 年—），四川省南充市人。空军第四航空学校飞行专业大专毕业，在职本科学历，于 1976 年 8 月参加工作，于 1981 年 4 月加入中国共产党。重庆市委农村工作委员会委员、市农业委员会主任助理（副厅局级）。

1976 年 8 月，为空军第二航空预备学校飞行学员。

1977 年 3 月，在空军第四航空学校飞行专业大专学习。

1979 年 4 月，为空军航空兵十五师四十四团飞行三大队飞行员，四十三团飞行一大队飞行员、中队长、副大队长，飞行二大队大队长。

1989 年 12 月，任空军航空兵三十八师一一二团飞行三大队大队长、副团职大队长。

1992 年 11 月，任空军航空兵三十三师九十八团副团职副参谋长、正团职副参谋长。

2000 年 2 月，任空军航空兵三十三师九十七团正团职副参谋长，2001 年 6 月，任副师职副参谋长、大校。

2002 年 3 月，任空军航空兵三十三师副师长。

2003 年 9 月，任重庆市农机事业管理局局长助理、党组成员（副厅局级，其间，2004 年 3 月至 2006 年 6 月，在重庆市委党校函授学院大专起点本科班法律专业学习）。

2008 年 4 月，任重庆市委农村工作委员会委员、市农业局局长助理（副厅局级）。

2008 年 8 月，任重庆市委农村工作委员会委员、市农业委员会主任助理（副厅局级）。

2016 年 11 月，任重庆市委农村工作委员会委员、市农业委员会副巡视员。

2017 年 7 月，任重庆市农业委员会巡视员，至退休。

六十三、罗天

罗天（1943 年—），重庆市江津区人。于 1967 年 7 月参加工作，于 1965

年10月加入中国共产党，大学本科学历。曾任重庆市农业综合开发办公室主任、党组书记。

1967—1976年，在大足县委办公室工作。

1976—1981年，在永川地区行政公署工作。

1981—1997年，在重庆市政府办公厅工作。

1997—2003年，任重庆市农业综合开发办公室主任。

六十四、江玉蓉

江玉蓉（1955年—），女，重庆市璧山区人。于1975年7月参加工作，于1976年7月加入中国共产党，重庆市委党校经济管理专业本科毕业。曾任重庆市纪律检查委员会派驻市农机事业管理局纪检组组长、市监察局派驻市农机事业管理局监察专员。

1975年7月，在四川省璧山县八塘公社，插队落户知识青年。

1978年2月，在重庆市工业学校机器制造专业学习，中专毕业。

1981年2月，任重庆铝制品加工厂技术科技术员。

1984年4月，任重庆市日杂综合工业公司技术员。

1985年10月，任重庆市渝中区委组织部任副主任科员、主任科员（1986年9月至1998年6月，在西南政法大学大专法律专业函授学习）。

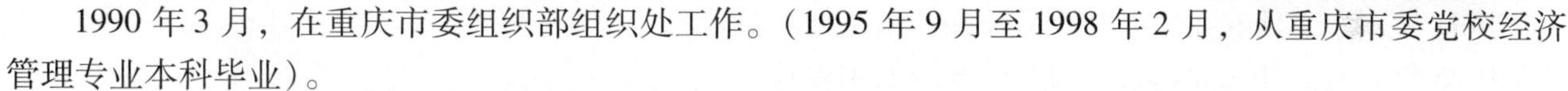

1990年3月，在重庆市委组织部组织处工作。（1995年9月至1998年2月，从重庆市委党校经济管理专业本科毕业）。

1998年2月，任重庆市委组织部组织三处副处级组织员。

2000年10月，在重庆市委组织部人事处工作，任组织部机关党委副书记，机关工会副主席、妇委会主任。

2006年6月，任重庆市纪律检查委员会派驻市农机事业管理局纪检组组长、市监察局派驻市农机事业管理局监察专员。

2008年4—9月，待安排工作。

2008年9月，任重庆市委第一巡视组巡视专员（副厅局级）。

2015年9月，退休。

六十五、关力

关力（1962年—），满族，吉林省吉林市人。大学学历。于1981年10月参加工作，于1993年11月加入中国共产党。曾任重庆市农机管理局副局长，市农业机械化管理办公室副主任（副厅局级）。

1981年10月，为基建工程兵0070部队战士、副班长。

1984年2月，任北京市西城区工商行政管理局干部。

1989年9月，任北京市西城区残疾人联合会办公室主任。

1991年11月，任监察部第七监察司一处主任科员。

1993年1月，任中央纪律检查委员会第四纪检监察室综合处、二处主任科员。

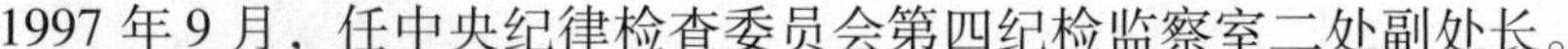

1997年9月，任中央纪律检查委员会第四纪检监察室二处副处长。

2000年7月，任中央纪律检查委员会第四纪检监察室二处处长。

2001年3月，任中央纪律检查委员会第三纪检监察室二处处长、一处处长（2001年10月至2003年10月，挂职任重庆永川市委副书记）。

2004年6月，任重庆市南岸区人民政府党组成员、副区长。

2006年12月，任重庆市农机事业管理局党组成员、副局长。

2008年4月，任重庆市农业机械化管理办公室副主任。

2011年10月，任重庆市扶贫开发小组领导办公室党组成员、纪检组组长。

2016年8月，任重庆市商务委员会党组成员、纪检组组长。

2016年9月—，任重庆市商务委员会党组成员、纪检组组长。

六十六、王久臣

王久臣（1966年—），吉林扶余县人。于1987年7月参加工作，于1987年5月加入中国共产党。工程师，北京农业工程大学农机机械化系农机专业大学毕业，工学学士；河南农业大学生物环境与能源工程专业毕业，工学硕士。曾任重庆市农业委员会副主任。

1987年7月，从北京农业工程大学农机机械化系农机化专业本科毕业，同年7月，任农业部人事劳动司青年干部处科员。

1989年3月，任农业部人事劳动司干部二处科员。

1991年1月，任农业部办公厅部长办公室科员；同年7月，在农业部办公厅部长办公室任副主科员。

1993年6月，任农业部办公厅部长办公室主任科员。

1995年3月，任农业部教育司对外联络处副处长。

1998年8月，任农业部科技教育司引进交流处副处长。

1999年12月，任农业部科技教育司可再生能源处副处长。

2000年7月，任农业部科技教育司可再生能源处处长（1999年9月至2002年6月，在河南农业大学机电学院学习，获工学硕士学位）。

2004年10月，任农业部科技教育司生态能源处处长。

2006年10月，任农业部科技教育司引进开发处处长。

2008年10月，任农业部科技教育司综合处处长。

2009年6月，任农业部科技教育司综合处处长，重庆市农业委员会副主任、市委农村工作委员会委员（挂职）。

2010年12月，任农业部对外经济合作中心副主任，重庆市农业委员会副主任、市委农村工作委员会委员（挂职）。

2011年8月，任重庆市农业委员会副主任、市委农村工作委员会委员。

2012年10月—，任农业部农业生态与资源保护总站副站长、站长。

六十七、刘保国

刘保国（1961年—），山西宁武县人，于1977年8月参加工作，于1987年3月加入中国共产党。副教授，西南农业大学作物栽培及耕作学专业研究生毕业，农学硕士。重庆市委农业农村工作委员会委员，市农业农村委员会副主任。

1977年8月，在四川省井研县三教公社当知青。

1978年10月，在西南农学院农学系农学专业学习，获农学学士学位。

1982年8月，在四川省农业科学院水稻研究所工作。

1985年9月，在西南农业大学农学系作物栽培及耕作学专业学习，获农学硕士学位。

1988 年 7 月，在西南农业大学农学系任助教、水稻室主任（1995 年 2 月至 1996 年 2 月，在南斯拉夫贝尔格莱德大学访问学者）。

1996 年 10 月，任西南农业大学农学系常务副主任（副处级）。

1997 年 9 月，任西南农业大学研究生处副处长。

1998 年 3 月，任重庆市农业局国际合作处处长。

2006 年 1 月，任重庆市农业局市场与经济信息处处长。

2008 年 8 月，任重庆市农业委员会市场与经济信息处处长。

2009 年 4 月，任中共重庆市委农村工作委员会委员、市农业委员会总农艺师。

2017 年 7 月—，任重庆市委农村工作委员会委员、市农业委员会副主任。

2018 年 10 月—，任重庆市委农业农村工委委员，市农业农村委员会副主任。

六十八、岳发强

岳发强（1964 年—），重庆江津区人。于 1986 年 7 月参加工作，于 1994 年 2 月加入中国共产党。福建农学院养蜂专业本科毕业，高级畜牧师。重庆市委农业农村工作委员会委员。

1982 年 9 月，在福建农学院蜂学系养蜂专业大学学习，获农学学士学位。

1986 年 7 月，在重庆市畜禽品种改良站任干部，1993 年 6 月，被评为畜牧师。

1994 年 12 月，任重庆市畜禽品种改良站副站长。

1996 年 7 月，任重庆市畜禽品种改良站站长，1999 年 12 月，被评为高级畜牧师。

2003 年 10 月，任重庆市农业局组织处处长。

2007 年 10 月，任重庆市农业局党组成员、组织处处长。

2008 年 8 月，任重庆市农业委员会组织干部处处长。

2011 年 9 月至 2018 年 10 月，任中共重庆市委农村工作委员会委员、市农业委员会总畜牧兽医师。

2018 年 10 月—，任重庆市委农业农村工作委员会委员。

六十九、颜其勇

颜其勇（1968 年 10 月—），重庆梁平区人。于 1991 年 8 月参加工作，于 1997 年 1 月加入中国共产党。四川农业大学农业经济系农牧业经济管理专业本科毕业。曾任重庆市委农村工作委员会委员、市农业委员会总经济师。

1987 年 9 月，在四川农业大学农牧业经济管理专业学习，经济学学士。

1991 年 8 月，任重庆市梁平县计划委员会科员。

1995 年 9 月，任重庆市梁平县委办公室干事。

1999 年 6 月，任重庆市梁平县委办公室副主任。

2001 年 4 月，任重庆市梁平县委办公室副主任、县国家保密局局长（副处级）、政策研究室主任。

2002 年 9 月，任重庆市梁平县蟠龙镇党委书记。

2003 年 5 月，任重庆市梁平县农村工作领导小组办公室主任、移民局局长。

2005 年 8 月，任重庆市农村工作领导小组办公室政策法规处副处长，同年 11 月，任重庆市农村工作领导小组办公室综合计划处副处长，2006 年 7 月，任调研员。

2007 年 1 月，任重庆市农村工作领导小组办公室综合计划处处长。

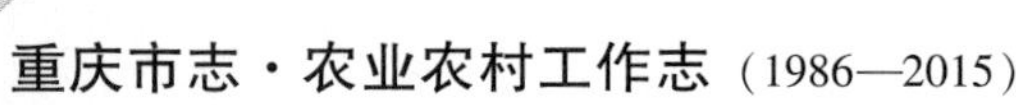

2008 年 8 月，任重庆市农业委员会研究室主任。

2014 年 11 月至 2016 年 12 月，任重庆市委农村工作委员会委员、市农业委员会总经济师。

2017 年 1 月—，任渝北区政府党组成员、副区长。

七十、陈勇

陈勇（1975 年 12 月—），重庆合川区人。于 1996 年 9 月参加工作，于 2000 年 6 月加入中国共产党。重庆大学计算机应用专业本科毕业，西南农业大学作物栽培专业农业推广硕士，高级农艺师。重庆市委农业农村工作委员会委员、市农业农村委员会副主任。

1993 年 9 月，在重庆大学计算机会计与统计专业成人教育学院大专脱产学习。

1996 年 9 月，在重庆电脑报社软件部工作。

1997 年 9 月，在重庆市农业技术推广站办公室工作。

1998 年 10 月，在重庆市农业技术推广站信息科工作（1997 年 9 月至 1999 年 7 月，在重庆大学计算机应用专业本科学习）。

2001 年 12 月，任重庆市农业技术推广站信息科科长、工程师（2000 年 9 月至 2003 年 7 月，在西南农业大学作物栽培专业在职学习，获农业推广硕士）。

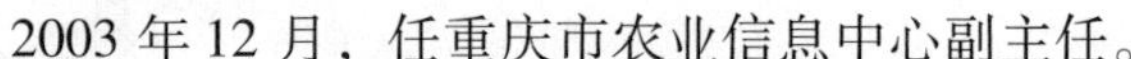

2003 年 12 月，任重庆市农业信息中心副主任。

2009 年 12 月，被评为高级农艺师。

2012 年 4 月，任重庆市农业信息中心党支部书记、副主任。

2015 年 11 月至 2018 年 10 月，任重庆市农业委员会副主任、市委农村工作委员会委员（2014 年 2 月至 2016 年 6 月，在重庆大学计算机学院计算机专业在职学习，获工程硕士学位）。

2018 年 10 月—，任重庆市委农业农村工作委员会委员，市农业农村委员会副主任。

七十一、袁德胜

袁德胜（1965 年—），重庆万州区人。于 1985 年 7 月参加工作，于 1991 年 9 月加入中国共产党。农业技术推广研究员，西南农学院农学系农学专业本科毕业，西南农业大学农学系作物学专业农业推广硕士。重庆市委农业农村工作委员会委员。

1981 年 9 月，在西南农学院农学系农学专业学习，获农学学士学位。

1985 年 7 月，任重庆万州区农业局干部，1993 年 12 月，被评为农艺师。

1998 年 4 月，在重庆市农业技术推广站任干部，同年 12 月，被评高级农艺师。

2000 年 2 月，任重庆市农业技术推广站副站长。

2001 年 7 月，任重庆市农业局粮油处副处长（2000 年 9 月至 2003 年 12 月，从西南农业大学作物学专业农业推广硕士生毕业，获农业推广硕士学位）。

2004 年 10 月，任重庆市农技推广总站党总支书记、副站长。

2010 年 5 月，任重庆市农业委员会粮油作物发展处处长。

2017 年 7 月至 2018 年 10 月，任重庆市委农村工作委员会委员、市农业委员会总农艺师。

2018 年 10 月—，任重庆市委农业农村工作委员会委员。

七十二、杨宏

杨宏（1973 年 9 月—），四川巴中市人。于 2001 年 7 月参加工作，于 1996 年 10 月加入中国共产党。西南政法大学法律硕士专业研究生法律硕士，西南政法大学经济法学专业研究生法学博士。重庆市委农业农村工作委员会委员、市农业农村委员会副主任。

1993 年 9 月至 1997 年 7 月，在吉林工业大学管理学院工业管理工程专业学习，获工学学士学位。

1997 年 7 月至 1998 年 9 月，复习待考。

1998 年 9 月至 2001 年 7 月，在西南政法大学法律硕士专业学习，获法律硕士学位。

2001 年 7 月，任重庆市委办公厅秘书二处干部。

2002 年 7 月，任重庆市委办公厅秘书二处副主任科员。

2004 年 8 月，任重庆市委办公厅秘书二处主任科员（2004 年 11 月至 2007 年 7 月，被选派到香港工作委员会办公厅综合处工作；2003 年 9 月至 2006 年 6 月，在西南政法大学经济法专业学习，获法学博士学位）。

2007 年 7 月，任重庆市委机要局通信报务处副处长。

2007 年 8 月，任重庆经济技术开发区政策研究室副主任。

2008 年 4 月，任重庆北部新区管理委员会商贸局副局长。

2009 年 7 月，任重庆市人民政府办公厅第八秘书处副处长。

2011 年 6 月，任重庆市人民政府办公厅机关党委专职副书记、党办主任（2012 年 9—11 月，参加重庆市委党校第 48 期处级干部培训班学习）。

2014 年 8 月，任重庆市人民政府办公厅第二秘书处处长。

2018 年 6—10 月，任重庆市委农村工作委员会委员、市农业委员会副主任。

2018 年 10 月—，任重庆市委农业农村工作委员会委员，市农业农村委员会副主任。

七十三、陈腾杰

陈腾杰（1951 年 11 月—），重庆市永川区人。于 1968 年 4 月参加工作，于 1970 年 7 月加入中国共产党。解放军后勤学校政工专业（中专）毕业，中央党校函授学院经济管理专业在职本科毕业。

1968 年 4 月，为解放军总后青藏兵站部汽车三团十四连战士，先后担任副班长、排长、副政治指导员、政治指导员、二营副政治教导员。

1983 年 9 月，为解放军后勤学校政工专业五队学员。

1985 年 5 月，任第三军医大学卫生防疫系正营职政治干事、副团职参谋。

1992 年 4 月，任第三军医大学第二附属医院政治部正团职协理员。

1996 年 6 月，任第三军医大学预防医学系政治委员。

1997 年 2 月，任第三军医大学政治部副主任（副师职）（1995 年 9 月至 1998 年 7 月，在中央党校函授学院经济管理专业学习）。

1999 年 9 月，任第三军医大学预防医学系政治委员。

2000 年 12 月，任重庆市农业综合开发办公室副主任、党组成员（副厅局级）。

2011 年 7 月，任重庆市农业委员会副巡视员，同年 12 月，享受正厅局级生活待遇。

七十四、粟剑

粟剑（1964 年 2 月—），重庆潼南区人。农学学士，推广研究员，于 1986 年 7 月参加工作，于 1996 年 4 月加入中国共产党。曾任重庆市畜牧科学院党委书记、副院长，兼任中国畜牧业协会理事。

1999 年获得国务院特殊津贴。

1982 年 9 月，在四川农业大学畜牧学系畜牧专业学习。

1986 年 7 月，任重庆市畜禽品种改良站业务组长、站长助理，1992 年 8 月，被评为畜牧师。

1994 年 12 月，任重庆市畜禽品种改良站副站长。

1996 年 11 月，任重庆市畜牧兽医科学研究所所长（2000 年 2 月至 2004 年 3 月，兼任所党支部副书记，1997 年 12 月，被评为高级畜牧师，2003 年 6 月，被评为研究员）。

2004 年 4 月，任重庆市畜牧科学院党委书记、副院长。

2016 年 10 月，任重庆市农业综合开发办公室副主任（副厅局级）。

2018 年 10 月，任重庆市知识产权局副局长（副厅局级）。

第三节　重庆市管事业单位厅局级实职领导干部

一、唐洪军

唐洪军（1961 年—），四川内江市人。于 1986 年 6 月加入中国共产党。四川农学院农学系农学专业本科毕业，四川农业大学农学系作物遗传育种专业硕士研究生毕业，获农学学士和硕士学位，研究员，享受国务院特殊津贴专家。重庆市农业科学院院长、党委副书记。

1979 年 9 月，在四川农学院农学系农学专业学习，获农学学士。

1983 年 9 月，在四川农业大学农学系作物遗传育种专业硕士研究生学习，获硕士学位。

1986 年 7 月，在重庆市种子站粮油科工作，1990 年 5 月，任粮油科副科长。

1992 年 11 月，任重庆市种子站（公司）副站长（副经理），1995 年 4 月，被评为高级农艺师。

1996 年 11 月，任重庆市种子站党支部书记。

1997 年 6 月，任重庆市种子站（公司）副站长（副经理）、党支部书记。

1998 年 12 月，任重庆市农业科学研究所所长、党委副书记，2000 年 10 月，被评为研究员。

2003 年 2 月，任重庆市九龙坡区副区长、区政府党组成员。

2006 年 4 月，任重庆市农业科学院党委书记、副院长。

2012 年 12 月，任重庆市科学技术协会副主席。

2014 年 2 月—，任重庆市农业科学院院长、党委副书记。

第十届、十一届、十二届全国人民代表大会代表，重庆市第三届、第四届人民代表大会代表。重庆市学术技术带头人，重庆市政府科技顾问团顾问。

二、刘作华

刘作华（1964 年—），四川省威远县人，于 1985 年 7 月参加工作，于 1985 年 3 月加入中国共产党，博士研究生，二级研究员。现任重庆市畜牧科学院院长、党委副书记，农业部养猪科学重点实验室主任、农业部种猪质量监督检验测试中心（重庆）主任。

1981 年 9 月，在四川畜牧兽医学院畜牧系畜牧专业学习。

1985 年 7 月，任四川省养猪研究所实习研究员。

1989 年 7 月，任四川省养猪研究所技术开发部主任。

1992 年 7 月，任四川省养猪研究所饲料添加剂厂厂长，1993 年 10 月，被评为助理研究员。

1993 年 11 月，任四川省养猪研究所所长助理（正科级）、饲料添加剂厂厂长。

1997 年 1 月，任四川省养猪研究所副所长，同年 8 月，被评为副研究员。

1997 年 11 月，任重庆市养猪科学研究院副院长。

1998 年 7 月，任重庆市养猪科学研究院院长、党委副书记，2000 年 12 月，破格晋升研究员（1997 年 7 月至 2000 年 7 月，在中国农业科学院研究生院动物营养与饲料科学专业研究生课程学习）。

2004 年 4 月，任重庆市畜牧科学院院长、党委委员（2005 年 9 月至 2008 年 12 月，在四川农业大学动物营养与饲料科学专业博士学习）。

2014 年 2 月—，任重庆市畜牧科学院院长、党委副书记。

三、苟小红

苟小红（1965 年—），四川阆中市人。硕士研究生毕业，农技推广研究员，于 1988 年 12 月加入中国共产党。

1986 年 7 月，在西南农业大学农学系农学专业本科学习。

1986 年 9 月，在西南农业大学农学专业硕士研究生学习，先后获农学学士和硕士学位。

1989 年 7 月，任重庆市农业技术推广站技术干部。

1995 年 11 月，任重庆市农业技术推广站副站长。

2001 年 1 月，任重庆为天农业有限责任公司总经理、副董事长。

2003 年 12 月，任重庆市农业科学研究所所长，2004 年 2 月，任所长、党委副书记。

2005 年 2 月，兼任重庆种业集团公司董事长。其间，于 2003 年 5 月，挂职江津市任副市长。

2006 年 4 月—，任重庆市农业科学院副院长、党委委员，国务院特殊津贴专家。

四、杨树海

杨树海（1964 年—），重庆市綦江区人，于 1982 年 7 月参加工作。1985 年 1 月，加入中国共产党。中央党校研究生学历，重庆大学高级管理人员工商管理硕士。曾任重庆市农业科学院副院长（正厅局级）。

1979 年 9 月，在四川省綦江师范学校中师专业学习。

1982 年 7 月，任四川省綦江县永城乡中学、隆盛乡中学教师（1984 年 9 月至 1989 年 6 月，在重庆师范学院中文系汉语言文学专业在职本科学习）。

1990 年 7 月，任四川省綦江县隆盛区教办教研员。

1992 年 7 月，任四川省綦江县赶水中学副校长。

1993 年 7 月，任四川省綦江县委宣传部干事。

1994 年 4 月，任四川省綦江县委办公室秘书、信息督查科科长。

1996 年 11 月，任重庆市綦江县蒲江镇党委副书记、镇长。

1997 年 12 月，任重庆市农业局人事处主任科员。

1998 年 10 月至 2000 年 9 月，任重庆市农业局监察室副主任、审计处副处长，纪检组副组长、市监察局派驻市农业局监察室主任、审计处处长。

2000 年 9 月，任重庆市农业局财务处处长。（1999 年 9 月至 2002 年 7 月，在中央党校函授学院党员领导干部在职研究生班经济管理专业学习。2002 年 3—12 月，在重庆市委党校青年干部培训班学习）。

2006 年 4 月，任重庆市农业科学院副院长、党委委员；2010 年 7 月至 2013 年 7 月，任援藏任西藏自治区昌都地区行署副专员（2007 年 7 月至 2009 年 12 月，在重庆大学高级管理人员工商管理硕士专业学习，获高级管理人员工商管理硕士学位）。

2013 年 7 月，任重庆市农业科学院副院长、党委委员（正厅局级）。

2013 年 11 月，任重庆市发展和改革委员会副主任、党组成员，重庆市统筹办副主任（正厅局级）。

2016 年 5 月—，重庆市奉节县委书记（正厅局级）。

中国共产党重庆市第五届委员会委员。

五、刘剑飞

刘剑飞（1965 年—），重庆合川区人。博士研究生，研究员，于 1995 年 3 月加入中国共产党。现任重庆市农业科学院副院长、党委委员，兼任九龙坡区科协副主席。

1981 年 9 月，在四川农学院农学系农学专业学习，1985 年 9 月，在四川农业大学农学系植物遗传育种专业攻读硕士研究生。

1988 年 7 月，在四川省重庆市统计局农村社会经济统计处任副主任科员。

1991 年 8 月，任四川省重庆市科学技术委员会农村科技处主任科员，1994 年 11 月，任处长助理。

1995 年 2 月，任四川省重庆市科学技术委员会农村科技处副处长。

1998 年 5 月，挂职万县市五桥区任区长助理。

1998 年 11 月，任重庆市科学技术委员会农村科技处（农村发展处）处长。

2004 年 4 月，任重庆市科学技术委员会政策法规与体制改革处处长。

2001 年 9 月，在西南大学农业经济管理专业学习，获管理学博士学位。

2005 年 6 月，挂职万州区区长助理。

2006 年 4 月—，任重庆市农业科学院副院长、党委委员。

六、蔡家林

蔡家林（1970 年—），重庆江津区人。1993 年 9 月，在西南农业大学园艺系蔬菜专业本科学习，党校在职研究生毕业。1995 年 1 月，加入中国共产党。2014 年 8 月，任重庆市农业科学院副院长。2016 年 7 月，作为重庆市第八批援藏工作队副领队任西藏自治区昌都市委常委、市政府常务副市长。

1997 年 7 月，任重庆市江津市油溪镇政府科员。

1998 年 11 月，任江津市委组织部科员，2000 年 8 月，任电教科科长。

2001 年 3 月，任重庆市农村工作领导小组办公室主任科员，2003 年 7 月，任办公室副主任。

2005 年 11 月，重庆市农村工作领导小组办公室政策法规处处长。

2008 年 8 月，任重庆市农业委员会宣传处处长。

2009 年 3 月，任重庆市政府办公厅第二秘书处处长。

2014 年 8 月—，任重庆市农业科学院副院长、党委委员。

七、刘科

刘科（1966 年—），重庆永川区人。党校研究生，农业推广硕士，农经高级讲师，于 1985 年 7 月加入中国共产党。现任重庆市农业科学院副院长。

1982 年 9 月，在重庆市第二农业学校农学专业学习，1985 年 7 月，留校任教。

1988 年 11 月，任重庆市第二农业学校团委副书记、团委书记、宣传科长、学生科长。

1996 年 10 月，任重庆市第二农业学校党总支委员、副校长、工会主席。

2003 年 2 月，任重庆市作物研究所党委书记。

2006 年 7 月，任重庆市农业科学院特色作物所党总支书记（主持全所工作）。

2007 年 4 月，任重庆市农业科学院基础建设项目管理办公室主任。同年 10 月，任院办公室主任兼基础建设项目管理办公室主任。

2014 年 3 月，任重庆市农业科学院副院长。

八、张国民

张国民（1956 年—），重庆南川区人，高级农艺师。1984 年 12 月，加入中国共产党。2006 年 4 月，任重庆市农业科学院党委副书记、纪委书记、工会主席。

1974 年 9 月，在南川县民主乡农业中学任民办教师。

1978 年 3 月，在西南农学院园艺系茶叶专业本科学习，农学学士。

1982 年 1 月，在四川省涪陵地区农业局工作。

1984 年 12 月，任四川省涪陵市蔺市区副区长。

1987 年 1 月，任四川省涪陵地区农业局办公室主任。

1988 年 12 月，任涪陵地区农业科学研究所党委副书记、副所长。

1991 年 12 月，任涪陵农业学校党委副书记。

1993 年 1 月，任涪陵市和涪陵区农业局副局长。

1998 年 3 月，任重庆市农业局农村合作经济指导处副处长。

2000 年 9 月，任重庆市农村合作经济经营管理站站长。

2003 年 10 月，任重庆市农业局审计处处长、市纪律检查委员会驻市农业局纪检组副组长、市监察局驻市农业局监察室主任。

2005 年 9 月，任重庆市农业局审计处处长。

2006 年 4 月，任重庆市农业科学院党委副书记、纪委书记、工会主席。

2016 年 7 月，退休。

九、唐德荣

唐德荣（1967 年—），重庆市荣昌区人。管理学博士，中国共产党党员。现任重庆市畜牧科学院党委书记。

1982 年 9 月，在四川省江津师范学校学习。

1985 年 7 月，任四川省荣昌县河包镇中心小学教师、德和中学教师。

1990 年 8 月，任四川省荣昌县教育局干事。1990 年 10 月，四川省荣昌县委统战部干事、副主任干事（1993 年 6—12 月，挂职荣昌县仁义镇任镇长助理；1993 年 12 月至 1995 年 9 月，挂职荣昌县新峰乡任副乡长；1992 年 9 月至 1995 年 7 月，在四川省委党校经济管理专业大专班学习）。

1996 年 3 月，任四川省荣昌县委办公室副主任。

1997 年 6 月，任重庆市荣昌县委办公室副主任（1995 年 9 月至 1997 年 12 月，四川省委党校行管专业本科班学习）。

1998 年 4 月，任重庆市荣昌县委办公室主任，2000 年 7 月，副处级（2000 年 5 月至 2002 年 4 月，在复旦大学国际政治系行政管理专业研究生课程班学习）。

2003 年 2 月，任重庆市荣昌县委常委、县委办公室主任。

2003 年 4 月，任重庆市荣昌县委常委、昌元镇党委书记。

2004 年 12 月，任重庆市荣昌县委常委、县委统战部部长（2005 年 11 月至 2006 年 12 月，挂职重庆市委督查室任副主任）。

2006 年 12 月—，任重庆市畜牧科学院副院长（2005 年 9 月至 2008 年 7 月，在中央党校研究生班政治学理论专业学习；2007 年 9 月至 2010 年 6 月，在四川农业大学农业经济管理专业学习，获管理学博士学位）。

2016 年 11 月，任重庆市畜牧科学院党委书记。

十、李中林

李中林（1965 年—），四川仪陇县人。于 1986 年 7 月参加工作，于 1995 年 6 月加入中国共产党。四川农业大学茶叶专业大学本科毕业，农学学士，研究员。重庆市农业科学院党委委员、副院长。

1982 年 9 月，在四川农业大学茶叶专业学习，获农学学士学位。

1986 年 7 月，任四川省农业科学院茶叶研究所栽培研究室干部。1986 年 12 月，任四川省农业科学院茶叶研究所栽培研究室副主任、主任，1987 年 10 月，被评为助理研究员，1996 年 10 月，被评为副研究员。

1998 年 8 月，任重庆市茶叶研究所常务副所长（主持工作）。

1999 年 8 月，任重庆市茶叶研究所所长、党委副书记，2002 年 12 月，被评为研究员。

2003 年 4 月，任重庆市茶叶研究所党委书记。

2006 年 4 月，任重庆市农业科学院党委委员、副院级干部。

2018 年 10 月—，任重庆市农业科学院党委委员、副院长。

第四节　其他重庆市市管干部名录

包括：计划单列市时期未任实职的调研员，重庆直辖市建立后的副巡视员；市农业科学院（市农业农村委员会管理的正厅级事业单位）副院级干部；市农业机械化办公室（副厅级行政机关）、市农业综合开发办公室（市农委管理的副厅级行政机关）、市畜牧科学院（市农业农村委管理的副厅级事业单位）正处级副职或相当于副职干部；以及享受副厅级待遇的事业单位干部。

姓名	生卒年月	在原单位任职情况
赵英元	1925 年 10 月	1985 年 5 月至 1988 年 12 月，任市农业委员会调研员

（续）

姓名	生卒年月	在原单位任职情况
杨天麒	1927年3月	1985年5月至1988年12月，任市农业委员会调研员
王泰高	1926年9月17日至1999年10月24日	1985年5月至1988年12月，任市农业委员会调研员
肖　志	1920年5月	1983年至1986年3月，任市农业委员会顾问委员
张茨尧	1926年12月12日	1986年11月—，享受副局级待遇
黄义乾	1929年1月25日—	1987年8月至1989年5月，任市农业委员会调研员
乔作霖	1930年11月	1989年1月至1991年2月，任市农业委员会巡视员（副局级）
张应茀	1942年10月12日	2000年3月—，任市农村工作领导小组办公室副巡视员
邱树荣	1952年3月—	2004年4月至2012年4月，任市农村工作领导小组办公室、市农业委员会副巡视员
武宪刚	1954年5月—	2004年12月至2014年7月，任市农村工作领导小组办公室、市农业委员会副巡视员
李应铨	1924年10月14日至2017年11月	1985年5月—，任市农牧渔业局顾问（正局级）
吕顺友	1934年10月8日—	1985年8月至1994年11月，任市农牧渔业局调研员（正局级）
周登胜	1930年10月20日—	1985年8月至1991年2月，任市农牧渔业局调研员（副局级）
罗文广	1935年5月5日—	1985年8月至1995年6月，任市农牧渔业局调研员（副局级）
陈天柱	1933年10月至2004年5月	1990年4月至1993年5月，任市农牧渔业局巡视员
曹慧云	1927年5月—	1983年12月，离休（1992年，提高副局级待遇）
陈大杰	1924年10月10日	1987年1月，退休（1989年，提高副局级待遇）
娄方龙	1934年6月16日—	1994年6月，退休提高副局级待遇
叶邦琴	1945年9月—	2000年3月至2005年，任市农业局副巡视员
刘方贵	1957年12月—	2006年7月至2018年3月，任市农业局市农业委员会副巡视员
何学良	1954年3月至2008年2月	2006年7月至2008年2月，任市农业局副巡视员
严建德	1934年4月	1983年9月至1994年4月，任市农机水电局调研员（副局级）
单福全	1925年12月—	1983年4月至1994年1月，任市农机水电局调研员（副局级）
岑金禄	1934年11月	1995年4月至1995年10月，任市农机水电局助理巡视员（副局级）
邓光友	1955年2月—	2004年4月至2015年3月，任市农机事业管理局、市农业委员会副巡视员
曾代勤	1956年8月—	2008年11月至2016年9月，任市农业委员会副巡视员（2006年4月至2008年11月，任市农业科学院副院级干部）
方　玲	1960年5月—	2014年9月至2015年5月，任市农业委员会副巡视员
陈寄川	1955年12月—	2015年11月至2016年1月，任市农业委员会副巡视员
罗　荣	1956年1月—	2015年11月至2016年2月，任市农业委员会副巡视员
薛继春	1957年2月—	2016年4至9月，任市农业委员会副巡视员
林美轩	1956年6月—	2016年4至7月，任市农业委员会副巡视员
周正华	1957年5月—	2016年11月至2017年6月，任市农业委员会副巡视员
李晓丹	1958年7月—	2017年2月至2018年10月，任市农业委员会副巡视员
刘红雨	1959年12月—	2017年2月至2018年10月，任市农业委员会副巡视员
王国华	1960年6月—	2019年4月—，任市农业农村委员会副巡视员

（续）

姓名	生卒年月	在原单位任职情况
纪　滨	1960年4月—	2019年4月—，任市农业农村委员会副巡视员
李海田	1922年8月至2008年1月	男，山东藤县人，中共党员，重庆市动物卫生检疫站党支部书记，1988年11月，享受重庆市局级离休干部政治、生活待遇
蒋安生	1952年3月—	2011年12月，提高享受副厅局级生活待遇（市农机安全监理所）
何述忠	1954年9月—	2011年12月，提高享受副厅局级生活待遇（市动物卫生监督所）
李芝渝	1953年7月—	2006年4月至2015年6月，任市农业科学院副院级干部
吕中华	1953年7月—	2006年4月至2013年8月，任市农业科学院副院级干部
赵培江	1963年3月29日—	2011年7月—，现任市农业机械化管理办公室副主任
杨昌华	1968年10月5日—	2011年12月至2016年3月，任市农业机械化管理办公室副主任
张克忠	1950年5月至2000年8月	1990年至2000年8月，任市农业综合开发办公室副主任
黄同均	1945年8月—	2000年1月至2005年3月，任市农业综合开发办公室副主任
周　勤	1958年1月—	2005年11月至2013年12月，任市农业综合开发办公室副主任
陈品华	1956年6月—	2005年11月至2015年7月，任市农业综合开发办公室副主任（2015年7月，任副巡视员退休）
张洪寿	1950年2月—	2003年8月至2009年2月，任市农业综合开发办公室副主任（挂职）
罗禄勇	1958年12月—	2003年10月—，市农业综合开发办公室副主任（挂职）
柏在耀	1964年2月—	2015年11月—，任市农业综合开发办公室副主任
冯永川	1958年7月—	2018年7月，任副巡视员至退休
涂邦军	1957年3月—	2004年5月至2016年4月，任市畜牧科学院党委副书记
黄　勇	1963年11月—	2012年1月—，市畜牧科学院副院长
张镜生	1953年12月—	2004年6月至2013年12月，任市畜牧科学院副院长
梁大超	1970年9月—	2004年5月—，任市畜牧科学院副院长
黄勇富	1965年8月—	2004年4月至2013年12月，任市畜牧科学院副院长
王金勇	1970年2月—	2007年8月至2015年11月，任市畜牧科学院副院长
邹胜华	1954年1月—	1999年1月至2014年1月，任市畜牧科学院纪委书记
宋　刚	1965年7月—	2014年7月至2015年1月，任市畜牧科学院纪委书记
唐道刚	1953年10月—	2004年4月至2013年10月，任市畜牧科学院院级调研员

附录一
法规、规章及规范性文件

重庆市农村合作经济组织承包合同条例

（1991 年 4 月 27 日重庆市第十一届人民代表大会常务委员会第十九次会议通过，1991 年 7 月 29 日四川省第七届人民代表大会常务委员会第二十四次会议准）

第一章　总　　则

第一条　为了稳定和完善农村家庭联产承包责任制，加强农村合作经济组织承包合同的管理，维护承包合同双方当事人的合法权益，发展壮大集体经济，促进农村有计划商品经济的发展，根据国家有关法律、法规，结合重庆市农村实际，制定本条例。

第二条　农村合作经济组织承包合同，是农村合作经济组织与承包者之间在实行承包经营责任制中，明确双方在生产、经营和分配中的权利、义务关系依法达成的协议。

第三条　重庆市农村合作经济组织从事农业、林业、牧业、副业、渔业、水利、农机、工业、商业、交通运输业、建筑业、服务业等生产经营与承包者之间签订的承包合同，适用本条例。

第四条　本条例所称农村合作经济组织，是农民在坚持土地等基本生产资料集体所有的基础上，实行双层经营体制的社区性、综合性合作经济组织。它包括以原生产队为单位建立的农业生产合作社，以及根据经济发展而建立的乡（镇）、村合作经济组织。

第五条　承包者承包集体所有的资源、资产和集体依法取得使用权的国家资源，其所有权不变。

第六条　订立农村承包合同必须遵守国家的法律、法规和政策，接受国家的计划指导和统一规划，符合农村合作经济组织的章程，坚持民主协商的原则，保护自然资源和生态平衡，兼顾国家、集体和个人的利益。

第七条　农村承包合同依法签订后，即具有法律约束力。双方都必须严格履行，接受人民政府有关部门和承包合同管理机构的监督和管理。

第八条　农村承包合同的管理，应坚持统一管理与分级、分部门管理相结合的原则。

第二章　发包方和承包方

第九条　依法享有集体资源、资产所有权或者国家资源使用权的农村合作经济组织，是农村承包合同的发包方。

乡（镇）、村合作经济组织未建立的，由乡（镇）人民政府确认的管理机构或者村民委员会代为发包。

第十条 发包方的权利和义务：

（一）对发包的资源、资产有管理权，并有权提出收回；

（二）对承包方的生产经营活动有权监督检查和指导；

（三）依合同约定收取承包费及其他款项；

（四）维护承包方合法的经营自主权；

（五）按合同约定或有关规定为承包方提供必要的生产经营条件和社会化服务，协调生产经营活动。

第十一条 凡与农村合作经济组织签订承包合同的当事人是农村承包合同的承包方。

农村合作经济组织的成员，对本农村合作经济组织依法享有所有权或者使用权的资源、资产有承包权。

非本农村合作经济组织成员要求承包的，经农业生产合作社社员大会讨论通过或者乡村发包方集体研究同意后，方可承包。

第十二条 农村合作经济组织的承包，以家庭联产承包为主，也可以由经营集团或者个人承包。由家庭或者经营集团承包的，必须确定承包代表人。

第十三条 承包方的权利和义务：

（一）依照国家法律、法规、政策的规定和合同约定对承包的项目享有经营自主权。

（二）依合同约定对承包收益享有所有权；

（三）经发包方同意对承包项目有权转让和转包；

（四）在同等条件下对续签承包合同有优先权；

（五）爱护国家和集体的资源、资产；

（六）按合同约定完成承包指标，缴纳承包费，包括完成国家定购任务和税金，以及劳动积累工和义务工等。

第三章 农村承包合同的订立

第十四条 农村承包合同的标的、方式、期限和条件等主要事项，应经农业生产合作社社员大会或者乡（镇）村发包方集体讨论通过。

第十五条 农村承包合同应明确规定以下主要条款：

（一）承包合同名称；

（二）发包方和承包方名称（或姓名），发包方法定代表人和承包方代表人姓名；

（三）承包标的名称、地点、数量、质量、用途、生产经营管理方式以及经营指标、发展指标、资产增值指标等；

（四）承包期限及起止日期；

（五）国家定购任务、税费和其他上交的款项；

（六）缴纳管理费、承包费和其他上交款的金额、方式和时间；

（七）缴纳产品的品种、数量、质量、方式和时间，以及提供劳动积累工、义务工的数量；

（八）对资源资产的维护、建设、技术改造、环境保护和安全等方面的要求、评价及奖惩办法；

（九）提供生产经营、技术条件和服务的项目、方式及其收费办法；

（十）债权、债务及其处理；

（十一）违约责任；

（十二）双方同意列入的其他条款。

第十六条　农村承包合同双方当事人就合同的主要条款协商一致，签订书面协议，由双方当事人签订盖章，并加盖发包方公章，合同即告成立。如合同约定必须鉴证或公证才生效的，应到乡（镇）农村承包合同管理机构或者公证机关办理鉴证或者公证手续。

承包方系发包方法定代表人及其家庭成员的，农村承包合同必须由农村合作经济组织授权的其他领导成员或者社员代表，代表发包方签字盖章。

第十七条　农村承包合同文本应一式数份，由发包方、承包方和乡（镇）农村承包合同管理机构各存一份。

第十八条　发包方要求担保的，承包方必须提供财产担保或者由有代偿能力的单位或个人担保。承包方不履行合同时，按照担保协议的约定，由担保的单位或个人承担连带责任。

非本农村合作经济组织成员为承包方的，必须提供担保。

第十九条　农村承包合同依法成立后，任何一方不得随意变更或者解除。

第二十条　农村承包合同存续期间，发包方法定代表人变更，发包方或者承包方发生合并、分立时，承包合同仍然有效。

第二十一条　农村承包合同有下列情况之一的，为无效承包合同：

（一）违反国家法律、法规、政策的；

（二）损害国家、集体和社会公共利益的；

（三）违背农村合作经济组织章程的；

（四）未经农业生产合作社社员大会或者乡村发包方集体讨论决定的；

（五）发包方无权发包的；

（六）采取欺诈、胁迫以及其他仗权承包等不正当手段签订的；

（七）承包方未经发包方同意转让、转包承包合同以及转包渔利的。

无效承包合同，从订立之时起就不具有法律约束力。确认承包合同部分无效的，如果不影响其余部分的效力，其余部分仍然有效。

第二十二条　无效承包合同的确认权，归农村承包合同管理机构和人民法院。

第二十三条　农村承包合同被确认无效后，应停止履行。一方当事人依据该合同所取得的财产应返还给对方，有过错的一方应赔偿对方由此受到的损失。如果双方均有过错，各自承担相应的责任。

双方恶意串通损害国家和社会公共利益的，应当追缴双方取得的财产，收归国库所有；发包方法定代表人和承包方串通损害集体利益的，应当追缴双方取得的财产，收归集体所有。

第二十四条　对农村承包合同内容有重大误解或者农村承包合同显失公平的，当事人和本农村合作经济组织的其他成员，有权请求农村承包合同管理机构或者人民法院予以撤销。

第四章　农村承包合同的变更、解除和终止

第二十五条　有下列情况之一的，农村承包合同可以变更：

（一）经当事人双方协商同意且不损害国家、集体利益的；

（二）订立农村承包合同所依据的国家政策、计划发生重大变化而严重影响一方利益的；

（三）因不可抗力或不能防止的外部因素使农村承包合同部分不能履行的；

（四）承包方丧失承包能力致使合同部分不能履行的；

（五）农村承包合同的约定的变更条件已经出现的。

当事人一方要求变更农村承包合同，应及时书面通知对方，对方应在接到通知之日起15日内答复。当事人另有约定期限的，按约定期限履行。

农村承包合同的变更，应经双方协商达成变更协议。在双方未达成协议之前，原承包合同仍然

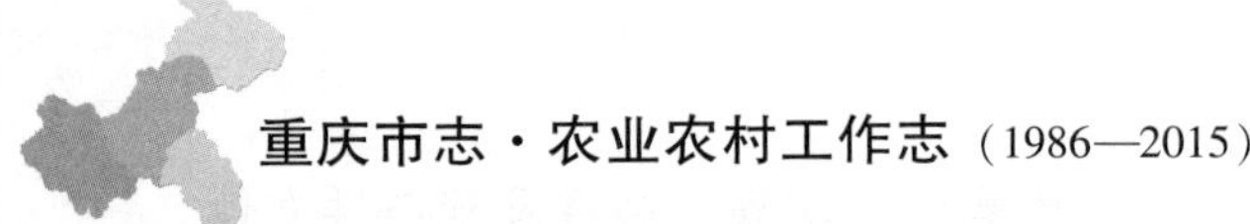

有效。

第二十六条 有下列情况之一的，当事人一方有权提出解除承包合同：

（一）一方违约以致严重影响农村承包合同所约定的经济利益的；

（二）一方违约另一方要求限期履行或者提出变更合同而逾期未履行或者不答复的；

（三）因不可抗力或者不能防止的外部因素以及失去承包能力致使农村承包合同无法全部履行的；

（四）承包人进行破坏性、掠夺性生产经营，经发包方劝阻无效的；

（五）农村承包合同约定的解除条件已经出现的。

提出解除农村承包合同的一方，应当书面通知另一方。另一方应在接到通知之日起 15 日内答复，逾期不答复的，农村承包合同解除有效。

农村承包合同解除后，原承包合同效力消失。双方当事人应依照本条例有关规定承担相应义务，并可根据具体情况按照公平原则由双方协商解决，或者由农村承包合同管理机构作出相应处理。

第二十七条 有下列情况之一者，农村承包合同即告终止：

（一）合同已按约定条件得到全面履行的；

（二）合同管理机构裁决或者人民法院判决终止合同的；

（三）当事人双方协商同意终止合同，且不损害国家、集体和他人利益的。

第二十八条 经过鉴证或者公证的农村承包合同变更、解除或者终止后，应送原农村承包合同管理机构或者公证机关备案。

第二十九条 因变更、解除或者终止农村承包合同使一方遭受损失的，除依法可以免除责任的外，当事人有权要求责任方赔偿损失。

第三十条 承包方在农村承包合同有效期内将承包项目转包或者转让给第三者，必须遵守国家有关规定，不得擅自改变承包合同的内容。

第五章 违反农村承包合同的责任

第三十一条 发包方或者承包方违反农村承包合同，有过错的一方，应按合同约定和本条例规定承担责任。

第三十二条 当事人一方不履行农村承包合同或者虽履行但不符合约定条件的，另一方有权要求其限期履行农村承包合同或者采取补救措施。

第三十三条 当事人一方违反农村承包合同，应支付违约金。给另一方造成经济损失超过违约金的部分，还应进行赔偿。

第三十四条 当事人双方违反农村承包合同，应分别承担各自应负的经济责任。

第三十五条 当事人一方由于不可抗力的原因造成农村承包合同不能履行或者不能完全履行时，应及时通知对方，经双方协商一致或者经农村承包合同管理机构认定后，可延期履行、部分履行或不履行，并可根据情况部分或全部免予承担违约责任。当事人一方未及时通知对方或者有责任采取相应措施减轻损失而未采取的，应承担相应的责任。

第三十六条 承包方有下列情况之一的，发包方除有权要求其承担违约责任外，经批评教育仍不改正的，可以收回发包项目：

（一）对承包的资源、资产进行破坏性、掠夺性生产经营的；

（二）未经承包方同意出卖、出租承包的资源、资产或者转包的；

（三）荒芜耕地或者未经承包方同意改变承包耕地用途的；

（四）对承包的荒山、荒地、滩涂等不按合同约定进行开发建设的；

（五）其他严重违反承包合同约定损害国家、集体和他人利益的。

对承包方有本条前款所列行为之一的，发包方可以提请有关部门依法查处，没收或收缴其非法所得。属于发包方集体所有的，应归还发包方。

第三十七条　农业生产合作社收回发包给社员或者家庭承包的耕地，必须经农业生产合作社社员大会讨论同意，并报乡（镇）农村承包合同管理机构备案。

第三十八条　违约金的数量，由双方当事人在书面合同中约定或按有关规定执行。赔偿经济损失的数额，按违约给对方造成的实际经济损失计算。

第六章　农村承包合同的管理

第三十九条　市、区、县人民政府的农业工作综合管理部门是农村承包合同的主管机关，负责本行政区农村承包合同的统一管理。农业、农机、水电、林业、乡镇企业等行政主管部门应密切配合，按职责分工，贯彻实施本条例。

第四十条　区、县、乡、镇人民政府设立农村承包合同管理机构，主要职责是：

（一）宣传贯彻有关承包合同的法律、法规、规章和政策；

（二）培训承包合同管理人员，提供咨询服务；

（三）指导承包合同的订立；

（四）办理承包合同的鉴证；

（五）监督、检查承包合同的履行；

（六）调解、裁决承包合同纠纷。

第四十一条　村设立农村承包合同管理小组，主要职责是：

（一）宣传贯彻执行有关承包合同的法律、法规、规章和政策；

（二）指导承包合同的签订；

（三）督促检查承包合同的履行；

（四）调解承包合同纠纷；

（五）负责村社承包合同文书档案的管理。

第四十二条　农村承包合同履行过程中的纠纷，双方当事人应当先协商解决。协商不成的，可以向上一级农村承包合同管理机构申请调解。调解达成协议的，应制作调解书。

第四十三条　农村承包合同纠纷经调解达成协议，双方当事人应自觉履行。当事人不按调解协议履行义务的，另一方当事人可向农村承包合同管理机构申请监督执行。

第四十四条　农村承包合同纠纷经农村承包合同管理机构调解未达成协议的，当事人可以向农村承包合同管理机构申请裁决，也可以直接向人民法院起诉。

农村承包合同管理机构裁决农村承包合同纠纷，应先行调解，对调解达不成协议的，应及时裁决，并制作裁决书。

第四十五条　当事人对农村承包合同管理机构裁决不服的，可以在接到裁决书之日起15日内向人民法院起诉；期满不起诉的，裁决即具有法律效力，对方当事人可向人民法院申请执行。

第四十六条　农村承包合同双方发生纠纷申请调解、裁决或者诉讼期间，不停止合同履行。一方或双方申请停止履行的，农村承包合同管理机构或者人民法院认为其要求合理的，可以裁决停止履行。

第四十七条　农村承包合同管理机构对农村承包合同的管理，可按照国家有关规定收费。

第七章　附　　则

第四十八条　重庆市人民政府可根据本条例制定有关规定。

第四十九条　本条例具体应用中的问题，由重庆市农业委员会负责解释。

第五十条　本条例自1991年10月1日起施行。

重庆市基本农田保护条例

（1993 年 11 月 13 日重庆市第十二届人民代表大会常务委员会第三次会议通过，1994 年 4 月 2 日四川省第八届人民代表大会常务委员会第八次会议批准）

第一章　总　　则

第一条　为了保护基本农田，稳定农业基础，保障国民经济持续、快速、健康发展，根据《中华人民共和国土地管理法》和《中华人民共和国农业法》等有关法律、法规，结合重庆市实际，制定本条例。

第二条　重庆市行政区域内基本农田的保护适用本条例。

第三条　本条例所称基本农田，是指适应本市国民经济和社会发展而必须确保的经批准划定的农田。

第四条　市、区（市）县（市中区、大渡口区除外，下同）人民政府应当划定基本农田，采取有效措施，实行特殊保护。严格控制非农业建设征（占）用基本农田，坚决制止荒废、破坏基本农田的行为。

第五条　市、区（市）县人民政府国土管理部门会同农业管理部门负责实施本条例。

计划、规划、城乡建设、环境保护等有关部门按照职责分工，做好基本农田保护的有关工作。

乡（镇）人民政府按照本条例规定，组织农村集体土地所有者和承包经营者，建设、保护和合理利用基本农田。

第二章　基本农田的划定

第六条　划定基本农田应当根据不同地区土地资源、人口状况和经济发展的需要，统筹兼顾农业和非农业建设用地，并与土地利用总体规划、农业区划、城市规划和村镇规划协调一致。

第七条　全市基本农田保护面积不得低于 1992 年末实有耕地面积的 80%，由市人民政府根据各地的实际下达计划，区（市）县人民政府分解到乡（镇），落实到村、社。

第八条　划定基本农田的范围包括：

（一）绝大部分水（旱）田、梯土和较平整的旱地；

（二）国家和县级以上地方人民政府确定的粮油和名特优农品生产基地；

（三）农业科研、教学基地和良种繁育基地；

（四）县级以上人民政府确定的其他农田。

蔬菜基地作为基本农田予以保护，其具体规划和管理按照《重庆市蔬菜基地管理条例》的规定办理。

第九条　下列规划用地不划为基本农田：

（一）国务院批准的经济技术开发区和高新技术开发区用地；

（二）市人民政府规划的工业园区用地和批准的城镇规划区用地；

（三）县级人民政府批准的村镇规划和乡镇企业小区规划用地；

（四）国家重点建设项目规划及控制区域用地；

（五）法律、法规有特别规定的。

第十条　乡（镇）人民政府在区（市）县人民政府国土管理和农业管理部门的指导下，组织村、社具体划定基本农田保护区、保护片块，落实保护面积，并登记造册建立档案。

乡（镇）人民政府组织划定的基本农田必须报经区（市）县人民政府批准。区（市）县人民政府批准划定的基本农田应当报市人民政府备案。

第十一条　经批准划定的基本农田保护区、保护片块和保护面积，未经批准不得擅自更改。

第三章　基本农田的保护和建设

第十二条　市、区（市）县及乡（镇）人民政府应当采取措施，增加投入，加强基本农田的建设和改造，提高土壤质量，保护和管理好基本农田，制止侵占和破坏基本农田的行为，组织并扶持村、社和农民合理利用基本农田发展农业生产。

第十三条　基本农田的所有者和承包经营者应当遵守下列规定，保护和合理利用基本农田：

（一）维护和改善基本农田生态环境，防止水土流失；

（二）合理使用化肥、农药，增加使用有机肥料，改良土壤，提高地力，防止基本农田地力衰退；

（三）合理利用基本农田发展农业生产，不得弃耕抛荒。

第十四条　严禁污染基本农田。不准向基本农田排放不符合国家环境保护排放标准的有毒有害的废水、固体废弃物等。已经造成污染的，必须按照国家规定限期治理。

第十五条　严禁占用基本农田建坟、取土打坯、建砖瓦窑等。

在基本农田内已建的砖瓦窑和布局不合理的企业、房屋等，应当按照村镇规划分期分批搬迁，复垦还耕。

第十六条　严格控制非农业建设征（占）用基本农田。国家建设和乡（镇）村建设应当利用基本农田保护区以外的土地、必须征（占）用基本农田的，应当向区（市）县人民政府专题报告，经同意后，再按照用地审批权限报经批准，办理用地手续。

第十七条　乡（镇）村建设占用的基本农田面积，乡（镇）人民政府应于次年内调整补足，并报区（市）县人民政府备案。

第十八条　国家建设征用的基本农田面积，由市或区（市）县人民政府调整补足。用地单位除按土地管理法规支付有关规费外，还应缴纳基本农田建设基金，专项用于基本农田的建设和改造。任何单位和个人不得减免和挪用。其具体的收取、使用和管理办法由市人民政府制定。

第四章　奖励与处罚

第十九条　执行本条例，符合下列条件之一的单位和个人，由市、区（市）县、乡（镇）人民政府予以表彰和奖励。

（一）组织划定基本农田，落实保护面积成绩显著的；

（二）落实基本农田保护措施，控制非农业建设征（占）用基本农田成绩显著的；

（三）开展科学研究，提出合理化建议，对保护和合理利用基本农田有重大贡献的；

（四）检举或制止破坏基本农田行为，避免损失成绩显著的。

第二十条　违反本条例第十三条第（一）项规定的，由水行政主管部门依法处理。

第二十一条　违反本条例第十三条第（二）、（三）项规定的，由农业综合管理部门按《重庆市农村合作经济组织承包合同条例》的规定处理。

第二十二条　违反本条例第十四条规定的，由环境保护管理部门会同农业管理部门依法处理。

第二十三条　违反本条例第十五条、第十六条、第十七条、第十八条规定的，由国土管理部门依法处理。

第二十四条　国家工作人员违反本条例规定，造成基本农田损失和破坏的，由其主管机关依法追究行政责任。

第二十五条　违反本条例规定，情节严重，构成犯罪的，由司法机关依法追究刑事责任。

第二十六条　当事人对行政处罚决定不服的，可以在接到处罚通知之日起15日内，向作出处罚决定机关的上一级机关申请复议；对复议决定不服的，可以在接到复议决定通知之日起15日内，向人民法院起诉。当事人也可以在接到处罚通知之日起15日内，直接向人民法院起诉。当事人逾期不申请复议或者不起诉又不履行的，由作出处罚决定的机关申请人民法院强制执行。

第五章　附　　则

第二十七条　市人民政府可以根据本条例和国家有关规定，制定实施细则。

第二十八条　本市行政区域内国有农（牧）业企业农业生产用地的保护，参照本条例执行。

第二十九条　本条例具体应用中的问题由重庆市国土局解释。

第三十条　本条例自1994年5月10日起执行。

重庆市农民负担管理规定

（1994年7月15日四川省重庆市第十二届人民代表大会常务委员会第八次会议通过1994年9月26日四川省第八届人民代表大会常务委员会第十一次会议批准）

第一条　为了加强农民负担管理，保护农民合法权益，调动农民的生产积极性，根据《中华人民共和国农业法》、国务院《农民承担费用和劳务管理条例》《四川省农民负担管理条例》和国家有关规定，结合重庆市实际，制定本规定。

第二条　本市行政区域内的农民以及从事与农民负担有关活动的组织和个人，必须遵守本规定。

第三条　依法纳税和依照本规定上交村（社）集体提留、乡（镇）统筹费和承担劳务等是农民应尽的义务。除此以外强制要求农民无偿提供任何财力、物力和劳务的，均为非法行为，农民有权拒绝。

第四条　市和区（市）县农业综合管理部门是同级人民政府监督管理农民负担的主管部门。乡（镇）人民政府负责本乡（镇）农民负担监督管理工作。各级农经管理部门负责办理农民负担管理的具体工作。

第五条　市和区（市）县农民负担主管部门的主要职责是：

（一）监督检查有关农民负担管理法律、法规和政策的贯彻执行；

（二）会同有关部门审核涉及农民负担的文件；

（三）负责对乡（镇）统筹费预决算方案和村（社）提留预算方案进行备案监督；

（四）受理涉及农民负担的检举和投诉，会同有关部门处理涉及农民负担的案件；

（五）培训农民负担监督管理工作人员。

第六条　乡（镇）人民政府监督管理农民负担工作的主要职责是：

（一）贯彻执行有关农民负担的法律、法规、政策和乡（镇）人民代表大会的决议、决定；

（二）编制乡（镇）统筹费预决算及其减免方案，提请乡（镇）人民政府代表大会审议；

（三）收取和管理乡（镇）统筹费；

（四）调解有关农民负担的纠纷。

第七条　农民每年直接向集体经济组织交纳村（社）提留和乡（镇）统筹费的总额，以村为单位计算，不得超过上一年农民人均纯收入（即农村经济收益分配统计报表中的农民人均所得）的5%，并根据农民从事的产业和经济收入情况分摊：

（一）承包耕地的农民，承担家庭经营纯收入部分的村（社）提留和乡（镇）统筹费，按其耕地面积或劳动力或人口计算，分小春、大春两次交纳；

（二）经营个体工商业和私营企业的农民，应在税后提取一定的比例，缴纳村（社）提留和乡（镇）统筹费，具体提取办法由区（市）县人民政府根据实际情况决定。

第八条　村（社）提留不得超过上一年农民人均纯收入的2.5%；由村集体经济组织或村民委员会

于每年底作出预决算方案，经集体经济组织或村民代表会议讨论通过，报乡（镇）人民政府备案，并张榜公布，接受群众监督。

第九条　乡（镇）统筹费不得超过上一年农民人均纯收入的2.5%（其中农村教育费附加按1.5%安排），由乡（镇）人民政府会同乡（镇）、村集体经济组织或村民委员会于每年年底作出预决算方案，经乡（镇）人民代表大会审议通过，连同本乡（镇）的村（社）提留预算方案，一并报区（市）县农民负担主管部门备案，并张榜公布。

第十条　农村义务工和劳动积累工由乡（镇）人民政府会同村集体经济组织或村民委员会于每年年初提出用工计划，经乡（镇）人民代表大会审议通过，报区（市）县农民负担主管部门备案，由乡（镇）人民政府张榜公布。

第十一条　乡（镇）人民政府评定的贫困村，经村（社）集体经济组织或村民委员会提出申请，乡（镇）人民政府提请乡（镇）人民代表大会审议通过，可核减全部或部分乡（镇）统筹费。

对特困户和收入水平在本村平均线以下的革命烈军属、伤残军人、失去劳动能力的复退军人，经村集体经济组织或村民代表会议讨论评定，可减免村（社）提留；经乡（镇）人民政府提请乡（镇）人民代表大会审议通过，可减免乡（镇）统筹费。

对因病或伤残不能履行农村义务工，劳动积累工的，经村集体经济组织或村民代表会议讨论通过，可予减免。

第十二条　农民上交的村（社）提留和乡（镇）统筹费以及承担的劳务可纳入农业承包合同管理，或区（市）县以户为单位，统一制发《农民负担手册》，由乡农经管理部门会同村社财会人员将农民负担项目填入手册，接受群众监督。

第十三条　村民委员会为举办本村公益性事业，需要农民在法定义务以外集资、投劳的，必须尊重农民的意愿，量力而行，坚持谁受益谁负担的原则，并经村民代表会议通过，报上级人民政府审查备案。

第十四条　向农民收取各项行政事业性收费，必须有法律、法规规定或经法律、法规规定的机关批准，严禁超标准、超范围收费。市政府各部门、区（市）县和乡（镇）人民政府不得越权设置行政事业性收费项目。

第十五条　村（社）提留和乡（镇）统筹费由村民委员会或集体经济组织和乡（镇）农经管理部门管理，按批准的预算开支，接受财政部门的监督和审计机关的审计。

对违反规定用途的开支，财会人员有权拒付。

第十六条　各区（市）县、乡（镇）人民政府及有关部门不得在农村开展要求农民出钱、出物、出工的各种达标升级活动。

第十七条　对违反农民负担管理法规的行为，农民负担主管部门和有关部门必须依法查处，或者报请同级人民政府处理。

司法机关应及时审理有关农民负担的案件，切实保护农民的合法权益。

第十八条　有下列行为之一的，区（市）县以上农民负担主管部门有权制止，并给予警告或通报批评，责令限期退还，对拒不纠正的应报请同级人民政府依法处理；对构成犯罪的，移送司法机关处理：

（一）超限额向农民提取村（社）提留、乡（镇）统筹费的；

（二）超限额强行要求农民投劳或以资代劳的；

（三）违反本规定第十四条、第十六条的；

（四）平调、挪用、贪污村（社）提留和乡（镇）统筹费的。

第十九条　对违反本规定的单位负责人和直接责任人以及对抵制、举报、投诉人员进行打击报复的，分别按国务院《农民承担费用和劳务管理条例》第三十七条、三十八条的规定处理。

第二十条　违反本规定拒不上交村（社）提留和乡（镇）统筹费的，由乡（镇）人民政府作出限期交纳的处理决定，逾期不交纳的，每日加收应交金额千分之二的滞纳金。

第二十一条　当事人对行政处理决定不服的，可在接到处理决定之日起十五日内，依法申请行政复议或向人民法院起诉。逾期不申请复议、不起诉，又不履行处理决定的，由作出处理决定的机关申请人民法院强制执行。

第二十二条　本规定应用中的具体问题由重庆市人民政府农业委员会负责解释。

第二十三条　本规定自公布之日起施行。重庆市过去有关农民负担管理的规定与本规定不一致的，以本规定为准。

重庆市实施《中华人民共和国农业技术推广法》办法

（1997 年 11 月 28 日重庆市第一届人民代表大会常务委员会第五次会议通过　根据 2010 年 7 月 23 日重庆市第三届人民代表大会常务委员会第十八次会议《关于修改部分地方性法规的决定》修正　2016 年 9 月 29 日重庆市第四届人民代表大会常务委员会第二十八次会议修改）

第一章　总　　则

第一条　根据《中华人民共和国农业技术推广法》的规定，结合本市实际，制定本办法。

第二条　在本市行政区域内与农业技术推广有关的单位和个人，必须遵守本办法。

第三条　本办法所称农业技术，是指应用于种植业、林业、畜牧业、渔业的科研成果和实用技术，包括良种繁育、施肥培土、病虫草鼠害防治、栽培和养殖技术，饲料加工技术，畜禽疫病防治技术，农副产品加工、保鲜、贮运技术，农业机械技术和农用航空技术，农田水利、土壤改良与水土保持技术，农村供水、农村能源利用和农业环境保护技术，农业气象技术以及农业经营管理技术等。

本办法所称农业技术推广，是指通过试验、示范、宣传、培训、指导以及咨询服务等，把农业技术普及应用于农业生产产前、产中、产后全过程的活动。

第四条　农业技术推广应当遵循下列原则：

（一）有利于农业和农村经济的发展；

（二）尊重生产经营组织和农业劳动者的意愿；

（三）因地制宜，经过试验、示范；

（四）国家、农村集体经济组织扶持；

（五）实行农业技术推广机构、科研单位、有关院校与群众性科技组织、科技人员、农业劳动者相结合；

（六）讲求农业生产的经济效益、社会效益和生态效益。

第五条　鼓励和支持科研教学单位、社会团体和科技人员开发、推广应用先进适用的农业技术。

鼓励和支持农业劳动者和农业生产经营组织应用先进适用的农业技术。

鼓励和支持引进国外先进的农业技术，促进农业技术推广的国际合作与交流。

第六条　各级人民政府应加强对农业技术推广工作的领导，组织有关部门和单位采取措施，促进农业技术推广事业的发展。

第七条　市、区县（自治县）人民政府农业、林业、畜牧、水利水保、水产、农机、气象等行政主管部门（以下统称农业技术推广行政部门）在同级人民政府的领导下，按照各自的职责，负责本行政区域内有关的农业技术推广管理工作。同级人民政府科学技术行政主管部门对农业技术推广工作进行指导。

第八条　对在农业技术推广工作中做出贡献的单位和个人，各级人民政府应当给予表彰和奖励。

第二章　农业技术推广体系

第九条　农业技术推广实行以国家农业技术推广机构为主，农业科研单位、有关院校及群众性科技组织、农民技术员相结合的推广体系。

第十条　市、区县（自治县）国家农业技术推广机构的职责是：

（一）参与制定农业技术推广长远规划和年度计划，并组织实施；

（二）负责重大科技成果的推广和先进实用技术的引进；

（三）对农业新技术进行试验、示范；

（四）开展农业技术指导、技术咨询、技术培训、技术承包、普及农业科学知识；

（五）对当地推广销售的种子、化肥、农药、兽药、饲料等农用生产资料进行生产监测和市场监测以及农业环境监测管理；

（六）搜集、整理、传递农业科学技术情报和经济信息；

（七）开展技物结合，兴办经济实体；

（八）对下级农业技术推广机构实行业务指导。

第十一条　乡、镇农业技术推广机构是国家在农村基层设立的事业单位，由区县（自治县）农业技术推广行政部门和乡、镇人民政府实行双重领导。

区县（自治县）农业技术推广行政部门负责乡镇农业技术推广机构的政策、业务指导和人员、资产管理及财务监督管理，在征求乡、镇人民政府意见后按规定程序任免其主要负责人。乡、镇人民政府负责综合协调、监督等行政管理，提供必要的工作和生活条件，配合区县（自治县）农业技术推广行政部门做好乡、镇农业技术推广机构的人员管理。

第十二条　乡、镇农业技术推广机构的主要职责：

（一）参与制订农业技术推广计划并组织实施；

（二）组织农业技术的宣传培训；

（三）提供农业技术、信息服务；

（四）对农业新技术进行试验、示范；

（五）指导村农业技术综合服务站或农民技术人员及其群众性科技组织的农业技术推广活动；

（六）开展技物结合，兴办经济实体。

第十三条　村农业技术综合服务站和配备的农民技术员在上级农业技术推广机构的指导下，宣传农业技术知识，落实农业技术推广措施，为农业劳动者提供产前、产中、产后技术服务。

第十四条　国家农业技术推广机构的人员编制，按照国家和市编制管理规定核定，专编专用，任何单位不得挤占。

第十五条　国家农业技术推广机构中专业技术人员的比重应不低于百分之八十。其专业技术人员，应当具有中等以上有关专业学历，或者经县级以上农业技术推广行政部门培训考核，达到相应的专业技术水平。

乡、镇农业技术推广机构招聘人员，应选聘具有农民助理技师以上职称的人员。

村农业技术推广人员，应具有农民技术员以上的职称。

第十六条　在乡、镇从事农业技术推广工作的专业技术人员，应按规定给予评定技术职称。在评定职称时，应当将他们从事农业技术推广工作的实绩和接受专业教育的情况作为考核的重要内容。

第十七条　国家农业技术推广机构应当建立试验、示范基地，具备必备的仪器设备、服务设施和培训场所等。

企业、事业单位和社会团体、个人从事农业技术推广工作的，必须具备相应的设施、设备和资金。

第三章　农业技术的推广与应用

第十八条　推广农业技术应当根据农业和农村经济发展的需要，制定农业技术推广项目。重点项目应列入有关科技发展计划，由农业技术推广行政部门和科学技术行政部门按照各自的职责，相互配合，组织实施。

第十九条　向农业生产经营组织和劳动者推广的农业新技术、新品种，必须在推广地区经过试验、示范，证明具有先进性、实用性和经济合理性。

第二十条　市、区县（自治县）农业技术推广行政部门组织设立农业新技术审定委员会，负责本行政区域内的农业新技术和引进技术的审定。农业新技术审定的具体办法，由市农业技术推广行政部门制定。

审定通过的农业新技术，由市、区县（自治县）农业技术推广行政部门公布。未经审定通过和公布的农业技术，不得推广。

第二十一条　向农业生产经营组织和农业劳动者推广的肥料、农膜、农药、兽药、饲料等农业生产资料新产品，必须经国家或市的农业技术推广行政部门组织严格的试验示范和质量检测准予登记后，方能在生产上推广使用。

第二十二条　国家农业技术推广机构向农业劳动者推广农业技术，除本条第二款规定外，实行无偿服务。

农业技术推广机构、农业科研单位、有关院校以及科技人员，以技术转让、技术服务、技术承包、技术入股等形式提供农业技术的，可以实行有偿服务，其合法收入受法律保护。实行有偿服务的农业技术推广，当事人各方应当订立合同，约定各自的权利和义务。

第二十三条　各级人民政府应积极组织推广农业先进技术，农业生产经营组织和农业劳动者应积极学习和采用农业先进技术。

向农业劳动者推广农业新技术的，必须坚持自愿原则，尊重农业劳动者的意愿。

第四章　农业技术推广的保障措施

第二十四条　各级人民政府应当逐步提高对农业技术推广的投入，财政预算内用于农业技术推广的资金应当随着财政收入的增加而增加。

第二十五条　各级人民政府应从下列资金中确定适当的比例，筹集建立农业技术推广专项资金：

（一）国家和地方的财政拨款；

（二）国家和地方农业发展基金；

（三）国家扶持的区域性开发和基地建设资金、农业综合开发资金；

（四）粮食、棉花、油料、经济作物及牲畜等农产品的技术改进费、新品种开发基金；

（五）农业技术推广机构的自营收益；

（六）集体经济组织的积累、以工补农和以工建农资金；

（七）国内外有关组织与个人提供的贷款和捐赠资金；

（八）市、区县（自治县）人民政府决定的其他资金。

第二十六条　各级审计部门应对农业技术推广专项资金的安排、使用情况实行定期审计，并将审计结果报告同级人民政府。

第二十七条　各级财政部门对国家农业技术推广机构必要的仪器设备购置、农技推广人员工作和生活条件的改善，要给予资金上的保证。

第二十八条　区县（自治县）和乡、镇人民政府应当按照国家和市的规定，做好乡、镇农业技术推广机构的定员工作。乡、镇农业技术推广机构核定编制内的人员工资和事业经费纳入区县（自治县）

财政预算。

第二十九条　乡、镇农业技术推广机构合同聘用农民技术员的报酬，从农业技术推广专项资金和有偿服务收入中列支，并按国家规定办理医疗、养老保险。

村农民技术员的报酬，由村集体经济组织实行定额补助和区县（自治县）、乡、镇财政给予补助。

第三十条　国家农业技术推广机构依照国家规定经营化肥、农膜、农药及其他农业生产资料，有权从生产企业直接购货，或在农业生产资料经营单位进货，并按国家规定的价格销售。

第三十一条　鼓励农业技术推广机构根据农村经济发展需要，兴办优质粮油等农副产品加工企业及其他为农业服务的企业，并享受有关税收、信贷等优惠政策。

国家农业技术推广机构从事经营服务和兴办为农业服务的企业所取得的利润，主要用于农业技术推广事业，任何单位和个人不得平调或摊派，财政不得因此减少农业技术推广事业费。

第三十二条　乡、镇农业技术推广机构的试验基地、推广服务设施、生产资料及其他资产，由国家投资购置的属国家所有；由乡、镇农业技术推广机构购置的，属乡、镇农业技术推广机构所有。

第三十三条　农业技术推广资金应当专款专用，任何单位和个人不得截留、挪用。农业技术推广机构的资产，任何单位和个人不得侵占、平调、挤占。

第三十四条　长期在乡、镇农业技术推广机构中从事农业技术推广服务工作成绩显著、经考试考核合格的，按国家规定可以转为非农业人口，可以招聘、可以正式录用为乡、镇农业技术推广机构的人员。其具体办法由市人事部门会同市农业技术推广行政部门制定。

在乡、镇农业技术推广机构从事农业技术推广工作的人员，区县（自治县）人民政府可根据实际情况对其实行岗位补贴。

国家农业技术推广人员在区县（自治县）、乡、镇农业技术推广岗位累计从事农业技术推广工作三十年（女性二十五年），其中在乡、镇不少于二十年（女性十五年），并在该岗位退休的，可在退休标准金基础上增加百分之十以上的退休生活补贴。其具体数额比例，由区县（自治县）人民政府决定。

第五章　罚　　则

第三十五条　违反本办法第二十条规定，推广未经审定通过的农业新技术和引进技术的，由市、区县（自治县）农业技术推广行政部门责令立即停止，没收违法所得，可以并处违法所得二至五倍的罚款，造成损失的，依法承担赔偿责任。

第三十六条　违反本办法第二十一条规定，非法推广未经登记的农业生产资料新产品的，由市、区县（自治县）农业技术推广行政部门追缴和没收产品及其违法所得，可以并处违法所得二至五倍的罚款，造成损失的，依法承担赔偿责任。

第三十七条　违反本办法第二十三条规定，强制农业生产者使用农业技术，给农业生产者造成损失的，对直接责任者由所在单位或上级机关给予行政处分，并依法承担赔偿责任。

第三十八条　违反本办法规定，有下列行为之一的，由市、区县（自治县）农业技术推广行政部门予以制止，责令改正并限期归还被截留、挪用的资金和侵占、平调的资产；逾期不归还的，依法强制归还，并提请其上级机关或者监察部门追究直接责任人的行政责任：

（一）截留或挪用农业技术推广资金的；

（二）侵占、平调农业技术推广机构资产的；

（三）限制、阻挠农业技术推广机构依法经营农业生产资料的。

第三十九条　农业技术推广行政部门及其工作人员违法行使职权，侵犯公民、法人和其他组织权益造成损失的，应依法承担责任。

第四十条　当事人对行政处罚不服的，可依法申请复议或直接向人民法院起诉。逾期不申请复议、

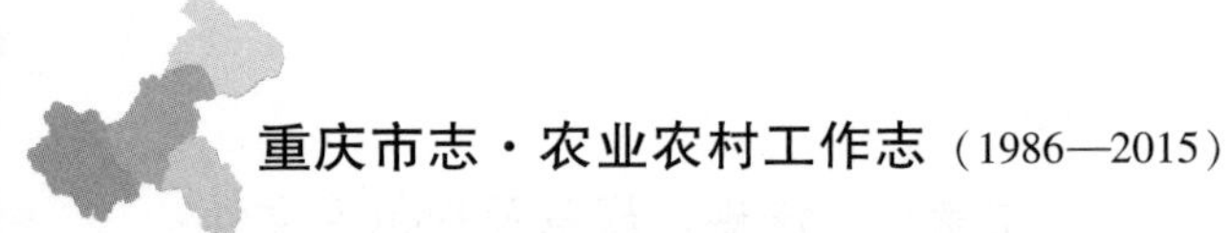

不起诉又不履行的，由作出行政处罚决定的机关申请人民法院强制执行。

第六章　附　　则

第四十一条　本办法所称的市、区县（自治县）国家农业技术推广机构，是指市、区县（自治县）农业技术推广行政部门所属的从事农业技术推广工作的事业单位。

第四十二条　本办法从1998年1月1日起施行。

重庆市实施《中华人民共和国农村土地承包法》办法

（《重庆市实施〈中华人民共和国农村土地承包法〉办法》已于2007年3月30日经重庆市第二届人民代表大会常务委员会第三十次会议通过，现予公布，自2007年7月1日起施行）

第一章　总　　则

第一条　为了保障集体经济组织成员土地承包权，维护稳定的土地承包关系，促进农业和农村经济发展，根据《中华人民共和国农村土地承包法》，结合本市实际，制定本办法。

第二条　本市行政区域内农村土地承包及承包合同管理适用本办法。

第三条　本办法所称农村土地，是指农民集体所有和国家所有依法由农民集体使用的耕地、林地、草地和荒山、荒沟、荒丘、荒滩、养殖水面，以及其他依法用于农业的土地。

第四条　农村土地承包应当遵循公平、公正、公开和方便生产生活、有利规模经营、发挥土地效用原则。

第五条　农村集体经济组织成员，有权依法承包由本集体经济组织发包的农村土地。

任何组织和个人不得剥夺或非法限制农村集体经济组织成员承包农村土地的权利。

第六条　市、区县（自治县）人民政府应当加强对农村土地承包及承包合同管理工作的领导，保护土地承包双方当事人的合法权益。

第七条　市人民政府农村土地承包工作主管部门负责指导全市农村土地承包以及承包合同管理。

区县（自治县）人民政府农业、林业等行政主管部门分别依照各自职责，负责本行政区域内农村土地承包及承包合同管理。

乡镇人民政府、街道办事处负责本行政区域内农村土地承包及承包合同管理的具体工作。

第八条　农村土地承包工作主管部门对土地承包和承包合同管理依法实施监督检查时，有权要求被检查单位或者个人提供与土地承包有关的文件或者资料。

被检查单位或者个人对有关土地承包情况，应当如实说明，不得阻碍农村土地承包工作主管部门及其工作人员依法行使职权。

第二章　权利与义务

第九条　下列新增农村居民人员属于本集体经济组织成员：

（一）本集体经济组织成员新生子女；

（二）因合法婚姻关系、收养关系迁入本集体经济组织的；

（三）根据国家移民政策，迁入本集体经济组织的；

（四）法律、法规规定的其他情形。

第十条　集体经济组织成员以家庭承包方式实现土地承包权。

第十一条　农村集体土地所有权人或者依法使用国家所有土地的集体经济组织是农村土地承包的发包方。

发包方依法享有下列权利：

（一）发包本集体所有或者国家所有依法由本集体使用的农村土地；

（二）拟定土地承包方案；

（三）收取发包土地应得的收益和因土地征收、征用、占用应得的补偿费用；

（四）收回承包方依法应当交回的土地；

（五）统筹、管理、分配土地征收、征用、占用的补偿费用；

（六）监督土地使用人合理利用土地，制止损害承包土地和农业资源的行为；

（七）法律、法规规定的其他权利。

第十二条　发包方应当履行下列义务：

（一）保障本集体经济组织成员实现土地承包权、收益分配权；

（二）执行法律、法规规定的发包规则与发包程序；

（三）非因法定或者约定原因，不得变更、解除承包合同；

（四）维护承包人的生产经营自主权；

（五）接受承包人提前交回的承包土地；

（六）组织代耕撂荒土地，组织出租机动地；

（七）调解农户之间的土地纠纷；

（八）法律、法规规定的其他义务。

第十三条　本集体经济组织农户或者依法承包农村土地的其他经济组织和个人是农村土地的承包方。承包方享有下列权利：

（一）以承包方式取得土地使用权；

（二）放弃土地承包权；

（三）新一轮土地承包时，同等条件下对原承包土地享有优先权；

（四）承包土地的占有、使用、收益权利；

（五）承包土地的生产经营自主权，自主决定种植范围、种植方式、收益处分等；

（六）决定所承包的农村土地经营权是否流转以及流转方式；

（七）获得承包土地被依法征收、征用或者占用应得的补偿费用；

（八）法律、法规规定的其他权利。

第十四条　承包方应当履行下列义务：

（一）不得擅自改变土地农业用途；

（二）不得撂荒土地；

（三）不得非法开山取石、采矿、炼焦、修庙、建祠、造墓或者建造以非农业开发为目的的永久性建筑；

（四）法律、法规规定的其他义务。

承包方损害土地耕作条件的，应当履行复耕义务。

第三章　土地承包经营权的取得

第十五条　农村土地承包经营权通过承包方式取得。土地承包方式包括家庭承包和其他方式承包。

农村土地承包采取农村集体经济组织内部的家庭承包方式，不宜采取家庭承包方式的荒山、荒沟、荒丘、荒滩等农村土地，可以采取招标、拍卖、公开协商等方式承包。

家庭承包采取公开民主协商方式，其他方式承包采取招标、拍卖或者公开民主协商等方式。

第十六条　以家庭承包方式统一发包时，发包土地范围包括：

（一）上一轮发包时已经纳入发包范围内的土地；

（二）上一轮发包时未纳入发包范围的机动地、新开垦土地；

（三）本集体经济组织适宜家庭承包的其他土地。

第十七条 农民集体所有的土地依法属于村农民集体所有的，由村集体经济组织或者村民委员会发包；已经分别属于村内两个以上农村集体经济组织的农民集体所有的，由村内各该农村集体经济组织或者村民小组发包。村集体经济组织或者村民委员会发包的，不得改变村内各集体经济组织农民集体所有的土地的所有权。

国家所有依法由农民集体使用的农村土地，由使用该土地的农村集体经济组织、村民委员会或者村民小组发包。

第十八条 同一集体经济组织内承包地面积计算方式应当统一，并在承包合同中注明。

第十九条 以家庭承包方式发包土地应当按照下列程序进行：

（一）发包方依照法律、法规规定拟定土地承包方案；

（二）土地承包方案经本集体经济组织成员的村民会议三分之二以上成员或者三分之二以上农户代表同意，并书面公布，公布时间不得少于十五日；

（三）组织实施土地承包方案；

（四）发包方与承包方协商并代表本集体经济组织与承包方签订承包合同。

第二十条 荒山、荒沟、荒丘、荒滩、养殖水面等的承包，应当首先采取招标、拍卖方式，具体程序依照《中华人民共和国招标投标法》和《中华人民共和国拍卖法》的规定执行；采用公开民主协商方式发包的，应当经本集体经济组织成员的村民会议三分之二以上成员或者三分之二以上农户代表讨论确定承包方案和承包者。

第二十一条 发包方与承包方应当在平等、自愿、民主协商的基础上签订土地承包合同。没有签订书面承包合同的，应当自本办法实施之日起三个月内补签。承包方由户主或者户主委托的具有完全民事行为能力的家庭成员与发包方签订承包合同。

承包合同应包括以下主要条款：

（一）发包方、承包方名称，发包方负责人和承包方代表姓名、住所；

（二）承包土地名称、坐落、面积、质量等级、四至界限；

（三）承包期限和起止日期；

（四）承包土地用途；

（五）发包方和承包方的权利、义务；

（六）违约责任、风险责任以及争议解决方式；

（七）双方约定的其他事项。

第二十二条 区县（自治县）人民政府应当向承包方颁发土地承包经营权证或者林权证等证书，确认土地承包经营权，并登记造册。

颁发土地承包经营权证或者林权证等证书，除按规定收取证书工本费外，不得收取其他费用。

第二十三条 家庭土地承包和其他方式承包的经营权证按照下列规定办理：

（一）发包方自承包合同签订之日起三十日内，向乡镇人民政府、街道办事处报送土地承包方案、承包过程记录、承包合同等材料；

（二）乡镇人民政府、街道办事处自收到材料之日起十五日内，完成审查、登记、造册工作，并报区县（自治县）农村土地承包工作主管部门审核；

（三）区县（自治县）农村土地承包工作主管部门，自收到申报材料之日起三十日内完成审核工作，符合条件的报请区县（自治县）人民政府颁发土地承包经营权证。

办理林权证，按照国家有关规定执行。

家庭土地承包和其他方式承包的经营权证和林权证应当自颁发之日起三十日内送交承包方。

第二十四条　家庭承包期内，承包方分户的，由其自行决定土地承包经营权的分割。达不成协议的，按照承包合同纠纷处理。

因离婚产生的分户，土地承包经营权的分割按照离婚协议或者农村土地承包仲裁机构、人民法院的生效法律文书处理。

承包方分户后，发包方应当与分户后的农户分别签订承包合同，并依照法定程序办理土地承包经营权证或者林权证等证书的变更手续。

第二十五条　家庭承包期内，有下列情形之一的，应当按照国家和本市的有关规定变更承包合同和土地承包经营权证或者林权证等证书：

（一）承包方提出书面申请，自愿交回部分承包地的；

（二）承包方的部分承包地被依法征收、征用的；

（三）承包方的部分承包地被乡镇、村公共设施、公益事业建设依法占用的；

（四）承包方的部分承包地通过转让方式流转的；

（五）土地依法调整后，承包方的承包地面积、地块变化的；

（六）法律、法规规定的其他情形。

第二十六条　家庭承包期内，有下列情形之一的，应当按照国家和本市的有关规定解除承包合同，并注销土地承包经营权证或者林权证等证书：

（一）承包方提出书面申请，自愿交回全部承包地的；

（二）承包方的全部承包地被依法征收的；

（三）承包方的全部承包地被乡镇、村公共设施、公益事业建设依法占用的；

（四）承包方的全部承包地通过转让方式流转的。

依法应当将承包的耕地和草地交回发包方的，应当自当季农作物收获期结束后三十日内交回发包方，同时解除承包合同，注销土地承包经营权证；逾期不交的，由发包方收回。

耕地和草地的承包方家庭成员全部死亡，林地的承包方家庭成员全部死亡且无继承人的，应当及时注销其土地承包经营权证或者林权证等证书，并由发包方收回承包地。

第二十七条　土地承包经营权证或者林权证等证书损毁、遗失的，区县（自治县）人民政府应当依承包方书面申请及时办理换发、补发证书。

第二十八条　发包方、乡镇人民政府、街道办事处和区县（自治县）农村土地承包工作主管部门应当依照各自职责，负责承包合同、土地承包经营权证或者林权证等证书的登记、建档、保管和查询等工作。

承包方有权查阅、复制与自己的土地承包经营权证或者林权证等证书有关的登记材料，有关部门及其工作人员应当提供方便，不得拒绝或者限制。

第四章　土地承包经营权的流转

第二十九条　土地承包经营权可以依法采取转包、出租、互换、转让、入股或者其他方式流转。

第三十条　土地承包经营权流转应当遵守以下规定：

（一）平等协商、自愿、有偿，任何组织和个人不得强迫或者阻碍承包方进行土地承包经营权流转；

（二）不得改变土地所有权的性质和土地的农业用途；

（三）流转的期限不得超过承包期的剩余期限；

（四）在同等条件下，本集体经济组织成员享有优先权；

（五）土地承包经营权流转，应当签订书面合同。

第三十一条　按照国家有关规定，承包地可以连片流转，发展适度规模经营。

承包地集中连片流转，涉及多个承包方的，受让方应当与每个承包方签订土地承包经营权流转合同。

第三十二条 土地承包经营权转包、出租和作价入股不改变土地承包经营权属关系。但其退耕还林所产生的补贴、补助以及其他费用等权利和植树造林、林木管护等义务有约定的，按照约定执行，没有约定的，归土地承包经营权的受让人、承租人或股份制企业经营人。

退耕还林形成的林木属于承包土地经营权人。林业行政管理部门办理林权证时，应当以农村土地承包经营权证为依据。

第三十三条 土地转包是将以家庭承包方式取得的土地承包经营权，部分或者全部转移给本集体经济组织内其他农户的行为。

土地转包，原承包关系不变。

第三十四条 以家庭承包方式取得承包土地的农户属于同一集体经济组织的，可以自愿互换承包的土地。

经双方所在集体经济组织同意，不同集体经济组织农户的承包土地可以互换。

不同集体经济组织的农户土地承包经营权经互换不改变土地所有权权属关系。

第三十五条 农村土地承包方可以将部分或者全部农村土地承包经营权出租给他人并收取租金。

第三十六条 土地承包方可依法转让全部或者部分土地承包经营权。土地承包经营权转让，应当经发包方同意。发包方应当在收到承包方的书面申请后七日内书面答复，并签署意见、加盖印章；逾期不答复的，视为同意。

第三十七条 承包方可以自愿将土地承包经营权入股发展农业合作经营，但股份合作终止时入股土地承包经营权应当退回原承包方。

第三十八条 以其他方式取得的土地承包经营权可就承包土地使用权设定抵押。

第三十九条 承包方可以将土地承包经营权自行流转，也可以委托他人或者村民委员会、村民小组、土地流转中介服务组织流转。

委托流转应当签订书面委托合同。未经承包方书面委托，任何组织和个人代表承包方与受让方签订的土地承包经营权流转合同无效。

第四十条 农村土地承包工作主管部门应当根据需要，建立土地承包经营权流转信息库，公布流转供求信息，无偿提供业务指导和服务。区县（自治县）人民政府可根据本地实际建立土地承包经营权流转有形市场，为流转双方提供交易场所，集中办理土地流转手续。

第五章 土地承包经营权的保护

第四十一条 承包方依法取得的土地承包经营权受法律保护，任何组织和个人不得侵犯承包方依法使用承包地、自主组织生产经营、处置产品和取得承包收益的权利。

第四十二条 集体经济组织不得以村民会议决议、多数人同意、村规民约或者其他任何方式损害本集体经济组织成员平等的土地承包权、收益分配权。

因前款方式作出的使本集体经济组织成员之间产生差别或者歧视性待遇的决定无效。

第四十三条 农户在签订承包经营合同前自愿放弃家庭承包经营权的，应当在土地承包方案公布后十五日内向发包方递交由户主签名的书面申请。

农户在家庭承包期内自愿放弃承包经营权、交回承包地的，应当向发包方递交由户主签名的书面申请。

农户自愿放弃承包经营权的，在本轮承包期内不得再要求承包土地。

第四十四条 以家庭方式承包的，发包方在承包期内不得非法收回承包地。

承包期内，承包方家庭成员中有外出务工、经商、就学、服兵役或者劳动教养、服刑、死亡的，发包方不得收回其承包地。

承包期内，妇女结婚，在新居住地未取得承包地的，发包方不得收回其原承包地；妇女离婚或者丧偶，仍在原居住地生活或者不在原居住地生活但在新居住地未取得承包地的，发包方不得收回其原承包地。

因结婚男方到女方家落户的，适用前款规定。

第四十五条　以家庭方式承包的，有下列情形之一，发包方应当收回承包方的承包地：

（一）承包期内，承包方全家迁入本市各区县（自治县）所辖街道办事处或者区县（自治县）人民政府驻地镇，转为非农业户口的；

（二）承包方全家迁入本集体经济组织以外的农村落户，在新户籍地取得承包地的；

（三）农户整体消亡的；

（四）法律法规规定应当收回的其他情形。

第四十六条　以家庭方式承包的，发包方在承包期内非因法定情形不得调整承包地。

承包期内，因法定情形对个别农户之间的承包地需要适当调整的，必须经本集体经济组织成员的村民会议三分之二以上成员或者三分之二以上农户代表同意，并报乡镇人民政府、街道办事处和区县（自治县）人民政府农业等行政主管部门批准。承包合同中约定不得调整的，按照其约定。

第四十七条　下列土地应当用于调整承包地或者发包给新增人口：

（一）集体经济组织依法预留的机动地；

（二）通过依法开垦等方式增加的土地；

（三）依据本办法规定交回、收回的土地；

（四）其他可用于调整的土地。

第四十八条　调整的土地优先发包给本集体经济组织的下列成员：

（一）本集体经济组织中未享受土地承包权的新增成员；

（二）因自然灾害等原因减少承包土地面积的；

（三）承包土地被依法征收、征用、占用，承包方自愿放弃土地补偿费和安置补助费的。

第四十九条　调整土地按照本集体经济组织成员人均承包耕地面积占有量，优先补充或者调整给人均耕地面积占有量最少的农户。

调整和补充面积以本轮土地统一承包时的人均承包耕地占有量为依据。

第五十条　调整土地应按照下列程序进行：

（一）由需要调整土地的农户向发包方提出书面申请；

（二）发包方依据本办法规定对符合条件的农户范围、调整顺序、调整面积等事项进行确认并拟订调整方案；

（三）公示调整方案，且公示期不得少于七日；

（四）经本集体经济组织成员的村民会议三分之二以上成员或者三分之二以上农户代表通过调整方案；

（五）发包方将通过的调整方案报乡镇人民政府、街道办事处批准；

（六）发包方组织实施调整方案；

（七）签订承包合同并完善变更登记手续。

第五十一条　以家庭方式承包的，在承包期内，承包方撂荒承包耕地一年以上的，发包方可以组织代耕。代耕者不得损害土地的耕作条件，不得种植多年生作物。

承包期内，承包方回乡要求继续耕作其承包耕地的，其承包地在当季农作物收获后予以返还，或者按照双方协商的其他方式返还。

第五十二条　集体土地所有权和土地承包经营权受法律保护。非因社会公共利益需要，或者虽然具备社会公共利益需要但能够通过占用方式或者集体土地建设用地方式满足土地利用的，不得采取土地征收、征用方式。

第五十三条 乡镇村公共设施、公益事业建设或者兴办乡镇企业、村民建设住宅使用本集体经济组织所有的已承包的土地的，应当经本集体经济组织成员的村民会议三分之二以上成员或者三分之二以上农户代表的同意。所占耕地不符合乡镇土地利用总体规划和土地利用年度计划的，有关部门不得办理农用地转用审批手续。

已办理农用地转用审批手续的，用地单位应当给原承包方经济补偿，发包方也可以根据本办法的规定给原承包方适当调整土地。

第六章 争议的解决和法律责任

第五十四条 因土地承包、经营与利用发生纠纷，双方当事人可以协商解决，也可以请求村民委员会、乡镇人民政府或街道办事处调解解决。

当事人不愿协商、调解或者协商、调解不成的，可以依法申请仲裁或者向人民法院起诉。

第五十五条 经济困难的农户发生土地承包纠纷，可以向当地的法律援助机构申请法律援助。

农村土地承包纠纷案件当事人经济特别困难的，可以向农村土地承包仲裁机构、人民法院申请，缓交、减交或者免交仲裁、诉讼等费用。

第五十六条 发包方有下列行为之一的，由区县（自治县）人民政府农村土地承包工作主管部门责令其限期改正；造成损失的，依法承担赔偿责任；构成犯罪的，依法追究刑事责任：

（一）剥夺、侵害本集体经济组织成员依法享有的土地承包经营权的；

（二）有机动地、新增地等土地而对符合承包条件的本集体经济组织成员拒不组织发包的；

（三）干涉承包方依法享有的生产经营自主权的；

（四）擅自变更或者解除承包合同，调整或者收回承包地的；

（五）未依法发包不宜采用家庭承包方式承包的荒山、荒沟、荒丘、荒滩、养殖水面等农村土地的；

（六）未依法申办土地承包经营权证或者林权证等证书的；

（七）扣留或者擅自更改承包合同、土地承包经营权证或者林权证等证书的；

（八）妨碍承包方依法进行土地承包经营权流转的，或者截留土地承包经营权流转收益的；

（九）侵害承包方土地承包经营权益的其他行为。

第五十七条 国家机关及其工作人员有下列行为之一的，由上级机关或者所在单位责令改正；情节严重的，对直接负责的主管人员和其他直接责任人员给予行政处分；给当事人造成损失的，依法承担赔偿责任；构成犯罪的，依法追究刑事责任：

（一）利用职权干涉土地承包或者干涉承包方依法享有的生产经营自主权的；

（二）扣留承包方的承包合同的；

（三）利用职权强迫、阻碍承包方进行土地承包经营权流转的；

（四）不依法登记、颁发土地承包经营权证或者林权证等证书的；

（五）不为承包方查阅、复制土地承包经营权证或者林权证有关登记材料提供便利的；

（六）没有法定依据收取费用的；

（七）其他玩忽职守、徇私舞弊，侵害农民土地承包权益的。

第七章 附 则

第五十八条 居民委员会发包农村土地的，按照本办法执行。

第五十九条 本办法自2007年7月1日起施行。

重庆市无规定动物疫病区管理办法

渝府令〔2015〕288号

第一章　总　　则

第一条　为了加强无规定动物疫病区建设和管理，有效预防、控制和扑灭规定动物疫病，促进养殖业健康发展，维护公共卫生安全，保护人体健康，根据《中华人民共和国动物防疫法》《重庆市动物防疫条例》等有关法律、法规，制定本办法。

第二条　本市对动物疫病实行区域化管理，建立全市行政区域的无规定动物疫病区。

本办法所称无规定动物疫病区（以下简称无疫区），是指按照国家无疫区建设规范进行建设和管理，通过对动物疫病采取预防、控制等措施，使规定动物疫病达到国家控制标准的区域。

本办法所称规定动物疫病，是指牲畜口蹄疫、高致病性禽流感、高致病性猪蓝耳病、猪瘟、牛羊布鲁氏菌病、牛结核病，以及市人民政府规定的其他动物疫病。

第三条　无疫区内规定动物疫病实行预防为主、防治结合、依法治理的原则。

无疫区内对规定动物疫病采取免疫、检疫、监测、净化，以及对染疫动物采取隔离、封锁、扑杀、无害化处理等措施进行控制。

第四条　市人民政府领导全市无疫区的建设和管理工作。

区县（自治县）人民政府领导本行政区域内无疫区的建设和管理工作。

乡（镇）人民政府、街道办事处应当组织群众做好本辖区内的规定动物疫病预防、控制工作。

第五条　市兽医主管部门负责全市无疫区的建设和管理工作。

区县（自治县）兽医主管部门负责本行政区域内无疫区的建设和管理工作。

市、区县（自治县）卫生计生、林业、公安、交通、食品药品监管等部门，动物卫生监督机构、动物疫病预防控制机构，乡（镇）、街道和特定区域的兽医机构按照各自职责做好无疫区建设和管理工作。

第六条　无疫区建设和管理所需经费纳入本级财政预算。

第二章　无疫区建设

第七条　市兽医主管部门应当根据无疫区建设标准和国家相关规定，制定全市无疫区建设方案，经市人民政府批准后组织实施。

区县（自治县）人民政府应当根据全市无疫区建设方案，制定本地区无疫区建设实施方案并组织实施。区县（自治县）无疫区建设实施方案应当报市兽医主管部门备案。

第八条　无疫区建设应当达到下列标准：

（一）动物防疫屏障体系完善，动物和动物产品进入本市的指定道口、指定道口动物卫生监督检查站、动物隔离场所等设施建设符合国家动物防疫屏障体系建设要求，具备防控市外疫病传入的能力；

（二）动物防疫监督体系完善，各级动物卫生监督机构及其检疫、执法、监察等设施设备符合国家动物防疫监督体系建设要求，具备对动物饲养、屠宰、经营、隔离、运输以及动物产品生产、经营、加工、贮藏、运输等环节实施有效监控的能力；

（三）动物疫情监测体系和动物疫病控制体系完善，各级冷链系统、动物疫病防控信息系统、无害化处理场所等设施设备建设符合国家有关建设要求，动物疫病预防控制机构、基层兽医机构、动物疫情监测和流行病学调查实验室（以下简称兽医实验室）、规定动物疫病应急处置预案健全，疫情应急处置物资、交通工具配置符合国家要求，具备有效监测预防规定动物疫病以及对动物疫情迅速反应和及时扑

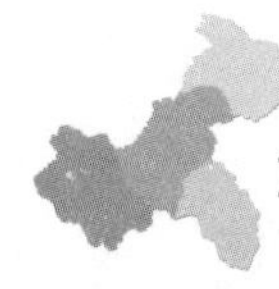

灭的能力；

（四）全市强制免疫动物疫病的免疫效果达到国家规定的标准，动物疫病监测符合国家要求，在规定的时期内没有发生规定动物疫病；

（五）国务院兽医主管部门规定的其他条件。

第九条 动物、动物产品进入本市的指定道口由市人民政府发布。

指定道口的动物卫生监督检查站由所在地区县（自治县）人民政府负责建设，指定道口引导标志由区县（自治县）兽医主管部门负责安装，交通行政管理部门应当协助做好标志的选址及安装工作。

指定道口所在机场、车站、码头的管理机构应当支持和协助动物卫生监督检查工作，为动物卫生监督检查提供必要的工作场所。

第十条 动物隔离场所由市人民政府统一规划建设。

第十一条 各级冷链系统、动物疫病防控信息系统由市兽医主管部门和区县（自治县）人民政府根据全市无疫区建设方案负责建设。

动物、动物产品无害化处理场所由市政府确定的部门、有关区县（自治县）人民政府按照有关规划组织建设，并确定主管部门或者运营单位。

鼓励和支持社会单位和个人投资建设和运营动物、动物产品无害化处理场所。

第十二条 市级兽医实验室应当具备细菌学、血清学、分子生物学检测和生物信息学分析能力并通过国务院兽医主管部门考核。区县（自治县）兽医实验室应当具备细菌学、血清学和分子生物学检测能力并通过市兽医主管部门考核。

兽医实验室应当承担区域内规定动物疫病及其他动物疫病的动物疫情监测和流行病学调查工作，提供与检测能力相适应的动物疫病检测与诊断服务。

第十三条 无疫区边界应设置标志。无疫区边界标志由市兽医主管部门统一设置，由区县（自治县）兽医主管部门管理，交通行政管理部门应当协助做好无疫区边界标志的选址及安装工作。

第十四条 市兽医主管部门负责对区县（自治县）的无疫区建设工作进行指导，并组织检查评估。

全市无疫区建设达到标准后，按规定报国务院兽医主管部门评估验收。

第三章 规定动物疫病的预防

第十五条 无疫区内动物疫病应当达到国家规定的控制净化标准。

国家尚未制定控制净化标准的，按本市控制净化标准执行。本市控制净化标准由市兽医主管部门制定并公布。

第十六条 无疫区内对规定动物疫病实行强制免疫或者禁止免疫。

无疫区内对牲畜口蹄疫、高致病性禽流感、高致病性猪蓝耳病、猪瘟等规定动物疫病实行强制免疫。市人民政府可以根据无疫区内动物疫病流行情况增加强制免疫病种，并向社会公布。

强制免疫由政府免费提供强制免疫疫苗、畜禽标志，由兽医主管部门组织实施，兽医机构应当提供免疫技术服务。

强制免疫应当采取季节免疫与常年免疫相结合的措施，免疫密度和质量应当达到国家和本市规定要求。

第十七条 无疫区内对牛羊布鲁氏菌病、牛结核病等规定动物疫病实行禁止免疫。市人民政府根据国家规定和本市动物疫病控制要求，可以调整无疫区内禁止免疫病种，并向社会公布。

任何单位和个人不得实施市人民政府规定禁止免疫病种的免疫。

禁止免疫的病种采取定期检测、强制扑杀等措施进行预防控制。

第十八条 从事动物饲养、屠宰、经营、隔离、运输以及动物产品生产、经营、加工、运输、贮藏等活动的单位和个人，应当按照有关规定做好免疫、检测、控制、净化、消毒、无害化处理等规定动物疫病防控工作。

第十九条　无疫区内的动物疫病预防控制机构应当开展动物疫病免疫效果监测、动物疫病诊断、疫情监测和流行病学调查及分析工作，并向本级兽医主管部门提出风险评估报告。

从事动物饲养以及动物产品生产、加工、贮藏、经营的单位和个人，应当接受动物疫病预防控制机构对其动物及动物产品实施的疫病监测，并协助做好抽样、采样等工作。

第二十条　市外调入和市内跨区县（自治县）调运非屠宰用动物的，应当随货携带输出地兽医机构出具的强制免疫病种强化免疫凭证和有关动物疫病监（检）测资料供查验。

调运的非屠宰用动物到达目的地后，货主应当在24小时内向当地区县（自治县）动物卫生监督机构报告，并在动物卫生监督机构的监督下，按照有关法规、规章和技术规范进行隔离检疫和隔离观察。

第二十一条　区县（自治县）动物卫生监督机构应当对动物收购、贩运活动实施监管，建立有关档案。从事动物收购、贩运活动的单位和个人，应当在当地动物卫生监督机构备案。

第二十二条　动物饲养场（养殖小区）、动物屠宰加工场应当符合法律、法规规定的动物防疫条件，依法取得动物防疫条件合格证。

活禽市场（含经营活禽的超市）应当符合下列条件：

（一）禽类产品与其他产品的经营区域分开；

（二）水禽经营区域与其他活禽经营区域相对隔离；

（三）宰杀区域实行封闭管理，并与销售区域实行物理隔离；

（四）建立并实施定期休市消毒等制度。

第四章　规定动物疫病的控制和扑灭

第二十三条　市兽医主管部门应当适时修订完善市级重大动物疫情应急预案，报市人民政府批准后执行。区县（自治县）兽医主管部门应当适时修订完善本级重大动物疫情应急预案，报本级人民政府批准后执行。区县（自治县）重大动物疫情应急预案应当报市兽医主管部门备案。

市兽医主管部门应当制定全市牛羊布鲁氏菌病、牛结核病防治方案，区县（自治县）兽医主管部门按照全市牛羊布鲁氏菌病、牛结核病防治方案，制定本地区的防治方案。

第二十四条　规定动物疫病中的重大动物疫情应急预案应当包括下列内容：

（一）应急处理指挥机构的组成和相关部门的职责；

（二）疫情的监测、信息收集、预警、报告和通报制度；

（三）疫情的确认、分级、应急处理技术和处理工作方案；

（四）疫情应急的人员、技术、物资、设施、资金保障等。

第二十五条　从事动物疫情监测、检验检疫、疫病研究与诊疗以及动物饲养、屠宰、经营、隔离、运输等活动的单位和个人，发现动物染疫或者疑似染疫的，应当立即向当地兽医主管部门、动物卫生监督机构或者动物疫病预防控制机构报告，并采取隔离等控制措施，防止动物疫情扩散。其他单位和个人发现动物染疫或者疑似染疫的，应当及时报告。

接到动物疫情报告的单位，应当及时采取必要的控制处理措施，并按照国家规定的程序上报。

任何单位和个人不得瞒报、谎报、迟报或者阻碍他人报告动物疫情。

第二十六条　发生规定动物疫病时，应当按照相关规定，迅速采取措施，作出应急响应。

第二十七条　指定道口动物卫生监督检查站检查发现染疫或者疑似染疫的动物及动物产品，依照有关规定进行处置；对涉及重大动物疫情的，由所在地区县（自治县）人民政府组织有关部门实施处置。

第二十八条　对无疫区内发生规定动物疫病的动物，应当实行强制扑杀、销毁，并按照规定给予补偿。

有下列情形之一，发生规定动物疫病被强制扑杀销毁的，不予补偿，并依法追究法律责任：

（一）拒绝实施强制免疫的；

（二）违反动物检疫规定的；

（三）拒绝动物疫病监测的；

（四）违反我市动物调运相关规定的。

第五章　监督管理

第二十九条　动物卫生监督机构依照有关法律法规和本办法规定，对无疫区内动物饲养、屠宰、经营、隔离、运输以及动物产品生产、经营、加工、贮藏、运输等活动中的动物防疫实施监督管理。

食品药品监管部门根据职责对餐饮环节和市场、冻库等流通环节动物产品的质量安全实施监督管理。

第三十条　动物卫生监督机构执行监督检查任务，可以采取下列措施，有关单位和个人不得拒绝或者阻碍：

（一）对动物、动物产品按照规定采样、留验、抽检；

（二）对感染规定动物疫病或者疑似感染规定动物疫病的动物、动物产品及相关物品进行隔离、查封、扣押和处理；

（三）对依法应当检疫而未经检疫的动物实施补检；

（四）对依法应当检疫而未经检疫的动物产品，具备补检条件的实施补检，不具备补检条件的予以没收销毁；

（五）查验检疫证明、检疫标志和畜禽标识；

（六）进入有关场所调查取证，查阅、复制与动物防疫有关的资料。

对检查中发现应当进行无害化处理的动物、动物产品进行无害化处理，所需费用由货主承担；当事人不提供货主的，由当事人承担。

第三十一条　高速公路营运单位和机场、车站、码头的货运机构应当配合做好动物防疫监督工作。

机场、车站、码头的货运机构对不能出示检疫证明或证物不符的动物及动物产品，不得承运。向本市输入的动物及动物产品没有检疫证明或者证物不符的，机场、车站、码头的货运机构应当立即向派驻的动物卫生监督检查站报告，配合做好处置工作。

第三十二条　无疫区应建立动物及动物产品追溯管理制度。

动物卫生监督机构和食品药品监管部门应当按照各自职责监督动物及动物产品生产者、经营者建立和保存动物及动物产品的生产、销售记录档案台账。

第六章　法律责任

第三十三条　各级人民政府、有关主管部门和单位的工作人员在无疫区建设和管理工作中滥用职权、玩忽职守或者徇私舞弊的，依法给予处分；构成犯罪的，依法追究刑事责任。

第三十四条　饲养动物的单位和个人实施市人民政府规定禁止免疫病种免疫的，由动物卫生监督机构责令改正，并处200元以上1 000元以下罚款。

第三十五条　活禽市场（含经营活禽的超市），有下列行为之一的，由区县（自治县）人民政府确定的部门责令改正，可以处1 000元以上10 000元以下罚款：

（一）未将禽类产品与其他产品的经营区域分开的；

（二）未将水禽经营区域与其他活禽经营区域相对隔离的；

（三）宰杀区域未实行封闭管理，并与销售区域实行物理隔离的；

（四）未建立并实施定期休市消毒等制度的。

第七章　附　　则

第三十六条　本办法自2015年4月1日起施行。

重庆市进城务工农民权益保护和服务管理办法

渝府令〔2015〕第186号

第一章　总　　则

第一条　为了保护进城务工农民的合法权益，加强对进城务工农民的服务和管理，根据国家有关法律、法规的规定，结合本市实际，制定本办法。

第二条　本办法所称进城务工农民（以下简称农民工），是指离开农村居住地到城市务工的具有农村居民户籍的人员。

第三条　本市行政区域内农民工的权益保护、服务和管理适用本办法。

第四条　农民工权益保护、服务和管理工作，应当遵循公平对待、合理引导、完善管理、搞好服务的原则。坚持政府、用人单位和社区组织共同管理、综合服务。

第五条　农民工的人身权、财产权和其他合法权益受法律保护，人格尊严受社会尊重。农民工应当遵守法律、法规、社会公德、社会规范和城市公共管理秩序。

第六条　本市各级人民政府领导本行政区域内农民工权益保护、服务和管理工作。市、区县（自治县、市）人民政府农村劳务开发管理机构负责本行政区域内农民工权益保护、服务和管理的组织、指导、协调和监督工作。市、区县（自治县、市）人民政府有关行政主管部门按照各自的职责和本办法规定，做好农民工权益保护、服务和管理工作。镇（乡）人民政府、街道办事处具体承办农民工权益保护、服务和管理工作。社区组织应当协助做好农民工权益保护、服务和管理工作。

第七条　各级人民政府应当将农村劳动力转移纳入国民经济和社会发展规划及人口与就业规划，并将农民工权益保护、服务和管理所需经费列入同级财政预算。

第八条　各级人民政府、有关行政主管部门对在城市经济发展和社会主义精神文明建设中做出突出贡献的农民工给予表彰奖励。对在农民工权益保护、服务和管理中做出突出贡献的单位和个人给予表彰奖励。

第二章　务工扶持

第九条　市、区县（自治县、市）人民政府农村劳务开发管理机构应当制定本行政区域内农村剩余劳动力转移资源信息系统、技能培训系统、输出系统的建设规划，并组织实施。

第十条　农业行政主管部门应当会同有关部门加强农村剩余劳动力资源信息采集体系建设，根据农村剩余劳动力资源状况加强技能培训和转移输出工作。

第十一条　各级人民政府应当组织开展农村劳动力转移就业技能培训和引导性培训，安排专门用于农村劳动力转移就业培训的资金。

第十二条　农民工户籍所在地政府、有关行政主管部门和基层组织应当提高农民外出务工的组织化程度，开拓劳务市场，收集发布劳务信息，发展订单培训、定向输出。

第十三条　农民工户籍所在地和务工暂住地政府、有关行政主管部门及基层组织应当建立信息对接机制，开展劳务协作，协调劳务管理，提供劳务服务和法律咨询，维护农民工合法权益。

第十四条　鼓励和支持大专院校、中等职业学校及其他职业培训机构利用现有教育培训资源，按照“自主招生、自主培训、自主管理、自主联系就业”的原则，组织开展农民工职业技能培训。

第十五条 各类企业事业单位、个体经济组织、民办非企业单位、国家机关和社会团体（以下统称用人单位）应当依法对招用的农民工进行务工技能、安全生产基本知识的培训。从事矿山、建筑施工、危险化学品、易燃易爆、有毒有害物品的生产、经营作业的农民工，应经用人单位进行专业安全生产知识培训，考核合格后方可上岗；从事特种作业工种的农民工，还应取得特种作业人员操作证，方可上岗作业。上述培训费用由用人单位承担。

第十六条 农民参加培训坚持自愿原则，政府对参加培训的农民给予补贴。补贴的具体办法按照国家和本市的有关规定执行。

第十七条 引导和鼓励农民工自愿参加职业技能鉴定。职业技能鉴定评审费减半征收。

第十八条 任何单位和个人不得利用培训和职业技能鉴定向农民工违法收取费用。

第十九条 公共职业介绍机构应当在服务场所设立专门窗口，免费为农民工提供职业介绍、职业指导、求职登记和咨询等服务。提供有偿服务的职业介绍机构和人才交流机构，应当公示收费项目和标准。

第二十条 用人单位招用农民工不得违反规定向农民工收取或变相收取抵押金、抵押物、保证金及其他不合理费用和物品，不得扣押居民身份证、居住证、毕业证等个人证件。

第二十一条 政府鼓励发展以招用农民工为主要对象的劳务公司并给予政策扶持。具体办法另行制定。

第三章 权益保护

第二十二条 农民工依法享有《中华人民共和国劳动法》和其他法律、法规规定的相关权利。用人单位依法自主招用农民工，不得对农民工务工工种进行歧视性限制。

第二十三条 农民工有权依法参加工会组织。各级工会应当维护农民工的合法权益，并对用人单位依法监督。

第二十四条 农民工户籍所在地政府、有关行政主管部门和农村基层组织，应当依法维护农民工土地承包关系。支持和鼓励农民工自愿和依法流转土地承包经营权。农村集体经济组织不得违反法律法规的规定收回农民工的土地承包经营权。

第二十五条 用人单位自招用农民工之日起，即与其形成劳动关系。用人单位与农民工建立劳动关系应当依法订立书面劳动合同，并在农民工报到后 15 日内向当地就业服务管理机构进行用工备案。用人单位与农民工签订劳动合同，应当包括以下内容：

（一）劳动合同期限；

（二）工作内容和工作时间；

（三）劳动保护和劳动条件；

（四）劳动报酬的标准及支付办法；

（五）劳动纪律；

（六）劳动合同终止的条件；

（七）违反劳动合同的责任。用人单位与企业工会或职工代表签订有集体合同的，农民工享有和履行集体合同约定的权利与义务。

第二十六条 用人单位应当按照法律、法规的规定和劳动合同的约定，以货币形式至少每月一次按期足额将劳动报酬直接支付给农民工本人，不得克扣和无故拖欠，并不得低于当地最低工资标准。用人单位与农民工因没有约定工资标准而发生争议的，用人单位应当按照上年度本单位同工种在岗职工平均工资标准支付劳动报酬。

第二十七条 用人单位不得违法延长农民工工作时间或增加劳动强度。用人单位因生产经营需要安排农民工延长工作时间或者休息日、休假日安排农民工工作的，应当按照劳动保障法律、法规的规定支付劳动报酬。

第二十八条 建设、劳动保障和其他有关部门应当按照有关规定，推行建设领域信用制度、企业劳动保障诚信制度、农民工工资保障金制度。

第二十九条 用人单位应当依法为与其形成劳动关系的农民工办理工伤保险；农民工属于社会保险参保范围的，用人单位应当依法为其办理相关的社会保险，并公示参保情况。用人单位未按照规定参加工伤保险给农民工造成损害的，应当承担赔偿责任。建筑施工企业应当依法为施工现场从事危险作业的农民工办理意外伤害保险，意外伤害保险费由施工单位支付。

第三十条 用人单位应当按照有关法律、法规、国家标准规定或行业要求，为农民工提供必要的安全生产条件、劳动保护条件及职业病防治措施；对从事具有危险性、可能产生职业病的工种，应当在签订劳动合同前向农民工书面告知。

第三十一条 农民工务工暂住地的法律援助机构应当为符合条件的农民工提供法律援助。对提供法律援助的农民工案件，有关部门在律师调查取证、查阅档案资料、参与仲裁、鉴定等方面应积极配合，相关费用按规定减免缓收。农民工申诉的劳动争议案件，劳动争议仲裁机构应当及时公正处理。因用人单位拖欠劳动报酬或工伤待遇等引发的劳动争议仲裁案件，应按规定减免或缓交农民工本人应承担的仲裁费用。

第四章 管理服务

第三十二条 农民工进城后，应当在10日内到务工暂住地户口登记机关申报流动人口居住登记，办理流动人口居住证。农民工办理的流动人口居住证有效期为5年，实行每年备案制度。持有本市流动人口居住证的农民工，在本市范围内跨区县（自治县、市）流动务工的，不再新办理流动人口居住证，但应在10日内到务工暂住地户口登记机关备案。户口登记机关办理农民工流动人口居住登记和备案不收费，办理流动人口居住证只收取工本费。

第三十三条 取得流动人口居住证的农民工在城市享有以下权利：

（一）符合规定条件的子女定点入学；

（二）子女免费接种国家和我市免疫规划的疫苗；

（三）在公共职业介绍服务机构免费求职登记；

（四）在公共职业介绍服务机构免费就业咨询；

（五）本办法第三十一条规定的法律援助和劳动争议仲裁费用优惠；

（六）市和区县（自治县、市）人民政府规定的其他权利。

第三十四条 用人单位应当加强对农民工的服务管理，建立健全农民工档案，档案应载明姓名、性别、年龄、身份证号码、务工居住证号码、户籍地址、务工暂住地址、务工岗位、婚育情况等信息，并报当地镇人民政府或街道办事处备案。没有固定用人单位的灵活务工农民工，其档案由务工暂住地镇人民政府或街道办事处负责建立。

第三十五条 经常性使用灵活务工农民工的用人单位使用农民工应当相对固定，可向劳务公司聘用或直接雇用。对直接雇用农民工的，应当加强其组织管理和教育。

第三十六条 机场、火车站、长途汽车站、港口码头、集贸市场等灵活务工农民工较为集中的场所，其管理机构应当加强对农民工的管理，组织引导农民工规范有序务工。

第三十七条 用人单位为农民工提供饮食的，应当符合国家规定的安全标准和卫生条件。用人单位提供或其他单位和个人出租给农民工的住房，应当符合国家和本市有关房屋、治安、消防、卫生、市政、环境保护等管理的规定。禁止将危房、违法建筑、超过许可期限的临时建筑提供或出租给农民工居住。鼓励开办专门出租给农民工居住的经济公寓。有关部门对开办经济公寓的，应当给予政策扶持和减免相关费用，对其使用的自来水、天然气等按民用价格计算收费。

第三十八条　农民工务工暂住地区县（自治县、市）人民政府及有关行政主管部门应当把农民工服务管理工作列入职责范围。社区组织应当协助有关部门和镇人民政府、街道办事处做好培训教育、治安管理、消防安全、计划生育、妇幼保健、卫生防疫、法律服务、法律援助等工作，免费提供房屋租赁、求职和就业等信息咨询服务。

第三十九条　农村劳务开发管理机构发现应当由其他行政主管部门查处的侵害农民工合法权益的违法行为，应当提请有关行政主管部门依法查处；有关行政主管部门未依法查处的，农村劳务开发机构应当向同级人民政府报告，由人民政府责令依法查处。

第四十条　劳动保障行政主管部门应当加强劳动保障监察工作，及时受理农民工的举报和投诉。用人单位侵犯农民工劳动保障合法权益的，劳动保障行政主管部门应结合企业劳动保障诚信制度建设，依法记载并向社会公布用人单位违法情况。

第四十一条　农民工务工暂住地区县（自治县、市）卫生行政主管部门应当依法对农民工务工暂住地区域内食品生产经营单位开展经常性食品卫生安全检查，保障农民工饮食卫生安全；依法做好农民工健康教育和子女免费计划免疫工作。

第四十二条　农民工务工暂住地区县（自治县、市）人口与计划生育行政主管部门应当依法做好农民工计划生育工作，对持有流动人口婚育证明的育龄人口免费提供避孕药具和有关计划生育服务、免费对实行计划生育的育龄夫妻提供国家规定的计划生育技术服务基本项目的生殖保健服务。

第四十三条　农民工务工暂住地区县（自治县、市）人民政府应当保障符合条件的农民工子女接受义务教育。具体条件由区县（自治县、市）人民政府规定。教育行政主管部门应当指定学校接收符合条件的农民工子女就学，指定的学校对辖区范围内的农民工子女就学不得收取借读费、赞助费，不得违反国家和本市规定收取其他费用。对家庭经济困难的农民工子女就读义务教育阶段学校的，就读地人民政府及其教育行政主管部门可视其情况，减免部分杂费。学校应当引导和教育师生尊重农民工子女学生，对歧视农民工子女学生的，要及时批评教育或处理。

第四十四条　公安机关应当加强流动人口集中居住地治安管理，防范和打击各种违法犯罪活动，维护正常的社会治安秩序。

第四十五条　城市和用人单位的公共设施、公共文化体育设施及场所，应当向农民工开放。鼓励为农民工组织开展多种形式的文化娱乐活动。

第四十六条　镇人民政府、街道办事处、社区组织应当劝导、帮助无务工和生活能力的农民工返乡。对符合《城市生活无着落的流浪乞讨人员救助管理办法》的农民工，由民政行政主管部门依法予以救助。

第五章　法律责任

第四十七条　行政机关及其工作人员违反本办法，有下列行为之一的，由上级人民政府、有关行政主管部门或者监察机关给予行政处分；构成犯罪的，依法追究刑事责任：

（一）干预用人单位依法自主使用农民工的；

（二）向农民工非法收取费用的；

（三）不履行职责致使农民工合法权益受到损害的；

（四）侵害农民工人身和财产权利的。

第四十八条　违反本办法第十五条第三款、第十七条、第十八条、第四十三条第二款规定向农民工收费的，由价格行政主管部门或有关行政主管部门依法予以处理。

第四十九条　违反本办法第十九条第二款规定的，由价格行政主管部门责令改正，没收违法所得，可以并处5 000以下罚款。

第五十条　用人单位违反本办法第二十条规定向农民工收取或变相收取抵押金、抵押物、保证金及其他不合理费用和物品的，由劳动保障行政主管部门或人事行政主管部门按职责分工责令退还，并处5 000元以下罚款；对扣留居民身份证、居住证、毕业证等个人证件的，由公安机关责令退还，并可处以每扣留一个证件200元的罚款。

第五十一条　用人单位违反本办法规定，与农民工建立劳动关系不依法订立劳动合同或劳动合同到期后延续劳动关系不及时续订合同的，由劳动保障行政主管部门或人事行政主管部门按职责分工责令限期改正，逾期不改正的，处以5 000元以下罚款。用人单位未按本办法第二十五条规定签订劳动合同或签订劳动合同未按规定向就业服务管理机构备案的，由劳动保障行政主管部门或人事行政主管部门按职责分工责令限期改正，逾期不改正的，处以2 000元以下罚款。

第五十二条　用人单位违反本办法第二十九条规定的，由相关行政主管部门依照有关法律法规处理。

第五十三条　违反本办法第三十七规定，向农民工提供食宿不符合规定的，由房屋土地、公安、卫生、市政、环境保护等有关行政主管部门按照职责分工依法予以处理。

第五十四条　用人单位有下列行为之一的，由劳动保障行政部门或人事行政主管部门按职责分工分别责令限期支付农民工的工资报酬、工资低于当地最低工资标准的差额或者解除劳动合同的经济补偿；逾期不支付的，责令用人单位按照应付金额50%以上1倍以下的标准计算，向农民工加付赔偿金：

（一）克扣或者无故拖欠农民工工资报酬的；

（二）拒不支付农民工延长工作时间工资报酬的；

（三）支付农民工的工资低于当地最低工资标准的；

（四）解除劳动合同未依法给予农民工经济补偿的。

第五十五条　用人单位违反有关法律、法规、规章的规定，有下列行为之一的，由有关行政主管部门或组织依照相关法律、法规、规章予以处罚，构成犯罪的，依法追究刑事责任：

（一）未按照规定缴纳有关社会保险费的；

（二）阻挠农民工依法参加工会的；

（三）未向农民工提供必需的生产安全条件和劳动保护条件及职业病防治措施的；

（四）以暴力、威胁或者非法限制人身自由等手段强迫农民工劳动的；

（五）侮辱、体罚、殴打、非法搜查或拘禁农民工的；

（六）未进行必要的安全生产培训的。

第六章　附　　则

第五十六条　在城市以外的企业务工的农民，其权益保护、服务和管理参照本办法执行。

第五十七条　本办法自公布之日起施行。

重庆市柑橘非疫区建设与管理办法

重庆市人民政府令第212号

第一章　总　　则

第一条　为加强柑橘非疫区建设与管理，保护柑橘生产安全，促进柑橘产业发展，根据《中华人民共和国种子法》、《中华人民共和国农产品质量安全法》、国务院《植物检疫条例》等法律法规的规定，结合本市实际，制定本办法。

第二条　本市柑橘非疫区的建设和管理，适用本办法。前款所称柑橘非疫区（以下简称非疫区），是指经国务院农业行政主管部门组织认定的，无柑橘溃疡病、柑橘黄龙病和柑橘实蝇等检疫性有害生物发生，并能通过建设和管理，适当保持此状态的区域。非疫区的具体范围由市农业行政主管部门提出，报市人民政府批准并经国务院农业行政主管部门认定后公布。

第三条 柑橘检疫性有害生物的监督和处理实行公共植保、分级负责、预防为主、依法治理的原则。

第四条 市和非疫区所在地区县（自治县）农业行政主管部门负责本市非疫区的建设和管理工作，其他区县（自治县）农业行政主管部门应当共同做好柑橘疫情防控工作。发展改革、财政、公安、交通、工商等部门和铁路、港口、航空、邮政等单位按照各自职责协助做好非疫区建设和管理工作。农业植物检疫机构具体负责植物检疫和植物检疫监督工作。

第五条 市和区县（自治县）人民政府应当按照非疫区建设要求落实配套资金，安排柑橘检疫性有害生物防治专项经费。

第六条 市和区县（自治县）人民政府鼓励、支持植物检疫的科学研究和国际国内交流活动，推广先进的柑橘疫情监测、检疫和防治成果。

第七条 市和非疫区所在地区县（自治县）人民政府对在非疫区建设与管理工作中做出突出贡献的单位和个人应予以表彰。

第二章 非疫区建设

第八条 非疫区建设主要包括建立疫情监测预警体系、疫情拦截控制体系、疫情应急扑灭体系和制定相关技术规范、管理制度等内容。

第九条 市农业行政主管部门应当按照国家有关要求编制非疫区建设方案，报市人民政府批准后实施。

第十条 非疫区建设的基本建设项目应当符合农业基本建设项目管理有关法律法规要求，项目建设单位不得擅自变更建设地点、内容、规模和标准。

第十一条 设立柑橘疫情检查站，应当经市人民政府批准。柑橘疫情检查站根据交通变更和疫情防控需要应当进行调整，调整时应当按原程序重新报批。

第十二条 非疫区边界、柑橘疫情检查站及交通要道应当设置警示标志。警示标志由市农业行政主管部门统一设置，区县（自治县）农业行政主管部门负责管理。

第十三条 农业行政主管部门和农业植物检疫机构应当建立健全项目建设、疫情防治和应急处理档案，为非疫区建设和管理提供基础资料。

第三章 疫情监测和处理

第十四条 市农业行政主管部门应当制定非疫区疫情防控应急预案，报市人民政府批准后施行。非疫区所在地区县（自治县）农业行政主管部门根据本地实际，也应当制定本地区非疫区疫情防控应急预案，报同级人民政府批准后实施。

第十五条 农业植物检疫机构应当在柑橘种苗繁育场、柑橘产区等区域设立柑橘疫情监测点，实施疫情监测。

第十六条 任何单位和个人发现疑似疫情后，应当及时向所在地区县（自治县）农业植物检疫机构报告，农业植物检疫机构应当及时处理。

第十七条 发现柑橘疫情，应当按照下列规定处理：

（一）柑橘种苗繁育场、柑橘果园发生疫情的，疫情发生地区县（自治县）人民政府应当组织相关部门确定疫情范围、划定隔离区域并及时扑灭疫情；

（二）农业植物检疫机构在检疫监督过程中发现疫情的，依法对柑橘种苗、果品予以扣押、封存，并责令责任人销毁；责任人拒不销毁的，由植物检疫机构代为销毁，销毁费用由责任人承担。

第十八条　柑橘疫情扑灭后，农业植物检疫机构应当对疫情发生区域进行重点跟踪监测。

第四章　监督管理

第十九条　柑橘种苗的生产、经营按照《中华人民共和国种子法》和《重庆市实施〈中华人民共和国种子法〉办法》规定实行许可制度。柑橘种苗生产、经营者，应当取得柑橘种苗生产、经营许可证后，方能从事柑橘种苗生产、经营活动。

第二十条　柑橘种苗生产者应当执行柑橘种苗生产技术规程和检疫规程，同时建立柑橘种苗生产档案，载明生产地点、生产地块环境、种源和质量、技术负责人、田间检验记录、产地气象记录、种苗流向等内容。

第二十一条　柑橘种苗经营者应当建立柑橘种苗经营档案，载明种苗来源、品种、数量、销售流向等内容。

第二十二条　调运柑橘种苗、果品，应当按规定取得植物检疫证书。从境外进口柑橘种苗、果品，还应当按照《中华人民共和国进出境动植物检疫法》规定办理相关手续。

第二十三条　运输柑橘种苗、果品进入或通过非疫区的，应当经由市农业行政主管部门会同市公安部门、市交通部门指定并公布的通道进入或通过。

第二十四条　个人进入非疫区，不得携带未经检疫合格的柑橘种苗、果品。

第二十五条　水果集中交易市场的开办者应当查验柑橘果品的检疫证书，发现无有效检疫证书的，应当及时向当地植物检疫机构报告。水果集中交易市场的开办者不得允许无有效检疫证书或者带疫的柑橘果品进场交易。

第五章　法律责任

第二十六条　违反本办法第十九条规定的，由农业行政主管部门责令改正，没收种苗和违法所得，并处违法所得一倍以上两倍以下罚款；没有违法所得的，处1 000元以上20 000元以下罚款。

第二十七条　违反本办法第二十条、第二十一条规定的，由农业行政主管部门责令改正，处1 000元以上6 000元以下罚款。

第二十八条　违反本办法第二十二条规定的，由植物检疫机构责令改正，没收违法所得，并处1 000元以上5 000元以下罚款。

第二十九条　违反本办法第二十三条规定的，由公安部门、交通部门按照职责分工责令改正，处200元以上2 000元以下罚款。

第三十条　违反本办法第二十四条规定的，由植物检疫机构给予警告，阻止所携带的柑橘种苗、果品进入非疫区，并责令当事人自行处理。

第三十一条　违反本办法第二十五条第一款规定的，由植物检疫机构责令改正，处1 000元以上5 000元以下罚款。违反本办法第二十五条第二款规定的，由植物检疫机构责令改正，处5 000元以上20 000元以下罚款。

第三十二条　在非疫区建设和管理中有其他违反植物检疫管理、种子管理和农业建设项目管理规定行为的，按照有关法律法规规定予以处罚。

第三十三条　农业行政主管部门、植物检疫机构和有关部门、单位工作人员在柑橘非疫区建设与管理活动中，严重失职、滥用职权、徇私舞弊、收受贿赂的，由主管部门或者监察部门视其情节轻重给予处分；涉嫌犯罪的，移送司法机关处理。

第三十四条　当事人认为具体行政行为侵犯其合法权益的，可以依法申请行政复议或者向人民法院提起行政诉讼。

第六章　附　　则

第三十五条　本办法所称柑橘包括柑、桔、橙、柚、柠檬、佛手、枳、枸橼等芸香科植物。柑橘种苗包括柑橘种子、接穗、苗木等繁殖材料。

第三十六条　本办法自2008年3月1日起施行。

中共重庆市委　重庆市人民政府
关于完善农村合作经济双层经营体制的决定

渝委〔1987〕18号

党的十一届三中全会以来，我市农村积极进行了家庭联产承包制，实行了统分结合的双层经营体制。这一历史性的变革，调动了广大农民的生产积极性，推动了农业生产的迅猛发展。但是，随着改革的深入和生产力的发展，反映出农村合作经济双层经营体制还存在一些问题，需要认真地加以完善。否则，不仅影响合作经济的健康发展，还会挫伤广大农民进一步发展商品经济的积极性。为此，现根据中央有关文件精神，结合我市农村实际，对完善双层经营体制提出以下意见。

一、统一完善双层经营体制的认识

农村的双层经营体制，包括以土地等生产资料公有制为基础，实行集体所有，联产承包，户营为主，统一服务，统分结合的地区性合作经济和农民按发展商品经济的需要组织起来的经济联合服务组织。这适合社会主义初级阶段农村生产力水平和农业生产的特点，具有强大的生命力。只要稳定家庭经营，不断加强统一服务，发展农村商品经济的潜力还很大。但是，在实行联产承包初期，注意了调动农民自身经营积极性的一面，对统的层次注意不够，使农民在生产和经营过程中存在许多困难得不到解决，必须加以完善。完善不是再吃“大锅饭”，也不是“另起炉灶”，而是在坚持联产承包和家庭经营长期不变的前提下，充分发挥集体经济的优越性，加强管理协调，为种田农民服务，把集体和个人的积极性有机结合起来，发展农村商品经济，使农民尽快富裕。

二、加强基层合作经济组织的建设

以土地公有制为基础的基层合作经济组织，是农村中带基础性和综合性的合作经济。基层合作经济组织的职能，按照中央〔1987〕5号文件规定，主要是生产服务、管理协调和资产积累。具体任务是：宣传贯彻党和国家的方针政策，落实计划，传递信息，指导生产经营；维护土地公有，统一管理土地和其他公共财产，合理利用自然资源，管好用活集体资金；不断完善各业承包责任制，统分适度，发展生产；搞好对承包者的服务，特别是水利灌溉、植物保护、科学技术，以及种子、肥料等的组织供应工作；经营好原有的集体企业，并有计划地开辟新的生产项目，转移农村剩余劳力，推动农村产业结构的合理调整；组织社员增加劳动积累和提取必要的资金积累，开展农业基本建设，不断改善生产条件，保证农业稳定增长；兼顾三者利益，搞好集体经济收入的再分配，实行以工补农，保证完成国家税收和粮食合同定购任务，兴办力所能及的福利事业；支持专业户和专业合作经济的发展，扶持和帮助贫困社员勤劳致富。基层合作组织，一般设在原来的生产队，在一些经济比较发达，集体经济比较雄厚，农民居住比较集中，群众又有要求的地方，也可以以村为单位设置。合作经济组织的名称可以保持生产队名不变，也可以改名叫合作社或群众同意的其他名称，作为一个县，其名称最好统一。完善基层合作经济组织，政策性强，涉及面广，各地一定要坚持从实际出发，选择不同类型，分别进行试点，摸索经验，分批完善，避免简单化、一刀切，做到完善一批，巩固一批，认真发挥其应有作用。

三、发展多种形式的服务组织

随着农村生产专业化、商品化、现代化的发展，农民越来越需要社会化服务，要求在互利的基础上合作，在各个环节上联合，走“下面家庭经营，上面社会服务，生产小规模，服务大协作的合作之路”。基层合作经济组织的成员，可以参加各种联合体、专业合作社等多种形式的自我服务组织。要大力支持，积极引导，帮助这些组织，建立规章制度，设置财务账目，加强经济核算，确定分配办法，搞好经营服务。

四、完善联产承包责任制

根据有利生产发展，兼顾三者利益的原则，通过群众充分讨论，做好完善各业承包任制，这是完善双层经营的基础工作。

关于土地承包问题。土地的家庭承包要长期稳定，不可动摇。解决因人口增减调整土地的矛盾，应按大稳定小调整的原则，可以实行口粮田和责任田相结合的办法，也可以实行减少人口退土地，增加人口候轮子补土地，以及群众同意的其他办法。总之，不管采取什么办法，都要有利于承包经营土地的稳定性。对荒芜土地的经营者应给予必要处罚，或由集体收回另行承包。对返还集体或转包给他人的土地已经增值的，集体或承包人应酌情对土地追加的投资给予适当补偿。不准任何单位或个人非法将农耕地转作非农用地，违者应按土地管理法严肃处理。对于自愿放弃土地转营二、三产业的农户，应予支持，可由集体收回另作安排，也可协商转包，并落实好税金和集体提留及粮食定购任务。至致于零星分散的承包地，提倡集体搭桥，社员之间协商调整。

关于农村库、塘、堰、渠和机电提灌站等水利设施的管理问题。水利工程应实行归口管理，签订承包管理合同，完善承包制。水库工程要设置专管机构，统一管理，落实蓄水、用水、维修养护、综合经营、水费征收等责任制。塘、堰工程，必须坚持以蓄水灌溉为主，定出维修养护、养鱼、上交资金、保鱼水位等承包制度。机电提灌站，要积极推行一管、二制、三统、四定负责制。渠道的管理，根据不同情况，可建立养护专业队统一管理，可划段承包给村队（社）管理，也可落实到渠道边的土地承包户管理，付给报酬。囤水田、过水田，由集体统一安排，划定供水区域，酌情给予经济补偿。对所有水利工程都要加强检查督促，确保各项计划的完成。合作经济组织，每年应根据需要规定劳动积累天数，组织农民搞农田水利建设。

关于经济林木承包问题。集中成片的果、茶、林场属集体公共财产，提倡专业承包，合理确定分配比例。对过去已经划包到户的，必须加强管理，统一技术措施，原定合同因物价变动等原因，上交集体收入明显不合理的，可协商调整。对承包者因掠夺经营或因经营管理不善，造成树死地荒，应赔偿损失，或收回另行承包。对少数干部仗权承包的，应终止合同；对搭干股从中捞取私利的，应予纠正。

关于集体企业承包问题。实行承包时，应包产值、收入、利润、产品质量、原材料消耗、公共积累、折旧费，以及设备完好率和更新指标。集体经济组织除尊重承包者的经营自主外，应加强财务监督和经营指导。对于过去乡、村联办企业权属分配未处理好的，可按股份制办法加以完善。

五、加强农村承包合同管理

承包集体的土地、林木、企业等生产项目，都要签订书面合同，按照合同兑现，合作经济内部承包合同管理的工作量很大。乡（镇）由农村合作经济经营管理单位主管土地承包合同，也可由行政领导负责，组织农经、农技、司法、治安、调解等人员成立农村承包合同管理委员会，负责宣传贯彻有关政策、法律、法规，组织承包合同的签订、鉴证，调解合同纠纷，督促合同兑现，搞好合同文书档案管理和咨询服务。

六、切实管好用好农村集体财产

清理合作经济组织的集体财产，是增强集体经济实力，搞好服务的物质基础。农业方面要求在今年底以前全面完成。乡镇企业的清理，要在一九八八年二季度结束。首先要抓紧查清少数人贪污、盗窃、挪用集体资金、侵占公物的情况，并限期收回，情节严重的要作严肃处理。对农民个人和外单位拖欠集体的款项，要抓紧清理收回。对无正当理由拒不上交提留款的承包者，合作经济组织可加收利息或滞纳金，情节严重的，经群众同意，可收回一部分或全部承包的生产资料。要明确集体财产的所有权，任何单位和个人不得侵犯，不得无偿调用或分掉。确定社员长期使用的，一定要记清账目，退包时归还集体。管理集体资金的办法，可由乡经营管理站代管，也可以建立合作基金会管理。应加强财务会计制度和会计队伍建设，建立健全钱账分管，开支审批，民主理财制度，加强经济核算，提高经济效益。

完善农村合作经济双层经营体制工作，是深化农村改革的重要内容，也是农村工作中一项打基础性的工作。各级党政务必给予足够重视，切实加强领导，把它作为今明年农村工作的重点来抓，有领导分管，有部门具体抓，集中时间，集中精力，认真抓好。

中共重庆市委
重庆市人民政府
一九八七年十一月二十七日

中共重庆市委　重庆市人民政府
关于组织实施农业“三大工程”建设的决定

农业是安天下的产业，是经济稳定、政治稳定和社会稳定的基础，我市有1 100万农业人口，是大农业和大工业相结合的城市，强化农业的基础地位，促进农业持续稳定增长，保障粮食和副食品的有效供给，做到服务城市、富裕农村，是我市农业发展的根本任务。我市人多耕地少，随着人口的不断增加和人民生活水平的逐步提高，对粮食和副食品需求将不断增加。为了有效地解决日益突出的供需矛盾，必须从深度和广度上进行农业资源的综合开发，增强综合生产能力。实施农业“三大工程”是促进农业上新台阶的重要决策，对保证农业持续稳定协调发展，具有十分重要的战略意义和现实意义。为了确保“三大工程”建设的顺利实施，特作如下决定。

一、“三大工程”建设的内容、目标和任务

农业“三大工程”建设是我市九十年代农村经济工作的主要任务。“三大工程”的主要内容是300万亩冬水田的综合开发、200万亩坡地开发利用和“菜篮子工程”建设。通过增加物质，资金和技术投入，改善农业生产条件，提高生产力水平，形成一批具有地域优势、产品优势和经济优势的商品生产体系。

要搞好“三大工程”建设必须做到“三个结合”，即农副工、种养加、运建服各业有机地结合，行政、经济、科技手段相结合，经济效益、社会效益、生态效益相结合。促进“三个调整”，即农村产业结构的调整、劳动力结构调整、经营方式的完善与调整。实现“三个提高”，即提高资源利用率、单位资源产出率和商品率，

到九十年代末，“三大工程”建设基本完成后，预计粮食将比1990年增产95万吨，油菜料增产7万吨，水果增产15万吨，蚕茧增产1.5万吨，鱼增产5万吨，肉、禽、蛋、奶、菜的产量都将有较大

幅度的增长。森林覆盖率在现有基础上提高5.5个百分点。全市人均占有粮食400千克。为城市人均提供的商品量：猪肉35千克，鲜蛋10千克，家禽13千克，水产品10千克，牛奶20千克。

二、统一规划，分期实施

“三大工程”建设分为三个阶段进行。1990—1992年为起步阶段，在这一阶段要做好统一规划，试验、示范、改善配套基础设施，完成总工程量的20%。1993—1995年为全面实施阶段，完成总工程量的30%。1996—2000年，力争全面完成任务，实现工程预期目标。经市政府审批的“三大工程”立项论证报告，是三个阶段实施工程的基本依据。

各部门、各区县要按照“统一规划、分期实施、先易后难、长短结合”的原则，从本地区、本部门的实际出发，区别不同条件，因地制宜地搞好规划，集中人力、物力和财力，分级分期组织实施。要保证工程质量，做到建设一片、成功一片。要立足长远，狠抓当前，把当前生产和长远建设有机地结合起来，努力完成当年计划，为实现规划打下基础。

1990年实施“三大工程”计划的任务是，建设12万亩“吨粮田”；7个县的长江和嘉陵江流域的水土保持工程，6个区县的长江防护林工程以及各区县坡耕地改造的示范片；2万亩速生丰产林建设；兴建肉种鸡物1个，蛋鸡场13个，蔬菜基地续建工程；奶类项目的牛群发展，精养鱼池工程，种苗场建设工程的完工等项任务。

三、坚持农林牧副渔综合开发，促进农村产业结构的调整

“三大工程”建设一定要坚持“绝不放松粮食生产，积极发展多种经营”的方针。在我市人多地少的情况下特别要注意保持粮食耕地面积的稳定。300万亩冬水田的开发，主要是通过水、土、肥条件的改善和低产田的改造，实行良种、良法、良制，增加复种指数，提高单位面积产量，逐步达到“吨粮田”“双千田”。200万亩坡耕地改造，要按照因地制宜的原则，宜粮则粮、宜林则林、宜牧则牧，建设高产优质的粮食、多经生产基地。“菜篮子工程”建设，要以蔬菜、副食品基地建设为基础，积极发展肉、禽、蛋、奶、菜、鱼、果的生产。在有条件的地方，推行适度规模经营和集约化经营，努力提高单位资源产出率和商品率。要积极兴办集体果园、茶园、桑园、林杨和加工企业，不断壮大集体经济的实力。“三大工程”建设，要实行生态农业与立体农业相结合、开发农业与传统农业相结合的原则，处理好农业与林业的关系，种植业与养殖业的关系，粮经关系以及用地与养地的关系，做到农、林、牧、副、渔全面发展，生态经济良性循环。

在“三大工程”建设中，要根据国家产业政策，有计划地开发畜、禽、蛋、奶、果、菜的精加工。在种养业开发初具规模、商品量比较大的地区，应围绕名、特、优产品，积极发展创汇农业。要鼓励乡镇企业发展农副产品的加工行业，兴建一批新兴的农副产品加工企业，实现农副产品的多层次加工增值，促进农副工各业协调发展。

四、搞好农业基础设施建设，实行山水田林路气综合治理

农业基础设施建设是“三大工程”建设的重点。通过增加物质、资金、技术的投入，大力改善农业生产条件，不断增强抗御自然灾害的能力，努力提高农业综合生产能力。

在“三大工程”建设初期，要抓好现有各类水利工程的整治、改造和续修配套，发挥现有水利工程的潜力，增加有效灌溉面积。在“三大工程”建设中后期，要兴建一批大中小型水利工程、加强农村能源特别是小水电的建设，把农田水利建设与“吨粮田”“双千田”的建设有机地结合起来，做到山水田林路配套，成片发展，逐步建立优质农田保护区。要把农田水利建设与治理荒山荒坡相结合，大力开展植树造林、种草，控制水土流失，改善生态环境。切实抓好长江和嘉陵江水土流失治理和长江防护林工程建设。把经济效益、社会效益和生态效益有机地结合起来。

五、农业科研、科技推广部门要围绕“三大工程”建设搞好科研和科技服务

“三大工程”建设，必须以科技进步为先导，加强科学研究，组织推广实用技术，完善提高农村科技服务组织。

农业科研单位和农业院校要围绕耕作制度改革、良种选育、科学种植、科学养殖等关键技术措施进行研究和攻关，为“三大工程”建设的顺利实施和提高整体效益提供技术保证。

农业科技部门要加强现有科技成果和实用技术的推广应用。当前要特别注重良种引进、规范化栽培、科学施肥、地膜应用、病虫草害综合防治、畜禽防疫、农机排灌，机耕、收割等新技术、新机械的普及推广工作。

要建立健全农村科技服务组织，完善农业服务体系。县、区、乡要配备好“科技三长”（科技副县长、科技副区长、科技副乡镇长），组织协调各方面的科技力量，把科技管理工作落实到基层。县要建立农技服务中心，乡要建立农村基层服务站，有条件的村社要积极发展各类民办专业技术协会、研究会和农技服务专业户，把科学技术及时传送到千家万户。

要大力提高农村基层干部和广大农民的科学文化素质，举办各类技术培训班、业余农业技术学校、农村广播学校，加强对广大农村干部和群众的培训，不断提高技术水平，以适应农业发展的需要。

六、搞好生产资料供应，为“三大工程”建设提供物质保证

农业生产资料是“三大工程”建设的重要物质保证。要抓紧三个尿素厂、两个磷氨化肥厂的建设工作和长寿化工厂尿素工程建设，保证在“三大工程”建设初期完工投产。当前要尽力保证地方小氮肥厂生产，继续组织外汇肥和扩大外地肥料的购进，以填补“三大工程”建设前期的化肥缺口。要积极发展磷、钾肥和复合肥生产，力争做到增加总量，提高质量，改善结构，满足需要。农药生产要积极发展高效低毒低残留的新品种。农机生产要围绕“三大工程”研制和引进适应重庆地区特点的轻型、高质、多能、价优的各种农用机具，要加强饲料工业建设，大力组织饲料资源开发，重视浓缩饲料和添加剂生产，尽快地形成完善的饲料工业体系。物资和农资部门要积极做好农业生产资料的供应工作，保证“三大工程”建设和农业综合开发的需要。

七、多渠道筹集资金，建立“三位一体”的投入机制

要广辟资金来源，依靠国家、集体、群众以及社会力量，多渠道、多形式、多层次地聚集资金。

农业基本建设资金、财政支农资金和农业发展基金应主要用于“三大工程”建设，市副食品发展基金全部用于“菜篮子工程”建设。

要积极争取中央有关部门的农业开发专项投资。

区县农业发展基金和农村合作基金会的资金要重点用于“三大工程”建设。

要建立健全农民的资金积累和劳动积累制度。每个农村劳动力每年要投入15～20个劳动积累工。每亩耕地每年提取2.5千克粮食（经济作物区可以采取以粮折款）作为合作社公积金，由乡集中管理，统一安排，有偿用于“三大工程”建设。

要用具有地区优势和投资效益好的农业开发项目向社会集资，进行合资经营。

要积极争取利用外资。

金融部门要安排一定资金支持“三大工程”建设。

凡是用于“三大工程”建设的资金，要遵照专款专用、定期收回、循环滚动的原则，建立严格的审批使用制度，加强管理，提高资金使用效益。

八、采取优惠政策，为“三大工程”建设创造良好的社会环境

“三大工程”建设要坚持“谁开发、谁受益”的原则，调动企事业单位和机关、部队、科研、学校等单位投资入股式承包、租赁经营。也可以跨地区与农村的集体经济组织或个体联合开发，建立副食品或工业原料生产基地，把城市与农村、工业与农业的优势结合起来，加快农业综合开发步伐。

建设中有关税收，除中央有明确规定不能减免的外，对纳税确有困难的，可按现行税收管理体制，报经批准，给予减税或免税照顾。银行贷款的资金实行基准利率，并适当放宽自有资金的比例；对周期长、利润少、社会又需要的生产项目，以及在贫困乡开发的项目，可实行财政贴息贷款。对淡旺季差价较大的农副产品，为了稳定生产的发展，保障市场的供应，做好旺储淡供，可实行保护价政策。

“三大工程”建设改造后的田土，不增加承包者的粮油定购任务和集体提留。新开垦的耕地，投产五年内不征收农业税和农林特产税。

“三大工程”建设用地要区别于国家基本建设用地，可采用调整农业内部用地的办法解决移民安置问题，除补偿青苗费外，不征收其他费用。

要积极动员和鼓励各级科技人员、技术干部农村去，开展技术承包，组织实施“三大工程”建设，允许他们在承包经营中获得一定报酬和奖金。对于在“三大工程”建设中作出重要贡献的干部、科技人员和农民群众，各级政府要给予表彰和鼓励。

九、加强组织领导，保证“三大工程”建设顺利实施

市、区县都要成立“三大工程”建设领导小组，由分管市长、区县长挂帅，各有关部门领导参加，以加强对“三大工程”建设的领导，协调解决重大问题。市和区县的“三大工程”建设领导小组办公室设在市区县的农委、农（财）办，其职责是统筹协调、监督检查“三大工程”建设工作。市和区县农委，农（财）办的内部机构要作出相应的调整，明确分工，充实力量，加强管理。在当前，要抓紧制定出“三大工程”建设的总体方案以及项目管理办法和资金管理办法，明确立项原则、项目审批权限、资金使用范围以及资金拨付，收回监督审计制度。要建立健全项目管理责任制，开发项目要实行分级承包，明确项目负责人，层层鉴定承包合同，严格按合同规定办事。

各有关部门要把“三大工程”建设纳入本部门业务工作范围，作出计划，统筹安排，搞好服务。凡涉及“三大工程”建设的工作，要主动热情地为基层服务，简化办理程序和手续，以加快工程的进展和步伐。

农业系统各业务部门，要做好承担分管业务所涉及的“三大工程”建设项目的规划设计、技术指导、资金安排、工程检查验收等项工作。

“三大工程”建设是一个长期的任务，一定要保证工程建设的相对稳定性和连续性，一经确定，就要坚持下去，不得轻易否定和中断。

为了保证“三大工程”建设任务的完成，市委、市政府号召：全市城乡人民立即行动起来，深入开展实施“三大工程”建设重大意义的宣传教育，统一思想，振奋精神，团结奋斗，积极努力，为“三大工程”建设献计献策，集中人力、物力、财力，扎扎实实地组织实施“三大工程”建设，为实现我市农业上新台阶，促进农业持续稳定协调地向前发展作出贡献。

一九九〇年九月十三日

中共重庆市委　市人民政府
关于加快全市农业产业化发展的意见

渝委〔1997〕42号

我市1995年提出实施农业产业化发展战略以来，各级党委、政府和有关部门做了大量的工作。特别是今年市委农村工作会上更加明确地提出要加快农业产业化发展的步伐。各地农村都注意由过去单纯的抓生产转到抓产供销一体化经营、培植适合带动本地主导产业的龙头企业上，已经取得初步效果。但是由于农业产业化是一项系统工程，涉及方方面面，从当前的认识水平、工作力度，发展态势等方面看，都存在着需要认真解决的问题。为了加快我市农业产业化发展步伐，推动农村经济上台阶，提出以下意见。

一、进一步提高认识，增强加快农业产业化发展步伐的紧迫感和使命感

自实行农村家庭承包责任制以来，农村经济得到快速发展。从总体上讲，农产品供求，由短缺发展到总量基本平衡，农产品商品化，正在迅速提高，农村经济已上了一个台阶，开始进入农业产业化发展的新阶段。

各级各部门必须清醒地认识到，农业产业化是实现农业“第二次飞跃”的重大措施，是推进农业和农村经济实现“两个根本转变”的重要途径，是发展农村经济，加快农业现代化进程的一项全局性、战略性工作。农业产业化是以市场为导向，农户为基础，龙头企业为依托，经济效益为中心，科技服务为手段，实行企业化管理，实现种养加、产供销、农工商一体化经营的产业系统。农业产业化有利于解决农户小生产与大市场的衔接，把农民带入市场，把市场引入农户，使农民与千变万化的市场紧密联系起来；有利于提高农业比较效益，增加农民收入；有利于建立企业与农户风险共担、利益互补的新机制；有利于促进农村剩余劳动力的转移，加快工农一体化、城乡一体化的进程。这是发展社会主义市场经济的迫切需要，也是广大农民的强烈愿望。我市农村区域经济已发展到相当水平，不少地方主导产业已开始形成，龙头企业正在快速培育发展之中，农业产业化进程，已开始从农民的自发行为发展到需要政府给予有力支持和引导的快速发展的新阶段。因此，各级各部门必须高度认识农业产业化发展的重要意义，自觉增强加快农业产业化发展的紧迫感和使命感，把它列入重要的工作议事日程，加大工作力度，抓出成效。

二、科学制定规划，确立好主导产业和支柱产品

各地要根据资源优势，区位优势，科学地统一制定农业产业化发展规划。选择带动能力强、市场容量大、单位产出高、经济效益好的产业作为重点开发，确定几大支柱产品，摘好专业化、区域化布局，加大扶持力度，尽快抓出成效。市里要根据各地的规划，做好全市的农业产业化规划。当前，要认真组织实施市里确定的瘦肉型猪、蛋鸡、水产养殖、肉牛山羊、长毛兔、优质柑橘、优质烤烟、中药材、榨菜、蔬菜、奶业、茧丝绸等12个重点农业产业化项目，确保阶段性目标的实现。各地在确定发展主导产业时，要实事求是，因地制宜，突出地方特色，避免产业趋同。同时要突出重点，切忌贪多求全，影响优势的发挥。各地在规划和实施农业产业化时，注意把现代农业示范区结合起来考虑。

三、搞好扶持帮助，大力培植带动力强的产业“龙头”

“龙头”一头联基地（农户），一头联市场，担负着开发市场，引导生产，深化加工，搞好服务的

综合功能，其实力的强弱，直接决定着产业化经营的规模和成效。因此，各地要把“龙头”建设作为发展农业产业化的关键环节来抓。“龙头”可以是企业，也可以是专业市场、生产合作社或中介组织。要打破门户之见，鼓励和支持多层次、多成分、多形式、跨地区、跨行业发展。不管是国有、集体或者个体私营企业，坚持谁有能力，谁就当龙头；在发展方向上，要突出大规模、高档次、强带动、好效益，尤其对规模大、起点高、外向型的农副产品加工龙头企业，各级各部门要从财力、物力、人力上重点扶持，大力培育；在经营形式上，要采取合资、合作、独资、股份等形式，用契约化经营，合同化管理，使龙头企业与农户之间结成利益共享、风险共担的经济利益共同体。要坚持多渠道、多途径培育发展龙头企业。一是可以把发展龙头企业同老企业改造结合起来，对商业、粮食、供销、外贸等方面的企业进行改革和改造，使其成为龙头企业。二是围绕确定的主导产业和支柱产品，培植一批以农副产品精深加工为主的乡镇企业作龙头企业。三是积极支持农口事业单位、服务体系和经济实体参与农业产业化，兴办龙头企业。同时要采取以下扶持政策措施：

1. 土地政策。在稳定完善家庭联产承包责任制和统分结合的双层经营体制基础上，建立健全土地经营使用权流转机制，允许承包方在承包期内依法转包、转让、互换、入股、推动土地的适度规模经营。对“四荒”地使用权的租赁可延长到50～70年，允许依法转租、转让或继承。凡利用承包地（含耕地和非耕地）修建临时棚圈发展规模经营的，视为农业用地对待，免交一切费用。

2. 投入政策。各级政府每年都要安排一定的财政资金用于农业产业化的科研、培训和龙头企业的贷款贴息；农业综合开发、扶贫、移民等项目的资金也可以在不改变资金渠道的前提下，与农业产业化项目结合使用；金融部门安排一定的信贷资金切块用于农业产业化；农村合作基金会的资金更应大力支持农业产业化发展；农村信用社对商品基地和专业大户贷款要给予优先照顾、优惠扶持；鼓励和支持城镇居民、机关、团体、企事业单位投资实施农业产业化经营。

3. 税费政策。对于发展农业产业化带动作用明显的龙头企业，可以视同开发性农业企业，实行税费减、免、缓；新建农产品市场投入使用后的5年内，可将集贸税的50%用于还贷，对交纳税费确有困难的，可以交纳后再返还；开发“四荒”建设商品基地，在投产后的5年内可按零税率征收农业特产税，其他税费按低限折半征收。

4. 流通政策。凡放开的农产品，任何地区和部门不得设关设卡，不得干预经营者的合法经营活动。龙头企业为所属基地农户组织生产所需农用生产资料视同合法，不得干预。龙头企业在收购农产品上享受国有主渠道待遇，收购资金可列入当地贷款计划。对农民运销专业大户，银行、工商部门，要在注册办照、开户结算、经营场地等方面提供方便。市和各区市县每年要从商业网点费、集贸税收中拿出部分资金专项用于市场建设。市场建设用地交纳的耕地占用税，其地方所留部分也应专项用于市场建设。

5. 科技政策。对于围绕主导产业成产品开展全程服务的农技推广经营企业，可享受所得税减免。凡到农村承包、领办商品基地或农产品加工经营企业的科技人员，原单位的一切待遇不变，可在被服务的单位或地区领取一定的服务收入或奖金，承包收入免交个人所得税。科技人员帮助企业开发的新产品，在投产后的利润中，连续3～5年提取一定的金额，用于奖励开发该产品的科技人员。

四、注重规模经营，加快建设有特色的商品生产基地

各地要本着因地制宜、发挥优势、相对集中、高产高效的原则，搞好基地建设工作。首先，要逐步改变过去单纯由政府规划并组织实施基地建设为在政府统一规划下，由龙头企业去组织实施基地建设，真正形成市场牵龙头，龙头带基地，基地连农户的格局。其次，基地建设必须做到区域化布局，专业化生产，规模化经营，突出地区特色，要把工作重点放在发展专业户、专业村、专业乡镇上，使之逐步形成小群体大规模的区域性特色产业。再次，对已建成的商品生产基地要在服务体系、组织形式上配套完善，解决基地、农户与企业、市场脱节的状况。市级基地建设的重点近期应放在12个农业产业化重点

项目上。

五、坚持合理布局，狠抓农产品市场体系建设

实施农业产业化面向市场是前提。要积极开拓国内外市场，全力以赴找市场，市场开拓越深，效益越好，带动力越强。要采取“三资”企业、代理出口、外贸收购等方式，大力开辟国际市场；要加强各级购销服务组织建设，培育农民流通队伍，不断拓展国内市场。要搞好农产品市场建设，我市农业产业化的市场建设要重点放在粮食、蔬菜、果品、肉食品、水产品等批发市场建设上来。市和各区市县都要根据所确定的农业产业化重点项目，在产地和销区规划建设一批具有一定规模的专业批发市场，同时配套、完善已建成的农副产品集贸市场和积极搞好期货市场、生产要素市场、劳动力市场、技术市场等的建设。要坚持谁投资谁受益的原则，鼓励和支持各行业、各部门，企事业单位和个人参与市场建设。通过努力，尽快在重庆形成合理布局的产地批发市场、销区批发市场和零售市场组成的农产品市场网络，以大市场，大流通带动和促进农业产业化的大发展。

六、完善加强服务体系，不断提高农业产业化的科技水平

实施农业产业化，必须以科技作为坚实的支撑。在全市加大科技兴农力度的同时，对列入农业产业化重点项目的应该提出高起点、高标准、高科技、高效益的要求。首先，无论种植业，还是养殖业其品种必须是国内九十年代的优良品种或国外引进的良种，种养殖技术也必须是目前国内先进适用的主推技术。龙头企业的加工设备、工艺流程和管理水平应该是国内一流水平或国外引进，其产品质量应该达到国内部优以上名牌水平和出口标准。其次，全市农业服务体系的广大科技人员应该积极参与农业产业化工作，这是一支提高农业产业化科技水平的骨干力量，要充分发挥其作用。农业服务体系要改过去的单纯行政服务型为经营服务型，在参与农业产业化中发展壮大自己。

七、加强对农业产业化的组织领导

农业产业化是经济发展到一定水平的必然产物，它与整个社会经济密切相关，对推进全市总体经济的发展有着十分重大作用。各级各部门都要积极主动地支持帮助，根据产业化发展的要求，搞好服务，形成齐抓共管的整体合力。要建立强有力的从市到各区市县和乡镇实施农业产业化的组织领导体系。实行分级管理，分级负责，建立领导责任制、部门责任制和项目责任制。市里成立农业产业化领导小组，全面协调产业化发展工作，领导小组下设办公室。具体负责全市农业产业化规划协调、组织重点项目的论证审批、检查督促重点项目的实施，提出农业产业化资金计划和分配方案。对主导产业的重要项目，要成立相应的项目小组具体负责。可实行一个项目、一套班子、一个规划、一套政策的实施办法，把工作落到实处。各级党政领导要改进工作方式，注意抓点带面，从发展龙头，建设基地，到建立新的经济运行机制和管理体制都要抓出样板，带动和促进产业化工作向纵深发展。各级农业部门要把加快农业产业化的发展作为自己的重要任务，精心组织、科学指导，搞好综合试点，及时总结推广；计划、财政、金融部门和群团组织也要结合自己的工作实际，抓示范、抓典型，共同为我市农业产业化发展探路子、树样子、增贡献。总之各级、各部门都要在务实、求实、落实上狠下功夫，切忌大而化之，一般号召，避免摆花架子，搞形式主义，切实加快我市农业产业化发展的步伐。

1997 年 12 月 9 日

中共重庆市委　重庆市人民政府
关于统筹城乡发展推进社会主义新农村建设的意见

渝委发〔2006〕7号

（2006年3月17日）

为深入贯彻落实党的十六届五中全会和中央农村工作会议精神，进一步统筹城乡发展，繁荣农村经济，促进“三农”工作，加快推进全市社会主义新农村建设，现提出如下意见：

一、提高思想认识，把握社会主义新农村建设的新要求

（一）充分认识建设社会主义新农村的重大意义

推进社会主义新农村建设，是党中央、国务院关于做好“三农”工作的重大战略决策，是贯彻落实科学发展观、统筹城乡发展的重大战略举措，是加快富民兴渝进程和全面建设小康社会的重大战略任务。促进全市国民经济持续、稳定、健康发展，加速推进农业现代化、新型工业化和农村城镇化，必须妥善处理工农关系和城乡关系，扎实推进社会主义新农村建设，促进农村经济社会全面进步。只有加快推进社会主义新农村建设，发展好农村经济，建设好农民家园，让农民过上宽裕、舒适的生活，才能构建和谐社会，形成城乡协调发展的良好局面。

（二）建设社会主义新农村的指导思想和总体目标

我市社会主义新农村建设的指导思想是：以邓小平理论和“三个代表”重要思想为指导，全面贯彻落实科学发展观，坚持实行“工业反哺农业、城市支持农村”和“多予少取放活”的基本方针，统筹城乡经济社会协调发展，用社会主义新农村建设统领“三农”工作全局，以发展农村经济为中心，以增加农民收入为目标，以倡导乡风文明为重点，以改变农村面貌为关键，以扩大基层民主为保障，以启动实施“千村推进百村示范工程”（以下简称“千百工程”）和深入推进“农业产业化百万工程”“百个经济强镇工程”“百万农村劳动力转移就业工程”（以下简称“三百工程”）为载体，集合全市各方力量，既快又好地建设“生产发展、生活宽裕、乡风文明、村容整洁、管理民主”的社会主义新农村。

我市社会主义新农村建设的阶段性目标是：到“十一五”期末，全市农村政治建设、经济建设、文化建设、社会建设和党的建设全面进步，新农村建设取得明显的阶段性成效。农村经济的主要指标是：经济总量达到1 600亿元，乡镇企业增加值实现1 500亿元，农业增加值达到650亿元，粮食产量稳定在1 160万吨左右，农民人均纯收入超过4 100元，林木覆盖率达到40%以上，城镇化率超过52%。2006年是“十一五”的开局之年，新农村建设要迈出实质性步伐，全市农村的基础设施建设要有较大改善，社会事业要有较大进步，农村经济要有较大发展，农村经济总量达到1 190亿元，农业增加值达到500亿元，农民人均纯收入增长7%，乡镇企业增加值达到800亿元，新增转移农村劳动力40万人。

（三）建设社会主义新农村的基本原则

推进社会主义新农村建设，必须坚持“以工促农、以城带乡”的战略方针，协调推进工业化、城镇化和农业现代化；必须坚持以发展农村经济为中心，进一步解放和发展农村生产力，促进农民持续增收；必须坚持农村基本经营制度，尊重农民的主体地位，不断创新农村体制机制；必须坚持以人为本，

着力解决农民生产生活中最迫切的实际问题，让农民得到实惠；必须坚持科学规划，因地制宜，分类指导，有步骤、有计划、有重点地推进；必须坚持以农民群众为主体，充分发挥各方面积极性，通过农民投资投劳、国家扶持和社会力量的广泛参与，扎实有效地推进我市社会主义新农村建设。

二、强化产业支撑，促进农民收入的新增长

（一）推进农业产业化经营

深入推进“农业产业化百万工程”，鼓励城市工商资本进入农业产业化领域，加快瘦肉型生猪、优质柑橘、中药材和优质粮油等重点产业发展，按照优势产业向优势产区集中的思路，形成优势产业带和特色产业区。大力发展农产品加工业，努力提高农产品附加值。稳定发展粮食生产，提高粮食优质率。实施“双十”计划（到2010年，新培育10个以上年销售收入超10亿元的龙头企业），加大对龙头企业和种养殖大户的培育和扶持力度，支持和引导龙头企业通过入股、联营、嫁接、兼并等形式组建企业集团，形成一批竞争能力强、经济效益好、带动作用大的龙头企业和企业集群。探索龙头企业与农户的利益联结机制，让农民从产业化经营中得到更多实惠。建立有利于农村合作经济组织发展的信贷、财税和登记制度，积极支持和引导发展各类农村合作经济组织。2006年新发展农村合作经济组织1 000个，农户参合率提高2个百分点；完成新建600万亩种植基地、新增100万头生猪的任务，力争全市农产品优质率提高5个百分点，商品率提高2个百分点，粮食总产量稳定在1 160万吨左右。

（二）大力发展镇域经济

全面推进“百个经济强镇工程”，加快基础设施建设，加大投入和扶持力度，培育优势特色产业，落实优惠政策，优化就业、创业环境，推进二、三产业协调发展。“十一五”期间重点中心镇逐步由45个增加到100个。百个经济强镇工程镇和重点中心镇建设要与新农村建设有机结合，有条件的经济强镇要加快推进新农村建设，发挥示范带动作用。通过明星镇、特色镇的创建，激发乡镇经济社会的发展活力。加速乡镇企业和农村个体私营经济发展，大力发展以农产品加工业为重点的劳动密集型产业。着力推进以商贸、运输、旅游为重点的小城镇第三产业发展，充分发挥其带动和服务功能。挖掘具有浓郁地方特色的旅游农业资源，努力打造一批具有较强影响力的旅游农业景区（点），构建富有重庆特色的旅游农业体系，使旅游农业成为促进农业农村经济发展新的增长点。鼓励商贸企业、供销社、邮政系统和其他各类投资主体在农村大力发展现代流通服务业。实施“乡镇建连锁超市、村社建放心商店”工程，以县城为配送中心，乡镇为配送结点，逐步构建工副食品、农业生产资料、药品送下乡和农副土特产品收进城的城乡双向流通渠道。2006年要新建乡镇连锁超市100个，村级放心商店1 000个；百强镇镇域经济总量增长17%，全市城镇化率提高1.5个百分点。

（三）加快农村劳动力转移

大力实施“百万农村劳动力转移就业工程”，努力发展劳务经济，把农村劳动力转移就业培育成农村经济的支柱产业。按照政府引导、市场运作的原则，充分利用现有教育资源，采取订单培训、合同培训等形式，提高农村劳动力转移就业的规模和档次，打造重庆的劳务品牌。实行城乡平等的就业政策，加快从政策、体制等方面消除对农民进城就业的不合理限制。建立与劳动力输入地、用工大户、大企业的劳务联结机制，提高农村劳动力转移的组织化程度。加强劳动力市场的规范化管理，为城乡劳动者提供平等的就业服务。加强农民工的维权、服务和管理，严格执行最低工资制度，建立完善防止拖欠农民工工资的长效机制；加强对农民工子女入学、就业培训、卫生保健、计划生育、法律援助等方面的指导服务，认真研究解决农村劳动力转移后的遗留问题，促进农村劳动力有序转移。2006年要完成培训农村劳动力20万人、新增转移农村劳动力40万人的目标任务。

（四）提高农业科技支撑能力

提高农业科技在科技投入中的比重，大力推进农业科技创新，注重科研与生产衔接，加大对农业科技成果转化的支持力度。抓好动植物良种培育、农产品加工关键技术和质量安全与标准化生产技术的研究示范，加快科技成果的转化和引进，提高农产品科技含量。加强农业科研机构和队伍建设，组建重庆市农业科学院。推进"重庆三峡库区星火产业带"建设和"渝东南特色经济走廊科技专项行动"，组织实施"科技入户工程"和"科技特派员行动计划"。大力开发节约资源和保护环境的农业技术，加快发展循环农业。加快农业信息化建设，拓展农业信息服务网络覆盖面，2010 年全市乡镇农业信息服务网络实现全覆盖。建立完善气象、水文、生态环保、地质灾害、防汛、抗旱、防火监测预警体系，抓好无规定动物疫病区建设，加强重大病虫害和外来入侵物种防治，建立健全农业防灾、抗灾、减灾体系，不断增强农业抵御自然灾害的能力。推进农业机械化，加大农机新机具、新技术的推广和服务力度，提高农机装备总量和作业水平，2006 年耕种收机械化水平提高 2 个百分点以上。

（五）加快贫困地区经济发展

提高市财政配套扶贫资金比例，加大扶贫投入力度，完善扶贫资金监管机制，提高资金使用效益，积极培育发展贫困地区支柱产业，推进贫困地区经济社会发展。因地制宜实行整村推进的扶贫开发方式，改善贫困地区生产生活条件。突出贫困地区基础设施建设、基础产业发展和贫困人口基本素质提高，增强贫困地区和贫困农民自我发展能力。抓好贫困地区劳动力转移就业，扶持龙头企业带动贫困地区调整结构，拓宽贫困农户增收渠道。对居住在缺乏生存条件地区的贫困人口实行易地扶贫和生态移民，实现"搬得出，稳得住，能脱贫，逐步能致富"的目标。继续深入开展党政机关、企事业单位集团式扶贫，加强东西部地区扶贫协作。对积极参与"光彩事业"并作出贡献的非公有制企业人士给予表彰奖励。到 2010 年，实施易地扶贫搬迁 2. 5 万户，70% 的贫困村达到脱贫目标，基本解决绝对贫困人口脱贫问题。2006 年解决 11 万农村绝对贫困人口温饱问题，完成 3 200 户易地扶贫迁建任务。

三、加强基础设施建设，实现农村环境的新改善

（一）加强农村道路建设

科学规划农村公路网络和结构布局，努力推进路、站、运一体化进程，加强与干线公路网的有机衔接。不断加大农村公路建设投入，合理确定农村公路建设技术标准，通过多种渠道筹措农村公路建设资金。坚持建、管并重的原则，逐步把农村公路纳入全市公路养护范围，建立完善农村公路管理、养护长效机制。落实《重庆市农村公路建设规划》，到 2010 年，全市新建和改扩建农村公路 6 万千米，乡镇实现通畅，有条件的行政村实现通达，纳入社会主义新农村建设规划的"推进村"和"示范村"全部实现通畅。2006 年要建设农村公路 6 000 千米，实现 400 个行政村通公路。积极推进村内道路及机耕道建设，保证农户聚居点之间有一条具备一定运载能力、农户出行和农机具田间转移方便的村道。有条件的地方可将村道硬化并延伸到农户院坝。

（二）加强农村水利和能源建设

全面推进"泽渝"一期工程以及铜罐驿和松溉两大长江提水工程建设，加快鲤鱼塘水库工程建设步伐，开工建设渝北观音洞和万盛青山湖水库。继续抓好龙溪河、梅江河、濑溪河和万州 4 个大灌区的配套改造，加快 7 个节水灌溉示范区县（自治县、市）和"六小工程"建设。2010 年全面建成鲤鱼塘水库、"泽渝"一期工程、松溉和铜罐驿两大提水工程、观音洞和青山湖水库，新增有效灌面 50 万亩；建成 100 万亩优质烟水田基地；继续搞好病险水库除险加固和冬春农田水利基本建设，提高农业水利化

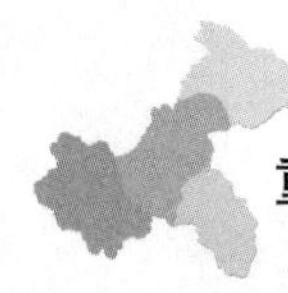

程度；新建、改造300个乡镇供水工程，解决300万农村人口饮水安全问题。合理开发利用空中水资源，加强人工增雨防雹工作。加快农村电网改造，尽快完成续建配套工程，实现城乡同网同价。加快农村能源建设步伐，在适宜地区积极推广小水电、太阳能、风力发电、秸秆气化等清洁能源技术。按照社会主义新农村建设的总体规划，结合各地的实际情况，加快农村户用沼气建设，2006年建设“一池三改”生态家园示范户5万户，并加强后期管理服务，鼓励和支持养殖场建设大中型沼气项目。

（三）加强农村生态保护与建设

按照建设环境友好型社会的要求，实施好退耕还林、天然林保护、生物物种资源保护、三峡水库周边绿化带建设等重点生态工程，开展碧水、蓝天、绿地和保护母亲河行动，大力推进“生态示范区”和“绿色家园”建设。加强对农药、化肥、农膜、畜禽水产养殖等农村面源污染的治理，不断改善农村生态环境。健全水土保持预防监控体系，加大水土流失治理力度。大力实施农业综合开发，加快中低产田土改造，对纳入社会主义新农村建设规划的示范村，根据条件实行综合整治。到2010年，全市新建无公害农产品、绿色食品和有机食品基地240个；新增治理水土流失面积4 000平方千米。2006年完成国家下达的退耕还林等工程营造林任务，完成封山育林任务78.4万亩，森林管护面积3 582万亩；完成中低产田土改造和生态综合治理58万亩。

（四）加强村级规划和人居环境治理

切实加强村落规划工作，对各村经济发展、社会发展以及道路建设、村落建设、房舍建设进行统一规划。要在完成“千百工程”村级规划编制的基础上，组织编制好全市所有行政村建设发展规划，并形成包括镇村建设发展规划、产业发展规划、基础公益设施建设规划、农村劳动力转移培训规划、乡村干部培训教育规划等内容的区县（自治县、市）社会主义新农村建设总体规划。加强宅基地规划和管理，节约村落建设用地。引导农民适度集中居住，改善居住环境，提升居住质量。大力实施农田林网建设，努力提高林木覆盖率。实施农村“康居工程”和“生态家园富民工程”，引导和帮助农民解决住宅与畜禽圈舍混杂问题，不断改善农村卫生状况。大力实施“乡村清洁工程”，加快治理农村“脏、乱、差”现象，对农村道路、沟渠、田间、房舍的固体废弃物进行清理，逐步建立科学合理的农村垃圾处理机制。加大次级河流污染综合整治力度，开展集中式饮用水源保护区建设和综合整治。

四、发展社会事业，培养社会主义的新农民

（一）加快提高农民的综合素质

加大农村教育投入，保证市级教育经费占市级财政一般预算支出的比例每年提高1个百分点，增量70%以上用于农村。普及巩固农村九年义务教育，到2010年建设农村寄宿制中小学400所。从2006年春季起，全部免除农村义务教育阶段学生学杂费，对贫困家庭学生免费提供教科书并补助寄宿生生活费。提高农村义务教育阶段中小学公用经费保障水平，建立健全农村义务教育阶段中小学校舍维修长效机制，巩固和完善农村教师工资保障机制。加大主城区学校对农村贫困地区学校的对口支援力度，促进城乡义务教育均衡发展。加强对农民的教育和培训，推进农村实用人才队伍建设，加强对农民尤其是青年农民的实用技术和劳动技能培训，让农民真正有文化、懂技术、会经营。大力推进乡镇企业务工农民的“蓝色证书”培训工程；规范完善以农业科技培训为主要内容的“绿色证书”制度，2010年前完成30万农民的培训任务。加强对农民的思想道德和法律知识普及教育，开展创业能力和市场知识培训，让农民真正懂法、明理、勤勉、自强。

（二）加快农村卫生事业发展

增加对农村卫生建设的投入，保证卫生事业经费增长幅度不低于同级财政经常性支出增长幅度，增

量70%以上用于农村。加强以乡镇卫生院为重点的农村卫生基础设施建设，健全县、乡、村三级医疗卫生服务和医疗救助体系。2006年90%以上的村拥有卫生室，2010年完成乡镇卫生院改造建设任务。积极推进新型农村合作医疗制度试点工作，2006年新型合作医疗试点县由7个扩大到17个，到2008年基本普及农村合作医疗制度，实现农村人人享有初级卫生保健目标。加大农村地方病、传染病和人畜共患疾病的防治力度，逐步完善农村疫情监测机制，提高农村公共卫生突发事件的应急处理能力。推行农村药品集中采购和统一配送，2006年村级放心药柜达到1 500个，确保农民购药方便、用药安全。鼓励各种社会力量参与发展农村卫生事业。认真落实计划生育奖励优待政策，实施“惠民三百计划”，坚持完善农村部分计划生育家庭奖励扶助制度，扩大“少生快富”扶贫工程试点范围，建立农村独生子女家庭新型合作医疗补助制度和独生子女死亡伤残家庭扶助制度，逐步健全计划生育利益导向体系，继续稳定农村低生育水平。

（三）加快农村文化事业发展

加大文化资源向农村的倾斜力度，逐步增加为农村服务的资源总量。完善区县（自治县、市）、乡镇（街道）、村三级农村文化工作体系。加快乡镇文化站、集镇多功能影剧会场和村文化室等农村公共文化设施建设。大力实施农村电影数字化放映“2131”工程，加快推进农村广播电视“村村通”。到2010年基本实现20户以上的已通电自然村全部通广播电视。组织和引导文化工作者深入乡村，丰富农村文化生活，满足农民群众多层次、多方面的精神文化需求。开展丰富多彩的群众文化体育活动，大力挖掘和培育优秀民间文化，引导和鼓励农民兴办文化产业；实施农民体育健身工程，加快农村体育场地建设。加强农村文化市场管理，抵制腐朽落后文化。

（四）加快农村社会保障体系建设

逐步加大各级财政对农村社会保障制度建设的投入，探索建立农民个人缴费、集体补助和政府补贴相结合的多元化筹资机制。推进农村养老保险试点，积极探索建立与其他保障措施相配套的农村社会养老保险制度。加强农村特困医疗救助。落实军烈属优抚政策。以乡镇敬老院为依托、村级集中供养为主体、包户扶养为补充，切实加强农村“五保”供养工作。2010年全市集中供养率达到70%。2006年新建800个村级“五保”集中供养点。主城各区、有条件的区县和新农村建设示范村要建立农民最低生活保障制度，其他区县要巩固完善农村特困户救助制度。探索建立被征地农民养老社会保障制度。

五、深化农村改革，增强农村发展的新动力

（一）加快乡镇服务型政府建设

按照强化公共服务、严格依法办事和提高行政效率的原则，切实加强政府社会管理和公共服务的职能。积极稳妥地推进乡镇机构改革，合理调整和设置乡镇职能，精简机构和人员，5年内乡镇机构编制只减不增。创新乡镇事业站所运行机制，实行公益性与经营性职能分离。加快建立政府主导与社会参与相结合的功能完善的基层农业服务体系，加强公益性服务机构专业人员的素质培训，充分发挥其在动植物疫病防治、科技推广、信息服务、产品质量安全监督、资源环境保护和灾害防治等方面的作用。清理核实并积极化解乡村债务，妥善处理历年农业税尾欠。推进“村财民理乡代管、乡财乡用县监管”的财政管理方式改革。

（二）稳定完善农村土地制度

制定出台《重庆市农村土地承包条例》，维护农民自主经营的合法权益，尊重、保障外出务工农民的土地承包权和经营自主权。在依法、自愿、有偿基础上探索建立土地承包经营权流转机制，在有条件

的地方采取农村土地股份合作和租赁、承包等形式，发展适度规模经营，防止农田撂荒。按照科学合理征用、完善补偿办法、拓展安置途径、规范征地程序的要求，加快征地制度改革，制定以社、户为单位的被征地农民“农转非”、养老保险和就业办法，努力解决“三无”农民问题。

（三）不断创新农村经营方式

营造良好的舆论和政策环境，加大扶持力度，积极发展各类农村合作经济组织，提高农民的组织化程度。鼓励发展农机作业服务、科技服务等各类新型农村社会化服务组织，发展法律、财务等中介组织，积极培育农村经纪人队伍，为农民发展生产经营和维护合法权益提供有效服务。加强对传统经济组织的改造和利用，坚持以“两社两化”为重点，把供销社真正办成农民自己的组织。引导和扶持专业大户扩大规模、提高效益，充分发挥其在发展农村经济、带动农民致富方面的作用。完善粮食流通体制，坚持粮食购销市场化改革，加强粮食市场的宏观调控，稳定粮食价格，提高农民的种粮积极性。加强农业生产资料价格调控和监管，切实保护农民利益。全面推进林权制度改革。积极推进水利工程水价改革和农村小水利、小水电、乡镇供水等小型基础设施产权制度改革，全面推进水务一体化行政管理体制改革。

（四）加快推进农村金融体制改革

充分发挥财政资金的杠杆作用，促进农村金融机构将一定比例的新增存款投放当地，确保“三农”贷款增速达到全市平均贷款增速，支持农业农村经济发展。促进政策性金融机构拓宽业务范围，加大对农业产业化经营、农业综合开发、农村基础设施建设和农业科技等领域的信贷支持力度。2006—2010年，以收支两条线、先征后返方式对县以下“三农”金融业务增量的营业税按50%返还相关金融机构。深化农村信用社改革，进一步完善治理结构和运行机制，增强对“三农”的服务功能，推动条件成熟的信用联社组建农村合作银行。探索将农村信用社贷款利率放开，逐步推进农村信贷市场利率自由化。搞好农业发展银行农业小企业贷款试点工作。扩大邮政储蓄资金的自主运用范围，引导邮政储蓄资金通过多种渠道回流农村地区。培育农村竞争性金融市场，在适宜地区发展小额信贷组织，开展社区银行试点。规范民间借贷，探索发展农户资金互助组织。加快中小企业信用担保体系建设，建立和完善信用担保金融服务体系。努力解决农户和农村中小企业贷款难的问题，支持有条件的龙头企业上市融资。搞好“奖补资金”推进小额贷款到户的试点，增强扶贫贷款对农户的扶持作用。探索开展农民、业主和财政补助相结合的多种形式的农业政策性保险业务，建立完善农业风险分担和补偿机制。

六、健全民主法制，树立健康文明的新乡风

（一）加强农村基层组织建设

巩固保持共产党员先进性教育活动成果，不断加强村级领导班子建设，增强村“两委”凝聚力。切实加强村级组织阵地建设，努力改善村级组织的工作条件。实施镇村干部素质提升工程，不断提高村干部素质，增强其带领群众增收致富的能力。两年内完成对全市“千百工程”所在村的村干部培训，2010年前对全市所有镇村干部进行一次全面轮训。结合乡镇机构改革，实施好“精镇壮村”工程，把一批优秀乡镇干部安排到村一级工作；选派大学生志愿者到村开展志愿服务，为新农村建设提供智力支持；选拔年富力强、群众拥护、组织信任的人才充实到村级组织。充分发挥农村党员的先锋模范作用和桥梁纽带作用，建立起“基层党组织—农村党员—农民”的“联帮带”机制。充分发挥农村共青团和妇联组织在新农村建设中的作用。

（二）加强农民民主权利维护

健全村党组织领导的充满活力的村民自治机制，进一步完善村务公开和民主议事制度，让农民群众

真正享有知情权、参与权、管理权、监督权。充分尊重农民意愿，充分考虑农民要求，运用“八步工作法”，完善村民“一事一议”制度，把群众的意愿收集起来，在新农村的规划和建设中充分吸纳、充分反映，健全农民自主筹资筹劳的机制和方法，引导农民自主开展农村公益性设施建设。结合农村实际，重点解决农业农村发展中的主要问题，着力解决广大群众最关心、最实际的重点问题，突出解决农民群众最需要、最迫切的难点问题。开展村务公开民主管理示范活动，进一步完善“村规民约”，促进依法治村和民主管理。

（三）加强农村法制建设

深入开展普法教育，加强法律法规宣传和普及工作，尤其要宣传好宪法、农业法、村民委员会组织法以及工商管理、生态环保、家庭婚姻、人口与计划生育、妇女和未成年人权益保障、殡葬改革等方面的法律法规，增强农民的法制意识，促进农民群众懂法守法，提高他们依法行使权利和履行义务的自觉性。逐步健全农村法律援助体系，不断提高对农民法律服务的水平。妥善处理农村各种社会矛盾，加强农村社会治安综合治理，为农民创造安全祥和、安居乐业的社会环境。

（四）加强农村精神文明建设

大力弘扬以爱国主义为核心的民族精神和红岩精神、三峡移民精神，激励农民群众艰苦奋斗、自力更生，为新农村建设提供强大的精神动力和思想保证。深入开展科技、文化、卫生“三下乡”活动，不断丰富内容，创新方式。以创建文明村镇、文明家庭等活动为载体，积极开展公民思想道德教育，积极推进群众性精神文明创建活动，鼓励农村结合民俗风情，制定完善“村规民约”。广泛开展崇尚科学、破除迷信、移风易俗等教育活动，引导农民树立先进的思想观念和良好的道德风尚，提倡科学、健康、文明、简朴的生活方式，实行婚事新办、丧事简办，优生优育，在农村形成文明向上的社会风尚。

七、切实加强领导，建立加快发展的新机制

（一）抓好新农村建设的组织领导

市委农村工作领导小组要把新农村建设作为今后农业农村工作的主要任务，切实加强领导和协调。各级党委、政府要把新农村建设作为农业农村工作的重要任务，真正拿上议事日程。建立新农村建设的目标考核体系，由市委农村工作领导小组组织实施，根据目标考核的情况，实行表彰奖励。各区县（自治县、市）和各乡镇要建立社会主义新农村建设的领导班子，切实加强对新农村建设的领导。要明确部门职责，建立有效的新农村建设工作协调机制。根据各地的实际情况，可以从各级党政机关选拔一批综合素质好、工作能力强的干部下派到村，指导帮助开展新农村建设。要建立对农村基层干部的考核奖励机制，充分调动广大基层干部抓好新农村建设工作的积极性和创造性。

（二）抓好新农村建设的试点示范

新农村建设是一个长期的过程，任重而道远。各地在工作中要充分考虑镇村的经济实力和群众的承受能力，积极稳妥地推进，不搞形式主义，不搞盲目攀比，不搞强行摊派，不搞举债建设。2006 年开始，启动实施“千百工程”，在全市选择 1 000 个村进行重点推进，并在其中选择 100 个村进行典型示范，探索路子，总结经验，引导和推动全市社会主义新农村建设。各区（县、自治县、市）要按照“千百工程”的总体规划和要求，结合本地实际情况，重点建设一批具有较强带动作用的示范点，以此推进新农村建设。

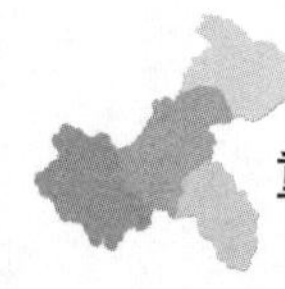

（三）抓好新农村建设的资源整合

各级各部门要从战略的高度和全局的角度，把新农村建设作为大事，加强配合，形成合力，抓紧抓好。有关部门要围绕新农村建设，深入农村开展调查研究，制定工作计划和实施方案。要按照新农村建设的总体规划，安排项目，落实资金，实现资源的有效整合。农村工作综合部门要承担新农村建设的牵头任务，负责具体指导、统一协调和督促检查工作；宣传部门要加强新农村建设的宣传，为新农村建设营造良好的氛围；组织部门要抓好基层组织建设，充分发挥基层党组织在新农村建设中的作用；规划、建设部门要根据工作要求，指导和抓好镇村规划的编制与建设，为农民无偿提供房型设计图，供农民选择使用；国土部门要把好土地审批关，严禁乱修乱建，并协调解决新农村建设用地计划；交通部门要抓好镇村公路规划与设计，加强农村公路建设指导，协调解决新农村道路建设中的资金补助问题；农业部门要指导搞好农业产业发展和农田建设；卫生、城建、水利、环保等部门要抓好改水、改房和改环境等工作；电力、电信、教育、宣传部门要按照新农村建设的目标任务，抓好通电、通讯、教育以及精神文明建设工作；民政部门要抓好基层政权建设等工作。

（四）抓好新农村建设的政策扶持

认真贯彻落实统筹城乡发展的基本方略和“工业反哺农业，城市支持农村”的基本方针，加大对新农村建设的扶持力度，落实好市委二届七次全委会的支农政策，大力调整国民收入分配格局。财政支出、预算内固定资产投资和信贷投放，要按照存量适度调整、增量重点倾斜的原则，不断增加对农业农村的投入。2006 年，财政支农资金增量要高于上年，预算内资金用于农村建设的比重要高于上年，其中直接用于改善农村生产生活条件的资金要高于上年。基础设施建设投入的重点要转向农村，逐年提高市级基本建设资金支农的比重，提高国有商业银行、农村信用社、农业发展银行对区县贷款和农业贷款的比重，提高农村教育、卫生、文化、计划生育等社会事业发展投入的比重，逐步形成支农资金的稳定增长机制。市财政要安排专项资金，对纳入新农村建设规划的农村公益设施建设、环境改造、规划编制和人员培训等给予补助。区县也要安排一定资金，用于新农村建设。抓紧制定将土地出让金一部分收入用于农业土地开发的管理和监督办法，并依法严格收缴土地出让金和新增建设用地有偿使用费。充分发挥财政农业资金的引导作用，鼓励各类社会资金用于新农村建设。不断稳定、完善和强化对农业农民的直接补贴政策。各部门要对农业农村政策进行清理，在认真调研的基础上，研究出台有利于推动新农村建设的政策措施。要研究新农村建设的用地政策，特别是研究制定促进产业发展、适度规模经营和宅基地置换等有关政策，保证新农村建设中产业发展、建房、基础设施建设用地的需要。

（五）抓好新农村建设的宣传发动

广播、电视、报纸等新闻媒体，要开辟专题、专栏，加大新农村建设的宣传力度，努力营造全社会共同关心、广泛参与、大力支持新农村建设的氛围。各级各部门要深入基层、深入农村、深入群众，组织开展形式多样的学习宣传活动，使新农村建设的目的意义、目标任务和工作举措家喻户晓、人人皆知。充分调动农民群众参与新农村建设的积极性和主动性，激发广大群众建设新农村的自觉性和创造性，汇聚民智，集中民力，使中央和全市关于新农村建设的战略部署转化为全市广大基层干部和农民群众的自觉行动。做好“引凤还巢”工作，鼓励外出务工人员带着资金、技术和管理经验返乡创业、返乡兴业，投入新农村建设。鼓励引导党政机关、人民团体、企事业单位和社会知名人士、志愿者支持和参与新农村建设，使社会主义新农村建设真正成为全社会高度重视、广泛参与的共同行动。

重庆市人民政府
关于加快发展特色效益农业的意见

渝府发〔2012〕72 号

各区县（自治县）人民政府，市政府各部门，有关单位：

发展特色效益农业是建设现代农业的核心要义，是符合重庆农业农村实际的现实选择，是促进农民长期稳定增收的有效途径。为深入贯彻市委第四次党代会精神，加快发展特色效益农业，促进农业持续增效、农民稳定增收，现提出如下意见。

一、总体思路、主要目标和原则

（一）总体思路

发展特色效益农业要紧紧围绕“科学发展、富民兴渝”的总任务，大力实施“一统三化两转变”战略，坚持以市场为导向，以科技为支撑，以提高资源利用率、土地产出率和劳动生产率为重点，强化农业基础设施建设，优化农业区域结构、品种结构、产业结构，推动农业产业化经营，构建城乡一体的农产品交易市场体系，培育具有市场竞争力的农业支柱产业和优质名牌农产品，力争把重庆建设成为西部地区特色效益农业高地。

（二）主要目标

到 2017 年，力争农业资源利用率、土地产出率、劳动生产率显著提高，产业布局更加科学，农业结构趋于合理，农产品质量安全可靠，城乡一体的农产品市场网络体系基本形成，农产品市场竞争力明显增强，农业现代化水平在西部地区处于领先地位；农业增加值突破 1 000 亿元，土地综合产出率提高 50%，农业劳动生产率年均增长 15%，科技进步贡献率达到 57% 左右，农业耕种收综合机械化水平达到 50% 以上，农产品商品率达到 65%，农民人均纯收入年均增长 12%。

（三）主要原则

发展特色效益农业，应遵循以下原则：

——市场导向，农民主体。围绕增强市场竞争力，生产优质、安全、适销对路的产品。积极培育龙头企业、农民专业合作组织等市场主体，引领特色效益农业发展。尊重农民生产经营自主权和主体能动性，依靠农民群众发展特色效益农业。

——优化结构，效益为先。加快农业结构调整步伐，转变农业发展方式，大力推进农业由粗放型、数量型向质量效益型转变，实现经济、社会、生态效益“三统一”。

——科技支撑，强化服务。推进农业科技创新，用现代科技支撑特色效益农业发展，完善农业技术推广服务体系，加强新品种、新技术培育、引进、示范和推广，提高农业科技含量。

——因地制宜，突出特色。突出区域优势和地方特色，宜林则林、宜农则农、宜牧则牧，优先发展资源条件好、比较效益高、市场竞争力较强的农产品。

——尊重规律，保护生态。兼顾当前利益与长远发展，促进资源利用减量化与再利用，推行循环农业生产模式，保护农村生态，发展资源节约型、环境友好型农业。

二、调整和优化农业结构

（一）推进农业区域化布局

着力建设主城近郊都市农业示范区，拓展农业功能，突出发展休闲观光、乡村旅游、农科工贸等服务型农业及设施农业、园艺农业。大力建设渝西现代农业示范带，强化国家现代农业示范区和国家现代畜牧业示范区平台建设，突出“米袋子”“菜篮子”和“果盘子”保障功能。加快建设“两翼”山地特色农业基地，充分发挥资源优势，积极开发闲置资源，重点发展优质、安全、高效的特色农业。

（二）优化农业产业结构

全市重点发展粮油、蔬菜、畜牧、柑橘、渔业、林果、中药材、花卉、茶叶、蚕桑和烟叶11个产业。粮油产业要推广良种良法，开展高产创建，实施错季发展、轮种轮植，充分挖掘增效潜力。柑橘产业要坚持高标准建园、集中连片发展，鲜食与加工品种相结合，重点发展晚熟柑橘，着力打造知名品牌，提升市场竞争力和综合效益。蔬菜产业要大力发展设施蔬菜和有机蔬菜，确保市场供给，扩大精深加工，提高种植效益。畜牧产业要稳量提质发展生猪，推广适度规模生态循环养殖模式；以优质肉牛、肉羊、肉兔、土鸡为主，推广种草养畜及健康养殖模式。要以三峡库区为重点，充分利用各类江、河、库、塘、池等资源，大力发展生态渔业。各区县（自治县）要按照全市统一部署，立足资源优势，按照“一县一特”“一乡一业”“一村一品”的要求，合理确定有市场、有潜力、有效益、有特色的重点产业。

（三）建设优势农产品基地

按照“生产基地重点化、重点基地区域化、区域发展优势化”思路，建设区域性优势特色农产品基地。到2017年，优质中稻、豆类、玉米、专用马铃薯、油菜等生产基地占粮油播种面积的比重超过80%，建成优质粮油品种良繁基地12个，优质粮油基地1 000万亩。着力建设全国重要的冬季蔬菜基地、高山蔬菜基地、榨菜种植加工基地；蔬菜种植面积达到1 100万亩，年产量1 800万吨，蔬菜行业产值突破1 000亿元。建成优质肉猪、草食牲畜、家禽等生产基地70个。

三、深入推进农业产业化

（一）大力培育农业品牌

完善农业标准体系，逐步对大宗优势农产品生产全过程实行标准化管理。新增培育一批市级以上农业标准化示范区。力争3年内，市级以上农业龙头企业全部实现标准化生产。引导扶持农产品质量体系认证，加快无公害农产品、绿色食品、有机食品和地理标志产品发展。强化农产品宣传推介，树品牌创名牌，提高市场占有率。健全农产品质量安全及追溯体系，全面推行农产品市场准入制度。完善动植物防疫检疫体系。推进农产品保鲜、包装、贮运等技术研发和推广。

（二）加快发展农产品加工业

加大扶持力度，吸引各类投资主体兴办农产品加工项目，力争全市农产品加工转化率每年提高2～3个百分点。大力推进农产品产地初加工，通过以奖代补方式，推广投资小、见效快、适合农户和专业合作组织使用的设施及技术。对达到一定加工能力的农产品加工龙头企业给予贷款贴息支持，对从事食品加工的市级以上龙头企业缴纳的企业所得税地方留成部分全额补助企业，扶持民营企业和小微企业发展的相关政策优先支持符合条件的农产品加工企业。

（三）提高农民组织化程度

落实扶持发展农民专业合作组织相关政策，引导规范农民专业合作社、专业协会等专业合作组织。完善补助政策，支持农民专业合作组织开展信息、技术、培训、质量标准与认证、市场营销等服务。农业综合开发、扶贫开发、农业产业化建设项目，要向符合条件的农民专业合作社倾斜。

四、加快农业科技进步

（一）推进农业科技创新

推动科技与农业发展紧密结合，提高科技支撑引领特色效益农业发展的能力。鼓励农业科技创新，优化涉农市级重点实验室、工程技术中心布局，引导和支持农业科研机构、高等院校与农业龙头企业开展深度合作，建立一批产研融合的特色产业技术研发中心，围绕11个重点产业打造现代农业产业技术体系，强化全产业链技术研发和集成。建立特色产业首席专家制度，在良种培育与引进、节本降耗、提质增产、疫病防控等方面研发与推广成套适用技术，开展农产品精深加工与物流、农林生态与环保农业等领域关键技术研究与集成示范。

（二）加快良种化进程

扶持壮大种子种苗生产企业，促进引、育、繁、推一体化发展。立足特色产业实际需要，种植业重点建设一批优质粮油、蔬菜、柑橘、特色水果、中药材等良种繁育基地，推进海南南繁基地提档升级；养殖业重点建设生猪、草食牲畜、家禽、生态鱼等一批原种场、扩繁场及扩繁户。建立良种推广补贴机制，加大对农民的良种直接补贴。

（三）大力发展设施农业

积极建设标准化、规模化现代农业园区。加快发展设施农业，以种苗培育、蔬菜、特色水果、中药材为重点，发展温室大棚；以畜禽养殖为重点，建设标准化养殖小区（场）。全面推行农业标准化生产，加强良种良法配套，扩大标准化生产覆盖面。抓好适合重庆丘陵山区特点的生产、加工和运输等适宜农机具研发推广，提升农业装备水平。

（四）强化农技推广服务

加强基层农技服务机构和队伍建设。建立区县、乡镇、行政村三级示范基地，加快形成集新品种展示、新技术集成应用于一体的农技推广服务平台。创新科技人才下乡激励机制，鼓励支持科技特派员、基层农技人员与企业、农民专业合作社、专业大户结成利益共同体，开展科技成果应用推广与创新。引导农业龙头企业、农民专业合作社广泛开展技术指导和服务，每个村培育5~8户科技示范户。健全农村信息服务体系，提高涉农信息资源共享程度和信息化服务水平。

五、完善农业基础设施

（一）加快水利及交通设施配套

围绕特色效益农业规划布局，按照“产业发展到哪里、水利设施配套建设到哪里”的要求，以“五小水利”工程为重点，实施国家小型农田水利重点县项目。综合考虑农村经济社会发展与水资源条件，积极发展高效节水农业。以荒山造林、水土流失治理为重点，大力改善农村生态环境。按照“村村通公路，户户通便道”要求，加快农村公路建设。用好农村公路建设补助政策，发挥财政“一事一议”奖补资金作用，大力建设园区路、产业路和人行便道。

（二）加强农村土地整治

结合特色效益农业发展，推进土地整治和高标准基本农田建设，统筹安排农田和村庄土地整治、损毁土地复垦和宜耕后备土地开发。把“产业取向”原则贯穿到农业综合开发之中，将农业综合开发重心转向重点产业建设。

六、健全农产品流通体系

（一）培育流通主体

培育和发展各类农产品流通服务组织，扶持壮大一批大中型农产品流通企业、运输企业、营销型农民专业合作组织。积极发展专业农产品流通协会。大力培育营销大户、农产品经纪人。继续实施鲜活农产品整车运输“绿色通道”政策。

（二）加快市场建设

着力培育现代流通服务体系，加快建设并管理好“三级”农产品市场，加快建设双福农贸城、白市驿西部涉农物流加工区等市级大型市场，增强对周边省（区、市）的辐射能力。继续加强区县（自治县）农产品批发市场建设管理，全面推进乡镇农贸市场规范化建设管理，深化“万村千乡”市场工程，逐步形成以大型批发市场为龙头，区域性农产品市场（配送中心）为纽带，大型超市、城乡菜市场为终端的农产品市场体系。充分发挥重庆农畜产品交易所的作用，促进农产品远期交易；大力发展电子商务，办好农产品网上展厅。

（三）健全信息网络

整合农业信息资源，促进信息共享。加强基层信息服务队伍建设，健全覆盖生产、流通、消费的农产品信息网络。完善市场监测、预警和信息发布机制。充分发挥重庆农畜产品交易所的价格发现功能。引导各类经营主体围绕市场发展生产，形成灵敏的市场供应链。

（四）推进产销衔接

扩大农超对接范围。引导大型批发市场与产区建立稳定的供销关系。探索建立农产品进集体食堂、餐饮企业的长效机制。大力发展订单农业、会展经济。在保障重庆城乡市场供给的基础上，扩大优势特色产品对外销售。

七、强化组织保障

（一）加强组织领导

特色效益农业发展实行区县（自治县）负责制，区县党委、政府主要负责人要亲自抓。市农委负责全市特色效益农业发展的统筹、规划、协调组织和具体实施。市政府有关部门要通力协作，大力支持特色效益农业发展。对特色效益农业发展实行专项考核，作为“三农”工作的重点纳入市委、市政府对区县（自治县）的综合目标考核。市里每年评选150个特色效益农业发展先进典型，在全市农村工作会议上予以表彰。

（二）加强政策扶持

除粮食直补、疫病防控等有特殊规定用途的资金外，市级农业发展资金全部用于特色效益农业发展；调整“两翼”农户增收、产业发展等相关资金支出结构；确保市级每年投入特色效益农业发展专项资金达到10亿元以上。整合水利建设、扶贫开发、国土整治、农业综合开发、农村公路建设、移民后期扶持等相关资金，支持特色效益农业产业发展。充分发挥重庆兴农融资担保公司、重庆农业担保公司的“三农”融资平台作用，引导金融机构增加特色效益农业的信贷额度。扩大范围，探索开展特色效益农业保险。各区县（自治县）要多渠道筹集资金，引导城市工商资本、社会资本积极参与，鼓励外出务工人员返乡创业，增加特色效益农业投入。

（三）加强人才培养

全市各级农业部门要优化人才结构，根据需要引进关键技术人才；对农村干部和农业技术人员开展特色效益农业知识培训，帮助提高认识、转变理念、把握市场规律；深化“农业科技专家大院”“农民田间学校”建设，对农民专业合作社负责人、生产大户、农村经纪人及广大农民开展特色效益农业专项培训，强化特色效益农业发展人才队伍建设。

重庆市人民政府

2012年7月6日

中共重庆市委　重庆市人民政府
关于加快推进农业现代化的若干意见

渝委发〔2012〕26号

为全面落实中央关于“在工业化、城镇化深入发展中同步推进农业现代化”的战略部署，深入贯彻市第四次党代会精神，现就加快推进重庆农业现代化提出如下意见。

一、深刻认识加快推进农业现代化的重大意义

（一）加快推进农业现代化是城乡统筹协调发展的必然要求

当前，全市经济社会结构中最大的问题是城乡二元结构明显，收入分配中最突出的问题是城乡居民收入差距很大，“三化”进程中最严重的问题是农业现代化滞后。只有加快发展现代农业，切实解决“三农”问题，才能推进“三化同步”，形成城乡统筹协调发展新格局。

（二）加快推进农业现代化是顺应重庆农村发展形势的现实选择

人口多资源少、山地多平坝少、条件差基础弱，是重庆的基本农情。基于这样的基础条件，必须走出一条集约利用资源、推进科技创新、提高产出效益的发展路子。特别是随着我市工业化、城镇化的加快推进，农村人口有序转移，农村资源人均占有量提高，为农业推进专业化、规模化、集约化生产创造了条件。我们必须与时俱进、顺势而为，加快推进农业现代化，科学有效地促进工农城乡协调发展。

（三）加快推进农业现代化是全面建设小康社会的重大任务

市第四次党代会作出了“重庆仍然处在欠发达阶段，仍然属于欠发达地区”的科学判断，欠发达阶段突出表现在农业，欠发达地区主要集中在农村，贫困群体的绝大多数是农民。没有农村的繁荣稳定就没有全局的繁荣稳定，没有广大农民的小康就不会有全市的全面小康。必须把农业现代化摆在更加突

出的战略位置，努力提高农民收入水平，才能在西部率先实现全面建设小康社会的目标。

二、总体要求、目标任务和基本原则

（一）总体要求

高举中国特色社会主义伟大旗帜，以邓小平理论和“三个代表”重要思想为指导，深入贯彻落实科学发展观，紧紧围绕“科学发展、富民兴渝”的总任务，坚持工业反哺农业、城市支持农村和多予少取放活方针，以农业科学发展为主题，以转变农业发展方式为主线，以提高农业质量效益、保障市场供给、增加农民收入为主要目标，以提高农业综合生产能力、抗风险能力和市场竞争能力为主攻方向，以提高农业土地产出率、资源利用率、劳动生产率为基本路径，加快构建现代农业产业体系，着力强化科技支撑，切实加强基础设施建设，努力探索有特色、高效益、切合重庆实际的现代农业发展路子，不断提高农业现代化水平。

（二）目标任务

到2017年，全市现代农业建设取得重大进展，主城涉农区、现代农业示范区率先基本实现农业现代化，全市农业现代化处于西部领先水平。

——农业综合生产能力显著提高。农业总产值达到2 000亿元。耕地保有量3 256万亩，有效灌溉面积达到1 200万亩，畜禽养殖规模化率达到60%，良种覆盖率达到95%以上。

——农业区域布局和产业结构不断优化。农业区域布局趋于合理，优势农产品产业带基本形成，区域性农业特色产业竞相发展，农业质量和效益大幅度提升，农产品优质率、商品率分别达到73%、67%，农业土地产出率增长40%以上。

——农村发展活力明显增强。多元化的农村融资体系基本形成，“三权”抵押融资、农业信贷担保能力分别达到1 000亿元，农民收入中财产性收入达到5%以上。政策性农业保险实现特色主导产业全覆盖。农业经营体制更加完善，专业化、标准化、规模化、集约化水平显著提升，有组织的农产品销售额达到1 000亿元。

——农民生活水平普遍提高。农民人均纯收入达到全国平均水平，年均增幅超过城镇居民。农村面貌不断改观，社会保障更加有力，城乡差距进一步缩小。

（三）基本原则

——坚持城乡统筹。把“三农”工作作为全市工作的重中之重，推动农业现代化跟上工业化、城镇化步伐。调整国民收入分配格局，构建以工促农、以城带乡的长效机制，加强制度建设，促进城乡互动、资源共享、要素对进。

——坚持确保供给。守住口粮基本自给、耕地面积稳定、主要农产品有效供给“三条底线”。确保基本农田总量不减少、用途不改变、质量有提高。依法保障农民对承包土地的占有、使用、收益等权利。

——坚持效益优先。尊重规律，因地制宜，分类指导，面向市场推进农业结构战略性调整，着力建设竞争力强、效益明显的优势农产品产业带，大力发展优质、高效、生态、安全农产品，努力提高农业的质量和效益。

——坚持改革创新。深入推进农村改革和制度创新，提高农业发展的科学性，增强改革措施的协调性。加快破除城乡二元结构，努力形成城乡发展规划、产业布局、基础设施、公共服务和社会管理一体化新格局。

——坚持农民主体。尊重农民意愿，充分发挥农民主体作用和首创精神，不断提高农业生产组织化程度，合力推进农业现代化。提高农民综合素质，促进农民全面发展。

三、推进农业产业化，加快构建现代农业产业体系

（一）优化农业区域布局

立足现有基础，突出区域特色，着力打造“两翼”山地特色农业基地、“渝西”现代农业示范带和主城郊区都市现代农业示范区。进一步调整和优化产业、品种和品质结构，重点发展粮油、蔬菜、畜牧、柑橘、渔业、林果、中药材、花卉、茶叶、蚕桑、烟叶等11个产业，支持优势农产品产业带建设，加快形成“一县一特”“一乡一业”“一村一品”格局。“两翼”地区打“绿色”牌、走“生态”路，重点培育无公害农产品和绿色、有机食品。“渝西”片区成建制推进现代农业示范建设，打造优质粮油、蔬菜、畜禽、水产品保供基地。主城郊区积极拓展农业功能，大力发展精品农业、设施农业和休闲观光农业。

（二）稳定发展基础产业

稳定粮食播种面积，以10个国家级产粮大县和20个市级重点商品粮基地县为重点，大力发展优质粮油，保障口粮自给。推进新一轮“菜篮子”工程，建设以渝遂高速沿线为重点的优势蔬菜产业带、以武隆为重点的高山蔬菜产业带、以三峡库区为重点的加工蔬菜产业带，建成主城、区县城和集镇三级蔬菜保供基地。大力推进国家现代畜牧业示范区建设，稳量提质发展生猪，年出栏量保持在2 000万头左右。

（三）培育壮大主导产业

以三峡库区为重点，做强做大柑橘产业，新建标准化果园100万亩，改造老果园20万亩，晚熟柑橘达到120万亩，总规模达到300万亩以上，进一步提高配套加工能力。大力发展以牛、羊等为主的草食牲畜，年出栏肉牛120万头、山羊400万只，规模化率达到50%以上。积极发展地方特色禽类产业。加快发展池塘健康养殖和水库生态养殖，打造三峡库区天然生态渔场，增加水产品养殖总量。扩大中药材种植规模，在“两翼”地区新建中药材基地50万亩，积极发展农业生物医药产业。

（四）大力发展特色产业

充分利用坡耕地等，因地制宜发展林果业，伏淡季水果面积达到300万亩，产量达到300万吨。实施茶业“振兴计划”，规模化建设现代茶园，打造渝东南高山名优绿茶区、渝西特早名优茶区和三峡库区生态有机茶区，基地面积达到100万亩。提升辣椒、花椒、金银花等特色产品发展水平。因地制宜发展花卉、蚕桑、烟叶等。鼓励有条件的地方发展乡村旅游等新兴产业。支持每个区县重点发展2～3个特色产业。

（五）积极发展农产品加工业

推进农产品加工业与优势特色产业同步发展，扩大产地加工规模，提升加工水平，提高附加值。大力发展农业产业化经营，充分发挥龙头企业深化加工、开拓市场的中坚作用，带动基地建设和农民增收，形成产加销一体化发展格局。坚持“扶优、扶大、扶强”的原则，培育壮大一批起点高、规模大、带动力强的农业产业化龙头企业，打造5个年销售收入过50亿元、10个年销售收入过10亿元的加工型农业龙头企业。

（六）推进现代农业园区建设

按照高起点规划、高标准建设、高效益产出的要求，扎实推进国家级现代农业示范区建设。加快建

设100个市级现代农业园区，增强其对资金、技术、人才、管理、市场、信息的聚集效应和对周边地区的辐射带动能力。以农业园区为载体，加强招商引资引智，进一步扩大农业开放，促进农业对外交流合作。

四、推进技术集成化，切实增强农业科技支撑

（一）加快农业科技创新

提高科技资金用于农业科技创新的比例。建设现代化农业科研院所，坚持自主研发与引进吸收并重，推进科技创新和成果转化。引进和培养一批农业科技创新型人才。加强农业重点实验室和工程技术中心建设，鼓励和支持农业科研机构、高等院校与农业产业化龙头企业共建产学研融合的特色产业科技创新平台。支持各类经济主体开展农业科技创新。加快建设现代农业产业技术体系，建立由首席专家领衔、300名高级专家组成的现代农业产业技术团队，开展全产业链技术研发集成，努力在品种改良、节本增效、循环农业等重大关键技术领域取得突破。

（二）加强良种繁育和新技术推广

建立完善政府扶持、企业主体、市场化运作的良种繁育体系。实施农业良种创新工程，引进培育一批优质、高产、抗逆农业新品种。在种植业方面，建立100个标准化种子种苗繁育基地，加快海南南繁基地提档升级；在养殖业方面，建设100个原种场、1 000个扩繁场、10万个扩繁大户，形成引、育、繁、推一体化的良种繁育体系。启动建设300个现代农业产业技术示范基地，实施“121重大科技示范工程”，完善区（县）、镇（乡）、村三级示范基地。加强动植物遗传资源和珍稀特色资源保护与开发。

（三）强化基层农业服务

全面完成乡镇推广机构条件建设，启动村级农业科技服务站建设。创新基层农业服务体系管理机制，探索“服务在乡、管理在县”模式，建立县级主管部门、乡镇政府、农民三方考评制度。加强基层农业服务队伍建设，开展农技推广服务特岗计划试点，确保5年内涉农专业技术人员达到60%以上。推进“双十百千”科技特派员创业服务行动，推行专家大院服务模式。引导社会力量开展农业产前、产中、产后社会化服务。培育农村科技示范户10万户。

（四）培育新型职业农民

加快发展农业职业教育，办好一批农业高职、中职院校和综合性院校的涉农专业。建设4 000个农民“田间学校”。深入推进“阳光工程”“绿色证书”培训，每年培训农民100万人次。探索“新型职业农民培训”模式，努力培育一大批有文化、懂技术、善经营、会合作的新型职业农民。持续开展农村劳动力转移培训，促进农民就业创业。

五、推进农业信息化，全面活跃农产品市场流通

（一）加强农产品市场建设

加快构建完善主城、区域性中心城市、其他区县、乡镇4级农产品市场体系，努力将双福农贸城打造成西南地区最大农副产品交易中心。进一步发挥区县现有农产品交易市场作用，加快推进“两翼”17个农产品综合交易市场建设。围绕特色产业基地，建设一批产地批发市场。逐步完成乡镇规范化农贸市场和城区标准化菜市场建设改造。大力发展农产品冷链物流，推进主城冷链集散中心、区县冷链集配结点和产业基地小型冷冻库建设，支持发展农产品冷链运输服务企业，打造长江上游地区农产品冷链

物流中心。到2017年，全市果蔬冷藏运输率提高到45%，流通环节腐损率降至15%以下。

（二）拓宽农产品市场销售

全面落实农产品“绿色通道”政策，大力扶持农产品市场流通，减免与食品、农产品有关的市场建设配套费等税费，降低农贸市场和农产品专业市场摊位费和租赁物业费。发展100个农产品流通龙头企业，培育100万名农村经纪人。推行订单农业，广泛开展“农超对接”等直销模式，着力发展社区直供直销连锁店，农业规模化生产组织产销直接对接率达60%以上。办好重庆·中国西部国际农产品交易会，支持各地举办和参加各类农产品展示展销活动。发展电子商务等现代流通方式，充分发挥农畜产品交易所的作用。新建一批重庆农产品对外营销平台。

（三）强化农业信息服务

加强农产品市场监测，建立完善供求信息预测预警平台。鼓励和支持龙头企业、农民专业合作社率先推广使用现代信息技术。深入实施“金农”工程，构建市、区（县）、镇（乡）、村4级农业信息网络体系，提升农业生产经营信息化服务水平。加强“12316”等信息服务平台建设，及时向广大农民提供技术、政策、市场等综合信息服务。

（四）提升农产品质量安全水平

探索建立农产品产地准出和市场准入制度，推行农产品质量安全产业链监管模式，构建农产品质量安全可追溯体系。加强基层农产品安全监管机构和检验检测能力建设，实现县乡有机构、监管到村社、检测全覆盖。加强农业行政综合执法，整顿和规范农资市场秩序，强化农产品质量安全监管。大力推行农业标准化生产，积极扶持发展无公害农产品、绿色食品、有机食品和地理标志农产品。注重农业品牌培育，鼓励创建重庆名牌农产品、中国驰名商标等。

六、推进发展机制科学化，不断深化农村改革

（一）创新农业经营机制

稳定和完善农村基本经营制度。充分尊重农民意愿，规范有序推进农村土地承包经营权流转，引导土地向农民专业合作社、种养大户和种田能手集中，支持农业产业化龙头企业建设示范带动基地，推行“龙头企业（公司）+基地+农户”等多种产业化经营模式，完善利益联结机制，实现互利共赢。健全农村土地流转市场服务体系，加强农村土地流转风险防范。

（二）发展农民专业合作社

坚持农民自愿、因地制宜、规范办社、农民为主的原则，引导种养大户、龙头企业等多类主体领办创办农民专业合作社，探索建立“产权明晰、平等民主、风险共担、利益均沾”的合作经营模式。采取项目补助、融资担保、贷款贴息、以奖代补等办法，支持农民专业合作社发展。鼓励农民以承包经营权、土地附着物、技术、资金等多种要素入股发展农村股份合作社，积极开展农产品加工、流通等多元化经营，增加农民财产性收入。

（三）积极稳妥推进农村产权制度改革

切实加强农村“三资”管理，稳步开展农村集体经济组织产权制度改革，建立产权明晰完整、资产量化到人、管理科学规范的集体资产管理运营机制。深入开展农村“三权”抵押融资，加强涉农贷款融资担保平台建设，发展涉农担保公司、村镇银行、农村资金互助社。扩大“三权”抵押融资风险

补偿资金规模，探索建立“三权”抵押资产回购机制。以农村土地交易所等资产交易平台为基础，加快建设农村综合产权交易市场。稳妥推进“地票”交易，累计交易额达到1 000亿元，让广大农民更多分享土地增值收益。

（四）建立完善农业风险防控体系

加快发展政策性农业保险，按政府补贴保费的70%、农民承担30%的基本缴费标准，在重点特色产业大力推进政策性农业保险。探索建立主导产业风险防范机制。加强重大动物疫病防控，建成达到国际标准的国家无规定动物疫病示范区。推进植物检疫防疫系统建设，开展农业病虫害统防统治。加快农业气象服务、灾害防御、应急处置体系建设，提高应对自然灾害能力。

七、推进基础设施配套化，努力改善农村面貌

（一）加快发展农村交通

全面实施行政村通畅工程，新建改建干线公路6 000千米、农村公路5万千米，到2017年行政村公路通畅率达90%以上。支持开展县、乡道联网工程和自然村连通工程建设。重点推进秦巴山区、武陵山区交通网络建设。加快城乡运输一体化进程，大力发展农村客运，不断改善农村交通和农民出行条件。

（二）大兴农田水利建设

坚持“产业发展到哪里，农田水利设施就配套到哪里”的原则，加强耕地质量建设，深入推进国土整治、综合开发、“沃土工程”等，完成土地治理420万亩，新建高标准农田700万亩。以骨干水源工程建设为基础，以“五小水利”工程为重点，基本完成小型病险水库整治，新增有效灌面200万亩，治理水土流失7 000平方千米。积极发展高效节水农业。新增小水电装机120万千瓦。全面完成农村电网升级改造，实现城乡同网同质同价。

（三）提升农业装备水平

重点发展农业小微型机械加工制造业，形成年产值100亿元的小型农机装备制造产业。推进水稻生产全程机械化，加快蔬菜、柑橘生产和畜禽养殖机械化示范建设。抓好农业生产、农产品加工和运输等环节的农机具推广普及。实施“千社一条龙”计划，扶持发展1 000个农机专业合作组织，开展农机社会化服务，农业综合机械化率达到50%。立足现代农业园区，开展数字化、精准化农业技术应用，推进农业物联网技术示范，因地制宜发展设施农业。

（四）扎实推进新农村建设

在产业发展、农民增收的同时，着力加强农村文化建设、环境整治和基层民主管理。推进文化进村入户，办好村文化室和“农家书屋”，保护和开发民俗文化资源，倡导健康生活方式，形成文明向上的社会风尚。实施宜林荒山植树造林和庭院绿化，全市森林覆盖率达到45%。推进农村清洁工程，大力发展沼气、太阳能等清洁能源。加强农村污染治理，开展环境连片整治，着力美化村容村貌。充分发挥财政“一事一议”奖补资金的导向作用，支持建设人行便道。加大农村危旧房改造力度，全面完成农村现存D级危房改造任务。搞好乡村规划，引导农民合理、集约建设住宅。坚持依法治农，加强和完善农村民主法制建设，推进村务公开，扩大基层民主，深入开展普法教育，切实加强农村社会治安综合治理。完善农村社会保障制度，逐步提高农村医疗、养老等保障水平。继续实施“千百工程”，启动新农村示范县建设，打造一批新农村示范镇和示范片。

（五）加快推进扶贫攻坚

全面实行相对扶贫标准，大力推进以武陵山区、秦巴山区为重点的扶贫攻坚。扎实开展三峡后续工作，促进库区移民安稳致富。加快推进整村扶贫，稳步实施扶贫生态移民。加大产业扶贫力度，因地制宜引导贫困户发展特色种养、乡村旅游和农村二、三产业。不断创新扶贫机制，进一步强化集团式扶贫、“一圈两翼”对口帮扶，鼓励和引导大型企业等社会力量参与扶贫，将扶贫项目和资金重点向发展农业特色产业、增加贫困人口收入倾斜。

八、切实加强对农业现代化建设的组织领导

（一）强化组织领导

市委农村工作领导小组要加大对农业现代化工作的统筹力度，形成党委统一领导、党政齐抓共管、相关部门各负其责的领导体制和工作机制。进一步完善区县、乡镇领导组织体系，充分发挥基层组织在农业现代化建设中的重要作用，组织百万民兵投身农业现代化。各级党政主要领导要高度重视农业现代化推进工作，建立定期研究制度；分管领导具体负责、狠抓落实。根据工作需要，安排各级部门农业骨干人才到农业区县挂职副县（区）长、副乡（镇）长，指导优势特色产业带建设。各有关部门要树立全局观念，强化服务意识，更加积极主动地支持现代农业建设。

（二）加大投入力度

坚持总量持续增加、比例稳步提高的原则，确保财政支出优先支持农业农村发展，预算内固定资产投资优先投向农业基础设施和农村民生工程，土地出让收益优先用于农业土地开发和农村基础设施建设，各级财政对农业的投入增长幅度要高于财政经常性收入增长幅度。加快建立耕地、生态保护补偿机制。市财政设立特色效益农业专项资金，每年财政用于特色效益农业的资金达到10亿元以上，并力争做到每年增加20%。各区县要进一步加大对“三农”的投入力度，积极引导社会资本投入现代农业建设。加大税收扶持力度，农民专业合作社销售本社成员生产的农业产品，视同农业生产者销售自产农业产品免征增值税；对从事食品加工的市级以上农业产业化龙头企业缴纳的企业所得税地方留成部分在2017年前全额补助企业；金融企业涉农贷款损失准备金税前扣除政策延长至2017年底；金融机构对农业新增贷款产生的营业税地方所得部分，给予等额财政补贴。

（三）加强目标考核

各级各部门要不折不扣地落实各项强农惠农富农政策，整合各方面力量推进农业现代化。要定期开展督促检查和绩效评估，加强对各项“三农”投入资金的监管，确保财政资金发挥最大效益。不断创新“三农”工作方式，把农业现代化发展的基本目标分解到年度，把特色效益农业发展的具体任务细化到田块，把促进农民增收的各项计划落实到农户。要切实转变工作作风，各级领导干部要深入农村、深入群众，帮助基层解决实际问题，广泛开展“结对帮扶”，宣传、指导、激励广大农民群众投身现代农业建设，促进农业增产增效、农民增收致富。将“三农”工作作为市委、市政府对区县实绩考核的重要内容，建立农业现代化进程专项考核制度，推动农业现代化加快发展。

2012年9月27日

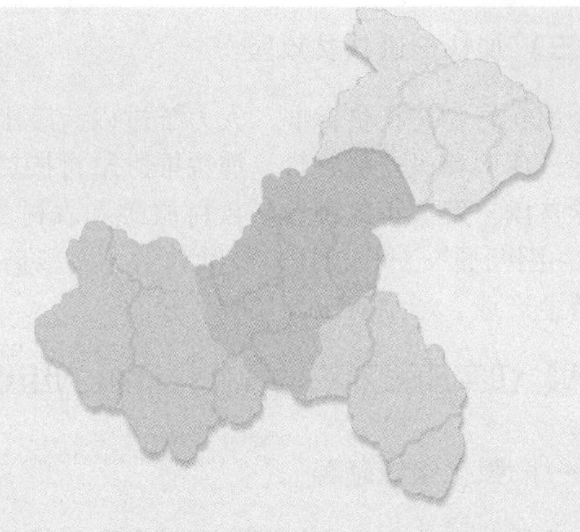

附录二 志书编纂过程相关文件文书

重庆市农业委员会 关于报请审查《重庆市志·农业农村工作志》编写大纲和工作方案的函

渝农函〔2015〕96号

市地方志办公室：

根据国务院《地方志工作条例》和《重庆市人民政府办公厅关于认真做好第二届重庆市志编修工作的通知》（渝办〔2003〕42号）要求，我委研究制定了《重庆市志·农业农村工作志编写大纲》和《重庆市志·农业农村工作志编纂工作方案》，现报送你们，请予审查。

联系人：尹用国，联系电话：89133346

重庆市农业委员会

2015年9月18日

重庆市农业委员会 关于印发《重庆市志·农业农村工作志编纂工作方案》和《重庆市志·农业农村工作志编纂篇目》的通知

渝农发〔2015〕277号

各区县（自治县）农委，万盛经开区农林局，委属各单位：

《重庆市志·农业农村工作志编纂工作方案》和《重庆市志·农业农村工作志编纂篇目》已经市农委2015年第6次主任办公会研究同意，并报经市地方志办公室评审通过。现印发给你们，请连同以下意见一并贯彻落实。

一、高度重视。编纂《重庆市志·农业农村工作志》，是市政府部署的一项重要任务。市农委组建了专门班子，负责《重庆市志·农业农村工作志》编修的统筹、组织、协调工作。请各单位按照《重庆市志·农业农村工作志编纂篇目》要求，加强组织领导，落实责任分工，积极支持配合，不折不扣共同完成好修志任务。

二、落实专人。各单位主要负责人对修志责任事项负总责；同时，明确1名分管领导和1名综合素质高、具备一定文字功底且事业心和责任感强的工作人员作为修志执笔人，并将人员名单于2015年11月23日前报市农委研究室（附表）。鉴于修志工作可能会持续3年以上，承担修志工作的人员要相对稳定。

三、积极支持。农业农村工作志编修时间跨度长、工作任务重、涉及面较宽，各单位要积极创造条件，配备必要的设备设施，统筹考虑和合理安排修志执笔人员工作，确保志书编纂顺利进行。为了加强沟通联系，市农委研究室开设了“农业农村志QQ群”（群号：515201681），请各单位相关人员及时主动加入（申请时请提交“单位和本人姓名”）。

市农委研究室联系人：尹用国；联系电话：89133346、18623097373；电子邮箱：289647849@qq.com。

市农委志办联系人：曾维露，89133370；方玲，89133369；袁光耀，89133371；张继凯，89133371；谭勇，89133372。

附件：各单位修志人员登记表（略）

重庆市农业委员会
2015年11月16日

《重庆市志·农业农村工作志》编纂工作方案

20世纪90年代初，我委完成了《重庆市农业志综述》《重庆市农牧渔业志》《重庆市农机水电志》等近130万字的首轮地方志书编纂工作。全市第二轮地方志编修工作已于2003年全面启动，市地方志办公室下达我委机构整合前《农村工作志》《农业志》《农机志》编纂任务，因2008年机构整合，经与市地方志办公室沟通，决定将3部志书合为《重庆市志·农业农村工作志》。为继承和发扬中华民族优秀文化传统，全面、客观、系统地做好《重庆市志·农业农村工作志》第二轮编修工作，充分发挥在农村改革发展中的作用，根据国务院《地方志工作条例》《重庆市人民政府办公厅关于认真做好第二届重庆市志编修工作的通知》（渝办〔2003〕42号）和《重庆市人民政府办公厅关于开展第二轮重庆市志编纂工作的通知》（渝办〔2007〕39号）要求，制定本方案。

一、指导思想

全面贯彻党的十八大及十八届三中、四中、五中全会精神，以马克思列宁主义、毛泽东思想、邓小平理论、“三个代表”重要思想、科学发展观为指导，深入贯彻习近平总书记系列重要讲话精神，坚持辩证唯物主义和历史唯物主义，严格按照《地方志工作条例》《出版管理条例》和中国地方志指导小组《地方志书质量规定》等有关要求，坚持依法修志、实事求是、质量第一、述而不论、生不立传原则，认真总结首轮地方志编纂经验，完成第二轮志书编纂工作，为党和政府科学决策提供资料基础和智力支持，为发展中国特色社会主义政治、经济、社会、文化、生态建设服务。

二、目标任务

《重庆市志·农业农村工作志》全面系统记述1986年以来我市农业农村的历史与现状，客观阐述农业农村和农民的巨大变化，全面反映重庆农业农村工作面貌和发展历程。全书共设二十二篇，内容涉及涉农机构、农业资源与农业区域、农村社会经济环境、种养业、农业机械化、农业科研、农业宣教、农村生态环保、农业对外合作交流、农产品质量安全、党建、精神文明、群团社团和农业文化等。全志约150万字，各篇、章、节、目篇幅视内容多寡而定。计划用3～4年时间，完成志书编纂任务。

三、总体设计

（一）记述时限

全志续修时间为1986年1月至2015年1月，部分篇、章为阐明前因后果，偶有上溯下延。

（二）记述范围

全市农村工作系统推动农业农村改革发展的重大事件。

（三）总体设计

1. 综述。从总体、全局角度，钩玄提要，对近30年来全市农业发展和农村工作整体状况进行总结式的记述。

2. 大事记。采用编年体（适当结合记事本末体），分年、月、日记述。按时间顺序，一事一条，记载我市农业农村工作中的大事、要事。

3. 图记。采用图照与文字叙述、文字介绍相结合的形式，直观再现1986年以来对我市农业农村工作具有推动作用和历史意义的照片。

4. 机构篇。文字记述，配以随文图片。首设概述，然后横排事类。集中记述近30年农业农村管理机构、农业界著名历史人物、当代农业名人等。

5. 农业资源与区划篇。文字记述，配以随文图片。首设概述，然后横排事类。集中记述土地资源、农业气候资源、人口及农村劳动力资源、自然灾害、农业经济区域等。

6. 农业农村改革篇。文字记述，配以随文图片。首设概述，然后横排事类。集中记述30年来具有重庆特色的农业农村改革等。

7. 农村结构调整篇。文字记述，配以随文图片。首设概述，然后横排事类。集中记述30年来重庆农村经济结构和产业结构调整情况等。

8. 农业法治篇。文字记述，配以随文图片。首设概述，然后横排事类。集中记述30年来重庆农业法治领域立法、普法、执法工作开展以及执法机构队伍建设情况等。

9. 农业资金投入管理篇。文字记述，配以随文图片。首设概述，然后横排事类。集中记述30年来财政、金融、社会资金等投入农业产业体系建设情况等。

10. 种植业篇。文字记述，配以随文图片。首设概述，然后横排事类。主要反映30年来粮油作物、经济作物生产，以及种植业技术基础建设情况等。

11. 畜牧业篇。文字记述，配以随文图片。首设概述，然后横排事类。主要反映30年来种畜禽、家畜、家禽、蜜蜂、特种畜禽、饲草饲料、动物疫病防控、畜产品加工贸易等。

12. 渔业篇。文字记述，配以随文图片。首设概述，然后横排事类。主要反映30年来水产资源、名特水产、捕捞、水产品加工与贸易、渔政管理等。

13. 农业机械化篇。文字记述，配以随文图片。首设概述，然后横排事类。主要反映30年来农业机械装备设施、农业机械油料供应、农业机械管理与服务等。

14. 农业科研与技术推广篇。文字记述，配以随文图片。首设概述，然后横排事类。集中记述30年来土壤肥料、植物保护、农业高新技术应用、粮油作物科学、经济作物科学、畜牧兽医科学等方面的研究与推广。

15. 农业教育宣传及农村体育篇。文字记述，配以随文图片。首设概述，然后横排事类。集中记述30年来中等农业教育、高等农业教育、农业广播电视教育、农业农村宣传、农村体育等情况。

16. 农村生态文明与社会主义新农村建设篇。文字记述，配以随文图片。首设概述，然后横排事类。主要反映30年来农村能源利用、生态文明建设、新农村建设等情况。

17. 农业对外贸易与合作交流篇。文字记述，配以随文图片。首设概述，然后横排事类。集中记述30年来农业对外贸易、对外交流、外资利用、对外援助及外事往来等情况。

18. 农产品质量安全篇。文字记述，配以随文图片。首设概述，然后横排事类。集中记述30年来农产品品牌及基地建设、质量监管以及质量标准体系建设等情况。

19. 农产品流通和农村信息化篇。文字记述，配以随文图片。首设概述，然后横排事类。集中记述30年来农产品市场体系、农村信息化、行业管理系统电子政务建设情况等。

20. 队伍建设篇。文字记述，配以随文图片。首设概述，然后横排事类。集中记述重庆涉农市级机关公务员及事业企业单位人员队伍建设情况。

21. 机关党建与文明单位创建篇。文字记述，配以随文图片。首设概述，然后横排事类。集中记述30年来市级党组织思想、组织、作风建设，系统精神文明建设情况等。

22. 民主党派与群团、社团工作篇。文字记述，配以随文图片。首设概述，然后横排事类。集中记述30年来系统内民主党派、群团组织、社会团体建设情况等。

23. 区县农业农村概况篇。文字记述，配以随文图片。首设概述，然后横排事类。集中记述30年来全市各区县农业农村发展概况。

24. 农业文化篇。文字记述，配以随文图片。首设概述，然后横排事类。集中记述重庆有关涉农的古农书选、古诗词、神话传说、农谚以及“三农”人物的成名作品等。

25. 人物与荣誉篇。文字记述，配以随文图片。首设概述，然后横排事类。集中记述重庆“三农”著名人物传记、重要人员简介和集体荣誉获得等情况。

26. 附录及其他。文字记述，适当配以随文照片。首设概述，然后横排事类。收录农业农村重要文件与法规目录、农业主要统计资料、农牧业科技成果奖项等。

27. 凡例：统领全志，包括编纂志书的指导思想、编纂原则、时空范围、体例、人物收录标准、资料来源、数据使用、行文规范等，规定明确。

28. 后记：重点记述编纂始末。全志的总编后记置于附录之末。

除大事记、图记、附录外，其余各章一律按节、目分级编次。各章的结构层次根据具体情况安排。

四、进度安排

1. 2015年11月，召开《重庆市志·农业农村工作志》编纂工作启动暨培训会，明确机关各处室、委属各单位以及编纂人员编纂任务，开展修志人员业务培训，使其掌握志书编纂基本知识和基本方法，正式启动《重庆市志·农业农村工作志》编纂工作。

2. 2015年12月—2016年6月，组织编纂人员广泛搜集资料，搞好入志资料的查核、考证、整理，在此基础上，着手编辑资料长编。

3. 2016年7—12月，完成资料长编编写，做到科学设置篇目，明确人员分工；着力写好样稿，全面开展编纂；分撰志书篇章，总纂合成志书。

4. 2017年1—6月，完成志书初稿，征求有关部门、领导和专家意见，并报编纂委员会初审。

5. 2017年7—12月，完成志书送审稿，报编委会和市地方志办公室复审。

6. 2018年1—6月，根据编委会和市地方志办公室意见，进行再次修订，报送编委会和市地方志办公室终审。

7. 2018年7—12月，志稿经验收通过后，市地方志办公室统一安排出版，完成后续有关工作。

五、质量要求

全志质量总体要求是：观点正确，体例严谨，内容全面，特色鲜明，记述准确，表达通顺，文风端正，印制规范。

（一）入志资料具有全面性、系统性、权威性

入志资料丰富、真实、准确、全面、系统，能够反映事物发生、发展、演变的过程。人、事、物，时间、地点、事件经过等要素齐全。资料准确。注重选用第一手资料和原始资料。资料不涉及国家秘密、商业秘密和个人隐私。

（二）体例科学、规范，适合内容记述要求

述、记、志、传、图、表、录等体裁运用得当，以志为主。

1. 述

全志总述、各篇章概述能够记述事业发展的全貌和特点。

2. 记

大事记选录大事得当，重要事项不漏，时间、地点、人物（单位）、结果等要素齐备。

专记设置因事制宜，选题严格，数量适度。

3. 志

门类设置合理，纵述史实把握事物的发端、变化和现状，不缺失主要事物、事物的主要方面和事物发展的重要阶段。

4. 传

立传、简介、典型人物表收入的人物为我市在农业农村改革发展中有重大影响者和突出贡献者。

5. 图、照

图、照注重典型性、资料性，从不同角度反映近年来农业农村事业发展过程和农业农村改革情况。

地图采用国家测绘部门和有关部门绘制或审定的地图。重要地理信息数据采用测绘部门公布的法定数据。

图片无广告色彩。

6. 表

设计合理，要素齐全，内容准确，不与正文简单重复。

7. 录

附录收录有重要存史价值和社会价值的原始文献。

（三）篇目设置科学合理

1. 篇目设置符合“事以类聚”“类为一志”的基本要求

科学分类与现实社会分工、全志的整体性与各章相对独立性的关系处理妥当。

2. 整体布局合理，结构严谨，归属得当，层次分明，排列有序

没有层次分割过多过细、缺乏整体性和影响深度等弊病。突出特点，类目的升格与降格使用适度。

标题简单准确，题文相符，同一门类各级标题不重复。

（四）记述方法得体

1. 区域界限明确

以我市农业农村工作系统为记述范围，越境不书。交代农业农村改革与发展的背景等内容，不视为

越境而书。

2. 时间界限明确

全志时间断限原则上为1986年1月至2015年1月，不随意突破志书上下限。反映农业农村发展背景可以适当上溯。

3. 述而不论

记述事物、事件和人物，寓观点于记述之中。述体（总述、概述）中的必要议论适度，不空泛。

4. 名称、事实一致

志书中统一名称、事实、数据、时间、度量衡、术语的表述，前后一致。

5. 内容记述不机械重复

交叉事物，从不同角度记述，或此详彼略，或用互见法。

6. 人物记述准确、客观、公允

传记典型人物，述传主的生卒年月、籍贯（出生地）、主要经历、个性特征、重大贡献及社会评价等。人物简介比人物传简约。人物表要素不缺。

7. 图照规范

图照制作规范，要素齐全，包括必要的图题、图例和注记，合理使用分布图、照、位置图等。

8. 数据准确

引用的数据客观、准确，尽可能使用权威部门提供的数据。

9. 行文规范

行文要求按照重庆市地方志办公室制定的《重庆市第二轮市志、区县（自治县）志编纂出版规范》（渝志办发〔2013〕30号）执行。

六、资料征集与资料长编

（一）资料收（征）集

编纂《重庆市志·农业农村工作志》，资料收（征）集工作按照国务院《地方志工作条例》第十一条“县级及以上地方人民政府负责地方志工作的机构可以向机关、社会团体、企事业单位、其他组织以及个人征集有关地方志资料，有关单位和个人应当提供支持。负责地方志工作的机构可以对有关资料进行查阅、摘抄、复制，但涉及国家秘密、商业秘密和个人隐私以及不符合档案开放条件的除外”的规定执行。有关单位和个人，尤其是收藏有农业农村史料的各级档案馆、图书馆、新闻媒体及其他单位，应当根据《地方志工作条例》的要求，提供资料支持。

资料收（征）集要全面系统。资料来源包括报纸、期刊、档案、文件、工作总结、技术资料、会议纪要、图书、图书集、文物、口碑、音像、调查报告、实地调查等。

入志资料要真实、准确，经过鉴别、核实，时间、地点、人物（单位）、事实、数据等信息准确。不可或缺但有歧义的资料，多说并存。

（二）资料长编

为编纂《重庆市志·农业农村工作志》打好坚实资料基础，便于初审、终审时参考，在编纂初稿之前，必须编辑资料长编。资料长编一事一条，按篇目归类，各事条按时间先后顺序编排。每条资料长编主要为节录的资料内容；每条“说明”包括资料事件发生时间、资料来源，如报纸“说明”有名称、第几版、文章标题、作者姓名等，档案交代馆藏、文档号，文件交代发文单位、文号、时间。每一资料长编摘录者需署名以示责任。

七、组织保障

为确保《重庆市志·农业农村工作志》编纂质量，高效率完成编纂任务，并成立《重庆市志·农业农村工作志》编纂委员会（以下简称编委会）。负责统筹指导、组织协调《重庆市志·农业农村工作志》编纂工作，组织编委会成员、相关专家及有关人士对编纂稿进行初审、复审，研究解决编纂出版工作中的重大事项。其组成人员如下：

编委会顾问：邀请曾经分管农业农村工作的市领导担任。

编委会主任：市委农村工作委员会书记、市农业委员会主任夏祖相。

编委会副主任：王健、詹仁明、郭忠亮、吴纯、高兴明、郭伟、龚必智、陈建生、刘保国、岳发强、颜其勇、刘方贵、曾代勤、赵培江、杨昌华。编委会常务工作由总经济师颜其勇负责。

编委会成员：市农业委员会机关各处室负责人。

编委会下设办公室（编辑部）在市农业委员会研究室，具体负责编纂委员会日常工作。

编委会下设办公室（编辑部）在市农业委员会研究室，具体负责编纂委员会日常工作。主任：李勇；副主任：叶海燕；纂稿人曾维露、方玲、袁光耀、张继凯、谭勇、郭水平、尹用国（负责总纂工作）；专职编纂人员按照志书所列篇目分工，相关处室、委属各单位、各区县（自治县）农业委员会落实执笔人。

重庆市地方志办公室文件

渝志办〔2015〕38号

重庆市地方志办公室
关于重庆市志·农业农村工作志编纂篇目的
评审意见

重庆市农业委员会：

《重庆市农业委员会关于报请审查〈重庆市志·农业农村工作志〉编写大纲和工作方案的函》（渝农函〔2015〕96号）已收悉。按国务院《地方志工作条例》和重庆市人民政府办公厅《关于开展第二轮重庆市志编纂工作的通知》（渝办〔2007〕39号）的有关要求，我办组织专家对《重庆市志·农业农村工作志》编纂篇目进行了认真审读。综合各方评审意见，认为《重庆市志·农业农村工作志》的编纂篇目设置符合志书“事以类聚”“类为一志”的基本要求，整体布局合理，归属得当，标题准确。为了使《重庆市志·农业农村工作志》编纂篇目更加科学合理，我办评审专家提出了一些修改意见，具体内容详见附件《重庆市志·农业农村工作志》篇目（修订稿），请你们按此篇目结合实际做好《重庆市志·农业农村工作志》的编纂工作。

附件：《重庆市志·农业农村工作志》篇目（修订稿）

重庆市地方志办公室

2015年11月2日

重庆市农业委员会办公室关于印发农业农村工作志大事记入志等三个标准的通知

渝农办发〔2016〕132号

各区县（自治县）农委，万盛经开区农林局，市农综办，委属各单位：

《重庆市志·农业农村工作志》大事记、人物与荣誉、人物插图入志等三个标准，已经市农委主任办公会审定，现印发给你们。

请对照三个标准，全面收集整理本区域、本单位或本行业符合三个入志标准的资料，翔实编辑撰写（编撰时请注明资料出处，保留原始资料备核），于12月15日前报送市农委研究室。

联系人：尹用国；联系电话：89133346、18623097373；电子邮箱：289647849@qq.com。

重庆市农业委员会办公室

2016年10月24日

《重庆市志·农业农村工作志》大事记入志标准

大事记（又称大事年表），是以时间为线索记载一个地区、一个机关、一个专题、一个历史阶段发生的重大事件事实的书面材料，是志书的表述体裁之一，是方志的重要组成部分。为编纂好《重庆市志·农业农村工作志》大事记，特制定《重庆市志·农业农村工作志》大事记入志标准。

一、记述时限

1986年—2015年，偶可上溯下沿。

二、记述范围

全市市级农业农村工作机构所涉及的有较大影响力的事件事实（含市委农村工作领导小组、市委农工委、市农委、市农业综合开发办公室，原市政府农办、市农牧渔业局、市农业局、市农机水电局、市农机事业管理局等）。

三、记述内容

1. 党和国家领导人对我市农业农村工作的重要指示以及出席或视察我市农业农村工作的重要活动。

2. 中央农村工作领导小组办公室、农业部等国家有关部委副部级以上领导出席或视察我市农业农村工作的重要活动。

3. 中央农村工作领导小组办公室、农业部在重庆召开的和市委、市政府召开的涉及农业农村工作的重要会议或者举办的重大活动。

4. 市委、市政府关于全市“三农”工作重大决策部署，市人大、市政协关于全市“三农”工作的重要督查、视察活动。

5. 全市农业农村工作系统获得省部级以上表彰情况。

6. 市委农工委、市农委（含原市农办）、原市农业局（农牧渔业局）、原市农机水电局（农机事业管理局）、市农机办、市农综办主要领导任免情况。

7. 全市农村改革发展大事要事；全市农业农村发生的重特大自然灾害、安全生产等事件或事故。

8. 全市农业农村工作系统取得的重大科研成果。

9. 全市农业农村工作系统开展的重要外事活动。

10. 市委农工委、市农委（含原市农办）、原市农业局（农牧渔业局）、原农机水电局（农机事业管理局）、市农机办、市农综办的发生成立、合并、撤销、变动、地址迁移、内部职能部门及人员编制变化情况。

11. 农业农村工作系统市级议事协调机构的设立、撤销情况。

12. 经审定适于入志的其他重要事件事实。

四、编写原则和要求

1. 尊重历史，尊重事实，不加评论。
2. 观点正确，用材真实，取舍得当。
3. 大事突出，要事不漏，小事不要。
4. 层次清楚，一事一条。
5. 语言简练，切忌冗长。

附件：编写方法

附件：

编　写　方　法

1. 内容编排严格按照事件发生的时间顺序，逐年、逐月、逐日、逐条记述。

2. 以年为单位，公元纪年（全称）居中，跨年度另起一页，不接续。

3. 内容记述在“某月某日”下一行空两格书写，加行顶格书写，一般只列一个自然段。若有两个以上自然段，每段段首空二格，回行顶格书写。

4. 大事发生时间，一律使用阿拉伯数字书写，大事记内容记载中所有数字，以国家书、报刊使用数字统一规定为准。

5. 大事记时间记载要确切，切忌用“最近、近日、月初、月底、上旬、中旬、下旬”等不确切时间词语。

6. 大事记发生时间如不准确，除需考证外，现行大事排列，日期不清者附于月末，月不清者附于年末，年不清者一般不予记载。

7. 大事发生的时间、地点、过程、结果等记载准确，简明扼要；大事涉及的人物，一般应写全姓名、职务，必要时注明性别、国籍等，机构名称使用简称时，先用全称，并加以注明。

《重庆市志·农业农村工作志》
人物与荣誉入志标准

为编纂好《重庆市志·农业农村工作志》，准确把握人物和荣誉入志界限，根据相关规定，特制定《重庆市志·农业农村工作志》人物与荣誉入志标准。

一、撰写体裁

采用三种体裁，即人物传、人物简介和人物表。

二、收录范围

主要以1983年重庆、永川地市合并以及直辖以来重庆“三农”界人物为主。鉴于我委第一轮修志未编修人物传和人物简介，本次收录人物入志不设时间断限。

三、入志标准

（一）人物传

以党的十一届三中全会以来所确定的路线、方针、政策为依据，坚持“生不立传”原则，收录以下已故人员。

1. 重庆籍（含原四川省万县、涪陵、黔江三地）和外籍在重庆，从事农业农村经济领域的科研、教学等工作，为国家、原四川省、重庆直辖市经济社会发展做出特殊贡献、有重大影响的知名人士（包括两院院士、长江学者、著名专家教授等）。

2. 全市农业农村工作系统和农民群众中，获得过国家级表彰的先进人物（包括劳动模范、先进工作者、优秀党员、优秀党务工作者、五一劳动奖获得者、争光贡献奖、感动中国人物奖、人民公仆奖、全国十大杰出青年农民等）和省级表彰的先进人物（包括争光贡献奖、感动重庆人物奖、重庆十大杰出青年农民等），或被树为省级以上的英雄模范人物。

3. 全市农业农村工作系统和农民群众中有重大社会贡献的中共党代会代表、全国人大代表、全国政协委员。

4. 全市农民群众中，在传统工艺、特殊技艺方面卓有建树、具有较大影响力的民间艺人、能工巧匠。

5. 经审定适于入志的其他“三农”人物。

（二）人物简介

主要收录重庆籍（包括在重庆工作和在外地工作）和外籍在重庆有重大影响的“三农”人物，《人物传》已收录的，不重复收录。主要包括以下几种：

1. 在原四川省重庆（计划单列市）市委农工委（农委、政府农办、农业生产办公室、农业综合开发办公室）、市农牧渔业局、市农机水电局（农机）等部门担任中央管理或省管、市管干部的实职领导干部。

2. 在重庆（直辖市）市委农工委（农委、政府农办）、市农业局（农牧渔业局）、市农机事业管理局、市农业综合开发办公室、市政府农业机械化办公室、市农业科学院、市畜牧科学院（畜牧科学研究院）等部门担任副厅级以上中央管理或市管干部的实职领导干部。

3. 重庆籍（含原四川省万县、涪陵、黔江三地市）和外籍在重庆，在农业农村经济领域有较大影响的两院院士、长江学者、享受国务院特殊津贴的著名专家教授等。

4. 符合“人物传2”的条件且健在的英雄模范人物。

5. 全市农业农村工作系统和农民群众中特别知名的中共党代会代表、全国人大代表、全国政协委员。

6. 全市农民群众中，在传统工艺、特殊技艺方面卓有建树、具有较大影响力且健在的民间艺人、能工巧匠。

7. 经审定适于入志的其他“三农”人物。

（三）人物表

人物表收录重庆籍（包括在重庆工作和在外地工作）和外籍在重庆的符合下列条件之一的人物。

1. 领导干部表。收录在原四川省重庆市委农工委（市农委、市农办）、市农牧渔业局、市农机水电局（农机）等市级农业农村工作系统担任过调研员等市管非领导职务干部或享受市管非领导职务级别待遇的干部；重庆直辖市市级农业农村工作系统担任过副巡视员的领导干部；在市农科院任市管非领导职务干部；在市农业综合开发办公室、市农业机械化办公室、市畜牧科学院任处级的市管干部。

2. 专业技术人员表。收录全市农业农村工作系统具有正高级以上职称的专业技术人员。

3. 不适宜在《人物传》《人物简介》中收录的其他重要“三农”人物。

（四）荣誉

主要收录1983—2015年期间，重庆农业农村工作系统的集体和个人获得的以下奖项：

1. 联合国教科文组织等国际合法组织的表彰奖项。
2. 获得国家科技奖表彰的奖项。
3. 获得省、部级科技奖二等以上奖项。
4. 以国家有关部委及其以上表彰的国家级其他奖项（部委内设机构发文表彰不列入）。
5. 原四川省委、省政府，直辖后重庆市委、市政府发文表彰的奖项。

附件：撰写规范

附件：

撰 写 规 范

1. 人物资料突出传主一生的主要经历和事迹。资料全面、真实、准确，以文字资料特别是档案资料为主。凡记载有分歧的，应考证选择一说，余说存疑待考。

2. 多人主要事迹表现于同一重大事件者，可写合传。

3. 人物传和人物简介所收人物附照片（照片规格：半身像，不小于300k）

4. 人物传每人不超过2 000字；人物简介每人不超过500字。

5. 人物传、人物简介的基本要素：①姓名。外籍人物加括号注明外文原名。②生卒年月。记于括号内，如侯光炯（1905. 5—1996. 11）。③原名、别名、曾用名、字、号、艺名等。④传主为女性者、少数民族者应作标注。⑤民族。用全称，如朝鲜族、蒙古族，不用朝族、蒙族。⑥籍贯。本市人物写县、村名。客籍人物写省、县名，外籍人物写国、省（或州、县）名。行政区划或地名用当时名称，括号内加注今名。⑦学历、政治面貌、主要任职。⑧生平事迹、主要成果。⑨曾获荣誉，组织结论等。

6. 领导干部人物表参考要素为：姓名，性别，生卒年，政治面貌，籍贯，在本单位任市管干部或享受市管干部待遇时间段（精确到月）。专业技术人员表参考要素：姓名，单位，职称。

7. 本籍与客籍人物的传记在内容取舍上应有区别。本籍人物包括本籍人在本地工作和本籍人在外地工作的重要人物，应比较完整地记述其一生经历。对客籍人物的记述，一要简要记述一生中的主要经历，二要重点记述人物在本地的活动和事迹。

8. 采用现代汉语规范的语体文，记述体，述而不论。语言准确、简洁。

10. 荣誉表彰入志资料，须注明：奖项名称；表彰文件名称、文号。

《重庆市志·农业农村工作志》人物插图入志标准

为编纂好《重庆市志·农业农村工作志》，准确把握人物插图入志界限，根据相关规定，特制定《重庆市志·农业农村工作志》人物插图入志标准。本标准所称插图，是指志书的卷前彩页和卷内随文图片。入志插图，必须为1983年4月重庆、永川地（市）合并至志书完稿成书期间与志书内容相关的插图。以下插图内容，方可入志：

一、历届中共中央政治局常委到渝视察“三农”工作图片。

二、历届全国人大常委会委员长、国务院总理、全国政协主席到渝视察“三农”工作图片。

三、历届分管或联系“三农”工作的国务院副总理（国务委员）、全国人大常委会副委员长、全国政协副主席到渝视察“三农”工作图片。

四、历届中央农村工作领导小组办公室主任、农业部部长等国家有关部委主要领导同志到渝视察“三农”工作的图片。

五、1983年4月—1997年6月，历届四川省委、省人大常委会、省人民政府、省政协主要领导和分管或联系“三农”工作的省领导到渝视察“三农”工作图片。

六、历届重庆市委、市人大常委会、市人民政府、市政协主要领导，分管或联系“三农”工作的市领导视察重庆“三农”工作图片。

七、历届重庆市农委（办）、农牧渔业局（农业局）、农机事业管理局主要负责人调研重庆“三农”工作图片。

八、特别重要的“三农”人物（如两院院士、学部委员等）考察调研重庆“三农”工作图片。

九、在渝有特别重大农业科技成果的相关人物现场图片。

十、志稿成书后的市农委班子成员、编辑部全体编辑人员合影。

十一、人物传和人物简介，配标准黑白照。

十二、其他需要入志的卷前彩页图片。

重庆市农业委员会办公室关于《重庆市志·农业农村工作志》区县农业农村概况篇撰写有关问题的通知

渝农办发〔2016〕102号

各区县（自治县）农委、畜牧兽医局，万盛经开区农林局：

为按时保质完成第二轮《重庆市志·农业农村工作志》（1986—2015）编纂工作任务，按照《〈重庆市志·农业农村工作志〉编纂工作方案》（渝农发〔2015〕277号文件）有关要求和第二届编纂委员会的安排部署，现就第二十篇（区县农业农村概况）撰写要求通知如下：

一、撰写内容

（一）第一节，基本概况

主要内容：区县历史沿革；辖区面积，行政区划变化；地理环境及农业生产自然条件；1986—2015年以来重要年份人口总数及城乡结构变化情况，常住人口、常住人口城镇化率变化，户籍总人口、户籍人口城镇化率变化，移民动迁，农村扶贫对象变化等；其他。

（二）第二节，农村经济社会发展状况

主要内容：1986—2015 年以来重要时间节点的地区生产总值变化；农林牧渔业总产值和农业增加值的变化；农业增加值在地区生产总值中的占比变化等；农业增加值中农业、林业、牧业、渔业、农林牧渔服务业增加值及占比情况变化等；农民收入状况变化，含绝对值、城乡收入比、农村居民恩格尔系数变化等；其他。

（三）第三节，主要产业状况

主要内容：1986—2015 年以来辖区内农业主导产业和特色产业调整、发展状况；政府扶持政策、农业农村改革等支持产业发展的重大举措；其他。

二、撰写规范

《重庆市志·农业农村工作志》是《重庆市志》的分卷，不是部门志，撰写过程中，请参照《省志分卷与部门志编纂异同分析》（见附件 1）和《志书正文内容材料组合的三种常见模式》（见附件 2）；单设畜牧兽医局等部门的区县，由该区县农委负责统稿，含表格在内的总篇幅控制在 1 万字以内。

三、时间要求

2016 年 11 月 10 日之前，按要求完成志稿撰写，报市农委编委会初审。

四、其他事项

请按照修志规范填写资料收集卡，留存收集的原始材料，以备资料的客观真实性核查和志书的评审验收。

联系人：尹用国　电话：89133346、18623097373

电子邮箱：289647849@ qq. com

附件：1. 省志分卷与部门志编纂异同分析（略）

2. 志书正文内容材料组合的三种常见模式（略）

重庆市农业委员会办公室

2016 年 6 月 8 日

重庆市农业委员会办公室关于成立第二届《重庆市志·农业农村工作志》编纂委员会的通知

渝农办发〔2016〕64 号

机关各处室，委属各单位：

因委主要领导变动，同时为提高《重庆市志·农业农村工作志》（1986—2015）编纂质量，确保 2020 年前完成编纂任务，决定成立第二届（2016 年 3 月—）《重庆市志·农业农村工作志》编纂委员会（以下简称编委会），负责统筹指导、组织协调《重庆市志·农业农村工作志》编纂工作，组织编委会成员、相关专家及有关人士对编纂稿进行初审、复审，研究解决编纂出版工作中的重大事项。其组成人员如下：

编委会主任：市委农工委书记、市农委主任路伟。

编委会副主任：王健、詹仁明、郭忠亮、吴纯、高兴明、郭伟、陈建生、刘保国、岳发强、颜其勇、陈勇、龚必智、刘方贵、曾代勤、赵培江。编委会常务工作由总经济师颜其勇负责。

编委会成员：市农委机关各处室主要负责人。

编委会下设办公室（编辑部）在市农委研究室，具体负责编纂委员会日常工作。主任：李勇；副主任：叶海燕；纂稿人曾维露、方玲、袁光耀、张继凯、谭勇、郭水平、尹用国（负责总纂工作）；专职编纂人员按照志书所列篇目分工，相关处室、委属各单位落实执笔人。

重庆市农业委员会办公室

2016 年 5 月 10 日

《重庆市志·农业农村工作志（1986—2015）（送审稿）》审查验收意见

2019 年 1 月 23 日，市委农业农村工委、市农业农村委组织专家，对《重庆市志·农业农村工作志（1986—2015）（送审稿）》进行了审查验收。经验收小组会议研究，提出如下意见：

一、政治合格

《重庆市志·农业农村工作志（1986—2015）（送审稿）》编纂，以马克思列宁主义、毛泽东思想、邓小平理论、“三个代表”重要思想、科学发展观和习近平新时代中国特色社会主义思想为指导，坚持辩证唯物主义和历史唯物主义的立场、观点和方法纂写志稿，内容符合党的基本路线、方针、政策。

二、史料翔实

《重庆市志·农业农村工作志（1986—2015）（送审稿）》资料丰富，剪裁得当，全面、客观、真实、准确记述全市农业农村改革发展历程，经多方考证，可信度高。志搞的地方特点和行业特点较为突出。

三、体例严谨

《重庆市志·农业农村工作志（1986—2015）（送审稿）》体例完善，体裁使用较为合理，篇、章、节、目的层次分明，结构比较严谨。

四、文辞规范

《重庆市志·农业农村工作志（1986—2015）（送审稿）》文风端正，文字简洁、流畅。

经与会专家审查，《重庆市志·农业农村工作志（1986—2015）（送审稿）》符合修志规范，达到公开出版的质量要求，一致同意通过初审。建议按照与会专家提出的意见修改完善后，送市地方志办公室复审

审查验收负责人（签字）：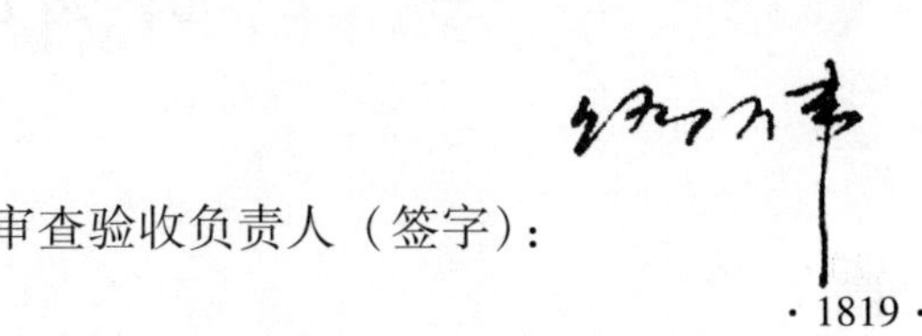

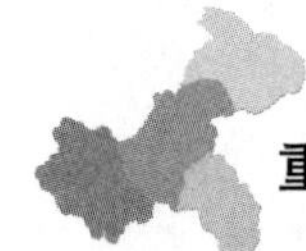

审查验收人员（签字）：

重庆市地方志办公室文件

渝志办〔2019〕6号

重庆市地方志办公室关于《重庆市志·农业农村工作志》稿的评审意见

市农业农村委：

贵委《重庆市志·农业农村工作志》稿件（以下简称志稿）收悉。经认真审读，现提出如下评审意见：

一、志稿以马克思列宁主义、毛泽东思想、邓小平理论、“三个代表”重要思想、科学发展观、习近平新时代中国特色社会主义思想为指导，坚持辩证唯物主义和历史唯物主义的立场、观点和方法，政治观点正确。

二、志稿设22篇152章，分上下两册，采用篇章节目体，以志为主，述、记、图、表、录等体裁齐备。志稿编纂遵循了全市农业农村工作实际，分类科学，层次分明，脉络清晰，名题相符。

三、志稿全面、系统、真实、客观地记述了1986—2015年重庆市农业农村改革发展波澜壮阔的历程，重点反映了农村经济发展取得的历史性成就，真实记录了农民群众用智慧和勤劳的双手建设美好家园、创造幸福生活的生动实践，全面展现了重庆市从计划单列市到直辖市、从计划经济到市场经济、从传统农业到现代农业、从农民生活求温饱到求美好生活的历史跨越。志稿图文并茂，时代特色和地方特色突出，具有较高的资政、存史价值。

四、志稿使用规范的现代语体文记述，直书其事，述而不论，文字表述简洁流畅，计量单位、数字和历史纪年的使用均符合国家有关标准。

总体评价：志稿政治观点正确，资料丰富，体例规范，结构严谨，内容客观，文辞准确，地方特色突出。按照评审中提出的修改意见，经进一步修改完善后，可按规定报批出版。

重庆市地方志办公室
2019年4月29日印发

在《重庆市志·农业农村工作志》编纂工作动员暨培训会上的讲话

市委农工委书记、市农委主任、第一届编委会主任　夏祖相

（2015年11月27日）

同志们：

刚才，其勇同志就我们修志任务的由来、目前的进展给大家做了说明。总体来说，与市级其他部门相比，我们的进度已经远远落后。今天，我们“以会代训”召开会议，主要目的就是统一思想，集中力量，抓紧启动，加快进度，高效率、高质量完成修志任务。下面，我讲3点意见。

一、编修《农业农村工作志》是我们必须肩负的一项重大而光荣的历史使命

重庆市人民政府启动第二轮“市志”编修工作，要求全面记述改革开放以来全市各方面的历史沿

革和重大事件。作为市人民政府主管农业农村工作的组成部门，编修好《农业农村工作志》，既是市人民政府交给我们的一项重要任务，也是确保农村改革发展承前启后、继往开来的一项重点工作。我们要站在对历史、对人民、对事业负责的高度，充分认识编修志书的重要性、艰巨性和紧迫性。

（一）编修《农业农村工作志》，意义非常重大

地方志第一轮编修，我们详细记述了从远古到1985年全市农业农村发展历程，对全社会认识重庆市“三农”工作发挥了不可替代的作用。第二轮编修，时间断限为1986—2015年。这一时期，是党的十一届三中全会全面开启改革开放伟大征程的重要时期，也是重庆市农村改革发展取得辉煌成就的关键时期。我们成功实现了主要农产品由长期短缺向总量平衡、丰年有余的历史性跨越，农业发展由粗放生产向集约化水平不断提高的历史性跨越，农村经济由第一产业为主向三次产业协调发展的历史性跨越，农民生活由温饱不足向总体小康的历史性跨越，农村经济制度由自给自足的小农经济向社会主义市场经济转变的历史性跨越，城乡经济社会由二元结构向城乡统筹、融合发展的历史性跨越。在这个过程中，我们产生过许多独具重庆特色的“三农”工作经验，具有十分重要的存史价值，值得认真记述、大书特书，为当代、也为后世留下宝贵的历史财富。当前，重庆市农村改革发展又进入新的阶段，既面临难得的机遇，也面临新的困难和挑战，需要借鉴历史经验。编修《农业农村工作志》，可以集成史料、把握规律，“透过历史看未来”，对促进农村改革发展具有十分重要的资政价值。

（二）编修《农业农村工作志》，任务非常艰巨

第二轮志书编纂全市共5大类、124部。目前来看，《农业农村工作志》可能是任务最重、难度最大的一部。一是时间跨度长：第二轮地方志编修，时间跨度普遍为20年。我们因机构整合等原因，整整滞后了10年。为了赶上全市进度，我们自加压力并报“市志办”同意，将编修时间往后延长了10年。也就是说，其他部门是从1986年到2005年，我们的时间断限是从1986年到2015年，前后整整30年。二是内容涵盖广：农业农村是个大领域，包含了政治、经济、文化、社会建设的方方面面。如果进一步细分，涉及农业资源、种养业、农业科教、农村改革、农业机械化、农村生态文明、农业法治、农村党建、群团社团、农业文化等20多个行业，很多内容还延伸到市级其他相关部门的涉农领域。三是资料汇集难：这30年，全市行政管理体制发生了重大变化，农口部门机构也经历过多次调整。特别是在2008年市农委机构整合之前，各部门在资料留存上标准不一、参差不齐。要把各方面的资料收集起来，本身就是一件非常困难的事。四是文字体量大：全市124部志书中，只有极少数明确规定在80万字以上，其中之一就是《农业农村工作志》。从目前的框架结构看，最终形成的志书将会超过150万字，可能是市级部门志书中最长的一部。面对这些难题，需要汇聚重庆市农业农村委员会全系统（简称全委）上下的力量和智慧，群策群力才能解答。

（三）编修《农业农村工作志》，时间非常紧迫

目前，重庆市大多数市级部门已经交了“答卷”。我们由于机构整合的原因，市地方志办公室同意将时间延长到2020年。也就是说，从现在开始，到最后正式出版只有5年时间。从我们了解的情况看，《纪检监察志》的编纂，聘请了9名专职人员，从相关部门和单位抽调了数十名执笔人配合，历时3年多才完成；《水利志》的编修，也经历了3年多。《农业农村工作志》是《农村工作志》《农业志》《农机志》3部志书合一，5年之内要完成这3部志书的编纂任务，时间非常紧迫，压力非同小可。因此，从现在开始，必须集中精力，加快进度，在保证质量的前提下，能快则快尽量快，决不能因我们的工作而拖全市的后腿。

二、全面、客观、真实记述过去30年农村改革发展不可剥离的历史

质量是志书的生命和价值所在。虽然我们目前进度滞后，但仍然要坚持质量第一的思想，全面、客

观、真实、准确记述过去30年全市农村改革发展的辉煌历程，使我们的志书经得住历史和事实的检验。志书编纂过程中，要切实把握好3个重要环节。

（一）设计完善志书篇目

科学谋篇布局，搞好篇目设计，是志书编修中的关键一环。从今年4月开始，在市志办的精心指导下，我们花了大半年时间和很大功夫深入调研、反复讨论、精心设计、数易其稿，形成了今天会议印发给大家的“编写大纲”。这个“大纲”，已经主任办公会讨论通过，并报经市志办正式批复，接下来的工作，总体上要按照这个“大纲”来进行。但是需要明确，由于《农业农村工作志》时间断限长、体系也很庞大，加之我们的机构几经变化，短时间内形成的这个“大纲”，难免会有疏漏之处。这次会后，请各处（室）、各单位结合实际认真研究，如果发现确有需要完善、充实和修改的地方，及时反馈给研究室，统一汇总之后按程序报批。

（二）全面收集整理资料

志书编纂过程，就是资料搜集、整理、考订和编纂成书的过程。这个过程的工作是否扎实，决定整个志书编纂质量的好坏。各处（室）、各单位要按照印发的篇目结构，围绕各章节的主题和内容，组织人员广泛搜集资料，做到“不缺年份、不缺重要事件、不缺重要文件、不缺主要内容”，并按规范要求建档建卡，以备核查。目前我们的资料主要分布在几个方面，一是1997年重庆改直辖市前的部分资料，主要在市档案馆；二是改直辖市以后部分综合性资料，集中在委办公室；三是近年的资料，以及过去一些专业性较强的资料，可能还留在机关处室和直属单位。各处（室）、各单位要组织人员广泛搜集、认真核查；同时，还可以通过召开座谈会及走访老领导、老同志等多种方式，全方位获取有价值的史料。总之，要想尽一切办法，确保在2016年6月前将资料全部归集到位。

（三）客观真实纂写志稿

一是确定主线，划分阶段：准确勾勒过去30年来我市农业农村兴衰起伏的发展变化。二是分阶段选取关键事：选择代表性、转折性年份发生的关键事件详细记述，特别要准确记述过去30年中共重庆市委、市人民政府在促进农村改革发展方面作出的重大决策、农业农村取得的重大成就，以及在促进农村改革发展过程中发生的重大事件、开展的重要活动等等。总之，既要紧紧抓住30年农村改革发展这条主线，又要突出各个阶段、各个年份的工作重点。三是突出时代特征和“三农”特色：第二轮《农业农村工作志》的断限，正值我国改革开放以来各个方面发生翻天覆地变化的重要历史时期。要全方位、多角度记述农村改革发展的历史背景，以及改革过程中的措施、步骤、经验、成果，甚至包括应当记取的一些失误与教训，使我们的志书真正成为一部“当代有价值、后世能致用”的志书。需要强调，志书编纂是一件极其严肃的工作，千万不能搞闭门造车、凭空想象，一定要坚持实事求是的原则，尊重客观事实，尊重历史实践。每个同志一定要牢记，我们只是历史的记录人，我们绝不杜撰历史。

对以上3个环节的任务，重庆市农业农村委修志办公室（简称委志办）要统筹把握、超前规划，特别是对一些主要工作，要安排到具体时段、明确到具体单位、落实到具体责任人，使志书编纂环环相扣、步步推进。

三、举全委之力，力争将《农业农村工作志》编成经得住历史和事实检验的精品

编修《农业农村工作志》，时间紧、任务重、困难多、压力大，必须坚持全委“一盘棋”，上下齐心，合力共推。各处室、各单位要高度统一思想，全力支持配合，精心组织实施，高起点、高标准、高

质量完成好编修任务。

（一）要加强组织领导

按照市人民政府规定，市农委成立了《农业农村工作志》编审委员会，由我任主任，其他领导任副主任，机关各处（室）主要负责同志为成员。同时，根据“编写大纲”，全志每篇成立一个编写小组，分别确定了牵头处室和配合单位，负责综合协调本编编写工作。各牵头处室要抓紧组建编写班子，研究制订方案，明确责任分工，全面协调推进；各处（室）、各单位主要负责同志要亲自抓、亲自管，严格要求，认真审核，逐目逐条查证核实，确保书稿观点正确、事实准确、数字精准，经得起时间和实践的检验；具体负责执笔的同志要认真收集资料，广泛听取意见，精心编写、精心推敲、精心修改，不断丰富内容，反复修改完善，努力提高志书的思想品位和学术价值。为了做好志书编纂工作，委里专门聘请了曾维露、方玲等6名老领导、老同志回来帮助我们工作，请大家多支持、多请教，共同把《农业农村工作志》编修好。

（二）要通力协作配合

《农业农村工作志》是篇大文章，任何一个篇章出现问题，都会影响整个志书的质量；任何一个环节的延误，都会影响志书整体编纂进程。对此，一方面，要加强“纵向”沟通。委志办要主动加强与市志办的工作对接，及时报告进展，落实工作要求；主动加强与各处室、各单位的对接，了解工作进度，搞好统筹协调；主动加强与各区（县）农业行政主管部门的对接，广泛搜集资料，积极寻求支持。特别感谢的是，重庆市地方志办公室（简称市志办）对《农业农村工作志》编修工作高度重视，前段时间给予我们全过程的帮助和指导；今天总纂处的熊蜀黔处长将为我们做专题讲座，希望大家珍惜机会，集中精力听好报告，以使我们的工作更加规范、更加高效。另一方面，要加强“横向”联系。坚持以开放的思维、开放的视野修志。处室之间、单位之间要多沟通、多交流，相互学习、相互借鉴，特别是对一些有争议的事情，大家可以讨论，在尊重事实的前提下达成共识。

（三）要积极创造条件

修史编志是一件很辛苦、也很清苦的事。各处（室）、各单位要重视、关心、理解、支持志书编修人员的工作。特别是在日常工作安排上，要统筹考虑，尽可能给执笔人多留些时间，让他们有精力完成好资料收集和文字整理任务。同时，要配备必要的设备设施，为志书编写提供保障。

（四）要严肃工作纪律

编修《农业农村工作志》是全委的一件大事，也可以说是一项“硬任务”。今天印发给大家的“编纂篇目”已经把任务分解到了相关处（室）和单位，如果没有特殊原因，原则上不再做调整。“人生难得修回志”。大家一定要站在讲政治、讲大局的高度，以对历史、对事业负责的态度，把编写志书当作“分内事”，主动承担任务，积极支持配合，全力抓好落实。

同志们，《农业农村工作志》是重庆的农情书、资料库，也是过去30年全市农村改革发展的“百科全书”。编好这部志书，功在当代，惠泽千秋。希望大家以政治远见和历史眼光看待修志事业，以高度的政治热情和认真负责的态度抓好修志工作，全力以赴完成好市政府交给我们的重任，努力把《农业农村工作志》编成一流的精品文献！

在《重庆市志·农业农村工作志》初审会上的总结讲话

市委农业农村工委书记、市农业农村委主任、第二届编委会主任　路伟

（2019年1月23日）

借此机会，我再就《农业农村工作志》编纂工作，谈3点认识和感受。

第一，感谢和肯定

首先，特别感谢曾维露、方玲、袁光耀、张继凯、谭勇、郭水平6位老领导、老同志。3年多的艰辛，30年的跨度，300万字的体量，这是全委系统史无前例的浩大工程。6位老领导、老同志放弃退休后的闲雅生活，虽然年事已高，依然寒来暑往。曾维露同志，大家都非常熟悉，是工委原纪工委书记，担纲志书执行主编，纂稿过程中，眼睛经常充血，依然坚持工作，亲自带头作表率。方玲、袁光耀、张继凯、谭勇、郭水平同志，有的放弃家事，有的拖延了房子装修，有的常年带病坚持工作，大家朝九晚五，全身心修志。此外，修志过程中，肖祖修、邓中文、辜文兴等退休的市领导，以及众多的离退休老同志精心指导、悉心指点。老同志们这种乐于奉献的精神和精益求精的态度，是我们学习的榜样。我提议，让我们以热烈的掌声对他们表示最崇高的敬意和最衷心的感谢。

其次，要对机关各处（室）、委属各单位付出的辛劳给予充分肯定。大家在工作任务非常繁重的情况下，都把修志工作当成分内之事扛在肩上、抓在手上，主要负责同志亲自部署，分管同志具体抓，安排专人负责，积极创造条件。正是因为全委上下共同努力，有关方面大力支持，才有了这本沉甸甸的成果，才有了今天这次初审会，才有了市地方志办公室对我们工作的充分肯定。

第二，读志和用志

编志存史，资政育人。志书是不会说话的字典，我们可以透过它的点滴积累，获取历史智慧。习近平总书记爱读志，所到之处有看《地方志》的习惯，他在福建工作期间说："要马上了解一个地方的重要情况，就要了解它的历史。了解历史的可靠的方法就是看志，这是我的一个习惯。"李克强总理曾讲："方志流传绵延千载，贵在史识，重在致用"。

《农业农村工作志》，时间断限为1986—2015年。这30年，正是党的十一届三中全会以来我国农村改革发展的重要时期。这310万字，涵盖了30年全市农业农村改革发展的方方面面，是重庆的"农情书""资料库"，是过去30年全市农村改革发展的"百科全书"。

志书的成稿，是编纂工作的结束，但同时也是学志、读志、用志的开始。我们不能让志书束之高阁、摆在书架上、睡在库房里，要把它作为宝贵的历史典籍，认真研读，透过其提供的重要历史数据和资料，为我们更好地科学决策提供历史借鉴，为社会各界人士研究我市"三农"提供乡土教材。

第三，总结和反思

编史修志，不同于一般性的领导讲话和文件起草，需要有海量的档案资料作基础。过去几十年，从重庆、永川合并成立计划单列市，再到成立直辖市，重庆的行政管理体制发生了重大变化。农口部门也几经调整。特别是2008年原市农委机构整合前，各部门在资料留存上标准不一、参差不齐，为档案资料收集整理带来很大困难。我们现在基本完成了第二轮志书编修，那么，几年后，我们还要进行第三轮续编。到那时，我们的档案资料是不是还是这个样子？希望各处（室）、各单位，特别是办公室，要加强档案资料的归类整理和保存，为后世留下宝贵的资料库。

会议结束后，地方志办公室的同志要充分吸纳专家们提出的意见和建议，抓紧修改完善，按程序报审。这里我还要特别强调，除今天初审的《农业农村工作志》外，我们还有两本书处于紧张的编纂过程中，一是《农特产品志》，在今年上半年要出版；二是《中国农业百科全书地方卷（重庆分册）》，

2020 年之前必须完成。希望各处（室）、各单位再接再厉、密切配合，打好总体战，把工作抓紧、抓实、抓细，力争编出的每部志书都经得起历史的检验，使其成为“当代有价值、后世能致用”的历史典籍。

关于《重庆市志·农业农村工作志（1986—2015）（送审稿）》的汇报

市委农业农村工委委员、市农业农村委副主任、主编　杨宏

（2019 年 1 月 23 日）

主任，各位副主任，各位成员：

现就《重庆市志·农业农村工作志（1986—2015）（送审稿）》（以下简称《农业农村工作志》）做如下汇报。

一、编纂背景及过程

20 世纪 80 年代末至 90 年代初，全市开展第一轮市志编纂工作，时间断限为 1949 年前至 1985 年。原市农委、市农牧渔业局、市农机水电局分别完成《重庆市农业志综述》《重庆市农牧渔业志》《重庆市农业机械专志》编纂任务。2003 年，市人民政府启动第二轮市志续编工作，共下达 5 大类 124 部地方志续编任务，时间断限为 1986—2015 年。其中，《农村工作志》《农业志》《农机志》《农业综合开发志》，分别由原市农办、市农业局、市农机局、市农综办承编。2013 年，市人民政府再次发出通知，要求 2020 年之前必须完成编修工作。由于 2008 年机构改革，经与市志办沟通并报市政府同意，将《农村工作志》《农业志》《农机志》合并更名为《农业农村工作志》，编修时间下限延长至 2015 年，即前后共 30 年；同时，调减《农业综合开发志》，作非出版物自行编纂；新增编纂《农特产品志》。

《农业农村工作志》编纂工作是在市委农业农村工委（原市委农工委）、市农业农村委（原市农委）直接领导下进行的。2014 年底，原市委农工委、市农委启动编修工作，2015 年 4 月成立编委会，2015 年 11 月制定《工作方案》和《编纂目录》，召开全委动员部署暨培训会议，并在人员、经费、物资上予以充分保障。路伟主任高度重视志书编纂工作，2016 年 3 月，主持召开主任办公会议研究组建第二届编委会，对修志工作作出全面部署；2016 年 6 月，组织审定《大事记》《人物》入志标准等，听取阶段进展，提出明确要求；在每年全市农业工作会议上作出部署，并将其纳入全市农业工作年度重点任务。各位分管委领导高度重视，具体组织推进，全过程精心指导。原市农委、市农综办机关各处室和各直属单位以及市蚕桑站大力支持，均确定了至少 1 名以上执笔人，组成 200 余人的分纂队伍狠抓落实。

市委农业农村工委（原市委农工委）、市农业农村委（原市农委）聘请曾维露、方玲、袁光耀、张继凯、谭勇、郭水平 6 位离退休老领导、老同志承担编纂任务，并请曾维露同志担任执行主编；原研究室承担具体协调工作。3 年多来，编纂人员多次赴市档案馆等调阅资料仅档案目录就有 7 000 多页，整理全委电子档案目录 6 000 多页；按照不缺重要年份、不缺重要事件、不缺重要文件、不缺重要内容“四个不缺”要求，收集“三农”史料 30 多万页；赴四川省农业厅、四川省志办考察学习，深入万州、涪陵、黔江等地收集整理“三农”史料；走访离退休老领导 300 余人次，整理大量口述资料；在反复查核、考证、整理基础上，编写形成 1 亿多字的长篇资料。初稿形成后，2018 年初分送各处室、各单位反复征求意见、审查修改；各位分管委领导相继组织了内审和验收，反馈修改意见 5 200 余条。2018 年 7 月合稿以来，再次分送各位分管委领导和专家审查，共收到意见建议 600 多条，在进一步修改并与

市地方志办公室初步沟通后，形成了今天提请编委会初审的《农业农村工作志》。

二、主要内容

全志共7个部分，310余万字，是迄今已成市志中文字体量最大的一部。

第一部分：插图。收录有关领导同志考察调研“三农”工作、重庆市有代表性的农业产业、“三农”领域重大事件及修志历程的照片。

第二部分：序。按照市志办要求，参照其他市志做法，拟请编委会主任路伟同志作序。

第三部分：凡例。对志书宗旨、内容、体裁、结构及编写中的基本问题作规定或说明。

第四部分：综述。概述全市30年“三农”发展历程。

第五部分：大事记。记述全市30年“三农”重大事件。

第六部分：主要内容。共22篇、151章、577节。第一篇是机构。主要包括新中国成立以来重庆市和四川省万县、涪陵、黔江三地（市）农业党政机构和事业企业机构，市级涉农议事协调机构。第二篇是农业资源与区划。主要包括全市地质、地貌、土地土壤、气候、水、动植物、农村劳动力、自然灾害特点等资源状况，重庆市综合农业区划和农业功能区划，四川省万县、涪陵、黔江三地（市）综合农业区划。第三篇是农业农村改革。主要包括农业生产经营体制、农村土地管理、农村税费、农村户籍制度、农村集体资产管理等改革。第四篇是农业农村经济结构调整。主要包括农村产业结构、农业经济结构、农民收支结构调整的演变，农业产业化、农业综合开发等。第五篇是农业法治。主要包括涉农立法、农业法制宣教、农业行政执法、农业法治监督和机构队伍建设等。第六篇是农业资金投入管理。主要包括财政投入、金融支农、特色产业和其他投入、资金监管等。第七篇是种植业。主要包括水稻、旱粮、油料作物、蔬菜、柑橘、茶叶、蚕桑等种植业及种子、土肥和植物保护等。第八篇是畜牧业。主要包括家畜、家禽、蜜蜂、饲草饲料等畜牧业生产，动物疫病防控、动物卫生监督、兽医医政药政，以及重庆国家无规定动物疫病区、现代畜牧业示范区建设等。第九篇是渔业。主要包括渔业资源、渔业区划与布局、渔业生产及捕捞、渔政管理执法等。第十篇是农业机械化。主要包括农机装备、推广、生产、质量检验鉴定、安全监管、社会化服务与管理等。第十一篇是农业科研与技术推广。主要包括粮油作物、经济作物、畜牧兽医、水产科学、土壤肥料、植物保护、农业高新技术研究及推广。第十二篇是农业教育宣传及农村体育。主要包括全日制高等教育、中等农业教育和农业广播电视教育，以及农业农村宣传和农民体育事业发展等。第十三篇是农村生态文明与社会主义新农村建设。主要包括农村环境保护、农村能源建设、休闲农业与乡村旅游以及社会主义新农村建设等。第十四篇是农业对外贸易与合作交流。主要包括农业对外贸易、农业社会资本、农业“请进来、走出去”等对外交流与合作等。第十五篇是农产品质量安全。主要包括农业标准化建设、农产品质量安全监管、农业品牌建设等。第十六篇是农产品流通和农村信息化。主要包括农产品市场建设、农产品展销、农产品市场监测、农业部门电子政务系统建设以及农业农村信息化等。第十七篇是队伍建设。主要包括市级农口系统中层以下干部、专业技术人员、离退休人员管理等。第十八篇是党的建设与文明单位创建。主要包括工委系统思想建设、组织建设、党风廉政建设和反腐败工作及委级以上文明单位创建等。第十九篇是民主党派与群团社团。主要包括委系统各民主党派和无党派，工会、共青团、妇委会等群团及涉农社团等。第二十篇是区县农业农村概况。主要包括全市38个涉农区（县）（含万盛经开区）农业农村发展概述。第二十一篇是农业文化。主要包括巴渝地区古农书选、古诗词、农谚、涉农歌谣、涉农神话传说及农民群众文艺作品。第二十二篇是“三农”人物。主要包括历史上与重庆有深厚渊源的晏阳初、卢作孚、梁漱溟、侯光炯、许振英等著名“三农”人物传记，以及农口系统的中管、市管干部简介或名录。

第七部分：附录。主要是修志的重要文件、文书。

三、需要说明的问题

（一）关于审查程序

根据规定，地方志编纂实行“三审”制，初审由承编单位组织，复审由市志办组织，终审由市政府组织。市政府终审后，经出版社“三审三校”后正式出版印刷。

（二）关于时间断限

业务工作原则上为1986—2015年，个别内容为阐明前因后果，偶有上溯下延。机构、党政干部的收录，上限为重庆成立计划单列市的1983年，下限为成书之日；农业文化和人物传因前志未修，未设时间断限。

（三）关于插图编排

彩色插图选编主要包括历任市委书记（含主持）、新近来渝考察的农业农村部（农业部）部长、历任市长（含代市长）、历任分管“三农”工作的市委市政府领导、现任联系“三农”工作的市人大常委会和市政协领导、历任市级农口部门党政主要负责人。排序原则是，将计划单列市和直辖市拉通，一是先正职、后副职；二是按任职时间先后；三是同时期任职的，按组织部门确定的顺序编排。

（四）关于“三农”人物

“三农”著名人物收录坚持“生不立传”原则。副厅局级以上实职领导收录简介和照片，其他市管干部进人物表；受过刑事处罚和严重违纪的不予收录，但在机构简介中注明其曾经任职情况。

（五）关于农业综合开发志

2017年，市政府明确《农业综合开发志》作为非出版物单独编纂。此次机构改革期间，我们与市地方志办公室做了进一步沟通，确定仍按之前意见办理。据了解，《农业综合开发志》目前已完成资料长编编写工作，正在进行初稿纂写，预计年底可完成编纂任务。

建议根据今天的初审意见再次修改后，报送市地方志办公室复审。

以上汇报连同《农业农村工作志》是否妥当，请予审议。